江苏经济普查年鉴

Jiangsu Economic Census Yearbook 2013

综 | 合 | 卷

江苏省第三次全国经济普查领导小组办公室 编

中国统计出版社
China Statistics Press

图书在版编目（CIP）数据

江苏经济普查年鉴. 2013 / 江苏省第三次全国经济普查领导小组办公室编. -- 北京 : 中国统计出版社, 2015.10
ISBN 978-7-5037-7659-5

Ⅰ. ①江… Ⅱ. ①江… Ⅲ. ①经济－普查－江苏省－2013－年鉴 Ⅳ. ①F127.55-54

中国版本图书馆 CIP 数据核字(2015)第 227114 号

江苏经济普查年鉴—2013/综合卷

作　　者/江苏省第三次全国经济普查领导小组办公室
责任编辑/赵淑焕　王振宇　尹　伊　冯燕玲
封面设计/黄俊杰　李雪燕
出版发行/中国统计出版社
通信地址/北京市丰台区西三环南路甲 6 号　邮政编码/100073
电　　话/邮购（010）63376909　书店（010）68783171
网　　址/http://www.zgtjcbs.com/
印　　刷/河北天普润印刷厂
经　　销/新华书店
开　　本/880mm×1230mm　1/16
字　　数/1120 千字
印　　张/35.75
版　　别/2015 年 12 月第 1 版
版　　次/2015 年 12 月第 1 次印刷
定　　价/800.00 元（全三卷）

本书附同版本 CD-ROM 一张，光盘内容以书面文字为准。
如有印装差错，由本社发行部调换。

编委会和编辑人员

综合卷　目录

第一篇　单位基本情况

第二篇　小微企业情况

第三篇 个体经营户情况

第四篇 文化及相关产业情况

第五篇 企业信息化情况

第一篇

单位基本情况

1-A-1 按行业分组的法人单位数、产业活动单位数及从业人员数

行业	法人单位				
	单位数（个）	单产业法人	多产业法人	从业人员数（人）	#女性
总 计	**1047004**	**1033013**	**13991**	**36082553**	**12049614**
农、林、牧、渔业	**12943**	**12917**	**26**	**187869**	**69973**
农、林、牧、渔服务业	12943	12917	26	187869	69973
农业服务业	9847	9828	19	146307	54027
林业服务业	733	732	1	10291	4357
畜牧服务业	1430	1424	6	16901	6948
渔业服务业	933	933		14370	4641
采矿业	**643**	**629**	**14**	**160862**	**32263**
煤炭开采和洗选业	39	34	5	89977	14737
烟煤和无烟煤开采洗选	31	26	5	89803	14697
褐煤开采洗选	1	1		15	3
其他煤炭采选	7	7		159	37
石油和天然气开采业	6	4	2	21086	6248
石油开采	4	2	2	20942	6208
天然气开采	2	2		144	40
黑色金属矿采选业	64	63	1	7689	1517
铁矿采选	59	58	1	7584	1496
锰矿、铬矿采选					
其他黑色金属矿采选	5	5		105	21
有色金属矿采选业	21	21		1788	456
常用有色金属矿采选	17	17		1755	445
贵金属矿采选	4	4		33	11
稀有稀土金属矿采选					
非金属矿采选业	483	478	5	39566	9153
土砂石开采	398	396	2	25241	5431
化学矿开采	14	14		2489	486
采盐	28	25	3	10737	2920
石棉及其他非金属矿采选	43	43		1099	316
开采辅助活动	19	18	1	629	119
煤炭开采和洗选辅助活动	4	4		282	49
石油和天然气开采辅助活动	10	9	1	186	43
其他开采辅助活动	5	5		161	27
其他采矿业	11	11		127	33
其他采矿业	11	11		127	33
制造业	**346771**	**344454**	**2317**	**16099062**	**6760868**
农副食品加工业	5594	5527	67	286725	122803
谷物磨制	1487	1485	2	63746	21267
饲料加工	668	665	3	36196	11579
植物油加工	356	352	4	31909	10291
制糖业	20	20		1461	569
屠宰及肉类加工	983	954	29	62844	33127
水产品加工	808	798	10	29826	14102
蔬菜、水果和坚果加工	609	601	8	38893	22317
其他农副食品加工	663	652	11	21850	9551
食品制造业	2791	2741	50	133833	64800
焙烤食品制造	627	606	21	25396	13962
糖果、巧克力及蜜饯制造	159	157	2	11747	6466
方便食品制造	422	417	5	23397	12907
乳制品制造	88	83	5	12226	4961
罐头食品制造	193	190	3	10713	5941

1-A-1　续表 1

行　　业	法人单位				
	单位数（个）	单产业法人	多产业法人	从业人员数（人）	#女性
调味品、发酵制品制造	458	455	3	16509	6977
其他食品制造	844	833	11	33845	13586
酒、饮料和精制茶制造业	1555	1526	29	107398	44563
酒的制造	619	606	13	57346	23732
饮料制造	639	630	9	45816	18730
精制茶加工	297	290	7	4236	2101
烟草制品业	8	8		6362	2159
烟叶复烤					
卷烟制造	4	4		5537	1954
其他烟草制品制造	4	4		825	205
纺织业	29391	29222	169	1318655	809932
棉纺织及印染精加工	11396	11319	77	643081	405707
毛纺织及染整精加工	1775	1769	6	124613	86479
麻纺织及染整精加工	250	250		15474	10030
丝绢纺织及印染精加工	495	489	6	37517	23690
化纤织造及印染精加工	5125	5116	9	159847	80924
针织或钩针编织物及其制品制造	3703	3687	16	107200	64469
家用纺织制成品制造	3248	3211	37	135797	88558
非家用纺织制成品制造	3399	3381	18	95126	50075
纺织服装、服饰业	20040	19820	220	1222738	868868
机织服装制造	13699	13512	187	931650	665900
针织或钩针编织服装制造	2525	2508	17	148921	106290
服饰制造	3816	3800	16	142167	96678
皮革、毛皮、羽毛及其制品和制鞋业	3731	3699	32	234898	153203
皮革鞣制加工	113	113		6002	2512
皮革制品制造	1253	1243	10	67539	46139
毛皮鞣制及制品加工	185	185		6426	3773
羽毛(绒)加工及制品制造	232	230	2	26504	19089
制鞋业	1948	1928	20	128427	81690
木材加工和木、竹、藤、棕、草制品业	9694	9671	23	370609	160792
木材加工	3863	3857	6	88339	37531
人造板制造	3038	3033	5	217632	100246
木制品制造	2516	2507	9	58419	20013
竹、藤、棕、草等制品制造	277	274	3	6219	3002
家具制造业	3449	3422	27	107835	41538
木质家具制造	2577	2556	21	71335	27191
竹、藤家具制造	23	23		738	412
金属家具制造	348	344	4	13920	4742
塑料家具制造	79	79		1963	811
其他家具制造	422	420	2	19879	8382
造纸和纸制品业	6941	6911	30	191681	78392
纸浆制造	31	31		400	140
造纸	2257	2247	10	104490	39571
纸制品制造	4653	4633	20	86791	38681
印刷和记录媒介复制业	8593	8530	63	218617	105696
印刷	8044	7986	58	210136	101796
装订及印刷相关服务	525	520	5	6952	3177
记录媒介复制	24	24		1529	723
文教、工美、体育和娱乐用品制造业	10334	10263	71	444322	268341
文教办公用品制造	917	912	5	33544	18723

1-A-1 续表 2

行业	法人单位				
	单位数(个)	单产业法人	多产业法人	从业人员数(人)	#女性
乐器制造	277	274	3	10554	5158
工艺美术品制造	5940	5904	36	221304	133609
体育用品制造	941	929	12	43487	21383
玩具制造	1935	1922	13	116877	79417
游艺器材及娱乐用品制造	324	322	2	18556	10051
石油加工、炼焦和核燃料加工业	586	578	8	35134	9158
精炼石油产品制造	542	534	8	27576	7444
炼焦	43	43		7546	1712
化学原料和化学制品制造业	13484	13347	137	852455	264749
基础化学原料制造	2530	2510	20	260342	66076
肥料制造	681	676	5	36303	10140
农药制造	378	371	7	61319	22456
涂料、油墨、颜料及类似产品制造	2640	2606	34	115098	34339
合成材料制造	2010	1989	21	126097	41214
专用化学产品制造	4261	4226	35	211202	71252
炸药、火工及焰火产品制造	23	22	1	1938	679
日用化学产品制造	961	947	14	40156	18593
医药制造业	1976	1943	33	223331	97322
化学药品原料药制造	423	421	2	51585	18554
化学药品制剂制造	258	244	14	71622	30763
中药饮片加工	82	78	4	6600	2862
中成药生产	74	72	2	24684	11473
兽用药品制造	101	100	1	8558	3328
生物药品制造	436	431	5	26337	11321
卫生材料及医药用品制造	602	597	5	33945	19021
化学纤维制造业	2344	2326	18	202104	88839
纤维素纤维原料及纤维制造	381	378	3	90556	41896
合成纤维制造	1963	1948	15	111548	46943
橡胶和塑料制品业	20991	20907	84	612662	271140
橡胶制品业	3729	3705	24	150647	60237
塑料制品业	17262	17202	60	462015	210903
非金属矿物制品业	17921	17810	111	686060	216970
水泥、石灰和石膏制造	814	809	5	61498	15745
石膏、水泥制品及类似制品制造	4284	4246	38	163422	34852
砖瓦、石材等建筑材料制造	4701	4681	20	130908	39653
玻璃制造	473	470	3	26762	8955
玻璃制品制造	1877	1863	14	107292	44328
玻璃纤维和玻璃纤维增强塑料制品制造	1094	1088	6	44244	17462
陶瓷制品制造	1107	1095	12	41723	18355
耐火材料制品制造	1488	1481	7	45046	13699
石墨及其他非金属矿物制品制造	2083	2077	6	65165	23921
黑色金属冶炼和压延加工业	6525	6494	31	507384	116499
炼铁	122	121	1	18828	3235
炼钢	99	98	1	34309	7434
黑色金属铸造	3036	3024	12	122304	30932
钢压延加工	3104	3087	17	309404	70296
铁合金冶炼	164	164		22539	4602
有色金属冶炼和压延加工业	4526	4501	25	200018	59159
常用有色金属冶炼	476	473	3	20555	6200

1-A-1 续表 3

行业	法人单位				
	单位数（个）	单产业法人	多产业法人	从业人员数（人）	#女性
贵金属冶炼	36	36		1368	341
稀有稀土金属冶炼	113	112	1	7746	3079
有色金属合金制造	559	557	2	36676	9498
有色金属铸造	460	458	2	11921	3544
有色金属压延加工	2882	2865	17	121752	36497
金属制品业	32821	32639	182	958544	293831
结构性金属制品制造	11877	11792	85	309516	81597
金属工具制造	4661	4646	15	105820	36812
集装箱及金属包装容器制造	1172	1167	5	70453	16918
金属丝绳及其制品制造	1862	1845	17	97467	31381
建筑、安全用金属制品制造	2537	2520	17	69660	24470
金属表面处理及热处理加工	2310	2294	16	89249	30848
搪瓷制品制造	125	125		5640	1676
金属制日用品制造	1535	1528	7	45452	19092
其他金属制品制造	6742	6722	20	165287	51037
通用设备制造业	48533	48276	257	1391149	415372
锅炉及原动设备制造	1800	1781	19	112023	30936
金属加工机械制造	8108	8080	28	197277	49262
物料搬运设备制造	2118	2076	42	154780	35560
泵、阀门、压缩机及类似机械制造	5994	5955	39	195446	54111
轴承、齿轮和传动部件制造	2970	2955	15	153585	49788
烘炉、风机、衡器、包装等设备制造	4971	4935	36	157575	54092
文化、办公用机械制造	367	362	5	44125	21731
通用零部件制造	16683	16623	60	296271	96903
其他通用设备制造业	5522	5509	13	80067	22989
专用设备制造业	32802	32644	158	993718	292309
采矿、冶金、建筑专用设备制造	4399	4370	29	198162	43822
化工、木材、非金属加工专用设备制造	9379	9352	27	256283	73335
食品、饮料、烟草及饲料生产专用设备制造	666	662	4	24401	6252
印刷、制药、日化及日用品生产专用设备制造	1678	1671	7	39044	12047
纺织、服装和皮革加工专用设备制造	3221	3201	20	88259	27416
电子和电工机械专用设备制造	2508	2500	8	57473	20954
农、林、牧、渔专用机械制造	1100	1100		37418	9862
医疗仪器设备及器械制造	1781	1761	20	89362	45342
环保、社会公共服务及其他专用设备制造	8070	8027	43	203316	53279
汽车制造业	7131	7092	39	493575	160012
汽车整车制造	65	62	3	62839	9399
改装汽车制造	75	70	5	11594	2316
低速载货汽车制造	4	4		266	80
电车制造	111	110	1	4537	1545
汽车车身、挂车制造	82	81	1	10115	1418
汽车零部件及配件制造	6794	6765	29	404224	145254
铁路、船舶、航空航天和其他运输设备制造业	5887	5831	56	477521	108146
铁路运输设备制造	542	538	4	49090	10162
城市轨道交通设备制造	44	44		4273	719
船舶及相关装置制造	2549	2516	33	275174	40489
航空、航天器及设备制造	116	112	4	20797	5984
摩托车制造	795	791	4	43959	18184
自行车制造	1310	1299	11	61011	23705

1-A-1 续表 4

行业	法人单位				
	单位数(个)	单产业法人	多产业法人	从业人员数(人)	#女性
非公路休闲车及零配件制造	351	351		18903	7383
潜水救捞及其他未列明运输设备制造	180	180		4314	1520
电气机械和器材制造业	23704	23522	182	1368989	543482
电机制造	2973	2949	24	222895	83035
输配电及控制设备制造	8756	8691	65	492343	190802
电线、电缆、光缆及电工器材制造	3967	3931	36	255420	100815
电池制造	616	609	7	79303	36028
家用电力器具制造	1483	1464	19	140987	52545
非电力家用器具制造	621	616	5	26069	9985
照明器具制造	3515	3494	21	124868	60270
其他电气机械及器材制造	1773	1768	5	27104	10002
计算机、通信和其他电子设备制造业	14241	14121	120	1999889	940784
计算机制造	930	917	13	333644	147623
通信设备制造	941	930	11	118529	49581
广播电视设备制造	526	522	4	54362	28140
雷达及配套设备制造	28	27	1	3253	1233
视听设备制造	405	402	3	138709	73872
电子器件制造	2117	2093	24	468819	225386
电子元件制造	6670	6616	54	727926	347224
其他电子设备制造	2624	2614	10	154647	67725
仪器仪表制造业	6056	5997	59	323091	108629
通用仪器仪表制造	3510	3469	41	201809	63939
专用仪器仪表制造	1187	1181	6	69776	20059
钟表与计时仪器制造	48	48		1062	595
光学仪器及眼镜制造	746	736	10	40021	20503
其他仪器仪表制造业	565	563	2	10423	3533
其他制造业	2595	2588	7	79158	39575
日用杂品制造	1065	1063	2	56188	31067
煤制品制造	87	87		2281	816
核辐射加工	6	6		254	45
其他未列明制造业	1437	1432	5	20435	7647
废弃资源综合利用业	1110	1099	11	24720	7404
金属废料和碎屑加工处理	612	606	6	15065	4175
非金属废料和碎屑加工处理	498	493	5	9655	3229
金属制品、机械和设备修理业	1417	1399	18	25887	6401
金属制品修理	77	75	2	2217	729
通用设备修理	196	195	1	1764	434
专用设备修理	150	149	1	2042	507
铁路、船舶、航空航天等运输设备修理	602	590	12	15225	3544
电气设备修理	92	92		1041	270
仪器仪表修理	17	17		99	33
其他机械和设备修理业	283	281	2	3499	884
电力、热力、燃气及水生产和供应业	**2471**	**2408**	**63**	**183876**	**46480**
电力、热力生产和供应业	611	604	7	111857	22811
电力生产	378	376	2	60976	12829
电力供应	70	66	4	43053	8026
热力生产和供应	163	162	1	7828	1956
燃气生产和供应业	350	333	17	19245	5633
燃气生产和供应业	350	333	17	19245	5633

1-A-1 续表 5

行业	法人单位				
	单位数(个)	单产业法人	多产业法人	从业人员数(人)	#女性
水的生产和供应业	1510	1471	39	52774	18036
自来水生产和供应	949	913	36	40624	14342
污水处理及其再生利用	497	495	2	11310	3438
其他水的处理、利用与分配	64	63	1	840	256
建筑业	**43284**	**42307**	**977**	**8437917**	**564077**
房屋建筑业	8077	7708	369	6299302	341559
房屋建筑业	8077	7708	369	6299302	341559
土木工程建筑业	8534	8346	188	980046	95901
铁路、道路、隧道和桥梁工程建筑	3483	3396	87	623357	55615
水利和内河港口工程建筑	730	709	21	115165	8889
海洋工程建筑	17	17		491	46
工矿工程建筑	495	483	12	39655	5093
架线和管道工程建筑	852	826	26	57765	7761
其他土木工程建筑	2957	2915	42	143613	18497
建筑安装业	10075	9883	192	542755	51574
电气安装	2217	2149	68	188961	14269
管道和设备安装	1931	1895	36	128634	11636
其他建筑安装业	5927	5839	88	225160	25669
建筑装饰和其他建筑业	16598	16370	228	615814	75043
建筑装饰业	12115	11944	171	394923	49231
工程准备活动	1624	1610	14	47449	6207
提供施工设备服务	412	403	9	20446	2258
其他未列明建筑业	2447	2413	34	152996	17347
批发和零售业	**299067**	**295297**	**3770**	**3172144**	**1401744**
批发业	220227	218189	2038	2103620	847530
农、林、牧产品批发	10662	10584	78	178920	71597
食品、饮料及烟草制品批发	17843	17599	244	280063	121178
纺织、服装及家庭用品批发	34851	34604	247	372317	190052
文化、体育用品及器材批发	5985	5935	50	60225	30725
医药及医疗器材批发	3432	3396	36	68833	29993
矿产品、建材及化工产品批发	69126	68469	657	556391	191481
机械设备、五金产品及电子产品批发	59689	59121	568	434449	158227
贸易经纪与代理	5110	5078	32	41703	17219
其他批发业	13529	13403	126	110719	37058
零售业	78840	77108	1732	1068524	554214
综合零售	8345	8009	336	300666	195267
食品、饮料及烟草制品专门零售	9447	9188	259	101074	49556
纺织、服装及日用品专门零售	9247	9103	144	94949	56401
文化、体育用品及器材专门零售	6359	6208	151	64386	34039
医药及医疗器材专门零售	5371	5112	259	61949	37037
汽车、摩托车、燃料及零配件专门零售	10097	9903	194	189441	75672
家用电器及电子产品专门零售	12745	12533	212	119338	53028
五金、家具及室内装饰材料专门零售	10817	10728	89	82553	32279
货摊、无店铺及其他零售业	6412	6324	88	54168	20935
交通运输、仓储和邮政业	**25948**	**25484**	**464**	**859649**	**204510**
道路运输业	16094	15859	235	487120	109129
城市公共交通运输	637	608	29	141767	29315
公路旅客运输	461	425	36	61234	15504
道路货物运输	14187	14042	145	240710	50065

1-A-1 续表 6

行业	法人单位				
	单位数(个)	单产业法人	多产业法人	从业人员数(人)	#女性
道路运输辅助活动	809	784	25	43409	14245
水上运输业	1486	1450	36	130648	27247
水上旅客运输	64	63	1	3460	595
水上货物运输	977	951	26	80497	17335
水上运输辅助活动	445	436	9	46691	9317
航空运输业	55	50	5	12324	2473
航空客货运输	28	24	4	6340	1881
通用航空服务	8	8		197	49
航空运输辅助活动	19	18	1	5787	543
管道运输业	19	18	1	9561	2759
管道运输业	19	18	1	9561	2759
装卸搬运和运输代理业	5948	5833	115	109734	30304
装卸搬运	1590	1573	17	48945	9231
运输代理业	4358	4260	98	60789	21073
仓储业	1665	1650	15	38188	10337
谷物、棉花等农产品仓储	442	436	6	8883	2470
其他仓储业	1223	1214	9	29305	7867
邮政业	681	624	57	72074	22261
邮政基本服务	52	33	19	37736	13105
快递服务	629	591	38	34338	9156
住宿和餐饮业	**11328**	**11002**	**326**	**448227**	**259732**
住宿业	3642	3558	84	150383	86990
旅游饭店	1068	1036	32	111369	61823
一般旅馆	2291	2243	48	33661	21857
其他住宿业	283	279	4	5353	3310
餐饮业	7686	7444	242	297844	172742
正餐服务	5944	5792	152	205504	116195
快餐服务	664	618	46	69992	43909
饮料及冷饮服务	291	283	8	5097	3072
其他餐饮业	787	751	36	17251	9566
信息传输、软件和信息技术服务业	**21459**	**21240**	**219**	**548115**	**211954**
电信、广播电视和卫星传输服务	934	854	80	176163	77042
电信	443	385	58	140701	67839
广播电视传输服务	472	450	22	35281	9124
卫星传输服务	19	19		181	79
互联网和相关服务	3154	3134	20	49519	22530
互联网接入及相关服务	224	223	1	2166	615
互联网信息服务	2569	2551	18	44307	20653
其他互联网服务	361	360	1	3046	1262
软件和信息技术服务业	17371	17252	119	322433	112382
软件开发	11220	11138	82	239677	79189
信息系统集成服务	1949	1938	11	23851	7703
信息技术咨询服务	2050	2041	9	19031	7308
数据处理和存储服务	250	247	3	9555	5626
集成电路设计	573	571	2	10323	3838
其他信息技术服务业	1329	1317	12	19996	8718
房地产业	**29149**	**28285**	**864**	**687331**	**262604**
房地产业	29149	28285	864	687331	262604
房地产开发经营	10620	10397	223	236006	80501

1-A-1 续表 7

行业	法人单位				
	单位数(个)	单产业法人	多产业法人	从业人员数(人)	#女性
物业管理	8934	8669	265	342647	139963
房地产中介服务	5775	5457	318	61834	26770
自有房地产经营活动	2244	2211	33	19305	6087
其他房地产业	1576	1551	25	27539	9283
租赁和商务服务业	**77822**	**76814**	**1008**	**1074552**	**397822**
租赁业	4239	4209	30	46852	12866
机械设备租赁	4079	4050	29	45279	12218
文化及日用品出租	160	159	1	1573	648
商务服务业	73583	72605	978	1027700	384956
企业管理服务	18215	18059	156	263591	95987
法律服务	2514	2501	13	23725	8145
咨询与调查	16635	16453	182	131499	59866
广告业	13762	13689	73	102748	41482
知识产权服务	632	628	4	6801	3551
人力资源服务	7302	7126	176	237384	89224
旅行社及相关服务	2291	2085	206	30279	17207
安全保护服务	666	643	23	80381	8626
其他商务服务业	11566	11421	145	151292	60868
科学研究和技术服务业	**40129**	**39626**	**503**	**687016**	**221273**
研究和试验发展	5884	5841	43	75866	26696
自然科学研究和试验发展	465	461	4	7032	2434
工程和技术研究和试验发展	3590	3565	25	43191	14093
农业科学研究和试验发展	612	603	9	10893	3995
医学研究和试验发展	1076	1071	5	13189	5562
社会人文科学研究	141	141		1561	612
专业技术服务业	21169	20796	373	399525	117799
气象服务	178	176	2	2394	845
地震服务	106	106		947	297
海洋服务	27	27		622	201
测绘服务	400	389	11	7163	2202
质检技术服务	1585	1560	25	37694	12951
环境与生态监测	448	444	4	8033	3069
地质勘查	159	152	7	14666	4293
工程技术	11002	10741	261	243262	64956
其他专业技术服务业	7264	7201	63	84744	28985
科技推广和应用服务业	13076	12989	87	211625	76778
技术推广服务	11493	11415	78	192506	70016
科技中介服务	783	778	5	10159	3531
其他科技推广和应用服务业	800	796	4	8960	3231
水利、环境和公共设施管理业	**7501**	**7393**	**108**	**220652**	**91318**
水利管理业	1901	1866	35	30852	7888
防洪除涝设施管理	473	465	8	9253	2255
水资源管理	377	370	7	5087	1390
天然水收集与分配	270	270		5203	1375
水文服务	43	42	1	763	243
其他水利管理业	738	719	19	10546	2625
生态保护和环境治理业	772	767	5	12792	3744
生态保护	113	113		1764	473
环境治理业	659	654	5	11028	3271

1-A-1 续表 8

行业	法人单位				
	单位数（个）	单产业法人	多产业法人	从业人员数（人）	#女性
公共设施管理业	4828	4760	68	177008	79686
市政设施管理	668	662	6	15899	4573
环境卫生管理	753	743	10	69852	37193
城乡市容管理	273	272	1	8000	2261
绿化管理	1692	1675	17	34539	12959
公园和游览景区管理	1442	1408	34	48718	22700
居民服务、修理和其他服务业	**14760**	**14563**	**197**	**200718**	**78357**
居民服务业	5592	5486	106	67553	33215
家庭服务	791	780	11	9568	5764
托儿所服务	39	39		418	340
洗染服务	172	162	10	2900	1449
理发及美容服务	486	447	39	5366	3718
洗浴服务	891	881	10	12724	6567
保健服务	275	263	12	5346	3244
婚姻服务	427	425	2	2819	1504
殡葬服务	420	413	7	7891	2367
其他居民服务业	2091	2076	15	20521	8262
机动车、电子产品和日用产品修理业	6388	6316	72	69478	18091
汽车、摩托车修理与维护	4536	4480	56	50957	12211
计算机和办公设备维修	695	690	5	6983	2676
家用电器修理	819	813	6	8984	2409
其他日用产品修理业	338	333	5	2554	795
其他服务业	2780	2761	19	63687	27051
清洁服务	1913	1901	12	41157	22165
其他未列明服务业	867	860	7	22530	4886
教育	**17858**	**17139**	**719**	**1099465**	**621698**
教育	17858	17139	719	1099465	621698
学前教育	4235	4148	87	127795	113796
初等教育	3004	2635	369	302788	186577
中等教育	3088	2944	144	398276	196750
高等教育	381	361	20	156411	72310
特殊教育	182	180	2	5328	3353
技能培训、教育辅助及其他教育	6968	6871	97	108867	48912
卫生和社会工作	**14231**	**13465**	**766**	**575310**	**359772**
卫生	7526	6773	753	523773	329489
医院	1468	1363	105	339042	224164
社区医疗与卫生院	3040	2427	613	129224	71961
门诊部(所)	1596	1576	20	19432	12474
计划生育技术服务活动	725	722	3	7827	4497
妇幼保健院(所、站)	117	116	1	9042	6678
专科疾病防治院(所、站)	83	81	2	3546	1857
疾病预防控制中心	205	199	6	9026	4439
其他卫生活动	292	289	3	6634	3419
社会工作	6705	6692	13	51537	30283
提供住宿社会工作	3912	3902	10	37655	22427
不提供住宿社会工作	2793	2790	3	13882	7856
文化、体育和娱乐业	**15410**	**15316**	**94**	**201888**	**90759**
新闻和出版业	398	392	6	18417	7839
新闻业	84	84		1887	787

1-A-1　续表 9

行　　业	法人单位				
	单位数（个）	单产业法人	多产业法人	从业人员数（人）	#女性
出版业	314	308	6	16530	7052
广播、电视、电影和影视录音制作业	1230	1206	24	36649	15413
广播	129	129		6528	2785
电视	312	307	5	16392	6253
电影和影视节目制作	262	257	5	3841	1485
电影和影视节目发行	65	63	2	1316	545
电影放映	426	414	12	8355	4257
录音制作	36	36		217	88
文化艺术业	4507	4489	18	53274	24720
文艺创作与表演	892	891	1	14122	6510
艺术表演场馆	106	104	2	2798	1251
图书馆与档案馆	306	304	2	5348	3053
文物及非物质文化遗产保护	149	145	4	2061	809
博物馆	248	246	2	3885	1889
烈士陵园、纪念馆	123	122	1	2245	845
群众文化活动	1449	1447	2	13423	6096
其他文化艺术业	1234	1230	4	9392	4267
体育	1217	1198	19	13778	5923
体育组织	345	343	2	3323	1274
体育场馆	112	110	2	2436	880
休闲健身活动	641	626	15	7025	3424
其他体育	119	119		994	345
娱乐业	8058	8031	27	79770	36864
室内娱乐活动	7119	7096	23	50757	22954
游乐园	93	93		7296	3263
彩票活动	55	55		7842	3918
文化、娱乐、体育经纪代理	227	227		2580	1273
其他娱乐业	564	560	4	11295	5456
公共管理、社会保障和社会组织	**66230**	**64674**	**1556**	**1237900**	**374410**
中国共产党机关	1657	1641	16	34278	8577
中国共产党机关	1657	1641	16	34278	8577
国家机构	19003	18210	793	792348	217939
国家权力机构	173	171	2	6527	1589
国家行政机构	18099	17352	747	733508	200420
人民法院和人民检察院	282	248	34	36859	12349
其他国家机构	449	439	10	15454	3581
人民政协、民主党派	291	290	1	5076	1363
人民政协	154	153	1	4030	975
民主党派	137	137		1046	388
社会保障	852	847	5	12292	6408
社会保障	852	847	5	12292	6408
群众团体、社会团体和其他成员组织	22725	22619	106	186801	75906
群众团体	1633	1628	5	22431	9102
社会团体	17260	17168	92	135825	53612
基金会	366	366		1854	698
宗教组织	3466	3457	9	26691	12494
基层群众自治组织	21702	21067	635	207105	64217
社区自治组织	7161	7002	159	73511	33604
村民自治组织	14541	14065	476	133594	30613

1-A-1 续表 10

行业	产业活动单位				
	单位数(个)	#多产业法人所属的产业活动单位数	从业人员数(人)	单产业法人所属的从业人员数	多产业法人所属的从业人员数
总　计	**1144381**	**111369**	**34951330**	**31267476**	**3683854**
农、林、牧、渔业	**13196**	**279**	**191399**	**187042**	**4357**
农、林、牧、渔服务业	13196	279	191399	187042	4357
农业服务业	10057	229	149098	145871	3227
林业服务业	744	12	10406	10285	121
畜牧服务业	1451	27	17434	16516	918
渔业服务业	944	11	14461	14370	91
采矿业	**698**	**69**	**118555**	**45926**	**72629**
煤炭开采和洗选业	46	12	49323	5591	43732
烟煤和无烟煤开采洗选	37	11	49089	5417	43672
褐煤开采洗选	1		15	15	
其他煤炭采选	8	1	219	159	60
石油和天然气开采业	24	20	9214	173	9041
石油开采	22	20	9070	29	9041
天然气开采	2		144	144	
黑色金属矿采选业	65	2	10684	6724	3960
铁矿采选	60	2	10579	6619	3960
锰矿、铬矿采选					
其他黑色金属矿采选	5		105	105	
有色金属矿采选业	21		1788	1788	
常用有色金属矿采选	17		1755	1755	
贵金属矿采选	4		33	33	
稀有稀土金属矿采选					
非金属矿采选业	495	17	39040	30912	8128
土砂石开采	403	7	25322	24531	791
化学矿开采	15	1	2986	2489	497
采盐	33	8	9568	2793	6775
石棉及其他非金属矿采选	44	1	1164	1099	65
开采辅助活动	36	18	8379	611	7768
煤炭开采和洗选辅助活动	4		282	282	
石油和天然气开采辅助活动	26	17	7911	168	7743
其他开采辅助活动	6	1	186	161	25
其他采矿业	11		127	127	
其他采矿业	11		127	127	
制造业	**350559**	**6105**	**16066355**	**15427443**	**638912**
农副食品加工业	5693	166	286424	276819	9605
谷物磨制	1495	10	62875	62513	362
饲料加工	678	13	36175	35235	940
植物油加工	360	8	31964	31447	517
制糖业	20		1461	1461	
屠宰及肉类加工	1055	101	62995	58977	4018
水产品加工	805	7	29515	29316	199
蔬菜、水果和坚果加工	612	11	39657	37125	2532
其他农副食品加工	668	16	21782	20745	1037
食品制造业	2860	119	134149	126760	7389
焙烤食品制造	662	56	24808	22880	1928
糖果、巧克力及蜜饯制造	162	5	11804	11710	94
方便食品制造	437	20	23991	21554	2437
乳制品制造	88	5	11649	11252	397
罐头食品制造	194	4	10557	10291	266

1-A-1　续表 11

行　　业	产业活动单位				
	单位数（个）	#多产业法人所属的产业活动单位数	从业人员数（人）	单产业法人所属的从业人员数	多产业法人所属的从业人员数
调味品、发酵制品制造	461	6	16616	16398	218
其他食品制造	856	23	34724	32675	2049
酒、饮料和精制茶制造业	1585	59	112024	105001	7023
酒的制造	630	24	62003	56354	5649
饮料制造	653	23	46024	45067	957
精制茶加工	302	12	3997	3580	417
烟草制品业	8		6362	6362	
烟叶复烤					
卷烟制造	4		5537	5537	
其他烟草制品制造	4		825	825	
纺织业	29653	431	1328434	1290416	38018
棉纺织及印染精加工	11520	201	646074	631901	14173
毛纺织及染整精加工	1797	28	126799	124114	2685
麻纺织及染整精加工	252	2	15478	15474	4
丝绢纺织及印染精加工	506	17	32836	31834	1002
化纤织造及印染精加工	5159	43	171562	159434	12128
针织或钩针编织物及其制品制造	3730	43	108246	106331	1915
家用纺织制成品制造	3277	66	133409	128580	4829
非家用纺织制成品制造	3412	31	94030	92748	1282
纺织服装、服饰业	20295	475	1227998	1163276	64722
机织服装制造	13889	377	939488	880385	59103
针织或钩针编织服装制造	2546	38	149599	146441	3158
服饰制造	3860	60	138911	136450	2461
皮革、毛皮、羽毛及其制品和制鞋业	3764	65	235140	224363	10777
皮革鞣制加工	113		6002	6002	
皮革制品制造	1268	25	67957	65477	2480
毛皮鞣制及制品加工	185		6426	6426	
羽毛(绒)加工及制品制造	237	7	26437	26105	332
制鞋业	1961	33	128318	120353	7965
木材加工和木、竹、藤、棕、草制品业	9742	71	370637	368631	2006
木材加工	3871	14	88358	88115	243
人造板制造	3048	15	217646	217086	560
木制品制造	2543	36	58407	57251	1156
竹、藤、棕、草等制品制造	280	6	6226	6179	47
家具制造业	3478	56	108598	102598	6000
木质家具制造	2591	35	71348	70061	1287
竹、藤家具制造	23		738	738	
金属家具制造	352	8	14800	13560	1240
塑料家具制造	81	2	1970	1963	7
其他家具制造	431	11	19742	16276	3466
造纸和纸制品业	6995	84	192394	185826	6568
纸浆制造	32	1	415	400	15
造纸	2272	25	104474	101707	2767
纸制品制造	4691	58	87505	83719	3786
印刷和记录媒介复制业	8673	143	215779	212783	2996
印刷	8110	124	207135	204416	2719
装订及印刷相关服务	539	19	7115	6838	277
记录媒介复制	24		1529	1529	
文教、工美、体育和娱乐用品制造业	10405	142	445611	425800	19811
文教办公用品制造	934	22	35189	31889	3300

1-A-1 续表 12

行业	产业活动单位				
	单位数（个）	#多产业法人所属的产业活动单位数	从业人员数（人）	单产业法人所属的从业人员数	多产业法人所属的从业人员数
乐器制造	282	8	10784	10414	370
工艺美术品制造	5959	55	220769	216506	4263
体育用品制造	948	19	43474	42450	1024
玩具制造	1951	29	116699	106102	10597
游艺器材及娱乐用品制造	331	9	18696	18439	257
石油加工、炼焦和核燃料加工业	593	15	34126	32410	1716
精炼石油产品制造	549	15	26568	24852	1716
炼焦	43		7546	7546	
化学原料和化学制品制造业	13642	295	857441	801085	56356
基础化学原料制造	2563	53	266267	248335	17932
肥料制造	694	18	36750	35578	1172
农药制造	390	19	62160	53599	8561
涂料、油墨、颜料及类似产品制造	2655	49	113911	110695	3216
合成材料制造	2023	34	116714	106868	9846
专用化学产品制造	4319	93	218654	204512	14142
炸药、火工及焰火产品制造	25	3	1945	1758	187
日用化学产品制造	973	26	41040	39740	1300
医药制造业	2001	58	220018	200658	19360
化学药品原料药制造	426	5	48975	48628	347
化学药品制剂制造	260	16	68581	53821	14760
中药饮片加工	81	3	6239	6087	152
中成药生产	78	6	24992	24439	553
兽用药品制造	103	3	8870	8415	455
生物药品制造	436	5	26291	25623	668
卫生材料及医药用品制造	617	20	36070	33645	2425
化学纤维制造业	2359	33	202081	192555	9526
纤维素纤维原料及纤维制造	381	3	87528	87509	19
合成纤维制造	1978	30	114553	105046	9507
橡胶和塑料制品业	21192	285	624041	599924	24117
橡胶制品业	3780	75	151677	144549	7128
塑料制品业	17412	210	472364	455375	16989
非金属矿物制品业	18169	359	690572	665480	25092
水泥、石灰和石膏制造	831	22	61782	60887	895
石膏、水泥制品及类似制品制造	4396	150	164358	159199	5159
砖瓦、石材等建筑材料制造	4750	69	135082	128837	6245
玻璃制造	481	11	26816	24622	2194
玻璃制品制造	1898	35	103583	101347	2236
玻璃纤维和玻璃纤维增强塑料制品制造	1098	10	45667	43682	1985
陶瓷制品制造	1122	27	42901	37026	5875
耐火材料制品制造	1501	20	45100	44843	257
石墨及其他非金属矿物制品制造	2092	15	65283	65037	246
黑色金属冶炼和压延加工业	6578	84	478159	472561	5598
炼铁	127	6	18922	18801	121
炼钢	99	1	34299	34296	3
黑色金属铸造	3057	33	123283	121248	2035
钢压延加工	3130	43	279113	275677	3436
铁合金冶炼	165	1	22542	22539	3
有色金属冶炼和压延加工业	4570	69	201516	197446	4070
常用有色金属冶炼	478	5	20358	20011	347

1-A-1 续表 13

行业	产业活动单位				
	单位数（个）	# 多产业法人所属的产业活动单位数	从业人员数（人）	单产业法人所属的从业人员数	多产业法人所属的从业人员数
贵金属冶炼	37	1	1383	1368	15
稀有稀土金属冶炼	113	1	7728	7721	7
有色金属合金制造	567	10	37239	36392	847
有色金属铸造	471	13	12008	11880	128
有色金属压延加工	2904	39	122800	120074	2726
金属制品业	33128	489	947330	922296	25034
结构性金属制品制造	12011	219	309765	297985	11780
金属工具制造	4686	40	105445	104604	841
集装箱及金属包装容器制造	1179	12	71025	68845	2180
金属丝绳及其制品制造	1863	18	86028	84428	1600
建筑、安全用金属制品制造	2585	65	68945	67509	1436
金属表面处理及热处理加工	2332	38	89636	88124	1512
搪瓷制品制造	130	5	5909	5640	269
金属制日用品制造	1547	19	44549	41559	2990
其他金属制品制造	6795	73	166028	163602	2426
通用设备制造业	48962	686	1359681	1303595	56086
锅炉及原动设备制造	1836	55	108773	102668	6105
金属加工机械制造	8171	91	200952	195009	5943
物料搬运设备制造	2169	93	112791	102223	10568
泵、阀门、压缩机及类似机械制造	6032	77	195159	189219	5940
轴承、齿轮和传动部件制造	3001	46	155645	151156	4489
烘炉、风机、衡器、包装等设备制造	5027	92	156731	149350	7381
文化、办公用机械制造	371	9	52105	43482	8623
通用零部件制造	16790	167	296750	291416	5334
其他通用设备制造业	5565	56	80775	79072	1703
专用设备制造业	33200	556	1009055	970310	38745
采矿、冶金、建筑专用设备制造	4457	87	200500	192309	8191
化工、木材、非金属加工专用设备制造	9465	113	266274	252675	13599
食品、饮料、烟草及饲料生产专用设备制造	681	19	24857	24246	611
印刷、制药、日化及日用品生产专用设备制造	1698	27	40475	38776	1699
纺织、服装和皮革加工专用设备制造	3253	52	88699	86257	2442
电子和电工机械专用设备制造	2553	53	57724	56272	1452
农、林、牧、渔专用机械制造	1110	10	37776	37418	358
医疗仪器设备及器械制造	1788	27	86920	84847	2073
环保、社会公共服务及其他专用设备制造	8195	168	205830	197510	8320
汽车制造业	7233	141	501064	469668	31396
汽车整车制造	70	8	54695	49584	5111
改装汽车制造	77	7	11841	10458	1383
低速载货汽车制造	5	1	376	266	110
电车制造	112	2	4657	4530	127
汽车车身、挂车制造	83	2	10373	10059	314
汽车零部件及配件制造	6886	121	419122	394771	24351
铁路、船舶、航空航天和其他运输设备制造业	5989	158	465142	448755	16387
铁路运输设备制造	558	20	50777	47723	3054
城市轨道交通设备制造	45	1	4276	4273	3
船舶及相关装置制造	2607	91	274666	266480	8186
航空、航天器及设备制造	116	4	8062	7439	623
摩托车制造	808	17	44139	43756	383
自行车制造	1318	19	59351	55867	3484

1-A-1 续表 14

行业	产业活动单位				
	单位数(个)	#多产业法人所属的产业活动单位数	从业人员数(人)	单产业法人所属的从业人员数	多产业法人所属的从业人员数
非公路休闲车及零配件制造	352	1	18923	18903	20
潜水救捞及其他未列明运输设备制造	185	5	4948	4314	634
电气机械和器材制造业	23951	429	1361153	1301248	59905
电机制造	3011	62	227570	213647	13923
输配电及控制设备制造	8822	131	482076	468036	14040
电线、电缆、光缆及电工器材制造	4027	96	258000	246724	11276
电池制造	622	13	79179	78808	371
家用电力器具制造	1503	39	137639	122998	14641
非电力家用器具制造	631	15	24656	22349	2307
照明器具制造	3542	48	124429	121688	2741
其他电气机械及器材制造	1793	25	27604	26998	606
计算机、通信和其他电子设备制造业	14389	268	1999553	1922983	76570
计算机制造	943	26	322016	316642	5374
通信设备制造	964	34	113747	110481	3266
广播电视设备制造	539	17	55144	53370	1774
雷达及配套设备制造	29	2	3255	2963	292
视听设备制造	418	16	146502	128412	18090
电子器件制造	2138	45	466425	445757	20668
电子元件制造	6713	97	736702	712312	24390
其他电子设备制造	2645	31	155762	153046	2716
仪器仪表制造业	6131	134	316997	311684	5313
通用仪器仪表制造	3547	78	196665	194273	2392
专用仪器仪表制造	1204	23	70520	68908	1612
钟表与计时仪器制造	53	5	1122	1062	60
光学仪器及眼镜制造	753	17	38233	37104	1129
其他仪器仪表制造业	574	11	10457	10337	120
其他制造业	2628	40	80133	78915	1218
日用杂品制造	1078	15	56900	56091	809
煤制品制造	87		2281	2281	
核辐射加工	6		254	254	
其他未列明制造业	1457	25	20698	20289	409
废弃资源综合利用业	1188	89	25646	24229	1417
金属废料和碎屑加工处理	668	62	15818	14838	980
非金属废料和碎屑加工处理	520	27	9828	9391	437
金属制品、机械和设备修理业	1505	106	29097	23006	6091
金属制品修理	80	5	2272	2199	73
通用设备修理	205	10	1862	1748	114
专用设备修理	172	23	3673	1787	1886
铁路、船舶、航空航天等运输设备修理	632	42	15545	12703	2842
电气设备修理	97	5	1517	1041	476
仪器仪表修理	20	3	171	99	72
其他机械和设备修理业	299	18	4057	3429	628
电力、热力、燃气及水生产和供应业	**3526**	**1118**	**201567**	**130979**	**70588**
电力、热力生产和供应业	1219	615	119527	69700	49827
电力生产	398	22	62676	59997	2679
电力供应	650	584	48688	2049	46639
热力生产和供应	171	9	8163	7654	509
燃气生产和供应业	473	140	21607	15611	5996
燃气生产和供应业	473	140	21607	15611	5996

1-A-1 续表 15

行业	产业活动单位				
	单位数（个）	#多产业法人所属的产业活动单位数	从业人员数（人）	单产业法人所属的从业人员数	多产业法人所属的从业人员数
·水的生产和供应业	1834	363	60433	45668	14765
自来水生产和供应	1252	339	47873	33715	14158
污水处理及其再生利用	514	19	11678	11125	553
其他水的处理、利用与分配	68	5	882	828	54
建筑业	**48192**	**5885**	**6921371**	**6010765**	**910606**
房屋建筑业	9461	1753	4916200	4237774	678426
房屋建筑业	9461	1753	4916200	4237774	678426
土木工程建筑业	9524	1178	925131	832461	92670
铁路、道路、隧道和桥梁工程建筑	3912	516	579524	530790	48734
水利和内河港口工程建筑	786	77	107155	102832	4323
海洋工程建筑	18	1	498	491	7
工矿工程建筑	529	46	25461	19370	6091
架线和管道工程建筑	959	133	54134	46739	7395
其他土木工程建筑	3320	405	158359	132239	26120
建筑安装业	11320	1437	515677	421915	93762
电气安装	2485	336	153627	129457	24170
管道和设备安装	2153	258	140700	110357	30343
其他建筑安装业	6682	843	221350	182101	39249
建筑装饰和其他建筑业	17887	1517	564363	518615	45748
建筑装饰业	13018	1074	341174	308834	32340
工程准备活动	1737	127	48567	44883	3684
提供施工设备服务	436	33	20261	18991	1270
其他未列明建筑业	2696	283	154361	145907	8454
批发和零售业	**333739**	**38442**	**3284613**	**2824680**	**459933**
批发业	233241	15052	2147833	1996145	151688
农、林、牧产品批发	11265	681	181063	175824	5239
食品、饮料及烟草制品批发	18936	1337	286172	258717	27455
纺织、服装及家庭用品批发	35673	1069	373332	340995	32337
文化、体育用品及器材批发	6187	252	60796	57262	3534
医药及医疗器材批发	3611	215	61170	58804	2366
矿产品、建材及化工产品批发	75739	7270	574488	531134	43354
机械设备、五金产品及电子产品批发	61793	2672	449135	424138	24997
贸易经纪与代理	5298	220	43592	41143	2449
其他批发业	14739	1336	118085	108128	9957
零售业	100498	23390	1136780	828535	308245
综合零售	12890	4881	309568	168497	141071
食品、饮料及烟草制品专门零售	13087	3899	115555	87654	27901
纺织、服装及日用品专门零售	11361	2258	109866	89566	20300
文化、体育用品及器材专门零售	7380	1172	66563	54208	12355
医药及医疗器材专门零售	9994	4882	70839	40956	29883
汽车、摩托车、燃料及零配件专门零售	12500	2597	190814	161627	29187
家用电器及电子产品专门零售	14381	1848	125633	92434	33199
五金、家具及室内装饰材料专门零售	11409	681	85331	81190	4141
货摊、无店铺及其他零售业	7496	1172	62611	52403	10208
交通运输、仓储和邮政业	**31195**	**5711**	**867408**	**666188**	**201220**
道路运输业	17393	1534	471140	394239	76901
城市公共交通运输	701	93	141214	108708	32506
公路旅客运输	551	126	39972	29973	9999
道路货物运输	15154	1112	247535	226798	20737

1-A-1 续表 16

行　　业	产业活动单位				
	单位数（个）	#多产业法人所属的产业活动单位数	从业人员数（人）	单产业法人所属的从业人员数	多产业法人所属的从业人员数
道路运输辅助活动	987	203	42419	28760	13659
水上运输业	1648	198	120820	104681	16139
水上旅客运输	85	22	4092	3135	957
水上货物运输	1080	129	76036	69422	6614
水上运输辅助活动	483	47	40692	32124	8568
航空运输业	90	40	10161	4588	5573
航空客货运输	49	25	3705	2056	1649
通用航空服务	14	6	278	197	81
航空运输辅助活动	27	9	6178	2335	3843
管道运输业	24	6	7981	7829	152
管道运输业	24	6	7981	7829	152
装卸搬运和运输代理业	7242	1409	126417	94106	32311
装卸搬运	1681	108	53312	39651	13661
运输代理业	5561	1301	73105	54455	18650
仓储业	1841	191	42197	37267	4930
谷物、棉花等农产品仓储	501	65	9397	8539	858
其他仓储业	1340	126	32800	28728	4072
邮政业	2957	2333	88692	23478	65214
邮政基本服务	1857	1824	41991	2346	39645
快递服务	1100	509	46701	21132	25569
住宿和餐饮业	**15465**	**4463**	**496007**	**359235**	**136772**
住宿业	4351	793	180494	141472	39022
旅游饭店	1236	200	129661	103805	25856
一般旅馆	2755	512	42962	32416	10546
其他住宿业	360	81	7871	5251	2620
餐饮业	11114	3670	315513	217763	97750
正餐服务	7272	1480	237046	190476	46570
快餐服务	2082	1464	49789	9217	40572
饮料及冷饮服务	592	309	6399	3338	3061
其他餐饮业	1168	417	22279	14732	7547
信息传输、软件和信息技术服务业	**26307**	**5067**	**566789**	**402424**	**164365**
电信、广播电视和卫星传输服务	4692	3838	178642	73443	105199
电信	3949	3564	148415	50527	97888
广播电视传输服务	723	273	30042	22735	7307
卫星传输服务	20	1	185	181	4
互联网和相关服务	3437	303	53258	45945	7313
互联网接入及相关服务	310	87	4197	2154	2043
互联网信息服务	2727	176	45609	40753	4856
其他互联网服务	400	40	3452	3038	414
软件和信息技术服务业	18178	926	334889	283036	51853
软件开发	11641	503	241341	205353	35988
信息系统集成服务	2041	103	25167	22203	2964
信息技术咨询服务	2217	176	22034	18432	3602
数据处理和存储服务	274	27	10137	9373	764
集成电路设计	590	19	11557	10231	1326
其他信息技术服务业	1415	98	24653	17444	7209
房地产业	**33774**	**5489**	**731918**	**598469**	**133449**
房地产业	33774	5489	731918	598469	133449
房地产开发经营	11067	670	248979	227284	21695

1-A-1　续表 17

行　业	产业活动单位				
	单位数(个)	#多产业法人所属的产业活动单位数	从业人员数(人)	单产业法人所属的从业人员数	多产业法人所属的从业人员数
物业管理	10458	1789	363283	279514	83769
房地产中介服务	8200	2743	71263	47539	23724
自有房地产经营活动	2369	158	20577	18502	2075
其他房地产业	1680	129	27816	25630	2186
租赁和商务服务业	**84790**	**7976**	**1135808**	**971514**	**164294**
租赁业	4461	252	48348	44265	4083
机械设备租赁	4290	240	46681	42693	3988
文化及日用品出租	171	12	1667	1572	95
商务服务业	80329	7724	1087460	927249	160211
企业管理服务	19676	1617	277362	234673	42689
法律服务	2616	115	24578	23361	1217
咨询与调查	18050	1597	147267	124760	22507
广告业	14187	498	106166	100591	5575
知识产权服务	696	68	7321	6545	776
人力资源服务	7843	717	236628	210141	26487
旅行社及相关服务	3959	1874	34122	20577	13545
安全保护服务	760	117	88740	63942	24798
其他商务服务业	12542	1121	165276	142659	22617
科学研究和技术服务业	**42830**	**3204**	**699246**	**625552**	**73694**
研究和试验发展	6039	198	79335	71482	7853
自然科学研究和试验发展	480	19	7099	6756	343
工程和技术研究和试验发展	3700	135	46468	41280	5188
农业科学研究和试验发展	623	20	10806	9116	1690
医学研究和试验发展	1094	23	13395	12769	626
社会人文科学研究	142	1	1567	1561	6
专业技术服务业	23357	2561	406737	345875	60862
气象服务	180	4	2360	2315	45
地震服务	118	12	1401	947	454
海洋服务	27		622	622	
测绘服务	430	41	8116	6849	1267
质检技术服务	1731	171	39270	35273	3997
环境与生态监测	479	35	8109	7350	759
地质勘查	186	34	12553	7274	5279
工程技术	12380	1639	244593	206203	38390
其他专业技术服务业	7826	625	89713	79042	10671
科技推广和应用服务业	13434	445	213174	208195	4979
技术推广服务	11760	345	193482	189583	3899
科技中介服务	825	47	10411	10044	367
其他科技推广和应用服务业	849	53	9281	8568	713
水利、环境和公共设施管理业	**8063**	**670**	**224954**	**205096**	**19858**
水利管理业	2160	294	31939	29272	2667
防洪除涝设施管理	552	87	9739	9022	717
水资源管理	420	50	5187	4661	526
天然水收集与分配	320	50	5826	5203	623
水文服务	49	7	811	728	83
其他水利管理业	819	100	10376	9658	718
生态保护和环境治理业	808	41	13389	12653	736
生态保护	117	4	1788	1764	24
环境治理业	691	37	11601	10889	712

1-A-1 续表 18

行业	产业活动单位				
	单位数（个）	#多产业法人所属的产业活动单位数	从业人员数（人）	单产业法人所属的从业人员数	多产业法人所属的从业人员数
公共设施管理业	5095	335	179626	163171	16455
市政设施管理	730	68	16530	14754	1776
环境卫生管理	837	94	71086	64123	6963
城乡市容管理	313	41	8824	7947	877
绿化管理	1757	82	35252	33309	1943
公园和游览景区管理	1458	50	47934	43038	4896
居民服务、修理和其他服务业	**16008**	**1445**	**209032**	**187065**	**21967**
居民服务业	6174	688	69861	61215	8646
家庭服务	825	45	9875	9284	591
托儿所服务	45	6	476	418	58
洗染服务	222	60	2894	2669	225
理发及美容服务	657	210	6118	4296	1822
洗浴服务	968	87	13424	12521	903
保健服务	337	74	4518	3386	1132
婚姻服务	443	18	2901	2769	132
殡葬服务	450	37	8099	7468	631
其他居民服务业	2227	151	21556	18404	3152
机动车、电子产品和日用产品修理业	6902	586	73181	64529	8652
汽车、摩托车修理与维护	4849	369	54450	48690	5760
计算机和办公设备维修	786	96	8016	6895	1121
家用电器修理	890	77	7752	6536	1216
其他日用产品修理业	377	44	2963	2408	555
其他服务业	2932	171	65990	61321	4669
清洁服务	1983	82	43256	39333	3923
其他未列明服务业	949	89	22734	21988	746
教育	**20203**	**3064**	**1125995**	**961311**	**164684**
教育	20203	3064	1125995	961311	164684
学前教育	4854	706	140538	121399	19139
初等教育	4134	1499	307988	235656	72332
中等教育	3174	230	398442	369824	28618
高等教育	399	38	160449	125281	35168
特殊教育	189	9	5392	5265	127
技能培训、教育辅助及其他教育	7453	582	113186	103886	9300
卫生和社会工作	**26675**	**13211**	**610471**	**449375**	**161096**
卫生	19862	13090	558167	398128	160039
医院	1595	232	342806	277784	65022
社区医疗与卫生院	9469	7042	139797	70699	69098
门诊部(所)	7102	5526	36747	14283	22464
计划生育技术服务活动	775	53	8289	7771	518
妇幼保健院(所、站)	125	9	9558	8983	575
专科疾病防治院(所、站)	99	18	3830	3399	431
疾病预防控制中心	242	44	9278	8659	619
其他卫生活动	455	166	7862	6550	1312
社会工作	6813	121	52304	51247	1057
提供住宿社会工作	3992	90	38334	37461	873
不提供住宿社会工作	2821	31	13970	13786	184
文化、体育和娱乐业	**16124**	**808**	**210296**	**193148**	**17148**
新闻和出版业	443	51	17923	15354	2569
新闻业	98	14	2007	1887	120

1-A-1　续表 19

行　业	产业活动单位				
	单位数（个）	#多产业法人所属的产业活动单位数	从业人员数（人）	单产业法人所属的从业人员数	多产业法人所属的从业人员数
出版业	345	37	15916	13467	2449
广播、电视、电影和影视录音制作业	1412	206	39779	34395	5384
广播	158	29	7273	6528	745
电视	372	65	17423	15274	2149
电影和影视节目制作	272	15	3908	3486	422
电影和影视节目发行	66	3	1364	1249	115
电影放映	508	94	9594	7641	1953
录音制作	36		217	217	
文化艺术业	4655	166	54612	51514	3098
文艺创作与表演	918	27	14567	14047	520
艺术表演场馆	111	7	3132	2651	481
图书馆与档案馆	320	16	5407	5039	368
文物及非物质文化遗产保护	153	8	1985	1869	116
博物馆	258	12	4048	3710	338
烈士陵园、纪念馆	126	4	2252	1562	690
群众文化活动	1497	50	13592	13332	260
其他文化艺术业	1272	42	9629	9304	325
体育	1328	130	15737	12799	2938
体育组织	349	6	3282	3247	35
体育场馆	126	16	2921	2393	528
休闲健身活动	728	102	8408	6165	2243
其他体育	125	6	1126	994	132
娱乐业	8286	255	82245	79086	3159
室内娱乐活动	7291	195	52180	50199	1981
游乐园	107	14	7855	7296	559
彩票活动	57	2	7852	7842	10
文化、娱乐、体育经纪代理	241	14	2665	2580	85
其他娱乐业	590	30	11693	11169	524
公共管理、社会保障和社会组织	**73037**	**8363**	**1289546**	**1021264**	**268282**
中国共产党机关	1702	61	34272	33636	636
中国共产党机关	1702	61	34272	33636	636
国家机构	24714	6504	841494	591101	250393
国家权力机构	184	13	6529	6479	50
国家行政机构	23531	6179	780664	539734	240930
人民法院和人民检察院	442	194	37596	30633	6963
其他国家机构	557	118	16705	14255	2450
人民政协、民主党派	292	2	5076	5065	11
人民政协	155	2	4030	4019	11
民主党派	137		1046	1046	
社会保障	962	115	12737	12217	520
社会保障	962	115	12737	12217	520
群众团体、社会团体和其他成员组织	23390	771	188938	181189	7749
群众团体	1684	56	23017	22376	641
社会团体	17462	294	135439	131432	4007
基金会	378	12	1931	1854	77
宗教组织	3866	409	28551	25527	3024
基层群众自治组织	21977	910	207029	198056	8973
社区自治组织	7243	241	73725	70889	2836
村民自治组织	14734	669	133304	127167	6137

1-A-2 按行业、地区

地区	法人单位数(个)				
		南京	无锡	徐州	常州
总 计	**1047004**	**99254**	**126549**	**84858**	**93348**
农、林、牧、渔业	**12943**	**593**	**1301**	**752**	**493**
农、林、牧、渔服务业	12943	593	1301	752	493
农业服务业	9847	443	1006	651	423
林业服务业	733	57	159	19	17
畜牧服务业	1430	32	91	72	21
渔业服务业	933	61	45	10	32
采矿业	**643**	**79**	**5**	**185**	**45**
煤炭开采和洗选业	39			29	
烟煤和无烟煤开采洗选	31			25	
褐煤开采洗选	1			1	
其他煤炭采选	7			3	
石油和天然气开采业	6	1		1	
石油开采	4	1			
天然气开采	2			1	
黑色金属矿采选业	64	4		47	1
铁矿采选	59	3		46	
锰矿、铬矿采选					
其他黑色金属矿采选	5	1		1	1
有色金属矿采选业	21	7		1	
常用有色金属矿采选	17	7		1	
贵金属矿采选	4				
稀有稀土金属矿采选					
非金属矿采选业	483	64	5	101	42
土砂石开采	398	60	4	95	37
化学矿开采	14	1			
采盐	28			3	3
石棉及其他非金属矿采选	43	3	1	3	2
开采辅助活动	19	2		2	1
煤炭开采和洗选辅助活动	4	1			
石油和天然气开采辅助活动	10	1		1	
其他开采辅助活动	5			1	1
其他采矿业	11	1		4	1
其他采矿业	11	1		4	1
制造业	**346771**	**14950**	**51370**	**17425**	**38409**
农副食品加工业	5594	236	132	872	139
谷物磨制	1487	31	20	219	31
饲料加工	668	28	28	142	25
植物油加工	356	18	6	28	10
制糖业	20	1		1	1
屠宰及肉类加工	983	76	31	167	35
水产品加工	808	13	9	13	6
蔬菜、水果和坚果加工	609	26	4	198	11
其他农副食品加工	663	43	34	104	20
食品制造业	2791	215	228	371	193
焙烤食品制造	627	61	50	85	35
糖果、巧克力及蜜饯制造	159	9	21	9	12
方便食品制造	422	33	28	60	17
乳制品制造	88	5	7	15	7
罐头食品制造	193	8	15	53	8

分组的法人单位数

苏州	南通	连云港	淮安	盐城	扬州	镇江	泰州	宿迁
251054	**88711**	**30387**	**43152**	**47403**	**54314**	**45879**	**47585**	**34510**
1471	**1823**	**801**	**1257**	**788**	**1369**	**620**	**934**	**741**
1471	1823	801	1257	788	1369	620	934	741
1174	1394	635	693	641	929	442	764	652
55	89	21	20	23	111	90	60	12
81	220	99	447	55	132	58	59	63
161	120	46	97	69	197	30	51	14
21	**3**	**117**	**70**	**15**	**16**	**71**	**1**	**15**
		3	1	1	4	1		
		3		1	2			
			1		2	1		
			2	1	1			
			1	1	1			
			1					
1		1			2	6	1	1
1					2	6	1	
		1						1
1	1	3	1	2		3		2
1		3	1			3		1
	1			2				1
19	2	106	58	8	6	60		12
18	1	73	40	1	6	54		9
		6	6					1
		6	8	7		1		
1	1	21	4			5		2
		2	6	3	3			
		1	2					
			3	2	3			
		1	1	1				
		2	2			1		
		2	2			1		
92069	**31814**	**6657**	**10541**	**16276**	**18998**	**17563**	**19948**	**10751**
306	748	633	532	638	272	117	391	578
29	72	181	232	157	56	31	107	321
35	103	49	79	75	29	14	28	33
31	53	21	15	61	17	26	46	24
3	1	1	3	5	2	1	1	
70	145	58	69	100	49	24	79	80
25	264	255	36	100	24	3	16	44
32	48	29	36	59	53	5	89	19
81	62	39	62	81	42	13	25	57
383	253	150	182	207	116	112	202	179
90	78	32	42	42	16	23	29	44
46	11	13	11	8	10	3	3	3
50	25	18	45	29	34	12	25	46
12	2	6	6	3	8	4	7	6
20	11	7	8	18	14	3	11	17

1-A-2 续表 1

行业	法人单位数(个)	南京	无锡	徐州	常州
调味品、发酵制品制造	458	26	40	59	24
其他食品制造	844	73	67	90	90
酒、饮料和精制茶制造业	1555	88	196	170	131
酒的制造	619	11	21	58	22
饮料制造	639	47	62	97	64
精制茶加工	297	30	113	15	45
烟草制品业	8	1		1	
烟叶复烤					
卷烟制造	4	1		1	
其他烟草制品制造	4				
纺织业	29391	198	3431	897	2687
棉纺织及印染精加工	11396	46	1533	680	1807
毛纺织及染整精加工	1775	7	595	30	125
麻纺织及染整精加工	250	7	84	4	18
丝绢纺织及印染精加工	495	5	19	41	21
化纤织造及印染精加工	5125	9	108	19	101
针织或钩针编织物及其制品制造	3703	38	440	40	202
家用纺织制成品制造	3248	48	332	55	192
非家用纺织制成品制造	3399	38	320	28	221
纺织服装、服饰业	20040	840	2153	634	1258
机织服装制造	13699	709	1303	487	1046
针织或钩针编织服装制造	2525	26	558	27	70
服饰制造	3816	105	292	120	142
皮革、毛皮、羽毛及其制品和制鞋业	3731	142	136	133	195
皮革鞣制加工	113	4	4	14	2
皮革制品制造	1253	46	71	29	95
毛皮鞣制及制品加工	185	30	10	13	2
羽毛(绒)加工及制品制造	232	23	12	7	24
制鞋业	1948	39	39	70	72
木材加工和木、竹、藤、棕、草制品业	9694	211	499	2493	405
木材加工	3863	44	65	1311	37
人造板制造	3038	28	55	997	143
木制品制造	2516	126	319	163	217
竹、藤、棕、草等制品制造	277	13	60	22	8
家具制造业	3449	217	207	649	266
木质家具制造	2577	161	144	596	183
竹、藤家具制造	23		4	3	
金属家具制造	348	25	32	20	33
塑料家具制造	79	9	7	6	3
其他家具制造	422	22	20	24	47
造纸和纸制品业	6941	296	885	246	661
纸浆制造	31	4	2	4	1
造纸	2257	97	160	88	336
纸制品制造	4653	195	723	154	324
印刷和记录媒介复制业	8593	552	1370	266	894
印刷	8044	484	1291	237	837
装订及印刷相关服务	525	65	74	27	57
记录媒介复制	24	3	5	2	
文教、工美、体育和娱乐用品制造业	10334	515	443	354	714
文教办公用品制造	917	58	110	23	76

苏州	南通	连云港	淮安	盐城	扬州	镇江	泰州	宿迁
38	38	28	32	33	12	41	70	17
127	88	46	38	74	22	26	57	46
190	127	119	74	95	64	53	49	199
66	64	65	34	44	17	23	21	173
93	60	43	35	43	24	17	28	26
31	3	11	5	8	23	13		
2	1		2	1				
1			1					
1	1		1	1				
11117	5483	153	728	1797	710	516	1227	447
2029	3198	54	198	1090	168	111	297	185
747	95	10	26	45	30	16	17	32
56	32	1	8	14	5	3	15	3
147	100	7	31	49	13	10	12	40
4554	142	3	14	73	30	15	16	41
1949	428	27	179	117	59	110	59	55
663	1124	15	198	246	98	142	88	47
972	364	36	74	163	307	109	723	44
5576	3285	464	961	1154	1008	883	964	860
3389	2385	320	619	778	718	634	756	555
1075	352	23	65	117	54	74	51	33
1112	548	121	277	259	236	175	157	272
875	425	66	282	138	595	445	130	169
30	11	7	11	9	7	8	3	3
309	173	13	106	61	123	112	72	43
12	15	11	2	4	22	48	6	10
35	10	3	47	5	51	7	3	5
489	216	32	116	59	392	270	46	108
1206	246	391	489	216	226	106	145	3061
179	35	213	235	87	51	22	20	1564
103	28	94	136	42	53	12	21	1326
867	171	62	101	81	102	63	97	147
57	12	22	17	6	20	9	7	24
915	321	94	166	127	96	69	110	212
610	250	71	123	92	63	44	73	167
5			1	2		1	5	2
129	23	7	16	8	18	12	10	15
23	4	1	8	4	5	2	1	6
148	44	15	18	21	10	10	21	22
2662	612	97	255	275	345	232	231	144
7	1	1	1	2	3	2		3
606	238	44	85	224	74	96	167	42
2049	373	52	169	49	268	134	64	99
2713	599	196	200	254	374	657	263	255
2577	561	175	178	233	354	622	245	250
127	37	21	22	21	18	33	18	5
9	1				2	2		
1562	2370	309	345	627	1474	559	522	540
158	42	3	112	20	170	36	53	56

1-A-2 续表 2

地区	法人单位数(个)	南京	无锡	徐州	常州
乐器制造	277	12	18	9	9
工艺美术品制造	5940	270	216	270	410
体育用品制造	941	42	62	23	51
玩具制造	1935	113	30	24	70
游艺器材及娱乐用品制造	324	20	7	5	98
石油加工、炼焦和核燃料加工业	586	35	129	41	67
精炼石油产品制造	542	34	126	21	63
炼焦	43	1	3	20	4
核燃料加工	1				
化学原料和化学制品制造业	13484	762	1881	749	1660
基础化学原料制造	2530	138	213	145	274
肥料制造	681	52	46	143	33
农药制造	378	29	21	52	43
涂料、油墨、颜料及类似产品制造	2640	143	421	141	351
合成材料制造	2010	132	213	64	259
专用化学产品制造	4261	200	847	157	637
炸药、火工及焰火产品制造	23	2	2	2	3
日用化学产品制造	961	66	118	45	60
医药制造业	1976	180	148	136	214
化学药品原料药制造	423	27	21	22	50
化学药品制剂制造	258	39	25	8	28
中药饮片加工	82	4	6	20	3
中成药生产	74	12	5	8	6
兽用药品制造	101	15	4	13	8
生物药品制造	436	58	48	30	31
卫生材料及医药用品制造	602	25	39	35	88
化学纤维制造业	2344	21	294	45	125
纤维素纤维原料及纤维制造	381	9	37	24	59
合成纤维制造	1963	12	257	21	66
橡胶和塑料制品业	20991	687	3631	639	2479
橡胶制品业	3729	119	774	101	387
塑料制品业	17262	568	2857	538	2092
非金属矿物制品业	17921	1005	3143	1858	1373
水泥、石灰和石膏制造	814	81	73	135	81
石膏、水泥制品及类似制品制造	4284	307	279	684	263
砖瓦、石材等建筑材料制造	4701	306	582	469	391
玻璃制造	473	33	63	31	35
玻璃制品制造	1877	105	177	179	147
玻璃纤维和玻璃纤维增强塑料制品制造	1094	74	175	33	195
陶瓷制品制造	1107	30	689	17	61
耐火材料制品制造	1488	37	877	65	86
石墨及其他非金属矿物制品制造	2083	32	228	245	114
黑色金属冶炼和压延加工业	6525	262	1761	411	888
炼铁	122	13	4	44	9
炼钢	99	5	19	25	7
黑色金属铸造	3036	145	584	259	360
钢压延加工	3104	92	1139	56	472
铁合金冶炼	164	7	15	27	40
有色金属冶炼和压延加工业	4526	200	902	179	568
常用有色金属冶炼	476	19	77	45	39

苏州	南通	连云港	淮安	盐城	扬州	镇江	泰州	宿迁
73	6		8	3	48	6	83	2
980	1934	184	108	368	485	278	217	220
155	204	12	30	23	126	53	126	34
167	153	105	80	197	586	166	37	207
29	31	5	7	16	59	20	6	21
123	32	13	31	23	9	30	39	14
122	31	9	30	21	9	26	38	12
1	1	4		2		4	1	2
			1					
2914	1214	494	503	630	834	754	752	337
369	309	213	128	206	146	131	205	53
58	50	60	49	49	29	32	31	49
39	52	22	15	38	15	20	21	11
614	176	58	84	109	174	160	140	69
629	153	45	61	57	135	109	81	72
923	405	83	100	137	224	272	221	55
3	2	3	1	1		1	1	2
279	67	10	65	33	111	29	52	26
373	209	88	71	137	110	64	194	52
87	43	49	14	53	18	10	16	13
54	27	13	3	18	9	8	24	2
12	6	6	3	9	1	3	9	
10	7	1	8	1	3	4	6	3
6	11		6	12	7	6	11	2
80	73	10	16	17	10	22	21	20
124	42	9	21	27	62	11	107	12
1372	188	17	34	63	71	24	27	63
88	43	5	8	26	12	6	8	56
1284	145	12	26	37	59	18	19	7
7409	1234	257	533	707	1152	1089	820	354
1022	248	29	87	180	232	227	268	55
6387	986	228	446	527	920	862	552	299
2349	1523	1375	873	1132	683	937	905	765
83	47	34	58	58	22	62	30	50
550	328	347	350	298	181	221	200	276
566	482	320	293	366	220	260	267	179
130	34	20	15	22	20	23	22	25
369	199	82	73	86	80	150	142	88
178	118	12	15	115	59	45	34	41
132	45	13	8	35	39	15	9	14
112	41	32	15	56	23	30	76	38
229	229	515	46	96	39	131	125	54
1181	351	89	138	292	241	216	634	61
7	13		6	4	4	11	3	4
19	4	1	3	3	1	6	3	3
430	247	52	48	197	111	116	469	18
714	83	30	74	83	117	66	144	34
11	4	6	7	5	8	17	15	2
1262	244	54	203	110	268	270	193	73
74	31	9	29	15	74	26	18	20

1-A-2 续表 3

地　区	法人单位数(个)	南京	无锡	徐州	常州
贵金属冶炼	36	4	9	3	3
稀有稀土金属冶炼	113	10	18	7	16
有色金属合金制造	559	57	93	50	66
有色金属铸造	460	21	77	11	65
有色金属压延加工	2882	89	628	63	379
金属制品业	32821	1615	5118	1194	3085
结构性金属制品制造	11877	687	2084	701	792
金属工具制造	4661	237	384	133	856
集装箱及金属包装容器制造	1172	58	320	29	101
金属丝绳及其制品制造	1862	54	257	29	116
建筑、安全用金属制品制造	2537	130	310	81	234
金属表面处理及热处理加工	2310	134	448	32	325
搪瓷制品制造	125	9	13	5	13
金属制日用品制造	1535	58	211	38	125
其他金属制品制造	6742	248	1091	146	523
通用设备制造业	48533	1910	9292	1395	8064
锅炉及原动设备制造	1800	80	419	67	333
金属加工机械制造	8108	550	1501	347	794
物料搬运设备制造	2118	63	435	57	170
泵、阀门、压缩机及类似机械制造	5994	169	1354	177	428
轴承、齿轮和传动部件制造	2970	104	623	57	720
烘炉、风机、衡器、包装等设备制造	4971	221	971	92	533
文化、办公用机械制造	367	28	45	3	46
通用零部件制造	16683	544	2517	497	3992
其他通用设备制造业	5522	151	1427	98	1048
专用设备制造业	32802	1304	7378	1461	3045
采矿、冶金、建筑专用设备制造	4399	204	754	821	351
化工、木材、非金属加工专用设备制造	9379	256	1340	121	709
食品、饮料、烟草及饲料生产专用设备制造	666	53	107	23	96
印刷、制药、日化及日用品生产专用设备制造	1678	117	443	28	174
纺织、服装和皮革加工专用设备制造	3221	23	975	33	379
电子和电工机械专用设备制造	2508	186	289	110	272
农、林、牧、渔专用机械制造	1100	43	65	57	173
医疗仪器设备及器械制造	1781	117	172	57	282
环保、社会公共服务及其他专用设备制造	8070	305	3233	211	609
汽车制造业	7131	371	797	170	1374
汽车整车制造	65	9	5	4	9
改装汽车制造	75	16	12	2	8
低速载货汽车制造	4	1			
电车制造	111		6	75	9
汽车车身、挂车制造	82	3	8	13	7
汽车零部件及配件制造	6794	342	766	76	1341
铁路、船舶、航空航天和其他运输设备制造业	5887	347	946	563	755
铁路运输设备制造	542	137	39	11	210
城市轨道交通设备制造	44	17	3		11
船舶及相关装置制造	2549	119	225	81	51
航空、航天器及设备制造	116	15	10	4	13
摩托车制造	795	21	304	18	168
自行车制造	1310	29	334	184	254

苏州	南通	连云港	淮安	盐城	扬州	镇江	泰州	宿迁
7			1	4	2	2	1	
17	4	7	4	9	1	6	12	2
135	32	6	14	17	13	45	26	5
149	34		15	20	27	11	27	3
880	143	32	140	45	151	180	109	43
11081	2366	277	620	892	1477	2337	2270	489
3799	895	148	295	303	497	790	676	210
1419	193	25	64	120	223	765	176	66
292	57	18	21	39	72	60	84	21
381	503	5	14	25	96	45	326	11
936	79	34	61	77	158	169	221	47
722	148	3	24	77	115	154	118	10
41	5	1	4	5	5	10	9	5
539	145	16	45	62	72	88	105	31
2952	341	27	92	184	239	256	555	88
10698	3925	256	894	3318	2697	1630	4128	326
193	128	30	42	147	118	85	127	31
1570	906	55	189	740	533	298	547	78
823	179	17	27	50	106	36	132	23
564	526	24	140	834	494	370	871	43
400	145	31	99	148	83	177	342	41
1095	841	19	43	187	136	117	702	14
152	21	1	4	5	7	18	33	4
4309	860	68	306	939	986	457	1131	77
1592	319	11	44	268	234	72	243	15
10505	1996	346	575	1531	1531	900	1933	297
393	447	61	136	347	242	136	486	21
5489	429	60	91	154	216	181	283	50
181	44	10	14	32	46	21	31	8
349	129	24	48	53	82	58	147	26
765	237	14	25	283	167	37	264	19
952	170	18	64	74	124	102	109	38
119	71	99	61	192	66	54	70	30
501	93	24	53	47	134	104	158	39
1756	376	36	83	349	454	207	385	66
1162	162	40	260	298	750	1138	544	65
10	4			7	9	5	2	1
13	1	1	3	2	7	8		2
1						1	1	
4	4		4	1	3	1	2	2
9	1	3	4	7	22	5		
1125	152	36	249	281	709	1118	539	60
554	627	57	112	225	409	260	944	88
40	14	1	4	9	20	33	16	8
2			2	1	3	4	1	
168	536	45	55	156	311	99	661	42
37	7		2	5	2	13	6	2
24	13	1	7	7	49	46	132	5
205	45	8	35	27	15	42	102	30

1-A-2 续表 4

地区	法人单位数(个)	南京	无锡	徐州	常州
非公路休闲车及零配件制造	351	1	8	251	15
潜水救捞及其他未列明运输设备制造	180	8	23	14	33
电气机械和器材制造业	23704	1151	3455	623	3688
电机制造	2973	119	460	117	774
输配电及控制设备制造	8756	520	1307	265	1184
电线、电缆、光缆及电工器材制造	3967	153	729	67	450
电池制造	616	26	87	32	82
家用电力器具制造	1483	62	190	45	233
非电力家用器具制造	621	37	83	36	95
照明器具制造	3515	146	357	33	680
其他电气机械及器材制造	1773	88	242	28	190
计算机、通信和其他电子设备制造业	14241	760	1361	271	2217
计算机制造	930	58	63	25	52
通信设备制造	941	112	91	15	148
广播电视设备制造	526	31	85	5	125
雷达及配套设备制造	28	7	4		6
视听设备制造	405	18	45	4	132
电子器件制造	2117	153	312	55	252
电子元件制造	6670	257	528	122	1168
其他电子设备制造	2624	124	233	45	334
仪器仪表制造业	6056	552	812	201	806
通用仪器仪表制造	3510	319	535	117	507
专用仪器仪表制造	1187	116	112	62	164
钟表与计时仪器制造	48	6	3		14
光学仪器及眼镜制造	746	65	58	6	53
其他仪器仪表制造业	565	46	104	16	68
其他制造业	2595	94	283	133	286
日用杂品制造	1065	19	132	24	58
煤制品制造	87	1	5	21	5
核辐射加工	6				1
其他未列明制造业	1437	74	146	88	222
废弃资源综合利用业	1110	55	179	64	64
金属废料和碎屑加工处理	612	39	132	36	33
非金属废料和碎屑加工处理	498	16	47	28	31
金属制品、机械和设备修理业	1417	128	180	206	108
金属制品修理	77	8	5	10	4
通用设备修理	196	22	39	12	23
专用设备修理	150	8	16	26	16
铁路、船舶、航空航天等运输设备修理	602	43	67	130	12
电气设备修理	92	8	17	10	17
仪器仪表修理	17	3	5	1	2
其他机械和设备修理业	283	36	31	17	34
电力、热力、燃气及水生产和供应业	**2471**	**152**	**187**	**193**	**192**
电力、热力生产和供应业	611	29	60	78	42
电力生产	378	19	39	46	20
电力供应	70	5	7	8	6
热力生产和供应	163	5	14	24	16
燃气生产和供应业	350	28	26	39	24
燃气生产和供应业	350	28	26	39	24

苏州	南通	连云港	淮安	盐城	扬州	镇江	泰州	宿迁
41	2		3	4	2	12	12	
37	10	2	4	16	7	11	14	1
5247	1569	314	597	773	2156	2385	1285	461
459	252	18	43	101	284	74	244	28
2113	584	60	205	275	517	1095	479	152
1086	207	21	131	98	533	266	186	40
121	59	7	40	18	45	34	44	21
492	67	12	52	25	117	58	100	30
71	59	25	41	26	49	33	27	39
435	227	156	47	166	472	555	113	128
470	114	15	38	64	139	270	92	23
5967	776	122	366	254	575	816	442	314
571	50	4	23	12	20	21	11	20
288	71	5	15	22	61	53	53	7
89	13	1	20	11	45	70	26	5
3	2				4	1	1	
108	25	4	7	7	7	16	21	11
790	105	29	31	38	128	122	62	40
2880	390	55	213	98	184	426	195	154
1238	120	24	57	66	126	107	73	77
1567	504	33	283	122	264	573	288	51
1004	259	20	178	60	180	142	178	11
311	108	4	47	42	46	61	85	29
13	4		2	3	2		1	
115	88	5	11	1	8	328	5	3
124	45	4	45	16	28	42	19	8
335	151	67	115	122	393	332	182	102
167	50	17	63	24	232	192	53	34
11	5	8	2	4	3	7	8	7
1	1				2		1	
156	95	42	50	94	156	133	120	61
252	56	32	60	62	42	17	65	162
158	30	14	29	36	25	13	27	40
94	26	18	31	26	17	4	38	122
211	217	54	57	56	56	42	69	33
4	24	2	2	5	4	3	5	1
51	11	2	7	8	2	3	9	7
42	11	7	8	6	2	3	2	3
33	143	31	23	23	20	15	46	16
18	3	3	4	2	7	1		2
1	2			1	1		1	
62	23	9	13	11	20	17	6	4
351	**268**	**163**	**187**	**253**	**163**	**106**	**141**	**115**
90	51	24	61	68	29	32	23	24
62	32	6	40	47	17	20	16	14
5	2	5	8	9	7	3	2	3
23	17	13	13	12	5	9	5	7
59	18	15	27	16	33	22	22	21
59	18	15	27	16	33	22	22	21

1-A-2 续表 5

行业	法人单位数（个）	南京	无锡	徐州	常州
水的生产和供应业	1510	95	101	76	126
自来水生产和供应	949	67	27	43	65
污水处理及其再生利用	497	26	66	31	49
其他水的处理、利用与分配	64	2	8	2	12
建筑业	**43284**	**5316**	**4226**	**2989**	**2244**
房屋建筑业	8077	983	333	743	388
房屋建筑业	8077	983	333	743	388
土木工程建筑业	8534	1117	722	613	438
铁路、道路、隧道和桥梁工程建筑	3483	480	284	237	198
水利和内河港口工程建筑	730	54	43	64	32
海洋工程建筑	17				
工矿工程建筑	495	37	96	44	13
架线和管道工程建筑	852	108	47	86	61
其他土木工程建筑	2957	438	252	182	134
建筑安装业	10075	1131	964	568	498
电气安装	2217	305	199	117	98
管道和设备安装	1931	204	249	97	97
其他建筑安装业	5927	622	516	354	303
建筑装饰和其他建筑业	16598	2085	2207	1065	920
建筑装饰业	12115	1231	1874	851	566
工程准备活动	1624	185	151	78	105
提供施工设备服务	412	69	43	37	23
其他未列明建筑业	2447	600	139	99	226
批发和零售业	**299067**	**30803**	**36783**	**31767**	**25226**
批发业	220227	19502	30360	19471	20197
农、林、牧产品批发	10662	587	263	2230	341
食品、饮料及烟草制品批发	17843	2088	1306	3268	977
纺织、服装及家庭用品批发	34851	2159	3439	1956	2920
文化、体育用品及器材批发	5985	882	594	354	480
医药及医疗器材批发	3432	647	256	294	428
矿产品、建材及化工产品批发	69126	5337	14721	5899	7865
机械设备、五金产品及电子产品批发	59689	6412	7932	4313	5145
贸易经纪与代理	5110	559	541	294	522
其他批发业	13529	831	1308	863	1519
零售业	78840	11301	6423	12296	5029
综合零售	8345	654	413	1915	393
食品、饮料及烟草制品专门零售	9447	1618	786	1253	595
纺织、服装及日用品专门零售	9247	1019	604	1857	595
文化、体育用品及器材专门零售	6359	1241	676	696	421
医药及医疗器材专门零售	5371	722	291	483	212
汽车、摩托车、燃料及零配件专门零售	10097	1096	891	1544	907
家用电器及电子产品专门零售	12745	2558	1009	1804	704
五金、家具及室内装饰材料专门零售	10817	1359	1087	2012	788
货摊、无店铺及其他零售业	6412	1034	666	732	414
交通运输、仓储和邮政业	**25948**	**2397**	**3138**	**2360**	**1472**
道路运输业	16094	1257	2213	1640	994
城市公共交通运输	637	67	49	46	31
公路旅客运输	461	47	36	44	32
道路货物运输	14187	1078	2029	1475	876

苏州	南通	连云港	淮安	盐城	扬州	镇江	泰州	宿迁
202	199	124	99	169	101	52	96	70
67	151	101	73	130	78	37	64	46
127	39	20	21	35	22	11	32	18
8	9	3	5	4	1	4		6
12025	**3209**	**1405**	**2312**	**1862**	**2433**	**2032**	**1634**	**1597**
987	1052	311	793	653	522	345	541	426
987	1052	311	793	653	522	345	541	426
2328	638	337	358	441	443	425	350	324
869	285	132	150	214	175	166	147	146
84	79	43	48	97	43	41	71	31
1	4	1		2		2	7	
249	9	3	8	6	13	8	8	1
210	74	50	56	21	34	45	21	39
915	187	108	96	101	178	163	96	107
3918	636	235	324	299	581	388	327	206
791	130	55	94	70	121	109	75	53
644	132	69	60	46	161	63	72	37
2483	374	111	170	183	299	216	180	116
4792	883	522	837	469	887	874	416	641
3995	631	385	602	172	611	606	181	410
432	85	62	99	104	58	150	69	46
36	27	15	33	17	34	35	21	22
329	140	60	103	176	184	83	145	163
80599	**26337**	**8014**	**10851**	**9272**	**11737**	**10780**	**8915**	**7983**
67475	19405	4434	6328	5617	8104	7850	6475	5009
707	1221	479	822	820	483	353	541	1815
2927	2262	381	822	725	873	657	719	838
13964	6355	336	622	542	1214	638	384	322
2116	508	142	156	131	224	187	114	97
590	293	91	119	114	151	116	263	70
16553	4740	1660	1824	1800	2909	2927	2263	628
24824	2774	642	1016	900	1619	2239	1435	438
1054	406	359	386	177	190	287	164	171
4740	846	344	561	408	441	446	592	630
13124	6932	3580	4523	3655	3633	2930	2440	2974
680	1358	580	668	391	271	322	306	394
1642	1073	284	448	339	354	440	307	308
1549	1251	384	357	411	460	300	173	287
1028	393	560	166	180	438	230	170	160
1105	278	204	1019	161	337	108	196	255
1386	809	469	466	740	433	478	365	513
2441	697	441	584	537	664	419	399	488
1985	837	403	486	461	440	385	305	269
1308	236	255	329	435	236	248	219	300
6638	**1522**	**1304**	**1162**	**1590**	**1206**	**1230**	**1038**	**891**
4077	826	493	827	948	798	746	552	723
219	34	21	15	30	40	33	26	26
63	23	14	33	42	15	25	25	62
3608	724	432	719	820	716	656	446	608

1-A-2 续表 6

行 业	法人单位数（个）	南京	无锡	徐州	常州
道路运输辅助活动	809	65	99	75	55
水上运输业	1486	213	85	130	53
水上旅客运输	64	7	8	3	4
水上货物运输	977	156	32	92	30
水上运输辅助活动	445	50	45	35	19
航空运输业	55	13	4	3	10
航空客货运输	28	7		3	6
通用航空服务	8	2	1		1
航空运输辅助活动	19	4	3		3
管道运输业	19	3	1	5	1
管道运输业	19	3	1	5	1
装卸搬运和运输代理业	5948	641	630	342	333
装卸搬运	1590	118	158	216	62
运输代理业	4358	523	472	126	271
仓储业	1665	225	143	188	47
谷物、棉花等农产品仓储	442	21	21	85	9
其他仓储业	1223	204	122	103	38
邮政业	681	45	62	52	34
邮政基本服务	52	7	3	1	4
快递服务	629	38	59	51	30
住宿和餐饮业	**11328**	**2113**	**1109**	**848**	**777**
住宿业	3642	657	402	220	205
旅游饭店	1068	193	88	58	94
一般旅馆	2291	405	282	149	99
其他住宿业	283	59	32	13	12
餐饮业	7686	1456	707	628	572
正餐服务	5944	1177	508	534	444
快餐服务	664	139	69	53	54
饮料及冷饮服务	291	57	46	13	20
其他餐饮业	787	83	84	28	54
信息传输、软件和信息技术服务业	**21459**	**4964**	**3088**	**1543**	**1944**
电信、广播电视和卫星传输服务	934	144	69	99	55
电信	443	107	36	39	33
广播电视传输服务	472	34	33	52	22
卫星传输服务	19	3		8	
互联网和相关服务	3154	583	167	262	586
互联网接入及相关服务	224	39	12	25	9
互联网信息服务	2569	473	118	192	557
其他互联网服务	361	71	37	45	20
软件和信息技术服务业	17371	4237	2852	1182	1303
软件开发	11220	3108	1575	726	983
信息系统集成服务	1949	300	563	175	43
信息技术咨询服务	2050	386	255	167	150
数据处理和存储服务	250	60	44	13	10
集成电路设计	573	93	226	20	11
其他信息技术服务业	1329	290	189	81	106
房地产业	**29149**	**3063**	**2740**	**2602**	**2044**
房地产业	29149	3063	2740	2602	2044
房地产开发经营	10620	796	902	1003	738

苏州	南通	连云港	淮安	盐城	扬州	镇江	泰州	宿迁
187	45	26	60	56	27	32	55	27
139	106	90	119	181	99	86	140	45
12	4	3	4	5	2	9	2	1
63	78	54	85	138	77	43	95	34
64	24	33	30	38	20	34	43	10
9	5	4	1	2	1	2		1
6	2	1	1	1		1		
1	2					1		
2	1	3		1	1			1
	2		3	2	1	1		
	2		3	2	1	1		
1869	422	586	124	229	177	299	227	69
341	100	86	79	151	73	87	84	35
1528	322	500	45	78	104	212	143	34
389	102	95	54	172	89	55	77	29
31	27	30	29	92	35	11	30	21
358	75	65	25	80	54	44	47	8
155	59	36	34	56	41	41	42	24
1	4	8	3	10	2	2	2	5
154	55	28	31	46	39	39	40	19
2142	**702**	**463**	**475**	**559**	**633**	**563**	**489**	**455**
718	265	185	150	147	190	169	182	152
244	35	75	67	38	63	42	43	28
423	210	96	69	93	107	114	133	111
51	20	14	14	16	20	13	6	13
1424	437	278	325	412	443	394	307	303
815	394	228	275	346	353	348	270	252
186	14	27	14	25	26	18	10	29
72	4	7	9	15	22	6	9	11
351	25	16	27	26	42	22	18	11
5078	**1068**	**283**	**613**	**384**	**741**	**743**	**417**	**593**
88	48	41	135	50	30	44	99	32
60	18	13	40	21	17	28	13	18
28	29	28	94	28	12	14	86	12
	1		1	1	1	2		2
721	134	94	148	94	64	145	76	80
77	16	5	12	2	6	8	3	10
559	101	76	106	84	50	127	65	61
85	17	13	30	8	8	10	8	9
4269	886	148	330	240	647	554	242	481
2645	549	81	163	137	455	301	150	347
539	103	16	23	16	30	88	25	28
552	106	31	66	51	109	95	31	51
64	14	4	5	6	10	9	4	7
171	13	1	9		10	10	3	6
298	101	15	64	30	33	51	29	42
7791	**1863**	**1028**	**1373**	**1498**	**1461**	**1207**	**1070**	**1409**
7791	1863	1028	1373	1498	1461	1207	1070	1409
1817	947	538	662	843	660	466	494	754

1-A-2 续表 7

行业	法人单位数(个)	南京	无锡	徐州	常州
物业管理	8934	1050	921	974	592
房地产中介服务	5775	885	529	532	370
自有房地产经营活动	2244	159	221	41	226
其他房地产业	1576	173	167	52	118
租赁和商务服务业	**77822**	**11771**	**7975**	**6598**	**6490**
租赁业	4239	625	246	1015	246
机械设备租赁	4079	584	232	998	231
文化及日用品出租	160	41	14	17	15
商务服务业	73583	11146	7729	5583	6244
企业管理服务	18215	2166	2199	1050	1790
法律服务	2514	327	254	196	165
咨询与调查	16635	3051	1970	1230	1326
广告业	13762	2531	1277	1367	1336
知识产权服务	632	102	86	41	64
人力资源服务	7302	702	572	529	412
旅行社及相关服务	2291	456	179	228	142
安全保护服务	666	76	87	70	55
其他商务服务业	11566	1735	1105	872	954
科学研究和技术服务业	**40129**	**6689**	**3580**	**4775**	**3663**
研究和试验发展	5884	1175	1198	340	417
自然科学研究和试验发展	465	98	96	38	28
工程和技术研究和试验发展	3590	674	813	185	285
农业科学研究和试验发展	612	87	61	89	31
医学研究和试验发展	1076	273	212	23	65
社会人文科学研究	141	43	16	5	8
专业技术服务业	21169	4340	1625	1874	2473
气象服务	178	30	9	13	9
地震服务	106	8	10	8	6
海洋服务	27	1	2	2	1
测绘服务	400	52	20	48	19
质检技术服务	1585	188	172	91	106
环境与生态监测	448	84	55	43	49
地质勘查	159	44	7	29	11
工程技术	11002	2322	635	1220	1594
其他专业技术服务业	7264	1611	715	420	678
科技推广和应用服务业	13076	1174	757	2561	773
技术推广服务	11493	903	577	2356	665
科技中介服务	783	133	85	119	51
其他科技推广和应用服务业	800	138	95	86	57
水利、环境和公共设施管理业	**7501**	**619**	**738**	**686**	**616**
水利管理业	1901	140	94	229	82
防洪除涝设施管理	473	39	21	74	28
水资源管理	377	36	13	50	23
天然水收集与分配	270	18	5	50	6
水文服务	43	4	5	4	3
其他水利管理业	738	43	50	51	22
生态保护和环境治理业	772	94	91	47	49
生态保护	113	15	4	13	7
环境治理业	659	79	87	34	42

苏州	南通	连云港	淮安	盐城	扬州	镇江	泰州	宿迁
2304	494	284	460	398	352	380	365	360
2032	187	164	168	188	330	138	91	161
1397	45	5	26	18	27	32	37	10
241	190	37	57	51	92	191	83	124
19057	**5026**	**1818**	**3009**	**3530**	**4541**	**3220**	**2671**	**2116**
710	327	126	207	208	153	119	115	142
672	320	123	204	206	147	114	111	137
38	7	3	3	2	6	5	4	5
18347	4699	1692	2802	3322	4388	3101	2556	1974
4935	918	258	778	526	1604	1005	663	323
342	219	95	175	201	165	113	165	97
4796	896	321	413	614	617	528	525	348
2837	1007	329	595	554	528	530	384	487
193	44	8	7	4	30	24	21	8
1933	738	186	310	703	312	272	265	368
347	148	110	111	126	143	121	119	61
154	62	21	19	22	45	27	16	12
2810	667	364	394	572	944	481	398	270
6704	**3026**	**1516**	**1828**	**1583**	**1863**	**1516**	**2332**	**1054**
1563	308	91	112	110	162	183	168	57
80	25	21	19	11	19	21	4	5
1060	179	19	59	60	87	102	44	23
75	57	40	25	29	35	38	18	27
314	40	6	5	9	17	14	96	2
34	7	5	4	1	4	8	6	
3908	1519	474	646	1017	812	809	1130	542
17	15	14	13	20	12	8	14	4
5	9	6	10	5	9	12	9	9
	9	9		3				
82	33	14	23	27	21	23	21	17
390	128	58	67	66	88	83	97	51
75	27	12	14	23	16	20	17	13
13	3	6	6	14	6	12	4	4
1718	815	232	273	527	276	359	752	279
1608	480	123	240	332	384	292	216	165
1233	1199	951	1070	456	889	524	1034	455
992	1083	908	988	389	801	442	983	406
126	59	14	32	34	47	34	30	19
115	57	29	50	33	41	48	21	30
1336	**466**	**314**	**416**	**537**	**460**	**468**	**421**	**424**
144	105	106	222	242	160	79	147	151
41	40	30	38	70	28	20	27	17
28	20	20	46	37	37	7	16	44
5	14	21	35	39	18	13	27	19
5	1	3	5	4	3	1	2	3
65	30	32	98	92	74	38	75	68
153	65	29	24	44	56	49	53	18
10	9	11	11	9	6	7	8	3
143	56	18	13	35	50	42	45	15

1-A-2 续表 8

行　　业	法人单位数(个)	南京	无锡	徐州	常州
公共设施管理业	4828	385	553	410	485
市政设施管理	668	89	95	47	38
环境卫生管理	753	27	100	67	49
城乡市容管理	273	16	19	36	23
绿化管理	1692	92	232	133	78
公园和游览景区管理	1442	161	107	127	297
居民服务、修理和其他服务业	**14760**	**2357**	**1796**	**1186**	**1230**
居民服务业	5592	1153	615	423	333
家庭服务	791	120	55	77	49
托儿所服务	39	3	4	1	1
洗染服务	172	16	30	17	10
理发及美容服务	486	101	79	46	34
洗浴服务	891	88	109	45	48
保健服务	275	42	42	29	19
婚姻服务	427	58	61	68	30
殡葬服务	420	40	51	28	36
其他居民服务业	2091	685	184	112	106
机动车、电子产品和日用产品修理业	6388	952	824	485	589
汽车、摩托车修理与维护	4536	614	620	330	450
计算机和办公设备维修	695	130	63	70	37
家用电器修理	819	136	125	61	72
其他日用产品修理业	338	72	16	24	30
其他服务业	2780	252	357	278	308
清洁服务	1913	176	288	211	179
其他未列明服务业	867	76	69	67	129
教育	**17858**	**2164**	**1521**	**1994**	**1144**
教育	17858	2164	1521	1994	1144
学前教育	4235	497	318	567	218
初等教育	3004	271	203	271	204
中等教育	3088	245	234	364	181
高等教育	381	78	40	29	30
特殊教育	182	18	18	22	8
技能培训、教育辅助及其他教育	6968	1055	708	741	503
卫生和社会工作	**14231**	**2145**	**1165**	**1120**	**479**
卫生	7526	656	411	747	250
医院	1468	210	124	125	55
社区医疗与卫生院	3040	136	117	291	109
门诊部(所)	1596	139	103	171	31
计划生育技术服务活动	725	92	18	100	20
妇幼保健院(所、站)	117	14	7	15	6
专科疾病防治院(所、站)	83	9	9	2	5
疾病预防控制中心	205	20	12	24	9
其他卫生活动	292	36	21	19	15
社会工作	6705	1489	754	373	229
提供住宿社会工作	3912	582	378	324	145
不提供住宿社会工作	2793	907	376	49	84
文化、体育和娱乐业	**15410**	**2817**	**1330**	**1317**	**1189**
新闻和出版业	398	159	31	21	14
新闻业	84	10	4	12	2

苏州	南通	连云港	淮安	盐城	扬州	镇江	泰州	宿迁
1039	296	179	170	251	244	340	221	255
127	52	28	25	44	32	29	43	19
131	73	13	29	40	53	26	50	95
32	8	33	12	33	27	11	7	16
526	82	44	54	85	81	96	81	108
223	81	61	50	49	51	178	40	17
3111	**1089**	**394**	**633**	**721**	**789**	**565**	**495**	**394**
859	450	145	228	381	421	209	222	153
149	39	24	25	138	35	26	31	23
13	5	2		7	1	1		1
37	16	6	5	9	7	4	7	8
73	33	20	9	4	20	29	18	20
100	105	22	77	64	85	49	66	33
38	10	13	6	7	41	4	6	18
59	25	13	19	17	29	21	16	11
85	29	13	30	36	27	12	19	14
305	188	32	57	99	176	63	59	25
1512	435	205	271	225	277	263	173	177
1048	270	151	211	179	206	170	146	141
181	66	18	19	18	32	29	15	17
205	60	20	31	15	24	48	9	13
78	39	16	10	13	15	16	3	6
740	204	44	134	115	91	93	100	64
572	130	25	97	59	39	31	57	49
168	74	19	37	56	52	62	43	15
2118	**1698**	**1021**	**1111**	**1335**	**1219**	**763**	**967**	**803**
2118	1698	1021	1111	1335	1219	763	967	803
353	433	348	219	403	292	167	195	225
385	338	177	227	262	187	120	174	185
318	264	197	233	319	228	124	190	191
60	20	14	21	23	21	15	22	8
18	19	20	10	13	13	6	9	8
984	624	265	401	315	478	331	377	186
1408	**2287**	**525**	**753**	**810**	**1134**	**451**	**736**	**1218**
755	1086	343	461	508	769	187	359	994
175	135	75	76	109	60	40	60	224
172	712	135	203	225	449	69	181	241
260	140	49	34	45	140	17	52	415
34	31	36	101	67	68	30	40	88
12	7	9	8	14	9	4	6	6
15	4	8	4	6	4	8	3	6
28	33	9	18	15	19	5	7	6
59	24	22	17	27	20	14	10	8
653	1201	182	292	302	365	264	377	224
300	647	167	261	269	211	209	227	192
353	554	15	31	33	154	55	150	32
2563	**935**	**672**	**677**	**694**	**1001**	**885**	**731**	**599**
42	14	15	24	24	17	13	15	9
3	7	8	10	12	2	2	8	4

1-A-2 续表 9

行业	法人单位数(个)	南京	无锡	徐州	常州
出版业	314	149	27	9	12
广播、电视、电影和影视录音制作业	1230	224	105	100	108
广播	129	17	2	22	3
电视	312	26	8	34	55
电影和影视节目制作	262	90	37	11	14
电影和影视节目发行	65	44	4	2	1
电影放映	426	37	51	27	34
录音制作	36	10	3	4	1
文化艺术业	4507	1132	376	378	361
文艺创作与表演	892	261	65	74	56
艺术表演场馆	106	12	12	14	6
图书馆与档案馆	306	33	24	21	24
文物及非物质文化遗产保护	149	30	24	11	12
博物馆	248	30	59	18	18
烈士陵园、纪念馆	123	10	6	13	11
群众文化活动	1449	350	71	104	172
其他文化艺术业	1234	406	115	123	62
体育	1217	215	135	76	58
体育组织	345	73	32	18	21
体育场馆	112	11	19	8	8
休闲健身活动	641	109	75	42	21
其他体育	119	22	9	8	8
娱乐业	8058	1087	683	742	648
室内娱乐活动	7119	884	627	668	556
游乐园	93	10	4	12	9
彩票活动	55	11	3	2	5
文化、娱乐、体育经纪代理	227	63	26	13	15
其他娱乐业	564	119	23	47	63
公共管理、社会保障和社会组织	**66230**	**6262**	**4497**	**6518**	**5691**
中国共产党机关	1657	164	98	221	139
中国共产党机关	1657	164	98	221	139
国家机构	19003	1727	1463	1819	1128
国家权力机构	173	22	16	13	8
国家行政机构	18099	1616	1381	1771	1067
人民法院和人民检察院	282	29	20	28	22
其他国家机构	449	60	46	7	31
人民政协、民主党派	291	33	22	20	19
人民政协	154	17	15	11	9
民主党派	137	16	7	9	10
社会保障	852	135	83	58	47
社会保障	852	135	83	58	47
群众团体、社会团体和其他成员组织	22725	2755	1577	1683	3224
群众团体	1633	339	171	69	233
社会团体	17260	2121	1124	1229	2833
基金会	366	94	37	18	24
宗教组织	3466	201	245	367	134
基层群众自治组织	21702	1448	1254	2717	1134
社区自治组织	7161	1020	614	665	453
村民自治组织	14541	428	640	2052	681

苏州	南通	连云港	淮安	盐城	扬州	镇江	泰州	宿迁
39	7	7	14	12	15	11	7	5
143	77	25	53	118	124	83	45	25
9	10	4	6	30	13	9	3	1
18	8	9	11	28	71	34	4	6
52	9	5	7	8	13	4	8	4
8	2		1	2		1		
49	46	7	24	50	25	34	30	12
7	2		4		2	1		2
628	285	161	192	169	241	193	188	203
106	55	26	49	22	57	44	35	42
14	5	6	6	9	6	8	5	3
28	27	18	21	32	21	21	21	15
23	8	1	7	4	16	5	6	2
44	16	11	12	7	12	9	8	4
7	11	5	12	13	7	8	13	7
119	117	82	46	61	75	57	85	110
287	46	12	39	21	47	41	15	20
266	107	52	61	21	69	83	49	25
71	15	7	22	6	26	40	11	3
13	12	7	11	3	6	7	5	2
149	71	37	23	11	34	30	28	11
33	9	1	5	1	3	6	5	9
1484	452	419	347	362	550	513	434	337
1350	368	385	307	331	501	448	389	305
16	7	6	6	4	3	6	3	7
10	3	2	3	2	7	1	1	5
42	8	11	7	2	9	14	6	11
66	66	15	24	23	30	44	35	9
6572	**5575**	**3892**	**5884**	**5696**	**4550**	**3096**	**4645**	**3352**
90	133	78	214	146	109	77	71	117
90	133	78	214	146	109	77	71	117
1975	1606	1150	1763	1671	1483	947	1340	931
21	12	12	15	18	11	10	9	6
1895	1552	1083	1661	1546	1417	901	1303	906
24	21	18	26	28	20	16	16	14
35	21	37	61	79	35	20	12	5
40	24	15	33	22	18	19	13	13
15	16	8	16	18	7	6	7	9
25	8	7	17	4	11	13	6	4
65	68	56	65	60	86	30	67	32
65	68	56	65	60	86	30	67	32
2386	1830	961	2130	1357	1460	1255	1302	805
163	122	61	135	71	70	52	86	61
1937	1580	720	1100	852	1180	1133	1124	327
72	33	11	15	24	12	6	10	10
214	95	169	880	410	198	64	82	407
2016	1914	1632	1679	2440	1394	768	1852	1454
950	628	240	411	650	371	257	409	493
1066	1286	1392	1268	1790	1023	511	1443	961

1-A-3 按行业、地区

行业	从业人员数(人)	南京	无锡	徐州	常州
总计	**36082553**	**3904934**	**3344954**	**2847657**	**2762002**
农、林、牧、渔业	**187869**	**6540**	**18662**	**11867**	**9242**
农、林、牧、渔服务业	187869	6540	18662	11867	9242
农业服务业	146307	4819	15691	10289	8204
林业服务业	10291	690	1736	402	263
畜牧服务业	16901	412	790	1052	197
渔业服务业	14370	619	445	124	578
采矿业	**160862**	**8393**	**29**	**103120**	**1520**
煤炭开采和洗选业	89977			88363	
烟煤和无烟煤开采洗选	89803			88236	
褐煤开采洗选	15			15	
其他煤炭采选	159			112	
石油和天然气开采业	21086	3016		142	
石油开采	20942	3016			
天然气开采	144			142	
黑色金属矿采选业	7689	1142		4528	68
铁矿采选	7584	1140		4520	
锰矿、铬矿采选					
其他黑色金属矿采选	105	2		8	68
有色金属矿采选业	1788	938		5	
常用有色金属矿采选	1755	938		5	
贵金属矿采选	33				
稀有稀土金属矿采选					
非金属矿采选业	39566	3277	29	9884	1412
土砂石开采	25241	2974	26	9437	1268
化学矿开采	2489	293			
采盐	10737			326	98
石棉及其他非金属矿采选	1099	10	3	121	46
开采辅助活动	629	14		159	31
煤炭开采和洗选辅助活动	282	6			
石油和天然气开采辅助活动	186	8		95	
其他开采辅助活动	161			64	31
其他采矿业	127	6		39	9
其他采矿业	127	6		39	9
制造业	**16099062**	**1006228**	**1984703**	**1018344**	**1321235**
农副食品加工业	286725	13513	2800	58711	3595
谷物磨制	63746	2300	390	13299	919
饲料加工	36196	2534	866	8802	435
植物油加工	31909	868	182	1800	202
制糖业	1461	209		71	13
屠宰及肉类加工	62844	4554	560	16673	1460
水产品加工	29826	575	147	1298	236
蔬菜、水果和坚果加工	38893	1169	129	11404	137
其他农副食品加工	21850	1304	526	5364	193
食品制造业	133833	21071	10877	20405	4816
焙烤食品制造	25396	3817	2314	2801	693
糖果、巧克力及蜜饯制造	11747	4193	809	623	132
方便食品制造	23397	4219	2972	2538	632
乳制品制造	12226	3162	563	3315	461
罐头食品制造	10713	901	623	4655	73

分组的法人单位从业人员数

苏州	南通	连云港	淮安	盐城	扬州	镇江	泰州	宿迁
7023493	**4011423**	**1099093**	**1526285**	**1894239**	**2613198**	**1440102**	**2163426**	**1451747**
14615	**29351**	**13441**	**10963**	**10935**	**27303**	**11681**	**12063**	**11206**
14615	29351	13441	10963	10935	27303	11681	12063	11206
11830	22522	11024	6749	8408	18206	8389	10337	9839
466	1435	258	116	355	2201	1539	534	296
845	3410	1634	3175	592	2232	1047	589	926
1474	1984	525	923	1580	4664	706	603	145
1240	**30**	**9063**	**5628**	**2399**	**20084**	**6412**	**55**	**2889**
		67	18	10	1499	20		
		67		10	1490			
			18		9	20		
			5	26	17897			
			3	26	17897			
			2					
2		23			574	1293	55	4
2					574	1293	55	
		23						4
431	10	90	4	13		284		13
431		90	4			284		3
	10			13				10
807	20	8576	5544	2283	56	4806		2872
799	10	1997	1265	5	56	4557		2847
		817	1371					8
		5138	2767	2278		130		
8	10	624	141			119		17
		283	17	67	58			
		274	2					
			3	22	58			
		9	12	45				
		24	40			9		
		24	40			9		
4387150	**1440587**	**359544**	**526010**	**802069**	**1058272**	**768152**	**811523**	**615245**
16161	30358	22985	26836	32450	12202	6444	33069	27601
971	3134	4974	8345	4393	2178	3138	6687	13018
1239	3590	2288	6680	5127	882	438	1513	1802
5233	3129	1747	915	4010	365	1637	10784	1037
15	158	18	250	220	328	172	7	
1717	7993	3240	6242	8164	1557	691	3477	6516
1766	8273	7432	798	5122	941	66	741	2431
2061	2539	2053	2012	3286	3934	37	9360	772
3159	1542	1233	1594	2128	2017	265	500	2025
19375	8642	7505	6430	8161	4912	6298	5572	9769
5794	1743	1150	2209	1002	569	536	718	2050
3147	754	746	556	395	215	38	74	65
3165	578	1917	1070	458	2029	569	1538	1712
1673	165	425	402	347	264	109	412	928
589	609	629	267	292	748	29	254	1044

1-A-3 续表 1

行　　业	从业人员数(人)	南京	无锡	徐州	常州
调味品、发酵制品制造	16509	642	1299	2731	437
其他食品制造	33845	4137	2297	3742	2388
酒、饮料和精制茶制造业	107398	7478	3442	31941	3280
酒的制造	57346	1456	1280	4966	1883
饮料制造	45816	5415	920	26336	1011
精制茶加工	4236	607	1242	639	386
烟草制品业	6362	1567		1967	
烟叶复烤					
卷烟制造	5537	1567		1967	
其他烟草制品制造	825				
纺织业	1318655	17568	170859	74426	84088
棉纺织及印染精加工	643081	5515	85231	60847	61747
毛纺织及染整精加工	124613	959	47995	2320	5147
麻纺织及染整精加工	15474	183	3862	102	1663
丝绢纺织及印染精加工	37517	724	886	3668	519
化纤织造及印染精加工	159847	1037	3371	725	2782
针织或钩针编织物及其制品制造	107200	2265	10098	3317	4261
家用纺织制成品制造	135797	3116	11078	2042	3760
非家用纺织制成品制造	95126	3769	8338	1405	4209
纺织服装、服饰业	1222738	87921	135660	35598	87919
机织服装制造	931650	77397	85842	30475	80409
针织或钩针编织服装制造	148921	7001	39954	1409	4200
服饰制造	142167	3523	9864	3714	3310
皮革、毛皮、羽毛及其制品和制鞋业	234898	12327	4362	12281	14943
皮革鞣制加工	6002	22	241	1612	21
皮革制品制造	67539	2119	2294	1531	4094
毛皮鞣制及制品加工	6426	369	309	972	38
羽毛(绒)加工及制品制造	26504	5960	368	254	6700
制鞋业	128427	3857	1150	7912	4090
木材加工和木、竹、藤、棕、草制品业	370609	4257	8253	147985	11252
木材加工	88339	570	767	41441	359
人造板制造	217632	777	910	98546	3782
木制品制造	58419	2411	4977	7330	7006
竹、藤、棕、草等制品制造	6219	499	1599	668	105
家具制造业	107835	5849	4652	18247	4576
木质家具制造	71335	4011	2850	17090	3284
竹、藤家具制造	738		37	84	
金属家具制造	13920	845	1247	267	520
塑料家具制造	1963	159	70	100	8
其他家具制造	19879	834	448	706	764
造纸和纸制品业	191681	7293	15980	11747	13006
纸浆制造	400	87	39	32	10
造纸	104490	2737	6703	7726	9315
纸制品制造	86791	4469	9238	3989	3681
印刷和记录媒介复制业	218617	16964	34085	7507	16221
印刷	210136	15964	32191	6822	15672
装订及印刷相关服务	6952	973	893	636	549
记录媒介复制	1529	27	1001	49	
文教、工美、体育和娱乐用品制造业	444322	26465	14514	19547	27800
文教办公用品制造	33544	1163	4113	1135	2690

苏州	南通	连云港	淮安	盐城	扬州	镇江	泰州	宿迁
1241	1103	799	1221	330	602	4556	1160	388
3766	3690	1839	705	5337	485	461	1416	3582
6695	3641	5634	4732	3945	2858	1063	2282	30407
2970	2586	4580	4032	3144	1036	716	1423	27274
3339	1012	910	486	665	1563	167	859	3133
386	43	144	214	136	259	180		
241	582		2001	4				
55			1948					
186	582		53	4				
399128	234380	10233	38704	136802	43292	23157	41649	44369
112987	137917	3621	19177	93258	18652	5901	18215	20013
44344	2958	583	2721	3803	5007	1718	2008	5050
4326	1823	77	325	1446	65	42	1480	80
4797	10285	391	1689	7690	437	1456	651	4324
138144	3413	140	314	3528	624	281	564	4924
49532	15419	1108	4258	5988	1349	3250	1718	4637
23587	51750	1045	7402	15685	2843	7612	3436	2441
21411	10815	3268	2818	5404	14315	2897	13577	2900
295574	152641	30455	58839	75041	97346	46992	48685	70067
206041	117746	24077	41164	57966	80656	35782	39353	54742
53242	17987	2023	1820	9106	3317	3172	3104	2586
36291	16908	4355	15855	7969	13373	8038	6228	12739
43482	23829	5826	17424	10068	55814	18001	6111	10430
1445	1023	490	315	140	86	152	168	287
18887	6872	1452	8335	3267	8920	4647	2804	2317
883	259	582	15	300	942	1313	265	179
2093	661	13	2178	353	5470	968	65	1421
20174	15014	3289	6581	6008	40396	10921	2809	6226
23921	4784	13622	14919	6214	6836	16030	2976	109560
2215	576	4859	5227	1589	691	391	251	29403
4771	1101	6392	7286	2799	3297	13389	465	74117
15886	2839	1909	2180	1470	2549	2160	2098	5604
1049	268	462	226	356	299	90	162	436
38737	9128	2163	3637	2423	2027	2154	6298	7944
19458	7567	1466	1742	1534	1226	954	3871	6282
148			30	44		7	334	54
6685	751	159	226	210	604	411	1639	356
556	265	30	106	32	72	399	7	159
11890	545	508	1533	603	125	383	447	1093
70088	13218	2893	9700	10781	9539	16971	5674	4791
129	10	6	6	11	27	17		26
31436	7817	1638	5076	9310	2857	12609	4769	2497
38523	5391	1249	4618	1460	6655	4345	905	2268
72705	10775	5369	8681	5313	7217	12097	3959	17724
70786	10347	5169	8429	5103	6826	11361	3790	17676
1701	394	200	252	210	203	724	169	48
218	34				188	12		
71361	107891	13427	14879	27003	53362	22125	15568	30380
8136	1263	204	3332	940	6766	632	854	2316

1-A-3 续表 2

行业	从业人员数(人)	南京	无锡	徐州	常州
乐器制造	10554	640	876	941	289
工艺美术品制造	221304	7056	6255	14273	15774
体育用品制造	43487	4322	1527	1783	874
玩具制造	116877	12123	1100	1347	2846
游艺器材及娱乐用品制造	18556	1161	643	68	5327
石油加工、炼焦和核燃料加工业	35134	7291	3779	6004	1113
精炼石油产品制造	27576	7290	3753	1026	1072
炼焦	7546	1	26	4978	41
核燃料加工	12				
化学原料和化学制品制造业	852455	74454	86204	72903	82679
基础化学原料制造	260342	30538	14380	24318	13159
肥料制造	36303	1667	3754	6838	1039
农药制造	61319	9244	1185	10576	3031
涂料、油墨、颜料及类似产品制造	115098	7153	11280	6242	25575
合成材料制造	126097	11142	17544	4944	10964
专用化学产品制造	211202	11037	35420	18744	28184
炸药、火工及焰火产品制造	1938	488	350	79	49
日用化学产品制造	40156	3185	2291	1162	678
医药制造业	223331	26749	14616	19498	18157
化学药品原料药制造	51585	2388	1936	3203	3599
化学药品制剂制造	71622	8774	5722	2254	3343
中药饮片加工	6600	490	1074	1576	57
中成药生产	24684	10654	573	1917	562
兽用药品制造	8558	1447	338	1239	544
生物药品制造	26337	2341	2451	7045	3534
卫生材料及医药用品制造	33945	655	2522	2264	6518
化学纤维制造业	202104	6837	30328	6436	6615
纤维素纤维原料及纤维制造	90556	6529	12800	5755	3608
合成纤维制造	111548	308	17528	681	3007
橡胶和塑料制品业	612662	29819	87804	38661	44096
橡胶制品业	150647	8711	26551	7017	9978
塑料制品业	462015	21108	61253	31644	34118
非金属矿物制品业	686060	52086	78529	78589	48333
水泥、石灰和石膏制造	61498	6648	6084	11524	8236
石膏、水泥制品及类似制品制造	163422	18449	10080	19304	9823
砖瓦、石材等建筑材料制造	130908	9663	9056	15429	10058
玻璃制造	26762	1598	3511	1492	749
玻璃制品制造	107292	5916	4803	17426	3860
玻璃纤维和玻璃纤维增强塑料制品制造	44244	3829	3915	1963	7805
陶瓷制品制造	41723	4225	17247	1506	2554
耐火材料制品制造	45046	741	20429	2548	2692
石墨及其他非金属矿物制品制造	65165	1017	3404	7397	2556
黑色金属冶炼和压延加工业	507384	35158	114004	49606	67770
炼铁	18828	321	35	16081	473
炼钢	34309	57	15479	9670	269
黑色金属铸造	122304	11617	15065	14722	10049
钢压延加工	309404	22751	83238	6772	48696
铁合金冶炼	22539	412	187	2361	8283
有色金属冶炼和压延加工业	200018	11648	41382	13281	19250
常用有色金属冶炼	20555	1932	2497	2296	653

苏州	南通	连云港	淮安	盐城	扬州	镇江	泰州	宿迁
2153	76		488	56	850	267	3826	92
28756	85802	5573	5623	10596	11964	8991	5788	14853
8226	11082	482	1380	838	7224	1951	2734	1064
22721	6237	6826	3672	13805	25205	8918	1995	10082
1369	3431	342	384	768	1353	1366	371	1973
2347	939	1225	2517	2417	1009	3162	3010	321
2345	937	1106	2505	1728	1009	1982	2577	246
2	2	119		689		1180	433	75
			12					
138719	81896	43852	29745	57327	59605	53655	46894	24522
23471	35510	22970	14296	26052	18078	15747	18052	3771
1166	1427	3600	1164	3405	606	1026	2608	8003
4317	10140	2852	430	12006	2776	2395	1863	504
24699	5437	5636	2327	6947	4168	6672	6399	2563
26245	12371	2078	1914	2168	18315	7650	4908	5854
39825	15526	6197	6319	6026	11266	17932	11824	2902
30	69	132	362	5		290	63	21
18966	1416	387	2933	718	4396	1943	1177	904
31811	19615	29575	5530	15322	8332	4379	26172	3575
10297	6914	4547	2490	8590	2303	801	3383	1134
7805	2807	18059	642	2739	2467	1168	15622	220
642	1038	182	280	607	120	58	476	
1014	1802	5712	422	8	159	517	1161	183
478	1848		168	698	915	362	371	150
2214	3107	699	513	1427	280	739	834	1153
9361	2099	376	1015	1253	2088	734	4325	735
93228	18612	1421	1803	6652	6509	2266	2360	19037
23264	9101	462	863	4736	1870	1855	1630	18083
69964	9511	959	940	1916	4639	411	730	954
226076	37733	7433	20530	23270	32716	24856	22042	17626
48131	11665	776	6021	6312	6861	5398	7476	5750
177945	26068	6657	14509	16958	25855	19458	14566	11876
90793	58016	54097	27011	51815	28528	50916	28654	38693
3145	2133	1365	2347	10192	1102	5043	2099	1580
19388	14381	10556	11122	11413	9183	11430	5979	12314
11022	14763	9396	7764	12809	5756	8891	9356	6945
12020	877	1013	988	740	474	767	515	2018
20156	9583	8197	3036	3689	3052	15058	4015	8501
5865	6459	598	189	6504	2778	1785	602	1952
7903	1738	536	161	1756	2094	862	315	826
5438	1439	1083	250	1783	2661	876	2296	2810
5856	6643	21353	1154	2929	1428	6204	3477	1747
91558	16689	16501	15180	25476	20233	20906	28941	5362
111	223		551	165	32	661	60	115
3534	1071	3200	28	55	8	538	298	102
15478	9258	2625	2550	12437	5507	4944	16892	1160
70244	5942	8022	11455	8624	14476	13906	11318	3960
2191	195	2654	596	4195	210	857	373	25
47976	11399	3801	7636	5420	12441	13243	7462	5079
1446	1926	544	1397	590	3371	1558	369	1976

1-A-3 续表 3

行　　业	从业人员数（人）	南京	无锡	徐州	常州
贵金属冶炼	1368	363	191	145	44
稀有稀土金属冶炼	7746	119	1971	977	916
有色金属合金制造	36676	4513	5810	5679	1858
有色金属铸造	11921	893	1545	228	1824
有色金属压延加工	121752	3828	29368	3956	13955
金属制品业	958544	55406	144386	44874	84337
结构性金属制品制造	309516	22013	55288	25812	21204
金属工具制造	105820	6575	6097	6428	12050
集装箱及金属包装容器制造	70453	2750	11069	1003	10902
金属丝绳及其制品制造	97467	2017	20931	1445	6852
建筑、安全用金属制品制造	69660	4078	7357	3556	6520
金属表面处理及热处理加工	89249	5074	13062	1029	10962
搪瓷制品制造	5640	777	236	177	919
金属制日用品制造	45452	1817	4251	987	1714
其他金属制品制造	165287	10305	26095	4437	13214
通用设备制造业	1391149	79615	221289	71966	161713
锅炉及原动设备制造	112023	7943	28283	2571	20409
金属加工机械制造	197277	19498	29565	11622	17790
物料搬运设备制造	154780	3177	20070	31434	8396
泵、阀门、压缩机及类似机械制造	195446	8276	30253	6129	11666
轴承、齿轮和传动部件制造	153585	9945	24649	3474	26722
烘炉、风机、衡器、包装等设备制造	157575	13391	20944	3710	12517
文化、办公用机械制造	44125	2083	7497	27	2268
通用零部件制造	296271	12116	40170	11315	50892
其他通用设备制造业	80067	3186	19858	1684	11053
专用设备制造业	993718	52937	170197	47634	100917
采矿、冶金、建筑专用设备制造	198162	9213	25819	28170	23031
化工、木材、非金属加工专用设备制造	256283	12268	35781	3365	15646
食品、饮料、烟草及饲料生产专用设备制造	24401	2557	4755	829	4252
印刷、制药、日化及日用品生产专用设备制造	39044	2706	8482	528	3334
纺织、服装和皮革加工专用设备制造	88259	531	19812	1674	11562
电子和电工机械专用设备制造	57473	5380	6150	3516	4902
农、林、牧、渔专用机械制造	37418	1696	2166	1259	5447
医疗仪器设备及器械制造	89362	5361	6175	2410	15447
环保、社会公共服务及其他专用设备制造	203316	13225	61057	5883	17296
汽车制造业	493575	58018	69195	11537	43936
汽车整车制造	62839	18933	4779	3278	395
改装汽车制造	11594	2057	1337	427	1352
低速载货汽车制造	266	20			
电车制造	4537		54	3754	220
汽车车身、挂车制造	10115	439	797	920	1227
汽车零部件及配件制造	404224	36569	62228	3158	40742
铁路、船舶、航空航天和其他运输设备制造业	477521	45198	51302	24003	42670
铁路运输设备制造	49090	15365	1259	923	24736
城市轨道交通设备制造	4273	3365	26		249
船舶及相关装置制造	275174	13624	27247	2993	1698
航空、航天器及设备制造	20797	8430	304	128	396
摩托车制造	43959	3075	9406	4018	6977
自行车制造	61011	1089	12081	6936	7851

苏州	南通	连云港	淮安	盐城	扬州	镇江	泰州	宿迁
69			1	246	28	21	260	
387	62	591	172	1604	23	118	800	6
7311	1930	447	711	763	1461	4767	709	717
3386	546		806	1231	507	290	557	108
35377	6935	2219	4549	986	7051	6489	4767	2272
266868	89097	9735	19159	26650	54488	66849	80970	15725
72664	29759	4380	8620	7595	16307	21080	17171	7623
30802	2944	560	1855	4582	7182	20228	4588	1929
17291	8709	1730	660	1086	8669	2296	3269	1019
10270	24622	207	358	2332	2097	2277	23775	284
20653	2866	1255	921	1388	6595	7133	5978	1360
37044	4022	86	722	2670	4643	6014	3666	255
1359	174	15	63	231	231	327	988	143
18251	5496	253	2527	1247	1652	1862	4045	1350
58534	10505	1249	3433	5519	7112	5632	17490	1762
334570	127402	9531	30658	109616	82228	49036	99130	14395
7695	5164	3476	3350	12229	8557	4636	5263	2447
31998	24464	1229	4681	17829	17768	7727	10166	2940
58608	13099	595	1752	2430	4603	4651	4913	1052
31994	17855	467	6170	35521	17231	9147	18369	2368
32212	6965	978	6660	8058	3841	10543	18002	1536
42307	34701	728	1032	7826	4448	3038	12501	432
28600	1407	1	361	147	83	254	1330	67
79712	18306	1891	5699	20180	21002	7961	23754	3273
21444	5441	166	953	5396	4695	1079	4832	280
303260	76386	15381	19150	53931	65443	30251	48206	10025
21446	32401	2837	5271	12741	17652	5242	13614	725
154322	10819	1198	2511	3539	5375	4347	5908	1204
4158	1428	246	494	1006	1781	2144	607	144
10619	2613	792	1177	1070	1728	1658	3682	655
20063	6448	3061	1035	10979	5020	1599	5781	694
21333	4180	826	1285	1586	2444	1574	2724	1573
5431	1849	2793	2042	8223	1801	1201	2217	1293
31032	3923	1547	3837	1889	5648	5899	4861	1333
34856	12725	2081	1498	12898	23994	6587	8812	2404
115466	17645	2603	12840	29150	67981	41596	19240	4368
9641	8894			7158	9550	168	17	26
1952	206	243	81	320	1404	1847		368
95						150	1	
51	83		56	59	108	19	58	75
219	4	209	343	248	5578	131		
103508	8458	2151	12360	21365	51341	39281	19164	3899
41249	63872	12104	4733	6955	63302	24946	94361	2826
2798	752	115	286	218	1207	730	318	383
176			2	206	151	80	18	
6856	60244	11469	2884	4324	56960	5478	80586	811
4025	396		10	118	218	6346	391	35
1450	1074	367	86	77	3944	3565	9412	508
18270	1171	142	1249	1166	700	6527	2760	1069

1-A-3 续表 4

行业	从业人员数（人）	南京	无锡	徐州	常州
非公路休闲车及零配件制造	18903	10	307	8674	174
潜水救捞及其他未列明运输设备制造	4314	240	672	331	589
电气机械和器材制造业	1368989	78517	179059	42369	167928
电机制造	222895	7834	27000	7870	52663
输配电及控制设备制造	492343	37010	60099	16420	56765
电线、电缆、光缆及电工器材制造	255420	7260	46795	4450	17395
电池制造	79303	3993	9757	2018	2722
家用电力器具制造	140987	11502	22979	8539	17180
非电力家用器具制造	26069	3624	1588	1428	1560
照明器具制造	124868	5330	7532	1058	17266
其他电气机械及器材制造	27104	1964	3309	586	2377
计算机、通信和其他电子设备制造业	1999889	128891	250900	19245	125587
计算机制造	333644	3299	6356	734	2327
通信设备制造	118529	35986	7428	1143	7619
广播电视设备制造	54362	4533	13000	688	12284
雷达及配套设备制造	3253	1248	25		417
视听设备制造	138709	6043	27789	1110	48339
电子器件制造	468819	56905	104203	4201	15561
电子元件制造	727926	18320	78421	10030	32218
其他电子设备制造	154647	2557	13678	1339	6822
仪器仪表制造业	323091	33816	26772	18983	28429
通用仪器仪表制造	201809	26123	16141	14022	21164
专用仪器仪表制造	69776	2832	8072	4020	4468
钟表与计时仪器制造	1062	104	51		207
光学仪器及眼镜制造	40021	3989	1504	573	1228
其他仪器仪表制造业	10423	768	1004	368	1362
其他制造业	79158	1332	6006	4574	3308
日用杂品制造	56188	426	4122	1580	655
煤制品制造	2281	43	89	1191	61
核辐射加工	254				54
其他未列明制造业	20435	863	1795	1803	2538
废弃资源综合利用业	24720	3708	1496	1715	1196
金属废料和碎屑加工处理	15065	3340	1037	973	701
非金属废料和碎屑加工处理	9655	368	459	742	495
金属制品、机械和设备修理业	25887	2475	1971	6104	1705
金属制品修理	2217	168	142	198	38
通用设备修理	1764	424	297	146	153
专用设备修理	2042	274	69	389	306
铁路、船舶、航空航天等运输设备修理	15225	778	899	5090	497
电气设备修理	1041	92	361	92	147
仪器仪表修理	99	16	18	11	18
其他机械和设备修理业	3499	723	185	178	546
电力、热力、燃气及水生产和供应业	**183876**	**55593**	**13300**	**16861**	**8868**
电力、热力生产和供应业	111857	45929	6320	12518	4153
电力生产	60976	4951	5557	11177	2550
电力供应	43053	40830	46	161	635
热力生产和供应	7828	148	717	1180	968
燃气生产和供应业	19245	3172	1754	1295	1380
燃气生产和供应业	19245	3172	1754	1295	1380

苏州	南通	连云港	淮安	盐城	扬州	镇江	泰州	宿迁
6655	78		35	434	44	1838	654	
1019	157	11	181	412	78	382	222	20
339457	113703	18677	40907	40070	128678	108771	78436	32417
36294	21932	265	4443	5693	20910	6466	30083	1442
107098	47722	2989	12867	12397	41509	66534	20866	10067
86180	22900	1703	8568	4483	33469	12009	7824	2384
27253	6088	639	8256	1132	3675	1823	1939	10008
52861	3570	258	1496	669	7504	3335	10338	756
3964	1914	3812	2127	671	1676	554	2380	771
18879	7408	8723	2781	13970	17510	14304	3687	6420
6928	2169	288	369	1055	2425	3746	1319	569
1134549	58471	8829	67864	14187	63005	46761	33091	48509
284298	1997	148	4070	211	908	699	8557	20040
53814	3334	134	226	994	3114	1677	2693	367
11738	3259	6	1879	617	1523	1697	1874	1264
409	14				990	15	135	
48741	1627	1101	781	219	590	758	564	1047
228177	13356	1647	1612	3407	19009	8164	4447	8130
442127	28724	4968	48538	5215	15809	17280	11839	14437
65245	6160	825	10758	3524	21062	16471	2982	3224
58288	39755	1657	6193	10308	39691	43425	13940	1834
34749	21772	1278	3725	4565	31674	19007	7234	355
13541	11142	195	1496	5475	6361	5716	5346	1112
315	96		12	62	10		205	
7163	6084	110	659	2	1199	17173	214	123
2520	661	74	301	204	447	1529	941	244
6575	2861	1549	5271	1976	27105	10356	3466	4779
4888	1548	589	4423	397	24798	8228	1385	3149
121	83	156	15	99	27	135	79	182
91	15				67		27	
1475	1215	804	833	1480	2213	1993	1975	1448
5068	1001	782	1891	1869	847	829	1708	2610
2799	527	417	1388	1044	590	702	898	649
2269	474	365	503	825	257	127	810	1961
1824	5626	679	610	1453	726	617	1597	500
30	396	2	96	769	53	199	71	55
383	82	17	62	60	9	29	38	64
529	119	66	78	97	28	31	10	46
179	4521	412	230	356	375	208	1415	265
134	41	18	36	13	53	15		39
9	15			5	3		4	
560	452	164	108	153	205	135	59	31
24721	**11301**	**7962**	**6332**	**11119**	**8031**	**8261**	**7409**	**4118**
11228	5193	5134	3638	6382	2803	4750	2148	1661
10195	4135	4148	3287	5532	2433	4331	1797	883
147	39	292	76	187	326	55	216	43
886	1019	694	275	663	44	364	135	735
3114	1102	498	744	386	1852	1269	1922	757
3114	1102	498	744	386	1852	1269	1922	757

1-A-3 续表 5

行业	从业人员数(人)	南京	无锡	徐州	常州
水的生产和供应业	52774	6492	5226	3048	3335
自来水生产和供应	40624	5804	3991	1960	2413
污水处理及其再生利用	11310	574	1152	962	835
其他水的处理、利用与分配	840	114	83	126	87
建筑业	**8437917**	**932609**	**303244**	**545835**	**532317**
房屋建筑业	6299302	609454	163479	427971	368463
房屋建筑业	6299302	609454	163479	427971	368463
土木工程建筑业	980046	160543	60659	62597	57166
铁路、道路、隧道和桥梁工程建筑	623357	97431	41826	24349	35681
水利和内河港口工程建筑	115165	9089	4551	9890	4410
海洋工程建筑	491				
工矿工程建筑	39655	10696	2612	12481	792
架线和管道工程建筑	57765	11459	4004	8962	4529
其他土木工程建筑	143613	31868	7666	6915	11754
建筑安装业	542755	80113	50600	26171	58933
电气安装	188961	24164	10619	2485	31811
管道和设备安装	128634	24283	30200	10734	4335
其他建筑安装业	225160	31666	9781	12952	22787
建筑装饰和其他建筑业	615814	82499	28506	29096	47755
建筑装饰业	394923	51351	20953	18177	36452
工程准备活动	47449	7171	1866	1837	1178
提供施工设备服务	20446	5850	630	1326	512
其他未列明建筑业	152996	18127	5057	7756	9613
批发和零售业	**3172144**	**471488**	**303158**	**429311**	**281854**
批发业	2103620	249827	218572	274692	208953
农、林、牧产品批发	178920	13751	2606	41753	16752
食品、饮料及烟草制品批发	280063	35058	17876	63834	16155
纺织、服装及家庭用品批发	372317	55850	27261	22360	29869
文化、体育用品及器材批发	60225	11337	5052	4250	4198
医药及医疗器材批发	68833	10380	10924	6639	6702
矿产品、建材及化工产品批发	556391	47463	95703	72860	71096
机械设备、五金产品及电子产品批发	434449	64260	49140	47390	44397
贸易经纪与代理	41703	4952	2938	3272	5478
其他批发业	110719	6776	7072	12334	14306
零售业	1068524	221661	84586	154619	72901
综合零售	300666	66281	26789	32379	15981
食品、饮料及烟草制品专门零售	101074	28697	6029	16631	5207
纺织、服装及日用品专门零售	94949	27582	4086	18546	5156
文化、体育用品及器材专门零售	64386	12652	6075	7547	5700
医药及医疗器材专门零售	61949	11938	4068	6707	4672
汽车、摩托车、燃料及零配件专门零售	189441	24886	17772	22822	17271
家用电器及电子产品专门零售	119338	26186	10174	20404	8044
五金、家具及室内装饰材料专门零售	82553	10395	6017	22268	7282
货摊、无店铺及其他零售业	54168	13044	3576	7315	3588
交通运输、仓储和邮政业	**859649**	**154330**	**74945**	**87642**	**47498**
道路运输业	487120	82946	50689	52528	33073
城市公共交通运输	141767	46197	20237	9060	11779
公路旅客运输	61234	7749	5102	5430	4313
道路货物运输	240710	21599	22568	33668	15525

苏州	南通	连云港	淮安	盐城	扬州	镇江	泰州	宿迁
10379	5006	2330	1950	4351	3376	2242	3339	1700
6380	4429	1843	1460	3630	2986	1908	2568	1252
3882	481	461	451	682	382	289	771	388
117	96	26	39	39	8	45		60
696528	**1677883**	**296500**	**515614**	**520062**	**931815**	**208695**	**855044**	**421771**
358614	1441170	220105	396413	397464	759361	122712	714066	320030
358614	1441170	220105	396413	397464	759361	122712	714066	320030
125339	89395	45807	53903	79781	49086	40642	90861	64267
80859	52147	26074	35255	57037	24108	22480	75804	50306
7309	15668	12576	6966	14284	10631	5192	7088	7511
4	233	25		41		53	135	
4415	112	31	1467	876	1623	4430	99	21
8308	4812	2389	3985	1412	2854	1998	919	2134
24444	16423	4712	6230	6131	9870	6489	6816	4295
63850	85019	11939	22211	19041	72969	12487	28849	10573
21605	28385	6855	11582	3727	35837	2814	5175	3902
13120	9723	2381	3284	2612	18823	3187	4414	1538
29125	46911	2703	7345	12702	18309	6486	19260	5133
148725	62299	18649	43087	23776	50399	32854	21268	26901
98982	51987	11364	27979	10315	22778	19831	10851	13903
5898	1452	4822	5322	1980	2607	9539	2436	1341
724	785	216	1200	747	2053	1111	495	4797
43121	8075	2247	8586	10734	22961	2373	7486	6860
593762	**305340**	**95708**	**109289**	**113019**	**130947**	**123180**	**105526**	**109562**
436234	211243	56641	64704	64145	89097	78516	75342	75654
5606	16211	8402	10105	11359	8459	4502	9617	29797
25339	34127	5590	11932	10898	14304	8489	15158	21303
113594	74934	5085	6964	6709	16486	6481	3340	3384
20383	4748	1862	1258	1822	2164	1500	892	759
5678	3535	7580	1817	2364	1847	1121	8826	1420
97390	43332	15578	15692	17782	25239	27413	19876	6967
133987	23621	5592	8680	7377	13887	21412	10852	3854
6409	3535	2599	3331	1409	1676	2748	1663	1693
27848	7200	4353	4925	4425	5035	4850	5118	6477
157528	94097	39067	44585	48874	41850	44664	30184	33908
48631	36546	9259	11080	14048	10012	13424	9009	7227
10914	9956	2849	3931	3016	3668	5115	2204	2857
11031	8481	3107	2835	4179	3608	2653	1500	2185
8429	3692	5860	1463	1952	3079	2329	1826	3782
10634	3678	2370	5555	2584	2700	1976	2687	2380
33467	16085	6869	8412	10713	8541	8744	6109	7750
16987	6894	3740	4876	4873	5862	4799	3049	3450
9329	6390	3188	3729	4086	2756	3527	1575	2011
8106	2375	1825	2704	3423	1624	2097	2225	2266
145376	**50131**	**45753**	**42614**	**58479**	**41884**	**33833**	**51140**	**26024**
78058	31643	13736	27602	29858	26095	20988	22409	17495
21325	5113	2741	1947	3446	5230	6617	5250	2825
8675	7121	2843	1970	4749	3168	3060	3766	3288
41651	18519	7489	16390	18608	15376	10652	9599	9066

1-A-3 续表 6

行业	从业人员数（人）	南京	无锡	徐州	常州
道路运输辅助活动	43409	7401	2782	4370	1456
水上运输业	130648	33330	3512	10265	2510
水上旅客运输	3460	585	555	120	163
水上货物运输	80497	22188	1111	7940	1824
水上运输辅助活动	46691	10557	1846	2205	523
航空运输业	12324	8911	913	502	529
航空客货运输	6340	4950		502	28
通用航空服务	197	99	23		45
航空运输辅助活动	5787	3862	890		456
管道运输业	9561	496	85	8787	8
管道运输业	9561	496	85	8787	8
装卸搬运和运输代理业	109734	15056	7620	5475	6664
装卸搬运	48945	5437	2874	3587	2826
运输代理业	60789	9619	4746	1888	3838
仓储业	38188	3665	3274	4493	969
谷物、棉花等农产品仓储	8883	495	439	2076	181
其他仓储业	29305	3170	2835	2417	788
邮政业	72074	9926	8852	5592	3745
邮政基本服务	37736	5444	4106	3888	1980
快递服务	34338	4482	4746	1704	1765
住宿和餐饮业	**448227**	**107599**	**55017**	**21610**	**51922**
住宿业	150383	31345	19843	6827	12346
旅游饭店	111369	22808	15208	4596	10067
一般旅馆	33661	7192	3655	2090	1902
其他住宿业	5353	1345	980	141	377
餐饮业	297844	76254	35174	14783	39576
正餐服务	205504	41625	22580	13179	25615
快餐服务	69992	28903	10728	682	12244
饮料及冷饮服务	5097	790	304	185	763
其他餐饮业	17251	4936	1562	737	954
信息传输、软件和信息技术服务业	**548115**	**232441**	**56318**	**23590**	**28766**
电信、广播电视和卫星传输服务	176163	96906	9674	8747	5998
电信	140701	82749	6407	5990	5743
广播电视传输服务	35281	14109	3267	2669	255
卫星传输服务	181	48		88	
互联网和相关服务	49519	10980	2879	2667	9192
互联网接入及相关服务	2166	406	113	342	76
互联网信息服务	44307	9436	2523	1989	8987
其他互联网服务	3046	1138	243	336	129
软件和信息技术服务业	322433	124555	43765	12176	13576
软件开发	239677	106119	27619	7673	10651
信息系统集成服务	23851	6360	6999	1654	364
信息技术咨询服务	19031	3649	2024	1585	1230
数据处理和存储服务	9555	848	764	110	187
集成电路设计	10323	2216	4209	235	115
其他信息技术服务业	19996	5363	2150	919	1029
房地产业	**687331**	**116050**	**74365**	**48391**	**47998**
房地产业	687331	116050	74365	48391	47998
房地产开发经营	236006	26690	22421	19634	16838

苏州	南通	连云港	淮安	盐城	扬州	镇江	泰州	宿迁
6407	890	663	7295	3055	2321	659	3794	2316
7980	5979	13318	8029	16287	5105	5288	17463	1582
268	380	76	69	124	162	907	41	10
2708	1442	1074	7213	14504	3644	782	14574	1493
5004	4157	12168	747	1659	1299	3599	2848	79
35	240	291	265	200	305	122		11
31	227	208	265	27		102		
2	8					20		
2	5	83		173	305			11
	9		44	75	3	54		
	9		44	75	3	54		
33015	6466	14120	2464	3778	2854	5044	5637	1541
10664	2399	8182	1984	2550	1716	1986	3680	1060
22351	4067	5938	480	1228	1138	3058	1957	481
12244	2571	1777	830	2200	2804	820	1819	722
291	607	580	588	1498	701	177	621	629
11953	1964	1197	242	702	2103	643	1198	93
14044	3223	2511	3380	6081	4718	1517	3812	4673
4801	957	1499	2328	4671	2708	929	2619	1806
9243	2266	1012	1052	1410	2010	588	1193	2867
87086	**17885**	**11567**	**14418**	**18319**	**19825**	**17103**	**15186**	**10690**
34003	4562	5624	6173	6043	7389	5944	6388	3896
27333	1946	4267	4898	4148	5594	4060	4270	2174
5769	2444	1117	1079	1672	1577	1728	2036	1400
901	172	240	196	223	218	156	82	322
53083	13323	5943	8245	12276	12436	11159	8798	6794
29918	12822	5176	7120	11063	11101	10739	8421	6145
14915	283	509	215	369	436	187	130	391
2126	46	46	103	158	296	48	53	179
6124	172	212	807	686	603	185	194	79
104025	**26270**	**6198**	**10778**	**10573**	**15995**	**13443**	**9639**	**10079**
8565	7086	3825	5560	7006	8085	4129	6862	3720
6572	5709	2693	3525	5518	6143	3233	3736	2683
1993	1369	1132	2034	1480	1939	883	3126	1025
	8		1	8	3	13		12
9513	8335	874	954	681	443	1605	588	808
672	85	27	86	8	33	190	10	118
8426	8090	736	668	638	363	1265	543	643
415	160	111	200	35	47	150	35	47
85947	10849	1499	4264	2886	7467	7709	2189	5551
58720	7073	1076	2899	1730	5465	5140	1451	4061
5114	1242	109	173	137	344	885	236	234
5183	1143	163	627	612	1077	887	220	631
6879	265	22	29	85	149	103	22	92
2979	178	4	89		112	127	16	43
7072	948	125	447	322	320	567	244	490
164498	**39971**	**21632**	**26982**	**30999**	**34373**	**27045**	**25298**	**29729**
164498	39971	21632	26982	30999	34373	27045	25298	29729
34658	16776	10841	15368	18724	14021	11993	10759	17283

1-A-3 续表 7

行业	从业人员数（人）	南京	无锡	徐州	常州
物业管理	342647	67690	41429	21815	23787
房地产中介服务	61834	15831	6385	5550	4252
自有房地产经营活动	19305	3275	1611	498	1491
其他房地产业	27539	2564	2519	894	1630
租赁和商务服务业	**1074552**	**196977**	**99118**	**86576**	**98507**
租赁业	46852	6370	2487	12128	2920
机械设备租赁	45279	6040	2412	11987	2787
文化及日用品出租	1573	330	75	141	133
商务服务业	1027700	190607	96631	74448	95587
企业管理服务	263591	52288	22170	15387	24794
法律服务	23725	4779	2529	1723	1881
咨询与调查	131499	24958	15370	11966	11800
广告业	102748	19967	6992	13083	11131
知识产权服务	6801	1713	474	342	613
人力资源服务	237384	45778	21330	8708	20190
旅行社及相关服务	30279	7532	3471	2114	2308
安全保护服务	80381	8279	13395	9043	3735
其他商务服务业	151292	25313	10900	12082	19135
科学研究和技术服务业	**687016**	**128192**	**47456**	**71756**	**84759**
研究和试验发展	75866	16156	10123	4754	6232
自然科学研究和试验发展	7032	3054	831	396	363
工程和技术研究和试验发展	43191	7119	6678	2318	4941
农业科学研究和试验发展	10893	2293	531	1689	312
医学研究和试验发展	13189	3012	1923	281	541
社会人文科学研究	1561	678	160	70	75
专业技术服务业	399525	95555	29762	27872	62391
气象服务	2394	559	141	246	83
地震服务	947	124	63	120	55
海洋服务	622	14	44	21	6
测绘服务	7163	1776	336	587	303
质检技术服务	37694	7377	3936	1551	2269
环境与生态监测	8033	1346	841	807	837
地质勘查	14666	4293	37	1135	412
工程技术	243262	55555	16458	17606	50670
其他专业技术服务业	84744	24511	7906	5799	7756
科技推广和应用服务业	211625	16481	7571	39130	16136
技术推广服务	192506	13765	6000	36879	12776
科技中介服务	10159	1173	726	1112	2779
其他科技推广和应用服务业	8960	1543	845	1139	581
水利、环境和公共设施管理业	**220652**	**21892**	**23611**	**17056**	**21191**
水利管理业	30852	2079	1850	3867	997
防洪除涝设施管理	9253	739	444	1144	408
水资源管理	5087	538	220	756	157
天然水收集与分配	5203	188	263	1067	92
水文服务	763	121	125	45	30
其他水利管理业	10546	493	798	855	310
生态保护和环境治理业	12792	2098	1109	750	890
生态保护	1764	146	82	179	320
环境治理业	11028	1952	1027	571	570

苏州	南通	连云港	淮安	盐城	扬州	镇江	泰州	宿迁
98078	15788	8943	9134	9938	16677	10686	11846	6836
18146	2519	1267	1363	1387	1693	1094	758	1589
10318	642	62	184	149	278	267	326	204
3298	4246	519	933	801	1704	3005	1609	3817
208061	**91782**	**32847**	**37586**	**40921**	**76704**	**40017**	**38893**	**26563**
7289	4009	1212	1864	2596	1973	1784	577	1643
6673	3895	1199	1845	2572	1955	1750	566	1598
616	114	13	19	24	18	34	11	45
200772	87773	31635	35722	38325	74731	38233	38316	24920
50650	18504	11400	10393	7711	22685	14549	7893	5167
4241	1679	733	999	1302	1075	935	1117	732
29800	7705	2952	3273	5802	4654	4740	5704	2775
16400	8776	2504	5804	4237	3335	4611	2192	3716
2647	333	58	30	29	192	181	121	68
44930	31056	5728	7110	7539	22637	3190	12345	6843
6016	1241	1356	1020	1051	1531	1513	738	388
19886	6984	2263	1855	4019	3844	2274	3138	1666
26202	11495	4641	5238	6635	14778	6240	5068	3565
97012	**59175**	**25451**	**26567**	**24378**	**36980**	**23845**	**44139**	**17306**
19008	5136	1768	1422	2057	3068	2425	2748	969
723	422	197	145	159	317	344	42	39
12814	3186	740	742	1139	1172	1344	715	283
756	824	762	387	498	1382	541	292	626
4393	608	17	134	257	184	140	1678	21
322	96	52	14	4	13	56	21	
65159	28849	8082	11180	13348	19059	14707	15594	7967
157	247	182	91	221	86	133	153	95
28	87	46	88	37	90	90	52	67
	332	184		21				
1051	813	379	317	440	448	238	233	242
10431	2975	1026	1472	1191	1343	1604	1620	899
1862	369	201	255	387	367	298	239	224
426	21	129	435	162	7063	464	39	50
37003	17368	4502	6295	7975	6302	7459	11330	4739
14201	6637	1433	2227	2914	3360	4421	1928	1651
12845	25190	15601	13965	8973	14853	6713	25797	8370
10031	23778	14910	13212	8241	14128	5806	25341	7639
1300	930	177	260	341	371	371	262	357
1514	482	514	493	391	354	536	194	374
47085	**14646**	**7531**	**10136**	**11957**	**10388**	**13809**	**10322**	**11028**
3212	1459	2171	3712	3659	2324	1227	2031	2264
1266	551	387	1405	1227	416	389	402	475
420	320	412	554	513	375	107	157	558
74	280	351	563	975	357	205	593	195
74	20	25	156	18	38	5	40	66
1378	288	996	1034	926	1138	521	839	970
2632	1326	402	211	826	909	699	648	292
164	95	141	131	281	46	68	73	38
2468	1231	261	80	545	863	631	575	254

1-A-3 续表 8

行业	从业人员数(人)	南京	无锡	徐州	常州
公共设施管理业	177008	17715	20652	12439	19304
市政设施管理	15899	2159	1869	938	1463
环境卫生管理	69852	5526	9177	3883	7154
城乡市容管理	8000	1194	334	1117	725
绿化管理	34539	1860	3456	2600	1786
公园和游览景区管理	48718	6976	5816	3901	8176
居民服务、修理和其他服务业	**200718**	**28834**	**30362**	**15539**	**16490**
居民服务业	67553	10612	6500	5415	4603
家庭服务	9568	1462	376	1107	945
托儿所服务	418	12	42	13	5
洗染服务	2900	656	294	276	245
理发及美容服务	5366	1151	749	434	450
洗浴服务	12724	1997	893	554	607
保健服务	5346	783	476	319	299
婚姻服务	2819	241	266	646	268
殡葬服务	7891	691	614	728	536
其他居民服务业	20521	3619	2790	1338	1248
机动车、电子产品和日用产品修理业	69478	11034	6980	6127	6315
汽车、摩托车修理与维护	50957	6707	6025	4722	4821
计算机和办公设备维修	6983	667	232	673	319
家用电器修理	8984	3203	621	551	873
其他日用产品修理业	2554	457	102	181	302
其他服务业	63687	7188	16882	3997	5572
清洁服务	41157	6067	6943	3159	4203
其他未列明服务业	22530	1121	9939	838	1369
教育	**1099465**	**167066**	**89512**	**134464**	**62452**
教育	1099465	167066	89512	134464	62452
学前教育	127795	17287	15797	13018	9342
初等教育	302788	24518	21072	44409	15565
中等教育	398276	32835	32908	51651	20515
高等教育	156411	72030	9327	11978	9845
特殊教育	5328	833	430	679	182
技能培训、教育辅助及其他教育	108867	19563	9978	12729	7003
卫生和社会工作	**575310**	**80854**	**51105**	**63349**	**33222**
卫生	523773	72321	45351	59521	30678
医院	339042	57128	33029	32276	21247
社区医疗与卫生院	129224	8611	8743	20265	7128
门诊部(所)	19432	2148	1509	2014	833
计划生育技术服务活动	7827	436	170	2047	197
妇幼保健院(所、站)	9042	495	299	1372	352
专科疾病防治院(所、站)	3546	879	457	243	85
疾病预防控制中心	9026	1159	572	833	488
其他卫生活动	6634	1465	572	471	348
社会工作	51537	8533	5754	3828	2544
提供住宿社会工作	37655	5893	4416	3295	1708
不提供住宿社会工作	13882	2640	1338	533	836
文化、体育和娱乐业	**201888**	**44308**	**21794**	**17842**	**21248**
新闻和出版业	18417	7625	1906	1103	813
新闻业	1887	131	23	252	49

苏州	南通	连云港	淮安	盐城	扬州	镇江	泰州	宿迁
41241	11861	4958	6213	7472	7155	11883	7643	8472
3841	834	564	567	1160	578	1008	560	358
18202	7640	823	2983	3295	2771	2747	3175	2476
2000	89	623	145	474	448	302	258	291
8489	1427	843	1833	1421	1259	3471	1784	4310
8709	1871	2105	685	1122	2099	4355	1866	1037
41380	**12544**	**7224**	**7979**	**8761**	**10448**	**9215**	**7083**	**4859**
9508	4691	3467	3029	5084	6125	2430	4036	2053
1068	740	340	509	1200	849	226	510	236
150	50	34		55	29	5		23
666	239	70	78	103	76	75	50	72
852	465	178	71	46	255	328	203	184
1536	1383	480	822	1131	1050	752	926	593
552	156	231	104	87	1948	32	70	289
270	241	116	136	144	137	178	88	88
2168	401	235	417	784	519	284	251	263
2246	1016	1783	892	1534	1262	550	1938	305
15943	4712	2550	3249	2324	2819	3835	1642	1948
10443	3465	2151	2855	1869	2217	2405	1544	1733
3511	420	188	86	217	210	311	54	95
1340	506	114	248	141	291	972	37	87
649	321	97	60	97	101	147	7	33
15929	3141	1207	1701	1353	1504	2950	1405	858
13326	2644	456	1170	684	450	390	1061	604
2603	497	751	531	669	1054	2560	344	254
129505	**83790**	**58962**	**63397**	**88130**	**63823**	**43913**	**56057**	**58394**
129505	83790	58962	63397	88130	63823	43913	56057	58394
16131	11976	6348	3477	9625	9054	5009	5623	5108
41816	20568	19321	22488	28778	16169	10312	17114	20658
40107	33924	26382	26469	41089	26206	14115	25485	26590
16161	5395	2415	4654	3814	6810	8365	3860	1757
400	433	541	264	652	180	310	228	196
14890	11494	3955	6045	4172	5404	5802	3747	4085
82944	**47779**	**28327**	**31678**	**39382**	**32485**	**21525**	**31529**	**31131**
74645	40612	26827	29872	37026	29546	19485	28816	29073
53896	27403	14223	13615	19490	14949	12837	17065	21884
12422	10477	8990	10523	13585	9993	4975	9745	3767
3556	949	633	3445	540	1097	437	478	1793
310	325	532	794	785	687	236	546	762
488	187	1469	614	1281	1647	261	357	220
775	63	120	19	265	91	247	133	169
1722	849	468	565	747	783	152	330	358
1476	359	392	297	333	299	340	162	120
8299	7167	1500	1806	2356	2939	2040	2713	2058
5728	4285	1371	1638	2210	1749	1796	1845	1721
2571	2882	129	168	146	1190	244	868	337
27021	**11848**	**5982**	**7491**	**9327**	**10172**	**10435**	**7649**	**6771**
1447	395	436	478	675	1590	608	896	445
8	143	114	168	347	50	73	128	401

1-A-3 续表 9

行业	从业人员数(人)	南京	无锡	徐州	常州
出版业	16530	7494	1883	851	764
广播、电视、电影和影视录音制作业	36649	8155	2720	2420	4053
广播	6528	575	78	1402	160
电视	16392	3776	933	367	2279
电影和影视节目制作	3841	1387	617	94	584
电影和影视节目发行	1316	1087	51	30	2
电影放映	8355	1280	1033	497	1018
录音制作	217	50	8	30	10
文化艺术业	53274	13353	4297	5265	5776
文艺创作与表演	14122	4408	923	1284	981
艺术表演场馆	2798	163	541	260	121
图书馆与档案馆	5348	1218	363	438	290
文物及非物质文化遗产保护	2061	535	320	171	188
博物馆	3885	1018	533	339	196
烈士陵园、纪念馆	2245	851	95	250	132
群众文化活动	13423	2027	874	1450	3044
其他文化艺术业	9392	3133	648	1073	824
体育	13778	3545	1145	833	621
体育组织	3323	1465	185	112	187
体育场馆	2436	801	528	118	169
休闲健身活动	7025	1075	389	481	183
其他体育	994	204	43	122	82
娱乐业	79770	11630	11726	8221	9985
室内娱乐活动	50757	7436	4191	5563	5137
游乐园	7296	267	110	393	3471
彩票活动	7842	383	6445	529	66
文化、娱乐、体育经纪代理	2580	716	264	136	170
其他娱乐业	11295	2828	716	1600	1141
公共管理、社会保障和社会组织	**1237900**	**145540**	**98255**	**134504**	**92913**
中国共产党机关	34278	4653	2671	4733	3036
中国共产党机关	34278	4653	2671	4733	3036
国家机构	792348	91637	66765	85590	52006
国家权力机构	6527	1106	329	556	287
国家行政机构	733508	82408	59146	81211	48804
人民法院和人民检察院	36859	5922	3228	3691	2346
其他国家机构	15454	2201	4062	132	569
人民政协、民主党派	5076	1087	331	511	282
人民政协	4030	779	266	449	187
民主党派	1046	308	65	62	95
社会保障	12292	2782	934	892	569
社会保障	12292	2782	934	892	569
群众团体、社会团体和其他成员组织	186801	26259	12087	20593	27705
群众团体	22431	9399	1336	815	1459
社会团体	135825	14197	8648	16603	25006
基金会	1854	546	146	172	105
宗教组织	26691	2117	1957	3003	1135
基层群众自治组织	207105	19122	15467	22185	9315
社区自治组织	73511	13603	7766	6437	3688
村民自治组织	133594	5519	7701	15748	5627

苏州	南通	连云港	淮安	盐城	扬州	镇江	泰州	宿迁
1439	252	322	310	328	1540	535	768	44
4663	1886	1013	1704	2659	2149	2531	1485	1211
166	839	73	179	1106	106	1004	831	9
2410	251	803	966	894	1441	1101	246	925
615	79	28	45	136	138	24	72	22
118	8		4	12		4		
1330	705	109	472	511	442	393	336	229
24	4		38		22	5		26
6867	2868	1546	2360	2537	2790	2162	1896	1557
1493	582	518	858	997	891	399	291	497
490	399	52	92	118	253	117	148	44
865	357	260	243	304	325	245	301	139
240	69	6	128	29	144	87	92	52
650	182	112	174	123	238	155	154	11
30	118	63	128	109	99	132	130	108
1513	759	452	386	414	590	676	700	538
1586	402	83	351	443	250	351	80	168
3504	953	331	552	317	657	718	403	199
464	87	50	165	86	184	236	73	29
208	86	41	110	62	101	118	71	23
2531	736	238	257	159	350	310	225	91
301	44	2	20	10	22	54	34	56
10540	5746	2656	2397	3139	2986	4416	2969	3359
6819	4272	2266	1802	2490	2497	3467	2189	2628
1553	394	57	238	158	46	98	30	481
115	41	62	52	17	87	4	3	38
706	104	60	62	26	44	130	29	133
1347	935	211	243	448	312	717	718	79
171484	**91110**	**65401**	**72823**	**93410**	**83669**	**59538**	**74871**	**54382**
2370	2805	1382	2563	2602	2223	1387	1306	2547
2370	2805	1382	2563	2602	2223	1387	1306	2547
123960	56704	43330	42421	56039	54485	41466	47445	30500
1259	481	311	355	558	421	314	340	210
117754	52942	38830	38276	50693	51126	38688	44987	28643
3730	2775	2137	2330	3001	2129	2015	2012	1543
1217	506	2052	1460	1787	809	449	106	104
590	420	169	315	247	330	225	203	366
477	314	135	258	230	225	182	174	354
113	106	34	57	17	105	43	29	12
1611	844	608	789	873	717	576	772	325
1611	844	608	789	873	717	576	772	325
17426	15091	8449	11861	11758	10280	8565	9792	6935
1979	2275	379	1138	1149	545	553	790	614
12730	11602	5929	6494	7688	7655	7434	8374	3465
278	118	77	73	158	70	45	23	43
2439	1096	2064	4156	2763	2010	533	605	2813
25527	15246	11463	14874	21891	15634	7319	15353	13709
11388	5136	1386	4237	5738	3338	2032	3574	5188
14139	10110	10077	10637	16153	12296	5287	11779	8521

1-A-4 按行业、登记注册类型

行业	法人单位数(个)	内资				
			国有	集体	股份合作	联营
总计	**1047004**	**1016578**	**52525**	**19903**	**3413**	**1778**
农、林、牧、渔业	**12943**	**12911**	**317**	**266**	**59**	**17**
农、林、牧、渔服务业	12943	12911	317	266	59	17
农业服务业	9847	9824	218	215	52	14
林业服务业	733	729	32	12	5	1
畜牧服务业	1430	1427	40	23	1	1
渔业服务业	933	931	27	16	1	1
采矿业	**643**	**633**	**23**	**40**	**2**	**3**
煤炭开采和洗选业	39	39	4	2		
烟煤和无烟煤开采洗选	31	31	4	2		
褐煤开采洗选	1	1				
其他煤炭采选	7	7				
石油和天然气开采业	6	6	1			
石油开采	4	4	1			
天然气开采	2	2				
黑色金属矿采选业	64	60	1	9		
铁矿采选	59	55	1	9		
锰矿、铬矿采选						
其他黑色金属矿采选	5	5				
有色金属矿采选业	21	21	2			
常用有色金属矿采选	17	17	2			
贵金属矿采选	4	4				
稀有稀土金属矿采选						
非金属矿采选业	483	478	11	28	2	2
土砂石开采	398	395	5	18	2	1
化学矿开采	14	13				
采盐	28	27	6	5		
石棉及其他非金属矿采选	43	43		5		1
开采辅助活动	19	18	4	1		1
煤炭开采和洗选辅助活动	4	3	1			
石油和天然气开采辅助活动	10	10	2			1
其他开采辅助活动	5	5	1	1		
其他采矿业	11	11				
其他采矿业	11	11				
制造业	**346771**	**324006**	**510**	**2319**	**1314**	**351**
农副食品加工业	5594	5301	39	72	18	7
谷物磨制	1487	1474	12	6	2	2
饲料加工	668	620	3	3	2	
植物油加工	356	333	3	7	1	1
制糖业	20	20				
屠宰及肉类加工	983	943	15	40	4	1
水产品加工	808	726	2	7	3	
蔬菜、水果和坚果加工	609	562	2	1	2	
其他农副食品加工	663	623	2	8	4	3
食品制造业	2791	2563	19	30	13	5
焙烤食品制造	627	573	4	7	3	2
糖果、巧克力及蜜饯制造	159	145	2		1	
方便食品制造	422	390	2	4	1	
乳制品制造	88	82	1	2		
罐头食品制造	193	178	1	2	1	1

分组的法人单位数

国有联营	集体联营	国有与集体联营	其他联营	有限责任公司	国有独资	其他有限责任公司	股份有限公司	私营
138	**415**	**115**	**1110**	**74460**	**1347**	**73113**	**9951**	**748556**
1	**9**		**7**	**167**	**3**	**164**	**18**	**1563**
1	9		7	167	3	164	18	1563
	8		6	126	2	124	18	1006
			1	10		10		215
	1			10		10		208
1				21	1	20		134
	1		**2**	**64**	**7**	**57**	**8**	**468**
				7	1	6		25
				7	1	6		17
								1
								7
				2	1	1	1	1
							1	1
				2	1	1		
				12		12		37
				12		12		32
								5
				5		5	2	9
				5		5	1	8
							1	1
	1		1	36	5	31	5	376
	1			16	1	15	4	333
				7		7		5
				11	4	7	1	4
			1	2		2		34
			1					12
								2
			1					7
								3
				2		2		8
				2		2		8
18	**76**	**17**	**240**	**18622**	**121**	**18501**	**2934**	**292953**
	3		4	379	6	373	59	4547
	1		1	99	3	96	12	1298
				59	1	58	13	522
	1			30		30	3	280
				5		5	1	14
			1	67	1	66	12	776
				42		42	8	643
				28		28	3	495
	1		2	49	1	48	7	519
1	1	1	2	186	7	179	33	2198
1			1	28		28	2	507
				5		5	3	132
				37		37	9	330
				15	1	14	1	60
		1		11	1	10	3	156

1-A-4 续表 1

行业	法人单位数(个)	内资	国有	集体	股份合作	联营
调味品、发酵制品制造	458	442	3	5	5	1
其他食品制造	844	753	6	10	2	1
酒、饮料和精制茶制造业	1555	1453	16	51	3	2
酒的制造	619	588	2	11	1	
饮料制造	639	573	4	10	1	1
精制茶加工	297	292	10	30	1	1
烟草制品业	8	8	5	1		
烟叶复烤						
卷烟制造	4	4	3	1		
其他烟草制品制造	4	4	2			
纺织业	29391	27858	17	155	69	11
棉纺织及印染精加工	11396	10902	7	55	30	2
毛纺织及染整精加工	1775	1664	2	18	9	1
麻纺织及染整精加工	250	223		1		
丝绢纺织及印染精加工	495	471	1	5	4	2
化纤织造及印染精加工	5125	4901	3	6	2	1
针织或钩针编织物及其制品制造	3703	3546	2	13	7	2
家用纺织制成品制造	3248	2924	1	16	9	2
非家用纺织制成品制造	3399	3227	1	41	8	1
纺织服装、服饰业	20040	18217	23	67	37	12
机织服装制造	13699	12357	21	43	26	9
针织或钩针编织服装制造	2525	2299	1	8	2	
服饰制造	3816	3561	1	16	9	3
皮革、毛皮、羽毛及其制品和制鞋业	3731	3373	1	28	11	3
皮革鞣制加工	113	98	1	1		
皮革制品制造	1253	1091		11	8	
毛皮鞣制及制品加工	185	170		2		1
羽毛(绒)加工及制品制造	232	203		2	1	
制鞋业	1948	1811		12	2	2
木材加工和木、竹、藤、棕、草制品业	9694	9530	1	24	16	8
木材加工	3863	3848	1	7	1	5
人造板制造	3038	2975		5	2	1
木制品制造	2516	2444		10	13	2
竹、藤、棕、草等制品制造	277	263		2		
家具制造业	3449	3255		15	16	4
木质家具制造	2577	2469		8	12	3
竹、藤家具制造	23	21				
金属家具制造	348	313		5	2	
塑料家具制造	79	73				
其他家具制造	422	379		2	2	1
造纸和纸制品业	6941	6676	3	40	31	9
纸浆制造	31	30		1		
造纸	2257	2146	3	15	8	2
纸制品制造	4653	4500		24	23	7
印刷和记录媒介复制业	8593	8366	52	183	69	17
印刷	8044	7829	46	165	59	17
装订及印刷相关服务	525	517	6	18	10	
记录媒介复制	24	20				
文教、工美、体育和娱乐用品制造业	10334	9468	6	45	31	9
文教办公用品制造	917	852	2	9	4	

	国有联营	集体联营	国有与集体联营	其他联营	有限责任公司	国有独资	其他有限责任公司	股份有限公司	私营
		1			27	2	25	10	376
				1	63	3	60	5	637
	1	1			116	2	114	20	1199
					58		58	14	486
	1				50	2	48	4	489
		1			8		8	2	224
					1	1			1
					1	1			1
	1	2		8	1284	4	1280	182	25841
		1		1	606	1	605	89	9971
	1				73		73	19	1540
					11		11	3	206
				2	37	2	35	12	404
		1			61		61	7	4798
				2	148		148	8	3334
				2	182	1	181	17	2649
				1	166		166	27	2939
	1	1		10	1037	15	1022	119	16578
	1			8	717	14	703	80	11245
					111		111	15	2123
		1		2	209	1	208	24	3210
		1		2	158		158	34	3073
					5		5	2	85
					57		57	13	984
		1			7		7		154
					3		3	1	194
				2	86		86	18	1656
		1		7	330	1	329	35	8824
				5	88	1	87	6	3595
		1			120		120	15	2746
				2	115		115	13	2255
					7		7	1	228
			1	3	182		182	24	2919
			1	2	137		137	16	2217
					3		3		18
					18		18	2	275
					4		4		68
				1	20		20	6	341
		1	1	7	326	1	325	35	6133
					3		3	1	24
				2	115	1	114	17	1949
		1	1	5	208		208	17	4160
	1	10		6	336	5	331	76	7509
	1	10		6	314	5	309	71	7046
					21		21	4	445
					1		1	1	18
	1	2		6	419		419	62	8689
					34		34	4	783

1-A-4 续表 2

行业	法人单位数(个)	内资	国有	集体	股份合作	联营
乐器制造	277	249	1		1	
工艺美术品制造	5940	5523	1	26	22	5
体育用品制造	941	813	1	4	1	2
玩具制造	1935	1742	1	6	3	2
游艺器材及娱乐用品制造	324	289				
石油加工、炼焦和核燃料加工业	586	549	1	12	5	
精炼石油产品制造	542	511	1	10	3	
炼焦	43	37		2	2	
核燃料加工	1	1				
化学原料和化学制品制造业	13484	11959	29	177	88	16
基础化学原料制造	2530	2205	13	36	21	1
肥料制造	681	653	6	10	3	3
农药制造	378	337	2	3	3	
涂料、油墨、颜料及类似产品制造	2640	2398	2	35	11	2
合成材料制造	2010	1709	1	16	8	1
专用化学产品制造	4261	3794	3	60	37	9
炸药、火工及焰火产品制造	23	22				
日用化学产品制造	961	841	2	17	5	
医药制造业	1976	1677	9	9	9	1
化学药品原料药制造	423	361	2	4	3	
化学药品制剂制造	258	188	1			1
中药饮片加工	82	79		1	1	
中成药生产	74	59	3			
兽用药品制造	101	94	1	2		
生物药品制造	436	367	1			
卫生材料及医药用品制造	602	529	1	2	5	
化学纤维制造业	2344	2215	3	8	6	3
纤维素纤维原料及纤维制造	381	347	2	1		
合成纤维制造	1963	1868	1	7	6	3
橡胶和塑料制品业	20991	19680	12	148	93	21
橡胶制品业	3729	3448	3	43	24	8
塑料制品业	17262	16232	9	105	69	13
非金属矿物制品业	17921	17175	32	181	83	17
水泥、石灰和石膏制造	814	795	9	16	2	1
石膏、水泥制品及类似制品制造	4284	4137	5	32	10	4
砖瓦、石材等建筑材料制造	4701	4578	10	99	32	8
玻璃制造	473	449	2	2	2	
玻璃制品制造	1877	1749	2	8	11	3
玻璃纤维和玻璃纤维增强塑料制品制造	1094	1043		6	5	
陶瓷制品制造	1107	1010	1	3	1	
耐火材料制品制造	1488	1437		9	7	
石墨及其他非金属矿物制品制造	2083	1977	3	6	13	1
黑色金属冶炼和压延加工业	6525	6250	10	81	25	2
炼铁	122	117	1	3	1	
炼钢	99	90		2	1	
黑色金属铸造	3036	2957	4	52	16	1
钢压延加工	3104	2931	4	24	7	1
铁合金冶炼	164	155	1			
有色金属冶炼和压延加工业	4526	4231	6	48	18	3
常用有色金属冶炼	476	462	1	7	2	1

国有联营	集体联营	国有与集体联营	其他联营	有限责任公司	国有独资	其他有限责任公司	股份有限公司	私营
				10		10	1	229
1	1		3	267		267	41	5045
	1		1	46		46	2	745
			2	48		48	10	1626
				14		14	4	261
				55	2	53	10	449
				48	2	46	10	422
				7		7		26
								1
2	4	2	8	1011	19	992	205	10269
	1			308	9	299	56	1742
			3	62		62	2	554
				51		51	26	248
	2			153	1	152	31	2127
			1	124	5	119	26	1507
2	1	2	4	259	3	256	49	3334
				3		3	3	16
				51	1	50	12	741
			1	270		270	49	1307
				89		89	10	252
			1	51		51	8	124
				16		16		61
				13		13	4	37
				13		13	3	75
				47		47	16	295
				41		41	8	463
	1		2	92		92	27	2059
				31		31	12	296
	1		2	61		61	15	1763
1	7		13	825	2	823	139	18200
	2		6	168	1	167	27	3132
1	5		7	657	1	656	112	15068
	2		15	929	14	915	182	15348
			1	83	5	78	14	644
			4	283	6	277	42	3636
	1		7	219	1	218	44	4023
				31		31	6	399
	1		2	94	2	92	16	1585
				59		59	9	950
				33		33	16	942
				54		54	25	1327
			1	73		73	10	1842
			2	292		292	44	5735
				7		7		104
				11		11		73
			1	135		135	17	2697
			1	128		128	26	2721
				11		11	1	140
			3	223		223	48	3829
			1	33		33	4	408

1-A-4 续表 3

行 业	法 人 单位数 (个)	内资	国有	集体	股份合作	联营
贵金属冶炼	36	31	1	1	1	
稀有稀土金属冶炼	113	106	1	1		
有色金属合金制造	559	506		3	2	
有色金属铸造	460	438		3	2	1
有色金属压延加工	2882	2688	3	33	11	1
金属制品业	32821	31393	23	207	128	54
结构性金属制品制造	11877	11506	6	48	36	21
金属工具制造	4661	4464	3	28	12	20
集装箱及金属包装容器制造	1172	1097	2	5	5	1
金属丝绳及其制品制造	1862	1776		13	6	
建筑、安全用金属制品制造	2537	2369		17	12	3
金属表面处理及热处理加工	2310	2164	2	46	18	3
搪瓷制品制造	125	119	1	2	1	
金属制日用品制造	1535	1423	2	9	4	1
其他金属制品制造	6742	6475	7	39	34	5
通用设备制造业	48533	46377	49	242	185	49
锅炉及原动设备制造	1800	1706	7	13	11	1
金属加工机械制造	8108	7759	11	35	33	2
物料搬运设备制造	2118	1957	1	7	11	3
泵、阀门、压缩机及类似机械制造	5994	5618	5	46	19	9
轴承、齿轮和传动部件制造	2970	2763	1	18	11	6
烘炉、风机、衡器、包装等设备制造	4971	4660	4	27	25	6
文化、办公用机械制造	367	292	1	1	1	1
通用零部件制造	16683	16247	12	82	56	19
其他通用设备制造业	5522	5375	7	13	18	2
专用设备制造业	32802	30776	45	124	118	23
采矿、冶金、建筑专用设备制造	4399	4188	11	17	16	3
化工、木材、非金属加工专用设备制造	9379	8647	3	19	27	3
食品、饮料、烟草及饲料生产专用设备制造	666	629	3	2	2	
印刷、制药、日化及日用品生产专用设备制造	1678	1581	3	11	10	
纺织、服装和皮革加工专用设备制造	3221	3089	2	22	15	1
电子和电工机械专用设备制造	2508	2300	6	14	6	7
农、林、牧、渔专用机械制造	1100	1048	6	11	10	
医疗仪器设备及器械制造	1781	1592	2	7	9	4
环保、社会公共服务及其他专用设备制造	8070	7702	9	21	23	5
汽车制造业	7131	6240	10	41	16	3
汽车整车制造	65	54	4	2	1	
改装汽车制造	75	68		1	2	
低速载货汽车制造	4	4				
电车制造	111	109				
汽车车身、挂车制造	82	75		1		
汽车零部件及配件制造	6794	5930	6	37	13	3
铁路、船舶、航空航天和其他运输设备制造业	5887	5480	22	56	23	7
铁路运输设备制造	542	511	2	17	2	2
城市轨道交通设备制造	44	42				1
船舶及相关装置制造	2549	2432	13	20	8	1
航空、航天器及设备制造	116	83	3		1	
摩托车制造	795	747	1	14	3	1
自行车制造	1310	1187	1	3	8	2

国有联营	集体联营	国有与集体联营	其他联营	有限责任公司	国有独资	其他有限责任公司	股份有限公司	私营
				1		1		27
				9		9	4	91
				27		27	7	456
			1	19		19	4	403
			1	134		134	29	2444
3	11		40	1584	3	1581	237	28776
	4		17	634		634	107	10480
1			19	218		218	31	4109
	1			72		72	13	988
				96		96	12	1639
	1		2	127		127	17	2159
	3			92	1	91	14	1970
				4		4		108
			1	62		62	14	1317
2	2		1	279	2	277	29	6006
3	8	3	35	2693	6	2687	347	42235
			1	111	1	110	28	1496
			2	470	1	469	56	7013
1	1		1	141	1	140	19	1758
	2		7	380	2	378	48	5024
1	1	1	3	162		162	24	2507
	1		5	356		356	43	4142
			1	28		28	6	252
1	3	2	13	733	1	732	83	15117
			2	312		312	40	4926
1	3	1	18	1951	4	1947	296	27796
	2		1	314	1	313	50	3713
	1		2	530	1	529	48	7935
				51		51	5	554
				75		75	5	1457
			1	135		135	18	2851
		1	6	195		195	24	2005
				84		84	9	906
1			3	124		124	30	1388
			5	443	2	441	107	6987
			3	445	4	441	67	5603
				14	2	12	3	29
				24	1	23	1	40
				1		1		3
				5		5	1	101
				11		11	2	60
			3	390	1	389	60	5370
2	1	2	2	418	8	410	66	4844
		1	1	52	3	49	14	419
1				4		4	3	34
1				241	1	240	24	2101
				13	3	10	3	60
			1	31	1	30	9	688
	1	1		58		58	11	1095

1-A-4 续表 4

行业	法人单位数(个)	内资				
			国有	集体	股份合作	联营
非公路休闲车及零配件制造	351	318	1	1		
潜水救捞及其他未列明运输设备制造	180	160	1	1	1	
电气机械和器材制造业	23704	21916	23	137	108	31
电机制造	2973	2728	2	12	11	3
输配电及控制设备制造	8756	8095	12	39	55	15
电线、电缆、光缆及电工器材制造	3967	3654	3	42	13	5
电池制造	616	506		4	2	1
家用电力器具制造	1483	1334		7	7	3
非电力家用器具制造	621	590		1	2	
照明器具制造	3515	3305	4	24	10	3
其他电气机械及器材制造	1773	1704	2	8	8	1
计算机、通信和其他电子设备制造业	14241	11620	19	47	46	14
计算机制造	930	650	1		4	
通信设备制造	941	812	5	4	7	2
广播电视设备制造	526	440		3		1
雷达及配套设备制造	28	27				
视听设备制造	405	292	1	2	1	1
电子器件制造	2117	1515	6	12	7	2
电子元件制造	6670	5562	4	22	20	2
其他电子设备制造	2624	2322	2	4	7	6
仪器仪表制造业	6056	5496	20	37	35	10
通用仪器仪表制造	3510	3225	8	22	22	7
专用仪器仪表制造	1187	1054	6	7	5	1
钟表与计时仪器制造	48	45		3	2	1
光学仪器及眼镜制造	746	635	3	3	2	
其他仪器仪表制造业	565	537	3	2	4	1
其他制造业	2595	2473	2	22	5	4
日用杂品制造	1065	990		11	2	
煤制品制造	87	86		5		
核辐射加工	6	5	1			
其他未列明制造业	1437	1392	1	6	3	4
废弃资源综合利用业	1110	1033	5	11	3	4
金属废料和碎屑加工处理	612	564	3	10	2	3
非金属废料和碎屑加工处理	498	469	2	1	1	1
金属制品、机械和设备修理业	1417	1398	8	20	6	2
金属制品修理	77	74	1	2		
通用设备修理	196	193		1		1
专用设备修理	150	148	1	1	1	
铁路、船舶、航空航天等运输设备修理	602	598	3	9	1	1
电气设备修理	92	88	2	1	3	
仪器仪表修理	17	16			1	
其他机械和设备修理业	283	281	1	6		
电力、热力、燃气及水生产和供应业	**2471**	**2238**	**160**	**336**	**12**	**22**
电力、热力生产和供应业	611	510	48	16	3	5
电力生产	378	302	25	7	2	5
电力供应	70	68	16	6	1	
热力生产和供应	163	140	7	3		
燃气生产和供应业	350	282	6	2	1	3
燃气生产和供应业	350	282	6	2	1	3

国有联营	集体联营	国有与集体联营	其他联营	有限责任公司	国有独资	其他有限责任公司	股份有限公司	私营
				6		6	1	305
				13		13	1	142
	6	3	22	1417	7	1410	280	19567
	1		2	192	2	190	41	2438
	1	3	11	623	3	620	118	7100
	3		2	190	1	189	45	3293
			1	48		48	3	440
	1		2	87		87	17	1194
				44		44	13	517
			3	119	1	118	26	3071
			1	114		114	17	1514
	1	3	10	839	5	834	125	10382
				66	1	65	6	563
	1		1	71	1	70	15	698
		1		29	1	28	12	392
				9		9	1	17
			1	23		23	2	258
			2	144	1	143	26	1303
		1	1	312	1	311	39	5106
		1	5	185		185	24	2045
	3		7	471	3	468	81	4758
	3		4	295		295	49	2775
			1	90	2	88	20	910
			1	4		4		34
				38	1	37	6	571
			1	44		44	6	468
			4	118	1	117	25	2242
				25		25	8	923
				1		1		77
								4
			4	92	1	91	17	1238
	4			75		75	5	895
	3			49		49	3	476
	1			26		26	2	419
	2			160	1	159	22	1148
				9		9	3	59
	1			14		14	5	170
				14		14	1	126
	1			83	1	82	4	483
				5		5	3	73
				3		3		12
				32		32	6	225
2	**10**	**3**	**7**	**395**	**33**	**362**	**55**	**1160**
1	1	2	1	158	17	141	26	238
1	1	2	1	106	16	90	23	128
				11		11	1	29
				41	1	40	2	81
	1		2	47	1	46	8	196
	1		2	47	1	46	8	196

1-A-4 续表 5

行业	法人单位数(个)	内资	国有	集体	股份合作	联营
水的生产和供应业	1510	1446	106	318	8	14
自来水生产和供应	949	926	71	252	6	11
污水处理及其再生利用	497	457	32	64	2	3
其他水的处理、利用与分配	64	63	3	2		
建筑业	**43284**	**43036**	**288**	**457**	**125**	**73**
房屋建筑业	8077	8024	47	148	28	17
房屋建筑业	8077	8024	47	148	28	17
土木工程建筑业	8534	8483	162	154	27	23
铁路、道路、隧道和桥梁工程建筑	3483	3455	57	37	10	8
水利和内河港口工程建筑	730	724	62	50	3	4
海洋工程建筑	17	17	1			
工矿工程建筑	495	491	6	3	2	2
架线和管道工程建筑	852	847	14	25	1	3
其他土木工程建筑	2957	2949	22	39	11	6
建筑安装业	10075	9999	33	72	23	12
电气安装	2217	2203	9	21	6	4
管道和设备安装	1931	1907	10	14	7	3
其他建筑安装业	5927	5889	14	37	10	5
建筑装饰和其他建筑业	16598	16530	46	83	47	21
建筑装饰业	12115	12066	11	39	31	15
工程准备活动	1624	1622	15	20	4	3
提供施工设备服务	412	411		6	3	1
其他未列明建筑业	2447	2431	20	18	9	2
批发和零售业	**299067**	**296296**	**1660**	**2571**	**732**	**506**
批发业	220227	217887	1179	1429	445	310
农、林、牧产品批发	10662	10620	509	235	24	20
食品、饮料及烟草制品批发	17843	17663	234	172	52	34
纺织、服装及家庭用品批发	34851	34452	39	88	45	33
文化、体育用品及器材批发	5985	5904	21	29	22	9
医药及医疗器材批发	3432	3386	10	7	8	9
矿产品、建材及化工产品批发	69126	68675	214	598	134	90
机械设备、五金产品及电子产品批发	59689	58787	93	167	130	92
贸易经纪与代理	5110	5042	21	29	7	8
其他批发业	13529	13358	38	104	23	15
零售业	78840	78409	481	1142	287	196
综合零售	8345	8234	83	459	31	23
食品、饮料及烟草制品专门零售	9447	9403	133	146	41	26
纺织、服装及日用品专门零售	9247	9199	22	65	27	16
文化、体育用品及器材专门零售	6359	6321	65	95	28	18
医药及医疗器材专门零售	5371	5360	24	58	20	11
汽车、摩托车、燃料及零配件专门零售	10097	10033	69	142	49	33
家用电器及电子产品专门零售	12745	12696	20	17	39	26
五金、家具及室内装饰材料专门零售	10817	10788	26	51	34	22
货摊、无店铺及其他零售业	6412	6375	39	109	18	21
交通运输、仓储和邮政业	**25948**	**25624**	**751**	**512**	**98**	**64**
道路运输业	16094	16025	295	222	52	34
城市公共交通运输	637	628	38	21	4	1
公路旅客运输	461	459	22	20	6	5
道路货物运输	14187	14134	34	93	37	25

国有联营	集体联营	国有与集体联营	其他联营	有限责任公司	国有独资	其他有限责任公司	股份有限公司	私营
1	8	1	4	190	15	175	21	726
	7	1	3	102	13	89	10	423
1	1		1	83	2	81	9	259
				5		5	2	44
5	**12**	**5**	**51**	**5698**	**103**	**5595**	**897**	**34564**
1	5	1	10	1738	20	1718	294	5607
1	5	1	10	1738	20	1718	294	5607
3	5	2	13	1241	58	1183	187	6496
1			7	584	30	554	90	2592
1	2	1		128	11	117	20	439
				2		2		14
	1		1	44	3	41	6	417
1	2			142	4	138	21	621
		1	5	341	10	331	50	2413
	1	1	10	1008	13	995	168	8508
	1		3	282	8	274	49	1803
		1	2	209		209	36	1592
			5	517	5	512	83	5113
1	1	1	18	1711	12	1699	248	13953
		1	14	1129	2	1127	156	10387
1	1		1	169	4	165	25	1338
			1	42		42	14	329
			2	371	6	365	53	1899
34	**106**	**32**	**334**	**22307**	**146**	**22161**	**2477**	**250412**
16	60	18	216	15702	100	15602	1512	185429
1	6	3	10	433	14	419	66	5496
6	9	4	15	1107	14	1093	120	11474
1	7	1	24	2823	6	2817	193	30748
1	3		5	490	4	486	53	5173
			9	419	5	414	48	2778
4	24	4	58	4329	32	4297	480	61674
2	5	4	81	4693	18	4675	417	52185
1	1		6	518	3	515	57	4086
	5	2	8	890	4	886	78	11815
18	46	14	118	6605	46	6559	965	64983
1	13	1	8	623	7	616	125	6578
3	5	2	16	739	5	734	117	6817
	3	1	12	712	4	708	90	7993
2	4	3	9	580	11	569	87	5186
1	3		7	485	5	480	72	4379
6	8	5	14	1088	7	1081	187	8213
2	2		22	1033	2	1031	143	11074
1	3		18	841	2	839	73	9429
2	5	2	12	504	3	501	71	5314
10	**19**	**6**	**29**	**2946**	**96**	**2850**	**379**	**20171**
5	10	1	18	1780	44	1736	219	13028
	1			152	14	138	24	376
1	2	1	1	118	2	116	29	232
3	6		16	1422	21	1401	142	12067

1-A-4 续表 6

行业	法人单位数(个)	内资	国有	集体	股份合作	联营
道路运输辅助活动	809	804	201	88	5	3
水上运输业	1486	1458	68	97	9	8
水上旅客运输	64	62	5	7		
水上货物运输	977	972	13	75	7	5
水上运输辅助活动	445	424	50	15	2	3
航空运输业	55	52	12	1		
航空客货运输	28	26	5			
通用航空服务	8	8				
航空运输辅助活动	19	18	7	1		
管道运输业	19	16	1			
管道运输业	19	16	1			
装卸搬运和运输代理业	5948	5878	74	130	23	13
装卸搬运	1590	1570	20	93	13	2
运输代理业	4358	4308	54	37	10	11
仓储业	1665	1515	254	56	7	6
谷物、棉花等农产品仓储	442	440	207	24		2
其他仓储业	1223	1075	47	32	7	4
邮政业	681	680	47	6	7	3
邮政基本服务	52	52	40	2		1
快递服务	629	628	7	4	7	2
住宿和餐饮业	**11328**	**10984**	**288**	**211**	**43**	**23**
住宿业	3642	3536	194	125	19	7
旅游饭店	1068	993	115	26	3	1
一般旅馆	2291	2265	67	87	14	6
其他住宿业	283	278	12	12	2	
餐饮业	7686	7448	94	86	24	16
正餐服务	5944	5777	79	73	17	14
快餐服务	664	631	7	5	3	
饮料及冷饮服务	291	272	3	3	2	
其他餐饮业	787	768	5	5	2	2
信息传输、软件和信息技术服务业	**21459**	**20739**	**419**	**140**	**59**	**70**
电信、广播电视和卫星传输服务	934	915	270	88	1	2
电信	443	424	21	2	1	2
广播电视传输服务	472	472	247	86		
卫星传输服务	19	19	2			
互联网和相关服务	3154	3113	34	4	7	5
互联网接入及相关服务	224	222	3		1	1
互联网信息服务	2569	2531	25	4	4	4
其他互联网服务	361	360	6		2	
软件和信息技术服务业	17371	16711	115	48	51	63
软件开发	11220	10738	28	28	28	43
信息系统集成服务	1949	1909	19	2	6	6
信息技术咨询服务	2050	2005	31	16	13	6
数据处理和存储服务	250	241	5			1
集成电路设计	573	525	3		1	2
其他信息技术服务业	1329	1293	29	2	3	5
房地产业	**29149**	**28086**	**687**	**620**	**164**	**70**
房地产业	29149	28086	687	620	164	70
房地产开发经营	10620	9823	177	89	20	17

国有联营	集体联营	国有与集体联营	其他联营	有限责任公司	国有独资	其他有限责任公司	股份有限公司	私营
1	1		1	88	7	81	24	353
1	2	1	4	247	11	236	51	915
				14		14	2	31
	2	1	2	158	8	150	34	643
1			2	75	3	72	15	241
				12	1	11	2	24
				3	1	2	2	16
				5		5		3
				4		4		5
				6		6	1	8
				6		6	1	8
2	4	1	6	629	22	607	76	4774
	1	1		136	5	131	22	1221
2	3		6	493	17	476	54	3553
2	3	1		212	17	195	24	892
1	1			41	12	29	2	125
1	2	1		171	5	166	22	767
		2	1	60	1	59	6	530
		1						6
		1	1	60	1	59	6	524
3	**7**		**13**	**1260**	**35**	**1225**	**179**	**8621**
1	2		4	471	18	453	75	2534
1				240	13	227	37	545
	2		4	193	4	189	34	1789
				38	1	37	4	200
2	5		9	789	17	772	104	6087
2	5		7	645	15	630	85	4679
				55	1	54	8	529
				25		25	2	225
			2	64	1	63	9	654
1	**2**	**2**	**65**	**2879**	**42**	**2837**	**341**	**16273**
1			1	122	26	96	37	357
1			1	72	9	63	28	282
				49	17	32	7	61
				1		1	2	14
			5	302	1	301	68	2571
			1	25		25	4	181
			4	234	1	233	60	2103
				43		43	4	287
	2	2	59	2455	15	2440	236	13345
			43	1656	8	1648	169	8576
	1	1	4	268	2	266	18	1558
	1	1	4	265	2	263	21	1563
			1	26		26	10	186
			2	92	1	91	5	412
			5	148	2	146	13	1050
6	**19**	**8**	**37**	**5088**	**194**	**4894**	**715**	**19493**
6	19	8	37	5088	194	4894	715	19493
2	3	4	8	2708	132	2576	411	6235

1-A-4 续表 7

行业	法人单位数(个)					
		内资				
			国有	集体	股份合作	联营
物业管理	8934	8822	157	228	62	25
房地产中介服务	5775	5725	64	24	10	8
自有房地产经营活动	2244	2162	78	211	65	15
其他房地产业	1576	1554	211	68	7	5
租赁和商务服务业	**77822**	**77042**	**2937**	**2526**	**426**	**229**
租赁业	4239	4204	25	35	12	5
机械设备租赁	4079	4047	18	31	12	5
文化及日用品出租	160	157	7	4		
商务服务业	73583	72838	2912	2491	414	224
企业管理服务	18215	18007	1198	1301	233	60
法律服务	2514	2510	256	103	16	15
咨询与调查	16635	16266	388	189	40	31
广告业	13762	13746	86	32	44	42
知识产权服务	632	625	22	5	1	
人力资源服务	7302	7298	402	209	22	11
旅行社及相关服务	2291	2285	84	36	9	4
安全保护服务	666	666	79	25	1	7
其他商务服务业	11566	11435	397	591	48	54
科学研究和技术服务业	**40129**	**39343**	**3928**	**859**	**126**	**112**
研究和试验发展	5884	5553	353	44	32	14
自然科学研究和试验发展	465	436	45	3	2	
工程和技术研究和试验发展	3590	3402	115	17	19	11
农业科学研究和试验发展	612	597	96	19		1
医学研究和试验发展	1076	977	33	3	11	2
社会人文科学研究	141	141	64	2		
专业技术服务业	21169	20860	2135	448	59	59
气象服务	178	177	127	5	1	
地震服务	106	106	94	4		
海洋服务	27	27	10			
测绘服务	400	399	68	25		5
质检技术服务	1585	1527	404	72	3	6
环境与生态监测	448	447	134	7		2
地质勘查	159	159	60	4	1	
工程技术	11002	10925	692	137	37	23
其他专业技术服务业	7264	7093	546	194	17	23
科技推广和应用服务业	13076	12930	1440	367	35	39
技术推广服务	11493	11373	1236	334	28	27
科技中介服务	783	772	114	16	3	8
其他科技推广和应用服务业	800	785	90	17	4	4
水利、环境和公共设施管理业	**7501**	**7420**	**2482**	**607**	**14**	**22**
水利管理业	1901	1899	1355	235		2
防洪除涝设施管理	473	473	344	78		1
水资源管理	377	376	253	44		1
天然水收集与分配	270	270	210	26		
水文服务	43	43	20	2		
其他水利管理业	738	737	528	85		
生态保护和环境治理业	772	739	100	28	1	3
生态保护	113	109	39	2		
环境治理业	659	630	61	26	1	3

国有联营	集体联营	国有与集体联营	其他联营	有限责任公司	国有独资	其他有限责任公司	股份有限公司	私营
1	6	2	16	1410	39	1371	168	6375
			8	562	7	555	83	4776
2	8	2	3	181	3	178	15	1219
1	2		2	227	13	214	38	888
18	**61**	**14**	**136**	**8589**	**336**	**8253**	**1055**	**52980**
		1	4	359	2	357	41	3343
		1	4	338	2	336	38	3227
				21		21	3	116
18	61	13	132	8230	334	7896	1014	49637
8	24	5	23	2593	242	2351	324	8935
	1		14	33	1	32	12	1020
4	5	3	19	1673	11	1662	185	12848
1	1	1	39	1405	16	1389	159	11495
				56	1	55	8	511
	3		8	704	10	694	78	5123
1			3	349	12	337	63	1643
	4		3	66	3	63	17	432
4	23	4	23	1351	38	1313	168	7630
11	**14**	**7**	**80**	**3647**	**89**	**3558**	**438**	**22605**
1			13	729	10	719	69	3975
				42		42	7	307
1			10	481	8	473	36	2602
			1	59	1	58	8	332
			2	145	1	144	15	704
				2		2	3	30
7	8	6	38	2258	56	2202	295	14663
				12	1	11	4	21
								6
				2		2	1	13
1	1	1	2	46	1	45	10	231
1	1	2	2	186	8	178	25	785
			2	53	2	51	6	226
				20		20	4	65
2	2	1	18	1281	31	1250	157	8199
3	4	2	14	658	13	645	88	5117
3	6	1	29	660	23	637	74	3967
2	4		21	504	16	488	60	3024
1	1	1	5	95	5	90	4	443
	1		3	61	2	59	10	500
4	**5**	**4**	**9**	**644**	**58**	**586**	**84**	**2965**
		2		53	7	46	8	158
		1		7		7		27
		1		17	1	16	2	36
				4	1	3	1	7
				1		1	2	13
				24	5	19	3	75
	1		2	75	6	69	3	438
				9		9		24
	1		2	66	6	60	3	414

1-A-4 续表 8

行业	法人单位数(个)	内资	国有	集体	股份合作	联营
公共设施管理业	4828	4782	1027	344	13	17
市政设施管理	668	660	270	59	2	4
环境卫生管理	753	753	273	121	1	2
城乡市容管理	273	272	121	47		
绿化管理	1692	1684	128	34	9	5
公园和游览景区管理	1442	1413	235	83	1	6
居民服务、修理和其他服务业	**14760**	**14654**	**416**	**593**	**70**	**46**
居民服务业	5592	5563	315	443	22	22
家庭服务	791	788	8	25	1	4
托儿所服务	39	39	3	6		
洗染服务	172	168	1	2		
理发及美容服务	486	481	1	2	2	1
洗浴服务	891	885	4	26	7	4
保健服务	275	271	3		1	
婚姻服务	427	427	25	12	1	
殡葬服务	420	418	149	108	1	4
其他居民服务业	2091	2086	121	262	9	9
机动车、电子产品和日用产品修理业	6388	6337	61	89	43	17
汽车、摩托车修理与维护	4536	4511	56	77	36	8
计算机和办公设备维修	695	679	3	3	4	3
家用电器修理	819	815	1	5	2	4
其他日用产品修理业	338	332	1	4	1	2
其他服务业	2780	2754	40	61	5	7
清洁服务	1913	1899	24	19	2	3
其他未列明服务业	867	855	16	42	3	4
教育	**17858**	**17831**	**7329**	**1507**	**68**	**57**
教育	17858	17831	7329	1507	68	57
学前教育	4235	4229	910	620	19	22
初等教育	3004	3004	2400	312	3	1
中等教育	3088	3085	2384	278	14	6
高等教育	381	379	267	28		4
特殊教育	182	182	95	15	1	
技能培训、教育辅助及其他教育	6968	6952	1273	254	31	24
卫生和社会工作	**14231**	**14211**	**3281**	**2699**	**56**	**31**
卫生	7526	7510	2450	1385	49	15
医院	1468	1459	448	133	30	2
社区医疗与卫生院	3040	3039	957	865	6	9
门诊部(所)	1596	1593	94	177	10	3
计划生育技术服务活动	725	725	517	142		
妇幼保健院(所、站)	117	117	95	10		
专科疾病防治院(所、站)	83	83	33	9	2	
疾病预防控制中心	205	205	168	24		
其他卫生活动	292	289	138	25	1	1
社会工作	6705	6701	831	1314	7	16
提供住宿社会工作	3912	3909	622	878	5	9
不提供住宿社会工作	2793	2792	209	436	2	7
文化、体育和娱乐业	**15410**	**15309**	**2219**	**597**	**31**	**38**
新闻和出版业	398	395	201	12		2
新闻业	84	84	59	3		2

国有联营	集体联营	国有与集体联营	其他联营	有限责任公司	国有独资	其他有限责任公司	股份有限公司	私营
4	4	2	7	516	45	471	73	2369
2	1		1	73	5	68	8	210
1	1			52	8	44	6	214
				8		8		73
		1	4	163	4	159	31	1224
1	2	1	2	220	28	192	28	648
2	**16**	**4**	**24**	**917**	**11**	**906**	**134**	**10561**
2	10	4	6	278	2	276	41	2910
1	2		1	52		52	10	555
				2		2		7
				9		9	2	146
			1	39		39	5	408
	1		3	51		51	4	741
				20		20	2	201
				29		29	4	299
1		3		13		13	1	78
	7	1	1	63	2	61	13	475
	3		14	417	6	411	65	5438
	2		6	275	4	271	53	3872
			3	57	1	56	4	581
	1		3	58	1	57	7	708
			2	27		27	1	277
	3		4	222	3	219	28	2213
	1		2	161	2	159	23	1591
	2		2	61	1	60	5	622
10	**16**	**3**	**28**	**316**	**10**	**306**	**75**	**3069**
10	16	3	28	316	10	306	75	3069
3	8	2	9	21		21	14	481
	1							48
3	2	1		6	1	5	4	89
	2		2	2		2		14
				3		3		23
4	3		17	284	9	275	57	2414
4	**14**	**3**	**10**	**82**	**2**	**80**	**29**	**1261**
2	6	1	6	67		67	29	1099
		1	1	39		39	15	439
2	5		2				4	91
	1		2	19		19	9	471
								4
				1		1		7
				1		1		25
								5
			1	7		7	1	57
2	8	2	4	15	2	13		162
1	6		2	14	2	12		145
1	2	2	2	1		1		17
5	**5**	**4**	**24**	**827**	**60**	**767**	**129**	**9351**
			2	55	19	36	8	79
			2	5	1	4	1	7

1-A-4 续表 9

行业	法人单位数(个)	内资	国有	集体	股份合作	联营
出版业	314	311	142	9		
广播、电视、电影和影视录音制作业	1230	1222	378	148	4	3
广播	129	129	94	12		
电视	312	312	201	27		
电影和影视节目制作	262	258	17	1	2	
电影和影视节目发行	65	64	4			
电影放映	426	423	62	107	2	3
录音制作	36	36		1		
文化艺术业	4507	4493	1378	311	9	12
文艺创作与表演	892	891	116	53	2	2
艺术表演场馆	106	106	40	10	1	
图书馆与档案馆	306	305	268	9		
文物及非物质文化遗产保护	149	149	74	12	1	1
博物馆	248	247	115	10	1	
烈士陵园、纪念馆	123	123	90	11		1
群众文化活动	1449	1440	604	180	2	3
其他文化艺术业	1234	1232	71	26	2	5
体育	1217	1193	150	64	4	7
体育组织	345	345	61	25	1	4
体育场馆	112	111	60	2		1
休闲健身活动	641	620	19	32	3	1
其他体育	119	117	10	5		1
娱乐业	8058	8006	112	62	14	14
室内娱乐活动	7119	7097	35	35	13	13
游乐园	93	90	6	1		
彩票活动	55	55	37	4		
文化、娱乐、体育经纪代理	227	227	5	4		1
其他娱乐业	564	537	29	18	1	
公共管理、社会保障和社会组织	**66230**	**66215**	**24830**	**3043**	**14**	**44**
中国共产党机关	1657	1657	1646	5		
中国共产党机关	1657	1657	1646	5		
国家机构	19003	19003	17522	1130	1	5
国家权力机构	173	173	171			
国家行政机构	18099	18099	16648	1109	1	5
人民法院和人民检察院	282	282	280	1		
其他国家机构	449	449	423	20		
人民政协、民主党派	291	291	289	1		
人民政协	154	154	152	1		
民主党派	137	137	137			
社会保障	852	852	639	121		
社会保障	852	852	639	121		
群众团体、社会团体和其他成员组织	22725	22710	4734	1786	13	39
群众团体	1633	1626	733	108		1
社会团体	17260	17255	3859	1575	13	33
基金会	366	365	88	25		
宗教组织	3466	3464	54	78		5
基层群众自治组织	21702	21702				
社区自治组织	7161	7161				
村民自治组织	14541	14541				

国有联营	集体联营	国有与集体联营	其他联营	有限责任公司	国有独资	其他有限责任公司	股份有限公司	私营
				50	18	32	7	72
1	2			154	19	135	18	470
				5	1	4		13
				16	8	8	4	57
				52	7	45	4	170
				15	1	14	1	44
1	2			61	2	59	8	158
				5		5	1	28
1	2	1	8	226	13	213	33	1539
1		1		55	5	50	8	441
				16	2	14	3	26
				3		3		12
			1	8	3	5	3	15
				2		2		27
	1			1		1		3
			3	19		19	1	183
	1		4	122	3	119	18	832
1	1	1	4	69	7	62	9	472
	1		3	14	1	13	2	55
			1	7	3	4		26
1				43	3	40	6	332
		1		5		5	1	59
2		2	10	323	2	321	61	6791
2		2	9	237		237	52	6198
				20	1	19	2	54
								1
			1	26	1	25	5	175
				40		40	2	363
4	**23**	**3**	**14**	**12**	**1**	**11**	**4**	**86**
2	2		1					
2	2		1					
								1
								1
2	21	3	13	12	1	11	4	85
	1							7
2	18	2	11	7	1	6	3	69
				3		3		4
	2	1	2	2		2	1	5

1-A-4 续表 10

行业	私营独资	私营合伙	私营有限责任公司	私营股份有限公司	其他	港澳台商投资企业
总　计	**163885**	**14342**	**552778**	**17551**	**105992**	**12056**
农、林、牧、渔业	**544**	**66**	**916**	**37**	**10504**	**19**
农、林、牧、渔服务业	544	66	916	37	10504	19
农业服务业	332	38	608	28	8175	15
林业服务业	69	5	137	4	454	4
畜牧服务业	97	16	93	2	1144	
渔业服务业	46	7	78	3	731	
采矿业	**201**	**24**	**233**	**10**	**25**	**7**
煤炭开采和洗选业	9	3	13		1	
烟煤和无烟煤开采洗选	5	3	9		1	
褐煤开采洗选	1					
其他煤炭采选	3		4			
石油和天然气开采业				1	1	
石油开采				1	1	
天然气开采						
黑色金属矿采选业	10	5	20	2	1	2
铁矿采选	9	5	16	2	1	2
锰矿、铬矿采选						
其他黑色金属矿采选	1		4			
有色金属矿采选业	3		6		3	
常用有色金属矿采选	3		5		1	
贵金属矿采选			1		2	
稀有稀土金属矿采选						
非金属矿采选业	173	15	181	7	18	5
土砂石开采	151	14	162	6	16	3
化学矿开采	2		3		1	1
采盐		1	3			1
石棉及其他非金属矿采选	20		13	1	1	
开采辅助活动	4		8			
煤炭开采和洗选辅助活动	1		1			
石油和天然气开采辅助活动	2		5			
其他开采辅助活动	1		2			
其他采矿业	2	1	5		1	
其他采矿业	2	1	5		1	
制造业	**82869**	**5462**	**199278**	**5344**	**5003**	**8727**
农副食品加工业	1661	133	2645	108	180	120
谷物磨制	634	39	598	27	43	6
饲料加工	147	9	346	20	18	22
植物油加工	89	8	181	2	8	8
制糖业	5		7	2		
屠宰及肉类加工	266	24	469	17	28	25
水产品加工	198	33	393	19	21	36
蔬菜、水果和坚果加工	137	9	339	10	31	15
其他农副食品加工	185	11	312	11	31	8
食品制造业	716	41	1388	53	79	92
焙烤食品制造	181	10	304	12	20	26
糖果、巧克力及蜜饯制造	39	2	84	7	2	3
方便食品制造	117	5	200	8	7	13
乳制品制造	10	1	47	2	3	2
罐头食品制造	47	3	103	3	3	9

港澳台商合资经营	港澳台商合作经营	港澳台商独　资	港澳台商投资股份有限公司	其他港澳台商投资	外商投资企　业	中外合资经　营	中外合作经　营	外资企业	外商投资股份有限公　司	其他外商投　资
3794	**206**	**7686**	**279**	**91**	**18370**	**5322**	**280**	**12165**	**358**	**245**
5		**13**		**1**	**13**	**7**	**1**	**5**		
5		13		1	13	7	1	5		
4		10		1	8	3	1	4		
1		3								
					3	2		1		
					2	2				
3		**4**			**3**	**2**		**1**		
2					2	2				
2					2	2				
1		4								
		3								
1										
		1								
					1			1		
					1			1		
2937	**130**	**5450**	**173**	**37**	**14038**	**4257**	**193**	**9298**	**215**	**75**
56	2	62			173	80	1	88	2	2
3		3			7	5		2		
12		10			26	15		10		1
5		3			15	3		12		
11	1	13			15	7		8		
20		16			46	20		25		1
4	1	10			32	17		13	2	
1		7			32	13	1	18		
34		54	4		136	45	5	83	2	1
3		20	3		28	2	1	25		
3					11	2		9		
8		5			19	8		11		
1		1			4	1		3		
9					6	3	1	2		

1-A-4 续表 11

行业	私营独资	私营合伙	私营有限责任公司	私营股份有限公司	其他	港澳台商投资企业
调味品、发酵制品制造	173	9	186	8	15	3
其他食品制造	149	11	464	13	29	36
酒、饮料和精制茶制造业	528	36	617	18	46	31
酒的制造	204	12	262	8	16	11
饮料制造	200	16	266	7	14	18
精制茶加工	124	8	89	3	16	2
烟草制品业		1				
烟叶复烤						
卷烟制造						
其他烟草制品制造		1				
纺织业	6815	390	18282	354	299	797
棉纺织及印染精加工	2262	160	7417	132	142	281
毛纺织及染整精加工	300	23	1178	39	2	61
麻纺织及染整精加工	62	4	134	6	2	18
丝绢纺织及印染精加工	124	11	262	7	6	10
化纤织造及印染精加工	1547	38	3158	55	23	147
针织或钩针编织物及其制品制造	778	60	2451	45	32	85
家用纺织制成品制造	674	29	1904	42	48	122
非家用纺织制成品制造	1068	65	1778	28	44	73
纺织服装、服饰业	4816	229	11266	267	344	702
机织服装制造	3142	148	7768	187	216	496
针织或钩针编织服装制造	530	31	1527	35	39	99
服饰制造	1144	50	1971	45	89	107
皮革、毛皮、羽毛及其制品和制鞋业	1054	65	1904	50	65	139
皮革鞣制加工	29	2	53	1	4	5
皮革制品制造	334	16	620	14	18	51
毛皮鞣制及制品加工	63	2	86	3	6	4
羽毛(绒)加工及制品制造	75	4	113	2	2	12
制鞋业	553	41	1032	30	35	67
木材加工和木、竹、藤、棕、草制品业	4872	155	3696	101	292	60
木材加工	2536	40	1002	17	145	7
人造板制造	1444	68	1197	37	86	25
木制品制造	794	42	1377	42	36	24
竹、藤、棕、草等制品制造	98	5	120	5	25	4
家具制造业	979	55	1839	46	95	61
木质家具制造	780	43	1356	38	76	34
竹、藤家具制造	6		12			
金属家具制造	80	6	186	3	11	11
塑料家具制造	21	1	45	1	1	1
其他家具制造	92	5	240	4	7	15
造纸和纸制品业	1863	172	4002	96	99	118
纸浆制造	6	1	17		1	
造纸	554	61	1304	30	37	49
纸制品制造	1303	110	2681	66	61	69
印刷和记录媒介复制业	2623	179	4586	121	124	107
印刷	2440	168	4326	112	111	99
装订及印刷相关服务	175	11	250	9	13	5
记录媒介复制	8		10			3
文教、工美、体育和娱乐用品制造业	3337	187	5028	137	207	362
文教办公用品制造	317	20	431	15	16	27

港澳台商合资经营	港澳台商合作经营	港澳台商独资	港澳台商投资股份有限公司	其他港澳台商投资	外商投资企业	中外合资经营	中外合作经营	外资企业	外商投资股份有限公司	其他外商投资
1		2			13	5	1	7		
9		26	1		55	24	2	26	2	1
9	2	20			71	31	1	39		
3	2	6			20	6	1	13		
6		12			48	25		23		
		2			3			3		
316	19	445	14	3	736	271	14	441	7	3
128	8	140	5		213	81	6	123	2	1
31	1	27	1	1	50	25	1	23		1
6		12			9	4		5		
4		6			14	6		7	1	
55	2	85	4	1	77	33	1	41	2	
32	2	51			72	36	3	33		
33	5	82	2		202	59	2	139	1	1
27	1	42	2	1	99	27	1	70	1	
291	19	372	16	4	1121	546	27	530	14	4
211	15	257	11	2	846	407	19	405	12	3
45		52	1	1	127	71	5	50		1
35	4	63	4	1	148	68	3	75	2	
55	2	79	2	1	219	83	5	124	6	1
2		3			10	4	1	5		
22		29			111	42	1	65	3	
2		2			11	9		2		
6		5		1	17	8	2	6		1
23	2	40	2		70	20	1	46	3	
24	2	33	1		104	37	2	63	2	
2	1	4			8			8		
11		14			38	16	1	20	1	
9	1	14			48	15		32	1	
2		1	1		10	6	1	3		
16	1	44			133	37	1	92	2	1
9		25			74	17	1	55		1
					2			2		
3		8			24	7		16	1	
		1			5			5		
4	1	10			28	13		14	1	
36	1	78	2	1	147	48	1	93	2	3
					1			1		
19		28	2		62	24	1	34	1	2
17	1	50		1	84	24		58	1	1
44		62	1		120	29	3	84	2	2
40		58	1		116	29	3	80	2	2
3		2			3			3		
1		2			1			1		
125	5	221	9	2	504	183	6	308	6	1
10		16	1		38	13		25		

1-A-4 续表 12

行业	私营独资	私营合伙	私营有限责任公司	私营股份有限公司	其他	港澳台商投资企业
乐器制造	91	2	128	8	7	11
工艺美术品制造	1844	127	2993	81	116	160
体育用品制造	235	5	493	12	12	66
玩具制造	776	32	799	19	46	86
游艺器材及娱乐用品制造	74	1	184	2	10	12
石油加工、炼焦和核燃料加工业	116	14	310	9	17	14
精炼石油产品制造	115	14	285	8	17	14
炼焦	1		24	1		
核燃料加工			1			
化学原料和化学制品制造业	2387	189	7429	264	164	566
基础化学原料制造	308	28	1354	52	28	114
肥料制造	155	5	373	21	13	10
农药制造	42	2	196	8	4	12
涂料、油墨、颜料及类似产品制造	583	44	1458	42	37	104
合成材料制造	321	28	1125	33	26	113
专用化学产品制造	762	65	2410	97	43	172
炸药、火工及焰火产品制造	4		12			
日用化学产品制造	212	17	501	11	13	41
医药制造业	213	22	1016	56	23	102
化学药品原料药制造	28	1	211	12	1	24
化学药品制剂制造	12	2	100	10	3	24
中药饮片加工	8	1	50	2		
中成药生产	6		29	2	2	4
兽用药品制造	16		57	2		2
生物药品制造	30	8	243	14	8	19
卫生材料及医药用品制造	113	10	326	14	9	29
化学纤维制造业	259	36	1738	26	17	61
纤维素纤维原料及纤维制造	62	5	223	6	5	15
合成纤维制造	197	31	1515	20	12	46
橡胶和塑料制品业	5492	409	11968	331	242	552
橡胶制品业	984	70	2010	68	43	108
塑料制品业	4508	339	9958	263	199	444
非金属矿物制品业	5755	400	8909	284	403	305
水泥、石灰和石膏制造	233	17	381	13	26	8
石膏、水泥制品及类似制品制造	1579	67	1927	63	125	75
砖瓦、石材等建筑材料制造	1672	155	2118	78	143	47
玻璃制造	79	8	304	8	7	12
玻璃制品制造	446	26	1073	40	30	46
玻璃纤维和玻璃纤维增强塑料制品制造	262	14	661	13	14	22
陶瓷制品制造	332	41	555	14	14	35
耐火材料制品制造	390	42	875	20	15	19
石墨及其他非金属矿物制品制造	762	30	1015	35	29	41
黑色金属冶炼和压延加工业	1636	115	3885	99	61	128
炼铁	26	1	75	2	1	2
炼钢	21	4	45	3	3	7
黑色金属铸造	977	73	1599	48	35	37
钢压延加工	572	30	2077	42	20	79
铁合金冶炼	40	7	89	4	2	3
有色金属冶炼和压延加工业	1075	64	2605	85	56	126
常用有色金属冶炼	118	6	274	10	6	2

港澳台商合资经营	港澳台商合作经营	港澳台商独资	港澳台商投资股份有限公司	其他港澳台商投资	外商投资企业	中外合资经营	中外合作经营	外资企业	外商投资股份有限公司	其他外商投资
1		9	1		17	7		9	1	
58	4	90	7	1	257	101	4	149	2	1
14		52			62	18		44		
39		46		1	107	33	1	70	3	
3	1	8			23	11	1	11		
4		10			23	9		14		
4		10			17	4		13		
					6	5		1		
201	10	346	8	1	959	325	18	600	12	4
47	2	64	1		211	88	6	111	5	1
2	1	7			18	9	1	7	1	
5		6	1		29	20	1	8		
27	5	71	1		138	42	2	92	2	
44		67	1	1	188	57	2	127	1	1
60	2	106	4		295	95	4	192	3	1
					1			1		
16		25			79	14	2	62		1
54	2	41	4	1	197	96	6	88	7	
14	2	8			38	19	3	15	1	
9		12	3		46	24	2	17	3	
					3	2		1		
3		1			11	7		3	1	
2					5	4		1		
7		11	1		50	29		20	1	
19		9		1	44	11	1	31	1	
33	2	26			68	30		36	2	
8		7			19	9		10		
25	2	19			49	21		26	2	
163	6	369	11	3	759	191	2	551	10	5
27	3	76	1	1	173	44		126	3	
136	3	293	10	2	586	147	2	425	7	5
118	5	171	10	1	441	174	4	252	10	1
5		2	1		11	6		5		
39	1	34	1		72	39	2	31		
11	1	34	1		76	25	2	47	2	
6		6			12	4		8		
18		26	2		82	36		45	1	
9	2	11			29	9		19	1	
5	1	24	4	1	62	22		38	2	
8		10	1		32	14		16	1	1
17		24			65	19		43	3	
61	4	63			147	56	3	85	2	1
2					3	1		2		
6	1				2	2				
13	1	23			42	16	1	24		1
38	2	39			94	35	2	55	2	
2		1			6	2		4		
43	1	78	4		169	56	2	107	4	
		2			12	3		9		

1-A-4 续表 13

行业	私营独资	私营合伙	私营有限责任公司	私营股份有限公司	其他	港澳台商投资企业
贵金属冶炼	8		18	1		2
稀有稀土金属冶炼	23	3	64	1		
有色金属合金制造	101	6	340	9	11	19
有色金属铸造	157	11	225	10	6	11
有色金属压延加工	668	38	1684	54	33	92
金属制品业	8073	572	19622	509	384	571
结构性金属制品制造	2674	161	7460	185	174	151
金属工具制造	1245	90	2705	69	43	70
集装箱及金属包装容器制造	254	16	687	31	11	22
金属丝绳及其制品制造	466	35	1118	20	10	34
建筑、安全用金属制品制造	621	43	1458	37	34	70
金属表面处理及热处理加工	687	69	1175	39	19	67
搪瓷制品制造	30	4	74		3	3
金属制日用品制造	380	27	890	20	14	39
其他金属制品制造	1716	127	4055	108	76	115
通用设备制造业	11514	751	29304	666	577	717
锅炉及原动设备制造	430	23	1022	21	39	31
金属加工机械制造	1918	124	4845	126	139	126
物料搬运设备制造	348	26	1359	25	17	67
泵、阀门、压缩机及类似机械制造	1381	88	3468	87	87	103
轴承、齿轮和传动部件制造	707	32	1732	36	34	55
烘炉、风机、衡器、包装等设备制造	967	64	3029	82	57	93
文化、办公用机械制造	56	4	188	4	2	24
通用零部件制造	4772	325	9822	198	145	164
其他通用设备制造业	935	65	3839	87	57	54
专用设备制造业	5669	437	21086	604	423	722
采矿、冶金、建筑专用设备制造	801	43	2783	86	64	68
化工、木材、非金属加工专用设备制造	1505	159	6130	141	82	295
食品、饮料、烟草及饲料生产专用设备制造	147	9	388	10	12	14
印刷、制药、日化及日用品生产专用设备制造	347	23	1057	30	20	34
纺织、服装和皮革加工专用设备制造	936	46	1822	47	45	61
电子和电工机械专用设备制造	365	37	1554	49	43	76
农、林、牧、渔专用机械制造	328	14	552	12	22	9
医疗仪器设备及器械制造	250	17	1079	42	28	50
环保、社会公共服务及其他专用设备制造	990	89	5721	187	107	115
汽车制造业	1493	69	3961	80	55	223
汽车整车制造	4		24	1	1	
改装汽车制造	8		30	2		3
低速载货汽车制造			3			
电车制造	50	2	47	2	2	1
汽车车身、挂车制造	10		48	2	1	3
汽车零部件及配件制造	1421	67	3809	73	51	216
铁路、船舶、航空航天和其他运输设备制造业	1619	70	3079	76	44	137
铁路运输设备制造	110	8	293	8	3	7
城市轨道交通设备制造	4	3	27			
船舶及相关装置制造	614	31	1420	36	24	42
航空、航天器及设备制造	5	2	51	2	3	5
摩托车制造	286	6	388	8		13
自行车制造	370	14	694	17	9	48

港澳台商合资经营	港澳台商合作经营	港澳台商独资	港澳台商投资股份有限公司	其他港澳台商投资	外商投资企业	中外合资经营	中外合作经营	外资企业	外商投资股份有限公司	其他外商投资
1		1			3	1		2		
					7	5	1	1		
9		8	2		34	5		25	4	
3		8			11	4	1	6		
30	1	59	2		102	38		64		
187	9	359	14	2	857	264	12	556	19	6
55	4	86	4	2	220	76	5	130	6	3
17		49	4		127	36	2	86	3	
7	1	14			53	19		30	4	
13	1	19	1		52	19		32		1
23	2	43	2		98	23	1	71	3	
21	1	45			79	18	2	58	1	
1		2			3	1		2		
11		28			73	33		39	1	
39		73	3		152	39	2	108	1	2
214	12	473	15	3	1439	373	23	1016	19	8
11		19	1		63	28		33	2	
33	4	86	3		223	61	2	158		2
29	2	35		1	94	30	3	60	1	
38	2	61	1	1	273	76	3	187	4	3
14	1	38	2		152	31	4	113	3	1
28		62	3		218	56	4	151	6	1
8		14	2		51	10	1	38	1	1
36	3	122	2	1	272	60	5	205	2	
17		36	1		93	21	1	71		
177	4	522	16	3	1304	312	14	950	17	11
27		38	2	1	143	52	1	89	1	
52	2	235	5	1	437	63	4	360	6	4
3		11			23	7		15	1	
11		22	1		63	7	1	53	2	
23	1	37			71	25	1	43	2	
15	1	57	3		132	23	1	105	1	2
2		7			43	9		34		
17		33			139	50	2	83	1	3
27		82	5	1	253	76	4	168	3	2
70	3	149	1		668	138	6	513	5	6
					11	8		3		
3					4	1		3		
		1			1	1				
1		2			4	1		2	1	
66	3	146	1		648	127	6	505	4	6
44		91	1	1	270	93	7	165	5	
4		3			24	14	1	9		
					2	2				
23		18		1	75	37	2	36		
		5			28	5	1	20	2	
4		8	1		35	13	1	21		
11		37			75	17	1	54	3	

1-A-4 续表 14

行业	私营独资	私营合伙	私营有限责任公司	私营股份有限公司	其他	港澳台商投资企业
非公路休闲车及零配件制造	198	2	103	2	4	17
潜水救捞及其他未列明运输设备制造	32	4	103	3	1	5
电气机械和器材制造业	4195	333	14601	438	353	709
电机制造	539	32	1820	47	29	77
输配电及控制设备制造	1375	135	5451	139	133	281
电线、电缆、光缆及电工器材制造	734	49	2414	96	63	139
电池制造	74	5	353	8	8	40
家用电力器具制造	252	28	884	30	19	42
非电力家用器具制造	113	8	380	16	13	14
照明器具制造	808	50	2142	71	48	87
其他电气机械及器材制造	300	26	1157	31	40	29
计算机、通信和其他电子设备制造业	1877	169	8077	259	148	961
计算机制造	70	5	454	34	10	106
通信设备制造	139	16	529	14	10	40
广播电视设备制造	90	4	291	7	3	47
雷达及配套设备制造			17			
视听设备制造	44	1	210	3	4	42
电子器件制造	193	16	1040	54	15	200
电子元件制造	1052	87	3875	92	57	427
其他电子设备制造	289	40	1661	55	49	99
仪器仪表制造业	847	83	3707	121	84	158
通用仪器仪表制造	456	55	2195	69	47	68
专用仪器仪表制造	166	11	703	30	15	39
钟表与计时仪器制造	9	1	24		1	3
光学仪器及眼镜制造	103	8	448	12	12	36
其他仪器仪表制造业	113	8	337	10	9	12
其他制造业	813	43	1337	49	55	52
日用杂品制造	407	13	481	22	21	31
煤制品制造	31	2	42	2	3	1
核辐射加工			4			1
其他未列明制造业	375	28	810	25	31	19
废弃资源综合利用业	269	25	582	19	35	29
金属废料和碎屑加工处理	106	9	351	10	18	19
非金属废料和碎屑加工处理	163	16	231	9	17	10
金属制品、机械和设备修理业	303	18	809	18	32	5
金属制品修理	12	1	43	3		2
通用设备修理	33	4	133		2	1
专用设备修理	32	2	91	1	4	
铁路、船舶、航空航天等运输设备修理	151	10	313	9	14	1
电气设备修理	20		52	1	1	
仪器仪表修理	2		10			1
其他机械和设备修理业	53	1	167	4	11	
电力、热力、燃气及水生产和供应业	**372**	**45**	**706**	**37**	**98**	**119**
电力、热力生产和供应业	41	4	181	12	16	55
电力生产	19	1	100	8	6	39
电力供应	9	1	18	1	4	2
热力生产和供应	13	2	63	3	6	14
燃气生产和供应业	46	7	138	5	19	37
燃气生产和供应业	46	7	138	5	19	37

港澳台商合资经营	港澳台商合作经营	港澳台商独　资	港澳台商投资股份有限公司	其他港澳台商投资	外商投资企　业	中外合资经　营	中外合作经　营	外资企业	外商投资股份有限公　司	其他外商投　资
1		16			16	4		12		
1		4			15	1	1	13		
233	8	449	15	4	1079	342	20	690	23	4
30	2	43	2		168	63	4	97	4	
94	2	179	4	2	380	115	7	249	8	1
39	2	94	2	2	174	48	2	120	3	1
12	1	26	1		70	29	4	36		1
14		26	2		107	28	1	76	2	
7		7			17	8	1	6	2	
28	1	56	2		123	44	1	74	3	1
9		18	2		40	7		32	1	
234	9	699	15	4	1660	263	6	1358	25	8
18	1	85	2		174	15		159		
12		27		1	89	18		70	1	
20		25	2		39	13		25	1	
					1			1		
12		27	2	1	71	13	1	57		
47	2	144	5	2	402	61	3	333	3	2
107	4	312	4		681	104	2	555	16	4
18	2	79			203	39		158	4	2
64		83	8	3	402	105	2	287	6	2
24		39	3	2	217	56	1	156	3	1
15		21	3		94	20	1	72	1	
2		1								
17		17	2		75	26		47	2	
6		5		1	16	3		12		1
20	1	29	2		70	25	2	41	2	
11	1	19			44	18	1	25		
1										
		1								
8		9	2		26	7	1	16	2	
10	1	18			48	10		37	1	
8		11			29	6		23		
2	1	7			19	4		14	1	
1		4			14	5		7	1	1
1		1			1			1		
		1			2			1		1
					2	1		1		
		1			3	3				
					4	1		2	1	
		1								
					2			2		
53	**7**	**54**	**5**		**114**	**57**	**13**	**41**	**2**	**1**
24	4	24	3		46	25	11	8	1	1
17	2	18	2		37	17	11	7	1	1
1	1									
6	1	6	1		9	8		1		
19	1	16	1		31	17	1	12	1	
19	1	16	1		31	17	1	12	1	

1-A-4 续表 15

行业	私营独资	私营合伙	私营有限责任公司	私营股份有限公司	其他	港澳台商投资企业
水的生产和供应业	285	34	387	20	63	27
自来水生产和供应	224	29	158	12	51	11
污水处理及其再生利用	47	4	202	6	5	16
其他水的处理、利用与分配	14	1	27	2	7	
建筑业	**3709**	**434**	**29170**	**1251**	**934**	**120**
房屋建筑业	637	58	4612	300	145	25
房屋建筑业	637	58	4612	300	145	25
土木工程建筑业	727	83	5459	227	193	23
铁路、道路、隧道和桥梁工程建筑	245	31	2207	109	77	14
水利和内河港口工程建筑	91	8	328	12	18	2
海洋工程建筑	1		13			
工矿工程建筑	30	3	369	15	11	
架线和管道工程建筑	73	10	523	15	20	2
其他土木工程建筑	287	31	2019	76	67	5
建筑安装业	783	109	7311	305	175	37
电气安装	129	21	1593	60	29	8
管道和设备安装	166	17	1328	81	36	12
其他建筑安装业	488	71	4390	164	110	17
建筑装饰和其他建筑业	1562	184	11788	419	421	35
建筑装饰业	1125	132	8835	295	298	25
工程准备活动	186	27	1078	47	48	1
提供施工设备服务	57	4	259	9	16	
其他未列明建筑业	194	21	1616	68	59	9
批发和零售业	**45664**	**3079**	**196336**	**5333**	**15631**	**1163**
批发业	25632	2065	153945	3787	11881	947
农、林、牧产品批发	2569	84	2768	75	3837	23
食品、饮料及烟草制品批发	2686	189	8317	282	4470	78
纺织、服装及家庭用品批发	4052	242	25924	530	483	171
文化、体育用品及器材批发	686	68	4290	129	107	36
医药及医疗器材批发	318	31	2341	88	107	16
矿产品、建材及化工产品批发	7781	634	52155	1104	1156	205
机械设备、五金产品及电子产品批发	4520	610	45826	1229	1010	330
贸易经纪与代理	610	60	3299	117	316	23
其他批发业	2410	147	9025	233	395	65
零售业	20032	1014	42391	1546	3750	216
综合零售	3415	89	2964	110	312	63
食品、饮料及烟草制品专门零售	2010	101	4536	170	1384	25
纺织、服装及日用品专门零售	2758	90	4957	188	274	23
文化、体育用品及器材专门零售	1401	87	3560	138	262	27
医药及医疗器材专门零售	2237	102	1935	105	311	3
汽车、摩托车、燃料及零配件专门零售	1969	187	5848	209	252	33
家用电器及电子产品专门零售	2037	171	8560	306	344	16
五金、家具及室内装饰材料专门零售	2851	99	6286	193	312	12
货摊、无店铺及其他零售业	1354	88	3745	127	299	14
交通运输、仓储和邮政业	**3002**	**310**	**16329**	**530**	**703**	**155**
道路运输业	1938	192	10605	293	395	37
城市公共交通运输	30	3	327	16	12	4
公路旅客运输	36	10	181	5	27	2
道路货物运输	1800	175	9824	268	314	27

港澳台商合资经营	港澳台商合作经营	港澳台商独　资	港澳台商投资股份有限公司	其他港澳台商投资	外商投资企　业	中外合资经　营	中外合作经　营	外资企业	外商投资股份有限公　司	其他外商投　资
10	2	14	1		37	15	1	21		
4	2	5			12	7	1	4		
6		9	1		24	8		16		
					1			1		
53	**7**	**57**	**3**		**128**	**46**	**1**	**76**	**1**	**4**
13		11	1		28	9		18		1
13		11	1		28	9		18		1
10	2	11			28	15	1	10		2
3	2	9			14	8		5		1
2					4	3				1
					4	2	1	1		
2					3	2		1		
3		2			3			3		
8	3	24	2		39	10		29		
		6	2		6			6		
4	1	7			12	4		8		
4	2	11			21	6		15		
22	2	11			33	12		19	1	1
18	1	6			24	7		16		1
	1				1				1	
					1	1				
4		5			7	4		3		
190	**11**	**913**	**35**	**14**	**1608**	**260**	**11**	**1226**	**41**	**70**
140	7	765	21	14	1393	205	9	1094	33	52
	1	21	1		19	3		15	1	
15	1	58	1	3	102	27		68	3	4
29		132	7	3	228	41	2	173	3	9
7	1	26	1	1	45	4		34	3	4
8		8			30	8	1	21		
34	4	159	6	2	246	44	2	185	6	9
33		289	5	3	572	57	1	479	14	21
3		18		2	45	5	1	34	2	3
11		54			106	16	2	85	1	2
50	4	148	14		215	55	2	132	8	18
13		48	2		48	10	1	35	2	
4		19	2		19	8		7	2	2
7		16			25	3		20		2
2		17	8		11	3		7	1	
2			1		8	3		3		2
10		23			31	12		14	2	3
2		13	1		33	7		21	1	4
4	1	7			17	5		10		2
6	3	5			23	4	1	15		3
61	**6**	**66**	**16**	**6**	**169**	**71**	**4**	**79**	**11**	**4**
17	5	11	3	1	32	14	1	13	3	1
1	2		1		5	3	1		1	
2										
13	1	11	1	1	26	11		13	1	1

1-A-4 续表 16

行业	私营独资	私营合伙	私营有限责任公司	私营股份有限公司	其他	港澳台商投资企业
道路运输辅助活动	72	4	273	4	42	4
水上运输业	138	23	717	37	63	18
水上旅客运输	3	2	24	2	3	1
水上货物运输	89	15	513	26	37	4
水上运输辅助活动	46	6	180	9	23	13
航空运输业			24		1	1
航空客货运输			16			1
通用航空服务			3			
航空运输辅助活动			5		1	
管道运输业	1		6	1		1
管道运输业	1		6	1		1
装卸搬运和运输代理业	663	76	3873	162	159	36
装卸搬运	343	29	819	30	63	11
运输代理业	320	47	3054	132	96	25
仓储业	172	13	684	23	64	61
谷物、棉花等农产品仓储	36	3	84	2	39	1
其他仓储业	136	10	600	21	25	60
邮政业	90	6	420	14	21	1
邮政基本服务	3		3		3	
快递服务	87	6	417	14	18	1
住宿和餐饮业	**2601**	**252**	**5495**	**273**	**359**	**155**
住宿业	841	93	1526	74	111	49
旅游饭店	97	6	412	30	26	32
一般旅馆	667	82	998	42	75	14
其他住宿业	77	5	116	2	10	3
餐饮业	1760	159	3969	199	248	106
正餐服务	1466	116	2936	161	185	80
快餐服务	111	17	389	12	24	12
饮料及冷饮服务	58	14	145	8	12	6
其他餐饮业	125	12	499	18	27	8
信息传输、软件和信息技术服务业	**1736**	**316**	**13614**	**607**	**558**	**217**
电信、广播电视和卫星传输服务	60	10	277	10	38	14
电信	44	8	220	10	16	14
广播电视传输服务	9	1	51		22	
卫星传输服务	7	1	6			
互联网和相关服务	440	47	1959	125	122	9
互联网接入及相关服务	29	3	143	6	7	
互联网信息服务	348	37	1609	109	97	9
其他互联网服务	63	7	207	10	18	
软件和信息技术服务业	1236	259	11378	472	398	194
软件开发	721	176	7400	279	210	132
信息系统集成服务	125	23	1345	65	32	16
信息技术咨询服务	222	30	1248	63	90	13
数据处理和存储服务	19	4	160	3	13	1
集成电路设计	32	7	339	34	10	16
其他信息技术服务业	117	19	886	28	43	16
房地产业	**2277**	**348**	**16053**	**815**	**1249**	**641**
房地产业	2277	348	16053	815	1249	641
房地产开发经营	430	49	5384	372	166	490

港澳台商合资经营	港澳台商合作经营	港澳台商独资	港澳台商投资股份有限公司	其他港澳台商投资	外商投资企业	中外合资经营	中外合作经营	外资企业	外商投资股份有限公司	其他外商投资
1	2		1		1				1	
10		3	5		10	8		2		
1					1	1				
1		1	2		1	1				
8		2	3		8	6		2		
1					2			2		
1					1			1		
					1			1		
				1	2	2				
				1	2	2				
14		16	4	2	34	14	2	16	2	
9		2			9	7	1	1		
5		14	4	2	25	7	1	15	2	
19	1	36	4	1	89	33	1	46	6	3
		1			1			1		
19	1	35	4	1	88	33	1	45	6	3
				1						
				1						
49	**3**	**99**	**1**	**3**	**189**	**39**	**3**	**131**	**10**	**6**
21		27		1	57	15	3	36	3	
15		16		1	43	12	2	26	3	
6		8			12	3	1	8		
		3			2			2		
28	3	72	1	2	132	24		95	7	6
23	3	52	1	1	87	18		61	5	3
2		9		1	21	4		12	2	3
		6			13	2		11		
3		5			11			11		
37	**3**	**165**	**9**	**3**	**503**	**129**	**7**	**333**	**28**	**6**
		13	1		5	1		2	2	
		13	1		5	1		2	2	
1		7	1		32	7	1	22		2
					2			1		1
1		7	1		29	7	1	20		1
					1			1		
36	3	145	7	3	466	121	6	309	26	4
26	3	97	3	3	350	91	3	231	22	3
5		10	1		24	6	1	17		
1		11	1		32	6	1	25		
		1			8			8		
2		14			32	11	1	17	3	
2		12	2		20	7		11	1	1
235	**20**	**370**	**9**	**7**	**422**	**140**	**18**	**245**	**7**	**12**
235	20	370	9	7	422	140	18	245	7	12
187	18	275	6	4	307	113	14	173	4	3

1-A-4 续表 17

行业	私营独资	私营合伙	私营有限责任公司	私营股份有限公司	其他	港澳台商投资企业
物业管理	813	116	5237	209	397	54
房地产中介服务	739	114	3751	172	198	24
自有房地产经营活动	177	60	953	29	378	58
其他房地产业	118	9	728	33	110	15
租赁和商务服务业	**7611**	**2401**	**41138**	**1830**	**8300**	**319**
租赁业	835	64	2357	87	384	16
机械设备租赁	812	62	2271	82	378	14
文化及日用品出租	23	2	86	5	6	2
商务服务业	6776	2337	38781	1743	7916	303
企业管理服务	1013	560	6947	415	3363	99
法律服务	184	603	220	13	1055	1
咨询与调查	1520	534	10265	529	912	134
广告业	1510	184	9468	333	483	7
知识产权服务	35	47	417	12	22	3
人力资源服务	913	101	3962	147	749	1
旅行社及相关服务	247	37	1292	67	97	2
安全保护服务	51	7	364	10	39	
其他商务服务业	1303	264	5846	217	1196	56
科学研究和技术服务业	**3077**	**401**	**18339**	**788**	**7628**	**254**
研究和试验发展	412	67	3333	163	337	94
自然科学研究和试验发展	45	4	248	10	30	10
工程和技术研究和试验发展	218	40	2233	111	121	52
农业科学研究和试验发展	63	6	256	7	82	9
医学研究和试验发展	75	16	579	34	64	23
社会人文科学研究	11	1	17	1	40	
专业技术服务业	1899	274	12040	450	943	106
气象服务	5		16		7	
地震服务			6		2	
海洋服务	3		10		1	
测绘服务	36	6	178	11	14	
质检技术服务	119	15	626	25	46	13
环境与生态监测	27	4	188	7	19	1
地质勘查	11	2	51	1	5	
工程技术	996	134	6827	242	399	27
其他专业技术服务业	702	113	4138	164	450	65
科技推广和应用服务业	766	60	2966	175	6348	54
技术推广服务	611	41	2228	144	6160	44
科技中介服务	77	10	335	21	89	3
其他科技推广和应用服务业	78	9	403	10	99	7
水利、环境和公共设施管理业	**492**	**45**	**2350**	**78**	**602**	**42**
水利管理业	35	1	114	8	88	
防洪除涝设施管理	11		16		16	
水资源管理	6		28	2	23	
天然水收集与分配		1	5	1	22	
水文服务	6		7		5	
其他水利管理业	12		58	5	22	
生态保护和环境治理业	73	13	340	12	91	16
生态保护	5	1	17	1	35	1
环境治理业	68	12	323	11	56	15

港澳台商合资经营	港澳台商合作经营	港澳台商独资	港澳台商投资股份有限公司	其他港澳台商投资	外商投资企业	中外合资经营	中外合作经营	外资企业	外商投资股份有限公司	其他外商投资
14	1	36	2	1	58	13	2	38	1	4
9	1	13		1	26	7		13	1	5
22		34	1	1	24	5	1	17	1	
3		12			7	2	1	4		
65	**10**	**218**	**15**	**11**	**461**	**70**	**11**	**323**	**17**	**40**
6	1	9			19	7		11	1	
5	1	8			18	7		10	1	
1		1			1			1		
59	9	209	15	11	442	63	11	312	16	40
22	3	60	7	7	109	16	3	72	4	14
		1			3				1	2
16	1	108	6	3	235	26	5	183	10	11
2	3	2			9	3	1	2		3
1	1	1			4	1	1	2		
				1	3			1		2
		2			4	1		2	1	
18	1	35	2		75	16	1	50		8
59	**4**	**179**	**7**	**5**	**532**	**195**	**4**	**303**	**19**	**11**
21	1	70	1	1	237	101	2	121	7	6
2		8			19	8		10	1	
14		38			136	51	1	78	3	3
1		8			6	3		2		1
4	1	16	1	1	76	39	1	31	3	2
31	2	66	5	2	203	52	2	137	9	3
					1			1		
					1			1		
5		8			45	15		27	3	
			1							
6	1	18	2		50	8		39	2	1
20	1	40	2	2	106	29	2	69	4	2
7	1	43	1	2	92	42		45	3	2
7	1	35		1	76	39		34	3	
		1	1	1	8	1		6		1
		7			8	2		5		1
11	**1**	**29**		**1**	**39**	**9**	**1**	**24**	**2**	**3**
					2			1	1	
					1			1		
					1				1	
7	1	8			17	5	1	11		
		1			3			3		
7	1	7			14	5	1	8		

1-A-4 续表 18

行业	私营独资	私营合伙	私营有限责任公司	私营股份有限公司	其他	港澳台商投资企业
公共设施管理业	384	31	1896	58	423	26
市政设施管理	20	3	180	7	34	6
环境卫生管理	29	5	175	5	84	
城乡市容管理	11	1	58	3	23	
绿化管理	184	13	995	32	90	3
公园和游览景区管理	140	9	488	11	192	17
居民服务、修理和其他服务业	**3135**	**285**	**6871**	**270**	**1917**	**38**
居民服务业	1064	93	1660	93	1532	11
家庭服务	165	15	352	23	133	
托儿所服务	4	1	2		21	
洗染服务	39	2	103	2	8	2
理发及美容服务	155	14	227	12	23	2
洗浴服务	439	31	256	15	48	1
保健服务	58	4	131	8	44	3
婚姻服务	64	7	216	12	57	
殡葬服务	19	4	53	2	64	
其他居民服务业	121	15	320	19	1134	3
机动车、电子产品和日用产品修理业	1742	149	3423	124	207	22
汽车、摩托车修理与维护	1359	112	2320	81	134	14
计算机和办公设备维修	121	23	418	19	24	6
家用电器修理	181	11	496	20	30	2
其他日用产品修理业	81	3	189	4	19	
其他服务业	329	43	1788	53	178	5
清洁服务	209	23	1316	43	76	3
其他未列明服务业	120	20	472	10	102	2
教育	**1128**	**219**	**1618**	**104**	**5410**	**16**
教育	1128	219	1618	104	5410	16
学前教育	355	54	65	7	2142	5
初等教育	34	13	1		240	
中等教育	46	29	10	4	304	1
高等教育	6	1	3	4	64	1
特殊教育	9	3	9	2	45	
技能培训、教育辅助及其他教育	678	119	1530	87	2615	9
卫生和社会工作	**619**	**200**	**397**	**45**	**6772**	**6**
卫生	523	180	354	42	2416	3
医院	170	81	164	24	353	2
社区医疗与卫生院	61	16	11	3	1107	
门诊部(所)	246	75	137	13	810	1
计划生育技术服务活动	1		3		62	
妇幼保健院(所、站)	2	3	2		4	
专科疾病防治院(所、站)	13	2	10		13	
疾病预防控制中心			5		8	
其他卫生活动	30	3	22	2	59	
社会工作	96	20	43	3	4356	3
提供住宿社会工作	88	18	36	3	2236	2
不提供住宿社会工作	8	2	7		2120	1
文化、体育和娱乐业	**4814**	**444**	**3899**	**194**	**2117**	**52**
新闻和出版业	14	1	61	3	38	
新闻业	1		6		7	

港澳台商合资经营	港澳台商合作经营	港澳台商独　资	港澳台商投资股份有限公司	其他港澳台商投资	外商投资企　业	中外合资经　营	中外合作经　营	外资企业	外商投资股份有限公　司	其他外商投　资
4		21		1	20	4		12	1	3
1		5			2			1		1
					1			1		
		3			5	1		2		2
3		13		1	12	3		8	1	
7	**2**	**26**	**2**	**1**	**68**	**18**	**2**	**39**	**3**	**6**
1	1	9			18	7	1	5	1	4
					3					3
		2			2	1		1		
		2			3			2	1	
	1				5	3		1		1
		3			1	1				
					2	1	1			
1		2			2	1		1		
6	1	13	2		29	7		20	1	1
5	1	8			11	6		4		1
1		3	2		10	1		8	1	
		2			2			2		
					6			6		
		4		1	21	4	1	14	1	1
		2		1	11		1	9		1
		2			10	4		5	1	
5		**10**	**1**		**11**	**2**	**1**	**6**	**1**	**1**
5		10	1		11	2	1	6	1	1
1		4			1			1		
		1			2	1		1		
			1		1		1			
4		5			7	1		4	1	1
4		**2**			**14**	**4**	**4**	**4**		**2**
3					13	3	4	4		2
2					7	3	3	1		
					1					1
1					2		1			1
					3			3		
1		2			1	1				
1		1			1	1				
		1								
18	**2**	**29**	**2**	**1**	**49**	**15**	**6**	**24**	**1**	**3**
					3	1		2		

1-A-4 续表 19

行业	私营独资	私营合伙	私营有限责任公司	私营股份有限公司	其他	港澳台商投资企业
出版业	13	1	55	3	31	
广播、电视、电影和影视录音制作业	61	10	373	26	47	4
广播	2		9	2	5	
电视	1		53	3	7	
电影和影视节目制作	24	8	130	8	12	1
电影和影视节目发行	4		39	1		1
电影放映	26	2	118	12	22	2
录音制作	4		24		1	
文化艺术业	418	43	1022	56	985	9
文艺创作与表演	200	11	222	8	214	
艺术表演场馆	5	2	18	1	10	
图书馆与档案馆	3		8	1	13	
文物及非物质文化遗产保护	3		11	1	35	
博物馆	17	1	9		92	
烈士陵园、纪念馆	1		2		17	
群众文化活动	56	4	120	3	448	7
其他文化艺术业	133	25	632	42	156	2
体育	116	12	319	25	418	11
体育组织	7	4	44		183	
体育场馆	6	1	18	1	15	1
休闲健身活动	96	6	209	21	184	10
其他体育	7	1	48	3	36	
娱乐业	4205	378	2124	84	629	28
室内娱乐活动	4055	370	1711	62	514	9
游乐园	10	1	41	2	7	
彩票活动			1		13	
文化、娱乐、体育经纪代理	31	2	138	4	11	
其他娱乐业	109	5	233	16	84	19
公共管理、社会保障和社会组织	**34**	**11**	**36**	**5**	**38182**	**6**
中国共产党机关					6	
中国共产党机关					6	
国家机构					345	
国家权力机构					2	
国家行政机构					336	
人民法院和人民检察院					1	
其他国家机构					6	
人民政协、民主党派					1	
人民政协					1	
民主党派						
社会保障	1				91	
社会保障	1				91	
群众团体、社会团体和其他成员组织	33	11	36	5	16037	6
群众团体	1	1	5		777	1
社会团体	27	9	28	5	11696	3
基金会	2		2		245	1
宗教组织	3	1	1		3319	1
基层群众自治组织					21702	
社区自治组织					7161	
村民自治组织					14541	

港澳台商合资经营	港澳台商合作经营	港澳台商独资	港澳台商投资股份有限公司	其他港澳台商投资	外商投资企业	中外合资经营	中外合作经营	外资企业	外商投资股份有限公司	其他外商投资
					3	1		2		
1		3			4	1		2		1
		1			3	1		2		
		1								
1		1			1					1
		8		1	5			5		
					1			1		
					1			1		
					1			1		
		6		1	2			2		
		2								
5	1	5			13	5	3	4	1	
		1								
5	1	4			11	3	3	4	1	
					2	2				
12	1	13	2		24	8	3	11		2
5		3	1		13	6	2	3		2
					3	1	1	1		
7	1	10	1		8	1		7		
2		**2**	**1**	**1**	**9**	**1**		**7**		**1**
2		2	1	1	9	1		7		1
1					6			6		
1			1	1	2	1				1
		1								
		1			1			1		

1-A-5 按行业、登记注册类型

行业	从业人员数(人)	内资	国有	集体	股份合作	联营
总计	**36082553**	**30801482**	**2873934**	**596921**	**77509**	**35389**
农、林、牧、渔业	**187869**	**187565**	**5369**	**3187**	**699**	**198**
农、林、牧、渔服务业	187869	187565	5369	3187	699	198
农业服务业	146307	146071	3745	2379	482	179
林业服务业	10291	10274	689	295	204	1
畜牧服务业	16901	16867	363	249	5	8
渔业服务业	14370	14353	572	264	8	10
采矿业	**160862**	**159543**	**26628**	**1898**	**39**	**77**
煤炭开采和洗选业	89977	89977	1498	65		
烟煤和无烟煤开采洗选	89803	89803	1498	65		
褐煤开采洗选	15	15				
其他煤炭采选	159	159				
石油和天然气开采业	21086	21086	17897			
石油开采	20942	20942	17897			
天然气开采	144	144				
黑色金属矿采选业	7689	7330	3010	348		
铁矿采选	7584	7225	3010	348		
锰矿、铬矿采选						
其他黑色金属矿采选	105	105				
有色金属矿采选业	1788	1788	458			
常用有色金属矿采选	1755	1755	458			
贵金属矿采选	33	33				
稀有稀土金属矿采选						
非金属矿采选业	39566	38880	3736	1454	39	76
土砂石开采	25241	24796	2479	757	39	64
化学矿开采	2489	2277				
采盐	10737	10708	1257	571		
石棉及其他非金属矿采选	1099	1099		126		12
开采辅助活动	629	355	29	31		1
煤炭开采和洗选辅助活动	282	8	1			
石油和天然气开采辅助活动	186	186	19			1
其他开采辅助活动	161	161	9	31		
其他采矿业	127	127				
其他采矿业	127	127				
制造业	**16099062**	**11410029**	**79346**	**105766**	**36245**	**8197**
农副食品加工业	286725	241634	1134	1064	505	97
谷物磨制	63746	62357	231	209	20	25
饲料加工	36196	30081	16	9	50	
植物油加工	31909	22070	57	67	8	18
制糖业	1461	1461				
屠宰及肉类加工	62844	50870	651	446	15	1
水产品加工	29826	23532	140	116	35	
蔬菜、水果和坚果加工	38893	32230	6	68	238	
其他农副食品加工	21850	19033	33	149	139	53
食品制造业	133833	96417	542	369	261	37
焙烤食品制造	25396	14080	75	80	27	12
糖果、巧克力及蜜饯制造	11747	6412	20		7	
方便食品制造	23397	12946	15	28	30	
乳制品制造	12226	11251	5	70		
罐头食品制造	10713	8622	3	20	15	10

分组的法人单位从业人员数

国有联营	集体联营	国有与集体联营	其他联营	有限责任公司			股份有限公司	私营
					国有独资	其他有限责任公司		
8425	**7571**	**6257**	**13136**	**6840167**	**349149**	**6491018**	**1640073**	**17309479**
10	**53**		**135**	**1916**	**89**	**1827**	**233**	**19906**
10	53		135	1916	89	1827	233	19906
	45		134	1413	61	1352	233	13439
			1	101		101		2252
	8			178		178		2677
10				224	28	196		1538
	64		**13**	**103777**	**56834**	**46943**	**6470**	**20285**
				87253	50755	36498		1155
				87253	50755	36498		981
								15
								159
				144	142	2	3016	26
							3016	26
				144	142	2		
				2581		2581		1350
				2581		2581		1245
								105
				1152		1152	8	151
				1152		1152	1	141
							7	10
	64		12	12607	5937	6670	3446	17237
	64			4286	674	3612	1042	15867
				2088		2088		181
				6158	5263	895	2404	318
			12	75		75		871
			1					294
								7
			1					166
								121
				40		40		72
				40		40		72
1325	**1636**	**896**	**4340**	**1645998**	**112294**	**1533704**	**611925**	**8824702**
	55		42	39602	728	38874	6670	189240
	15		10	8737	309	8428	355	51872
				5818	110	5708	1645	22219
	18			9292		9292	167	12391
				343		343	193	925
			1	8556	306	8250	2748	38065
				2272		2272	721	19947
				2208		2208	165	28759
	22		31	2376	3	2373	676	15062
6	12	10	9	26891	8817	18074	2378	62091
6			6	1963		1963	138	11342
				1504		1504	102	4764
				2925		2925	579	9296
				7081	220	6861	78	3250
		10		731	399	332	305	7480

1-A-5 续表 1

行业	从业人员数(人)	内资				
			国有	集体	股份合作	联营
调味品、发酵制品制造	16509	15784	49	25	137	12
其他食品制造	33845	27322	375	146	45	3
酒、饮料和精制茶制造业	107398	89911	552	846	84	40
酒的制造	57346	51614	165	83	62	
饮料制造	45816	34170	30	132	17	15
精制茶加工	4236	4127	357	631	5	25
烟草制品业	6362	6362	5721	55		
烟叶复烤						
卷烟制造	5537	5537	5482	55		
其他烟草制品制造	825	825	239			
纺织业	1318655	1106513	4654	8082	2249	843
棉纺织及印染精加工	643081	552280	3335	2666	1127	34
毛纺织及染整精加工	124613	113341	596	2746	152	663
麻纺织及染整精加工	15474	11138		1		
丝绢纺织及印染精加工	37517	35089	7	235	156	43
化纤织造及印染精加工	159847	132833	96	423	67	10
针织或钩针编织物及其制品制造	107200	91240	46	121	277	23
家用纺织制成品制造	135797	94752	18	1108	225	33
非家用纺织制成品制造	95126	75840	556	782	245	37
纺织服装、服饰业	1222738	903364	4508	2875	1220	329
机织服装制造	931650	683685	4407	2003	940	320
针织或钩针编织服装制造	148921	109428	1	332	48	
服饰制造	142167	110251	100	540	232	9
皮革、毛皮、羽毛及其制品和制鞋业	234898	154742	6	925	267	112
皮革鞣制加工	6002	3687	6	1		
皮革制品制造	67539	44027		196	144	
毛皮鞣制及制品加工	6426	4809		27		17
羽毛(绒)加工及制品制造	26504	16000		312	60	
制鞋业	128427	86219		389	63	95
木材加工和木、竹、藤、棕、草制品业	370609	348723	28	622	309	140
木材加工	88339	87757	28	106	32	73
人造板制造	217632	206052		356	176	4
木制品制造	58419	49580		121	101	63
竹、藤、棕、草等制品制造	6219	5334		39		
家具制造业	107835	77929		379	357	58
木质家具制造	71335	59392		81	324	49
竹、藤家具制造	738	627				
金属家具制造	13920	8080		171	17	
塑料家具制造	1963	1588				
其他家具制造	19879	8242		127	16	9
造纸和纸制品业	191681	141717	1080	1157	1112	67
纸浆制造	400	366		10		
造纸	104490	71293	1080	779	821	9
纸制品制造	86791	70058		368	291	58
印刷和记录媒介复制业	218617	185805	2224	2968	1116	166
印刷	210136	178392	2122	2716	1020	166
装订及印刷相关服务	6952	6299	102	252	96	
记录媒介复制	1529	1114				
文教、工美、体育和娱乐用品制造业	444322	314590	253	2360	604	72
文教办公用品制造	33544	23530	7	131	82	

国有联营	集体联营	国有与集体联营	其他联营	有限责任公司	国有独资	其他有限责任公司	股份有限公司	私营
	12			5575	4612	963	645	8720
			3	7112	3586	3526	531	17239
15	25			10169	44	10125	46339	31319
				7999		7999	24339	18679
15				2011	44	1967	21970	9864
	25			159		159	30	2776
				582	582			4
				582	582			4
663	35		145	143334	4490	138844	43627	897897
	25		9	75689	4325	71364	19891	447067
663				24307		24307	9118	75737
				514		514	11	10594
			43	3758	116	3642	10600	20158
	10			13840		13840	438	117629
			23	6668		6668	1020	82461
			33	10902	49	10853	1511	79628
			37	7656		7656	1038	64623
16	3		310	105220	5395	99825	41982	736929
16			304	84917	5358	79559	38092	546577
				11467		11467	2827	93412
	3		6	8836	37	8799	1063	96940
	17		95	9968		9968	2340	139829
				305		305	186	3160
				2894		2894	330	40070
	17			259		259		4423
				504		504	176	14919
			95	6006		6006	1648	77257
	4		136	33254	27	33227	2256	306813
			73	2601	27	2574	335	82089
	4			26779		26779	1677	175413
			63	3334		3334	189	45162
				540		540	55	4149
		18	40	7746		7746	1860	65891
		18	31	6536		6536	1708	49454
				262		262		365
				431		431	64	7167
				63		63		1511
			9	454		454	88	7394
	18	10	39	17289	1878	15411	1126	118590
				29		29	9	317
			9	11776	1878	9898	602	55759
	18	10	30	5484		5484	515	62514
1	79		86	21115	1481	19634	2914	152683
1	79		86	20704	1481	19223	2089	147069
				406		406	170	5160
				5		5	655	454
5	6		61	21313		21313	8470	277481
				1313		1313	269	21378

1-A-5 续表 2

行　　业	从　业人员数(人)	内资	国有	集体	股份合作	联营
乐器制造	10554	7576	6		4	
工艺美术品制造	221304	168023	4	1949	442	28
体育用品制造	43487	28316	179	83	3	16
玩具制造	116877	75652	57	197	73	28
游艺器材及娱乐用品制造	18556	11493				
石油加工、炼焦和核燃料加工业	35134	28868	1177	282	14	
精炼石油产品制造	27576	24306	1177	279	11	
炼焦	7546	4550		3	3	
核燃料加工	12	12				
化学原料和化学制品制造业	852455	659673	8120	7294	3586	624
基础化学原料制造	260342	215708	7055	935	1826	15
肥料制造	36303	33396	194	514	104	37
农药制造	61319	52970	19	30	53	
涂料、油墨、颜料及类似产品制造	115098	93436	221	1363	105	28
合成材料制造	126097	89834	3	966	117	10
专用化学产品制造	211202	142921	617	3184	1361	534
炸药、火工及焰火产品制造	1938	1917				
日用化学产品制造	40156	29491	11	302	20	
医药制造业	223331	158353	8877	644	434	196
化学药品原料药制造	51585	37821	48	292	342	
化学药品制剂制造	71622	40245	91			196
中药饮片加工	6600	5766		219	2	
中成药生产	24684	22909	8670			
兽用药品制造	8558	7759	57	35		
生物药品制造	26337	20021	7			
卫生材料及医药用品制造	33945	23832	4	98	90	
化学纤维制造业	202104	156777	333	732	1444	65
纤维素纤维原料及纤维制造	90556	77459	157	103		
合成纤维制造	111548	79318	176	629	1444	65
橡胶和塑料制品业	612662	433333	410	3303	1994	561
橡胶制品业	150647	92887	64	1131	700	412
塑料制品业	462015	340446	346	2172	1294	149
非金属矿物制品业	686060	591264	3037	6422	3133	372
水泥、石灰和石膏制造	61498	57928	1244	417	64	16
石膏、水泥制品及类似制品制造	163422	145795	1050	545	306	114
砖瓦、石材等建筑材料制造	130908	122897	563	4151	1129	203
玻璃制造	26762	19964	7	10	10	
玻璃制品制造	107292	81252	50	402	642	22
玻璃纤维和玻璃纤维增强塑料制品制造	44244	37810		137	326	
陶瓷制品制造	41723	28888	38	40	3	
耐火材料制品制造	45046	39533		529	263	
石墨及其他非金属矿物制品制造	65165	57197	85	191	390	17
黑色金属冶炼和压延加工业	507384	444402	2468	22651	690	11
炼铁	18828	14917	8	70	95	
炼钢	34309	21584		74	21	
黑色金属铸造	122304	110663	507	1721	329	1
钢压延加工	309404	276901	1929	20786	245	10
铁合金冶炼	22539	20337	24			
有色金属冶炼和压延加工业	200018	162377	181	1853	671	98
常用有色金属冶炼	20555	18752	23	371	14	85

国有联营	集体联营	国有与集体联营	其他联营	有限责任公司	国有独资	其他有限责任公司	股份有限公司	私营
				333		333	6	6828
5	5		18	12395		12395	7234	144076
	1		15	2401		2401	322	24986
			28	4204		4204	282	70005
				667		667	357	10208
				10340	1359	8981	5944	10916
				7625	1359	6266	5944	9075
				2715		2715		1829
								12
362	110	39	113	153942	17759	136183	61419	421918
	15			70373	15625	54748	21757	113300
			37	13547		13547	289	18508
				16431		16431	15080	21263
	28			14725	294	14431	2275	73927
			10	9351	367	8984	12609	66350
362	67	39	66	21292	1130	20162	7889	107484
				494		494	547	876
				7729	343	7386	973	20210
			196	55448		55448	18453	73872
				12851		12851	3287	20997
			196	23155		23155	6912	9836
				2282		2282		3263
				7414		7414	3208	3552
				2405		2405	231	5031
				3941		3941	3460	12428
				3400		3400	1355	18765
	16		49	22565		22565	21274	109990
				14518		14518	12681	49794
	16		49	8047		8047	8593	60196
5	217		339	34236	689	33547	13185	375705
	145		267	8220	682	7538	6296	75430
5	72		72	26016	7	26009	6889	300275
	63		309	63908	3320	60588	28774	477711
			16	12826	1719	11107	6186	36748
			114	22586	964	21622	3446	115216
	62		141	7474	8	7466	1847	104762
				1341		1341	1241	17184
	1		21	5147	629	4518	4814	69620
				4640		4640	5236	27315
				3009		3009	3215	22319
				2778		2778	2202	33515
			17	4107		4107	587	51032
			11	102826		102826	19419	294498
				4850		4850		9893
				7490		7490		13951
			1	10326		10326	1602	94880
			10	73432		73432	17807	162216
				6728		6728	10	13558
			98	18423		18423	9823	129995
			85	2912		2912	334	14936

1-A-5 续表 3

行业	从业人员数(人)	内资	国有	集体	股份合作	联营
贵金属冶炼	1368	1029	59	4	8	
稀有稀土金属冶炼	7746	5813	10	1		
有色金属合金制造	36676	28951		62	62	
有色金属铸造	11921	9958		55	39	8
有色金属压延加工	121752	97874	89	1360	548	5
金属制品业	958544	792684	2990	5631	3087	725
结构性金属制品制造	309516	273645	2374	1107	621	253
金属工具制造	105820	88781	83	965	763	280
集装箱及金属包装容器制造	70453	49387	158	225	99	44
金属丝绳及其制品制造	97467	81345		300	108	
建筑、安全用金属制品制造	69660	52578		268	172	11
金属表面处理及热处理加工	89249	73827	50	2049	721	15
搪瓷制品制造	5640	4564	152	11	7	
金属制日用品制造	45452	29106	12	181	49	10
其他金属制品制造	165287	139451	161	525	547	112
通用设备制造业	1391149	1118082	3523	7308	5083	931
锅炉及原动设备制造	112023	95185	570	361	503	6
金属加工机械制造	197277	173204	810	865	636	51
物料搬运设备制造	154780	117984	45	237	203	77
泵、阀门、压缩机及类似机械制造	195446	151548	199	907	659	149
轴承、齿轮和传动部件制造	153585	117160	71	1259	311	307
烘炉、风机、衡器、包装等设备制造	157575	114900	1183	509	430	86
文化、办公用机械制造	44125	10610	1	9	5	2
通用零部件制造	296271	264005	95	2621	2134	237
其他通用设备制造业	80067	73486	549	540	202	16
专用设备制造业	993718	759819	3600	2928	2479	386
采矿、冶金、建筑专用设备制造	198162	152021	1274	549	617	124
化工、木材、非金属加工专用设备制造	256283	166119	212	397	346	63
食品、饮料、烟草及饲料生产专用设备制造	24401	20170	25	90	76	
印刷、制药、日化及日用品生产专用设备制造	39044	31795	16	477	131	
纺织、服装和皮革加工专用设备制造	88259	76665	165	358	169	30
电子和电工机械专用设备制造	57473	43926	841	152	38	75
农、林、牧、渔专用机械制造	37418	28554	69	356	230	
医疗仪器设备及器械制造	89362	60893	40	199	270	51
环保、社会公共服务及其他专用设备制造	203316	179676	958	350	602	43
汽车制造业	493575	311060	3662	1951	688	149
汽车整车制造	62839	41270	3620	94	26	
改装汽车制造	11594	10110		31	84	
低速载货汽车制造	266	266				
电车制造	4537	4515				
汽车车身、挂车制造	10115	9777		2		
汽车零部件及配件制造	404224	245122	42	1824	578	149
铁路、船舶、航空航天和其他运输设备制造业	477521	312922	6811	2976	565	97
铁路运输设备制造	49090	40846	301	1356	136	51
城市轨道交通设备制造	4273	3082				19
船舶及相关装置制造	275174	169256	4385	353	168	2
航空、航天器及设备制造	20797	16747	851		1	
摩托车制造	43959	34779	1270	937	77	5
自行车制造	61011	34537	2	70	163	20

国有联营	集体联营	国有与集体联营	其他联营	有限责任公司	国有独资	其他有限责任公司	股份有限公司	私营
				32		32		926
				1539		1539	558	3705
				3189		3189	4210	21279
			8	682		682	13	8576
			5	10069		10069	4708	80573
125	174		426	68209	1910	66299	25827	678263
	94		159	24563		24563	13253	228846
60			220	6373		6373	1470	78176
	44			6405		6405	1997	38234
				6107		6107	2119	72499
	2		9	5101		5101	621	45824
	15			5359	269	5090	1735	63665
				52		52		4302
			10	1671		1671	269	26566
65	19		28	12578	1641	10937	4363	120151
105	186	235	405	153482	30240	123242	60051	878375
			6	18249	59	18190	19757	54742
			51	17445	993	16452	8135	142881
13	52		12	45724	29008	16716	8615	62792
	83		66	19055	179	18876	6414	122789
25	15	198	69	21003		21003	10001	83467
	11		75	10396		10396	3107	98344
			2	1102		1102	1584	7895
67	25	37	108	15516	1	15515	1796	239669
			16	4992		4992	642	65796
1	128	1	256	92434	1838	90596	27717	623715
	78		46	23799	438	23361	4882	119811
	50		13	14408	1303	13105	3013	146489
				1878		1878	343	17654
				2008		2008	37	28709
			30	8379		8379	4394	62254
		1	74	4239		4239	831	37053
				4057		4057	411	22974
1			50	8630		8630	4744	46407
			43	25036	97	24939	9062	142364
			149	63464	3694	59770	18406	221465
				23703	2561	21142	682	13065
				5630	1085	4545	400	3965
				150		150		116
				148		148	8	4323
				1524		1524	2789	5457
			149	32309	48	32261	14527	194539
21	5	51	20	79729	13684	66045	9085	212650
		36	15	16713	5783	10930	2905	19266
19				544		544	457	2062
2				43949	358	43591	1919	117942
				8057	7542	515	60	7716
			5	7507	1	7506	3215	21768
	5	15		2398		2398	465	31281

1-A-5 续表 4

行业	从业人员数(人)	内资	国有	集体	股份合作	联营
非公路休闲车及零配件制造	18903	10556	1	234		
潜水救捞及其他未列明运输设备制造	4314	3119	1	26	20	
电气机械和器材制造业	1368989	964105	5092	8490	1626	808
电机制造	222895	153515	125	438	149	11
输配电及控制设备制造	492343	353702	854	822	950	282
电线、电缆、光缆及电工器材制造	255420	192134	3785	2632	199	174
电池制造	79303	37124		8	7	19
家用电力器具制造	140987	82461		3917	119	27
非电力家用器具制造	26069	20902		26	20	
照明器具制造	124868	99739	322	300	130	290
其他电气机械及器材制造	27104	24528	6	347	52	5
计算机、通信和其他电子设备制造业	1999889	497381	1313	8384	1822	731
计算机制造	333644	28739	6		34	
通信设备制造	118529	59536	743	56	123	9
广播电视设备制造	54362	27237		106		465
雷达及配套设备制造	3253	2856				
视听设备制造	138709	21534	11	9	16	1
电子器件制造	468819	115250	361	7466	385	106
电子元件制造	727926	189620	158	735	1105	3
其他电子设备制造	154647	52609	34	12	159	147
仪器仪表制造业	323091	242129	5396	1400	770	82
通用仪器仪表制造	201809	160655	3786	1211	592	62
专用仪器仪表制造	69776	50075	363	74	94	4
钟表与计时仪器制造	1062	856		17	9	15
光学仪器及眼镜制造	40021	21457	1124	91	51	
其他仪器仪表制造业	10423	9086	123	7	24	1
其他制造业	79158	62484	44	991	32	41
日用杂品制造	56188	40734		615	25	
煤制品制造	2281	2261		256		
核辐射加工	254	227	42			
其他未列明制造业	20435	19262	2	120	7	41
废弃资源综合利用业	24720	21346	103	435	22	352
金属废料和碎屑加工处理	15065	12720	60	425	12	302
非金属废料和碎屑加工处理	9655	8626	43	10	10	50
金属制品、机械和设备修理业	25887	25263	1507	389	21	7
金属制品修理	2217	2074	70	7		
通用设备修理	1764	1723		6		2
专用设备修理	2042	2030	5	3	3	
铁路、船舶、航空航天等运输设备修理	15225	15034	1364	237	7	5
电气设备修理	1041	826	64	3	8	
仪器仪表修理	99	97			3	
其他机械和设备修理业	3499	3479	4	133		
电力、热力、燃气及水生产和供应业	**183876**	**150610**	**62947**	**6549**	**170**	**581**
电力、热力生产和供应业	111857	96370	49094	502	46	287
电力生产	60976	48098	7573	158	7	287
电力供应	43053	42844	41372	69	39	
热力生产和供应	7828	5428	149	275		
燃气生产和供应业	19245	7211	176	13	14	21
燃气生产和供应业	19245	7211	176	13	14	21

国有联营	集体联营	国有与集体联营	其他联营	有限责任公司	国有独资	其他有限责任公司	股份有限公司	私营
				246		246	53	9955
				315		315	11	2660
	77	65	666	159560	7505	152055	72433	708244
	1		10	25832	634	25198	12274	113610
	31	65	186	67030	1127	65903	35299	244638
	38		136	29802	5183	24619	6912	147897
			19	6711		6711	299	29868
	7		20	18618		18618	12531	47023
				4605		4605	3762	12364
			290	4813	561	4252	1042	91735
			5	2149		2149	314	21109
	7	467	257	84338	5078	79260	34072	363901
				3144	26	3118	1116	24315
	7		2	19235	4749	14486	10364	28893
		465		2945	151	2794	4052	19643
				1377		1377	290	1189
			1	5138		5138	1584	14610
			106	25507	62	25445	8343	72754
		1	2	18245	90	18155	6859	161166
		1	146	8747		8747	1464	41331
	40		42	34921	1751	33170	24851	173957
	40		22	24983		24983	20250	109294
			4	7229	787	6442	3729	38487
			15	113		113		700
				1947	964	983	129	18060
			1	649		649	743	7416
			41	2804	5	2799	691	57019
				1174		1174	438	38182
				2		2		1914
								185
			41	1628	5	1623	253	16738
	352			3714		3714	38	16443
	302			2766		2766	32	9005
	50			948		948	6	7438
	7			5172	20	5152	501	17298
				803		803	44	1150
	2			340		340	33	1332
				73		73	4	1889
	5			3554	20	3534	62	9554
				41		41	71	635
				19		19		75
				342		342	287	2663
56	**180**	**264**	**81**	**44857**	**13770**	**31087**	**11398**	**22480**
18	1	250	18	28119	6971	21148	9640	8465
18	1	250	18	24715	6885	17830	9457	5872
				848		848	10	412
				2556	86	2470	173	2181
	4		17	2949	430	2519	317	3524
	4		17	2949	430	2519	317	3524

1-A-5 续表 5

行业	从业人员数(人)	内资	国有	集体	股份合作	联营
水的生产和供应业	52774	47029	13677	6034	110	273
自来水生产和供应	40624	36219	12476	4760	87	208
污水处理及其再生利用	11310	9984	1086	1144	23	65
其他水的处理、利用与分配	840	826	115	130		
建筑业	**8437917**	**8411742**	**127955**	**100973**	**12765**	**9130**
房屋建筑业	6299302	6288234	32022	75433	6331	983
房屋建筑业	6299302	6288234	32022	75433	6331	983
土木工程建筑业	980046	974275	72762	14523	1938	7234
铁路、道路、隧道和桥梁工程建筑	623357	619704	24886	7833	1227	108
水利和内河港口工程建筑	115165	114212	28172	2467	130	5737
海洋工程建筑	491	491	25			
工矿工程建筑	39655	38893	6884	203	107	13
架线和管道工程建筑	57765	57589	6957	3151	130	938
其他土木工程建筑	143613	143386	5838	869	344	438
建筑安装业	542755	538594	8333	4365	1092	795
电气安装	188961	187803	176	2353	107	62
管道和设备安装	128634	127627	6746	647	239	702
其他建筑安装业	225160	223164	1411	1365	746	31
建筑装饰和其他建筑业	615814	610639	14838	6652	3404	118
建筑装饰业	394923	391119	152	4943	1723	96
工程准备活动	47449	47408	3794	684	10	12
提供施工设备服务	20446	20388		98	6	1
其他未列明建筑业	152996	151724	10892	927	1665	9
批发和零售业	**3172144**	**2954220**	**44413**	**31556**	**7498**	**4280**
批发业	2103620	2015095	34489	18129	4981	2541
农、林、牧产品批发	178920	178327	9434	2810	521	265
食品、饮料及烟草制品批发	280063	272576	13793	2774	630	421
纺织、服装及家庭用品批发	372317	331126	1554	1410	386	278
文化、体育用品及器材批发	60225	53089	563	260	172	110
医药及医疗器材批发	68833	60833	335	81	63	75
矿产品、建材及化工产品批发	556391	548762	5894	7490	1927	762
机械设备、五金产品及电子产品批发	434449	420879	1685	1864	1027	492
贸易经纪与代理	41703	41048	441	442	60	58
其他批发业	110719	108455	790	998	195	80
零售业	1068524	939125	9924	13427	2517	1739
综合零售	300666	205040	2946	8119	320	583
食品、饮料及烟草制品专门零售	101074	100249	1319	1265	478	155
纺织、服装及日用品专门零售	94949	79534	301	815	213	132
文化、体育用品及器材专门零售	64386	63863	2085	635	397	84
医药及医疗器材专门零售	61949	61752	1476	395	142	64
汽车、摩托车、燃料及零配件专门零售	189441	181510	921	1043	356	335
家用电器及电子产品专门零售	119338	112411	185	125	269	147
五金、家具及室内装饰材料专门零售	82553	81523	350	358	193	127
货摊、无店铺及其他零售业	54168	53243	341	672	149	112
交通运输、仓储和邮政业	**859649**	**831081**	**118122**	**22921**	**2121**	**1213**
道路运输业	487120	481547	52573	8549	807	563
城市公共交通运输	141767	140316	26225	3075	184	46
公路旅客运输	61234	61147	9659	1164	212	152
道路货物运输	240710	237033	2092	2771	368	274

国有联营	集体联营	国有与集体联营	其他联营	有限责任公司			股份有限公司	私营
					国有独资	其他有限责任公司		
38	175	14	46	13789	6369	7420	1441	10491
	165	14	29	10892	6256	4636	1096	5654
38	10		17	2816	113	2703	331	4421
				81		81	14	416
4581	**678**	**2958**	**913**	**3607120**	**39740**	**3567380**	**686871**	**3848379**
323	193	14	453	2938102	6172	2931930	561305	2668401
323	193	14	453	2938102	6172	2931930	561305	2668401
4253	473	2306	202	347751	29924	317827	36757	488238
1			107	228123	9803	218320	20892	333699
3765	12	1960		36639	776	35863	7846	32959
				7		7		459
	10		3	19757	9597	10160	75	11790
487	451			21030	901	20129	3102	21880
		346	92	42195	8847	33348	4842	87451
	10	620	165	184824	3000	181824	39595	297420
	10		52	72492	2359	70133	10155	102179
		620	82	49569		49569	13075	56287
			31	62763	641	62122	16365	138954
5	2	18	93	136443	644	135799	49214	394320
		18	78	78262	72	78190	42415	259771
5	2		5	7986	360	7626	1241	33123
			1	6529		6529	1563	11956
			9	43666	212	43454	3995	89470
424	**1142**	**340**	**2374**	**394973**	**11379**	**383594**	**102315**	**2116965**
203	703	192	1443	205499	5872	199627	49529	1488518
10	38	39	178	8643	342	8301	1397	73377
88	103	74	156	22145	589	21556	6284	131579
4	151	7	116	44212	203	44009	11682	267314
65	21		24	9343	85	9258	889	39570
			75	19280	45	19235	3749	35819
14	360	26	362	47986	2795	45191	17929	456375
12	13	33	434	40646	1596	39050	6244	361516
10	5		43	4881	163	4718	701	30190
	12	13	55	8363	54	8309	654	92778
221	439	148	931	189474	5507	183967	52786	628447
5	255	12	311	65863	1449	64414	24720	99577
20	31	10	94	14277	115	14162	1415	58489
	32	12	88	8473	348	8125	1166	66424
9	11	12	52	13983	411	13572	1313	43305
3	18		43	16814	501	16313	3332	38088
155	35	94	51	37372	2590	34782	14688	125199
11	9		127	19205	50	19155	3898	86543
4	17		106	8551	7	8544	530	69068
14	31	8	59	4936	36	4900	1724	41754
209	**328**	**349**	**327**	**245917**	**33234**	**212683**	**62382**	**368359**
85	166	100	212	147325	19847	127478	38125	227959
	46			66717	14221	52496	17832	25558
7	27	100	18	28646	164	28482	6953	13886
50	78		146	37788	2924	34864	6550	183422

1-A-5 续表 6

行业	从业人员数(人)	内资				
			国有	集体	股份合作	联营
道路运输辅助活动	43409	43051	14597	1539	43	91
水上运输业	130648	121651	8786	7027	852	135
水上旅客运输	3460	3252	1214	317		
水上货物运输	80497	80215	4058	6301	834	112
水上运输辅助活动	46691	38184	3514	409	18	23
航空运输业	12324	12250	5472	51		
航空客货运输	6340	6270	1086			
通用航空服务	197	197				
航空运输辅助活动	5787	5783	4386	51		
管道运输业	9561	9206	1732			
管道运输业	9561	9206	1732			
装卸搬运和运输代理业	109734	104577	3836	6126	335	228
装卸搬运	48945	45869	970	5020	259	62
运输代理业	60789	58708	2866	1106	76	166
仓储业	38188	29789	7282	1099	32	189
谷物、棉花等农产品仓储	8883	8779	5138	455		49
其他仓储业	29305	21010	2144	644	32	140
邮政业	72074	72061	38441	69	95	98
邮政基本服务	37736	37736	37562	10		17
快递服务	34338	34325	879	59	95	81
住宿和餐饮业	**448227**	**361409**	**24052**	**4404**	**505**	**482**
住宿业	150383	135855	19778	2896	127	152
旅游饭店	111369	97729	16972	1781	18	130
一般旅馆	33661	32898	2222	977	88	22
其他住宿业	5353	5228	584	138	21	
餐饮业	297844	225554	4274	1508	378	330
正餐服务	205504	198055	3713	1412	265	297
快餐服务	69992	11055	286	61	39	
饮料及冷饮服务	5097	3247	43	12	50	
其他餐饮业	17251	13197	232	23	24	33
信息传输、软件和信息技术服务业	**548115**	**450050**	**21707**	**1713**	**528**	**749**
电信、广播电视和卫星传输服务	176163	131613	16202	1460	13	46
电信	140701	96151	7761	7	13	46
广播电视传输服务	35281	35281	8427	1453		
卫星传输服务	181	181	14			
互联网和相关服务	49519	48457	1075	63	71	24
互联网接入及相关服务	2166	2061	14		8	1
互联网信息服务	44307	43352	413	63	54	23
其他互联网服务	3046	3044	648		9	
软件和信息技术服务业	322433	269980	4430	190	444	679
软件开发	239677	195070	2674	73	322	515
信息系统集成服务	23851	21277	729	4	55	44
信息技术咨询服务	19031	17587	271	102	54	68
数据处理和存储服务	9555	9267	136			15
集成电路设计	10323	7996	251		3	4
其他信息技术服务业	19996	18783	369	11	10	33
房地产业	**687331**	**649016**	**17053**	**11384**	**1488**	**859**
房地产业	687331	649016	17053	11384	1488	859
房地产开发经营	236006	212408	4747	1355	393	167

国有联营	集体联营	国有与集体联营	其他联营	有限责任公司	国有独资	其他有限责任公司	股份有限公司	私营
28	15		48	14174	2538	11636	6790	5093
15	89	14	17	47643	11265	36378	12089	43739
				752		752	67	706
	89	14	9	22792	681	22111	9458	35765
15			8	24099	10584	13515	2564	7268
				1635	181	1454	4720	360
				189	181	8	4720	275
				135		135		62
				1311		1311		23
				7389		7389	36	49
				7389		7389	36	49
52	62	54	60	22633	947	21686	5672	63651
	8	54		10831	121	10710	4997	22632
52	54		60	11802	826	10976	675	41019
57	11	121		6718	889	5829	1707	12070
46	3			914	449	465	45	1748
11	8	121		5804	440	5364	1662	10322
		60	38	12574	105	12469	33	20531
		17						116
		43	38	12574	105	12469	33	20415
257	**97**		**128**	**83131**	**4300**	**78831**	**12034**	**230056**
130	9		13	39660	2332	37328	6880	64399
130				33247	2071	31176	5928	38997
	9		13	5137	255	4882	817	22516
				1276	6	1270	135	2886
127	88		115	43471	1968	41503	5154	165657
127	88		82	39715	1809	37906	4684	144119
				2147	142	2005	61	8013
				201		201	13	2789
			33	1408	17	1391	396	10736
40	**21**	**62**	**626**	**134645**	**16695**	**117950**	**60177**	**222524**
40			6	57567	15234	42333	42601	13411
40			6	45077	7581	37496	32139	10995
				12482	7653	4829	10445	2274
				8		8	17	142
			24	5554	167	5387	3491	37224
			1	396		396	12	1592
			23	4790	167	4623	3426	33738
				368		368	53	1894
	21	62	596	71524	1294	70230	14085	171889
			515	56659	1050	55609	12581	117195
	18	13	13	4251	71	4180	509	15447
	3	49	16	2993	8	2985	206	13134
			15	1977		1977	340	6663
			4	1817	102	1715	137	5540
			33	3827	63	3764	312	13910
102	**260**	**109**	**388**	**181898**	**11273**	**170625**	**22138**	**399577**
102	260	109	388	181898	11273	170625	22138	399577
30	31	34	72	68035	3760	64275	10721	124136

1-A-5 续表 7

行业	从业人员数（人）	内资				
			国有	集体	股份合作	联营
物业管理	342647	333247	5980	5721	765	414
房地产中介服务	61834	58361	699	281	33	29
自有房地产经营活动	19305	18187	1656	2302	227	208
其他房地产业	27539	26813	3971	1725	70	41
租赁和商务服务业	**1074552**	**1053673**	**102702**	**52596**	**3646**	**3137**
租赁业	46852	44562	1150	569	48	14
机械设备租赁	45279	43050	1005	549	48	14
文化及日用品出租	1573	1512	145	20		
商务服务业	1027700	1009111	101552	52027	3598	3123
企业管理服务	263591	256425	33236	15295	1972	616
法律服务	23725	23703	2039	539	212	122
咨询与调查	131499	126377	4445	1767	367	227
广告业	102748	102150	3317	302	310	319
知识产权服务	6801	6473	1767	44	25	
人力资源服务	237384	237315	10683	15911	258	130
旅行社及相关服务	30279	30079	1534	2060	56	15
安全保护服务	80381	80381	36591	7796	6	1105
其他商务服务业	151292	146208	7940	8313	392	589
科学研究和技术服务业	**687016**	**666984**	**85419**	**11366**	**1450**	**1496**
研究和试验发展	75866	69402	14864	695	331	164
自然科学研究和试验发展	7032	6724	3074	53	6	
工程和技术研究和试验发展	43191	39167	4507	346	243	158
农业科学研究和试验发展	10893	10690	4613	220		4
医学研究和试验发展	13189	11260	1697	64	82	2
社会人文科学研究	1561	1561	973	12		
专业技术服务业	399525	390225	48908	6504	743	1066
气象服务	2394	2382	1892	28	14	
地震服务	947	947	867	28		
海洋服务	622	622	183			
测绘服务	7163	7158	2156	406		158
质检技术服务	37694	34734	10099	1939	15	68
环境与生态监测	8033	8026	3789	64		37
地质勘查	14666	14666	5375	31	3	
工程技术	243262	242255	16799	2478	585	255
其他专业技术服务业	84744	79435	7748	1530	126	548
科技推广和应用服务业	211625	207357	21647	4167	376	266
技术推广服务	192506	188764	16660	3768	284	139
科技中介服务	10159	10111	3576	146	26	82
其他科技推广和应用服务业	8960	8482	1411	253	66	45
水利、环境和公共设施管理业	**220652**	**218105**	**90292**	**22937**	**481**	**687**
水利管理业	30852	30808	23292	3245		171
防洪除涝设施管理	9253	9253	7331	1220		166
水资源管理	5087	5084	3620	537		5
天然水收集与分配	5203	5203	4378	433		
水文服务	763	763	432	10		
其他水利管理业	10546	10505	7531	1045		
生态保护和环境治理业	12792	11361	1875	536	2	12
生态保护	1764	1592	530	9		
环境治理业	11028	9769	1345	527	2	12

国有联营	集体联营	国有与集体联营	其他联营	有限责任公司	国有独资	其他有限责任公司	股份有限公司	私营
24	116	65	209	100537	6824	93713	9283	204357
			29	7171	71	7100	1347	47439
45	107	10	46	2120	83	2037	135	8772
3	6		32	4035	535	3500	652	14873
132	**1531**	**150**	**1324**	**205148**	**33695**	**171453**	**24527**	**564025**
		6	8	5423	241	5182	1025	31724
		6	8	5224	241	4983	991	30673
				199		199	34	1051
132	1531	144	1316	199725	33454	166271	23502	532301
57	340	85	134	72014	25433	46581	5630	83757
	5		117	295	13	282	76	11809
34	65	12	116	18529	63	18466	2319	91220
3	9	7	300	14409	1033	13376	1930	78512
				517	4	513	70	3845
	6		124	45148	1698	43450	7618	146149
2			13	7618	646	6972	1433	16680
	936		169	11878	1051	10827	1199	19553
36	170	40	343	29317	3513	25804	3227	80776
195	**144**	**86**	**1071**	**94253**	**4984**	**89269**	**22037**	**306998**
20			144	10487	563	9924	1053	37879
				450		450	99	2690
20			138	7122	455	6667	572	24856
			4	642	23	619	166	3908
			2	2255	85	2170	196	6220
				18		18	20	205
150	100	70	746	73870	3868	70002	20004	227748
				140	12	128	23	193
								37
				92		92	9	324
99	8	11	40	902	14	888	99	3258
8	34	13	13	5285	493	4792	1886	14560
			37	765	107	658	95	2981
				506		506	7467	1059
7	27	13	208	53415	2385	51030	8855	155058
36	31	33	448	12765	857	11908	1570	50278
25	44	16	181	9896	553	9343	980	41371
24	20		95	7651	368	7283	771	33129
1	3	16	62	1537	67	1470	142	3645
	21		24	708	118	590	67	4597
354	**48**	**192**	**93**	**26202**	**3611**	**22591**	**6206**	**55372**
		171		1065	119	946	237	1743
		166		89		89		309
		5		232	1	231	24	350
				56	6	50	46	52
				2		2	130	147
				686	112	574	37	885
	5		7	1852	386	1466	82	5759
				82		82		525
	5		7	1770	386	1384	82	5234

1-A-5 续表 8

行业	从业人员数(人)	内资	国有	集体	股份合作	联营
公共设施管理业	177008	175936	65125	19156	479	504
市政设施管理	15899	15865	8554	1368	36	285
环境卫生管理	69852	69852	35997	12091	350	109
城乡市容管理	8000	7999	5176	1389		
绿化管理	34539	34433	4100	2249	75	48
公园和游览景区管理	48718	47787	11298	2059	18	62
居民服务、修理和其他服务业	**200718**	**193699**	**11794**	**8041**	**902**	**594**
居民服务业	67553	66574	5831	5087	328	298
家庭服务	9568	9564	89	210	3	34
托儿所服务	418	418	45	38		
洗染服务	2900	2522	5	384		
理发及美容服务	5366	5326	2	8	8	3
洗浴服务	12724	12417	25	259	88	65
保健服务	5346	5217	44		85	
婚姻服务	2819	2819	218	151	2	
殡葬服务	7891	7813	3886	2268	38	142
其他居民服务业	20521	20478	1517	1769	104	54
机动车、电子产品和日用产品修理业	69478	64530	1364	1291	534	258
汽车、摩托车修理与维护	50957	49908	1100	1234	479	137
计算机和办公设备维修	6983	5183	148	9	46	39
家用电器修理	8984	6982	1	21	6	71
其他日用产品修理业	2554	2457	115	27	3	11
其他服务业	63687	62595	4599	1663	40	38
清洁服务	41157	40498	2419	1301	36	20
其他未列明服务业	22530	22097	2180	362	4	18
教育	**1099465**	**1097782**	**781599**	**87187**	**3925**	**2572**
教育	1099465	1097782	781599	87187	3925	2572
学前教育	127795	127567	41783	22428	607	887
初等教育	302788	302788	254353	29395	210	286
中等教育	398276	397860	319275	29877	2436	914
高等教育	156411	155760	130355	1659		334
特殊教育	5328	5328	4093	291	164	
技能培训、教育辅助及其他教育	108867	108479	31740	3537	508	151
卫生和社会工作	**575310**	**570709**	**354551**	**82133**	**4596**	**340**
卫生	523773	519227	343462	72489	4267	243
医院	339042	334573	239710	22944	3698	106
社区医疗与卫生院	129224	129221	68910	44443	197	111
门诊部(所)	19432	19362	5868	2068	254	13
计划生育技术服务活动	7827	7827	6293	1154		
妇幼保健院(所、站)	9042	9042	8195	308		
专科疾病防治院(所、站)	3546	3546	1872	428	84	
疾病预防控制中心	9026	9026	8425	550		
其他卫生活动	6634	6630	4189	594	34	13
社会工作	51537	51482	11089	9644	329	97
提供住宿社会工作	37655	37636	9398	7927	314	69
不提供住宿社会工作	13882	13846	1691	1717	15	28
文化、体育和娱乐业	**201888**	**197445**	**63295**	**6845**	**204**	**315**
新闻和出版业	18417	18350	8867	224		20
新闻业	1887	1887	1575	43		20

国有联营	集体联营	国有与集体联营	其他联营	有限责任公司	国有独资	其他有限责任公司	股份有限公司	私营
354	43	21	86	23285	3106	20179	5887	47870
249	15		21	1583	142	1441	376	2907
96	13			6402	1203	5199	848	7195
				195		195		848
		3	45	5081	19	5062	612	20862
9	15	18	20	10024	1742	8282	4051	16058
37	**129**	**118**	**310**	**29632**	**1280**	**28352**	**2285**	**127104**
37	84	118	59	6147	881	5266	581	38684
12	17		5	875		875	75	7438
				30		30		69
				216		216	8	1816
			3	623		623	190	4132
	16		49	1319		1319	48	10221
				233		233	23	4595
				172		172	18	1943
25		117		160		160	3	628
	51	1	2	2519	881	1638	216	7842
	29		229	5941	167	5774	921	52514
	8		129	4268	143	4125	720	40757
			39	510	8	502	44	4274
	21		50	1000	16	984	153	5455
			11	163		163	4	2028
	16		22	17544	232	17312	783	35906
	8		12	4800	229	4571	641	30245
	8		10	12744	3	12741	142	5661
556	**888**	**623**	**505**	**8481**	**449**	**8032**	**1877**	**60410**
556	888	623	505	8481	449	8032	1877	60410
164	116	204	403	478		478	626	11398
	286							2679
360	135	419		192	45	147	118	12109
	330		4	12		12		917
				28		28		132
32	21		98	7771	404	7367	1133	33175
60	**109**	**61**	**110**	**6822**	**10**	**6812**	**3701**	**41662**
44	44	50	105	6591		6591	3701	39292
		50	56	5795		5795	3478	29156
44	35		32				104	2720
	9		4	419		419	116	6226
								42
				22		22		368
				23		23		278
								21
			13	332		332	3	481
16	65	11	5	231	10	221		2370
9	57		3	216	10	206		2279
7	8	11	2	15		15		91
23	**43**	**32**	**217**	**25324**	**5509**	**19815**	**3460**	**80222**
			20	3805	1976	1829	1189	1426
			20	77	44	33	2	87

1-A-5 续表 9

行　　业	从业人员数(人)	内资				
			国有	集体	股份合作	联营
出版业	16530	16463	7292	181		
广播、电视、电影和影视录音制作业	36649	36533	18945	1990	27	27
广播	6528	6528	6112	142		
电视	16392	16392	11018	1312		
电影和影视节目制作	3841	3824	675	20	9	
电影和影视节目发行	1316	1315	120			
电影放映	8355	8257	1020	488	18	27
录音制作	217	217		28		
文化艺术业	53274	53032	22922	3073	93	80
文艺创作与表演	14122	14120	3993	962	6	4
艺术表演场馆	2798	2798	1120	51	60	
图书馆与档案馆	5348	5337	4975	87		
文物及非物质文化遗产保护	2061	2061	1047	132	7	28
博物馆	3885	3804	2847	146	11	
烈士陵园、纪念馆	2245	2245	1900	86		5
群众文化活动	13423	13296	6198	1459	7	6
其他文化艺术业	9392	9371	842	150	2	37
体育	13778	12703	3150	653	19	41
体育组织	3323	3323	1381	456	3	27
体育场馆	2436	2406	1456	17		3
休闲健身活动	7025	6004	252	158	16	1
其他体育	994	970	61	22		10
娱乐业	79770	76827	9411	905	65	147
室内娱乐活动	50757	49873	386	569	64	141
游乐园	7296	6352	171	10		
彩票活动	7842	7842	7486	65		
文化、娱乐、体育经纪代理	2580	2580	78	66		6
其他娱乐业	11295	10180	1290	195	1	
公共管理、社会保障和社会组织	**1237900**	**1237820**	**856690**	**35465**	**247**	**482**
中国共产党机关	34278	34278	34085	36		
中国共产党机关	34278	34278	34085	36		
国家机构	792348	792348	765694	18993	43	68
国家权力机构	6527	6527	6494			
国家行政机构	733508	733508	707153	18766	43	68
人民法院和人民检察院	36859	36859	36839	12		
其他国家机构	15454	15454	15208	215		
人民政协、民主党派	5076	5076	4954	115		
人民政协	4030	4030	3908	115		
民主党派	1046	1046	1046			
社会保障	12292	12292	9465	1198		
社会保障	12292	12292	9465	1198		
群众团体、社会团体和其他成员组织	186801	186721	42492	15123	204	414
群众团体	22431	22407	11328	1896		15
社会团体	135825	135798	30121	12591	204	370
基金会	1854	1853	442	108		
宗教组织	26691	26663	601	528		29
基层群众自治组织	207105	207105				
社区自治组织	73511	73511				
村民自治组织	133594	133594				

国有联营	集体联营	国有与集体联营	其他联营	有限责任公司	国有独资	其他有限责任公司	股份有限公司	私营
				3728	1932	1796	1187	1339
2	25			6599	2354	4245	476	7826
				33	2	31		219
				2885	2148	737	189	723
				1159	165	994	26	1847
				389	2	387	7	799
2	25			2117	37	2080	253	4071
				16		16	1	167
2	10	2	66	4223	376	3847	362	14916
2		2		1437	244	1193	52	5578
				529	44	485	59	892
				38		38		105
			28	239	69	170	29	162
				10		10		170
	5			7		7		74
			6	216		216	30	2671
	5		32	1747	19	1728	192	5264
1	8	10	22	1901	590	1311	54	4657
	8		19	222	20	202	10	334
			3	531	248	283		275
1				1063	322	741	43	3535
		10		85		85	1	513
18		20	109	8796	213	8583	1379	51397
18		20	103	3111		3111	479	42179
				3579	132	3447	858	1577
								1
			6	766	81	685	30	1490
				1340		1340	12	6150
64	**220**	**17**	**181**	**73**	**3**	**70**	**37**	**453**
33	34		1					
33	34		1					
								1
								1
31	186	17	180	73	3	70	37	452
	15							19
31	162	14	163	56	3	53	31	392
				4		4		9
	9	3	17	13		13	6	32

1-A-5 续表 10

行业	私营独资	私营合伙	私营有限责任公司	私营股份有限公司	其他	港澳台商投资企业
总　计	**2273108**	**205636**	**13988413**	**842322**	**1428010**	**1939021**
农、林、牧、渔业	**6331**	**1013**	**12278**	**284**	**156057**	**146**
农、林、牧、渔服务业	6331	1013	12278	284	156057	146
农业服务业	4303	689	8233	214	124201	129
林业服务业	643	33	1548	28	6732	17
畜牧服务业	894	232	1542	9	13387	
渔业服务业	491	59	955	33	11737	
采矿业	**4186**	**1259**	**14608**	**232**	**369**	**943**
煤炭开采和洗选业	220	36	899		6	
烟煤和无烟煤开采洗选	180	36	765		6	
褐煤开采洗选	15					
其他煤炭采选	25		134			
石油和天然气开采业				26	3	
石油开采				26	3	
天然气开采						
黑色金属矿采选业	273	117	931	29	41	257
铁矿采选	250	117	849	29	41	257
锰矿、铬矿采选						
其他黑色金属矿采选	23		82			
有色金属矿采选业	39		112		19	
常用有色金属矿采选	39		102		3	
贵金属矿采选			10		16	
稀有稀土金属矿采选						
非金属矿采选业	3607	1100	12353	177	285	686
土砂石开采	3091	1092	11514	170	262	445
化学矿开采	27		154		8	212
采盐		8	310			29
石棉及其他非金属矿采选	489		375	7	15	
开采辅助活动	33		261			
煤炭开采和洗选辅助活动	1		6			
石油和天然气开采辅助活动	20		146			
其他开采辅助活动	12		109			
其他采矿业	14	6	52		15	
其他采矿业	14	6	52		15	
制造业	**1454843**	**107637**	**6933470**	**328752**	**97850**	**1695018**
农副食品加工业	36020	2640	143832	6748	3322	18567
谷物磨制	14145	671	36166	890	908	550
饲料加工	2791	286	18296	846	324	3310
植物油加工	1371	146	10272	602	70	417
制糖业	79		492	354		
屠宰及肉类加工	6143	293	30617	1012	388	10685
水产品加工	3698	688	15330	231	301	1699
蔬菜、水果和坚果加工	4340	398	21744	2277	786	1740
其他农副食品加工	3453	158	10915	536	545	166
食品制造业	12836	618	46612	2025	3848	14900
焙烤食品制造	3257	185	7416	484	443	3808
糖果、巧克力及蜜饯制造	606	13	3578	567	15	3843
方便食品制造	2263	86	6762	185	73	3599
乳制品制造	218	3	2930	99	767	544
罐头食品制造	1064	86	6188	142	58	1169

港澳台商合资经营	港澳台商合作经营	港澳台商独资	港澳台商投资股份有限公司	其他港澳台商投资	外商投资企业	中外合资经营	中外合作经营	外资企业	外商投资股份有限公司	其他外商投资
583782	**29396**	**1227272**	**84459**	**14112**	**3342050**	**889351**	**49112**	**2286980**	**110458**	**6149**
50		**93**		**3**	**158**	**118**	**20**	**20**		
50		93		3	158	118	20	20		
47		79		3	107	68	20	19		
3		14								
					34	33		1		
					17	17				
469		**474**			**376**	**102**		**274**		
257					102	102				
257					102	102				
212		474								
		445								
212										
		29								
					274			274		
					274			274		
510041	**23430**	**1080280**	**68128**	**13139**	**2994015**	**772644**	**40505**	**2106629**	**71115**	**3122**
5232	2697	10638			26524	9876	10	16513	105	20
117		433			839	126		713		
1848		1462			2805	1708		1095		2
286		131			9422	1427		7995		
1704	2565	6416			1289	689		600		
1103		596			4595	1429		3148		18
149	132	1459			4923	3709		1109	105	
25		141			2651	788	10	1853		
9012		5702	186		22516	7128	980	14194	37	177
170		3460	178		7508	64	201	7243		
3843					1492	41		1451		
3255		344			6852	4070		2782		
60		484			431	283		148		
1169					922	338	579	5		

1-A-5 续表 11

行业	私营独资	私营合伙	私营有限责任公司	私营股份有限公司	其他	港澳台商投资企业
调味品、发酵制品制造	2826	107	5584	203	621	58
其他食品制造	2602	138	14154	345	1871	1879
酒、饮料和精制茶制造业	8756	530	21002	1031	562	3311
酒的制造	4974	214	12553	938	287	1092
饮料制造	2468	254	7074	68	131	2141
精制茶加工	1314	62	1375	25	144	78
烟草制品业		4				
烟叶复烤						
卷烟制造						
其他烟草制品制造		4				
纺织业	122427	8394	740106	26970	5827	117525
棉纺织及印染精加工	45282	4092	382306	15387	2471	56185
毛纺织及染整精加工	5762	754	65648	3573	22	7055
麻纺织及染整精加工	1226	41	9054	273	18	3257
丝绢纺织及印染精加工	3640	544	15394	580	132	1125
化纤织造及印染精加工	28395	595	85707	2932	330	18001
针织或钩针编织物及其制品制造	12326	1112	67697	1326	624	7906
家用纺织制成品制造	12692	523	64333	2080	1327	16508
非家用纺织制成品制造	13104	733	49967	819	903	7488
纺织服装、服饰业	129810	8753	575276	23090	10301	125117
机织服装制造	88755	6451	431086	20285	6429	95720
针织或钩针编织服装制造	13059	680	78383	1290	1341	17381
服饰制造	27996	1622	65807	1515	2531	12016
皮革、毛皮、羽毛及其制品和制鞋业	26530	1213	109736	2350	1295	31667
皮革鞣制加工	439	15	2675	31	29	1264
皮革制品制造	8065	292	31224	489	393	6133
毛皮鞣制及制品加工	1761	17	2599	46	83	312
羽毛(绒)加工及制品制造	3112	136	11511	160	29	1815
制鞋业	13153	753	61727	1624	761	22143
木材加工和木、竹、藤、棕、草制品业	120542	6420	172478	7373	5301	7721
木材加工	48874	1241	31126	848	2493	411
人造板制造	57490	4690	108451	4782	1647	4995
木制品制造	12827	441	30188	1706	610	2081
竹、藤、棕、草等制品制造	1351	48	2713	37	551	234
家具制造业	14153	1041	49008	1689	1638	6726
木质家具制造	10824	905	36493	1232	1240	3504
竹、藤家具制造	100		265			
金属家具制造	1427	37	5631	72	230	1211
塑料家具制造	234	26	1209	42	14	20
其他家具制造	1568	73	5410	343	154	1991
造纸和纸制品业	23969	2392	89069	3160	1296	11129
纸浆制造	75	6	236		1	
造纸	7980	976	45570	1233	467	3741
纸制品制造	15914	1410	43263	1927	828	7388
印刷和记录媒介复制业	31759	2300	115958	2666	2619	15872
印刷	30141	2237	112087	2604	2506	14974
装订及印刷相关服务	1524	63	3511	62	113	502
记录媒介复制	94		360			396
文教、工美、体育和娱乐用品制造业	66669	3959	200233	6620	4037	52678
文教办公用品制造	5001	457	15743	177	350	3364

港澳台商合资经营	港澳台商合作经营	港澳台商独资	港澳台商投资股份有限公司	其他港澳台商投资	外商投资企业	中外合资经营	中外合作经营	外资企业	外商投资股份有限公司	其他外商投资
24		34			667	206	68	393		
491		1380	8		4644	2126	132	2172	37	177
690	42	2579			14176	7980	264	5932		
6	42	1044			4640	1078	264	3298		
684		1457			9505	6902		2603		
		78			31			31		
50062	2190	60448	4754	71	94617	33957	1600	58318	606	136
22424	354	32753	654		34616	10473	785	22886	397	75
4698	58	2282	2	15	4217	1451	192	2573		1
1769		1488			1079	428		651		
780		345			1303	939		319	45	
8680	68	8344	908	1	9013	4333	20	4534	126	
2719	88	5099			8054	3471	197	4386		
6506	1212	5691	3099		24537	10350	386	13728	13	60
2486	410	4446	91	55	11798	2512	20	9241	25	
57431	2828	61982	2147	729	194257	93081	6775	91701	1490	1210
46287	1740	46295	1299	99	152245	74009	5885	69782	1396	1173
7155		9650	1	575	22112	12362	700	9013		37
3989	1088	6037	847	55	19900	6710	190	12906	94	
12212	567	15721	2875	292	48489	14841	1569	30725	1353	1
4		1260			1051	160	12	879		
3080		3053			17379	5341	95	10971	972	
274		38			1305	867		438		
792		731		292	8689	5219	1101	2368		1
8062	567	10639	2875		20065	3254	361	16069	381	
4354	119	3209	39		14165	5248	473	8273	171	
146	4	261			171			171		
2627		2368			6585	3492	450	2573	70	
1399	115	567			6758	1429		5228	101	
182		13	39		651	327	23	301		
1910	3	4813			23180	4534	97	17891	608	50
1420		2084			8439	2522	97	5770		50
					111			111		
116		1095			4629	1377		2839	413	
		20			355			355		
374	3	1614			9646	635		8816	195	
2999	4	8007	118	1	38835	7300	20	24047	7268	200
					34			34		
1692		1931	118		29456	5643	20	17697	5900	196
1307	4	6076		1	9345	1657		6316	1368	4
6104		9768			16940	1723	550	14511	70	86
5614		9360			16770	1723	550	14341	70	86
305		197			151			151		
185		211			19			19		
18380	135	33521	536	106	77054	30107	728	43428	2779	12
2391		912	61		6650	1862		4788		

1-A-5 续表 12

行　　业	私营独资	私营合伙	私营有限责任公司	私营股份有限公司	其他	港澳台商投资企业
乐器制造	1432	38	4811	547	399	935
工艺美术品制造	32788	2716	105377	3195	1895	17624
体育用品制造	4442	101	19603	840	326	7907
玩具制造	21085	639	47030	1251	806	21707
游艺器材及娱乐用品制造	1921	8	7669	610	261	1141
石油加工、炼焦和核燃料加工业	1170	171	9335	240	195	2281
精炼石油产品制造	1125	171	7561	218	195	2281
炼焦	45		1762	22		
核燃料加工			12			
化学原料和化学制品制造业	43155	3592	355493	19678	2770	70199
基础化学原料制造	6679	556	101541	4524	447	13298
肥料制造	3087	143	14036	1242	203	1030
农药制造	1364	25	19660	214	94	1574
涂料、油墨、颜料及类似产品制造	8218	598	63104	2007	792	7224
合成材料制造	7741	383	55511	2715	428	13458
专用化学产品制造	12490	1572	85490	7932	560	29578
炸药、火工及焰火产品制造	50		826			
日用化学产品制造	3526	315	15325	1044	246	4037
医药制造业	4853	357	61063	7599	429	25403
化学药品原料药制造	761	6	17262	2968	4	6182
化学药品制剂制造	261	5	8688	882	55	12821
中药饮片加工	210	24	2869	160		
中成药生产	156		2848	548	65	708
兽用药品制造	401		4623	7		154
生物药品制造	513	171	10153	1591	185	2717
卫生材料及医药用品制造	2551	151	14620	1443	120	2821
化学纤维制造业	5091	457	102088	2354	374	27591
纤维素纤维原料及纤维制造	2231	125	46084	1354	206	6013
合成纤维制造	2860	332	56004	1000	168	21578
橡胶和塑料制品业	75711	6450	281718	11826	3939	61576
橡胶制品业	14922	1148	55828	3532	634	13319
塑料制品业	60789	5302	225890	8294	3305	48257
非金属矿物制品业	109534	9560	344637	13980	7907	44964
水泥、石灰和石膏制造	4062	482	31604	600	427	2071
石膏、水泥制品及类似制品制造	23470	1213	86386	4147	2532	12939
砖瓦、石材等建筑材料制造	43166	5204	53711	2681	2768	3166
玻璃制造	1318	168	15097	601	171	3370
玻璃制品制造	8363	500	59022	1735	555	11297
玻璃纤维和玻璃纤维增强塑料制品制造	3767	152	23131	265	156	3457
陶瓷制品制造	3710	635	16727	1247	264	4194
耐火材料制品制造	4714	719	27124	958	246	1984
石墨及其他非金属矿物制品制造	16964	487	31835	1746	788	2486
黑色金属冶炼和压延加工业	30737	3160	248265	12336	1839	34707
炼铁	712	38	7967	1176	1	360
炼钢	427	38	10166	3320	48	12546
黑色金属铸造	19069	2142	71100	2569	1297	5579
钢压延加工	9667	760	147225	4564	476	16145
铁合金冶炼	862	182	11807	707	17	77
有色金属冶炼和压延加工业	19282	1313	101885	7515	1333	15377
常用有色金属冶炼	2007	242	12178	509	77	965

港澳台商合资经营	港澳台商合作经营	港澳台商独　资	港澳台商投资股份有限公司	其他港澳台商投资	外商投资企　业	中外合资经　营	中外合作经　营	外资企业	外商投资股份有限公　司	其他外商投　资
58		765	112		2043	747		1253	43	
6954	103	10176	363	28	35657	16432	511	18646	56	12
2809		5098			7264	1823		5441		
5662		15967		78	19518	6485	23	10330	2680	
506	32	603			5922	2758	194	2970		
419		1862			3985	3048		937		
419		1862			989	60		929		
					2996	2988		8		
28630	984	37818	2765	2	122583	43760	808	76930	1070	15
3851	416	8633	398		31336	16630	310	13862	522	12
384	308	338			1877	1533	5	331	8	
431		651	492		6775	2775	63	3937		
1803	191	5141	89		14438	4170	48	10038	182	
5203		8173	80	2	22805	8624	28	13854	298	1
14446	69	13357	1706		38703	9147	340	29155	60	1
					21			21		
2512		1525			6628	881	14	5732		1
12974	356	6283	5764	26	39575	14125	1427	18021	6002	
5131	356	695			7582	1998	156	5314	114	
4198		3370	5253		18556	6018	1159	5701	5678	
					834	794		40		
652		56			1067	810		247	10	
154					645	502		143		
800		1406	511		3599	2574		905	120	
2039		756		26	7292	1429	112	5671	80	
22665	72	4854			17736	13300		4371	65	
5038		975			7084	5804		1280		
17627	72	3879			10652	7496		3091	65	
18605	127	40461	2245	138	117753	27389	273	88653	1204	234
5311	81	7912	2	13	44441	12336		32063	42	
13294	46	32549	2243	125	73312	15053	273	56590	1162	234
16329	302	25975	2352	6	49832	20188	394	28671	570	9
628		845	598		1499	973		526		
4892	35	7889	123		4688	2586	94	2008		
465	150	2529	22		4845	1105	300	3422	18	
1265		2105			3428	506		2922		
6393		4785	119		14743	6303		8318	122	
593	102	2762			2977	1943		902	132	
382	15	3151	640	6	8641	2789		5802	50	
346		788	850		3529	2080		1302	138	9
1365		1121			5482	1903		3469	110	
21243	159	13305			28275	14779	249	13141	48	58
360					3551	27		3524		
12545	1				179	179				
2455	41	3083			6062	3407	67	2530		58
5816	117	10212			16358	9116	182	7012	48	
67		10			2125	2050		75		
7143	130	7979	125		22264	9520	86	12491	167	
		965			838	499		339		

1-A-5 续表 13

行业	私营独资	私营合伙	私营有限责任公司	私营股份有限公司	其他	港澳台商投资企业
贵金属冶炼	215		696	15		312
稀有稀土金属冶炼	504	76	2965	160		
有色金属合金制造	2631	61	15253	3334	149	2722
有色金属铸造	2416	186	5714	260	585	865
有色金属压延加工	11509	748	65079	3237	522	10513
金属制品业	121221	10275	524757	22010	7952	56199
结构性金属制品制造	34652	2321	183087	8786	2628	11968
金属工具制造	16866	1759	56751	2800	671	6067
集装箱及金属包装容器制造	4136	298	32066	1734	2225	6710
金属丝绳及其制品制造	9952	690	61220	637	212	3360
建筑、安全用金属制品制造	8960	627	34491	1746	581	8212
金属表面处理及热处理加工	12784	1817	46787	2277	233	5056
搪瓷制品制造	524	173	3605		40	422
金属制日用品制造	6080	357	19103	1026	348	4034
其他金属制品制造	27267	2233	87647	3004	1014	10370
通用设备制造业	158928	11632	686077	21738	9329	74022
锅炉及原动设备制造	7047	259	46696	740	997	5688
金属加工机械制造	25642	1951	111424	3864	2381	8667
物料搬运设备制造	6382	415	54935	1060	291	19719
泵、阀门、压缩机及类似机械制造	20564	1564	96527	4134	1376	10396
轴承、齿轮和传动部件制造	15293	1100	64925	2149	741	7447
烘炉、风机、衡器、包装等设备制造	11701	759	83416	2468	845	8802
文化、办公用机械制造	1051	43	6773	28	12	2250
通用零部件制造	60434	4796	169965	4474	1937	9242
其他通用设备制造业	10814	745	51416	2821	749	1811
专用设备制造业	78133	7128	513436	25018	6560	67687
采矿、冶金、建筑专用设备制造	13662	702	98715	6732	965	9087
化工、木材、非金属加工专用设备制造	19084	2358	121051	3996	1191	32501
食品、饮料、烟草及饲料生产专用设备制造	1874	109	13211	2460	104	707
印刷、制药、日化及日用品生产专用设备制造	5118	314	22593	684	417	1657
纺织、服装和皮革加工专用设备制造	11093	483	48937	1741	916	6901
电子和电工机械专用设备制造	5400	1469	29522	662	697	4112
农、林、牧、渔专用机械制造	5779	236	16572	387	457	920
医疗仪器设备及器械制造	3818	334	39135	3120	552	6107
环保、社会公共服务及其他专用设备制造	12305	1123	123700	5236	1261	5695
汽车制造业	28788	1389	186048	5240	1275	29846
汽车整车制造	58		12862	145	80	
改装汽车制造	232		3697	36		988
低速载货汽车制造			116			
电车制造	1722	38	2493	70	36	5
汽车车身、挂车制造	358		5063	36	5	93
汽车零部件及配件制造	26418	1351	161817	4953	1154	28760
铁路、船舶、航空航天和其他运输设备制造业	39095	1548	165407	6600	1009	52729
铁路运输设备制造	1546	33	17009	678	118	4415
城市轨道交通设备制造	110	43	1909			
船舶及相关装置制造	21034	633	93757	2518	538	33504
航空、航天器及设备制造	89	18	7602	7	62	412
摩托车制造	4657	230	16182	699		1765
自行车制造	6214	167	22399	2501	138	9735

港澳台商合资经营	港澳台商合作经营	港澳台商独资	港澳台商投资股份有限公司	其他港澳台商投资	外商投资企业	中外合资经营	中外合作经营	外资企业	外商投资股份有限公司	其他外商投资
297		15			27	4		23		
					1933	1856	66	11		
2314		328	80		5003	803		4033	167	
572		293			1098	159	20	919		
3960	130	6378	45		13365	6199		7166		
18807	1020	34491	1775	106	109661	43426	2673	60009	3490	63
5392	876	5444	150	106	23903	7414	2120	12324	2019	26
1282		4016	769		10972	4306	73	6257	336	
703	55	5952			14356	9259		4670	427	
1534	31	1106	689		12762	8748		4001		13
4910	8	3249	45		8870	2443	326	6062	39	
1665	50	3341			10366	1643	110	8589	24	
40		382			654	90		564		
480		3554			12312	3988		8228	96	
2801		7447	122		15466	5535	44	9314	549	24
30390	9887	33003	624	118	199045	50399	2230	140607	5662	147
4494		1180	14		11150	8183		2964	3	
2479	526	5620	42		15406	5128	113	10100		65
6677	8964	3981		97	17077	6939	358	9749	31	
5511	209	4594	79	3	33502	9107	309	23946	99	41
2248	88	5061	50		28978	5965	701	22233	76	3
4162		4558	82		33873	7500	217	25437	705	14
1350		876	24		31265	2388	126	24011	4716	24
2646	100	6183	295	18	23024	4326	401	18265	32	
823		950	38		4770	863	5	3902		
19997	48	45671	1427	544	166212	48907	1420	111531	4204	150
3994		4330	408	355	37054	23106	321	13551	76	
4864	29	27038	431	139	57663	8097	198	48057	1224	87
245		462			3524	1310		2202	12	
815		830	12		5592	217	251	4945	179	
4907	17	1977			4693	961	260	3435	37	
1222	2	2597	291		9435	1519	160	7740	5	11
61		859			7944	3184		4760		
2042		4065			22362	4026	17	15733	2538	48
1847		3513	285	50	17945	6487	213	11108	133	4
9355	404	20062	25		152669	46109	809	105188	240	323
					21569	21135		434		
988					496	429		67		
		5			17	17				
70		23			245	40		118	87	
8297	404	20034	25		130342	24488	809	104569	153	323
40128		12550	3	48	111870	55550	12416	42363	1541	
4295		120			3829	1293	411	2125		
					1191	1191				
32541		915		48	72414	46416	11133	14865		
		412			3638	353	30	3245	10	
1196		566	3		7415	3090	791	3534		
987		8748			16739	2109	30	13069	1531	

1-A-5 续表 14

行业	私营独资	私营合伙	私营有限责任公司	私营股份有限公司	其他	港澳台商投资企业
非公路休闲车及零配件制造	5090	376	4391	98	67	2746
潜水救捞及其他未列明运输设备制造	355	48	2158	99	86	152
电气机械和器材制造业	71998	5869	586943	43434	7852	141273
电机制造	9814	358	98264	5174	1076	24705
输配电及控制设备制造	23689	2344	204197	14408	3827	42229
电线、电缆、光缆及电工器材制造	11129	825	120165	15778	733	23965
电池制造	1180	121	28016	551	212	20878
家用电力器具制造	5162	527	39911	1423	226	16806
非电力家用器具制造	1554	104	10395	311	125	580
照明器具制造	15776	1134	69366	5459	1107	11095
其他电气机械及器材制造	3694	456	16629	330	546	1015
计算机、通信和其他电子设备制造业	33794	4061	304417	21629	2820	560494
计算机制造	1342	49	22151	773	124	100471
通信设备制造	2126	748	21580	4439	113	6654
广播电视设备制造	1737	229	17277	400	26	14716
雷达及配套设备制造			1189			
视听设备制造	1041	10	13397	162	165	61847
电子器件制造	3247	738	63446	5323	328	66482
电子元件制造	19723	1689	131417	8337	1349	255720
其他电子设备制造	4578	598	33960	2195	715	54604
仪器仪表制造业	11383	1136	141039	20399	752	19141
通用仪器仪表制造	5597	683	85849	17165	477	9425
专用仪器仪表制造	2555	52	33017	2863	95	4252
钟表与计时仪器制造	82	4	614		2	206
光学仪器及眼镜制造	1697	314	15755	294	55	4284
其他仪器仪表制造业	1452	83	5804	77	123	974
其他制造业	21630	546	32467	2376	862	5022
日用杂品制造	16080	194	19871	2037	300	4255
煤制品制造	546	51	1308	9	89	20
核辐射加工			185			27
其他未列明制造业	5004	301	11103	330	473	720
废弃资源综合利用业	2883	238	12767	555	239	1231
金属废料和碎屑加工处理	1005	98	7668	234	118	867
非金属废料和碎屑加工处理	1878	140	5099	321	121	364
金属制品、机械和设备修理业	3986	491	12318	503	368	63
金属制品修理	124	2	942	82		15
通用设备修理	301	32	999		10	26
专用设备修理	405	13	1467	4	53	
铁路、船舶、航空航天等运输设备修理	2497	384	6583	90	251	20
电气设备修理	146		476	13	4	
仪器仪表修理	20		55			2
其他机械和设备修理业	493	60	1796	314	50	
电力、热力、燃气及水生产和供应业	**4523**	**635**	**16320**	**1002**	**1628**	**18500**
电力、热力生产和供应业	774	71	7118	502	217	9366
电力生产	233	2	5212	425	29	7476
电力供应	155	60	189	8	94	209
热力生产和供应	386	9	1717	69	94	1681
燃气生产和供应业	585	153	2640	146	197	6410
燃气生产和供应业	585	153	2640	146	197	6410

港澳台商合资经营	港澳台商合作经营	港澳台商独资	港澳台商投资股份有限公司	其他港澳台商投资	外商投资企业	中外合资经营	中外合作经营	外资企业	外商投资股份有限公司	其他外商投资
1100		1646			5601	916		4685		
9		143			1043	182	21	840		
37590	852	98433	4223	175	263611	63299	2627	185724	11899	62
7935	646	15074	1050		44675	18375	569	22151	3580	
12893	97	28676	419	144	96412	17235	1081	76337	1749	10
5178	27	18679	50	31	39321	4747	281	30856	3416	21
1700	1	19166	11		21301	6754	463	14062		22
6595		7664	2547		41720	11267	180	30134	139	
385		195			4587	476	35	1180	2896	
2514	81	8465	35		14034	3944	18	9959	104	9
390		514	111		1561	501		1045	15	
46255	471	468539	34709	10520	942014	82905	1569	837498	19885	157
2665	10	76640	21156		204434	5628		198806		
751		5645		258	52339	8085		44207	47	
6651		7462	603		12409	3724		7818	867	
					397			397		
2702		40660	8504	9981	55328	14700	60	40568		
5531	87	57843	2740	281	287087	24667	448	261721	218	33
16943	296	236775	1706		282586	20552	1061	248117	12737	119
11012	78	43514			47434	5549		35864	6016	5
7055		10504	1325	257	61821	16650	150	44458	552	11
3353		5909	112	51	31729	8712	53	22766	197	1
2053		1169	1030		15449	2715	97	12611	26	
11		195								
1480		2621	183		14280	5170		8781	329	
158		610		206	363	53		300		10
3433	15	1463	111		11652	2840	308	8477	27	
3022	15	1218			11199	2730	278	8191		
20										
		27								
391		218	111		453	110	30	286	27	
634	18	579			2143	392		1750	1	
521		346			1478	213		1265		
113	18	233			665	179		485	1	
3		60			561	283		276	1	1
3		12			128			128		
		26			15			14		1
					12	7		5		
		20			171	171				
					215	105		109	1	
		2								
					20			20		
13825	**740**	**3420**	**515**		**14766**	**9494**	**2274**	**1950**	**879**	**169**
6407	494	2000	465		6121	2370	2105	626	851	169
5409	377	1408	282		5402	1673	2105	604	851	169
207	2									
791	115	592	183		719	697		22		
5432	3	927	48		5624	4663	24	909	28	
5432	3	927	48		5624	4663	24	909	28	

1-A-5 续表 15

行业	私营独资	私营合伙	私营有限责任公司	私营股份有限公司	其他	港澳台商投资企业
水的生产和供应业	3164	411	6562	354	1214	2724
自来水生产和供应	2331	308	2765	250	1046	2166
污水处理及其再生利用	696	97	3549	79	98	558
其他水的处理、利用与分配	137	6	248	25	70	
建筑业	**67434**	**8499**	**3433808**	**338638**	**18549**	**15536**
房屋建筑业	22507	2526	2372851	270517	5657	6636
房屋建筑业	22507	2526	2372851	270517	5657	6636
土木工程建筑业	13842	1125	438855	34416	5072	4019
铁路、道路、隧道和桥梁工程建筑	6315	547	302459	24378	2936	3066
水利和内河港口工程建筑	1502	47	28800	2610	262	738
海洋工程建筑	10		449			
工矿工程建筑	254	20	10809	707	64	
架线和管道工程建筑	1286	85	20123	386	401	36
其他土木工程建筑	4475	426	76215	6335	1409	179
建筑安装业	10604	1225	269691	15900	2170	1345
电气安装	1983	339	94781	5076	279	567
管道和设备安装	1987	149	47815	6336	362	340
其他建筑安装业	6634	737	127095	4488	1529	438
建筑装饰和其他建筑业	20481	3623	352411	17805	5650	3536
建筑装饰业	11434	2967	236781	8589	3757	2491
工程准备活动	2101	333	29834	855	558	26
提供施工设备服务	847	32	10509	568	235	
其他未列明建筑业	6099	291	75287	7793	1100	1019
批发和零售业	**399321**	**22337**	**1635628**	**59679**	**252220**	**102181**
批发业	250427	15415	1182354	40322	211409	35067
农、林、牧产品批发	29280	1267	41754	1076	81880	318
食品、饮料及烟草制品批发	34228	1954	89587	5810	94950	5441
纺织、服装及家庭用品批发	46257	1686	214677	4694	4290	14025
文化、体育用品及器材批发	6339	431	31822	978	2182	4072
医药及医疗器材批发	3079	255	26677	5808	1431	299
矿产品、建材及化工产品批发	68548	4228	374387	9212	10399	4969
机械设备、五金产品及电子产品批发	37338	3936	310603	9639	7405	5021
贸易经纪与代理	4727	509	24214	740	4275	221
其他批发业	20631	1149	68633	2365	4597	701
零售业	148894	6922	453274	19357	40811	67114
综合零售	29920	718	65021	3918	2912	48821
食品、饮料及烟草制品专门零售	15097	786	40893	1713	22851	520
纺织、服装及日用品专门零售	21917	613	41866	2028	2010	13766
文化、体育用品及器材专门零售	10002	533	31804	966	2061	175
医药及医疗器材专门零售	10169	601	26090	1228	1441	112
汽车、摩托车、燃料及零配件专门零售	14618	1327	104569	4685	1596	2957
家用电器及电子产品专门零售	14723	1093	68258	2469	2039	213
五金、家具及室内装饰材料专门零售	22467	586	44617	1398	2346	158
货摊、无店铺及其他零售业	9981	665	30156	952	3555	392
交通运输、仓储和邮政业	**40410**	**4877**	**306236**	**16836**	**10046**	**16133**
道路运输业	25911	3087	190806	8155	5646	3030
城市公共交通运输	614	46	23121	1777	679	1360
公路旅客运输	650	237	12432	567	475	87
道路货物运输	23705	2768	151176	5773	3768	1279

港澳台商合资经营	港澳台商合作经营	港澳台商独资	港澳台商投资股份有限公司	其他港澳台商投资	外商投资企业	中外合资经营	中外合作经营	外资企业	外商投资股份有限公司	其他外商投资
1986	243	493	2		3021	2461	145	415		
1576	243	347			2239	1982	145	112		
410		146	2		768	479		289		
					14			14		
11334	**2050**	**1722**	**430**		**10639**	**4912**	**63**	**5623**	**15**	**26**
6042		336	258		4432	1463		2965		4
6042		336	258		4432	1463		2965		4
2056	1839	124			1752	1394	63	275		20
1111	1839	116			587	368		209		10
738					215	205				10
					762	695	63	4		
36					140	126		14		
171		8			48			48		
434	47	692	172		2816	1139		1677		
		395	172		591			591		
190	6	144			667	266		401		
244	41	153			1558	873		685		
2802	164	570			1639	916		706	15	2
1881	138	472			1313	769		542		2
	26				15				15	
					58	58				
921		98			253	89		164		
10242	**131**	**82604**	**8957**	**247**	**115743**	**39225**	**2037**	**72307**	**540**	**1634**
4798	106	21417	8499	247	53458	4770	246	46803	237	1402
	7	299	12		275	21		225	29	
137	1	5233	25	45	2046	998		1007	16	25
1209		4559	8102	155	27166	1347	24	25660	22	113
354	40	3664	12	2	3064	235		1804	23	1002
137		162			7701	61	21	7619		
2466	58	2373	56	16	2660	771	176	1599	48	66
263		4451	292	15	8549	892	6	7411	95	145
31		176		14	434	156	2	231	3	42
201		500			1563	289	17	1247	1	9
5444	25	61187	458		62285	34455	1791	25504	303	232
4129		44334	358		46805	28960	1786	15947	112	
49		450	21		305	158		125	12	10
342		13424			1649	1357		276		16
32		135	8		348	17		306	25	
45			67		85	37		38		10
640		2317			4974	3578		1139	149	108
24		185	4		6714	186		6467	5	56
48	3	107			872	74		786		12
135	22	235			533	88	5	420		20
9840	**1601**	**1039**	**3599**	**54**	**12435**	**8276**	**36**	**3338**	**773**	**12**
1085	1578	272	83	12	2543	1490	24	851	170	8
27	1272		61		91	56	24		11	
87										
746	229	272	20	12	2398	1434		851	105	8

1-A-5 续表 16

行业	私营独资	私营合伙	私营有限责任公司	私营股份有限公司	其他	港澳台商投资企业
道路运输辅助活动	942	36	4077	38	724	304
水上运输业	3992	504	33754	5489	1380	7495
水上旅客运输	79	62	498	67	196	158
水上货物运输	3430	391	28801	3143	895	265
水上运输辅助活动	483	51	4455	2279	289	7072
航空运输业			360		12	16
航空客货运输			275			16
通用航空服务			62			
航空运输辅助活动			23		12	
管道运输业	7		36	6		4
管道运输业	7		36	6		4
装卸搬运和运输代理业	7448	1073	52791	2339	2096	2752
装卸搬运	4711	773	16297	851	1098	1366
运输代理业	2737	300	36494	1488	998	1386
仓储业	1733	157	9612	568	692	2823
谷物、棉花等农产品仓储	306	79	1350	13	430	3
其他仓储业	1427	78	8262	555	262	2820
邮政业	1319	56	18877	279	220	13
邮政基本服务	70		46		31	
快递服务	1249	56	18831	279	189	13
住宿和餐饮业	**50132**	**3859**	**165134**	**10931**	**6745**	**19150**
住宿业	9189	1202	49844	4164	1963	7256
旅游饭店	3301	419	32176	3101	656	6836
一般旅馆	5282	676	15582	976	1119	342
其他住宿业	606	107	2086	87	188	78
餐饮业	40943	2657	115290	6767	4782	11894
正餐服务	37186	2073	98861	5999	3850	5058
快餐服务	1388	226	6320	79	448	3181
饮料及冷饮服务	1085	141	1505	58	139	101
其他餐饮业	1284	217	8604	631	345	3554
信息传输、软件和信息技术服务业	**14224**	**2562**	**190382**	**15356**	**8007**	**28678**
电信、广播电视和卫星传输服务	977	160	11819	455	313	11113
电信	342	142	10056	455	113	11113
广播电视传输服务	583	15	1676		200	
卫星传输服务	52	3	87			
互联网和相关服务	3050	356	30646	3172	955	121
互联网接入及相关服务	228	12	1326	26	38	
互联网信息服务	2483	314	27849	3092	845	121
其他互联网服务	339	30	1471	54	72	
软件和信息技术服务业	10197	2046	147917	11729	6739	17444
软件开发	6135	1423	99775	9862	5051	14458
信息系统集成服务	1243	120	13522	562	238	1202
信息技术咨询服务	1500	233	10938	463	759	534
数据处理和存储服务	116	16	6517	14	136	1
集成电路设计	403	101	4783	253	244	784
其他信息技术服务业	800	153	12382	575	311	465
房地产业	**27760**	**3600**	**349078**	**19139**	**14619**	**19720**
房地产业	27760	3600	349078	19139	14619	19720
房地产开发经营	7591	917	107824	7804	2854	14604

港澳台商合资经营	港澳台商合作经营	港澳台商独资	港澳台商投资股份有限公司	其他港澳台商投资	外商投资企业	中外合资经营	中外合作经营	外资企业	外商投资股份有限公司	其他外商投资
225	77		2		54				54	
6251		48	1196		1502	1028		474		
158					50	50				
198		2	65		17	17				
5895		46	1131		1435	961		474		
16					58			58		
16					54			54		
					4			4		
				4	351	351				
				4	351	351				
1723		345	665	19	2405	1911	5	379	110	
1289		77			1710	1708	1	1		
434		268	665	19	695	203	4	378	110	
765	23	374	1655	6	5576	3496	7	1576	493	4
		3			101			101		
765	23	371	1655	6	5475	3496	7	1475	493	4
				13						
				13						
8290	**257**	**10560**	**10**	**33**	**67668**	**23695**	**456**	**42458**	**831**	**228**
4037		3195		24	7272	2006	456	4098	712	
3955		2857		24	6804	1977	436	3679	712	
82		260			421	29	20	372		
		78			47			47		
4253	257	7365	10	9	60396	21689		38360	119	228
1392	257	3398	10	1	2391	524		1734	104	29
2817		356		8	55756	21155		34387	15	199
		101			1749	10		1739		
44		3510			500			500		
5090	**24**	**21666**	**1604**	**294**	**69387**	**11717**	**311**	**23247**	**34031**	**81**
		10484	629		33437	368		2252	30817	
		10484	629		33437	368		2252	30817	
13		102	6		941	157	1	773		10
					105			99		6
13		102	6		834	157	1	672		4
					2			2		
5077	24	11080	969	294	35009	11192	310	20222	3214	71
4928	24	9181	31	294	30149	10360	242	16325	3152	70
69		363	770		1372	116	18	1238		
2		475	57		910	399	50	461		
		1			287			287		
43		741			1543	178		1304	61	
35		319	111		748	139		607	1	1
7014	**375**	**12021**	**249**	**61**	**18595**	**7541**	**394**	**10475**	**52**	**133**
7014	375	12021	249	61	18595	7541	394	10475	52	133
4976	299	9093	189	47	8994	2986	276	5661	39	32

1-A-5 续表 17

行业	私营独资	私营合伙	私营有限责任公司	私营股份有限公司	其他	港澳台商投资企业
物业管理	11774	1628	181695	9260	6190	2369
房地产中介服务	4806	665	40605	1363	1362	1734
自有房地产经营活动	1004	302	7243	223	2767	819
其他房地产业	2585	88	11711	489	1446	194
租赁和商务服务业	**66909**	**21545**	**457117**	**18454**	**97892**	**9061**
租赁业	7394	418	22585	1327	4609	1172
机械设备租赁	7274	409	21695	1295	4546	1116
文化及日用品出租	120	9	890	32	63	56
商务服务业	59515	21127	434532	17127	93283	7889
企业管理服务	9025	2649	67296	4787	43905	2179
法律服务	1361	8256	2042	150	8611	5
咨询与调查	9996	4402	73461	3361	7503	3004
广告业	10197	1130	64956	2229	3051	431
知识产权服务	188	520	3020	117	205	11
人力资源服务	14156	1222	128382	2389	11418	48
旅行社及相关服务	1740	224	13856	860	683	19
安全保护服务	1977	429	16615	532	2253	
其他商务服务业	10875	2295	64904	2702	15654	2192
科学研究和技术服务业	**30905**	**3489**	**257609**	**14995**	**143965**	**6303**
研究和试验发展	3794	575	31843	1667	3929	2058
自然科学研究和试验发展	374	9	2213	94	352	41
工程和技术研究和试验发展	1964	333	21315	1244	1363	1568
农业科学研究和试验发展	829	44	2952	83	1137	102
医学研究和试验发展	571	186	5219	244	744	347
社会人文科学研究	56	3	144	2	333	
专业技术服务业	19902	2285	194090	11471	11382	2283
气象服务	28		165		92	
地震服务			37		15	
海洋服务	63		261		14	
测绘服务	354	64	2616	224	179	
质检技术服务	1557	118	12492	393	882	631
环境与生态监测	261	36	2474	210	295	7
地质勘查	345	8	703	3	225	
工程技术	11642	1136	134904	7376	4810	337
其他专业技术服务业	5652	923	40438	3265	4870	1308
科技推广和应用服务业	7209	629	31676	1857	128654	1962
技术推广服务	5758	504	25256	1611	126362	1901
科技中介服务	699	67	2718	161	957	15
其他科技推广和应用服务业	752	58	3702	85	1335	46
水利、环境和公共设施管理业	**7663**	**574**	**43414**	**3721**	**15928**	**1349**
水利管理业	299	10	1382	52	1055	
防洪除涝设施管理	116		193		138	
水资源管理	52		292	6	316	
天然水收集与分配		10	39	3	238	
水文服务	54		93		42	
其他水利管理业	77		765	43	321	
生态保护和环境治理业	627	80	4928	124	1243	608
生态保护	39	5	471	10	446	60
环境治理业	588	75	4457	114	797	548

港澳台商合资经营	港澳台商合作经营	港澳台商独　资	港澳台商投资股份有限公司	其他港澳台商投资	外商投资企　业	中外合资经　营	中外合作经　营	外资企业	外商投资股份有限公　司	其他外商投　资
1614	1	705	47	2	7031	3549	33	3370	3	76
56	75	1598		5	1739	541		1166	7	25
345		454	13	7	299	115	2	179	3	
23		171			532	350	83	99		
1966	**144**	**6721**	**151**	**79**	**11818**	**3073**	**511**	**7620**	**321**	**293**
280	6	886			1118	876		219	23	
231	6	879			1113	876		214	23	
49		7			5			5		
1686	138	5835	151	79	10700	2197	511	7401	298	293
752	47	1345	28	7	4987	616	9	4269	31	62
		5			17				10	7
96	3	2820	61	24	2118	221	235	1543	79	40
348	80	3			167	14	40	87		26
2	5	4			317	66	217	34		
				48	21			1		20
		19			181	1		2	178	
488	3	1639	62		2892	1279	10	1465		138
2156	**13**	**3931**	**89**	**114**	**13729**	**4573**	**33**	**7693**	**1185**	**245**
1082	1	965	9	1	4406	1864	30	2302	59	151
5		36			267	74		178	15	
1023		545			2456	744	5	1574	11	122
8		94			101	29		64		8
46	1	290	9	1	1582	1017	25	486	33	21
917	11	1187	75	93	7017	1946	3	4290	764	14
					12			12		
					5			5		
424		207			2329	1250		597	482	
			7							
104	10	195	28		670	85		522	61	2
389	1	785	40	93	4001	611	3	3154	221	12
157	1	1779	5	20	2306	763		1101	362	80
157	1	1728		15	1841	753		726	362	
		5	5	5	33	5		21		7
		46			432	5		354		73
716	**35**	**596**		**2**	**1198**	**592**	**35**	**463**	**43**	**65**
					44			3	41	
					3			3		
					41				41	
252	35	321			823	552	35	236		
		60			112			112		
252	35	261			711	552	35	124		

1-A-5 续表 18

行业	私营独资	私营合伙	私营有限责任公司	私营股份有限公司	其他	港澳台商投资企业
公共设施管理业	6737	484	37104	3545	13630	741
市政设施管理	293	21	2522	71	756	25
环境卫生管理	1192	159	5658	186	6860	
城乡市容管理	98	1	702	47	391	
绿化管理	2578	156	15281	2847	1406	45
公园和游览景区管理	2576	147	12941	394	4217	671
居民服务、修理和其他服务业	**29784**	**2433**	**90623**	**4264**	**13347**	**1996**
居民服务业	10926	839	24623	2296	9618	476
家庭服务	1810	117	5054	457	840	
托儿所服务	62	4	3		236	
洗染服务	456	19	1333	8	93	331
理发及美容服务	1539	115	2317	161	360	22
洗浴服务	4668	338	4966	249	392	12
保健服务	626	56	3827	86	237	84
婚姻服务	602	22	1255	64	315	
殡葬服务	148	47	365	68	688	
其他居民服务业	1015	121	5503	1203	6457	27
机动车、电子产品和日用产品修理业	15316	1332	34515	1351	1707	1180
汽车、摩托车修理与维护	12290	1131	26309	1027	1213	429
计算机和办公设备维修	981	115	2998	180	113	743
家用电器修理	1504	47	3784	120	275	8
其他日用产品修理业	541	39	1424	24	106	
其他服务业	3542	262	31485	617	2022	340
清洁服务	2308	179	27212	546	1036	243
其他未列明服务业	1234	83	4273	71	986	97
教育	**23748**	**9436**	**22819**	**4407**	**151731**	**466**
教育	23748	9436	22819	4407	151731	466
学前教育	8147	1472	1482	297	49360	166
初等教育	1815	819	45		15865	
中等教育	5122	5583	103	1301	32939	194
高等教育	48	30	31	808	22483	8
特殊教育	64	9	47	12	620	
技能培训、教育辅助及其他教育	8552	1523	21111	1989	30464	98
卫生和社会工作	**13140**	**8855**	**16383**	**3284**	**76904**	**1986**
卫生	12212	8015	15893	3172	49182	1938
医院	8216	5857	12483	2600	29686	1895
社区医疗与卫生院	965	946	576	233	12736	
门诊部(所)	2472	1017	2400	337	4398	43
计划生育技术服务活动	3		39		338	
妇幼保健院(所、站)	205	141	22		149	
专科疾病防治院(所、站)	106	11	161		861	
疾病预防控制中心			21		30	
其他卫生活动	245	43	191	2	984	
社会工作	928	840	490	112	27722	48
提供住宿社会工作	865	827	475	112	17433	12
不提供住宿社会工作	63	13	15		10289	36
文化、体育和娱乐业	**31584**	**2951**	**43354**	**2333**	**17780**	**1825**
新闻和出版业	70	5	1345	6	2819	
新闻业	3		84		83	

港澳台商合资经营	港澳台商合作经营	港澳台商独资	港澳台商投资股份有限公司	其他港澳台商投资	外商投资企业	中外合资经营	中外合作经营	外资企业	外商投资股份有限公司	其他外商投资
464		275		2	331	40		224	2	65
5		20			9			1		8
					1			1		
		45			61	1		3		57
459		210		2	260	39		219	2	
129	**30**	**1061**	**696**	**80**	**5023**	**759**	**45**	**3778**	**355**	**86**
10	12	454			503	280	36	131	10	46
					4					4
		331			47	39		8		
		22			18			8	10	
	12				295	139		114		42
		84			45	45				
					78	42	36			
10		17			16	15		1		
119	18	347	696		3768	325		3098	310	35
100	18	311			620	295		290		35
19		28	696		1057	30		717	310	
		8			1994			1994		
					97			97		
		260		80	752	154	9	549	35	5
		163		80	416		9	402		5
		97			336	154		147	35	
63		**395**	**8**		**1217**	**216**	**643**	**142**	**200**	**16**
63		395	8		1217	216	643	142	200	16
13		153			62			62		
		194			222	210		12		
			8		643		643			
50		48			290	6		68	200	16
1943		**43**			**2615**	**1124**	**1472**	**6**		**13**
1938					2608	1117	1472	6		13
1895					2574	1117	1455	2		
					3					3
43					27		17			10
					4			4		
5		43			7	7				
5		7			7	7				
		36								
609	**566**	**625**	**22**	**3**	**2618**	**1279**	**277**	**929**	**118**	**15**
					67	62		5		

1-A-5 续表 19

行业	私营独资	私营合伙	私营有限责任公司	私营股份有限公司	其他	港澳台商投资企业
出版业	67	5	1261	6	2736	
广播、电视、电影和影视录音制作业	784	56	6624	362	643	99
广播	17		191	11	22	
电视	33		682	8	265	
电影和影视节目制作	237	24	1501	85	88	1
电影和影视节目发行	42		747	10		1
电影放映	401	32	3390	248	263	97
录音制作	54		113		5	
文化艺术业	4582	326	9451	557	7363	123
文艺创作与表演	3016	142	2192	228	2088	
艺术表演场馆	63	14	805	10	87	
图书馆与档案馆	38		66	1	132	
文物及非物质文化遗产保护	8		151	3	417	
博物馆	106	2	62		620	
烈士陵园、纪念馆	3		71		173	
群众文化活动	570	65	1906	130	2709	102
其他文化艺术业	778	103	4198	185	1137	21
体育	1136	79	3137	305	2228	759
体育组织	61	24	249		890	
体育场馆	119	6	135	15	124	30
休闲健身活动	888	47	2317	283	936	729
其他体育	68	2	436	7	278	
娱乐业	25012	2485	22797	1103	4727	844
室内娱乐活动	23099	2322	16034	724	2944	240
游乐园	113	11	1233	220	157	
彩票活动			1		290	
文化、娱乐、体育经纪代理	216	64	1164	46	144	
其他娱乐业	1584	88	4365	113	1192	604
公共管理、社会保障和社会组织	**211**	**75**	**152**	**15**	**344373**	**30**
中国共产党机关					157	
中国共产党机关					157	
国家机构					7550	
国家权力机构					33	
国家行政机构					7478	
人民法院和人民检察院					8	
其他国家机构					31	
人民政协、民主党派					7	
人民政协					7	
民主党派						
社会保障	1				1628	
社会保障	1				1628	
群众团体、社会团体和其他成员组织	210	75	152	15	127926	30
群众团体	3	4	12		9149	4
社会团体	183	68	126	15	92033	5
基金会	3		6		1290	1
宗教组织	21	3	8		25454	20
基层群众自治组织					207105	
社区自治组织					73511	
村民自治组织					133594	

港澳台商合资经营	港澳台商合作经营	港澳台商独　资	港澳台商投资股份有限公司	其他港澳台商投资	外商投资企　业	中外合资经　营	中外合作经　营	外资企业	外商投资股份有限公　司	其他外商投　资
					67	62		5		
57		42			17	1		15		1
		1			16	1		15		
		1								
57		40			1					1
		120		3	119			119		
					2			2		
					11			11		
					81			81		
		99		3	25			25		
		21								
348	330	81			316	88	29	81	118	
		30								
348	330	51			292	64	29	81	118	
					24	24				
204	236	382	22		2099	1128	248	709		14
134		104	2		644	157	110	363		14
					944	803	138	3		
70	236	278	20		511	168		343		
5		**21**	**1**	**3**	**50**	**11**		**28**		**11**
5		21	1	3	50	11		28		11
4					20			20		
1			1	3	22	11				11
		1								
		20			8			8		

1-A-6 按行业、机构类型分组的法人单位数及从业人员数

行业	法人单位数(个)	企业法人	事业法人	机关法人	社会团体	民办非企业单位	其他组织机构
总　计	**1047004**	**908326**	**37215**	**10111**	**19155**	**16899**	**55298**
农、林、牧、渔业	**12943**	**2859**	**389**			**70**	**9625**
农、林、牧、渔服务业	12943	2859	389			70	9625
农业服务业	9847	2003	286			54	7504
林业服务业	733	296	31			2	404
畜牧服务业	1430	311	49			5	1065
渔业服务业	933	249	23			9	652
采矿业	**643**	**643**					
煤炭开采和洗选业	39	39					
烟煤和无烟煤开采洗选	31	31					
褐煤开采洗选	1	1					
其他煤炭采选	7	7					
石油和天然气开采业	6	6					
石油开采	4	4					
天然气开采	2	2					
黑色金属矿采选业	64	64					
铁矿采选	59	59					
锰矿、铬矿采选							
其他黑色金属矿采选	5	5					
有色金属矿采选业	21	21					
常用有色金属矿采选	17	17					
贵金属矿采选	4	4					
稀有稀土金属矿采选							
非金属矿采选业	483	483					
土砂石开采	398	398					
化学矿开采	14	14					
采盐	28	28					
石棉及其他非金属矿采选	43	43					
开采辅助活动	19	19					
煤炭开采和洗选辅助活动	4	4					
石油和天然气开采辅助活动	10	10					
其他开采辅助活动	5	5					
其他采矿业	11	11					
其他采矿业	11	11					
制造业	**346771**	**346757**	**1**			**1**	**12**
农副食品加工业	5594	5587				1	6
谷物磨制	1487	1483				1	3
饲料加工	668	668					
植物油加工	356	356					
制糖业	20	20					
屠宰及肉类加工	983	982					1
水产品加工	808	808					
蔬菜、水果和坚果加工	609	609					
其他农副食品加工	663	661					2
食品制造业	2791	2790					1
焙烤食品制造	627	627					
糖果、巧克力及蜜饯制造	159	159					
方便食品制造	422	422					
乳制品制造	88	88					
罐头食品制造	193	192					1

1-A-6 续表 1

行业	法人单位数(个)	企业法人	事业法人	机关法人	社会团体	民办非企业单位	其他组织机构
调味品、发酵制品制造	458	458					
其他食品制造	844	844					
酒、饮料和精制茶制造业	1555	1555					
酒的制造	619	619					
饮料制造	639	639					
精制茶加工	297	297					
烟草制品业	8	8					
烟叶复烤							
卷烟制造	4	4					
其他烟草制品制造	4	4					
纺织业	29391	29391					
棉纺织及印染精加工	11396	11396					
毛纺织及染整精加工	1775	1775					
麻纺织及染整精加工	250	250					
丝绢纺织及印染精加工	495	495					
化纤织造及印染精加工	5125	5125					
针织或钩针编织物及其制品制造	3703	3703					
家用纺织制成品制造	3248	3248					
非家用纺织制成品制造	3399	3399					
纺织服装、服饰业	20040	20040					
机织服装制造	13699	13699					
针织或钩针编织服装制造	2525	2525					
服饰制造	3816	3816					
皮革、毛皮、羽毛及其制品和制鞋业	3731	3731					
皮革鞣制加工	113	113					
皮革制品制造	1253	1253					
毛皮鞣制及制品加工	185	185					
羽毛(绒)加工及制品制造	232	232					
制鞋业	1948	1948					
木材加工和木、竹、藤、棕、草制品业	9694	9690					4
木材加工	3863	3863					
人造板制造	3038	3038					
木制品制造	2516	2516					
竹、藤、棕、草等制品制造	277	273					4
家具制造业	3449	3449					
木质家具制造	2577	2577					
竹、藤家具制造	23	23					
金属家具制造	348	348					
塑料家具制造	79	79					
其他家具制造	422	422					
造纸和纸制品业	6941	6941					
纸浆制造	31	31					
造纸	2257	2257					
纸制品制造	4653	4653					
印刷和记录媒介复制业	8593	8593					
印刷	8044	8044					
装订及印刷相关服务	525	525					
记录媒介复制	24	24					
文教、工美、体育和娱乐用品制造业	10334	10334					
文教办公用品制造	917	917					

1-A-6 续表 2

行业	法人单位数(个)	企业法人	事业法人	机关法人	社会团体	民办非企业单位	其他组织机构
乐器制造	277	277					
工艺美术品制造	5940	5940					
体育用品制造	941	941					
玩具制造	1935	1935					
游艺器材及娱乐用品制造	324	324					
石油加工、炼焦和核燃料加工业	586	586					
精炼石油产品制造	542	542					
炼焦	43	43					
核燃料加工	1	1					
化学原料和化学制品制造业	13484	13484					
基础化学原料制造	2530	2530					
肥料制造	681	681					
农药制造	378	378					
涂料、油墨、颜料及类似产品制造	2640	2640					
合成材料制造	2010	2010					
专用化学产品制造	4261	4261					
炸药、火工及焰火产品制造	23	23					
日用化学产品制造	961	961					
医药制造业	1976	1976					
化学药品原料药制造	423	423					
化学药品制剂制造	258	258					
中药饮片加工	82	82					
中成药生产	74	74					
兽用药品制造	101	101					
生物药品制造	436	436					
卫生材料及医药用品制造	602	602					
化学纤维制造业	2344	2344					
纤维素纤维原料及纤维制造	381	381					
合成纤维制造	1963	1963					
橡胶和塑料制品业	20991	20990					1
橡胶制品业	3729	3729					
塑料制品业	17262	17261					1
非金属矿物制品业	17921	17920	1				
水泥、石灰和石膏制造	814	814					
石膏、水泥制品及类似制品制造	4284	4284					
砖瓦、石材等建筑材料制造	4701	4700	1				
玻璃制造	473	473					
玻璃制品制造	1877	1877					
玻璃纤维和玻璃纤维增强塑料制品制造	1094	1094					
陶瓷制品制造	1107	1107					
耐火材料制品制造	1488	1488					
石墨及其他非金属矿物制品制造	2083	2083					
黑色金属冶炼和压延加工业	6525	6525					
炼铁	122	122					
炼钢	99	99					
黑色金属铸造	3036	3036					
钢压延加工	3104	3104					
铁合金冶炼	164	164					
有色金属冶炼和压延加工业	4526	4526					
常用有色金属冶炼	476	476					

1-A-6　续表 3

行　　业	法　人单位数(个)	企业法人	事业法人	机关法人	社会团体	民办非企业单位	其　他组织机构
贵金属冶炼	36	36					
稀有稀土金属冶炼	113	113					
有色金属合金制造	559	559					
有色金属铸造	460	460					
有色金属压延加工	2882	2882					
金属制品业	32821	32821					
结构性金属制品制造	11877	11877					
金属工具制造	4661	4661					
集装箱及金属包装容器制造	1172	1172					
金属丝绳及其制品制造	1862	1862					
建筑、安全用金属制品制造	2537	2537					
金属表面处理及热处理加工	2310	2310					
搪瓷制品制造	125	125					
金属制日用品制造	1535	1535					
其他金属制品制造	6742	6742					
通用设备制造业	48533	48533					
锅炉及原动设备制造	1800	1800					
金属加工机械制造	8108	8108					
物料搬运设备制造	2118	2118					
泵、阀门、压缩机及类似机械制造	5994	5994					
轴承、齿轮和传动部件制造	2970	2970					
烘炉、风机、衡器、包装等设备制造	4971	4971					
文化、办公用机械制造	367	367					
通用零部件制造	16683	16683					
其他通用设备制造业	5522	5522					
专用设备制造业	32802	32802					
采矿、冶金、建筑专用设备制造	4399	4399					
化工、木材、非金属加工专用设备制造	9379	9379					
食品、饮料、烟草及饲料生产专用设备制造	666	666					
印刷、制药、日化及日用品生产专用设备制造	1678	1678					
纺织、服装和皮革加工专用设备制造	3221	3221					
电子和电工机械专用设备制造	2508	2508					
农、林、牧、渔专用机械制造	1100	1100					
医疗仪器设备及器械制造	1781	1781					
环保、社会公共服务及其他专用设备制造	8070	8070					
汽车制造业	7131	7131					
汽车整车制造	65	65					
改装汽车制造	75	75					
低速载货汽车制造	4	4					
电车制造	111	111					
汽车车身、挂车制造	82	82					
汽车零部件及配件制造	6794	6794					
铁路、船舶、航空航天和其他运输设备制造业	5887	5887					
铁路运输设备制造	542	542					
城市轨道交通设备制造	44	44					
船舶及相关装置制造	2549	2549					
航空、航天器及设备制造	116	116					
摩托车制造	795	795					
自行车制造	1310	1310					

1-A-6 续表 4

行业	法人单位数(个)	企业法人	事业法人	机关法人	社会团体	民办非企业单位	其他组织机构
非公路休闲车及零配件制造	351	351					
潜水救捞及其他未列明运输设备制造	180	180					
电气机械和器材制造业	23704	23704					
电机制造	2973	2973					
输配电及控制设备制造	8756	8756					
电线、电缆、光缆及电工器材制造	3967	3967					
电池制造	616	616					
家用电力器具制造	1483	1483					
非电力家用器具制造	621	621					
照明器具制造	3515	3515					
其他电气机械及器材制造	1773	1773					
计算机、通信和其他电子设备制造业	14241	14241					
计算机制造	930	930					
通信设备制造	941	941					
广播电视设备制造	526	526					
雷达及配套设备制造	28	28					
视听设备制造	405	405					
电子器件制造	2117	2117					
电子元件制造	6670	6670					
其他电子设备制造	2624	2624					
仪器仪表制造业	6056	6056					
通用仪器仪表制造	3510	3510					
专用仪器仪表制造	1187	1187					
钟表与计时仪器制造	48	48					
光学仪器及眼镜制造	746	746					
其他仪器仪表制造业	565	565					
其他制造业	2595	2595					
日用杂品制造	1065	1065					
煤制品制造	87	87					
核辐射加工	6	6					
其他未列明制造业	1437	1437					
废弃资源综合利用业	1110	1110					
金属废料和碎屑加工处理	612	612					
非金属废料和碎屑加工处理	498	498					
金属制品、机械和设备修理业	1417	1417					
金属制品修理	77	77					
通用设备修理	196	196					
专用设备修理	150	150					
铁路、船舶、航空航天等运输设备修理	602	602					
电气设备修理	92	92					
仪器仪表修理	17	17					
其他机械和设备修理业	283	283					
电力、热力、燃气及水生产和供应业	**2471**	**2467**	**2**				**2**
电力、热力生产和供应业	611	609	2				
电力生产	378	378					
电力供应	70	68	2				
热力生产和供应	163	163					
燃气生产和供应业	350	349					1
燃气生产和供应业	350	349					1

1-A-6　续表 5

行　　业	法人单位数(个)	企业法人	事业法人	机关法人	社会团体	民办非企业单位	其他组织机构
水的生产和供应业	1510	1509					1
自来水生产和供应	949	949					
污水处理及其再生利用	497	496					1
其他水的处理、利用与分配	64	64					
建筑业	**43284**	**43282**	**1**				**1**
房屋建筑业	8077	8077					
房屋建筑业	8077	8077					
土木工程建筑业	8534	8532	1				1
铁路、道路、隧道和桥梁工程建筑	3483	3482	1				
水利和内河港口工程建筑	730	730					
海洋工程建筑	17	17					
工矿工程建筑	495	494					1
架线和管道工程建筑	852	852					
其他土木工程建筑	2957	2957					
建筑安装业	10075	10075					
电气安装	2217	2217					
管道和设备安装	1931	1931					
其他建筑安装业	5927	5927					
建筑装饰和其他建筑业	16598	16598					
建筑装饰业	12115	12115					
工程准备活动	1624	1624					
提供施工设备服务	412	412					
其他未列明建筑业	2447	2447					
批发和零售业	**299067**	**294990**	**10**			**71**	**3996**
批发业	220227	216440	7			63	3717
农、林、牧产品批发	10662	9005	3			21	1633
食品、饮料及烟草制品批发	17843	15881	2			33	1927
纺织、服装及家庭用品批发	34851	34849					2
文化、体育用品及器材批发	5985	5983					2
医药及医疗器材批发	3432	3425					7
矿产品、建材及化工产品批发	69126	69099	2			4	21
机械设备、五金产品及电子产品批发	59689	59670					19
贸易经纪与代理	5110	5034				2	74
其他批发业	13529	13494				3	32
零售业	78840	78550	3			8	279
综合零售	8345	8337				5	3
食品、饮料及烟草制品专门零售	9447	9204				1	242
纺织、服装及日用品专门零售	9247	9243				1	3
文化、体育用品及器材专门零售	6359	6350	2				7
医药及医疗器材专门零售	5371	5368				1	2
汽车、摩托车、燃料及零配件专门零售	10097	10097					
家用电器及电子产品专门零售	12745	12745					
五金、家具及室内装饰材料专门零售	10817	10817					
货摊、无店铺及其他零售业	6412	6389	1				22
交通运输、仓储和邮政业	**25948**	**25514**	**301**			**23**	**110**
道路运输业	16094	15837	202			9	46
城市公共交通运输	637	632	5				
公路旅客运输	461	449	4			2	6
道路货物运输	14187	14149	3			3	32

1-A-6 续表 6

行业	法人单位数(个)	企业法人	事业法人	机关法人	社会团体	民办非企业单位	其他组织机构
道路运输辅助活动	809	607	190			4	8
水上运输业	1486	1430	51			2	3
水上旅客运输	64	59	5				
水上货物运输	977	975	1				1
水上运输辅助活动	445	396	45			2	2
航空运输业	55	50	4				1
航空客货运输	28	27	1				
通用航空服务	8	8					
航空运输辅助活动	19	15	3				1
管道运输业	19	19					
管道运输业	19	19					
装卸搬运和运输代理业	5948	5909	2			9	28
装卸搬运	1590	1569				6	15
运输代理业	4358	4340	2			3	13
仓储业	1665	1605	32			1	27
谷物、棉花等农产品仓储	442	395	23			1	23
其他仓储业	1223	1210	9				4
邮政业	681	664	10			2	5
邮政基本服务	52	39	10				3
快递服务	629	625				2	2
住宿和餐饮业	**11328**	**11289**	**9**			**6**	**24**
住宿业	3642	3622	8			3	9
旅游饭店	1068	1060	2			3	3
一般旅馆	2291	2283	3				5
其他住宿业	283	279	3				1
餐饮业	7686	7667	1			3	15
正餐服务	5944	5931	1			2	10
快餐服务	664	663					1
饮料及冷饮服务	291	290					1
其他餐饮业	787	783				1	3
信息传输、软件和信息技术服务业	**21459**	**20895**	**419**			**34**	**111**
电信、广播电视和卫星传输服务	934	603	321			1	9
电信	443	435	2			1	5
广播电视传输服务	472	150	318				4
卫星传输服务	19	18	1				
互联网和相关服务	3154	3114	21			4	15
互联网接入及相关服务	224	221	2				1
互联网信息服务	2569	2535	17			4	13
其他互联网服务	361	358	2				1
软件和信息技术服务业	17371	17178	77			29	87
软件开发	11220	11168	11			11	30
信息系统集成服务	1949	1929	16			1	3
信息技术咨询服务	2050	1974	23			10	43
数据处理和存储服务	250	243	5			1	1
集成电路设计	573	571	1				1
其他信息技术服务业	1329	1293	21			6	9
房地产业	**29149**	**28432**	**219**				**498**
房地产业	29149	28432	219				498
房地产开发经营	10620	10619	1				

1-A-6　续表 7

行　　业	法　人 单位数 (个)	企业法人	事业法人	机关法人	社会团体	民办非 企业单位	其　他 组织机构
物业管理	8934	8744	48				142
房地产中介服务	5775	5725	16				34
自有房地产经营活动	2244	1959	12				273
其他房地产业	1576	1385	142				49
租赁和商务服务业	**77822**	**68791**	**2115**			**869**	**6047**
租赁业	4239	4061	5			4	169
机械设备租赁	4079	3908	2			3	166
文化及日用品出租	160	153	3			1	3
商务服务业	73583	64730	2110			865	5878
企业管理服务	18215	14185	787			145	3098
法律服务	2514	767	266			214	1267
咨询与调查	16635	15782	347			191	315
广告业	13762	13688	10			12	52
知识产权服务	632	604	16			8	4
人力资源服务	7302	6463	382			80	377
旅行社及相关服务	2291	2241	24			5	21
安全保护服务	666	599	34			21	12
其他商务服务业	11566	10401	244			189	732
科学研究和技术服务业	**40129**	**30270**	**4010**			**619**	**5230**
研究和试验发展	5884	5384	321			111	68
自然科学研究和试验发展	465	410	45			4	6
工程和技术研究和试验发展	3590	3460	82			26	22
农业科学研究和试验发展	612	459	94			29	30
医学研究和试验发展	1076	1014	28			30	4
社会人文科学研究	141	41	72			22	6
专业技术服务业	21169	18692	2058			109	310
气象服务	178	64	114				
地震服务	106	7	96			2	1
海洋服务	27	16	11				
测绘服务	400	352	41			2	5
质检技术服务	1585	1185	378			14	8
环境与生态监测	448	319	124			1	4
地质勘查	159	111	47				1
工程技术	11002	10228	616			13	145
其他专业技术服务业	7264	6410	631			77	146
科技推广和应用服务业	13076	6194	1631			399	4852
技术推广服务	11493	4921	1439			342	4791
科技中介服务	783	632	103			35	13
其他科技推广和应用服务业	800	641	89			22	48
水利、环境和公共设施管理业	**7501**	**4396**	**2693**			**47**	**365**
水利管理业	1901	310	1534			11	46
防洪除涝设施管理	473	54	401			5	13
水资源管理	377	77	284			4	12
天然水收集与分配	270	24	234			1	11
水文服务	43	21	19			1	2
其他水利管理业	738	134	596				8
生态保护和环境治理业	772	619	87			3	63
生态保护	113	43	38			2	30
环境治理业	659	576	49			1	33

1-A-6 续表 8

行业	法人单位数(个)	企业法人	事业法人	机关法人	社会团体	民办非企业单位	其他组织机构
公共设施管理业	4828	3467	1072			33	256
市政设施管理	668	391	260			4	13
环境卫生管理	753	329	344			21	59
城乡市容管理	273	94	160				19
绿化管理	1692	1535	107			4	46
公园和游览景区管理	1442	1118	201			4	119
居民服务、修理和其他服务业	**14760**	**12611**	**343**			**1270**	**536**
居民服务业	5592	3641	302			1228	421
家庭服务	791	693	4			77	17
托儿所服务	39	9	6			22	2
洗染服务	172	169	1				2
理发及美容服务	486	479				1	6
洗浴服务	891	878				2	11
保健服务	275	231	3			35	6
婚姻服务	427	355	18			47	7
殡葬服务	420	173	148			58	41
其他居民服务业	2091	654	122			986	329
机动车、电子产品和日用产品修理业	6388	6324	11			10	43
汽车、摩托车修理与维护	4536	4494	9			7	26
计算机和办公设备维修	695	688	1			1	5
家用电器修理	819	812				2	5
其他日用产品修理业	338	330	1				7
其他服务业	2780	2646	30			32	72
清洁服务	1913	1875	15			6	17
其他未列明服务业	867	771	15			26	55
教育	**17858**	**2833**	**8464**			**6075**	**486**
教育	17858	2833	8464			6075	486
学前教育	4235	104	1307			2567	257
初等教育	3004	8	2759			215	22
中等教育	3088	49	2686			330	23
高等教育	381	9	294			71	7
特殊教育	182	18	109			54	1
技能培训、教育辅助及其他教育	6968	2645	1309			2838	176
卫生和社会工作	**14231**	**1120**	**4272**		**147**	**6393**	**2299**
卫生	7526	1037	3326			1855	1308
医院	1468	424	532			465	47
社区医疗与卫生院	3040	57	1548			696	739
门诊部(所)	1596	442	123			574	457
计划生育技术服务活动	725	5	641			50	29
妇幼保健院(所、站)	117	5	106			5	1
专科疾病防治院(所、站)	83	23	41			18	1
疾病预防控制中心	205	8	189			5	3
其他卫生活动	292	73	146			42	31
社会工作	6705	83	946		147	4538	991
提供住宿社会工作	3912	71	807			2611	423
不提供住宿社会工作	2793	12	139		147	1927	568
文化、体育和娱乐业	**15410**	**11177**	**2339**		**50**	**1379**	**465**
新闻和出版业	398	199	180			8	11
新闻业	84	16	63			3	2

1-A-6　续表 9

行　　业	法人单位数(个)	企业法人	事业法人	机关法人	社会团体	民办非企业单位	其他组织机构
出版业	314	183	117			5	9
广播、电视、电影和影视录音制作业	1230	789	405			10	26
广播	129	21	105				3
电视	312	90	219			2	1
电影和影视节目制作	262	250	9			1	2
电影和影视节目发行	65	64	1				
电影放映	426	329	70			7	20
录音制作	36	35	1				
文化艺术业	4507	1931	1536			821	219
文艺创作与表演	892	549	129			189	25
艺术表演场馆	106	56	39			8	3
图书馆与档案馆	306	21	274			9	2
文物及非物质文化遗产保护	149	35	74			30	10
博物馆	248	28	120			92	8
烈士陵园、纪念馆	123	5	93			13	12
群众文化活动	1449	222	729			372	126
其他文化艺术业	1234	1015	78			108	33
体育	1217	599	128		50	396	44
体育组织	345	78	48		50	160	9
体育场馆	112	37	56			16	3
休闲健身活动	641	416	14			190	21
其他体育	119	68	10			30	11
娱乐业	8058	7659	90			144	165
室内娱乐活动	7119	6877	24			90	128
游乐园	93	84	5			3	1
彩票活动	55	2	40			12	1
文化、娱乐、体育经纪代理	227	217	3			6	1
其他娱乐业	564	479	18			33	34
公共管理、社会保障和社会组织	**66230**		**11628**	**10111**	**18958**	**42**	**25491**
中国共产党机关	1657		103	1554			
中国共产党机关	1657		103	1554			
国家机构	19003		10723	8280			
国家权力机构	173		7	166			
国家行政机构	18099		10467	7632			
人民法院和人民检察院	282		18	264			
其他国家机构	449		231	218			
人民政协、民主党派	291		14	277			
人民政协	154		9	145			
民主党派	137		5	132			
社会保障	852		788			42	22
社会保障	852		788			42	22
群众团体、社会团体和其他成员组织	22725				18958		3767
群众团体	1633				1633		
社会团体	17260				17260		
基金会	366						366
宗教组织	3466				65		3401
基层群众自治组织	21702						21702
社区自治组织	7161						7161
村民自治组织	14541						14541

1-A-6 续表 10

行业	从业人员数(人)	企业法人	事业法人	机关法人	社会团体	民办非企业单位	其他组织机构
总计	**36082553**	**32520642**	**1805965**	**641673**	**160030**	**271185**	**683058**
农、林、牧、渔业	**187869**	**36691**	**5399**			**805**	**144974**
农、林、牧、渔服务业	187869	36691	5399			805	144974
农业服务业	146307	25173	4232			543	116359
林业服务业	10291	3817	469			25	5980
畜牧服务业	16901	3952	465			164	12320
渔业服务业	14370	3749	233			73	10315
采矿业	**160862**	**160862**					
煤炭开采和洗选业	89977	89977					
烟煤和无烟煤开采洗选	89803	89803					
褐煤开采洗选	15	15					
其他煤炭采选	159	159					
石油和天然气开采业	21086	21086					
石油开采	20942	20942					
天然气开采	144	144					
黑色金属矿采选业	7689	7689					
铁矿采选	7584	7584					
锰矿、铬矿采选							
其他黑色金属矿采选	105	105					
有色金属矿采选业	1788	1788					
常用有色金属矿采选	1755	1755					
贵金属矿采选	33	33					
稀有稀土金属矿采选							
非金属矿采选业	39566	39566					
土砂石开采	25241	25241					
化学矿开采	2489	2489					
采盐	10737	10737					
石棉及其他非金属矿采选	1099	1099					
开采辅助活动	629	629					
煤炭开采和洗选辅助活动	282	282					
石油和天然气开采辅助活动	186	186					
其他开采辅助活动	161	161					
其他采矿业	127	127					
其他采矿业	127	127					
制造业	**16099062**	**16098805**	**12**			**23**	**222**
农副食品加工业	286725	286570				23	132
谷物磨制	63746	63638				23	85
饲料加工	36196	36196					
植物油加工	31909	31909					
制糖业	1461	1461					
屠宰及肉类加工	62844	62839					5
水产品加工	29826	29826					
蔬菜、水果和坚果加工	38893	38893					
其他农副食品加工	21850	21808					42
食品制造业	133833	133798					35
焙烤食品制造	25396	25396					
糖果、巧克力及蜜饯制造	11747	11747					
方便食品制造	23397	23397					
乳制品制造	12226	12226					
罐头食品制造	10713	10678					35

1-A-6　续表 11

行　　业	从业人员数（人）	企业法人	事业法人	机关法人	社会团体	民办非企业单位	其他组织机构
调味品、发酵制品制造	16509	16509					
其他食品制造	33845	33845					
酒、饮料和精制茶制造业	107398	107398					
酒的制造	57346	57346					
饮料制造	45816	45816					
精制茶加工	4236	4236					
烟草制品业	6362	6362					
烟叶复烤							
卷烟制造	5537	5537					
其他烟草制品制造	825	825					
纺织业	1318655	1318655					
棉纺织及印染精加工	643081	643081					
毛纺织及染整精加工	124613	124613					
麻纺织及染整精加工	15474	15474					
丝绢纺织及印染精加工	37517	37517					
化纤织造及印染精加工	159847	159847					
针织或钩针编织物及其制品制造	107200	107200					
家用纺织制成品制造	135797	135797					
非家用纺织制成品制造	95126	95126					
纺织服装、服饰业	1222738	1222738					
机织服装制造	931650	931650					
针织或钩针编织服装制造	148921	148921					
服饰制造	142167	142167					
皮革、毛皮、羽毛及其制品和制鞋业	234898	234898					
皮革鞣制加工	6002	6002					
皮革制品制造	67539	67539					
毛皮鞣制及制品加工	6426	6426					
羽毛(绒)加工及制品制造	26504	26504					
制鞋业	128427	128427					
木材加工和木、竹、藤、棕、草制品业	370609	370559					50
木材加工	88339	88339					
人造板制造	217632	217632					
木制品制造	58419	58419					
竹、藤、棕、草等制品制造	6219	6169					50
家具制造业	107835	107835					
木质家具制造	71335	71335					
竹、藤家具制造	738	738					
金属家具制造	13920	13920					
塑料家具制造	1963	1963					
其他家具制造	19879	19879					
造纸和纸制品业	191681	191681					
纸浆制造	400	400					
造纸	104490	104490					
纸制品制造	86791	86791					
印刷和记录媒介复制业	218617	218617					
印刷	210136	210136					
装订及印刷相关服务	6952	6952					
记录媒介复制	1529	1529					
文教、工美、体育和娱乐用品制造业	444322	444322					
文教办公用品制造	33544	33544					

1-A-6 续表 12

行业	从业人员数（人）	企业法人	事业法人	机关法人	社会团体	民办非企业单位	其他组织机构
乐器制造	10554	10554					
工艺美术品制造	221304	221304					
体育用品制造	43487	43487					
玩具制造	116877	116877					
游艺器材及娱乐用品制造	18556	18556					
石油加工、炼焦和核燃料加工业	35134	35134					
精炼石油产品制造	27576	27576					
炼焦	7546	7546					
核燃料加工	12	12					
化学原料和化学制品制造业	852455	852455					
基础化学原料制造	260342	260342					
肥料制造	36303	36303					
农药制造	61319	61319					
涂料、油墨、颜料及类似产品制造	115098	115098					
合成材料制造	126097	126097					
专用化学产品制造	211202	211202					
炸药、火工及焰火产品制造	1938	1938					
日用化学产品制造	40156	40156					
医药制造业	223331	223331					
化学药品原料药制造	51585	51585					
化学药品制剂制造	71622	71622					
中药饮片加工	6600	6600					
中成药生产	24684	24684					
兽用药品制造	8558	8558					
生物药品制造	26337	26337					
卫生材料及医药用品制造	33945	33945					
化学纤维制造业	202104	202104					
纤维素纤维原料及纤维制造	90556	90556					
合成纤维制造	111548	111548					
橡胶和塑料制品业	612662	612657					5
橡胶制品业	150647	150647					
塑料制品业	462015	462010					5
非金属矿物制品业	686060	686048	12				
水泥、石灰和石膏制造	61498	61498					
石膏、水泥制品及类似制品制造	163422	163422					
砖瓦、石材等建筑材料制造	130908	130896	12				
玻璃制造	26762	26762					
玻璃制品制造	107292	107292					
玻璃纤维和玻璃纤维增强塑料制品制造	44244	44244					
陶瓷制品制造	41723	41723					
耐火材料制品制造	45046	45046					
石墨及其他非金属矿物制品制造	65165	65165					
黑色金属冶炼和压延加工业	507384	507384					
炼铁	18828	18828					
炼钢	34309	34309					
黑色金属铸造	122304	122304					
钢压延加工	309404	309404					
铁合金冶炼	22539	22539					
有色金属冶炼和压延加工业	200018	200018					
常用有色金属冶炼	20555	20555					

1-A-6　续表 13

行　　业	从业人员数（人）	企业法人	事业法人	机关法人	社会团体	民办非企业单位	其他组织机构
贵金属冶炼	1368	1368					
稀有稀土金属冶炼	7746	7746					
有色金属合金制造	36676	36676					
有色金属铸造	11921	11921					
有色金属压延加工	121752	121752					
金属制品业	958544	958544					
结构性金属制品制造	309516	309516					
金属工具制造	105820	105820					
集装箱及金属包装容器制造	70453	70453					
金属丝绳及其制品制造	97467	97467					
建筑、安全用金属制品制造	69660	69660					
金属表面处理及热处理加工	89249	89249					
搪瓷制品制造	5640	5640					
金属制日用品制造	45452	45452					
其他金属制品制造	165287	165287					
通用设备制造业	1391149	1391149					
锅炉及原动设备制造	112023	112023					
金属加工机械制造	197277	197277					
物料搬运设备制造	154780	154780					
泵、阀门、压缩机及类似机械制造	195446	195446					
轴承、齿轮和传动部件制造	153585	153585					
烘炉、风机、衡器、包装等设备制造	157575	157575					
文化、办公用机械制造	44125	44125					
通用零部件制造	296271	296271					
其他通用设备制造业	80067	80067					
专用设备制造业	993718	993718					
采矿、冶金、建筑专用设备制造	198162	198162					
化工、木材、非金属加工专用设备制造	256283	256283					
食品、饮料、烟草及饲料生产专用设备制造	24401	24401					
印刷、制药、日化及日用品生产专用设备制造	39044	39044					
纺织、服装和皮革加工专用设备制造	88259	88259					
电子和电工机械专用设备制造	57473	57473					
农、林、牧、渔专用机械制造	37418	37418					
医疗仪器设备及器械制造	89362	89362					
环保、社会公共服务及其他专用设备制造	203316	203316					
汽车制造业	493575	493575					
汽车整车制造	62839	62839					
改装汽车制造	11594	11594					
低速载货汽车制造	266	266					
电车制造	4537	4537					
汽车车身、挂车制造	10115	10115					
汽车零部件及配件制造	404224	404224					
铁路、船舶、航空航天和其他运输设备制造业	477521	477521					
铁路运输设备制造	49090	49090					
城市轨道交通设备制造	4273	4273					
船舶及相关装置制造	275174	275174					
航空、航天器及设备制造	20797	20797					
摩托车制造	43959	43959					
自行车制造	61011	61011					

1-A-6 续表 14

行业	从业人员数(人)	企业法人	事业法人	机关法人	社会团体	民办非企业单位	其他组织机构
非公路休闲车及零配件制造	18903	18903					
潜水救捞及其他未列明运输设备制造	4314	4314					
电气机械和器材制造业	1368989	1368989					
电机制造	222895	222895					
输配电及控制设备制造	492343	492343					
电线、电缆、光缆及电工器材制造	255420	255420					
电池制造	79303	79303					
家用电力器具制造	140987	140987					
非电力家用器具制造	26069	26069					
照明器具制造	124868	124868					
其他电气机械及器材制造	27104	27104					
计算机、通信和其他电子设备制造业	1999889	1999889					
计算机制造	333644	333644					
通信设备制造	118529	118529					
广播电视设备制造	54362	54362					
雷达及配套设备制造	3253	3253					
视听设备制造	138709	138709					
电子器件制造	468819	468819					
电子元件制造	727926	727926					
其他电子设备制造	154647	154647					
仪器仪表制造业	323091	323091					
通用仪器仪表制造	201809	201809					
专用仪器仪表制造	69776	69776					
钟表与计时仪器制造	1062	1062					
光学仪器及眼镜制造	40021	40021					
其他仪器仪表制造业	10423	10423					
其他制造业	79158	79158					
日用杂品制造	56188	56188					
煤制品制造	2281	2281					
核辐射加工	254	254					
其他未列明制造业	20435	20435					
废弃资源综合利用业	24720	24720					
金属废料和碎屑加工处理	15065	15065					
非金属废料和碎屑加工处理	9655	9655					
金属制品、机械和设备修理业	25887	25887					
金属制品修理	2217	2217					
通用设备修理	1764	1764					
专用设备修理	2042	2042					
铁路、船舶、航空航天等运输设备修理	15225	15225					
电气设备修理	1041	1041					
仪器仪表修理	99	99					
其他机械和设备修理业	3499	3499					
电力、热力、燃气及水生产和供应业	**183876**	**183846**	**21**				**9**
电力、热力生产和供应业	111857	111836	21				
电力生产	60976	60976					
电力供应	43053	43032	21				
热力生产和供应	7828	7828					
燃气生产和供应业	19245	19242					3
燃气生产和供应业	19245	19242					3

1-A-6　续表 15

行　　业	从业人员数（人）	企业法人	事业法人	机关法人	社会团体	民办非企业单位	其他组织机构
水的生产和供应业	52774	52768					6
自来水生产和供应	40624	40624					
污水处理及其再生利用	11310	11304					6
其他水的处理、利用与分配	840	840					
建筑业	**8437917**	**8437859**	**39**				**19**
房屋建筑业	6299302	6299302					
房屋建筑业	6299302	6299302					
土木工程建筑业	980046	979988	39				19
铁路、道路、隧道和桥梁工程建筑	623357	623318	39				
水利和内河港口工程建筑	115165	115165					
海洋工程建筑	491	491					
工矿工程建筑	39655	39636					19
架线和管道工程建筑	57765	57765					
其他土木工程建筑	143613	143613					
建筑安装业	542755	542755					
电气安装	188961	188961					
管道和设备安装	128634	128634					
其他建筑安装业	225160	225160					
建筑装饰和其他建筑业	615814	615814					
建筑装饰业	394923	394923					
工程准备活动	47449	47449					
提供施工设备服务	20446	20446					
其他未列明建筑业	152996	152996					
批发和零售业	**3172144**	**3085645**	**104**			**710**	**85685**
批发业	2103620	2021236	76			663	81645
农、林、牧产品批发	178920	139806	4			139	38971
食品、饮料及烟草制品批发	280063	240315	45			433	39270
纺织、服装及家庭用品批发	372317	372225					92
文化、体育用品及器材批发	60225	60188					37
医药及医疗器材批发	68833	68707					126
矿产品、建材及化工产品批发	556391	556110	27			50	204
机械设备、五金产品及电子产品批发	434449	434238					211
贸易经纪与代理	41703	39783				22	1898
其他批发业	110719	109864				19	836
零售业	1068524	1064409	28			47	4040
综合零售	300666	300595				36	35
食品、饮料及烟草制品专门零售	101074	97652				1	3421
纺织、服装及日用品专门零售	94949	94902				1	46
文化、体育用品及器材专门零售	64386	64343	19				24
医药及医疗器材专门零售	61949	61935				9	5
汽车、摩托车、燃料及零配件专门零售	189441	189441					
家用电器及电子产品专门零售	119338	119338					
五金、家具及室内装饰材料专门零售	82553	82553					
货摊、无店铺及其他零售业	54168	53650	9				509
交通运输、仓储和邮政业	**859649**	**842972**	**15004**			**215**	**1458**
道路运输业	487120	477631	8875			112	502
城市公共交通运输	141767	141617	150				
公路旅客运输	61234	60969	162			19	84
道路货物运输	240710	240388	58			20	244

1-A-6 续表 16

行业	从业人员数(人)	企业法人	事业法人	机关法人	社会团体	民办非企业单位	其他组织机构
道路运输辅助活动	43409	34657	8505			73	174
水上运输业	130648	126109	4503			12	24
水上旅客运输	3460	2374	1086				
水上货物运输	80497	80473	13				11
水上运输辅助活动	46691	43262	3404			12	13
航空运输业	12324	11705	599				20
航空客货运输	6340	6325	15				
通用航空服务	197	197					
航空运输辅助活动	5787	5183	584				20
管道运输业	9561	9561					
管道运输业	9561	9561					
装卸搬运和运输代理业	109734	109059	15			54	606
装卸搬运	48945	48384				29	532
运输代理业	60789	60675	15			25	74
仓储业	38188	37402	558			12	216
谷物、棉花等农产品仓储	8883	8293	396			12	182
其他仓储业	29305	29109	162				34
邮政业	72074	71505	454			25	90
邮政基本服务	37736	37256	454				26
快递服务	34338	34249				25	64
住宿和餐饮业	**448227**	**447483**	**322**			**60**	**362**
住宿业	150383	149965	296			25	97
旅游饭店	111369	111241	39			25	64
一般旅馆	33661	33515	118				28
其他住宿业	5353	5209	139				5
餐饮业	297844	297518	26			35	265
正餐服务	205504	205253	26			29	196
快餐服务	69992	69972					20
饮料及冷饮服务	5097	5091					6
其他餐饮业	17251	17202				6	43
信息传输、软件和信息技术服务业	**548115**	**537007**	**9902**			**315**	**891**
电信、广播电视和卫星传输服务	176163	168014	8081			4	64
电信	140701	140618	28			4	51
广播电视传输服务	35281	27223	8045				13
卫星传输服务	181	173	8				
互联网和相关服务	49519	49215	211			15	78
互联网接入及相关服务	2166	2149	12				5
互联网信息服务	44307	44035	186			15	71
其他互联网服务	3046	3031	13				2
软件和信息技术服务业	322433	319778	1610			296	749
软件开发	239677	238965	327			115	270
信息系统集成服务	23851	23292	550			2	7
信息技术咨询服务	19031	18356	178			118	379
数据处理和存储服务	9555	9448	58			4	45
集成电路设计	10323	10094	223				6
其他信息技术服务业	19996	19623	274			57	42
房地产业	**687331**	**678405**	**3993**				**4933**
房地产业	687331	678405	3993				4933
房地产开发经营	236006	235990	16				

1-A-6　续表 17

行　业	从业人员数（人）	企业法人	事业法人	机关法人	社会团体	民办非企业单位	其他组织机构
物业管理	342647	339992	820				1835
房地产中介服务	61834	61152	246				436
自有房地产经营活动	19305	16936	286				2083
其他房地产业	27539	24335	2625				579
租赁和商务服务业	**1074552**	**962556**	**32437**			**6793**	**72766**
租赁业	46852	44896	74			21	1861
机械设备租赁	45279	43398	12			18	1851
文化及日用品出租	1573	1498	62			3	10
商务服务业	1027700	917660	32363			6772	70905
企业管理服务	263591	212966	11922			1543	37160
法律服务	23725	9215	2172			1455	10883
咨询与调查	131499	123212	3667			1449	3171
广告业	102748	100186	2205			60	297
知识产权服务	6801	5085	1657			28	31
人力资源服务	237384	225826	4735			540	6283
旅行社及相关服务	30279	29664	429			29	157
安全保护服务	80381	75823	2511			342	1705
其他商务服务业	151292	135683	3065			1326	11218
科学研究和技术服务业	**687016**	**513960**	**74438**			**8198**	**90420**
研究和试验发展	75866	60974	13455			753	684
自然科学研究和试验发展	7032	4168	2803			9	52
工程和技术研究和试验发展	43191	39782	3094			209	106
农业科学研究和试验发展	10893	5590	4667			152	484
医学研究和试验发展	13189	11173	1726			278	12
社会人文科学研究	1561	261	1165			105	30
专业技术服务业	399525	357248	37418			1174	3685
气象服务	2394	671	1723				
地震服务	947	45	817			56	29
海洋服务	622	425	197				
测绘服务	7163	5840	1262			12	49
质检技术服务	37694	28885	8610			122	77
环境与生态监测	8033	4294	3669			18	52
地质勘查	14666	10394	4267				5
工程技术	243262	232688	8897			135	1542
其他专业技术服务业	84744	74006	7976			831	1931
科技推广和应用服务业	211625	95738	23565			6271	86051
技术推广服务	192506	82573	18651			5947	85335
科技中介服务	10159	6285	3554			198	122
其他科技推广和应用服务业	8960	6880	1360			126	594
水利、环境和公共设施管理业	**220652**	**110546**	**97758**			**1526**	**10822**
水利管理业	30852	4411	25728			194	519
防洪除涝设施管理	9253	658	8345			157	93
水资源管理	5087	1135	3822			28	102
天然水收集与分配	5203	318	4681			4	200
水文服务	763	341	386			5	31
其他水利管理业	10546	1959	8494				93
生态保护和环境治理业	12792	10265	1621			24	882
生态保护	1764	822	510			18	414
环境治理业	11028	9443	1111			6	468

1-A-6 续表 18

行　　业	从业人员数(人)	企业法人	事业法人	机关法人	社会团体	民办非企业单位	其他组织机构
公共设施管理业	177008	95870	70409			1308	9421
市政设施管理	15899	7727	7876			68	228
环境卫生管理	69852	18617	44405			1177	5653
城乡市容管理	8000	1244	6290				466
绿化管理	34539	30440	3175			30	894
公园和游览景区管理	48718	37842	8663			33	2180
居民服务、修理和其他服务业	**200718**	**180579**	**8929**			**6974**	**4236**
居民服务业	67553	52255	5518			6656	3124
家庭服务	9568	8855	48			521	144
托儿所服务	418	83	76			243	16
洗染服务	2900	2884	5				11
理发及美容服务	5366	5314				3	49
洗浴服务	12724	12510				4	210
保健服务	5346	5091	44			170	41
婚姻服务	2819	2392	160			226	41
殡葬服务	7891	3180	3733			615	363
其他居民服务业	20521	11946	1452			4874	2249
机动车、电子产品和日用产品修理业	69478	68807	369			43	259
汽车、摩托车修理与维护	50957	50642	119			39	157
计算机和办公设备维修	6983	6800	135			2	46
家用电器修理	8984	8957				2	25
其他日用产品修理业	2554	2408	115				31
其他服务业	63687	59517	3042			275	853
清洁服务	41157	39796	944			85	332
其他未列明服务业	22530	19721	2098			190	521
教育	**1099465**	**55551**	**878149**			**155125**	**10640**
教育	1099465	55551	878149			155125	10640
学前教育	127795	2031	57700			62457	5607
初等教育	302788	649	288897			11951	1291
中等教育	398276	6295	354205			35975	1801
高等教育	156411	164	142554			13660	33
特殊教育	5328	124	4450			752	2
技能培训、教育辅助及其他教育	108867	46288	30343			30330	1906
卫生和社会工作	**575310**	**56766**	**419512**		**1170**	**81718**	**16144**
卫生	523773	55801	406435			50617	10920
医院	339042	44824	254781			35407	4030
社区医疗与卫生院	129224	2820	112185			9678	4541
门诊部(所)	19432	6128	7197			4171	1936
计划生育技术服务活动	7827	45	7496			120	166
妇幼保健院(所、站)	9042	363	8464			122	93
专科疾病防治院(所、站)	3546	363	2808			372	3
疾病预防控制中心	9026	301	8698			13	14
其他卫生活动	6634	957	4806			734	137
社会工作	51537	965	13077		1170	31101	5224
提供住宿社会工作	37655	873	11717			22322	2743
不提供住宿社会工作	13882	92	1360		1170	8779	2481
文化、体育和娱乐业	**201888**	**131109**	**58006**		**230**	**8501**	**4042**
新闻和出版业	18417	11252	7035			55	75
新闻业	1887	194	1626			30	37

1-A-6　续表 19

行　　业	从业人员数(人)	企业法人	事业法人	机关法人	社会团体	民办非企业单位	其他组织机构
出版业	16530	11058	5409			25	38
广播、电视、电影和影视录音制作业	36649	17442	18967			66	174
广播	6528	284	6207				37
电视	16392	4634	11728			8	22
电影和影视节目制作	3841	3625	182			4	30
电影和影视节目发行	1316	1296	20				
电影放映	8355	7414	802			54	85
录音制作	217	189	28				
文化艺术业	53274	22396	23117			5564	2197
文艺创作与表演	14122	8732	3273			1962	155
艺术表演场馆	2798	1819	859			77	43
图书馆与档案馆	5348	252	5030			59	7
文物及非物质文化遗产保护	2061	633	982			188	258
博物馆	3885	252	2997			588	48
烈士陵园、纪念馆	2245	101	1922			146	76
群众文化活动	13423	3145	7220			2017	1041
其他文化艺术业	9392	7462	834			527	569
体育	13778	8273	2981		230	2043	251
体育组织	3323	636	1476		230	906	75
体育场馆	2436	988	1318			105	25
休闲健身活动	7025	5951	128			865	81
其他体育	994	698	59			167	70
娱乐业	79770	71746	5906			773	1345
室内娱乐活动	50757	49471	239			470	577
游乐园	7296	6989	168			19	120
彩票活动	7842	2563	5206			68	5
文化、娱乐、体育经纪代理	2580	2486	60			29	5
其他娱乐业	11295	10237	233			187	638
公共管理、社会保障和社会组织	**1237900**		**201940**	**641673**	**158630**	**222**	**235435**
中国共产党机关	34278		1078	33200			
中国共产党机关	34278		1078	33200			
国家机构	792348		188738	603610			
国家权力机构	6527		421	6106			
国家行政机构	733508		182270	551238			
人民法院和人民检察院	36859		733	36126			
其他国家机构	15454		5314	10140			
人民政协、民主党派	5076		213	4863			
人民政协	4030		198	3832			
民主党派	1046		15	1031			
社会保障	12292		11911			222	159
社会保障	12292		11911			222	159
群众团体、社会团体和其他成员组织	186801				158630		28171
群众团体	22431				22431		
社会团体	135825				135825		
基金会	1854						1854
宗教组织	26691				374		26317
基层群众自治组织	207105						207105
社区自治组织	73511						73511
村民自治组织	133594						133594

1-A-7 按行业、从业人员组距分组的

行业	法人单位数(个)	7人及以下	8-19人	20-49人
总　计	**1047004**	**517250**	**289495**	**138459**
农、林、牧、渔业	**12943**	**6474**	**3851**	**2057**
农、林、牧、渔服务业	12943	6474	3851	2057
农业服务业	9847	4913	2901	1587
林业服务业	733	359	228	112
畜牧服务业	1430	787	414	192
渔业服务业	933	415	308	166
采矿业	**643**	**143**	**184**	**147**
煤炭开采和洗选业	39	8	12	7
烟煤和无烟煤开采洗选	31	6	8	6
褐煤开采洗选	1		1	
其他煤炭采选	7	2	3	1
石油和天然气开采业	6	2		1
石油开采	4	1		1
天然气开采	2	1		
黑色金属矿采选业	64	9	20	15
铁矿采选	59	7	19	14
锰矿、铬矿采选				
其他黑色金属矿采选	5	2	1	1
有色金属矿采选业	21	8	5	3
常用有色金属矿采选	17	6	3	3
贵金属矿采选	4	2	2	
稀有稀土金属矿采选				
非金属矿采选业	483	105	135	117
土砂石开采	398	96	116	91
化学矿开采	14	1	2	1
采盐	28	1	5	6
石棉及其他非金属矿采选	43	7	12	19
开采辅助活动	19	7	6	3
煤炭开采和洗选辅助活动	4	3		
石油和天然气开采辅助活动	10	4	4	1
其他开采辅助活动	5		2	2
其他采矿业	11	4	6	1
其他采矿业	11	4	6	1
制造业	**346771**	**114759**	**104821**	**69876**
农副食品加工业	5594	1183	1565	1502
谷物磨制	1487	265	418	467
饲料加工	668	143	161	161
植物油加工	356	95	78	75
制糖业	20	4	6	1
屠宰及肉类加工	983	241	286	216
水产品加工	808	158	276	232
蔬菜、水果和坚果加工	609	90	139	181
其他农副食品加工	663	187	201	169
食品制造业	2791	847	876	581
焙烤食品制造	627	202	199	137
糖果、巧克力及蜜饯制造	159	39	53	31
方便食品制造	422	125	126	96
乳制品制造	88	18	10	27
罐头食品制造	193	41	48	51

法人单位数及从业人员数

50-99人	100-299人	300-499人	500-999人	1000-4999人	5000-9999人	10000人及以上
52249	**34964**	**6585**	**4374**	**3155**	**319**	**154**
410	**141**	**8**	**1**	**1**		
410	141	8	1	1		
324	112	8	1	1		
26	8					
28	9					
32	12					
72	**53**	**16**	**14**	**10**	**1**	**3**
2	2	1	2	2	1	2
1	2	1	2	2	1	2
1						
	1			1		1
				1		1
	1					
10	6		3	1		
9	6		3	1		
1						
1	2	1	1			
1	2	1	1			
57	41	14	8	6		
46	30	11	5	3		
2	5	2	1			
4	6	1	2	3		
5						
2	1					
	1					
1						
1						
29475	**20558**	**3644**	**2234**	**1236**	**124**	**44**
717	503	81	25	17	1	
212	103	15	5	2		
103	82	13	5			
55	40	7	1	4	1	
2	7					
112	90	20	10	8		
89	46	4	1	2		
89	92	15	2	1		
55	43	7	1			
227	189	34	25	12		
43	33	4	7	2		
13	16	4	1	2		
34	26	5	7	3		
10	14	3	4	2		
19	30	3	1			

1-A-7 续表 1

行　业	法人单位数(个)	7人及以下	8-19人	20-49人
调味品、发酵制品制造	458	145	193	67
其他食品制造	844	277	247	172
酒、饮料和精制茶制造业	1555	550	477	285
酒的制造	619	150	171	151
饮料制造	639	253	207	98
精制茶加工	297	147	99	36
烟草制品业	8	1		
烟叶复烤				
卷烟制造	4			
其他烟草制品制造	4	1		
纺织业	29391	8270	9087	6434
棉纺织及印染精加工	11396	2727	3389	2531
毛纺织及染整精加工	1775	442	445	395
麻纺织及染整精加工	250	82	54	53
丝绢纺织及印染精加工	495	113	118	104
化纤织造及印染精加工	5125	1625	1802	1036
针织或钩针编织物及其制品制造	3703	1193	1251	775
家用纺织制成品制造	3248	853	924	854
非家用纺织制成品制造	3399	1235	1104	686
纺织服装、服饰业	20040	4692	4891	5333
机织服装制造	13699	3049	3234	3618
针织或钩针编织服装制造	2525	618	614	633
服饰制造	3816	1025	1043	1082
皮革、毛皮、羽毛及其制品和制鞋业	3731	886	941	888
皮革鞣制加工	113	36	28	23
皮革制品制造	1253	323	321	289
毛皮鞣制及制品加工	185	51	63	40
羽毛(绒)加工及制品制造	232	43	49	56
制鞋业	1948	433	480	480
木材加工和木、竹、藤、棕、草制品业	9694	1875	3250	2869
木材加工	3863	565	1758	1253
人造板制造	3038	245	566	1090
木制品制造	2516	971	827	466
竹、藤、棕、草等制品制造	277	94	99	60
家具制造业	3449	1128	1208	659
木质家具制造	2577	813	943	494
竹、藤家具制造	23	4	7	9
金属家具制造	348	121	104	61
塑料家具制造	79	29	27	14
其他家具制造	422	161	127	81
造纸和纸制品业	6941	2931	2310	1024
纸浆制造	31	13	12	6
造纸	2257	738	737	419
纸制品制造	4653	2180	1561	599
印刷和记录媒介复制业	8593	3284	2948	1465
印刷	8044	2998	2792	1388
装订及印刷相关服务	525	277	152	71
记录媒介复制	24	9	4	6
文教、工美、体育和娱乐用品制造业	10334	2818	3005	2590
文教办公用品制造	917	299	293	202

50-99人	100-299人	300-499人	500-999人	1000-4999人	5000-9999人	10000人及以上
29	16	5	2	1		
79	54	10	3	2		
115	86	24	8	7	1	2
64	57	15	5	4	1	1
40	25	9	3	3		1
11	4					
2	1		1	3		
1				3		
1	1		1			
2999	2003	341	164	88	3	2
1395	1027	190	83	52	1	1
256	187	20	18	11		1
29	18	10	2	2		
67	77	9	4	2	1	
385	218	36	17	5	1	
303	144	20	13	4		
365	193	34	19	6		
199	139	22	8	6		
2532	1961	357	195	75	1	3
1814	1474	287	160	59	1	3
308	272	48	20	12		
410	215	22	15	4		
492	392	62	53	17		
11	10	4	1			
164	122	16	15	3		
20	8	1	2			
24	40	6	11	3		
273	212	35	24	11		
1057	528	79	29	6		1
214	68	4	1			
660	387	63	20	6		1
166	69	9	8			
17	4	3				
245	171	24	8	6		
186	122	13	5	1		
1	2					
31	22	6	3			
3	6					
24	19	5		5		
351	267	27	15	15	1	
180	139	20	11	12	1	
171	128	7	4	3		
539	292	37	20	8		
518	284	37	19	8		
21	4					
	4		1			
1024	692	125	63	16	1	
58	47	11	4	3		

1-A-7 续表 2

行 业	法人单位数(个)	7人及以下	8-19人	20-49人
乐器制造	277	80	90	55
工艺美术品制造	5940	1807	1778	1405
体育用品制造	941	216	275	225
玩具制造	1935	338	480	623
游艺器材及娱乐用品制造	324	78	89	80
石油加工、炼焦和核燃料加工业	586	218	170	114
精炼石油产品制造	542	205	165	102
炼焦	43	13	4	12
核燃料加工	1		1	
化学原料和化学制品制造业	13484	3808	3579	2819
基础化学原料制造	2530	504	522	541
肥料制造	681	170	187	190
农药制造	378	71	56	64
涂料、油墨、颜料及类似产品制造	2640	848	728	564
合成材料制造	2010	521	551	412
专用化学产品制造	4261	1320	1251	880
炸药、火工及焰火产品制造	23	8	1	4
日用化学产品制造	961	366	283	164
医药制造业	1976	411	417	399
化学药品原料药制造	423	64	53	85
化学药品制剂制造	258	39	36	42
中药饮片加工	82	11	8	33
中成药生产	74	12	15	8
兽用药品制造	101	17	22	20
生物药品制造	436	136	109	75
卫生材料及医药用品制造	602	132	174	136
化学纤维制造业	2344	668	713	396
纤维素纤维原料及纤维制造	381	73	52	76
合成纤维制造	1963	595	661	320
橡胶和塑料制品业	20991	7932	6965	3696
橡胶制品业	3729	1257	1219	721
塑料制品业	17262	6675	5746	2975
非金属矿物制品业	17921	5171	5172	4173
水泥、石灰和石膏制造	814	191	185	157
石膏、水泥制品及类似制品制造	4284	1178	1255	927
砖瓦、石材等建筑材料制造	4701	1381	1316	1224
玻璃制造	473	124	120	118
玻璃制品制造	1877	503	521	407
玻璃纤维和玻璃纤维增强塑料制品制造	1094	331	341	246
陶瓷制品制造	1107	445	297	208
耐火材料制品制造	1488	548	485	242
石墨及其他非金属矿物制品制造	2083	470	652	644
黑色金属冶炼和压延加工业	6525	1661	1974	1516
炼铁	122	27	37	26
炼钢	99	26	25	21
黑色金属铸造	3036	682	937	813
钢压延加工	3104	896	925	617
铁合金冶炼	164	30	50	39
有色金属冶炼和压延加工业	4526	1347	1323	970
常用有色金属冶炼	476	139	132	100

50-99人	100-299人	300-499人	500-999人	1000-4999人	5000-9999人	10000人及以上
28	19	4	1			
514	346	53	28	9		
126	75	17	7			
257	177	39	18	2	1	
41	28	1	5	2		
34	26	8	11	5		
30	24	6	7	3		
4	2	2	4	2		
1576	1254	221	152	65	9	1
417	407	67	45	23	4	
80	34	7	8	5		
65	73	25	13	10	1	
269	178	31	20	1		1
258	205	32	20	9	2	
406	302	49	35	17	1	
3	6	1				
78	49	9	11		1	
286	317	70	57	14	4	1
75	106	24	13	3		
45	51	16	18	8	2	1
10	17	1	2			
12	14	4	7		2	
17	17	4	4			
54	46	8	6	2		
73	66	13	7	1		
279	188	33	36	26	5	
73	56	12	20	16	3	
206	132	21	16	10	2	
1342	816	129	73	37	1	
290	170	33	24	14	1	
1052	646	96	49	23		
2060	1098	141	80	25	1	
133	115	17	10	5	1	
562	317	29	10	6		
599	168	10	3			
60	35	9	4	3		
201	181	38	21	5		
87	73	6	6	4		
73	61	8	13	2		
125	70	10	8			
220	78	14	5			
673	510	84	48	48	6	5
7	15	2	2	6		
7	7	2	1	9	1	
330	234	25	13	2		
310	241	49	29	28	4	5
19	13	6	3	3	1	
463	317	65	32	8	1	
56	39	6	4			

1-A-7 续表 3

行　　业	法人单位数（个）			
		7人及以下	8-19人	20-49人
贵金属冶炼	36	9	12	8
稀有稀土金属冶炼	113	42	25	15
有色金属合金制造	559	147	152	121
有色金属铸造	460	153	159	94
有色金属压延加工	2882	857	843	632
金属制品业	32821	12018	10853	6091
结构性金属制品制造	11877	4581	4055	2050
金属工具制造	4661	1775	1603	887
集装箱及金属包装容器制造	1172	320	373	241
金属丝绳及其制品制造	1862	468	594	386
建筑、安全用金属制品制造	2537	1018	748	470
金属表面处理及热处理加工	2310	612	765	541
搪瓷制品制造	125	38	37	26
金属制日用品制造	1535	586	487	284
其他金属制品制造	6742	2620	2191	1206
通用设备制造业	48533	19085	15775	8493
锅炉及原动设备制造	1800	557	533	332
金属加工机械制造	8108	3087	2674	1557
物料搬运设备制造	2118	622	579	441
泵、阀门、压缩机及类似机械制造	5994	2034	1970	1122
轴承、齿轮和传动部件制造	2970	870	855	663
烘炉、风机、衡器、包装等设备制造	4971	1807	1612	922
文化、办公用机械制造	367	125	89	58
通用零部件制造	16683	7260	5700	2616
其他通用设备制造业	5522	2723	1763	782
专用设备制造业	32802	13085	10038	5804
采矿、冶金、建筑专用设备制造	4399	1318	1356	960
化工、木材、非金属加工专用设备制造	9379	3995	2881	1514
食品、饮料、烟草及饲料生产专用设备制造	666	222	199	148
印刷、制药、日化及日用品生产专用设备制造	1678	628	551	342
纺织、服装和皮革加工专用设备制造	3221	1263	1080	523
电子和电工机械专用设备制造	2508	1121	732	415
农、林、牧、渔专用机械制造	1100	330	366	246
医疗仪器设备及器械制造	1781	583	472	370
环保、社会公共服务及其他专用设备制造	8070	3625	2401	1286
汽车制造业	7131	1971	1881	1607
汽车整车制造	65	15	5	6
改装汽车制造	75	13	10	8
低速载货汽车制造	4	1		1
电车制造	111	14	28	37
汽车车身、挂车制造	82	16	12	22
汽车零部件及配件制造	6794	1912	1826	1533
铁路、船舶、航空航天和其他运输设备制造业	5887	1715	1688	1311
铁路运输设备制造	542	193	117	103
城市轨道交通设备制造	44	11	11	8
船舶及相关装置制造	2549	706	766	584
航空、航天器及设备制造	116	39	19	19
摩托车制造	795	250	230	161
自行车制造	1310	406	400	263

50-99人	100-299人	300-499人	500-999人	1000-4999人	5000-9999人	10000人及以上
4	3					
13	11	4	2	1		
61	53	13	8	4		
33	18	2	1			
296	193	40	17	3	1	
2226	1298	192	94	46	3	
692	405	52	27	15		
233	135	17	8	3		
119	86	12	10	10	1	
249	128	18	12	5	2	
173	98	22	7	1		
206	144	27	12	3		
9	11	2	2			
96	62	13	5	2		
449	229	29	11	7		
2847	1812	307	146	63	4	1
175	133	33	25	11	1	
473	255	38	20	4		
238	167	35	22	12	1	1
456	336	51	17	8		
257	231	55	29	9	1	
307	264	38	14	7		
33	36	12	5	8	1	
734	320	36	13	4		
174	70	9	1			
2104	1342	236	139	52	2	
398	262	56	35	13	1	
531	362	49	31	16		
56	33	4	1	3		
105	42	5	4	1		
191	129	22	10	3		
140	79	14	6	1		
97	47	8	4	2		
149	146	37	19	5		
437	242	41	29	8	1	
725	654	120	114	54	4	1
8	11	3	5	7	4	1
12	18	8	5	1		
1	1					
24	8					
15	9	4	2	2		
665	607	105	102	44		
553	425	79	53	46	12	5
52	54	10	6	5	2	
3	8	1	1	1		
217	180	31	26	26	8	5
14	16	5	2		2	
71	59	11	8	5		
127	84	16	8	6		

1-A-7 续表 4

行　业	法人单位数(个)	7人及以下	8-19人	20-49人
非公路休闲车及零配件制造	351	51	82	135
潜水救捞及其他未列明运输设备制造	180	59	63	38
电气机械和器材制造业	23704	7764	6947	4586
电机制造	2973	899	783	572
输配电及控制设备制造	8756	2779	2665	1645
电线、电缆、光缆及电工器材制造	3967	1256	1098	799
电池制造	616	170	145	112
家用电力器具制造	1483	528	379	245
非电力家用器具制造	621	238	186	113
照明器具制造	3515	1148	1039	811
其他电气机械及器材制造	1773	746	652	289
计算机、通信和其他电子设备制造业	14241	4983	3539	2341
计算机制造	930	334	158	130
通信设备制造	941	345	240	164
广播电视设备制造	526	122	134	87
雷达及配套设备制造	28	8	8	
视听设备制造	405	111	77	67
电子器件制造	2117	635	465	309
电子元件制造	6670	2281	1738	1160
其他电子设备制造	2624	1147	719	424
仪器仪表制造业	6056	2287	1667	1027
通用仪器仪表制造	3510	1382	928	553
专用仪器仪表制造	1187	414	330	202
钟表与计时仪器制造	48	22	15	7
光学仪器及眼镜制造	746	205	216	176
其他仪器仪表制造业	565	264	178	89
其他制造业	2595	982	799	542
日用杂品制造	1065	299	326	247
煤制品制造	87	28	24	21
核辐射加工	6		1	3
其他未列明制造业	1437	655	448	271
废弃资源综合利用业	1110	522	311	163
金属废料和碎屑加工处理	612	324	132	91
非金属废料和碎屑加工处理	498	198	179	72
金属制品、机械和设备修理业	1417	666	452	198
金属制品修理	77	23	26	19
通用设备修理	196	127	53	15
专用设备修理	150	94	36	14
铁路、船舶、航空航天等运输设备修理	602	206	210	115
电气设备修理	92	46	34	9
仪器仪表修理	17	11	6	
其他机械和设备修理业	283	159	87	26
电力、热力、燃气及水生产和供应业	**2471**	**712**	**774**	**504**
电力、热力生产和供应业	611	136	129	99
电力生产	378	79	59	52
电力供应	70	18	24	18
热力生产和供应	163	39	46	29
燃气生产和供应业	350	104	94	75
燃气生产和供应业	350	104	94	75

50-99人	100-299人	300-499人	500-999人	1000-4999人	5000-9999人	10000人及以上
57	16	5	2	3		
12	8					
2038	1664	299	221	170	14	1
291	285	62	41	39	1	
788	625	111	83	54	5	1
362	322	56	42	27	5	
74	67	23	13	11	1	
124	131	25	25	24	2	
40	34	2	5	3		
297	177	19	12	12		
62	23	1				
1207	1187	350	292	275	47	20
72	102	39	30	50	9	6
59	69	16	23	22	3	
68	70	22	14	9		
4	4	2	2			
45	49	17	14	19	4	2
220	253	75	79	67	9	5
568	527	160	122	93	14	7
171	113	19	8	15	8	
458	419	100	69	26	2	1
269	262	60	38	15	2	1
95	94	27	16	9		
1	3					
71	52	11	13	2		
22	8	2	2			
163	81	16	6	5	1	
97	68	16	6	5	1	
11	3					
2						
53	10					
69	40	2	3			
37	23	2	3			
32	17					
72	25	1	2	1		
6	2		1			
	1					
2	4					
55	13	1	1	1		
1	2					
8	3					
180	**210**	**40**	**34**	**16**		**1**
72	129	18	15	12		1
49	97	16	14	12		
4	4		1			1
19	28	2				
40	23	7	5	2		
40	23	7	5	2		

1-A-7 续表 5

行业	法人单位数(个)	7人及以下	8-19人	20-49人
水的生产和供应业	1510	472	551	330
自来水生产和供应	949	282	368	194
污水处理及其再生利用	497	162	153	133
其他水的处理、利用与分配	64	28	30	3
建筑业	**43284**	**18633**	**9855**	**5364**
房屋建筑业	8077	1673	1287	921
房屋建筑业	8077	1673	1287	921
土木工程建筑业	8534	3171	1997	1240
铁路、道路、隧道和桥梁工程建筑	3483	1087	688	484
水利和内河港口工程建筑	730	224	193	98
海洋工程建筑	17	3	5	8
工矿工程建筑	495	247	123	61
架线和管道工程建筑	852	280	200	158
其他土木工程建筑	2957	1330	788	431
建筑安装业	10075	4965	2358	1301
电气安装	2217	957	454	322
管道和设备安装	1931	883	480	257
其他建筑安装业	5927	3125	1424	722
建筑装饰和其他建筑业	16598	8824	4213	1902
建筑装饰业	12115	7049	2953	1124
工程准备活动	1624	743	507	237
提供施工设备服务	412	158	125	71
其他未列明建筑业	2447	874	628	470
批发和零售业	**299067**	**196254**	**76531**	**19869**
批发业	220227	145412	55761	15287
农、林、牧产品批发	10662	4259	3827	2040
食品、饮料及烟草制品批发	17843	9037	5465	2547
纺织、服装及家庭用品批发	34851	23184	8495	2537
文化、体育用品及器材批发	5985	4176	1353	335
医药及医疗器材批发	3432	1901	1040	332
矿产品、建材及化工产品批发	69126	47520	17164	3672
机械设备、五金产品及电子产品批发	59689	43079	13452	2645
贸易经纪与代理	5110	3409	1331	313
其他批发业	13529	8847	3634	866
零售业	78840	50842	20770	4582
综合零售	8345	4562	2622	545
食品、饮料及烟草制品专门零售	9447	5829	2653	732
纺织、服装及日用品专门零售	9247	6116	2536	458
文化、体育用品及器材专门零售	6359	4187	1673	343
医药及医疗器材专门零售	5371	3973	993	224
汽车、摩托车、燃料及零配件专门零售	10097	5484	2698	951
家用电器及电子产品专门零售	12745	8883	3098	573
五金、家具及室内装饰材料专门零售	10817	7349	2941	442
货摊、无店铺及其他零售业	6412	4459	1556	314
交通运输、仓储和邮政业	**25948**	**12109**	**7633**	**3615**
道路运输业	16094	7380	4942	2233
城市公共交通运输	637	183	106	71
公路旅客运输	461	89	120	87
道路货物运输	14187	6754	4516	1965

50-99人	100-299人	300-499人	500-999人	1000-4999人	5000-9999人	10000人及以上
68	58	15	14	2		
32	45	12	14	2		
35	11	3				
1	2					
2635	**2913**	**1173**	**1169**	**1290**	**157**	**95**
596	1021	632	757	972	129	89
596	1021	632	757	972	129	89
629	752	310	245	181	7	2
297	430	218	155	118	4	2
50	58	31	42	34		
	1					
20	26	6	6	5	1	
82	93	23	11	5		
180	144	32	31	19	2	
657	535	101	77	68	11	2
219	175	40	26	19	3	2
136	112	24	15	20	4	
302	248	37	36	29	4	
753	605	130	90	69	10	2
424	382	69	62	45	5	2
67	49	10	5	5	1	
28	18	4	5	3		
234	156	47	18	16	4	
4244	**1673**	**251**	**129**	**105**	**7**	**4**
2726	858	81	53	44	4	1
389	137	6	3	1		
549	208	15	14	8		
457	134	19	9	13	2	1
82	25	8	4	2		
95	42	7	8	6	1	
578	160	13	9	10		
383	108	11	6	4	1	
41	15	1				
152	29	1				
1518	815	170	76	61	3	3
188	242	100	51	31	1	3
151	70	7	2	3		
83	42	4	3	4	1	
102	46	3	2	3		
86	67	23	2	3		
671	265	11	7	10		
111	52	16	9	2	1	
65	14	4		2		
61	17	2		3		
1496	**728**	**151**	**116**	**89**	**10**	**1**
924	416	83	63	47	5	1
79	111	40	19	22	5	1
63	59	14	14	15		
711	195	26	16	4		

1-A-7 续表 6

行 业	法人单位数(个)			
		7人及以下	8-19人	20-49人
道路运输辅助活动	809	354	200	110
水上运输业	1486	475	352	273
水上旅客运输	64	22	9	12
水上货物运输	977	281	219	195
水上运输辅助活动	445	172	124	66
航空运输业	55	20	9	9
航空客货运输	28	10	6	3
通用航空服务	8	3		4
航空运输辅助活动	19	7	3	2
管道运输业	19	6	4	1
管道运输业	19	6	4	1
装卸搬运和运输代理业	5948	3262	1641	695
装卸搬运	1590	661	498	263
运输代理业	4358	2601	1143	432
仓储业	1665	735	457	288
谷物、棉花等农产品仓储	442	152	138	109
其他仓储业	1223	583	319	179
邮政业	681	231	228	116
邮政基本服务	52	10	11	5
快递服务	629	221	217	111
住宿和餐饮业	**11328**	**3580**	**3609**	**2271**
住宿业	3642	1328	1029	618
旅游饭店	1068	134	194	195
一般旅馆	2291	1079	743	372
其他住宿业	283	115	92	51
餐饮业	7686	2252	2580	1653
正餐服务	5944	1429	1985	1441
快餐服务	664	265	255	96
饮料及冷饮服务	291	144	108	32
其他餐饮业	787	414	232	84
信息传输、软件和信息技术服务业	**21459**	**13092**	**5401**	**1856**
电信、广播电视和卫星传输服务	934	385	276	88
电信	443	195	99	45
广播电视传输服务	472	181	169	41
卫星传输服务	19	9	8	2
互联网和相关服务	3154	2081	705	246
互联网接入及相关服务	224	148	50	20
互联网信息服务	2569	1672	577	208
其他互联网服务	361	261	78	18
软件和信息技术服务业	17371	10626	4420	1522
软件开发	11220	6727	2905	1004
信息系统集成服务	1949	1233	495	156
信息技术咨询服务	2050	1380	485	141
数据处理和存储服务	250	149	53	34
集成电路设计	573	302	150	81
其他信息技术服务业	1329	835	332	106
房地产业	**29149**	**11911**	**8723**	**6010**
房地产业	29149	11911	8723	6010
房地产开发经营	10620	2290	3949	3606

50-99人	100-299人	300-499人	500-999人	1000-4999人	5000-9999人	10000人及以上
71	51	3	14	6		
171	132	33	33	15	2	
11	8	2				
133	92	21	26	10		
27	32	10	7	5	2	
3	6	4	1	3		
1	5	1		2		
1						
1	1	3	1	1		
3	3			1	1	
3	3			1	1	
218	101	17	6	8		
97	51	13	2	5		
121	50	4	4	3		
127	51	4	1	2		
36	7					
91	44	4	1	2		
50	19	10	12	13	2	
1	8	4	3	9	1	
49	11	6	9	4	1	
954	**741**	**134**	**27**	**8**	**2**	**2**
253	316	84	10	4		
175	273	83	10	4		
61	35	1				
17	8					
701	425	50	17	4	2	2
643	388	45	13			
20	17	3	2	2	2	2
2	4			1		
36	16	2	2	1		
581	**339**	**70**	**49**	**62**	**6**	**3**
48	67	23	14	28	3	2
27	29	8	10	26	2	2
21	38	15	4	2	1	
74	34	8	3	2	1	
5	1					
66	33	8	2	2	1	
3			1			
459	238	39	32	32	2	1
327	171	31	27	25	2	1
41	20	1	2	1		
29	12	3				
6	4		1	3		
22	16	1	1			
34	15	3	1	3		
1550	**716**	**135**	**71**	**33**		
1550	716	135	71	33		
603	155	13	2	2		

1-A-7 续表 7

行　　业	法人单位数(个)	7人及以下	8-19人	20-49人
物业管理	8934	3409	2531	1546
房地产中介服务	5775	4033	1204	389
自有房地产经营活动	2244	1562	469	161
其他房地产业	1576	617	570	308
租赁和商务服务业	**77822**	**50267**	**19250**	**5832**
租赁业	4239	2597	1207	330
机械设备租赁	4079	2489	1170	319
文化及日用品出租	160	108	37	11
商务服务业	73583	47670	18043	5502
企业管理服务	18215	11252	4656	1617
法律服务	2514	1440	820	225
咨询与调查	16635	11907	3524	949
广告业	13762	9769	3309	554
知识产权服务	632	446	137	35
人力资源服务	7302	4319	1759	764
旅行社及相关服务	2291	1443	581	172
安全保护服务	666	243	140	90
其他商务服务业	11566	6851	3117	1096
科学研究和技术服务业	**40129**	**20318**	**11803**	**5570**
研究和试验发展	5884	3532	1473	614
自然科学研究和试验发展	465	281	112	48
工程和技术研究和试验发展	3590	2190	891	357
农业科学研究和试验发展	612	317	168	89
医学研究和试验发展	1076	662	262	104
社会人文科学研究	141	82	40	16
专业技术服务业	21169	11020	6032	2632
气象服务	178	69	75	25
地震服务	106	62	36	7
海洋服务	27	7	9	7
测绘服务	400	152	153	62
质检技术服务	1585	586	503	323
环境与生态监测	448	189	141	85
地质勘查	159	51	43	31
工程技术	11002	5348	3206	1485
其他专业技术服务业	7264	4556	1866	607
科技推广和应用服务业	13076	5766	4298	2324
技术推广服务	11493	4825	3861	2162
科技中介服务	783	484	202	77
其他科技推广和应用服务业	800	457	235	85
水利、环境和公共设施管理业	**7501**	**3007**	**2331**	**1264**
水利管理业	1901	798	715	275
防洪除涝设施管理	473	173	173	89
水资源管理	377	181	135	44
天然水收集与分配	270	83	126	43
水文服务	43	20	8	13
其他水利管理业	738	341	273	86
生态保护和环境治理业	772	360	239	119
生态保护	113	48	41	17
环境治理业	659	312	198	102

50-99人	100-299人	300-499人	500-999人	1000-4999人	5000-9999人	10000人及以上
770	479	109	61	29		
87	47	5	8	2		
40	10	2				
50	25	6				
1426	**703**	**148**	**119**	**72**	**5**	
58	38	7	2			
56	36	7	2			
2	2					
1368	665	141	117	72	5	
385	228	39	24	12	2	
23	6					
183	63	4	3	2		
100	22	4	2	2		
9	4			1		
218	116	38	49	36	3	
54	29	9	3			
52	74	25	26	16		
344	123	22	10	3		
1632	**654**	**87**	**46**	**18**	**1**	
179	72	10	3	1		
13	8	3				
108	38	3	3			
24	12	1		1		
32	13	3				
2	1					
923	446	64	35	16	1	
9						
1						
4						
26	7					
118	45	7	2	1		
24	8	1				
12	13	8			1	
570	314	39	28	12		
159	59	9	5	3		
530	136	13	8	1		
499	126	12	8			
14	5			1		
17	5	1				
508	**279**	**65**	**39**	**8**		
81	31	1				
27	10	1				
14	3					
11	7					
1	1					
28	10					
38	15		1			
4	3					
34	12		1			

1-A-7 续表 8

行业	法人单位数（个）	7人及以下	8-19人	20-49人
公共设施管理业	4828	1849	1377	870
市政设施管理	668	244	223	127
环境卫生管理	753	216	182	124
城乡市容管理	273	92	84	58
绿化管理	1692	824	471	266
公园和游览景区管理	1442	473	417	295
居民服务、修理和其他服务业	**14760**	**8438**	**4385**	**1441**
居民服务业	5592	3314	1571	534
家庭服务	791	488	197	76
托儿所服务	39	20	12	7
洗染服务	172	94	43	27
理发及美容服务	486	277	154	46
洗浴服务	891	397	324	131
保健服务	275	116	100	47
婚姻服务	427	299	111	16
殡葬服务	420	166	137	89
其他居民服务业	2091	1457	493	95
机动车、电子产品和日用产品修理业	6388	3538	2092	612
汽车、摩托车修理与维护	4536	2234	1698	483
计算机和办公设备维修	695	517	127	39
家用电器修理	819	550	190	68
其他日用产品修理业	338	237	77	22
其他服务业	2780	1586	722	295
清洁服务	1913	1045	504	216
其他未列明服务业	867	541	218	79
教育	**17858**	**4800**	**3524**	**3612**
教育	17858	4800	3524	3612
学前教育	4235	617	1220	1683
初等教育	3004	66	160	651
中等教育	3088	185	135	328
高等教育	381	96	53	39
特殊教育	182	46	42	63
技能培训、教育辅助及其他教育	6968	3790	1914	848
卫生和社会工作	**14231**	**7888**	**2655**	**1498**
卫生	7526	3088	1145	1198
医院	1468	151	136	347
社区医疗与卫生院	3040	1251	267	492
门诊部(所)	1596	1127	300	113
计划生育技术服务活动	725	340	283	96
妇幼保健院(所、站)	117	7	16	52
专科疾病防治院(所、站)	83	32	15	15
疾病预防控制中心	205	43	47	46
其他卫生活动	292	137	81	37
社会工作	6705	4800	1510	300
提供住宿社会工作	3912	2461	1129	243
不提供住宿社会工作	2793	2339	381	57
文化、体育和娱乐业	**15410**	**10335**	**3158**	**1271**
新闻和出版业	398	161	90	75
新闻业	84	31	20	27

50-99人	100-299人	300-499人	500-999人	1000-4999人	5000-9999人	10000人及以上
389	233	64	38	8		
49	20	5				
73	81	43	28	6		
20	18		1			
84	35	7	4	1		
163	79	9	5	1		
330	**120**	**21**	**16**	**8**	**1**	
109	53	6	3	2		
19	10	1				
2	5	1				
3	6					
29	9	1				
9	2			1		
1						
19	9					
27	12	3	3	1		
118	22	3	2	1		
106	14		1			
3	6	2	1			
8	1	1		1		
1	1					
103	45	12	11	5	1	
87	40	10	9	2		
16	5	2	2	3	1	
2827	**2614**	**341**	**97**	**40**	**3**	
2827	2614	341	97	40	3	
585	127	3				
975	1070	70	12			
930	1268	204	37	1		
22	47	42	41	38	3	
25	6					
290	96	22	7	1		
1118	**760**	**107**	**115**	**90**		
1061	726	103	115	90		
287	255	94	109	89		
627	396	7				
35	20			1		
6						
26	10	1	5			
12	8		1			
48	21					
20	16	1				
57	34	4				
44	32	3				
13	2	1				
423	**171**	**26**	**16**	**10**		
29	33	5	2	3		
4	1	1				

1-A-7 续表 9

行 业	法人单位数(个)	7人及以下	8-19人	20-49人
出版业	314	130	70	48
广播、电视、电影和影视录音制作业	1230	545	346	203
广播	129	48	46	14
电视	312	107	113	40
电影和影视节目制作	262	149	67	32
电影和影视节目发行	65	24	19	19
电影放映	426	189	96	95
录音制作	36	28	5	3
文化艺术业	4507	2778	1101	459
文艺创作与表演	892	457	259	127
艺术表演场馆	106	42	26	21
图书馆与档案馆	306	111	131	47
文物及非物质文化遗产保护	149	86	26	28
博物馆	248	140	54	35
烈士陵园、纪念馆	123	68	29	20
群众文化活动	1449	985	306	128
其他文化艺术业	1234	889	270	53
体育	1217	765	298	115
体育组织	345	252	63	25
体育场馆	112	43	40	19
休闲健身活动	641	387	170	64
其他体育	119	83	25	7
娱乐业	8058	6086	1323	419
室内娱乐活动	7119	5620	1056	313
游乐园	93	31	28	7
彩票活动	55	23	17	10
文化、娱乐、体育经纪代理	227	156	54	10
其他娱乐业	564	256	168	79
公共管理、社会保障和社会组织	**66230**	**34530**	**21007**	**6402**
中国共产党机关	1657	510	626	376
中国共产党机关	1657	510	626	376
国家机构	19003	6339	5502	3735
国家权力机构	173	34	23	82
国家行政机构	18099	6113	5311	3569
人民法院和人民检察院	282	13	20	16
其他国家机构	449	179	148	68
人民政协、民主党派	291	138	62	76
人民政协	154	40	35	65
民主党派	137	98	27	11
社会保障	852	412	294	110
社会保障	852	412	294	110
群众团体、社会团体和其他成员组织	22725	17621	3445	1115
群众团体	1633	1157	306	120
社会团体	17260	13527	2446	845
基金会	366	295	58	12
宗教组织	3466	2642	635	138
基层群众自治组织	21702	9510	11078	990
社区自治组织	7161	3109	3521	454
村民自治组织	14541	6401	7557	536

50-99人	100-299人	300-499人	500-999人	1000-4999人	5000-9999人	10000人及以上
25	32	4	2	3		
70	47	10	7	2		
7	8	1	5			
14	25	9	2	2		
10	4					
1	2					
38	8					
121	42	3	2	1		
35	11	2		1		
12	4	1				
13	3		1			
9						
11	8					
4	1		1			
21	9					
16	6					
27	9	2	1			
3	1		1			
5	4	1				
15	4	1				
4						
176	40	6	4	4		
112	17	1				
13	9	1	2	2		
1	1	1		2		
5		1	1			
45	13	2	1			
2388	**1591**	**168**	**82**	**59**	**2**	**1**
115	28	1	1			
115	28	1	1			
1774	1367	155	74	54	2	1
24	9	1				
1654	1192	138	65	54	2	1
71	148	12	2			
25	18	4	7			
9	6					
8	6					
1						
26	8	1	1			
26	8	1	1			
369	154	10	6	5		
23	19	4		4		
308	123	6	4	1		
1						
37	12		2			
95	28	1				
52	24	1				
43	4					

1-A-7 续表 10

行　　业	从业人员数（人）			
		7人及以下	8-19人	20-49人
总　计	**36082553**	**1894303**	**3353004**	**4131250**
农、林、牧、渔业	**187869**	**25126**	**44957**	**63929**
农、林、牧、渔服务业	187869	25126	44957	63929
农业服务业	146307	18869	33840	49347
林业服务业	10291	1396	2690	3461
畜牧服务业	16901	3256	4881	5608
渔业服务业	14370	1605	3546	5513
采矿业	**160862**	**510**	**2204**	**4550**
煤炭开采和洗选业	89977	39	155	210
烟煤和无烟煤开采洗选	89803	30	96	190
褐煤开采洗选	15		15	
其他煤炭采选	159	9	44	20
石油和天然气开采业	21086	5		26
石油开采	20942	3		26
天然气开采	144	2		
黑色金属矿采选业	7689	33	244	476
铁矿采选	7584	27	236	453
锰矿、铬矿采选				
其他黑色金属矿采选	105	6	8	23
有色金属矿采选业	1788	36	62	110
常用有色金属矿采选	1755	23	42	110
贵金属矿采选	33	13	20	
稀有稀土金属矿采选				
非金属矿采选业	39566	360	1594	3591
土砂石开采	25241	325	1355	2744
化学矿开采	2489	1	24	26
采盐	10737	5	58	212
石棉及其他非金属矿采选	1099	29	157	609
开采辅助活动	629	14	76	106
煤炭开采和洗选辅助活动	282	8		
石油和天然气开采辅助活动	186	6	55	30
其他开采辅助活动	161		21	76
其他采矿业	127	23	73	31
其他采矿业	127	23	73	31
制造业	**16099062**	**430466**	**1245380**	**2102554**
农副食品加工业	286725	4691	19578	47273
谷物磨制	63746	1160	5289	14652
饲料加工	36196	570	1969	4940
植物油加工	31909	351	976	2352
制糖业	1461	18	75	24
屠宰及肉类加工	62844	904	3450	6996
水产品加工	29826	630	3545	7194
蔬菜、水果和坚果加工	38893	358	1788	5866
其他农副食品加工	21850	700	2486	5249
食品制造业	133833	3207	10504	17590
焙烤食品制造	25396	820	2393	4121
糖果、巧克力及蜜饯制造	11747	156	611	931
方便食品制造	23397	485	1504	2904
乳制品制造	12226	65	117	809
罐头食品制造	10713	161	596	1655

50-99人	100-299人	300-499人	500-999人	1000-4999人	5000-9999人	10000人及以上
3566582	**5842839**	**2505968**	**3025347**	**6097711**	**2184621**	**3480928**
26150	**20073**	**2986**	**605**	**4043**		
26150	20073	2986	605	4043		
20702	15915	2986	605	4043		
1541	1203					
1838	1318					
2069	1637					
4888	**9158**	**6365**	**9070**	**22739**	**7139**	**94239**
161	285	400	1490	3756	7139	76342
75	285	400	1490	3756	7139	76342
86						
	142			3016		17897
				3016		17897
	142					
613	1142		2171	3010		
545	1142		2171	3010		
68						
77	269	431	803			
77	269	431	803			
3878	7046	5534	4606	12957		
3173	5210	4441	2980	5013		
138	1016	773	511			
263	820	320	1115	7944		
304						
159	274					
	274					
95						
64						
2030245	**3475788**	**1386142**	**1531777**	**2346024**	**843607**	**707079**
49299	84949	30841	17811	25653	6630	
14161	17023	5528	3694	2239		
7198	13255	4921	3343			
3858	6739	2667	544	7792	6630	
123	1221					
8023	16312	7821	7324	12014		
6139	7507	1681	780	2350		
6065	16398	5775	1385	1258		
3732	6494	2448	741			
15759	32373	13057	15928	25415		
2998	5794	1528	4340	3402		
891	2543	1476	500	4639		
2434	4455	2155	4679	4781		
719	2610	1142	2305	4459		
1462	5259	1001	579			

1-A-7 续表 11

行业	从业人员数（人）			
		7人及以下	8-19人	20-49人
调味品、发酵制品制造	16509	557	2267	1907
其他食品制造	33845	963	3016	5263
酒、饮料和精制茶制造业	107398	2105	5625	8598
酒的制造	57346	562	2058	4580
饮料制造	45816	993	2427	2943
精制茶加工	4236	550	1140	1075
烟草制品业	6362	4		
烟叶复烤				
卷烟制造	5537			
其他烟草制品制造	825	4		
纺织业	1318655	30265	108363	193103
棉纺织及印染精加工	643081	10175	40529	76671
毛纺织及染整精加工	124613	1465	5377	12122
麻纺织及染整精加工	15474	267	656	1620
丝绢纺织及印染精加工	37517	364	1459	3299
化纤织造及印染精加工	159847	6174	21081	30573
针织或钩针编织物及其制品制造	107200	4246	14970	22872
家用纺织制成品制造	135797	2881	11317	25607
非家用纺织制成品制造	95126	4693	12974	20339
纺织服装、服饰业	1222738	15130	60170	162247
机织服装制造	931650	9712	39950	110602
针织或钩针编织服装制造	148921	2031	7505	19183
服饰制造	142167	3387	12715	32462
皮革、毛皮、羽毛及其制品和制鞋业	234898	3074	11481	27497
皮革鞣制加工	6002	113	342	719
皮革制品制造	67539	1121	3835	8786
毛皮鞣制及制品加工	6426	173	768	1170
羽毛(绒)加工及制品制造	26504	146	613	1730
制鞋业	128427	1521	5923	15092
木材加工和木、竹、藤、棕、草制品业	370609	7421	40325	87794
木材加工	88339	2402	22150	36869
人造板制造	217632	957	7519	35107
木制品制造	58419	3734	9490	13993
竹、藤、棕、草等制品制造	6219	328	1166	1825
家具制造业	107835	4276	14318	19671
木质家具制造	71335	3177	11185	14766
竹、藤家具制造	738	13	97	280
金属家具制造	13920	433	1228	1917
塑料家具制造	1963	98	330	378
其他家具制造	19879	555	1478	2330
造纸和纸制品业	191681	11707	26587	29973
纸浆制造	400	59	134	207
造纸	104490	2875	8623	12407
纸制品制造	86791	8773	17830	17359
印刷和记录媒介复制业	218617	13674	33993	43751
印刷	210136	12519	32265	41562
装订及印刷相关服务	6952	1132	1684	2037
记录媒介复制	1529	23	44	152
文教、工美、体育和娱乐用品制造业	444322	10453	36383	78383
文教办公用品制造	33544	1149	3547	5916

50-99人	100-299人	300-499人	500-999人	1000-4999人	5000-9999人	10000人及以上
1866	2508	2077	1547	3780		
5389	9204	3678	1978	4354		
7575	15274	8954	5228	11578	5221	37240
4300	9716	5511	3233	6880	5221	15285
2578	4784	3443	1995	4698		21955
697	774					
108	186		582	5482		
55				5482		
53	186		582			
206455	337431	128379	110879	154648	21252	27880
96461	178476	70950	57058	95461	6520	10780
17575	29672	7905	12496	20901		17100
2006	2991	3670	1406	2858		
4747	12774	3249	2684	3621	5320	
26021	34811	13472	11322	6981	9412	
20365	24013	7448	8432	4854		
25505	33300	13167	12667	11353		
13775	21394	8518	4814	8619		
174095	331470	136663	130837	148658	6569	56899
124883	250005	109660	108011	115359	6569	56899
21403	45438	18272	12564	22525		
27809	36027	8731	10262	10774		
33794	67709	23702	36283	31358		
748	1764	1531	785			
11086	21279	6014	10117	5301		
1416	1457	408	1034			
1686	7502	2565	7887	4375		
18858	35707	13184	16460	21682		
73106	89921	28886	19530	10858		12768
14230	10316	1542	830			
46773	67665	22734	13251	10858		12768
10981	11245	3527	5449			
1122	695	1083				
16754	28020	8942	5284	10570		
12439	20121	4974	3311	1362		
65	283					
2346	3861	2162	1973			
176	981					
1728	2774	1806		9208		
23762	45552	10716	10719	26765	5900	
12149	23817	7959	7649	23111	5900	
11613	21735	2757	3070	3654		
36818	49051	14188	12992	14150		
35304	47811	14188	12337	14150		
1514	585					
	655		655			
69954	121206	48339	41688	28145	9771	
4131	7726	3961	3345	3769		

1-A-7 续表 12

行　　业	从业人员数（人）			
		7人及以下	8-19人	20-49人
乐器制造	10554	285	1072	1675
工艺美术品制造	221304	6666	21401	42121
体育用品制造	43487	819	3299	7058
玩具制造	116877	1221	6037	19190
游艺器材及娱乐用品制造	18556	313	1027	2423
石油加工、炼焦和核燃料加工业	35134	795	1996	3433
精炼石油产品制造	27576	758	1944	3054
炼焦	7546	37	40	379
核燃料加工	12		12	
化学原料和化学制品制造业	852455	14140	42899	86591
基础化学原料制造	260342	1783	6319	17214
肥料制造	36303	582	2460	5855
农药制造	61319	248	692	2104
涂料、油墨、颜料及类似产品制造	115098	3287	8715	17208
合成材料制造	126097	1920	6469	12517
专用化学产品制造	211202	4955	14788	26778
炸药、火工及焰火产品制造	1938	37	16	110
日用化学产品制造	40156	1328	3440	4805
医药制造业	223331	1468	5046	12652
化学药品原料药制造	51585	224	660	2874
化学药品制剂制造	71622	106	404	1377
中药饮片加工	6600	33	103	986
中成药生产	24684	37	187	263
兽用药品制造	8558	62	264	617
生物药品制造	26337	513	1369	2346
卫生材料及医药用品制造	33945	493	2059	4189
化学纤维制造业	202104	2511	8290	12101
纤维素纤维原料及纤维制造	90556	252	654	2280
合成纤维制造	111548	2259	7636	9821
橡胶和塑料制品业	612662	30807	80931	109180
橡胶制品业	150647	4959	14288	21298
塑料制品业	462015	25848	66643	87882
非金属矿物制品业	686060	18960	62511	129000
水泥、石灰和石膏制造	61498	674	2200	5039
石膏、水泥制品及类似制品制造	163422	4540	15314	28965
砖瓦、石材等建筑材料制造	130908	4912	15938	38215
玻璃制造	26762	435	1525	3643
玻璃制品制造	107292	1841	6277	12466
玻璃纤维和玻璃纤维增强塑料制品制造	44244	1275	4022	7570
陶瓷制品制造	41723	1503	3496	5925
耐火材料制品制造	45046	1949	5655	7240
石墨及其他非金属矿物制品制造	65165	1831	8084	19937
黑色金属冶炼和压延加工业	507384	6319	23560	46593
炼铁	18828	89	471	739
炼钢	34309	77	305	522
黑色金属铸造	122304	2752	11261	25010
钢压延加工	309404	3300	10941	19176
铁合金冶炼	22539	101	582	1146
有色金属冶炼和压延加工业	200018	4988	15941	29589
常用有色金属冶炼	20555	519	1573	2991

50-99人	100-299人	300-499人	500-999人	1000-4999人	5000-9999人	10000人及以上
1895	3579	1513	535			
34607	60608	20543	18664	16694		
8434	12530	6915	4432			
18099	31896	15081	11949	3633	9771	
2788	4867	326	2763	4049		
2369	4961	3267	8099	10214		
2107	4548	2448	5356	7361		
262	413	819	2743	2853		
110597	214928	82994	106179	119737	63495	10895
29898	69633	25627	30709	49444	29715	
5452	5658	2418	5658	8220		
4548	12993	9135	9047	16001	6551	
19180	29661	11493	13652	1007		10895
18024	35440	12074	13597	12657	13399	
28045	51921	18670	25977	32408	7660	
180	1233	362				
5270	8389	3215	7539		6170	
20387	55329	26413	38518	27231	25934	10353
5556	18578	8922	9579	5192		
3378	9819	5837	11734	17029	11585	10353
697	2841	395	1545			
800	2582	1555	4911		14349	
1153	2642	1529	2291			
3777	7785	3113	3781	3653		
5026	11082	5062	4677	1357		
19533	31274	12663	25939	57951	31842	
5102	9130	4838	14913	34225	19162	
14431	22144	7825	11026	23726	12680	
91711	136590	49348	47977	60423	5695	
20112	28020	12549	16173	27553	5695	
71599	108570	36799	31804	32870		
141516	181170	53342	55995	38406	5160	
9385	19880	6696	6658	5806	5160	
39487	49394	10394	6279	9049		
39706	26007	4110	2020			
4137	5061	3397	2829	5735		
13770	34925	14318	15834	7861		
6164	12314	2329	4389	6181		
5215	9833	2888	9089	3774		
8747	11900	3761	5794			
14905	11856	5449	3103			
46654	87079	32236	33848	109089	39090	82916
502	3301	646	1560	11520		
509	1365	875	978	21214	8464	
22747	39667	9843	8629	2395		
21518	40308	18302	21000	66845	25098	82916
1378	2438	2570	1681	7115	5528	
31862	53659	24586	20589	13779	5025	
4013	6214	2273	2972			

1-A-7 续表 13

行业	从业人员数(人)	7人及以下	8-19人	20-49人
贵金属冶炼	1368	41	149	217
稀有稀土金属冶炼	7746	157	291	446
有色金属合金制造	36676	564	1950	3830
有色金属铸造	11921	581	1855	2751
有色金属压延加工	121752	3126	10123	19354
金属制品业	958544	45341	127381	180394
结构性金属制品制造	309516	17176	47645	60270
金属工具制造	105820	6824	18409	25545
集装箱及金属包装容器制造	70453	1219	4417	7383
金属丝绳及其制品制造	97467	1826	7104	12077
建筑、安全用金属制品制造	69660	3686	8923	14298
金属表面处理及热处理加工	89249	2533	9096	16126
搪瓷制品制造	5640	143	461	732
金属制日用品制造	45452	2199	5570	8280
其他金属制品制造	165287	9735	25756	35683
通用设备制造业	1391149	74461	185142	250526
锅炉及原动设备制造	112023	2144	6356	9914
金属加工机械制造	197277	12180	31420	46074
物料搬运设备制造	154780	2338	6996	13451
泵、阀门、压缩机及类似机械制造	195446	8324	23261	33326
轴承、齿轮和传动部件制造	153585	3516	10425	20367
烘炉、风机、衡器、包装等设备制造	157575	6986	19144	27121
文化、办公用机械制造	44125	433	1061	1716
通用零部件制造	296271	28264	66310	75783
其他通用设备制造业	80067	10276	20169	22774
专用设备制造业	993718	49101	117808	171935
采矿、冶金、建筑专用设备制造	198162	5149	16394	28640
化工、木材、非金属加工专用设备制造	256283	15217	33561	44448
食品、饮料、烟草及饲料生产专用设备制造	24401	849	2442	4550
印刷、制药、日化及日用品生产专用设备制造	39044	2339	6458	10338
纺织、服装和皮革加工专用设备制造	88259	4978	12503	15404
电子和电工机械专用设备制造	57473	3971	8533	12416
农、林、牧、渔专用机械制造	37418	1267	4415	7563
医疗仪器设备及器械制造	89362	2135	5701	11031
环保、社会公共服务及其他专用设备制造	203316	13196	27801	37545
汽车制造业	493575	7260	22756	48524
汽车整车制造	62839	50	67	190
改装汽车制造	11594	35	116	223
低速载货汽车制造	266	1		20
电车制造	4537	64	340	1238
汽车车身、挂车制造	10115	54	170	683
汽车零部件及配件制造	404224	7056	22063	46170
铁路、船舶、航空航天和其他运输设备制造业	477521	6065	20420	40050
铁路运输设备制造	49090	684	1411	3120
城市轨道交通设备制造	4273	34	148	258
船舶及相关装置制造	275174	2485	9337	17680
航空、航天器及设备制造	20797	131	210	723
摩托车制造	43959	907	2664	4844
自行车制造	61011	1409	4737	8152

50-99人	100-299人	300-499人	500-999人	1000-4999人	5000-9999人	10000人及以上
253	708					
838	2062	1732	1177	1043		
4124	8957	5049	5301	6901		
2225	3201	762	546			
20409	32517	14770	10593	5835	5025	
152203	213742	70469	65689	80011	23314	
47581	68259	18830	18296	31459		
15522	22330	6201	6055	4934		
8160	14127	4683	7772	15192	7500	
17291	21220	6559	8831	6745	15814	
11816	16077	8081	4888	1891		
13906	24353	10026	7929	5280		
653	1698	701	1252			
6886	10331	4785	3211	4190		
30388	35347	10603	7455	10320		
193982	298986	116095	98652	113968	30329	29008
11883	21707	12724	17095	22735	7465	
32180	41549	13673	12935	7266		
16569	27768	13434	15089	21165	8962	29008
31803	55088	19571	11649	12424		
17605	38658	20815	19343	17147	5709	
20994	45939	13985	10497	12909		
2286	6465	4705	3472	15794	8193	
49159	50754	13661	7812	4528		
11503	11058	3527	760			
144685	220860	89582	93672	92940	13135	
27575	43661	20977	23307	24635	7824	
36675	58822	19017	21259	27284		
3831	5931	1483	827	4488		
7206	6857	1763	2761	1322		
12973	21179	8329	6514	6379		
9386	12644	5637	3828	1058		
6832	8125	3255	2657	3304		
10248	24727	13564	13177	8779		
29959	38914	15557	19342	15691	5311	
51007	112429	46496	76841	91947	25760	10555
599	2089	1102	3934	18493	25760	10555
860	2844	3093	3338	1085		
95	150					
1591	1304					
1084	1664	1469	1418	3573		
46778	104378	40832	68151	68796		
38506	74869	29931	36588	93498	80053	57541
3717	9907	3711	4414	11196	10930	
187	1508	355	600	1183		
15237	32017	11762	17550	55173	56392	57541
924	2830	1776	1472		12731	
4912	9914	4229	5817	10672		
8825	14504	6207	5516	11661		

1-A-7 续表 14

行 业	从业人员数(人)	7人及以下	8-19人	20-49人
非公路休闲车及零配件制造	18903	191	1154	4181
潜水救捞及其他未列明运输设备制造	4314	224	759	1092
电气机械和器材制造业	1368989	28365	83314	138436
电机制造	222895	3301	9479	17308
输配电及控制设备制造	492343	10358	31983	49646
电线、电缆、光缆及电工器材制造	255420	4505	13172	24023
电池制造	79303	522	1728	3535
家用电力器具制造	140987	1862	4448	7666
非电力家用器具制造	26069	832	2203	3443
照明器具制造	124868	4205	12553	24284
其他电气机械及器材制造	27104	2780	7748	8531
计算机、通信和其他电子设备制造业	1999889	17525	41891	70227
计算机制造	333644	1105	1841	4108
通信设备制造	118529	1196	2850	4766
广播电视设备制造	54362	426	1563	2629
雷达及配套设备制造	3253	31	96	
视听设备制造	138709	402	933	2093
电子器件制造	468819	2168	5639	9523
电子元件制造	727926	8086	20632	34649
其他电子设备制造	154647	4111	8337	12459
仪器仪表制造业	323091	8549	19564	30752
通用仪器仪表制造	201809	5243	10910	16586
专用仪器仪表制造	69776	1551	3911	5884
钟表与计时仪器制造	1062	65	171	242
光学仪器及眼镜制造	40021	723	2519	5371
其他仪器仪表制造业	10423	967	2053	2669
其他制造业	79158	3713	9650	15736
日用杂品制造	56188	1147	4019	7247
煤制品制造	2281	95	298	650
核辐射加工	254		15	94
其他未列明制造业	20435	2471	5318	7745
废弃资源综合利用业	24720	1643	3706	4906
金属废料和碎屑加工处理	15065	971	1530	2767
非金属废料和碎屑加工处理	9655	672	2176	2139
金属制品、机械和设备修理业	25887	2448	5247	6049
金属制品修理	2217	66	312	562
通用设备修理	1764	496	604	451
专用设备修理	2042	351	398	353
铁路、船舶、航空航天等运输设备修理	15225	780	2496	3706
电气设备修理	1041	148	389	242
仪器仪表修理	99	35	64	
其他机械和设备修理业	3499	572	984	735
电力、热力、燃气及水生产和供应业	**183876**	**2695**	**9724**	**14534**
电力、热力生产和供应业	111857	435	1543	2920
电力生产	60976	256	723	1548
电力供应	43053	63	286	491
热力生产和供应	7828	116	534	881
燃气生产和供应业	19245	412	1155	2293
燃气生产和供应业	19245	412	1155	2293

50-99人	100-299人	300-499人	500-999人	1000-4999人	5000-9999人	10000人及以上
3845	2809	1891	1219	3613		
859	1380					
140444	281157	113509	155041	325209	92287	11227
20091	48371	23415	27969	65979	6982	
54679	105564	41836	58795	93381	34874	11227
24630	54509	21349	29793	53136	30303	
5257	11612	8724	10019	30269	7637	
8667	22535	9701	16582	57035	12491	
2664	5463	804	3665	6995		
20194	29710	7290	8218	18414		
4262	3393	390				
84302	208736	136875	205118	559456	329651	346108
4949	19222	15328	20889	106939	62577	96686
4329	11935	6004	15738	49325	22386	
4954	12574	8431	9514	14271		
303	992	719	1112			
3125	8436	6654	10203	40911	32866	33086
15379	44484	29707	55463	147997	62072	96387
39635	92498	62844	87489	174657	87487	119949
11628	18595	7188	4710	25356	62263	
32486	71815	38880	47570	47306	12480	13689
19345	45919	23018	25333	29286	12480	13689
6680	15482	10439	10854	14975		
69	515					
4886	8810	4460	10207	3045		
1506	1089	963	1176			
11121	13782	5715	4204	10223	5014	
6771	11848	5715	4204	10223	5014	
733	505					
145						
3472	1429					
4745	6622	722	2376			
2549	4150	722	2376			
2196	2472					
4656	4658	352	1121	1356		
428	259		590			
	213					
135	805					
3436	2568	352	531	1356		
50	212					
607	601					
12557	**33781**	**15862**	**24102**	**29839**		**40782**
5238	20600	7076	10696	22567		40782
3594	15756	6416	10116	22567		
234	617		580			40782
1410	4227	660				
2890	3869	2721	3538	2367		
2890	3869	2721	3538	2367		

1-A-7 续表 15

行　　业	从业人员数（人）	7人及以下	8-19人	20-49人
水的生产和供应业	52774	1848	7026	9321
自来水生产和供应	40624	1175	4647	5471
污水处理及其再生利用	11310	542	2013	3777
其他水的处理、利用与分配	840	131	366	73
建筑业	**8437917**	**62829**	**115550**	**162074**
房屋建筑业	6299302	5629	15806	27708
房屋建筑业	6299302	5629	15806	27708
土木工程建筑业	980046	10543	23561	37717
铁路、道路、隧道和桥梁工程建筑	623357	3475	8173	14864
水利和内河港口工程建筑	115165	761	2285	2876
海洋工程建筑	491	12	67	228
工矿工程建筑	39655	849	1440	1888
架线和管道工程建筑	57765	987	2352	4830
其他土木工程建筑	143613	4459	9244	13031
建筑安装业	542755	16466	27434	39354
电气安装	188961	3269	5249	9756
管道和设备安装	128634	2995	5552	7857
其他建筑安装业	225160	10202	16633	21741
建筑装饰和其他建筑业	615814	30191	48749	57295
建筑装饰业	394923	23735	33778	33905
工程准备活动	47449	2576	6119	6837
提供施工设备服务	20446	598	1444	2206
其他未列明建筑业	152996	3282	7408	14347
批发和零售业	**3172144**	**716134**	**853285**	**574151**
批发业	2103620	528067	623267	442591
农、林、牧产品批发	178920	17359	46639	59771
食品、饮料及烟草制品批发	280063	33662	63569	77909
纺织、服装及家庭用品批发	372317	85183	95411	73032
文化、体育用品及器材批发	60225	14486	14826	9521
医药及医疗器材批发	68833	7401	11519	9971
矿产品、建材及化工产品批发	556391	174700	188054	104766
机械设备、五金产品及电子产品批发	434449	152890	146879	74374
贸易经纪与代理	41703	12447	14708	8765
其他批发业	110719	29939	41662	24482
零售业	1068524	188067	230018	131560
综合零售	300666	17655	29756	15730
食品、饮料及烟草制品专门零售	101074	21080	30552	20932
纺织、服装及日用品专门零售	94949	22430	27778	12758
文化、体育用品及器材专门零售	64386	14816	17860	9784
医药及医疗器材专门零售	61949	13992	11007	6411
汽车、摩托车、燃料及零配件专门零售	189441	21605	30114	29420
家用电器及电子产品专门零售	119338	32694	33775	15952
五金、家具及室内装饰材料专门零售	82553	27626	32173	12040
货摊、无店铺及其他零售业	54168	16169	17003	8533
交通运输、仓储和邮政业	**859649**	**45352**	**89289**	**109036**
道路运输业	487120	27681	57575	67192
城市公共交通运输	141767	620	1182	2228
公路旅客运输	61234	368	1488	2845
道路货物运输	240710	25431	52604	58634

50-99人	100-299人	300-499人	500-999人	1000-4999人	5000-9999人	10000人及以上
4429	9312	6065	9868	4905		
2165	7515	4878	9868	4905		
2214	1577	1187				
50	220					
181507	**506855**	**454593**	**830509**	**2585536**	**1084690**	**2453774**
41328	187670	247990	542889	2000446	893081	2336755
41328	187670	247990	542889	2000446	893081	2336755
43642	131536	119481	172325	336280	52944	52017
20851	75817	83444	110514	224578	29624	52017
3524	10674	12313	28523	54209		
	184					
1369	4304	2394	4050	13977	9384	
5689	15976	9062	6857	12012		
12209	24581	12268	22381	31504	13936	
45112	86962	38481	54706	124930	75209	34101
15141	28722	15204	18298	34363	24858	34101
9332	19021	9273	10821	38566	25217	
20639	39219	14004	25587	52001	25134	
51425	100687	48641	60589	123880	63456	30901
28954	62581	25633	41987	84591	28858	30901
4540	8281	3725	3050	6971	5350	
1842	3340	1632	3455	5929		
16089	26485	17651	12097	26389	29248	
285830	**261176**	**94528**	**86545**	**194987**	**45692**	**59816**
181063	132819	30582	35516	88225	26787	14703
26129	23501	2398	1653	1470		
36785	32392	5626	10105	20015		
30039	19986	7077	6508	25672	14706	14703
5484	4257	2832	2943	5876		
6353	6089	2700	4589	13473	6738	
38208	24035	4813	5907	15908		
25249	15683	4409	3811	5811	5343	
2743	2630	410				
10073	4246	317				
104767	128357	63946	51029	106762	18905	45113
13298	40986	37625	34430	60143	5930	45113
10180	10963	2422	1324	3621		
5573	7414	1375	1679	8592	7350	
6906	7314	1036	1078	5592		
5915	11505	8580	1257	3282		
47060	36285	4180	5187	15590		
7274	8804	6332	6074	2808	5625	
4386	2398	1620		2310		
4175	2688	776		4824		
97322	**122411**	**57647**	**84146**	**176222**	**65834**	**12390**
59828	69967	31654	46668	81862	32303	12390
5348	20997	15552	13974	37173	32303	12390
4528	9792	5370	9931	26912		
45065	30999	9547	12272	6158		

1-A-7 续表 16

行　　业	从业人员数（人）			
		7人及以下	8-19人	20-49人
道路运输辅助活动	43409	1262	2301	3485
水上运输业	130648	1811	4370	8768
水上旅客运输	3460	73	103	391
水上货物运输	80497	1103	2722	6338
水上运输辅助活动	46691	635	1545	2039
航空运输业	12324	67	107	276
航空客货运输	6340	33	76	103
通用航空服务	197	10		128
航空运输辅助活动	5787	24	31	45
管道运输业	9561	24	38	36
管道运输业	9561	24	38	36
装卸搬运和运输代理业	109734	12198	19065	20612
装卸搬运	48945	2494	5933	7740
运输代理业	60789	9704	13132	12872
仓储业	38188	2649	5433	8656
谷物、棉花等农产品仓储	8883	618	1722	3332
其他仓储业	29305	2031	3711	5324
邮政业	72074	922	2701	3496
邮政基本服务	37736	50	122	141
快递服务	34338	872	2579	3355
住宿和餐饮业	**448227**	**13163**	**43217**	**66745**
住宿业	150383	5084	12373	17704
旅游饭店	111369	490	2476	6208
一般旅馆	33661	4150	8901	10100
其他住宿业	5353	444	996	1396
餐饮业	297844	8079	30844	49041
正餐服务	205504	5241	23948	43060
快餐服务	69992	953	2958	2655
饮料及冷饮服务	5097	551	1273	868
其他餐饮业	17251	1334	2665	2458
信息传输、软件和信息技术服务业	**548115**	**46367**	**61321**	**54351**
电信、广播电视和卫星传输服务	176163	1460	3257	2638
电信	140701	655	1170	1334
广播电视传输服务	35281	762	2009	1244
卫星传输服务	181	43	78	60
互联网和相关服务	49519	7658	7926	7321
互联网接入及相关服务	2166	507	551	570
互联网信息服务	44307	6242	6523	6249
其他互联网服务	3046	909	852	502
软件和信息技术服务业	322433	37249	50138	44392
软件开发	239677	23614	33012	29531
信息系统集成服务	23851	4440	5635	4356
信息技术咨询服务	19031	4756	5305	4028
数据处理和存储服务	9555	509	621	1000
集成电路设计	10323	1045	1784	2471
其他信息技术服务业	19996	2885	3781	3006
房地产业	**687331**	**40611**	**107017**	**176431**
房地产业	687331	40611	107017	176431
房地产开发经营	236006	9002	50562	105486

50-99人	100-299人	300-499人	500-999人	1000-4999人	5000-9999人	10000人及以上
4887	8179	1185	10491	11619		
11528	22434	12598	23097	30165	15877	
708	1450	735				
8978	15412	7848	17732	20364		
1842	5572	4015	5365	9801	15877	
164	1070	1607	861	8172		
54	897	457		4720		
59						
51	173	1150	861	3452		
206	656			1732	6869	
206	656			1732	6869	
13931	17034	6795	4228	15871		
6174	8548	5052	1660	11344		
7757	8486	1743	2568	4527		
8348	7516	1365	807	3414		
2270	941					
6078	6575	1365	807	3414		
3317	3734	3628	8485	35006	10785	
64	1720	1530	2494	26562	5053	
3253	2014	2098	5991	8444	5732	
66695	**125353**	**48757**	**18121**	**13206**	**17481**	**35489**
18092	55970	30698	6101	4361		
12791	48724	30218	6101	4361		
4103	5927	480				
1198	1319					
48603	69383	18059	12020	8845	17481	35489
44823	63096	16213	9123			
1268	2982	1072	1169	3965	17481	35489
140	850			1415		
2372	2455	774	1728	3465		
38473	**56204**	**26844**	**34157**	**123655**	**40459**	**66284**
3175	12623	8913	10304	58699	20562	54532
1827	5727	3152	7416	53168	11720	54532
1348	6896	5761	2888	5531	8842	
5014	6095	3180	1924	3440	6961	
386	152					
4437	5943	3180	1332	3440	6961	
191			592			
30284	37486	14751	21929	61516	12936	11752
21537	26523	11757	18539	50476	12936	11752
2728	3113	458	1585	1536		
1971	2039	932				
469	678		555	5723		
1457	2579	487	500			
2122	2554	1117	750	3781		
100755	**116402**	**50742**	**48285**	**47088**		
100755	116402	50742	48285	47088		
39021	23580	4653	1290	2412		

1-A-7 续表 17

行业	从业人员数(人)			
		7人及以下	8-19人	20-49人
物业管理	342647	11856	30737	46233
房地产中介服务	61834	13048	13408	11207
自有房地产经营活动	19305	4526	5317	4537
其他房地产业	27539	2179	6993	8968
租赁和商务服务业	**1074552**	**174306**	**218449**	**166849**
租赁业	46852	9512	13763	9614
机械设备租赁	45279	9140	13358	9246
文化及日用品出租	1573	372	405	368
商务服务业	1027700	164794	204686	157235
企业管理服务	263591	35516	53911	47032
法律服务	23725	5742	9539	6346
咨询与调查	131499	39268	39034	26304
广告业	102748	37207	35887	14890
知识产权服务	6801	1567	1622	915
人力资源服务	237384	15128	20283	22335
旅行社及相关服务	30279	5614	6572	4812
安全保护服务	80381	912	1642	2691
其他商务服务业	151292	23840	36196	31910
科学研究和技术服务业	**687016**	**75388**	**137972**	**166437**
研究和试验发展	75866	11730	16871	17588
自然科学研究和试验发展	7032	972	1239	1336
工程和技术研究和试验发展	43191	7207	10187	9993
农业科学研究和试验发展	10893	1144	2025	2714
医学研究和试验发展	13189	2122	2962	3056
社会人文科学研究	1561	285	458	489
专业技术服务业	399525	40934	69925	77200
气象服务	2394	297	829	735
地震服务	947	257	426	210
海洋服务	622	37	92	246
测绘服务	7163	681	1773	1740
质检技术服务	37694	2232	5966	9833
环境与生态监测	8033	715	1678	2605
地质勘查	14666	222	528	993
工程技术	243262	20247	37588	43539
其他专业技术服务业	84744	16246	21045	17299
科技推广和应用服务业	211625	22724	51176	71649
技术推广服务	192506	19280	46147	67118
科技中介服务	10159	1755	2326	2124
其他科技推广和应用服务业	8960	1689	2703	2407
水利、环境和公共设施管理业	**220652**	**11762**	**27814**	**38256**
水利管理业	30852	3481	8495	8330
防洪除涝设施管理	9253	747	2056	2754
水资源管理	5087	789	1597	1296
天然水收集与分配	5203	408	1534	1352
水文服务	763	88	96	389
其他水利管理业	10546	1449	3212	2539
生态保护和环境治理业	12792	1343	2899	3491
生态保护	1764	185	459	447
环境治理业	11028	1158	2440	3044

50-99人	100-299人	300-499人	500-999人	1000-4999人	5000-9999人	10000人及以上
50149	79165	41464	41655	41388		
5606	8124	1813	5340	3288		
2724	1549	652				
3255	3984	2160				
92258	**112923**	**56357**	**81350**	**135860**	**36200**	
4035	6105	2544	1279			
3870	5842	2544	1279			
165	263					
88223	106818	53813	80071	135860	36200	
25716	34899	15344	16439	20004	14730	
1362	736					
11551	9286	1581	2129	2346		
6057	3697	1446	1343	2221		
580	725			1392		
14103	21001	14662	33687	74715	21470	
3477	4342	3508	1954			
3383	13494	9479	18368	30412		
21994	18638	7793	6151	4770		
106342	**102856**	**32287**	**28849**	**29848**	**7037**	
11442	11408	3584	2061	1182		
916	1567	1002				
6762	5892	1089	2061			
1620	1710	498		1182		
2023	2031	995				
121	208					
61100	72134	23794	20945	26456	7037	
533						
54						
247						
1633	1336					
7808	6680	2621	1491	1063		
1515	1214	306				
813	2161	2912			7037	
38025	52290	14823	16113	20637		
10472	8453	3132	3341	4756		
33800	19314	4909	5843	2210		
31922	17626	4570	5843			
863	881			2210		
1015	807	339				
33892	**45625**	**24553**	**27189**	**11561**		
5616	4504	426				
1800	1470	426				
942	463					
803	1106					
86	104					
1985	1361					
2483	2072		504			
248	425					
2235	1647		504			

1-A-7 续表 18

行　　业	从业人员数(人)			
		7人及以下	8-19人	20-49人
公共设施管理业	177008	6938	16420	26435
市政设施管理	15899	899	2601	3760
环境卫生管理	69852	874	2117	3752
城乡市容管理	8000	379	1006	1791
绿化管理	34539	2944	5625	8058
公园和游览景区管理	48718	1842	5071	9074
居民服务、修理和其他服务业	**200718**	**30588**	**50268**	**41550**
居民服务业	67553	11117	18187	15580
家庭服务	9568	1656	2250	2340
托儿所服务	418	71	151	196
洗染服务	2900	337	520	818
理发及美容服务	5366	1086	1771	1328
洗浴服务	12724	1668	3847	3699
保健服务	5346	433	1175	1300
婚姻服务	2819	1066	1235	446
殡葬服务	7891	615	1686	2705
其他居民服务业	20521	4185	5552	2748
机动车、电子产品和日用产品修理业	69478	13908	23794	17403
汽车、摩托车修理与维护	50957	9359	19505	13542
计算机和办公设备维修	6983	1788	1399	1165
家用电器修理	8984	1909	2074	2014
其他日用产品修理业	2554	852	816	682
其他服务业	63687	5563	8287	8567
清洁服务	41157	3615	5811	6282
其他未列明服务业	22530	1948	2476	2285
教育	**1099465**	**18454**	**43097**	**116123**
教育	1099465	18454	43097	116123
学前教育	127795	2831	15791	52619
初等教育	302788	237	2213	23197
中等教育	398276	712	1702	11834
高等教育	156411	361	626	1284
特殊教育	5328	164	567	2033
技能培训、教育辅助及其他教育	108867	14149	22198	25156
卫生和社会工作	**575310**	**27254**	**30761**	**47502**
卫生	523773	11217	13907	39016
医院	339042	537	1777	11474
社区医疗与卫生院	129224	4261	3241	16814
门诊部(所)	19432	4127	3495	3425
计划生育技术服务活动	7827	1503	3445	2540
妇幼保健院(所、站)	9042	28	206	1495
专科疾病防治院(所、站)	3546	131	173	476
疾病预防控制中心	9026	162	590	1642
其他卫生活动	6634	468	980	1150
社会工作	51537	16037	16854	8486
提供住宿社会工作	37655	9327	12767	6881
不提供住宿社会工作	13882	6710	4087	1605
文化、体育和娱乐业	**201888**	**35996**	**36132**	**36739**
新闻和出版业	18417	550	1064	2314
新闻业	1887	108	229	765

50-99人	100-299人	300-499人	500-999人	1000-4999人	5000-9999人	10000人及以上
25793	39049	24127	26685	11561		
3251	3524	1864				
5283	13922	16284	19718	7902		
1370	2709		745			
5403	5904	2536	2438	1631		
10486	12990	3443	3784	2028		
21029	**19122**	**7982**	**10304**	**12790**	**7085**	
7045	8614	2202	2212	2596		
1288	1712	322				
153	690	382				
177	1004					
1893	1234	383				
573	365			1500		
72						
1190	1695					
1699	1914	1115	2212	1096		
7073	3046	1109	1176	1969		
6258	1792		501			
189	1033	734	675			
537	106	375		1969		
89	115					
6911	7462	4671	6916	8225	7085	
5806	6765	3857	5638	3383		
1105	697	814	1278	4842	7085	
198565	**434143**	**126060**	**61753**	**84330**	**16940**	
198565	434143	126060	61753	84330	16940	
38098	17445	1011				
69853	174423	25936	6929			
68971	217301	74095	22417	1244		
1469	9282	16203	28195	82051	16940	
1632	932					
18542	14760	8815	4212	1035		
77576	**118507**	**40526**	**80741**	**152443**		
73831	113501	39117	80741	152443		
19251	44012	36051	76702	149238		
44615	57858	2435				
2316	2864			3205		
339						
1774	1690	330	3519			
907	1339		520			
3238	3394					
1391	2344	301				
3745	5006	1409				
2873	4716	1091				
872	290	318				
27617	**28052**	**10186**	**10841**	**16325**		
2033	5670	1921	1398	3467		
249	176	360				

1-A-7 续表 19

行业	从业人员数(人)	7人及以下	8-19人	20-49人
出版业	16530	442	835	1549
广播、电视、电影和影视录音制作业	36649	2024	4175	6006
广播	6528	194	535	445
电视	16392	461	1354	1155
电影和影视节目制作	3841	515	804	908
电影和影视节目发行	1316	85	248	588
电影放映	8355	676	1183	2837
录音制作	217	93	51	73
文化艺术业	53274	9143	12923	13196
文艺创作与表演	14122	1563	3093	3680
艺术表演场馆	2798	158	301	660
图书馆与档案馆	5348	427	1636	1324
文物及非物质文化遗产保护	2061	320	292	851
博物馆	3885	471	627	939
烈士陵园、纪念馆	2245	293	325	568
群众文化活动	13423	2983	3660	3804
其他文化艺术业	9392	2928	2989	1370
体育	13778	2433	3343	3177
体育组织	3323	789	676	652
体育场馆	2436	170	472	574
休闲健身活动	7025	1212	1891	1762
其他体育	994	262	304	189
娱乐业	79770	21846	14627	12046
室内娱乐活动	50757	20300	11522	8899
游乐园	7296	101	345	213
彩票活动	7842	91	190	343
文化、娱乐、体育经纪代理	2580	510	593	295
其他娱乐业	11295	844	1977	2296
公共管理、社会保障和社会组织	**1237900**	**137302**	**236567**	**189439**
中国共产党机关	34278	2233	7765	11228
中国共产党机关	34278	2233	7765	11228
国家机构	792348	26375	67497	114333
国家权力机构	6527	115	328	2577
国家行政机构	733508	25514	65126	109264
人民法院和人民检察院	36859	50	253	545
其他国家机构	15454	696	1790	1947
人民政协、民主党派	5076	522	800	2276
人民政协	4030	137	488	1995
民主党派	1046	385	312	281
社会保障	12292	1811	3594	3301
社会保障	12292	1811	3594	3301
群众团体、社会团体和其他成员组织	186801	53828	38358	32421
群众团体	22431	3663	3532	3443
社会团体	135825	39013	27282	24761
基金会	1854	879	610	294
宗教组织	26691	10273	6934	3923
基层群众自治组织	207105	52533	118553	25880
社区自治组织	73511	15746	38765	11941
村民自治组织	133594	36787	79788	13939

50-99人	100-299人	300-499人	500-999人	1000-4999人	5000-9999人	10000人及以上
1784	5494	1561	1398	3467		
4710	7842	4127	4779	2986		
525	1262	394	3173			
990	4107	3733	1606	2986		
686	928					
59	336					
2450	1209					
7912	6574	1181	1196	1149		
2302	1506	829		1149		
739	588	352				
867	581		513			
598						
772	1076					
257	119		683			
1300	1676					
1077	1028					
1768	1625	654	778			
190	238		778			
338	558	324				
1001	829	330				
239						
11194	6341	2303	2690	8723		
7066	2618	352				
940	1415	364	1636	2282		
58	226	493		6441		
332		326	524			
2798	2082	768	530			
164881	**254410**	**63551**	**57003**	**111215**	**12457**	**11075**
7800	4125	356	771			
7800	4125	356	771			
124420	221308	58758	52029	104096	12457	11075
1582	1569	356				
115318	192895	52041	45722	104096	12457	11075
5781	24305	4560	1365			
1739	2539	1801	4942			
588	890					
520	890					
68						
1714	988	352	532			
1714	988	352	532			
24153	23525	3726	3671	7119		
1514	3326	1414		5539		
20157	18507	2312	2213	1580		
71						
2411	1692		1458			
6206	3574	359				
3619	3081	359				
2587	493					

1-A-8 按地区分组的法人单位数、产业活动单位数及从业人员数

地区	法人单位					产业活动单位				
	单位数(个)	单产业法人	多产业法人	从业人员数(人)	#女性	单位数(个)	#多产业法人所属的产业活动单位数	从业人员数(人)	单产业法人所属的从业人员数	多产业法人所属的从业人员数
总计	**1047004**	**1033013**	**13991**	**36082553**	**12049614**	**1144381**	**111369**	**34951330**	**31267476**	**3683854**
南京市	**99254**	**98006**	**1248**	**3904934**	**1300161**	**113733**	**15728**	**3660127**	**3051655**	**608472**
玄武区	10314	10090	224	297568	123065	12295	2206	330744	238805	91939
秦淮区	16172	15997	175	404582	186686	19248	3251	387097	306785	80312
建邺区	6369	6290	79	260090	56900	7209	919	221946	148649	73297
鼓楼区	17421	17204	217	747767	223138	20012	2808	538016	427358	110658
浦口区	8555	8433	122	287701	88997	9680	1247	285910	256642	29268
栖霞区	7586	7476	110	267471	99312	8459	983	277713	232850	44863
雨花台区	3911	3853	58	164753	54036	4490	637	176135	131810	44325
江宁区	11136	11034	102	550894	182546	12312	1278	561876	523282	38594
六合区	7163	7108	55	326903	112053	8147	1039	340531	304579	35952
溧水区	5832	5797	35	267614	73808	6516	719	275240	258822	16418
高淳区	4795	4724	71	329591	99620	5365	641	264919	222073	42846
无锡市	**126549**	**124576**	**1973**	**3344954**	**1293087**	**137793**	**13217**	**3465822**	**3040356**	**425466**
崇安区	7911	7676	235	117389	51995	9302	1626	118488	83926	34562
南长区	7849	7690	159	116525	47039	8726	1036	136664	99136	37528
北塘区	6499	6359	140	112611	40742	7237	878	107761	94670	13091
锡山区	12178	12012	166	300689	113364	13151	1139	305813	279658	26155
惠山区	15108	14934	174	313407	116265	15906	972	323700	296947	26753
滨湖区	26168	25764	404	825581	328389	28350	2586	874283	762867	111416
江阴市	27638	27421	217	961346	389481	29845	2424	975099	883180	91919
宜兴市	23198	22720	478	597406	205812	25276	2556	624014	539972	84042
徐州市	**84858**	**83822**	**1036**	**2847657**	**971977**	**92395**	**8573**	**2605266**	**2390932**	**214334**
鼓楼区	11570	11406	164	290059	89518	12026	620	240405	216776	23629
云龙区	10264	10241	23	181028	62973	10900	659	186370	171566	14804
贾汪区	2680	2640	40	88062	31504	3017	377	89262	83259	6003
泉山区	10386	10226	160	290923	88374	10681	455	191695	174655	17040
铜山区	8768	8641	127	436653	127421	9544	903	353187	339966	13221

1-A-8　续表 1

地　区	法人单位					产业活动单位				
	单位数(个)	单产业法　人	多产业法　人	从　业人员数(人)	#女性	单位数(个)	#多产业法人所属的产业活动单位数	从　业人员数(人)	单产业法人所属的从业人员数	多产业法人所属的从业人员数
丰　县	7166	7094	72	305006	103666	7873	779	280684	264780	15904
沛　县	8128	7991	137	395183	138637	9643	1652	423858	351198	72660
睢宁县	7957	7866	91	238855	97052	8891	1025	239626	224640	14986
新沂市	8133	8040	93	261395	94768	8928	888	258497	242422	16075
邳州市	9806	9677	129	360493	138064	10892	1215	341682	321670	20012
常州市	**93348**	**92233**	**1115**	**2762002**	**923096**	**100008**	**7775**	**2767459**	**2461651**	**305808**
天宁区	13779	13520	259	268098	112938	14873	1353	260521	220584	39937
钟楼区	11496	11099	397	277770	97618	12273	1174	262998	231649	31349
戚墅堰区	2344	2316	28	54227	19288	2493	177	56999	53152	3847
新北区	19349	19178	171	440129	157343	20133	955	442603	422395	20208
武进区	31158	31047	111	988622	334892	33235	2188	928620	872140	56480
溧阳市	8008	7973	35	384966	90478	8871	898	430568	348198	82370
金坛市	7214	7100	114	348190	110539	8130	1030	385150	313533	71617
苏州市	**251054**	**247826**	**3228**	**7023493**	**2713688**	**268623**	**20798**	**7176299**	**6333432**	**842867**
虎丘区	15182	14901	281	488864	182602	16507	1606	507567	427388	80179
吴中区	25984	25592	392	582615	231585	27204	1612	566041	520844	45197
相城区	14679	14572	107	412681	159076	15363	791	421604	386756	34848
姑苏区	45168	44316	852	1159087	429641	49766	5450	1182825	996557	186268
吴江区	28145	27959	186	800598	310718	29393	1434	806217	752171	54046
常熟市	24483	24111	372	775264	326091	26916	2805	830105	720863	109242
张家港市	28522	28281	241	810558	320608	30571	2290	848655	768048	80607
昆山市	53469	52925	544	1578145	599186	56261	3336	1607258	1399680	207578
太仓市	15422	15169	253	415681	154181	16642	1474	406027	361125	44902
南通市	**88711**	**86682**	**2029**	**4011423**	**1115595**	**95916**	**9234**	**2898138**	**2618373**	**279765**
崇川区	16159	15706	453	493698	176832	17080	1374	438427	366789	71638
港闸区	5084	4965	119	187977	54697	5095	130	146066	137619	8447
通州区	12657	11992	665	677764	170327	14477	2485	413653	349110	64543
海安县	11170	10987	183	527378	129256	12165	1178	334999	319102	15897
如东县	11622	11579	43	440169	150361	11998	419	416258	399505	16753
启东市	9756	9571	185	494923	128529	10944	1373	334637	268269	66368
如皋市	11546	11444	102	577615	156619	11987	543	418146	402515	15631
海门市	10717	10438	279	611899	148974	12170	1732	395952	375464	20488

1-A-8 续表 2

地　区	法人单位					产业活动单位				
	单位数(个)	单产业法　人	多产业法　人	从　业人员数(人)	#女性	单位数(个)	#多产业法人所属的产业活动单位数	从　业人员数(人)	单产业法人所属的从业人员数	多产业法人所属的从业人员数
连云港市	**30387**	**30138**	**249**	**1099093**	**347555**	**34715**	**4577**	**1123353**	**1052952**	**70401**
连云区	3673	3643	30	140768	42203	4132	489	144352	132217	12135
新浦区	6009	5956	53	203855	63976	6693	737	202277	189148	13129
海州区	1562	1551	11	44391	15845	1719	168	46298	43064	3234
赣榆县	5222	5171	51	218338	62474	6176	1005	223997	212099	11898
东海县	6341	6333	8	215135	81955	7073	740	221165	213607	7558
灌云县	3832	3818	14	154898	44694	4370	552	160376	153258	7118
灌南县	3748	3666	82	121708	36408	4552	886	124888	109559	15329
淮安市	**43152**	**42428**	**724**	**1526285**	**462385**	**49437**	**7009**	**1544502**	**1435064**	**109438**
清河区	8217	8146	71	347088	107237	9201	1055	346850	328512	18338
淮安区	7764	7600	164	254748	70607	9140	1540	263420	240168	23252
淮阴区	4848	4811	37	191133	57959	5350	539	186456	171253	15203
清浦区	3757	3674	83	123707	34323	4206	532	124597	112384	12213
涟水县	4753	4727	26	225781	63996	5354	627	230395	222675	7720
洪泽县	4389	4362	27	122745	39609	4773	411	125257	116680	8577
盱眙县	4928	4758	170	170372	56180	6218	1460	174505	160740	13765
金湖县	4496	4350	146	90711	32474	5195	845	93022	82652	10370
盐城市	**47403**	**46860**	**543**	**1894239**	**600084**	**53820**	**6960**	**1921251**	**1800305**	**120946**
亭湖区	7318	7247	71	332852	102590	8172	925	327112	294777	32335
盐都区	5187	5167	20	242968	65751	5601	434	244223	239007	5216
响水县	4390	4363	27	103580	35061	4820	457	110476	99362	11114
滨海县	4020	3952	68	168688	46285	4693	741	165967	154974	10993
阜宁县	4562	4356	206	240555	60349	5454	1098	241985	228271	13714
射阳县	3939	3908	31	137409	55363	4402	494	141917	133488	8429
建湖县	4480	4437	43	203948	58122	5047	610	206345	193289	13056
东台市	7679	7650	29	269513	106852	8798	1148	281523	267774	13749
大丰市	5828	5780	48	194726	69711	6833	1053	201703	189363	12340

1-A-8　续表 3

地　区	法人单位					产业活动单位				
	单位数（个）	单产业法　人	多产业法　人	从　业人员数（人）	#女性	单位数（个）	#多产业法人所属的产业活动单位数	从　业人员数（人）	单产业法人所属的从业人员数	多产业法人所属的从业人员数
扬州市	**54314**	**53387**	**927**	**2613198**	**711941**	**60701**	**7314**	**2660910**	**2244385**	**416525**
广陵区	10020	9889	131	373242	115025	10907	1018	377555	357697	19858
邗江区	13841	13603	238	621651	195503	15141	1538	610671	545365	65306
江都区	10178	10125	53	519396	127717	10936	811	677049	512949	164100
宝应县	6232	6063	169	359385	78932	7422	1359	340378	267466	72912
仪征市	6528	6423	105	312751	78449	7173	750	300007	263511	36496
高邮市	7515	7284	231	426773	116315	9122	1838	355250	297397	57853
镇江市	**45879**	**45634**	**245**	**1440102**	**524100**	**48212**	**2578**	**1399363**	**1356002**	**43361**
京口区	10369	10333	36	263943	95924	10903	570	263240	252659	10581
润州区	5623	5606	17	162517	45593	6051	445	156289	149844	6445
丹徒区	4706	4696	10	137303	50212	4923	227	138454	136303	2151
丹阳市	11373	11211	162	410609	146098	11919	708	368733	353292	15441
扬中市	7346	7343	3	186928	70056	7435	92	187669	186507	1162
句容市	6462	6445	17	278802	116217	6981	536	284978	277397	7581
泰州市	**47585**	**47096**	**489**	**2163426**	**557405**	**51270**	**4174**	**2282711**	**2094241**	**188470**
海陵区	10013	9882	131	407093	104220	11130	1248	414085	390518	23567
高港区	5094	5062	32	246192	63507	5409	347	251404	232382	19022
姜堰区	6998	6917	81	307526	74681	7596	679	309824	298358	11466
兴化市	8538	8524	14	379981	106369	9052	528	385996	376359	9637
靖江市	8314	8185	129	395322	97878	8881	696	400375	380812	19563
泰兴市	8628	8526	102	427312	110750	9202	676	521027	415812	105215
宿迁市	**34510**	**34325**	**185**	**1451747**	**528540**	**37753**	**3428**	**1446049**	**1388125**	**57924**
宿城区	7231	7124	107	412043	124585	8159	1035	374285	358464	15821
宿豫区	3405	3390	15	141223	57546	3895	505	145414	140521	4893
沭阳县	12944	12934	10	384413	157354	13466	532	395275	383737	11538
泗阳县	5130	5085	45	267735	100484	5892	807	278424	261680	16744
泗洪县	5800	5792	8	246333	88571	6341	549	252651	243723	8928

1-A-9 按地区、行业(门类)

地区	法人单位数(个)	农、林、牧、渔业	采矿业	制造业	电力、热力、燃气及水生产和供应业	建筑业	批发和零售业	交通运输、仓储和邮政业
总　计	**1047004**	**12943**	**643**	**346771**	**2471**	**43284**	**299067**	**25948**
南京市	**99254**	**593**	**79**	**14950**	**152**	**5316**	**30803**	**2397**
玄武区	10314	1	1	220	3	275	4309	136
秦淮区	16172	1		884	4	698	6332	262
建邺区	6369		1	78		469	2263	89
鼓楼区	17421	2		455	7	622	6611	420
浦口区	8555	71	14	1870	15	755	2073	199
栖霞区	7586	28	3	1281	9	339	2336	463
雨花台区	3911	7	3	709	4	150	1048	86
江宁区	11136	156	25	4284	29	883	1704	201
六合区	7163	97	24	1635	33	492	1794	290
溧水区	5832	89	8	2289	26	248	1327	94
高淳区	4795	141		1245	22	385	1006	157
无锡市	**126549**	**1301**	**5**	**51370**	**187**	**4226**	**36783**	**3138**
崇安区	7911			225		511	3901	260
南长区	7849			871	5	576	2977	311
北塘区	6499	2		1159	10	340	2710	352
锡山区	12178	29		6052	9	239	3970	247
惠山区	15108	153		9328	31	216	2824	384
滨湖区	26168	12		10050	17	843	7049	490
江阴市	27638	312		12503	83	805	7918	697
宜兴市	23198	793	5	11182	32	696	5434	397
徐州市	**84858**	**752**	**185**	**17425**	**193**	**2989**	**31767**	**2360**
鼓楼区	11570	16	6	2097	24	560	5414	293
云龙区	10264	6		512	9	276	4842	209
贾汪区	2680	18	15	792	28	65	576	122
泉山区	10386	2	4	771	7	557	4547	191
铜山区	8768	169	77	2377	28	332	2241	282
丰县	7166	23	6	2579	27	161	1841	287
沛县	8128	308	9	2377	27	397	2565	197
睢宁县	7957	59	1	1893	17	237	2784	249
新沂市	8133	110	27	2016	14	183	3246	283
邳州市	9806	41	40	2011	12	221	3711	247
常州市	**93348**	**493**	**45**	**38409**	**192**	**2244**	**25226**	**1472**
天宁区	13779	1		2409	23	290	6682	271
钟楼区	11496			2518	8	410	4066	377
戚墅堰区	2344			1252	8	58	553	34
新北区	19349	78		7133	24	318	6840	288
武进区	31158	75		19048	48	586	4220	272
溧阳市	8008	94	31	2632	39	323	1691	131
金坛市	7214	245	14	3417	42	259	1174	99

分组的法人单位数

住宿和餐饮业	信息传输、软件和信息技术服务业	房地产业	租赁和商务服务业	科学研究和技术服务业	水利、环境和公共设施管理业	居民服务、修理和其他服务业	教育	卫生和社会工作	文化、体育和娱乐业	公共管理、社会保障和社会组织
11328	**21459**	**29149**	**77822**	**40129**	**7501**	**14760**	**17858**	**14231**	**15410**	**66230**
2113	**4964**	**3063**	**11771**	**6689**	**619**	**2357**	**2164**	**2145**	**2817**	**6262**
292	798	302	1400	729	53	274	210	177	321	813
438	979	530	2815	990	40	463	359	329	453	595
161	523	240	927	568	16	154	138	83	207	452
471	929	557	2760	1660	74	353	406	197	558	1339
129	398	293	852	540	54	193	212	149	192	546
118	248	187	540	546	41	269	162	332	263	421
75	484	147	310	158	29	115	112	112	86	276
195	248	340	617	441	67	328	262	524	282	550
107	187	183	695	574	90	100	137	114	139	472
65	66	170	362	230	98	44	97	36	238	345
62	104	114	493	253	57	64	69	92	78	453
1109	**3088**	**2740**	**7975**	**3580**	**738**	**1796**	**1521**	**1165**	**1330**	**4497**
142	259	323	1131	193	27	187	173	96	127	356
108	309	322	1062	250	65	269	147	82	146	349
106	187	192	603	152	20	188	80	103	80	215
27	101	182	380	203	68	93	108	47	67	356
30	178	227	435	373	45	88	110	133	102	451
306	1508	589	1912	1170	197	423	295	207	289	811
160	359	585	1443	489	175	283	300	251	255	1020
230	187	320	1009	750	141	265	308	246	264	939
848	**1543**	**2602**	**6598**	**4775**	**686**	**1186**	**1994**	**1120**	**1317**	**6518**
104	216	426	988	391	78	217	207	142	117	274
142	482	391	1309	706	34	146	251	162	188	599
23	21	91	167	88	32	51	116	60	46	369
149	431	375	1422	649	56	184	223	172	118	528
62	85	210	470	770	107	100	249	134	168	907
44	48	210	413	169	58	91	242	78	127	762
68	60	227	370	209	110	97	171	98	96	742
86	109	188	666	286	52	89	218	88	136	799
99	59	226	322	438	54	100	125	78	162	591
71	32	258	471	1069	105	111	192	108	159	947
777	**1944**	**2044**	**6490**	**3663**	**616**	**1230**	**1144**	**479**	**1189**	**5691**
151	385	395	1212	457	38	271	172	87	171	764
228	354	355	1278	474	52	301	196	92	172	615
10	17	54	82	39	10	26	20	14	20	147
125	765	382	1297	855	68	222	159	60	193	542
107	316	474	1677	1101	138	272	262	85	254	2223
68	65	232	536	514	247	57	176	66	274	832
88	42	152	408	223	63	81	159	75	105	568

1-A-9 续表 1

地 区	法人单位数(个)	农、林、牧、渔业	采矿业	制造业	电力、热力、燃气及水生产和供应业	建筑业	批发和零售业	交通运输、仓储和邮政业
苏州市	**251054**	**1471**	**21**	**92069**	**351**	**12025**	**80599**	**6638**
虎丘区	15182	15	15	3979	13	786	5526	373
吴中区	25984	97		11151	43	1339	6437	738
相城区	14679	157	1	8748	48	361	2914	184
姑苏区	45168	11		6669	22	2990	17268	1679
吴江区	28145	195		13706	31	700	8880	363
常熟市	24483	285		10594	54	847	6389	609
张家港市	28522	352	5	11879	47	705	10356	896
昆山市	53469	60		18001	58	3757	19428	1104
太仓市	15422	299		7342	35	540	3401	692
南通市	**88711**	**1823**	**3**	**31814**	**268**	**3209**	**26337**	**1522**
崇川区	16159	7		3573	22	581	5947	489
港闸区	5084	22		2111	6	156	1327	217
通州区	12657	408		5401	45	416	3523	134
海安县	11170	289		5107	32	403	2050	181
如东县	11622	85		3420	48	236	5659	83
启东市	9756	327	3	4026	35	574	1506	131
如皋市	11546	311		4532	40	441	2494	186
海门市	10717	374		3644	40	402	3831	101
连云港市	**30387**	**801**	**117**	**6657**	**163**	**1405**	**8014**	**1304**
连云区	3673	22	16	688	14	169	920	683
新浦区	6009	50	7	422	13	532	2195	83
海州区	1562	18	6	524	11	62	354	52
赣榆县	5222	92	10	1547	24	194	1221	108
东海县	6341	237	66	1860	19	145	1972	89
灌云县	3832	166	12	897	18	185	694	190
灌南县	3748	216		719	64	118	658	99
淮安市	**43152**	**1257**	**70**	**10541**	**187**	**2312**	**10851**	**1162**
清河区	8217	13	2	786	18	769	2655	161
淮安区	7764	629	2	2306	24	387	2008	177
淮阴区	4848	81	6	1442	31	202	1052	164
清浦区	3757	33	2	769	19	284	992	156
涟水县	4753	202		963	19	241	1073	154
洪泽县	4389	55	14	1131	31	146	1060	161
盱眙县	4928	174	43	1458	27	136	922	111
金湖县	4496	70	1	1686	18	147	1089	78

住宿和餐饮业	信息传输、软件和信息技术服务业	房地产业	租赁和商务服务业	科学研究和技术服务业	水利、环境和公共设施管理业	居民服务、修理和其他服务业	教育	卫生和社会工作	文化、体育和娱乐业	公共管理、社会保障和社会组织
2142	**5078**	**7791**	**19057**	**6704**	**1336**	**3111**	**2118**	**1408**	**2563**	**6572**
107	530	509	1447	852	128	232	136	66	149	319
162	495	820	2403	676	172	409	171	132	202	537
55	191	389	694	156	75	89	66	34	103	414
639	2115	1731	6085	2079	161	797	587	465	632	1238
165	152	501	1168	390	138	248	199	115	398	796
250	259	911	1585	442	277	362	254	155	295	915
101	263	400	1279	558	94	256	246	112	184	789
555	845	2126	3600	1177	193	557	329	223	417	1039
108	228	404	796	374	98	161	130	106	183	525
702	**1068**	**1863**	**5026**	**3026**	**466**	**1089**	**1698**	**2287**	**935**	**5575**
178	403	472	1517	549	78	341	321	349	198	1134
21	100	78	265	113	15	138	67	171	87	190
49	93	211	622	430	40	105	240	158	90	692
51	134	223	686	406	90	81	249	368	122	698
35	40	107	241	299	51	90	189	282	102	655
142	84	264	650	375	73	127	234	341	145	719
166	150	324	569	596	47	140	217	463	90	780
60	64	184	476	258	72	67	181	155	101	707
463	**283**	**1028**	**1818**	**1516**	**314**	**394**	**1021**	**525**	**672**	**3892**
66	46	138	248	91	37	51	85	58	57	284
198	137	334	643	222	56	137	178	95	142	565
15	6	38	66	37	21	22	57	25	31	217
45	17	155	237	293	56	56	159	86	111	811
61	24	118	269	293	59	51	226	63	116	673
50	29	99	199	121	36	36	175	90	84	751
28	24	146	156	459	49	41	141	108	131	591
475	**613**	**1373**	**3009**	**1828**	**416**	**633**	**1111**	**753**	**677**	**5884**
143	277	443	1025	361	43	172	173	116	180	880
76	53	123	323	225	54	103	155	142	112	865
53	64	120	327	151	47	87	168	96	65	692
54	48	150	332	116	44	91	118	88	49	412
39	29	124	207	153	65	49	177	120	77	1061
30	64	147	310	353	59	56	95	53	47	577
46	42	178	283	150	62	41	139	82	95	939
34	36	88	202	319	42	34	86	56	52	458

1-A-9 续表 2

地 区	法 人单位数(个)	农、林、牧、渔业	采矿业	制造业	电力、热力、燃气及水生产和供应业	建筑业	批发和零售业	交通运输、仓储和邮政业
盐城市	**47403**	**788**	**15**	**16276**	**253**	**1862**	**9272**	**1590**
亭湖区	7318	44		1801	28	428	1831	195
盐都区	5187	76	2	2233	29	253	697	146
响水县	4390	37	6	746	19	177	936	152
滨海县	4020	50	2	1010	23	255	774	179
阜宁县	4562	18	4	1832	23	180	1005	126
射阳县	3939	143		1220	39	102	699	120
建湖县	4480	50		2085	14	140	587	169
东台市	7679	212		2956	38	135	1855	274
大丰市	5828	158	1	2393	40	192	888	229
扬州市	**54314**	**1369**	**16**	**18998**	**163**	**2433**	**11737**	**1206**
广陵区	10020	148		2907	12	428	3005	242
邗江区	13841	275	5	3694	27	686	3921	289
江都区	10178	192	2	4610	21	532	1503	262
宝应县	6232	233	1	2471	39	122	665	108
仪征市	6528	127	6	2393	18	417	1163	177
高邮市	7515	394	2	2923	46	248	1480	128
镇江市	**45879**	**620**	**71**	**17563**	**106**	**2032**	**10780**	**1230**
京口区	10369	16	3	2108	21	698	3118	428
润州区	5623	21	7	791	6	314	2088	217
丹徒区	4706	45	13	2018	13	188	1047	139
丹阳市	11373	40		6513	23	257	1940	186
扬中市	7346	5	1	3766	15	191	1621	126
句容市	6462	493	47	2367	28	384	966	134
泰州市	**47585**	**934**	**1**	**19948**	**141**	**1634**	**8915**	**1038**
海陵区	10013	42		2982	27	387	2472	212
高港区	5094	25	1	2161	13	223	1154	135
姜堰区	6998	278		3526	31	189	854	131
兴化市	8538	195		3235	39	210	1149	202
靖江市	8314	217		4172	13	244	1419	196
泰兴市	8628	177		3872	18	381	1867	162
宿迁市	**34510**	**741**	**15**	**10751**	**115**	**1597**	**7983**	**891**
宿城区	7231	74	1	1526	24	494	2062	166
宿豫区	3405	127	4	1118	16	95	424	89
沭阳县	12944	335	8	4913	18	543	2936	392
泗阳县	5130	71	1	1738	39	271	903	114
泗洪县	5800	134	1	1456	18	194	1658	130

住宿和餐饮业	信息传输、软件和信息技术服务业	房地产业	租赁和商务服务业	科学研究和技术服务业	水利、环境和公共设施管理业	居民服务、修理和其他服务业	教育	卫生和社会工作	文化、体育和娱乐业	公共管理、社会保障和社会组织
559	**384**	**1498**	**3530**	**1583**	**537**	**721**	**1335**	**810**	**694**	**5696**
127	142	370	703	286	71	134	263	131	134	630
43	61	186	298	156	82	77	120	87	70	571
42	27	104	797	217	55	178	100	76	36	685
45	20	121	303	123	49	75	101	69	51	770
90	12	106	237	113	44	46	138	53	44	491
47	25	121	293	141	56	42	155	70	87	579
36	34	85	175	123	40	31	146	65	65	635
55	24	205	346	195	68	82	176	139	115	804
74	39	200	378	229	72	56	136	120	92	531
633	**741**	**1461**	**4541**	**1863**	**460**	**789**	**1219**	**1134**	**1001**	**4550**
191	268	306	830	217	40	224	216	160	184	642
238	286	494	1204	550	97	275	303	254	304	939
70	34	243	553	258	75	121	252	421	177	852
34	95	96	888	301	75	30	142	148	117	667
62	34	151	527	273	81	72	139	54	105	729
38	24	171	539	264	92	67	167	97	114	721
563	**743**	**1207**	**3220**	**1516**	**468**	**565**	**763**	**451**	**885**	**3096**
222	357	404	995	444	79	145	259	60	272	740
146	141	202	517	164	35	115	106	65	112	576
26	41	133	202	165	103	33	67	78	58	337
64	43	163	652	262	84	78	148	88	211	621
45	94	89	507	156	35	91	95	61	121	327
60	67	216	347	325	132	103	88	99	111	495
489	**417**	**1070**	**2671**	**2332**	**421**	**495**	**967**	**736**	**731**	**4645**
209	179	337	891	475	75	181	201	138	215	990
40	41	84	240	229	87	49	66	70	72	404
74	39	164	294	216	68	102	125	223	90	594
49	62	187	418	870	65	69	209	166	117	1296
70	55	141	439	246	65	51	169	60	111	646
47	41	157	389	296	61	43	197	79	126	715
455	**593**	**1409**	**2116**	**1054**	**424**	**394**	**803**	**1218**	**599**	**3352**
73	120	358	625	269	78	110	182	136	157	776
28	166	130	203	229	84	36	95	76	80	405
214	171	314	453	274	110	126	232	709	158	1038
67	96	337	358	150	41	58	148	116	102	520
73	40	270	477	132	111	64	146	181	102	613

1-A-10 按地区、行业(门类)

地　区	法人单位从业人员数	农、林、牧、渔业	采矿业	制造业	电力、热力、燃气及水生产和供应业	建筑业	批发和零售业	交通运输、仓储和邮政业
总　计	**36082553**	**187869**	**160862**	**16099062**	**183876**	**8437917**	**3172144**	**859649**
南京市	**3904934**	**6540**	**8393**	**1006228**	**55593**	**932609**	**471488**	**154330**
玄武区	297568	1	3	21371	1275	16238	64245	28235
秦淮区	404582	15		29376	3042	41368	119495	8923
建邺区	260090		3016	10107		120540	27645	9059
鼓楼区	747767	19		26524	40835	247409	94061	29474
浦口区	287701	769	326	117621	342	63243	25253	5045
栖霞区	267471	212	816	122222	2335	35072	20091	15153
雨花台区	164753	58	299	36187	393	7567	17567	9623
江宁区	550894	1558	556	254799	1455	121820	35596	23151
六合区	326903	1186	2877	158796	4289	63089	19383	10220
溧水区	267614	1580	500	109736	1001	68721	32747	5439
高淳区	329591	1142		119489	626	147542	15405	10008
无锡市	**3344954**	**18662**	**29**	**1984703**	**13300**	**303244**	**303158**	**74945**
崇安区	117389			3286		6454	33557	7231
南长区	116525			27274	1128	11287	24320	4749
北塘区	112611	6		23790	2362	19250	21164	5508
锡山区	300689	169		210449	438	25890	22983	5516
惠山区	313407	812		223209	646	22849	20315	3655
滨湖区	825581	58		503358	529	43751	67670	23157
江阴市	961346	7511		674141	5678	58200	64390	16762
宜兴市	597406	10106	29	319196	2519	115563	48759	8367
徐州市	**2847657**	**11867**	**103120**	**1018344**	**16861**	**545835**	**429311**	**87642**
鼓楼区	290059	201	70	116056	1398	44670	60619	6333
云龙区	181028	72		7730	1060	33810	56729	8175
贾汪区	88062	410	216	47894	5416	3462	7151	3010
泉山区	290923	212	57929	16683	757	52974	50014	21778
铜山区	436653	1965	6696	196944	4494	116384	30056	7584
丰县	305006	507	2751	126347	834	51621	55213	8525
沛县	395183	5063	26272	147573	779	102420	42858	8785
睢宁县	238855	1595	26	94055	314	36370	41878	7375
新沂市	261395	1192	1296	114024	594	41346	39643	6910
邳州市	360493	650	7864	151038	1215	62778	45150	9167
常州市	**2762002**	**9242**	**1520**	**1321235**	**8868**	**532317**	**281854**	**47498**
天宁区	268098	6		78748	1939	22094	63211	14548
钟楼区	277770			81049	73	34793	53689	8375
戚墅堰区	54227			35759	1200	4027	4375	516
新北区	440129	459		262531	1013	32069	48328	6494
武进区	988622	765		604496	1563	169131	58403	8428
溧阳市	384966	2583	1148	120043	2099	164858	20467	4034
金坛市	348190	5429	372	138609	981	105345	33381	5103

分组的法人单位从业人员数

住宿和餐饮业	信息传输、软件和信息技术服务业	房地产业	租赁和商务服务业	科学研究和技术服务业	水利、环境和公共设施管理业	居民服务、修理和其他服务业	教育	卫生和社会工作	文化、体育和娱乐业	公共管理、社会保障和社会组织
448227	**548115**	**687331**	**1074552**	**687016**	**220652**	**200718**	**1099465**	**575310**	**201888**	**1237900**
107599	**232441**	**116050**	**196977**	**128192**	**21892**	**28834**	**167066**	**80854**	**44308**	**145540**
15047	48472	13784	16447	17077	2971	3400	22384	7347	6268	13003
40841	19511	25113	33472	17203	1621	4410	16469	14288	9825	19610
5254	23205	9837	13140	12977	424	1338	5857	3810	2049	11832
22272	72395	24353	47285	29879	2527	8846	30741	25732	9545	35870
3612	7511	6474	8470	6931	2299	1702	19549	4108	2143	12303
3688	2755	6536	13606	7229	2064	1940	21415	4157	1966	6214
2528	42153	6387	17171	4805	655	1852	6937	1504	1150	7917
7738	8143	12053	13400	14824	1838	2795	23515	8091	4375	15187
3596	5289	4034	13763	7947	2413	1390	10120	5947	1932	10632
1455	711	3884	15335	4429	4077	564	5423	2539	4080	5393
1568	2296	3595	4888	4891	1003	597	4656	3331	975	7579
55017	**56318**	**74365**	**99118**	**47456**	**23611**	**30362**	**89512**	**51105**	**21794**	**98255**
13733	4199	9595	11934	2251	1201	1675	4280	6280	2447	9266
3096	3006	7385	7947	2700	2272	2243	4568	4949	4422	5179
3920	1479	7807	8680	2001	821	1551	4188	4384	798	4902
669	1189	4465	3093	2610	1383	3357	6957	2012	570	8939
1835	2045	4281	3039	4043	1127	872	11041	3063	805	9770
14922	37299	18688	28682	18313	5906	5670	22439	10541	6827	17771
9835	4926	14017	24561	7121	6240	12094	20642	10776	3477	20975
7007	2175	8127	11182	8417	4661	2900	15397	9100	2448	21453
21610	**23590**	**48391**	**86576**	**71756**	**17056**	**15539**	**134464**	**63349**	**17842**	**134504**
2806	2393	8531	14790	4912	1965	2526	9851	5188	1190	6560
3303	6887	5921	17204	8443	600	1704	10113	5424	2747	11106
338	146	1558	1737	987	605	428	5459	2808	316	6121
5642	7100	8491	13150	8843	1310	1953	12992	13436	2892	14767
900	1538	3844	7592	10491	2178	1498	17880	5807	2179	18623
1439	1039	4651	7249	3301	2242	1911	17691	5290	1917	12478
1771	1478	4551	6666	3411	3012	1611	13229	7363	1236	17105
1290	1382	3629	7967	4296	1285	1211	15300	4375	1232	15275
2185	1102	3572	4653	9150	1203	965	11452	6311	1572	14225
1936	525	3643	5568	17922	2656	1732	20497	7347	2561	18244
51922	**28766**	**47998**	**98507**	**84759**	**21191**	**16490**	**62452**	**33222**	**21248**	**92913**
16459	6011	6989	13245	5139	1919	2467	6358	14476	1981	12508
13210	4944	12580	26457	9519	2186	5906	8816	2971	4585	8617
262	119	734	1810	305	308	416	1380	731	162	2123
6816	11082	8727	15551	11909	2466	2155	8187	2584	3418	16340
4765	5118	11136	19480	38141	5620	3519	20534	4907	5175	27441
4795	440	4768	9260	9315	6287	687	9834	3274	4962	16112
5615	1052	3064	12704	10431	2405	1340	7343	4279	965	9772

1-A-10 续表 1

地区	法人单位从业人员数	农、林、牧、渔业	采矿业	制造业	电力、热力、燃气及水生产和供应业	建筑业	批发和零售业	交通运输、仓储和邮政业
苏州市	**7023493**	**14615**	**1240**	**4387150**	**24721**	**696528**	**593762**	**145376**
虎丘区	488864	104	1221	301376	645	38225	39463	7381
吴中区	582615	911		362424	1794	60091	46277	11630
相城区	412681	1925	4	289637	2849	33332	23248	6222
姑苏区	1159087	147		498462	3323	159386	131988	38938
吴江区	800598	1287		595343	3355	64161	49753	6822
常熟市	775264	2251		525147	4441	64189	47765	11389
张家港市	810558	2146	15	483334	2987	118819	82262	24260
昆山市	1578145	735		1056364	2956	123905	148803	26587
太仓市	415681	5109		275063	2371	34420	24203	12147
南通市	**4011423**	**29351**	**30**	**1440587**	**11301**	**1677883**	**305340**	**50131**
崇川区	493698	73		170765	1573	114584	70349	19739
港闸区	187977	160		75893	2275	63460	13196	8241
通州区	677764	8529		237626	1230	318293	39643	4143
海安县	527378	4683		187315	930	248358	23053	4357
如东县	440169	1878		171044	1761	144143	73205	2033
启东市	494923	3715	30	166454	1605	243705	13932	3577
如皋市	577615	5148		242507	892	233297	24834	4318
海门市	611899	5165		188983	1035	312043	47128	3723
连云港市	**1099093**	**13441**	**9063**	**359544**	**7962**	**296500**	**95708**	**45753**
连云区	140768	190	693	52539	2687	25851	9125	26510
新浦区	203855	839	5157	28301	872	65899	29522	3847
海州区	44391	154	102	20537	2086	4904	3805	1504
赣榆县	218338	1361	247	64944	600	89746	11282	2446
东海县	215135	4281	2057	89622	644	40901	24231	3936
灌云县	154898	4610	807	57660	373	41171	11469	5202
灌南县	121708	2006		45941	700	28028	6274	2308
淮安市	**1526285**	**10963**	**5628**	**526010**	**6332**	**515614**	**109289**	**42614**
清河区	347088	96	58	109515	445	125688	28986	8152
淮安区	254748	4723	2412	69276	575	108390	16386	6683
淮阴区	191133	604	449	67550	1405	66797	10821	5096
清浦区	123707	514	61	36376	2427	39393	10731	7552
涟水县	225781	1682		69535	379	97985	12342	5944
洪泽县	122745	984	1315	52337	587	31031	8809	3791
盱眙县	170372	1408	1332	78706	321	34758	11761	3757
金湖县	90711	952	1	42715	193	11572	9453	1639

住宿和餐饮业	信息传输、软件和信息技术服务业	房地产业	租赁和商务服务业	科学研究和技术服务业	水利、环境和公共设施管理业	居民服务、修理和其他服务业	教育	卫生和社会工作	文化、体育和娱乐业	公共管理、社会保障和社会组织
87086	**104025**	**164498**	**208061**	**97012**	**47085**	**41380**	**129505**	**82944**	**27021**	**171484**
16464	10942	13704	20150	11558	4174	2356	10207	3411	1510	5973
6553	3671	16393	19922	7948	5114	6358	13197	6819	2001	11512
2836	1363	6161	5651	2496	3234	877	7171	3114	690	21871
27772	42614	53777	55580	33318	7374	11395	30737	25513	7835	30928
6366	1418	8871	8900	6507	5043	2481	12861	6412	2337	18681
6656	2674	15121	30573	5407	5966	5090	15298	9542	3539	20216
5096	3171	10371	16663	7581	2802	3644	14011	10211	2374	20811
11387	35350	31112	41964	17195	10343	7273	18537	12839	5115	27680
3956	2822	8988	8658	5002	3035	1906	7486	5083	1620	13812
17885	**26270**	**39971**	**91782**	**59175**	**14646**	**12544**	**83790**	**47779**	**11848**	**91110**
5860	17130	12074	16586	10378	3489	3457	17111	10902	2434	17194
472	643	1861	7991	1738	625	1796	3209	2437	845	3135
1090	994	3416	18193	8909	653	1177	12556	5773	720	14819
1381	1899	4503	8351	9460	2202	904	10248	6231	1510	11993
1599	800	2157	6287	6024	1251	1183	8892	5149	1590	11173
4017	674	4237	12349	7040	2247	1515	9496	5149	2393	12788
1961	3318	7123	11036	8749	1778	1677	12118	7331	1124	10404
1505	812	4600	10989	6877	2401	835	10160	4807	1232	9604
11567	**6198**	**21632**	**32847**	**25451**	**7531**	**7224**	**58962**	**28327**	**5982**	**65401**
1896	584	2850	4531	1397	1339	438	3279	1884	342	4633
4970	3961	7417	12851	4348	1824	1926	9141	6948	2188	13844
259	50	1407	995	444	250	239	2975	2358	125	2197
898	398	2663	3314	5593	936	1438	13783	5394	707	12588
2127	627	3031	5495	7068	799	1515	12995	3131	1071	11604
871	371	2261	3528	2170	791	457	8259	3773	655	10470
546	207	2003	2133	4431	1592	1211	8530	4839	894	10065
14418	**10778**	**26982**	**37586**	**26567**	**10136**	**7979**	**63397**	**31678**	**7491**	**72823**
5540	5640	8017	13219	5268	1925	1746	10607	3443	2455	16288
1824	605	2481	4200	3780	2229	1315	11364	5450	1108	11947
891	1761	2723	3415	2238	685	1055	9510	7122	543	8468
1454	355	2941	3802	2105	715	1577	3976	4245	987	4496
1246	862	2791	3516	1759	1633	817	10362	3423	800	10705
1087	675	1770	2250	4294	1045	884	4664	1778	439	5005
1688	553	4309	3558	2033	1193	297	8859	4345	945	10549
688	327	1950	3626	5090	711	288	4055	1872	214	5365

1-A-10 续表 2

地 区	法人单位从业人员数	农、林、牧、渔业	采矿业	制造业	电力、热力、燃气及水生产和供应业	建筑业	批发和零售业	交通运输、仓储和邮政业
盐城市	**1894239**	**10935**	**2399**	**802069**	**11119**	**520062**	**113019**	**58479**
亭湖区	332852	495		119936	2247	100400	20932	13628
盐都区	242968	1020	31	96841	792	90430	12300	3320
响水县	103580	341	1203	41987	1220	13950	9370	3169
滨海县	168688	488	1078	60296	774	55271	7177	6158
阜宁县	240555	226	77	79302	686	101698	16699	4435
射阳县	137409	2137		64344	1761	22896	7560	4222
建湖县	203948	1232		93186	1174	56265	7890	9529
东台市	269513	2496		140989	1000	45706	22728	8799
大丰市	194726	2500	10	105188	1465	33446	8363	5219
扬州市	**2613198**	**27303**	**20084**	**1058272**	**8031**	**931815**	**130947**	**41884**
广陵区	373242	1189		172852	1730	100633	29071	4689
邗江区	621651	5487	18831	276928	3074	147246	35870	14341
江都区	519396	2778	574	219828	828	214326	16920	9045
宝应县	359385	9820	614	102726	854	174237	9785	4801
仪征市	312751	1802	56	127001	554	123735	11376	4567
高邮市	426773	6227	9	158937	991	171638	27925	4441
镇江市	**1440102**	**11681**	**6412**	**768152**	**8261**	**208695**	**123180**	**33833**
京口区	263943	133	103	95218	3976	34252	37842	12959
润州区	162517	116	1981	25402	650	58955	20560	7171
丹徒区	137303	361	672	85282	718	12277	12237	3453
丹阳市	410609	241		279282	1271	54016	19577	3651
扬中市	186928	47	36	120575	550	12659	17571	3200
句容市	278802	10783	3620	162393	1096	36536	15393	3399
泰州市	**2163426**	**12063**	**55**	**811523**	**7409**	**855044**	**105526**	**51140**
海陵区	407093	269		105257	1102	191819	25587	8194
高港区	246192	249	55	109773	866	81706	19802	5081
姜堰区	307526	3399		101150	516	147524	8060	9080
兴化市	379981	4891		146145	1223	110118	19270	15183
靖江市	395322	1301		167933	2369	160460	10915	8174
泰兴市	427312	1954		181265	1333	163417	21892	5428
宿迁市	**1451747**	**11206**	**2889**	**615245**	**4118**	**421771**	**109562**	**26024**
宿城区	412043	1267	55	124703	1118	196481	25896	6950
宿豫区	141223	2466	2455	71975	669	19380	8024	3952
沭阳县	384413	3819	368	198789	498	71489	32162	7872
泗阳县	267735	835	8	123896	1213	80695	9929	3214
泗洪县	246333	2819	3	95882	620	53726	33551	4036

住宿和餐饮业	信息传输、软件和信息技术服务业	房地产业	租赁和商务服务业	科学研究和技术服务业	水利、环境和公共设施管理业	居民服务、修理和其他服务业	教育	卫生和社会工作	文化、体育和娱乐业	公共管理、社会保障和社会组织
18319	**10573**	**30999**	**40921**	**24378**	**11957**	**8761**	**88130**	**39382**	**9327**	**93410**
4333	6841	8223	9452	4748	2093	1681	14747	7666	2339	13091
2067	882	3663	3836	1912	1368	754	9056	3480	1725	9491
911	296	1899	7880	2279	837	1668	6046	2541	388	7595
1896	350	2265	2680	1448	1399	911	9709	4713	634	11441
2652	175	3045	2250	2129	1211	1174	9967	2904	462	11463
1144	446	2330	4083	2564	1383	459	9185	4187	1110	7598
1193	494	1861	2149	2942	700	362	8748	3882	564	11777
2194	541	3769	4630	2662	1539	1039	13199	5856	1043	11323
1929	548	3944	3961	3694	1427	713	7473	4153	1062	9631
19825	**15995**	**34373**	**76704**	**36980**	**10388**	**10448**	**63823**	**32485**	**10172**	**83669**
5347	4153	7224	10245	3567	1512	2427	8055	8333	1370	10845
8375	9601	13603	16329	15045	2310	4703	17906	4833	4302	22867
2332	479	4152	7445	3950	1425	1009	11539	6409	1204	15153
1112	1204	2620	14420	5681	1480	1136	11375	4779	1116	11625
1290	262	2312	13699	3673	1672	561	5924	3414	1080	9773
1369	296	4462	14566	5064	1989	612	9024	4717	1100	13406
17103	**13443**	**27045**	**40017**	**23845**	**13809**	**9215**	**43913**	**21525**	**10435**	**59538**
5883	6176	9040	11029	6238	2023	1556	15901	5350	4008	12256
3487	2841	4463	5952	2962	1651	3242	3876	4464	1403	13341
1160	520	2366	2833	2135	1741	232	3233	1442	551	6090
3001	870	3855	7223	4343	4193	788	10354	5026	1821	11097
1622	1725	1490	6434	2130	790	1933	5279	2851	1186	6850
1950	1311	5831	6546	6037	3411	1464	5270	2392	1466	9904
15186	**9639**	**25298**	**38893**	**44139**	**10322**	**7083**	**56057**	**31529**	**7649**	**74871**
5730	4886	8250	7698	5713	1506	1704	11177	6856	2937	18408
827	823	2017	7838	3218	1119	866	3353	2191	654	5754
1645	615	3513	3162	4257	2359	673	8126	4594	529	8324
1571	1527	4117	5163	23402	1899	2441	13491	7012	1103	21425
3158	858	4385	5919	3628	1600	930	8062	4457	1124	10049
2255	930	3016	9113	3921	1839	469	11848	6419	1302	10911
10690	**10079**	**29729**	**26563**	**17306**	**11028**	**4859**	**58394**	**31131**	**6771**	**54382**
2033	3405	6981	5479	4011	1225	1176	10953	6850	1730	11730
1521	2088	2367	2637	4679	1832	471	7232	2440	1005	6030
4011	2471	5266	3886	3340	4375	1524	18156	9516	1713	15158
1697	1478	5772	4184	2716	1538	748	11772	6158	1200	10682
1428	637	9343	10377	2560	2058	940	10281	6167	1123	10782

1-A-11 按地区、登记注册类型

地区	法人单位数（个）	内资	国有	集体	股份合作	联营
总计	**1047004**	**1016578**	**52525**	**19903**	**3413**	**1778**
南京市	**99254**	**97130**	**5783**	**2311**	**550**	**410**
玄武区	10314	10186	686	149	69	28
秦淮区	16172	15963	695	204	102	49
建邺区	6369	6253	344	43	18	28
鼓楼区	17421	17183	1306	249	139	93
浦口区	8555	8362	374	299	28	23
栖霞区	7586	7360	384	168	30	47
雨花台区	3911	3812	261	150	27	21
江宁区	11136	10615	495	730	67	35
六合区	7163	6988	447	106	11	18
溧水区	5832	5690	428	76	36	7
高淳区	4795	4718	363	137	23	61
无锡市	**126549**	**123160**	**3823**	**1804**	**545**	**168**
崇安区	7911	7868	286	101	38	8
南长区	7849	7790	325	91	33	9
北塘区	6499	6432	207	115	54	19
锡山区	12178	11669	287	100	44	5
惠山区	15108	14721	377	234	51	21
滨湖区	26168	25061	794	434	91	48
江阴市	27638	26956	750	404	127	25
宜兴市	23198	22663	797	325	107	33
徐州市	**84858**	**84396**	**5355**	**1016**	**107**	**81**
鼓楼区	11570	11416	357	154	35	8
云龙区	10264	10244	585	84	7	6
贾汪区	2680	2665	251	123	17	8
泉山区	10386	10361	524	92	20	8
铜山区	8768	8708	604	182	9	12
丰县	7166	7126	653	81	7	9
沛县	8128	8101	545	102	5	15
睢宁县	7957	7921	515	115	3	9
新沂市	8133	8094	484	60	2	3
邳州市	9806	9760	837	23	2	3
常州市	**93348**	**90918**	**2933**	**1383**	**135**	**145**
天宁区	13779	13531	345	126	19	8
钟楼区	11496	11281	424	114	13	12
戚墅堰区	2344	2289	125	41	13	2
新北区	19349	18654	496	96	22	35
武进区	31158	30398	581	644	45	54
溧阳市	8008	7805	533	146	13	7
金坛市	7214	6960	429	216	10	27

分组的法人单位数

国有联营	集体联营	国有与集体联营	其他联营	有限责任公司	国有独资	其他有限责任公司	股份有限公司	私营
138	**415**	**115**	**1110**	**74460**	**1347**	**73113**	**9951**	**748556**
37	**83**	**27**	**263**	**11595**	**292**	**11303**	**1639**	**63071**
4	3	1	20	1092	48	1044	142	6795
8	13	6	22	1709	42	1667	346	11364
1	6	3	18	950	21	929	61	4154
13	21	6	53	2303	70	2233	429	10550
4	7	1	11	1678	22	1656	110	4934
1	4	1	41	556	16	540	101	5009
2	6	2	11	676	15	661	82	2149
1	10	3	21	722	20	702	128	7485
1	7	3	7	628	16	612	83	4742
	4	1	2	430	11	419	67	3825
2	2		57	851	11	840	90	2064
8	**33**	**10**	**117**	**7874**	**116**	**7758**	**1707**	**99491**
	2		6	706	16	690	80	6228
1	3	2	3	1228	9	1219	138	5598
1	2	2	14	932	9	923	76	4742
	4	1		323	4	319	78	10500
			21	323	7	316	76	13083
1	8	5	34	2688	36	2652	351	19089
3	6		16	887	17	870	401	22538
2	8		23	787	18	769	507	17713
10	**37**	**7**	**27**	**3867**	**101**	**3766**	**675**	**60765**
2	2		4	948	17	931	83	9393
	2	2	2	282	19	263	60	8626
1	7			211	3	208	44	1586
2	3	1	2	576	11	565	183	8269
2	6		4	610	13	597	49	5366
	1	3	5	178	5	173	66	4917
3	8	1	3	99	4	95	63	5062
	4		5	640	11	629	22	4696
	2		1	219	11	208	70	6289
	2		1	104	7	97	35	6561
8	**12**	**10**	**115**	**5204**	**53**	**5151**	**455**	**74245**
2	2	2	2	1761	3	1758	68	10413
1	1	4	6	449	9	440	34	9574
	1	1		196	2	194	21	1821
1		2	32	1492	17	1475	94	15928
2	2		50	1002	7	995	147	25617
1	4		2	162	9	153	43	5748
1	2	1	23	142	6	136	48	5144

1-A-11 续表 1

地　区	法　人单位数(个)	内资	国有	集体	股份合作	联营
苏州市	**251054**	**23683**	**4742**	**3339**	**994**	**249**
虎丘区	15182	14088	291	222	145	15
吴中区	25984	24811	438	456	170	46
相城区	14679	13987	283	256	42	5
姑苏区	45168	42559	977	316	244	131
吴江区	28145	26786	474	413	34	7
常熟市	24483	23640	596	454	79	10
张家港市	28522	27610	577	275	119	7
昆山市	53469	49212	696	651	91	24
太仓市	15422	14140	410	296	70	4
南通市	**88711**	**85874**	**4452**	**1561**	**255**	**86**
崇川区	16159	15695	962	292	82	16
港闸区	5084	4933	200	70	38	4
通州区	12657	12245	559	250	17	15
海安县	11170	10886	515	363	21	18
如东县	11622	11361	660	44	23	3
启东市	9756	9414	460	172	10	6
如皋市	11546	11280	592	74	9	10
海门市	10717	10060	504	296	55	14
连云港市	**30387**	**29973**	**2758**	**860**	**70**	**63**
连云区	3673	3515	371	95	21	4
新浦区	6009	5972	480	107	14	22
海州区	1562	1524	189	53	5	5
赣榆县	5222	5174	362	162	11	12
东海县	6341	6270	475	171	4	4
灌云县	3832	3809	450	118	5	5
灌南县	3748	3709	431	154	10	11
淮安市	**43152**	**42597**	**4597**	**956**	**85**	**82**
清河区	8217	8041	860	60	32	22
淮安区	7764	7656	748	136		2
淮阴区	4848	4819	433	118	17	7
清浦区	3757	3723	362	98	7	8
涟水县	4753	4714	619	144	8	14
洪泽县	4389	4347	451	166	5	6
盱眙县	4928	4875	701	140	8	13
金湖县	4496	4422	423	94	8	10

国有联营	集体联营	国有与集体联营	其他联营	有限责任公司	国有独资	其他有限责任公司	股份有限公司	私营
20	**41**	**14**	**174**	**17182**	**202**	**16980**	**1464**	**199010**
	4		11	1298	17	1281	116	11626
4	6		36	4080	25	4055	292	18392
1	1		3	1172	9	1163	46	11739
3	12	6	110	3522	54	3468	529	34643
1	3	1	2	875	14	861	65	23742
2	6	1	1	591	21	570	87	20564
1	2	2	2	4204	14	4190	90	21029
5	7	3	9	919	22	897	86	45441
3		1		521	26	495	153	11834
6	**39**	**5**	**36**	**8417**	**83**	**8334**	**538**	**61805**
1	6	1	8	1811	39	1772	134	11436
	4			466	5	461	27	3708
1	6	2	6	1858	13	1845	66	8432
	11		7	1189	1	1188	89	7526
1			2	260	3	257	97	9428
1	3		2	1348	8	1340	45	6272
1	2	1	6	1068	9	1059	38	7735
1	7	1	5	417	5	412	42	7268
2	**11**	**4**	**46**	**1543**	**86**	**1457**	**312**	**18209**
	3		1	278	33	245	53	2378
		2	20	424	17	407	131	3757
			5	49	2	47	27	989
1	5	2	4	73	14	59	41	3260
1	2		1	56	8	48	15	4392
			5	433	6	427	33	1830
	1		10	230	6	224	12	1603
9	**24**	**3**	**46**	**4029**	**68**	**3961**	**570**	**22980**
6	4		12	1596	21	1575	188	4097
	1	1		147	7	140	28	5054
3	3	1		199	6	193	70	2773
	2		6	417	7	410	73	2232
	5	1	8	387	9	378	58	1896
	2		4	636	8	628	63	2040
	6		7	310	5	305	50	2320
	1		9	337	5	332	40	2568

1-A-11 续表 2

地 区	法 人 单位数 (个)	内资	国有	集体	股份合作	联营
盐城市	**47403**	**46695**	**4441**	**1337**	**182**	**141**
亭湖区	7318	7159	699	99	31	27
盐都区	5187	5130	415	258	14	13
响水县	4390	4361	374	165	9	5
滨海县	4020	3998	498	113	17	19
阜宁县	4562	4519	270	74	10	22
射阳县	3939	3870	573	52	44	13
建湖县	4480	4449	548	71	13	6
东台市	7679	7531	546	289	21	11
大丰市	5828	5678	518	216	23	25
扬州市	**54314**	**53320**	**4204**	**2470**	**160**	**58**
广陵区	10020	9844	543	383	37	13
邗江区	13841	13480	1019	469	65	20
江都区	10178	10014	818	710	35	9
宝应县	6232	6159	618	252	6	5
仪征市	6528	6411	663	179	4	5
高邮市	7515	7412	543	477	13	6
镇江市	**45879**	**44598**	**3417**	**1125**	**110**	**91**
京口区	10369	10049	787	174	25	36
润州区	5623	5541	641	113	44	10
丹徒区	4706	4580	376	173	9	7
丹阳市	11373	10950	687	406	13	9
扬中市	7346	7179	446	134	15	16
句容市	6462	6299	480	125	4	13
泰州市	**47585**	**46801**	**3396**	**1438**	**142**	**69**
海陵区	10013	9803	967	227	27	17
高港区	5094	5012	285	100	11	9
姜堰区	6998	6866	414	237	22	4
兴化市	8538	8465	513	478	29	11
靖江市	8314	8200	595	159	10	4
泰兴市	8628	8455	622	237	43	24
宿迁市	**34510**	**34283**	**2624**	**303**	**78**	**135**
宿城区	7231	7158	743	92	16	48
宿豫区	3405	3371	421	39	14	57
沭阳县	12944	12900	642	74	22	20
泗阳县	5130	5099	339	40	7	6
泗洪县	5800	5755	479	58	19	4

国有联营	集体联营	国有与集体联营	其他联营	有限责任公司	国有独资	其他有限责任公司	股份有限公司	私营
11	**29**	**11**	**90**	**4552**	**100**	**4452**	**913**	**26419**
3	2	4	18	981	22	959	147	4452
1	3	1	8	404	13	391	233	2930
1	2	1	1	482	10	472	38	2232
	3		16	1290	6	1284	95	917
	3	1	18	156	2	154	66	3092
2	3	1	7	252	8	244	86	1647
	1	3	2	181	6	175	50	2942
1	4		6	382	7	375	120	4744
3	8		14	424	26	398	78	3463
6	**33**	**3**	**16**	**2390**	**81**	**2309**	**398**	**36811**
2	8		3	417	23	394	115	7442
3	7	1	9	666	38	628	140	10196
	7		2	760	6	754	62	6506
	5			224	7	217	22	3332
1	3	1		174	1	173	20	4579
	3	1	2	149	6	143	39	4756
10	**27**	**9**	**45**	**1588**	**59**	**1529**	**481**	**33466**
2	11	2	21	487	31	456	178	7711
3	2	2	3	266	8	258	59	3941
1	2	2	2	153	10	143	17	3272
3	2	1	3	193	3	190	89	8620
	4	1	11	373	4	369	108	5515
1	6	1	5	116	3	113	30	4407
7	**30**	**8**	**24**	**3999**	**58**	**3941**	**404**	**30483**
2	5	3	7	968	23	945	117	6652
1	3	2	3	762	6	756	43	3177
	1		3	591	3	588	60	4432
	7	1	3	479	6	473	61	4641
	2	1	1	408	10	398	48	6230
4	12	1	7	791	10	781	75	5351
4	**16**	**4**	**111**	**2220**	**48**	**2172**	**395**	**21801**
3	3	2	40	796	14	782	162	4229
	3	1	53	614	12	602	72	1539
	3		17	194	3	191	79	9525
	5		1	477	8	469	40	3439
1	2	1		139	11	128	42	3069

1-A-11 续表 3

地区	私营独资	私营合伙	私营有限责任公司	私营股份有限公司	其他	港澳台商投资企业
总　计	**163885**	**14342**	**552778**	**17551**	**105992**	**12056**
南京市	**8304**	**2201**	**50036**	**2530**	**11771**	**817**
玄武区	488	208	5888	211	1225	53
秦淮区	893	397	9563	511	1494	87
建邺区	291	141	3614	108	655	47
鼓楼区	1121	434	8412	583	2114	94
浦口区	915	140	3709	170	916	97
栖霞区	559	152	4137	161	1065	62
雨花台区	304	92	1616	137	446	41
江宁区	1716	247	5182	340	953	166
六合区	502	163	3960	117	953	58
溧水区	1023	120	2613	69	821	65
高淳区	492	107	1342	123	1129	47
无锡市	**13456**	**1150**	**82485**	**2400**	**7748**	**1337**
崇安区	176	74	5877	101	421	19
南长区	259	55	5102	182	368	26
北塘区	327	65	4207	143	287	27
锡山区	2317	121	7927	135	332	233
惠山区	3673	87	9108	215	556	190
滨湖区	2315	214	16138	422	1566	299
江阴市	1054	196	20892	396	1824	330
宜兴市	3335	338	13234	806	2394	213
徐州市	**19792**	**926**	**38778**	**1269**	**12530**	**233**
鼓楼区	917	75	8233	168	438	69
云龙区	1867	73	6388	298	594	11
贾汪区	942	82	510	52	425	6
泉山区	1427	196	6344	302	689	16
铜山区	1966	136	3149	115	1876	32
丰县	2214	43	2571	89	1215	15
沛县	1552	172	3278	60	2210	17
睢宁县	2884	46	1729	37	1921	24
新沂市	3906	24	2281	78	967	24
邳州市	2117	79	4295	70	2195	19
常州市	**10152**	**799**	**63167**	**127**	**6418**	**983**
天宁区	695	75	9633	10	791	120
钟楼区	614	50	8901	9	661	94
戚墅堰区	227	17	1573	4	70	24
新北区	1627	156	14120	25	491	218
武进区	4285	326	20954	52	2308	324
溧阳市	1075	43	4614	16	1153	100
金坛市	1629	132	3372	11	944	103

港澳台商合资经营	港澳台商合作经营	港澳台商独　资	港澳台商投资股份有限公司	其他港澳台商投资	外商投资企　业	中外合资经　营	中外合作经　营	外资企业	外商投资股份有限公　司	其他外商投　资
3794	**206**	**7686**	**279**	**91**	**18370**	**5322**	**280**	**12165**	**358**	**245**
306	**17**	**464**	**16**	**14**	**1307**	**444**	**31**	**781**	**28**	**23**
21	3	28		1	75	25	4	43	1	2
30	3	50	2	2	122	36	5	73	4	4
16		31			69	18	1	47	2	1
40	4	46	2	2	144	50	6	77	6	5
37		59	1		96	36	2	49	3	6
27	1	31	1	2	164	49	2	109	3	1
17		23		1	58	31	1	25		1
65	2	91	5	3	355	115	5	228	5	2
22		35		1	117	44	4	69		
16	3	44	2		77	27	1	45	3	1
15	1	26	3	2	30	13		16	1	
552	**29**	**707**	**39**	**10**	**2052**	**795**	**39**	**1161**	**37**	**20**
8		11			24	9		15		
10		15	1		33	15		15		3
11	2	13		1	40	20	2	17	1	
78	3	146	6		276	92	2	174	5	3
90	3	93	4		197	94	3	98		2
98	11	179	8	3	808	211	24	552	14	7
188	4	127	9	2	352	197	2	143	6	4
69	6	123	11	4	322	157	6	147	11	1
81	**11**	**128**	**11**	**2**	**229**	**117**	**3**	**99**	**6**	**4**
26	1	40	1	1	85	37		40	4	4
2		5	4		9	5		4		
3		3			9	8		1		
7	5	4			9	5		3	1	
11		17	4		28	15	1	11	1	
10	2	3			25	18		7		
4	1	12			10	5	1	4		
2	1	20		1	12	5		7		
6	1	16	1		15	5		10		
10		8	1		27	14	1	12		
431	**34**	**498**	**17**	**3**	**1447**	**603**	**44**	**772**	**19**	**9**
64	10	43	3		128	62	8	56	1	1
42	3	48	1		121	61	1	57	1	1
18		5	1		31	16		15		
64	6	142	6		477	133	7	335	2	
162	6	149	5	2	436	208	15	198	10	5
32	2	64	1	1	103	42	7	48	4	2
49	7	47			151	81	6	63	1	

1-A-11 续表 4

地　区	私营独资	私营合伙	私营有限责任公司	私营股份有限公司	其他	港澳台商投资企业
苏州市	**24073**	**3832**	**165680**	**5425**	**9853**	**5145**
虎丘区	1088	241	10042	255	375	296
吴中区	2288	518	14990	596	937	471
相城区	1946	136	9473	184	444	323
姑苏区	2132	558	29523	2430	2197	638
吴江区	5098	278	17993	373	1176	633
常熟市	3494	617	16207	246	1259	315
张家港市	2377	280	18011	361	1309	342
昆山市	4082	929	39828	602	1304	1648
太仓市	1568	275	9613	378	852	479
南通市	**15807**	**1425**	**43653**	**920**	**8760**	**1123**
崇川区	578	125	10489	244	962	116
港闸区	202	39	3451	16	420	34
通州区	2343	202	5763	124	1048	135
海安县	1368	136	5916	106	1165	145
如东县	5691	106	3511	120	846	129
启东市	1465	613	4047	147	1101	120
如皋市	2545	41	5100	49	1754	109
海门市	1615	163	5376	114	1464	335
连云港市	**6898**	**348**	**10466**	**497**	**6158**	**177**
连云区	431	43	1819	85	315	64
新浦区	555	97	2914	191	1037	14
海州区	150	5	818	16	207	22
赣榆县	1284	44	1870	62	1253	15
东海县	3071	47	1229	45	1153	31
灌云县	726	17	1032	55	935	9
灌南县	681	95	784	43	1258	22
淮安市	**10834**	**596**	**10832**	**718**	**9298**	**343**
清河区	1783	138	2010	166	1186	94
淮安区	3093	72	1829	60	1541	85
淮阴区	1345	59	1273	96	1202	15
清浦区	588	34	1556	54	526	14
涟水县	1331	72	429	64	1588	16
洪泽县	1173	109	663	95	980	25
盱眙县	664	36	1508	112	1333	38
金湖县	857	76	1564	71	942	56

港澳台商合资经营	港澳台商合作经营	港澳台商独　资	港澳台商投资股份有限公司	其他港澳台商投资	外商投资企　业	中外合资经　营	中外合作经　营	外资企业	外商投资股份有限公　司	其他外商投　资
1097	**39**	**3856**	**113**	**40**	**9076**	**1504**	**90**	**7200**	**172**	**110**
50	2	230	12	2	798	97	10	658	22	11
122	2	334	7	6	702	155	11	520	8	8
64	3	242	13	1	369	85	2	277	5	
119	10	467	29	13	1971	221	21	1620	71	38
150	4	460	11	8	726	149	4	546	14	13
115	2	195	3		528	154	2	370	2	
154	2	181	5		570	191	9	362	2	6
245	6	1367	22	8	2609	314	24	2214	29	28
78	8	380	11	2	803	138	7	633	19	6
393	**15**	**699**	**12**	**4**	**1714**	**709**	**26**	**939**	**27**	**13**
52	1	58	3	2	348	122	4	209	8	5
14		20			117	71	4	40	2	
51	2	80	1	1	277	116	8	148	4	1
68	2	72	3		139	68		66	4	1
26	2	101			132	52	1	76	1	2
56	2	60	2		222	107	3	108	3	1
47	1	61			157	74	5	75	1	2
79	5	247	3	1	322	99	1	217	4	1
60	**4**	**105**	**8**		**237**	**97**	**1**	**129**	**9**	**1**
26	3	30	5		94	36	1	55	1	1
8		5	1		23	7		13	3	
7		15			16	11		5		
6		9			33	9		22	2	
8		23			40	18		20	2	
		9			14	5		9		
5	1	14	2		17	11		5	1	
97	**11**	**224**	**8**	**3**	**212**	**75**	**4**	**105**	**8**	**20**
32	3	57	2		82	26	2	48	1	5
16	2	66	1		23	7	1	15		
4		10		1	14	6		7		1
5	4	5			20	5	1	5		9
3		11		2	23	6		10	3	4
11	1	12	1		17	9		7		1
9		25	4		15	7		8		
17	1	38			18	9		5	4	

1-A-11 续表 5

地 区	私营独资	私营合伙	私营有限责任公司	私营股份有限公司	其他	港澳台商投资企业
盐城市	**10378**	**717**	**14539**	**785**	**8710**	**317**
亭湖区	770	63	3506	113	723	50
盐都区	1253	99	1443	135	863	23
响水县	1243	64	859	66	1056	13
滨海县	442	42	376	57	1049	9
阜宁县	1249	88	1711	44	829	15
射阳县	631	92	843	81	1203	42
建湖县	646	64	2136	96	638	15
东台市	2385	82	2204	73	1418	75
大丰市	1759	123	1461	120	931	75
扬州市	**12550**	**747**	**22625**	**889**	**6829**	**479**
广陵区	2079	172	4901	290	894	74
邗江区	2752	265	6854	325	905	172
江都区	3437	98	2922	49	1114	74
宝应县	896	46	2320	70	1700	41
仪征市	1567	99	2899	14	787	56
高邮市	1819	67	2729	141	1429	62
镇江市	**9325**	**488**	**22731**	**922**	**4320**	**618**
京口区	1660	145	5610	296	651	149
润州区	914	87	2718	222	467	47
丹徒区	1099	50	2058	65	573	57
丹阳市	1920	67	6525	108	933	178
扬中市	1793	100	3476	146	572	79
句容市	1939	39	2344	85	1124	108
泰州市	**10597**	**421**	**18854**	**611**	**6870**	**362**
海陵区	2385	85	3971	211	828	100
高港区	1155	16	1954	52	625	42
姜堰区	1914	38	2432	48	1106	50
兴化市	2046	164	2326	105	2253	37
靖江市	1299	49	4766	116	746	54
泰兴市	1798	69	3405	79	1312	79
宿迁市	**11719**	**692**	**8932**	**458**	**6727**	**122**
宿城区	1984	109	2021	115	1072	38
宿豫区	837	56	610	36	615	17
沭阳县	5798	202	3360	165	2344	22
泗阳县	1589	243	1514	93	751	17
泗洪县	1511	82	1427	49	1945	28

港澳台商合资经营	港澳台商合作经营	港澳台商独资	港澳台商投资股份有限公司	其他港澳台商投资	外商投资企业	中外合资经营	中外合作经营	外资企业	外商投资股份有限公司	其他外商投资
153	**9**	**140**	**14**	**1**	**391**	**184**	**6**	**166**	**16**	**19**
22	2	24	1	1	109	29	1	68	4	7
11	2	10			34	17		13	3	1
4		6	3		16	5		4	1	6
3		6			13	4		6		3
6	1	7	1		28	10		15	2	1
20	1	17	4		27	18		9		
6	1	7	1		16	7		8		1
40	1	31	3		73	47	3	21	2	
41	1	32	1		75	47	2	22	4	
215	**15**	**231**	**12**	**6**	**515**	**266**	**4**	**233**	**8**	**4**
39		33	2		102	46	1	53	1	1
71	5	88	5	3	189	75	1	107	5	1
24	6	40	3	1	90	69	1	18	1	1
20		21			32	20		12		
31	1	23	1		61	34		25	1	1
30	3	26	1	2	41	22	1	18		
237	**9**	**351**	**15**	**6**	**663**	**296**	**14**	**330**	**13**	**10**
54		88	4	3	171	64	1	97	5	4
19		26	2		35	23		11		1
26	1	30			69	36	3	29	1	
85	6	82	5		245	107	2	132	1	3
28	2	45	2	2	88	48	6	27	5	2
25		80	2	1	55	18	2	34	1	
140	**9**	**204**	**8**	**1**	**422**	**189**	**13**	**207**	**9**	**4**
26	1	70	3		110	42		62	4	2
13	1	28			40	18	1	19	2	
13	2	34	1		82	24	4	54		
12	2	19	3	1	36	18		17	1	
38		16			60	37	3	20		
38	3	37	1		94	50	5	35	2	2
32	**4**	**79**	**6**	**1**	**105**	**43**	**5**	**43**	**6**	**8**
5	2	28	3		35	16	2	12	3	2
7		9	1		17	11	1	5		
5	1	15	1		22	4	1	16		1
6	1	10			14	5	1	3	1	4
9		17	1	1	17	7		7	2	1

1-A-12 按地区、登记注册类型分组的

地 区	从 业 人员数 (人)	内资	国有	集体	股份合作	联营
总 计	**36082553**	**30801482**	**2873934**	**596921**	**77509**	**35389**
南京市	**3904934**	**3411268**	**487476**	**48548**	**11233**	**6639**
玄武区	297568	276948	64878	2370	495	772
秦淮区	404582	335539	65658	3804	1213	638
建邺区	260090	250004	17126	1791	415	336
鼓楼区	747767	666865	152107	5373	1685	810
浦口区	287701	262936	31952	6723	1424	820
栖霞区	267471	193536	36022	4323	1464	585
雨花台区	164753	151317	22331	2172	502	332
江宁区	550894	422781	43387	11397	2532	836
六合区	326903	287277	25624	4957	97	799
溧水区	267614	247353	15366	1877	1038	86
高淳区	329591	316712	13025	3761	368	625
无锡市	**3344954**	**2717185**	**230835**	**73112**	**9817**	**2262**
崇安区	117389	106244	20785	1901	319	88
南长区	116525	109086	23234	1089	515	70
北塘区	112611	106906	14608	1856	680	394
锡山区	300689	219691	17433	1585	1261	20
惠山区	313407	277711	16242	6003	958	150
滨湖区	825581	514836	51048	10174	1902	643
江阴市	961346	840199	46282	42187	2042	462
宜兴市	597406	542512	41203	8317	2140	435
徐州市	**2847657**	**2761628**	**361513**	**39253**	**3585**	**1597**
鼓楼区	290059	258453	22367	4312	677	293
云龙区	181028	180248	36922	1308	68	66
贾汪区	88062	83949	12095	3634	476	99
泉山区	290923	288080	47449	2274	579	110
铜山区	436653	427938	37457	6738	401	227
丰县	305006	299435	33820	5784	478	224
沛县	395183	390418	51585	4640	587	277
睢宁县	238855	227514	42469	5029	216	219
新沂市	261395	256608	31484	1928	59	32
邳州市	360493	348985	45865	3606	44	50
常州市	**2762002**	**2431531**	**163435**	**34740**	**2983**	**2076**
天宁区	268098	227402	32391	2943	292	73
钟楼区	277770	259765	22794	2159	206	139
戚墅堰区	54227	48212	3736	815	212	43
新北区	440129	344222	25160	3704	756	287
武进区	988622	869969	36065	15510	919	780
溧阳市	384966	364545	23188	4308	239	156
金坛市	348190	317416	20101	5301	359	598

法人单位从业人员数

国有联营	集体联营	国有与集体联营	其他联营	有限责任公司			股份有限公司	私营
					国有独资	其他有限责任公司		
8425	**7571**	**6257**	**13136**	**6840167**	**349149**	**6491018**	**1640073**	**17309479**
1340	**1470**	**1020**	**2809**	**1049254**	**90442**	**958812**	**213953**	**1418021**
460	14	2	296	109141	16514	92627	10570	70783
84	133	226	195	75369	12400	62969	27794	146369
30	86	21	199	101933	5813	96120	21191	99870
296	202	26	286	233033	17070	215963	43150	205665
304	414	36	66	84271	4000	80271	14247	106376
1	26	3	555	53748	6224	47524	18104	67154
114	38	40	140	57343	10775	46568	13436	47027
19	370	22	425	113117	4269	108848	23163	214811
1	99	633	66	66900	10197	56703	24531	151379
	34	11	41	54055	1905	52150	6047	141522
31	54		540	100344	1275	99069	11720	167065
283	**497**	**400**	**1082**	**410245**	**16102**	**394143**	**120462**	**1773431**
	27		61	22875	2291	20584	3387	52106
7	28	23	12	15565	1011	14554	13360	51937
60	19	250	65	26171	3000	23171	1826	57666
	5	15		32237	75	32162	6498	155980
			150	21279	108	21171	10602	216263
15	125	112	391	96325	3042	93283	34533	300322
129	231		102	98765	723	98042	25151	599823
72	62		301	97028	5852	91176	25105	339334
135	**716**	**84**	**662**	**559110**	**101055**	**458055**	**102432**	**1499011**
25	59		209	78977	31479	47498	8772	136771
	24	26	16	12832	1806	11026	4756	118078
6	93			11418	214	11204	7601	42968
21	22	16	51	102820	61791	41029	9437	116909
57	109		61	140866	3629	137237	29127	191243
	46	32	146	41940	690	41250	7154	182434
26	188	10	53	47595	115	47480	9763	238867
	121		98	27139	363	26776	2323	115822
	26		6	46983	667	46316	8546	153052
	28		22	48540	301	48239	14953	202867
121	**198**	**158**	**1599**	**256214**	**12760**	**243454**	**51868**	**1830841**
33	16	8	16	29717	512	29205	6953	145833
5	2	86	46	17651	765	16886	7145	202256
	5	38		12656	5283	7373	248	29964
15		16	256	31237	3295	27942	8760	270161
27	3		750	127695	543	127152	11594	655492
3	145		8	9475	1221	8254	9877	300769
38	27	10	523	27783	1141	26642	7291	226366

1-A-12 续表 1

地区	从业人员数(人)	内资	国有	集体	股份合作	联营
苏州市	**7023493**	**4614289**	**325648**	**100589**	**14969**	**3976**
虎丘区	488864	237583	19386	5244	1777	163
吴中区	582615	427555	24649	10272	2054	287
相城区	412681	322910	31006	12333	414	70
姑苏区	1159087	720160	79169	9782	3176	1380
吴江区	800598	507717	28307	9900	416	86
常熟市	775264	613860	39264	11616	1939	150
张家港市	810558	720452	34381	11579	1472	736
昆山市	1578145	777917	49181	22567	2318	984
太仓市	415681	286135	20305	7296	1403	120
南通市	**4011423**	**3613470**	**187045**	**54220**	**9541**	**2940**
崇川区	493698	409912	48260	3751	1138	253
港闸区	187977	166923	8519	3593	2932	62
通州区	677764	610061	23268	23441	1115	153
海安县	527378	499226	20392	6985	851	223
如东县	440169	403194	21857	3027	805	99
启东市	494923	450795	20186	2787	241	931
如皋市	577615	526176	23567	2137	120	570
海门市	611899	547183	20996	8499	2339	649
连云港市	**1099093**	**1037189**	**141229**	**38806**	**2097**	**763**
连云区	140768	113852	18201	4455	901	22
新浦区	203855	196369	32698	5157	349	266
海州区	44391	41579	6437	1909	137	27
赣榆县	218338	214276	25157	8576	256	208
东海县	215135	201801	23520	5028	245	36
灌云县	154898	151232	18123	7743	88	31
灌南县	121708	118080	17093	5938	121	173
淮安市	**1526285**	**1396867**	**169206**	**38192**	**3950**	**1204**
清河区	347088	264926	39182	1756	1270	297
淮安区	254748	247542	30076	7633		426
淮阴区	191133	186408	21180	3646	1574	39
清浦区	123707	121887	17086	2237	75	108
涟水县	225781	210373	18982	13314	186	181
洪泽县	122745	118849	10761	3381	35	36
盱眙县	170372	163184	19623	4475	653	62
金湖县	90711	83698	12316	1750	157	55

国有联营	集体联营	国有与集体联营	其他联营	有限责任公司	国有独资	其他有限责任公司	股份有限公司	私营
1198	**501**	**514**	**1763**	**682941**	**27331**	**655610**	**192840**	**3177552**
	101		62	48704	3641	45063	18860	138045
37	130		120	63209	3042	60167	9877	306437
6	50		14	34869	395	34474	8186	228165
24	97	182	1077	141886	3740	138146	49048	407556
5	14	1	66	38375	481	37894	12141	405461
67	49	31	3	52705	3547	49158	49759	449368
663	16	55	2	216619	5830	210789	20329	422390
284	44	237	419	60797	5176	55621	13528	612154
112		8		25777	1479	24298	11112	207976
559	**1395**	**36**	**950**	**1298980**	**8082**	**1290898**	**291874**	**1658781**
20	98	7	128	81613	5294	76319	52942	215444
	62			46857	209	46648	22458	80181
13	72	11	57	274362	930	273432	37730	229640
	111		112	116210	52	116158	105043	232491
7			92	114727	334	114393	13862	236634
7	898		26	243313	180	243133	5955	165717
487	4	12	67	229142	823	228319	12971	236228
25	150	6	468	192756	260	192496	40913	262446
13	**92**	**66**	**592**	**172540**	**32215**	**140325**	**53351**	**551874**
	18		4	36009	13982	22027	6476	44474
		43	223	47630	12891	34739	13279	86681
			27	5930	368	5562	5899	19406
8	61	23	116	34567	2195	32372	23277	107331
5	10		21	7481	1173	6308	1216	145332
			31	28037	667	27370	2838	80268
	3		170	12886	939	11947	366	68382
93	**309**	**454**	**348**	**276859**	**8656**	**268203**	**70333**	**745679**
71	165		61	104797	1743	103054	15916	91844
	7	419		18857	734	18123	6649	169829
22	13	4		36598	1732	34866	3962	106345
	28		80	29937	1639	28298	13037	54152
	68	31	82	33176	1627	31549	14451	115653
	8		28	27221	564	26657	12627	55565
	19		43	17590	49	17541	3164	104085
	1		54	8683	568	8115	527	48206

1-A-12 续表 2

地 区	从业人员数(人)	内资	国有	集体	股份合作	联营
盐城市	**1894239**	**1776480**	**204898**	**32672**	**5401**	**2197**
亭湖区	332852	297373	43795	1678	1927	640
盐都区	242968	233061	16157	7096	184	165
响水县	103580	100667	13412	3165	172	153
滨海县	168688	164885	26642	1553	170	294
阜宁县	240555	233498	17270	4308	426	264
射阳县	137409	128959	20246	1500	1394	95
建湖县	203948	196199	21889	2682	194	114
东台市	269513	247891	24351	7125	318	232
大丰市	194726	173947	21136	3565	616	240
扬州市	**2613198**	**2394281**	**207325**	**47046**	**5634**	**5248**
广陵区	373242	336315	24172	7746	309	3989
邗江区	621651	528795	74408	8388	1723	232
江都区	519396	495349	31055	10697	1647	333
宝应县	359385	345763	26190	5952	117	46
仪征市	312751	280641	29119	3464	849	596
高邮市	426773	407418	22381	10799	989	52
镇江市	**1440102**	**1245294**	**145966**	**25323**	**1687**	**3402**
京口区	263943	226908	44387	2968	233	656
润州区	162517	152200	31086	1945	417	2199
丹徒区	137303	119549	10189	4806	71	52
丹阳市	410609	346759	26098	8434	456	97
扬中市	186928	172311	15046	2802	458	170
句容市	278802	227567	19160	4368	52	228
泰州市	**2163426**	**2013367**	**151179**	**50615**	**3768**	**1440**
海陵区	407093	375360	43100	10609	392	205
高港区	246192	226036	8610	3113	279	145
姜堰区	307526	291360	18274	4094	787	39
兴化市	379981	365649	28425	14681	649	138
靖江市	395322	352644	23352	4255	195	653
泰兴市	427312	402318	29418	13863	1466	260
宿迁市	**1451747**	**1388633**	**98179**	**13805**	**2844**	**1645**
宿城区	412043	377553	21766	3126	299	692
宿豫区	141223	135280	16288	729	448	550
沭阳县	384413	374598	25936	3588	1270	256
泗阳县	267735	262878	17059	3022	269	67
泗洪县	246333	238324	17130	3340	558	80

国有联营	集体联营	国有与集体联营	其他联营	有限责任公司	国有独资	其他有限责任公司	股份有限公司	私营
246	**623**	**319**	**1009**	**443751**	**16133**	**427618**	**96374**	**883741**
148	292	65	135	79634	1925	77709	19029	140844
3	11	18	133	70478	7713	62765	27930	99826
25	9	100	19	24231	291	23940	1839	48666
	30		264	71925	327	71598	4389	49076
	22	74	168	45454	17	45437	5363	147611
7	33	3	52	20400	363	20037	5574	64250
	7	59	48	38843	1285	37558	10863	110293
35	126		71	59452	489	58963	15563	123542
28	93		119	33334	3723	29611	5824	99633
3881	**820**	**17**	**530**	**536670**	**18624**	**518046**	**238641**	**1246133**
3789	93		107	45243	3620	41623	51734	191245
16	78	14	124	136094	7140	128954	37846	256054
	44		289	174365	1303	173062	34944	226784
	46			38236	6288	31948	82665	159344
76	518	2		42123	84	42039	26383	168474
	41	1	10	100609	189	100420	5069	244232
268	**324**	**2364**	**446**	**157301**	**9974**	**147327**	**41407**	**811409**
39	86	355	176	42944	3870	39074	10929	118968
189	11	1963	36	11155	545	10610	4862	93971
10	17	18	7	15325	4769	10556	610	80188
20	16	8	53	29659	72	29587	11447	261030
	48	8	114	41854	153	41701	10588	93315
10	146	12	60	16364	565	15799	2971	163937
57	**467**	**720**	**196**	**689980**	**3521**	**686459**	**87268**	**937653**
24	101	48	32	75301	1438	73863	27580	209074
2	85	28	30	86257	596	85661	7527	111614
	3		36	157522	46	157476	9671	90036
	91	6	41	40400	585	39815	6518	233516
	29	620	4	131738	635	131103	18153	169122
31	158	18	53	198762	221	198541	17819	124291
231	**159**	**105**	**1150**	**306322**	**4254**	**302068**	**79270**	**775353**
210	21	82	379	180799	515	180284	41976	114658
	12	6	532	37760	969	36791	9286	57518
	27		229	25493	206	25287	9494	277490
	57		10	47802	190	47612	11311	171212
21	42	17		14468	2374	12094	7203	154475

1-A-12 续表 3

地　区	私营独资	私营合伙	私营有限责任公司	私营股份有限公司	其他	港澳台商投资企业
总　计	**2273108**	**205636**	**13988413**	**842322**	**1428010**	**1939021**
南京市	**92266**	**25722**	**1209085**	**90948**	**176144**	**137776**
玄武区	2634	1544	63844	2761	17939	13929
秦淮区	6981	2945	130459	5984	14694	9814
建邺区	2742	1540	92440	3148	7342	4116
鼓楼区	9689	3126	179328	13522	25042	16634
浦口区	9699	1467	86531	8679	17123	12460
栖霞区	4593	1405	59149	2007	12136	13760
雨花台区	3712	978	39534	2803	8174	6945
江宁区	17941	3277	181364	12229	13538	34031
六合区	5909	3348	133807	8315	12990	8168
溧水区	15818	1609	109812	14283	27362	10781
高淳区	12548	4483	132817	17217	19804	7138
无锡市	**141037**	**12241**	**1549827**	**70326**	**97021**	**184118**
崇安区	1307	658	48853	1288	4783	1122
南长区	2634	503	46907	1893	3316	2566
北塘区	2389	551	52701	2025	3705	1874
锡山区	25729	894	124911	4446	4677	25765
惠山区	39613	947	168047	7656	6214	18898
滨湖区	23874	2764	261921	11763	19889	48314
江阴市	14755	1546	561421	22101	25487	64117
宜兴市	30736	4378	285066	19154	28950	21462
徐州市	**303322**	**18529**	**1114853**	**62307**	**195127**	**44906**
鼓楼区	9673	905	122565	3628	6284	13928
云龙区	19998	801	92366	4913	6218	606
贾汪区	12980	1782	22303	5903	5658	1225
泉山区	17467	1894	90257	7291	8502	1769
铜山区	38791	3180	142358	6914	21879	2817
丰县	60982	1294	114143	6015	27601	2843
沛县	25076	3034	196245	14512	37104	3110
睢宁县	40042	1110	72425	2245	34297	9586
新沂市	46757	659	103444	2192	14524	3353
邳州市	31556	3870	158747	8694	33060	5669
常州市	**141194**	**10579**	**1655319**	**23749**	**89374**	**151818**
天宁区	8234	650	135017	1932	9200	19250
钟楼区	14803	654	185930	869	7415	7902
戚墅堰区	3068	127	25305	1464	538	3819
新北区	21701	2740	240646	5074	4157	24206
武进区	42543	3827	598373	10749	21914	76665
溧阳市	18969	683	278777	2340	16533	7118
金坛市	31876	1898	191271	1321	29617	12858

港澳台商合资经营	港澳台商合作经营	港澳台商独　资	港澳台商投资股份有限公司	其他港澳台商投资	外商投资企　业	中外合资经　营	中外合作经　营	外资企业	外商投资股份有限公　司	其他外商投　资
583782	**29396**	**1227272**	**84459**	**14112**	**3342050**	**889351**	**49112**	**2286980**	**110458**	**6149**
53545	**2218**	**78898**	**2080**	**1035**	**355890**	**104856**	**6503**	**210312**	**32780**	**1439**
1530	1274	11119		6	6691	3535	148	2967	5	36
1422	62	8101	39	190	59229	25122	295	33702	29	81
1196		2920			5970	763	1328	3824	49	6
4570	90	11908	58	8	64268	3179	1872	27952	31187	78
6250		5913	297		12305	6934	37	4888	395	51
6971	150	6270	282	87	60175	9791	53	50319	5	7
5498		1445		2	6491	3318	30	2154		989
12400	302	20530	729	70	94082	27315	764	65698	122	183
4187		3626		355	31458	17216	1615	12627		
6438	269	3682	392		9480	4691	361	3731	689	8
3083	71	3384	283	317	5741	2992		2450	299	
76645	**2057**	**99495**	**5226**	**695**	**443651**	**129442**	**15579**	**286689**	**11460**	**481**
513		609			10023	9086		937		
1054		1445	67		4873	4283		575		15
1299	49	521		5	3831	1929	180	1712	10	
8064	368	15960	1373		55233	10313	100	43720	1027	73
11785	78	6872	163		16798	9606	135	6981		76
11822	624	34562	1207	99	262431	49882	2865	199912	9577	195
34538	79	27277	1647	576	57030	29613	11538	15468	298	113
7570	859	12249	769	15	33432	14730	761	17384	548	9
23767	**786**	**18866**	**1459**	**28**	**41123**	**24212**	**1350**	**15500**	**50**	**11**
10565	21	3335	3	4	17678	6579		11068	20	11
27		191	388		174	135		39		
1219		6			2888	2842		46		
588	257	924			1074	642		417	15	
1515		738	564		5898	4632	321	930	15	
1169	178	1496			2728	2327		401		
1644	15	1451			1655	905	579	171		
2827	7	6728		24	1755	1289		466		
133	308	2420	492		1434	919		515		
4080		1577	12		5839	3942	450	1447		
62130	**2876**	**65887**	**10891**	**10034**	**178653**	**70485**	**3884**	**101159**	**2728**	**397**
13902	771	3901	676		21446	8361	1064	11874	128	19
3817	32	4003	50		10103	5197	338	4552	2	14
2771		1018	30		2196	1209		987		
9078	952	12397	1779		71701	16634	746	54228	93	
21916	141	36259	8318	10031	41988	19955	707	18766	2388	172
3388	267	3422	38	3	13303	9665	268	3121	57	192
7258	713	4887			17916	9464	761	7631	60	

1-A-12 续表 4

地区	私营独资	私营合伙	私营有限责任公司	私营股份有限公司	其他	港澳台商投资企业
苏州市	**259484**	**43709**	**2743867**	**130492**	**115774**	**792504**
虎丘区	7965	2323	123136	4621	5404	67764
吴中区	25999	5115	256635	18688	10770	46195
相城区	28230	1687	192924	5324	7867	35486
姑苏区	17083	5234	359020	26219	28163	105405
吴江区	61068	2881	321826	19686	13031	153872
常熟市	36953	7403	398533	6479	9059	75110
张家港市	22477	3382	376660	19871	12946	29776
昆山市	43252	12901	539998	16003	16388	239812
太仓市	16457	2783	175135	13601	12146	39084
南通市	**204440**	**21987**	**1368454**	**63900**	**110089**	**164922**
崇川区	5489	1437	197871	10647	6511	33039
港闸区	2012	644	68580	8945	2321	6023
通州区	24699	3249	188176	13516	20352	18487
海安县	18860	2029	206601	5001	17031	13151
如东县	76822	1997	149047	8768	12183	18134
启东市	19267	8297	133613	4540	11665	16396
如皋市	29666	595	202931	3036	21441	30071
海门市	27625	3739	221635	9447	18585	29621
连云港市	**112553**	**6831**	**393695**	**38795**	**76529**	**21255**
连云区	3974	299	36115	4086	3314	9605
新浦区	5208	1132	71475	8866	10309	497
海州区	1242	121	17258	785	1834	625
赣榆县	18468	841	83140	4882	14904	1306
东海县	55752	1573	80704	7303	18943	6738
灌云县	16083	584	56381	7220	14104	782
灌南县	11826	2281	48622	5653	13121	1702
淮安市	**128535**	**10096**	**571420**	**35628**	**91444**	**89121**
清河区	18696	1207	68044	3897	9864	60111
淮安区	33951	1178	130058	4642	14072	5103
淮阴区	14547	1532	82334	7932	13064	1350
清浦区	7044	599	43605	2904	5255	794
涟水县	21977	2351	84124	7201	14430	7330
洪泽县	13609	1214	38853	1889	9223	2571
盱眙县	10931	1106	85578	6470	13532	5544
金湖县	7780	909	38824	693	12004	6318

港澳台商合资经营	港澳台商合作经营	港澳台商独　资	港澳台商投资股份有限公司	其他港澳台商投资	外商投资企　业	中外合资经　营	中外合作经　营	外资企业	外商投资股份有限公　司	其他外商投　资
130817	**12390**	**622312**	**25306**	**1679**	**1616700**	**215253**	**8087**	**1353373**	**38353**	**1634**
5814	11	57650	4201	88	183517	26407	349	153578	2955	228
8282	192	35666	1934	121	108865	18921	615	88360	888	81
6938	239	26027	2076	206	54285	11583	349	40016	2337	
12286	83	89556	3134	346	333522	35953	2010	279994	15025	540
31966	1896	118992	708	310	139009	29003	120	108197	1376	313
15184	31	59797	98		86294	22832	372	62963	127	
12855	154	15681	1086		60330	22164	873	37147	43	103
29605	9533	189244	10853	577	560416	34483	2521	510453	12649	310
7887	251	29699	1216	31	90462	13907	878	72665	2953	59
65779	**1535**	**93585**	**3908**	**115**	**233031**	**111786**	**6281**	**112257**	**2540**	**167**
9855	4	19651	3501	28	50747	23681	2455	24021	514	76
1511		4512			15031	9588	1446	3086	911	
7293	687	10393	75	39	49216	32185	801	15574	638	18
6626	167	6229	129		15001	6719		8227	43	12
3734	153	14247			18841	6910	24	11886	1	20
7649	281	8396	70		27732	11001	98	16321	302	10
20889	65	9117			21368	8889	1404	11052	12	11
8222	178	21040	133	48	35095	12813	53	22090	119	20
6680	**26**	**8723**	**5826**		**40649**	**14094**	**1**	**20378**	**6174**	**2**
2813	5	1065	5722		17311	6946	1	9531	831	2
158		301	38		6989	241		1570	5178	
224		401			2187	1896		291		
528		778			2756	1006		1730	20	
2478		4260			6596	1927		4531	138	
		782			2884	547		2337		
479	21	1136	66		1926	1531		388	7	
13748	**302**	**74691**	**299**	**81**	**40297**	**16471**	**95**	**23146**	**369**	**216**
4506	76	55526	3		22051	9813	5	11923	280	30
1398	106	3476	123		2103	975	10	1118		
933		347		70	3375	1145		2180		50
97	67	630			1026	378	80	514		54
697		6622		11	8078	1925		5992	80	81
1891	50	580	50		1325	987		337		1
2282		3139	123		1644	750		894		
1944	3	4371			695	498		188	9	

1-A-12 续表 5

地 区	私营独资	私营合伙	私营有限责任公司	私营股份有限公司	其他	港澳台商投资企业
盐城市	**157268**	**13595**	**658010**	**54868**	**107446**	**46746**
亭湖区	10559	535	120136	9614	9826	6173
盐都区	19135	1609	70550	8532	11225	5930
响水县	14933	1043	29440	3250	9029	552
滨海县	5108	1061	34119	8788	10836	886
阜宁县	24722	2349	117923	2617	12802	1436
射阳县	11037	1647	48061	3505	15500	5523
建湖县	11182	1156	90435	7520	11321	5750
东台市	38717	2123	76861	5841	17308	9439
大丰市	21875	2072	70485	5201	9599	11057
扬州市	**207480**	**8481**	**972316**	**57856**	**107584**	**114497**
广陵区	45682	1528	134569	9466	11877	12844
邗江区	34652	2546	203518	15338	14050	51655
江都区	49490	846	163945	12503	15524	12418
宝应县	13747	971	133292	11334	33213	7653
仪征市	23063	1008	140581	3822	9633	16178
高邮市	40846	1582	196411	5393	23287	13749
镇江市	**130860**	**6141**	**624783**	**49625**	**58799**	**99633**
京口区	16855	1332	91654	9127	5823	12742
润州区	9241	845	81081	2804	6565	5136
丹徒区	15720	921	61212	2335	8308	6739
丹阳市	24867	905	210713	24545	9538	28912
扬中市	20227	1178	65624	6286	8078	6755
句容市	43950	960	114499	4528	20487	39349
泰州市	**165319**	**7793**	**650991**	**113550**	**91464**	**49078**
海陵区	19670	591	117894	70919	9099	13813
高港区	18241	182	88534	4657	8491	3004
姜堰区	24318	493	61071	4154	10937	7534
兴化市	55676	4211	154671	18958	41322	4297
靖江市	16005	480	141494	11143	5176	11561
泰兴市	31409	1836	87327	3719	16439	8869
宿迁市	**229350**	**19932**	**475793**	**50278**	**111215**	**42647**
宿城区	22731	1565	74370	15992	14237	26661
宿豫区	16867	1381	37138	2132	12701	3872
沭阳县	113744	5834	141640	16272	31071	5055
泗阳县	41081	7561	110339	12231	12136	4000
泗洪县	34927	3591	112306	3651	41070	3059

港澳台商合资经营	港澳台商合作经营	港澳台商独资	港澳台商投资股份有限公司	其他港澳台商投资	外商投资企业	中外合资经营	中外合作经营	外资企业	外商投资股份有限公司	其他外商投资
27134	**3314**	**12623**	**3620**	**55**	**71013**	**38455**	**1035**	**26423**	**3790**	**1310**
2290	78	3738	12	55	29306	15082	53	13548	491	132
2316	2975	639			3977	1709		1827	434	7
191		292	69		2361	730		1535	72	24
95		791			2917	1745		36		1136
673	20	444	299		5621	1968		1469	2176	8
3915	90	1477	41		2927	1506		1421		
2201	31	718	2800		1999	1397		599		3
6081	50	2911	397		12183	7457	659	3906	161	
9372	70	1613	2		9722	6861	323	2082	456	
57499	**1307**	**54502**	**947**	**242**	**104420**	**53594**	**1865**	**46664**	**2261**	**36**
10220		2610	14		24083	10591	1431	12054	2	5
15316	284	35708	231	116	41201	14764	20	25914	500	3
7059	255	4479	601	24	11629	9468	411	1722	20	8
2396		5257			5969	3064		2905		
13644	137	2379	18		15932	11024		3149	1739	20
8864	631	4069	83	102	5606	4683	3	920		
38792	**869**	**57836**	**2018**	**118**	**95175**	**47174**	**2335**	**38395**	**7114**	**157**
6166		6465	74	37	24293	8514	14	9426	6255	84
1442		3025	669		5181	4055		1113		13
2797	81	3861			11015	6569	656	3780	10	
15330	694	12302	586		34938	19585	994	14332	1	26
4942	94	1587	66	66	7862	4638	562	2166	462	34
8115		30596	623	15	11886	3813	109	7578	386	
17705	**1546**	**23957**	**5842**	**28**	**100981**	**56505**	**1637**	**42108**	**521**	**210**
2615	19	5895	5284		17920	4759		12805	347	9
832	26	2146			17152	13472	24	3505	151	
983	894	5582	75		8632	2611	534	5487		
1728	269	1901	371	28	10035	8336		1683	16	
8369		3192			31117	18036	132	12949		
3178	338	5241	112		16125	9291	947	5679	7	201
9541	**170**	**15897**	**17037**	**2**	**20467**	**7024**	**460**	**10576**	**2318**	**89**
4431	119	5959	16152		7829	2912	104	2972	1809	32
1526		2289	57		2071	1674	41	356		
829	32	3455	739		4760	588	97	4059		16
1527	19	2454			857	429	218	49	125	36
1228		1740	89	2	4950	1421		3140	384	5

1-A-13 按地区、机构类型分组的法人单位数及从业人员数

地区	法人单位数(个)	企业	事业单位	机关	社会团体	民办非企业单位	基金会	居委会	村委会	其他组织机构
总计	**1047004**	**908326**	**37215**	**10111**	**19155**	**16899**	**369**	**7161**	**14541**	**33227**
南京市	**99254**	**85157**	**3384**	**1134**	**2506**	**3412**	**94**	**1020**	**428**	**2119**
玄武区	10314	8873	316	134	502	305	13	64	9	98
秦淮区	16172	14579	346	96	262	553	7	160	6	163
建邺区	6369	5473	182	98	184	224	4	96	17	91
鼓楼区	17421	15059	617	180	839	325	35	145	3	218
浦口区	8555	7475	299	97	122	272	4	94	28	164
栖霞区	7586	6288	206	95	125	636	10	88	36	102
雨花台区	3911	3299	145	71	85	181	2	63	8	57
江宁区	11136	9290	377	87	108	675	16	137	80	366
六合区	7163	5994	357	97	87	106	2	89	60	371
溧水区	5832	4895	295	72	72	45	1	30	92	330
高淳区	4795	3932	244	107	120	90		54	89	159
无锡市	**126549**	**116902**	**2661**	**706**	**1300**	**1416**	**37**	**614**	**640**	**2273**
崇安区	7911	7253	185	60	153	159	6	52	1	42
南长区	7849	7217	213	52	148	137	2	58		22
北塘区	6499	6045	133	44	60	131		56		30
锡山区	12178	11603	168	64	82	69		42	76	74
惠山区	15108	14143	269	68	131	137	3	50	58	249
滨湖区	26168	24502	545	157	193	309	6	201	46	209
江阴市	27638	25374	578	124	277	190	13	65	238	779
宜兴市	23198	20765	570	137	256	284	7	90	221	868
徐州市	**84858**	**71474**	**3596**	**977**	**1327**	**1575**	**18**	**665**	**2052**	**3174**
鼓楼区	11570	10920	217	62	49	172		80	37	33
云龙区	10264	9210	293	144	243	239	1	48	23	63
贾汪区	2680	2052	217	57	65	66		53	97	73
泉山区	10386	9394	303	95	213	196	4	110		71
铜山区	8768	6816	457	112	211	231	4	26	317	594
丰县	7166	5904	500	109	79	113		16	354	91
沛县	8128	6125	375	96	146	101	2	115	279	889
睢宁县	7957	6600	385	78	102	178	2	133	267	212
新沂市	8133	6991	339	88	91	187	3	45	219	170
邳州市	9806	7462	510	136	128	92	2	39	459	978
常州市	**93348**	**83497**	**2251**	**595**	**3107**	**754**	**24**	**453**	**681**	**1986**
天宁区	13779	12647	245	61	535	136	1	69	37	48
钟楼区	11496	10431	288	75	377	179	4	93		49
戚墅堰区	2344	2141	71	49	50	11	1	8	9	4
新北区	19349	18349	271	121	191	103	13	60	48	193
武进区	31158	27851	540	112	1472	135	3	123	245	677
溧阳市	8008	6278	433	101	315	96	1	69	176	539
金坛市	7214	5800	403	76	167	94	1	31	166	476
苏州市	**251053**	**237415**	**3648**	**920**	**2119**	**1595**	**72**	**950**	**1066**	**3268**
虎丘区	15182	14581	236	45	52	67	4	55	41	101
吴中区	25984	24773	319	109	150	89	5	91	85	363
相城区	14679	13928	190	71	65	38	1	67	73	246
姑苏区	45168	42657	619	179	546	479	23	276	10	379
吴江区	28145	26650	411	101	248	112	8	48	247	320
常熟市	24483	22557	498	91	324	170	6	92	216	529
张家港市	28522	26634	447	134	212	184	14	99	165	633
昆山市	53469	51431	595	114	356	339	8	152	153	321
太仓市	15421	14204	333	76	166	117	3	70	76	376
南通市	**88711**	**75178**	**3278**	**823**	**1730**	**2295**	**33**	**628**	**1286**	**3460**
崇川区	16159	14111	444	162	672	503	13	139	23	92
港闸区	5084	4443	157	50	50	287	1	28	13	55
通州区	12657	10950	485	112	132	124		64	208	582
海安县	11170	9328	538	103	199	397	2	64	172	367
如东县	11622	10254	509	96	122	233	2	41	215	150
启东市	9756	8041	314	103	201	370	4	51	253	419
如皋市	11546	9307	438	104	180	198	4	181	166	968
海门市	10717	8744	393	93	174	183	7	60	236	827

1-A-13　续表 1

地　区	法　人单位数(个)	企业	事业单位	机关	社会团体	民办非企业单位	基金会	居委会	村委会	其　他组织机构
连云港市	**30387**	**22743**	**2158**	**596**	**785**	**767**	**13**	**240**	**1392**	**1693**
连云区	3673	3179	181	91	38	69	2	44	33	36
新浦区	6009	4994	294	127	195	146	7	72	38	136
海州区	1562	1208	129	54	20	36		25	56	34
赣榆县	5222	3822	337	67	169	79	1	42	427	278
东海县	6341	4807	432	90	70	175	1	15	319	432
灌云县	3832	2484	390	84	137	135	1	25	299	277
灌南县	3748	2249	395	83	156	127	1	17	220	500
淮安市	**43152**	**31659**	**3234**	**1021**	**1290**	**686**	**15**	**411**	**1268**	**3568**
清河区	8217	6896	501	217	293	103	6	56	46	99
淮安区	7764	5591	485	123	169	121	2	84	275	914
淮阴区	4848	3621	402	100	156	98		21	208	242
清浦区	3757	3015	233	90	96	100		51	38	134
涟水县	4753	2799	513	115	120	110	4	72	301	719
洪泽县	4389	3145	309	95	123	85	1	36	91	504
盱眙县	4928	3340	477	192	246	48	1	43	211	370
金湖县	4496	3252	314	89	87	21	1	48	98	586
盐城市	**47403**	**37040**	**3396**	**899**	**929**	**896**	**24**	**650**	**1790**	**1779**
亭湖区	7318	6100	486	138	75	200	6	100	125	88
盐都区	5187	4102	393	160	54	62	4	84	174	154
响水县	4390	3344	294	76	241	95	1	54	102	183
滨海县	4020	2894	391	73	128	32	3	36	261	202
阜宁县	4562	3809	202	65	32	72	1	71	264	46
射阳县	3939	2889	377	112	60	72	2	91	150	186
建湖县	4480	3464	391	110	114	68	2	45	198	88
东台市	7679	5718	452	81	145	188	3	108	310	674
大丰市	5828	4720	410	84	80	107	2	61	206	158
扬州市	**54314**	**43194**	**3011**	**791**	**1256**	**1035**	**12**	**371**	**1023**	**3621**
广陵区	10020	8749	322	145	216	247	5	58	82	196
邗江区	13841	11796	604	199	323	268	4	87	138	422
江都区	10178	7944	664	91	268	217		65	263	666
宝应县	6232	4025	506	83	141	110		58	225	1084
仪征市	6528	5092	439	142	157	70	2	48	138	440
高邮市	7515	5588	476	131	151	123	1	55	177	813
镇江市	**45879**	**39710**	**2033**	**482**	**1195**	**508**	**6**	**257**	**511**	**1177**
京口区	10369	9136	422	77	406	127	3	77	48	73
润州区	5623	4716	296	108	286	98	1	59	12	47
丹徒区	4706	4144	246	57	75	65		7	83	29
丹阳市	11373	10010	464	99	162	86	1	58	154	339
扬中市	7346	6587	273	62	127	73		21	59	144
句容市	6462	5117	332	79	139	59	1	35	155	545
泰州市	**47585**	**37800**	**2679**	**546**	**1220**	**1058**	**10**	**409**	**1443**	**2420**
海陵区	10013	8361	564	143	369	206	7	139	31	193
高港区	5094	4441	212	73	128	100		54	49	37
姜堰区	6998	5505	375	63	124	229	1	33	262	406
兴化市	8538	5683	572	106	284	312	2	68	614	897
靖江市	8314	7016	431	78	154	123		67	187	258
泰兴市	8628	6794	525	83	161	88		48	300	629
宿迁市	**34510**	**26556**	**1886**	**621**	**391**	**902**	**11**	**493**	**961**	**2689**
宿城区	7231	5785	505	183	134	162	5	84	152	221
宿豫区	3405	2458	294	107	17	54	1	74	110	290
沭阳县	12944	10303	502	129	74	378	1	135	341	1081
泗阳县	5130	4175	232	81	118	151	3	88	156	126
泗洪县	5800	3835	353	121	48	157	1	112	202	971

1-A-13 续表 2

地 区	从业人员数（人）	企业	事业单位	机关	社会团体	民办非企业单位	基金会	居委会	村委会	其他组织机构
总 计	**36082553**	**32520642**	**1805965**	**641673**	**160030**	**271185**	**1890**	**73511**	**133594**	**474063**
南京市	**3904934**	**3452574**	**258032**	**80027**	**23744**	**43318**	**546**	**13603**	**5519**	**27571**
玄武区	297568	244914	38243	7698	2130	2651	41	530	83	1278
秦淮区	404582	347847	32384	13527	2194	5772	40	1225	124	1469
建邺区	260090	237801	7942	6105	2572	3014	10	1066	340	1240
鼓楼区	747767	641667	65558	18450	10860	6431	232	1298	72	3199
浦口区	287701	249375	23584	6429	1269	3721	44	1746	424	1109
栖霞区	267471	232912	21820	3350	671	6652	74	945	341	706
雨花台区	164753	146975	6444	4458	831	3466	34	1137	212	1196
江宁区	550894	499873	27404	7670	757	7391	64	3251	1410	3074
六合区	326903	296280	16429	5326	486	2296	5	1733	855	3493
溧水区	267614	242771	9503	2992	521	1137	2	226	947	9515
高淳区	329591	312159	8721	4022	1453	787		446	711	1292
无锡市	**3344954**	**3063196**	**149827**	**55590**	**9993**	**23157**	**146**	**7766**	**7701**	**27578**
崇安区	117389	96358	10397	6432	685	2440	12	708	58	299
南长区	116525	99453	10994	2573	685	1926	8	590		296
北塘区	112611	98021	8063	2754	298	1943		1166		366
锡山区	300689	281574	8134	5889	285	1799		571	1192	1245
惠山区	313407	287735	13868	4999	1717	2048	36	854	771	1379
滨湖区	825581	765973	35498	10669	1727	7241	35	2073	405	1960
江阴市	961346	894242	37027	8708	2892	2346	38	788	3181	12124
宜兴市	597406	539840	25846	13566	1704	3414	17	1016	2094	9909
徐州市	**2847657**	**2450635**	**209576**	**68267**	**17784**	**29454**	**172**	**6437**	**15748**	**49584**
鼓楼区	290059	267934	13675	3635	373	2513		813	646	470
云龙区	181028	152805	16137	5986	1678	3106	12	463	296	545
贾汪区	88062	73450	9183	2251	329	1010		337	702	800
泉山区	290923	247815	26405	8918	1636	3875	40	1095		1139
铜山区	436653	386912	25060	9621	3004	3443	54	214	2313	6032
丰县	305006	265157	25660	5659	1347	3153		146	2412	1472
沛县	395183	336874	23719	9417	2615	1568	10	1028	1625	18327
睢宁县	238855	199255	19578	6956	2403	4677	17	1161	1892	2916
新沂市	261395	224616	19525	8337	994	3449	16	631	1825	2002
邳州市	360493	295817	30634	7487	3405	2660	23	549	4037	15881
常州市	**2762002**	**2518126**	**112644**	**43534**	**26839**	**10735**	**105**	**3688**	**5627**	**40704**
天宁区	268098	231485	22994	3732	6544	1680	5	559	423	676
钟楼区	277770	253523	13559	3104	3824	2339	39	767		615
戚墅堰区	54227	49660	2728	1228	300	108	3	66	106	28
新北区	440129	410961	11073	12947	559	2064	34	594	451	1446
武进区	988622	925266	29942	10285	9293	2333	9	1185	1994	8315
溧阳市	384966	345120	16008	7500	4650	1106	9	356	1410	8807
金坛市	348190	302111	16340	4738	1669	1105	6	161	1243	20817
苏州市	**7023493**	**6588050**	**230294**	**94863**	**14800**	**34035**	**278**	**11388**	**14139**	**35646**
虎丘区	488864	467088	14364	3182	186	1968	9	666	350	1051
吴中区	582615	544935	20659	5541	1436	3173	15	1122	1282	4452
相城区	412681	376618	11046	16756	581	1283	1	1013	1072	4311
姑苏区	1159087	1067683	50793	17022	4013	10468	91	3979	88	4950
吴江区	800598	756555	23376	9021	2921	3419	41	392	2675	2198
常熟市	775264	723477	28597	12535	1146	2644	11	648	2431	3775
张家港市	810558	760703	27249	10443	1086	2599	70	1029	2439	4940
昆山市	1578145	1509853	39137	12481	1511	6369	33	2041	2858	3862
太仓市	415681	381138	15073	7882	1920	2112	7	498	944	6107
南通市	**4011423**	**3727579**	**136288**	**46550**	**14043**	**20992**	**118**	**5136**	**10110**	**50607**
崇川区	493698	444047	30469	10475	3042	3241	31	1313	131	949
港闸区	187977	177356	5984	2258	169	1391	1	251	133	434
通州区	677764	631850	19811	6630	1848	1588		670	2630	12737
海安县	527378	490583	17423	6449	1580	3530	8	514	1276	6015
如东县	440169	411544	14533	5241	1987	2658	7	336	1704	2159
启东市	494923	461921	14258	6125	3392	2606	24	282	1617	4698
如皋市	577615	535617	17596	4711	742	3841	22	1467	1236	12383
海门市	611899	574661	16214	4661	1283	2137	25	303	1383	11232

1-A-13　续表 3

地　区	从　业人员数(人)	企业	事业单位	机关	社会团体	民办非企业单位	基金会	居委会	村委会	其　他组织机构
连云港市	**1099093**	**916727**	**93479**	**32621**	**6350**	**12721**	**108**	**1386**	**10077**	**25624**
连云区	140768	129555	5924	3525	107	977	10	245	222	203
新浦区	203855	172407	16972	8465	1536	2308	56	366	325	1420
海州区	44391	36465	5625	987	145	412		136	395	226
赣榆县	218338	183279	18699	5374	911	1786	3	264	3187	4835
东海县	215135	177552	17832	5605	1020	3207	4	82	2346	7487
灌云县	154898	125681	12922	4366	1406	1895	12	166	2274	6176
灌南县	121708	91788	15505	4299	1225	2136	23	127	1328	5277
淮安市	**1526285**	**1314840**	**110138**	**33757**	**7879**	**9132**	**73**	**4237**	**10637**	**35592**
清河区	347088	312723	19785	9196	2054	1558	26	551	495	700
淮安区	254748	217274	18878	5463	1013	1463	9	1096	2511	7041
淮阴区	191133	163552	18851	3271	1181	628		241	1538	1871
清浦区	123707	109004	8538	2134	586	920		417	347	1761
涟水县	225781	195754	14707	3904	1168	1819	25	732	2188	5484
洪泽县	122745	104621	7642	2310	322	1057	4	265	655	5869
盱眙县	170372	142762	13853	4777	1088	1409	8	574	2061	3840
金湖县	90711	69150	7884	2702	467	278	1	361	842	9026
盐城市	**1894239**	**1638389**	**142351**	**45897**	**8879**	**16175**	**158**	**5738**	**16153**	**20499**
亭湖区	332852	292946	25147	7564	418	3285	52	899	1281	1260
盐都区	242968	217039	13788	5748	814	1500	23	779	1341	1936
响水县	103580	86168	9895	2601	1596	895	3	421	786	1215
滨海县	168688	140544	17125	5389	1043	687	10	372	2331	1187
阜宁县	240555	214662	13376	5072	998	1458	4	881	3403	701
射阳县	137409	113700	14087	3251	623	2318	9	797	1267	1357
建湖县	203948	176930	14960	5791	1162	1338	29	349	1711	1678
东台市	269513	227268	20462	5107	1157	3180	17	910	2264	9148
大丰市	194726	169132	13511	5374	1068	1514	11	330	1769	2017
扬州市	**2613198**	**2360897**	**109948**	**44670**	**8370**	**15269**	**70**	**3338**	**12296**	**58340**
广陵区	373242	342970	16302	5798	1613	3161	37	414	1194	1753
邗江区	621651	563980	25594	15209	2182	5020	10	905	1574	7177
江都区	519396	477571	20112	6729	2027	3062		705	3431	5759
宝应县	359385	304184	19302	5716	1113	1435		499	1608	25528
仪征市	312751	287121	11310	4745	898	1192	19	296	1194	5976
高邮市	426773	385071	17328	6473	537	1399	4	519	3295	12147
镇江市	**1440102**	**1283015**	**84298**	**33422**	**8048**	**5490**	**45**	**2032**	**5287**	**18465**
京口区	263943	227093	25102	4916	3626	1456	17	627	427	679
润州区	162517	135964	13714	9340	1146	1316	4	410	207	416
丹徒区	137303	125152	6841	3222	347	438		67	1000	236
丹阳市	410609	377862	19110	6888	599	819	4	370	1531	3426
扬中市	186928	169510	9198	3602	896	937		268	713	1804
句容市	278802	247434	10333	5454	1434	524	20	290	1409	11904
泰州市	**2163426**	**1943136**	**105144**	**36243**	**9209**	**13556**	**23**	**3574**	**11779**	**40762**
海陵区	407093	366467	20215	11376	2264	3439	17	1157	330	1828
高港区	246192	233917	5569	2816	788	1330		725	612	435
姜堰区	307526	280017	14340	3957	717	1732	1	186	2030	4546
兴化市	379981	309043	25986	7506	4141	4956	5	379	4749	23216
靖江市	395322	368443	16647	5110	479	902		666	1621	1454
泰兴市	427312	385249	22387	5478	820	1197		461	2437	9283
宿迁市	**1451747**	**1263478**	**63946**	**26232**	**4092**	**37151**	**48**	**5188**	**8521**	**43091**
宿城区	412043	379494	14266	6061	768	6242	18	1040	1146	3008
宿豫区	141223	118071	9773	3258	124	2686	1	724	783	5803
沭阳县	384413	333566	15782	5961	823	12825	1	1595	3408	10452
泗阳县	267735	236566	12725	5588	1436	7716	27	807	1413	1457
泗洪县	246333	195781	11400	5364	941	7682	1	1022	1771	22371

1-A-14 按地区、从业人员组距分组的法人单位数及从业人员数

地 区	法人单位数(个)	7人及以下	8-19人	20-49人	50-99人	100-299人	300-499人	500-999人	1000-4999人	5000-9999人	10000人及以上
总 计	**1047004**	**517250**	**289495**	**138459**	**52249**	**34964**	**6585**	**4374**	**3155**	**319**	**154**
南京市	**99254**	**56421**	**21796**	**10941**	**4776**	**3620**	**725**	**512**	**397**	**46**	**20**
玄武区	10314	6843	1877	914	303	269	44	23	34	5	2
秦淮区	16172	10143	3734	1324	478	346	62	37	42	4	2
建邺区	6369	4109	1163	589	273	152	34	15	29	2	3
鼓楼区	17421	11484	3088	1458	661	481	110	57	62	14	6
浦口区	8555	4014	2796	969	358	302	43	46	23	2	2
栖霞区	7586	5025	1241	616	315	242	59	48	38	2	
雨花台区	3911	2062	852	523	215	181	44	18	12	3	1
江宁区	11136	5473	2460	1581	745	573	118	109	71	5	1
六合区	7163	3282	1961	920	421	377	96	76	26	3	1
溧水区	5832	1964	1496	1369	500	398	52	29	22	2	
高淳区	4795	2022	1128	678	507	299	63	54	38	4	2
无锡市	**126549**	**73224**	**29624**	**13335**	**5381**	**3630**	**650**	**423**	**242**	**31**	**9**
崇安区	7911	5937	1270	432	134	97	23	9	8	1	
南长区	7849	5812	1298	436	158	109	17	10	8	1	
北塘区	6499	4396	1336	457	170	93	21	12	14		
锡山区	12178	7123	2793	1298	511	347	49	30	24	1	2
惠山区	15108	8031	4137	1808	650	374	63	27	18		
滨湖区	26168	15133	5931	2767	1138	818	160	138	74	8	1
江阴市	27638	14359	6897	3397	1478	1131	180	119	58	14	5
宜兴市	23198	12433	5962	2740	1142	661	137	78	38	6	1
徐州市	**84858**	**27397**	**35642**	**13960**	**4063**	**2753**	**529**	**290**	**203**	**10**	**11**
鼓楼区	11570	5323	4412	1274	272	192	45	22	28	1	1
云龙区	10264	2670	6626	679	157	91	18	9	13		1
贾汪区	2680	1190	733	384	191	151	14	12	5		
泉山区	10386	4912	4091	980	207	120	20	27	24	4	1
铜山区	8768	2735	3412	1595	451	383	89	64	34	1	4
丰县	7166	947	2183	2637	994	355	24	12	13		1
沛县	8128	2072	3258	1712	492	399	119	45	28	1	2
睢宁县	7957	2553	3027	1579	477	249	31	26	14	1	
新沂市	8133	2250	3817	1159	453	343	57	30	24		
邳州市	9806	2745	4083	1961	369	470	112	43	20	2	1
常州市	**93348**	**46774**	**26227**	**12123**	**4468**	**2652**	**506**	**340**	**228**	**20**	**10**
天宁区	13779	8283	3938	976	277	208	43	27	25	2	
钟楼区	11496	5321	3504	1793	532	249	48	31	16	1	1
戚墅堰区	2344	1413	500	265	90	52	8	10	5	1	
新北区	19349	10910	4681	2250	795	517	99	68	28		1
武进区	31158	15061	8725	4428	1656	915	173	115	74	7	4
溧阳市	8008	3280	2500	1223	531	323	69	39	32	7	4
金坛市	7214	2506	2379	1188	587	388	66	50	48	2	
苏州市	**251054**	**151222**	**54588**	**24358**	**10187**	**7544**	**1468**	**925**	**673**	**67**	**22**
虎丘区	15182	9438	3406	1165	520	414	104	70	56	7	2
吴中区	25984	14901	6455	2566	1044	778	115	85	39		1
相城区	14679	7521	3886	1791	747	561	84	52	35	1	1
姑苏区	45168	31100	7738	3368	1316	1103	241	149	135	16	2
吴江区	28145	16854	6081	2780	1193	876	174	109	67	8	3
常熟市	24483	13468	5630	2859	1281	882	176	113	69	3	2
张家港市	28522	15367	7455	3123	1357	911	143	96	59	6	5
昆山市	53469	34393	10095	4833	1935	1476	324	201	182	24	6
太仓市	15422	8180	3842	1873	794	543	107	50	31	2	
南通市	**88711**	**37155**	**26842**	**15021**	**5322**	**3131**	**523**	**385**	**263**	**36**	**33**
崇川区	16159	8829	4259	1762	638	479	76	65	46	3	2
港闸区	5084	2309	1557	740	252	148	27	28	20	2	1
通州区	12657	4670	4433	2110	777	495	87	37	32	8	8
海安县	11170	4493	3396	2057	726	340	69	43	34	7	5
如东县	11622	3601	4479	2420	656	332	64	36	29	3	2
启东市	9756	4478	2683	1404	616	444	65	40	20	1	5
如皋市	11546	4898	3191	1915	893	440	80	80	34	10	5
海门市	10717	3877	2844	2613	764	453	55	56	48	2	5

1-A-14　续表 1

地　区	法　人单位数(个)	7人及以下	8-19人	20-49人	50-99人	100-299人	300-499人	500-999人	1000-4999人	5000-9999人	10000人及以上
连云港市	**30387**	**12589**	**9297**	**5041**	**2008**	**1034**	**178**	**117**	**109**	**11**	**3**
连云区	3673	2139	780	388	167	117	32	30	19	1	
新浦区	6009	2931	2008	663	189	127	35	29	22	5	
海州区	1562	820	426	162	90	44	6	9	5		
赣榆县	5222	2367	1420	772	390	209	27	14	17	4	2
东海县	6341	1627	2363	1459	587	236	39	13	17		
灌云县	3832	1009	1250	1001	378	141	23	12	17	1	
灌南县	3748	1696	1050	596	207	160	16	10	12		1
淮安市	**43152**	**21308**	**12024**	**5442**	**2150**	**1529**	**283**	**222**	**177**	**13**	**4**
清河区	8217	4315	2427	715	367	213	69	58	48	3	2
淮安区	7764	3868	2164	1112	287	227	40	40	22	3	1
淮阴区	4848	2429	1136	578	357	266	28	26	26	2	
清浦区	3757	1370	1589	482	141	108	29	18	20		
涟水县	4753	2174	1347	653	283	195	38	30	27	5	1
洪泽县	4389	2549	962	460	183	187	21	14	13		
盱眙县	4928	2246	1254	766	343	234	44	25	16		
金湖县	4496	2357	1145	676	189	99	14	11	5		
盐城市	**47403**	**18879**	**14837**	**7438**	**3064**	**2305**	**452**	**239**	**173**	**9**	**7**
亭湖区	7318	3591	1736	989	486	328	90	52	42	4	
盐都区	5187	1921	1705	855	327	253	77	30	16	1	2
响水县	4390	2051	1462	527	168	138	29	9	6		
滨海县	4020	1693	1330	514	205	193	30	25	29	1	
阜宁县	4562	915	1942	1001	346	267	43	32	13	1	2
射阳县	3939	1532	1157	642	296	265	30	9	8		
建湖县	4480	1758	1288	732	362	238	47	26	28		1
东台市	7679	2798	2588	1337	488	372	49	30	14	1	2
大丰市	5828	2620	1629	841	386	251	57	26	17	1	
扬州市	**54314**	**23646**	**15829**	**8789**	**2900**	**2086**	**454**	**326**	**233**	**38**	**13**
广陵区	10020	5440	2507	1196	442	245	87	63	35	4	1
邗江区	13841	7218	3390	1886	627	438	106	87	77	10	2
江都区	10178	4158	3237	1513	561	467	118	66	48	8	2
宝应县	6232	1806	2406	1318	345	231	63	37	18	6	2
仪征市	6528	2727	1970	1151	343	242	30	27	28	6	4
高邮市	7515	2297	2319	1725	582	463	50	46	27	4	2
镇江市	**45879**	**17062**	**17840**	**6563**	**2219**	**1547**	**327**	**214**	**98**	**5**	**4**
京口区	10369	4660	3911	1035	379	260	62	37	24	1	
润州区	5623	2666	2004	638	173	81	22	22	14	1	2
丹徒区	4706	1921	1556	710	274	173	53	14	5		
丹阳市	11373	4529	3626	1830	765	438	82	67	33	1	2
扬中市	7346	2239	3761	822	263	189	34	28	9	1	
句容市	6462	1047	2982	1528	365	406	74	46	13	1	
泰州市	**47585**	**20328**	**13840**	**8093**	**2892**	**1656**	**276**	**238**	**222**	**27**	**13**
海陵区	10013	5815	2438	913	381	305	63	48	43	6	1
高港区	5094	1641	1789	1204	252	128	26	19	27	5	3
姜堰区	6998	3265	2034	934	422	244	29	40	23	4	3
兴化市	8538	2494	2390	2263	875	383	46	41	42	4	
靖江市	8314	4227	2226	1038	407	266	47	45	50	4	4
泰兴市	8628	2886	2963	1741	555	330	65	45	37	4	2
宿迁市	**34510**	**11245**	**11109**	**7355**	**2819**	**1477**	**214**	**143**	**137**	**6**	**5**
宿城区	7231	3572	1930	973	360	252	51	37	49	2	5
宿豫区	3405	1187	951	757	308	136	33	19	14		
沭阳县	12944	4187	4417	2786	1030	412	48	36	27	1	
泗阳县	5130	1173	1839	1069	566	387	41	28	26	1	
泗洪县	5800	1126	1972	1770	555	290	41	23	21	2	

1-A-14 续表 2

地 区	从业人员数(人)	7人及以下	8-19人	20-49人	50-99人	100-299人	300-499人	500-999人	1000-4999人	5000-9999人	10000人及以上
总 计	**36082553**	**1894303**	**3353004**	**4131250**	**3566582**	**5842839**	**2505968**	**3025347**	**6097711**	**2184621**	**3480928**
南京市	**3904934**	**190255**	**252653**	**331379**	**328607**	**607737**	**276995**	**354005**	**786097**	**313150**	**464056**
玄武区	297568	20098	22046	27509	20420	42619	17261	15050	63198	33242	36125
秦淮区	404582	38209	41751	39693	32669	54648	23405	25443	79199	24719	44846
建邺区	260090	12120	13472	18117	18658	25502	13524	11058	53263	15450	78926
鼓楼区	747767	35298	35613	44048	45392	78689	40682	38836	124582	92950	211677
浦口区	287701	16270	31412	28524	25409	54134	16942	33007	45991	13920	22092
栖霞区	267471	14990	14316	18849	22166	39862	22208	33855	86732	14493	
雨花台区	164753	6933	10069	16134	15073	30095	17251	12400	23577	21469	11752
江宁区	550894	17535	29708	47929	51412	96161	44396	72645	145162	30573	15373
六合区	326903	12219	22900	27384	29283	64481	36815	52524	47406	21107	12784
溧水区	267614	7788	18419	41774	33831	68250	20136	20360	42015	15041	
高淳区	329591	8795	12947	21418	34294	53296	24375	38827	74972	30186	30481
无锡市	**3344954**	**256656**	**333943**	**395692**	**371024**	**592882**	**247614**	**290364**	**479391**	**211149**	**166239**
崇安区	117389	21401	14224	12562	9381	16711	8947	5929	19353	8881	
南长区	116525	19224	14974	12981	11102	16684	6902	7561	19632	7465	
北塘区	112611	15760	15486	13607	11729	14806	7975	7717	25531		
锡山区	300689	24736	31112	39207	34941	55631	18537	20425	37252	5823	33025
惠山区	313407	28922	47258	53296	44882	61158	24284	18931	34676		
滨湖区	825581	54439	68399	82639	79796	136622	59945	97034	148312	55395	43000
江阴市	961346	50840	76538	100895	101800	183930	68397	80093	124081	96548	78224
宜兴市	597406	41334	65952	80505	77393	107340	52627	52674	70554	37037	11990
徐州市	**2847657**	**141728**	**409984**	**414302**	**274700**	**481574**	**200790**	**195509**	**398135**	**77164**	**253771**
鼓楼区	290059	27275	49890	36109	18198	32327	17595	14580	56108	8969	29008
云龙区	181028	15908	68800	18226	10432	14067	6600	5860	26017		15118
贾汪区	88062	4822	8709	11588	13358	25315	5377	8093	10800		
泉山区	290923	26587	46376	27770	13621	19275	7567	17774	48209	32989	50755
铜山区	436653	12464	40820	46090	29125	69507	33767	44339	74563	8700	77278
丰县	305006	4897	28076	82748	67465	58352	9043	8000	20748		25677
沛县	395183	10313	39507	51538	34229	72679	45861	28830	61324	8482	42420
睢宁县	238855	13602	36614	47834	32416	42264	11761	18769	28218	7377	
新沂市	261395	10882	43398	34103	31108	63542	21165	19699	37498		
邳州市	360493	14978	47794	58296	24748	84246	42054	29565	34650	10647	13515
常州市	**2762002**	**184789**	**304617**	**352469**	**302271**	**442828**	**189185**	**231273**	**419984**	**145845**	**188741**
天宁区	268098	35469	45494	27803	18574	36043	16417	17630	56131	14537	
钟楼区	277770	22117	42553	50489	35248	43788	16748	21588	25719	8341	11179
戚墅堰区	54227	4885	5786	7680	6332	8328	2978	6954	6006	5278	
新北区	440129	42666	54017	66381	53650	85548	37542	46441	42657		11227
武进区	988622	55187	98979	128770	111034	149512	65262	76694	136736	52053	114395
溧阳市	384966	14714	28893	36456	35857	52330	25797	27319	60681	50979	51940
金坛市	348190	9751	28895	34890	41576	67279	24441	34647	92054	14657	
苏州市	**7023493**	**474755**	**618805**	**724360**	**699234**	**1234419**	**561320**	**634114**	**1297802**	**443877**	**334807**
虎丘区	488864	29581	38383	34655	36311	67556	40975	47090	108368	45427	40518
吴中区	582615	48617	71362	75703	71486	126350	43388	61008	72278		12423
相城区	412681	24747	44291	52879	51334	89758	32232	35020	65161	6184	11075
姑苏区	1159087	92283	89043	99773	90491	183006	93133	102922	267940	101367	39129
吴江区	800598	54825	69522	81687	80822	142974	65702	73553	134143	55703	41667
常熟市	775264	43754	64663	86781	88545	146053	66106	76577	137785	21864	43136
张家港市	810558	52112	82269	92719	93292	146480	54678	67761	115283	38586	67378
昆山市	1578145	103662	116503	143319	132486	241124	124255	136426	338147	162742	79481
太仓市	415681	25174	42769	56844	54467	91118	40851	33757	58697	12004	
南通市	**4011423**	**147176**	**317767**	**446798**	**356515**	**538215**	**199834**	**272150**	**496909**	**251170**	**984889**
崇川区	493698	31489	49886	51022	42984	79436	30214	48007	90545	20146	49969
港闸区	187977	8868	18467	21846	17219	24868	10317	19740	34792	15360	16500
通州区	677764	19378	51895	61466	52722	88793	34679	26501	58944	55307	228079
海安县	527378	18552	39891	60516	48715	53588	26026	30167	64746	49116	136061
如东县	440169	15061	53368	76548	43603	56018	24373	24805	55059	23506	67828
启东市	494923	18506	31166	39968	40077	79513	24433	27335	32995	7000	193930
如皋市	577615	18518	37432	56582	60170	74825	29240	55153	70077	65115	110503
海门市	611899	16804	35662	78850	51025	81174	20552	40442	89751	15620	182019

1-A-14　续表 3

地　区	从　业人员数(人)	7人及以下	8-19人	20-49人	50-99人	100-299人	300-499人	500-999人	1000-4999人	5000-9999人	10000人及以上
连云港市	**1099093**	**54251**	**108755**	**154058**	**136931**	**165804**	**68240**	**80325**	**217866**	**73768**	**39095**
连云区	140768	6969	9117	11848	11928	19200	12545	21152	38267	9742	
新浦区	203855	13065	22779	19543	13131	21411	13770	19047	50914	30195	
海州区	44391	3346	5026	4752	6243	7343	2146	5838	9697		
赣榆县	218338	9934	16980	23964	26452	32695	10558	10335	31071	27830	28519
东海县	215135	8212	27765	45005	39579	38581	14632	8746	32615		
灌云县	154898	5035	15092	31174	25076	22103	8427	8235	33755	6001	
灌南县	121708	7690	11996	17772	14522	24471	6162	6972	21547		10576
淮安市	**1526285**	**76005**	**139534**	**161735**	**148517**	**257936**	**107287**	**158774**	**314009**	**90927**	**71561**
清河区	347088	15436	26778	20704	25018	35234	26827	40781	93526	22446	40338
淮安区	254748	14565	26030	31731	19722	36289	15281	29762	41935	21243	18190
淮阴区	191133	8182	13346	17720	24468	44525	10446	18886	40054	13506	
清浦区	123707	5868	17953	14291	9764	18059	10928	12383	34461		
涟水县	225781	8886	15592	19299	19956	32530	14143	21338	47272	33732	13033
洪泽县	122745	8021	11272	13692	12241	36768	7799	10095	22857		
盱眙县	170372	7917	15132	23741	24707	38724	16394	18510	25247		
金湖县	90711	7130	13431	20557	12641	15807	5469	7019	8657		
盐城市	**1894239**	**78987**	**172746**	**223751**	**209728**	**389210**	**171169**	**163860**	**314014**	**56462**	**114312**
亭湖区	332852	14427	20229	29586	31657	57459	34625	36181	83241	25447	
盐都区	242968	8088	20381	24938	22884	41589	30363	21781	32962	5865	34117
响水县	103580	8784	17081	15444	11468	22872	10974	5778	11179		
滨海县	168688	7506	14987	15472	14062	33736	10892	17619	46406	8008	
阜宁县	240555	4132	22849	30846	24157	45417	16029	21633	20999	6400	48093
射阳县	137409	6104	13669	19223	20271	44096	11343	6312	16391		
建湖县	203948	7151	15232	22647	25307	37806	17381	18111	49888		10425
东台市	269513	12223	29431	40128	33607	64374	18844	18914	25155	5160	21677
大丰市	194726	10572	18887	25467	26315	41861	20718	17531	27793	5582	
扬州市	**2613198**	**90861**	**190073**	**261275**	**197887**	**350926**	**173311**	**227134**	**447793**	**275605**	**398333**
广陵区	373242	20393	29212	35193	29422	40631	33580	42380	66151	30465	45815
邗江区	621651	26432	40174	54500	42619	76604	40613	63527	151253	68863	57066
江都区	519396	16654	38196	43790	39020	79647	44350	43277	84889	61432	68141
宝应县	359385	8287	29244	42039	24065	39071	24375	25286	39735	40509	86774
仪征市	312751	9963	23762	34205	23082	40312	11580	19124	55195	41775	53753
高邮市	426773	9132	29485	51548	39679	74661	18813	33540	50570	32561	86784
镇江市	**1440102**	**74899**	**207637**	**192127**	**151080**	**261112**	**124296**	**148573**	**193650**	**36135**	**50593**
京口区	263943	21662	44393	30290	25827	42164	23620	25211	44876	5900	
润州区	162517	11465	22950	18511	11893	13340	8610	15499	30763	5350	24136
丹徒区	137303	7851	18582	20402	18627	30332	19522	9515	12472		
丹阳市	410609	17050	41503	53968	52117	69944	31491	47510	65041	5528	26457
扬中市	186928	11096	43489	23716	17769	30945	12748	20098	17652	9415	
句容市	278802	5775	36720	45240	24847	74387	28305	30740	22846	9942	
泰州市	**2163426**	**76358**	**163147**	**248924**	**197873**	**284587**	**105042**	**169027**	**455598**	**170854**	**292016**
海陵区	407093	19902	26854	27472	26273	52684	24059	33745	92225	39006	64873
高港区	246192	5859	22897	35692	16471	21853	9491	13102	56412	30767	33648
姜堰区	307526	12117	23477	27392	29022	39871	10905	27931	37101	26148	73562
兴化市	379981	11140	29397	75056	59972	61475	17292	29026	73228	23395	
靖江市	395322	15459	25165	30975	28172	44213	18272	32957	111101	24965	64043
泰兴市	427312	11881	35357	52337	37963	64491	25023	32266	85531	26573	55890
宿迁市	**1451747**	**47583**	**133343**	**224380**	**192215**	**235609**	**80885**	**100239**	**276463**	**38515**	**122515**
宿城区	412043	14011	22864	29296	24723	41508	19987	24793	96495	15851	122515
宿豫区	141223	4676	11570	23614	21088	21573	12554	14263	31885		
沭阳县	384413	18297	53004	84600	69335	64536	17613	24802	46891	5335	
泗阳县	267735	5304	22146	32145	39433	63075	15550	19359	63710	7013	
泗洪县	246333	5295	23759	54725	37636	44917	15181	17022	37482	10316	

1-A-15 按机构类型、人员组距、开业(成立)时间分组的法人单位数、产业活动单位数及从业人员数

项目	法人单位				
	单位数(个)	单产业法人	多产业法人	从业人员数(人)	#女性
总计	**1047004**	**1033013**	**13991**	**36082553**	**12049614**
按机构类型分组					
企业	908326	897510	10816	32520642	10464918
事业单位	37215	35631	1584	1805965	929050
机关	10111	9394	717	641673	165866
社会团体	19155	19058	97	160030	63578
民办非企业单位	16899	16815	84	271185	174046
基金会	369	369		1890	715
居委会	7161	7002	159	73511	33604
村委会	14541	14065	476	133594	30613
其他组织机构	33227	33169	58	474063	187224
按从业人员数分组					
7人及以下	517250	514966	2284	1894303	702488
8-19人	289495	286402	3093	3353004	1285215
20-49人	138459	135935	2524	4131250	1725973
50-99人	52249	50311	1938	3566582	1487992
100-299人	34964	32576	2388	5842839	2392954
300-499人	6585	5993	592	2505968	939609
500-999人	4374	3865	509	3025347	976030
1000-4999人	3155	2640	515	6097711	1601276
5000-9999人	319	240	79	2184621	435271
10000人及以上	154	85	69	3480928	502806
按开业(成立)年份分组					
1949年以前	2187	1946	241	577763	218709
1950-1977年	12440	11226	1214	2537757	528849
1978-1991年	36488	35067	1421	2823737	726601
1992-1995年	24073	23098	975	2556597	808212
1996年	7375	7133	242	655822	204120
1997年	8101	7831	270	686591	220257
1998年	15453	15021	432	1273775	350680
1999年	13356	12943	413	874064	287285
2000年	23922	23274	648	1319541	485022
2001年	33018	32117	901	1748708	548101
2002年	35687	34872	815	1997791	677575
2003年	42854	41969	885	2012278	724181
2004年	39029	38325	704	1747796	619471
2005年	41935	41343	592	1691007	624353
2006年	52777	52161	616	1899859	690425
2007年	51977	51421	556	1590407	565272
2008年	56087	55486	601	1483813	538790
2009年	77610	77063	547	1725341	592987
2010年	111012	110300	712	2137432	788168
2011年	118392	117820	572	1918072	728493
2012年	125287	124847	440	1667720	650857
2013年	116776	116582	194	1147464	468635
无开业年份	1168	1168		9218	2571

1-A-15 续表

项目	产业活动单位				
	单位数(个)	#多产业法人所属的产业活动单位数	从业人员数(人)	单产业法人所属的从业人员数	多产业法人所属的从业人员数
总计	**1144381**	**111369**	**34951330**	**31267476**	**3683854**
按机构类型分组					
企业	981840	84331	31250979	28199483	3051496
事业单位	49237	13606	1877428	1527275	350153
机关	14057	4663	664960	449283	215677
社会团体	19414	356	160245	155582	4663
民办非企业单位	16816	1	265695	265477	218
基金会	381	12	1967	1890	77
居委会	7243	241	73725	70889	2836
村委会	14734	669	133304	127167	6137
其他组织机构	40659	7490	523027	470430	52597
按从业人员数分组					
7人及以下	626332	111367	5568307	1884466	3683841
8-19人	286402		3315060	3315060	
20-49人	135935		4052102	4052102	
50-99人	50311		3428712	3428712	
100-299人	32576		5428577	5428577	
300-499人	5993		2280307	2280307	
500-999人	3865		2664214	2664214	
1000-4999人	2641	1	5011387	5011377	10
5000-9999人	240		1629730	1629730	
10000人及以上	86	1	1572934	1572931	3
按开业(成立)年份分组					
1949年以前	2621	675	442153	328907	113246
1950-1977年	16667	5441	1752009	1404694	347315
1978-1991年	42905	7838	2766717	2277034	489683
1992-1995年	26672	3574	2333215	2089356	243859
1996年	8296	1163	575001	472114	102887
1997年	8897	1066	655155	553570	101585
1998年	17755	2734	1024953	872251	152702
1999年	15244	2301	834763	718809	115954
2000年	27295	4021	1280615	1135669	144946
2001年	36926	4809	1653638	1428481	225157
2002年	39075	4203	1933810	1789057	144753
2003年	46955	4986	1946032	1815062	130970
2004年	42845	4520	1778403	1645782	132621
2005年	46045	4702	1726893	1587065	139828
2006年	57434	5273	1958015	1831673	126342
2007年	56679	5258	1610765	1503851	106914
2008年	61718	6232	1526470	1399960	126510
2009年	83337	6274	1813330	1679091	134239
2010年	118775	8475	2245858	2088424	157434
2011年	127149	9329	2022756	1858083	164673
2012年	135157	10310	1805583	1640875	164708
2013年	124712	8130	1254663	1138450	116213
无开业年份	1222	55	10533	9218	1315

1-A-16 按登记注册类型分组的法人单位数、产业活动单位数及从业人员数

登记注册类型	法人单位				
	单位数(个)	单产业法人	多产业法人	从业人员数(人)	#女性
总计	**1047004**	**1033013**	**13991**	**36082553**	**12049614**
内资企业	**1016578**	**1003358**	**13220**	**30801482**	**9719936**
国有企业	52525	50278	2247	2873934	1149650
集体企业	19903	19048	855	596921	232958
股份合作企业	3413	3331	82	77509	28153
联营企业	1778	1751	27	35389	11651
国有联营企业	138	135	3	8425	1768
集体联营企业	415	399	16	7571	2514
国有与集体联营企业	115	110	5	6257	1878
其他联营企业	1110	1107	3	13136	5491
有限责任公司	74460	72707	1753	6840167	1391922
国有独资公司	1347	1268	79	349149	90943
其他有限责任公司	73113	71439	1674	6491018	1300979
股份有限公司	9951	9622	329	1640073	389585
私营企业	748556	741519	7037	17309479	5910246
私营独资企业	163885	163270	615	2273108	1004009
私营合伙企业	14342	14267	75	205636	88671
私营有限责任公司	552778	546689	6089	13988413	4605750
私营股份有限公司	17551	17293	258	842322	211816
其他企业	105992	105102	890	1428010	605771
港、澳、台商投资企业	**12056**	**11767**	**289**	**1939021**	**867297**
与港澳台商合资经营企业	3794	3683	111	583782	242531
与港澳台商合作经营企业	206	201	5	29396	11263
港澳台商独资经营企业	7686	7529	157	1227272	572536
港澳台商投资股份有限公司	279	267	12	84459	32770
其他港澳台投资企业	91	87	4	14112	8197
外商投资企业	**18370**	**17888**	**482**	**3342050**	**1462381**
中外合资经营企业	5322	5180	142	889351	372912
中外合作经营企业	280	273	7	49112	19242
外资企业	12165	11854	311	2286980	1011628
外商投资股份有限公司	358	341	17	110458	56009
其他外商投资企业	245	240	5	6149	2590

1-A-16　续表

登记注册类型	产业活动单位				
	单位数(个)	#多产业法人所属的产业活动单位数	从业人员数(人)	单产业法人所属的从业人员数	多产业法人所属的从业人员数
总　计	**1144381**	**111369**	**34951330**	**31267476**	**3683854**
内资企业	**1108371**	**105014**	**29742288**	**26515615**	**3226673**
国有企业	71672	21395	3099258	2265716	833542
集体企业	28783	9735	617967	499243	118724
股份合作企业	3936	605	99819	73150	26669
联营企业	2301	550	42323	34519	7804
国有联营企业	244	109	10054	8344	1710
集体联营企业	560	161	9414	7239	2175
国有与集体联营企业	186	76	7018	6088	930
其他联营企业	1311	204	15837	12848	2989
有限责任公司	82713	10006	5418172	4847191	570981
国有独资公司	1479	211	235891	196030	39861
其他有限责任公司	81234	9795	5182281	4651161	531120
股份有限公司	13808	4186	1383477	1126737	256740
私营企业	788715	47196	17567352	16269535	1297817
私营独资企业	171074	7804	2338230	2256971	81259
私营合伙企业	15154	887	213702	200645	13057
私营有限责任公司	583312	36623	14182263	13042426	1139837
私营股份有限公司	19175	1882	833157	769493	63664
其他企业	116443	11341	1513920	1399524	114396
港、澳、台商投资企业	**14206**	**2439**	**1928368**	**1754292**	**174076**
与港澳台商合资经营企业	4364	681	596855	538311	58544
与港澳台商合作经营企业	261	60	21074	19587	1487
港澳台商独资经营企业	9080	1551	1227360	1122157	105203
港澳台商投资股份有限公司	370	103	77413	70409	7004
其他港澳台投资企业	131	44	5666	3828	1838
外商投资企业	**21804**	**3916**	**3280674**	**2997569**	**283105**
中外合资经营企业	6555	1375	879887	787636	92251
中外合作经营企业	344	71	49084	45874	3210
外资企业	14016	2162	2259973	2087885	172088
外商投资股份有限公司	500	159	83324	71221	12103
其他外商投资企业	389	149	8406	4953	3453

1-A-17 按从业人员组距、开业(成立)时间、机构类型分组的法人单位数及从业人员数

项目	法人单位数(个)	企业法人	事业法人	机关法人	社会团体	民办非企业单位	基金会	居委会	村委会	其他组织机构
总计	**1047004**	**908326**	**37215**	**10111**	**19155**	**16899**	**369**	**7161**	**14541**	**33227**
按从业人员数分组										
7人及以下	517250	451023	12727	1991	14893	9784	297	3109	6401	17025
8-19人	289495	249195	10166	2522	2788	3958	58	3521	7557	9730
20-49人	138459	120427	5986	2677	979	2173	13	454	536	5214
50-99人	52249	44819	3979	1506	332	643	1	52	43	874
100-299人	34964	29481	3539	1161	144	258		24	4	353
300-499人	6585	5905	462	135	10	53		1		19
500-999人	4374	4053	220	62	4	27				8
1000-4999人	3155	2956	133	54	5	3				4
5000-9999人	319	314	3	2						
10000人及以上	154	153		1						
按开业(成立)年份分组										
1949年以前	2187	136	1342	443	90	9		41	85	41
1950-1977年	12440	2619	5555	1393	371	193		446	1569	294
1978-1991年	36488	16296	7771	2945	2119	580	9	888	4660	1220
1992-1995年	24073	19183	2248	612	734	304	7	226	193	566
1996年	7375	5725	720	287	245	85	1	96	64	152
1997年	8101	6789	609	161	215	104	1	52	40	130
1998年	15453	12703	1057	262	326	195	3	185	328	394
1999年	13356	11340	695	142	346	172		112	297	252
2000年	23922	18852	1514	409	502	408	4	555	1033	645
2001年	33018	24137	1707	686	650	532	2	966	3702	636
2002年	35687	31229	1487	422	628	535	2	402	432	550
2003年	42854	39142	1087	192	624	533	2	386	350	538
2004年	39029	35489	1086	162	688	519	1	381	232	471
2005年	41935	38309	1020	217	722	661	12	266	138	590
2006年	52777	48476	931	199	1059	772	23	276	161	880
2007年	51977	47658	886	135	884	748	34	292	190	1150
2008年	56087	49740	1343	160	1015	910	41	246	253	2379
2009年	77610	71117	815	134	962	1048	35	194	105	3200
2010年	111012	102008	1292	438	1204	1511	55	317	354	3833
2011年	118392	108611	1254	229	1528	1690	63	252	167	4598
2012年	125287	111275	1429	267	2622	2499	40	298	105	6752
2013年	116776	106354	1366	198	1621	2891	34	283	83	3946
无开业年份	1168	1138	1	18				1		10

1-A-17　续表

项　　目	从业人员数(人)	企业法人	事业法人	机关法人	社会团体	民办非企业单位	基金会	居委会	村委会	其他组织机构
总　计	**36082553**	**32520642**	**1805965**	**641673**	**160030**	**271185**	**1890**	**73511**	**133594**	**474063**
按从业人员数分组										
7人及以下	1894303	1638257	53747	8027	43341	32860	888	15746	36787	64650
8-19人	3353004	2885967	121415	32747	31186	46641	610	38765	79788	115885
20-49人	4131250	3578144	187134	83570	28586	66493	321	11941	13939	161122
50-99人	3566582	3051549	281171	106559	21736	41776	71	3619	2587	57514
100-299人	5842839	4953177	580267	188032	22123	41364		3081	493	54302
300-499人	2505968	2251258	172671	51393	3726	19651		359		6910
500-999人	3025347	2806303	148958	43717	2213	18658				5498
1000-4999人	6097711	5730910	243662	104096	7119	3742				8182
5000-9999人	2184621	2155224	16940	12457						
10000人及以上	3480928	3469853		11075						
按开业(成立)年份分组										
1949年以前	577763	196767	275676	100783	1120	1229		441	835	912
1950-1977年	2537757	1864648	530384	106864	5912	6989		3975	13413	5572
1978-1991年	2823737	2269242	306729	154287	19933	11770	168	8038	41345	12225
1992-1995年	2556597	2389328	81088	60623	7306	7950	30	1963	2180	6129
1996年	655822	607342	20310	19036	3175	3161	6	731	595	1466
1997年	686591	656723	17841	5743	1931	1848	5	761	390	1349
1998年	1273775	1213311	33388	9827	2421	5133	17	1468	2765	5445
1999年	874064	828753	21414	7849	2382	6892		1189	3447	2138
2000年	1319541	1214804	49033	20911	4320	9550	19	5185	8852	6867
2001年	1748708	1600063	50097	31453	6216	13741	5	9032	32113	5988
2002年	1997791	1896815	49702	19070	4286	15134	5	4287	3951	4541
2003年	2012278	1927345	37151	11572	4283	17508	3	4117	3830	6469
2004年	1747796	1668907	38341	6535	4430	15212	4	4869	2663	6835
2005年	1691007	1620693	31666	7119	6789	13749	117	3491	1586	5797
2006年	1899859	1823377	25298	11139	8299	16783	153	3725	1966	9119
2007年	1590407	1515988	27348	6311	6748	13171	159	2958	1916	15808
2008年	1483813	1383126	32268	5109	8826	12905	201	2706	3172	35500
2009年	1725341	1624542	20304	4570	7067	15304	115	2475	1101	49863
2010年	2137432	1975757	43637	20861	10107	19215	300	3474	3284	60797
2011年	1918072	1757914	38187	9003	12330	21921	291	2436	1919	74071
2012年	1667720	1462965	40285	11743	19280	23354	178	3547	1222	105146
2013年	1147464	1015310	35815	9095	12869	18666	114	2550	1049	51996
无开业年份	9218	6922	3	2170				93		30

1-A-18 按从业人员组距、开业(成立)时间、

项目	法人单位数(个)	内资	国有	集体	股份合作	联营
总计	**1047004**	**1016578**	**52525**	**19903**	**3413**	**1778**
按从业人员数分组						
7人及以下	517250	510662	18723	10023	1696	1007
8-19人	289495	284900	13477	4799	963	455
20-49人	138459	132755	8990	2710	468	209
50-99人	52249	47662	5359	1333	154	68
100-299人	34964	29382	4633	807	98	25
300-499人	6585	5115	662	132	19	9
500-999人	4374	3297	368	59	12	3
1000-4999人	3155	2437	299	36	3	2
5000-9999人	319	245	11	2		
10000人及以上	154	123	3	2		
按开业(成立)年份分组						
1949年以前	2187	2187	1752	136		1
1950-1977年	12440	12414	6642	1636	50	14
1978-1991年	36488	36234	11737	4040	448	117
1992-1995年	24073	22132	3898	2211	414	114
1996年	7375	7025	1141	375	67	18
1997年	8101	7707	916	294	68	21
1998年	15453	14959	1457	498	106	26
1999年	13356	12860	1064	410	112	31
2000年	23922	22936	2029	639	92	40
2001年	33018	31544	2582	648	115	44
2002年	35687	33575	2112	665	108	72
2003年	42854	40282	1482	624	135	55
2004年	39029	36588	1403	480	87	56
2005年	41935	39546	1450	579	109	61
2006年	52777	50108	1327	625	122	63
2007年	51977	49996	1191	515	99	74
2008年	56087	54667	1648	724	107	83
2009年	77610	76273	1216	633	120	111
2010年	111012	109079	1911	882	182	158
2011年	118392	116426	1791	840	258	177
2012年	125287	123367	1977	1177	344	161
2013年	116776	115574	1774	1269	268	276
无开业年份	1168	1099	25	3	2	5

登记注册类型分组的法人单位数

国有联营	集体联营	国有与集体联营	其他联营	有限责任公司	国有独资	其他有限责任公司	股份有限公司	私营
138	**415**	**115**	**1110**	**74460**	**1347**	**73113**	**9951**	**748556**
56	221	45	685	34030	284	33746	3918	385293
37	114	39	265	17365	247	17118	2299	211940
24	52	15	118	10407	294	10113	1385	96174
9	21	5	33	5376	191	5185	752	31880
8	4	6	7	4344	170	4174	816	17560
2	2	3	2	1112	63	1049	254	2829
1	1	1		924	47	877	223	1658
1		1		740	39	701	261	1078
				91	10	81	31	109
				71	2	69	12	35
	1			31	6	25	8	42
2	7	4	1	380	26	354	110	1023
12	58	16	31	1255	64	1191	337	9892
16	53	18	27	1655	90	1565	426	11573
4	5	3	6	520	23	497	87	4234
5	10	1	5	561	19	542	134	5242
	9	2	15	1123	37	1086	225	9874
5	11	7	8	1008	39	969	179	8954
6	16	3	15	1406	29	1377	261	15380
3	18	3	20	1833	51	1782	337	19598
11	25	3	33	2204	59	2145	390	25495
6	14	4	31	2780	61	2719	389	32227
3	16	4	33	2584	36	2548	397	29135
4	11	3	43	2799	48	2751	429	31631
5	10	2	46	3342	56	3286	451	40698
6	16	6	46	3187	57	3130	483	40576
6	15	5	57	3070	89	2981	476	42780
7	17	3	84	5098	107	4991	742	60929
11	26	8	113	7759	123	7636	1082	87084
5	26	7	139	8600	105	8495	1030	92124
16	25	7	113	10856	137	10719	973	92203
5	26	4	241	12271	82	12189	994	86976
		2	3	138	3	135	11	886

1-A-18 续表

项目	私营独资	私营合伙	私营有限责任公司	私营股份有限公司	其他	港澳台商投资企业
总　计	**163885**	**14342**	**552778**	**17551**	**105992**	**12056**
按从业人员数分组						
7人及以下	78116	7565	291158	8454	55972	2800
8-19人	55760	4227	147323	4630	33602	1863
20-49人	23349	1836	68633	2356	12412	2370
50-99人	5120	530	25266	964	2740	1752
100-299人	1390	152	15290	728	1099	2048
300-499人	99	21	2534	175	98	555
500-999人	35	10	1482	131	50	384
1000-4999人	14	1	963	100	18	243
5000-9999人	2		97	10	1	30
10000人及以上			32	3		11
按开业(成立)年份分组						
1949年以前	9		31	2	217	
1950-1977年	331	64	578	50	2559	13
1978-1991年	2803	251	6566	272	8408	144
1992-1995年	2964	289	8022	298	1841	851
1996年	1262	121	2757	94	583	127
1997年	1420	123	3575	124	471	150
1998年	2595	219	6794	266	1650	200
1999年	1915	189	6615	235	1102	200
2000年	3430	376	11227	347	3089	428
2001年	4096	410	14617	475	6387	621
2002年	6112	488	18289	606	2529	845
2003年	8236	644	22681	666	2590	967
2004年	6324	551	21569	691	2446	857
2005年	7082	618	23247	684	2488	860
2006年	8655	840	30360	843	3480	1102
2007年	8013	758	30925	880	3871	742
2008年	8333	941	32554	952	5779	555
2009年	11314	1053	47046	1516	7424	526
2010年	16602	1586	66925	1971	10021	827
2011年	18399	1582	70115	2028	11606	740
2012年	19459	1777	67875	3092	15676	710
2013年	24379	1450	59703	1444	11746	560
无开业年份	152	12	707	15	29	31

港澳台商合资经营	港澳台商合作经营	港澳台商独资	港澳台商投资股份有限公司	其他港澳台商投资	外商投资企业	中外合资经营	中外合作经营	外资企业	外商投资股份有限公司	其他外商投资
3794	**206**	**7686**	**279**	**91**	**18370**	**5322**	**280**	**12165**	**358**	**245**
679	53	1958	71	39	3788	929	54	2580	92	133
537	35	1235	39	17	2732	728	37	1850	57	60
723	35	1547	51	14	3334	988	50	2201	66	29
613	38	1054	38	9	2835	908	49	1820	44	14
801	32	1167	39	9	3534	1144	57	2263	63	7
230	4	308	12	1	915	293	17	595	10	
135	5	227	16	1	693	207	9	467	9	1
70	3	161	9		475	113	6	343	12	1
5	1	20	3	1	44	9		31	4	
1		9	1		20	3	1	15	1	
10		1	2		13	8		5		
100	3	40		1	110	78	4	24	3	1
457	21	348	18	7	1090	430	40	589	25	6
47	5	71	4		223	83	8	128	3	1
48	3	96	3		244	67	7	162	8	
72	6	115	4	3	294	99	4	178	10	3
76	4	115	4	1	296	114	7	171	3	1
139	7	268	14		558	191	18	338	8	3
188	16	405	12		853	242	20	582	5	4
282	13	529	19	2	1267	383	18	843	19	4
394	21	527	18	7	1605	540	28	1003	24	10
308	14	514	19	2	1584	456	21	1073	20	14
272	13	553	16	6	1529	419	15	1061	24	10
337	9	726	25	5	1567	445	19	1054	36	13
211	14	494	18	5	1239	298	10	886	29	16
124	6	403	15	7	865	207	5	609	32	12
127	6	368	17	8	811	226	10	538	19	18
184	10	598	25	10	1106	288	13	759	20	26
156	11	552	10	11	1226	303	14	851	21	37
151	17	511	23	8	1210	281	11	859	29	30
102	7	432	11	8	642	151	7	433	17	34
9		20	2		38	13	1	19	3	2

1-A-19 按从业人员组距、开业(成立)时间、

项目	从业人员数(人)	内资	国有	集体	股份合作	联营
总计	**36082553**	**30801482**	**2873934**	**596921**	**77509**	**35389**
按从业人员数分组						
7人及以下	1894303	1873768	72138	33808	5923	3523
8-19人	3353004	3295525	163657	56697	11254	5398
20-49人	4131250	3949918	278866	83292	14127	6167
50-99人	3566582	3241407	377840	92585	10353	4627
100-299人	5842839	4862621	763705	127882	15811	4297
300-499人	2505968	1940679	250080	49100	7078	3483
500-999人	3025347	2280290	255569	41035	8817	2169
1000-4999人	6097711	4728340	569826	63517	4146	5725
5000-9999人	2184621	1664421	72499	15589		
10000人及以上	3480928	2964513	69754	33416		
按开业(成立)年份分组						
1949年以前	577763	577763	374989	15714		12
1950-1977年	2537757	2521358	655247	132754	5681	6238
1978-1991年	2823737	2750964	617067	166289	15612	2833
1992-1995年	2556597	2002010	238860	69257	10300	4206
1996年	655822	508371	45383	8662	1619	489
1997年	686591	536473	31529	6993	753	600
1998年	1273775	1078340	78225	11018	2837	374
1999年	874064	716620	45482	9276	3173	276
2000年	1319541	1025928	81690	12799	2112	469
2001年	1748708	1401295	89672	13916	1999	1531
2002年	1997791	1488359	88996	15823	4752	1686
2003年	2012278	1463980	52600	12716	2505	1252
2004年	1747796	1272159	51653	11068	2629	537
2005年	1691007	1269902	42975	12162	2319	1188
2006年	1899859	1429494	42896	9237	1823	2299
2007年	1590407	1341883	38022	10956	2975	750
2008年	1483813	1300614	42187	13299	1920	1170
2009年	1725341	1597290	30774	8874	2675	1883
2010年	2137432	1981507	71442	15502	2993	1399
2011年	1918072	1805456	46719	13507	3628	2210
2012年	1667720	1598994	61594	15830	3263	1781
2013年	1147464	1124086	43729	11250	1930	2191
无开业年份	9218	8636	2203	19	11	15

登记注册类型分组的法人单位从业人员数

国有联营	集体联营	国有与集体联营	其他联营	有限责任公司	国有独资	其他有限责任公司	股份有限公司	私营
8425	**7571**	**6257**	**13136**	**6840167**	**349149**	**6491018**	**1640073**	**17309479**
191	772	159	2401	119513	995	118518	14117	1408226
445	1338	488	3127	203238	3035	200203	27236	2443951
689	1516	498	3464	315303	9255	306048	42195	2838143
673	1448	307	2199	367763	13088	354675	51744	2156959
1189	850	995	1263	745500	29401	716099	141836	2893728
810	761	1230	682	425438	24309	401129	98140	1070113
663	886	620		642400	33552	608848	158285	1138897
3765		1960		1504529	80304	1424225	524856	2025542
				614491	75447	539044	207357	748876
				1901992	79763	1822229	374307	585044
	12			58749	16059	42690	83210	29080
3777	105	2321	35	1090488	73501	1016987	198490	395909
94	868	1368	503	710564	66640	643924	184124	963666
1013	1995	731	467	519877	16599	503278	234454	898190
276	27	39	147	159887	2204	157683	31289	252501
224	93	18	265	162742	10712	152030	44888	282804
	69	9	296	406429	13659	392770	82856	467539
26	71	105	74	152248	6326	145922	62386	428520
81	194	33	161	239459	23967	215492	69776	584179
25	626	465	415	363678	12223	351455	146477	717496
314	684	125	563	364719	10548	354171	79757	899221
137	568	244	303	354484	26606	327878	57169	946055
67	200	36	234	255331	2237	253094	45581	871112
263	103	67	755	252705	7555	245150	39168	885426
1186	219	19	875	235560	5366	230194	41799	1052219
38	101	77	534	227274	14868	212406	38543	970329
71	117	246	736	209968	6426	203542	41443	905475
173	309	44	1357	266714	7353	259361	49890	1123308
94	210	114	981	264400	11821	252579	56866	1423093
137	352	132	1589	228608	8061	220547	25084	1312031
394	300	21	1066	198546	4800	193746	15396	1092669
35	348	36	1772	116814	1597	115217	11280	803624
		7	8	923	21	902	147	5033

1-A-19 续表

项目	私营独资	私营合伙	私营有限责任公司	私营股份有限公司	其他	港澳台商投资企业
总计	**2273108**	**205636**	**13988413**	**842322**	**1428010**	**1939021**
按从业人员数分组						
7人及以下	301561	28136	1048850	29679	216520	8550
8-19人	645554	49330	1695422	53645	384094	23158
20-49人	683757	53417	2029816	71153	371825	74827
50-99人	334477	34367	1721939	66176	179536	123654
100-299人	211780	23169	2536431	122348	169862	361717
300-499人	37540	7624	958305	66644	37247	212238
500-999人	22867	7538	1017959	90533	33118	269038
1000-4999人	22173	2055	1818165	183149	30199	475062
5000-9999人	13399		666643	68834	5609	223332
10000人及以上			494883	90161		167445
按开业(成立)年份分组						
1949年以前	194		27604	1282	16009	
1950-1977年	10331	2268	347278	36032	36551	7149
1978-1991年	66283	5788	772647	118948	90809	36832
1992-1995年	61018	5638	792320	39214	26866	167093
1996年	23345	2530	214744	11882	8541	37594
1997年	29353	2249	232321	18881	6164	42495
1998年	47068	6240	377183	37048	29062	42058
1999年	43636	5786	349158	29940	15259	54618
2000年	60784	8513	487510	27372	35444	101216
2001年	68613	7326	602257	39300	66526	116075
2002年	98266	8477	733100	59378	33405	194235
2003年	121402	12035	781033	31585	37199	187843
2004年	96309	8888	728200	37715	34248	178006
2005年	101889	9614	730251	43672	33959	140711
2006年	120520	13685	873712	44302	43661	239009
2007年	110304	10897	799075	50053	53034	72326
2008年	109726	13437	748751	33561	85152	97178
2009年	152452	12495	908895	49466	113172	58184
2010年	219091	20080	1138076	45846	145812	76485
2011年	229302	19058	1022546	41125	173669	42575
2012年	239190	17496	804181	31802	209915	35109
2013年	263125	13069	513598	13832	133268	12093
无开业年份	907	67	3973	86	285	137

港澳台商合资经营	港澳台商合作经营	港澳台商独资	港澳台商投资股份有限公司	其他港澳台商投资	外商投资企业	中外合资经营	中外合作经营	外资企业	外商投资股份有限公司	其他外商投资
583782	**29396**	**1227272**	**84459**	**14112**	**3342050**	**889351**	**49112**	**2286980**	**110458**	**6149**
1918	173	6145	205	109	11985	2907	160	8201	320	397
6748	466	15255	478	211	34321	9017	470	23394	717	723
23030	1060	48663	1616	458	106505	31303	1465	70887	1997	853
43740	2643	73952	2670	649	201521	65040	3671	128744	3172	894
142244	5720	204507	7472	1774	618501	200918	10207	395160	11046	1170
87212	1489	118541	4641	355	353051	113663	6345	229247	3796	
96102	3239	158291	10831	575	476019	140516	6836	320426	7252	989
134926	5644	315307	19185		894309	216954	8870	638158	29204	1123
35999	8962	147105	21285	9981	296868	63780		210931	22157	
11863		139506	16076		348970	45253	11088	261832	30797	
6500		285	364		9250	3255		5995		
28853	183	7748		48	35941	26061	237	8236	1406	1
64367	1428	96630	4313	355	387494	127605	5602	235458	18679	150
7626	9212	19840	916		109857	42484	391	60848	6076	58
7720	3845	30925	5		107623	22031	1121	70212	14259	
12176	879	17906	1101	9996	153377	36632	11527	73407	31767	44
9575	96	43975	617	355	102826	20422	2250	79093	72	989
21380	105	73372	6359		192397	38583	1324	149972	2428	90
26490	2384	82923	4278		231338	45563	3632	181621	407	115
55711	2392	130407	4870	855	315197	65347	3913	242842	2850	245
71251	2871	110393	2937	391	360455	96364	5159	254661	4152	119
57262	805	115806	4131	2	297631	86567	1340	201516	7646	562
54777	645	82210	2865	214	280394	68472	2190	205797	3849	86
69782	980	156274	11812	161	231356	62354	5197	157750	5407	648
21804	1267	47637	1248	370	176198	45125	1524	125916	3354	279
21659	358	55609	19492	60	86021	20207	1213	61197	2140	1264
10803	483	32593	13844	461	69867	28667	538	39553	941	168
18764	372	53711	3443	195	79440	18358	1330	57339	2101	312
7899	624	32620	1353	79	70041	21901	432	46098	1296	314
7104	299	27113	326	267	33617	9363	67	22438	1438	311
2260	168	9188	174	303	11285	3881	65	6764	184	391
19		107	11		445	109	60	267	6	3

第二篇

小微企业情况

2-A-1 按行业、地区分组的

行业	单位数(个)	南京	无锡	徐州	常州
总 计	**878076**	**81140**	**113660**	**69425**	**80903**
农、林、牧、渔业	**2299**	**161**	**433**	**174**	**44**
农、林、牧、渔服务业	2299	161	433	174	44
农业服务业	1634	111	294	146	30
林业服务业	247	31	83	8	4
畜牧服务业	223	6	39	19	2
渔业服务业	195	13	17	1	8
采矿业	**601**	**75**	**5**	**166**	**45**
煤炭开采和洗选业	31			23	
烟煤和无烟煤开采洗选	23			19	
褐煤开采洗选	1			1	
其他煤炭采选	7			3	
石油和天然气开采业	4			1	
石油开采	2				
天然气开采	2			1	
黑色金属矿采选业	60	3		46	1
铁矿采选	55	2		45	
锰矿、铬矿采选					
其他黑色金属矿采选	5	1		1	1
有色金属矿采选业	19	6		1	
常用有色金属矿采选	15	6		1	
贵金属矿采选	4				
稀有稀土金属矿采选					
非金属矿采选业	457	63	5	89	42
土砂石开采	379	59	4	83	37
化学矿开采	11	1			
采盐	24			3	3
石棉及其他非金属矿采选	43	3	1	3	2
开采辅助活动	19	2		2	1
煤炭开采和洗选辅助活动	4	1			
石油和天然气开采辅助活动	10	1		1	
其他开采辅助活动	5			1	1
其他采矿业	11	1		4	1
其他采矿业	11	1		4	1
制造业	**339500**	**14418**	**50574**	**16918**	**37844**
农副食品加工业	5463	229	132	839	136
谷物磨制	1461	29	20	212	29
饲料加工	650	27	28	139	25
植物油加工	343	18	6	26	10
制糖业	20	1		1	1
屠宰及肉类加工	944	72	31	155	34
水产品加工	801	13	9	13	6
蔬菜、水果和坚果加工	591	26	4	191	11
其他农副食品加工	653	43	34	102	20
食品制造业	2719	204	220	358	191
焙烤食品制造	614	58	47	83	35
糖果、巧克力及蜜饯制造	152	7	20	8	12

小微企业法人单位数

苏州	南通	连云港	淮安	盐城	扬州	镇江	泰州	宿迁
229994	**72898**	**21888**	**30442**	**35587**	**41365**	**38462**	**36653**	**25659**
359	**167**	**82**	**88**	**244**	**211**	**151**	**71**	**114**
359	167	82	88	244	211	151	71	114
248	114	61	54	183	140	105	44	104
29	14	5	3	9	27	26	7	1
37	24	2	23	16	21	14	12	8
45	15	14	8	36	23	6	8	1
19	**3**	**114**	**67**	**14**	**12**	**66**	**1**	**14**
		3	1	1	2	1		
		3		1				
			1		2	1		
			2	1				
			1	1				
			1					
1		1			1	5	1	1
1					1	5	1	
		1						1
	1	3	1	2		3		2
		3	1			3		1
	1			2				1
18	2	103	55	7	6	56		11
17	1	73	40	1	6	50		8
		5	4					1
		4	7	6		1		
1	1	21	4			5		2
		2	6	3	3			
		1	2					
			3	2	3			
		1	1	1				
		2	2			1		
		2	2			1		
89928	**31236**	**6521**	**10332**	**15900**	**18425**	**17182**	**19689**	**10533**
298	736	626	520	622	266	112	376	571
28	71	181	229	157	55	28	102	320
35	101	48	74	71	29	14	27	32
28	51	20	15	60	17	24	44	24
3	1	1	3	5	2	1	1	
70	141	56	65	94	49	24	76	77
24	262	253	36	98	24	3	16	44
31	47	28	36	57	51	5	85	19
79	62	39	62	80	39	13	25	55
369	248	148	180	206	113	111	200	171
87	78	32	41	42	16	23	29	43
44	10	13	11	8	10	3	3	3

2-A-1 续表 1

行业	单位数(个)	南京	无锡	徐州	常州
方便食品制造	407	30	26	59	16
乳制品制造	79	3	7	12	7
罐头食品制造	188	7	15	51	8
调味品、发酵制品制造	450	26	39	57	24
其他食品制造	829	73	66	88	89
酒、饮料和精制茶制造业	1513	84	195	161	128
酒的制造	593	10	20	54	20
饮料制造	623	44	62	92	63
精制茶加工	297	30	113	15	45
烟草制品业	4				
烟叶复烤					
卷烟制造	1				
其他烟草制品制造	3				
纺织业	28793	176	3365	852	2653
棉纺织及印染精加工	11069	39	1493	642	1782
毛纺织及染整精加工	1725	6	582	28	122
麻纺织及染整精加工	236	7	83	4	15
丝绢纺织及印染精加工	479	4	19	38	21
化纤织造及印染精加工	5066	8	106	19	99
针织或钩针编织物及其制品制造	3666	35	439	39	202
家用纺织制成品制造	3189	43	326	55	192
非家用纺织制成品制造	3363	34	317	27	220
纺织服装、服饰业	19416	769	2086	615	1211
机织服装制造	13195	643	1267	471	1001
针织或钩针编织服装制造	2446	22	529	25	68
服饰制造	3775	104	290	119	142
皮革、毛皮、羽毛及其制品和制鞋业	3599	132	135	125	181
皮革鞣制加工	108	4	4	12	2
皮革制品制造	1219	45	70	28	92
毛皮鞣制及制品加工	182	30	10	12	2
羽毛(绒)加工及制品制造	212	17	12	7	17
制鞋业	1878	36	39	66	68
木材加工和木、竹、藤、棕、草制品业	9575	211	496	2413	401
木材加工	3858	44	65	1306	37
人造板制造	2948	28	55	925	142
木制品制造	2499	126	318	160	214
竹、藤、棕、草等制品制造	270	13	58	22	8
家具制造业	3411	214	206	649	266
木质家具制造	2558	160	144	596	183
竹、藤家具制造	23		4	3	
金属家具制造	339	24	31	20	33
塑料家具制造	79	9	7	6	3
其他家具制造	412	21	20	24	47
造纸和纸制品业	6883	296	877	242	659
纸浆制造	31	4	2	4	1
造纸	2213	97	154	84	334
纸制品制造	4639	195	721	154	324

苏州	南通	连云港	淮安	盐城	扬州	镇江	泰州	宿迁
48	25	16	45	29	32	12	24	45
9	2	6	6	3	8	4	7	5
20	11	7	8	18	14	3	11	15
37	37	28	31	33	11	40	70	17
124	85	46	38	73	22	26	56	43
184	125	117	73	92	62	53	47	192
63	62	63	33	41	16	23	20	168
90	60	43	35	43	23	17	27	24
31	3	11	5	8	23	13		
2			1	1				
1								
1			1	1				
10952	5408	147	710	1719	679	507	1210	415
1975	3151	52	187	1038	148	108	287	167
728	94	10	25	43	28	15	16	28
52	30	1	8	12	5	3	13	3
145	98	7	31	43	13	9	12	39
4507	141	3	14	71	30	15	16	37
1933	421	27	177	113	59	110	59	52
647	1112	14	195	238	96	138	87	46
965	361	33	73	161	300	109	720	43
5434	3230	452	929	1121	947	853	947	822
3283	2338	310	596	750	667	606	743	520
1052	346	21	64	112	52	74	49	32
1099	546	121	269	259	228	173	155	270
855	414	63	271	135	553	442	129	164
28	10	7	11	9	7	8	3	3
299	171	12	100	60	117	111	72	42
11	15	11	2	4	21	48	6	10
34	10	3	47	5	48	6	3	3
483	208	30	111	57	360	269	45	106
1199	245	387	488	212	221	104	145	3053
179	35	213	235	87	51	22	20	1564
101	27	91	135	40	50	11	21	1322
862	171	61	101	81	101	62	97	145
57	12	22	17	4	19	9	7	22
893	317	94	165	127	96	69	105	210
600	246	71	123	92	63	44	71	165
5			1	2		1	5	2
125	23	7	16	8	18	12	7	15
23	4	1	8	4	5	2	1	6
140	44	15	17	21	10	10	21	22
2641	609	97	253	271	340	225	230	143
7	1	1	1	2	3	2		3
593	235	44	83	220	71	91	166	41
2041	373	52	169	49	266	132	64	99

2-A-1 续表 2

行业	单位数(个)	南京	无锡	徐州	常州
印刷和记录媒介复制业	8528	548	1361	265	891
印刷	7980	480	1283	236	834
装订及印刷相关服务	525	65	74	27	57
记录媒介复制	23	3	4	2	
文教、工美、体育和娱乐用品制造业	10130	492	435	347	700
文教办公用品制造	899	58	107	23	75
乐器制造	272	11	18	8	9
工艺美术品制造	5850	267	211	265	401
体育用品制造	917	37	62	22	51
玩具制造	1876	100	30	24	69
游艺器材及娱乐用品制造	316	19	7	5	95
石油加工、炼焦和核燃料加工业	562	31	126	37	67
精炼石油产品制造	526	30	123	21	63
炼焦	35	1	3	16	4
核燃料加工	1				
化学原料和化学制品制造业	13039	725	1848	697	1622
基础化学原料制造	2394	128	207	122	269
肥料制造	661	51	43	140	32
农药制造	329	24	20	41	38
涂料、油墨、颜料及类似产品制造	2587	140	419	138	342
合成材料制造	1947	123	203	60	254
专用化学产品制造	4159	194	836	150	624
炸药、火工及焰火产品制造	22	2	2	2	3
日用化学产品制造	940	63	118	44	60
医药制造业	1830	162	135	123	197
化学药品原料药制造	383	26	19	20	47
化学药品制剂制造	213	31	19	4	25
中药饮片加工	79	3	5	20	3
中成药生产	61	8	4	6	5
兽用药品制造	93	13	4	12	7
生物药品制造	420	56	46	27	27
卫生材料及医药用品制造	581	25	38	34	83
化学纤维制造业	2245	18	281	39	122
纤维素纤维原料及纤维制造	330	6	32	18	57
合成纤维制造	1915	12	249	21	65
橡胶和塑料制品业	20750	675	3600	618	2468
橡胶制品业	3657	114	760	98	383
塑料制品业	17093	561	2840	520	2085
非金属矿物制品业	17675	984	3108	1830	1354
水泥、石灰和石膏制造	781	78	68	128	74
石膏、水泥制品及类似制品制造	4239	297	275	680	262
砖瓦、石材等建筑材料制造	4687	304	580	467	390
玻璃制造	458	33	60	30	34
玻璃制品制造	1814	103	175	172	145
玻璃纤维和玻璃纤维增强塑料制品制造	1078	72	174	30	191
陶瓷制品制造	1084	28	680	16	60
耐火材料制品制造	1470	37	868	64	85
石墨及其他非金属矿物制品制造	2064	32	228	243	113

苏州	南通	连云港	淮安	盐城	扬州	镇江	泰州	宿迁
2683	598	196	194	252	370	656	263	251
2547	560	175	172	231	350	621	245	246
127	37	21	22	21	18	33	18	5
9	1				2	2		
1529	2325	304	340	616	1451	548	517	526
152	41	3	112	19	165	36	53	55
72	6		8	3	48	6	81	2
971	1897	182	105	367	483	273	216	212
149	199	12	30	23	120	52	126	34
157	152	102	78	189	576	162	35	202
28	30	5	7	15	59	19	6	21
122	32	12	29	21	8	27	36	14
121	31	8	28	20	8	25	36	12
1	1	4		1		2		2
			1					
2840	1175	471	485	601	804	721	727	323
358	293	204	119	193	135	121	194	51
58	49	58	49	47	29	32	28	45
36	44	20	15	29	13	18	20	11
598	175	52	83	106	174	156	136	68
619	147	44	61	56	128	106	79	67
899	398	80	96	136	217	259	217	53
3	2	3		1		1	1	2
269	67	10	62	33	108	28	52	26
348	194	81	66	125	103	61	184	51
79	37	48	11	45	16	10	13	12
47	26	8	2	16	5	7	21	2
12	5	6	3	9	1	3	9	
9	5		8	1	3	4	5	3
6	8		6	12	6	6	11	2
79	72	10	16	15	10	21	21	20
116	41	9	20	27	62	10	104	12
1336	175	15	33	58	66	22	26	54
79	36	4	7	22	10	4	7	48
1257	139	11	26	36	56	18	19	6
7308	1222	256	524	696	1141	1081	815	346
998	243	29	85	174	229	226	267	51
6310	979	227	439	522	912	855	548	295
2310	1512	1361	868	1121	668	902	902	755
83	47	34	58	53	22	58	28	50
548	325	346	346	296	174	216	200	274
564	482	320	293	366	220	255	267	179
123	34	19	15	22	20	23	22	23
356	195	76	72	84	78	134	142	82
176	117	12	15	114	57	45	34	41
125	45	13	8	34	38	14	9	14
109	40	32	15	56	20	30	76	38
226	227	509	46	96	39	127	124	54

2-A-1 续表 3

行业	单位数(个)	南京	无锡	徐州	常州
黑色金属冶炼和压延加工业	6336	249	1729	382	866
炼铁	112	13	4	35	9
炼钢	86	5	15	20	7
黑色金属铸造	2996	137	580	252	358
钢压延加工	2989	87	1115	50	455
铁合金冶炼	153	7	15	25	37
有色金属冶炼和压延加工业	4420	195	881	168	562
常用有色金属冶炼	466	18	75	45	39
贵金属冶炼	36	4	9	3	3
稀有稀土金属冶炼	106	10	16	6	15
有色金属合金制造	534	55	87	44	66
有色金属铸造	457	20	77	11	65
有色金属压延加工	2821	88	617	59	374
金属制品业	32486	1595	5068	1178	3051
结构性金属制品制造	11783	678	2066	692	783
金属工具制造	4633	236	383	130	854
集装箱及金属包装容器制造	1139	57	314	29	98
金属丝绳及其制品制造	1825	53	250	28	109
建筑、安全用金属制品制造	2507	128	307	79	231
金属表面处理及热处理加工	2268	132	444	32	320
搪瓷制品制造	121	8	13	5	11
金属制日用品制造	1515	58	208	38	125
其他金属制品制造	6695	245	1083	145	520
通用设备制造业	48012	1869	9222	1375	8018
锅炉及原动设备制造	1730	77	403	65	323
金属加工机械制造	8046	541	1495	342	789
物料搬运设备制造	2047	61	424	56	164
泵、阀门、压缩机及类似机械制造	5918	162	1343	175	425
轴承、齿轮和传动部件制造	2876	99	610	54	706
烘炉、风机、衡器、包装等设备制造	4912	213	966	90	529
文化、办公用机械制造	341	26	43	3	45
通用零部件制造	16630	540	2512	492	3989
其他通用设备制造业	5512	150	1426	98	1048
专用设备制造业	32373	1274	7311	1440	2998
采矿、冶金、建筑专用设备制造	4294	198	741	806	336
化工、木材、非金属加工专用设备制造	9283	248	1324	121	705
食品、饮料、烟草及饲料生产专用设备制造	658	52	104	23	94
印刷、制药、日化及日用品生产专用设备制造	1668	117	440	28	174
纺织、服装和皮革加工专用设备制造	3186	23	968	32	373
电子和电工机械专用设备制造	2487	185	286	108	272
农、林、牧、渔专用机械制造	1086	43	64	57	171
医疗仪器设备及器械制造	1720	113	170	55	271
环保、社会公共服务及其他专用设备制造	7991	295	3214	210	602
汽车制造业	6841	338	744	166	1358
汽车整车制造	47	4	3	3	9
改装汽车制造	61	14	11	1	7
低速载货汽车制造	4	1			
电车制造	111		6	75	9
汽车车身、挂车制造	74	2	7	13	5
汽车零部件及配件制造	6544	317	717	74	1328

苏州	南通	连云港	淮安	盐城	扬州	镇江	泰州	宿迁
1157	343	81	129	280	231	207	626	56
7	13		5	4	4	11	3	4
18	3		3	3	1	5	3	3
427	245	51	48	192	109	114	466	17
695	78	27	66	77	109	61	139	30
10	4	3	7	4	8	16	15	2
1232	238	52	202	107	261	261	190	71
74	29	8	29	15	73	24	18	19
7			1	4	2	2	1	
17	4	7	4	7	1	6	11	2
131	31	6	14	17	11	42	26	4
148	34		15	19	27	11	27	3
855	140	31	139	45	147	176	107	43
10971	2337	275	616	883	1452	2320	2253	487
3777	887	147	294	303	492	785	671	208
1409	193	25	64	116	220	761	176	66
282	53	17	21	39	67	59	82	21
377	494	5	14	24	96	43	321	11
926	78	34	61	77	151	167	221	47
699	146	3	24	76	113	153	116	10
41	5	1	4	5	5	10	8	5
528	142	16	44	62	71	88	104	31
2932	339	27	90	181	237	254	554	88
10552	3887	253	880	3272	2657	1601	4103	323
188	126	28	39	137	111	82	123	28
1561	899	55	188	734	521	296	547	78
793	170	17	26	49	102	32	130	23
548	523	24	138	817	487	367	866	43
380	141	31	94	141	82	163	334	41
1074	831	19	43	183	134	116	700	14
135	19	1	4	5	7	18	31	4
4286	859	67	304	939	981	455	1129	77
1587	319	11	44	267	232	72	243	15
10373	1967	339	569	1508	1496	883	1920	295
381	431	60	135	340	230	132	483	21
5430	426	60	91	154	213	180	281	50
181	44	10	14	32	45	20	31	8
345	129	24	48	53	81	57	146	26
756	234	12	25	280	165	35	264	19
942	169	17	64	74	123	102	108	37
116	70	99	60	187	66	54	69	30
476	92	23	49	45	131	101	155	39
1746	372	34	83	343	442	202	383	65
1082	156	39	251	281	707	1117	538	64
8	2			5	5	5	2	1
10	1	1	3	1	5	5		2
1						1	1	
4	4		4	1	3	1	2	2
9	1	3	4	7	18	5		
1050	148	35	240	267	676	1100	533	59

2-A-1 续表 4

行业	单位数(个)	南京	无锡	徐州	常州
铁路、船舶、航空航天和其他运输设备制造业	5692	326	929	559	737
铁路运输设备制造	519	129	39	10	198
城市轨道交通设备制造	41	14	3		11
船舶及相关装置制造	2453	113	218	81	51
航空、航天器及设备制造	107	13	10	4	13
摩托车制造	771	19	299	16	165
自行车制造	1280	29	329	184	251
非公路休闲车及零配件制造	341	1	8	250	15
潜水救捞及其他未列明运输设备制造	180	8	23	14	33
电气机械和器材制造业	23001	1108	3369	596	3596
电机制造	2830	112	441	112	735
输配电及控制设备制造	8502	501	1280	252	1159
电线、电缆、光缆及电工器材制造	3838	152	705	64	440
电池制造	569	21	82	32	82
家用电力器具制造	1407	57	179	40	220
非电力家用器具制造	611	34	83	35	95
照明器具制造	3472	144	357	33	675
其他电气机械及器材制造	1772	87	242	28	190
计算机、通信和其他电子设备制造业	13259	707	1275	258	2166
计算机制造	796	57	59	25	50
通信设备制造	878	101	84	15	145
广播电视设备制造	481	26	74	4	118
雷达及配套设备制造	24	6	4		5
视听设备制造	349	15	34	3	120
电子器件制造	1882	135	291	52	242
电子元件制造	6275	243	500	114	1153
其他电子设备制造	2574	124	229	45	333
仪器仪表制造业	5858	533	800	184	788
通用仪器仪表制造	3394	304	530	103	494
专用仪器仪表制造	1135	115	105	60	161
钟表与计时仪器制造	48	6	3		14
光学仪器及眼镜制造	720	62	58	5	52
其他仪器仪表制造业	561	46	104	16	67
其他制造业	2568	94	281	133	286
日用杂品制造	1038	19	130	24	58
煤制品制造	87	1	5	21	5
核辐射加工	6				1
其他未列明制造业	1437	74	146	88	222
废弃资源综合利用业	1105	52	179	64	63
金属废料和碎屑加工处理	607	36	132	36	32
非金属废料和碎屑加工处理	498	16	47	28	31
金属制品、机械和设备修理业	1414	128	180	205	108
金属制品修理	76	8	5	10	4
通用设备修理	196	22	39	12	23
专用设备修理	150	8	16	26	16

苏州	南通	连云港	淮安	盐城	扬州	镇江	泰州	宿迁
525	600	47	111	222	384	243	921	88
39	14	1	4	9	19	33	16	8
2			2	1	3	4	1	
165	510	36	54	155	291	94	643	42
31	7		2	5	2	12	6	2
23	12		7	7	46	44	128	5
193	45	8	35	26	14	35	101	30
35	2		3	3	2	10	12	
37	10	2	4	16	7	11	14	1
5058	1507	308	577	753	2094	2331	1260	444
438	233	18	40	99	272	68	236	26
2048	558	59	198	272	495	1061	473	146
1039	200	20	129	93	514	258	184	40
108	55	6	34	17	42	33	43	14
461	64	12	52	25	115	56	96	30
70	58	24	40	26	49	33	25	39
424	225	154	46	157	468	552	111	126
470	114	15	38	64	139	270	92	23
5345	738	116	355	247	539	792	424	297
453	49	4	22	12	19	21	7	18
252	69	5	15	22	59	52	52	7
78	10	1	19	11	44	69	24	3
2	2				3	1	1	
83	24	2	7	7	6	16	21	11
648	97	28	30	36	112	116	60	35
2618	370	52	206	96	174	415	187	147
1211	117	24	56	63	122	102	72	76
1534	477	31	282	112	238	548	280	51
988	242	18	178	57	159	136	174	11
302	102	4	46	35	42	52	82	29
13	4		2	3	2		1	
108	84	5	11	1	7	319	5	3
123	45	4	45	16	28	41	18	8
333	149	67	114	122	380	326	182	101
165	48	17	62	24	219	186	53	33
11	5	8	2	4	3	7	8	7
1	1				2		1	
156	95	42	50	94	156	133	120	61
252	56	32	60	62	42	17	64	162
158	30	14	29	36	25	13	26	40
94	26	18	31	26	17	4	38	122
211	216	54	57	55	56	42	69	33
4	24	2	2	4	4	3	5	1
51	11	2	7	8	2	3	9	7
42	11	7	8	6	2	3	2	3

2-A-1 续表 5

行 业	单位数(个)	南京	无锡	徐州	常州
铁路、船舶、航空航天等运输设备修理	600	43	67	129	12
电气设备修理	92	8	17	10	17
仪器仪表修理	17	3	5	1	2
其他机械和设备修理业	283	36	31	17	34
电力、热力、燃气及水生产和供应业	**2376**	**138**	**178**	**185**	**186**
电力、热力生产和供应业	563	21	56	73	40
电力生产	336	12	35	42	19
电力供应	66	4	7	8	5
热力生产和供应	161	5	14	23	16
燃气生产和供应业	335	24	24	38	22
燃气生产和供应业	335	24	24	38	22
水的生产和供应业	1478	93	98	74	124
自来水生产和供应	921	65	24	41	63
污水处理及其再生利用	493	26	66	31	49
其他水的处理、利用与分配	64	2	8	2	12
建筑业	**39879**	**4831**	**4002**	**2807**	**1987**
房屋建筑业	6139	766	234	615	243
房屋建筑业	6139	766	234	615	243
土木工程建筑业	7645	987	635	577	366
铁路、道路、隧道和桥梁工程建筑	2899	402	232	219	144
水利和内河港口工程建筑	627	43	35	58	28
海洋工程建筑	17				
工矿工程建筑	475	30	93	41	12
架线和管道工程建筑	788	99	37	78	56
其他土木工程建筑	2839	413	238	181	126
建筑安装业	9787	1061	944	560	482
电气安装	2096	272	191	116	93
管道和设备安装	1864	191	240	93	94
其他建筑安装业	5827	598	513	351	295
建筑装饰和其他建筑业	16308	2017	2189	1055	896
建筑装饰业	11936	1182	1866	846	547
工程准备活动	1602	179	150	77	105
提供施工设备服务	400	67	42	36	22
其他未列明建筑业	2370	589	131	96	222
批发和零售业	**289299**	**29361**	**36041**	**30726**	**24321**
批发业	213258	18615	29866	18704	19563
农、林、牧产品批发	8822	482	254	2020	191
食品、饮料及烟草制品批发	15579	1875	1269	2894	853
纺织、服装及家庭用品批发	34272	2038	3359	1952	2850
文化、体育用品及器材批发	5873	847	580	353	473
医药及医疗器材批发	3265	604	239	284	419
矿产品、建材及化工产品批发	67949	5154	14476	5788	7717
机械设备、五金产品及电子产品批发	59154	6267	7865	4286	5086
贸易经纪与代理	4991	535	534	291	479
其他批发业	13353	813	1290	836	1495
零售业	76041	10746	6175	12022	4758
综合零售	7749	583	352	1826	347

苏州	南通	连云港	淮安	盐城	扬州	镇江	泰州	宿迁
33	142	31	23	23	20	15	46	16
18	3	3	4	2	7	1		2
1	2			1	1		1	
62	23	9	13	11	20	17	6	4
332	**261**	**160**	**181**	**245**	**158**	**100**	**137**	**115**
82	48	22	57	62	27	29	22	24
54	29	4	38	42	15	17	15	14
5	2	5	6	9	7	3	2	3
23	17	13	13	11	5	9	5	7
58	17	15	26	16	32	21	21	21
58	17	15	26	16	32	21	21	21
192	196	123	98	167	99	50	94	70
60	148	100	72	129	76	35	62	46
124	39	20	21	34	22	11	32	18
8	9	3	5	4	1	4		6
11530	**2769**	**1288**	**2107**	**1597**	**2176**	**1896**	**1403**	**1486**
764	781	242	643	492	368	272	366	353
764	781	242	643	492	368	272	366	353
2169	532	302	323	360	400	383	315	296
752	218	114	127	152	150	140	121	128
76	64	33	42	85	36	36	66	25
1	4	1		2		2	7	
246	9	3	7	6	12	7	8	1
199	69	46	53	19	32	42	20	38
895	168	105	94	96	170	156	93	104
3867	602	228	317	284	549	379	313	201
766	120	49	89	65	109	106	71	49
632	127	69	59	44	150	60	69	36
2469	355	110	169	175	290	213	173	116
4730	854	516	824	461	859	862	409	636
3950	612	383	593	169	598	602	180	408
428	85	61	98	103	55	147	68	46
35	27	15	33	17	32	32	21	21
317	130	57	100	172	174	81	140	161
79361	**25322**	**7866**	**10108**	**8637**	**11507**	**10586**	**8306**	**7157**
66715	18588	4355	5734	5137	7984	7759	5970	4268
675	983	463	551	609	473	347	331	1443
2864	1864	367	569	516	860	646	505	497
13760	6307	332	611	537	1196	632	378	320
2078	496	142	155	131	222	187	113	96
573	279	82	110	105	145	115	245	65
16321	4679	1635	1805	1771	2864	2882	2233	624
24687	2749	639	1001	892	1602	2228	1425	427
1044	396	358	379	177	187	285	156	170
4713	835	337	553	399	435	437	584	626
12646	6734	3511	4374	3500	3523	2827	2336	2889
594	1310	557	645	349	242	292	276	376

2-A-1 续表 6

行业	单位数(个)	南京	无锡	徐州	常州
食品、饮料及烟草制品专门零售	9007	1464	773	1226	551
纺织、服装及日用品专门零售	9119	978	597	1839	582
文化、体育用品及器材专门零售	6195	1209	659	684	400
医药及医疗器材专门零售	5190	684	277	471	198
汽车、摩托车、燃料及零配件专门零售	9154	969	788	1478	806
家用电器及电子产品专门零售	12565	2520	988	1780	689
五金、家具及室内装饰材料专门零售	10746	1349	1077	1993	779
货摊、无店铺及其他零售业	6316	990	664	725	406
交通运输、仓储和邮政业	**25146**	**2294**	**3073**	**2290**	**1425**
道路运输业	15671	1216	2172	1598	964
城市公共交通运输	564	58	31	37	26
公路旅客运输	411	43	30	39	26
道路货物运输	14111	1066	2027	1469	873
道路运输辅助活动	585	49	84	53	39
水上运输业	1353	182	81	124	46
水上旅客运输	58	6	6	3	4
水上货物运输	920	140	32	89	28
水上运输辅助活动	375	36	43	32	14
航空运输业	44	10	3	1	8
航空客货运输	24	5		1	6
通用航空服务	8	2	1		1
航空运输辅助活动	12	3	2		1
管道运输业	17	3	1	3	1
管道运输业	17	3	1	3	1
装卸搬运和运输代理业	5881	627	627	341	330
装卸搬运	1553	112	156	215	60
运输代理业	4328	515	471	126	270
仓储业	1552	217	133	174	45
谷物、棉花等农产品仓储	389	20	18	76	9
其他仓储业	1163	197	115	98	36
邮政业	628	39	56	49	31
邮政基本服务	22	4			2
快递服务	606	35	56	49	29
住宿和餐饮业	**10674**	**1960**	**1029**	**827**	**675**
住宿业	3331	588	359	210	178
旅游饭店	794	136	49	48	68
一般旅馆	2262	396	280	149	98
其他住宿业	275	56	30	13	12
餐饮业	7343	1372	670	617	497
正餐服务	5652	1107	477	525	378
快餐服务	639	131	66	53	49
饮料及冷饮服务	285	56	46	13	17
其他餐饮业	767	78	81	26	53
信息传输、软件和信息技术服务业	**20427**	**4683**	**3005**	**1478**	**1892**
电信、广播电视和卫星传输服务	481	102	43	49	40
电信	359	86	30	33	29
广播电视传输服务	104	13	13	8	11
卫星传输服务	18	3		8	

苏州	南通	连云港	淮安	盐城	扬州	镇江	泰州	宿迁
1614	1050	280	373	311	343	435	302	285
1523	1248	381	353	408	455	299	171	285
999	383	553	161	174	431	225	161	156
1076	261	196	1011	150	332	100	186	248
1154	728	449	441	702	388	436	328	487
2410	687	437	579	529	656	412	392	486
1976	836	403	484	455	440	381	305	268
1300	231	255	327	422	236	247	215	298
6530	**1469**	**1250**	**1104**	**1516**	**1166**	**1203**	**975**	**851**
4017	792	469	795	921	774	731	526	696
206	32	19	14	28	39	27	23	24
57	20	10	32	40	13	24	21	56
3595	718	427	711	813	711	655	444	602
159	22	13	38	40	11	25	38	14
129	99	85	102	166	95	81	118	45
12	3	3	4	5	2	7	2	1
61	78	54	77	128	75	43	81	34
56	18	28	21	33	18	31	35	10
9	5	3	1	1		2		1
6	2	1	1	1		1		
1	2					1		
2	1	2						1
	2		3	2	1	1		
	2		3	2	1	1		
1859	415	581	123	220	175	297	222	64
336	99	82	78	144	71	87	81	32
1523	316	499	45	76	104	210	141	32
365	99	81	50	155	84	51	71	27
29	27	21	25	75	33	8	28	20
336	72	60	25	80	51	43	43	7
151	57	31	30	51	37	40	38	18
	3	5		6		1		1
151	54	26	30	45	37	39	38	17
2004	**677**	**450**	**457**	**540**	**607**	**529**	**473**	**446**
637	261	180	136	138	175	153	171	145
170	31	71	54	31	50	30	34	22
418	210	96	68	91	105	110	131	110
49	20	13	14	16	20	13	6	13
1367	416	270	321	402	432	376	302	301
772	374	223	272	336	343	330	265	250
181	13	25	14	25	25	18	10	29
71	4	6	9	15	22	6	9	11
343	25	16	26	26	42	22	18	11
4941	**1017**	**242**	**515**	**338**	**720**	**707**	**327**	**562**
69	21	10	48	21	20	28	10	20
54	14	9	35	16	11	22	7	13
15	6	1	12	5	8	4	3	5
	1		1		1	2		2

2-A-1 续表 7

行业	单位数(个)	南京	无锡	徐州	常州
互联网和相关服务	3068	554	162	260	569
互联网接入及相关服务	220	39	12	25	9
互联网信息服务	2491	446	113	190	540
其他互联网服务	357	69	37	45	20
软件和信息技术服务业	16878	4027	2800	1169	1283
软件开发	10931	2959	1549	720	975
信息系统集成服务	1912	286	553	174	42
信息技术咨询服务	1965	365	252	162	142
数据处理和存储服务	237	56	43	13	10
集成电路设计	556	87	218	20	11
其他信息技术服务业	1277	274	185	80	103
房地产业	**21810**	**2390**	**1974**	**2288**	**1453**
房地产业	21810	2390	1974	2288	1453
房地产开发经营	6226	396	426	757	414
物业管理	8562	974	888	957	574
房地产中介服务	5663	856	513	528	362
自有房地产经营活动					
其他房地产业	1359	164	147	46	103
租赁和商务服务业	**68381**	**10881**	**7199**	**6160**	**5638**
租赁业	4049	598	241	979	202
机械设备租赁	3896	560	228	962	187
文化及日用品出租	153	38	13	17	15
商务服务业	64332	10283	6958	5181	5436
企业管理服务	14023	1897	1780	985	1292
法律服务	767	157	107	91	18
咨询与调查	15718	2882	1898	1201	1274
广告业	13678	2501	1272	1359	1335
知识产权服务	602	96	85	39	61
人力资源服务	6448	643	523	505	372
旅行社及相关服务	2227	442	174	226	139
安全保护服务	589	66	83	67	50
其他商务服务业	10280	1599	1036	708	895
科学研究和技术服务业	**29601**	**5861**	**3081**	**2919**	**2955**
研究和试验发展	5329	1071	1135	294	371
自然科学研究和试验发展	407	82	91	33	23
工程和技术研究和试验发展	3422	658	787	175	263
农业科学研究和试验发展	456	67	47	65	22
医学研究和试验发展	1003	253	205	19	61
社会人文科学研究	41	11	5	2	2
专业技术服务业	18175	3936	1409	1655	2168
气象服务	64	12	5	4	5
地震服务	7	1		1	
海洋服务	16		2	1	1
测绘服务	348	49	20	41	14
质检技术服务	1144	130	134	73	62
环境与生态监测	314	64	47	34	36

苏州	南通	连云港	淮安	盐城	扬州	镇江	泰州	宿迁
708	131	90	147	89	63	140	76	79
77	16	4	12	1	6	7	3	9
548	98	73	105	80	49	123	65	61
83	17	13	30	8	8	10	8	9
4164	865	142	320	228	637	539	241	463
2569	543	78	161	136	451	295	150	345
534	100	16	22	16	30	87	25	27
545	98	29	62	43	103	90	31	43
60	13	4	4	5	10	9	4	6
168	13	1	9		10	10	3	6
288	98	14	62	28	33	48	28	36
5389	**1423**	**768**	**1032**	**1182**	**1113**	**936**	**771**	**1091**
5389	1423	768	1032	1182	1113	936	771	1091
997	606	303	367	568	377	268	269	478
2187	480	273	449	388	333	353	354	352
2007	180	159	164	187	326	137	89	155
198	157	33	52	39	77	178	59	106
17507	**4563**	**1576**	**2547**	**2992**	**2876**	**2549**	**2162**	**1731**
704	321	123	193	199	135	115	114	125
666	314	120	190	197	129	111	111	121
38	7	3	3	2	6	4	3	4
16803	4242	1453	2354	2793	2741	2434	2048	1606
4063	812	215	646	403	612	550	464	304
75	65	23	31	53	69	39	17	22
4688	815	276	354	542	536	488	449	315
2832	1000	323	584	549	526	529	381	487
189	40	7	6	1	29	23	18	8
1789	702	161	250	645	252	230	230	146
334	143	105	109	121	140	118	119	57
141	56	14	18	17	28	25	12	12
2692	609	329	356	462	549	432	358	255
6154	**2208**	**628**	**728**	**1132**	**981**	**1089**	**1243**	**622**
1477	262	59	85	95	124	169	146	41
74	19	20	13	9	14	21	4	4
1025	163	12	52	57	71	97	41	21
65	44	22	14	24	21	35	16	14
302	36	4	4	4	16	13	84	2
11		1	2	1	2	3	1	
3603	1268	326	420	824	625	615	930	396
6	7	4	4	7	2	2	5	1
2	1		1			1		
	6	5		1				
75	30	10	21	27	18	15	14	14
334	82	36	45	41	55	53	66	33
55	19	5	5	12	11	11	10	5

2-A-1 续表 8

行业	单位数(个)	南京	无锡	徐州	常州
地质勘查	103	22	6	23	8
工程技术	9841	2138	541	1123	1404
其他专业技术服务业	6338	1520	654	355	638
科技推广和应用服务业	6097	854	537	970	416
技术推广服务	4833	618	397	785	336
科技中介服务	627	113	64	113	32
其他科技推广和应用服务业	637	123	76	72	48
水利、环境和公共设施管理业	**4212**	**362**	**530**	**372**	**367**
水利管理业	306	30	28	34	20
防洪除涝设施管理	54	6	8	7	5
水资源管理	76	8	2	9	8
天然水收集与分配	24	3		4	
水文服务	20	3	3	1	
其他水利管理业	132	10	15	13	7
生态保护和环境治理业	607	77	82	38	46
生态保护	42	9	1	5	6
环境治理业	565	68	81	33	40
公共设施管理业	3299	255	420	300	301
市政设施管理	380	48	66	27	20
环境卫生管理	283	14	53	46	27
城乡市容管理	93	3	15	20	6
绿化管理	1496	80	217	113	59
公园和游览景区管理	1047	110	69	94	189
居民服务、修理和其他服务业	**12428**	**1649**	**1556**	**1103**	**1122**
居民服务业	3572	487	403	355	249
家庭服务	675	92	49	75	41
托儿所服务	8	2			
洗染服务	163	13	30	16	9
理发及美容服务	473	96	77	44	34
洗浴服务	865	80	106	45	47
保健服务	227	37	27	28	17
婚姻服务	355	53	54	62	26
殡葬服务	168	23	20	14	20
其他居民服务业	638	91	40	71	55
机动车、电子产品和日用产品修理业	6284	935	818	477	586
汽车、摩托车修理与维护	4466	602	617	325	447
计算机和办公设备维修	680	130	61	68	37
家用电器修理	809	132	125	60	72
其他日用产品修理业	329	71	15	24	30
其他服务业	2572	227	335	271	287
清洁服务	1813	160	274	208	172
其他未列明服务业	759	67	61	63	115
教育	**184**	**26**	**13**	**21**	**10**
教育	184	26	13	21	10
学前教育	4	2			
初等教育	3				
中等教育	16				
高等教育	1	1			
特殊教育					
技能培训、教育辅助及其他教育	160	23	13	21	10

苏州	南通	连云港	淮安	盐城	扬州	镇江	泰州	宿迁
10	3	3	5	11	5	4	1	2
1600	745	172	211	469	212	286	692	248
1521	375	91	128	256	322	243	142	93
1074	678	243	223	213	232	305	167	185
857	589	212	159	172	177	247	133	151
112	44	8	26	24	28	28	23	12
105	45	23	38	17	27	30	11	22
992	**286**	**122**	**133**	**202**	**162**	**315**	**212**	**157**
53	23	11	23	35	14	14	15	6
6	5	2	3	8	1	2		1
15	5	2	6	7	5	4	5	
4	3	2	2	3	1	1	1	
3		1	4	1	1	1	1	1
25	10	4	8	16	6	6	8	4
142	57	16	12	29	22	29	42	15
7	4	1	3	1	1	1	3	
135	53	15	9	28	21	28	39	15
797	206	95	98	138	126	272	155	136
86	35	11	12	17	7	19	17	15
41	17	6	8	11	8	5	37	10
18	6	2		2	3	5	1	12
482	76	35	43	73	70	86	75	87
170	72	41	35	35	38	157	25	12
2749	**885**	**342**	**563**	**619**	**598**	**500**	**389**	**353**
575	266	106	180	298	240	148	140	125
131	31	21	24	128	33	17	13	20
2	1			2	1			
35	16	6	5	9	7	4	7	6
72	32	18	9	4	20	29	18	20
96	104	19	76	62	83	49	65	33
37	8	12	6	7	23	4	4	17
55	19	9	12	12	24	12	10	7
40	4	3	11	13	7	4	3	6
107	51	18	37	61	42	29	20	16
1487	428	199	261	218	272	262	172	169
1033	264	146	202	175	204	169	145	137
173	66	18	19	17	32	29	15	15
205	59	19	31	15	23	48	9	11
76	39	16	9	11	13	16	3	6
687	191	37	122	103	86	90	77	59
536	123	22	93	56	37	31	53	48
151	68	15	29	47	49	59	24	11
28	**18**	**24**	**13**	**5**		**8**	**11**	**7**
28	18	24	13	5		8	11	7
1		1						
1				2				
1		9	4	1			1	
25	18	14	9	2		8	10	7

2-A-1 续表 9

行业	单位数(个)				
		南京	无锡	徐州	常州
卫生和社会工作	**219**	**29**	**24**	**16**	**15**
卫生	138	22	9	5	10
医院	114	16	7	4	8
社区医疗与卫生院	7		1		
门诊部(所)	11	4	1	1	2
计划生育技术服务活动					
妇幼保健院(所、站)	1				
专科疾病防治院(所、站)	2				
疾病预防控制中心	1				
其他卫生活动	2	2			
社会工作	81	7	15	11	5
提供住宿社会工作	69	6	14	10	2
不提供住宿社会工作	12	1	1	1	3
文化、体育和娱乐业	**11040**	**2021**	**943**	**975**	**924**
新闻和出版业	168	78	16	7	3
新闻业	16	5	2	2	
出版业	152	73	14	5	3
广播、电视、电影和影视录音制作业	766	183	89	42	87
广播	21	5		4	1
电视	81	17	1	2	43
电影和影视节目制作	246	82	36	11	12
电影和影视节目发行	62	42	4	1	1
电影放映	321	27	45	20	29
录音制作	35	10	3	4	1
文化艺术业	1910	642	132	175	184
文艺创作与表演	540	218	28	46	30
艺术表演场馆	53	9	6	8	4
图书馆与档案馆	21	2	2	1	4
文物及非物质文化遗产保护	35	14	4	1	3
博物馆	28	4	6	2	2
烈士陵园、纪念馆	5				2
群众文化活动	219	44	8	7	91
其他文化艺术业	1009	351	78	110	48
体育	587	108	65	36	29
体育组织	78	16	10	5	4
体育场馆	34	2	10		4
休闲健身活动	407	73	41	28	16
其他体育	68	17	4	3	5
娱乐业	7609	1010	641	715	621
室内娱乐活动	6859	845	598	654	547
游乐园	71	9	4	8	4
彩票活动	1				
文化、娱乐、体育经纪代理	215	59	25	13	15
其他娱乐业	463	97	14	40	55

苏州	南通	连云港	淮安	盐城	扬州	镇江	泰州	宿迁
57	**11**	**11**	**14**	**20**	**7**	**5**	**3**	**7**
46	9	7	10	17	2	1		
35	9	7	10	15	2	1		
5				1				
3								
				1				
2								
1								
11	2	4	4	3	5	4	3	7
9	1	3	4	3	5	4	1	7
2	1	1					2	
2114	**583**	**444**	**453**	**404**	**646**	**640**	**480**	**413**
23	2	3	10	10	5	6	1	4
	2		3	2				
23		3	7	8	5	6	1	4
121	49	13	31	30	35	36	33	17
4	1		1	2	1		1	1
4	3	1	2	1	4	1	2	
51	9	5	6	6	12	4	8	4
8	2		1	2		1		
47	32	7	18	19	16	29	22	10
7	2		3		2	1		2
363	73	27	63	28	69	78	26	50
45	26	14	32	6	28	25	16	26
12	1	2	1		2	5	1	2
7				1		3		1
8	2			1	2			
11		2				1		
			2	1				
24	5	1	6	7	8	14	3	1
256	39	8	22	12	29	30	6	20
165	45	18	27	10	24	26	19	15
25	2	1	5	1		6	2	1
8	4		1	1	2	1		1
109	35	17	18	7	20	17	17	9
23	4		3	1	2	2		4
1442	414	383	322	326	513	494	401	327
1333	340	359	287	309	478	441	365	303
13	6	5	5	2	3	6	2	4
1								
39	7	10	7	2	9	12	6	11
56	61	9	23	13	23	35	28	9

2-A-2 按行业、地区分组的

行业	从业人员数(人)	南京	无锡	徐州	常州
总计	**16295600**	**1387058**	**1692131**	**1446172**	**1360054**
农、林、牧、渔业	**20231**	**1123**	**3237**	**1808**	**345**
农、林、牧、渔服务业	20231	1123	3237	1808	345
农业服务业	14367	751	2115	1500	206
林业服务业	2176	209	809	96	6
畜牧服务业	1626	42	218	182	36
渔业服务业	2062	121	95	30	97
采矿业	**22640**	**2211**	**29**	**6943**	**1520**
煤炭开采和洗选业	850			726	
烟煤和无烟煤开采洗选	676			599	
褐煤开采洗选	15			15	
其他煤炭采选	159			112	
石油和天然气开采业	173			142	
石油开采	29				
天然气开采	144			142	
黑色金属矿采选业	2508	177		1518	68
铁矿采选	2403	175		1510	
锰矿、铬矿采选					
其他黑色金属矿采选	105	2		8	68
有色金属矿采选业	554	135		5	
常用有色金属矿采选	521	135		5	
贵金属矿采选	33				
稀有稀土金属矿采选					
非金属矿采选业	17799	1879	29	4354	1412
土砂石开采	12807	1576	26	3907	1268
化学矿开采	1205	293			
采盐	2688			326	98
石棉及其他非金属矿采选	1099	10	3	121	46
开采辅助活动	629	14		159	31
煤炭开采和洗选辅助活动	282	6			
石油和天然气开采辅助活动	186	8		95	
其他开采辅助活动	161			64	31
其他采矿业	127	6		39	9
其他采矿业	127	6		39	9
制造业	**9298787**	**490478**	**1125271**	**659006**	**829253**
农副食品加工业	205635	9564	2800	43111	2728
谷物磨制	52177	1590	390	10594	837
饲料加工	27932	1678	866	7681	435
植物油加工	14276	868	182	1029	202
制糖业	1461	209		71	13
屠宰及肉类加工	35680	2171	560	9083	675
水产品加工	25015	575	147	1298	236
蔬菜、水果和坚果加工	30475	1169	129	8761	137
其他农副食品加工	18619	1304	526	4594	193
食品制造业	79398	8999	5570	13358	4045
焙烤食品制造	16126	2086	846	1810	693
糖果、巧克力及蜜饯制造	5132	413	479	305	132
方便食品制造	11782	1009	715	2231	196
乳制品制造	4320	210	563	466	461
罐头食品制造	9098	502	623	3774	73
调味品、发酵制品制造	9105	642	467	1948	437
其他食品制造	23835	4137	1877	2824	2053
酒、饮料和精制茶制造业	39177	3131	2940	6789	1255

小微企业法人单位从业人员数

苏州	南通	连云港	淮安	盐城	扬州	镇江	泰州	宿迁
3343395	**1595801**	**497059**	**714089**	**909243**	**947085**	**776415**	**885949**	**741149**
2480	**1349**	**809**	**599**	**3153**	**2239**	**1411**	**587**	**1091**
2480	1349	809	599	3153	2239	1411	587	1091
1787	996	601	398	2209	1479	969	354	1002
225	87	59	11	84	271	262	49	8
240	144	20	137	132	145	143	118	69
228	122	129	53	728	344	37	66	12
135	**30**	**3487**	**2451**	**1819**	**145**	**3365**	**55**	**450**
		67	18	10	9	20		
		67		10				
			18		9	20		
			5	26				
			3	26				
			2					
2		23			22	639	55	4
2					22	639	55	
		23						4
	10	90	4	13		284		13
		90	4			284		3
	10			13				10
133	20	3000	2367	1703	56	2413		433
125	10	1997	1265	5	56	2164		408
		306	598					8
		73	363	1698		130		
8	10	624	141			119		17
		283	17	67	58			
		274	2					
			3	22	58			
		9	12	45				
		24	40			9		
		24	40			9		
2157086	**962782**	**240294**	**326347**	**533416**	**549387**	**465492**	**534833**	**425142**
7671	21602	19545	21431	22220	9287	4011	17932	23733
466	1905	4974	8001	4393	1597	1480	3397	12553
1239	2591	1896	4100	3635	882	438	1210	1281
906	1448	635	915	3691	365	862	2136	1037
15	158	18	250	220	328	172	7	
1717	4376	2469	3761	2710	1557	691	2234	3676
451	7403	6621	798	3307	941	66	741	2431
803	2179	1699	2012	2521	2549	37	7707	772
2074	1542	1233	1594	1743	1068	265	500	1983
10058	5991	5910	4174	5212	3413	2518	4677	5473
2828	1743	1150	668	1002	569	536	718	1477
1460	254	746	556	395	215	38	74	65
1364	578	322	1070	458	1014	569	1079	1177
275	165	425	402	347	264	109	412	221
589	609	629	267	292	748	29	254	709
823	711	799	506	330	118	776	1160	388
2719	1931	1839	705	2388	485	461	980	1436
3984	2326	3820	1469	2928	1271	1063	1616	6585

2-A-2 续表 1

行业	从业人员数(人)	南京	无锡	徐州	常州
酒的制造	21216	371	778	3417	303
饮料制造	13725	2153	920	2733	566
精制茶加工	4236	607	1242	639	386
烟草制品业	298				
烟叶复烤					
卷烟制造	55				
其他烟草制品制造	243				
纺织业	875617	6660	104353	49213	63035
棉纺织及印染精加工	402312	1871	53599	39718	44352
毛纺织及染整精加工	66211	527	20773	1412	3988
麻纺织及染整精加工	7540	183	2642	102	445
丝绢纺织及印染精加工	22643	382	886	2434	519
化纤织造及印染精加工	118660	321	2458	725	1859
针织或钩针编织物及其制品制造	86466	1302	9398	1931	4261
家用纺织制成品制造	98610	828	7629	2042	3760
非家用纺织制成品制造	73175	1246	6968	849	3851
纺织服装、服饰业	745503	39822	71476	25674	41357
机织服装制造	537069	36071	39275	21648	34824
针织或钩针编织服装制造	96034	676	23602	748	3223
服饰制造	112400	3075	8599	3278	3310
皮革、毛皮、羽毛及其制品和制鞋业	143555	5453	3952	4827	6922
皮革鞣制加工	3686	22	241	527	21
皮革制品制造	46107	1781	1884	775	2481
毛皮鞣制及制品加工	4984	369	309	450	38
羽毛(绒)加工及制品制造	11677	1683	368	254	2013
制鞋业	77101	1598	1150	2821	2369
木材加工和木、竹、藤、棕、草制品业	298517	4257	6987	106940	8964
木材加工	85967	570	767	39069	359
人造板制造	158021	777	910	61146	2856
木制品制造	49443	2411	4489	6057	5644
竹、藤、棕、草等制品制造	5086	499	821	668	105
家具制造业	83039	4569	4292	18247	4576
木质家具制造	61688	3466	2850	17090	3284
竹、藤家具制造	738		37	84	
金属家具制造	9785	432	887	267	520
塑料家具制造	1963	159	70	100	8
其他家具制造	8865	512	448	706	764
造纸和纸制品业	137581	7293	10810	9508	12256
纸浆制造	400	87	39	32	10
造纸	59871	2737	2750	5487	8565
纸制品制造	77310	4469	8021	3989	3681
印刷和记录媒介复制业	177287	13973	28317	7188	14995
印刷	169461	12973	27078	6503	14446
装订及印刷相关服务	6952	973	893	636	549
记录媒介复制	874	27	346	49	
文教、工美、体育和娱乐用品制造业	316729	14418	10836	16444	18531
文教办公用品制造	22469	1163	2520	1135	1720
乐器制造	8506	340	876	445	289
工艺美术品制造	165403	5559	4170	12343	10473
体育用品制造	32140	2004	1527	1106	874
玩具制造	76793	4781	1100	1347	2404
游艺器材及娱乐用品制造	11418	571	643	68	2771
石油加工、炼焦和核燃料加工业	13554	818	2232	1822	1113

苏州	南通	连云港	淮安	盐城	扬州	镇江	泰州	宿迁
1436	1271	2766	769	2127	628	716	1090	5544
2162	1012	910	486	665	384	167	526	1041
386	43	144	214	136	259	180		
241			53	4				
55								
186			53	4				
282757	172969	6753	23024	73660	20877	17712	29889	24715
70966	99332	2974	8685	46722	6291	4779	11300	11723
29173	2548	583	841	1353	1095	658	1418	1842
1714	527	77	325	553	65	42	785	80
3592	4353	391	1689	3479	437	805	651	3025
103949	3028	140	314	2633	624	281	564	1764
40733	12047	1108	3251	4117	1349	3250	1718	2001
14416	41489	719	5503	10177	1978	5000	2931	2138
18214	9645	761	2416	4626	9038	2897	10522	2142
181123	116718	22751	36745	48567	49463	32233	36415	43159
119856	87185	17457	27499	34698	37624	22050	29691	29191
36078	13913	939	1480	5900	2176	3172	2061	2066
25189	15620	4355	7766	7969	9663	7011	4663	11902
30013	15494	3204	12035	6565	25555	16360	5381	7794
687	550	490	315	140	86	152	168	287
10657	5590	621	5158	2964	5473	4203	2804	1716
475	259	582	15	300	430	1313	265	179
1613	661	13	2178	353	2155	97	65	224
16581	8434	1498	4369	2808	17411	10595	2079	5388
19176	4204	11846	14544	4944	4295	2280	2976	107104
2215	576	4859	5227	1589	691	391	251	29403
2909	521	5266	6911	1843	1456	621	465	72340
13003	2839	1259	2180	1470	1852	1178	2098	4963
1049	268	462	226	42	296	90	162	398
22378	7201	2163	2513	2423	2027	2154	3447	7049
14940	5640	1466	1742	1534	1226	954	2109	5387
148			30	44		7	334	54
4412	751	159	226	210	604	411	550	356
556	265	30	106	32	72	399	7	159
2322	545	508	409	603	125	383	447	1093
45765	11324	2893	9019	6318	7191	6203	5010	3991
129	10	6	6	11	27	17		26
13330	5923	1638	4395	4847	1665	2732	4105	1697
32306	5391	1249	4618	1460	5499	3454	905	2268
53112	10384	5369	5684	4612	5429	11359	3959	12906
51193	9956	5169	5432	4402	5038	10623	3790	12858
1701	394	200	252	210	203	724	169	48
218	34				188	12		
37725	79057	11236	12104	20551	41913	16990	13609	23315
3360	948	204	3332	586	4012	632	854	2003
1776	76		488	56	850	267	2951	92
19056	62078	4752	3600	10246	11154	6662	5478	9832
5010	8946	482	1380	838	4552	1623	2734	1064
7654	5927	5456	2920	8632	19992	7008	1221	8351
869	1082	342	384	193	1353	798	371	1973
1984	939	259	780	1105	152	1002	1027	321

2-A-18 续表 2

行业	从业人员数(人)	南京	无锡	徐州	常州
精炼石油产品制造	12411	817	2206	1026	1072
炼焦	1131	1	26	796	41
核燃料加工	12				
化学原料和化学制品制造业	470925	29894	47550	34630	47814
基础化学原料制造	126617	6818	7492	9823	10164
肥料制造	20007	1312	1431	5315	439
农药制造	20585	1102	785	3656	955
涂料、油墨、颜料及类似产品制造	78051	5111	10361	4464	9961
合成材料制造	74370	5461	6804	3457	8138
专用化学产品制造	126487	8239	18036	7017	17430
炸药、火工及焰火产品制造	1576	488	350	79	49
日用化学产品制造	23232	1363	2291	819	678
医药制造业	94882	7097	6741	10343	7864
化学药品原料药制造	27892	1426	1191	1899	2170
化学药品制剂制造	15084	2612	1366	486	1322
中药饮片加工	4660	95	293	1576	57
中成药生产	3869	474	35	842	253
兽用药品制造	4738	405	338	787	242
生物药品制造	15790	1430	1755	2847	948
卫生材料及医药用品制造	22849	655	1763	1906	2872
化学纤维制造业	74245	643	13772	2900	5171
纤维素纤维原料及纤维制造	17418	335	1268	2219	2692
合成纤维制造	56827	308	12504	681	2479
橡胶和塑料制品业	449214	20503	67642	26725	39422
橡胶制品业	88677	4282	16208	2995	8307
塑料制品业	360537	16221	51434	23730	31115
非金属矿物制品业	534035	36639	61548	65441	35921
水泥、石灰和石膏制造	37178	4231	4090	7395	2493
石膏、水泥制品及类似制品制造	137700	12340	8224	17481	9506
砖瓦、石材等建筑材料制造	124766	8818	8347	14489	9740
玻璃制造	15211	1598	2175	1152	449
玻璃制品制造	69759	3974	3452	14515	3021
玻璃纤维和玻璃纤维增强塑料制品制造	31345	2587	3399	665	4285
陶瓷制品制造	25972	1333	12192	831	2173
耐火材料制品制造	35491	741	16265	2173	2082
石墨及其他非金属矿物制品制造	56613	1017	3404	6740	2172
黑色金属冶炼和压延加工业	211119	11909	44740	18248	24191
炼铁	5102	321	35	2655	473
炼钢	2778	57	555	727	269
黑色金属铸造	101437	7915	12662	11962	9244
钢压延加工	95243	3204	31301	1584	12309
铁合金冶炼	6559	412	187	1320	1896
有色金属冶炼和压延加工业	136039	7551	24348	7446	13766
常用有色金属冶炼	15310	935	1490	2296	653
贵金属冶炼	1368	363	191	145	44
稀有稀土金属冶炼	3794	119	513	336	546
有色金属合金制造	19425	2125	2326	2428	1858
有色金属铸造	10613	536	1545	228	1824
有色金属压延加工	85529	3473	18283	2013	8841
金属制品业	719061	42871	99343	36219	55510
结构性金属制品制造	240931	16374	36209	21157	13561
金属工具制造	88630	5636	5774	4782	11347
集装箱及金属包装容器制造	35306	1975	7662	1003	2166

苏州	南通	连云港	淮安	盐城	扬州	镇江	泰州	宿迁
1982	937	140	768	1053	152	985	1027	246
2	2	119		52		17		75
			12					
86538	46498	28846	17280	32931	27069	29887	27578	14410
12699	17151	15136	6187	15787	6602	8002	7735	3021
1166	1112	2291	1164	1351	606	1026	635	2159
2025	3084	2116	430	2581	1133	1282	932	504
17438	5067	2715	1767	5356	4168	5208	4182	2253
21565	7123	1728	1914	1863	4863	4698	3469	3287
23582	11476	4341	4425	5270	7236	7789	9385	2261
30	69	132		5		290	63	21
8033	1416	387	1393	718	2461	1592	1177	904
15476	10277	6020	3115	9449	4714	3196	7389	3201
4746	2927	4191	865	4797	998	801	1121	760
2115	2222	572	233	1391	522	632	1391	220
642	274	182	280	607	120	58	476	
321	492		422	8	159	517	163	183
478	192		168	698	547	362	371	150
1776	2457	699	513	695	280	403	834	1153
5398	1713	376	634	1253	2088	423	3033	735
30307	7812	591	1307	3114	2952	567	1502	3607
2868	1582	88	367	1550	170	156	772	3351
27439	6230	503	940	1564	2782	411	730	256
147935	28426	6960	13272	18314	27328	20999	19375	12313
23075	8128	776	2051	3440	5501	4806	7056	2052
124860	20298	6184	11221	14874	21827	16193	12319	10261
62131	49412	46829	24444	41256	20538	31011	27210	31655
3145	2133	1365	2347	3138	1102	2990	1169	1580
17829	12417	10000	8891	10582	5316	7627	5979	11508
9805	14763	9396	7764	12809	5756	6778	9356	6945
4441	877	483	988	740	474	767	515	552
11913	7131	4661	2700	2405	2257	5980	4015	3735
3626	3819	598	189	5734	2104	1785	602	1952
2869	1738	536	161	1136	1568	294	315	826
3812	787	1083	250	1783	533	876	2296	2810
4691	5747	18707	1154	2929	1428	3914	2963	1747
35067	10925	3789	6749	13624	9818	7396	21924	2739
111	223		251	165	32	661	60	115
483	58		28	55	8	138	298	102
13132	8307	2115	2550	9318	4661	3571	15170	830
21110	2142	1321	3324	3752	4907	2599	6023	1667
231	195	353	596	334	210	427	373	25
33335	8406	2735	7147	4068	9442	7507	6264	4024
1446	670	212	1397	590	3047	750	369	1455
69			1	246	28	21	260	
387	62	591	172	657	23	118	264	6
4531	1503	447	711	763	632	1209	709	183
2840	546		806	826	507	290	557	108
24062	5625	1485	4060	986	5205	5119	4105	2272
199838	66012	8501	15756	21596	37131	54736	66476	15072
58399	23051	3999	7385	7595	12817	19063	14351	6970
24711	2944	560	1855	2392	6047	16065	4588	1929
9589	2420	877	660	1086	2470	1926	2453	1019

2-A-2 续表 3

行业	从业人员数（人）	南京	无锡	徐州	常州
金属丝绳及其制品制造	59518	1715	6965	1003	2231
建筑、安全用金属制品制造	54800	3345	5929	2194	5449
金属表面处理及热处理加工	66014	4354	11484	1029	8043
搪瓷制品制造	3687	236	236	177	218
金属制日用品制造	33266	1817	3182	987	1714
其他金属制品制造	136909	7419	21902	3887	10781
通用设备制造业	1003097	50109	165912	34035	132555
锅炉及原动设备制造	52004	3223	8575	1905	12985
金属加工机械制造	163403	14813	25912	9011	13299
物料搬运设备制造	67122	2423	12059	2426	5819
泵、阀门、压缩机及类似机械制造	151802	5144	24355	5068	9536
轴承、齿轮和传动部件制造	90571	3927	17025	2075	18056
烘炉、风机、衡器、包装等设备制造	120184	6860	18000	2699	10564
文化、办公用机械制造	11961	1250	2391	27	1773
通用零部件制造	270270	10043	38154	9140	49470
其他通用设备制造业	75780	2426	19441	1684	11053
专用设备制造业	704389	37289	131343	37306	70164
采矿、冶金、建筑专用设备制造	121419	6206	20323	19961	10678
化工、木材、非金属加工专用设备制造	188723	7965	26285	3365	13245
食品、饮料、烟草及饲料生产专用设备制造	17603	2247	2285	829	2346
印刷、制药、日化及日用品生产专用设备制造	33198	2706	7182	528	3334
纺织、服装和皮革加工专用设备制造	67037	531	16788	1369	8040
电子和电工机械专用设备制造	46950	4740	4224	2725	4902
农、林、牧、渔专用机械制造	28202	1696	1313	1259	4586
医疗仪器设备及器械制造	53842	3520	4970	1719	10091
环保、社会公共服务及其他专用设备制造	147415	7678	47973	5551	12942
汽车制造业	245579	18464	26233	7518	34169
汽车整车制造	6162	107	250	303	395
改装汽车制造	4078	1231	651	27	267
低速载货汽车制造	266	20			
电车制造	4537		54	3754	220
汽车车身、挂车制造	3655	26	483	920	273
汽车零部件及配件制造	226881	17080	24795	2514	33014
铁路、船舶、航空航天和其他运输设备制造业	179910	14869	24766	18516	18156
铁路运输设备制造	18839	5932	1259	196	6200
城市轨道交通设备制造	2135	1227	26		249
船舶及相关装置制造	76756	4725	7432	2993	1698
航空、航天器及设备制造	4818	378	304	128	396
摩托车制造	23241	1268	6891	358	4260
自行车制造	37627	1089	7875	6936	4590
非公路休闲车及零配件制造	12180	10	307	7574	174
潜水救捞及其他未列明运输设备制造	4314	240	672	331	589
电气机械和器材制造业	672356	41086	89347	24485	87397
电机制造	98550	4539	13850	5211	22938
输配电及控制设备制造	252230	19830	29920	9347	30783
电线、电缆、光缆及电工器材制造	121139	6862	23978	2503	9411
电池制造	22994	567	3059	2018	2722
家用电力器具制造	45178	2088	6111	2682	5573
非电力家用器具制造	14605	1187	1588	1080	1560
照明器具制造	90946	4439	7532	1058	12033
其他电气机械及器材制造	26714	1574	3309	586	2377
计算机、通信和其他电子设备制造业	425367	31186	41112	11237	52794
计算机制造	31225	2954	2127	734	952

苏州	南通	连云港	淮安	盐城	扬州	镇江	泰州	宿迁
8494	18506	207	358	972	2097	1065	15621	284
16400	2351	1255	921	1388	3536	4694	5978	1360
23330	3248	86	722	2289	3543	5144	2487	255
1359	174	15	63	231	231	327	277	143
10384	4394	253	1096	1247	1350	1862	3630	1350
47172	8924	1249	2696	4396	5040	4590	17091	1762
211274	104489	6082	23601	84401	62080	34713	81083	12763
4851	3721	472	1293	3452	4427	2841	3444	815
28786	20243	1229	4291	15177	11180	6356	10166	2940
25385	6207	595	1303	2125	2788	1234	3706	1052
18057	15728	467	5505	27678	13686	8074	16136	2368
15328	4887	978	4280	4761	3517	5080	9121	1536
26954	29971	728	1032	5921	3654	2622	10747	432
4687	305	1	361	147	83	254	615	67
67700	17986	1446	4583	20180	18806	7173	22316	3273
19526	5441	166	953	4960	3939	1079	4832	280
205615	46897	10048	15639	40078	39624	19561	41528	9297
11574	12643	2327	4860	9930	7413	3196	11583	725
106916	8897	1198	2511	3539	4297	4042	5259	1204
4158	1428	246	494	1006	1464	349	607	144
7464	2613	792	1177	1070	1353	1340	2984	655
15380	4551	439	1035	7242	4304	883	5781	694
16453	3630	492	1285	1586	1945	1574	2128	1266
2278	1407	2793	1360	5599	1801	1201	1616	1293
14596	3471	917	1419	1269	4130	2735	3672	1333
26796	8257	844	1498	8837	12917	4241	7898	1983
55235	6149	2116	8699	13103	25002	29761	15151	3979
4031	120			221	524	168	17	26
435	206	243	81	6	433	130		368
95						150	1	
51	83		56	59	108	19	58	75
219	4	209	343	248	799	131		
50404	5736	1664	8219	12569	23138	29163	15075	3510
21245	24051	1049	3488	5669	12132	9695	23448	2826
1822	752	115	286	218	628	730	318	383
176			2	206	151	80	18	
4611	21214	781	1639	3874	8356	3064	15558	811
1626	396		10	118	218	818	391	35
992	283		86	77	2317	2287	3914	508
8530	1171	142	1249	651	340	1612	2373	1069
2469	78		35	113	44	722	654	
1019	157	11	181	412	78	382	222	20
140151	50874	12333	19497	27297	65091	55966	39969	18863
13832	9791	265	1322	4788	9758	1474	10161	621
57833	18424	1632	7230	10181	18076	27664	14128	7182
30792	8489	806	4236	2649	15824	7403	5802	2384
4477	1590	289	2247	472	1834	1358	1519	842
15336	2242	258	1496	669	2576	1812	3579	756
1079	1396	929	1417	671	1676	554	697	771
9874	6773	7866	1180	6812	12922	11955	2764	5738
6928	2169	288	369	1055	2425	3746	1319	569
168634	27284	4701	11119	8972	16178	21309	14976	15865
19163	1553	148	870	211	533	699	119	1162

2-A-2 续表 4

行业	从业人员数（人）	南京	无锡	徐州	常州
通信设备制造	27434	5935	1905	1143	2602
广播电视设备制造	22146	1599	4260	388	6185
雷达及配套设备制造	1422	681	25		95
视听设备制造	14989	284	977	44	5428
电子器件制造	77193	6898	11099	2350	7477
电子元件制造	195828	10278	15612	5239	23623
其他电子设备制造	55130	2557	5107	1339	6432
仪器仪表制造业	163166	16092	18534	9799	18725
通用仪器仪表制造	98003	10354	12853	6384	13398
专用仪器仪表制造	33508	2382	3122	2994	3437
钟表与计时仪器制造	1062	104	51		207
光学仪器及眼镜制造	22309	2484	1504	53	810
其他仪器仪表制造业	8284	768	1004	368	873
其他制造业	54302	1332	4308	4574	3308
日用杂品制造	31332	426	2424	1580	655
煤制品制造	2281	43	89	1191	61
核辐射加工	254				54
其他未列明制造业	20435	863	1795	1803	2538
废弃资源综合利用业	21622	1512	1496	1715	844
金属废料和碎屑加工处理	11967	1144	1037	973	349
非金属废料和碎屑加工处理	9655	368	459	742	495
金属制品、机械和设备修理业	23589	2475	1971	4748	1705
金属制品修理	1627	168	142	198	38
通用设备修理	1764	424	297	146	153
专用设备修理	2042	274	69	389	306
铁路、船舶、航空航天等运输设备修理	13517	778	899	3734	497
电气设备修理	1041	92	361	92	147
仪器仪表修理	99	16	18	11	18
其他机械和设备修理业	3499	723	185	178	546
电力、热力、燃气及水生产和供应业	**73261**	**4283**	**5964**	**6358**	**5537**
电力、热力生产和供应业	30715	729	3766	3579	2453
电力生产	21877	533	3003	2578	1430
电力供应	1670	48	46	161	55
热力生产和供应	7168	148	717	840	968
燃气生产和供应业	10616	675	548	744	943
燃气生产和供应业	10616	675	548	744	943
水的生产和供应业	31930	2879	1650	2035	2141
自来水生产和供应	20973	2191	415	947	1219
污水处理及其再生利用	10117	574	1152	962	835
其他水的处理、利用与分配	840	114	83	126	87
建筑业	**1885839**	**217659**	**85375**	**143602**	**94792**
房屋建筑业	947695	91111	26074	87863	38419
房屋建筑业	947695	91111	26074	87863	38419
土木工程建筑业	299161	40113	14755	21346	16761
铁路、道路、隧道和桥梁工程建筑	149315	16927	7131	8690	6620
水利和内河港口工程建筑	29152	1317	1076	4532	1475
海洋工程建筑	491				
工矿工程建筑	12461	2066	1972	2244	382
架线和管道工程建筑	28323	4208	1267	1786	2442
其他土木工程建筑	79419	15595	3309	4094	5842
建筑安装业	257203	40270	19612	13849	15975
电气安装	69445	12162	5772	2327	2021

苏州	南通	连云港	淮安	盐城	扬州	镇江	泰州	宿迁
7852	2065	134	226	994	1817	1331	1063	367
3932	306	6	1328	617	1204	1312	912	97
12	14				445	15	135	
3425	1235	66	781	219	161	758	564	1047
27184	3827	1171	674	1881	5662	4219	3083	1668
83712	15864	2351	6103	2878	4112	10520	6884	8652
23354	2420	825	1137	2172	2244	2455	2216	2872
35804	18664	935	5539	5727	7280	15432	8801	1834
23773	9619	556	3725	3288	5237	2960	5501	355
6776	4869	195	842	2171	1351	1767	2490	1112
315	96		12	62	10		205	
2894	3419	110	659	2	235	9802	214	123
2046	661	74	301	204	447	903	391	244
5622	2122	1549	3619	1976	10562	8425	3466	3439
3935	809	589	2771	397	8255	6297	1385	1809
121	83	156	15	99	27	135	79	182
91	15				67		27	
1475	1215	804	833	1480	2213	1993	1975	1448
5068	1001	782	1891	1869	847	829	1158	2610
2799	527	417	1388	1044	590	702	348	649
2269	474	365	503	825	257	127	810	1961
1824	5274	679	610	863	726	617	1597	500
30	396	2	96	179	53	199	71	55
383	82	17	62	60	9	29	38	64
529	119	66	78	97	28	31	10	46
179	4169	412	230	356	375	208	1415	265
134	41	18	36	13	53	15		39
9	15			5	3		4	
560	452	164	108	153	205	135	59	31
12751	**7167**	**3609**	**3843**	**6945**	**4110**	**3474**	**5102**	**4118**
5404	2681	1354	1977	2674	1193	1444	1800	1661
4371	1623	368	1647	2144	823	1025	1449	883
147	39	292	55	187	326	55	216	43
886	1019	694	275	343	44	364	135	735
2684	636	498	384	386	694	714	953	757
2684	636	498	384	386	694	714	953	757
4663	3850	1757	1482	3885	2223	1316	2349	1700
1851	3273	1270	992	3170	1833	982	1578	1252
2695	481	461	451	676	382	289	771	388
117	96	26	39	39	8	45		60
226461	**167198**	**83792**	**189687**	**144305**	**149623**	**81137**	**158658**	**143550**
47802	91591	48191	119786	84971	78617	40143	104745	88382
47802	91591	48191	119786	84971	78617	40143	104745	88382
47380	28415	11258	25515	25622	13240	12132	18848	23776
17052	15062	5683	16013	17628	5404	7565	10873	14667
2932	3546	978	1657	2908	1352	850	2707	3822
4	233	25		41		53	135	
3076	112	31	1179	876	347	56	99	21
5766	2733	1273	2253	882	2207	1331	574	1601
18550	6729	3268	4413	3287	3930	2277	4460	3665
48613	22129	6893	16217	12249	28223	8864	16363	7946
13407	3404	2113	7676	2505	10868	2434	2756	2000

2-A-2 续表 5

行业	从业人员数(人)	南京	无锡	徐州	常州
管道和设备安装	57386	12255	6522	1896	1872
其他建筑安装业	130372	15853	7318	9626	12082
建筑装饰和其他建筑业	381780	46165	24934	20544	23637
建筑装饰业	222503	25486	19194	13583	13835
工程准备活动	33262	3933	1762	1321	1178
提供施工设备服务	13707	3156	596	859	395
其他未列明建筑业	112308	13590	3382	4781	8229
批发和零售业	**2215914**	**211653**	**201127**	**363730**	**199565**
批发业	1658839	141206	166517	241447	164270
农、林、牧产品批发	122884	7929	2297	34975	3657
食品、饮料及烟草制品批发	187743	22054	9000	51983	8328
纺织、服装及家庭用品批发	272119	15799	19781	22235	25637
文化、体育用品及器材批发	41986	6557	3161	4193	3959
医药及医疗器材批发	31060	5295	2017	4176	3906
矿产品、建材及化工产品批发	475644	31247	77472	63895	61970
机械设备、五金产品及电子产品批发	387850	42528	43780	45896	40123
贸易经纪与代理	37427	4038	2726	3204	3702
其他批发业	102126	5759	6283	10890	12988
零售业	557075	70447	34610	122283	35295
综合零售	65268	3489	2087	18044	3211
食品、饮料及烟草制品专门零售	71914	13005	4465	13795	4101
纺织、服装及日用品专门零售	64113	6176	3358	17275	4025
文化、体育用品及器材专门零售	42669	7442	3064	6527	3170
医药及医疗器材专门零售	31646	4573	1804	4534	1651
汽车、摩托车、燃料及零配件专门零售	83485	8048	6255	17104	6344
家用电器及电子产品专门零售	83074	13730	5508	17171	5027
五金、家具及室内装饰材料专门零售	72844	7768	4768	20873	5009
货摊、无店铺及其他零售业	42062	6216	3301	6960	2757
交通运输、仓储和邮政业	**462708**	**52885**	**40264**	**52876**	**25430**
道路运输业	286750	28621	27976	37218	17679
城市公共交通运输	38981	6054	4347	2866	2157
公路旅客运输	20674	3234	1028	1693	792
道路货物运输	215353	17594	21315	31235	13800
道路运输辅助活动	11742	1739	1286	1424	930
水上运输业	47570	6302	1947	5271	1563
水上旅客运输	2049	367	222	120	163
水上货物运输	35247	5188	1111	4238	1024
水上运输辅助活动	10274	747	614	913	376
航空运输业	4921	3787	52	30	81
航空客货运输	1148	230		30	28
通用航空服务	197	99	23		45
航空运输辅助活动	3576	3458	29		8
管道运输业	960	496	85	186	8
管道运输业	960	496	85	186	8
装卸搬运和运输代理业	83558	9345	6415	5455	4774
装卸搬运	31734	3012	2117	3567	1675
运输代理业	51824	6333	4298	1888	3099
仓储业	25026	2931	2189	3522	736
谷物、棉花等农产品仓储	7480	344	191	1631	181
其他仓储业	17546	2587	1998	1891	555
邮政业	13923	1403	1600	1194	589
邮政基本服务	1617	348			74
快递服务	12306	1055	1600	1194	515

苏州	南通	连云港	淮安	盐城	扬州	镇江	泰州	宿迁
8915	3340	2381	2839	1917	9620	1816	3200	813
26291	15385	2399	5702	7827	7735	4614	10407	5133
82666	25063	17450	28169	21463	29543	19998	18702	23446
45786	17912	11170	16638	9300	12078	14484	10519	12518
4714	1452	4531	4130	1854	1517	3348	2181	1341
536	785	216	1200	747	679	633	495	3410
31630	4914	1533	6201	9562	15269	1533	5507	6177
414765	**242449**	**73181**	**81075**	**79857**	**102981**	**99590**	**71177**	**74764**
350057	188373	44059	51663	51723	78884	73293	54913	52434
4779	11481	7241	5902	7066	7046	4338	5688	20485
16334	27545	4255	6386	6301	12035	7009	8049	8464
74575	69763	3605	6392	6262	15606	6125	3037	3302
9984	4088	1862	1238	1822	2055	1500	844	723
3866	2250	991	982	1248	1421	1008	2772	1128
82649	40817	14274	15070	16470	21464	25431	17992	6893
125237	22464	5427	7907	6995	13082	20915	10123	3373
5965	3419	2543	3145	1409	1451	2689	1453	1683
26668	6546	3861	4641	4150	4724	4278	4955	6383
64708	54076	29122	29412	28134	24097	26297	16264	22330
3567	12215	4656	4013	3804	1909	2984	1924	3365
8327	8718	2471	2692	2529	2645	4698	2045	2423
6992	8274	2796	2496	3744	2974	2552	1345	2106
4995	2747	5379	1214	1505	2467	2026	1004	1129
5004	1750	1505	4031	1028	1860	853	1515	1538
9305	7070	4015	5006	5373	3514	4068	2945	4438
11788	4982	3287	3943	3835	4348	4016	2232	3207
8621	6330	3188	3560	3324	2756	3113	1575	1959
6109	1990	1825	2457	2992	1624	1987	1679	2165
85440	**30352**	**22782**	**23849**	**36928**	**24762**	**23002**	**26385**	**17753**
48078	18074	10047	16689	22844	16973	14412	14558	13581
5971	3182	1468	697	2942	2858	2298	2290	1851
3064	932	994	871	2242	712	1093	1945	2074
37183	13807	7457	13946	16794	13290	10644	9270	9018
1860	153	128	1175	866	113	377	1053	638
4689	1794	2093	3348	7598	3326	2010	6047	1582
268	100	76	69	124	162	327	41	10
1767	1442	1074	2929	6399	2718	782	5082	1493
2654	252	943	350	1075	446	901	924	79
35	240	271	265	27		122		11
31	227	208	265	27		102		
2	8					20		
2	5	63						11
	9		44	75	3	54		
	9		44	75	3	54		
25360	6392	7683	2040	3385	2322	5032	3851	1504
6577	2381	2192	1560	2170	1184	1986	2283	1030
18783	4011	5491	480	1215	1138	3046	1568	474
5057	2120	1436	811	1915	1518	778	1316	697
280	607	399	569	1213	694	140	605	626
4777	1513	1037	242	702	824	638	711	71
2221	1723	1252	652	1084	620	594	613	378
	55	800		326		6		8
2221	1668	452	652	758	620	588	613	370

2-A-2 续表 6

行业	从业人员数(人)	南京	无锡	徐州	常州
住宿和餐饮业	**232323**	**46057**	**23121**	**17149**	**18157**
住宿业	71254	13501	7453	4395	5059
旅游饭店	37222	6486	3312	2164	3046
一般旅馆	29538	5968	3384	2090	1636
其他住宿业	4494	1047	757	141	377
餐饮业	161069	32556	15668	12754	13098
正餐服务	140321	28579	13648	11288	11543
快餐服务	8430	2267	841	682	621
饮料及冷饮服务	2826	546	304	185	157
其他餐饮业	9492	1164	875	599	777
信息传输、软件和信息技术服务业	**206306**	**53460**	**29076**	**14825**	**18383**
电信、广播电视和卫星传输服务	7341	1964	503	641	426
电信	5003	1636	320	423	261
广播电视传输服务	2165	280	183	130	165
卫星传输服务	173	48		88	
互联网和相关服务	28235	5887	1704	2657	5586
互联网接入及相关服务	1997	406	113	342	76
互联网信息服务	23799	4944	1348	1979	5381
其他互联网服务	2439	537	243	336	129
软件和信息技术服务业	170730	45609	26869	11527	12371
软件开发	113877	35549	14278	7078	9545
信息系统集成服务	17707	2984	5398	1645	362
信息技术咨询服务	16441	2793	2020	1541	1159
数据处理和存储服务	3147	541	578	110	187
集成电路设计	7065	1321	2774	235	115
其他信息技术服务业	12493	2421	1821	918	1003
房地产业	**380416**	**51116**	**39944**	**33870**	**25941**
房地产业	380416	51116	39944	33870	25941
房地产开发经营	95420	7665	6263	10252	6003
物业管理	223465	34351	28076	17358	15664
房地产中介服务	42587	6771	3969	5516	3304
自有房地产经营活动					
其他房地产业	18944	2329	1636	744	970
租赁和商务服务业	**834277**	**149399**	**80037**	**75114**	**76702**
租赁业	41501	5812	2148	11418	1909
机械设备租赁	40003	5529	2076	11277	1776
文化及日用品出租	1498	283	72	141	133
商务服务业	792776	143587	77889	63696	74793
企业管理服务	143391	24594	13833	11480	16566
法律服务	9215	2896	1238	977	272
咨询与调查	121330	23461	14791	11600	11379
广告业	96552	17316	6871	12391	11129
知识产权服务	4935	1373	472	310	606
人力资源服务	220817	44905	20630	6827	19683
旅行社及相关服务	24420	5739	2341	2076	1825
安全保护服务	60935	5130	8876	9017	1502
其他商务服务业	111181	18173	8837	9018	11831
科学研究和技术服务业	**343394**	**59407**	**27904**	**37765**	**35108**
研究和试验发展	51174	8722	8077	3616	4304
自然科学研究和试验发展	3527	756	568	322	197
工程和技术研究和试验发展	32524	5156	5735	1990	3359

苏州	南通	连云港	淮安	盐城	扬州	镇江	泰州	宿迁
38508	**12189**	**9775**	**10569**	**12911**	**13348**	**10218**	**11201**	**9120**
13294	3390	4500	3395	3317	3915	2783	3507	2745
7608	774	3148	2128	1795	2525	1259	1941	1036
5118	2444	1117	1071	1299	1172	1368	1484	1387
568	172	235	196	223	218	156	82	322
25214	8799	5275	7174	9594	9433	7435	7694	6375
18993	8458	4674	6469	8381	8230	7015	7317	5726
1951	123	349	215	369	304	187	130	391
711	46	40	103	158	296	48	53	179
3559	172	212	387	686	603	185	194	79
43896	**11215**	**2435**	**4971**	**3275**	**7072**	**8555**	**2941**	**6202**
744	266	256	942	353	238	453	166	389
558	175	211	429	164	148	347	67	264
186	83	45	512	189	87	93	99	113
	8		1		3	13		12
5722	1240	846	953	485	439	1326	588	802
672	85	22	86	2	33	38	10	112
4641	995	713	667	448	359	1138	543	643
409	160	111	200	35	47	150	35	47
37430	9709	1333	3076	2437	6395	6776	2187	5011
22558	6243	931	1809	1620	4776	4280	1451	3759
3999	1219	109	170	137	344	872	236	232
4602	1005	148	601	329	694	846	220	483
1152	145	22	24	40	149	103	22	74
2051	178	4	89		112	127	16	43
3068	919	119	383	311	320	548	242	420
82486	**24529**	**13019**	**17472**	**21725**	**19054**	**16666**	**15414**	**19180**
82486	24529	13019	17472	21725	19054	16666	15414	19180
11057	7482	4981	7130	10411	5903	5016	4386	8871
56709	12698	6392	8482	9219	10331	7902	9550	6733
12306	2096	1227	1200	1384	1506	1093	728	1487
2414	2253	419	660	711	1314	2655	750	2089
159101	**77163**	**21159**	**30003**	**34384**	**49237**	**30104**	**33430**	**18444**
5985	3535	1167	1755	2502	1788	1491	576	1415
5369	3421	1154	1736	2478	1770	1473	566	1378
616	114	13	19	24	18	18	10	37
153116	73628	19992	28248	31882	47449	28613	32854	17029
27732	10587	2659	7399	5111	7399	7396	5281	3354
999	575	258	235	501	564	406	87	207
27673	6841	2278	2696	5053	4199	3999	4844	2516
16220	7537	2478	4623	4170	3326	4605	2170	3716
1250	303	47	27	4	189	176	110	68
42885	30609	5312	5942	7053	20424	2812	11770	1965
4338	1199	842	1002	951	1524	1480	738	365
11400	6718	2071	1851	3824	3631	2160	3089	1666
20619	9259	4047	4473	5215	6193	5579	4765	3172
60542	**36427**	**10750**	**9322**	**14807**	**12281**	**14397**	**14795**	**9889**
13123	4077	719	940	1464	1528	2251	1795	558
495	247	192	100	130	105	344	42	29
9116	2695	92	561	972	890	1317	382	259

2-A-2 续表 7

行业	从业人员数(人)	南京	无锡	徐州	常州
农业科学研究和试验发展	5257	481	220	1110	269
医学研究和试验发展	9605	2259	1515	179	470
社会人文科学研究	261	70	39	15	9
专业技术服务业	217035	43233	15546	21662	26161
气象服务	671	146	44	106	27
地震服务	45	4		8	
海洋服务	425		44	9	6
测绘服务	5262	1199	336	507	153
质检技术服务	19667	2574	1902	1281	1167
环境与生态监测	3309	633	525	415	306
地质勘查	1544	362	31	342	179
工程技术	129947	25311	6950	14814	17832
其他专业技术服务业	56165	13004	5714	4180	6491
科技推广和应用服务业	75185	7452	4281	12487	4643
技术推广服务	63380	5553	3139	10538	3845
科技中介服务	5598	811	420	1045	297
其他科技推广和应用服务业	6207	1088	722	904	501
水利、环境和公共设施管理业	**62935**	**6356**	**6381**	**7014**	**5403**
水利管理业	3949	304	292	485	210
防洪除涝设施管理	658	48	57	90	23
水资源管理	1028	135	85	145	52
天然水收集与分配	318	27		35	
水文服务	237	35	50	5	
其他水利管理业	1708	59	100	210	135
生态保护和环境治理业	8165	1024	783	606	651
生态保护	597	117	27	82	95
环境治理业	7568	907	756	524	556
公共设施管理业	50821	5028	5306	5923	4542
市政设施管理	5140	809	595	341	274
环境卫生管理	4795	133	862	1187	467
城乡市容管理	1109	96	92	316	32
绿化管理	19316	1313	2211	1694	856
公园和游览景区管理	20461	2677	1546	2385	2913
居民服务、修理和其他服务业	**127201**	**15469**	**13811**	**13693**	**12008**
居民服务业	37701	4457	3316	4079	2993
家庭服务	6871	970	351	1082	356
托儿所服务	79	8			
洗染服务	1812	147	294	166	116
理发及美容服务	4310	685	565	421	450
洗浴服务	10851	1088	841	554	501
保健服务	3196	409	370	311	283
婚姻服务	2392	230	246	602	243
殡葬服务	2242	264	175	111	302
其他居民服务业	5948	656	474	832	742
机动车、电子产品和日用产品修理业	61633	8390	6774	5881	6084
汽车、摩托车修理与维护	48242	6419	5841	4502	4590
计算机和办公设备维修	4493	667	215	649	319
家用电器修理	6507	850	621	549	873
其他日用产品修理业	2391	454	97	181	302
其他服务业	27867	2622	3721	3733	2931
清洁服务	20918	2010	2963	2969	1983
其他未列明服务业	6949	612	758	764	948

苏州	南通	连云港	淮安	盐城	扬州	镇江	泰州	宿迁
484	543	415	149	324	345	430	238	249
2957	592	5	126	34	181	135	1131	21
71		15	4	4	7	25	2	
38830	18945	4993	6116	9401	7219	8461	10324	6144
55	123	27	23	54	4	20	37	5
16	1		10			6		
	258	101		7				
781	671	173	299	440	211	164	129	199
5645	1519	561	999	833	710	821	989	666
615	217	61	53	116	176	96	54	42
162	21	95	110	138	26	59	10	9
21042	11451	2858	3627	5928	3410	4536	7985	4203
10514	4684	1117	995	1885	2682	2759	1120	1020
8589	13405	5038	2266	3942	3534	3685	2676	3187
6892	12439	4521	1803	3544	3081	2960	2316	2749
1001	594	99	225	230	207	302	221	146
696	372	418	238	168	246	423	139	292
12236	**5051**	**1717**	**1886**	**2883**	**2139**	**6030**	**2818**	**3021**
712	365	160	291	475	125	200	226	104
74	127	5	44	132	7	35		16
157	109	3	35	118	65	70	54	
59	19	28	47	73	6	18	6	
32		8	52	1	6	5	8	35
390	110	116	113	151	41	72	158	53
1921	1166	244	85	374	273	435	349	254
145	50	11	38	8	5	8	11	
1776	1116	233	47	366	268	427	338	254
9603	3520	1313	1510	2034	1741	5395	2243	2663
1115	627	158	149	178	134	296	180	284
627	228	89	182	137	71	107	459	246
217	77	19		39	37	49	2	133
4817	1204	478	784	1024	744	1436	1119	1636
2827	1384	569	395	656	755	3507	483	364
24890	**9544**	**3762**	**5795**	**6814**	**6141**	**6755**	**4252**	**4267**
5072	3062	1311	1918	3560	2809	1931	1522	1671
757	435	304	367	1135	549	180	168	217
3	6			33	29			
335	239	70	78	103	76	75	50	63
651	304	147	71	46	255	328	203	184
1127	1368	346	807	1088	1010	752	776	593
522	123	223	104	87	401	32	57	274
247	214	78	97	114	109	101	53	58
672	33	42	122	230	67	82	23	119
758	340	101	272	724	313	381	192	163
13198	4440	2021	2632	2175	2680	3827	1634	1897
10156	3194	1625	2246	1842	2193	2397	1536	1701
1170	420	188	86	116	210	311	54	88
1340	505	111	248	141	185	972	37	75
532	321	97	52	76	92	147	7	33
6620	2042	430	1245	1079	652	997	1096	699
5354	1637	347	993	625	228	390	820	599
1266	405	83	252	454	424	607	276	100

2-A-2 续表 8

行　业	从业人员数(人)	南京	无锡	徐州	常州
教育	**16208**	**2766**	**1464**	**1314**	**719**
教育	16208	2766	1464	1314	719
学前教育	413	167			
初等教育	343				
中等教育	2895				
高等教育	61	61			
特殊教育					
技能培训、教育辅助及其他教育	12496	2538	1464	1314	719
卫生和社会工作	**18105**	**2942**	**1608**	**1364**	**1007**
卫生	17224	2897	1321	1261	971
医院	14544	2141	1130	1222	874
社区医疗与卫生院	964		141		
门诊部(所)	822	394	50	39	97
计划生育技术服务活动					
妇幼保健院(所、站)	90				
专科疾病防治院(所、站)	170				
疾病预防控制中心	272				
其他卫生活动	362	362			
社会工作	881	45	287	103	36
提供住宿社会工作	789	42	286	87	23
不提供住宿社会工作	92	3	1	16	13
文化、体育和娱乐业	**95055**	**19794**	**7518**	**9741**	**10184**
新闻和出版业	2609	1518	130	214	17
新闻业	194	61	3	40	
出版业	2415	1457	127	174	17
广播、电视、电影和影视录音制作业	11328	2929	1437	654	1193
广播	284	113		56	30
电视	993	159	1	42	459
电影和影视节目制作	2697	993	415	94	124
电影和影视节目发行	960	751	51	10	2
电影放映	6205	863	962	422	568
录音制作	189	50	8	30	10
文化艺术业	18059	5835	944	1890	2729
文艺创作与表演	6324	2689	282	631	342
艺术表演场馆	1168	89	121	132	61
图书馆与档案馆	252	81	17	5	35
文物及非物质文化遗产保护	633	296	107	5	89
博物馆	252	85	29	38	9
烈士陵园、纪念馆	101				71
群众文化活动	2617	382	30	153	1610
其他文化艺术业	6712	2213	358	926	512
体育	6652	1256	440	455	426
体育组织	636	101	36	35	98
体育场馆	565	21	106		110
休闲健身活动	4753	938	278	363	155
其他体育	698	196	20	57	63
娱乐业	56407	8256	4567	6528	5819
室内娱乐活动	46501	6152	3984	5472	4627
游乐园	1412	266	110	130	46
彩票活动	1				
文化、娱乐、体育经纪代理	1636	383	227	136	170
其他娱乐业	6857	1455	246	790	976

苏州	南通	连云港	淮安	盐城	扬州	镇江	泰州	宿迁
2972	**873**	**2448**	**1446**	**538**		**436**	**808**	**424**
2972	873	2448	1446	538		436	808	424
58		188						
23				320				
94		1515	1081	53			152	
2797	873	745	365	165		436	656	424
6303	**828**	**978**	**822**	**1867**	**272**	**69**	**14**	**31**
6194	815	944	729	1837	203	52		
4757	815	944	729	1677	203	52		
753				70				
242								
				90				
170								
272								
109	13	34	93	30	69	17	14	31
71	12	19	93	30	69	17	9	31
38	1	15					5	
13343	**6655**	**3062**	**3952**	**3616**	**4294**	**5714**	**3479**	**3703**
321	35	12	50	60	107	88	27	30
	35		30	25				
321		12	20	35	107	88	27	30
1756	614	167	515	398	617	398	382	268
25	12		18	10	8		3	9
71	11	30	49	37	93	19	22	
576	79	28	43	118	109	24	72	22
118	8		4	12		4		
942	500	109	391	221	385	346	285	211
24	4		10		22	5		26
2397	758	358	909	307	508	755	202	467
355	290	266	559	77	263	236	86	248
368	65	10	61		66	86	75	34
69				1		34		10
91	27			9	9			
70		19				2		
			9	21				
119	15	8	95	39	25	123	11	7
1325	361	55	185	160	145	274	30	168
1756	637	142	317	207	367	331	181	137
181	6	9	60	20		53	28	9
117	33		22	42	71	28		15
1205	569	133	219	135	290	238	153	77
253	29		16	10	6	12		36
7113	4611	2383	2161	2644	2695	4142	2687	2801
6045	3699	2134	1720	2305	2396	3401	2109	2457
327	30	47	139	15	46	98	26	132
1								
166	94	58	62	26	44	108	29	133
574	788	144	240	298	209	535	523	79

2-A-3 按行业、营业状态分组的小微企业法人单位数

行业	单位数(个)	营业	停业(歇业)	筹建	当年关闭	当年破产	其他
总计	**878076**	**766614**	**62130**	**27038**	**17475**	**684**	**4135**
农、林、牧、渔业	**2299**	**1816**	**269**	**139**	**48**	**3**	**24**
农、林、牧、渔服务业	2299	1816	269	139	48	3	24
农业服务业	1634	1277	207	99	29	2	20
林业服务业	247	191	22	23	7	1	3
畜牧服务业	223	191	19	7	6		
渔业服务业	195	157	21	10	6		1
采矿业	**601**	**485**	**52**	**12**	**39**	**3**	**10**
煤炭开采和洗选业	31	22	5	2	1		1
烟煤和无烟煤开采洗选	23	15	4	2	1		1
褐煤开采洗选	1	1					
其他煤炭采选	7	6	1				
石油和天然气开采业	4	2	1	1			
石油开采	2	1	1				
天然气开采	2	1		1			
黑色金属矿采选业	60	42	12	1	3	1	1
铁矿采选	55	37	12	1	3	1	1
锰矿、铬矿采选							
其他黑色金属矿采选	5	5					
有色金属矿采选业	19	13		2	1		3
常用有色金属矿采选	15	9		2	1		3
贵金属矿采选	4	4					
稀有稀土金属矿采选							
非金属矿采选业	457	386	31	5	28	2	5
土砂石开采	379	315	25	4	28	2	5
化学矿开采	11	10	1				
采盐	24	21	3				
石棉及其他非金属矿采选	43	40	2	1			
开采辅助活动	19	13	3	1	2		
煤炭开采和洗选辅助活动	4	2			2		
石油和天然气开采辅助活动	10	6	3	1			
其他开采辅助活动	5	5					
其他采矿业	11	7			4		
其他采矿业	11	7			4		
制造业	**339500**	**300928**	**21853**	**8643**	**6354**	**399**	**1323**
农副食品加工业	5463	4846	338	115	126	14	24
谷物磨制	1461	1320	73	14	42	7	5
饲料加工	650	569	52	18	6	2	3
植物油加工	343	298	21	7	12	2	3
制糖业	20	19	1				
屠宰及肉类加工	944	832	63	27	18		4
水产品加工	801	712	53	15	17	1	3
蔬菜、水果和坚果加工	591	531	35	10	13	1	1
其他农副食品加工	653	565	40	24	18	1	5
食品制造业	2719	2323	206	104	66	5	15
焙烤食品制造	614	537	37	19	17	2	2
糖果、巧克力及蜜饯制造	152	131	9	6	5		1
方便食品制造	407	342	34	19	10		2
乳制品制造	79	69	6	2	1		1
罐头食品制造	188	170	11	5			2
调味品、发酵制品制造	450	399	28	8	12	2	1
其他食品制造	829	675	81	45	21	1	6
酒、饮料和精制茶制造业	1513	1321	114	33	36	3	6

2-A-3　续表 1

行　　业	单位数(个)	营业	停业(歇业)	筹建	当年关闭	当年破产	其他
酒的制造	593	497	58	13	21	1	3
饮料制造	623	546	43	17	13	2	2
精制茶加工	297	278	13	3	2		1
烟草制品业	4	4					
烟叶复烤							
卷烟制造	1	1					
其他烟草制品制造	3	3					
纺织业	28793	25512	2047	442	657	47	88
棉纺织及印染精加工	11069	9932	673	145	262	22	35
毛纺织及染整精加工	1725	1499	149	21	46	6	4
麻纺织及染整精加工	236	192	25	7	10	1	1
丝绢纺织及印染精加工	479	406	49	7	13		4
化纤织造及印染精加工	5066	4463	404	92	94	8	5
针织或钩针编织物及其制品制造	3666	3192	304	59	95	5	11
家用纺织制成品制造	3189	2783	237	62	82	5	20
非家用纺织制成品制造	3363	3045	206	49	55		8
纺织服装、服饰业	19416	16719	1629	385	559	35	89
机织服装制造	13195	11382	1135	210	389	24	55
针织或钩针编织服装制造	2446	2133	193	46	60	6	8
服饰制造	3775	3204	301	129	110	5	26
皮革、毛皮、羽毛及其制品和制鞋业	3599	3142	262	63	107	9	16
皮革鞣制加工	108	85	13	3	6		1
皮革制品制造	1219	1064	95	19	32	2	7
毛皮鞣制及制品加工	182	149	21	5	4		3
羽毛(绒)加工及制品制造	212	190	18		3	1	
制鞋业	1878	1654	115	36	62	6	5
木材加工和木、竹、藤、棕、草制品业	9575	8673	467	148	209	49	29
木材加工	3858	3559	141	46	74	29	9
人造板制造	2948	2698	101	31	98	16	4
木制品制造	2499	2188	194	63	34	4	16
竹、藤、棕、草等制品制造	270	228	31	8	3		
家具制造业	3411	2933	265	119	65	4	25
木质家具制造	2558	2212	189	86	49	4	18
竹、藤家具制造	23	22	1				
金属家具制造	339	288	30	15	6		
塑料家具制造	79	66	7	2	2		2
其他家具制造	412	345	38	16	8		5
造纸和纸制品业	6883	6173	374	166	136	8	26
纸浆制造	31	25	3		3		
造纸	2213	1985	119	49	50	4	6
纸制品制造	4639	4163	252	117	83	4	20
印刷和记录媒介复制业	8528	8025	309	69	101	3	21
印刷	7980	7513	284	67	93	3	20
装订及印刷相关服务	525	490	25	1	8		1
记录媒介复制	23	22		1			
文教、工美、体育和娱乐用品制造业	10130	8871	705	191	301	14	48
文教办公用品制造	899	805	57	13	18	1	5
乐器制造	272	255	8	6	3		
工艺美术品制造	5850	5084	465	127	145	8	21
体育用品制造	917	821	45	20	18	1	12
玩具制造	1876	1615	118	19	111	4	9
游艺器材及娱乐用品制造	316	291	12	6	6		1
石油加工、炼焦和核燃料加工业	562	483	50	15	12		2

2-A-3 续表 2

行　　业	单位数(个)	营业	停业(歇业)	筹建	当年关闭	当年破产	其他
精炼石油产品制造	526	458	44	12	11		1
炼焦	35	24	6	3	1		1
核燃料加工	1	1					
化学原料和化学制品制造业	13039	11538	856	286	282	11	66
基础化学原料制造	2394	2101	167	52	61	2	11
肥料制造	661	554	57	19	25	2	4
农药制造	329	284	26	8	8	1	2
涂料、油墨、颜料及类似产品制造	2587	2340	156	41	37	1	12
合成材料制造	1947	1722	107	73	31	2	12
专用化学产品制造	4159	3714	258	70	95	2	20
炸药、火工及焰火产品制造	22	21	1				
日用化学产品制造	940	802	84	23	25	1	5
医药制造业	1830	1585	124	88	22	2	9
化学药品原料药制造	383	329	26	20	6		2
化学药品制剂制造	213	183	19	8	2		1
中药饮片加工	79	74	3	1	1		
中成药生产	61	49	6	6			
兽用药品制造	93	86	3	3	1		
生物药品制造	420	345	39	27	4		5
卫生材料及医药用品制造	581	519	28	23	8	2	1
化学纤维制造业	2245	1950	141	70	67	8	9
纤维素纤维原料及纤维制造	330	287	15	19	8		1
合成纤维制造	1915	1663	126	51	59	8	8
橡胶和塑料制品业	20750	18787	1208	339	346	13	57
橡胶制品业	3657	3379	149	53	59	1	16
塑料制品业	17093	15408	1059	286	287	12	41
非金属矿物制品业	17675	15363	1324	498	369	38	83
水泥、石灰和石膏制造	781	662	60	16	28	4	11
石膏、水泥制品及类似制品制造	4239	3715	294	117	82	9	22
砖瓦、石材等建筑材料制造	4687	3916	408	175	152	11	25
玻璃制造	458	393	31	22	8		4
玻璃制品制造	1814	1616	106	53	26	6	7
玻璃纤维和玻璃纤维增强塑料制品制造	1078	980	65	12	14		7
陶瓷制品制造	1084	920	126	26	11		1
耐火材料制品制造	1470	1285	134	19	26	4	2
石墨及其他非金属矿物制品制造	2064	1876	100	58	22	4	4
黑色金属冶炼和压延加工业	6336	5753	387	71	95	6	24
炼铁	112	91	8	5	5	1	2
炼钢	86	72	8	5	1		
黑色金属铸造	2996	2767	152	21	44		12
钢压延加工	2989	2687	210	38	42	3	9
铁合金冶炼	153	136	9	2	3	2	1
有色金属冶炼和压延加工业	4420	3910	291	109	85	5	20
常用有色金属冶炼	466	393	37	17	16	2	1
贵金属冶炼	36	30		2	2		2
稀有稀土金属冶炼	106	86	16	2	1		1
有色金属合金制造	534	484	25	11	9		5
有色金属铸造	457	399	33	18	5		2
有色金属压延加工	2821	2518	180	59	52	3	9
金属制品业	32486	28812	2118	853	552	24	127
结构性金属制品制造	11783	10329	846	339	198	11	60
金属工具制造	4633	4177	248	116	68	4	20
集装箱及金属包装容器制造	1139	1035	60	25	14	1	4

2-A-3　续表 3

行　　业	单位数(个)						
		营业	停业(歇业)	筹建	当年关闭	当年破产	其他
金属丝绳及其制品制造	1825	1659	89	26	43	4	4
建筑、安全用金属制品制造	2507	2181	196	82	34		14
金属表面处理及热处理加工	2268	2085	102	36	39	2	4
搪瓷制品制造	121	106	10	2	3		
金属制日用品制造	1515	1335	99	47	27		7
其他金属制品制造	6695	5905	468	180	126	2	14
通用设备制造业	48012	43164	2536	1432	693	24	163
锅炉及原动设备制造	1730	1546	104	48	22	2	8
金属加工机械制造	8046	7094	457	303	148	7	37
物料搬运设备制造	2047	1815	106	89	28	2	7
泵、阀门、压缩机及类似机械制造	5918	5503	219	118	63	4	11
轴承、齿轮和传动部件制造	2876	2674	115	55	22	1	9
烘炉、风机、衡器、包装等设备制造	4912	4468	246	126	52	2	18
文化、办公用机械制造	341	307	24	6	3		1
通用零部件制造	16630	14982	851	466	276	5	50
其他通用设备制造业	5512	4775	414	221	79	1	22
专用设备制造业	32373	28548	2114	1103	470	26	112
采矿、冶金、建筑专用设备制造	4294	3777	257	167	65	7	21
化工、木材、非金属加工专用设备制造	9283	8313	562	254	124	6	24
食品、饮料、烟草及饲料生产专用设备制造	658	587	41	21	5		4
印刷、制药、日化及日用品生产专用设备制造	1668	1476	117	48	21	1	5
纺织、服装和皮革加工专用设备制造	3186	2889	192	50	47	4	4
电子和电工机械专用设备制造	2487	2117	198	113	50	3	6
农、林、牧、渔专用机械制造	1086	955	63	31	30	1	6
医疗仪器设备及器械制造	1720	1474	116	91	26	1	12
环保、社会公共服务及其他专用设备制造	7991	6960	568	328	102	3	30
汽车制造业	6841	6068	336	323	76	8	30
汽车整车制造	47	41	1	2	1	1	1
改装汽车制造	61	53	4	1	3		
低速载货汽车制造	4	3	1				
电车制造	111	98	4	8			1
汽车车身、挂车制造	74	64	3	5	1		1
汽车零部件及配件制造	6544	5809	323	307	71	7	27
铁路、船舶、航空航天和其他运输设备制造业	5692	5010	407	134	112	6	23
铁路运输设备制造	519	484	21	9	4		1
城市轨道交通设备制造	41	35	2	2	1		1
船舶及相关装置制造	2453	2109	197	61	74	2	10
航空、航天器及设备制造	107	86	5	12	2		2
摩托车制造	771	701	47	3	12	3	5
自行车制造	1280	1112	106	41	17	1	3
非公路休闲车及零配件制造	341	323	14	2	1		1
潜水救捞及其他未列明运输设备制造	180	160	15	4	1		
电气机械和器材制造业	23001	20257	1514	718	383	20	109
电机制造	2830	2538	165	78	34	2	13
输配电及控制设备制造	8502	7587	505	240	124	7	39
电线、电缆、光缆及电工器材制造	3838	3369	272	100	80	2	15
电池制造	569	460	51	33	22	1	2
家用电力器具制造	1407	1185	113	74	25	2	8
非电力家用器具制造	611	495	69	27	14		6
照明器具制造	3472	3071	221	101	56	6	17
其他电气机械及器材制造	1772	1552	118	65	28		9
计算机、通信和其他电子设备制造业	13259	11571	989	406	234	9	50
计算机制造	796	667	74	34	19		2

2-A-3 续表 4

行业	单位数(个)	营业	停业(歇业)	筹建	当年关闭	当年破产	其他
通信设备制造	878	762	62	26	20		8
广播电视设备制造	481	427	32	10	10		2
雷达及配套设备制造	24	20	2	1			1
视听设备制造	349	315	22	7	3	1	1
电子器件制造	1882	1605	153	80	33	2	9
电子元件制造	6275	5566	427	151	110	1	20
其他电子设备制造	2574	2209	217	97	39	5	7
仪器仪表制造业	5858	5288	293	177	69	2	29
通用仪器仪表制造	3394	3074	152	111	40		17
专用仪器仪表制造	1135	1038	52	30	10		5
钟表与计时仪器制造	48	40	5	2	1		
光学仪器及眼镜制造	720	643	51	15	7	1	3
其他仪器仪表制造业	561	493	33	19	11	1	4
其他制造业	2568	2207	186	119	49	1	6
日用杂品制造	1038	925	68	26	18		1
煤制品制造	87	65	11	4	5	1	1
核辐射加工	6	6					
其他未列明制造业	1437	1211	107	89	26		4
废弃资源综合利用业	1105	861	155	36	41	3	9
金属废料和碎屑加工处理	607	471	93	18	18	1	6
非金属废料和碎屑加工处理	498	390	62	18	23	2	3
金属制品、机械和设备修理业	1414	1231	108	31	34	2	8
金属制品修理	76	65	6	1	3	1	
通用设备修理	196	175	16	3	2		
专用设备修理	150	130	10	5	4		1
铁路、船舶、航空航天等运输设备修理	600	526	49	4	17		4
电气设备修理	92	82	4	3	2		1
仪器仪表修理	17	15	2				
其他机械和设备修理业	283	238	21	15	6	1	2
电力、热力、燃气及水生产和供应业	**2376**	**2063**	**114**	**122**	**58**	**4**	**15**
电力、热力生产和供应业	563	448	33	57	17	3	5
电力生产	336	255	19	44	13	2	3
电力供应	66	57	3	4		1	1
热力生产和供应	161	136	11	9	4		1
燃气生产和供应业	335	297	12	17	7		2
燃气生产和供应业	335	297	12	17	7		2
水的生产和供应业	1478	1318	69	48	34	1	8
自来水生产和供应	921	858	28	5	24	1	5
污水处理及其再生利用	493	402	38	41	9		3
其他水的处理、利用与分配	64	58	3	2	1		
建筑业	**39879**	**33303**	**3689**	**1555**	**999**	**25**	**308**
房屋建筑业	6139	5163	420	254	237	5	60
房屋建筑业	6139	5163	420	254	237	5	60
土木工程建筑业	7645	6213	770	380	176	5	101
铁路、道路、隧道和桥梁工程建筑	2899	2322	288	185	63	3	38
水利和内河港口工程建筑	627	516	60	28	15		8
海洋工程建筑	17	12	5				
工矿工程建筑	475	404	52	12	5		2
架线和管道工程建筑	788	669	63	21	25		10
其他土木工程建筑	2839	2290	302	134	68	2	43
建筑安装业	9787	8258	974	284	214	6	51
电气安装	2096	1814	164	45	59		14

2-A-3　续表 5

行　　业	单位数(个)	营业	停业(歇业)	筹建	当年关闭	当年破产	其他
管道和设备安装	1864	1605	147	67	37		8
其他建筑安装业	5827	4839	663	172	118	6	29
建筑装饰和其他建筑业	16308	13669	1525	637	372	9	96
建筑装饰业	11936	9949	1164	494	260	5	64
工程准备活动	1602	1310	184	50	37	2	19
提供施工设备服务	400	345	23	14	16	1	1
其他未列明建筑业	2370	2065	154	79	59	1	12
批发和零售业	**289299**	**254757**	**19441**	**7659**	**6263**	**155**	**1024**
批发业	213258	186674	15269	5638	4829	121	727
农、林、牧产品批发	8822	7982	473	160	138	4	65
食品、饮料及烟草制品批发	15579	13912	895	472	230	8	62
纺织、服装及家庭用品批发	34272	30629	2106	923	501	14	99
文化、体育用品及器材批发	5873	5157	423	153	126	1	13
医药及医疗器材批发	3265	2967	136	119	32	2	9
矿产品、建材及化工产品批发	67949	57758	5870	1450	2583	64	224
机械设备、五金产品及电子产品批发	59154	53136	3473	1712	666	13	154
贸易经纪与代理	4991	4121	451	230	149	5	35
其他批发业	13353	11012	1442	419	404	10	66
零售业	76041	68083	4172	2021	1434	34	297
综合零售	7749	6857	451	220	177	3	41
食品、饮料及烟草制品专门零售	9007	8092	484	200	184	4	43
纺织、服装及日用品专门零售	9119	8020	562	302	189	3	43
文化、体育用品及器材专门零售	6195	5512	332	182	146	2	21
医药及医疗器材专门零售	5190	4874	136	89	68	2	21
汽车、摩托车、燃料及零配件专门零售	9154	8229	471	280	142	5	27
家用电器及电子产品专门零售	12565	11421	645	268	186	3	42
五金、家具及室内装饰材料专门零售	10746	9552	657	293	197	9	38
货摊、无店铺及其他零售业	6316	5526	434	187	145	3	21
交通运输、仓储和邮政业	**25146**	**22207**	**1559**	**843**	**419**	**11**	**107**
道路运输业	15671	13871	939	521	271	6	63
城市公共交通运输	564	528	21	9	6		
公路旅客运输	411	380	13	4	9	1	4
道路货物运输	14111	12449	855	498	247	5	57
道路运输辅助活动	585	514	50	10	9		2
水上运输业	1353	1213	66	41	27	2	4
水上旅客运输	58	50	3	3	2		
水上货物运输	920	837	43	21	16		3
水上运输辅助活动	375	326	20	17	9	2	1
航空运输业	44	34	6	3	1		
航空客货运输	24	21	3				
通用航空服务	8	5		2	1		
航空运输辅助活动	12	8	3	1			
管道运输业	17	14	1	1	1		
管道运输业	17	14	1	1	1		
装卸搬运和运输代理业	5881	5225	388	170	76	1	21
装卸搬运	1553	1362	102	53	27		9
运输代理业	4328	3863	286	117	49	1	12
仓储业	1552	1262	137	100	33	2	18
谷物、棉花等农产品仓储	389	339	21	9	12	1	7
其他仓储业	1163	923	116	91	21	1	11
邮政业	628	588	22	7	10		1
邮政基本服务	22	22					
快递服务	606	566	22	7	10		1

2-A-3 续表 6

行业	单位数(个)						
		营业	停业(歇业)	筹建	当年关闭	当年破产	其他
住宿和餐饮业	**10674**	**9218**	**722**	**312**	**274**	**3**	**145**
住宿业	3331	3010	147	80	55		39
旅游饭店	794	720	33	25	11		5
一般旅馆	2262	2048	102	47	38		27
其他住宿业	275	242	12	8	6		7
餐饮业	7343	6208	575	232	219	3	106
正餐服务	5652	4866	391	154	166	3	72
快餐服务	639	538	51	23	17		10
饮料及冷饮服务	285	238	24	8	8		7
其他餐饮业	767	566	109	47	28		17
信息传输、软件和信息技术服务业	**20427**	**17470**	**1464**	**1078**	**292**	**6**	**117**
电信、广播电视和卫星传输服务	481	429	31	11	8		2
电信	359	323	19	10	6		1
广播电视传输服务	104	89	12		2		1
卫星传输服务	18	17		1			
互联网和相关服务	3068	2732	172	96	56		12
互联网接入及相关服务	220	189	21	8	2		
互联网信息服务	2491	2243	126	64	47		11
其他互联网服务	357	300	25	24	7		1
软件和信息技术服务业	16878	14309	1261	971	228	6	103
软件开发	10931	9252	815	655	131	3	75
信息系统集成服务	1912	1693	133	59	17	1	9
信息技术咨询服务	1965	1594	171	155	37	2	6
数据处理和存储服务	237	196	13	24	3		1
集成电路设计	556	484	52	13	3		4
其他信息技术服务业	1277	1090	77	65	37		8
房地产业	**21810**	**18161**	**2115**	**939**	**373**	**11**	**211**
房地产业	21810	18161	2115	939	373	11	211
房地产开发经营	6226	5048	675	276	120	3	104
物业管理	8562	7305	697	374	121	5	60
房地产中介服务	5663	4695	596	226	112	2	32
自有房地产经营活动							
其他房地产业	1359	1113	147	63	20	1	15
租赁和商务服务业	**68381**	**56549**	**6798**	**3118**	**1395**	**24**	**497**
租赁业	4049	3496	304	146	84	1	18
机械设备租赁	3896	3365	292	141	81	1	16
文化及日用品出租	153	131	12	5	3		2
商务服务业	64332	53053	6494	2972	1311	23	479
企业管理服务	14023	10129	2354	1070	266	5	199
法律服务	767	720	25	8	8	1	5
咨询与调查	15718	12799	1696	761	351	6	105
广告业	13678	12197	769	368	278	4	62
知识产权服务	602	553	17	21	8		3
人力资源服务	6448	5403	641	194	169	4	37
旅行社及相关服务	2227	2046	88	58	28		7
安全保护服务	589	530	28	23	6		2
其他商务服务业	10280	8676	876	469	197	3	59
科学研究和技术服务业	**29601**	**24825**	**2256**	**1858**	**426**	**13**	**223**
研究和试验发展	5329	3948	623	621	69	2	66
自然科学研究和试验发展	407	294	55	47	9		2
工程和技术研究和试验发展	3422	2603	383	361	39	1	35

2-A-3　续表 7

行　　业	单位数(个)	营业	停业(歇业)	筹建	当年关闭	当年破产	其他
农业科学研究和试验发展	456	324	47	67	11	1	6
医学研究和试验发展	1003	693	134	143	10		23
社会人文科学研究	41	34	4	3			
专业技术服务业	18175	15838	1171	782	272	3	109
气象服务	64	62			1		1
地震服务	7	7					
海洋服务	16	15	1				
测绘服务	348	323	12	8	2	1	2
质检技术服务	1144	1010	65	47	15		7
环境与生态监测	314	260	17	27	7		3
地质勘查	103	91	7	4	1		
工程技术	9841	8667	618	338	153	2	63
其他专业技术服务业	6338	5403	451	358	93		33
科技推广和应用服务业	6097	5039	462	455	85	8	48
技术推广服务	4833	3977	360	391	61	8	36
科技中介服务	627	533	55	24	9		6
其他科技推广和应用服务业	637	529	47	40	15		6
水利、环境和公共设施管理业	**4212**	**3539**	**368**	**211**	**66**	**1**	**27**
水利管理业	306	260	31	10	3	1	1
防洪除涝设施管理	54	47	6		1		
水资源管理	76	57	13	4	1	1	
天然水收集与分配	24	23	1				
水文服务	20	17	3				
其他水利管理业	132	116	8	6	1		1
生态保护和环境治理业	607	505	54	35	10		3
生态保护	42	38	2	1			1
环境治理业	565	467	52	34	10		2
公共设施管理业	3299	2774	283	166	53		23
市政设施管理	380	314	31	22	8		5
环境卫生管理	283	253	19	6	4		1
城乡市容管理	93	86	3	4			
绿化管理	1496	1244	150	67	30		5
公园和游览景区管理	1047	877	80	67	11		12
居民服务、修理和其他服务业	**12428**	**11104**	**748**	**272**	**239**	**17**	**48**
居民服务业	3572	3127	232	109	79	5	20
家庭服务	675	566	63	31	10	2	3
托儿所服务	8	6		1	1		
洗染服务	163	140	12	4	7		
理发及美容服务	473	431	17	12	10	1	2
洗浴服务	865	799	33	9	20		4
保健服务	227	205	15	3	4		
婚姻服务	355	307	23	17	4	1	3
殡葬服务	168	152	9	2	3		2
其他居民服务业	638	521	60	30	20	1	6
机动车、电子产品和日用产品修理业	6284	5822	276	71	96	3	16
汽车、摩托车修理与维护	4466	4169	180	43	60	3	11
计算机和办公设备维修	680	615	35	10	19		1
家用电器修理	809	738	47	8	14		2
其他日用产品修理业	329	300	14	10	3		2
其他服务业	2572	2155	240	92	64	9	12
清洁服务	1813	1554	153	63	37	2	4
其他未列明服务业	759	601	87	29	27	7	8

2-A-3 续表 8

行业	单位数(个)	营业	停业(歇业)	筹建	当年关闭	当年破产	其他
教育	**184**	**182**	**2**				
教育	184	182	2				
学前教育	4	4					
初等教育	3	3					
中等教育	16	16					
高等教育	1	1					
特殊教育							
技能培训、教育辅助及其他教育	160	158	2				
卫生和社会工作	**219**	**202**	**4**	**10**	**2**		**1**
卫生	138	138					
医院	114	114					
社区医疗与卫生院	7	7					
门诊部(所)	11	11					
计划生育技术服务活动							
妇幼保健院(所、站)	1	1					
专科疾病防治院(所、站)	2	2					
疾病预防控制中心	1	1					
其他卫生活动	2	2					
社会工作	81	64	4	10	2		1
提供住宿社会工作	69	53	3	10	2		1
不提供住宿社会工作	12	11	1				
文化、体育和娱乐业	**11040**	**9805**	**676**	**267**	**228**	**9**	**55**
新闻和出版业	168	145	10	8	4		1
新闻业	16	13		2	1		
出版业	152	132	10	6	3		1
广播、电视、电影和影视录音制作业	766	652	63	20	24	1	6
广播	21	18	1		2		
电视	81	75	5		1		
电影和影视节目制作	246	195	25	11	13	1	1
电影和影视节目发行	62	53	3	2	2		2
电影放映	321	281	26	7	5		2
录音制作	35	30	3		1		1
文化艺术业	1910	1620	131	122	26	2	9
文艺创作与表演	540	485	21	25	7		2
艺术表演场馆	53	44	5	3	1		
图书馆与档案馆	21	20		1			
文物及非物质文化遗产保护	35	31	3	1			
博物馆	28	18	5	3			2
烈士陵园、纪念馆	5	5					
群众文化活动	219	188	14	17			
其他文化艺术业	1009	829	83	72	18	2	5
体育	587	484	60	29	8		6
体育组织	78	66	10	1	1		
体育场馆	34	28	3	3			
休闲健身活动	407	341	38	18	5		5
其他体育	68	49	9	7	2		1
娱乐业	7609	6904	412	88	166	6	33
室内娱乐活动	6859	6299	364	32	140	5	19
游乐园	71	59	6	6			
彩票活动	1		1				
文化、娱乐、体育经纪代理	215	177	15	12	8		3
其他娱乐业	463	369	26	38	18	1	11

2-A-4　按行业、营业状态分组的小微企业法人单位从业人员数

行　　业	从业人员数（人）	营业	停业(歇业)	筹建	当年关闭	当年破产	其他
总　计	**16295600**	**15654547**	**274376**	**155102**	**166043**	**7559**	**37973**
农、林、牧、渔业	**20231**	**17973**	**1252**	**641**	**178**	**18**	**169**
农、林、牧、渔服务业	20231	17973	1252	641	178	18	169
农业服务业	14367	12694	978	385	129	17	164
林业服务业	2176	1947	75	120	29	1	4
畜牧服务业	1626	1490	54	71	11		
渔业服务业	2062	1842	145	65	9		1
采矿业	**22640**	**20690**	**557**	**137**	**986**	**85**	**185**
煤炭开采和洗选业	850	774	50	16	6		4
烟煤和无烟煤开采洗选	676	618	32	16	6		4
褐煤开采洗选	15	15					
其他煤炭采选	159	141	18				
石油和天然气开采业	173	168	3	2			
石油开采	29	26	3				
天然气开采	144	142		2			
黑色金属矿采选业	2508	2108	139	42	32	58	129
铁矿采选	2403	2003	139	42	32	58	129
锰矿、铬矿采选							
其他黑色金属矿采选	105	105					
有色金属矿采选业	554	495		7	5		47
常用有色金属矿采选	521	462		7	5		47
贵金属矿采选	33	33					
稀有稀土金属矿采选							
非金属矿采选业	17799	16454	360	69	884	27	5
土砂石开采	12807	11598	225	68	884	27	5
化学矿开采	1205	1204	1				
采盐	2688	2602	86				
石棉及其他非金属矿采选	1099	1050	48	1			
开采辅助活动	629	621	5	1	2		
煤炭开采和洗选辅助活动	282	280			2		
石油和天然气开采辅助活动	186	180	5	1			
其他开采辅助活动	161	161					
其他采矿业	127	70			57		
其他采矿业	127	70			57		
制造业	**9298787**	**9011705**	**123442**	**63955**	**80730**	**5862**	**13093**
农副食品加工业	205635	198894	3082	1115	1973	261	310
谷物磨制	52177	50331	706	148	792	153	47
饲料加工	27932	27399	358	83	31	17	44
植物油加工	14276	13774	184	77	180	15	46
制糖业	1461	1460	1				
屠宰及肉类加工	35680	34511	580	285	248		56
水产品加工	25015	24384	387	87	109	1	47
蔬菜、水果和坚果加工	30475	29215	454	223	491	67	25
其他农副食品加工	18619	17820	412	212	122	8	45

2-A-4 续表 1

行业	从业人员数（人）						
		营业	停业(歇业)	筹建	当年关闭	当年破产	其他
食品制造业	79398	76612	983	936	642	52	173
焙烤食品制造	16126	15567	177	155	189	26	12
糖果、巧克力及蜜饯制造	5132	4975	57	82	14		4
方便食品制造	11782	11398	142	129	107		6
乳制品制造	4320	4113	60	60	4		83
罐头食品制造	9098	8974	42	76			6
调味品、发酵制品制造	9105	8841	153	40	39	25	7
其他食品制造	23835	22744	352	394	289	1	55
酒、饮料和精制茶制造业	39177	36762	869	569	811	59	107
酒的制造	21216	19714	661	245	466	35	95
饮料制造	13725	12884	170	316	322	24	9
精制茶加工	4236	4164	38	8	23		3
烟草制品业	298	298					
烟叶复烤							
卷烟制造	55	55					
其他烟草制品制造	243	243					
纺织业	875617	850012	12851	3326	7866	640	922
棉纺织及印染精加工	402312	392786	4422	1271	3192	227	414
毛纺织及染整精加工	66211	64318	794	380	508	200	11
麻纺织及染整精加工	7540	7315	51	22	138	13	1
丝绢纺织及印染精加工	22643	21935	429	35	181		63
化纤织造及印染精加工	118660	114548	2605	520	860	66	61
针织或钩针编织物及其制品制造	86466	83403	1498	241	1246	44	34
家用纺织制成品制造	98610	94985	1935	592	827	90	181
非家用纺织制成品制造	73175	70722	1117	265	914		157
纺织服装、服饰业	745503	719804	12022	3467	8337	1146	727
机织服装制造	537069	518716	8895	2067	6173	813	405
针织或钩针编织服装制造	96034	94056	843	219	616	239	61
服饰制造	112400	107032	2284	1181	1548	94	261
皮革、毛皮、羽毛及其制品和制鞋业	143555	138591	1973	865	1892	118	116
皮革鞣制加工	3686	3597	37	10	32		10
皮革制品制造	46107	44441	672	371	545	2	76
毛皮鞣制及制品加工	4984	4737	118	32	84		13
羽毛(绒)加工及制品制造	11677	11487	184		4	2	
制鞋业	77101	74329	962	452	1227	114	17
木材加工和木、竹、藤、棕、草制品业	298517	282380	3795	1073	10262	647	360
木材加工	85967	82142	1220	396	1854	304	51
人造板制造	158021	147769	1514	283	8103	271	81
木制品制造	49443	47618	927	323	275	72	228
竹、藤、棕、草等制品制造	5086	4851	134	71	30		
家具制造业	83039	79109	1197	1447	619	127	540
木质家具制造	61688	58831	867	932	475	127	456

2-A-4 续表 2

行业	从业人员数(人)	营业	停业(歇业)	筹建	当年关闭	当年破产	其他
竹、藤家具制造	738	737	1				
金属家具制造	9785	9361	150	250	24		
塑料家具制造	1963	1775	19	143	13		13
其他家具制造	8865	8405	160	122	107		71
造纸和纸制品业	137581	133046	1664	1193	1410	53	215
纸浆制造	400	369	4		27		
造纸	59871	57573	601	559	1077	27	34
纸制品制造	77310	75104	1059	634	306	26	181
印刷和记录媒介复制业	177287	173909	1597	719	833	44	185
印刷	169461	166206	1530	714	793	44	174
装订及印刷相关服务	6952	6830	67	4	40		11
记录媒介复制	874	873		1			
文教、工美、体育和娱乐用品制造业	316729	305299	5791	1268	3753	168	450
文教办公用品制造	22469	22014	190	62	165	1	37
乐器制造	8506	8450	21	13	22		
工艺美术品制造	165403	159676	3356	771	1345	111	144
体育用品制造	32140	31331	390	187	81	3	148
玩具制造	76793	72689	1749	191	2010	53	101
游艺器材及娱乐用品制造	11418	11139	85	44	130		20
石油加工、炼焦和核燃料加工业	13554	13160	143	139	106		6
精炼石油产品制造	12411	12067	133	102	104		5
炼焦	1131	1081	10	37	2		1
核燃料加工	12	12					
化学原料和化学制品制造业	470925	456891	6350	3563	3345	107	669
基础化学原料制造	126617	122031	1903	1526	885	23	249
肥料制造	20007	19012	533	103	309	46	4
农药制造	20585	20073	309	166	19	2	16
涂料、油墨、颜料及类似产品制造	78051	76333	740	434	446	2	96
合成材料制造	74370	72591	807	582	211	5	174
专用化学产品制造	126487	123364	1510	588	899	21	105
炸药、火工及焰火产品制造	1576	1571	5				
日用化学产品制造	23232	21916	543	164	576	8	25
医药制造业	94882	91528	1080	1482	598	9	185
化学药品原料药制造	27892	26738	470	599	32		53
化学药品制剂制造	15084	14447	158	173	276		30
中药饮片加工	4660	4611	43	2	4		
中成药生产	3869	3795	11	63			
兽用药品制造	4738	4558	59	117	4		
生物药品制造	15790	15232	229	276	19		34
卫生材料及医药用品制造	22849	22147	110	252	263	9	68
化学纤维制造业	74245	71919	1129	522	413	190	72
纤维素纤维原料及纤维制造	17418	17038	109	223	28		20
合成纤维制造	56827	54881	1020	299	385	190	52

2-A-4 续表 3

行业	从业人员数(人)	营业	停业(歇业)	筹建	当年关闭	当年破产	其他
橡胶和塑料制品业	449214	437692	5142	2335	3357	282	406
橡胶制品业	88677	86820	829	292	643	1	92
塑料制品业	360537	350872	4313	2043	2714	281	314
非金属矿物制品业	534035	513776	8463	4781	5865	491	659
水泥、石灰和石膏制造	37178	35693	592	201	572	89	31
石膏、水泥制品及类似制品制造	137700	133597	1673	1056	1199	106	69
砖瓦、石材等建筑材料制造	124766	118193	2829	1587	1727	100	330
玻璃制造	15211	14655	241	192	87		36
玻璃制品制造	69759	67050	893	509	1181	81	45
玻璃纤维和玻璃纤维增强塑料制品制造	31345	30690	337	86	171		61
陶瓷制品制造	25972	25219	540	147	48		18
耐火材料制品制造	35491	34435	502	94	361	86	13
石墨及其他非金属矿物制品制造	56613	54244	856	909	519	29	56
黑色金属冶炼和压延加工业	211119	206068	2123	874	1598	110	346
炼铁	5102	4587	100	144	238	5	28
炼钢	2778	2712	15	31	20		
黑色金属铸造	101437	99770	848	125	527		167
钢压延加工	95243	92935	1131	202	725	102	148
铁合金冶炼	6559	6064	29	372	88	3	3
有色金属冶炼和压延加工业	136039	132200	1181	769	1730	61	98
常用有色金属冶炼	15310	14308	191	208	597	5	1
贵金属冶炼	1368	1339		11	8		10
稀有稀土金属冶炼	3794	3681	91	6	15		1
有色金属合金制造	19425	19244	90	56	27		8
有色金属铸造	10613	10310	124	145	24		10
有色金属压延加工	85529	83318	685	343	1059	56	68
金属制品业	719061	698457	9579	5022	4473	203	1327
结构性金属制品制造	240931	232687	3612	2039	1969	50	574
金属工具制造	88630	85767	1594	455	498	17	299
集装箱及金属包装容器制造	35306	34778	194	206	69	12	47
金属丝绳及其制品制造	59518	57990	442	336	503	32	215
建筑、安全用金属制品制造	54800	53347	714	482	207		50
金属表面处理及热处理加工	66014	65050	502	238	176	35	13
搪瓷制品制造	3687	3549	85	11	42		
金属制日用品制造	33266	32219	637	199	162		49
其他金属制品制造	136909	133070	1799	1056	847	57	80
通用设备制造业	1003097	974745	12338	8339	5852	327	1496
锅炉及原动设备制造	52004	50805	588	390	132	13	76
金属加工机械制造	163403	157053	2668	1862	1428	189	203
物料搬运设备制造	67122	65426	655	581	340	35	85
泵、阀门、压缩机及类似机械制造	151802	149261	1137	584	714	32	74
轴承、齿轮和传动部件制造	90571	88507	735	504	734	1	90
烘炉、风机、衡器、包装等设备制造	120184	117520	927	990	524	15	208

2-A-4　续表 4

行　　业	从业人员数（人）	营业	停业(歇业)	筹建	当年关闭	当年破产	其他
文化、办公用机械制造	11961	11732	169	17	42		1
通用零部件制造	270270	262105	3850	2165	1613	41	496
其他通用设备制造业	75780	72336	1609	1246	325	1	263
专用设备制造业	704389	682825	10282	6265	3659	232	1126
采矿、冶金、建筑专用设备制造	121419	117131	2369	1153	576	27	163
化工、木材、非金属加工专用设备制造	188723	184158	2262	1300	671	145	187
食品、饮料、烟草及饲料生产专用设备制造	17603	17302	165	84	12		40
印刷、制药、日化及日用品生产专用设备制造	33198	31853	829	310	188	1	17
纺织、服装和皮革加工专用设备制造	67037	65352	799	354	361	23	148
电子和电工机械专用设备制造	46950	44815	967	509	551	24	84
农、林、牧、渔专用机械制造	28202	26904	387	184	618	2	107
医疗仪器设备及器械制造	53842	52476	453	642	96	1	174
环保、社会公共服务及其他专用设备制造	147415	142834	2051	1729	586	9	206
汽车制造业	245579	238724	2007	3168	1131	116	433
汽车整车制造	6162	5240	1	869	1	50	1
改装汽车制造	4078	3983	90	1	4		
低速载货汽车制造	266	265	1				
电车制造	4537	4290	133	109			5
汽车车身、挂车制造	3655	3612	4	36	1		2
汽车零部件及配件制造	226881	221334	1778	2153	1125	66	425
铁路、船舶、航空航天和其他运输设备制造业	179910	174800	2173	1202	1399	29	307
铁路运输设备制造	18839	18633	47	120	18		21
城市轨道交通设备制造	2135	2087	2	44	1		1
船舶及相关装置制造	76756	73934	1087	558	1068	4	105
航空、航天器及设备制造	4818	4682	7	90	33		6
摩托车制造	23241	22732	220	9	119	10	151
自行车制造	37627	36670	555	250	134	15	3
非公路休闲车及零配件制造	12180	11970	156	33	1		20
潜水救捞及其他未列明运输设备制造	4314	4092	99	98	25		
电气机械和器材制造业	672356	653407	7657	4860	5130	259	1043
电机制造	98550	96767	739	371	388	4	281
输配电及控制设备制造	252230	246158	2939	1594	1210	134	195
电线、电缆、光缆及电工器材制造	121139	117674	1203	623	1500	6	133
电池制造	22994	21461	323	681	514	1	14
家用电力器具制造	45178	43731	436	363	547	81	20
非电力家用器具制造	14605	13987	351	166	52		49
照明器具制造	90946	88119	1014	641	827	33	312
其他电气机械及器材制造	26714	25510	652	421	92		39
计算机、通信和其他电子设备制造业	425367	416043	4508	2519	1891	12	394
计算机制造	31225	30583	269	218	153		2
通信设备制造	27434	26768	300	139	200		27
广播电视设备制造	22146	21913	172	47	12		2
雷达及配套设备制造	1422	1412	4	5			1

2-A-4 续表 5

行业	从业人员数(人)	营业	停业(歇业)	筹建	当年关闭	当年破产	其他
视听设备制造	14989	14802	94	83	3	2	5
电子器件制造	77193	75207	926	506	381	2	171
电子元件制造	195828	192003	1881	837	947	1	159
其他电子设备制造	55130	53355	862	684	195	7	27
仪器仪表制造业	163166	159974	1380	880	747	7	178
通用仪器仪表制造	98003	96124	789	552	416		122
专用仪器仪表制造	33508	32840	168	204	277		19
钟表与计时仪器制造	1062	1050	8	3	1		
光学仪器及眼镜制造	22309	21897	305	65	22	2	18
其他仪器仪表制造业	8284	8063	110	56	31	5	19
其他制造业	54302	51669	1017	844	569	21	182
日用杂品制造	31332	30355	398	209	331		39
煤制品制造	2281	2056	25	54	25	21	100
核辐射加工	254	254					
其他未列明制造业	20435	19004	594	581	213		43
废弃资源综合利用业	21622	20370	680	276	256	4	36
金属废料和碎屑加工处理	11967	11379	278	171	121	1	17
非金属废料和碎屑加工处理	9655	8991	402	105	135	3	19
金属制品、机械和设备修理业	23589	22741	386	137	213	87	25
金属制品修理	1627	1589	13	2	11	12	
通用设备修理	1764	1711	45	6	2		
专用设备修理	2042	1963	34	18	25		2
铁路、船舶、航空航天等运输设备修理	13517	13119	203	21	157		17
电气设备修理	1041	1011	7	18	3		2
仪器仪表修理	99	86	13				
其他机械和设备修理业	3499	3262	71	72	15	75	4
电力、热力、燃气及水生产和供应业	**73261**	**69876**	**726**	**1415**	**1008**	**8**	**228**
电力、热力生产和供应业	30715	28780	235	873	637	5	185
电力生产	21877	20120	135	807	630	2	183
电力供应	1670	1621	28	17		3	1
热力生产和供应	7168	7039	72	49	7		1
燃气生产和供应业	10616	10361	58	163	32		2
燃气生产和供应业	10616	10361	58	163	32		2
水的生产和供应业	31930	30735	433	379	339	3	41
自来水生产和供应	20973	20400	246	89	199	3	36
污水处理及其再生利用	10117	9525	171	284	132		5
其他水的处理、利用与分配	840	810	16	6	8		
建筑业	**1885839**	**1810419**	**19678**	**8128**	**41158**	**335**	**6121**
房屋建筑业	947695	912842	4263	1753	26180	67	2590
房屋建筑业	947695	912842	4263	1753	26180	67	2590
土木工程建筑业	299161	287545	4419	2059	3764	140	1234
铁路、道路、隧道和桥梁工程建筑	149315	144207	1767	1014	1900	31	396
水利和内河港口工程建筑	29152	27645	601	181	322		403

2-A-4　续表 6

行　　业	从　业人员数(人)	营业	停业(歇业)	筹建	当年关闭	当年破产	其他
海洋工程建筑	491	378	113				
工矿工程建筑	12461	12057	217	113	25		49
架线和管道工程建筑	28323	26769	404	63	950		137
其他土木工程建筑	79419	76489	1317	688	567	109	249
建筑安装业	257203	246631	4178	1570	4050	97	677
电气安装	69445	66569	618	264	1760		234
管道和设备安装	57386	55795	643	307	487		154
其他建筑安装业	130372	124267	2917	999	1803	97	289
建筑装饰和其他建筑业	381780	363401	6818	2746	7164	31	1620
建筑装饰业	222503	210979	4890	2052	3965	15	602
工程准备活动	33262	31798	707	180	347	4	226
提供施工设备服务	13707	12977	189	28	497	8	8
其他未列明建筑业	112308	107647	1032	486	2355	4	784
批发和零售业	**2215914**	**2092782**	**62042**	**30518**	**24079**	**613**	**5880**
批发业	1658839	1566281	48256	21211	18422	452	4217
农、林、牧产品批发	122884	118042	2560	748	806	13	715
食品、饮料及烟草制品批发	187743	180129	4047	2060	1003	64	440
纺织、服装及家庭用品批发	272119	260060	6141	3280	1932	51	655
文化、体育用品及器材批发	41986	39535	1313	574	507	12	45
医药及医疗器材批发	31060	29691	523	674	124	13	35
矿产品、建材及化工产品批发	475644	442947	16746	5526	9116	186	1123
机械设备、五金产品及电子产品批发	387850	368566	10229	5816	2601	47	591
贸易经纪与代理	37427	34053	1603	844	552	32	343
其他批发业	102126	93258	5094	1689	1781	34	270
零售业	557075	526501	13786	9307	5657	161	1663
综合零售	65268	61181	1903	1088	906	10	180
食品、饮料及烟草制品专门零售	71914	68504	1666	765	615	16	348
纺织、服装及日用品专门零售	64113	60367	1665	1044	770	11	256
文化、体育用品及器材专门零售	42669	40316	1068	647	528	3	107
医药及医疗器材专门零售	31646	30494	426	366	270	12	78
汽车、摩托车、燃料及零配件专门零售	83485	78383	1650	2655	576	59	162
家用电器及电子产品专门零售	83074	79054	2217	900	715	12	176
五金、家具及室内装饰材料专门零售	72844	68793	1915	1124	726	24	262
货摊、无店铺及其他零售业	42062	39409	1276	718	551	14	94
交通运输、仓储和邮政业	**462708**	**447358**	**7014**	**4466**	**2640**	**172**	**1058**
道路运输业	286750	276859	4765	2599	1729	93	705
城市公共交通运输	38981	38586	74	125	196		
公路旅客运输	20674	20445	64	23	55	63	24
道路货物运输	215353	206563	4234	2436	1437	30	653
道路运输辅助活动	11742	11265	393	15	41		28
水上运输业	47570	46565	358	274	264	28	81
水上旅客运输	2049	2008	29	10	2		
水上货物运输	35247	34560	272	103	241		71
水上运输辅助活动	10274	9997	57	161	21	28	10

2-A-4 续表 7

行业	从业人员数(人)	营业	停业(歇业)	筹建	当年关闭	当年破产	其他
航空运输业	4921	4879	24	16	2		
航空客货运输	1148	1132	16				
通用航空服务	197	187		8	2		
航空运输辅助活动	3576	3560	8	8			
管道运输业	960	948	8	3	1		
管道运输业	960	948	8	3	1		
装卸搬运和运输代理业	83558	80947	1236	851	388	3	133
装卸搬运	31734	30758	334	412	134		96
运输代理业	51824	50189	902	439	254	3	37
仓储业	25026	23376	562	703	203	48	134
谷物、棉花等农产品仓储	7480	7088	96	87	101	43	65
其他仓储业	17546	16288	466	616	102	5	69
邮政业	13923	13784	61	20	53		5
邮政基本服务	1617	1617					
快递服务	12306	12167	61	20	53		5
住宿和餐饮业	**232323**	**219682**	**5271**	**3271**	**2222**	**21**	**1856**
住宿业	71254	67868	1729	811	427		419
旅游饭店	37222	35949	757	331	173		12
一般旅馆	29538	27885	697	356	244		356
其他住宿业	4494	4034	275	124	10		51
餐饮业	161069	151814	3542	2460	1795	21	1437
正餐服务	140321	132899	2864	1914	1481	21	1142
快餐服务	8430	7694	164	322	165		85
饮料及冷饮服务	2826	2632	88	51	34		21
其他餐饮业	9492	8589	426	173	115		189
信息传输、软件和信息技术服务业	**206306**	**191773**	**4614**	**7932**	**1022**	**16**	**949**
电信、广播电视和卫星传输服务	7341	7083	107	33	19		99
电信	5003	4907	42	32	16		6
广播电视传输服务	2165	2004	65		3		93
卫星传输服务	173	172		1			
互联网和相关服务	28235	26717	529	403	283		303
互联网接入及相关服务	1997	1893	74	26	4		
互联网信息服务	23799	22559	405	283	250		302
其他互联网服务	2439	2265	50	94	29		1
软件和信息技术服务业	170730	157973	3978	7496	720	16	547
软件开发	113877	105107	2648	5287	410	10	415
信息系统集成服务	17707	16941	407	254	43	3	59
信息技术咨询服务	16441	14877	552	897	94	3	18
数据处理和存储服务	3147	2428	22	686	7		4
集成电路设计	7065	6840	129	72	4		20
其他信息技术服务业	12493	11780	220	300	162		31

2-A-4 续表 8

行业	从业人员数(人)	营业	停业(歇业)	筹建	当年关闭	当年破产	其他
房地产业	**380416**	**355744**	**12932**	**6842**	**2411**	**48**	**2439**
房地产业	380416	355744	12932	6842	2411	48	2439
房地产开发经营	95420	82241	7052	3457	1191	20	1459
物业管理	223465	217123	3047	1949	628	9	709
房地产中介服务	42587	39460	1719	887	391	7	123
自有房地产经营活动							
其他房地产业	18944	16920	1114	549	201	12	148
租赁和商务服务业	**834277**	**789789**	**21672**	**14136**	**5288**	**92**	**3300**
租赁业	41501	39200	1114	741	343	10	93
机械设备租赁	40003	37782	1082	709	331	10	89
文化及日用品出租	1498	1418	32	32	12		4
商务服务业	792776	750589	20558	13395	4945	82	3207
企业管理服务	143391	127933	7838	5174	924	15	1507
法律服务	9215	8947	108	45	69	2	44
咨询与调查	121330	112314	4831	2713	1081	8	383
广告业	96552	91158	2422	1551	1112	38	271
知识产权服务	4935	4790	35	61	29		20
人力资源服务	220817	216383	2318	944	641	7	524
旅行社及相关服务	24420	23618	289	397	75		41
安全保护服务	60935	60315	81	254	260		25
其他商务服务业	111181	105131	2636	2256	754	12	392
科学研究和技术服务业	**343394**	**321236**	**8561**	**9738**	**2138**	**113**	**1608**
研究和试验发展	51174	44415	2548	3479	341	25	366
自然科学研究和试验发展	3527	2885	262	274	60		46
工程和技术研究和试验发展	32524	28789	1424	1960	197	7	147
农业科学研究和试验发展	5257	4417	296	421	50	18	55
医学研究和试验发展	9605	8084	556	813	34		118
社会人文科学研究	261	240	10	11			
专业技术服务业	217035	206722	4325	3718	1442	36	792
气象服务	671	659			5		7
地震服务	45	45					
海洋服务	425	422	3				
测绘服务	5262	5036	152	32	4	32	6
质检技术服务	19667	19079	222	217	92		57
环境与生态监测	3309	3016	62	154	66		11
地质勘查	1544	1456	37	45	6		
工程技术	129947	124442	2427	1680	886	4	508
其他专业技术服务业	56165	52567	1422	1590	383		203
科技推广和应用服务业	75185	70099	1688	2541	355	52	450
技术推广服务	63380	59334	1273	2133	221	52	367
科技中介服务	5598	5211	194	110	36		47
其他科技推广和应用服务业	6207	5554	221	298	98		36

2-A-4 续表 9

行业	从业人员数(人)						
		营业	停业(歇业)	筹建	当年关闭	当年破产	其他
水利、环境和公共设施管理业	**62935**	**59633**	**1477**	**1185**	**319**	**1**	**320**
水利管理业	3949	3715	134	70	22	1	7
防洪除涝设施管理	658	617	40		1		
水资源管理	1028	958	58	6	5	1	
天然水收集与分配	318	316	2				
水文服务	237	225	12				
其他水利管理业	1708	1599	22	64	16		7
生态保护和环境治理业	8165	7635	202	261	63		4
生态保护	597	584	3	8			2
环境治理业	7568	7051	199	253	63		2
公共设施管理业	50821	48283	1141	854	234		309
市政设施管理	5140	4853	94	117	64		12
环境卫生管理	4795	4684	59	19	14		19
城乡市容管理	1109	1069	27	13			
绿化管理	19316	18314	524	310	88		80
公园和游览景区管理	20461	19363	437	395	68		198
居民服务、修理和其他服务业	**127201**	**121755**	**2704**	**1293**	**889**	**148**	**412**
居民服务业	37701	35742	952	533	307	35	132
家庭服务	6871	6457	174	179	31	7	23
托儿所服务	79	56		1	22		
洗染服务	1812	1728	51	11	22		
理发及美容服务	4310	4120	111	29	30	9	11
洗浴服务	10851	10354	216	111	141		29
保健服务	3196	3059	110	6	21		
婚姻服务	2392	2144	142	54	10	1	41
殡葬服务	2242	2205	28	3	3		3
其他居民服务业	5948	5619	120	139	27	18	25
机动车、电子产品和日用产品修理业	61633	59991	906	336	304	19	77
汽车、摩托车修理与维护	48242	47120	658	236	175	19	34
计算机和办公设备维修	4493	4292	70	41	87		3
家用电器修理	6507	6288	123	29	30		37
其他日用产品修理业	2391	2291	55	30	12		3
其他服务业	27867	26022	846	424	278	94	203
清洁服务	20918	19921	533	243	159	51	11
其他未列明服务业	6949	6101	313	181	119	43	192
教育	**16208**	**16178**	**30**				
教育	16208	16178	30				
学前教育	413	413					
初等教育	343	343					
中等教育	2895	2895					
高等教育	61	61					
特殊教育							
技能培训、教育辅助及其他教育	12496	12466	30				

2-A-4　续表 10

行　　业	从业人员数(人)	营业	停业(歇业)	筹建	当年关闭	当年破产	其他
卫生和社会工作	**18105**	**18037**	**15**	**45**	**6**		**2**
卫生	17224	17224					
医院	14544	14544					
社区医疗与卫生院	964	964					
门诊部(所)	822	822					
计划生育技术服务活动							
妇幼保健院(所、站)	90	90					
专科疾病防治院(所、站)	170	170					
疾病预防控制中心	272	272					
其他卫生活动	362	362					
社会工作	881	813	15	45	6		2
提供住宿社会工作	789	724	12	45	6		2
不提供住宿社会工作	92	89	3				
文化、体育和娱乐业	**95055**	**89917**	**2389**	**1400**	**969**	**27**	**353**
新闻和出版业	2609	2468	30	28	79		4
新闻业	194	172		12	10		
出版业	2415	2296	30	16	69		4
广播、电视、电影和影视录音制作业	11328	10775	204	193	79	1	76
广播	284	261	12		11		
电视	993	946	44		3		
电影和影视节目制作	2697	2496	74	56	47	1	23
电影和影视节目发行	960	907	4	31	2		16
电影放映	6205	5990	63	106	14		32
录音制作	189	175	7		2		5
文化艺术业	18059	17053	353	492	106	2	53
文艺创作与表演	6324	6048	93	110	40		33
艺术表演场馆	1168	1032	43	92	1		
图书馆与档案馆	252	251		1			
文物及非物质文化遗产保护	633	621	4	8			
博物馆	252	227	8	9			8
烈士陵园、纪念馆	101	101					
群众文化活动	2617	2530	40	47			
其他文化艺术业	6712	6243	165	225	65	2	12
体育	6652	6018	415	160	45		14
体育组织	636	622	12	1	1		
体育场馆	565	480	47	38			
休闲健身活动	4753	4308	331	74	28		12
其他体育	698	608	25	47	16		2
娱乐业	56407	53603	1387	527	660	24	206
室内娱乐活动	46501	44354	1261	195	548	14	129
游乐园	1412	1375	11	26			
彩票活动	1		1				
文化、娱乐、体育经纪代理	1636	1491	38	46	39		22
其他娱乐业	6857	6383	76	260	73	10	55

2-A-5 按行业、登记注册类型

行业	单位数(个)	内资企业	国有企业	集体企业	股份合作企业	联营企业
总计	**878076**	**852009**	**5430**	**9174**	**2952**	**1539**
农、林、牧、渔业	**2299**	**2274**	**27**	**91**	**26**	**9**
农、林、牧、渔服务业	2299	2274	27	91	26	9
农业服务业	1634	1616	14	70	24	6
林业服务业	247	243		10	2	1
畜牧服务业	223	221	8	2		1
渔业服务业	195	194	5	9		1
采矿业	**601**	**591**	**17**	**40**	**2**	**3**
煤炭开采和洗选业	31	31	2	2		
烟煤和无烟煤开采洗选	23	23	2	2		
褐煤开采洗选	1	1				
其他煤炭采选	7	7				
石油和天然气开采业	4	4				
石油开采	2	2				
天然气开采	2	2				
黑色金属矿采选业	60	56		9		
铁矿采选	55	51		9		
锰矿、铬矿采选						
其他黑色金属矿采选	5	5				
有色金属矿采选业	19	19	1			
常用有色金属矿采选	15	15	1			
贵金属矿采选	4	4				
稀有稀土金属矿采选						
非金属矿采选业	457	452	10	28	2	2
土砂石开采	379	376	4	18	2	1
化学矿开采	11	10				
采盐	24	23	6	5		
石棉及其他非金属矿采选	43	43		5		1
开采辅助活动	19	18	4	1		1
煤炭开采和洗选辅助活动	4	3	1			
石油和天然气开采辅助活动	10	10	2			1
其他开采辅助活动	5	5	1	1		
其他采矿业	11	11				
其他采矿业	11	11				
制造业	**339500**	**319801**	**460**	**2289**	**1302**	**349**
农副食品加工业	5463	5197	38	72	18	7
谷物磨制	1461	1449	12	6	2	2
饲料加工	650	606	3	3	2	
植物油加工	343	325	3	7	1	1
制糖业	20	20				
屠宰及肉类加工	944	911	14	40	4	1
水产品加工	801	722	2	7	3	
蔬菜、水果和坚果加工	591	549	2	1	2	
其他农副食品加工	653	615	2	8	4	3
食品制造业	2719	2521	19	30	13	5
焙烤食品制造	614	571	4	7	3	2
糖果、巧克力及蜜饯制造	152	141	2		1	
方便食品制造	407	384	2	4	1	

分组的小微企业法人单位数

国有联营企业	集体联营企业	国有与集体联营企业	其他联营企业	有限责任公司	国有独资公司	其他有限责任公司	股份有限公司	私营企业
108	**323**	**95**	**1013**	**67842**	**987**	**66855**	**8634**	**729883**
1	**4**		**4**	**134**	**1**	**133**	**14**	**1187**
1	4		4	134	1	133	14	1187
	3		3	104	1	103	14	765
			1	9		9		180
	1			6		6		138
1				15		15		104
	1		**2**	**46**	**3**	**43**	**4**	**454**
				2		2		24
				2		2		16
								1
								7
				2	1	1		1
								1
				2	1	1		
				9		9		37
				9		9		32
								5
				4		4	2	9
				4		4	1	8
							1	1
	1		1	27	2	25	2	363
	1			13		13	2	320
				4		4		5
				8	2	6		4
			1	2		2		34
			1					12
								2
			1					7
								3
				2		2		8
				2		2		8
17	**76**	**16**	**240**	**17741**	**71**	**17670**	**2576**	**290108**
	3		4	355	5	350	54	4480
	1		1	94	3	91	12	1282
				55	1	54	11	514
	1			27		27	3	275
				5		5	1	14
			1	58		58	10	757
				42		42	8	639
				26		26	3	484
	1		2	48	1	47	6	515
1	1	1	2	170	2	168	32	2176
1			1	26		26	2	507
				4		4	3	129
				35		35	9	326

2-A-5 续表 1

行业	单位数(个)	内资企业	国有企业	集体企业	股份合作企业	联营企业
乳制品制造	79	74	1	2		
罐头食品制造	188	175	1	2	1	1
调味品、发酵制品制造	450	434	3	5	5	1
其他食品制造	829	742	6	10	2	1
酒、饮料和精制茶制造业	1513	1427	16	51	3	2
酒的制造	593	568	2	11	1	
饮料制造	623	567	4	10	1	1
精制茶加工	297	292	10	30	1	1
烟草制品业	4	4	2	1		
烟叶复烤						
卷烟制造	1	1		1		
其他烟草制品制造	3	3	2			
纺织业	28793	27425	12	151	68	10
棉纺织及印染精加工	11069	10646	4	54	29	2
毛纺织及染整精加工	1725	1619	1	17	9	
麻纺织及染整精加工	236	216		1		
丝绢纺织及印染精加工	479	458	1	5	4	2
化纤织造及印染精加工	5066	4865	3	6	2	1
针织或钩针编织物及其制品制造	3666	3522	2	13	7	2
家用纺织制成品制造	3189	2893	1	14	9	2
非家用纺织制成品制造	3363	3206		41	8	1
纺织服装、服饰业	19416	17865	17	65	37	12
机织服装制造	13195	12070	15	42	26	9
针织或钩针编织服装制造	2446	2255	1	8	2	
服饰制造	3775	3540	1	15	9	3
皮革、毛皮、羽毛及其制品和制鞋业	3599	3309	1	28	11	3
皮革鞣制加工	108	96	1	1		
皮革制品制造	1219	1078		11	8	
毛皮鞣制及制品加工	182	168		2		1
羽毛(绒)加工及制品制造	212	194		2	1	
制鞋业	1878	1773		12	2	2
木材加工和木、竹、藤、棕、草制品业	9575	9432	1	24	16	8
木材加工	3858	3843	1	7	1	5
人造板制造	2948	2898		5	2	1
木制品制造	2499	2435		10	13	2
竹、藤、棕、草等制品制造	270	256		2		
家具制造业	3411	3238		15	16	4
木质家具制造	2558	2460		8	12	3
竹、藤家具制造	23	21				
金属家具制造	339	309		5	2	
塑料家具制造	79	73				
其他家具制造	412	375		2	2	1
造纸和纸制品业	6883	6645	2	39	30	9
纸浆制造	31	30		1		
造纸	2213	2119	2	14	7	2
纸制品制造	4639	4496		24	23	7
印刷和记录媒介复制业	8528	8325	52	183	69	17
印刷	7980	7789	46	165	59	17

国有联营企业	集体联营企业	国有与集体联营企业	其他联营企业	有限责任公司	国有独资公司	其他有限责任公司	股份有限公司	私营企业
				10	1	9	1	58
		1		10		10	3	155
	1			25		25	9	371
			1	60	1	59	5	630
1	1			103	2	101	16	1190
				47		47	11	480
1				48	2	46	3	486
	1			8		8	2	224
								1
								1
	2		8	1215	3	1212	155	25516
	1		1	563		563	76	9776
				66		66	13	1511
				11		11	3	199
			2	34	2	32	7	399
	1			57		57	6	4767
			2	144		144	7	3315
			2	178	1	177	16	2626
			1	162		162	27	2923
1	1		10	977	7	970	109	16305
1			8	665	6	659	73	11025
				107		107	12	2086
	1		2	205	1	204	24	3194
	1		2	153		153	33	3015
				5		5	2	83
				57		57	13	971
	1			7		7		152
				3		3	1	185
			2	81		81	17	1624
	1		7	319	1	318	34	8742
			5	88	1	87	6	3590
	1			111		111	14	2679
			2	114		114	13	2247
				6		6	1	226
		1	3	180		180	23	2905
		1	2	135		135	15	2211
				3		3		18
				18		18	2	271
				4		4		68
			1	20		20	6	337
	1	1	7	318		318	35	6113
				3		3	1	24
			2	109		109	17	1931
	1	1	5	206		206	17	4158
1	10		6	326	3	323	74	7481
1	10		6	304	3	301	70	7018

2-A-5 续表 2

行业	单位数(个)	内资企业	国有企业	集体企业	股份合作企业	联营企业
装订及印刷相关服务	525	517	6	18	10	
记录媒介复制	23	19				
文教、工美、体育和娱乐用品制造业	10130	9360	6	43	31	9
文教办公用品制造	899	844	2	9	4	
乐器制造	272	246	1		1	
工艺美术品制造	5850	5470	1	24	22	5
体育用品制造	917	805	1	4	1	2
玩具制造	1876	1711	1	6	3	2
游艺器材及娱乐用品制造	316	284				
石油加工、炼焦和核燃料加工业	562	530		12	5	
精炼石油产品制造	526	497		10	3	
炼焦	35	32		2	2	
核燃料加工	1	1				
化学原料和化学制品制造业	13039	11651	25	173	85	16
基础化学原料制造	2394	2106	10	36	20	1
肥料制造	661	635	6	9	3	3
农药制造	329	295	2	3	3	
涂料、油墨、颜料及类似产品制造	2587	2358	2	35	11	2
合成材料制造	1947	1672	1	16	8	1
专用化学产品制造	4159	3735	2	57	35	9
炸药、火工及焰火产品制造	22	21				
日用化学产品制造	940	829	2	17	5	
医药制造业	1830	1590	8	9	9	1
化学药品原料药制造	383	333	2	4	3	
化学药品制剂制造	213	168	1			1
中药饮片加工	79	77		1	1	
中成药生产	61	48	2			
兽用药品制造	93	87	1	2		
生物药品制造	420	357	1			
卫生材料及医药用品制造	581	520	1	2	5	
化学纤维制造业	2245	2146	3	7	4	3
纤维素纤维原料及纤维制造	330	307	2	1		
合成纤维制造	1915	1839	1	6	4	3
橡胶和塑料制品业	20750	19570	12	148	93	21
橡胶制品业	3657	3415	3	43	24	8
塑料制品业	17093	16155	9	105	69	13
非金属矿物制品业	17675	17003	28	181	82	17
水泥、石灰和石膏制造	781	766	7	16	2	1
石膏、水泥制品及类似制品制造	4239	4102	4	32	10	4
砖瓦、石材等建筑材料制造	4687	4568	9	99	32	8
玻璃制造	458	440	2	2	2	
玻璃制品制造	1814	1714	2	8	10	3
玻璃纤维和玻璃纤维增强塑料制品制造	1078	1031		6	5	
陶瓷制品制造	1084	998	1	3	1	
耐火材料制品制造	1470	1422		9	7	
石墨及其他非金属矿物制品制造	2064	1962	3	6	13	1
黑色金属冶炼和压延加工业	6336	6096	8	80	25	2

国有联营企业	集体联营企业	国有与集体联营企业	其他联营企业	有限责任公司	国有独资公司	其他有限责任公司	股份有限公司	私营企业
				21		21	4	445
				1		1		18
1	2		6	405		405	56	8603
				34		34	4	775
				10		10	1	226
1	1		3	259		259	35	5008
	1		1	44		44	2	739
			2	44		44	10	1599
				14		14	4	256
				43	1	42	8	445
				39	1	38	8	420
				4		4		24
								1
2	4	2	8	924	14	910	164	10100
	1			277	6	271	42	1692
			3	49		49	2	550
				41		41	13	229
	2			141	1	140	30	2100
			1	117	5	112	22	1481
2	1	2	4	247	2	245	42	3300
				3		3	2	16
				49		49	11	732
			1	235		235	38	1267
				77		77	7	239
			1	41		41	7	115
				14		14		61
				10		10		34
				10		10	3	71
				44		44	14	290
				39		39	7	457
	1		2	81		81	14	2017
				22		22	5	272
	1		2	59		59	9	1745
1	7		13	805	1	804	128	18123
	2		6	162		162	19	3113
1	5		7	643	1	642	109	15010
	2		15	893	9	884	165	15234
			1	72	2	70	13	629
			4	271	5	266	38	3618
	1		7	218	1	217	44	4015
				31		31	4	392
	1		2	92	1	91	14	1555
				56		56	6	944
				31		31	15	933
				52		52	22	1317
			1	70		70	9	1831
			2	260		260	35	5625

2-A-5 续表 3

行业	单位个数（个）	内资企业	国有企业	集体企业	股份合作企业	联营企业
炼铁	112	108	1	3	1	
炼钢	86	80		2	1	
黑色金属铸造	2996	2925	3	52	16	1
钢压延加工	2989	2838	3	23	7	1
铁合金冶炼	153	145	1			
有色金属冶炼和压延加工业	4420	4162	6	48	18	3
常用有色金属冶炼	466	454	1	7	2	1
贵金属冶炼	36	31	1	1	1	
稀有稀土金属冶炼	106	102	1	1		
有色金属合金制造	534	488		3	2	
有色金属铸造	457	437		3	2	1
有色金属压延加工	2821	2650	3	33	11	1
金属制品业	32486	31181	21	205	127	54
结构性金属制品制造	11783	11438	4	47	36	21
金属工具制造	4633	4445	3	28	11	20
集装箱及金属包装容器制造	1139	1079	2	5	5	1
金属丝绳及其制品制造	1825	1748		13	6	
建筑、安全用金属制品制造	2507	2356		17	12	3
金属表面处理及热处理加工	2268	2132	2	45	18	3
搪瓷制品制造	121	116	1	2	1	
金属制日用品制造	1515	1418	2	9	4	1
其他金属制品制造	6695	6449	7	39	34	5
通用设备制造业	48012	46034	46	240	184	49
锅炉及原动设备制造	1730	1646	7	13	11	1
金属加工机械制造	8046	7710	10	35	33	2
物料搬运设备制造	2047	1912	1	7	11	3
泵、阀门、压缩机及类似机械制造	5918	5572	5	46	19	9
轴承、齿轮和传动部件制造	2876	2698	1	17	11	6
烘炉、风机、衡器、包装等设备制造	4912	4632	3	27	25	6
文化、办公用机械制造	341	284	1	1	1	1
通用零部件制造	16630	16211	12	81	55	19
其他通用设备制造业	5512	5369	6	13	18	2
专用设备制造业	32373	30512	41	124	118	23
采矿、冶金、建筑专用设备制造	4294	4116	10	17	16	3
化工、木材、非金属加工专用设备制造	9283	8604	3	19	27	3
食品、饮料、烟草及饲料生产专用设备制造	658	623	3	2	2	
印刷、制药、日化及日用品生产专用设备制造	1668	1576	3	11	10	
纺织、服装和皮革加工专用设备制造	3186	3064	2	22	15	1
电子和电工机械专用设备制造	2487	2289	5	14	6	7
农、林、牧、渔专用机械制造	1086	1042	6	11	10	
医疗仪器设备及器械制造	1720	1560	2	7	9	4
环保、社会公共服务及其他专用设备制造	7991	7638	7	21	23	5
汽车制造业	6841	6102	9	40	16	3
汽车整车制造	47	41	3	2	1	
改装汽车制造	61	56		1	2	
低速载货汽车制造	4	4				
电车制造	111	109				

国有联营企业	集体联营企业	国有与集体联营企业	其他联营企业	有限责任公司	国有独资公司	其他有限责任公司	股份有限公司	私营企业
				5		5		97
				7		7		67
			1	129		129	16	2673
			1	110		110	18	2656
				9		9	1	132
			3	213		213	40	3779
			1	30		30	4	403
				1		1		27
				8		8	3	89
				23		23	4	445
			1	19		19	4	403
			1	132		132	25	2412
3	11		40	1552	2	1550	222	28617
	4		17	626		626	103	10427
1			19	215		215	29	4096
	1			65		65	11	980
				93		93	9	1617
	1		2	124		124	16	2150
	3			90	1	89	13	1942
				4		4		105
			1	62		62	14	1312
2	2		1	273	1	272	27	5988
3	8	3	35	2614	4	2610	308	42017
			1	92	1	91	19	1464
			2	459		459	53	6980
1	1		1	131		131	11	1731
	2		7	369	2	367	39	4998
1	1	1	3	144		144	18	2467
	1		5	352		352	41	4121
			1	28		28	4	246
1	3	2	13	727	1	726	83	15089
			2	312		312	40	4921
1	3	1	18	1893	2	1891	275	27615
	2		1	298		298	46	3662
	1		2	523		523	44	7903
				50		50	5	549
				74		74	5	1453
			1	130		130	16	2833
		1	6	194		194	23	1997
				81		81	9	903
1			3	116		116	27	1367
			5	427	2	425	100	6948
			3	405	1	404	56	5519
				5		5	2	27
				17		17		36
				1		1		3
				5		5	1	101

2-A-5 续表 4

行业	单位数(个)	内资企业	国有企业	集体企业	股份合作企业	联营企业
汽车车身、挂车制造	74	67		1		
汽车零部件及配件制造	6544	5825	6	36	13	3
铁路、船舶、航空航天和其他运输设备制造业	5692	5362	17	54	23	7
铁路运输设备制造	519	492	2	16	2	2
城市轨道交通设备制造	41	40				1
船舶及相关装置制造	2453	2365	10	20	8	1
航空、航天器及设备制造	107	79	2		1	
摩托车制造	771	731		13	3	1
自行车制造	1280	1179	1	3	8	2
非公路休闲车及零配件制造	341	316	1	1		
潜水救捞及其他未列明运输设备制造	180	160	1	1	1	
电气机械和器材制造业	23001	21486	21	134	108	31
电机制造	2830	2642	2	12	11	3
输配电及控制设备制造	8502	7935	11	39	55	15
电线、电缆、光缆及电工器材制造	3838	3571	2	40	13	5
电池制造	569	482		4	2	1
家用电力器具制造	1407	1291		6	7	3
非电力家用器具制造	611	582		1	2	
照明器具制造	3472	3280	4	24	10	3
其他电气机械及器材制造	1772	1703	2	8	8	1
计算机、通信和其他电子设备制造业	13259	11382	18	45	44	13
计算机制造	796	634	1		4	
通信设备制造	878	785	4	4	7	2
广播电视设备制造	481	419		3		
雷达及配套设备制造	24	24				
视听设备制造	349	282	1	2	1	1
电子器件制造	1882	1462	6	10	7	2
电子元件制造	6275	5467	4	22	18	2
其他电子设备制造	2574	2309	2	4	7	6
仪器仪表制造业	5858	5366	17	36	35	10
通用仪器仪表制造	3394	3142	7	21	22	7
专用仪器仪表制造	1135	1018	6	7	5	1
钟表与计时仪器制造	48	45		3	2	1
光学仪器及眼镜制造	720	627	1	3	2	
其他仪器仪表制造业	561	534	3	2	4	1
其他制造业	2568	2457	2	21	5	4
日用杂品制造	1038	974		10	2	
煤制品制造	87	86		5		
核辐射加工	6	5	1			
其他未列明制造业	1437	1392	1	6	3	4
废弃资源综合利用业	1105	1028	5	10	3	4
金属废料和碎屑加工处理	607	559	3	9	2	3
非金属废料和碎屑加工处理	498	469	2	1	1	1
金属制品、机械和设备修理业	1414	1395	7	20	6	2
金属制品修理	76	73	1	2		
通用设备修理	196	193		1		1
专用设备修理	150	148	1	1	1	

国有联营企业	集体联营企业	国有与集体联营企业	其他联营企业	有限责任公司	国有独资公司	其他有限责任公司	股份有限公司	私营企业
				8		8	1	56
			3	369	1	368	52	5296
2	1	2	2	386	5	381	59	4772
		1	1	46	2	44	11	410
1				3		3	3	33
1				222		222	21	2059
				12	2	10	3	58
			1	26	1	25	8	680
	1	1		58		58	11	1087
				6		6	1	303
				13		13	1	142
	6	3	22	1333	3	1330	233	19277
	1		2	175	1	174	30	2381
	1	3	11	586	2	584	92	7007
	3		2	180		180	42	3226
			1	44		44	3	420
	1		2	78		78	11	1167
				41		41	12	513
			3	116		116	26	3049
			1	113		113	17	1514
	1	2	10	789	4	785	99	10226
				63	1	62	5	551
	1		1	62		62	8	688
				27	1	26	7	379
				8		8	1	15
			1	22		22	1	250
			2	124	1	123	21	1277
		1	1	302	1	301	33	5029
		1	5	181		181	23	2037
	3		7	445		445	60	4679
	3		4	278		278	32	2728
			1	82		82	17	885
			1	4		4		34
				37		37	6	566
			1	44		44	5	466
			4	118	1	117	24	2228
				25		25	7	909
				1		1		77
								4
			4	92	1	91	17	1238
	4			73		73	5	893
	3			47		47	3	474
	1			26		26	2	419
	2			158	1	157	22	1148
				8		8	3	59
	1			14		14	5	170
				14		14	1	126

2-A-5 续表 5

行业	单位数(个)	内资企业	国有企业	集体企业	股份合作企业	联营企业
铁路、船舶、航空航天等运输设备修理	600	596	2	9	1	1
电气设备修理	92	88	2	1	3	
仪器仪表修理	17	16			1	
其他机械和设备修理业	283	281	1	6		
电力、热力、燃气及水生产和供应业	**2376**	**2169**	**142**	**334**	**12**	**22**
电力、热力生产和供应业	563	470	42	14	3	5
电力生产	336	268	20	7	2	5
电力供应	66	64	15	4	1	
热力生产和供应	161	138	7	3		
燃气生产和供应业	335	279	6	2	1	3
燃气生产和供应业	335	279	6	2	1	3
水的生产和供应业	1478	1420	94	318	8	14
自来水生产和供应	921	903	60	252	6	11
污水处理及其再生利用	493	454	31	64	2	3
其他水的处理、利用与分配	64	63	3	2		
建筑业	**39879**	**39675**	**191**	**400**	**115**	**67**
房屋建筑业	6139	6100	28	117	21	15
房屋建筑业	6139	6100	28	117	21	15
土木工程建筑业	7645	7602	97	134	25	19
铁路、道路、隧道和桥梁工程建筑	2899	2876	30	32	8	8
水利和内河港口工程建筑	627	623	35	46	3	2
海洋工程建筑	17	17	1			
工矿工程建筑	475	472	4	2	2	2
架线和管道工程建筑	788	783	10	15	1	2
其他土木工程建筑	2839	2831	17	39	11	5
建筑安装业	9787	9723	28	69	22	12
电气安装	2096	2086	9	19	6	4
管道和设备安装	1864	1843	6	13	7	3
其他建筑安装业	5827	5794	13	37	9	5
建筑装饰和其他建筑业	16308	16250	38	80	47	21
建筑装饰业	11936	11893	10	37	31	15
工程准备活动	1602	1600	13	20	4	3
提供施工设备服务	400	399		6	3	1
其他未列明建筑业	2370	2358	15	17	9	2
批发和零售业	**289299**	**286852**	**1468**	**2504**	**716**	**500**
批发业	213258	211080	1035	1397	434	309
农、林、牧产品批发	8822	8780	460	231	22	20
食品、饮料及烟草制品批发	15579	15411	196	169	49	34
纺织、服装及家庭用品批发	34272	33902	33	87	45	33
文化、体育用品及器材批发	5873	5808	18	28	22	9
医药及医疗器材批发	3265	3226	7	7	8	9
矿产品、建材及化工产品批发	67949	67532	186	586	131	90
机械设备、五金产品及电子产品批发	59154	58307	84	163	127	91
贸易经纪与代理	4991	4924	17	29	7	8
其他批发业	13353	13190	34	97	23	15
零售业	76041	75772	433	1107	282	191
综合零售	7749	7728	64	434	29	21

国有联营企业	集体联营企业	国有与集体联营企业	其他联营企业	有限责任公司	国有独资公司	其他有限责任公司	股份有限公司	私营企业
	1			82	1	81	4	483
				5		5	3	73
				3		3		12
				32		32	6	225
2	**10**	**3**	**7**	**356**	**19**	**337**	**48**	**1159**
1	1	2	1	133	12	121	20	237
1	1	2	1	84	11	73	17	127
				10		10	1	29
				39	1	38	2	81
	1		2	45		45	8	196
	1		2	45		45	8	196
1	8	1	4	178	7	171	20	726
	7	1	3	92	5	87	9	423
1	1		1	81	2	79	9	259
				5		5	2	44
3	**11**	**3**	**50**	**4542**	**71**	**4471**	**702**	**32735**
	5	1	9	1084	12	1072	184	4509
	5	1	9	1084	12	1072	184	4509
2	4		13	941	38	903	146	6052
1			7	397	15	382	63	2263
	2			98	11	87	14	407
				2		2		14
	1		1	35	1	34	6	410
1	1			110	2	108	17	609
			5	299	9	290	46	2349
	1	1	10	895	10	885	140	8383
	1		3	233	7	226	39	1747
		1	2	183		183	29	1566
			5	479	3	476	72	5070
1	1	1	18	1622	11	1611	232	13791
		1	14	1082	2	1080	146	10276
1	1		1	160	3	157	24	1328
			1	37		37	13	323
			2	343	6	337	49	1864
33	**104**	**31**	**332**	**20898**	**105**	**20793**	**2248**	**247055**
16	60	18	215	15001	73	14928	1395	183444
1	6	3	10	396	11	385	55	5431
6	9	4	15	1042	9	1033	105	11313
1	7	1	24	2686	4	2682	172	30367
1	3		5	468	4	464	50	5111
			9	351	5	346	41	2704
4	24	4	58	4106	21	4085	437	60867
2	5	4	80	4590	13	4577	404	51859
1	1		6	503	2	501	54	4066
	5	2	8	859	4	855	77	11726
17	44	13	117	5897	32	5865	853	63611
1	12	1	7	428	4	424	89	6358

2-A-3 续表 6

行业	单位数(个)	内资企业	国有企业	集体企业	股份合作企业	联营企业
食品、饮料及烟草制品专门零售	9007	8969	129	142	40	26
纺织、服装及日用品专门零售	9119	9080	22	64	27	16
文化、体育用品及器材专门零售	6195	6160	48	92	26	18
医药及医疗器材专门零售	5190	5180	20	57	20	11
汽车、摩托车、燃料及零配件专门零售	9154	9128	66	142	49	31
家用电器及电子产品专门零售	12565	12522	20	17	39	26
五金、家具及室内装饰材料专门零售	10746	10722	26	51	34	22
货摊、无店铺及其他零售业	6316	6283	38	108	18	20
交通运输、仓储和邮政业	**25146**	**24857**	**424**	**458**	**95**	**60**
道路运输业	15671	15606	93	194	50	34
城市公共交通运输	564	556	25	18	4	1
公路旅客运输	411	409	11	17	6	5
道路货物运输	14111	14061	30	91	35	25
道路运输辅助活动	585	580	27	68	5	3
水上运输业	1353	1332	22	87	8	8
水上旅客运输	58	56	2	6		
水上货物运输	920	915	10	71	6	5
水上运输辅助活动	375	361	10	10	2	3
航空运输业	44	41	5	1		
航空客货运输	24	22	3			
通用航空服务	8	8				
航空运输辅助活动	12	11	2	1		
管道运输业	17	14				
管道运输业	17	14				
装卸搬运和运输代理业	5881	5816	71	125	23	12
装卸搬运	1553	1537	19	88	13	2
运输代理业	4328	4279	52	37	10	10
仓储业	1552	1421	214	45	7	4
谷物、棉花等农产品仓储	389	388	179	17		
其他仓储业	1163	1033	35	28	7	4
邮政业	628	627	19	6	7	2
邮政基本服务	22	22	14	2		
快递服务	606	605	5	4	7	2
住宿和餐饮业	**10674**	**10393**	**230**	**205**	**42**	**22**
住宿业	3331	3262	144	120	19	6
旅游饭店	794	755	75	22	3	
一般旅馆	2262	2237	60	86	14	6
其他住宿业	275	270	9	12	2	
餐饮业	7343	7131	86	85	23	16
正餐服务	5652	5496	71	72	17	14
快餐服务	639	616	7	5	2	
饮料及冷饮服务	285	268	3	3	2	
其他餐饮业	767	751	5	5	2	2
信息传输、软件和信息技术服务业	**20427**	**19794**	**85**	**53**	**59**	**68**
电信、广播电视和卫星传输服务	481	476	26	10	1	2
电信	359	354	10	2	1	2
广播电视传输服务	104	104	15	8		

国有联营企业	集体联营企业	国有与集体联营企业	其他联营企业	有限责任公司	国有独资公司	其他有限责任公司	股份有限公司	私营企业
3	5	2	16	696	5	691	111	6740
	3	1	12	682	2	680	86	7914
2	4	3	9	522	6	516	79	5117
1	3		7	423	4	419	60	4282
5	8	4	14	848	4	844	150	7590
2	2		22	983	2	981	137	10957
1	3		18	827	2	825	72	9378
2	4	2	12	488	3	485	69	5275
9	**17**	**5**	**29**	**2810**	**82**	**2728**	**341**	**20040**
5	10	1	18	1701	34	1667	198	12971
	1			117	8	109	17	362
1	2	1	1	100	2	98	23	224
3	6		16	1407	19	1388	138	12033
1	1		1	77	5	72	20	352
1	2	1	4	222	9	213	41	887
				13		13	2	31
	2	1	2	140	8	132	27	620
1			2	69	1	68	12	236
				10	1	9		24
				3	1	2		16
				5		5		3
				2		2		5
				5		5	1	8
				5		5	1	8
2	3	1	6	621	22	599	74	4750
	1	1		132	5	127	20	1213
2	2		6	489	17	472	54	3537
1	2	1		198	15	183	21	884
				41	12	29	2	125
1	2	1		157	3	154	19	759
		1	1	53	1	52	6	516
								6
		1	1	53	1	52	6	510
2	**7**		**13**	**1101**	**26**	**1075**	**150**	**8306**
	2		4	377	12	365	57	2436
				152	7	145	21	461
	2		4	189	4	185	32	1778
				36	1	35	4	197
2	5		9	724	14	710	93	5870
2	5		7	585	12	573	76	4485
				51	1	50	8	520
				25		25	2	221
			2	63	1	62	7	644
1	**2**	**2**	**63**	**2718**	**14**	**2704**	**287**	**16060**
1			1	64	4	60	12	341
1			1	45		45	8	272
				18	4	14	2	55

2-A-5 续表 7

行业	单位数(个)	内资企业	国有企业	集体企业	股份合作企业	联营企业
卫星传输服务	18	18	1			
互联网和相关服务	3068	3029	14	4	7	5
互联网接入及相关服务	220	218	1		1	1
互联网信息服务	2491	2455	10	4	4	4
其他互联网服务	357	356	3		2	
软件和信息技术服务业	16878	16289	45	39	51	61
软件开发	10931	10507	16	26	28	43
信息系统集成服务	1912	1875	4	1	6	6
信息技术咨询服务	1965	1923	13	10	13	5
数据处理和存储服务	237	229	2			1
集成电路设计	556	511	2		1	2
其他信息技术服务业	1277	1244	8	2	3	4
房地产业	**21810**	**21280**	**333**	**343**	**83**	**53**
房地产业	21810	21280	333	343	83	53
房地产开发经营	6226	5867	98	68	13	16
物业管理	8562	8456	105	202	53	24
房地产中介服务	5663	5619	49	22	10	8
自有房地产经营活动						
其他房地产业	1359	1338	81	51	7	5
租赁和商务服务业	**68381**	**67650**	**1112**	**1546**	**288**	**202**
租赁业	4049	4019	20	34	11	5
机械设备租赁	3896	3869	15	30	11	5
文化及日用品出租	153	150	5	4		
商务服务业	64332	63631	1092	1512	277	197
企业管理服务	14023	13836	538	686	121	54
法律服务	767	765	7	10	6	2
咨询与调查	15718	15358	106	91	36	27
广告业	13678	13663	76	32	44	42
知识产权服务	602	595	5	4	1	
人力资源服务	6448	6445	70	155	19	11
旅行社及相关服务	2227	2221	62	30	9	3
安全保护服务	589	589	45	14	1	7
其他商务服务业	10280	10159	183	490	40	51
科学研究和技术服务业	**29601**	**28856**	**475**	**315**	**108**	**104**
研究和试验发展	5329	5008	50	24	29	14
自然科学研究和试验发展	407	378	4		2	
工程和技术研究和试验发展	3422	3240	29	12	17	11
农业科学研究和试验发展	456	441	8	10		1
医学研究和试验发展	1003	908	7	1	10	2
社会人文科学研究	41	41	2	1		
专业技术服务业	18175	17888	332	199	57	52
气象服务	64	63	19	4		
地震服务	7	7				
海洋服务	16	16				
测绘服务	348	347	27	23		5
质检技术服务	1144	1094	55	43	3	5
环境与生态监测	314	313	14	4		2

国有联营企业	集体联营企业	国有与集体联营企业	其他联营企业	有限责任公司	国有独资公司	其他有限责任公司	股份有限公司	私营企业
				1		1	2	14
			5	288		288	63	2533
			1	24		24	4	180
			4	221		221	55	2067
				43		43	4	286
	2	2	57	2366	10	2356	212	13186
			43	1588	5	1583	150	8462
	1	1	4	263	2	261	17	1547
	1	1	3	258	1	257	21	1553
			1	25		25	9	183
			2	89		89	4	404
			4	143	2	141	11	1037
4	**10**	**6**	**33**	**3358**	**97**	**3261**	**508**	**15888**
4	10	6	33	3358	97	3261	508	15888
2	3	4	7	1256	45	1211	232	4038
1	5	2	16	1331	34	1297	159	6261
			8	548	6	542	81	4718
1	2		2	223	12	211	36	871
17	**53**	**14**	**118**	**8389**	**312**	**8077**	**1019**	**52115**
		1	4	355	2	353	40	3329
		1	4	334	2	332	37	3215
				21		21	3	114
17	53	13	114	8034	310	7724	979	48786
8	19	5	22	2504	223	2281	313	8863
			2	23	1	22	7	580
3	5	3	16	1645	11	1634	182	12703
1	1	1	39	1391	14	1377	154	11457
				55	1	54	8	509
	3		8	698	10	688	78	5098
1			2	341	11	330	62	1632
	4		3	64	3	61	16	429
4	21	4	22	1313	36	1277	159	7515
11	**11**	**6**	**76**	**3455**	**77**	**3378**	**409**	**22167**
1			13	710	9	701	67	3929
				41		41	7	304
1			10	467	7	460	35	2573
			1	59	1	58	7	326
			2	141	1	140	15	696
				2		2	3	30
7	6	5	34	2101	49	2052	271	14315
				12	1	11	4	21
								6
				2		2	1	13
1	1	1	2	45	1	44	10	227
1	1	1	2	178	7	171	23	768
			2	52	2	50	6	221

2-A-5 续表 8

行业	单位个数（个）	内资企业	国有企业	集体企业	股份合作企业	联营企业
地质勘查	103	103	14	3	1	
工程技术	9841	9765	149	63	36	19
其他专业技术服务业	6338	6180	54	59	17	21
科技推广和应用服务业	6097	5960	93	92	22	38
技术推广服务	4833	4721	63	75	18	26
科技中介服务	627	616	23	10	2	8
其他科技推广和应用服务业	637	623	7	7	2	4
水利、环境和公共设施管理业	**4212**	**4135**	**192**	**170**	**13**	**16**
水利管理业	306	304	40	27		1
防洪除涝设施管理	54	54	10	7		
水资源管理	76	75	9	7		1
天然水收集与分配	24	24	3	4		
水文服务	20	20	3			
其他水利管理业	132	131	15	9		
生态保护和环境治理业	607	576	21	20	1	3
生态保护	42	38	3	1		
环境治理业	565	538	18	19	1	3
公共设施管理业	3299	3255	131	123	12	12
市政设施管理	380	372	42	25	2	3
环境卫生管理	283	283	13	13		1
城乡市容管理	93	92	2	5		
绿化管理	1496	1488	34	17	9	4
公园和游览景区管理	1047	1020	40	63	1	4
居民服务、修理和其他服务业	**12428**	**12338**	**108**	**243**	**62**	**37**
居民服务业	3572	3548	42	131	16	15
家庭服务	675	672	4	10	1	3
托儿所服务	8	8				
洗染服务	163	161		1		
理发及美容服务	473	468	1	2	2	1
洗浴服务	865	862	4	25	7	3
保健服务	227	223			1	
婚姻服务	355	355	5	5	1	
殡葬服务	168	166	17	48		3
其他居民服务业	638	633	11	40	4	5
机动车、电子产品和日用产品修理业	6284	6241	50	83	42	16
汽车、摩托车修理与维护	4466	4443	47	72	35	8
计算机和办公设备维修	680	669	2	3	4	2
家用电器修理	809	806	1	4	2	4
其他日用产品修理业	329	323		4	1	2
其他服务业	2572	2549	16	29	4	6
清洁服务	1813	1801	10	11	2	3
其他未列明服务业	759	748	6	18	2	3
教育	**184**	**182**	**9**	**4**	**1**	**1**
教育	184	182	9	4	1	1
学前教育	4	4				
初等教育	3	3				
中等教育	16	16			1	1
高等教育	1	1				
特殊教育						
技能培训、教育辅助及其他教育	160	158	9	4		

国有联营企业	集体联营企业	国有与集体联营企业	其他联营企业	有限责任公司	国有独资公司	其他有限责任公司	股份有限公司	私营企业
				18		18	2	63
2	1	1	15	1157	28	1129	139	7934
3	3	2	13	637	10	627	86	5062
3	5	1	29	644	19	625	71	3923
2	3		21	492	13	479	58	2984
1	1	1	5	92	5	87	3	441
	1		3	60	1	59	10	498
2	**4**	**3**	**7**	**591**	**51**	**540**	**68**	**2866**
		1		53	7	46	7	154
				7		7		27
		1		17	1	16	2	33
				4	1	3	1	7
				1		1	1	13
				24	5	19	3	74
	1		2	71	5	66	3	432
				9		9		23
	1		2	62	5	57	3	409
2	3	2	5	467	39	428	58	2280
1	1		1	72	5	67	7	204
	1			38	7	31	2	195
				7		7		73
		1	3	154	4	150	29	1190
1	1	1	1	196	23	173	20	618
2	**10**	**3**	**22**	**871**	**8**	**863**	**126**	**10384**
2	5	3	5	262		262	38	2830
1	1		1	50		50	10	533
				2		2		5
				8		8	1	144
			1	36		36	4	400
	1		2	49		49	4	725
				20		20	2	193
				29		29	4	296
1		2		12		12	1	72
	3	1	1	56		56	12	462
	3		13	406	6	400	64	5390
	2		6	268	4	264	52	3837
			2	55	1	54	4	575
	1		3	56	1	55	7	704
			2	27		27	1	274
	2		4	203	2	201	24	2164
	1		2	149	1	148	21	1546
	1		2	54	1	53	3	618
		1		**40**	**4**	**36**	**8**	**102**
		1		40	4	36	8	102
				1		1	1	
								2
		1		1		1		7
				38	4	34	7	93

2-A-5 续表 9

行业	单位数(个)	内资企业				
			国有企业	集体企业	股份合作企业	联营企业
卫生和社会工作	**219**	**212**	**13**	**11**	**3**	
卫生	138	135	8	3	2	
医院	114	112	6	3	1	
社区医疗与卫生院	7	7	1			
门诊部(所)	11	10				
计划生育技术服务活动						
妇幼保健院(所、站)	1	1				
专科疾病防治院(所、站)	2	2			1	
疾病预防控制中心	1	1	1			
其他卫生活动	2	2				
社会工作	81	77	5	8	1	
提供住宿社会工作	69	66	4	5	1	
不提供住宿社会工作	12	11	1	3		
文化、体育和娱乐业	**11040**	**10950**	**144**	**168**	**25**	**26**
新闻和出版业	168	165	28	6		2
新闻业	16	16				2
出版业	152	149	28	6		
广播、电视、电影和影视录音制作业	766	758	39	70	2	3
广播	21	21		2		
电视	81	81	8	2		
电影和影视节目制作	246	242	7	1	1	
电影和影视节目发行	62	61	3			
电影放映	321	318	21	65	1	3
录音制作	35	35				
文化艺术业	1910	1896	42	35	7	6
文艺创作与表演	540	539	14	10	2	1
艺术表演场馆	53	53	5	4	1	
图书馆与档案馆	21	20	2	3		
文物及非物质文化遗产保护	35	35	5	4	1	1
博物馆	28	27	1	1	1	
烈士陵园、纪念馆	5	5	1	1		
群众文化活动	219	210	4	7	1	
其他文化艺术业	1009	1007	10	5	1	4
体育	587	566	15	6	3	1
体育组织	78	78	6	1	1	1
体育场馆	34	33	3			
休闲健身活动	407	389	6	4	2	
其他体育	68	66		1		
娱乐业	7609	7565	20	51	13	14
室内娱乐活动	6859	6840	10	30	13	13
游乐园	71	70	1	1		
彩票活动	1	1				
文化、娱乐、体育经纪代理	215	215	2	4		1
其他娱乐业	463	439	7	16		

国有联营企业	集体联营企业	国有与集体联营企业	其他联营企业	有限责任公司	国有独资公司	其他有限责任公司	股份有限公司	私营企业
				23	**1**	**22**	**9**	**131**
				15		15	9	85
				14		14	8	69
							1	4
								10
								1
				1		1		1
				8	1	7		46
				7	1	6		41
				1		1		5
4	**3**	**2**	**17**	**769**	**45**	**724**	**117**	**9126**
			2	38	11	27	5	75
			2	5	1	4	1	7
				33	10	23	4	68
1	2			143	16	127	17	463
				5	1	4		13
				11	5	6	3	56
				50	7	43	4	169
				14	1	13	1	43
1	2			58	2	56	8	154
				5		5	1	28
1			5	215	12	203	31	1478
1				51	4	47	8	426
				15	2	13	3	24
				3		3		12
			1	8	3	5	2	14
				2		2		17
								2
				19		19	1	171
			4	117	3	114	17	812
	1			64	5	59	8	444
	1			14	1	13	2	48
				4	2	2		24
				41	2	39	5	315
				5		5	1	57
2		2	10	309	1	308	56	6666
2		2	9	235		235	49	6093
				14		14	1	50
								1
			1	24	1	23	5	172
				36		36	1	350

2-A-5 续表 10

行　　业	私营独资企　业	私营合伙企　业	私营有限责任公司	私营股份有限公司	其他企业	港、澳、台商投资企　业
总　计	**161044**	**13396**	**538804**	**16639**	**26555**	**10311**
农、林、牧、渔业	**418**	**38**	**698**	**33**	**786**	**18**
农、林、牧、渔服务业	418	38	698	33	786	18
农业服务业	253	20	467	25	619	14
林业服务业	63	5	108	4	41	4
畜牧服务业	68	7	61	2	66	
渔业服务业	34	6	62	2	60	
采矿业	**200**	**23**	**221**	**10**	**25**	**7**
煤炭开采和洗选业	9	3	12		1	
烟煤和无烟煤开采洗选	5	3	8		1	
褐煤开采洗选	1					
其他煤炭采选	3		4			
石油和天然气开采业				1	1	
石油开采				1	1	
天然气开采						
黑色金属矿采选业	10	5	20	2	1	2
铁矿采选	9	5	16	2	1	2
锰矿、铬矿采选						
其他黑色金属矿采选	1		4			
有色金属矿采选业	3		6		3	
常用有色金属矿采选	3		5		1	
贵金属矿采选			1		2	
稀有稀土金属矿采选						
非金属矿采选业	172	14	170	7	18	5
土砂石开采	150	13	151	6	16	3
化学矿开采	2		3		1	1
采盐		1	3			1
石棉及其他非金属矿采选	20		13	1	1	
开采辅助活动	4		8			
煤炭开采和洗选辅助活动	1		1			
石油和天然气开采辅助活动	2		5			
其他开采辅助活动	1		2			
其他采矿业	2	1	5		1	
其他采矿业	2	1	5		1	
制造业	**82771**	**5446**	**196729**	**5162**	**4976**	**7654**
农副食品加工业	1658	133	2587	102	173	107
谷物磨制	634	39	582	27	39	6
饲料加工	146	9	340	19	18	19
植物油加工	89	8	177	1	8	8
制糖业	5		7	2		
屠宰及肉类加工	265	24	452	16	27	18
水产品加工	198	33	389	19	21	35
蔬菜、水果和坚果加工	136	9	331	8	31	13
其他农副食品加工	185	11	309	10	29	8
食品制造业	715	41	1368	52	76	80
焙烤食品制造	181	10	304	12	20	22
糖果、巧克力及蜜饯制造	39	2	82	6	2	2
方便食品制造	117	5	196	8	7	10

与港澳台商合资经营企业	与港澳台商合作经营企业	港澳台商独资经营企业	港澳台商投资股份有限公司	其他港澳台投资企业	外商投资企业	中外合资经营企业	中外合作经营企业	外资企业	外商投资股份有限公司	其他外商投资企业
3174	**181**	**6647**	**225**	**84**	**15756**	**4562**	**233**	**10432**	**302**	**227**
5		**12**		**1**	**7**	**3**		**4**		
5		12		1	7	3		4		
4		9		1	4	1		3		
1		3								
					2	1		1		
					1	1				
3		**4**			**3**	**2**		**1**		
2					2	2				
2					2	2				
1		4								
		3								
1										
		1								
					1			1		
					1			1		
2555	**120**	**4803**	**142**	**34**	**12045**	**3683**	**165**	**7938**	**185**	**74**
52	1	54			159	76	1	78	2	2
3		3			6	5		1		
10		9			25	14		10		1
5		3			10	2		8		
10		8			15	7		8		
19		16			44	20		23		1
4	1	8			29	15		12	2	
1		7			30	13	1	16		
28		48	4		118	41	4	70	2	1
3		16	3		21	2	1	18		
2					9	2		7		
5		5			13	5		8		

2-A-5 续表 11

行业	私营独资企业	私营合伙企业	私营有限责任公司	私营股份有限公司	其他企业	港、澳、台商投资企业
乳制品制造	10	1	45	2	2	1
罐头食品制造	47	3	102	3	2	8
调味品、发酵制品制造	172	9	182	8	15	3
其他食品制造	149	11	457	13	28	34
酒、饮料和精制茶制造业	528	36	610	16	46	29
酒的制造	204	12	258	6	16	10
饮料制造	200	16	263	7	14	17
精制茶加工	124	8	89	3	16	2
烟草制品业		1				
烟叶复烤						
卷烟制造						
其他烟草制品制造		1				
纺织业	6809	388	17980	339	298	702
棉纺织及印染精加工	2257	158	7237	124	142	235
毛纺织及染整精加工	300	23	1150	38	2	57
麻纺织及染整精加工	62	4	127	6	2	13
丝绢纺织及印染精加工	124	11	258	6	6	8
化纤织造及印染精加工	1546	38	3131	52	23	131
针织或钩针编织物及其制品制造	778	60	2432	45	32	78
家用纺织制成品制造	674	29	1883	40	47	114
非家用纺织制成品制造	1068	65	1762	28	44	66
纺织服装、服饰业	4805	226	11018	256	343	587
机织服装制造	3135	145	7569	176	215	409
针织或钩针编织服装制造	528	31	1492	35	39	82
服饰制造	1142	50	1957	45	89	96
皮革、毛皮、羽毛及其制品和制鞋业	1052	65	1848	50	65	115
皮革鞣制加工	29	2	51	1	4	3
皮革制品制造	333	16	608	14	18	47
毛皮鞣制及制品加工	62	2	85	3	6	4
羽毛(绒)加工及制品制造	75	4	104	2	2	11
制鞋业	553	41	1000	30	35	50
木材加工和木、竹、藤、棕、草制品业	4870	153	3623	96	288	54
木材加工	2536	40	998	16	145	7
人造板制造	1442	66	1137	34	86	20
木制品制造	794	42	1370	41	36	23
竹、藤、棕、草等制品制造	98	5	118	5	21	4
家具制造业	978	55	1827	45	95	56
木质家具制造	780	43	1350	38	76	31
竹、藤家具制造	6		12			
金属家具制造	79	6	183	3	11	10
塑料家具制造	21	1	45	1	1	1
其他家具制造	92	5	237	3	7	14
造纸和纸制品业	1861	172	3984	96	99	112
纸浆制造	6	1	17		1	
造纸	554	61	1286	30	37	47
纸制品制造	1301	110	2681	66	61	65
印刷和记录媒介复制业	2622	179	4560	120	123	94
印刷	2439	168	4300	111	110	86

与港澳台商合资经营企业	与港澳台商合作经营企业	港澳台商独资经营企业	港澳台商投资股份有限公司	其他港澳台投资企业	外商投资企业	中外合资经营企业	中外合作经营企业	外资企业	外商投资股份有限公司	其他外商投资企业
1					4	1		3		
8					5	3		2		
1		2			13	5	1	7		
8		25	1		53	23	2	25	2	1
9	2	18			57	23	1	33		
3	2	5			15	4	1	10		
6		11			39	19		20		
		2			3			3		
268	17	402	12	3	666	245	13	398	7	3
107	8	115	5		188	73	6	106	2	1
28	1	26	1	1	49	25	1	22		1
3		10			7	3		4		
2		6			13	5		7	1	
44	2	81	3	1	70	30	1	37	2	
31	2	45			66	33	3	30		
29	4	80	1		182	50	1	129	1	1
24		39	2	1	91	26	1	63	1	
240	17	313	14	3	964	470	21	457	13	3
170	14	213	10	2	716	346	13	344	11	2
39		42	1		109	60	5	43		1
31	3	58	3	1	139	64	3	70	2	
46	1	66	1	1	175	70	3	96	5	1
2		1			9	4	1	4		
20		27			94	38	1	53	2	
2		2			10	9		1		
5		5		1	7	2	1	3		1
17	1	31	1		55	17		35	3	
21	2	30	1		89	33	1	53	2	
2	1	4			8			8		
9		11			30	13		16	1	
8	1	14			41	14		26	1	
2		1	1		10	6	1	3		
14	1	41			117	34	1	80	1	1
7		24			67	15	1	50		1
					2			2		
3		7			20	6		14		
		1			5			5		
4	1	9			23	13		9	1	
34	1	74	2	1	126	41	1	81		3
					1			1		
17		28	2		47	18	1	26		2
17	1	46		1	78	23		54		1
38		55	1		109	29	2	74	2	2
34		51	1		105	29	2	70	2	2

2-A-5 续表 12

行业						
	私营独资企业	私营合伙企业	私营有限责任公司	私营股份有限公司	其他企业	港、澳、台商投资企业
装订及印刷相关服务	175	11	250	9	13	5
记录媒介复制	8		10			3
文教、工美、体育和娱乐用品制造业	3336	187	4946	134	207	327
文教办公用品制造	316	20	424	15	16	24
乐器制造	91	2	125	8	7	10
工艺美术品制造	1844	127	2957	80	116	148
体育用品制造	235	5	488	11	12	56
玩具制造	776	32	772	19	46	77
游艺器材及娱乐用品制造	74	1	180	1	10	12
石油加工、炼焦和核燃料加工业	116	14	306	9	17	12
精炼石油产品制造	115	14	283	8	17	12
炼焦	1		22	1		
核燃料加工			1			
化学原料和化学制品制造业	2379	188	7283	250	164	515
基础化学原料制造	308	28	1306	50	28	103
肥料制造	155	5	370	20	13	9
农药制造	41	2	178	8	4	11
涂料、油墨、颜料及类似产品制造	583	44	1434	39	37	101
合成材料制造	318	28	1105	30	26	103
专用化学产品制造	759	64	2384	93	43	150
炸药、火工及焰火产品制造	4		12			
日用化学产品制造	211	17	494	10	13	38
医药制造业	213	22	982	50	23	81
化学药品原料药制造	28	1	200	10	1	19
化学药品制剂制造	12	2	92	9	3	14
中药饮片加工	8	1	50	2		
中成药生产	6		27	1	2	3
兽用药品制造	16		53	2		2
生物药品制造	30	8	239	13	8	16
卫生材料及医药用品制造	113	10	321	13	9	27
化学纤维制造业	259	36	1698	24	17	45
纤维素纤维原料及纤维制造	62	5	200	5	5	12
合成纤维制造	197	31	1498	19	12	33
橡胶和塑料制品业	5486	409	11903	325	240	503
橡胶制品业	982	70	1995	66	43	97
塑料制品业	4504	339	9908	259	197	406
非金属矿物制品业	5753	400	8804	277	403	271
水泥、石灰和石膏制造	233	17	366	13	26	6
石膏、水泥制品及类似制品制造	1579	67	1911	61	125	65
砖瓦、石材等建筑材料制造	1672	155	2111	77	143	45
玻璃制造	79	8	297	8	7	10
玻璃制品制造	446	26	1043	40	30	35
玻璃纤维和玻璃纤维增强塑料制品制造	261	14	656	13	14	20
陶瓷制品制造	332	41	548	12	14	32
耐火材料制品制造	390	42	866	19	15	18
石墨及其他非金属矿物制品制造	761	30	1006	34	29	40
黑色金属冶炼和压延加工业	1635	115	3786	89	61	111

与港澳台商合资经营企业	与港澳台商合作经营企业	港澳台商独资经营企业	港澳台商投资股份有限公司	其他港澳台投资企业	外商投资企业	中外合资经营企业	中外合作经营企业	外资企业	外商投资股份有限公司	其他外商投资企业
3		2			3			3		
1		2			1			1		
108	5	203	9	2	443	156	5	277	4	1
8		15	1		31	10		21		
1		8	1		16	7		8	1	
51	4	85	7	1	232	88	3	138	2	1
9		47			56	16		40		
36		40		1	88	26	1	60	1	
3	1	8			20	9	1	10		
4		8			20	6		14		
4		8			17	4		13		
					3	2		1		
189	9	312	4	1	873	291	18	548	12	4
46	2	55			185	73	6	100	5	1
2		7			17	8	1	7	1	
5		6			23	17	1	5		
27	5	68	1		128	39	2	85	2	
43		58	1	1	172	50	2	118	1	1
52	2	94	2		274	90	4	176	3	1
					1			1		
14		24			73	14	2	56		1
42	2	34	2	1	159	77	5	71	6	
9	2	8			31	16	3	11	1	
6		6	2		31	16	1	12	2	
					2	1		1		
2		1			10	6		3	1	
2					4	3		1		
6		10			47	26		20	1	
17		9		1	34	9	1	23	1	
22	2	21			54	20		32	2	
6		6			11	3		8		
16	2	15			43	17		24	2	
150	6	334	10	3	677	172	2	489	9	5
23	3	69	1	1	145	37		105	3	
127	3	265	9	2	532	135	2	384	6	5
107	5	150	8	1	401	157	4	229	10	1
5		1			9	4		5		
36	1	27	1		72	39	2	31		
11	1	32	1		74	25	2	45	2	
5		5			8	4		4		
12		21	2		65	28		36	1	
9	2	9			27	7		19	1	
5	1	21	4	1	54	20		32	2	
8		10			30	12		16	1	1
16		24			62	18		41	3	
50	4	57			129	48	3	75	2	1

2-A-5 续表 13

行业	私营独资企业	私营合伙企业	私营有限责任公司	私营股份有限公司	其他企业	港、澳、台商投资企业
炼铁	26	1	69	1	1	2
炼钢	21	4	41	1	3	4
黑色金属铸造	976	73	1578	46	35	33
钢压延加工	572	30	2016	38	20	69
铁合金冶炼	40	7	82	3	2	3
有色金属冶炼和压延加工业	1070	64	2565	80	55	111
常用有色金属冶炼	118	6	269	10	6	1
贵金属冶炼	8		18	1		2
稀有稀土金属冶炼	23	3	62	1		
有色金属合金制造	99	6	333	7	11	15
有色金属铸造	157	11	225	10	5	10
有色金属压延加工	665	38	1658	51	33	83
金属制品业	8067	571	19482	497	383	530
结构性金属制品制造	2673	161	7412	181	174	143
金属工具制造	1245	89	2694	68	43	66
集装箱及金属包装容器制造	254	16	680	30	10	17
金属丝绳及其制品制造	466	35	1096	20	10	33
建筑、安全用金属制品制造	620	43	1452	35	34	63
金属表面处理及热处理加工	685	69	1151	37	19	64
搪瓷制品制造	30	4	71		3	3
金属制日用品制造	380	27	886	19	14	34
其他金属制品制造	1714	127	4040	107	76	107
通用设备制造业	11504	749	29106	658	576	674
锅炉及原动设备制造	429	23	991	21	39	27
金属加工机械制造	1918	123	4815	124	138	120
物料搬运设备制造	347	26	1333	25	17	56
泵、阀门、压缩机及类似机械制造	1378	88	3446	86	87	97
轴承、齿轮和传动部件制造	703	31	1698	35	34	49
烘炉、风机、衡器、包装等设备制造	967	64	3009	81	57	87
文化、办公用机械制造	55	4	183	4	2	23
通用零部件制造	4772	325	9794	198	145	162
其他通用设备制造业	935	65	3837	84	57	53
专用设备制造业	5662	436	20930	587	423	671
采矿、冶金、建筑专用设备制造	798	43	2742	79	64	59
化工、木材、非金属加工专用设备制造	1504	159	6102	138	82	276
食品、饮料、烟草及饲料生产专用设备制造	147	9	385	8	12	14
印刷、制药、日化及日用品生产专用设备制造	347	23	1053	30	20	33
纺织、服装和皮革加工专用设备制造	935	46	1805	47	45	54
电子和电工机械专用设备制造	364	36	1548	49	43	73
农、林、牧、渔专用机械制造	327	14	550	12	22	8
医疗仪器设备及器械制造	250	17	1060	40	28	42
环保、社会公共服务及其他专用设备制造	990	89	5685	184	107	112
汽车制造业	1491	69	3881	78	54	201
汽车整车制造	4		22	1	1	
改装汽车制造	8		26	2		2
低速载货汽车制造			3			
电车制造	50	2	47	2	2	1

与港澳台商合资经营企业	与港澳台商合作经营企业	港澳台商独资经营企业	港澳台商投资股份有限公司	其他港澳台投资企业	外商投资企业	中外合资经营企业	中外合作经营企业	外资企业	外商投资股份有限公司	其他外商投资企业
2					2	1		1		
3	1				2	2				
11	1	21			38	14	1	22		1
32	2	35			82	30	2	48	2	
2		1			5	1		4		
34	1	72	4		147	43	2	98	4	
		1			11	2		9		
1		1			3	1		2		
					4	2	1	1		
5		8	2		31	4		23	4	
2		8			10	4	1	5		
26	1	54	2		88	30		58		
173	8	335	12	2	775	236	10	507	16	6
51	3	83	4	2	202	69	4	122	4	3
16		47	3		122	33	2	84	3	
6	1	10			43	12		27	4	
13	1	19			44	16		27		1
18	2	41	2		88	21		64	3	
20	1	43			72	17	2	52	1	
1		2			2	1		1		
11		23			63	31		31	1	
37		67	3		139	36	2	99		2
188	11	457	15	3	1304	336	21	921	18	8
8		18	1		57	23		32	2	
31	4	82	3		216	58	2	154		2
21	1	33		1	79	24	3	51	1	
35	2	58	1	1	249	70	3	169	4	3
11	1	35	2		129	24	3	98	3	1
24		60	3		193	50	4	132	6	1
7		14	2		34	7	1	25		1
35	3	121	2	1	257	59	4	192	2	
16		36	1		90	21	1	68		
158	4	492	15	2	1190	279	13	872	15	11
23		35	1		119	39		79	1	
48	2	220	5	1	403	56	4	334	5	4
3		11			21	6		14	1	
10		22	1		59	7	1	49	2	
17	1	36			68	25	1	40	2	
14	1	55	3		125	23	1	98	1	2
2		6			36	5		31		
15		27			118	47	2	66		3
26		80	5	1	241	71	4	161	3	2
64	3	133	1		538	107	5	415	5	6
					6	4		2		
2					3			3		
		1			1	1				

2-A-5 续表 14

行业	私营独资企业	私营合伙企业	私营有限责任公司	私营股份有限公司	其他企业	港、澳、台商投资企业
汽车车身、挂车制造	10		44	2	1	3
汽车零部件及配件制造	1419	67	3739	71	50	195
铁路、船舶、航空航天和其他运输设备制造业	1618	69	3013	72	44	115
铁路运输设备制造	110	8	284	8	3	6
城市轨道交通设备制造	4	3	26			
船舶及相关装置制造	613	31	1381	34	24	32
航空、航天器及设备制造	5	2	49	2	3	5
摩托车制造	286	6	381	7		12
自行车制造	370	14	687	16	9	40
非公路休闲车及零配件制造	198	1	102	2	4	15
潜水救捞及其他未列明运输设备制造	32	4	103	3	1	5
电气机械和器材制造业	4184	333	14347	413	349	614
电机制造	537	32	1771	41	28	60
输配电及控制设备制造	1372	135	5369	131	130	243
电线、电缆、光缆及电工器材制造	732	49	2356	89	63	123
电池制造	74	5	333	8	8	32
家用电力器具制造	250	28	860	29	19	33
非电力家用器具制造	113	8	376	16	13	14
照明器具制造	806	50	2125	68	48	80
其他电气机械及器材制造	300	26	1157	31	40	29
计算机、通信和其他电子设备制造业	1874	166	7940	246	148	709
计算机制造	70	5	442	34	10	60
通信设备制造	139	15	521	13	10	35
广播电视设备制造	90	4	278	7	3	35
雷达及配套设备制造			15			
视听设备制造	44	1	202	3	4	26
电子器件制造	193	15	1021	48	15	153
电子元件制造	1049	86	3807	87	57	314
其他电子设备制造	289	40	1654	54	49	86
仪器仪表制造业	847	83	3632	117	84	145
通用仪器仪表制造	456	55	2151	66	47	64
专用仪器仪表制造	166	11	679	29	15	35
钟表与计时仪器制造	9	1	24		1	3
光学仪器及眼镜制造	103	8	443	12	12	32
其他仪器仪表制造业	113	8	335	10	9	11
其他制造业	807	43	1331	47	55	49
日用杂品制造	401	13	475	20	21	28
煤制品制造	31	2	42	2	3	1
核辐射加工			4			1
其他未列明制造业	375	28	810	25	31	19
废弃资源综合利用业	269	25	580	19	35	29
金属废料和碎屑加工处理	106	9	349	10	18	19
非金属废料和碎屑加工处理	163	16	231	9	17	10
金属制品、机械和设备修理业	303	18	809	18	32	5
金属制品修理	12	1	43	3		2
通用设备修理	33	4	133		2	1
专用设备修理	32	2	91	1	4	

与港澳台商合资经营企业	与港澳台商合作经营企业	港澳台商独资经营企业	港澳台商投资股份有限公司	其他港澳台投资企业	外商投资企业	中外合资经营企业	中外合作经营企业	外资企业	外商投资股份有限公司	其他外商投资企业
1		2			4	1		2	1	
61	3	130	1		524	101	5	408	4	6
31		82	1	1	215	72	4	136	3	
3		3			21	14		7		
					1	1				
14		17		1	56	23	1	32		
		5			23	5	1	15	2	
3		8	1		28	10		18		
10		30			61	15	1	44	1	
		15			10	3		7		
1		4			15	1	1	13		
205	7	385	13	4	901	292	17	572	16	4
24	1	34	1		128	45	3	78	2	
83	2	152	4	2	324	97	6	214	6	1
36	2	81	2	2	144	45	2	95	1	1
10	1	20	1		55	27	3	24		1
10		22	1		83	22	1	58	2	
7		7			15	8	1	5	1	
26	1	51	2		112	41	1	66	3	1
9		18	2		40	7		32	1	
195	9	497	5	3	1168	204	4	933	19	8
17	1	42			102	11		91		
12		22		1	58	12		45	1	
14		20	1		27	7		20		
7		19			41	8	1	32		
42	2	105	2	2	267	47	2	213	3	2
89	4	219	2		494	83	1	394	12	4
14	2	70			179	36		138	3	2
57		79	6	3	347	88	2	249	6	2
21		38	3	2	188	46	1	137	3	1
13		21	1		82	17	1	63	1	
2		1								
15		15	2		61	22		37	2	
6		4		1	16	3		12		1
17	1	29	2		62	22	2	36	2	
8	1	19			36	15	1	20		
1										
		1								
8		9	2		26	7	1	16	2	
10	1	18			48	10		37	1	
8		11			29	6		23		
2	1	7			19	4		14	1	
1		4			14	5		7	1	1
1		1			1			1		
		1			2			1		1
					2	1		1		

2-A-5 续表 15

行业	私营独资企业	私营合伙企业	私营有限责任公司	私营股份有限公司	其他企业	港、澳、台商投资企业
铁路、船舶、航空航天等运输设备修理	151	10	313	9	14	1
电气设备修理	20		52	1	1	
仪器仪表修理	2		10			1
其他机械和设备修理业	53	1	167	4	11	
电力、热力、燃气及水生产和供应业	**372**	**45**	**705**	**37**	**96**	**104**
电力、热力生产和供应业	41	4	180	12	16	50
电力生产	19	1	99	8	6	34
电力供应	9	1	18	1	4	2
热力生产和供应	13	2	63	3	6	14
燃气生产和供应业	46	7	138	5	18	30
燃气生产和供应业	46	7	138	5	18	30
水的生产和供应业	285	34	387	20	62	24
自来水生产和供应	224	29	158	12	50	9
污水处理及其再生利用	47	4	202	6	5	15
其他水的处理、利用与分配	14	1	27	2	7	
建筑业	**3697**	**431**	**27495**	**1112**	**923**	**100**
房屋建筑业	633	57	3610	209	142	19
房屋建筑业	633	57	3610	209	142	19
土木工程建筑业	723	83	5053	193	188	19
铁路、道路、隧道和桥梁工程建筑	243	31	1901	88	75	11
水利和内河港口工程建筑	91	8	301	7	18	1
海洋工程建筑	1		13			
工矿工程建筑	29	3	363	15	11	
架线和管道工程建筑	73	10	511	15	19	2
其他土木工程建筑	286	31	1964	68	65	5
建筑安装业	782	108	7194	299	174	34
电气安装	128	21	1540	58	29	7
管道和设备安装	166	17	1305	78	36	10
其他建筑安装业	488	70	4349	163	109	17
建筑装饰和其他建筑业	1559	183	11638	411	419	28
建筑装饰业	1123	131	8730	292	296	21
工程准备活动	186	27	1068	47	48	1
提供施工设备服务	57	4	253	9	16	
其他未列明建筑业	193	21	1587	63	59	6
批发和零售业	**45526**	**3070**	**193264**	**5195**	**11463**	**1001**
批发业	25567	2057	152109	3711	8065	871
农、林、牧产品批发	2565	84	2709	73	2165	23
食品、饮料及烟草制品批发	2681	187	8170	275	2503	73
纺织、服装及家庭用品批发	4042	242	25561	522	479	157
文化、体育用品及器材批发	684	68	4233	126	102	31
医药及医疗器材批发	317	31	2276	80	99	13
矿产品、建材及化工产品批发	7757	631	51395	1084	1129	183
机械设备、五金产品及电子产品批发	4506	608	45529	1216	989	305
贸易经纪与代理	609	59	3282	116	240	23
其他批发业	2406	147	8954	219	359	63
零售业	19959	1013	41155	1484	3398	130
综合零售	3395	89	2777	97	305	13

与港澳台商合资经营企业	与港澳台商合作经营企业	港澳台商独资经营企业	港澳台商投资股份有限公司	其他港澳台投资企业	外商投资企业	中外合资经营企业	中外合作经营企业	外资企业	外商投资股份有限公司	其他外商投资企业
		1			3	3				
					4	1		2	1	
		1								
					2			2		
39	**7**	**53**	**5**		**103**	**49**	**12**	**40**	**1**	**1**
19	4	24	3		43	24	10	8		1
12	2	18	2		34	16	10	7		1
1	1									
6	1	6	1		9	8		1		
13	1	15	1		26	13	1	11	1	
13	1	15	1		26	13	1	11	1	
7	2	14	1		34	12	1	21		
2	2	5			9	4	1	4		
5		9	1		24	8		16		
					1			1		
37	**6**	**56**	**1**		**104**	**36**	**1**	**62**	**1**	**4**
8		11			20	7		12		1
8		11			20	7		12		1
7	1	11			24	12	1	9		2
1	1	9			12	7		4		1
1					3	2				1
					3	1	1	1		
2					3	2		1		
3		2			3			3		
7	3	23	1		30	7		23		
		6	1		3			3		
3	1	6			11	4		7		
4	2	11			16	3		13		
15	2	11			30	10		18	1	1
14	1	6			22	5		16		1
	1				1				1	
					1	1				
1		5			6	4		2		
152	**11**	**793**	**31**	**14**	**1446**	**223**	**8**	**1111**	**38**	**66**
122	7	709	19	14	1307	186	7	1031	33	50
	1	21	1		19	3		15	1	
14	1	54	1	3	95	24		64	3	4
26		122	6	3	213	37	2	162	3	9
6	1	22	1	1	34	3		25	3	3
7		6			26	8		18		
24	4	147	6	2	234	40	1	179	6	8
32		266	4	3	542	52	1	454	14	21
3		18		2	44	4	1	34	2	3
10		53			100	15	2	80	1	2
30	4	84	12		139	37	1	80	5	16
2		10	1		8	2		5	1	

2-A-5 续表 16

行业	私营独资企业	私营合伙企业	私营有限责任公司	私营股份有限公司	其他企业	港、澳、台商投资企业
食品、饮料及烟草制品专门零售	2004	101	4470	165	1085	21
纺织、服装及日用品专门零售	2750	90	4887	187	269	16
文化、体育用品及器材专门零售	1392	87	3500	138	258	27
医药及医疗器材专门零售	2234	102	1846	100	307	2
汽车、摩托车、燃料及零配件专门零售	1959	187	5268	176	252	14
家用电器及电子产品专门零售	2032	170	8452	303	343	15
五金、家具及室内装饰材料专门零售	2844	99	6243	192	312	11
货摊、无店铺及其他零售业	1349	88	3712	126	267	11
交通运输、仓储和邮政业	**2983**	**308**	**16227**	**522**	**629**	**140**
道路运输业	1928	191	10563	289	365	35
城市公共交通运输	30	3	316	13	12	3
公路旅客运输	35	10	174	5	23	2
道路货物运输	1791	174	9801	267	302	26
道路运输辅助活动	72	4	272	4	28	4
水上运输业	137	23	694	33	57	12
水上旅客运输	3	2	24	2	2	1
水上货物运输	88	15	493	24	36	4
水上运输辅助活动	46	6	177	7	19	7
航空运输业			24		1	1
航空客货运输			16			1
通用航空服务			3			
航空运输辅助活动			5		1	
管道运输业	1		6	1		1
管道运输业	1		6	1		1
装卸搬运和运输代理业	657	75	3856	162	140	33
装卸搬运	339	28	816	30	50	9
运输代理业	318	47	3040	132	90	24
仓储业	171	13	677	23	48	57
谷物、棉花等农产品仓储	36	3	84	2	24	1
其他仓储业	135	10	593	21	24	56
邮政业	89	6	407	14	18	1
邮政基本服务	3		3			
快递服务	86	6	404	14	18	1
住宿和餐饮业	**2542**	**248**	**5260**	**256**	**337**	**127**
住宿业	835	92	1443	66	103	33
旅游饭店	93	5	339	24	21	16
一般旅馆	665	82	991	40	72	14
其他住宿业	77	5	113	2	10	3
餐饮业	1707	156	3817	190	234	94
正餐服务	1417	113	2801	154	176	72
快餐服务	110	17	381	12	23	9
饮料及冷饮服务	55	14	144	8	12	6
其他餐饮业	125	12	491	16	23	7
信息传输、软件和信息技术服务业	**1716**	**314**	**13442**	**588**	**464**	**187**
电信、广播电视和卫星传输服务	58	10	265	8	20	3
电信	44	8	212	8	14	3
广播电视传输服务	7	1	47		6	

与港澳台商合资经营企业	与港澳台商合作经营企业	港澳台商独资经营企业	港澳台商投资股份有限公司	其他港澳台投资企业	外商投资企业	中外合资经营企业	中外合作经营企业	外资企业	外商投资股份有限公司	其他外商投资企业
4		15	2		17	7		6	2	2
5		11			23	2		19		2
2		17	8		8	3		4	1	
2					8	3		3		2
4		10			12	5		6		1
2		12	1		28	6		17	1	4
4	1	6			13	5		6		2
5	3	3			22	4	1	14		3
53	**5**	**66**	**10**	**6**	**149**	**61**	**4**	**72**	**8**	**4**
16	4	11	3	1	30	13	1	12	3	1
1	1		1		5	3	1		1	
2										
12	1	11	1	1	24	10		12	1	1
1	2		1		1				1	
7		3	2		9	7		2		
1					1	1				
1		1	2		1	1				
5		2			7	5		2		
1					2			2		
1					1			1		
					1			1		
				1	2	2				
				1	2	2				
12		16	3	2	32	12	2	16	2	
7		2			7	5	1	1		
5		14	3	2	25	7	1	15	2	
17	1	36	2	1	74	27	1	40	3	3
		1								
17	1	35	2	1	74	27	1	40	3	3
				1						
				1						
36	**3**	**84**	**1**	**3**	**154**	**31**	**1**	**108**	**8**	**6**
12		20		1	36	10	1	24	1	
6		9		1	23	7		15	1	
6		8			11	3	1	7		
		3			2			2		
24	3	64	1	2	118	21		84	7	6
21	3	46	1	1	84	17		59	5	3
		8		1	14	2		7	2	3
		6			11	2		9		
3		4			9			9		
35	**3**	**139**	**7**	**3**	**446**	**116**	**7**	**296**	**21**	**6**
		3			2			1	1	
		3			2			1	1	

2-A-5 续表 17

行业	私营独资企业	私营合伙企业	私营有限责任公司	私营股份有限公司	其他企业	港、澳、台商投资企业
卫星传输服务	7	1	6			
互联网和相关服务	435	47	1930	121	115	9
互联网接入及相关服务	29	3	142	6	7	
互联网信息服务	344	37	1581	105	90	9
其他互联网服务	62	7	207	10	18	
软件和信息技术服务业	1223	257	11247	459	329	175
软件开发	714	176	7303	269	194	118
信息系统集成服务	123	22	1338	64	31	14
信息技术咨询服务	221	29	1241	62	50	12
数据处理和存储服务	19	4	157	3	9	1
集成电路设计	32	7	331	34	9	15
其他信息技术服务业	114	19	877	27	36	15
房地产业	**2062**	**274**	**12939**	**613**	**714**	**301**
房地产业	2062	274	12939	613	714	301
房地产开发经营	406	37	3383	212	146	211
物业管理	809	116	5137	199	321	53
房地产中介服务	735	112	3702	169	183	22
自有房地产经营活动						
其他房地产业	112	9	717	33	64	15
租赁和商务服务业	**7442**	**2051**	**40816**	**1806**	**2979**	**300**
租赁业	827	62	2354	86	225	13
机械设备租赁	804	61	2269	81	222	11
文化及日用品出租	23	1	85	5	3	2
商务服务业	6615	1989	38462	1720	2754	287
企业管理服务	1001	550	6901	411	757	95
法律服务	111	293	168	8	130	
咨询与调查	1499	515	10167	522	568	131
广告业	1500	184	9442	331	467	6
知识产权服务	35	47	416	11	13	3
人力资源服务	901	101	3950	146	316	1
旅行社及相关服务	243	36	1287	66	82	2
安全保护服务	50	6	363	10	13	
其他商务服务业	1275	257	5768	215	408	49
科学研究和技术服务业	**3005**	**388**	**18011**	**763**	**1823**	**245**
研究和试验发展	393	65	3310	161	185	92
自然科学研究和试验发展	45	4	246	9	20	10
工程和技术研究和试验发展	207	38	2218	110	96	50
农业科学研究和试验发展	60	6	253	7	30	9
医学研究和试验发展	70	16	576	34	36	23
社会人文科学研究	11	1	17	1	3	
专业技术服务业	1859	268	11758	430	561	102
气象服务	5		16		3	
地震服务			6		1	
海洋服务	3		10			
测绘服务	36	6	175	10	10	
质检技术服务	118	14	611	25	19	11
环境与生态监测	27	4	184	6	14	1

与港澳台商合资经营企业	与港澳台商合作经营企业	港澳台商独资经营企业	港澳台商投资股份有限公司	其他港澳台投资企业	外商投资企业	中外合资经营企业	中外合作经营企业	外资企业	外商投资股份有限公司	其他外商投资企业
1		7	1		30	7	1	20		2
					2			1		1
1		7	1		27	7	1	18		1
					1			1		
34	3	129	6	3	414	109	6	275	20	4
24	3	85	3	3	306	80	3	204	16	3
5		9			23	6	1	16		
1		10	1		30	5	1	24		
		1			7			7		
2		13			30	11	1	15	3	
2		11	2		18	7		9	1	1
105	**9**	**179**	**3**	**5**	**229**	**69**	**11**	**133**	**4**	**12**
105	9	179	3	5	229	69	11	133	4	12
80	7	120	1	3	148	52	8	83	2	3
13	1	36	2	1	53	11	2	35	1	4
9	1	11		1	22	5		11	1	5
3		12			6	1	1	4		
62	**10**	**203**	**15**	**10**	**431**	**66**	**11**	**305**	**17**	**32**
6	1	6			17	6		10	1	
5	1	5			16	6		9	1	
1		1			1			1		
56	9	197	15	10	414	60	11	295	16	32
21	3	57	7	7	92	15	3	58	4	12
					2				1	1
16	1	106	6	2	229	26	5	181	10	7
1	3	2			9	3	1	2		3
1	1	1			4	1	1	2		
				1	2			1		1
		2			4	1		2	1	
17	1	29	2		72	14	1	49		8
57	**4**	**172**	**7**	**5**	**500**	**186**	**4**	**285**	**14**	**11**
20	1	69	1	1	229	98	2	116	7	6
2		8			19	8		10	1	
13		37			132	51	1	74	3	3
1		8			6	3		2		1
4	1	16	1	1	72	36	1	30	3	2
30	2	63	5	2	185	48	2	127	5	3
					1			1		
					1			1		
4		7			39	11		27	1	
			1							

2-A-5 续表 18

行业	私营独资企业	私营合伙企业	私营有限责任公司	私营股份有限公司	其他企业	港、澳、台商投资企业
地质勘查	10	1	51	1	2	
工程技术	967	132	6609	226	268	27
其他专业技术服务业	693	111	4096	162	244	63
科技推广和应用服务业	753	55	2943	172	1077	51
技术推广服务	598	36	2208	142	1005	41
科技中介服务	77	10	334	20	37	3
其他科技推广和应用服务业	78	9	401	10	35	7
水利、环境和公共设施管理业	**475**	**44**	**2275**	**72**	**219**	**40**
水利管理业	33	1	112	8	22	
防洪除涝设施管理	11		16		3	
水资源管理	4		27	2	6	
天然水收集与分配		1	5	1	5	
水文服务	6		7		2	
其他水利管理业	12		57	5	6	
生态保护和环境治理业	73	13	334	12	25	15
生态保护	5	1	16	1	2	1
环境治理业	68	12	318	11	23	14
公共设施管理业	369	30	1829	52	172	25
市政设施管理	19	3	175	7	17	6
环境卫生管理	27	4	159	5	21	
城乡市容管理	11	1	58	3	5	
绿化管理	177	13	972	28	51	3
公园和游览景区管理	135	9	465	9	78	16
居民服务、修理和其他服务业	**3076**	**279**	**6763**	**266**	**507**	**34**
居民服务业	1032	87	1622	89	214	9
家庭服务	159	13	340	21	61	
托儿所服务	3		2		1	
洗染服务	39	2	101	2	7	
理发及美容服务	151	14	223	12	22	2
洗浴服务	431	30	249	15	45	1
保健服务	54	4	127	8	7	3
婚姻服务	62	7	215	12	15	
殡葬服务	15	2	53	2	13	
其他居民服务业	118	15	312	17	43	3
机动车、电子产品和日用产品修理业	1720	149	3397	124	190	21
汽车、摩托车修理与维护	1343	112	2301	81	124	14
计算机和办公设备维修	118	23	415	19	24	5
家用电器修理	178	11	495	20	28	2
其他日用产品修理业	81	3	186	4	14	
其他服务业	324	43	1744	53	103	4
清洁服务	205	23	1275	43	59	2
其他未列明服务业	119	20	469	10	44	2
教育	**23**	**5**	**67**	**7**	**17**	
教育	23	5	67	7	17	
学前教育					2	
初等教育	1	1			1	
中等教育	6	1			6	
高等教育					1	
特殊教育						
技能培训、教育辅助及其他教育	16	3	67	7	7	

与港澳台商合资经营企业	与港澳台商合作经营企业	港澳台商独资经营企业	港澳台商投资股份有限公司	其他港澳台投资企业	外商投资企业	中外合资经营企业	中外合作经营企业	外资企业	外商投资股份有限公司	其他外商投资企业
6	1	18	2		49	8		38	2	1
20	1	38	2	2	95	29	2	60	2	2
7	1	40	1	2	86	40		42	2	2
7	1	32		1	71	37		32	2	
		1	1	1	8	1		6		1
		7			7	2		4		1
9	**1**	**29**		**1**	**37**	**8**	**1**	**23**	**2**	**3**
					2			1	1	
					1			1		
					1				1	
6	1	8			16	4	1	11		
		1			3			3		
6	1	7			13	4	1	8		
3		21		1	19	4		11	1	3
1		5			2			1		1
					1			1		
		3			5	1		2		2
2		13		1	11	3		7	1	
7	**2**	**23**	**1**	**1**	**56**	**15**	**2**	**32**	**2**	**5**
1	1	7			15	6	1	4	1	3
					3					3
					2	1		1		
		2			3			2	1	
	1				2	2				
		3			1	1				
					2	1	1			
1		2			2	1		1		
6	1	13	1		22	6		15		1
5	1	8			9	5		3		1
1		3	1		6	1		5		
		2			1			1		
					6			6		
		3		1	19	3	1	13	1	1
		1		1	10		1	8		1
		2			9	3		5	1	
					2			**1**	**1**	
					2			1	1	
					2			1	1	

2-A-5 续表 19

行业	私营独资企业	私营合伙企业	私营有限责任公司	私营股份有限公司	其他企业	港、澳、台商投资企业
卫生和社会工作	**41**	**6**	**77**	**7**	**22**	**4**
卫生	23	5	52	5	13	1
医院	20	5	40	4	11	1
社区医疗与卫生院			3	1	1	
门诊部(所)	2		8			
计划生育技术服务活动						
妇幼保健院(所、站)					1	
专科疾病防治院(所、站)			1			
疾病预防控制中心						
其他卫生活动	1					
社会工作	18	1	25	2	9	3
提供住宿社会工作	16	1	22	2	8	2
不提供住宿社会工作	2		3		1	1
文化、体育和娱乐业	**4695**	**426**	**3815**	**190**	**575**	**49**
新闻和出版业	14	1	57	3	11	
新闻业	1		6		1	
出版业	13	1	51	3	10	
广播、电视、电影和影视录音制作业	61	10	366	26	21	4
广播	2		9	2	1	
电视	1		52	3	1	
电影和影视节目制作	24	8	129	8	10	1
电影和影视节目发行	4		38	1		1
电影放映	26	2	114	12	8	2
录音制作	4		24		1	
文化艺术业	385	37	1002	54	82	9
文艺创作与表演	191	10	218	7	27	
艺术表演场馆	5	2	16	1	1	
图书馆与档案馆	3		8	1		
文物及非物质文化遗产保护	3		10	1		
博物馆	9		8		5	
烈士陵园、纪念馆			2		1	
群众文化活动	48	3	118	2	7	7
其他文化艺术业	126	22	622	42	41	2
体育	105	8	306	25	25	9
体育组织	6	3	39		5	
体育场馆	5		18	1	2	1
休闲健身活动	88	4	202	21	16	8
其他体育	6	1	47	3	2	
娱乐业	4130	370	2084	82	436	27
室内娱乐活动	3986	362	1683	62	397	9
游乐园	10	1	38	1	3	
彩票活动			1			
文化、娱乐、体育经纪代理	30	2	137	3	7	
其他娱乐业	104	5	225	16	29	18

与港澳台商合资经营企业	与港澳台商合作经营企业	港澳台商独资经营企业	港澳台商投资股份有限公司	其他港澳台投资企业	外商投资企业	中外合资经营企业	中外合作经营企业	外资企业	外商投资股份有限公司	其他外商投资企业
2		**2**			**3**	**1**	**2**			
1					2		2			
1					1		1			
					1		1			
1		2			1	1				
1		1			1	1				
		1								
17		**29**	**2**	**1**	**41**	**13**	**4**	**21**		**3**
					3	1		2		
					3	1		2		
1		3			4	1		2		1
		1			3	1		2		
		1								
1		1			1					1
		8		1	5			5		
					1			1		
					1			1		
					1			1		
		6		1	2			2		
		2								
4		5			12	5	3	4		
		1								
4		4			10	3	3	4		
					2	2				
12		13	2		17	6	1	8		2
5		3	1		10	6	1	1		2
					1			1		
7		10	1		6			6		

2-A-6 按行业、登记注册类型分组的

行业	从业人员数(人)	内资企业	国有企业	集体企业	股份合作企业	联营企业
总计	**16295600**	**14792662**	**179464**	**204085**	**51824**	**21734**
农、林、牧、渔业	**20231**	**20069**	**656**	**1114**	**180**	**63**
农、林、牧、渔服务业	20231	20069	656	1114	180	63
农业服务业	14367	14227	550	638	154	44
林业服务业	2176	2159		271	26	1
畜牧服务业	1626	1623	67	27		8
渔业服务业	2062	2060	39	178		10
采矿业	**22640**	**21321**	**1361**	**1898**	**39**	**77**
煤炭开采和洗选业	850	850	8	65		
烟煤和无烟煤开采洗选	676	676	8	65		
褐煤开采洗选	15	15				
其他煤炭采选	159	159				
石油和天然气开采业	173	173				
石油开采	29	29				
天然气开采	144	144				
黑色金属矿采选业	2508	2149		348		
铁矿采选	2403	2044		348		
锰矿、铬矿采选						
其他黑色金属矿采选	105	105				
有色金属矿采选业	554	554	27			
常用有色金属矿采选	521	521	27			
贵金属矿采选	33	33				
稀有稀土金属矿采选						
非金属矿采选业	17799	17113	1297	1454	39	76
土砂石开采	12807	12362	40	757	39	64
化学矿开采	1205	993				
采盐	2688	2659	1257	571		
石棉及其他非金属矿采选	1099	1099		126		12
开采辅助活动	629	355	29	31		1
煤炭开采和洗选辅助活动	282	8	1			
石油和天然气开采辅助活动	186	186	19			1
其他开采辅助活动	161	161	9	31		
其他采矿业	127	127				
其他采矿业	127	127				
制造业	**9298787**	**7915067**	**16658**	**62556**	**30283**	**7069**
农副食品加工业	205635	186109	631	1064	505	97
谷物磨制	52177	51293	231	209	20	25
饲料加工	27932	23563	16	9	50	
植物油加工	14276	12773	57	67	8	18
制糖业	1461	1461				
屠宰及肉类加工	35680	32830	148	446	15	1
水产品加工	25015	20906	140	116	35	
蔬菜、水果和坚果加工	30475	26396	6	68	238	
其他农副食品加工	18619	16887	33	149	139	53
食品制造业	79398	65216	542	369	261	37
焙烤食品制造	16126	12723	75	80	27	12
糖果、巧克力及蜜饯制造	5132	4115	20		7	
方便食品制造	11782	9663	15	28	30	

小微企业法人单位从业人员数

国有联营企业	集体联营企业	国有与集体联营企业	其他联营企业	有限责任公司	国有独资公司	其他有限责任公司	股份有限公司	私营企业
2418	**5458**	**2897**	**10961**	**1823785**	**43317**	**1780468**	**308065**	**11831953**
10	**22**		**31**	**1134**	**45**	**1089**	**129**	**9720**
10	22		31	1134	45	1089	129	9720
	14		30	847	45	802	129	6521
			1	91		91		1346
	8			82		82		966
10				114		114		887
	64		**13**	**3389**	**340**	**3049**	**50**	**14138**
				16		16		755
				16		16		581
								15
								159
				144	142	2		26
								26
				144	142	2		
				410		410		1350
				410		410		1245
								105
				349		349	8	151
				349		349	1	141
							7	10
	64		12	2430	198	2232	42	11490
	64			1038		1038	42	10120
				804		804		181
				513	198	315		318
			12	75		75		871
			1					294
								7
			1					166
								121
				40		40		72
				40		40		72
662	**1636**	**431**	**4340**	**687221**	**7478**	**679743**	**120114**	**6902829**
	55		42	20472	422	20050	3164	157009
	15		10	5350	309	5041	355	44303
				4085	110	3975	814	18265
	18			1850		1850	167	10536
				343		343	193	925
			1	3154		3154	523	28160
				2272		2272	721	17321
				1362		1362	165	23771
	22		31	2056	3	2053	226	13728
6	12	10	9	8113	471	7642	1894	52299
6			6	606		606	138	11342
				250		250	102	3721
				1514		1514	579	7424

2-A-6 续表 1

行业	从业人员数(人)	内资企业				
			国有企业	集体企业	股份合作企业	联营企业
乳制品制造	4320	3829	5	70		
罐头食品制造	9098	7888	3	20	15	10
调味品、发酵制品制造	9105	8380	49	25	137	12
其他食品制造	23835	18618	375	146	45	3
酒、饮料和精制茶制造业	39177	31918	552	846	84	40
酒的制造	21216	18936	165	83	62	
饮料制造	13725	8855	30	132	17	15
精制茶加工	4236	4127	357	631	5	25
烟草制品业	298	298	239	55		
烟叶复烤						
卷烟制造	55	55		55		
其他烟草制品制造	243	243	239			
纺织业	875617	771928	192	5156	1905	180
棉纺织及印染精加工	402312	366603	19	2365	783	34
毛纺织及染整精加工	66211	58420	6	959	152	
麻纺织及染整精加工	7540	6183		1		
丝绢纺织及印染精加工	22643	21427	7	235	156	43
化纤织造及印染精加工	118660	103333	96	423	67	10
针织或钩针编织物及其制品制造	86466	77493	46	121	277	23
家用纺织制成品制造	98610	75873	18	270	225	33
非家用纺织制成品制造	73175	62596		782	245	37
纺织服装、服饰业	745503	613475	446	2094	1220	329
机织服装制造	537069	440110	345	1602	940	320
针织或钩针编织服装制造	96034	76594	1	332	48	
服饰制造	112400	96771	100	160	232	9
皮革、毛皮、羽毛及其制品和制鞋业	143555	119126	6	925	267	112
皮革鞣制加工	3686	2929	6	1		
皮革制品制造	46107	35233		196	144	
毛皮鞣制及制品加工	4984	3775		27		17
羽毛(绒)加工及制品制造	11677	9281		312	60	
制鞋业	77101	67908		389	63	95
木材加工和木、竹、藤、棕、草制品业	298517	288663	28	622	309	140
木材加工	85967	85385	28	106	32	73
人造板制造	158021	153595		356	176	4
木制品制造	49443	45482		121	101	63
竹、藤、棕、草等制品制造	5086	4201		39		
家具制造业	83039	70609		379	357	58
木质家具制造	61688	54925		81	324	49
竹、藤家具制造	738	627				
金属家具制造	9785	6691		171	17	
塑料家具制造	1963	1588				
其他家具制造	8865	6778		127	16	9
造纸和纸制品业	137581	120990	61	788	545	67
纸浆制造	400	366		10		
造纸	59871	52613	61	410	254	9
纸制品制造	77310	68011		368	291	58
印刷和记录媒介复制业	177287	160874	2224	2968	1116	166
印刷	169461	154116	2122	2716	1020	166

国有联营企业	集体联营企业	国有与集体联营企业	其他联营企业	有限责任公司	国有独资公司	其他有限责任公司	股份有限公司	私营企业
				1385	220	1165	78	2231
		10		332		332	305	7180
	12			963		963	161	6412
			3	3063	251	2812	531	13989
15	25			4102	44	4058	615	25117
				2680		2680	570	15089
15				1263	44	1219	15	7252
	25			159		159	30	2776
								4
								4
	35		145	48796	165	48631	7514	702723
	25		9	24521		24521	4268	332142
				3458		3458	718	53105
				514		514	11	5639
			43	2685	116	2569	512	17657
	10			1802		1802	108	100497
			23	3947		3947	320	72135
			33	7371	49	7322	539	66455
			37	4498		4498	1038	55093
16	3		310	45216	837	44379	4904	549832
16			304	34413	800	33613	3571	393357
				3810		3810	270	70792
	3		6	6993	37	6956	1063	85683
	17		95	8193		8193	1542	106786
				305		305	186	2402
				2894		2894	330	31276
	17			259		259		3389
				504		504	176	8200
			95	4231		4231	850	61519
	4		136	14268	27	14241	1881	266164
			73	2601	27	2574	335	79717
	4			8795		8795	1302	141315
			63	2637		2637	189	41761
				235		235	55	3371
		18	40	6874		6874	1050	60253
		18	31	5664		5664	898	46669
				262		262		365
				431		431	64	5778
				63		63		1511
			9	454		454	88	5930
	18	10	39	8808		8808	1126	108299
				29		29	9	317
			9	4451		4451	602	46359
	18	10	30	4328		4328	515	61623
1	79		86	12263	640	11623	1959	138151
1	79		86	11852	640	11212	1789	132537

2-A-6 续表 2

行业	从业人员数(人)	内资企业				
			国有企业	集体企业	股份合作企业	联营企业
装订及印刷相关服务	6952	6299	102	252	96	
记录媒介复制	874	459				
文教、工美、体育和娱乐用品制造业	316729	254041	253	1356	604	72
文教办公用品制造	22469	18842	7	131	82	
乐器制造	8506	6245	6		4	
工艺美术品制造	165403	134841	4	945	442	28
体育用品制造	32140	24615	179	83	3	16
玩具制造	76793	60564	57	197	73	28
游艺器材及娱乐用品制造	11418	8934				
石油加工、炼焦和核燃料加工业	13554	11613		282	14	
精炼石油产品制造	12411	10488		279	11	
炼焦	1131	1113		3	3	
核燃料加工	12	12				
化学原料和化学制品制造业	470925	377466	1025	5484	2464	624
基础化学原料制造	126617	105968	414	935	1355	15
肥料制造	20007	18388	194	159	104	37
农药制造	20585	17392	19	30	53	
涂料、油墨、颜料及类似产品制造	78051	62898	221	1363	105	28
合成材料制造	74370	52238	3	966	117	10
专用化学产品制造	126487	101399	163	1729	710	534
炸药、火工及焰火产品制造	1576	1555				
日用化学产品制造	23232	17628	11	302	20	
医药制造业	94882	75311	240	644	434	196
化学药品原料药制造	27892	22885	48	292	342	
化学药品制剂制造	15084	10558	91			196
中药饮片加工	4660	4590		219	2	
中成药生产	3869	2826	33			
兽用药品制造	4738	4241	57	35		
生物药品制造	15790	12019	7			
卫生材料及医药用品制造	22849	18192	4	98	90	
化学纤维制造业	74245	66820	333	320	96	65
纤维素纤维原料及纤维制造	17418	15661	157	103		
合成纤维制造	56827	51159	176	217	96	65
橡胶和塑料制品业	449214	376874	410	3303	1994	561
橡胶制品业	88677	74796	64	1131	700	412
塑料制品业	360537	302078	346	2172	1294	149
非金属矿物制品业	534035	488408	1058	6422	2737	372
水泥、石灰和石膏制造	37178	35556	178	417	64	16
石膏、水泥制品及类似制品制造	137700	128278	149	545	306	114
砖瓦、石材等建筑材料制造	124766	118760	551	4151	1129	203
玻璃制造	15211	13568	7	10	10	
玻璃制品制造	69759	60793	50	402	246	22
玻璃纤维和玻璃纤维增强塑料制品制造	31345	28288		137	326	
陶瓷制品制造	25972	20258	38	40	3	
耐火材料制品制造	35491	32281		529	263	
石墨及其他非金属矿物制品制造	56613	50626	85	191	390	17
黑色金属冶炼和压延加工业	211119	193072	628	2383	690	11

国有联营企业	集体联营企业	国有与集体联营企业	其他联营企业	有限责任公司	国有独资公司	其他有限责任公司	股份有限公司	私营企业
				406		406	170	5160
				5		5		454
5	6		61	13959		13959	2331	231429
				1313		1313	269	16690
				333		333	6	5497
5	5		18	8229		8229	1095	122203
	1		15	1334		1334	322	22352
			28	2083		2083	282	57038
				667		667	357	7649
				1689	33	1656	723	8710
				1338	33	1305	723	7942
				351		351		756
								12
362	110	39	113	59617	1789	57828	12018	293464
	15			24961	948	24013	3762	74079
			37	1840		1840	289	15562
				3957		3957	688	12551
	28			8174	294	7880	1690	50525
			10	6160	367	5793	1749	42805
362	67	39	66	12815	180	12635	3291	81597
				494		494	185	876
				1216		1216	364	15469
			196	17746		17746	3468	52154
				6855		6855	1125	14219
			196	4156		4156	477	5583
				1106		1106		3263
				789		789		1939
				953		953	231	2965
				1412		1412	1039	9376
				2475		2475	596	14809
	16		49	5195		5195	1294	59143
				2261		2261	513	12421
	16		49	2934		2934	781	46722
5	217		339	23334	7	23327	4758	339082
	145		267	5746		5746	494	65615
5	72		72	17588	7	17581	4264	273467
	63		309	43583	1083	42500	8462	417867
			16	6153	246	5907	1026	27275
			114	16079	612	15467	1855	106698
	62		141	7088	8	7080	1847	101023
				1341		1341	275	11754
	1		21	4325	217	4108	1580	53613
				2726		2726	409	24534
				1418		1418	689	17806
				1820		1820	578	28845
			17	2633		2633	203	46319
			11	12676		12676	2581	172264

2-A-6 续表 3

行　　业	从业人员数（人）	内资企业	国有企业	集体企业	股份合作企业	联营企业
炼铁	5102	4700	8	70	95	
炼钢	2778	2360		74	21	
黑色金属铸造	101437	94835	186	1721	329	1
钢压延加工	95243	84860	410	518	245	10
铁合金冶炼	6559	6317	24			
有色金属冶炼和压延加工业	136039	117629	181	1853	671	98
常用有色金属冶炼	15310	14797	23	371	14	85
贵金属冶炼	1368	1029	59	4	8	
稀有稀土金属冶炼	3794	3689	10	1		
有色金属合金制造	19425	15728		62	62	
有色金属铸造	10613	9553		55	39	8
有色金属压延加工	85529	72833	89	1360	548	5
金属制品业	719061	641303	740	5023	2764	725
结构性金属制品制造	240931	223560	124	801	621	253
金属工具制造	88630	76598	83	965	440	280
集装箱及金属包装容器制造	35306	30544	158	225	99	44
金属丝绳及其制品制造	59518	53844		300	108	
建筑、安全用金属制品制造	54800	46350		268	172	11
金属表面处理及热处理加工	66014	58160	50	1747	721	15
搪瓷制品制造	3687	3152	152	11	7	
金属制日用品制造	33266	26516	12	181	49	10
其他金属制品制造	136909	122579	161	525	547	112
通用设备制造业	1003097	876692	1432	6279	3977	931
锅炉及原动设备制造	52004	45498	570	361	503	6
金属加工机械制造	163403	146256	240	865	636	51
物料搬运设备制造	67122	55349	45	237	203	77
泵、阀门、压缩机及类似机械制造	151802	128432	199	907	659	149
轴承、齿轮和传动部件制造	90571	75740	71	950	311	307
烘炉、风机、衡器、包装等设备制造	120184	100272	113	509	430	86
文化、办公用机械制造	11961	7188	1	9	5	2
通用零部件制造	270270	247278	95	1901	1028	237
其他通用设备制造业	75780	70679	98	540	202	16
专用设备制造业	704389	597244	1734	2928	2479	386
采矿、冶金、建筑专用设备制造	121419	109680	734	549	617	124
化工、木材、非金属加工专用设备制造	188723	143782	212	397	346	63
食品、饮料、烟草及饲料生产专用设备制造	17603	15466	25	90	76	
印刷、制药、日化及日用品生产专用设备制造	33198	29109	16	477	131	
纺织、服装和皮革加工专用设备制造	67037	60409	165	358	169	30
电子和电工机械专用设备制造	46950	37836	201	152	38	75
农、林、牧、渔专用机械制造	28202	25640	69	356	230	
医疗仪器设备及器械制造	53842	43480	40	199	270	51
环保、社会公共服务及其他专用设备制造	147415	131842	272	350	602	43
汽车制造业	245579	181663	57	1551	688	149
汽车整车制造	6162	2959	15	94	26	
改装汽车制造	4078	3608		31	84	
低速载货汽车制造	266	266				
电车制造	4537	4515				

国有联营企业	集体联营企业	国有与集体联营企业	其他联营企业	有限责任公司	国有独资公司	其他有限责任公司	股份有限公司	私营企业
				593		593		3933
				409		409		1808
			1	6420		6420	1152	83729
			10	4484		4484	1419	77298
				770		770	10	5496
			98	10124		10124	2238	101536
			85	1473		1473	334	12420
				32		32		926
				1003		1003	61	2614
				1092		1092	174	14189
			8	682		682	13	8576
			5	5842		5842	1656	62811
125	174		426	47536	270	47266	8572	570041
	94		159	19417		19417	4137	195579
60			220	4360		4360	644	69155
	44			2721		2721	513	26609
				3879		3879	401	48944
	2		9	3518		3518	265	41535
	15			4024	269	3755	954	50416
				52		52		2890
			10	1671		1671	269	23976
65	19		28	7894	1	7893	1389	110937
105	186	235	405	68575	239	68336	10593	775885
			6	2910	59	2851	861	39290
			51	12372		12372	2197	127823
13	52		12	5806		5806	571	48119
	83		66	13208	179	13029	1479	110455
25	15	198	69	7213		7213	910	65237
	11		75	7927		7927	1648	88714
			2	1102		1102	489	5568
67	25	37	108	13045	1	13044	1796	227239
			16	4992		4992	642	63440
1	128	1	256	52071	97	51974	9410	521676
	78		46	11988		11988	2086	92617
	50		13	10113		10113	986	130474
				1561		1561	343	13267
				1706		1706	37	26325
			30	3954		3954	715	54102
		1	74	3759		3759	497	32417
				2569		2569	411	21548
1			50	4054		4054	1013	37301
			43	12367	97	12270	3322	113625
			149	19603	48	19555	3303	155343
				332		332	380	2032
				1603		1603		1890
				150		150		116
				148		148	8	4323

2-A-6 续表 4

行业	从业人员数（人）	内资企业	国有企业	集体企业	股份合作企业	联营企业
汽车车身、挂车制造	3655	3317		2		
汽车零部件及配件制造	226881	166998	42	1424	578	149
铁路、船舶、航空航天和其他运输设备制造业	179910	155329	940	1863	565	97
铁路运输设备制造	18839	16590	301	723	136	51
城市轨道交通设备制造	2135	2127				19
船舶及相关装置制造	76756	71237	633	353	168	2
航空、航天器及设备制造	4818	2864	2		1	
摩托车制造	23241	20659		457	77	5
自行车制造	37627	28851	2	70	163	20
非公路休闲车及零配件制造	12180	9882	1	234		
潜水救捞及其他未列明运输设备制造	4314	3119	1	26	20	
电气机械和器材制造业	672356	566448	946	4140	1626	808
电机制造	98550	82441	125	438	149	11
输配电及控制设备制造	252230	211758	490	822	950	282
电线、电缆、光缆及电工器材制造	121139	101258	3	2009	199	174
电池制造	22994	17590		8	7	19
家用电力器具制造	45178	35721		190	119	27
非电力家用器具制造	14605	13166		26	20	
照明器具制造	90946	80376	322	300	130	290
其他电气机械及器材制造	26714	24138	6	347	52	5
计算机、通信和其他电子设备制造业	425367	285825	743	1326	1066	266
计算机制造	31225	17324	6		34	
通信设备制造	27434	19546	173	56	123	9
广播电视设备制造	22146	15693		106		
雷达及配套设备制造	1422	1422				
视听设备制造	14989	10603	11	9	16	1
电子器件制造	77193	44875	361	408	385	106
电子元件制造	195828	133982	158	735	349	3
其他电子设备制造	55130	42380	34	12	159	147
仪器仪表制造业	163166	130268	719	1008	770	82
通用仪器仪表制造	98003	80542	207	819	592	62
专用仪器仪表制造	33508	25646	363	74	94	4
钟表与计时仪器制造	1062	856		17	9	15
光学仪器及眼镜制造	22309	15788	26	91	51	
其他仪器仪表制造业	8284	7436	123	7	24	1
其他制造业	54302	48642	44	653	32	41
日用杂品制造	31332	26892		277	25	
煤制品制造	2281	2261		256		
核辐射加工	254	227	42			
其他未列明制造业	20435	19262	2	120	7	41
废弃资源综合利用业	21622	18248	103	83	22	352
金属废料和碎屑加工处理	11967	9622	60	73	12	302
非金属废料和碎屑加工处理	9655	8626	43	10	10	50
金属制品、机械和设备修理业	23589	22965	151	389	21	7
金属制品修理	1627	1484	70	7		
通用设备修理	1764	1723		6		2
专用设备修理	2042	2030	5	3	3	

国有联营企业	集体联营企业	国有与集体联营企业	其他联营企业	有限责任公司	国有独资公司	其他有限责任公司	股份有限公司	私营企业
				295		295	216	2799
			149	17075	48	17027	2699	144183
21	5	51	20	19176	845	18331	2418	129261
		36	15	3476	505	2971	257	11528
19				189		189	457	1462
2				9461		9461	800	59282
				854	339	515	60	1885
			5	2237	1	2236	315	17568
	5	15		2398		2398	465	25595
				246		246	53	9281
				315		315	11	2660
	77	65	666	59451	107	59344	12329	481056
	1		10	8205	89	8116	1862	71065
	31	65	186	27020	18	27002	5264	174373
	38		136	10224		10224	2105	85811
			19	2257		2257	299	14788
	7		20	4387		4387	564	30208
				2020		2020	879	10096
			290	3579		3579	1042	73606
			5	1759		1759	314	21109
	7	2	257	30107	329	29778	5612	243885
				1828	26	1802	341	14991
	7		2	2464		2464	641	15967
				1460	151	1309	502	13599
				810		810	290	322
			1	1350		1350	3	9048
			106	6560	62	6498	1517	35210
		1	2	11679	90	11589	1620	118089
		1	146	3956		3956	698	36659
	40		42	16136		16136	3475	107326
	40		22	11808		11808	2367	64210
			4	2583		2583	862	21571
			15	113		113		700
				983		983	129	14453
			1	649		649	117	6392
			41	2804	5	2799	341	43865
				1174		1174	88	25028
				2		2		1914
								185
			41	1628	5	1623	253	16738
	352			2504		2504	38	14907
	302			1556		1556	32	7469
	50			948		948	6	7438
	7			4230	20	4210	501	17298
				213		213	44	1150
	2			340		340	33	1332
				73		73	4	1889

2-A-6 续表 5

行业	从业人员数(人)	内资企业	国有企业	集体企业	股份合作企业	联营企业
铁路、船舶、航空航天等运输设备修理	13517	13326	8	237	7	5
电气设备修理	1041	826	64	3	8	
仪器仪表修理	99	97			3	
其他机械和设备修理业	3499	3479	4	133		
电力、热力、燃气及水生产和供应业	**73261**	**58125**	**7309**	**6528**	**170**	**581**
电力、热力生产和供应业	30715	22202	1985	481	46	287
电力生产	21877	15973	1246	158	7	287
电力供应	1670	1461	590	48	39	
热力生产和供应	7168	4768	149	275		
燃气生产和供应业	10616	6312	176	13	14	21
燃气生产和供应业	10616	6312	176	13	14	21
水的生产和供应业	31930	29611	5148	6034	110	273
自来水生产和供应	20973	19674	3953	4760	87	208
污水处理及其再生利用	10117	9111	1080	1144	23	65
其他水的处理、利用与分配	840	826	115	130		
建筑业	**1885839**	**1877110**	**30179**	**31065**	**6171**	**1920**
房屋建筑业	947695	944856	6036	19219	1181	279
房屋建筑业	947695	944856	6036	19219	1181	279
土木工程建筑业	299161	297989	10352	6760	1052	728
铁路、道路、隧道和桥梁工程建筑	149315	148871	2403	4171	341	108
水利和内河港口工程建筑	29152	29029	5871	428	130	12
海洋工程建筑	491	491	25			
工矿工程建筑	12461	12259	222	184	107	13
架线和管道工程建筑	28323	28147	401	1108	130	503
其他土木工程建筑	79419	79192	1430	869	344	92
建筑安装业	257203	254833	1683	2566	534	795
电气安装	69445	68861	176	869	107	62
管道和设备安装	57386	56725	374	332	239	702
其他建筑安装业	130372	129247	1133	1365	188	31
建筑装饰和其他建筑业	381780	379432	12108	2520	3404	118
建筑装饰业	222503	220517	121	1325	1723	96
工程准备活动	33262	33221	1891	684	10	12
提供施工设备服务	13707	13649		98	6	1
其他未列明建筑业	112308	112045	10096	413	1665	9
批发和零售业	**2215914**	**2190311**	**18567**	**26080**	**6360**	**3760**
批发业	1658839	1636109	14561	16602	4245	2506
农、林、牧产品批发	122884	122291	6537	2759	326	265
食品、饮料及烟草制品批发	187743	185625	3434	2627	563	421
纺织、服装及家庭用品批发	272119	267118	292	1300	386	278
文化、体育用品及器材批发	41986	41203	132	205	172	110
医药及医疗器材批发	31060	30637	228	81	63	75
矿产品、建材及化工产品批发	475644	472016	2295	6978	1602	762
机械设备、五金产品及电子产品批发	387850	379810	1007	1480	878	457
贸易经纪与代理	37427	36792	155	442	60	58
其他批发业	102126	100617	481	730	195	80
零售业	557075	554202	4006	9478	2115	1254
综合零售	65268	64968	605	4825	206	241

国有联营企业	集体联营企业	国有与集体联营企业	其他联营企业	有限责任公司	国有独资公司	其他有限责任公司	股份有限公司	私营企业
	5			3202	20	3182	62	9554
				41		41	71	635
				19		19		75
				342		342	287	2663
56	**180**	**264**	**81**	**17542**	**1312**	**16230**	**2970**	**21868**
18	1	250	18	9398	869	8529	1935	7853
18	1	250	18	7234	783	6451	1752	5260
				268		268	10	412
				1896	86	1810	173	2181
	4		17	2053		2053	317	3524
	4		17	2053		2053	317	3524
38	175	14	46	6091	443	5648	718	10491
	165	14	29	4061	330	3731	373	5654
38	10		17	1949	113	1836	331	4421
				81		81	14	416
493	**243**	**652**	**532**	**468460**	**6495**	**461965**	**98187**	**1227985**
	193	14	72	266486	1448	265038	62684	585942
	193	14	72	266486	1448	265038	62684	585942
488	38		202	72454	2245	70209	10238	193608
1			107	41302	1065	40237	4935	94385
	12			6949	776	6173	2345	13032
				7		7		459
	10		3	1831	102	1729	75	9763
487	16			7047	115	6932	1162	17575
			92	15318	187	15131	1721	58394
	10	620	165	58920	2491	56429	13447	174720
	10		52	18674	2103	16571	4020	44674
		620	82	13902		13902	5695	35119
			31	26344	388	25956	3732	94927
5	2	18	93	70600	311	70289	11818	273715
		18	78	36233	72	36161	7266	170497
5	2		5	5376	27	5349	980	23710
			1	3791		3791	843	8675
			9	25200	212	24988	2729	70833
354	**1041**	**273**	**2092**	**166112**	**1410**	**164702**	**19066**	**1800314**
203	703	192	1408	115282	1004	114278	11861	1349449
10	38	39	178	5228	153	5075	774	66526
88	103	74	156	10437	178	10259	1274	114400
4	151	7	116	20772	110	20662	1801	238181
65	21		24	3858	85	3773	468	35270
			75	4041	45	3996	446	24492
14	360	26	362	30801	240	30561	3214	416462
12	13	33	399	29182	128	29054	3036	336686
10	5		43	4179	11	4168	339	29230
	12	13	55	6784	54	6730	509	88202
151	338	81	684	50830	406	50424	7205	450865
5	160	12	64	4219	25	4194	895	51334

2-A-6 续表 6

行　　业	从业人员数（人）	内资企业	国有企业	集体企业	股份合作企　业	联营企业
食品、饮料及烟草制品专门零售	71914	71543	936	1027	358	155
纺织、服装及日用品专门零售	64113	63778	301	518	213	132
文化、体育用品及器材专门零售	42669	42388	515	523	229	84
医药及医疗器材专门零售	31646	31516	203	388	142	64
汽车、摩托车、燃料及零配件专门零售	83485	82975	579	1043	356	198
家用电器及电子产品专门零售	83074	82647	185	125	269	147
五金、家具及室内装饰材料专门零售	72844	72681	350	358	193	127
货摊、无店铺及其他零售业	42062	41706	332	671	149	106
交通运输、仓储和邮政业	**462708**	**451926**	**21139**	**14807**	**1590**	**1137**
道路运输业	286750	283974	6718	5721	796	563
城市公共交通运输	38981	38800	3701	1493	184	46
公路旅客运输	20674	20587	735	801	212	152
道路货物运输	215353	213203	1654	2334	357	274
道路运输辅助活动	11742	11384	628	1093	43	91
水上运输业	47570	45257	1356	4959	332	135
水上旅客运输	2049	1841	306	309		
水上货物运输	35247	34965	725	4398	314	112
水上运输辅助活动	10274	8451	325	252	18	23
航空运输业	4921	4847	4091	51		
航空客货运输	1148	1078	614			
通用航空服务	197	197				
航空运输辅助活动	3576	3572	3477	51		
管道运输业	960	605				
管道运输业	960	605				
装卸搬运和运输代理业	83558	80548	2281	3156	335	218
装卸搬运	31734	30343	630	2050	259	62
运输代理业	51824	50205	1651	1106	76	156
仓储业	25026	22785	4911	851	32	140
谷物、棉花等农产品仓储	7480	7477	4096	370		
其他仓储业	17546	15308	815	481	32	140
邮政业	13923	13910	1782	69	95	81
邮政基本服务	1617	1617	1491	10		
快递服务	12306	12293	291	59	95	81
住宿和餐饮业	**232323**	**224247**	**9813**	**3160**	**485**	**352**
住宿业	71254	68304	6867	1787	127	22
旅游饭店	37222	34929	5057	902	18	
一般旅馆	29538	29006	1365	747	88	22
其他住宿业	4494	4369	445	138	21	
餐饮业	161069	155943	2946	1373	358	330
正餐服务	140321	136198	2385	1277	265	297
快餐服务	8430	7766	286	61	19	
饮料及冷饮服务	2826	2635	43	12	50	
其他餐饮业	9492	9344	232	23	24	33
信息传输、软件和信息技术服务业	**206306**	**193964**	**1847**	**399**	**528**	**738**
电信、广播电视和卫星传输服务	7341	7179	815	192	13	46
电信	5003	4841	417	7	13	46
广播电视传输服务	2165	2165	392	185		

国有联营企业	集体联营企业	国有与集体联营企业	其他联营企业	有限责任公司	国有独资公司	其他有限责任公司	股份有限公司	私营企业
20	31	10	94	6409	115	6294	911	48808
	32	12	88	4629	15	4614	514	55636
9	11	12	52	4259	90	4169	747	34144
3	18		43	3544	32	3512	592	25231
85	35	27	51	11335	36	11299	1560	66308
11	9		127	7278	50	7228	977	71684
4	17		106	5677	7	5670	435	63195
14	25	8	59	3480	36	3444	574	34525
163	**315**	**332**	**327**	**87608**	**6132**	**81476**	**14972**	**302217**
85	166	100	212	55365	3599	51766	10090	199696
	46			12813	1453	11360	2153	17731
7	27	100	18	8616	164	8452	1962	7692
50	78		146	30438	1503	28935	4926	169569
28	15		48	3498	479	3019	1049	4704
15	89	14	17	10435	691	9744	3101	23823
				427		427	67	706
	89	14	9	7112	681	6431	2424	18996
15			8	2896	10	2886	610	4121
				333	181	152		360
				189	181	8		275
				135		135		62
				9		9		23
				520		520	36	49
				520		520	36	49
52	52	54	60	14574	947	13627	1133	57297
	8	54		5662	121	5541	458	20614
52	44		60	8912	826	8086	675	36683
11	8	121		4507	609	3898	579	11205
				914	449	465	45	1748
11	8	121		3593	160	3433	534	9457
		43	38	1874	105	1769	33	9787
								116
		43	38	1874	105	1769	33	9671
127	**97**		**128**	**38819**	**1934**	**36885**	**4210**	**161834**
	9		13	14742	821	13921	1850	41193
				9380	560	8820	1181	17796
	9		13	4478	255	4223	534	20839
				884	6	878	135	2558
127	88		115	24077	1113	22964	2360	120641
127	88		82	21436	954	20482	2154	105259
				1152	142	1010	61	5889
				201		201	13	2177
			33	1288	17	1271	132	7316
40	**21**	**62**	**615**	**33362**	**338**	**33024**	**4465**	**146156**
40			6	1635	123	1512	164	4158
40			6	981		981	104	3192
				646	123	523	43	824

2-A-6 续表 7

行　　业	从业人员数(人)	内资企业	国有企业	集体企业	股份合作企业	联营企业
卫星传输服务	173	173	6			
互联网和相关服务	28235	27585	282	63	71	24
互联网接入及相关服务	1997	1892	2		8	1
互联网信息服务	23799	23256	237	63	54	23
其他互联网服务	2439	2437	43		9	
软件和信息技术服务业	170730	159200	750	144	444	668
软件开发	113877	105986	335	65	322	515
信息系统集成服务	17707	16895	50	2	55	44
信息技术咨询服务	16441	15617	117	66	54	60
数据处理和存储服务	3147	2979	109			15
集成电路设计	7065	5972	28		3	4
其他信息技术服务业	12493	11751	111	11	10	30
房地产业	**380416**	**370625**	**6823**	**7243**	**963**	**626**
房地产业	380416	370625	6823	7243	963	626
房地产开发经营	95420	89762	1813	862	231	158
物业管理	223465	220187	3153	5501	629	398
房地产中介服务	42587	42128	456	178	33	29
自有房地产经营活动						
其他房地产业	18944	18548	1401	702	70	41
租赁和商务服务业	**834277**	**823529**	**45212**	**37137**	**2666**	**2845**
租赁业	41501	40822	957	531	46	14
机械设备租赁	40003	39385	872	511	46	14
文化及日用品出租	1498	1437	85	20		
商务服务业	792776	782707	44255	36606	2620	2831
企业管理服务	143391	140556	8041	7169	1165	476
法律服务	9215	9200	57	64	143	21
咨询与调查	121330	117681	1340	938	357	199
广告业	96552	96301	1094	302	310	319
知识产权服务	4935	4607	146	25	25	
人力资源服务	220817	220761	6140	15470	244	130
旅行社及相关服务	24420	24220	1146	626	56	10
安全保护服务	60935	60935	22199	5264	6	1105
其他商务服务业	111181	108446	4092	6748	314	571
科学研究和技术服务业	**343394**	**333029**	**9359**	**4059**	**915**	**1148**
研究和试验发展	51174	46835	945	249	179	164
自然科学研究和试验发展	3527	3219	135		6	
工程和技术研究和试验发展	32524	29873	629	144	92	158
农业科学研究和试验发展	5257	5054	131	62		4
医学研究和试验发展	9605	8428	48	34	81	2
社会人文科学研究	261	261	2	9		
专业技术服务业	217035	212509	7267	3060	560	721
气象服务	671	659	261	27		
地震服务	45	45				
海洋服务	425	425				
测绘服务	5262	5257	771	399		158
质检技术服务	19667	18438	1191	1121	15	64
环境与生态监测	3309	3302	189	41		37

国有联营企业	集体联营企业	国有与集体联营企业	其他联营企业	有限责任公司	国有独资公司	其他有限责任公司	股份有限公司	私营企业
				8		8	17	142
			24	2976		2976	855	22382
			1	244		244	12	1587
			23	2364		2364	790	18903
				368		368	53	1892
	21	62	585	28751	215	28536	3446	119616
			515	19285	80	19205	2637	78552
	18	13	13	3241	71	3170	349	12926
	3	49	8	2390	1	2389	206	12385
			15	356		356	154	2289
			4	1366		1366	15	4318
			30	2113	63	2050	85	9146
57	**137**	**99**	**333**	**81417**	**3357**	**78060**	**11739**	**252166**
57	137	99	333	81417	3357	78060	11739	252166
30	31	34	63	19778	622	19156	4421	60175
24	100	65	209	53453	2445	51008	6053	145629
			29	4952	22	4930	745	34512
3	6		32	3234	268	2966	520	11850
117	**1388**	**150**	**1190**	**148942**	**9304**	**139638**	**19594**	**535294**
		6	8	4565	241	4324	429	31459
		6	8	4366	241	4125	395	30410
				199		199	34	1049
117	1388	144	1182	144377	9063	135314	19165	503835
57	214	85	120	34567	4967	29600	4030	74962
			21	210	13	197	37	7135
19	65	12	103	18260	63	18197	2306	90058
3	9	7	300	12116	256	11860	1190	78009
				393	4	389	70	3820
	6		124	41727	1698	40029	7618	144824
2			8	5005	267	4738	797	16025
	936		169	10955	1051	9904	1099	19340
36	158	40	337	21144	744	20400	2018	69662
195	**125**	**82**	**746**	**49007**	**2101**	**46906**	**6921**	**227815**
20			144	7574	323	7251	815	35263
				339		339	99	2447
20			138	4818	215	4603	454	22892
			4	642	23	619	46	3766
			2	1757	85	1672	196	5953
				18		18	20	205
150	84	66	421	34084	1459	32625	5276	156012
				140	12	128	23	193
								37
				92		92	9	324
99	8	11	40	778	14	764	99	2907
8	34	9	13	3935	154	3781	604	11201
			37	518	107	411	95	2241

2-A-6　续表 8

行　　业	从业人员数（人）	内资企业	国有企业	集体企业	股份合作企业	联营企业
地质勘查	1544	1544	364	20	3	
工程技术	129947	128942	3777	993	416	228
其他专业技术服务业	56165	53897	714	459	126	234
科技推广和应用服务业	75185	73685	1147	750	176	263
技术推广服务	63380	62067	890	536	146	136
科技中介服务	5598	5550	207	94	3	82
其他科技推广和应用服务业	6207	6068	50	120	27	45
水利、环境和公共设施管理业	**62935**	**61517**	**3748**	**2598**	**131**	**230**
水利管理业	3949	3905	605	263		5
防洪除涝设施管理	658	658	152	85		
水资源管理	1028	1025	206	97		5
天然水收集与分配	318	318	62	33		
水文服务	237	237	56			
其他水利管理业	1708	1667	129	48		
生态保护和环境治理业	8165	7344	584	276	2	12
生态保护	597	425	22	8		
环境治理业	7568	6919	562	268	2	12
公共设施管理业	50821	50268	2559	2059	129	213
市政设施管理	5140	5106	756	214	36	112
环境卫生管理	4795	4795	180	245		13
城乡市容管理	1109	1108	37	86		
绿化管理	19316	19210	754	318	75	38
公园和游览景区管理	20461	20049	832	1196	18	50
居民服务、修理和其他服务业	**127201**	**125097**	**1733**	**3193**	**807**	**505**
居民服务业	37701	37319	561	1546	239	218
家庭服务	6871	6867	41	44	3	28
托儿所服务	79	79				
洗染服务	1812	1765		2		
理发及美容服务	4310	4270	2	8	8	3
洗浴服务	10851	10810	25	236	88	27
保健服务	3196	3067			85	
婚姻服务	2392	2392	37	109	2	
殡葬服务	2242	2164	284	855		111
其他居民服务业	5948	5905	172	292	53	49
机动车、电子产品和日用产品修理业	61633	60485	998	1165	529	256
汽车、摩托车修理与维护	48242	47412	984	1109	474	137
计算机和办公设备维修	4493	4305	13	9	46	37
家用电器修理	6507	6474	1	20	6	71
其他日用产品修理业	2391	2294		27	3	11
其他服务业	27867	27293	174	482	39	31
清洁服务	20918	20642	146	255	36	20
其他未列明服务业	6949	6651	28	227	3	11
教育	**16208**	**15948**	**549**	**407**	**133**	**419**
教育	16208	15948	549	407	133	419
学前教育	413	413				
初等教育	343	343				
中等教育	2895	2895			133	419
高等教育	61	61				
特殊教育						
技能培训、教育辅助及其他教育	12496	12236	549	407		

国有联营企业	集体联营企业	国有与集体联营企业	其他联营企业	有限责任公司	国有独资公司	其他有限责任公司	股份有限公司	私营企业
				256		256	29	858
7	24	13	184	21074	884	20190	3222	96447
36	18	33	147	7291	288	7003	1195	41804
25	41	16	181	7349	319	7030	830	36540
24	17		95	5625	245	5380	722	28436
1	3	16	62	1127	67	1060	41	3628
	21		24	597	7	590	67	4476
85	**45**	**26**	**74**	**12177**	**1593**	**10584**	**1371**	**37928**
		5		1065	119	946	133	1566
				89		89		309
		5		232	1	231	24	323
				56	6	50	46	52
				2		2	26	147
				686	112	574	37	735
	5		7	1230	213	1017	82	4891
				82		82		300
	5		7	1148	213	935	82	4591
85	40	21	67	9882	1261	8621	1156	31471
76	15		21	1254	142	1112	91	2370
	13			801	112	689	30	3272
				60		60		848
		3	35	2803	19	2784	328	14279
9	12	18	11	4964	988	3976	707	10702
37	**111**	**87**	**270**	**10932**	**202**	**10730**	**1536**	**101951**
37	73	87	21	3344		3344	412	29292
12	11		5	526		526	75	5732
				30		30		42
				106		106	1	1567
			3	329		329	29	3711
	16		11	1096		1096	48	8907
				233		233	23	2673
				172		172	18	1932
25		86		151		151	3	576
	46	1	2	701		701	215	4152
	29		227	4932	167	4765	913	50055
	8		129	3856	143	3713	712	38972
			37	394	8	386	44	3649
	21		50	519	16	503	153	5432
			11	163		163	4	2002
	9		22	2656	35	2621	211	22604
	8		12	1856	32	1824	195	17424
	1		10	800	3	797	16	5180
		419		**2778**	**158**	**2620**	**641**	**8833**
		419		2778	158	2620	641	8833
				109		109	188	
								320
		419		94		94		1228
				2575	158	2417	453	7285

2-A-6 续表 9

行业	从业人员数(人)	内资企业	国有企业	集体企业	股份合作企业	联营企业
卫生和社会工作	**18105**	**17520**	**1588**	**538**	**226**	
卫生	17224	16694	1426	461	222	
医院	14544	14031	1084	461	144	
社区医疗与卫生院	964	964	70			
门诊部(所)	822	805				
计划生育技术服务活动						
妇幼保健院(所、站)	90	90				
专科疾病防治院(所、站)	170	170			78	
疾病预防控制中心	272	272	272			
其他卫生活动	362	362				
社会工作	881	826	162	77	4	
提供住宿社会工作	789	770	161	69	4	
不提供住宿社会工作	92	56	1	8		
文化、体育和娱乐业	**95055**	**93257**	**2923**	**1303**	**177**	**264**
新闻和出版业	2609	2542	644	91		20
新闻业	194	194				20
出版业	2415	2348	644	91		
广播、电视、电影和影视录音制作业	11328	11212	873	289	8	27
广播	284	284		30		
电视	993	993	138	17		
电影和影视节目制作	2697	2680	208	20	5	
电影和影视节目发行	960	959	100			
电影放映	6205	6107	427	222	3	27
录音制作	189	189				
文化艺术业	18059	17817	791	329	89	62
文艺创作与表演	6324	6322	263	173	6	2
艺术表演场馆	1168	1168	146	14	60	
图书馆与档案馆	252	241	70	28		
文物及非物质文化遗产保护	633	633	160	12	7	28
博物馆	252	171	1	2	11	
烈士陵园、纪念馆	101	101	21	6		
群众文化活动	2617	2490	41	75	4	
其他文化艺术业	6712	6691	89	19	1	32
体育	6652	6235	353	30	16	8
体育组织	636	636	80	7	3	8
体育场馆	565	535	136			
休闲健身活动	4753	4390	137	13	13	
其他体育	698	674		10		
娱乐业	56407	55451	262	564	64	147
室内娱乐活动	46501	46072	89	296	64	141
游乐园	1412	1409	3	10		
彩票活动	1	1				
文化、娱乐、体育经纪代理	1636	1636	18	66		6
其他娱乐业	6857	6333	152	192		

国有联营企业	集体联营企业	国有与集体联营企业	其他联营企业	有限责任公司	国有独资公司	其他有限责任公司	股份有限公司	私营企业
				2590	**1**	**2589**	**799**	**10089**
				2448		2448	799	9730
				2147		2147	714	8104
							85	668
								805
								92
				301		301		61
				142	1	141		359
				127	1	126		343
				15		15		16
22	**33**	**20**	**189**	**12295**	**1117**	**11178**	**1301**	**70816**
			20	876	339	537	36	827
			20	77	44	33	2	87
				799	295	504	34	740
2	25			2911	329	2582	339	6579
				33	2	31		219
				223	123	100	52	557
				699	165	534	26	1645
				250	2	248	7	602
2	25			1690	37	1653	253	3389
				16		16	1	167
2			60	2878	231	2647	356	12858
2				807	99	708	52	4826
				493	44	449	59	390
				38		38		105
			28	239	69	170	27	160
				10		10		118
								71
				216		216	30	2101
			32	1075	19	1056	188	5087
	8			1173	137	1036	42	4289
	8			222	20	202	10	284
				108	90	18		265
				758	27	731	31	3244
				85		85	1	496
18		20	109	4457	81	4376	528	46263
18		20	103	2713		2713	463	39873
				626		626	25	727
								1
			6	237	81	156	30	1140
				881		881	10	4522

2-A-6 续表 10

行业						
	私营独资企业	私营合伙企业	私营有限责任公司	私营股份有限公司	其他企业	港、澳、台商投资企业
总计	**2123639**	**170836**	**9164040**	**373438**	**371752**	**561512**
农、林、牧、渔业	**3273**	**321**	**5889**	**237**	**7073**	**140**
农、林、牧、渔服务业	3273	321	5889	237	7073	140
农业服务业	2186	190	3967	178	5344	123
林业服务业	429	33	856	28	424	17
畜牧服务业	438	44	475	9	473	
渔业服务业	220	54	591	22	832	
采矿业	**3786**	**859**	**9261**	**232**	**369**	**943**
煤炭开采和洗选业	220	36	499		6	
烟煤和无烟煤开采洗选	180	36	365		6	
褐煤开采洗选	15					
其他煤炭采选	25		134			
石油和天然气开采业				26	3	
石油开采				26	3	
天然气开采						
黑色金属矿采选业	273	117	931	29	41	257
铁矿采选	250	117	849	29	41	257
锰矿、铬矿采选						
其他黑色金属矿采选	23		82			
有色金属矿采选业	39		112		19	
常用有色金属矿采选	39		102		3	
贵金属矿采选			10		16	
稀有稀土金属矿采选						
非金属矿采选业	3207	700	7406	177	285	686
土砂石开采	2691	692	6567	170	262	445
化学矿开采	27		154		8	212
采盐		8	310			29
石棉及其他非金属矿采选	489		375	7	15	
开采辅助活动	33		261			
煤炭开采和洗选辅助活动	1		6			
石油和天然气开采辅助活动	20		146			
其他开采辅助活动	12		109			
其他采矿业	14	6	52		15	
其他采矿业	14	6	52		15	
制造业	**1394866**	**100290**	**5228757**	**178916**	**88337**	**508300**
农副食品加工业	34919	2640	115721	3729	3167	6860
谷物磨制	14145	671	28597	890	800	550
饲料加工	2434	286	15036	509	324	1994
植物油加工	1371	146	8826	193	70	417
制糖业	79		492	354		
屠宰及肉类加工	5753	293	21467	647	383	1561
水产品加工	3698	688	12704	231	301	1227
蔬菜、水果和坚果加工	3986	398	18691	696	786	945
其他农副食品加工	3453	158	9908	209	503	166
食品制造业	12401	618	37585	1695	1701	5223
焙烤食品制造	3257	185	7416	484	443	1640
糖果、巧克力及蜜饯制造	606	13	2865	237	15	458
方便食品制造	2263	86	4890	185	73	909

与港澳台商合资经营企业	与港澳台商合作经营企业	港澳台商独资经营企业	港澳台商投资股份有限公司	其他港澳台投资企业	外商投资企业	中外合资经营企业	中外合作经营企业	外资企业	外商投资股份有限公司	其他外商投资企业
208912	**9600**	**328509**	**11338**	**3153**	**941426**	**302203**	**15147**	**605820**	**14474**	**3782**
50		**87**		**3**	**22**	**12**		**10**		
50		87		3	22	12		10		
47		73		3	17	8		9		
3		14								
					3	2		1		
					2	2				
469		**474**			**376**	**102**		**274**		
257					102	102				
257					102	102				
212		474								
		445								
212										
		29								
					274			274		
					274			274		
189691	**7505**	**299253**	**9623**	**2228**	**875420**	**279265**	**12713**	**569250**	**12193**	**1999**
3413	132	3315			12666	6949	10	5582	105	20
117		433			334	126		208		
1101		893			2375	1278		1095		2
286		131			1086	315		771		
1104		457			1289	689		600		
631		596			2882	1429		1435		18
149	132	664			3134	2324		705	105	
25		141			1566	788	10	768		
2300		2737	186		8959	3366	401	4978	37	177
170		1292	178		1763	64	201	1498		
458					559	41		518		
565		344			1210	665		545		

2-A-6 续表 11

行业	私营独资企业	私营合伙企业	私营有限责任公司	私营股份有限公司	其他企业	港、澳、台商投资企业
乳制品制造	218	3	1911	99	60	60
罐头食品制造	1064	86	5888	142	23	867
调味品、发酵制品制造	2391	107	3711	203	621	58
其他食品制造	2602	138	10904	345	466	1231
酒、饮料和精制茶制造业	8756	530	15508	323	562	2458
酒的制造	4974	214	9671	230	287	590
饮料制造	2468	254	4462	68	131	1790
精制茶加工	1314	62	1375	25	144	78
烟草制品业		4				
烟叶复烤						
卷烟制造						
其他烟草制品制造		4				
纺织业	119178	7508	560992	15045	5462	52936
棉纺织及印染精加工	42739	3206	279026	7171	2471	19920
毛纺织及染整精加工	5762	754	44559	2030	22	4129
麻纺织及染整精加工	1226	41	4099	273	18	882
丝绢纺织及印染精加工	3640	544	13235	238	132	525
化纤织造及印染精加工	27689	595	70314	1899	330	9912
针织或钩针编织物及其制品制造	12326	1112	57371	1326	624	4429
家用纺织制成品制造	12692	523	51951	1289	962	8712
非家用纺织制成品制造	13104	733	40437	819	903	4427
纺织服装、服饰业	124860	6952	407397	10623	9434	45948
机织服装制造	85421	4650	295468	7818	5562	32639
针织或钩针编织服装制造	12290	680	56532	1290	1341	7711
服饰制造	27149	1622	55397	1515	2531	5598
皮革、毛皮、羽毛及其制品和制鞋业	25398	1213	77825	2350	1295	9749
皮革鞣制加工	439	15	1917	31	29	179
皮革制品制造	7455	292	23040	489	393	3373
毛皮鞣制及制品加工	1239	17	2087	46	83	312
羽毛(绒)加工及制品制造	3112	136	4792	160	29	1430
制鞋业	13153	753	45989	1624	761	4455
木材加工和木、竹、藤、棕、草制品业	119543	5760	135276	5585	5251	3504
木材加工	48874	1241	29103	499	2493	411
人造板制造	56491	4030	76969	3825	1647	1760
木制品制造	12827	441	27269	1224	610	1099
竹、藤、棕、草等制品制造	1351	48	1935	37	501	234
家具制造业	13730	1041	44115	1367	1638	4117
木质家具制造	10824	905	33708	1232	1240	2295
竹、藤家具制造	100		265			
金属家具制造	1004	37	4665	72	230	851
塑料家具制造	234	26	1209	42	14	20
其他家具制造	1568	73	4268	21	154	951
造纸和纸制品业	23078	2392	79669	3160	1296	6984
纸浆制造	75	6	236		1	
造纸	7980	976	36170	1233	467	2989
纸制品制造	15023	1410	43263	1927	828	3995
印刷和记录媒介复制业	31027	2300	102514	2310	2027	7743
印刷	29409	2237	98643	2248	1914	6845

与港澳台商合资经营企业	与港澳台商合作经营企业	港澳台商独资经营企业	港澳台商投资股份有限公司	其他港澳台投资企业	外商投资企业	中外合资经营企业	中外合作经营企业	外资企业	外商投资股份有限公司	其他外商投资企业
60					431	283		148		
867					343	338		5		
24		34			667	206	68	393		
156		1067	8		3986	1769	132	1871	37	177
690	42	1726			4801	1859	264	2678		
6	42	542			1690	216	264	1210		
684		1106			3080	1643		1437		
		78			31			31		
21520	1127	28914	1304	71	50753	19454	1286	29271	606	136
9799	354	9113	654		15789	6021	785	8511	397	75
2236	58	1818	2	15	3662	1451	192	2018		1
198		684			475	124		351		
180		345			691	327		319	45	
2795	68	6733	315	1	5415	2338	20	2931	126	
2041	88	2300			4544	2520	197	1827		
2903	559	5008	242		14025	4719	72	9161	13	60
1368		2913	91	55	6152	1954	20	4153	25	
20935	1511	22701	647	154	86080	42970	2473	39401	1149	87
14346	1299	16335	560	99	64320	32153	1583	29479	1055	50
4287		3423	1		11729	6472	700	4520		37
2302	212	2943	86	55	10031	4345	190	5402	94	
3853	50	5479	75	292	14680	5063	337	8757	522	1
4		175			578	160	12	406		
1663		1710			7501	2362	95	4903	141	
274		38			897	867		30		
407		731		292	966	261	230	474		1
1505	50	2825	75		4738	1413		2944	381	
1671	119	1675	39		6350	3114	23	3042	171	
146	4	261			171			171		
926		834			2666	1760		836	70	
417	115	567			2862	1027		1734	101	
182		13	39		651	327	23	301		
1209	3	2905			8313	2055	97	5916	195	50
719		1576			4468	615	97	3706		50
					111			111		
116		735			2243	805		1438		
		20			355			355		
374	3	574			1136	635		306	195	
2247	4	4614	118	1	9607	2817	20	6570		200
					34			34		
940		1931	118		4269	1500	20	2553		196
1307	4	2683		1	5304	1317		3983		4
3474		4269			8670	1723	100	6691	70	86
2984		3861			8500	1723	100	6521	70	86

2-A-6 续表 12

行业	私营独资企业	私营合伙企业	私营有限责任公司	私营股份有限公司	其他企业	港、澳、台商投资企业
装订及印刷相关服务	1524	63	3511	62	113	502
记录媒介复制	94		360			396
文教、工美、体育和娱乐用品制造业	66306	3959	156094	5070	4037	24279
文教办公用品制造	4638	457	11418	177	350	1095
乐器制造	1432	38	3480	547	399	595
工艺美术品制造	32788	2716	84044	2655	1895	10301
体育用品制造	4442	101	17389	420	326	3366
玩具制造	21085	639	34063	1251	806	7781
游艺器材及娱乐用品制造	1921	8	5700	20	261	1141
石油加工、炼焦和核燃料加工业	1170	171	7129	240	195	934
精炼石油产品制造	1125	171	6428	218	195	934
炼焦	45		689	22		
核燃料加工			12			
化学原料和化学制品制造业	37456	3109	242650	10249	2770	33123
基础化学原料制造	6679	556	63605	3239	447	7768
肥料制造	3087	143	11690	642	203	722
农药制造	960	25	11352	214	94	1082
涂料、油墨、颜料及类似产品制造	8218	598	40696	1013	792	6009
合成材料制造	4692	383	36376	1354	428	8019
专用化学产品制造	10590	1089	66372	3546	560	7481
炸药、火工及焰火产品制造	50		826			
日用化学产品制造	3180	315	11733	241	246	2042
医药制造业	4853	357	43799	3145	429	7767
化学药品原料药制造	761	6	12240	1212	4	2518
化学药品制剂制造	261	5	4832	485	55	1349
中药饮片加工	210	24	2869	160		
中成药生产	156		1773	10	65	399
兽用药品制造	401		2557	7		154
生物药品制造	513	171	7907	785	185	1204
卫生材料及医药用品制造	2551	151	11621	486	120	2143
化学纤维制造业	5091	457	52683	912	374	3476
纤维素纤维原料及纤维制造	2231	125	9828	237	206	984
合成纤维制造	2860	332	42855	675	168	2492
橡胶和塑料制品业	73349	6450	250231	9052	3432	26744
橡胶制品业	14072	1148	47980	2415	634	4665
塑料制品业	59277	5302	202251	6637	2798	22079
非金属矿物制品业	108720	9560	288789	10798	7907	18999
水泥、石灰和石膏制造	4062	482	22131	600	427	868
石膏、水泥制品及类似制品制造	23470	1213	78793	3222	2532	4734
砖瓦、石材等建筑材料制造	43166	5204	50399	2254	2768	2312
玻璃制造	1318	168	9667	601	171	710
玻璃制品制造	8363	500	43015	1735	555	3401
玻璃纤维和玻璃纤维增强塑料制品制造	3403	152	20714	265	156	1218
陶瓷制品制造	3710	635	13042	419	264	2505
耐火材料制品制造	4714	719	23064	348	246	1134
石墨及其他非金属矿物制品制造	16514	487	27964	1354	788	2117
黑色金属冶炼和压延加工业	30392	3160	135120	3592	1839	8378

与港澳台商合资经营企业	与港澳台商合作经营企业	港澳台商独资经营企业	港澳台商投资股份有限公司	其他港澳台投资企业	外商投资企业	中外合资经营企业	中外合作经营企业	外资企业	外商投资股份有限公司	其他外商投资企业
305		197			151			151		
185		211			19			19		
9102	135	14400	536	106	38409	13794	411	24015	177	12
450		584	61		2532	632		1900		
58		425	112		1666	747		876	43	
3321	103	6486	363	28	20261	7707	194	12292	56	12
583		2783			4159	1013		3146		
4184		3519		78	8448	3167	23	5180	78	
506	32	603			1343	528	194	621		
419		515			1007	70		937		
419		515			989	60		929		
					18	10		8		
13995	676	18209	241	2	60336	21536	808	36907	1070	15
3309	416	4043			12881	5633	310	6404	522	12
384		338			897	553	5	331	8	
431		651			2111	1329	63	719		
1803	191	3926	89		9144	2348	48	6566	182	
4461		3476	80	2	14113	4077	28	9709	298	1
2710	69	4630	72		17607	6715	340	10491	60	1
					21			21		
897		1145			3562	881	14	2666		1
4336	356	2718	331	26	11804	5011	486	5455	852	
1467	356	695			2489	862	156	1357	114	
563		455	331		3177	1441	218	990	528	
					70	30		40		
343		56			644	387		247	10	
154					343	200		143		
448		756			2567	1542		905	120	
1361		756		26	2514	549	112	1773	80	
1702	72	1702			3949	2186		1698	65	
377		607			773	363		410		
1325	72	1095			3176	1823		1288	65	
9272	127	16493	714	138	45596	10129	273	34666	294	234
1395	81	3174	2	13	9216	1967		7207	42	
7877	46	13319	712	125	36380	8162	273	27459	252	234
8341	302	9446	904	6	26628	10612	394	15043	570	9
628		240			754	228		526		
3155	35	1421	123		4688	2586	94	2008		
465	150	1675	22		3694	1105	300	2271	18	
290		420			933	506		427		
1486		1796	119		5565	2134		3309	122	
593	102	523			1839	805		902	132	
382	15	1462	640	6	3209	1488		1671	50	
346		788			2076	627		1302	138	9
996		1121			3870	1133		2627	110	
4057	159	4162			9669	4884	249	4430	48	58

2-A-6 续表 13

行业	私营独资企业	私营合伙企业	私营有限责任公司	私营股份有限公司	其他企业	港、澳、台商投资企业
炼铁	712	38	3181	2	1	360
炼钢	427	38	1078	265	48	239
黑色金属铸造	18724	2142	61141	1722	1297	3091
钢压延加工	9667	760	65418	1453	476	4611
铁合金冶炼	862	182	4302	150	17	77
有色金属冶炼和压延加工业	17095	1313	79650	3478	928	8091
常用有色金属冶炼	2007	242	9662	509	77	69
贵金属冶炼	215		696	15		312
稀有稀土金属冶炼	504	76	1874	160		
有色金属合金制造	1840	61	11877	411	149	1036
有色金属铸造	2416	186	5714	260	180	508
有色金属压延加工	10113	748	49827	2123	522	6166
金属制品业	117021	9930	428697	14393	5902	29618
结构性金属制品制造	34047	2321	154209	5002	2628	7008
金属工具制造	16866	1414	49040	1835	671	3834
集装箱及金属包装容器制造	4136	298	20834	1341	175	1038
金属丝绳及其制品制造	9952	690	37665	637	212	2671
建筑、安全用金属制品制造	8164	627	31741	1003	581	3136
金属表面处理及热处理加工	11178	1817	36039	1382	233	3725
搪瓷制品制造	524	173	2193		40	422
金属制日用品制造	6080	357	17025	514	348	2096
其他金属制品制造	26074	2233	79951	2679	1014	5688
通用设备制造业	155359	11009	591912	17605	9020	38862
锅炉及原动设备制造	6675	259	31616	740	997	1442
金属加工机械制造	25642	1641	97973	2567	2072	5448
物料搬运设备制造	6082	415	40562	1060	291	4534
泵、阀门、压缩机及类似机械制造	19463	1564	85875	3553	1376	5925
轴承、齿轮和传动部件制造	13844	787	48823	1783	741	4525
烘炉、风机、衡器、包装等设备制造	11701	759	74172	2082	845	5744
文化、办公用机械制造	704	43	4793	28	12	1700
通用零部件制造	60434	4796	157535	4474	1937	8125
其他通用设备制造业	10814	745	50563	1318	749	1419
专用设备制造业	75232	6156	425109	15179	6560	34377
采矿、冶金、建筑专用设备制造	12467	702	76019	3429	965	3552
化工、木材、非金属加工专用设备制造	18638	2358	106701	2777	1191	16277
食品、饮料、烟草及饲料生产专用设备制造	1874	109	10929	355	104	707
印刷、制药、日化及日用品生产专用设备制造	5118	314	20209	684	417	1135
纺织、服装和皮革加工专用设备制造	10639	483	41239	1741	916	3176
电子和电工机械专用设备制造	5084	497	26174	662	697	2703
农、林、牧、渔专用机械制造	5289	236	15636	387	457	399
医疗仪器设备及器械制造	3818	334	31414	1735	552	2128
环保、社会公共服务及其他专用设备制造	12305	1123	96788	3409	1261	4300
汽车制造业	26855	1389	122684	4415	969	14283
汽车整车制造	58		1829	145	80	
改装汽车制造	232		1622	36		403
低速载货汽车制造			116			
电车制造	1722	38	2493	70	36	5

与港澳台商合资经营企业	与港澳台商合作经营企业	港澳台商独资经营企业	港澳台商投资股份有限公司	其他港澳台投资企业	外商投资企业	中外合资经营企业	中外合作经营企业	外资企业	外商投资股份有限公司	其他外商投资企业
360					42	27		15		
238	1				179	179				
1400	41	1650			3511	1792	67	1594		58
1992	117	2502			5772	2796	182	2746	48	
67		10			165	90		75		
3547	130	4289	125		10319	3003	86	7063	167	
		69			444	105		339		
297		15			27	4		23		
					105	28	66	11		
628		328	80		2661	373		2121	167	
215		293			552	159	20	373		
2407	130	3584	45		6530	2334		4196		
10408	374	18036	694	106	48140	16658	291	29929	1199	63
2774	230	3748	150	106	10363	3372	64	6624	277	26
752		2705	377		8198	2475	73	5314	336	
333	55	650			3724	1288		2009	427	
1534	31	1106			3003	1201		1789		13
991	8	2092	45		5314	1673		3602	39	
1314	50	2361			4129	1038	110	2957	24	
40		382			113	90		23		
480		1616			4654	2107		2451	96	
2190		3376	122		8642	3414	44	5160		24
13076	925	24119	624	118	87543	25255	1502	59693	946	147
685		743	14		5064	2492		2569	3	
1709	526	3171	42		11699	2768	113	8753		65
2085	2	2350		97	7239	2407	358	4443	31	
2213	209	3421	79	3	17445	6558	309	10438	99	41
967	88	3420	50		10306	2377	347	7503	76	3
1855		3807	82		14168	4048	217	9184	705	14
800		876	24		3073	419	126	2504		24
2331	100	5381	295	18	14867	3323	27	11485	32	
431		950	38		3682	863	5	2814		
9039	48	24022	1079	189	72768	16662	1099	53985	872	150
1667		1825	60		8187	2514		5597	76	
2037	29	13641	431	139	28664	3812	198	24137	430	87
245		462			1430	483		935	12	
293		830	12		2954	217	251	2307	179	
1812	17	1347			3452	961	260	2194	37	
810	2	1600	291		6411	1519	160	4716	5	11
61		338			2163	424		1739		
739		1389			8234	2776	17	5393		48
1375		2590	285	50	11273	3956	213	6967	133	4
5403	404	8451	25		49633	11250	471	37349	240	323
					3203	3187		16		
403					67			67		
		5			17	17				

2-A-6 续表 14

行　　业	私营独资企业	私营合伙企业	私营有限责任公司	私营股份有限公司	其他企业	港、澳、台商投资企业
汽车车身、挂车制造	358		2405	36	5	93
汽车零部件及配件制造	24485	1351	114219	4128	848	13782
铁路、船舶、航空航天和其他运输设备制造业	30710	1227	94223	3101	1009	8328
铁路运输设备制造	1546	33	9271	678	118	534
城市轨道交通设备制造	110	43	1309			
船舶及相关装置制造	12649	633	44934	1066	538	1583
航空、航天器及设备制造	89	18	1771	7	62	412
摩托车制造	4657	230	12332	349		967
自行车制造	6214	167	18410	804	138	3447
非公路休闲车及零配件制造	5090	55	4038	98	67	1233
潜水救捞及其他未列明运输设备制造	355	48	2158	99	86	152
电气机械和器材制造业	67069	5869	391640	16478	6092	40217
电机制造	8956	358	59398	2353	586	4964
输配电及控制设备制造	22172	2344	143611	6246	2557	15839
电线、电缆、光缆及电工器材制造	10256	825	70752	3978	733	8954
电池制造	1180	121	12936	551	212	2261
家用电力器具制造	4258	527	24515	908	226	2617
非电力家用器具制造	1554	104	8127	311	125	580
照明器具制造	14999	1134	55672	1801	1107	3987
其他电气机械及器材制造	3694	456	16629	330	546	1015
计算机、通信和其他电子设备制造业	32486	2805	200075	8519	2820	52224
计算机制造	1342	49	12827	773	124	5281
通信设备制造	2126	288	12905	648	113	2538
广播电视设备制造	1737	229	11233	400	26	3961
雷达及配套设备制造			322			
视听设备制造	1041	10	7835	162	165	1745
电子器件制造	3247	318	30465	1180	328	11320
电子元件制造	18415	1313	94550	3811	1349	22954
其他电子设备制造	4578	598	29938	1545	715	4425
仪器仪表制造业	11383	1136	90601	4206	752	9045
通用仪器仪表制造	5597	683	55131	2799	477	3855
专用仪器仪表制造	2555	52	17928	1036	95	2404
钟表与计时仪器制造	82	4	614		2	206
光学仪器及眼镜制造	1697	314	12148	294	55	2095
其他仪器仪表制造业	1452	83	4780	77	123	485
其他制造业	14560	546	27520	1239	862	2739
日用杂品制造	9010	194	14924	900	300	1972
煤制品制造	546	51	1308	9	89	20
核辐射加工			185			27
其他未列明制造业	5004	301	11103	330	473	720
废弃资源综合利用业	2883	238	11231	555	239	1231
金属废料和碎屑加工处理	1005	98	6132	234	118	867
非金属废料和碎屑加工处理	1878	140	5099	321	121	364
金属制品、机械和设备修理业	3986	491	12318	503	368	63
金属制品修理	124	2	942	82		15
通用设备修理	301	32	999		10	26
专用设备修理	405	13	1467	4	53	

与港澳台商合资经营企业	与港澳台商合作经营企业	港澳台商独资经营企业	港澳台商投资股份有限公司	其他港澳台投资企业	外商投资企业	中外合资经营企业	中外合作经营企业	外资企业	外商投资股份有限公司	其他外商投资企业
70		23			245	40		118	87	
4930	404	8423	25		46101	8006	471	37148	153	323
2321		5956	3	48	16253	5167	126	10710	250	
414		120			1715	1293		422		
					8	8				
1010		525		48	3936	1789	45	2102		
		412			1542	353	30	1149	10	
398		566	3		1615	322		1293		
490		2957			5329	1007	30	4052	240	
		1233			1065	213		852		
9		143			1043	182	21	840		
14809	305	24178	750	175	65691	20991	871	42617	1150	62
2431	99	2402	32		11145	4082	178	6804	81	
6020	97	9159	419	144	24633	7301	127	16498	697	10
2936	27	5910	50	31	10927	3357	281	7165	103	21
593	1	1656	11		3143	1197	52	1872		22
720		1805	92		6840	1527	180	4994	139	
385		195			859	476	35	337	11	
1334	81	2537	35		6583	2550	18	3902	104	9
390		514	111		1561	501		1045	15	
13227	471	37167	820	539	87318	14013	177	72114	857	157
1308	10	3963			8620	719		7901		
751		1529		258	5350	892		4411	47	
1262		2406	293		2492	500		1992		
499		1246			2641	408	60	2173		
2619	87	7886	447	281	20998	3344	64	17339	218	33
5859	296	16719	80		38892	6246	53	31910	564	119
929	78	3418			8325	1904		6388	28	5
3538		4953	297	257	23853	6752	150	16388	552	11
1460		2232	112	51	13606	3565	53	9790	197	1
1233		1169	2		5458	1550	97	3785	26	
11		195								
676		1236	183		4426	1584		2513	329	
158		121		206	363	53		300		10
1150	15	1463	111		2921	1247	308	1339	27	
739	15	1218			2468	1137	278	1053		
20										
		27								
391		218	111		453	110	30	286	27	
634	18	579			2143	392		1750	1	
521		346			1478	213		1265		
113	18	233			665	179		485	1	
3		60			561	283		276	1	1
3		12			128			128		
		26			15			14		1
					12	7		5		

2-A-6 续表 15

行业	私营独资企业	私营合伙企业	私营有限责任公司	私营股份有限公司	其他企业	港、澳、台商投资企业
铁路、船舶、航空航天等运输设备修理	2497	384	6583	90	251	20
电气设备修理	146		476	13	4	
仪器仪表修理	20		55			2
其他机械和设备修理业	493	60	1796	314	50	
电力、热力、燃气及水生产和供应业	**4523**	**635**	**15708**	**1002**	**1157**	**8217**
电力、热力生产和供应业	774	71	6506	502	217	4999
电力生产	233	2	4600	425	29	3109
电力供应	155	60	189	8	94	209
热力生产和供应	386	9	1717	69	94	1681
燃气生产和供应业	585	153	2640	146	194	2136
燃气生产和供应业	585	153	2640	146	194	2136
水的生产和供应业	3164	411	6562	354	746	1082
自来水生产和供应	2331	308	2765	250	578	844
污水处理及其再生利用	696	97	3549	79	98	238
其他水的处理、利用与分配	137	6	248	25	70	
建筑业	**55990**	**5540**	**1080815**	**85640**	**13143**	**3723**
房屋建筑业	14372	1676	518611	51283	3029	828
房屋建筑业	14372	1676	518611	51283	3029	828
土木工程建筑业	11904	1125	169451	11128	2797	401
铁路、道路、隧道和桥梁工程建筑	4597	547	82189	7052	1226	149
水利和内河港口工程建筑	1502	47	10989	494	262	37
海洋工程建筑	10		449			
工矿工程建筑	226	20	8810	707	64	
架线和管道工程建筑	1286	85	15818	386	221	36
其他土木工程建筑	4283	426	51196	2489	1024	179
建筑安装业	10323	1171	153635	9591	2168	1053
电气安装	1702	339	39481	3152	279	420
管道和设备安装	1987	149	30312	2671	362	195
其他建筑安装业	6634	683	83842	3768	1527	438
建筑装饰和其他建筑业	19391	1568	239118	13638	5149	1441
建筑装饰业	11373	912	150017	8195	3256	1297
工程准备活动	2101	333	20421	855	558	26
提供施工设备服务	847	32	7228	568	235	
其他未列明建筑业	5070	291	61452	4020	1100	118
批发和零售业	**384791**	**21918**	**1353289**	**40316**	**150052**	**10323**
批发业	244865	15046	1061177	28361	121603	8960
农、林、牧产品批发	29048	1267	35230	981	39876	318
食品、饮料及烟草制品批发	33385	1831	76457	2727	52469	865
纺织、服装及家庭用品批发	45650	1686	186819	4026	4108	1890
文化、体育用品及器材批发	6259	431	27725	855	988	368
医药及医疗器材批发	3049	255	20406	782	1211	135
矿产品、建材及化工产品批发	66138	4127	338044	8153	9902	1800
机械设备、五金产品及电子产品批发	36097	3896	288161	8532	7084	2707
贸易经纪与代理	4719	404	23387	720	2329	221
其他批发业	20520	1149	64948	1585	3636	656
零售业	139926	6872	292112	11955	28449	1363
综合零售	27216	718	22549	851	2643	247

与港澳台商合资经营企业	与港澳台商合作经营企业	港澳台商独资经营企业	港澳台商投资股份有限公司	其他港澳台投资企业	外商投资企业	中外合资经营企业	中外合作经营企业	外资企业	外商投资股份有限公司	其他外商投资企业
		20			171	171				
					215	105		109	1	
		2								
					20			20		
3858	**740**	**3104**	**515**		**6919**	**4119**	**1013**	**1590**	**28**	**169**
2040	494	2000	465		3514	1875	844	626		169
1042	377	1408	282		2795	1178	844	604		169
207	2									
791	115	592	183		719	697		22		
1474	3	611	48		2168	1567	24	549	28	
1474	3	611	48		2168	1567	24	549	28	
344	243	493	2		1237	677	145	415		
254	243	347			455	198	145	112		
90		146	2		768	479		289		
					14			14		
1810	**241**	**1647**	**25**		**5006**	**2478**	**63**	**2424**	**15**	**26**
492		336			2011	1137		870		4
492		336			2011	1137		870		4
247	30	124			771	510	63	178		20
3	30	116			295	173		112		10
37					86	76				10
					202	135	63	4		
36					140	126		14		
171		8			48			48		
364	47	617	25		1317	539		778		
		395	25		164			164		
120	6	69			466	266		200		
244	41	153			687	273		414		
707	164	570			907	292		598	15	2
687	138	472			689	145		542		2
	26				15				15	
					58	58				
20		98			145	89		56		
1844	**131**	**7837**	**264**	**247**	**15280**	**3515**	**56**	**10919**	**286**	**504**
1526	106	6875	206	247	13770	3009	51	10094	237	379
	7	299	12		275	21		225	29	
112	1	682	25	45	1253	431		781	16	25
597		1062	76	155	3111	904	24	2048	22	113
72	40	242	12	2	415	164		215	23	13
85		50			288	61		227		
211	58	1459	56	16	1828	493	2	1253	48	32
241		2426	25	15	5333	635	6	4452	95	145
31		176		14	414	136	2	231	3	42
177		479			853	164	17	662	1	9
318	25	962	58		1510	506	5	825	49	125
9		213	25		53	19		27	7	

2-A-6 续表 16

行业	私营独资企业	私营合伙企业	私营有限责任公司	私营股份有限公司	其他企业	港、澳、台商投资企业
食品、饮料及烟草制品专门零售	14693	786	32289	1040	12939	202
纺织、服装及日用品专门零售	19274	613	33789	1960	1835	115
文化、体育用品及器材专门零售	9716	533	22929	966	1887	175
医药及医疗器材专门零售	9862	601	13898	870	1352	45
汽车、摩托车、燃料及零配件专门零售	13898	1327	49184	1899	1596	323
家用电器及电子产品专门零售	14046	1043	54412	2183	1982	113
五金、家具及室内装饰材料专门零售	21627	586	39670	1312	2346	65
货摊、无店铺及其他零售业	9594	665	23392	874	1869	78
交通运输、仓储和邮政业	**37167**	**4871**	**249639**	**10540**	**8456**	**5232**
道路运输业	24918	3082	165768	5928	5025	1445
城市公共交通运输	614	46	16626	445	679	90
公路旅客运输	644	237	6244	567	417	87
道路货物运输	22718	2763	139210	4878	3651	964
道路运输辅助活动	942	36	3688	38	278	304
水上运输业	2257	504	19642	1420	1116	1298
水上旅客运输	79	62	498	67	26	158
水上货物运输	1695	391	15953	957	884	265
水上运输辅助活动	483	51	3191	396	206	875
航空运输业			360		12	16
航空客货运输			275			16
通用航空服务			62			
航空运输辅助活动			23		12	
管道运输业	7		36	6		4
管道运输业	7		36	6		4
装卸搬运和运输代理业	6973	1072	46913	2339	1554	1584
装卸搬运	4241	772	14750	851	608	660
运输代理业	2732	300	32163	1488	946	924
仓储业	1711	157	8769	568	560	872
谷物、棉花等农产品仓储	306	79	1350	13	304	3
其他仓储业	1405	78	7419	555	256	869
邮政业	1301	56	8151	279	189	13
邮政基本服务	70		46			
快递服务	1231	56	8105	279	189	13
住宿和餐饮业	**38948**	**3226**	**112694**	**6966**	**5574**	**4078**
住宿业	8196	880	29915	2202	1716	1224
旅游饭店	2322	97	13911	1466	595	804
一般旅馆	5268	676	14246	649	933	342
其他住宿业	606	107	1758	87	188	78
餐饮业	30752	2346	82779	4764	3858	2854
正餐服务	27767	1762	71224	4506	3125	2426
快餐服务	1222	226	4362	79	298	238
饮料及冷饮服务	479	141	1499	58	139	101
其他餐饮业	1284	217	5694	121	296	89
信息传输、软件和信息技术服务业	**13479**	**2559**	**124955**	**5163**	**6469**	**3744**
电信、广播电视和卫星传输服务	462	160	3463	73	156	138
电信	342	142	2635	73	81	138
广播电视传输服务	68	15	741		75	

与港澳台商合资经营企业	与港澳台商合作经营企业	港澳台商独资经营企业	港澳台商投资股份有限公司	其他港澳台投资企业	外商投资企业	中外合资经营企业	中外合作经营企业	外资企业	外商投资股份有限公司	其他外商投资企业
49		132	21		169	99		48	12	10
24		91			220	8		196		16
32		135	8		106	17		64	25	
45					85	37		38		10
44		279			187	98		88		1
24		85	4		314	66		187	5	56
48	3	14			98	74		12		12
43	22	13			278	88	5	165		20
3451	**331**	**1039**	**357**	**54**	**5550**	**3312**	**36**	**1866**	**324**	**12**
770	308	272	83	12	1331	677	24	452	170	8
27	2		61		91	56	24		11	
87										
431	229	272	20	12	1186	621		452	105	8
225	77		2		54				54	
1185		48	65		1015	541		474		
158					50	50				
198		2	65		17	17				
829		46			948	474		474		
16					58			58		
16					54			54		
					4			4		
				4	351	351				
				4	351	351				
1017		345	203	19	1426	932	5	379	110	
583		77			731	729	1	1		
434		268	203	19	695	203	4	378	110	
463	23	374	6	6	1369	811	7	503	44	4
		3								
463	23	371	6	6	1369	811	7	503	44	4
				13						
				13						
1243	**257**	**2535**	**10**	**33**	**3998**	**1201**	**20**	**2371**	**178**	**228**
353		847		24	1726	711	20	936	59	
271		509		24	1489	682		748	59	
82		260			190	29	20	141		
		78			47			47		
890	257	1688	10	9	2272	490		1435	119	228
846	257	1312	10	1	1697	404		1160	104	29
		230		8	426	76		136	15	199
		101			90	10		80		
44		45			59			59		
647	**24**	**2574**	**205**	**294**	**8598**	**1740**	**311**	**5932**	**534**	**81**
		138			24			4	20	
		138			24			4	20	

2-A-6 续表 17

行业	私营独资企业	私营合伙企业	私营有限责任公司	私营股份有限公司	其他企业	港、澳、台商投资企业
卫星传输服务	52	3	87			
互联网和相关服务	3035	356	17988	1003	932	121
互联网接入及相关服务	228	12	1321	26	38	
互联网信息服务	2470	314	15196	923	822	121
其他互联网服务	337	30	1471	54	72	
软件和信息技术服务业	9982	2043	103504	4087	5381	3485
软件开发	5944	1423	68706	2479	4275	2224
信息系统集成服务	1239	118	11010	559	228	255
信息技术咨询服务	1495	232	10197	461	339	424
数据处理和存储服务	116	16	2143	14	56	1
集成电路设计	403	101	3561	253	238	297
其他信息技术服务业	785	153	7887	321	245	284
房地产业	**23952**	**2944**	**214575**	**10695**	**9648**	**5652**
房地产业	23952	2944	214575	10695	9648	5652
房地产开发经营	6108	597	50151	3319	2324	3561
物业管理	11439	1628	126803	5759	5371	1656
房地产中介服务	4549	631	28204	1128	1223	241
自有房地产经营活动						
其他房地产业	1856	88	9417	489	730	194
租赁和商务服务业	**65038**	**17570**	**435011**	**17675**	**31839**	**4450**
租赁业	7347	415	22579	1118	2821	363
机械设备租赁	7227	407	21690	1086	2771	307
文化及日用品出租	120	8	889	32	50	56
商务服务业	57691	17155	412432	16557	29018	4087
企业管理服务	8720	2600	59285	4357	10146	1385
法律服务	824	4608	1588	115	1533	
咨询与调查	9862	4168	72702	3326	4223	1554
广告业	10155	1130	64513	2211	2961	84
知识产权服务	188	520	3018	94	128	11
人力资源服务	13972	1222	127256	2374	4608	48
旅行社及相关服务	1714	219	13238	854	555	19
安全保护服务	1777	424	16607	532	967	
其他商务服务业	10479	2264	54225	2694	3897	986
科学研究和技术服务业	**28654**	**3276**	**187364**	**8521**	**33805**	**3485**
研究和试验发展	3615	559	29609	1480	1646	1337
自然科学研究和试验发展	374	9	1972	92	193	41
工程和技术研究和试验发展	1808	317	19708	1059	686	847
农业科学研究和试验发展	817	44	2822	83	403	102
医学研究和试验发展	560	186	4963	244	357	347
社会人文科学研究	56	3	144	2	7	
专业技术服务业	18239	2245	129937	5591	5529	1614
气象服务	28		165		15	
地震服务			37		8	
海洋服务	63		261			
测绘服务	354	64	2274	215	145	
质检技术服务	1443	105	9260	393	307	267
环境与生态监测	261	36	1837	107	181	7

与港澳台商合资经营企业	与港澳台商合作经营企业	港澳台商独资经营企业	港澳台商投资股份有限公司	其他港澳台投资企业	外商投资企业	中外合资经营企业	中外合作经营企业	外资企业	外商投资股份有限公司	其他外商投资企业
13		102	6		529	157	1	361		10
					105			99		6
13		102	6		422	157	1	260		4
					2			2		
634	24	2334	199	294	8045	1583	310	5567	514	71
485	24	1390	31	294	5667	1079	242	3824	452	70
69		186			557	116	18	423		
2		365	57		400	71	50	279		
		1			167			167		
43		254			796	178		557	61	
35		138	111		458	139		317	1	1
2380	**149**	**3037**	**56**	**30**	**4139**	**1575**	**187**	**2224**	**20**	**133**
2380	149	3037	56	30	4139	1575	187	2224	20	133
1400	73	2056	9	23	2097	878	71	1106	10	32
901	1	705	47	2	1622	638	33	872	3	76
56	75	105		5	218	39		147	7	25
23		171			202	20	83	99		
1103	**144**	**2987**	**151**	**65**	**6298**	**1304**	**511**	**3901**	**321**	**261**
280	6	77			316	193		100	23	
231	6	70			311	193		95	23	
49		7			5			5		
823	138	2910	151	65	5982	1111	511	3801	298	261
437	47	866	28	7	1450	280	9	1071	31	59
					15				10	5
96	3	1384	61	10	2095	221	235	1534	79	26
1	80	3			167	14	40	87		26
2	5	4			317	66	217	34		
				48	8			1		7
		19			181	1		2	178	
287	3	634	62		1749	529	10	1072		138
1185	**13**	**2084**	**89**	**114**	**6880**	**2770**	**33**	**3545**	**287**	**245**
365	1	961	9	1	3002	1279	30	1483	59	151
5		36			267	74		178	15	
306		541			1804	744	5	922	11	122
8		94			101	29		64		8
46	1	290	9	1	830	432	25	319	33	21
663	11	772	75	93	2912	970	3	1765	160	14
					12			12		
					5			5		
170		97			962	274		597	91	
			7							

2-A-6 续表 18

行业	私营独资企业	私营合伙企业	私营有限责任公司	私营股份有限公司	其他企业	港、澳、台商投资企业
地质勘查	149	3	703	3	14	
工程技术	10556	1123	81286	3482	2785	337
其他专业技术服务业	5385	914	34114	1391	2074	1003
科技推广和应用服务业	6800	472	27818	1450	26630	534
技术推广服务	5349	347	21521	1219	25576	473
科技中介服务	699	67	2716	146	368	15
其他科技推广和应用服务业	752	58	3581	85	686	46
水利、环境和公共设施管理业	**6024**	**462**	**30231**	**1211**	**3334**	**845**
水利管理业	286	10	1218	52	268	
防洪除涝设施管理	116		193		23	
水资源管理	39		278	6	138	
天然水收集与分配		10	39	3	69	
水文服务	54		93		6	
其他水利管理业	77		615	43	32	
生态保护和环境治理业	627	80	4060	124	267	502
生态保护	39	5	246	10	13	60
环境治理业	588	75	3814	114	254	442
公共设施管理业	5111	372	24953	1035	2799	343
市政设施管理	288	21	1990	71	273	25
环境卫生管理	414	47	2625	186	254	
城乡市容管理	98	1	702	47	77	
绿化管理	2141	156	11385	597	615	45
公园和游览景区管理	2170	147	8251	134	1580	273
居民服务、修理和其他服务业	**28769**	**2391**	**67875**	**2916**	**4440**	**847**
居民服务业	10523	797	17024	948	1707	145
家庭服务	1788	113	3707	124	418	
托儿所服务	39		3		7	
洗染服务	456	19	1084	8	89	
理发及美容服务	1525	115	1910	161	180	22
洗浴服务	4410	320	3928	249	383	12
保健服务	599	56	1932	86	53	84
婚姻服务	593	22	1253	64	122	
殡葬服务	112	31	365	68	184	
其他居民服务业	1001	121	2842	188	271	27
机动车、电子产品和日用产品修理业	14954	1332	32418	1351	1637	505
汽车、摩托车修理与维护	11971	1131	24843	1027	1168	429
计算机和办公设备维修	953	115	2401	180	113	68
家用电器修理	1489	47	3776	120	272	8
其他日用产品修理业	541	39	1398	24	84	
其他服务业	3292	262	18433	617	1096	197
清洁服务	2060	179	14639	546	710	100
其他未列明服务业	1232	83	3794	71	386	97
教育	**1915**	**471**	**5859**	**588**	**2188**	
教育	1915	471	5859	588	2188	
学前教育					116	
初等教育	63	257			23	
中等教育	1177	51			1021	
高等教育					61	
特殊教育						
技能培训、教育辅助及其他教育	675	163	5859	588	967	

与港澳台商合资经营企业	与港澳台商合作经营企业	港澳台商独资经营企业	港澳台商投资股份有限公司	其他港澳台投资企业	外商投资企业	中外合资经营企业	中外合作经营企业	外资企业	外商投资股份有限公司	其他外商投资企业
104	10	195	28		668	85		520	61	2
389	1	480	40	93	1265	611	3	631	8	12
157	1	351	5	20	966	521		297	68	80
157	1	300		15	840	511		261	68	
		5	5	5	33	5		21		7
		46			93	5		15		73
212	**35**	**596**		**2**	**573**	**88**	**35**	**342**	**43**	**65**
					44			3	41	
					3			3		
					41				41	
146	35	321			319	48	35	236		
		60			112			112		
146	35	261			207	48	35	124		
66		275		2	210	40		103	2	65
5		20			9			1		8
					1			1		
		45			61	1		3		57
61		210		2	139	39		98	2	
129	**30**	**587**	**21**	**80**	**1257**	**407**	**45**	**716**	**45**	**44**
10	12	123			237	170	36	17	10	4
					4					4
					47	39		8		
		22			18			8	10	
	12				29	29				
		84			45	45				
					78	42	36			
10		17			16	15		1		
119	18	347	21		643	218		390		35
100	18	311			401	188		178		35
19		28	21		120	30		90		
		8			25			25		
					97			97		
		117		80	377	19	9	309	35	5
		20		80	176		9	162		5
		97			201	19		147	35	
					260			**60**	**200**	
					260			60	200	
					260			60	200	

2-A-6 续表 19

行业	私营独资企业	私营合伙企业	私营有限责任公司	私营股份有限公司	其他企业	港、澳、台商投资企业
卫生和社会工作	**2424**	**648**	**6073**	**944**	**1690**	**484**
卫生	2329	641	5837	923	1608	436
医院	2161	641	4569	733	1377	436
社区医疗与卫生院			478	190	141	
门诊部(所)	107		698			
计划生育技术服务活动						
妇幼保健院(所、站)					90	
专科疾病防治院(所、站)			92			
疾病预防控制中心						
其他卫生活动	61					
社会工作	95	7	236	21	82	48
提供住宿社会工作	90	7	225	21	66	12
不提供住宿社会工作	5		11		16	36
文化、体育和娱乐业	**30040**	**2855**	**36045**	**1876**	**4178**	**1049**
新闻和出版业	70	5	746	6	48	
新闻业	3		84		8	
出版业	67	5	662	6	40	
广播、电视、电影和影视录音制作业	784	56	5377	362	186	99
广播	17		191	11	2	
电视	33		516	8	6	
电影和影视节目制作	237	24	1299	85	77	1
电影和影视节目发行	42		550	10		1
电影放映	401	32	2708	248	96	97
录音制作	54		113		5	
文化艺术业	4076	289	8214	279	454	123
文艺创作与表演	2610	132	2009	75	193	
艺术表演场馆	63	14	303	10	6	
图书馆与档案馆	38		66	1		
文物及非物质文化遗产保护	8		149	3		
博物馆	62		56		29	
烈士陵园、纪念馆			71		3	
群众文化活动	544	49	1503	5	23	102
其他文化艺术业	751	94	4057	185	200	21
体育	1070	64	2850	305	324	219
体育组织	43	19	222		22	
体育场馆	115		135	15	26	30
休闲健身活动	845	43	2073	283	194	189
其他体育	67	2	420	7	82	
娱乐业	24040	2441	18858	924	3166	608
室内娱乐活动	22362	2278	14509	724	2433	240
游乐园	113	11	548	55	18	
彩票活动			1			
文化、娱乐、体育经纪代理	206	64	838	32	139	
其他娱乐业	1359	88	2962	113	576	368

与港澳台商合资经营企业	与港澳台商合作经营企业	港澳台商独资经营企业	港澳台商投资股份有限公司	其他港澳台投资企业	外商投资企业	中外合资经营企业	中外合作经营企业	外资企业	外商投资股份有限公司	其他外商投资企业
441		**43**			**101**	**7**	**94**			
436					94		94			
436					77		77			
					17		17			
5		43			7	7				
5		7			7	7				
		36								
399		**625**	**22**	**3**	**749**	**308**	**30**	**396**		**15**
					67	62		5		
					67	62		5		
57		42			17	1		15		1
		1			16	1		15		
		1								
57		40			1					1
		120		3	119			119		
					2			2		
					11			11		
					81			81		
		99		3	25			25		
		21								
138		81			198	88	29	81		
		30								
138		51			174	64	29	81		
					24	24				
204		382	22		348	157	1	176		14
134		104	2		189	157	1	17		14
					3			3		
70		278	20		156			156		

2-A-7 按地区、营业状态分组的小微企业法人单位数

地　区	单位数(个)						
		营业	停业(歇业)	筹建	当年关闭	当年破产	其他
总　计	**878076**	**766614**	**62130**	**27038**	**17475**	**684**	**4135**
南京市	**81140**	**70047**	**5473**	**3492**	**1018**	**18**	**1092**
玄武区	8498	7172	645	327	331	3	20
秦淮区	13986	12158	1306	320	127	2	73
建邺区	5203	4191	189	800	7		16
鼓楼区	14362	12599	1475	207	24	1	56
浦口区	7216	6541	344	273	41	4	13
栖霞区	6000	4732	631	587	38	2	10
雨花台区	3082	2696	235	89	39		23
江宁区	8737	7336	73	443	40	2	843
六合区	5690	5075	289	136	167	2	21
溧水区	4680	4052	200	248	171	2	7
高淳区	3686	3495	86	62	33		10
无锡市	**113660**	**101863**	**7999**	**2449**	**948**	**26**	**375**
崇安区	7013	6741	180	72	14		6
南长区	7022	6491	320	195	13		3
北塘区	5897	5492	273	76	47		9
锡山区	11359	10141	757	189	256	7	9
惠山区	13894	12539	939	354	60		2
滨湖区	23661	21853	1119	430	77	5	177
江阴市	24552	21812	1799	576	233	7	125
宜兴市	20262	16794	2612	557	248	7	44
徐州市	**69425**	**63979**	**2579**	**1017**	**1373**	**220**	**257**
鼓楼区	10630	9453	910	143	100	3	21
云龙区	8999	8514	187	56	175	4	63
贾汪区	1987	1334	172	97	291	75	18
泉山区	9155	8726	284	48	47	1	49
铜山区	6503	5287	506	260	347	82	21
丰县	5793	5602	95	29	55	3	9
沛县	5859	5185	229	165	202	38	40
睢宁县	6459	6218	75	123	25		18
新沂市	6809	6585	95	60	52	5	12
邳州市	7231	7075	26	36	79	9	6
常州市	**80903**	**76019**	**2800**	**1611**	**360**	**20**	**93**
天宁区	12347	11953	272	110	9		3
钟楼区	10084	9810	94	32	141	6	1
戚墅堰区	2093	2076	17				
新北区	17886	16679	646	517	21	3	20
武进区	26987	24452	1615	730	126	11	53
溧阳市	5998	5723	88	124	50		13
金坛市	5508	5326	68	98	13		3
苏州市	**229993**	**187682**	**26999**	**9101**	**5186**	**100**	**925**
虎丘区	14058	11646	1390	604	387	2	29
吴中区	24195	19113	2647	1911	399	3	122
相城区	13499	11208	1164	502	550	4	71
姑苏区	41209	34541	4985	1216	200	3	264
吴江区	26046	21509	3120	891	428	20	78
常熟市	21623	17706	2356	826	680	12	43
张家港市	26013	21768	2348	684	1047	47	119
昆山市	49574	39464	7577	1760	730	3	40
太仓市	13776	10727	1412	707	765	6	159
南通市	**72898**	**66018**	**3058**	**2244**	**1370**	**54**	**154**
崇川区	13556	12671	578	222	49	4	32
港闸区	4284	4186	67	13	15	2	1
通州区	10707	9645	639	262	151	7	3
海安县	9062	7470	441	815	294	16	26
如东县	10052	9395	272	229	110	9	37
启东市	7818	6412	365	383	611	11	36
如皋市	8933	8122	534	189	74	1	13
海门市	8486	8117	162	131	66	4	6

2-A-7 续表

地 区	单位数(个)						
		营业	停业(歇业)	筹建	当年关闭	当年破产	其他
连云港市	**21888**	**19491**	**1403**	**400**	**485**	**24**	**85**
连云区	3035	2382	450	115	72	3	13
新浦区	4762	4450	200	70	5	1	36
海州区	1160	1039	63	28	19	2	9
赣榆县	3706	3145	326	103	120	4	8
东海县	4678	4534	65	39	28	6	6
灌云县	2385	2304	33	18	20		10
灌南县	2162	1637	266	27	221	8	3
淮安市	**30442**	**24641**	**2859**	**1061**	**1478**	**42**	**361**
清河区	6563	5482	602	143	233	5	98
淮安区	5458	4518	535	209	191	4	1
淮阴区	3483	2689	459	98	116	12	109
清浦区	2873	2465	210	48	148	1	1
涟水县	2651	2400	84	52	113	1	1
洪泽县	3048	2229	323	118	360	4	14
盱眙县	3180	2537	340	159	99	11	34
金湖县	3186	2321	306	234	218	4	103
盐城市	**35587**	**31761**	**1761**	**1183**	**652**	**42**	**188**
亭湖区	5769	5376	236	119	17	2	19
盐都区	3928	3613	181	78	31	1	24
响水县	3262	2878	180	72	116		16
滨海县	2787	2401	194	143	34	5	10
阜宁县	3686	3482	100	54	22	11	17
射阳县	2773	2180	191	98	230	11	63
建湖县	3320	3140	75	79	13	2	11
东台市	5534	4810	321	240	149	3	11
大丰市	4528	3881	283	300	40	7	17
扬州市	**41365**	**34183**	**2628**	**1595**	**2722**	**47**	**190**
广陵区	8382	6903	699	495	260	5	20
邗江区	11199	8742	603	349	1422	6	77
江都区	7626	6906	287	124	267	8	34
宝应县	3853	3036	581	142	89	1	4
仪征市	4945	3914	318	259	382	24	48
高邮市	5360	4682	140	226	302	3	7
镇江市	**38462**	**35638**	**1512**	**868**	**310**	**4**	**130**
京口区	8796	8407	201	131	49	1	7
润州区	4570	4177	232	74	56		31
丹徒区	4024	3253	388	308	58	1	16
丹阳市	9748	8679	615	315	89	2	48
扬中市	6458	6445	6		1		6
句容市	4866	4677	70	40	57		22
泰州市	**36653**	**32509**	**1899**	**1108**	**993**	**26**	**118**
海陵区	8080	6617	629	333	490	4	7
高港区	4333	3971	228	93	26	3	12
姜堰区	5320	4746	273	116	150	5	30
兴化市	5510	4756	264	227	239	9	15
靖江市	6804	6132	417	122	74	5	54
泰兴市	6606	6287	88	217	14		
宿迁市	**25659**	**22782**	**1160**	**909**	**580**	**61**	**167**
宿城区	5535	4845	281	255	126		28
宿豫区	2330	1892	163	163	100		12
沭阳县	10116	8996	529	267	247	32	45
泗阳县	4020	3555	128	169	80	24	64
泗洪县	3658	3494	59	55	27	5	18

2-A-8 按地区、营业状态分组的小微企业法人单位从业人员数

地区	从业人员数(人)						
		营业	停业(歇业)	筹建	当年关闭	当年破产	其他
总计	**16295600**	**15654547**	**274376**	**155102**	**166043**	**7559**	**37973**
南京市	**1387058**	**1328180**	**22101**	**17325**	**11280**	**400**	**7772**
玄武区	86445	80224	1812	3573	645	3	188
秦淮区	147860	139521	5667	1494	614	2	562
建邺区	77560	74695	700	1999	7		159
鼓楼区	171721	165368	4656	729	170	15	783
浦口区	128359	123428	1654	1551	1258	316	152
栖霞区	89305	84818	1892	2126	441	2	26
雨花台区	59569	56206	1501	584	648		630
江宁区	205245	195379	530	2599	2038	54	4645
六合区	144286	139701	1332	881	2262	2	108
溧水区	156769	152421	1273	1272	1657	6	140
高淳区	119939	116419	1084	517	1540		379
无锡市	**1692131**	**1650818**	**22440**	**8689**	**7438**	**664**	**2082**
崇安区	54389	53114	508	229	511		27
南长区	56775	55553	718	481	20		3
北塘区	58674	57520	650	278	189		37
锡山区	161997	158143	1807	624	1238	97	88
惠山区	211114	206369	2979	1274	486		6
滨湖区	365449	358419	3380	1674	476	268	1232
江阴市	456007	446467	5470	1902	1565	174	429
宜兴市	327726	315233	6928	2227	2953	125	260
徐州市	**1446172**	**1385558**	**21797**	**8594**	**24584**	**2206**	**3433**
鼓楼区	143740	135436	5502	1091	1549	52	110
云龙区	103658	100925	903	446	792	13	579
贾汪区	49056	43311	2007	870	2295	283	290
泉山区	103509	98813	2596	328	1077	12	683
铜山区	154692	145360	3407	1387	2849	1210	479
丰县	210654	205270	3113	776	1202	99	194
沛县	172232	166407	1490	1286	2240	304	505
睢宁县	147627	144023	1172	1335	802		295
新沂市	166842	160078	1209	638	4696	44	177
邳州市	194162	185935	398	437	7082	189	121
常州市	**1360054**	**1334009**	**13382**	**9498**	**2370**	**54**	**741**
天宁区	132619	129747	2057	741	48		26
钟楼区	158963	158095	170	120	558	15	5
戚墅堰区	30735	30702	33				
新北区	267969	262686	2756	2036	326	23	142
武进区	472482	460728	6299	4596	506	16	337
溧阳市	134153	131830	630	889	617		187
金坛市	163133	160221	1437	1116	315		44
苏州市	**3343395**	**3191450**	**83397**	**40514**	**21482**	**853**	**5699**
虎丘区	187596	179729	3493	3110	1073	5	186
吴中区	351144	330078	10396	8784	1123	3	760
相城区	237071	227245	4168	2647	2422	17	572
姑苏区	452129	431472	13627	4659	940	10	1421
吴江区	392196	376115	9756	3448	2303	105	469
常熟市	389139	370685	9831	4589	3600	139	295
张家港市	442047	424451	8652	3221	4986	399	338
昆山市	655886	625822	19647	6839	2867	22	689
太仓市	236187	225853	3827	3217	2168	153	969
南通市	**1595801**	**1541301**	**20850**	**17147**	**13429**	**630**	**2444**
崇川区	206249	201017	2872	1515	289	5	551
港闸区	83381	82467	384	111	376	36	7
通州区	247935	243975	1985	1064	673	223	15
海安县	197645	183554	4147	6406	3062	163	313
如东县	224909	216135	3765	2361	1716	103	829
启东市	188504	178620	2064	3189	4304	48	279
如皋市	212908	205838	4099	1702	1034	12	223
海门市	234270	229695	1534	799	1975	40	227

2-A-8 续表

地 区	从业人员数(人)						
		营业	停业(歇业)	筹建	当年关闭	当年破产	其他
连云港市	**497059**	**473921**	**10318**	**5019**	**6602**	**120**	**1079**
连云区	51212	47317	1431	1952	463	6	43
新浦区	65383	62917	1290	717	66	6	387
海州区	20329	19160	379	214	468	27	81
赣榆县	92396	88856	1742	977	717	9	95
东海县	126238	122379	1284	848	1391	37	299
灌云县	88298	87280	337	211	331		139
灌南县	53203	46012	3855	100	3166	35	35
淮安市	**714089**	**673375**	**13319**	**7557**	**15587**	**357**	**3894**
清河区	126730	119694	2590	1926	2055	44	421
淮安区	117332	110726	3028	863	2637	76	2
淮阴区	101937	96002	1464	735	902	62	2772
清浦区	58867	54659	1730	299	2165	6	8
涟水县	94315	88258	973	267	4796	9	12
洪泽县	67985	65571	749	1094	518	16	37
盱眙县	96619	90955	1840	1538	1768	114	404
金湖县	50304	47510	945	835	746	30	238
盐城市	**909243**	**871464**	**14235**	**11269**	**8526**	**591**	**3158**
亭湖区	128547	124568	1804	903	702	125	445
盐都区	100850	97638	1025	591	1129	3	464
响水县	62844	59207	1220	924	1261		232
滨海县	85670	81412	1564	1491	967	71	165
阜宁县	110868	106971	1537	817	993	260	290
射阳县	82282	76291	2033	1123	1774	71	990
建湖县	91885	90547	469	509	177	4	179
东台市	142411	135797	3246	1943	1186	30	209
大丰市	103886	99033	1337	2968	337	27	184
扬州市	**947085**	**899824**	**17451**	**7671**	**20136**	**297**	**1706**
广陵区	131787	125068	2919	1838	1735	21	206
邗江区	196917	183915	3376	1793	7363	24	446
江都区	199962	194974	1188	579	2942	36	243
宝应县	106033	98905	5934	624	530	2	38
仪征市	135981	126067	2509	1781	4955	126	543
高邮市	176405	170895	1525	1056	2611	88	230
镇江市	**776415**	**753045**	**9979**	**6182**	**5106**	**233**	**1870**
京口区	134820	131476	1640	968	581	3	152
润州区	78720	74997	1949	721	564		489
丹徒区	84407	79570	2125	2115	468	8	121
丹阳市	215646	208899	3066	1841	933	222	685
扬中市	107377	107219	65				93
句容市	155445	150884	1134	537	2560		330
泰州市	**885949**	**849348**	**10976**	**6348**	**18061**	**392**	**824**
海陵区	142532	135539	1935	1517	3387	28	126
高港区	103460	99610	1098	401	2052	81	218
姜堰区	113842	105983	1499	627	5567	10	156
兴化市	203767	194654	3311	1674	3729	225	174
靖江市	143781	139241	1560	800	1982	48	150
泰兴市	178567	174321	1573	1329	1344		
宿迁市	**741149**	**702254**	**14131**	**9289**	**11442**	**762**	**3271**
宿城区	118287	112824	1720	2295	1206		242
宿豫区	63676	59221	1315	1789	1233		118
沭阳县	267680	251044	6872	3177	5393	309	885
泗阳县	158250	148895	3277	1405	2741	220	1712
泗洪县	133256	130270	947	623	869	233	314

2-A-9 按地区、登记注册类型分组的

地区	单位数(个)	内资企业	国有企业	集体企业	股份合作企业	联营企业
总计	**878076**	**852009**	**5430**	**9174**	**2952**	**1539**
南京市	**81140**	**79451**	**1203**	**1102**	**492**	**355**
玄武区	8498	8398	212	101	59	21
秦淮区	13986	13815	226	142	93	43
建邺区	5203	5115	32	23	16	24
鼓楼区	14362	14168	368	182	126	88
浦口区	7216	7046	56	135	26	20
栖霞区	6000	5837	43	82	27	43
雨花台区	3082	3005	42	74	26	15
江宁区	8737	8323	106	174	60	28
六合区	5690	5559	60	57	10	12
溧水区	4680	4561	34	62	32	4
高淳区	3686	3624	24	70	17	57
无锡市	**113660**	**110773**	**437**	**974**	**488**	**154**
崇安区	7013	6978	26	62	38	7
南长区	7022	6977	35	45	31	6
北塘区	5897	5837	23	78	53	19
锡山区	11359	10910	22	59	42	3
惠山区	13894	13541	20	127	39	21
滨湖区	23661	22767	138	242	72	43
江阴市	24552	23979	94	214	116	24
宜兴市	20262	19784	79	147	97	31
徐州市	**69425**	**69061**	**507**	**622**	**97**	**67**
鼓楼区	10630	10507	71	119	35	7
云龙区	8999	8984	48	58	7	6
贾汪区	1987	1975	12	51	16	7
泉山区	9155	9137	59	66	17	6
铜山区	6503	6461	46	90	8	7
丰县	5793	5756	38	40	6	9
沛县	5859	5837	66	64	3	12
睢宁县	6459	6432	52	69	3	7
新沂市	6809	6774	29	45	1	3
邳州市	7231	7198	86	20	1	3
常州市	**80903**	**78790**	**218**	**533**	**122**	**139**
天宁区	12347	12136	45	69	18	6
钟楼区	10084	9898	55	67	12	12
戚墅堰区	2093	2050	4	28	13	2
新北区	17886	17276	39	35	20	35
武进区	26987	26318	31	157	40	52
溧阳市	5998	5818	21	80	9	7
金坛市	5508	5294	23	97	10	25

小微企业法人单位数

国有联营企业	集体联营企业	国有与集体联营企业	其他联营企业	有限责任公司	国有独资公司	其他有限责任公司	股份有限公司	私营企业
108	**323**	**95**	**1013**	**67842**	**987**	**66855**	**8634**	**729883**
29	**65**	**23**	**238**	**10362**	**206**	**10156**	**1407**	**60766**
2	3		16	944	36	908	122	6580
8	10	6	19	1533	30	1503	300	10955
	5	3	16	871	17	854	47	3983
11	19	6	52	2061	44	2017	386	10162
3	5	1	11	1593	15	1578	96	4799
1	4	1	37	470	10	460	89	4890
1	5	2	7	599	12	587	63	2040
1	6	2	19	562	15	547	98	7158
1	6	1	4	568	12	556	62	4540
	2	1	1	378	7	371	63	3721
1			56	783	8	775	81	1938
7	**27**	**9**	**111**	**7223**	**87**	**7136**	**1561**	**97450**
	2		5	636	11	625	76	6060
1	1	2	2	1184	7	1177	124	5453
1	2	2	14	888	6	882	72	4649
	2	1		287	3	284	72	10365
			21	281	7	274	67	12911
1	7	4	31	2498	29	2469	304	18717
2	6		16	755	15	740	367	21940
2	7		22	694	9	685	479	17355
6	**30**	**7**	**24**	**3472**	**71**	**3401**	**572**	**59203**
2	1		4	872	12	860	67	9204
	2	2	2	248	13	235	51	8439
1	6			188	2	186	40	1515
1	3	1	1	532	7	525	172	8058
	4		3	534	9	525	41	5126
	1	3	5	152	3	149	58	4838
2	6	1	3	70	2	68	44	4858
	3		4	618	10	608	18	4589
	2		1	185	6	179	61	6182
	2		1	73	7	66	20	6394
7	**11**	**9**	**112**	**4854**	**37**	**4817**	**407**	**72435**
1	2	1	2	1702	2	1700	60	10229
1	1	4	6	398	6	392	29	9324
	1	1		185	1	184	21	1797
1		2	32	1425	12	1413	82	15635
2	2		48	893	6	887	137	24988
1	4		2	136	6	130	37	5504
1	1	1	22	115	4	111	41	4958

2-A-9 续表 1

地 区	单位数(个)	内资企业	国有企业	集体企业	股份合作企业	联营企业
苏州市	**229994**	**217639**	**647**	**1688**	**832**	**223**
虎丘区	14058	13147	36	124	131	14
吴中区	24195	23139	50	240	126	42
相城区	13499	12889	25	158	29	5
姑苏区	41209	38984	169	202	231	121
吴江区	26046	24895	68	205	30	6
常熟市	21623	20900	80	208	36	7
张家港市	26013	25169	45	115	104	6
昆山市	49574	45900	118	291	79	20
太仓市	13777	12616	56	145	66	2
南通市	**72898**	**70370**	**238**	**659**	**226**	**69**
崇川区	13556	13161	87	125	79	11
港闸区	4284	4156	13	34	36	4
通州区	10707	10328	22	103	14	11
海安县	9062	8804	26	91	14	15
如东县	10052	9828	21	28	19	2
启东市	7818	7505	9	34	5	5
如皋市	8933	8723	34	45	7	9
海门市	8486	7865	26	199	52	12
连云港市	**21888**	**21544**	**290**	**327**	**60**	**52**
连云区	3035	2908	95	81	19	4
新浦区	4762	4735	54	55	10	18
海州区	1160	1125	14	36	5	5
赣榆县	3706	3661	37	41	10	9
东海县	4678	4623	33	34	4	4
灌云县	2385	2366	27	41	4	4
灌南县	2162	2126	30	39	8	8
淮安市	**30442**	**29975**	**374**	**479**	**74**	**70**
清河区	6563	6424	62	32	26	20
淮安区	5458	5360	96	105		2
淮阴区	3483	3463	39	40	15	4
清浦区	2873	2841	20	46	7	8
涟水县	2651	2625	34	32	8	12
洪泽县	3048	3009	49	116	4	6
盱眙县	3180	3135	53	51	7	8
金湖县	3186	3118	21	57	7	10

国有联营企业	集体联营企业	国有与集体联营企业	其他联营企业	有限责任公司	国有独资公司	其他有限责任公司	股份有限公司	私营企业
15	**34**	**11**	**163**	**16069**	**160**	**15909**	**1246**	**194840**
	4		10	1199	12	1187	100	11422
4	3		35	3978	20	3958	273	18063
1	1		3	1111	9	1102	37	11463
2	10	4	105	3259	43	3216	471	33861
1	3	1	1	819	13	806	50	23392
1	6			457	17	440	57	19933
	2	2	2	4021	12	4009	66	20683
5	5	3	7	751	12	739	56	44445
1		1		474	22	452	136	11578
5	**29**	**3**	**32**	**7761**	**66**	**7695**	**427**	**60513**
1	4	1	5	1631	29	1602	107	11100
	4			426	4	422	13	3630
1	4		6	1786	12	1774	54	8312
	8		7	1113	1	1112	73	7378
			2	214	2	212	85	9320
1	2		2	1282	7	1275	39	6120
1	1	1	6	952	8	944	27	7534
1	6	1	4	357	3	354	29	7119
2	**10**	**2**	**38**	**1329**	**60**	**1269**	**278**	**17528**
	3		1	232	23	209	49	2317
		1	17	341	8	333	117	3584
			5	40	1	39	22	940
1	5	1	2	57	13	44	37	3147
1	2		1	42	6	36	10	4289
			4	402	5	397	31	1753
			8	215	4	211	12	1498
7	**19**	**3**	**41**	**3696**	**52**	**3644**	**488**	**22249**
6	3		11	1473	17	1456	164	3947
	1	1		129	5	124	21	4968
1	2	1		164	4	160	64	2668
	2		6	379	5	374	63	2134
	3	1	8	354	7	347	48	1798
	2		4	604	6	598	50	1995
	5		3	270	4	266	40	2212
	1		9	323	4	319	38	2527

2-A-9 续表 2

地　区	单位数(个)	内资企业	国有企业	集体企业	股份合作企　业	联营企业
盐城市	**35587**	**34987**	**384**	**446**	**164**	**115**
亭湖区	5769	5642	67	49	29	22
盐都区	3928	3882	23	63	14	10
响水县	3262	3234	21	32	5	3
滨海县	2787	2769	36	36	17	17
阜宁县	3686	3648	15	27	10	20
射阳县	2773	2712	44	33	41	10
建湖县	3320	3299	29	25	13	5
东台市	5534	5400	70	100	18	8
大丰市	4528	4401	79	81	17	20
扬州市	**41365**	**40590**	**362**	**666**	**131**	**49**
广陵区	8382	8241	92	100	36	10
邗江区	11199	10929	112	118	46	17
江都区	7626	7500	49	140	32	9
宝应县	3853	3791	16	90	5	5
仪征市	4945	4847	59	77	2	3
高邮市	5360	5282	34	141	10	5
镇江市	**38462**	**37380**	**381**	**807**	**89**	**64**
京口区	8796	8523	109	128	22	21
润州区	4570	4499	58	78	32	8
丹徒区	4024	3917	48	124	9	5
丹阳市	9748	9385	92	312	9	9
扬中市	6458	6301	36	55	14	13
句容市	4866	4755	38	110	3	8
泰州市	**36653**	**35970**	**272**	**763**	**127**	**56**
海陵区	8080	7901	90	183	24	15
高港区	4333	4260	10	69	11	5
姜堰区	5320	5202	32	100	21	4
兴化市	5510	5444	47	131	20	8
靖江市	6804	6714	38	125	9	4
泰兴市	6606	6449	55	155	42	20
宿迁市	**25659**	**25479**	**117**	**108**	**50**	**126**
宿城区	5535	5480	35	24	10	42
宿豫区	2330	2303	28	11	8	56
沭阳县	10116	10083	11	32	15	20
泗阳县	4020	3993	22	16	4	6
泗洪县	3658	3620	21	25	13	2

国有联营企业	集体联营企业	国有与集体联营企业	其他联营企业	有限责任公司	国有独资公司	其他有限责任公司	股份有限公司	私营企业
8	**19**	**9**	**79**	**4107**	**70**	**4037**	**823**	**25663**
1	1	4	16	885	15	870	128	4284
1	1	1	7	342	7	335	215	2851
1		1	1	457	9	448	35	2184
	2		15	1229	5	1224	89	884
	1	1	18	135	2	133	57	2994
2	3		5	228	7	221	80	1594
	1	2	2	146	3	143	44	2857
	4		4	318	6	312	105	4655
3	6		11	367	16	351	70	3360
5	**26**	**3**	**15**	**2042**	**53**	**1989**	**320**	**35615**
1	6		3	349	15	334	108	7184
3	5	1	8	560	24	536	108	9812
	7		2	678	5	673	42	6323
	5			185	4	181	15	3223
1	1	1		142	1	141	13	4497
	2	1	2	128	4	124	34	4576
9	**17**	**7**	**31**	**1352**	**41**	**1311**	**421**	**32739**
2	6	1	12	401	25	376	159	7521
2	2	1	3	229	4	225	49	3860
1	1	2	1	123	4	119	15	3205
3	2	1	3	172	3	169	76	8451
	2	1	10	333	3	330	97	5449
1	4	1	2	94	2	92	25	4253
6	**21**	**7**	**22**	**3590**	**48**	**3542**	**343**	**29871**
1	4	3	7	874	19	855	100	6512
1		1	3	725	5	720	38	3118
	1		3	524	2	522	50	4344
	5	1	2	439	4	435	57	4490
	2	1	1	342	9	333	33	6122
4	9	1	6	686	9	677	65	5285
2	**15**	**2**	**107**	**1985**	**36**	**1949**	**341**	**21011**
2	3	1	36	700	11	689	135	4049
	2	1	53	561	10	551	61	1475
	3		17	158	2	156	72	9337
	5		1	444	5	439	35	3284
	2			122	8	114	38	2866

2-A-9 续表 3

地 区	私营独资企业	私营合伙企业	私营有限责任公司	私营股份有限公司	其他企业	港、澳、台商投资企业
总 计	**161044**	**13396**	**538804**	**16639**	**26555**	**10311**
南京市	**7969**	**2035**	**48366**	**2396**	**3764**	**638**
玄武区	460	187	5730	203	359	40
秦淮区	840	355	9268	492	523	72
建邺区	278	134	3472	99	119	33
鼓楼区	1052	400	8153	557	795	74
浦口区	890	132	3619	158	321	83
栖霞区	550	146	4036	158	193	43
雨花台区	280	88	1540	132	146	31
江宁区	1646	226	4967	319	137	124
六合区	483	150	3799	108	250	46
溧水区	1011	117	2530	63	267	54
高淳区	479	100	1252	107	654	38
无锡市	**13272**	**1075**	**80781**	**2322**	**2486**	**1144**
崇安区	169	59	5739	93	73	16
南长区	241	44	4988	180	99	15
北塘区	323	60	4126	140	55	25
锡山区	2307	120	7810	128	60	206
惠山区	3658	85	8958	210	75	175
滨湖区	2293	205	15809	410	753	247
江阴市	1032	175	20362	371	469	271
宜兴市	3249	327	12989	790	902	189
徐州市	**19416**	**869**	**37711**	**1207**	**4521**	**180**
鼓楼区	859	70	8114	161	132	54
云龙区	1815	62	6268	294	127	7
贾汪区	898	79	489	49	146	4
泉山区	1373	183	6210	292	227	12
铜山区	1902	132	2985	107	609	26
丰县	2188	41	2524	85	615	14
沛县	1537	168	3100	53	720	13
睢宁县	2848	41	1667	33	1076	16
新沂市	3890	23	2196	73	268	21
邳州市	2106	70	4158	60	601	13
常州市	**9984**	**792**	**61572**	**87**	**82**	**822**
天宁区	676	75	9470	8	7	94
钟楼区	572	50	8697	5	1	76
戚墅堰区	227	17	1551	2		16
新北区	1616	153	13847	19	5	186
武进区	4247	324	20379	38	20	277
溧阳市	1040	41	4416	7	24	89
金坛市	1606	132	3212	8	25	84

与港澳台商合资经营企业	与港澳台商合作经营企业	港澳台商独资经营企业	港澳台商投资股份有限公司	其他港澳台投资企业	外商投资企业	中外合资经营企业	中外合作经营企业	外资企业	外商投资股份有限公司	其他外商投资企业
3174	**181**	**6647**	**225**	**84**	**15756**	**4562**	**233**	**10432**	**302**	**227**
225	**16**	**370**	**14**	**13**	**1051**	**348**	**22**	**635**	**25**	**21**
17	2	20		1	60	19	2	36	1	2
27	3	38	2	2	99	29	5	57	4	4
10		23			55	14		38	2	1
28	4	38	2	2	120	43	5	64	4	4
31		51	1		87	30	2	46	3	6
15	1	24	1	2	120	38	2	76	3	1
11		19		1	46	28	1	17		
48	2	68	3	3	290	93	4	186	5	2
16		30			85	25	1	59		
11	3	38	2		65	20		42	2	1
11	1	21	3	2	24	9		14	1	
476	**23**	**603**	**33**	**9**	**1743**	**691**	**30**	**971**	**32**	**19**
6		10			19	8		11		
7		8			30	13		14		3
10	1	13		1	35	18	2	14	1	
67	3	132	4		243	83	2	151	4	3
82	3	86	4		178	83	1	92		2
86	7	144	7	3	647	177	19	434	11	6
156	4	103	7	1	302	166		126	6	4
62	5	107	11	4	289	143	6	129	10	1
59	**8**	**103**	**8**	**2**	**184**	**92**		**82**	**6**	**4**
19	1	32	1	1	69	29		32	4	4
2		3	2		8	4		4		
1		3			8	7		1		
5	4	3			6	4		1	1	
7		15	4		16	9		6	1	
10	2	2			23	17		6		
3		10			9	5		4		
	1	14		1	11	4		7		
6		15			14	4		10		
6		6	1		20	9		11		
353	**31**	**427**	**9**	**2**	**1291**	**538**	**41**	**685**	**18**	**9**
51	8	34	1		117	57	8	50	1	1
35	3	38			110	57		51	1	1
12		4			27	15		12		
51	5	127	3		424	116	6	300	2	
142	6	124	4	1	392	187	14	177	9	5
27	2	58	1	1	91	34	7	44	4	2
35	7	42			130	72	6	51	1	

2-A-9 续表 4

地　区	私营独资企　业	私营合伙企　业	私营有限责任公司	私营股份有限公司	其他企业	港、澳、台商投资企　业
苏州市	**23599**	**3533**	**162470**	**5238**	**2094**	**4521**
虎丘区	1076	228	9872	246	121	241
吴中区	2254	499	14734	576	367	431
相城区	1910	133	9244	176	61	290
姑苏区	2043	475	28973	2370	670	532
吴江区	5051	259	17727	355	325	541
常熟市	3386	586	15728	233	122	262
张家港市	2361	272	17707	343	129	315
昆山市	3997	823	39045	580	140	1473
太仓市	1521	258	9440	359	159	436
南通市	**15655**	**1381**	**42600**	**877**	**477**	**991**
崇川区	540	110	10212	238	21	96
港闸区	197	39	3380	14		27
通州区	2329	200	5665	118	26	123
海安县	1347	130	5799	102	94	134
如东县	5681	102	3423	114	139	110
启东市	1433	604	3939	144	11	107
如皋市	2523	37	4933	41	115	79
海门市	1605	159	5249	106	71	315
连云港市	**6722**	**303**	**10052**	**451**	**1680**	**150**
连云区	421	39	1778	79	111	55
新浦区	522	86	2806	170	556	9
海州区	138	5	782	15	63	21
赣榆县	1256	39	1794	58	323	14
东海县	3047	37	1164	41	207	23
灌云县	697	16	993	47	104	7
灌南县	641	81	735	41	316	21
淮安市	**10621**	**564**	**10395**	**669**	**2545**	**292**
清河区	1735	130	1925	157	700	75
淮安区	3081	72	1765	50	39	78
淮阴区	1304	52	1222	90	469	12
清浦区	560	30	1495	49	184	13
涟水县	1294	67	381	56	339	9
洪泽县	1156	104	643	92	185	22
盱眙县	640	34	1433	105	494	33
金湖县	851	75	1531	70	135	50

与港澳台商合资经营企业	与港澳台商合作经营企业	港澳台商独资经营企业	港澳台商投资股份有限公司	其他港澳台投资企业	外商投资企业	中外合资经营企业	中外合作经营企业	外资企业	外商投资股份有限公司	其他外商投资企业
962	**34**	**3396**	**92**	**37**	**7834**	**1332**	**80**	**6183**	**139**	**100**
43	2	186	8	2	670	80	9	552	18	11
115	2	304	5	5	625	139	10	462	7	7
57	2	219	11	1	320	75	1	241	3	
99	9	388	24	12	1693	191	19	1391	58	34
128	3	392	11	7	610	128	4	456	12	10
94	2	163	3		461	138	1	321	1	
143	2	166	4		529	177	8	336	2	6
216	4	1228	17	8	2201	281	23	1848	23	26
67	8	350	9	2	725	123	5	576	15	6
343	**14**	**620**	**10**	**4**	**1537**	**622**	**21**	**856**	**26**	**12**
45	1	47	1	2	299	107	2	178	8	4
13		14			101	59	3	38	1	
46	1	74	1	1	256	104	8	139	4	1
62	2	67	3		124	61		58	4	1
22	2	86			114	43	1	67	1	2
51	2	52	2		206	96	3	103	3	1
34	1	44			131	62	3	63	1	2
70	5	236	3	1	306	90	1	210	4	1
49	**4**	**92**	**5**		**194**	**79**	**1**	**106**	**7**	**1**
23	3	27	2		72	26	1	44		1
4		4	1		18	6		10	2	
7		14			14	9		5		
5		9			31	8		21	2	
5		18			32	15		15	2	
		7			12	5		7		
5	1	13	2		15	10		4	1	
75	**10**	**196**	**8**	**3**	**175**	**63**	**4**	**81**	**7**	**20**
24	3	46	2		64	21	2	36		5
14	2	61	1		20	6	1	13		
2		9		1	8	4		3		1
5	4	4			19	5	1	4		9
		7		2	17	4		6	3	4
9		12	1		17	9		7		1
8		21	4		12	5		7		
13	1	36			18	9		5	4	

2-A-9 续表 5

地 区	私营独资企 业	私营合伙企 业	私营有限责任公司	私营股份有限公司	其他企业	港、澳、台商投资企 业
盐城市	**10260**	**692**	**13982**	**729**	**3285**	**270**
亭湖区	756	62	3365	101	178	39
盐都区	1248	99	1376	128	364	17
响水县	1233	62	826	63	497	13
滨海县	436	39	359	50	461	8
阜宁县	1228	84	1644	38	390	15
射阳县	619	91	807	77	682	38
建湖县	634	62	2071	90	180	9
东台市	2368	77	2142	68	126	70
大丰市	1738	116	1392	114	407	61
扬州市	**12335**	**692**	**21777**	**811**	**1405**	**362**
广陵区	2035	163	4713	273	362	59
邗江区	2679	249	6586	298	156	126
江都区	3404	84	2798	37	227	51
宝应县	874	44	2246	59	252	33
仪征市	1552	95	2839	11	54	48
高邮市	1791	57	2595	133	354	45
镇江市	**9227**	**472**	**22165**	**875**	**1527**	**526**
京口区	1631	136	5471	283	162	130
润州区	898	84	2660	218	185	44
丹徒区	1091	49	2001	64	388	48
丹阳市	1912	65	6378	96	264	154
扬中市	1781	100	3433	135	304	75
句容市	1914	38	2222	79	224	75
泰州市	**10492**	**392**	**18425**	**562**	**948**	**318**
海陵区	2364	79	3872	197	103	86
高港区	1144	16	1909	49	284	39
姜堰区	1899	37	2364	44	127	43
兴化市	2009	155	2236	90	252	32
靖江市	1292	46	4676	108	41	43
泰兴市	1784	59	3368	74	141	75
宿迁市	**11492**	**596**	**8508**	**415**	**1741**	**97**
宿城区	1926	89	1933	101	485	29
宿豫区	820	50	571	34	103	13
沭阳县	5744	183	3256	154	438	15
泗阳县	1565	210	1425	84	182	13
泗洪县	1437	64	1323	42	533	27

与港澳台商合资经营企业	与港澳台商合作经营企业	港澳台商独资经营企业	港澳台商投资股份有限公司	其他港澳台投资企业	外商投资企业	中外合资经营企业	中外合作经营企业	外资企业	外商投资股份有限公司	其他外商投资企业
126	**7**	**124**	**12**	**1**	**330**	**155**	**5**	**139**	**14**	**17**
17	2	18	1	1	88	24	1	53	4	6
8		9			29	14		12	2	1
4		6	3		15	5		3	1	6
3		5			10	2		6		2
6	1	7	1		23	7		14	1	1
18	1	16	3		23	16		7		
2	1	6			12	4		7		1
37	1	29	3		64	43	2	17	2	
31	1	28	1		66	40	2	20	4	
160	**14**	**172**	**11**	**5**	**413**	**210**	**2**	**191**	**6**	**4**
30		27	2		82	37		43	1	1
52	5	61	5	3	144	56	1	82	4	1
14	6	29	2		75	57		16	1	1
18		15			29	18		11		
26	1	20	1		50	26		23		1
20	2	20	1	2	33	16	1	16		
198	**9**	**301**	**12**	**6**	**556**	**236**	**12**	**288**	**11**	**9**
46		77	4	3	143	50	1	84	4	4
18		25	1		27	18		9		
23	1	24			59	28	2	28	1	
70	6	74	4		209	87	1	117	1	3
24	2	45	2	2	82	43	6	26	5	2
17		56	1	1	36	10	2	24		
123	**8**	**179**	**7**	**1**	**365**	**161**	**10**	**182**	**8**	**4**
21	1	62	2		93	36		51	4	2
13	1	25			34	16	1	16	1	
10	1	31	1		75	23	3	49		
10	2	16	3	1	34	16		17	1	
31		12			47	28	2	17		
38	3	33	1		82	42	4	32	2	2
25	**3**	**64**	**4**	**1**	**83**	**35**	**5**	**33**	**3**	**7**
4	2	21	2		26	12	2	9	1	2
5		7	1		14	8	1	5		
3	1	11			18	4	1	13		
5		8			14	5	1	3	1	4
8		17	1	1	11	6		3	1	1

2-A-10 按地区、登记注册类型分组的

地区	从业人员数(人)	内资企业	国有企业	集体企业	股份合作企业	联营企业
总计	**16295600**	**14792662**	**179464**	**204085**	**51824**	**21734**
南京市	**1387058**	**1293547**	**39058**	**23182**	**6485**	**4591**
玄武区	86445	84338	5019	1126	379	283
秦淮区	147860	143391	6120	1625	702	614
建邺区	77560	75713	692	297	215	293
鼓楼区	171721	167683	8820	3132	1296	744
浦口区	128359	117025	1718	2479	448	699
栖霞区	89305	78350	1778	3635	442	581
雨花台区	59569	56555	1132	1610	483	155
江宁区	205245	172994	7066	3814	1385	491
六合区	144286	133834	3945	2192	92	109
溧水区	156769	149150	1946	1317	720	61
高淳区	119939	114514	822	1955	323	561
无锡市	**1692131**	**1515279**	**10102**	**15626**	**7506**	**1911**
崇安区	54389	53288	333	738	319	53
南长区	56775	55259	601	655	397	41
北塘区	58674	55717	207	959	660	394
锡山区	161997	134474	556	705	857	17
惠山区	211114	190770	652	1723	909	150
滨湖区	365449	306528	4552	3704	1153	482
江阴市	456007	417320	1277	4647	1688	346
宜兴市	327726	301923	1924	2495	1523	428
徐州市	**1446172**	**1420518**	**24437**	**16576**	**2434**	**1297**
鼓楼区	143740	136899	2517	1834	677	284
云龙区	103658	103349	4791	763	68	66
贾汪区	49056	47969	333	2065	454	92
泉山区	103509	102752	1353	1528	516	61
铜山区	154692	152113	1292	3680	190	129
丰县	210654	206500	2815	1593	192	224
沛县	172232	170171	5090	1796	87	250
睢宁县	147627	145865	3727	1700	216	109
新沂市	166842	164632	621	1057	4	32
邳州市	194162	190268	1898	560	30	50
常州市	**1360054**	**1247614**	**5702**	**8543**	**2023**	**1730**
天宁区	132619	122124	735	810	156	45
钟楼区	158963	149609	1639	815	185	139
戚墅堰区	30735	28695	50	467	212	43
新北区	267969	232784	1520	1182	399	287
武进区	472482	439862	530	1795	483	775
溧阳市	134153	125520	594	1450	229	156
金坛市	163133	149020	634	2024	359	285

小微企业法人单位从业人员数

国有联营企业	集体联营企业	国有与集体联营企业	其他联营企业	有限责任公司	国有独资公司	其他有限责任公司	股份有限公司	私营企业
2418	**5458**	**2897**	**10961**	**1823785**	**43317**	**1780468**	**308065**	**11831953**
667	**986**	**382**	**2556**	**250102**	**10583**	**239519**	**41126**	**880643**
7	14		262	18418	1853	16565	2840	50927
84	120	226	184	24835	1065	23770	4137	100915
	83	21	189	10333	594	9739	428	62465
269	166	26	283	40122	2162	37960	6812	100361
214	383	36	66	26449	385	26064	7785	73542
1	26	3	551	17478	1104	16374	2018	50302
44	33	40	38	15739	927	14812	1693	34241
19	41	17	414	25495	888	24607	4608	128758
1	98	2	8	23014	640	22374	2867	98816
	22	11	28	22858	916	21942	3801	108259
28			533	25361	49	25312	4137	72057
167	**441**	**333**	**970**	**132528**	**3201**	**129327**	**32310**	**1290502**
	27		26	9307	318	8989	874	41241
7	2	23	9	10067	392	9675	1385	41536
60	19	250	65	8425	167	8258	807	43823
	2	15		5773	13	5760	1662	124226
			150	8697	108	8589	2663	175335
15	103	45	319	42386	1417	40969	6683	240241
13	231		102	20654	525	20129	6374	376459
72	57		299	27219	261	26958	11862	247641
63	**549**	**84**	**601**	**139870**	**2700**	**137170**	**24985**	**1127407**
25	50		209	18594	456	18138	1561	109820
	24	26	16	6090	422	5668	687	89510
6	86			6696	201	6495	2455	33692
12	22	16	11	10160	391	9769	2417	84401
	74		55	21961	312	21649	2623	114762
	46	32	146	7695	71	7624	4071	170223
20	167	10	53	5194	29	5165	4419	142432
	26		83	19663	356	19307	825	96983
	26		6	22266	161	22105	3855	131198
	28		22	21551	301	21250	2072	154386
98	**186**	**153**	**1293**	**69280**	**2016**	**67264**	**9169**	**1146815**
10	16	3	16	14265	16	14249	718	105279
5	2	86	46	7285	439	6846	648	138883
	5	38		3101	5	3096	248	24574
15		16	256	15732	384	15348	2581	210738
27	3		745	20666	391	20275	2533	412591
3	145		8	3934	376	3558	1046	117579
38	15	10	222	4297	405	3892	1395	137171

2-A-10 续表 1

地 区	从业人员数（人）	内资企业	国有企业	集体企业	股份合作企业	联营企业
苏州市	**3343395**	**2698316**	**13276**	**24407**	**10256**	**2377**
虎丘区	187596	141085	672	1486	1673	160
吴中区	351144	292963	1033	3311	1779	160
相城区	237071	202710	559	2059	319	70
姑苏区	452129	351091	4025	2947	2097	1060
吴江区	392196	318734	1792	2572	304	24
常熟市	389139	338071	937	2896	542	96
张家港市	442047	397113	1903	2054	1300	73
昆山市	655886	481475	1412	4609	853	725
太仓市	236187	175074	943	2473	1389	9
南通市	**1595801**	**1418717**	**7699**	**20794**	**5974**	**2441**
崇川区	206249	181127	1797	2039	1076	242
港闸区	83381	76618	662	3015	714	62
通州区	247935	216580	730	5360	658	131
海安县	197645	182173	966	1122	277	188
如东县	224909	208929	1429	2798	710	92
启东市	188504	165536	129	732	208	920
如皋市	212908	198118	1295	905	111	568
海门市	234270	189636	691	4823	2220	238
连云港市	**497059**	**477346**	**11581**	**10992**	**1260**	**527**
连云区	51212	44762	2874	1450	190	22
新浦区	65383	64497	2476	800	270	164
海州区	20329	18879	285	1488	137	27
赣榆县	92396	89586	1099	1096	240	94
东海县	126238	122058	991	2010	245	36
灌云县	88298	87224	2979	2824	68	23
灌南县	53203	50340	877	1324	110	161
淮安市	**714089**	**693527**	**10923**	**14544**	**3233**	**1145**
清河区	126730	121126	4077	1142	640	286
淮安区	117332	114108	1670	5031		426
淮阴区	101937	100320	1396	1638	1554	14
清浦区	58867	57787	455	808	75	108
涟水县	94315	92703	699	1206	186	173
洪泽县	67985	65134	866	1947	30	36
盱眙县	96619	93700	1415	1694	650	47
金湖县	50304	48649	345	1078	98	55

国有联营企业	集体联营企业	国有与集体联营企业	其他联营企业	有限责任公司	国有独资公司	其他有限责任公司	股份有限公司	私营企业
382	**364**	**313**	**1318**	**241129**	**4468**	**236661**	**36978**	**2352694**
	101		59	17912	190	17722	7768	110324
37	6		117	41996	409	41587	3088	239453
6	50		14	14706	395	14311	1745	182619
2	95	12	951	41583	1363	40220	9129	284579
5	14	1	4	10721	441	10280	1762	299184
47	49			14999	419	14580	3181	314933
	16	55	2	65746	161	65585	3684	320706
284	33	237	171	22406	306	22100	3139	446788
1		8		11060	784	10276	3482	154108
552	**1301**	**25**	**563**	**219773**	**1948**	**217825**	**20804**	**1127069**
20	93	7	122	29297	434	28863	2583	143965
	62			15831	184	15647	293	56041
13	61		57	47123	610	46513	5568	155762
	76		112	30117	52	30065	2300	143213
			92	10309	59	10250	5425	184078
7	887		26	31526	172	31354	1873	129690
487	2	12	67	39370	380	38990	1070	153236
25	120	6	87	16200	57	16143	1692	161084
13	**89**	**17**	**408**	**53110**	**3965**	**49145**	**10728**	**365914**
	18		4	9596	1522	8074	1927	27553
		5	159	7668	529	7139	1370	46252
			27	1689	10	1679	871	13713
8	61	12	13	4652	1300	3352	2810	74304
5	10		21	2054	310	1744	560	111090
			23	20812	132	20680	2824	55639
			161	6639	162	6477	366	37363
72	**288**	**454**	**331**	**136587**	**3863**	**132724**	**25240**	**477112**
71	163		52	43131	424	42707	7811	58558
	7	419		10185	689	9496	3309	92673
1	9	4		14146	867	13279	3142	74436
	28		80	14480	133	14347	2276	37742
	60	31	82	22417	1434	20983	3164	61243
	8		28	15828	243	15585	3457	41358
	12		35	9871	34	9837	1616	72174
	1		54	6529	39	6490	465	38928

2-A-10 续表 2

地 区	从业人员数(人)	内资企业	国有企业	集体企业	股份合作企业	联营企业
盐城市	**909243**	**864300**	**12826**	**10424**	**3370**	**1482**
亭湖区	128547	119764	2377	646	1039	194
盐都区	100850	97471	598	1448	184	119
响水县	62844	61296	689	1338	17	144
滨海县	85670	85190	2730	664	170	265
阜宁县	110868	107967	562	775	426	254
射阳县	82282	77218	882	871	849	62
建湖县	91885	90992	1344	1013	194	111
东台市	142411	130079	1313	2853	294	156
大丰市	103886	94323	2331	816	197	177
扬州市	**947085**	**895296**	**19443**	**17365**	**3670**	**985**
广陵区	131787	125663	1653	1540	307	176
邗江区	196917	179050	3352	1855	1360	225
江都区	199962	191177	2150	5173	633	333
宝应县	106033	100571	432	3085	94	46
仪征市	135981	128808	10696	1382	818	158
高邮市	176405	170027	1160	4330	458	47
镇江市	**776415**	**705215**	**10175**	**16699**	**1393**	**693**
京口区	134820	120573	2700	2349	189	192
润州区	78720	75424	2558	1526	390	66
丹徒区	84407	76962	939	3211	71	35
丹阳市	215646	189547	1794	4862	247	97
扬中市	107377	99589	944	1107	454	138
句容市	155445	143120	1240	3644	42	165
泰州市	**885949**	**836822**	**8810**	**20101**	**3566**	**1199**
海陵区	142532	131458	2015	3654	368	139
高港区	103460	99234	1137	1674	279	50
姜堰区	113842	105659	582	2151	785	39
兴化市	203767	198686	1257	4225	487	77
靖江市	143781	137838	1110	2704	189	653
泰兴市	178567	163947	2709	5693	1458	241
宿迁市	**741149**	**726165**	**5432**	**4832**	**654**	**1356**
宿城区	118287	114471	1326	436	116	444
宿豫区	63676	62109	464	148	160	547
沭阳县	267680	263905	2137	1899	99	256
泗阳县	158250	155848	718	495	73	67
泗洪县	133256	129832	787	1854	206	42

国有联营企业	集体联营企业	国有与集体联营企业	其他联营企业	有限责任公司	国有独资公司	其他有限责任公司	股份有限公司	私营企业
81	**290**	**313**	**798**	**162627**	**3884**	**158743**	**24974**	**603980**
18	6	65	105	26773	699	26074	4066	81832
3	3	18	95	18396	190	18206	5403	66128
25		100	19	15089	273	14816	1104	38384
	20		245	44967	261	44706	2321	28330
	12	74	168	7994	17	7977	2022	89591
7	33		22	8686	237	8449	2555	54138
	7	56	48	9924	585	9339	2746	71476
	126		30	18099	233	17866	2361	103033
28	83		66	12699	1389	11310	2396	71068
116	**324**	**17**	**528**	**107673**	**2130**	**105543**	**26757**	**699199**
24	45		107	11361	678	10683	3626	103970
16	73	14	122	26491	873	25618	6398	137027
	44		289	33071	177	32894	7211	138847
	46			9626	274	9352	4699	78760
76	80	2		10697	84	10613	985	103114
	36	1	10	16427	44	16383	3838	137481
95	**229**	**58**	**311**	**49274**	**1870**	**47404**	**11283**	**594238**
39	49	9	95	13580	1086	12494	2650	97226
16	11	3	36	4018	207	3811	933	64084
10	5	18	2	5897	171	5726	394	60471
20	16	8	53	7737	72	7665	2011	169616
	30	8	100	12308	101	12207	4104	76673
10	118	12	25	5734	233	5501	1191	126168
56	**255**	**710**	**178**	**163467**	**980**	**162487**	**21894**	**601493**
23	36	48	32	32106	412	31694	5225	86696
2		18	30	18307	195	18112	1910	71174
	3		36	28663	14	28649	3185	68300
	43	6	28	16001	37	15964	4516	166774
	29	620	4	21716	104	21612	3424	107708
31	144	18	48	46674	218	46456	3634	100841
56	**156**	**38**	**1106**	**98365**	**1709**	**96656**	**21817**	**564887**
56	21	32	335	34186	439	33747	7631	65928
	9	6	532	17458	401	17057	2516	39124
	27		229	13802	188	13614	5705	232645
	57		10	26301	108	26193	4083	119738
	42			6618	573	6045	1882	107452

2-A-10 续表 3

地区	私营独资企业	私营合伙企业	私营有限责任公司	私营股份有限公司	其他企业	港、澳、台商投资企业
总　计	**2123639**	**170836**	**9164040**	**373438**	**371752**	**561512**
南京市	**80036**	**20508**	**739128**	**40971**	**48360**	**32922**
玄武区	2380	1326	44702	2519	5346	923
秦淮区	5917	2457	88039	4502	4443	2647
建邺区	1830	1431	57978	1226	990	864
鼓楼区	6636	2739	85681	5305	6396	1702
浦口区	8982	1395	60099	3066	3905	5726
栖霞区	4085	1319	43321	1577	2116	3194
雨花台区	3130	794	28448	1869	1502	1114
江宁区	14809	2144	104228	7577	1377	7076
六合区	5038	2263	86009	5506	2799	3117
溧水区	15720	1558	86967	4014	10188	3707
高淳区	11509	3082	53656	3810	9298	2852
无锡市	**133856**	**9736**	**1104933**	**41977**	**24794**	**69836**
崇安区	982	406	39277	576	423	426
南长区	1933	400	37487	1716	577	621
北塘区	2341	411	39511	1560	442	1425
锡山区	25205	884	96177	1960	678	13491
惠山区	39079	878	129631	5747	641	10911
滨湖区	23059	1743	207232	8207	7327	15790
江阴市	13853	1391	353898	7317	5875	16802
宜兴市	27404	3623	201720	14894	8831	10370
徐州市	**284835**	**15494**	**798755**	**28323**	**83512**	**11016**
鼓楼区	8833	810	97665	2512	1612	2261
云龙区	19465	634	66402	3009	1374	142
贾汪区	11560	1597	18086	2449	2182	112
泉山区	14346	1654	64862	3539	2316	638
铜山区	31843	2893	76404	3622	7476	1655
丰县	60241	1209	104619	4154	19687	1602
沛县	23802	2902	114645	1083	10903	985
睢宁县	37769	743	56860	1611	22642	760
新沂市	46367	563	82627	1641	5599	1333
邳州市	30609	2489	116585	4703	9721	1528
常州市	**124401**	**9734**	**1006275**	**6405**	**4352**	**43149**
天宁区	6343	650	97838	448	116	4970
钟楼区	7667	654	130391	171	15	3971
戚墅堰区	3068	127	21264	115		985
新北区	20681	2079	186832	1146	345	10405
武进区	41940	3715	363905	3031	489	13552
溧阳市	16027	611	100313	628	532	4544
金坛市	28675	1898	105732	866	2855	4722

与港澳台商合资经营企业	与港澳台商合作经营企业	港澳台商独资经营企业	港澳台商投资股份有限公司	其他港澳台投资企业	外商投资企业	中外合资经营企业	中外合作经营企业	外资企业	外商投资股份有限公司	其他外商投资企业
208912	**9600**	**328509**	**11338**	**3153**	**941426**	**302203**	**15147**	**605820**	**14474**	**3782**
12962	**948**	**16704**	**1628**	**680**	**60589**	**20325**	**980**	**37679**	**1197**	**408**
454	4	459		6	1184	317	18	808	5	36
1177	62	1179	39	190	1822	626	295	791	29	81
274		590			983	387		541	49	6
572	90	974	58	8	2336	1096	86	1101	17	36
2814		2615	297		5608	1614	37	3511	395	51
1121	150	1554	282	87	7761	2692	53	5004	5	7
464		648		2	1900	1113	30	757		
2776	302	3651	277	70	25175	8286	373	16211	122	183
1114		2003			7335	2079	88	5168		
1276	269	1770	392		3912	1244		2384	276	8
920	71	1261	283	317	2573	871		1403	299	
31590	**1315**	**34848**	**1963**	**120**	**107016**	**43268**	**1998**	**60062**	**1209**	**479**
187		239			675	205		470		
335		286			895	512		368		15
864	35	521		5	1532	825	180	517	10	
4333	368	8504	286		14032	5880	100	7862	117	73
6048	78	4622	163		9433	4793	20	4544		76
5454	542	9258	437	99	43131	10478	937	31278	245	193
11074	79	5340	308	1	21885	13039		8435	298	113
3295	213	6078	769	15	15433	7536	761	6588	539	9
4414	**438**	**5535**	**601**	**28**	**14638**	**9432**		**5145**	**50**	**11**
1008	21	1225	3	4	4580	2239		2310	20	11
27		93	22		167	128		39		
106		6			975	929		46		
372	232	34			119	91		13	15	
432		659	564		924	640		269	15	
1169	178	255			2552	2217		335		
344		641			1076	905		171		
	7	729		24	1002	536		466		
133		1200			877	362		515		
823		693	12		2366	1385		981		
21033	**1882**	**19872**	**309**	**53**	**69291**	**29395**	**3090**	**35441**	**968**	**397**
2782	324	1846	18		5525	2334	1064	1980	128	19
2205	32	1734			5383	3256		2111	2	14
905		80			1055	869		186		
3107	405	6779	114		24780	6036	335	18316	93	
8176	141	5046	139	50	19068	9850	662	7756	628	172
1800	267	2436	38	3	4089	1803	268	1769	57	192
2058	713	1951			9391	5247	761	3323	60	

2-A-10 续表 4

地区	私营独资企业	私营合伙企业	私营有限责任公司	私营股份有限公司	其他企业	港、澳、台商投资企业
苏州市	**243739**	**36039**	**1994752**	**78164**	**17199**	**211341**
虎丘区	7662	1859	97398	3405	1090	11096
吴中区	25263	4724	199416	10050	2143	23115
相城区	25980	1626	151417	3596	633	15413
姑苏区	14511	3788	247729	18551	5671	23066
吴江区	57399	2606	229549	9630	2375	32188
常熟市	34882	6740	269514	3797	487	16911
张家港市	21897	3306	284095	11408	1647	16409
昆山市	40678	8850	386527	10733	1543	55455
太仓市	15467	2540	129107	6994	1610	17688
南通市	**199273**	**21113**	**887997**	**18686**	**14163**	**68016**
崇川区	4928	1214	134587	3236	128	6603
港闸区	1937	644	53165	295		1212
通州区	24218	3190	125553	2801	1248	10479
海安县	18038	1788	121103	2284	3990	7966
如东县	76688	1901	102881	2608	4088	8256
启东市	18853	8134	98784	3919	458	8268
如皋市	28588	535	122968	1145	1563	5661
海门市	26023	3707	128956	2398	2688	19571
连云港市	**108742**	**5041**	**242004**	**10127**	**23234**	**7971**
连云区	3434	266	22475	1378	1150	2919
新浦区	4820	909	38523	2000	5497	202
海州区	1147	121	12261	184	669	577
赣榆县	17980	582	53897	1845	5291	893
东海县	54628	1032	53346	2084	5072	1748
灌云县	15612	566	37860	1601	2055	250
灌南县	11121	1565	23642	1035	3500	1382
淮安市	**116624**	**8471**	**329595**	**22422**	**24743**	**11453**
清河区	14156	1027	40391	2984	5481	2572
淮安区	31946	1178	56867	2682	814	2498
淮阴区	13761	835	54929	4911	3994	714
清浦区	6659	567	29289	1227	1843	414
涟水县	19845	2145	35725	3528	3615	729
洪泽县	12676	1096	25764	1822	1612	1526
盱眙县	9865	723	56966	4620	6233	2040
金湖县	7716	900	29664	648	1151	960

与港澳台商合资经营企业	与港澳台商合作经营企业	港澳台商独资经营企业	港澳台商投资股份有限公司	其他港澳台投资企业	外商投资企业	中外合资经营企业	中外合作经营企业	外资企业	外商投资股份有限公司	其他外商投资企业
54359	**1038**	**151260**	**3029**	**1655**	**433738**	**79291**	**4486**	**342434**	**6022**	**1505**
2137	11	8764	96	88	35415	3416	299	30984	488	228
6934	192	15653	229	107	35066	8350	477	25875	339	25
4054	3	11106	44	206	18948	5307	23	13513	105	
5185	68	16645	829	339	77972	7718	983	66968	1815	488
7497	87	23589	708	307	41274	10931	120	29157	760	306
7629	31	9153	98		34157	12528	58	21554	17	
8824	154	7135	296		28525	9770	699	17910	43	103
8741	241	45555	341	577	118956	13519	1513	102495	1133	296
3358	251	13660	388	31	43425	7752	314	33978	1322	59
26091	**882**	**40489**	**439**	**115**	**109068**	**46096**	**1490**	**59628**	**1689**	**165**
3802	4	2737	32	28	18519	7127	70	10734	514	74
642		570			5551	3295	185	2011	60	
4367	34	5964	75	39	20876	9549	801	9870	638	18
4227	167	3443	129		7506	3694		3757	43	12
2023	153	6080			7724	2631	24	5048	1	20
4272	281	3645	70		14700	7203	98	7087	302	10
2338	65	3258			9129	4534	259	4313	12	11
4420	178	14792	133	48	25063	8063	53	16808	119	20
3047	**26**	**4622**	**276**		**11742**	**5409**	**1**	**6137**	**193**	**2**
1759	5	983	172		3531	1101	1	2427		2
97		67	38		684	224		432	28	
224		353			873	582		291		
115		778			1917	567		1330	20	
373		1375			2432	1289		1005	138	
		250			824	547		277		
479	21	816	66		1481	1099		375	7	
4474	**252**	**6347**	**299**	**81**	**9109**	**5620**	**95**	**3089**	**89**	**216**
1232	76	1261	3		3032	1715	5	1282		30
770	106	1499	123		726	475	10	241		
323		321		70	903	793		60		50
97	67	250			666	378	80	154		54
		718		11	883	405		317	80	81
896		580	50		1325	987		337		1
630		1287	123		879	369		510		
526	3	431			695	498		188	9	

2-A-10 续表 5

地　区	私营独资企　业	私营合伙企　业	私营有限责任公司	私营股份有限公司	其他企业	港、澳、台商投资企　业
盐城市	**149246**	**11371**	**413197**	**30166**	**44617**	**18436**
亭湖区	8236	529	69953	3114	2837	2338
盐都区	18195	1609	43383	2941	5195	954
响水县	14787	1035	19999	2563	4531	552
滨海县	5066	571	15414	7279	5743	353
阜宁县	24327	1388	61850	2026	6343	1436
射阳县	10790	1636	38985	2727	9175	3205
建湖县	9124	1122	58016	3214	4184	424
东台市	37517	1940	61633	1943	1970	5596
大丰市	21204	1541	43964	4359	4639	3578
扬州市	**176735**	**7718**	**490212**	**24534**	**20204**	**24340**
广陵区	25772	1452	71653	5093	3030	2565
邗江区	30570	2309	97745	6403	2342	8737
江都区	46422	760	88513	3152	3759	3274
宝应县	11257	806	64128	2569	3829	2909
仪征市	22405	973	77105	2631	958	3338
高邮市	40309	1418	91068	4686	6286	3517
镇江市	**125552**	**5662**	**443194**	**19830**	**21460**	**35368**
京口区	16267	1240	74913	4806	1687	6463
润州区	9001	807	52027	2249	1849	1812
丹徒区	14670	608	43250	1943	5944	3341
丹阳市	24333	881	140059	4343	3183	12007
扬中市	19982	1178	52224	3289	3861	3306
句容市	41299	948	80721	3200	4936	8439
泰州市	**159509**	**7016**	**411350**	**23618**	**16292**	**19681**
海陵区	18986	544	62696	4470	1255	4364
高港区	17591	182	51142	2259	4703	1897
姜堰区	21986	483	42373	3458	1954	2697
兴化市	55052	3985	102197	5540	5349	2155
靖江市	15879	458	86356	5015	334	2233
泰兴市	30015	1364	66586	2876	2697	6335
宿迁市	**221091**	**12933**	**302648**	**28215**	**28822**	**7983**
宿城区	21119	1198	39743	3868	4404	1766
宿豫区	16488	1158	19911	1567	1692	632
沭阳县	111550	4521	102760	13814	7362	1366
泗阳县	39986	4697	68346	6709	4373	1545
泗洪县	31948	1359	71888	2257	10991	2674

与港澳台商合资经营企业	与港澳台商合作经营企业	港澳台商独资经营企业	港澳台商投资股份有限公司	其他港澳台投资企业	外商投资企业	中外合资经营企业	中外合作经营企业	外资企业	外商投资股份有限公司	其他外商投资企业
11648	**339**	**5582**	**812**	**55**	**26507**	**14037**	**550**	**10211**	**1573**	**136**
1165	78	1028	12	55	6445	1658	53	4162	491	81
705		249			2425	1084		955	379	7
191		292	69		996	730		170	72	24
95		258			127	78		36		13
673	20	444	299		1465	424		1019	14	8
1915	90	1167	33		1859	1460		399		
178	31	215			469	232		234		3
4088	50	1061	397		6736	4515	174	1886	161	
2638	70	868	2		5985	3856	323	1350	456	
13781	**790**	**8952**	**599**	**218**	**27449**	**16570**	**23**	**10733**	**87**	**36**
1957		594	14		3559	2040		1512	2	5
4271	284	3835	231	116	9130	3894	20	5148	65	3
1121	255	1645	253		5511	4311		1172	20	8
2040		869			2553	1679		874		
2372	137	811	18		3835	2511		1304		20
2020	114	1198	83	102	2861	2135	3	723		
14581	**869**	**19401**	**399**	**118**	**35832**	**15840**	**1147**	**17873**	**828**	**144**
2748		3604	74	37	7784	2407	14	4924	355	84
887		885	40		1484	1134		350		
1855	81	1405			4104	1911	339	1844	10	
5862	694	5257	194		14092	7327	123	6615	1	26
1493	94	1587	66	66	4482	2021	562	1403	462	34
1736		6663	25	15	3886	1040	109	2737		
8602	**670**	**9619**	**762**	**28**	**29446**	**13694**	**827**	**14328**	**387**	**210**
1361	19	2780	204		6710	2580		3774	347	9
832	26	1039			2329	1467	24	821	17	
555	18	2049	75		5486	1873	160	3453		
942	269	545	371	28	2926	1227		1683	16	
1734		499			3710	2540	25	1145		
3178	338	2707	112		8285	4007	618	3452	7	201
2330	**151**	**5278**	**222**	**2**	**7001**	**3226**	**460**	**3060**	**182**	**73**
548	119	1023	76		2050	1062	104	838	14	32
321		254	57		935	538	41	356		
119	32	1215			2409	588	97	1724		
499		1046			857	429	218	49	125	36
843		1740	89	2	750	609		93	43	5

2-A-11 按地区、开业(成立)

地区	单位数(个)	1949年以前	1950-1977年	1978-1991年	1992-1995年	1996年	1997年	1998年	1999年	2000年	2001年
总计	**878076**	**68**	**1967**	**14802**	**17251**	**5312**	**6283**	**11759**	**10571**	**17766**	**22797**
南京市	**81140**	**9**	**137**	**1195**	**1872**	**611**	**724**	**1236**	**1179**	**1679**	**1966**
玄武区	8498		13	133	265	88	95	159	166	192	262
秦淮区	13986	2	15	217	400	140	165	222	246	342	370
建邺区	5203		3	29	57	26	34	64	62	68	97
鼓楼区	14362	2	21	280	471	151	174	286	288	355	401
浦口区	7216		17	103	142	37	41	76	60	99	107
栖霞区	6000	1	9	84	111	30	32	66	79	120	150
雨花台区	3082	1	7	58	89	17	32	50	43	67	81
江宁区	8737	3	24	149	185	61	88	148	111	188	198
六合区	5690		12	66	71	26	35	69	63	119	118
溧水区	4680		12	41	55	22	20	71	40	71	91
高淳区	3686		4	35	26	13	8	25	21	58	91
无锡市	**113660**	**9**	**176**	**2886**	**3392**	**961**	**1298**	**2557**	**1844**	**2904**	**3989**
崇安区	7013		8	67	155	31	53	88	105	162	219
南长区	7022		7	113	191	44	45	52	70	140	207
北塘区	5897		16	147	177	42	43	109	96	141	222
锡山区	11359	1	10	92	204	100	192	356	182	340	384
惠山区	13894	1	23	335	327	152	191	375	291	384	504
滨湖区	23661	2	29	634	651	192	246	441	391	644	894
江阴市	24552	1	29	750	683	140	285	466	382	631	901
宜兴市	20262	4	54	748	1004	260	243	670	327	462	658
徐州市	**69425**	**2**	**215**	**617**	**578**	**219**	**207**	**585**	**520**	**1020**	**1362**
鼓楼区	10630		15	81	108	36	33	95	90	190	242
云龙区	8999		3	75	80	29	33	64	90	158	217
贾汪区	1987	1	7	33	29	17	10	13	10	34	41
泉山区	9155	1	5	57	83	39	43	62	89	205	201
铜山区	6503		39	63	71	20	23	57	45	89	140
丰县	5793		21	59	33	18	10	45	29	68	108
沛县	5859		30	97	53	22	24	82	85	102	120
睢宁县	6459		55	51	42	12	12	60	16	53	67
新沂市	6809		12	43	36	13	12	48	34	46	125
邳州市	7231		28	58	43	13	7	59	32	75	101
常州市	**80903**	**8**	**137**	**2391**	**2897**	**702**	**829**	**1330**	**1413**	**2134**	**2317**
天宁区	12347	1	5	209	368	102	109	241	288	461	484
钟楼区	10084	3	15	271	270	66	102	171	144	263	352
戚墅堰区	2093		4	78	96	13	22	31	37	73	100
新北区	17886	1	9	294	457	111	126	200	257	347	357
武进区	26987	3	52	1257	1392	293	359	514	543	755	719
溧阳市	5998		21	149	138	46	39	82	57	118	133
金坛市	5508		31	133	176	71	72	91	87	117	172
苏州市	**229994**	**9**	**136**	**2135**	**3234**	**1030**	**1475**	**2173**	**2564**	**4488**	**5772**
虎丘区	14058		7	141	285	69	91	127	130	210	260
吴中区	24195		12	132	271	98	143	192	192	353	441
相城区	13499		10	100	147	81	82	138	142	218	367
姑苏区	41209		15	376	676	183	263	410	506	803	920
吴江区	26046	1	11	177	211	70	114	245	334	680	738
常熟市	21623	6	30	568	551	173	201	200	260	463	751
张家港市	26013		20	216	342	100	218	347	481	793	817
昆山市	49574	2	13	285	493	155	232	323	298	609	1073
太仓市	13777		18	140	258	101	131	191	221	359	405
南通市	**72898**	**6**	**250**	**1182**	**1457**	**605**	**511**	**944**	**789**	**1351**	**1758**
崇川区	13556		21	191	344	114	111	212	219	320	380
港闸区	4284	2	12	66	94	37	44	55	52	87	128
通州区	10707	2	48	267	245	91	69	105	89	206	258
海安县	9062	1	23	138	145	62	54	101	71	176	172
如东县	10052		40	134	115	45	35	96	54	122	174
启东市	7818		36	126	176	94	79	163	107	200	227
如皋市	8933		40	91	141	72	43	114	83	117	207
海门市	8486	1	30	169	197	90	76	98	114	123	212

时间分组的小微企业法人单位数

2002年	2003年	2004年	2005年	2006年	2007年	2008年	2009年	2010年	2011年	2012年	2013年	无开业年份
29631	**37276**	**33719**	**36606**	**46506**	**45857**	**48135**	**69166**	**99589**	**106676**	**109828**	**105383**	**1128**
2895	**3669**	**3789**	**3933**	**4752**	**4658**	**5043**	**6279**	**8148**	**8813**	**9639**	**8893**	**21**
377	419	444	465	521	508	561	633	749	795	873	780	
599	678	698	728	822	857	887	929	1366	1450	1626	1227	
132	164	215	181	252	274	271	356	473	525	577	1338	5
579	806	787	789	869	860	936	1132	1279	1288	1387	1219	2
171	290	285	312	394	368	422	641	721	854	1132	942	2
193	289	294	270	350	267	345	468	542	590	716	986	8
114	112	127	134	174	166	183	208	313	313	448	345	
309	380	365	377	556	530	502	740	922	1005	1097	799	
174	250	256	269	344	343	428	568	735	801	578	363	2
136	163	167	200	243	258	289	344	546	600	647	663	1
111	118	151	208	227	227	219	260	502	592	558	231	1
5383	**6121**	**4920**	**4426**	**5813**	**5520**	**5447**	**8190**	**11881**	**12320**	**12219**	**11377**	**27**
263	306	305	262	397	369	339	542	636	870	894	942	
238	285	246	236	295	214	275	349	655	844	1045	1471	
233	314	263	210	317	292	332	499	665	631	589	559	
592	563	469	468	571	700	636	979	1259	1231	1110	918	2
746	1019	737	575	745	704	732	882	1339	1288	1159	1383	2
1116	1269	1107	920	1148	1039	1063	1774	2570	2580	2637	2310	4
1353	1413	1033	965	1328	1280	1269	1814	2558	2653	2368	2243	7
842	952	760	790	1012	922	801	1351	2199	2223	2417	1551	12
1440	**1808**	**1982**	**2347**	**3053**	**3112**	**3541**	**6434**	**8624**	**10836**	**9339**	**11509**	**75**
279	384	357	450	535	652	684	965	1252	1781	1497	899	5
182	316	282	330	459	489	563	765	1209	1474	1200	980	1
45	68	59	82	108	115	116	178	244	323	288	151	15
211	248	297	345	423	407	474	1012	1216	1559	1359	819	
142	186	225	231	332	259	349	788	772	1026	924	711	11
119	119	160	146	284	247	249	715	811	804	877	854	17
142	137	194	201	287	309	307	570	714	965	685	732	1
80	80	85	99	130	151	243	412	805	1082	858	2062	4
118	104	157	245	268	242	270	451	902	848	498	2333	4
122	166	166	218	227	241	286	578	699	974	1153	1968	17
3432	**3615**	**3119**	**3593**	**4341**	**3855**	**4017**	**5572**	**8413**	**8898**	**8779**	**8965**	**146**
587	686	637	683	730	578	609	903	1193	1240	1133	1092	8
516	509	417	461	554	500	499	634	871	1004	1056	1402	4
119	121	97	98	117	99	108	144	238	210	142	146	
571	684	579	688	958	867	856	1305	2094	2368	2197	2548	12
1186	1163	969	1110	1328	1255	1356	1724	2774	2668	2853	2649	65
227	221	193	270	328	257	271	423	704	836	814	631	40
226	231	227	283	326	299	318	439	539	572	584	497	17
7828	**10785**	**8602**	**9733**	**12565**	**12688**	**13434**	**18024**	**27036**	**28762**	**29539**	**27697**	**285**
378	469	490	521	712	808	785	1380	1855	2088	1839	1391	22
682	1048	758	905	1178	1252	1177	1667	2776	3263	3593	3943	119
711	670	580	705	813	785	799	898	1416	1735	1736	1337	29
1350	1705	1608	1809	2220	2408	2694	3281	4566	4566	6083	4764	3
909	1702	1084	988	1456	1402	1367	2096	3181	3358	3033	2862	27
943	1356	792	967	1174	1160	1103	1564	2211	2533	2255	2326	36
1067	1468	1126	1362	1532	1470	1505	1945	2604	2782	2943	2871	4
1261	1712	1600	1888	2628	2650	3215	4131	6801	6841	6550	6780	34
527	655	564	588	852	753	789	1062	1626	1596	1507	1423	11
2203	**2993**	**3151**	**3445**	**3998**	**4230**	**4190**	**5314**	**7961**	**8893**	**9743**	**7614**	**310**
521	645	672	674	897	782	810	1160	1526	1392	1538	1026	1
140	198	200	223	258	206	204	369	652	491	407	359	
308	419	437	548	533	501	555	827	1216	1420	1167	1394	2
229	319	403	412	504	483	411	644	890	989	1165	1386	284
227	274	306	313	352	324	269	503	1167	2085	3004	401	12
313	382	336	413	458	355	397	578	897	756	878	838	9
232	295	382	412	477	496	543	591	980	1123	1028	1465	1
233	461	415	450	519	1083	1001	642	633	637	556	745	1

2-A-11 续表

地 区	单位数（个）	1949年以前	1950-1977年	1978-1991年	1992-1995年	1996年	1997年	1998年	1999年	2000年	2001年
连云港市	**21888**	**1**	**62**	**313**	**309**	**91**	**95**	**229**	**151**	**267**	**342**
连云区	3035		8	49	81	19	11	28	28	44	42
新浦区	4762		2	69	76	25	29	50	40	70	82
海州区	1160		4	32	24	11	6	14	10	21	28
赣榆县	3706		12	42	38	9	15	36	19	39	49
东海县	4678		17	37	37	9	16	22	20	35	57
灌云县	2385	1	10	42	20	12	10	33	10	26	52
灌南县	2162		9	42	33	6	8	46	24	32	32
淮安市	**30442**	**8**	**161**	**386**	**281**	**117**	**101**	**287**	**215**	**378**	**588**
清河区	6563	2	8	41	59	30	24	50	53	79	106
淮安区	5458	2	61	105	59	26	13	57	47	73	97
淮阴区	3483		18	36	29	12	11	26	22	39	68
清浦区	2873	1	1	30	23	11	6	21	17	29	67
涟水县	2651	3	15	37	18	5	8	28	16	42	60
洪泽县	3048		12	59	40	16	13	37	22	45	62
盱眙县	3180		15	36	30	5	7	22	12	27	59
金湖县	3186		31	42	23	12	19	46	26	44	69
盐城市	**35587**	**5**	**181**	**764**	**544**	**184**	**255**	**492**	**321**	**532**	**816**
亭湖区	5769	2	14	111	114	33	44	81	63	94	101
盐都区	3928	1	23	109	54	20	32	65	28	57	87
响水县	3262		9	32	14	5	12	20	8	28	31
滨海县	2787		11	44	29	7	7	22	23	27	53
阜宁县	3686		3	36	25	6	16	43	23	45	84
射阳县	2773		24	83	52	20	17	68	29	36	85
建湖县	3320		25	76	62	19	62	38	35	62	96
东台市	5534		29	146	123	34	38	96	71	120	162
大丰市	4528	2	43	127	71	40	27	59	41	63	117
扬州市	**41365**	**5**	**182**	**874**	**872**	**277**	**269**	**581**	**543**	**841**	**1099**
广陵区	8382	1	25	143	185	53	38	130	110	176	240
邗江区	11199	1	27	130	183	72	58	138	138	154	236
江都区	7626	1	51	324	248	64	58	130	133	222	293
宝应县	3853		20	58	69	26	28	53	41	78	79
仪征市	4945		28	86	89	29	46	69	58	112	125
高邮市	5360	2	31	133	98	33	41	61	63	99	126
镇江市	**38462**	**1**	**137**	**1018**	**889**	**264**	**249**	**627**	**556**	**1099**	**1426**
京口区	8796	1	21	147	181	60	52	126	105	195	267
润州区	4570		6	96	66	19	22	56	70	102	168
丹徒区	4024		34	113	87	24	23	56	32	77	112
丹阳市	9748		54	403	277	83	80	171	166	328	378
扬中市	6458		13	185	190	45	35	93	105	200	272
句容市	4866		9	74	88	33	37	125	78	197	229
泰州市	**36653**	**2**	**170**	**930**	**852**	**217**	**224**	**574**	**384**	**851**	**1070**
海陵区	8080	1	18	185	145	47	43	91	71	172	227
高港区	4333		9	95	75	24	15	46	38	140	104
姜堰区	5320	1	46	172	162	48	28	95	64	135	184
兴化市	5510		38	110	97	26	27	109	75	129	165
靖江市	6804		33	184	162	33	59	107	71	162	227
泰兴市	6606		26	184	211	39	52	126	65	113	163
宿迁市	**25659**	**3**	**23**	**111**	**74**	**34**	**46**	**144**	**92**	**222**	**292**
宿城区	5535		2	29	13	6	15	29	16	44	60
宿豫区	2330		3	11	5	2	5	12	3	12	23
沭阳县	10116	1	7	41	26	14	11	51	42	77	96
泗阳县	4020		6	12	16	9	10	26	24	52	84
泗洪县	3658	2	5	18	14	3	5	26	7	37	29

2002年	2003年	2004年	2005年	2006年	2007年	2008年	2009年	2010年	2011年	2012年	2013年	无开业年份
454	**656**	**762**	**914**	**1331**	**1331**	**1249**	**1901**	**2188**	**2617**	**2581**	**4025**	**19**
73	108	142	198	231	243	223	333	317	335	306	214	2
107	196	204	233	329	302	312	496	501	602	670	360	7
37	45	51	59	66	90	86	103	148	146	96	83	
89	83	98	127	208	171	203	268	338	447	503	909	3
69	96	137	129	209	196	128	238	332	472	384	2031	7
36	48	52	63	153	195	147	211	252	360	375	277	
43	80	78	105	135	134	150	252	300	255	247	151	
649	**867**	**889**	**1033**	**1352**	**1448**	**1656**	**2510**	**4005**	**4082**	**4663**	**4740**	**26**
129	213	184	241	335	346	354	582	941	934	885	963	4
90	141	159	170	227	206	230	349	520	564	809	1450	3
98	97	116	112	157	181	241	354	492	480	544	348	2
63	96	98	122	143	163	149	305	375	387	428	338	
64	84	73	97	112	118	144	224	407	326	403	365	2
72	86	93	100	109	127	163	204	422	481	506	373	6
53	62	69	89	106	162	166	271	426	453	636	471	3
80	88	97	102	163	145	209	221	422	457	452	432	6
1035	**1317**	**1329**	**1414**	**1975**	**1842**	**1998**	**2901**	**3448**	**4833**	**5038**	**4275**	**88**
180	278	270	271	353	368	399	529	587	717	645	515	
115	162	183	176	214	233	293	420	391	517	454	294	
43	50	42	55	85	99	113	200	294	382	818	922	
92	97	86	96	110	121	175	225	301	422	445	392	2
78	102	114	106	135	162	167	293	399	647	687	515	
78	134	89	109	155	129	120	233	211	411	476	214	
126	121	134	133	163	152	148	250	365	584	334	335	
175	207	225	287	513	282	350	404	435	606	668	562	1
148	166	186	181	247	296	233	347	465	547	511	526	85
1309	**1638**	**1638**	**1802**	**2166**	**2282**	**2408**	**3692**	**4570**	**4506**	**5431**	**4341**	**39**
281	318	347	342	405	440	436	693	741	901	1326	1047	4
317	432	403	427	619	708	738	1066	1444	1295	1293	1311	9
292	370	337	392	412	390	393	650	726	531	1051	558	
98	104	131	161	206	235	220	360	425	527	459	473	2
150	215	177	231	216	237	289	420	587	633	689	449	10
171	199	243	249	308	272	332	503	647	619	613	503	14
1476	**1685**	**1476**	**1699**	**2094**	**1935**	**2011**	**2896**	**5285**	**3638**	**4269**	**3705**	**27**
296	371	352	385	550	453	448	713	1358	878	907	924	6
199	226	171	215	212	219	213	397	591	480	595	446	1
148	145	153	147	196	210	229	336	516	491	467	428	
368	454	341	406	526	503	470	632	1408	650	1047	987	16
286	262	250	304	324	307	347	461	732	853	700	494	
179	227	209	242	286	243	304	357	680	286	553	426	4
1111	**1561**	**1519**	**1590**	**2075**	**1873**	**2088**	**3256**	**4133**	**4565**	**4210**	**3345**	**53**
236	327	304	321	412	395	474	858	1098	984	863	800	8
109	134	138	152	226	229	221	389	456	560	545	627	1
161	269	273	278	364	309	291	445	513	577	520	380	5
177	222	234	227	294	257	297	388	664	790	710	456	18
255	314	313	324	391	352	437	638	704	793	745	483	17
173	295	257	288	388	331	368	538	698	861	827	599	4
416	**561**	**543**	**677**	**991**	**1083**	**1053**	**2197**	**3897**	**3913**	**4378**	**4897**	**12**
95	137	130	168	271	345	274	397	843	887	837	935	2
48	69	66	72	116	130	133	191	244	342	400	436	7
122	158	155	205	277	282	297	800	1746	1732	1798	2175	3
97	129	135	138	187	172	190	531	500	535	606	561	
54	68	57	94	140	154	159	278	564	417	737	790	

2-A-12 按地区、开业(成立)

地区	从业人员数(人)	1949年以前	1950-1977年	1978-1991年	1992-1995年	1996年	1997年	1998年	1999年	2000年	2001年
总计	**16295600**	**2392**	**131307**	**542904**	**619349**	**174471**	**202554**	**340804**	**308826**	**484619**	**652854**
南京市	**1387058**	**540**	**7766**	**43012**	**56342**	**17096**	**23503**	**30113**	**31598**	**40478**	**47706**
玄武区	86445		675	4055	5148	1288	1894	2367	3082	2870	3286
秦淮区	147860	3	519	6072	8698	3150	3166	3764	5010	5486	5092
建邺区	77560		33	715	2230	524	679	1256	1157	1262	1748
鼓楼区	171721	33	820	8373	9517	2786	3027	4617	4520	4784	6649
浦口区	128359		807	3725	6996	1721	2061	3311	2283	3068	3737
栖霞区	89305	284	447	4048	4494	904	1319	1878	2714	3779	3182
雨花台区	59569	1	441	2227	3993	421	1558	1500	1170	2107	2105
江宁区	205245	219	1304	5215	8640	2682	7632	5150	4118	6508	8646
六合区	144286		670	5149	2883	1236	1007	2139	3135	4957	4077
溧水区	156769		1733	1668	2439	985	760	3020	3246	2933	4697
高淳区	119939		317	1765	1304	1399	400	1111	1163	2724	4487
无锡市	**1692131**	**252**	**12000**	**87261**	**96784**	**26124**	**31611**	**54069**	**42873**	**64965**	**94835**
崇安区	54389		395	1407	3365	402	696	1169	847	1413	1909
南长区	56775		397	2496	4094	543	740	921	766	1568	2357
北塘区	58674		576	4493	4170	579	547	1508	1626	1664	2651
锡山区	161997	1	490	3629	6150	2554	5023	7836	4308	8236	10796
惠山区	211114	8	2186	9379	10209	3738	4107	9691	7250	8626	12183
滨湖区	365449	13	2499	18321	18111	5569	5702	8848	8047	14203	22440
江阴市	456007	174	2479	23961	21416	5193	8320	10590	12217	19524	28133
宜兴市	327726	56	2978	23575	29269	7546	6476	13506	7812	9731	14366
徐州市	**1446172**	**24**	**7203**	**29083**	**23062**	**6429**	**8132**	**21488**	**15745**	**28281**	**35165**
鼓楼区	143740		1458	1534	2664	997	736	1884	1887	3245	4222
云龙区	103658		69	4730	1784	491	618	862	1508	1836	2751
贾汪区	49056	18	436	1650	688	622	351	873	703	964	1053
泉山区	103509	6	285	1667	2191	1143	978	1193	1555	2950	3087
铜山区	154692		870	2219	3944	858	995	3299	1271	2678	4168
丰县	210654		1033	3368	2384	759	429	1693	1365	2202	4628
沛县	172232		994	3591	2063	318	1326	1968	4169	3044	3885
睢宁县	147627		1158	2181	3846	261	471	1684	296	1526	2740
新沂市	166842		219	2122	2185	171	1587	4724	1140	2227	5172
邳州市	194162		681	6021	1313	809	641	3308	1851	7609	3459
常州市	**1360054**	**174**	**12539**	**74424**	**80697**	**18069**	**20696**	**30600**	**38373**	**46652**	**52243**
天宁区	132619	127	359	5185	7183	1683	2073	3334	4272	5772	6095
钟楼区	158963	16	1342	8042	5632	1165	2169	3338	4019	5409	7170
戚墅堰区	30735		240	1646	1807	307	198	442	1469	1530	2248
新北区	267969	8	1482	10731	13561	3112	3817	4101	8182	8740	9726
武进区	472482	23	5477	36407	36010	7912	9160	14051	15329	18472	17497
溧阳市	134153		1275	6777	7602	1371	873	1806	1395	3275	4008
金坛市	163133		2364	5636	8902	2519	2406	3528	3707	3454	5499
苏州市	**3343395**	**426**	**8650**	**70060**	**114973**	**41559**	**46578**	**67891**	**74237**	**122801**	**162988**
虎丘区	187596		207	3543	10236	7286	3158	3525	3744	5437	7026
吴中区	351144		553	4714	9314	3621	4616	5984	6463	11778	16781
相城区	237071		603	3492	6355	3300	3112	6251	5642	7045	14903
姑苏区	452129		1237	7429	14860	5400	6361	11654	8747	11416	15784
吴江区	392196	183	2065	7867	6587	2416	4245	8406	10388	19463	19933
常熟市	389139	238	2165	21333	22478	5736	5788	4478	11910	13645	20431
张家港市	442047		884	9241	14562	3007	6745	11569	11868	22149	23022
昆山市	655886	5	390	7719	19725	6783	7754	10815	9215	20128	32960
太仓市	236187		546	4722	10856	4010	4799	5209	6260	11740	12148
南通市	**1595801**	**118**	**14506**	**51991**	**72403**	**21966**	**16767**	**28480**	**24214**	**43078**	**55967**
崇川区	206249		1079	6617	12700	3144	2955	4895	6061	7433	8631
港闸区	83381	43	822	3681	5477	1353	1789	1893	2148	2478	3439
通州区	247935	45	2105	18210	10878	2066	2187	4124	2207	6334	8251
海安县	197645	10	1497	4976	6845	1959	1906	3098	2221	5703	6760
如东县	224909		2126	5216	10060	2978	960	2680	2051	4269	6545
启东市	188504		1377	4425	9164	4037	2352	4996	4240	7032	6592
如皋市	212908		3248	2888	7104	3061	1242	4272	2308	3955	7314
海门市	234270	20	2252	5978	10175	3368	3376	2522	2978	5874	8435

时间分组的小微企业法人单位从业人员

2002年	2003年	2004年	2005年	2006年	2007年	2008年	2009年	2010年	2011年	2012年	2013年	无开业年份
865575	**973829**	**870161**	**889258**	**1081553**	**934017**	**869625**	**1144875**	**1506356**	**1458002**	**1289906**	**945535**	**6828**
79072	**81191**	**79576**	**78027**	**99600**	**80456**	**90087**	**98491**	**124348**	**110272**	**103502**	**64037**	**245**
4449	4893	5418	4236	4832	4269	4290	5540	5516	5595	6486	6256	
7951	9413	6862	8433	7960	8262	7818	8680	12576	10430	10881	7634	
1729	3782	5392	2399	3030	2854	3482	4924	21288	6019	7195	5849	13
12882	9973	9692	10278	8449	7167	19897	9343	10962	10763	10450	6665	74
4601	7364	6515	6347	11947	7578	9003	9014	9421	10837	10813	7181	29
4184	7147	6383	4799	6309	5360	4602	6151	6292	4997	5333	4653	46
3041	3584	3447	2460	3666	3393	3236	3650	3341	4295	6989	2944	
11343	13391	11033	10965	18214	12873	11121	15124	13717	18033	13125	6192	
9755	8905	11214	9439	10340	8417	10242	12938	13925	12924	8028	2846	60
14965	6535	7570	8953	12233	10941	9461	11878	15421	14516	13126	9669	20
4172	6204	6050	9718	12620	9342	6935	11249	11889	11863	11076	4148	3
118385	**142031**	**101940**	**85927**	**100068**	**78255**	**70427**	**92499**	**117707**	**113769**	**91576**	**68604**	**169**
2386	2494	3835	2326	4061	2535	2444	3926	4046	5192	5007	4534	
2723	3615	2105	3041	2945	1839	2189	2937	4657	5195	5601	6046	
2588	3687	3063	2100	3160	3590	3226	4342	4609	4170	3547	2778	
11423	14744	9357	8416	9254	7955	7497	9365	11878	9596	8544	4882	63
15166	18521	16072	12109	11426	9824	8863	10356	13047	10706	8894	8740	13
25482	29167	25076	18829	19642	15497	15510	20314	26089	29985	21317	14774	14
39454	47485	25764	22685	28945	21608	18516	24315	29569	28723	20317	16596	23
19163	22318	16668	16421	20635	15407	12182	16944	23812	20202	18349	10254	56
39840	**49617**	**59002**	**65217**	**85212**	**79228**	**90931**	**136396**	**179695**	**189924**	**157056**	**138467**	**975**
4617	5788	8158	6578	8891	8600	8929	11541	16170	19996	17265	8553	27
2293	4257	3710	3896	5239	5082	5929	7571	12389	14658	13483	10499	3
2559	1878	2131	2618	3429	3957	3204	3750	6207	4510	4698	2680	77
2949	4333	4732	4839	5100	4994	5038	10580	10964	14564	12295	8066	
5132	4417	8509	8811	12144	9823	9539	14348	16150	20359	16430	8679	49
5649	5120	7949	6661	12856	9215	9411	26328	30912	31580	29132	17475	505
5982	6105	6855	7999	11984	11901	12396	18350	21312	21584	15422	10974	10
3251	3147	2937	3078	3933	5330	8827	12557	22687	24344	19677	23666	30
2838	4322	7313	8780	11758	9557	11912	17469	22572	17585	9152	23987	50
4570	10250	6708	11957	9878	10769	15746	13902	20332	20744	19502	23888	224
82990	**82046**	**68281**	**72669**	**77170**	**68199**	**62628**	**82769**	**106734**	**108295**	**94529**	**78320**	**957**
9493	7989	7690	7332	7135	5779	5770	7651	9773	11597	8048	8244	35
9152	10629	9117	8394	8380	8054	7369	9542	10561	12534	13063	13858	8
2002	3143	1713	1877	1671	1381	944	1765	2805	1653	993	901	
15552	18473	12453	15583	17113	13557	11330	16050	23749	23460	19812	17325	52
24933	25896	22253	24588	25310	22136	23002	25971	34844	31729	29743	21345	394
6968	6728	5546	7014	7806	7114	7575	8706	13520	13428	12994	8089	283
14890	9188	9509	7881	9755	10178	6638	13084	11482	13894	9876	8558	185
204776	**245790**	**197534**	**201734**	**243128**	**211337**	**182913**	**211361**	**281275**	**265294**	**229844**	**157232**	**1014**
8641	11616	10707	11070	15283	10230	9174	13521	16453	16014	12829	7724	172
23576	24682	18051	21167	22606	22135	20869	20637	31202	29923	28950	23213	309
19602	20253	15740	15687	17312	14968	11769	12990	17752	17584	14044	8529	138
25094	30883	28437	33973	31792	31528	25809	29717	35782	35306	37890	23024	6
25734	38633	24672	19404	25710	23352	19377	25956	37722	30853	23967	15167	96
26471	30128	19398	23795	23779	21997	20815	23955	27263	28076	20444	14697	119
26677	29724	25564	28015	41158	34077	22963	23473	29459	31676	26445	19750	19
35169	44578	40346	36390	48628	38970	39886	46527	64440	58970	50466	35919	103
13812	15293	14619	12233	16860	14080	12251	14585	21202	16892	14809	9209	52
78589	**102471**	**100114**	**108580**	**110002**	**91890**	**82379**	**101806**	**137482**	**132196**	**134369**	**85054**	**1379**
11728	13262	14185	13581	13722	10824	10468	12625	17281	13267	13831	7959	1
3837	5010	4226	5634	5248	4307	4658	6646	7456	5872	4002	3362	
15999	19228	16777	17305	14791	12117	11536	15422	19907	20126	14695	13616	9
7182	11067	12866	15602	14322	11924	10352	11777	15338	16854	18320	15775	1291
8666	7603	12228	13303	12221	10675	6798	13526	24295	27813	43812	7050	34
10111	13596	9797	13231	13597	10215	10557	11591	15900	13775	10333	11568	18
9423	11632	12536	13589	15557	14259	11693	13485	22050	19595	17419	16272	6
11643	21073	17499	16335	20544	17569	16317	16734	15255	14894	11957	9452	20

2-A-12 续表

地区	从业人员数(人)	1949年以前	1950-1977年	1978-1991年	1992-1995年	1996年	1997年	1998年	1999年	2000年	2001年
连云港市	**497059**	**283**	**5921**	**17204**	**13833**	**3953**	**3317**	**9959**	**4000**	**6590**	**12381**
连云区	51212		500	1786	3386	407	521	495	1053	1249	1280
新浦区	65383		118	2591	2059	1642	771	1615	976	1393	1812
海州区	20329		390	2077	925	156	460	534	111	617	637
赣榆县	92396		835	2482	1876	142	356	1259	295	847	1071
东海县	126238		370	1634	2254	938	559	620	691	1211	3230
灌云县	88298	283	3512	4602	838	575	181	4085	204	779	3356
灌南县	53203		196	2032	2495	93	469	1351	670	494	995
淮安市	**714089**	**177**	**8205**	**14711**	**13890**	**4009**	**4809**	**11872**	**6302**	**11601**	**15483**
清河区	126730	11	686	2312	3634	1557	1780	978	941	1259	2392
淮安区	117332	85	1668	5508	2299	816	300	4990	2302	2112	3388
淮阴区	101937		1314	1535	1657	539	139	966	941	1517	1641
清浦区	58867	21	5	823	377	350	306	316	456	1847	2297
涟水县	94315	60	2127	840	1837	61	1371	434	294	2292	2305
洪泽县	67985		539	1733	1667	298	469	1131	404	675	837
盱眙县	96619		723	804	1918	143	122	622	244	732	1206
金湖县	50304		1143	1156	501	245	322	2435	720	1167	1417
盐城市	**909243**	**54**	**14366**	**35239**	**36270**	**6373**	**7838**	**17813**	**13901**	**17865**	**34713**
亭湖区	128547	14	1195	4640	9900	1237	1998	2671	2092	2937	2783
盐都区	100850	16	2480	2975	1852	782	1084	1731	1417	1618	3510
响水县	62844		305	1458	313	116	206	977	155	1013	1319
滨海县	85670		237	1900	8267	428	289	1478	2787	810	1766
阜宁县	110868		68	1789	1155	390	578	2175	1290	2666	7916
射阳县	82282		1333	5330	2767	445	585	1912	1121	1154	3690
建湖县	91885		3737	4957	2988	391	1470	1298	1567	1711	3454
东台市	142411		2398	7921	5595	845	1017	3279	2270	4150	5990
大丰市	103886	24	2613	4269	3433	1739	611	2292	1202	1806	4285
扬州市	**947085**	**246**	**12057**	**38455**	**36446**	**10246**	**11255**	**22367**	**19243**	**31142**	**44381**
广陵区	131787	131	1046	6991	4061	1632	1144	3655	3610	4087	5517
邗江区	196917	2	1749	4286	8543	3107	3051	4940	4096	5280	8712
江都区	199962	61	5282	16578	10411	2706	2094	4787	4908	8779	10926
宝应县	106033		325	1949	3244	874	1595	4189	1274	2581	3393
仪征市	135981		1178	2818	3518	475	1635	1967	1641	5952	3139
高邮市	176405	52	2477	5833	6669	1452	1736	2829	3714	4463	12694
镇江市	**776415**	**8**	**8508**	**33190**	**29767**	**9059**	**9377**	**19985**	**17458**	**32751**	**42120**
京口区	134820	8	1157	4822	4543	1832	1188	3522	2542	3882	6044
润州区	78720		353	3141	1626	506	529	1160	1714	3222	2937
丹徒区	84407		1663	3754	4356	1150	419	1497	1091	2751	3905
丹阳市	215646		2770	12881	8533	2449	2393	5217	5409	11396	12213
扬中市	107377		1232	5330	6259	1243	1151	2587	2739	4812	6007
句容市	155445		1333	3262	4450	1879	3697	6002	3963	6688	11014
泰州市	**885949**	**6**	**16364**	**41366**	**40650**	**7254**	**16309**	**19201**	**16640**	**30144**	**41157**
海陵区	142532	3	1330	6141	4928	1219	9072	3828	2864	5653	9639
高港区	103460		1253	3400	2811	931	483	1739	1109	2874	2033
姜堰区	113842	3	3901	7767	6625	1029	877	1626	2551	4555	6369
兴化市	203767		3762	6341	6604	1732	1134	4799	3702	6747	6350
靖江市	143781		3069	8711	8950	636	2736	2286	3176	5717	11676
泰兴市	178567		3049	9006	10732	1707	2007	4923	3238	4598	5090
宿迁市	**741149**	**84**	**3222**	**6908**	**4232**	**2334**	**2362**	**6966**	**4242**	**8271**	**13715**
宿城区	118287		35	882	678	282	543	1355	388	1872	3489
宿豫区	63676		217	543	117	42	621	694	95	408	950
沭阳县	267680	46	1363	3617	886	614	281	2864	2033	2037	4084
泗阳县	158250		685	722	995	1213	762	1214	1059	2442	4125
泗洪县	133256	38	922	1144	1556	183	155	839	667	1512	1067

2002年	2003年	2004年	2005年	2006年	2007年	2008年	2009年	2010年	2011年	2012年	2013年	无开业年份
14724	**16512**	**22301**	**26417**	**38133**	**37909**	**27471**	**36184**	**44056**	**58783**	**43633**	**53338**	**157**
1719	2124	2850	4258	4558	4188	2940	3701	4827	5123	2264	1978	5
2406	2924	2621	4097	4729	4322	3695	5073	5078	6934	6535	3945	47
781	1022	1316	1036	1136	2175	1301	1110	1714	1095	1108	628	
3213	3975	4463	4179	6587	4562	6456	5753	9662	15660	9783	8905	35
3073	2638	6569	5439	8620	8419	4809	9098	10043	15039	11354	29560	70
2403	1597	1533	2523	8713	9886	4760	6875	7030	9270	8941	6352	
1129	2232	2949	4885	3790	4357	3510	4574	5702	5662	3648	1970	
25143	**26189**	**25725**	**28822**	**40413**	**41829**	**41143**	**70016**	**97743**	**90297**	**83630**	**51976**	**104**
2901	5967	3924	7628	6354	7848	7451	12783	16086	15131	14522	10572	13
4600	5459	4355	2949	3929	6550	5844	9212	12412	12703	12415	13432	4
5647	3397	4221	4441	5762	5269	7055	13179	11560	12578	13900	4668	11
2057	2922	3021	3984	3439	2696	3569	7504	5580	7855	5704	3738	
3044	2578	2235	3097	9583	5055	4020	8622	15916	12672	10627	5243	2
1859	2506	2751	2179	2485	3965	3662	5365	10893	9938	10294	4319	16
2568	1617	3232	2342	5114	7769	5531	10115	19194	13443	12134	7008	38
2467	1743	1986	2202	3747	2677	4011	3236	6102	5977	4034	2996	20
45438	**52642**	**48119**	**51567**	**54934**	**49920**	**51904**	**75368**	**77953**	**87185**	**76240**	**52807**	**734**
5656	7075	8010	8243	8797	8897	7245	13545	9282	9929	7320	5081	
4990	6352	5518	7188	7114	6711	6988	11685	8579	8984	6181	3095	
2407	3695	2125	2326	2623	3755	2685	4323	7144	5425	9569	10905	
3228	5983	3501	3159	4110	3666	5818	11258	7365	8349	7115	4149	7
3906	5347	5931	6032	5984	4128	5702	7839	9699	13765	15264	9244	
5834	5469	3701	3830	4009	3935	3675	5373	6527	9616	9027	2949	
4882	4682	5676	4692	5276	4621	4266	6527	8832	9413	6018	5427	
8784	7084	7785	10414	10337	7552	9776	9363	9675	11875	9989	6310	2
5751	6955	5872	5683	6684	6655	5749	5455	10850	9829	5757	5647	725
63398	**52393**	**57900**	**49601**	**63198**	**58870**	**55025**	**63067**	**73545**	**70704**	**71092**	**42112**	**342**
6945	7041	6743	6045	7552	8245	8859	8335	9748	9325	12747	8269	59
13429	15746	11216	9526	12112	11540	11461	12903	17265	14406	13573	9851	123
12536	10919	14291	12461	14446	10242	8735	10938	12112	7871	12747	6132	
5863	4080	6478	4776	6764	6315	6584	8244	8903	11655	9881	7055	11
15261	6928	9464	6502	9847	11271	6427	9008	9700	14768	10307	4125	50
9364	7679	9708	10291	12477	11257	12959	13639	15817	12679	11837	6680	99
53156	**39935**	**37520**	**38609**	**52622**	**42185**	**38118**	**49959**	**80041**	**53349**	**52837**	**35630**	**231**
6004	7038	6022	6567	8560	7347	7541	9023	16746	10961	10266	9159	46
16620	3201	2363	3616	7192	2720	2398	5048	5736	4733	5951	3921	33
4871	3793	4902	3238	6440	5648	5206	5586	7705	6644	5865	3923	
14137	13070	10705	12018	13901	11764	8618	13360	21845	12370	12016	8486	95
5650	4748	4714	5188	5881	5287	4508	5789	10496	10790	8667	4299	
5874	8085	8814	7982	10648	9419	9847	11153	17513	7851	10072	5842	57
36893	**51074**	**49854**	**47590**	**68634**	**52784**	**44663**	**57824**	**76920**	**77185**	**58718**	**34341**	**378**
6315	9509	7827	7478	8421	7531	8092	9611	12355	9285	6645	4751	35
4509	6255	4196	4090	5801	12166	4721	7639	8550	10310	10947	7642	1
3380	6719	8211	7081	9356	5789	4811	7618	8014	7446	6277	3824	13
6931	11203	10828	10445	20119	12311	8757	11841	22828	25346	14634	7293	60
5986	7388	9497	7849	9503	5678	8813	9711	9843	10623	7366	4331	236
9772	10000	9295	10647	15434	9309	9469	11404	15330	14175	12849	6500	33
23171	**31938**	**22295**	**34498**	**48439**	**41155**	**31936**	**69135**	**108857**	**100749**	**92880**	**83617**	**143**
5663	8214	4025	5088	9864	8224	6574	12205	14635	14301	10558	9407	5
867	2689	2894	4226	4499	4603	3725	6271	8171	9132	6230	6574	108
5125	7735	6336	10899	15751	11595	10038	24541	46684	39122	35697	36302	30
7590	10976	7245	7902	9475	7928	6081	15936	23032	21421	17815	9632	
3926	2324	1795	6383	8850	8805	5518	10182	16335	16773	22580	21702	

2-A-13 按登记注册类型、营业状态分组的小微企业法人单位数

登记注册类型	单位数(个)	营业	停业(歇业)	筹建	当年关闭	当年破产	其他
总 计	**878076**	**766614**	**62130**	**27038**	**17475**	**684**	**4135**
内资企业	**852009**	**743836**	**60362**	**26071**	**17063**	**654**	**4023**
国有企业	5430	4464	646	144	97	3	76
集体企业	9174	7510	1280	80	205	4	95
股份合作企业	2952	2532	262	75	55	3	25
联营企业	1539	1292	129	77	27	3	11
国有联营企业	108	86	15	2	3	1	1
集体联营企业	323	266	37	4	13		3
国有与集体联营企业	95	78	11	5			1
其他联营企业	1013	862	66	66	11	2	6
有限责任公司	67842	58396	4143	3784	1142	29	348
国有独资公司	987	870	55	39	11		12
其他有限责任公司	66855	57526	4088	3745	1131	29	336
股份有限公司	8634	7449	650	325	130	12	68
私营企业	729883	639413	51285	20802	14803	569	3011
私营独资企业	161044	143735	9295	3027	4045	200	742
私营合伙企业	13396	11562	989	378	393	16	58
私营有限责任公司	538804	469583	39682	16985	10097	339	2118
私营股份有限公司	16639	14533	1319	412	268	14	93
其他企业	26555	22780	1967	784	604	31	389
港、澳、台商投资企业	**10311**	**8812**	**806**	**449**	**184**	**16**	**44**
与港澳台商合资经营企业	3174	2746	251	95	59	8	15
与港澳台商合作经营企业	181	158	14	4	5		
港澳台商独资经营企业	6647	5660	510	328	114	8	27
港澳台商投资股份有限公司	225	185	19	14	5		2
其他港澳台投资企业	84	63	12	8	1		
外商投资企业	**15756**	**13966**	**962**	**518**	**228**	**14**	**68**
中外合资经营企业	4562	4061	272	135	65	7	22
中外合作经营企业	233	209	17	5	2		
外资企业	10432	9258	631	345	148	6	44
外商投资股份有限公司	302	266	14	14	8		
其他外商投资企业	227	172	28	19	5	1	2

2-A-14 按登记注册类型、营业状态分组的小微企业法人单位从业人员数

登记注册类型	从业人员数（人）	营业	停业(歇业)
总 计	**16295600**	**15654547**	**274376**
内资企业	**14792662**	**14182235**	**262440**
国有企业	179464	170854	4679
集体企业	204085	193138	7321
股份合作企业	51824	49213	1456
联营企业	21734	20480	570
国有联营企业	2418	2221	150
集体联营企业	5458	5183	114
国有与集体联营企业	2897	2840	39
其他联营企业	10961	10236	267
有限责任公司	1823785	1751518	21894
国有独资公司	43317	41589	553
其他有限责任公司	1780468	1709929	21341
股份有限公司	308065	297402	3547
私营企业	11831953	11352502	213893
私营独资企业	2123639	2017888	47342
私营合伙企业	170836	161454	3681
私营有限责任公司	9164040	8811569	157058
私营股份有限公司	373438	361591	5812
其他企业	371752	347128	9080
港、澳、台商投资企业	**561512**	**548568**	**5287**
与港澳台商合资经营企业	208912	204551	1791
与港澳台商合作经营企业	9600	9490	83
港澳台商独资经营企业	328509	320472	3325
港澳台商投资股份有限公司	11338	10977	61
其他港澳台投资企业	3153	3078	27
外商投资企业	**941426**	**923744**	**6649**
中外合资经营企业	302203	296406	2223
中外合作经营企业	15147	15002	64
外资企业	605820	594947	4248
外商投资股份有限公司	14474	14020	41
其他外商投资企业	3782	3369	73

2-A-14 续表

登记注册类型	筹建	当年关闭	当年破产	其他
总　计	**155102**	**166043**	**7559**	**37973**
内资企业	**145493**	**159270**	**6635**	**36589**
国有企业	1402	1068	16	1445
集体企业	363	2396	70	797
股份合作企业	371	538	41	205
联营企业	399	154	98	33
国有联营企业	25	8	3	11
集体联营企业	56	96		9
国有与集体联营企业	16			2
其他联营企业	302	50	95	11
有限责任公司	23982	20342	228	5821
国有独资公司	353	187		635
其他有限责任公司	23629	20155	228	5186
股份有限公司	2061	4260	217	578
私营企业	110240	125878	5702	23738
私营独资企业	17627	33307	1878	5597
私营合伙企业	1910	3233	129	429
私营有限责任公司	88297	86436	3574	17106
私营股份有限公司	2406	2902	121	606
其他企业	6675	4634	263	3972
港、澳、台商投资企业	**3605**	**2889**	**375**	**788**
与港澳台商合资经营企业	802	1261	214	293
与港澳台商合作经营企业	17	10		
港澳台商独资经营企业	2611	1479	161	461
港澳台商投资股份有限公司	135	131		34
其他港澳台投资企业	40	8		
外商投资企业	**6004**	**3884**	**549**	**596**
中外合资经营企业	2139	1032	238	165
中外合作经营企业	71	10		
外资企业	3402	2488	310	425
外商投资股份有限公司	138	275		
其他外商投资企业	254	79	1	6

第三篇

个体经营户情况

3-A-1　按地区分行业个体经营户情况

行　　业	个体户合计		有证照合计		无证照合计	
	户数(个)	人数(人)	户数(个)	人数(人)	户数(个)	人数(人)
总　计	**3757201**	**11837638**	**1838764**	**6147724**	**1918437**	**5689914**
农、林、牧、渔业	69551	153619	3422	10821	66129	142798
农业	6	26	3	15	3	11
畜牧业	3	23			3	23
渔业	2	8	1	3	1	5
农、林、牧、渔服务业	69540	153562	3418	10803	66122	142759
采矿业	990	5586	162	1538	828	4048
煤炭开采和洗选业	2	2			2	2
黑色金属矿采选业	50	174	2	17	48	157
有色金属矿采选业	2	8			2	8
非金属矿采选业	915	5278	157	1477	758	3801
开采辅助活动	18	116	3	44	15	72
其他采矿业	3	8			3	8
制造业	367252	1769671	147733	876429	219519	893242
农副食品加工业	32580	94425	6674	24739	25906	69686
食品制造业	9861	31014	3489	12712	6372	18302
酒、饮料和精制茶制造业	1289	5915	651	3661	638	2254
烟草制品业	7	69	4	60	3	9
纺织业	47229	227043	17359	105284	29870	121759
纺织服装、服饰业	47584	333931	19878	175837	27706	158094
皮革、毛皮、羽毛及其制品和制鞋业	6744	43205	3251	25474	3493	17731
木材加工和木、竹、藤、棕、草制品业	32161	161399	5653	38784	26508	122615
家具制造业	10400	59310	4655	33102	5745	26208
造纸和纸制品业	2971	14335	1672	8919	1299	5416
印刷和记录媒介复制业	4408	15860	2122	8785	2286	7075
文教、工美、体育和娱乐用品制造业	21969	94128	6414	39233	15555	54895
石油加工、炼焦和核燃料加工业	6	33	2	3	4	30
化学原料和化学制品制造业	3122	13444	1366	6706	1756	6738
医药制造业	151	577	49	217	102	360
化学纤维制造业	975	6323	620	4536	355	1787
橡胶和塑料制品业	10887	51019	4847	27548	6040	23471
非金属矿物制品业	17004	94200	7736	48581	9268	45619
黑色金属冶炼和压延加工业	2447	11229	981	4875	1466	6354
有色金属冶炼和压延加工业	3535	12808	1579	6509	1956	6299
金属制品业	44756	180849	21810	102080	22946	78769
通用设备制造业	27380	112814	15524	72788	11856	40026
专用设备制造业	12217	63339	8167	49023	4050	14316
汽车制造业	2409	13897	1176	8542	1233	5355
铁路、船舶、航空航天和其他运输设备制造业	2333	15876	1440	10671	893	5205
电气机械和器材制造业	4117	21886	2248	13178	1869	8708
计算机、通信和其他电子设备制造业	1961	13482	1279	9374	682	4108
仪器仪表制造业	1350	11747	831	9418	519	2329
其他制造业	3620	15834	1676	7952	1944	7882
废弃资源综合利用业	5107	30421	1400	8171	3707	22250
金属制品、机械和设备修理业	6672	19259	3180	9667	3492	9592
电力、热力、燃气及水生产和供应业	232	856	116	540	116	316
电力、热力生产和供应业	1	4			1	4
燃气生产和供应业	81	222	37	100	44	122
水的生产和供应业	150	630	79	440	71	190
建筑业	130067	707213	9977	53434	120090	653779
房屋建筑业	54544	397888	2276	19319	52268	378569

3-A-1 续表 1

行业	个体户合计		有证照合计		无证照合计	
	户数(个)	人数(人)	户数(个)	人数(人)	户数(个)	人数(人)
土木工程建筑业	5691	35581	757	5476	4934	30105
建筑安装业	8210	36057	1045	4921	7165	31136
建筑装饰和其他建筑业	61622	237687	5899	23718	55723	213969
批发和零售业	2249353	6014252	1280279	3553148	969074	2461104
批发业	327634	962267	164194	504986	163440	457281
零售业	1921719	5051985	1116085	3048162	805634	2003823
交通运输、仓储和邮政业	122914	312472	23897	70099	99017	242373
道路运输业	72247	153096	16818	43822	55429	109274
水上运输业	6702	18827	2004	5779	4698	13048
装卸搬运和运输代理业	38756	119536	3730	13745	35026	105791
仓储业	1991	7819	510	2567	1481	5252
邮政业	3218	13194	835	4186	2383	9008
住宿和餐饮业	297166	1272414	148508	785297	148658	487117
住宿业	29638	121305	20961	91754	8677	29551
餐饮业	267528	1151109	127547	693543	139981	457566
信息传输、软件和信息技术服务业	8585	23927	5599	15204	2986	8723
电信、广播电视和卫星传输服务	5789	16387	3782	10238	2007	6149
互联网和相关服务	202	657	139	437	63	220
软件和信息技术服务业	2594	6883	1678	4529	916	2354
金融业	414	1100	164	500	250	600
货币金融服务	105	275	47	130	58	145
资本市场服务	96	272	49	137	47	135
保险业	150	325	35	115	115	210
其他金融业	63	228	33	118	30	110
房地产业	27526	63644	7884	21993	19642	41651
房地产业	27526	63644	7884	21993	19642	41651
租赁和商务服务业	57047	168224	24608	79360	32439	88864
租赁业	26763	76454	6955	22777	19808	53677
商务服务业	30284	91770	17653	56583	12631	35187
科学研究和技术服务业	21821	79850	10856	41132	10965	38718
研究和试验发展	5	18	5	18		
专业技术服务业	20247	75036	10190	38829	10057	36207
科技推广和应用服务业	1569	4796	661	2285	908	2511
水利、环境和公共设施管理业	794	4404	383	2274	411	2130
生态保护和环境治理业	37	142	20	66	17	76
公共设施管理业	757	4262	363	2208	394	2054
居民服务、修理和其他服务业	340112	1041186	150801	531930	189311	509256
居民服务业	208489	688770	92718	362707	115771	326063
机动车、电子产品和日用产品修理业	116311	307899	52806	151564	63505	156335
其他服务业	15312	44517	5277	17659	10035	26858
教育	11866	48102	3391	16963	8475	31139
教育	11866	48102	3391	16963	8475	31139
卫生和社会工作	9086	28006	5018	17477	4068	10529
卫生	8677	26380	4897	16755	3780	9625
社会工作	409	1626	121	722	288	904
文化、体育和娱乐业	42101	142425	15701	69040	26400	73385
广播、电视、电影和影视录音制作业	27	77	13	32	14	45
文化艺术业	2154	10735	633	3119	1521	7616
体育	12772	33326	4117	13163	8655	20163
娱乐业	27148	98287	10938	52726	16210	45561

3-A-1 续表 2

行业	个体户合计		有证照合计		无证照合计	
	户数(个)	人数(人)	户数(个)	人数(人)	户数(个)	人数(人)
南京市	**247279**	**790879**	**171855**	**566989**	**75424**	**223890**
农、林、牧、渔业	799	2275	149	659	650	1616
农、林、牧、渔服务业	799	2275	149	659	650	1616
采矿业	22	174	15	138	7	36
黑色金属矿采选业	1	12	1	12		
有色金属矿采选业	1	2			1	2
非金属矿采选业	18	152	13	122	5	30
开采辅助活动	2	8	1	4	1	4
制造业	12108	55483	7820	39442	4288	16041
农副食品加工业	1444	4755	699	2717	745	2038
食品制造业	446	1525	263	1038	183	487
酒、饮料和精制茶制造业	112	512	56	304	56	208
烟草制品业	1	2	1	2		
纺织业	648	2422	370	1412	278	1010
纺织服装、服饰业	1107	8538	712	6482	395	2056
皮革、毛皮、羽毛及其制品和制鞋业	785	3079	609	2508	176	571
木材加工和木、竹、藤、棕、草制品业	423	1991	260	1391	163	600
家具制造业	524	2783	348	2147	176	636
造纸和纸制品业	103	512	78	370	25	142
印刷和记录媒介复制业	176	672	141	531	35	141
文教、工美、体育和娱乐用品制造业	568	3505	379	2419	189	1086
石油加工、炼焦和核燃料加工业	1	3			1	3
化学原料和化学制品制造业	85	421	70	352	15	69
医药制造业	65	174	4	15	61	159
化学纤维制造业	1	3	1	3		
橡胶和塑料制品业	210	1218	152	883	58	335
非金属矿物制品业	751	4220	564	3326	187	894
黑色金属冶炼和压延加工业	78	267	59	201	19	66
有色金属冶炼和压延加工业	159	543	98	373	61	170
金属制品业	2601	9695	1585	6363	1016	3332
通用设备制造业	655	3325	528	2802	127	523
专用设备制造业	277	1169	225	1034	52	135
汽车制造业	24	106	18	84	6	22
铁路、船舶、航空航天和其他运输设备制造业	33	636	18	179	15	457
电气机械和器材制造业	82	381	69	342	13	39
计算机、通信和其他电子设备制造业	52	502	43	402	9	100
仪器仪表制造业	61	347	54	314	7	33
其他制造业	92	426	52	280	40	146
废弃资源综合利用业	188	674	94	368	94	306
金属制品、机械和设备修理业	356	1077	270	800	86	277
电力、热力、燃气及水生产和供应业	7	15	3	7	4	8
燃气生产和供应业	5	9	2	4	3	5
水的生产和供应业	2	6	1	3	1	3
建筑业	4247	24830	907	5560	3340	19270
房屋建筑业	1852	12339	147	1217	1705	11122
土木工程建筑业	522	4057	183	1473	339	2584
建筑安装业	593	2546	169	901	424	1645
建筑装饰和其他建筑业	1280	5888	408	1969	872	3919
批发和零售业	161697	449893	118723	336233	42974	113660
批发业	19567	60182	14308	45072	5259	15110
零售业	142130	389711	104415	291161	37715	98550
交通运输、仓储和邮政业	3732	10906	2094	5684	1638	5222

3-A-1 续表 3

行业	个体户合计		有证照合计		无证照合计	
	户数(个)	人数(人)	户数(个)	人数(人)	户数(个)	人数(人)
道路运输业	2664	6792	1671	4061	993	2731
水上运输业	158	574	16	74	142	500
装卸搬运和运输代理业	590	2059	289	973	301	1086
仓储业	86	375	51	217	35	158
邮政业	234	1106	67	359	167	747
住宿和餐饮业	28478	124102	18888	93031	9590	31071
住宿业	2769	11232	2426	9885	343	1347
餐饮业	25709	112870	16462	83146	9247	29724
信息传输、软件和信息技术服务业	686	2070	445	1407	241	663
电信、广播电视和卫星传输服务	469	1413	296	939	173	474
互联网和相关服务	36	144	29	116	7	28
软件和信息技术服务业	181	513	120	352	61	161
金融业	20	80	9	32	11	48
货币金融服务	3	5	1	2	2	3
资本市场服务	4	19	3	14	1	5
保险业	7	27	2	5	5	22
其他金融业	6	29	3	11	3	18
房地产业	1074	4092	824	3284	250	808
房地产业	1074	4092	824	3284	250	808
租赁和商务服务业	4298	13281	3182	10019	1116	3262
租赁业	630	2042	398	1304	232	738
商务服务业	3668	11239	2784	8715	884	2524
科学研究和技术服务业	1582	5363	1258	4346	324	1017
专业技术服务业	1562	5299	1242	4294	320	1005
科技推广和应用服务业	20	64	16	52	4	12
水利、环境和公共设施管理业	32	207	26	145	6	62
生态保护和环境治理业	5	14	4	12	1	2
公共设施管理业	27	193	22	133	5	60
居民服务、修理和其他服务业	23103	79349	14221	54522	8882	24827
居民服务业	14642	54474	9220	38707	5422	15767
机动车、电子产品和日用产品修理业	7868	22754	4604	14295	3264	8459
其他服务业	593	2121	397	1520	196	601
教育	619	2613	274	1207	345	1406
教育	619	2613	274	1207	345	1406
卫生和社会工作	551	2004	385	1631	166	373
卫生	486	1895	382	1623	104	272
社会工作	65	109	3	8	62	101
文化、体育和娱乐业	4224	14142	2632	9642	1592	4500
广播、电视、电影和影视录音制作业	5	15	3	7	2	8
文化艺术业	119	433	62	232	57	201
体育	510	1689	406	1422	104	267
娱乐业	3590	12005	2161	7981	1429	4024
无锡市	**239510**	**815312**	**157912**	**575083**	**81598**	**240229**
农、林、牧、渔业	14	27	5	13	9	14
农、林、牧、渔服务业	14	27	5	13	9	14
采矿业	1	6	1	6		
非金属矿采选业	1	6	1	6		
制造业	20597	97258	11931	64066	8666	33192
农副食品加工业	261	1134	141	683	120	451
食品制造业	136	647	94	528	42	119
酒、饮料和精制茶制造业	43	263	33	236	10	27

3-A-1　续表 4

行　　业	个体户合计		有证照合计		无证照合计	
	户数(个)	人数(人)	户数(个)	人数(人)	户数(个)	人数(人)
纺织业	1991	14526	1102	8010	889	6516
纺织服装、服饰业	1481	11885	993	8705	488	3180
皮革、毛皮、羽毛及其制品和制鞋业	102	449	47	217	55	232
木材加工和木、竹、藤、棕、草制品业	420	2288	268	1732	152	556
家具制造业	242	1500	172	1209	70	291
造纸和纸制品业	479	2122	348	1608	131	514
印刷和记录媒介复制业	224	833	152	622	72	211
文教、工美、体育和娱乐用品制造业	3018	9011	296	1396	2722	7615
化学原料和化学制品制造业	87	362	52	252	35	110
医药制造业	1	3	1	3		
化学纤维制造业	56	254	21	110	35	144
橡胶和塑料制品业	777	4152	455	2857	322	1295
非金属矿物制品业	812	4369	508	3217	304	1152
黑色金属冶炼和压延加工业	205	866	133	605	72	261
有色金属冶炼和压延加工业	329	1336	174	823	155	513
金属制品业	3362	13023	2183	9469	1179	3554
通用设备制造业	3686	14525	2739	11456	947	3069
专用设备制造业	720	3156	535	2553	185	603
汽车制造业	63	393	51	292	12	101
铁路、船舶、航空航天和其他运输设备制造业	733	4017	526	3101	207	916
电气机械和器材制造业	228	1155	199	1031	29	124
计算机、通信和其他电子设备制造业	81	488	74	449	7	39
仪器仪表制造业	30	168	27	150	3	18
其他制造业	110	415	76	319	34	96
废弃资源综合利用业	419	2426	203	1413	216	1013
金属制品、机械和设备修理业	501	1492	328	1020	173	472
电力、热力、燃气及水生产和供应业	3	7	1	2	2	5
燃气生产和供应业	1	2			1	2
水的生产和供应业	2	5	1	2	1	3
建筑业	2019	8843	604	3506	1415	5337
房屋建筑业	133	1737	25	775	108	962
土木工程建筑业	103	1098	59	406	44	692
建筑安装业	143	581	64	297	79	284
建筑装饰和其他建筑业	1640	5427	456	2028	1184	3399
批发和零售业	155212	449307	110746	329009	44466	120298
批发业	13492	47081	9000	32799	4492	14282
零售业	141720	402226	101746	296210	39974	106016
交通运输、仓储和邮政业	2532	9214	646	2982	1886	6232
道路运输业	1693	5318	379	1612	1314	3706
水上运输业	49	289	28	243	21	46
装卸搬运和运输代理业	396	1514	184	801	212	713
仓储业	175	963	11	79	164	884
邮政业	219	1130	44	247	175	883
住宿和餐饮业	24139	126084	14059	92631	10080	33453
住宿业	1954	9410	1685	8494	269	916
餐饮业	22185	116674	12374	84137	9811	32537
信息传输、软件和信息技术服务业	61	178	45	125	16	53
电信、广播电视和卫星传输服务	11	23	8	16	3	7
互联网和相关服务	1	3			1	3
软件和信息技术服务业	49	152	37	109	12	43
金融业	11	29	4	16	7	13

3-A-1 续表 5

行 业	个体户合计		有证照合计		无证照合计	
	户数(个)	人数(人)	户数(个)	人数(人)	户数(个)	人数(人)
资本市场服务	4	15	2	10	2	5
保险业	6	12	2	6	4	6
其他金融业	1	2			1	2
房地产业	1141	3215	829	2337	312	878
房地产业	1141	3215	829	2337	312	878
租赁和商务服务业	3397	10789	2180	7408	1217	3381
租赁业	418	1361	253	895	165	466
商务服务业	2979	9428	1927	6513	1052	2915
科学研究和技术服务业	975	3624	765	2993	210	631
专业技术服务业	942	3521	738	2907	204	614
科技推广和应用服务业	33	103	27	86	6	17
水利、环境和公共设施管理业	37	228	25	151	12	77
生态保护和环境治理业	1	3			1	3
公共设施管理业	36	225	25	151	11	74
居民服务、修理和其他服务业	25612	90542	14176	59413	11436	31129
居民服务业	16300	62594	8843	41508	7457	21086
机动车、电子产品和日用产品修理业	8769	25802	4983	16304	3786	9498
其他服务业	543	2146	350	1601	193	545
教育	592	2542	288	1271	304	1271
教育	592	2542	288	1271	304	1271
卫生和社会工作	609	2554	395	1932	214	622
卫生	594	2446	391	1881	203	565
社会工作	15	108	4	51	11	57
文化、体育和娱乐业	2558	10865	1212	7222	1346	3643
文化艺术业	54	212	35	156	19	56
体育	1104	3410	554	1913	550	1497
娱乐业	1400	7243	623	5153	777	2090
徐州市	**483591**	**1659578**	**141706**	**505482**	**341885**	**1154096**
农、林、牧、渔业	3689	10146	209	580	3480	9566
农、林、牧、渔服务业	3689	10146	209	580	3480	9566
采矿业	528	2663	12	97	516	2566
黑色金属矿采选业	47	154			47	154
有色金属矿采选业	1	6			1	6
非金属矿采选业	474	2467	12	97	462	2370
开采辅助活动	6	36			6	36
制造业	34963	174721	6438	36816	28525	137905
农副食品加工业	5077	16815	619	2665	4458	14150
食品制造业	2292	7706	367	1430	1925	6276
酒、饮料和精制茶制造业	98	356	30	118	68	238
纺织业	1589	7258	368	1785	1221	5473
纺织服装、服饰业	1504	7085	337	1977	1167	5108
皮革、毛皮、羽毛及其制品和制鞋业	329	1624	53	306	276	1318
木材加工和木、竹、藤、棕、草制品业	7336	55182	998	7723	6338	47459
家具制造业	1053	4725	283	1445	770	3280
造纸和纸制品业	132	798	39	298	93	500
印刷和记录媒介复制业	186	802	93	411	93	391
文教、工美、体育和娱乐用品制造业	2456	8046	130	610	2326	7436
石油加工、炼焦和核燃料加工业	2	12	1	2	1	10
化学原料和化学制品制造业	402	1824	44	230	358	1594
医药制造业	3	10	3	10		
化学纤维制造业	6	25	5	23	1	2

3-A-1　续表 6

行　　业	个体户合计		有证照合计		无证照合计	
	户数(个)	人数(人)	户数(个)	人数(人)	户数(个)	人数(人)
橡胶和塑料制品业	512	3488	117	934	395	2554
非金属矿物制品业	3975	23645	899	6436	3076	17209
黑色金属冶炼和压延加工业	645	3307	116	790	529	2517
有色金属冶炼和压延加工业	114	447	23	101	91	346
金属制品业	4041	15126	931	3850	3110	11276
通用设备制造业	748	3330	313	1430	435	1900
专用设备制造业	215	1008	62	305	153	703
汽车制造业	60	303	11	82	49	221
铁路、船舶、航空航天和其他运输设备制造业	404	3599	183	1875	221	1724
电气机械和器材制造业	118	810	40	298	78	512
计算机、通信和其他电子设备制造业	92	843	33	280	59	563
仪器仪表制造业	9	59	4	22	5	37
其他制造业	311	1507	108	529	203	978
废弃资源综合利用业	491	2132	51	208	440	1924
金属制品、机械和设备修理业	763	2849	177	643	586	2206
电力、热力、燃气及水生产和供应业	2	4			2	4
水的生产和供应业	2	4			2	4
建筑业	17807	129774	742	5018	17065	124756
房屋建筑业	10188	94333	203	2519	9985	91814
土木工程建筑业	397	2882	19	170	378	2712
建筑安装业	1193	6119	58	334	1135	5785
建筑装饰和其他建筑业	6029	26440	462	1995	5567	24445
批发和零售业	295007	897323	101249	331422	193758	565901
批发业	48165	166366	16930	66426	31235	99940
零售业	246842	730957	84319	264996	162523	465961
交通运输、仓储和邮政业	16052	51054	5538	15978	10514	35076
道路运输业	8136	22510	4474	11846	3662	10664
水上运输业	322	793	245	562	77	231
装卸搬运和运输代理业	6494	23797	583	2619	5911	21178
仓储业	388	1313	83	270	305	1043
邮政业	712	2641	153	681	559	1960
住宿和餐饮业	41543	157949	8888	48458	32655	109491
住宿业	2924	12331	1663	7959	1261	4372
餐饮业	38619	145618	7225	40499	31394	105119
信息传输、软件和信息技术服务业	1974	6036	1113	3440	861	2596
电信、广播电视和卫星传输服务	1569	4616	859	2492	710	2124
互联网和相关服务	46	149	24	67	22	82
软件和信息技术服务业	359	1271	230	881	129	390
房地产业	1715	5459	483	1598	1232	3861
房地产业	1715	5459	483	1598	1232	3861
租赁和商务服务业	17999	53042	3961	13642	14038	39400
租赁业	14881	43045	2592	8939	12289	34106
商务服务业	3118	9997	1369	4703	1749	5294
科学研究和技术服务业	2787	9608	1248	4720	1539	4888
专业技术服务业	2354	8292	1166	4426	1188	3866
科技推广和应用服务业	433	1316	82	294	351	1022
水利、环境和公共设施管理业	1	5	1	5		
生态保护和环境治理业	1	5	1	5		
居民服务、修理和其他服务业	42015	131380	9698	34006	32317	97374
居民服务业	22562	74518	5200	19713	17362	54805
机动车、电子产品和日用产品修理业	17153	50276	4277	13394	12876	36882

3-A-1 续表 7

行业	个体户合计		有证照合计		无证照合计	
	户数(个)	人数(人)	户数(个)	人数(人)	户数(个)	人数(人)
其他服务业	2300	6586	221	899	2079	5687
教育	3216	14149	563	3313	2653	10836
教育	3216	14149	563	3313	2653	10836
卫生和社会工作	1886	6059	900	3092	986	2967
卫生	1822	5814	885	3014	937	2800
社会工作	64	245	15	78	49	167
文化、体育和娱乐业	2405	10196	661	3287	1744	6909
广播、电视、电影和影视录音制作业	7	24	4	12	3	12
文化艺术业	428	2471	54	309	374	2162
体育	151	544	47	204	104	340
娱乐业	1819	7157	556	2762	1263	4395
常州市	**230980**	**775671**	**132508**	**486692**	**98472**	**288979**
农、林、牧、渔业	1017	2432	93	342	924	2090
农业	6	26	3	15	3	11
渔业	2	8	1	3	1	5
农、林、牧、渔服务业	1009	2398	89	324	920	2074
采矿业	22	206	11	170	11	36
非金属矿采选业	22	206	11	170	11	36
制造业	21896	106373	11220	63107	10676	43266
农副食品加工业	907	2914	413	1533	494	1381
食品制造业	339	1216	203	805	136	411
酒、饮料和精制茶制造业	194	1656	110	1153	84	503
纺织业	1684	14030	818	6784	866	7246
纺织服装、服饰业	898	7715	524	5652	374	2063
皮革、毛皮、羽毛及其制品和制鞋业	187	1323	108	900	79	423
木材加工和木、竹、藤、棕、草制品业	562	3283	307	2133	255	1150
家具制造业	471	2887	284	1966	187	921
造纸和纸制品业	327	1498	122	667	205	831
印刷和记录媒介复制业	358	1615	239	1152	119	463
文教、工美、体育和娱乐用品制造业	366	1906	241	1298	125	608
化学原料和化学制品制造业	127	463	54	227	73	236
医药制造业	13	77	9	58	4	19
化学纤维制造业	12	75	10	67	2	8
橡胶和塑料制品业	1290	5696	544	2825	746	2871
非金属矿物制品业	763	4384	494	3017	269	1367
黑色金属冶炼和压延加工业	321	1516	140	729	181	787
有色金属冶炼和压延加工业	286	1193	119	557	167	636
金属制品业	3330	12612	1563	6660	1767	5952
通用设备制造业	5134	20788	2623	12697	2511	8091
专用设备制造业	1234	4534	526	2385	708	2149
汽车制造业	905	4299	429	2375	476	1924
铁路、船舶、航空航天和其他运输设备制造业	275	1547	166	1080	109	467
电气机械和器材制造业	816	4348	520	3127	296	1221
计算机、通信和其他电子设备制造业	324	1896	219	1443	105	453
仪器仪表制造业	100	452	48	260	52	192
其他制造业	134	700	95	533	39	167
废弃资源综合利用业	106	478	46	222	60	256
金属制品、机械和设备修理业	433	1272	246	802	187	470
电力、热力、燃气及水生产和供应业	18	100	13	76	5	24
燃气生产和供应业	8	32	3	8	5	24
水的生产和供应业	10	68	10	68		

3-A-1　续表 8

行　业	个体户合计		有证照合计		无证照合计	
	户数(个)	人数(人)	户数(个)	人数(人)	户数(个)	人数(人)
建筑业	3888	20736	243	1343	3645	19393
房屋建筑业	461	3967	14	129	447	3838
土木工程建筑业	167	1439	26	305	141	1134
建筑安装业	588	3759	45	191	543	3568
建筑装饰和其他建筑业	2672	11571	158	718	2514	10853
批发和零售业	129591	383591	87099	266883	42492	116708
批发业	18980	69809	10764	43540	8216	26269
零售业	110611	313782	76335	223343	34276	90439
交通运输、仓储和邮政业	6476	16555	1508	5370	4968	11185
道路运输业	5735	13704	1321	4361	4414	9343
水上运输业	262	751	13	40	249	711
装卸搬运和运输代理业	297	1289	132	704	165	585
仓储业	50	199	17	98	33	101
邮政业	132	612	25	167	107	445
住宿和餐饮业	20287	100181	13335	74676	6952	25505
住宿业	1799	9477	1591	8604	208	873
餐饮业	18488	90704	11744	66072	6744	24632
信息传输、软件和信息技术服务业	499	1137	432	924	67	213
电信、广播电视和卫星传输服务	350	652	320	561	30	91
互联网和相关服务	7	32	6	30	1	2
软件和信息技术服务业	142	453	106	333	36	120
金融业	73	197	36	108	37	89
货币金融服务	57	141	27	69	30	72
资本市场服务	7	23	4	14	3	9
保险业	7	28	4	22	3	6
其他金融业	2	5	1	3	1	2
房地产业	15035	27440	551	1208	14484	26232
房地产业	15035	27440	551	1208	14484	26232
租赁和商务服务业	2362	8130	1449	5276	913	2854
租赁业	463	1483	258	906	205	577
商务服务业	1899	6647	1191	4370	708	2277
科学研究和技术服务业	1457	6463	1018	4756	439	1707
研究和试验发展	5	18	5	18		
专业技术服务业	1410	6298	985	4644	425	1654
科技推广和应用服务业	42	147	28	94	14	53
水利、环境和公共设施管理业	280	1830	123	766	157	1064
生态保护和环境治理业	13	63	2	6	11	57
公共设施管理业	267	1767	121	760	146	1007
居民服务、修理和其他服务业	22157	78391	12669	50142	9488	28249
居民服务业	13452	53722	7922	35465	5530	18257
机动车、电子产品和日用产品修理业	8154	22919	4457	13658	3697	9261
其他服务业	551	1750	290	1019	261	731
教育	560	2776	255	1578	305	1198
教育	560	2776	255	1578	305	1198
卫生和社会工作	322	999	151	589	171	410
卫生	279	831	141	516	138	315
社会工作	43	168	10	73	33	95
文化、体育和娱乐业	4754	17543	2061	8895	2693	8648
广播、电视、电影和影视录音制作业	3	10	2	6	1	4
文化艺术业	40	372	24	223	16	149
体育	1409	4464	870	2636	539	1828
娱乐业	3302	12697	1165	6030	2137	6667

3-A-1 续表 9

行业	个体户合计		有证照合计		无证照合计	
	户数(个)	人数(人)	户数(个)	人数(人)	户数(个)	人数(人)
苏州市	**506052**	**1780915**	**302105**	**1165858**	**203947**	**615057**
农、林、牧、渔业	251	844	143	480	108	364
农、林、牧、渔服务业	251	844	143	480	108	364
采矿业	16	80	12	67	4	13
非金属矿采选业	14	73	11	62	3	11
开采辅助活动	1	5	1	5		
其他采矿业	1	2			1	2
制造业	61353	408506	31802	250977	29551	157529
农副食品加工业	719	2740	295	1475	424	1265
食品制造业	303	1434	169	914	134	520
酒、饮料和精制茶制造业	63	381	46	336	17	45
纺织业	8270	52156	3797	30002	4473	22154
纺织服装、服饰业	16680	145567	5190	67467	11490	78100
皮革、毛皮、羽毛及其制品和制鞋业	390	2897	224	2100	166	797
木材加工和木、竹、藤、棕、草制品业	1293	10200	703	7504	590	2696
家具制造业	3319	29142	1506	17612	1813	11530
造纸和纸制品业	628	3745	406	2674	222	1071
印刷和记录媒介复制业	589	3069	305	1667	284	1402
文教、工美、体育和娱乐用品制造业	3346	14541	1010	6857	2336	7684
化学原料和化学制品制造业	313	1375	162	878	151	497
医药制造业	8	44	5	23	3	21
化学纤维制造业	658	4872	474	3718	184	1154
橡胶和塑料制品业	1553	8739	967	6152	586	2587
非金属矿物制品业	1310	7585	930	5895	380	1690
黑色金属冶炼和压延加工业	226	1151	114	692	112	459
有色金属冶炼和压延加工业	594	2285	307	1444	287	841
金属制品业	7931	41827	5463	32386	2468	9441
通用设备制造业	4065	20819	2943	16613	1122	4206
专用设备制造业	6400	40866	5175	35486	1225	5380
汽车制造业	33	130	21	91	12	39
铁路、船舶、航空航天和其他运输设备制造业	51	384	41	348	10	36
电气机械和器材制造业	318	1741	247	1394	71	347
计算机、通信和其他电子设备制造业	425	3410	345	2949	80	461
仪器仪表制造业	93	504	73	425	20	79
其他制造业	466	2455	237	1404	229	1051
废弃资源综合利用业	417	1719	133	746	284	973
金属制品、机械和设备修理业	892	2728	514	1725	378	1003
电力、热力、燃气及水生产和供应业	21	108	14	88	7	20
燃气生产和供应业	6	16	5	11	1	5
水的生产和供应业	15	92	9	77	6	15
建筑业	4977	19181	1258	6823	3719	12358
房屋建筑业	773	4486	132	985	641	3501
土木工程建筑业	370	2197	160	1145	210	1052
建筑安装业	557	2265	252	1349	305	916
建筑装饰和其他建筑业	3277	10233	714	3344	2563	6889
批发和零售业	309139	847361	208016	601084	101123	246277
批发业	47474	129066	32646	91482	14828	37584
零售业	261665	718295	175370	509602	86295	208693
交通运输、仓储和邮政业	7303	19389	1661	6670	5642	12719
道路运输业	5070	11003	1107	3025	3963	7978

3-A-1　续表 10

行　　业	个体户合计		有证照合计		无证照合计	
	户数(个)	人数(人)	户数(个)	人数(人)	户数(个)	人数(人)
水上运输业	212	491	11	72	201	419
装卸搬运和运输代理业	1211	3406	298	1445	913	1961
仓储业	217	1431	84	999	133	432
邮政业	593	3058	161	1129	432	1929
住宿和餐饮业	53862	250875	26227	160988	27635	89887
住宿业	5846	24103	2709	13668	3137	10435
餐饮业	48016	226772	23518	147320	24498	79452
信息传输、软件和信息技术服务业	667	2300	450	1631	217	669
电信、广播电视和卫星传输服务	433	1406	275	960	158	446
互联网和相关服务	26	88	19	72	7	16
软件和信息技术服务业	208	806	156	599	52	207
金融业	25	95	10	39	15	56
资本市场服务	3	3	1	1	2	2
保险业	15	71	6	29	9	42
其他金融业	7	21	3	9	4	12
房地产业	2715	7696	1878	5298	837	2398
房地产业	2715	7696	1878	5298	837	2398
租赁和商务服务业	7120	22052	4122	14568	2998	7484
租赁业	1493	5242	1037	4062	456	1180
商务服务业	5627	16810	3085	10506	2542	6304
科学研究和技术服务业	2576	10015	1793	7888	783	2127
专业技术服务业	2492	9630	1737	7598	755	2032
科技推广和应用服务业	84	385	56	290	28	95
水利、环境和公共设施管理业	251	1307	121	880	130	427
生态保护和环境治理业	1	8			1	8
公共设施管理业	250	1299	121	880	129	419
居民服务、修理和其他服务业	45397	154713	21263	90149	24134	64564
居民服务业	30273	111389	13363	63952	16910	47437
机动车、电子产品和日用产品修理业	14152	39398	7319	23434	6833	15964
其他服务业	972	3926	581	2763	391	1163
教育	935	4824	339	2049	596	2775
教育	935	4824	339	2049	596	2775
卫生和社会工作	680	2845	470	2300	210	545
卫生	660	2677	460	2165	200	512
社会工作	20	168	10	135	10	33
文化、体育和娱乐业	8740	28670	2513	13853	6227	14817
广播、电视、电影和影视录音制作业	5	9	3	4	2	5
文化艺术业	339	1130	141	479	198	651
体育	5466	13272	1231	4138	4235	9134
娱乐业	2930	14259	1138	9232	1792	5027
南通市	**469227**	**1304585**	**237066**	**711379**	**232161**	**593206**
农、林、牧、渔业	19492	41718	787	2575	18705	39143
农、林、牧、渔服务业	19492	41718	787	2575	18705	39143
采矿业	1	3			1	3
非金属矿采选业	1	3			1	3
制造业	81151	296964	29565	142358	51586	154606
农副食品加工业	4675	11890	1017	3101	3658	8789
食品制造业	1276	3675	661	2091	615	1584
酒、饮料和精制茶制造业	212	791	141	584	71	207
烟草制品业	4	15	1	6	3	9

3-A-1 续表 11

行业	个体户合计		有证照合计		无证照合计	
	户数(个)	人数(人)	户数(个)	人数(人)	户数(个)	人数(人)
纺织业	24997	102077	7765	42819	17232	59258
纺织服装、服饰业	13083	63590	6516	39315	6567	24275
皮革、毛皮、羽毛及其制品和制鞋业	1116	4490	574	2640	542	1850
木材加工和木、竹、藤、棕、草制品业	11101	25833	793	2889	10308	22944
家具制造业	1737	5860	931	3488	806	2372
造纸和纸制品业	426	1648	244	1016	182	632
印刷和记录媒介复制业	268	966	165	658	103	308
文教、工美、体育和娱乐用品制造业	5769	18634	1904	8451	3865	10183
石油加工、炼焦和核燃料加工业	2	2	1	1	1	1
化学原料和化学制品制造业	341	1171	131	533	210	638
医药制造业	3	17	3	17		
化学纤维制造业	163	629	72	340	91	289
橡胶和塑料制品业	2784	9231	1156	5144	1628	4087
非金属矿物制品业	1692	6820	1066	4777	626	2043
黑色金属冶炼和压延加工业	337	1329	96	390	241	939
有色金属冶炼和压延加工业	607	1668	306	908	301	760
金属制品业	5796	19309	2992	11150	2804	8159
通用设备制造业	2439	8674	1635	6250	804	2424
专用设备制造业	739	2683	444	1790	295	893
汽车制造业	3	14	1	5	2	9
铁路、船舶、航空航天和其他运输设备制造业	28	202	24	192	4	10
电气机械和器材制造业	237	1065	172	755	65	310
计算机、通信和其他电子设备制造业	145	764	103	582	42	182
仪器仪表制造业	106	611	78	487	28	124
其他制造业	493	1704	279	1103	214	601
废弃资源综合利用业	240	681	115	358	125	323
金属制品、机械和设备修理业	332	921	179	518	153	403
电力、热力、燃气及水生产和供应业	2	10	1	9	1	1
水的生产和供应业	2	10	1	9	1	1
建筑业	10458	58154	1200	8244	9258	49910
房屋建筑业	4952	34786	681	5800	4271	28986
土木工程建筑业	558	3106	97	530	461	2576
建筑安装业	754	2736	71	311	683	2425
建筑装饰和其他建筑业	4194	17526	351	1603	3843	15923
批发和零售业	279993	666892	165918	419253	114075	247639
批发业	51411	131302	28423	78441	22988	52861
零售业	228582	535590	137495	340812	91087	194778
交通运输、仓储和邮政业	5319	11960	2318	5922	3001	6038
道路运输业	3233	6675	1728	4033	1505	2642
水上运输业	45	154	20	75	25	79
装卸搬运和运输代理业	1703	4145	462	1344	1241	2801
仓储业	147	344	26	136	121	208
邮政业	191	642	82	334	109	308
住宿和餐饮业	20728	86425	11569	58384	9159	28041
住宿业	1929	8865	1356	7331	573	1534
餐饮业	18799	77560	10213	51053	8586	26507
信息传输、软件和信息技术服务业	539	1315	375	948	164	367
电信、广播电视和卫星传输服务	236	598	174	443	62	155
互联网和相关服务	4	11	3	7	1	4
软件和信息技术服务业	299	706	198	498	101	208

3-A-1　续表 12

行　　业	个体户合计		有证照合计		无证照合计	
	户数(个)	人数(人)	户数(个)	人数(人)	户数(个)	人数(人)
金融业	1	2	1	2		
其他金融业	1	2	1	2		
房地产业	1860	3931	1113	2450	747	1481
房地产业	1860	3931	1113	2450	747	1481
租赁和商务服务业	4576	11975	2369	6592	2207	5383
租赁业	1502	3762	685	1848	817	1914
商务服务业	3074	8213	1684	4744	1390	3469
科学研究和技术服务业	2064	8845	1073	3530	991	5315
专业技术服务业	2052	8819	1068	3519	984	5300
科技推广和应用服务业	12	26	5	11	7	15
水利、环境和公共设施管理业	22	58	15	42	7	16
生态保护和环境治理业	6	8	4	5	2	3
公共设施管理业	16	50	11	37	5	13
居民服务、修理和其他服务业	39192	101748	19078	53522	20114	48226
居民服务业	24415	66647	11514	34253	12901	32394
机动车、电子产品和日用产品修理业	11327	26353	6308	15684	5019	10669
其他服务业	3450	8748	1256	3585	2194	5163
教育	566	1860	250	925	316	935
教育	566	1860	250	925	316	935
卫生和社会工作	687	1757	439	1169	248	588
卫生	631	1538	423	1090	208	448
社会工作	56	219	16	79	40	140
文化、体育和娱乐业	2573	10957	993	5445	1580	5512
文化艺术业	593	3973	140	1128	453	2845
体育	315	691	115	314	200	377
娱乐业	1665	6293	738	4003	927	2290
连云港市	**181537**	**628703**	**66954**	**228232**	**114583**	**400471**
农、林、牧、渔业	9586	25325	443	1613	9143	23712
畜牧业	1	4			1	4
农、林、牧、渔服务业	9585	25321	443	1613	9142	23708
采矿业	118	918	19	121	99	797
黑色金属矿采选业	1	3			1	3
非金属矿采选业	108	879	19	121	89	758
开采辅助活动	7	30			7	30
其他采矿业	2	6			2	6
制造业	14619	65003	3466	17915	11153	47088
农副食品加工业	3700	13279	382	1642	3318	11637
食品制造业	1055	2893	191	599	864	2294
酒、饮料和精制茶制造业	77	339	26	125	51	214
纺织业	1376	6400	225	1014	1151	5386
纺织服装、服饰业	706	4976	197	1724	509	3252
皮革、毛皮、羽毛及其制品和制鞋业	166	817	48	310	118	507
木材加工和木、竹、藤、棕、草制品业	995	6868	262	1740	733	5128
家具制造业	501	1796	136	510	365	1286
造纸和纸制品业	36	228	12	96	24	132
印刷和记录媒介复制业	86	289	60	194	26	95
文教、工美、体育和娱乐用品制造业	636	3485	194	1218	442	2267
石油加工、炼焦和核燃料加工业	1	16			1	16
化学原料和化学制品制造业	138	1037	22	134	116	903
医药制造业	4	12	2	6	2	6

3-A-1 续表 13

行业	个体户合计		有证照合计		无证照合计	
	户数(个)	人数(人)	户数(个)	人数(人)	户数(个)	人数(人)
化学纤维制造业	3	11			3	11
橡胶和塑料制品业	178	1283	79	706	99	577
非金属矿物制品业	1568	9024	556	3650	1012	5374
黑色金属冶炼和压延加工业	31	137	23	109	8	28
有色金属冶炼和压延加工业	41	113	19	51	22	62
金属制品业	1647	5177	451	1456	1196	3721
通用设备制造业	273	942	106	463	167	479
专用设备制造业	154	642	69	302	85	340
汽车制造业	4	16	1	1	3	15
铁路、船舶、航空航天和其他运输设备制造业	22	81	8	35	14	46
电气机械和器材制造业	139	1380	49	583	90	797
计算机、通信和其他电子设备制造业	15	170	7	55	8	115
仪器仪表制造业	2	9	1	2	1	7
其他制造业	85	352	29	115	56	237
废弃资源综合利用业	380	1448	96	407	284	1041
金属制品、机械和设备修理业	600	1783	215	668	385	1115
电力、热力、燃气及水生产和供应业	25	135	10	70	15	65
电力、热力生产和供应业	1	4			1	4
燃气生产和供应业	10	38	2	6	8	32
水的生产和供应业	14	93	8	64	6	29
建筑业	8007	72711	429	3017	7578	69694
房屋建筑业	4763	56451	91	1670	4672	54781
土木工程建筑业	283	2746	12	140	271	2606
建筑安装业	486	2151	33	129	453	2022
建筑装饰和其他建筑业	2475	11363	293	1078	2182	10285
批发和零售业	108875	320581	47303	143691	61572	176890
批发业	13613	43142	4388	14332	9225	28810
零售业	95262	277439	42915	129359	52347	148080
交通运输、仓储和邮政业	2738	9939	633	2888	2105	7051
道路运输业	1649	5900	467	2222	1182	3678
水上运输业	14	61	1	2	13	59
装卸搬运和运输代理业	697	2509	76	275	621	2234
仓储业	160	666	25	113	135	553
邮政业	218	803	64	276	154	527
住宿和餐饮业	13420	57336	5668	28251	7752	29085
住宿业	1709	7006	1182	4826	527	2180
餐饮业	11711	50330	4486	23425	7225	26905
信息传输、软件和信息技术服务业	531	1627	349	1034	182	593
电信、广播电视和卫星传输服务	478	1417	320	948	158	469
互联网和相关服务	1	1	1	1		
软件和信息技术服务业	52	209	28	85	24	124
金融业	41	139	15	49	26	90
货币金融服务	9	24	2	6	7	18
资本市场服务	13	48	3	8	10	40
保险业	4	13	2	9	2	4
其他金融业	15	54	8	26	7	28
房地产业	142	525	75	253	67	272
房地产业	142	525	75	253	67	272
租赁和商务服务业	3495	10303	828	2738	2667	7565
租赁业	2397	6403	275	757	2122	5646

3-A-1　续表 14

行　　业	个体户合计		有证照合计		无证照合计	
	户数(个)	人数(人)	户数(个)	人数(人)	户数(个)	人数(人)
商务服务业	1098	3900	553	1981	545	1919
科学研究和技术服务业	818	2889	401	1444	417	1445
专业技术服务业	611	2245	379	1363	232	882
科技推广和应用服务业	207	644	22	81	185	563
居民服务、修理和其他服务业	16539	50967	6241	20851	10298	30116
居民服务业	9413	30167	3745	13148	5668	17019
机动车、电子产品和日用产品修理业	6247	18049	2311	7122	3936	10927
其他服务业	879	2751	185	581	694	2170
教育	896	3778	204	1116	692	2662
教育	896	3778	204	1116	692	2662
卫生和社会工作	754	2390	442	1451	312	939
卫生	725	2260	431	1408	294	852
社会工作	29	130	11	43	18	87
文化、体育和娱乐业	933	4137	428	1730	505	2407
广播、电视、电影和影视录音制作业	4	13			4	13
文化艺术业	145	631	27	70	118	561
体育	34	119	14	51	20	68
娱乐业	750	3374	387	1609	363	1765
淮安市	**219023**	**566183**	**112668**	**307036**	**106355**	**259147**
农、林、牧、渔业	6713	10983	216	577	6497	10406
农、林、牧、渔服务业	6713	10983	216	577	6497	10406
采矿业	28	144	16	106	12	38
煤炭开采和洗选业	1	1			1	1
非金属矿采选业	26	141	16	106	10	35
开采辅助活动	1	2			1	2
制造业	9797	35468	4531	19081	5266	16387
农副食品加工业	1983	4639	593	1694	1390	2945
食品制造业	716	2212	299	924	417	1288
酒、饮料和精制茶制造业	54	172	38	137	16	35
烟草制品业	1	2	1	2		
纺织业	1009	3463	412	1737	597	1726
纺织服装、服饰业	947	4414	486	2526	461	1888
皮革、毛皮、羽毛及其制品和制鞋业	181	971	93	509	88	462
木材加工和木、竹、藤、棕、草制品业	673	4342	349	2874	324	1468
家具制造业	261	881	137	475	124	406
造纸和纸制品业	26	169	16	105	10	64
印刷和记录媒介复制业	290	797	192	553	98	244
文教、工美、体育和娱乐用品制造业	245	1369	138	762	107	607
化学原料和化学制品制造业	107	410	36	202	71	208
医药制造业	1	3			1	3
化学纤维制造业	2	4			2	4
橡胶和塑料制品业	137	725	78	434	59	291
非金属矿物制品业	621	3107	328	1798	293	1309
黑色金属冶炼和压延加工业	8	46	4	20	4	26
有色金属冶炼和压延加工业	104	320	47	144	57	176
金属制品业	988	2773	536	1599	452	1174
通用设备制造业	208	606	120	362	88	244
专用设备制造业	209	893	81	396	128	497
汽车制造业	38	114	15	34	23	80
铁路、船舶、航空航天和其他运输设备制造业	27	211	8	91	19	120

3-A-1 续表 15

行业	个体户合计		有证照合计		无证照合计	
	户数(个)	人数(人)	户数(个)	人数(人)	户数(个)	人数(人)
电气机械和器材制造业	40	166	24	116	16	50
计算机、通信和其他电子设备制造业	51	410	33	292	18	118
仪器仪表制造业	14	60	9	49	5	11
其他制造业	149	452	77	251	72	201
废弃资源综合利用业	158	507	80	267	78	240
金属制品、机械和设备修理业	549	1230	301	728	248	502
电力、热力、燃气及水生产和供应业	32	110	21	79	11	31
燃气生产和供应业	1	3	1	3		
水的生产和供应业	31	107	20	76	11	31
建筑业	6636	28862	1045	4067	5591	24795
房屋建筑业	2323	14709	99	836	2224	13873
土木工程建筑业	351	2090	16	75	335	2015
建筑安装业	443	1251	70	159	373	1092
建筑装饰和其他建筑业	3519	10812	860	2997	2659	7815
批发和零售业	136681	324004	81228	197748	55453	126256
批发业	15039	37002	8247	20799	6792	16203
零售业	121642	287002	72981	176949	48661	110053
交通运输、仓储和邮政业	12819	25294	1941	5389	10878	19905
道路运输业	10456	20469	1533	4224	8923	16245
水上运输业	803	1776	117	268	686	1508
装卸搬运和运输代理业	1316	2341	183	495	1133	1846
仓储业	109	309	70	223	39	86
邮政业	135	399	38	179	97	220
住宿和餐饮业	18204	64835	9623	39080	8581	25755
住宿业	2125	6985	1515	4947	610	2038
餐饮业	16079	57850	8108	34133	7971	23717
信息传输、软件和信息技术服务业	920	2884	642	1540	278	1344
电信、广播电视和卫星传输服务	848	2726	597	1445	251	1281
互联网和相关服务	16	39	15	36	1	3
软件和信息技术服务业	56	119	30	59	26	60
金融业	28	73	16	38	12	35
货币金融服务	17	37	10	19	7	18
保险业	8	19	4	13	4	6
其他金融业	3	17	2	6	1	11
房地产业	697	1646	468	1186	229	460
房地产业	697	1646	468	1186	229	460
租赁和商务服务业	2524	7588	950	2707	1574	4881
租赁业	994	2673	262	688	732	1985
商务服务业	1530	4915	688	2019	842	2896
科学研究和技术服务业	921	2740	629	2030	292	710
专业技术服务业	738	2214	528	1688	210	526
科技推广和应用服务业	183	526	101	342	82	184
水利、环境和公共设施管理业	12	40	6	24	6	16
公共设施管理业	12	40	6	24	6	16
居民服务、修理和其他服务业	20106	52391	9919	28668	10187	23723
居民服务业	12176	33611	5921	18499	6255	15112
机动车、电子产品和日用产品修理业	6897	16190	3512	8721	3385	7469
其他服务业	1033	2590	486	1448	547	1142
教育	791	2670	267	983	524	1687
教育	791	2670	267	983	524	1687

3-A-1 续表 16

行业	个体户合计		有证照合计		无证照合计	
	户数(个)	人数(人)	户数(个)	人数(人)	户数(个)	人数(人)
卫生和社会工作	521	1330	275	767	246	563
卫生	479	1202	260	709	219	493
社会工作	42	128	15	58	27	70
文化、体育和娱乐业	1593	5121	875	2966	718	2155
广播、电视、电影和影视录音制作业	1	1			1	1
文化艺术业	76	237	39	113	37	124
体育	117	306	86	224	31	82
娱乐业	1399	4577	750	2629	649	1948
盐城市	**316474**	**754561**	**153711**	**376540**	**162763**	**378021**
农、林、牧、渔业	7253	14311	573	1316	6680	12995
农、林、牧、渔服务业	7253	14311	573	1316	6680	12995
采矿业	17	67	14	43	3	24
非金属矿采选业	17	67	14	43	3	24
制造业	22769	67352	8498	29977	14271	37375
农副食品加工业	4632	10327	1037	2846	3595	7481
食品制造业	1125	2911	532	1508	593	1403
酒、饮料和精制茶制造业	66	172	43	126	23	46
纺织业	1619	6064	757	3206	862	2858
纺织服装、服饰业	2885	9838	1433	5411	1452	4427
皮革、毛皮、羽毛及其制品和制鞋业	455	1183	154	490	301	693
木材加工和木、竹、藤、棕、草制品业	860	2841	261	1301	599	1540
家具制造业	704	2115	281	971	423	1144
造纸和纸制品业	94	366	45	203	49	163
印刷和记录媒介复制业	331	709	208	485	123	224
文教、工美、体育和娱乐用品制造业	884	4142	271	1318	613	2824
化学原料和化学制品制造业	115	395	61	234	54	161
医药制造业	8	20	5	10	3	10
化学纤维制造业	18	66	5	13	13	53
橡胶和塑料制品业	316	1332	154	706	162	626
非金属矿物制品业	1036	3629	445	1823	591	1806
黑色金属冶炼和压延加工业	119	348	49	176	70	172
有色金属冶炼和压延加工业	278	565	120	279	158	286
金属制品业	2385	5674	947	2502	1438	3172
通用设备制造业	2711	8345	682	2594	2029	5751
专用设备制造业	492	1237	236	682	256	555
汽车制造业	27	110	20	90	7	20
铁路、船舶、航空航天和其他运输设备制造业	143	1083	106	947	37	136
电气机械和器材制造业	138	471	82	292	56	179
计算机、通信和其他电子设备制造业	38	344	20	227	18	117
仪器仪表制造业	27	94	19	79	8	15
其他制造业	239	769	95	378	144	391
废弃资源综合利用业	194	465	73	211	121	254
金属制品、机械和设备修理业	830	1737	357	869	473	868
电力、热力、燃气及水生产和供应业	74	176	32	89	42	87
燃气生产和供应业	31	65	19	44	12	21
水的生产和供应业	43	111	13	45	30	66
建筑业	21910	78984	1370	5141	20540	73843
房屋建筑业	10804	40984	575	2497	10229	38487
土木工程建筑业	790	3030	35	180	755	2850
建筑安装业	1003	3045	80	251	923	2794

3-A-1 续表 17

行业	个体户合计		有证照合计		无证照合计	
	户数(个)	人数(人)	户数(个)	人数(人)	户数(个)	人数(人)
建筑装饰和其他建筑业	9313	31925	680	2213	8633	29712
批发和零售业	197239	412280	114278	248990	82961	163290
批发业	30335	63502	14420	30927	15915	32575
零售业	166904	348778	99858	218063	67046	130715
交通运输、仓储和邮政业	9405	19427	1428	2870	7977	16557
道路运输业	6759	11536	844	1452	5915	10084
水上运输业	1363	3811	305	650	1058	3161
装卸搬运和运输代理业	827	2844	140	348	687	2496
仓储业	264	672	81	213	183	459
邮政业	192	564	58	207	134	357
住宿和餐饮业	18301	62790	10321	42315	7980	20475
住宿业	2421	7328	1962	6124	459	1204
餐饮业	15880	55462	8359	36191	7521	19271
信息传输、软件和信息技术服务业	1313	2570	837	1646	476	924
电信、广播电视和卫星传输服务	534	1172	359	841	175	331
互联网和相关服务	4	7	2	4	2	3
软件和信息技术服务业	775	1391	476	801	299	590
金融业	127	243	38	95	89	148
资本市场服务	46	115	25	63	21	52
保险业	74	105	9	19	65	86
其他金融业	7	23	4	13	3	10
房地产业	280	651	140	354	140	297
房地产业	280	651	140	354	140	297
租赁和商务服务业	2460	5427	1342	3153	1118	2274
租赁业	770	1580	314	699	456	881
商务服务业	1690	3847	1028	2454	662	1393
科学研究和技术服务业	5601	19783	886	2582	4715	17201
专业技术服务业	5392	19331	776	2340	4616	16991
科技推广和应用服务业	209	452	110	242	99	210
水利、环境和公共设施管理业	32	106	4	32	28	74
生态保护和环境治理业	1	10	1	10		
公共设施管理业	31	96	3	22	28	74
居民服务、修理和其他服务业	26827	62285	12557	33316	14270	28969
居民服务业	15350	38684	7322	21578	8028	17106
机动车、电子产品和日用产品修理业	10219	20885	4772	10558	5447	10327
其他服务业	1258	2716	463	1180	795	1536
教育	725	2302	184	842	541	1460
教育	725	2302	184	842	541	1460
卫生和社会工作	678	1462	380	871	298	591
卫生	664	1431	374	861	290	570
社会工作	14	31	6	10	8	21
文化、体育和娱乐业	1463	4345	829	2908	634	1437
广播、电视、电影和影视录音制作业	1	3	1	3		
文化艺术业	76	211	23	73	53	138
体育	67	213	34	143	33	70
娱乐业	1319	3918	771	2689	548	1229
扬州市	**233562**	**669306**	**99664**	**323541**	**133898**	**345765**
农、林、牧、渔业	11801	24379	317	831	11484	23548
畜牧业	2	19			2	19
农、林、牧、渔服务业	11799	24360	317	831	11482	23529

3-A-1　续表 18

行　　业	个体户合计		有证照合计		无证照合计	
	户数(个)	人数(人)	户数(个)	人数(人)	户数(个)	人数(人)
采矿业	2	11	2	11		
非金属矿采选业	2	11	2	11		
制造业	22098	100600	8467	50688	13631	49912
农副食品加工业	2642	6798	398	1522	2244	5276
食品制造业	499	1462	188	796	311	666
酒、饮料和精制茶制造业	109	300	35	110	74	190
纺织业	1107	3831	471	1981	636	1850
纺织服装、服饰业	1619	10943	711	6323	908	4620
皮革、毛皮、羽毛及其制品和制鞋业	1196	7302	388	3180	808	4122
木材加工和木、竹、藤、棕、草制品业	626	2703	247	1366	379	1337
家具制造业	284	1246	113	602	171	644
造纸和纸制品业	314	1351	133	723	181	628
印刷和记录媒介复制业	331	1091	159	565	172	526
文教、工美、体育和娱乐用品制造业	2960	18585	1076	9293	1884	9292
化学原料和化学制品制造业	872	3452	525	2476	347	976
医药制造业	27	155	6	41	21	114
化学纤维制造业	7	63	7	63		
橡胶和塑料制品业	1128	4430	438	2376	690	2054
非金属矿物制品业	1145	4996	415	2620	730	2376
黑色金属冶炼和压延加工业	47	212	31	166	16	46
有色金属冶炼和压延加工业	188	633	79	254	109	379
金属制品业	2428	8727	920	4050	1508	4677
通用设备制造业	1917	8714	887	4787	1030	3927
专用设备制造业	311	1391	202	999	109	392
汽车制造业	157	997	105	778	52	219
铁路、船舶、航空航天和其他运输设备制造业	79	970	52	843	27	127
电气机械和器材制造业	653	3855	318	1922	335	1933
计算机、通信和其他电子设备制造业	161	1303	87	793	74	510
仪器仪表制造业	23	101	17	72	6	29
其他制造业	816	3472	271	1266	545	2206
废弃资源综合利用业	67	213	29	106	38	107
金属制品、机械和设备修理业	385	1304	159	615	226	689
电力、热力、燃气及水生产和供应业	5	12	2	4	3	8
燃气生产和供应业	5	12	2	4	3	8
建筑业	12045	49404	581	2888	11464	46516
房屋建筑业	5331	26255	86	961	5245	25294
土木工程建筑业	265	1639	30	258	235	1381
建筑安装业	601	2551	48	329	553	2222
建筑装饰和其他建筑业	5848	18959	417	1340	5431	17619
批发和零售业	120166	303441	68027	183614	52139	119827
批发业	13550	38222	6210	17973	7340	20249
零售业	106616	265219	61817	165641	44799	99578
交通运输、仓储和邮政业	15063	29006	669	1715	14394	27291
道路运输业	13750	25527	532	1323	13218	24204
水上运输业	812	2103	9	19	803	2084
装卸搬运和运输代理业	306	761	62	168	244	593
仓储业	33	77	18	45	15	32
邮政业	162	538	48	160	114	378
住宿和餐饮业	16495	64965	8252	41031	8243	23934
住宿业	1337	5378	1076	4554	261	824

3-A-1 续表 19

行业	个体户合计		有证照合计		无证照合计	
	户数(个)	人数(人)	户数(个)	人数(人)	户数(个)	人数(人)
餐饮业	15158	59587	7176	36477	7982	23110
信息传输、软件和信息技术服务业	241	652	158	425	83	227
电信、广播电视和卫星传输服务	171	417	111	270	60	147
互联网和相关服务	5	21	3	6	2	15
软件和信息技术服务业	65	214	44	149	21	65
金融业	20	31			20	31
资本市场服务	1	2			1	2
保险业	19	29			19	29
房地产业	1101	2605	680	1619	421	986
房地产业	1101	2605	680	1619	421	986
租赁和商务服务业	2329	6085	1129	3231	1200	2854
租赁业	856	2143	264	781	592	1362
商务服务业	1473	3942	865	2450	608	1492
科学研究和技术服务业	559	1801	399	1416	160	385
专业技术服务业	553	1784	398	1413	155	371
科技推广和应用服务业	6	17	1	3	5	14
水利、环境和公共设施管理业	13	30	6	18	7	12
生态保护和环境治理业	2	5	2	5		
公共设施管理业	11	25	4	13	7	12
居民服务、修理和其他服务业	22359	62381	8656	28590	13703	33791
居民服务业	14672	44796	5659	21045	9013	23751
机动车、电子产品和日用产品修理业	7128	16346	2842	7101	4286	9245
其他服务业	559	1239	155	444	404	795
教育	1455	4488	362	1584	1093	2904
教育	1455	4488	362	1584	1093	2904
卫生和社会工作	614	1671	373	1134	241	537
卫生	609	1654	371	1126	238	528
社会工作	5	17	2	8	3	9
文化、体育和娱乐业	7188	17725	1578	4727	5610	12998
文化艺术业	67	225	18	73	49	152
体育	2469	5379	354	866	2115	4513
娱乐业	4652	12121	1206	3788	3446	8333
镇江市	**152341**	**451433**	**86338**	**290304**	**66003**	**161129**
农、林、牧、渔业	406	1620	305	1289	101	331
农、林、牧、渔服务业	406	1620	305	1289	101	331
采矿业	40	231	32	198	8	33
黑色金属矿采选业	1	5	1	5		
非金属矿采选业	38	191	30	158	8	33
开采辅助活动	1	35	1	35		
制造业	19527	105231	9843	70618	9684	34613
农副食品加工业	1215	3166	423	1508	792	1658
食品制造业	472	1590	217	1008	255	582
酒、饮料和精制茶制造业	88	356	58	236	30	120
烟草制品业	1	50	1	50		
纺织业	812	3524	435	2445	377	1079
纺织服装、服饰业	1545	12723	953	10258	592	2465
皮革、毛皮、羽毛及其制品和制鞋业	1320	16055	769	11143	551	4912
木材加工和木、竹、藤、棕、草制品业	489	1230	218	661	271	569
家具制造业	292	1072	137	615	155	457
造纸和纸制品业	203	810	119	597	84	213

3-A-1　续表 20

行　　业	个体户合计		有证照合计		无证照合计	
	户数(个)	人数(人)	户数(个)	人数(人)	户数(个)	人数(人)
印刷和记录媒介复制业	511	2270	197	1222	314	1048
文教、工美、体育和娱乐用品制造业	462	2370	347	2008	115	362
化学原料和化学制品制造业	162	544	75	319	87	225
医药制造业	9	22	5	10	4	12
化学纤维制造业	12	137	5	78	7	59
橡胶和塑料制品业	1094	4067	379	2053	715	2014
非金属矿物制品业	1158	8441	770	6841	388	1600
黑色金属冶炼和压延加工业	87	280	59	202	28	78
有色金属冶炼和压延加工业	177	828	92	570	85	258
金属制品业	3348	14385	1620	8063	1728	6322
通用设备制造业	1593	6249	903	3947	690	2302
专用设备制造业	890	3163	310	1686	580	1477
汽车制造业	710	5025	262	3106	448	1919
铁路、船舶、航空航天和其他运输设备制造业	70	188	39	113	31	75
电气机械和器材制造业	938	4075	362	2110	576	1965
计算机、通信和其他电子设备制造业	332	1408	244	1097	88	311
仪器仪表制造业	833	9070	467	7364	366	1706
其他制造业	363	1295	199	806	164	489
废弃资源综合利用业	103	323	53	201	50	122
金属制品、机械和设备修理业	238	515	125	301	113	214
电力、热力、燃气及水生产和供应业	7	19	3	11	4	8
燃气生产和供应业	4	11	1	5	3	6
水的生产和供应业	3	8	2	6	1	2
建筑业	2225	8899	465	2159	1760	6740
房屋建筑业	679	3639	60	461	619	3178
土木工程建筑业	445	1287	71	349	374	938
建筑安装业	122	513	57	220	65	293
建筑装饰和其他建筑业	979	3460	277	1129	702	2331
批发和零售业	90308	223038	55973	148274	34335	74764
批发业	10497	29876	6508	20271	3989	9605
零售业	79811	193162	49465	128003	30346	65159
交通运输、仓储和邮政业	7756	12679	2238	4759	5518	7920
道路运输业	6950	10931	1977	3952	4973	6979
水上运输业	50	173	29	110	21	63
装卸搬运和运输代理业	665	1279	202	574	463	705
仓储业	20	43	8	22	12	21
邮政业	71	253	22	101	49	152
住宿和餐饮业	11324	40516	7226	29784	4098	10732
住宿业	1215	3640	990	3118	225	522
餐饮业	10109	36876	6236	26666	3873	10210
信息传输、软件和信息技术服务业	292	671	241	571	51	100
电信、广播电视和卫星传输服务	118	273	92	227	26	46
互联网和相关服务	14	32	10	20	4	12
软件和信息技术服务业	160	366	139	324	21	42
金融业	16	63	15	61	1	2
货币金融服务	1	7	1	7		
资本市场服务	8	21	7	19	1	2
保险业	2	4	2	4		
其他金融业	5	31	5	31		
房地产业	818	3604	285	960	533	2644

3-A-1 续表 21

行业	个体户合计		有证照合计		无证照合计	
	户数(个)	人数(人)	户数(个)	人数(人)	户数(个)	人数(人)
房地产业	818	3604	285	960	533	2644
租赁和商务服务业	1707	4461	1047	3053	660	1408
租赁业	489	1235	257	772	232	463
商务服务业	1218	3226	790	2281	428	945
科学研究和技术服务业	1113	2891	565	1760	548	1131
专业技术服务业	900	2228	413	1237	487	991
科技推广和应用服务业	213	663	152	523	61	140
水利、环境和公共设施管理业	39	135	34	124	5	11
生态保护和环境治理业	6	23	6	23		
公共设施管理业	33	112	28	101	5	11
居民服务、修理和其他服务业	13869	39131	7186	23532	6683	15599
居民服务业	8646	25675	4517	15603	4129	10072
机动车、电子产品和日用产品修理业	4472	11465	2293	6863	2179	4602
其他服务业	751	1991	376	1066	375	925
教育	230	773	101	388	129	385
教育	230	773	101	388	129	385
卫生和社会工作	187	444	102	269	85	175
卫生	180	415	98	249	82	166
社会工作	7	29	4	20	3	9
文化、体育和娱乐业	2477	7027	677	2494	1800	4533
文化艺术业	44	98	30	68	14	30
体育	157	456	105	326	52	130
娱乐业	2276	6473	542	2100	1734	4373
泰州市	**275189**	**942934**	**104897**	**378365**	**170292**	**564569**
农、林、牧、渔业	6098	13863	75	236	6023	13627
农、林、牧、渔服务业	6098	13863	75	236	6023	13627
采矿业	1	5			1	5
非金属矿采选业	1	5			1	5
制造业	27604	152703	10775	69772	16829	82931
农副食品加工业	3060	9818	451	2603	2609	7215
食品制造业	422	1504	150	589	272	915
酒、饮料和精制茶制造业	124	411	24	128	100	283
纺织业	1314	6881	644	3397	670	3484
纺织服装、服饰业	4145	39879	1552	17935	2593	21944
皮革、毛皮、羽毛及其制品和制鞋业	319	2031	127	930	192	1101
木材加工和木、竹、藤、棕、草制品业	784	3725	231	1299	553	2426
家具制造业	583	3353	198	1380	385	1973
造纸和纸制品业	133	718	80	382	53	336
印刷和记录媒介复制业	171	709	97	374	74	335
文教、工美、体育和娱乐用品制造业	931	6100	346	2599	585	3501
化学原料和化学制品制造业	324	1785	117	806	207	979
医药制造业	8	38	6	24	2	14
化学纤维制造业	32	151	16	92	16	59
橡胶和塑料制品业	589	3676	276	1925	313	1751
非金属矿物制品业	1030	6933	445	3090	585	3843
黑色金属冶炼和压延加工业	319	1676	149	772	170	904
有色金属冶炼和压延加工业	581	2599	175	916	406	1683
金属制品业	5966	29222	2338	13532	3628	15690
通用设备制造业	3813	16056	2012	9271	1801	6785
专用设备制造业	502	2154	289	1306	213	848

3-A-1　续表 22

行　　业	个体户合计		有证照合计		无证照合计	
	户数(个)	人数(人)	户数(个)	人数(人)	户数(个)	人数(人)
汽车制造业	373	2358	235	1584	138	774
铁路、船舶、航空航天和其他运输设备制造业	444	2775	262	1801	182	974
电气机械和器材制造业	359	2019	154	1044	205	975
计算机、通信和其他电子设备制造业	61	440	40	286	21	154
仪器仪表制造业	50	250	32	172	18	78
其他制造业	261	1717	124	788	137	929
废弃资源综合利用业	639	2979	78	361	561	2618
金属制品、机械和设备修理业	267	746	127	386	140	360
电力、热力、燃气及水生产和供应业	11	76	7	59	4	17
燃气生产和供应业	3	15	1	10	2	5
水的生产和供应业	8	61	6	49	2	12
建筑业	22150	117493	574	3215	21576	114278
房屋建筑业	4768	44373	76	599	4692	43774
土木工程建筑业	1172	7628	46	417	1126	7211
建筑安装业	1058	5563	57	326	1001	5237
建筑装饰和其他建筑业	15152	59929	395	1873	14757	58056
批发和零售业	142080	387516	70639	202485	71441	185031
批发业	24567	76096	7346	25618	17221	50478
零售业	117513	311420	63293	176867	54220	134553
交通运输、仓储和邮政业	29537	86697	2903	8970	26634	77727
道路运输业	2877	5421	577	1235	2300	4186
水上运输业	2501	7535	1195	3619	1306	3916
装卸搬运和运输代理业	23795	72396	1082	3893	22713	68503
仓储业	200	702	20	75	180	627
邮政业	164	643	29	148	135	495
住宿和餐饮业	14166	71991	7848	45923	6318	26068
住宿业	2134	9302	1632	7317	502	1985
餐饮业	12032	62689	6216	38606	5816	24083
信息传输、软件和信息技术服务业	330	862	149	417	181	445
电信、广播电视和卫星传输服务	130	318	69	180	61	138
互联网和相关服务	3	11	1	3	2	8
软件和信息技术服务业	197	533	79	234	118	299
金融业	5	13	2	5	3	8
货币金融服务	4	10	2	5	2	5
资本市场服务	1	3			1	3
房地产业	731	1906	435	1011	296	895
房地产业	731	1906	435	1011	296	895
租赁和商务服务业	2871	9405	1420	5005	1451	4400
租赁业	843	2585	240	788	603	1797
商务服务业	2028	6820	1180	4217	848	2603
科学研究和技术服务业	611	2568	369	1724	242	844
专业技术服务业	577	2460	354	1668	223	792
科技推广和应用服务业	34	108	15	56	19	52
水利、环境和公共设施管理业	39	252	18	80	21	172
生态保护和环境治理业	1	3			1	3
公共设施管理业	38	249	18	80	20	169
居民服务、修理和其他服务业	24814	82815	8310	33047	16504	49768
居民服务业	16607	60739	5472	25002	11135	35737
机动车、电子产品和日用产品修理业	6476	16467	2482	6909	3994	9558
其他服务业	1731	5609	356	1136	1375	4473

3-A-1 续表 23

行业	个体户合计		有证照合计		无证照合计	
	户数(个)	人数(人)	户数(个)	人数(人)	户数(个)	人数(人)
教育	904	3596	203	1089	701	2507
教育	904	3596	203	1089	701	2507
卫生和社会工作	898	2478	356	1197	542	1281
卫生	872	2299	342	1089	530	1210
社会工作	26	179	14	108	12	71
文化、体育和娱乐业	2339	8695	814	4130	1525	4565
文化艺术业	124	558	28	151	96	407
体育	878	2528	247	772	631	1756
娱乐业	1337	5609	539	3207	798	2402
宿迁市	**202305**	**697184**	**71339**	**232103**	**130966**	**465081**
农、林、牧、渔业	2432	5696	107	310	2325	5386
农、林、牧、渔服务业	2432	5696	107	310	2325	5386
采矿业	194	1078	28	581	166	497
煤炭开采和洗选业	1	1			1	1
非金属矿采选业	193	1077	28	581	165	496
制造业	18762	103983	3372	21594	15390	82389
农副食品加工业	2265	6150	206	750	2059	5400
食品制造业	780	2239	155	482	625	1757
酒、饮料和精制茶制造业	49	206	11	68	38	138
纺织业	812	4408	195	692	617	3716
纺织服装、服饰业	984	6778	274	2062	710	4716
皮革、毛皮、羽毛及其制品和制鞋业	198	984	57	241	141	743
木材加工和木、竹、藤、棕、草制品业	6599	40913	756	6171	5843	34742
家具制造业	429	1950	129	682	300	1268
造纸和纸制品业	70	370	30	180	40	190
印刷和记录媒介复制业	887	2038	114	351	773	1687
文教、工美、体育和娱乐用品制造业	328	2434	82	1004	246	1430
化学原料和化学制品制造业	49	205	17	63	32	142
医药制造业	1	2			1	2
化学纤维制造业	5	33	4	29	1	4
橡胶和塑料制品业	318	2979	51	550	267	2429
非金属矿物制品业	1143	7047	316	2091	827	4956
黑色金属冶炼和压延加工业	24	94	8	23	16	71
有色金属冶炼和压延加工业	77	278	20	89	57	189
金属制品业	931	3294	280	997	651	2297
通用设备制造业	135	430	31	108	104	322
专用设备制造业	74	443	13	99	61	344
汽车制造业	12	32	7	20	5	12
铁路、船舶、航空航天和其他运输设备制造业	24	183	7	66	17	117
电气机械和器材制造业	51	420	12	164	39	256
计算机、通信和其他电子设备制造业	184	1504	31	519	153	985
仪器仪表制造业	1	18	1	18		
其他制造业	101	570	34	180	67	390
废弃资源综合利用业	1705	16376	349	3303	1356	13073
金属制品、机械和设备修理业	526	1605	182	592	344	1013
电力、热力、燃气及水生产和供应业	25	84	9	46	16	38
燃气生产和供应业	7	19	1	5	6	14
水的生产和供应业	18	65	8	41	10	24
建筑业	13698	89342	559	2453	13139	86889
房屋建筑业	7517	59829	87	870	7430	58959

3-A-1 续表 24

行业	个体户合计		有证照合计		无证照合计	
	户数(个)	人数(人)	户数(个)	人数(人)	户数(个)	人数(人)
土木工程建筑业	268	2382	3	28	265	2354
建筑安装业	669	2977	41	124	628	2853
建筑装饰和其他建筑业	5244	24154	428	1431	4816	22723
批发和零售业	123285	348780	51058	144401	72227	204379
批发业	20936	70599	5002	17301	15934	53298
零售业	102349	278181	46056	127100	56293	151081
交通运输、仓储和邮政业	4180	10348	320	902	3860	9446
道路运输业	3273	7306	208	476	3065	6830
水上运输业	111	316	15	45	96	271
装卸搬运和运输代理业	459	1196	37	106	422	1090
仓储业	142	725	16	77	126	648
邮政业	195	805	44	198	151	607
住宿和餐饮业	16212	64344	6602	30739	9610	33605
住宿业	1476	6248	1174	4927	302	1321
餐饮业	14736	58096	5428	25812	9308	32284
信息传输、软件和信息技术服务业	530	1619	362	1093	168	526
电信、广播电视和卫星传输服务	442	1356	302	916	140	440
互联网和相关服务	38	116	26	75	12	41
软件和信息技术服务业	50	147	34	102	16	45
金融业	47	135	18	55	29	80
货币金融服务	14	51	4	22	10	29
资本市场服务	9	23	4	8	5	15
保险业	8	17	4	8	4	9
其他金融业	16	44	6	17	10	27
房地产业	217	874	123	435	94	439
房地产业	217	874	123	435	94	439
租赁和商务服务业	1907	5680	628	1965	1279	3715
租赁业	1027	2900	120	338	907	2562
商务服务业	880	2780	508	1627	372	1153
科学研究和技术服务业	757	3260	452	1943	305	1317
专业技术服务业	664	2915	406	1732	258	1183
科技推广和应用服务业	93	345	46	211	47	134
水利、环境和公共设施管理业	36	206	4	7	32	199
公共设施管理业	36	206	4	7	32	199
居民服务、修理和其他服务业	18105	55046	6822	22161	11283	32885
居民服务业	9969	31719	4017	14228	5952	17491
机动车、电子产品和日用产品修理业	7444	20983	2644	7516	4800	13467
其他服务业	692	2344	161	417	531	1927
教育	376	1729	101	618	275	1111
教育	376	1729	101	618	275	1111
卫生和社会工作	698	2007	349	1069	349	938
卫生	675	1912	338	1018	337	894
社会工作	23	95	11	51	12	44
文化、体育和娱乐业	844	2973	425	1731	419	1242
广播、电视、电影和影视录音制作业	1	2			1	2
文化艺术业	49	184	12	44	37	140
体育	92	248	54	154	38	94
娱乐业	702	2539	359	1533	343	1006

注：与二经普同口径相比，有证照的个体经营户除包括本表的数据外，还要加上经相关部门批准，领取了准运证，独立从事交通运输的个体运输户数(见《3-A-2 按地区分行业个体运输户情况》表)，请使用时注意。

3-A-2 按地区分行业个体运输户情况

地　区	无挂靠个体运输户(货运)		无挂靠个体运输户(客运)	
	户数(个)	人数(人)	户数(个)	人数(人)
总　计	**625347**	**1355360**	**44394**	**71139**
苏　南	285596	616170	15301	30819
苏　中	112280	198314	7349	9339
苏　北	227471	540876	21744	30981
南京市	36459	58638	1312	2497
无锡市	74168	190666	6393	12767
徐州市	90171	259310	559	1179
常州市	66093	134958	4517	10906
苏州市	98607	217389	2579	3479
南通市	28721	59182	2611	2846
连云港市	26030	49742	1130	2233
淮安市	26899	56547	2930	5186
盐城市	33786	72440	4010	4742
扬州市	29962	58942	2418	4173
镇江市	10269	14519	500	1170
泰州市	53597	80190	2320	2320
宿迁市	50585	102837	13115	17641

第四篇

文化及相关产业情况

4-A-1 分地区规模以上文化及相关产业法人单位数

地区	法人单位数（个）	文化制造业	文化批发和零售业	文化服务业
全省	**5893**	**2506**	**1029**	**2358**
南京市	929	122	167	640
无锡市	558	291	81	186
徐州市	275	73	110	92
常州市	783	283	167	333
苏州市	969	460	159	350
南通市	684	328	89	267
连云港市	210	143	39	28
淮安市	256	104	33	119
盐城市	310	160	67	83
扬州市	207	119	29	59
镇江市	257	133	34	90
泰州市	172	81	39	52
宿迁市	283	209	15	59

4-A-2 规模以上文化

分组	企业单位数(个)	#亏损企业	年末从业人员(人)	#女性	资产总计	营业收入
合计	**2506**	**330**	**665102**	**339998**	**41490826**	**60777791**
按规模分组						
大型	73	7	234614	116280	20594603	26186225
中型	339	50	178773	93770	9041869	15382060
小型	2057	265	251355	129789	11718165	19038790
微型	37	8	360	159	136189	170717
按登记注册类型分组						
内资企业	1795	173	308604	157092	15342464	23746110
国有企业	5	3	1070	382	47282	27063
集体企业	16	3	3099	1643	165402	531189
股份合作企业	3		770	210	37850	38881
联营企业	1		465	310	9821	35498
国有联营企业						
集体联营企业						
国有与集体联营企业	1		465	310	9821	35498
其他联营企业						
有限责任公司	228	31	52242	26093	3646801	4191996
国有独资公司	8	2	4460	1488	643013	1002079
其他有限责任公司	220	29	47782	24605	3003788	3189917
股份有限公司	43	5	17052	7599	1102664	1164885
私营企业	1492	131	232640	120320	10237860	17546921
私营独资企业	132	1	14040	7438	407739	1170433
私营合伙企业	6	1	715	473	21593	77105
私营有限责任公司	1310	126	209281	108319	9210543	15672244
私营股份有限公司	44	3	8604	4090	597985	627140
其他企业	7		1266	535	94782	209677
港、澳、台商投资企业	275	57	156649	81252	5982335	11597533
与港澳台商合资经营企业	116	20	35755	14974	1637910	2213122
与港澳台商合作经营企业						
港澳台商独资经营企业	149	35	109391	59707	4120115	8788347
港澳台商投资股份有限公司	9	2	1522	583	103951	181207
其他港澳台投资企业	1		9981	5988	120359	414857
外商投资企业	436	100	199849	101654	20166027	25434149
中外合资经营企业	142	22	47791	26886	4327610	8131843
中外合作经营企业	5		1273	417	35892	94603
外资企业	283	77	137313	68159	11956120	15430386
外商投资股份有限公司	6	1	13472	6192	3846406	1777317
其他外商投资企业						
按控股情况分组						
国有控股	35	9	15300	8356	1026091	1519603
集体控股	31	4	7216	3365	425729	787679
私人控股	1800	166	304213	156735	13513553	22297909
港澳台商控股	228	50	137883	69455	5636457	10679043
外商控股	356	90	181080	91330	19251462	24177247
其他	56	11	19410	10757	1637534	1316311

制造业企业基本情况

单位：万元

#主营业务收入	营业税金及附加	#主营业务税金及附加	营业利润	利润总额	应　交增值税	工业总产值(当年价格)	工业销售产值(当年价格)	#出　口交货值
60010018	**212387**	**210294**	**4258358**	**4279954**	**1464508**	**60180623**	**59522859**	**20849207**
25891948	42625	42183	1691274	1716180	437114	25931866	25667001	14797883
15091396	52163	52024	1348212	1339231	405415	15034295	14863210	3390001
18856362	116734	115289	1213465	1217450	618975	19060514	18839010	2649969
170312	865	799	5407	7092	3004	153948	153639	11353
23542719	135587	134903	1515918	1528654	813585	23738538	23370399	2193503
26175	143	143			1122	26500	26030	
523831	3203	3203	15836	16003	10307	541848	529410	1107
38881	192	192	2978	4466	1523	39162	39027	
35498	159	159	2840	2840	1769	36038	35498	
35498	159	159	2840	2840	1769	36038	35498	
4152305	19687	19425	287055	301599	138717	4193999	4103865	249397
987713	2025	1909	33079	34051	22176	962162	927291	52020
3164592	17662	17516	253976	267548	116541	3231837	3176574	197376
1152391	4694	4694	67531	75182	37182	1159366	1146971	164742
17404835	106513	106092	1123728	1111329	614382	17529239	17280424	1765693
1166676	8771	8602	82831	82836	43686	1169038	1154504	71411
76988	792	792	3657	3582	1953	79311	77079	
15566616	93393	93142	1000394	986894	550155	15672723	15451850	1618080
594554	3557	3557	36847	38018	18588	608167	596992	76202
208803	996	996	17427	18010	8584	212386	209175	12564
11504419	26423	25046	535688	540234	269541	11621800	11311127	7340989
2173114	9025	9024	163352	174863	65543	2161743	2157217	688776
8739958	16679	15304	361962	354694	186521	8865344	8583658	6489702
178414	403	403	6032	6335	5369	186780	180440	69414
412934	316	316	4342	4342	12108	407933	389812	93096
24962879	50377	50345	2206752	2211066	381382	24820285	24841333	11314715
7865567	13220	13196	875382	877560	77298	7641393	7778034	3172022
94603	368	368	6099	6075	3593	95659	94619	
15226577	32820	32812	1185794	1185771	254979	15235695	15179276	7199031
1776134	3970	3970	139477	141660	45513	1847539	1789405	943662
1489979	3748	3631	44308	49767	35724	1467606	1434276	78895
776808	4647	4647	40869	42457	20541	799233	789032	59770
22144439	129579	129008	1397907	1396839	781743	22325976	21973484	2449389
10592640	23157	21781	511899	514378	236872	10722795	10432591	6999693
23768344	46103	46073	2124560	2130641	344172	23616752	23652575	11088590
1237808	5154	5154	138816	145872	45456	1248263	1240901	172871

4-A-3 按类别分规模以上

分组	企业单位数(个)	#亏损企业	年末从业人员(人)	#女性	资产总计	营业收入
合计	**2506**	**330**	**665102**	**339998**	**41490826**	**60777791**
雕塑工艺品制造	20	1	4988	2336	142494	254045
金属工艺品制造	49	6	8815	3781	261015	602425
漆器工艺品制造	3		922	520	29168	26270
花画工艺品制造	7		1552	808	72944	63128
天然植物纤维编织工艺品制造	26		4260	2885	114366	305025
抽纱刺绣工艺品制造	212	4	45341	29673	1262104	3253037
地毯、挂毯制造	69	4	12532	7344	708708	1135992
珠宝首饰及有关物品制造	8	2	1731	1013	63185	332061
其他工艺美术品制造	122	12	18205	10740	511169	1065646
园林、陈设艺术及其他陶瓷制品制造 *	17	10	5674	2899	157571	123715
书、报刊印刷	65	16	11586	5203	486655	512818
本册印制	15	2	4533	2218	227237	169835
包装装潢及其他印刷	545	79	86083	41858	4840230	5737371
装订及印刷相关服务	12	2	1097	460	68895	66250
记录媒介复制	5	1	1310	643	151266	92366
文具制造	33	9	6921	4006	259942	383987
笔的制造	25	1	7350	4278	146535	330225
墨水、墨汁制造	2		439	170	39283	89020
中乐器制造	2		712	312	13014	52219
西乐器制造	18	2	3692	1569	79906	118967
电子乐器制造	2		436	258	30026	42853
其他乐器及零件制造	2		338	183	4207	14244
玩具制造	282	21	70007	45073	1154285	3545583
露天游乐场所游乐设备制造	2		282	114	5518	7458
游艺用品及室内游艺器材制造	15		2683	1588	74095	144109
其他娱乐用品制造	9	1	3508	1871	107059	145232
电视机制造	31	13	23420	9980	2105573	8414961
音响设备制造	38	11	15424	7477	700102	1053299
影视录放设备制造	32	4	73814	47797	2531940	7821050
焰火、鞭炮产品制造	1		63	42	2531	3440
机制纸及纸板制造 *	243	33	59973	20066	14144386	8115213
手工纸制造	15	1	1041	461	58722	69125
油墨及类似产品制造	43	5	3713	909	399098	367503
颜料制造 *	60	7	8085	2023	709531	1162165
信息化学品制造 *	57	13	24439	12741	3196193	2928823
照明灯具制造 *	156	17	33257	16532	1142646	2326583
其他电子设备制造 *	63	13	46242	15788	1646828	3850714
印刷专用设备制造	38	5	5252	1525	299536	377247
广播电视节目制作及发射设备制造	10	2	1668	918	129936	100324
广播电视接收设备及器材制造	74	15	24433	12584	1244996	1828586
应用电视设备及其他广播电视设备制造	19	2	6479	3293	558940	583200
电影机械制造	5	2	720	278	38945	53264
幻灯及投影设备制造	18	4	4268	2210	241359	329776
照相机及器材制造	13	4	6131	3557	309979	563959
复印和胶印设备制造	23	6	21683	10014	1018711	2214682

注：其中含“*”的分组指该分组中部分属于文化产业单位，分组数据为其中文化产业单位数据。

文化制造业企业基本情况

单位：万元

#主营业务收入	营业税金及附加	#主营业务税金及附加	营业利润	利润总额	应交增值税	工业总产值(当年价格)	工业销售产值(当年价格)	#出口交货值
60010018	**212387**	**210294**	**4258358**	**4279954**	**1464508**	**60180623**	**59522859**	**20849207**
253977	2170	2170	21516	21796	10220	263225	253821	11322
602031	3089	3089	53338	53276	22619	610249	603306	52897
26155	63	63	2056	2120	1175	31289	28449	
63128	191	191	5158	5158	2373	65443	63260	5496
304381	2992	2992	23845	23920	10786	303277	300144	40655
3245374	15352	15319	304277	304289	131468	3241659	3230748	960548
1099893	4711	4697	49122	51568	31380	1051465	1039003	153527
324836	2879	2879	2621	2789	2818	316064	315180	3743
1062220	5597	5597	67601	65982	35067	1071533	1058495	223560
122747	840	840	306	2382	6298	124991	122067	30671
504003	3158	3158	27746	32830	17981	510768	500642	31711
166451	1012	1012	9090	10515	5409	188129	185584	68471
5652765	33709	33638	438106	435199	193372	5761860	5696822	458912
66246	416	416	4468	4436	2561	67784	67150	965
84931	96	96	7419	9012	1426	79940	84111	52125
383014	2646	2629	13825	14081	10370	383107	379357	107510
328714	2177	2172	21679	23026	12229	319673	322452	63525
89020	572	572	7670	7670	4829	87269	84316	
52219	237	237	3945	3945	3447	53042	52219	27193
118649	677	677	3180	3173	4250	118980	117293	32599
42597	130	130	2182	2489		44225	43746	31128
14244	31	31	528	528	192	14385	14244	8864
3516345	22654	22332	210698	200599	127207	3651038	3479721	1200348
7458	57	57	309	321	134	7697	7528	5092
143867	1256	1256	10654	10109	6260	146783	145365	22727
137449	1797	1797	9110	9305	5356	141357	136311	96432
8185679	4966	4834	1298472	1307955	87360	7814189	7936004	1910912
1047454	3399	3395	68545	67590	9047	1046902	1040247	482150
7809178	12414	12414	210026	211267	65648	7747831	7741709	6648076
3440	33	33	642	642	267	3591	3440	
7978449	22323	22247	444929	439516	211617	8201185	8082541	899687
68847	339	339	4887	4883	2344	68344	67086	2380
363663	2089	1981	32851	32739	11070	354847	354176	57499
1153725	4877	4876	60334	60884	37388	1140160	1136635	28593
2838078	10387	10256	201944	208589	86970	2809160	2767461	619102
2319118	19947	18819	157433	153550	94590	2367956	2342543	269325
3837577	4472	4446	157987	159573	112394	3863316	3711572	2821566
375933	1464	1463	21177	21110	10893	381362	382279	21687
99234	703	703	7325	7508	1964	94051	94307	19627
1803645	6982	6972	121594	123853	45930	1767938	1782739	479333
567601	1497	1497	35856	40630	13181	589705	579328	261699
51714	268	268		77	226	49009	49312	1972
326853	1771	1771	10457	9446	4659	328492	323990	99396
561416	376	376	7542	7855	1804	583416	568785	529091
2205700	5571	5558	116051	121772	17950	2313943	2227375	2007090

4-A-4 分地区规模以上文化制造业企业基本情况

单位：万元

地 区	企业单位数(个)	年末从业人员(人)	资产总计	营业收入	营业税金及附加	营业利润	应交增值税
全 省	**2506**	**665102**	**41490826**	**60777791**	**212387**	**4258358**	**1464508**
南京市	122	32731	2345768	7584056	10461	1138409	127141
无锡市	291	91376	5533424	8007190	21837	346858	95792
徐州市	73	14084	435129	1374847	10525	137392	59330
常州市	283	79983	4456869	5004144	21860	289950	171912
苏州市	460	187450	14144663	16666759	35737	837644	226707
南通市	328	65064	3639393	5419385	23763	374754	199598
连云港市	143	16677	629177	1583618	17225	114730	44521
淮安市	104	25224	725437	2527607	10254	105406	53683
盐城市	160	37870	1673536	2831698	15449	184159	121677
扬州市	119	40093	1553651	3391814	8517	205776	136785
镇江市	133	32424	4820722	3071132	10475	210307	105194
泰州市	81	12162	486324	1488261	10323	111669	64999
宿迁市	209	29964	1046734	1827283	12727	176441	57170

4-A-5　限额以上文化批发和零售业企业基本情况

单位：万元

分　组	法人单位数(个)	#亏损企业	从业人员期末人数(人)	#女性	固定资产合计	资产总计	营业收入	#主营业务收入
合　计	**1029**	**150**	**55313**	**32015**	**470731**	**5466776**	**9591658**	**9413685**
按登记注册类型分组								
内资企业	998	139	48422	27290	439817	4867569	8497243	8321721
国有企业	22	2	2382	694	11215	174515	291531	287264
集体企业	5	1	148	54	855	10842	17371	17371
股份合作企业								
联营企业								
国有联营企业								
集体联营企业								
国有与集体联营企业								
其他联营企业								
有限责任公司	218	32	18382	10517	153824	1253300	2543736	2509227
国有独资公司	7	1	346	185	7954	40781	110094	109784
其他有限责任公司	211	31	18036	10332	145870	1212519	2433642	2399443
股份有限公司	28	5	1353	580	97814	1508353	468282	467156
私营企业	713	98	24696	14557	166464	1880152	5113599	4978021
私营独资企业	62	1	1686	1154	12072	90684	287905	286043
私营合伙企业	1		31		113	180	647	647
私营有限责任公司	626	90	22345	13026	151830	1739186	4711697	4578204
私营股份有限公司	24	7	634	377	2449	50102	113350	113127
其他企业	12	1	1461	888	9646	40407	62725	62683
港、澳、台商投资企业	11	3	4170	3709	13232	244916	603283	601563
与港澳台商合资经营企业	5	2	719	511	4870	43742	176671	175406
与港澳台商合作经营企业								
港澳台商独资经营企业	6	1	3451	3198	8361	201174	426612	426157
港澳台商投资股份有限公司								
其他港澳台投资企业								
外商投资企业	20	8	2721	1016	17683	354292	491132	490402
中外合资经营企业	2		181	78	395	57945	30127	30127
中外合作经营企业								
外资企业	16	7	1526	923	8404	146801	365176	364446
外商投资股份有限公司	1	1	25	15	7	2814	1165	1165
其他外商投资企业	1		989		8878	146731	94664	94664
按企业控股情况分组								
国有控股	98	11	8321	3562	175679	2239991	1485079	1461406
集体控股	21	3	480	236	3420	33152	62334	62195
私人控股	824	115	36041	20226	252566	2465478	6263097	6121733
港澳台商控股	12	3	4645	4173	13693	266033	651424	649684
外商控股	19	8	1732	1016	8805	207560	396467	395737
其他	55	10	4094	2802	16568	254563	733257	722931

4-A-5 续表 单位：万元

分组	营业成本	#主营业务成本	营业税金及附加	#主营业务税金及附加	营业利润	利润总额	应交增值税
合　计	**8369102**	**8234967**	**58050**	**56313**	**488407**	**457692**	**171701**
按登记注册类型分组							
内资企业	7466209	7332615	52728	50990	415724	384089	129992
国有企业	244040	243647	1029	894	10878	9231	5031
集体企业	13044	13044	137	137	233	343	565
股份合作企业							
联营企业							
国有联营企业							
集体联营企业							
国有与集体联营企业							
其他联营企业							
有限责任公司	2204125	2198007	13927	12882	93812	94667	49543
国有独资公司	100228	99537	460	457	3129	3235	970
其他有限责任公司	2103897	2098470	13467	12426	90683	91432	48573
股份有限公司	404639	404036	1465	1444	97461	97612	8228
私营企业	4555510	4429144	33817	33281	204758	173387	65071
私营独资企业	235166	235166	2720	2720	16441	13340	2595
私营合伙企业	507	507	23	23	75	75	38
私营有限责任公司	4230400	4104213	29151	28615	172954	144680	60274
私营股份有限公司	89437	89258	1923	1923	15287	15292	2165
其他企业	44851	44737	2353	2353	8582	8849	1553
港、澳、台商投资企业	491691	491150	3505	3505	48660	49352	30642
与港澳台商合资经营企业	119327	119297	1351	1351	45933	46455	20311
与港澳台商合作经营企业							
港澳台商独资经营企业	372364	371853	2154	2154	2727	2897	10331
港澳台商投资股份有限公司							
其他港澳台投资企业							
外商投资企业	411203	411203	1817	1817	24024	24251	11067
中外合资经营企业	27822	27822	34	34	696	686	276
中外合作经营企业							
外资企业	330617	330617	674	674	3621	3863	4862
外商投资股份有限公司	636	636	63	63			91
其他外商投资企业	52127	52127	1046	1046	19884	19883	5839
按企业控股情况分组							
国有控股	1248735	1245725	6817	5723	145570	145629	33780
集体控股	52071	52069	363	328	2465	1287	1166
私人控股	5546461	5419450	41172	40565	252800	220858	87073
港澳台商控股	532320	531744	3589	3589	51227	52398	31440
外商控股	359075	359075	771	771	4139	4368	5229
其他	630440	626904	5338	5337	32207	33153	13014

4-A-6　按类别分限额以上文化批发和零售业企业基本情况

单位：万元

分　组	法　人单位数（个）	#亏损企业	从业人员期末人数（人）	#女性	固定资产合　计	资产总计	营业收入	#主营业务收　入
合　计	**1029**	**150**	**55313**	**32015**	**470731**	**5466776**	**9591658**	**9413685**
图书批发	11	2	1718	904	82925	1498344	399710	398399
报刊批发	1		8		14	396	2178	2178
音像制品及电子出版物批发								
图书、报刊零售	96	7	8945	5184	88863	538281	720252	706408
音像制品及电子出版物零售	4	2	181	112	1390	8209	12663	12495
贸易代理*	36	2	525	287	5603	86011	404530	404381
拍卖*								
通讯及广播电视设备批发*	35	6	2627	1675	18441	269080	966785	964363
电气设备批发*	30	1	545	201	3195	101231	262143	261725
首饰、工艺品及收藏品批发	69	10	12985	9147	71076	866254	1779472	1657440
珠宝首饰零售	184	45	5218	3777	27410	413648	911346	910344
工艺美术品及收藏品零售	85	12	3063	1761	22550	164795	260630	253819
文具用品批发	77	13	2232	1119	18411	488983	930110	928232
文具用品零售	121	12	2828	1575	20429	105883	308294	306130
乐器零售	14	3	266	157	5372	34323	22850	22746
照相器材零售	11	6	1702	612	838	16287	60473	60436
家用电器批发 *	70	10	6364	2759	50591	476325	1497619	1482375
家用视听设备零售	100	11	4035	1726	38709	201765	491147	481052
其他文化用品批发	45	6	1193	604	6172	142975	393434	393177
其他文化用品零售	40	2	878	415	8744	53987	168020	167987

注：其中含"*"的分组指该分组中部分属于文化产业单位，分组数据为其中文化产业单位数据。

4-A-6　续表

单位：万元

分　组	营业成本	#主营业务成　本	营业税金及附加	#主营业务税金及附加	营业利润	利润总额	应交增值税
合　计	**8369102**	**8234967**	**58050**	**56313**	**488407**	**457692**	**171701**
图书批发	331844	331733	1139	1133	98392	99331	8609
报刊批发	1435	1435	20	20	12	12	1
音像制品及电子出版物批发							
图书、报刊零售	562630	560194	3894	3533	49760	48902	21543
音像制品及电子出版物零售	9910	9910	58	58	356	487	317
贸易代理*	377659	377037	780	758	14420	12891	2767
拍卖*							
通讯及广播电视设备批发*	904719	903729	1787	1713	21758	15658	5468
电气设备批发*	229668	229558	2485	2485	14707	12597	3534
首饰、工艺品及收藏品批发	1539110	1417118	8840	8828	89755	84068	30034
珠宝首饰零售	766968	766542	21928	21458	39554	35007	20458
工艺美术品及收藏品零售	202758	201451	4174	4142	22816	21862	9397
文具用品批发	862779	862487	2383	2155	18601	18946	8571
文具用品零售	263520	263486	1605	1523	13334	9197	4927
乐器零售	19777	19290	80	79	38	-2	400
照相器材零售	50408	50408	76	76	1672	413	7198
家用电器批发*	1325777	1323693	3358	3297	69932	69755	34815
家用视听设备零售	410932	407780	2811	2533	18736	15699	8056
其他文化用品批发	368254	368254	1108	1047	4241	5015	4153
其他文化用品零售	140957	140863	1524	1475	10324	7855	1452

4-A-7 分地区限额以上文化批发和零售业企业基本情况

单位：万元

地 区	企业单位数（个）	年末从业人员（人）	资产总计	营业收入	营业税金及附加	营业利润	应交增值税
全 省	**1029**	**55313**	**5466776**	**9591658**	**58050**	**488407**	**171701**
南京市	167	15656	2605418	3406277	10682	196282	64477
无锡市	81	4147	493789	950121	5584	38138	15826
徐州市	110	2667	121053	227148	3534	20952	10379
常州市	167	7197	443913	1481823	8957	73467	15543
苏州市	159	13333	965488	2024136	14196	49784	31432
南通市	89	2587	193764	360372	3835	23973	7953
连云港市	39	1029	100184	118828	1370	7481	2873
淮安市	33	795	53129	146849	775	14989	2116
盐城市	67	1444	107534	210638	1966	20415	5947
扬州市	29	912	111000	125595	2399	8018	3547
镇江市	34	1019	76898	186565	2818	16179	3832
泰州市	39	1725	115158	186713	1633	4989	5292
宿迁市	15	2802	79450	166592	301	13740	2483

4-A-8　规模以上文化服务业企业基本情况

单位：万元

分　组	法人单位数(个)	#亏损企业	从业人员期末人数(人)	#女性	固定资产原　价	营业收入	#主营业务收　入
合　计	**2358**	**408**	**285784**	**107112**	**9393392**	**13548811**	**13240356**
按登记注册类型分组							
内资企业	2235	364	255662	94675	8905675	12408103	12109853
国有企业	107	26	20588	8581	1473325	772120	710752
集体企业	18	5	2328	1079	93038	38502	38042
股份合作企业	2	2	128	26	244	1640	1640
联营企业							
国有联营企业							
集体联营企业							
国有与集体联营企业							
其他联营企业							
有限责任公司	666	118	78662	28208	3525476	5071067	4939292
国有独资公司	90	21	17122	6744	1059532	1456208	1396850
其他有限责任公司	576	97	61540	21464	2465945	3614859	3542442
股份有限公司	94	25	29252	8353	1761004	1488515	1446333
私营企业	1323	185	120587	46634	1877419	4783679	4731686
私营独资企业	132	6	6453	3319	152748	258599	258018
私营合伙企业	9		350	128	5331	33410	33410
私营有限责任公司	1122	167	101006	39617	1515503	3898769	3851420
私营股份有限公司	60	12	12778	3570	203838	592902	588838
其他企业	25	3	4117	1794	175168	252580	242108
港、澳、台商投资企业	39	11	4251	1832	64526	233845	232077
与港澳台商合资经营企业	16	3	1119	501	38579	132262	132262
与港澳台商合作经营企业	1		58	29	2298	11413	10281
港澳台商独资经营企业	21	7	2979	1268	23568	89335	88728
港澳台商投资股份有限公司	1	1	95	34	82	835	807
其他港澳台投资企业							
外商投资企业	84	33	25871	10605	423190	906864	898426
中外合资经营企业	16	5	7747	3402	164034	186049	181672
中外合作经营企业	4	2	305	152	14126	22806	22316
外资企业	50	20	14551	5754	216445	618777	615380
外商投资股份有限公司	14	6	3268	1297	28587	79231	79058
其他外商投资企业							
按企业控股情况分组							
国有控股	343	91	60278	19780	5157704	3903537	3737481
集体控股	91	16	11644	6349	799992	470124	464144
私人控股	1658	225	158746	59301	2414899	6582316	6511988
港澳台商控股	33	9	3599	1469	63127	156197	154331
外商控股	74	28	18697	7453	267674	727170	722240
其他	153	39	30644	11947	555398	1573523	1542980

4-A-8 续表 单位：万元

分组	营业成本	#主营业务成本	营业税金及附加	#主营业务税金及附加	营业利润	利润总额	应交增值税
合计	**8870413**	**8727833**	**241660**	**236336**	**1797179**	**1931997**	**212043**
按登记注册类型分组							
内资企业	8097000	7963276	231348	226066	1737914	1854226	199195
国有企业	508734	482209	11193	10310	33093	42338	9462
集体企业	13995	13995	962	962	780	3116	154
股份合作企业	1669	1669	71	70	-1212	57	
联营企业							
国有联营企业							
集体联营企业							
国有与集体联营企业							
其他联营企业							
有限责任公司	3292772	3265485	92051	90692	765486	840766	93975
国有独资公司	836372	832601	19136	18600	406536	449597	44442
其他有限责任公司	2456400	2432884	72915	72092	358950	391170	49533
股份有限公司	919035	884249	31438	30727	189964	216895	9375
私营企业	3198720	3160611	92390	90091	710697	718613	81653
私营独资企业	147535	147456	7018	6999	64944	61753	6753
私营合伙企业	22038	22038	386	386	9786	9809	74
私营有限责任公司	2682902	2645640	77038	74783	534608	540801	64921
私营股份有限公司	346246	345478	7948	7924	101359	106250	9906
其他企业	162076	155060	3244	3214	39107	32441	4576
港、澳、台商投资企业	168468	168292	3807	3792	9225	11523	2678
与港澳台商合资经营企业	107347	107342	2688	2688	5747	6204	1379
与港澳台商合作经营企业	4271	4271	297	297	4912	4919	487
港澳台商独资经营企业	56650	56497	823	807	-1410	413	812
港澳台商投资股份有限公司	200	182			-24	-13	0
其他港澳台投资企业							
外商投资企业	604945	596264	6505	6478	50040	66249	10171
中外合资经营企业	113996	109891	1709	1704	18738	26335	3595
中外合作经营企业	11522	11301	556	537	4988	4859	286
外资企业	445383	441115	4124	4121	25578	32125	5680
外商投资股份有限公司	34044	33958	117	117	736	2929	610
其他外商投资企业							
按企业控股情况分组							
国有控股	2421260	2365061	63709	62221	630896	710902	62175
集体控股	255292	251350	14433	14296	59008	67560	5392
私人控股	4385024	4337788	125879	123305	937219	958954	105939
港澳台商控股	92202	91976	3603	3588	12076	13855	2102
外商控股	495105	489240	4944	4921	28884	37473	6941
其他	1135656	1116525	28009	27516	111751	120344	27170

4-A-9　按类别分规模以上文化服务业企业基本情况

单位：万元

分　　组	法人单位数(个)	#亏损企业	从业人员期末人数(人)	#女性	固定资产原价	营业收入	#主营业务收入
合　计	**2358**	**408**	**285784**	**107112**	**9393392**	**13548811**	**13240356**
新闻业	2		428	193	10084	11681	10536
图书出版	20	5	1999	1057	42874	284638	273498
报纸出版	29	8	8813	3257	351081	378311	345497
期刊出版	4	2	249	132	1087	19871	19410
音像制品出版	1		51	31	420	5371	5037
电子出版物出版	5	1	553	317	1590	21427	21427
其他出版业	2		27	13	1289	1836	1836
广播							
电视	18	4	4317	1569	257978	167614	141020
电影和影视节目制作	24	8	1568	582	65672	133266	126516
电影和影视节目发行	19	2	837	356	3354	140788	140324
电影放映	91	29	4794	2555	104029	181588	171611
录音制作							
文艺创作与表演	69	6	4690	1911	112424	188922	179686
艺术表演场馆	12	7	715	339	30968	18796	16544
图书馆							
档案馆							
文物及非物质文化遗产保护	5	2	191	60	27341	6690	6636
博物馆	1		81	51	21373	8750	8750
烈士陵园、纪念馆	1		63	22	1850	1080	1080
群众文化活动	12	1	904	362	73826	83147	82803
社会人文科学研究							
专业性团体*							
文化艺术培训	10	3	490	249	4752	13214	12604
其他未列明教育*	5	1	497	309	2915	18813	18813
其他文化艺术业	20	2	1356	730	13611	67386	67386
互联网信息服务	98	26	19252	11118	184439	688440	682263
其他电信服务*	20	4	3357	524	27975	86727	82990
有线广播电视传输服务	60	12	26090	6255	1751854	1382750	1299509
无线广播电视传输服务	6	1	473	81	22752	9229	9142
卫星传输服务*	1		19	10	202	1677	1677
广告业	409	39	17457	7460	412546	1538421	1525246
软件开发*	339	100	65713	22677	515041	2790351	2759604
数字内容服务*	20	7	2543	1004	6765	53521	47088
工程勘察设计*	454	23	60942	16458	469895	2529454	2520918
专业化设计服务	117	25	9629	3661	396457	689204	686213
公园管理	31	6	3705	1540	478209	200493	194886
游览景区管理	157	27	17540	8995	2187496	858932	851872
野生动物保护*	2	1	305		14171	8638	8638
野生植物保护*							
歌舞厅娱乐活动	109	16	6660	3716	84794	177535	175032
电子游艺厅娱乐活动	2		84	47	431	1141	1141
网吧活动	2		18	2	140	1644	1644
其他室内娱乐活动	8	1	684	218	3221	13758	12494
游乐园	21	6	5965	2631	775734	172316	163475
其他娱乐业	34	5	2837	1593	69470	63968	63510
摄影扩印服务	20	3	1232	629	15856	29596	26440
知识产权服务*	6	1	1812	1202	6160	27519	27245
文化娱乐经纪人	1		10	5	57	2453	2453
其他文化艺术经纪代理	4	1	595	455	122033	66448	66448
娱乐及体育设备出租*	3		146	70	796	4009	4009
图书出租	1		24	16	18	387	386
音像制品出租							
会议及展览服务	64	20	5071	2351	706103	353213	331219
其他未列明商务服务业*	19	3	998	299	12265	43805	43805

注：其中含“*”的分组指该分组中部分属于文化产业单位，分组数据为其中文化产业单位数据。

4-A-9 续表

单位：万元

分　组	营业成本	#主营业务成本	营业税金及附加	#主营业务税金及附加	营业利润	利润总额	应交增值税
合　计	**8870413**	**8727833**	**241660**	**236336**	**1797179**	**1931997**	**212043**
新闻业	4191	4191	74	59	1500	1500	367
图书出版	200511	196489	2598	2009	24063	32246	9258
报纸出版	255400	239819	2860	2769	32468	42418	4614
期刊出版	12169	11878	169	169	-1658	-910	407
音像制品出版	4462	4275	41	3	211	402	242
电子出版物出版	13171	13171	137	137	3627	4270	924
其他出版业	1216	1216	81	81	185	185	2
广播							
电视	95837	94801	3118	3106	21674	22864	2280
电影和影视节目制作	76241	75184	3078	3040	27181	30367	2584
电影和影视节目发行	97858	97746	563	558	31531	24551	5215
电影放映	86879	85353	8726	8409	10821	14623	3464
录音制作							
文艺创作与表演	119207	116913	3015	2995	29614	30222	4798
艺术表演场馆	10878	10839	676	649	-1771	-334	51
图书馆							
档案馆							
文物及非物质文化遗产保护	2362	2355	114	93	-1514	-609	17
博物馆	2812	2812	692	692	2513	2392	
烈士陵园、纪念馆	669	669	78	78	210	210	
群众文化活动	49325	49321	3033	2525	15271	16085	565
社会人文科学研究							
专业性团体*							
文化艺术培训	6674	6558	466	411	1216	1313	49
其他未列明教育*	12823	12823	763	763	1625	1716	
其他文化艺术业	41112	40333	1356	1356	13583	13673	1015
互联网信息服务	431389	427538	14819	14789	63488	73595	13347
其他电信服务*	46616	46616	2232	2228	14902	15251	1552
有线广播电视传输服务	783473	747899	22141	21235	366644	416000	27531
无线广播电视传输服务	6455	6455	475	475	91	522	5
卫星传输服务*	1312	1312	26	26	63	63	13
广告业	1082518	1065768	27128	26827	254702	252147	25003
软件开发*	1947753	1922508	22711	22407	172301	222351	48678
数字内容服务*	23810	23792	410	410	9346	10442	1003
工程勘察设计*	1785932	1774018	48434	47960	379976	363928	34612
专业化设计服务	501224	494964	9818	9319	56205	62408	9102
公园管理	110634	103714	6707	6512	31328	32043	1205
游览景区管理	508569	505832	24913	24730	114188	122570	3004
野生动物保护*	2751	2751	235	235	507	466	
野生植物保护*							
歌舞厅娱乐活动	98427	97597	8088	7989	32231	30516	1272
电子游艺厅娱乐活动	136	136	46	46	224	214	
网吧活动	1374	1374	8	8	157	157	282
其他室内娱乐活动	5692	5692	597	535	1533	1541	
游乐园	74995	74634	5160	5159	21703	18873	1138
其他娱乐业	34348	34342	1595	1591	11371	12300	718
摄影扩印服务	15989	14276	1221	867	2055	2117	173
知识产权服务*	19137	19137	700	700	1080	2644	294
文化娱乐经纪人	1410	1410	35	35	256	256	
其他文化艺术经纪代理	43368	43368	2973	2973	9185	9155	94
娱乐及体育设备出租*	2305	2305	117	117	845	848	
图书出租			22	22	132	147	
音像制品出租							
会议及展览服务	218927	215879	7620	7449	34119	37951	6016
其他未列明商务服务业*	28075	27770	1792	1792	6197	6311	1148

4-A-10　分地区规模以上文化服务业企业基本情况

单位：万元

地　区	企业单位数（个）	年末从业人员（人）	资产总计	营业收入	营业税金及附加	营业利润	应　交增值税
全　省	**2358**	**285784**	**31366322**	**13548811**	**241660**	**1797179**	**212043**
南京市	640	92205	10968071	6049969	76309	736327	99041
无锡市	186	24159	3185259	1032779	15570	147182	25724
徐州市	92	8502	944148	318645	7537	55789	5933
常州市	333	48369	5338763	2126617	45563	423089	21870
苏州市	350	49633	5214979	2065038	37457	212652	31814
南通市	267	22650	1392131	604414	22630	46367	8248
连云港市	28	3126	215706	90731	1802	8346	2356
淮安市	119	6732	235863	277974	10768	42622	2302
盐城市	83	6040	331309	172460	3843	19302	2395
扬州市	59	6808	715328	211881	3141	22429	2968
镇江市	90	6129	1952378	282753	6738	58562	6527
泰州市	52	6950	550164	174508	6719	7736	1510
宿迁市	59	4481	322223	141041	3583	16777	1356

第五篇

企业信息化情况

5-A-1　按专业和控股情况分企业使用计算机情况

项　目	企业数	使用计算机的企业数(个)	比重(%)	期末在用计算机数(台)	每百人拥有计算机数(台)	经常使用计算机人员数量(人)	每百人中经常使用计算机的员工数(人)
总　计	**104560**	**104013**	**99.5**	**3911073**	**17.5**	**5250526**	**23.5**
按统计专业分							
工业	48312	48059	99.5	2153299	18.8	2635057	23.0
建筑业	10311	10276	99.7	414436	5.6	1061588	14.5
批发和零售业	21610	21498	99.5	402768	39.0	511250	49.5
规模以上服务业	14560	14503	99.6	773756	38.6	842137	42.0
住宿和餐饮业	3379	3349	99.1	53951	15.7	74197	21.6
房地产业	6388	6328	99.1	112863	65.3	126297	73.1
按控股情况分							
国有控股	4770	4747	99.5	673144	35.3	742528	38.9
集体控股	2602	2586	99.4	103682	12.6	164922	20.0
私人控股	81795	81344	99.4	1770424	12.2	2788766	19.2
港澳台商控股	4220	4202	99.6	359384	23.2	434156	28.1
外商控股	6910	6895	99.8	782158	29.0	855776	31.7
其他	4263	4239	99.4	222281	25.8	264378	30.7

注：本篇调查范围：规模以上工业、有资质的建筑业、限额以上批发和零售业、规模以上服务业、限额以上住宿和餐饮业、房地产开发经营业法人单位。

5-A-2 按企业基本情况分企业使用计算机情况

项目	企业数	使用计算机的企业数(个)	比重(%)	期末在用计算机数(台)	每百人拥有计算机数(台)	经常使用计算机人员数量(人)	每百人中经常使用计算机的员工数(人)
总计	**104560**	**104013**	**99.5**	**3911073**	**17.5**	**5250526**	**23.5**
工业	**48312**	**48059**	**99.5**	**2153299**	**18.8**	**2635057**	**23.0**
高新技术企业	5469	5457	99.8	688442	25.7	821686	30.6
非高新技术企业							
建筑业	**10311**	**10276**	**99.7**	**414436**	**5.6**	**1061588**	**14.5**
施工总承包	5003	4991	99.8	307878	4.8	877306	13.8
专业承包	4175	4164	99.7	96795	15.1	157500	24.5
劳务分包	1133	1121	98.9	9763	2.9	26782	7.9
批发零售业	**21610**	**21498**	**99.5**	**402768**	**39.0**	**511250**	**49.5**
独立门店	16211	16131	99.5	214807	35.7	283725	47.2
连锁总店(总部)	175	175	100.0	58760	46.5	76634	60.7
连锁门店	284	284	100.0	21406	37.4	27035	47.2
其他	4940	4908	99.4	107795	43.5	123856	50.0
零售业	8643	8600	99.5	210061	36.0	285417	48.9
#超市	378	372	98.4	7617	22.8	10005	30.0
大型超市	191	191	100	38700	31.1	64396	51.7
百货店	538	538	100	22688	25.7	32664	37.0
专业店	4804	4777	99.4	81774	43.2	103123	54.5
专卖店	2022	2013	99.6	40748	40.4	53870	53.4
厂家直销中心	264	264	100	2283	19.8	3392	29.4
规模以上服务业	**14560**	**14503**	**99.6**	**773756**	**38.6**	**842137**	**42.0**
住宿和餐饮业	**3379**	**3349**	**99.1**	**53951**	**15.7**	**74197**	**21.6**
独立门店	3101	3075	99.2	47084	18.3	63812	24.7
连锁总店(总部)	23	23	100.0	2718	4.4	4574	7.4
连锁门店	127	126	99.2	2342	17.3	3181	23.4
其他	128	125	97.7	1807	17.2	2630	25.0
住宿业	1026	1023	99.7	28800	24.4	36424	30.9
一星	6	6	100	49	31.0	34	21.5
二星	50	50	100	549	20.1	765	28.0
三星	228	228	100	4353	20.5	5984	28.2
四星	152	151	99.3	8175	25.4	9287	28.8
五星	72	72	100	6994	27.5	9008	35.5
其他	517	515	99.6	8675	24.0	11338	31.3
房地产业	**6388**	**6328**	**99.1**	**112863**	**65.3**	**126297**	**73.1**
一级	103	103	100	6404	81.3	6662	84.6
二级	2010	1995	99.3	45376	71.4	49336	77.7
三级	1158	1141	98.5	12739	53.6	15147	63.7
四级	69	68	98.6	504	28.6	634	35.9
暂定	2654	2632	99.2	42608	63.9	48583	72.9
其他	394	389	98.7	5232	56.7	5935	64.3

5-A-3 按企业规模分企业使用计算机情况

项目	企业数	使用计算机的企业数(个)	比重(%)	期末在用计算机数(台)	每百人拥有计算机数(台)	经常使用计算机人员数量(人)	每百人中经常使用计算机的员工数(人)
总计	**104560**	**104013**	**99.5**	**3911073**	**17.5**	**5250526**	**23.5**
大型	2288	2288	100	1446543	19.5	1928363	26.1
中型	19908	19869	99.8	1218607	15.5	1708708	21.7
小型	71773	71484	99.6	1174853	17.3	1524165	22.5
微型	10427	10208	97.9	62304	23.1	79563	29.5
工业	**48312**	**48059**	**99.5**	**2153299**	**18.8**	**2635057**	**23.0**
大型	1240	1240	100	848620	22.1	1006739	26.2
中型	6038	6030	99.9	561837	17.7	698531	22.0
小型	39659	39486	99.6	734971	16.6	921261	20.9
微型	1375	1303	94.8	7871	24.0	8526	26.0
建筑业	**10311**	**10276**	**99.7**	**414436**	**5.6**	**1061588**	**14.5**
大型	199	199	100	138832	5.6	393971	15.8
中型	3080	3079	100	175617	5.0	458759	13.1
小型	5388	5382	99.9	89545	7.3	190802	15.6
微型	1644	1616	98.3	10442	9.1	18056	15.8
批发和零售业	**21610**	**21498**	**99.5**	**402768**	**39.0**	**511250**	**49.5**
大型	375	375	100	161917	40.4	210918	52.6
中型	4450	4438	99.7	142965	37.8	182754	48.3
小型	13329	13276	99.6	87750	37.7	106138	45.6
微型	3456	3409	98.6	10136	50.8	11440	57.3
批发业	12967	12898	99.5	192707	42.9	225833	50.3
大型	150	150	100	67998	43.4	83375	53.2
中型	2412	2403	99.6	65336	44.5	73777	50.2
小型	8953	8918	99.6	55067	39.8	64278	46.4
微型	1452	1427	98.3	4306	63.1	4403	64.5
零售业	8643	8600	99.5	210061	36.0	285417	48.9
大型	225	225	100	93919	38.5	127543	52.2
中型	2038	2035	99.9	77629	33.5	108977	47.0
小型	4376	4358	99.6	32683	34.7	41860	44.4
微型	2004	1982	98.9	5830	44.4	7037	53.6
服务业	**14560**	**14503**	**99.6**	**773756**	**38.6**	**842137**	**42.0**
大型	406	406	100	289102	50.1	303652	52.6
中型	1706	1704	99.9	226467	39.9	240263	42.4
小型	9778	9751	99.7	229844	30.0	263048	34.4
微型	2506	2478	98.9	19577	25.0	25447	32.6
住宿和餐饮业	**3379**	**3349**	**99.1**	**53951**	**15.7**	**74197**	**21.6**
大型	42	42	100	5864	7.1	10891	13.2
中型	549	547	99.6	23733	18.6	30832	24.2
小型	2656	2635	99.2	23848	18.0	31874	24.1
微型	132	125	94.7	506	32.7	600	38.8
住宿业	1026	1023	99.7	28800	24.4	36424	30.9
大型	21	21	100	2744	21.7	3995	31.6
中型	258	258	100	15622	24.3	19227	29.9
小型	718	717	99.9	10322	25.4	13092	32.2
微型	29	27	93.1	112	27.7	110	27.2
餐饮业	2353	2326	98.9	25151	11.1	37773	16.7
大型	21	21	100	3120	4.5	6896	9.9
中型	291	289	99.3	8111	12.8	11605	18.3
小型	1938	1918	99	13526	14.8	18782	20.5
微型	103	98	95.1	394	34.4	490	42.8
房地产业	**6388**	**6328**	**99.1**	**112863**	**65.3**	**126297**	**73.1**
大型	26	26	100	2208	86.6	2192	85.9
中型	4085	4071	99.7	87988	67.7	97569	75.0
小型	963	954	99.1	8895	50.8	11042	63.0
微型	1314	1277	97.2	13772	60.6	15494	68.2

5-A-4 按地区分企业使用计算机情况

地　区	企业数	使用计算机的企业数（个）	比重(%)	期末在用计算机数（台）	每百人拥有计算机数（台）	经常使用计算机人员数量（人）	每百人中经常使用计算机的员工数（人）
总　计	**104560**	**104013**	**99.5**	**3911073**	**17.5**	**5250526**	**23.5**
南京市	10755	10704	99.5	823159	31.5	937342	35.9
无锡市	10277	10231	99.6	438534	22.7	544898	28.2
徐州市	7311	7292	99.7	167137	11.4	271516	18.5
常州市	10015	9968	99.5	282021	17.5	392401	24.4
苏州市	20653	20519	99.4	1116224	25.2	1266895	28.6
南通市	10753	10719	99.7	276516	10.2	496350	18.3
连云港市	3533	3517	99.5	93318	14.6	145678	22.8
淮安市	5267	5211	98.9	104902	10.6	193978	19.6
盐城市	6422	6394	99.6	123393	10.5	203829	17.4
扬州市	5713	5668	99.2	174158	10.0	279605	16.1
镇江市	4724	4700	99.5	124120	14.9	182790	21.9
泰州市	4913	4905	99.8	116272	8.2	215461	15.2
宿迁市	4224	4185	99.1	71319	8.8	119783	14.7

5-A-5　按登记注册类型分企业使用计算机情况

登记注册类型	企业数	使用计算机的企业数(个)	比重(%)	期末在用计算机数(台)	每百人拥有计算机数(台)	经常使用计算机人员数量(人)	每百人中经常使用计算机的员工数(人)
总　　计	**104560**	**104013**	**99.5**	**3911073**	**17.5**	**5250526**	**23.5**
内资企业	91272	90762	99.4	2639331	15.1	3804427	21.8
国有企业	1486	1479	99.5	208315	42.5	192441	39.3
集体企业	1039	1033	99.4	17768	7.9	29677	13.1
股份合作企业	200	200	100	3793	11.3	5822	17.3
联营企业	53	53	100	4118	29.1	4925	34.7
国有联营企业	14	14	100	704	12.4	1417	24.9
集体联营企业	16	16	100	168	6.8	371	15.0
国有与集体联营企业	15	15	100	3021	70.3	2836	66.0
其他联营企业	8	8	100	225	13.1	301	17.5
有限责任公司	18005	17901	99.4	865487	14.9	1373413	23.6
国有独资公司	765	761	99.5	105957	31.4	135078	40.0
其他有限责任公司	17240	17140	99.4	759530	13.9	1238335	22.6
股份有限公司	2822	2812	99.6	304270	21.3	385662	27.0
私营企业	66067	65692	99.4	1218417	13.0	1789250	19.1
私营独资企业	4608	4553	98.8	38812	10.8	53363	14.9
私营合伙企业	436	433	99.3	5816	16.1	7535	20.8
私营有限责任公司	58283	57990	99.5	1087706	13.1	1608832	19.4
私营股份有限公司	2740	2716	99.1	86083	13.2	119520	18.3
其他企业	1600	1592	99.5	17163	15.0	23237	20.4
港、澳、台商投资企业	5040	5022	99.6	401389	22.6	485387	27.3
与港澳台商合资经营企业	1878	1871	99.6	96880	18.3	126042	23.8
与港澳台商合作经营企业	94	94	100	4753	19.0	5585	22.3
港澳台商独资经营企业	2938	2928	99.7	280789	24.8	328345	29.1
港澳台商投资股份有限公司	120	119	99.2	17997	22.7	24499	30.9
其他港澳台投资企业	10	10	100	970	8.3	916	7.9
外商投资企业	8248	8229	99.8	870353	28.0	960712	30.9
中外合资经营企业	2529	2521	99.7	191494	23.8	232993	29.0
中外合作经营企业	132	132	100	8084	17.8	11166	24.6
外资企业	5434	5424	99.8	615055	28.6	657129	30.5
外商投资股份有限公司	141	141	100	54199	50.9	58082	54.6
其他外商投资企业	12	11	91.7	1521	50.0	1342	44.2

5-A-6 按行业分企业使用计算机情况

行业	企业数	使用计算机的企业数（个）	比重（%）	期末在用计算机数（台）	每百人拥有计算机数（台）	经常使用计算机人员数量（人）	每百人中经常使用计算机的员工数（人）
总 计	**104560**	**104013**	**99.5**	**3911073**	**17.5**	**5250526**	**23.5**
采矿业	150	149	99.3	24858	16.4	28320	18.7
煤炭开采和洗选业	13	13	100	14932	16.4	15869	17.4
石油和天然气开采业	2	2	100	5734	27.1	5064	23.9
黑色金属矿采选业	19	19	100	661	9.8	777	11.5
有色金属矿采选业	8	8	100	316	18.8	516	30.8
非金属矿采选业	107	106	99.1	3203	10.5	6082	19.8
开采辅助活动	1	1	100	12	4.4	12	4.4
其他采矿业							
制造业	47718	47467	99.5	2009128	18.0	2522067	22.6
农副食品加工业	1548	1535	99.2	22151	10.6	32950	15.7
食品制造业	371	371	100	12754	14.4	15381	17.3
酒、饮料和精制茶制造业	188	184	97.9	14215	16.3	25203	28.9
烟草制品业	5	5	100	2170	34.8	2422	38.8
纺织业	4859	4828	99.4	81695	9.1	120590	13.5
纺织服装、服饰业	2621	2602	99.3	73819	9.7	98891	13.1
皮革、毛皮、羽毛及其制品和制鞋业	622	620	99.7	10200	6.5	15740	10.0
木材加工和木、竹、藤、棕、草制品业	1276	1264	99.1	16392	8.5	27964	14.6
家具制造业	259	257	99.2	7096	13.5	9166	17.4
造纸和纸制品业	605	604	99.8	19871	17.8	25920	23.2
印刷和记录媒介复制业	657	655	99.7	18339	17.2	23123	21.7
文教、工美、体育和娱乐用品制造业	1258	1253	99.6	28890	11.0	39064	14.9
石油加工、炼焦和核燃料加工业	130	129	99.2	9029	30.8	11345	38.7
化学原料和化学制品制造业	3845	3827	99.5	133939	18.9	193746	27.3
医药制造业	689	688	99.9	42594	22.5	58943	31.2
化学纤维制造业	889	861	96.9	19422	10.8	30741	17.1
橡胶和塑料制品业	1974	1967	99.6	54041	15.7	64753	18.8
非金属矿物制品业	2627	2615	99.5	53701	13.6	79985	20.2
黑色金属冶炼和压延加工业	1556	1543	99.2	60890	14.4	88608	20.9
有色金属冶炼和压延加工业	1094	1085	99.2	23320	16.0	30354	20.8
金属制品业	3205	3190	99.5	77992	14.8	99771	18.9
通用设备制造业	4170	4150	99.5	172083	22.1	212929	27.3
专用设备制造业	2982	2976	99.8	139342	24.8	163323	29.0
汽车制造业	1415	1411	99.7	85240	22.6	97628	25.8
铁路、船舶、航空航天和其他运输设备制造业	943	937	99.4	61531	16.0	74793	19.5
电气机械和器材制造业	3963	3954	99.8	227809	21.7	272986	26.0
计算机、通信和其他电子设备制造业	2691	2685	99.8	460433	25.1	518184	28.3
仪器仪表制造业	936	932	99.6	74275	29.9	79912	32.2
其他制造业	166	165	99.4	3335	8.2	4431	10.9
废弃资源综合利用业	145	145	100	2067	15.0	2505	18.2
金属制品、机械和设备修理业	29	29	100	493	12.0	716	17.4
电力、热力、燃气及水生产和供应业	444	443	99.8	119313	80.7	84670	57.2
电力、热力生产和供应业	246	245	99.6	103048	99.3	62081	59.8
燃气生产和供应业	86	86	100	6257	41.5	7346	48.7
水的生产和供应业	112	112	100	10008	34.4	15243	52.4
建筑业	10311	10276	99.7	414436	5.6	1061588	14.5
房屋建筑业	4115	4105	99.8	216661	3.8	696312	12.2
土木工程建筑业	2050	2040	99.5	89207	10.6	181656	21.6
建筑安装业	1755	1749	99.7	56901	14.3	100976	25.3

5-A-6　续表

行　　业	企业数	使用计算机的企业数(个)	比重(%)	期末在用计算机数(台)	每百人拥有计算机数(台)	经常使用计算机人员数量(人)	每百人中经常使用计算机的员工数(人)
建筑装饰和其他建筑业	2391	2382	99.6	51667	12.4	82644	19.9
批发和零售业	21610	21498	99.5	402768	39.0	511250	49.5
批发业	12967	12898	99.5	192707	42.9	225833	50.3
零售业	8643	8600	99.5	210061	36.0	285417	48.9
交通运输、仓储和邮政业	4183	4164	99.5	121953	21.0	184127	31.8
铁路运输业	12	12	100	1597	38.0	2450	58.4
道路运输业	2447	2435	99.5	46688	15.2	73583	23.9
水上运输业	496	493	99.4	17106	15.5	28230	25.5
航空运输业	15	15	100	3612	32.8	7494	68.0
管道运输业	7	7	100	3131	33.6	6545	70.1
装卸搬运和运输代理业	742	741	99.9	22203	36.5	26323	43.3
仓储业	366	363	99.2	8575	37.8	10695	47.1
邮政业	98	98	100	19041	35.5	28807	53.6
住宿和餐饮业	3379	3349	99.1	53951	15.7	74197	21.6
住宿业	1026	1023	99.7	28800	24.4	36424	30.9
餐饮业	2353	2326	98.9	25151	11.1	37773	16.7
信息传输、软件和信息技术服务业	1215	1210	99.6	338644	98.2	285706	82.8
电信、广播电视和卫星传输服务	160	159	99.4	139005	86.9	121219	75.8
互联网和相关服务	134	133	99.3	25613	121.2	19906	94.2
软件和信息技术服务业	921	918	99.7	174026	106.2	144581	88.2
房地产业	7563	7498	99.1	141810	37.2	170545	44.8
房地产业	7563	7498	99.1	141810	37.2	170545	44.8
租赁和商务服务业	3477	3461	99.5	104132	24.7	121673	28.9
租赁业	154	152	98.7	2598	21.8	3491	29.3
商务服务业	3323	3309	99.6	101534	24.8	118182	28.9
科学研究和技术服务业	2386	2384	99.9	103616	46.2	115290	51.4
研究和试验发展	187	187	100	9537	71.9	9171	69.2
专业技术服务业	1521	1519	99.9	86107	50.8	96686	57.1
科技推广和应用服务业	678	678	100	7972	19.2	9433	22.7
水利、环境和公共设施管理业	525	523	99.6	10070	18.5	14116	26.0
水利管理业	18	18	100	437	41.3	549	51.9
生态保护和环境治理业	68	68	100	1520	37.8	1787	44.5
公共设施管理业	439	437	99.5	8113	16.5	11780	23.9
居民服务、修理和其他服务业	509	502	98.6	9570	16.6	12825	22.3
居民服务业	164	163	99.4	2584	16.1	3494	21.8
机动车、电子产品和日用产品修理业	230	227	98.7	5325	38.7	6891	50.1
其他服务业	115	112	97.4	1661	6.0	2440	8.8
教育	301	301	100	17200	62.8	13858	50.6
教育	301	301	100	17200	62.8	13858	50.6
卫生和社会工作	205	205	100	17836	49.8	25271	70.6
卫生	202	202	100	17773	49.9	25163	70.6
社会工作	3	3	100	63	35.4	108	60.7
文化、体育和娱乐业	584	583	99.8	21788	42.8	25023	49.2
新闻和出版业	51	51	100	7406	82.9	7384	82.6
广播、电视、电影和影视录音制作业	149	149	100	5192	48.2	6557	60.9
文化艺术业	120	120	100	2730	37.6	2879	39.7
体育	39	39	100	1096	35.8	1422	46.4
娱乐业	225	224	99.6	5364	25.8	6781	32.6

5-B-1 按专业和和控股情况

指标名称	企业数(个)	使用互联网的企业		接入窄带的企业	
		数量(个)	比重(%)	数量(个)	占接入互联网企业比重(%)
总　计	**104560**	**102787**	**98.3**	**3808**	**3.7**
按统计专业分					
工业	48312	47579	98.5	1810	3.8
建筑业	10311	10185	98.8	502	4.9
批发零售业	21610	21147	97.9	704	3.3
服务业	14560	14324	98.4	473	3.3
住宿和餐饮业	3379	3292	97.4	155	4.7
房地产业	6388	6260	98	164	2.6
按控股情况分					
国有控股	4770	4686	98.2	153	3.3
集体控股	2602	2525	97	105	4.2
私人控股	81795	80393	98.3	3090	3.8
港澳台商控股	4220	4159	98.6	117	2.8
外商控股	6910	6847	99.1	210	3.1
其他	4263	4177	98	133	3.2

分企业接入互联网情况

接入宽带的企业		接入固定宽带的企业		接入移动宽带的企业		其他	
数量(个)	占接入互联网企业比重(%)	数量(个)	占接入宽带企业比重(%)	数量(个)	占接入宽带企业比重(%)	数量(个)	占接入宽带企业比重(%)
100287	**97.6**	**82349**	**82.1**	**43968**	**43.8**	**4175**	**4.1**
46235	97.2	37704	81.5	20579	44.5	1873	3.9
10090	99.1	8634	85.6	5405	53.6	586	5.8
20524	97.1	16705	81.4	7790	38	701	3.3
14098	98.4	11631	82.5	6107	43.3	601	4.2
3153	95.8	2429	77	1446	45.9	148	4.5
6187	98.8	5246	84.8	2641	42.7	266	4.2
4583	97.8	3927	85.7	1888	41.2	229	4.9
2463	97.5	2050	83.2	1031	41.9	111	4.4
78541	97.7	63784	81.2	34902	44.4	3015	3.8
4029	96.9	3410	84.6	1746	43.3	198	4.8
6593	96.3	5733	87	2710	41.1	441	6.4
4078	97.6	3445	84.5	1691	41.5	181	4.3

5-B-2 按企业基本情况

项目	企业数(个)	使用互联网的企业			
				接入窄带的企业	
		数量(个)	比重(%)	数量(个)	占接入互联网企业比重(%)
总　计	**104560**	**102787**	**98.3**	**3808**	**3.7**
工　业	**48312**	**47579**	**98.5**	**1810**	**3.8**
高新技术企业	5469	5429	99.3	192	3.5
非高新技术企业					
建筑业	**10311**	**10185**	**98.8**	**502**	**4.9**
施工总承包	5003	4954	99	269	5.4
专业承包	4175	4129	98.9	164	4
劳务分包	1133	1102	97.3	69	6.3
批发零售业	**21610**	**21147**	**97.9**	**704**	**3.3**
独立门店	16211	15892	98.0	536	3.3
连锁总店(总部)	175	167	95.4	5	2.9
连锁门店	284	271	95.4	7	2.5
其他	4940	4817	97.5	156	3.2
零售业	8643	8434	97.6	303	3.6
#超市	378	361	95.5	11	3
大型超市	191	173	90.6	7	4
百货店	538	532	98.9	26	4.9
专业店	4804	4684	97.5	183	3.9
专卖店	2022	1986	98.2	54	2.7
厂家直销中心	264	260	98.5	13	5
规模以上服务业	**14560**	**14324**	**98.4**	**473**	**3.3**
住宿和餐饮业	**3379**	**3292**	**97.4**	**155**	**4.7**
独立门店	3101	3022	97.5	142	4.7
连锁总店(总部)	23	23	100.0	3	13.0
连锁门店	127	124	97.6	5	4.0
其他	128	123	96.1	5	4.1
住宿业	1026	1009	98.3	43	4.3
一星	6	6	100		
二星	50	50	100	5	10
三星	228	223	97.8	9	4
四星	152	149	98	2	1.3
五星	72	72	100	3	4.2
其他	517	508	98.3	24	4.7
房地产业	**6388**	**6260**	**98**	**164**	**2.6**
一级	103	102	99	6	5.9
二级	2010	1976	98.3	47	2.4
三级	1158	1124	97.1	27	2.4
四级	69	67	97.1	2	3
暂定	2654	2612	98.4	70	2.7
其他	394	379	96.2	12	3.2

分企业接入互联网情况

接入宽带的企业						其他	
		接入固定宽带的企业		接入移动宽带的企业			
数量（个）	占接入互联网企业比重（%）	数量（个）	占接入宽带企业比重（%）	数量（个）	占接入宽带企业比重（%）	数量（个）	占接入宽带企业比重（%）
100287	**97.6**	**82349**	**82.1**	**43968**	**43.8**	**4175**	**4.1**
46235	**97.2**	**37704**	**81.5**	**20579**	**44.5**	**1873**	**3.9**
5277	97.2	4541	86.1	2402	45.5	267	4.9
10090	**99.1**	**8634**	**85.6**	**5405**	**53.6**	**586**	**5.8**
4921	99.3	4253	86.4	2735	55.6	314	6.3
4100	99.3	3498	85.3	2126	51.9	218	5.3
1069	97	883	82.6	544	50.9	54	4.9
20524	**97.1**	**16705**	**81.4**	**7790**	**38**	**701**	**3.3**
15436	97.1	12403	80.4	5910	38.3	480	3.0
161	96.4	141	87.6	51	31.7	10	6.0
257	94.8	221	86.0	89	34.6	20	7.4
4670	96.9	3940	84.4	1740	37.3	191	4.0
8166	96.8	6570	80.5	3226	39.5	292	3.5
347	96.1	268	77.2	140	40.3	11	3
162	93.6	127	78.4	58	35.8	15	8.7
517	97.2	434	83.9	181	35	17	3.2
4543	97	3591	79	1827	40.2	138	2.9
1924	96.9	1603	83.3	766	39.8	86	4.3
249	95.8	194	77.9	111	44.6	5	1.9
14098	**98.4**	**11631**	**82.5**	**6107**	**43.3**	**601**	**4.2**
3153	**95.8**	**2429**	**77.0**	**1446**	**45.9**	**148**	**4.5**
2894	95.8	2216	76.6	1328	45.9	132	4.4
23	100.0	21	91.3	12	52.2	1	4.3
117	94.4	91	77.8	58	49.6	10	8.1
119	96.7	101	84.9	48	40.3	5	4.1
964	95.5	756	78.4	503	52.2	73	7.2
6	100	4	66.7	3	50	1	16.7
47	94	37	78.7	25	53.2	3	6
210	94.2	162	77.1	98	46.7	23	10.3
145	97.3	121	83.4	80	55.2	10	6.7
70	97.2	60	85.7	47	67.1	4	5.6
485	95.5	371	76.5	250	51.5	32	6.3
6187	**98.8**	**5246**	**84.8**	**2641**	**42.7**	**266**	**4.2**
101	99	95	94.1	44	43.6	5	4.9
1957	99	1670	85.3	861	44	98	5
1111	98.8	929	83.6	444	40	40	3.6
66	98.5	52	78.8	28	42.4		
2581	98.8	2188	84.8	1100	42.6	107	4.1
371	97.9	312	84.1	164	44.2	16	4.2

5-B-3 按企业规模

项　　目	企业数（个）	使用互联网的企业		接入窄带的企业	
		数量（个）	比重（%）	数量（个）	占接入互联网企业比重（%）
总　计	**104560**	**102787**	**98.3**	**3808**	**3.7**
大型	2288	2254	98.5	83	3.7
中型	19908	19664	98.8	737	3.7
小型	71773	70713	98.5	2646	3.7
微型	10427	9993	95.8	336	3.4
工　业	**48312**	**47579**	**98.5**	**1810**	**3.8**
大型	1240	1232	99.4	39	3.2
中型	6038	5978	99	209	3.5
小型	39659	39092	98.6	1520	3.9
微型	1375	1277	92.9	42	3.3
建筑业	**10311**	**10185**	**98.8**	**502**	**4.9**
大型	199	198	99.5	17	8.6
中型	3080	3062	99.4	178	5.8
小型	5388	5337	99.1	224	4.2
微型	1644	1588	96.6	83	5.2
批发和零售业	**21610**	**21147**	**97.9**	**704**	**3.3**
大型	375	362	96.5	11	3
中型	4450	4362	98	159	3.6
小型	13329	13097	98.3	427	3.3
微型	3456	3326	96.2	107	3.2
批发业	**12967**	**12713**	**98**	**401**	**3.2**
大型	150	149	99.3	6	4
中型	2412	2360	97.8	77	3.3
小型	8953	8809	98.4	267	3
微型	1452	1395	96.1	51	3.7
零售业	**8643**	**8434**	**97.6**	**303**	**3.6**
大型	225	213	94.7	5	2.3
中型	2038	2002	98.2	82	4.1
小型	4376	4288	98	160	3.7
微型	2004	1931	96.4	56	2.9
服务业	**14560**	**14324**	**98.4**	**473**	**3.3**
大型	406	394	97	12	3
中型	1706	1685	98.8	66	3.9
小型	9778	9655	98.7	322	3.3
微型	2506	2427	96.8	67	2.8
住宿和餐饮业	**3379**	**3292**	**97.4**	**155**	**4.7**
大型	42	42	100	3	7.1
中型	549	538	98	22	4.1
小型	2656	2588	97.4	128	4.9
微型	132	124	93.9	2	1.6
住宿业	1026	1009	98.3	43	4.3
大型	21	21	100	1	4.8
中型	258	255	98.8	10	3.9
小型	718	706	98.3	31	4.4
微型	29	27	93.1	1	3.7
餐饮业	2353	2283	97	112	4.9
大型	21	21	100	2	9.5
中型	291	283	97.3	12	4.2
小型	1938	1882	97.1	97	5.2
微型	103	97	94.2	1	1
房地产业	**6388**	**6260**	**98**	**164**	**2.6**
大型	26	26	100	1	3.8
中型	4085	4039	98.9	103	2.6
小型	963	944	98	25	2.6
微型	1314	1251	95.2	35	2.8

分企业接入互联网情况

接入宽带的企业						其他	
		接入固定宽带的企业		接入移动宽带的企业			
数量(个)	占接入互联网企业比重(%)	数量(个)	占接入宽带企业比重(%)	数量(个)	占接入宽带企业比重(%)	数量(个)	占接入宽带企业比重(%)
100287	**97.6**	**82349**	**82.1**	**43968**	**43.8**	**4175**	**4.1**
2213	98.2	2008	90.7	1030	46.5	125	5.5
19273	98	16327	84.7	8869	46	1068	5.4
68855	97.4	56069	81.4	30005	43.6	2635	3.7
9788	97.9	7808	79.8	4011	41	337	3.4
46235	**97.2**	**37704**	**81.5**	**20579**	**44.5**	**1873**	**3.9**
1209	98.1	1099	90.9	540	44.7	55	4.5
5845	97.8	4890	83.7	2600	44.5	291	4.9
37935	97	30714	81	16936	44.6	1473	3.8
1246	97.6	1001	80.3	503	40.4	54	4.2
10090	**99.1**	**8634**	**85.6**	**5405**	**53.6**	**586**	**5.8**
197	99.5	179	90.9	119	60.4	21	10.6
3043	99.4	2656	87.3	1736	57	217	7.1
5294	99.2	4523	85.4	2794	52.8	276	5.2
1556	98	1276	82	756	48.6	72	4.5
20524	**97.1**	**16705**	**81.4**	**7790**	**38**	**701**	**3.3**
350	96.7	317	90.6	128	36.6	27	7.5
4207	96.4	3565	84.7	1704	40.5	235	5.4
12741	97.3	10318	81	4760	37.4	356	2.7
3226	97	2505	77.7	1198	37.1	83	2.5
12358	**97.2**	**10135**	**82**	**4564**	**36.9**	**409**	**3.2**
148	99.3	137	92.6	57	38.5	9	6
2293	97.2	1941	84.6	925	40.3	105	4.4
8579	97.4	7015	81.8	3079	35.9	237	2.7
1338	95.9	1042	77.9	503	37.6	58	4.2
8166	**96.8**	**6570**	**80.5**	**3226**	**39.5**	**292**	**3.5**
202	94.8	180	89.1	71	35.1	18	8.5
1914	95.6	1624	84.8	779	40.7	130	6.5
4162	97.1	3303	79.4	1681	40.4	119	2.8
1888	97.8	1463	77.5	695	36.8	25	1.3
14098	**98.4**	**11631**	**82.5**	**6107**	**43.3**	**601**	**4.2**
389	98.7	350	90	202	51.9	20	5.1
1664	98.8	1414	85	791	47.5	109	6.5
9489	98.3	7829	82.5	4046	42.6	380	3.9
2398	98.8	1901	79.3	1015	42.3	82	3.4
3153	**95.8**	**2429**	**77**	**1446**	**45.9**	**148**	**4.5**
42	100	39	92.9	25	59.5	2	4.8
520	96.7	402	77.3	268	51.5	32	5.9
2468	95.4	1906	77.2	1095	44.4	114	4.4
123	99.2	82	66.7	58	47.2		
964	95.5	756	78.4	503	52.2	73	7.2
21	100	18	85.7	14	66.7	1	4.8
244	95.7	202	82.8	133	54.5	20	7.8
672	95.2	521	77.5	340	50.6	52	7.4
27	100	15	55.6	16	59.3		
2189	95.9	1673	76.4	943	43.1	75	3.3
21	100	21	100	11	52.4	1	4.8
276	97.5	200	72.5	135	48.9	12	4.2
1796	95.4	1385	77.1	755	42	62	3.3
96	99	67	69.8	42	43.8		
6187	**98.8**	**5246**	**84.8**	**2641**	**42.7**	**266**	**4.2**
26	100	24	92.3	16	61.5		
3994	98.9	3400	85.1	1770	44.3	184	4.6
928	98.3	779	83.9	374	40.3	36	3.8
1239	99	1043	84.2	481	38.8	46	3.7

5-B-4 按地区分企业

地区	企业数(个)	使用互联网的企业		接入窄带的企业	
		数量(个)	比重(%)	数量(个)	占接入互联网企业比重(%)
全省	**104560**	**102787**	**98.3**	**3808**	**3.7**
南京市	10755	10567	98.3	432	4.1
无锡市	10277	10054	97.8	267	2.7
徐州市	7311	7204	98.5	314	4.4
常州市	10015	9854	98.4	295	3
苏州市	20653	20215	97.9	552	2.7
南通市	10753	10659	99.1	483	4.5
连云港市	3533	3479	98.5	164	4.7
淮安市	5267	5142	97.6	251	4.9
盐城市	6422	6325	98.5	280	4.4
扬州市	5713	5601	98	258	4.6
镇江市	4724	4666	98.8	166	3.6
泰州市	4913	4861	98.9	217	4.5
宿迁市	4224	4160	98.5	129	3.1

接入互联网情况

接入宽带的企业						其他	
		接入固定宽带的企业		接入移动宽带的企业			
数量（个）	占接入互联网企业比重（%）	数量（个）	占接入宽带企业比重（%）	数量（个）	占接入宽带企业比重（%）	数量（个）	占接入宽带企业比重（%）
100287	**97.6**	**82349**	**82.1**	**43968**	**43.8**	**4175**	**4.1**
10370	98.1	8945	86.3	4506	43.5	462	4.4
9822	97.7	8460	86.1	3848	39.2	419	4.2
6986	97	5234	74.9	3197	45.8	258	3.6
9655	98	8038	83.3	4006	41.5	406	4.1
19657	97.2	17027	86.6	7801	39.7	1042	5.2
10304	96.7	8567	83.1	4058	39.4	303	2.8
3382	97.2	2690	79.5	1508	44.6	145	4.2
5027	97.8	3846	76.5	2599	51.7	197	3.8
6214	98.2	4792	77.1	3013	48.5	186	2.9
5466	97.6	4314	78.9	2855	52.2	209	3.7
4560	97.7	3507	76.9	2340	51.3	163	3.5
4740	97.5	3791	80	2351	49.6	233	4.8
4104	98.7	3138	76.5	1886	46	152	3.7

5-B-5 按登记注册类型

登记注册类型	企业数(个)	使用互联网的企业		接入窄带的企业	
		数量(个)	比重(%)	数量(个)	占接入互联网企业比重(%)
总　计	**104560**	**102787**	**98.3**	**3808**	**3.7**
内资企业	91272	89649	98.2	3429	3.8
国有企业	1486	1460	98.3	57	3.9
集体企业	1039	1007	96.9	54	5.4
股份合作企业	200	198	99	6	3
联营企业	53	51	96.2	4	7.8
国有联营企业	14	14	100	1	7.1
集体联营企业	16	14	87.5	2	14.3
国有与集体联营企业	15	15	100	1	6.7
其他联营企业	8	8	100		
有限责任公司	18005	17644	98	668	3.8
国有独资公司	765	754	98.6	19	2.5
其他有限责任公司	17240	16890	98	649	3.8
股份有限公司	2822	2786	98.7	114	4.1
私营企业	66067	64923	98.3	2473	3.8
私营独资企业	4608	4483	97.3	194	4.3
私营合伙企业	436	427	97.9	24	5.6
私营有限责任公司	58283	57340	98.4	2133	3.7
私营股份有限公司	2740	2673	97.6	122	4.6
其他企业	1600	1580	98.8	53	3.4
港、澳、台商投资企业	5040	4971	98.6	140	2.8
与港澳台商合资经营企业	1878	1847	98.3	49	2.7
与港澳台商合作经营企业	94	94	100	4	4.3
港澳台商独资经营企业	2938	2903	98.8	84	2.9
港澳台商投资股份有限公司	120	118	98.3	3	2.5
其他港澳台投资企业	10	9	90		
外商投资企业	8248	8167	99	239	2.9
中外合资经营企业	2529	2496	98.7	70	2.8
中外合作经营企业	132	129	97.7	2	1.6
外资企业	5434	5392	99.2	163	3
外商投资股份有限公司	141	139	98.6	4	2.9
其他外商投资企业	12	11	91.7		

分企业接入互联网情况

接入宽带的企业		接入固定宽带的企业		接入移动宽带的企业		其他	
数量(个)	占接入互联网企业比重(%)	数量(个)	占接入宽带企业比重(%)	数量(个)	占接入宽带企业比重(%)	数量(个)	占接入宽带企业比重(%)
100287	**97.6**	**82349**	**82.1**	**43968**	**43.8**	**4175**	**4.1**
87581	97.7	71448	81.6	38636	44.1	3449	3.8
1426	97.7	1184	83	584	41	66	4.5
973	96.6	784	80.6	416	42.8	34	3.4
195	98.5	172	88.2	74	37.9	7	3.5
50	98	39	78	25	50	4	7.8
14	100	11	78.6	9	64.3	3	21.4
14	100	10	71.4	6	42.9	1	7.1
14	93.3	10	71.4	7	50		
8	100	8	100	3	37.5		
17241	97.7	14341	83.2	7644	44.3	838	4.7
747	99.1	658	88.1	307	41.1	29	3.8
16494	97.7	13683	83	7337	44.5	809	4.8
2739	98.3	2270	82.9	1324	48.3	121	4.3
63414	97.7	51425	81.1	27934	44.1	2332	3.6
4359	97.2	3320	76.2	1931	44.3	103	2.3
413	96.7	311	75.3	205	49.6	4	0.9
56021	97.7	45698	81.6	24522	43.8	2125	3.7
2621	98.1	2096	80	1276	48.7	100	3.7
1543	97.7	1233	79.9	635	41.2	47	3
4824	97	4080	84.6	2070	42.9	239	4.8
1802	97.6	1512	83.9	779	43.2	91	4.9
89	94.7	68	76.4	44	49.4	6	6.4
2808	96.7	2390	85.1	1193	42.5	131	4.5
116	98.3	101	87.1	52	44.8	11	9.3
9	100	9	100	2	22.2		
7882	96.5	6821	86.5	3262	41.4	487	6
2415	96.8	2044	84.6	1027	42.5	128	5.1
126	97.7	103	81.7	65	51.6	9	7
5195	96.3	4546	87.5	2101	40.4	344	6.4
135	97.1	118	87.4	62	45.9	6	4.3
11	100	10	90.9	7	63.6		

5-B-6 按行业分企业

行业	企业数(个)	使用互联网的企业		接入窄带的企业	
		数量(个)	比重(%)	数量(个)	占接入互联网企业比重(%)
总 计	**104560**	**102787**	**98.3**	**3808**	**3.7**
采矿业	150	142	94.7	2	1.4
煤炭开采和洗选业	13	13	100	1	7.7
石油和天然气开采业	2	2	100		
黑色金属矿采选业	19	15	78.9		
有色金属矿采选业	8	8	100		
非金属矿采选业	107	103	96.3	1	1
开采辅助活动	1	1	100		
其他采矿业					
制造业	47718	46999	98.5	1797	3.8
农副食品加工业	1548	1520	98.2	77	5.1
食品制造业	371	366	98.7	16	4.4
酒、饮料和精制茶制造业	188	184	97.9	8	4.3
烟草制品业	5	5	100		
纺织业	4859	4790	98.6	171	3.6
纺织服装、服饰业	2621	2572	98.1	76	3
皮革、毛皮、羽毛及其制品和制鞋业	622	613	98.6	27	4.4
木材加工和木、竹、藤、棕、草制品业	1276	1242	97.3	33	2.7
家具制造业	259	256	98.8	12	4.7
造纸和纸制品业	605	598	98.8	23	3.8
印刷和记录媒介复制业	657	652	99.2	24	3.7
文教、工美、体育和娱乐用品制造业	1258	1248	99.2	54	4.3
石油加工、炼焦和核燃料加工业	130	128	98.5	7	5.5
化学原料和化学制品制造业	3845	3781	98.3	163	4.3
医药制造业	689	681	98.8	30	4.4
化学纤维制造业	889	848	95.4	19	2.2
橡胶和塑料制品业	1974	1950	98.8	77	3.9
非金属矿物制品业	2627	2597	98.9	121	4.7
黑色金属冶炼和压延加工业	1556	1502	96.5	66	4.4
有色金属冶炼和压延加工业	1094	1062	97.1	37	3.5
金属制品业	3205	3169	98.9	99	3.1
通用设备制造业	4170	4118	98.8	153	3.7
专用设备制造业	2982	2959	99.2	126	4.3
汽车制造业	1415	1400	98.9	43	3.1
铁路、船舶、航空航天和其他运输设备制造业	943	925	98.1	25	2.7
电气机械和器材制造业	3963	3915	98.8	172	4.4
计算机、通信和其他电子设备制造业	2691	2659	98.8	96	3.6
仪器仪表制造业	936	926	98.9	34	3.7
其他制造业	166	160	96.4	3	1.9
废弃资源综合利用业	145	144	99.3	3	2.1
金属制品、机械和设备修理业	29	29	100	2	6.9
电力、热力、燃气及水生产和供应业	444	438	98.6	11	2.5
电力、热力生产和供应业	246	241	98	8	3.3
燃气生产和供应业	86	86	100	1	1.2
水的生产和供应业	112	111	99.1	2	1.8
建筑业	10311	10185	98.8	502	4.9
房屋建筑业	4115	4074	99	229	5.6
土木工程建筑业	2050	2022	98.6	96	4.7
建筑安装业	1755	1733	98.7	70	4
建筑装饰和其他建筑业	2391	2356	98.5	107	4.5

接入互联网情况

接入宽带的企业		接入固定宽带的企业		接入移动宽带的企业		其他	
数量(个)	占接入互联网企业比重(%)	数量(个)	占接入宽带企业比重(%)	数量(个)	占接入宽带企业比重(%)	数量(个)	占接入宽带企业比重(%)
100287	**97.6**	**82349**	**82.1**	**43968**	**43.8**	**4175**	**4.1**
137	96.5	110	80.3	62	45.3	9	6.3
13	100	11	84.6	6	46.2	2	15.4
2	100	2	100	1	50		
12	80	9	75	4	33.3	3	20
8	100	7	87.5	2	25		
101	98.1	80	79.2	49	48.5	4	3.9
1	100	1	100				
45666	97.2	37226	81.5	20343	44.5	1846	3.9
1473	96.9	1147	77.9	663	45	54	3.6
351	95.9	287	81.8	158	45	31	8.5
180	97.8	139	77.2	81	45	6	3.3
5	100	4	80	4	80		
4676	97.6	3830	81.9	1913	40.9	143	3
2517	97.9	2066	82.1	1050	41.7	81	3.1
597	97.4	467	78.2	299	50.1	30	4.9
1218	98.1	817	67.1	638	52.4	21	1.7
245	95.7	198	80.8	113	46.1	16	6.3
584	97.7	477	81.7	246	42.1	21	3.5
627	96.2	518	82.6	267	42.6	37	5.7
1205	96.6	950	78.8	538	44.6	41	3.3
125	97.7	108	86.4	52	41.6	3	2.3
3652	96.6	2993	82	1719	47.1	150	4
662	97.2	554	83.7	295	44.6	32	4.7
828	97.6	655	79.1	342	41.3	40	4.7
1875	96.2	1546	82.5	828	44.2	98	5
2523	97.2	1966	77.9	1165	46.2	77	3
1458	97.1	1185	81.3	622	42.7	59	3.9
1034	97.4	848	82	459	44.4	36	3.4
3086	97.4	2557	82.9	1370	44.4	127	4
4015	97.5	3331	83	1777	44.3	151	3.7
2876	97.2	2402	83.5	1315	45.7	120	4.1
1366	97.6	1108	81.1	656	48	66	4.7
909	98.3	746	82.1	388	42.7	32	3.5
3794	96.9	3130	82.5	1745	46	168	4.3
2568	96.6	2207	85.9	1085	42.3	142	5.3
889	96	743	83.6	394	44.3	51	5.5
158	98.8	107	67.7	88	55.7	4	2.5
142	98.6	116	81.7	65	45.8	8	5.6
28	96.6	24	85.7	8	28.6	1	3.4
432	98.6	368	85.2	174	40.3	18	4.1
238	98.8	199	83.6	98	41.2	12	5
84	97.7	74	88.1	34	40.5	3	3.5
110	99.1	95	86.4	42	38.2	3	2.7
10090	99.1	8634	85.6	5405	53.6	586	5.8
4038	99.1	3454	85.5	2253	55.8	244	6
2008	99.3	1736	86.5	1082	53.9	122	6
1709	98.6	1462	85.5	881	51.6	85	4.9
2335	99.1	1982	84.9	1189	50.9	135	5.7

5-B-6 续表

行　　业	企业数(个)	使用互联网的企业		接入窄带的企业	
		数量(个)	比重(%)	数量(个)	占接入互联网企业比重(%)
批发和零售业	21610	21147	97.9	704	3.3
批发业	12967	12713	98	401	3.2
零售业	8643	8434	97.6	303	3.6
交通运输、仓储和邮政业	4183	4102	98.1	136	3.3
铁路运输业	12	12	100		
道路运输业	2447	2401	98.1	77	3.2
水上运输业	496	484	97.6	21	4.3
航空运输业	15	15	100	1	6.7
管道运输业	7	7	100		
装卸搬运和运输代理业	742	732	98.7	22	3
仓储业	366	355	97	10	2.8
邮政业	98	96	98	5	5.2
住宿和餐饮业	3379	3292	97.4	155	4.7
住宿业	1026	1009	98.3	43	4.3
餐饮业	2353	2283	97	112	4.9
信息传输、软件和信息技术服务业	1215	1204	99.1	54	4.5
电信、广播电视和卫星传输服务	160	159	99.4	12	7.5
互联网和相关服务	134	133	99.3	6	4.5
软件和信息技术服务业	921	912	99	36	3.9
房地产业	7563	7410	98	199	2.7
房地产业	7563	7410	98	199	2.7
租赁和商务服务业	3477	3426	98.5	105	3.1
租赁业	154	151	98.1	7	4.6
商务服务业	3323	3275	98.6	98	3
科学研究和技术服务业	2386	2351	98.5	69	2.9
研究和试验发展	187	185	98.9	7	3.8
专业技术服务业	1521	1491	98	48	3.2
科技推广和应用服务业	678	675	99.6	14	2.1
水利、环境和公共设施管理业	525	518	98.7	13	2.5
水利管理业	18	18	100		
生态保护和环境治理业	68	68	100	1	1.5
公共设施管理业	439	432	98.4	12	2.8
居民服务、修理和其他服务业	509	488	95.9	17	3.5
居民服务业	164	157	95.7	4	2.5
机动车、电子产品和日用产品修理业	230	224	97.4	9	4
其他服务业	115	107	93	4	3.7
教育	301	300	99.7	15	5
教育	301	300	99.7	15	5
卫生和社会工作	205	204	99.5	8	3.9
卫生	202	201	99.5	8	4
社会工作	3	3	100		
文化、体育和娱乐业	584	581	99.5	21	3.6
新闻和出版业	51	51	100	2	3.9
广播、电视、电影和影视录音制作业	149	149	100	9	6
文化艺术业	120	119	99.2	1	0.8
体育	39	39	100	1	2.6
娱乐业	225	223	99.1	8	3.6

接入宽带的企业		接入固定宽带的企业		接入移动宽带的企业		其他	
数量（个）	占接入互联网企业比重（%）	数量（个）	占接入宽带企业比重（%）	数量（个）	占接入宽带企业比重（%）	数量（个）	占接入宽带企业比重（%）
20524	97.1	16705	81.4	7790	38	701	3.3
12358	97.2	10135	82	4564	36.9	409	3.2
8166	96.8	6570	80.5	3226	39.5	292	3.5
4038	98.4	3247	80.4	1733	42.9	144	3.5
12	100	5	41.7	7	58.3		
2365	98.5	1862	78.7	1025	43.3	73	3
477	98.6	387	81.1	228	47.8	14	2.7
15	100	13	86.7	7	46.7	7	100
7	100	6	85.7	3	42.9	2	66.7
716	97.8	604	84.4	281	39.2	44	6
352	99.2	289	82.1	141	40.1	9	2.5
94	97.9	81	86.2	41	43.6	4	4.2
3153	95.8	2429	77	1446	45.9	148	4.5
964	95.5	756	78.4	503	52.2	73	7.2
2189	95.9	1673	76.4	943	43.1	75	3.3
1189	98.8	1014	85.3	664	55.8	81	6.7
158	99.4	134	84.8	106	67.1	15	9.4
133	100	118	88.7	63	47.4	7	5.3
898	98.5	762	84.9	495	55.1	59	6.5
7321	98.8	6178	84.4	3078	42	311	4.2
7321	98.8	6178	84.4	3078	42	311	4.2
3379	98.6	2821	83.5	1423	42.1	125	3.6
148	98	121	81.8	65	43.9	6	4
3231	98.7	2700	83.6	1358	42	119	3.6
2302	97.9	1915	83.2	968	42.1	115	4.9
180	97.3	141	78.3	84	46.7	8	4.3
1466	98.3	1233	84.1	640	43.7	82	5.5
656	97.2	541	82.5	244	37.2	25	3.7
509	98.3	427	83.9	198	38.9	17	3.3
18	100	12	66.7	7	38.9		
65	95.6	55	84.6	21	32.3	5	7.4
426	98.6	360	84.5	170	39.9	12	2.8
477	97.7	367	76.9	220	46.1	22	4.5
153	97.5	119	77.8	65	42.5	11	7
218	97.3	160	73.4	113	51.8	8	3.6
106	99.1	88	83	42	39.6	3	2.8
292	97.3	244	83.6	120	41.1	19	6.3
292	97.3	244	83.6	120	41.1	19	6.3
203	99.5	175	86.2	91	44.8	12	5.9
200	99.5	172	86	89	44.5	12	6
3	100	3	100	2	66.7	2	100
575	99	489	85	253	44	21	3.6
51	100	48	94.1	24	47.1	4	7.8
146	98	124	84.9	68	46.6	7	4.7
118	99.2	104	88.1	55	46.6	4	3.4
39	100	30	76.9	17	43.6	1	2.6
221	99.1	183	82.8	89	40.3	5	2.2

5-C-1 按专业和控股情况分企业拥有网站情况

项目	企业数（个）	有局域网企业数（个）	比重（%）	有网站企业数（个）	比重（%）	企业拥有网站数（个）	每百家企业拥有网站数（个）
总计	**104560**	**59424**	**56.8**	**51480**	**49.2**	**76060**	**73**
按统计专业分							
工业	48312	29081	60.2	29241	60.5	35685	74
建筑业	10311	5897	57.2	4053	39.3	4565	44
批发和零售业	21610	9726	45.0	6989	32.3	8549	40
规模以上服务业	14560	9053	62.2	6993	48.0	22360	154
住宿和餐饮业	3379	1790	53.0	1419	42.0	1676	50
房地产业	6388	3877	60.7	2785	43.6	3225	50
按控股情况分							
国有控股	4770	3527	73.9	2685	56.3	3346	70
集体控股	2602	1500	57.6	1111	42.7	1374	53
私人控股	81795	42699	52.2	37961	46.4	45882	56
港澳台商控股	4220	3228	76.5	2766	65.5	3362	80
外商控股	6910	5680	82.2	4615	66.8	19345	280
其他	4263	2790	65.4	2342	54.9	2751	65

5-C-2　按企业基本情况分企业拥有网站情况

项　目	企业数(个)	有局域网企业数(个)	比重(%)	有网站企业数(个)	比重(%)	企业拥有网站数(个)	每百家企业拥有网站数(个)
总　计	**104560**	**59424**	**56.8**	**51480**	**49.2**	**76060**	**73**
工　业	**48312**	**29081**	**60.2**	**29241**	**60.5**	**35685**	**74**
高新技术企业	5469	4701	86	4846	88.6	6263	115
非高新技术企业							
建筑业	**10311**	**5897**	**57.2**	**4053**	**39.3**	**4565**	**44**
施工总承包	5003	2871	57.4	1836	36.7	2113	42
专业承包	4175	2555	61.2	2006	48.0	2225	53
劳务分包	1133	471	41.6	211	18.6	227	20
批发零售业	**21610**	**9726**	**45**	**6989**	**32.3**	**8549**	**40**
独立门店	16211	6829	42.1	4908	30.3	5988	37
连锁总店(总部)	175	143	81.7	106	60.6	137	78
连锁门店	284	233	82.0	159	56.0	210	74
其他	4940	2521	51.0	1816	36.8	2214	45
零售业	8643	3929	45.5	2911	33.7	3675	43
#超市	378	194	51.3	120	31.7	147	39
大型超市	191	172	90.1	108	56.5	143	75
百货店	538	293	54.5	206	38.3	264	49
专业店	4804	1946	40.5	1427	29.7	1777	37
专卖店	2022	1055	52.2	817	40.4	1057	52
厂家直销中心	264	85	32.2	78	29.5	90	34
规模以上服务业	**14560**	**9053**	**62.2**	**6993**	**48**	**22360**	**154**
住宿和餐饮业	**3379**	**1790**	**53**	**1419**	**42**	**1676**	**50**
独立门店	3101	1603	52.1	1272	41.0	1512	49
连锁总店(总部)	23	18	78.3	18	78.3	18	78
连锁门店	127	104	82.5	75	59.1	86	68
其他	128	65	52	54	42.2	60	47
住宿业	1026	747	72.8	596	58.1	721	70
一星	6	3	50	2	33.3	2	33
二星	50	28	56	20	40	30	60
三星	228	168	73.7	137	60.1	163	71
四星	152	137	90.1	124	81.6	145	95
五星	72	68	94.4	63	87.5	74	103
其他	517	342	66.2	250	48.4	307	59
房地产业	**6388**	**3877**	**60.7**	**2785**	**43.6**	**3225**	**50**
一级	103	85	82.5	88	85.4	98	95
二级	2010	1359	67.6	1048	52.1	1221	61
三级	1158	593	51.2	390	33.7	444	38
四级	69	28	40.6	24	34.8	24	35
暂定	2654	1591	59.9	1072	40.4	1243	47
其他	394	221	56.1	163	41.4	195	49

5-C-3 按企业规模分企业拥有网站情况

项目	企业数(个)	有局域网企业数(个)	比重(%)	有网站企业数(个)	比重(%)	企业拥有网站数(个)	每百家企业拥有网站数(个)
总计	**104560**	**59424**	**56.8**	**51480**	**49.2**	**76060**	**73**
大型	2288	2150	94	1918	83.8	2874	126
中型	19908	14391	72.3	12080	60.7	14615	73
小型	71773	38427	53.5	34509	48.1	55128	77
微型	10427	4359	41.8	2893	27.7	3349	32
工业	48312	29081	60.2	29241	60.5	35685	74
大型	1240	1196	96.5	1086	87.6	1737	140
中型	6038	4985	82.6	4675	77.4	5594	93
小型	39659	22313	56.3	22952	57.9	27753	70
微型	1375	587	42.7	528	38.4	601	44
建筑业	10311	5897	57.2	4053	39.3	4565	44
大型	199	182	91.5	179	89.9	232	117
中型	3080	1979	64.3	1466	47.6	1645	53
小型	5388	3043	56.5	1999	37.1	2233	41
微型	1644	693	42.2	409	24.9	455	28
批发和零售业	21610	9726	45	6989	32.3	8549	40
大型	375	348	92.8	294	78.4	413	110
中型	4450	2951	66.3	2344	52.7	3001	67
小型	13329	5363	40.2	3684	27.6	4351	33
微型	3456	1064	30.8	667	19.3	784	23
批发业	12967	5797	44.7	4078	31.4	4874	38
大型	150	133	88.7	124	82.7	196	131
中型	2412	1510	62.6	1207	50	1452	60
小型	8953	3619	40.4	2436	27.2	2850	32
微型	1452	535	36.8	311	21.4	376	26
零售业	8643	3929	45.5	2911	33.7	3675	43
大型	225	215	95.6	170	75.6	217	96
中型	2038	1441	70.7	1137	55.8	1549	76
小型	4376	1744	39.9	1248	28.5	1501	34
微型	2004	529	26.4	356	17.8	408	20
服务业	14560	9053	62.2	6993	48	22360	154
大型	406	361	88.9	302	74.4	427	105
中型	1706	1361	79.8	1191	69.8	1606	94
小型	9778	5933	60.7	4599	47	19265	197
微型	2506	1301	51.9	821	32.8	968	39
住宿和餐饮业	3379	1790	53	1419	42	1676	50
大型	42	39	92.9	34	81	36	86
中型	549	424	77.2	386	70.3	428	78
小型	2656	1288	48.5	964	36.3	1173	44
微型	132	39	29.5	35	26.5	39	30
住宿业	1026	747	72.8	596	58.1	721	70
大型	21	20	95.2	19	90.5	21	100
中型	258	233	90.3	203	78.7	222	86
小型	718	488	68	366	51	468	65
微型	29	6	20.7	8	27.6	10	34
餐饮业	2353	1043	44.3	823	35	955	41
大型	21	19	90.5	15	71.4	15	71
中型	291	191	65.6	183	62.9	206	71
小型	1938	800	41.3	598	30.9	705	36
微型	103	33	32	27	26.2	29	28
房地产业	6388	3877	60.7	2785	43.6	3225	50
大型	26	24	92.3	23	88.5	29	112
中型	4085	2691	65.9	2018	49.4	2341	57
小型	963	487	50.6	311	32.3	353	37
微型	1314	675	51.4	433	33	502	38

5-C-4　按地区分企业拥有网站情况

地　区	企业数(个)	有局域网企业数(个)	比重(%)	有网站企业数(个)	比重(%)	企业拥有网站数(个)	每百家企业拥有网站数(个)
总　计	**104560**	**59424**	**56.8**	**51480**	**49.2**	**76060**	**73**
南京市	10755	7073	65.8	5705	53	7011	65
无锡市	10277	6344	61.7	6140	59.7	7325	71
徐州市	7311	3124	42.7	2454	33.6	2856	39
常州市	10015	5757	57.5	5221	52.1	6440	64
苏州市	20653	14178	68.6	11784	57.1	27728	134
南通市	10753	5186	48.2	4585	42.6	5408	50
连云港市	3533	1707	48.3	1313	37.2	1592	45
淮安市	5267	2488	47.2	1725	32.8	2099	40
盐城市	6422	3081	48	2594	40.4	3100	48
扬州市	5713	3312	58	3134	54.9	3908	68
镇江市	4724	2569	54.4	2541	53.8	3163	67
泰州市	4913	2582	52.6	2676	54.5	3482	71
宿迁市	4224	2023	47.9	1608	38.1	1948	46

5-C-5 按登记注册类型分企业拥有网站情况

登记注册类型	企业数(个)	有局域网企业数(个)	比重(%)	有网站企业数(个)	比重(%)	企业拥有网站数(个)	每百家企业拥有网站数(个)
总　　计	**104560**	**59424**	**56.8**	**51480**	**49.2**	**76060**	**73**
内资企业	91272	48973	53.7	42530	46.6	51494	56
国有企业	1486	955	64.3	713	48	873	59
集体企业	1039	485	46.7	361	34.7	452	44
股份合作企业	200	96	48	109	54.5	144	72
联营企业	53	40	75.5	31	58.5	44	83
国有联营企业	14	12	85.7	12	85.7	18	129
集体联营企业	16	8	50	7	43.8	13	81
国有与集体联营企业	15	13	86.7	7	46.7	7	47
其他联营企业	8	7	87.5	5	62.5	6	75
有限责任公司	18005	11046	61.3	8794	48.8	10704	59
国有独资公司	765	576	75.3	429	56.1	564	74
其他有限责任公司	17240	10470	60.7	8365	48.5	10140	59
股份有限公司	2822	1923	68.1	1696	60.1	2218	79
私营企业	66067	33897	51.3	30413	46	36578	55
私营独资企业	4608	1709	37.1	1620	35.2	1915	42
私营合伙企业	436	203	46.6	166	38.1	211	48
私营有限责任公司	58283	30439	52.2	27239	46.7	32708	56
私营股份有限公司	2740	1546	56.4	1388	50.7	1744	64
其他企业	1600	531	33.2	413	25.8	481	30
港、澳、台商投资企业	5040	3800	75.4	3332	66.1	4039	80
与港澳台商合资经营企业	1878	1352	72	1290	68.7	1524	81
与港澳台商合作经营企业	94	62	66	51	54.3	61	65
港澳台商独资经营企业	2938	2285	77.8	1896	64.5	2335	79
港澳台商投资股份有限公司	120	93	77.5	87	72.5	111	93
其他港澳台投资企业	10	8	80	8	80	8	80
外商投资企业	8248	6651	80.6	5618	68.1	20527	249
中外合资经营企业	2529	1901	75.2	1793	70.9	2275	90
中外合作经营企业	132	93	70.5	96	72.7	107	81
外资企业	5434	4538	83.5	3626	66.7	18021	332
外商投资股份有限公司	141	111	78.7	94	66.7	109	77
其他外商投资企业	12	8	66.7	9	75	15	125

5-C-6　按行业分企业拥有网站情况

行　　业	企业数（个）	有局域网企业数（个）	比重（%）	有网站企业数（个）	比重（%）	企业拥有网站数（个）	每百家企业拥有网站数（个）
总　计	**104560**	**59424**	**56.8**	**51480**	**49.2**	**76060**	**73**
采矿业	150	76	50.7	52	34.7	73	49
煤炭开采和洗选业	13	11	84.6	8	61.5	22	169
石油和天然气开采业	2	2	100	1	50.0	1	50
黑色金属矿采选业	19	8	42.1	10	52.6	12	63
有色金属矿采选业	8	6	75	4	50.0	5	63
非金属矿采选业	107	49	45.8	28	26.2	32	30
开采辅助活动	1			1	100.0	1	100
其他采矿业							
制造业	47718	28661	60.1	28925	60.6	35177	74
农副食品加工业	1548	668	43.2	652	42.1	765	49
食品制造业	371	246	66.3	249	67.1	298	80
酒、饮料和精制茶制造业	188	124	66	119	63.3	146	78
烟草制品业	5	5	100	4	80.0	4	80
纺织业	4859	2326	47.9	2304	47.4	2695	55
纺织服装、服饰业	2621	1416	54	1243	47.4	1464	56
皮革、毛皮、羽毛及其制品和制鞋业	622	327	52.6	330	53.1	388	62
木材加工和木、竹、藤、棕、草制品业	1276	556	43.6	452	35.4	519	41
家具制造业	259	155	59.8	156	60.2	192	74
造纸和纸制品业	605	363	60	322	53.2	382	63
印刷和记录媒介复制业	657	394	60	377	57.4	444	68
文教、工美、体育和娱乐用品制造业	1258	688	54.7	668	53.1	854	68
石油加工、炼焦和核燃料加工业	130	76	58.5	76	58.5	84	65
化学原料和化学制品制造业	3845	2341	60.9	2539	66.0	3078	80
医药制造业	689	469	68.1	481	69.8	601	87
化学纤维制造业	889	424	47.7	354	39.8	433	49
橡胶和塑料制品业	1974	1205	61	1217	61.7	1479	75
非金属矿物制品业	2627	1432	54.5	1353	51.5	1561	59
黑色金属冶炼和压延加工业	1556	800	51.4	937	60.2	1130	73
有色金属冶炼和压延加工业	1094	607	55.5	646	59.0	770	70
金属制品业	3205	1861	58.1	2122	66.2	2577	80
通用设备制造业	4170	2726	65.4	2973	71.3	3743	90
专用设备制造业	2982	2065	69.2	2159	72.4	2700	91
汽车制造业	1415	1069	75.5	996	70.4	1197	85
铁路、船舶、航空航天和其他运输设备制造业	943	619	65.6	624	66.2	727	77
电气机械和器材制造业	3963	2667	67.3	2815	71.0	3592	91
计算机、通信和其他电子设备制造业	2691	2175	80.8	1899	70.6	2274	85
仪器仪表制造业	936	684	73.1	695	74.3	883	94
其他制造业	166	80	48.2	81	48.8	102	61
废弃资源综合利用业	145	75	51.7	68	46.9	79	54
金属制品、机械和设备修理业	29	18	62.1	14	48.3	16	55
电力、热力、燃气及水生产和供应业	444	344	77.5	264	59.5	435	98
电力、热力生产和供应业	246	199	80.9	141	57.3	162	66
燃气生产和供应业	86	61	70.9	51	59.3	189	220
水的生产和供应业	112	84	75	72	64.3	84	75
建筑业	10311	5897	57.2	4053	39.3	4565	44
房屋建筑业	4115	2180	53	1372	33.3	1573	38
土木工程建筑业	2050	1244	60.7	831	40.5	954	47
建筑安装业	1755	1114	63.5	817	46.6	897	51
建筑装饰和其他建筑业	2391	1359	56.8	1033	43.2	1141	48

5-C-6 续表

行业	企业数(个)	有局域网企业数(个)	比重(%)	有网站企业数(个)	比重(%)	企业拥有网站数(个)	每百家企业拥有网站数(个)
批发和零售业	21610	9726	45	6989	32.3	8549	40
批发业	12967	5797	44.7	4078	31.4	4874	38
零售业	8643	3929	45.5	2911	33.7	3675	43
交通运输、仓储和邮政业	4183	2361	56.4	1676	40.1	1989	48
铁路运输业	12	9	75	4	33.3	5	42
道路运输业	2447	1258	51.4	882	36.0	1038	42
水上运输业	496	271	54.6	191	38.5	229	46
航空运输业	15	11	73.3	10	66.7	11	73
管道运输业	7	7	100	3	42.9	4	57
装卸搬运和运输代理业	742	490	66	364	49.1	428	58
仓储业	366	244	66.7	162	44.3	198	54
邮政业	98	71	72.4	60	61.2	76	78
住宿和餐饮业	3379	1790	53	1419	42.0	1676	50
住宿业	1026	747	72.8	596	58.1	721	70
餐饮业	2353	1043	44.3	823	35.0	955	41
信息传输、软件和信息技术服务业	1215	1053	86.7	932	76.7	15120	1244
电信、广播电视和卫星传输服务	160	144	90	109	68.1	170	106
互联网和相关服务	134	112	83.6	107	79.9	13932	10397
软件和信息技术服务业	921	797	86.5	716	77.7	1018	111
房地产业	7563	4552	60.2	3223	42.6	3738	49
房地产业	7563	4552	60.2	3223	42.6	3738	49
租赁和商务服务业	3477	2170	62.4	1671	48.1	2075	60
租赁业	154	80	51.9	55	35.7	68	44
商务服务业	3323	2090	62.9	1616	48.6	2007	60
科学研究和技术服务业	2386	1480	62	1184	49.6	1345	56
研究和试验发展	187	131	70.1	119	63.6	138	74
专业技术服务业	1521	1102	72.5	871	57.3	983	65
科技推广和应用服务业	678	247	36.4	194	28.6	224	33
水利、环境和公共设施管理业	525	286	54.5	230	43.8	262	50
水利管理业	18	17	94.4	9	50.0	9	50
生态保护和环境治理业	68	42	61.8	26	38.2	27	40
公共设施管理业	439	227	51.7	195	44.4	226	51
居民服务、修理和其他服务业	509	291	57.2	217	42.6	248	49
居民服务业	164	92	56.1	74	45.1	87	53
机动车、电子产品和日用产品修理业	230	142	61.7	93	40.4	103	45
其他服务业	115	57	49.6	50	43.5	58	50
教育	301	179	59.5	164	54.5	196	65
教育	301	179	59.5	164	54.5	196	65
卫生和社会工作	205	186	90.7	155	75.6	199	97
卫生	202	183	90.6	153	75.7	197	98
社会工作	3	3	100	2	66.7	2	67
文化、体育和娱乐业	584	372	63.7	326	55.8	413	71
新闻和出版业	51	47	92.2	43	84.3	70	137
广播、电视、电影和影视录音制作业	149	102	68.5	98	65.8	117	79
文化艺术业	120	52	43.3	57	47.5	79	66
体育	39	33	84.6	28	71.8	32	82
娱乐业	225	138	61.3	100	44.4	115	51

5-D-1　按专业和控股情况分企业使用互联网开展活动情况

单位：个

项　　目	企业数	使用互联网的企业	收　　发电子邮件	了解商品和服务的信息	从政府机构获取信息	与 政 府机构互动	使用网上银行
总　　计	**104560**	**102787**	**94253**	**58542**	**53363**	**26869**	**74638**
按统计专业分							
工业	48312	47579	44624	29624	26134	14287	36350
建筑业	10311	10185	9597	5199	6711	2892	7819
批发零售业	21610	21147	18318	12483	7664	3443	13961
服务业	14560	14324	13082	6747	7685	3718	9695
住宿和餐饮业	3379	3292	2645	1451	1143	504	1930
房地产业	6388	6260	5987	3038	4026	2025	4883
按控股情况分							
国有控股	4770	4686	4442	2701	3101	1701	3535
集体控股	2602	2525	2315	1310	1421	745	1695
私人控股	81795	80393	72991	45258	38994	18639	57207
港澳台商控股	4220	4159	4005	2496	2657	1569	3378
外商控股	6910	6847	6608	4322	4755	2975	5680
其他	4263	4177	3892	2455	2435	1240	3143

5-D-1　续表

单位：个

指标名称	使用其他金融服务	提供客户服务	拨打互联网电话或召开视频会议	在线提供产品	发布消息或即时消息	员工培训	对 外 或对内招聘	其他
总　　计	**14154**	**38348**	**11234**	**15379**	**28554**	**21198**	**34252**	**26122**
按统计专业分								
工业	7115	19567	6182	9536	13408	9027	16855	10672
建筑业	1302	2738	567	688	2775	3074	3764	2897
批发零售业	2474	7016	1667	2521	4622	3248	5061	5267
服务业	1868	5804	1701	1659	4839	3572	4988	4408
住宿和餐饮业	279	1183	226	408	808	697	1114	963
房地产业	1116	2040	891	567	2102	1580	2470	1915
按控股情况分								
国有控股	756	1924	965	655	2081	1578	1825	1327
集体控股	322	818	188	270	667	555	596	673
私人控股	10612	28955	5489	11811	20115	14608	23976	20451
港澳台商控股	689	1853	1131	768	1485	1188	2154	920
外商控股	1102	3127	2768	1221	2695	2097	4066	1558
其他	673	1671	693	654	1511	1172	1635	1193

5-D-2 按企业基本情况分企业

项目	企业数(个)	使用互联网的企业	收发电子邮件	了解商品和服务的信息	从政府机构获取信息	与政府机构互动
总计	**104560**	**102787**	**94253**	**58542**	**53363**	**26869**
工业	**48312**	**47579**	**44624**	**29624**	**26134**	**14287**
高新技术企业	5469	5429	5325	4145	3998	2609
非高新技术企业						
建筑业	**10311**	**10185**	**9597**	**5199**	**6711**	**2892**
施工总承包	5003	4954	4683	2499	3537	1594
专业承包	4175	4129	3901	2331	2597	1096
劳务分包	1133	1102	1013	369	577	202
批发零售业	**21610**	**21147**	**18318**	**12483**	**7664**	**3443**
独立门店	16211	15892	13548	9243	5371	2319
连锁总店(总部)	175	167	155	118	89	50
连锁门店	284	271	247	152	126	69
其他	4940	4817	4368	2970	2078	1005
零售业	8643	8434	7108	5004	2867	1280
#超市	378	361	285	210	105	54
大型超市	191	173	143	82	75	46
百货店	538	532	451	355	213	106
专业店	4804	4684	3893	2735	1513	637
专卖店	2022	1986	1773	1204	709	318
厂家直销中心	264	260	220	167	110	54
规模以上服务业	**14560**	**14324**	**13082**	**6747**	**7685**	**3718**
住宿和餐饮业	**3379**	**3292**	**2645**	**1451**	**1143**	**504**
独立门店	3101	3022	2398	1307	1026	449
连锁总店(总部)	23	23	21	13	11	6
连锁门店	127	124	116	64	51	28
其他	128	123	110	67	55	21
住宿业	1026	1009	895	540	436	223
一星	6	6	3	2	1	1
二星	50	50	43	22	22	8
三星	228	223	194	120	99	48
四星	152	149	142	93	79	43
五星	72	72	72	55	44	30
其他	517	508	440	247	191	93
房地产业	**6388**	**6260**	**5987**	**3038**	**4026**	**2025**
一级	103	102	98	59	75	42
二级	2010	1976	1909	1016	1309	687
三级	1158	1124	1048	494	657	306
四级	69	67	58	24	38	10
暂定	2654	2612	2511	1265	1707	867
其他	394	379	363	180	240	113

使用互联网开展活动情况

单位：个

使用网上银行	使用其他金融服务	提供客户服务	拨打互联网电话或召开视频会议	在线提供产品	发布消息或即时消息	员工培训	对外或对内招聘	其他
74638	**14154**	**38348**	**11234**	**15379**	**28554**	**21198**	**34252**	**26122**
36350	**7115**	**19567**	**6182**	**9536**	**13408**	**9027**	**16855**	**10672**
4771	1257	3169	1508	1698	2784	1930	3436	1259
7819	**1302**	**2738**	**567**	**688**	**2775**	**3074**	**3764**	**2897**
4017	699	1225	286	276	1428	1745	1894	1411
3097	529	1337	239	371	1196	1117	1658	1170
705	74	176	42	41	151	212	212	316
13961	**2474**	**7016**	**1667**	**2521**	**4622**	**3248**	**5061**	**5267**
9905	1798	5109	1111	1748	3186	2342	3492	3937
133	22	68	39	32	72	64	80	44
205	31	111	65	55	103	86	110	77
3718	623	1728	452	686	1261	756	1379	1209
5151	887	2974	817	1065	2081	1750	2284	2332
194	35	81	19	29	66	47	70	103
117	9	52	32	14	50	39	68	45
320	68	176	66	58	140	122	152	135
2733	445	1596	369	511	997	820	1072	1282
1378	271	860	283	350	655	618	749	573
155	26	78	24	31	64	43	64	79
9695	**1868**	**5804**	**1701**	**1659**	**4839**	**3572**	**4988**	**4408**
1930	**279**	**1183**	**226**	**408**	**808**	**697**	**1114**	**963**
1738	241	1070	172	360	714	601	980	885
17	2	7	5	5	9	8	13	5
89	22	56	42	28	49	61	64	34
86	14	50	7	15	36	27	57	39
713	138	529	143	229	407	357	474	275
1		3				2	1	3
37	6	23	1	8	17	9	17	12
154	24	109	17	47	76	68	86	47
128	27	84	15	45	73	65	90	42
58	19	52	25	31	49	43	55	27
334	62	257	85	98	191	169	224	143
4883	**1116**	**2040**	**891**	**567**	**2102**	**1580**	**2470**	**1915**
81	25	45	25	19	58	41	60	32
1608	376	681	335	192	750	595	922	634
822	186	308	92	78	268	212	312	348
50	6	17	1	1	3	10	5	15
2059	462	870	401	252	913	654	1052	781
263	61	119	37	25	110	68	119	105

5-D-3 按企业规模分企业

项　　目	企业数（个）	使用互联网的企业	收　发电子邮件	了解商品和服务的信息	从政府机构获取信息	与 政 府机构互动
总 计	**104560**	**102787**	**94253**	**58542**	**53363**	**26869**
大型	2288	2254	2175	1555	1648	1041
中型	19908	19664	18790	11854	12363	6638
小型	71773	70713	64497	40449	35083	17367
微型	10427	9993	8653	4637	4197	1787
工业	48312	47579	44624	29624	26134	14287
大型	1240	1232	1193	910	944	623
中型	6038	5978	5763	4022	3964	2418
小型	39659	39092	36596	24021	20704	11017
微型	1375	1277	1072	671	522	229
建筑业	10311	10185	9597	5199	6711	2892
大型	199	198	197	123	160	88
中型	3080	3062	2941	1674	2295	1070
小型	5388	5337	5055	2748	3446	1434
微型	1644	1588	1404	654	810	300
批发和零售业	21610	21147	18318	12483	7664	3443
大型	375	362	341	241	219	143
中型	4450	4362	4075	2867	2048	1025
小型	13329	13097	11181	7611	4414	1871
微型	3456	3326	2721	1764	983	404
批发业	12967	12713	11210	7479	4797	2163
大型	150	149	141	103	95	57
中型	2412	2360	2222	1516	1153	557
小型	8953	8809	7647	5125	3075	1329
微型	1452	1395	1200	735	474	220
零售业	8643	8434	7108	5004	2867	1280
大型	225	213	200	138	124	86
中型	2038	2002	1853	1351	895	468
小型	4376	4288	3534	2486	1339	542
微型	2004	1931	1521	1029	509	184
服务业总计	14560	14324	13082	6747	7685	3718
大型	406	394	379	241	284	159
中型	1706	1685	1595	908	1122	627
小型	9778	9655	8771	4596	5102	2424
微型	2506	2427	2199	955	1105	472
住宿和餐饮业	3379	3292	2645	1451	1143	504
大型	42	42	40	29	27	20
中型	549	538	504	318	232	110
小型	2656	2588	2011	1057	856	361
微型	132	124	90	47	28	13
住宿业	1026	1009	895	540	436	223
大型	21	21	20	14	15	11
中型	258	255	248	172	132	74
小型	718	706	605	342	282	134
微型	29	27	22	12	7	4
餐饮业	2353	2283	1750	911	707	281
大型	21	21	20	15	12	9
中型	291	283	256	146	100	36
小型	1938	1882	1406	715	574	227
微型	103	97	68	35	21	9
房地产业	6388	6260	5987	3038	4026	2025
大型	26	26	25	11	14	8
中型	4085	4039	3912	2065	2702	1388
小型	963	944	883	416	561	260
微型	1314	1251	1167	546	749	369

使用互联网开展活动情况

单位：个

使用网上银行	使用其他金融服务	提供客户服务	拨打互联网电话或召开视频会议	在线提供产品	发布消息或即时消息	员工培训	对外或对内招聘	其他
74638	**14154**	**38348**	**11234**	**15379**	**28554**	**21198**	**34252**	**26122**
1900	558	1175	944	552	1225	1066	1422	479
15927	3517	8216	3694	3232	7720	6318	9335	5230
50551	9008	26222	6042	10820	17788	12468	21442	17589
6175	1063	2676	540	763	1768	1291	2007	2762
36350	7115	19567	6182	9536	13408	9027	16855	10672
1045	352	646	581	321	646	556	841	201
4893	1125	2801	1543	1356	2373	1760	3090	1255
29513	5478	15733	3974	7700	10166	6573	12658	8958
899	160	387	84	159	223	138	266	258
7819	1302	2738	567	688	2775	3074	3764	2897
174	47	85	64	33	132	120	140	60
2572	524	898	233	197	1099	1203	1373	848
4151	615	1436	226	373	1341	1480	1937	1503
922	116	319	44	85	203	271	314	486
13961	2474	7016	1667	2521	4622	3248	5061	5267
299	64	195	142	95	182	161	176	88
3455	759	2049	774	829	1661	1344	1914	1199
8359	1355	4021	652	1359	2368	1520	2561	3150
1848	296	751	99	238	411	223	410	830
8810	1587	4042	850	1456	2541	1498	2777	2935
123	33	87	65	43	80	71	71	40
1865	429	1007	316	400	755	531	896	600
5866	966	2596	412	892	1505	802	1610	1993
956	159	352	57	121	201	94	200	302
5151	887	2974	817	1065	2081	1750	2284	2332
176	31	108	77	52	102	90	105	48
1590	330	1042	458	429	906	813	1018	599
2493	389	1425	240	467	863	718	951	1157
892	137	399	42	117	210	129	210	528
9695	1868	5804	1701	1659	4839	3572	4988	4408
319	82	210	133	83	221	187	223	115
1344	286	799	401	311	846	685	881	554
6396	1219	3883	995	1064	3138	2241	3225	2912
1551	273	853	158	189	581	404	613	765
1930	279	1183	226	408	808	697	1114	963
40	7	23	12	15	25	24	27	11
401	74	255	75	124	216	188	290	139
1429	191	880	135	263	551	471	775	770
60	7	25	4	6	16	14	22	43
713	138	529	143	229	407	357	474	275
20	4	15	5	8	13	13	13	10
211	48	148	50	85	136	114	160	73
469	85	358	87	134	254	225	295	180
13	1	8	1	2	4	5	6	12
1217	141	654	83	179	401	340	640	688
20	3	8	7	7	12	11	14	1
190	26	107	25	39	80	74	130	66
960	106	522	48	129	297	246	480	590
47	6	17	3	4	12	9	16	31
4883	1116	2040	891	567	2102	1580	2470	1915
23	6	16	12	5	19	18	15	4
3262	749	1414	668	415	1525	1138	1787	1235
703	150	269	60	61	224	183	286	296
895	211	341	151	86	334	241	382	380

5-D-4 按地区分企业

地区	企业数	使用互联网的企业	收发电子邮件	了解商品和服务的信息	从政府机构获取信息	与政府机构互动
总计	**104560**	**102787**	**94253**	**58542**	**53363**	**26869**
南京市	10755	10567	9945	6320	5934	3183
无锡市	10277	10054	9485	6132	5754	3006
徐州市	7311	7204	6142	3972	2877	1218
常州市	10015	9854	8936	5877	4978	2564
苏州市	20653	20215	19079	11760	11776	6401
南通市	10753	10659	9563	5634	5267	2497
连云港市	3533	3479	3161	2006	1637	839
淮安市	5267	5142	4652	2525	2360	1106
盐城市	6422	6325	5625	3310	2841	1209
扬州市	5713	5601	5222	3055	2853	1370
镇江市	4724	4666	4301	2730	2316	1165
泰州市	4913	4861	4475	2915	2643	1257
宿迁市	4224	4160	3667	2306	2127	1054

使用互联网开展活动情况

单位：个

使用网上银行	使用其他金融服务	提供客户服务	拨打互联网电话或召开视频会议	在线提供产品	发布消息或即时消息	员工培训	对外或对内招聘	其他
74638	**14154**	**38348**	**11234**	**15379**	**28554**	**21198**	**34252**	**26122**
8118	1603	4190	1561	1570	3869	2839	4687	2943
8362	1614	4254	1316	1859	3176	2048	3778	2515
4082	853	2239	440	806	1497	1312	1482	1972
7252	1514	3895	943	1702	2802	1944	3265	2296
17140	3167	8635	3708	3303	6770	4580	9138	4913
6875	1240	3361	737	1250	2188	1657	2424	2646
2323	452	1169	296	376	926	747	995	858
3089	541	1559	320	557	1021	918	1188	1352
3776	590	1876	410	765	1338	1076	1365	1654
4001	665	2019	480	926	1327	1201	1672	1517
3124	721	1804	354	769	1298	982	1548	1087
3830	754	2034	400	984	1317	1099	1499	1256
2666	440	1313	269	512	1025	795	1211	1113

5-D-5 按登记注册类型分企业

登记注册类型	企业数	使用互联网的企业	收发电子邮件	了解商品和服务的信息	从政府机构获取信息	与政府机构互动
总　计	**104560**	**102787**	**94253**	**58542**	**53363**	**26869**
内资企业	91272	89649	81588	50330	44609	21563
国有企业	1486	1460	1349	780	888	462
集体企业	1039	1007	884	506	526	257
股份合作企业	200	198	180	103	102	41
联营企业	53	51	47	29	23	12
国有联营企业	14	14	13	10	7	6
集体联营企业	16	14	12	7	5	1
国有与集体联营企业	15	15	14	6	8	3
其他联营企业	8	8	8	6	3	2
有限责任公司	18005	17644	16488	9815	10040	5018
国有独资公司	765	754	722	409	512	288
其他有限责任公司	17240	16890	15766	9406	9528	4730
股份有限公司	2822	2786	2632	1695	1668	930
私营企业	66067	64923	58663	36527	30691	14593
私营独资企业	4608	4483	3672	2354	1655	710
私营合伙企业	436	427	368	204	190	73
私营有限责任公司	58283	57340	52186	32489	27463	13108
私营股份有限公司	2740	2673	2437	1480	1383	702
其他企业	1600	1580	1345	875	671	250
港、澳、台商投资企业	5040	4971	4784	3019	3157	1839
与港澳台商合资经营企业	1878	1847	1773	1169	1169	656
与港澳台商合作经营企业	94	94	87	45	53	26
港澳台商独资经营企业	2938	2903	2801	1734	1846	1100
港澳台商投资股份有限公司	120	118	116	67	84	54
其他港澳台投资企业	10	9	7	4	5	3
外商投资企业	8248	8167	7881	5193	5597	3467
中外合资经营企业	2529	2496	2398	1572	1597	968
中外合作经营企业	132	129	126	89	79	44
外资企业	5434	5392	5210	3433	3827	2398
外商投资股份有限公司	141	139	136	91	88	54
其他外商投资企业	12	11	11	8	6	3

使用互联网开展活动情况

单位：个

使用网上银行	使用其他金融服务	提供客户服务	拨打互联网电话或召开视频会议	在线提供产品	发布消息或即时消息	员工培训	对外或对内招聘	其他
74638	**14154**	**38348**	**11234**	**15379**	**28554**	**21198**	**34252**	**26122**
63820	11983	32372	7007	12952	23668	17428	27126	23208
987	195	522	188	160	511	409	380	402
621	104	299	30	82	184	166	152	259
131	24	69	8	26	35	31	33	46
34	9	19	10	12	17	15	16	18
10	3	7	5	7	8	6	8	8
8	1	3	1	1	2	2	3	4
10	4	6	2	2	4	3	2	5
6	1	3	2	2	3	4	3	1
13019	2600	6565	2169	2458	5742	4601	6246	4963
563	126	281	129	111	348	243	314	200
12456	2474	6284	2040	2347	5394	4358	5932	4763
2153	532	1172	465	500	1038	871	1151	724
46122	8390	23345	4081	9564	15891	11163	18966	16323
2495	353	1240	116	450	602	416	664	1101
248	41	127	23	43	82	68	83	104
41374	7576	20920	3717	8646	14445	10066	17279	14440
2005	420	1058	225	425	762	613	940	678
753	129	381	56	150	250	172	182	473
4045	839	2234	1231	940	1749	1348	2505	1092
1522	346	878	329	389	646	486	841	398
75	16	39	23	16	29	24	48	31
2345	453	1260	837	504	1025	791	1542	635
98	23	55	42	31	49	47	73	24
5	1	2					1	4
6773	1332	3742	2996	1487	3137	2422	4621	1822
2045	440	1150	572	509	894	685	1153	561
108	19	57	27	26	37	31	55	25
4494	848	2461	2340	916	2147	1658	3324	1206
117	24	69	54	33	55	45	85	29
9	1	5	3	3	4	3	4	1

5-D-6 按行业分企业使用

行业	企业数	使用互联网的企业	收发电子邮件	了解商品和服务的信息	从政府机构获取信息	与政府机构互动
总计	**104560**	**102787**	**94253**	**58542**	**53363**	**26869**
采矿业	150	142	117	66	59	36
煤炭开采和洗选业	13	13	10	7	8	4
石油和天然气开采业	2	2	2	1	1	1
黑色金属矿采选业	19	15	13	6	6	6
有色金属矿采选业	8	8	7	4	5	3
非金属矿采选业	107	103	84	47	38	22
开采辅助活动	1	1	1	1	1	
其他采矿业						
制造业	47718	46999	44085	29324	25774	14068
农副食品加工业	1548	1520	1373	941	729	357
食品制造业	371	366	349	265	234	135
酒、饮料和精制茶制造业	188	184	176	110	102	62
烟草制品业	5	5	5	4	4	1
纺织业	4859	4790	4350	2510	2270	1052
纺织服装、服饰业	2621	2572	2381	1409	1232	632
皮革、毛皮、羽毛及其制品和制鞋业	622	613	579	332	292	136
木材加工和木、竹、藤、棕、草制品业	1276	1242	1029	711	564	194
家具制造业	259	256	234	165	150	83
造纸和纸制品业	605	598	561	371	307	167
印刷和记录媒介复制业	657	652	621	391	350	197
文教、工美、体育和娱乐用品制造业	1258	1248	1174	732	635	307
石油加工、炼焦和核燃料加工业	130	128	117	84	70	40
化学原料和化学制品制造业	3845	3781	3569	2492	2236	1263
医药制造业	689	681	659	490	442	264
化学纤维制造业	889	848	677	482	356	199
橡胶和塑料制品业	1974	1950	1848	1246	1098	587
非金属矿物制品业	2627	2597	2406	1510	1321	711
黑色金属冶炼和压延加工业	1556	1502	1404	941	786	432
有色金属冶炼和压延加工业	1094	1062	999	670	573	314
金属制品业	3205	3169	3002	1939	1690	917
通用设备制造业	4170	4118	3937	2707	2256	1273
专用设备制造业	2982	2959	2865	2037	1769	1039
汽车制造业	1415	1400	1360	942	895	512
铁路、船舶、航空航天和其他运输设备制造业	943	925	875	598	538	265
电气机械和器材制造业	3963	3915	3750	2614	2316	1377
计算机、通信和其他电子设备制造业	2691	2659	2585	1792	1794	1102
仪器仪表制造业	936	926	895	650	588	362
其他制造业	166	160	147	88	82	41
废弃资源综合利用业	145	144	132	84	76	42
金属制品、机械和设备修理业	29	29	26	17	19	5
电力、热力、燃气及水生产和供应业	444	438	422	234	301	183
电力、热力生产和供应业	246	241	232	136	178	107
燃气生产和供应业	86	86	82	43	49	33
水的生产和供应业	112	111	108	55	74	43
建筑业	10311	10185	9597	5199	6711	2892
房屋建筑业	4115	4074	3848	1945	2782	1191
土木工程建筑业	2050	2022	1913	1037	1412	667
建筑安装业	1755	1733	1658	991	1096	444
建筑装饰和其他建筑业	2391	2356	2178	1226	1421	590

互联网开展活动情况

单位：个

使用网上银行	使用其他金融服务	提供客户服务	拨打互联网电话或召开视频会议	在线提供产品	发布消息或即时消息	员工培训	对外或对内招聘	其他
74638	**14154**	**38348**	**11234**	**15379**	**28554**	**21198**	**34252**	**26122**
81	19	30	16	16	37	39	34	51
6	4	3	3		4	5	4	5
1			1		1	2		
10		5		1	2	3	3	7
5	3	3	3	2	5	4	4	4
58	12	19	8	13	25	25	23	35
1			1					
35931	7026	19372	6051	9477	13194	8831	16652	10515
978	214	495	116	207	321	251	344	360
298	63	178	63	97	140	94	164	76
132	30	80	28	31	60	58	66	48
1	1	1	2		2	2	2	
3668	570	1581	234	778	871	473	1077	968
1864	306	883	147	342	494	300	700	548
447	70	218	54	103	123	80	135	150
648	115	297	51	147	193	98	174	252
190	34	109	35	50	80	43	112	48
457	71	242	59	91	154	111	189	137
502	82	291	63	110	168	117	255	157
886	142	458	105	264	267	179	317	232
93	20	50	20	29	41	28	43	24
2943	652	1665	513	863	1132	854	1376	855
539	142	341	137	197	263	213	319	153
648	132	259	47	121	144	86	202	178
1514	284	894	281	428	553	349	738	455
1828	341	890	243	354	618	454	774	595
1185	206	627	120	295	357	240	405	332
844	192	453	114	201	291	158	335	232
2506	477	1327	304	686	863	545	1066	732
3224	654	1826	613	1005	1351	840	1634	958
2391	477	1407	480	755	1073	681	1329	690
1152	218	712	357	277	536	391	738	310
703	135	388	119	183	284	203	364	230
3146	734	1858	632	1002	1334	952	1698	942
2183	478	1288	896	576	1049	753	1539	584
731	137	452	187	240	360	234	468	188
101	24	48	15	29	34	17	32	43
110	21	48	13	11	32	23	49	30
19	4	6	3	5	6	4	8	8
338	70	165	115	43	177	157	169	106
192	41	79	72	24	91	87	97	53
68	14	38	25	9	38	35	36	21
78	15	48	18	10	48	35	36	32
7819	1302	2738	567	688	2775	3074	3764	2897
3205	505	947	217	231	1001	1293	1387	1143
1588	283	517	124	115	632	685	757	590
1315	224	591	128	168	532	508	731	479
1711	290	683	98	174	610	588	889	685

5-D-6 续表

指标名称	企业数	使用互联网的企业				
			收　　发电子邮件	了解商品和服务的信息	从政府机构获取信息	与 政 府机构互动
批发和零售业	21610	21147	18318	12483	7664	3443
批发业	12967	12713	11210	7479	4797	2163
零售业	8643	8434	7108	5004	2867	1280
交通运输、仓储和邮政业	4183	4102	3729	1772	1893	849
铁路运输业	12	12	11	3	7	3
道路运输业	2447	2401	2134	919	995	432
水上运输业	496	484	444	236	256	108
航空运输业	15	15	15	7	10	4
管道运输业	7	7	7	5	5	6
装卸搬运和运输代理业	742	732	687	361	361	164
仓储业	366	355	342	194	209	107
邮政业	98	96	89	47	50	25
住宿和餐饮业	3379	3292	2645	1451	1143	504
住宿业	1026	1009	895	540	436	223
餐饮业	2353	2283	1750	911	707	281
信息传输、软件和信息技术服务业	1215	1204	1151	835	818	535
电信、广播电视和卫星传输服务	160	159	155	104	99	62
互联网和相关服务	134	133	128	82	83	57
软件和信息技术服务业	921	912	868	649	636	416
房地产业	7563	7410	7031	3473	4669	2308
房地产业	7563	7410	7031	3473	4669	2308
租赁和商务服务业	3477	3426	3178	1504	1904	904
租赁业	154	151	139	65	83	21
商务服务业	3323	3275	3039	1439	1821	883
科学研究和技术服务业	2386	2351	2144	1250	1342	596
研究和试验发展	187	185	177	116	129	55
专业技术服务业	1521	1491	1382	753	910	420
科技推广和应用服务业	678	675	585	381	303	121
水利、环境和公共设施管理业	525	518	469	246	312	151
水利管理业	18	18	18	5	13	4
生态保护和环境治理业	68	68	66	29	41	21
公共设施管理业	439	432	385	212	258	126
居民服务、修理和其他服务业	509	488	397	221	217	90
居民服务业	164	157	122	60	61	30
机动车、电子产品和日用产品修理业	230	224	188	110	94	36
其他服务业	115	107	87	51	62	24
教育	301	300	259	82	142	72
教育	301	300	259	82	142	72
卫生和社会工作	205	204	183	97	133	79
卫生	202	201	180	94	130	77
社会工作	3	3	3	3	3	2
文化、体育和娱乐业	584	581	528	305	281	159
新闻和出版业	51	51	51	31	33	22
广播、电视、电影和影视录音制作业	149	149	145	92	85	55
文化艺术业	120	119	115	78	57	31
体育	39	39	39	20	20	8
娱乐业	225	223	178	84	86	43

单位：个

使用网上银行	使用其他金融服务	提供客户服务	拨打互联网电话或召开视频会议	在线提供产品	发布消息或即时消息	员工培训	对外或对内招聘	其他
13961	2474	7016	1667	2521	4622	3248	5061	5267
8810	1587	4042	850	1456	2541	1498	2777	2935
5151	887	2974	817	1065	2081	1750	2284	2332
2772	487	1556	339	305	1193	770	1096	1233
6		2	1		2	2	1	5
1487	231	811	109	145	645	380	548	731
334	67	157	44	27	137	89	100	138
13	1	9	3	3	8	5	7	8
7		4	4		4	2	2	1
584	110	358	85	76	250	156	281	226
268	53	150	62	31	104	87	111	99
73	25	65	31	23	43	49	46	25
1930	279	1183	226	408	808	697	1114	963
713	138	529	143	229	407	357	474	275
1217	141	654	83	179	401	340	640	688
966	256	777	457	396	674	563	769	402
114	25	108	58	58	88	88	78	50
111	33	97	48	48	73	60	76	49
741	198	572	351	290	513	415	615	303
5625	1216	2394	982	616	2458	1891	2930	2297
5625	1216	2394	982	616	2458	1891	2930	2297
2311	508	1414	398	402	1146	840	1117	1057
90	16	53	11	10	32	22	40	53
2221	492	1361	387	392	1114	818	1077	1004
1550	301	888	232	263	776	578	852	725
143	30	90	35	37	72	51	94	44
1095	209	611	164	156	578	448	669	495
312	62	187	33	70	126	79	89	186
347	56	186	37	57	162	106	148	145
11	1	8	1	1	7	3	3	2
57	5	29	10	4	22	12	22	16
279	50	149	26	52	133	91	123	127
291	48	179	23	39	109	98	127	130
80	11	51	4	12	34	25	36	46
142	23	85	12	17	49	52	61	55
69	14	43	7	10	26	21	30	29
167	20	125	21	28	107	121	85	119
167	20	125	21	28	107	121	85	119
143	22	85	26	23	77	52	113	69
140	22	82	26	22	76	51	111	69
3		3		1	1	1	2	
406	70	240	77	97	239	133	221	146
45	5	23	7	13	26	17	24	10
116	27	71	45	44	99	48	80	50
87	19	37	2	19	44	13	31	22
28	4	20	1	2	12	7	14	8
130	15	89	22	19	58	48	72	56

5-E-1 按专业和控股情况分企业

项目	企业数(个)	使用互联网的企业		通过互联网进行宣传推广的企业数		独立网站	
		数量(个)	比重(%)	数量(个)	占使用互联网企业的比重(%)	数量(个)	占使用互联网企业的比重(%)
总计	**104560**	**102787**	**98.3**	**77966**	**75.9**	**29954**	**29.1**
按统计专业分							
工业	48312	47579	98.5	38711	81.4	17645	37.1
建筑业	10311	10185	98.8	7353	72.2	2345	23
批发和零售业	21610	21147	97.9	13934	65.9	3538	16.7
规模以上服务业	14560	14324	98.4	10698	74.7	4374	30.5
住宿和餐饮业	3379	3292	97.4	2452	74.5	752	22.8
房地产业	6388	6260	98	4818	77	1300	20.8
按控股情况分							
国有控股	4770	4686	98.2	3557	75.9	1853	39.5
集体控股	2602	2525	97	1720	68.1	608	24.1
私人控股	81795	80393	98.3	60530	75.3	21328	26.5
港澳台商控股	4220	4159	98.6	3411	82	1686	40.5
外商控股	6910	6847	99.1	5492	80.2	3069	44.8
其他	4263	4177	98	3256	78	1410	33.8

通过互联网进行宣传和推广情况

互联网广告		搜索引擎		电子商务平台		电子邮件		微博	
数量(个)	占使用互联网企业的比重(%)	数量(个)	占使用互联网企业的比重(%)	数量(个)	占使用互联网企业的比重(%)	数量(个)	占使用互联网企业的比重(%)	数量(个)	占使用互联网企业的比重(%)
23003	**22.4**	**15731**	**15.3**	**14560**	**14.2**	**33795**	**32.9**	**10633**	**10.3**
11067	23.3	8516	17.9	8537	17.9	18215	38.3	3554	7.5
1592	15.6	1318	12.9	827	8.1	3370	33.1	1127	11.1
4111	19.4	2489	11.8	2614	12.4	5589	26.4	2473	11.7
3094	21.6	2146	15	1443	10.1	4204	29.3	2038	14.2
760	23.1	443	13.5	528	16	689	20.9	609	18.5
2379	38	819	13.1	611	9.8	1728	27.6	832	13.3
999	21.3	654	14	593	12.7	1314	28	596	12.7
416	16.5	310	12.3	289	11.4	755	29.9	230	9.1
18162	22.6	12343	15.4	11404	14.2	26397	32.8	8402	10.5
982	23.6	696	16.7	708	17	1586	38.1	375	9
1402	20.5	1146	16.7	949	13.9	2438	35.6	446	6.5
1042	24.9	582	13.9	617	14.8	1305	31.2	584	14

5-E-2 按企业基本情况分企业

项目	企业数(个)	使用互联网的企业		通过互联网进行宣传推广的企业数		独立网站	
		数量(个)	比重(%)	数量(个)	占使用互联网企业的比重(%)	数量(个)	占使用互联网企业的比重(%)
总计	**104560**	**102787**	**98.3**	**77966**	**75.9**	**29954**	**29.1**
工业	**48312**	**47579**	**98.5**	**38711**	**81.4**	**17645**	**37.1**
高新技术企业	5469	5429	99.3	5151	94.9	3755	69.2
非高新技术企业							
建筑业	**10311**	**10185**	**98.8**	**7353**	**72.2**	**2345**	**23**
施工总承包	5003	4954	99	3577	72.2	1031	20.8
专业承包	4175	4129	98.9	3144	76.1	1233	29.9
劳务分包	1133	1102	97.3	632	57.4	81	7.4
批发零售业	**21610**	**21147**	**97.9**	**13934**	**65.9**	**3538**	**16.7**
独立门店	16211	15892	98.0	10405	65.5	2403	15.1
连锁总店(总部)	175	167	95.4	136	81.4	75	44.9
连锁门店	284	271	95.4	209	77.1	91	33.6
其他	4940	4817	97.5	3184	66.1	969	20.1
零售业	8643	8434	97.6	5786	68.6	1552	18.4
#超市	378	361	95.5	209	57.9	56	15.5
大型超市	191	173	90.6	126	72.8	62	35.8
百货店	538	532	98.9	366	68.8	140	26.3
专业店	4804	4684	97.5	3097	66.1	711	15.2
专卖店	2022	1986	98.2	1503	75.7	463	23.3
厂家直销中心	264	260	98.5	171	65.8	39	15
规模以上服务业	**14560**	**14324**	**98.4**	**10698**	**74.7**	**4374**	**30.5**
住宿和餐饮业	**3379**	**3292**	**97.4**	**2452**	**74.5**	**752**	**22.8**
独立门店	3101	3022	97.5	2226	73.7	660	21.8
连锁总店(总部)	23	23	100.0	22	95.7	14	60.9
连锁门店	127	124	97.6	106	85.5	46	37.1
其他	128	123	96.1	98	79.7	32	26.0
住宿业	1026	1009	98.3	850	84.2	387	38.4
一星	6	6	100	4	66.7	1	16.7
二星	50	50	100	34	68	10	20
三星	228	223	97.8	183	82.1	83	37.2
四星	152	149	98	142	95.3	95	63.8
五星	72	72	100	71	98.6	57	79.2
其他	517	508	98.3	415	81.7	141	27.8
房地产业	**6388**	**6260**	**98**	**4818**	**77**	**1300**	**20.8**
一级	103	102	99	95	93.1	59	57.8
二级	2010	1976	98.3	1638	82.9	505	25.6
三级	1158	1124	97.1	770	68.5	154	13.7
四级	69	67	97.1	42	62.7	4	6
暂定	2654	2612	98.4	1995	76.4	519	19.9
其他	394	379	96.2	278	73.4	59	15.6

通过互联网进行宣传和推广情况

互联网广告		搜索引擎		电子商务平台		电子邮件		微博	
数量（个）	占使用互联网企业的比重（%）	数量（个）	占使用互联网企业的比重（%）	数量（个）	占使用互联网企业的比重（%）	数量（个）	占使用互联网企业的比重（%）	数量（个）	占使用互联网企业的比重（%）
23003	**22.4**	**15731**	**15.3**	**14560**	**14.2**	**33795**	**32.9**	**10633**	**10.3**
11067	**23.3**	**8516**	**17.9**	**8537**	**17.9**	**18215**	**38.3**	**3554**	**7.5**
1800	33.2	1577	29	1512	27.9	2543	46.8	447	8.2
1592	**15.6**	**1318**	**12.9**	**827**	**8.1**	**3370**	**33.1**	**1127**	**11.1**
778	15.7	622	12.6	425	8.6	1684	34	593	12
687	16.6	591	14.3	350	8.5	1366	33.1	432	10.5
127	11.5	105	9.5	52	4.7	320	29	102	9.3
4111	**19.4**	**2489**	**11.8**	**2614**	**12.4**	**5589**	**26.4**	**2473**	**11.7**
3274	20.6	1887	11.9	1795	11.3	4036	25.4	1974	12.4
40	24.0	25	15.0	36	21.6	41	24.6	28	16.8
64	23.6	27	10.0	51	18.8	80	29.5	49	18.1
733	15.2	550	11.4	732	15.2	1432	29.7	422	8.8
2118	25.1	1045	12.4	1092	12.9	2166	25.7	1435	17
51	14.1	31	8.6	44	12.2	82	22.7	29	8
43	24.9	24	13.9	23	13.3	36	20.8	20	11.6
114	21.4	66	12.4	62	11.7	145	27.3	163	30.6
1029	22	513	11	530	11.3	1168	24.9	639	13.6
722	36.4	329	16.6	335	16.9	557	28	472	23.8
53	20.4	23	8.8	22	8.5	74	28.5	39	15
3094	**21.6**	**2146**	**15**	**1443**	**10.1**	**4204**	**29.3**	**2038**	**14.2**
760	**23.1**	**443**	**13.5**	**528**	**16.0**	**689**	**20.9**	**609**	**18.5**
699	23.1	406	13.4	481	15.9	621	20.5	533	17.6
7	30.4	3	13.0	9	39.1	3	13.0	7	30.4
27	21.8	20	16.1	23	18.5	34	27.4	46	37.1
27	22.0	14	11.4	15	12.2	31	25.2	23	18.7
295	29.2	164	16.3	266	26.4	293	29	265	26.3
		1	16.7						
16	32	1	2	7	14	11	22	5	10
65	29.1	30	13.5	57	25.6	49	22	37	16.6
42	28.2	25	16.8	61	40.9	56	37.6	51	34.2
35	48.6	25	34.7	26	36.1	37	51.4	42	58.3
136	26.8	82	16.1	114	22.4	139	27.4	130	25.6
2379	**38**	**819**	**13.1**	**611**	**9.8**	**1728**	**27.6**	**832**	**13.3**
51	50	17	16.7	15	14.7	37	36.3	18	17.6
846	42.8	287	14.5	224	11.3	582	29.5	286	14.5
297	26.4	108	9.6	93	8.3	297	26.4	104	9.3
12	17.9	4	6	6	9	18	26.9	3	4.5
1059	40.5	352	13.5	246	9.4	690	26.4	383	14.7
114	30.1	51	13.5	27	7.1	104	27.4	38	10

5-E-3 按企业规模分企业

项目	企业数(个)	使用互联网的企业		通过互联网进行宣传推广的企业数		独立网站	
		数量(个)	比重(%)	数量(个)	占使用互联网企业的比重(%)	数量(个)	占使用互联网企业的比重(%)
总　计	**104560**	**102787**	**98.3**	**77966**	**75.9**	**29954**	**29.1**
大型	2288	2254	98.5	2012	89.3	1457	64.6
中型	19908	19664	98.8	16251	82.6	7563	38.5
小型	71773	70713	98.5	53357	75.5	19606	27.7
微型	10427	9993	95.8	6212	62.2	1282	12.8
工业	48312	47579	98.5	38711	81.4	17645	37.1
大型	1240	1232	99.4	1107	89.9	819	66.5
中型	6038	5978	99	5274	88.2	3065	51.3
小型	39659	39092	98.6	31479	80.5	13505	34.5
微型	1375	1277	92.9	851	66.6	256	20
建筑业	10311	10185	98.8	7353	72.2	2345	23
大型	199	198	99.5	184	92.9	156	78.8
中型	3080	3062	99.4	2358	77	939	30.7
小型	5388	5337	99.1	3827	71.7	1075	20.1
微型	1644	1588	96.6	984	62	175	11
批发和零售业	21610	21147	97.9	13934	65.9	3538	16.7
大型	375	362	96.5	313	86.5	206	56.9
中型	4450	4362	98	3393	77.8	1426	32.7
小型	13329	13097	98.3	8329	63.6	1650	12.6
微型	3456	3326	96.2	1899	57.1	256	7.7
批发业	12967	12713	98	8148	64.1	1986	15.6
大型	150	149	99.3	126	84.6	87	58.4
中型	2412	2360	97.8	1750	74.2	732	31
小型	8953	8809	98.4	5513	62.6	1059	12
微型	1452	1395	96.1	759	54.4	108	7.7
零售业	8643	8434	97.6	5786	68.6	1552	18.4
大型	225	213	94.7	187	87.8	119	55.9
中型	2038	2002	98.2	1643	82.1	694	34.7
小型	4376	4288	98	2816	65.7	591	13.8
微型	2004	1931	96.4	1140	59	148	7.7
服务业	14560	14324	98.4	10698	74.7	4374	30.5
大型	406	394	97	346	87.8	232	58.9
中型	1706	1685	98.8	1418	84.2	892	52.9
小型	9778	9655	98.7	7252	75.1	2812	29.1
微型	2506	2427	96.8	1548	63.8	392	16.2
住宿和餐饮业	3379	3292	97.4	2452	74.5	752	22.8
大型	42	42	100	39	92.9	29	69
中型	549	538	98	480	89.2	268	49.8
小型	2656	2588	97.4	1857	71.8	442	17.1
微型	132	124	93.9	76	61.3	13	10.5
住宿业	1026	1009	98.3	850	84.2	387	38.4
大型	21	21	100	21	100	17	81
中型	258	255	98.8	237	92.9	158	62
小型	718	706	98.3	571	80.9	207	29.3
微型	29	27	93.1	21	77.8	5	18.5
餐饮业	2353	2283	97	1602	70.2	365	16
大型	21	21	100	18	85.7	12	57.1
中型	291	283	97.3	243	85.9	110	38.9
小型	1938	1882	97.1	1286	68.3	235	12.5
微型	103	97	94.2	55	56.7	8	8.2
房地产业	6388	6260	98	4818	77	1300	20.8
大型	26	26	100	23	88.5	15	57.7
中型	4085	4039	98.9	3328	82.4	973	24.1
小型	963	944	98	613	64.9	122	12.9
微型	1314	1251	95.2	854	68.3	190	15.2

通过互联网进行宣传和推广情况

互联网广告		搜索引擎		电子商务平台		电子邮件		微博	
数量（个）	占使用互联网企业的比重（%）	数量（个）	占使用互联网企业的比重（%）	数量（个）	占使用互联网企业的比重（%）	数量（个）	占使用互联网企业的比重（%）	数量（个）	占使用互联网企业的比重（%）
23003	**22.4**	**15731**	**15.3**	**14560**	**14.2**	**33795**	**32.9**	**10633**	**10.3**
725	32.2	507	22.5	486	21.6	778	34.5	366	16.2
5825	29.6	3355	17.1	3166	16.1	6782	34.5	2737	13.9
14818	21	10825	15.3	10147	14.3	23680	33.5	6623	9.4
1585	15.9	1013	10.1	752	7.5	2517	25.2	886	8.9
11067	23.3	8516	17.9	8537	17.9	18215	38.3	3554	7.5
414	33.6	300	24.4	289	23.5	462	37.5	140	11.4
1594	26.7	1240	20.7	1255	21	2472	41.4	436	7.3
8884	22.7	6829	17.5	6852	17.5	14931	38.2	2884	7.4
175	13.7	147	11.5	141	11	350	27.4	94	7.4
1592	15.6	1318	12.9	827	8.1	3370	33.1	1127	11.1
42	21.2	39	19.7	15	7.6	65	32.8	18	9.1
521	17	447	14.6	295	9.6	1077	35.2	338	11
830	15.6	674	12.6	437	8.2	1790	33.5	615	11.5
199	12.5	158	9.9	80	5	438	27.6	156	9.8
4111	19.4	2489	11.8	2614	12.4	5589	26.4	2473	11.7
120	33.1	70	19.3	103	28.5	113	31.2	93	25.7
1324	30.4	668	15.3	810	18.6	1379	31.6	860	19.7
2219	16.9	1434	10.9	1441	11	3381	25.8	1269	9.7
448	13.5	317	9.5	260	7.8	716	21.5	251	7.5
1993	15.7	1444	11.4	1522	12	3423	26.9	1038	8.2
48	32.2	25	16.8	41	27.5	39	26.2	26	17.4
500	21.2	347	14.7	406	17.2	748	31.7	222	9.4
1271	14.4	949	10.8	956	10.9	2316	26.3	704	8
174	12.5	123	8.8	119	8.5	320	22.9	86	6.2
2118	25.1	1045	12.4	1092	12.9	2166	25.7	1435	17
72	33.8	45	21.1	62	29.1	74	34.7	67	31.5
824	41.2	321	16	404	20.2	631	31.5	638	31.9
948	22.1	485	11.3	485	11.3	1065	24.8	565	13.2
274	14.2	194	10	141	7.3	396	20.5	165	8.5
3094	21.6	2146	15	1443	10.1	4204	29.3	2038	14.2
122	31	86	21.8	62	15.7	119	30.2	85	21.6
447	26.5	323	19.2	233	13.8	549	32.6	306	18.2
2085	21.6	1462	15.1	978	10.1	2832	29.3	1374	14.2
390	16.1	244	10.1	161	6.6	666	27.4	252	10.4
760	23.1	443	13.5	528	16	689	20.9	609	18.5
13	31	9	21.4	13	31	12	28.6	23	54.8
164	30.5	89	16.5	140	26	158	29.4	181	33.6
564	21.8	337	13	368	14.2	500	19.3	399	15.4
19	15.3	8	6.5	7	5.6	19	15.3	6	4.8
295	29.2	164	16.3	266	26.4	293	29	265	26.3
6	28.6	7	33.3	10	47.6	9	42.9	15	71.4
88	34.5	51	20	91	35.7	93	36.5	101	39.6
196	27.8	103	14.6	162	22.9	185	26.2	147	20.8
5	18.5	3	11.1	3	11.1	6	22.2	2	7.4
465	20.4	279	12.2	262	11.5	396	17.3	344	15.1
7	33.3	2	9.5	3	14.3	3	14.3	8	38.1
76	26.9	38	13.4	49	17.3	65	23	80	28.3
368	19.6	234	12.4	206	10.9	315	16.7	252	13.4
14	14.4	5	5.2	4	4.1	13	13.4	4	4.1
2379	38	819	13.1	611	9.8	1728	27.6	832	13.3
14	53.8	3	11.5	4	15.4	7	26.9	7	26.9
1775	43.9	588	14.6	433	10.7	1147	28.4	616	15.3
236	25	89	9.4	71	7.5	246	26.1	82	8.7
354	28.3	139	11.1	103	8.2	328	26.2	127	10.2

5-E-4 按地区分企业通过

地区	企业数(个)	使用互联网的企业		通过互联网进行宣传推广的企业数			
						独立网站	
		数量(个)	比重(%)	数量(个)	占使用互联网企业的比重(%)	数量(个)	占使用互联网企业的比重(%)
总计	**104560**	**102787**	**98.3**	**77966**	**75.9**	**29954**	**29.1**
南京市	10755	10567	98.3	8039	76.1	3774	35.7
无锡市	10277	10054	97.8	7736	76.9	3887	38.7
徐州市	7311	7204	98.5	5464	75.8	1223	17
常州市	10015	9854	98.4	7424	75.3	3165	32.1
苏州市	20653	20215	97.9	15196	75.2	7385	36.5
南通市	10753	10659	99.1	7897	74.1	2341	22
连云港市	3533	3479	98.5	2554	73.4	684	19.7
淮安市	5267	5142	97.6	3663	71.2	842	16.4
盐城市	6422	6325	98.5	4769	75.4	1178	18.6
扬州市	5713	5601	98	4518	80.7	1767	31.5
镇江市	4724	4666	98.8	3758	80.5	1361	29.2
泰州市	4913	4861	98.9	3818	78.5	1514	31.1
宿迁市	4224	4160	98.5	3130	75.2	833	20

互联网进行宣传和推广情况

互联网广告		搜索引擎		电子商务平台		电子邮件		微博	
数量(个)	占使用互联网企业的比重(%)	数量(个)	占使用互联网企业的比重(%)	数量(个)	占使用互联网企业的比重(%)	数量(个)	占使用互联网企业的比重(%)	数量(个)	占使用互联网企业的比重(%)
23003	**22.4**	**15731**	**15.3**	**14560**	**14.2**	**33795**	**32.9**	**10633**	**10.3**
2356	22.3	1667	15.8	1474	13.9	3382	32	1374	13
2121	21.1	1693	16.8	1712	17	3667	36.5	878	8.7
2163	30	1141	15.8	836	11.6	2259	31.4	946	13.1
2284	23.2	1616	16.4	1565	15.9	3058	31	933	9.5
3750	18.6	2789	13.8	2945	14.6	7133	35.3	1744	8.6
2195	20.6	1563	14.7	1184	11.1	3067	28.8	1047	9.8
870	25	510	14.7	400	11.5	1018	29.3	344	9.9
1187	23.1	679	13.2	540	10.5	1547	30.1	675	13.1
1550	24.5	1124	17.8	878	13.9	1943	30.7	526	8.3
1203	21.5	872	15.6	830	14.8	1948	34.8	609	10.9
1175	25.2	659	14.1	775	16.6	1610	34.5	442	9.5
1021	21	724	14.9	894	18.4	1921	39.5	554	11.4
1128	27.1	694	16.7	527	12.7	1242	29.9	561	13.5

5-E-5 按登记注册类型分企业

登记注册类型	企业数（个）	使用互联网的企业		通过互联网进行宣传推广的企业数		独立网站	
		数量（个）	比重（%）	数量（个）	占使用互联网企业的比重（%）	数量（个）	占使用互联网企业的比重（%）
总 计	**104560**	**102787**	**98.3**	**77966**	**75.9**	**29954**	**29.1**
内资企业	91272	89649	98.2	67208	75	24213	27
国有企业	1486	1460	98.3	1015	69.5	436	29.9
集体企业	1039	1007	96.9	640	63.6	150	14.9
股份合作企业	200	198	99	142	71.7	62	31.3
联营企业	53	51	96.2	40	78.4	17	33.3
国有联营企业	14	14	100	12	85.7	8	57.1
集体联营企业	16	14	87.5	9	64.3	1	7.1
国有与集体联营企业	15	15	100	11	73.3	4	26.7
其他联营企业	8	8	100	8	100	4	50
有限责任公司	18005	17644	98	13444	76.2	5322	30.2
国有独资公司	765	754	98.6	572	75.9	307	40.7
其他有限责任公司	17240	16890	98	12872	76.2	5015	29.7
股份有限公司	2822	2786	98.7	2271	81.5	1109	39.8
私营企业	66067	64923	98.3	48575	74.8	16922	26.1
私营独资企业	4608	4483	97.3	3157	70.4	761	17
私营合伙企业	436	427	97.9	293	68.6	86	20.1
私营有限责任公司	58283	57340	98.4	43044	75.1	15252	26.6
私营股份有限公司	2740	2673	97.6	2081	77.9	823	30.8
其他企业	1600	1580	98.8	1081	68.4	195	12.3
港、澳、台商投资企业	5040	4971	98.6	4119	82.9	2049	41.2
与港澳台商合资经营企业	1878	1847	98.3	1593	86.2	802	43.4
与港澳台商合作经营企业	94	94	100	80	85.1	30	31.9
港澳台商独资经营企业	2938	2903	98.8	2342	80.7	1163	40.1
港澳台商投资股份有限公司	120	118	98.3	96	81.4	50	42.4
其他港澳台投资企业	10	9	90	8	88.9	4	44.4
外商投资企业	8248	8167	99	6639	81.3	3692	45.2
中外合资经营企业	2529	2496	98.7	2107	84.4	1146	45.9
中外合作经营企业	132	129	97.7	115	89.1	62	48.1
外资企业	5434	5392	99.2	4294	79.6	2412	44.7
外商投资股份有限公司	141	139	98.6	114	82	65	46.8
其他外商投资企业	12	11	91.7	9	81.8	7	63.6

通过互联网进行宣传和推广情况

互联网广告		搜索引擎		电子商务平台		电子邮件		微博	
数量（个）	占使用互联网企业的比重（%）	数量（个）	占使用互联网企业的比重（%）	数量（个）	占使用互联网企业的比重（%）	数量（个）	占使用互联网企业的比重（%）	数量（个）	占使用互联网企业的比重（%）
23003	**22.4**	**15731**	**15.3**	**14560**	**14.2**	**33795**	**32.9**	**10633**	**10.3**
20116	22.4	13498	15.1	12447	13.9	28888	32.2	9640	10.8
245	16.8	152	10.4	165	11.3	381	26.1	153	10.5
149	14.8	110	10.9	102	10.1	296	29.4	89	8.8
27	13.6	17	8.6	20	10.1	65	32.8	15	7.6
12	23.5	5	9.8	7	13.7	17	33.3	9	17.6
5	35.7	2	14.3	3	21.4	2	14.3	3	21.4
2	14.3					6	42.9	1	7.1
3	20	1	6.7	3	20	4	26.7	3	20
2	25	2	25	1	12.5	5	62.5	2	25
4177	23.7	2705	15.3	2429	13.8	5580	31.6	2217	12.6
166	22	113	15	85	11.3	203	26.9	101	13.4
4011	23.7	2592	15.3	2344	13.9	5377	31.8	2116	12.5
708	25.4	516	18.5	485	17.4	997	35.8	393	14.1
14513	22.4	9825	15.1	9113	14	21129	32.5	6576	10.1
992	22.1	642	14.3	502	11.2	1165	26	450	10
99	23.2	63	14.8	51	11.9	110	25.8	46	10.8
12795	22.3	8709	15.2	8166	14.2	18922	33	5781	10.1
627	23.5	411	15.4	394	14.7	932	34.9	299	11.2
285	18	168	10.6	126	8	423	26.8	188	11.9
1171	23.6	845	17	897	18	1924	38.7	441	8.9
471	25.5	336	18.2	381	20.6	765	41.4	166	9
24	25.5	16	17	16	17	30	31.9	7	7.4
642	22.1	466	16.1	473	16.3	1082	37.3	255	8.8
32	27.1	26	22	26	22	45	38.1	12	10.2
2	22.2	1	11.1	1	11.1	2	22.2	1	11.1
1716	21	1388	17	1216	14.9	2983	36.5	552	6.8
600	24	442	17.7	446	17.9	983	39.4	191	7.7
36	27.9	27	20.9	26	20.2	50	38.8	13	10.1
1043	19.3	893	16.6	726	13.5	1895	35.1	327	6.1
33	23.7	25	18	17	12.2	50	36	19	13.7
4	36.4	1	9.1	1	9.1	5	45.5	2	18.2

5-E-6 按行业分企业通过

行业	企业数(个)	使用互联网的企业		通过互联网进行宣传推广的企业数		独立网站	
		数量(个)	比重(%)	数量(个)	占使用互联网企业的比重(%)	数量(个)	占使用互联网企业的比重(%)
总　计	**104560**	**102787**	**98.3**	**77966**	**75.9**	**29954**	**29.1**
采矿业	150	142	94.7	104	73.2	24	16.9
煤炭开采和洗选业	13	13	100	11	84.6	4	30.8
石油和天然气开采业	2	2	100	1	50		
黑色金属矿采选业	19	15	78.9	9	60	3	20
有色金属矿采选业	8	8	100	7	87.5	3	37.5
非金属矿采选业	107	103	96.3	75	72.8	13	12.6
开采辅助活动	1	1	100	1	100	1	100
其他采矿业							
制造业	47718	46999	98.5	38297	81.5	17450	37.1
农副食品加工业	1548	1520	98.2	1196	78.7	370	24.3
食品制造业	371	366	98.7	316	86.3	166	45.4
酒、饮料和精制茶制造业	188	184	97.9	150	81.5	75	40.8
烟草制品业	5	5	100	3	60	2	40
纺织业	4859	4790	98.6	3459	72.2	1105	23.1
纺织服装、服饰业	2621	2572	98.1	1930	75	548	21.3
皮革、毛皮、羽毛及其制品和制鞋业	622	613	98.6	476	77.7	157	25.6
木材加工和木、竹、藤、棕、草制品业	1276	1242	97.3	925	74.5	210	16.9
家具制造业	259	256	98.8	213	83.2	97	37.9
造纸和纸制品业	605	598	98.8	462	77.3	171	28.6
印刷和记录媒介复制业	657	652	99.2	531	81.4	237	36.3
文教、工美、体育和娱乐用品制造业	1258	1248	99.2	1010	80.9	367	29.4
石油加工、炼焦和核燃料加工业	130	128	98.5	101	78.9	43	33.6
化学原料和化学制品制造业	3845	3781	98.3	3225	85.3	1600	42.3
医药制造业	689	681	98.8	605	88.8	335	49.2
化学纤维制造业	889	848	95.4	571	67.3	178	21
橡胶和塑料制品业	1974	1950	98.8	1597	81.9	723	37.1
非金属矿物制品业	2627	2597	98.9	1994	76.8	725	27.9
黑色金属冶炼和压延加工业	1556	1502	96.5	1219	81.2	531	35.4
有色金属冶炼和压延加工业	1094	1062	97.1	859	80.9	383	36.1
金属制品业	3205	3169	98.9	2657	83.8	1272	40.1
通用设备制造业	4170	4118	98.8	3580	86.9	1977	48
专用设备制造业	2982	2959	99.2	2615	88.4	1470	49.7
汽车制造业	1415	1400	98.9	1162	83	619	44.2
铁路、船舶、航空航天和其他运输设备制造业	943	925	98.1	787	85.1	403	43.6
电气机械和器材制造业	3963	3915	98.8	3401	86.9	1878	48
计算机、通信和其他电子设备制造业	2691	2659	98.8	2163	81.3	1246	46.9
仪器仪表制造业	936	926	98.9	831	89.7	476	51.4
其他制造业	166	160	96.4	132	82.5	37	23.1
废弃资源综合利用业	145	144	99.3	108	75	40	27.8
金属制品、机械和设备修理业	29	29	100	19	65.5	9	31
电力、热力、燃气及水生产和供应业	444	438	98.6	310	70.8	171	39
电力、热力生产和供应业	246	241	98	158	65.6	83	34.4
燃气生产和供应业	86	86	100	67	77.9	39	45.3
水的生产和供应业	112	111	99.1	85	76.6	49	44.1
建筑业	10311	10185	98.8	7353	72.2	2345	23
房屋建筑业	4115	4074	99	2888	70.9	750	18.4
土木工程建筑业	2050	2022	98.6	1452	71.8	482	23.8
建筑安装业	1755	1733	98.7	1285	74.1	512	29.5
建筑装饰和其他建筑业	2391	2356	98.5	1728	73.3	601	25.5

互联网进行宣传和推广情况

互联网广告		搜索引擎		电子商务平台		电子邮件		微博	
数量（个）	占使用互联网企业的比重（%）	数量（个）	占使用互联网企业的比重（%）	数量（个）	占使用互联网企业的比重（%）	数量（个）	占使用互联网企业的比重（%）	数量（个）	占使用互联网企业的比重（%）
23003	**22.4**	**15731**	**15.3**	**14560**	**14.2**	**33795**	**32.9**	**10633**	**10.3**
22	15.5	21	14.8	14	9.9	42	29.6	10	7
3	23.1	2	15.4	2	15.4	4	30.8	2	15.4
								1	50
1	6.7			2	13.3				
1	12.5	1	12.5	3	37.5	2	25	1	12.5
17	16.5	17	16.5	7	6.8	36	35	6	5.8
		1	100						
10977	23.4	8438	18	8497	18.1	18076	38.5	3523	7.5
371	24.4	252	16.6	246	16.2	514	33.8	171	11.3
93	25.4	61	16.7	81	22.1	133	36.3	56	15.3
46	25	41	22.3	22	12	60	32.6	23	12.5
				1	20				
899	18.8	605	12.6	810	16.9	1652	34.5	355	7.4
461	17.9	278	10.8	388	15.1	987	38.4	198	7.7
104	17	83	13.5	82	13.4	241	39.3	59	9.6
396	31.9	198	15.9	177	14.3	306	24.6	129	10.4
72	28.1	51	19.9	45	17.6	88	34.4	27	10.5
120	20.1	81	13.5	98	16.4	209	34.9	47	7.9
131	20.1	108	16.6	102	15.6	261	40	42	6.4
286	22.9	231	18.5	246	19.7	455	36.5	129	10.3
30	23.4	18	14.1	30	23.4	52	40.6	11	8.6
944	25	707	18.7	760	20.1	1479	39.1	251	6.6
171	25.1	150	22	165	24.2	266	39.1	65	9.5
136	16	114	13.4	123	14.5	224	26.4	74	8.7
427	21.9	344	17.6	346	17.7	806	41.3	128	6.6
618	23.8	443	17.1	341	13.1	902	34.7	203	7.8
337	22.4	268	17.8	287	19.1	603	40.1	99	6.6
206	19.4	183	17.2	178	16.8	429	40.4	76	7.2
745	23.5	586	18.5	594	18.7	1265	39.9	205	6.5
1110	27	918	22.3	859	20.9	1707	41.5	274	6.7
842	28.5	732	24.7	621	21	1307	44.2	200	6.8
315	22.5	272	19.4	256	18.3	569	40.6	85	6.1
193	20.9	162	17.5	145	15.7	362	39.1	67	7.2
1049	26.8	810	20.7	797	20.4	1621	41.4	286	7.3
538	20.2	473	17.8	434	16.3	1053	39.6	149	5.6
282	30.5	219	23.7	197	21.3	388	41.9	78	8.4
29	18.1	23	14.4	44	27.5	70	43.8	21	13.1
19	13.2	20	13.9	21	14.6	58	40.3	13	9
7	24.1	7	24.1	1	3.4	9	31	2	6.9
68	15.5	57	13	26	5.9	97	22.1	21	4.8
42	17.4	34	14.1	13	5.4	59	24.5	9	3.7
12	14	12	14	6	7	17	19.8	4	4.7
14	12.6	11	9.9	7	6.3	21	18.9	8	7.2
1592	15.6	1318	12.9	827	8.1	3370	33.1	1127	11.1
651	16	500	12.3	346	8.5	1428	35.1	487	12
304	15	265	13.1	142	7	599	29.6	202	10
252	14.5	226	13	152	8.8	597	34.4	168	9.7
385	16.3	327	13.9	187	7.9	746	31.7	270	11.5

5-E-6 续表

行业	企业数(个)	使用互联网的企业		通过互联网进行宣传推广的企业数		独立网站	
		数量(个)	比重(%)	数量(个)	占使用互联网企业的比重(%)	数量(个)	占使用互联网企业的比重(%)
批发和零售业	21610	21147	97.9	13934	65.9	3538	16.7
批发业	12967	12713	98	8148	64.1	1986	15.6
零售业	8643	8434	97.6	5786	68.6	1552	18.4
交通运输、仓储和邮政业	4183	4102	98.1	2814	68.6	890	21.7
铁路运输业	12	12	100	9	75	2	16.7
道路运输业	2447	2401	98.1	1624	67.6	442	18.4
水上运输业	496	484	97.6	307	63.4	84	17.4
航空运输业	15	15	100	12	80	9	60
管道运输业	7	7	100	3	42.9	3	42.9
装卸搬运和运输代理业	742	732	98.7	545	74.5	211	28.8
仓储业	366	355	97	234	65.9	102	28.7
邮政业	98	96	98	80	83.3	37	38.5
住宿和餐饮业	3379	3292	97.4	2452	74.5	752	22.8
住宿业	1026	1009	98.3	850	84.2	387	38.4
餐饮业	2353	2283	97	1602	70.2	365	16
信息传输、软件和信息技术服务业	1215	1204	99.1	1090	90.5	731	60.7
电信、广播电视和卫星传输服务	160	159	99.4	138	86.8	83	52.2
互联网和相关服务	134	133	99.3	122	91.7	84	63.2
软件和信息技术服务业	921	912	99	830	91	564	61.8
房地产业	7563	7410	98	5574	75.2	1557	21
房地产业	7563	7410	98	5574	75.2	1557	21
租赁和商务服务业	3477	3426	98.5	2542	74.2	1049	30.6
租赁业	154	151	98.1	108	71.5	25	16.6
商务服务业	3323	3275	98.6	2434	74.3	1024	31.3
科学研究和技术服务业	2386	2351	98.5	1836	78.1	773	32.9
研究和试验发展	187	185	98.9	160	86.5	88	47.6
专业技术服务业	1521	1491	98	1208	81	585	39.2
科技推广和应用服务业	678	675	99.6	468	69.3	100	14.8
水利、环境和公共设施管理业	525	518	98.7	373	72	146	28.2
水利管理业	18	18	100	10	55.6	4	22.2
生态保护和环境治理业	68	68	100	46	67.6	20	29.4
公共设施管理业	439	432	98.4	317	73.4	122	28.2
居民服务、修理和其他服务业	509	488	95.9	355	72.7	102	20.9
居民服务业	164	157	95.7	113	72	32	20.4
机动车、电子产品和日用产品修理业	230	224	97.4	169	75.4	46	20.5
其他服务业	115	107	93	73	68.2	24	22.4
教育	301	300	99.7	249	83	107	35.7
教育	301	300	99.7	249	83	107	35.7
卫生和社会工作	205	204	99.5	176	86.3	106	52
卫生	202	201	99.5	173	86.1	104	51.7
社会工作	3	3	100	3	100	2	66.7
文化、体育和娱乐业	584	581	99.5	507	87.3	213	36.7
新闻和出版业	51	51	100	49	96.1	36	70.6
广播、电视、电影和影视录音制作业	149	149	100	137	91.9	73	49
文化艺术业	120	119	99.2	111	93.3	34	28.6
体育	39	39	100	30	76.9	19	48.7
娱乐业	225	223	99.1	180	80.7	51	22.9

互联网广告		搜索引擎		电子商务平台		电子邮件		微博	
数量（个）	占使用互联网企业的比重（%）	数量（个）	占使用互联网企业的比重（%）	数量（个）	占使用互联网企业的比重（%）	数量（个）	占使用互联网企业的比重（%）	数量（个）	占使用互联网企业的比重（%）
4111	19.4	2489	11.8	2614	12.4	5589	26.4	2473	11.7
1993	15.7	1444	11.4	1522	12	3423	26.9	1038	8.2
2118	25.1	1045	12.4	1092	12.9	2166	25.7	1435	17
647	15.8	470	11.5	358	8.7	1281	31.2	416	10.1
1	8.3	1	8.3	1	8.3	4	33.3	1	8.3
387	16.1	270	11.2	177	7.4	714	29.7	253	10.5
66	13.6	56	11.6	39	8.1	153	31.6	50	10.3
4	26.7			3	20	5	33.3	7	46.7
				1	14.3			2	28.6
112	15.3	90	12.3	69	9.4	274	37.4	57	7.8
52	14.6	30	8.5	42	11.8	106	29.9	30	8.5
25	26	23	24	26	27.1	25	26	16	16.7
760	23.1	443	13.5	528	16	689	20.9	609	18.5
295	29.2	164	16.3	266	26.4	293	29	265	26.3
465	20.4	279	12.2	262	11.5	396	17.3	344	15.1
420	34.9	332	27.6	247	20.5	461	38.3	283	23.5
65	40.9	26	16.4	35	22	54	34	40	25.2
47	35.3	45	33.8	38	28.6	52	39.1	45	33.8
308	33.8	261	28.6	174	19.1	355	38.9	198	21.7
2579	34.8	936	12.6	671	9.1	1981	26.7	960	13
2579	34.8	936	12.6	671	9.1	1981	26.7	960	13
763	22.3	502	14.7	347	10.1	940	27.4	549	16
23	15.2	24	15.9	16	10.6	44	29.1	15	9.9
740	22.6	478	14.6	331	10.1	896	27.4	534	16.3
486	20.7	368	15.7	191	8.1	694	29.5	242	10.3
55	29.7	30	16.2	20	10.8	68	36.8	19	10.3
287	19.2	239	16	125	8.4	464	31.1	152	10.2
144	21.3	99	14.7	46	6.8	162	24	71	10.5
124	23.9	82	15.8	56	10.8	152	29.3	79	15.3
2	11.1	2	11.1	2	11.1	4	22.2	1	5.6
9	13.2	11	16.2	9	13.2	19	27.9	3	4.4
113	26.2	69	16	45	10.4	129	29.9	75	17.4
113	23.2	61	12.5	40	8.2	114	23.4	70	14.3
39	24.8	23	14.6	11	7	30	19.1	16	10.2
49	21.9	25	11.2	22	9.8	63	28.1	38	17
25	23.4	13	12.1	7	6.5	21	19.6	16	15
79	26.3	49	16.3	22	7.3	81	27	41	13.7
79	26.3	49	16.3	22	7.3	81	27	41	13.7
75	36.8	61	29.9	21	10.3	45	22.1	27	13.2
75	37.3	61	30.3	21	10.4	44	21.9	26	12.9
						1	33.3	1	33.3
187	32.2	104	17.9	101	17.4	183	31.5	203	34.9
22	43.1	12	23.5	13	25.5	18	35.3	21	41.2
41	27.5	30	20.1	38	25.5	56	37.6	76	51
39	32.8	22	18.5	13	10.9	57	47.9	48	40.3
8	20.5	2	5.1	3	7.7	10	25.6	12	30.8
77	34.5	38	17	34	15.2	42	18.8	46	20.6

5-F-1 按专业和控股情况

项目	企业数	有电子商务交易企业数	有电子商务销售企业数	有自营平台销售企业数	有b2c的企业数	对大陆区域以外销售企业数
总计	**104560**	**5848**	**4798**	**1734**	**1135**	**1129**
按统计专业分						
工业	48312	3686	3272	1244	562	983
建筑业	10311	446	198	40	34	3
批发和零售业	21610	630	502	177	192	86
规模以上服务业	14560	698	522	213	196	40
住宿和餐饮业	3379	288	260	53	128	15
房地产业	6388	100	44	7	23	2
按控股情况分						
国有控股	4770	299	229	78	93	21
集体控股	2602	127	102	37	30	12
私人控股	81795	4397	3601	1349	831	802
港澳台商控股	4220	317	283	96	55	96
外商控股	6910	470	382	107	57	148
其他	4263	238	201	67	69	50

分企业开展电子商务情况

单位：个

提供服务的企业数	有电子商务采购企业数	有自营平台采购企业数	对大陆以外区域采购企业数	采购服务的企业数	有自营电子商务平台企业数	提供第三方电子商务交易平台企业数
743	**3631**	**1096**	**471**	**684**	**1953**	**367**
348	2303	794	390	354	1371	236
38	386	52	10	88	64	11
63	331	90	35	46	197	33
198	441	124	22	147	247	70
90	88	26	8	27	61	13
6	82	10	6	22	13	4
67	168	52	13	38	100	20
17	76	28	6	12	47	10
562	2716	836	278	551	1496	293
29	203	56	54	21	106	12
33	330	81	105	41	128	21
35	138	43	15	21	76	11

5-F-2 按企业基本情况

项　　目	企业数	有电子商务交易企业数	有电子商务销售企业数	有自营平台销售企业数	有b2c的企业数	对大陆区域以外销售企业数
总　计	**104560**	**5848**	**4798**	**1734**	**1135**	**1129**
工　业	**48312**	**3686**	**3272**	**1244**	**562**	**983**
高新技术企业	5469	821	731	320	139	263
非高新技术企业						
建筑业	**10311**	**446**	**198**	**40**	**34**	**3**
施工总承包	5003	190	77	12	17	2
专业承包	4175	232	112	26	15	1
劳务分包	1133	24	9	2	2	
批发零售业	**21610**	**630**	**502**	**177**	**192**	**86**
独立门店	16211	363	266	83	107	41
连锁总店(总部)	175	18	15	12	14	
连锁门店	284	17	14	10	10	1
其他	4940	232	207	72	61	44
零售业	8643	291	215	85	135	10
#超市	378	10	5	4	3	
大型超市	191	6	5	3	4	
百货店	538	9	8	1	4	1
专业店	4804	122	83	33	55	1
专卖店	2022	77	47	11	31	2
厂家直销中心	264	9	9	7	4	4
规模以上服务业	**14560**	**698**	**522**	**213**	**196**	**40**
住宿和餐饮业	**3379**	**288**	**260**	**53**	**128**	**15**
独立门店	3101	255	232	46	110	13
连锁总店(总部)	23	7	7	3	6	
连锁门店	127	13	9	3	6	1
其他	128	13	12	1	6	1
住宿业	1026	166	153	30	74	13
一星	6					
二星	50	2	2	1	1	
三星	228	37	35	5	21	2
四星	152	44	40	6	16	
五星	72	29	28	12	14	5
其他	517	54	48	6	22	6
房地产业	**6388**	**100**	**44**	**7**	**23**	**2**
一级	103	2	1		1	
二级	2010	45	24	3	15	1
三级	1158	11	3	1	1	
四级	69	2	1			
暂定	2654	37	13	3	4	1
其他	394	3	2		2	

分企业开展电子商务情况

单位：个

提供服务的企业数	有电子商务采购企业数	有自营平台采购企业数	对大陆以外区域采购企业数	采购服务的企业数	有自营电子商务平台企业数	提供第三方电子商务交易平台企业数
743	**3631**	**1096**	**471**	**684**	**1953**	**367**
348	**2303**	**794**	**390**	**354**	**1371**	**236**
97	564	223	102	88	356	56
38	**386**	**52**	**10**	**88**	**64**	**11**
16	165	17	3	37	21	4
20	203	34	7	45	40	7
2	18	1		6	3	
63	**331**	**90**	**35**	**46**	**197**	**33**
36	213	48	20	33	96	21
2	6	5	1	2	14	2
3	9	3		1	10	
22	103	34	14	10	77	10
35	155	36	10	21	94	17
2	6	1	1	2	5	1
1	3	1		1	4	1
	3	1	1		1	1
14	68	17	2	7	38	5
7	48	4	2	6	12	5
4	5	4	3	3	7	1
198	**441**	**124**	**22**	**147**	**247**	**70**
90	**88**	**26**	**8**	**27**	**61**	**13**
79	72	23	5	22	53	11
3	2	1	1	2	3	1
3	8	2	2	1	4	
5	6			2	1	1
50	52	16	6	19	36	8
1	1	1			1	
11	11	5	1	4	7	2
11	10	3	1	1	9	1
11	11	4	3	6	12	3
16	19	3	1	8	7	2
6	**82**	**10**	**6**	**22**	**13**	**4**
	1					
2	38	4	1	11	5	2
1	10	2	1	4	2	1
	1					
3	29	4	4	6	6	1
	3			1		

5-F-3 按企业规模分企业

项目	企业数	有电子商务交易企业数	有电子商务销售企业数	有自营平台销售企业数	有b2c的企业数	对大陆区域以外销售企业数
总计	**104560**	**5848**	**4798**	**1734**	**1135**	**1129**
大型	2288	403	343	163	152	73
中型	19908	1592	1265	483	370	279
小型	71773	3620	3023	1043	568	751
微型	10427	226	164	45	44	26
工业	**48312**	**3686**	**3272**	**1244**	**562**	**983**
大型	1240	264	230	102	75	67
中型	6038	932	810	331	182	246
小型	39659	2451	2196	800	301	662
微型	1375	39	36	11	4	8
建筑业	**10311**	**446**	**198**	**40**	**34**	**3**
大型	199	16	2			
中型	3080	152	62	12	11	3
小型	5388	238	107	23	20	
微型	1644	40	27	5	3	
批发和零售业	**21610**	**630**	**502**	**177**	**192**	**86**
大型	375	64	62	38	43	2
中型	4450	208	169	60	76	19
小型	13329	303	238	69	62	55
微型	3456	55	33	10	11	10
批发业	12967	339	287	92	57	76
大型	150	36	35	18	22	2
中型	2412	100	90	29	21	16
小型	8953	178	145	41	13	50
微型	1452	25	17	4	1	8
零售业	8643	291	215	85	135	10
大型	225	28	27	20	21	
中型	2038	108	79	31	55	3
小型	4376	125	93	28	49	5
微型	2004	30	16	6	10	2
服务业	**14560**	**698**	**522**	**213**	**196**	**40**
大型	406	44	35	18	22	2
中型	1706	133	100	49	43	4
小型	9778	447	329	128	112	26
微型	2506	67	55	18	18	8
住宿和餐饮业	**3379**	**288**	**260**	**53**	**128**	**15**
大型	42	15	14	5	12	2
中型	549	101	94	27	43	5
小型	2656	170	150	21	72	8
微型	132	2	2		1	
住宿业	**1026**	**166**	**153**	**30**	**74**	**13**
大型	21	8	7	3	5	2
中型	258	72	68	19	30	4
小型	718	86	78	8	39	7
微型	29					
餐饮业	**2353**	**122**	**107**	**23**	**54**	**2**
大型	21	7	7	2	7	
中型	291	29	26	8	13	1
小型	1938	84	72	13	33	1
微型	103	2	2		1	
房地产业	**6388**	**100**	**44**	**7**	**23**	**2**
大型	26					
中型	4085	66	30	4	15	2
小型	963	11	3	2	1	
微型	1314	23	11	1	7	

开展电子商务情况

单位：个

提供服务的企业数	有电子商务采购企业数	有自营平台采购企业数	对大陆以外区域采购企业数	采购服务的企业数	有自营电子商务平台企业数	提供第三方电子商务交易平台企业数
743	**3631**	**1096**	**471**	**684**	**1953**	**367**
57	277	116	54	49	190	24
202	1097	357	168	196	561	94
449	2102	600	232	405	1153	237
34	150	23	17	33	49	12
348	**2303**	**794**	**390**	**354**	**1371**	**236**
24	202	83	52	32	121	14
95	698	266	144	114	376	63
225	1380	440	189	207	863	157
4	23	5	5	1	11	2
38	**386**	**52**	**10**	**88**	**64**	**11**
	15	4		1	4	
14	133	15	6	30	19	4
20	206	31	3	48	36	4
4	32	2	1	9	5	3
63	**331**	**90**	**35**	**46**	**197**	**33**
9	24	15		4	39	3
19	106	33	9	9	68	12
30	165	36	21	29	78	16
5	36	6	5	4	12	2
28	176	54	25	25	103	16
5	17	10		3	18	2
8	48	16	7	5	33	5
14	95	24	15	15	46	7
1	16	4	3	2	6	2
35	155	36	10	21	94	17
4	7	5		1	21	1
11	58	17	2	4	35	7
16	70	12	6	14	32	9
4	20	2	2	2	6	
198	**441**	**124**	**22**	**147**	**247**	**70**
16	29	12	1	8	21	7
40	81	25	2	22	59	10
120	285	78	14	101	148	48
21	41	9	5	15	19	5
90	**88**	**26**	**8**	**27**	**61**	**13**
8	7	2	1	4	5	
29	25	11	2	6	31	4
53	56	13	5	17	25	9
50	**52**	**16**	**6**	**19**	**36**	**8**
4	5	1	1	3	3	
19	16	8	2	5	22	4
27	31	7	3	11	11	4
40	**36**	**10**	**2**	**8**	**25**	**5**
4	2	1		1	2	
10	9	3		1	9	
26	25	6	2	6	14	5
6	**82**	**10**	**6**	**22**	**13**	**4**
5	54	7	5	15	8	1
1	10	2		3	3	3
	18	1	1	4	2	

5-F-4 按地区分企业

地 区	企业数	有电子商务交易企业数	有电子商务销售企业数	有自营平台销售企业数	有b2c的企业数	对大陆区域以外销售企业数
总 计	**104560**	**5848**	**4798**	**1734**	**1135**	**1129**
南京市	10755	679	524	189	163	85
无锡市	10277	636	537	240	119	157
徐州市	7311	225	140	45	35	21
常州市	10015	631	539	280	119	195
苏州市	20653	1160	940	296	198	275
南通市	10753	735	635	131	100	91
连云港市	3533	119	90	15	23	13
淮安市	5267	159	127	28	41	16
盐城市	6422	280	219	94	68	23
扬州市	5713	327	284	137	79	55
镇江市	4724	304	266	64	71	80
泰州市	4913	386	342	173	82	94
宿迁市	4224	207	155	42	37	24

开展电子商务情况

单位：个

提供服务的企业数	有电子商务采购企业数	有自营平台采购企业数	对大陆以外区域采购企业数	采购服务的企业数	有自营电子商务平台企业数	提供第三方电子商务交易平台企业数
743	**3631**	**1096**	**471**	**684**	**1953**	**367**
105	398	134	41	77	234	42
67	351	135	69	66	268	64
25	170	29	8	51	49	18
93	371	159	59	60	313	42
120	686	172	133	114	334	54
69	463	92	28	61	147	16
12	86	11	4	12	17	6
29	114	21	10	31	35	3
45	198	63	18	51	104	14
55	206	90	25	51	154	33
46	189	42	36	45	68	20
45	248	118	31	47	186	50
32	151	30	9	18	44	5

5-F-5 按登记注册类型

登记注册类型	企业数	有电子商务交易企业数	有电子商务销售企业数	有自营平台销售企业数	有b2c的企业数	对大陆区域以外销售企业数
总　　计	**104560**	**5848**	**4798**	**1734**	**1135**	**1129**
内资企业	91272	4840	3939	1473	996	793
国有企业	1486	84	73	21	26	4
集体企业	1039	40	31	9	8	
股份合作企业	200	19	17	4	4	4
联营企业	53	1	1			
国有联营企业	14					
集体联营企业	16					
国有与集体联营企业	15					
其他联营企业	8	1	1			
有限责任公司	18005	915	697	257	251	96
国有独资公司	765	52	37	13	14	5
其他有限责任公司	17240	863	660	244	237	91
股份有限公司	2822	257	216	95	81	52
私营企业	66067	3489	2871	1078	621	633
私营独资企业	4608	171	143	41	25	20
私营合伙企业	436	26	20	4	4	1
私营有限责任公司	58283	3121	2558	983	556	579
私营股份有限公司	2740	171	150	50	36	33
其他企业	1600	35	33	9	5	4
港、澳、台商投资企业	5040	384	341	116	64	125
与港澳台商合资经营企业	1878	163	144	48	24	59
与港澳台商合作经营企业	94	5	5	1		1
港澳台商独资经营企业	2938	203	179	63	35	58
港澳台商投资股份有限公司	120	12	12	3	4	7
其他港澳台投资企业	10	1	1	1	1	
外商投资企业	8248	624	518	145	75	211
中外合资经营企业	2529	245	212	64	31	93
中外合作经营企业	132	10	9	1	1	5
外资企业	5434	360	290	78	42	110
外商投资股份有限公司	141	8	6	2	1	3
其他外商投资企业	12	1	1			

分企业开展电子商务情况

单位：个

提供服务的企业数	有电子商务采购企业数	有自营平台采购企业数	对大陆以外区域采购企业数	采购服务的企业数	有自营电子商务平台企业数	提供第三方电子商务交易平台企业数
743	**3631**	**1096**	**471**	**684**	**1953**	**367**
666	2975	924	288	603	1655	323
19	46	13	1	17	23	4
5	22	3	1	6	10	1
4	6	3	1	1	5	
148	585	172	50	107	305	54
14	30	11	5	6	19	6
134	555	161	45	101	286	48
41	160	55	22	28	105	25
442	2133	672	210	439	1198	238
17	103	27	10	16	51	10
2	14	3	1	3	5	1
400	1925	616	189	397	1087	218
23	91	26	10	23	55	9
7	23	6	3	5	9	1
36	244	69	62	26	129	17
13	104	34	25	13	55	11
	4	1			1	
22	129	32	35	13	69	6
1	6	1	2		3	
	1	1			1	
41	412	103	121	55	169	27
14	139	45	31	23	75	11
2	7		3	2	1	
25	259	56	85	28	90	16
	6	2	2	2	3	
	1					

5-F-6 按行业分企业

行业	企业数	有电子商务交易企业数	有电子商务销售企业数	有自营平台销售企业数	有b2c的企业数	对大陆区域以外销售企业数
总计	**104560**	**5848**	**4798**	**1734**	**1135**	**1129**
采矿业	150	5	3	2	1	2
煤炭开采和洗选业	13					
石油和天然气开采业	2	1				
黑色金属矿采选业	19	2	1	1	1	1
有色金属矿采选业	8					
非金属矿采选业	107	2	2	1		1
开采辅助活动	1					
其他采矿业						
制造业	47718	3668	3265	1240	560	981
农副食品加工业	1548	73	69	30	30	15
食品制造业	371	50	45	15	13	11
酒、饮料和精制茶制造业	188	9	8	4	6	
烟草制品业	5	1	1			
纺织业	4859	319	295	91	54	81
纺织服装、服饰业	2621	149	132	42	39	30
皮革、毛皮、羽毛及其制品和制鞋业	622	40	36	14	5	7
木材加工和木、竹、藤、棕、草制品业	1276	33	30	12	7	8
家具制造业	259	13	11	3	2	5
造纸和纸制品业	605	40	34	13	6	7
印刷和记录媒介复制业	657	39	34	11	5	11
文教、工美、体育和娱乐用品制造业	1258	185	168	56	38	56
石油加工、炼焦和核燃料加工业	130	8	4	2		
化学原料和化学制品制造业	3845	281	256	94	37	68
医药制造业	689	68	59	20	12	19
化学纤维制造业	889	32	26	16	6	8
橡胶和塑料制品业	1974	171	149	57	16	52
非金属矿物制品业	2627	104	92	29	17	33
黑色金属冶炼和压延加工业	1556	114	102	41	13	30
有色金属冶炼和压延加工业	1094	85	76	26	11	26
金属制品业	3205	254	228	85	35	71
通用设备制造业	4170	388	349	160	56	115
专用设备制造业	2982	261	232	119	32	67
汽车制造业	1415	109	90	31	12	24
铁路、船舶、航空航天和其他运输设备制造业	943	71	60	24	9	18
电气机械和器材制造业	3963	369	334	129	64	94
计算机、通信和其他电子设备制造业	2691	268	229	77	22	82
仪器仪表制造业	936	110	96	31	12	35
其他制造业	166	20	17	8	1	8
废弃资源综合利用业	145	4	3			
金属制品、机械和设备修理业	29					
电力、热力、燃气及水生产和供应业	444	13	4	2	1	
电力、热力生产和供应业	246	10	2	2		
燃气生产和供应业	86	2	2		1	
水的生产和供应业	112	1				
建筑业	10311	446	198	40	34	3
房屋建筑业	4115	151	58	10	15	2
土木工程建筑业	2050	80	35	5	4	
建筑安装业	1755	101	45	8	8	
建筑装饰和其他建筑业	2391	114	60	17	7	1

开展电子商务情况

单位：个

提供服务的企业数	有电子商务采购企业数	有自营平台采购企业数	对大陆以外区域采购企业数	采购服务的企业数	有自营电子商务平台企业数	提供第三方电子商务交易平台企业数
743	**3631**	**1096**	**471**	**684**	**1953**	**367**
2	5	2	1	1	2	1
	1					
1	2	1	1	1	1	
1	2	1			1	1
346	2286	788	389	351	1365	234
11	48	18	5	8	32	9
3	30	8	5	5	16	1
	6	3			5	
	1					
22	170	62	32	26	99	15
18	86	25	17	12	45	12
2	23	10	4	3	16	2
4	19	5	2	3	13	1
1	5	2		2	3	1
3	23	4	4	2	14	2
3	25	4	5	4	11	3
13	110	34	12	13	63	8
1	7	3			4	
26	167	55	22	23	104	21
10	48	15	5	5	22	7
4	25	13	10	6	18	3
12	102	36	26	14	64	16
13	58	13	9	12	31	4
9	68	23	8	13	47	8
7	58	19	6	8	30	2
20	142	57	22	27	103	14
40	240	106	33	49	172	35
33	171	75	24	28	123	15
9	72	22	12	7	37	10
7	44	14	12	7	25	4
40	242	81	39	32	138	21
22	209	51	56	24	84	9
10	72	25	15	14	36	10
2	12	5	4	3	10	1
1	3			1		
	12	4		2	4	1
	10	4		2	4	
	1					
	1					1
38	386	52	10	88	64	11
10	128	13	4	36	17	3
7	69	10		15	11	2
8	91	13	4	15	16	1
13	98	16	2	22	20	5

5-F-6 续表

行 业	企业数	有电子商务交易企业数	有电子商务销售企业数	有自营平台销售企业数	有b2c的企业数	对大陆区域以外销售企业数
批发和零售业	21610	630	502	177	192	86
批发业	12967	339	287	92	57	76
零售业	8643	291	215	85	135	10
交通运输、仓储和邮政业	4183	182	138	33	29	10
铁路运输业	12					
道路运输业	2447	115	83	16	14	4
水上运输业	496	14	13	4	3	2
航空运输业	15	2	2		1	
管道运输业	7	2	1			
装卸搬运和运输代理业	742	25	21	8	4	2
仓储业	366	12	8	2	2	1
邮政业	98	12	10	3	5	1
住宿和餐饮业	3379	288	260	53	128	15
住宿业	1026	166	153	30	74	13
餐饮业	2353	122	107	23	54	2
信息传输、软件和信息技术服务业	1215	156	115	68	51	11
电信、广播电视和卫星传输服务	160	23	21	18	16	
互联网和相关服务	134	20	19	13	10	1
软件和信息技术服务业	921	113	75	37	25	10
房地产业	7563	112	49	9	23	2
房地产业	7563	112	49	9	23	2
租赁和商务服务业	3477	132	102	52	41	6
租赁业	154	13	7	2	1	1
商务服务业	3323	119	95	50	40	5
科学研究和技术服务业	2386	71	48	13	13	9
研究和试验发展	187	11	8	2		4
专业技术服务业	1521	39	25	8	11	4
科技推广和应用服务业	678	21	15	3	2	1
水利、环境和公共设施管理业	525	30	23	11	13	
水利管理业	18	2	1		1	
生态保护和环境治理业	68	1	1	1	1	
公共设施管理业	439	27	21	10	11	
居民服务、修理和其他服务业	509	19	11	2	6	2
居民服务业	164	5	2	1	2	
机动车、电子产品和日用产品修理业	230	11	7	1	3	1
其他服务业	115	3	2		1	1
教育	301	13	8	4	2	
教育	301	13	8	4	2	
卫生和社会工作	205	13	11	2	5	
卫生	202	13	11	2	5	
社会工作	3					
文化、体育和娱乐业	584	70	61	26	36	2
新闻和出版业	51	9	8	2	1	
广播、电视、电影和影视录音制作业	149	32	28	15	19	2
文化艺术业	120	9	8	6	6	
体育	39	1	1			
娱乐业	225	19	16	3	10	

单位：个

提供服务的企业数	有电子商务采购企业数	有自营平台采购企业数	对大陆以外区域采购企业数	采购服务的企业数	有自营电子商务平台企业数	提供第三方电子商务交易平台企业数
63	331	90	35	46	197	33
28	176	54	25	25	103	16
35	155	36	10	21	94	17
57	123	24	8	41	39	5
33	84	14	5	29	20	2
7	8	3	1	4	4	2
1						
	1					
8	16	4	1	5	9	1
4	9	3	1	2	3	
4	5			1	3	
90	88	26	8	27	61	13
50	52	16	6	19	36	8
40	36	10	2	8	25	5
54	104	38	7	32	76	21
11	12	7		1	20	6
12	9	5		3	13	5
31	83	26	7	28	43	10
7	93	11	6	26	15	4
7	93	11	6	26	15	4
34	82	25	4	30	58	20
3	11	1		6	2	
31	71	24	4	24	56	20
10	51	13	3	16	19	5
1	7	4	1	1	4	1
8	26	8	2	13	12	4
1	18	1		2	3	
11	18	7		10	12	4
	1					
	1				1	
11	16	7		10	11	4
6	12	3		5	4	
1	4	1		1	2	
3	7	2		3	2	
2	1			1		
1	9	2		3	4	2
1	9	2		3	4	2
4	6	2		2	3	
4	6	2		2	3	
20	25	9		4	30	13
2	4	2			4	
11	11	4		2	16	8
2	3	1			6	
5	7	2		2	4	5

江苏经济普查年鉴

Jiangsu Economic Census Yearbook 2013

第三产业卷

江苏省第三次全国经济普查领导小组办公室　编

中国统计出版社
China Statistics Press

图书在版编目（CIP）数据

江苏经济普查年鉴. 2013 / 江苏省第三次全国经济普查领导小组办公室编. -- 北京 : 中国统计出版社, 2015.10

ISBN 978-7-5037-7659-5

Ⅰ. ①江… Ⅱ. ①江… Ⅲ. ①经济－普查－江苏省－2013－年鉴 Ⅳ. ①F127.55-54

中国版本图书馆 CIP 数据核字(2015)第 227114 号

江苏经济普查年鉴—2013/第三产业卷

作　　者/江苏省第三次全国经济普查领导小组办公室
责任编辑/赵淑焕　王振宇　尹　伊　冯燕玲
封面设计/黄俊杰　李雪燕
出版发行/中国统计出版社
通信地址/北京市丰台区西三环南路甲 6 号　邮政编码/100073
电　　话/邮购（010）63376909　书店（010）68783171
网　　址/http://www.zgtjcbs.com/
印　　刷/河北天普润印刷厂
经　　销/新华书店
开　　本/880mm×1230mm　1/16
字　　数/550 千字
印　　张/18
版　　别/2015 年 12 月第 1 版
版　　次/2015 年 12 月第 1 次印刷
定　　价/800.00 元（全三卷）

本书附同版本 CD-ROM 一张，光盘内容以书面文字为准。
如有印装差错，由本社发行部调换。

编委会和编辑人员

编者说明

江苏省第三次全国经济普查工作，经过各地区、有关部门和全体普查人员的共同努力，圆满完成了单位核查、普查登记、数据审核和数据汇总工作。为全面展示全省第三次经济普查的成果，系统反映第二、第三产业的发展规模及布局，详细介绍产业组织、产业结构、产业技术的现状及各生产要素的构成，更加方便社会公众开发利用普查资料，我们将经济普查资料编辑整理，汇编成《江苏经济普查年鉴—2013》一书。全书共三卷，即综合卷、第二产业卷和第三产业卷，并附录普查《公报》、普查方案和主要指标解释，同时随书配送同版本电子光盘。

为使读者更好地使用本资料，对有关问题作如下说明：

一、江苏省第三次全国经济普查的普查对象是在江苏境内从事第二产业和第三产业的全部法人单位、产业活动单位和个体经营户。

二、本次普查的标准时点为 2013 年 12 月 31 日，时期资料为 2013 年度。

三、本书所附《公报》中的数据与正文口径范围略有不同，数据不完全一致，请注意使用。

四、金融和铁路运输业分别由金融和铁路管理部门负责普查，本书不包含这部分数据。

五、为保守企业秘密，对部分分组中企业数小于 5 的，仅列出企业个数，未列经济指标。

六、资料中的合计数和部分计算数据因小数取舍而产生的误差，均未作机械调整。

七、表中“…”表示数据不足本表最小单位数，空格表示该项统计指标数据不详或无该项数据，“#”表示其中的主要项。

第三产业卷 目录

第一篇 批发和零售业经营及财务状况

第二篇 住宿和餐饮业经营及财务状况

第三篇　房地产开发企业生产经营及财务状况

第四篇　服务业财务状况

第五篇 行政事业、社团及其他单位财务状况

附 录

第一篇

批发和零售业经营及财务状况

1-A-1　按登记注册类型分全部批发和零售业法人主要情况

项　　目	法人单位数（个）	期末从业人员合计（人）	
			#女性
总　　计	**299067**	**3172177**	**1401752**
内资企业	**296296**	**2954258**	**1270604**
国有企业	1660	44413	13750
集体企业	2571	31556	12983
股份合作企业	732	7498	3071
联营企业	506	4280	1868
国有联营企业	34	424	142
集体联营企业	106	1142	511
国有与集体联营企业	32	340	133
其他联营企业	334	2374	1082
有限责任公司	22307	394977	192776
国有独资公司	146	11379	5889
其他有限责任公司	22161	383598	186887
股份有限公司	2477	102315	54472
私营企业	250412	2116999	882858
私营独资企业	45664	399326	173640
私营合伙企业	3079	22337	9186
私营有限责任公司	196336	1635657	675312
私营股份有限公司	5333	59679	24720
其他企业	15631	252220	108826
港、澳、台商投资企业	**1163**	**102176**	**63876**
合资经营企业	190	10242	5190
合作经营企业	11	131	67
独资经营企业	913	82599	50818
投资股份有限公司	35	8957	7645
其他港澳台商投资企业	14	247	156
外商投资企业	**1608**	**115743**	**67272**
中外合资经营企业	260	39225	26871
中外合作经营企业	11	2037	1109
外资企业	1226	72307	38855
外商投资股份有限公司	41	540	187
其他外商投资企业	70	1634	250

1-A-2 按登记注册类型分限额以上批发和零售业法人主要情况

项目	法人单位数(个)	期末从业人员合计(人)	#女性	商品购进总额(万元)	#进口
总计	**21731**	**1045996**	**536098**	**417374249.5**	**21818534.6**
内资企业	**21209**	**853404**	**416418**	**378664352.3**	**18860882.8**
国有企业	353	25853	7436	15993843.6	592080.4
集体企业	177	6896	3345	1260854.4	7137.7
股份合作企业	36	1518	642	608643.6	3392.1
联营企业	9	586	386	86699.6	
国有联营企业	3	126	42	38410.5	
集体联营企业	3	137	90	9509.0	
国有与集体联营企业	2	76	24	16816.5	
其他联营企业	1	247	230	21963.6	
有限责任公司	3598	256227	135887	107212010.3	6078661.8
国有独资公司	62	9889	5285	8477577.1	1850833.4
其他有限责任公司	3536	246338	130602	98734433.2	4227828.4
股份有限公司	409	84821	47009	44580493.5	867556.3
私营企业	16015	445146	207651	205436435.8	11268407.4
私营独资企业	972	18882	9775	3240542.9	10480.1
私营合伙企业	70	944	531	347431.6	
私营有限责任公司	14469	405586	188710	195066384.0	11077684.9
私营股份有限公司	504	19734	8635	6782077.3	180242.4
其他企业	612	32357	14062	3485371.5	43647.1
港、澳、台商投资企业	**254**	**91501**	**59008**	**16574499.4**	**1723068.6**
合资经营企业	46	8359	4413	2726607.1	174113.1
合作经营企业	6	83	25	15630.7	
独资经营企业	194	74306	47028	13555211.6	1537329.8
投资股份有限公司	8	8753	7542	277050.0	11625.7
其他港澳台商投资企业					
外商投资企业	**268**	**101091**	**60672**	**22135397.8**	**1234583.2**
中外合资经营企业	48	35480	24982	6033365.8	52755.3
中外合作经营企业	2	1960	1072	6882333.1	5695.3
外资企业	212	62378	34546	9159746.2	1175823.0
外商投资股份有限公司	5	284	72	55914.4	309.6
其他外商投资企业	1	989		4038.3	

1-A-2　续表

项　　目	商品销售总　额（万元）	批发额	#出口	零售额	年末商品库存总额（万元）
总　　计	**456008926.2**	**357324797.5**	**25064263.1**	**98684128.7**	**24623054.3**
内资企业	**411961108.3**	**326529515.3**	**23601154.7**	**85431593.0**	**21426326.9**
国有企业	18473261.2	17329987.5	918488.8	1143273.7	1640505.3
集体企业	1465132.2	759285.9	12555.2	705846.3	124411.4
股份合作企业	645991.6	590308.1	1687.2	55683.5	16636.6
联营企业	92322.9	12304.2		80018.7	8586.3
国有联营企业	36992.6			36992.6	3768.9
集体联营企业	9483.2	3300.6		6182.6	284.2
国有与集体联营企业	18699.7			18699.7	370.4
其他联营企业	27147.4	9003.6		18143.8	4162.8
有限责任公司	118222046.6	90113907.4	10498942.5	28108139.2	6329400.6
国有独资公司	8686457.0	7067047.1	1331636.9	1619409.9	608127.5
其他有限责任公司	109535589.6	83046860.3	9167305.6	26488729.3	5721273.1
股份有限公司	46768436.6	34107177.8	2331326.3	12661258.8	2429487.7
私营企业	222443744.5	180461435.2	9818662.4	41982309.3	10741858.0
私营独资企业	3746248.3	1719413.1	20863.9	2026835.2	244031.1
私营合伙企业	316708.7	184812.0		131896.7	74232.1
私营有限责任公司	210547641.3	172868426.7	9541670.2	37679214.6	9986500.2
私营股份有限公司	7833146.2	5688783.4	256128.3	2144362.8	437094.6
其他企业	3850172.7	3155109.2	19492.3	695063.5	135441.0
港、澳、台商投资企业	**18916671.7**	**12232995.2**	**792392.6**	**6683676.5**	**1643648.7**
合资经营企业	3276635.0	2550216.9	180652.6	726418.1	246556.0
合作经营企业	16736.7	10236.2	247.4	6500.5	1599.2
独资经营企业	15251253.0	9371263.9	611492.6	5879989.1	1308558.8
投资股份有限公司	372047.0	301278.2		70768.8	86934.7
其他港澳台商投资企业					
外商投资企业	**25131146.2**	**18562287.0**	**670715.8**	**6568859.2**	**1553078.7**
中外合资经营企业	6485932.2	3459537.3	80991.6	3026394.9	297259.6
中外合作经营企业	6922871.3	6836131.6		86739.7	51171.1
外资企业	11564387.3	8215244.1	585682.3	3349143.2	1104425.3
外商投资股份有限公司	63291.1	4041.9	4041.9	59249.2	4584.6
其他外商投资企业	94664.3	47332.1		47332.2	95638.1

1-A-3 按登记注册类型分全部批发业法人主要情况

项目	法人单位数（个）	期末从业人员合计（人）	#女性
总计	**220227**	**2103648**	**847536**
内资企业	**217887**	**2015128**	**801658**
国有企业	1179	34489	8927
集体企业	1429	18129	6574
股份合作企业	445	4981	1943
联营企业	310	2541	966
国有联营企业	16	203	62
集体联营企业	60	703	278
国有与集体联营企业	18	192	73
其他联营企业	216	1443	553
有限责任公司	15702	205503	88193
国有独资公司	100	5872	2347
其他有限责任公司	15602	199631	85846
股份有限公司	1512	49529	22217
私营企业	185429	1488547	581611
私营独资企业	25632	250427	101710
私营合伙企业	2065	15415	5981
私营有限责任公司	153945	1182383	459149
私营股份有限公司	3787	40322	14771
其他企业	11881	211409	91227
港、澳、台商投资企业	**947**	**35062**	**20236**
合资经营企业	140	4798	1779
合作经营企业	7	106	59
独资经营企业	765	21412	10828
投资股份有限公司	21	8499	7414
其他港澳台商投资企业	14	247	156
外商投资企业	**1393**	**53458**	**25642**
中外合资经营企业	205	4770	2189
中外合作经营企业	9	246	109
外资企业	1094	46803	23074
外商投资股份有限公司	33	237	101
其他外商投资企业	52	1402	169

1-A-4　按登记注册类型分限额以上批发业法人主要情况

项　　目	法人单位数（个）	期末从业人员合计（人）	#女性	商品购进总　额（万元）	#进口
总　计	**13050**	**455929**	**198860**	**333934814.3**	**19447847.4**
内资企业	**12707**	**389430**	**162678**	**308177235.3**	**17062499.9**
国有企业	270	20185	4513	14894850.6	591998.0
集体企业	56	1944	739	556311.4	7137.7
股份合作企业	20	1050	439	561273.4	3388.7
联营企业	1	12	5	5955.6	
国有联营企业					
集体联营企业	1	12	5	5955.6	
国有与集体联营企业					
其他联营企业					
有限责任公司	1932	101728	47541	83507209.1	5460480.8
国有独资公司	41	4763	1955	7299200.9	1850833.4
其他有限责任公司	1891	96965	45586	76208008.2	3609647.4
股份有限公司	202	37536	17396	35809310.4	867286.2
私营企业	9892	206896	82741	169862856.0	10088561.4
私营独资企业	259	6102	2484	1596902.0	2774.3
私营合伙企业	16	250	136	269414.4	
私营有限责任公司	9345	191252	77158	162836669.3	9957196.4
私营股份有限公司	272	9292	2963	5159870.3	128590.7
其他企业	334	20079	9304	2979468.8	43647.1
港、澳、台商投资企业	**159**	**26126**	**16296**	**10321927.6**	**1334962.5**
合资经营企业	24	3239	1138	2154601.9	92783.0
合作经营企业	4	62	20	10279.3	
独资经营企业	125	14472	7787	7947082.4	1230553.8
投资股份有限公司	6	8353	7351	209964.0	11625.7
其他港澳台商投资企业					
外商投资企业	**184**	**40373**	**19886**	**15435651.4**	**1050385.0**
中外合资经营企业	26	1511	593	1930643.5	35432.5
中外合作经营企业	1	174	74	6795797.7	
外资企业	155	37694	19217	6701166.0	1014952.5
外商投资股份有限公司	1	5	2	4005.9	
其他外商投资企业	1	989		4038.3	

1-A-4 续表

项　　目	商品销售总额（万元）	批发额	#出口	零售额	年末商品库存总额（万元）
总　计	**361809378.0**	**349414176.9**	**25053938.7**	**12395201.1**	**17054296.6**
内资企业	**332517038.0**	**320849492.2**	**23590830.3**	**11667545.8**	**15246348.5**
国有企业	17302401.6	17109982.2	918488.8	192419.4	1493198.1
集体企业	736525.6	649448.8	12555.2	87076.8	89583.5
股份合作企业	592143.6	585027.1	1687.2	7116.5	12907.9
联营企业	5933.2	3240.6		2692.6	64.3
国有联营企业					
集体联营企业	5933.2	3240.6		2692.6	64.3
国有与集体联营企业					
其他联营企业					
有限责任公司	92280160.7	88208761.9	10493228.8	4071398.8	4114020.9
国有独资公司	7473342.8	6808372.9	1331636.9	664969.9	569286.0
其他有限责任公司	84806817.9	81400389.0	9161591.9	3406428.9	3544734.9
股份有限公司	35361134.3	32335618.2	2331326.3	3025516.1	2052837.5
私营企业	182963972.3	178867165.4	9814051.7	4096806.9	7377874.5
私营独资企业	1841311.8	1662005.4	20664.3	179306.4	84955.8
私营合伙企业	224838.2	184650.9		40187.3	68900.3
私营有限责任公司	174921346.3	171378576.5	9537259.1	3542769.8	6940752.5
私营股份有限公司	5976476.0	5641932.6	256128.3	334543.4	283265.9
其他企业	3274766.7	3090248.0	19492.3	184518.7	105861.8
港、澳、台商投资企业	**11812059.7**	**11499860.1**	**792392.6**	**312199.6**	**786911.7**
合资经营企业	2603223.8	2548980.9	180652.6	54242.9	168520.1
合作经营企业	10514.0	10236.2	247.4	277.8	1339.2
独资经营企业	8901397.0	8645960.9	611492.6	255436.1	533960.0
投资股份有限公司	296924.9	294682.1		2242.8	83092.4
其他港澳台商投资企业					
外商投资企业	**17480280.3**	**17064824.6**	**670715.8**	**415455.7**	**1021036.4**
中外合资经营企业	2002541.0	1970938.8	80991.6	31602.2	63947.2
中外合作经营企业	6836131.6	6836131.6			40333.9
外资企业	8542901.5	8206380.2	585682.3	336521.3	821117.1
外商投资股份有限公司	4041.9	4041.9	4041.9		0.1
其他外商投资企业	94664.3	47332.1		47332.2	95638.1

1-A-5　按登记注册类型分全部零售业法人主要情况

项　　目	法人单位数（个）	期末从业人员合计（人）	#女性
总　计	**78840**	**1068529**	**554216**
内资企业	**78409**	**939130**	**468946**
国有企业	481	9924	4823
集体企业	1142	13427	6409
股份合作企业	287	2517	1128
联营企业	196	1739	902
国有联营企业	18	221	80
集体联营企业	46	439	233
国有与集体联营企业	14	148	60
其他联营企业	118	931	529
有限责任公司	6605	189474	104583
国有独资公司	46	5507	3542
其他有限责任公司	6559	183967	101041
股份有限公司	965	52786	32255
私营企业	64983	628452	301247
私营独资企业	20032	148899	71930
私营合伙企业	1014	6922	3205
私营有限责任公司	42391	453274	216163
私营股份有限公司	1546	19357	9949
其他企业	3750	40811	17599
港、澳、台商投资企业	**216**	**67114**	**43640**
合资经营企业	50	5444	3411
合作经营企业	4	25	8
独资经营企业	148	61187	39990
投资股份有限公司	14	458	231
其他港澳台商投资企业			
外商投资企业	**215**	**62285**	**41630**
中外合资经营企业	55	34455	24682
中外合作经营企业	2	1791	1000
外资企业	132	25504	15781
外商投资股份有限公司	8	303	86
其他外商投资企业	18	232	81

1-A-6 按登记注册类型分限额以上零售业法人主要情况

项　　目	法人单位数(个)	期末从业人员合计(人)	#女性	商品购进总额(万元)	#进口
总　计	**8681**	**590067**	**337238**	**83439435.2**	**2370687.2**
内资企业	**8502**	**463974**	**253740**	**70487117.0**	**1798382.9**
国有企业	83	5668	2923	1098993.0	82.4
集体企业	121	4952	2606	704543.0	
股份合作企业	16	468	203	47370.2	3.4
联营企业	8	574	381	80744.0	
国有联营企业	3	126	42	38410.5	
集体联营企业	2	125	85	3553.4	
国有与集体联营企业	2	76	24	16816.5	
其他联营企业	1	247	230	21963.6	
有限责任公司	1666	154499	88346	23704801.2	618181.0
国有独资公司	21	5126	3330	1178376.2	
其他有限责任公司	1645	149373	85016	22526425.0	618181.0
股份有限公司	207	47285	29613	8771183.1	270.1
私营企业	6123	238250	124910	35573579.8	1179846.0
私营独资企业	713	12780	7291	1643640.9	7705.8
私营合伙企业	54	694	395	78017.2	
私营有限责任公司	5124	214334	111552	32229714.7	1120488.5
私营股份有限公司	232	10442	5672	1622207.0	51651.7
其他企业	278	12278	4758	505902.7	
港、澳、台商投资企业	**95**	**65375**	**42712**	**6252571.8**	**388106.1**
合资经营企业	22	5120	3275	572005.2	81330.1
合作经营企业	2	21	5	5351.4	
独资经营企业	69	59834	39241	5608129.2	306776.0
投资股份有限公司	2	400	191	67086.0	
其他港澳台商投资企业					
外商投资企业	**84**	**60718**	**40786**	**6699746.4**	**184198.2**
中外合资经营企业	22	33969	24389	4102722.3	17322.8
中外合作经营企业	1	1786	998	86535.4	5695.3
外资企业	57	24684	15329	2458580.2	160870.5
外商投资股份有限公司	4	279	70	51908.5	309.6
其他外商投资企业					

1-A-6　续表

项　　目	商品销售总　额（万元）	批发额	#出口	零售额	年末商品库存总额（万元）
总　　计	**94199548.2**	**7910620.6**	**10324.4**	**86288927.6**	**7568757.7**
内资企业	**79444070.3**	**5680023.1**	**10324.4**	**73764047.2**	**6179978.4**
国有企业	1170859.6	220005.3		950854.3	147307.2
集体企业	728606.6	109837.1		618769.5	34827.9
股份合作企业	53848.0	5281.0		48567.0	3728.7
联营企业	86389.7	9063.6		77326.1	8522.0
国有联营企业	36992.6			36992.6	3768.9
集体联营企业	3550.0	60.0		3490.0	219.9
国有与集体联营企业	18699.7			18699.7	370.4
其他联营企业	27147.4	9003.6		18143.8	4162.8
有限责任公司	25941885.9	1905145.5	5713.7	24036740.4	2215379.7
国有独资公司	1213114.2	258674.2		954440.0	38841.5
其他有限责任公司	24728771.7	1646471.3	5713.7	23082300.4	2176538.2
股份有限公司	11407302.3	1771559.6		9635742.7	376650.2
私营企业	39479772.2	1594269.8	4610.7	37885502.4	3363983.5
私营独资企业	1904936.5	57407.7	199.6	1847528.8	159075.3
私营合伙企业	91870.5	161.1		91709.4	5331.8
私营有限责任公司	35626295.0	1489850.2	4411.1	34136444.8	3045747.7
私营股份有限公司	1856670.2	46850.8		1809819.4	153828.7
其他企业	575406.0	64861.2		510544.8	29579.2
港、澳、台商投资企业	**7104612.0**	**733135.1**		**6371476.9**	**856737.0**
合资经营企业	673411.2	1236.0		672175.2	78035.9
合作经营企业	6222.7			6222.7	260.0
独资经营企业	6349856.0	725303.0		5624553.0	774598.8
投资股份有限公司	75122.1	6596.1		68526.0	3842.3
其他港澳台商投资企业					
外商投资企业	**7650865.9**	**1497462.4**		**6153403.5**	**532042.3**
中外合资经营企业	4483391.2	1488598.5		2994792.7	233312.4
中外合作经营企业	86739.7			86739.7	10837.2
外资企业	3021485.8	8863.9		3012621.9	283308.2
外商投资股份有限公司	59249.2			59249.2	4584.5
其他外商投资企业					

1-A-7 按行业中类分全部批发和零售业法人主要情况

行业	法人单位数(个)	期末从业人员合计(人)	#女性
总 计	**299067**	**3172177**	**1401752**
批发业	**220227**	**2103648**	**847536**
农、林、牧产品批发	10662	178941	71601
食品、饮料及烟草制品批发	17843	280063	121178
纺织、服装及家庭用品批发	34851	372321	190054
文化、体育用品及器材批发	5985	60220	30725
医药及医疗器材批发	3432	68833	29993
矿产品、建材及化工产品批发	69126	556399	191481
机械设备、五金产品及电子产品批发	59689	434449	158227
贸易经纪与代理	5110	41703	17219
其他批发业	13529	110719	37058
零售业	**78840**	**1068529**	**554216**
综合零售	8345	300666	195267
食品、饮料及烟草制品专门零售	9447	101074	49556
纺织、服装及日用品专门零售	9247	94949	56401
文化、体育用品及器材专门零售	6359	64386	34039
医药及医疗器材专门零售	5371	61949	37037
汽车、摩托车、燃料及零配件专门零售	10097	189441	75671
家用电器及电子产品专门零售	12745	119343	53031
五金、家具及室内装饰材料专门零售	10817	82553	32279
货摊、无店铺及其他零售业	6412	54168	20935

1-A-8　按行业中类分限额以上批发和零售业法人主要情况

行　　业	法人单位数（个）	期末从业人员合计（人）	#女性	商品购进总　额（万元）	#进口
总　　计	**21731**	**1045996**	**536098**	**417374249.5**	**21818534.6**
批发业	**13050**	**455929**	**198860**	**333934814.3**	**19447847.4**
农、林、牧产品批发	668	25841	9285	5967599.1	350072.6
食品、饮料及烟草制品批发	900	66628	26161	18553081.2	429133.3
纺织、服装及家庭用品批发	1968	111690	64246	49278634.0	5032042.3
文化、体育用品及器材批发	246	19441	12472	4126072.9	108050.9
医药及医疗器材批发	270	35129	15462	7758613.9	160407.2
矿产品、建材及化工产品批发	6633	129265	47121	210373101.7	9852757.8
机械设备、五金产品及电子产品批发	1679	53751	19356	26604129.2	2604461.6
贸易经纪与代理	139	2488	1252	2979133.0	535865.7
其他批发业	547	11696	3505	8294449.3	375056.0
零售业	**8681**	**590067**	**337238**	**83439435.2**	**2370687.2**
综合零售	944	238319	162912	20574038.7	77801.4
食品、饮料及烟草制品专门零售	1050	40068	21440	2769431.5	18771.3
纺织、服装及日用品专门零售	689	35714	24115	2224018.5	13982.5
文化、体育用品及器材专门零售	614	27751	15292	3095776.3	1641.9
医药及医疗器材专门零售	469	33834	21309	6072492.5	14178.5
汽车、摩托车、燃料及零配件专门零售	2679	133059	53595	36425359.5	2223492.0
家用电器及电子产品专门零售	1078	47963	24036	6636682.7	12247.5
五金、家具及室内装饰材料专门零售	812	19110	8246	4033631.6	4133.6
货摊、无店铺及其他零售业	346	14249	6293	1608003.9	4438.5

1-A-8　续表

行　　业	商品销售总　额（万元）	批发额	#出口	零售额	年末商品库存总额（万元）
总　　计	**456008926.2**	**357324797.5**	**25064263.1**	**98684128.7**	**24623054.3**
批发业	**361809378.0**	**349414176.9**	**25053938.7**	**12395201.1**	**17054296.6**
农、林、牧产品批发	6745812.3	6418706.1	134230.2	327106.2	752635.3
食品、饮料及烟草制品批发	22455868.8	21570495.8	278508.2	885373.0	1662014.2
纺织、服装及家庭用品批发	55880920.6	54506845.3	12085820.6	1374075.3	3354659.7
文化、体育用品及器材批发	4405191.6	4056258.0	403531.5	348933.6	833233.7
医药及医疗器材批发	9914321.2	8923739.5	216270.6	990581.7	839928.6
矿产品、建材及化工产品批发	220686085.9	213321523.4	6144807.9	7364562.5	7269143.1
机械设备、五金产品及电子产品批发	29073084.7	28176755.0	4476415.2	896329.7	2015835.3
贸易经纪与代理	3253567.3	3237121.0	911341.6	16446.3	57041.1
其他批发业	9394525.6	9202732.8	403012.9	191792.8	269805.6
零售业	**94199548.2**	**7910620.6**	**10324.4**	**86288927.6**	**7568757.7**
综合零售	23801821.6	1954526.7	5547.6	21847294.9	1994597.0
食品、饮料及烟草制品专门零售	3213707.9	254314.1	1162.3	2959393.8	263459.7
纺织、服装及日用品专门零售	2580733.1	135005.4	1740.0	2445727.7	355187.5
文化、体育用品及器材专门零售	3474891.0	237942.5	336.6	3236948.5	582890.1
医药及医疗器材专门零售	6788913.8	1127829.4		5661084.4	521360.9
汽车、摩托车、燃料及零配件专门零售	40516211.2	3000215.5		37515995.7	2973772.1
家用电器及电子产品专门零售	7300246.1	557220.5		6743025.6	564790.8
五金、家具及室内装饰材料专门零售	4598343.7	480767.2	1537.9	4117576.5	250416.2
货摊、无店铺及其他零售业	1924679.8	162799.3		1761880.5	62283.4

1-A-9 按经营方式和零售业态分全部零售业法人主要情况

项　目	法人单位数(个)	期末从业人员合计(人)	
			#女性
总　计	**78840**	**1068529**	**554216**
按经营方式分组			
独立门店	64682	744836	361316
连锁总店	557	126002	86901
连锁门店	1131	58985	38548
其他	12470	138706	67451
按零售业态分组			
有店铺零售	76612	1045206	541925
食杂店	1269	10255	4765
便利店	2888	24487	13096
折扣店	86	728	363
超市	1960	49791	33635
大型超市	217	125346	86655
仓储会员店	182	2236	1030
百货店	7640	144069	85366
专业店	41109	426343	199772
专卖店	15578	194514	86529
家居建材商店	2499	23649	9700
购物中心	185	11331	8357
厂家直销中心	2999	32457	12657
无店铺零售	2228	23323	12291
电视购物	44	1632	1045
邮购	164	1123	586
网上商店	991	15311	8587
自动售货亭	24	194	68
电话购物	1005	5063	2005

1-A-10　按经营方式和零售业态分限额以上零售业法人主要情况

项　　目	法人单位数（个）	期末从业人员合计（人）	#女性	商品购进总额（万元）	#进口
总　计	**8681**	**590067**	**337238**	**83439435.2**	**2370687.2**
按经营方式分组					
独立门店	7380	358073	186925	58519570.2	2209788.4
连锁总店	156	118794	82531	11036713.5	23638.0
连锁门店	249	49980	33246	5081761.8	6536.1
其他	896	63220	34536	8801389.7	130724.7
按零售业态分组					
有店铺零售	8616	578672	330040	82479010.3	2364917.9
食杂店	47	1810	856	147875.8	
便利店	79	6216	4564	471203.2	17914.7
折扣店	6	224	114	22205.9	
超市	379	33894	24272	1795778.7	3379.5
大型超市	191	122706	84667	9758526.7	7627.2
仓储会员店	5	693	311	112568.3	1752.5
百货店	539	91784	60322	9416472.4	49853.8
专业店	4826	190671	95582	35131630.0	814005.5
专卖店	2032	102325	44258	21912260.0	1456390.2
家居建材商店	204	6716	3296	1552068.1	
购物中心	43	9816	7427	774241.1	2016.6
厂家直销中心	265	11817	4371	1384180.1	11977.9
无店铺零售	65	11395	7198	960424.9	5769.3
电视购物	6	1189	840	121032.7	
邮购	3	389	299	12942.9	1365.8
网上商店	44	9395	5955	784449.6	260.5
自动售货亭	1	71	19	6669.4	
电话购物	11	351	85	35330.3	4143.0

1-A-10 续表

项　目	商品销售总额（万元）	批发额	#出口	零售额	年末商品库存总额（万元）
总　计	**94199548.2**	**7910620.6**	**10324.4**	**86288927.6**	**7568757.7**
按经营方式分组					
独立门店	66334685.5	3651161.9	9213.6	62683523.6	5220282.2
连锁总店	12230344.5	2242960.0		9987384.5	1228928.9
连锁门店	6041129.2	565121.9		5476007.3	379531.2
其他	9593389.0	1451376.8	1110.8	8142012.2	740015.4
按零售业态分组					
有店铺零售	92956689.3	7782593.2	10324.4	85174096.1	7521347.9
食杂店	154337.1	10469.0		143868.1	9759.4
便利店	506438.4	44532.4		461906.0	25904.8
折扣店	39073.2			39073.2	1496.6
超市	1916514.7	49827.5	61.8	1866687.2	225410.8
大型超市	10876427.8	1754576.0		9121851.8	1092179.2
仓储会员店	121566.2	2597.7		118968.5	11309.0
百货店	11523448.6	169178.4	5485.8	11354270.2	822513.6
专业店	39426749.6	4147657.8	2571.1	35279091.8	2674178.3
专卖店	23731489.9	898642.9	1205.7	22832847.0	2358126.6
家居建材商店	1882810.6	368331.1		1514479.5	140362.9
购物中心	901465.5	22250.6		879214.9	17047.7
厂家直销中心	1876367.7	314529.8	1000.0	1561837.9	143059.0
无店铺零售	1242858.9	128027.4		1114831.5	47409.8
电视购物	305497.3	16166.3		289331.0	3810.6
邮购	26661.4			26661.4	1051.6
网上商店	855891.6	102883.4		753008.2	34740.5
自动售货亭	9319.9			9319.9	381.8
电话购物	45488.7	8977.7		36511.0	7425.3

1-A-11　按地区分全部批发和零售业法人主要情况

地　区	法人单位数（个）	期末从业人员合计（人）	#女性
全　省	**299067**	**3172177**	**1401752**
苏　南	184191	1773441	784415
苏　中	46989	541813	250733
苏　北	67887	856923	366604
南京市	30803	471492	232334
无锡市	36783	303158	133955
徐州市	31767	429311	180337
常州市	25226	281854	110096
苏州市	80599	593757	253055
南通市	26337	305340	148731
连云港市	8014	95742	41223
淮安市	10851	109289	47029
盐城市	9272	113019	48050
扬州市	11737	130947	58271
镇江市	10780	123180	54975
泰州市	8915	105526	43731
宿迁市	7983	109562	49965

1-A-12　按地区分限额以上批发和零售业法人主要情况

地　区	法人单位数（个）	期末从业人员合计（人）	#女性	商品购进总额（万元）	#进口
全　省	**21731**	**1045996**	**536098**	**417374249.5**	**21818534.6**
苏　南	12465	695406	363458	327567098.0	20301576.0
苏　中	3448	147376	76321	43915347.2	733306.7
苏　北	5818	203214	96319	45891804.3	783651.9
南京市	2607	264689	142368	87183034.0	5670347.5
无锡市	2379	109824	55233	76820410.1	4335127.4
徐州市	2570	84799	39587	20026312.9	416233.9
常州市	2975	89694	41882	43266748.0	1143276.4
苏州市	4008	203018	108774	111688108.3	8907591.3
南通市	1978	76722	42297	21450358.9	384148.7
连云港市	640	24344	10752	7195067.4	145606.7
淮安市	927	29836	14500	5509384.0	32396.0
盐城市	1204	40988	19258	8307492.2	148148.9
扬州市	822	35186	18140	10256820.3	122385.0
镇江市	496	28181	15201	8608797.6	245233.4
泰州市	648	35468	15884	12208168.0	226773.0
宿迁市	477	23247	12222	4853547.8	41266.4

1-A-12 续表

地　　区	商品销售总额（万元）	批发额	#出口	零售额	年末商品库存总额（万元）
全　　省	**456008926.2**	**357324797.5**	**25064263.1**	**98684128.7**	**24623054.3**
苏　　南	355326735.6	291818495.9	22150292.8	63508239.7	19106498.0
苏　　中	47737522.0	35084010.8	1699037.4	12653511.2	2737453.1
苏　　北	52944668.6	30422290.8	1214932.9	22522377.8	2779103.2
南 京 市	92514618.1	71697855.7	8038328.6	20816762.4	6819065.2
无 锡 市	82796200.3	72003321.7	3377673.8	10792878.6	4279622.5
徐 州 市	22457600.6	11470870.1	600687.8	10986730.5	1031706.9
常 州 市	47104039.2	38174689.8	1935263.1	8929349.4	2275265.9
苏 州 市	123599133.8	104633379.8	8519154.2	18965754.0	5283330.7
南 通 市	23591406.5	17091668.8	940093.7	6499737.7	1235383.7
连云港市	8486485.6	6246246.2	104230.1	2240239.4	495874.0
淮 安 市	6214988.3	3378238.8	173646.4	2836749.5	443034.9
盐 城 市	9499735.6	4877016.9	216677.7	4622718.7	532368.5
扬 州 市	11076638.1	7422417.6	358322.2	3654220.5	594572.1
镇 江 市	9312744.2	5309248.9	279873.1	4003495.3	449213.7
泰 州 市	13069477.4	10569924.4	400621.5	2499553.0	907497.3
宿 迁 市	6285858.5	4449918.8	119690.9	1835939.7	276118.9

1-A-13　按地区分全部批发业法人主要情况

地　　区	法人单位数（个）	期末从业人员合计（人）	#女性
全　　省	**220227**	**2103648**	**847536**
苏　　南	145384	1192101	478945
苏　　中	33984	375682	159737
苏　　北	40859	535865	208854
南 京 市	19502	249831	108278
无 锡 市	30360	218572	90982
徐 州 市	19471	274692	107753
常 州 市	20197	208953	75023
苏 州 市	67475	436229	173501
南 通 市	19405	211243	96060
连云港市	4434	56670	20826
淮 安 市	6328	64704	24246
盐 城 市	5617	64145	23934
扬 州 市	8104	89097	36029
镇 江 市	7850	78516	31161
泰 州 市	6475	75342	27648
宿 迁 市	5009	75654	32095

1-A-14　按地区分限额以上批发业法人主要情况

地　　区	法　人单位数（个）	期末从业人员合计（人）	#女性	商品购进总　额（万元）	#进口
全　　省	**13050**	**455929**	**198860**	**333934814.3**	**19447847.4**
苏　　南	8566	320935	149391	273903612.4	18460867.9
苏　　中	2103	62743	24762	32320370.1	438325.2
苏　　北	2381	72251	24707	27710831.8	548654.3
南 京 市	1442	108819	49072	69005236.4	5213708.4
无 锡 市	1828	55827	26364	67340880.5	3907454.2
徐 州 市	890	28120	9997	11871524.9	300299.8
常 州 市	2007	43855	17242	35759959.4	974718.9
苏 州 市	3044	105446	54340	96401990.7	8135083.9
南 通 市	1197	28852	13011	15438655.0	224874.4
连云港市	327	10449	3131	5016915.2	144377.6
淮 安 市	445	11445	3996	2839187.9	26858.0
盐 城 市	526	13532	4370	4517496.0	63827.5
扬 州 市	472	14173	5433	6777901.0	46369.2
镇 江 市	245	6988	2373	5395545.4	229902.5
泰 州 市	434	19718	6318	10103814.1	167081.6
宿 迁 市	193	8705	3213	3465707.8	13291.4

1-A-14　续表

地　　区	商品销售总　额（万元）	批发额	#出口	零售额	年末商品库存总额（万元）
全　　省	**361809378.0**	**349414176.9**	**25053938.7**	**12395201.1**	**17054296.6**
苏　　南	295120106.9	286765026.2	22141112.0	8355080.7	13886884.5
苏　　中	34692482.5	33539843.3	1699037.4	1152639.2	1603726.7
苏　　北	31996788.6	29109307.4	1213789.3	2887481.2	1563685.4
南 京 市	71488284.3	68636573.6	8037087.5	2851710.7	5202626.4
无 锡 市	72996034.1	71765121.2	3371188.0	1230912.9	3321468.0
徐 州 市	13020789.8	11166972.4	600687.8	1853817.4	578748.0
常 州 市	38668689.9	37660501.2	1933991.0	1008188.7	1337618.1
苏 州 市	106181589.1	103519356.1	8518972.4	2662233.0	3761792.7
南 通 市	16504168.4	16179165.2	940093.7	325003.2	631208.2
连云港市	5981978.5	5797358.0	104038.5	184620.5	333675.7
淮 安 市	3289266.0	3146665.3	173422.3	142600.7	272428.6
盐 城 市	5293974.7	4601626.0	216449.8	692348.7	233951.5
扬 州 市	7322656.4	7039649.0	358322.2	283007.4	310199.6
镇 江 市	5785509.5	5183474.1	279873.1	602035.4	263379.3
泰 州 市	10865657.7	10321029.1	400621.5	544628.6	662318.9
宿 迁 市	4410779.6	4396685.7	119190.9	14093.9	144881.6

1-A-15 按地区分全部零售业法人主要情况

地区	法人单位数（个）	期末从业人员合计（人）	#女性
全省	**78840**	**1068529**	**554216**
苏南	38807	581340	305470
苏中	13005	166131	90996
苏北	27028	321058	157750
南京市	11301	221661	124056
无锡市	6423	84586	42973
徐州市	12296	154619	72584
常州市	5029	72901	35073
苏州市	13124	157528	79554
南通市	6932	94097	52671
连云港市	3580	39072	20397
淮安市	4523	44585	22783
盐城市	3655	48874	24116
扬州市	3633	41850	22242
镇江市	2930	44664	23814
泰州市	2440	30184	16083
宿迁市	2974	33908	17870

1-A-16 按地区分限额以上零售业法人主要情况

地区	法人单位数（个）	期末从业人员合计（人）	#女性	商品购进总额（万元）	#进口	商品销售总额（万元）	批发额	#出口	零售额	年末商品库存总额（万元）
全省	**8681**	**590067**	**337238**	**83439435.2**	**2370687.2**	**94199548.2**	**7910620.6**	**10324.4**	**86288927.6**	**7568757.7**
苏南	3899	374471	214067	53663485.6	1840708.1	60206628.7	5053469.7	9180.8	55153159.0	5219613.5
苏中	1345	84633	51559	11594977.1	294981.5	13045039.5	1544167.5		11500872.0	1133726.4
苏北	3437	130963	71612	18180972.5	234997.6	20947880.0	1312983.4	1143.6	19634896.6	1215417.8
南京市	1165	155870	93296	18177797.6	456639.1	21026333.8	3061282.1	1241.1	17965051.7	1616438.8
无锡市	551	53997	28869	9479529.6	427673.2	9800166.2	238200.5	6485.8	9561965.7	958154.5
徐州市	1680	56679	29590	8154788.0	115934.1	9436810.8	303897.7		9132913.1	452958.9
常州市	968	45839	24640	7506788.6	168557.5	8435349.3	514188.6	1272.1	7921160.7	937647.8
苏州市	964	97572	54434	15286117.6	772507.4	17417544.7	1114023.7	181.8	16303521.0	1521538.0
南通市	781	47870	29286	6011703.9	159274.3	7087238.1	912503.6		6174734.5	604175.5
连云港市	313	13895	7621	2178152.2	1229.1	2504507.1	448888.2	191.6	2055618.9	162198.3
淮安市	482	18391	10504	2670196.1	5538.0	2925722.3	231573.5	224.1	2694148.8	170606.3
盐城市	678	27456	14888	3789996.2	84321.4	4205760.9	275390.9	227.9	3930370.0	298417.0
扬州市	350	21013	12707	3478919.3	76015.8	3753981.7	382768.6		3371213.1	284372.5
镇江市	251	21193	12828	3213252.2	15330.9	3527234.7	125774.8		3401459.9	185834.4
泰州市	214	15750	9566	2104353.9	59691.4	2203819.7	248895.3		1954924.4	245178.4
宿迁市	284	14542	9009	1387840.0	27975.0	1875078.9	53233.1	500.0	1821845.8	131237.3

1-B-1　按登记注册类型分全部批发和零售业法人财务状况

单位：万元

项　　目	营业收入	#主营业务收入	营业税金及附加其他业务	#主营业务税金及附加其他业务	资产合计	实收资本
总　　计	**612710742.7**	**608717115.2**	**3604378.2**	**3502804.2**	**292096525.1**	**70592286.3**
内资企业	**569331029.6**	**566076472.3**	**3459376.6**	**3369990.9**	**269013951.0**	**64860665.9**
国有企业	19936435.5	19813227.0	450485.1	449152.1	16158469.0	1316527.9
集体企业	2339279.9	2325039.9	27705.7	25812.4	2220288.8	513356.5
股份合作企业	1053047.8	1049726.5	5407.8	5006.4	576257.4	170783.0
联营企业	282923.1	280238.9	4968.6	4279.3	248063.3	104566.4
国有联营企业	56207.9	55575.2	857.3	203.6	24235.0	8544.2
集体联营企业	38000.2	37293.3	637.0	635.9	50840.5	21512.2
国有与集体联营企业	33615.3	33600.3	412.6	412.6	38000.7	8248.2
其他联营企业	155099.8	153770.0	3061.7	3027.2	134987.2	66261.7
有限责任公司	123613731.7	122338013.4	414216.0	387515.3	55619587.4	9931379.8
国有独资公司	8276776.9	8138075.9	14529.9	13106.8	3723309.2	406624.0
其他有限责任公司	115336954.7	114199937.4	399686.0	374408.6	51896278.2	9524755.8
股份有限公司	71950059.4	71639979.1	100481.8	97196.1	27676497.9	3077403.0
私营企业	338940435.3	337513696.7	2311435.0	2259606.6	160409232.7	47029034.1
私营独资企业	24954325.2	24816976.4	372683.5	366855.5	11983355.9	5063306.0
私营合伙企业	1749966.3	1736362.4	24983.8	24593.4	925148.5	444599.2
私营有限责任公司	302461886.5	301224156.5	1822246.2	1782153.0	140278363.1	40073796.2
私营股份有限公司	9774257.4	9736201.5	91521.5	86004.7	7222365.3	1447332.7
其他企业	11215116.7	11116550.7	144676.9	141422.6	6105554.5	2717615.1
港、澳、台商投资企业	**19985147.8**	**19566813.7**	**67455.6**	**58987.4**	**11210567.7**	**3079496.2**
合资经营企业	3136857.6	3085617.6	17598.7	11245.6	2065645.7	568363.9
合作经营企业	18104.1	18104.1	116.9	116.9	24255.4	8938.0
独资经营企业	16463504.3	16101123.8	46637.4	44522.4	8905985.2	2467051.0
投资股份有限公司	335919.8	331220.6	1732.8	1732.8	196798.8	29297.7
其他港澳台商投资企业	30762.0	30747.6	1369.7	1369.7	17882.6	5845.6
外商投资企业	**23394565.4**	**23073829.2**	**77546.1**	**73826.0**	**11872006.4**	**2652124.3**
中外合资经营企业	6138621.1	5983898.2	22199.8	21531.9	2740018.0	520593.7
中外合作经营企业	5928445.0	5928089.2	675.2	675.2	688097.1	114971.6
外资企业	10979919.0	10818506.0	52448.2	49433.4	8127506.5	1950412.2
外商投资股份有限公司	188040.2	184641.9	748.2	747.8	118171.1	17432.9
其他外商投资企业	159540.2	158693.8	1474.7	1437.7	198213.8	48713.9

1-B-2 按登记注册类型分限额以上批发和零售业法人财务状况

单位：万元

项目	年初存货	期末资产负债				
		流动资产合计	#应收账款	#存货	固定资产合计	固定资产原价
总计	**22040091.4**	**127676091.7**	**29912030.1**	**22402753.2**	**14312744.8**	**19799181.1**
内资企业	**19551097.4**	**113737660.7**	**27419315.1**	**19669451.4**	**12632506.8**	**17315458.0**
国有企业	1113615.1	8283307.9	923054.3	1223164.9	741123.9	1193838.7
集体企业	136354.1	433370.5	102929.5	117743.0	168064.6	225266.7
股份合作企业	19862.8	118997.5	39801.3	14250.4	35528.7	45272.1
联营企业	10169.4	13610.9	787.1	8735.3	2802.1	5202.1
国有联营企业	3541.5	5772.4	310.9	4194.9	543.3	923.6
集体联营企业	110.4	1067.7	391.0	499.8	775.1	1192.3
国有与集体联营企业	1687.6	734.0	80.9	510.5	751.8	1354.0
其他联营企业	4829.9	6036.8	4.3	3530.1	731.9	1732.2
有限责任公司	5916844.8	31780193.8	7199515.5	5804399.4	3856603.4	5255676.0
国有独资公司	595207.7	2468191.9	511966.4	612444.3	438348.7	579874.8
其他有限责任公司	5321637.1	29312001.9	6687549.1	5191955.1	3418254.7	4675801.2
股份有限公司	3102981.9	18186145.3	4520683.3	3427923.7	1964555.6	2620138.6
私营企业	9157072.6	53991242.1	14445976.8	8981284.9	5579166.7	7635656.2
私营独资企业	156934.8	555975.5	201863.9	160098.3	226041.2	288696.3
私营合伙企业	10239.7	29817.8	7374.1	7672.3	12437.6	14863.0
私营有限责任公司	8600947.5	49829239.1	13358810.1	8462160.2	5032988.0	6920826.5
私营股份有限公司	388950.6	3576209.7	877928.7	351354.1	307699.9	411270.4
其他企业	94196.7	930792.7	186567.3	91949.8	284661.8	334407.6
港、澳、台商投资企业	**1305065.6**	**7074701.4**	**1418323.6**	**1391735.5**	**1014452.8**	**1367755.7**
合资经营企业	230408.9	1111085.5	247311.1	211891.8	221178.3	303875.7
合作经营企业	1276.0	4304.3	484.0	1294.7	685.5	1603.3
独资经营企业	1005753.2	5811061.6	1130955.5	1102965.2	780762.1	1045270.5
投资股份有限公司	67627.5	148250.0	39573.0	75583.8	11826.9	17006.2
其他港澳台商投资企业						
外商投资企业	**1183928.4**	**6863729.6**	**1074391.4**	**1341566.3**	**665785.2**	**1115967.4**
中外合资经营企业	293965.5	1771749.4	165926.2	275183.3	213290.6	372538.6
中外合作经营企业	10249.1	586743.4		3578.1	17322.7	38500.4
外资企业	779415.6	4350065.2	884892.2	961761.7	423275.5	686875.5
外商投资股份有限公司	4658.7	22711.4	746.5	5405.1	3018.8	4908.2
其他外商投资企业	95639.5	132460.2	22826.5	95638.1	8877.6	13144.7

1-B-2　续表 1　　　　单位：万元

项　目	累计折旧	#本年折旧	在建工程	资产总计	流动负债合计	#应付账款
总　计	**6092819.7**	**1457610.7**	**1722018.0**	**166942639.7**	**115498734.7**	**30876288.4**
内资企业	**5244229.0**	**1247213.4**	**1622438.5**	**148738097.7**	**104111063.4**	**27044940.9**
国有企业	461928.4	70189.5	43290.2	9353783.1	3948815.4	789586.4
集体企业	61839.6	13232.0	6451.8	810108.4	633431.6	70058.4
股份合作企业	10159.1	1792.2	449.0	169123.1	120105.6	47169.4
联营企业	2429.0	707.5	173.6	17748.2	11528.2	6048.7
国有联营企业	380.3	129.0	144.5	6671.7	4948.9	2398.5
集体联营企业	446.2	396.2	29.1	2163.4	795.8	213.0
国有与集体联营企业	602.2	94.9		1678.8	1165.1	55.5
其他联营企业	1000.3	87.4		7234.3	4618.4	3381.7
有限责任公司	1592445.5	351340.0	495259.2	41482401.7	30503571.0	8434794.1
国有独资公司	195589.8	30009.3	49421.2	3271658.5	2274463.6	552035.6
其他有限责任公司	1396855.7	321330.7	445838.0	38210743.2	28229107.4	7882758.5
股份有限公司	825145.8	175239.3	488627.4	25821287.7	18909422.5	4156904.9
私营企业	2237458.2	615429.9	580707.8	69770482.3	49197823.9	12962483.7
私营独资企业	65197.6	20773.6	1394.9	885032.7	448976.0	148911.5
私营合伙企业	3106.0	1010.8	135.8	47215.8	23064.6	7877.8
私营有限责任公司	2054930.0	564328.6	565373.9	64107127.7	45120331.8	11551631.7
私营股份有限公司	114224.6	29316.9	13803.2	4731106.1	3605451.5	1254062.7
其他企业	52823.4	19283.0	7479.5	1313163.2	786365.2	577895.3
港、澳、台商投资企业	**384877.6**	**108333.3**	**56583.5**	**9244467.0**	**5896949.5**	**1484653.4**
合资经营企业	88561.9	20702.8	22609.4	1785003.6	866654.2	104878.0
合作经营企业	917.8	102.3		7355.5	3310.5	179.6
独资经营企业	290199.9	85867.0	33972.2	7267574.1	4914229.5	1336943.1
投资股份有限公司	5198.0	1661.2	1.9	184533.8	112755.3	42652.7
其他港澳台商投资企业						
外商投资企业	**463713.1**	**102064.0**	**42996.0**	**8960075.0**	**5490721.8**	**2346694.1**
中外合资经营企业	158202.2	20291.1	7842.0	2238207.9	1504363.4	652685.5
中外合作经营企业	20193.9	20193.9	386.4	670835.2	507334.7	14642.2
外资企业	279160.5	61248.3	34767.6	5844361.8	3366582.5	1653578.6
外商投资股份有限公司	1889.4	294.8		59938.8	45669.9	4253.1
其他外商投资企业	4267.1	35.9		146731.3	66771.3	21534.7

1-B-2 续表 2

单位：万元

项目	非流动负债合计	负债合计	所有者权益合计	#实收资本		
					国家资本	集体资本
总　计	**6419801.5**	**122990522.6**	**45075184.2**	**23053464.9**	**2448231.8**	**454991.8**
内资企业	**5486397.6**	**110787435.7**	**39073390.1**	**19478096.2**	**2445791.4**	**436358.3**
国有企业	321650.1	4610165.8	4743617.3	399108.9	382784.6	2459.6
集体企业	30856.9	646608.4	163500.0	132141.2		110320.4
股份合作企业	2925.1	123450.7	45672.4	33082.0	71.6	16430.9
联营企业	240.1	11756.5	5991.7	3484.0	432.0	1655.0
国有联营企业	11.8	4948.9	1722.8	1240.0	397.0	
集体联营企业	90.0	885.8	1277.6	1055.0		855.0
国有与集体联营企业		1165.1	513.7	389.0	35.0	
其他联营企业	138.3	4756.7	2477.6	800.0		800.0
有限责任公司	1781116.5	32406198.7	9075654.7	5295500.0	1146439.0	190242.0
国有独资公司	206349.1	2480812.8	790845.7	277465.4	267311.5	10.0
其他有限责任公司	1574767.4	29925385.9	8284809.0	5018034.6	879127.5	190232.0
股份有限公司	1616321.1	20560540.3	6384088.3	2497517.4	852385.8	32251.1
私营企业	1711446.3	51595443.9	18174973.9	10834559.9	61955.7	44533.6
私营独资企业	21484.1	480955.8	404076.9	207562.3	1070.0	315.0
私营合伙企业	698.9	26003.6	21212.2	12485.7		20.0
私营有限责任公司	1668301.1	47431069.5	16675993.7	9995066.7	60668.4	43455.0
私营股份有限公司	20962.2	3657415.0	1073691.1	619445.2	217.3	743.6
其他企业	21841.5	833271.4	479891.8	282702.8	1722.7	38465.7
港、澳、台商投资企业	**426224.4**	**6327388.5**	**2917417.5**	**1935122.5**		**4015.9**
合资经营企业	58713.8	927312.4	858030.2	420507.6		4015.9
合作经营企业		3333.0	4022.5	2512.1		
独资经营企业	366059.6	5282549.9	1985024.2	1487906.2		
投资股份有限公司	1451.0	114193.2	70340.6	24196.6		
其他港澳台商投资企业						
外商投资企业	**507179.5**	**5875698.4**	**3084376.6**	**1640246.2**	**2440.4**	**14617.6**
中外合资经营企业	12469.7	1516458.4	721749.5	271193.8	2440.4	14617.6
中外合作经营企业	21.4	507356.1	163479.1	109932.9		
外资企业	393015.5	3739442.7	2104919.1	1230300.2		
外商投资股份有限公司	34901.6	45669.9	14268.9	10579.7		
其他外商投资企业	66771.3	66771.3	79960.0	18239.6		

1-B-2　续表 3　　　　单位：万元

项　目	法人资本	个人资本	港澳台资本	外商资本	损益及分配 营业收入	#主营业务收入
总　计	**5835401.5**	**11105095.6**	**1822895.6**	**1386848.6**	**405366287.9**	**402423624.5**
内资企业	**5546898.4**	**11032110.9**	**7645.1**	**9292.1**	**366600039.4**	**364378317.9**
国有企业	9334.5	4530.2			16604546.6	16513375.5
集体企业	2259.2	19561.6			1329096.8	1324420.9
股份合作企业	5526.5	11053.0			559747.8	558053.4
联营企业	854.0	543.0			84021.0	83528.4
国有联营企业	500.0	343.0			39188.7	39086.3
集体联营企业		200.0			5852.6	5852.6
国有与集体联营企业	354.0				16496.0	16496.0
其他联营企业					22483.7	22093.5
有限责任公司	2746670.8	1204944.0	6954.2	250.0	105619743.4	104447878.0
国有独资公司	9674.8	469.1			7928305.1	7792342.7
其他有限责任公司	2736996.0	1204474.9	6954.2	250.0	97691438.3	96655535.3
股份有限公司	1209970.5	394236.0		8674.0	43261956.4	43030699.6
私营企业	1447421.2	9279942.4	338.9	368.1	195571207.8	194857393.8
私营独资企业	15391.9	190785.4			3319171.9	3311604.7
私营合伙企业	1530.6	10935.1			239136.6	239122.1
私营有限责任公司	1321329.5	8568921.8	328.9	363.1	185228936.1	184545958.2
私营股份有限公司	109169.2	509300.1	10.0	5.0	6783963.2	6760708.8
其他企业	124861.7	117300.7	352.0		3569719.6	3562968.3
港、澳、台商投资企业	**58364.3**	**44840.7**	**1815250.5**	**12651.1**	**16769198.1**	**16356769.2**
合资经营企业	48800.1	43310.7	312109.9	12271.0	2948289.6	2897780.0
合作经营企业	295.5	1105.0	1036.6	75.0	14949.9	14949.9
独资经营企业	6859.5	50.0	1480991.6	5.1	13482966.5	13125746.4
投资股份有限公司	2409.2	375.0	21112.4	300.0	322992.1	318292.9
其他港澳台商投资企业						
外商投资企业	**230138.8**	**28144.0**		**1364905.4**	**21997050.4**	**21688537.4**
中外合资经营企业	83899.8	3205.8		167030.2	5846629.3	5693297.6
中外合作经营企业	109932.9				5918714.4	5918394.3
外资企业	35775.5	9876.2		1184648.5	10078185.1	9926701.6
外商投资股份有限公司				10579.7	58857.3	55479.6
其他外商投资企业	530.6	15062.0		2647.0	94664.3	94664.3

1-B-2 续表 4 单位：万元

项目	营业成本	#主营业务成本	营业税金及附加	#主营业务税金及附加	其他业务利润	销售费用
总计	**368674809.7**	**366956163.8**	**1491439.7**	**1433362.5**	**1225763.7**	**10896837.2**
内资企业	**335937935.5**	**334527867.9**	**1366829.5**	**1319903.6**	**943644.7**	**7924829.7**
国有企业	14270300.0	14200860.9	425183.8	424677.2	22855.8	227722.0
集体企业	1129257.8	1124822.2	12110.7	10537.6	725.4	39188.9
股份合作企业	526454.8	526452.7	577.8	559.7	2120.9	11486.0
联营企业	76455.8	76447.5	193.7	193.7	484.3	3240.4
国有联营企业	36679.0	36670.7	37.2	37.2	94.1	919.8
集体联营企业	4373.7	4373.7	45.1	45.1		256.9
国有与集体联营企业	15951.4	15951.4	53.6	53.6		638.0
其他联营企业	19451.7	19451.7	57.8	57.8	390.2	1425.7
有限责任公司	97604641.6	96855341.3	244097.6	222250.8	440696.1	2712934.7
国有独资公司	7517525.9	7403963.1	11673.5	10416.2	11801.7	172340.8
其他有限责任公司	90087115.7	89451378.2	232424.1	211834.6	428894.4	2540593.9
股份有限公司	39666037.4	39560665.4	78945.4	77309.9	107749.6	1072168.2
私营企业	179610822.0	179134210.3	578717.5	557602.6	367588.3	3771172.3
私营独资企业	2714301.5	2711801.3	26535.5	25032.0	3544.7	117706.6
私营合伙企业	205479.1	205479.1	1533.0	1532.3	18.0	3559.7
私营有限责任公司	170649922.9	170183295.2	511776.8	497001.4	347188.7	3471375.5
私营股份有限公司	6041118.5	6033634.7	38872.2	34036.9	16836.9	178530.5
其他企业	3053966.1	3049067.6	27003.0	26772.1	1424.3	86917.2
港、澳、台商投资企业	**14135422.1**	**13845707.5**	**57218.7**	**49503.7**	**132336.8**	**1087214.5**
合资经营企业	2691415.5	2651550.6	15546.1	9253.8	54167.0	90451.5
合作经营企业	12878.8	12878.8	96.1	96.1		798.1
独资经营企业	11222050.0	10972200.3	40067.3	38644.6	71776.2	926389.7
投资股份有限公司	209077.8	209077.8	1509.2	1509.2	6393.6	69575.2
其他港澳台商投资企业						
外商投资企业	**18601452.1**	**18582588.4**	**67391.5**	**63955.2**	**149782.2**	**1884793.0**
中外合资经营企业	5153365.8	5142412.9	19716.8	19190.0	31522.9	339846.0
中外合作经营企业	5789669.2	5789274.0	566.1	566.1	5315.6	41715.6
外资企业	7555241.2	7549054.1	45530.9	42621.4	110506.3	1484711.2
外商投资股份有限公司	51048.5	49720.0	531.3	531.3	2437.4	5583.6
其他外商投资企业	52127.4	52127.4	1046.4	1046.4		12936.6

1-B-2　续表 5　　　　单位：万元

项　目	管理费用	#税金	财务费用	#利息收入	#利息支出	资产减值损失
总　计	**6901815.4**	**266305.1**	**1979137.1**	**508132.7**	**1563779.4**	**-74253.0**
内资企业	**5450332.6**	**251729.5**	**1915557.3**	**467949.7**	**1474862.7**	**24157.5**
国有企业	378666.4	21845.3	-43552.5	85422.1	52632.4	11727.9
集体企业	33405.0	1811.1	7437.9	743.6	3750.3	
股份合作企业	5743.5	335.5	3182.0	1135.1	2771.4	
联营企业	2519.3	78.1	456.0	7.2	376.0	107.4
国有联营企业	735.2	3.2	253.1	4.6	248.6	3.8
集体联营企业	162.5	48.2	1.4			66.3
国有与集体联营企业	244.8	18.4	146.0	2.6	127.4	37.3
其他联营企业	1376.8	8.3	55.5			
有限责任公司	1406840.0	55180.6	520280.7	130564.8	432252.3	14352.2
国有独资公司	103734.7	2415.1	39153.2	12327.5	41119.5	4060.8
其他有限责任公司	1303105.3	52765.5	481127.5	118237.3	391132.8	10291.4
股份有限公司	562628.3	24831.4	87881.0	92496.1	160041.7	20486.0
私营企业	2983973.6	144832.9	1322859.0	156767.1	818172.2	-22546.0
私营独资企业	113698.2	3616.7	42205.7	423.5	5643.7	635.0
私营合伙企业	5003.3	298.3	1033.2	9.6	313.7	
私营有限责任公司	2749125.6	136831.5	1225068.2	145999.5	788352.5	10018.7
私营股份有限公司	116146.5	4086.4	54551.9	10334.5	23862.3	-33199.7
其他企业	76556.5	2814.6	17013.2	813.7	4866.4	30.0
港、澳、台商投资企业	**866705.7**	**7674.7**	**62540.7**	**4258.9**	**62627.4**	**4221.6**
合资经营企业	45363.3	2375.6	20975.7	-177.5	15781.8	1112.1
合作经营企业	685.0	5.0	100.3	0.5	24.5	
独资经营企业	808167.3	5206.5	39011.9	4311.3	44510.7	3108.4
投资股份有限公司	12490.1	87.6	2452.8	124.6	2310.4	1.1
其他港澳台商投资企业						
外商投资企业	**584777.1**	**6900.9**	**1039.1**	**35924.1**	**26289.3**	**-102632.1**
中外合资经营企业	93019.3	2084.6	-11861.1	18520.5	2921.2	2274.2
中外合作经营企业	7134.9	15.0	548.0	-883.1		-2976.8
外资企业	475284.0	4696.5	11728.8	18278.1	22998.2	-102392.3
外商投资股份有限公司	1320.5	26.9	434.8	8.6	369.9	
其他外商投资企业	8018.4	77.9	188.6			462.8

1-B-2 续表 6

单位：万元

项 目	公允价值变动收益(损失以"-"号记)	投资收益(损失以"-"号记)	营业利润	营业外收入	#补贴收入	利润总额
总 计	**43353.3**	**465227.2**	**16012146.2**	**497550.6**	**169648.2**	**14741223.2**
内资企业	**44216.0**	**458625.9**	**14382719.0**	**421873.5**	**137376.1**	**13139170.1**
国有企业	58.6	5514.7	1342669.0	46362.9	32262.2	1353759.0
集体企业	2.6	247.5	108073.3	968.2	395.7	70451.2
股份合作企业		0.1	12747.8	115.9	77.1	11147.0
联营企业			1048.5	65.5		1063.3
国有联营企业			560.7	17.2		558.3
集体联营企业			946.7			946.7
国有与集体联营企业			-575.1	30.3		-561.2
其他联营企业			116.2	18.0		119.5
有限责任公司	32193.6	141285.9	3316671.5	163954.7	54372.2	2974071.2
国有独资公司	4065.1	14095.6	102965.4	10466.5	4000.3	105671.1
其他有限责任公司	28128.5	127190.3	3213706.1	153488.2	50371.9	2868400.1
股份有限公司	7916.7	213051.5	1843961.8	39464.6	9629.2	1790306.5
私营企业	4044.5	98498.7	7446828.7	167404.1	39946.4	6658948.2
私营独资企业	22.7	295.1	294689.0	1099.7	111.3	216556.0
私营合伙企业			22531.8	0.7		21359.2
私营有限责任公司	4011.8	118191.4	6755755.1	154019.6	38406.0	6128931.0
私营股份有限公司	10.0	-19987.8	373852.8	12284.1	1429.1	292102.0
其他企业		27.5	310718.4	3537.6	693.3	279423.7
港、澳、台商投资企业	**1274.6**	**55864.8**	**686551.4**	**43276.2**	**25729.9**	**647860.6**
合资经营企业	1274.6	292.7	137822.8	3322.8	1352.4	134737.3
合作经营企业			391.6	90.0		479.2
独资经营企业		53576.6	518756.7	39809.7	24377.5	481071.8
投资股份有限公司		1995.5	29580.3	53.7		31572.3
其他港澳台商投资企业						
外商投资企业	**-2137.3**	**-49263.5**	**942875.8**	**32400.9**	**6542.2**	**954192.5**
中外合资经营企业	-14.0	486.8	252484.1	8694.7	1266.8	255667.3
中外合作经营企业	-2123.3	4006.1	89255.8	1960.1		91155.0
外资企业		-55294.6	581265.9	21266.2	5275.4	585947.0
外商投资股份有限公司		1538.2	-14.1	30.2		1540.4
其他外商投资企业			19884.1	449.7		19882.8

1-B-2　续表 7　　　　单位：万元

项　目	人工成本及增值税			亏损企业数(个)	亏损总额
	应交所得税	应付职工薪酬(本年贷方累计发生额)	应交增值税		
总　计	**2472609.7**	**5499251.8**	**5801141.3**	**2974**	**1019095.9**
内资企业	**2136038.3**	**4170866.7**	**5097560.1**	**2852**	**818425.5**
国有企业	332938.8	266545.3	851090.6	34	4390.6
集体企业	10067.8	27861.7	18718.2	13	12037.9
股份合作企业	463.0	5016.9	3625.4	3	376.8
联营企业	428.0	3180.5	802.3	1	659.5
国有联营企业	139.6	539.7	45.1		
集体联营企业	237.3	629.7	136.1		
国有与集体联营企业	4.3	699.9	95.5	1	659.5
其他联营企业	46.8	1311.2	525.6		
有限责任公司	489746.6	1339136.5	1484947.6	605	251492.1
国有独资公司	17551.2	97699.4	219865.1	14	8084.1
其他有限责任公司	472195.4	1241437.1	1265082.5	591	243408.0
股份有限公司	357707.3	516376.4	529882.6	64	102460.7
私营企业	929263.3	1896657.0	2165275.3	2120	446420.4
私营独资企业	25076.6	74785.9	70346.8	17	2408.4
私营合伙企业	4543.2	3467.6	6594.8	1	18.7
私营有限责任公司	867260.5	1742447.1	2011128.1	2013	429528.7
私营股份有限公司	32383.0	75956.4	77205.6	89	14464.6
其他企业	15423.5	116092.4	43218.1	12	587.5
港、澳、台商投资企业	**141685.9**	**479942.7**	**322724.2**	**57**	**84921.9**
合资经营企业	13510.0	47727.2	54167.2	9	9877.3
合作经营企业	51.4	324.3	363.6	1	115.1
独资经营企业	119761.4	389275.1	252847.1	45	74862.8
投资股份有限公司	8363.1	42616.1	15346.3	2	66.7
其他港澳台商投资企业					
外商投资企业	**194885.5**	**848442.4**	**380857.0**	**65**	**115748.5**
中外合资经营企业	32862.0	154237.8	87563.0	12	18789.8
中外合作经营企业	1632.4	7854.5	3776.5	1	3279.8
外资企业	156791.2	677076.4	283209.6	51	93497.7
外商投资股份有限公司	214.3	2592.3	469.4	1	181.2
其他外商投资企业	3385.6	6681.4	5838.5		

1-B-3 按登记注册类型分全部批发业法人财务状况

单位：万元

项目	营业收入	#主营业务收入	营业税金及附加其他业务	#主营业务税金及附加其他业务	资产合计	实收资本
总计	**511253672.8**	**508658367.2**	**2789477.5**	**2734267.2**	**230269844.4**	**54810779.1**
内资企业	**481196878.8**	**478869500.7**	**2706319.5**	**2652111.1**	**216344310.3**	**50969040.0**
国有企业	18598761.1	18484952.6	442350.4	441544.2	15324923.5	1194213.9
集体企业	1417759.9	1408779.6	13762.9	13438.5	1538356.8	324937.5
股份合作企业	941761.7	939308.6	3345.1	2992.0	492985.4	140563.2
联营企业	165175.8	163118.7	3973.5	3285.0	152441.2	73783.7
国有联营企业	12878.5	12348.5	718.8	65.1	7986.3	5218.6
集体联营企业	25819.4	25167.4	404.5	404.2	25369.5	10000.8
国有与集体联营企业	14957.4	14957.4	317.2	317.2	9897.9	3912.3
其他联营企业	111520.6	110645.4	2533.0	2498.5	109187.5	54651.9
有限责任公司	99597022.8	98717678.3	273558.7	264445.7	43054324.4	7493863.1
国有独资公司	7190796.4	7056872.9	10898.6	10653.2	3495349.1	372253.5
其他有限责任公司	92406226.4	91660805.4	262660.0	253792.5	39558975.3	7121609.5
股份有限公司	61618697.1	61478371.6	53394.6	51904.1	20556001.3	1609842.8
私营企业	288988118.2	287893084.9	1801080.5	1762090.4	130129117.2	37899162.8
私营独资企业	18502324.3	18394427.7	272139.8	268455.4	8297160.3	3395657.7
私营合伙企业	1453137.9	1443990.3	19752.1	19559.0	716729.9	346755.1
私营有限责任公司	261264087.0	260306323.7	1443701.9	1413569.5	115368953.2	33095870.2
私营股份有限公司	7768569.0	7748343.3	65486.7	60506.5	5746273.8	1060879.8
其他企业	9869582.1	9784206.3	114854.0	112411.2	5096160.5	2232673.0
港、澳、台商投资企业	**13653393.2**	**13424286.7**	**38178.3**	**37426.6**	**7552604.3**	**2248393.4**
合资经营企业	2501121.1	2463666.9	6375.1	6315.5	1663493.9	446448.0
合作经营企业	12337.0	12337.0	82.1	82.1	16780.3	4504.9
独资经营企业	10841123.1	10652146.7	28872.9	28180.9	5687435.4	1766405.0
投资股份有限公司	268050.0	265388.5	1478.4	1478.4	167012.1	25190.0
其他港澳台商投资企业	30762.0	30747.6	1369.7	1369.7	17882.6	5845.6
外商投资企业	**16403400.8**	**16364579.8**	**44979.8**	**44729.5**	**6372929.8**	**1593345.7**
中外合资经营企业	2007523.8	2004704.9	4871.6	4744.2	759890.7	257994.2
中外合作经营企业	5852361.8	5852006.0	503.1	503.1	664712.9	104988.7
外资企业	8278047.2	8242518.3	38026.9	37936.1	4715509.8	1184455.7
外商投资股份有限公司	132555.1	132554.9	199.5	199.5	58200.2	6826.2
其他外商投资企业	132913.0	132795.7	1378.7	1346.6	174616.2	39080.9

1-B-4　按登记注册类型分限额以上批发业法人财务状况

单位：万元

指　　标	年初存货	期末资产负债				
		流动资产合计	#应收账款	#存货	固定资产合计	固定资产原价
总　　计	**15964061.5**	**101165595.1**	**26487875.4**	**16084900.1**	**7408935.0**	**10245837.4**
内资企业	**14420099.8**	**92271531.7**	**24176512.1**	**14449897.7**	**6837004.9**	**9434368.3**
国有企业	1001599.5	7769266.7	824117.3	1091901.3	680909.8	1096885.9
集体企业	107868.2	342576.4	85442.8	92720.6	74691.2	110150.5
股份合作企业	16578.5	102312.3	36141.1	11116.9	31548.5	38495.9
联营企业	38.4	230.2	175.2	54.9	148.2	484.8
国有联营企业						
集体联营企业	38.4	230.2	175.2	54.9	148.2	484.8
国有与集体联营企业						
其他联营企业						
有限责任公司	4118246.7	24764823.7	6066387.9	3970420.0	1998990.6	2674321.0
国有独资公司	524285.3	2398760.6	508413.0	583567.0	371939.5	470116.4
其他有限责任公司	3593961.4	22366063.1	5557974.9	3386853.0	1627051.1	2204204.6
股份有限公司	2755400.0	15090063.3	4152297.7	3079776.3	784964.9	1068625.5
私营企业	6349555.5	43372021.5	12846153.5	6134249.3	3077433.1	4226969.1
私营独资企业	59844.0	309244.2	150669.9	61601.3	82641.8	110473.0
私营合伙企业	2977.2	13929.6	5342.1	3538.6	1836.7	2566.1
私营有限责任公司	6033655.6	40168905.2	11917128.1	5840531.5	2806774.0	3875021.8
私营股份有限公司	253078.7	2879942.5	773013.4	228577.9	186180.6	238908.2
其他企业	70813.0	830237.6	165796.6	69658.4	188318.6	218435.6
港、澳、台商投资企业	**761990.6**	**4637663.6**	**1301520.4**	**733301.4**	**410079.1**	**513692.6**
合资经营企业	194642.1	923940.0	239130.7	159881.2	111123.1	143049.7
合作经营企业	1035.0	3531.0	333.0	1067.1	197.6	772.3
独资经营企业	501648.4	3584160.9	1036534.3	500062.7	290462.9	358553.5
投资股份有限公司	64665.1	126031.7	25522.4	72290.4	8295.5	11317.1
其他港澳台商投资企业						
外商投资企业	**781971.1**	**4256399.8**	**1009842.9**	**901701.0**	**161851.0**	**297776.5**
中外合资经营企业	96869.7	422823.7	124347.2	65706.2	17375.9	22346.9
中外合作经营企业	1102.8	582841.5			6569.5	7155.0
外资企业	588038.5	3117505.2	862242.6	740356.6	129019.1	255094.9
外商投资股份有限公司	320.6	769.2	426.6	0.1	8.9	35.0
其他外商投资企业	95639.5	132460.2	22826.5	95638.1	8877.6	13144.7

1-B-4 续表 1 单位：万元

项 目	累计折旧	#本年折旧	在建工程	资产总计	流动负债合计	#应付账款
总　计	**3187380.4**	**733859.9**	**1169135.4**	**124659985.9**	**87620056.6**	**23880065.7**
内资企业	**2912168.9**	**666601.8**	**1104549.9**	**113721243.7**	**81125629.0**	**21417238.9**
国有企业	424209.8	65727.1	39001.9	8750692.8	3535266.7	601533.6
集体企业	38357.4	7974.5	5289.7	608391.2	542239.6	57041.0
股份合作企业	6969.8	916.5	55.7	145992.2	103855.2	46176.6
联营企业	365.6	344.4	29.1	432.6	34.9	29.9
国有联营企业						
集体联营企业	365.6	344.4	29.1	432.6	34.9	29.9
国有与集体联营企业						
其他联营企业						
有限责任公司	791946.7	176665.1	286686.8	30803459.8	22901117.6	6629324.2
国有独资公司	152240.6	24167.0	28885.4	3073481.5	2169060.5	531562.6
其他有限责任公司	639706.1	152498.1	257801.4	27729978.3	20732057.1	6097761.6
股份有限公司	361745.2	53694.6	369779.5	18965645.8	15173353.9	2686469.7
私营企业	1256408.7	349572.3	399222.7	53363694.0	38146259.2	10836731.9
私营独资企业	28352.0	7689.1	819.9	432605.0	244158.1	110998.5
私营合伙企业	955.7	348.4		15818.5	8469.0	3600.3
私营有限责任公司	1167947.9	325837.7	392200.5	49299107.6	34842413.4	9587680.4
私营股份有限公司	59153.1	15697.1	6202.3	3616162.9	3051218.7	1134452.7
其他企业	32165.7	11707.3	4484.5	1082935.3	723501.9	559932.0
港、澳、台商投资企业	**129089.7**	**37328.2**	**36233.1**	**5729390.0**	**3345977.4**	**1001681.9**
合资经营企业	37732.9	8024.0	20372.7	1421729.3	670618.4	40114.6
合作经营企业	574.7	29.4		5451.0	2203.4	139.0
独资经营企业	87741.8	28319.0	15860.4	4143709.0	2579752.4	928314.7
投资股份有限公司	3040.3	955.8		158500.7	93403.2	33113.6
其他港澳台商投资企业						
外商投资企业	**146121.8**	**29929.9**	**28352.4**	**5209352.2**	**3148450.2**	**1461144.9**
中外合资经营企业	4971.0	978.3	694.9	513931.8	185297.4	39774.6
中外合作经营企业	585.5	585.5		647501.0	483760.5	4004.6
外资企业	136272.1	28322.9	27657.5	3900410.0	2412249.2	1395477.6
外商投资股份有限公司	26.1	7.3		778.1	371.8	353.4
其他外商投资企业	4267.1	35.9		146731.3	66771.3	21534.7

1-B-4　续表 2　　　　单位：万元

项　目	非流动负债合计	负债合计	所有者权益合计	#实收资本	国家资本	集体资本
总　计	**3991278.5**	**92466299.2**	**32976227.7**	**15484872.9**	**1902916.6**	**323945.6**
内资企业	**3364723.4**	**85411178.4**	**29092267.3**	**13406010.5**	**1901085.1**	**318826.0**
国有企业	228765.5	4100299.7	4650393.1	351111.8	337289.5	764.4
集体企业	26634.3	542429.7	65961.5	89515.2		77492.7
股份合作企业	2739.2	106594.4	39397.8	30459.2	50.0	15500.0
联营企业		34.9	397.7	500.0		500.0
国有联营企业						
集体联营企业		34.9	397.7	500.0		500.0
国有与集体联营企业						
其他联营企业						
有限责任公司	1356541.3	24289213.8	6513697.6	3604444.8	889881.5	142137.6
国有独资公司	202057.2	2371117.8	702363.7	253088.9	243390.1	
其他有限责任公司	1154484.1	21918096.0	5811333.9	3351355.9	646491.4	142137.6
股份有限公司	572588.4	15758091.1	3990369.6	1165548.9	613379.8	20419.5
私营企业	1163271.4	39855654.8	13507974.7	7978849.4	59216.6	32448.2
私营独资企业	11608.0	259958.8	172646.2	80480.6	200.0	
私营合伙企业		9472.9	6345.6	3514.0		
私营有限责任公司	1139696.1	36511095.1	12787948.0	7502635.2	59006.6	31750.2
私营股份有限公司	11967.3	3075128.0	541034.9	392219.6	10.0	698.0
其他企业	14183.3	758860.0	324075.3	185581.2	1267.7	29563.6
港、澳、台商投资企业	**345264.7**	**3692656.6**	**2037072.4**	**1197232.0**		**119.6**
合资经营企业	56811.5	728074.3	693994.0	322135.7		119.6
合作经营企业		2225.9	3225.1	1759.4		
独资经营企业	288388.3	2868901.4	1274807.6	851995.9		
投资股份有限公司	64.9	93455.0	65045.7	21341.0		
其他港澳台商投资企业						
外商投资企业	**281290.4**	**3362464.2**	**1846888.0**	**881630.4**	**1831.5**	**5000.0**
中外合资经营企业	1680.0	186602.6	327329.2	73164.0	1831.5	5000.0
中外合作经营企业	21.4	483781.9	163719.1	100000.0		
外资企业	212817.7	2624936.6	1275473.4	690083.5		
外商投资股份有限公司		371.8	406.3	143.3		
其他外商投资企业	66771.3	66771.3	79960.0	18239.6		

1-B-4 续表 3 单位：万元

项目	法人资本	个人资本	港澳台资本	外商资本	损益及分配 营业收入	#主营业务收入
总计	**3470539.4**	**7943090.2**	**1131243.4**	**713137.7**	**322174908.2**	**320491608.4**
内资企业	**3290815.3**	**7887627.6**	**7390.5**	**266.0**	**296590758.2**	**295159203.0**
国有企业	8557.7	4500.2			15599781.3	15513691.2
集体企业	1203.5	10819.0			657588.5	655634.1
股份合作企业	5235.6	9673.6			513792.7	512200.3
联营企业					2471.7	2471.7
国有联营企业						
集体联营企业					2471.7	2471.7
国有与集体联营企业						
其他联营企业						
有限责任公司	1769672.9	795548.6	6954.2	250.0	82927711.1	82138713.1
国有独资公司	9279.8	419.0			6869996.2	6737847.0
其他有限责任公司	1760393.1	795129.6	6954.2	250.0	76057714.9	75400866.1
股份有限公司	286135.8	245613.8			33193090.4	33124409.8
私营企业	1126275.3	6760809.0	84.3	16.0	160701850.9	160223928.7
私营独资企业	4175.0	76105.6			1618717.1	1614959.0
私营合伙企业		3514.0			164813.1	164813.1
私营有限责任公司	1078920.2	6332872.9	74.3	11.0	153830890.1	153363693.7
私营股份有限公司	43180.1	348316.5	10.0	5.0	5087430.6	5080462.9
其他企业	93734.5	60663.4	352.0		2994471.6	2988154.1
港、澳、台商投资企业	**28320.8**	**32287.6**	**1123852.9**	**12651.1**	**10508952.9**	**10285588.7**
合资经营企业	20856.6	31182.6	257705.9	12271.0	2329844.4	2292982.6
合作经营企业	295.5	1105.0	283.9	75.0	9339.2	9339.2
独资经营企业	4759.5		847231.3	5.1	7913427.3	7729586.4
投资股份有限公司	2409.2		18631.8	300.0	256342.0	253680.5
其他港澳台商投资企业						
外商投资企业	**151403.3**	**23175.0**		**700220.6**	**15075197.1**	**15046816.7**
中外合资经营企业	18924.4	1236.8		46171.3	1731889.5	1729547.7
中外合作经营企业	100000.0				5842983.2	5842663.1
外资企业	31948.3	6876.2		651259.0	7401618.2	7375899.7
外商投资股份有限公司				143.3	4041.9	4041.9
其他外商投资企业	530.6	15062.0		2647.0	94664.3	94664.3

1-B-4 续表 4 单位：万元

项 目	营业成本	#主营业务成本	营业税金及附加	#主营业务税金及附加	其他业务利润	销售费用
总 计	**296428776.0**	**295079012.2**	**1016354.3**	**996579.2**	**447917.6**	**6686565.6**
内资企业	**274803426.1**	**273663473.7**	**950869.7**	**931118.7**	**357987.0**	**4845244.4**
国有企业	13360191.6	13292214.2	422504.1	422181.8	16279.3	196509.0
集体企业	560060.2	558761.2	2545.1	2326.9	117.4	20198.9
股份合作企业	489272.0	489269.9	422.1	422.1	1590.2	9141.3
联营企业	2292.3	2292.3	0.5	0.5		104.7
国有联营企业						
集体联营企业	2292.3	2292.3	0.5	0.5		104.7
国有与集体联营企业						
其他联营企业						
有限责任公司	77756251.4	77129953.3	126922.3	121711.9	173799.1	1414561.4
国有独资公司	6544908.0	6433226.1	8235.0	8155.4	9344.6	133908.3
其他有限责任公司	71211343.4	70696727.2	118687.3	113556.5	164454.5	1280653.1
股份有限公司	30793939.4	30744367.2	36937.9	36786.0	12128.8	671258.8
私营企业	149197575.4	148807312.1	346238.6	332427.5	152973.4	2469361.3
私营独资企业	1358453.7	1358224.6	10948.4	9945.6	402.6	53259.7
私营合伙企业	143086.4	143086.4	423.4	423.4		2250.7
私营有限责任公司	143126918.2	142740483.4	313696.5	305436.5	149240.8	2290847.5
私营股份有限公司	4569117.1	4565517.7	21170.3	16622.0	3330.0	123003.4
其他企业	2643843.8	2639303.5	15299.1	15262.0	1098.8	64109.0
港、澳、台商投资企业	**8914633.7**	**8709435.0**	**29299.4**	**29292.3**	**40738.4**	**582054.9**
合资经营企业	2157996.9	2122436.6	4630.9	4630.9	31216.4	46943.3
合作经营企业	8093.2	8093.2	78.8	78.8		481.0
独资经营企业	6599399.2	6429760.8	23254.5	23247.4	5166.1	469622.6
投资股份有限公司	149144.4	149144.4	1335.2	1335.2	4355.9	65008.0
其他港澳台商投资企业						
外商投资企业	**12710716.2**	**12706103.5**	**36185.2**	**36168.2**	**49192.2**	**1259266.3**
中外合资经营企业	1533848.5	1531861.6	2887.4	2871.4	794.6	33015.3
中外合作经营企业	5724745.7	5724350.5	395.1	395.1		28765.9
外资企业	5396238.5	5394007.9	31856.3	31855.3	48397.6	1184501.4
外商投资股份有限公司	3756.1	3756.1				47.1
其他外商投资企业	52127.4	52127.4	1046.4	1046.4		12936.6

1-B-4 续表 5 单位：万元

项　目	管理费用	#税金	财务费用	#利息收入	#利息支出	资产减值损　失
总　计	**4295615.3**	**169798.5**	**1346922.9**	**413998.2**	**1179388.0**	**-76998.4**
内资企业	**3374674.4**	**162747.9**	**1301686.2**	**399575.7**	**1125671.5**	**25173.5**
国有企业	348683.4	20745.5	-49701.6	84763.6	46363.0	11350.2
集体企业	15785.8	1009.8	3080.5	736.9	2259.9	
股份合作企业	3932.1	163.2	2496.5	972.1	2756.5	
联营企业	0.9	0.7	1.4			
国有联营企业						
集体联营企业	0.9	0.7	1.4			
国有与集体联营企业						
其他联营企业						
有限责任公司	792844.0	30360.8	361772.2	113627.9	324347.3	9472.0
国有独资公司	85099.7	1681.6	36852.2	12082.4	41032.6	3649.5
其他有限责任公司	707744.3	28679.2	324920.0	101545.5	283314.7	5822.5
股份有限公司	292469.2	11629.6	32086.4	74003.8	134284.6	29022.1
私营企业	1870806.1	96490.9	940215.7	125118.0	612851.7	-24687.8
私营独资企业	40959.2	1774.3	10574.3	237.8	2543.6	29.6
私营合伙企业	2360.3	91.2	311.4	1.6	131.2	
私营有限责任公司	1767251.6	92700.1	886497.0	121846.1	595072.0	8884.7
私营股份有限公司	60235.0	1925.3	42833.0	3032.5	15104.9	-33602.1
其他企业	50152.9	2347.4	11735.1	353.4	2808.5	17.0
港、澳、台商投资企业	**522137.4**	**4962.1**	**44674.2**	**-528.5**	**39988.3**	**3735.3**
合资经营企业	27111.9	1397.6	19887.6	-1036.8	15145.5	1112.1
合作经营企业	414.6	1.0	44.5	0.5	24.5	
独资经营企业	482494.0	3481.8	22765.0	384.7	22849.3	2623.2
投资股份有限公司	12116.9	81.7	1977.1	123.1	1969.0	
其他港澳台商投资企业						
外商投资企业	**398803.5**	**2088.5**	**562.5**	**14951.0**	**13728.2**	**-105907.2**
中外合资经营企业	9989.2	240.2	2894.8	212.9	2070.2	-40.5
中外合作经营企业	1305.0	15.0	122.7	-883.1		-2976.8
外资企业	379360.6	1754.8	-2685.0	15620.8	11658.0	-103352.7
外商投资股份有限公司	130.3	0.6	41.4	0.4		
其他外商投资企业	8018.4	77.9	188.6			462.8

1-B-4　续表 6　　单位：万元

项　目	公允价值变动收益(损失以"-"号记)	投资收益(损失以"-"号记)	营业利润	营业外收入	#补贴收入	利润总额
总　计	**32771.2**	**343211.4**	**12959853.7**	**387977.3**	**146574.4**	**12066759.8**
内资企业	**33633.9**	**349571.5**	**11720750.0**	**331416.6**	**118474.6**	**10785521.3**
国有企业	58.6	4166.3	1316199.3	39315.3	29049.9	1324474.7
集体企业	2.6	225.4	55961.0	892.8	394.6	27423.2
股份合作企业		-1.3	8524.6	93.1	77.1	8210.6
联营企业			71.9			71.9
国有联营企业						
集体联营企业			71.9			71.9
国有与集体联营企业						
其他联营企业						
有限责任公司	21594.6	108586.6	2667982.9	127769.5	49687.5	2376870.1
国有独资公司	4065.1	14095.6	79243.5	10104.6	4000.3	82198.7
其他有限责任公司	17529.5	94491.0	2588739.4	117664.9	45687.2	2294671.4
股份有限公司	7963.5	196458.1	1530951.3	30683.3	6922.0	1500370.2
私营企业	4014.6	40136.4	5931772.4	129744.0	32049.8	5355405.0
私营独资企业	12.0	56.0	142651.0	152.4	79.0	113495.2
私营合伙企业			16380.9	0.7		16373.9
私营有限责任公司	3992.6	100451.3	5524960.3	118466.2	30698.5	5047995.0
私营股份有限公司	10.0	-60370.9	247780.2	11124.7	1272.3	177540.9
其他企业			209286.6	2918.6	293.7	192695.6
港、澳、台商投资企业	**1274.6**	**52195.3**	**499900.6**	**36037.8**	**24625.4**	**524856.1**
合资经营企业	1274.6	292.7	104983.6	2853.5	1280.6	105222.7
合作经营企业			227.1			224.7
独资经营企业		49907.1	366235.1	33143.1	23344.8	388929.1
投资股份有限公司		1995.5	28454.8	41.2		30479.6
其他港澳台商投资企业						
外商投资企业	**-2137.3**	**-58555.4**	**739203.1**	**20522.9**	**3474.4**	**756382.4**
中外合资经营企业	-14.0	404.9	150089.9	177.8	24.0	149826.8
中外合作经营企业	-2123.3	4006.1	92508.4	1927.0		94434.8
外资企业		-62966.4	476653.7	17968.4	3450.4	492171.1
外商投资股份有限公司			67.0			66.9
其他外商投资企业			19884.1	449.7		19882.8

1-B-4 续表 7 单位：万元

项目	应交所得税	人工成本及增值税 应付职工薪酬（本年贷方累计发生额）	人工成本及增值税 应交增值税	亏损企业数（个）	亏损总额
总计	**1976920.2**	**3055990.0**	**4003177.6**	**1722**	**496172.2**
内资企业	**1735717.7**	**2244105.6**	**3500503.2**	**1658**	**444035.7**
国有企业	326996.6	242096.2	801408.5	22	2496.7
集体企业	2084.2	8339.4	8379.6	7	11781.3
股份合作企业	237.5	3387.0	3095.4	2	46.2
联营企业	19.4	23.6	3.6		
国有联营企业					
集体联营企业	19.4	23.6	3.6		
国有与集体联营企业					
其他联营企业					
有限责任公司	366024.4	695476.0	925885.3	254	104443.7
国有独资公司	15935.7	77688.8	208960.9	7	6249.6
其他有限责任公司	350088.7	617787.2	716924.4	247	98194.1
股份有限公司	309340.0	270680.4	261442.9	26	45593.9
私营企业	721237.3	949090.8	1469289.0	1343	279396.2
私营独资企业	12921.6	23924.7	38920.1	6	456.3
私营合伙企业	3678.3	1059.4	4001.8		
私营有限责任公司	685833.9	888632.9	1374550.2	1293	272703.5
私营股份有限公司	18803.5	35473.8	51816.9	44	6236.4
其他企业	9778.3	75012.2	30998.9	4	277.7
港、澳、台商投资企业	**101799.5**	**243474.4**	**224188.6**	**35**	**32267.6**
合资经营企业	9553.3	27711.6	39603.7	5	5417.7
合作经营企业	25.4	267.1	92.1		
独资经营企业	84990.6	175037.0	169811.7	28	26783.2
投资股份有限公司	7230.2	40458.7	14681.1	2	66.7
其他港澳台商投资企业					
外商投资企业	**139403.0**	**568410.0**	**278485.8**	**29**	**19868.9**
中外合资经营企业	2115.7	8405.4	30140.7	6	4173.8
中外合作经营企业	1632.4	1688.7	3776.5		
外资企业	132252.6	551551.9	238730.1	23	15695.1
外商投资股份有限公司	16.7	82.6			
其他外商投资企业	3385.6	6681.4	5838.5		

1-B-5　按登记注册类型分全部零售业法人财务状况

单位：万元

项　　目	营业收入	#主营业务收入	营业税金及附加其他业务	#主营业务税金及附加其他业务	资产合计	实收资本
总　　计	**101457069.9**	**100058748.0**	**814900.7**	**768537.0**	**61826680.7**	**15781507.2**
内资企业	**88134150.8**	**87206971.6**	**753057.1**	**717879.8**	**52669640.7**	**13891625.9**
国有企业	1337674.4	1328274.4	8134.7	7607.9	833545.5	122314.0
集体企业	921520.0	916260.3	13942.8	12373.9	681932.0	188419.0
股份合作企业	111286.1	110417.9	2062.7	2014.4	83272.0	30219.8
联营企业	117747.3	117120.2	995.1	994.3	95622.1	30782.7
国有联营企业	43329.4	43226.7	138.5	138.5	16248.7	3325.6
集体联营企业	12180.8	12125.9	232.5	231.7	25471.0	11511.4
国有与集体联营企业	18657.9	18642.9	95.4	95.4	28102.8	4335.9
其他联营企业	43579.2	43124.6	528.7	528.7	25799.7	11609.8
有限责任公司	24016708.9	23620335.1	140657.3	123069.6	12565263.0	2437516.7
国有独资公司	1085980.5	1081203.0	3631.3	2453.6	227960.1	34370.5
其他有限责任公司	22930728.3	22539132.0	137026.0	120616.1	12337302.9	2403146.3
股份有限公司	10331362.3	10161607.5	47087.2	45292.0	7120496.6	1467560.2
私营企业	49952317.1	49620611.8	510354.5	497516.2	30280115.5	9129871.3
私营独资企业	6452000.9	6422548.7	100543.7	98400.1	3686195.6	1667648.3
私营合伙企业	296828.4	292372.1	5231.7	5034.4	208418.6	97844.1
私营有限责任公司	41197799.5	40917832.8	378544.3	368583.5	24909409.9	6977926.0
私营股份有限公司	2005688.4	1987858.2	26034.8	25498.2	1476091.5	386452.9
其他企业	1345534.6	1332344.4	29822.9	29011.4	1009394.0	484942.1
港、澳、台商投资企业	**6331754.6**	**6142527.0**	**29277.3**	**21560.8**	**3657963.4**	**831102.8**
合资经营企业	635736.5	621950.7	11223.6	4930.1	402151.8	121915.9
合作经营企业	5767.1	5767.1	34.8	34.8	7475.1	4433.1
独资经营企业	5622381.2	5448977.1	17764.5	16341.5	3218549.8	700646.0
投资股份有限公司	67869.8	65832.1	254.4	254.4	29786.7	4107.7
其他港澳台商投资企业						
外商投资企业	**6991164.6**	**6709249.4**	**32566.3**	**29096.5**	**5499076.6**	**1058778.6**
中外合资经营企业	4131097.3	3979193.3	17328.2	16787.7	1980127.3	262599.5
中外合作经营企业	76083.2	76083.2	172.1	172.1	23384.2	9982.9
外资企业	2701871.8	2575987.7	14421.3	11497.3	3411996.7	765956.5
外商投资股份有限公司	55485.1	52087.0	548.7	548.3	59970.9	10606.7
其他外商投资企业	26627.2	25898.1	96.0	91.1	23597.6	9633.0

1-B-6 按登记注册类型分限额以上零售业法人财务状况

单位：万元

项　　目	年初存货	期末资产负债				
		流动资产合　　计	#应收账款	#存货	固定资产合　　计	固定资产原　　价
总　　计	**6076029.9**	**26510496.6**	**3424154.7**	**6317853.1**	**6903809.8**	**9553343.7**
内资企业	**5130997.6**	**21466129.0**	**3242803.0**	**5219553.7**	**5795501.9**	**7881089.7**
国有企业	112015.6	514041.2	98937.0	131263.6	60214.1	96952.8
集体企业	28485.9	90794.1	17486.7	25022.4	93373.4	115116.2
股份合作企业	3284.3	16685.2	3660.2	3133.5	3980.2	6776.2
联营企业	10131.0	13380.7	611.9	8680.4	2653.9	4717.3
国有联营企业	3541.5	5772.4	310.9	4194.9	543.3	923.6
集体联营企业	72.0	837.5	215.8	444.9	626.9	707.5
国有与集体联营企业	1687.6	734.0	80.9	510.5	751.8	1354.0
其他联营企业	4829.9	6036.8	4.3	3530.1	731.9	1732.2
有限责任公司	1798598.1	7015370.1	1133127.6	1833979.4	1857612.8	2581355.0
国有独资公司	70922.4	69431.3	3553.4	28877.3	66409.2	109758.4
其他有限责任公司	1727675.7	6945938.8	1129574.2	1805102.1	1791203.6	2471596.6
股份有限公司	347581.9	3096082.0	368385.6	348147.4	1179590.7	1551513.1
私营企业	2807517.1	10619220.6	1599823.3	2847035.6	2501733.6	3408687.1
私营独资企业	97090.8	246731.3	51194.0	98497.0	143399.4	178223.3
私营合伙企业	7262.5	15888.2	2032.0	4133.7	10600.9	12296.9
私营有限责任公司	2567291.9	9660333.9	1441682.0	2621628.7	2226214.0	3045804.7
私营股份有限公司	135871.9	696267.2	104915.3	122776.2	121519.3	172362.2
其他企业	23383.7	100555.1	20770.7	22291.4	96343.2	115972.0
港、澳、台商投资企业	**543075.0**	**2437037.8**	**116803.2**	**658434.1**	**604373.7**	**854063.1**
合资经营企业	35766.8	187145.5	8180.4	52010.6	110055.2	160826.0
合作经营企业	241.0	773.3	151.0	227.6	487.9	831.0
独资经营企业	504104.8	2226900.7	94421.2	602902.5	490299.2	686717.0
投资股份有限公司	2962.4	22218.3	14050.6	3293.4	3531.4	5689.1
其他港澳台商投资企业						
外商投资企业	**401957.3**	**2607329.8**	**64548.5**	**439865.3**	**503934.2**	**818190.9**
中外合资经营企业	197095.8	1348925.7	41579.0	209477.1	195914.7	350191.7
中外合作经营企业	9146.3	3901.9		3578.1	10753.2	31345.4
外资企业	191377.1	1232560.0	22649.6	221405.1	294256.4	431780.6
外商投资股份有限公司	4338.1	21942.2	319.9	5405.0	3009.9	4873.2
其他外商投资企业						

1-B-6　续表 1

单位：万元

项　目	累计折旧	#本年折旧	在建工程	资产总计	流动负债合　计	#应付账款
总　计	**2905439.3**	**723750.8**	**552882.6**	**42282653.8**	**27878678.1**	**6996222.7**
内资企业	**2332060.1**	**580611.6**	**517888.6**	**35016854.0**	**22985434.4**	**5627702.0**
国有企业	37718.6	4462.4	4288.3	603090.3	413548.7	188052.8
集体企业	23482.2	5257.5	1162.1	201717.2	91192.0	13017.4
股份合作企业	3189.3	875.7	393.3	23130.9	16250.4	992.8
联营企业	2063.4	363.1	144.5	17315.6	11493.3	6018.8
国有联营企业	380.3	129.0	144.5	6671.7	4948.9	2398.5
集体联营企业	80.6	51.8		1730.8	760.9	183.1
国有与集体联营企业	602.2	94.9		1678.8	1165.1	55.5
其他联营企业	1000.3	87.4		7234.3	4618.4	3381.7
有限责任公司	800498.8	174674.9	208572.4	10678941.9	7602453.4	1805469.9
国有独资公司	43349.2	5842.3	20535.8	198177.0	105403.1	20473.0
其他有限责任公司	757149.6	168832.6	188036.6	10480764.9	7497050.3	1784996.9
股份有限公司	463400.6	121544.7	118847.9	6855641.9	3736068.6	1470435.2
私营企业	981049.5	265857.6	181485.1	16406788.3	11051564.7	2125751.8
私营独资企业	36845.6	13084.5	575.0	452427.7	204817.9	37913.0
私营合伙企业	2150.3	662.4	135.8	31397.3	14595.6	4277.5
私营有限责任公司	886982.1	238490.9	173173.4	14808020.1	10277918.4	1963951.3
私营股份有限公司	55071.5	13619.8	7600.9	1114943.2	554232.8	119610.0
其他企业	20657.7	7575.7	2995.0	230227.9	62863.3	17963.3
港、澳、台商投资企业	**255787.9**	**71005.1**	**20350.4**	**3515077.0**	**2550972.1**	**482971.5**
合资经营企业	50829.0	12678.8	2236.7	363274.3	196035.8	64763.4
合作经营企业	343.1	72.9		1904.5	1107.1	40.6
独资经营企业	202458.1	57548.0	18111.8	3123865.1	2334477.1	408628.4
投资股份有限公司	2157.7	705.4	1.9	26033.1	19352.1	9539.1
其他港澳台商投资企业						
外商投资企业	**317591.3**	**72134.1**	**14643.6**	**3750722.8**	**2342271.6**	**885549.2**
中外合资经营企业	153231.2	19312.8	7147.1	1724276.1	1319066.0	612910.9
中外合作经营企业	19608.4	19608.4	386.4	23334.2	23574.2	10637.6
外资企业	142888.4	32925.4	7110.1	1943951.8	954333.3	258101.0
外商投资股份有限公司	1863.3	287.5		59160.7	45298.1	3899.7
其他外商投资企业						

1-B-6 续表 2 单位：万元

项　　目	非流动负债合计	负债合计	所有者权益合计	#实收资本		
					国家资本	集体资本
总　　计	**2428523.0**	**30524223.4**	**12098956.5**	**7568592.0**	**545315.2**	**131046.2**
内资企业	**2121674.2**	**25376257.3**	**9981122.8**	**6072085.7**	**544706.3**	**117532.3**
国有企业	92884.6	509866.1	93224.2	47997.1	45495.1	1695.2
集体企业	4222.6	104178.7	97538.5	42626.0		32827.7
股份合作企业	185.9	16856.3	6274.6	2622.8	21.6	930.9
联营企业	240.1	11721.6	5594.0	2984.0	432.0	1155.0
国有联营企业	11.8	4948.9	1722.8	1240.0	397.0	
集体联营企业	90.0	850.9	879.9	555.0		355.0
国有与集体联营企业		1165.1	513.7	389.0	35.0	
其他联营企业	138.3	4756.7	2477.6	800.0		800.0
有限责任公司	424575.2	8116984.9	2561957.1	1691055.2	256557.5	48104.4
国有独资公司	4291.9	109695.0	88482.0	24376.5	23921.4	10.0
其他有限责任公司	420283.3	8007289.9	2473475.1	1666678.7	232636.1	48094.4
股份有限公司	1043732.7	4802449.2	2393718.7	1331968.5	239006.0	11831.6
私营企业	548174.9	11739789.1	4666999.2	2855710.5	2739.1	12085.4
私营独资企业	9876.1	220997.0	231430.7	127081.7	870.0	315.0
私营合伙企业	698.9	16530.7	14866.6	8971.7		20.0
私营有限责任公司	528605.0	10919974.4	3888045.7	2492431.5	1661.8	11704.8
私营股份有限公司	8994.9	582287.0	532656.2	227225.6	207.3	45.6
其他企业	7658.2	74411.4	155816.5	97121.6	455.0	8902.1
港、澳、台商投资企业	**80959.7**	**2634731.9**	**880345.1**	**737890.5**		**3896.3**
合资经营企业	1902.3	199238.1	164036.2	98371.9		3896.3
合作经营企业		1107.1	797.4	752.7		
独资经营企业	77671.3	2413648.5	710216.6	635910.3		
投资股份有限公司	1386.1	20738.2	5294.9	2855.6		
其他港澳台商投资企业						
外商投资企业	**225889.1**	**2513234.2**	**1237488.6**	**758615.8**	**608.9**	**9617.6**
中外合资经营企业	10789.7	1329855.8	394420.3	198029.8	608.9	9617.6
中外合作经营企业		23574.2	-240.0	9932.9		
外资企业	180197.8	1114506.1	829445.7	540216.7		
外商投资股份有限公司	34901.6	45298.1	13862.6	10436.4		
其他外商投资企业						

1-B-6 续表 3

单位：万元

项目					损益及分配	
	法人资本	个人资本	港澳台资本	外商资本	营业收入	#主营业务收入
总计	**2364862.1**	**3162005.4**	**691652.2**	**673710.9**	**83191379.7**	**81932016.1**
内资企业	**2256083.1**	**3144483.3**	**254.6**	**9026.1**	**70009281.2**	**69219114.9**
国有企业	776.8	30.0			1004765.3	999684.3
集体企业	1055.7	8742.6			671508.3	668786.8
股份合作企业	290.9	1379.4			45955.1	45853.1
联营企业	854.0	543.0			81549.3	81056.7
国有联营企业	500.0	343.0			39188.7	39086.3
集体联营企业		200.0			3380.9	3380.9
国有与集体联营企业	354.0				16496.0	16496.0
其他联营企业					22483.7	22093.5
有限责任公司	976997.9	409395.4			22692032.3	22309164.9
国有独资公司	395.0	50.1			1058308.9	1054495.7
其他有限责任公司	976602.9	409345.3			21633723.4	21254669.2
股份有限公司	923834.7	148622.2		8674.0	10068866.0	9906289.8
私营企业	321145.9	2519133.4	254.6	352.1	34869356.9	34633465.1
私营独资企业	11216.9	114679.8			1700454.8	1696645.7
私营合伙企业	1530.6	7421.1			74323.5	74309.0
私营有限责任公司	242409.3	2236048.9	254.6	352.1	31398046.0	31182264.5
私营股份有限公司	65989.1	160983.6			1696532.6	1680245.9
其他企业	31127.2	56637.3			575248.0	574814.2
港、澳、台商投资企业	**30043.5**	**12553.1**	**691397.6**		**6260245.2**	**6071180.5**
合资经营企业	27943.5	12128.1	54404.0		618445.2	604797.4
合作经营企业			752.7		5610.7	5610.7
独资经营企业	2100.0	50.0	633760.3		5569539.2	5396160.0
投资股份有限公司		375.0	2480.6		66650.1	64612.4
其他港澳台商投资企业						
外商投资企业	**78735.5**	**4969.0**		**664684.8**	**6921853.3**	**6641720.7**
中外合资经营企业	64975.4	1969.0		120858.9	4114739.8	3963749.9
中外合作经营企业	9932.9				75731.2	75731.2
外资企业	3827.2	3000.0		533389.5	2676566.9	2550801.9
外商投资股份有限公司				10436.4	54815.4	51437.7
其他外商投资企业						

1-B-6 续表 4

单位：万元

项　目	营业成本	#主营业务成本	营业税金及附加	#主营业务税金及附加	其他业务利润	销售费用
总　计	**72246033.7**	**71877151.6**	**475085.4**	**436783.3**	**777846.1**	**4210271.6**
内资企业	**61134509.4**	**60864394.2**	**415959.8**	**388784.9**	**585657.7**	**3079585.3**
国有企业	910108.4	908646.7	2679.7	2495.4	6576.5	31213.0
集体企业	569197.6	566061.0	9565.6	8210.7	608.0	18990.0
股份合作企业	37182.8	37182.8	155.7	137.6	530.7	2344.7
联营企业	74163.5	74155.2	193.2	193.2	484.3	3135.7
国有联营企业	36679.0	36670.7	37.2	37.2	94.1	919.8
集体联营企业	2081.4	2081.4	44.6	44.6		152.2
国有与集体联营企业	15951.4	15951.4	53.6	53.6		638.0
其他联营企业	19451.7	19451.7	57.8	57.8	390.2	1425.7
有限责任公司	19848390.2	19725388.0	117175.3	100538.9	266897.0	1298373.3
国有独资公司	972617.9	970737.0	3438.5	2260.8	2457.1	38432.5
其他有限责任公司	18875772.3	18754651.0	113736.8	98278.1	264439.9	1259940.8
股份有限公司	8872098.0	8816298.2	42007.5	40523.9	95620.8	400909.4
私营企业	30413246.6	30326898.2	232478.9	225175.1	214614.9	1301811.0
私营独资企业	1355847.8	1353576.7	15587.1	15086.4	3142.1	64446.9
私营合伙企业	62392.7	62392.7	1109.6	1108.9	18.0	1309.0
私营有限责任公司	27523004.7	27442811.8	198080.3	191564.9	197947.9	1180528.0
私营股份有限公司	1472001.4	1468117.0	17701.9	17414.9	13506.9	55527.1
其他企业	410122.3	409764.1	11703.9	11510.1	325.5	22808.2
港、澳、台商投资企业	**5220788.4**	**5136272.5**	**27919.3**	**20211.4**	**91598.4**	**505159.6**
合资经营企业	533418.6	529114.0	10915.2	4622.9	22950.6	43508.2
合作经营企业	4785.6	4785.6	17.3	17.3		317.1
独资经营企业	4622650.8	4542439.5	16812.8	15397.2	66610.1	456767.1
投资股份有限公司	59933.4	59933.4	174.0	174.0	2037.7	4567.2
其他港澳台商投资企业						
外商投资企业	**5890735.9**	**5876484.9**	**31206.3**	**27787.0**	**100590.0**	**625526.7**
中外合资经营企业	3619517.3	3610551.3	16829.4	16318.6	30728.3	306830.7
中外合作经营企业	64923.5	64923.5	171.0	171.0	5315.6	12949.7
外资企业	2159002.7	2155046.2	13674.6	10766.1	62108.7	300209.8
外商投资股份有限公司	47292.4	45963.9	531.3	531.3	2437.4	5536.5
其他外商投资企业						

1-B-6　续表 5　　单位：万元

项　目	管理费用	#税金	财务费用	#利息收入	#利息支出	资产减值损失
总　计	**2606200.1**	**96506.6**	**632214.2**	**94134.5**	**384391.4**	**2745.4**
内资企业	**2075658.2**	**88981.6**	**613871.1**	**68374.0**	**349191.2**	**-1016.0**
国有企业	29983.0	1099.8	6149.1	658.5	6269.4	377.7
集体企业	17619.2	801.3	4357.4	6.7	1490.4	
股份合作企业	1811.4	172.3	685.5	163.0	14.9	
联营企业	2518.4	77.4	454.6	7.2	376.0	107.4
国有联营企业	735.2	3.2	253.1	4.6	248.6	3.8
集体联营企业	161.6	47.5				66.3
国有与集体联营企业	244.8	18.4	146.0	2.6	127.4	37.3
其他联营企业	1376.8	8.3	55.5			
有限责任公司	613996.0	24819.8	158508.5	16936.9	107905.0	4880.2
国有独资公司	18635.0	733.5	2301.0	245.1	86.9	411.3
其他有限责任公司	595361.0	24086.3	156207.5	16691.8	107818.1	4468.9
股份有限公司	270159.1	13201.8	55794.6	18492.3	25757.1	-8536.1
私营企业	1113167.5	48342.0	382643.3	31649.1	205320.5	2141.8
私营独资企业	72739.0	1842.4	31631.4	185.7	3100.1	605.4
私营合伙企业	2643.0	207.1	721.8	8.0	182.5	
私营有限责任公司	981874.0	44131.4	338571.2	24153.4	193280.5	1134.0
私营股份有限公司	55911.5	2161.1	11718.9	7302.0	8757.4	402.4
其他企业	26403.6	467.2	5278.1	460.3	2057.9	13.0
港、澳、台商投资企业	**344568.3**	**2712.6**	**17866.5**	**4787.4**	**22639.1**	**486.3**
合资经营企业	18251.4	978.0	1088.1	859.3	636.3	
合作经营企业	270.4	4.0	55.8			
独资经营企业	325673.3	1724.7	16246.9	3926.6	21661.4	485.2
投资股份有限公司	373.2	5.9	475.7	1.5	341.4	1.1
其他港澳台商投资企业						
外商投资企业	**185973.6**	**4812.4**	**476.6**	**20973.1**	**12561.1**	**3275.1**
中外合资经营企业	83030.1	1844.4	-14755.9	18307.6	851.0	2314.7
中外合作经营企业	5829.9		425.3			
外资企业	95923.4	2941.7	14413.8	2657.3	11340.2	960.4
外商投资股份有限公司	1190.2	26.3	393.4	8.2	369.9	
其他外商投资企业						

1-B-6 续表 6　　单位：万元

项　　目	公允价值变动收益（损失以“-”号记）	投资收益（损失以“-”号记）	营业利润	营业外收入		利润总额
					#补贴收入	
总　　计	**10582.1**	**122015.8**	**3052292.5**	**109573.3**	**23073.8**	**2674463.4**
内资企业	**10582.1**	**109054.4**	**2661969.0**	**90456.9**	**18901.5**	**2353648.8**
国有企业		1348.4	26469.7	7047.6	3212.3	29284.3
集体企业		22.1	52112.3	75.4	1.1	43028.0
股份合作企业		1.4	4223.2	22.8		2936.4
联营企业			976.6	65.5		991.4
国有联营企业			560.7	17.2		558.3
集体联营企业			874.8			874.8
国有与集体联营企业			-575.1	30.3		-561.2
其他联营企业			116.2	18.0		119.5
有限责任公司	10599.0	32699.3	648688.6	36185.2	4684.7	597201.1
国有独资公司			23721.9	361.9		23472.4
其他有限责任公司	10599.0	32699.3	624966.7	35823.3	4684.7	573728.7
股份有限公司	-46.8	16593.4	313010.5	8781.3	2707.2	289936.3
私营企业	29.9	58362.3	1515056.3	37660.1	7896.6	1303543.2
私营独资企业	10.7	239.1	152038.0	947.3	32.3	103060.8
私营合伙企业			6150.9			4985.3
私营有限责任公司	19.2	17740.1	1230794.8	35553.4	7707.5	1080936.0
私营股份有限公司		40383.1	126072.6	1159.4	156.8	114561.1
其他企业		27.5	101431.8	619.0	399.6	86728.1
港、澳、台商投资企业		**3669.5**	**186650.8**	**7238.4**	**1104.5**	**123004.5**
合资经营企业			32839.2	469.3	71.8	29514.6
合作经营企业			164.5	90.0		254.5
独资经营企业		3669.5	152521.6	6666.6	1032.7	92142.7
投资股份有限公司			1125.5	12.5		1092.7
其他港澳台商投资企业						
外商投资企业		**9291.9**	**203672.7**	**11878.0**	**3067.8**	**197810.1**
中外合资经营企业		81.9	102394.2	8516.9	1242.8	105840.5
中外合作经营企业			-3252.6	33.1		-3279.8
外资企业		7671.8	104612.2	3297.8	1825.0	93775.9
外商投资股份有限公司		1538.2	-81.1	30.2		1473.5
其他外商投资企业						

1-B-6　续表 7

单位：万元

项　　目	人工成本及增值税			亏损企业数（个）	亏损总额
	应交所得税	应付职工薪酬（本年贷方累计发生额）	应交增值税		
总　　计	**495689.5**	**2443261.8**	**1797963.7**	**1252**	**522923.7**
内资企业	**400320.6**	**1926761.1**	**1597056.9**	**1194**	**374389.8**
国有企业	5942.2	24449.1	49682.1	12	1893.9
集体企业	7983.6	19522.3	10338.6	6	256.6
股份合作企业	225.5	1629.9	530.0	1	330.6
联营企业	408.6	3156.9	798.7	1	659.5
国有联营企业	139.6	539.7	45.1		
集体联营企业	217.9	606.1	132.5		
国有与集体联营企业	4.3	699.9	95.5	1	659.5
其他联营企业	46.8	1311.2	525.6		
有限责任公司	123722.2	643660.5	559062.3	351	147048.4
国有独资公司	1615.5	20010.6	10904.2	7	1834.5
其他有限责任公司	122106.7	623649.9	548158.1	344	145213.9
股份有限公司	48367.3	245696.0	268439.7	38	56866.8
私营企业	208026.0	947566.2	695986.3	777	167024.2
私营独资企业	12155.0	50861.2	31426.7	11	1952.1
私营合伙企业	864.9	2408.2	2593.0	1	18.7
私营有限责任公司	181426.6	853814.2	636577.9	720	156825.2
私营股份有限公司	13579.5	40482.6	25388.7	45	8228.2
其他企业	5645.2	41080.2	12219.2	8	309.8
港、澳、台商投资企业	**39886.4**	**236468.3**	**98535.6**	**22**	**52654.3**
合资经营企业	3956.7	20015.6	14563.5	4	4459.6
合作经营企业	26.0	57.2	271.5	1	115.1
独资经营企业	34770.8	214238.1	83035.4	17	48079.6
投资股份有限公司	1132.9	2157.4	665.2		
其他港澳台商投资企业					
外商投资企业	**55482.5**	**280032.4**	**102371.2**	**36**	**95879.6**
中外合资经营企业	30746.3	145832.4	57422.3	6	14616.0
中外合作经营企业		6165.8		1	3279.8
外资企业	24538.6	125524.5	44479.5	28	77802.6
外商投资股份有限公司	197.6	2509.7	469.4	1	181.2
其他外商投资企业					

1-B-7 按行业中类分全部批发和零售业法人财务状况

单位：万元

行业	营业收入	#主营业务收入	营业税金及附加其他业务	#主营业务税金及附加其他业务	资产合计	实收资本
总计	**612710742.7**	**608717115.2**	**3604378.2**	**3502804.2**	**292096525.2**	**70592286.3**
批发业	**511253672.8**	**508658367.2**	**2789477.5**	**2734267.2**	**230269844.4**	**54810779.1**
农、林、牧产品批发	13338874.8	13282101.8	112050.7	109130.2	8422780.1	2728590.4
食品、饮料及烟草制品批发	31913236.3	31776602.8	609375.8	605555.3	21487376.1	3934680.3
纺织、服装及家庭用品批发	76124349.5	75174039.0	402939.9	390085.0	42831382.6	7903498.0
文化、体育用品及器材批发	6958419.7	6814228.1	56488.5	55465.5	5371778.3	1567152.5
医药及医疗器材批发	11348875.4	11247844.7	79916.5	73726.8	6755385.5	1334068.6
矿产品、建材及化工产品批发	291321344.0	290518268.4	842204.0	827780.2	97605281.9	23381183.2
机械设备、五金产品及电子产品批发	56616944.7	56351037.4	484588.0	470324.7	33814222.5	9425997.8
贸易经纪与代理	7688452.4	7667114.7	67729.3	69820.4	4625537.1	1399086.9
其他批发业	15943176.1	15827130.2	134184.7	132379.1	9356100.2	3136521.5
零售业	**101457069.9**	**100058748.0**	**814900.7**	**768537.0**	**61826680.7**	**15781507.2**
综合零售	22834690.5	22141976.2	202929.3	187137.7	15051324.3	2883998.1
食品、饮料及烟草制品专门零售	4807074.4	4776710.9	69643.4	67586.2	3223447.0	1246304.3
纺织、服装及日用品专门零售	4373764.8	4274329.7	62744.1	60290.2	3425922.0	1157279.2
文化、体育用品及器材专门零售	4359711.0	4319001.8	65094.6	63331.5	2787720.3	855318.4
医药及医疗器材专门零售	6787975.2	6758763.5	40232.9	39308.9	3598593.3	670605.3
汽车、摩托车、燃料及零配件专门零售	39348788.8	39101460.2	168845.8	150231.4	16313218.0	3797940.2
家用电器及电子产品专门零售	9221222.5	9055352.7	86141.7	83689.7	7747543.6	2604089.6
五金、家具及室内装饰材料专门零售	6268061.6	6212879.3	81615.9	80477.1	7015981.8	1652083.4
货摊、无店铺及其他零售业	3455781.2	3418273.7	37653.2	36484.3	2662930.6	913888.8

1-B-8 按行业中类分限额以上批发和零售业法人财务状况

单位：万元

行业	年初存货	期末资产负债				
		流动资产合计	#应收账款	#存货	固定资产合计	固定资产原价
总计	**22040091.4**	**127676091.7**	**29912030.1**	**22402753.2**	**14312744.8**	**19799181.1**
批发业	**15964061.5**	**101165595.1**	**26487875.4**	**16084900.1**	**7408935.0**	**10245837.4**
农、林、牧产品批发	776106.9	2355259.1	440307.0	836878.9	461346.8	609094.0
食品、饮料及烟草制品批发	1028703.9	8703614.8	713689.8	1125223.8	1113480.8	1554097.4
纺织、服装及家庭用品批发	4089435.3	21395336.8	6203334.8	4049034.8	1020385.8	1500020.8
文化、体育用品及器材批发	636966.1	2323040.4	466668.4	625190.1	187448.4	289245.6
医药及医疗器材批发	586303.2	4376926.8	1758588.0	761873.8	229173.2	328884.6
矿产品、建材及化工产品批发	6585725.4	47572743.6	12105952.1	6467502.5	3191174.3	4388897.1
机械设备、五金产品及电子产品批发	1872452.3	11214285.2	3657513.4	1884373.2	887597.2	1144291.9
贸易经纪与代理	56657.3	743623.9	214059.9	53987.0	47625.2	64853.5
其他批发业	331711.1	2480764.5	927762.0	280836.0	270703.3	366452.5
零售业	**6076029.9**	**26510496.6**	**3424154.7**	**6317853.1**	**6903809.8**	**9553343.7**
综合零售	1508753.2	8076266.7	283069.1	1571061.8	2678361.4	3946447.2
食品、饮料及烟草制品专门零售	238309.0	785706.0	135204.9	204359.8	350978.4	433993.6
纺织、服装及日用品专门零售	295577.6	879532.0	113309.7	294233.5	218850.6	278302.5
文化、体育用品及器材专门零售	519884.0	1174078.3	139613.8	479787.5	219577.7	344487.5
医药及医疗器材专门零售	424313.4	2538603.9	1168684.7	498976.7	181889.2	267633.2
汽车、摩托车、燃料及零配件专门零售	2354087.7	8268021.8	787308.0	2613749.6	2064587.6	2763051.7
家用电器及电子产品专门零售	468469.7	2862152.9	347136.9	453189.2	560986.3	717645.2
五金、家具及室内装饰材料专门零售	215430.4	1165505.2	275953.1	145916.2	412719.3	531376.3
货摊、无店铺及其他零售业	51204.9	760629.8	173874.5	56578.8	215859.3	270406.5

1-B-8　续表 1　　单位：万元

行　　业	累计折旧	#本年折旧	在建工程	资产总计	流动负债合计	#应付账款
总　计	**6092819.7**	**1457610.7**	**1722018.0**	**166942639.7**	**115498734.7**	**30876288.4**
批发业	**3187380.4**	**733859.9**	**1169135.4**	**124659985.9**	**87620056.6**	**23880065.7**
农、林、牧产品批发	162195.2	40783.9	41781.3	3166077.1	2093311.9	433381.2
食品、饮料及烟草制品批发	464234.9	91044.2	59183.4	10699410.1	4143407.9	735710.0
纺织、服装及家庭用品批发	497132.8	106024.6	49267.4	25831050.7	18479740.2	4781389.3
文化、体育用品及器材批发	105176.6	16210.1	116677.9	3165936.5	1606687.3	511857.1
医药及医疗器材批发	111769.9	34417.2	103809.9	5125485.3	4021490.1	1897182.2
矿产品、建材及化工产品批发	1403087.8	340004.6	599839.1	59060054.2	45216127.4	11457775.9
机械设备、五金产品及电子产品批发	327176.2	72712.6	186739.3	13445620.2	9142860.8	3157966.6
贸易经纪与代理	18108.3	4343.5	2028.0	970721.2	645075.5	190210.1
其他批发业	98498.7	28319.2	9809.1	3195630.6	2271355.5	714593.3
零售业	**2905439.3**	**723750.8**	**552882.6**	**42282653.8**	**27878678.1**	**6996222.7**
综合零售	1358577.0	279822.8	139582.5	13064983.0	9239647.7	2433935.9
食品、饮料及烟草制品专门零售	90422.5	25657.0	22254.0	1357044.6	648690.7	122873.6
纺织、服装及日用品专门零售	65434.1	21357.1	15952.8	1470143.7	794754.8	296322.9
文化、体育用品及器材专门零售	143824.2	20762.2	54486.8	1588178.9	930925.1	337652.2
医药及医疗器材专门零售	92149.1	20446.9	16835.5	2897568.2	2252538.1	1049906.0
汽车、摩托车、燃料及零配件专门零售	809656.9	225010.8	231658.7	12909197.9	9197846.1	994686.7
家用电器及电子产品专门零售	160362.2	83565.1	14296.7	5160318.7	2509936.0	1297039.6
五金、家具及室内装饰材料专门零售	125282.2	31978.6	18045.1	2766389.9	1688665.6	130844.5
货摊、无店铺及其他零售业	59731.1	15150.3	39770.5	1068828.9	615674.0	332961.3

1-B-8　续表 2　　单位：万元

行　　业	非流动负债合计	负债合计	所有者权益合计	#实收资本	国家资本	集体资本
总　计	**6419801.5**	**122990522.6**	**45075184.2**	**23053464.9**	**2448231.8**	**454991.8**
批发业	**3991278.5**	**92466299.2**	**32976227.7**	**15484872.9**	**1902916.6**	**323945.6**
农、林、牧产品批发	186360.2	2313983.3	852093.8	498273.5	141032.6	36341.7
食品、饮料及烟草制品批发	296488.6	4799320.7	5900089.4	806607.1	266455.1	28942.3
纺织、服装及家庭用品批发	766954.9	19420343.2	6410707.5	2304820.9	376470.0	50469.7
文化、体育用品及器材批发	128666.9	1678014.4	1487922.1	608232.8	272436.5	1545.0
医药及医疗器材批发	102376.1	4160833.3	964652.0	684270.1	68054.4	15608.7
矿产品、建材及化工产品批发	1600800.7	47117081.3	12725174.9	8457600.5	632279.4	156550.6
机械设备、五金产品及电子产品批发	765054.8	9906263.3	3539356.9	1405408.5	98360.7	10251.6
贸易经纪与代理	9810.5	658525.0	312196.2	147372.4	36566.7	540.0
其他批发业	134765.8	2411934.7	784034.9	572287.1	11261.2	23696.0
零售业	**2428523.0**	**30524223.4**	**12098956.5**	**7568592.0**	**545315.2**	**131046.2**
综合零售	703658.1	9970138.9	3094844.1	1921552.0	60921.2	64953.0
食品、饮料及烟草制品专门零售	38334.5	698055.3	658989.3	370136.5	26071.7	26232.9
纺织、服装及日用品专门零售	71875.2	883129.4	587014.3	307118.9	14592.0	4816.1
文化、体育用品及器材专门零售	122057.3	1043547.8	544631.1	250397.8	30092.5	3048.5
医药及医疗器材专门零售	31517.1	2288918.3	608649.9	322999.3	94208.1	2868.6
汽车、摩托车、燃料及零配件专门零售	343847.1	9655957.0	3593766.9	2419851.8	272771.5	19886.2
家用电器及电子产品专门零售	897158.0	3417633.3	1742685.5	1395209.7	5232.5	948.1
五金、家具及室内装饰材料专门零售	126501.2	1837488.7	928901.2	368772.7	20629.2	7159.4
货摊、无店铺及其他零售业	93574.5	729354.7	339474.2	212553.3	20796.5	1133.4

1-B-8 续表 3 单位：万元

行业	法人资本	个人资本	港澳台资本	外商资本	损益及分配 营业收入	#主营业务收入
总　计	**5835401.5**	**11105095.6**	**1822895.6**	**1386848.6**	**405366287.9**	**402423624.5**
批发业	**3470539.4**	**7943090.2**	**1131243.4**	**713137.7**	**322174908.2**	**320491608.4**
农、林、牧产品批发	77122.9	238253.4	5522.9		6399136.2	6381223.8
食品、饮料及烟草制品批发	114353.3	344630.6	44468.5	7757.3	20091094.1	20028551.7
纺织、服装及家庭用品批发	412818.7	961249.4	435258.9	68554.2	49957687.1	49251327.3
文化、体育用品及器材批发	72070.4	112810.0	70758.1	78612.8	3901569.8	3775599.1
医药及医疗器材批发	213416.2	206026.5	38724.8	142439.5	8739232.9	8653152.7
矿产品、建材及化工产品批发	1865124.3	5137599.0	352636.3	313410.9	195688723.1	195167478.4
机械设备、五金产品及电子产品批发	542414.1	584551.7	81003.3	88827.1	25961130.4	25887841.0
贸易经纪与代理	41343.0	68722.7	50.0	150.0	2988244.6	2985702.7
其他批发业	131876.5	289246.9	102820.6	13385.9	8448090.0	8360731.7
零售业	**2364862.1**	**3162005.4**	**691652.2**	**673710.9**	**83191379.7**	**81932016.1**
综合零售	486107.2	572943.3	324958.1	411669.2	20927586.5	20250289.6
食品、饮料及烟草制品专门零售	72176.6	240215.8	5419.5	20.0	2964809.2	2949567.2
纺织、服装及日用品专门零售	45295.5	134365.5	105808.6	2241.2	2258616.9	2167437.5
文化、体育用品及器材专门零售	58946.3	143442.9	570.0	14297.6	3057598.8	3025025.9
医药及医疗器材专门零售	101467.7	122800.3	1125.0	529.6	5882018.8	5859834.3
汽车、摩托车、燃料及零配件专门零售	640891.6	1298912.8	110108.0	77281.7	35776719.0	35555399.0
家用电器及电子产品专门零售	822804.4	323683.5	130825.0	111716.2	6441113.9	6307013.9
五金、家具及室内装饰材料专门零售	64419.7	220255.7	8466.1	47842.6	4104802.2	4064760.1
货摊、无店铺及其他零售业	72753.1	105385.6	4371.9	8112.8	1778114.4	1752688.6

1-B-8 续表 4 单位：万元

行业	营业成本	#主营业务成本	营业税金及附加	#主营业务税金及附加	其他业务利润	销售费用
总　计	**368674809.7**	**366956163.8**	**1491439.7**	**1433362.5**	**1225763.7**	**10896837.2**
批发业	**296428776.0**	**295079012.2**	**1016354.3**	**996579.2**	**447917.6**	**6686565.6**
农、林、牧产品批发	5674680.3	5660487.8	25390.7	23793.6	5865.8	145391.1
食品、饮料及烟草制品批发	16191053.5	16157390.5	459434.3	458005.0	20464.3	690626.1
纺织、服装及家庭用品批发	44272141.3	43720064.9	97774.1	93876.9	65441.9	1945990.9
文化、体育用品及器材批发	3465432.7	3342877.0	14072.2	13764.6	3021.5	180308.4
医药及医疗器材批发	7366294.9	7355490.0	31783.3	27024.9	140857.6	890947.4
矿产品、建材及化工产品批发	185093240.2	184611146.4	270130.7	265401.1	152087.2	2105382.1
机械设备、五金产品及电子产品批发	23787937.0	23740831.8	67841.7	65699.3	50973.7	588578.8
贸易经纪与代理	2755515.1	2754863.3	4264.7	4109.6	3132.5	45258.8
其他批发业	7822481.0	7735860.5	45662.6	44904.2	6073.1	94082.0
零售业	**72246033.7**	**71877151.6**	**475085.4**	**436783.3**	**777846.1**	**4210271.6**
综合零售	17201645.1	17135669.4	166843.3	151726.4	463408.5	1644343.5
食品、饮料及烟草制品专门零售	2300745.0	2293279.7	32208.8	31553.1	7768.3	158390.0
纺织、服装及日用品专门零售	1730393.3	1650522.0	21313.7	19960.4	44029.1	241586.5
文化、体育用品及器材专门零售	2528930.8	2522702.4	35715.0	34719.1	25312.6	204513.3
医药及医疗器材专门零售	5285917.5	5277726.6	18015.9	17905.3	14625.1	241239.6
汽车、摩托车、燃料及零配件专门零售	32792830.9	32680206.0	122116.6	104369.7	131014.0	1022058.9
家用电器及电子产品专门零售	5491577.8	5454192.0	33908.3	32718.0	75782.5	441718.6
五金、家具及室内装饰材料专门零售	3429642.4	3388885.0	35465.4	34997.8	6715.0	165574.3
货摊、无店铺及其他零售业	1484350.9	1473968.5	9498.4	8833.5	9191.0	90846.9

1-B-8　续表 5　　单位：万元

行　　业	管理费用	#税金	财务费用	#利息收入	#利息支出	资产减值损　失
总　计	**6901815.4**	**266305.1**	**1979137.1**	**508132.7**	**1563779.4**	**-74253.0**
批发业	**4295615.3**	**169798.5**	**1346922.9**	**413998.2**	**1179388.0**	**-76998.4**
农、林、牧产品批发	123344.9	4758.7	62456.1	5160.6	40314.6	-406.5
食品、饮料及烟草制品批发	519657.2	26035.6	-19507.9	87569.9	43223.9	1684.2
纺织、服装及家庭用品批发	1292716.8	20983.5	160929.6	105667.8	179971.8	37137.7
文化、体育用品及器材批发	98368.6	2998.1	7467.5	20755.6	16584.4	1407.9
医药及医疗器材批发	196246.5	4702.6	45671.2	3793.1	56328.2	-118.1
矿产品、建材及化工产品批发	1458891.1	76875.1	839634.8	135125.9	641776.0	-121511.3
机械设备、五金产品及电子产品批发	481048.0	25970.5	166873.7	43320.1	154363.4	3850.0
贸易经纪与代理	32592.9	1232.2	17370.9	4419.1	13147.5	286.0
其他批发业	92749.3	6242.2	66027.0	8186.1	33678.2	671.7
零售业	**2606200.1**	**96506.6**	**632214.2**	**94134.5**	**384391.4**	**2745.4**
综合零售	989492.3	31582.4	82009.6	42337.3	61962.1	-6696.2
食品、饮料及烟草制品专门零售	121513.4	3210.0	32509.4	2293.4	12586.0	98.8
纺织、服装及日用品专门零售	107093.8	4208.6	22982.5	761.6	8191.4	172.6
文化、体育用品及器材专门零售	131066.4	6008.2	20313.6	2681.1	9446.9	2528.5
医药及医疗器材专门零售	143439.5	4305.5	42146.7	2543.2	31921.1	888.5
汽车、摩托车、燃料及零配件专门零售	682041.6	28805.1	334848.3	22176.6	232040.8	2838.6
家用电器及电子产品专门零售	222899.8	9007.5	34404.3	17446.2	14478.3	1530.0
五金、家具及室内装饰材料专门零售	150566.3	7553.3	48492.8	1274.1	10254.5	507.1
货摊、无店铺及其他零售业	58087.0	1826.0	14507.0	2621.0	3510.3	877.5

1-B-8　续表 6　　单位：万元

行　　业	公允价值变动收益（损失以"−"号记）	投资收益（损失以"−"号记）	营业利润	营业外收入	#补贴收入	利润总额
总　计	**43353.3**	**465227.2**	**16012146.2**	**497550.6**	**169648.2**	**14741223.2**
批发业	**32771.2**	**343211.4**	**12959853.7**	**387977.3**	**146574.4**	**12066759.8**
农、林、牧产品批发	44.7	1872.2	373968.0	30863.5	23395.0	370439.1
食品、饮料及烟草制品批发	152.2	21327.5	2274441.8	39783.0	14639.5	2216394.7
纺织、服装及家庭用品批发	7295.5	182128.5	2341857.4	69014.0	36005.7	2309159.1
文化、体育用品及器材批发	5140.3	72806.8	212388.5	11065.2	3687.0	210993.0
医药及医疗器材批发		18795.4	294912.5	24310.4	4078.5	286963.9
矿产品、建材及化工产品批发	15428.8	8018.4	6081967.5	146839.6	30291.1	5376535.8
机械设备、五金产品及电子产品批发	4699.0	28648.9	908210.8	34051.9	10300.7	848113.8
贸易经纪与代理		3353.4	135159.2	1657.5	557.4	132833.0
其他批发业	10.7	6260.3	336948.0	30392.2	23619.5	315327.4
零售业	**10582.1**	**122015.8**	**3052292.5**	**109573.3**	**23073.8**	**2674463.4**
综合零售	-44.6	69165.8	843892.7	38897.8	7042.9	708109.7
食品、饮料及烟草制品专门零售	16.9	4257.6	327354.2	8279.3	5121.8	282919.8
纺织、服装及日用品专门零售	10403.1	2176.4	151586.9	1901.2	328.1	130993.6
文化、体育用品及器材专门零售		5435.4	137681.1	6604.2	1384.5	122888.8
医药及医疗器材专门零售	32.8	10204.4	168004.2	9462.3	167.4	139827.6
汽车、摩托车、燃料及零配件专门零售	162.3	16986.9	865665.8	35130.3	4419.1	789038.6
家用电器及电子产品专门零售	5.5	7247.6	149815.5	265.6	4035.7	120730.7
五金、家具及室内装饰材料专门零售	6.1	5239.4	284897.7	6193.4	28.3	272375.0
货摊、无店铺及其他零售业		1302.3	123394.4	2839.2	546.0	107579.6

1-B-8 续表 7

单位：万元

行业	应交所得税	人工成本及增值税		亏损企业数(个)	亏损总额
		应付职工薪酬(本年贷方累计发生额)	应交增值税		
总　计	**2472609.7**	**5499251.8**	**5801141.3**	**2974**	**1019095.9**
批发业	**1976920.2**	**3055990.0**	**4003177.6**	**1722**	**496172.2**
农、林、牧产品批发	38174.9	100866.8	41684.7	48	9184.4
食品、饮料及烟草制品批发	487786.8	446670.0	1062257.9	73	32450.0
纺织、服装及家庭用品批发	478557.9	758545.0	691039.4	217	53966.4
文化、体育用品及器材批发	24181.6	129548.3	56363.9	32	13447.8
医药及医疗器材批发	69136.5	480744.9	144243.2	38	7913.9
矿产品、建材及化工产品批发	670274.5	752132.4	1386284.1	1037	314360.1
机械设备、五金产品及电子产品批发	144241.7	319310.5	307521.5	180	22605.1
贸易经纪与代理	11385.9	15251.4	27597.1	19	6189.9
其他批发业	53180.4	52920.7	286185.8	78	36054.6
零售业	**495689.5**	**2443261.8**	**1797963.7**	**1252**	**522923.7**
综合零售	176505.8	918547.1	492938.3	210	256905.7
食品、饮料及烟草制品专门零售	38568.3	138714.5	103289.3	74	6980.8
纺织、服装及日用品专门零售	35677.7	137397.9	68882.6	66	23895.5
文化、体育用品及器材专门零售	16602.5	135512.9	75637.8	85	18303.3
医药及医疗器材专门零售	32254.1	137066.4	165112.1	44	4109.2
汽车、摩托车、燃料及零配件专门零售	113625.2	632100.1	672068.1	632	138462.9
家用电器及电子产品专门零售	34880.6	197405.4	118632.1	92	56700.5
五金、家具及室内装饰材料专门零售	36138.4	81024.5	67596.3	31	11060.0
货摊、无店铺及其他零售业	11436.9	65493.0	33807.1	18	6505.8

1-B-9 按经营方式和零售业态分全部零售业法人财务状况

单位：万元

项目	营业收入	#主营业务收入	营业税金及附加其他业务	#主营业务税金及附加其他业务	资产合计	实收资本
总　计	**101457069.9**	**100058748.0**	**814900.7**	**768537.0**	**61826680.7**	**15781507.2**
按经营方式分组						
独立门店	72863980.2	71930872.8	653428.9	614864.8	42079660.8	11093381.2
连锁总店	11372679.3	11085821.9	43980.3	43390.7	7904710.8	1598315.1
连锁门店	5830321.8	5722181.5	27220.5	25533.9	2576427.2	491657.0
其他	11390088.5	11319871.9	90271.0	84747.6	9265881.9	2598153.9
按零售业态分组						
有店铺零售	99629832.4	98241905.1	805980.2	760053.4	60863854.8	15460209.2
食杂店	403974.1	401952.6	5800.8	5707.3	275911.6	115594.8
便利店	1136350.2	1132013.7	12912.3	12817.3	756221.3	316940.5
折扣店	51316.8	49914.6	501.5	422.8	20705.8	6677.1
超市	2185322.2	2155182.9	22973.6	21997.7	1218496.1	362895.1
大型超市	9960591.7	9668461.4	40467.7	39676.2	4784020.5	612907.6
仓储会员店	152822.4	152617.4	856.9	850.3	116465.5	26582.2
百货店	11481402.7	11110855.8	151111.8	135499.3	9898501.3	2075318.8
专业店	44073292.9	43694020.8	360217.2	340436.6	25153892.1	7402901.9
专卖店	24720004.5	24543294.6	160923.8	153517.7	12895135.8	3160714.1
家居建材商店	2243411.4	2206230.4	26029.9	25855.2	2276671.5	463592.6
购物中心	808541.9	722733.6	5976.0	5489.6	466285.7	118523.6
厂家直销中心	2412801.5	2404627.3	18208.6	17783.3	3001547.6	797561.1
无店铺零售	1827237.5	1816842.9	8920.6	8483.7	962825.9	321298.0
电视购物	271696.8	268334.9	1315.6	1262.1	109806.6	45386.0
邮购	43005.7	42859.6	455.0	438.1	27474.6	17420.3
网上商店	1274761.0	1271060.6	4790.3	4763.6	535264.1	133641.7
自动售货亭	12093.4	11894.6	116.1	114.1	10754.1	4110.1
电话购物	225680.7	222693.2	2243.6	1905.7	279526.6	120739.8

1-B-10　按经营方式和零售业态分限额以上零售业法人财务状况

单位：万元

项　目	年初存货	期末资产负债				
		流动资产合计	#应收账款	#存货	固定资产合计	固定资产原价
总　计	**6076029.9**	**26510496.6**	**3424154.7**	**6317853.1**	**6903809.8**	**9553343.7**
按经营方式分组						
独立门店	4202679.5	17624698.1	2147555.2	4321059.6	5039314.4	6862463.7
连锁总店	865008.8	4669902.4	172889.0	1010068.4	960586.4	1407271.5
连锁门店	338950.7	1326555.8	197930.0	329301.6	401238.5	578463.0
其他	669390.9	2889340.3	905780.5	657423.5	502670.5	705145.5
按零售业态分组						
有店铺零售	6040204.8	26034234.6	3304237.6	6280725.1	6876392.8	9516494.3
食杂店	4394.4	27319.6	4360.6	5155.5	25487.2	32071.0
便利店	27619.9	97286.6	12550.8	31805.2	60902.3	49810.6
折扣店	12687.4	8442.7	610.3	2323.3	638.4	775.4
超市	163229.3	511597.5	63003.8	197288.8	173588.2	247842.0
大型超市	760642.6	3355591.8	88350.2	828702.4	817423.8	1302521.2
仓储会员店	9972.9	69024.3	39912.2	12241.1	4919.6	8868.8
百货店	679416.0	4475431.6	166189.3	653516.6	1768112.6	2481517.8
专业店	2353803.6	9872265.5	1894621.1	2354173.9	2566776.3	3451189.4
专卖店	1816458.8	6227243.8	779955.7	2037593.6	1134752.5	1526995.4
家居建材商店	82964.5	506304.5	35514.6	35116.5	197830.6	256767.7
购物中心	18690.9	281208.0	21077.8	15145.5	13386.4	22331.5
厂家直销中心	110324.5	602518.7	198091.2	107662.7	112574.9	135803.5
无店铺零售	35825.1	476262.0	119917.1	37128.0	27417.0	36849.4
电视购物	5765.9	87517.2	14854.8	3725.5	2234.1	4742.3
邮购	456.6	5544.7	2439.0	1044.3	378.2	549.1
网上商店	23014.0	360360.8	98217.2	25336.3	16143.1	17945.2
自动售货亭	680.2	957.4	224.1	326.3	2936.4	3935.8
电话购物	5908.4	21881.9	4182.0	6695.6	5725.2	9677.0

1-B-10 续表 1

单位：万元

项目	累计折旧	#本年折旧	在建工程	资产总计	流动负债合计	#应付账款
总计	**2905439.3**	**723750.8**	**552882.6**	**42282653.8**	**27878678.1**	**6996222.7**
按经营方式分组						
独立门店	2044340.3	488559.6	423917.0	28471943.8	18809232.4	3515019.7
连锁总店	447439.0	147612.5	14033.2	7670683.8	4949217.7	2089204.3
连锁门店	202741.0	41294.9	39631.7	2257556.0	1664572.7	410637.0
其他	210919.0	46283.8	75300.7	3882470.2	2455655.3	981361.7
按零售业态分组						
有店铺零售	2895974.3	720799.8	549152.6	41757668.0	27485579.4	6719261.8
食杂店	7229.5	2262.1	519.1	62426.5	31834.3	4786.4
便利店	16577.4	3865.4	4298.6	171227.2	109603.5	47257.9
折扣店	423.1	174.9		9481.4	6931.7	4729.5
超市	84729.4	24844.6	10044.2	799226.1	704946.2	271816.2
大型超市	495318.1	130533.8	24226.2	4666805.5	4157803.9	1152020.9
仓储会员店	3949.2	431.9	1108.0	77390.3	64585.2	25759.5
百货店	801319.9	128232.4	120922.4	7996460.9	4558080.6	1063584.1
专业店	958427.0	273934.3	238860.2	16592466.6	10017263.0	2915402.6
专卖店	434152.2	130404.9	141747.7	8538353.4	6102603.6	986363.3
家居建材商店	60039.8	16306.1	573.7	1646748.7	1030373.7	32299.1
购物中心	9478.5	2393.7	337.0	428603.3	210480.7	55584.0
厂家直销中心	24330.2	7415.7	6515.5	768478.1	491073.0	159658.3
无店铺零售	9465.0	2951.0	3730.0	524985.8	393098.7	276960.9
电视购物	2508.2	807.5	330.5	93103.0	45643.0	21731.8
邮购	170.9	19.6	12.7	6817.3	5171.6	872.6
网上商店	1822.4	953.2	3359.4	391405.8	325630.7	246548.4
自动售货亭	1009.3	320.5	9.9	4792.7	1770.8	1411.7
电话购物	3954.2	850.2	17.5	28867.0	14882.6	6396.4

1-B-10　续表 2　　　　单位：万元

项　目	非流动负债合计	负债合计	所有者权益合计	#实收资本		
					国家资本	集体资本
总　计	**2428523.0**	**30524223.4**	**12098956.5**	**7568592.0**	**545315.2**	**131046.2**
按经营方式分组						
独立门店	1322304.6	20365446.1	8489275.0	5001289.1	400958.5	82809.3
连锁总店	840972.6	5792103.4	1878580.4	1501938.9	25087.0	25578.5
连锁门店	102135.6	1772521.1	442783.6	353671.1	15014.2	8064.4
其他	163110.2	2594152.8	1288317.5	711692.9	104255.5	14594.0
按零售业态分组						
有店铺零售	2421373.4	30123922.4	11974271.7	7484452.8	528235.2	130046.2
食杂店	2135.9	34411.9	28014.6	19832.0	351.0	50.0
便利店	16624.7	130423.7	40803.5	21678.2	345.0	1474.0
折扣店		7515.7	1965.7	880.0		
超市	10485.4	720246.2	78979.9	158824.8	12607.6	5434.7
大型超市	108960.9	4233271.9	433533.6	583095.4	2850.0	21882.0
仓储会员店	395.6	64980.7	12409.6	9949.1		
百货店	603464.8	5218421.0	2778039.9	1253282.4	45510.5	37832.8
专业店	1380735.8	11466162.5	5466830.2	3521280.0	411593.2	34088.5
专卖店	179896.2	6376482.7	2161870.7	1482032.3	49933.8	20649.6
家居建材商店	52522.2	1103274.3	543474.4	165103.9	350.0	1200.0
购物中心	54213.0	264693.7	163909.6	103054.4	261.4	223.6
厂家直销中心	11938.9	504038.1	264440.0	165440.3	4432.7	7211.0
无店铺零售	7149.6	400301.0	124684.8	84139.2	17080.0	1000.0
电视购物		45643.2	47459.8	25650.0	16580.0	
邮购		5171.6	1645.7	800.0		
网上商店	6233.0	331916.2	59489.6	48873.7	200.0	1000.0
自动售货亭	916.6	2687.4	2105.3	2140.0		
电话购物		14882.6	13984.4	6675.5	300.0	

1-B-10 续表 3　　单位：万元

项目					损益及分配	
	法人资本	个人资本	港澳台资本	外商资本	营业收入	#主营业务收入
总　　计	**2364862.1**	**3162005.4**	**691652.2**	**673710.9**	**83191379.7**	**81932016.1**
按经营方式分组						
独立门店	1112798.3	2618943.8	451874.0	333905.2	58315627.5	57493439.1
连锁总店	907535.4	103431.2	186805.9	253500.9	10870479.3	10585892.8
连锁门店	154869.8	141877.7	8646.0	25199.0	5470535.6	5364153.8
其他	189658.6	297752.7	44326.3	61105.8	8534737.3	8488530.4
按零售业态分组						
有店铺零售	2322685.5	3141012.7	691449.5	671023.7	82064202.9	80810832.8
食杂店	3220.0	16191.0		20.0	147542.2	147342.2
便利店	2026.5	12412.0		5420.7	468486.1	467429.9
折扣店	594.0	286.0			37305.2	35956.9
超市	35500.9	91117.6	7728.9	6435.1	1720324.0	1683723.5
大型超市	79476.2	63400.7	223117.9	192368.6	9911836.9	9621339.8
仓储会员店	3929.5	3019.6		3000.0	103825.8	103658.7
百货店	378067.8	456822.1	124623.2	210426.0	9753703.7	9396343.2
专业店	1306000.7	1363175.7	225379.9	181042.0	35011984.0	34710132.5
专卖店	402144.2	926825.1	60616.5	21863.1	20745100.3	20602933.1
家居建材商店	23797.0	86316.2	6622.1	46818.6	1669404.4	1635330.2
购物中心	24721.3	34931.1	41517.0	1400.0	758367.2	672570.1
厂家直销中心	63207.4	86515.6	1844.0	2229.6	1736323.1	1734072.7
无店铺零售	42176.6	20992.7	202.7	2687.2	1127176.8	1121183.3
电视购物	8050.0	1020.0			263818.3	260526.7
邮购	255.0	545.0			22940.2	22852.1
网上商店	33114.1	11669.7	202.7	2687.2	791271.5	788865.9
自动售货亭		2140.0			8164.5	7965.7
电话购物	757.5	5618.0			40982.3	40972.9

1-B-10　续表 4　　　　单位：万元

项　　目	营业成本	#主营业务成　　本	营业税金及 附 加	#主营业务税金及附加	其他业务利　　润	销售费用
总　　计	**72246033.7**	**71877151.6**	**475085.4**	**436783.3**	**777846.1**	**4210271.6**
按经营方式分组						
独立门店	50824670.3	50523310.9	372371.3	340417.3	566432.6	2397793.6
连锁总店	9267586.5	9255935.3	39390.0	38855.9	126747.0	961614.5
连锁门店	4719036.0	4687786.0	19956.6	18387.7	58396.2	444420.3
其他	7434740.9	7410119.4	43367.5	39122.4	26270.3	406443.2
按零售业态分组						
有店铺零售	71272400.4	70904083.3	472053.8	433820.7	773854.3	4113987.5
食杂店	122971.5	122721.4	1053.4	1051.2	1403.3	6371.3
便利店	410754.1	409919.5	2209.4	2206.4	3179.2	36579.2
折扣店	32404.2	32404.2	143.7	70.3	1299.3	2323.1
超市	1440840.5	1436287.5	11039.5	10223.9	45239.3	182798.5
大型超市	8316157.3	8299824.6	40154.0	39441.1	132773.9	984822.5
仓储会员店	93393.5	93202.3	229.3	223.0	698.3	6324.0
百货店	7788594.0	7742350.9	120421.6	105854.7	286151.3	521916.5
专业店	30969790.8	30827023.4	176703.4	160731.6	162562.7	1461233.1
专卖店	18610581.4	18563509.1	92000.3	86761.1	96934.1	720875.1
家居建材商店	1412969.7	1376469.3	14425.7	14314.9	5439.9	69377.3
购物中心	617739.4	545347.1	5056.7	4574.9	37307.0	72213.4
厂家直销中心	1456204.0	1455024.0	8616.8	8367.6	866.0	49153.5
无店铺零售	973633.3	973068.3	3031.6	2962.6	3991.8	96284.1
电视购物	219234.9	218735.4	1030.8	977.8		35534.9
邮购	10474.8	10415.3	239.1	239.1		10558.1
网上商店	705384.6	705384.6	1577.7	1577.7	2827.7	44069.7
自动售货亭	6068.0	6062.0	34.4	32.4	198.9	1366.1
电话购物	32471.0	32471.0	149.6	135.6	965.2	4755.3

1-B-10 续表 5

单位：万元

项目	管理费用	#税金	财务费用	#利息收入	#利息支出	资产减值损失
总计	**2606200.1**	**96506.6**	**632214.2**	**94134.5**	**384391.4**	**2745.4**
按经营方式分组						
独立门店	1773961.1	77016.5	549678.9	32581.3	325151.3	-3607.9
连锁总店	501127.1	9063.0	9033.1	53589.9	23326.0	4635.1
连锁门店	97818.4	4584.5	18742.7	3899.8	13413.5	1273.3
其他	233293.5	5842.6	54759.5	4063.5	22500.6	444.9
按零售业态分组						
有店铺零售	2572477.2	96217.4	630887.2	93705.7	383418.6	2318.4
食杂店	7028.4	185.9	1544.8	18.3	1072.2	
便利店	9696.0	360.3	3460.6	335.6	1731.7	
折扣店	1490.8	9.5	337.0	0.3	66.6	
超市	64348.4	3048.9	10879.2	999.9	5040.9	782.7
大型超市	421022.9	6124.3	1712.0	25367.7	17839.6	2436.2
仓储会员店	2663.8	74.1	597.4	12.4	30.8	47.0
百货店	529439.2	23203.7	74294.6	16386.5	41608.1	-9693.3
专业店	911129.2	40898.4	249324.2	34357.3	146235.0	7152.7
专卖店	498680.2	16096.6	228243.7	13431.1	151216.8	1364.7
家居建材商店	61768.5	5160.2	28553.8	176.5	5286.2	72.5
购物中心	19943.0	295.9	8480.8	200.5	4430.7	1.2
厂家直销中心	45266.8	759.6	23459.1	2419.6	8860.0	154.7
无店铺零售	33722.9	289.2	1327.0	428.8	972.8	427.0
电视购物	3881.1	56.8	-237.8	250.4		450.3
邮购	1064.3	5.1	-2.9	4.2	0.1	
网上商店	25359.5	189.3	1052.1	147.5	806.2	-23.3
自动售货亭	399.4	3.6	135.9	0.3	22.6	
电话购物	3018.6	34.4	379.7	26.4	143.9	

1-B-10　续表 6

单位：万元

项　　目	公允价值变动收益(损失以“-”号记)	投资收益(损失以“-”号记)	营业利润	营业外收入	#补贴收入	利润总额
总　　计	**10582.1**	**122015.8**	**3052292.5**	**109573.3**	**23073.8**	**2674463.4**
按经营方式分组						
独立门店	10555.1	59739.8	2407372.6	67865.8	14895.2	2145914.0
连锁总店		50675.5	163063.6	18844.6	5087.9	98048.8
连锁门店	-2.3	1062.8	104367.4	8040.4	711.7	74818.7
其他	29.3	10537.7	377488.9	14822.5	2379.0	355681.9
按零售业态分组						
有店铺零售	10582.1	120967.7	3031688.9	106824.9	22561.7	2654487.2
食杂店		50.9	10077.2	317.3	193.9	10190.4
便利店		229.1	10892.5	1353.1	109.7	9737.8
折扣店			630.8	2.6		630.0
超市	0.1	1797.6	17927.6	8699.4	2488.8	11175.1
大型超市		935.0	185237.6	14439.6	1996.4	110555.4
仓储会员店			700.1	91.0		264.4
百货店	-44.7	66292.6	672944.2	14865.1	2590.4	616498.1
专业店	199.4	27665.1	1217544.6	33024.7	10808.5	1104443.3
专卖店	7.4	16581.0	619607.5	29921.4	3915.7	544973.5
家居建材商店	6.1	4390.1	92370.8	391.1	0.1	86374.2
购物中心	10403.1	1978.7	48884.4	637.6	135.0	46711.8
厂家直销中心	10.7	1047.6	154871.6	3082.0	323.2	112933.2
无店铺零售		1048.1	20603.6	2748.4	512.1	19976.2
电视购物		1051.3	4975.4	954.3		5910.6
邮购			606.8	3.4		454.0
网上商店		6.9	14392.2	1699.8	478.1	12944.0
自动售货亭			168.8	5.4		134.1
电话购物		-10.1	460.4	85.5	34.0	533.5

1-B-10 续表 7

单位：万元

项目	应交所得税	人工成本及增值税		亏损企业数（个）	亏损总额
		应付职工薪酬（本年贷方累计发生额）	应交增值税		
总计	**495689.5**	**2443261.8**	**1797963.7**	**1252**	**522923.7**
按经营方式分组					
独立门店	356547.7	1552319.5	1229877.5	997	294537.7
连锁总店	60880.3	449305.7	252548.9	44	159224.7
连锁门店	14341.6	182531.3	114909.0	88	38169.2
其他	63919.9	259105.3	200628.3	123	30992.1
按零售业态分组					
有店铺零售	494365.0	2391156.1	1766027.1	1235	515884.9
食杂店	2033.1	6832.2	3344.9	6	268.0
便利店	1843.7	19459.9	7276.7	15	1539.7
折扣店	82.2	1072.5	310.9	1	102.5
超市	7563.4	102551.6	97729.2	61	37715.2
大型超市	48674.6	439151.8	162627.6	83	137211.9
仓储会员店	322.6	1601.4	1181.4	2	1043.0
百货店	127060.8	414558.7	242749.8	75	85737.6
专业店	178513.3	824416.1	773022.1	524	141081.9
专卖店	88699.3	461792.6	388598.4	434	95489.9
家居建材商店	16399.0	29577.5	19565.2	11	9499.5
购物中心	12700.7	45315.6	16645.4	9	5404.8
厂家直销中心	10472.3	44826.2	52975.5	14	790.9
无店铺零售	1324.5	52105.7	31936.6	17	7038.8
电视购物	13.6	8659.6	6567.4	1	571.4
邮购	112.0	1949.5	1976.3		
网上商店	983.4	39326.9	20287.4	13	6155.4
自动售货亭		397.5	278.1		
电话购物	215.5	1772.2	2827.4	3	312.0

第二篇

住宿和餐饮业经营及财务状况

2-A-1 按登记注册类型分全部住宿和餐饮业法人主要情况

项目	法人单位数（个）	期末从业人员合计（人）	#女性	床位数（个）	餐位数（位）
总计	**11328**	**448227**	**259732**	**496515**	**2270332**
内资企业	**10984**	**361409**	**206428**	**467004**	**2047469**
国有企业	288	24052	13532	39030	93703
集体企业	211	4404	2582	9640	23342
股份合作企业	43	505	295	1119	3217
联营企业	23	482	285	792	1691
国有联营企业	3	257	161	398	900
集体联营企业	7	97	53	65	262
国有与集体联营企业					
其他联营企业	13	128	71	329	529
有限责任公司	1260	83131	45377	108331	379731
国有独资公司	35	4300	2302	5231	18310
其他有限责任公司	1225	78831	43075	103100	361421
股份有限公司	179	12034	6090	15757	65396
私营企业	8621	230056	134309	283684	1442649
私营独资企业	2601	50132	31472	53081	365947
私营合伙企业	252	3859	2109	6455	23185
私营有限责任公司	5495	165134	94623	209016	991283
私营股份有限公司	273	10931	6105	15132	62234
其他企业	359	6745	3958	8651	37740
港、澳、台商投资企业	**155**	**19150**	**10936**	**14798**	**61074**
合资经营企业	49	8290	4430	6797	32633
合作经营企业	3	257	123	140	1320
独资经营企业	99	10560	6358	7759	26775
投资股份有限公司	1	10	5		80
其他港澳台商投资企业	3	33	20	102	266
外商投资企业	**189**	**67668**	**42368**	**14713**	**161789**
中外合资经营企业	39	23695	15339	3990	51056
中外合作经营企业	3	456	281	517	2620
外资企业	131	42458	26135	9142	104260
外商投资股份有限公司	10	831	450	1064	3228
其他外商投资企业	6	228	163		625

2-A-2 按登记注册类型分限额以上住宿和餐饮业法人主要情况

项目	法人单位数(个)	期末从业人员合计(人)	#女性	营业额(万元)	客房收入	餐费收入	商品销售额	其他收入	床位数(个)	餐位数(位)
总计	**3444**	**347014**	**200094**	**6111277**	**1173974**	**4507029**	**167309**	**262964**	**309932**	**1603340**
内资企业	**3278**	**262934**	**148276**	**4892335**	**1050185**	**3449786**	**154363**	**238001**	**284233**	**1398889**
国有企业	152	20389	11424	359569	107456	178598	14673	58842	31068	78798
集体企业	46	3079	1790	52310	15746	32642	1565	2357	5639	13729
股份合作企业	2	103	63	1072	136	907	29		88	680
联营企业	2	198	125	4748	1576	2892	26	254	398	880
国有联营企业	1	130	90	3786	1576	1931	26	254	398	800
集体联营企业	1	68	35	962		962				80
国有与集体联营企业										
其他联营企业										
有限责任公司	643	71328	38510	1259814	372428	774584	33917	78884	88896	314010
国有独资公司	32	4266	2280	61324	19094	35089	1877	5264	5043	18150
其他有限责任公司	611	67062	36230	1198490	353334	739496	32040	73621	83853	295860
股份有限公司	74	10177	5052	209233	50978	112373	26152	19730	11271	53268
私营企业	2325	155527	90114	2976035	495794	2325597	77814	76830	144596	925846
私营独资企业	530	27966	18001	729954	48911	652370	23391	5283	11924	195838
私营合伙企业	36	1747	817	37997	4561	32268	866	301	1846	10496
私营有限责任公司	1662	117405	66737	2072408	407228	1547666	50533	66981	119638	672748
私营股份有限公司	97	8409	4559	135676	35094	93293	3025	4265	11188	46764
其他企业	34	2133	1198	29554	6071	22192	187	1104	2277	11678
港、澳、台商投资企业	**82**	**17838**	**10222**	**256134**	**63315**	**175981**	**5116**	**11722**	**12704**	**51778**
合资经营企业	33	8117	4358	161516	37050	113497	4148	6821	6161	29320
合作经营企业	3	257	123	1843	75	1768			140	1320
独资经营企业	46	9464	5741	92775	26190	60716	968	4901	6403	21138
投资股份有限公司										
其他港澳台商投资企业										
外商投资企业	**84**	**66242**	**41596**	**962809**	**60475**	**881262**	**7831**	**13241**	**12995**	**152673**
中外合资经营企业	22	23435	15212	329029	13882	312331	268	2549	3784	49971
中外合作经营企业	3	456	281	9783	1514	8015	206	47	517	2620
外资企业	53	41581	25685	603001	37260	550717	7083	7941	7630	97044
外商投资股份有限公司	6	770	418	20996	7819	10199	273	2704	1064	3038
其他外商投资企业										

2-A-3　按登记注册类型分全部住宿业法人主要情况

项　　目	法　人 单位数 （个）	期末从业 人员合计 （人）	#女性	床位数 （个）	餐位数 （位）
总　计	**3642**	**150383**	**86990**	**373728**	**590750**
内资企业	**3536**	**135855**	**79069**	**348301**	**542122**
国有企业	194	19778	11116	33754	73269
集体企业	125	2896	1673	8184	12784
股份合作企业	19	127	78	1031	560
联营企业	7	152	100	784	1147
国有联营企业	1	130	90	398	800
集体联营企业	2	9	4	65	60
国有与集体联营企业					
其他联营企业	4	13	6	321	287
有限责任公司	471	39660	21730	76320	145320
国有独资公司	18	2332	1304	3546	7906
其他有限责任公司	453	37328	20426	72774	137414
股份有限公司	75	6880	3332	12645	28567
私营企业	2534	64399	39817	209339	274381
私营独资企业	841	9189	5953	40118	44970
私营合伙企业	93	1202	708	5259	4165
私营有限责任公司	1526	49844	30590	152391	210214
私营股份有限公司	74	4164	2566	11571	15032
其他企业	111	1963	1223	6244	6094
港、澳、台商投资企业	**49**	**7256**	**4097**	**11982**	**24391**
合资经营企业	21	4037	2167	5818	14508
合作经营企业					
独资经营企业	27	3195	1915	6062	9843
投资股份有限公司					
其他港澳台商投资企业	1	24	15	102	40
外商投资企业	**57**	**7272**	**3824**	**13445**	**24237**
中外合资经营企业	15	2006	1118	3399	6802
中外合作经营企业	3	456	281	517	2620
外资企业	36	4098	2034	8465	12377
外商投资股份有限公司	3	712	391	1064	2438
其他外商投资企业					

2-A-4 按登记注册类型分限额以上住宿业法人主要情况

项目	法人单位数(个)	期末从业人员合计(人)	#女性	营业额(万元)	客房收入	餐费收入	商品销售额	其他收入	床位数(个)	餐位数(位)
总计	**1042**	**118483**	**66464**	**2115897**	**870433**	**986966**	**67944**	**190554**	**218249**	**451227**
内资企业	**970**	**104626**	**58910**	**1865744**	**757644**	**869619**	**66113**	**172368**	**196271**	**408993**
国有企业	115	17334	9710	307512	96671	144943	12424	53474	27280	63935
集体企业	28	2283	1296	40442	13637	24159	647	1999	4558	9230
股份合作企业										
联营企业	1	130	90	3786	1576	1931	26	254	398	800
国有联营企业	1	130	90	3786	1576	1931	26	254	398	800
集体联营企业										
国有与集体联营企业										
其他联营企业										
有限责任公司	260	35362	19075	630229	270937	294466	14246	50580	60184	127703
国有独资公司	15	2298	1282	32146	12999	14320	1005	3822	3358	7746
其他有限责任公司	245	33064	17793	598084	257938	280146	13241	46758	56826	119957
股份有限公司	34	6193	2911	138231	44799	50183	24398	18851	9286	24475
私营企业	523	42747	25514	737227	326636	349401	14271	46919	93390	180025
私营独资企业	51	2578	1654	52818	24481	24771	1085	2482	6602	10690
私营合伙企业	6	540	259	11285	1940	9320	3	22	863	1832
私营有限责任公司	433	36164	21526	617024	274575	288998	11333	42118	77916	154123
私营股份有限公司	33	3465	2075	56100	25640	26312	1850	2297	8009	13380
其他企业	9	577	314	8316	3387	4537	101	291	1175	2825
港、澳、台商投资企业	**29**	**6839**	**3872**	**121815**	**54417**	**58973**	**438**	**7987**	**10105**	**20970**
合资经营企业	13	3941	2140	79507	33639	39216	46	6606	5252	12252
合作经营企业										
独资经营企业	16	2898	1732	42308	20778	19757	392	1381	4853	8718
投资股份有限公司										
其他港澳台商投资企业										
外商投资企业	**43**	**7018**	**3682**	**128338**	**58371**	**58374**	**1393**	**10200**	**11873**	**21264**
中外合资经营企业	12	1977	1100	31972	13407	15749	268	2549	3193	6647
中外合作经营企业	3	456	281	9783	1514	8015	206	47	517	2620
外资企业	25	3873	1910	67763	35632	26586	646	4899	7099	9559
外商投资股份有限公司	3	712	391	18820	7819	8024	273	2704	1064	2438
其他外商投资企业										

2-A-5　按登记注册类型分全部餐饮业法人主要情况

项　　目	法　人 单位数 (个)	期末从业 人员合计 (人)	#女性	床位数 (个)	餐位数 (位)
总　计	**7686**	**297844**	**172742**	**122787**	**1679582**
内资企业	**7448**	**225554**	**127359**	**118703**	**1505347**
国有企业	94	4274	2416	5276	20434
集体企业	86	1508	909	1456	10558
股份合作企业	24	378	217	88	2657
联营企业	16	330	185	8	544
国有联营企业	2	127	71		100
集体联营企业	5	88	49		202
国有与集体联营企业					
其他联营企业	9	115	65	8	242
有限责任公司	789	43471	23647	32011	234411
国有独资公司	17	1968	998	1685	10404
其他有限责任公司	772	41503	22649	30326	224007
股份有限公司	104	5154	2758	3112	36829
私营企业	6087	165657	94492	74345	1168268
私营独资企业	1760	40943	25519	12963	320977
私营合伙企业	159	2657	1401	1196	19020
私营有限责任公司	3969	115290	64033	56625	781069
私营股份有限公司	199	6767	3539	3561	47202
其他企业	248	4782	2735	2407	31646
港、澳、台商投资企业	**106**	**11894**	**6839**	**2816**	**36683**
合资经营企业	28	4253	2263	979	18125
合作经营企业	3	257	123	140	1320
独资经营企业	72	7365	4443	1697	16932
投资股份有限公司	1	10	5		80
其他港澳台商投资企业	2	9	5		226
外商投资企业	**132**	**60396**	**38544**	**1268**	**137552**
中外合资经营企业	24	21689	14221	591	44254
中外合作经营企业					
外资企业	95	38360	24101	677	91883
外商投资股份有限公司	7	119	59		790
其他外商投资企业	6	228	163		625

2-A-6 按登记注册类型分限额以上餐饮业法人主要情况

项 目	法人单位数(个)	期末从业人员合计(人)	#女性	营业额(万元)					床位数(个)	餐位数(位)
					客房收入	餐费收入	商品销售额	其他收入		
总 计	**2402**	**228531**	**133630**	**3995380**	**303541**	**3520063**	**99365**	**72410**	**91683**	**1152113**
内资企业	**2308**	**158308**	**89366**	**3026591**	**292541**	**2580167**	**88250**	**65633**	**87962**	**989896**
国有企业	37	3055	1714	52057	10785	33655	2249	5368	3788	14863
集体企业	18	796	494	11869	2109	8483	918	358	1081	4499
股份合作企业	2	103	63	1072	136	907	29		88	680
联营企业	1	68	35	962		962				80
国有联营企业										
集体联营企业	1	68	35	962		962				80
国有与集体联营企业										
其他联营企业										
有限责任公司	383	35966	19435	629584	101491	480118	19671	28305	28712	186307
国有独资公司	17	1968	998	29179	6095	20769	873	1442	1685	10404
其他有限责任公司	366	33998	18437	600406	95396	459350	18798	26862	27027	175903
股份有限公司	40	3984	2141	71002	6179	62191	1754	878	1985	28793
私营企业	1802	112780	64600	2238808	169158	1976196	63543	29911	51206	745821
私营独资企业	479	25388	16347	677136	24430	627599	22306	2801	5322	185148
私营合伙企业	30	1207	558	26712	2621	22948	864	279	983	8664
私营有限责任公司	1229	81241	45211	1455384	132653	1258669	39200	24863	41722	518625
私营股份有限公司	64	4944	2484	79576	9454	66980	1174	1968	3179	33384
其他企业	25	1556	884	21238	2684	17655	86	813	1102	8853
港、澳、台商投资企业	**53**	**10999**	**6350**	**134319**	**8898**	**117008**	**4678**	**3736**	**2599**	**30808**
合资经营企业	20	4176	2218	82009	3411	74281	4102	216	909	17068
合作经营企业	3	257	123	1843	75	1768			140	1320
独资经营企业	30	6566	4009	50467	5411	40960	576	3520	1550	12420
投资股份有限公司										
其他港澳台商投资企业										
外商投资企业	**41**	**59224**	**37914**	**834470**	**2103**	**822888**	**6437**	**3042**	**1122**	**131409**
中外合资经营企业	10	21458	14112	297057	475	296582			591	43324
中外合作经营企业										
外资企业	28	37708	23775	535238	1628	524131	6437	3042	531	87485
外商投资股份有限公司	3	58	27	2175		2175				600
其他外商投资企业										

2-A-7　按行业中类和经营方式分全部住宿和餐饮业法人主要情况

项　目	法　人单位数(个)	期末从业人员合计(人)	#女性	床位数(个)	餐位数(位)
总　计	**11328**	**448227**	**259732**	**496515**	**2270332**
住宿业	**3642**	**150383**	**86990**	**373728**	**590750**
按国民经济行业分组					
旅游饭店	1068	111369	61823	195660	460835
一般旅馆	2291	33661	21857	157023	106740
其他住宿业	283	5353	3310	21045	23175
按星级等级分组					
五星	93	972	636	5109	3827
四星	153	3909	2415	12610	19545
三星	420	24640	14497	57119	119698
二星	189	33812	18411	50036	142778
一星	83	25985	14132	31755	94247
其他	2704	61065	36899	217099	210655
按经营方式分组					
独立门店	3110	135164	77957	319392	544479
连锁总店(总部)	30	792	576	3863	1226
连锁门店	216	6978	4282	29925	20133
其他	286	7449	4175	20548	24912
餐饮业	**7686**	**297844**	**172742**	**122787**	**1679582**
按国民经济行业分组					
正餐服务	5944	205504	116195	116979	1371075
快餐服务	664	69992	43909	818	203276
饮料及冷饮服务	291	5097	3072	162	22988
其他餐饮业	787	17251	9566	4828	82243
按经营方式分组					
独立门店	6594	208548	118289	114496	1372168
连锁总店(总部)	102	63666	40238	330	155319
连锁门店	235	12758	7288	2964	68973
其他	755	12872	6927	4997	83122

注：说明：未参加评星的住宿业企业、单位按星级等级分组中归在“其他”中。同时星级住宿业中不含工商登记为“个体经营户”的星级单位。

2-A-8 按行业中类和经营方式分限额以上住宿和餐饮业法人主要情况

(按法人汇总)

项目	法人单位数(个)	期末从业人员合计(人)		营业额(万元)					床位数(个)	餐位数(位)
			#女性		客房收入	餐费收入	商品销售额	其他收入		
总计	**3444**	**347014**	**200094**	**6111277**	**1173974**	**4507029**	**167309**	**262964**	**309932**	**1603340**
住宿业	**1042**	**118483**	**66464**	**2115897**	**870433**	**986966**	**67944**	**190554**	**218249**	**451227**
按国民经济行业分组										
旅游饭店	699	102748	56609	1848590	703156	911654	62712	171068	166930	407307
一般旅馆	311	13662	8624	229726	146309	63769	4749	14900	45501	33582
其他住宿业	32	2073	1231	37582	20968	11543	484	4586	5818	10338
按星级等级分组										
五星	72	24776	13458	527063	196474	259177	28504	42908	29340	85257
四星	153	31936	17328	580548	207135	293956	13767	65690	45521	128811
三星	232	21827	12606	333278	114194	180919	8076	30089	41911	105516
二星	54	2936	1773	46699	16652	21893	1838	6316	6859	14372
一星	6	158	115	4061	1901	1217	4	940	875	740
其他	524	36830	21168	623939	333799	229773	15755	44611	93671	116529
按经营方式分组										
独立门店	922	108907	61213	1934300	770655	925868	62516	175261	191730	421817
连锁总店(总部)	2	152	130	3845	3619	67	29	130	1212	221
连锁门店	69	4472	2616	93249	59339	26861	637	6412	15284	11558
其他	49	4952	2505	84502	36819	34171	4762	8750	10023	17631
餐饮业	**2402**	**228531**	**133630**	**3995380**	**303541**	**3520063**	**99365**	**72410**	**91683**	**1152113**
按国民经济行业分组										
正餐服务	2212	152191	86128	2881540	296815	2431692	84294	68738	89650	949508
快餐服务	91	63761	40271	939601	635	927321	11525	121	314	164352
饮料及冷饮服务	23	2687	1660	45287		42069	201	3017		7917
其他餐饮业	76	9892	5571	128953	6091	118981	3345	535	1719	30336
按经营方式分组										
独立门店	2237	151821	86082	2815690	285202	2392239	79911	58338	86667	925883
连锁总店(总部)	21	61375	39019	885838		871851	10959	3029		142729
连锁门店	60	9508	5377	168111	10901	156546	147	517	2597	48919
其他	84	5827	3152	125741	7439	99427	8348	10527	2419	34582

说明：未参加评星的住宿业企业、单位按星级等级分组中归在“其他”中。同时星级住宿业中不含工商登记为“个体经营户”的星级单位。

2-A-9　按地区分全部住宿和餐饮业法人主要情况

地　区	法人单位数（个）	期末从业人员合计（人）	#女性	床位数（个）	餐位数（位）
全　省	**11328**	**448227**	**259732**	**496515**	**2270332**
苏　南	6704	318727	180574	311488	1419908
苏　中	1824	52896	32324	76576	357753
苏　北	2800	76604	46834	108451	492671
南京市	2113	107599	60990	87097	433708
无锡市	1109	55017	31218	64910	247191
徐州市	848	21610	12996	27872	141281
常州市	777	51922	31956	35853	253490
苏州市	2142	87086	46662	104251	397184
南通市	702	17885	11009	30418	121519
连云港市	463	11567	7224	23142	70854
淮安市	475	14418	8816	18362	83479
盐城市	559	18319	11256	21544	128721
扬州市	633	19825	12332	26104	121466
镇江市	563	17103	9748	19377	88335
泰州市	489	15186	8983	20054	114768
宿迁市	455	10690	6542	17531	68336

2-A-10　按地区分限额以上住宿和餐饮业法人主要情况

地　区	法人单位数（个）	期末从业人员合计（人）	#女性	营业额（万元）	客房收入	餐费收入	商品销售额	其他收入	床位数（个）	餐位数（位）
全　省	**3444**	**347014**	**200094**	**6111277**	**1173974**	**4507029**	**167309**	**262964**	**309932**	**1603340**
苏　南	1929	253936	143589	4522772	791374	3415380	103349	212669	194137	1031471
苏　中	584	39943	24213	638743	155350	444187	16213	22992	47384	244620
苏　北	931	53135	32292	949762	227250	647462	47747	27304	68411	327249
南京市	669	86340	48638	1476759	237527	1094978	50442	93813	52636	314613
无锡市	291	44450	24935	672177	129083	507971	4688	30435	38804	172251
徐州市	258	14669	8880	354842	79208	237691	29734	8210	18522	91282
常州市	347	46091	28588	979952	102501	833371	27315	16765	25100	212523
苏州市	489	65214	34913	1172814	274951	821387	12947	63530	66045	272702
南通市	246	13899	8513	245095	65384	166991	8369	4351	20035	89487
连云港市	123	7174	4454	107316	32312	66418	4329	4257	12463	42402
淮安市	166	10488	6398	169547	39312	119136	2992	8108	12264	57346
盐城市	277	14575	8874	237803	52805	171865	8739	4395	15649	99267
扬州市	218	15710	9785	237701	58555	162018	4576	12552	17017	86378
镇江市	133	11841	6515	221070	47312	157673	7958	8126	11552	59382
泰州市	120	10334	5915	155947	31412	115178	3268	6090	10332	68755
宿迁市	107	6229	3686	80254	23614	52351	1954	2335	9513	36952

2-A-11 按地区分全部住宿业法人主要情况

地区	法人单位数(个)	期末从业人员合计(人)	#女性	床位数(个)	餐位数(位)
全省	**3642**	**150383**	**86990**	**373728**	**590750**
苏南	2151	103481	57687	249796	376500
苏中	637	18339	11438	50661	90373
苏北	854	28563	17865	73271	123877
南京市	657	31345	17282	75580	85858
无锡市	402	19843	11137	47620	80054
徐州市	220	6827	4290	18705	20533
常州市	205	12346	7421	26562	51848
苏州市	718	34003	18316	88019	135795
南通市	265	4562	3052	18059	16992
连云港市	185	5624	3629	18082	30817
淮安市	150	6173	3596	13846	27959
盐城市	147	6043	3906	11941	26308
扬州市	190	7389	4719	18498	34074
镇江市	169	5944	3531	12015	22945
泰州市	182	6388	3667	14104	39307
宿迁市	152	3896	2444	10697	18260

2-A-12 按地区分限额以上住宿业法人主要情况

地区	法人单位数(个)	期末从业人员合计(人)		营业额(万元)					床位数(个)	餐位数(位)
			#女性		客房收入	餐费收入	商品销售额	其他收入		
全省	**1042**	**118483**	**66464**	**2115897**	**870433**	**986966**	**67944**	**190554**	**218249**	**451227**
苏南	635	83266	44798	1565656	635072	719624	51571	159390	149692	297664
苏中	149	14324	8748	224390	93578	114313	2987	13512	26649	67096
苏北	258	20893	12918	325851	141784	153030	13386	17652	41908	86467
南京市	204	25041	13212	504411	209641	188602	35645	70524	44020	68817
无锡市	101	15811	8447	274395	93030	154059	2869	24438	25460	62971
徐州市	67	5052	3201	96771	46200	36800	8997	4775	11037	15482
常州市	86	10707	6385	182663	72685	93069	3821	13089	18545	40200
苏州市	211	27108	14093	522678	230549	238590	7571	45968	54921	107097
南通市	49	3045	2033	48108	30632	16180	334	963	8622	9806
连云港市	53	3952	2556	54873	24744	25110	1514	3505	9486	21880
淮安市	56	4624	2579	68363	29814	30391	1175	6984	8839	17596
盐城市	51	4755	3072	70962	25011	42811	1517	1623	7359	19499
扬州市	65	6429	4098	95377	42111	44332	929	8005	11641	28832
镇江市	33	4599	2661	81509	29167	45305	1666	5372	6746	18579
泰州市	35	4850	2617	80905	20835	53802	1725	4544	6386	28458
宿迁市	31	2510	1510	34881	16014	17918	184	765	5187	12010

2-A-13　按地区分全部餐饮业法人主要情况

地　区	法　人单位数(个)	期末从业人员合计(人)	#女性	床位数(个)	餐位数(位)
全　省	**7686**	**297844**	**172742**	**122787**	**1679582**
苏　南	4553	215246	122887	61692	1043408
苏　中	1187	34557	20886	25915	267380
苏　北	1946	48041	28969	35180	368794
南京市	1456	76254	43708	11517	347850
无锡市	707	35174	20081	17290	167137
徐州市	628	14783	8706	9167	120748
常州市	572	39576	24535	9291	201642
苏州市	1424	53083	28346	16232	261389
南通市	437	13323	7957	12359	104527
连云港市	278	5943	3595	5060	40037
淮安市	325	8245	5220	4516	55520
盐城市	412	12276	7350	9603	102413
扬州市	443	12436	7613	7606	87392
镇江市	394	11159	6217	7362	65390
泰州市	307	8798	5316	5950	75461
宿迁市	303	6794	4098	6834	50076

2-A-14　按地区分限额以上餐饮业法人主要情况

地　区	法　人单位数(个)	期末从业人员合计(人)	#女性	营业额(万元)	客房收入	餐费收入	商　品销售额	其他收入	床位数(个)	餐位数(位)
全　省	**2402**	**228531**	**133630**	**3995380**	**303541**	**3520063**	**99365**	**72410**	**91683**	**1152113**
苏　南	1294	170670	98791	2957116	156302	2695757	51779	53278	44445	733807
苏　中	435	25619	15465	414353	61773	329874	13226	9481	20735	177524
苏　北	673	32242	19374	623911	85467	494432	34361	9652	26503	240782
南京市	465	61299	35426	972349	27886	906376	14798	23289	8616	245796
无锡市	190	28639	16488	397782	36054	353913	1819	5997	13344	109280
徐州市	191	9617	5679	258071	33007	200891	20737	3435	7485	75800
常州市	261	35384	22203	797289	29817	740303	23494	3676	6555	172323
苏州市	278	38106	20820	650136	44401	582797	5376	17562	11124	165605
南通市	197	10854	6480	196988	34752	150812	8036	3389	11413	79681
连云港市	70	3222	1898	52443	7568	41308	2815	751	2977	20522
淮安市	110	5864	3819	101184	9498	88745	1817	1124	3425	39750
盐城市	226	9820	5802	166841	27794	129055	7221	2771	8290	79768
扬州市	153	9281	5687	142324	16444	117687	3647	4546	5376	57546
镇江市	100	7242	3854	139560	18145	112369	6293	2754	4806	40803
泰州市	85	5484	3298	75041	10577	61376	1543	1546	3946	40297
宿迁市	76	3719	2176	45373	7599	34432	1770	1571	4326	24942

2-B-1 按登记注册类型分全部住宿和餐饮业法人财务状况

单位：万元

项目	营业收入	#主营业务收入	营业税金及附加其他业务	#主营业务税金及附加其他业务	资产合计	实收资本
总计	**7494734.7**	**7431059.2**	**364743.0**	**362096.4**	**13853288.3**	**4981601.6**
内资企业	**6194802.4**	**6137427.0**	**297309.4**	**294696.7**	**11873345.9**	**3952533.5**
国有企业	399818.6	384933.1	18693.8	18510.9	1380068.8	578474.0
集体企业	67849.9	67372.2	3437.1	3429.9	197162.5	39746.5
股份合作企业	8198.5	8140.0	307.0	301.8	16898.2	9135.0
联营企业	6608.3	6566.3	323.4	323.4	4681.2	1678.4
国有联营企业	3894.3	3894.3	192.8	192.8	1297.1	401.0
集体联营企业	1478.8	1478.8	71.8	71.8	1594.2	317.5
国有与集体联营企业						
其他联营企业	1235.1	1193.1	58.8	58.8	1789.8	959.9
有限责任公司	1398029.1	1381247.3	72611.0	72243.9	3662225.8	1210302.4
国有独资公司	60122.3	59488.0	2939.1	2938.6	202219.1	84761.0
其他有限责任公司	1337906.7	1321759.2	69671.9	69305.3	3460006.8	1125541.4
股份有限公司	233121.7	229653.6	10406.0	10388.1	609693.4	172594.9
私营企业	3993390.7	3973180.8	186668.5	184684.7	5761507.9	1829176.5
私营独资企业	1031228.6	1028042.7	37740.8	37308.8	908234.8	306730.0
私营合伙企业	65733.1	65227.4	2719.7	2700.1	50671.6	28439.2
私营有限责任公司	2730440.1	2715405.5	137756.2	136306.2	4496854.9	1409024.2
私营股份有限公司	165988.9	164505.2	8451.8	8369.5	305746.5	84983.1
其他企业	87785.6	86333.7	4862.6	4814.1	241108.2	111425.7
港、澳、台商投资企业	**320042.9**	**319231.6**	**15396.2**	**15364.2**	**873570.2**	**513395.2**
合资经营企业	162377.0	162168.9	8027.2	7996.2	409427.0	196841.9
合作经营企业	1843.3	1843.3	108.1	108.1	8867.4	5042.8
独资经营企业	154955.0	154351.8	7209.9	7208.9	449896.8	311021.4
投资股份有限公司	179.7	179.7	2.0	2.0	30.0	50.0
其他港澳台商投资企业	687.8	687.8	48.9	48.9	5348.9	439.2
外商投资企业	**979889.5**	**974400.6**	**52037.3**	**52035.4**	**1106372.2**	**515673.0**
中外合资经营企业	333285.2	332049.3	18180.5	18180.5	244708.7	89913.2
中外合作经营企业	9783.0	9783.0	425.9	425.9	8540.2	1520.8
外资企业	614907.3	610654.4	32252.6	32250.8	785162.3	381666.5
外商投资股份有限公司	21501.6	21501.6	1158.2	1158.2	67759.0	42409.6
其他外商投资企业	412.3	412.3	20.1	20.1	202.0	163.0

2-B-2 按登记注册类型分限额以上住宿和餐饮业法人财务状况

单位：万元

项目	年初存货	期末资产负债				
		流动资产合计	#应收账款	#存货	固定资产合计	固定资产原价
总计	**317619.6**	**3858116.9**	**386053.8**	**303249.2**	**4062525.9**	**6066876.2**
内资企业	**265862.2**	**3325822.6**	**354259.4**	**255869.2**	**3498758.6**	**5077025.2**
国有企业	16833.1	275782.0	29482.2	15416.3	628784.6	886382.6
集体企业	2247.2	58409.6	30684.1	1632.8	34691.6	67883.0
股份合作企业	124.3	511.2	184.1	302.5	669.0	692.1
联营企业	30.9	423.3	23.0	33.2	260.6	2357.4
国有联营企业	26.8	247.3	23.0	29.0	257.6	2329.1
集体联营企业	4.1	176.0		4.2	3.0	28.3
国有与集体联营企业						
其他联营企业						
有限责任公司	124865.5	1161826.7	82815.5	117542.0	1246665.4	1826521.1
国有独资公司	2225.4	101705.0	7466.1	2173.4	70209.8	87890.3
其他有限责任公司	122640.1	1060121.7	75349.4	115368.6	1176455.6	1738630.8
股份有限公司	8648.5	208294.5	16741.7	8187.8	143034.1	247213.5
私营企业	110921.8	1603008.2	191817.2	111695.3	1403664.9	1990000.2
私营独资企业	19985.3	210303.9	36837.8	21174.7	222858.3	283147.3
私营合伙企业	1053.1	6134.0	1191.7	794.0	6868.8	9494.4
私营有限责任公司	84490.5	1285609.2	140182.2	85227.5	1104072.3	1593021.1
私营股份有限公司	5392.9	100961.1	13605.5	4499.1	69865.5	104337.4
其他企业	2190.9	17567.1	2511.6	1059.3	40988.4	55975.3
港、澳、台商投资企业	**12094.4**	**228938.0**	**17986.4**	**11307.5**	**220686.8**	**364910.6**
合资经营企业	6411.8	102262.6	9573.7	6375.5	70029.5	156089.4
合作经营企业	182.3	6383.3	46.2	336.0	363.5	236.9
独资经营企业	5500.3	120292.1	8366.5	4596.0	150293.8	208584.3
投资股份有限公司						
其他港澳台商投资企业						
外商投资企业	**39663.0**	**303356.3**	**13808.0**	**36072.5**	**343080.5**	**624940.4**
中外合资经营企业	15257.4	62639.3	-6826.0	12037.9	81737.3	158266.7
中外合作经营企业	321.7	4064.8	1295.7	387.1	1392.8	3814.8
外资企业	23679.8	232158.1	19064.6	23263.1	214737.5	393489.1
外商投资股份有限公司	404.1	4494.1	273.7	384.4	45212.9	69369.8
其他外商投资企业						

2-B-2 续表 1

单位：万元

项目	累计折旧	#本年折旧	在建工程	资产总计	流动负债合计	#应付账款
总计	**2164701.0**	**386475.8**	**783030.0**	**10766454.3**	**5519189.1**	**736080.6**
内资企业	**1729258.0**	**294618.3**	**703186.4**	**9101047.1**	**4877872.8**	**637393.8**
国有企业	301281.7	37272.1	122490.9	1228778.7	410751.0	50768.7
集体企业	34095.9	5068.5	1097.8	119376.6	50520.6	9577.4
股份合作企业	40.6	0.2	17.3	1220.5	613.5	286.3
联营企业	2096.8	129.0		1194.6	2269.6	147.2
国有联营企业	2071.5	127.4		1015.6	2174.0	147.2
集体联营企业	25.3	1.6		179.0	95.6	
国有与集体联营企业						
其他联营企业						
有限责任公司	614039.7	102183.6	297803.1	3231705.4	1796241.4	213381.4
国有独资公司	22558.4	5881.1	5369.8	201609.1	116529.5	14682.4
其他有限责任公司	591481.3	96302.5	292433.3	3030096.3	1679711.9	198699.0
股份有限公司	104789.7	11591.7	34489.7	570282.8	304344.5	28249.7
私营企业	657209.5	135987.9	247255.5	3882602.5	2285427.7	333050.1
私营独资企业	68299.6	21253.3	7012.0	479534.6	211595.2	35528.7
私营合伙企业	2635.1	667.3	615.4	16320.3	8615.6	755.5
私营有限责任公司	544785.7	106726.8	200799.5	3129103.2	1924496.2	282554.5
私营股份有限公司	41489.1	7340.5	38828.6	257644.4	140720.7	14211.4
其他企业	15704.1	2385.3	32.1	65886.0	27704.5	1933.0
港、澳、台商投资企业	**146548.2**	**24143.5**	**36733.7**	**690085.9**	**226835.9**	**42551.0**
合资经营企业	88205.6	10025.0	12639.5	318332.1	112331.8	17655.7
合作经营企业	52.0	22.4	178.6	8867.4	5603.0	192.0
独资经营企业	58290.6	14096.1	23915.6	362886.4	108901.1	24703.3
投资股份有限公司						
其他港澳台商投资企业						
外商投资企业	**288894.8**	**67714.0**	**43109.9**	**975321.3**	**414480.4**	**56135.8**
中外合资经营企业	76557.0	11046.5	10504.4	234317.5	150631.9	13436.7
中外合作经营企业	2422.0	239.8		8540.2	3883.6	1138.9
外资企业	185758.9	53546.0	32605.5	666221.1	242561.4	40683.0
外商投资股份有限公司	24156.9	2881.7		66242.5	17403.5	877.2
其他外商投资企业						

2-B-2　续表 2

单位：万元

项　　目	非流动负债合计	负债合计	所有者权益合计	#实收资本	国家资本	集体资本
总　计	**2039395.4**	**7682079.2**	**3084435.0**	**3544942.7**	**905757.1**	**152345.2**
内资企业	**1538210.9**	**6514610.3**	**2586496.7**	**2720604.4**	**853429.9**	**148441.7**
国有企业	200825.7	624802.2	603976.5	506727.9	468805.0	36949.0
集体企业	51429.9	103002.7	16373.9	24521.9	150.0	21562.5
股份合作企业		613.5	607.0	419.4		210.0
联营企业		2269.6	-1075.0	305.0	300.0	5.0
国有联营企业		2174.0	-1158.4	300.0	300.0	
集体联营企业		95.6	83.4	5.0		5.0
国有与集体联营企业						
其他联营企业						
有限责任公司	631188.6	2436298.0	795467.9	1033933.7	336857.8	79417.4
国有独资公司	8894.6	125424.1	76185.0	84386.0	79083.2	
其他有限责任公司	622294.0	2310873.9	719282.9	949547.7	257774.6	79417.4
股份有限公司	115321.0	363147.7	207135.1	130285.4	40534.5	4609.8
私营企业	538908.5	2948236.0	934365.9	983375.3	5265.6	5688.0
私营独资企业	8127.2	228809.1	250725.5	134705.6	196.6	
私营合伙企业	178.8	9026.5	7293.8	5616.0		
私营有限责任公司	492176.1	2523752.2	605350.4	782634.3	5069.0	5688.0
私营股份有限公司	38426.4	186648.2	70996.2	60419.4		
其他企业	537.2	36240.6	29645.4	41035.8	1517.0	
港、澳、台商投资企业	**262290.2**	**492358.5**	**197727.4**	**376749.2**	**47382.5**	**1370.2**
合资经营企业	175900.7	291466.8	26865.3	143496.9	47382.5	1370.2
合作经营企业		5603.1	3264.3	5042.8		
独资经营企业	86389.5	195288.6	167597.8	228209.5		
投资股份有限公司						
其他港澳台商投资企业						
外商投资企业	**238894.3**	**675110.4**	**300210.9**	**447589.1**	**4944.7**	**2533.3**
中外合资经营企业	17876.9	168508.8	65808.7	82045.6	4944.7	2533.3
中外合作经营企业		3883.6	4656.6	1520.8		
外资企业	206520.1	470727.8	195493.3	322819.6		
外商投资股份有限公司	14497.3	31990.2	34252.3	41203.1		
其他外商投资企业						

2-B-2 续表 3

单位：万元

项目					损益及分配	
	法人资本	个人资本	港澳台资本	外商资本	营业收入	#主营业务收入
总计	**776677.0**	**1014431.0**	**293107.0**	**402625.4**	**6084802.7**	**6031885.0**
内资企业	**712154.4**	**1005153.4**		**1425.0**	**4825134.9**	**4778332.8**
国有企业	953.9	20.0			357871.2	343487.2
集体企业	2522.4	287.0			52027.7	51641.6
股份合作企业	150.0	59.4			1072.1	1038.1
联营企业					4747.7	4747.7
国有联营企业					3786.0	3786.0
集体联营企业					961.7	961.7
国有与集体联营企业						
其他联营企业						
有限责任公司	518709.4	98949.1			1249933.0	1234742.3
国有独资公司	5047.8	255.0			59877.2	59242.9
其他有限责任公司	513661.6	98694.1			1190055.8	1175499.4
股份有限公司	53137.5	30578.6		1425.0	208841.8	205475.9
私营企业	108402.5	864019.2			2921729.2	2908316.4
私营独资企业	5856.7	128652.3			712763.1	710947.2
私营合伙企业	319.8	5296.2			36886.4	36792.8
私营有限责任公司	93514.5	678362.8			2041647.3	2031247.3
私营股份有限公司	8711.5	51707.9			130432.4	129329.1
其他企业	28278.7	11240.1			28912.2	28883.6
港、澳、台商投资企业	**29788.2**	**8098.8**	**288474.6**	**1634.9**	**297758.4**	**297020.0**
合资经营企业	18195.9	7098.8	69449.5		160861.3	160653.2
合作经营企业	411.3		2996.6	1634.9	1843.3	1843.3
独资经营企业	11181.0	1000.0	216028.5		135053.8	134523.5
投资股份有限公司						
其他港澳台商投资企业						
外商投资企业	**34734.4**	**1178.8**	**4632.4**	**399565.5**	**961909.4**	**956532.2**
中外合资经营企业	24519.2	994.0	4249.1	44805.3	329001.9	327869.1
中外合作经营企业	652.5			868.3	9783.0	9783.0
外资企业	3000.0	134.8	383.3	319301.5	602506.8	598262.4
外商投资股份有限公司	6562.7	50.0		34590.4	20617.7	20617.7
其他外商投资企业						

2-B-2　续表 4　　　　单位：万元

项　　目	营业成本	#主营业务成　本	营业税金及附加	#主营业务税金及附加	其他业务利　润	销售费用
总　计	**2898444.7**	**2872052.7**	**304750.9**	**303294.9**	**41251.6**	**1530393.7**
内资企业	**2338617.8**	**2316046.7**	**239077.1**	**237654.9**	**32015.5**	**1122956.5**
国有企业	149203.5	145441.7	17069.8	16914.2	4228.8	103380.4
集体企业	25867.1	25821.0	2791.6	2787.4	1947.0	14253.2
股份合作企业	564.4	563.4	77.1	77.1	14.9	163.0
联营企业	1334.3	1334.0	240.6	240.6		1098.0
国有联营企业	805.7	805.7	186.7	186.7		1063.8
集体联营企业	528.6	528.3	53.9	53.9		34.2
国有与集体联营企业						
其他联营企业						
有限责任公司	513616.4	508780.2	66564.1	66367.2	10010.1	346677.9
国有独资公司	23485.8	23397.7	2923.3	2922.8	313.9	15066.0
其他有限责任公司	490130.6	485382.5	63640.8	63444.4	9696.2	331611.9
股份有限公司	108656.3	105554.4	9254.8	9243.8	502.7	49996.1
私营企业	1524091.4	1513335.9	141001.1	139965.8	15213.7	600374.2
私营独资企业	397624.0	396595.1	25663.2	25377.4	2435.4	78925.1
私营合伙企业	21706.7	21706.7	1560.7	1559.5	189.9	5876.2
私营有限责任公司	1043618.0	1034326.1	106825.3	106155.2	12127.0	481203.9
私营股份有限公司	61142.7	60708.0	6951.9	6873.7	461.4	34369.0
其他企业	15284.4	15216.1	2078.0	2058.8	98.3	7013.7
港、澳、台商投资企业	**105913.5**	**105781.3**	**14479.5**	**14447.5**	**1241.3**	**112704.4**
合资经营企业	54717.5	54678.6	7947.3	7916.3	983.3	50801.3
合作经营企业	1323.6	1323.6	108.1	108.1		476.0
独资经营企业	49872.4	49779.1	6424.1	6423.1	258.0	61427.1
投资股份有限公司						
其他港澳台商投资企业						
外商投资企业	**453913.4**	**450224.7**	**51194.3**	**51192.5**	**7994.8**	**294732.8**
中外合资经营企业	169470.0	168455.9	18057.1	18057.1	668.2	85485.0
中外合作经营企业	5184.6	5184.6	425.9	425.9		2660.6
外资企业	274810.5	272135.9	31596.9	31595.1	7326.6	201094.1
外商投资股份有限公司	4448.3	4448.3	1114.4	1114.4		5493.1
其他外商投资企业						

2-B-2 续表 5

单位：万元

项目	管理费用		财务费用			资产减值损失
		#税金		#利息收入	#利息支出	
总　计	**1084794.1**	**39541.6**	**169162.3**	**17925.5**	**93783.0**	**2777.6**
内资企业	**891616.4**	**32671.7**	**142802.2**	**15472.1**	**83363.5**	**760.2**
国有企业	102414.1	4844.0	5970.7	3141.8	7351.4	452.5
集体企业	9561.2	218.2	1125.2	28.1	957.0	
股份合作企业	41.8	0.1	1.2			
联营企业	1340.1	0.4	22.7	0.7		1.1
国有联营企业	1032.0	0.4	15.8	0.7		1.1
集体联营企业	308.1		6.9			
国有与集体联营企业						
其他联营企业						
有限责任公司	320174.6	11471.2	50616.2	4188.4	33049.3	225.0
国有独资公司	21085.0	298.1	1398.6	-74.3	205.6	-5.8
其他有限责任公司	299089.6	11173.1	49217.6	4262.7	32843.7	230.8
股份有限公司	39156.9	1043.9	3639.9	397.4	2284.0	46.0
私营企业	414604.5	14964.0	80671.9	7710.7	39659.0	47.1
私营独资企业	55375.8	2206.0	14069.3	5624.8	4278.3	9.9
私营合伙企业	4047.8	136.8	224.7	1.2	80.4	0.1
私营有限责任公司	331760.1	11609.2	59835.8	1961.8	32735.7	22.8
私营股份有限公司	23420.8	1012.0	6542.1	122.9	2564.6	14.3
其他企业	4323.2	129.9	754.4	5.0	62.8	-11.5
港、澳、台商投资企业	**74150.2**	**1154.0**	**13976.9**	**257.9**	**5568.7**	**-2.5**
合资经营企业	43990.6	531.6	7938.4	97.8	5095.8	-2.5
合作经营企业	229.8		9.7	0.1	5.6	
独资经营企业	29929.8	622.4	6028.8	160.0	467.3	
投资股份有限公司						
其他港澳台商投资企业						
外商投资企业	**119027.5**	**5715.9**	**12383.2**	**2195.5**	**4850.8**	**2019.9**
中外合资经营企业	37789.4	770.2	3703.3	1071.7	1648.5	576.5
中外合作经营企业	927.2	1.6	404.8		377.9	
外资企业	71803.2	4735.6	7543.3	1079.2	2192.6	1443.4
外商投资股份有限公司	8507.7	208.5	731.8	44.6	631.8	
其他外商投资企业						

2-B-2　续表 6

单位：万元

项　目	公允价值变动收益(损失以"-"号记)	投资收益(损失以"-"号记)	营业利润	营业外收入	#补贴收入
总　计	**37.1**	**12073.3**	**125951.8**	**61562.4**	**7786.7**
内资企业	**37.1**	**11773.3**	**113109.7**	**56745.5**	**7547.8**
国有企业	10.8	45.2	-19807.3	3786.0	1313.1
集体企业		14.4	-1550.3	49.8	
股份合作企业			206.5	0.2	
联营企业			710.9	1.0	
国有联营企业			680.9	1.0	
集体联营企业			30.0		
国有与集体联营企业					
其他联营企业					
有限责任公司	1.4	5395.7	-43387.9	9566.4	4179.6
国有独资公司		81.9	-4064.6	2212.8	1324.4
其他有限责任公司	1.4	5313.8	-39323.3	7353.6	2855.2
股份有限公司	23.9	4378.9	5087.9	2113.6	27.8
私营企业	1.0	1920.4	172281.8	41171.0	2027.3
私营独资企业		-1.9	140933.8	18399.0	2.4
私营合伙企业		2.5	3463.8	2.0	
私营有限责任公司	1.0	1919.8	29616.6	22556.8	1994.3
私营股份有限公司			-1732.4	213.2	30.6
其他企业		18.7	-431.9	57.5	
港、澳、台商投资企业		**162.6**	**-22871.1**	**1124.2**	**197.9**
合资经营企业		162.6	-3995.4	957.1	30.1
合作经营企业			-303.9	0.7	
独资经营企业			-18571.8	166.4	167.8
投资股份有限公司					
其他港澳台商投资企业					
外商投资企业		**137.4**	**35713.2**	**3692.7**	**41.0**
中外合资经营企业			14228.3	1428.1	
中外合作经营企业			179.9	31.9	
外资企业		137.4	20982.6	2126.9	16.0
外商投资股份有限公司			322.4	105.8	25.0
其他外商投资企业					

2-B-2 续表 7

单位：万元

项　　目	利润总额	应交所得税	人工成本及增值税 应付职工薪酬（本年贷方累计发生额）	亏损企业数（个）	亏损总额
总　　计	**54039.9**	**57696.2**	**1233339.9**	**1087**	**337568.2**
内资企业	**44554.7**	**42012.8**	**979043.5**	**995**	**276888.3**
国有企业	-15983.0	1389.1	89334.6	68	25822.8
集体企业	-1720.7	112.6	11224.7	16	3030.9
股份合作企业	12.6	3.2	261.5		
联营企业	709.9	169.9	821.9		
国有联营企业	679.9	169.9	646.9		
集体联营企业	30.0		175.0		
国有与集体联营企业					
其他联营企业					
有限责任公司	-54627.6	8688.0	284711.3	260	108056.7
国有独资公司	-4832.6	553.1	17475.0	17	8566.3
其他有限责任公司	-49795.0	8134.9	267236.3	243	99490.4
股份有限公司	3145.0	1618.3	42948.2	26	9399.7
私营企业	114744.0	29857.6	542611.2	613	127419.2
私营独资企业	96428.8	10058.0	107023.4	31	3884.0
私营合伙企业	3311.7	599.1	5303.2	8	592.1
私营有限责任公司	15898.1	18523.0	402154.7	542	115180.6
私营股份有限公司	-894.6	677.5	28129.9	32	7762.5
其他企业	-1725.5	174.1	7130.1	12	3159.0
港、澳、台商投资企业	**-23631.8**	**2108.9**	**63878.6**	**47**	**37640.0**
合资经营企业	-3792.7	1133.0	30559.6	16	13521.3
合作经营企业	-311.6	1.1	1193.3	1	328.5
独资经营企业	-19527.5	974.8	32125.7	30	23790.2
投资股份有限公司					
其他港澳台商投资企业					
外商投资企业	**33117.0**	**13574.5**	**190417.8**	**45**	**23039.9**
中外合资经营企业	14373.8	4624.9	56348.4	15	4377.4
中外合作经营企业	207.9	5.0	1504.6	1	2.0
外资企业	18173.2	8567.5	128517.1	26	16891.0
外商投资股份有限公司	362.1	377.1	4047.7	3	1769.5
其他外商投资企业					

2-B-3　按登记注册类型分全部住宿业法人财务状况

单位：万元

项　　目	营业收入	#主营业务收　入	营业税金及附加其他业务	#主营业务税金及附加其他业务	资产合计	实收资本
总　　计	**2555051.4**	**2517539.4**	**128153.8**	**127225.1**	**8039296.7**	**3066562.4**
内资企业	**2298009.9**	**2261396.1**	**114283.0**	**113356.2**	**6860267.2**	**2331075.9**
国有企业	337461.2	323238.4	15570.8	15418.2	1272090.2	556367.9
集体企业	48624.9	48176.0	2426.5	2421.2	127748.2	26550.4
股份合作企业	2816.7	2792.2	80.3	75.1	12621.4	6808.8
联营企业	4283.4	4268.4	194.7	194.7	2309.4	734.9
国有联营企业	3786.0	3786.0	186.7	186.7	1015.6	300.0
集体联营企业	230.8	230.8	2.4	2.4	911.3	110.0
国有与集体联营企业						
其他联营企业	266.6	251.6	5.6	5.6	382.4	324.9
有限责任公司	689906.6	676190.9	35538.8	35402.8	2330633.2	812762.0
国有独资公司	31958.6	31575.0	1659.5	1659.5	106972.4	72095.0
其他有限责任公司	657947.9	644615.8	33879.3	33743.3	2223660.9	740667.0
股份有限公司	146282.8	146019.9	6291.4	6285.0	441612.0	124400.2
私营企业	1044048.8	1036456.5	53141.9	52559.2	2632598.9	774150.8
私营独资企业	146083.0	145075.6	6092.1	6025.0	332758.9	100840.8
私营合伙企业	21129.3	20973.6	828.5	823.1	21976.7	16561.0
私营有限责任公司	815509.2	810185.8	42969.1	42506.3	2104582.6	616822.9
私营股份有限公司	61327.3	60221.6	3252.3	3204.8	173280.7	39926.0
其他企业	24585.6	24253.8	1038.6	1000.1	40653.9	29300.9
港、澳、台商投资企业	**127197.8**	**126805.0**	**7012.4**	**7012.4**	**546767.9**	**350572.8**
合资经营企业	80003.1	80003.0	4462.4	4462.4	307727.3	162757.7
合作经营企业						
独资经营企业	46813.3	46420.6	2516.7	2516.7	233824.2	187515.1
投资股份有限公司						
其他港澳台商投资企业	381.4	381.4	33.2	33.2	5216.4	300.0
外商投资企业	**129843.7**	**129338.3**	**6858.3**	**6856.5**	**632261.6**	**384913.7**
中外合资经营企业	32310.8	32063.9	1661.1	1661.1	124509.3	64827.2
中外合作经营企业	9783.0	9783.0	425.9	425.9	8540.2	1520.8
外资企业	68968.4	68709.9	3747.9	3746.1	433796.3	277804.2
外商投资股份有限公司	18781.5	18781.5	1023.4	1023.4	65415.8	40761.5
其他外商投资企业						

2-B-4 按登记注册类型分限额以上住宿业法人财务状况

单位：万元

项目	年初存货	期末资产负债				
		流动资产合计	#应收账款	#存货	固定资产合计	固定资产原价
总计	**165719.0**	**2082013.5**	**177228.2**	**159330.2**	**2632167.3**	**4113416.9**
内资企业	**153377.8**	**1770384.0**	**168407.1**	**146802.3**	**2267027.7**	**3437159.9**
国有企业	14669.5	247134.2	22164.4	13523.0	586008.3	821136.3
集体企业	1736.1	47790.4	29841.0	1205.6	29789.0	59631.0
股份合作企业						
联营企业	26.8	247.3	23.0	29.0	257.6	2329.1
国有联营企业	26.8	247.3	23.0	29.0	257.6	2329.1
集体联营企业						
国有与集体联营企业						
其他联营企业						
有限责任公司	94917.3	648770.3	39879.6	87115.8	903342.4	1368500.4
国有独资公司	921.4	26136.2	6004.6	784.2	55786.1	69906.1
其他有限责任公司	93995.9	622634.1	33875.0	86331.6	847556.3	1298594.3
股份有限公司	6211.4	114022.2	7888.5	5598.3	112461.3	207435.3
私营企业	34724.2	703987.7	68456.0	39084.6	631860.5	969055.0
私营独资企业	1611.1	81176.3	7726.1	1592.4	53338.9	72631.0
私营合伙企业	208.2	1560.9	156.5	85.7	2462.8	3542.2
私营有限责任公司	30545.0	568429.2	52043.6	35672.0	524707.1	818828.5
私营股份有限公司	2359.9	52821.3	8529.8	1734.5	51351.7	74053.3
其他企业	1092.5	8431.9	154.6	246.0	3308.6	9072.8
港、澳、台商投资企业	**6853.3**	**130017.6**	**11974.4**	**6554.2**	**135765.5**	**246452.1**
合资经营企业	4302.9	78933.0	7668.3	4408.5	57252.8	128301.5
合作经营企业						
独资经营企业	2550.4	51084.6	4306.1	2145.7	78512.7	118150.6
投资股份有限公司						
其他港澳台商投资企业						
外商投资企业	**5487.9**	**181611.9**	**-3153.3**	**5973.7**	**229374.1**	**429804.9**
中外合资经营企业	1828.7	34233.9	-7921.7	2240.1	53502.9	102245.4
中外合作经营企业	321.7	4064.8	1295.7	387.1	1392.8	3814.8
外资企业	2990.0	139058.9	3199.1	3024.4	129852.4	255381.9
外商投资股份有限公司	347.5	4254.3	273.6	322.1	44626.0	68362.8
其他外商投资企业						

2-B-4　续表 1　　单位：万元

项　　目	累计折旧	#本年折旧	在建工程	资产总计	流动负债合计	#应付账款
总　计	**1578082.5**	**219560.1**	**543652.6**	**6580604.8**	**3044484.1**	**285778.2**
内资企业	**1259420.6**	**168678.4**	**503484.6**	**5601558.2**	**2749436.7**	**251536.0**
国有企业	278651.5	33197.8	121562.0	1150006.9	372492.0	40867.0
集体企业	29902.3	4466.2	416.2	101403.8	36618.3	6417.1
股份合作企业						
联营企业	2071.5	127.4		1015.6	2174.0	147.2
国有联营企业	2071.5	127.4		1015.6	2174.0	147.2
集体联营企业						
国有与集体联营企业						
其他联营企业						
有限责任公司	478138.4	65748.6	237956.0	2153308.7	1085253.8	80361.7
国有独资公司	14165.4	3928.7	533.2	106362.4	22877.7	9768.2
其他有限责任公司	463973.0	61819.9	237422.8	2046946.3	1062376.1	70593.5
股份有限公司	95114.2	8786.2	34431.4	428494.3	208164.2	13440.3
私营企业	369746.3	55847.9	109086.9	1754539.9	1039748.4	109612.6
私营独资企业	19889.9	4032.4	1174.9	142691.8	95690.2	7391.7
私营合伙企业	1079.4	284.2		5687.6	2694.8	215.5
私营有限责任公司	319108.2	47193.9	83435.3	1448804.0	861361.5	97167.1
私营股份有限公司	29668.8	4337.4	24476.7	157356.5	80001.9	4838.3
其他企业	5796.4	504.3	32.1	12789.0	4986.0	690.1
港、澳、台商投资企业	**112233.2**	**15534.3**	**21801.6**	**431829.1**	**134017.9**	**18743.1**
合资经营企业	72595.3	8102.0	10524.3	255851.4	91651.5	14056.6
合作经营企业						
独资经营企业	39637.9	7432.3	11277.3	175977.7	42366.4	4686.5
投资股份有限公司						
其他港澳台商投资企业						
外商投资企业	**206428.7**	**35347.4**	**18366.4**	**547217.5**	**161029.5**	**15499.1**
中外合资经营企业	48742.5	4441.1	3707.6	119725.1	74283.4	2982.4
中外合作经营企业	2422.0	239.8		8540.2	3883.6	1138.9
外资企业	131527.4	27909.5	14658.8	353536.4	65758.6	10500.6
外商投资股份有限公司	23736.8	2757.0		65415.8	17103.9	877.2
其他外商投资企业						

2-B-4 续表 2 单位：万元

项目	非流动负债合计	负债合计	所有者权益合计	#实收资本	国家资本	集体资本
总　计	**1572020.5**	**4708409.6**	**1872195.2**	**2378843.7**	**804289.8**	**124304.0**
内资企业	**1156662.6**	**3973893.0**	**1627665.2**	**1785011.5**	**755631.8**	**123046.8**
国有企业	177122.9	562840.4	587166.5	498642.0	461516.5	36930.0
集体企业	51213.7	88644.2	12759.6	19009.9	150.0	16217.5
股份合作企业						
联营企业		2174.0	-1158.4	300.0	300.0	
国有联营企业		2174.0	-1158.4	300.0	300.0	
集体联营企业						
国有与集体联营企业						
其他联营企业						
有限责任公司	462549.8	1583094.6	570214.1	746703.4	254165.8	65115.3
国有独资公司	7707.9	30585.6	75776.8	71720.0	66720.0	
其他有限责任公司	454841.9	1552509.0	494437.3	674983.4	187445.8	65115.3
股份有限公司	100031.8	249442.0	179052.3	106350.9	37284.5	2944.0
私营企业	365238.2	1477201.2	277338.7	409694.6	1898.0	1840.0
私营独资企业	1719.9	98460.0	44231.8	29916.8		
私营合伙企业		2968.3	2719.3	960.0		
私营有限责任公司	339214.6	1263704.2	185099.8	348542.2	1898.0	1840.0
私营股份有限公司	24303.7	112068.7	45287.8	30275.6		
其他企业	506.2	10496.6	2292.4	4310.7	317.0	
港、澳、台商投资企业	**209582.9**	**346420.9**	**85408.2**	**256658.7**	**44345.1**	**1257.2**
合资经营企业	171677.6	266151.2	-10299.8	122757.8	44345.1	1257.2
合作经营企业						
独资经营企业	37905.3	80269.7	95708.0	133900.9		
投资股份有限公司						
其他港澳台商投资企业						
外商投资企业	**205775.0**	**388095.7**	**159121.8**	**337173.5**	**4312.9**	
中外合资经营企业	15938.2	90221.6	29503.5	61644.0	4312.9	
中外合作经营企业		3883.6	4656.6	1520.8		
外资企业	175439.5	262489.2	91047.2	233247.2		
外商投资股份有限公司	14397.3	31501.3	33914.5	40761.5		
其他外商投资企业						

2-B-4　续表 3　　　　单位：万元

项　目					损益及分配	
	法人资本	个人资本	港澳台资本	外商资本	营业收入	#主营业务收入
总　计	**524513.1**	**427545.7**	**195644.7**	**302546.4**	**2095588.7**	**2061507.0**
内资企业	**485392.6**	**419515.3**		**1425.0**	**1845664.3**	**1812408.8**
国有企业	175.5	20.0			306321.6	292255.0
集体企业	2522.4	120.0			40272.8	39886.7
股份合作企业						
联营企业					3786.0	3786.0
国有联营企业					3786.0	3786.0
集体联营企业						
国有与集体联营企业						
其他联营企业						
有限责任公司	378799.6	48622.7			629228.1	616349.0
国有独资公司	5000.0				31713.5	31329.9
其他有限责任公司	373799.6	48622.7			597514.6	585019.1
股份有限公司	46771.0	17926.4		1425.0	137297.8	137115.6
私营企业	54942.2	351014.4			721828.8	716087.3
私营独资企业	2116.2	27800.6			51521.1	50815.9
私营合伙企业	199.8	760.2			11281.9	11232.9
私营有限责任公司	46680.7	298123.5			608507.4	604293.0
私营股份有限公司	5945.5	24330.1			50518.4	49745.5
其他企业	2181.9	1811.8			6929.2	6929.2
港、澳、台商投资企业	**11288.2**	**7086.8**	**192681.4**		**121850.7**	**121478.8**
合资经营企业	6238.6	7086.8	63830.1		79212.4	79212.3
合作经营企业						
独资经营企业	5049.6		128851.3		42638.3	42266.5
投资股份有限公司						
其他港澳台商投资企业						
外商投资企业	**27832.3**	**943.6**	**2963.3**	**301121.4**	**128073.7**	**127619.4**
中外合资经营企业	20817.1	943.6	2640.0	32930.4	31797.6	31593.3
中外合作经营企业	652.5			868.3	9783.0	9783.0
外资企业			323.3	232923.9	67711.6	67461.6
外商投资股份有限公司	6362.7			34398.8	18781.5	18781.5
其他外商投资企业						

2-B-4 续表 4

单位：万元

项目	营业成本	#主营业务成本	营业税金及附加	#主营业务税金及附加	其他业务利润	销售费用
总计	**823384.9**	**812580.7**	**107872.3**	**107301.5**	**19237.2**	**587976.6**
内资企业	**741915.5**	**731201.1**	**94354.4**	**93785.4**	**16767.2**	**514719.3**
国有企业	124868.1	121176.3	14382.3	14230.6	3899.2	90644.5
集体企业	19751.1	19731.2	2120.9	2116.7	1947.0	11911.9
股份合作企业						
联营企业	805.7	805.7	186.7	186.7		1063.8
国有联营企业	805.7	805.7	186.7	186.7		1063.8
集体联营企业						
国有与集体联营企业						
其他联营企业						
有限责任公司	223909.0	220858.5	33041.4	33004.8	6617.7	170833.2
国有独资公司	10307.6	10222.1	1643.7	1643.7	300.5	9437.2
其他有限责任公司	213601.4	210636.4	31397.7	31361.1	6317.2	161396.0
股份有限公司	67567.0	67156.3	5811.3	5810.6	336.0	35438.5
私营企业	302415.7	298874.2	38493.0	38134.0	3871.9	201859.6
私营独资企业	23980.5	23332.0	2685.4	2645.8	328.7	9901.7
私营合伙企业	7144.5	7144.5	424.5	424.5	1.1	1670.2
私营有限责任公司	250329.0	247750.9	32672.0	32400.1	3337.1	175876.2
私营股份有限公司	20961.7	20646.8	2711.1	2663.6	205.0	14411.5
其他企业	2598.9	2598.9	318.8	302.0	95.4	2967.8
港、澳、台商投资企业	**33786.2**	**33762.6**	**6729.2**	**6729.2**	**966.2**	**39779.1**
合资经营企业	18971.0	18971.0	4426.0	4426.0	764.8	23544.9
合作经营企业						
独资经营企业	14815.2	14791.6	2303.2	2303.2	201.4	16234.2
投资股份有限公司						
其他港澳台商投资企业						
外商投资企业	**47683.2**	**47617.0**	**6788.7**	**6786.9**	**1503.8**	**33478.2**
中外合资经营企业	12833.4	12792.7	1632.0	1632.0	518.3	10091.7
中外合作经营企业	5184.6	5184.6	425.9	425.9		2660.6
外资企业	26433.6	26408.1	3707.4	3705.6	985.5	15518.7
外商投资股份有限公司	3231.6	3231.6	1023.4	1023.4		5207.2
其他外商投资企业						

2-B-4　续表 5　　　　　　　　　　　　　　　　　　　　单位：万元

项　　目	管理费用	#税金	财务费用	#利息收入	#利息支出	资产减值损失
总　计	**597249.0**	**22650.9**	**99923.9**	**7703.6**	**66376.0**	**1538.8**
内资企业	**501128.6**	**19202.1**	**84145.3**	**6918.0**	**57990.5**	**723.7**
国有企业	90292.8	4702.5	5350.4	3058.4	6936.7	440.7
集体企业	6318.8	206.6	884.9	19.8	753.3	
股份合作企业						
联营企业	1032.0	0.4	15.8	0.7		1.1
国有联营企业	1032.0	0.4	15.8	0.7		1.1
集体联营企业						
国有与集体联营企业						
其他联营企业						
有限责任公司	204625.2	6762.3	38004.5	2442.9	26871.7	219.0
国有独资公司	11943.3	165.1	720.4	-78.4	205.7	-5.8
其他有限责任公司	192681.9	6597.2	37284.1	2521.3	26666.0	224.8
股份有限公司	32121.2	826.3	2015.7	566.9	1184.0	46.0
私营企业	165832.7	6678.6	37495.7	827.9	22244.4	16.9
私营独资企业	9168.2	375.5	2675.9	52.1	1735.0	
私营合伙企业	1412.6	16.7	32.9	0.4		
私营有限责任公司	144601.5	5715.8	30443.9	802.1	19277.9	16.9
私营股份有限公司	10650.4	570.6	4343.0	-26.7	1231.5	
其他企业	905.9	25.4	378.3	1.4	0.4	
港、澳、台商投资企业	**51459.0**	**861.8**	**9274.8**	**185.0**	**5308.0**	**-2.5**
合资经营企业	33621.5	389.8	7323.7	17.1	4907.2	-2.5
合作经营企业						
独资经营企业	17837.5	472.0	1951.1	167.9	400.8	
投资股份有限公司						
其他港澳台商投资企业						
外商投资企业	**44661.4**	**2587.0**	**6503.8**	**600.6**	**3077.5**	**817.6**
中外合资经营企业	8145.5	561.6	1968.9	22.2	735.4	3.8
中外合作经营企业	927.2	1.6	404.8		377.9	
外资企业	27120.3	1817.4	3418.7	533.8	1332.4	813.8
外商投资股份有限公司	8468.4	206.4	711.4	44.6	631.8	
其他外商投资企业						

2-B-4 续表 6 单位：万元

项目	公允价值变动收益(损失以"-"号记)	投资收益(损失以"-"号记)	营业利润	营业外收入	#补贴收入
总计	**35.1**	**11494.1**	**-105188.4**	**29137.0**	**3767.9**
内资企业	**35.1**	**11528.0**	**-75097.0**	**27987.8**	**3700.7**
国有企业	10.8	45.2	-18859.6	3483.8	1074.1
集体企业		14.4	-694.6	38.7	
股份合作企业					
联营企业			680.9	1.0	
国有联营企业			680.9	1.0	
集体联营企业					
国有与集体联营企业					
其他联营企业					
有限责任公司	0.4	2452.6	-38588.4	5509.8	1330.8
国有独资公司		77.4	-2326.3	876.9	200.0
其他有限责任公司	0.4	2375.2	-36262.1	4632.9	1130.8
股份有限公司	23.9	4378.9	1377.9	2015.1	1.4
私营企业		4618.2	-18871.0	16899.9	1294.4
私营独资企业			3160.2	63.6	
私营合伙企业			598.3		
私营有限责任公司		4618.2	-20293.2	16734.0	1294.4
私营股份有限公司			-2336.3	102.3	
其他企业		18.7	-142.2	39.5	
港、澳、台商投资企业		**162.6**	**-18704.1**	**539.0**	**42.3**
合资经营企业		162.6	-8201.2	439.3	
合作经营企业					
独资经营企业			-10502.9	99.7	42.3
投资股份有限公司					
其他港澳台商投资企业					
外商投资企业		**-196.5**	**-11387.3**	**610.2**	**24.9**
中外合资经营企业			-2592.3	52.1	
中外合作经营企业			179.9	31.9	
外资企业		-196.5	-9114.4	460.0	
外商投资股份有限公司			139.5	66.2	24.9
其他外商投资企业					

2-B-4　续表 7

单位：万元

项　　目	利润总额	应交所得税	人工成本及增值税 应付职工薪酬（本年贷方累计发生额）	亏损企业数（个）	亏损总额
总　计	**-114975.4**	**11277.4**	**491644.1**	**434**	**198802.3**
内资企业	**-82613.5**	**10683.0**	**426125.1**	**388**	**158508.9**
国有企业	-15258.5	1108.2	78125.6	56	23153.3
集体企业	-769.4	89.4	8733.0	11	1826.7
股份合作企业					
联营企业	679.9	169.9	646.9		
国有联营企业	679.9	169.9	646.9		
集体联营企业					
国有与集体联营企业					
其他联营企业					
有限责任公司	-47975.6	2841.4	151757.2	114	68925.8
国有独资公司	-4376.9	348.5	9607.4	7	5768.3
其他有限责任公司	-43598.7	2492.9	142149.8	107	63157.5
股份有限公司	797.8	1130.1	28686.6	16	7670.9
私营企业	-20001.1	5317.0	156204.1	186	56281.8
私营独资企业	2919.9	519.2	9228.6	5	1363.9
私营合伙企业	584.5	65.9	1619.3	2	27.1
私营有限责任公司	-23126.3	4638.0	133257.7	169	52235.0
私营股份有限公司	-379.2	93.9	12098.5	10	2655.8
其他企业	-86.6	27.0	1971.7	5	650.4
港、澳、台商投资企业	**-18688.0**	**57.5**	**31354.2**	**18**	**23046.2**
合资经营企业	-7610.2	56.7	19905.0	7	11797.8
合作经营企业					
独资经营企业	-11077.8	0.8	11449.2	11	11248.4
投资股份有限公司					
其他港澳台商投资企业					
外商投资企业	**-13673.9**	**536.9**	**34164.8**	**28**	**17247.2**
中外合资经营企业	-3307.1	97.3	7195.2	10	3703.0
中外合作经营企业	207.9	5.0	1504.6	1	2.0
外资企业	-10755.9	57.5	21596.2	16	11824.1
外商投资股份有限公司	181.2	377.1	3868.8	1	1718.1
其他外商投资企业					

2-B-5 按登记注册类型分全部餐饮业法人财务状况

单位：万元

项目	营业收入	#主营业务收入	营业税金及附加其他业务	#主营业务税金及附加其他业务	资产合计	实收资本
总计	**4939683.3**	**4913519.8**	**236589.2**	**234871.3**	**5813991.6**	**1915039.2**
内资企业	**3896792.5**	**3876030.9**	**183026.4**	**181340.5**	**5013078.7**	**1621457.6**
国有企业	62357.4	61694.7	3123.0	3092.7	107978.6	22106.1
集体企业	19225.0	19196.2	1010.6	1008.7	69414.3	13196.1
股份合作企业	5381.8	5347.8	226.7	226.7	4276.8	2326.2
联营企业	2324.9	2297.9	128.7	128.7	2371.8	943.5
国有联营企业	108.3	108.3	6.1	6.1	281.5	101.0
集体联营企业	1248.0	1248.0	69.4	69.4	682.9	207.5
国有与集体联营企业						
其他联营企业	968.5	941.5	53.2	53.2	1407.4	635.0
有限责任公司	708122.5	705056.4	37072.2	36841.1	1331592.6	397540.4
国有独资公司	28163.7	27913.0	1279.6	1279.1	95246.7	12666.0
其他有限责任公司	679958.8	677143.4	35792.6	35562.0	1236345.9	384874.4
股份有限公司	86838.9	83633.7	4114.6	4103.1	168081.4	48194.7
私营企业	2949341.9	2936724.3	133526.6	132125.5	3128909.0	1055025.7
私营独资企业	885145.6	882967.1	31648.7	31283.8	575475.9	205889.2
私营合伙企业	44603.8	44253.8	1891.2	1877.0	28694.9	11878.2
私营有限责任公司	1914930.9	1905219.7	94787.1	93799.9	2392272.3	792201.3
私营股份有限公司	104661.6	104283.6	5199.5	5164.7	132465.8	45057.1
其他企业	63200.0	62079.9	3824.0	3814.0	200454.3	82124.8
港、澳、台商投资企业	**192845.1**	**192426.6**	**8383.8**	**8351.8**	**326802.3**	**162822.4**
合资经营企业	82373.9	82165.9	3564.8	3533.8	101699.7	34084.2
合作经营企业	1843.3	1843.3	108.1	108.1	8867.4	5042.8
独资经营企业	108141.7	107931.2	4693.2	4692.2	216072.6	123506.3
投资股份有限公司	179.7	179.7	2.0	2.0	30.0	50.0
其他港澳台商投资企业	306.4	306.4	15.7	15.7	132.5	139.2
外商投资企业	**850045.8**	**845062.3**	**45179.0**	**45178.9**	**474110.6**	**130759.3**
中外合资经营企业	300974.4	299985.4	16519.4	16519.4	120199.4	25086.0
中外合作经营企业						
外资企业	545938.9	541944.5	28504.7	28504.7	351366.0	103862.3
外商投资股份有限公司	2720.1	2720.1	134.8	134.8	2343.2	1648.1
其他外商投资企业	412.3	412.3	20.1	20.1	202.0	163.0

2-B-6　按登记注册类型分限额以上餐饮业法人财务状况

单位：万元

项　　目	年初存货	期末资产负债				
		流动资产合　计	#应收账款	#存货	固定资产合　计	固定资产原　价
总　计	**151900.6**	**1776103.4**	**208825.6**	**143919.0**	**1430358.6**	**1953459.3**
内资企业	**112484.4**	**1555438.6**	**185852.3**	**109066.9**	**1231730.9**	**1639865.3**
国有企业	2163.6	28647.8	7317.8	1893.3	42776.3	65246.3
集体企业	511.1	10619.2	843.1	427.2	4902.6	8252.0
股份合作企业	124.3	511.2	184.1	302.5	669.0	692.1
联营企业	4.1	176.0		4.2	3.0	28.3
国有联营企业						
集体联营企业	4.1	176.0		4.2	3.0	28.3
国有与集体联营企业						
其他联营企业						
有限责任公司	29948.2	513056.4	42935.9	30426.2	343323.0	458020.7
国有独资公司	1304.0	75568.8	1461.5	1389.2	14423.7	17984.2
其他有限责任公司	28644.2	437487.6	41474.4	29037.0	328899.3	440036.5
股份有限公司	2437.1	94272.3	8853.2	2589.5	30572.8	39778.2
私营企业	76197.6	899020.5	123361.2	72610.7	771804.4	1020945.2
私营独资企业	18374.2	129127.6	29111.7	19582.3	169519.4	210516.3
私营合伙企业	844.9	4573.1	1035.2	708.3	4406.0	5952.2
私营有限责任公司	53945.5	717180.0	88138.6	49555.5	579365.2	774192.6
私营股份有限公司	3033.0	48139.8	5075.7	2764.6	18513.8	30284.1
其他企业	1098.4	9135.2	2357.0	813.3	37679.8	46902.5
港、澳、台商投资企业	**5241.1**	**98920.4**	**6012.0**	**4753.3**	**84921.3**	**118458.5**
合资经营企业	2108.9	23329.6	1905.4	1967.0	12776.7	27787.9
合作经营企业	182.3	6383.3	46.2	336.0	363.5	236.9
独资经营企业	2949.9	69207.5	4060.4	2450.3	71781.1	90433.7
投资股份有限公司						
其他港澳台商投资企业						
外商投资企业	**34175.1**	**121744.4**	**16961.3**	**30098.8**	**113706.4**	**195135.5**
中外合资经营企业	13428.7	28405.4	1095.7	9797.8	28234.4	56021.3
中外合作经营企业						
外资企业	20689.8	93099.2	15865.5	20238.7	84885.1	138107.2
外商投资股份有限公司	56.6	239.8	0.1	62.3	586.9	1007.0
其他外商投资企业						

2-B-6 续表 1

单位：万元

项目	累计折旧	#本年折旧	在建工程	资产总计	流动负债合计	#应付账款
总计	**586618.5**	**166915.7**	**239377.4**	**4185849.5**	**2474705.0**	**450302.4**
内资企业	**469837.4**	**125939.9**	**199701.8**	**3499488.9**	**2128436.1**	**385857.8**
国有企业	22630.2	4074.3	928.9	78771.8	38259.0	9901.7
集体企业	4193.6	602.3	681.6	17972.8	13902.3	3160.3
股份合作企业	40.6	0.2	17.3	1220.5	613.5	286.3
联营企业	25.3	1.6		179.0	95.6	
国有联营企业						
集体联营企业	25.3	1.6		179.0	95.6	
国有与集体联营企业						
其他联营企业						
有限责任公司	135901.3	36435.0	59847.1	1078396.7	710987.6	133019.7
国有独资公司	8393.0	1952.4	4836.6	95246.7	93651.8	4914.2
其他有限责任公司	127508.3	34482.6	55010.5	983150.0	617335.8	128105.5
股份有限公司	9675.5	2805.5	58.3	141788.5	96180.3	14809.4
私营企业	287463.2	80140.0	138168.6	2128062.6	1245679.3	223437.5
私营独资企业	48409.7	17220.9	5837.1	336842.8	115905.0	28137.0
私营合伙企业	1555.7	383.1	615.4	10632.7	5920.8	540.0
私营有限责任公司	225677.5	59532.9	117364.2	1680299.2	1063134.7	185387.4
私营股份有限公司	11820.3	3003.1	14351.9	100287.9	60718.8	9373.1
其他企业	9907.7	1881.0		53097.0	22718.5	1242.9
港、澳、台商投资企业	**34315.0**	**8609.2**	**14932.1**	**258256.8**	**92818.0**	**23807.9**
合资经营企业	15610.3	1923.0	2115.2	62480.7	20680.3	3599.1
合作经营企业	52.0	22.4	178.6	8867.4	5603.0	192.0
独资经营企业	18652.7	6663.8	12638.3	186908.7	66534.7	20016.8
投资股份有限公司						
其他港澳台商投资企业						
外商投资企业	**82466.1**	**32366.6**	**24743.5**	**428103.8**	**253450.9**	**40636.7**
中外合资经营企业	27814.5	6605.4	6796.8	114592.4	76348.5	10454.3
中外合作经营企业						
外资企业	54231.5	25636.5	17946.7	312684.7	176802.8	30182.4
外商投资股份有限公司	420.1	124.7		826.7	299.6	
其他外商投资企业						

2-B-6 续表 2 单位：万元

项目	非流动负债合计	负债合计	所有者权益合计	#实收资本	国家资本	集体资本
总　计	**467374.9**	**2973669.6**	**1212239.8**	**1166099.0**	**101467.3**	**28041.2**
内资企业	**381548.3**	**2540717.3**	**958831.5**	**935592.9**	**97798.1**	**25394.9**
国有企业	23702.8	61961.8	16810.0	8085.9	7288.5	19.0
集体企业	216.2	14358.5	3614.3	5512.0		5345.0
股份合作企业		613.5	607.0	419.4		210.0
联营企业		95.6	83.4	5.0		5.0
国有联营企业						
集体联营企业		95.6	83.4	5.0		5.0
国有与集体联营企业						
其他联营企业						
有限责任公司	168638.8	853203.4	225253.8	287230.3	82692.0	14302.1
国有独资公司	1186.7	94838.5	408.2	12666.0	12363.2	
其他有限责任公司	167452.1	758364.9	224845.6	274564.3	70328.8	14302.1
股份有限公司	15289.2	113705.7	28082.8	23934.5	3250.0	1665.8
私营企业	173670.3	1471034.8	657027.2	573680.7	3367.6	3848.0
私营独资企业	6407.3	130349.1	206493.7	104788.8	196.6	
私营合伙企业	178.8	6058.2	4574.5	4656.0		
私营有限责任公司	152961.5	1260048.0	420250.6	434092.1	3171.0	3848.0
私营股份有限公司	14122.7	74579.5	25708.4	30143.8		
其他企业	31.0	25744.0	27353.0	36725.1	1200.0	
港、澳、台商投资企业	**52707.3**	**145937.6**	**112319.2**	**120090.5**	**3037.4**	**113.0**
合资经营企业	4223.1	25315.6	37165.1	20739.1	3037.4	113.0
合作经营企业		5603.1	3264.3	5042.8		
独资经营企业	48484.2	115018.9	71889.8	94308.6		
投资股份有限公司						
其他港澳台商投资企业						
外商投资企业	**33119.3**	**287014.7**	**141089.1**	**110415.6**	**631.8**	**2533.3**
中外合资经营企业	1938.7	78287.2	36305.2	20401.6	631.8	2533.3
中外合作经营企业						
外资企业	31080.6	208238.6	104446.1	89572.4		
外商投资股份有限公司	100.0	488.9	337.8	441.6		
其他外商投资企业						

2-B-6 续表 3

单位：万元

项目					损益及分配	
	法人资本	个人资本	港澳台资本	外商资本	营业收入	#主营业务收入
总计	**252163.9**	**586885.3**	**97462.3**	**100079.0**	**3989214.0**	**3970378.0**
内资企业	**226761.8**	**585638.1**			**2979470.6**	**2965924.0**
国有企业	778.4				51549.6	51232.2
集体企业		167.0			11754.9	11754.9
股份合作企业	150.0	59.4			1072.1	1038.1
联营企业					961.7	961.7
国有联营企业						
集体联营企业					961.7	961.7
国有与集体联营企业						
其他联营企业						
有限责任公司	139909.8	50326.4			620704.9	618393.3
国有独资公司	47.8	255.0			28163.7	27913.0
其他有限责任公司	139862.0	50071.4			592541.2	590480.3
股份有限公司	6366.5	12652.2			71544.0	68360.3
私营企业	53460.3	513004.8			2199900.4	2192229.1
私营独资企业	3740.5	100851.7			661242.0	660131.3
私营合伙企业	120.0	4536.0			25604.5	25559.9
私营有限责任公司	46833.8	380239.3			1433139.9	1426954.3
私营股份有限公司	2766.0	27377.8			79914.0	79583.6
其他企业	26096.8	9428.3			21983.0	21954.4
港、澳、台商投资企业	**18500.0**	**1012.0**	**95793.2**	**1634.9**	**175907.7**	**175541.2**
合资经营企业	11957.3	12.0	5619.4		81648.9	81440.9
合作经营企业	411.3		2996.6	1634.9	1843.3	1843.3
独资经营企业	6131.4	1000.0	87177.2		92415.5	92257.0
投资股份有限公司						
其他港澳台商投资企业						
外商投资企业	**6902.1**	**235.2**	**1669.1**	**98444.1**	**833835.7**	**828912.8**
中外合资经营企业	3702.1	50.4	1609.1	11874.9	297204.3	296275.8
中外合作经营企业						
外资企业	3000.0	134.8	60.0	86377.6	534795.2	530800.8
外商投资股份有限公司	200.0	50.0		191.6	1836.2	1836.2
其他外商投资企业						

2-B-6　续表 4　　　　单位：万元

项　　目	营业成本	#主营业务成本	营业税金及附加	#主营业务税金及附加	其他业务利润	销售费用
总　　计	**2075059.8**	**2059472.0**	**196878.6**	**195993.4**	**22014.4**	**942417.1**
内资企业	**1596702.3**	**1584845.6**	**144722.7**	**143869.5**	**15248.3**	**608237.2**
国有企业	24335.4	24265.4	2687.5	2683.6	329.6	12735.9
集体企业	6116.0	6089.8	670.7	670.7		2341.3
股份合作企业	564.4	563.4	77.1	77.1	14.9	163.0
联营企业	528.6	528.3	53.9	53.9		34.2
国有联营企业						
集体联营企业	528.6	528.3	53.9	53.9		34.2
国有与集体联营企业						
其他联营企业						
有限责任公司	289707.4	287921.7	33522.7	33362.4	3392.4	175844.7
国有独资公司	13178.2	13175.6	1279.6	1279.1	13.4	5628.8
其他有限责任公司	276529.2	274746.1	32243.1	32083.3	3379.0	170215.9
股份有限公司	41089.3	38398.1	3443.5	3433.2	166.7	14557.6
私营企业	1221675.7	1214461.7	102508.1	101831.8	11341.8	398514.6
私营独资企业	373643.5	373263.1	22977.8	22731.6	2106.7	69023.4
私营合伙企业	14562.2	14562.2	1136.2	1135.0	188.8	4206.0
私营有限责任公司	793289.0	786575.2	74153.3	73755.1	8789.9	305327.7
私营股份有限公司	40181.0	40061.2	4240.8	4210.1	256.4	19957.5
其他企业	12685.5	12617.2	1759.2	1756.8	2.9	4045.9
港、澳、台商投资企业	**72127.3**	**72018.7**	**7750.3**	**7718.3**	**275.1**	**72925.3**
合资经营企业	35746.5	35707.6	3521.3	3490.3	218.5	27256.4
合作经营企业	1323.6	1323.6	108.1	108.1		476.0
独资经营企业	35057.2	34987.5	4120.9	4119.9	56.6	45192.9
投资股份有限公司						
其他港澳台商投资企业						
外商投资企业	**406230.2**	**402607.7**	**44405.6**	**44405.6**	**6491.0**	**261254.6**
中外合资经营企业	156636.6	155663.2	16425.1	16425.1	149.9	75393.3
中外合作经营企业						
外资企业	248376.9	245727.8	27889.5	27889.5	6341.1	185575.4
外商投资股份有限公司	1216.7	1216.7	91.0	91.0		285.9
其他外商投资企业						

2-B-6 续表 5

单位：万元

项目	管理费用	#税金	财务费用	#利息收入	利息支出	资产减值损失
总　计	**487545.1**	**16890.7**	**69238.4**	**10221.9**	**27407.0**	**1238.8**
内资企业	**390487.8**	**13469.6**	**58656.9**	**8554.1**	**25373.0**	**36.5**
国有企业	12121.3	141.5	620.3	83.4	414.7	11.8
集体企业	3242.4	11.6	240.3	8.3	203.7	
股份合作企业	41.8	0.1	1.2			
联营企业	308.1		6.9			
国有联营企业						
集体联营企业	308.1		6.9			
国有与集体联营企业						
其他联营企业						
有限责任公司	115549.4	4708.9	12611.7	1745.5	6177.6	6.0
国有独资公司	9141.7	133.0	678.2	4.1	-0.1	
其他有限责任公司	106407.7	4575.9	11933.5	1741.4	6177.7	6.0
股份有限公司	7035.7	217.6	1624.2	-169.5	1100.0	
私营企业	248771.8	8285.4	43176.2	6882.8	17414.6	30.2
私营独资企业	46207.6	1830.5	11393.4	5572.7	2543.3	9.9
私营合伙企业	2635.2	120.1	191.8	0.8	80.4	0.1
私营有限责任公司	187158.6	5893.4	29391.9	1159.7	13457.8	5.9
私营股份有限公司	12770.4	441.4	2199.1	149.6	1333.1	14.3
其他企业	3417.3	104.5	376.1	3.6	62.4	-11.5
港、澳、台商投资企业	**22691.2**	**292.2**	**4702.1**	**72.9**	**260.7**	
合资经营企业	10369.1	141.8	614.7	80.7	188.6	
合作经营企业	229.8		9.7	0.1	5.6	
独资经营企业	12092.3	150.4	4077.7	-7.9	66.5	
投资股份有限公司						
其他港澳台商投资企业						
外商投资企业	**74366.1**	**3128.9**	**5879.4**	**1594.9**	**1773.3**	**1202.3**
中外合资经营企业	29643.9	208.6	1734.4	1049.5	913.1	572.7
中外合作经营企业						
外资企业	44682.9	2918.2	4124.6	545.4	860.2	629.6
外商投资股份有限公司	39.3	2.1	20.4			
其他外商投资企业						

2-B-6 续表 6　　　　单位：万元

项　目	公允价值变动收益(损失以"-"号记)	投资收益(损失以"-"号记)	营业利润	营业外收入	#补贴收入
总　计	**2.0**	**579.2**	**231140.2**	**32425.4**	**4018.8**
内资企业	**2.0**	**245.3**	**188206.7**	**28757.7**	**3847.1**
国有企业			-947.7	302.2	239.0
集体企业			-855.7	11.1	
股份合作企业			206.5	0.2	
联营企业			30.0		
国有联营企业					
集体联营企业			30.0		
国有与集体联营企业					
其他联营企业					
有限责任公司	1.0	2943.1	-4799.5	4056.6	2848.8
国有独资公司		4.5	-1738.3	1335.9	1124.4
其他有限责任公司	1.0	2938.6	-3061.2	2720.7	1724.4
股份有限公司			3710.0	98.5	26.4
私营企业	1.0	-2697.8	191152.8	24271.1	732.9
私营独资企业		-1.9	137773.6	18335.4	2.4
私营合伙企业		2.5	2865.5	2.0	
私营有限责任公司	1.0	-2698.4	49909.8	5822.8	699.9
私营股份有限公司			603.9	110.9	30.6
其他企业			-289.7	18.0	
港、澳、台商投资企业			**-4167.0**	**585.2**	**155.6**
合资经营企业			4205.8	517.8	30.1
合作经营企业			-303.9	0.7	
独资经营企业			-8068.9	66.7	125.5
投资股份有限公司					
其他港澳台商投资企业					
外商投资企业		**333.9**	**47100.5**	**3082.5**	**16.1**
中外合资经营企业			16820.6	1376.0	
中外合作经营企业					
外资企业		333.9	30097.0	1666.9	16.0
外商投资股份有限公司			182.9	39.6	0.1
其他外商投资企业					

2-B-6 续表 7

单位：万元

项目	利润总额	应交所得税	人工成本及增值税 应付职工薪酬（本年贷方累计发生额）	亏损企业数（个）	亏损总额
总计	**169015.3**	**46418.8**	**741695.8**	**653**	**138765.9**
内资企业	**127168.2**	**31329.8**	**552918.4**	**607**	**118379.4**
国有企业	-724.5	280.9	11209.0	12	2669.5
集体企业	-951.3	23.2	2491.7	5	1204.2
股份合作企业	12.6	3.2	261.5		
联营企业	30.0		175.0		
国有联营企业					
集体联营企业	30.0		175.0		
国有与集体联营企业					
其他联营企业					
有限责任公司	-6652.0	5846.6	132954.1	146	39130.9
国有独资公司	-455.7	204.6	7867.6	10	2798.0
其他有限责任公司	-6196.3	5642.0	125086.5	136	36332.9
股份有限公司	2347.2	488.2	14261.6	10	1728.8
私营企业	134745.1	24540.6	386407.1	427	71137.4
私营独资企业	93508.9	9538.8	97794.8	26	2520.1
私营合伙企业	2727.2	533.2	3683.9	6	565.0
私营有限责任公司	39024.4	13885.0	268897.0	373	62945.6
私营股份有限公司	-515.4	583.6	16031.4	22	5106.7
其他企业	-1638.9	147.1	5158.4	7	2508.6
港、澳、台商投资企业	**-4943.8**	**2051.4**	**32524.4**	**29**	**14593.8**
合资经营企业	3817.5	1076.3	10654.6	9	1723.5
合作经营企业	-311.6	1.1	1193.3	1	328.5
独资经营企业	-8449.7	974.0	20676.5	19	12541.8
投资股份有限公司					
其他港澳台商投资企业					
外商投资企业	**46790.9**	**13037.6**	**156253.0**	**17**	**5792.7**
中外合资经营企业	17680.9	4527.6	49153.2	5	674.4
中外合作经营企业					
外资企业	28929.1	8510.0	106920.9	10	5066.9
外商投资股份有限公司	180.9		178.9	2	51.4
其他外商投资企业					

2-B-7　按行业中类和经营方式分全部住宿和餐饮业法人财务状况

单位：万元

项　　目	营业收入	#主营业务收　入	营业税金及附加其他业务	#主营业务税金及附加其他业务	资产合计	实收资本
总　计	**7494734.7**	**7431059.1**	**364742.9**	**362096.4**	**13853288.3**	**4981601.7**
住宿业	**2555051.4**	**2517539.4**	**128153.8**	**127225.1**	**8039296.7**	**3066562.4**
按国民经济行业分组						
旅游饭店	1952443.2	1921406.4	99673.8	99126.6	6747905.6	2496858.1
一般旅馆	527564.3	521825.2	25006.5	24685.5	1124631.4	490723.3
其他住宿业	75043.9	74307.8	3473.4	3413.0	166759.7	78981.0
按星级等级分组						
五星	554740.1	544821.8	28169.7	28134.7	2705157.7	1015908.0
四星	595318.4	581814.3	30234.6	30079.1	1675996.8	659162.0
三星	366277.0	362128.0	18629.2	18528.5	894028.0	338328.1
二星	59489.2	59002.3	2649.6	2576.7	126197.8	67855.7
一星	16323.6	15923.0	502.8	456.9	22444.4	9323.1
其他	962903.1	953850.0	47967.9	47449.2	2615472.0	975985.5
按经营方式分组						
独立门店	2295866.3	2263826.3	114937.7	114121.8	7225354.1	2790981.2
连锁总店(总部)	12418.2	12405.2	656.6	654.7	19695.9	12316.8
连锁门店	132969.7	128931.4	7108.0	7035.4	376614.1	96079.3
其他	113797.2	112376.4	5451.5	5413.3	417632.5	167185.1
餐饮业	**4939683.3**	**4913519.8**	**236589.2**	**234871.3**	**5813991.6**	**1915039.2**
按国民经济行业分组						
正餐服务	3547538.9	3530651.3	170653.2	169103.8	5030137.2	1673189.2
快餐服务	1036434.9	1031118.0	52723.7	52657.5	483997.5	118663.4
饮料及冷饮服务	78571.4	78426.6	2843.1	2820.4	81779.8	39985.5
其他餐饮业	277138.0	273323.9	10369.1	10289.6	218077.1	83201.1
按经营方式分组						
独立门店	3578145.3	3557723.3	168470.8	166808.9	4797113.9	1676449.2
连锁总店(总部)	914255.7	909220.7	46639.4	46638.9	437338.6	79351.0
连锁门店	216039.3	216047.1	10959.9	10945.1	242158.6	53872.2
其他	231243.1	230528.7	10519.1	10478.4	337380.6	105366.9

说明：未参加评星的住宿业企业、单位按星级等级分组中归在“其他”中。同时星级住宿业中不含工商登记为“个体经营户的星级单位。

2-B-8 按行业中类和经营方式分限额以上住宿和餐饮业法人财务状况

单位：万元

项　目	年初存货	期末资产负债				
		流动资产合　计	#应收账款	#存货	固定资产合　计	固定资产原　价
总　计	**317619.6**	**3858116.9**	**386053.8**	**303249.2**	**4062525.9**	**6066876.2**
住宿业	**165719.0**	**2082013.5**	**177228.2**	**159330.2**	**2632167.3**	**4113416.9**
按国民经济行业分组						
旅游饭店	153228.1	1904739.3	162889.0	150809.3	2478682.0	3892461.6
一般旅馆	11625.9	157662.4	12028.5	7227.3	122553.9	178833.8
其他住宿业	865.0	19611.8	2310.7	1293.6	30931.4	42121.5
按星级等级分组						
五星	19315.4	667602.7	55183.5	17427.5	1023959.5	1557963.5
四星	29638.9	497834.4	38561.5	24785.5	621240.8	1078378.0
三星	17514.8	319548.6	51242.3	23225.7	255617.5	435199.7
二星	2117.7	13410.6	-6651.7	2358.1	35712.0	65830.8
一星	121.6	3601.0	88.8	98.9	1272.3	3197.4
其他	97010.6	580016.2	38803.8	91434.5	694365.2	972847.5
按经营方式分组						
独立门店	155519.8	1830885.7	169311.9	151538.1	2404543.9	3774948.2
连锁总店(总部)	10.0	1781.0	61.7	12.8	74.9	665.5
连锁门店	2327.9	109908.6	3846.0	3706.2	143682.4	209671.6
其他	7861.3	139438.2	4008.6	4073.1	83866.1	128131.6
餐饮业	**151900.6**	**1776103.4**	**208825.6**	**143919.0**	**1430358.6**	**1953459.3**
按国民经济行业分组						
正餐服务	110163.3	1593989.2	192525.9	105547.2	1301747.0	1736805.5
快餐服务	36456.0	126567.0	11145.3	32295.4	92958.4	163358.4
饮料及冷饮服务	563.1	20121.8	298.5	498.1	13559.1	18708.1
其他餐饮业	4718.2	35425.4	4855.9	5578.3	22094.1	34587.3
按经营方式分组						
独立门店	109857.5	1471056.8	186829.3	105213.0	1285383.8	1706890.5
连锁总店(总部)	33699.4	122909.9	5995.5	29667.4	95564.6	166763.1
连锁门店	5156.4	131113.3	6324.0	4626.0	22021.7	37361.5
其他	3187.3	51023.4	9676.8	4412.6	27388.5	42444.2

说明：未参加评星的住宿业企业、单位按星级等级分组中归在“其他”中。同时星级住宿业中不含工商登记为“个体经营户的星级单位。

2-B-8　续表 1　　单位：万元

项　目	累计折旧	#本年折旧	在建工程	资产总计	流动负债合计	#应付账款
总　计	**2164701.0**	**386475.8**	**783030.0**	**10766454.3**	**5519189.1**	**736080.6**
住宿业	**1578082.5**	**219560.1**	**543652.6**	**6580604.8**	**3044484.1**	**285778.2**
按国民经济行业分组						
旅游饭店	1506699.4	202932.5	503082.7	6118031.3	2790596.9	260069.1
一般旅馆	60128.0	14680.6	36670.9	392290.7	214923.8	21644.0
其他住宿业	11255.1	1947.0	3899.0	70282.8	38963.4	4065.1
按星级等级分组						
五星	558456.5	68421.6	308006.8	2583596.0	976689.7	88718.1
四星	494102.5	66386.4	122833.5	1562199.8	732683.9	69686.6
三星	193662.7	24176.3	14688.0	729152.0	441265.2	55701.9
二星	30421.2	2502.3	4417.5	70912.3	51027.3	7795.4
一星	1952.1	132.9		5384.7	3690.2	39.3
其他	299487.5	57940.6	93706.8	1629360.0	839127.8	63836.9
按经营方式分组						
独立门店	1466085.2	200664.8	461152.5	5986973.2	2758483.4	260932.8
连锁总店(总部)	590.6	102.4		3767.6	647.5	475.6
连锁门店	66654.9	9927.5	75130.9	313175.9	199938.5	16907.0
其他	44751.8	8865.4	7369.2	276688.1	85414.7	7462.8
餐饮业	**586618.5**	**166915.7**	**239377.4**	**4185849.5**	**2474705.0**	**450302.4**
按国民经济行业分组						
正餐服务	497230.5	132462.1	219073.2	3668600.8	2166356.2	401818.3
快餐服务	71589.1	29687.4	18542.6	392671.6	245209.3	37827.3
饮料及冷饮服务	5149.0	1448.2	1711.2	50509.1	26212.8	1473.4
其他餐饮业	12649.9	3318.0	50.4	74068.0	36926.7	9183.4
按经营方式分组						
独立门店	482787.7	130227.1	199180.7	3476147.3	2008450.7	385512.6
连锁总店(总部)	72203.3	29446.4	19431.0	403477.5	247251.7	34644.0
连锁门店	15456.3	3876.2	14288.3	202059.0	149100.6	17450.9
其他	16171.2	3366.0	6477.4	104165.7	69902.0	12694.9

2-B-8 续表 2

单位：万元

项 目	非流动负债合计	负债合计	所有者权益合计	#实收资本	国家资本	集体资本
总 计	**2039395.4**	**7682079.2**	**3084435.0**	**3544942.7**	**905757.1**	**152345.2**
住宿业	**1572020.5**	**4708409.6**	**1872195.2**	**2378843.7**	**804289.8**	**124304.0**
按国民经济行业分组						
旅游饭店	1521085.5	4392656.4	1725374.9	2218749.4	772008.0	120098.5
一般旅馆	48134.2	273988.9	118301.8	135153.8	22672.8	4105.5
其他住宿业	2800.8	41764.3	28518.5	24940.5	9609.0	100.0
按星级等级分组						
五星	961248.5	1940101.1	643494.9	943943.4	409370.9	17413.8
四星	256264.9	1039000.7	523199.1	583198.7	202731.2	41505.0
三星	52763.7	511017.2	218134.8	250894.3	69323.7	51958.6
二星	936.1	53233.6	17678.7	34277.0	9137.4	3099.6
一星	123.7	3813.9	1570.8	817.9		14.0
其他	300683.6	1161243.1	468116.9	565712.4	113726.6	10313.0
按经营方式分组						
独立门店	1397253.6	4235911.5	1751061.7	2209569.9	777477.3	123219.0
连锁总店(总部)		647.5	3120.1	1750.7		
连锁门店	72760.3	283644.6	29531.3	66722.0	14730.5	275.0
其他	102006.6	188206.0	88482.1	100801.1	12082.0	810.0
餐饮业	**467374.9**	**2973669.6**	**1212239.8**	**1166099.0**	**101467.3**	**28041.2**
按国民经济行业分组						
正餐服务	434678.9	2632769.4	1035891.3	1062203.7	101070.8	25451.4
快餐服务	29248.6	275248.8	117422.8	61893.9	88.5	2491.8
饮料及冷饮服务	318.2	26823.2	23685.9	23651.9		
其他餐饮业	3129.2	38828.2	35239.8	18349.5	308.0	98.0
按经营方式分组						
独立门店	403914.6	2439280.1	1036927.1	1033104.9	100908.8	22810.6
连锁总店(总部)	27200.8	274452.6	129024.9	71632.4		2491.8
连锁门店	32231.8	183006.2	19052.8	32142.9	110.0	1318.8
其他	4027.7	76930.7	27235.0	29218.8	448.5	1420.0

2-B-8　续表 3　　　　单位：万元

项　　目	法人资本	个人资本	港澳台资本	外商资本	损益及分配 营业收入	#主营业务收　入
总　计	**776677.0**	**1014431.0**	**293107.0**	**402625.4**	**6084802.7**	**6031885.0**
住宿业	**524513.1**	**427545.7**	**195644.7**	**302546.4**	**2095588.7**	**2061507.0**
按国民经济行业分组						
旅游饭店	506905.3	355452.0	190604.3	273681.3	1834516.0	1803965.8
一般旅馆	16664.8	59415.7	4529.2	27765.8	225913.2	222505.5
其他住宿业	943.0	12678.0	511.2	1099.3	35159.5	35035.7
按星级等级分组						
五星	229806.6	83449.9	84819.5	119082.7	531274.8	521364.5
四星	124429.5	117707.9	33140.8	63684.3	576310.7	562904.0
三星	35741.7	86700.7	5154.3	2015.3	326202.3	322304.8
二星	282.0	6032.6	1800.0	13925.4	46540.2	46182.2
一星	108.9	695.0			3723.4	3678.7
其他	134144.4	132959.6	70730.1	103838.7	611537.3	605072.8
按经营方式分组						
独立门店	446290.0	397258.2	181995.8	283329.6	1914480.3	1885476.7
连锁总店(总部)		100.0		1650.7	3845.2	3840.3
连锁门店	13298.5	19377.4	5648.9	13391.7	93495.6	89648.4
其他	64924.6	10810.1	8000.0	4174.4	83767.6	82541.6
餐饮业	**252163.9**	**586885.3**	**97462.3**	**100079.0**	**3989214.0**	**3970378.0**
按国民经济行业分组						
正餐服务	242029.9	560452.0	90562.5	42637.1	2833343.7	2822678.7
快餐服务	7897.2	9941.1	3851.1	37624.2	938274.5	933260.5
饮料及冷饮服务		2561.8	1518.0	19572.1	45013.4	44996.0
其他餐饮业	2236.8	13930.4	1530.7	245.6	172582.4	169442.8
按经营方式分组						
独立门店	236421.9	540732.7	92895.4	39335.5	2814886.0	2801774.9
连锁总店(总部)	6317.2	3645.4	2799.1	56378.9	885939.6	880938.8
连锁门店	4145.0	21421.4	907.3	4240.4	167413.2	167151.6
其他	5279.8	21085.8	860.5	124.2	120975.2	120512.7

2-B-8 续表 4

单位：万元

项　目	营业成本	#主营业务成本	营业税金及附加	#主营业务税金及附加	其他业务利润	销售费用
总　计	**2898444.7**	**2872052.7**	**304750.9**	**303294.9**	**41251.6**	**1530393.7**
住宿业	**823384.9**	**812580.7**	**107872.3**	**107301.5**	**19237.2**	**587976.6**
按国民经济行业分组						
旅游饭店	705943.5	696957.9	94309.0	93863.3	18748.6	523497.1
一般旅馆	104747.1	103030.8	11733.9	11642.1	2245.0	56747.1
其他住宿业	12694.3	12592.0	1829.4	1796.1	-1756.4	7732.4
按星级等级分组						
五星	170459.8	170047.1	27250.9	27215.9	2212.9	154209.7
四星	227492.1	223466.4	29309.7	29155.1	6202.6	161550.0
三星	151943.5	150959.3	16937.4	16861.5	6617.6	84550.0
二星	24399.6	24340.5	2157.1	2090.1	425.0	9775.8
一星	2313.2	2305.3	80.9	39.1		238.8
其他	246776.7	241462.1	32136.3	31939.8	3779.1	177652.3
按经营方式分组						
独立门店	771865.6	762255.7	98282.2	97728.9	17855.0	530058.0
连锁总店(总部)	512.2	512.2	220.8	220.8	4.9	2296.4
连锁门店	18099.8	17625.4	5187.3	5182.3	932.6	34163.8
其他	32907.3	32187.4	4182.0	4169.5	444.7	21458.4
餐饮业	**2075059.8**	**2059472.0**	**196878.6**	**195993.4**	**22014.4**	**942417.1**
按国民经济行业分组						
正餐服务	1498915.1	1490163.9	139770.2	138909.3	14897.2	602807.4
快餐服务	461752.5	458061.5	48824.0	48822.9	6503.5	283457.1
饮料及冷饮服务	19948.2	19948.2	1557.6	1537.4		13953.5
其他餐饮业	94444.0	91298.4	6726.8	6723.8	613.7	42199.1
按经营方式分组						
独立门店	1485207.2	1475269.8	135788.1	134906.1	14929.2	598049.8
连锁总店(总部)	429053.7	425417.5	45799.8	45799.8	6722.1	276992.8
连锁门店	77213.4	75388.5	8951.0	8948.8	333.7	55117.6
其他	83585.5	83396.2	6339.7	6338.7	29.4	12256.9

2-B-8　续表 5　　　　单位：万元

项　目	管理费用	#税金	财务费用	#利息收入	#利息支出	资产减值损失
总　计	**1084794.1**	**39541.6**	**169162.3**	**17925.5**	**93783.0**	**2777.6**
住宿业	**597249.0**	**22650.9**	**99923.9**	**7703.6**	**66376.0**	**1538.8**
按国民经济行业分组						
旅游饭店	540703.6	21121.5	91435.6	7396.3	62686.6	1530.7
一般旅馆	46674.9	1275.5	8205.3	212.0	3561.4	8.1
其他住宿业	9870.5	253.9	283.0	95.3	128.0	
按星级等级分组						
五星	190318.6	9967.6	40543.6	4734.8	34203.3	865.6
四星	164443.0	5127.2	22400.9	2070.4	14265.7	636.8
三星	66418.9	2240.2	8950.2	304.5	4896.6	-1.1
二星	7573.2	388.9	604.5	26.0	79.2	-5.5
一星	277.9	73.5	56.4	1.4	6.8	
其他	168217.4	4853.5	27368.3	566.5	12924.4	43.0
按经营方式分组						
独立门店	532145.9	21560.6	83157.5	6414.6	53868.8	1537.6
连锁总店(总部)	266.2		23.5			
连锁门店	35349.9	348.4	11682.7	1110.8	8989.6	1.2
其他	29487.0	741.9	5060.2	178.2	3517.6	
餐饮业	**487545.1**	**16890.7**	**69238.4**	**10221.9**	**27407.0**	**1238.8**
按国民经济行业分组						
正餐服务	386738.9	12697.0	61830.7	8487.1	25105.9	21.6
快餐服务	83745.8	3476.3	5743.7	1695.9	1862.1	1202.3
饮料及冷饮服务	6249.2	288.0	958.4	3.5	30.5	
其他餐饮业	10811.2	429.4	705.6	35.4	408.5	14.9
按经营方式分组						
独立门店	370727.1	13244.0	57241.5	8454.6	22333.1	56.5
连锁总店(总部)	78936.4	2820.5	6213.0	1661.2	1864.5	1202.3
连锁门店	23148.3	589.3	4945.6	20.8	2777.1	-20.0
其他	14733.3	236.9	838.3	85.3	432.3	

2-B-8 续表 6

单位：万元

项目	公允价值变动收益(损失以"-"号记)	投资收益(损失以"-"号记)	营业利润	营业外收入	#补贴收入
总 计	**37.1**	**12073.3**	**125951.8**	**61562.4**	**7786.7**
住宿业	**35.1**	**11494.1**	**-105188.4**	**29137.0**	**3767.9**
按国民经济行业分组					
旅游饭店	35.1	10254.1	-105319.8	28003.3	3533.2
一般旅馆		903.4	-468.9	1014.3	232.6
其他住宿业		336.6	600.3	119.4	2.1
按星级等级分组					
五星	23.9	4742.8	-47291.3	4484.3	960.2
四星	10.8	3294.9	-23044.0	16660.0	1291.5
三星		971.0	-889.2	1325.0	5.8
二星			2115.9	580.5	237.0
一星			756.2		
其他	0.4	2485.4	-36836.0	6087.2	1273.4
按经营方式分组					
独立门店	35.1	10725.6	-86894.4	27789.7	3559.5
连锁总店(总部)			526.1	2.6	
连锁门店		765.0	-9677.3	481.9	71.5
其他		3.5	-9142.8	862.8	136.9
餐饮业	**2.0**	**579.2**	**231140.2**	**32425.4**	**4018.8**
按国民经济行业分组					
正餐服务	2.0	559.4	150283.8	29156.1	3754.6
快餐服务			59878.3	2190.7	56.6
饮料及冷饮服务		15.3	2351.3	987.3	
其他餐饮业		4.5	18626.8	91.3	207.6
按经营方式分组					
独立门店	2.0	559.4	173657.7	28775.6	3915.6
连锁总店(总部)		19.8	54271.5	3066.5	27.6
连锁门店			-24.1	345.0	49.1
其他			3235.1	238.3	26.5

2-B-8　续表 7　　单位：万元

项　目	利润总额	应交所得税	人工成本及增值税 应付职工薪酬 (本年贷方累计发生额)	亏损企业数 (个)	亏损总额
总　计	**54039.9**	**57696.2**	**1233339.9**	**1087.0**	**337568.2**
住宿业	**-114975.4**	**11277.4**	**491644.1**	**434.0**	**198802.3**
按国民经济行业分组					
旅游饭店	-112950.1	8520.3	437120.1	324.0	179048.2
一般旅馆	-2871.7	2424.6	47294.6	97.0	18355.7
其他住宿业	846.4	332.5	7229.4	13.0	1398.4
按星级等级分组					
五星	-41636.3	1864.9	129322.0	46.0	60663.6
四星	-28908.2	1737.0	134335.0	84.0	42918.5
三星	-1841.5	2342.3	74846.7	89.0	16798.4
二星	2180.9	342.8	9839.9	12.0	963.0
一星	706.4	57.1	523.6		
其他	-45476.7	4933.3	142776.9	203.0	77458.8
按经营方式分组					
独立门店	-91494.4	10218.2	449145.3	378.0	166680.2
连锁总店(总部)	529.4	138.6	519.1		
连锁门店	-10734.5	379.1	19535.1	35.0	15512.9
其他	-13275.9	541.5	22444.6	21.0	16609.2
餐饮业	**169015.3**	**46418.8**	**741695.8**	**653.0**	**138765.9**
按国民经济行业分组					
正餐服务	99329.8	28913.9	535570.6	620.0	132351.6
快餐服务	58115.9	15118.4	166514.9	16.0	3906.0
饮料及冷饮服务	868.9	331.2	10417.7	5.0	1424.3
其他餐饮业	10700.7	2055.3	29192.6	12.0	1084.0
按经营方式分组					
独立门店	113496.2	29893.1	528095.0	600.0	122799.9
连锁总店(总部)	54020.9	14044.4	158445.0	5.0	3235.6
连锁门店	-1871.4	1587.2	34056.5	21.0	9773.7
其他	3369.6	894.1	21099.3	27.0	2956.7

第三篇

房地产开发企业生产经营及财务状况

3-A-1　房地产开发企业投资、资金和土地情况

单位：万元

项　　目	企业数（个）	年末从业人员数合计（人）	本年完成投　　资	按构成分组			
				建筑工程	安装工程	设备工器具购置	其他费用
总　计	**6784**	**179185**	**72414512**	**49491511**	**2997454**	**1717019**	**18208528**
按登记注册类型分							
内资企业	6164	157963	62518407	43042306	2499371	1413481	15563249
国有企业	101	3473	6646150	5018673	126657	94491	1406329
集体企业	43	815	524821	444345	33602	27068	19806
股份合作企业	6	137	97236	54017	2466	969	39784
联营企业	1	6					
国有联营企业							
集体联营企业							
国有与集体联营企业	1	6					
其他联营企业							
有限责任公司	2198	60955	23303511	15580720	858360	501895	6362536
国有独资公司	115	3489	1113639	800528	60257	26763	226091
其他有限责任公司	2083	57466	22189872	14780192	798103	475132	6136445
股份有限公司	281	8307	2188391	1646738	92093	58201	391359
私营企业	3513	83762	28644919	19451476	1312381	692161	7188901
私营独资企业	31	1555	3049088	2008471	150282	64596	825739
私营合伙企业	9	239	292620	226146	17967	15518	32989
私营有限责任公司	3233	76323	23876982	16262487	1067534	562077	5984884
私营股份有限公司	240	5645	1426229	954372	76598	49970	345289
其他企业	21	508	1113379	846337	73812	38696	154534
港、澳、台商投资企业	392	13206	6481016	4203296	357821	196005	1723894
合资经营企业(港或澳、台资)	157	4577	2427170	1503091	138359	93394	692326
合作经营企业(港或澳、台资)	15	275	117486	78546	25316	9192	4432
港、澳、台商独资经营企业	213	8142	3751395	2463431	193146	92919	1001899
港、澳、台商投资股份有限公司	5	180	176056	149319	1000	500	25237
其他港、澳、台商独资经营企业	2	32	8909	8909			
外商投资企业	228	8016	3415089	2245909	140262	107533	921385
中外合资经营企业	90	2678	1104151	714637	50522	23050	315942
中外合作经营企业	10	257	137863	99892	21000	10621	6350
外资企业	124	5052	2154422	1412727	68740	73862	599093
外商投资股份有限公司	3	29	18653	18653			
其他外商投资企业	1						
按控股情况分							
国有控股	538	15444	12061188	8737193	306654	174645	2842696
集体控股	198	3904	1531192	1131275	99122	54269	246526
私人控股	4812	120623	40021684	27349306	1789378	972974	9910026
港澳台商控股	388	13476	6406232	4178127	363039	196915	1668151
外商控股	222	8303	3257080	2141602	122897	103350	889231
其他	626	17435	9137136	5954008	316364	214866	2651898
按资质等级分							
一级	107	7948	3645621	2891989	86863	93821	572948
二级	2104	65631	24575153	17910884	1053850	561643	5048776
三级	1296	25129	5847643	4371394	254398	208957	1012894
四级	78	1858	227710	188887	10716	2552	25555
暂定	2767	69028	33866754	21339118	1436620	753292	10337724
其他	432	9591	4251631	2789239	155007	96754	1210631

3-A-1 续表 1

单位：万元

项目	按工程用途分组						本年购置土地面积（平方米）	本年资金来源合计
	住宅	#90平方米及以下	#144平方米及以上	办公楼	商业营业用房	其他用房		
总计	**51714983**	**11780580**	**10877930**	**3241780**	**11199460**	**6258289**	**42077433**	**1.58E+08**
按登记注册类型分								
内资企业	44530669	10442069	8596835	2866797	9827291	5293650	36844820	1.34E+08
国有企业	5205684	2285367	554234	245490	559397	635579	1643113	13294987
集体企业	428555	113114	39627	7002	42847	46417	202191	998878
股份合作企业	53582	855	9736	724	26956	15974	105143	196036
联营企业								60520
国有联营企业								
集体联营企业								
国有与集体联营企业								60520
其他联营企业								
有限责任公司	16696065	3603546	3522628	1253798	3329819	2023829	13862702	51176488
国有独资公司	771374	243950	95722	71368	135580	135317	192862	2079889
其他有限责任公司	15924691	3359596	3426906	1182430	3194239	1888512	13669840	49096599
股份有限公司	1657896	368353	275407	65857	316673	147965	1043434	5285360
私营企业	19793647	3905254	3939481	1235576	5342881	2272815	19761495	59500360
私营独资企业	2253903	392797	356125	124908	459814	210463	3439499	5690444
私营合伙企业	160803	22299	29520	9182	114479	8156	96086	444245
私营有限责任公司	16297780	3372496	3320186	1073532	4523931	1981739	15869370	49882538
私营股份有限公司	1081161	117662	233650	27954	244657	72457	356540	3483133
其他企业	695240	165580	255722	58350	208718	151071	226742	3548427
港、澳、台商投资企业	4486250	854727	1567726	335130	1066883	592753	2952243	14784658
合资经营企业(港或澳、台资)	1564455	274394	522176	151179	462758	248778	612781	5053236
合作经营企业(港或澳、台资)	86458	20015	12116		25353	5675	80173	207895
港、澳、台商独资经营企业	2679426	502826	1024603	178318	568787	324864	2126829	9083108
港、澳、台商投资股份有限公司	154312	57492	7738		8397	13347	132460	397861
其他港、澳、台商独资经营企业	1599		1093	5633	1588	89		42558
外商投资企业	2698064	483784	713369	39853	305286	371886	2280370	9243968
中外合资经营企业	918705	233190	143083	9395	89858	86193	129875	3434172
中外合作经营企业	111730	47362	14648	1	23637	2495		456623
外资企业	1664604	202481	555638	30457	176163	283198	2133895	5305404
外商投资股份有限公司	3025	751			15628		16600	47769
其他外商投资企业								
按控股情况分								
国有控股	9449162	3379766	1346145	463388	1034771	1113867	3328593	26570213
集体控股	1071836	269569	169778	39417	274998	144941	667503	3216713
私人控股	27724450	5501521	5406478	1700037	7420102	3177095	26334934	84291245
港澳台商控股	4486210	882252	1560201	304014	1017279	598729	2904552	14646007
外商控股	2563713	433514	684656	42008	287639	363720	2280370	8822748
其他	6419612	1313958	1710672	692916	1164671	859937	6561481	20542756
按资质等级分								
一级	3035160	506165	501933	144370	256915	209176	409241	11023324
二级	17732734	4677258	3356848	1104606	3511015	2226798	7163000	54457110
三级	4401360	1091997	891405	143901	859741	442641	2201348	14822073
四级	173611	28667	25520		43418	10681	89783	480098
暂定	23258154	4735812	5605927	1719047	5895158	2994395	28146336	69656128
其他	3113964	740681	496297	129856	633213	374598	4067725	7650949

3-A-1　续表 2

单位：万元

项　　目	本年资金来源小计	国内贷款	利用外资	自筹资金	#自有资金	其他资金	#定金及预收款	#个人按揭贷款
总　计	**126820345**	**23739676**	**1094088**	**39329669**	**14970573**	**62656912**	**38727698**	**18651583**
按登记注册类型分								
内资企业	109368578	21328697	33327	36185042	13775037	51821512	31655472	15395134
国有企业	11205661	3672930		4272104	2390868	3260627	1974955	597792
集体企业	895945	61464		575729	391661	258752	116324	70018
股份合作企业	148748	8835		96000	20094	43913	33827	7078
联营企业	56190	10000		12000		34190	34190	
国有联营企业								
集体联营企业								
国有与集体联营企业	56190	10000		12000		34190	34190	
其他联营企业								
有限责任公司	41417165	8676818	33327	11894277	4347072	20812743	13075710	6234493
国有独资公司	1719299	757176		446555	207821	515568	338906	151648
其他有限责任公司	39697866	7919642	33327	11447722	4139251	20297175	12736804	6082845
股份有限公司	3982487	575037		1366487	403427	2040963	1330128	557540
私营企业	49260280	7656704		17067712	5899328	24535864	14559268	7664472
私营独资企业	4776362	759448		1519229	644447	2497685	1438494	802598
私营合伙企业	371096	31510		100098	36205	239488	116308	60534
私营有限责任公司	41136145	6499733		14192961	4455355	20443451	12183459	6400106
私营股份有限公司	2976677	366013		1255424	763321	1355240	821007	401234
其他企业	2402102	666909		900733	322587	834460	531070	263741
港、澳、台商投资企业	11168556	1298183	707675	2254637	765608	6908061	4431054	2038232
合资经营企业(港或澳、台资)	3948527	490608	135165	982653	318634	2340101	1579088	681180
合作经营企业(港或澳、台资)	155387	1500	2400	20309	12050	131178	87483	43367
港、澳、台商独资经营企业	6891370	806075	570110	1230327	434924	4284858	2682645	1243599
港、澳、台商投资股份有限公司	156854			21348		135506	68003	67503
其他港、澳、台商独资经营企业	16418					16418	13835	2583
外商投资企业	6283211	1112796	353086	889990	429928	3927339	2641172	1218217
中外合资经营企业	1874941	322870	25355	318935	252379	1207781	659804	520024
中外合作经营企业	217071	44800				172271	106329	47942
外资企业	4146299	717626	327731	562655	177549	2538287	1870079	646211
外商投资股份有限公司	44900	27500		8400		9000	4960	4040
其他外商投资企业								
按控股情况分								
国有控股	21522386	6523716	612	7413918	3679215	7584140	4947700	1679099
集体控股	2630429	327566		1049418	561649	1253445	697335	440447
私人控股	69943669	10952565	52620	23330067	7939061	35608417	21205835	11128467
港澳台商控股	11030827	1219483	641374	2307967	781682	6862003	4392523	2030595
外商控股	5960428	1028996	352474	786683	360978	3792275	2576475	1161041
其他	15732606	3687350	47008	4441616	1647988	7556632	4907830	2211934
按资质等级分								
一级	8966619	1735901		2890369	2305178	4340349	3000608	1108670
二级	42670370	8166629	109360	10708658	4487366	23685723	14056222	7304623
三级	11506465	1909075	12940	3076977	1108685	6507473	4002784	1990093
四级	331020	8943		255808	98118	66269	44472	13478
暂定	56772258	10500368	971788	19731244	6100404	25568858	16164865	7548905
其他	6573613	1418760		2666613	870822	2488240	1458747	685814

3-A-2 房地产开发企业施工、销售和空置情况

单位：平方米

项目	房屋施工面积	住宅	#90平方米及以下	#144平方米及以上	办公楼	商业营业用房	其他用房
总计	**525741736**	**387567789**	**78037535**	**71327247**	**19896645**	**69047112**	**49230190**
按登记注册类型分							
内资企业	464116338	342377307	70373073	57417999	17532651	61763034	42443346
国有企业	45708150	36656952	14187730	3149972	1630483	3047392	4373323
集体企业	6686526	5666520	1189386	522501	136191	324134	559681
股份合作企业	556757	418904	23717	138050	2891	72542	62420
联营企业							
国有联营企业							
集体联营企业							
国有与集体联营企业							
其他联营企业							
有限责任公司	168591501	122728064	24601155	22411299	8099024	20695963	17068450
国有独资公司	9021002	7054802	1895331	704772	437857	623487	904856
其他有限责任公司	159570499	115673262	22705824	21706527	7661167	20072476	16163594
股份有限公司	17597114	12852635	2510590	1725249	523712	2828147	1392620
私营企业	215386092	157185670	26575743	28179871	6812861	33492123	17895438
私营独资企业	20586589	15535703	2061005	3176751	528108	2661718	1861060
私营合伙企业	2991158	2119984	239767	440479	65523	707503	98148
私营有限责任公司	179039951	129646516	23118270	22798963	5981033	28376255	15036147
私营股份有限公司	12768394	9883467	1156701	1763678	238197	1746647	900083
其他企业	9590198	6868562	1284752	1291057	327489	1302733	1091414
港、澳、台商投资企业	41172685	29563602	5101888	10215152	1896456	5586273	4126354
合资经营企业(港或澳、台资)	15395882	10074480	1581912	3653787	988072	2681417	1651913
合作经营企业(港或澳、台资)	471254	310727	55392	36561		82684	77843
港、澳、台商独资经营企业	24353992	18419851	3204920	6423785	834021	2762967	2337153
港、澳、台商投资股份有限公司	848549	755544	259664	98519		34560	58445
其他港、澳、台商独资经营企业	103008	3000		2500	74363	24645	1000
外商投资企业	20452713	15626880	2562574	3694096	467538	1697805	2660490
中外合资经营企业	7690429	6115747	1432498	1359135	101194	487993	985495
中外合作经营企业	756487	641470	155750	58922	24214	57289	33514
外资企业	11932540	8818379	955415	2276039	342130	1130550	1641481
外商投资股份有限公司	73257	51284	18911			21973	
其他外商投资企业							
按控股情况分							
国有控股	83517093	66212875	21342634	7485710	3412782	5489606	8401830
集体控股	15192961	11875773	2284385	1726590	393122	1416469	1507597
私人控股	307019032	221906176	38720773	38529275	10208521	48180448	26723887
港澳台商控股	41416816	29826963	5514247	10231581	1778165	5512375	4299313
外商控股	19646260	14990688	2353291	3570419	445019	1578181	2632372
其他	58949574	42755314	7822205	9783672	3659036	6870033	5665191
按资质等级分							
一级	28594374	23369371	4721524	3345276	1023715	1475118	2726170
二级	186081119	137043996	27696392	25375179	7145162	23220113	18671848
三级	53081406	41313806	9735734	6566116	1005278	6552366	4209956
四级	1610447	1355664	302359	180385		147201	107582
暂定	227350888	161896287	29998691	33485832	9912077	33918159	21624365
其他	29023502	22588665	5582835	2374459	810413	3734155	1890269

3-A-2　续表 1　　单位：平方米

项　目	房屋新开工面积	住宅	#90平方米及以下	#144平方米及以上	办公楼	商业营业用房	其他用房	房屋竣工面积
总　计	**163581844**	**122118054**	**23896657**	**15794937**	**5479353**	**20479044**	**15505393**	**97115969**
按登记注册类型分								
内资企业	145718330	108842769	22045743	12513135	5038844	18465164	13371553	86015871
国有企业	13732546	11206410	3907512	1018763	499419	655220	1371497	9140130
集体企业	1917468	1610752	569820	65656	11730	71197	223789	2275615
股份合作企业	271211	176696		12120	2891	66819	24805	136081
联营企业								
国有联营企业								
集体联营企业								
国有与集体联营企业								
其他联营企业								
有限责任公司	49889047	37205559	8472092	4494804	2065998	5827453	4790037	32205205
国有独资公司	2546996	1899011	554395	86923	149354	201613	297018	2108448
其他有限责任公司	47342051	35306548	7917697	4407881	1916644	5625840	4493019	30096757
股份有限公司	6367104	4466040	604677	495318	154777	1175590	570697	3524630
私营企业	71261609	52474287	8274637	6208764	2235505	10439262	6112555	36712028
私营独资企业	7258360	5007117	646816	715629	153648	1345209	752386	2962851
私营合伙企业	562518	372648	84198	42007	15980	149540	24350	519569
私营有限责任公司	60060963	44447531	7339913	5159526	1971949	8534620	5106863	30785244
私营股份有限公司	3379768	2646991	203710	291602	93928	409893	228956	2444364
其他企业	2279345	1703025	217005	217710	68524	229623	278173	2022182
港、澳、台商投资企业	10458324	7306634	925659	2015114	423350	1599933	1128407	7480321
合资经营企业(港或澳、台资)	3086772	1993740	249008	466117	214992	682361	195679	2610322
合作经营企业(港或澳、台资)	21184	16265	4880	1464		4919		270980
港、澳、台商独资经营企业	7042305	5036225	583767	1529682	208358	887572	910150	4291899
港、澳、台商投资股份有限公司	303063	257404	88004	15351		23081	22578	307120
其他港、澳、台商独资经营企业	5000	3000		2500		2000		
外商投资企业	7405190	5968651	925255	1266688	17159	413947	1005433	3619777
中外合资经营企业	2552603	2112107	497284	354259	6359	92271	341866	2021930
中外合作经营企业	98590	95022	53686	15642		205	3363	69433
外资企业	4719010	3748508	369306	896787	10800	299498	660204	1528414
外商投资股份有限公司	34987	13014	4979			21973		
其他外商投资企业								
按控股情况分								
国有控股	25811224	20417840	6152534	1868467	1289549	1375943	2727892	18847469
集体控股	3633818	2736105	710602	236308	73914	442531	381268	4420083
私人控股	99471604	72519161	12469762	8414081	3101142	15148134	8703167	53823530
港澳台商控股	10522727	7476184	1223431	2044845	311298	1514224	1221021	7519641
外商控股	6879764	5495046	785831	1204553	17159	412004	955555	3547068
其他	17262707	13473718	2554497	2026683	686291	1586208	1516490	8958178
按资质等级分								
一级	7576239	6292989	1333576	551908	206926	319405	756919	6838435
二级	49716518	37528437	8574648	4277680	1470523	5283941	5433617	33382724
三级	13033788	10366723	2449045	1117168	242090	1619995	804980	11808609
四级	478232	312359	29445	28274		92520	73353	368662
暂定	80070329	57852070	9449119	8931929	3138785	11335689	7743785	39603999
其他	12706738	9765476	2060824	887978	421029	1827494	692739	5113540

3-A-2 续表 2 单位：平方米

项　　目	住宅	#90平方米及以下	#144平方米及以上	办公楼	商业营业用房	其他用房	房屋竣工住宅套数（套）	商品房屋销售面积
总　计	**75841663**	**14757894**	**14477013**	**3324337**	**9955904**	**7994065**	**643446**	**114547743**
按登记注册类型分								
内资企业	66651865	12848263	12039901	3064008	9237581	7062417	572477	100796856
国有企业	7398597	3261284	475556	375124	527274	839135	80466	7663242
集体企业	1895621	208835	197981	123494	141430	115070	16825	520333
股份合作企业	134003		86263		578	1500	846	186810
联营企业								52595
国有联营企业								
集体联营企业								
国有与集体联营企业								52595
其他联营企业								
有限责任公司	24506311	4052209	4813590	1327458	3347183	3024253	203879	36103367
国有独资公司	1891041	231415	267179	47250	66062	104095	15277	1597116
其他有限责任公司	22615270	3820794	4546411	1280208	3281121	2920158	188602	34506251
股份有限公司	2924120	810620	241228	96315	264441	239754	25016	4745858
私营企业	28112180	4345360	5810067	1128799	4762382	2708667	233532	49934127
私营独资企业	2415480	377283	737608	61273	291441	194657	18906	5060276
私营合伙企业	395495	70036	81426		84381	39693	3075	529011
私营有限责任公司	23238294	3574318	4637323	1064729	4178088	2304133	193829	41328402
私营股份有限公司	2062911	323723	353710	2797	208472	170184	17722	3016438
其他企业	1681033	169955	415216	12818	194293	134038	11913	1590524
港、澳、台商投资企业	6360085	1401902	1718172	148519	469412	502305	49227	8597703
合资经营企业(港或澳、台资)	2069442	414853	520693	135366	184960	220554	15332	2892441
合作经营企业(港或澳、台资)	232094	40554	24453		31964	6922	2057	137941
港、澳、台商独资经营企业	3794087	868592	1138224	13153	244685	239974	29430	5350453
港、澳、台商投资股份有限公司	264462	77903	34802		7803	34855	2408	202338
其他港、澳、台商独资经营企业								14530
外商投资企业	2829713	507729	718940	111810	248911	429343	21742	5153184
中外合资经营企业	1650607	353539	365341	5650	119813	245860	13383	1659693
中外合作经营企业	69433	40157					708	208063
外资企业	1109673	114033	353599	106160	129098	183483	7651	3274167
外商投资股份有限公司								11261
其他外商投资企业								
按控股情况分								
国有控股	15567454	5306116	1299562	649882	990732	1639401	151429	16447143
集体控股	3462480	535965	430792	221568	399934	336101	30705	2235794
私人控股	41246673	6222639	8181290	1840192	6814703	3921962	341432	70847506
港澳台商控股	6401668	1417004	1751597	148519	450558	518896	49535	8659749
外商控股	2737463	483592	715378	113232	216228	480145	20969	5063598
其他	6425925	792578	2098394	350944	1083749	1097560	49376	11293953
按资质等级分								
一级	5414380	855010	665176	273867	349628	800560	47859	6092983
二级	26709956	5720099	5467122	1268111	2989617	2415040	227516	41603722
三级	9226213	2474651	1341263	282685	1257993	1041718	85263	13287593
四级	351185	120334	35321		10875	6602	3399	386117
暂定	29826441	4827375	6485187	1441723	4798847	3536988	238802	47262117
其他	4313488	760425	482944	57951	548944	193157	40607	5915211

3-A-2　续表 3　　　　单位：平方米

项　　目	按用途分组						商品房屋销售额（万元）
	住宅	#90平方米及以下	#144平方米及以上	办公楼	商业营业用　房	其他用房	
总　计	**101915174**	**17947849**	**14267105**	**2868097**	**8174770**	**1589702**	**79136995**
按登记注册类型分							
内资企业	89036758	16129079	11293781	2696783	7668585	1394730	66336158
国有企业	7220782	2183699	543027	175722	160980	105758	4001276
集体企业	475451	56018	98572	5885	19535	19462	251825
股份合作企业	171725	2628	24066	2506	9924	2655	122812
联营企业				52595			34190
国有联营企业							
集体联营企业							
国有与集体联营企业				52595			34190
其他联营企业							
有限责任公司	31514710	6227430	4485556	1412225	2594239	582193	26093175
国有独资公司	1513682	298749	186222	40504	38600	4330	857938
其他有限责任公司	30001028	5928681	4299334	1371721	2555639	577863	25235237
股份有限公司	4236387	892242	385056	45429	417950	46092	2679721
私营企业	44038178	6620074	5464775	983292	4289104	623553	32058417
私营独资企业	4605534	653845	476257	49853	359284	45605	3219417
私营合伙企业	446831	36521	30363		73025	9155	292425
私营有限责任公司	36294890	5718586	4611912	898942	3634778	499792	26735651
私营股份有限公司	2690923	211122	346243	34497	222017	69001	1810924
其他企业	1379525	146988	292729	19129	176853	15017	1094742
港、澳、台商投资企业	7978527	1110035	1842913	151671	347691	119814	8056446
合资经营企业(港或澳、台资)	2559127	308157	568582	114877	185885	32552	2776818
合作经营企业(港或澳、台资)	128452	2470	16491		9489		149720
港、澳、台商独资经营企业	5081703	755703	1231183	34158	148550	86042	4981354
港、澳、台商投资股份有限公司	199669	43705	17197		1449	1220	132909
其他港、澳、台商独资经营企业	9576		9460	2636	2318		15645
外商投资企业	4899889	708735	1130411	19643	158494	75158	4744391
中外合资经营企业	1543462	278173	240262	1460	89744	25027	1461763
中外合作经营企业	201328	43728	12721	91	6644		201042
外资企业	3143838	382555	877428	18092	62106	50131	3074094
外商投资股份有限公司	11261	4279					7492
其他外商投资企业							
按控股情况分							
国有控股	14922681	3867658	1497461	972501	350829	201132	9562082
集体控股	1981207	353788	351218	42978	146898	64711	1418877
私人控股	62298713	9897938	7653533	1193658	6344817	1010318	46391751
港澳台商控股	8006445	1273652	1862403	155619	377871	119814	8027980
外商控股	4831557	638322	1206262	19552	147308	65181	4597347
其他	9874571	1916491	1696228	483789	807047	128546	9138958
按资质等级分							
一级	5690494	963805	702571	105920	165139	131430	4790777
二级	37357922	7265548	5395519	909812	2703638	632350	29724774
三级	11791490	2498970	1484448	145399	1081667	269037	8386146
四级	343891	47122	71393		15128	27098	163837
暂定	41512219	6187061	6237956	1642475	3647263	460160	32704372
其他	5219158	985343	375218	64491	561935	69627	3367089

3-A-2 续表 4

单位：万元

项目	按用途分组					
	住宅	#90平方米及以下	#144平方米及以上	办公楼	商业营业用房	其他用房
总计	**67777021**	**11413276**	**14213483**	**2184631**	**8514738**	**660605**
按登记注册类型分						
内资企业	55887272	10019509	10282036	2022103	7869369	557414
国有企业	3619685	982016	580387	153885	188826	38880
集体企业	230163	13615	60656	1827	16059	3776
股份合作企业	110448	1619	32434	3007	8833	524
联营企业				34190		
国有联营企业						
集体联营企业						
国有与集体联营企业				34190		
其他联营企业						
有限责任公司	22044106	4410100	4347536	1002180	2791346	255543
国有独资公司	786491	166065	122901	26138	43527	1782
其他有限责任公司	21257615	4244035	4224635	976042	2747819	253761
股份有限公司	2271727	412967	312992	29812	369082	9100
私营企业	26707289	4101550	4626144	785409	4321726	243993
私营独资企业	2794640	383171	452707	49581	364903	10293
私营合伙企业	226040	20275	25736		63411	2974
私营有限责任公司	22153483	3592483	3869635	720178	3680616	181374
私营股份有限公司	1533126	105621	278066	15650	212796	49352
其他企业	903854	97642	321887	11793	173497	5598
港、澳、台商投资企业	7396946	896670	2335136	141559	449975	67966
合资经营企业(港或澳、台资)	2418344	278231	728214	108259	229728	20487
合作经营企业(港或澳、台资)	130850	2050	17914		18870	
港、澳、台商独资经营企业	4707651	587557	1567407	30381	196150	47172
港、澳、台商投资股份有限公司	130638	28832	12237		1964	307
其他港、澳、台商独资经营企业	9463		9364	2919	3263	
外商投资企业	4492803	497097	1596311	20969	195394	35225
中外合资经营企业	1339932	197375	240394	1047	110337	10447
中外合作经营企业	192016	46551	12664	137	8889	
外资企业	2953363	249996	1343253	19785	76168	24778
外商投资股份有限公司	7492	3175				
其他外商投资企业						
按控股情况分						
国有控股	8620740	2064172	1573941	488230	381854	71258
集体控股	1205407	170849	317584	37059	152109	24302
私人控股	38524918	6271903	6464579	1002943	6450328	413562
港澳台商控股	7341649	1029036	2343303	150919	467446	67966
外商控股	4360434	428473	1626848	20832	184219	31862
其他	7723873	1448843	1887228	484648	878782	51655
按资质等级分						
一级	4396712	757786	820836	168883	182876	42306
二级	25334972	4518463	5132824	905845	3182651	301306
三级	7181804	1339415	1598014	155496	930952	117894
四级	149896	18148	30404		8394	5547
暂定	28033463	4174213	6359473	905700	3604608	160601
其他	2680174	605251	271932	48707	605257	32951

3-A-3　房地产开发企业财务状况主要指标

单位：万元

项　　目	资产总计	负债合计	实收资本	主营业务收　　入	商品房屋销售收入
总　计	**372236797**	**273753907**	**68528984**	**95109625**	**91524355**
按登记注册类型分					
内资企业	319733222	242906584	50344794	81304102	77934714
国有企业	18891488	14199016	2472887	2156872	1973498
集体企业	2023735	1623329	322565	343801	311913
股份合作企业	626547	433963	166630	42239	41901
联营企业	907	233	1009	5	
国有联营企业					
集体联营企业					
国有与集体联营企业	907	233	1009	5	
其他联营企业					
有限责任公司	166865993	124253495	26604383	36810274	34923582
国有独资公司	28943231	17455674	5212961	2747301	2254122
其他有限责任公司	137922762	106797821	21391422	34062973	32669460
股份有限公司	13203733	10013928	1848389	3427010	3243470
私营企业	117055326	91586572	18650492	38145176	37061625
私营独资企业	1782225	1427525	329744	281018	280025
私营合伙企业	150410	98996	26548	41445	40543
私营有限责任公司	107538121	83898912	17310408	35169319	34169986
私营股份有限公司	7584571	6161140	983793	2653393	2571071
其他企业	1065493	796048	278440	378726	378726
港、澳、台商投资企业	35228495	20586509	12375283	9107176	8972898
合资经营企业(港或澳、台资)	12605950	7989978	3744023	3469293	3428451
合作经营企业(港或澳、台资)	916930	455763	346876	212360	205221
港、澳、台商独资经营企业	21066639	11860346	7981989	5273588	5187341
港、澳、台商投资股份有限公司	540683	231114	265815	146681	146632
其他港、澳、台商独资经营企业	98292	49308	36581	5253	5253
外商投资企业	17275081	10260814	5808906	4698347	4616743
中外合资经营企业	6643572	4364155	1909343	1941432	1911895
中外合作经营企业	926046	646796	156740	187767	185882
外资企业	9550960	5158849	3696077	2533146	2482963
外商投资股份有限公司	94731	63449	14403	36003	36003
其他外商投资企业	59771	27564	32343		
按控股情况分					
国有控股	91591787	64573232	14339108	12208145	11031370
集体控股	9737445	7707501	1361935	2275667	2199916
私人控股	173673765	135566678	27577328	54159037	52663807
港澳台商控股	35032707	20477509	12230993	9282267	9129245
外商控股	17253532	10314194	5833099	4614927	4521258
其他	44947562	35114793	7186521	12569582	11978758
按资质等级分					
一级	35614992	25414674	3290822	6665351	6343230
二级	154417760	115413587	27486957	38519044	37371060
三级	31279298	23705103	5196501	10315236	10053575
四级	677658	532250	99143	338623	337793
暂定	133628621	96452411	29265956	35586232	34215434
其他	16618468	12235882	3189605	3685139	3203262

3-A-3 续表 1

单位:万元

项目	主营业务成本	主营业务税金及附加	其他业务利润	销售费用	管理费用
总计	**66897887**	**7598096**	**345423**	**2307556**	**2980502**
按登记注册类型分					
内资企业	57880164	6480698	319272	1904462	2572429
国有企业	1582210	169849	8343	38026	68423
集体企业	235253	24736	4305	3320	10632
股份合作企业	26771	3253	64	587	2089
联营企业		0			5
国有联营企业					
集体联营企业					
国有与集体联营企业		0			5
其他联营企业					
有限责任公司	26242626	3003328	133410	829188	1049409
国有独资公司	1974403	202639	34593	37313	86318
其他有限责任公司	24268222	2800689	98817	791874	963091
股份有限公司	2430618	268034	3311	87455	136139
私营企业	27033191	2983637	169933	935894	1298527
私营独资企业	223693	22711	4981	9037	8794
私营合伙企业	30078	3630		1001	2157
私营有限责任公司	24861858	2763643	160067	873624	1207857
私营股份有限公司	1917563	193653	4885	52232	79720
其他企业	329494	27862	-94	9993	7204
港、澳、台商投资企业	6072457	738265	20657	261804	266215
合资经营企业(港或澳、台资)	2277113	256258	9806	88573	108150
合作经营企业(港或澳、台资)	153080	14321	679	6678	8037
港、澳、台商独资经营企业	3544286	455971	10175	161131	146661
港、澳、台商投资股份有限公司	94799	11275	1	5023	3064
其他港、澳、台商独资经营企业	3179	440	-4	399	302
外商投资企业	2945267	379134	5495	141290	141859
中外合资经营企业	1358139	172876	1503	51967	52687
中外合作经营企业	138074	16343	347	7747	6908
外资企业	1421643	187264	3645	80666	81641
外商投资股份有限公司	27410	2651		910	622
其他外商投资企业					1
按控股情况分					
国有控股	8795855	965341	60675	244115	363533
集体控股	1569639	190696	25367	36024	81376
私人控股	38412030	4304728	207656	1347068	1807593
港澳台商控股	6227333	748222	23823	264474	269944
外商控股	2906083	370695	3240	138567	143201
其他	8986947	1018415	24662	277309	314855
按资质等级分					
一级	4491007	584907	20302	114920	205140
二级	26822505	3149855	180282	901936	1222781
三级	7173766	829851	36383	241587	390662
四级	264526	20363	451	3560	9280
暂定	25408207	2736295	93836	949754	1019135
其他	2737878	276827	14170	95800	133504

3-A-3　续表 2　　　　　　　　　　　　　　　　　　　　　　　单位:万元

项　　目	财务费用	营业利润	利润总额	应交所得税	应付职工薪酬(本年贷方累计发生额)
总　计	**1013273**	**14028795**	**14034933**	**1786797**	**1412352**
按登记注册类型分					
内资企业	928728	11405824	11479168	1410635	1182247
国有企业	59027	228607	260575	29066	26527
集体企业	19418	52101	51928	2981	4628
股份合作企业	30	9820	9709	1208	1032
联营企业		-1	-1		22
国有联营企业					
集体联营企业					
国有与集体联营企业		-1	-1		22
其他联营企业					
有限责任公司	375655	5396905	5298451	712991	523274
国有独资公司	40346	455688	482201	34829	33474
其他有限责任公司	335309	4941217	4816250	678162	489800
股份有限公司	57113	486803	494986	60471	63731
私营企业	410519	5234496	5366699	601519	559531
私营独资企业	2449	17676	16960	4593	10173
私营合伙企业	-18	4604	4510	314	1360
私营有限责任公司	385975	4816505	4950500	559867	502217
私营股份有限公司	22113	395711	394730	36746	45782
其他企业	6966	-2907	-3178	2400	3502
港、澳、台商投资企业	83258	1646623	1590735	247729	140071
合资经营企业(港或澳、台资)	36283	666865	624491	104537	49456
合作经营企业(港或澳、台资)	1908	29303	29760	4159	2317
港、澳、台商独资经营企业	44267	917805	903866	137858	86463
港、澳、台商投资股份有限公司	286	32234	32213	1037	1578
其他港、澳、台商独资经营企业	514	415	404	138	256
外商投资企业	1287	976348	965030	128433	90034
中外合资经营企业	2252	305598	303315	45756	26302
中外合作经营企业	-911	19538	19098	2639	2878
外资企业	-1531	648280	639730	80038	60636
外商投资股份有限公司	1476	2933	2888		218
其他外商投资企业	0	-1	-1		
按控股情况分					
国有控股	183748	1797874	1856187	236402	173722
集体控股	39763	358179	295118	38222	24686
私人控股	621817	7337648	7472998	871999	819856
港澳台商控股	88266	1642691	1587214	253344	139872
外商控股	9385	931340	919964	120016	89029
其他	70294	1961063	1903452	266814	165185
按资质等级分					
一级	127771	1140488	1158585	179529	102133
二级	439843	5820871	5888782	733055	538439
三级	112248	1596978	1594179	226993	159427
四级	2559	38355	37760	1414	7619
暂定	263174	5071428	5083272	601556	545567
其他	67677	360676	272356	44250	59167

3-A-4 分地区按登记注册类型分房地产开发企业数

单位：个

地　　区	合计	内资	国有	集体	股份合作	联营企业
全　　省	**6784**	**6164**	**101**	**43**	**6**	**1**
苏　　南	3576	3143	52	36	4	1
苏　　中	1252	1147	23	6	1	
苏　　北	1956	1874	26	1	1	
南 京 市	675	590	28	1		1
无 锡 市	722	640	4	8	2	
徐 州 市	377	353	11			
常 州 市	482	403	6	1		
苏 州 市	1358	1210	7	20	2	
南 通 市	580	535	6	2		
连云港市	338	319	3			
淮 安 市	404	384	6			
盐 城 市	445	435	3	1	1	
扬 州 市	373	325	10	4	1	
镇 江 市	339	300	7	6		
泰 州 市	299	287	7			
宿 迁 市	392	383	3			

3-A-4 续表

单位：个

地　　区	有限责任公　　司	股份有限公　　司	私营企业	其他内资企　　业	港澳台商投　　资	外商投资
全　　省	**2198**	**281**	**3513**	**21**	**392**	**228**
苏　　南	1160	120	1759	11	270	163
苏　　中	412	42	661	2	67	38
苏　　北	626	119	1093	8	55	27
南 京 市	276	27	257		54	31
无 锡 市	226	25	374	1	56	26
徐 州 市	119	36	183	4	16	8
常 州 市	145	12	239		57	22
苏 州 市	420	39	713	9	80	68
南 通 市	218	15	292	2	26	19
连云港市	68	8	240		11	8
淮 安 市	156	28	191	3	15	5
盐 城 市	160	30	240		6	4
扬 州 市	90	17	203		34	14
镇 江 市	93	17	176	1	23	16
泰 州 市	104	10	166		7	5
宿 迁 市	123	17	239	1	7	2

3-A-5　分地区按资质等级分房地产开发企业新开工房屋面积

单位：平方米

地　区	合计	一级	二级	三级	四级	暂定	其他
全　省	**163581844**	**7576239**	**49716518**	**13033788**	**478232**	**80070329**	**12706738**
苏　南	83632194	4785604	26683386	6575304	144310	40897403	4546187
苏　中	32194090	2400967	9462194	1749233	11133	16080291	2490272
苏　北	47755560	389668	13570938	4709251	322789	23092635	5670279
南京市	17450661	2457794	5332539	3510177		5348634	801517
无锡市	15810489	144740	4204093	640203		8939322	1882131
徐州市	11362776	10000	5956211	1015846	55660	3392356	932703
常州市	12624683	270333	3021320	138239	63575	8918357	212859
苏州市	28157879	839850	11495906	1242602	6379	13243062	1330080
南通市	15369298	2183701	3513258	799876	7133	7803455	1061875
连云港市	4498895	30907	1098800	740695		2150496	477997
淮安市	9937142	50000	2925566	1405714	102127	4592641	861094
盐城市	9578262	298761	1910486	1015826	139647	5419467	794075
扬州市	9261072	34188	2686388	232488	4000	5448651	855357
镇江市	9588482	1072887	2629528	1044083	74356	4448028	319600
泰州市	7563720	183078	3262548	716869		2828185	573040
宿迁市	12378485		1679875	531170	25355	7537675	2604410

3-A-6　分地区房地产开发企业建造房屋面积和造价

地　区	施工房屋面积（平方米）	竣工房屋面积（平方米）	房屋建筑面积竣工率（%）	竣工房屋价值（万元）	竣工房屋造价（元/平方米）
全　省	**525741736**	**97115969**	**18.5**	**29755109**	**3064**
苏　南	289262037	54010998	18.7	18641244	3451
苏　中	89046429	19226255	21.6	5396241	2807
苏　北	147433270	23878716	16.2	5717624	2394
南京市	61564775	10393947	16.9	2932443	2821
无锡市	63676504	11508240	18.1	4049410	3519
徐州市	29244409	7026744	24.0	1851381	2635
常州市	47321835	11555350	24.4	3443821	2980
苏州市	92974853	16925089	18.2	7126134	4210
南通市	45322684	9256789	20.4	2702359	2919
连云港市	23957831	2732013	11.4	669081	2449
淮安市	29320525	4037294	13.8	1129010	2796
盐城市	26557215	4117467	15.5	1102883	2679
扬州市	22143525	5918161	26.7	1648020	2785
镇江市	23724070	3628372	15.3	1089436	3003
泰州市	21580220	4051305	18.8	1045862	2582
宿迁市	38353290	5965198	15.6	965269	1618

3-A-7 分地区按用途分商品房屋销售面积

单位：平方米

地　区	商品房销售面积	住宅	#90平方米及以下	#144平方米及以上	办公楼	商业营业用房	其他
全　省	**114547743**	**101915174**	**17947849**	**14267105**	**2868097**	**8174770**	**1589702**
苏　南	54746928	48780338	10801036	9801213	1386224	3802236	778130
苏　中	22261505	20349615	1758138	2066803	424728	1236107	251055
苏　北	37539310	32785221	5388675	2399089	1057145	3136427	560517
南京市	12220131	11431541	3904425	1983176	245282	436756	106552
无锡市	9094368	7807745	1081813	2043938	416921	806289	63413
徐州市	8568217	7658420	2236855	720001	232760	485670	191367
常州市	8759829	7694495	1501521	1441603	145265	641391	278678
苏州市	18750522	16334095	3369538	3493891	524150	1652485	239792
南通市	10352578	9378315	579389	857047	226929	622997	124337
连云港市	4896396	4276931	451143	291614	105201	454689	59575
淮安市	8424283	7498768	1227213	522256	32289	738591	154635
盐城市	7423162	5899261	602890	359532	674546	766032	83323
扬州市	6994870	6439280	747077	437571	161317	313016	81257
镇江市	5922078	5512462	943739	838605	54606	265315	89695
泰州市	4914057	4532020	431672	772185	36482	300094	45461
宿迁市	8227252	7451841	870574	505686	12349	691445	71617

3-A-8 分地区按资质等级分房地产开发企业商品房销售面积

单位：平方米

地　区	合计	一级	二级	三级	四级	暂定	其他
全　省	**114547743**	**6092983**	**41603722**	**13287593**	**386117**	**47262117**	**5915211**
苏　南	54746928	3501514	20038508	6542559	49285	22846645	1768417
苏　中	22261505	1908328	8317597	1579492	62925	9086850	1306313
苏　北	37539310	683141	13247617	5165542	273907	15328622	2840481
南京市	12220131	2050990	3925828	3294670		2603188	345455
无锡市	9094368	183635	3506948	346850	711	4478703	577521
徐州市	8568217	293568	4508512	1255810	97755	1728443	684129
常州市	8759829	354208	3164131	243824		4846081	151585
苏州市	18750522	788647	7725524	1248583	33499	8408463	545806
南通市	10352578	1581697	3973105	586136	5722	3755946	449972
连云港市	4896396	137554	1860939	968567		1816192	113144
淮安市	8424283	79222	3325775	1063413	94084	3124512	737277
盐城市	7423162	172797	1894248	806274	76714	3868338	604791
扬州市	6994870	137960	2213457	363876	57203	3646869	575505
镇江市	5922078	124034	1716077	1408632	15075	2510210	148050
泰州市	4914057	188671	2131035	629480		1684035	280836
宿迁市	8227252		1658143	1071478	5354	4791137	701140

3-A-9　分地区按用途分房地产开发企业商品房销售额

单位：万元

地　区	商品房销售额	住宅			办公楼	商业营业用房	其他
			#90平方米及以下	#144平方米及以上			
全　省	**79136995**	**67777021**	**11413276**	**14213483**	**2184631**	**8514738**	**660605**
苏　南	48702238	42226291	8084061	11326545	1444024	4739278	292645
苏　中	13295494	11544856	1027155	1648571	403996	1248292	98350
苏　北	17139263	14005874	2302060	1238367	336611	2527168	269610
南京市	14047466	12664094	3165007	3278328	440010	861038	82324
无锡市	7157819	5814944	776505	1867902	390791	922597	29487
徐州市	4573050	3882578	1060993	452634	154821	425598	110053
常州市	5905683	5059017	907285	1206987	106835	681030	58801
苏州市	18038641	15483582	2750563	4323337	465656	1991434	97969
南通市	5815108	4933356	324476	698399	258044	582972	40736
连云港市	2274892	1876040	191187	155032	43278	329408	26166
淮安市	3868313	3091580	472081	261724	22075	672128	82530
盐城市	3394892	2605267	253142	166160	109380	649836	30409
扬州市	4498172	3986193	467943	401251	121888	352998	37093
镇江市	3552629	3204654	484701	649991	40732	283179	24064
泰州市	2982214	2625307	234736	548921	24064	312322	20521
宿迁市	3028116	2550409	324657	202817	7057	450198	20452

3-A-10　分地区按资质等级分房地产开发企业商品房销售额

单位：万元

地　区	合计	一级	二级	三级	四级	暂定	其他
全　省	**79136995**	**4790777**	**29724774**	**8386146**	**163837**	**32704372**	**3367089**
苏　南	48702238	3556741	17572282	5540565	32150	20482496	1518004
苏　中	13295494	938559	5233765	781784	28919	5601571	710896
苏　北	17139263	295477	6918727	2063797	102768	6620305	1138189
南京市	14047466	2195456	4455556	3640136		3447254	309064
无锡市	7157819	166730	2705857	200961	237	3721467	362567
徐州市	4573050	116512	2613966	542805	49160	919784	330823
常州市	5905683	225667	2093156	165622		3309437	111801
苏州市	18038641	887414	7182482	987233	26102	8341277	614133
南通市	5815108	678951	2331746	259315	3489	2303248	238359
连云港市	2274892	68503	982475	338554		824825	60535
淮安市	3868313	26418	1636384	457600	24685	1421942	301284
盐城市	3394892	84044	984092	334042	28223	1694869	269622
扬州市	4498172	120079	1647663	201523	25430	2161149	342328
镇江市	3552629	81474	1135231	546613	5811	1663061	120439
泰州市	2982214	139529	1254356	320946		1137174	130209
宿迁市	3028116		701810	390796	700	1758885	175925

3-A-11 分地区按资质等级分房地产开发企业数

单位：个

地区	合计	一级	二级	三级	四级	暂定	其他
全省	**6784**	**107**	**2104**	**1296**	**78**	**2767**	**432**
苏南	3576	63	1069	714	41	1478	211
苏中	1252	26	419	235	17	475	80
苏北	1956	18	616	347	20	814	141
南京市	675	25	190	244	8	146	62
无锡市	722	8	236	83	5	341	49
徐州市	377	5	166	79	6	83	38
常州市	482	10	139	41	3	264	25
苏州市	1358	17	387	268	14	610	62
南通市	580	15	189	99	7	244	26
连云港市	338	5	123	70	1	132	7
淮安市	404	3	155	48	2	182	14
盐城市	445	4	107	78	10	209	37
扬州市	373	6	117	56	9	154	31
镇江市	339	3	117	78	11	117	13
泰州市	299	5	113	80	1	77	23
宿迁市	392	1	65	72	1	208	45

3-A-12 分地区房地产开发企业商品房屋空置情况

单位：平方米

地区	空置面积合计	空置一年至三年（含一年）	空置三年以上（含三年）
全省	**43271626**	**21181939**	**2214644**
苏南	26933049	13168655	1928239
苏中	8903361	4155138	157832
苏北	7435216	3858146	128573
南京市	6717020	1740629	224441
无锡市	5444654	3168921	471226
徐州市	1204648	361332	52950
常州市	3905387	2275485	382660
苏州市	8910313	4959627	740944
南通市	4997977	1951587	68413
连云港市	1357304	795864	19416
淮安市	1979519	1061947	2631
盐城市	1575314	867681	15124
扬州市	2017999	1237927	46171
镇江市	1955675	1023993	108968
泰州市	1887385	965624	43248
宿迁市	1318431	771322	38452

3-A-13　分地区按登记注册类型分房地产开发企业从业人数

单位：人

地　　区	合计	内资				
			国有	集体	股份合作	联营企业
全　　省	**4431**	**4431**	**3473**	**815**	**137**	**6**
苏　　南	2685	2685	1863	722	94	6
苏　　中	819	819	728	63	28	
苏　　北	927	927	882	30	15	
南 京 市	998	998	992			6
无 锡 市	306	306	39	228	39	
徐 州 市	423	423	423			
常 州 市	171	171	151	20		
苏 州 市	829	829	364	410	55	
南 通 市	212	212	203	9		
连云港市	79	79	79			
淮 安 市	172	172	172			
盐 城 市	133	133	88	30	15	
扬 州 市	349	349	267	54	28	
镇 江 市	381	381	317	64		
泰 州 市	258	258	258			
宿 迁 市	120	120	120			

3-A-13　续表　　单位：人

地　　区					港澳台商投　　资	外商投资
	有限责任公　　司	股份有限	私营企业	其他内资		
全　　省	**60955**	**8307**	**83762**	**508**	**13206**	**8016**
苏　　南	33577	3884	41416	282	9307	6188
苏　　中	9425	1341	14247	11	2387	1010
苏　　北	17953	3082	28099	215	1512	818
南 京 市	11051	1310	7762		1872	1429
无 锡 市	6417	594	9305	7	2497	1006
徐 州 市	3820	1035	5689	162	589	463
常 州 市	3817	645	6151		2132	953
苏 州 市	10185	877	13264	249	2081	1823
南 通 市	4393	512	5554	11	858	383
连云港市	1564	193	5265		238	191
淮 安 市	4402	766	4737	38	352	94
盐 城 市	4938	632	6014		156	51
扬 州 市	2269	665	4510		1246	520
镇 江 市	2107	458	4934	26	725	977
泰 州 市	2763	164	4183		283	107
宿 迁 市	3229	456	6394	15	177	19

3-A-14 分地区按资质等级分房地产开发企业从业人数

单位：人

地区	合计	一级	二级	三级	四级	暂定	其他
全省	**179185**	**7948**	**65631**	**25129**	**1858**	**69028**	**9591**
苏南	97339	5032	36492	13020	549	37848	4398
苏中	29240	1312	10928	4220	654	10644	1482
苏北	52606	1604	18211	7889	655	20536	3711
南京市	24422	2325	10158	5234	104	5035	1566
无锡市	20132	542	7508	1404	142	9611	925
徐州市	12181	368	5844	2022	272	2357	1318
常州市	13869	693	4454	762	22	7461	477
苏州市	29308	1182	11423	3777	167	11638	1121
南通市	11923	798	4400	1314	77	4876	458
连云港市	7530	211	2876	1312	22	2977	132
淮安市	10561	131	4025	1560	89	4455	301
盐城市	11924	884	3184	1636	261	5214	745
扬州市	9559	319	3295	1085	577	3686	597
镇江市	9608	290	2949	1843	114	4103	309
泰州市	7758	195	3233	1821		2082	427
宿迁市	10410	10	2282	1359	11	5533	1215

3-A-15 分地区按资质等级分房地产开发企业施工房屋面积

单位：平方米

地区	合计	一级	二级	三级	四级	暂定	其他
总计	**525741736**	**28594374**	**186081119**	**53081406**	**1610447**	**227350888**	**29023502**
苏南	289262037	15998787	103209222	29774593	548063	127821637	11909735
苏中	89046429	9532048	33507230	5345937	75433	35887392	4698389
苏北	147433270	3063539	49364667	17960876	986951	63641859	12415378
南京市	61564775	6743953	19296872	15882539	68762	17487593	2085056
无锡市	63676504	1110626	21410467	2392316	48294	33305493	5409308
徐州市	29244409	1191765	15197654	3650796	201988	6565378	2436828
常州市	47321835	1529238	16071346	1180919	63575	27276268	1200489
苏州市	92974853	4794196	39018860	7056680	228328	39489408	2387381
南通市	45322684	7850872	15579640	2116460	33470	18260298	1481944
连云港市	23957831	873337	9692156	4249695	20729	8374759	747155
淮安市	29320525	414036	11377976	3303960	225000	12166659	1832894
盐城市	26557215	584401	7007685	3085564	384736	13214144	2280685
扬州市	22143525	440296	7911749	1047330	41963	10723537	1978650
镇江市	23724070	1820774	7411677	3262139	139104	10262875	827501
泰州市	21580220	1240880	10015841	2182147		6903557	1237795
宿迁市	38353290		6089196	3670861	154498	23320919	5117816

3-A-16　分地区按资质等级分房地产开发企业竣工房屋面积

单位：平方米

地　区	合计	一级	二级	三级	四级	暂定	其他
全　省	**97115969**	**6838435**	**33382724**	**11808609**	**368662**	**39603999**	**5113540**
苏　南	54010998	3931000	18475577	6926083	89868	22949707	1638763
苏　中	19226255	2624433	7171397	1683852	2462	7103174	640937
苏　北	23878716	283002	7735750	3198674	276332	9551118	2833840
南京市	10393947	1725646	2654716	3046417		2857168	110000
无锡市	11508240	269826	3516822	804671	5200	6367787	543934
徐州市	7026744		3220836	1271616	135395	1796624	602273
常州市	11555350	611695	4287616	221001		5974595	460443
苏州市	16925089	825963	6885423	1847849	16953	6932318	416583
南通市	9256789	2188906	2678485	782203		3451539	155656
连云港市	2732013	104626	1228764	346688		1051935	
淮安市	4037294	60000	1646251	722517	15000	1423804	169722
盐城市	4117467	118376	1142011	526563	100582	1853476	376459
扬州市	5918161	254687	2303878	190556	2462	2858525	308053
镇江市	3628372	497870	1131000	1006145	67715	817839	107803
泰州市	4051305	180840	2189034	711093		793110	177228
宿迁市	5965198		497888	331290	25355	3425279	1685386

3-A-17　分地区房地产开发企业投资、资金和土地情况

单位：万元

地　区	企业数（个）	年末从业人员数合计（人）	本年完成投资	按构成分组			
				建筑工程	安装工程	设备工器具购置	其他费用
全　省	**6784**	**179185**	**72414512**	**49491511**	**2997454**	**1717019**	**18208528**
苏　南	3576	97339	45583312	29865325	1857488	1156183	12704316
苏　中	1252	29240	11835847	8318461	349411	176158	2991817
苏　北	1956	52606	14995353	11307725	790555	384678	2512395
南京市	675	24422	10377148	6829158	221957	336952	2989081
无锡市	722	20132	11289089	7349703	734756	351111	2853519
徐州市	377	12181	3804668	2645826	229168	98882	830792
常州市	482	13869	6813942	4490909	333978	131953	1857102
苏州市	1358	29308	14140070	9215590	390712	207812	4325956
南通市	580	11923	5965201	4673640	81862	73549	1136150
连云港市	338	7530	1740695	1360299	127892	56095	196409
淮安市	404	10561	3122219	2223964	142847	86927	668481
盐城市	445	11924	3273124	2674366	149355	76734	372669
扬州市	373	9559	3159065	1959936	154548	64262	980319
镇江市	339	9608	2963063	1979965	176085	128355	678658
泰州市	299	7758	2711581	1684885	113001	38347	875348
宿迁市	392	10410	3054647	2403270	141293	66040	444044

3-A-17 续表 1 单位：万元

地区	按工程用途分组						本年购置土地面积（平方米）	本年资金来源合计
	住宅	#90平方米及以下	#144平方米及以上	办公楼	商业营业用房	其他用房		
全省	**51714983**	**11780580**	**10877930**	**3241780**	**11199460**	**6258289**	**42077433**	**158089682**
苏南	31481653	8163402	8318080	2289923	7089587	4722149	19140800	107262007
苏中	8990448	1372487	1445356	494646	1543180	807573	8747005	23244672
苏北	11242882	2244691	1114494	457211	2566693	728567	14189628	27583003
南京市	7291275	3220008	1500403	597663	1207835	1280375	1211129	26065733
无锡市	7358494	1590156	2693285	802977	2205498	922120	4871502	19365380
徐州市	2889379	765343	383774	236588	539895	138806	3505664	6920388
常州市	4734639	1087524	1261282	309270	1053022	717011	4338845	12728759
苏州市	9886186	1900460	2436275	533358	2248926	1471600	5910073	40581484
南通市	4448995	590208	547617	376968	782882	356356	2163250	11496525
连云港市	1310060	232423	128939	41610	264412	124613	829649	3513754
淮安市	2316365	544510	200334	33788	561517	210549	3171765	5216726
盐城市	2495502	310935	172117	70288	600476	106858	2025261	6178732
扬州市	2399839	373378	317895	76332	393215	289679	3768020	6630655
镇江市	2211059	365254	426835	46655	374306	331043	2809251	8520651
泰州市	2141614	408901	579844	41346	367083	161538	2815735	5117492
宿迁市	2231576	391480	229330	74937	600393	147741	4657289	5753403

3-A-17 续表 2 单位：万元

地区	本年资金来源小计	国内贷款	利用外资	自筹资金	#自有资金	其他资金	#定金及预收款	#个人按揭贷款
全省	**126820345**	**23739676**	**1094088**	**39329669**	**14970573**	**62656912**	**38727698**	**18651583**
苏南	83927426	17896707	699744	23104600	9253832	42226375	26210152	12362353
苏中	19335503	3305004	198063	7171283	2601031	8661153	5873499	2168482
苏北	23557416	2537965	196281	9053786	3115710	11769384	6644047	4120748
南京市	22154325	5369826	12690	4996857	2054074	11774952	7261537	3838025
无锡市	15406258	3472206	282510	5165046	1941462	6486496	3806692	1715280
徐州市	5849307	731229	132597	1984130	767593	3001351	1944661	959987
常州市	10073468	1837651	303649	2977847	923955	4954321	3032064	1505434
苏州市	29795073	6451781	43632	7647014	2765311	15652646	9692034	4528293
南通市	9518930	2026242	14409	3531210	1659502	3947069	3108299	655699
连云港市	2841701	223120		1057013	498510	1561568	750087	664524
淮安市	4578392	411141	63072	1829368	587035	2274811	1179617	896451
盐城市	5428636	537108	612	2349031	713459	2541885	1434978	711646
扬州市	5653133	644483	149536	2373885	656789	2485229	1340994	849154
镇江市	6498302	765243	57263	2317836	1569030	3357960	2417825	775321
泰州市	4163440	634279	34118	1266188	284740	2228855	1424206	663629
宿迁市	4859380	635367		1834244	549113	2389769	1334704	888140

3-A-18　分地区房地产开发企业施工、销售和空置情况

单位：平方米

地　区	房屋施工面　积	住宅	#90平方米及以下	#144平方米及以上	办公楼	商业营业用　房	其他用房
全　省	**525741736**	**387567789**	**78037535**	**71327247**	**19896645**	**69047112**	**49230190**
苏　南	289262037	204342932	47326542	49698388	13545337	37283900	34089868
苏　中	89046429	69165552	7964571	10418726	3111976	9317483	7451418
苏　北	147433270	114059305	22746422	11210133	3239332	22445729	7688904
南京市	61564775	41317135	17963475	6888111	3697938	6695974	9853728
无锡市	63676504	44248586	7923798	16186411	3719508	10947781	4760629
徐州市	29244409	23636584	6441728	3086145	1019661	3406502	1181662
常州市	47321835	33544874	5827703	8378176	2215199	5602814	5958948
苏州市	92974853	67292246	12921772	15114453	3520548	11281654	10880405
南通市	45322684	35221855	3264739	5395638	2110293	4482555	3507981
连云港市	23957831	17949840	3030244	1836787	491011	3472226	2044754
淮安市	29320525	22306913	4486458	1824585	283859	5070675	1659078
盐城市	26557215	20082964	2275098	1671558	1001054	4301585	1171612
扬州市	22143525	17241718	2693871	2013392	623689	2186332	2091786
镇江市	23724070	17940091	2689794	3131237	392144	2755677	2636158
泰州市	21580220	16701979	2005961	3009696	377994	2648596	1851651
宿迁市	38353290	30083004	6512894	2791058	443747	6194741	1631798

3-A-18　续表 1　　　　单位：平方米

地　区	房屋新开工面积	住宅	#90平方米及以下	#144平方米及以上	办公楼	商业营业用　房	其他用房	房屋竣工面　积
全　省	**163581844**	**122118054**	**23896657**	**15794937**	**5479353**	**20479044**	**15505393**	**97115969**
苏　南	83632194	60988486	15555207	10362630	2804572	9536396	10302740	54010998
苏　中	32194090	24812973	2621174	2567634	1431314	3079982	2869821	19226255
苏　北	47755560	36316595	5720276	2864673	1243467	7862666	2332832	23878716
南京市	17450661	12870658	5881810	1391112	540535	1681280	2358188	10393947
无锡市	15810489	11269244	2197181	3341869	829577	2479731	1231937	11508240
徐州市	11362776	8934779	1866213	870643	467835	1493935	466227	7026744
常州市	12624683	8781276	2058513	1454089	393035	1499531	1950841	11555350
苏州市	28157879	20557139	4575859	3162735	932406	3022497	3645837	16925089
南通市	15369298	11186554	929094	1243595	1168575	1488321	1525848	9256789
连云港市	4498895	3407323	424397	224295	60137	651611	379824	2732013
淮安市	9937142	7345032	1554354	588840	105044	1817339	669727	4037294
盐城市	9578262	7099517	703731	551622	499319	1596696	382730	4117467
扬州市	9261072	7610335	967130	441323	60332	756352	834053	5918161
镇江市	9588482	7510169	841844	1012825	109019	853357	1115937	3628372
泰州市	7563720	6016084	724950	882716	202407	835309	509920	4051305
宿迁市	12378485	9529944	1171581	629273	111132	2303085	434324	5965198

3-A-18 续表 2 单位：平方米

地区	住宅	#90平方米及以下	#144平方米及以上	办公楼	商业营业用房	其他用房	房屋竣工住宅套数（套）	商品房屋销售面积
全省	**75841663**	**14757894**	**14477013**	**3324337**	**9955904**	**7994065**	**643446**	**114547743**
苏南	40295470	9443040	9852229	2368790	5639544	5707194	333971	54746928
苏中	15720290	1461713	2495555	593416	1581180	1331369	129732	22261505
苏北	19825903	3853141	2129229	362131	2735180	955502	179743	37539310
南京市	7540391	3769268	952830	536554	789240	1527762	78071	12220131
无锡市	8593193	1477739	3236722	892690	1400127	622230	63918	9094368
徐州市	6155668	1998283	925844	86064	609392	175620	58673	8568217
常州市	8897233	1296865	1745614	293536	1107737	1256844	69891	8759829
苏州市	12275250	2310164	3484173	635002	2058237	1956600	94484	18750522
南通市	7724850	447931	1115752	224121	670575	637243	64320	10352578
连云港市	1957354	216888	105072	155585	370528	248546	16645	4896396
淮安市	3133801	486952	268462	54739	625936	222818	27763	8424283
盐城市	3312203	418842	286710	62443	573072	169749	28646	7423162
扬州市	4752604	557496	652377	257450	434444	473663	40176	6994870
镇江市	2989403	589004	432890	11008	284203	343758	27607	5922078
泰州市	3242836	456286	727426	111845	476161	220463	25236	4914057
宿迁市	5266877	732176	543141	3300	556252	138769	48016	8227252

3-A-18 续表 3 单位：平方米

地区	住宅	#90平方米及以下	#144平方米及以上	办公楼	商业营业用房	其他用房	商品房屋销售额（万元）
全省	**101915174**	**17947849**	**14267105**	**2868097**	**8174770**	**1589702**	**79136995**
苏南	48780338	10801036	9801213	1386224	3802236	778130	48702238
苏中	20349615	1758138	2066803	424728	1236107	251055	13295494
苏北	32785221	5388675	2399089	1057145	3136427	560517	17139263
南京市	11431541	3904425	1983176	245282	436756	106552	14047466
无锡市	7807745	1081813	2043938	416921	806289	63413	7157819
徐州市	7658420	2236855	720001	232760	485670	191367	4573050
常州市	7694495	1501521	1441603	145265	641391	278678	5905683
苏州市	16334095	3369538	3493891	524150	1652485	239792	18038641
南通市	9378315	579389	857047	226929	622997	124337	5815108
连云港市	4276931	451143	291614	105201	454689	59575	2274892
淮安市	7498768	1227213	522256	32289	738591	154635	3868313
盐城市	5899261	602890	359532	674546	766032	83323	3394892
扬州市	6439280	747077	437571	161317	313016	81257	4498172
镇江市	5512462	943739	838605	54606	265315	89695	3552629
泰州市	4532020	431672	772185	36482	300094	45461	2982214
宿迁市	7451841	870574	505686	12349	691445	71617	3028116

3-A-18　续表 4　　单位：万元

地　区	住宅	#90平方米及以下	#144平方米及以上	办公楼	商业营业用　房	其他用房
全　省	**67777021**	**11413276**	**14213483**	**2184631**	**8514738**	**660605**
苏　南	42226291	8084061	11326545	1444024	4739278	292645
苏　中	11544856	1027155	1648571	403996	1248292	98350
苏　北	14005874	2302060	1238367	336611	2527168	269610
南京市	12664094	3165007	3278328	440010	861038	82324
无锡市	5814944	776505	1867902	390791	922597	29487
徐州市	3882578	1060993	452634	154821	425598	110053
常州市	5059017	907285	1206987	106835	681030	58801
苏州市	15483582	2750563	4323337	465656	1991434	97969
南通市	4933356	324476	698399	258044	582972	40736
连云港市	1876040	191187	155032	43278	329408	26166
淮安市	3091580	472081	261724	22075	672128	82530
盐城市	2605267	253142	166160	109380	649836	30409
扬州市	3986193	467943	401251	121888	352998	37093
镇江市	3204654	484701	649991	40732	283179	24064
泰州市	2625307	234736	548921	24064	312322	20521
宿迁市	2550409	324657	202817	7057	450198	20452

3-A-19　分地区房地产开发企业财务状况主要指标

单位：万元

地　区	资产总计	负债合计	实收资本	主营业务收　入	#商品房屋销售收入	主营业务成　本	主营业务税金及附加
全　省	**372236797**	**273753907**	**68528984**	**95109625**	**91524355**	**66897887**	**7598096**
苏　南	256801401	186340941	48248537	61056197	58168972	42526112	4880205
苏　中	54618901	41793308	8983292	15544243	15241562	10963370	1288327
苏　北	60816495	45619659	11297155	18509184	18113821	13408405	1429565
南京市	67236078	51340510	9756984	15054691	14201835	10161264	1223889
无锡市	45271970	33303960	9683338	10595493	10380916	7697335	757306
徐州市	15242041	11565226	2904426	5073459	4963426	3628125	411411
常州市	32084966	23596407	6739396	7004005	6802555	5017135	538445
苏州市	90236261	63700407	19549310	24036519	22792240	16719397	2030985
南通市	25790435	20167634	4299370	7077374	6959427	4975183	593163
连云港市	7793762	5962144	1368204	2535267	2493625	1777887	205492
淮安市	13139896	9561190	2805258	3896897	3804755	2806318	298754
盐城市	13041347	9671363	2308654	3407967	3335341	2481389	243380
扬州市	15488067	11554279	3025093	5211756	5102458	3645534	420015
镇江市	21972126	14399655	2519508	4365489	3991425	2930981	329579
泰州市	13340400	10071396	1658829	3255113	3179677	2342653	275148
宿迁市	11599449	8859737	1910614	3595595	3516674	2714685	270529

3-A-19 续表

单位：万元

地　区	其他业务利　润	销售费用	管理费用	财务费用	营业利润	利润总额	应交所得税	本年应付职工薪酬(贷方累计发生额)
全　省	**345423**	**2307556**	**2980502**	**1013273**	**14028795**	**14034933**	**1786797**	**1412352**
苏　南	260942	1569299	1917052	695108	9289092	9277277	1239720	923588
苏　中	37312	316930	469498	150314	2343815	2360202	262968	208241
苏　北	47170	421327	593953	167851	2395888	2397454	284109	280522
南京市	72626	353509	509964	215225	2590682	2705710	429735	240565
无锡市	25553	279463	350597	121737	1385042	1296679	131534	172226
徐州市	10826	117898	136376	35335	648754	636034	78832	66734
常州市	25823	198450	259741	85550	777904	784066	89118	126833
苏州市	127122	607564	659448	242075	3692992	3643204	521189	319429
南通市	17718	150504	217163	74743	1039873	1029852	112434	104275
连云港市	13587	57385	93503	13844	390033	383288	42182	49868
淮安市	5711	92936	131297	34500	550302	559324	53862	57453
盐城市	8326	83615	107534	43654	441111	442394	54073	53840
扬州市	14494	87033	135938	44545	888808	886709	100552	58492
镇江市	9818	130314	137302	30522	842472	847618	68144	64536
泰州市	5101	79392	116397	31026	415134	443641	49983	45474
宿迁市	8720	69493	125242	40518	365688	376414	55161	52628

第四篇

服务业财务状况

4-A-1　按行业分交通运输、仓储和邮政业企业法人单位主要指标

行　业	单位数（个）	资产总计（亿元）	营业收入（亿元）	从业人员（人）
总　计	**25609**	**9225.5**	**4075.8**	**844520**
道路运输业	15875	4491.9	1797.1	477957
城市公共交通运输	632	1652.9	189.4	141617
公路旅客运输	455	257.6	143.2	61051
道路货物运输	14180	1218.2	1221.9	240630
道路运输辅助活动	608	1363.1	242.6	34659
水上运输业	1432	1715.1	668.9	126122
水上旅客运输	59	18.5	8.6	2374
水上货物运输	976	731.1	454.2	80484
水上运输辅助活动	397	965.5	206.0	43264
航空运输业	50	354.5	90.4	11705
航空客货运输	27	129.0	68.8	6325
通用航空服务	8	7.3	1.0	197
航空运输辅助活动	15	218.2	20.6	5183
管道运输业	19	400.6	140.2	9561
管道运输业	19	400.6	140.2	9561
装卸搬运和运输代理业	5938	1055.9	716.4	109683
装卸搬运	1585	398.9	129.9	48926
运输代理业	4353	657.0	586.4	60757
仓储业	1625	1050.5	484.8	37659
谷物、棉花等农产品仓储	412	451.3	298.4	8522
其他仓储业	1213	599.3	186.4	29137
邮政业	670	157.0	178.0	71833
邮政基本服务	42	68.0	93.1	37510
快递服务	628	89.0	84.9	34323

4-A-2 按地区分交通运输、仓储和邮政业企业法人单位主要指标

地 区	单位数（个）	资产总计（亿元）	营业收入（亿元）	从业人员（人）
全 省	**25609**	**9225.5**	**4075.8**	**844520**
南 京	2363	2705.0	980.9	150622
无 锡	3119	776.5	285.3	74018
徐 州	2326	741.1	346.4	85966
常 州	1448	285.0	172.9	46803
苏 州	6607	1892.3	685.5	144191
南 通	1493	382.7	292.9	49025
连云港	1275	748.4	270.5	44836
淮 安	1131	247.2	198.4	41682
盐 城	1556	250.0	185.3	57467
扬 州	1189	257.3	164.5	41581
镇 江	1214	230.1	152.1	32754
泰 州	1013	518.1	206.7	50268
宿 迁	875	191.8	134.2	25307

4-A-3 按登记注册类型分交通运输、仓储和邮政业企业法人单位主要指标

类 型	单位数（个）	资产总计（亿元）	营业收入（亿元）	从业人员（人）
总 计	**25609**	**9225.5**	**4075.8**	**844520**
内资企业	25285	8643.2	3894.0	815952
国有企业	493	1434.1	525.3	104611
集体企业	475	56.3	50.6	22212
股份合作企业	98	4.7	4.5	2121
联营企业	61	2.9	3.7	1140
有限责任公司	2946	4330.1	1246.6	245917
股份有限公司	379	979.1	368.3	62382
私营企业	20169	1794.9	1664.7	368343
其他企业	664	41.1	30.2	9226
港、澳、台商投资企业	155	295.7	91.1	16133
外商投资企业	169	286.5	90.6	12435

4-A-4　按行业分信息传输、软件和信息技术服务业企业法人单位主要指标

行　业	单位数（个）	资产总计（亿元）	营业收入（亿元）	从业人员（人）
总　计	**21007**	**4992.1**	**3339.0**	**539518**
电信、广播电视和卫星传输服务	618	2942.0	1937.3	169685
电信	439	2475.5	1789.4	140643
广播电视传输服务	161	465.8	147.3	28869
卫星传输服务	18	0.7	0.7	173
互联网和相关服务	3127	187.5	178.4	49294
互联网接入及相关服务	222	14.3	14.7	2154
互联网信息服务	2546	162.7	148.7	44107
其他互联网服务	359	10.5	15.0	3033
软件和信息技术服务业	17262	1862.6	1223.3	320539
软件开发	11205	1381.1	903.3	239323
信息系统集成服务	1933	180.2	96.7	23301
信息技术咨询服务	2008	102.8	59.1	18693
数据处理和存储服务	244	30.4	26.8	9452
集成电路设计	572	64.9	42.6	10100
其他信息技术服务业	1300	103.2	94.8	19670

4-A-5　按地区分信息传输、软件和信息技术服务业企业法人单位主要指标

地　区	单位数（个）	资产总计（亿元）	营业收入（亿元）	从业人员（人）
全　省	**21007**	**4992.1**	**3339.0**	**539518**
南　京	4921	2909.1	1782.4	231741
无　锡	3057	463.4	296.6	53864
徐　州	1497	118.7	113.2	22916
常　州	1921	145.7	164.5	28543
苏　州	5056	617.4	450.5	103415
南　通	1038	127.7	115.9	25917
连云港	256	62.3	42.8	5945
淮　安	529	64.1	50.6	9781
盐　城	354	136.9	60.2	10151
扬　州	735	101.1	73.3	15975
镇　江	725	100.9	82.9	13265
泰　州	337	76.6	51.0	8120
宿　迁	581	68.0	55.2	9885

4-A-6 按登记注册类型分信息传输、软件和信息技术服务业企业法人单位主要指标

类型	单位数(个)	资产总计(亿元)	营业收入(亿元)	从业人员(人)
总计	**21007**	**4992.1**	**3339.0**	**539518**
内资企业	20288	3618.1	2421.0	441463
国有企业	111	245.7	97.6	14582
集体企业	57	5.2	1.8	857
股份合作企业	59	3.3	1.6	528
联营企业	70	5.4	1.8	749
有限责任公司	2875	1633.5	1004.6	134623
股份有限公司	341	869.8	609.8	60177
私营企业	16268	831.9	685.1	222507
其他企业	507	23.4	18.8	7440
港、澳、台商投资企业	217	474.4	290.9	28678
外商投资企业	502	899.6	627.1	69377

4-A-7 按行业分金融业企业法人单位主要指标

行业	单位数(个)	资产总计(亿元)	营业收入(亿元)	从业人员(万人)
总计	**1727**	**114902.1**	**5059.0**	**46.3**
货币金融服务	805	109233.2	3534.9	21.6
资本市场服务	25	1541.3	117.9	1.2
保险业	829	3785.4	1365.1	23.5
其他金融业	68	342.1	41.1	0.1

4-A-8 按行业分房地产业企业法人单位主要指标

行业	单位数(个)	资产总计(亿元)	营业收入(亿元)	从业人员(人)
总计	**18019**	**5744.8**	**1162.1**	**445014**
物业管理	8818	987.2	355.8	341171
房地产中介服务	5745	409.2	129.1	61410
自有房地产经营活动	2050	1038.6	74.5	17529
其他房地产业	1406	3309.9	602.6	24904

注：本表不含房地产开发经营。

4-A-9　按地区分房地产业企业法人单位主要指标

地　区	单位数（个）	资产总计（亿元）	营业收入（亿元）	从业人员（人）
全　省	**18019**	**5744.8**	**1162.1**	**445014**
南　京	2233	854.2	133.8	88725
无　锡	1707	1257.1	151.2	51035
徐　州	1592	107.8	76.5	28606
常　州	1284	146.2	58.8	30759
苏　州	5821	2195.2	244.2	128040
南　通	886	194.1	234.9	22761
连云港	479	79.0	22.0	10612
淮　安	700	100.5	36.3	11525
盐　城	640	186.7	44.9	12167
扬　州	778	227.9	54.2	20115
镇　江	708	203.6	41.9	14426
泰　州	546	122.3	27.1	13982
宿　迁	645	70.3	36.2	12261

注：本表不含房地产开发经营。

4-A-10　按登记注册类型分房地产业企业法人单位主要指标

类　型	单位数（个）	资产总计（亿元）	营业收入（亿元）	从业人员（人）
总　计	**18019**	**5744.8**	**1162.1**	**445014**
内资企业	17753	5498.2	1132.1	430297
国有企业	328	1485.6	197.2	8902
集体企业	474	385.5	35.0	9566
股份合作企业	123	38.3	12.6	1000
联营企业	52	6.6	2.1	676
有限责任公司	2373	1842.3	277.3	113807
股份有限公司	303	168.7	33.7	11416
私营企业	13249	1397.4	542.3	275266
其他企业	851	173.8	32.0	9664
港、澳、台商投资企业	151	145.3	12.9	5116
外商投资企业	115	101.3	17.0	9601

注：本表不含房地产开发经营。

4-A-11 按行业分租赁和商务服务业企业法人单位主要指标

行业	单位数(个)	资产总计(亿元)	营业收入(亿元)	从业人员(人)
总计	**72132**	**51163.5**	**5343.3**	**1009792**
租赁业	4178	514.0	230.9	46230
机械设备租赁	4022	503.8	227.0	44686
文化及日用品出租	156	10.3	3.8	1544
商务服务业	67954	50649.5	5112.4	963562
企业管理服务	15624	45095.6	2970.9	231108
法律服务	1506	28.1	46.7	17335
咨询与调查	15993	1135.3	345.5	125443
广告业	13740	397.1	439.1	101712
知识产权服务	609	19.7	15.1	6508
人力资源服务	6761	209.4	352.8	231544
旅行社及相关服务	2258	380.5	244.8	29784
安全保护服务	602	41.1	48.7	76128
其他商务服务业	10861	3342.9	648.9	144000

4-A-12 按地区分租赁和商务服务业企业法人单位主要指标

地区	单位数(个)	资产总计(亿元)	营业收入(亿元)	从业人员(人)
全省	**72132**	**51163.5**	**5343.3**	**1009792**
南京	11273	12758.7	1194.5	188878
无锡	7472	6771.5	415.3	93047
徐州	6295	1605.3	378.8	82223
常州	6187	2934.7	533.0	95767
苏州	18169	14189.2	1006.7	197647
南通	4683	3069.2	466.8	88743
连云港	1644	1791.2	150.4	30826
淮安	2629	1049.8	224.9	33852
盐城	3113	1883.7	165.3	37260
扬州	3509	1400.7	222.6	63930
镇江	2914	1437.1	245.4	37084
泰州	2242	1834.1	211.9	34712
宿迁	2002	438.4	127.8	25823

4-A-13　按登记注册类型分租赁和商务服务业企业法人单位主要指标

类　型	单位数（个）	资产总计（亿元）	营业收入（亿元）	从业人员（万人）
总　计	**72132**	**51163.5**	**5343.3**	**1009792**
内资企业	71363	50091.7	4975.5	988959
国有企业	1195	12306.3	598.3	78024
集体企业	1880	1829.9	209.8	45552
股份合作企业	338	129.5	15.7	3064
联营企业	220	362.4	21.8	3038
有限责任公司	8574	25897.5	1814.5	205020
股份有限公司	1051	1739.0	147.1	24512
私营企业	52791	6813.1	1969.3	562577
其他企业	5314	1014.0	199.0	67172
港、澳、台商投资企业	318	514.6	58.9	9060
外商投资企业	451	557.2	308.8	11773

4-A-14　按行业分科学研究和技术服务业企业法人单位主要指标

行　业	单位数（个）	资产总计（亿元）	营业收入（亿元）	从业人员（人）
总　计	**32815**	**4856.5**	**2083.4**	**557932**
研究和试验发展	5431	734.6	239.7	61774
专业技术服务业	18969	2876.2	1403.6	361908
科技推广和应用服务业	8415	1245.8	440.1	134250

4-A-15 按地区分科学研究和技术服务业企业法人单位主要指标

地 区	单位数（个）	资产总计（亿元）	营业收入（亿元）	从业人员（人）
全 省	**32815**	**4856.5**	**2083.4**	**557932**
南 京	6187	1096.2	541.4	111098
无 锡	3222	477.0	130.9	41616
徐 州	3167	138.2	133.2	45687
常 州	3346	286.6	315.8	77427
苏 州	6338	1277.0	315.5	90300
南 通	2475	344.4	180.9	52143
连云港	817	237.4	49.4	15551
淮 安	1345	67.2	72.2	21621
盐 城	1194	92.6	45.2	18234
扬 州	1399	145.0	108.0	30050
镇 江	1244	430.9	93.8	19956
泰 州	1308	161.2	60.8	20537
宿 迁	773	102.8	36.3	13712

4-A-16 按登记注册类型分科学研究和技术服务业企业法人单位主要指标

类 型	单位数（个）	资产总计（亿元）	营业收入（亿元）	从业人员（万人）
总 计	**32815**	**4856.5**	**2083.4**	**557932**
内资企业	32029	4624.9	1983.7	537900
国有企业	571	645.7	111.5	21042
集体企业	332	126.8	18.3	5487
股份合作企业	114	4.8	2.5	1278
联营企业	108	9.5	3.7	1470
有限责任公司	3637	1872.2	469.5	94203
股份有限公司	437	347.2	179.4	22007
私营企业	22548	1420.4	961.5	306625
其他企业	4282	198.2	237.2	85788
港、澳、台商投资企业	254	68.1	23.5	6303
外商投资企业	532	163.5	76.3	13729

4-A-17 按行业分水利、环境和公共设施管理业企业法人单位主要指标

行业	单位数（个）	资产总计（亿元）	营业收入（亿元）	从业人员（人）
总计	**4603**	**4572.4**	**433.1**	**116514**
水利管理业	327	350.6	22.9	4728
防洪除涝设施管理	58	45.5	5.2	786
水资源管理	80	245.6	8.6	1168
天然水收集与分配	29	2.7	1.2	403
水文服务	23	1.0	1.4	372
其他水利管理业	137	55.9	6.4	1999
生态保护和环境治理业	656	254.7	49.0	10853
生态保护	54	30.6	3.8	999
环境治理业	602	224.0	45.2	9854
公共设施管理业	3620	3967.1	361.2	100933
市政设施管理	400	1825.7	56.0	7954
环境卫生管理	335	39.0	18.0	20107
城乡市容管理	95	26.4	6.3	1254
绿化管理	1575	362.7	105.7	31113
公园和游览景区管理	1215	1713.2	175.3	40505

4-A-18 按地区分水利、环境和公共设施管理业企业法人单位主要指标

地区	单位数（个）	资产总计（亿元）	营业收入（亿元）	从业人员（人）
全省	**4603**	**4572.4**	**433.1**	**116514**
南京	391	486.1	55.7	12050
无锡	572	1348.1	58.5	14455
徐州	383	85.1	19.8	8239
常州	481	379.7	64.6	14702
苏州	1058	1129.4	85.8	25645
南通	296	180.9	28.6	6434
连云港	133	52.4	5.0	2657
淮安	147	97.3	27.1	2994
盐城	211	100.1	9.6	4108
扬州	200	113.9	12.2	4543
镇江	330	222.5	30.5	9793
泰州	218	95.4	13.6	4637
宿迁	183	281.5	22.1	6257

4-A-19 按登记注册类型分水利、环境和公共设施管理业企业法人单位主要指标

类　型	单位数(个)	资产总计(亿元)	营业收入(亿元)	从业人员(人)
总　计	**4603**	**4572.4**	**433.1**	**116514**
内资企业	4522	4464.3	412.9	113967
国有企业	227	1186.4	49.6	10775
集体企业	194	693.7	14.5	6500
股份合作企业	14	2.7	0.6	481
联营企业	17	32.0	0.6	240
有限责任公司	641	1805.7	124.4	26181
股份有限公司	83	111.6	28.3	6196
私营企业	2961	520.4	171.7	55307
其他企业	385	111.9	23.1	8287
港、澳、台商投资企业	42	60.2	10.8	1349
外商投资企业	39	47.9	9.5	1198

4-A-20 按行业分居民服务、修理和其他服务业企业法人单位主要指标

行　业	单位数(个)	资产总计(亿元)	营业收入(亿元)	从业人员(人)
总　计	**12797**	**545.6**	**374.1**	**182771**
居民服务业	3751	127.3	98.7	53585
家庭服务	702	24.3	14.1	8992
托儿所服务	11	0.2	0.3	130
洗染服务	170	4.0	4.6	2888
理发及美容服务	484	7.0	11.5	5359
洗浴服务	885	31.0	18.6	12663
保健服务	240	4.4	8.6	5151
婚姻服务	365	3.5	5.8	2439
殡葬服务	201	32.2	15.1	3727
其他居民服务业	693	20.8	20.3	12236
机动车、电子产品和日用产品修理业	6365	193.7	193.9	69172
汽车、摩托车修理与维护	4519	140.4	142.1	50800
计算机和办公设备维修	693	17.5	17.7	6844
家用电器修理	817	28.3	25.7	8982
其他日用产品修理业	336	7.5	8.3	2546
其他服务业	2681	224.5	81.5	60014
清洁服务	1886	40.3	46.7	39945
其他未列明服务业	795	184.2	34.8	20069

4-A-21 按地区分居民服务、修理和其他服务业企业法人单位主要指标

地 区	单位数(个)	资产总计(亿元)	营业收入(亿元)	从业人员(人)
全 省	**12797**	**545.6**	**374.1**	**182771**
南 京	1716	94.5	54.2	25975
无 锡	1593	55.7	29.5	28323
徐 州	1123	31.1	33.8	14325
常 州	1146	32.9	49.4	15704
苏 州	2849	100.5	65.5	38400
南 通	903	22.9	29.7	11409
连云港	361	9.7	14.2	6872
淮 安	588	15.1	20.4	7483
盐 城	644	128.7	16.9	7873
扬 州	610	15.9	19.8	8753
镇 江	500	16.8	19.4	6755
泰 州	395	11.0	10.4	6415
宿 迁	369	10.8	11.0	4484

4-A-22 按登记注册类型分居民服务、修理和其他服务业企业法人单位主要指标

类 型	单位数(个)	资产总计(亿元)	营业收入(亿元)	从业人员(人)
总 计	**12797**	**545.6**	**374.1**	**182771**
内资企业	12691	525.9	357.3	175752
国有企业	124	15.8	7.7	4326
集体企业	274	20.8	16.3	5601
股份合作企业	64	1.6	1.7	823
联营企业	41	3.0	1.6	583
有限责任公司	914	177.4	45.6	29607
股份有限公司	132	20.8	5.3	2277
私营企业	10543	273.2	266.2	126947
其他企业	599	13.2	13.0	5588
港、澳、台商投资企业	38	7.4	4.0	1996
外商投资企业	68	12.4	12.8	5023

4-A-23 按行业分教育企业法人单位主要指标

行业	单位数(个)	资产总计(亿元)	营业收入(亿元)	从业人员(人)
总计	**3631**	**190.3**	**152.2**	**82235**
学前教育	298	8.4	7.4	7245
初等教育	29	2.6	3.0	2233
中等教育	122	43.4	16.6	17982
高等教育	15	3.3	0.7	488
特殊教育	22	0.9	0.4	235
技能培训、教育辅助及其他教育	3145	131.7	124.0	54052

4-A-24 按地区分教育企业法人单位主要指标

地区	单位数(个)	资产总计(亿元)	营业收入(亿元)	从业人员(人)
全省	**3631**	**190.3**	**152.2**	**82235**
南京	477	22.3	20.2	11681
无锡	472	21.1	11.2	7667
徐州	407	11.0	14.4	6659
常州	227	9.7	11.3	3972
苏州	591	43.7	24.7	13455
南通	299	9.4	13.8	5466
连云港	133	6.2	4.8	4969
淮安	218	17.7	17.4	6620
盐城	138	5.3	4.9	3096
扬州	240	8.9	6.6	3709
镇江	153	5.4	6.4	2618
泰州	79	12.7	4.0	1878
宿迁	197	17.0	12.4	10445

4-A-25　按登记注册类型分教育企业法人单位主要指标

类　　型	单位数(个)	资产总计(亿元)	营业收入(亿元)	从业人员(人)
总　计	**3631**	**190.3**	**152.2**	**82235**
内资企业	3611	188.2	150.8	81713
国有企业	92	22.1	7.8	3770
集体企业	58	2.9	3.1	1677
股份合作企业	27	2.8	1.4	1460
联营企业	21	1.0	0.6	860
有限责任公司	282	25.2	17.8	7760
股份有限公司	60	3.9	2.2	1582
私营企业	2304	79.5	83.1	42136
其他企业	767	50.8	34.8	22468
港、澳、台商投资企业	12	1.3	0.2	170
外商投资企业	8	0.8	1.2	352

4-A-26　按行业分卫生和社会工作企业法人单位主要指标

行　　业	单位数(个)	资产总计(亿元)	营业收入(亿元)	从业人员(人)
总　计	**1707**	**284.1**	**200.3**	**88286**
卫生	1464	253.0	194.4	85430
医院	624	222.8	163.0	69236
社区医疗与卫生院	177	15.2	15.1	6944
门诊部(所)	537	11.1	11.9	7068
计划生育技术服务活动	9	0.1	0.2	61
妇幼保健院(所、站)	5	0.5	0.4	363
专科疾病防治院(所、站)	24	1.4	0.9	366
疾病预防控制中心	8	0.5	0.6	371
其他卫生活动	80	1.5	2.4	1021
社会工作	243	31.1	5.9	2856
提供住宿社会工作	171	23.6	3.7	2235
不提供住宿社会工作	72	7.5	2.3	621

4-A-27 按地区分卫生和社会工作企业法人单位主要指标

地区	单位数(个)	资产总计(亿元)	营业收入(亿元)	从业人员(人)
全省	**1707**	**284.1**	**200.3**	**88286**
南京	255	42.2	30.7	13327
无锡	160	21.9	8.8	5437
徐州	136	12.0	15.4	7239
常州	56	3.3	4.0	1911
苏州	408	56.8	41.9	18216
南通	180	16.7	17.0	5802
连云港	70	20.8	16.8	5870
淮安	83	4.1	3.1	2023
盐城	62	11.5	5.7	3977
扬州	47	9.9	5.0	2194
镇江	39	13.3	7.4	2929
泰州	31	3.3	1.7	1014
宿迁	180	68.3	42.9	18347

4-A-28 按登记注册类型分卫生和社会工作企业法人单位主要指标

类型	单位数(个)	资产总计(亿元)	营业收入(亿元)	从业人员(万人)
总计	**1707**	**284.1**	**200.3**	**88286**
内资企业	1689	241.6	183.9	83689
国有企业	72	48.3	35.5	14357
集体企业	68	6.1	3.7	1963
股份合作企业	30	13.2	7.5	3169
联营企业	7	0.1	0.2	122
有限责任公司	72	15.2	15.1	6367
股份有限公司	24	10.7	9.3	2954
私营企业	990	93.5	70.5	35806
其他企业	426	54.5	42.2	18951
港、澳、台商投资企业	6	16.7	7.8	1986
外商投资企业	12	25.8	8.6	2611

4-A-29　按行业分文化、体育和娱乐业法人单位主要指标

行　　业	单位数（个）	资产总计（亿元）	营业收入（亿元）	从业人员（人）
总　计	**11462**	**1357.8**	**424.8**	**136605**
新闻出版业	222	299.9	71.4	12992
新闻业	19	2.8	2.8	640
出版业	203	297.0	68.6	12352
广播、电视、电影和音像业	829	197.9	79.9	19018
广播	26	0.6	0.5	319
电视	117	77.5	20.6	6030
电影和影视节目制作	252	74.1	18.9	3630
电影和影视节目发行	64	8.0	15.0	1296
电影放映	335	37.0	24.6	7554
录音制作	35	0.6	0.5	189
文化艺术业	2007	335.8	74.5	23515
文艺创作与表演	566	38.1	28.9	9394
艺术表演场馆	56	28.4	4.6	1819
图书馆与档案馆	21	1.7	0.6	252
文物及非物质文化遗产保护	39	107.8	3.4	717
博物馆	45	3.5	1.2	351
烈士陵园、纪念馆	9	0.7	0.3	120
群众文化活动	236	39.6	15.9	3275
其他文化艺术业	1035	116.0	19.7	7587
体育	624	68.5	16.3	8402
体育组织	86	14.8	3.1	689
体育场馆	38	15.8	2.2	994
休闲健身活动	429	34.5	10.1	6005
其他体育	71	3.4	0.8	714
娱乐业	7780	455.7	182.8	72678
室内娱乐活动	6974	110.0	125.0	49925
游乐园	84	174.3	20.2	6989
彩票活动	2	0.2	3.4	2563
文化、娱乐、体育经纪代理	220	30.6	11.4	2515
其他娱乐业	500	140.6	22.8	10686

4-A-30 按地区分文化、体育和娱乐业企业法人单位主要指标

地区	单位数(个)	资产总计(亿元)	营业收入(亿元)	从业人员(人)
全省	**11462**	**1357.8**	**424.8**	**136605**
南京	2108	559.4	125.3	30337
无锡	1006	121.2	35.8	13959
徐州	997	55.0	36.1	11457
常州	964	144.1	70.1	17368
苏州	2164	250.0	43.9	19432
南通	610	79.4	23.7	8116
连云港	454	14.2	8.1	3858
淮安	475	22.9	14.3	5248
盐城	425	22.0	10.9	5199
扬州	682	19.3	15.4	6190
镇江	653	32.9	21.0	6673
泰州	503	12.5	8.6	4183
宿迁	421	24.9	11.6	4585

4-A-31 按登记注册类型分文化、体育和娱乐业企业法人单位主要指标

类型	单位数(个)	资产总计(亿元)	营业收入(亿元)	从业人员(人)
总计	**11462**	**1357.8**	**424.8**	**136605**
内资企业	11361	1259.2	413.6	132162
国有企业	212	103.5	40.1	14715
集体企业	186	13.4	4.7	2184
股份合作企业	28	0.3	0.3	183
联营企业	26	47.3	0.6	264
有限责任公司	826	703.4	105.0	25288
股份有限公司	125	44.6	20.3	3440
私营企业	9279	317.5	225.1	79799
其他企业	679	29.2	17.5	6289
港、澳、台商投资企业	52	58.8	3.7	1825
外商投资企业	49	39.8	7.5	2618

4-A-32　按行业分国有控股企业主要指标

行　　业	单位数（个）	资产总计（亿元）	营业收入（亿元）	从业人员（人）
合　计	**6128**	**48582.3**	**5241.1**	**684408**
交通运输、仓储和邮政业	954	5820.3	1494.6	261908
道路运输业	304	3038.5	400.2	133181
水上运输业	94	1032.1	297.3	40767
航空运输业	14	347.9	88.7	11160
管道运输业	6	385.2	131.2	8903
装卸搬运和运输代理业	193	398.2	152.0	18091
仓储业	299	548.2	330.8	11071
邮政业	44	70.3	94.4	38735
信息传输、软件和信息技术服务业	334	2066.8	1237.7	117965
电信、广播电视和卫星传输服务	139	1783.9	1138.9	104198
互联网和相关服务	32	29.9	14.5	3044
软件和信息技术服务业	163	253.0	84.3	10723
房地产业	595	2259.6	202.2	38260
物业管理业	297	177.5	33.2	32711
房地产中介服务业	74	91.9	3.7	996
自有房地产经营活动	95	346.4	5.2	2086
其他房地产业	129	1643.8	160.1	2467
租赁和商务服务业	2320	33470.1	1650.2	148444
租赁业	39	22.5	5.5	1662
商务服务业	2281	33447.6	1644.7	146782
科学研究和技术服务业	897	1758.6	376.7	48957
研究和试验发展	104	170.0	30.3	4743
专业技术服务业	629	1367.9	330.5	40942
科技推广和应用服务业	164	220.8	15.9	3272
水利、环境和公共设施管理业	368	2468.8	105.7	19690
水利管理业	57	193.3	9.8	1177
生态保护和环境治理业	39	84.7	7.6	1553
公共设施管理业	272	2190.9	88.3	16960
居民服务、修理和其他服务业	169	33.1	13.8	7650
居民服务业	60	7.5	5.3	2760
机动车、电子产品和日用产品修理业	77	8.3	5.5	1622
其他服务业	32	17.2	2.9	3268
教育	101	24.8	10.5	4405
卫生和社会工作	51	37.6	32.6	10291
卫生	37	34.8	32.4	10110
社会工作	14	2.8	0.2	181
文化、体育和娱乐业	339	642.5	117.0	26838
新闻和出版业	77	279.3	55.2	8779
广播、电视、电影和影视录音制作业	91	93.9	26.0	5614
文化艺术业	89	99.9	13.2	3671
体育	30	27.2	4.2	1285
娱乐业	52	142.2	18.4	7489

注：本表不含铁路运输业、金融业、房地产开发经营。

4-A-33 按行业分非公有控股经济企业主要指标

行业	单位数(个)	资产总计(亿元)	营业收入(亿元)	从业人员(人)
合计	**191676**	**27676.8**	**11468.6**	**3105515**
交通运输、仓储和邮政业	23942	3144.1	2406.9	536836
道路运输业	15239	1345.5	1327.0	322269
水上运输业	1213	582.6	302.6	72525
航空运输业	35	6.5	1.7	494
管道运输业	13	15.4	9.0	658
装卸搬运和运输代理业	5572	641.7	550.0	83563
仓储业	1252	465.9	133.4	24381
邮政业	618	86.5	83.3	32946
信息传输、软件和信息技术服务业	20535	2821.2	1996.3	405628
电信、广播电视和卫星传输服务	465	1156.1	797.3	64785
互联网和相关服务	3081	155.0	162.8	45899
软件和信息技术服务业	16989	1510.1	1036.2	294944
房地产业	16469	2669.5	861.5	374276
物业管理业	8067	611.3	294.9	282451
房地产中介服务业	5630	305.9	123.7	59542
自有房地产经营活动	1591	532.3	58.1	12141
其他房地产业	1181	1220.0	384.8	20142
租赁和商务服务业	67253	13667.2	3339.7	791463
租赁业	4092	471.3	222.3	43079
商务服务业	63161	13195.9	3117.4	748384
科学研究和技术服务业	31321	2765.1	1642.4	490677
研究和试验发展	5277	501.3	207.1	56092
专业技术服务业	17998	1352.7	1020.5	306828
科技推广和应用服务业	8046	911.2	414.7	127757
水利、环境和公共设施管理业	3909	1105.3	290.2	82771
水利管理业	230	127.0	11.8	3011
生态保护和环境治理业	592	152.7	40.6	8968
公共设施管理业	3087	825.5	237.8	70792
居民服务、修理和其他服务业	12288	480.3	339.9	166579
居民服务业	3515	103.6	82.8	46990
机动车、电子产品和日用产品修理业	6181	181.6	183.7	65806
其他服务业	2592	195.1	73.3	53783
教育	3456	155.3	137.2	75438
卫生和社会工作	1618	241.6	164.3	76482
卫生	1401	214.9	158.8	74052
社会工作	217	26.7	5.5	2430
文化、体育和娱乐业	10885	627.1	290.3	105365
新闻和出版业	133	19.7	15.5	3956
广播、电视、电影和影视录音制作业	652	72.3	49.4	12340
文化艺术业	1862	224.1	58.4	18884
体育	584	41.0	11.9	7006
娱乐业	7654	270.0	155.0	63179

注：本表不含铁路运输业、金融业、房地产开发经营。

4-B-1　规模以上交通运输、仓储和邮政业企业法人单位主要指标

单位：万元

行业	固定资产原价	本年折旧	资产总计	负债合计	所有者权益合计	营业收入	营业成本	营业税金及附加
合计	**34071827.6**	**2011569.6**	**67465295.8**	**40926676.4**	**26538619.6**	**30471371.5**	**24541949.5**	**377796.5**
道路运输业	13519038.7	834210.3	30358507.8	18724154.8	11634353.1	11606002.1	9011204.3	173829.6
城市公共交通运输	3706628.5	217979.4	13313486.4	9317350.9	3996135.8	1585659.8	1487327.4	15467.4
公路旅客运输	1606880.5	163169.7	2293472.9	1451648.8	841824.1	1268152.9	936348.1	11610.3
道路货物运输	2688950.5	282651.7	6492962.4	3693557.7	2799404.7	7153016.3	5796679.3	104559.4
道路运输辅助活动	5516579.2	170409.5	8258586.1	4261597.4	3996988.5	1599173.1	790849.5	42192.5
水上运输业	9307727.8	512609.9	15083152.4	9885080.3	5198071.8	6188528.5	5045944.9	79112.1
水上旅客运输	79600.6	5401.3	168776.9	83530.1	85246.8	76566.9	56331.5	686.9
水上货物运输	4640694.5	266488.7	6301789.8	4446119.6	1855670.3	4191843.8	3628717.9	64103.5
水上运输辅助活动	4587432.7	240719.9	8612585.7	5355430.6	3257154.7	1920117.8	1360895.5	14321.7
航空运输业	1578938.3	82576.4	3102101.9	1570467.5	1531634.7	873228.6	718430.5	4939.2
航空客货运输	1127774.2	65687.9	1277148.2	832309.9	444838.3	678529.1	587768.7	2674.5
通用航空服务	14984.2	770.1	23328.6	16956.6	6372.0	8713.9	6240.3	19.6
航空运输辅助活动	436179.9	16118.4	1801625.1	721201.0	1080424.4	185985.6	124421.5	2245.1
管道运输业	3569951.4	189287.0	3906504.9	1623717.6	2282787.4	1350103.9	1055865.3	7262.5
管道运输业	3569951.4	189287.0	3906504.9	1623717.6	2282787.4	1350103.9	1055865.3	7262.5
装卸搬运和运输代理业	2970071.9	166179.2	6574539.8	3541715.4	3032824.4	5305557.6	4423828.8	74665.5
装卸搬运	1819029.8	94622.2	2770574.0	1459503.9	1311070.1	898136.7	661142.6	21831.8
运输代理业	1151042.1	71557.0	3803965.8	2082211.5	1721754.3	4407420.9	3762686.2	52833.7
仓储业	2369813.6	183100.8	7531449.0	5214016.6	2317432.4	3912073.3	3251180.7	18421.6
谷物、棉花等农产品仓储	353097.1	30519.4	3812634.8	3202936.4	609698.4	2452629.0	2218440.6	2839.4
其他仓储业	2016716.5	152581.4	3718814.2	2011080.2	1707734.0	1459444.3	1032740.1	15582.2
邮政业	756285.9	43606.0	909040.0	367524.2	541515.8	1235877.5	1035495.0	19566.0
邮政基本服务	669343.9	31610.0	626925.9	203395.0	423530.9	858318.6	761833.8	5915.4
快递服务	86942.0	11996.0	282114.1	164129.2	117984.9	377558.9	273661.2	13650.6

注：本表不含铁路运输业。

4-B-1 续表 单位：万元

行业	销售费用管理费用财务费用合计	投资收益	营业利润	利润总额	应交所得税	应付职工薪酬	应交增值税	从业人员(人)
合计	**3372055.3**	**193131.9**	**2464468.0**	**2489181.8**	**497720.9**	**3867898.1**	**488000.6**	**583728**
道路运输业	1303667.9	100403.3	1257711.6	1300528.6	264291.9	1759028.2	248889.9	312697
城市公共交通运输	237255.6	31905.5	-93027.4	-41625.7	7880.7	748679.0	24984.8	119565
公路旅客运输	216184.0	15516.8	146289.1	152282.0	38336.2	307823.0	32784.3	55426
道路货物运输	606876.1	8770.2	633066.6	627883.5	85459.2	551835.2	180692.5	116712
道路运输辅助活动	243352.2	44210.8	571383.3	561988.8	132615.8	150691.0	10428.3	20994
水上运输业	741573.3	32631.0	358773.7	310475.8	84051.4	760441.6	105174.3	111225
水上旅客运输	11752.5	311.3	9502.5	13121.1	3013.0	14041.5	1178.2	1929
水上货物运输	322968.8	19980.5	170557.7	111208.0	40214.0	421916.7	61837.9	70444
水上运输辅助活动	406852.0	12339.2	178713.5	186146.7	40824.4	324483.4	42158.2	38852
航空运输业	103180.4	9531.4	57851.1	63379.2	17491.9	164483.5	15060.3	11232
航空客货运输	63958.7	410.8	26160.2	30404.7	8119.5	101583.0	12203.9	6018
通用航空服务	1264.8	2.0	1271.7	1448.5	290.0	2127.5	161.6	104
航空运输辅助活动	37956.9	9118.6	30419.2	31526.0	9082.4	60773.0	2694.8	5110
管道运输业	187224.3	6159.9	105608.0	120843.3	26658.2	136707.3	44944.2	9179
管道运输业	187224.3	6159.9	105608.0	120843.3	26658.2	136707.3	44944.2	9179
装卸搬运和运输代理业	475940.8	37291.0	397877.3	395963.0	48117.7	399738.5	43739.1	60833
装卸搬运	144674.0	19388.2	103471.6	99171.5	15985.7	193638.3	14499.7	29786
运输代理业	331266.8	17902.8	294405.7	296791.5	32132.0	206100.2	29239.4	31047
仓储业	411141.4	7095.0	243536.2	253205.1	49069.2	134516.0	27862.8	23126
谷物、棉花等农产品仓储	166443.3	4322.3	79649.5	82729.6	9332.1	26247.0	1517.9	4578
其他仓储业	244698.1	2772.7	163886.7	170475.5	39737.1	108269.0	26344.9	18548
邮政业	149327.2	20.3	43110.1	44786.8	8040.6	512983.0	2330.0	55436
邮政基本服务	94504.9		6092.7	5783.4	363.0	398220.8	846.5	33109
快递服务	54822.3	20.3	37017.4	39003.4	7677.6	114762.2	1483.5	22327

4-B-2 规模以上信息传输、软件和信息技术服务业企业法人单位主要指标

单位：万元

行业	固定资产原价	本年折旧	资产总计	负债合计	所有者权益合计	营业收入	营业成本	营业税金及附加
合计	**45240536.1**	**3290439.3**	**39832093.9**	**19862569.2**	**19969524.9**	**28056242.4**	**14625880.0**	**675536.9**
电信、广播电视和卫星传输服务	43495282.0	3137810.9	28723008.6	14285347.1	14437661.7	19144040.5	8821298.8	574345.0
电信	41720157.8	2868960.6	24307548.3	12603772.8	11703775.7	17749369.2	8029559.9	551690.8
广播电视传输服务	1774605.4	268760.0	4411913.5	1678990.5	2732923.0	1391979.0	789928.0	22616.2
卫星传输服务	518.8	90.3	3546.8	2583.8	963.0	2692.3	1810.9	38.0
互联网和相关服务	285971.5	32935.3	964972.2	321764.0	643208.2	954013.0	591245.3	18103.2
互联网接入及相关服务	67204.6	11296.1	100605.8	58773.4	41832.4	109417.5	42791.9	1357.0
互联网信息服务	216938.9	21408.3	858099.5	261746.2	596353.3	835119.0	542153.9	16656.0
其他互联网服务	1828.0	230.9	6266.9	1244.4	5022.5	9476.5	6299.5	90.2
软件和信息技术服务业	1459282.6	119693.1	10144113.1	5255458.1	4888655.0	7958188.9	5213335.9	83088.7
软件开发	1123476.5	92136.8	8196603.1	4146230.1	4050373.0	6305933.9	3918102.4	69388.1
信息系统集成服务	132367.7	9173.8	775265.2	426131.6	349133.6	474609.4	356784.4	5323.4
信息技术咨询服务	29926.7	2026.3	188972.2	110012.6	78959.6	97058.2	67851.0	1510.0
数据处理和存储服务	43644.9	3999.6	114019.3	51514.8	62504.5	204523.8	180650.3	1110.4
集成电路设计	50816.6	4467.7	298096.5	143756.2	154340.3	247743.7	172158.5	1754.1
其他信息技术服务业	79050.2	7888.9	571156.8	377812.8	193344.0	628319.9	517789.3	4002.7

4-B-2 续表

单位：万元

行业	销售费用管理费用财务费用合计	投资收益	营业利润	利润总额	应交所得税	应付职工薪酬	应交增值税	从业人员（人）
合计	**7733394.9**	**18849.2**	**5067670.3**	**5413393.9**	**955037.7**	**3459672.2**	**325436.1**	**356946**
电信、广播电视和卫星传输服务	5411282.0	19360.2	4410959.9	4508600.6	846707.6	1505549.5	32300.6	162283
电信	5155236.1	5288.8	4042327.4	4091997.5	844171.0	1278165.9	3470.6	135666
广播电视传输服务	255277.0	14071.4	368546.9	416522.3	2518.3	227146.9	28715.1	26563
卫星传输服务	768.9		85.6	80.8	18.3	236.7	114.9	54
互联网和相关服务	212049.4	4450.2	135493.3	135260.9	11121.7	149756.0	16531.7	22866
互联网接入及相关服务	8219.6		57656.3	46606.5	411.4	2982.7	654.5	521
互联网信息服务	201785.8	4447.6	76692.4	87485.4	10337.8	145625.7	15702.1	22120
其他互联网服务	2044.0	2.6	1144.6	1169.0	372.5	1147.6	175.1	225
软件和信息技术服务业	2110063.5	-4961.2	521217.1	769532.4	97208.4	1804366.7	276603.8	171797
软件开发	1859056.4	-6990.0	431525.3	657144.7	77021.5	1575525.4	254961.1	141666
信息系统集成服务	75119.0	1147.2	37636.4	43268.7	8212.3	76108.7	7943.6	7598
信息技术咨询服务	22792.2	266.9	5965.0	7518.5	1404.1	20207.5	3121.4	3083
数据处理和存储服务	18185.8		4487.5	10081.7	964.0	40966.5	1445.9	6752
集成电路设计	58102.7	381.3	11778.7	13588.7	3056.1	32624.0	4588.2	3795
其他信息技术服务业	76807.4	233.4	29824.2	37930.1	6550.4	58934.6	4543.6	8903

4-B-3 规模以上物业管理和房地产中介服务企业法人单位主要指标

单位：万元

行业	固定资产原价	本年折旧	资产总计	负债合计	所有者权益合计	营业收入	营业成本	营业税金及附加
合计	**1065684.6**	**56620.3**	**3568138.9**	**2461798.4**	**1106340.5**	**1822493.4**	**1104701.8**	**93520.0**
物业管理	977402.8	50693.7	3244493.5	2298719.4	945774.1	1590097.3	999783.7	81924.6
房地产中介服务	88281.8	5926.6	323645.4	163079.0	160566.4	232396.1	104918.1	11595.4

4-B-3 续表

单位：万元

行业	销售费用管理费用财务费用合计	投资收益	营业利润	利润总额	应交所得税	应付职工薪酬	应交增值税	从业人员（人）
合计	**544553.2**	**8638.9**	**107651.9**	**105474.3**	**23591.5**	**750081.3**	**6373.5**	**215385**
物业管理	452167.3	5318.9	81947.5	83987.8	19555.0	658684.2	4788.7	198693
房地产中介服务	92385.9	3320.0	25704.4	21486.5	4036.5	91397.1	1584.8	16692

4-B-4　规模以上租赁和商务服务业企业法人单位主要指标

单位：万元

行　业	固定资产原　价	本年折旧	资产总计	负债合计	所有者权益合计	营业收入	营业成本	营业税金及附加
合　计	**24452733.2**	**1570170.7**	**230653991.0**	**126657747.7**	**103951637.6**	**29297874.8**	**20585213.4**	**713407.6**
租赁业	1252568.7	102919.9	2725302.9	1872883.0	852419.8	1262782.7	954531.7	16862.8
机械设备租赁	1246431.9	102465.3	2666715.5	1828520.7	838194.7	1250258.1	949223.9	16133.7
文化及日用品出租	6136.8	454.6	58587.4	44362.3	14225.1	12524.6	5307.8	729.1
商务服务业	23200164.5	1467250.8	227928688.1	124784864.7	103099217.8	28035092.1	19630681.7	696544.8
企业管理服务	18156090.0	1144269.5	204367502.4	112876643.9	91446252.9	17970226.1	12930300.6	477276.7
法律服务	23214.9	2781.9	59099.0	33024.3	26074.7	98267.4	32252.1	1242.2
咨询与调查	254789.3	24375.0	2898118.7	1589458.9	1308659.8	915816.5	524137.9	25612.6
广告业	413209.6	40280.2	1569391.0	644775.9	924615.1	1542421.0	1084540.5	27273.9
知识产权服务	11434.7	2278.9	110368.8	71568.7	38800.1	56297.4	31840.0	943.8
人力资源服务	106843.6	8779.9	543808.2	300838.3	242969.9	1564646.5	1380068.1	19110.6
旅行社及相关服务	261440.6	19567.0	654677.7	424461.2	230216.5	1859116.9	1682161.7	15433.8
安全保护服务	83601.5	10777.5	264700.6	161610.4	103090.2	318795.9	137734.3	11140.0
其他商务服务业	3889540.3	214140.9	17461021.7	8682483.1	8778538.6	3709504.4	1827646.5	118511.2

4-B-4　续表　　单位：万元

行　业	销售费用管理费用财务费用合　计	投资收益	营业利润	利润总额	应交所得税	应付职工薪　酬	应交增值税	从业人员(人)
合　计	**4442479.7**	**1149702.5**	**5192770.0**	**5102786.3**	**556078.8**	**2312637.6**	**262206.8**	**433119**
租赁业	148283.5	112.9	138533.8	139180.4	16518.6	59543.1	8554.9	12106
机械设备租赁	143835.6	12.5	136393.6	137024.3	16067.0	56691.5	8527.2	11667
文化及日用品出租	4447.9	100.4	2140.2	2156.1	451.6	2851.6	27.7	439
商务服务业	4294196.2	1149589.6	5054236.2	4963605.9	539560.2	2253094.5	253651.9	421013
企业管理服务	2486536.0	1078634.8	3648989.8	3596746.7	349152.9	748762.7	159541.0	95881
法律服务	39187.7	277.7	22105.9	22034.3	3788.6	21598.0	3414.6	2831
咨询与调查	221121.2	2613.2	139145.6	148579.8	23067.1	182719.6	15544.8	24171
广告业	194474.7	1881.5	255871.0	252208.1	20935.1	104464.5	25052.4	17603
知识产权服务	15740.1	109.6	5065.5	7055.0	1641.3	22471.3	1630.9	2680
人力资源服务	107645.5	702.0	54466.9	55342.9	8046.6	606261.1	14620.0	145448
旅行社及相关服务	125726.9	1292.8	25290.4	29265.2	6883.6	62299.9	1945.0	14909
安全保护服务	145556.0	843.3	24125.9	22960.3	5108.3	183998.8	506.6	59919
其他商务服务业	958208.1	63234.7	879175.2	829413.6	120936.7	320518.6	31396.6	57571

4-B-5 规模以上科学研究和技术服务业企业法人单位主要指标

单位：万元

行业	固定资产原价	本年折旧	资产总计	负债合计	所有者权益合计	营业收入	营业成本	营业税金及附加
合计	**5612581.8**	**401297.6**	**20523807.1**	**11562925.0**	**8960881.0**	**11109288.1**	**7696897.2**	**232462.3**
研究和试验发展	419548.9	35357.1	1620648.3	731328.0	889320.3	852757.2	596429.5	9747.6
自然科学研究和试验发展	32342.9	6238.5	364615.7	202101.0	162514.7	144358.3	113794.8	457.5
工程和技术研究和试验发展	251557.8	20192.0	851831.9	369811.4	482020.5	555082.2	388083.5	8239.8
农业科学研究和试验发展	25353.4	2039.7	97570.4	47489.6	50080.8	26825.6	17751.9	226.3
医学研究和试验发展	110259.7	6881.8	304748.8	110846.6	193902.2	125239.2	75935.0	818.6
社会人文科学研究	35.1	5.1	1881.5	1079.4	802.1	1251.9	864.3	5.4
专业技术服务业	3442868.7	254024.2	12926734.7	7211108.8	5715625.5	8308424.4	5785443.3	177793.9
气象服务	1743.2	241.3	6446.4	1462.9	4983.5	6858.9	2290.7	498.3
地震服务								
海洋服务	1728.8	24.1	5630.6	2283.8	3346.8	1945.0	1803.5	42.5
测绘服务	64106.1	4224.9	127104.7	52293.0	74811.7	87809.6	40016.4	3261.2
质检技术服务	381287.9	43720.1	928013.8	471406.8	456607.0	578030.6	348868.6	11696.5
环境与生态监测	44926.5	5633.1	77265.1	47785.5	29479.6	41991.5	19274.6	195.6
地质勘查	370155.8	33937.7	657278.0	299554.3	357723.7	530494.4	415935.5	14286.5
工程技术	1943726.3	122602.7	8804634.4	5070007.8	3734626.2	5512573.0	3833591.8	126845.5
其他专业技术服务业	635194.1	43640.3	2320361.7	1266314.7	1054047.0	1548721.4	1123662.2	20967.8
科技推广和应用服务业	1750164.2	111916.3	5976424.1	3620488.2	2355935.2	1948106.5	1315024.4	44920.8
技术推广服务	569206.9	42417.9	1397959.4	658241.0	739718.4	1451880.5	998617.5	21185.2
科技中介服务	999721.7	59907.1	3967219.8	2647437.6	1319781.5	373878.6	237515.6	23023.3
其他科技推广和应用服务业	181235.6	9591.3	611244.9	314809.6	296435.3	122347.4	78891.3	712.3

4-B-5 续表

单位：万元

行业	销售费用 管理费用 财务费用 合计	投资收益	营业利润	利润总额	应交所得税	应付职工薪酬	应交增值税	从业人员（人）
合计	**1730448.8**	**34158.9**	**1557679.8**	**1529385.5**	**226454.0**	**1836781.9**	**190379.7**	**236430**
研究和试验发展	152554.7	3281.5	95049.9	103167.3	13999.6	138113.5	17566.9	14532
自然科学研究和试验发展	11453.8	-100.1	17115.5	17921.4	1126.2	14425.1	2453.3	930
工程和技术研究和试验发展	101763.2	3268.4	61752.7	66452.3	11308.7	94259.0	10805.8	9611
农业科学研究和试验发展	4251.5		4138.2	4295.2	363.3	5417.9	764.2	1110
医学研究和试验发展	34666.3	113.2	12102.4	14536.3	1201.4	23874.6	3498.2	2860
社会人文科学研究	419.9		-58.9	-37.9		136.9	45.4	21
专业技术服务业	1359322.9	29669.6	1095143.4	1107712.1	176170.1	1485350.5	146253.5	175414
气象服务	3471.9		1775.1	1775.1	252.7	773.1	106.3	166
地震服务								
海洋服务	279.8		223.1	223.1	34.0	797.3	1.8	189
测绘服务	24704.3	784.6	20934.9	22235.7	4817.8	19120.8	1295.8	2401
质检技术服务	129152.6	5173.0	103859.2	107064.3	22805.2	102086.6	12403.5	13011
环境与生态监测	8920.9	888.2	14484.8	13662.7	242.4	6549.2	470.1	1188
地质勘查	82051.4	634.9	-6551.5	-4237.3	2278.9	68207.5	26132.4	9346
工程技术	862704.8	12277.3	804062.9	802153.3	117078.3	1041553.2	88821.4	126978
其他专业技术服务业	248037.2	9911.6	156354.9	164835.2	28660.8	246262.8	17022.2	22135
科技推广和应用服务业	218571.2	1207.8	367486.5	318506.1	36284.3	213317.9	26559.3	46484
技术推广服务	166145.0	953.7	263555.9	260826.5	25938.9	184467.6	25586.0	43818
科技中介服务	15661.8	254.1	97764.6	51206.7	9745.9	6480.1	504.2	1151
其他科技推广和应用服务业	36764.4		6166.0	6472.9	599.5	22370.2	469.1	1515

4-B-6　规模以上水利、环境和公共设施管理业企业法人单位主要指标

单位：万元

行　　业	固定资产原　　价	本年折旧	资产总计	负债合计	所有者权益合计	营业收入	营业成本	营业税金及附加
合　计	**3824672.8**	**249629.2**	**16219953.7**	**8244604.1**	**7975349.7**	**2717963.7**	**1816713.8**	**74570.6**
水利管理业	129621.7	4818.7	330639.2	160173.8	170465.4	92849.9	61362.8	2968.1
防洪除涝设施管理	1392.4	100.2	47670.5	19521.8	28148.7	4011.0	3737.8	25.4
水资源管理	91413.0	2868.0	233725.1	117071.9	116653.2	46647.3	34664.6	1488.4
天然水收集与分配	7311.9	497.8	8481.2	6143.4	2337.8	5638.0	2299.0	113.8
水文服务	1033.3	67.2	4344.2	2355.5	1988.7	10168.1	6137.9	418.5
其他水利管理业	28471.1	1285.5	36418.2	15081.2	21337.0	26385.5	14523.5	922.0
生态保护和环境治理业	342077.5	21704.8	1045388.5	635816.4	409572.1	284437.6	183106.1	4660.5
生态保护	32377.4	2026.3	127316.0	91016.0	36300.0	21113.9	7230.9	439.5
环境治理业	309700.1	19678.5	918072.5	544800.4	373272.1	263323.7	175875.2	4221.0
公共设施管理业	3352973.6	223105.7	14843926.0	7448613.9	7395312.2	2340676.2	1572244.9	66942.0
市政设施管理	399185.5	22344.0	3347065.2	2003677.1	1343388.2	357161.0	281670.1	10612.1
环境卫生管理	67793.0	8006.3	132342.2	67053.6	65288.6	80594.0	45822.1	2467.1
城乡市容管理	2459.7	220.5	11071.8	3913.2	7158.6	8705.0	6436.6	124.7
绿化管理	96638.9	8078.9	840143.2	448959.8	391183.4	607309.2	483311.7	19832.5
公园和游览景区管理	2786896.5	184456.0	10513303.6	4925010.2	5588293.4	1286907.0	755004.4	33905.6

4-B-6　续表

单位：万元

行　　业	销售费用管理费用财务费用合　　计	投资收益	营业利润	利润总额	应交所得税	应付职工薪　　酬	应交增值税	从业人员（人）
合　计	**468427.7**	**12459.6**	**380884.4**	**381780.3**	**49428.4**	**270422.3**	**14563.2**	**57752**
水利管理业	13575.3		13631.5	13820.4	1224.7	8233.7	2079.3	1375
防洪除涝设施管理	205.6		280.1	280.1	10.0	732.4	101.0	174
水资源管理	5497.7		5097.2	5249.9	179.3	2089.1	1146.3	194
天然水收集与分配	162.2		1966.3	1966.3	91.0	1219.5		138
水文服务	2516.0		1095.7	1095.7	87.1	893.6		146
其他水利管理业	5193.8		5192.2	5228.4	857.3	3299.1	832.0	723
生态保护和环境治理业	53500.4	256.3	44553.1	45234.2	9002.9	27206.6	1440.9	4188
生态保护	7568.8		5849.7	5966.2	1486.1	2370.7		476
环境治理业	45931.6	256.3	38703.4	39268.0	7516.8	24835.9	1440.9	3712
公共设施管理业	401352.0	12203.3	322699.8	322725.7	39200.8	234982.0	11043.0	52189
市政设施管理	26431.3	3504.5	44040.5	41839.5	3922.3	19327.9	3460.1	2538
环境卫生管理	27851.3	500.7	4477.9	6759.7	994.4	36193.6	184.6	9880
城乡市容管理	1292.0		955.5	929.8	207.1	1012.8		245
绿化管理	44069.3	533.4	59958.2	59670.0	12296.5	52122.6	2094.5	14262
公园和游览景区管理	301708.1	7664.7	213267.7	213526.7	21780.5	126325.1	5303.8	25264

4-B-7 规模以上居民服务、修理和其他服务业企业法人单位主要指标

单位：万元

行业	固定资产原价	本年折旧	资产总计	负债合计	所有者权益合计	营业收入	营业成本	营业税金及附加
合计	**320943.8**	**30047.9**	**1058909.2**	**671564.9**	**387344.3**	**1039329.2**	**710412.6**	**31675.2**
居民服务业	126413.2	12476.4	309285.2	195745.1	113540.1	305666.0	185179.1	10533.7
家庭服务	4563.7	363.0	20508.1	6592.1	13916.0	22532.0	14181.6	795.9
托儿所服务	701.4	11.9	1066.1	875.3	190.8	1464.8	582.1	1.0
洗染服务	15445.7	1149.2	21475.7	27228.3	-5752.6	16667.4	10386.8	861.5
理发及美容服务	6695.4	829.3	23301.6	11064.2	12237.4	27768.9	12561.1	855.8
洗浴服务	29537.0	2141.7	39813.7	19006.5	20807.2	34831.4	17203.9	1507.7
保健服务	4618.8	804.0	14745.4	8684.0	6061.4	39506.8	25816.4	3235.3
婚姻服务	679.2	110.0	5944.7	2755.6	3189.1	5192.0	3143.3	184.4
殡葬服务	37428.4	3866.7	119582.4	78977.8	40604.6	84082.1	49062.6	656.7
其他居民服务业	26743.6	3200.6	62847.5	40561.3	22286.2	73620.6	52241.3	2435.4
机动车、电子产品和日用产品修理业	105750.1	10672.6	382772.1	228217.6	154554.5	469274.6	336433.3	9078.2
汽车、摩托车修理与维护	90039.7	8220.6	297235.1	173603.7	123631.4	334559.5	252580.2	7113.5
计算机和办公设备维修	9959.9	1672.3	25448.3	13635.9	11812.4	42833.4	35190.1	544.5
家用电器修理	4695.6	716.0	54344.2	38727.0	15617.2	88304.5	45908.3	1370.3
其他日用产品修理业	1054.9	63.7	5744.5	2251.0	3493.5	3577.2	2754.7	49.9
其他服务业	88780.5	6898.9	366851.9	247602.2	119249.7	264388.6	188800.2	12063.3
清洁服务	31835.6	2836.2	80454.2	42752.4	37701.8	98773.0	67670.3	4251.4
其他未列明服务业	56944.9	4062.7	286397.7	204849.8	81547.9	165615.6	121129.9	7811.9

4-B-7 续表

单位：万元

行业	销售费用管理费用财务费用合计	投资收益	营业利润	利润总额	应交所得税	应付职工薪酬	应交增值税	从业人员（人）
合计	**200220.3**	**112.7**	**95332.1**	**97290.0**	**15803.2**	**259754.5**	**18864.8**	**58393**
居民服务业	69950.3	-24.7	37409.6	38165.9	4585.7	75586.9	894.7	16390
家庭服务	5467.8		1772.9	1795.1	295.2	7027.6	156.5	2124
托儿所服务	861.9		20.8	20.8	0.5	238.7	0.2	29
洗染服务	6629.5		-1253.3	-1268.1	49.6	6625.1	74.4	1258
理发及美容服务	10428.7		3922.8	3910.0	575.3	5664.7	0.6	985
洗浴服务	12863.0	-24.7	3015.4	3124.9	552.1	8569.2	310.6	2331
保健服务	6925.8		3516.2	3566.2	822.8	11220.2	0.3	2188
婚姻服务	837.5		1026.8	1026.8	138.8	627.2	4.5	91
殡葬服务	14017.5		19345.2	18990.7	1404.8	9893.5	62.5	1814
其他居民服务业	11918.6		6042.8	6999.5	746.6	25720.7	285.1	5570
机动车、电子产品和日用产品修理业	90282.9	-166.0	34327.5	34860.0	6249.5	67204.8	12159.0	14203
汽车、摩托车修理与维护	45395.2	-226.6	30275.2	30334.4	4394.0	34710.5	7134.9	8485
计算机和办公设备维修	7022.9		101.3	409.6	419.5	12112.3	1114.3	2462
家用电器修理	37111.1	60.6	3897.3	4063.6	1428.7	20067.1	3823.9	3178
其他日用产品修理业	753.7		53.7	52.4	7.3	314.9	85.9	78
其他服务业	39987.1	303.4	23595.0	24264.1	4968.0	116962.8	5811.1	27800
清洁服务	21705.7	44.3	5007.1	5108.3	1259.1	46608.0	680.7	14143
其他未列明服务业	18281.4	259.1	18587.9	19155.8	3708.9	70354.8	5130.4	13657

4-B-8　规模以上教育企业法人单位主要指标

单位：万元

行　业	固定资产原　价	本年折旧	资产总计	负债合计	所有者权益合计	营业收入	营业成本	营业税金及附加
合　计	**780083.3**	**84950.3**	**1185614.6**	**572921.0**	**612693.6**	**819645.5**	**550671.6**	**19161.0**
学前教育	40544.3	2114.4	36914.8	18217.5	18697.3	16945.0	35192.6	353.4
初等教育	11277.0	654.8	16796.0	8849.5	7946.5	23343.0	16391.9	145.6
中等教育	279078.0	18209.5	373556.7	165681.7	207875.0	168029.0	127213.2	539.0
高等教育	186578.2	36355.8	201826.1	55532.5	146293.6	72732.0	45649.7	562.4
特殊教育								
技能培训、教育辅助及其他教育	262605.8	27615.8	556521.0	324639.8	231881.2	538596.5	326224.2	17560.6

4-B-8　续表

单位：万元

行　业	销售费用管理费用财务费用合　计	投资收益	营业利润	利润总额	应　交所得税	应付职工薪　酬	应　交增值税	从业人员（人）
合　计	**193086.8**	**799.3**	**77346.8**	**77095.2**	**11883.8**	**238440.9**	**5376.2**	**45523**
学前教育	5957.9	-21.1	667.2	829.0	138.6	6748.9	178.6	1818
初等教育	4111.4		2207.6	2441.7	482.6	8885.0		1515
中等教育	27132.2		7983.3	8928.5	374.0	84938.3	1540.1	17055
高等教育	10388.5		13777.0	16187.4	2163.1	15826.5		2288
特殊教育								
技能培训、教育辅助及其他教育	145496.8	820.4	52711.7	48708.6	8725.5	122042.2	3657.5	22847

4-B-9 规模以上卫生和社会工作企业法人单位主要指标

单位：万元

行业	固定资产原价	本年折旧	资产总计	负债合计	所有者权益合计	营业收入	营业成本	营业税金及附加
合计	**1191284.8**	**95359.9**	**1997347.8**	**1247812.2**	**749535.6**	**1477976.3**	**1101893.7**	**2249.1**
卫生	1173928.1	94305.2	1977056.9	1233851.8	743205.1	1474096.5	1099203.4	2167.6
医院	1106858.5	88767.9	1861953.9	1172442.2	689511.7	1366137.8	1024218.9	1369.0
社区医疗与卫生院	52824.8	4126.4	86435.7	46324.6	40111.1	69791.4	56416.4	601.5
门诊部(所)	5461.4	610.4	13873.4	8626.2	5247.2	17554.2	8218.3	1.7
计划生育技术服务活动								
妇幼保健院(所、站)	930.5	88.2	881.9	478.3	403.6	2233.2	1081.5	
专科疾病防治院(所、站)	6162.3	502.5	6537.0	2054.4	4482.6	3906.6	1590.6	179.8
疾病预防控制中心	748.1	113.2	4090.0	1866.4	2223.6	5257.9	3306.2	
其他卫生活动	942.5	96.6	3285.0	2059.7	1225.3	9215.4	4371.5	15.6
社会工作	17356.7	1054.7	20290.9	13960.4	6330.5	3879.8	2690.3	81.5
提供住宿社会工作	17356.7	1054.7	20290.9	13960.4	6330.5	3879.8	2690.3	81.5
不提供住宿社会工作								

4-B-9 续表

单位：万元

行业	销售费用管理费用财务费用合计	投资收益	营业利润	利润总额	应交所得税	应付职工薪酬	应交增值税	从业人员（人）
合计	**306542.0**	**-495.1**	**72388.6**	**69844.2**	**10250.0**	**356774.9**	**1062.2**	**61420**
卫生	305272.2	-477.3	72371.1	69804.3	10202.5	355766.8	1041.7	61168
医院	279512.4	-477.3	66960.7	63921.8	9106.1	326955.0	910.1	56066
社区医疗与卫生院	8218.3		3573.3	3916.4	425.3	16712.9	35.9	3117
门诊部(所)	8896.0		414.6	344.5	219.5	5651.5	8.6	1017
计划生育技术服务活动								
妇幼保健院(所、站)	1206.8		-55.1	-55.1		539.7		164
专科疾病防治院(所、站)	1942.6		193.7	370.3	94.3	814.9		170
疾病预防控制中心	1194.3		757.4	757.4	189.4	2877.5		272
其他卫生活动	4301.8		526.5	549.0	167.9	2215.3	87.1	362
社会工作	1269.8	-17.8	17.5	39.9	47.5	1008.1	20.5	252
提供住宿社会工作	1269.8	-17.8	17.5	39.9	47.5	1008.1	20.5	252
不提供住宿社会工作								

4-B-10　规模以上文化、体育和娱乐业法人单位主要指标

单位：万元

行　业	固定资产原　价	本年折旧	资产总计	负债合计	所有者权益合计	营业收入	营业成本	营业税金及附加
合　计	**2632224.2**	**170794.1**	**6973037.3**	**3743408.2**	**3229629.1**	**2422325.7**	**1426450.8**	**57184.5**
新闻出版业	408423.6	31876.7	1291482.6	442481.3	849001.3	723133.2	491120.3	5959.6
新闻业	10083.6	713.3	22428.0	12212.9	10215.1	11680.8	4191.2	74.0
出版业	398340.0	31163.4	1269054.6	430268.4	838786.2	711452.4	486929.1	5885.6
广播、电视、电影和音像业	431032.8	27694.4	1270462.7	578578.3	691884.4	623255.1	356813.9	15485.6
广播								
电视	257978.1	11676.4	675135.7	256631.2	418504.5	167613.8	95836.6	3118.4
电影和影视节目制作	65672.4	3886.9	306479.0	134185.0	172294.0	133265.9	76241.2	3078.2
电影和影视节目发行	3353.7	238.5	46960.0	17601.7	29358.3	140787.8	97857.5	563.3
电影放映	104028.6	11892.6	241888.0	170160.4	71727.6	181587.6	86878.6	8725.7
录音制作								
文化艺术业	288187.3	19880.7	1078238.8	498878.5	579360.3	388975.4	233646.7	9233.2
文艺创作与表演	112424.0	5341.6	254125.4	97993.9	156131.5	188922.4	119207.1	3015.2
艺术表演场馆	30968.3	1820.3	27881.3	15550.0	12331.3	18796.2	10877.6	676.4
图书馆与档案馆								
文物及非物质文化遗产保护	27341.2	4331.4	389968.3	159410.5	230557.8	6689.6	2362.4	114.2
博物馆	21372.6	768.4	22000.0	9000.0	13000.0	8749.5	2811.8	691.9
烈士陵园、纪念馆	1850.0	99.0	3227.0	1850.0	1377.0	1080.0	668.8	78.0
群众文化活动	78725.7	6004.0	300816.4	163333.8	137482.6	85832.2	50483.5	3075.1
其他文化艺术业	15505.5	1516.0	80220.4	51740.3	28480.1	78905.5	47235.5	1582.4
体育	227146.2	7390.3	368359.0	160247.6	208111.4	66698.4	39388.7	3586.4
体育组织	110278.1	2694.7	137534.8	17972.7	119562.1	18594.4	17739.6	749.4
体育场馆	14344.5	1105.6	64501.3	20024.8	44476.5	14028.8	4675.9	630.8
休闲健身活动	101997.3	3539.7	165340.9	121485.4	43855.5	32031.4	16026.3	2160.0
其他体育	526.3	50.3	982.0	764.7	217.3	2043.8	946.9	46.2
娱乐业	1277434.3	83952.0	2964494.2	2063222.5	901271.7	620263.6	305481.2	22919.7
室内娱乐活动	127618.0	10338.2	243970.6	96548.7	147421.9	254743.2	121154.4	10711.3
游乐园	803972.4	49009.6	1593689.0	1215528.5	378160.5	179601.5	79022.4	5523.0
彩票活动								
文化、娱乐、体育经纪代理	135252.5	5080.8	149222.1	27355.9	121866.2	78481.9	50729.3	3192.1
其他娱乐业	210591.4	19523.4	977612.5	723789.4	253823.1	107437.0	54575.1	3493.3

4-B-10 续表 单位：万元

行业	销售费用管理费用财务费用合计	投资收益	营业利润	利润总额	应交所得税	应付职工薪酬	应交增值税	从业人员(人)
合计	**643508.3**	**24635.5**	**319036.0**	**335624.1**	**40301.7**	**372771.9**	**42241.8**	**56267**
新闻出版业	172142.4	2681.1	61790.4	80112.3	3774.0	119498.2	17973.2	12120
新闻业	5952.9		1500.2	1500.2	375.0	1549.6	367.0	428
出版业	166189.5	2681.1	60290.2	78612.1	3399.0	117948.6	17606.2	11692
广播、电视、电影和音像业	155718.0	1567.7	91342.2	92404.6	12222.7	80494.0	13584.4	11516
广播								
电视	46256.3	630.7	21673.8	22864.3	389.3	37624.5	2321.0	4317
电影和影视节目制作	25665.0	-42.9	27181.2	30366.5	5029.7	12170.5	2584.2	1568
电影和影视节目发行	10344.3	174.4	31530.7	24551.2	2636.7	8058.3	5215.2	837
电影放映	73452.4	805.5	10956.5	14622.6	4167.0	22640.7	3464.0	4794
录音制作								
文化艺术业	84946.6	623.0	61732.7	65532.1	8725.3	50816.6	6493.4	8325
文艺创作与表演	37921.3		29613.7	30221.7	3708.3	30813.9	4797.5	4690
艺术表演场馆	8630.5	12.3	-1770.7	-334.1	69.0	4729.0	51.3	715
图书馆与档案馆								
文物及非物质文化遗产保护	5717.5	-9.8	-1514.2	-609.3	74.1	1121.0	17.3	191
博物馆	2733.0		2512.8	2392.4	2187.3	463.6		81
烈士陵园、纪念馆	122.9		210.3	210.3	58.8	573.4		63
群众文化活动	15630.7		16109.2	16979.7	941.6	5383.9	564.7	982
其他文化艺术业	14190.7	620.5	16571.6	16671.4	1686.2	7731.8	1062.6	1603
体育	34642.8	4002.5	-7180.2	1898.9	412.6	17634.0	500.2	3023
体育组织	8786.2		-8680.6	-802.3	5.8	1612.3	356.2	126
体育场馆	9517.1	20.4	-670.2	433.6	123.7	4502.8	26.2	554
休闲健身活动	15835.1	3982.1	1990.4	2086.2	282.9	10729.5	102.5	2154
其他体育	504.4		180.2	181.4	0.2	789.4	15.3	189
娱乐业	196058.5	15761.2	111350.9	95676.2	15167.1	104329.1	3690.6	21283
室内娱乐活动	71183.8	-280.9	53461.9	41426.5	4959.4	38178.7	1554.0	8433
游乐园	73671.7	405.5	21956.7	19030.7	3357.7	36757.2	1142.2	6248
彩票活动								
文化、娱乐、体育经纪代理	13860.4		10415.0	10377.0	2330.4	5725.5	173.7	1088
其他娱乐业	37342.6	15636.6	25517.3	24842.0	4519.6	23667.7	820.7	5514

第五篇

行政事业、社团及其他单位财务状况

5-A-1　服务业行政事业及非企业法人单位主要指标

行　　业	单位数(个)	年末资产(亿元)	非企业单位支出(费用)(亿元)	从业人员(人)
信息传输、软件和信息技术服务业	**115453**	**17271.4**	**9013.7**	**3133965**
电信、广播电视和卫星传输服务	316	40.1	11.3	6478
互联网和相关服务	27	0.8	0.5	225
软件和信息技术服务业	109	8.8	5.7	1894
房地产	**505**	**171.5**	**66.0**	**6256**
物业管理	116	23.1	3.3	1476
房地产中介服务	25	11.7	1.1	369
自有房地产经营活动	194	26.9	4.7	1776
其他房地产业	170	109.8	56.9	2635
租赁和商务服务业	**5690**	**1146.3**	**135.3**	**64760**
租赁业	61	0.7	0.7	622
机械设备租赁	57	0.6	0.7	593
文化及日用品出租	4	0.0	0.0	29
商务服务业	5629	1145.7	134.7	64138
企业管理服务	2591	964.0	76.4	32483
法律服务	1008	7.6	8.4	6390
咨询与调查	642	78.8	12.1	6056
广告业	22	0.9	2.8	1036
知识产权服务	23	4.3	1.1	293
人力资源服务	541	24.1	17.3	5840
旅行社及相关服务	33	2.1	0.8	495
安全保护服务	64	3.8	3.5	4253
其他商务服务业	705	60.1	12.2	7292
科学研究和技术服务业	**7314**	**515.2**	**261.2**	**129084**
研究和试验发展	453	96.4	45.6	14092
专业技术服务业	2200	235.8	115.0	37617
科技推广和应用服务业	4661	183.0	100.5	77375
水利、环境和公共设施管理业	**2898**	**896.7**	**220.4**	**104138**
水利管理业	1574	307.9	54.1	26124
防洪除涝设施管理	415	107.6	21.4	8467
水资源管理	297	58.1	7.6	3919
天然水收集与分配	241	46.0	7.0	4800
水文服务	20	3.7	1.2	391
其他水利管理业	601	92.6	16.8	8547
生态保护和环境治理业	116	24.3	5.5	1939
生态保护	59	6.1	1.5	765
环境治理业	57	18.2	4.0	1174
公共设施管理业	1208	564.6	160.7	76075
市政设施管理	268	337.5	64.3	7945
环境卫生管理	418	44.8	54.3	49745
城乡市容管理	178	6.1	10.1	6746
绿化管理	117	14.0	10.9	3426
公园和游览景区管理	227	162.2	21.1	8213
居民服务、修理和其他服务业	**1963**	**74.4**	**32.7**	**17947**
居民服务业	1841	57.4	22.6	13968
机动车、电子产品和日用产品修理业	23	0.5	1.3	306
其他服务业	99	16.5	8.8	3673

5-A-1 续表

行业	单位数(个)	年末资产(亿元)	非企业单位支出(费用)(亿元)	从业人员(人)
教育	**14227**	**3935.8**	**1959.6**	**1017230**
学前教育	3937	174.6	133.4	120550
初等教育	2975	568.8	472.1	300555
中等教育	2966	1277.5	691.5	380294
高等教育	366	1722.5	548.8	155923
特殊教育	160	10.5	9.3	5093
技能培训、教育辅助及其他教育	3823	182.0	104.4	54815
卫生和社会工作	**12523**	**1894.2**	**1643.3**	**487024**
卫生	6061	1769.7	1574.0	438343
医院	844	1363.7	1206.4	269806
社区医疗与卫生院	2863	237.2	250.1	122280
门诊部(所)	1059	30.9	30.6	12364
计划生育技术服务活动	716	19.2	12.7	7766
妇幼保健院(所、站)	112	35.9	26.7	8679
专科疾病防治院(所、站)	59	15.6	10.5	3180
疾病预防控制中心	196	43.8	21.3	8655
其他卫生活动	212	23.4	15.6	5613
社会工作	6462	124.5	69.3	48681
提供住宿社会工作	3741	101.4	56.0	35420
不提供住宿社会工作	2721	23.1	13.3	13261
文化、体育和娱乐业	**3948**	**668.2**	**145.9**	**65283**
新闻出版业	176	210.3	11.0	5425
新闻业	65	4.2	2.6	1247
出版业	111	206.1	8.4	4178
广播、电视、电影和音像业	401	201.0	48.6	17631
文化艺术业	2500	176.7	62.5	29759
文艺创作与表演	326	6.5	7.5	4728
艺术表演场馆	50	5.3	1.6	979
图书馆与档案馆	285	31.2	11.4	5096
文物及非物质文化遗产保护	110	12.9	3.7	1344
博物馆	203	38.4	9.4	3534
烈士陵园、纪念馆	114	25.6	6.3	2125
群众文化活动	1213	45.8	17.4	10148
其他文化艺术业	199	11.2	5.1	1805
体育	593	51.3	11.8	5376
体育组织	259	22.2	6.0	2634
体育场馆	74	23.4	4.2	1442
休闲健身活动	212	2.7	1.2	1020
其他体育	48	3.0	0.3	280
娱乐业	278	28.9	12.0	7092
公共管理、社会保障和社会组织	**65933**	**7919.2**	**4531.9**	**1233646**
中国共产党机关	1657	106.4	118.5	34278
国家机构	19003	5853.0	3790.6	792348
人民政协、民主党派	291	7.5	14.9	5076
社会保障	847	27.2	52.0	12253
群众团体、社会团体和其他成员组织	22433	422.5	242.1	182586
基层群众自治组织	21702	1502.6	313.9	207105

5-A-2　按地区分信息传输、软件和信息技术服务业行政事业及非企业法人单位主要指标

地　区	单位数（个）	年末资产（亿元）	非企业单位支出(费用)（亿元）	从业人员（人）
全　省	**452**	**49.7**	**17.4**	**8597**
南　京	43	4.1	1.7	700
无　锡	31	21.5	6.4	2454
徐　州	46	2.7	0.8	674
常　州	23	0.5	0.3	223
苏　州	22	7.6	1.8	610
南　通	30	1.6	0.8	353
连云港	27	0.9	0.6	253
淮　安	84	2.0	1.6	997
盐　城	30	1.0	0.5	422
扬　州	6	0.0	0.1	20
镇　江	18	0.7	0.4	178
泰　州	80	7.1	2.2	1519
宿　迁	12	0.1	0.3	194

5-A-3　按地区分租赁和商务服务业行政事业及非企业法人单位主要指标

地　区	单位数（个）	年末资产（亿元）	非企业单位支出(费用)（亿元）	从业人员（人）
全　省	**5690**	**1146.3**	**135.3**	**64760**
南　京	498	91.9	25.0	8099
无　锡	503	221.6	12.5	6071
徐　州	303	9.1	5.7	4353
常　州	303	17.8	4.3	2740
苏　州	888	202.9	22.1	10414
南　通	343	41.9	12.0	3039
连云港	174	4.2	2.7	2021
淮　安	380	9.6	5.9	3734
盐　城	417	26.5	6.9	3661
扬　州	1032	81.2	26.8	12774
镇　江	306	289.[illegible]	4.9	2933
泰　州	429	149.3	5.6	4181
宿　迁	114	0.7	0.9	740

5-A-4 按地区分科学研究和技术服务业行政事业及非企业业法人单位主要指标

地区	单位数(个)	年末资产(亿元)	非企业单位支出(费用)(亿元)	从业人员(人)
全省	**7314**	**515.2**	**261.2**	**129084**
南京	502	162.1	71.5	17094
无锡	358	49.1	19.1	5840
徐州	1608	70.5	39.1	26069
常州	317	25.6	10.6	7332
苏州	366	60.6	19.5	6712
南通	551	28.4	20.1	7032
连云港	699	15.6	12.0	9900
淮安	483	9.1	11.1	4946
盐城	389	16.0	9.6	6144
扬州	464	21.7	15.3	6930
镇江	272	14.6	9.1	3889
泰州	1024	36.3	18.2	23602
宿迁	281	5.6	6.2	3594

5-A-5 按地区分水利、环境和公共设施管理业行政事业及非企业业法人单位主要指标

地区	单位数(个)	年末资产(亿元)	非企业单位支出(费用)(亿元)	从业人员(人)
全省	**2898**	**896.7**	**220.4**	**104138**
南京	228	143.8	24.8	9842
无锡	166	91.5	37.1	9156
徐州	303	137.4	16.9	8817
常州	135	49.4	17.8	6489
苏州	278	141.7	46.5	21440
南通	170	29.5	10.9	8212
连云港	181	35.8	6.7	4874
淮安	269	48.5	11.0	7142
盐城	326	36.6	13.9	7849
扬州	260	37.4	11.0	5845
镇江	138	77.0	9.9	4016
泰州	203	59.8	8.0	5685
宿迁	241	8.3	6.1	4771

5-A-6　按地区分居民服务、修理和其他服务业行政事业及非企业法人单位主要指标

地　区	单位数(个)	年末资产(亿元)	非企业单位支出(费用)(亿元)	从业人员(人)
全　省	**1963**	**74.4**	**32.7**	**17947**
南　京	641	2.3	2.1	2859
无　锡	203	10.5	4.7	2039
徐　州	63	3.9	1.7	1214
常　州	84	1.2	0.7	786
苏　州	262	22.7	6.4	2980
南　通	186	4.8	2.1	1135
连云港	33	0.4	0.5	352
淮　安	45	0.9	0.8	496
盐　城	77	3.0	1.1	888
扬　州	179	7.2	3.2	1695
镇　江	65	12.3	8.1	2460
泰　州	100	2.7	0.8	668
宿　迁	25	2.5	0.5	375

5-A-7　按地区分教育行政事业及非企业法人单位主要指标

地　区	单位数(个)	年末资产(亿元)	非企业单位支出(费用)(亿元)	从业人员(人)
全　省	**14227**	**3935.8**	**1959.6**	**1017230**
南　京	1687	1143.8	415.9	155385
无　锡	1049	330.3	161.2	81845
徐　州	1587	399.9	224.2	127805
常　州	917	254.9	117.7	58480
苏　州	1527	455.3	240.7	116050
南　通	1399	228.7	150.2	78324
连云港	888	107.2	71.2	53993
淮　安	893	160.0	100.7	56777
盐　城	1197	245.9	127.0	85034
扬　州	979	266.4	136.7	60114
镇　江	610	117.9	84.0	41295
泰　州	888	132.9	74.4	54179
宿　迁	606	92.8	55.7	47949

5-A-8 按地区分卫生和社会工作行政事业及非企业法人单位主要指标

地 区	单位数(个)	年末资产(亿元)	非企业单位支出(费用)(亿元)	从业人员(人)
全 省	**12523**	**1894.2**	**1643.3**	**487024**
南 京	1889	282.6	361.4	67527
无 锡	1005	193.9	166.9	45668
徐 州	984	206.5	156.3	56110
常 州	423	138.4	111.5	31311
苏 州	1000	259.0	255.4	64728
南 通	2107	206.6	140.4	41977
连云港	455	52.6	40.4	22457
淮 安	670	92.4	71.5	29655
盐 城	748	116.4	93.6	35405
扬 州	1087	115.9	93.0	30291
镇 江	412	75.0	51.9	18596
泰 州	705	127.2	81.7	30515
宿 迁	1038	27.7	19.3	12784

5-A-9 按地区分文化、体育和娱乐业行政事业及非企业法人单位主要指标

地 区	单位数(个)	年末资产(亿元)	非企业单位支出(费用)(亿元)	从业人员(人)
全 省	**3948**	**668.2**	**145.9**	**65283**
南 京	709	315.9	39.2	13971
无 锡	324	48.1	8.1	7835
徐 州	320	21.0	8.7	6385
常 州	225	42.3	10.4	3880
苏 州	399	108.5	26.9	7589
南 通	325	35.7	11.3	3732
连云港	218	5.6	3.1	2124
淮 安	202	9.7	4.8	2243
盐 城	269	17.8	6.6	4128
扬 州	319	15.5	7.3	3982
镇 江	232	26.5	10.1	3762
泰 州	228	15.7	6.0	3466
宿 迁	178	5.9	3.3	2186

5-A-10　按地区分公共管理、社会保障和社会组织行政事业及非企业法人单位主要指标

地　区	单位数(个)	年末资产(亿元)	非企业单位支出(费用)(亿元)	从业人员(人)
全　省	**65933**	**7919.2**	**4531.9**	**1233646**
南　京	6186	1189.1	511.4	143921
无　锡	4457	1510.5	549.7	97769
徐　州	6512	533.2	361.9	134462
常　州	5686	553.1	417.3	92587
苏　州	6523	1160.8	822.3	171165
南　通	5558	437.0	353.8	91018
连云港	3882	164.8	140.1	65340
淮　安	5840	305.7	283.2	72318
盐　城	5670	467.3	303.2	93072
扬　州	4549	606.8	321.9	83667
镇　江	3095	331.4	192.7	59530
泰　州	4642	463.4	152.3	74820
宿　迁	3333	196.0	122.1	53977

附　录

1　江苏省第三次全国经济普查主要数据公报

2　江苏省第三次全国经济普查实施方案（摘要）

江苏省第三次全国经济普查主要数据公报

（第一号）

江苏省第三次全国经济普查领导小组办公室

江苏省统计局　国家统计局江苏调查总队

2015年1月22日

根据《国务院关于开展第三次全国经济普查的通知》（国发〔2012〕60号）和《省政府关于我省做好第三次全国经济普查工作的通知》（苏政发〔2012〕161号）要求，江苏省进行了第三次全国经济普查。这次普查的标准时点为2013年12月31日，普查时期资料为2013年年度资料。普查对象是在江苏省境内从事第二产业和第三产业的全部法人单位、产业活动单位和个体经营户。通过这次普查，摸清了江苏省第二产业和第三产业的发展规模及布局，摸清了江苏省产业组织、产业结构、产业技术的现状以及各生产要素的构成，查实了服务业、战略性新兴产业、小微企业和高技术产业（制造业）的发展状况。通过对13个省辖市的数据质量抽查，数据填报综合差错率为2.5‰，普查数据质量达到预期目标要求。

根据《全国经济普查条例》，江苏省第三次全国经济普查领导小组办公室、江苏省统计局和国家统计局江苏调查总队现分三个公报，将江苏省第三次全国经济普查的主要综合数据公布如下。其他普查数据将随着普查资料开发应用的进度，以不同方式陆续公布。

一、单位基本情况

2013年末，全省共有从事第二产业和第三产业活动的法人单位104.9万个，比2008年末（2008年是第二次全国经济普查年份，下同）增加41.8万个，增长66.3%；产业活动单位116.1万个，增加45.7万个，增长65%；有证照个体经营户251.8万个，增加75万个，增长42.4%（详见表1-1）。

表1-1　单位数与有证照个体经营户数

	单位数（万个）	比重（%）
一、法人单位	104.9	100.0
企业法人	91.0	86.8
机关、事业法人	4.7	4.5
社会团体和其他法人	9.1	8.7
二、产业活动单位	116.1	100.0
第二产业	40.3	34.7
第三产业	75.8	65.3
三、有证照个体经营户	251.8	100.0
第二产业	16.2	6.4
第三产业	235.6	93.6

2013年末，在第二产业和第三产业法人单位中，位居前三位的行业是：制造业34.7万个，占33.1%；批发和零售业29.9万个，占28.5%；租赁和商务服务业7.8万个，占7.4%。在有证照个体经营户中，位居前三位的行业是：批发和零售业129.8万个，占51.6%；交通运输、仓储和邮政业67.8万个，占26.9%；居民服务、修理和其他服务业15.4万个，占6.1%（详见表1-2）。

表 1-2 按行业分组的法人单位与有证照个体经营户

	法人单位（万个）	有证照个体经营户（万个）
合 计	**104.9**	**251.8**
采矿业	0.1	0.0
制造业	34.7	15.1
电力、热力、燃气及水生产和供应业	0.2	0.0
建筑业	4.3	1.1
批发和零售业	29.9	129.8
交通运输、仓储和邮政业	2.6	67.8
住宿和餐饮业	1.1	15.1
信息传输、软件和信息技术服务业	2.1	0.5
金融业	0.2	0.0
房地产业	2.9	0.7
租赁和商务服务业	7.8	2.6
科学研究和技术服务业	4.0	0.9
水利、环境和公共设施管理业	0.8	0.0
居民服务、修理和其他服务业	1.5	15.4
教育	1.8	0.4
卫生和社会工作	1.4	0.5
文化、体育和娱乐业	1.5	1.6
公共管理、社会保障和社会组织	6.6	-

注：表中法人单位合计数含从事农、林、牧、渔服务业和兼营第二、三产业活动的农、林、牧、渔业法人单位 1.3 万个；有证照个体经营户合计数含从事农、林、牧、渔服务业活动的个体经营户 0.3 万个。

2013 年末，全省共有第二产业和第三产业的企业法人单位 91 万个，比 2008 年末增加 37.8 万个，增长 71%。其中，内资企业占 96.7%，港、澳、台商投资企业占 1.3%，外商投资企业占 2%。内资企业中，国有企业占全部企业法人单位的 0.7%，私营企业占 82%（详见表 1-3）。

表 1-3 按登记注册类型分组的企业法人单位

	企业法人单位（万个）
合 计	**91.0**
内资企业	88.0
国有企业	0.6
集体企业	1.0
股份合作企业	0.3
联营企业	0.2
有限责任公司	7.5
股份有限公司	1.1
私营企业	74.6
其他企业	2.8
港、澳、台商投资企业	1.2
外商投资企业	1.8

二、从业人员

2013 年末，全省第二产业和第三产业法人单位从业人员 3648.1 万人，比 2008 年末增加 934.3 万人，增长 34.4%。有证照个体经营户从业人员 760 万人，比 2008 年末增加 212.7 万人，增长 38.9%。

在法人单位从业人员中，位居前三位的行业是：制造业 1606.5 万人，占 44%；建筑业 840 万人，占 23%；批发和零售业 317.2 万人，占 8.7%。在有证照个体经营户从业人员中，位居前三位的行业是：批发和零售业 358.9 万人，占 47.2%；交通运输、仓储和邮政业 145.6 万人，占 19.2%；制造业 89.5 万人，占 11.8%（详见表 1-4）。

表 1-4　按行业分组的法人单位与有证照个体经营户从业人员

	法人单位从业人员（万人）	有证照个体经营户从业人员（万人）
合　计	**3648.1**	**760.0**
采矿业	16.0	0.2
制造业	1606.5	89.5
电力、热力、燃气及水生产和供应业	18.4	0.1
建筑业	840.0	6.0
批发和零售业	317.2	358.9
交通运输、仓储和邮政业	86.4	145.6
住宿和餐饮业	44.8	79.6
信息传输、软件和信息技术服务业	54.8	1.3
金融业	46.4	0.0
房地产业	68.7	1.9
租赁和商务服务业	107.5	8.3
科学研究和技术服务业	68.7	3.4
水利、环境和公共设施管理业	22.1	0.2
居民服务、修理和其他服务业	20.1	54.1
教育	109.9	1.8
卫生和社会工作	57.5	1.6
文化、体育和娱乐业	20.2	6.8
公共管理、社会保障和社会组织	123.8	-

注：表中法人单位从业人员合计数含从事农、林、牧、渔服务业和兼营第二、三产业活动的农、林、牧、渔业法人单位从业人员 19.2 万人；有证照个体经营户从业人员合计数含从事农、林、牧、渔服务业活动的个体经营户从业人员 0.9 万人。

三、企业资产总计

2013 年末，全省第二产业和第三产业企业资产总计 40 万亿元。其中，第二产业企业资产总计占全部企业资产总计的 32.7%，第三产业企业资产总计占 67.3%。

四、小微企业

2013 年末，全省共有第二产业和第三产业的小微企业法人单位 87.8 万个，占全部企业法人单位 96.5%。其中，位居前三位的行业是：工业 34.3 万个，占全部企业法人单位 37.6%；批发业 21.3 万个，占 23.4%；零售业 7.6 万个，占 8.4%。

小微企业从业人员 1620.1 万人，占全部企业法人单位从业人员 49.2%。其中，位居前三位的行业是：工业 936.3 万人，占全部企业法人单位从业人员 28.4%；建筑业 185.4 万人，占 5.6%；批发业 165.9 万人，占 5%。

表 1-5　按行业分组的小微企业法人单位、从业人员和资产总计

	企业法人单位（万个）	从业人员（万人）	资产总计（亿元）
合　计	**87.8**	**1620.1**	**139895.2**
工业	34.2	936.3	49059.7
建筑业	4.0	185.4	4661.7
交通运输业	2.3	42.4	3916.8
仓储业	0.2	2.5	819.8
邮政业	0.1	1.4	39.5
信息传输业	0.4	3.6	172.7
软件和信息技术服务业	1.7	17.1	1057.5
批发业	21.3	165.9	13407.4
零售业	7.6	55.7	2529.6
住宿业	0.3	7.1	289.1
餐饮业	0.7	16.1	339.4
房地产开发经营	0.6	9.6	8347.7
物业管理	0.9	22.4	855.5
租赁和商务服务业	6.8	83.5	41894.5
其他未列明行业	6.4	69.1	12292.1

注：表中小微企业法人单位合计数含从事农、林、牧、渔服务业和兼营第二、三产业活动的农、林、牧、渔业小微企业法人单位 0.2 万个，从业人员 2.0 万人，资产总计 212.2 亿元。

小微企业法人单位资产总计139895.2亿元，占全部企业法人单位资产总计35%。其中，位居前三位的行业是：工业49059.7亿元，占全部企业法人单位资产总计12.3%；租赁和商务服务业41894.5亿元，占10.5%；批发业13407.4亿元，占3.4%（详见表1-5）。

五、战略性新兴产业

2013年末，在第二产业和第三产业企业法人单位中，有战略性新兴产业活动的企业法人单位6.7万个，占全部企业法人单位7.4%。其中，节能环保产业3.1万个，占全部企业法人单位3.4%；新材料产业2.2万个，占2.4%。

有战略性新兴产业活动的企业法人单位从业人员827.8万人，占全部企业法人单位从业人员的25.1%。其中，节能环保产业398.5万人，占全部企业法人单位从业人员的12.1%；新材料产业221.7万人，占6.7%。

六、主要经济结构变化情况

2013年末，在全省第二产业和第三产业法人单位中，企业法人单位占86.8%，比2008年末提高了2.4个百分点；机关、事业法人单位占4.5%，下降了3个百分点；社会团体和其他法人占8.7%，提高了0.6个百分点。企业法人单位从业人员占全部法人单位从业人员的90.2%，提高了1个百分点；机关、事业法人单位占6.7%，下降了1.9个百分点；社会团体和其他法人占3.1%，提高了0.9个百分点。

在法人单位中，第二产业占37.5%，比2008年末下降了9.2个百分点；第三产业占62.5%，提高了9.2个百分点。第二产业法人单位从业人员占全部法人单位从业人员的68%，比2008年末下降了3.9个百分点；第三产业法人单位从业人员占32%，提高了3.9个百分点。

在有证照个体经营户中，第二产业占6.4%，比2008年末下降了3.5个百分点；第三产业占93.6%，提高了3.5个百分点。有证照个体经营户从业人员中，第二产业占12.6%，比2008年末下降了10.4个百分点，第三产业占87.4%，提高了10.4个百分点。

注释：

［1］三次产业的划分：

第一产业是指农、林、牧、渔业（不含农、林、牧、渔服务业）。

第二产业是指采矿业（不含开采辅助活动），制造业（不含金属制品、机械和设备修理业），电力、热力、燃气及水生产和供应业，建筑业。

第三产业即服务业，是指除第一产业、第二产业以外的其他行业。第三产业包括：批发和零售业，交通运输、仓储和邮政业，住宿和餐饮业，信息传输、软件和信息技术服务业，金融业，房地产业，租赁和商务服务业，科学研究和技术服务业，水利、环境和公共设施管理业，居民服务、修理和其他服务业，教育，卫生和社会工作，文化、体育和娱乐业，公共管理、社会保障和社会组织，国际组织，以及农、林、牧、渔业中的农、林、牧、渔服务业，采矿业中的开采辅助活动，制造业中的金属制品、机械和设备修理业。

［2］单位的划分：

法人单位是指具备以下条件的单位：

（1）依法成立，有自己的名称、组织机构和场所，能够独立承担民事责任；

（2）独立拥有(或授权使用)资产或者经费，承担负债，有权与其他单位签订合同；

（3）具有包括资产负债表在内的账户，或者能够根据需要编制账户。

法人单位包括企业法人、事业单位法人、机关法人、社会团体法人和其他成员组织法人、其他法人。

产业活动单位是指具备以下条件的单位：

（1）在一个场所从事一种或主要从事一种社会经济活动；

（2）相对独立组织生产活动或经营活动；

（3）能提供收入、支出等相关资料。

有证照的个体经营户是指除农户外，生产资料归劳动者个人所有，以个体劳动为基础，劳动成果归劳动者个人占有和支配的一种经营组织。有证照的个体经营户包括：

（1）按照《中华人民共和国民法通则》和《城乡个体工商户管理暂行条例》规定，经各级工商行政管理机关登记注册、领取《营业执照》的个体工商户；

（2）依据《民办非企业单位登记管理暂行条例》，经国务院民政部门和县级以上地方各级人民政府民政部门核准登记，并领取《民办非企业单位（合伙）登记证书》或《民办非企业单位（个人）登记证书》的民办非企业单位。

（3）经相关部门批准，领取了准运证，独立从事交通运输的个体运输户。

［3］小微企业：

根据工业和信息化部、国家统计局、国家发展和改革委员会、财政部《关于印发中小企业划型标准规定的通知》（工信部联企业〔2011〕300 号）精神和国家统计局制定的《统计上大中小微型企业划分办法》确定。本办法按照行业门类、大类、中类和组合类别，依据从业人员、营业收入、资产总额等指标或替代指标，将我国的企业划分为大型、中型、小型、微型等四种类型。

［4］战略性新兴产业：

根据《国务院关于加快培育和发展战略性新兴产业的决定》（国发〔2010〕32 号）的精神和国家统计局制定的《战略性新兴产业分类（2012）（试行）》标准确定。战略性新兴产业分类是按照经济活动进行划分，是从事战略性新兴产业活动的集合，是在《国民经济行业分类》基础上，对与战略性新兴产业相关活动的再分类。

［5］表中的合计数和部分数据因小数取舍而产生的误差，均未作机械调整。

江苏省第三次全国经济普查主要数据公报

（第二号）

江苏省第三次全国经济普查领导小组办公室

江苏省统计局　国家统计局江苏调查总队

2015 年 1 月 22 日

根据江苏省第三次全国经济普查结果，现将我省第二产业的主要数据公布如下：

一、工业

（一）企业法人单位数和从业人员

2013 年末，全省共有工业企业法人单位 35 万个，从业人员 1640.8 万人，分别比 2008 年末增长 29.8% 和 16.8%。

在工业企业法人单位中，内资企业 32.7 万个，占 93.4%；港、澳、台商投资企业 0.9 万个，占 2.5%；外商投资企业 1.4 万个，占 4.1%。内资企业中，国有企业 0.1 万个，占全部企业的 0.2%；集体企业 0.3 万个，占 0.8%；私营企业 29.5 万个，占 84.2%。

在工业企业法人单位从业人员中，内资企业占 71.3%，港、澳、台商投资企业占 10.4%，外商投资企业占 18.3%。内资企业中，国有企业占全部企业的 1.0%，集体企业占 0.7%，私营企业占 53.8%（详见表 2-1）。

表 2-1　按登记注册类型分组的工业企业法人单位和从业人员

	企业法人单位（个）	从业人员（万人）
合　计	**349883**	**1640.8**
内资企业	326875	1169.8
国有企业	696	17.2
集体企业	2693	11.4
股份合作企业	1328	3.6
联营企业	376	0.9
有限责任公司	19092	180.4
股份有限公司	2997	63.0
私营企业	294581	883.6
其他企业	5112	9.9
港、澳、台商投资企业	8853	170.6
外商投资企业	14155	300.4

在工业企业法人单位中，采矿业 0.1 万个，制造业 34.7 万个，电力、热力、燃气及水生产和供应业 0.2 万个，分别占 0.2%、99.1%和 0.7%。

在工业企业法人单位从业人员中，采矿业占 1%，制造业占 97.9%，电力、热力、燃气及水生产和供应业占 1.1%。在工业行业大类中，计算机、通信和其他电子设备制造业、通用设备制造业、电气机械和器材制造业从业人员数位居前三位，分别占 12.2%、8.5%和 8.3%（详见表 2-2）。

表 2-2　按行业分组的工业企业法人单位和从业人员

	企业法人单位（个）	从业人员（万人）
合　计	**349883**	**1640.8**
煤炭开采和洗选业	39	9.0
石油和天然气开采业	6	2.1
黑色金属矿采选业	64	0.8
有色金属矿采选业	21	0.2
非金属矿采选业	483	3.9
开采辅助活动	19	0.1
其他采矿业	11	0.0
农副食品加工业	5587	28.6
食品制造业	2790	13.4
酒、饮料和精制茶制造业	1555	10.7
烟草制品业	8	0.6
纺织业	29391	131.4
纺织服装、服饰业	20040	122.0
皮革、毛皮、羽毛及其制品和制鞋业	3731	23.3
木材加工和木、竹、藤、棕、草制品业	9690	36.0
家具制造业	3449	10.8
造纸和纸制品业	6941	19.1
印刷和记录媒介复制业	8593	21.8
文教、工美、体育和娱乐用品制造业	10334	44.4
石油加工、炼焦和核燃料加工业	586	3.5
化学原料和化学制品制造业	13484	85.2
医药制造业	1976	22.3
化学纤维制造业	2344	20.2
橡胶和塑料制品业	20990	61.1
非金属矿物制品业	17920	68.4
黑色金属冶炼和压延加工业	6525	50.7
有色金属冶炼和压延加工业	4526	19.8
金属制品业	32821	95.7
通用设备制造业	48533	138.9
专用设备制造业	32802	98.9
汽车制造业	7135	50.1
铁路、船舶、航空航天和其他运输设备制造业	5889	47.2
电气机械和器材制造业	23705	136.8
计算机、通信和其他电子设备制造业	14246	200.2
仪器仪表制造业	6060	32.6
其他制造业	2595	7.9
废弃资源综合利用业	1110	2.5
金属制品、机械和设备修理业	1417	2.6
电力、热力生产和供应业	609	11.2
燃气生产和供应业	349	1.9
水的生产和供应业	1509	5.3

（二）资产总计

2013 年末，工业企业法人单位资产总计 113542.1 亿元，比 2008 年末增长 110.3%（详见表 2-3）。

表 2-3 按行业分组的工业企业法人单位资产总计

	资产总计（亿元）
合 计	**113542.1**
煤炭开采和洗选业	628.0
石油和天然气开采业	255.4
黑色金属矿采选业	52.2
有色金属矿采选业	13.4
非金属矿采选业	247.6
开采辅助活动	8.2
其他采矿业	0.3
农副食品加工业	1837.7
食品制造业	723.6
酒、饮料和精制茶制造业	986.4
烟草制品业	485.8
纺织业	5610.4
纺织服装、服饰业	3044.7
皮革、毛皮、羽毛及其制品和制鞋业	460.4
木材加工和木、竹、藤、棕、草制品业	1009.4
家具制造业	369.0
造纸和纸制品业	1968.5
印刷和记录媒介复制业	915.3
文教、工美、体育和娱乐用品制造业	1122.8
石油加工、炼焦和核燃料加工业	786.6
化学原料和化学制品制造业	10735.0
医药制造业	1965.1
化学纤维制造业	2334.4
橡胶和塑料制品业	2698.2
非金属矿物制品业	4326.9
黑色金属冶炼和压延加工业	7245.6
有色金属冶炼和压延加工业	1989.8
金属制品业	5096.5
通用设备制造业	8732.0
专用设备制造业	6291.0
汽车制造业	4165.8
铁路、船舶、航空航天和其他运输设备制造业	3850.0
电气机械和器材制造业	11542.2
计算机、通信和其他电子设备制造业	10765.8
仪器仪表制造业	2422.0
其他制造业	248.8
废弃资源综合利用业	334.0
金属制品、机械和设备修理业	83.9
电力、热力生产和供应业	6150.8
燃气生产和供应业	495.9
水的生产和供应业	1542.7

（三）资产贡献率

2013 年，规模以上工业企业法人单位总资产贡献率为 15.8%，比 2008 年提高 0.8 个百分点。其中，采矿业为 11%，比 2008 年下降 14.2 个百分点；制造业为 16.3%，比 2008 年上升 0.6 个百分点；电力、热力、燃气及水生产和供应业为 11.1%，比 2008 年上升 4.4 个百分点（详见表 2-4）。

表 2-4　按行业分组的规模以上工业企业法人单位总资产贡献率

	总资产贡献率（%）
合　计	**15.8**
煤炭开采和洗选业	7.7
石油和天然气开采业	14.2
黑色金属矿采选业	17.8
有色金属矿采选业	12.2
非金属矿采选业	15.0
开采辅助活动	20.4
其他采矿业	0.0
农副食品加工业	26.0
食品制造业	16.5
酒、饮料和精制茶制造业	25.5
烟草制品业	86.5
纺织业	14.9
纺织服装、服饰业	19.9
皮革、毛皮、羽毛及其制品和制鞋业	26.2
木材加工和木、竹、藤、棕、草制品业	38.3
家具制造业	11.8
造纸和纸制品业	7.7
印刷和记录媒介复制业	14.2
文教、工美、体育和娱乐用品制造业	25.3
石油加工、炼焦和核燃料加工业	56.6
化学原料和化学制品制造业	16.2
医药制造业	25.5
化学纤维制造业	9.4
橡胶和塑料制品业	14.5
非金属矿物制品业	15.0
黑色金属冶炼和压延加工业	11.5
有色金属冶炼和压延加工业	14.5
金属制品业	17.4
通用设备制造业	13.8
专用设备制造业	14.0
汽车制造业	24.2
铁路、船舶、航空航天和其他运输设备制造业	12.0
电气机械和器材制造业	15.8
计算机、通信和其他电子设备制造业	11.7
仪器仪表制造业	19.0
其他制造业	26.0
废弃资源综合利用业	7.7
金属制品、机械和设备修理业	22.2
电力、热力生产和供应业	12.2
燃气生产和供应业	14.3
水的生产和供应业	3.0

（四）企业研发活动

2013 年，开展研究与试验发展（简称 R&D 或研发）活动的规模以上工业企业法人单位 12283 个，比 2008 年增长 115.6%，占全部规模以上工业企业法人单位的 25.2%。2013 年，规模以上工业企业法人单位 R&D 人员折合全时当量 39.4 万人年，比 2008 年增长 152.8%。2013 年，规模以上工业企业法人单位 R&D 经费支出 1239.6 亿元，比 2008 年增长 157.8%；R&D 经费投入强度为 0.93%，比 2008 年提高 0.16 个百分点（详见表 2-5）。

表 2-5 按行业分组的规模以上工业企业法人单位 R&D 经费支出及投入强度情况

	R&D 经费支出（亿元）	R&D 经费投入强度（%）
合 计	1239.6	**0.93**
采矿业	7.7	1.06
煤炭开采和洗选业	3.8	1.29
石油和天然气开采业	2.5	2.82
黑色金属矿采选业	0.0	0.04
有色金属矿采选业	0.1	1.12
非金属矿采选业	1.2	0.51
开采辅助活动	0.0	0.07
制造业	1227.0	0.96
农副食品加工业	12.3	0.32
食品制造业	7.0	0.97
酒、饮料和精制茶制造业	6.4	0.69
烟草制品业	0.3	0.07
纺织业	43.4	0.68
纺织服装、服饰业	24.8	0.65
皮革、毛皮、羽毛及其制品和制鞋业	3.1	0.38
木材加工和木、竹、藤、棕、草制品业	11.2	0.57
家具制造业	1.2	0.44
造纸和纸制品业	9.1	0.70
印刷和记录媒介复制业	6.7	1.01
文教、工美、体育和娱乐用品制造业	13.1	0.82
石油加工、炼焦和核燃料加工业	5.4	0.24
化学原料和化学制品制造业	149.3	1.00
医药制造业	50.6	1.89
化学纤维制造业	26.1	0.96
橡胶和塑料制品业	23.5	0.95
非金属矿物制品业	28.9	0.70
黑色金属冶炼和压延加工业	69.9	0.65
有色金属冶炼和压延加工业	20.7	0.56
金属制品业	49.1	0.92
通用设备制造业	102.4	1.39
专用设备制造业	82.6	1.63
汽车制造业	45.3	0.84
铁路、船舶、航空航天和其他运输设备制造业	40.7	1.19
电气机械和器材制造业	191.1	1.35
计算机、通信和其他电子设备制造业	156.6	0.92
仪器仪表制造业	44.4	1.50
其他制造业	0.9	0.32
废弃资源综合利用业	0.6	0.17
金属制品、机械和设备修理业	0.2	0.78
电力、热力、燃气及水生产和供应业	4.9	0.10
电力、热力生产和供应业	3.5	0.08
燃气生产和供应业	0.4	0.10
水的生产和供应业	1.1	0.87

2013 年，规模以上工业企业法人单位全年专利申请量 9.4 万件，其中发明专利申请 3.3 万件，分别比 2008 年增长 325.2%和 406.1%；发明专利申请所占比重为 35.4%，比 2008 年提高 5.7 个百分点。

（五）高技术产业（制造业）

2013 年末，全省共有规模以上高技术产业（制造业）企业法人单位 4865 个，比 2008 年末增长 8.9%；占规模以上制造业的比重为 10.1%，比 2008 年提高 0.2 个百分点。

2013年，规模以上高技术产业（制造业）企业法人单位R&D经费支出279.8亿元，比2008年增长159.3%；占规模以上制造业的比重为22.8%；R&D经费投入强度为1.13%，比2008年提高0.21个百分点，比规模以上制造业平均水平高0.17个百分点（详见表2-6）。

表2-6 按领域分规模以上高技术产业（制造业）企业法人单位R&D经费支出及投入强度情况

	R&D经费支出（亿元）	R&D经费投入强度（%）
高技术产业（制造业）	**279.8**	**1.13**
1. 医药制造业	50.6	1.89
2. 航空、航天器及设备制造业	5.6	2.04
3. 电子及通信设备制造业	145.5	1.09
4. 计算机及办公设备制造业	25.5	0.49
5. 医疗仪器设备及仪器仪表制造业	52.4	1.57

2013年，规模以上高技术产业（制造业）企业法人单位全年专利申请量1.94万件，其中发明专利申请0.77万件，分别比2008年增长356%和371.2%；发明专利申请所占比重为39.7%，比规模以上制造业平均水平高4.6个百分点。

二、建筑业

（一）企业法人单位数和从业人员

2013年末，全省共有建筑业企业法人单位4.3万个，从业人员840万人，分别比2008年末增长72.8%和55%。

建筑业企业法人单位中，内资企业占99.4%，港、澳、台商投资企业占0.3%，外商投资企业占0.3%；内资企业中，国有企业占企业法人单位的0.7%，集体企业占1.1%，私营企业占79.9%。

建筑业企业法人单位从业人员中，内资企业占99.7%，港、澳、台商投资企业占0.2%，外商投资企业占0.1%。内资企业中，国有企业占企业法人单位从业人员的1.5%，集体企业占1.2%，私营企业占45.6%（详见表2-7）。

表2-7 按登记注册类型分组的建筑业企业法人单位和从业人员

	企业法人单位（个）	从业人员（万人）
合　计	**43284**	**840.0**
内资企业	43036	837.4
国有企业	289	12.8
集体企业	458	10.0
股份合作企业	125	1.3
联营企业	73	0.9
有限责任公司	5697	359.0
股份有限公司	897	68.5
私营企业	34563	383.0
其他内资企业	934	1.9
港、澳、台商投资企业	120	1.5
外商投资企业	128	1.1

建筑业企业法人单位中，房屋建筑业占18.7%，土木工程建筑业占19.7%，建筑安装业占23.3%，建筑装饰和其他建筑业占38.3%。

建筑业企业法人单位从业人员中，房屋建筑业占74.7%，土木工程建筑业占11.6%，建筑安装业占6.4%，建筑装饰和其他建筑业占7.3%（详见表2-8）。

表 2-8　按行业分组的建筑业企业法人单位和从业人员

	企业法人单位（个）	从业人员（万人）
合　计	**43284**	**840.0**
房屋建筑业	8077	627.1
土木工程建筑业	8534	97.8
建筑安装业	10076	54.0
建筑装饰和其他建筑业	16597	61.1

（二）资产总计

2013 年末，建筑业企业法人单位资产总计 16896.3 亿元，比 2008 年末增长 170.2%（详见表 2-9）。

表 2-9　按行业分组的建筑业企业法人单位资产总计

	资产总计（亿元）
合　计	**16896.3**
房屋建筑业	8215.7
土木工程建筑业	5204.6
建筑安装业	1526.4
建筑装饰和其他建筑业	1949.5

注释：

[1] 规模以上工业：是指全部年主营业务收入 2000 万元及以上的法人工业企业。

[2] 高技术产业（制造业）：按照《高技术产业（制造业）分类（2013）》，高技术产业（制造业）具体包括医药制造业，航空、航天器及设备制造业，电子及通讯设备制造业，计算机及办公设备制造业，医疗仪器设备及仪器仪表制造业。

[3] 研究与试验发展：是指在科学技术领域，为增加知识总量，以及运用这些知识去创造新的应用而进行的系统的、创造性的活动，包括基础研究、应用研究、试验发展三类活动。

[4] R&D 经费投入强度：是指 R&D 经费支出与主营业务收入之比。

[5] 表中的合计数和部分计算数据因小数取舍而产生的误差，均未作机械调整。

江苏省第三次全国经济普查主要数据公报

（第三号）

江苏省第三次全国经济普查领导小组办公室

江苏省统计局　国家统计局江苏调查总队

2015年1月22日

根据江苏省第三次全国经济普查结果，现将我省第三产业的主要数据公布如下：

一、批发和零售业

（一）法人单位数和从业人员

2013年末，全省共有批发和零售业法人单位29.9万个，从业人员317.2万人，分别比2008年末增长122%和96.6%。

在批发和零售业法人单位中，批发业占73.6%，零售业占26.4%。在批发和零售业法人单位从业人员中，批发业占66.3%，零售业占33.7%（详见表3-1）。

表3-1　按行业分组的批发和零售业法人单位和从业人员

	法人单位（个）	从业人员（万人）
合　计	**299067**	**317.2**
批发业	220227	210.4
农、林、牧产品批发	10662	17.9
食品、饮料及烟草制品批发	17843	28.0
纺织、服装及家庭用品批发	34851	37.2
文化、体育用品及器材批发	5985	6.0
医药及医疗器材批发	3432	6.9
矿产品、建材及化工产品批发	69126	55.6
机械设备、五金产品及电子产品批发	59689	43.5
贸易经纪与代理	5110	4.2
其他批发业	13529	11.1
零售业	78840	106.8
综合零售	8345	30.1
食品、饮料及烟草制品专门零售	9447	10.1
纺织、服装及日用品专门零售	9247	9.5
文化、体育用品及器材专门零售	6359	6.4
医药及医疗器材专门零售	5371	6.2
汽车、摩托车、燃料及零配件专门零售	10097	18.9
家用电器及电子产品专门零售	12745	11.9
五金、家具及室内装饰材料专门零售	10817	8.3
货摊、无店铺及其他零售业	6412	5.4

在批发和零售业法人单位中，内资企业占99.1%，其中：国有企业占0.6%，股份有限公司占0.8%，有限责任公司占7.5%，私营企业占83.7%；港、澳、台商投资企业占0.4%；外商投资企业占0.5%（详见表3-2）。

表 3-2　按登记注册类型分组的批发和零售业法人单位和从业人员

	法人单位（个）	从业人员（万人）
合　计	**299067**	**317.2**
内资企业	296296	295.4
国有企业	1660	4.4
集体企业	2571	3.2
股份合作企业	732	0.7
联营企业	506	0.4
有限责任公司	22307	39.6
股份有限公司	2477	10.2
私营企业	250412	211.7
其他企业	15631	25.2
港、澳、台商投资企业	1163	10.2
外商投资企业	1608	11.6

（二）资产总计

2013 年末，批发和零售业法人单位资产总计 29209.7 亿元，比 2008 年末增长 209.8%。其中，批发业法人单位资产总计 23027 亿元，零售业法人单位资产总计 6182.7 亿元，分别比 2008 年末增长 214.6%和 193.1%（详见表 3-3）。

表 3-3　按行业分组的批发和零售业法人单位资产总计

	资产总计（亿元）
合　计	**29209.7**
批发业	23027.0
农、林、牧产品批发	842.3
食品、饮料及烟草制品批发	2148.7
纺织、服装及家庭用品批发	4283.1
文化、体育用品及器材批发	537.2
医药及医疗器材批发	675.6
矿产品、建材及化工产品批发	9760.5
机械设备、五金产品及电子产品批发	3381.4
贸易经纪与代理	462.6
其他批发业	935.6
零售业	6182.7
综合零售	1505.0
食品、饮料及烟草制品专门零售	322.3
纺织、服装及日用品专门零售	342.6
文化、体育用品及器材专门零售	278.8
医药及医疗器材专门零售	359.9
汽车、摩托车、燃料及零配件专门零售	1631.4
家用电器及电子产品专门零售	774.8
五金、家具及室内装饰材料专门零售	701.6
货摊、无店铺及其他零售业	266.3

二、交通运输、仓储和邮政业

（一）企业法人单位数和从业人员

2013 年末，全省共有交通运输、仓储和邮政业企业法人单位 2.6 万个，从业人员 84.7 万人。

在交通运输、仓储和邮政业企业法人单位中，内资企业占 98.7%，港、澳、台商投资企业占 0.6%，外商投资企业占 0.7%。

在交通运输、仓储和邮政业企业法人单位从业人员中，内资企业占 96.6%，港、澳、台商投资企业占 1.9%，外商投资企业占 1.5%（详见表 3-4）。

表 3-4　按登记注册类型分组的交通运输、仓储和邮政业企业法人单位和从业人员

	企业法人单位（个）	从业人员（万人）
合　计	**25530**	**84.7**
内资企业	25206	81.9
国有企业	498	10.9
集体企业	470	2.2
股份合作企业	96	0.2
联营企业	60	0.1
有限责任公司	2942	24.6
股份有限公司	376	6.2
私营企业	20135	36.8
其他企业	629	0.8
港、澳、台商投资企业	155	1.6
外商投资企业	169	1.2

（二）资产总计

2013 年末，交通运输、仓储和邮政业企业法人单位资产总计 10107.9 亿元，比 2008 年末增长 171.2%（详见表 3-5）。

表 3-5　按行业分组的交通运输、仓储和邮政业企业法人单位资产总计

	资产总计（亿元）
合　计	**10107.9**
铁路运输业	882.4
道路运输业	4491.9
水上运输业	1715.1
航空运输业	354.5
管道运输业	400.6
装卸搬运和运输代理业	1055.9
仓储业	1050.5
邮政业	157.0

三、住宿和餐饮业

（一）法人单位数和从业人员

2013 年末，全省共有住宿和餐饮业法人单位 1.1 万个，从业人员 44.8 万人，分别比 2008 年末增长 35.4% 和 23.5%。

在住宿和餐饮业法人单位中，住宿业占 32.2%，餐饮业占 67.8%。在住宿和餐饮业法人单位从业人员中，住宿业占 33.6%，餐饮业占 66.4%（详见表 3-6）。

在住宿和餐饮业法人单位中，内资企业占 96.9%，其中：国有企业占 2.5%，股份有限公司占 1.6%，有限责任公司占 11.1%，私营企业占 76.1%；港、澳、台商投资企业占 1.4%；外商投资企业占 1.7%（详见表 3-7）。

表 3-6 按行业分组的住宿和餐饮业法人单位和从业人员

	法人单位（个）	从业人员（万人）
合　计	**11328**	**44.8**
住宿业	3642	**15.0**
旅游饭店	1068	11.1
一般旅馆	2291	3.4
其他住宿业	283	0.5
餐饮业	7686	29.8
正餐服务	5944	20.6
快餐服务	664	7.0
饮料及冷饮服务	291	0.5
其他餐饮业	787	1.7

表 3-7 按登记注册类型分组的住宿和餐饮业法人单位和从业人员

	法人单位（个）	从业人员（万人）
合　计	**11328**	**44.8**
内资企业	10984	36.1
国有企业	288	2.4
集体企业	211	0.4
股份合作企业	43	0.1
联营企业	23	0.1
有限责任公司	1260	8.3
股份有限公司	179	1.2
私营企业	8621	23.0
其他企业	359	0.7
港、澳、台商投资企业	155	1.9
外商投资企业	189	6.8

（二）资产总计

2013 年末，住宿和餐饮业法人单位资产总计为 1385.3 亿元，比 2008 年末增长 75.5%。其中，住宿业法人单位资产总计 803.9 亿元，餐饮业法人单位资产总计 581.4 亿元，分别比 2008 年末增长 55.6%和 113%（详见表 3-8）。

表 3-8 按行业分组的住宿和餐饮业法人单位资产总计

	资产总计（亿元）
合　计	**1385.3**
住宿业	803.9
旅游饭店	674.8
一般旅馆	112.4
其他住宿业	16.7
餐饮业	581.4
正餐服务	503.0
快餐服务	48.4
饮料及冷饮服务	8.2
其他餐饮业	21.8

四、信息传输、软件和信息技术服务业

（一）企业法人单位数和从业人员

2013 年末，全省共有信息传输、软件和信息技术服务业企业法人单位 2.1 万个，从业人员 54 万人，分别比 2008 年末增长 91.9%和 181.3%。

在信息传输、软件和信息技术服务业企业法人单位中，内资企业占 96.6%，港、澳、台商投资企业占 1%，外商投资企业占 2.4%。

在信息传输、软件和信息技术服务业企业法人单位从业人员中，内资企业占 81.8%，港、澳、台商投资企业占 5.3%，外商投资企业占 12.9%（详见表 3-9）。

表3-9　按登记注册类型分组的信息传输、软件和信息技术服务业企业法人单位和从业人员

	企业法人单位（个）	从业人员（万人）
合　计	**21007**	**54.0**
内资企业	20288	44.1
国有企业	111	1.5
集体企业	57	0.1
股份合作企业	59	0.1
联营企业	70	0.1
有限责任公司	2875	13.5
股份有限公司	341	6.0
私营企业	16268	22.3
其他企业	507	0.7
港、澳、台商投资企业	217	2.9
外商投资企业	502	6.9

（二）资产总计

2013年末，信息传输、软件和信息技术服务业企业法人单位资产总计4992.1亿元，比2008年末增长248.7%（详见表3-10）。

表3-10　按行业分组的信息传输、软件和信息技术服务业企业法人单位资产总计

	资产总计（亿元）
合　计	**4992.1**
电信、广播电视和卫星传输服务	2942.0
互联网和相关服务	187.5
软件和信息技术服务业	1862.6

五、金融业

（一）企业法人单位数和从业人员

2013年末，全省共有金融业企业法人单位1727个，从业人员46.3万人（详见表3-11）。

表3-11　按行业分组的金融业企业法人单位和从业人员

	企业法人单位（个）	从业人员（万人）
合　计	**1727**	**46.3**
货币金融服务	805	21.6
资本市场服务	25	1.2
保险业	829	23.5
其他金融业	68	0.1

（二）资产总计

2013年末，金融业企业法人单位资产总计114902.1亿元，比2008年末增长240.3%（详见表3-12）。

表3-12　按行业分组的金融业企业法人单位资产总计

	资产总计（亿元）
合　计	**114902.1**
货币金融服务	109233.2
资本市场服务	1541.3
保险业	3785.4
其他金融业	342.1

六、房地产业

（一）企业法人单位数和从业人员

2013年末，全省共有房地产业企业法人单位2.9万个，比2008年末增长66.8%。其中，房地产开发经

营企业 1.1 万个，物业管理企业 0.9 万个，房地产中介服务企业 0.6 万个，分别比 2008 年末增长 53.3%、101.7%和 93.4%。

2013 年末，全省房地产业企业法人单位的从业人员为 68.1 万人，比 2008 年末增长 69.2%。其中，房地产开发经营企业 23.6 万人，物业管理企业 3.4 万人，房地产中介服务企业 6.1 万人，分别比 2008 年末增长 56.4%、89.9%和 117.1%（详见表 3-13）。

表 3-13 按行业分组的房地产业企业法人单位和从业人员

	企业法人单位（个）	从业人员（万人）
合　计	**28639**	**68.1**
房地产开发经营	10620	23.6
物业管理	8818	34.1
房地产中介服务	5745	6.1
自有房地产经营活动	2050	1.8
其他房地产业	1406	2.5

（二）资产总计

2013 年末，全省房地产业企业法人单位的资产总计为 46184 亿元，比 2008 年末增长 222%。其中，房地产开发企业 40439.2 亿元，物业管理企业 987.2 亿元，房地产中介服务企业 409.2 亿元，分别比 2008 年末增长 219.8%、392.7%和 129.4%（详见表 3-14）。

表 3-14 按行业分组的房地产业企业法人单位资产总计

	资产总计（亿元）
合　计	**46184.0**
房地产开发经营	40439.2
物业管理	987.2
房地产中介服务	409.2
自有房地产经营活动	1038.6
其他房地产业	3309.9

七、租赁和商务服务业

（一）企业法人单位数和从业人员

2013 年末，全省共有租赁和商务服务业企业法人单位 7.2 万个，从业人员 101 万人，分别比 2008 年末增长 153.6%和 58.1%。

在租赁和商务服务业企业法人单位中，内资企业占 98.9%，港、澳、台商投资企业占 0.5%，外商投资企业占 0.6%。

在租赁和商务服务业企业法人单位从业人员中，内资企业占 97.9%，港、澳、台商投资企业占 0.9%，外商投资企业占 1.2%（详见表 3-15）。

表 3-15 按登记注册类型分组的租赁和商务服务业企业法人单位和从业人员

	企业法人单位（个）	从业人员（万人）
合　计	**72132**	**101.0**
内资企业	71363	98.9
国有企业	1195	7.8
集体企业	1880	4.6
股份合作企业	338	0.3
联营企业	220	0.3
有限责任公司	8574	20.5
股份有限公司	1051	2.5
私营企业	52791	56.3
其他企业	5314	6.7
港、澳、台商投资企业	318	0.9
外商投资企业	451	1.2

（二）资产总计

2013年末，租赁和商务服务业企业法人单位资产总计51163.5亿元，比2008年末增长358.4%。

八、科学研究和技术服务业

（一）企业法人单位数和从业人员

2013年末，全省共有科学研究和技术服务业企业法人单位3.3万个，从业人员55.8万人，分别比2008年末增长284.3%和233.5%。

在科学研究和技术服务业企业法人单位中，内资企业占97.6%，港、澳、台商投资企业占0.8%，外商投资企业占1.6%。

在科学研究和技术服务业企业法人单位从业人员中，内资企业占96.4%，港、澳、台商投资企业占1.1%，外商投资企业占2.5%（详见表3-16）。

表3-16 按登记注册类型分组的科学研究和技术服务业企业法人单位和从业人员

	企业法人单位（个）	从业人员（万人）
合　计	**32815**	**55.8**
内资企业	32029	53.8
国有企业	571	2.1
集体企业	332	0.5
股份合作企业	114	0.1
联营企业	108	0.1
有限责任公司	3637	9.4
股份有限公司	437	2.2
私营企业	22548	30.7
其他企业	4282	8.6
港、澳、台商投资企业	254	0.6
外商投资企业	532	1.4

（二）资产总计

2013年末，科学研究和技术服务业企业法人单位资产总计4856.5亿元，比2008年末增长358.4%（详见表3-17）。

表3-17 按行业分组的科学研究和技术服务业企业法人单位资产总计

	资产总计（亿元）
合　计	**4856.6**
研究和试验发展	734.6
专业技术服务业	2876.2
科技推广和应用服务业	1245.8

九、居民服务、修理和其他服务业

（一）企业法人单位数和从业人员

2013年末，全省共有居民服务、修理和其他服务业企业法人单位1.3万个，从业人员18.3万人，分别比2008年末增长71.3%和45.5%。

在居民服务、修理和其他服务业企业法人单位中，内资企业占99.2%，港、澳、台商投资企业占0.3%，外商投资企业占0.5%。

在居民服务、修理和其他服务业企业法人单位从业人员中，内资企业占96.2%，港、澳、台商投资企业占1.1%，外商投资企业占2.7%（详见表3-18）。

表 3-18　按登记注册类型分组的居民服务、修理和其他服务业企业法人单位和从业人员

	企业法人单位（个）	从业人员（万人）
合　计	12797	18.3
内资企业	12691	17.6
国有企业	124	0.4
集体企业	274	0.6
股份合作企业	64	0.1
联营企业	41	0.1
有限责任公司	914	3.0
股份有限公司	132	0.2
私营企业	10543	12.7
其他企业	599	0.6
港、澳、台商投资企业	38	0.2
外商投资企业	68	0.5

（二）资产总计

2013 年末，居民服务、修理和其他服务业企业法人单位资产总计 545.6 亿元，比 2008 年末增长 248.1%（详见表 3-19）。

表 3-19　按行业分组的居民服务、修理和其他服务业企业法人单位资产总计

	资产总计（亿元）
合　计	**545.6**
居民服务业	127.3
机动车、电子产品和日用产品修理业	193.7
其他服务业	224.5

十、水利、环境和公共设施管理业

（一）法人单位和从业人员

2013 年末，全省共有水利、环境和公共设施管理业法人单位 7501 个。其中，行政事业及非企业法人单位 2898 个。水利、环境和公共设施管理业法人单位从业人员 22.1 万人。其中，行政事业及非企业法人单位 10.4 万人。

（二）资产

2013 年末，水利、环境和公共设施管理业企业法人单位资产总计 4572.4 亿元，行政事业及非企业法人单位年末资产 896.7 亿元。

十一、教育

（一）法人单位和从业人员

2013 年末，全省共有教育法人单位 1.8 万个。其中，行政事业及非企业法人单位 1.4 万个。教育法人单位从业人员 109.9 万人。其中，行政事业及非企业法人单位 101.7 万人。

（二）资产

2013 年末，教育企业法人单位资产总计 190.3 亿元，行政事业及非企业法人单位年末资产 3935.8 亿元。

十二、卫生和社会工作

（一）法人单位和从业人员

2013 年末，全省共有卫生和社会工作法人单位 1.4 万个。其中，行政事业及非企业法人单位 1.3 万个。卫生和社会工作法人单位从业人员 57.5 万人。其中，行政事业及非企业法人单位 48.7 万人。

（二）资产

2013 年末，卫生和社会工作企业法人单位资产总计 284.1 亿元，行政事业及非企业法人单位年末资产 1894.2 亿元。

十三、文化、体育和娱乐业

（一）法人单位和从业人员

2013 年末，全省共有文化、体育和娱乐业法人单位 1.5 万个。其中，行政事业及非企业法人单位 0.4 万个。文化、体育和娱乐业法人单位从业人员 20.2 万人。其中，行政事业及非企业法人单位 6.5 万人。

（二）资产

2013 年末，文化、体育和娱乐业企业法人单位资产总计 1357.8 亿元，行政事业及非企业法人单位年末资产 668.2 亿元。

十四、公共管理、社会保障和社会组织

2013 年末，全省共有公共管理、社会保障和社会组织法人单位 6.62 万个。其中，行政事业及非企业法人单位 6.59 万个。公共管理、社会保障和社会组织法人单位从业人员 123.8 万人。其中，行政事业及非企业法人单位 123.4 万人。

注释：

表中的合计数和部分计算数据因小数取舍而产生的误差，均未作机械调整。

第一部分 江苏省第三次全国经济普查实施方案

根据《第三次全国经济普查方案》和《省政府关于我省做好第三次全国经济普查工作的通知》（苏政发〔2012〕161号）要求，制定江苏省第三次全国经济普查实施方案。

一、普查的目的和基本原则

（一）普查目的

摸清我省各类单位的基本情况，全面调查我省第二产业和第三产业的发展规模及布局，系统了解我省产业组织、产业结构的现状以及各主要生产要素的构成，进一步查实服务业、战略性新兴产业、文化产业等相关产业以及小微企业的发展状况，全面更新覆盖国民经济各行业的基本单位名录库、基础信息数据库和统计电子地理信息系统。通过普查，进一步夯实统计基础，健全统计工作的部门协调机制和信息共享机制，更好地贯彻落实国家宏观调控政策，提高宏观管理和决策水平，科学制定经济社会发展规划，加快产业转型升级，促进区域共同发展，加快推进“两个率先”进程。

（二）普查的基本原则

1、突出重点。以摸清各类单位基本情况，查实服务业、战略性新兴产业、文化产业和小微企业的底数为主，辅之以其他必要的内容。

2、优化方式。科学设计普查业务流程，普查和抽样调查相结合，简化普查指标，提高普查效能，减轻基层负担。

3、统一组织。在普查机构的集中领导下，统一设计方案、统一布置培训、统一实施调查、统一处理数据、统一发布数据。

4、创新手段。充分运用现代信息技术，全面采用手持电子终端设备和电子地图，实现普查数据的采集、报送、处理等手段的自动化、电子化，提高普查的信息化水平。

二、普查范围、对象和时间

（一）普查范围和对象

江苏省第三次全国经济普查对全省境内从事第二产业和第三产业的全部法人单位、产业活动单位和个体经营户进行登记和调查。

根据《三次产业划分规定》（国统字[2012]108号），第二产业包括采矿业（不含开采辅助活动），制造业（不含金属制品、机械和设备修理业），电力、热力、燃气及水生产和供应业，建筑业；第三产业包括农、林、牧、渔服务业，批发和零售业，交通运输、仓储和邮政业，住宿和餐饮业，信息传输、软件和信息技术服务业，金融业，房地产业，租赁和商务服务业，科学研究和技术服务业，水利、环境和公共设施管理业，居民服务、修理和其他服务业，教育，卫生和社会工作，文化、体育和娱乐业，公共管理、社会保障和社会组织，以及采矿业中的开采辅助活动，制造业中的金属制品、机械和设备修理业。

法人单位、产业活动单位和个体经营户按照《统计单位划分及具体办法》和普查规定的单位划分及具体处理规定进行界定。

为保证基本单位的不重不漏，结合第三次全国经济普查，对第一产业（农业、林业、畜牧业和渔业）的法人单位、产业活动单位进行普查登记。

（二）普查时点和时期

普查标准时点为2013年12月31日，普查时期为2013年1月1日-12月31日。

普查登记和数据采集工作从2014年1月1日至3月31日。

三、普查方法

（一）全面登记

对法人单位、产业活动单位和个体经营户由其主要经营地普查机构负责进行全面登记，但建筑业法人单位由其注册地普查机构负责普查登记。多法人联合体不能作为一个普查单位，应分别对每个法人单位进行登记。

（二）联网直报与手持电子终端设备（PDA）采集相结合

对所有普查对象（除军队、武警系统和保密单位）由普查员使用电子终端设备（PDA）进行GPS定位、底册信息核查和相关证照拍照。联网直报单位普查表由普查机构通过国家统计联网直报平台布置给普查单位填报，非联网直报单位和个体经营户普查表由普查员使用电子终端设备（PDA）采集数据。

联网直报单位包括：

1、规模以上工业：年主营业务收入2000万元及以上的工业法人单位。

2、有资质的建筑业：有总承包、专业承包和劳务分包资质的建筑业法人单位。

3、限额以上批发和零售业：年主营业务收入2000万元及以上的批发业、年主营业务收入500万元及以上的零售业法人单位。

4、限额以上住宿和餐饮业：年主营业务收入200万元及以上的住宿和餐饮业法人单位。

5、房地产开发经营业：全部房地产开发经营业法人单位。

6、重点服务业：年末从业人数50人及以上或年营业收入1000万元及以上的服务业法人单位。包括：交通运输、仓储和邮政业，信息传输、软件和信息技术服务业，租赁和商务服务业，科学研究和技术服务业，水利、环境和公共设施管理业，居民服务、修理和其他服务业，教育，卫生和社会工作，文化、体育和娱乐业；以及物业管理、房地产中介服务等行业。

军队、武警系统的普查登记及数据采集方式由中国人民解放军、中国人民武装警察部队经济普查机构确定；保密单位的普查登记及数据采集方式由各地普查机构与相关部门协商确定。

（三）普查与抽样调查相结合

为取得个体经营户的经营数据，普查后抽取一定比例的个体经营户由国家调查队进行配套抽样调查。

四、普查内容和普查表

对联网直报单位、非联网直报单位和个体经营户分别设置普查内容和普查表。

（一）联网直报单位

普查内容包括单位基本属性和组织结构情况、从业人员及工资总额、财务状况、生产经营情况、能源和水消费情况、科技情况和信息化情况7类30张普查表。

（二）非联网直报单位

1、法人单位的普查内容包括单位基本属性、从业人员及工资总额、实收资本、资产总计、企业营业收入或非企业支出（费用）、税金、部分行业指标等；产业活动单位的普查内容包括单位基本属性、从业人员及工资总额、经营性收入或非经营性支出（费用）等。设1张单位普查表（通用表），按农业、工业、建筑业、批发零售业、住宿餐饮业、房地产开发经营业、金融、铁路、其他行业的法人单位和产业活动单位分别设置18张电子终端设备（PDA）采集用表。

2、设置金融系统和铁路系统法人单位调查表，由银行、证券、保险和铁路系统普查机构组织调查，地方普查机构核实。

（三）个体经营户

普查内容包括个体经营户基本属性和从业人员，设2张普查表。抽样调查内容包括营业收入、营业支出、付给雇员的报酬、缴纳的税费等，设1张抽样调查表。

（四）普查综合表

为满足普查公报和统计年鉴的需要，设置47张普查综合表。基本单位和个体户情况综合表(7张)，小微企业、服务业、高技术产业、战略性新兴产业、文化及相关产业综合表（6张），联网直报综合表（34张）。

五、普查业务流程

江苏省第三次全国经济普查的业务流程，主要包括：普查区划分与绘图，确定单位底册，电子终端设备（PDA）内容加载，普查告知，普查登记，数据审核、检查和验收，数据汇总，事后质量抽查与数据评估，主要数据发布，普查成果的开发与应用等10个阶段。

（一）普查区划分与绘图（2013年6月-11月）

1、划分普查区。根据全省2013年统计用区划代码，按村级单位设置普查区。

2、分解下发电子底图。省经济普查办公室根据省测绘局统一提供的高分辨率影像图按乡级单位分解打印，下发至县级普查机构。

3、绘制普查区电子地图。县级普查机构统一组织乡级单位，根据打印的乡级高分辨率影像图结合现场勘查，划分普查区（或小区，下同）边界，对普查区命名和编码；利用普查区绘图与管理软件，在国家统一选定的普查用底图上叠加普查区边界，绘制普查区电子地图。

4、合并普查区电子地图。县级普查机构合并形成县级普查区电子地图，再逐级上报合并形成市、省级电子地图。

（二）确定单位底册（2013年8月-11月）

1、收集整理部门数据。各级普查机构向同级具有单位审批、登记职能的部门收集法人单位和产业活动单位名录资料，逐级分解下发至县级普查机构。

2、进行单位比对与合并。县级普查机构以组织机构代码、单位名称和登记注册号为关联，比对部门数据和名录库数据，合并生成按乡镇（街道）行政区划分类的核查数据库，然后在形成的核查数据库中选取部分字段，生成单位核查底册。

3、开展现场核查。乡级普查机构选调核查人员利用核查底册作为线索对调查区域内的单位进行“地毯式”全面实地现场勘查核实，排重、补缺并更新相关信息，确认本地全部普查对象。

4、确定普查登记单位底册。乡级与县级普查机构根据核查人员调查确认的普查对象，组织相关业务人员对核查资料进行行业代码等编制工作，补充完善核查内容，同时根据联网直报单位年度审核结果和金融、铁路系统提供的名单，在核查数据库中标注联网直报单位和金融、铁路系统单位；形成联网直报、金融和铁路系统法人单位，电子终端设备（PDA）普查登记单位和个体经营户普查登记底册。

（三）手持电子终端设备（PDA）内容加载（2013年11月-12月）

1、软件加载。加载内容包括：单位普查表、个体经营户普查表、国民经济行业分类、产品分类目录、指标解释等。

2、普查区图加载。以乡镇为单位将普查区地图载入手持电子设备终端（PDA）。

3、普查登记单位底册加载。以县为单位，将普查登记单位底册载入手持电子设备终端（PDA）。

（四）普查告知（2013年12月）

1、联网直报单位由国务院经济普查办公室通过国家统计联网直报平台向联网直报单位发送第三次全国经济普查告知书。

2、非联网直报单位和个体经营户由各级地方普查机构通过有效方式向非联网直报单位和个体经营户发送第三次全国经济普查告知书，指导和督促其做好相关准备工作。包括准备相关证照、统计台账、财务报表等，并按照告知书要求整理相关数据供登记使用。

普查告知书由国务院经普办统一制定。

（五）普查登记（2014年1月-3月）

1、入户登记。普查员使用手持电子终端设备（PDA）对所有普查对象（不含军队、武警系统和保密单位）进行入户登记，确定坐标，核实普查对象基本信息、拍摄相关证照。联网直报单位按规定登录国家统计联网直报平台填报普查表，非联网直报单位和个体经营户由普查员继续使用手持电子终端设备（PDA）采集普查表数据。

2、留档备查。非联网直报单位按照普查告知书要求事先填写的相关基础数据，由有关人员签字盖章后，普查员用手持电子终端设备（PDA）拍照留存。

3、数据传输。联网直报单位通过国家统计联网直报平台将普查表数据直接传输到指定服务器；手持电子终端设备（PDA）数据利用无线网络，或在乡级普查机构通过统计内网报送到指定服务器。

（六）数据审核、检查和验收（2014年1月-4月）

1、数据审核。县及县以上各级普查机构在数据采集处理平台上，对普查表数据按专业审核，发现问题逐级退回，由基层普查机构负责联系普查对象核实修改，并保留修改痕迹。

2、数据检查。县级普查机构有重点地选择部分普查区，每个被抽中的普查区要抽选一定比例的普查表，对其普查数据质量进行检查。

3、数据验收。各级普查机构按照统一要求组织开展数据验收工作。对于验收不合格的地区，要进行全面复查、验收，直至符合规定的质量要求。

（七）数据汇总（2014年4月-6月）

1、快速汇总。根据普查基层表汇总全省以及分地区、分行业等分组的法人单位、产业活动单位和个体经营户基本情况数据。

2、全面汇总。在快速汇总的基础上，分别汇总全省以及分地区、分行业等分组的法人单位、产业活动单位主要经济指标数据。

3、专题汇总。根据普查基层表及相关信息，汇总全省服务业、战略性新兴产业、高技术产业、文化产业和小微企业单位、从业人员和营业收入等数据，以及分行业和分地区数据。

4、推算汇总。根据个体经营户抽样调查表和普查表，推算汇总个体经营户收入及其分行业门类和分地区数据。

（八）事后质量抽查和数据评估（2014年5月-6月）

1、普查事后质量抽查。根据全国规定抽取一定比例的普查区，对单位填报率、普查表主要指标的填报情况等进行质量抽查。

2、普查数据质量评估。通过对普查对象漏报率、主要数据的差错率等质量抽查结果，评估普查基础数据质量。结合相关历史数据、部门行政记录，对主要指标和分行业、分地区数据进行比较分析，评估普查数据的真实性、一致性和可靠性。

事后质量抽查和数据评估工作方案另行制定。

（九）主要数据发布（2014年6月-8月）

按照有关规定，以公报的形式及时向社会发布普查主要成果。

（十）普查成果的开发与应用（2014 年 7 月-2015 年 7 月）

1、建立和完善经济普查相关数据库，全面更新覆盖国民经济各行业的基本单位名录库、基础信息数据库和统计电子地理信息系统。

2、开展经济普查专题分析研究。依据普查资料，对各级党委政府和社会各界所关心的热点问题，进行专题分析研究。

3、编辑出版经济普查年鉴。经济普查年鉴的主要内容包括：法人单位及产业活动单位基本情况、从业人员情况、财务状况和能源消费情况，小微企业的发展状况，个体经营户基本情况，以及服务业、战略性新兴产业和文化产业发展规模及布局等普查数据。

六、普查纪律和质量控制

（一）普查纪律

1、各地方、各部门、各单位负责人不得干涉经济普查机构和经济普查人员依法独立行使调查、报告、监督的职权，不得自行修改经济普查资料，不得强令或者授意经济普查机构、经济普查人员或者其他机构、人员篡改经济普查资料或者编造虚假普查数据。

2、各级经济普查机构和经济普查人员要严格按照《统计法》、《全国经济普查条例》、《江苏省第三次全国经济普查实施方案》及相关规定组织开展工作，不得篡改经济普查资料、编造虚假数据，不得擅自发布经济普查数据，不得对外提供、泄露经济普查取得的能够识别或者推断单位和个人身份的资料，或者将其用于经济普查以外的目的。

3、经济普查对象应当按照经济普查机构和经济普查人员的要求，及时提供与经济普查有关的资料，如实、按时填报经济普查表，不得虚报、瞒报、拒报和迟报经济普查数据。

4、对违反统计法规和普查纪律的任何单位和个人，视情节轻重，由县级以上人民政府统计机构或相关职能部门依法进行约谈、通报、曝光或给予处分。对拒报、虚报、瞒报和迟报经济普查数据的企业事业组织和个体经营户依法给予警告和罚款。

（二）普查质量控制

1、地方各级经济普查机构应当根据省经济普查领导小组办公室的统一规定，结合本地实际，制定经济普查质量控制办法和实施细则，进一步完善普查业务流程，明确各级、各部门、各专业的职责任务，规范各环节质量管理的具体标准，对经济普查实施全过程质量管理。

2、地方各级经济普查机构要设立普查质量管理小组，统一管理、指导和评估各级、各部门、各专业和各阶段的质量控制工作，要建立经济普查数据质量控制岗位责任制，对经济普查实施中的每个环节实行质量控制和检查验收。

3、地方各级经济普查机构应建立与普查数据用户、普查对象的相互交流沟通机制，收集、整理、分析普查各阶段工作中出现的问题，采取有效措施及时加以解决。对带有共性的质量问题，要及时向上级普查办公室汇报，防止出现大范围的系统性误差。

4、地方各级经济普查机构要认真做好普查员的选聘和培训工作，确保相关人员切实理解经济普查的各项专业技术要求，并能熟练操作手持电子终端（PDA）。及时将普查登记的时间、内容和相关要求告知普查对象，指导和督促普查对象建立和完善相关的统计台帐，做好基础数据的准备工作，保证普查现场调查工作的顺利进行。

5、各级经济普查机构要强化底线思维，制定好应对突发事件的应急处置方案，采取有效措施，防止普查数据在采集、存储、传输、处理等过程中丢失、泄漏、被窃，确保各关键环节工作安全、可靠、顺畅。

七、普查的组织实施

（一）全省统一领导

为了加强对普查工作的组织领导，省政府成立江苏省第三次全国经济普查领导小组，成员单位由各有关部门组成，负责普查组织与实施中重大问题的研究和决策，领导小组办公室设在省统计局，具体负责领导小组日常工作。包括普查的宣传动员、方案设计、培训和部署、单位登记、数据处理、资料开发和日常的组织和协调工作。

（二）部门分工协作

编制、民政、税务、工商和质检等行政审批登记部门，要及时提供其审批登记的全部法人和分支机构单位名录；铁路、银行、证券、保险等垂直管理部门,成立经济普查机构，负责提供本系统单位名录，并协助各级地方普查机构开展对本系统法人单位和产业活动单位的普查登记工作；军队、武警系统的普查工作由中国人民解放军、中国人民武装警察部队成立的经济普查办公室负责组织实施，同时协助地方普查机构对部队营区内的非隶属经济单位进行普查登记工作。

（三）地方分级负责

地方各级人民政府要设立相应的普查领导小组及其办公室，加强领导，履行职责，组织好本地区普查工作。街道办事处、居（村）民委员会和社区基层组织，要成立专门机构或指定专人负责动员和组织社会力量积极参与并认真做好经济普查工作；大型企业应当设立经济普查机构，负责本企业经济普查表的填报工作。其他各类法人单位应当指定相关人员负责本单位经济普查表的填报工作。

（四）各方共同参与

各地区、各部门要按照全省第三次全国经济普查工作的统一要求，各司其职，各负、其责，认真做好普查的宣传动员、条件保障和组织实施工作，对于普查工作中遇到的困难和问题，要及时采取措施，切实予以解决，确保普查各项工作顺利开展。

第二部分　普查表及填报说明

一、报表目录

表号	表名	统计范围	填报截止时间
1. 联网直报单位普查表			
601 表	调查单位基本情况	辖区内规模以上工业、有资质的建筑业、限额以上批发和零售业、限额以上住宿和餐饮业、房地产开发经营业、重点服务业法人单位	2014 年 2 月 28 日
602-1 表	从业人员及工资总额	同上	同上
B603-1 表	规模以上工业法人单位财务状况(非成本费用调查单位填报)	辖区内规模以上工业非成本费用调查法人单位	同上
B603-2 表	规模以上工业法人单位成本费用(成本费用调查单位填报)	辖区内规模以上工业成本费用调查法人单位	同上
B604-1 表	规模以上工业法人单位产品生产、销售、库存情况	辖区内规模以上工业法人单位	同上
B604-3 表	规模以上工业法人单位主要工业产品生产能力	同上	同上
C603 表	有总承包和专业承包资质的建筑业法人单位财务状况	辖区内有总承包和专业承包资质的建筑业法人单位	同上
C604-1 表	有总承包和专业承包资质的建筑业法人单位生产经营情况	同上	同上
C604-2 表	有总承包和专业承包资质的建筑业法人单位房屋竣工面积及价值	同上	同上
C604-3 表	劳务分包建筑业法人单位生产经营情况	辖区内有劳务分包资质的建筑业法人单位	同上
E603 表	限额以上批发和零售业法人单位财务状况	辖区内限额以上批发和零售业法人单位	同上
E604-1 表	限额以上批发和零售业法人单位商品购进、销售和库存	同上	同上
S603 表	限额以上住宿和餐饮业法人单位财务状况	辖区内限额以上住宿和餐饮业法人单位	同上
S604-1 表	限额以上住宿和餐饮业法人单位经营情况	同上	同上
X603 表	房地产开发经营业法人单位财务状况	辖区内全部房地产开发经营业法人单位	同上
X604-1 表	房地产开发项目经营情况	同上	2014 年 1 月 7 日
X604-2 表	房地产开发法人单位资金和土地情况	同上	同上
F603 表	重点服务业法人单位财务状况	辖区内重点服务业法人单位	2014 年 2 月 28 日

续表 1

表号	表名	统计范围	填报截止时间
607-1 表	规模以上工业法人单位科技项目情况	同上	2014 年 2 月 28 日
607-2 表	规模以上工业法人单位科技活动及相关情况	同上	同上
607-3 表	重点服务业企业科技项目情况	辖区内部分重点服务业企业法人单位，包括交通运输、仓储和邮政业，信息传输、软件和信息技术服务业，租赁和商务服务业，水利、环境和公共设施管理业，文化、体育和娱乐业等重点企业法人单位。	同上
607-4 表	重点服务业企业科技活动情况	同上	同上
609 表	信息化情况	辖区内大中型工业、有资质的建筑业、大中型批发和零售业、大中型住宿和餐饮业、房地产开发经营业、重点服务业法人单位	同上
2．非联网直报单位普查表			
611 表	单位普查表(通用表)	辖区内除联网直报调查单位、铁路和金融系统法人单位以外的全部法人单位和产业活动单位	2014 年 3 月 31 日
3．个体经营户			
614-1 表	个体经营户普查表	辖区内从事第二、第三产业经营活动的个体经营户，不含无挂靠个体运输户	2014 年 3 月 31 日
614-3 表	个体运输普查表	辖区内无挂靠个体运输户	2014 年 3 月 31 日

二、表式及审核关系

1．联网直报单位普查表

调查单位基本情况

表　　号：6　0　1　表
制定机关：国　家　统　计　局
　　　　　国务院经济普查办公室
文　　号：国统字(2013)56号
有效期至：2014年6月

2013 年

101	组织机构代码　□□□□□□□□—□　　102　单位详细名称________________
103	行业类别(GB/T 4754-2011) 主要业务活动(或主要产品) 1________　2________　3________ 行业代码　□□□□
104	报表类别　□ A 农业　B 工业　C 建筑业　E 批发和零售业　S 住宿和餐饮业 X 房地产开发经营业　F 重点服务业　U 其他
105	单位所在地及区划 ________省(自治区、直辖市)________地(区、市、州、盟)________县(区、市、旗) ________乡(镇)________街(村)、门牌号 单位位于：________街道办事处________社区(居委会) 区划代码　□□□□□□□□□□□□　城乡代码　□□□
106	单位注册地及区划 ________省(自治区、直辖市)________地(区、市、州、盟)________县(区、市、旗) ________乡(镇)________街(村)、门牌号 注册地位于：________街道办事处________社区(居委会) 区划代码　□□□□□□□□□□□□　城乡代码　□□□
191	单位规模　□　1 大型　2 中型　3 小型　4 微型
192	从业人员　从业人员期末人数________人　其中：女性________人
193	企业主要经济指标 营业收入________千元　其中：主营业务收入________千元　资产总计________千元
201	法定代表人(单位负责人)________　　202　开业(成立)时间________年________月
203	联系方式 长途区号　□□□□□□ 固定电话　□□□□□□□□-□□□□□□ 移动电话　□□□□□□□□□□□□ 传真号码　□□□□□□□□-□□□□□□ 邮政编码　□□□□□□ 电子邮箱________ 网　　址________
204	登记注册(或批准)机关名称、级别、注册号(如登记注册或批准机关为多个，请复选) 机关级别：1 国家　2 省(自治区、直辖市)　3 地(区、市、州、盟)　4 县(区、市、旗) 1.工商行政管理部门　机关级别 □　登记注册号________ 2.编制部门　机关级别 □　登记注册号________ 3.民政部门　机关级别 □　登记注册号________ 4.国家税务部门　机关级别 □　登记注册号________ 5.地方税务部门　机关级别 □　登记注册号________ 9.其他(请注明批准机关)　机关级别 □　________
205	登记注册类型　□□□ **内资** 110 国有　159 其他有限责任公司 120 集体　160 股份有限公司 130 股份合作　171 私营独资 141 国有联营　172 私营合伙 142 集体联营　173 私营有限责任公司 143 国有与集体联营　174 私营股份有限公司 149 其他联营　190 其他 151 国有独资公司 **港澳台商投资** 210 与港澳台商合资经营 220 与港澳台商合作经营 230 港澳台商独资 240 港澳台商投资股份有限公司 290 其他港澳台投资 **外商投资** 310 中外合资经营 320 中外合作经营 330 外资企业 340 外商投资股份有限公司 390 其他外商投资

206	企业控股情况 □ 1 国有控股 2 集体控股 3 私人控股 4 港澳台商控股 5 外商控股 9 其他
207	隶属关系 □□ 10 中央 20 省(自治区、直辖市) 40 地(区、市、州、盟) 50 县(区、市、旗) 61 街道 62 镇 63 乡 71 社区(居委会) 72 村委会 90 其他
208	营业状态 □ 1 营业 2 停业(歇业) 3 筹建 4 当年关闭 5 当年破产 9 其他
209	执行会计标准类别 □ 1 企业会计制度 2 事业单位会计制度 3 行政单位会计制度 4 民间非营利组织会计制度 9 其他
210	是否执行 2006 年《企业会计准则》 □ 1 是 2 否
211	机构类型 □□ 10 企业 20 事业单位 30 机关 40 社会团体 51 民办非企业单位 52 基金会 53 居委会 54 村委会 90 其他组织机构
213	企业集团情况(限企业集团母公司及成员企业填写) 本企业是 □ 1 集团母公司(核心企业或集团总部) 2 成员企业——请填直接上级法人单位组织机构代码 □□□□□□□□—□
C01	建筑业企业资质等级(请填写资质证书编号前 4 位) □□□□
X01	房地产开发经营业企业资质等级 □ 1 一级 2 二级 3 三级 4 四级 5 暂定 9 其他
E01	批发和零售业企业经营形式 □ 1 独立门店 2 连锁总店(总部) 3 连锁门店 9 其他
E02	零售业态 □□□□ **有店铺零售** 1010 食杂店 1020 便利店 1030 折扣店 1040 超市 1050 大型超市 1060 仓储会员店 1070 百货店 1080 专业店 1090 专卖店 1100 家居建材商店 1110 购物中心 1120 厂家直销中心 **无店铺零售** 2010 电视购物 2020 邮购 2030 网上商店 2040 自动售货亭 2050 电话购物
E03	批发和零售业年末零售营业面积______________平方米
S01	住宿和餐饮业企业经营形式 □ 1 独立门店 2 连锁总店(总部) 3 连锁门店 9 其他
S02	住宿业企业星级评定情况 □ 1 一星 2 二星 3 三星 4 四星 5 五星 9 其他
S03	住宿和餐饮业年末餐饮营业面积______________平方米

单位组织结构情况

214

本法人单位是否有上一级法人 □ 1. 是 2. 否

如为 1，请填写上一级法人组织机构代码 □□□□□□□□—□

上一级法人单位详细名称 ______________________

本法人单位绝对(相对)控股的下一级法人单位数 __________个

下一级法人单位情况：

序号	组织机构代码	单位详细名称	详细地址	区划代码	联系电话	主要业务活动(或主要产品)	行业代码	从业人员期末人数(人)	*营业收入或支出(费用)(千元)
甲	1	2	3	4	5	6	7	8	9
……									

*营业收入或支出(费用)：企业法人单位填写“营业收入”；非企业法人单位填写“支出(费用)”。

212

产业活动单位数 __________个 (单产业法人本指标填 1，免填所属产业活动单位情况)

所属产业活动单位情况：

序号	*单位类别	组织机构代码	单位详细名称	详细地址	区划代码	联系电话	主要业务活动(或主要产品)	行业代码	从业人员期末人数(人)	*营业收入或支出(费用)(千元)
甲	1	2	3	4	5	6	7	8	9	10
……										

*单位类别：1 法人单位本部(总部、本店、本所等) 2 法人单位分支机构 (分部、分厂、分店、支所等)。

单位负责人： 统计负责人： 填表人： 联系电话： 报出日期：20 年 月 日

说明：1.统计范围：辖区内规模以上工业、有资质的建筑业、限额以上批发和零售业、限额以上住宿和餐饮业、全部房地产开发经营业法人单位，重点服务业法人单位。

2.报送日期及方式：调查单位次年 2 月 28 日 24 时前网上填报，省级统计机构次年 4 月 15 日 24 时前完成数据审核、验收、上报。

3.本表涉及的填报目录：《国民经济行业分类》(GB/T 4754-2011)、2013 年《统计用区划代码和城乡划分代码》和《建筑业企业资质等级编码》。

4.调查单位填报要求：本表主要数据由国家统计局或省级统计机构在调查开始前统一导入数据采集处理软件中，生成报表数据。调查单位应根据实际情况对表中的数据进行认真核对与填写，指标数据如有变动应及时进行修改(加灰底的指标除外)。

5.统计机构数据审核、处理要求：

(1)调查单位不能修改本表中“101 组织机构代码”、“103 行业代码”、“104 报表类别”、“105、106”中的“区划代码和城乡代码”。

(2)统计机构不能修改本表中的“101 组织机构代码”、“104 报表类别”，不能跨报表类别修改“103 行业代码”，不能跨省(区、市)修改“105、106”中的“区划代码”；“105、106”中的“城乡代码”根据 2013 年《统计用区划代码》提取生成。

(3)“191 单位规模”、“192 从业人员”和“193 企业主要经济指标”等指标数据由各级统计机构待相关报表数据确认后进行摘抄或计算取得。具体方法为：“192 从业人员”数据从 2013 年“从业人员及工资总额”(602-1 表)中的“从业人员期末人数(01)”和“其中：女性(02)”摘抄取得；“193 企业主要经济指标”数据分别从各行业 2013 年“财务状况”(603 表)中的“营业收入(301)”、“其中：主营业务收入(302)”和“资产总计(213)”摘抄取得；“191 单位规模”依据《统计上大中小微型企业划分办法》及“192 从业人员”和“193 企业主要经济指标”的数据计算取得。

从业人员及工资总额

表　　号：602－1表
制定机关：国家统计局
国务院经济普查办公室
组织机构代码□□□□□□□□-□　　文　　号：国统字(2013)56号
单位详细名称：　　2013年　　有效期至：2014年6月

指标名称	计量单位	代码	数量	指标名称	计量单位	代码	数量
甲	乙	丙	1	甲	乙	丙	1
一、从业人员	—	—		专业技术人员	人	77	
从业人员期末人数	人	01		办事人员和有关人员	人	78	
其中：女性	人	02		商业、服务业人员	人	79	
其中：非全日制	人	03		生产、运输设备操作人员及有关人员	人	80	
按人员类型分	—	—		二、工资总额	—	—	
在岗职工	人	05		从业人员工资总额	千元	12	
劳务派遣人员	人	06		按人员类型分	—	—	
其他从业人员	人	07		在岗职工	千元	13	
按职业类型分	—	—		基本工资	千元	14	
单位负责人	人	71		绩效工资	千元	15	
专业技术人员	人	72		工资性津贴和补贴	千元	16	
办事人员和有关人员	人	73		其他工资	千元	17	
商业、服务业人员	人	74		劳务派遣人员	千元	18	
生产、运输设备操作人员及有关人员	人	75		其他从业人员	千元	19	
从业人员平均人数	人	08		按职业类型分	—	—	
按人员类型分	—	—		单位负责人	千元	81	
在岗职工	人	09		专业技术人员	千元	82	
劳务派遣人员	人	10		办事人员和有关人员	千元	83	
其他从业人员	人	11		商业、服务业人员	千元	84	
按职业类型分	—	—		生产、运输设备操作人员及有关人员	千元	85	
单位负责人	人	76					

补充资料：
一、规模以上工业和有资质的建筑业法人单位填报
从事主营业务活动的从业人员期末人数(51)________人
从事主营业务活动的从业人员平均人数(48)________人
二、有资质的建筑业法人单位填报
总承包和专业承包法人单位从业人员期末人数：其中：工程技术人员(41)______人
其中：一级建造师(42)_______人
其中：现场施工人员(43)______人
其中：持证上岗人员(44)______人
劳务分包法人单位从业人员期末人数：其中：工程技术人员(46)_____人
其中：现场施工人员(47)_____人
三、不能填报“从业人员”和“工资总额”数据的法人单位填报
发放工资的法人单位：组织机构代码(49)□□□□□□□□－□
单位详细名称(50)________________________

单位负责人：　　统计负责人：　　填表人：　　联系电话：　　报出日期：20　年　月　日

说明：1.统计范围：辖区内规模以上工业、有资质的建筑业、限额以上批发和零售业、限额以上住宿和餐饮业、房地产开发经营业、重点服务业法人单位。

2.报送日期及方式：调查单位次年2月28日24时前网上填报；省级统计机构次年3月31日24时前完成数据审核、验收、上报。

3.本表“补充资料一”由规模以上工业、有资质的建筑业调查单位填报，其他行业调查单位免填；“补充资料二”由有资质的建筑业调查单位填报，其他行业调查单位免填；“补充资料三”由主表数据为空的调查单位填报。

4.审核关系：

(1)01≥02	(2)01≥03	(3)01=05+06+07	(4)08=09+10+11
(5)12=13+18+19	(6)13=14+15+16+17	(7)01>47	(8)01=71+72+73+74+75
(9)08=76+77+78+79+80	(10)12=81+82+83+84+85	(11)48≠0	(12)01>41
(13)01>42	(14)01>43	(15)01>46	(16)43≥44

规模以上工业法人单位财务状况

（非成本费用调查单位填报）

表　　号：B 6 0 3 — 1 表
制定机关：国　家　统　计　局
国务院经济普查办公室
文　　号：国统字(2013)56 号
有效期至：2 0 1 4 年 6 月
计量单位：千　元

组织机构代码□□□□□□□□-□
单位详细名称：　　　　2 0 1 3 年

指标名称	代码	本年	指标名称	代码	本年
甲	乙	1	甲	乙	1
一、年初存货	101		其他业务利润	311	
其中：产成品	102		销售费用	312	
二、期末资产负债	—		管理费用	313	
流动资产合计	201		其中：税金	314	
其中：应收账款	202		财务费用	317	
存货	205		其中：利息收入	318	
其中：产成品	206		利息支出	319	
在产品	207		资产减值损失	320	
固定资产合计	208		公允价值变动收益(损失以“-”号记)	321	
固定资产原价	209		投资收益(损失以“-”号记)	322	
累计折旧	210		营业利润	323	
其中：本年折旧	211		营业外收入	325	
在建工程	212		其中：补贴收入	324	
资产总计	213		营业外支出	326	
流动负债合计	214		利润总额	327	
其中：应付账款	215		应交所得税	328	
非流动负债合计	216		四、人工成本及增值税	—	
负债合计	217		应付职工薪酬(本年贷方累计发生额)	401	
所有者权益合计	218		应交增值税	402	
其中：实收资本	219		五、其他资料	—	
国家资本	220		工业总产值(当年价格)	601	
集体资本	221		工业销售产值(当年价格)	602	
法人资本	222		其中：出口交货值	603	
个人资本	223		附属服务业产业活动收入或费用(支出)额	604	
港澳台资本	224				
外商资本	225				
三、损益及分配	—				
营业收入	301				
其中：主营业务收入	302				
营业成本	307				
其中：主营业务成本	308				
营业税金及附加	309				
其中：主营业务税金及附加	310				

单位负责人：　　统计负责人：　　填表人：　　联系电话：　　报出日期：2 0　年　月　日

说明：1. 统计范围：辖区内规模以上工业非成本费用调查法人单位。
2. 报送日期及方式：调查单位次年 2 月 28 日 24 时前网上填报；省级统计机构次年 4 月 15 日 24 时前完成数据审核、验收、上报。
3. 审核关系：
(1)年初存货(101)≥其中：产成品(102)
(2)流动资产合计(201)＞其中：应收账款(202)+其中：存货(205)
(3)存货(205)≥其中：产成品(206)+其中：在产品(207)
(4)资产总计(213)≥流动资产合计(201)+固定资产合计(208)
(5)流动负债合计(214)＞应付账款(215)
(6)负债合计(217)≥流动负债合计(214)
(7)所有者权益合计(218)=资产总计(213)-负债合计(217)
(8)所有者权益合计(218)＞实收资本(219)
(9)实收资本(219)=国家资本(220)+集体资本(221)+法人资本(222)+个人资本(223)+港澳台资本(224)+外商资本(225)
(10)营业收入(301)≥其中：主营业务收入(302)
(11)营业成本(307)≥其中：主营业务成本(308)
(12)营业税金及附加(309)≥其中：主营业务税金及附加(310)
(13)管理费用(313)＞其中：税金(314)
(14)当利润总额(327)＞0 时，利润总额(327)＞应交所得税(328)
(15)工业销售产值(602)≥其中：出口交货值(603)
(16)允许所有者权益合计(218)、财务费用(317)、其他业务利润(311)、营业利润(323)、投资收益(322)、利润总额(327)、应交增值税(402)小于 0，并用“-”号表示。

规模以上工业法人单位成本费用

（成本费用调查单位填报）

表　　号：B603—2表
制定机关：国　家　统　计　局
国务院经济普查办公室
文　　号：国统字(2013)56号
有效期至：2014年6月
组织机构代码□□□□□□□□-□
单位详细名称：　　2013 年　　计量单位：千　元

指标名称	代码	本年	指标名称	代码	本年
甲	乙	1	甲	乙	1
一、年初存货	101		水电费	820	
其中：产成品	102		其中：上缴的各项税费	821	
二、期末资产负债	—		机物料消耗	822	
流动资产合计	201		差旅费	823	
其中：应收账款	202		办公费	824	
存货	205		劳务费	825	
其中：产成品	206		邮政通信费	826	
在产品	207		外部加工费	827	
固定资产合计	208		社保费	828	
固定资产原价	209		其他制造费用	829	
累计折旧	210		其中：支付给个人部分	830	
其中：本年折旧	211		上交给政府部分	898	
在建工程	212		四、销售费用	312	
资产总计	213		运输费	831	
流动负债合计	214		装卸费	832	
其中：应付账款	215		包装费	833	
非流动负债合计	216		保险费	834	
负债合计	217		仓库保管费	835	
所有者权益合计	218		委托代销手续费	836	
其中：实收资本	219		广告费、展览费、宣传费	837	
国家资本	220		业务费	838	
集体资本	221		经营租赁费	839	
法人资本	222		销售服务费用	840	
个人资本	223		销售部门人员工资	841	
港澳台资本	224		销售部门人员福利费	842	
外商资本	225		差旅费	843	
三、制造成本	801		办公费	844	
直接材料消耗	802		邮政通信费	845	
直接人工	803		招待费	846	
其他直接费用	804		折旧费	847	
其中：支付给个人部分	805		修理费	848	
上交给政府部分	897		机物料消耗	849	
制造费用	806		低值易耗品摊销	850	
生产单位管理人员工资	807		社保费	851	
生产单位管理人员福利费	808		其他销售费用	852	
折旧费	809		其中：支付给个人部分	853	
修理费	810		上交给政府部分	899	
经营租赁费	811		五、管理费用	313	
保险费	812		公司经费	854	
取暖费	813		其中：行政管理人员工资	855	
运输费	814		行政管理人员福利费	856	
劳动保护费	815		折旧费	857	
其中：保健补贴、洗理费	816		差旅费	315	
工具摊销	817		办公费	858	
设计制图费	818		修理费	859	
研发、试验检验费	819		机物料消耗	860	
			低值易耗品摊销	861	
			工会经费	316	

续表

指标名称	代码	本年	指标名称	代码	本年
甲	乙	1	甲	乙	1
无形资产摊销	862		汇兑损失	894	
邮政通信费	863		金融服务和调剂外汇手续费	895	
印刷费	864		其他财务费用	896	
会议费	865		七、损益及分配	—	
水电费	866		营业收入	301	
其中：上缴的各项税费	867		其中：主营业务收入	302	
警卫消防费、人防基金	868		营业成本	307	
仓库经费	869		其中：主营业务成本	308	
劳动保护费	870		营业税金及附加	309	
其中：保健补贴、洗理费	871		其中：主营业务税金及附加	310	
上交管理费	872		其他业务利润	311	
职工取暖费和防暑降温费	873		资产减值损失	320	
劳务费	874		公允价值变动收益(损失以"-"号记)	321	
社保费	875		投资收益(损失以"-"号记)	322	
住房公积金和住房补贴	876		营业利润	323	
董事会费	877		营业外收入	325	
聘请中介机构费(审计费)	878		其中：补贴收入	324	
咨询费	879		营业外支出	326	
诉讼费	880		利润总额	327	
业务招待费	881		应交所得税	328	
税金	314		八、人工成本及增值税	—	
上交的各种专项费用	882		应付职工薪酬(本年贷方累计发生额)	401	
技术转让费	883		应交增值税	402	
职工教育经费	884		进项税额	403	
技术(研究)开发费	885		销项税额	404	
其中：支付科研人员的工资及福利费	886		九、其他资料	—	
汽车费支出	887		工业总产值(当年价格)	601	
排污费	888		工业销售产值(当年价格)	602	
绿化费	889		其中：出口交货值	603	
坏账准备	890		附属服务业产业活动收入或费用(支出)额	604	
存货跌价准备	891				
其他管理费用	892				
其中：支付给个人部分	893				
上交给政府部分	900				
六、财务费用	317				
利息收入	318				
利息支出	319				

单位负责人：　　统计负责人：　　填表人：　　联系电话：　　报出日期：20　　年　　月　　日

说明：1.统计范围：辖区内规模以上工业成本费用调查法人单位。

2.报送日期及方式：调查单位次年2月28日24时前网上填报；省级统计机构次年4月15日24时前完成数据审核、验收、上报。

3.审核关系：

(1)年初存货(101)≥其中：产成品(102)

(2)流动资产合计(201)＞其中：应收账款(202)+其中：存货(205)

(3)存货(205)≥其中：产成品(206)+其中：在产品(207)

(4)资产总计(213)≥流动资产合计(201)+固定资产合计(208)

(5)流动负债合计(214)＞应付账款(215)

(6)负债合计(217)≥流动负债合计(214)

(7)所有者权益合计(218)=资产总计(213)-负债合计(217)

(8)所有者权益合计(218)＞实收资本(219)

(9)实收资本(219)=国家资本(220)+集体资本(221)+法人资本(222)+个人资本(223)+港澳台资本(224)+外商资本(225)

(10)制造成本(801)=直接材料消耗(802)+直接人工(803)+其他直接费用(804)+制造费用(806)

(11)当其他直接费用(804)＞0 时，其他直接费用(804)＞其中：支付给个人部分(805)

(12)当其他直接费用(804)＞0 时，其他直接费用(804)＞其中：上交给政府部分(897)

(13)制造费用(806)=生产单位管理人员工资(807)+生产单位管理人员福利费(808)+折旧费(809)+修理费(810)
+经营租赁费(811)+保险费(812)+取暖费(813)+运输费(814)+劳动保护费(815)
+工具摊销(817)+设计制图费(818)+研发、试验检验费(819)+水电费(820)
+机物料消耗(822)+差旅费(823)+办公费(824)+劳务费(825)+邮政通信费(826)
+外部加工费(827)+社保费(828)+其他制造费用(829)

(14)劳动保护费(815)≥其中：保健补贴、洗理费(816)

(15)当水电费(820)＞0 时，水电费(820)＞其中：上缴的各项税费(821)

(16)当其他制造费用(829)＞0 时，其他制造费用(829)＞其中：支付给个人部分(830)

(17)当其他制造费用(829)＞0 时，其他制造费用(829)＞其中：上交给政府部分(898)

(18)销售费用(312)=运输费(831)+装卸费(832)+包装费(833)+保险费(834)+仓库管理费(835)
+委托代销手续费(836)+广告费、展览费、宣传费(837)+业务费(838)+经营租赁费(839)
+销售服务费用(840)+销售部门人员工资(841)+销售部门人员福利费(842)+差旅费(843)
+办公费(844)+邮政通信费(845)+招待费(846)+折旧费(847)+修理费(848)+物料消耗(849)
+低值易耗品摊销(850)+社保费(851)+其他销售费用(852)

(19)当其他销售费用(852)＞0 时，其他销售费用(852)＞其中：支付给个人部分(853)

(20)当其他销售费用(852)＞0 时，其他销售费用(852)＞其中：上交给政府部分(899)

(21)管理费用(313)=公司经费(854)+工会经费(316)+无形资产摊销(862)+邮政通信费(863)+印刷费(864)
+会议费(865)+水电费(866)+警卫消防费、人防基金(868)+仓库经费(869)+劳动保护费(870)
+上交管理费(872)+职工取暖费和防暑降温费(873)+劳务费(874)+社保费(875)
+住房公积金和住房补贴(876)+董事会费(877)+聘请中介机构费(审计费)(878)
+咨询费(879)+诉讼费(880)+业务招待费(881)+税金(314)+上交的各种专项费用(882)
+技术转让费(883)+职工教育经费(884)+技术(研究)开发费(885)+汽车费支出(887)
+排污费(888)+绿化费(889)+坏账准备(890)+存货跌价准备(891)+其他管理费用(892)

(22)公司经费(854)＞行政管理人员工资(855)+行政管理人员福利费(856)+折旧费(857)+差旅费(315)
+办公费(858)+修理费(859)+机物料消耗(860)+低值易耗品摊销(861)

(23)当水电费(866)＞0 时，水电费(866)＞其中：上缴的各项税费(867)

(24)劳动保护费(870)≥其中：保健补贴、洗理费(871)

(25)当技术(研究)开发费(885)＞0 时，技术(研究)开发费(885)＞其中：支付科研人员的工资及福利费(886)

(26)当其他管理费用(892)＞0 时，其他管理费用(892)＞其中：支付给个人部分(893)

(27)当其他管理费用(892)＞0 时，其他管理费用(892)＞其中：上交给政府部分(900)

(28)财务费用(317)=利息支出(319)-利息收入(318)+汇兑损失(894)+金融服务和调剂外汇手续费(895)+其他财务费用(896)

(29)营业收入(301)≥其中：主营业务收入(302)

(30)营业成本(307)≥其中：主营业务成本(308)

(31)营业税金及附加(309)≥其中：主营业务税金及附加(310)

(32)工业销售产值(602)≥其中：出口交货值(603)

(33)允许所有者权益合计(218)、其他业务利润(311)、财务费用(317)、公允价值变动收益(321)、投资收益(322)、营业利润(323)、利润总额(327)、应交增值税(402)小于 0，并用“-”号表示。

规模以上工业法人单位产品生产、销售、库存情况

表　　号：B 6 0 4 — 1 表
制定机关：国　家　统　计　局
国务院经济普查办公室
文　　号：国统字(2013)56号
有效期至：2 0 1 4 年 6 月

组织机构代码□□□□□□□□-□
单位详细名称：　　　　2013 年

产品名称	计量单位	产品代码	年初库存量	本年生产量	本年销售量	本年销售金额(千元)	实际销售平均单价(元)	企业自用及其他	年末库存量
甲	乙	丙	1	2	3	4	5	6	7

单位负责人：　统计负责人：　填表人：　联系电话：　报出日期：20　年　月　日

说明：1.统计范围：辖区内规模以上工业法人单位。

2.报送日期及方式：调查单位次年2月28日24时前网上填报；省级统计机构次年4月15日24时前完成数据审核、验收、上报。

3.本表甲栏下按《规模以上工业产品生产、销售、库存目录》填报。

4."实际销售平均单价(元)"为计算指标，计算公式为：5=4/3×1000，调查单位免填。

规模以上工业法人单位主要工业产品生产能力

表　　号：B 6 0 4 — 3 表
制定机关：国　家　统　计　局
国务院经济普查办公室
文　　号：国统字(2013)56号
有效期至：2 0 1 4 年 6 月

组织机构代码□□□□□□□□-□
单位详细名称：　　　　2013 年

产品名称	计量单位	产品代码	年初生产能力	年末生产能力	产品产量
甲	乙	丙	1	2	3

单位负责人：　统计负责人：　填表人：　联系电话：　报出日期：20　年　月　日

说明：1.统计范围：辖区内规模以上工业法人单位。

2.报送日期及方式：调查单位次年2月28日24时前网上填报；省级统计机构次年4月15日24时前完成数据审核、验收、上报。

3.本表甲栏下按《主要工业产品生产能力目录》填报。

有总承包和专业承包资质的建筑业法人单位财务状况

表　　号：C603表
制定机关：国家统计局
国务院经济普查办公室
文　　号：国统字(2013)56号
有效期至：2014年6月
计量单位：千元

组织机构代码□□□□□□□□-□
单位详细名称：　　　　2013年

指标名称	代码	本年	指标名称	代码	本年
甲	乙	1	甲	乙	1
一、年初存货	101		营业成本	307	
二、期末资产负债	—		其中：主营业务成本	308	
流动资产合计	201		营业税金及附加	309	
其中：应收工程款	203		其中：主营业务税金及附加	310	
存货	205		其他业务利润	311	
固定资产合计	208		销售费用	312	
固定资产减值准备	226		管理费用	313	
固定资产原价	209		其中：税金	314	
累计折旧	210		财务费用	317	
其中：本年折旧	211		其中：利息收入	318	
在建工程	212		利息支出	319	
资产总计	213		资产减值损失	320	
流动负债合计	214		公允价值变动收益(损失以"-"号记)	321	
其中：应付账款	215		投资收益(损失以"-"号记)	322	
非流动负债合计	216		营业利润	323	
负债合计	217		营业外收入	324	
所有者权益合计	218		其中：补贴收入	325	
其中：实收资本	219		营业外支出	326	
国家资本	220		利润总额	327	
集体资本	221		应交所得税	328	
法人资本	222		四、人工成本	—	
个人资本	223		应付职工薪酬(本年贷方累计发生额)	401	
港澳台资本	224		五、其他资料	—	
外商资本	225		建筑业企业在境外完成的营业收入	611	
三、损益及分配	—				
营业收入	301				
其中：主营业务收入	302				

单位负责人：　　统计负责人：　　填表人：　　联系电话：　　报出日期：20　年　月　日

说明：1. 统计范围：辖区内有总承包和专业承包资质的建筑业法人单位。

2. 报送日期及方式：调查单位次年2月28日24时前网上填报；省级统计机构次年4月15日24时前完成数据审核、验收、上报。

3. 审核关系：

(1) 201≥203+205　(2) 210≥211　(3) 208≥(209-210)+212

(4) 213≥201+208　(5) 214≥215　(6) 217≥214+216　(7) 218≥219

(8) 218=213-217　(9) 219=220+221+222+223+224+225　(10) 301≥302

(11) 307≥308　(12) 309≥310　(13) 313≥314

(14) 323≥301-307-309-312-313-317

有总承包和专业承包资质的建筑业法人单位生产经营情况

表　　号：C604－1表
制定机关：国家统计局
国务院经济普查办公室
文　　号：国统字(2013)56号
有效期至：2014年6月

组织机构代码□□□□□□□□-□
单位详细名称：　　　　2013年

指标名称	计量单位	代码	本年	指标名称	计量单位	代码	本年
甲	乙	丙	1	甲	乙	丙	1
一、建筑业合同情况	—	—		五、房屋施工面积	平方米	15	
签订合同额	千元	01		其中：新开工面积	平方米	16	
上年结转合同额	千元	02		其中：实行投标承包面积	平方米	17	
本年新签合同额	千元	03		其中：新开工面积	平方米	18	
二、承包工程完成情况	—	—		六、年末自有施工机械设备	—	—	
直接从建设单位承揽工程完成的产值	千元	04		净值	千元	19	
自行完成施工产值	千元	05		总台数	台	20	
分包出去工程的产值	千元	06		总功率	千瓦	21	
从建设单位以外承揽工程完成的产值	千元	07		七、主要建筑材料消耗量	—	—	
三、建筑业总产值	千元	08		钢材	吨	22	
其中：装饰装修产值	千元	09		木材	立方米	23	
其中：在外省完成的产值	千元	10		水泥	吨	24	
建筑工程产值	千元	11		平板玻璃	重量箱	25	
安装工程产值	千元	12			平方米	26	
其他产值	千元	13		铝材	吨	27	
四、竣工产值	千元	14		八、企业总产值	千元	28	

在外省完成的产值

省(自治区、直辖市)名称	代码	建筑业总产值(千元)
甲	乙	41

单位负责人：　　统计负责人：　　填表人：　　联系电话：　　　　报出日期：20　年　月　日

说明：1.统计范围：辖区内有总承包和专业承包资质的建筑业法人单位。

2.报送日期间及方式：调查单位次年2月28日24时前网上填报；省级统计机构次年4月15日24时前完成数据审核、验收、上报。

3.本表“在外省完成的产值”甲栏下按《省(自治区、直辖市)目录》填报。

4.审核关系：

(1)01=02+03　(2)04=05+06　(3)08=05+07　(4)08=11+12+13　(5)08≥09

(6)08≥10　(7)15≥16　(8)15≥17　(9)17≥18

有总承包和专业承包资质的建筑业法人单位房屋竣工面积及价值

表　　号：C604－2表
制定机关：国家统计局
国务院经济普查办公室
文　　号：国统字(2013)56号
有效期至：2014年6月

组织机构代码□□□□□□□□-□
单位详细名称：　　　　　　2013年

房屋建筑分类	代码	本年	
		房屋竣工面积(平方米)	房屋竣工价值(千元)
甲	乙	1	2
合计	01		

单位负责人：　统计负责人：　填表人：　联系电话：　报出日期：20　年　月　日

说明：1.统计范围：辖区内有总承包和专业承包资质的建筑业法人单位。

2.报送日期及方式：调查单位次年2月28日24时前网上填报；省级统计机构次年4月15日24时前完成数据审核、验收、上报。

3.本表甲栏合计下按《房屋建筑分类目录》填报，目录中带*的为暂未列入《统计用产品分类目录》的建筑业产品。

劳务分包建筑业法人单位生产经营情况

表　　号：C604－3表
制定机关：国家统计局
国务院经济普查办公室
文　　号：国统字(2013)56号
有效期至：2014年6月

组织机构代码□□□□□□□□-□
单位详细名称：　　2013年

财务状况

指标名称	计量单位	代码	本年	指标名称	计量单位	代码	本年
甲	乙	丙	1	甲	乙	丙	1
一、期末资产负债	—	—		管理费用	千元	313	
固定资产原价	千元	209		其中：税金	千元	314	
本年折旧	千元	211		财务费用	千元	317	
资产总计	千元	213		营业利润	千元	323	
负债合计	千元	217		利润总额	千元	327	
实收资本	千元	219		三、人工成本	—	—	
二、损益及分配	—	—		应付职工薪酬(本年贷方累计发生额)	千元	401	
营业收入	千元	301					
其中：主营业务收入	千元	302					
营业成本	千元	307					
其中：主营业务成本	千元	308					
营业税金及附加	千元	309					
其中：主营业务税金及附加	千元	310					
销售费用	千元	312					

产值完成情况

指标名称	计量单位	代码	本年
甲	乙	丙	1
建筑业总产值	千元	708	
其中：装饰装修产值	千元	709	

单位负责人：　　统计负责人：　　填表人：　　联系电话：　　报出日期：20　年　月　日

说明：1.统计范围：辖区内有劳务分包资质的建筑业法人单位。

2.报送日期及方式：调查单位次年2月28日24时前网上填报；省级统计机构次年4月15日24时前完成数据审核、验收、上报。

3.审核关系：

(1)301≥302　(2)307≥308　(3)309≥310　(4)313≥314

(5)323≥301-307-309-312-313-317　(6)708≥709

限额以上批发和零售业法人单位财务状况

表　　号：E603表
制定机关：国家统计局
国务院经济普查办公室
文　　号：国统字(2013)56号
有效期至：2014年6月
计量单位：千元

组织机构代码□□□□□□□□-□
单位详细名称：　　　　2014 年

指标名称	代码	本年	指标名称	代码	本年
甲	乙	1	甲	乙	1
一、年初存货	101		营业成本	307	
二、期末资产负债	—		其中：主营业务成本	308	
流动资产合计	201		营业税金及附加	309	
其中：应收账款	202		其中：主营业务税金及附加	310	
存货	205		其他业务利润	311	
固定资产合计	208		销售费用	312	
固定资产原价	209		管理费用	313	
累计折旧	210		其中：税金	314	
其中：本年折旧	211		财务费用	317	
在建工程	212		其中：利息收入	318	
资产总计	213		利息支出	319	
流动负债合计	214		资产减值损失	320	
其中：应付账款	215		公允价值变动收益(损失以“-”号记)	321	
非流动负债合计	216		投资收益(损失以“-”号记)	322	
负债合计	217		营业利润	323	
所有者权益合计	218		营业外收入	325	
其中：实收资本	219		其中：补贴收入	324	
国家资本	220		利润总额	327	
集体资本	221		应交所得税	328	
法人资本	222		四、人工成本及增值税	—	
个人资本	223		应付职工薪酬(本年贷方累计发生额)	401	
港澳台资本	224		应交增值税	402	
外商资本	225				
三、损益及分配	—				
营业收入	301				
其中：主营业务收入	302				

单位负责人：　　统计负责人：　　填表人：　　联系电话：　　报出日期：20　年　月　日

说明：1.统计范围：辖区内限额以上批发和零售业法人单位。

2.报送日期及方式：调查单位次年2月28日24时前网上填报；省级统计机构次年4月15日24时前完成数据审核、验收、上报。

3.审核关系：

(1)201≥202+205　　(2)如果执行2006年《企业会计准则》，则：208=209-210

(3)如果未执行2006年《企业会计准则》，则：208≥209-210

(4)210≥211　(5)213=217+218　(6)213≥201+208　(7)214≥215　(8)219=220+221+222+223+224+225

(9)301≥302　(10)307≥308　(11)309≥310　(12)313＞314

限额以上批发和零售业法人单位商品购进、销售和库存

表　　号：E604-1表
制定机关：国家统计局
国务院经济普查办公室
文　　号：国统字(2013)56号
有效期至：2014年6月

组织机构代码□□□□□□□□-□
单位详细名称：　　　　2013年

指标名称	计量单位	代码	本年
甲	乙	丙	1
商品购进额	千元	01	
其中：进口	千元	02	
商品销售额	千元	03	
批发额	千元	04	
其中：出口	千元	05	
零售额	千元	06	
期末商品库存额	千元	07	

补充资料：商品销售额中由本企业统一收银的出租店面或柜台的销售额：________千元
单位负责人：　统计负责人：　填表人：　联系电话：　报出日期：20　年　月　日

说明：1.统计范围：辖区内限额以上批发和零售业法人单位。

2.报送日期及方式：调查单位次年2月28日24时前网上填报；省级统计机构次年4月15日24时前完成数据审核、验收、上报。

3.审核关系：

(1)本表填报数据大于或等于零

(2)01≥02　(3)03＝04+06　(4)04≥05　(5)07≥01-03

限额以上住宿和餐饮业法人单位财务状况

表　　号：S 6 0 3 表
制定机关：国 家 统 计 局
国务院经济普查办公室
文　　号：国统字(2013)56号
有效期至：2 0 1 4 年 6 月
计量单位：千　元

组织机构代码□□□□□□□□-□
单位详细名称：　　　　2013 年

指标名称	代码	本年	指标名称	代码	本年
甲	乙	1	甲	乙	1
一、年初存货	101		营业成本	307	
二、期末资产负债	—		其中：主营业务成本	308	
流动资产合计	201		营业税金及附加	309	
其中：应收账款	202		其中：主营业务税金及附加	310	
存货	205		其他业务利润	311	
固定资产合计	208		销售费用	312	
固定资产原价	209		管理费用	313	
累计折旧	210		其中：税金	314	
其中：本年折旧	211		财务费用	317	
在建工程	212		其中：利息收入	318	
资产总计	213		利息支出	319	
流动负债合计	214		资产减值损失	320	
其中：应付账款	215		公允价值变动收益(损失以“-”号记)	321	
非流动负债合计	216		投资收益(损失以“-”号记)	322	
负债合计	217		营业利润	323	
所有者权益合计	218		营业外收入	325	
其中：实收资本	219		其中：补贴收入	324	
国家资本	220		利润总额	327	
集体资本	221		应交所得税	328	
法人资本	222		四、人工成本	—	
个人资本	223		应付职工薪酬(本年贷方累计发生额)	401	
港澳台资本	224				
外商资本	225				
三、损益及分配	—				
营业收入	301				
其中：主营业务收入	302				

单位负责人：　　统计负责人：　　填表人：　　联系电话：　　报出日期：2 0　年　月　日

说明：1.统计范围：辖区内限额以上住宿和餐饮业法人单位。

2.报送日期及方式：调查单位次年2月28日24时前网上填报；省级统计机构次年4月15日24时前完成数据审核、验收、上报。

3.审核关系：

(1)201≥202+205　　(2)如果执行2006年《企业会计准则》，则：208=209-210

(3)如果未执行2006年《企业会计准则》，则：208≥209-210

(4)210≥211　　(5)213=217+218　　(6)213≥201+208　　(7)214≥215

(8)219=220+221+222+223+224+225　　(9)301≥302　　(10)307≥308

(11)309≥310　　(12)313＞314

限额以上住宿和餐饮业法人单位经营情况

表　　号：S604-1表
制定机关：国家统计局
国务院经济普查办公室
文　　号：国统字(2013)56号
有效期至：2014年6月

组织机构代码□□□□□□□□-□
单位详细名称：　　2013年

指标名称	计量单位	代码	本年
甲	乙	丙	1
营业额	千元	01	
客房收入	千元	02	
餐费收入	千元	03	
商品销售额	千元	04	
其他收入	千元	05	

补充资料：
客房数(11) ____________间　床位数(12) ____________个　餐位数(13) ____________位

单位负责人：　统计负责人：　填表人：　联系电话：　报出日期：20　年　月　日

说明：1.统计范围：辖区内限额以上住宿和餐饮业法人单位。

2.报送日期及方式：调查单位次年2月28日24时前网上填报；省级统计机构次年4月15日24时前完成数据审核、验收、上报。

3.审核关系：

(1)本表填报的数据必须大于或等于零

(2)01=02+03+04+05　(3)11≤12

房地产开发经营业法人单位财务状况

表　　号：　X　6　0　3　表
制定机关：　国　家　统　计　局
　　　　　　国务院经济普查办公室
文　　号：　国统字(2013)56 号
有效期至：　2 0 1 4 年 6 月
计量单位：　千　元

组织机构代码□□□□□□□□-□
单位详细名称：　　　　2013 年

指标名称	代码	本年	指标名称	代码	本年
甲	乙	1	甲	乙	1
一、年初存货	101		营业成本	307	
二、期末资产负债	—		其中：主营业务成本	308	
流动资产合计	201		营业税金及附加	309	
其中：应收账款	202		其中：主营业务税金及附加	310	
存货	205		其他业务利润	311	
固定资产合计	208		销售费用	312	
固定资产原价	209		管理费用	313	
累计折旧	210		其中：税金	314	
其中：本年折旧	211		财务费用	317	
在建工程	212		其中：利息收入	318	
资产总计	213		利息支出	319	
流动负债合计	214		资产减值损失	320	
其中：应付账款	215		公允价值变动收益(损失以"-"号记)	321	
非流动负债合计	216		投资收益(损失以"-"号记)	322	
负债合计	217		营业利润	323	
所有者权益合计	218		营业外收入	325	
其中：实收资本	219		其中：补贴收入	324	
三、损益及分配	—		营业外支出	326	
营业收入	301		利润总额	327	
其中：主营业务收入	302		应交所得税	328	
土地转让收入	303		四、人工成本	—	
商品房销售收入	304		应付职工薪酬(本年贷方累计发生额)	401	
房屋出租收入	305				
其他收入	306				

单位负责人：　　统计负责人：　　填表人：　　联系电话：　　报出日期：20　年　月　日

说明：1.统计范围：辖区内全部房地产开发经营业法人单位。

2.报送日期及方式：调查单位次年 2 月 28 日 24 时前网上填报；省级统计机构次年 4 月 15 日 24 时前完成数据审核、验收、上报。

3.审核关系：

(1)201≥205　(2)210≥211　(3)213=217+218　(4)213≥201+209-210

(5)218≥219　(6)302=303+304+305+306　(7)309≥310　(8)313≥314

(9)317≥319-318

房地产开发项目经营情况

表　　号：X 6 0 4 — 1 表
制定机关：国家统计局
国务院经济普查办公室
文　　号：国统字(2013)56号
有效期至：2014年6月

组织机构代码□□□□□□□□-□
单位详细名称：　　　　　　2013 年

项目基本情况

01	项目代码　□□□□□□□□-□□□□	02	项目名称________________
03	项目建设所在地及区划　　区划代码　□□□□□□□□□□□□ ________省(自治区、直辖市)________地(区、市、州、盟)________县(区、市、旗) ________乡(镇)________街(村)、门牌号		
04	项目开工时间______年____月	05	项目竣工时间______年____月
066	项目所在地土地级别　□□	077	项目属性　□　1 纯商品住宅　2 其他

项目规划情况

指标名称	计量单位	代码	数量	指标名称	计量单位	代码	数量
甲	乙	丙	1	甲	乙	丙	1
项目规划占地面积	平方米	06		规划住宅套数	套	08	
容积率	—	061		其中：90 平方米及以下	套	081	
项目规划建筑面积	平方米	07		144 平方米以上	套	083	
住宅	平方米	071		其中：别墅、高档公寓	套	084	
商业营业用房	平方米	072					
办公楼	平方米	073					
其他	平方米	074					

项目投资完成情况

指标名称	计量单位	代码	数量	指标名称	计量单位	代码	数量
甲	乙	丙	1	甲	乙	丙	1
计划总投资	万元	101		按工程用途分：	—	—	
自开始建设累计完成投资	万元	103		住宅	万元	118	
本年完成投资	万元	107		其中：90 平方米及以下	万元	117	
按构成分：	—	—		144 平方米以上	万元	129	
建筑工程	万元	108		其中：别墅、高档公寓	万元	119	
安装工程	万元	109		办公楼	万元	121	
设备工器具购置	万元	110		商业营业用房	万元	122	
其他费用	万元	112		其他	万元	123	
其中：旧建筑物购置费	万元	113		本年新增固定资产	万元	128	
土地购置费	万元	114					

续表

项目房屋面积施工、销售及待售情况

指标名称	计量单位	代码	合计	按用途分						
				住宅	户型结构		其中：别墅、高档公寓	办公楼	商业营业用房	其他
					其中：90 平方米及以下	其中：144 平方米 以上				
甲	乙	丙	1	2	3	4	5	6	7	8
房屋施工面积	平方米	601								
其中：本年新开工面积	平方米	602								
本年房屋竣工面积	平方米	603								
其中：不可销售面积	平方米	604								
本年住宅竣工套数	套	605	—					—	—	—
本年房屋竣工价值	万元	608								
本年批准预售面积	平方米	626								
本年批准预售住宅套数	套	627	—					—	—	—
房屋出租面积	平方米	609								
本年商品房销售面积	平方米	610								
现房销售面积	平方米	611								
期房销售面积	平方米	612								
本年商品房销售额	万元	613								
现房销售额	万元	614								
期房销售额	万元	615								
本年商品住宅销售套数	套	616	—					—	—	—
现房销售套数	套	617	—					—	—	—
期房销售套数	套	618	—					—	—	—
待售面积	平方米	623								
其中：待售1-3年(含1年)	平方米	624								
待售3年以上(含3年)	平方米	625								

单位负责人：　　统计负责人：　　填表人：　　联系电话：　　报出日期：2 0　　年　　月　　日

说明：1.统计范围：辖区内全部房地产开发经营业法人单位，一个项目填报一张表。

2.报送日期及方式：调查单位次年 1 月 7 日 24 时前网上填报；省级统计机构次年 1 月 10 日 24 时前完成数据审核、验收、上报。

3.本表除"项目基本情况"、"项目规划情况"、"计划总投资"、"自开始建设累计完成投资"、"房屋出租面积"、"待售面积"、"待售 1-3 年(含 1 年)"和"待售 3 年以上(含 3 年)"指标外，其他指标均为年初至报告期末累计数。

4.审核关系：

"项目规划和投资完成情况"：

(1)07=071+072+073+074　(2)08≥081+083　(3)08≥084　(4)103≥107

(5)107=108+109+110+112　(6)112≥113+114　(7)107=118+121+122+123　(8)118≥117+129　(9)118≥119

"项目房屋面积施工、销售及待售情况"主栏：

(1)601≥602　(2)603≥604　(3)610=611+612　(4)613=614+615　(5)616=617+618　(6)623≥624+625

"项目房屋面积施工、销售及待售情况"宾栏：

(1)1=2+6+7+8　(2)2≥3+4　(3)2≥5

房地产开发法人单位资金和土地情况

表　　号：　X604－2表
制定机关：　国家统计局
　　　　　　国务院经济普查办公室
组织机构代码□□□□□□□□-□
单位详细名称：
文　　号：　国统字(2013)56号
项目个数(80)□□□　　2013 年　　有效期至：　2014年6月

指标名称	计量单位	代码	数量
甲	乙	丙	1
本年实际到位资金合计	万元	301	
上年末结余资金	万元	302	
本年实际到位资金小计	万元	303	
国内贷款	万元	305	
银行贷款	万元	322	
非银行金融机构贷款	万元	325	
利用外资	万元	307	
其中：外商直接投资	万元	308	
自筹资金	万元	311	
其中：自有资金	万元	316	
股东投入资金	万元	326	
借入资金	万元	327	
其他资金来源	万元	318	
其中：定金及预收款	万元	323	
个人按揭贷款	万元	324	
本年各项应付款合计	万元	320	
其中：工程款	万元	321	
待开发土地面积	平方米	403	
本年土地购置面积	平方米	404	
本年土地成交价款	万元	405	
其中：拆迁补偿费	万元	406	
土地使用权出让金	万元	407	
契税	万元	408	

单位负责人：　　统计负责人：　　填表人：　　联系电话：　　报出日期：20　年　月　日

说明：1.统计范围：辖区内全部房地产开发经营业法人单位，一个法人单位填报一张表，包括本单位全部资金到位情况。

2.报送日期及方式：调查单位次年1月7日24时前网上填报；省级统计机构次年1月10日24时前完成数据审核、验收、上报。

3.本表除“上年末结余资金”和“待开发土地面积”指标外，其他指标均为年初至报告期末累计数。

4.审核关系：

(1)301＝302+303　(2)302≥0　(3)303＝305+307+311+318　(4)305=322+325

(5)307≥308　(6)311≥316+326+327　(7)318≥323+324

(8)320≥321　(9)405≥406+407

重点服务业法人单位财务状况

表　　号：F 6 0 3 表
制定机关：国 家 统 计 局
国务院经济普查办公室
文　　号：国统字(2013)56 号
有效期至：2 0 1 4 年 6 月
计量单位：千　元

组织机构代码□□□□□□□□-□
单位详细名称：　　　　2013 年

指标名称	代码	本　年	上年同期
甲	乙	1	2
一、年初存货	101		
二、期末资产负债	—		
固定资产原价	209		
本年折旧	211		
资产总计	213		
负债合计	217		
所有者权益合计	218		
三、损益及分配	—		
营业收入	301		
其中：主营业务收入	302		
营业成本	307		
其中：主营业务成本	308		
营业税金及附加	309		
其中：主营业务税金及附加	310		
销售费用	312		
管理费用	313		
其中：税金	314		
财务费用	317		
其中：利息收入	318		
利息支出	319		
投资收益(损失以“-”号记)	322		
营业利润	323		
利润总额	327		
应交所得税	328		
四、人工成本及增值税	—		
应付职工薪酬(本年贷方累计发生额)	401		
应交增值税	402		

单位负责人：　　统计负责人：　　填表人：　　联系电话：　　报出日期：20　年　月　日

说明：1.统计范围：辖区内重点服务业法人单位。包括：交通运输、仓储和邮政业，信息传输、软件和信息技术服务业，租赁和商务服务业，科学研究和技术服务业，水利、环境和公共设施管理业，居民服务、修理和其他服务业，教育，卫生和社会工作，文化、体育和娱乐业；以及物业管理、房地产中介服务等行业。

2.报送日期及方式：调查单位次年 2 月 28 日 24 时前网上填报；省级统计机构次年 4 月 15 日 24 时前完成数据审核、验收、上报。

3.本表“上年同期”数据由调查单位自行填报。

4.审核关系：

(1)218=213-217　(2)301≥302　(3) 307≥308　(4)309≥310

(5)313＞314　(6)当 327＞0 时，327＞328

规模以上工业法人单位科技项目情况

表　　号：6 0 7 — 1 表
制定机关：国　家　统　计　局
国务院经济普查办公室
文　　号：国统字(2013)56号
有效期至：2 0 1 4 年 6 月

组织机构代码□□□□□□□□□-□
单位详细名称：　　　　2013 年

序号	项目名称	项目来源	项目合作形式	项目成果形式	项目技术经济目标	项目起始日期	项目完成日期	跨年项目所处进展阶段	参加项目人员(人)	项目人员实际工作时间(人月)	项目经费内部支出(千元)	
												政府资金
甲	乙	1	2	3	4	5	6	7	8	9	10	11

单位负责人：　　统计负责人：　　填表人：　　联系电话：　　报出日期：20　年　月　日

说明：1.统计范围：辖区内规模以上工业法人单位；填报立项经费在10万元及以上的科技项目情况，无10万元以上项目的企业填报全部科技项目情况。

2.报送日期及方式：调查单位次年2月28日24时前网上填报；省级统计机构次年4月15日24时前完成数据审核、验收、上报。

3. 本表"项目来源"按《科技项目来源分类目录》填报；

"项目合作形式"按《科技项目合作形式分类目录》填报；

"项目成果形式"依据《科技项目成果形式分类目录》按重要程度选择其中最主要的1—2项填报；

"项目技术经济目标"按《科技项目技术经济目标分类目录》填报；

"跨年项目所处进展阶段"按《跨年科技项目所处进展阶段分类目录》填报，非跨年项目免填。

4.审核关系：

(1)若6≠000000，则5≤6且5≤201312且6≥201301

(2)若5≤201212或6≥201401，则第7项的有效代码为1、2、3或4

(3)若8>0，则10>0

(4)若10>0，则9>0

(5)10≥11

规模以上工业法人单位科技活动及相关情况

表　　号：607－2表
制定机关：国家统计局
国务院经济普查办公室
文　　号：国统字(2013)56号
有效期至：2014年6月

组织机构代码□□□□□□□□-□
单位详细名称：　　　　2013年

指标名称	计量单位	代码	数量	指标名称	计量单位	代码	数量
甲	乙	丙	1	甲	乙	丙	1
一、科技活动人员情况	—	—		机构经费支出	千元	29	
科技活动人员合计	人	3		仪器和设备原价	千元	30	
其中：参加科技项目人员	人	4		其中：进口	千元	31	
科技管理和服务人员	人	5		五、科技活动产出及相关情况	—	—	
其中：女性	人	6		(一)自主知识产权情况	—	—	
其中：高中级技术职称人员	人	7		专利申请数	件	32	
其中：全时人员	人	8		其中：发明专利	件	33	
二、科技活动费用情况	—	—		有效发明专利数	件	34	
(一)企业内部用于科技活动的经费支出	千元	9		其中：境外授权	件	35	
人员人工费(包含各种补贴)	千元	10		专利所有权转让及许可数	件	36	
原材料费	千元	11		专利所有权转让及许可收入	千元	37	
折旧费用与长期费用摊销	千元	12		(二)新产品生产及销售情况	—	—	
无形资产摊销	千元	13		新产品产值	千元	38	
其他费用	千元	14		新产品销售收入	千元	39	
(二)委托外单位开展科技活动的经费支出	千元	15		其中：出口	千元	40	
其中：对境内研究机构支出	千元	16		(三)其他情况	—	—	
对境内高等学校支出	千元	17		发表科技论文	篇	41	
对境外支出	千元	18		拥有注册商标	件	42	
(三)当年形成用于科技活动的固定资产	千元	19		其中：境外注册	件	43	
其中：仪器和设备	千元	20		形成国家或行业标准	项	44	
(四)使用来自政府部门的科技活动资金	千元	21		六、其他相关情况	—	—	
三、科技项目情况	—	—		(一)政府相关政策落实情况	—	—	
全部科技项目数	项	22		研究开发费用加计扣除减免税	千元	45	
全部科技项目经费内部支出	千元	23		高新技术企业减免税	千元	46	
四、企业办科技机构情况	—	—		(二) 技术获取和技术改造情况	—	—	
机构数	个	24		引进国外技术经费支出	千元	47	
机构人员合计	人	25		引进技术的消化吸收经费支出	千元	48	
其中：博士毕业	人	26		购买国内技术经费支出	千元	49	
硕士毕业	人	27		技术改造经费支出	千元	50	
本科毕业	人	28		(三)企业在境外设立的科技活动机构	个	51	

单位负责人：　　统计负责人：　　填表人：　　联系电话：　　　　报出日期：20　年　月　日

说明：1.统计范围：辖区内规模以上工业法人单位。
2.报送日期及方式：调查单位次年2月28日24时前网上填报；省级统计机构次年4月15日24时前完成数据审核、验收、上报。
3.审核关系：
表内审核：
(1)3=4+5≥25　(2)3≥6　(3)3≥7　(4)3≥8
(5)9=10+11+12+13+14　(6)若3>0，则10>0　(7)若10>0，则3>0　(8)19≥20
(9)15≥16+17+18　(10)9+20+21-12-13≥23　(11)若22>0，则4>0且23>0
(12)若4>0，则22>0且23>0　(13)若23>0，则22>0且4>0　(14)25≥26+27+28
(15)9+19+21-12-13≥29　(16)30≥31　(17)若24>0，则25>0且29>0
(18)若25>0，则24>0且29>0　(19)若29>0，则24>0且25>0　(20)若30>0，则24>0
(21)32≥33　(22)34≥35　(23)39≥40　(24)42≥43
表间审核：
(1)607-2表(4)≥607-1表∑(8)　(2)607-2表(21)≥607-1表∑(11)
(2)607-2表(22)≥607-1表项目数合计　(4)607-2表(23)≥607-1表∑(10)

重点服务业企业科技项目情况

表　　号：　6 0 7 — 3 表
制定机关：　国　家　统　计　局
　　　　　　国务院经济普查办公室
组织机构代码□□□□□□□□-□　　　　文　　号：　国统字(2013)56号
单位详细名称：　　　　2013 年　　　　有效期至：　2014 年 6 月

序号	项目名称	项目来源	项目合作形式	项目成果形式	项目技术经济目标	项目起始日期	项目完成日期	跨年项目所处进展阶段	参加项目人员(人)	项目人员实际工作时间(人月)	项目经费内部支出(千元)	
												政府资金
甲	乙	1	2	3	4	5	6	7	8	9	10	11

单位负责人：　　　统计负责人：　　　填表人：　　　联系电话：　　　分机号：　　　报出日期：20　年　月　日

说明：1.统计范围：辖区内部分重点服务业企业法人单位，包括交通运输、仓储和邮政业，信息传输、软件和信息技术服务业，租赁和商务服务业，水利、环境和公共设施管理业，文化、体育和娱乐业等重点企业法人单位；填报全部科技项目情况。

2.报送日期及方式：调查单位次年2月28日24时前网上填报；省级统计机构次年4月15日24时前完成数据审核、验收、上报。

3.本表“项目来源”按《科技项目来源分类目录》填报；

“项目合作形式”按《科技项目合作形式分类目录》填报；

“项目成果形式”依据《科技项目成果形式分类目录》按重要程度选择其中最主要的1—2项填报；

“项目技术经济目标”按《科技项目技术经济目标分类目录》填报；

“跨年项目所处进展阶段”按《跨年科技项目所处进展阶段分类目录》填报，非跨年项目免填。

4.审核关系：

(1)若6≠000000，则5≤6且5≤201312且6≥201301

(2)若5≤201212或6≥201401，则第7项的有效代码为1、2、3或4

(3)若8>0，则10>0

(4)若10>0，则9>0

(5)10≥11

重点服务业企业科技活动情况

表 号：607—4表
制定机关：国家统计局
国务院经济普查办公室
文 号：国统字(2013)56号
有效期至：2014年6月

组织机构代码□□□□□□□□-□
单位详细名称： 2013 年

指标名称	计量单位	代码	数量
甲	乙	丙	1
一、科技活动人员合计	人	3	
其中：高中级技术职称人员	人	7	
其中：全时人员	人	8	
二、科技活动的经费支出合计	千元	62	
(一)企业内部用于科技活动的经费支出	千元	9	
人员人工费(包含各种补贴)	千元	10	
原材料费	千元	11	
折旧费用与长期费用摊销	千元	12	
无形资产摊销	千元	13	
其他费用	千元	14	
(二)当年形成用于科技活动的固定资产	千元	19	
其中：仪器和设备	千元	20	
(三)使用来自政府部门的科技活动资金	千元	21	
(四)委托外单位开展科技活动的经费支出	千元	15	

单位负责人： 统计负责人： 填表人： 联系电话： 分机号： 报出日期：20 年 月 日

说明：1.统计范围：辖区内部分重点服务业企业法人单位，包括交通运输、仓储和邮政业，信息传输、软件和信息技术服务业，租赁和商务服务业，水利、环境和公共设施管理业，文化、体育和娱乐业等重点企业法人单位。

2.报送日期及方式：调查单位次年2月28日24时前网上填报；省级统计机构次年4月15日24时前完成数据审核、验收、上报。

3.审核关系：

表内审核：

(1)3≥7； (2)3≥8； (3)62=9+19+21+15；

(4)9=10+11+12+13+14； (5)若3>0，则10>0；

(6)若10>0，则3>0； (7)19≥20

表间审核：

(1)607-4表(3)≥607-3表∑(8)

(2)607-4表(21)≥607-3表∑(11)

(3)607-4表(9+20+21-12-13)≥607-3表∑(10)

信息化情况

表　　号：6　0　9　表
制定机关：国　家　统　计　局
国务院经济普查办公室
文　　号：国统字(2013)56号
有效期至：2014年6月

组织机构代码□□□□□□□□-□
单位详细名称：　　　　2013 年

	一、基本信息
01	贵企业 2013 年是否使用计算机？ □ 1 是 2 否 (如选“2 否”转至问题 05)
02	截止 2013 年底贵企业使用的计算机数量________台
03	贵企业有多少员工在工作中每周至少使用一次计算机________人？
04	贵企业专职从事信息技术工作的人员________人
05	贵企业是否有局域网(LAN) □ 1 是 2 否
06	贵企业在以下哪些方面采用了信息化管理(可多选)？ 1 财务管理 □ 2 购销存管理 □ 3 生产制造管理 □ 4 物流配送管理 □ 5 客户关系管理 □ 6 人力资源管理 □ 7 其他 □ 8 没有 □
07	贵企业是否使用互联网？ □ 1 是 2 否 (如选“2 否”停止调查)
08	贵企业有多少员工因工作需要每周至少使用一次互联网________人？
09	贵企业通过哪些方式接入互联网(可多选)？(如未选“3 移动宽带”转至问题10) 1 窄带(固定拨号/ISDN) □ 2 固定宽带 □ 3 移动宽带 □ 4 其他 □ 如果通过移动宽带上互联网，通过什么手段(可多选)？ 3.1 笔记本 □ 3.2 平板电脑 □ 3.3 手机 □ 3.4 其他 □
10	贵企业的互联网接入带宽是多少？ □ 1 网速＜1Mbps 2 1Mbps≤网速＜10Mbps 3 10Mbps≤网速＜30Mbps 4 30Mbps≤网速＜100Mbps 5 100Mbps≤网速＜500Mbps 6 500Mbps≤网速＜1G 7 网速≥1G
11	贵企业通过互联网开展过以下哪些活动(可多选)？ 01 收发电子邮件 □ 02 了解商品和服务的信息 □ 03 从政府机构获取信息 □ 04 与政府机构互动(不包括从政府机构获取信息) □ 05 使用网上银行 □ 06 使用其他金融服务(网上交易股票、基金、保险等) □ 07 提供客户服务 □ 08 拨打互联网电话或召开视频会议 □ 09 在线提供产品 □ 10 发布信息或即时消息 □ 11 员工培训 □ 12 对外或者对内招聘 □ 13 其他 □
12	截止 2013 年底贵企业拥有的网站数量 ______个
13	贵企业通过互联网采取哪些形式对本企业进行宣传和推广 (可多选)？ 1 独立网站(自有网站) □ 2 互联网广告 □ 3 搜索引擎 □ 4 电子商务平台 □ 5 电子邮件 □ 6 微博 □ 7 博客 □ 8 社交网站 □ 9 其他 □ 10 没有 □
	二、电子商务
14	贵企业 2013 年是否通过互联网接收商品或服务的订单(电子商务销售)？ □ 1 是 2 否 (如选“2 否”转至问题 15) 如果选“1 是”，全年电子商务销售金额(不含增值税)________千元 其中：通过自营电子商务交易平台的电子商务销售金额(不含增值税)________千元 销售给消费者个人(B2C)金额________千元 销售的服务类商品金额________千元 面向大陆以外区域的销售金额________千元
15	贵企业 2013 年是否通过互联网发出商品或服务的订单(电子商务采购)？ □ 1 是 2 否 (如选“2 否”转至问题 16) 如果选“1 是”，全年电子商务采购金额(不含增值税)________千元 其中：通过自营电子商务交易平台的电子商务采购金额(不含增值税)________千元 面向大陆以外区域的采购金额________千元 采购的服务类商品金额________千元
16	贵企业是否提供第三方电子商务交易平台？ □1 是 2 否 (如选“2 否”停止调查) 2013 年在贵企业提供的第三方电子商务交易平台上完成的交易金额________千元 2013 年贵企业收取的电子商务交易服务费用金额________千元

单位负责人：　　统计负责人：　　填表人：　　联系电话：　　报出日期：20　　年　月　日

说明：1.统计范围：辖区内大中型工业、有资质的建筑业、大中型批发和零售业、大中型住宿和餐饮业、房地产开发经营业、重点服务业法人单位。
2.报送日期及方式：调查单位次年2月28日24时前网上填报；省级统计机构次年4月15日24时前完成数据审核、验收、上报。

2．非联网直报单位普查表

单位普查表(通用表)

表　　号：6　1　1　表
制定机关：国　家　统　计　局
国务院经济普查办公室
文　　号：国统字(2013)56号
2013年　　有效期至：2014年6月

01 报表类别(104) □ A 农业　B 工业　C 建筑业　E 批发和零售业　S 住宿和餐饮业　X 房地产开发经营业　T 铁路系统　J 金融系统　U 其他

02 单位类型(110) □ 1 法人单位　2 产业活动单位

03 普查小区代码(107)□□　10 底册顺序码(108)□□□□□□□□□□□□□□□□

04 行业代码(103)　□□□□(国民经济行业类别(GB/T 4754-2011)

05 单位所在地区划代码(105)　□□□□□□□□□□□□

06 单位注册地区划代码(106)　□□□□□□□□□□□□

调查对象基本情况和经济指标

项目1　组织机构代码(101)　□□□□□□□□—□

项目2　单位详细名称(102)　______________________

项目3　法定代表人(单位负责人)(201)　____________

项目4　开业(成立)时间(202)　________年________月

项目5　主要业务活动(或主要产品)(103-1)

1____________________ 2____________________ 3____________________

项目6　地理位置

项目6A 单位所在地(105-2)

____________省(自治区、直辖市)____________地(区、市、州、盟)____________县(区、市、旗)

____________乡(镇)______________________________街(村)、门牌号

单位位于：____________________街道办事处____________________社区(居委会)

项目6B 单位注册地(106-2)

____________省(自治区、直辖市)____________地(区、市、州、盟)____________县(区、市、旗)

____________乡(镇)______________________________街(村)、门牌号

单位位于：____________________街道办事处____________________社区(居委会)

项目7　联系方式(203)

长途区号　□□□□□
固定电话　□□□□□□□□-□□□□□□　电子邮箱____________________
移动电话　□□□□□□□□□□□　网　　址____________________
传真号码　□□□□□□□□-□□□□□□
邮政编码　□□□□□□

项目8　机构类型(211)　□□

10 企业　20 事业单位　30 机关　40 社会团体　51 民办非企业单位
52 基金会　53 居委会　54 村委会　90 其他组织机构

项目9　营业状态(208)　□　**1 营业　2 停业(歇业)　3 筹建　4 当年关闭　5 当年破产　9 其他**

项目10　登记注册(或批准)机关名称、级别、注册号(204)(如登记注册或批准机关为多个，请复选)

机关级别：1 国家　2 省(自治区、直辖市)　3 地(区、市、州、盟)　4 县(区、市、旗)

1.工商行政管理部门　机关级别 □　登记注册号____________________
2.编制部门　机关级别 □　登记注册号____________________
3.民政部门　机关级别 □　登记注册号____________________
4.国家税务部门　机关级别 □　登记注册号____________________
5.地方税务部门　机关级别 □　登记注册号____________________
9.其他(请注明批准机关)　机关级别 □　____________________

项目11　登记注册类型(205) □□□

内资		港澳台商投资	外商投资
110 国有	159 其他有限责任公司	210 与港澳台商合资经营	310 中外合资经营
120 集体	160 股份有限公司	220 与港澳台商合作经营	320 中外合作经营
130 股份合作	171 私营独资	230 港澳台商独资	330 外资企业
141 国有联营	172 私营合伙	240 港澳台商投资股份有限公司	340 外商投资股份有限公司
142 集体联营	173 私营有限责任公司	290 其他港澳台投资	390 其他外商投资
143 国有与集体联营	174 私营股份有限公司		
149 其他联营	190 其他		
151 国有独资公司			

项目12　企业控股情况(206) □　1 国有控股　2 集体控股　3 私人控股　4 港澳台商控股　5 外商控股　9 其他

项目13　隶属关系(207)　□□

10 中央　20 省(自治区、直辖市)　40 地(区、市、州、盟)　50 县(区、市、旗)　61 街道
62 镇　63 乡　71 社区(居委会)　72 村委会　90 其他

项目 14　会计制度情况

项目 14A　执行会计标准类别(209)　□

1 企业会计制度　2 事业单位会计制度　3 行政单位会计制度　4 民间非营利组织会计制度　9 其他

项目 14B　是否执行 2006 年《企业会计准则》(210)　□　1 是　2 否

项目 15　法人单位经济指标

从业人员(192)　从业人员期末人数__________人　其中：女性__________人　从业人员工资总额__________元

项目 15A　企业主要经济指标(193)

营业收入__________元　其中：主营业务收入__________元

营业税金及附加__________元　其中：主营业务税金及附加__________元

资产总计__________元　实收资本__________元

项目 15B　非企业法人单位填报(194)

非企业单位支出(费用)__________元　年末资产__________元

项目 16　单位类别和产业活动单位归属法人单位情况

单位类别 □(181)　1 法人单位本部(总部、本店、本所等)　2 法人单位分支机构 (分部、分厂、分店、支所等)

产业活动单位归属法人单位情况(182)

法人单位组织机构代码　□□□□□□□□—□　法人单位详细名称__________

法人单位详细地址__________　法人单位行政区划代码　□□□□□□

项目 17　产业活动单位经济指标

从业人员(192)　从业人员期末人数__________人　其中：女性__________人　从业人员工资总额__________元

项目 17A　经营性单位填报　经营性单位收入(195)__________元

项目 17B　非经营性单位填报　非经营性单位支出(费用)(196)__________元

项目 18　行业指标

项目 18B 仅工业法人单位填报(B01)

本年煤炭消费量__________吨

项目 18C 仅建筑业法人单位填报(C01)

建筑业企业资质等级(请填写资质证书编号前 4 位，没有资质等级的企业填写“9999”)　□□□□

项目 18X 仅房地产开发经营业法人单位填报(X01)

房地产开发经营业企业资质等级　□　1 一级　2 二级　3 三级　4 四级　5 暂定　9 其他

项目 18E 批发和零售业法人单位和产业活动单位填报

批发和零售业企业经营形式(E01) □ 1 独立门店　2 连锁总店(总部)　3 连锁门店　9 其他

零售业态(E02)　□□□□

有店铺零售

1010 食杂店　1020 便利店　1030 折扣店　1040 超市　1050 大型超市　1060 仓储会员店

1070 百货店　1080 专业店　1090 专卖店　1100 家居建材商店　1110 购物中心　1120 厂家直销中心

无店铺零售

2010 电视购物　2020 邮购　2030 网上商店　2040 自动售货亭　2050 电话购物

批发和零售业年末零售营业面积(E03)__________平方米

项目 18S 住宿和餐饮业法人单位和产业活动单位填报

住宿和餐饮业企业经营形式(S01) □　1 独立门店　2 连锁总店(总部)　3 连锁门店　9 其他

住宿业企业星级评定情况(S02)　□　1 一星　2 二星　3 三星　4 四星　5 五星　9 其他

住宿和餐饮业年末餐饮营业面积(S03)__________平方米　床位数__________个　餐位数__________位

项目 19　法人所属产业单位情况(212)

产业活动单位数__________个　(单产业法人本指标填 1，免填所属产业活动单位情况)

项目 19A　多产业法人所属产业单位情况

序号	*单位类别	组织机构代码	单位详细名称	详细地址	区划代码	联系电话	主要业务活动(或主要产品)	行业代码	从业人员期末人数(人)	经营性单位收入(或非经营性单位支出)(元)
甲	1	2	3	4	5	6	7	8	9	10
……										

*单位类别：1 法人单位本部(总部、本店、本所等)　2 法人单位分支机构 (分部、分厂、分店、支所等)

单位负责人：　统计负责人：　填表人：　联系电话：　报出日期：2 0　年　月　日

说明：1.统计范围：辖区内除联网直报调查单位、铁路和金融系统法人单位以外的全部法人单位和全部产业活动单位。

2.报送日期及方式：普查员 2014 年 3 月 31 日前利用手持电子终端设备采集数据，通过无线网络或在乡级普查机构通过统计内网报送到指定服务器中。

3.本表涉及的填报目录：《国民经济行业分类》(GB/T 4754-2011)、2013 年《统计用区划代码和城乡划分代码》和《建筑业企业资质等级编码》。

4.填报说明：

(1)“报表类别”(104)中的“金融系统”是指由人民银行、银行业监督管理委员会、保险监督管理委员会、证券监督管理委员会垂直管理的单位，“铁路系统”是指原铁道部垂直管理的单位。

(2)企业或执行企业会计制度的法人单位填报“企业主要经济指标”(193)内全部指标，免填“非企业法人单位指标”(194)内全部指标。

(3)非企业且不执行企业会计制度的法人单位填报“非企业主要经济指标”(194)内全部指标，免填“企业法人单位指标”(193)内全部指标。

(4)铁路系统、金融系统的视同法人单位和产业活动单位免填“企业主要经济指标”(193)、“非企业法人单位指标”(194)内全部指标。

5.本表为通用表。在使用 PDA 采集数据时，自动将表式按“报表类别”(104)和“单位类型”(110)进行分表，实现所见即所填。

3．个体经营户普查表

个体经营户普查表

表　　号：6 1 4 一 1 表
制定机关：国 家 统 计 局
国务院经济普查办公室
文　　号：国统字(2013)56 号
有效期至：2 0 1 4 年 6 月

2013 年

区划代码(105)□□□□□□ — □□□□□□　普查小区代码(107)□□

_______省(自治区、直辖市)__________地(区、市、州、盟)____________县(市、区、旗)________乡镇(街道办事处)

___________社区(居委会)、村委会 ___________普查小区

序号	个体经营户名称	个体经营户主姓名	街(村)、门牌号	联系电话	有无工商或民政证照(1 有，0 无)	是否办理税务登记证(1 办理，0 尚未办理)	从业人员期末人数(人)	主要业务活动(或主要产品)	行业代码	住宿和餐饮业补充资料	
										床位数(个)	餐位数(位)
甲	1	2	3	4	5	6	7	8	9	10	11

填表人：　　　　联系电话：　　　　报出日期：2 0　年　月　日

说明：1.统计范围：辖区内从事第二、第三产业经营活动的个体经营户，不含无挂靠个体运输户。

2.报送日期及方式：普查员 2014 年 3 月 31 日前利用手持电子终端设备采集数据，通过无线网络或在乡级普查机构通过统计内网报送到指定服务器中。

3.填报要求：

(1)从业人员期末人数，指参加经营活动的所有人员，包括业主、雇员以及参加经营活动的其他人员，如家庭成员、帮手和学徒。

(2)行业代码普查机构按《国民经济行业分类》(GB/T 4754-2011)行业中类代码填写。

(3)挂靠运输企业的出租车或货运车辆，作为个体经营户，由普查机构根据运输企业提供的资料进行登记。

个体运输普查表

表　　号：614－3表
制定机关：国家统计局
国务院经济普查办公室
文　　号：国统字(2013)56号
有效期至：2014年6月

2013 年

区划代码(105)□□□□□□
_______省(自治区、直辖市)__________地(区、市、州、盟)______________县(市、区、旗)

指标	户数 （个）	从业人员期末人数 （人）
甲	1	2
无挂靠个体运输户（货运）		
无挂靠个体运输户（客运）		

填表人：　　　　　联系电话：　　　　　报出日期：20　年　月　日

说明：1.统计范围：辖区内无挂靠个体运输户。

2.报送日期及方式：县级普查机构根据交通运输管理部门资料填写，2014 年 3 月 31 日前通过统计内网报送到指定服务器中。

第三部分　主要指标解释

法人单位　指具备以下条件的单位：(1)依法成立，有自己的名称、组织机构和场所，能够独立承担民事责任；(2)独立拥有和使用(或授权使用)资产，承担负债，有权与其他单位签订合同；(3)会计上独立核算，能够编制资产负债表。

机构类型　包括企业法人、事业单位法人、机关法人、社会团体法人和其他法人。

企业法人　指依据《中华人民共和国企业法人登记管理条例》、《中华人民共和国公司登记管理条例》等，经各级工商行政管理机关登记注册，领取《企业法人营业执照》，取得法人资格的企业。企业法人包括：公司和非公司制企业法人。

依据《个人独资企业法》及《合伙企业法》，经各级工商行政管理机关登记注册、领取《营业执照》的不具有法人资格的个人独资企业、合伙企业视同非公司制企业法人。

事业单位法人　指经国务院机构编制管理部门批准、国家事业单位登记管理部门登记或备案；或经地方县级以上机构编制管理部门批准、地方县级以上事业单位登记管理部门登记或备案，领取《事业单位法人证书》，取得法人资格的事业单位。包括：(1)各级党委、政府直属事业单位；(2)党中央、国务院直属事业单位举办的事业单位；(3)各级人大、政协机关，人民法院、人民检察院和各民主党派机关举办的事业单位；(4)各级党委部门和政府部门举办的事业单位；(5)使用财政性经费的群众团体举办的事业单位；(6)国有企业及其他组织利用国有资产举办的事业单位；(7)依照法律或有关规定，应当由各级登记管理机关登记的其他事业单位。

机关法人　指各级政党机关和国家机关。包括：(1)县级以上各级中国共产党委员会及其所属各工作部门；(2)县级以上各级人民代表大会机关；(3)县级以上各级人民政府及其所属各工作部门，以及地区行政行署；(4)县级以上各级政治协商会议机关；(5)县级以上各级人民法院、检察院机关；(5)县级以上各民主党派机关；(7)乡、镇中国共产党委员会和人民政府。

社会团体法人　指依据《社会团体登记管理条例》，经国务院民政部门和县级以上地方各级人民政府民政部门登记注册或备案、领取《社会团体法人登记证书》的各类社会团体；以及依法不需要办理法人登记、由机构编制管理部门管理其机关机构编制的群众团体。

其他法人　指除企业法人、事业单位法人、机关法人和社会团体法人以外的其他符合法人条件的单位。

包括：(1)依据《中华人民共和国居民委员会组织法》和《中华人民共和国村民委员会组织法》批准设立的居民委员会和村民委员会；(2)依据《基金会管理条例》规定，由民政部和省级民政部门核准登记、领取《基金会法人登记证书》的基金会；(3)依据《民办非企业单位登记管理暂行条例》，经国务院民政部门和县级以上地方各级人民政府民政部门核准登记，领取《民办非企业单位(法人)登记证书》的民办非企业单位。

产业活动单位　指位于一个地点，从事一种或主要从事一种社会经济活动的组织或组织的一部分。产业活动单位应同时具备以下条件：

1.在一个场所从事一种或主要从事一种社会经济活动；

2.相对独立地组织生产活动或经营活动；

3.能提供收入、支出等相关资料。

产业活动单位是法人单位的组成部分。仅包含一个产业活动单位的法人单位，称为单产业法人单位，该法人单位同时也是一个产业活动单位；由两个及以上产业活动单位组成的法人单位，称为多产业法人单位，这些产业活动单位接受法人单位的管理和控制。

个体经营户 指生产资料归劳动者个人所有，以个体劳动为基础，劳动成果归劳动者个人占有和支配的一种经营组织。本次经济普查的个体经营户包括：

1.按照《中华人民共和国民法通则》和《城乡个体工商户管理暂行条例》规定，经各级工商行政管理机关登记注册、领取《营业执照》的个体工商户；

2.依据《民办非企业单位登记管理暂行条例》，经国务院民政部门和县级以上地方各级人民政府民政部门核准登记，并领取《民办非企业单位（合伙）登记证书》或《民办非企业单位（个人）登记证书》的民办非企业单位。

3.没有领取上述证照但有相对固定场所、实际从事个体经营活动三个月以上的城镇、农村个体经营户。但不包括农民家庭以辅助劳力或利用农闲时间进行的一些兼营性的工业、商业及其他活动。

有证照的个体经营户 指上述第 1 条、第 2 条以及经相关部门批准，领取了准运证，独立从事交通运输的个体运输户。

行业分类 本资料行业分类采用的是《国民经济行业分类》（GB/T 4754-2011）标准。

三次产业

第一产业是指农、林、牧、渔业（不含农、林、牧、渔服务业）。

第二产业是指采矿业（不含开采辅助活动），制造业（不含金属制品、机械和设备修理业），电力、热力、燃气及水生产和供应业，建筑业。

第三产业即服务业，是指除第一产业、第二产业以外的其他行业。第三产业包括：批发和零售业，交通运输、仓储和邮政业，住宿和餐饮业，信息传输、软件和信息技术服务业，金融业，房地产业，租赁和商务服务业，科学研究和技术服务业，水利、环境和公共设施管理业，居民服务、修理和其他服务业，教育，卫生和社会工作，文化、体育和娱乐业，公共管理、社会保障和社会组织，国际组织，以及农、林、牧、渔业中的农、林、牧、渔服务业，采矿业中的开采辅助活动，制造业中的金属制品、机械和设备修理业。

苏南、苏中、苏北地区 苏南地区包括南京、无锡、常州、苏州、镇江五市；苏中地区包括南通、扬州、泰州三市；苏北地区包括徐州、连云港、淮安、盐城、宿迁五市。

登记注册类型 工商行政管理部门对企业（单位）登记注册的类型分为以下几种：

（1）国有企业：指企业全部资产归国家所有，并按《中华人民共和国企业法人登记管理条例》规定登记注册的非公司制的经济组织。不包括有限责任公司中的国有独资公司。

（2）集体企业：指企业资产归集体所有，并按《中华人民共和国企业法人登记管理条例》规定登记注册的经济组织。

（3）股份合作企业：指以合作制为基础，由企业职工共同出资入股，吸收一定比例的社会资产投资组建，实行自主经营，自负盈亏，共同劳动，民主管理，按劳分配与按股分红相结合的一种集体经济组织。

（4）联营企业：两个及两个以上相同或不同所有制性质的企业法人或事业单位法人，按自愿、平等、互利的原则，共同投资组成的经济组织称为联营企业。联营企业包括国有联营企业、集体联营企业、国有与集体联营企业和其他联营企业。

（5）有限责任公司：根据《中华人民共和国公司登记管理条例》规定登记注册，由两个以上，五十个以下的股东共同出资，每个股东以其所认缴的出资额对公司承担有限责任，公司以其全部资产对其债务承担责任的经济组织称为有限责任公司。

有限责任公司分为国有独资公司以及其他有限责任公司。国有独资公司：指国家授权的投资机构或者国家授权的部门单独投资设立的有限责任公司。其他有限责任公司：是国有独资公司以外的其他有限责任公司。

（6）股份有限公司：指根据《中华人民共和国公司登记管理条例》规定登记注册，其全部注册资本由等额股份构成并通过发行股票筹集资本，股东以其认购的股份对公司承担有限责任，公司以其全部资产对其债务承担责任的经济组织。

（7）私营企业：指由自然人投资设立或由自然人控股，以雇佣劳动为基础的营利性经济组织。包括按照《公司法》、《合伙企业法》、《私营企业暂行条例》以及《个人独资企业法》规定登记注册的私营独资企业、私营有限责任公司、私营股份有限公司、私营合伙企业和个人独资企业。

私营独资企业：指按《私营企业暂行条例》的规定，由一名自然人投资经营，以雇佣劳动为基础，投资者对企业债务承担无限责任的企业。

个人独资企业：指按《个人独资企业法》、《个人独资企业登记管理办法》的规定，由一个自然人投资，财产为投资人个人所有，投资人以其个人财产对企业债务承担无限责任的经营实体。个人独资企业填表时归入私营独资企业。

私营合伙企业：指按《合伙企业法》或《私营企业暂行条例》的规定，由两个以上自然人按照协议共同投资、共同经营、共负盈亏，以雇佣劳动为基础，对债务承担无限责任的企业。

私营有限责任公司：指按《公司法》、《私营企业暂行条例》的规定，由两个以上自然人投资或由单个自然人控股的有限责任公司。

私营股份有限公司：指按《公司法》的规定，由五个以上自然人投资，或由单个自然人控股的股份有限公司。

（8）其他内资企业：指上述第（1）条至第（7）条之外的其他内资经济组织。

（9）与港澳台商合资经营企业：指港澳台地区投资者与内地的企业依照《中华人民共和国中外合资经营企业法》及有关法律的规定，按合同规定的比例投资设立，分享利润和分担风险的企业。

（10）与港澳台商合作经营企业：指港澳台地区投资者与内地企业依照《中华人民共和国中外合作经营企业法》及有关法律的规定，依照合作合同的约定进行投资或提供条件设立，分配利润、分担风险和亏损的企业。

（11）港澳台商独资经营企业：指依照《中华人民共和国外资企业法》及有关法律的规定，在内地设立的由港澳台地区投资者在内地全额投资设立的企业。

（12）港澳台商投资股份有限公司：指根据国家有关规定，经商务部（原外经贸部）批准设立，并且其中港、澳、台商的股本占公司注册资本的比例达 25%以上的股份有限公司。凡其中港、澳、台商的股本占公司注册资本的比例小于 25%的，属于内资中的股份有限公司。

（13）其他港、澳、台商投资企业：指在中国境内参照《外国企业或个人在中国境内设立合伙企业管理办法》和《外商投资合伙企业登记管理规定》，依法设立的港、澳、台商投资合伙企业。

（14）中外合资经营企业：指外国企业或外国人与中国内地企业依照《中华人民共和国中外合资经营企业法》及有关法律的规定，按合同规定的比例投资设立，分享利润和分担风险的企业。

（15）中外合作经营企业：指外国企业或外国人与中国内地企业依照《中华人民共和国中外合作经营企业法》及有关法律的规定，依照合作合同的约定进行投资或提供条件设立，分配利润、分担风险和亏损的企业。

（16）外资企业：指依照《中华人民共和国外资企业法》及有关法律的规定，在中国内地设立的由外国投资者全额投资设立的企业。

（17）外商投资股份有限公司：指根据国家有关规定，经商务部（原外经贸部）批准设立，并且其中外资的股本占公司注册资本的比例达 25%以上的股份有限公司。凡其中外资股本占公司注册资本的比例小于 25%的，属于内资中的股份有限公司。

（18）其他外商投资企业：指在中国境内依照《外国企业或个人在中国境内设立合伙企业管理办法》和《外商投资合伙企业登记管理规定》，依法设立的外商投资合伙企业。

开业（成立）时间 指企业开业或成立的具体年月。除筹建单位外，所有单位均填写本项。

分以下几种情况填报：

1.解放前成立的单位填写最早开工或成立的年月。

2.解放后成立的单位填写领取营业执照或批准成立的时间，如开业年月早于领取营业执照的时间，填写最早开业年月。

3.机关、事业单位的成立时间分三种情况：（1）新设立的单位成立时间填新设立时间；（2）恢复设立的单位（指中间因某种原因停顿，后又恢复的单位）成立时间填以前设立的时间；（3）机构改革中，有些单位虽然名称有变化，但其基本职能未变，成立时间要填写最早成立时间。

4.乡镇、街道、社区（居委会）、村委会，如管辖区域基本未改变，其成立时间按原成立时间填写；否则，按新成立时间填写。

5.改制企业的开业时间按原成立时间填写。

6.企业分立、合并分二种情况：一种是因合并或分立而新设的企业，其开业时间按工商部门重新登记的开业时间填写；另一种是合并或分立后继续存在的企业，填写原企业开业时间。

7.与外方或港、澳、台合资的企业，按领取合资企业营业执照的时间填写。

从业人员期末人数 指报告期末最后一日 24 时在本单位工作，并取得工资或其他形式劳动报酬的人员数。该指标为时点指标，不包括最后一日当天及以前已经与单位解除劳动合同关系的人员，是在岗职工、劳务派遣人员及其他从业人员之和。从业人员不包括：

1.离开本单位仍保留劳动关系，并定期领取生活费的人员；

2.利用课余时间打工的学生及在本单位实习的各类在校学生；

3.本单位因劳务外包而使用的人员，如：建筑业整建制使用的人员。

营业收入 指企业经营主要业务和其他业务所确认的收入总额。营业收入合计包括“主营业务收入”和“其他业务收入”。根据会计“利润表”中“营业收入”项目的本期金额数填报。

资产总计 指企业过去的交易或者事项形成的、由企业拥有或者控制的、预期会给企业带来经济利益的资源。资产一般按流动性（资产的变现或耗用时间长短）分为流动资产和非流动资产。其中流动资产可分为货币资金、交易性金融资产、应收票据、应收账款、预付款项、其他应收款、存货等；非流动资产可分为长期股权投资、固定资产、无形资产及其他非流动资产等。根据会计“资产负债表”中“资产总计”项目的期末余额数填报。

执行 2006 年《企业会计准则》的企业：资产总计=流动资产合计+非流动资产合计；未执行 2006 年《企业会计准则》企业的资产包括流动资产、长期投资、固定资产、无形资产和其他资产等。

小微企业 根据工业和信息化部、国家统计局、国家发展和改革委员会、财政部《关于印发中小企业划型标准规定的通知》（工信部联企业〔2011〕300 号）精神和国家统计局制定的《统计上大中小微型企业划分办法》确定。本办法按照行业门类、大类、中类和组合类别，依据从业人员、营业收入、资产总额等指标或替代指标，将我国的企业划分为大型、中型、小型、微型等四种类型。

科技活动：指在自然科学、农业科学、医药科学、工程与技术科学、人文与社会科学领域（简称科学技术领域）中，与科技知识的产生、发展、传播和应用密切相关的有组织的活动。企业的科技活动包括：1.在科学技术领域，为增加知识总量、以及运用这些知识去创造新的应用进行的系统的创造性的活动。其中较为常见的活动是利用现有知识和实际经验，为产生新的产品、材料和装置，建立新的工艺、系统和服务，以及对已产生和建立的上述各项做实质性的改进而进行的系统性工作。这些活动的成果形式主要是专利、专有技术、新产品原型或样机样件等。2.为使产生的新产品、材料和装置，建立的新工艺、系统和服务以及做实质性改进后的上述各项能够投入生产或实际应用，解决所存在的技术问题而进行的系统性的工作。这些活动的成果形式大多是可供生产和实际操作的带有技术和工艺参数的图纸、技术标准和操作规范。企业的科技活动不包括企业从事的常规性技术升级或对某项科研成果直接应用等活动（如直接采用新的工艺、材料、装置、产品、服务或知识等）。在企业中只有列入企业工作计划的科技活动才予以统计，而独立发明人等在企业外或计划外进行的科技活动不在统计范围之内。

R&D（研究与试验发展）　指在科学技术领域，为增加知识总量、以及运用这些知识去创造新的应用进行的系统的创造性的活动，包括基础研究、应用研究、试验发展三类活动。

基础研究　指为了获得关于现象和可观察事实的基本原理的新知识（揭示客观事物的本质、运动规律，获得新发现、新学说）而进行的实验性或理论性研究，它不以任何专门或特定的应用或使用为目的。其成果以科学论文和科学著作为主要形式。

应用研究　指为获得新知识而进行的创造性研究，主要针对某一特定的目的或目标。应用研究是为了确定基础研究成果可能的用途，或是为达到预定的目标探索应采取的新方法（原理性）或新途径。其成果形式以科学论文、专著、原理性模型或发明专利为主。

试验发展　指利用从基础研究、应用研究和实际经验所获得的现有知识，为产生新的产品、材料和装置，建立新的工艺、系统和服务，以及对已产生和建立的上述各项作实质性的改进而进行的系统性工作。其成果形式主要是专利、专有技术、具有新产品基本特征的产品原型或具有新装置基本特征的原始样机等。在社会科学领域，试验发展是指把通过基础研究、应用研究获得的知识转变成可以实施的计划（包括为进行检验和评估实施示范项目）的过程。人文科学领域没有对应的试验发展活动。

科技活动人员　指报告期内企业内部直接参加科技项目人员，以及科技活动的管理和直接服务的人员。不包括全年累计从事科技活动时间占制度工作时间10%以下的人员。

科技活动人员合计中全时人员　指报告期内企业科技活动人员中实际从事科技活动的时间占制度工作时间90%及以上的人员。在企业科技活动管理部门（科研管理处、部、科等）专职从事科技管理工作的人员、企业办科技机构中专职从事科技活动以及管理和直接服务人员，以及上述人员以外主要从事科技项目活动的人员可视作全时人员。

R&D 人员　指单位内部从事基础研究、应用研究和试验发展三类活动的人员。包括直接参加上述三类项目活动的人员以及这三类项目的管理人员和直接服务人员。为研发活动提供直接服务的人员包括直接为研发活动提供资料文献、材料供应、设备维护等服务的人员。

R&D 经费内部支出　指调查单位在报告年度用于内部开展 R&D 活动（基础研究、应用研究和试验发展）的实际支出。包括用于 R&D 项目（课题）活动的直接支出，以及间接用于 R&D 活动的管理费、服务费、与 R&D 有关的基本建设支出以及外协加工费等。不包括生产性活动支出、归还贷款支出以及与外单位合作或委托外单位进行 R&D 活动而转拨给对方的经费支出。

全部科技项目数　指在报告期当年企业立项并开展研究工作、以前年份立项报告期仍继续进行的科技项目数，包括当年完成和报告期内研究工作已告失败的科技项目数，但不包括委托外单位进行的科技项目数。

全部科技项目经费内部支出　指报告期内企业内部用于各类科技项目的实际经费支出，包括劳务费、原材料费、设备购置费、其他日常支出、外协加工费等，不包括相关折旧费用、长期费用摊销和无形资产摊销，委托或与外单位合作进行项目研究而拨付给对方使用的经费，企业科技活动管理部门的费用，用于科技活动目的的基建支出，以及为科技活动提供间接服务人员的费用等。

科技机构数　指报告期末企业办科技机构的数量。企业办科技机构指企业自办（或与外单位合办），管理上同生产系统相对独立（或单独核算）的专门科技活动机构，如企业办的技术中心、研究院所、开发中心、开发部、实验室、中试车间、试验基地等。企业办科技活动机构经过资源整合，被国家或省级有关部门认定为国家级或省级技术中心的，应按一个机构填报。与外单位合办的科技活动机构若主要由本企业出资兴办，则由本企业统计，否则应由合办方统计。企业科技管理职能处（科）室（如科研处、技术科等）一般不统计在内；若科研处、技术科等同时挂有科技活动机构的牌子，视其报告期内主要工作任务而定，主要任务是从事科技活动的可以统计，否则不予统计。本指标不含企业在国外或港澳台设立的科技活动机构数。

科技机构人员　指报告期内企业办科技活动机构中从事科技活动的人员合计。

科技机构经费支出　指报告期内企业办科技机构用于内部开展科技活动实际支出的总费用。包括机构人员劳务费（含工资）支出、机构业务费支出、管理费支出、固定资产购建支出以及其他维持机构正常工作的日常费用等的支出总和。不包括相关折旧费用、长期费用摊销和无形资产摊销等费用。

科技机构仪器和设备原价 指报告期末企业办科技机构固定资产中仪器和设备的原价，不包括长期闲置不用的仪器和设备。

科技机构仪器和设备原价中进口 指报告期末企业办科技机构固定资产中从国外购入的仪器和设备的原价，不包括长期闲置不用的仪器和设备。

新产品开发经费支出 指报告年度内企业科技活动经费内部支出中用于新产品研究开发的经费支出。包括新产品的研究、设计、模型研制、测试、试验等费用支出。

新产品产值 指报告期内企业生产的新产品的产值。新产品是指采用新技术原理、新设计构思研制、生产的全新产品，或在结构、材质、工艺等某一方面比原有产品有明显改进，从而显著提高了产品性能或扩大了使用功能的产品。新产品既包括经政府有关部门认定并在有效期内的新产品，也包括企业自行研制开发，未经政府有关部门认定，从投产之日起一年之内的新产品。

新产品销售收入 指报告期内企业销售新产品实现的销售收入。

新产品销售收入中的出口 指报告期内企业将新产品销售给外贸部门和直接出售给外商所实现的销售收入。

专利申请数 指报告期内企业作为第一申请人向境内外知识产权行政部门提出专利申请并被受理的件数。

专利申请数中发明专利 指报告期内企业作为第一申请人向境内外知识产权行政部门提出发明专利申请并被受理的件数。

有效发明专利数 指报告期末企业作为第一专利权人拥有的、经境内外知识产权行政部门授权且在有效期内的发明专利件数。

有效发明专利数中已被实施 指报告期末企业作为第一专利权人拥有的、经境内外知识产权行政部门授权且在有效期内的发明专利中已被实施的件数。专利实施是指专利权人自行或其他单位及个人经专利权人许可，为生产经营目的制造、使用、许诺销售、销售、进口其专利产品，或者使用其专利方法以及使用、许诺销售、销售、进口依照该专利方法直接获得的产品。

专利所有权转让及许可数 指报告期内企业向外单位转让专利所有权或允许专利技术由被许可单位使用的专利件数。

专利所有权转让及许可收入 指报告期内企业向外单位转让专利所有权或允许专利技术由被许可单位使用而得到的收入。包括当年从被转让方或被许可方得到的一次性付款和分期付款收入，以及利润分成、股息收入等。

发表科技论文数 指报告期内企业立项的科技项目产生的、并在有正规刊号的刊物上发表的科技论文数量。

拥有注册商标数 指报告期末企业作为第一商标注册人拥有的、经境内外商标行政部门核准注册且在有效期内的商标件数。包括在境内和境外注册的商标件数，一件商标在境内外同时注册时只统计一件。

拥有注册商标中境外注册 指报告期末企业作为第一商标注册人拥有的、经国外或港澳台商标行政部门核准注册且在有效期内的商标件数。

形成国家或行业标准 指报告期内企业在自主研发或自主知识产权基础上形成的经有关部门批准的国家或行业标准项数。

使用来自政府部门的科技活动资金 指报告期内企业使用的从政府有关部门得到的科技活动资金，包括纳入国家计划的中间试验费、政府科技贷款等。

研究开发费用加计扣除减免税 指报告期内企业按有关政策和税法规定税前加计扣除的研究开发活动费用所得税，按当年税务部门实际减免的税额填报。对尚未得到当年减免税额的企业，按上年实际减免税额填报。

高新技术企业减免税　指报告期内高新技术企业按照国家有关政策依法享受的企业所得税减免额，按当年税务部门实际减免的税额填报。对尚未得到当年减免税额的企业，按上年实际减免税额填报。

引进境外技术经费支出　指报告期内企业用于购买国外或港澳台技术的费用支出，包括产品设计、工艺流程、图纸、配方、专利等技术资料的费用支出，以及购买关键设备、仪器、样机和样件等的费用支出。

引进技术的消化吸收经费支出　指报告期内企业引进技术的消化吸收经费支出。引进技术的消化吸收指对引进技术的掌握、应用、复制而开展的工作，以及在此基础上的创新。引进技术的消化吸收经费支出包括：人员培训费、测绘费、参加消化吸收人员的工资、工装、工艺开发费、必备的配套设备费、翻版费等。消化吸收经费支出中属于科技活动的经费支出，除包含在本项外，还要计入企业科技活动经费支出中。

购买境内技术经费支出　指报告期内企业购买境内其他单位科技成果的经费支出。包括购买产品设计、工艺流程、图纸、配方、专利、技术诀窍及关键设备的费用支出。

技术改造经费支出　指报告期内企业进行技术改造而发生的费用支出。技术改造指企业在坚持科技进步的前提下，将科技成果应用于生产的各个领域（产品、设备、工艺等），用先进工艺、设备代替落后工艺、设备，实现以内涵为主的扩大再生产，从而提高产品质量、促进产品更新换代、节约能源、降低消耗，全面提高综合经济效益。

工业　指从事自然资源的开采，对采掘品和农产品进行加工和再加工的物质生产部门。具体包括：（1）对自然资源的开采，如采矿、晒盐、森林采伐等（但不包括禽兽捕猎和水产捕捞）；（2）对农副产品的加工、再加工，如粮油加工、食品加工、缫丝、纺织、制革等；（3）对采掘品的加工、再加工，如炼铁、炼钢、化工生产、石油加工、机器制造、木材加工等，以及电力、自来水、煤气的生产和供应等；（4）对工业品的修理、翻新，如机器设备的修理、交通运输工具（包括小卧车）的修理等。

国有及国有控股企业　指国有企业加上国有控股企业。国有企业是指企业全部资产归国家所有，并按《中华人民共和国企业法人登记管理条例》规定登记注册的非公司制的经济组织。1957 年以前的公私合营和私营工业，后均改造为国营工业，1992 年改为国有工业，这部分工业的资料不单独分列时，均包括在国有企业内。国有控股企业是对混合所有制经济的企业进行的“国有控股”分类。它是指这些企业的全部资产中国有资产（股份）相对其他所有者中的任何一个所有者占资（股）最多的企业。该分组反映了国有经济控股情况。

“三资”企业　系指港、澳、台商投资企业和外资企业的简称。

轻工业　指主要提供生活消费品和制作手工工具的工业。按其所使用的原料不同，可分为两大类：（1）以农产品为原料的轻工业，是指直接或间接以农产品为基本原料的轻工业。主要包括食品制造、饮料制造、烟草加工、纺织、缝纫、皮革和毛皮制作、造纸以及印刷等工业；（2）以非农产品为原料的轻工业，是指以工业品为原料的轻工业。主要包括文教体育用品、化学药品制造、合成纤维制造、日用化学制品、日用玻璃制品、日用金属制品、手工工具制造、医疗器械制造、文化和办公用机械制造等工业。

重工业　是指为国民经济各部门提供物质技术基础的主要生产资料的工业。按其生产性质和产品用途，可以分为下列三类：（1）采掘（伐）工业，是指对自然资源的开采，包括石油开采、煤炭开采、金属矿开采、非金属矿开采和木材采伐等工业；（2）原材料工业，指向国民经济各部门提供基本材料、动力和燃料的工业。包括金属冶炼及加工、炼焦及焦炭、化学、化工原料、水泥、人造板以及电力、石油和煤炭加工等工业；（3）加工工业，是指对工业原材料进行再加工制造的工业。包括装备国民经济各部门的机械设备制造工业、金属结构、水泥制品等工业，以及为农业提供的生产资料如化肥、农药等工业。

根据上述划分原则，修理业中以重工业产品为修理作业对象的划为重工业，反之划为轻工业。

工业总产值　是以货币表现的工业企业在一定时期内生产的已出售或可供出售工业产品总量，它反映一定时间内工业生产的总规模和总水平。它包括：在本企业内不再进行加工，经检验、包装入库（规定不需包装的产品除外）的成品价值，对外加工费收入，自制半成品、在产品期末初差额价值。工业总产值采用“工厂法”计算，即以工业企业作为一个整体，按企业工业生产活动的最终成果来计算，企业内部不允许重复计算，不能把企业内部各个车间（分厂）生产的成果相加。但在企业之间、行业之间、地区之间存在着重复计算。

轻重工业总产值的划分是按“工厂法”计算的，即一个工业企业生产的主要产品性质属于轻工业，则该企业的全部总产值作为轻工业总产值；如它的主要产品性质属于重工业，则该企业的全部总产值作为重工业总产值。

销售产值 是指以货币形式表现的，工业企业在报告期内销售的本企业生产的工业产品或提供工业性劳务价值的总价质量。主要包括销售成品价值、对外加工费收入。

出口交货值 是指工业企业交给外贸部门或自营（委托）出口（包括销往香港、澳门、台湾），以及外商来样、来料加工、来件装配和补偿贸易等生产的产品价值。

资产总计 指企业过去的交易或者事项形成的、由企业拥有或者控制的、预期会给企业带来经济利益的资源。资产一般按流动性（资产的变现或耗用时间长短）分为流动资产和非流动资产。其中流动资产分为货币资金、交易性金融资产、应收票据、应收账款、预付款项、其他应收款、存货等；非流动资产分为长期股权投资、固定资产、无形资产及其他非流动资产等。

流动资产 资产满足以下条件之一应归为流动资产：（1）预计在一个正常营业周期中变现、出售或耗用，主要包括存货、应收账款等；（2）主要为交易目的而持有；（3）预计在资产负债表日期一年内（含一年）变现；（4）自资产负债日起一年内，交换其他资产或清偿负债的能力不受限制的现金或现金等价物。包括货币资金、应收票据、应收账款、存货等项目。

应收账款 指企业因销售商品、提供劳务等经营活动，应向购货单位或接受劳务单位收取的款项，主要包括企业销售商品或提供劳务等应向有关债务人收取的价款及代购货单位垫付的包装费、运杂费等。

存货 指企业在日常活动中持有以备出售的产成品或商品、处在生产过程中的在产品、在生产过程或提供劳务过程中耗用的材料或物料等，通常包括原材料、在产品、半成品、产成品、商品以及周转材料等。

产成品 指企业已经完成全部生产过程并验收入库，可以按照合同规定的条件送交订货单位，或者可以作为商品对外销售的产品。

固定资产合计 指企业为生产商品、提供劳务、出租或经营管理而持有的，使用寿命超过一个会计年度的有形资产。包括使用期限超过一年的房屋、建筑物、机器、机械、运输工具以及其他与生产、经营有关的设备、器具、工具等。

负债合计 指企业过去的交易或者事项形成的，预期会导致经济利益流出企业的现时义务。负债一般按偿还期长短分为流动负债和非流动负债。

流动负债合计 负债满足下列条件之一的应归为流动负债：（1）预计在一个正常营业周期中清偿；（2）主要为交易目的而持有；（3）自资产负债表日起一年内到期应予清偿；（4）企业无权自主地将清偿推迟至资产负债表日后一年以上。包括短期借款、应付票据、应付账款、应付职工薪酬、应交税费等项目。

所有者权益 指企业资产扣除负债后由所有者享有的剩余权益。公司的所有者权益又称股东权益。包括实收资本、资本公积、盈余公积、未分配利润等。

实收资本 指企业各投资者实际投入的资本（或股本）总额，包括货币、实物、无形资产等各种形式的投入。按投资主体可分为国家资本、集体资本、法人资本、个人资本、港澳台资本和外商资本等。

主营业务收入 指企业确认的销售商品、提供劳务等主营业务的收入。

主营业务成本 指企业经营主要业务所发生的成本总额。

主营业务税金及附加 企业经营主要业务应负担的营业税、消费税、城市维护建设税、教育费附加等。

营业费用 指企业在销售商品和材料、提供劳务的过程中发生的各种费用，包括保险费、包装费、展览费和广告费、商品维修费、预计产品质量保证损失、运输费、装卸费等以及为销售本企业商品而专设的销售机构（含销售网点、售后服务网点等）的职工薪酬、业务费、折旧费等经营费用。

管理费用　指企业为组织和管理企业生产经营所发生的费用，包括企业在筹建期间内发生的开办费、董事费和行政管理部门在企业经营管理中发生的，或者应当由企业统一负担的公司经费等。

财务费用　指企业为筹集生产经营所需资金等而发生的筹资费用，包括企业生产经营期间发生的利息支出（减利息收入）、汇兑损失（减汇兑收益）以及相关的手续费等。

利润总额　指企业在一定会计期间的经营成果，是生产经营过程中各种收入扣除各种耗费后盈余，反映企业在报告期内实现的盈亏总额。

利税总额　指企业营业税金及附加、应交增值税和利润总额之和。

全部从业人员年平均人数　指报告期内平均拥有的从业人员数，从业人员为在本单位工作，并取得工资或其他形式劳动报酬的人员。

总资产贡献率　反映企业全部资产的获利能力，是企业经营业绩和管理水平的集中体现，是评价和考核企业盈利能力的核心指标。计算公式为：总资产贡献率（%）=（利税总额+利息净支出）/平均资产总额*100%。因缺少期初资产总额数据，计算时直接使用期末资产总额代替平均资产总额。

资产负债率　该指标既反映企业经营风险的大小，也反映企业利用债权人提供的资金从事经营活动的能力。计算公式为：资产负债率（%）=负债总额 / 资产总额×100%。

成本费用利润率　指在一定时期内实现的利润与成本费用之比，是反映工业生产成本及费用投入的经济效益指标，同时也是反映降低成本的经济效益的指标。计算公式为：工业成本费用利润率(%)=利润总额 / 成本及费用总额×100%。

流动资产周转率　指在一定时期内流动资产完成的周转次数，反映流动资产的周转速度。计算公式为：流动资产周转率（次）=主营业务收入/平均流动资产总额。因缺少期初流动资产总额数据，计算时直接使用期末流动资产总额代替平均流动资产总额。

产品销售率　指报告期工业销售产值与同期全部工业总产值之比，是反映工业产品已实现销售的程度，分析工业产销衔接情况，研究工业产品满足社会需求程度的指标。计算公式为：产品销售率（%）=工业销售产值 / 工业总产值（现价）×100%

应收工程款　指建筑业企业在报告期末向发包单位应收而未收的工程款。根据会计“应收账款——应收工程款”明细账对应科目填报。注意事项：（1）应收工程款中不包括质量保证金和工程款押金，一般纳入“其他应收款”；（2）建设工程质量保证金或保修金，是发包人与承包人在建设工程承包合同中约定，从应付的工程款中预留，用以保证工程质量的资金。

签订合同额　指建筑业企业在报告期直接同建设单位签订合同的总价款和以前年度同建设单位签定合同的未完工程跨入本年度继续施工工程合同的总价款余额。

本年新签合同额　指建筑业企业在报告期内同建设单位直接新签订的各种国内工程合同的总价款，不包括与其他建筑业企业新签的分包合同额。

直接从建设单位承揽工程完成的产值　指总承包企业或专业承包企业直接与建设单位（业主）签订的承包合同（包括报告期及以往年度签订的合同，不包括无效合同和中途解除的合同），在报告期内完成的工程总值。包括企业向其他专业承包企业或劳务分包企业分包出去的工程所完成产值，还包括分包企业缴纳的管理费。

自行完成施工产值　指总承包企业或专业承包企业直接与建设单位（业主）签订的总承包合同或专业承包合同中，自行完成的工程总值。包括总承包企业和专业承包企业自行完成的工作量和分包企业缴纳的管理费。

分包出去工程的产值　指专业承包企业或劳务分包企业与总承包企业或专业承包企业签订的专业承包或劳务分包合同中在报告期所完成的产值。分包企业如果是一个独立核算的经济实体，其完成的产量产值，不包括在总承包企业或专业承包企业自行完成产值中。

从建设单位以外承揽工程完成的产值　指总承包企业或专业承包企业从其他总承包企业或专业承包企

业处承揽工程而完成的产值。不包括总承包企业或专业承包企业从建设单位承揽工程中自行完成的产值和分包企业缴纳的管理费。

建筑业总产值 指以货币表现的建筑业企业在一定时期内生产的建筑业产品和服务的总和。建筑业总产值包括建筑工程产值、安装工程产值和其他产值三部分内容。

劳务分包企业建筑业总产值指劳务分包企业与总承包企业或专业承包企业签定劳务分包合同后，从事建筑安装工程取得的所有劳务收入。

装饰装修产值 包括装饰、装修两部分产值。装修装饰指对新旧房屋及建筑物进行的内外装修装饰；对新建房屋及建筑物经过施工后，尚未完全达到使用标准，而进行的二次装修装饰；以及对原有房屋经使用若干年后进行的二次内外装饰。包括抹灰、门窗、玻璃、吊顶、隔断、饰面板（砖）、涂料、裱糊、刷浆、花饰等。

建筑工程产值 指列入建筑工程预算内的各种工程价值，包括：

（1）各种房屋如厂房、仓库、办公室、住宅、商店、学校、医院、俱乐部、食堂、车库、招待所等房屋建筑，按照当前预算制度规定，列入房屋工程预算内的暖气、卫生、通风、照明、煤气等设备价值及其装饰油漆工程，以及列入建筑工程预算内的各种管道（如蒸汽、压缩空气、石油、给排水等管道），电力、电讯电缆导线的敷设等工程。

（2）设备基础、支柱、操作平台、梯子、烟囱、凉水塔、水池、灰塔等建筑工程、炼焦炉、裂解炉、蒸汽炉等各种窑炉的砌筑工程及金属结构工程。

（3）为施工而进行的建筑场地的布置，工程地质勘探，原有建筑物和障碍物的拆除及平整土地，施工临时用水、电、汽、道路工程，以及完工后建筑场地的清理，环境绿化工作等。

（4）矿井的开凿、井巷掘进延伸、露天矿的剥离、石油、天然气钻井工程和铁路、公路、港口、桥梁等工程。

（5）水利工程，如水库、堤坝、灌渠以及河道整治等工程。

（6）防空、地下建筑等特殊工程。

（7）装饰装修工程。

安装工程产值 指设备安装工程价值，包括：

（1）生产、动力、起重、运输、传动和医疗、实验等各种需要安装设备的装配和安装与设备相连的工作台、梯子、栏杆等装设工程，附属于被安装设备的管线敷设工程、被安装设备的绝缘、防腐、保温、油漆等工作。

（2）为测定安装工作质量，对单个设备、系统设备进行单机试运和系统联动无负荷试运工作。

在设备安装产值中，不得包括被安装设备本身价值。

其他产值 建筑业总产值中除建筑工程、安装工程以外的产值。包括房屋构筑物修理产值、非标准设备制造产值、总包企业向分包企业收取的管理费以及不能明确划分的施工活动所完成的产值。

房屋构筑物修理产值：指房屋和构筑物的修理所完成的产值，但不包括被修理房屋、构筑物本身价值和生产设备的修理价值。

非标准设备制造产值：指加工制造没有定型的非标准生产设备的加工费和原材料价值（如化工厂、炼油厂用的各种罐、槽，矿井生产统一使用的各种漏斗、三角槽、阀门等）以及附属加工厂为本企业承建工程制作的非标准设备的价值。

竣工产值 一般是以单位工程为对象，当该工程按照设计所规定的工程内容全部完成，达到了设计规定的交工条件，经有关部门检查验收鉴定合格的单位工程价值，即为竣工产值。

房屋建筑面积 指房屋全部平面面积的总和。它从房屋的外墙线算起，包括可供使用的有效面积和墙柱等结构占用面积。多层房屋按各层(包括地下室)面积总合计算。旧房加层或改造，只计算增加的建筑面积；旧房拆除重建，计算其全部面积；临时房屋不计算建筑面积。

房屋施工面积　指报告期内施工的全部房屋建筑面积。包括本期新开工的房屋建筑面积、上期跨入本期继续施工的房屋建筑面积、上期停缓建在本期恢复施工的房屋建筑面积、本期竣工的房屋建筑面积以及本期施工后又停缓建的房屋建筑面积。多层建筑应填各层建筑面积之和。

房屋新开工面积　指报告期内新开工建设的房屋建筑面积，以单位工程为核算对象，即整栋房屋的全部建筑面积，不能分割计算。不包括在上期开工跨入报告期继续施工的房屋建筑面积和上期停缓建而在本期恢复施工的房屋建筑面积。房屋的开工应以房屋正式开始破土刨槽（地基处理或打永久桩）的日期为准。

实行投标承包面积　指报告期内建筑施工企业经过投标招标而承担的全部房屋建筑面积。

房屋竣工面积　指报告期内房屋建筑按照设计要求已全部完工，达到住人和使用条件，经验收鉴定合格或达到竣工验收标准，可正式移交使用的各栋房屋建筑面积的总和。

房屋竣工价值　指报告期内按规定已经上报竣工的房屋本身的建造价值。一般按房屋设计和预算规定的内容计算。

年末自有施工机械设备净值　指本企业（或单位）自有施工机械设备经过使用、磨损后实际存在的价值，即原值减去折旧后的净额。

年末自有施工机械设备总台数　指年末本企业（或单位）自有的直接用于工程施工的各种机械设备的台数。但不包括附属辅助生产机械设备、运输机械设备、生产试验机械设备的台数。

年末自有施工机械设备总功率　指年末本企业（或单位）自有的直接用于工程施工的各种机械设备年末总功率，按设定能力或查定能力计算。包括施工机械本身的动力和为该机械服务的单独动力设备，如电动机等。但不包括附属辅助生产机械设备、运输机械设备、生产试验机械设备的功率。计量单位用千瓦，动力换算可按1马力＝0.735千瓦折合成千瓦数。电焊机、变压器、锅炉不计算动力。

建筑材料消耗量　指报告期内实际耗用于建筑产品生产过程中的全部材料数量，包括建设工程直接耗用的材料，现场临时设施，预制建筑构件，非标准设备制造等所耗用的材料。它是编制和检查材料消耗计划，核算单位产品材料消耗水平，考核消耗定额和反映节约情况的依据。

从事建筑业活动的从业人员平均人数　指建筑业企业(或单位)报告期实际拥有的、与建筑施工活动有关的人员的平均人数，包括参加本企业(或单位)建筑施工活动的非本企业(或单位)人员，但不包括企业内部社会服务性机构的人员以及由本企业支付工资但所从事的工作与本企业生产基本无关的人员。

独立门店　以相对独立的店铺形式，单独组织批发和零售经营活动的企业。

连锁总店　负责连锁企业资源的开发、配置、控制或使用等功能的企业核心管理机构。连锁经营是指经营同类商品或服务，使用统一商号的若干店铺，在同一总店（总部）的管理下，采取统一采购或特许经营等方式，实现规模效益的组织形式。

连锁门店　在连锁企业经营管理的基础上，按照总店（总部）的指示和服务规范要求，承担日常销售业务的店铺，称连锁门店，包括直营店和加盟店。直营店是指由连锁企业总部投资开设，按连锁经营管理模式，由总部统一管理的店铺。加盟店是指在特许连锁中，被特许人获得特许人授权后，使用其商标、商号、经营模式、专利和专有技术等经营资源建立的店铺，也包括自愿连锁的成员店。

有店铺零售　有固定的进行商品陈列和销售所需要的场所和空间，并且消费者的购买行为主要在这一场所内完成的零售业态。

无店铺零售　不通过店铺销售,由厂家或商家直接将商品递送给消费者的零售业态。

商品购进额　指从本企业以外的单位和个人购进（包括从国外直接进口）作为转卖或加工后转卖的商品金额（含增值税）。本指标反映批发和零售业从国内外市场上购进商品的总价。

进口　指直接从国外进口或委托外贸企业代理进口的商品金额，不包括从国内有关单位购进的进口商品。对外贸易企业只统计自主经营进口的商品，不统计受托代理进口的商品。

商品销售额　指对本单位以外的单位和个人出售的商品金额（包括售给本单位消费用的商品，含增值税）。在批发和零售业中，本指标反映在国内市场上销售商品以及出口商品的总量。

批发额 指售给国民经济各行业用于生产、经营用的商品金额。

出口 指直接向国（境）外出口商品和委托外贸企业代理出口的商品金额，商品出口不包括售给外贸企业出口或加工后出口的商品，以及在国内市场以外币销售的商品。外贸企业只统计自主经营出口的商品，不包括受托代理出口的商品。

零售额 指售给城乡居民用于生活消费和社会集团用于公共消费的商品金额。

商品库存额 对于批发和零售业法人企业和个体经营户，是指报告期末取得所有权的全部商品金额（含增值税）；对于批发和零售业产业活动单位，是指报告期末实际在库且归属法人具有所有权的全部商品金额（含增值税）。这个指标反映批发和零售业的商品库存情况，以及对市场商品供应的保证程度。

营业额 指住宿和餐饮业单位在经营活动中因提供服务或销售商品等取得的全部收入，包括：客房收入、餐费收入、商品销售额（含增值税）和其他收入。不包括法人企业附营的其他行业产业活动单位的餐费收入、商品销售收入等各项收入。

客房收入 指住宿和餐饮业单位在经营活动中因提供住宿服务取得的收入。不包括法人企业附营的其他行业产业活动单位的客房收入。

餐费收入 指住宿和餐饮业单位为顾客提供就餐服务取得的收入。包括：经烹饪、调制加工后出售的各种食品，如主食、炒菜、凉拌菜等的收入。不包括法人企业附营的其他行业产业活动单位的餐费收入。

商品销售额 指对本单位以外的单位和个人出售的商品金额（包括售给本单位消费用的商品，含增值税）。在住宿和餐饮业中，本指标反映住宿和餐饮业单位出售商品的销售总额（含增值税），不包括法人企业附营的其他行业产业活动单位的商品销售额。

其他收入 指营业额中除客房收入、餐费收入、商品销售额（含增值税）以外的其他收入。

床位数 指住宿和餐饮业企业供应旅客使用的床位数，不包括临时加床和门店内部工作人员使用的床位。

餐位数 指住宿和餐饮业企业为顾客提供就餐服务时，正常可同时容纳就餐人员的餐位数量，不包括临时加的餐位。

土地转让收入 指房地产开发企业按国家规定在报告期转让已经开发的土地和未经开发的土地所得到的收入。

商品房销售收入 指房地产开发企业在报告期售出商品房屋的收入，一次收款的，一次性全部计入销售收入，按合同规定分期收款的，可按合同规定的时间分次计入收入。

房屋出租收入 指房地产开发企业在报告期内，在不改变现有财产所有权关系的条件下，将企业的全部或部分房屋出租给其他单位或个人使用所得到的租金收入。

应交所得税 指企业按税法规定，应从生产经营等活动的所得中缴纳的税金。

应付职工薪酬 指企业为获得职工提供的服务而给予各种形式的报酬以及其他相关支出。包括职工工资、奖金、津贴和补贴，职工福利费，医疗保险费、养老保险费、失业保险费、工伤保险费和生育保险费等社会保险费，住房公积金，工会经费和职工教育经费，非货币性福利，因解除与职工的劳动关系给予的补偿，其他与获得职工提供的服务相关的支出。

应交增值税 指企业按税法规定，从事货物销售或提供加工、修理修配劳务等增加货物价值的活动本期应交纳的税金，不含期初未抵扣税额。根据会计相关科目贷方累计发生额，按下述公式计算填报：

应交增值税=销项税额－(进项税额－进项税额转出)－出口抵减内销产品应纳税额－减免税款＋出口退税

进项税额 指企业在报告期内购入货物或接受应税劳务而支付的、准予从销项税额中抵扣的增值税额。

销项税额 指企业在报告期内销售货物或提供应税劳务应收取的增值税额。

第四部分　普查单位划分及具体处理规定

一、法人单位、产业活动单位和个体经营户划分规定

(一)法人单位

法人单位是指有权拥有资产、承担负债，并独立从事社会经济活动（或与其他单位进行交易）的组织。法人单位应同时具备以下条件：

1.依法成立，有自己的名称、组织机构和场所，能够独立承担民事责任；

2.独立拥有（或授权使用）资产或者经费，承担负债，有权与其他单位签订合同；

3.具有包括资产负债表在内的账户，或者能够根据需要编制账户。

法人单位包括五种类型：企业法人、事业单位法人、机关法人、社会团体法人、其他法人。

(1)企业法人。指依据《中华人民共和国公司登记管理条例》、《中华人民共和国企业法人登记管理条例》等国家法律和法规，经各级工商行政管理机关登记注册，领取《企业法人营业执照》的企业。包括：

①公司制企业法人；

②非公司制企业法人；

③依据《中华人民共和国个人独资企业法》、《中华人民共和国合伙企业法》，经各级工商行政管理机关登记注册，领取《营业执照》的个人独资企业、合伙企业。

(2)事业单位法人。指经国务院或地方县级以上机构编制管理部门批准，经国家或地方县级以上事业单位登记管理部门登记或备案，领取《事业单位法人证书》，取得法人资格的事业单位。包括：

①各级党委、政府直属事业单位；

②中共中央、国务院直属事业单位举办的事业单位；

③各级人大、政协机关，人民法院、人民检察院和各民主党派机关举办的事业单位；

④各级党委部门和政府部门举办的事业单位；

⑤使用财政性经费的群众团体举办的事业单位；

⑥国有企业及其他组织利用国有资产举办的事业单位；

⑦依照法律或有关规定，应当由各级登记管理机关登记的其他事业单位。

(3)机关法人。是指各级政党机关和国家机关。包括：

①县级以上各级中国共产党委员会及其所属各工作部门；

②县级以上各级人民代表大会机关；

③县级以上各级人民政府及其所属各工作部门，以及地区行政行署；

④县级以上各级政治协商会议机关；

⑤县级以上各级人民法院、检察院机关；

⑥县级以上各民主党派机关；

⑦乡、镇中国共产党委员会和人民政府。

(4)社会团体法人是指依据《社会团体登记管理条例》，经国家或县级以上民政部门登记注册或备案、领取《社会团体法人登记证书》的各类社会团体，以及由机构编制管理部门管理其编制的群众团体。包括：

①社会团体法人；

②群众团体法人。

(5)其他法人是指除上述类型以外的法人。是依据《中华人民共和国居民委员会组织法》、《中华人民共和国村民委员会组织法》、《民办非企业单位登记管理暂行条例》、《基金会管理条例》、《农民专业合作社登记管理条例》及其他法律、法规，依法成立，具备法人条件的单位。包括：

①居民委员会和村民委员会；

②基金会；

③领取《民办非企业单位（法人）登记证书》的民办非企业单位；

④宗教组织和活动场所；

⑤农民专业合作社；

⑥其他未列明法人单位。

(二)产业活动单位

产业活动单位是指位于一个地点，从事一种或主要从事一种社会经济活动的组织或组织的一部分。产业活动单位应同时具备以下条件：

1.在一个场所从事一种或主要从事一种社会经济活动；

2.相对独立地组织生产活动或经营活动；

3.能提供收入、支出等相关资料。

产业活动单位是法人单位的组成部分。仅包含一个产业活动单位的法人单位，称为单产业法人单位，该法人单位同时也是一个产业活动单位；由两个及以上产业活动单位组成的法人单位，称为多产业法人单位，这些产业活动单位接受法人单位的管理和控制。

(三)个体经营户

个体经营户是指生产资料归劳动者个人所有，以个体劳动为基础，劳动成果归劳动者个人占有和支配的一种经营组织。本次经济普查的个体经营户包括：

1.按照《中华人民共和国民法通则》和《城乡个体工商户管理暂行条例》规定，经各级工商行政管理机关登记注册、领取《营业执照》的个体工商户；

2.依据《民办非企业单位登记管理暂行条例》，经国务院民政部门和县级以上地方各级人民政府民政部门核准登记，并领取《民办非企业单位（合伙）登记证书》或《民办非企业单位（个人）登记证书》的民办非企业单位。

3.没有领取上述证照但有相对固定场所、实际从事个体经营活动三个月以上的城镇、农村个体经营户。但不包括农民家庭以辅助劳力或利用农闲时间进行的一些兼营性的工业、商业及其他活动。

二、普查单位划分有关问题的处理规定

鉴于以往经济普查中遇到的一些特殊情况，结合《统计单位划分及具体处理办法》（国统字〔2011〕96号）的规定，特规定以下具体处理办法：

(一)以下垂直管理单位的跨地区分支机构的处理办法

1.国有商业银行、国家开发银行及政策性银行、股份制商业银行、中国邮政储蓄银行、城市商业银行、外资银行、农村商业银行的省级（省、自治区、直辖市）和地级（地区、地级市、州、盟）分支机构，视同法人单位；县级（区、市、旗）支行及所属的分理处、储蓄所等营业网点作为产业活动单位；

农村信用合作社除独立法人外，都作为产业活动单位；

其他银行业金融机构的分支机构作为产业活动单位；

2.保险公司垂直管理的省、地级保险机构视同法人单位；县级及以下分支机构作为产业活动单位；

3.中国电信、中国移动、中国联通、中国卫星通信等通信公司的省、地级分支机构视同法人单位；县级

分支机构及营业网点作为产业活动单位。为电信公司提供分销服务且不隶属于电信系统的经营代办网点，根据证照确定单位类型；

4.中国石油天然气集团公司、中国石油天然气股份公司、中国石油化工集团公司、中国石油化工股份公司、中国海洋石油总公司的省、地级分支机构（分公司）视同法人单位；省、地级石油销售公司视同法人单位，县级及以下的石油销售单位作为产业活动单位。中国石油天然气集团公司、中国石油天然气股份公司、中国石油化工集团公司、中国石油化工股份公司、中国海洋石油总公司下属的加油站作为产业活动单位；不隶属于上述公司的加油站根据证照确定单位类型；

5.铁路系统的铁路局一级单位，以及隶属于铁路系统的疾病控制所、防疫站视同法人单位；铁路局下属的站段、铁路办事处一级单位为产业活动单位；

6.隶属于国家邮政集团公司的省、地级邮政机构视同法人单位；县级及以下分支机构作为产业活动单位；

7.隶属于国家烟草专卖局（中国烟草总公司）、中国盐业总公司的地级及以上烟草、盐业专卖机构视同法人单位；

8.国家电网公司、区域电网公司下属的非法人省级分公司视同法人单位；发电公司、供电公司下属的非独立核算电力生产企业视同法人单位；非独立核算的地、县级供电公司作为产业活动单位。

(二)领取多个法人执照的一户多证（照）机构，如果是相同的人员、在相同的场地、从事同种活动，并统一核算的作为一个法人单位；如果分别核算收入和支出的则作为不同的法人单位。

(三)派出机构按照以下方法处理

1.企业法人和事业单位法人派驻各地的派出机构（办事处、联络处、办公室、销售部、售后服务部等），按照以下情况处理：

(1)对外从事经营活动的派出机构（如销售部、售后服务部等），在工商部门登记注册并具有法人资格的，作为法人单位，否则作为产业活动单位；

(2)未领取相关证照、不直接从事经营活动的派出机构（如办事处、联络处、办公室等），不单独作为普查对象。

2.机关法人的派出机构，按照以下情况处理：

(1)机关法人驻外地的办事处和在乡（镇）设立的派出机构（如法庭、检察分院、公安派出所、财税所、工商所、国土所等），作为产业活动单位；

(2)城镇街道办事处视同法人单位；

(3)机关法人驻外地的办事处开办的经营性机构（宾馆、招待所、培训中心等），在工商部门登记注册并具有法人资格的，作为法人单位的，否则作为产业活动单位。

3.外国企业和港澳台企业在中国境内常驻的从事与该企业业务有关的非营利性活动的办事处、代表处等机构，不具有法人资格的，作为产业活动单位。

(四)内设机构按照以下方法处理

1.住宿业单位（宾馆、饭店）的内设机构，如从事餐饮、娱乐、健身、洗浴、商务服务等活动，符合产业活动单位条件的，作为产业活动单位；否则不单独作为普查单位。住宿业单位（宾馆、饭店）将内设机构承包给外单位（含个人），从事餐饮、娱乐、健身、洗浴、商务服务等活动，作为承包方的产业活动单位处理。

2.企事业单位、机关下属不具备法人单位条件，以为本单位提供住宿、餐饮、卫生、洗浴、托儿所、运输、建筑、农业（农场、牧场）等服务为主的机构，符合产业活动单位条件的，作为产业活动单位；否则不单独作为普查对象。

3.购物中心（百货商场、超市、仓储会员店等）内经营单位的划分，按照以下情况处理：

(1)购物中心自营的商品销售或餐饮经营活动，符合产业活动单位条件的，作为产业活动单位，否则不单独作为统计单位。

(2)购物中心对外出租店面或柜台的活动。由购物中心统一核算收支（或统一收银结算范围内）的出租店面或柜台，不单独划分单位，其各项指标包含在主体法人企业中；不在购物中心统一核算收支（或统一收银结算范围内），但已进行登记注册的承租单位，根据登记执照确定单位；未进行登记注册的承租单位，均作为个体经营户。

百货商场、超市、仓储会员店以及其他商品零售门店或场所内出租店面或柜台的，参照上述情况处理。

4.商品交易市场（集贸市场）内的经营单位，经工商部门登记注册且具有法人资格的，作为法人单位；符合个体经营户的规定条件，作为个体经营户。

(五)企业集团问题

企业集团是指以资本为主要联结纽带的母子公司为主体，以集团章程为共同行为规范的母公司、子公司、参股公司及其他成员企业或机构共同组成的具有一定规模的企业法人联合体。企业集团的母公司（核心企业）、子公司（成员企业），在法律和经济上都是独立的，是企业法人，应分别单独填报法人单位普查表，其各项指标只包括本法人及其所属的产业活动单位的数据。

对企业集团本部根据下述情况分别处理：

1.按照《企业集团登记管理暂行规定》登记、并领取《企业集团登记证》的企业集团，不具有法人资格，不单独作为普查对象。如果企业集团本部符合产业活动单位条件，则作为其母公司（核心企业）的产业活动单位；其母公司、子公司及成员单位分别作为法人单位进行普查；

2.如果企业集团本部具有法人资格，且自己从事对外经营活动，则企业集团本部按所从事的活动单独填报法人单位普查表，其各项指标只包括企业本部的数据；

3.如果企业集团本部具有法人资格，但自己不从事对外经营活动，则企业集团本部单独填报法人单位普查表，行业归入“企业管理机构”，其各项指标只包括企业本部的数据。

(六)其他有关单位的具体划分问题

1.工会问题

按照国家行政区划在县级行政区域以上成立的各级总工会，以及同行业或相近行业成立的符合法人单位条件的产业工会作为社团法人单位；各单位内部工会组织不单独作为普查对象。

2.乡镇政府和党委问题

乡镇政府和党委，如果分别有单独的“三定方案”，且财务上能够单独核算资产，则分别作为法人单位填报普查表；否则，按一个法人单位填报普查表，单位名称统一填写“××××乡（或镇）人民政府（党委）”。

3.乡镇事业单位问题

乡镇事业单位，如在编制部门领取事业单位法人证书，并且单独设账，作为法人单位填报普查表；虽然在编制部门领取事业单位证书，但实际不单独设账的乡镇事业单位，本次普查原则上作为乡镇政府（党委）的产业活动单位填报普查表。

4.乡镇中小学问题

乡镇中小学若领取法人证书的，作为单独的法人单位；若未领取法人证书但能掌握收支和人员工资等财务资料的，则作为乡镇中心学校（法人单位）的产业活动单位；乡村教学点一书律并入乡村中小学，不单独划分产业活动单位。

5.乡镇所属的站、所问题

乡镇所属的站、所，如农业经济技术推广站等，虽然没有取得法人证书，但具备法人条件的，视同法人单位；不具备法人条件的作为乡镇政府机关法人的产业活动单位。

6.村级经济合作社问题

村级经济合作社（或其他名称的村级集体经济组织），如与村（居）委会统一核算的，并入村（居）委会；如与村（居）委会分别核算的，无论是否办理工商登记，均单独作为一个法人单位。

7.村和社区医疗服务单位问题

村和社区医疗服务单位符合法人单位条件的，按法人单位进行登记；由医院或乡镇卫生院派遣医务人员的村和社区医疗服务单位，符合产业活动单位条件的可作为派出单位的产业活动单位；领取卫生部门发的个体行医证的，作为个体经营户。不属于上述三种情况的村和社区医疗服务单位作为村委会（居委会）的产业活动单位。

8.跨地区水利系统的分支机构问题

凡跨县级以上行政区划的流域水利管理机构的县级及以上分支机构（河务局、处、所）视作法人单位。

9.律师事务所、公证、司法鉴定机构问题

由司法部门管辖并登记批准的律师事务所、公证机构、司法鉴定机构等单位，按司法部门登记的类型确定法人单位和产业活动单位（分支机构）。

10.出租车及货运车辆问题

出租车公司能整体核算的，各出租车不单独作为个体户；如出租车或货运车辆挂靠运输企业，只交一定的管理费，而运输企业不对这些车辆进行整体核算，则由挂靠企业将这些车辆作为个体经营户填报车辆数量和从业人员情况。

如个体出租车或货运车辆未挂靠的，依据县级交通运管部门行政登记资料进行登记。

11.彩票销售网点的问题

彩票销售网点是各级彩票中心下属的彩票投注站点，一般依附于其他单位存在，本次普查不作为单独的单位填报普查表。

12.宗教组织与宗教场所问题

(1)各类宗教团体法人单位以民政部门颁发的《社会团体法人登记证书》为准；

(2)经各级宗教事务管理部门批准成立，财务上独立核算的寺庙、清真寺、教堂等宗教活动场所作为法人单位；财务上不独立核算的寺庙、清真寺、教堂等宗教活动场所作为上一级宗教组织法人单位的产业活动单位；

(3)不符合产业活动单位条件的宗教活动点和未经批准的自发的宗教活动场所不作为普查对象。

(七)未领取证照的个体经营户的界定问题

1.下列未领取证照的个体活动不列入本次普查范围：

(1)无个体行医证的个体医生；

(2)无固定场所的临时性早市或夜市摊贩及流动摊贩；

(3)各种未领取营运证照的客货运输车船；

(4)家庭保姆、家庭教师；

(5)农户对收获的（或有部分是收购的）农副产品进行一些季节性的简单加工（如香菇烘干、竹笋、地瓜晒干等）；

(6)家庭成员在家承接企业发包的对产品、零部件的简单加工或包装，领取劳动报酬的活动；

(7)居民个人出租或转租房屋，收取租金的活动；

(8)无实体店的网络商店。

2.个体建筑业问题。在城镇、乡村从事建筑业活动的个体劳动者（如：泥瓦工、木工、油漆工等），对外承接工程、单独从事建筑业活动或雇佣人员进行施工、年累计经营活动达三个月以上、完成施工项目并同业主进行财务结算的，作为建筑业个体经营户；受雇于别人（即打工者）的人员不作为个体建筑业经营户。

第五部分　普查区划分和电子地图绘制实施方案

第三次全国经济普查全面采用手持电子终端设备（PDA）和电子地图技术。为落实普查责任，明确普查区边界，确保普查对象的不重不漏，在普查登记前，需开展普查区划分与绘制普查区电子地图的工作。为此，特制定本实施方案。

一、普查区划分原则

普查区的划分，原则上按村（居）民委员会管辖的地域范围确定。对位于一个行政区域范围内或跨几个行政区域独立设置的各类开发区、旅游度假区、工矿区、院校区、商品交易市场等大型经济体，原则上不单独划分为行政区划以外的普查区，按照临近原则归入相近的行政区域。如确属普查工作需要，且有独立、完整的地理区域，可单独划分普查区，但需报上级普查机构批准、备案，统一编码。对于个别区域较大、单位较多的普查区，可在一个普查区内划分若干个普查小区，对普查小区以两位码编号，并明确边界。

所有普查区都应有完整、封闭的边界。一个街镇（乡镇街道的简称，下同）内的全部普查区合并起来，应覆盖整个街镇的区域。在不涉及经济活动的区域，对边界精度的要求可适当放宽。普查区边界仅用于普查工作，不作为各级政府行政区域划分和行政管理的依据。

二、命名和编码规则

以村（居）民委员会管辖的地域范围划分的普查区，普查区名称沿用村（居）民委员会名称，以“村（居）委会”结尾；按普查需要单独划分的非村居类普查区，按实际情况命名。普查区名称不得使用简称或习俗名称，在同一街镇级区域范围内不得重复。普查小区的名称可用顺序号命名，称之为“第一普查小区”“第二普查小区”等。普查区代码以目前统计所使用的行政区划地址代码库为基础，并按统计所使用的编码规则编制。普查区对应12位代码，普查区下辖的普查小区增加两位，以顺序码编号。

三、人员与场所

各级经济普查机构要指定专人负责普查制图，相关人员应掌握普查区划分与绘图工作规则，经培训后应掌握普查区绘图与管理等软件的使用方法。

我省以2012年航拍的高分辨率测绘影像图为普查区划分与绘图工作的底图。此地图数据仅限用于本次普查的绘图工作，各级普查机构要做好地图数据的保密工作，为纸质地图的存放保管提供满足“防火防水防盗”条件的场所。

四、绘图工作步骤

1、准备图源

省经普办负责整理我省2010年普查区边界线，共四个图层即区县边界、街镇边界、村居边界与村居名称。

省测绘地理信息局在其 2012 年航拍的高分辨率影像图上叠加上述四个图层，提供纸介质的街镇地图。各街镇地图比例尺依据其地域大小而定。

各街镇地图用“XX 县（区）XX 街镇调查地图”文字与 2010 年的地址码标明；图中的道路、水系、建筑物、土地、植物等，以实际航拍效果的图斑表示；2010 年的普查区边界线，以明亮黄色表示，实线为街镇边界，虚线为村居边界；2010 年的村居简称，以橙红色方框中的白色文字表示。

各级普查机构对地图登记造册，由专人负责清点交接与保管。

2、绘制与核对边界线

街镇从区县（县市区的简称，下同）接收本街镇的纸介质地图，核对图名与编号后签收，由专人保管。

图源纸质地图上的黄色 2010 年边界线仅作参考用；2010 年村居简称仅作参考用。

街镇组织本街镇所有村居边界线的核对工作，负责在纸质地图上按本次普查区划分要求进行普查区边界线的画线操作。画线完成后，街镇操作人员在图名下方签名并署日期。

画线：本次普查的普查区边界用黑色或红色“小双头油性笔” 画线。街镇边界（本街镇区域外廓）画黑色线；村居边界画红色线。村居名称与对应的 12 位地址码，用红色笔写在相应村居区域内。

完成画图后，由街镇人员在图中街镇名称下方签名。

在纸质地图上画边界线，以画准街镇边界线为重点。如果由于纸质地图的比例尺过小或其他原因，暂时不能画准村居边界线，可在后续步骤中用绘图软件修改调整村居边界线。

区县接收各街镇完成画线的地图后，逐一核对各街镇的街镇边界线是否完整、封闭、清晰。如果相邻街镇对同一条边界线的绘制位置不一致，由区县负责协调并修改确认。

区县负责核对街镇地图中村居级普查区区域数量与对应地址码表中普查区记录数的一致性。村居级普查区的边界线应完整、封闭、清晰；名称与对应地址码应清晰。核对确认完成后，由区县操作人员在图上签名，与对应的地址码表一同报省辖市。

省辖市普查机构负责接收审定所辖区县报送的地址码表并报省。

同一省辖市范围内相邻区县边界线有争议时，由省辖市负责协调有关区县并确认。

相邻省辖市边界线出现争议，由省经普办负责协调并确认。

3、边界线电子化与影像图分割

完成边界线绘制的纸质地图，逐级核对清点后，由省经普办交省测绘地理信息局进行电子化处理。

省测绘地理信息局负责依照各街镇纸质图上边界线，在影像图上描绘街镇、村居边界线，并将各普查区的名称和地址码两项文字属性加载到相应区域上。

省测绘地理信息局负责按各街镇边界线分割影像图，提供给省经普办。省经普办负责将街镇影像图逐级分发到区县普查机构。

4、绘制村居边界线

区县普查机构组织街镇以影像图为底图，使用普查区绘图与管理软件，修改或绘制普查区和普查小区边界，修改或确认普查区名称和代码。

5、上报边界线

按规定时限（以省经普办通知文件为准），各级逐级合并上报普查区边界线文件。省经普办负责完成边界线对国家经普办的上报和 PDA 加载工作。

五、业务培训

上述“绘图工作步骤”中的“2、绘制与核对边界线”操作，省经普办不安排业务培训。

上述“绘图工作步骤”中的“4、绘制村居边界线”操作，待国家经普办确定的软件下发后，省经普办负责对省辖市经普机构的有关人员进行业务培训，培训时间与内容以省经普办通知为准。

六、进度计划

全省全部街镇纸质地图的图源准备，将耗时约一个月。纸质地图将按省辖市依序发送。
各区县接收地图后，拟在一个月时间内完成全部街镇的边界线画线与核对工作。
省测绘地理信息局进行边界线电子化与分割影像图的工作，约用时一个月。
“绘图工作步骤”中的“1、2、3、”三项工作，计划在三个月时间内完成。
“绘图工作步骤”中的“4、5、”两项工作的完成时限，待国家经普办的要求确定。

七、其它事宜

特殊地域的普查区划分与绘图工作，应符合普查区地图绘制的基本要求，按有利于普查工作的原则，由相关的各级机构协商处理。

第六部分　普查登记工作细则

普查登记包括前期准备、数据采集、数据上传和留档备查等方面的工作。

一、前期准备

（一）收集整理部门数据

普查登记前，先由各级编制、民政、工商、国税、地税、质检以及其他具有单位设立审批、登记职能的部门，以及掌握单位信息的行政主管和行业主管等部门，按统一要求向同级经济普查机构提供本部门掌握的各类法人单位和分支机构的最新名录资料。其中，企业法人及分支机构的名录资料，由各级工商、税务、质检、发改委、经委、住建、乡镇（中小企业局、民营经济局）、交通、公安、邮电等部门和其他有关主管部门负责提供；事业单位法人和机关法人及分支机构的名录资料，由各级编制、质检、教育、卫生部门和其他有关主管部门负责提供；社会团体法人和其他法人及分支机构的名录资料，由编制、民政、质检部门和其他有关主管部门负责提供。

人民银行、银监会、证监会、保监会、国家铁路局将本部门掌握的全部法人单位、视同法人单位和产业活动单位名录信息提供给国务院经普办，由国务院经普办整理下发各省级经济普查机构。

县级以上经济普查机构将收集到的部门数据进行初步整理、审核，并逐级分解下发至县级经济普查机构。

（二）单位比对

由县级经济普查机构负责以基本单位名录库为基础与部门数据进行单位比对、合并和整理。首先在名录库系统中以组织机构代码、单位名称和部门登记注册号为依据，按照规定的优先级原则自动进行单位比对，合并重复单位；再对由于单位组织机构代码不唯一、单位名称不规范等原因造成无法自动合并的单位进行人工合并。在此基础上，对合并结果进行初步审核，并对区划代码等主要指标进行必要的整理补充。

自动合并和人工合并、整理后即生成单位比对库。单位比对库中每个单位都被赋予唯一不变的“底册顺序码”，用于建立各部门数据、名录数据、一套表联网直报调查单位数据和普查数据的关联关系。底册顺序码由 14 位数字和字母组成，前 6 位为区划代码；第 7、8 位为登记机关代码（BZ 为各级编制部门，MZ 为各级民政部门，GS 为各级工商部门，RH 为人民银行，YJ 为银监会，ZJ 为证监会，BJ 为保监会，TL 为铁路，其余为 ML），第 9 到 14 位为单位顺序码。

（三）开展现场核查

根据单位比对库，对辖区内所有单位进行现场勘查核实，排重、补缺并更新相关信息，并标注核查情况，对于部门行政登记资料中存在，但仍无法找到的单位，反馈给负责登记的相关部门，由相关部门协助查找、认定，生成核查数据库。

（四）标注一套表联网直报单位和金融、铁路系统法人单位、视同法人单位和产业活动单位。

根据普查登记前一套表联网直报调查单位年度审核认定结果和金融、铁路系统提供的名单，在核查数据库中标注通过一套表平台开展调查的全部联网直报调查单位和金融、铁路系统法人单位、视同法人单位和产业活动单位。

（五）生成单位底册

将核查数据库中的全部单位选取部分字段，生成单位底册。底册字段主要包括：单位属性指标、是否联网直报单位、是否金融或铁路系统单位、底册顺序码、资料来源等除数据指标之外的全部字段。

（六）PDA 数据加载

县级普查机构将全县单位底册和相关乡镇普查区电子地图加载至 PDA。

（七）普查告知

1．国务院经济普查办公室通过国家统计联网直报平台向联网直报单位发送第三次全国经济普查告知书。

2．地方普查机构通过有效方式，如邮寄、上门或在个体户比较集中的街道、集贸市场张贴海报等，向非联网直报单位和个体经营户发送第三次全国经济普查告知书，指导和督促其做好相关准备工作。包括准备相关证照、统计台账、财务报表等，并按照告知书要求整理相关数据供登记使用。

普查告知书由国务院经普办统一印制。

二、数据采集

（一）定位

普查员到达调查现场，使用PDA通过GPS进行定位并获取坐标，核实填写建筑物名称和详细地址信息。

（二）入户调查

进入建筑物后，普查员要对所有单位进行实地调查。入户时，须持有县级经济普查机构统一印制的普查员证件，并主动出示证件，自我介绍，说明来意。入户后，询问、查看相关证照，判断其是否属于本次普查对象，确认单位类型。

对于法人单位或产业活动单位，根据证照上的名称、代码等信息，在单位底册中模糊查找该单位，并分不同情况进行登记：一是对底册中的一套表联网直报调查单位和金融系统、铁路系统法人单位，用PDA对“三证”进行拍照，核实相关信息。二是对底册中的非一套表联网直报调查单位和金融、铁路系统的视同法人单位、产业活动单位，利用PDA调出该单位在单位底册中的信息，采用现场核实、修改和补充的方式采集普查表数据，同时对单位“三证”或证照的复印件、传真件进行拍照，确保单位真实存在。三是对与单位底册中相近的单位要进行现场询问，确定是否为同一单位，如确认为重复单位要在单位底册中进行标注。对多产业法人单位除核实法人相关信息外，还要核实本部的相关信息。

对底册中没有的单位，则利用PDA新增单位普查表，现场采集普查数据，并对“三证”进行拍照。

对于个体经营户，则直接使用PDA填报个体经营户普查表，并对证照拍照留档。

（三）审核保存

普查员填报完普查表后要执行数据审核并保存，审核不通过的要进行现场修改。对于客观情况与审核条件矛盾的，则进行强制保存并填写备注信息。

（四）查遗补漏

县级经济普查机构要及时根据部门提供的新增单位、统计调查发现的新增单位，以及入户调查结果与单位底册差异情况进行查遗补漏。入户调查后，县级普查机构要及时将全县PDA采集的数据导入数据处理系统，将普查数据与单位底册数据进行比对。对于普查多出和底册多出的单位应重点核查，确认为同一个单位的，要在单位底册中加以标注。对底册中没有查找到的全部单位，应进一步实地核查，查遗补漏结束后，底册中所有单位都必须标注核查情况。

三、数据上传

PDA数据利用无线网络，或在乡级普查机构通过统计内网报送到指定服务器中。对于单位底册中标注为一套表联网直报的调查单位，除接受本次经济普查的入户调查外，仍按照规定登录国家统计联网直报平台报送数据。

四、留档备查

非联网直报单位按照普查告知书要求事先填写的相关基础数据，由有关人员签字盖章后，普查员用PDA拍照留存。

第七部分　普查人员选聘和业务培训工作细则

普查指导员和普查员的选聘和培训是普查准备阶段的一项重要工作，是普查工作顺利开展，普查数据真实、有效，普查资料成功开发和使用的重要基础和保障，必须认真、细致地做好这项工作。

一、普查指导员、普查员的选聘

普查指导员、普查员的选聘工作由市、县级经济普查机构负责，乡（镇、街道）经济普查机构组织实施。

1.普查指导员、普查员的职权与职责

（1）忠于职守，坚持原则，严格执行普查方案，依法独立开展普查工作。

普查指导员、普查员有权查阅被调查者与经济普查有关的会计、统计和业务核算等各种原始资料及有关经营证件，有权对经济普查资料的准确性进行检查，并要求其改正经济普查表中不确实的内容。普查对象不配合普查工作时，应按照《统计法》和《全国经济普查条例》的有关规定对其发放法律文书进行督促；对拒绝或者妨碍普查指导员、普查员行使职权的，应及时报告当地普查机构，由普查机构移交统计执法部门处理，情节严重的依法追究其法律责任。

（2）积极参加业务培训，认真学习经济普查知识。通过培训和学习，准确理解和把握普查方案内容、普查表式和相关指标解释，熟悉单位比对、普查登记、数据审核、检查和验收等经济普查流程和工作方法，熟练掌握 PDA 操作、普查数据采集和处理等普查业务技能。

（3）认真做好普查宣传，提高普查对象对经济普查工作的认识和对普查工作的参与、支持、配合度。

（4）执行经济普查任务时，特别是入户登记时，须持有并主动出示由普查机构统一印制的《普查指导员证》、《普查员证》，表明身份，说明来意。

（5）遵守保密规则，自觉为普查对象保密。

（6）尽职尽责，圆满完成经济普查的各项具体任务。

2.普查指导员、普查员主要工作任务

普查指导员在乡级经济普查机构的领导下，具体组织本普查区的宣传和核查登记，指导和检查普查员业务工作，负责与普查机构联系和协调，在工作中遇到难以确定和处理不了的重大问题，及时汇报和请示。

普查员负责事先告知普查对象，核实普查区电子地图，完成入户登记。入户时，认真核对调查对象的各种证照和财务资料，严格按照普查方案规定的范围和标准，使用 PDA 填报普查表，做好数据审核和上传工作。

3.普查指导员、普查员的条件

普查指导员要求具备一定组织协调能力和群众工作经验，熟悉普查区（普查小区）情况，身体健康，政治觉悟高，善于做思想工作和宣传工作。有一定的经济、财务、统计基础知识。原则上，普查指导员可由乡（镇、街道）办事处、社区（居委会）或村委会干部，乡镇驻村干部担任。

普查员要求具备高中以上文化水平，有一定的经济、财务、统计基础知识，能进行计算机和手机的操作，准确填报普查表。责任心强，工作细致，身体健康。普查员可由在校大学生、企业统计人员、社区、村干部和村民小组组长担任。

4.普查指导员、普查员的配备

根据普查工作量和登记难度配备普查指导员和普查员。每个普查区至少配备一名普查指导员，每台 PDA 原则上配备一名普查指导员和普查员。

5.普查指导员、普查员的报酬

（1）地方经济普查机构应当根据当地的有关规定，向聘用人员支付相应的劳动报酬。

（2）商调人员的工资、福利及其他待遇均由原单位支付，并保证其在职务晋升、工资晋级、评选先进等方面与原单位的其他工作人员一视同仁。

二、业务培训

各级普查机构须根据普查工作需要，对普查指导员和普查员进行业务培训，通过培训使普查指导员和普查员熟悉第三次全国经济普查各项工作内容、具体要求、实施步骤、进度安排和普查相关法律法规，明确普查工作组织纪律及其在本次经济普查工作中的职责和主要任务，准确理解和把握普查方案，熟练掌握 PDA 操作。

1.培训内容

培训内容主要包括：普查工作纪律、相关法律法规、普查方案、PDA 操作、普查软件的使用以及普查工作必备的专业知识和技能。

2.培训方式和教材

培训工作由省级普查机构统一组织，根据具体情况采用分级或跨级培训的方式，以集中面授为主，多媒体课件学习为辅进行培训。面授侧重课堂练习、普查表试填和现场答疑，特别是普查技能训练。确保学员在接受面授后，掌握完成普查工作任务基础知识和基本技能，能独立操作和完成职责内工作任务，重点是掌握好 PDA 的使用方法，正确填报好普查表。

各级普查领导机构在组织集中培训后，要对普查员进行考试，考试合格者颁发普查员证。县级普查机构对经培训考试合格后聘用的普查员，按普查区编组、造册，形成经济普查员资料库，上报上一级普查机构审核备案。

国务院经普办负责统一印发普查方案培训教材、普查工作手册和 PDA 操作手册等，地方各级普查机构根据工作需要制发地方普查工作培训教材。

第八部分　部门分工具体要求

为了加强对第三次经济普查工作的组织和领导，省政府成立江苏省第三次经济普查领导小组，成员单位由各有关部门组成，负责普查的组织实施。在江苏省第三次全国经济普查领导小组的统一组织下，按照部门职能分工，各有关部门要各负其责，认真做好普查的组织实施工作。

一、编制、民政、税务、工商和质检等部门统一要求

(一)参与研究制定行政登记资料与基本单位名录库资料的比对核查办法

(二)提供单位行政登记资料

1.各级编制、民政、税务、工商和质检等部门于2013年9月15日前，以磁介质文本文件（或Excel文件）方式，向同级经济普查机构提供截止到2013年8月底前本部门审批或登记的各类单位行政登记资料；并于2014年1月15日前，提供2013年9月到12月底审批或登记的单位增减变动资料。

2.各部门提供资料的通用指标包括：单位名称、组织机构代码、部门登记证号、单位详细地址、行政区划代码、联系电话，以及行业代码（或主要业务活动）等。

除上述通用指标外，编制部门要按正常单位、一个机构多块牌子、合署办公和教学点分别提供单位名录；民政部门要按当年年检库和未年检库分别提供单位名录；税务部门要按正常户和非正常户分别提供单位名录，并增加单位登记地址、注册地址、登记注册类型、上年营业收入和上年税金等指标，有条件的地区按照税务分局、税务所提供管户资料；工商部门要按当年年检库和未年检库分别提供企业名录，并增加新、原登记注册号及注册资本（金）等指标；质检部门要按有效库和质疑库分别提供单位名录。

3.对于单位行政登记记录中含有涉密内容的资料，各部门要按相关密级文件的交换方式加以提供。

(三)各级编制、民政、税务、工商和质检等部门应按照同级经济普查办公室的要求，抽调熟悉业务的专业技术人员，共同做好各类单位的核实和认定工作。

(四)各级各部门要共同对经济普查单位核查结果进行评估、分析和认定。对于核查结果与部门行政登记记录比对不上的单位，各部门应按其审批或登记的职责分工认真组织核查工作，核查结果应于接到同级经济普查机构提供差异名单后1个月内反馈。对于地方普查机构与部门核查均无法查到的单位，相关部门应在日常年检时重点进行核查。

二、领导小组各成员单位具体职责分工

省统计局：

协同领导小组做好全省经济普查组织实施工作。主要职责是：选调人员，组成经济普查领导小组办公室，承担经济普查的日常工作；制定普查工作计划和实施方案；负责全省经济普查业务培训材料的编写、普查表等资料的印制发放工作；组织安排省级普查试点，实施对市、县（市、区）普查人员的业务培训；提供现有的基本单位名录库资料，与掌握单位名录的部门共同做好单位认定与评估工作；做好普查工作质量控制和普查数据质量控制，组织质量验收和质量评估；做好全省普查数据的汇总、上报，建立和维护普查数据库、基本单位名录库和统计地理信息系统；制定普查资料开发应用研究规划，组织普查资料的开发应用，组织普查数据结果的社会发布，承担普查资料开发任务；会同省委宣传部及省级新闻媒体共同做好

经济普查宣传工作。在省统计局内、外信息网开辟第三次经济普查专栏，及时宣传报道国家、省及各地普查机构的工作进展、工作动态、业务讨论、经验交流等内容；依据《统计法》、《全国经济普查条例》，组织、指导地方各级统计局开展执法检查活动，受理普查工作中违法违纪行为的举报、转办、督办，协助省监察厅对重大违法违纪案件进行直接调查，并提出处理意见和建议。

国家统计局江苏调查总队：

负责派员和组织本系统参与经济普查有关组织、实施工作；负责组织实施个体户抽样调查工作；参加全省普查工作质量控制和普查数据质量控制、质量验收和质量评估。

省委宣传部：

协同领导小组制定全省普查宣传工作方案，部署宣传工作任务；组织指导和协调省级新闻媒体，对普查工作进展情况及重要会议、重大活动等进行宣传报道；指导各市、县（市、区）做好普查宣传工作。

省编办：

负责提供省级机关、事业单位名录等基础资料，指导市、县（市、区）编办向同级普查机构提供相应资料；参与机关、事业单位核查和核查结果的审核认定工作。

省发展改革委：

负责和协调普查物资保障方面的事项，参与制定普查资料开发研究规划，承担普查资料开发研究综合性任务；负责提供备案的创投、风投公司名录资料；负责提供省级服务业集聚区名录资料。

省经济和信息化委：

负责提供省级物流企业名录等基础资料，组织市、县（市、区）物流主管部门向同级普查机构提供相应资料；负责提供融资担保公司、软件企业名录等基础资料；参与物流企业单位核查结果的审核认定工作。

省教育厅：

提供全省学历教育和非学历教育的学校（机构）单位名录等基础资料；配合地方普查机构准确反映大中专院校中与普查有关的餐饮、商贸、工业、物业管理、交通、绿化、科研等法人或产业活动单位的各项指标；参与整个教育行业单位核查结果的审核认定工作。

省科技厅：

负责提供全省科研机构、科技情报与文献机构、综合技术服务机构的单位名录等基础资料；参与单位核查结果的审核认定工作。

省民委：

负责提供全省宗教组织（寺庙、清真寺、教堂等）名录等基础资料；参与宗教组织单位核查结果的审核认定工作。

省公安厅：

负责督促各地公安机关及时受理并查处阻碍普查员实施调查、侵犯普查员人身安全行为；负责提供地名地址库方面的有关资料，负责提供安保服务单位名录等基础资料；组织市、县（市、区）公安部门向同级普查机构提供相应资料。

省监察厅：

负责对国家行政机关及其工作人员执行《统计法》和《全国经济普查条例》情况进行监督和检查，对其违法违纪行为进行查处。

省民政厅：

负责提供全省社团、基金会、民办非企业单位及基层自治组织单位名录等基础资料；提供民政部门所属的婚姻、殡葬服务和社会福利业单位的名录等基础资料；参与单位核查和核查结果的审核认定工作；为保持普查区的稳定，负责于2013年8月至2014年1月暂停县级以下行政区划变更的审理。

省财政厅：

协同领导小组做好省级普查经费预算的审核、落实到位和使用监督，保障普查工作的需要；督促市、县（市、区）落实普查经费；协助各级经济普查办公室审核机关事业单位行政事业费支出及年末资产金额。

省人力资源社会保障厅：

负责提供全省非正规自主型劳动组织、有关技术培训机构单位名录等基础资料；参与单位核查结果的审核认定工作。

省住房城乡建设厅：

协同领导小组实施房地产和建筑业普查工作，提供房地产企业和建筑业企业单位名录等基础资料，共同核对企业名录，参与普查数据的评定工作。负责提供住房公积金管理中心、房屋拆迁公司、物业管理和房屋中介公司单位名录等基础资料；参与单位核查结果的审核与认定工作。

省交通运输厅：

负责提供道路、水运、港口、航道和所管辖的城市交通运输企业的单位名录等基础资料；负责提供有关驾驶培训学校名录等基础资料；参与单位核查结果的审核与认定工作。

省农委：

负责提供全部农业生产经营企业的单位名录等基础资料；参与单位核查结果的审核与认定工作。

省商务厅：

负责提供全部外经贸企业、开发区、进出口商会、服务外包企业、典当、会展等单位的名录等基础资料；参与单位核查结果的审核与认定工作。

省文化厅：

负责提供省级文化艺术单位名录资料，组织市、县（市、区）文化主管部门向同级普查机构提供行业管理的文化艺术单位名录等相应资料；参与单位核查结果的审核认定工作。

省卫生厅：

负责提供省级卫生医疗机构、计划生育机构等名录基础资料；组织市、县（市、区）卫生行业管理部门提供本区域各类卫生医疗机构、计划生育机构和个体医生的名录等基础资料；参与单位核查结果的审核认定工作。

省国资委：

负责提供在苏中央企业、省级国有企业、行业协会名录资料；督促省属企业履行普查义务，如实填报普查报表；参与单位核查结果的审核认定工作。

省地税局：

负责提供全省地税系统纳税单位（正常户、非正常户）和个体工商户单位名录及纳税情况资料；负责提供分行业的税收综合资料；参与单位核查和核查结果的审核认定工作。

省工商局：

负责提供全省各类企业单位名录等基础资料；提供全省个体户名单及其基本情况；参与单位核查和核查结果的审核认定工作。

省质监局：

负责提供全省各类单位组织机构代码名录等基础资料；参与单位核查和核查结果的审核认定工作。

省广电局：

通过广播电视开展全方位、多种形式的经济普查社会动员；宣传普查工作中涌现的先进事迹和好人好事；负责提供广电系统单位名录等基础资料；参与单位核查结果的审核认定工作。

省新闻出版局：

负责提供全省新闻、出版发行单位（出版单位、发行单位、音像制品企业、光盘生产企业）、版权名录等基础资料；参与单位核查结果的审核认定工作。

省体育局：

负责提供全省体育组织、体育场馆和健身休闲等单位名录等基础资料；参与单位核查结果的审核认定工作。

省旅游局：

负责提供全省星级饭店、旅行社、旅游景区单位名录等基础资料；参与单位核查结果的审核认定工作。

省海洋渔业局：

负责提供全省海洋与渔业产业单位名录等基础资料；参与单位核查结果的审核认定工作。

省金融办：

负责提供全部小额贷款公司、再担保公司等单位的名录等基础资料；参与单位核查结果的审核认定工作。

省国税局：

负责提供全省纳税单位（正常户、非正常户）和个体工商户单位名录及纳税情况资料；提供第二、第三产业分行业的税收综合资料；参与单位核查和核查结果的审核认定工作。

省监狱管理局：

负责提供全部监狱系统（包括租借狱区的社会单位）单位名录等基础资料；协助省经普办做好监狱系统单位的普查工作；参与单位核查结果的审核认定工作。

省邮政管理局：

负责提供全部邮政业务（邮政储蓄单位、快递业务机构、集邮市场）单位名录等基础资料；参与单位核查结果的审核认定工作。

省测绘地理信息局：

按照领导小组的要求，提供脱密后的基础地理信息数据（影像图、矢量图等）；负责省基础地理信息数据与全国经济普查领导小组下发的有关数据的衔接；与省经济普查领导小组办公室一起做好普查区电子地图试点、培训及绘制等工作；组织市、县（市、区）测绘部门向同级普查机构提供相应资料，配合普查区电子地图绘制等工作。

省通信管理局：

负责提供全省通信行业（通信类生产经营企业、基础电信业务单位、增值电信业务单位）单位名录等基础资料；参与单位核查结果的审核认定工作。

人民银行南京分行：

组织市、县（市、区）机构向当地经济普查机构提供本系统所管辖范围的银行、金融信托与管理、金融租赁、财务公司、邮政储蓄及其他金融业（不包括典当业）的全部法人单位(含视同法人)、分支机构和营业网点的单位名录等基础资料；参与单位核查和核查结果的审核认定工作；组织开展货币金融服务业和其他金融业法人单位调查；协助地方各级经济普查机构进行普查；参与经济普查数据审核。

江苏银监局：

负责和协调银行业金融机构及其分支机构单位名录提供事项；负责将《银行业及相关金融业负债和损益表》汇总数据和分解到省辖市的数据报送省经济普查领导小组办公室；协助省经济普查领导小组办公室做好省辖市以下银行业财务数据的分解工作；参与单位核查和核查结果的审核认定工作。

江苏证监局：

负责提供全省从事证券、期货业的法人单位（含视同法人）、分支机构、营业部和服务部的单位名录等基础资料，并按市、县（市、区）做好分类；参与单位核查和核查结果的审核认定工作；负责将辖区内的证券、期货业的汇总数据和分解到省辖市的数据报送省经济普查领导小组办公室；协助省经济普查领导小组办公室做好省辖市以下证券、期货业财务数据的分解工作；组织开展资本市场服务业法人单位调查；协助地方各级经济普查机构进行普查；参与经济普查数据审核。

江苏保监局：

负责提供全省本系统所管辖范围内的全部保险业法人单位（含视同法人）、分支机构和营业网点的单位名录等基础资料，并按市、县（市、区）做好分类；参与单位核查和核查结果的审核认定工作；负责将辖区内的《保险业资产负债和利润表》、《保险机构费用明细表》和《保险中介机构财务状况表》的汇总数据和分解到省辖市的数据报送省经济普查领导小组办公室；协助省经济普查领导小组办公室做好省辖市以下保险业财务数据的分解工作；组织开展保险业法人单位调查；协助地方各级经济普查机构进行普查；参与经济普查数据审核。

省军区后勤部：

按照《第三次全国经济普查方案》的要求，负责对本系统向社会提供服务和产品的队列单位、事业单位的经济普查；负责协助各级地方人民政府经济普查机构，对军队系统所属从事装备修理的企业和租赁军队房地产的地方企业的经济普查工作。

省武警总队后勤部：

按照《第三次全国经济普查方案》的要求，负责对本系统（不含边防、消防、警卫部队）对外提供有偿服务的队列单位的经济普查；负责协助各级地方人民政府经济普查机构，对武警系统的水电指挥部、交通指挥部所属的生产性企业和租赁武警房地产的地方企业的经济普查工作。

上海铁路局南京办事处：

负责提供本系统所管辖的江苏省范围内的全部法人单位（含视同法人）、分支机构和营业网点的单位名录等基础资料，并按市、县（市、区）做好分类；参与单位核查和核查结果的审核认定工作；负责协助各级地方人民政府经济普查机构，对租赁铁路系统房地产的地方企业的经济普查工作；组织开展铁路运输业法人单位调查；协助地方各级经济普查机构进行普查；参与经济普查数据审核。

民航江苏安监局：

负责提供经济普查所需的相关资料和数据；组织本行业的企业参加各级经济普查机构组织的各项调查工作。

省农垦集团：

负责组织指导系统所属企业参加所在地的经济普查工作。

其他省级部门：

根据各自职责指导本系统做好经济普查的参与配合工作。

上述各部门要充分利用相关渠道做好普查宣传工作，督促、指导市、县（市、区）有关部门，配合、协助各级普查机构做好普查组织实施和普查结果的审核评估工作。

上述各部门职责中凡涉及提供企业（单位）、个体经营户单位名录等基础资料的部门，2013 年 6 月 15 日前提供本部门 2012 年 12 月底的行政记录资料、2013 年 9 月 15 日前提供本部门 2013 年 8 月底的行政记录资料，具体指标如下：单位名称、组织机构代码、法定代表人（负责人）、单位详细地址、联系电话及有关财务数据。未注明提供资料内容的部门，由省经济普查领导小组办公室会同相关部门共同商定提供的具体内容。

第九部分　普查数据质量全流程控制办法

一、总 则

1、根据开展第三次全国经济普查的整体要求，为确保江苏省第三次全国经济普查数据质量，制定本办法。

2、经济普查各阶段的质量控制工作，在各级经济普查领导小组的领导下进行。地方各级经济普查领导小组组长对本地区经济普查工作质量全面负责，各级经济普查办公室主任是经济普查质量控制工作的执行负责人，各主管副主任对其分管业务工作质量负责。各级经济普查办公室，负责质量控制工作的具体组织和实施。

3、地方各级经济普查机构应当根据省经济普查领导小组办公室的统一规定，结合本地实际，制定经济普查质量控制办法和实施细则，进一步完善普查业务流程，明确各级、各部门、各专业的职责任务，规范各环节质量管理的具体标准，对经济普查实施全流程质量管理。

4、地方各级经济普查机构要设立普查质量管理小组，统一管理、指导和评估各级、各部门、各专业和各阶段的质量控制工作，要建立经济普查数据质量控制岗位责任制，对经济普查实施中的每个环节实行质量控制和检查验收。

5、质量控制工作要贯穿于经济普查业务全流程，是对普查区划分与绘图、确定单位底册、电子终端设备（PDA）内容加载、普查告知、任务部署、普查登记、数据审核检查和验收、数据汇总、事后质量抽查与数据评估、主要数据发布和普查成果的开发与应用等10个阶段的工作，实行全流程、全方位的质量控制。

二、普查区划分与绘图

1、全省第三次全国经济普查普查区设置以统计用区划代码为基础，按村级单位管辖的地域划分设置普查区，明确普查区边界，绘制普查区地图。

2、普查区设置要遵循地理区域原则和组织实施原则。

1）以村级单位设置的普查区要有完整的地理区域，所辖所有村级单位设置的普查区合并要构成完整的乡级地域，所辖所有乡级地域合并要构成完整的县级区域，以此类推，确保普查地理区域的完整性。

2）普查区要根据普查组织实施的需要与可能设置，居委会和村委会合一的村级区域，可以只设置其中一个普查区；无实际管辖地域的村级单位可以不设置普查区。各地要确保统计用区划代码、普查区设置、电子地图绘制统一配套，未设置普查区的村级统计用区划代码在第三次全国经济普查中一律不使用，如需使用必须设置普查区。

3、绘制与核对边界线：省经济普查办公室根据省测绘局统一提供的高分辨率影像图按乡级单位分解打印，下发纸质底图至县级普查机构；县级普查机构统一组织乡级单位，根据打印的乡级高分辨率影像图结合现场勘查，划分普查区边界，绘制边界线，对普查区命名和编码；在纸质地图上画边界线，以画准乡级边界线为重点，各级边界线要完整、封闭、清晰，县级普查机构要负责核对乡级地图中村居级普查区区域数量与对应地址码表中普查区记录数的一致性，名称与对应地址码应清晰。

4、边界线电子化与影像图分割：完成边界线绘制的纸质地图，逐级核对清点后，由省经普办交省测绘地理信息局进行电子化处理。省测绘地理信息局负责依照各乡级纸质图上边界线，在影像图上描绘街镇、村居边界线，加载普查区的名称和地址码信息，分割乡级电子影像图。

5、绘制普查区电子地图：利用国家统一的普查区绘图与管理软件，在国家统一选定的普查用底图上叠加普查区边界，最终修改、核实、绘制普查区边界，确认普查区名称和代码，绘制合并普查区电子地图。

6、各级经济普查机构要指定专人负责普查制图工作，对普查区边界、普查区图进行电子化存储和管理，认真审核把关。

三、确定单位底册

1、收集整理部门数据。各级编制、民政、工商、国税、地税、质检、其他具有单位设立审批、登记职能的部门，以及掌握单位信息的行政主管和行业主管等部门，按统一要求向同级经济普查机构提供本部门掌握的各类法人单位和分支机构的最新名录资料。县级以上经济普查机构将收集到的部门数据进行初步整理、审核，并逐级分解下发至县级经济普查机构。

2、进行单位比对与合并。使用审批和管理部门法人与产业活动单位行政登记资料与核查资料进行比对是确保核查质量、提高普查信誉必须实施的重要步骤。县级普查机构以组织机构代码、单位名称和登记注册号为关联，比对部门数据和名录库数据，合并生成按乡镇（街道）行政区划分类的核查数据库，然后在形成的核查数据库中选取部分字段，生成单位核查底册。

3、开展现场核查。乡级普查机构选调核查人员利用核查底册作为线索对调查区域内的单位进行"地毯式"全面实地现场勘查核实，排重、补缺并更新相关信息，确认本地全部普查对象。

4、核查登记后期乡级普查机构必须及时组织人员对核查登记资料的完整性与准确性进行全面审核，重点是单位的界定是否正确，法人与其所属产业活动核查表是否匹配。审核可以按普查员互审、普查指导员复审、乡级普查机构会审等方式进行。为了保证核查单位组织机构临时代码和国民经济行业类别准确与规范，其代码编制必须由乡级普查机构抽调或县级经济普查办公室下派专业统计人员进行，认真严格按照相关规范、标准操作。

5、组织核查数据数据处理，核查资料在现有各市分布式基本单位名录库管理系统服务器中部署新的核查数据处理程序进行数据处理，根据经济普查审核要求，充实补充核查数据处理审核规则，加强数据录入审核，确保核查数据质量。开通各级普查机构综合与专业人员操作账号，实施省、市、县三级同时在线实时监控、排重、比对、拾遗补漏、指标修正、确认、汇总等工作。

6、开展单位查遗补漏，市、县两级普查机构完成部门资料比对后，须及时向基层普查机构反馈单位比对结果清单，责成其组织普查指导员对不匹配单位进行查遗补漏，逐一详细记载具体查补情况。同时向提供资料审批和管理部门反馈不匹配单位资料，要求其帮助协查，及时完善核查单位名录数据库。市、县普查机构在进行单位比对、查遗补漏以后须认真分析与部门资料比对结果，找出形成差异的原因，确认本行政区单位总量的客观性、现实性，认真撰写与部门资料分析对比报告。

7、开展核查数据质量抽查验收，单位核查数据质量抽查验收工作是对所抽查地区单位核查工作的全面验收，抽查的主要内容是，填报的单位核查指标是否全面正确；单位是否不重不漏、界定准确。抽查验收的重点区域是繁华城镇、城乡结合部、相邻县区交界处等调查对象复杂、稠密的地区。县级普查机构对每个乡级单位至少要抽取1个普查区进行检查验收，保证被抽普查区的单位数量不低于该乡级单位总数的5%。市级普查机构负责对所属县（市、区）的数据质量抽查验收工作。每县抽取至少 2 个以上普查区，被抽普查区的单位数量应不低于该县单位总数的1%。数据质量抽查验收的标准为：⑴漏报率。法人、产业活动单位漏报率低于1%，个体经营户漏报率低于2%。⑵单位界定错误率低于1%。对数据质量抽查结果不达标的地区要限期整改，直到数据质量达到规定要求。

8、确定普查登记单位底册。乡级与县级普查机构根据核查人员调查确认的普查对象，组织相关业务人员对核查资料进行行业代码等编制工作，补充完善核查内容，同时根据联网直报单位年度审核结果和金融、铁路系统提供的名单，在核查数据库中标注联网直报单位和金融、铁路系统单位；形成联网直报、金融和铁路系统法人单位，电子终端设备（PDA）普查登记单位和个体经营户普查登记底册。

9、单位底册字段主要包括：单位属性指标、是否联网直报单位、是否金融或铁路系统单位、底册顺序码、资料来源等除数据指标之外的全部字段，个体经营户底册包括全部属性字段。

四、手持电子终端设备（PDA）内容加载

1、软件加载。加载内容包括：单位普查表、个体经营户普查表、国民经济行业分类、产品分类目录、指标解释等，审核核实加载内容。

2、普查区图加载。以乡镇为单位将普查区地图载入手持电子设备终端（PDA），确认各普查区地图是否准确，边界清晰，地址代码、名称是否正确。

3、普查登记单位底册加载。以县为单位，将普查登记单位底册载入手持电子设备终端（PDA）。建立单位底册、个体经营户底册与手持电子设备终端（PDA）采集程序字段对应关系，确认字段对应准确，内容加载正确。

五、普查告知

1、联网直报单位由国务院经济普查办公室通过国家统计联网直报平台向联网直报单位发送第三次全国经济普查告知书。

2、非联网直报单位和个体经营户由各级地方普查机构通过有效方式向非联网直报单位和个体经营户发送第三次全国经济普查告知书，指导和督促其做好相关准备工作。包括准备相关证照、统计台账、财务报表等，并按照告知书要求整理相关数据供登记使用。

3、全力开展普查宣传工作，落实普查宣传方案各项部署，突出重点，形成声势，奠定经济普查舆论基础，积极争取普查对象全面配合，明确普查目的，提高普查数据质量。

1）抓牢主流媒体，占领宣传主阵地。充分利用报纸、电台、电视等主流媒体的影响力和号召力，通过制作专访、专题、讲座等多种形式，及时报道普查状况、普查中的典型事例，对不配合普查的单位进行曝光，教育和引导普查对象依法接受普查。

2）借助网络媒体，扩大宣传传播力。充分利用网络媒体传播快、覆盖广、形式活的特点，扩大经普宣传效果。有条件的地方可积极借助新媒体，利用政务微博、微信等开展发散型经普宣传。

3）贴近现场宣传，展现传播多路径。充分发挥社区作用，强化现场宣传效果，通过街头横幅、宣传画、广告片、电视动漫、社区通告、歌曲短信等丰富有效的宣传产品，多载体、多渠道宣传普查。

六、任务部署

1、在开展统计调查前，各级经济普查机构应将调查人员、经费、设备等各种保障性资源配置到位，确保普查的顺利进行。

2、根据统一组织、分级负责的原则，全省统一组织布置普查工作、编制经济普查工作手册和普查员手册，统一组织业务培训；地方各级经济普查机构根据工作需要，分级编制培训手册或业务操作手册，布置调查内容和业务培训。

3、根据具体工作的要求严格选聘普查指导员和普查员。普查指导员和普查员的选聘和培训是普查准备阶段的一项重要工作，是普查工作顺利开展，普查数据真实、有效，普查资料成功开发和使用的重要基础和保障。

1)普查指导员和普查员选聘，地方经济普查机构根据工作需要，向社会公开招聘或从国家机关、企业事业单位协商调用普查指导员和普查员。普查指导员要求具备一定组织协调能力和群众工作经验，熟悉普查区（普查小区）情况，身体健康，政治觉悟高，善于做思想工作和宣传工作，有一定的经济、财务、统计基础知识。原则上，普查指导员可由乡（镇、街道）办事处、社区（居委会）或村委会干部担任。普查员

要求责任心强，工作细致，身体健康，具有一定的经济、财务、统计基础知识，经过培训能熟练进行计算机和 PDA 设备操作，准确填报普查表。普查员可由在校大学生、企业统计人员、社区干部、村干部和村民小组组长担任。

2）普查指导员和普查员培训，业务培训是普查准备阶段的一个重要环节，关系着普查工作的进程和普查数据的质量。普查指导员和普查员的业务培训原则上由县级普查机构负责。要通过培训使每个普查工作人员都能准确理解经济普查知识，准确理解和把握普查方案内容、普查表式和相关指标解释，熟悉普查登记、数据审核、检查和验收等经济普查流程和工作方法，熟练运用调查访问技巧和方法，真正掌握 PDA 操作、普查数据采集和处理等普查业务技能。经考核合格后，地方经济普查机构统一颁发普查指导员证或者普查员证。

4、搭建和完善数据处理环境建设，按照数据处理环境和设备配置要求，认真部署落实数据处理人员和场地。做好数据传输压力测试，以及 PDA 数据加载工作。要落实岗位责任，切实做好培训、安装、运行等环节的软硬件服务保障工作，确保每个市县都有专门的技术人员负责数据处理服务保障。

七、普查登记

1、入户登记。普查员使用手持电子终端设备（PDA）对所有普查对象（不含军队、武警系统和保密单位）进行入户登记，确定坐标，核实普查对象基本信息、拍摄相关证照。联网直报单位按规定登录国家统计联网直报平台填报普查表，非联网直报单位和个体经营户由普查员继续使用手持电子终端设备（PDA）采集普查表数据。

2、对联网直报普查单位普查内容，分专业培训至县级，各县级普查机构要采取切实有效措施和多种形式，将联网直报单位普查表布置培训到统计填报人员，确保统计填报人员熟悉普查表式，理解普查指标含义、口径、范围，正确填报普查表。

3、对非联网直报普查单位入户登记时，根据三证及其他有关规定，确认单位类型，核实底册相关信息。使用 PDA 采集数据时，要求边录边审，对数据采集的初步结果进行现场审核，对于错误信息及时修改。

1）重点核查底册中不存在的单位和底册中有但实际未找到的单位。

2）审核普查对象的统计指标计算口径和方法是否规范正确，计算依据是否可靠，统计台账、原始记录等资料是否全面、规范，是否与单位内部有关职能部门之间相关业务、财务资料以及上报数据一致。

3）通过 PDA 程序审核，进行表内指标间的平衡关系和逻辑关系等检查，对发现的差错及时修改，并验收合格上传数据到平台。

4）留档备查，非联网直报单位按照普查告知书要求事先填写的相关基础数据，由有关人员签字盖章后，普查员用手持电子终端设备（PDA）拍照留存。

4、数据搜集时，普查机构要排除人为干扰，调查单位要坚持独立报送真实数据现场调查，普查员要准确理解调查内容，要有良好的现场沟通技巧，保证在规定时间内，按时准确采集数据。如遇到调查对象发生变更或消亡等，要按相关规定处理。

5、乡镇一级普查机构抽取一定比例调查对象进行复查。各级经济普查机构在普查数据处理平台上对现场调查进行监管，分析相关信息合理性及真实性。

6、数据传输，联网直报单位通过国家统计联网直报平台将普查表数据直接传输到指定服务器；手持电子终端设备（PDA）数据利用无线网络，或在乡级普查机构通过统计内网报送到指定服务器。

7、查遗补漏，县级经济普查机构要及时根据部门提供的新增单位、统计调查发现的新增单位，以及入户调查结果与单位底册差异情况进行查遗补漏。入户调查后，县级普查机构要及时将全县 PDA 采集的数据导入数据处理系统，将普查数据与单位底册数据进行比对。对于普查多出和底册多出的单位应重点核查，确认为同一个单位的，要在单位底册中加以标注。对底册中没有查找到的全部单位，应进一步实地核查，查遗补漏结束后，底册中所有单位都必须标注核查情况。

8、地方各级经济普查机构应建立与普查对象的相互交流沟通机制，收集、整理、分析普查工作中出现的问题，采取有效措施及时加以解决。对带有共性的质量问题，要及时向上级普查办公室汇报，防止出现大范围的系统性误差。

八、数据审核、检查和验收

1、数据审核。县及县以上各级普查机构在数据采集处理平台上，对普查表数据按专业审核，发现问题逐级退回，由基层普查机构负责联系普查对象核实修改，并保留修改痕迹。

2、根据普查数据质量责任制原则，统一组织通过数据处理程序实现对数据的自动编辑校验。普查数据导入通用程序后，还要对全套普查数据进行跨专业审核、排重、查询、修正，重点进行重名重码的审核和法人单位与产业活动单位的关联审核，直至合格，确保全套普查数据质量。

3、汇总审核，按照综合表要求进行汇总，通过对主要指标进行汇总，与历史资料进行对比，并对汇总结果的逻辑性和客观性进行判断，有问题的应查明原因并核查校正。数据汇总审核是数据处理阶段的重要一环,要侧重做好“四对比”，即汇总表内或汇总表间相关指标的对比，看是否有不合理的数据；汇总表主要指标数据与常规报表掌握的数据对比，看是否有奇异数据；各地汇总数据间的对比，看是否出现异常数据；分行业主要指标数据相对数据对比，看是否有超常规的数据。

4、数据检查。县级普查机构有重点地选择部分普查区，每个被抽中的普查区要抽选一定比例的普查表，对其普查数据质量进行检查。

5、数据验收。各级普查机构按照统一要求组织开展数据验收工作。对于验收不合格的地区，要进行全面复查、验收，直至符合规定的质量要求。

九、数据汇总

1、快速汇总。根据普查基层表汇总全省以及分地区、分行业等分组的法人单位、产业活动单位和个体经营户基本情况数据。

2、全面汇总。在快速汇总的基础上，分别汇总全省以及分地区、分行业等分组的法人单位、产业活动单位主要经济指标数据。

3、专题汇总。根据普查基层表及相关信息，汇总全省服务业、战略性新兴产业、高技术产业、文化产业和小微企业单位、从业人员和营业收入等数据，以及分行业和分地区数据。

4、推算汇总。根据个体经营户抽样调查表和普查表，推算汇总个体经营户收入及其分行业门类和分地区数据。

5、建立汇总规则审核制度，加强对汇总数据的审核比较，确保汇总结果真实准确，符合汇总需求。

十、事后质量抽查和数据评估

1、普查事后质量抽查。根据全国规定抽取一定比例的普查区，对单位填报率、普查表主要指标的填报情况等进行质量抽查。

2、普查数据质量评估。通过对普查对象漏报率、主要数据的差错率等质量抽查结果，评估普查基础数据质量。结合相关历史数据、部门行政记录，对主要指标和分行业、分地区数据进行比较分析，评估普查数据的真实性、一致性和可靠性。

3、数据的评估和核实由国家统一组织，相关部门和地方经济普查机构参与，自上而下逐级开展。全省普查数据的评估和核实由国家负责，省及以下普查机构负责对下一级地区数据进行评估和核实。

4、各级经济普查机构应综合运用历史数据比较、横向数据比较、数据偏差分析、相关性分析和专家论证等方法对综合数据进行准确评估。

1）数据的协调性评估。结合地区经济和社会发展情况，对普查数据的准确性、可比性和衔接性进行评估，分析数据异常波动的情况、相关指标之间的逻辑关系。

2）开展事后质量抽查。抽取一定比例的普查区进行数据质量抽查，根据抽查结果评估普查数据质量。

5、综合评估

1）各级经济普查机构要按照统计质量评价的原则和标准，研究制定科学、可操作性强的评估制度。加强与各相关业务部门的协调配合，对普查全过程各环节质量进行评估。评估方案设计是否科学，流程操作是否规范，设备配备是否合理，组织工作是否有力，有无人为干扰等严重影响数据质量的问题。重点检验利用现代信息技术手段应用于普查业务流程的情况，对结果进行比较评估。

2）各级经济普查机构要根据综合评估结果，起草质量评估报告，对普查工作给出评价，同时对相关工作中存在的问题提出改进意见和建议。评估报告要及时向相关业务部门反馈。

十一、主要数据发布、普查成果的开发与应用

1、各级经济普查机构要依照《中华人民共和国统计法》和其他相关规定，负责发布本级及分地区数据。综合部门负责统筹安排和集中管理数据发布工作。全省及分市数据由省经济普查办公室按照有关规定，以公报的形式及时向社会发布普查主要成果。地方各级普查机构发布经济普查公报应当经上一级经济普查机构核准。

2、各级经济普查机构要建立数据发布公示制度，严格按照发布日程和工作流程发布数据。认真分析研究数据发布后可能产生的社会影响，制定针对性强的预案，做好数据的解读和说明。

3、各级经济普查机构要充分利用各种发布渠道，包括新闻发布会、新闻媒体、门户网站、统计出版物等，方便用户获取统计数据。

4、建立和完善经济普查相关数据库，全面更新覆盖国民经济各行业的基本单位名录库、基础信息数据库和统计电子地理信息系统。

5、开展经济普查专题分析研究。依据普查资料，对各级党委政府和社会各界所关心的热点问题，进行专题分析研究。深度挖掘和分析普查数据，保证分析方法科学、分析观点深入浅出，通过统计分析，开发更为丰富的统计产品，努力满足用户多样化需求。

6、编辑出版经济普查年鉴。经济普查年鉴的主要内容包括：法人单位及产业活动单位基本情况、从业人员情况、财务状况和能源消费情况，小微企业的发展状况，个体经营户基本情况，以及服务业、战略性新兴产业和文化产业发展规模及布局等普查数据。

7、对外发布的统计分析报告中不得使用涉密数据。

第十部分 普查用标准分类目录

本方案采用统一的统计分类标准和目录，统计机构和调查单位必须严格执行，不得自行更改。第三次全国经济普查用统计分类标准和目录共有35种，列示如下：

1.三次产业划分规定
2.全国组织机构代码编制规则
3.统计调查单位临时代码管理办法
4.国民经济行业分类
5.战略性新兴产业分类（2012）（试行）
6.文化及相关产业分类（2012）
7.高技术产业（服务业）分类（2013）（试行）
8.高技术产业（制造业）分类（2013）
9.统计上划分城乡的规定
10.统计用区划代码和城乡划分代码编制规则
11.统计用区划代码和城乡划分代码（略）
12.统计单位划分及具体处理办法
13.统计上大中小微型企业划分办法
14.关于划分企业登记注册类型的规定
15.企业登记注册类型对照表
16.单位隶属关系代码
17.组织机构类型
18.建筑业企业资质等级编码
19.房地产开发企业资质管理规定
20.零售业态分类
21.东西中部和东北地区划分方法
22.规模以上工业产品生产、销售、库存目录
23.主要工业产品生产能力目录
24.房屋建筑分类目录
25.商品分类目录
26.重要商品购进、销售和库存目录
27.工业企业能源购进、消费与库存目录
28.主要耗能工业企业单位产品能源消耗情况目录
29.工业企业用水目录
30.规模以上工业能源产品生产、销售、库存目录
31.科技项目来源分类目录
32.科技项目合作形式分类目录
33.科技项目成果形式分类目录
34.科技项目技术经济目标分类目录
35.跨年科技项目所处进展阶段分类目录

江苏经济普查年鉴

Jiangsu Economic Census Yearbook 2013

第二产业卷

江苏省第三次全国经济普查领导小组办公室　编

中国统计出版社
China Statistics Press

图书在版编目（CIP）数据

江苏经济普查年鉴. 2013 / 江苏省第三次全国经济普查领导小组办公室编. -- 北京 ：中国统计出版社, 2015.10
ISBN 978-7-5037-7659-5

Ⅰ. ①江… Ⅱ. ①江… Ⅲ. ①经济－普查－江苏省－2013－年鉴 Ⅳ. ①F127.55-54

中国版本图书馆 CIP 数据核字(2015)第 227114 号

江苏经济普查年鉴—2013/第二产业卷

作　　者/江苏省第三次全国经济普查领导小组办公室
责任编辑/赵淑焕　王振宇　尹　伊　冯燕玲
封面设计/黄俊杰　李雪燕
出版发行/中国统计出版社
通信地址/北京市丰台区西三环南路甲 6 号　邮政编码/100073
电　　话/邮购（010）63376909　书店（010）68783171
网　　址/http://www.zgtjcbs.com/
印　　刷/河北天普润印刷厂
经　　销/新华书店
开　　本/880mm×1230mm　1/16
字　　数/1315 千字
印　　张/42.25
版　　别/2015 年 12 月第 1 版
版　　次/2015 年 12 月第 1 次印刷
定　　价/800.00 元（全三卷）

本书附同版本 CD-ROM 一张，光盘内容以书面文字为准。
如有印装差错，由本社发行部调换。

编委会和编辑人员

编者说明

江苏省第三次全国经济普查工作，经过各地区、各有关部门和全体普查人员的共同努力，圆满完成了单位核查、普查登记、数据审核和数据汇总工作。为全面展示全省第三次经济普查的成果，系统反映第二、第三产业的发展规模及布局，详细介绍产业组织、产业结构、产业技术的现状及各生产要素的构成，更加方便社会公众开发利用普查资料，我们将经济普查资料编辑整理，汇编成《江苏经济普查年鉴—2013》一书。全书共三卷，即综合卷、第二产业卷和第三产业卷，并附录普查《公报》、普查方案和主要指标解释，同时随书配送同版本电子光盘。

为使读者更好地使用本资料，对有关问题作如下说明：

一、江苏省第三次全国经济普查的普查对象是在江苏境内从事第二产业和第三产业的全部法人单位、产业活动单位和个体经营户。

二、本次普查的标准时点为 2013 年 12 月 31 日，时期资料为 2013 年度。

三、本书所附《公报》中的数据与正文口径范围略有不同，数据不完全一致，请注意使用。

四、金融和铁路运输业分别由金融和铁路管理部门负责普查，本书不包含这部分数据。

五、为保守企业秘密，对部分分组中企业数小于 5 的，仅列出企业个数，未列经济指标。

六、资料中的合计数和部分计算数据因小数取舍而产生的误差，均未作机械调整。

七、表中“…”表示数据不足本表最小单位数，空格表示该项统计指标数据不详或无该项数据，“#”表示其中的主要项。

第二产业卷 目录

第一篇 工业企业生产经营及财务状况

第二篇 工业企业主要产品产量

第三篇 规模以上工业企业科技情况

第四篇 建筑业企业生产经营及财务状况

第一篇

工业企业生产经营及财务状况

1-A-1 全部工业企业法人单位基本情况

项目	企业法人单位数(个)			从业人员(人)		
	合计	规模以上	规模以下	合计	规模以上	规模以下
总计	**349883**	**48787**	**301096**	**16408034**	**11447870**	**4960164**
按登记注册类型分组						
内资企业	**326875**	**37403**	**289472**	**11698431**	**7103164**	**4595267**
国有企业	696	156	540	171862	155064	16798
集体企业	2693	303	2390	113625	71499	42126
股份合作企业	1328	105	1223	36222	16897	19325
联营企业	376	18	358	8855	3311	5544
有限责任公司	19092	5049	14043	1803625	1548940	254685
国有独资公司	166	138	28	191929	190739	1190
其他有限责任公司	18926	4911	14015	1611696	1358201	253495
股份有限公司	2997	1056	1941	629793	592594	37199
私营企业	294581	30583	263998	8835569	4694917	4140652
私营独资企业	83442	2653	80789	1455386	269274	1186112
私营合伙企业	5531	199	5332	108398	23141	85257
私营有限责任公司	200217	26602	173615	6942873	4150498	2792375
私营股份有限公司	5391	1129	4262	328912	252004	76908
其他企业	5112	133	4979	98880	19942	78938
港、澳、台商投资企业	**8853**	**4107**	**4746**	**1706068**	**1561766**	**144302**
合资经营企业(港或澳、台资)	2993	1562	1431	517240	472319	44921
合作经营企业(港或澳、台资)	137	60	77	24170	22301	1869
港澳台商独资经营企业	5508	2395	3113	1082876	990133	92743
港澳台商投资股份有限公司	178	83	95	68643	65276	3367
其他港澳台商投资企业	37	7	30	13139	11737	1402
外商投资企业	**14155**	**7277**	**6878**	**3003535**	**2782940**	**220595**
中外合资经营企业	4316	2231	2085	779860	710716	69144
中外合作经营企业	206	104	102	42779	39278	3501
外资企业	9340	4843	4497	2105881	1963315	142566
外商投资股份有限公司	217	92	125	71724	67653	4071
其他外商投资企业	76	7	69	3291	1978	1313
按国民经济行业分组						
采矿业	**643**	**156**	**487**	**159959**	**149701**	**10258**
煤炭开采和洗选业	39	13	26	89977	89602	375
烟煤和无烟煤开采洗选	31	12	19	89803	89516	287
其他煤炭采选	7	1	6	159		
石油和天然气开采业	6	2	4	21086	20913	173
石油开采	4	2	2	20942	20913	29
天然气开采	2		2	144		144
黑色金属矿采选业	64	19	45	7689	6692	997
铁矿采选	59	18	41	7584	6624	960
其他黑色金属矿采选	5	1	4	105		
有色金属矿采选业	21	8	13	1788	1670	118
常用有色金属矿采选	17	8	9	1755	1670	85
贵金属矿采选	4		4	33		33
非金属矿采选业	483	113	370	38663	30550	8113
土砂石开采	398	84	314	24338	18722	5616

1-A-1　续表 1

项　　目	企业法人单位数(个)			从业人员(人)		
	合计	规模以上	规模以下	合计	规模以上	规模以下
化学矿开采	14	9	5	2489	2385	104
采盐	28	15	13	10737	9168	1569
石棉及其他非金属矿采选	43	5	38	1099	275	824
开采辅助活动	19	1	18	629		
煤炭开采和洗选辅助活动	4	1	3	282		
石油和天然气开采辅助活动	10		10	186		186
其他开采辅助活动	5		5	161		161
其他采矿业	11		11	127		127
制造业	**347731**	**48519**	**299212**	**16195307**	**11269172**	**4926135**
农副食品加工业	5587	1563	4024	285774	209976	75798
谷物磨制	1483	559	924	63263	47841	15422
饲料加工	668	221	447	36196	28153	8043
植物油加工	356	126	230	31909	28263	3646
制糖业	20	9	11	1461	1344	117
屠宰及肉类加工	982	225	757	62787	48277	14510
水产品加工	808	173	635	29770	18478	11292
蔬菜、水果和坚果加工	609	149	460	38580	25650	12930
其他农副食品加工	661	101	560	21808	11970	9838
食品制造业	2790	371	2419	133798	90754	43044
焙烤食品制造	627	52	575	25396	15136	10260
糖果、巧克力及蜜饯制造	159	26	133	11747	9101	2646
方便食品制造	422	65	357	23397	17094	6303
乳制品制造	88	28	60	12226	10783	1443
罐头食品制造	192	43	149	10678	6789	3889
调味品、发酵制品制造	458	37	421	16509	10373	6136
其他食品制造	844	120	724	33845	21478	12367
酒、饮料和精制茶制造业	1555	194	1361	106999	85656	21343
酒的制造	619	119	500	57006	47049	9957
饮料制造	639	64	575	45757	37902	7855
精制茶加工	297	11	286	4236	705	3531
烟草制品业	8	5	3	6362	6250	112
卷烟制造	4	3	1	5537		
其他烟草制品制造	4	2	2	825	768	57
纺织业	29391	4901	24490	1313679	888071	425608
棉纺织及印染精加工	11396	2459	8937	640221	473109	167112
毛纺织及染整精加工	1775	315	1460	124028	88940	35088
麻纺织及染整精加工	250	54	196	15379	12245	3134
丝绢纺织及印染精加工	495	147	348	37436	30514	6922
化纤织造及印染精加工	5125	710	4415	159847	95796	64051
针织或钩针编织物及其制品制造	3703	347	3356	106619	51427	55192
家用纺织制成品制造	3248	528	2720	135439	85409	50030
非家用纺织制成品制造	3399	341	3058	94710	50631	44079
纺织服装、服饰业	20040	2651	17389	1219565	759472	460093
机织服装制造	13699	1979	11720	928975	604443	324532
针织或钩针编织服装制造	2525	415	2110	148921	97848	51073
服饰制造	3816	257	3559	141669	57181	84488

1-A-1 续表 2

项目	企业法人单位数(个)			从业人员(人)		
	合计	规模以上	规模以下	合计	规模以上	规模以下
皮革、毛皮、羽毛及其制品和制鞋业	3731	632	3099	232618	156719	75899
皮革鞣制加工	113	28	85	6002	4818	1184
皮革制品制造	1253	179	1074	67269	41751	25518
毛皮鞣制及制品加工	185	13	172	6426	2949	3477
羽毛(绒)加工及制品制造	232	95	137	25120	21921	3199
制鞋业	1948	317	1631	127801	85280	42521
木材加工和木、竹、藤、棕、草制品业	9690	1337	8353	359503	193014	166489
木材加工	3863	151	3712	86770	14668	72102
人造板制造	3038	994	2044	208197	151957	56240
木制品制造	2516	178	2338	58367	24221	34146
竹、藤、棕、草等制品制造	273	14	259	6169	2168	4001
家具制造业	3449	261	3188	107560	51770	55790
木质家具制造	2577	166	2411	71155	27769	43386
竹、藤家具制造	23	3	20	738	322	416
金属家具制造	348	52	296	13920	9287	4633
塑料家具制造	79	4	75	1963	668	1295
其他家具制造	422	36	386	19784	13724	6060
造纸和纸制品业	6941	613	6328	190550	113192	77358
纸浆制造	31	3	28	400	78	322
造纸	2257	353	1904	103359	76302	27057
纸制品制造	4653	257	4396	86791	36812	49979
印刷和记录媒介复制业	8593	661	7932	218435	106358	112077
印刷	8044	644	7400	209954	103951	106003
装订及印刷相关服务	525	12	513	6952	1097	5855
记录媒介复制	24	5	19	1529	1310	219
文教、工美、体育和娱乐用品制造业	50	1271	9063	7509	263925	179665
文教办公用品制造	917	93	824	33544	20062	13482
乐器制造	277	25	252	10554	5555	4999
工艺美术品制造	5940	627	5313	221165	123849	97316
体育用品制造	941	168	773	43487	27322	16165
玩具制造	1935	298	1637	116387	73840	42547
游艺器材及娱乐用品制造	324	60	264	18453	13297	5156
石油加工、炼焦和核燃料加工业	586	133	453	35089	29837	5252
精炼石油产品制造	542	118	424	27531	22785	4746
炼焦	43	15	28	7546	7052	494
化学原料和化学制品制造业	13484	3874	9610	851599	707929	143670
基础化学原料制造	2530	1171	1359	259882	235836	24046
肥料制造	681	115	566	36303	25232	11071
农药制造	378	192	186	61319	57807	3512
涂料、油墨、颜料及类似产品制造	2640	580	2060	115021	85891	29130
合成材料制造	2010	637	1373	126097	106259	19838
专用化学产品制造	4261	1039	3222	211069	167607	43462
炸药、火工及焰火产品制造	23	8	15	1938	1658	280
日用化学产品制造	961	132	829	39970	27639	12331

1-A-1　续表 3

项　　目	企业法人单位数(个)			从业人员(人)		
	合计	规模以上	规模以下	合计	规模以上	规模以下
医药制造业	1976	694	1282	222882	195433	27449
化学药品原料药制造	423	237	186	51585	47413	4172
化学药品制剂制造	258	128	130	71352	67871	3481
中药饮片加工	82	30	52	6600	5248	1352
中成药生产	74	31	43	24684	23635	1049
兽用药品制造	101	34	67	8558	6963	1595
生物药品制造	436	109	327	26337	20496	5841
卫生材料及医药用品制造	602	125	477	33766	23807	9959
化学纤维制造业	2344	900	1444	202068	179443	22625
纤维素纤维原料及纤维制造	381	189	192	90556	86970	3586
合成纤维制造	1963	711	1252	111512	92473	19039
橡胶和塑料制品业	20990	1989	19001	611129	343057	268072
橡胶制品业	3729	398	3331	150367	97680	52687
塑料制品业	17261	1591	15670	460762	245377	215385
非金属矿物制品业	17920	2651	15269	683540	396250	287290
水泥、石灰和石膏制造	814	269	545	61178	50464	10714
石膏、水泥制品及类似制品制造	4284	927	3357	162959	108178	54781
砖瓦、石材等建筑材料制造	4700	286	4414	130828	32727	98101
玻璃制造	473	73	400	26762	17384	9378
玻璃制品制造	1877	344	1533	106053	75784	30269
玻璃纤维和玻璃纤维增强塑料制品制造	1094	185	909	44244	30301	13943
陶瓷制品制造	1107	96	1011	41723	24800	16923
耐火材料制品制造	1488	179	1309	45046	26075	18971
石墨及其他非金属矿物制品制造	2083	292	1791	64747	30537	34210
黑色金属冶炼和压延加工业	6525	1574	4951	506678	425431	81247
炼铁	122	27	95	18647	16651	1996
炼钢	99	25	74	34309	33035	1274
黑色金属铸造	3036	591	2445	122304	78585	43719
钢压延加工	3104	881	2223	308935	277397	31538
铁合金冶炼	164	50	114	22483	19763	2720
有色金属冶炼和压延加工业	4526	1113	3413	197914	146195	51719
常用有色金属冶炼	476	119	357	19091	13700	5391
贵金属冶炼	36	9	27	1368	903	465
稀有稀土金属冶炼	113	31	82	7746	6714	1032
有色金属合金制造	559	182	377	36676	30324	6352
有色金属铸造	403	51	409	17318	5965	5956
有色金属压延加工	2882	721	2161	121112	88589	32523
金属制品业	32821	3232	29589	957486	527392	430094
结构性金属制品制造	11877	1049	10828	309079	163469	145610
金属工具制造	4661	275	4386	105723	44688	61035
集装箱及金属包装容器制造	1172	212	960	70414	53507	16907
金属丝绳及其制品制造	1862	462	1400	97277	74071	23206
建筑、安全用金属制品制造	2537	252	2285	69660	36946	32714
金属表面处理及热处理加工	2310	279	2031	89249	50713	38536
搪瓷制品制造	125	17	108	5640	3694	1946
金属制日用品制造	1535	138	1397	45411	24886	20525
其他金属制品制造	6742	548	6194	165033	75418	89615

1-A-1 续表 4

项目	企业法人单位数(个)			从业人员(人)		
	合计	规模以上	规模以下	合计	规模以上	规模以下
通用设备制造业	48533	4197	44336	1389353	781320	608033
锅炉及原动设备制造	1800	310	1490	112023	87473	24550
金属加工机械制造	8108	645	7463	196828	91995	104833
物料搬运设备制造	2118	441	1677	154690	126660	28030
泵、阀门、压缩机及类似机械制造	5994	778	5216	195319	119411	75908
轴承、齿轮和传动部件制造	2970	493	2477	153136	109164	43972
烘炉、风机、衡器、包装等设备制造	4971	557	4414	157019	94859	62160
文化、办公用机械制造	367	86	281	44125	39822	4303
通用零部件制造	16683	738	15945	296146	93708	202438
其他通用设备制造业	5522	149	5373	80067	18228	61839
专用设备制造业	32802	3000	29802	989000	561432	427568
采矿、冶金、建筑专用设备制造	4399	730	3669	197969	138050	59919
化工、木材、非金属加工专用设备制造	9379	661	8718	255483	133411	122072
食品、饮料、烟草及饲料生产专用设备制造	666	80	586	24401	14847	9554
印刷、制药、日化及日用品生产专用设备制造	1678	116	1562	39012	15904	23108
纺织、服装和皮革加工专用设备制造	3221	287	2934	88259	48992	39267
电子和电工机械专用设备制造	2508	161	2347	57330	22323	35007
农、林、牧、渔专用机械制造	1100	136	964	37049	20989	16060
医疗仪器设备及器械制造	1781	259	1522	89362	62123	27239
环保、社会公共服务及其他专用设备制造	8070	570	7500	200135	104793	95342
汽车制造业	7135	1425	5710	501470	392363	109107
汽车整车制造	65	34	31	62839	58846	3993
改装汽车制造	78	41	37	19180	18319	861
低速载货汽车制造	4	2	2	266	245	21
电车制造	111	14	97	4537	1607	2930
汽车车身、挂车制造	82	29	53	10115	8866	1249
汽车零部件及配件制造	6795	1305	5490	404533	304480	100053
铁路、船舶、航空航天和其他运输设备制造业	5889	955	4934	472399	383316	89083
铁路运输设备制造	542	122	420	49090	42433	6657
城市轨道交通设备制造	44	13	31	4273	3560	713
船舶及相关装置制造	2550	414	2136	269731	230944	38787
航空、航天器及设备制造	117	32	85	21565	19813	1752
摩托车制造	795	141	654	43959	34074	9885
自行车制造	1310	185	1125	60564	40972	19592
非公路休闲车及零配件制造	351	37	314	18903	9998	8905
潜水救捞及其他未列明运输设备制造	180	11	169	4314	1522	2792
电气机械和器材制造业	23705	3989	19716	1367673	1051055	316618
电机制造	2974	660	2314	223835	186776	37059
输配电及控制设备制造	8756	1523	7233	491922	374901	117021
电线、电缆、光缆及电工器材制造	3967	882	3085	254534	206889	47645
电池制造	616	151	465	78935	68386	10549
家用电力器具制造	1483	302	1181	140676	122315	18361

1-A-1　续表 5

项　　目	企业法人单位数(个)			从业人员(人)		
	合计	规模以上	规模以下	合计	规模以上	规模以下
非电力家用器具制造	621	67	554	26069	17730	8339
照明器具制造	3515	357	3158	124598	69645	54953
其他电气机械及器材制造	1773	47	1726	27104	4413	22691
计算机、通信和其他电子设备制造业	14246	2712	11534	2002115	1794033	208082
计算机制造	930	265	665	333644	317541	16103
通信设备制造	941	176	765	117195	102700	14495
广播电视设备制造	526	166	360	54362	47113	7249
雷达及配套设备制造	31	13	18	5484	5233	251
视听设备制造	405	133	272	138709	133531	5178
电子器件制造	2119	595	1524	470420	438806	31614
电子元件制造	6670	1157	5513	727654	631601	96053
其他电子设备制造	2624	207	2417	154647	117508	37139
仪器仪表制造业	6060	944	5116	325676	250935	74741
通用仪器仪表制造	3511	601	2910	201810	162063	39747
专用仪器仪表制造	1188	230	958	70536	56847	13689
钟表与计时仪器制造	48	2	46	1062	400	662
光学仪器及眼镜制造	748	90	658	41845	28013	13832
其他仪器仪表制造业	565	21	544	10423	3612	6811
其他制造业	2595	166	2429	79158	41226	37932
日用杂品制造	1065	144	921	56188	39689	16499
煤制品制造	87	10	77	2281	757	1524
核辐射加工	6		6	254		254
其他未列明制造业	1437	12	1425	20435	780	19655
废弃资源综合利用业	1110	146	964	24680	13878	10802
金属废料和碎屑加工处理	612	87	525	15025	9665	5360
非金属废料和碎屑加工处理	498	59	439	9655	4213	5442
金属制品、机械和设备修理业	1417	29	1388	25887	4137	21750
金属制品修理	77	9	68	2217	1253	964
通用设备修理	196	1	195	1764		
专用设备修理	150	1	149	2042		
铁路、船舶、航空航天等运输设备修理	602	17	585	15225	2476	12749
电气设备修理	92		92	1041		1041
仪器仪表修理	17		17	99		99
其他机械和设备修理业	283	1	282	3499		
电力、热力、燃气及水生产和供应业	**2467**	**448**	**2019**	**183846**	**148350**	**35496**
电力、热力生产和供应业	609	250	359	111836	104211	7625
电力生产	378	189	189	60976	56905	4071
电力供应	68	5	63	43032	41150	1882
热力生产和供应	163	56	107	7828	6156	1672
燃气生产和供应业	349	86	263	19242	15142	4100
水的生产和供应业	1509	112	1397	52768	28997	23771
自来水生产和供应	949	78	871	40624	26196	14428
污水处理及其再生利用	496	34	462	11304	2801	8503
其他水的处理、利用与分配	64		64	840		840

1-A-2 全部工业企业主要经济指标

单位：万元

项目	企业单位数(个)	主营业务收入	主营业务税金及附加	资产总计
总计	**349883**	**1478739799**	**13344797**	**1135420875**
按轻重工业分组				
轻工业	127736	407306606	5368518	297973732
重工业	222147	1071433193	7976279	837447143
按大中小型分组				
大型企业	1255	528179346	6626582	414867789
中型企业	6144	316608809	1757913	231381577
小微型企业	342484	633951644	4960302	489171509
按登记注册类型分组				
内资企业	**326875**	**993331178**	**10876253**	**753772132**
国有企业	696	42197745	3051201	49984416
集体企业	2693	9326725	47052	9624722
股份合作企业	1328	1901781	16183	1509969
联营企业	376	550710	5576	494794
有限责任公司	19092	213187432	1388874	198895886
国有独资公司	166	18290705	166620	32701571
其他有限责任公司	18926	194896728	1222254	166194315
股份有限公司	2997	86987379	1906629	80489889
私营企业	294581	634979273	4409574	409064685
私营独资企业	83442	61179343	722949	36755079
私营合伙企业	5531	4837525	51257	2857176
私营有限责任公司	200217	536634867	3454293	342129253
私营股份有限公司	5391	32327538	181075	27323176
其他企业	5112	4200134	51165	3707771
港、澳、台商投资企业	**8853**	**148556482**	**611844**	**129640474**
合资经营企业(港或澳、台资)	2993	54610825	225141	51967046
合作经营企业(港或澳、台资)	137	2801410	24051	2377536
港澳台商独资经营企业	5508	84911035	332412	69592178
港澳台商投资股份有限公司	178	5737239	29305	5473584
其他港澳台商投资企业	37	495972	935	230130
外商投资企业	**14155**	**336852139**	**1856700**	**252008270**
中外合资经营企业	4316	112297003	1166581	87408888
中外合作经营企业	206	3507145	15182	2707693
外资企业	9340	213847997	647132	153034021
外商投资股份有限公司	217	6962177	25410	8665611
其他外商投资企业	76	237817	2395	192056
按国民经济行业分组				
采矿业	**643**	**7453490**	**294392**	**12050775**
煤炭开采和洗选业	39	2920806	59160	6280031
烟煤和无烟煤开采洗选	31	2871510	58768	6273167
其他煤炭采选	7	48040	338	5685
石油和天然气开采业	6	891544	185290	2553749
石油开采	4	889807	185275	2546419
天然气开采	2	1737	15	7330
黑色金属矿采选业	64	838189	3831	522003
铁矿采选	59	832829	3807	510092
其他黑色金属矿采选	5	5360	24	11912

1-A-2　续表 1　　单位：万元

项　　目	企业单位数(个)	主营业务收入	主营业务税金及附加	资产总计
有色金属矿采选业	21	107496	1465	134086
常用有色金属矿采选	17	104388	1351	133646
贵金属矿采选	4	3108	114	440
非金属矿采选业	483	2634443	43899	2475544
土砂石开采	398	1775839	24707	844076
化学矿开采	14	189589	1484	246878
采盐	28	616240	17136	1359742
石棉及其他非金属矿采选	43	52776	572	24848
开采辅助活动	19	57301	703	82329
煤炭开采和洗选辅助活动	4	48130	411	43626
石油和天然气开采辅助活动	10	5413	224	32589
其他开采辅助活动	5	3758	69	6114
其他采矿业	11	3711	43	3032
制造业	**347731**	**1469296680**	**13028464**	**1107943278**
农副食品加工业	5587	40252522	218753	18377013
谷物磨制	1483	9794374	63772	3302029
饲料加工	668	5069529	24268	1848809
植物油加工	356	12923229	42949	6363873
制糖业	20	250783	487	174999
屠宰及肉类加工	982	5920664	40270	3360158
水产品加工	808	2204753	15863	1240898
蔬菜、水果和坚果加工	609	2405052	15644	1124440
其他农副食品加工	661	1684138	15499	961809
食品制造业	2790	8443010	61648	7236138
焙烤食品制造	627	1091245	10146	924695
糖果、巧克力及蜜饯制造	159	716171	4231	835201
方便食品制造	422	1483598	7242	992106
乳制品制造	88	1049915	8003	798128
罐头食品制造	192	672616	4313	326585
调味品、发酵制品制造	458	756412	7221	936201
其他食品制造	844	2673054	20492	2423222
酒、饮料和精制茶制造业	1555	9797684	279907	9864444
酒的制造	619	4929335	245471	6202653
饮料制造	639	4681649	32735	3494825
精制茶加工	297	186700	1701	166967
烟草制品业	8	4745623	2716658	4857974
卷烟制造	4	4624194	2716083	4722710
其他烟草制品制造	4	121429	575	135264
纺织业	29391	78361609	436845	56104095
棉纺织及印染精加工	11396	40940718	227504	25841415
毛纺织及染整精加工	1775	7269897	29937	5753665
麻纺织及染整精加工	250	802239	6283	839260
丝绢纺织及印染精加工	495	2343201	17709	1123735
化纤织造及印染精加工	5125	7961524	33773	10127741
针织或钩针编织物及其制品制造	3703	5265406	33727	4049992

1-A-2 续表 2 单位：万元

项 目	企业单位数(个)	主营业务收入	主营业务税金及附加	资产总计
家用纺织制成品制造	3248	8470597	49091	4628623
非家用纺织制成品制造	3399	5308027	38822	3739664
纺织服装、服饰业	20040	47936865	370662	30447408
机织服装制造	13699	38468323	297002	23917778
针织或钩针编织服装制造	2525	5169826	35122	3511914
服饰制造	3816	4298716	38538	3017716
皮革、毛皮、羽毛及其制品和制鞋业	3731	9713183	69870	4603667
皮革鞣制加工	113	524592	1938	344977
皮革制品制造	1253	2133284	16658	1248903
毛皮鞣制及制品加工	185	398478	3462	186126
羽毛(绒)加工及制品制造	232	1924259	8854	617939
制鞋业	1948	4732570	38958	2205721
木材加工和木、竹、藤、棕、草制品业	9690	24743354	200139	10094328
木材加工	3863	3761891	41832	1565689
人造板制造	3038	17381304	127280	5803560
木制品制造	2516	3336643	28871	2496120
竹、藤、棕、草等制品制造	273	263515	2155	228959
家具制造业	3449	4192217	41261	3690316
木质家具制造	2577	2553898	26592	2316652
竹、藤家具制造	23	51764	508	17910
金属家具制造	348	534976	4263	613241
塑料家具制造	79	68155	537	87148
其他家具制造	422	983424	9362	655364
造纸和纸制品业	6941	15325011	79154	19685020
纸浆制造	31	17378	238	33948
造纸	2257	10695968	42525	16246363
纸制品制造	4653	4611665	36390	3404709
印刷和记录媒介复制业	8593	9767782	84373	9153164
印刷	8044	9453985	80484	8770218
装订及印刷相关服务	525	222368	3737	219038
记录媒介复制	24	91428	152	163909
文教、工美、体育和娱乐用品制造业	10334	20680944	159157	11228435
文教办公用品制造	917	1520459	12933	997992
乐器制造	277	423361	3478	274115
工艺美术品制造	5940	11129417	79026	6344877
体育用品制造	941	2067862	15982	1065534
玩具制造	1935	4595662	39101	1808936
游艺器材及娱乐用品制造	324	944183	8637	736981
石油加工、炼焦和核燃料加工业	586	22476302	1502850	7865825
精炼石油产品制造	542	21326486	1496800	6958582
炼焦	43	1149351	6050	907019
化学原料和化学制品制造业	13484	153763295	974378	107350290
基础化学原料制造	2530	58559673	546487	39172027
肥料制造	681	3408926	12090	2669603
农药制造	378	10529212	44441	7211858
涂料、油墨、颜料及类似产品制造	2640	13393885	75164	9400262

1-A-2 续表 3

单位：万元

项 目	企业单位数(个)	主营业务收入	主营业务税金及附加	资产总计
合成材料制造	2010	29354474	94090	16427627
专用化学产品制造	4261	34873096	169915	29719442
炸药、火工及焰火产品制造	23	84804	695	64018
日用化学产品制造	961	3559226	31497	2685452
医药制造业	1976	27494985	205535	19650549
化学药品原料药制造	423	5788544	42833	4284558
化学药品制剂制造	258	12038840	99485	8261818
中药饮片加工	82	805108	5742	729490
中成药生产	74	2239535	16105	1514473
兽用药品制造	101	979700	4430	478683
生物药品制造	436	3377904	22987	2849835
卫生材料及医药用品制造	602	2265355	13955	1531692
化学纤维制造业	2344	28234486	76799	23344257
纤维素纤维原料及纤维制造	381	13789129	45723	11085175
合成纤维制造	1963	14445357	31076	12259082
橡胶和塑料制品业	20990	33126434	238726	26981774
橡胶制品业	3729	9619753	71959	8125244
塑料制品业	17261	23506681	166766	18856530
非金属矿物制品业	17920	48738415	385174	43268634
水泥、石灰和石膏制造	814	7509050	40919	7254948
石膏、水泥制品及类似制品制造	4284	15154975	113302	14267766
砖瓦、石材等建筑材料制造	4700	5395914	59044	5081771
玻璃制造	473	1685636	7130	2519173
玻璃制品制造	1877	6140729	55799	4327905
玻璃纤维和玻璃纤维增强塑料制品制造	1094	3124901	21510	2727139
陶瓷制品制造	1107	1814560	18050	1877057
耐火材料制品制造	1488	2849173	28325	2245196
石墨及其他非金属矿物制品制造	2083	5063477	41094	2967679
黑色金属冶炼和压延加工业	6525	111067296	342254	72455723
炼铁	122	2166616	15118	1176686
炼钢	99	9142210	29670	5461943
黑色金属铸造	3036	10117565	77038	5478645
钢压延加工	3104	84349934	205467	57823622
铁合金冶炼	164	5290971	14962	2514826
有色金属冶炼和压延加工业	4526	38927248	119197	19898432
常用有色金属冶炼	476	2645923	15840	1539911
贵金属冶炼	36	286330	861	51035
稀有稀土金属冶炼	113	1700416	16432	767956
有色金属合金制造	559	6276083	18695	3712510
有色金属铸造	460	804912	3979	540922
有色金属压延加工	2882	27213585	63391	13286099
金属制品业	32821	66119624	430794	50965314
结构性金属制品制造	11877	22252532	170745	18182606
金属工具制造	4661	4648854	40639	3504674
集装箱及金属包装容器制造	1172	5849524	24532	4157372
金属丝绳及其制品制造	1862	12135877	52889	6660179

1-A-2 续表 4　　单位：万元

项　　目	企业单位数(个)	主营业务收入	主营业务税金及附加	资产总计
建筑、安全用金属制品制造	2537	3711138	27810	3202625
金属表面处理及热处理加工	2310	4838250	32345	3825419
搪瓷制品制造	125	237449	1552	184946
金属制日用品制造	1535	2219546	16615	2312344
其他金属制品制造	6742	10226454	63668	8935149
通用设备制造业	48533	91177950	654482	87319936
锅炉及原动设备制造	1800	8363516	50674	9889320
金属加工机械制造	8108	10319734	85745	11436469
物料搬运设备制造	2118	17432649	84429	20142446
泵、阀门、压缩机及类似机械制造	5994	13816323	106614	10401477
轴承、齿轮和传动部件制造	2970	9761804	63542	10019750
烘炉、风机、衡器、包装等设备制造	4971	11478809	79739	8751556
文化、办公用机械制造	367	3863002	12916	2249306
通用零部件制造	16683	13112894	138438	11010824
其他通用设备制造业	5522	3029220	32385	3418789
专用设备制造业	32802	62623828	463060	62909968
采矿、冶金、建筑专用设备制造	4399	18985124	117039	19280489
化工、木材、非金属加工专用设备制造	9379	10147167	76603	11571953
食品、饮料、烟草及饲料生产专用设备制造	666	1750999	23261	1416495
印刷、制药、日化及日用品生产专用设备制造	1678	2214813	19505	2300060
纺织、服装和皮革加工专用设备制造	3221	5448259	35787	4995828
电子和电工机械专用设备制造	2508	2899535	24608	2729972
农、林、牧、渔专用机械制造	1100	2823343	15772	2051054
医疗仪器设备及器械制造	1781	4995100	38628	4385670
环保、社会公共服务及其他专用设备制造	8070	13359488	111858	14178448
汽车制造业	7135	57663302	1082268	41657494
汽车整车制造	65	20399134	901344	11477021
改装汽车制造	78	2736084	9480	1935450
低速载货汽车制造	4	21836	184	7751
电车制造	111	251840	2131	113489
汽车车身、挂车制造	82	1181880	4379	491199
汽车零部件及配件制造	6795	33072528	164751	27632583
铁路、船舶、航空航天和其他运输设备制造业	5889	36741730	220819	38500179
铁路运输设备制造	542	4920452	26916	5484717
城市轨道交通设备制造	44	503350	3273	487754
船舶及相关装置制造	2550	20608521	133835	24124350
航空、航天器及设备制造	117	2775576	6253	2938437
摩托车制造	795	3136480	24650	2050257
自行车制造	1310	3565730	18273	2608035
非公路休闲车及零配件制造	351	1072792	5692	612390
潜水救捞及其他未列明运输设备制造	180	158830	1927	194238
电气机械和器材制造业	23705	151701631	739480	115421863
电机制造	2974	23571705	120041	15243004
输配电及控制设备制造	8756	57061059	301386	47991417
电线、电缆、光缆及电工器材制造	3967	40503158	139874	28026198
电池制造	616	5945918	21632	4056474

1-A-2　续表 5　　　　单位：万元

项　　目	企业单位数(个)	主营业务收入	主营业务税金及附加	资产总计
家用电力器具制造	1483	15483110	78615	11810298
非电力家用器具制造	621	1975310	11970	1873362
照明器具制造	3515	6198952	53555	5142543
其他电气机械及器材制造	1773	962421	12406	1278566
计算机、通信和其他电子设备制造业	14246	175561484	371468	107657947
计算机制造	930	49836278	35339	16559643
通信设备制造	941	10124709	37038	8878709
广播电视设备制造	526	3776394	18756	2791150
雷达及配套设备制造	31	416960	2509	548075
视听设备制造	405	19346772	25604	6841425
电子器件制造	2119	39043617	71581	33116035
电子元件制造	6670	42546456	154643	31492294
其他电子设备制造	2624	10470297	25999	7430616
仪器仪表制造业	6060	31945671	206761	24220118
通用仪器仪表制造	3511	22456892	150598	16532958
专用仪器仪表制造	1188	6996791	41227	5202231
钟表与计时仪器制造	48	19531	234	22694
光学仪器及眼镜制造	748	1765004	8932	1993191
其他仪器仪表制造业	565	707454	5769	469043
其他制造业	2595	3900360	30207	2488211
日用杂品制造	1065	3068874	18410	1484905
煤制品制造	87	159244	2609	91558
核辐射加工	6	8648	92	18479
其他未列明制造业	1437	663594	9096	893269
废弃资源综合利用业	1110	3984400	19415	3339522
金属废料和碎屑加工处理	612	3294066	12686	2715616
非金属废料和碎屑加工处理	498	690333	6729	623905
金属制品、机械和设备修理业	1417	828828	13811	839091
金属制品修理	77	123753	1927	128867
通用设备修理	196	45761	861	41795
专用设备修理	150	75349	811	84576
铁路、船舶、航空航天等运输设备修理	602	428712	7252	437296
电气设备修理	92	28496	379	63062
仪器仪表修理	17	3541	49	3124
其他机械和设备修理业	283	123216	2532	80371
电力、热力、燃气及水生产和供应业	**2467**	**51249236**	**254500**	**81892971**
电力、热力生产和供应业	609	45435308	212178	61507532
电力生产	378	18448940	116020	36901888
电力供应	68	25957627	88429	22738276
热力生产和供应	163	1028741	7729	1867368
燃气生产和供应业	349	3824299	20381	4958617
水的生产和供应业	1509	1989629	21941	15426822
自来水生产和供应	949	1393824	17631	11337018
污水处理及其再生利用	496	574182	4023	3937533
其他水的处理、利用与分配	64	21623	286	152271

1-A-3 规模以上工业企业

项目	企业单位数(个)	#亏损企业	工业总产值(当年价格)	销售产值(当年价格)	出口交货值	资产总计
总计	**48787**	**6173**	**1340809071**	**1327214500**	**228469068**	**943109002**
总计中:国有控股企业	961	166	143848528	144635352	7813163	169776706
按轻重工业分组						
轻工业	18330	2184	353682913	349229137	57219869	235665663
重工业	30457	3989	987126158	977985363	171249199	707443340
按大中小型分组						
大型企业	1250	103	523787103	519791924	148672170	413507271
中型企业	6058	804	316624495	313440947	45652546	227880711
小微型企业	41479	5266	500397474	493981629	34144351	301721020
按登记注册类型分组						
内资企业	**37403**	**3624**	**859711345**	**850051366**	**46619397**	**591072000**
国有企业	156	26	41716178	42948006	802273	46108974
集体企业	303	31	8512307	8124675	141691	7428610
股份合作企业	105	7	1424188	1400211	75716	766341
联营企业	18	4	344279	344234	40706	247332
有限责任公司	5049	582	202931176	201052047	12119109	181980639
国有独资公司	138	24	17680960	17564890	1015784	32592922
其他有限责任公司	4911	558	185250216	183487157	11103325	149387717
股份有限公司	1056	124	85045567	83945136	6252803	78131747
私营企业	30583	2839	517719381	510191502	27122100	275035595
私营独资企业	2653	114	28588202	28072168	770158	9862477
私营合伙企业	199	11	2607505	2560910	33001	788705
私营有限责任公司	26602	2589	455992081	449470369	24524783	240223435
私营股份有限公司	1129	125	30531594	30088054	1794157	24160978
其他企业	133	11	2018268	2045555	65000	1372762
港、澳、台商投资企业	**4107**	**882**	**146882613**	**145314171**	**45417940**	**117919684**
合资经营企业(港或澳、台资)	1562	275	55030867	54496175	7706393	48339970
合作经营企业(港或澳、台资)	60	15	2755386	2722154	582476	2272812
港澳台商独资经营企业	2395	580	82955622	82093105	35671741	62172718
港澳台商投资股份有限公司	83	10	5680723	5561300	1359626	4961774
其他港澳台商投资企业	7	2	460015	441438	97703	172410
外商投资企业	**7277**	**1667**	**334215114**	**331848963**	**136431730**	**234117318**
中外合资经营企业	2231	358	114314379	113711728	24134610	80530381
中外合作经营企业	104	18	3412713	3402842	804519	2490193
外资企业	4843	1267	209164169	207622861	108506257	142577024
外商投资股份有限公司	92	23	7123419	6915481	2982066	8406173
其他外商投资企业	7	1	200433	196051	4278	113547
按国民经济行业分组						
采矿业	**156**	**15**	**7224598**	**7163926**	**7549**	**11679713**
煤炭开采和洗选业	13	2	2910302	2877702		6265139
烟煤和无烟煤开采洗选	12	2	2856495	2831395		6260894
石油和天然气开采业	2	1	889678	889382		2545439
石油开采	2	1	889678	889382		2545439
黑色金属矿采选业	19	3	807876	809752		475944
铁矿采选	18	3	803208	804884		465527
有色金属矿采选业	8	2	103861	102844		128789
常用有色金属矿采选	8	2	103861	102844		128789
非金属矿采选业	113	7	2465678	2437044	7549	2222528
土砂石开采	84	4	1652128	1627049		620231
化学矿开采	9	2	180155	183024		239039
采盐	15	1	602330	596720	5399	1350483
石棉及其他非金属矿采选	5		31065	30252	2150	12775

主要经济指标

单位：万元

流动资产合计				固定资产合计	负债合计	流动负债合计	所有者权益合计	实收资本
	应收账款	存货	产成品					
512023301	**152120489**	**114100330**	**42148938**	**312491768**	**534754893**	**459429640**	**407485663**	**206910150**
68244513	16726397	15643943	3966978	70960572	106030808	79704064	63733087	30516922
130269046	31786312	32791846	12818981	74641363	127731300	109691986	107676955	52096458
381754254	120334177	81308484	29329957	237850405	407023593	349737655	299808708	154813692
210843545	54891900	47953301	15796879	140978414	237852135	197860270	175655137	71491771
123624528	37765106	28704560	11237351	78949698	127641049	109776506	100239662	53568053
177555228	59463483	37442470	15114708	92563655	169261709	151792865	131590865	81850326
313912663	**86313028**	**71298482**	**27369874**	**194013036**	**348990909**	**296946784**	**241444289**	**102956663**
13241955	1723254	2856986	398767	24359075	26257397	20469758	19846238	4875990
4944607	761704	1132460	329121	1457120	4271105	3721551	3147252	1628939
518264	172724	112083	56676	172692	404091	382815	361423	76569
129961	33055	40009	22819	104152	135741	130644	111591	27252
90612308	23742939	20207071	7648539	63825749	116127254	89924371	65836170	30181098
14910380	4747998	3128524	1128170	10830074	21946551	13941299	10646372	4756886
75701928	18994942	17078548	6520369	52995676	94180703	75983072	55189798	25424212
42153899	10071591	10803392	3530402	21544741	39515103	34492919	38607746	15026969
161575510	49575543	36055379	15343048	82041075	161420618	147115651	113031930	50890398
5315780	1978574	1098799	506582	3755156	5223906	4742933	4521425	1745406
407780	153378	81204	40698	262099	424748	393829	350307	178366
141994345	43570800	31654336	13354994	71232073	143318214	130743290	96507975	45266562
13857605	3872792	3221041	1440774	6791748	12453750	11235600	11652223	3700064
736160	232217	91104	40503	508431	859601	709075	501938	249447
63913899	**19695324**	**14000395**	**4865367**	**40992833**	**64165500**	**55602362**	**53673876**	**32705496**
24427490	6360490	6121720	1940686	17697536	28825125	24680977	19463996	11022561
1713463	479640	273963	38638	401872	1541505	1472431	731307	292475
34948334	11887067	7192135	2737516	21209950	31324733	27222369	30818527	20325824
2722816	908729	383039	136745	1616588	2373841	2192812	2587933	1013512
101797	59399	29538	11783	66887	100297	33774	72113	51124
134196739	**46112137**	**28801452**	**9913697**	**77485899**	**121598484**	**106880494**	**112367499**	**71247991**
43763287	12567264	8790937	3232635	27395198	43273849	38467889	37238615	19609711
1275065	372684	375068	55942	901120	1329330	1070204	1160863	769465
85315785	32269905	18931207	6421864	46978080	73289310	64709015	69223838	48079723
3778318	878620	690746	197441	2166500	3654531	2587946	4682100	2749179
64284	23663	13495	5816	45002	51464	45440	62083	39915
3371124	**607406**	**534396**	**236595**	**6037645**	**6501769**	**4680234**	**5173193**	**2562468**
1853999	310947	331913	170192	3116433	3651846	2371304	2613293	565926
1853856	310930	331890	170179	3112332	3649836	2371234	2611057	565426
370560	91651	31475	4201	1735277	1237567	1133769	1307871	1343979
370560	91651	31475	4201	1735277	1237567	1133769	1307871	1343979
277451	53525	34930	11925	113445	296533	263242	179411	62126
272957	53250	32390	9494	108248	287119	253827	178408	61126
58513	3235	5980	3391	48629	92006	85360	36783	14540
58513	3235	5980	3391	48629	92006	85360	36783	14540
793029	140205	124132	44011	999560	1190168	797267	1027609	560476
220744	65877	36035	22719	252530	255558	201186	359922	135921
82489	19219	9787	3231	122113	143315	135050	95724	55786
485031	53790	76218	17778	620044	785076	455289	565407	367491
4764	1319	2091	283	4873	6220	5742	6555	1278

1-A-3 续表 1

项目	企业单位数(个)	#亏损企业	工业总产值(当年价格)	销售产值(当年价格)	出口交货值	资产总计
制造业	**48183**	**6113**	**1283917079**	**1270529587**	**228287078**	**858259705**
农副食品加工业	1563	93	38083886	37878253	986492	15822132
谷物磨制	559	23	9204139	9128358	36410	2875844
饲料加工	221	19	4843064	4787180	31980	1567349
植物油加工	126	11	12741963	12834297	42617	6186617
制糖业	9	1	261239	256637	371	169284
屠宰及肉类加工	225	16	5610026	5499997	189742	2665200
水产品加工	173	10	1900290	1883864	190477	895580
蔬菜、水果和坚果加工	149	4	2115292	2089186	388840	797912
其他农副食品加工	101	9	1407874	1398735	106056	664347
食品制造业	371	48	7233098	7074801	866431	5741479
焙烤食品制造	52	11	824563	794754	32920	673920
糖果、巧克力及蜜饯制造	26	5	610534	602630	79174	735406
方便食品制造	65	13	1320510	1294719	100796	769134
乳制品制造	28	4	979309	969724	40159	707890
罐头食品制造	43	1	616590	600032	70283	223760
调味品、发酵制品制造	37	2	593915	577165	43296	738278
其他食品制造	120	12	2287678	2235776	499803	1893090
酒、饮料和精制茶制造业	194	17	9344000	9381904	26807	8933617
酒的制造	119	11	4702671	4756499	4987	5721424
饮料制造	64	6	4531004	4516942	21819	3158214
精制茶加工	11		110326	108463		53980
烟草制品业	5		4802823	4802246		4850105
卷烟制造	3		4682424	4682424		4715653
其他烟草制品制造	2		120399	119822		134452
纺织业	4901	555	64449312	63365194	7984251	41869241
棉纺织及印染精加工	2459	283	35840677	35314235	3363189	21054040
毛纺织及染整精加工	315	70	6287576	6190823	799580	4576789
麻纺织及染整精加工	54	7	732167	720139	114854	608808
丝绢纺织及印染精加工	147	11	2174513	2170707	281479	926293
化纤织造及印染精加工	710	87	5145927	4941853	459399	6793048
针织或钩针编织物及其制品制造	347	31	3420071	3348273	632462	2248754
家用纺织制成品制造	528	35	6916656	6810499	1656822	3171774
非家用纺织制成品制造	341	31	3931724	3868666	676466	2489735
纺织服装、服饰业	2651	317	37808213	37421777	9198811	22296346
机织服装制造	1979	230	31266719	30940745	6651550	18677883
针织或钩针编织服装制造	415	64	4055617	4024435	1646728	2398322
服饰制造	257	23	2485878	2456597	900532	1220141
皮革、毛皮、羽毛及其制品和制鞋业	632	87	8212732	8038892	2010687	3185043
皮革鞣制加工	28	5	514676	503723	71132	300581
皮革制品制造	179	30	1641995	1592693	540162	758071
毛皮鞣制及制品加工	13	2	333339	327971	70672	129557
羽毛(绒)加工及制品制造	95	12	1845888	1819560	298059	525415
制鞋业	317	38	3876834	3794946	1030662	1471419
木材加工和木、竹、藤、棕、草制品业	1337	46	19628391	19449181	1865394	6868151
木材加工	151	7	1602228	1579524	9422	462100
人造板制造	994	22	15599677	15456484	1324687	4871971
木制品制造	178	16	2252549	2247137	427417	1420522
竹、藤、棕、草等制品制造	14	1	173937	166036	103868	113558
家具制造业	261	53	2824748	2794691	758160	1915415
木质家具制造	166	32	1494216	1477791	397741	1048623
竹、藤家具制造	3		37279	37289	4124	8920

单位：万元

流动资产合计				固定资产合计	负债合计	流动负债合计	所有者权益合计	实收资本
	应收账款	存货	产成品					
493411067	**148910402**	**112487135**	**41846447**	**261220512**	**481005713**	**424826359**	**376390297**	**192425743**
8529858	1521492	2471623	927335	5400851	9568999	8174968	6241798	2796584
1336212	239620	416904	112972	1319784	1413002	1175148	1458524	567118
786524	177475	216664	63592	589826	877255	790590	690094	367477
4264672	553116	1231182	471813	1606887	4572659	3980396	1613958	644870
84144	16291	31037	12054	64316	100612	92439	68672	38349
989723	259993	228475	113203	811837	1499645	1166862	1164706	622185
427919	100387	133327	36953	344942	421982	384257	469362	219919
341980	89589	139193	76235	381429	360726	319731	435253	168270
298684	85022	74841	40514	281831	323117	265547	341229	168397
3116157	720420	701948	313053	1822195	3179808	2941099	2561670	1354532
337987	93679	51258	13896	233620	324133	310216	349786	234615
560290	71103	109744	74046	93661	340199	329281	395207	127231
311207	72240	76347	28995	253813	376084	358734	393050	245998
270057	80540	78542	28918	363531	445870	411073	262021	199417
127321	18897	49227	23741	74667	127046	112107	96714	43643
347499	77572	98742	32372	272973	455508	435341	282770	94344
1161796	306388	238089	111086	529931	1110969	984348	782122	409285
4510183	464513	1811650	304797	2987622	3919227	3306205	5010591	1891666
3172308	260318	1531322	230374	1882988	2617324	2353202	3102788	759783
1310597	197085	265062	67399	1079742	1281508	934440	1874218	1122570
27278	7111	15266	7024	24893	20395	18563	33585	9313
3753221	103112	1455128	36295	525343	544456	541476	4305649	158222
3680922	90804	1427143	29534	472983	517194	514214	4198459	96948
72300	12309	27985	6760	52360	27262	27262	107190	61274
23712978	5648894	6890686	3047327	13913467	25224265	22847236	16602619	8467826
11577303	2551439	3463235	1560498	7477863	12344683	10916229	8691275	4170602
2727069	641980	1094946	403634	1294357	2746449	2458498	1825091	723568
359649	80006	128528	67488	174052	357159	341230	251129	163535
464734	94785	148400	85545	353464	495675	440046	430364	141397
4112151	878922	883805	455447	2013622	4852432	4646981	1940616	1293473
1233581	368900	328736	147216	741139	1374313	1278904	866080	529420
1931453	514878	497118	182200	914536	1712167	1628071	1456885	672193
1307037	517986	345920	145299	944435	1341389	1137278	1141179	773639
12650631	2858362	3517987	1580233	6095529	12294113	10513768	9976344	4048834
10452616	2210383	2970498	1362781	5060793	10211433	8548049	8445140	3263834
1542186	481681	370115	154629	575447	1468765	1389255	929557	484226
655829	166298	177374	62822	459289	613915	576464	601647	300775
2006978	509653	549878	172994	813996	1709538	1566733	1465486	821031
227569	58043	97600	18913	61599	179774	163463	120808	60266
499000	147717	126149	32861	183031	426270	393783	331264	191385
89024	10192	43379	8614	38318	67770	66404	61787	24144
375569	87348	105302	21832	113711	352392	324833	170573	122142
815817	206353	177449	90775	417337	683331	618250	781055	423094
3640152	785835	1022929	445498	2501844	3000160	2641306	3734717	1512240
199896	38589	66008	18148	199462	178046	129690	254481	141395
2482236	517350	658098	321002	1944452	2058457	1805996	2710422	992960
876034	208607	259758	94246	339196	699483	642005	720430	346164
81986	21290	39065	12102	18734	64174	63615	49384	31720
1098172	299100	327977	104490	596968	957760	878492	949557	653512
582471	118370	188697	60878	303027	532421	484122	512969	377423
3822	1242	683	520	4842	2585	2585	6335	1667

1-A-3 续表 2

项目	企业单位数(个)	#亏损企业	工业总产值(当年价格)	销售产值(当年价格)	出口交货值	资产总计
金属家具制造	52	12	411815	406655	141072	370909
塑料家具制造	4	1	33679	33849	832	36711
其他家具制造	36	8	847760	839108	214391	450252
造纸和纸制品业	613	83	13157864	13010054	1117992	17200806
纸浆制造	3		7884	7989		2291
造纸	353	48	9990674	9866218	972134	15300225
纸制品制造	257	35	3159307	3135847	145858	1898289
印刷和记录媒介复制业	661	93	6757041	6681357	613720	5877279
印刷	644	90	6609317	6530096	560631	5657118
装订及印刷相关服务	12	2	67784	67150	965	68895
记录媒介复制	5	1	79940	84111	52125	151266
文教、工美、体育和娱乐用品制造业	1271	89	16148356	15839941	4164125	7277534
文教办公用品制造	93	13	1128194	1120391	221676	611328
乐器制造	25	2	311329	312346	175280	161620
工艺美术品制造	627	37	8425384	8331199	1764665	4086635
体育用品制造	168	15	1662022	1645853	458283	648970
玩具制造	298	18	3821855	3648609	1289994	1231698
游艺器材及娱乐用品制造	60	4	799572	781543	254227	537283
石油加工、炼焦和核燃料加工业	133	17	22329026	22135112	587039	7223021
精炼石油产品制造	118	15	21215617	21067717	567236	6392115
炼焦	15	2	1113409	1067395	19803	830906
化学原料和化学制品制造业	3874	467	147553268	147328260	10678058	97867682
基础化学原料制造	1171	146	56927921	57880372	2896256	36381501
肥料制造	115	19	3129543	3100886	25099	2285433
农药制造	192	20	10177684	10090301	1742564	6976706
涂料、油墨、颜料及类似产品制造	580	49	12372123	12310864	525364	7992288
合成材料制造	637	93	28421700	27917102	1970480	15303568
专用化学产品制造	1039	124	33363217	32875668	3323553	26761281
炸药、火工及焰火产品制造	8		74423	73490		54665
日用化学产品制造	132	16	3086657	3079577	194741	2112239
医药制造业	694	80	27428972	26727185	2023721	17663562
化学药品原料药制造	237	34	5727434	5530845	611365	3909860
化学药品制剂制造	128	9	12423159	12104669	267306	7841984
中药饮片加工	30	2	797601	774241	14060	659940
中成药生产	31	5	2128879	2096638	12256	1431899
兽用药品制造	34	2	942418	945025	69262	424920
生物药品制造	109	11	3366398	3272750	527498	2216327
卫生材料及医药用品制造	125	17	2043082	2003016	521974	1178632
化学纤维制造业	900	187	27289068	26906668	2030659	21894308
纤维素纤维原料及纤维制造	189	27	13781126	13597685	1379803	10830116
合成纤维制造	711	160	13507943	13308982	650856	11064192
橡胶和塑料制品业	1989	272	24899005	24503747	4048578	18131924
橡胶制品业	398	49	8081871	7945629	1623219	6497707
塑料制品业	1591	223	16817134	16558118	2425360	11634217
非金属矿物制品业	2651	332	41766300	41197972	1541647	33855939
水泥、石灰和石膏制造	269	46	7123696	7086020	33629	6821059
石膏、水泥制品及类似制品制造	927	122	13638559	13550583	17115	11975493
砖瓦、石材等建筑材料制造	286	34	3225580	3174573	129680	2562815
玻璃制造	73	12	1483531	1407865	65393	1958281
玻璃制品制造	344	40	5467849	5377454	435047	3438957
玻璃纤维和玻璃纤维增强塑料制品制造	185	25	2727972	2689350	360477	2253052
陶瓷制品制造	96	18	1514362	1494475	257017	1348125
耐火材料制品制造	179	19	2393545	2317156	71512	1521869
石墨及其他非金属矿物制品制造	292	16	4191207	4100496	171777	1976288

单位：万元

流动资产合计	应收账款	存货	产成品	固定资产合计	负债合计	流动负债合计	所有者权益合计	实收资本
242281	93058	65799	20817	112491	202652	193365	168257	156153
16885	4533	2788	1265	17685	21871	20065	14840	3904
252713	81897	70009	21011	158924	198232	178354	247154	114365
7615156	1764679	1224843	464628	6239980	9059770	6868252	8118032	6127432
2035	1394	318	106	256	1801	1530	490	202
6488581	1306937	970875	380477	5602451	7879629	5773987	7397593	5512202
1124540	456349	253650	84046	637272	1178340	1092735	719949	615028
3151146	1034811	562564	241820	2105598	3130715	2755752	2744573	1368963
3065550	1006606	545558	238871	1983867	3084645	2712292	2570483	1247227
36432	8661	4960	530	28398	22499	22107	46397	30800
49164	19544	12046	2419	93333	23572	21353	127694	90937
4122035	1113088	1121029	468069	2316392	3852595	3632121	3420424	1730955
360250	105980	117869	31322	191732	277731	265794	333597	188887
104644	27070	38682	13454	48895	85145	79426	76475	43813
2324904	629469	588688	252549	1268802	2294331	2187501	1789556	869057
370820	110387	114881	43981	218888	341056	302112	307914	182309
685224	169647	182519	97574	424174	620847	582225	610097	290564
276193	70535	78390	29188	163902	233485	215062	302786	156324
3872104	679132	1585999	303945	2457001	4646057	4148273	2568383	1690439
3567147	615591	1480193	250361	1957215	4132854	3767450	2250680	1471450
304957	63541	105806	53584	499785	513203	380823	317703	218989
48171888	12379992	10781414	4441155	35830912	53500348	45448921	44350534	24715855
15513594	3186466	3577683	1220993	14692753	19887499	16483395	16487464	9940618
1285153	180221	268759	132269	752500	1516291	1363412	769142	312561
3688016	833325	1039619	453485	2119944	4063101	3472550	2912003	974965
4718544	1727698	951842	409103	2348165	4437236	4012377	3553759	1792229
8726828	2545552	2108908	1013720	4727063	8087311	7045757	7213100	4276077
12910754	3474057	2538789	1035966	10617153	14473586	12104256	12284072	6930098
33720	6722	2969	1782	16514	21898	18853	32767	11159
1295279	425952	292846	173837	556819	1013426	948322	1098226	478149
10119491	3360799	2120885	801945	5295586	7175759	6355091	10412261	3414342
1965645	652473	485832	256850	1386228	2024167	1608350	1885693	922581
5088288	1844610	966395	289705	1884686	2553996	2434970	5218445	1260418
331520	102391	68914	29180	219029	294105	238103	365836	85453
808948	291442	153089	51092	470667	658169	586135	773730	233962
246999	45634	51562	16446	123663	174457	152208	250462	114913
1094917	222711	244310	98225	746124	873306	811618	1343021	462101
583175	201538	150783	60447	465189	597559	523707	575073	334914
10901347	1666866	3061060	1541240	7826434	13900035	11441956	7993846	4555161
5204519	772907	1496603	563555	4276937	6875774	5450407	3954343	1800730
5696828	893959	1564458	977686	3549497	7024261	5991549	4039503	2754430
10083482	3862883	2337732	1009487	6364626	8362323	7499280	9736703	5683048
3235193	1411710	784416	339836	2714069	2732005	2387662	3761445	2155744
6848289	2451173	1553316	669651	3650557	5630317	5111618	5975258	3527304
19107392	6913769	2925193	1219466	11348904	20616368	18728094	13214684	7792916
3022304	558746	413897	129108	3086103	4379736	3850022	2433219	1384716
8138732	3757484	833649	343310	3074818	8154565	7790215	3814106	2107876
1391134	534351	233674	106312	828198	1350094	1180138	1209732	740527
872203	115835	180498	76886	595391	1257624	1070323	700656	632124
1840482	654259	364481	180469	1294572	1940488	1713850	1494845	1034987
1064442	326565	248522	117031	919569	1137502	955002	1115550	593967
716276	234675	205345	85526	478586	633241	558088	714884	412440
949957	400504	175684	73965	407853	709360	663399	812509	398710
1111862	331350	269443	106860	663813	1053757	947057	919183	487571

1-A-3 续表 3

项目	企业单位数（个）	#亏损企业	工业总产值（当年价格）	销售产值（当年价格）	出口交货值	资产总计
黑色金属冶炼和压延加工业	1574	251	104831605	103560268	4402682	68733491
炼铁	27	3	2041483	2100308	33979	1125022
炼钢	25	5	8989285	8997886	332752	5406349
黑色金属铸造	591	53	9029009	8827406	267341	4192629
钢压延加工	881	186	79500902	78488007	3709150	55903549
铁合金冶炼	50	4	5270926	5146662	59460	2105942
有色金属冶炼和压延加工业	1113	207	36852556	36549739	1341066	17189418
常用有色金属冶炼	119	13	2447539	2368248	11501	1253505
贵金属冶炼	9		258627	255863		28323
稀有稀土金属冶炼	31	3	1676067	1633140	86894	713637
有色金属合金制造	182	34	5575009	5551737	280582	3341136
有色金属铸造	51	9	636519	632810	17056	302517
有色金属压延加工	721	148	26258795	26107943	945032	11550299
金属制品业	3232	333	54256345	53356158	5450244	34530442
结构性金属制品制造	1049	98	18079620	17743030	841157	12121336
金属工具制造	275	33	3088924	3042200	364563	1751109
集装箱及金属包装容器制造	212	25	5287869	5259148	1667867	3375764
金属丝绳及其制品制造	462	32	11426792	11193779	790564	5912817
建筑、安全用金属制品制造	252	34	2820579	2769284	380906	1937044
金属表面处理及热处理加工	279	34	3938788	3895910	202311	2617216
搪瓷制品制造	17	3	195287	190694	10513	124361
金属制日用品制造	138	14	1614263	1598296	277595	1076252
其他金属制品制造	548	60	7804224	7663819	914769	5614543
通用设备制造业	4197	493	73815359	72826459	10714847	64450760
锅炉及原动设备制造	310	51	7763477	7626628	662432	8748938
金属加工机械制造	645	85	7290824	7164803	439953	7300599
物料搬运设备制造	441	63	16031512	15856854	1866256	18520821
泵、阀门、压缩机及类似机械制造	778	66	11701932	11607698	1235680	7560704
轴承、齿轮和传动部件制造	493	66	8658975	8523056	955715	8270834
烘炉、风机、衡器、包装等设备制造	557	56	9687884	9602605	1973231	6281158
文化、办公用机械制造	86	20	3860757	3757684	2752614	2028645
通用零部件制造	738	63	7602168	7494737	681140	4774454
其他通用设备制造业	149	23	1217830	1192396	147826	964608
专用设备制造业	3000	425	50697853	50362132	7760755	44043563
采矿、冶金、建筑专用设备制造	730	103	16886164	17024965	2868645	15750559
化工、木材、非金属加工专用设备制造	661	135	7053242	6931159	1619112	7455904
食品、饮料、烟草及饲料生产专用设备制造	80	4	1424257	1446002	183796	1073282
印刷、制药、日化及日用品生产专用设备制造	116	14	1552306	1538980	188412	1449951
纺织、服装和皮革加工专用设备制造	287	38	4319885	4292897	376095	3403647
电子和电工机械专用设备制造	161	19	1944871	1930228	362147	1318896
农、林、牧、渔专用机械制造	136	13	2438634	2396871	406026	1456659
医疗仪器设备及器械制造	259	31	4373179	4344146	1176533	3316430
环保、社会公共服务及其他专用设备制造	570	68	10705316	10456884	579989	8818235
汽车制造业	1425	179	56629764	56614212	3551411	34858145
汽车整车制造	34	9	23389196	23605898	299415	9896039
改装汽车制造	41	10	2544972	2514716	81001	1874658
低速载货汽车制造	2	1	19499	19420	917	6547
电车制造	14		184740	174565		40137
汽车车身、挂车制造	29	4	1140224	1097989	51769	443606
汽车零部件及配件制造	1305	155	29351133	29201623	3118310	22597159

单位：万元

流动资产合计	应收账款	存货	产成品	固定资产合计	负债合计	流动负债合计	所有者权益合计	实收资本
34066627	4294726	9305510	3500605	26889501	45161953	38984385	23567691	10055324
297660	129148	79971	29024	762988	639342	474295	484425	276038
1798443	216474	695708	279332	3061437	3267018	2891028	2139331	902593
2338452	814802	501846	220467	1526236	2524620	2346771	1668010	874899
28693218	2947833	7665657	2873594	20481823	37600652	32371220	18300946	7416678
938854	186470	362327	98187	1057018	1130322	901071	974980	585116
11405242	3125829	2346658	840404	4051043	10893787	10031949	6232393	3827685
678955	189155	143101	48946	348899	779309	718883	462872	269384
13328	2256	3033	1539	11413	13020	9636	15304	8949
436704	113749	170803	72074	229346	280498	262625	433140	169064
2087288	629456	544629	176653	817291	2056657	1903418	1284479	709246
192480	67919	49166	26605	88676	197616	170267	104901	71984
7996488	2123293	1435926	514586	2555418	7566688	6967120	3931697	2599059
21119527	7173132	5137511	2009415	9562496	19041022	17679947	15385456	8076645
7643396	2501701	1710113	623613	2958466	6870941	6544116	5186564	2972934
1069144	309923	368130	149479	539850	917416	820099	831488	460435
2191106	737305	653731	176647	794332	1876104	1770221	1498828	742974
3332592	1159961	729177	321047	1817602	3038185	2698651	2869660	1069197
1232203	483515	311874	134048	502254	1079034	1031893	858011	548574
1615260	594760	294115	117792	805118	1636715	1531903	980501	549727
77728	24821	25297	11631	39321	79216	77837	45145	46107
683251	220209	173604	69484	293630	529068	496870	526791	363665
3274848	1140936	871470	405674	1811923	3014343	2708357	2588470	1323033
39904510	14015661	9397399	3672714	15459355	34852971	30011821	29558679	13222256
5464116	1710906	1414849	506867	1908123	4627249	4338521	4121689	1601202
4395375	1036333	1003783	353908	1905960	4174777	3685129	3124085	1620224
11933016	4461169	2567923	1163133	2769743	11422927	8811557	7096571	2368435
4582149	1808681	1121736	376025	2210953	3638669	3234538	3918106	2222183
4541785	1626277	1101851	431137	2845104	4214045	3660370	4054266	1987332
4277268	1553441	997320	343101	1484983	2998155	2819248	3259532	1531132
1377152	490023	400730	163984	536257	882133	759992	1146512	562402
2708275	1105171	615832	282325	1565001	2389301	2217458	2379027	1062549
625375	223660	173376	52234	233231	505716	485008	458893	266798
28581670	9849278	7101804	2310779	10919029	24256299	22140117	19745723	10318250
10261278	3825674	2587205	835469	3953711	9253756	8298244	6493549	3353942
4826174	1875789	1132540	361950	1881800	3801200	3533316	3649154	2018964
799646	194517	237420	66287	194359	588771	473713	484511	210163
906363	342066	238293	52928	422612	819375	691569	626335	297406
2177965	567923	525852	192707	858776	2028169	1939932	1375118	622169
847933	297108	168168	45651	376499	632587	587936	682946	418973
865710	204188	352835	186311	406965	684269	599937	748088	369524
1851647	491727	445157	165323	1072852	1446802	1369634	1869628	1005140
6044955	2050287	1414336	404154	1751454	5001371	4645836	3816395	2021969
21367556	7369838	3807364	1640240	9734303	20742551	18519133	14105615	8266483
6071509	1562410	802499	412409	2554841	6506315	5745622	3389724	2399122
1206619	329089	267008	48987	437441	1325227	1243858	549431	306720
2438	816	1041	420	3278	5846	5315	701	1508
17680	3345	4667	2361	17144	11346	10671	28791	12280
261924	96764	68747	34836	146645	236405	206424	207201	141031
13807387	5377414	2663403	1141227	6574955	12657412	11307244	9929768	5405822

1-A-3 续表 4

项目	企业单位数(个)	#亏损企业	工业总产值(当年价格)	销售产值(当年价格)	出口交货值	资产总计
铁路、船舶、航空航天和其他运输设备制造业	955	114	35649389	35353114	9725425	35008314
铁路运输设备制造	122	5	4549502	4442962	356713	5061860
城市轨道交通设备制造	13	1	472749	474135		449145
船舶及相关装置制造	414	38	21389946	21131806	7328983	22612235
航空、航天器及设备制造	32	8	2549907	2629725	789480	2773355
摩托车制造	141	17	2812547	2801010	282125	1702231
自行车制造	185	36	2953382	2962756	847360	1909426
非公路休闲车及零配件制造	37	8	846937	836613	95267	443897
潜水救捞及其他未列明运输设备制造	11	1	74418	74107	25497	56167
电气机械和器材制造业	3989	496	143565723	141719417	19792794	99039948
电机制造	660	50	22769986	22389200	2655644	13295346
输配电及控制设备制造	1523	195	53869702	53282747	7229440	41750527
电线、电缆、光缆及电工器材制造	882	122	39251114	38831309	2074403	25298314
电池制造	151	33	5878852	5758383	2470214	3173078
家用电力器具制造	302	39	14981077	14744504	4376261	11020938
非电力家用器具制造	67	7	1748895	1722123	151639	1216017
照明器具制造	357	43	4773895	4705204	816585	2958597
其他电气机械及器材制造	47	7	292201	285947	18608	327131
计算机、通信和其他电子设备制造业	2712	633	170924426	169325188	111572874	96882056
计算机制造	265	94	50041961	49377865	45469749	14937269
通信设备制造	176	28	9673386	9614663	2914623	8192084
广播电视设备制造	166	23	3559771	3549330	877000	2572445
雷达及配套设备制造	13	1	392695	392754	2449	522694
视听设备制造	133	28	18827880	18845895	9671620	6475259
电子器件制造	595	174	38302229	37972217	25821791	30541666
电子元件制造	1157	243	40357472	40068466	21829397	28067505
其他电子设备制造	207	42	9769033	9503999	4986246	5573135
仪器仪表制造业	944	92	30323486	29714217	2889127	21026731
通用仪器仪表制造	601	59	21709109	21291516	1703346	14763464
专用仪器仪表制造	230	17	6568285	6431577	854121	4446377
钟表与计时仪器制造	2	1	8395	8187	108	5574
光学仪器及眼镜制造	90	13	1518970	1472354	326912	1585139
其他仪器仪表制造业	21	2	518727	510584	4640	226178
其他制造业	166	19	2890779	2860393	569711	1205857
日用杂品制造	144	16	2710288	2683670	568111	1095779
煤制品制造	10	1	116710	113550		43402
其他未列明制造业	12	2	63781	63174	1600	66677
废弃资源综合利用业	146	31	3499810	3493695	8883	2667706
金属废料和碎屑加工处理	87	21	3005659	3010472	4157	2340727
非金属废料和碎屑加工处理	59	10	494152	483223	4726	326980
金属制品、机械和设备修理业	29	4	263880	257362	4687	149692
金属制品修理	9	2	98112	93427	4374	72089
铁路、船舶、航空航天等运输设备修理	17	2	112565	111492	313	65876
电力、热力、燃气及水生产和供应业	**448**	**45**	**49667395**	**49520987**	**174440**	**73169584**
电力、热力生产和供应业	250	23	44577122	44472253		58572000
电力生产	189	16	17734343	17642934		34621855
电力供应	5	1	25909860	25909760		22335724
热力生产和供应	56	6	932919	919559		1614421
燃气生产和供应业	86	7	3738240	3712848	174440	4633372
水的生产和供应业	112	15	1352034	1335886		9964212
自来水生产和供应	78	11	1051992	1038682		9214428
污水处理及其再生利用	34	4	300042	297205		749784

单位：万元

流动资产合计	应收账款	存货	产成品	固定资产合计	负债合计	流动负债合计	所有者权益合计	实收资本
19809961	3977298	5317230	903988	9156824	21010883	17821305	13936516	5425136
3318972	1335911	859334	277879	1073911	3169166	2882116	1892694	859562
357911	145338	91079	22808	57663	298229	297031	150916	64211
12321832	1514918	3425706	217453	6234764	13720872	11340722	8833263	2773495
1286175	283636	353981	142811	634364	1622128	1184260	1151227	635571
1049186	274824	269319	108145	483644	917476	905177	784755	417059
1234839	350693	258377	112927	451434	1069267	1015706	837343	524212
211819	63302	48874	20146	196482	196757	180248	247139	127511
29227	8676	10560	1820	24564	16989	16045	39178	23514
64006744	24696116	10974158	4818755	22720286	56540550	51335742	42431448	21606217
8841093	2993000	1799624	811132	3077562	6992916	6375557	6301910	2722237
26722751	11535928	4016630	1690269	10193411	24943801	22581707	16794542	9291714
17381262	6904344	2925675	1383003	4489668	14839363	13504308	10414852	5351491
1812608	641351	433970	115266	1085884	1815418	1663804	1354106	907135
6624719	1791835	1320675	610112	2644465	5754032	5174258	5264526	2139267
641447	147232	99535	43081	246906	508701	480655	707316	240609
1738991	597516	336848	153816	929675	1494917	1373638	1458466	851262
243873	84910	41201	12077	52716	191402	181816	135729	102501
57727356	23835292	10976956	3501044	31388124	50848864	46243720	45988479	28173443
10825072	5183551	1925153	453103	3371428	8623118	8242993	6314151	3422556
5542216	2134097	1424958	347090	1468985	4833576	4653913	3319549	1298268
1792313	720614	342565	151041	596487	1319234	1251113	1253210	622334
348010	89341	131045	12323	100328	352039	239010	170654	106802
4679820	2122592	913640	267976	1394787	3846827	3736683	2628432	1356164
14806583	5825560	2631694	936467	12431884	15549735	13106989	14988022	11010234
16608989	6585399	2859952	1032256	9854747	13609305	12431239	14456355	8723924
3124353	1174138	747948	300789	2169479	2715028	2581780	2858107	1633161
12660173	4050538	3115185	943147	5791655	10408438	9274990	10613718	3787976
9062100	2809051	2352597	681125	3840012	7230920	6396405	7531665	2445920
2422106	897153	526546	188054	1504035	2319772	2080198	2122909	899342
3489	1424	1230	524	1731	4291	4291	1283	2029
1050337	310402	207854	65240	375389	758356	715144	826783	382694
122141	32509	26959	8204	70488	95099	78951	131079	57991
600222	210931	173910	63785	481022	571184	552960	634673	260445
536050	184566	164901	60195	440138	505641	491858	590138	229179
22469	5482	4104	3073	19190	25884	23596	17518	14898
41703	20883	4905	518	21694	39659	37506	27018	16368
1922126	593741	349756	213255	556027	1946707	1864929	720554	594796
1732379	547024	288040	185029	435915	1742016	1674789	598265	511649
189747	46716	61715	28226	120112	204690	190140	122289	83147
76984	30623	13171	4540	67602	88211	76339	61482	27531
20913	5851	3039	1022	49332	31503	21199	40586	15265
50718	23352	9242	3003	14043	50030	49306	15846	11054
15241110	**2602682**	**1078799**	**65897**	**45233610**	**47247411**	**29923048**	**25922173**	**11921940**
9548564	2223990	847477	41495	38702041	37987429	24437741	20584572	8750077
7622843	2078927	788338	38825	21798448	22914015	11520384	11707841	7579075
1388737	20254	16876		16047463	14096700	12145778	8239024	795776
536984	124809	42262	2670	856130	976714	771580	637708	375225
1979537	255791	103480	12287	1952932	2766606	2454216	1866765	954956
3713010	122901	127842	12115	4578637	6493376	3031091	3470836	2216908
3450325	101171	118991	7742	4227196	6067302	2787703	3147127	1981912
262685	21731	8852	4373	351441	426075	243388	323709	234995

1-A-3 续表 5

项目	主营业务收入	主营业务成本	主营业务税金及附加	营业费用	管理费用	财务费用
总计	**1336059118**	**1157399841**	**11382383**	**29112769**	**45796937**	**12030543**
总计中：国有控股企业	147644014	125525070	5412180	2397902	5312053	1751318
按轻重工业分组						
轻工业	352060051	296679401	4644900	12366366	12704913	3111953
重工业	983999067	860720440	6737483	16746404	33092024	8918591
按大中小型分组						
大型企业	528092479	461559589	6626395	11584287	15687820	4203670
中型企业	315581448	268083582	1753914	7844356	12435095	3022488
小微型企业	492385191	427756670	3002074	9684126	17674023	4804385
按登记注册类型分组						
内资企业	**860584708**	**743501809**	**9014309**	**18562392**	**28531981**	**9623341**
国有企业	41714257	34889862	3043893	334219	923306	284666
集体企业	8309480	7596985	30573	125148	204193	111334
股份合作企业	1383443	1181048	7663	32697	57722	14676
联营企业	394718	355316	2911	7168	14890	1395
有限责任公司	206005816	177283463	1287903	6083524	7960694	2848435
国有独资公司	18256459	15250490	165879	531224	1236580	505638
其他有限责任公司	187749357	162032973	1122024	5552300	6724115	2342796
股份有限公司	85897371	71841594	1889150	2549408	3449117	870608
私营企业	514877479	448610460	2740675	9373791	15855990	5474560
私营独资企业	28148376	24540827	183228	534454	725337	226888
私营合伙企业	2569639	2223292	16172	61526	83200	25536
私营有限责任公司	454020968	396250155	2394253	8099233	13962419	4789861
私营股份有限公司	30138497	25596186	147022	678579	1085034	432276
其他企业	2002145	1743082	11541	56437	66069	17668
港、澳、台商投资企业	**144736555**	**126760196**	**571348**	**2952461**	**5207085**	**1102901**
合资经营企业(港或澳、台资)	53400594	46153909	211285	1046949	1906019	732128
合作经营企业(港或澳、台资)	2755160	2098226	23173	86626	187705	224
港澳台商独资经营企业	82465055	73722912	308187	1502645	2805610	340048
港澳台商投资股份有限公司	5653012	4359479	28149	305642	292699	23354
其他港澳台商投资企业	462735	425669	555	10601	15053	7147
外商投资企业	**330737856**	**287137836**	**1796726**	**7597916**	**12057871**	**1304301**
中外合资经营企业	110536852	93543762	1147988	2566484	3578640	587708
中外合作经营企业	3413115	2952952	14346	61559	130064	35306
外资企业	209748318	184919027	608596	4645754	8069467	625148
外商投资股份有限公司	6842430	5556424	24034	319445	269601	52358
其他外商投资企业	197139	165670	1762	4675	10100	3781
按国民经济行业分组						
采矿业	**7211000**	**5613453**	**287763**	**141268**	**749293**	**120121**
煤炭开采和洗选业	2910231	2343250	58840	48837	370606	52853
烟煤和无烟煤开采洗选	2863824	2303932	58588	47448	368965	52851
石油和天然气开采业	889413	390916	185271	6108	211322	15297
石油开采	889413	390916	185271	6108	211322	15297
黑色金属矿采选业	815879	736377	3340	6169	28525	5174
铁矿采选	811338	732583	3322	5974	28122	5106
有色金属矿采选业	103161	84857	1346	2425	9407	155
常用有色金属矿采选	103161	84857	1346	2425	9407	155
非金属矿采选业	2445113	2020727	38583	77257	126392	46087
土砂石开采	1621020	1355174	20409	36333	67926	21131
化学矿开采	186400	148898	1442	14143	9356	3397
采盐	605617	486831	16575	26066	48619	21425
石棉及其他非金属矿采选	32076	29826	158	714	490	133

单位：万元

利润总额	亏损企业亏损总额	利税总额	全部从业人员年平均人数（人）	总资产贡献率（%）	资产负债率（%）	流动资产周转率（次/年）	成本费用利润率（%）	产品销售率（%）
83795047	**5012981**	**138206752**	**11508334**	**15.80**	**56.70**	**2.67**	**6.59**	**98.99**
8773903	718536	20548704	789638	13.14	62.45	2.30	6.11	100.55
24118342	1074456	40884630	4052982	18.49	54.20	2.74	7.32	98.74
59676705	3938525	97322122	7455352	14.90	57.53	2.65	6.33	99.07
29920780	1189238	52726047	3858203	13.76	57.52	2.62	5.82	99.24
23518309	1352106	36453492	3184928	17.17	56.01	2.59	7.99	98.99
30355959	2471637	49027213	4465203	17.56	56.10	2.80	6.55	98.72
52830240	**1944104**	**92452801**	**7089165**	**17.06**	**59.04**	**2.82**	**6.43**	**98.88**
2425028	104450	7551767	152009	16.98	56.95	3.24	6.48	102.95
457862	12863	714515	71759	10.96	57.50	2.04	4.79	95.45
95880	3975	156637	16950	22.25	52.73	2.68	7.43	98.32
14900	5738	30303	3329	13.31	54.88	3.06	3.91	99.99
11900037	543624	19736778	1553958	12.34	63.81	2.39	5.83	99.07
828507	49911	1625112	195123	6.49	67.34	1.64	3.53	99.34
11071530	493713	18111666	1358835	13.61	63.04	2.54	6.12	99.05
5770893	387916	11371467	594846	15.53	50.57	2.07	7.22	98.71
32047722	875924	52688219	4676314	20.79	58.69	3.24	6.58	98.55
1912000	20054	3164965	268285	33.81	52.97	5.31	7.32	98.19
151581	1414	250053	22826	34.03	53.85	6.30	6.33	98.21
27742956	820092	45889051	4132278	20.75	59.66	3.25	6.46	98.57
2241184	34364	3384151	252925	15.49	51.54	2.28	7.67	98.55
117919	9615	203115	20000	16.08	62.62	2.74	6.23	101.35
8769315	**1016293**	**13334289**	**1588321**	**12.15**	**54.41**	**2.32**	**6.32**	**98.93**
3664321	407870	5746903	480114	13.28	59.63	2.29	7.03	99.03
372018	7469	498909	21347	21.88	67.82	1.61	15.62	98.79
4063768	590690	6180894	1010801	10.41	50.38	2.38	5.15	98.96
664381	9788	888085	64528	18.34	47.84	2.10	13.22	97.90
4827	476	19497	11531	15.44	58.17	4.56	1.05	95.96
22195492	**2052583**	**32419662**	**2830848**	**14.45**	**51.94**	**2.51**	**7.12**	**99.29**
9436322	473441	14357048	713384	18.62	53.74	2.58	9.26	99.47
213829	13896	363642	40476	15.83	53.38	2.74	6.56	99.71
11875904	1548434	16792248	2006628	12.28	51.40	2.50	5.94	99.26
658285	14342	886791	68419	10.85	43.47	1.82	10.58	97.08
11152	2471	19934	1941	21.28	45.32	3.07	6.05	97.81
390128	**68099**	**1188714**	**151909**	**11.01**	**55.67**	**2.60**	**4.81**	**99.16**
102696	8057	433198	91250	7.69	58.29	2.30	2.49	98.88
98890	8057	426918	91165	7.59	58.30	2.28	2.42	99.12
75207	40885	346486	21177	14.20	48.62	2.79	9.80	99.97
75207	40885	346486	21177	14.20	48.62	2.79	9.80	99.97
35999	4307	80479	6732	17.79	62.30	2.98	4.58	100.23
35698	4307	79959	6667	18.06	61.68	3.01	4.56	100.21
9388	1567	15451	1677	12.16	71.44	1.85	9.64	99.02
9388	1567	15451	1677	12.16	71.44	1.85	9.64	99.02
161416	13282	304950	30798	15.04	53.55	3.14	7.03	98.84
115513	7310	210103	18806	35.28	41.20	7.36	7.78	98.48
10666	5610	20522	2377	9.55	59.95	2.29	6.01	101.59
34447	363	72807	9339	6.74	58.13	1.32	5.70	99.07
791		1518	276	12.47	48.69	6.73	2.54	97.38

1-A-3 续表 6

项目	主营业务收入	主营业务成本	主营业务税金及附加	营业费用	管理费用	财务费用
制造业	**1278911679**	**1108146187**	**10858668**	**28619752**	**44341305**	**10792227**
农副食品加工业	37941322	33679389	188785	697631	715652	220004
谷物磨制	9160771	8112516	55921	128557	171100	74741
饲料加工	4811528	4259297	20871	116834	115226	28290
植物油加工	12811538	11661472	41646	177319	141972	244
制糖业	246936	224335	382	3407	4235	1404
屠宰及肉类加工	5559744	4831829	34599	134797	144143	65547
水产品加工	1856976	1614187	12346	37869	42213	14161
蔬菜、水果和坚果加工	2094074	1791916	11977	59225	55808	18262
其他农副食品加工	1399755	1183838	11044	39623	40956	17356
食品制造业	7280978	5800443	43612	546829	312562	66724
焙烤食品制造	834084	661122	5516	39744	39115	2189
糖果、巧克力及蜜饯制造	657889	514561	3564	39863	20350	1068
方便食品制造	1287905	1086802	4657	75265	43732	8950
乳制品制造	1014227	681549	7687	242222	59745	9640
罐头食品制造	585634	501706	2661	14914	14348	4290
调味品、发酵制品制造	586962	462100	4516	32714	31248	14070
其他食品制造	2314279	1892603	15011	102107	104023	26518
酒、饮料和精制茶制造业	9276190	6644274	270001	592426	356664	51186
酒的制造	4683861	2810968	239612	317367	248741	7620
饮料制造	4483925	3742657	29658	271755	103941	42726
精制茶加工	108404	90650	731	3304	3983	840
烟草制品业	4742995	961148	2716546	56944	174566	-54573
卷烟制造	4623173	868097	2716069	56116	164729	-54041
其他烟草制品制造	119822	93051	477	828	9837	-533
纺织业	64043893	57152337	284278	862583	1748461	825200
棉纺织及印染精加工	35758651	31956550	166814	459581	943098	446638
毛纺织及染整精加工	6361793	5813834	21955	55963	139719	69340
麻纺织及染整精加工	709523	620038	5191	9683	21321	12183
丝绢纺织及印染精加工	2159740	1915840	14802	31968	51553	23456
化纤织造及印染精加工	4952993	4456419	14900	40610	144570	147991
针织或钩针编织物及其制品制造	3381683	2999663	15891	55482	116283	39842
家用纺织制成品制造	6864830	6045665	27264	124639	189138	51036
非家用纺织制成品制造	3854679	3344328	17461	84657	142780	34715
纺织服装、服饰业	38390638	32796889	235940	1049497	1456859	347097
机织服装制造	31846196	27058237	201874	895989	1204292	286377
针织或钩针编织服装制造	4059241	3587579	21665	76102	162502	44205
服饰制造	2485201	2151074	12401	77407	90064	16514
皮革、毛皮、羽毛及其制品和制鞋业	8049071	7036680	44455	178335	298974	60755
皮革鞣制加工	494744	448758	1420	3258	9775	3055
皮革制品制造	1609746	1438456	8911	23417	56685	17613
毛皮鞣制及制品加工	328716	284216	2085	5851	6182	3544
羽毛(绒)加工及制品制造	1835823	1625286	7432	25136	66161	9787
制鞋业	3780042	3239965	24608	120673	160171	26755
木材加工和木、竹、藤、棕、草制品业	19559913	16741065	136287	457346	491364	195844
木材加工	1582728	1371835	13815	23195	27260	13662
人造板制造	15569863	13352392	107248	350066	371488	157721
木制品制造	2240036	1875717	14731	79648	89289	21592
竹、藤、棕、草等制品制造	167285	141122	492	4437	3327	2868
家具制造业	2790328	2438520	19339	83007	113559	26615
木质家具制造	1482973	1267503	10178	40715	66389	14002
竹、藤家具制造	39408	33742	349	896	875	87

单位：万元

利润总额	亏损企业亏损总额	利税总额	全部从业人员年平均人数（人）	总资产贡献率（%）	资产负债率（%）	流动资产周转率（次/年）	成本费用利润率（%）	产品销售率（%）
78776113	**4891137**	**130036886**	**11207988**	**16.27**	**56.04**	**2.65**	**6.47**	**98.96**
2598386	45053	3907814	209442	26.04	60.48	4.49	7.28	99.46
592067	11504	904390	47439	33.55	49.13	6.86	6.97	99.18
274458	3804	389910	27853	26.49	55.97	6.13	6.07	98.85
920162	14359	1355388	29168	22.47	73.91	3.08	7.49	100.72
15630	75	19748	1296	12.33	59.43	2.93	6.70	98.24
394130	6884	615435	47916	25.07	56.27	5.65	7.56	98.04
137228	2785	209063	18551	24.46	47.12	4.36	7.99	99.14
155460	576	244014	25528	32.43	45.21	6.12	8.07	98.77
109251	5066	169866	11691	27.54	48.64	4.73	8.45	99.35
592437	18332	890115	88734	16.47	55.38	2.37	8.73	97.81
89164	3096	128808	14823	19.30	48.10	2.49	11.92	96.38
83478	2022	114359	8087	15.63	46.26	1.19	14.33	98.71
99832	3276	154429	16875	20.80	48.90	4.22	8.06	98.05
41693	1511	68313	10639	10.84	62.99	3.88	4.17	99.02
48200	22	74191	6833	34.28	56.78	4.61	9.00	97.31
45210	1312	70174	10164	11.30	61.70	1.72	8.21	97.18
184861	7093	279842	21313	16.05	58.69	2.00	8.67	97.73
1506528	27508	2224734	87512	25.52	43.87	2.07	19.60	100.41
1157088	19221	1705391	48676	29.97	45.75	1.49	33.94	101.14
340762	8287	506023	38127	17.45	40.58	3.44	8.15	99.69
8677		13320	709	26.00	37.78	3.97	8.78	98.31
909347		4249842	6242	86.50	11.23	1.39	56.90	99.99
893370		4228233	5489	88.52	10.97	1.38	59.79	100.00
15977		21610	753	15.68	20.28	1.66	15.39	99.52
3269641	183909	5531844	895788	14.86	60.25	2.77	5.27	98.32
1851561	94185	3216705	478460	17.14	58.63	3.19	5.30	98.53
265325	24905	421550	89215	10.66	60.01	2.42	4.21	98.46
44713	1800	68576	12247	12.94	58.67	1.98	6.72	98.36
123878	5032	217464	31363	25.53	53.51	4.65	6.12	99.82
169813	19316	294896	95191	5.92	71.43	1.22	3.51	96.03
159389	9071	265867	51811	13.10	61.11	2.76	4.93	97.90
417497	17312	670477	86621	22.29	53.98	3.59	6.46	98.47
237465	12287	376310	50880	16.34	53.88	2.97	6.56	98.40
2579440	80867	4163548	759653	19.90	55.14	3.07	7.17	98.98
2272940	59784	3591419	606882	20.47	54.67	3.08	7.64	98.96
169797	15056	330743	97858	15.17	61.24	2.65	4.36	99.23
136704	6027	241386	54913	20.55	50.32	3.79	5.85	98.82
428492	29468	784873	158285	26.17	53.67	4.02	5.65	97.88
29866	481	47824	5106	16.95	59.81	2.17	6.42	97.87
69283	4909	113637	41975	16.48	56.23	3.23	4.50	97.00
26871	875	44062	2916	36.62	52.31	3.69	8.96	98.39
91941	2043	178877	21930	35.57	67.07	4.89	5.33	98.57
210531	21161	400473	86358	28.77	46.44	4.64	5.93	97.89
1540884	14956	2494858	192382	38.32	43.68	5.39	8.59	99.09
130873	2918	205755	14655	46.07	38.53	7.92	9.11	98.58
1233938	8214	2007274	151260	43.47	42.25	6.29	8.65	99.08
161273	3673	260602	24307	19.52	49.24	2.58	7.75	99.76
14800	151	21227	2160	20.73	56.51	2.04	9.75	95.46
112575	28083	210128	52561	11.81	50.00	2.56	4.21	98.94
88143	17458	156716	28048	15.90	50.77	2.57	6.30	98.90
3317		5899	332	66.29	28.98	10.31	9.32	100.03

1-A-3 续表 7

项　　目	主营业务收入	主营业务成本	主营业务税金及附加	营业费用	管理费用	财务费用
金属家具制造	404616	350884	2275	10985	20844	6306
塑料家具制造	33779	30072	45	364	1462	74
其他家具制造	829551	756320	6492	30046	23988	6146
造纸和纸制品业	12962693	11156958	48877	454840	462752	179468
纸浆制造	7709	7338	15	13	297	1
造纸	9827761	8451732	31663	339268	321896	165781
纸制品制造	3127224	2697889	17200	115559	140559	13686
印刷和记录媒介复制业	6620934	5495844	39154	202780	325641	89063
印刷	6469757	5371894	38641	196645	316273	87894
装订及印刷相关服务	66246	55209	416	2634	3122	481
记录媒介复制	84931	68741	96	3501	6247	688
文教、工美、体育和娱乐用品制造业	16024385	13754379	91366	364392	632160	122550
文教办公用品制造	1135277	940435	7166	41911	78971	8698
乐器制造	311593	270931	1203	6782	16945	1089
工艺美术品制造	8460249	7244956	43762	169653	302929	75326
体育用品制造	1642165	1424997	10017	35257	56561	10060
玩具制造	3688378	3191040	24247	97246	147237	19800
游艺器材及娱乐用品制造	786724	682020	4973	13543	29516	7578
石油加工、炼焦和核燃料加工业	22232374	19358865	1500679	144404	320286	66022
精炼石油产品制造	21100287	18327254	1494811	123156	298261	53793
炼焦	1132087	1031611	5869	21248	22025	12229
化学原料和化学制品制造业	148649795	129919281	897951	2879628	4739669	1479638
基础化学原料制造	57683370	51258522	532513	845724	1637613	550646
肥料制造	3102191	2733355	8073	62457	87153	61458
农药制造	10407395	8749461	42480	219888	358524	119227
涂料、油墨、颜料及类似产品制造	12369918	10452685	57096	380315	556020	138804
合成材料制造	28644681	25597718	85156	449040	799862	174670
专用化学产品制造	33221957	28698510	146115	690585	1110578	398425
炸药、火工及焰火产品制造	74172	53211	593	1756	9303	-179
日用化学产品制造	3146111	2375819	25925	229863	180615	36587
医药制造业	26830709	17796688	195291	4261549	1909100	114926
化学药品原料药制造	5675990	4536499	41285	321930	335772	44096
化学药品制剂制造	11978135	6012109	98318	3390547	1110719	-6916
中药饮片加工	761402	578177	5349	58800	27321	2503
中成药生产	2213399	1530334	15779	302601	183588	22618
兽用药品制造	943572	782988	3932	25095	28523	5347
生物药品制造	3258172	2649906	20708	121356	131017	28051
卫生材料及医药用品制造	2000039	1706677	9920	41221	92162	19226
化学纤维制造业	27124887	25062470	71836	258963	562424	412143
纤维素纤维原料及纤维制造	13665931	12380664	44833	156912	296679	205072
合成纤维制造	13458956	12681806	27002	102051	265745	207072
橡胶和塑料制品业	24815561	21203790	129259	649586	1143607	202672
橡胶制品业	8105596	6742234	49606	241937	398691	55873
塑料制品业	16709965	14461557	79653	407649	744915	146798
非金属矿物制品业	41222179	35260563	258696	1032133	1524930	590219
水泥、石灰和石膏制造	7117791	5945610	35044	160762	239008	184844
石膏、水泥制品及类似制品制造	13529038	11833527	88905	324520	397369	176726
砖瓦、石材等建筑材料制造	3176168	2676387	20329	103875	140445	36909
玻璃制造	1392182	1199555	4498	31232	70456	47682
玻璃制品制造	5382123	4567582	43412	123898	224370	58266
玻璃纤维和玻璃纤维增强塑料制品制造	2711176	2342016	15608	67021	118509	27641
陶瓷制品制造	1476199	1180329	9548	63026	102291	4009
耐火材料制品制造	2325453	1950167	15633	66979	115713	16822
石墨及其他非金属矿物制品制造	4112050	3565391	25719	90821	116770	37321

单位：万元

利润总额	亏损企业亏损总额	利税总额	全部从业人员年平均人数(人)	总资产贡献率(%)	资产负债率(%)	流动资产周转率(次/年)	成本费用利润率(%)	产品销售率(%)
14950	2133	24935	9555	7.93	54.64	1.69	3.82	98.75
1245	281	2055	560	6.07	59.58	2.04	3.88	100.50
4920	8212	20523	14066	4.86	44.03	3.29	0.60	98.98
719272	78274	1156570	112305	7.69	52.67	1.73	5.81	98.88
46		123	75	5.36	78.61	3.79	0.60	101.34
566237	53220	876955	75757	6.75	51.50	1.54	6.04	98.75
152989	25054	279492	36473	15.29	62.07	2.82	5.10	99.26
502335	32157	765929	106955	14.16	53.27	2.13	8.10	98.88
488887	31677	747981	104621	14.38	54.53	2.14	8.07	98.80
4436	81	7413	1054	11.05	32.66	1.82	7.22	99.06
9012	399	10535	1280	7.26	15.58	1.88	10.60	105.22
1081926	24558	1753855	263422	25.30	52.94	3.91	7.23	98.09
60299	3387	106234	20239	18.55	45.43	3.16	5.62	99.31
15246	761	24358	5532	15.31	52.68	2.98	5.15	100.33
637741	8920	984592	122857	25.45	56.14	3.67	8.13	98.88
105995	4115	181619	27582	28.88	52.55	4.44	6.94	99.03
212109	6033	372648	74164	31.33	50.41	5.43	6.11	95.47
50536	1342	84403	13048	16.73	43.46	2.88	6.81	97.75
808485	37126	4034296	29697	56.55	64.32	5.75	4.06	99.13
768712	31354	3959732	22665	62.62	64.66	5.93	4.08	99.30
39773	5772	74564	7032	9.88	61.76	3.73	3.64	95.87
9045769	815562	14425647	710864	16.15	54.67	3.15	6.39	99.85
3059501	275263	5260320	236010	15.86	54.66	3.76	5.58	101.67
168054	19777	262040	25655	13.72	66.35	2.51	5.51	99.08
931364	7290	1290747	58755	19.89	58.24	2.83	9.83	99.14
808960	27372	1319453	85652	18.08	55.52	2.63	6.99	99.50
1445438	249686	2253233	106823	15.96	52.85	3.33	5.25	98.22
2313341	218208	3567266	168197	14.75	54.08	2.70	7.15	98.54
10034		15626	1663	28.29	40.06	2.20	15.65	98.75
309079	17967	456962	28109	23.08	47.98	2.44	10.91	99.77
2728789	62128	4398355	189450	25.49	40.62	2.66	11.29	97.44
422743	38805	709821	47258	19.02	51.77	2.91	8.03	96.57
1476846	5584	2402771	65563	30.74	32.57	2.36	14.03	97.44
93503	113	134648	5154	20.54	44.57	2.30	13.95	97.07
189499	967	328665	20106	24.26	45.96	2.79	9.19	98.49
101802	1684	134404	6923	32.80	41.06	3.82	12.09	100.28
310385	3670	467415	20386	22.06	39.40	2.99	10.56	97.22
134012	11304	220630	24060	20.11	50.70	3.44	7.18	98.04
881179	161305	1669497	181957	9.43	63.49	2.54	3.28	98.60
630754	49276	1166261	87042	12.53	63.49	2.67	4.75	98.67
250425	112029	503236	94915	6.39	63.49	2.43	1.85	98.53
1547226	133877	2445456	345536	14.48	46.12	2.49	6.62	98.41
637601	39619	953085	97413	15.67	42.05	2.55	8.46	98.31
909625	94258	1492371	248123	13.81	48.39	2.46	5.74	98.46
2674407	223844	4614408	396616	15.00	60.89	2.17	6.94	98.64
639663	23774	1009237	50485	16.38	64.21	2.36	9.76	99.47
739861	52712	1425519	107281	13.15	68.09	1.67	5.79	99.35
208666	19681	338471	32792	14.34	52.68	2.29	7.03	98.42
47364	11786	94133	17629	7.15	64.22	1.62	3.48	94.90
327999	70932	582756	75995	18.43	56.43	2.93	6.58	98.35
161093	7364	272372	30268	13.15	50.49	2.56	6.28	98.58
122133	11418	184135	25351	14.47	46.97	2.07	9.03	98.69
161355	8794	270224	26175	18.72	46.61	2.46	7.47	96.81
266272	17383	437563	30640	23.70	53.32	3.71	6.97	97.84

1-A-3 续表 8

项目	主营业务收入	主营业务成本	主营业务税金及附加	营业费用	管理费用	财务费用
黑色金属冶炼和压延加工业	108115904	99100639	308974	1037524	2086345	1160955
炼铁	2116886	1842755	13947	38622	67232	20009
炼钢	9098054	8330422	29261	186457	265091	134082
黑色金属铸造	8823701	7636925	57806	190450	333255	83578
钢压延加工	82856252	76498591	193690	556989	1344980	899501
铁合金冶炼	5221011	4791946	14270	65007	75788	23785
有色金属冶炼和压延加工业	36857264	34052019	95528	338750	644520	272844
常用有色金属冶炼	2393474	2146696	11956	35227	55650	16453
贵金属冶炼	263925	236774	746	2895	3855	1427
稀有稀土金属冶炼	1663895	1432127	15874	32208	43916	13085
有色金属合金制造	6056185	5600616	15616	63217	112580	46952
有色金属铸造	606953	564721	1700	5304	16096	6885
有色金属压延加工	25872831	24071084	49636	199899	412423	188042
金属制品业	53435376	46372868	255887	1032933	1901280	624703
结构性金属制品制造	17712582	15251369	95839	317724	589475	228105
金属工具制造	3086587	2590401	18348	87952	152490	30570
集装箱及金属包装容器制造	5361829	4676091	18232	128610	184239	55054
金属丝绳及其制品制造	11212232	9982900	45349	169000	330649	123476
建筑、安全用金属制品制造	2738302	2354544	15485	85768	111578	36405
金属表面处理及热处理加工	3888831	3412392	17894	53063	136159	45461
搪瓷制品制造	195555	158834	979	10191	13237	2318
金属制日用品制造	1630536	1391740	9736	43207	64622	10241
其他金属制品制造	7608923	6554597	34025	137418	318831	93074
通用设备制造业	73616456	61300898	394265	2200774	3942373	741082
锅炉及原动设备制造	7683413	6307022	38253	256738	486781	57587
金属加工机械制造	7200827	6117009	38599	172880	403768	86953
物料搬运设备制造	16494335	13674985	71181	566752	858359	228650
泵、阀门、压缩机及类似机械制造	11622847	9580533	72784	399015	650550	85118
轴承、齿轮和传动部件制造	8550008	7042054	46646	209026	477076	108524
烘炉、风机、衡器、包装等设备制造	9629814	7890924	51424	324832	521590	60289
文化、办公用机械制造	3734323	3327939	10810	69673	137666	19499
通用零部件制造	7511487	6383254	56122	158524	323909	81325
其他通用设备制造业	1189401	977179	8446	43333	82677	13136
专用设备制造业	50632485	41926477	285417	1403277	2889535	512650
采矿、冶金、建筑专用设备制造	17128867	14478713	83443	406503	804022	201875
化工、木材、非金属加工专用设备制造	6988250	5775562	36081	168445	512074	72258
食品、饮料、烟草及饲料生产专用设备制造	1469749	1204196	19251	46223	64909	12911
印刷、制药、日化及日用品生产专用设备制造	1536989	1199075	9789	61840	97925	13068
纺织、服装和皮革加工专用设备制造	4359975	3593959	20168	141134	251855	47692
电子和电工机械专用设备制造	1916850	1598240	11176	56349	114328	12010
农、林、牧、渔专用机械制造	2374548	1985055	9728	77371	140992	4130
医疗仪器设备及器械制造	4329854	3358277	28995	179231	357819	26766
环保、社会公共服务及其他专用设备制造	10527403	8733400	66787	266181	545611	121940
汽车制造业	54549649	45115416	1046110	1329083	2323731	232614
汽车整车制造	20367444	15855616	901142	621629	677397	-1422
改装汽车制造	2695085	2426612	9360	61843	110138	15860
低速载货汽车制造	21568	19124	175	580	750	278
电车制造	182560	158038	1210	1952	2104	1244
汽车车身、挂车制造	1147990	1032410	3747	17286	19080	5736
汽车零部件及配件制造	30135002	25623616	130477	625793	1514263	210919

单位：万元

利润总额	亏损企业亏损总额	利税总额	全部从业人员年平均人数（人）	总资产贡献率（%）	资产负债率（%）	流动资产周转率（次/年）	成本费用利润率（%）	产品销售率（%）
3845178	204478	6684726	426674	11.45	65.71	3.42	3.46	98.79
131923	27737	239734	16686	22.96	56.83	7.20	6.61	102.88
248879	3025	537715	33377	12.35	60.43	6.08	2.32	100.10
530327	50986	904108	79120	23.24	60.22	3.78	6.42	97.77
2687450	120639	4557019	277829	9.83	67.26	3.12	3.15	98.73
246600	2092	446150	19662	22.56	53.67	5.62	4.91	97.64
1373377	146641	2269474	145867	14.47	63.37	3.28	3.83	99.18
126702	5285	210694	13651	17.86	62.17	3.58	5.59	96.76
15842		30436	895	112.36	45.97	19.80	6.47	98.93
123137	4192	220180	6668	32.59	39.31	3.82	8.05	97.44
252587	14387	388110	30550	12.93	61.56	2.93	4.31	99.58
12845	8518	31902	5930	12.48	65.32	3.16	2.17	99.42
842264	114259	1388151	88173	13.23	65.51	3.30	3.33	99.43
3398169	128686	5488125	527856	17.38	55.14	2.59	6.65	98.34
1257908	30570	1942482	164032	17.57	56.68	2.35	7.56	98.14
188355	11193	327216	45148	19.74	52.39	2.90	6.57	98.49
323308	17714	540794	53768	17.25	55.58	2.47	6.38	99.46
639981	20978	1105048	74595	20.53	51.38	3.63	5.62	97.96
139611	11665	245245	36842	14.08	55.71	2.23	5.38	98.18
232042	12424	362175	50700	15.38	62.54	2.42	6.34	98.91
10135	403	18532	3384	16.55	63.70	2.52	5.49	97.65
115770	6665	176859	24431	17.06	49.16	2.40	7.63	99.01
491059	17074	769772	74956	15.17	53.69	2.35	6.85	98.20
5347780	276421	8231687	781362	13.77	54.08	1.97	7.32	98.66
644221	38023	1002827	87052	12.05	52.89	1.42	9.00	98.24
450376	41607	754723	92279	11.38	57.18	1.66	6.59	98.27
1166283	47957	1712967	125943	10.39	61.68	1.77	5.87	98.91
858187	27046	1360370	119054	19.04	48.13	2.54	8.00	99.19
623307	60923	961453	108878	12.82	50.95	1.91	7.87	98.43
826503	23276	1216441	96874	20.08	47.73	2.27	9.35	99.12
185314	12754	242283	40790	12.49	43.48	2.73	5.19	97.33
523629	17516	862206	92264	19.32	50.04	2.79	7.51	98.59
69959	7318	118416	18228	13.28	52.43	1.92	6.23	97.91
3685657	342495	5705215	563620	13.99	55.07	1.80	7.77	99.34
1110338	177747	1755466	140001	12.35	58.75	1.69	6.89	100.82
471521	67199	742657	135706	10.71	50.98	1.48	7.12	98.27
118576	3906	187166	14367	18.48	54.86	1.85	8.86	101.53
152872	2005	207963	15886	15.05	56.51	1.70	11.12	99.14
319650	10268	478039	49408	15.29	59.59	2.01	7.90	99.38
134200	11763	205360	22153	16.23	47.96	2.29	7.49	99.25
155253	21560	230826	20528	16.69	46.98	2.76	7.01	98.29
389219	20421	577462	61534	18.15	43.63	2.35	9.89	99.34
834027	27625	1320277	104037	16.14	56.72	1.80	8.33	97.68
4865122	193497	8195564	386634	24.19	59.51	2.61	9.75	99.97
2561475	54808	4574523	58756	46.32	65.75	3.48	14.48	100.93
80065	11235	164527	17930	9.51	70.69	2.26	3.04	98.81
666	208	1477	249	26.80	89.30	8.85	3.21	99.60
17485		26825	1624	68.94	28.27	10.39	10.62	94.49
70047	7268	125062	8756	29.42	53.29	4.39	6.52	96.30
2135384	119979	3303149	299319	15.52	56.01	2.22	7.54	99.49

1-A-3 续表 9

项　　目	主营业务收　入	主营业务成　本	主营业务税金及附加	营业费用	管理费用	财务费用
铁路、船舶、航空航天和其他运输设备制造业	34318925	29636207	184836	529389	1381797	265242
铁路运输设备制造	4725192	3807603	23494	118028	300898	44781
城市轨道交通设备制造	483007	409030	2942	11330	19575	2385
船舶及相关装置制造	19568182	17184468	115837	176946	661250	134274
航空、航天器及设备制造	2721633	2237468	5680	29619	147109	52485
摩托车制造	2852780	2501474	20745	67458	127398	13976
自行车制造	3059184	2697365	12188	109077	99592	14087
非公路休闲车及零配件制造	835913	737669	3368	14154	21796	2029
潜水救捞及其他未列明运输设备制造	73035	61131	582	2777	4179	1225
电气机械和器材制造业	141930801	122164496	601281	3478504	5114776	1443538
电机制造	22414500	19298095	106193	378774	801018	138551
输配电及控制设备制造	53531790	45715873	245123	1333712	2110047	648088
电线、电缆、光缆及电工器材制造	38671431	33876682	115597	687065	1119032	448749
电池制造	5679881	5125579	18648	79811	188685	36655
家用电力器具制造	14945397	12536044	72036	768338	572711	122032
非电力家用器具制造	1718846	1407708	8940	105582	81731	3596
照明器具制造	4689641	3963665	33559	117958	221301	40624
其他电气机械及器材制造	279315	240850	1185	7265	20252	5245
计算机、通信和其他电子设备制造业	170418704	155293723	308282	1635183	5244631	290456
计算机制造	49549408	46518037	31528	232981	732509	-3155
通信设备制造	9765824	8604034	32392	147952	503237	64473
广播电视设备制造	3575138	3010767	16775	84806	206169	24700
雷达及配套设备制造	404719	298743	2393	16608	54269	5180
视听设备制造	19172348	17143191	23902	113523	451518	7127
电子器件制造	38226697	34838402	63095	354075	1382505	93128
电子元件制造	40200863	36334245	124613	546760	1549871	79437
其他电子设备制造	9523707	8546304	13585	138478	364553	19566
仪器仪表制造业	29868964	24919657	174145	750202	1365878	203785
通用仪器仪表制造	21269028	17635724	130967	560244	956942	140712
专用仪器仪表制造	6585563	5634066	34340	145711	285487	51548
钟表与计时仪器制造	7478	6375	72	165	882	130
光学仪器及眼镜制造	1498801	1207159	6039	32818	101955	9103
其他仪器仪表制造业	508094	436332	2727	11265	20611	2292
其他制造业	2826876	2467337	14281	66070	78325	19322
日用杂品制造	2650236	2317152	12075	60011	72178	17950
煤制品制造	113719	96684	1618	3247	3822	938
其他未列明制造业	62921	53501	589	2813	2325	434
废弃资源综合利用业	3520345	3311705	13672	41049	68528	28001
金属废料和碎屑加工处理	3034795	2869933	10069	30722	52711	22984
非金属废料和碎屑加工处理	485550	441772	3604	10327	15817	5016
金属制品、机械和设备修理业	261086	225163	3641	4145	10357	1484
金属制品修理	97379	85107	1530	1298	2595	638
铁路、船舶、航空航天等运输设备修理	111264	96868	1416	1394	6107	651
电力、热力、燃气及水生产和供应业	**49936439**	**43640201**	**235952**	**351749**	**706339**	**1118196**
电力、热力生产和供应业	45063167	39871840	206889	42126	428479	982688
电力生产	18288219	14155986	113882	38324	382044	803806
电力供应	25850870	24981500	86745		3059	146471
热力生产和供应	924079	734355	6263	3802	43376	32411
燃气生产和供应业	3574236	2894570	17535	111177	125661	39213
水的生产和供应业	1299036	873791	11528	198446	152199	96295
自来水生产和供应	995814	633868	10776	197210	134853	83451
污水处理及其再生利用	303222	239924	753	1237	17346	12844

单位：万元

利润总额	亏损企业亏损总额	利税总额	全部从业人员年平均人数（人）	总资产贡献率（%）	资产负债率（%）	流动资产周转率（次/年）	成本费用利润率（%）	产品销售率（%）
2503869	265490	3973334	387809	11.98	60.02	1.75	7.80	99.17
450312	3451	631967	42486	13.29	62.61	1.43	10.48	97.66
37337	34	59464	3609	13.65	66.40	1.35	8.44	100.29
1517161	226877	2464562	233947	11.37	60.68	1.61	8.25	98.79
152845	3680	197019	19832	8.75	58.49	2.15	6.16	103.13
144332	13901	274049	34071	16.88	53.90	2.74	5.30	99.59
140102	14756	245511	41936	13.31	56.00	2.49	4.78	100.32
58415	2479	95238	10439	21.63	44.33	3.96	7.53	98.78
3365	314	5525	1489	11.39	30.25	2.51	4.83	99.58
9021177	395658	14450794	1051752	15.84	57.09	2.25	6.74	98.71
1784029	24135	2677229	186485	20.96	52.60	2.56	8.60	98.33
3489650	229186	5756871	375905	15.14	59.74	2.03	6.93	98.91
2100208	63500	3359064	207471	14.84	58.66	2.25	5.76	98.93
238803	24393	392728	69624	13.47	57.21	3.14	4.39	97.95
968281	22625	1532442	120312	14.76	52.21	2.34	6.66	98.42
114845	3443	191006	17788	15.85	41.83	2.69	7.15	98.47
318561	20269	527062	69716	19.00	50.53	2.71	7.30	98.56
6801	8107	14392	4451	5.43	58.51	1.15	2.48	97.86
8411630	843586	10978851	1839566	11.66	52.49	2.99	5.15	99.06
1895555	99384	2063143	332274	13.73	57.73	4.63	3.98	98.67
502550	17889	726839	102669	9.69	59.00	1.77	5.38	99.39
252600	6188	369613	47027	15.03	51.28	2.03	7.49	99.71
31526	2827	45165	5302	9.61	67.35	1.18	8.32	100.01
1642596	34162	1850360	132386	28.86	59.41	4.15	9.17	100.10
1886823	367598	2616734	452346	9.01	50.91	2.62	5.12	99.14
1680827	281284	2553166	649846	9.35	48.49	2.44	4.35	99.28
519154	34254	753830	117716	13.86	48.72	3.08	5.71	97.29
2530349	66743	3829963	251009	19.03	49.50	2.37	9.26	97.99
1899427	29728	2850793	161584	20.12	48.98	2.36	9.81	98.08
462513	20972	749774	57068	17.89	52.17	2.74	7.53	97.92
-74	182	353	394	8.58	76.98	2.22	-0.96	97.51
132717	15282	168006	28401	10.89	47.84	1.43	9.80	96.93
35767	579	61037	3562	27.54	42.05	4.18	7.58	98.43
166027	5711	299954	40530	26.03	47.37	4.71	6.31	98.95
155682	5341	279806	39003	26.75	46.14	4.95	6.31	99.02
7239	9	15306	746	36.19	59.64	5.07	6.91	97.29
3106	361	4843	781	7.61	59.48	1.51	5.26	99.05
83047	22847	175540	13792	7.71	72.97	1.84	2.40	99.83
63186	19941	143368	9620	7.23	74.42	1.76	2.12	100.16
19861	2906	32172	4172	11.15	62.60	2.57	4.18	97.79
17615	1879	31893	4116	22.19	58.93	3.40	7.30	97.53
6479	275	11539	1237	16.79	43.70	4.67	7.21	95.22
5880	1604	12708	2471	20.14	75.95	2.20	5.60	99.05
4628806	**53745**	**6981152**	**148437**	**11.08**	**64.57**	**3.37**	**9.90**	**99.71**
3970876	24441	6146883	104254	12.20	64.86	4.82	9.45	99.76
3197731	17129	4320903	57304	14.86	66.18	2.51	19.93	99.48
649212	3686	1660502	40751	8.09	63.11	18.66	2.58	100.00
123932	3627	165478	6199	12.13	60.50	1.76	15.13	98.57
531427	2489	630044	15093	14.32	59.71	1.93	16.13	99.32
126503	26815	204226	29090	2.98	65.17	0.41	8.85	98.81
94319	24838	160437	26321	2.65	65.85	0.35	8.15	98.73
32185	1977	43789	2769	7.01	56.83	1.17	11.82	99.05

1-A-4 规模以上国有控股

项　　目	企业单位数(个)	#亏损企业	工业总产值(当年价格)	销售产值(当年价格)	出口交货值	资产总计
总　计	**961**	**166**	**143848528**	**144635352**	**7813163**	**169776706**
按轻重工业分组						
轻工业	255	41	15883649	16038081	606808	23751504
重工业	706	125	127964879	128597271	7206356	146025202
按大中小型分组						
大型企业	148	14	105031128	104973014	6577984	118023565
中型企业	280	44	25304846	26342910	1041584	34012500
小微型企业	533	108	13512554	13319428	193596	17740642
按国民经济行业分组						
采矿业	**28**	**6**	**4398857**	**4371762**	**5399**	**10349831**
煤炭开采和洗选业	5	2	2463776	2438937		6046493
石油和天然气开采业	2	1	889678	889382		2545439
黑色金属矿采选业	2	1	253953	258901		218475
有色金属矿采选业	3		17235	17037		70548
非金属矿采选业	16	2	774215	767505	5399	1468876
制造业	**762**	**144**	**99789084**	**100671663**	**7807764**	**102788690**
农副食品加工业	38	4	3379619	3572126	22687	2488630
食品制造业	19		733047	719224	44459	869684
酒、饮料和精制茶制造业	11	2	860519	865915	1268	1171424
烟草制品业	5		4802823	4802246		4850105
纺织业	24	9	1020749	1009914	143195	1929701
纺织服装、服饰业	27	4	280341	287264	25831	423716
造纸和纸制品业	4	1	431727	429326		324310
印刷和记录媒介复制业	23	5	217128	220790	15758	329758
文教、工美、体育和娱乐用品制造业	3		55316	54563		48256
石油加工、炼焦和核燃料加工业	11	3	13809175	13799265	567236	3285478
化学原料和化学制品制造业	81	22	18586968	19749783	1284830	16656356
医药制造业	16	2	705547	695190	98860	1022993
化学纤维制造业	13	1	1294381	1270150	87788	1700286
橡胶和塑料制品业	9	1	272851	255733	1171	335482
非金属矿物制品业	71	12	3008371	2978783	81825	3800575
黑色金属冶炼和压延加工业	18	4	4612908	4603205	255798	6380874
有色金属冶炼和压延加工业	17	3	1862785	1853020	59975	614097
金属制品业	29	6	1835744	1801425	193351	1685884
通用设备制造业	63	14	7512657	7429297	654212	14288234
专用设备制造业	52	9	3197749	3259555	911344	4973657
汽车制造业	41	11	11441299	11316442	247392	8117240
铁路、船舶、航空航天和其他运输设备制造业	43	6	5216255	5212977	1593397	8227486
电气机械和器材制造业	59	9	6924021	6862679	171196	6837766
计算机、通信和其他电子设备制造业	52	11	5173048	5126247	1259431	8844544
仪器仪表制造业	29	4	2488146	2433045	86763	3426004
废弃资源综合利用业	2	1	45836	43424		140060
金属制品、机械和设备修理业	2		20075	20075		16093
电力、热力、燃气及水生产和供应业	**171**	**16**	**39660587**	**39591928**		**56638186**
电力、热力生产和供应业	97	9	37506136	37466721		46214057
燃气生产和供应业	17		1266440	1248694		2382477
水的生产和供应业	57	7	888012	876513		8041652

工业企业主要经济指标

单位：万元

流动资产合计				固定资产合计	负债合计	流动负债合计	所有者权益合计	实收资本
	应收账款	存货	产成品					
68244513	**16726397**	**15643943**	**3966978**	**70960572**	**106030808**	**79704064**	**63733087**	**30516922**
12845840	1158106	3335157	514891	7818523	11938898	8133406	11799795	3693563
55398673	15568291	12308786	3452086	63142049	94091910	71570658	51933292	26823359
46450219	11394798	11197901	2549526	47486695	72004895	55601291	46018670	18482490
14026837	3583920	3034389	907818	15651286	22548941	15830086	11463559	7503389
7767458	1747679	1411653	509634	7822592	11476972	8272687	6250858	4531043
2799914	**449539**	**441527**	**188806**	**5500147**	**5781371**	**4078849**	**4568459**	**2297044**
1760680	274964	311807	157949	2991107	3527354	2260416	2519139	550326
370560	91651	31475	4201	1735277	1237567	1133769	1307871	1343979
141928	16050	17282	3712	36157	132834	129004	85641	9986
25843	1081	1386	532	37087	54876	53708	15673	5596
500903	65794	79577	22411	700520	828740	501951	640136	387158
55376977	**14777045**	**14438178**	**3766643**	**29375700**	**63078679**	**52860632**	**39697199**	**20034787**
1876013	290281	450340	68161	505517	1871010	1835787	617620	198000
392854	79412	95773	28372	292094	663499	595949	206184	145407
655104	118642	327651	43275	445867	612235	522649	559188	164255
3753221	103112	1455128	36295	525343	544456	541476	4305649	158222
862001	104031	266532	100504	984625	1096027	776160	828336	333252
261832	20281	29556	15649	112316	189702	140342	226541	65658
169524	9131	49359	18965	128029	126327	107359	197983	42035
135656	45659	24154	7346	140146	123112	99708	206646	125774
22487	7520	10795	2151	16503	23082	23082	25174	11816
1444485	188962	1118967	125758	1244396	2213188	2074959	1072290	973112
6505138	921810	1967911	600098	6283771	9149662	7656764	7506694	4958905
539312	122505	112890	54931	332738	361538	329732	661454	181055
658360	66821	310125	103420	678302	760363	672292	939923	516312
151249	50848	39374	22013	138467	199742	148888	135740	108497
1704950	449803	227204	108966	1453770	2497867	1997522	1302708	870748
1992810	308625	494800	131136	3104447	4682179	4393980	1698695	1552047
371072	44647	197176	27994	200163	406199	354954	207898	158502
1025210	361027	306662	129249	495014	893402	857349	792482	474930
8824141	3384260	1852891	967730	1823858	9160183	6385664	5128051	979410
3638014	1647466	646987	185872	881496	3575057	3054826	1398600	806129
4748663	1126468	786950	293471	2398830	6147957	5424612	1969283	1983289
4453739	1102078	1270933	153288	2354756	5416479	4719559	2811007	1478013
4736380	2679742	926886	283167	1369651	4532717	3990983	2305049	878859
3981672	706341	1035227	182581	2856713	5740497	4313869	3104046	2343782
2337630	823502	430643	75098	597388	1960384	1744434	1465620	503632
122499	6162	1467	1156	9274	118276	84276	21784	21200
12962	7909	1799		2228	13540	13459	2553	1945
10067623	**1499813**	**764239**	**11529**	**36084725**	**37170757**	**22764583**	**19467429**	**8185091**
5885302	1362368	611358	1647	31516288	30358904	19215997	15855152	6120096
1023526	59099	48437	1398	1056149	1445358	1307297	937120	487335
3158794	78346	104444	8484	3512289	5366495	2241289	2675157	1577660

1-A-4 续表

项　　目	主营业务收　入	主营业务成　本	主营业务税金及附加	营业费用	管理费用	财务费用
总　计	**147644014**	**125525070**	**5412180**	**2397902**	**5312053**	**1751318**
按轻重工业分组						
轻工业	16218333	10325961	2882770	589443	797612	38508
重工业	131425681	115199109	2529410	1808459	4514442	1712810
按大中小型分组						
大型企业	108140098	92166119	5057133	1609874	3709611	1012900
中型企业	26162317	21864710	247306	542131	1046646	488575
小微型企业	13341598	11494241	107741	245896	555797	249842
按国民经济行业分组						
采矿业	**4404200**	**3247241**	**257953**	**80201**	**638001**	**94316**
煤炭开采和洗选业	2462334	1973893	54545	36296	353581	51679
石油和天然气开采业	889413	390916	185271	6108	211322	15297
黑色金属矿采选业	260643	240783	1281	2959	15132	3481
有色金属矿采选业	16998	13559	192	249	3826	454
非金属矿采选业	774812	628090	16663	34590	54141	23405
制造业	**103677369**	**86877212**	**4968246**	**2075557**	**4268310**	**843608**
农副食品加工业	3454162	3278304	3684	55178	38861	-41975
食品制造业	769281	586721	8602	65154	44160	18100
酒、饮料和精制茶制造业	837802	414492	108335	52057	42977	2347
烟草制品业	4742995	961148	2716546	56944	174566	-54573
纺织业	1110441	1018832	4288	16236	54238	14899
纺织服装、服饰业	371742	274230	2221	9570	61924	-1334
造纸和纸制品业	432936	368520	3536	6568	22498	2599
印刷和记录媒介复制业	217497	183740	1257	8287	20743	1979
文教、工美、体育和娱乐用品制造业	54759	47086	308	1510	2335	149
石油加工、炼焦和核燃料加工业	13661398	11730109	1318933	23024	177346	8552
化学原料和化学制品制造业	19480559	17713734	358853	264543	673794	202924
医药制造业	866942	604820	5766	93346	80563	6085
化学纤维制造业	1318809	965272	16726	17283	80195	19264
橡胶和塑料制品业	268011	225929	1377	6251	19761	10086
非金属矿物制品业	2963982	2433729	13920	136860	132550	73996
黑色金属冶炼和压延加工业	5444175	5250104	7305	40741	94972	100943
有色金属冶炼和压延加工业	2260062	2202874	2337	6551	16691	6139
金属制品业	1867597	1608558	6049	33108	76990	17040
通用设备制造业	8037298	6755733	26610	298264	507538	177679
专用设备制造业	3288755	2755870	14961	94310	191250	43698
汽车制造业	12466456	10741396	282276	349926	630651	18286
铁路、船舶、航空航天和其他运输设备制造业	4992694	4314067	21863	77096	356667	86913
电气机械和器材制造业	6686429	5502294	22303	202115	272133	85932
计算机、通信和其他电子设备制造业	5540485	4802612	9523	94359	344892	31474
仪器仪表制造业	2478869	2076497	10346	65895	147369	12063
废弃资源综合利用业	43424	42494	219	32	1579	204
金属制品、机械和设备修理业	19811	18050	103	353	1070	140
电力、热力、燃气及水生产和供应业	**39562445**	**35400617**	**185981**	**242143**	**405742**	**813393**
电力、热力生产和供应业	37606743	34023682	171762	6813	242001	726168
燃气生产和供应业	1124077	842340	6821	55350	52258	14719
水的生产和供应业	831626	534595	7398	179980	111483	72506

单位：万元

利润总额	亏损企业亏损总额	利税总额	全部从业人员年平均人数(人)	总资产贡献率(%)	资产负债率(%)	流动资产周转率(次/年)	成本费用利润率(%)	产品销售率(%)
8773903	**718536**	**20548704**	**789638**	**13.14**	**62.45**	**2.30**	**6.11**	**100.55**
1875590	51824	5802650	134485	24.67	50.27	1.35	14.70	100.97
6898313	666712	14746054	655153	11.27	64.44	2.52	5.27	100.49
5657732	352003	15521156	554046	14.05	61.01	2.50	5.33	99.94
2257253	214975	3589101	163821	11.93	66.30	1.92	9.20	104.10
858918	151559	1438448	71771	9.43	64.69	1.79	6.58	98.57
181869	**54918**	**795120**	**124391**	**8.51**	**55.86**	**2.13**	**3.28**	**99.38**
58993	8057	343798	86639	6.47	58.34	2.17	1.58	98.99
75207	40885	346486	21177	14.20	48.62	2.79	9.80	99.97
-534	536	8817	3702	5.52	60.80	1.87	-0.20	101.95
2899		3915	621	6.19	77.78	0.84	15.53	98.85
45303	5440	92104	12252	7.58	56.42	1.62	5.93	99.13
5517832	**630131**	**14757265**	**560314**	**15.18**	**61.37**	**1.99**	**5.49**	**100.88**
106725	882	155787	8292	5.67	75.18	2.00	2.94	105.70
53901		90901	12708	12.40	76.29	2.01	7.39	98.11
294659	1120	466968	10949	40.06	52.26	1.28	57.29	100.63
909347		4249842	6242	86.50	11.23	1.39	56.90	99.99
19909	10465	57164	17334	3.72	56.80	1.33	1.75	98.94
27018	3928	47928	10337	11.02	44.77	1.43	7.79	102.47
29125	1163	43629	3683	13.73	38.95	2.56	7.27	99.44
10405	1688	21432	8750	6.93	37.33	1.70	4.62	101.69
4435		6571	536	13.93	47.83	2.45	8.65	98.64
406787	10947	3225042	10997	98.41	67.36	9.46	3.41	99.93
476115	278821	1116441	73786	7.85	54.93	3.06	2.49	106.26
82843	4681	135795	11661	13.62	35.34	1.62	10.48	98.53
245315	748	319426	10809	19.86	44.72	2.13	21.36	98.13
11275	280	26254	3917	10.72	59.54	2.25	3.43	93.73
208428	18445	349915	23559	11.02	65.72	1.75	7.44	99.02
33973	29156	137218	14763	3.73	73.38	2.75	0.62	99.79
17421	5223	46509	3807	8.54	66.15	6.16	0.77	99.48
143559	4276	229458	18079	14.50	52.99	1.85	8.18	98.13
447628	16081	689127	67631	6.03	64.11	1.43	3.66	98.89
124913	63356	212867	27795	5.05	71.88	0.92	3.88	101.93
543426	61510	1163851	57650	14.60	75.74	2.66	4.58	98.91
206469	75021	361014	54118	5.29	65.83	1.16	4.17	99.94
466595	15407	775282	36230	12.51	66.29	1.43	7.55	99.11
452538	22257	517875	49837	6.62	64.90	1.40	8.53	99.10
195221	3703	308732	16546	9.32	57.22	1.07	8.41	97.79
-637	973	1006	130	0.86	84.45	0.36	-1.41	94.74
440		1231	168	8.17	84.14	1.55	2.24	100.00
3074202	**33488**	**4996319**	**104933**	**10.29**	**65.63**	**4.04**	**8.17**	**99.83**
2791977	8992	4630740	76339	11.64	65.69	6.53	7.84	99.89
231624		261510	5434	11.58	60.67	1.22	22.63	98.60
50602	24496	104069	23160	2.16	66.73	0.32	5.08	98.71

1-A-5 规模以上集体

项目	企业单位数(个)	#亏损企业	工业总产值(当年价格)	销售产值(当年价格)	出口交货值	资产总计
总　计	**303**	**31**	**8512307**	**8124675**	**141691**	**7428610**
按轻重工业分组						
轻工业	99	11	1688363	1664224	25613	1820316
重工业	204	20	6823945	6460451	116078	5608294
按大中小型分组						
大型企业	4		4227545	3887919	113113	5788018
中型企业	26	1	1262102	1243814	8570	471601
小微型企业	273	30	3022660	2992942	20008	1168991
按国民经济行业分组						
采矿业	**5**		**58077**	**58891**		**48541**
非金属矿采选业	4		56483	57377		17223
制造业	**291**	**29**	**8399219**	**8012125**	**141691**	**7256684**
农副食品加工业	5		40353	39982		9223
食品制造业	2	1	11822	11830		1522
纺织业	25	3	522677	519245	1871	162566
纺织服装、服饰业	9		140478	138912	7639	14750
皮革、毛皮、羽毛及其制品和制鞋业	4		30913	29903		6270
木材加工和木、竹、藤、棕、草制品业	2		29690	29423		4310
造纸和纸制品业	5		83021	80216		63091
印刷和记录媒介复制业	4	1	27972	27909		13198
文教、工美、体育和娱乐用品制造业	6	2	358553	347823	1107	85168
石油加工、炼焦和核燃料加工业	4	1	27565	27499		7456
化学原料和化学制品制造业	44	5	811939	808656	9799	215525
医药制造业	5	1	27872	27352		9016
化学纤维制造业	3	1	59269	58816		18371
橡胶和塑料制品业	14		81528	80189		20816
非金属矿物制品业	9		86223	84371		31365
黑色金属冶炼和压延加工业	19	1	3270088	2930579	79232	4050874
有色金属冶炼和压延加工业	14	4	239163	236679		110010
金属制品业	22		216965	216305		63703
通用设备制造业	23	1	362100	361166		174188
专用设备制造业	10	1	117021	117833		25865
汽车制造业	8		106418	104499		41976
铁路、船舶、航空航天和其他运输设备制造业	10	1	85949	84143	1516	74874
电气机械和器材制造业	25	5	455434	447131	7010	1431110
计算机、通信和其他电子设备制造业	6		800996	799704	25000	455775
仪器仪表制造业	6	1	192914	191788	2022	32746
其他制造业	3		31024	30845	6495	15564
电力、燃气及水生产和供应业	**7**	**2**	**55011**	**53659**		**123385**
电力、热力生产和供应业	3	1	34482	34482		57506
水的生产和供应业	4	1	20529	19177		65879

工业企业主要经济指标

单位：万元

流动资产合计				固定资产合计	负债合计	流动负债合计	所有者权益合计	实收资本
	应收账款	存货	产成品					
4944607	**761704**	**1132460**	**329121**	**1457120**	**4271105**	**3721551**	**3147252**	**1628939**
1121857	266890	219114	109284	263176	788649	764919	1029557	519975
3822750	494815	913346	219837	1193944	3482457	2956632	2117695	1108964
3762364	343962	928908	223149	1109548	3181690	2700498	2606328	1435058
316115	91153	65328	41565	126531	325962	323412	145640	51478
866127	326590	138224	64407	221041	763453	697642	395284	142403
32744	**2622**	**2668**	**1104**	**15798**	**33915**	**18463**	**14627**	**8865**
6667	1623	2387	863	10557	6360	5425	10864	8365
4817643	**751772**	**1127381**	**327830**	**1428147**	**4127064**	**3594331**	**3119367**	**1611447**
4724	1074	1579	999	3202	5591	2876	2815	422
1342	358	113	3	168	943	943	579	91
116283	32689	28819	13430	42311	86097	83196	76469	20608
10181	4397	2528	1711	3712	9965	9919	4785	1098
4599	2856	1114	877	1599	4093	4093	2177	911
1984	891	668	619	2326	2738	2676	1572	154
19930	8457	3686	1369	42749	29513	28686	33579	15095
7116	2249	1838	1046	4418	8069	8069	5129	2524
73804	12128	33904	25657	7626	48662	47594	36506	9808
4630	1727	605	368	1423	3838	3838	3619	592
165202	69094	27121	13172	36119	123754	119534	90245	14087
6173	3984	895	624	2809	2800	2794	6217	1683
9951	3839	3845	1582	7642	16961	16961	1410	2333
16608	10382	3366	2112	2697	8018	7910	12799	2217
23180	8878	4392	2337	4533	16229	14978	15137	4897
2752467	142647	744935	139292	768938	2493937	2025606	1556936	903961
81805	44343	6046	2670	20355	76743	76515	33267	29676
44373	25153	3938	1705	15423	35703	31232	26685	5573
123273	44490	24370	9493	42032	137824	129883	36364	14087
19143	7150	3628	1360	4389	15271	15215	10595	3309
30587	15367	3872	2255	10674	18881	18449	23095	5783
58333	19818	14112	6820	9226	55235	49213	19639	12038
894498	221335	153721	69661	138752	576016	547851	848500	467261
240194	52067	47235	24218	215249	217577	217442	238198	83371
20092	8806	5417	3103	10161	18131	14379	14615	2436
2371	547	354	185	4887	6035	6035	9529	647
94221	**7310**	**2411**	**188**	**13176**	**110126**	**108757**	**13259**	**8627**
51257	3365	110	92	3080	54746	54181	2760	1950
42963	3946	2301	96	10096	55380	54576	10499	6677

1-A-5 续表

项目	主营业务收入	主营业务成本	主营业务税金及附加	营业费用	管理费用	财务费用
总计	**8309480**	**7596985**	**30573**	**125148**	**204193**	**111334**
按轻重工业分组						
轻工业	1753900	1559185	10772	45719	61371	8986
重工业	6555580	6037800	19801	79430	142822	102348
按大中小型分组						
大型企业	4087122	3859692	7130	37131	73128	78957
中型企业	1255052	1100928	7766	28490	41878	11470
小微型企业	2967306	2636364	15678	59527	89188	20907
按国民经济行业分组						
采矿业	**58393**	**51922**	**584**	**1129**	**2630**	**294**
非金属矿采选业	57179	50857	578	1120	2607	282
制造业	**8200542**	**7504083**	**29244**	**122698**	**197477**	**111048**
农副食品加工业	39538	34746	169	669	703	205
食品制造业	11172	10343	147	324	315	-1
纺织业	521401	473729	2107	6468	8076	2364
纺织服装、服饰业	133861	117759	1001	3252	3588	290
皮革、毛皮、羽毛及其制品和制鞋业	29903	25721	126	535	1543	178
木材加工和木、竹、藤、棕、草制品业	29497	25981	96	281	413	17
造纸和纸制品业	78589	72499	201	1393	1316	330
印刷和记录媒介复制业	27619	22115	181	251	512	306
文教、工美、体育和娱乐用品制造业	344161	317811	2696	6571	9791	1687
石油加工、炼焦和核燃料加工业	19516	17913	90	228	336	31
化学原料和化学制品制造业	806258	722146	3306	19223	20536	5034
医药制造业	27322	23785	190	437	930	116
化学纤维制造业	59822	50630	51	331	951	617
橡胶和塑料制品业	80452	72031	387	1385	2606	360
非金属矿物制品业	82934	72975	537	2134	3350	500
黑色金属冶炼和压延加工业	3009581	2891583	4762	19024	42102	72385
有色金属冶炼和压延加工业	238735	220713	749	3796	5487	3929
金属制品业	214164	186511	1609	4024	5736	538
通用设备制造业	360500	299906	2041	9714	11762	2866
专用设备制造业	118464	98232	432	2306	3618	1242
汽车制造业	104273	85463	591	7760	5824	310
铁路、船舶、航空航天和其他运输设备制造业	83871	71346	536	1647	7453	1067
电气机械和器材制造业	539420	469112	3380	25497	38192	5369
计算机、通信和其他电子设备制造业	821773	747155	1342	1314	11253	5902
仪器仪表制造业	191788	162576	1622	2721	7668	1447
其他制造业	30622	27111	192	1038	778	36
电力、燃气及水生产和供应业	**50545**	**40980**	**746**	**1322**	**4086**	**-9**
电力、热力生产和供应业	27578	23950	143		1920	-118
水的生产和供应业	22968	17030	603	1322	2167	109

单位：万元

利润总额	亏损企业亏损总额	利税总额	全部从业人员年平均人数（人）	总资产贡献率（%）	资产负债率（%）	流动资产周转率（次/年）	成本费用利润率（%）	产品销售率（%）
457862	**12863**	**714515**	**71759**	**10.96**	**57.50**	**2.04**	**4.79**	**95.45**
88003	1368	158469	19613	9.07	43.32	1.58	5.21	98.57
369859	11495	556046	52146	11.57	62.09	2.18	4.69	94.67
263825		344683	32626	7.26	54.97	1.56	4.74	91.97
57606	805	114791	10690	26.16	69.12	3.99	4.85	98.55
136431	12058	255040	28443	23.16	65.31	3.45	4.84	99.02
3384		**5082**	**898**	**10.63**	**69.87**	**1.83**	**6.05**	**101.40**
3286		4937	780	29.04	36.93	8.81	5.99	101.58
450235	**12109**	**702724**	**70254**	**11.05**	**56.87**	**2.07**	**4.76**	**95.39**
3046		4574	296	50.24	60.62	8.37	8.39	99.08
47	30	381	136	25.05	61.96	8.33	0.43	100.06
29714	427	50381	5611	32.01	52.96	4.49	6.04	99.34
7979		14388	1671	99.27	67.56	13.15	6.39	98.89
1788		3205	472	53.95	65.28	6.50	6.39	96.73
2708		4174	272	97.24	63.53	14.87	10.15	99.10
2903		6175	788	10.26	46.78	3.94	3.84	96.62
4377	126	5085	343	40.53	61.14	3.88	18.88	99.77
6402	267	12822	1653	16.73	57.14	4.76	1.87	97.01
919	47	1996	222	27.18	51.47	4.21	4.96	99.76
36897	5439	66918	4959	32.82	57.42	4.91	4.79	99.60
1922	3	3264	508	37.23	31.05	4.43	7.61	98.14
7587	66	11789	609	67.66	92.32	6.01	14.44	99.24
4010		7455	938	37.25	38.52	4.85	5.24	98.36
4017		8448	1566	28.54	51.74	3.59	5.07	97.85
202423	89	252382	21783	7.94	61.57	1.73	4.47	89.62
4813	2395	10876	1304	11.74	69.76	2.92	2.05	98.96
15877		27221	2851	43.32	56.05	4.83	8.07	99.70
16819	81	35319	3404	21.40	79.12	2.92	5.19	99.74
4812	410	9939	936	40.02	59.04	6.19	4.57	100.69
4580		9439	1257	23.10	44.98	3.42	4.61	98.20
2579	1539	6832	2535	10.59	73.77	1.46	3.14	97.90
15587	803	38675	6469	3.03	40.25	0.62	2.86	98.18
48056		68243	7563	16.27	47.74	3.42	6.27	99.84
15365	388	26510	1072	85.36	55.37	9.55	8.81	99.42
1434		2780	471	18.08	38.77	12.92	4.95	99.42
4242	**754**	**6709**	**607**	**5.41**	**89.25**	**0.58**	**8.42**	**97.54**
2442	715	3604	284	6.20	95.20	0.63	8.21	100.00
1800	40	3104	323	4.72	84.06	0.53	8.73	93.42

1-A-6 规模以上股份制

项　　目	企业单位数(个)	#亏损企业	工业总产值(当年价格)	销售产值(当年价格)	出口交货值	资产总计
总　计	**33836**	**3420**	**774500417**	**764555607**	**44690853**	**524496799**
按轻重工业分组						
轻工业	12711	1240	212552220	209693850	17709437	131062569
重工业	21125	2180	561948197	554861757	26981416	393434230
按大中小型分组						
大型企业	584	30	248068595	246004801	20509539	214178705
中型企业	3416	269	184734670	181869353	11274289	120781248
小微型企业	29836	3121	341697152	336681453	12907026	189536846
按登记注册类型分组						
有限责任公司	5049	582	202931176	201052047	12119109	181980639
国有独资公司	138	24	17680960	17564890	1015784	32592922
其他有限责任公司	4911	558	185250216	183487157	11103325	149387717
股份有限公司	1056	124	85045567	83945136	6252803	78131747
私营有限责任公司	26602	2589	455992081	449470369	24524783	240223435
私营股份有限公司	1129	125	30531594	30088054	1794157	24160978
按国民经济行业分组						
采矿业	**116**	**13**	**5478477**	**5424032**	**7549**	**9208787**
煤炭开采和洗选业	10	1	2855996	2823350		6240975
烟煤和无烟煤开采洗选	9	1	2802189	2777043		6236730
黑色金属矿采选业	11	2	594636	594491		256665
铁矿采选	10	2	589968	589623		246248
有色金属矿采选业	7	2	98980	98047		94763
常用有色金属矿采选	7	2	98980	98047		94763
非金属矿采选业	87	7	1798485	1778050	7549	1974841
土砂石开采	63	4	1107420	1093278		472107
化学矿开采	8	2	156365	156521		212467
采盐	11	1	503635	497999	5399	1277492
石棉及其他非金属矿采选	5		31065	30252	2150	12775
制造业	**33473**	**3382**	**756567337**	**746781240**	**44683304**	**486543544**
农副食品加工业	1187	64	25661444	25314436	436050	8378948
谷物磨制	429	18	7649583	7553432	36410	2422958
饲料加工	173	14	3645449	3605651	13409	1059135
植物油加工	102	8	5840385	5750416	21236	2032286
制糖业	8	1	258255	253653	371	168092
屠宰及肉类加工	178	13	4266860	4202880	64803	1254216
水产品加工	114	6	1358799	1344909	99210	570176
蔬菜、水果和坚果加工	109	2	1531963	1510085	140456	503118
其他农副食品加工	74	2	1110150	1093411	60155	368968
食品制造业	252	28	3814654	3720661	511298	2766315
焙烤食品制造	26	6	241002	241455	12513	158134
糖果、巧克力及蜜饯制造	20	3	370647	343950	71853	315075
方便食品制造	42	7	575751	569641	3450	277311
乳制品制造	24	4	516180	514095		337532
罐头食品制造	35	1	445348	436503	70283	168924
调味品、发酵制品制造	28	1	487695	470759	41434	633660
其他食品制造	77	6	1178032	1144259	311766	875680

工业企业主要经济指标

单位：万元

流动资产合计	应收账款	存货	产成品	固定资产合计	负债合计	流动负债合计	所有者权益合计	实收资本
288618157	**81258123**	**65885839**	**25974709**	**163394311**	**311414320**	**266396179**	**212604114**	**94174693**
71778941	17003620	18945392	8068250	41945149	75352256	64690066	55603920	22523232
216839215	64254503	46940447	17906458	121449162	236062064	201706114	157000194	71651461
111613116	24769159	27809907	10048531	66306217	129642247	104383034	84536458	28588506
64745658	18723441	15298259	6479001	41019805	70476854	60651113	50304394	21744543
112259382	37765523	22777674	9447176	56068289	111295219	101362033	77763262	43841645
90612308	23742939	20207071	7648539	63825749	116127254	89924371	65836170	30181098
14910380	4747998	3128524	1128170	10830074	21946551	13941299	10646372	4756886
75701928	18994942	17078548	6520369	52995676	94180703	75983072	55189798	25424212
42153899	10071591	10803392	3530402	21544741	39515103	34492919	38607746	15026969
141994345	43570800	31654336	13354994	71232073	143318214	130743290	96507975	45266562
13857605	3872792	3221041	1440774	6791748	12453750	11235600	11652223	3700064
2844380	**480404**	**474836**	**217872**	**4289510**	**5412889**	**3714965**	**3792629**	**1465257**
1849044	310896	331271	170119	3105230	3641560	2364964	2599416	560907
1848901	310880	331247	170105	3101128	3639550	2364893	2597180	560407
148190	34376	23110	7263	56633	185772	174277	70892	17020
143697	34101	20569	4833	51436	176358	164863	69890	16020
36598	2736	5402	3189	43896	69392	63914	25371	13065
36598	2736	5402	3189	43896	69392	63914	25371	13065
737149	120884	112537	36858	817583	1112961	728237	858611	458183
181226	53811	26586	15566	150815	209982	156643	258856	97426
72367	13355	9163	3231	107250	126053	117788	86414	53786
478792	52399	74697	17778	554645	770707	448065	506786	305693
4764	1319	2091	283	4873	6220	5742	6555	1278
278203714	**79408576**	**64742976**	**25710697**	**142496525**	**286140626**	**252695969**	**199927823**	**86629223**
4107924	814588	1333158	571079	3502702	4650977	4025679	3725683	1500018
1126753	195273	349643	95971	1130538	1202928	1001791	1218858	437192
530421	112115	135460	49351	421938	600055	535215	459080	241237
1132558	168981	449905	215989	726654	1421349	1211548	610937	241068
83371	16020	30763	12054	63897	100118	91945	67974	38049
624310	146805	161483	88739	505876	665990	584626	588226	257780
226679	63344	49593	20954	254450	281064	266781	289112	129678
235452	64356	108212	60544	224047	232581	215944	269421	85694
148380	47693	48100	27478	175304	146892	117829	222076	69322
1520267	356963	424191	200615	901336	1744310	1589062	1022005	556085
86928	16393	18927	8243	48459	108375	105221	49759	36125
239184	61203	94687	70147	46206	202400	196543	112675	71642
162506	38574	38209	16517	87315	152326	143913	124985	86690
162531	52275	32108	5183	124896	217208	182411	120324	74640
99523	16003	36345	18911	51122	101366	89348	67558	32095
275785	35485	91206	30927	250876	435646	425211	198014	65885
493809	137030	112709	50686	292463	526989	446415	348691	189008

1-A-6 续表 1

项 目	企业单位数(个)	#亏损企业	工业总产值(当年价格)	销售产值(当年价格)	出口交货值	资产总计
酒、饮料和精制茶制造业	118	6	7184089	7224661	5824	7005141
酒的制造	89	5	4061321	4110151	1268	5055731
饮料制造	23	1	3061611	3054602	4557	1918435
精制茶加工	6		61157	59909		30976
纺织业	3688	376	46636654	45956394	4584860	28639917
棉纺织及印染精加工	2029	219	27493941	27152875	2230415	15370312
毛纺织及染整精加工	240	50	5054173	4959533	586496	3664737
麻纺织及染整精加工	35	4	438865	440819	56434	333103
丝绢纺织及印染精加工	118	6	1877407	1875205	257154	790739
化纤织造及印染精加工	430	45	3152863	3039769	210606	3787744
针织或钩针编织物及其制品制造	263	21	2443881	2388292	325535	1734884
家用纺织制成品制造	333	19	3702765	3661006	704378	1623458
非家用纺织制成品制造	240	12	2472760	2438896	213842	1334940
纺织服装、服饰业	1660	141	24663292	24366009	3952711	15897924
机织服装制造	1237	97	20932083	20669530	2682804	13682022
针织或钩针编织服装制造	262	33	2510927	2489989	1022245	1502092
服饰制造	161	11	1220282	1206489	247662	713810
皮革、毛皮、羽毛及其制品和制鞋业	394	39	3914233	3855773	731929	1410659
皮革鞣制加工	19	4	184462	181689		159317
皮革制品制造	95	8	901201	890342	157045	380858
毛皮鞣制及制品加工	7		154177	151686	49138	32526
羽毛(绒)加工及制品制造	50	5	652982	642884	46886	164420
制鞋业	223	22	2021411	1989172	478860	673539
木材加工和木、竹、藤、棕、草制品业	882	31	15041701	14882326	1403579	5195732
木材加工	98	5	1184282	1170814	9346	316468
人造板制造	643	16	12312907	12199462	1009334	3920194
木制品制造	130	9	1430870	1406275	315789	883554
竹、藤、棕、草等制品制造	11	1	113643	105776	69110	75515
家具制造业	164	24	1454649	1434839	241684	912105
木质家具制造	114	15	1020598	1006777	148080	621860
竹、藤家具制造	2		33136	33147		6120
金属家具制造	27	6	188628	185501	58178	137774
塑料家具制造	3		25871	26015		15409
其他家具制造	18	3	186415	183400	35426	130942
造纸和纸制品业	436	49	5669790	5608859	197289	3862925
纸浆制造	3		7884	7989		2291
造纸	264	31	4171509	4120166	183132	3188630
纸制品制造	169	18	1490397	1480704	14157	672004
印刷和记录媒介复制业	483	57	4408490	4349668	154806	3811835
印刷	473	55	4323453	4262104	133074	3700284
装订及印刷相关服务	7	1	42398	41744		34267
记录媒介复制	3	1	42639	45819	21733	77284
文教、工美、体育和娱乐用品制造业	792	38	9274033	9163207	1671589	4081103
文教办公用品制造	64	7	736180	725337	50925	322057
乐器制造	14		143225	141074	49943	58755
工艺美术品制造	403	19	5093276	5028304	704308	2587064
体育用品制造	95	4	1024992	1019448	207332	321913
玩具制造	174	6	1835880	1813594	570877	568504
游艺器材及娱乐用品制造	42	2	440480	435450	88203	222812

单位：万元

流动资产合计	应收账款	存货	产成品	固定资产合计	负债合计	流动负债合计	所有者权益合计	实收资本
3764938	334386	1579053	233444	1990711	2914174	2435889	4087456	1091233
2842247	201925	1388881	195249	1629299	2221258	2002967	2833448	454748
913319	130116	187104	35833	341318	685452	426455	1230496	631423
9372	2344	3067	2362	20093	7464	6466	23512	5062
15952113	3778373	4678955	2083318	9673468	17638116	15946287	10988869	4678647
8430409	1822907	2515330	1132838	5516798	9215000	8117461	6148844	2448750
2075516	516593	837263	292785	1091161	2138015	1888043	1525872	536259
194674	46069	66709	28667	82889	192077	188311	140505	75812
392745	73808	127365	73289	302324	431795	377999	358689	107749
2183690	463883	495583	267449	1184259	2792927	2640673	994817	540787
951763	284387	243380	115918	580164	1132874	1056154	602010	351090
980452	258415	219138	102558	467060	938692	918047	683650	311862
742865	312312	174187	69814	448813	796737	759600	534481	306338
8917975	1927232	2585038	1203961	4234503	8968225	7422178	6911997	2449460
7601158	1527300	2242164	1062363	3603740	7637676	6166305	6026506	2010714
941715	312066	238111	110859	372215	944431	888001	557660	262608
375103	87867	104763	30740	258548	386118	367873	327830	176139
811115	235861	225506	87717	418137	842626	775583	567271	312878
109723	31534	36635	2839	41719	118672	103224	40644	26827
221927	65798	50778	15823	106671	227234	211797	153087	72194
17869	2499	3023	1930	13101	15288	15056	17238	10387
103232	38788	34222	12606	38543	110740	105862	53679	34029
358362	97243	100849	54520	218103	370691	339644	302623	169441
2738597	568697	802024	342315	1897127	2365883	2087300	2758320	915540
144402	24553	39928	13854	131536	125854	95882	177509	82314
2016512	450506	557581	270637	1542524	1732421	1534372	2129957	642553
522549	81105	174157	50452	212650	464838	414835	418108	172300
55134	12532	30358	7373	10417	42770	42211	32746	18373
502196	110592	150440	52866	289230	495003	442807	409003	249748
344747	60648	108739	39471	181974	339108	305801	279521	182111
2078	882	560	520	4042	1872	1872	4248	1000
95458	34102	23444	6380	36616	85888	81515	51886	39298
10237	1655	1094	474	5131	9734	8270	5674	2488
49676	13305	16602	6022	61468	58402	45349	67674	24851
2079066	609280	471399	192962	1455313	2494529	2088516	1345393	739937
2035	1394	318	106	256	1801	1530	490	202
1671105	461489	376879	154412	1242771	2084018	1700614	1081609	605315
405927	146398	94201	38443	212285	408710	386371	263294	134420
2009095	631866	372323	158725	1335074	2261300	1963085	1548544	678931
1965905	616182	361776	157375	1275375	2229591	1933030	1468702	634523
10290	3904	2333	500	22671	15663	15401	18603	7600
32900	11779	8214	849	37027	16046	14655	61239	36808
2292833	614755	556382	233422	1317681	2306885	2167077	1773385	787411
187201	60859	45037	16721	100903	148985	144498	173072	71067
33733	6788	9608	4639	23042	41966	41415	16789	8040
1465510	377326	348043	144254	807838	1506052	1424421	1080527	491416
193105	62337	55295	27011	93701	203433	180910	118480	49792
286147	77032	78814	32593	217892	292612	269493	275542	123282
127138	30414	19584	8205	74305	113837	106341	108975	43815

1-A-6 续表 2

项目	企业单位数(个)	#亏损企业	工业总产值(当年价格)	销售产值(当年价格)	出口交货值	资产总计
石油加工、炼焦和核燃料加工业	105	14	18692575	18617117	567236	5772969
精炼石油产品制造	93	12	18056418	17992350	567236	5138964
炼焦	12	2	636157	624767		634004
化学原料和化学制品制造业	2682	260	92124237	91245738	4868978	54373281
基础化学原料制造	874	87	37646119	37452660	1503869	21153930
肥料制造	98	16	2706736	2685975	10860	1928814
农药制造	156	15	8490666	8425498	1445339	5948881
涂料、油墨、颜料及类似产品制造	402	30	9130070	9101524	236120	5390019
合成材料制造	389	39	14273977	13926387	436760	7604749
专用化学产品制造	684	68	17855425	17652164	1168425	11184826
炸药、火工及焰火产品制造	8		74423	73490		54665
日用化学产品制造	71	5	1946821	1928040	67605	1107398
医药制造业	496	51	19207603	18808272	1068032	10561934
化学药品原料药制造	183	23	4235326	4155545	315267	2580040
化学药品制剂制造	76	4	7585319	7417029	69444	3858236
中药饮片加工	27	2	719255	696185	14060	630853
中成药生产	22	3	1802942	1774657		916946
兽用药品制造	28	2	848481	854295	63057	303645
生物药品制造	80	8	2701302	2626659	408136	1648036
卫生材料及医药用品制造	80	9	1314979	1283902	198068	624179
化学纤维制造业	766	152	20557183	20317339	1457940	16061842
纤维素纤维原料及纤维制造	148	18	11667467	11556583	1229564	9455369
合成纤维制造	618	134	8889716	8760756	228376	6606474
橡胶和塑料制品业	1276	119	13040658	12824080	724865	8083970
橡胶制品业	254	21	2897086	2845251	172965	1931843
塑料制品业	1022	98	10143572	9978829	551900	6152127
非金属矿物制品业	2117	229	32279108	31813976	637881	24970458
水泥、石灰和石膏制造	238	37	6265516	6221713	22953	5517030
石膏、水泥制品及类似制品制造	800	103	10710349	10641893	8663	9415751
砖瓦、石材等建筑材料制造	230	23	2569453	2530170	64576	1770713
玻璃制造	59	6	849880	782264	13461	1408162
玻璃制品制造	244	21	4199617	4125286	148526	2115546
玻璃纤维和玻璃纤维增强塑料制品制造	150	13	2003447	1968488	214990	1508377
陶瓷制品制造	57	7	842303	834065	64744	717507
耐火材料制品制造	137	12	1787212	1723430	36133	1145801
石墨及其他非金属矿物制品制造	202	7	3051332	2986668	63836	1371570
黑色金属冶炼和压延加工业	1235	189	82627235	81834911	2580295	52143159
炼铁	25	2	1726968	1745897		817902
炼钢	18	5	4759563	4663044	15236	2302937
黑色金属铸造	450	41	7289677	7112797	114697	2899506
钢压延加工	699	137	65361356	64862730	2441675	44877785
铁合金冶炼	43	4	3489670	3450444	8687	1245030
有色金属冶炼和压延加工业	826	143	26934002	26776037	543849	11884328
常用有色金属冶炼	95	7	1963503	1891186	11501	931784

单位：万元

流动资产合计	应收账款	存货	产成品	固定资产合计	负债合计	流动负债合计	所有者权益合计	实收资本
3088898	503951	1364853	215399	2061008	3837827	3496588	1926561	1469135
2867095	452682	1295227	189998	1667556	3442297	3222857	1688086	1272801
221803	51269	69626	25402	393452	395530	273731	238475	196334
27389708	6470412	6404381	2528723	17895339	30429492	26897990	23940167	11063756
9514179	1823379	2411540	710879	7253168	12198032	10635297	8955898	4757186
1072968	149043	240656	122519	678737	1347336	1202940	581478	241265
3018923	592971	821849	365047	1814297	3447983	2943421	2500898	791927
3049047	1074741	625978	264249	1663884	3179835	2918457	2210185	1062709
4343469	1233608	957109	454543	2236537	4044833	3643504	3559916	1851275
5668281	1411492	1169620	488116	3946481	5557927	4942160	5623277	2174342
33720	6722	2969	1782	16514	21898	18853	32767	11159
689123	178457	174660	121589	285721	631649	593357	475749	173892
5880268	2195908	1187967	426640	3330414	4316701	3934008	6239234	1685952
1254227	497588	280530	128511	963746	1296258	1169663	1283782	473468
2376297	1012535	436823	127964	997514	1082590	1009201	2775645	447235
320976	100882	67727	28835	200507	271527	215525	359326	84850
513211	237971	90416	16072	275249	489674	443320	427273	136259
154796	33760	33702	11076	106651	123707	108588	179938	79413
907407	175905	197231	74740	595094	695837	647612	952199	355715
353354	137268	81538	39443	191654	357109	340099	261070	109012
8615141	1345221	2246341	1219909	5268637	10694264	8958929	5367150	2674291
4604367	666957	1274404	506042	3626644	6231848	4855077	3223520	1357839
4010774	678264	971936	713867	1641992	4462416	4103852	2143630	1316452
4726255	1780733	1013433	464826	2413277	4161589	3867891	3908534	1751720
1144464	512399	216480	108218	537683	925825	860189	1006019	385820
3581791	1268334	796953	356608	1875594	3235765	3007703	2902515	1365901
14461106	5205617	2048896	806943	7724001	16005481	14731032	8945885	4604695
2536446	505823	344577	111302	2311929	3721837	3352484	1787089	895874
6396075	2837347	663568	247793	2390619	6576587	6266514	2834553	1572809
1025506	405320	156540	67184	554235	1053971	924653	713753	387008
695697	90883	111288	41646	269702	967908	847485	440254	289043
1168593	484907	198978	97986	744150	1226345	1117697	886774	440205
817719	242899	169906	67716	459179	785496	675232	722881	315301
377958	116953	88879	34683	214757	363719	340397	353788	139864
677132	305404	122192	53098	321236	540529	519458	605271	271694
765979	216081	192970	85536	458195	769089	687112	601521	292896
25466507	3077753	6831887	2787284	20906518	34498097	29802004	17641854	5934504
137840	33119	40691	17216	670841	368876	212962	447770	132461
817942	98761	267190	124585	1214108	1354802	1211772	948134	435672
1615107	579110	345484	160473	1028776	1720886	1619225	1178621	519062
22292740	2264514	5977541	2398676	17402640	30402390	26131197	14473443	4617700
602879	102249	200982	86333	590153	651143	626849	593886	229610
8160918	2090285	1520199	556883	2389772	7956060	7459672	3869309	1996229
469149	121093	80005	36503	258798	555437	517160	365801	183599

1-A-6 续表 3

项目	企业单位数(个)	#亏损企业	工业总产值(当年价格)	销售产值(当年价格)	出口交货值	资产总计
贵金属冶炼	6		93674	90909		9733
稀有稀土金属冶炼	23	1	1325307	1310214	7081	415271
有色金属合金制造	132	27	4096340	4064691	160699	2386616
有色金属铸造	34	6	458339	453654	12239	194131
有色金属压延加工	536	102	18996840	18965384	352328	7946793
金属制品业	2388	202	37826474	37082770	2435413	22401796
结构性金属制品制造	861	64	13402068	13144490	442836	8722841
金属工具制造	173	13	1817770	1787743	148979	987346
集装箱及金属包装容器制造	149	17	2599309	2557988	643868	1862778
金属丝绳及其制品制造	360	22	9041205	8831544	497161	3933172
建筑、安全用金属制品制造	163	17	1647742	1611179	190530	1100416
金属表面处理及热处理加工	196	21	2773727	2729442	93033	1549637
搪瓷制品制造	13	3	138968	134573		91228
金属制日用品制造	80	4	794296	783390	36745	387390
其他金属制品制造	393	41	5611391	5502422	382261	3766989
通用设备制造业	2956	304	45931811	45112642	2855127	41795716
锅炉及原动设备制造	245	39	5728196	5592090	330918	6427078
金属加工机械制造	482	59	5322963	5209323	200800	5470635
物料搬运设备制造	319	40	11180886	11030723	1056485	14663071
泵、阀门、压缩机及类似机械制造	545	35	7036259	6886052	249402	3700937
轴承、齿轮和传动部件制造	330	40	5358024	5238683	402056	4842797
烘炉、风机、衡器、包装等设备制造	370	29	4808942	4758190	225985	2828375
文化、办公用机械制造	41	8	435306	429002	87914	406757
通用零部件制造	511	38	5231746	5152678	243164	2761534
其他通用设备制造业	113	16	829490	815902	58403	694533
专用设备制造业	2132	226	32206748	31802753	2091107	24463383
采矿、冶金、建筑专用设备制造	572	67	10330825	10247505	991552	8105485
化工、木材、非金属加工专用设备制造	369	48	3500840	3407017	243638	3041173
食品、饮料、烟草及饲料生产专用设备制造	60	1	1162825	1184619	90470	804995
印刷、制药、日化及日用品生产专用设备制造	79	8	716997	706884	27183	578756
纺织、服装和皮革加工专用设备制造	224	29	3099969	3077663	147933	2352198
电子和电工机械专用设备制造	102	6	1022874	1010034	66373	622181
农、林、牧、渔专用机械制造	94	6	1127938	1128036	24769	583878
医疗仪器设备及器械制造	178	13	2732554	2707736	273890	1471748
环保、社会公共服务及其他专用设备制造	454	48	8511926	8333260	225299	6902970
汽车制造业	842	78	22062686	21738593	1057508	15563706
汽车整车制造	26	9	4679375	4588364	298750	3668854
改装汽车制造	33	8	2278852	2249384	81001	1553896
低速载货汽车制造	2	1	19499	19420	917	6547
电车制造	12		175931	166016		36944
汽车车身、挂车制造	24	4	1092558	1052338	43777	422186
汽车零部件及配件制造	745	56	13816471	13663071	633063	9875280
铁路、船舶、航空航天和其他运输设备制造业	652	57	18928051	18727894	2134160	15612361
铁路运输设备制造	92	4	3596938	3504410	203840	4071099
城市轨道交通设备制造	12	1	257931	256325		181498
船舶及相关装置制造	310	23	9806219	9677942	1241121	7542034

单位：万元

流动资产合计	应收账款	存货	产成品	固定资产合计	负债合计	流动负债合计	所有者权益合计	实收资本
7874	1705	1945	1024	1048	5949	5949	3784	2212
214340	43978	84648	22857	168446	216282	198409	198990	64683
1483369	411568	374433	131165	560708	1568810	1447263	817806	403971
133434	53447	27378	14351	43952	121930	97150	72201	36898
5852752	1458493	951790	350983	1356820	5487652	5193743	2410728	1304866
13911056	4669589	3363168	1288888	5843364	13092339	12157488	9228421	4502494
5726261	1867897	1272540	443272	2047762	5110475	4866563	3567582	1907749
600900	161728	195729	68043	298542	553805	502761	431336	190213
1205787	401214	315396	72574	410837	1135111	1085222	727668	356281
2219261	733370	540841	239629	1037826	2207873	1951869	1721642	693473
670687	271005	171681	71016	290023	648846	620360	451569	251042
982466	381089	197961	76070	428747	1004692	968500	544945	250854
62900	19558	18819	6930	22671	61090	59955	30138	22483
232075	68256	61781	24902	102514	208224	191695	158774	95812
2210719	765472	588420	286452	1204443	2162224	1910562	1594770	734587
25371098	8914316	5618554	2507658	9157060	23948474	20043041	17823044	6900635
3867655	1236964	849860	373060	1311002	3391274	3130283	3035804	1035839
3335999	710518	668411	244078	1289135	3298368	2890882	2171043	1030349
8979688	3469801	1969960	1048249	2219725	9192598	6627663	5470474	1489405
2246308	909258	506383	212914	1042127	1855927	1685624	1843030	948139
2806144	992613	616786	254110	1476885	2516871	2248780	2325926	954145
1899987	709515	470602	169530	643419	1517025	1413132	1291162	636499
264674	55463	94752	35493	81975	227144	191813	179613	93850
1526257	659500	330038	134125	932665	1558482	1474930	1202246	547294
444387	170684	111763	36101	160127	390787	379935	303746	165115
16011630	5565908	3827859	1313622	5767066	14199088	13027504	10225433	4920486
5386944	2083317	1274186	428704	1983827	4883231	4435783	3219000	1700856
1980747	744391	481839	187169	700627	1846515	1734496	1186342	595313
605749	120410	178693	48578	133015	490321	377460	314674	128041
379934	116518	127153	33785	126579	346785	330335	231971	106448
1413714	394776	315945	121270	621913	1444290	1383203	907547	333371
408892	150795	76916	27864	151652	344502	316955	274316	133143
255202	83974	78939	34780	229966	269459	212756	291320	148631
819121	276039	213205	93875	449134	720021	665915	751727	340142
4761328	1595689	1080983	337597	1370353	3853965	3570602	3048535	1434542
9451810	3091442	1746530	717794	3932883	10096793	9094645	5465565	3413736
2257566	665974	335369	138416	763905	2846819	2569817	822035	1190708
939985	294500	224355	46331	398212	1095790	1022499	458106	244115
2438	816	1041	420	3278	5846	5315	701	1508
15935	3147	4433	2261	16041	10123	9816	26820	11780
249409	92485	64792	34347	139180	226228	199054	195958	128041
5986476	2034520	1116539	496019	2612268	5911987	5288146	3961945	1837584
8624715	2295559	2236955	622331	4492810	9969381	8225724	5626304	2563915
2579766	1029776	667939	200349	918895	2638067	2378296	1433032	744806
120742	51577	35157	17402	30970	87171	86382	94327	14211
3952977	768683	1063732	173889	2713434	4889489	3808270	2637330	1042093

1-A-6 续表 4

项目	企业单位数(个)	#亏损企业	工业总产值(当年价格)	销售产值(当年价格)	出口交货值	资产总计
航空、航天器及设备制造	13	3	2018170	2098440	499203	2042933
摩托车制造	102	12	1730719	1699772	110859	957891
自行车制造	108	13	1435246	1409090	78025	759586
非公路休闲车及零配件制造	9	1	37788	37119	1111	28992
潜水救捞及其他未列明运输设备制造	6		45041	44797		28329
电气机械和器材制造业	2885	275	95512626	94037981	4311277	63079617
电机制造	471	28	14934669	14617529	871782	7885054
输配电及控制设备制造	1127	115	35929282	35356871	1757701	25696862
电线、电缆、光缆及电工器材制造	641	63	29873501	29575253	538418	19505478
电池制造	98	17	2377855	2303592	46879	1221692
家用电力器具制造	191	19	7527390	7371111	621447	5543105
非电力家用器具制造	60	4	1498534	1465527	148470	1074153
照明器具制造	261	22	3181598	3159538	317919	1918103
其他电气机械及器材制造	36	7	189798	188562	8662	235169
计算机、通信和其他电子设备制造业	1180	164	26301395	26060436	2307267	22009335
计算机制造	72	17	1941808	1931742	91808	1196600
通信设备制造	104	14	4346064	4301375	179230	4889613
广播电视设备制造	100	12	1501132	1464140	83921	1167860
雷达及配套设备制造	11		353311	353939	102	442972
视听设备制造	57	5	950820	934195	117653	564038
电子器件制造	229	34	6693821	6708966	837919	8146747
电子元件制造	499	65	8741606	8612718	859527	4772628
其他电子设备制造	108	17	1772834	1753361	137109	828877
仪器仪表制造业	659	43	21406023	20952971	920988	14239283
通用仪器仪表制造	440	28	16344252	16040628	597632	10407491
专用仪器仪表制造	159	10	4184928	4051169	247265	2971316
光学仪器及眼镜制造	42	4	590746	577998	74751	696156
其他仪器仪表制造业	17	1	283276	280363	1340	162146
其他制造业	94	6	1121833	1105805	227213	429228
日用杂品制造	74	3	962939	950329	225766	327072
煤制品制造	9	1	104401	101590		42529
其他未列明制造业	11	2	54493	53886	1446	59627
废弃资源综合利用业	101	14	1750503	1716015	2236	917420
金属废料和碎屑加工处理	56	10	1389945	1361477		654585
非金属废料和碎屑加工处理	45	4	360558	354538	2236	262835
金属制品、机械和设备修理业	24	3	228052	223473	313	123952
金属制品修理	8	1	92280	89052		67414
铁路、船舶、航空航天等运输设备修理	14	2	89190	88597	313	48450
电力、热力、燃气及水生产和供应业	**247**	**25**	**12454603**	**12350335**		**28744468**
电力、热力生产和供应业	158	13	10884807	10797104		23044871
电力生产	122	8	10468441	10387783		22197322
热力生产和供应	35	5	412597	405651		843771
燃气生产和供应业	34	5	902351	888589		1441083
水的生产和供应业	55	7	667444	664641		4258514
自来水生产和供应	34	5	437549	436233		3805044
污水处理及其再生利用	21	2	229895	228408		453470

单位：万元

流动资产合计	应收账款	存货	产成品	固定资产合计	负债合计	流动负债合计	所有者权益合计	实收资本
855101	121498	218215	117530	403853	1238495	859886	804438	461103
604811	165283	155181	73724	244047	589915	585156	367975	141271
482307	146775	87086	35254	158012	498526	481264	259599	144793
17503	7641	5855	3328	7501	17699	17394	11293	5892
11509	4326	3791	854	16098	10020	9076	18309	9748
40996064	15528277	7321432	3296059	13673420	35536133	32107749	27494122	12330001
5019443	1665562	1171112	548921	1991207	4084718	3641570	3800337	1592548
16842508	7305196	2744768	1134588	5921863	14764435	13504218	10925348	5312470
13284635	5165164	2168867	1039904	3288798	11335844	10261114	8133110	3845489
741458	188392	212397	56413	364930	686173	603591	531965	279101
3256398	667325	719252	375958	1256744	3077767	2617893	2463132	552231
551094	126425	84445	37561	220576	442478	417513	631675	185787
1123645	350803	198437	97697	597129	989597	916237	928507	491958
176884	59412	22154	5017	32173	155121	145613	80049	70417
12255899	4049106	2693203	887474	5950703	12819584	10806863	9185653	4229480
738415	234697	118416	45591	157730	635118	495285	561482	365345
2894384	745933	919312	186650	918761	2669431	2524074	2220182	670724
830300	349517	186221	89899	240630	594972	578632	572888	259466
322674	82386	122259	9288	77343	291981	224450	150991	88040
341151	133925	73490	20550	151775	339023	322909	225016	150218
3502829	1033402	683660	287876	2870657	5041775	3616912	3101064	1666319
3131975	1241611	490151	210547	1281362	2778411	2596213	1994028	846400
494172	227635	99694	37073	252444	468875	448389	360002	182968
8307260	2448217	1937961	629618	4097809	7028552	6330774	7208052	2253642
6272150	1839435	1563013	491808	2856558	5034075	4498733	5372536	1573609
1517485	502611	295260	110491	1016974	1585859	1454328	1383657	523614
427206	80535	64446	22805	174107	342705	326955	353451	115210
89233	24836	15082	4501	49403	64911	49757	97236	40210
208900	73770	55128	19863	155472	233038	223235	196190	89550
151817	49676	48247	16453	115247	172589	167022	154483	59142
22175	5309	4027	3023	18611	25683	23394	16846	14410
34907	18785	2854	387	21614	34766	32819	24861	15999
459814	89422	111124	52023	331770	542808	506260	374166	239588
312795	51756	67741	31842	229707	375598	350629	278542	181797
147018	37666	43383	20181	102064	167211	155631	95625	57791
58703	20443	10322	4348	63160	69318	57528	54634	23253
17718	4288	2640	979	47852	28561	18257	38853	13361
36512	15044	7041	3003	11726	35379	34736	13072	8980
7570063	**1369143**	**668027**	**46140**	**16608276**	**19860806**	**9985245**	**8883662**	**6080214**
5036754	1295424	611044	38253	14421632	15828271	8136759	7216600	5059170
4708045	1239490	586000	35760	14022269	15219839	7625582	6977483	4865665
328419	55781	25035	2493	396267	607739	510485	236032	192005
908166	26771	22140	2632	336000	1030671	873104	410411	165824
1625143	46948	34843	5255	1850644	3001863	975382	1256651	855220
1446924	34603	26585	882	1658108	2724450	811942	1080594	734384
178219	12345	8258	4373	192536	277413	163439	176057	120837

1-A-6 续表 5

项　　目	主营业务收　　入	主营业务成　　本	主营业务税金及附加	营业费用	管理费用	财务费用
总　计	**776062651**	**670971397**	**5718328**	**17410743**	**26457265**	**8941179**
按轻重工业分组						
轻工业	211137836	179955398	1340130	7217288	7307068	2354919
重工业	564924815	491015999	4378198	10193455	19150197	6586260
按大中小型分组						
大型企业	255550383	220218411	2618204	6943095	8443146	3307034
中型企业	183965791	156855824	1129558	4139298	6707749	2048011
小微型企业	336546477	293897163	1970566	6328350	11306370	3586134
按登记注册类型分组						
有限责任公司	206005816	177283463	1287903	6083524	7960694	2848435
国有独资公司	18256459	15250490	165879	531224	1236580	505638
其他有限责任公司	187749357	162032973	1122024	5552300	6724115	2342796
股份有限公司	85897371	71841594	1889150	2549408	3449117	870608
私营有限责任公司	454020968	396250155	2394253	8099233	13962419	4789861
私营股份有限公司	30138497	25596186	147022	678579	1085034	432276
按国民经济行业分组						
采矿业	**5470568**	**4446499**	**118074**	**117442**	**574750**	**97585**
煤炭开采和洗选业	2855841	2299068	58251	47672	364370	52836
烟煤和无烟煤开采洗选	2809434	2259750	57998	46283	362729	52834
黑色金属矿采选业	598693	543687	2158	4690	16629	3290
铁矿采选	594152	539894	2140	4495	16226	3222
有色金属矿采选业	98402	81249	1208	2338	6538	24
常用有色金属矿采选	98402	81249	1208	2338	6538	24
非金属矿采选业	1787538	1456814	29864	61062	112433	36450
土砂石开采	1085312	892579	15843	25746	57365	13415
化学矿开采	159855	132967	1056	10477	8827	2748
采盐	510295	401442	12807	24125	45752	20154
石棉及其他非金属矿采选	32076	29826	158	714	490	133
制造业	**757540522**	**656176725**	**5524522**	**17128246**	**25494645**	**8207055**
农副食品加工业	25228360	22309010	148828	454465	496321	226217
谷物磨制	7585532	6709111	44993	98574	138087	65068
饲料加工	3612230	3205739	18419	80883	77852	25376
植物油加工	5624468	5118354	29143	80289	77599	52713
制糖业	243953	222212	382	2845	4087	1388
屠宰及肉类加工	4225578	3671927	28754	91417	102153	46457
水产品加工	1325541	1155607	9304	27281	29345	9315
蔬菜、水果和坚果加工	1515793	1300360	8792	45503	39461	12970
其他农副食品加工	1095266	925700	9042	27675	27737	12932
食品制造业	3836604	3203841	19498	192847	148196	50159
焙烤食品制造	246301	197662	2006	19954	9721	3062
糖果、巧克力及蜜饯制造	361417	306513	1759	16607	11909	4787
方便食品制造	574047	495389	2835	22321	19572	4512
乳制品制造	558124	453358	1629	56346	20419	6018
罐头食品制造	419819	363688	1897	8595	8974	3731
调味品、发酵制品制造	482730	381907	3761	28752	26745	13908
其他食品制造	1194166	1005324	5611	40272	50856	14142

单位：万元

利润总额	亏损企业亏损总额	利税总额	全部从业人员年平均人数(人)	总资产贡献率(%)	资产负债率(%)	流动资产周转率(次/年)	成本费用利润率(%)	产品销售率(%)
47655071	**1785996**	**80381447**	**6534007**	**16.81**	**59.37**	**2.76**	**6.42**	**98.72**
13807757	448891	22511426	2443580	18.70	57.49	2.99	6.91	98.66
33847314	1337105	57870022	4090427	16.18	60.00	2.69	6.23	98.74
14523750	399353	25971296	1729057	13.61	60.53	2.43	5.72	99.17
13399938	359287	21676186	1702744	19.40	58.35	2.87	7.81	98.45
19731383	1027355	32733965	3102206	18.78	58.72	3.02	6.22	98.53
11900037	543624	19736778	1553958	12.34	63.81	2.39	5.83	99.07
828507	49911	1625112	195123	6.49	67.34	1.64	3.53	99.34
11071530	493713	18111666	1358835	13.61	63.04	2.54	6.12	99.05
5770893	387916	11371467	594846	15.53	50.57	2.07	7.22	98.71
27742956	820092	45889051	4132278	20.75	59.66	3.25	6.46	98.57
2241184	34364	3384151	252925	15.49	51.54	2.28	7.67	98.55
208878	**66608**	**703346**	**121798**	**8.54**	**58.78**	**2.43**	**3.15**	**99.01**
100240	7379	425816	89665	7.60	58.35	2.28	2.46	98.86
96435	7379	419536	89580	7.50	58.36	2.25	2.39	99.10
27733	3495	55680	3115	22.90	72.38	4.09	4.82	99.98
27432	3495	55161	3050	23.63	71.62	4.18	4.80	99.94
7288	1567	12650	1235	13.44	73.23	2.71	8.03	99.06
7288	1567	12650	1235	13.44	73.23	2.71	8.03	99.06
114502	13282	223420	24743	12.68	56.36	2.47	6.78	98.86
75739	7310	142855	13412	31.85	44.48	6.01	7.63	98.72
5201	5610	12822	2160	6.83	59.33	2.24	3.33	100.10
32772	363	66225	8895	6.57	60.33	1.13	6.43	98.88
791		1518	276	12.47	48.69	6.73	2.54	97.38
45633560	**1682084**	**77169665**	**6355317**	**17.31**	**58.81**	**2.79**	**6.30**	**98.71**
1716371	16881	2616616	153842	33.48	55.51	6.19	7.25	98.65
503548	3670	766388	40176	33.81	49.65	6.73	7.18	98.74
207683	2973	301501	21180	30.54	56.66	6.82	6.12	98.91
404626	2559	611956	17987	32.60	69.94	5.11	7.36	98.46
15495	75	19465	1243	12.25	59.56	2.93	6.72	98.22
288207	5036	457563	33681	39.39	53.10	6.79	7.35	98.50
95081	2274	145811	12547	26.69	49.29	5.85	7.78	98.98
108123	259	171331	18074	36.08	46.23	6.44	7.73	98.57
93607	36	142601	8954	41.26	39.81	7.44	9.35	98.49
230518	7342	377318	52397	15.22	63.06	2.54	6.37	97.54
14619	1743	22898	4560	16.07	68.53	2.85	6.30	100.19
19877	1268	33111	4104	11.74	64.24	1.51	5.84	92.80
31418	988	51309	6708	19.55	54.93	3.53	5.80	98.94
19690	1511	38423	9157	13.14	64.35	3.44	3.65	99.60
33353	22	51916	4915	32.26	60.01	4.22	8.66	98.01
30222	4	48393	8777	9.63	68.75	1.79	6.54	96.53
81339	1806	131268	14176	16.51	60.18	2.44	7.28	97.13

1-A-6 续表 6

项目	主营业务收入	主营业务成本	主营业务税金及附加	营业费用	管理费用	财务费用
酒、饮料和精制茶制造业	7167332	4970064	228172	427739	275793	47295
酒的制造	4048321	2331330	203198	270093	209370	5309
饮料制造	3059103	2589248	24507	155295	64332	41501
精制茶加工	59909	49487	467	2351	2091	485
纺织业	46228423	41319877	215035	582651	1235976	615018
棉纺织及印染精加工	27391458	24518019	134531	330457	707986	349155
毛纺织及染整精加工	5069374	4619558	16622	41219	110046	64883
麻纺织及染整精加工	436188	384074	3156	4692	11553	9571
丝绢纺织及印染精加工	1865239	1651837	13214	25778	43577	19896
化纤织造及印染精加工	3013682	2706421	9917	22236	86061	85944
针织或钩针编织物及其制品制造	2398869	2128690	11875	39863	84930	33561
家用纺织制成品制造	3641348	3224525	13960	69723	105337	27108
非家用纺织制成品制造	2412265	2086753	11761	48683	86487	24901
纺织服装、服饰业	25247470	21429958	160835	743737	944819	241776
机织服装制造	21516879	18164973	142001	641730	806469	206137
针织或钩针编织服装制造	2519042	2234143	11873	48386	92869	26605
服饰制造	1211550	1030842	6961	53621	45481	9034
皮革、毛皮、羽毛及其制品和制鞋业	3855191	3376882	27885	81240	130087	32963
皮革鞣制加工	172180	158957	854	1286	3700	3268
皮革制品制造	909297	810595	5973	12898	27566	9591
毛皮鞣制及制品加工	150363	125473	1616	4278	4204	2752
羽毛(绒)加工及制品制造	641462	564547	3941	13312	25932	3297
制鞋业	1981890	1717310	15501	49464	68686	14056
木材加工和木、竹、藤、棕、草制品业	14972298	12808238	107341	360196	375360	164032
木材加工	1169315	1009169	9884	20126	22274	11202
人造板制造	12297149	10508864	88615	298041	310426	138562
木制品制造	1398498	1196529	8606	40012	40723	12317
竹、藤、棕、草等制品制造	107337	93676	236	2017	1937	1951
家具制造业	1434917	1232276	10071	33865	53079	16140
木质家具制造	1006021	858419	7546	21858	37376	11044
竹、藤家具制造	35277	30222	322	729	594	44
金属家具制造	183354	158496	1318	3733	7085	2051
塑料家具制造	26015	22227	45	306	623	252
其他家具制造	184251	162912	839	7239	7401	2748
造纸和纸制品业	5627194	4924971	29837	115400	171687	76723
纸浆制造	7709	7338	15	13	297	1
造纸	4137939	3612517	19500	81106	121615	64736
纸制品制造	1481547	1305116	10323	34280	49775	11987
印刷和记录媒介复制业	4293443	3641300	25642	108118	194877	66240
印刷	4204285	3566798	25308	104012	188394	65251
装订及印刷相关服务	41695	35514	264	744	1298	296
记录媒介复制	47464	38989	70	3363	5185	693
文教、工美、体育和娱乐用品制造业	9283157	7957373	55506	208221	359349	80750
文教办公用品制造	739405	607484	5050	25045	56128	6943
乐器制造	142379	125924	645	3508	5063	446
工艺美术品制造	5123518	4400979	25854	109127	183600	52083
体育用品制造	1017165	885885	6595	20519	26736	6306
玩具制造	1819127	1554284	14844	41932	72166	12323
游艺器材及娱乐用品制造	441563	382817	2519	8090	15656	2648

单位：万元

利润总额	亏损企业亏损总额	利税总额	全部从业人员年平均人数（人）	总资产贡献率（%）	资产负债率（%）	流动资产周转率（次/年）	成本费用利润率（%）	产品销售率（%）
1339890	4292	1937927	68508	28.31	41.60	1.91	23.40	100.56
1114570	4063	1601932	41266	31.76	43.94	1.43	39.51	101.20
220304	229	327708	26909	19.22	35.73	3.35	7.73	99.77
5017		8287	333	28.32	24.10	6.39	9.22	97.96
2358721	100008	4035906	662399	15.88	61.59	2.98	5.24	98.54
1412582	61142	2487950	375897	18.17	59.95	3.36	5.26	98.76
231097	15465	352587	75018	11.14	58.34	2.54	4.60	98.13
25080	237	41974	7938	15.11	57.66	2.25	6.09	100.45
112384	3121	197282	27439	27.04	54.61	4.75	6.45	99.88
119079	6792	203370	60657	7.03	73.74	1.40	4.05	96.41
104872	6867	175747	37259	11.54	65.30	2.54	4.55	97.73
196230	3628	326627	45913	21.34	57.82	3.75	5.67	98.87
157397	2756	250369	32278	20.27	59.68	3.26	6.97	98.63
1801075	23697	2828978	453724	19.06	56.41	2.87	7.61	98.79
1626512	15075	2500327	366741	19.57	55.82	2.88	8.09	98.75
107930	7760	212531	59022	15.42	62.87	2.70	4.46	99.17
66633	862	116120	27961	17.02	54.09	3.23	5.85	98.87
207788	4929	373035	78390	28.35	59.73	4.76	5.73	98.51
5469	297	12811	2607	9.89	74.49	1.57	3.27	98.50
44334	1218	71534	20009	20.58	59.66	4.10	5.15	98.79
12082		21315	1269	73.52	47.00	8.41	8.84	98.38
30142	254	61072	10671	38.89	67.35	6.21	4.96	98.45
115761	3160	206302	43834	32.36	55.04	5.54	6.25	98.41
1159325	7586	1904855	142201	38.84	45.54	5.48	8.44	98.94
94972	2497	150376	10686	49.26	39.77	8.10	8.94	98.86
954839	3318	1575105	115029	42.67	44.19	6.12	8.46	99.08
102129	1621	168146	14923	20.00	52.61	2.68	7.92	98.28
7385	151	11228	1563	16.72	56.64	1.95	7.42	93.08
88615	7903	153402	23920	18.03	54.27	2.87	6.60	98.64
71305	4209	120270	17001	20.66	54.53	2.94	7.61	98.65
3216		5772	222	95.03	30.58	16.97	10.18	100.03
10468	845	15952	3450	12.65	62.34	1.92	6.11	98.34
1526		2335	450	15.28	63.18	2.54	6.52	100.56
2101	2849	9073	2797	7.91	44.60	3.71	1.17	98.38
296824	19073	492431	57341	14.41	64.58	2.72	5.59	98.93
46		123	75	5.36	78.61	3.79	0.60	101.34
225476	16057	364863	39217	13.20	65.36	2.49	5.79	98.77
71302	3016	127446	18049	20.14	60.82	3.69	5.04	99.35
279356	15590	443430	70100	13.06	59.32	2.18	6.83	98.67
273374	15170	434340	68616	13.20	60.25	2.18	6.84	98.58
3654	21	5490	562	16.37	45.71	4.05	9.65	98.46
2328	399	3601	922	5.23	20.76	1.64	4.38	107.46
634272	4274	1042204	141059	26.91	56.53	4.07	7.33	98.80
38735	432	72748	10901	24.30	46.26	3.95	5.56	98.53
6792		13835	2959	24.06	71.43	4.22	5.03	98.50
364427	1477	575652	73093	23.66	58.21	3.53	7.62	98.72
70637	558	117206	13327	37.66	63.20	5.27	7.52	99.46
123952	1558	213942	34408	39.08	51.47	6.37	7.37	98.79
29730	249	48821	6371	22.57	51.09	3.48	7.25	98.86

1-A-6 续表 7

项目	主营业务收入	主营业务成本	主营业务税金及附加	营业费用	管理费用	财务费用
石油加工、炼焦和核燃料加工业	18644207	16337271	1330240	85634	273581	54797
精炼石油产品制造	17976978	15715638	1326102	77150	260096	46000
炼焦	667230	621633	4138	8485	13485	8797
化学原料和化学制品制造业	92668841	80982807	720126	1628269	3012727	1038444
基础化学原料制造	38235136	34021308	479585	508403	1137172	385877
肥料制造	2689983	2369117	5137	48404	73829	55404
农药制造	8718444	7316253	37162	168339	310169	105301
涂料、油墨、颜料及类似产品制造	9114134	7864502	40166	186282	359399	116631
合成材料制造	14116333	12669755	56544	182526	435514	129409
专用化学产品制造	17746371	15233738	92188	355439	556344	212395
炸药、火工及焰火产品制造	74172	53211	593	1756	9303	-179
日用化学产品制造	1974268	1454924	8751	177121	130997	33605
医药制造业	18748770	12901074	128829	2806042	1212959	96834
化学药品原料药制造	4290852	3484026	29833	174234	217558	39879
化学药品制剂制造	7313676	3813586	53815	2163660	656497	-4622
中药饮片加工	683306	513834	5197	58557	26812	2281
中成药生产	1717663	1161810	12476	263711	138328	20379
兽用药品制造	853926	719756	3566	19839	23148	3949
生物药品制造	2613131	2121626	16651	103320	98348	21617
卫生材料及医药用品制造	1276216	1086437	7292	22721	52269	13351
化学纤维制造业	20384632	18996218	53242	181086	362411	351266
纤维素纤维原料及纤维制造	11568806	10696169	35094	118850	205798	186110
合成纤维制造	8815826	8300049	18148	62236	156613	165157
橡胶和塑料制品业	12945619	11175241	67783	278670	519306	136520
橡胶制品业	2881587	2394514	17524	64013	157064	29401
塑料制品业	10064032	8780727	50259	214658	362241	107119
非金属矿物制品业	31817410	27215575	205310	755807	1082187	505069
水泥、石灰和石膏制造	6278172	5241996	30575	135712	190405	168083
石膏、水泥制品及类似制品制造	10604889	9262433	72001	264749	311577	150482
砖瓦、石材等建筑材料制造	2536116	2165295	15543	70477	97354	30474
玻璃制造	752945	628194	2530	15072	46090	41022
玻璃制品制造	4115172	3497922	35776	83402	141070	37725
玻璃纤维和玻璃纤维增强塑料制品制造	1992368	1700284	12891	52551	89856	22631
陶瓷制品制造	812331	644638	5183	32316	54959	12564
耐火材料制品制造	1731947	1459244	11272	43364	76098	14467
石墨及其他非金属矿物制品制造	2993469	2615569	19540	58163	74779	27623
黑色金属冶炼和压延加工业	86595686	79253600	254959	836396	1540966	878969
炼铁	1773378	1510835	12838	24228	57721	12317
炼钢	5325725	4914468	19730	158033	111452	79309
黑色金属铸造	7100746	6147947	49630	156890	249567	65947
钢压延加工	68871014	63530148	160754	440596	1065500	699193
铁合金冶炼	3524823	3150201	12007	56649	56726	22203
有色金属冶炼和压延加工业	27063917	25004693	69092	228419	420209	212349
常用有色金属冶炼	1912024	1707991	10306	24948	44627	11604

单位：万元

利润总额	亏损企业亏损总额	利税总额	全部从业人员年平均人数(人)	总资产贡献率(%)	资产负债率(%)	流动资产周转率(次/年)	成本费用利润率(%)	产品销售率(%)
534505	29035	3501826	22277	61.30	66.48	6.05	3.19	99.60
523520	23263	3473317	18213	68.22	66.98	6.28	3.25	99.65
10985	5772	28509	4064	5.19	62.39	3.04	1.67	98.21
5539923	378917	9160691	495217	18.50	55.96	3.47	6.25	99.05
1921638	147871	3542652	181927	18.36	57.66	4.07	5.29	99.49
153827	15951	227884	22479	14.23	69.85	2.61	5.82	99.23
786261	5853	1096325	49907	19.88	57.96	2.90	9.92	99.23
567212	11633	943003	63407	19.42	58.99	3.00	6.64	99.69
605001	157047	1013473	65834	14.78	53.19	3.32	4.39	97.56
1319926	36429	2058904	92534	20.02	49.69	3.37	7.50	98.86
10034		15626	1663	28.29	40.06	2.20	15.65	98.75
176025	4132	262825	17466	26.38	57.04	2.88	9.76	99.04
1722462	25957	2805201	121960	27.38	40.87	3.20	10.09	97.92
354129	17563	576539	33228	23.41	50.24	3.44	9.01	98.12
702153	2823	1188738	36247	31.07	28.06	3.09	10.58	97.78
80875	113	118369	4161	18.88	43.04	2.13	13.37	96.79
149729	90	264490	13130	30.67	53.40	3.42	9.33	98.43
86370	1684	116800	6145	39.69	40.74	5.52	11.26	100.69
253513	1266	380454	14928	24.07	42.22	2.89	10.78	97.24
95694	2417	159811	14121	27.45	57.21	3.63	8.11	97.64
509165	127365	1105760	131706	8.92	66.58	2.43	2.50	98.83
358476	32603	792821	72253	10.20	65.91	2.55	3.14	99.05
150689	94762	312939	59453	7.08	67.55	2.28	1.68	98.55
783668	32240	1286910	169840	17.24	51.48	2.76	6.44	98.34
222702	7496	356498	41574	19.61	47.92	2.53	8.37	98.21
560966	24743	930412	128266	16.49	52.60	2.83	5.89	98.38
2179646	80327	3697602	296514	16.29	64.10	2.21	7.35	98.56
592439	13116	917399	44500	18.26	67.46	2.48	10.29	99.30
572911	34617	1101216	87956	13.01	69.85	1.67	5.71	99.36
165813	7963	269030	24819	16.49	59.52	2.48	6.98	98.47
26071	3381	43990	11149	5.86	68.74	1.09	3.57	92.04
313001	7190	522748	49741	26.25	57.97	3.53	8.32	98.23
129040	2431	214936	23121	15.46	52.08	2.45	6.89	98.26
67044	1675	107244	14121	16.05	50.69	2.16	8.98	99.02
129191	3263	208718	19871	19.36	47.17	2.57	8.07	96.43
184135	6692	312321	21236	24.47	56.07	3.92	6.61	97.88
3165347	84876	5417273	329672	12.12	66.16	3.58	3.64	99.04
155436	3923	254739	12752	32.63	45.10	12.87	9.68	101.10
133551	3025	285356	20486	15.64	58.83	6.62	2.50	97.97
436271	18762	741197	59125	27.43	59.35	4.41	6.58	97.57
2220110	57075	3739288	219984	9.98	67.74	3.29	3.17	99.24
219979	2092	396693	17325	33.49	52.30	5.85	6.65	98.88
1010377	54849	1638641	102405	15.24	66.95	3.35	3.87	99.41
115342	1632	187872	10987	21.10	59.61	4.14	6.41	96.32

1-A-6 续表 8

项目	主营业务收入	主营业务成本	主营业务税金及附加	营业费用	管理费用	财务费用
贵金属冶炼	91142	77229	721	2813	2650	1429
稀有稀土金属冶炼	1322839	1151588	8774	23984	25130	10865
有色金属合金制造	4536199	4273987	11278	43906	76661	41546
有色金属铸造	430081	396957	1268	3734	9833	5482
有色金属压延加工	18771633	17396940	36744	129035	261309	141424
金属制品业	37046314	32199871	186847	662033	1256932	493370
结构性金属制品制造	13097603	11202562	77694	250173	455009	188138
金属工具制造	1815465	1537885	11266	44645	77175	22566
集装箱及金属包装容器制造	2604264	2267874	9475	64369	96772	44561
金属丝绳及其制品制造	8833965	7932535	35493	111120	232369	97697
建筑、安全用金属制品制造	1596925	1372921	8853	49667	63948	23746
金属表面处理及热处理加工	2724016	2384084	14101	34119	89958	35794
搪瓷制品制造	139691	114827	578	6961	8815	1935
金属制日用品制造	800770	702505	5111	11834	21242	5916
其他金属制品制造	5433615	4684678	24277	89146	211646	73016
通用设备制造业	45835546	38544597	254924	1344517	2302263	620647
锅炉及原动设备制造	5677549	4757447	25469	179557	345052	50723
金属加工机械制造	5220214	4441220	28714	116134	275456	74578
物料搬运设备制造	11691934	9890391	41406	382038	538542	226788
泵、阀门、压缩机及类似机械制造	6912347	5793441	50448	242983	330690	65370
轴承、齿轮和传动部件制造	5208127	4282565	28363	139426	300447	86632
烘炉、风机、衡器、包装等设备制造	4723816	3894341	30495	154566	239703	41392
文化、办公用机械制造	429427	347156	3043	13203	29808	5897
通用零部件制造	5163382	4471498	41217	94491	185331	58648
其他通用设备制造业	808749	666539	5769	22118	57234	10621
专用设备制造业	31945712	26622853	203609	842686	1626683	396119
采矿、冶金、建筑专用设备制造	10263646	8696710	56355	239556	424168	132236
化工、木材、非金属加工专用设备制造	3429995	2874025	18682	78494	227121	50795
食品、饮料、烟草及饲料生产专用设备制造	1210812	1005491	17623	30068	45081	12073
印刷、制药、日化及日用品生产专用设备制造	705835	590733	5313	20820	42398	5614
纺织、服装和皮革加工专用设备制造	3122366	2600903	14848	95074	174499	44440
电子和电工机械专用设备制造	1015166	849514	6151	26947	56068	10365
农、林、牧、渔专用机械制造	1099700	935857	6087	28703	42119	9659
医疗仪器设备及器械制造	2698586	2118041	21672	114881	193102	26618
环保、社会公共服务及其他专用设备制造	8399607	6951579	56878	208145	422127	104320
汽车制造业	22906970	19902904	187888	545711	1037233	166688
汽车整车制造	4867009	4243980	106711	187653	257337	2094
改装汽车制造	2428013	2201246	8754	55882	94381	13311
低速载货汽车制造	21568	19124	175	580	750	278
电车制造	174087	150745	1161	1877	2027	1163
汽车车身、挂车制造	1103125	997661	3429	14980	16153	5430
汽车零部件及配件制造	14313168	12290149	67659	284739	666585	144412
铁路、船舶、航空航天和其他运输设备制造业	19186328	16460982	102887	321856	803627	191911
铁路运输设备制造	3767097	3139478	18661	58731	253367	41224
城市轨道交通设备制造	259607	211684	2104	3871	9163	1719
船舶及相关装置制造	9607174	8365004	58457	129538	335040	80234

单位：万元

利润总额	亏损企业亏损总额	利税总额	全部从业人员年平均人数（人）	总资产贡献率（%）	资产负债率（%）	流动资产周转率（次/年）	成本费用利润率（%）	产品销售率（%）
6158		11740	523	134.41	61.12	11.58	7.32	97.05
98107	375	173194	4618	44.30	52.08	6.19	8.06	98.86
112663	10094	198255	21566	9.82	65.73	3.08	2.52	99.23
12900	3281	28262	3501	16.89	62.81	3.23	3.10	98.98
665207	39467	1039318	61210	14.48	69.05	3.25	3.67	99.83
2329209	62828	3802956	352321	18.78	58.44	2.75	6.54	98.03
939187	17815	1416088	124379	17.99	58.59	2.33	7.63	98.08
105436	2285	185642	27887	19.99	56.09	3.05	6.25	98.35
124746	10081	268725	29607	16.34	60.94	2.17	5.02	98.41
479487	7815	860138	56081	24.08	56.13	4.36	5.25	97.68
81448	6583	140518	20130	14.46	58.96	2.39	5.39	97.78
168937	8321	263246	33058	18.91	64.83	2.78	6.62	98.40
6811	403	13233	2335	16.36	66.96	2.22	5.14	96.84
54992	483	91766	9614	24.71	53.75	3.47	7.38	98.63
368165	9041	563603	49230	16.63	57.40	2.48	7.23	98.06
2966822	94370	4906078	506304	13.01	57.30	2.00	6.25	98.22
414985	14226	667652	69352	11.02	52.77	1.48	7.74	97.62
322223	24801	550706	69043	11.18	60.29	1.58	6.52	97.87
672575	12781	1068145	90724	8.75	62.69	1.81	4.33	98.66
443695	13109	784443	75590	22.62	50.15	3.08	6.89	97.87
342016	9231	548269	68978	12.85	51.97	1.89	7.01	97.77
369673	8735	595700	52976	22.18	53.64	2.49	8.51	98.94
29607	2317	49591	6906	13.30	55.84	1.65	7.34	98.55
320967	7221	556198	59717	21.71	56.44	3.40	6.66	98.49
51080	1950	85373	13018	13.52	56.27	1.83	6.73	98.36
2256309	101391	3683212	347005	16.40	58.04	2.03	7.52	98.75
693600	57530	1133046	91016	15.34	60.25	1.92	7.25	99.19
192535	13661	337212	56367	12.43	60.72	1.77	5.83	97.32
94466	28	156385	10200	20.73	60.91	2.01	8.62	101.87
41729	789	73639	9630	13.43	59.92	1.86	6.32	98.59
198957	7919	324561	36974	15.43	61.40	2.22	6.81	99.28
71345	2640	109254	11416	18.78	55.37	2.49	7.55	98.74
71084	3130	118483	11005	21.61	46.15	4.33	6.97	100.01
225164	6412	364949	35670	26.33	48.92	3.30	9.16	99.09
667430	9282	1065683	84727	16.70	55.83	1.84	8.31	97.90
1124434	90924	1994675	208988	13.72	64.87	2.45	5.16	98.53
105559	54808	339327	37475	9.24	77.59	2.18	2.24	98.06
64051	10032	136816	14671	9.54	70.52	2.62	2.68	98.71
666	208	1477	249	26.80	89.30	8.85	3.21	99.60
16586		25409	1463	70.93	27.40	11.00	10.56	94.36
65633	7268	118533	8282	29.31	53.58	4.43	6.34	96.32
871940	18609	1373114	146848	15.15	59.87	2.42	6.46	98.89
1302358	37203	2066184	208978	14.34	63.86	2.24	7.29	98.94
272239	1912	402628	33220	10.76	64.80	1.47	7.75	97.43
31117	34	45776	2420	26.16	48.03	2.15	13.74	99.38
694874	25868	1146191	117777	16.19	64.83	2.44	7.77	98.69

1-A-6 续表 9

项　　目	主营业务收　入	主营业务成　本	主营业务税金及附加	营业费用	管理费用	财务费用
航空、航天器及设备制造	2185068	1798341	4782	24064	90068	49062
摩托车制造	1771772	1545327	12631	41754	65028	11554
自行车制造	1514677	1332487	5662	60937	46890	6789
非公路休闲车及零配件制造	37017	32338	216	706	2279	458
潜水救捞及其他未列明运输设备制造	43916	36323	374	2256	1792	872
电气机械和器材制造业	93932941	80471054	454691	2208176	3278214	1004513
电机制造	14600073	12672000	80390	251301	466551	104052
输配电及控制设备制造	35564360	29947276	184515	982547	1408600	413318
电线、电缆、光缆及电工器材制造	29318857	25507574	91318	535375	848508	348226
电池制造	2337042	2052730	11627	51692	93456	22278
家用电力器具制造	7351000	6292808	52691	242730	236348	80298
非电力家用器具制造	1456638	1221109	7457	50924	69793	2570
照明器具制造	3122895	2616626	25792	87608	140708	29626
其他电气机械及器材制造	182075	160932	901	5999	14249	4147
计算机、通信和其他电子设备制造业	26602971	22721111	118773	539568	1384482	261505
计算机制造	2026297	1765229	7353	68400	86241	12818
通信设备制造	4686960	3995787	19727	104165	291424	53125
广播电视设备制造	1506120	1243864	7487	48004	109027	14490
雷达及配套设备制造	365564	265472	2210	15860	48196	4537
视听设备制造	965577	838649	3841	12402	66843	8266
电子器件制造	6706247	5759147	23810	110701	352575	63780
电子元件制造	8601830	7305932	47538	154511	363610	95318
其他电子设备制造	1744377	1547032	6807	25526	66567	9171
仪器仪表制造业	20902399	17415343	136115	501715	904772	154264
通用仪器仪表制造	15944254	13256409	106934	380678	642111	110483
专用仪器仪表制造	4102455	3460955	24684	105821	191874	39067
光学仪器及眼镜制造	575830	473330	1966	7731	52154	3248
其他仪器仪表制造业	277047	222436	2490	7434	18235	1447
其他制造业	1101527	963267	6500	26145	29741	9237
日用杂品制造	946134	829785	4816	21204	24461	7902
煤制品制造	101760	85828	1164	3218	3795	901
其他未列明制造业	53633	47654	521	1723	1485	435
废弃资源综合利用业	1704820	1558347	10154	22837	46217	16372
金属废料和碎屑加工处理	1349286	1239085	6778	14938	34327	10944
非金属废料和碎屑加工处理	355534	319262	3376	7899	11890	5428
金属制品、机械和设备修理业	225917	193824	3427	3372	7759	1225
金属制品修理	91547	79340	1530	1298	2035	639
铁路、船舶、航空航天等运输设备修理	88547	76317	1301	1041	4605	510
电力、热力、燃气及水生产和供应业	**13051561**	**10348173**	**75732**	**165055**	**387870**	**636539**
电力、热力生产和供应业	11522835	9153609	68159	39504	285578	574513
电力生产	11112561	8815025	65586	37772	264435	558312
热力生产和供应	406761	336069	2544	1731	21041	16201
燃气生产和供应业	885865	748156	2928	28282	35795	7576
水的生产和供应业	642861	446408	4645	97270	66497	54450
自来水生产和供应	409708	253110	4081	96070	54612	46173
污水处理及其再生利用	233154	193298	564	1200	11885	8277

单位：万元

利润总额	亏损企业亏损总额	利税总额	全部从业人员年平均人数（人）	总资产贡献率(%)	资产负债率(%)	流动资产周转率（次/年）	成本费用利润率(%)	产品销售率(%)
119978	1296	160933	15388	10.02	60.62	2.60	6.08	103.98
109217	4054	188229	22219	20.70	61.58	2.95	6.55	98.21
71030	4027	114916	15987	15.79	65.63	3.16	4.89	98.18
1447	12	3104	1256	12.07	61.05	2.14	4.04	98.23
2456		4408	711	18.64	35.37	3.82	5.93	99.46
6292606	124458	10125814	640148	17.45	56.34	2.32	7.16	98.46
1086061	6560	1751997	115950	23.32	51.80	2.93	8.00	97.88
2551179	61562	4066695	237644	17.28	57.46	2.13	7.72	98.41
1699250	24761	2761570	139339	15.73	58.12	2.23	6.18	99.00
110185	8853	195951	28261	17.39	56.17	3.16	4.96	96.88
512962	2725	795354	58059	15.57	55.52	2.37	7.14	97.92
107097	1637	170173	13102	15.95	41.19	2.64	7.96	97.80
228128	10254	381536	44642	21.15	51.59	2.79	7.91	99.31
-2257	8107	2539	3151	2.23	65.96	1.04	-1.21	99.35
1804532	95736	2670360	316807	13.25	58.25	2.19	7.19	99.08
93635	19046	145972	18997	13.09	53.08	2.83	4.71	99.48
286210	7061	418015	47500	9.55	54.59	1.63	6.42	98.97
89825	3326	142904	19295	13.27	50.95	1.83	6.28	97.54
33112		45281	4564	11.16	65.91	1.15	9.80	100.18
40842	1886	69530	15744	13.48	60.11	2.84	4.40	98.25
550296	32934	715400	86094	9.72	61.89	1.94	8.68	100.23
617805	24835	984662	104141	22.27	58.22	2.77	7.76	98.53
92807	6648	148596	20472	18.86	56.57	3.53	5.63	98.90
1836923	30035	2814555	170659	20.66	49.36	2.53	9.65	97.88
1462653	10135	2220873	118949	22.22	48.37	2.55	10.14	98.14
300388	18393	493178	38061	17.73	53.37	2.72	7.88	96.80
47919	1497	60077	10796	8.91	49.23	1.35	8.92	97.84
25856	11	40125	2649	25.01	40.03	3.13	10.29	98.97
66637	1069	118555	16074	28.95	54.29	5.28	6.48	98.57
58294	699	101526	14659	32.59	52.77	6.23	6.60	98.69
6682	9	14079	692	34.05	60.39	4.59	7.13	97.31
1660	361	2950	723	5.34	58.31	1.54	3.24	98.89
63340	17279	117453	10303	13.85	59.17	3.72	3.85	98.03
44746	15308	88706	6909	14.42	57.38	4.32	3.44	97.95
18594	1970	28747	3394	12.44	63.62	2.43	5.38	98.33
16964	1653	29786	3682	24.94	55.92	3.85	8.22	97.99
6706	48	11765	1115	18.30	42.37	5.17	8.03	96.50
5427	1604	11361	2240	24.44	73.02	2.43	6.58	99.34
1812632	**37304**	**2508436**	**56892**	**10.98**	**69.09**	**1.82**	**14.97**	**99.16**
1670987	13129	2310410	41104	12.60	68.68	2.41	15.81	99.19
1629565	9738	2255084	37404	12.77	68.57	2.49	15.99	99.23
40317	3392	53953	3670	8.18	72.03	1.28	10.74	98.32
99987	2123	121044	3354	8.54	71.52	1.04	11.68	98.47
41658	22052	76981	12434	3.01	70.49	0.44	6.06	99.58
22799	20753	49399	10566	2.52	71.60	0.33	4.83	99.70
18859	1299	27582	1868	7.13	61.18	1.34	8.75	99.35

1-A-7 规模以上外商和港澳台

项　　目	企业单位数(个)	#亏损企业	工业总产值(当年价格)	销售产值(当年价格)	出口交货值	资产总计
总　计	**11384**	**2549**	**481097726**	**477163134**	**181849670**	**352037002**
按轻重工业分组						
轻工业	4207	872	120341562	119003777	38703316	87763016
重工业	7177	1677	360756165	358159357	143146354	264273986
按大中小型分组						
大型企业	630	71	232085290	230522837	127283741	155674449
中型企业	2437	520	121851488	120449658	33968220	97441918
小微型企业	8317	1958	127160948	126190638	20597709	98920635
按登记注册类型分组						
港、澳、台商投资企业	4107	882	146882613	145314171	45417940	117919684
合资经营企业(港或澳、台资)	1562	275	55030867	54496175	7706393	48339970
合作经营企业(港或澳、台资)	60	15	2755386	2722154	582476	2272812
港澳台商独资经营企业	2395	580	82955622	82093105	35671741	62172718
港澳台商投资股份有限公司	83	10	5680723	5561300	1359626	4961774
其他港澳台商投资企业	7	2	460015	441438	97703	172410
外商投资企业	7277	1667	334215114	331848963	136431730	234117318
中外合资经营企业	2231	358	114314379	113711728	24134610	80530381
中外合作经营企业	104	18	3412713	3402842	804519	2490193
外资企业	4843	1267	209164169	207622861	108506257	142577024
外商投资股份有限公司	92	23	7123419	6915481	2982066	8406173
其他外商投资企业	7	1	200433	196051	4278	113547
按国民经济行业分组						
采矿业	**9**	**1**	**250277**	**253338**		**197985**
黑色金属矿采选业	4	1	119852	120327		73119
铁矿采选	4	1	119852	120327		73119
非金属矿采选业	4		83223	85809		82992
土砂石开采	2		56652	56525		30996
制造业	**11226**	**2534**	**472617163**	**468712708**	**181675230**	**337660092**
农副食品加工业	175	25	10349008	10536042	548122	6916895
谷物磨制	9	4	317869	359723		207094
饲料加工	37	5	1014705	1002893	18571	466336
植物油加工	17	3	6856017	7039126	21381	4144184
屠宰及肉类加工	20	1	939202	905069	122619	1329577
水产品加工	45	4	465301	466058	91267	287777
蔬菜、水果和坚果加工	29	2	495202	494036	248383	206202
其他农副食品加工	18	6	260712	269137	45901	275723
食品制造业	103	19	3065715	3005522	355134	2807636
焙烤食品制造	25	5	574474	544212	20408	514447
糖果、巧克力及蜜饯制造	6	2	239888	258680	7321	420331
方便食品制造	21	6	734832	715426	97346	490603
乳制品制造	2		361015	353515	40159	329410
罐头食品制造	7		166595	159053		50599
调味品、发酵制品制造	4	1	34624	34079	1863	79615
其他食品制造	38	5	954288	940557	188037	922631

投资工业企业主要经济指标

单位：万元

流动资产合计	应收账款	存货	产成品	固定资产合计	负债合计	流动负债合计	所有者权益合计	实收资本
198110637	**65807462**	**42801848**	**14779064**	**118478732**	**185763984**	**162482856**	**166041375**	**103953488**
48516368	13375064	11359487	4246192	28111027	45340964	39481916	42318947	27129464
149594269	52432398	31442361	10532873	90367705	140423019	123000940	123722427	76824024
86021924	28647563	16895302	5234258	52855887	84454873	73934862	71219576	38138623
54193849	17875730	12571109	4500302	33902888	50749575	44287195	46692344	30279840
57894864	19284168	13335437	5044504	31719956	50559537	44260800	48129455	35535025
63913899	19695324	14000395	4865367	40992833	64165500	55602362	53673876	32705496
24427490	6360490	6121720	1940686	17697536	28825125	24680977	19463996	11022561
1713463	479640	273963	38638	401872	1541505	1472431	731307	292475
34948334	11887067	7192135	2737516	21209950	31324733	27222369	30818527	20325824
2722816	908729	383039	136745	1616588	2373841	2192812	2587933	1013512
101797	59399	29538	11783	66887	100297	33774	72113	51124
134196739	46112137	28801452	9913697	77485899	121598484	106880494	112367499	71247991
43763287	12567264	8790937	3232635	27395198	43273849	38467889	37238615	19609711
1275065	372684	375068	55942	901120	1329330	1070204	1160863	769465
85315785	32269905	18931207	6421864	46978080	73289310	64709015	69223838	48079723
3778318	878620	690746	197441	2166500	3654531	2587946	4682100	2749179
64284	23663	13495	5816	45002	51464	45440	62083	39915
86885	**23150**	**11878**	**5214**	**102015**	**111666**	**96083**	**86319**	**78262**
46242	8216	4017	1448	20720	39192	34192	33927	35620
46242	8216	4017	1448	20720	39192	34192	33927	35620
23071	7090	1894	891	56993	38827	32600	44166	27221
12636	1226	1270	891	18361	14617	14617	16380	4133
194289341	**64920414**	**42538678**	**14761120**	**109557776**	**177560997**	**156885619**	**159867452**	**100290728**
4224865	662059	1091078	332384	1636994	4710613	3979709	2206303	1178493
111476	23136	46407	8932	79303	134617	115189	72477	68911
246811	63800	78200	12214	135999	256048	235914	210288	121736
3125654	381532	780130	255377	876553	3146387	2764209	997797	402629
337711	106131	60355	20232	255525	784278	534161	545299	356696
181905	32180	79377	12971	73716	129899	107430	157900	78515
80914	21199	24103	11248	118813	92456	82771	113746	52806
140394	34081	22506	11410	97085	166929	140036	108795	97200
1513049	352096	263937	106985	858523	1334375	1264376	1473261	772010
250818	77242	32173	5640	184258	215022	204257	299425	198316
321106	9899	15057	3898	47455	137799	132738	282532	55589
148087	33567	37858	12312	165892	223323	214387	267280	158927
95502	24193	43280	23485	214460	200238	200238	129173	113726
24115	2305	10690	4830	23545	24546	21624	26053	10738
60276	41284	4019	470	16847	12845	6109	66770	24187
613146	163605	120860	56352	206064	520604	485024	402027	210528

1-A-7 续表 1

项目	企业单位数(个)	#亏损企业	工业总产值(当年价格)	销售产值(当年价格)	出口交货值	资产总计
酒、饮料和精制茶制造业	56	11	2010417	2011009	20982	1868965
酒的制造	16	6	552567	559470	3719	619834
饮料制造	38	5	1431008	1424740	17263	1230878
精制茶加工	2		26842	26799		18253
纺织业	812	145	14384592	14049856	3250545	11098831
棉纺织及印染精加工	279	50	6604445	6457683	1082800	4801811
毛纺织及染整精加工	52	14	741633	753167	169838	635622
麻纺织及染整精加工	15	3	250920	235680	58420	259413
丝绢纺织及印染精加工	11	3	141136	141795	20135	90307
化纤织造及印染精加工	134	32	1369448	1290193	217884	2272127
针织或钩针编织物及其制品制造	61	10	850557	836651	301148	436915
家用纺织制成品制造	179	16	3062336	2999431	944261	1515143
非家用纺织制成品制造	81	17	1364116	1335255	456060	1087494
纺织服装、服饰业	825	169	11447496	11379813	5032123	5712062
机织服装制造	624	129	9131934	9085313	3881070	4510997
针织或钩针编织服装制造	132	28	1376698	1368139	584150	836931
服饰制造	69	12	938864	926361	566903	364134
皮革、毛皮、羽毛及其制品和制鞋业	184	47	3730258	3625242	1228060	1647082
皮革鞣制加工	8	1	323471	315290	71132	139880
皮革制品制造	76	22	668157	630342	375747	362796
毛皮鞣制及制品加工	5	2	63237	61162	21534	39666
羽毛(绒)加工及制品制造	22	6	941463	932175	242990	331042
制鞋业	73	16	1733930	1686272	516657	773697
木材加工和木、竹、藤、棕、草制品业	71	15	1684829	1696931	430183	907986
木材加工	3	2	53310	51763	76	42016
人造板制造	40	6	850370	843353	284410	315292
木制品制造	25	7	720854	741556	110938	512636
竹、藤、棕、草等制品制造	3		60295	60260	34758	38042
家具制造业	84	28	1268954	1260258	509374	963605
木质家具制造	45	16	414322	413033	245494	405381
金属家具制造	22	6	206090	204060	79959	224654
其他家具制造	15	5	636592	631190	178965	309468
造纸和纸制品业	126	33	6692577	6617205	914210	12937606
造纸	64	16	5370059	5305184	789002	11821492
纸制品制造	62	17	1322518	1312021	125208	1116114
印刷和记录媒介复制业	121	33	1765515	1755455	452277	1748106
印刷	116	32	1709425	1698356	420920	1643271
装订及印刷相关服务	3	1	18788	18808	965	30854
记录媒介复制	2		37301	38291	30392	73981
文教、工美、体育和娱乐用品制造业	389	49	5890508	5712275	2408753	2923114
文教办公用品制造	26	6	358139	361507	161214	280462
乐器制造	11	2	168105	171272	125337	102866
工艺美术品制造	175	16	2635044	2620236	1043150	1296269

单位：万元

流动资产合计	应收账款	存货	产成品	固定资产合计	负债合计	流动负债合计	所有者权益合计	实收资本
721769	120107	225203	66481	966483	978961	845301	890004	785995
312829	50516	136554	30845	230088	377106	331517	242728	292595
392551	65271	76974	31395	734734	590615	502544	640263	489600
16389	4320	11675	4241	1662	11240	11240	7013	3801
6498505	1486388	1915813	811160	3588431	6164844	5606695	4926920	3474921
2687531	612080	820683	358030	1648196	2624266	2384753	2173029	1557258
466983	76492	201354	82271	131060	413358	390687	222264	155484
152958	28239	60297	37618	89166	153003	141093	106410	84241
51148	17501	16688	10106	32945	42791	41834	47516	21241
1450327	262249	303209	147420	629806	1482649	1435061	789477	670705
233228	57890	77869	27071	143141	190111	180816	245847	171555
933137	250841	271391	76689	434261	757599	694523	756254	352123
523195	181098	164322	71957	479856	501067	337929	586122	462315
3391410	835827	865124	337951	1566324	3016285	2831539	2691073	1478549
2618319	632850	676495	271657	1251013	2358363	2209127	2151892	1157013
564860	152385	125806	40329	182598	480216	458629	356715	211417
208231	50591	62823	25965	132712	177706	163783	182465	110119
1109126	254791	286232	78473	361830	794187	719682	843638	494806
116599	25934	60352	16017	19879	59776	58914	80105	33434
271660	81055	74413	16501	70374	189281	172334	173516	117686
26288	5754	13050	5288	12719	25047	23913	14619	10758
250478	40033	65078	6112	67958	222257	200480	106334	82823
444100	102015	73340	34556	190901	297827	264043	469064	250106
573864	159444	163664	79272	248090	441593	420376	466392	317432
14349	7284	6985	1221	24971	18787	18759	23229	30940
192400	20846	65252	31208	98214	174369	160126	140923	106264
340263	122557	82719	42114	116588	227034	220087	285602	166880
26852	8757	8708	4729	8318	21404	21404	16639	13348
580424	184889	174485	50716	284796	442060	415729	521545	396286
227544	55829	77412	20683	110241	182157	167904	223224	193211
143836	57518	41963	14274	71202	112656	107743	111997	113857
200651	68303	53293	14969	89999	134397	127573	175071	87134
5333058	1106260	708023	258182	4613143	6437864	4658021	6499742	5334620
4665399	821719	555115	215140	4235017	5728112	4009093	6093380	4873329
667659	284542	152908	43043	378125	709752	648929	406362	461291
982713	331651	163717	70330	645721	718223	648116	1029883	605103
942314	319540	157329	68761	584108	705815	636664	937456	528864
24135	4347	2556		5307	4882	4754	25972	22110
16264	7765	3832	1569	56306	7526	6699	66455	54129
1676352	457243	511626	196847	904596	1415449	1343506	1507665	901100
169642	44424	71802	14092	86455	123099	116082	157363	115774
70911	20283	29074	8816	25853	43180	38012	59686	35774
736945	223005	194735	73883	393429	692043	672479	604226	346763

1-A-7 续表 2

项目	企业单位数(个)	#亏损企业	工业总产值(当年价格)	销售产值(当年价格)	出口交货值	资产总计
体育用品制造	63	11	570025	560143	245488	314813
玩具制造	101	12	1838985	1690056	667542	622119
游艺器材及娱乐用品制造	13	2	320211	309063	166024	306585
石油加工、炼焦和核燃料加工业	19	1	2991087	2878763	19803	1125490
精炼石油产品制造	16	1	2513836	2436135		928589
炼焦	3		477252	442628	19803	196902
化学原料和化学制品制造业	969	193	50220497	49705690	5718827	41594694
基础化学原料制造	236	54	17906435	17846192	1343129	14284331
肥料制造	12	2	377300	369955	14239	340138
农药制造	31	4	1538696	1519989	297225	992414
涂料、油墨、颜料及类似产品制造	149	19	2896296	2868233	285404	2468608
合成材料制造	214	50	12988923	12857754	1531380	7420939
专用化学产品制造	279	53	13536648	13254123	2121431	15129379
日用化学产品制造	48	11	976200	989444	126019	958885
医药制造业	170	28	7714069	7419113	940481	6598168
化学药品原料药制造	42	10	1375070	1259801	296098	1294964
化学药品制剂制造	50	5	4831542	4681451	197862	3979380
中成药生产	8	2	151379	149059		100197
兽用药品制造	5		88009	84927	6204	119504
生物药品制造	26	3	633955	615676	119362	557741
卫生材料及医药用品制造	38	8	566235	560320	320954	520700
化学纤维制造业	86	28	6178888	6038640	571350	5656829
纤维素纤维原料及纤维制造	26	9	1886213	1818476	150239	1318275
合成纤维制造	60	19	4292675	4220164	421111	4338554
橡胶和塑料制品业	586	146	10858590	10697033	3294670	9684800
橡胶制品业	119	26	4970846	4890547	1445566	4509330
塑料制品业	467	120	5887743	5806486	1849104	5175469
非金属矿物制品业	391	94	7754482	7667834	897579	7835410
水泥、石灰和石膏制造	14	5	497106	498202	10676	795868
石膏、水泥制品及类似制品制造	100	18	2507470	2490559	8451	2305279
砖瓦、石材等建筑材料制造	37	10	538696	530051	65105	706742
玻璃制造	12	6	612927	605697	49132	547864
玻璃制品制造	80	18	1170121	1155056	284007	1271686
玻璃纤维和玻璃纤维增强塑料制品制造	28	11	626933	624792	144614	720749
陶瓷制品制造	37	11	645609	635133	192274	626693
耐火材料制品制造	30	7	451615	442562	35379	347657
石墨及其他非金属矿物制品制造	53	8	704006	685784	107942	512873
黑色金属冶炼和压延加工业	180	47	16845311	16718502	1581442	11160568
炼钢	5		4197553	4302674	317516	3033580
黑色金属铸造	57	9	1022939	1001689	128175	1066176
钢压延加工	113	37	9599360	9432973	1051000	5927159
铁合金冶炼	4		1730431	1646095	50773	847530

单位：万元

流动资产合计				固定资产合计	负债合计	流动负债合计	所有者权益合计	实收资本
	应收账款	存货	产成品					
172956	46062	58430	16631	119958	130242	113865	184571	131434
380815	84431	99560	62949	192255	308832	295349	313287	162444
145082	39037	58024	20476	86645	118053	107720	188532	108911
710726	166329	201278	83214	350568	577296	517247	548194	170771
627572	154057	165098	55031	244234	459622	410156	468966	148116
83154	12273	36180	28182	106334	117674	107091	79228	22655
19707359	5652832	4200254	1843096	17236671	22340484	17884843	19249450	13135693
5529593	1313515	1113293	487983	7036021	7380128	5577434	6904204	4826573
200908	28478	25237	7937	69391	154588	146144	185550	68785
662597	238051	216734	88013	279133	594030	509634	396781	178540
1579571	617819	317669	141256	656525	1202216	1044525	1266392	707358
4196450	1256304	1102078	551321	2420331	3927545	3289660	3490237	2379066
6962705	1965436	1311610	515883	6516898	8733149	6994042	6396230	4675880
575535	233228	113633	50704	258372	348828	323404	610057	299490
3948358	1104609	870931	341940	1770491	2695915	2272797	3832711	1635284
690027	144459	199592	125947	410286	708892	420299	586072	438507
2708942	831060	528898	161413	886639	1467325	1421688	2442512	812667
47470	9558	11930	6722	42617	50838	38985	49359	23411
91158	11841	17842	5352	16286	50095	42965	69408	35439
185567	46389	46719	23327	142467	174531	161469	383210	102506
215557	59879	64988	19002	256151	222060	165217	298641	222340
2199087	299591	788723	309116	2483523	3081500	2366448	2575329	1851090
576792	95686	218319	55945	623811	619905	572545	698370	432089
1622295	203905	570404	253171	1859712	2461595	1793903	1876959	1419001
5152467	1996176	1283905	523412	3828418	4005600	3464881	5662388	3871562
2062338	886245	562897	229194	2153714	1776160	1506917	2728915	1759201
3090129	1109931	721008	294219	1674704	2229441	1957964	2933473	2112361
4155427	1607703	770679	347470	3105933	4017024	3525074	3815554	3015953
311186	40114	51064	14784	453831	332594	279453	463274	423486
1574487	879660	111035	48348	604448	1438199	1391077	867080	482385
337738	125097	74314	37998	220600	274521	234715	432220	332049
175741	24602	69000	35080	324632	288666	221802	259197	342474
639789	156606	156287	78233	540141	687365	570632	583124	582821
230230	79247	75924	47452	454680	341091	269215	379659	276827
336023	116335	116102	50758	262249	266633	214802	360060	272341
255159	89467	48211	17620	76981	153638	129272	194019	123680
295073	96576	68741	17199	168371	234318	214108	276921	179891
5228888	956641	1622969	522994	4827462	7265061	6377390	3895508	2933228
964698	116260	427164	154741	1793300	1908179	1675220	1125401	460347
602199	173930	129694	48975	411816	669998	602550	396178	322640
3176478	490509	867821	296974	2080524	3950978	3577341	1976180	1656445
331607	82526	159823	11297	458421	472594	268100	374936	351418

1-A-7 续表 3

项目	企业单位数(个)	#亏损企业	工业总产值(当年价格)	销售产值(当年价格)	出口交货值	资产总计
有色金属冶炼和压延加工业	186	54	8442591	8337526	797217	4773386
常用有色金属冶炼	9	5	229038	229278		277783
贵金属冶炼	2		159672	159672		12517
稀有稀土金属冶炼	5	2	305816	281726	79813	291043
有色金属合金制造	32	6	1217194	1229131	119884	895107
有色金属铸造	9	2	108407	109364	4816	53825
有色金属压延加工	129	39	6422463	6328354	592704	3243111
金属制品业	595	118	13315508	13212654	2986816	10868974
结构性金属制品制造	141	32	4027250	3962788	395112	2886646
金属工具制造	72	19	773399	764489	192036	638446
集装箱及金属包装容器制造	47	6	2463930	2477794	1023116	1448477
金属丝绳及其制品制造	52	7	1671841	1658411	293403	1859875
建筑、安全用金属制品制造	72	16	933708	921310	190000	698910
金属表面处理及热处理加工	55	12	973400	981219	109278	952151
搪瓷制品制造	3		51059	51059	10513	30990
金属制日用品制造	49	10	755673	751350	240850	658632
其他金属制品制造	104	16	1665248	1644233	532508	1694848
通用设备制造业	944	172	24486175	24372535	7798735	21007688
锅炉及原动设备制造	45	10	1800535	1808887	331513	2231962
金属加工机械制造	122	24	1565500	1562260	230609	1650950
物料搬运设备制造	103	19	4718365	4695511	809431	3770147
泵、阀门、压缩机及类似机械制造	188	29	4127455	4191905	973282	3624411
轴承、齿轮和传动部件制造	112	24	2573423	2558257	543924	3029886
烘炉、风机、衡器、包装等设备制造	163	26	4666185	4633827	1737934	3332274
文化、办公用机械制造	43	12	3234493	3140764	2664700	1539969
通用零部件制造	144	22	1534193	1525139	417931	1612290
其他通用设备制造业	24	6	266026	255986	89412	215800
专用设备制造业	738	186	16981159	17066286	5616088	18607684
采矿、冶金、建筑专用设备制造	118	32	6026984	6261401	1846513	7257228
化工、木材、非金属加工专用设备制造	275	84	3380670	3368770	1373788	4256886
食品、饮料、烟草及饲料生产专用设备制造	16	3	245689	245844	90879	258051
印刷、制药、日化及日用品生产专用设备制造	32	5	747824	743236	161170	840277
纺织、服装和皮革加工专用设备制造	48	8	1099033	1096674	226330	1000462
电子和电工机械专用设备制造	53	13	780609	765956	295237	621117
农、林、牧、渔专用机械制造	23	5	1147296	1105942	376168	802783
医疗仪器设备及器械制造	74	17	1551037	1547491	895610	1809641
环保、社会公共服务及其他专用设备制造	99	19	2002019	1930974	350394	1761239
汽车制造业	505	99	32477482	32799716	2486340	18097000
汽车整车制造	6		17594597	17898817	665	5524948
改装汽车制造	4	2	97102	92976		129593
汽车车身、挂车制造	4		20204	18739	7992	18003
汽车零部件及配件制造	491	97	14765579	14789185	2477683	12424456
铁路、船舶、航空航天和其他运输设备制造业	232	53	14602903	14445927	7085279	16901941
铁路运输设备制造	20		890352	876879	152873	938985

单位：万元

流动资产合计	应收账款	存货	产成品	固定资产合计	负债合计	流动负债合计	所有者权益合计	实收资本
2931527	909518	777509	256681	1495746	2599868	2249023	2170018	1715886
185637	56397	59457	10389	73444	198275	178483	79508	73674
2410	528	782	209	10100	3341	3341	9176	700
218923	67433	85376	48502	57871	62290	62290	228752	99495
569097	205071	165584	42953	232424	464503	436568	430605	286538
35645	11845	11759	5924	14843	24145	22621	29680	29389
1919817	568243	454552	148705	1107065	1847314	1545720	1392296	1226091
6454107	2137869	1585217	624813	3297864	5145972	4774709	5703956	3382308
1600466	484953	350986	130998	751833	1397626	1337139	1469973	975595
395392	126637	144762	64815	196409	286567	261474	351878	255578
940902	317211	323054	102660	365784	700096	644389	748381	370893
1054939	401053	173100	75202	725777	768161	686824	1091714	359634
480491	166528	126409	53625	162364	340582	322533	358328	288481
551798	165398	84645	38353	352633	561433	493154	390718	282384
12987	3855	6393	4661	16348	16613	16369	14376	23272
435699	143990	108737	44110	181276	305850	290280	352782	257878
981434	328246	267132	110390	545441	769044	722547	925804	568592
13589274	4724647	3562214	1058768	5773126	9877943	9040269	11125143	6080977
1540351	450514	552498	125757	574420	1177264	1150260	1054698	552158
969276	290035	305807	96638	540813	787231	713407	863206	555599
2891256	967030	586774	113099	531528	2182368	2142558	1587779	852060
2183453	829724	591214	151302	1098854	1660744	1435651	1963667	1217599
1487508	540766	436207	150927	1257934	1392498	1131906	1636584	994276
2301706	811578	504874	168402	814097	1407810	1335469	1921180	879044
1100485	427882	304822	127855	384472	589712	533904	950257	467196
973744	363463	230041	115063	509775	593104	518517	1019186	480734
141497	43654	49977	9725	61233	87213	78597	128587	82310
11938089	4041178	3129274	954437	4876422	9449613	8541750	9155393	5230612
4643998	1671516	1251928	381128	1839815	4114180	3638818	3143048	1591301
2747462	1087522	631482	172949	1132016	1861390	1706174	2398262	1389045
185163	71331	56962	17046	59967	92654	91115	165397	79002
503561	218618	101521	18369	291866	446751	335579	389285	189358
725240	151704	202478	68404	229792	549250	522259	451212	283783
379450	124806	84613	14519	215049	244240	227188	376877	263372
586918	115317	269414	148980	132443	390932	365306	410648	209680
1011616	208003	227942	69880	613246	709142	686079	1100499	658738
1154682	392361	302933	63163	362228	1041073	969234	720165	566333
11146343	4112968	1912644	872752	5447845	9827001	8798843	8261367	4705752
3383284	824934	387227	243258	1563644	3177226	2866247	2347722	1130565
108523	14491	14019	2590	17945	83364	83364	46229	35563
9890	3186	3918	489	7089	7765	6636	10238	12661
7644646	3270358	1507480	626416	3859168	6558646	5842596	5857178	3526963
9673026	1318807	2630885	238995	3793198	9300175	7924417	7559675	2600873
699137	289244	178449	73767	144759	492029	471199	446956	107858

1-A-7 续表 4

项目	企业单位数(个)	#亏损企业	工业总产值(当年价格)	销售产值(当年价格)	出口交货值	资产总计
船舶及相关装置制造	71	13	10284228	10111129	5629322	13265530
航空、航天器及设备制造	18	5	452424	453306	288596	469542
摩托车制造	22	5	479978	476509	127781	412556
自行车制造	70	23	1485759	1522870	768545	1125510
非公路休闲车及零配件制造	25	6	765968	758114	92664	394333
潜水救捞及其他未列明运输设备制造	5	1	29377	29310	25497	27838
电气机械和器材制造业	895	204	44629131	44287105	15431308	33088124
电机制造	158	22	7490994	7437212	1772985	5260559
输配电及控制设备制造	337	78	16927512	16873830	5442898	15425462
电线、电缆、光缆及电工器材制造	175	47	7974665	7882309	1535783	5194322
电池制造	51	16	3482554	3436633	2423335	1946997
家用电力器具制造	93	18	7159187	7102893	3744800	4128867
非电力家用器具制造	7	3	250361	256596	3169	141864
照明器具制造	67	20	1258069	1216458	498391	906462
其他电气机械及器材制造	7		85790	81175	9946	83591
计算机、通信和其他电子设备制造业	1453	465	142955546	141614037	109230463	73894678
计算机制造	192	77	48095183	47441153	45377942	13738956
通信设备制造	66	14	5238564	5224977	2730933	3160984
广播电视设备制造	58	10	1941707	1969498	793018	1375072
视听设备制造	73	23	17814824	17851202	9553967	5901028
电子器件制造	355	140	30687976	30347476	24957093	21883197
电子元件制造	613	176	31161627	31010072	20966026	23075524
其他电子设备制造	95	25	7980564	7735128	4849137	4738621
仪器仪表制造业	252	44	7787276	7680078	1886078	5354554
通用仪器仪表制造	141	28	4380195	4311330	1024133	3056465
专用仪器仪表制造	63	6	2318569	2316759	606376	1439711
光学仪器及眼镜制造	44	8	898679	867070	252161	809071
其他仪器仪表制造业	3	1	184259	179545	3300	45907
其他制造业	35	12	541413	545615	171971	408117
日用杂品制造	34	12	532126	536328	171818	401067
废弃资源综合利用业	41	15	1519281	1551598	6647	1449331
金属废料和碎屑加工处理	27	9	1385688	1422913	4157	1385187
非金属废料和碎屑加工处理	14	6	133594	128685	2490	64144
金属制品、机械和设备修理业	3	1	25908	24450	4374	20768
铁路、船舶、航空航天等运输设备修理	2		20075	20075		16093
电力、热力、燃气及水生产和供应业	**149**	**14**	**8230286**	**8197088**	**174440**	**14178925**
电力、热力生产和供应业	74	8	5172726	5157467		9344092
电力生产	55	6	4752441	4741790		8693205
热力生产和供应	18	1	412142	407534		609396
燃气生产和供应业	50	2	2810894	2800824	174440	3176577
水的生产和供应业	25	4	246667	238797		1658255
自来水生产和供应	16	2	200533	192664		1462472
污水处理及其再生利用	9	2	46133	46133		195784

单位：万元

流动资产合计				固定资产合计	负债合计	流动负债合计	所有者权益合计	实收资本
	应收账款	存货	产成品					
7351345	533155	2039324	22022	2785702	7370187	6124643	5853253	1560288
231118	88529	77131	18480	202793	297843	247183	171700	148950
222430	58602	68328	28773	152797	204964	197796	207591	225003
735545	198710	166173	75610	287360	553827	518524	571684	374826
178564	52457	38789	13972	184628	163299	147453	231034	120182
17718	4350	6769	965	8466	6969	6969	20869	13767
21059284	8533664	3368783	1389374	8610675	19471008	17796012	13617117	8567743
3706370	1283517	611466	258049	1062797	2819003	2649058	2441556	1101063
9408862	4053200	1238980	539661	4163179	9719399	8668058	5706063	3910542
3651227	1547505	677626	297973	1069096	3119753	2877730	2074569	1381076
1067682	451497	221424	58779	720034	1125800	1056768	821197	627618
2543496	935659	460135	172307	1259056	2158161	2056107	1970707	1127930
90354	20807	15090	5520	26329	66223	63141	75641	54822
530818	219941	125768	50259	291435	430837	393396	475625	336307
60477	21539	18295	6827	18749	31832	31754	51759	28384
44945469	19633048	8196797	2573645	25074853	37494046	34970502	36366386	23773415
10086010	4948499	1806737	407512	3212631	7987147	7746855	5751809	3057011
2554495	1373385	500508	158241	533969	2073523	2040002	1053216	609204
942446	360423	150535	58101	346913	708386	656605	666686	359436
4333889	1986132	839787	247284	1241942	3502221	3408989	2398807	1204637
11034998	4729249	1896681	622138	9324992	10266316	9251383	11616881	9255567
13349587	5285614	2347665	814348	8495638	10701873	9724850	12373651	7829315
2627150	945753	647901	263636	1914927	2243493	2130731	2495128	1449484
3379130	1204023	977652	258435	1570782	2550907	2253201	2801751	1413544
1904595	599053	604452	140659	889815	1442837	1265397	1613628	764765
882958	382508	227339	74780	476487	717879	610640	719937	368045
565909	218680	134609	40427	191013	365559	353525	443512	263424
23367	3158	10181	2059	12502	21343	20349	24564	16282
196786	66276	57271	16083	187151	223584	220166	184533	135276
189991	64179	55220	15952	187072	218691	215479	182377	134906
1252702	494309	230594	157071	148410	1167064	1158597	282268	327602
1209974	485258	212261	149025	130362	1129584	1124087	255603	302246
42729	9051	18333	8046	18048	37480	34509	26664	25356
16158	9472	2198	43	3708	16482	16400	4286	3849
12962	7909	1799		2228	13540	13459	2553	1945
3734412	**863898**	**251292**	**12731**	**8818941**	**8091321**	**5501154**	**6087604**	**3584498**
2393457	605659	138611	3150	5999595	5454872	3265810	3889221	2211406
2255239	567847	123905	3065	5577650	5125882	3047603	3567323	2029711
126964	36615	14153	84	396837	290622	198843	318774	173375
1065217	228295	80048	9378	1608084	1725074	1574977	1451503	784532
275738	29943	32632	203	1211262	911375	660367	746880	588560
246886	21509	32285	203	1089458	823909	614790	638562	505466
28852	8435	347		121804	87466	45577	108318	83094

1-A-7 续表 5

项　　目	主营业务收　入	主营业务成　本	主营业务税金及附加	营业费用	管理费用	财务费用
总　计	**475474410**	**413898032**	**2368074**	**10550378**	**17264956**	**2407202**
按轻重工业分组						
轻工业	120187385	101840742	489615	4675971	4668273	667855
重工业	355287026	312057290	1878459	5874406	12596683	1739347
按大中小型分组						
大型企业	229025129	204345909	973609	4343473	6478362	636465
中型企业	121617888	102835609	566548	3422411	5307950	816889
小微型企业	124831394	106716514	827917	2784494	5478644	953848
按登记注册类型分组						
港、澳、台商投资企业	144736555	126760196	571348	2952461	5207085	1102901
合资经营企业(港或澳、台资)	53400594	46153909	211285	1046949	1906019	732128
合作经营企业(港或澳、台资)	2755160	2098226	23173	86626	187705	224
港澳台商独资经营企业	82465055	73722912	308187	1502645	2805610	340048
港澳台商投资股份有限公司	5653012	4359479	28149	305642	292699	23354
其他港澳台商投资企业	462735	425669	555	10601	15053	7147
外商投资企业	330737856	287137836	1796726	7597916	12057871	1304301
中外合资经营企业	110536852	93543762	1147988	2566484	3578640	587708
中外合作经营企业	3413115	2952952	14346	61559	130064	35306
外资企业	209748318	184919027	608596	4645754	8069467	625148
外商投资股份有限公司	6842430	5556424	24034	319445	269601	52358
其他外商投资企业	197139	165670	1762	4675	10100	3781
按国民经济行业分组						
采矿业	**253986**	**215489**	**1582**	**5174**	**5979**	**2139**
黑色金属矿采选业	120933	110145	335	480	1377	755
铁矿采选	120933	110145	335	480	1377	755
非金属矿采选业	85851	68018	864	4222	1561	829
土砂石开采	56525	50285	396	555	484	33
制造业	**467213545**	**407632304**	**2316795**	**10436243**	**17017186**	**2195425**
农副食品加工业	10683647	9591637	23333	207561	175472	-19562
谷物磨制	358311	339338	812	10112	4960	2825
饲料加工	1021984	900016	1007	31810	34182	2564
植物油加工	7142389	6502874	12318	96409	63287	-52813
屠宰及肉类加工	938032	803499	3215	38182	36123	15930
水产品加工	462312	398996	1445	9222	11460	3986
蔬菜、水果和坚果加工	492313	420178	2713	10917	13139	3691
其他农副食品加工	268306	226737	1823	10910	12323	4256
食品制造业	3105132	2301738	22930	342163	157264	14843
焙烤食品制造	578695	456392	3399	19720	29090	-910
糖果、巧克力及蜜饯制造	296472	208048	1806	23256	8441	-3719
方便食品制造	704205	583491	1813	52693	23846	4221
乳制品制造	354782	138118	5938	178559	38216	3617
罐头食品制造	160314	133119	764	6299	5362	476
调味品、发酵制品制造	34048	21283	187	2009	1844	-88
其他食品制造	976616	761289	9023	59628	50466	11246

单位：万元

利润总额	亏损企业亏损总额	利税总额	全部从业人员年平均人数(人)	总资产贡献率(%)	资产负债率(%)	流动资产周转率(次/年)	成本费用利润率(%)	产品销售率(%)
30964807	**3068877**	**45753950**	**4419169**	**13.68**	**52.77**	**2.45**	**6.87**	**99.18**
8461159	597420	12509242	1420103	14.96	51.66	2.51	7.48	98.89
22503648	2471456	33244709	2999066	13.26	53.14	2.42	6.67	99.28
12915289	766884	19175933	1962576	12.79	54.25	2.72	5.88	99.33
9375637	908935	13539781	1383256	14.67	52.08	2.28	8.27	98.85
8673881	1393057	13038236	1073337	14.10	51.11	2.19	7.39	99.24
8769315	1016293	13334289	1588321	12.15	54.41	2.32	6.32	98.93
3664321	407870	5746903	480114	13.28	59.63	2.29	7.03	99.03
372018	7469	498909	21347	21.88	67.82	1.61	15.62	98.79
4063768	590690	6180894	1010801	10.41	50.38	2.38	5.15	98.96
664381	9788	888085	64528	18.34	47.84	2.10	13.22	97.90
4827	476	19497	11531	15.44	58.17	4.56	1.05	95.96
22195492	2052583	32419662	2830848	14.45	51.94	2.51	7.12	99.29
9436322	473441	14357048	713384	18.62	53.74	2.58	9.26	99.47
213829	13896	363642	40476	15.83	53.38	2.74	6.56	99.71
11875904	1548434	16792248	2006628	12.28	51.40	2.50	5.94	99.26
658285	14342	886791	68419	10.85	43.47	1.82	10.58	97.08
11152	2471	19934	1941	21.28	45.32	3.07	6.05	97.81
23706	**812**	**40645**	**1332**	**21.13**	**56.40**	**2.93**	**10.33**	**101.22**
7842	812	16813	356	23.25	53.60	2.62	6.95	100.40
7842	812	16813	356	23.25	53.60	2.62	6.95	100.40
10440		15683	701	19.66	46.78	3.75	13.88	103.11
4772		7697	455	24.94	47.16	4.47	9.29	99.78
29326914	**3056685**	**43675930**	**4386530**	**13.58**	**52.59**	**2.45**	**6.61**	**99.17**
740792	27646	1078886	42243	15.81	68.10	2.58	7.30	101.81
495	7684	4093	1318	3.30	65.00	3.23	0.14	113.17
52134	831	67932	5816	15.19	54.91	4.15	5.37	98.84
513336	11799	739339	10780	17.45	75.92	2.34	7.60	102.67
83100	1713	124807	11111	10.56	58.99	2.84	9.05	96.37
37862	512	54804	5260	20.22	45.14	2.60	8.76	100.16
40721	317	64674	5869	32.82	44.84	6.09	9.09	99.76
13145	4790	23238	2089	9.66	60.54	1.94	5.10	103.23
338695	10961	478264	32410	17.41	47.53	2.10	11.87	98.04
73046	1353	103993	10052	19.97	41.80	2.32	14.37	94.73
63601	755	81248	3983	18.55	32.78	0.95	26.23	107.83
67474	2288	101785	10108	21.24	45.52	4.93	9.81	97.36
19304		26680	739	8.86	60.79	4.03	5.35	97.92
14351		21778	1833	42.89	48.51	6.67	9.85	95.47
9144	1308	12191	372	15.80	16.13	0.57	36.50	98.43
91774	5258	130589	5323	15.21	56.43	1.60	10.38	98.56

1-A-7 续表 6

项目	主营业务收入	主营业务成本	主营业务税金及附加	营业费用	管理费用	财务费用
酒、饮料和精制茶制造业	1961612	1546834	37887	161879	78128	2857
酒的制造	548313	407184	32760	45049	37674	1722
饮料制造	1386500	1117005	5088	116202	39150	1052
精制茶加工	26799	22645	40	628	1303	83
纺织业	14366594	12702911	54128	230968	430394	163556
棉纺织及印染精加工	6617731	5867179	24218	96398	191222	76344
毛纺织及染整精加工	766340	699461	4212	10637	22007	2130
麻纺织及染整精加工	229899	197893	1809	4456	8145	2101
丝绢纺织及印染精加工	139050	124570	675	4288	4709	1101
化纤织造及印染精加工	1335925	1193493	3018	15590	46232	44547
针织或钩针编织物及其制品制造	855068	755979	3012	12862	27898	5287
家用纺织制成品制造	3074407	2687963	12046	53228	79419	22921
非家用纺织制成品制造	1348174	1176374	5138	33509	50762	9125
纺织服装、服饰业	11421008	9888749	64718	264398	441162	94740
机织服装制造	9114813	7864068	51556	225927	342895	72405
针织或钩针编织服装制造	1370162	1195788	9000	25832	64762	15678
服饰制造	936034	828893	4162	12639	33505	6657
皮革、毛皮、羽毛及其制品和制鞋业	3641829	3166625	14313	89779	156543	25923
皮革鞣制加工	315821	283232	557	1903	6033	-213
皮革制品制造	629337	564759	2623	9744	27957	7834
毛皮鞣制及制品加工	62838	57044	336	1441	1376	596
羽毛(绒)加工及制品制造	947559	839093	2377	7450	33122	5387
制鞋业	1686275	1422498	8420	69242	88055	12319
木材加工和木、竹、藤、棕、草制品业	1696646	1431843	12924	51780	61347	15536
木材加工	44394	39614	604	243	869	242
人造板制造	849644	751559	6348	10883	12764	5615
木制品制造	742661	593224	5716	38235	46325	8763
竹、藤、棕、草等制品制造	59949	47446	256	2420	1390	916
家具制造业	1255187	1119297	8400	47202	58573	9792
木质家具制造	418492	357653	2158	18248	28252	2716
金属家具制造	204167	177571	920	6536	13180	4240
其他家具制造	620632	572707	5297	22193	16020	2970
造纸和纸制品业	6547903	5555438	14851	327291	255148	98816
造纸	5244057	4465082	9851	250877	174205	99469
纸制品制造	1303847	1090356	5000	76414	80944	-653
印刷和记录媒介复制业	1746401	1357023	10103	82133	112424	17111
印刷	1690981	1313138	9971	80499	109881	17007
装订及印刷相关服务	17953	14133	106	1495	1481	109
记录媒介复制	37467	29752	26	139	1062	-5
文教、工美、体育和娱乐用品制造业	5771208	4939699	28004	138057	247930	37357
文教办公用品制造	362540	304835	1785	15994	20969	1715
乐器制造	169214	145007	558	3274	11882	643
工艺美术品制造	2649086	2230081	12262	47233	101752	19707

单位：万元

利润总额	亏损企业亏损总额	利税总额	全部从业人员年平均人数(人)	总资产贡献率(%)	资产负债率(%)	流动资产周转率(次/年)	成本费用利润率(%)	产品销售率(%)
157497	23216	270604	17221	14.99	52.38	2.78	8.62	100.03
35910	15158	91755	6131	15.66	60.84	1.83	7.03	101.25
119494	8059	176319	11006	14.66	47.98	3.59	9.26	99.56
2093		2531	84	14.31	61.58	1.64	8.49	99.84
780238	70271	1255252	193321	12.59	55.54	2.25	5.67	97.67
364867	29053	598062	85840	13.91	54.65	2.52	5.71	97.78
18374	3070	36932	8946	7.01	65.03	1.73	2.38	101.56
17140	1563	21832	3992	9.06	58.98	1.51	8.04	93.93
3809	301	7263	1848	8.48	47.38	2.73	2.81	100.47
37159	11587	63994	24157	4.25	65.25	0.93	2.85	94.21
49881	2205	80972	13104	19.38	43.51	3.68	6.20	98.37
212953	13683	328677	38692	22.75	50.00	3.33	7.44	97.95
76054	8809	117521	16742	11.73	46.08	2.60	5.96	97.88
663283	53543	1140124	276509	21.07	52.81	3.38	6.19	99.41
557047	43238	947202	218275	22.06	52.28	3.49	6.54	99.49
58450	5140	107822	35630	14.35	57.38	2.44	4.47	99.38
47786	5166	85101	22604	24.34	48.80	4.50	5.41	98.67
186659	24445	353009	73185	22.67	48.22	3.29	5.42	97.18
24341	184	34949	2481	25.12	42.73	2.71	8.36	97.47
20399	3691	34493	20493	10.70	52.17	2.33	3.33	94.34
2037	875	4632	1131	13.17	63.14	2.39	3.37	96.72
50358	1694	96583	8979	30.49	67.14	3.78	5.69	99.01
89524	18002	182351	40101	24.98	38.49	3.80	5.62	97.25
124452	7370	203171	19868	23.82	48.63	3.00	7.87	100.72
2824	421	5812	306	14.28	44.71	3.09	6.89	97.10
63415	4897	107091	11074	35.33	55.30	4.45	8.05	99.17
50799	2052	80269	7891	17.16	44.29	2.23	7.24	102.87
7414		9999	597	28.68	56.26	2.23	14.21	99.94
15938	20152	44314	27035	5.07	45.88	2.18	1.29	99.31
11791	13221	28357	10223	7.39	44.93	1.86	2.88	99.69
3512	1289	7704	5509	4.75	50.15	1.45	1.73	99.02
815	5362	8407	11083	2.67	43.43	3.10	0.13	99.15
365755	58037	567397	46799	5.16	49.76	1.26	5.77	98.87
305233	35999	453937	32221	4.67	48.46	1.15	6.01	98.79
60522	22038	113460	14578	10.27	63.59	1.99	4.79	99.21
175517	15413	251270	30321	14.78	41.09	1.79	11.12	99.43
168228	15353	243084	29604	15.23	42.95	1.81	11.00	99.35
605	60	1252	359	4.10	15.82	0.74	3.51	100.10
6685		6934	358	9.37	10.17	2.37	20.99	102.65
389840	20018	615706	111985	22.04	48.42	3.47	7.23	96.97
19543	2955	29941	8645	11.25	43.89	2.15	5.66	100.94
8455	761	10524	2573	10.31	41.98	2.39	5.24	101.88
238773	7177	348890	43806	28.20	53.39	3.61	9.93	99.44

1-A-7 续表 7

项　　目	主营业务收　入	主营业务成　本	主营业务税金及附加	营业费用	管理费用	财务费用
体育用品制造	559264	482004	3101	13211	27613	3579
玩具制造	1720898	1508439	8242	53426	72513	7103
游艺器材及娱乐用品制造	310206	269334	2056	4920	13201	4611
石油加工、炼焦和核燃料加工业	2936549	2416851	139373	57433	34297	10129
精炼石油产品制造	2471692	2006873	137642	44669	25758	6697
炼焦	464857	409978	1731	12764	8540	3433
化学原料和化学制品制造业	50620175	44306321	145470	1126390	1485288	413772
基础化学原料制造	17955861	15953794	45902	311087	380986	166540
肥料制造	367076	323009	2833	13419	11385	5875
农药制造	1545144	1309425	3905	48270	44913	12662
涂料、油墨、颜料及类似产品制造	2915770	2292411	13425	188468	184287	21134
合成材料制造	13338610	11891921	19786	232267	326678	34106
专用化学产品制造	13490516	11765803	43136	282052	491114	171288
日用化学产品制造	1007197	769958	16484	50827	45925	2168
医药制造业	7409350	4364469	62847	1415644	648118	16129
化学药品原料药制造	1270259	949434	11016	146143	114344	3732
化学药品制剂制造	4658295	2194281	44456	1226074	453330	-2363
中成药生产	149056	118611	1332	5219	8903	1792
兽用药品制造	83753	58431	205	5089	5131	1371
生物药品制造	614897	502558	3820	17518	31020	6097
卫生材料及医药用品制造	565210	486262	1878	15448	35069	5331
化学纤维制造业	6207083	5575871	16379	74476	190936	57347
纤维素纤维原料及纤维制造	1869120	1481745	7997	35733	86281	17821
合成纤维制造	4337963	4094126	8382	38743	104655	39526
橡胶和塑料制品业	10881727	9152518	56101	352484	595325	58749
橡胶制品业	5014094	4161663	30637	174039	235377	24637
塑料制品业	5867633	4990855	25464	178445	359948	34111
非金属矿物制品业	7715113	6601349	39514	232758	385763	59784
水泥、石灰和石膏制造	485580	420871	1915	9223	29916	2007
石膏、水泥制品及类似制品制造	2524090	2230660	13164	49163	69240	21921
砖瓦、石材等建筑材料制造	525341	413417	3517	30543	39037	5377
玻璃制造	619332	554394	1733	15718	23791	6575
玻璃制品制造	1168915	983409	7037	38730	80114	19690
玻璃纤维和玻璃纤维增强塑料制品制造	624589	562327	1940	12204	25100	3895
陶瓷制品制造	638590	513395	4155	30432	46829	-8656
耐火材料制品制造	441627	358467	3115	20313	35778	1892
石墨及其他非金属矿物制品制造	687049	564409	2938	26432	35958	7084
黑色金属冶炼和压延加工业	16419291	15104521	37247	143666	445882	197998
炼钢	3740277	3390851	8797	26855	152030	54045
黑色金属铸造	1014168	884395	3584	17484	60030	13628
钢压延加工	9694687	8915975	21844	78544	207140	122053
铁合金冶炼	1645992	1598540	1989	7671	17739	594

单位：万元

利润总额	亏损企业亏损总额	利税总额	全部从业人员年平均人数（人）	总资产贡献率（%）	资产负债率（%）	流动资产周转率（次/年）	成本费用利润率（%）	产品销售率（%）
30968	3557	57369	13356	18.75	41.37	3.25	5.88	98.27
74283	4475	138073	37256	22.96	49.64	4.59	4.49	91.90
17819	1094	30909	6349	11.34	38.51	2.20	5.93	96.52
272007	1751	486906	5873	44.41	51.29	4.14	10.79	96.24
243218	1751	440852	2905	48.54	49.50	3.95	11.66	96.91
28789		46055	2968	24.98	59.76	5.59	6.62	92.75
3194368	411729	4721598	183589	12.47	53.71	2.60	6.69	98.97
1072554	108018	1594832	42206	12.37	51.67	3.27	6.35	99.66
13146	3020	32636	2559	11.01	45.45	1.84	3.70	98.05
134478	1343	176774	8136	18.79	59.86	2.35	9.49	98.78
217859	15738	335070	19603	14.42	48.70	1.86	8.05	99.03
778349	88092	1121317	35689	16.05	52.93	3.21	6.17	98.99
851600	181684	1278763	66033	9.69	57.72	1.98	6.60	97.91
126382	13835	182205	9363	19.06	36.38	1.76	14.48	101.36
954301	36168	1509457	59514	23.12	40.86	1.89	14.75	96.18
62932	21239	123162	13089	9.98	54.74	1.86	5.13	91.62
774601	2761	1213785	29094	30.44	36.87	1.73	19.96	96.89
11679	877	19244	1604	20.72	50.74	3.20	8.49	98.47
14941		16745	669	15.04	41.92	0.92	21.32	96.50
55192	2404	83628	5280	15.87	31.29	3.32	9.90	97.12
22750	8887	37548	9026	8.08	42.65	2.63	4.19	98.96
346827	31315	516965	45583	10.29	54.47	2.86	5.85	97.73
256787	16673	345323	13140	27.56	47.02	3.29	15.64	96.41
90040	14643	171641	32443	5.04	56.74	2.70	2.10	98.31
711519	101059	1065009	162578	11.70	41.36	2.15	6.92	98.51
404037	32072	575226	53001	13.67	39.39	2.49	8.63	98.38
307481	68987	489783	109577	9.97	43.08	1.92	5.49	98.62
383733	141980	722208	85141	10.12	51.27	1.87	5.25	98.88
23631	10185	47262	3418	6.51	41.79	1.57	5.06	100.22
142090	17155	276043	16589	12.92	62.39	1.61	5.99	99.33
35048	11688	55406	6108	8.60	38.84	1.56	7.17	98.40
19693	8405	47294	6308	9.98	52.69	3.63	3.22	98.82
9617	63690	50205	24178	5.34	54.05	1.84	0.85	98.71
24951	4906	45573	6005	6.98	47.32	2.73	4.12	99.66
53204	9743	73996	11072	12.27	42.55	1.91	9.12	98.38
21586	5531	44056	5032	12.99	44.19	1.74	5.15	98.00
53913	10676	82373	6431	17.10	45.69	2.34	8.48	97.41
356584	117634	785842	61629	8.85	65.10	3.53	2.00	99.25
113017		248184	12727	10.02	62.90	5.68	2.11	102.50
37783	31960	71202	11681	7.97	62.84	1.69	3.86	97.92
206697	61859	439148	31425	9.40	66.66	3.12	2.19	98.27
22901		43721	2148	6.07	55.76	5.12	1.37	95.13

1-A-7 续表 8

项　　目	主营业务收　　入	主营业务成　　本	主营业务税金及附加	营业费用	管理费用	财务费用
有色金属冶炼和压延加工业	8380911	7772283	20471	87231	194396	47721
常用有色金属冶炼	231967	211575	284	7024	6014	3341
贵金属冶炼	167175	154368	11	14	973	15
稀有稀土金属冶炼	300683	244049	6479	7581	18277	1506
有色金属合金制造	1263918	1097301	3182	16679	31806	4382
有色金属铸造	111832	101800	370	1012	4635	380
有色金属压延加工	6305337	5963190	10144	54921	132691	38098
金属制品业	13291428	11487624	49801	301934	540711	110816
结构性金属制品制造	3925341	3442335	15370	59451	116967	35264
金属工具制造	783124	657848	2978	27555	49849	6398
集装箱及金属包装容器制造	2533359	2210825	7293	58308	79061	9082
金属丝绳及其制品制造	1673457	1417636	5651	49347	82699	20604
建筑、安全用金属制品制造	916189	793828	5280	21006	41589	11097
金属表面处理及热处理加工	978726	872643	2342	14038	34462	8232
搪瓷制品制造	50749	40138	365	2620	4195	267
金属制日用品制造	765895	631865	4272	30966	41449	3812
其他金属制品制造	1664589	1420506	6251	38643	90440	16060
通用设备制造业	24445191	19951384	117184	774650	1503555	86353
锅炉及原动设备制造	1778352	1366408	11135	72501	132484	5240
金属加工机械制造	1583097	1329011	7561	50478	113404	9491
物料搬运设备制造	4673488	3672217	28736	180978	313914	932
泵、阀门、压缩机及类似机械制造	4181393	3338671	19213	143388	298091	17871
轴承、齿轮和传动部件制造	2617083	2147605	15198	60002	154255	16580
烘炉、风机、衡器、包装等设备制造	4707964	3832131	19127	164886	266816	17511
文化、办公用机械制造	3113939	2854419	6354	35789	94157	7390
通用零部件制造	1527106	1196837	8480	48964	114473	9770
其他通用设备制造业	262770	214085	1378	17666	15961	1568
专用设备制造业	17215676	14058004	72471	524606	1189977	103998
采矿、冶金、建筑专用设备制造	6359521	5341069	23720	155713	360237	63326
化工、木材、非金属加工专用设备制造	3399460	2769734	16620	86574	273794	20722
食品、饮料、烟草及饲料生产专用设备制造	243796	185943	1524	15726	19169	664
印刷、制药、日化及日用品生产专用设备制造	742361	535914	4285	39124	51746	7140
纺织、服装和皮革加工专用设备制造	1120457	888295	4674	43800	73076	2290
电子和电工机械专用设备制造	747487	625253	3838	24445	45245	1502
农、林、牧、渔专用机械制造	1109565	910206	2404	43907	94241	-7241
医疗仪器设备及器械制造	1554528	1177485	6479	61611	157563	-1446
环保、社会公共服务及其他专用设备制造	1938501	1624106	8927	53707	114905	17040
汽车制造业	29595733	23417993	851726	712956	1190817	51620
汽车整车制造	14402033	10636355	791662	387134	366385	-11374
改装汽车制造	94809	80712	415	2152	4024	912
汽车车身、挂车制造	18502	13658	107	1222	1851	278
汽车零部件及配件制造	15080390	12687269	59542	322448	818556	61804
铁路、船舶、航空航天和其他运输设备制造业	13211650	11460248	74093	181858	458427	48114
铁路运输设备制造	896285	614460	4548	57635	42438	3216

单位：万元

利润总额	亏损企业亏损总额	利税总额	全部从业人员年平均人数（人）	总资产贡献率（%）	资产负债率（%）	流动资产周转率（次/年）	成本费用利润率（%）	产品销售率（%）
298794	84152	524703	34417	11.71	54.47	2.94	3.59	98.76
441	3393	3841	1762	2.71	71.38	1.26	0.19	100.10
9538		18474	313	147.95	26.69	69.38	6.14	100.00
23635	3817	44372	1887	15.58	21.40	1.39	8.63	92.12
122313	4290	162498	7149	18.93	51.89	2.25	10.58	100.98
4040	240	6869	1500	13.40	44.86	3.15	3.75	100.88
138829	72413	288649	21806	9.59	56.96	3.40	2.17	98.53
865355	64725	1342439	146283	13.19	47.35	2.09	6.89	99.23
263414	12705	451483	32561	16.65	48.42	2.49	7.14	98.40
38937	8874	65512	13723	11.08	44.89	1.99	5.24	98.85
188975	7351	252874	20713	17.76	48.33	2.73	7.97	100.56
121879	12875	176803	15651	10.44	41.30	1.61	7.63	99.20
44903	4988	79370	15005	12.44	48.73	1.92	5.15	98.67
51539	3878	76873	12681	9.08	58.96	1.78	5.53	100.80
3066		4804	918	16.31	53.61	3.92	6.48	100.00
57461	6183	79418	14029	12.42	46.44	1.78	8.07	99.43
95181	7871	155303	21002	10.09	45.38	1.73	5.95	98.74
2150285	179731	2929192	240063	14.33	47.02	1.82	9.57	99.54
201633	22679	293727	14927	13.57	52.75	1.18	12.61	100.46
103787	16783	159639	18354	10.40	47.68	1.68	6.84	99.79
488433	34811	634352	33476	16.74	57.89	1.64	11.59	99.52
381226	13868	516781	38507	14.93	45.82	1.92	10.02	101.56
239973	51425	340537	32679	11.90	45.96	1.78	10.04	99.41
434343	14493	587166	40861	17.98	42.25	2.06	10.08	99.31
133062	10437	157236	33431	10.23	38.29	2.85	4.43	97.10
155022	9873	220453	24081	14.06	36.79	1.59	11.21	99.41
12806	5362	19303	3747	9.07	40.41	1.89	5.06	96.23
1339146	237844	1863553	201421	10.66	50.78	1.46	8.33	100.50
391931	118268	571791	44534	8.90	56.69	1.40	6.46	103.89
268190	53213	387568	77234	9.45	43.73	1.26	8.46	99.65
23069	3878	28976	3928	11.44	35.91	1.35	10.13	100.06
108441	1173	128352	5570	15.97	53.17	1.48	17.07	99.39
116443	2064	144293	10570	14.71	54.90	1.56	11.51	99.79
51812	9123	76285	9322	12.43	39.32	2.00	7.40	98.12
70101	18213	91211	7842	11.82	48.70	1.90	6.70	96.40
160035	13599	204367	24911	11.35	39.19	1.55	11.39	99.77
149125	18313	230711	17510	14.00	59.11	1.69	8.21	96.45
3661063	101643	6059501	161634	33.94	54.30	2.75	14.03	100.99
2432177		4189338	17621	75.87	57.51	4.46	20.50	101.73
5333	1203	8976	1426	7.50	64.33	0.87	6.07	95.75
1541		1889	294	11.47	43.13	1.89	9.04	92.75
1222012	100440	1859299	142293	15.60	52.79	2.02	8.65	100.16
1163145	165057	1787213	154909	10.73	55.02	1.39	9.41	98.93
177125		225915	7427	24.58	52.40	1.29	24.61	98.49

1-A-7 续表 9

项　　目	主营业务收　　入	主营业务成　　本	主营业务税金及附加	营业费用	管理费用	财务费用
船舶及相关装置制造	8856084	7812584	52806	38489	258693	28979
航空、航天器及设备制造	458062	381546	765	5140	45645	4096
摩托车制造	474460	418232	5470	12467	32000	3276
自行车制造	1515464	1338814	6397	47735	51576	6874
非公路休闲车及零配件制造	758775	672458	3062	12412	15276	655
潜水救捞及其他未列明运输设备制造	29119	24808	208	521	2387	353
电气机械和器材制造业	44532844	38642674	125054	1186546	1724750	406827
电机制造	7478906	6332713	23314	120695	324468	32126
输配电及控制设备制造	16920790	14872509	54354	323572	666509	227212
电线、电缆、光缆及电工器材制造	7953646	7092851	17209	134215	241754	84528
电池制造	3324675	3056073	6889	27986	94921	14228
家用电力器具制造	7283742	5983325	17065	503640	306524	39258
非电力家用器具制造	262207	186600	1482	54657	11939	1026
照明器具制造	1227705	1053109	4542	20724	73082	7401
其他电气机械及器材制造	81174	65495	200	1058	5554	1049
计算机、通信和其他电子设备制造业	142146122	131117184	181721	1068593	3807169	17991
计算机制造	47518142	44748778	24111	164484	645834	-15998
通信设备制造	4985298	4528830	12325	42302	204358	11380
广播电视设备制造	1951612	1665768	8487	34121	90328	9715
视听设备制造	18147547	16249977	19675	100586	383972	-1553
电子器件制造	30582251	28249173	36889	232981	1012101	22874
电子元件制造	31162235	28659972	73313	380616	1169380	-18444
其他电子设备制造	7763920	6985312	6744	112755	297469	10276
仪器仪表制造业	7880798	6611337	30977	212467	401952	36074
通用仪器仪表制造	4387537	3612219	17643	147354	266536	16743
专用仪器仪表制造	2417668	2118939	9181	38104	88924	12015
光学仪器及眼镜制造	890557	709644	4006	24548	44422	6387
其他仪器仪表制造业	180372	166372	116	2349	1586	819
其他制造业	548094	463900	2256	21180	24767	3985
日用杂品制造	538807	458053	2187	20091	23927	3985
废弃资源综合利用业	1553001	1502166	2417	17809	19042	6911
金属废料和碎屑加工处理	1422985	1379655	2190	15381	15116	7323
非金属废料和碎屑加工处理	130016	122510	228	2428	3926	-412
金属制品、机械和设备修理业	25643	23816	103	353	1630	140
铁路、船舶、航空航天等运输设备修理	19811	18050	103	353	1070	140
电力、热力、燃气及水生产和供应业	**8006879**	**6050239**	**49697**	**108961**	**241790**	**209638**
电力、热力生产和供应业	5103623	3766553	32562	2429	125632	158321
电力生产	4686878	3424411	30349	358	104450	144549
热力生产和供应	408602	333081	2213	2071	19428	12074
燃气生产和供应业	2664936	2125558	14370	82112	88277	31279
水的生产和供应业	238320	158128	2765	24420	27881	20038
自来水生产和供应	192374	130578	2675	24420	24087	15586
污水处理及其再生利用	45946	27550	90		3794	4452

单位：万元

利润总额	亏损企业亏损总额	利税总额	全部从业人员年平均人数（人）	总资产贡献率（%）	资产负债率（%）	流动资产周转率（次/年）	成本费用利润率（%）	产品销售率（%）
827511	139471	1285420	99505	9.78	55.56	1.24	9.93	98.32
23271	2384	26161	3616	6.14	63.43	2.00	5.32	100.19
4305	9847	17660	8554	5.26	49.68	2.14	0.92	99.28
67761	10729	128047	25300	11.67	49.21	2.07	4.66	102.50
56043	2313	89206	8540	22.58	41.41	4.26	7.99	98.97
909	314	1117	778	4.00	25.03	1.66	3.22	99.77
2538386	265317	3986306	380061	13.04	58.85	2.15	5.96	99.23
676758	17575	888081	66635	17.26	53.59	2.03	9.88	99.28
861194	164431	1562604	130056	11.30	63.01	1.84	5.26	99.68
344385	36508	488124	58949	10.84	60.06	2.21	4.50	98.84
127890	15540	195353	41227	10.96	57.82	3.12	4.00	98.68
443040	19753	710600	56222	17.78	52.27	2.94	6.31	99.21
7748	1806	20833	4686	15.10	46.68	2.98	2.97	102.49
69166	9704	110391	21277	13.03	47.53	2.34	5.95	96.69
8205		10321	1009	13.15	38.08	1.34	11.21	94.62
6499351	743620	8144870	1503707	11.11	50.74	3.20	4.76	99.06
1801619	80338	1916284	312921	13.78	58.14	4.76	3.95	98.64
211253	10828	302277	54064	10.15	65.60	1.96	4.40	99.74
157294	2806	217189	26682	16.13	51.52	2.11	8.60	101.43
1599134	32276	1775424	116192	30.29	59.35	4.24	9.44	100.20
1272188	334664	1812121	357535	8.52	46.91	2.82	4.30	98.89
1030855	255102	1514728	538825	6.52	46.38	2.36	3.40	99.51
425768	27606	604173	97002	12.98	47.34	2.99	5.73	96.92
613709	34200	879404	72105	17.02	47.64	2.35	8.42	98.62
364293	17102	507559	36847	17.14	47.21	2.32	8.97	98.43
158249	2577	249628	18105	18.14	49.86	2.76	6.97	99.92
82230	13771	104733	16200	13.34	45.18	1.58	10.45	96.48
9119	568	17434	763	39.75	46.49	7.72	5.33	97.44
21947	4637	46248	14039	12.02	54.78	2.79	4.27	100.78
20501	4637	44355	13981	11.75	54.53	2.84	4.05	100.79
17515	2825	45516	2797	4.34	80.52	1.25	1.13	102.13
16248	1889	42090	2019	4.27	81.55	1.18	1.14	102.69
1267	935	3425	778	5.83	58.43	3.05	0.98	96.33
214	227	1005	290	5.24	79.36	1.62	0.82	94.37
440		1231	168	8.17	84.14	1.55	2.24	100.00
1614187	**11379**	**2037375**	**31307**	**15.87**	**57.07**	**2.24**	**23.85**	**99.60**
1125527	10221	1456374	14890	17.30	58.38	2.17	27.55	99.71
1082734	6300	1393508	12502	17.72	58.96	2.12	29.21	99.78
46479	235	66551	2190	12.80	47.69	3.25	12.65	98.88
431245	367	507748	11582	16.96	54.31	2.68	17.86	99.64
57415	792	73254	4835	5.70	54.96	1.12	21.51	96.81
46966	114	60870	4282	5.34	56.34	1.07	20.33	96.08
10449	678	12383	553	8.38	44.67	1.60	29.17	100.00

1-A-8 规模以上大中型

项目	企业单位数(个)	#亏损企业	工业总产值(当年价格)	销售产值(当年价格)	出口交货值	资产总计
总计	**7308**	**907**	**840411598**	**833232871**	**194324716**	**641387982**
总计中：国有控股企业	**428**	**58**	**130335974**	**131315924**	**7619568**	**152036064**
按轻重工业分组						
轻工业	2807	356	207573854	204907520	42806791	156551285
重工业	4501	551	632837744	628325351	151517925	484836698
按大中小型分组						
大型企业	1250	103	523787103	519791924	148672170	413507271
中型企业	6058	804	316624495	313440947	45652546	227880711
按登记注册类型分组						
内资企业	4241	316	486474820	482260376	33072755	388271615
国有企业	72	10	40186823	41409400	801650	43659199
集体企业	30	1	5489647	5131734	121683	6259620
股份合作企业	12	1	451645	440656	20008	284439
联营企业	2	1	127798	114862	34734	78542
有限责任公司	933	95	146991250	145890042	10486224	142973739
国有独资公司	73	7	16583665	16504754	985590	30706249
其他有限责任公司	860	88	130407585	129385288	9500634	112267490
股份有限公司	366	31	73615112	72726303	5622051	67278458
私营企业	2812	175	218783671	215674771	15950888	126959107
私营独资企业	97	2	5922147	5771036	264388	2082696
私营合伙企业	14		664620	645925	10948	168655
私营有限责任公司	2522	168	193036701	190308440	14316410	107650866
私营股份有限公司	179	5	19160203	18949370	1359142	17056890
其他企业	14	2	828874	872608	35518	778511
港、澳、台商投资企业	1075	189	103874266	102577515	40048580	82279463
合资经营企业(港或澳、台资)	392	47	35935859	35516844	6174712	33354076
合作经营企业(港或澳、台资)	10	1	2028362	2019493	460823	1545692
港澳台商独资经营企业	640	137	60811903	60061046	32042243	43049042
港澳台商投资股份有限公司	30	3	4660965	4561076	1273098	4182235
其他港澳台商投资企业	3	1	437177	419056	97703	148418
外商投资企业	1992	402	250062512	248394980	121203381	170836904
中外合资经营企业	578	78	79264534	78939671	20604438	60292926
中外合作经营企业	29	2	2465295	2453563	626259	1744419
外资企业	1353	316	162697016	161516868	97390146	101870310
外商投资股份有限公司	31	6	5543318	5393687	2582538	6919563
按国民经济行业分组						
采矿业	**41**	**5**	**5238700**	**5205490**	**5399**	**10628375**
煤炭开采和洗选业	8	2	2776045	2752631		6245646
烟煤和无烟煤开采洗选	8	2	2776045	2752631		6245646
石油和天然气开采业	2	1	889678	889382		2545439
石油开采	2	1	889678	889382		2545439
黑色金属矿采选业	4	2	551779	554567		318281
铁矿采选	4	2	551779	554567		318281
有色金属矿采选业	2		32156	31329		70997
常用有色金属矿采选	2		32156	31329		70997
非金属矿采选业	25		989042	977582	5399	1448011
土砂石开采	18		568413	561745		276713
化学矿开采	3		65777	66194		108124
采盐	4		354851	349643	5399	1063174

工业企业主要经济指标

单位：万元

流动资产合计	应收账款	存货	产成品	固定资产合计	负债合计	流动负债合计	所有者权益合计	实收资本
334468073	**92657006**	**76657860**	**27034230**	**219928112**	**365493184**	**307636775**	**275894798**	**125059824**
60477056	**14978718**	**14232290**	**3457344**	**63137980**	**94553836**	**71431377**	**57482229**	**25985879**
85297692	18723195	21743274	8046113	48820515	83322077	69444696	73229208	31355498
249170382	73933811	54914586	18988118	171107598	282171107	238192079	202665591	93704326
210843545	54891900	47953301	15796879	140978414	237852135	197860270	175655137	71491771
123624528	37765106	28704560	11237351	78949698	127641049	109776506	100239662	53568053
194252300	46133713	47191450	17299670	133169337	230288737	189414719	157982878	56641362
11950459	1604093	2709171	342399	23400528	24687239	19586779	18971960	4281193
4078480	435115	994236	264715	1236079	3507652	3023909	2751968	1486536
162662	48257	50067	28451	78673	176861	170687	107578	16960
50592	14036	19359	10654	19485	66778	66778	11764	8941
69761864	17743799	16112361	6071731	50590616	92708355	69925344	50265383	20548037
14376692	4636082	3014093	1082607	9881895	20721388	13031032	9984861	4241468
55385172	13107717	13098268	4989124	40708721	71986967	56894312	40280523	16306569
36040414	8331501	9658830	3092444	18343868	33797979	29681436	33480479	12242380
71767466	17832016	17610626	7473058	39231038	74776113	66486642	52182994	17922125
1108974	367746	250479	96126	800097	1046104	944505	1036592	360680
101996	46970	23172	13575	39403	117242	114771	51412	18814
61128612	15107372	15021300	6312504	33396372	65108716	57888648	42542150	15559804
9427885	2309928	2315675	1050853	4995166	8504051	7538718	8552840	1982827
440363	124898	36801	16219	269050	567760	473144	210752	135190
43428797	13111198	9835682	3134206	29606732	45403093	39237467	36876370	20637014
15544390	3422930	4334250	1141824	13188966	20297919	16930164	13056157	6932895
1321840	395335	206380	10459	143215	1114125	1111586	431567	93326
24056588	8424356	4958137	1872063	14968229	21903038	19322479	21146004	12829519
2415586	811950	308517	99059	1251003	1992435	1843190	2189800	750472
90395	56628	28398	10801	55319	95576	30047	52842	30803
96786976	33412095	19630729	6600355	57152044	89801354	78984590	81035550	47781448
31733687	8430660	6274235	2206204	21291814	32547379	28781140	27745548	13955912
886790	260340	306104	27839	641950	918841	715451	825577	569135
61218548	24063614	12501264	4215644	33394150	53252242	47425209	48618069	30895319
2944099	656026	548439	150016	1818296	3082240	2062139	3837323	2359083
2990952	**498288**	**482400**	**210197**	**5512241**	**5873827**	**4175935**	**4754547**	**2256644**
1847324	308153	330831	169866	3103616	3640587	2366141	2605060	563326
1847324	308153	330831	169866	3103616	3640587	2366141	2605060	563326
370560	91651	31475	4201	1735277	1237567	1133769	1307871	1343979
370560	91651	31475	4201	1735277	1237567	1133769	1307871	1343979
191878	41464	25329	5585	48892	197213	185883	121068	15386
191878	41464	25329	5585	48892	197213	185883	121068	15386
39107	527	3117	1013	13885	39918	33271	31080	7120
39107	527	3117	1013	13885	39918	33271	31080	7120
542084	56493	91648	29532	610571	758543	456871	689469	326832
93233	24124	14536	10862	121612	91340	75253	185374	32888
25191	6522	3738	1083	55809	40296	32117	67828	34000
423660	25847	73375	17587	433150	626907	349501	436267	259944

1-A-8 续表 1

项　　目	企业单位数(个)	#亏损企业	工业总产值(当年价格)	销售产值(当年价格)	出口交货值	资产总计
制造业	**7179**	**897**	**793962803**	**786879331**	**194319317**	**574347407**
农副食品加工业	123	10	15230827	15182409	491641	8447607
谷物磨制	22	1	2003870	1974258	35236	819188
饲料加工	18		992281	984919	23084	315916
植物油加工	13	1	7802351	7849815	22540	4890637
屠宰及肉类加工	37	6	3096414	3040802	121842	1783154
水产品加工	7	1	265923	263887	39882	118886
蔬菜、水果和坚果加工	18		745783	737846	183320	279000
其他农副食品加工	8	1	324206	330882	65736	240826
食品制造业	71	8	4025613	3931671	384439	3378476
焙烤食品制造	13	2	567140	536152	15457	432878
糖果、巧克力及蜜饯制造	7	2	455383	447338	67507	632866
方便食品制造	15	3	840586	821911	39954	488658
乳制品制造	9	1	762155	752850		518593
罐头食品制造	4		223130	219202	1842	62219
调味品、发酵制品制造	8		323855	309610	41434	495551
其他食品制造	15		853364	844609	218246	747712
酒、饮料和精制茶制造业	42	7	6594453	6657265	6087	6921537
酒的制造	26	5	2996743	3065400	1268	4512520
饮料制造	16	2	3597711	3591865	4820	2409016
烟草制品业	4		4787929	4788029		4808854
卷烟制造	3		4682424	4682424		4715653
纺织业	591	86	30470136	29849599	4919502	22389159
棉纺织及印染精加工	322	47	17569555	17297279	2563905	12392120
毛纺织及染整精加工	49	15	4432128	4331644	670701	3288178
麻纺织及染整精加工	14	2	388719	380705	99230	375203
丝绢纺织及印染精加工	15	1	854010	869705	182403	417112
化纤织造及印染精加工	59	6	1685339	1555763	171236	2416233
针织或钩针编织物及其制品制造	37	5	1145997	1102822	338863	832870
家用纺织制成品制造	59	3	2944801	2884404	542048	1560989
非家用纺织制成品制造	36	7	1449588	1427278	351116	1106455
纺织服装、服饰业	612	76	23421483	23240304	6338780	16389213
机织服装制造	497	58	20428533	20271022	4752414	14493762
针织或钩针编织服装制造	78	16	2151822	2140148	1073277	1422889
服饰制造	37	2	841128	829133	513088	472562
皮革、毛皮、羽毛及其制品和制鞋业	131	18	4195980	4081231	1292647	1559807
皮革鞣制加工	5		235733	228596	18029	96618
皮革制品制造	34	7	639418	602272	323289	367603
毛皮鞣制及制品加工	3	1	186267	183304	56909	92494
羽毛(绒)加工及制品制造	19	4	808084	796613	151510	209165
制鞋业	70	6	2326478	2270446	742910	793927
木材加工和木、竹、藤、棕、草制品业	108	5	6632792	6591502	1251936	2825855
木材加工	4		133608	132972	6506	24280
人造板制造	84	4	5484344	5445096	995572	2173938
木制品制造	17	1	938844	943282	183493	575413
竹、藤、棕、草等制品制造	3		75997	70153	66365	52224

单位：万元

流动资产合计	应收账款	存货	产成品	固定资产合计	负债合计	流动负债合计	所有者权益合计	实收资本
321782630	**90462332**	**75350636**	**26776952**	**178609802**	**322726130**	**280028144**	**251621276**	**115202614**
4830185	747326	1256401	439912	2577877	5782916	4806793	2664691	1031306
374276	49475	105069	21487	404158	469730	330176	349458	91075
117768	23207	35555	12787	179352	148772	142775	167144	70481
3537749	457294	928128	321429	1195983	3755596	3273964	1135041	361930
562776	152126	115586	50416	495890	1070586	786533	712568	400323
51623	7446	16423	4871	41796	69631	54556	49255	27689
76231	23051	34869	13367	158389	118445	96735	160555	44605
109763	34728	20771	15554	102311	150156	122054	90669	35203
1696384	342785	376231	173741	1127474	1988833	1870795	1389643	682841
197465	51011	25213	4778	164019	199010	187351	233868	135562
503145	58426	90835	65575	57648	290839	286238	342026	84769
126500	29740	40347	14154	186045	246376	238374	242282	142307
176965	59951	55515	20589	290909	367209	337988	151384	138518
28392	5305	11509	7932	26669	34288	32404	27931	7818
230501	19423	79201	24141	165484	387091	380394	108460	51547
433416	118928	73611	36572	236702	464020	408047	283692	122321
3576467	301388	1509123	183061	2180968	2912987	2447028	4008549	1204396
2559557	152427	1295659	132796	1456157	1907450	1785305	2605071	435509
1016910	148962	213465	50265	724810	1005538	661723	1403479	768886
3742768	100860	1451460	33524	499748	540776	537796	4268078	119222
3680922	90804	1427143	29534	472983	517194	514214	4198459	96948
12113029	2362640	3697754	1547204	7739166	12618716	11038525	9770443	4335071
6674098	1167554	1960977	842658	4461800	6856298	5840277	5535822	2393390
1859418	414587	782646	268065	960408	1834577	1616097	1453601	487824
213402	46191	78858	41852	104963	221553	212404	153650	102386
188072	37430	66704	44005	167151	201665	174990	215446	30139
1278552	174751	267398	133591	850440	1650856	1559224	765376	426803
419915	103772	120938	56583	303100	498589	444684	334281	232813
970445	222081	264223	90063	395451	774240	761282	786749	309518
509128	196276	156010	70388	495854	580938	429567	525516	352199
9420329	1919996	2687227	1236752	4031701	9195698	7627359	7193515	2601455
8235250	1590959	2385465	1118805	3550134	8092315	6581854	6401447	2214362
909951	274915	218893	99326	334232	845027	802959	577862	266886
275128	54122	82870	18620	147336	258356	242546	214206	120206
1018285	261574	258684	83461	338570	816671	772563	743136	383839
79954	22694	26458	5442	15656	38967	38967	57650	20717
262290	91041	64593	15590	65426	206641	194502	160962	83000
68679	7275	38176	4958	23197	45054	45054	47440	15407
158518	36075	46547	9401	40509	175543	173510	33623	36135
448844	104489	82910	48071	193782	350465	320530	443462	228580
1728342	363836	502677	248111	756481	1462016	1351377	1363839	310013
9464	586	5160	1628	14816	14382	13582	9899	3610
1321637	289275	393809	200531	624365	1176436	1069196	997502	177533
353910	63337	76976	40118	110791	239591	237475	335822	121572
43331	10638	26732	5835	6510	31607	31125	20617	7298

1-A-8 续表 2

项目	企业单位数(个)	#亏损企业	工业总产值(当年价格)	销售产值(当年价格)	出口交货值	资产总计
家具制造业	38	12	1280608	1264340	460307	811166
木质家具制造	19	7	421339	414413	221991	361765
金属家具制造	9	2	158946	156051	46474	123045
其他家具制造	10	3	700324	693876	191842	326355
造纸和纸制品业	57	5	7589577	7502356	899495	13647196
造纸	43	2	6625585	6543088	837405	13105157
纸制品制造	14	3	963993	959268	62090	542039
印刷和记录媒介复制业	65	6	2445969	2412931	376908	2398630
印刷	64	6	2411822	2375378	361150	2332787
文教、工美、体育和娱乐用品制造业	203	15	6901620	6701895	2174713	3408658
文教办公用品制造	18	3	509651	509237	129331	343663
乐器制造	5	1	138932	141943	105519	76327
工艺美术品制造	90	7	3407100	3369122	832258	1868222
体育用品制造	24	3	448246	441437	204177	266657
玩具制造	58	1	2005745	1855755	719344	596372
游艺器材及娱乐用品制造	8		391946	384401	184084	257419
石油加工、炼焦和核燃料加工业	24	5	17930125	17816051	587039	5180216
精炼石油产品制造	16	3	16928868	16860559	567236	4376534
炼焦	8	2	1001257	955492	19803	803682
化学原料和化学制品制造业	443	46	81093772	81760368	6810534	60135764
基础化学原料制造	135	10	32775156	34005769	1588730	23282649
肥料制造	20	6	1838426	1830132	24211	1524553
农药制造	49	2	7000238	6944251	1608310	5588658
涂料、油墨、颜料及类似产品制造	53	3	5756095	5768345	287789	3987091
合成材料制造	63	11	15406918	15124778	1062879	8205859
专用化学产品制造	101	11	16597588	16365301	2142712	16464802
日用化学产品制造	21	3	1710194	1712793	95904	1072741
医药制造业	146	14	18572712	18022239	1408600	12809715
化学药品原料药制造	40	7	2513340	2380143	413557	2405069
化学药品制剂制造	45	3	10837183	10539778	240840	6694809
中药饮片加工	3		259203	237845	2280	285155
中成药生产	13		1799879	1770434	12256	1311624
兽用药品制造	8	1	669109	676730	59276	173639
生物药品制造	16		1610179	1554178	307846	1407409
卫生材料及医药用品制造	21	3	883820	863132	372545	532011
化学纤维制造业	97	16	20715682	20385178	1881980	17561490
纤维素纤维原料及纤维制造	51	6	12133957	11938896	1304219	9812316
合成纤维制造	46	10	8581725	8446282	577761	7749173
橡胶和塑料制品业	234	39	11035907	10825151	2685649	9425399
橡胶制品业	70	10	5393361	5292878	1348912	5007356
塑料制品业	164	29	5642546	5532274	1336737	4418044
非金属矿物制品业	241	30	13808168	13571606	877730	13288219
水泥、石灰和石膏制造	32	2	3168101	3154450	10744	4089341
石膏、水泥制品及类似制品制造	45	2	2994396	2963046	7119	2032229
砖瓦、石材等建筑材料制造	13		634800	627644	44706	535664
玻璃制造	14	4	927800	868264	46006	1373003

单位：万元

流动资产合计	应收账款	存货	产成品	固定资产合计	负债合计	流动负债合计	所有者权益合计	实收资本
466630	138319	150366	41575	241097	373351	350303	437815	252337
188880	36456	72568	19254	89619	182885	161921	178880	130740
82844	35148	22102	4339	36134	62747	62747	60298	47738
194907	66715	55696	17981	115344	127719	125635	198636	73859
5562866	987476	834260	317676	5000286	6983302	5012234	6663893	5054564
5200276	871092	724988	283678	4847064	6600132	4645108	6505025	4904127
362590	116384	109273	33998	153222	383170	367126	158868	150437
1181096	381904	216879	94306	876355	1112186	888044	1286444	490797
1155006	373216	209462	93837	842980	1099416	876665	1233371	459297
1922705	454938	561505	239632	987956	1802055	1722014	1606603	732090
194198	52802	72740	12942	105685	150238	145766	193424	101297
55469	14949	18309	6565	19447	44117	40581	32209	19922
1046219	248849	267798	115528	513792	1056850	1027325	811372	359654
158094	43300	49722	19619	87191	144805	117198	121852	61798
358510	71382	103712	68769	185177	291696	282372	304675	130102
110216	23656	49225	16208	76664	114349	108772	143070	59317
2262802	283154	1281012	205014	2204362	3357621	2949382	1822595	1321453
1970805	222773	1177745	151987	1718048	2856665	2579684	1519869	1123198
291997	60381	103268	53026	486314	500956	369698	302726	198255
27979521	6117719	6493540	2458072	23084341	33346629	27868515	26789136	14481758
9650653	1663441	2417977	672204	9361812	12625837	10409071	10656812	6438831
797738	123405	178594	98309	563053	1050170	915589	474383	144579
2884618	624906	770562	326413	1667939	3236672	2781063	2351986	665405
2295267	677834	461581	187532	1178281	2410269	2195699	1576822	711723
4297860	1030128	1127939	528106	2703765	4240610	3580429	3965249	2257463
7345955	1785395	1359931	517368	7335337	9183764	7415942	7281039	4061266
700067	211393	176624	127990	272105	593515	566108	479226	201801
7704898	2778802	1529544	539621	3508741	5062945	4503138	7746769	1884453
1299514	467865	314375	180557	769950	1336392	973684	1068677	527548
4436183	1739184	833513	231890	1572166	2079470	2030985	4615338	783788
182944	51786	43564	13711	29513	118717	105783	166438	14869
757929	277869	137524	43433	406558	594250	526530	717373	191658
93018	18313	18341	5901	62694	71391	61221	102248	36961
649213	135697	107675	35797	490225	551789	527650	855620	232423
286097	88088	74552	28332	177635	310935	277284	221076	97206
8406441	984853	2532857	1249352	6610558	11131892	8843072	6429598	3362633
4664296	623923	1374195	501019	3906332	6332867	4951135	3479450	1484594
3742145	360930	1158661	748333	2704226	4799025	3891937	2950148	1878039
4822446	1812288	1230475	531985	3706667	3936846	3499171	5488553	2910185
2353193	1029171	593594	255676	2257715	1998848	1710220	3008508	1702455
2469253	783117	636881	276309	1448952	1937998	1788952	2480046	1207729
6489084	1645964	1194687	483830	5213711	7656395	6751422	5631824	2976261
1695800	178344	219558	57337	1953819	2542184	2208668	1547157	795636
1102138	378962	152954	70983	706531	1199686	1117225	832543	310072
265687	116939	40748	23320	165951	294466	256563	241199	121042
675577	64494	121521	47159	397732	891852	821251	481151	294206

1-A-8 续表 3

项目	企业单位数(个)	#亏损企业	工业总产值(当年价格)	销售产值(当年价格)	出口交货值	资产总计
玻璃制品制造	62	10	2201474	2173335	254311	2004215
玻璃纤维和玻璃纤维增强塑料制品制造	16	1	1261387	1235533	210107	1332903
陶瓷制品制造	23	7	749153	743110	187455	798823
耐火材料制品制造	17	1	818671	789198	46325	539462
石墨及其他非金属矿物制品制造	19	3	1052385	1017026	70956	582579
黑色金属冶炼和压延加工业	189	18	85595320	84669303	4019189	58766146
炼铁	10	1	1844473	1905403	33979	1029675
炼钢	13	2	8726869	8734636	332752	5203605
黑色金属铸造	40	5	2612799	2539618	150417	1415354
钢压延加工	115	10	67999584	67191891	3444071	49281308
铁合金冶炼	11		4411596	4297755	57971	1836204
有色金属冶炼和压延加工业	103	16	11215761	11035662	798580	6825598
常用有色金属冶炼	9	1	423808	424739	2087	449450
稀有稀土金属冶炼	7	1	768171	743653	83774	447670
有色金属合金制造	24	3	3127372	3090801	148812	1818874
有色金属铸造	3	2	80042	79838	3232	56535
有色金属压延加工	60	9	6816369	6696630	560675	4053071
金属制品业	332	31	23523274	23142004	3876476	16364910
结构性金属制品制造	94	7	7980464	7821238	510549	5660564
金属工具制造	28	2	1026558	1003399	167585	625694
集装箱及金属包装容器制造	32	3	3432606	3436337	1623874	2175061
金属丝绳及其制品制造	37	4	5316408	5211543	459909	3538583
建筑、安全用金属制品制造	30	3	886779	885562	89108	631534
金属表面处理及热处理加工	41	3	1595107	1563216	159988	935487
搪瓷制品制造	4	1	104141	102922	4428	45380
金属制日用品制造	20	4	542406	541704	157617	431644
其他金属制品制造	46	4	2638806	2576084	703419	2320964
通用设备制造业	512	42	38922985	38419991	7772632	40579537
锅炉及原动设备制造	69	6	5022862	4932968	411898	6648390
金属加工机械制造	61	8	2475587	2450383	180946	3614979
物料搬运设备制造	71	6	12387388	12253774	1628176	15261644
泵、阀门、压缩机及类似机械制造	73	7	4349750	4364724	523586	3415788
轴承、齿轮和传动部件制造	93	6	5534602	5442342	719312	5630819
烘炉、风机、衡器、包装等设备制造	58	2	4076917	4035767	1473948	2995663
文化、办公用机械制造	26	4	3267070	3168397	2570408	1539797
通用零部件制造	51	3	1541762	1505945	211587	1261145
其他通用设备制造业	10		267048	265692	52770	211315
专用设备制造业	420	41	26744245	26788962	5835706	25644667
采矿、冶金、建筑专用设备制造	103	11	9833007	10061790	2528238	10488802
化工、木材、非金属加工专用设备制造	95	16	3317117	3260643	1083683	3872630
食品、饮料、烟草及饲料生产专用设备制造	8		839431	864795	77585	666417
印刷、制药、日化及日用品生产专用设备制造	10		702797	699143	132869	786034
纺织、服装和皮革加工专用设备制造	35	1	1912350	1910689	295938	1924394
电子和电工机械专用设备制造	17		708806	721936	210087	482337
农、林、牧、渔专用机械制造	14	3	1131852	1117408	304759	749721
医疗仪器设备及器械制造	61	7	2569714	2571195	827418	1991689
环保、社会公共服务及其他专用设备制造	77	3	5729171	5581362	375127	4682644

单位：万元

流动资产合计	应收账款	存货	产成品	固定资产合计	负债合计	流动负债合计	所有者权益合计	实收资本
1169698	431719	211569	98399	677288	1126389	1014774	877826	620316
508057	136800	144919	69102	689764	648151	508391	684752	333732
406180	126581	126041	45854	323641	381468	318117	417355	230898
348290	137994	64361	24538	121155	209701	193926	329761	115175
317659	74129	113016	47139	177828	362499	312509	220081	155186
27938530	2549815	7754651	2794799	23908464	38962258	33060795	19803889	7550958
258579	116480	72956	25347	716556	593475	434025	436200	258777
1685609	165331	664942	265704	2976897	3170910	2795501	2032694	869519
784830	232759	154312	56002	516944	761741	691390	653613	274961
24421596	1893206	6537197	2365755	18730253	33465007	28395582	15816301	5610647
787916	142038	325244	81991	967815	971124	744297	865080	537054
4032139	966161	1023739	365235	2061327	4091529	3621847	2734070	1417019
245354	46872	56124	6975	94862	329205	312492	120245	91397
301152	84116	101392	53868	132551	157256	149338	290414	118500
1139102	270704	324471	112345	430180	1168908	1074107	649966	280328
19669	-1134	10128	6875	34039	42009	42000	14525	24725
2326862	565603	531623	185172	1369694	2394151	2043910	1658920	902069
9930884	3025882	2615234	1033553	4510230	8755083	8064937	7609827	3177759
3610633	1020219	941720	337185	1376319	3235411	3157300	2425152	1064745
402407	96369	152046	50338	174113	341220	325885	284475	120400
1459469	473705	475226	115899	460638	1207640	1147224	967421	401937
1887099	624181	385322	175861	1087620	1643443	1361943	1895139	501157
375043	159371	88861	35810	206080	321332	305163	310202	178100
568077	219207	87188	41497	296388	573533	536738	361954	210183
28322	9224	8781	2194	15576	32978	32912	12401	17248
282738	75551	87169	39249	129069	176206	171591	255438	177156
1317097	348055	388921	235521	764428	1223319	1026182	1097645	506832
25492269	8846577	5750757	2408147	8678495	22503635	18616613	18075902	6600142
4185522	1269709	1038786	392623	1328150	3357956	3117668	3290434	1080925
2325509	397466	386815	137401	739651	2382115	2063652	1232865	524233
9858924	3783715	2073790	1006036	2017762	9691559	7189315	5570085	1369202
1976907	785174	528329	188048	1070777	1669540	1431047	1746248	911092
3146912	1110548	747368	289645	1976896	2762196	2356939	2868622	1349893
2071683	761559	438762	166808	697471	1363468	1307996	1632195	681294
1051268	392924	319681	132862	421624	650433	566150	889364	391165
733401	305741	161899	76576	377247	530259	496875	730887	234746
142144	39740	55328	18149	48917	96111	86971	115203	57592
16895091	5676176	4171356	1280499	6177751	14667131	13248173	10977535	4825744
6924114	2580227	1668718	473873	2473302	6433309	5663251	4055492	1643391
2505246	1043905	577879	203644	970866	1991617	1833302	1881013	849021
529009	105631	162427	43860	97503	398839	298879	267578	99204
475684	201964	117885	19165	268447	482037	377845	303997	131773
1255323	314009	257705	90724	446594	1169497	1142161	754897	313965
317928	98410	58954	15652	140013	194697	187065	287640	184376
497724	85077	242673	128712	169169	346105	329012	403616	176182
1075457	242996	240373	86912	695284	830986	792532	1160703	612468
3314606	1003958	844742	217956	916574	2820044	2624125	1862600	815365

1-A-8 续表 4

项　　目	企业单位数（个）	#亏损企业	工业总产值（当年价格）	销售产值（当年价格）	出口交货值	资产总计
汽车制造业	291	33	35526254	35618247	2633301	24114539
汽车整车制造	18	3	14886718	15110574	298067	8098371
改装汽车制造	17	5	1685568	1659333	60532	1614579
汽车车身、挂车制造	8	1	928523	889724	30417	353082
汽车零部件及配件制造	248	24	18025445	17958616	2244286	14048506
铁路、船舶、航空航天和其他运输设备制造业	193	16	27196528	27011328	8908374	28912877
铁路运输设备制造	23	1	3128139	3053834	266600	3906156
城市轨道交通设备制造	3		270073	272474		339955
船舶及相关装置制造	95	7	17303803	17087283	7022673	19760179
航空、航天器及设备制造	10	2	2191997	2271644	701482	2415918
摩托车制造	24	1	1943632	1946126	151090	1126893
自行车制造	28	4	1714168	1743189	684961	1072135
非公路休闲车及零配件制造	10	1	644716	636780	81568	291641
电气机械和器材制造业	699	65	95032232	93877591	17003760	69410693
电机制造	144	4	15364373	15128609	1946630	8512464
输配电及控制设备制造	251	27	35271863	34887414	6458326	30049964
电线、电缆、光缆及电工器材制造	129	13	24408365	24217270	1617372	16415529
电池制造	47	9	4660667	4564796	2383265	2422832
家用电力器具制造	74	5	12489238	12283050	3979047	9769192
非电力家用器具制造	10		908548	904863	122758	818136
照明器具制造	43	7	1919087	1881766	496363	1405090
计算机、通信和其他电子设备制造业	976	226	152093815	150745690	108176123	82575311
计算机制造	129	41	48389583	47744032	44800604	13456832
通信设备制造	62	4	7733061	7690330	2755946	7092915
广播电视设备制造	44	2	2171416	2182734	723078	1727917
雷达及配套设备制造	6		195125	193839	2347	320237
视听设备制造	56	13	18074675	18103488	9410216	6049022
电子器件制造	235	70	34687570	34398136	25118292	26814554
电子元件制造	394	86	32740162	32563943	20536772	22596729
其他电子设备制造	50	10	8102222	7869190	4828869	4517106
仪器仪表制造业	201	10	19094081	18723247	2090406	14779708
通用仪器仪表制造	116	2	13388033	13144104	1187499	10313788
专用仪器仪表制造	53	3	4281644	4195891	714776	3097577
光学仪器及眼镜制造	28	5	1068998	1033503	186880	1269716
其他仪器仪表制造业	4		355407	349749	1250	98627
其他制造业	27	1	1673653	1657767	356783	707959
日用杂品制造	27	1	1673653	1657767	356783	707959
废弃资源综合利用业	4		568823	562937		263535
金属废料和碎屑加工处理	4		568823	562937		263535
金属制品、机械和设备修理业	2		42479	42479		14966
电力、热力、燃气及水生产和供应业	**88**	**5**	**41210095**	**41148050**		**56412201**
电力、热力生产和供应业	45	1	39054943	39002568		47320214
电力生产	42		13107669	13055295		24721767
热力生产和供应	2	1	67334	67334		323528
燃气生产和供应业	14		1406144	1405479		1739420
水的生产和供应业	29	4	749008	740003		7352567
自来水生产和供应	28	4	726459	717453		7252303

单位：万元

流动资产合计				固定资产合计	负债合计	流动负债合计	所有者权益合计	实收资本
	应收账款	存货	产成品					
14686608	4448560	2638875	1178962	6672901	14806945	13206394	9307594	5201356
4814613	769996	755771	405312	2119526	5780541	5113948	2317831	1867267
1028442	266829	221964	34620	385400	1169673	1091967	444906	224960
203057	83706	53964	30526	120379	189297	163144	163785	102585
8640496	3328029	1607177	708505	4047598	7667435	6837336	6381072	3006544
16140301	2775722	4318398	601953	7466430	17402914	14590961	11509963	3882711
2516421	987617	660750	199030	837945	2489388	2258268	1416769	652849
293373	118939	71302	10106	32941	235995	235579	103960	53000
10616277	1059396	2913765	118010	5443605	12000426	9854198	7759754	2064931
1157650	231767	317924	125637	461273	1412592	1024665	1003326	523724
700801	151814	184066	65177	327803	541462	537271	585432	253173
729010	190743	142591	73005	226614	606388	577969	465747	256434
126770	35447	28000	10988	136248	116664	103011	174977	78600
43918355	16903582	7671804	3388371	16218754	40187172	36148961	29223521	12830331
5571858	1813748	1175758	555185	2023929	4375000	3965821	4137464	1469781
19008584	8668430	2774443	1160902	7587857	18474252	16579268	11575712	5796904
10887618	4088878	2000183	949679	2822851	9833491	8843882	6582038	2670416
1369522	512721	341746	71088	876956	1353288	1240725	1069544	637475
5823210	1484483	1147296	545123	2317422	5090593	4557907	4678599	1793350
424854	69788	54373	24126	132194	330496	307392	487640	120237
819832	263215	176196	82269	453026	715655	646090	689436	339168
48474900	20462668	9280404	2891383	27733896	43501648	39643407	39073664	23090587
9893065	4942479	1792366	410727	3104423	7964422	7724457	5492410	2728295
4735695	1808924	1319131	311925	1269449	4231711	4087998	2861205	952077
1203419	509739	231944	104266	392246	880380	857433	847537	378219
210457	59224	84548	10398	70257	227264	161102	92972	37792
4375942	2028647	825758	242660	1319581	3607631	3503476	2441391	1213265
12586995	5125975	2201918	782826	11295835	13688222	11451617	13126332	9517436
12993513	5035460	2204865	773252	8416265	10703363	9754617	11893366	6999488
2475814	952222	619875	255331	1865840	2198655	2102707	2318450	1264016
8837213	2687107	2227941	666526	4097242	7284148	6511928	7495560	2273105
6432481	1869753	1719333	505450	2585102	4962912	4430632	5350876	1444061
1527437	555191	349591	119906	1174864	1693032	1487318	1404545	535047
844396	251794	147925	37847	302885	594293	560920	675423	280597
32898	10370	11093	3324	34391	33912	33058	64715	13400
332673	122540	98658	40638	306970	320874	313637	387085	144731
332673	122540	98658	40638	306970	320874	313637	387085	144731
175638	10197	33996	19959	80071	156079	156079	107456	72000
175638	10197	33996	19959	80071	156079	156079	107456	72000
3753	1525	142	101	11213	4880	4880	10086	1500
9694490	**1696387**	**824824**	**47081**	**35806069**	**36893227**	**23432696**	**19518974**	**7600567**
6596186	1544535	674820	35340	31397141	31058942	20371845	16261271	5712989
5068034	1502387	648307	35340	15286353	16704647	7980738	8017119	4922617
155594	24493	10877		102341	298109	266444	25420	17000
675744	82802	62611	5765	759148	1068263	1012940	671158	242157
2422560	69050	87393	5977	3649781	4766022	2047911	2586546	1645421
2356466	68658	87393	5977	3615784	4703014	2026884	2549289	1624921

1-A-8 续表 5

项目	主营业务收入	主营业务成本	主营业务税金及附加	营业费用	管理费用	财务费用
总 计	**843673927**	**729643171**	**8380309**	**19428643**	**28122914**	**7226158**
总计中：国有控股企业	**134302415**	**114030829**	**5304439**	**2152006**	**4756256**	**1501475**
按轻重工业分组						
轻工业	207532581	170849666	3797077	9387303	7740974	1653876
重工业	636141347	558793505	4583232	10041340	20381941	5572282
按大中小型分组						
大型企业	528092479	461559589	6626395	11584287	15687820	4203670
中型企业	315581448	268083582	1753914	7844356	12435095	3022488
按登记注册类型分组						
内资企业	493030910	422461653	6840152	11662760	16336602	5772804
国有企业	40298442	33653733	3033202	302753	844850	255439
集体企业	5342174	4960620	14895	65622	115006	90427
股份合作企业	421671	369295	1381	7167	13785	9003
联营企业	164084	158843	349	2755	4607	19
有限责任公司	150813261	129533233	972098	4868088	5771453	2238479
国有独资公司	17209013	14385406	162807	501237	1165937	474237
其他有限责任公司	133604247	115147828	809291	4366850	4605516	1764243
股份有限公司	74673774	62371529	1772647	2293640	2958175	699444
私营企业	220457434	190662601	1042051	4090015	6601700	2469830
私营独资企业	5768421	4924552	36439	147838	157438	44024
私营合伙企业	659874	568578	2595	21511	22994	8684
私营有限责任公司	195079354	169320688	921448	3482624	5735195	2119403
私营股份有限公司	18949786	15848784	81569	438042	686073	297720
其他企业	860072	751797	3529	32721	27027	10163
港、澳、台商投资企业	101709838	89229961	408239	2187253	3542366	677157
合资经营企业(港或澳、台资)	34225851	29298331	144989	756849	1270981	534263
合作经营企业(港或澳、台资)	2025176	1483822	20990	71652	159390	-8660
港澳台商独资经营企业	60363380	54514957	220871	1061605	1849223	131780
港澳台商投资股份有限公司	4655079	3526714	20955	287314	249206	12657
其他港澳台商投资企业	440353	406138	434	9833	13567	7116
外商投资企业	248933179	217951557	1131918	5578631	8243946	776197
中外合资经营企业	78433488	66691152	726523	2025294	2542285	326119
中外合作经营企业	2436252	2124968	8821	33260	83561	25426
外资企业	162694709	144860140	374986	3222663	5386751	379750
外商投资股份有限公司	5275539	4199144	20280	293511	226589	42047
按国民经济行业分组						
采矿业	**5245748**	**3923579**	**261335**	**95151**	**682726**	**93171**
煤炭开采和洗选业	2781295	2231189	58220	45837	367094	52694
烟煤和无烟煤开采洗选	2781295	2231189	58220	45837	367094	52694
石油和天然气开采业	889413	390916	185271	6108	211322	15297
石油开采	889413	390916	185271	6108	211322	15297
黑色金属矿采选业	559018	504330	2379	3352	23031	3885
铁矿采选	559018	504330	2379	3352	23031	3885
有色金属矿采选业	32268	16339	1231	1165	8002	-79
常用有色金属矿采选	32268	16339	1231	1165	8002	-79
非金属矿采选业	983755	780805	14234	38690	73278	21374
土砂石开采	555744	452022	7269	11931	29878	1309
化学矿开采	66520	51874	423	4667	4329	1005
采盐	361490	276910	6542	22092	39071	19059

单位：万元

利润总额	亏损企业亏损总额	利税总额	全部从业人员年平均人数（人）	总资产贡献率（%）	资产负债率（%）	流动资产周转率（次/年）	成本费用利润率（%）	产品销售率（%）
53439089	**2541344**	**89179539**	**7043131**	**14.97**	**56.98**	**2.61**	**6.61**	**99.15**
7914985	**566978**	**19110257**	**717867**	**13.58**	**62.19**	**2.37**	**6.06**	**100.75**
15375544	480529	26672841	2320721	18.03	53.22	2.49	7.94	98.72
38063545	2060814	62506698	4722410	13.99	58.20	2.65	6.19	99.29
29920780	1189238	52726047	3858203	13.76	57.52	2.62	5.82	99.24
23518309	1352106	36453492	3184928	17.17	56.01	2.59	7.99	98.99
31148163	865524	56463824	3697299	15.92	59.31	2.65	6.55	99.13
2367446	90632	7438689	140931	17.62	56.55	3.46	6.57	103.04
321431	805	459475	43316	8.68	56.04	1.75	4.76	93.48
25139	2049	44641	5957	18.76	62.18	2.60	6.26	97.57
-2314	5154	2527	1128	4.93	85.02	3.26	-1.39	89.88
8503029	246491	14243311	1095555	11.50	64.84	2.31	5.59	99.25
773260	32739	1535713	187221	6.50	67.48	1.63	3.45	99.52
7729769	213751	12707598	908334	12.87	64.12	2.49	5.96	99.22
4971063	337020	10002773	507056	15.79	50.24	2.10	7.18	98.79
14920252	175277	24196800	1894085	20.77	58.90	3.17	7.10	98.58
441309	146	750490	58877	37.92	50.23	5.21	8.36	97.45
29347		44912	6018	31.72	69.52	6.47	4.72	97.19
12838158	173371	21072047	1680357	21.31	60.48	3.28	6.91	98.59
1611438	1760	2329352	148833	15.12	49.86	2.15	8.71	98.90
42117	8098	75610	9271	11.24	72.93	1.97	5.08	105.28
6177243	602088	9335194	1195171	12.11	55.18	2.41	6.29	98.75
2447219	297628	3902396	325643	13.20	60.86	2.35	7.21	98.83
308130	74	400846	15000	25.24	72.08	1.53	18.06	99.56
2844142	301377	4269246	786981	10.20	50.88	2.53	4.91	98.77
573346	3002	744534	56887	18.10	47.64	1.94	14.00	97.86
4406	7	18172	10660	17.04	64.40	4.89	1.01	95.85
16113683	1073732	23380521	2150661	14.19	52.57	2.61	6.86	99.33
6194283	292962	9619094	495718	16.62	53.98	2.51	8.55	99.59
152602	10354	264929	30299	16.45	52.67	2.83	6.52	99.52
9241531	764731	12769315	1563334	12.95	52.27	2.70	5.96	99.27
521055	5685	717755	60190	10.62	44.54	1.80	10.89	97.30
278914	**52437**	**971631**	**139964**	**9.95**	**55.27**	**2.27**	**4.44**	**99.37**
92914	8057	416954	90780	7.45	58.29	2.24	2.32	99.16
92914	8057	416954	90780	7.45	58.29	2.24	2.32	99.16
75207	40885	346486	21177	14.20	48.62	2.79	9.80	99.97
75207	40885	346486	21177	14.20	48.62	2.79	9.80	99.97
21510	3495	50642	5231	17.00	61.96	2.96	3.95	100.51
21510	3495	50642	5231	17.00	61.96	2.96	3.95	100.51
10036		15507	1285	21.73	56.22	0.94	39.47	97.43
10036		15507	1285	21.73	56.22	0.94	39.47	97.43
79248		142042	21491	11.09	52.39	1.87	8.49	98.84
51541		90921	12010	33.19	33.01	6.01	10.33	98.83
5680		9261	1284	9.47	37.27	2.72	9.04	100.63
22027		41859	8197	5.51	58.97	0.91	5.93	98.53

1-A-8 续表 6

项　　目	主营业务收　入	主营业务成　本	主营业务税金及附加	营业费用	管理费用	财务费用
制造业	**796782438**	**688591156**	**7928459**	**19056686**	**27026414**	**6329465**
农副食品加工业	15148345	13579632	59507	284509	253199	38966
谷物磨制	1980564	1752569	8901	24671	31165	13227
饲料加工	980507	862593	4405	24717	26963	4832
植物油加工	7774540	7146644	21309	103569	70356	-38262
屠宰及肉类加工	3074131	2672688	16756	88964	85466	46947
水产品加工	268567	236299	1878	7958	5959	1975
蔬菜、水果和坚果加工	740018	631033	4138	21157	20275	4758
其他农副食品加工	330018	277807	2121	13473	13014	5488
食品制造业	4093374	3135761	25792	425190	188581	37241
焙烤食品制造	571568	447365	3240	28131	24059	-753
糖果、巧克力及蜜饯制造	492644	382283	2285	29820	14346	685
方便食品制造	809297	668092	2164	64679	28208	4221
乳制品制造	798715	511145	6765	232091	48508	7408
罐头食品制造	209981	179220	735	3957	4459	1220
调味品、发酵制品制造	319935	241746	2895	26106	22631	11610
其他食品制造	891233	705910	7708	40406	46371	12850
酒、饮料和精制茶制造业	6554391	4408270	211401	501598	262833	29222
酒的制造	3001500	1437110	186283	262596	186305	-12335
饮料制造	3552891	2971160	25118	239002	76528	41556
烟草制品业	4728778	950399	2716546	56944	171563	-54397
卷烟制造	4623173	868097	2716069	56116	164729	-54041
纺织业	30384348	27095999	127158	404886	800758	421444
棉纺织及印染精加工	17573463	15690211	78550	222818	458441	256172
毛纺织及染整精加工	4480199	4093711	14091	34267	79121	51103
麻纺织及染整精加工	372272	323850	1968	4945	9687	7278
丝绢纺织及印染精加工	870484	782728	6536	12174	18157	8686
化纤织造及印染精加工	1591139	1398463	5968	18274	59306	50731
针织或钩针编织物及其制品制造	1119896	979012	4493	15753	39195	15076
家用纺织制成品制造	2942594	2579194	9757	61415	85589	18969
非家用纺织制成品制造	1434303	1248829	5796	35241	51262	13429
纺织服装、服饰业	24198110	20365059	142568	786236	947261	213839
机织服装制造	21170358	17736619	126837	691099	822261	186256
针织或钩针编织服装制造	2171701	1908464	11467	50845	90166	22098
服饰制造	856050	719977	4264	44292	34834	5486
皮革、毛皮、羽毛及其制品和制鞋业	4104833	3542355	23996	110871	166546	27269
皮革鞣制加工	234412	208558	567	1670	4439	375
皮革制品制造	615359	558564	3137	9813	21665	7818
毛皮鞣制及制品加工	183414	162153	823	1835	1823	242
羽毛(绒)加工及制品制造	808393	694697	4114	14061	37758	4322
制鞋业	2263256	1918383	15356	83492	100860	14513
木材加工和木、竹、藤、棕、草制品业	6623216	5549227	48603	232850	226688	97890
木材加工	132804	115203	882	2443	2660	673
人造板制造	5474174	4609110	40705	187389	174710	89217
木制品制造	944513	763021	6915	41576	48264	6580
竹、藤、棕、草等制品制造	71725	61893	101	1443	1054	1421

单位：万元

利润总额	亏损企业亏损总额	利税总额	全部从业人员年平均人数（人）	总资产贡献率(%)	资产负债率(%)	流动资产周转率(次/年)	成本费用利润率(%)	产品销售率(%)
49772930	**2462464**	**82842936**	**6793680**	**15.46**	**56.19**	**2.56**	**6.52**	**99.11**
992155	9954	1563635	80596	19.28	68.46	3.21	6.85	99.68
142421	2894	216932	11290	27.90	57.34	5.29	7.82	98.52
59214		88765	8251	29.54	47.09	8.36	6.43	99.26
491037	1336	772088	18620	15.72	76.79	2.29	6.47	100.61
207262	2919	330800	26429	20.85	60.04	5.51	7.09	98.20
15176	176	29741	4788	26.65	58.57	5.20	6.02	99.23
57926		92116	8189	34.51	42.45	9.71	8.55	98.94
19118	2628	33194	3029	15.88	62.35	3.03	6.12	102.06
356581	2494	529945	52651	16.62	58.87	2.46	9.29	97.67
71708	635	100992	9077	23.05	45.97	2.92	14.25	94.54
67995	524	92790	5596	14.67	45.96	0.99	15.75	98.23
73581	1089	110888	11516	23.28	50.42	6.60	9.35	97.78
19655	246	39964	7767	9.00	70.81	4.68	2.45	98.78
20401		29713	1623	49.23	55.11	7.40	10.80	98.24
17536		30004	7229	8.23	78.11	1.44	5.62	95.60
85705		125595	9843	18.31	62.06	2.08	10.58	98.97
1264162	13272	1829636	69762	26.90	42.09	1.84	24.17	100.95
1028411	8967	1467261	37461	32.26	42.27	1.18	54.31	102.29
235751	4304	362375	32301	16.85	41.74	3.50	7.06	99.84
908953		4248265	6065	87.21	11.25	1.39	57.39	100.00
893370		4228233	5489	88.52	10.97	1.38	59.79	100.00
1621942	74068	2678321	446566	13.64	56.36	2.62	5.41	97.96
935199	40170	1594067	243240	14.75	55.33	2.79	5.31	98.45
212388	12105	313486	58068	10.99	55.79	2.51	4.79	97.73
27445	1391	39309	7903	12.24	59.05	1.75	7.93	97.94
43666	1848	86835	15068	22.79	48.35	4.63	5.31	101.84
71207	6533	126923	41053	6.90	68.32	1.28	4.56	92.31
67699	4451	105137	20812	14.04	59.86	2.70	6.36	96.23
181694	2794	285905	38240	19.22	49.60	3.09	6.50	97.95
82645	4776	126659	22182	12.70	52.50	2.85	6.07	98.46
1820008	38059	2824580	468953	18.32	56.11	2.61	8.04	99.23
1682085	29296	2556885	391134	18.73	55.83	2.61	8.52	99.23
91095	6544	180950	52060	13.86	59.39	2.41	4.36	99.46
46828	2218	86745	25759	19.06	54.67	3.11	5.81	98.57
239720	16061	438938	90737	29.60	52.36	4.04	6.23	97.27
19966		29699	2465	31.18	40.33	2.93	9.28	96.97
20012	1848	29225	21349	9.25	56.21	2.36	3.34	94.19
16635	481	26407	1432	28.90	48.71	2.67	10.02	98.41
48231	1011	93543	13436	46.60	83.93	5.10	6.42	98.58
134876	12722	260064	52055	34.43	44.14	5.05	6.37	97.59
468546	1985	805323	69184	31.24	51.74	3.85	7.64	99.38
10943		17624	1991	74.20	59.23	14.03	9.05	99.52
374853	1687	654989	57070	33.37	54.12	4.17	7.37	99.28
77105	298	124467	9048	22.61	41.64	2.67	8.96	100.47
5645		8242	1075	18.03	60.52	1.66	8.58	92.31

1-A-8 续表 7

项 目	主营业务收入	主营业务成本	主营业务税金及附加	营业费用	管理费用	财务费用
家具制造业	1263613	1118581	8950	46875	46354	8502
木质家具制造	421128	346032	2494	19028	22063	3369
金属家具制造	155484	136781	725	4152	7303	2502
其他家具制造	687002	635768	5731	23696	16988	2631
造纸和纸制品业	7408151	6315968	18930	307592	260567	121689
造纸	6464584	5529322	13011	253028	211973	122929
纸制品制造	943567	786646	5919	54565	48595	-1240
印刷和记录媒介复制业	2374350	1916477	13503	91704	121542	20484
印刷	2336597	1886366	13473	88744	117276	19975
文教、工美、体育和娱乐用品制造业	6832021	5850842	34577	185286	305251	56504
文教办公用品制造	513089	425793	2945	19468	33928	3697
乐器制造	141877	121268	422	3098	9135	157
工艺美术品制造	3453330	2968285	14858	80722	138747	35371
体育用品制造	443079	375920	2877	13562	18077	4779
玩具制造	1894163	1623087	10893	63297	91639	8097
游艺器材及娱乐用品制造	386483	336489	2582	5139	13726	4403
石油加工、炼焦和核燃料加工业	17908947	15534489	1385155	78705	260890	46786
精炼石油产品制造	16888085	14598674	1380327	58823	241196	35140
炼焦	1020862	935815	4828	19882	19694	11646
化学原料和化学制品制造业	82263257	72115603	591719	1446288	2477812	965442
基础化学原料制造	33600824	29944969	420786	423965	926145	353416
肥料制造	1843895	1617855	1791	31464	55053	47831
农药制造	7226621	5962983	26244	162104	261805	97684
涂料、油墨、颜料及类似产品制造	5834920	4985017	21075	189570	235440	78952
合成材料制造	15429917	13876587	48079	223643	419072	94217
专用化学产品制造	16551314	14395090	56600	262295	466763	265301
日用化学产品制造	1767600	1329216	17111	153109	110071	28299
医药制造业	18231576	10623253	137553	4035126	1519400	48707
化学药品原料药制造	2517254	1850488	16409	267135	183154	17868
化学药品制剂制造	10470753	4838337	88277	3306721	1024904	-14882
中药饮片加工	237845	120526	2012	49553	15718	-1416
中成药生产	1911197	1280428	14437	294521	172779	20142
兽用药品制造	675388	576674	2605	10978	14493	2928
生物药品制造	1564029	1231409	10402	88990	68091	15566
卫生材料及医药用品制造	855111	725391	3411	17227	40262	8499
化学纤维制造业	20655671	19098819	52181	190868	411870	315752
纤维素纤维原料及纤维制造	11992115	10903426	36759	126657	247669	181373
合成纤维制造	8663556	8195393	15422	64212	164201	134379
橡胶和塑料制品业	11041797	9300157	54999	321791	542237	72429
橡胶制品业	5432014	4474668	33182	179131	272086	34330
塑料制品业	5609783	4825489	21817	142659	270151	38099
非金属矿物制品业	13577528	11339470	74806	376494	572941	246442
水泥、石灰和石膏制造	3180212	2498642	15853	77846	119894	126801
石膏、水泥制品及类似制品制造	2967270	2589413	17398	82531	70167	28259
砖瓦、石材等建筑材料制造	620715	514377	3547	36083	28592	6405
玻璃制造	853304	719166	2780	16074	48505	38934

单位：万元

利润总额	亏损企业亏损总额	利税总额	全部从业人员年平均人数（人）	总资产贡献率（%）	资产负债率（%）	流动资产周转率（次/年）	成本费用利润率（%）	产品销售率（%）
34025	12132	69367	25247	9.14	46.03	2.72	2.78	98.73
28307	6071	48913	9555	14.35	50.55	2.25	7.18	98.36
4401	972	8489	4339	8.33	51.00	1.89	2.90	98.18
1317	5090	11966	11353	3.68	39.13	3.53	0.19	99.08
426803	45529	660372	52519	5.70	51.17	1.36	6.01	98.85
377294	32074	563801	43159	5.21	50.36	1.27	6.08	98.75
49509	13455	96571	9360	17.45	70.69	2.64	5.51	99.51
218589	3716	324446	41974	14.19	46.37	2.07	9.86	98.65
216003	3716	320642	41337	14.42	47.13	2.08	9.94	98.49
412155	10939	700418	127172	21.84	52.87	3.58	6.41	97.11
29071	2360	48677	11169	15.21	43.72	2.65	5.99	99.92
7943	582	11690	2065	15.27	57.80	2.56	5.94	102.17
222001	5795	364847	55531	21.06	56.57	3.31	6.87	98.89
27714	812	48661	11453	19.28	54.30	2.80	6.72	98.48
100473	1390	181083	39942	31.29	48.91	5.36	5.58	92.52
24954		45461	7012	19.04	44.42	3.58	6.78	98.07
552599	32303	3504873	21449	68.27	64.82	7.92	3.47	99.36
522920	26531	3446102	15042	79.30	65.27	8.57	3.50	99.60
29679	5772	58771	6407	8.19	62.33	3.52	2.99	95.43
4927621	447680	7985321	382358	14.81	55.45	3.02	6.24	100.82
1714636	117926	3066764	133321	14.63	54.23	3.54	5.36	103.75
103527	14898	158605	16769	13.16	68.88	2.34	5.84	99.55
729289	1586	970299	41709	18.77	57.92	2.52	11.21	99.20
346379	1878	581406	37060	16.50	60.45	2.55	6.29	100.21
702794	162528	1185136	51873	15.69	51.68	3.66	4.69	98.17
1196968	136835	1807889	84004	12.56	55.78	2.44	7.22	98.60
133045	12029	213407	17260	22.14	55.33	2.54	8.18	100.15
2023866	27189	3292648	122984	26.13	39.52	2.38	12.42	97.04
203444	22528	346123	23618	15.04	55.57	1.96	8.68	94.70
1320848	3115	2165918	54449	32.37	31.06	2.37	14.41	97.26
53323		73439	1860	25.25	41.63	1.30	28.92	91.76
160813		281352	17302	22.72	45.31	2.58	8.98	98.36
70763	1374	95715	3869	56.84	41.11	7.26	11.69	101.14
153335		228827	10490	17.16	39.21	2.41	10.92	96.52
61339	172	101273	11396	20.42	58.45	3.01	7.70	97.66
680048	92426	1312395	127837	9.28	63.39	2.51	3.33	98.40
539470	35780	1011259	73002	12.07	64.54	2.61	4.62	98.39
140579	56647	301136	54835	5.74	61.93	2.37	1.61	98.42
799005	55915	1187097	162724	13.39	41.77	2.32	7.72	98.09
463211	26220	661362	61285	14.16	39.92	2.36	9.16	98.14
335794	29695	525735	101439	12.52	43.87	2.28	6.34	98.05
1038676	78086	1708495	150975	14.32	57.62	2.11	8.25	98.29
405219	4435	610475	23787	16.76	62.17	1.89	14.27	99.57
207508	6367	349860	25707	18.45	59.03	2.70	7.48	98.95
33565		62695	6303	12.93	54.97	2.35	5.71	98.87
33209	6450	61685	10961	7.26	64.96	1.29	3.98	93.58

1-A-8 续表 8

项目	主营业务收入	主营业务成本	主营业务税金及附加	营业费用	管理费用	财务费用
玻璃制品制造	2162671	1797623	17166	61771	117430	23904
玻璃纤维和玻璃纤维增强塑料制品制造	1232166	1074657	5899	29947	52083	10490
陶瓷制品制造	724101	560829	4929	33686	61514	-2954
耐火材料制品制造	798668	671673	5253	19572	42484	4084
石墨及其他非金属矿物制品制造	1038422	913090	1981	18986	32272	10518
黑色金属冶炼和压延加工业	89271155	82086149	228265	769719	1565788	975383
炼铁	1925014	1674632	12779	34551	58087	18820
炼钢	8837884	8096878	28041	183125	259841	128263
黑色金属铸造	2506924	2098322	18196	86762	135436	27207
钢压延加工	71637741	66203875	157945	413395	1056036	783458
铁合金冶炼	4363593	4012442	11304	51886	56388	17636
有色金属冶炼和压延加工业	11476924	10565864	37270	129046	251299	106835
常用有色金属冶炼	431277	393641	1012	7937	9384	2311
稀有稀土金属冶炼	765940	660823	9960	10896	25796	3575
有色金属合金制造	3559837	3350756	9274	27624	58898	33287
有色金属铸造	74518	75406	143	604	2167	809
有色金属压延加工	6645352	6085238	16881	81986	155054	66854
金属制品业	23192729	19954775	94367	454881	799819	285207
结构性金属制品制造	7780933	6649336	37814	125921	214765	107552
金属工具制造	1026431	857629	4235	25929	53203	14069
集装箱及金属包装容器制造	3521052	3063623	10844	89323	114221	34223
金属丝绳及其制品制造	5197906	4581441	18096	86642	175538	63535
建筑、安全用金属制品制造	885812	749462	3799	35129	37130	8928
金属表面处理及热处理加工	1565042	1340868	7371	20710	53731	19755
搪瓷制品制造	106458	90976	396	3826	6693	568
金属制日用品制造	550898	449286	2697	24681	28550	2634
其他金属制品制造	2558199	2172155	9115	42721	115988	33943
通用设备制造业	39197274	32145570	180814	1285384	2209364	415223
锅炉及原动设备制造	4979843	4009536	25553	187530	357550	28494
金属加工机械制造	2483189	2081169	12072	60855	154198	47596
物料搬运设备制造	12900329	10610619	53398	457013	669351	180098
泵、阀门、压缩机及类似机械制造	4356767	3485304	22455	189464	288865	26449
轴承、齿轮和传动部件制造	5470833	4413988	29227	140689	307208	70234
烘炉、风机、衡器、包装等设备制造	4070219	3312831	16742	125704	221445	22559
文化、办公用机械制造	3138556	2817520	7241	54229	100643	15716
通用零部件制造	1527583	1211228	11936	50397	89574	22320
其他通用设备制造业	269956	203375	2191	19503	20529	1757
专用设备制造业	26978391	22054107	147647	760146	1533990	266932
采矿、冶金、建筑专用设备制造	10132407	8439788	48079	239381	485016	127158
化工、木材、非金属加工专用设备制造	3283462	2697370	14368	68752	228503	31393
食品、饮料、烟草及饲料生产专用设备制造	893812	729844	15705	26533	29701	7336
印刷、制药、日化及日用品生产专用设备制造	700650	501500	4960	38941	44403	5775
纺织、服装和皮革加工专用设备制造	1965437	1559286	7457	82739	132621	23308
电子和电工机械专用设备制造	696396	559027	4121	26368	49091	4082
农、林、牧、渔专用机械制造	1102146	900308	2472	45546	93192	-2478
医疗仪器设备及器械制造	2566380	1967182	17664	109148	215439	5299
环保、社会公共服务及其他专用设备制造	5637701	4699802	32822	122739	256025	65059

单位：万元

利润总额	亏损企业亏损总额	利税总额	全部从业人员年平均人数（人）	总资产贡献率（%）	资产负债率（%）	流动资产周转率（次/年）	成本费用利润率（%）	产品销售率（%）
114324	42046	213847	37354	11.66	56.20	1.86	5.69	98.72
68162	2423	122361	12861	9.96	48.63	2.45	5.80	97.95
66894	6398	95753	16176	12.87	47.75	1.79	10.20	99.19
55970	155	93752	9096	17.97	38.87	2.30	7.55	96.40
53824	9812	98067	8730	18.48	62.22	3.28	5.52	96.64
3026917	81539	5265763	295892	10.71	66.30	3.49	3.25	98.92
123690	23814	220807	13786	23.15	57.64	7.55	6.82	103.30
240444	2704	523906	31903	12.48	60.94	6.32	2.30	100.09
147341	7681	240705	20543	18.67	53.82	3.21	6.26	97.20
2307212	47340	3903118	213787	9.62	67.91	3.20	3.10	98.81
208230		377227	15873	21.80	52.89	5.60	4.95	97.42
433618	67318	797931	61997	12.99	59.94	2.89	3.88	98.39
13575	388	22306	4271	5.33	73.25	1.76	3.28	100.22
53669	3797	105513	3932	24.26	35.13	2.55	7.65	96.81
104207	5427	172534	16848	11.17	64.27	3.16	2.98	98.83
-4491	5111	-3302	1282	-4.55	74.31	3.79	-5.69	99.75
266658	52597	500880	35664	13.65	59.07	2.91	4.11	98.24
1709543	29185	2667411	237988	17.71	53.50	2.45	7.60	98.38
662995	3120	981618	69279	18.90	57.16	2.21	9.12	98.00
51742	544	96105	17688	16.37	54.53	2.59	5.42	97.74
229240	4679	376653	34403	18.38	55.52	2.44	6.89	100.11
331079	12329	580252	38339	17.96	46.44	3.21	5.84	98.03
51501	1888	87375	14694	14.99	50.88	2.38	6.18	99.86
127569	1833	179290	22742	21.20	61.31	2.76	8.88	98.00
3963	101	9337	1678	21.74	72.67	3.77	3.88	98.83
47438	3385	62140	11584	14.81	40.82	1.98	9.31	99.87
204016	1307	294639	27581	13.96	52.71	1.96	8.55	97.62
3188056	99446	4617647	382992	12.31	55.46	1.73	7.82	98.71
473490	22138	714775	59118	11.09	50.51	1.21	10.23	98.21
174205	12056	282952	33610	8.96	65.90	1.09	7.36	98.98
988492	26681	1409013	87459	10.37	63.50	1.78	6.01	98.92
355273	8260	540199	42276	16.74	48.88	2.21	8.88	100.34
473565	22344	691512	62623	13.48	49.05	1.77	9.47	98.33
398727	245	531411	36643	18.23	45.51	1.98	10.78	98.99
153492	6231	192809	33084	13.05	42.24	3.01	5.11	96.98
146726	1493	218280	23935	18.65	42.05	2.09	10.65	97.68
24087		36697	4244	17.75	45.48	1.91	9.80	99.49
2235426	147837	3305984	282275	13.87	57.19	1.64	8.85	100.17
730943	101942	1112373	77130	11.76	61.34	1.49	7.69	102.33
278542	17805	408086	67669	11.22	51.43	1.35	8.99	98.30
78913		122672	6341	19.43	59.85	1.71	9.86	103.02
109148		131990	5811	17.43	61.33	1.48	18.45	99.48
172859	82	241351	21865	13.56	60.77	1.57	9.59	99.91
57979		81722	8236	17.54	40.37	2.22	8.99	101.85
66538	15381	90421	8913	12.54	46.16	2.24	6.38	98.72
254198	9476	368179	34952	18.94	41.72	2.40	11.02	100.06
486307	3151	749192	51358	17.20	60.22	1.80	8.90	97.42

1-A-8 续表 9

项目	主营业务收入	主营业务成本	主营业务税金及附加	营业费用	管理费用	财务费用
汽车制造业	36427394	30623347	669989	1067058	1552850	124445
汽车整车制造	14825546	12132376	584296	615394	553576	-2879
改装汽车制造	1843786	1622734	8320	54273	94472	12159
汽车车身、挂车制造	942728	851773	2874	12847	11404	4017
汽车零部件及配件制造	18815335	16016465	74500	384544	893398	111149
铁路、船舶、航空航天和其他运输设备制造业	26116495	22545822	144971	368674	1043617	196107
铁路运输设备制造	3297594	2628840	18514	80123	231073	36339
城市轨道交通设备制造	282159	244581	1188	9525	13561	1210
船舶及相关装置制造	15675315	13769743	95258	119001	523713	98853
航空、航天器及设备制造	2367654	1937362	4507	24567	130346	49529
摩托车制造	2004503	1758966	16914	48921	89091	6677
自行车制造	1852658	1640112	6411	76688	44546	3713
非公路休闲车及零配件制造	636610	566218	2179	9850	11286	-215
电气机械和器材制造业	93944320	80035803	367428	2591682	3418082	970067
电机制造	15121248	12945327	71587	224721	530741	74541
输配电及控制设备制造	35064850	29678314	149902	980199	1405752	493544
电线、电缆、光缆及电工器材制造	23997085	20624899	61561	486549	731402	275919
电池制造	4459036	4035633	11311	54323	136730	26175
家用电力器具制造	12496827	10417106	59546	713813	469254	98315
非电力家用器具制造	907829	717813	2889	85174	48623	-7958
照明器具制造	1888533	1610866	10582	45695	94035	8732
计算机、通信和其他电子设备制造业	151654318	139157463	213678	1214028	4202867	131215
计算机制造	47901477	45100103	22906	190692	632913	-19047
通信设备制造	7693484	6783896	19811	121132	433170	56017
广播电视设备制造	2185814	1843514	8493	53815	120227	15443
雷达及配套设备制造	208957	156655	1251	3610	34657	3030
视听设备制造	18425957	16480718	20892	98751	422190	-3175
电子器件制造	34628014	31754086	46081	241540	1129365	73492
电子元件制造	32737858	29910081	88507	406870	1152500	-4527
其他电子设备制造	7872758	7128411	5738	97618	277844	9982
仪器仪表制造业	18899848	15610332	107220	488633	859129	130183
通用仪器仪表制造	13134152	10735055	80510	361489	587773	89003
专用仪器仪表制造	4355314	3742706	21571	96975	180214	35010
光学仪器及眼镜制造	1063061	836336	3463	22829	76729	4780
其他仪器仪表制造业	347323	296235	1676	7340	14413	1389
其他制造业	1629797	1421147	6169	39866	43501	8961
日用杂品制造	1629797	1421147	6169	39866	43501	8961
废弃资源综合利用业	559010	513757	2269	3165	9051	4517
金属废料和碎屑加工处理	559010	513757	2269	3165	9051	4517
金属制品、机械和设备修理业	42479	36661	427	592	766	181
电力、热力、燃气及水生产和供应业	**41645741**	**37128436**	**190515**	**276806**	**413775**	**803522**
电力、热力生产和供应业	39633521	35642859	175007	34585	264307	721095
电力生产	13743125	10626469	88356	34444	260986	571687
热力生产和供应	69814	60978	88	142	3322	4603
燃气生产和供应业	1314437	1048927	8161	67151	50445	11946
水的生产和供应业	697783	436650	7348	175070	99022	70481
自来水生产和供应	675233	416456	7348	175070	97457	69843

单位：万元

利润总额	亏损企业亏损总额	利税总额	全部从业人员年平均人数（人）	总资产贡献率（%）	资产负债率（%）	流动资产周转率（次/年）	成本费用利润率（%）	产品销售率（%）
2558200	77134	4830109	250862	20.61	61.40	2.52	7.58	100.26
1006241	9789	2386000	56534	29.57	71.38	3.12	7.49	101.50
60907	7979	135256	14729	9.06	72.44	1.82	3.38	98.44
59893	6365	105996	6402	31.15	53.61	4.64	6.81	95.82
1431159	53001	2202857	173197	16.50	54.58	2.21	8.11	99.63
1976580	206567	3113564	293549	11.32	60.19	1.64	8.09	99.32
319920	306	446958	29513	12.26	63.73	1.32	10.68	97.62
11452		22031	2138	6.68	69.42	0.96	4.26	100.89
1281040	195373	2054771	193848	10.79	60.73	1.50	8.69	98.75
123032	1104	158414	16784	8.39	58.47	2.08	5.71	103.63
103091	6946	200428	20715	18.34	48.05	2.89	5.39	100.13
89921	2503	155816	23726	14.64	56.56	2.56	5.07	101.69
48125	335	75147	6825	25.60	40.00	5.03	8.20	98.77
6527756	178716	10334227	695245	16.12	57.90	2.18	7.38	98.79
1341187	1495	1990340	125287	24.07	51.40	2.74	9.67	98.47
2453101	142023	4044474	239789	14.92	61.48	1.88	7.41	98.91
1517028	8431	2366645	134215	15.92	59.90	2.23	6.79	99.22
197486	6832	306760	57293	13.79	55.86	3.26	4.64	97.94
829102	14479	1305606	92808	14.16	52.11	2.24	6.78	98.35
64750		112514	11274	12.72	40.40	2.15	7.62	99.59
125103	5457	207423	34190	15.51	50.93	2.33	7.06	98.06
7466479	583772	9434100	1602022	11.64	52.68	3.17	5.14	99.11
1818038	66739	1943517	307435	14.28	59.18	4.90	3.95	98.67
363246	9029	512898	88978	8.04	59.66	1.63	4.90	99.45
162665	1420	230653	31528	13.94	50.95	1.86	7.84	100.52
13675		17998	3867	6.65	70.97	1.02	6.78	99.34
1614652	26076	1798796	122445	29.92	59.64	4.27	9.39	100.16
1753830	264463	2380988	403126	9.28	51.05	2.79	5.26	99.17
1314219	194422	1948109	545058	8.62	47.37	2.54	4.16	99.46
426154	21623	601139	99585	13.53	48.67	3.21	5.66	97.12
1734491	28497	2566072	163198	18.12	49.28	2.15	10.11	98.06
1306247	7140	1910002	103547	19.25	48.12	2.05	11.06	98.18
292407	9517	479518	37572	16.55	54.66	2.87	7.18	98.00
108914	11840	131645	19996	10.53	46.81	1.26	11.55	96.68
26923		44908	2083	46.80	34.38	10.63	8.39	98.41
100316	647	183371	24226	27.03	45.32	4.90	6.63	99.05
100316	647	183371	24226	27.03	45.32	4.90	6.63	99.05
26255		55474	2734	22.22	59.23	3.18	4.95	98.97
26255		55474	2734	22.22	59.23	3.18	4.95	98.97
3840		7207	947	49.36	32.61	11.32	10.01	100.00
3387245	**26443**	**5364972**	**109487**	**10.98**	**65.40**	**4.38**	**8.66**	**99.85**
3120672	2152	5000680	80529	12.14	65.64	6.08	8.43	99.87
2468933		3336800	39480	15.91	67.57	2.80	20.90	99.60
2761	2152	4819	658	2.90	92.14	0.45	4.00	100.00
215277		264379	8692	15.86	61.41	2.16	17.31	99.95
51296	24292	99914	20266	2.33	64.82	0.36	5.91	98.80
51089	24292	99706	19813	2.35	64.85	0.36	6.05	98.76

1-A-9 规模以上私营

项目	企业单位数(个)	#亏损企业	工业总产值(当年价格)	销售产值(当年价格)	出口交货值	资产总计
总计	**30583**	**2839**	**517719381**	**510191502**	**27122100**	**275035595**
按轻重工业分组						
轻工业	11843	1083	153968606	151916601	13170995	80369742
重工业	18740	1756	363750775	358274901	13951105	194665853
按大中小型分组						
大型企业	272	13	92446654	91504889	8154720	62262648
中型企业	2540	162	126337017	124169882	7796167	64696459
小微型企业	27771	2664	298935710	294516730	11171212	148076488
按国民经济行业分组						
采矿业	**88**	**6**	**1475714**	**1443461**	**2150**	**440789**
煤炭开采和洗选业	6		146096	136318		23981
烟煤和无烟煤开采洗选	5		92288	90011		19735
黑色金属矿采选业	7		65678	64436		40481
铁矿采选	6		61010	59568		30064
有色金属矿采选业	3	2	53863	53863		18350
常用有色金属矿采选	3	2	53863	53863		18350
非金属矿采选业	72	4	1210077	1188843	2150	357978
土砂石开采	66	4	1156220	1136244		346338
采盐	2		16833	16406		3024
石棉及其他非金属矿采选	3		21904	21090	2150	7524
制造业	**30427**	**2826**	**515325302**	**507843039**	**27119950**	**273132331**
农副食品加工业	1143	44	18819939	18561574	344109	5787070
谷物磨制	465	15	7332856	7234380	36410	2090692
饲料加工	136	7	2466782	2432410	4264	656067
植物油加工	86	6	2664221	2644346	19179	886392
制糖业	6	1	156205	152967		80356
屠宰及肉类加工	165	9	2955569	2903724	55830	846957
水产品加工	108	2	1007351	991088	57771	423538
蔬菜、水果和坚果加工	108	2	1370928	1348605	126719	518401
其他农副食品加工	69	2	866028	854055	43936	284667
食品制造业	181	21	2336366	2277914	375043	1293472
焙烤食品制造	21	4	157489	155634	12513	100524
糖果、巧克力及蜜饯制造	17	3	220372	201670	66324	242337
方便食品制造	29	5	363550	360852	3450	157019
乳制品制造	11	3	145585	146098		105341
罐头食品制造	29	1	338014	333355	60179	116481
调味品、发酵制品制造	19	1	295699	283441		153559
其他食品制造	55	4	815657	796866	232578	418210
酒、饮料和精制茶制造业	92	3	1667131	1664308	94	1004285
酒的制造	70	2	1356619	1341101		881257
饮料制造	16	1	248001	261341	94	101836
精制茶加工	6		62511	61866		21192
纺织业	3610	361	36662994	36052599	2815986	21310896
棉纺织及印染精加工	1929	202	22876284	22508934	1325137	11384247
毛纺织及染整精加工	221	49	2007124	1971524	153293	1615328

工业企业主要经济指标

单位：万元

流动资产合计	应收账款	存货	产成品	固定资产合计	负债合计	流动负债合计	所有者权益合计	实收资本
161575510	**49575543**	**36055379**	**15343048**	**82041075**	**161420618**	**147115651**	**113031930**	**50890398**
44959009	11972134	11434541	5152491	26114142	48236374	43375070	32001665	14279117
116616501	37603409	24620838	10190557	55926934	113184244	103740581	81030265	36611281
34848261	7004491	8978969	3655277	19100076	37499101	31959639	24763547	7309147
36919205	10827525	8631657	3817781	20130962	37277012	34527003	27419447	10612978
89808044	31743527	18444753	7869990	42810037	86644505	80629010	60848936	32968273
168436	**52869**	**29606**	**18344**	**184792**	**211075**	**165415**	**227052**	**117797**
8477	3121	2016	1226	15503	13579	7483	10402	3100
8334	3104	1993	1212	11401	11570	7413	8166	2600
10317	2557	3959	3573	28868	23391	20947	17090	9170
5824	2282	1418	1143	23671	13977	11532	16088	8170
14062	1537	2010	2010	1258	18152	18152	198	2800
14062	1537	2010	2010	1258	18152	18152	198	2800
135579	45654	21621	11536	139163	155953	118833	199363	102727
129932	44085	19224	11087	136307	151400	115128	192275	100269
971	527	383	189	2053	668	332	2356	1000
3911	980	1972	221	475	3692	3214	3832	958
160825160	**49412429**	**35983890**	**15317873**	**81244473**	**160362857**	**146271948**	**112189089**	**50403985**
2770879	570407	812314	374654	2413671	2778135	2402715	2999553	1142183
972010	176615	252421	80968	952269	947296	773720	1140237	409531
286532	70505	84163	34084	311856	306422	283045	349645	166431
458685	70972	137026	73953	312005	497015	423659	389377	131389
60743	8660	26745	11657	9529	55215	53489	25141	12890
441268	94650	125574	72380	319096	428458	375914	417650	180881
191676	51007	43755	19949	155451	200169	188553	219113	85735
237641	60623	105684	60764	220927	231791	205252	285493	101103
122323	37375	36947	20900	132539	111769	99082	172899	54223
741418	162032	255824	144224	415611	757093	709021	536379	260076
51232	14281	15431	7382	35725	60577	58597	39947	21502
192080	44617	73453	58406	29231	180633	179194	61704	28743
85772	25595	24618	14179	47101	79061	71765	77957	63418
48788	1948	10008	2113	38805	71780	69329	33562	21844
69045	10527	26767	13364	36467	65949	58972	50532	19445
78325	13485	26915	16816	61998	86264	82125	67296	14192
216177	51579	78633	31964	166284	212829	189040	205381	90932
442787	79567	124451	57193	438930	504287	422227	497510	197152
394535	67791	107848	50646	372700	457976	377785	423281	152650
44906	10891	15484	5832	48482	41959	40924	57390	42143
3346	885	1119	715	17748	4353	3517	16840	2360
12441621	3314955	3414637	1621691	6756086	13748307	12963675	7534138	3622510
6333375	1589976	1844302	885898	3906816	6996125	6534231	4379896	1958085
1097184	308669	405507	179990	396589	1098067	1045449	512861	238153

1-A-9 续表 1

项 目	企业单位数(个)	#亏损企业	工业总产值(当年价格)	销售产值(当年价格)	出口交货值	资产总计
麻纺织及染整精加工	35	3	459919	463315	56320	335008
丝绢纺织及印染精加工	104	5	1185378	1169353	106554	422916
化纤织造及印染精加工	557	55	3395140	3290794	240782	3932693
针织或钩针编织物及其制品制造	266	19	2252578	2218081	310197	1575031
家用纺织制成品制造	279	16	2518684	2489543	470219	1037373
非家用纺织制成品制造	219	12	1967886	1941056	153483	1008299
纺织服装、服饰业	1548	124	18239000	18008506	2894552	10317559
机织服装制造	1137	84	14918001	14720125	1980500	8414250
针织或钩针编织服装制造	255	33	1964041	1943448	624477	1206155
服饰制造	156	7	1356958	1344933	289574	697155
皮革、毛皮、羽毛及其制品和制鞋业	388	32	3942505	3884451	749373	1287181
皮革鞣制加工	14	2	146602	144096		130065
皮革制品制造	90	6	856771	846907	159547	356845
毛皮鞣制及制品加工	8		270102	266809	49138	89890
羽毛(绒)加工及制品制造	67	5	814687	799192	55069	180673
制鞋业	209	19	1854343	1827448	485619	529708
木材加工和木、竹、藤、棕、草制品业	1144	26	14986965	14841183	1182147	4444214
木材加工	132	4	1490812	1472371	6966	374111
人造板制造	862	13	11974942	11878545	797307	3198832
木制品制造	143	8	1425793	1402272	308764	803182
竹、藤、棕、草等制品制造	7	1	95418	87995	69110	68090
家具制造业	145	23	1332922	1313487	238958	753790
木质家具制造	96	15	883508	870413	148924	474709
金属家具制造	26	5	195242	191807	54608	129301
塑料家具制造	2		19553	19697		8750
其他家具制造	20	3	204158	200994	35426	138929
造纸和纸制品业	411	46	4984199	4938265	200872	2813713
纸浆制造	2		5754	5860		1400
造纸	244	28	3476851	3440133	182974	2166605
纸制品制造	165	18	1501594	1492273	17898	645708
印刷和记录媒介复制业	443	47	3901763	3843941	124450	3009033
印刷	435	45	3863293	3805933	118476	2976591
装订及印刷相关服务	6	1	29978	29741		21000
记录媒介复制	2	1	8492	8267	5974	11441
文教、工美、体育和娱乐用品制造业	769	32	8577972	8472026	1529409	3482931
文教办公用品制造	57	6	667865	658457	47134	296149
乐器制造	12		136487	134414	49943	55803
工艺美术品制造	385	16	4618830	4551861	570088	2162750
体育用品制造	95	3	969366	964113	181488	249165
玩具制造	180	5	1776640	1760295	596265	524985
游艺器材及娱乐用品制造	40	2	408785	402887	84491	194079
石油加工、炼焦和核燃料加工业	76	10	1931359	1903781		868130
精炼石油产品制造	69	9	1720558	1701079		669615
炼焦	7	1	210801	202702		198515

单位：万元

流动资产合计	应收账款	存货	产成品	固定资产合计	负债合计	流动负债合计	所有者权益合计	实收资本
199009	50418	63644	25994	81835	192892	189027	141595	76842
197286	37657	70972	32672	165843	215678	181635	206984	78444
2508873	602523	527301	276614	1077286	2960114	2826979	972579	579839
884803	278824	212651	94883	499532	1015510	956196	552117	317194
660622	200236	168348	79214	288525	647380	633136	389210	174318
560470	246651	121912	46427	339660	622541	597022	378896	199635
5911292	1255103	1736993	796227	2826808	5870614	5024030	4436942	1651721
4773222	875328	1439362	661236	2274918	4699799	3909535	3704310	1326377
770911	273451	198455	101709	292455	806520	764381	399635	203103
367158	106323	99176	33282	259435	364296	350114	332997	122240
775508	219090	228399	72487	366171	770862	718795	515557	260074
86757	22298	32880	1520	37940	95610	80539	34455	23582
205618	62095	49729	16155	98605	212831	199123	143478	65556
62736	4439	30329	3326	25599	42723	42492	47167	13387
114601	43675	34763	12571	42723	121486	116450	59187	36671
305796	86584	80697	38916	161304	298212	280191	231271	120880
2166403	465902	582810	236049	1768956	1586245	1379044	2725236	1048743
151348	27204	45045	16336	163278	128443	93292	216095	102016
1460203	345750	347032	166083	1427483	999954	853276	2096325	794250
504379	81325	163260	47450	170271	420912	395618	381662	135233
50472	11623	27472	6181	7924	36936	36860	31154	17245
396431	87795	119355	45761	258890	421869	377219	323823	190264
248907	39774	81017	33599	152393	271366	244142	200112	127852
91796	33469	20921	5656	32147	81093	76719	48208	34219
4598	1199	708	474	4111	6049	6049	2701	612
50967	13322	16681	6008	68303	63148	50095	70915	26781
1648458	507643	351626	141523	894401	1792883	1604626	997826	505722
1190	847	106	106	210	1118	847	282	152
1276027	359313	279567	113847	679460	1394174	1230918	749428	373961
371241	147484	71952	27570	214730	397592	372861	248116	131609
1602769	554683	317982	141078	1054019	1908239	1674498	1098803	484846
1589646	549163	315525	140496	1038325	1892590	1658917	1082011	474748
6314	2429	1659	202	12042	12374	12306	8626	4790
6810	3091	798	380	3652	3275	3275	8166	5308
1892401	558690	485345	214667	1197410	1973511	1858670	1504906	645954
175330	57511	38261	16137	86884	137964	133512	158185	62104
32683	6458	9074	4516	21212	39969	39418	15834	7040
1157892	341832	300735	132013	757032	1274652	1202170	885349	391643
142507	50570	42137	22585	76266	152861	144031	96304	38949
273143	74267	76120	31607	194085	271692	250204	252539	110171
110846	28053	19018	7810	61931	96373	89336	96694	36048
575608	139191	110774	34563	163496	566549	538562	293000	172625
474569	105280	87405	30847	83000	392840	379542	268194	127102
101039	33911	23369	3716	80496	173709	159020	24806	45523

1-A-9 续表 2

项　　目	企业单位数（个）	#亏损企业	工业总产值（当年价格）	销售产值（当年价格）	出口交货值	资产总计
化学原料和化学制品制造业	2143	176	57231529	56520599	1984135	26927168
基础化学原料制造	650	57	19276980	19064422	575368	7613647
肥料制造	73	9	1380945	1353867	863	940778
农药制造	107	11	3675651	3640356	180956	1283362
涂料、油墨、颜料及类似产品制造	330	24	7005145	7005461	201864	4221881
合成材料制造	339	25	10643717	10337782	287023	4730513
专用化学产品制造	568	46	14159117	14042467	693355	7717306
炸药、火工及焰火产品制造	4		49302	48669		17703
日用化学产品制造	72	4	1040672	1027577	44706	401977
医药制造业	325	35	8333303	8233137	627501	3739582
化学药品原料药制造	117	15	2548234	2516006	193027	1466590
化学药品制剂制造	39	3	1313028	1285518	40507	590739
中药饮片加工	17	2	424937	424139		234473
中成药生产	10	2	737093	747246		124641
兽用药品制造	18	1	708155	717490	31110	144431
生物药品制造	59	7	1666990	1635519	256105	771723
卫生材料及医药用品制造	65	5	934865	907218	106751	406985
化学纤维制造业	735	143	14918642	14758801	1056760	10271330
纤维素纤维原料及纤维制造	126	15	8711846	8617838	985132	6462000
合成纤维制造	609	128	6206795	6140963	71629	3809330
橡胶和塑料制品业	1179	100	11129299	10952589	489392	5656060
橡胶制品业	224	18	2299661	2260063	117610	1116860
塑料制品业	955	82	8829638	8692526	371782	4539199
非金属矿物制品业	1833	190	25285521	24937307	397938	16856941
水泥、石灰和石膏制造	183	33	3732021	3709366	68	3154039
石膏、水泥制品及类似制品制造	645	79	8460028	8410278	1545	6465951
砖瓦、石材等建筑材料制造	209	20	2287803	2256308	59290	1358530
玻璃制造	53	3	789928	722250	16261	1066571
玻璃制品制造	227	18	3650866	3589640	127900	1656610
玻璃纤维和玻璃纤维增强塑料制品制造	130	13	1332733	1319054	83219	712381
陶瓷制品制造	47	7	620158	609594	32488	501383
耐火材料制品制造	130	10	1612346	1565752	28166	865788
石墨及其他非金属矿物制品制造	209	7	2799638	2755066	49002	1075689
黑色金属冶炼和压延加工业	1211	183	46751963	45885437	751282	23052269
炼铁	22	2	1036308	1021103		330866
炼钢	15	5	3572232	3431129		1215884
黑色金属铸造	453	36	7015934	6848567	98879	2627798
钢压延加工	680	137	32456749	31954744	652403	17978628
铁合金冶炼	41	3	2670740	2629894		899092
有色金属冶炼和压延加工业	779	127	21619464	21342006	337435	8793167
常用有色金属冶炼	92	6	1685513	1612383	11501	757598
贵金属冶炼	6		93674	90909		9733
稀有稀土金属冶炼	18	1	908466	898142		240250
有色金属合金制造	125	20	2504830	2466438	77549	1302064
有色金属铸造	35	5	456136	452633	12239	189175
有色金属压延加工	503	95	15970845	15821500	236146	6294348

单位：万元

流动资产合计				固定资产合计	负债合计	流动负债合计	所有者权益合计	实收资本
	应收账款	存货	产成品					
15035128	4157883	3187372	1377716	8528175	15503991	13964222	11416623	4711101
4040225	911868	765478	310932	2455626	4503321	3891788	3107982	1457289
592714	111365	143308	84062	252031	692314	657176	248465	123181
617206	145698	172539	100375	497497	688758	624656	594605	216993
2414610	859090	495941	199628	1247358	2601806	2374537	1620075	813724
3041262	1001364	673420	297727	1206593	2802698	2604780	1927815	785240
4078553	1046668	865102	353704	2736828	3977354	3582774	3736331	1224601
4674	1948	1532	1019	10941	8550	6800	9153	1770
245885	79881	70053	30270	121302	229191	221712	172199	88305
2048589	666353	387223	170398	1247862	1893269	1683548	1840313	651472
785804	362184	166779	69818	492473	762444	682348	704146	262757
348268	54499	46526	22334	144197	357559	323891	233180	100265
82758	31082	6197	4619	147540	97369	54301	137105	38976
43446	9381	19414	5612	71165	53973	45039	70669	30409
70468	18075	14870	6543	59088	70299	60683	74132	27516
490771	99546	84066	36165	201999	324087	299483	447636	121789
227074	91588	49370	25306	131399	227540	217802	173446	69760
5406781	971484	1204558	550564	3674518	6959141	5727304	3311761	1572315
3040574	456222	733598	275439	2701068	4375544	3241205	2086456	894575
2366207	515262	470960	275124	973451	2583597	2486099	1225305	677741
3331006	1354820	679178	294968	1694237	3219935	3017716	2420039	1242904
644296	286658	134013	66728	326003	606211	582324	510650	236769
2686710	1068163	545165	228240	1368235	2613724	2435392	1909389	1006135
10020377	4103921	1460557	595223	5069177	10666319	10039575	6169866	3177355
1579475	428533	195511	64267	1106096	2169524	2021565	976411	525998
4355579	2199468	520926	197185	1733488	4312760	4112348	2147170	1173927
764887	332570	133251	53635	465112	754945	668618	600596	292673
581944	80759	94330	36676	208462	739437	711844	327134	154327
911380	417582	156270	80690	586719	996624	932490	658057	343733
419240	143000	82748	36736	199494	385266	358030	327116	182196
268189	79333	68904	25347	146723	260501	241928	240882	103921
517926	239435	92504	38749	242254	461972	441350	403816	210924
621759	183241	116112	61939	380830	585291	551399	488684	189658
12651945	2188938	3390933	1587999	8235096	14657694	13360593	8390785	3198971
98636	21367	30638	14691	216672	149009	100585	180602	46361
289010	61085	111783	46173	868157	404946	292411	810939	232439
1513627	550685	314913	139882	911718	1568880	1474940	1058918	436526
10375519	1498097	2812106	1346225	5763756	12006754	10989127	5969980	2311744
375153	57703	121493	41028	474794	528106	503529	370346	171902
6087298	1726998	960336	409890	1763495	5892868	5580715	2840582	1547319
357606	118857	64673	34853	214875	412922	383197	333352	166036
7874	1705	1945	1024	1048	5949	5949	3784	2212
124896	31901	39309	13779	87939	129900	119079	110350	40458
771582	286441	168704	62891	376444	783297	736236	518766	249877
131030	52215	27721	13519	44198	124077	98992	65098	29650
4694310	1235879	657984	283824	1038991	4436723	4237262	1809231	1059085

1-A-9 续表 3

项目	企业单位数(个)	#亏损企业	工业总产值(当年价格)	销售产值(当年价格)	出口交货值	资产总计
金属制品业	2242	173	33135838	32510431	2117823	17336200
结构性金属制品制造	750	50	11311890	11107254	420734	6736576
金属工具制造	173	9	1962405	1927561	123041	879483
集装箱及金属包装容器制造	136	13	2115168	2091960	604398	1352056
金属丝绳及其制品制造	368	23	8549584	8340509	432584	3238838
建筑、安全用金属制品制造	153	16	1586323	1555552	172678	935210
金属表面处理及热处理加工	184	16	2355764	2309348	78605	1344684
搪瓷制品制造	14	3	144228	139635		93371
金属制日用品制造	78	4	745709	735415	32975	378185
其他金属制品制造	386	39	4364766	4303198	252809	2377796
通用设备制造业	2687	247	31852908	31350909	1514044	18582794
锅炉及原动设备制造	205	33	2941045	2863478	104588	1978708
金属加工机械制造	422	40	4473532	4391857	175847	2853378
物料搬运设备制造	273	34	4086688	4041541	254535	3005687
泵、阀门、压缩机及类似机械制造	478	27	5912933	5803073	222190	2599464
轴承、齿轮和传动部件制造	303	33	3917984	3870617	183402	2358229
烘炉、风机、衡器、包装等设备制造	342	27	4326668	4273929	204039	2333342
文化、办公用机械制造	31	2	520165	514114	64733	321552
通用零部件制造	522	37	4879545	4814384	250734	2541599
其他通用设备制造业	111	14	794348	777917	53979	590835
专用设备制造业	1867	186	25042974	24649254	1355166	16445498
采矿、冶金、建筑专用设备制造	503	53	7686209	7570820	462773	5039485
化工、木材、非金属加工专用设备制造	333	41	2940610	2849239	190880	2357899
食品、饮料、烟草及饲料生产专用设备制造	54	1	1078772	1102008	90470	750763
印刷、制药、日化及日用品生产专用设备制造	71	7	626329	617961	25321	508439
纺织、服装和皮革加工专用设备制造	211	26	2446021	2399030	61282	1532450
电子和电工机械专用设备制造	88	4	924428	915837	63660	446554
农、林、牧、渔专用机械制造	93	5	1037282	1043136	26366	462222
医疗仪器设备及器械制造	151	8	2032574	2019103	221848	1037784
环保、社会公共服务及其他专用设备制造	363	41	6270749	6132123	212566	4309903
汽车制造业	720	53	10859776	10692185	432549	6707708
汽车整车制造	12	4	786683	779268	990	482576
改装汽车制造	15	1	753013	743006	17719	264916
电车制造	13		155374	145806		32412
汽车车身、挂车制造	19	2	256680	251826	13360	86336
汽车零部件及配件制造	660	45	8906650	8770864	399563	5839024
铁路、船舶、航空航天和其他运输设备制造业	542	47	13147957	13081992	994001	8325883
铁路运输设备制造	67	4	2002005	1942597	17739	1644702
城市轨道交通设备制造	8	1	174824	173187		115431
船舶及相关装置制造	256	18	6836412	6795340	386270	4497048
航空、航天器及设备制造	8	1	1703051	1784344	411213	767741
摩托车制造	89	10	983269	962279	98989	522522

单位：万元

流动资产合计				固定资产合计	负债合计	流动负债合计	所有者权益合计	实收资本
	应收账款	存货	产成品					
10824195	3717271	2498282	900498	4510519	10323569	9698434	6930741	3390504
4302629	1388326	877933	300068	1678070	4060158	3883997	2631634	1506383
530919	139714	184590	65069	288843	507537	449537	369740	162025
884662	308228	234737	46394	297104	832820	791660	518404	257623
1910453	627533	472024	205714	788707	1819332	1631605	1415849	496602
569555	230406	142569	58241	257871	519557	493511	415653	217094
868968	332057	164035	67087	363429	872647	838701	472038	208447
64741	20967	18903	6970	22973	62603	61468	30768	22835
223824	65213	56795	22097	100458	201051	184523	156742	93411
1468444	604827	346696	128860	713064	1447865	1363432	919914	426085
10882459	4002830	2544869	1004067	5558940	10002297	9302386	8547938	4024701
1126291	385494	272208	131847	620747	1169656	1112524	809053	394562
1581041	526162	414464	145185	959004	1458689	1302023	1393466	623080
1897003	609763	434528	144234	713333	1599598	1507913	1404766	679668
1511041	658743	291042	116975	812522	1300950	1203980	1296534	678292
1259878	457278	280475	132712	776721	1233271	1140600	1123239	429630
1530223	546461	391377	153226	568154	1239194	1153375	1073960	537481
168343	47376	54253	17795	126846	198699	153319	122852	56292
1435696	635786	316103	127841	833985	1492997	1426845	1042476	476650
372942	135768	90421	34253	147628	309244	301806	281592	149047
10549786	3511565	2533091	908198	4267987	9479603	8763896	6936179	3411152
3169062	1170543	806658	302362	1434002	2791515	2560679	2244716	1139917
1574601	624624	355302	134905	567256	1481987	1433575	875912	460346
568824	110012	166381	45161	118925	459524	353155	291239	117325
340545	98435	116652	30688	112951	322237	306529	186202	90508
888776	260491	233478	91470	462993	938616	897160	593834	220444
313444	114121	58754	21757	101164	234617	225519	208574	106092
189222	57682	53241	27053	193986	206152	172653	232971	109113
570711	187108	144458	63101	343549	561678	520090	476106	225426
2934600	888550	598167	191701	933162	2483278	2294536	1826625	941981
3977154	1361355	845474	363824	1880346	4031824	3744672	2674537	1174757
268454	57177	53404	20377	104117	253109	232591	229466	126338
149823	47603	53801	6781	92093	174793	171968	90123	65780
13654	2983	4525	2279	13444	9332	8964	23079	10180
52916	16008	12076	5301	26573	49894	47194	36442	19548
3491388	1237755	721078	328979	1643259	3541045	3280837	2296632	952404
4481704	1269515	1230216	387980	2706064	5221626	4018643	3085433	1295309
1133043	365272	288611	111874	365965	997405	793235	647296	196458
71493	30786	15220	4320	22052	51523	50916	63908	7300
2156532	521920	633897	118060	1756864	2919315	2010910	1561725	660347
305479	76152	128308	73741	260563	394799	328997	372942	219981
330415	124942	78216	42504	121831	347650	343006	174872	74669

1-A-9 续表 4

项目	企业单位数（个）	#亏损企业	工业总产值（当年价格）	销售产值（当年价格）	出口交货值	资产总计
自行车制造	98	11	1342109	1319480	78679	713440
非公路休闲车及零配件制造	11	2	64862	63584	1111	38420
潜水救捞及其他未列明运输设备制造	5		41426	41182		26580
电气机械和器材制造业	2493	220	62589594	61767908	2322611	34312143
电机制造	404	21	9511239	9359676	464767	4330696
输配电及控制设备制造	907	84	21118820	20798663	710981	11838981
电线、电缆、光缆及电工器材制造	592	55	22439477	22235060	397650	13565518
电池制造	83	14	1871573	1852343	35256	915747
家用电力器具制造	171	20	3524238	3439270	378260	1353268
非电力家用器具制造	42	3	711332	694643	40737	283139
照明器具制造	263	17	3262026	3237910	286298	1839907
其他电气机械及器材制造	31	6	150890	150344	8662	184887
计算机、通信和其他电子设备制造业	987	123	17166504	16914895	1476625	10282291
计算机制造	59	12	1129991	1123769	90464	495799
通信设备制造	75	11	2071663	2001278	73851	1078400
广播电视设备制造	87	12	1118354	1102938	51353	702289
雷达及配套设备制造	4		87982	87326		70607
视听设备制造	51	3	684837	666346	93483	390718
电子器件制造	167	18	3619400	3576298	466991	2995016
电子元件制造	457	54	7424607	7335084	582159	3879227
其他电子设备制造	87	13	1029669	1021855	118324	670235
仪器仪表制造业	515	34	15082438	14750576	458762	7990056
通用仪器仪表制造	328	18	11378958	11134971	343684	5960065
专用仪器仪表制造	134	10	3077699	3001291	40237	1658124
光学仪器及眼镜制造	37	5	324362	316333	74751	241962
其他仪器仪表制造业	15	1	298597	295167	90	127731
其他制造业	119	6	2228634	2195874	346695	750459
日用杂品制造	101	3	2064262	2035270	345249	651964
煤制品制造	10	1	116710	113550		43402
其他未列明制造业	8	2	47662	47055	1446	55093
废弃资源综合利用业	84	12	1411125	1386113	2236	645660
金属废料和碎屑加工处理	46	8	1098587	1080271		427659
非金属废料和碎屑加工处理	38	4	312538	305842	2236	218001
金属制品、机械和设备修理业	16	2	154720	150990		84850
金属制品修理	6	1	47429	44519		54217
铁路、船舶、航空航天等运输设备修理	7	1	54089	54028		18905
电力、热力、燃气及水生产和供应业	**68**	**7**	**918366**	**905002**		**1462475**
电力、热力生产和供应业	45	3	658747	648454		1219597
电力生产	28	2	453255	447361		883155
热力生产和供应	16	1	201722	197423		332664
燃气生产和供应业	15	3	134104	132694		139424
水的生产和供应业	8	1	125515	123854		103454
自来水生产和供应	2		6849	6849		29430
污水处理及其再生利用	6	1	118666	117005		74025

单位：万元

流动资产合计	应收账款	存货	产成品	固定资产合计	负债合计	流动负债合计	所有者权益合计	实收资本
451910	138018	76603	32804	151753	476333	458546	234292	121324
23036	8459	6654	3823	10938	25629	25005	12790	5982
9795	3967	2709	854	16098	8972	8028	17608	9248
22586659	8483547	4097930	1882589	7671636	19087204	17787851	15163582	7293073
2748020	959093	722602	350010	1164458	2501788	2300131	1828388	692673
7803999	2772159	1234830	548209	2778176	6519787	6173216	5307010	2628963
9288468	3896534	1560563	745597	2423934	7530188	6988031	5997826	2962066
550913	143859	158459	35444	258390	548558	483936	363635	208821
826715	294545	187925	87703	361941	821039	761123	529849	227482
142800	33631	36646	18318	85849	129055	125885	154083	69515
1083881	338067	182398	93031	574537	917658	839387	917036	448682
141864	45658	14507	4279	24350	119131	116143	65755	54872
6338960	2510718	1191629	513736	2779322	6020785	5579571	4252694	1858232
292686	122705	65258	29109	95552	322159	297714	173640	143581
657550	221368	135734	44712	274259	514593	490441	559093	213095
502076	224053	97845	39223	143470	377475	369463	324814	163434
52431	21582	12675	5182	9809	64160	44630	6447	15850
261922	120135	63491	15999	86463	243015	238060	147703	94199
1587347	525495	351492	182511	951561	1739945	1523416	1251162	431588
2578277	1085400	382129	166382	1015833	2377637	2241739	1501401	664308
406671	189981	83006	30617	202375	381801	374108	288434	132177
4443386	1247599	1016816	395059	2576868	4000025	3650860	3987934	1334599
3343130	859558	796280	316759	1925519	2930189	2655532	3029578	911587
884295	323543	170008	53274	529828	863459	804798	792865	339304
141471	44491	37132	20693	81841	145697	144472	96265	44687
73303	19207	13237	4320	38914	59678	45057	68053	38020
384224	140417	109291	45911	275721	324014	311125	426446	120219
328623	116963	102609	42451	237201	266848	256277	385116	90223
22469	5482	4104	3073	19190	25884	23596	17518	14898
33133	17972	2579	387	19330	31282	31252	23812	15099
374542	69731	101108	47676	204507	357827	336781	287388	199885
251011	40303	61914	30391	121049	215766	199909	211448	147248
123531	29428	39193	17285	83458	142061	136872	75940	52637
35393	12429	4520	1460	45555	42273	30976	42577	18248
15163	3808	2471	822	37511	24820	14546	29397	12761
14878	7201	1158	123	3817	10775	10594	8130	4275
581914	**110245**	**41882**	**6831**	**611811**	**846686**	**678289**	**615789**	**368615**
456702	93439	27448	2326	528109	710298	565918	509299	297836
309151	51168	16845	1916	361948	522540	412479	360615	216260
147261	42118	10594	410	163065	187066	152746	145599	80076
69702	12154	9156	1448	55032	81521	67346	57903	41779
55510	4652	5278	3058	28670	54867	45025	48587	29000
12427	304	224		10849	19963	12931	9467	7600
43083	4348	5054	3058	17820	34904	32095	39120	21400

1-A-9 续表 5

项目	主营业务收入	主营业务成本	主营业务税金及附加	营业费用	管理费用	财务费用
总计	**514877479**	**448610460**	**2740675**	**9373791**	**15855990**	**5474560**
按轻重工业分组						
轻工业	152830125	133875073	854716	2952603	4688523	1697501
重工业	362047354	314735387	1885959	6421188	11167467	3777060
按大中小型分组						
大型企业	95430732	83815869	343255	1415321	2335409	1230681
中型企业	125026703	106846733	698797	2674694	4266291	1239149
小微型企业	294420045	257947859	1698624	5283776	9254290	3004731
按国民经济行业分组						
采矿业	**1447998**	**1232024**	**15974**	**33707**	**50444**	**21048**
煤炭开采和洗选业	140184	121732	686	3123	3795	330
烟煤和无烟煤开采洗选	93777	82414	434	1734	2155	328
黑色金属矿采选业	64026	55189	470	1424	3174	471
铁矿采选	59484	51395	452	1229	2770	403
有色金属矿采选业	53199	53633	8	961	251	-103
常用有色金属矿采选	53199	53633	8	961	251	-103
非金属矿采选业	1190590	1001471	14809	28199	43224	20350
土砂石开采	1136036	954138	14283	27408	42314	20118
采盐	16406	13579	177	234	464	72
石棉及其他非金属矿采选	23044	21416	138	469	359	101
制造业	**512494191**	**446670315**	**2719801**	**9332457**	**15762969**	**5410497**
农副食品加工业	18586294	16340322	118095	327578	385396	161555
谷物磨制	7251436	6390100	46191	94325	136074	62918
饲料加工	2448399	2154383	15156	54200	53550	16341
植物油加工	2629713	2394009	8909	41657	50119	27060
制糖业	141641	130441	346	2971	2632	1183
屠宰及肉类加工	2926782	2534939	22111	54123	66149	24931
水产品加工	973774	841106	9527	18532	21829	8004
蔬菜、水果和坚果加工	1362806	1165122	8236	42589	37210	12274
其他农副食品加工	851743	730222	7621	19180	17832	8845
食品制造业	2299078	1968354	12235	67531	72767	24529
焙烤食品制造	160008	130302	1696	7870	7928	1970
糖果、巧克力及蜜饯制造	219167	183067	1271	9742	7351	4992
方便食品制造	359830	317593	1928	7908	9835	3160
乳制品制造	146232	125876	326	7294	5002	2400
罐头食品制造	328159	284700	1337	6328	6732	3043
调味品、发酵制品制造	286045	238813	1927	8757	10789	2391
其他食品制造	799637	688003	3751	19633	25131	6574
酒、饮料和精制茶制造业	1660447	1364504	52172	45436	48988	18624
酒的制造	1332693	1085620	49663	36481	40738	16752
饮料制造	265947	226564	1833	7589	6883	1353
精制茶加工	61807	52320	676	1367	1367	519
纺织业	36125954	32226105	173571	469015	991142	480767
棉纺织及印染精加工	22665847	20225984	112344	282349	584243	271375
毛纺织及染整精加工	1976178	1804948	8350	20060	69089	31693

单位：万元

利润总额	亏损企业亏损总额	利税总额	全部从业人员年平均人数（万人）	总资产贡献率（%）	资产负债率（%）	流动资产周转率（次/年）	成本费用利润率（%）	产品销售率（%）
32047722	**875924**	**52688219**	**4676314**	**20.79**	**58.69**	**3.24**	**6.58**	**98.55**
8958335	305898	15067100	1841443	20.49	60.02	3.43	6.20	98.67
23089388	570026	37621119	2834871	20.92	58.14	3.16	6.74	98.49
5703819	38347	9281474	679830	16.71	60.23	2.90	6.05	98.98
9216432	136930	14915326	1214255	24.67	57.62	3.41	7.95	98.28
17127471	700647	28491419	2782229	20.82	58.51	3.30	6.19	98.52
89165	**8877**	**165404**	**12686**	**39.58**	**47.89**	**8.60**	**6.67**	**97.81**
10716		17974	863	76.02	56.62	16.56	8.31	93.31
6910		11694	778	60.54	58.62	11.28	7.98	97.53
3536		6793	697	17.95	57.78	6.24	5.87	98.11
3235		6273	632	22.21	46.49	10.21	5.80	97.64
-1552	1567	-1539	90	-8.60	98.92	3.78	-2.83	100.00
-1552	1567	-1539	90	-8.60	98.92	3.78	-2.83	100.00
76465	7310	142175	11036	42.05	43.56	8.78	6.99	98.25
71669	7310	135292	10481	41.43	43.71	8.74	6.86	98.27
1880		3204	270	107.69	22.10	16.90	13.10	97.46
598		1019	200	14.10	49.07	5.89	2.67	96.28
31818881	**863644**	**52342391**	**4656966**	**20.80**	**58.71**	**3.24**	**6.56**	**98.55**
1241385	9734	1902890	123869	35.04	48.01	6.72	7.20	98.63
502183	2850	763637	37437	38.89	45.31	7.46	7.51	98.66
155374	1092	230371	14983	37.19	46.71	8.56	6.81	98.61
108562	2332	166813	9156	21.55	56.07	5.75	4.31	99.25
5871	75	8339	848	11.60	68.71	2.33	4.28	97.93
227781	2066	356860	25911	43.95	50.59	6.64	8.49	98.25
75695	789	114983	10777	28.37	47.26	5.08	8.51	98.39
96673	259	154280	17614	31.70	44.71	5.73	7.69	98.37
69246	272	107608	7143	39.95	39.26	7.03	8.84	98.62
154613	5745	242771	28166	20.30	58.53	3.10	7.24	97.50
10166	975	17134	3090	18.62	60.26	3.13	6.86	98.82
12727	1268	21495	2677	10.52	74.54	1.14	6.19	91.51
20164	962	30308	4092	20.58	50.35	4.20	5.95	99.26
5669	1465	8614	2226	10.40	68.14	3.00	4.02	100.35
26378	22	41222	4084	37.12	56.62	4.76	8.76	98.62
23302	4	33701	3846	23.29	56.18	3.65	8.94	95.85
56207	1050	90299	8151	22.97	50.89	3.70	7.60	97.70
135948	1714	245320	14490	26.09	50.21	3.76	9.18	99.83
106389	1485	202017	10348	24.66	51.97	3.38	9.00	98.86
24201	229	34249	3649	34.59	41.20	5.93	9.97	105.38
5358		9054	493	44.60	20.54	18.47	9.64	98.97
1841196	87946	3201060	520917	16.84	64.51	2.94	5.33	98.34
1218480	52066	2131414	298821	20.76	61.45	3.62	5.63	98.39
48516	14018	111137	44660	8.59	67.98	1.85	2.46	98.23

1-A-9 续表 6

项目	主营业务收入	主营业务成本	主营业务税金及附加	营业费用	管理费用	财务费用
麻纺织及染整精加工	458387	403348	3295	5203	12190	9749
丝绢纺织及印染精加工	1165534	1024284	7874	18918	27746	13287
化纤织造及印染精加工	3256115	2960443	9559	18858	77161	87072
针织或钩针编织物及其制品制造	2224812	1992223	11100	35201	76727	30511
家用纺织制成品制造	2455862	2151469	11461	49060	76212	19574
非家用纺织制成品制造	1923220	1663406	9589	39366	67775	17506
纺织服装、服饰业	18493546	15931823	108528	477313	637827	169856
机织服装制造	15178303	13035898	91913	379040	514962	139857
针织或钩针编织服装制造	1952442	1731378	9550	37895	80363	20636
服饰制造	1362801	1164548	7065	60378	42502	9363
皮革、毛皮、羽毛及其制品和制鞋业	3880435	3397903	26888	78163	126899	30278
皮革鞣制加工	135424	124590	565	1177	3211	2991
皮革制品制造	862941	766899	5489	12330	26320	9070
毛皮鞣制及制品加工	265878	227172	1749	4410	4806	2947
羽毛(绒)加工及制品制造	799207	703884	4612	16971	30898	4010
制鞋业	1816986	1575359	14473	43275	61664	11260
木材加工和木、竹、藤、棕、草制品业	14931276	12867990	105178	266031	311553	104474
木材加工	1482693	1281654	12962	22380	25214	12977
人造板制造	11963803	10314658	83973	202239	244173	78882
木制品制造	1396492	1194478	8045	39726	40578	11073
竹、藤、棕、草等制品制造	88289	77200	197	1686	1586	1541
家具制造业	1312369	1138991	9478	27666	41749	14716
木质家具制造	868451	753167	6643	15078	26012	9549
金属家具制造	189650	164015	1306	3995	7039	1961
塑料家具制造	19697	16553	45	192	301	19
其他家具制造	201995	177449	1177	7690	7822	3146
造纸和纸制品业	4944662	4341986	26019	98528	156410	55769
纸浆制造	5579	5387	9	13	139	1
造纸	3449671	3024389	16868	67750	106452	43674
纸制品制造	1489412	1312209	9143	30765	49820	12094
印刷和记录媒介复制业	3821467	3242460	22465	97410	155420	64000
印刷	3782065	3208870	22208	96196	153512	63530
装订及印刷相关服务	29692	24712	217	812	987	285
记录媒介复制	9710	8878	41	403	920	184
文教、工美、体育和娱乐用品制造业	8589245	7370086	52296	188903	324824	74502
文教办公用品制造	674962	556379	4592	22129	51669	6613
乐器制造	135718	120450	600	3347	4821	371
工艺美术品制造	4639688	3983331	24325	98838	163349	48946
体育用品制造	963995	841966	5892	17962	23739	4410
玩具制造	1770418	1518246	14580	38553	65871	11542
游艺器材及娱乐用品制造	404464	349715	2308	8075	15376	2619
石油加工、炼焦和核燃料加工业	2027534	1885467	7220	23576	50663	14117
精炼石油产品制造	1794549	1664459	6749	20714	44035	10521
炼焦	232985	221009	471	2861	6628	3596

单位：万元

利润总额	亏损企业亏损总额	利税总额	全部从业人员年平均人数(万人)	总资产贡献率(%)	资产负债率(%)	流动资产周转率(次/年)	成本费用利润率(%)	产品销售率(%)
26472	190	44804	7851	15.93	57.58	2.31	6.13	100.74
75098	2726	123762	14921	31.81	51.00	5.91	6.92	98.65
113138	7728	190146	57832	6.38	75.27	1.31	3.58	96.93
82318	6242	146925	33032	10.74	64.48	2.53	3.84	98.47
147556	3127	241842	36904	24.54	62.41	3.77	6.34	98.84
129618	1848	211030	26896	22.27	61.74	3.44	7.23	98.64
1238720	20193	2000605	353315	20.77	56.90	3.18	7.08	98.74
1081442	10663	1704502	277096	21.68	55.86	3.24	7.54	98.67
77899	8963	157197	49869	14.45	66.87	2.56	4.12	98.95
79379	567	138907	26350	20.70	52.25	3.71	6.21	99.11
220285	3614	387913	75456	32.04	59.89	5.01	6.06	98.53
4330	179	10173	2151	9.91	73.51	1.56	3.28	98.29
43471	762	70208	19570	21.56	59.64	4.20	5.33	98.85
24834		39430	1785	46.97	47.53	4.24	10.38	98.78
38554	319	74875	11978	43.28	67.24	6.97	5.10	98.10
109096	2355	193227	39972	38.16	56.30	5.95	6.44	98.55
1276063	6089	2023293	141968	46.96	35.69	6.89	9.42	99.03
125383	2342	195657	13134	54.15	34.33	9.80	9.34	98.76
1041381	2397	1650816	112864	53.11	31.26	8.20	9.61	99.20
103365	1199	167867	14907	21.83	52.41	2.77	8.04	98.35
5934	151	8953	1063	15.08	54.25	1.75	7.24	92.22
78330	7636	136926	20007	19.50	55.97	3.32	6.38	98.54
59041	4178	101144	12986	22.79	57.16	3.50	7.31	98.52
11107	608	16593	3726	13.98	62.72	2.07	6.27	98.24
1495		2304	398	26.55	69.13	4.28	8.76	100.73
3702	2849	11452	2858	9.30	45.45	3.96	1.89	98.45
251611	17602	439112	49155	17.31	63.72	3.02	5.38	99.08
31		88	55	6.34	79.85	4.69	0.56	101.83
174998	14586	299143	31083	15.62	64.35	2.72	5.38	98.94
76582	3016	139881	18017	23.03	61.57	4.05	5.41	99.38
244635	13672	383523	56156	14.48	63.42	2.43	6.74	98.52
242138	13252	379435	55462	14.49	63.58	2.42	6.75	98.52
2755	21	4291	409	21.11	58.92	4.70	10.28	99.21
-258	399	-203	285	-1.03	28.62	1.59	-2.34	97.35
585562	3466	971332	127307	29.36	56.66	4.56	7.33	98.76
33517	248	64579	10411	23.64	46.59	3.85	5.25	98.59
6129		12836	2831	23.41	71.63	4.15	4.75	98.48
328365	1335	525463	62744	25.87	58.94	4.04	7.59	98.55
69764	208	113764	12033	46.68	61.35	6.77	7.85	99.46
121687	1426	210396	33448	41.53	51.75	6.49	7.44	99.08
26100	249	44295	5840	23.60	49.66	3.65	6.93	98.56
57389	5960	101442	6799	12.73	65.26	3.58	2.87	98.57
58860	2207	101352	5374	16.31	58.67	3.84	3.34	98.87
-1472	3754	90	1425	0.66	87.50	2.33	-0.62	96.16

1-A-9 续表 7

项　　目	主营业务收　入	主营业务成　本	主营业务税金及附加	营业费用	管理费用	财务费用
化学原料和化学制品制造业	56824991	49483482	287641	974751	1631000	621121
基础化学原料制造	19225146	16954035	110345	273963	448846	168838
肥料制造	1368490	1203795	3102	28247	39540	29005
农药制造	3657070	3142449	23195	64790	105300	29442
涂料、油墨、颜料及类似产品制造	6993593	6115234	29578	120488	262355	94476
合成材料制造	10457074	9205507	38897	150176	284673	102957
专用化学产品制造	14033342	11976082	76354	287822	428446	182637
炸药、火工及焰火产品制造	49925	39640	372	576	2869	141
日用化学产品制造	1040352	846740	5799	48689	58971	13626
医药制造业	8250380	6899914	53158	234111	325341	61782
化学药品原料药制造	2535729	2099324	18988	67069	117362	24374
化学药品制剂制造	1336362	1092936	9154	68928	57250	4024
中药饮片加工	412963	372798	2899	3664	5229	2221
中成药生产	727077	606471	3754	28900	32485	9015
兽用药品制造	718137	624231	3114	8607	10725	2126
生物药品制造	1611171	1335837	10613	38840	62140	12199
卫生材料及医药用品制造	908941	768317	4638	18103	40151	7824
化学纤维制造业	14860636	13875402	33302	115603	219080	229262
纤维素纤维原料及纤维制造	8785261	8174282	19632	78487	113059	137675
合成纤维制造	6075375	5701120	13670	37116	106021	91587
橡胶和塑料制品业	11029141	9589363	59055	218808	388199	111820
橡胶制品业	2259917	1919984	15070	45716	94640	21767
塑料制品业	8769224	7669379	43985	173092	293559	90053
非金属矿物制品业	24917077	21454319	172431	523800	809014	369383
水泥、石灰和石膏制造	3733492	3151780	19794	62370	111378	111713
石膏、水泥制品及类似制品制造	8375869	7353692	60539	170839	244638	109424
砖瓦、石材等建筑材料制造	2262768	1932392	14456	64598	84118	24984
玻璃制造	698784	584149	2574	13251	37645	36636
玻璃制品制造	3572355	3059079	31810	64475	114259	28897
玻璃纤维和玻璃纤维增强塑料制品制造	1341741	1158161	9322	32805	51388	11918
陶瓷制品制造	606185	481369	4393	24430	39774	8742
耐火材料制品制造	1578173	1334504	10730	37836	62828	13405
石墨及其他非金属矿物制品制造	2747711	2399193	18813	53197	62986	23665
黑色金属冶炼和压延加工业	48902371	43885118	172264	611727	914369	475242
炼铁	1048584	906756	5534	15007	30587	7913
炼钢	3591925	3231297	19043	153535	68173	32803
黑色金属铸造	6828306	5884650	48498	154727	232424	61951
钢压延加工	34762984	31505231	87928	238353	535838	354214
铁合金冶炼	2670573	2357184	11261	50106	47347	18361
有色金属冶炼和压延加工业	21233695	19467362	59084	197345	336886	166965
常用有色金属冶炼	1643005	1451735	10584	24095	40084	9773
贵金属冶炼	91142	77229	721	2813	2650	1429
稀有稀土金属冶炼	906229	776771	6689	23011	18415	9526
有色金属合金制造	2487982	2257255	9102	30299	56617	25791
有色金属铸造	427583	394596	1246	3544	9712	5549
有色金属压延加工	15677754	14509777	30742	113584	209409	114897

单位：万元

利润总额	亏损企业亏损总额	利税总额	全部从业人员年平均人数（万人）	总资产贡献率（%）	资产负债率（%）	流动资产周转率（次/年）	成本费用利润率（%）	产品销售率（%）
3786380	76649	6128722	305125	24.73	57.58	3.90	6.95	98.76
1268036	24880	2109788	95777	29.58	59.15	4.79	7.07	98.90
69613	9275	104114	9290	13.54	73.59	2.47	5.03	98.04
287937	2681	455352	19015	37.28	53.67	5.94	8.60	99.04
386359	11223	673585	49498	17.95	61.63	2.91	5.84	100.00
644971	10625	996004	49455	22.86	59.25	3.53	6.39	97.13
1058774	14616	1671099	70964	23.71	51.54	3.75	7.52	99.18
6418		9433	631	54.08	48.30	10.68	14.85	98.72
64273	3348	109348	10495	30.27	57.02	4.25	6.62	98.74
697893	9096	1111081	53932	31.02	50.63	4.04	9.26	98.80
217096	5039	341881	18225	24.55	51.99	3.25	9.36	98.74
112579	2041	195310	7842	33.68	60.53	3.86	9.20	97.90
26181	113	42923	2112	18.67	41.53	4.99	6.82	99.81
47156	66	87669	2828	77.45	43.30	16.75	6.97	101.38
71504	310	97255	3839	68.62	48.67	10.19	11.07	101.32
152294	1220	230996	8296	31.11	42.00	3.29	10.51	98.11
71084	308	115047	10790	29.80	55.91	4.02	8.47	97.04
413756	72885	911252	91229	11.00	67.75	2.81	2.79	98.93
272803	29587	653877	45897	12.20	67.71	2.92	3.16	98.92
140953	43298	257375	45332	8.96	67.82	2.68	2.28	98.94
656536	21661	1104911	144577	21.07	56.93	3.32	6.34	98.41
158131	4993	264810	32181	25.17	54.28	3.52	7.58	98.28
498405	16668	840101	112396	20.06	57.58	3.28	6.03	98.45
1660174	59912	2844307	228275	18.35	63.28	2.49	7.15	98.62
320065	10259	504803	26964	17.10	68.79	2.36	9.31	99.39
461467	28891	890057	66614	15.17	66.70	1.93	5.83	99.41
148026	6699	240658	21554	19.11	55.57	2.97	7.01	98.62
28676	545	46052	9142	7.54	69.33	1.20	4.26	91.43
267141	5689	453110	42715	28.84	60.16	3.92	8.17	98.32
85797	2371	145150	15344	21.56	54.08	3.22	6.80	98.97
52760	1675	81623	9259	17.26	51.96	2.27	9.48	98.30
119417	2659	192717	17190	23.66	53.36	3.06	8.21	97.11
176826	1124	290138	19493	28.86	54.41	4.43	6.94	98.41
2278539	72467	3792792	221401	18.39	63.58	4.07	4.71	98.15
82843	3923	138765	8320	44.29	45.04	10.63	8.63	98.53
109577	3025	214845	13127	20.22	33.30	12.51	3.14	96.05
448142	12665	749358	55144	30.43	59.70	4.52	7.06	97.61
1457676	51321	2369073	133579	15.08	66.78	3.59	4.16	98.45
180300	1535	320751	11231	37.50	58.74	7.13	7.27	98.47
861231	29119	1383772	83163	17.28	67.02	3.52	4.23	98.72
108851	1049	177940	8735	24.52	54.50	4.68	7.09	95.66
6158		11740	523	134.41	61.12	11.58	7.32	97.05
72036	375	125874	2717	56.30	54.07	7.26	8.70	98.86
109607	2642	175935	16528	15.24	60.16	3.24	4.61	98.47
12897	3266	28007	3486	17.24	65.59	3.26	3.12	99.23
551681	21787	864276	51174	15.17	70.49	3.38	3.65	99.06

1-A-9 续表 8

项 目	主营业务收入	主营业务成本	主营业务税金及附加	营业费用	管理费用	财务费用
金属制品业	32567898	28354113	167235	582850	1059913	419786
结构性金属制品制造	11140536	9570191	64125	208108	361358	162537
金属工具制造	1940853	1628287	12825	51637	82544	21709
集装箱及金属包装容器制造	2149422	1892481	6856	46088	71762	34310
金属丝绳及其制品制造	8315115	7452443	35904	100174	215128	92481
建筑、安全用金属制品制造	1528242	1313172	8706	54192	56873	17995
金属表面处理及热处理加工	2310716	2001018	12181	29366	85222	30281
搪瓷制品制造	144806	118697	614	7571	9042	2051
金属制日用品制造	753248	660628	4934	9268	19446	5775
其他金属制品制造	4284960	3717197	21089	76446	158538	52648
通用设备制造业	31247792	26481409	191648	761465	1352923	323570
锅炉及原动设备制造	2863153	2415515	15616	69816	130759	33070
金属加工机械制造	4360730	3732428	25082	88497	195703	40546
物料搬运设备制造	4030590	3437460	16436	95309	172163	48544
泵、阀门、压缩机及类似机械制造	5817257	4924954	43407	181796	240628	47386
轴承、齿轮和传动部件制造	3839635	3264862	17724	70142	156986	41145
烘炉、风机、衡器、包装等设备制造	4238523	3511981	28342	122010	201991	35221
文化、办公用机械制造	516997	395791	3751	27553	32124	10445
通用零部件制造	4814247	4163721	35033	86516	173536	56787
其他通用设备制造业	766659	634698	6258	19826	49033	10426
专用设备制造业	24734506	20734978	161301	616440	1166271	300414
采矿、冶金、建筑专用设备制造	7595952	6463803	44662	160390	297169	85626
化工、木材、非金属加工专用设备制造	2871416	2400798	15392	66997	185250	45937
食品、饮料、烟草及饲料生产专用设备制造	1129523	939722	17244	26874	39595	11621
印刷、制药、日化及日用品生产专用设备制造	618173	519205	4799	17450	37318	5180
纺织、服装和皮革加工专用设备制造	2429037	2046202	12296	62784	118386	30316
电子和电工机械专用设备制造	918649	765681	6060	24638	45900	7717
农、林、牧、渔专用机械制造	1020767	864480	6369	26000	34441	10357
医疗仪器设备及器械制造	2013000	1586130	14924	88273	149436	23082
环保、社会公共服务及其他专用设备制造	6137989	5148957	39556	143034	258777	80577
汽车制造业	10795366	9205027	58492	236977	476946	125273
汽车整车制造	812130	735692	10129	10371	16956	2508
改装汽车制造	754451	671141	1200	13682	20698	3172
电车制造	153801	133146	1023	1557	1397	1149
汽车车身、挂车制造	249822	221097	1249	3345	7415	2112
汽车零部件及配件制造	8823390	7442467	44886	207938	430246	116156
铁路、船舶、航空航天和其他运输设备制造业	13320931	11369256	72227	226846	460687	103277
铁路运输设备制造	2083074	1709691	10960	34743	110659	17559
城市轨道交通设备制造	176280	144911	1387	2505	4611	609
船舶及相关装置制造	6787931	5858035	47534	102410	226086	50159
航空、航天器及设备制造	1782963	1464297	1943	9731	36423	18080
摩托车制造	965516	852976	4562	16256	31941	8547

单位：万元

利润总额	亏损企业亏损总额	利税总额	全部从业人员年平均人数（万人）	总资产贡献率（%）	资产负债率（%）	流动资产周转率（次/年）	成本费用利润率（%）	产品销售率（%）
2032373	50064	3386520	301783	21.50	59.55	3.11	6.48	98.11
783782	14131	1188608	99589	19.59	60.27	2.63	7.47	98.19
123866	1554	218796	25323	26.16	57.71	3.68	6.93	98.22
98138	4993	222759	24050	18.45	61.60	2.43	4.79	98.90
467608	7905	849613	51803	28.75	56.17	4.79	5.43	97.55
79008	6209	138989	17695	16.33	55.56	2.69	5.47	98.06
155935	6974	236685	30877	19.51	64.90	2.67	7.25	98.03
7069	403	13729	2466	16.63	67.05	2.24	5.14	96.82
54039	483	88899	9180	24.54	53.16	3.39	7.73	98.62
262929	7412	428441	40800	19.94	60.89	2.94	6.54	98.59
2093245	57501	3510101	352999	20.33	53.83	2.88	7.22	98.42
199937	8521	340249	34628	18.71	59.11	2.55	7.53	97.36
295032	9127	497263	52912	18.62	51.12	2.77	7.24	98.17
251434	10309	403506	38201	14.81	53.22	2.14	6.68	98.90
374433	7663	659391	59445	26.84	50.05	3.85	6.94	98.14
230211	5541	381093	46453	17.65	52.30	3.07	6.48	98.79
342265	7156	544747	46256	24.51	53.11	2.78	8.82	98.78
45674	244	74436	4961	26.07	61.79	3.11	9.68	98.84
304250	7105	522428	57484	22.27	58.74	3.36	6.78	98.66
50009	1835	86989	12659	16.15	52.34	2.07	6.99	97.93
1741951	59705	2864122	268680	18.95	57.64	2.39	7.50	98.43
550309	24718	896296	69084	19.21	55.39	2.40	7.84	98.50
163185	10344	283090	47194	13.58	62.85	1.87	5.90	96.89
88130	28	146613	8901	20.86	61.21	1.99	8.63	102.15
34878	537	61989	8864	12.98	63.38	1.82	6.01	98.66
162442	6575	257169	27895	18.59	61.25	2.74	7.18	98.08
69940	2374	106828	10188	25.14	52.54	2.94	8.28	99.07
71375	2499	115547	9425	26.74	44.60	5.40	7.62	100.56
146374	5356	245678	25940	25.60	54.12	3.53	7.91	99.34
455319	7274	750912	61189	18.99	57.62	2.20	7.65	97.79
647140	15852	1086448	135741	17.77	60.11	2.73	6.42	98.46
17031	4551	61075	12398	13.14	52.45	3.03	2.22	99.06
43287	88	75599	3383	29.51	65.98	5.04	6.11	98.67
15001		23126	1516	73.66	28.79	11.35	10.83	93.84
14927	221	28358	4280	35.09	57.79	4.73	6.37	98.11
557101	10784	898493	114064	17.06	60.64	2.54	6.77	98.48
971923	19294	1511936	137736	19.26	62.72	2.98	7.98	99.50
192818	1912	265056	14422	17.03	60.64	1.84	10.28	97.03
21834	34	31978	1468	28.23	44.64	2.47	14.30	99.06
521987	11532	862629	85185	20.24	64.92	3.15	8.36	99.40
108834	88	142911	6751	20.58	51.42	5.86	7.09	104.77
55593	2025	91904	12796	19.02	66.53	2.94	6.10	97.87

1-A-9 续表 9

项　　目	主营业务收　　入	主营业务成　　本	主营业务税金及附加	营业费用	管理费用	财务费用
自行车制造	1421580	1252863	5196	57655	43513	6492
非公路休闲车及零配件制造	63287	53194	285	1339	6007	958
潜水救捞及其他未列明运输设备制造	40301	33289	359	2208	1448	874
电气机械和器材制造业	61778924	53584823	309471	1147773	1900809	580574
电机制造	9180005	8005255	53056	140476	280703	74817
输配电及控制设备制造	20921431	17911560	122056	439827	711087	174095
电线、电缆、光缆及电工器材制造	22347117	19639845	75970	353512	556557	245045
电池制造	1885392	1664712	8239	34819	70609	17521
家用电力器具制造	3395220	2950931	18106	70594	109964	29737
非电力家用器具制造	676544	572321	4215	19500	27009	6295
照明器具制造	3225005	2710537	27100	86265	135362	30621
其他电气机械及器材制造	148210	129663	731	2781	9518	2444
计算机、通信和其他电子设备制造业	16950362	14484654	90586	336204	785255	168797
计算机制造	1128065	986681	3927	36119	50833	9850
通信设备制造	2072500	1807100	10721	25945	63281	11603
广播电视设备制造	1131115	951245	6374	29839	72561	10754
雷达及配套设备制造	82506	66572	900	3335	5449	748
视听设备制造	696667	589118	2918	9477	54916	6903
电子器件制造	3555128	3007638	15976	69129	203729	52683
电子元件制造	7276007	6209898	44256	141955	285823	69974
其他电子设备制造	1008374	866402	5515	20405	48663	6283
仪器仪表制造业	14695430	12414206	95019	318323	541175	112899
通用仪器仪表制造	11087288	9366004	73045	227391	372273	71986
专用仪器仪表制造	2998250	2533306	18083	79116	139666	35124
光学仪器及眼镜制造	312990	267334	1486	4475	14576	4582
其他仪器仪表制造业	294089	245349	2364	7289	14262	1187
其他制造业	2161657	1899628	11533	42445	51350	14241
日用杂品制造	2000923	1760990	9447	37705	46198	12934
煤制品制造	113719	96684	1618	3247	3822	938
其他未列明制造业	47016	41954	468	1494	1330	370
废弃资源综合利用业	1397368	1280827	8684	17462	34773	12144
金属废料和碎屑加工处理	1095891	1013131	5597	11296	26487	7094
非金属废料和碎屑加工处理	301478	267696	3087	6166	8286	5049
金属制品、机械和设备修理业	153360	130443	2525	2378	5342	762
金属制品修理	47013	41100	1126	556	1263	465
铁路、船舶、航空航天等运输设备修理	53903	46153	704	369	2425	101
电力、热力、燃气及水生产和供应业	**935290**	**708121**	**4900**	**7626**	**42577**	**43016**
电力、热力生产和供应业	675358	493319	3770	2383	29236	38955
电力生产	474431	354853	2004	1673	21910	30109
热力生产和供应	197414	135952	1737	710	7223	8847
燃气生产和供应业	131781	106475	702	4750	8476	1778
水的生产和供应业	128151	108327	428	494	4865	2283
自来水生产和供应	6726	4591	117	163	623	684
污水处理及其再生利用	121425	103737	311	331	4242	1599

单位：万元

利润总额	亏损企业亏损总额	利税总额	全部从业人员年平均人数（万人）	总资产贡献率（%）	资产负债率（%）	流动资产周转率（次/年）	成本费用利润率（%）	产品销售率（%）
66897	3537	108707	14818	15.89	66.77	3.16	4.90	98.31
1679	165	4682	1667	13.37	66.71	2.77	2.73	98.03
2280		4069	629	18.60	33.75	4.11	6.00	99.41
4151127	58769	6675074	448975	20.88	55.63	2.76	7.21	98.69
642970	3633	1047132	82026	25.65	57.77	3.36	7.53	98.41
1501793	20780	2367462	151999	21.23	55.07	2.71	7.75	98.48
1404380	17353	2258839	107987	18.20	55.51	2.42	6.70	99.09
94163	4726	162674	22489	19.22	59.90	3.43	5.26	98.97
218483	2819	362318	32448	28.41	60.67	4.14	6.86	97.59
46770	733	73326	5768	27.79	45.58	4.74	7.48	97.65
238909	6946	395607	43879	22.88	49.88	2.99	8.03	99.26
3658	1780	7716	2379	4.74	64.43	1.05	2.53	99.64
1114372	44033	1785586	216295	18.71	58.55	2.69	7.02	98.53
41632	11121	72458	15987	16.22	64.98	3.99	3.72	99.45
157176	4663	241786	19153	23.33	47.72	3.15	8.24	96.60
64218	2701	104292	13296	16.10	53.75	2.26	6.03	98.62
5596		10287	1085	15.68	90.87	1.62	7.04	99.25
35418	307	55753	10639	15.52	62.20	2.66	5.36	97.30
218537	8249	345790	53504	13.06	58.09	2.27	6.50	98.81
528209	14941	853252	89382	23.42	61.29	2.84	7.85	98.79
63587	2051	101968	13249	15.93	56.97	2.48	6.75	99.24
1193240	22016	1857793	115107	24.38	50.06	3.32	8.89	97.80
948309	4410	1448060	77218	25.23	49.16	3.33	9.42	97.86
200318	16083	339559	27748	22.33	52.07	3.41	7.16	97.52
20645	1511	31410	7921	14.40	60.21	2.22	7.09	97.52
23861	11	38461	2016	30.26	46.72	4.01	8.90	98.85
137037	1069	241964	24751	33.68	43.18	5.63	6.82	98.53
128555	699	224211	23426	35.94	40.93	6.09	6.92	98.60
7239	9	15306	746	36.19	59.64	5.07	6.91	97.29
1244	361	2448	579	4.87	56.78	1.42	2.76	98.73
43900	10094	89636	7729	15.08	55.42	3.74	3.26	98.23
32725	8124	69629	4942	17.22	50.45	4.37	3.09	98.33
11175	1970	20007	2787	10.89	65.17	2.46	3.87	97.86
12329	89	20191	1863	24.60	49.82	4.33	8.87	97.59
2503	48	4298	436	8.66	45.78	3.10	5.77	93.86
4570	41	8246	1019	44.09	56.99	3.62	9.32	99.89
139677	**3403**	**180425**	**6662**	**14.77**	**57.89**	**1.65**	**17.15**	**98.54**
117590	2934	147190	5206	14.74	58.24	1.50	20.81	98.44
69623	2559	87911	3731	12.84	59.17	1.55	17.00	98.70
46862	375	57905	1445	19.54	56.23	1.36	30.67	97.87
9734	369	14145	937	11.44	58.47	2.06	7.33	98.95
12353	100	19090	519	19.60	53.04	2.40	10.57	98.68
508		793	122	2.69	67.83	0.54	8.37	100.00
11845	100	18297	397	26.32	47.15	2.94	10.69	98.60

1-B-1 全部工业企业法人单位基本情况

地区	企业法人单位数(个)			从业人员(人)		
	合计	规模以上	规模以下	合计	规模以上	规模以下
总计	**349883**	**48787**	**301096**	**16408034**	**11447870**	**4960164**
苏南	215565	25987	189578	9540644	6705049	2835595
苏中	71351	10468	60883	3338380	2255375	1083005
苏北	62951	12316	50635	3468290	2426726	1041564
南京市	15179	2783	12396	1021870	794559	227311
无锡市	51562	5400	46162	1995301	1343597	651704
徐州市	17803	2931	14872	1123277	785964	337313
常州市	38643	4245	34398	1331363	858129	473234
苏州市	92441	10776	81665	4410044	3149963	1260081
南通市	32085	5107	26978	1446881	957563	489318
连云港市	6938	1649	5289	375079	254585	120494
淮安市	10793	2226	8567	536815	411080	125735
盐城市	16542	2920	13622	815136	566669	248467
扬州市	19176	2748	16428	1074452	783084	291368
镇江市	17740	2783	14957	782066	558801	223265
泰州市	20090	2613	17477	817047	514728	302319
宿迁市	10875	2590	8285	617983	408428	209555

1-B-2　全部工业企业主要经济指标

地　区	企业单位数(个)	主营业务收入(万元)	主营业务税金及附加(万元)	资产总计(万元)
总　计	**349883**	**1478739799**	**13344797**	**1135420875**
苏　南	215565	831245864	6304705	738914952
苏　中	71351	305294259	2361068	185471103
苏　北	62951	315101803	4561261	186120807
南京市	15179	129916818	3347588	103841319
无锡市	51562	167072096	859488	172852322
徐州市	17803	115446967	2091874	62838104
常州市	38643	118746941	570619	93457336
苏州市	92441	338346119	1143006	311215221
南通市	32085	127947265	701983	84873599
连云港市	6938	43961418	408733	27278889
淮安市	10793	49940713	985167	26026246
盐城市	16542	69686770	753351	43895890
扬州市	19176	89919064	940076	51044299
镇江市	17740	77163891	384003	57548755
泰州市	20090	87427931	719009	49553205
宿迁市	10875	36065935	322136	26081678

1-B-3 规模以上工业

地　　区	企业单位数(个)	#亏损企业	工业总产值(当年价格)	销售产值(当年价格)	出口交货值	资产总计	流动资产合　　计
总　　计	**48787**	**6173**	**1340809071**	**1327214500**	**228469068**	**943109002**	**512023301**
苏　　南	25987	4956	749500908	741709829	179972760	614210249	362547450
苏　　中	10468	541	277202490	273167890	34305108	149331814	78122398
苏　　北	12316	673	287030145	285262670	13996563	154652926	68708818
南 京 市	2783	452	125630932	124272295	17723199	94156704	50104085
无 锡 市	5400	1026	148763310	146231549	26459315	141752105	87979418
徐 州 市	2931	82	106051536	104944499	2813441	54413214	23776341
常 州 市	4245	612	100358193	99362663	11615674	75608906	46567266
苏 州 市	10776	2563	302762935	300459646	120138934	251288272	152906922
南 通 市	5107	218	112539581	111468475	15795987	68950679	35605365
连云港市	1649	159	41010774	40392486	1407740	23272594	10018521
淮 安 市	2226	187	46381079	46917882	5887860	20646698	9306331
盐 城 市	2920	164	63705123	63448481	2763806	35655337	15325319
扬 州 市	2748	171	83242102	81710993	10383012	41588165	20872731
镇 江 市	2783	303	71985538	71383677	4035639	51404263	24989759
泰 州 市	2613	152	81420807	79988423	8126110	38792970	21644302
宿 迁 市	2590	81	29881634	29559322	1123715	20665083	10282306

1-B-3　续表

地　　区	主营业务收　　入	主营业务成　　本	主营业务税金及附加	营业费用	管理费用	财务费用	利润总额
总　　计	**1336059118**	**1157399841**	**11382383**	**29112769**	**45796937**	**12030543**	**83795047**
苏　　南	747919714	651732319	5338180	15545286	29126509	7145387	41292646
苏　　中	273084438	235060326	1838957	6529470	8003504	1891807	20074896
苏　　北	287957094	244646759	4087483	6995085	8449642	2829782	21762329
南 京 市	124252054	103857788	3253869	2998467	4889956	880348	9791044
无 锡 市	146554624	127585712	613456	2864205	6173980	1885212	8334735
徐 州 市	106647949	90299786	1910886	1989304	2957528	1052489	8748525
常 州 市	103818911	90808919	390737	1773726	3773991	1274797	5256942
苏 州 市	302249211	268555015	827704	6509812	11975483	2268875	13501159
南 通 市	111958052	97334749	490976	1576456	2961808	924002	8615231
连云港市	40836646	33947710	359919	1712363	1416173	435066	3160934
淮 安 市	46899459	41121240	920017	959634	1248911	434797	2289918
盐 城 市	63893293	54660521	643495	1715986	2011244	657060	4279918
扬 州 市	82021117	70944075	769689	1560173	2476695	488220	5760476
镇 江 市	71044915	60924886	252414	1399078	2313100	836156	4408766
泰 州 市	79105269	66781501	578292	3392840	2565001	479585	5699188
宿 迁 市	29679747	24617503	253166	617798	815787	250369	3283034

企业主要经济指标

单位：万元

应收账款	存货	产成品	固定资产合　　计	负债合计	流动负债合　　计	所有者权益合计	实收资本
152120489	**114100330**	**42148938**	**312491768**	**534754893**	**459429640**	**407485663**	**206910150**
112187590	79581851	29538007	179063530	356170077	312025660	257747292	142581601
22714760	18018562	6374503	50108915	81810398	70487188	67343405	32785459
16915878	16183599	6188818	66576040	81016454	63373237	73238917	30125997
15691987	11956869	3351045	28105163	54526040	46101337	39507704	21760986
26185404	18905522	7256827	37206361	82929094	73798096	58718999	29319245
6510750	5378863	2174412	23311920	28349185	19969547	25815807	8016273
13745781	10351556	4096593	20760459	45279196	41686013	30326537	14388957
49369046	33345667	12748984	74869872	143233671	125368637	108012436	65704979
9797148	8570738	2877479	22002425	38395278	32880173	30531468	15034006
2555437	2140905	789179	9574773	13100692	9657953	10139521	4799345
2359054	2312745	784648	9192427	10297717	8528872	10315254	5436154
3657620	3540919	1561580	16119848	19829579	16813212	15812521	7294191
6457257	4603508	1568425	16026538	21861673	18988769	19648824	10812599
7195372	5022237	2084558	18121675	30202075	25071577	21181615	11407434
6460355	4844315	1928599	12079953	21553447	18618246	17163113	6938854
1833017	2810167	878999	8377072	9439281	8403654	11155814	4580034

单位：万元

亏损企业亏损总额	利税总额	全部从业人员年平均人数（人）	总资产贡献率（%）	资产负债率（%）	流动资产周转率（次/年）	成本费用利润率（%）	产品销售率（%）
5012981	**138206752**	**11508334**	**15.80**	**56.70**	**2.67**	**6.59**	**98.99**
3742521	65446639	6754041	11.71	57.99	2.13	5.71	98.96
700190	33349037	2274956	23.49	54.78	3.51	7.94	98.54
526218	37681787	2418929	25.92	52.39	4.30	8.06	99.38
549501	17891738	797064	19.93	57.91	2.53	8.56	98.92
642255	12609663	1349820	10.11	58.50	1.78	5.65	98.30
208967	15635010	787648	30.40	52.10	4.76	8.53	98.96
403815	8667334	854828	12.89	59.89	2.28	5.26	99.01
1997589	19375338	3196005	8.56	57.00	2.03	4.57	99.24
295941	13310238	982802	20.56	55.69	3.16	8.33	99.05
91601	5093579	251688	23.62	56.29	4.09	8.41	98.49
86877	4268448	415419	22.31	49.88	5.07	5.21	101.16
109325	8049966	560704	24.22	55.61	4.19	7.21	99.60
306390	9973668	780792	24.98	52.57	3.95	7.60	98.16
149363	6902565	556324	14.77	58.75	2.87	6.67	99.16
97859	10065131	511362	27.10	55.56	3.67	7.75	98.24
29449	4634785	403470	23.27	45.68	2.90	12.45	98.92

1-B-4 规模以上国有控股

地区	企业单位数(个)	#亏损企业	工业总产值(当年价格)	销售产值(当年价格)	出口交货值	资产总计	流动资产合计
总计	**961**	**166**	**143848528**	**144635352**	**7813163**	**169776706**	**68244513**
苏南	561	91	69852524	69718484	4423991	83061794	39857071
苏中	175	34	26342983	26061590	2609797	27062982	10607020
苏北	210	38	20582009	21785683	584739	34746893	15142136
南京市	204	32	43394322	43261628	1946248	43421165	21375938
无锡市	99	19	6659545	6591418	785070	11121712	5624001
徐州市	44	9	11182051	11194341	488299	19536558	9934275
常州市	70	8	4047779	4022240	233728	6258651	3042634
苏州市	123	24	11181428	11273051	1389776	15603346	7664716
南通市	70	15	6886422	6797547	1691721	11996394	4748103
连云港市	47	11	2919986	2913303	39921	6740642	1898152
淮安市	42	5	3778628	4959478	38183	4309346	1908877
盐城市	59	11	1804581	1792304	14347	3183449	952388
扬州市	73	16	13916133	13748176	732445	11794359	4608592
镇江市	65	8	4569450	4570147	69169	6656920	2149783
泰州市	32	3	5540428	5515867	185632	3272229	1250325
宿迁市	18	2	896764	926258	3988	976898	448445

1-B-4 续表

地区	主营业务收入	主营业务成本	主营业务税金及附加	营业费用	管理费用	财务费用	利润总额
总计	**147644014**	**125525070**	**5412180**	**2397902**	**5312053**	**1751318**	**8773903**
苏南	72871836	61694544	2795816	1498109	3050957	772630	4188737
苏中	26236200	22073678	518555	319264	933342	300346	1934832
苏北	21443015	15798071	1980048	537693	1111824	514691	1987043
南京市	45377221	37853061	2655233	865325	1849747	330057	2380401
无锡市	6636345	5562204	58057	203531	413449	94991	494633
徐州市	11788314	8610573	1157595	314157	749926	289843	846718
常州市	4214254	3569272	24054	138955	261016	79257	242614
苏州市	12059450	10874479	37718	217166	391851	159360	598342
南通市	6940812	5582609	28391	118002	285887	156348	680620
连云港市	2921703	2382634	18491	64495	132453	114899	400139
淮安市	3849064	2459652	725030	106653	129352	50583	395334
盐城市	1967750	1700418	9408	38793	66852	52295	112001
扬州市	13739847	11606638	340553	160936	565874	116754	848637
镇江市	4584565	3835527	20754	73133	134895	108966	472746
泰州市	5555541	4884431	149612	40326	81582	27244	405575
宿迁市	916184	644794	69524	13594	33241	7072	232850

工业企业主要经济指标

单位：万元

应收账款	存货	产成品	固定资产合计	负债合计	流动负债合计	所有者权益合计	实收资本
16726397	**15643943**	**3966978**	**70960572**	**106030808**	**79704064**	**63733087**	**30516922**
9454286	9294859	2012624	28845046	51330628	39747158	31731166	18895813
2752497	2183056	685072	11751270	17022795	13088493	10027376	6195538
4218171	3850009	1221671	13623150	21919794	13325230	12827099	4012228
5267937	5757809	1058234	13423968	25390281	20823847	18030884	10694157
1399861	1079574	311952	3980350	6886173	4853126	4235539	2156356
3100652	2179639	881873	5978841	11868573	7012403	7667985	1545828
975429	733055	222572	2529193	3719201	3101409	2539450	1360467
1247993	1347330	368195	5931214	10216056	7768943	5387291	3942087
1389836	813381	310654	4841872	7923945	5801515	4072449	2276387
556586	526358	121858	3317029	4903741	2346742	1836901	979662
192936	616034	66961	1934085	2258599	1757641	2050747	686048
246438	326264	114276	1921116	2261342	1624711	922108	689635
1153882	1045832	254430	5756838	6922111	5734396	4859437	3250526
563066	377092	51671	2980321	5118917	3199833	1538003	742747
208780	323842	119988	1152559	2176739	1552582	1095490	668625
121558	201715	36704	472078	627541	583734	349358	111055

单位：万元

亏损企业亏损总额	利税总额	全部从业人员年平均人数（人）	总资产贡献率（%）	资产负债率（%）	流动资产周转率（次/年）	成本费用利润率（%）	产品销售率（%）
718536	**20548704**	**789638**	**13.14**	**62.45**	**2.30**	**6.11**	**100.55**
339874	10060710	368001	13.08	61.80	1.88	6.09	99.81
275590	3557302	141530	14.17	62.90	2.53	8.00	98.93
59021	5203312	219797	16.49	63.08	1.84	8.22	105.85
147842	7288278	186233	17.58	58.47	2.16	5.73	99.69
41259	778053	54959	7.82	61.92	1.21	7.68	98.98
15112	2745642	138131	15.50	60.75	1.81	5.30	100.11
56821	421507	36384	7.94	59.42	1.44	5.86	99.37
82771	925504	60587	7.14	65.47	1.64	4.97	100.82
23886	931839	42755	8.93	66.05	1.51	10.59	98.71
21641	578160	23894	10.65	72.75	1.57	14.70	99.77
11334	1366599	22204	32.77	52.41	2.09	13.75	131.25
8940	163975	19479	6.75	71.03	2.12	5.92	99.32
243835	1686654	84485	15.20	58.69	3.05	6.68	98.79
11181	647368	29838	11.25	76.90	2.37	10.19	100.02
7869	938809	14290	29.67	66.52	4.47	8.01	99.56
1993	348938	16089	36.43	64.24	2.07	33.05	103.29

1-B-5 规模以上轻工业

地　区	企业单位数(个)	#亏损企业	工业总产值(当年价格)	销售产值(当年价格)	出口交货值	资产总计	流动资产合计
总　计	**18330**	**2184**	**353682913**	**349229137**	**57219869**	**235665663**	**130269046**
苏　南	8929	1727	174621007	172841580	40805216	149343279	86358655
苏　中	4187	202	79626155	78597425	12504738	39106268	20725105
苏　北	5214	255	99435751	97790132	3909915	47216116	23185286
南京市	798	112	25570257	25221459	4082467	16766094	9589762
无锡市	1553	302	35330609	34816857	9130980	31990770	18337289
徐州市	1076	24	31455244	30949624	628153	11727812	5766707
常州市	1349	192	22354030	22240782	4704979	17602357	10705708
苏州市	4366	1034	78901611	78242291	21427219	71486278	42492901
南通市	2509	84	37755487	37515394	6881739	19633792	9845763
连云港市	673	50	11913289	11666191	486454	6580183	3622072
淮安市	1038	83	18157216	17767894	630444	7084186	3802065
盐城市	1215	54	22382313	22062334	1533180	10338704	4036879
扬州市	966	60	19241983	18839323	3586838	8093305	4215043
镇江市	863	87	12464501	12320192	1459569	11497780	5232995
泰州市	712	58	22628685	22242708	2036161	11379171	6664300
宿迁市	1212	44	15527689	15344089	631684	11485232	5957563

1-B-5 续表

地　区	主营业务收入	主营业务成本	主营业务税金及附加	营业费用	管理费用	财务费用	利润总额
总　计	**352060051**	**296679401**	**4644900**	**12366366**	**12704913**	**3111953**	**24118342**
苏　南	174967762	149661265	1728173	5922608	7100689	1807523	9762431
苏　中	78569850	66378702	426258	3295216	2494862	483209	5791753
苏　北	98522440	80639434	2490470	3148542	3109363	821221	8564158
南京市	25925081	19686603	1157827	1290003	1096149	82665	2929916
无锡市	35890185	31324507	155541	1032450	1311309	404414	1899783
徐州市	31098974	25397590	1306990	714891	732110	171384	2833637
常州市	22579065	19464089	110795	557695	1042842	285393	1208232
苏州市	78292176	68627859	255074	2759782	3245413	874559	3008932
南通市	37762582	33038362	172068	489889	958878	240469	2883138
连云港市	11735319	8752031	130498	988238	601895	88877	1204846
淮安市	18060589	14895575	720623	488127	595606	168842	1209360
盐城市	22195345	19190968	149604	564574	739479	271562	1293510
扬州市	18873274	16295485	122486	454437	549201	122267	1349313
镇江市	12281255	10558208	48936	282679	404976	160492	715569
泰州市	21933994	17044855	131704	2350890	986784	120472	1559302
宿迁市	15432213	12403270	182755	392712	440272	120555	2022804

企业主要经济指标

单位：万元

应收账款	存货	产成品	固定资产合计	负债合计	流动负债合计	所有者权益合计	实收资本
31786312	**32791846**	**12818981**	**74641363**	**127731300**	**109691986**	**107676955**	**52096458**
21888043	21078535	8744116	43179189	86069123	73539710	63167457	34613999
5518950	5143721	2059423	12731986	20094387	17555440	18949172	8375511
4379319	6569590	2015443	18730187	21567790	18596837	25560326	9106949
2173778	2286859	717763	4336711	8040008	6760547	8640347	3242677
4877858	5015811	2001678	9164073	18548355	14901355	13438959	6020111
925434	1669514	430036	4450583	4456944	3708348	7226994	1957595
2982669	2446392	997541	5000593	10111022	9245359	7490760	3712896
10627585	10347680	4615990	20993399	42799521	37436821	28679500	18543700
2279520	2496372	983666	6361279	10225926	8985164	9398665	4502693
927559	594212	242657	2054530	3035567	2690502	3531639	1348820
812721	1103926	305224	2543786	3110466	2630636	3970044	1633197
900226	1279741	570407	5242855	5676939	4798132	4661765	1894236
1186567	954988	398526	3016291	4112762	3614267	3952079	2026809
1226154	981792	411144	3684414	6570217	5195628	4917892	3094615
2052863	1692361	677231	3354416	5755699	4956009	5598428	1846009
813380	1922198	467119	4438434	5287875	4769219	6169884	2273101

单位：万元

亏损企业亏损总额	利税总额	全部从业人员年平均人数（人）	总资产贡献率（%）	资产负债率（%）	流动资产周转率（次/年）	成本费用利润率（%）	产品销售率（%）
1074456	**40884630**	**4052982**	**18.49**	**54.20**	**2.74**	**7.32**	**98.74**
854683	16172315	2159023	11.88	57.63	2.08	5.80	98.98
113011	9484718	852095	25.43	51.38	3.81	7.95	98.71
106762	15227597	1041864	33.63	45.68	4.28	9.70	98.35
63494	5217257	242548	31.58	47.95	2.78	12.87	98.64
115498	2982460	403330	10.47	57.98	2.02	5.42	98.55
8750	5684842	256639	49.63	38.00	5.44	10.38	98.39
81589	2087291	308206	13.22	57.44	2.13	5.61	99.49
566826	4738023	1043734	7.72	59.87	1.90	3.88	99.16
61588	4426237	430147	23.75	52.08	3.85	8.27	99.36
15984	1898884	108956	29.86	46.13	3.25	11.53	97.93
24557	2471497	183955	36.75	43.91	4.79	7.43	97.86
42538	2330371	266063	24.87	54.91	5.53	6.20	98.57
21114	2308931	261522	29.81	50.82	4.49	7.73	97.91
27277	1147284	161205	10.92	57.14	2.38	6.18	98.84
30309	2749550	160426	25.21	50.58	3.31	7.58	98.29
14933	2842003	226251	25.40	46.04	2.60	15.10	98.82

1-B-6 规模以上重

地　区	企业单位数(个)	#亏损企业	工业总产值(当年价格)	销售产值(当年价格)	出口交货值	资产总计	流动资产合计
总　计	**30457**	**3989**	**987126158**	**977985363**	**171249199**	**707443340**	**381754254**
苏　南	17058	3229	574879901	568868249	139167545	464866970	276188795
苏　中	6281	339	197576335	194570465	21800370	110225546	57397292
苏　北	7102	418	187594394	187472538	10086648	107436810	45523532
南京市	1985	340	100060675	99050836	13640731	77390610	40514324
无锡市	3847	724	113432701	111414691	17328334	109761334	69642129
徐州市	1855	58	74596292	73994875	2185289	42685402	18009635
常州市	2896	420	78004163	77121881	6910695	58006549	35861558
苏州市	6410	1529	223861324	222217355	98711714	179801994	110414020
南通市	2598	134	74784094	73953081	8914248	49316887	25759602
连云港市	976	109	29097485	28726296	921286	16692412	6396448
淮安市	1188	104	28223862	29149988	5257416	13562513	5504266
盐城市	1705	110	41322810	41386147	1230626	25316633	11288440
扬州市	1782	111	64000119	62871669	6796173	33494860	16657688
镇江市	1920	216	59521037	59063485	2576070	39906483	19756764
泰州市	1901	94	58792122	57745715	6089949	27413799	14980002
宿迁市	1378	37	14353944	14215233	492031	9179851	4324743

1-B-6 续表

地　区	主营业务收入	主营业务成本	主营业务税金及附加	营业费用	管理费用	财务费用	利润总额
总　计	**983999067**	**860720440**	**6737483**	**16746404**	**33092024**	**8918591**	**59676705**
苏　南	572951952	502071054	3610008	9622678	22025821	5337864	31530214
苏　中	194514588	168681624	1412699	3234254	5508642	1408598	14283143
苏　北	189434654	164007325	1597013	3846543	5340280	2008561	13198172
南京市	98326973	84171186	2096042	1708463	3793807	797683	6861128
无锡市	110664439	96261205	457915	1831755	4862671	1480798	6434952
徐州市	75548975	64902196	603896	1274413	2225418	881106	5914888
常州市	81239846	71344830	279943	1216031	2731150	989404	4048710
苏州市	223957036	199927157	572630	3750030	8730070	1394316	10492227
南通市	74195470	64296387	318908	1086567	2002931	683533	5732093
连云港市	29101327	25195679	229422	724124	814277	346189	1956088
淮安市	28838871	26225665	199394	471507	653305	265955	1080558
盐城市	41697948	35469552	493890	1151412	1271765	385498	2986408
扬州市	63147843	54648591	647203	1105736	1927494	365953	4411164
镇江市	58763660	50366678	203478	1116399	1908124	675663	3693197
泰州市	57171275	49736646	446588	1041951	1578218	359112	4139886
宿迁市	14247534	12214233	70411	225086	375515	129814	1260229

工业企业主要经济指标

单位：万元

应收账款	存货	产成品	固定资产合计	负债合计	流动负债合计	所有者权益合计	实收资本
120334177	**81308484**	**29329957**	**237850405**	**407023593**	**349737655**	**299808708**	**154813692**
90299547	58503316	20793891	135884341	270100954	238485950	194579835	107967602
17195810	12874840	4315081	37376929	61716012	52931748	48394233	24409948
12536558	9614009	4173375	47845853	59448664	44776401	47678592	21019048
13518209	9670010	2633282	23768452	46486032	39340790	30867357	18518310
21307547	13889711	5255149	28042289	64380740	58896740	45280041	23299134
5585316	3709349	1744376	18861338	23892241	16261198	18588813	6058678
10763113	7905164	3099052	15759866	35168174	32440655	22835777	10676061
38741461	22997986	8132994	53876473	100434151	87931816	79332937	47161279
7517628	6074366	1893813	15641145	28169353	23895009	21132803	10531314
1627878	1546694	546522	7520243	10065125	6967451	6607883	3450525
1546334	1208819	479424	6648641	7187252	5898237	6345210	3802957
2757394	2261178	991174	10876992	14152640	12015080	11150756	5399955
5270691	3648521	1169899	13010247	17748911	15374503	15696745	8785789
5969218	4040444	1673413	14437262	23631858	19875949	16263723	8312819
4407492	3151954	1251368	8725537	15797748	13662237	11564685	5092845
1019638	887970	411880	3938639	4151406	3634435	4985930	2306933

单位：万元

亏损企业亏损总额	利税总额	全部从业人员年平均人数（人）	总资产贡献率（%）	资产负债率（%）	流动资产周转率（次/年）	成本费用利润率（%）	产品销售率（%）
3938525	**97322122**	**7455352**	**14.90**	**57.53**	**2.65**	**6.33**	**99.07**
2887838	49274324	4595018	11.66	58.10	2.14	5.68	98.95
587179	23864319	1422861	22.80	55.99	3.41	7.94	98.48
419457	22454190	1377065	22.54	55.33	4.31	7.27	99.94
486007	12674481	554516	17.40	60.07	2.48	7.49	98.99
526756	9627204	946490	10.00	58.66	1.72	5.73	98.22
200217	9950168	531009	25.12	55.97	4.54	7.86	99.19
322226	6580043	546622	12.78	60.63	2.33	5.16	98.87
1430763	14637315	2152271	8.90	55.86	2.08	4.82	99.27
234353	8884001	552655	19.28	57.12	2.90	8.37	98.89
75618	3194695	142732	21.17	60.30	4.56	7.21	98.72
62319	1796951	231464	14.76	52.99	5.27	3.90	103.28
66787	5719595	294641	23.96	55.90	3.72	7.76	100.15
285276	7664736	519270	23.82	52.99	3.82	7.55	98.24
122086	5755281	395119	15.88	59.22	3.00	6.77	99.23
67550	7315581	350936	27.89	57.63	3.83	7.82	98.22
14516	1792782	177219	20.60	45.22	3.30	9.72	99.03

1-B-7 规模以上大型

地区	企业单位数(个)	#亏损企业	工业总产值(当年价格)	销售产值(当年价格)	出口交货值	资产总计	流动资产合计
总计	**1250**	**103**	**523787103**	**519791924**	**148672170**	**413507271**	**210843545**
苏南	809	78	347499243	344723133	122988192	270992241	151026867
苏中	241	12	78983535	77867444	17932787	55951840	27692257
苏北	193	12	70405279	70299733	7559615	62187045	29784017
南京市	92	8	59840574	59490909	11415207	50153125	24832406
无锡市	143	11	65482443	64309193	17082012	63296364	34977685
徐州市	59	4	25383541	25431679	1304070	29587993	14054371
常州市	100	8	36053017	35968449	5232742	28682372	16821092
苏州市	430	51	164846417	163670171	87673609	110521984	65884220
南通市	98	3	26126198	25969280	7032394	23874929	11612458
连云港市	23	2	11401646	11154168	166510	10493407	4194018
淮安市	29	1	12816508	12637312	5125267	5642901	2902673
盐城市	54	3	15740929	15946305	865598	9922740	5020044
扬州市	89	5	28310742	27686673	5443639	15667194	6909251
镇江市	44		21276793	21284410	1584622	18338397	8511463
泰州市	54	4	24546595	24211491	5456754	16409717	9170548
宿迁市	28	2	5062656	5130270	98172	6540004	3612911

1-B-7 续表

地区	主营业务收入	主营业务成本	主营业务税金及附加	营业费用	管理费用	财务费用	利润总额
总计	**528092479**	**461559589**	**6626395**	**11584287**	**15687820**	**4203670**	**29920780**
苏南	351329499	311711235	3354581	6001457	10548985	2841624	17727155
苏中	77635544	65694362	639807	2938300	2434893	404817	5524737
苏北	72205640	58321118	2514556	2606712	2528871	799219	6023334
南京市	61783455	52282530	2678742	1422711	2165522	395834	3782544
无锡市	64427995	57069611	200005	1075576	2192831	818718	3540690
徐州市	26767916	21754586	1240788	675556	1133705	482124	1718743
常州市	39485054	35062408	123874	460594	1057298	488424	1698115
苏州市	164556917	149611353	296556	2572892	4418735	772588	7239670
南通市	25781120	22402561	99801	389473	664854	237089	1895943
连云港市	11353959	8594390	107094	972970	538988	108106	1229744
淮安市	13154292	11378190	729063	208684	250927	60543	564365
盐城市	15830980	13118285	346029	545668	391171	119266	1317042
扬州市	28003816	24252746	399250	431334	857649	134931	1825385
镇江市	21076077	17685333	55404	469684	714599	366061	1466136
泰州市	23850608	19039055	140757	2117493	912389	32797	1803409
宿迁市	5098494	3475666	91583	203834	214080	29181	1193441

工业企业主要经济指标

单位：万元

应收账款	存货	产成品	固定资产合　计	负债合计	流动负债合　计	所 有 者权益合计	实收资本
54891900	**47953301**	**15796879**	**140978414**	**237852135**	**197860270**	**175655137**	**71491771**
40571149	34027702	11534439	83352530	157154516	133720756	113837725	52102490
7192713	6537340	1913537	18318836	30478717	25626509	25473122	9906399
6894708	7151277	2313604	22664569	34820363	25178279	27366682	8154353
6654546	6547851	1268346	14745196	29640426	25243485	20512699	11318508
7332365	8361850	3113098	19837623	36493758	30263295	26802606	10889914
4003212	2992317	1160489	10383857	16693440	11149619	12894553	3512792
4021904	3336111	1211001	8466270	17307869	15585696	11374503	3952125
20520148	13929845	5113495	34243143	62704476	54324749	47817508	21724656
2993870	3019635	722456	6637441	13815662	11492601	10059266	4193238
1102160	734189	207055	4355466	6349309	3747978	4144098	1278302
518638	938044	186261	2236612	2544841	2196094	3098060	1145385
808372	1076014	516181	3517426	5925442	5036672	3997298	1629903
1951279	1770160	559805	6972681	7930149	6908968	7737045	3658200
2042186	1852044	828499	6060298	11007987	8303532	7330410	4217288
2247564	1747544	631276	4708714	8732906	7224940	7676811	2054961
462326	1410714	243618	2171209	3307331	3047916	3232674	587971

单位：万元

亏损企业亏损总额	利税总额	全部从业人员年平均人数（人）	总资产贡献率（%）	资产负债率（%）	流动资产周 转 率（次/年）	成本费用利 润 率（%）	产品销售率（%）
1189238	**52726047**	**3858203**	**13.76**	**57.52**	**2.62**	**5.82**	**99.24**
660928	29154543	2522895	11.79	57.99	2.43	5.13	99.20
297713	9730930	658898	18.10	54.47	2.83	7.66	98.59
189713	12136593	621077	20.83	55.99	2.65	8.52	99.85
133550	9139445	286470	19.08	59.10	2.54	6.62	99.42
138073	5398463	527877	9.80	57.66	2.07	5.16	98.21
136324	4162711	243463	15.66	56.42	2.35	5.70	100.19
81871	2843825	260991	11.32	60.34	2.46	4.37	99.77
307434	9539198	1312325	9.39	56.73	2.57	4.49	99.29
155317	3107372	238108	13.94	57.87	2.24	7.91	99.40
25193	2003462	64506	20.41	60.51	2.72	12.01	97.83
11250	1561382	116936	28.68	45.10	4.60	4.68	98.60
13591	2848423	107176	29.98	59.72	3.18	9.22	101.30
127721	3380414	256493	22.38	50.62	4.10	7.04	97.80
	2233612	135232	13.97	60.03	2.49	7.59	100.04
14674	3243144	164297	20.08	53.22	2.62	8.10	98.63
3356	1560615	88996	24.28	50.57	1.42	30.19	101.34

1-B-8 规模以上中型

地区	企业单位数(个)	#亏损企业	工业总产值(当年价格)	销售产值(当年价格)	出口交货值	资产总计	流动资产合计
总计	**6058**	**804**	**316624495**	**313440947**	**45652546**	**227880711**	**123624528**
苏南	3592	627	170458875	168114362	34026974	153710375	89135635
苏中	1178	65	73008301	72016385	8148438	38879705	19593925
苏北	1281	111	72989636	73146504	3474073	34820165	14605527
南京市	450	60	28294758	27892421	4821817	20852157	11674023
无锡市	647	97	34286545	33716861	5220012	34226150	21988426
徐州市	466	24	32859151	32344629	812734	10762434	4384129
常州市	465	48	22539172	22086025	3099472	18475201	11558364
苏州市	1683	405	59772925	59162721	19428727	63088709	36044598
南通市	483	22	29464347	29130620	3940330	17569503	8857853
连云港市	119	15	12031752	11861992	803255	5172153	2388280
淮安市	184	27	7166591	8351847	470671	5074615	1858904
盐城市	329	26	14733389	14518627	744556	9466643	3804648
扬州市	487	27	26205275	25809300	2826184	13383335	6664623
镇江市	347	17	25565475	25256334	1456946	17068159	7870223
泰州市	208	16	17338679	17076465	1381925	7926866	4071449
宿迁市	183	19	6198753	6069409	642856	4344321	2169567

1-B-8 续表

地区	主营业务收入	主营业务成本	主营业务税金及附加	营业费用	管理费用	财务费用	利润总额
总计	**315581448**	**268083582**	**1753914**	**7844356**	**12435095**	**3022488**	**23518309**
苏南	169759618	143127092	789194	4860474	8083583	1743158	11964351
苏中	72436235	61801293	470890	1414609	2123607	576623	6158377
苏北	73218467	63033193	493525	1564257	2189390	697966	5375016
南京市	28350717	23386161	120181	885906	1301013	249268	2654606
无锡市	33988188	28253333	246500	913187	1672155	410845	2811943
徐州市	32581911	27905546	247734	588868	845257	253416	2794822
常州市	22640882	19060823	101960	646725	1066599	305324	1529139
苏州市	59647698	50766548	240763	1983808	3297856	574592	3325036
南通市	29741774	25477650	127818	402105	859341	263830	2613713
连云港市	12126507	10619203	85571	254368	345841	96861	708621
淮安市	7471859	6461722	36930	227743	298794	102835	363631
盐城市	14923887	12714882	95339	388209	541498	185834	1050229
扬州市	25860982	22116638	197210	552261	718563	178349	2154225
镇江市	25132133	21660227	79790	430847	745961	203130	1643627
泰州市	16833479	14207005	145863	460243	545704	134444	1390439
宿迁市	6114303	5331841	27952	105070	158000	59020	457713

工业企业主要经济指标

单位：万元

应收账款	存货	产成品	固定资产合计	负债合计	流动负债合计	所有者权益合计	实收资本
37765106	**28704560**	**11237351**	**78949698**	**127641049**	**109776506**	**100239662**	**53568053**
28652794	20193668	7929414	47730158	86903324	76003257	66807051	37855234
5494015	4901752	1876557	14336891	21733359	18369011	17146346	8428452
3553147	3531905	1419719	16803166	18694285	15199254	16125880	7209553
4321600	2538025	975933	6671390	12291582	10158420	8560575	4234560
7290967	4752911	1839436	8318480	19640707	18161445	14585442	7237983
1132640	1062767	372536	5451263	5397622	3876764	5364811	1701425
3408101	2919293	1229652	5010442	10512462	9828635	7962739	3581692
11435359	8283060	3253576	20806716	34346142	29458194	28742567	19602188
2325988	2334648	922491	6119970	9666398	7950863	7903105	3712829
594509	607617	240972	2087936	2789046	2359985	2383107	1395631
473437	429426	178572	2788082	2949510	2295972	2125105	1439037
947210	878319	372839	4645907	5445669	4783823	4020974	1723475
1950728	1456278	478789	5381215	7596532	6536032	5786803	3096129
2196767	1700379	630818	6923130	10112431	8396563	6955728	3198811
1217299	1110827	475277	2835706	4470429	3882116	3456438	1619495
405350	553776	254801	1829977	2112438	1882709	2231883	949985

单位：万元

亏损企业亏损总额	利税总额	全部从业人员年平均人数（人）	总资产贡献率（%）	资产负债率（%）	流动资产周转率（次/年）	成本费用利润率（%）	产品销售率（%）
1352106	**36453492**	**3184928**	**17.17**	**56.01**	**2.59**	**7.99**	**98.99**
1029590	17599598	1904938	12.46	56.54	1.94	7.47	98.62
181878	9896965	636734	26.80	55.90	3.72	9.30	98.64
140298	8930740	638531	27.33	53.69	5.04	7.93	100.21
133442	3744756	238918	19.09	58.95	2.48	10.17	98.58
130426	3970720	332796	12.66	57.39	1.59	8.83	98.34
40754	4600719	219779	44.74	50.15	7.46	9.42	98.43
102858	2432693	224995	14.62	56.90	1.98	7.18	97.99
600676	4939003	932303	8.65	54.44	1.69	5.77	98.98
46973	3939451	258514	23.83	55.02	3.38	9.61	98.87
14341	1231129	62969	25.50	53.92	5.09	6.25	98.59
36245	596042	95521	13.35	58.12	4.04	5.11	116.54
34851	1818503	162025	20.89	57.52	3.96	7.54	98.54
108842	3536055	266349	27.51	56.76	3.90	9.11	98.49
62188	2512425	175926	15.72	59.25	3.22	7.07	98.79
26062	2421460	111871	32.18	56.40	4.16	9.03	98.49
14106	684347	98237	16.70	48.63	2.83	8.07	97.91

1-B-9 规模以上小微型

地　区	企业单位数(个)	#亏损企业	工业总产值(当年价格)	销售产值(当年价格)	出口交货值	资产总计	流动资产合计
总　计	**41479**	**5266**	**500397474**	**493981629**	**34144351**	**301721020**	**177555228**
苏　南	21586	4251	231542790	228872335	22957594	189507633	122384948
苏　中	9049	464	125210653	123284061	8223883	54500270	30836216
苏　北	10842	550	143635230	141816433	2962875	57645716	24319273
南京市	2241	384	37495600	36888964	1486175	23151423	13597656
无锡市	4610	918	48994322	48205495	4157291	44229591	31013307
徐州市	2406	54	47808844	47168191	696638	14062788	5337842
常州市	3680	556	41766005	41308189	3283460	28451332	18187810
苏州市	8663	2107	78143594	77626755	13036598	77677579	50978104
南通市	4526	193	56949035	56368574	4823263	27506247	15135054
连云港市	1507	142	17577376	17376327	437975	7607034	3436223
淮安市	2013	159	26397979	25928723	291922	9929182	4544754
盐城市	2537	135	33230806	32983550	1153652	16265954	6500627
扬州市	2172	139	28726085	28215020	2113189	12537636	7298857
镇江市	2392	286	25143270	24842932	994071	15997707	8608072
泰州市	2351	132	39535533	38700467	1287431	14456387	8402304
宿迁市	2379	60	18620225	18359642	382687	9780758	4499828

1-B-9 续表

地　区	主营业务收入	主营业务成本	主营业务税金及附加	营业费用	管理费用	财务费用	利润总额
总　计	**492385191**	**427756670**	**3002074**	**9684126**	**17674023**	**4804385**	**30355959**
苏　南	226830597	196893993	1194406	4683356	10493941	2560605	11601140
苏　中	123012658	107564671	728259	2176561	3445004	910367	8391782
苏　北	142532987	123292448	1079401	2824116	3731381	1332596	10363979
南京市	34117881	28189097	454946	689850	1423421	235246	3353894
无锡市	48138441	42262768	166952	875441	2308995	655650	1982102
徐州市	47298122	40639654	422364	724880	978565	316949	4234960
常州市	41692974	36685687	164904	666407	1650095	481049	2029687
苏州市	78044596	68177115	290385	1953111	4258892	921695	2936453
南通市	56435158	49454538	263358	784878	1437613	423083	4105576
连云港市	17356180	14734117	167255	485025	531343	230100	1222569
淮安市	26273309	23281327	154024	523208	699190	271419	1361922
盐城市	33138426	28827353	202127	782109	1078576	351960	1912648
扬州市	28156319	24574691	173230	576579	900483	174941	1780866
镇江市	24836705	21579326	117220	498547	852540	266965	1299003
泰州市	38421182	33535442	291672	815105	1106909	312343	2505340
宿迁市	18466950	15809997	133632	308894	443707	162168	1631880

工业企业主要经济指标

单位：万元

应收账款	存货	产成品	固定资产合计	负债合计	流动负债合计	所有者权益合计	实收资本
59463483	**37442470**	**15114708**	**92563655**	**169261709**	**151792865**	**131590865**	**81850326**
42963648	25360480	10074154	47980842	112112237	102301647	77102516	52623877
10028032	6579470	2584409	17453188	29598322	26491668	24723937	14450608
6468023	5500417	2455495	27108305	27501806	22995705	29746355	14762091
4715842	2870992	1106766	6688577	12594033	10699432	10434431	6207919
11562072	5790761	2304294	9050259	26794629	25373356	17330951	11191348
1374897	1323779	641387	7476800	6258123	4943164	7556443	2802057
6315776	4096152	1655941	7283747	17458864	16271683	10989296	6855140
17413538	11132762	4381913	19820013	46183054	41585694	31452361	24378136
4477290	3216455	1232532	9245013	14913218	13436708	12569097	7127939
858768	799099	341152	3131371	3962337	3549989	3612316	2125412
1366979	945275	419815	4167733	4803366	4036806	5092089	2851732
1902038	1586586	672561	7956515	8458468	6992717	7794249	3940812
2555250	1377071	529831	3672642	6334992	5543770	6124976	4058271
2956420	1469813	625241	5138247	9081658	8371482	6895477	3991335
2995492	1985944	822046	4535533	8350112	7511190	6029864	3264399
965341	845678	380580	4375886	4019512	3473028	5691258	3042078

单位：万元

亏损企业亏损总额	利税总额	全部从业人员年平均人数（人）	总资产贡献率（%）	资产负债率（%）	流动资产周转率（次/年）	成本费用利润率（%）	产品销售率（%）
2471637	**49027213**	**4465203**	**17.56**	**56.10**	**2.80**	**6.55**	**98.72**
2052003	18692497	2326208	10.99	59.16	1.89	5.33	98.85
220599	13721142	979324	26.66	54.31	4.00	7.34	98.46
196208	16614455	1159321	30.57	47.71	5.87	7.89	98.73
282509	5007537	271676	22.51	54.40	2.57	10.77	98.38
373756	3240480	489147	8.58	60.58	1.59	4.23	98.39
31889	6871580	324406	50.45	44.50	8.88	9.91	98.66
219086	3390816	368842	13.33	61.36	2.31	5.10	98.90
1089478	4897137	951377	7.32	59.45	1.56	3.85	99.34
93651	6263415	486180	24.20	54.22	3.74	7.86	98.98
52068	1858988	124213	26.78	52.09	5.06	7.64	98.86
39381	2111024	202962	23.26	48.38	5.79	5.49	98.22
60883	3383039	291503	22.65	52.00	5.11	6.14	99.26
69826	3057199	257950	25.54	50.53	3.87	6.78	98.22
87175	2156528	245166	14.69	56.77	2.93	5.52	98.81
57122	4400528	235194	32.30	57.76	4.58	6.99	97.89
11987	2389823	216237	25.51	41.10	4.11	9.75	98.60

1-B-10 规模以上内资

地区	企业单位数(个)	#亏损企业	工业总产值(当年价格)	销售产值(当年价格)	出口交货值	资产总计	流动资产合计
总计	**37403**	**3624**	**859711345**	**850051366**	**46619397**	**591072000**	**313912663**
苏南	17701	2754	396760912	391699360	27846529	344142597	204596219
苏中	8414	349	196391424	193780326	13379912	96806050	51750623
苏北	11272	518	239483481	237497570	5198320	125209340	54921186
南京市	2110	289	74276369	73574578	3435006	64724351	34361139
无锡市	4031	698	97097132	95037685	7366610	89923390	58368936
徐州市	2749	66	96693437	95432113	1904661	46143264	20556894
常州市	3398	431	69411720	68473750	5053577	51925416	32262690
苏州市	6008	1140	108096374	107066922	10070549	104184273	62689860
南通市	3825	137	73435956	72923997	6170285	40299476	21521444
连云港市	1435	108	31720700	31266932	497006	18227440	7276745
淮安市	2036	157	35573549	36231526	548312	16141400	7444588
盐城市	2587	128	47925805	47329960	1645650	26698990	10525003
扬州市	2324	115	60846386	59889635	4196042	29851298	15489629
镇江市	2154	196	47879318	47546425	1920787	33385168	16913594
泰州市	2265	97	62109083	60966694	3013586	26655276	14739550
宿迁市	2465	59	27569989	27237039	602690	17998246	9117956

1-B-10 续表

地区	主营业务收入	主营业务成本	主营业务税金及附加	营业费用	管理费用	财务费用	利润总额
总计	**860584708**	**743501809**	**9014309**	**18562392**	**28531981**	**9623341**	**52830240**
苏南	400216566	348511652	3883209	7528382	15260401	5545445	20062464
苏中	193500750	165802318	1411276	5382871	5941604	1419452	13755258
苏北	239769519	203227403	3602060	5608211	7112695	2494877	18347342
南京市	76144489	63736533	2766942	1656539	3280285	647187	4713621
无锡市	95965629	84252786	341910	1701280	3726619	1501671	4985646
徐州市	97091790	82057556	1852222	1865027	2672009	883994	8022716
常州市	72382247	63452084	269226	1090477	2558678	945688	3651814
苏州市	108503883	96795415	327250	2053899	4078870	1787533	3940965
南通市	73312376	63993223	335917	1025614	1850725	588580	5486874
连云港市	31368853	26069763	317064	1208052	1095456	400941	2442272
淮安市	35852268	30839920	895703	800516	1031366	393806	1952459
盐城市	48149957	41598171	293233	1152164	1575062	586962	2956521
扬州市	59776390	51481775	580887	1288482	2008144	397342	3942749
镇江市	47220318	40274833	177881	1026188	1615949	663366	2770418
泰州市	60411984	50327321	494472	3068775	2082734	433530	4325634
宿迁市	27306651	22661994	243838	582452	738802	229174	2973375

工业企业主要经济指标

单位：万元

应收账款	存货	产成品	固定资产合计	负债合计	流动负债合计	所有者权益合计	实收资本
86313028	**71298482**	**27369874**	**194013036**	**348990909**	**296946784**	**241444289**	**102956663**
56826870	45945642	17850010	91704381	214036963	186974257	129958720	59290844
16008008	11598646	4451322	31191542	53593432	46023354	43110575	19984294
13175888	13437875	5020931	54373831	65602550	50405619	59218945	22264431
9627699	8743953	2269163	18054036	38557327	32572992	26127812	13343510
17059139	12703913	5199569	20428890	56071610	49488618	33795466	14683365
5581278	4685321	1916578	19121041	23675742	16212887	22219300	5924140
9276010	7155843	2775788	13573242	31812088	29485947	20110155	8135246
15736711	13902815	6149258	28158286	67067307	58279968	37088126	17136379
6166006	4657595	1763482	12164006	23308630	19888757	16973350	7968968
1821194	1626372	575333	7843666	10524636	7393688	7676020	3312191
1686397	1974284	656072	6939703	8297238	6862013	7811391	3650286
2595127	2656389	1107017	13132403	15081665	12732905	11607245	5358457
4935425	3401112	1176379	10809632	15663675	13545315	14158836	7478391
5127311	3439118	1456232	11489927	20528631	17146731	12837162	5992345
4906577	3539939	1511461	8217905	14621126	12589282	11978389	4536935
1491892	2495510	765932	7337018	8023269	7204126	9904989	4019358

单位：万元

亏损企业亏损总额	利税总额	全部从业人员年平均人数(人)	总资产贡献率(%)	资产负债率(%)	流动资产周转率(次/年)	成本费用利润率(%)	产品销售率(%)
1944104	**92452801**	**7089165**	**17.06**	**59.04**	**2.82**	**6.43**	**98.88**
1258272	35682975	3424658	11.79	62.19	2.03	5.13	98.72
362903	23323802	1600625	25.42	55.36	3.75	7.67	98.67
278878	31716736	2003474	26.98	52.39	4.49	8.15	99.17
257973	10837904	529402	17.71	59.57	2.25	6.72	99.06
247178	7851540	813307	10.23	62.35	1.77	5.11	97.88
62456	14505440	712842	33.04	51.31	5.03	8.57	98.70
153707	6026838	586041	13.10	61.26	2.31	5.21	98.65
539046	6503823	1112533	7.74	64.37	1.81	3.61	99.05
72711	8592009	631131	22.66	57.84	3.42	8.10	99.30
54138	3894707	197148	23.38	57.74	4.32	8.47	98.57
69918	3802594	286313	25.41	51.40	4.85	5.87	101.85
76488	5260323	457966	21.60	56.49	4.59	6.57	98.76
252881	7108272	589392	24.94	52.47	3.88	7.11	98.43
60368	4462871	383375	15.04	61.49	2.83	6.27	99.30
37311	7623520	380102	30.13	54.85	4.11	7.71	98.16
15878	4253672	349205	24.50	44.58	3.00	12.25	98.79

1-B-11 规模以上国有

地　区	企业单位数(个)	#亏损企业	工业总产值(当年价格)	销售产值(当年价格)	出口交货值	资产总计	流动资产合计
总　计	**156**	**26**	**41716178**	**42948006**	**802273**	**46108974**	**13241955**
苏　南	86	7	8282777	8262934	412095	12811729	6584483
苏　中	27	8	3135523	3155277	205519	6301168	2227278
苏　北	38	10	4169379	5377295	28443	4424588	2875823
南京市	35	4	4564207	4541265	379889	7722454	4714888
无锡市	11	1	1533490	1542070	32206	1144744	694455
徐州市	9	3	2131921	2137333	1226	2459239	1706797
常州市	9		115378	120882		220089	161371
苏州市	17	2	1099455	1092611		2348074	600141
南通市	5	1					
连云港市	5	1					
淮安市	10	2	1490813	2683048	2535	1418138	1006587
盐城市	9	3	172083	187670		233579	71498
扬州市	12	5	1582881	1585685	22989	4272047	1265950
镇江市	14		970247	966106		1376368	413628
泰州市	10	2	1435604	1459858	182530	1633045	727201
宿迁市	5	1					

1-B-11 续表

地　区	主营业务收入	主营业务成本	主营业务税金及附加	营业费用	管理费用	财务费用	利润总额
总　计	**41714257**	**34889862**	**3043893**	**334219**	**923306**	**284666**	**2425028**
苏　南	8334719	5632931	1076885	225764	496309	93009	928597
苏　中	3204884	2469273	197264	34800	229511	44698	257349
苏　北	4192575	1703504	1682469	67537	171567	-685	589395
南京市	4629190	2565066	1060576	133657	334835	22129	568626
无锡市	1558484	1395255	3945	50570	76018	9675	40082
徐州市	2117098	561372	1069946	37011	97379	-9803	371322
常州市	126517	95815	515	4612	15777	424	12769
苏州市	1058519	852616	4586	20913	47344	36013	138441
南通市							
连云港市							
淮安市	1526777	652948	609941	22377	49493	-5118	202877
盐城市	189249	157613	1027	1889	7648	8679	13135
扬州市	1590333	1003914	165250	8894	172147	42418	210961
镇江市	962009	724179	7263	16012	22335	24767	168679
泰州市	1501512	1377909	31742	19726	47497	-764	34888
宿迁市							

工业企业主要经济指标

单位：万元

应收账款	存货	产成品	固定资产合计	负债合计	流动负债合计	所有者权益合计	实收资本
1723254	**2856986**	**398767**	**24359075**	**26257397**	**20469758**	**19846238**	**4875990**
1060453	1398310	261099	4061991	6680263	4032876	6131467	1922558
411581	381497	64374	3106067	4089597	3171425	2206232	1744381
183031	1006428	58476	1113964	1218938	1006068	3205650	388920
682348	1058583	148196	1793812	3434126	2335191	4288329	1171656
152103	158819	75570	383859	771110	580205	373635	186064
81319	606509	22562	485109	539310	432636	1919929	120901
8522	42667	14787	37147	104893	98897	115196	38137
116687	84205	12962	1447200	1227863	684751	1120211	425591
67091	362129	26965	264686	355096	326930	1063042	101699
16094	8644	3135	154757	171730	94989	61850	72136
305829	241977	24202	2634282	2603017	2102187	1663691	1361476
100793	54036	9583	399974	1142272	333833	234096	101110
69597	106402	27706	329778	1182195	861911	450851	307215

单位：万元

亏损企业亏损总额	利税总额	全部从业人员年平均人数(人)	总资产贡献率(%)	资产负债率(%)	流动资产周转率(次/年)	成本费用利润率(%)	产品销售率(%)
104450	**7551767**	**152009**	**16.98**	**56.95**	**3.24**	**6.48**	**102.95**
3958	2512164	55129	20.27	52.14	1.36	13.30	99.76
71798	668792	29322	11.37	64.90	1.51	8.86	100.63
25867	2701722	23700	61.00	27.55	1.56	26.35	128.97
815	1989475	30418	26.01	44.47	1.06	16.63	99.50
2104	71381	8841	7.03	67.36	2.31	2.57	100.56
1633	1703350	7888	68.86	21.93	1.35	42.67	100.25
	17778	1808	8.47	47.66	0.80	10.86	104.77
1040	202175	7103	9.95	52.29	2.03	12.72	99.38
4574	957598	7574	67.05	25.04	1.62	24.67	179.97
1790	22672	2681	13.33	73.52	2.68	7.36	109.06
63668	510350	22230	12.88	60.93	1.36	15.76	100.18
	231355	6959	18.61	82.99	2.37	21.17	99.57
7070	142306	5777	9.00	72.39	2.09	2.40	101.69

1-B-12 规模以上集体

地区	企业单位数(个)	#亏损企业	工业总产值(当年价格)	销售产值(当年价格)	出口交货值	资产总计	流动资产合计
总计	**303**	**31**	**8512307**	**8124675**	**141691**	**7428610**	**4944607**
苏南	140	27	6061757	5707350	114014	5532341	3750212
苏中	127	2	1890254	1862644	27677	1745284	1099624
苏北	36	2	560297	554681		150986	94771
南京市	33	7	742695	739773	3153	169228	128715
无锡市	32	10	4471521	4132487	106103	4702087	3150921
徐州市	12		205591	203882		73072	47122
常州市	5	1					
苏州市	26	6	208068	199292		223080	189790
南通市	15		120470	120792	3168	62632	35985
连云港市	3	1					
淮安市	10		223493	220784		32357	23073
盐城市	8	1	76824	75961		24331	16167
扬州市	59	1	757930	742362	14555	197971	142365
镇江市	44	3	474641	473242	4758	298778	184214
泰州市	53	1	1011853	999489	9954	1484680	921275
宿迁市	3						

1-B-12 续表

地区	主营业务收入	主营业务成本	主营业务税金及附加	营业费用	管理费用	财务费用	利润总额
总计	**8309480**	**7596985**	**30573**	**125148**	**204193**	**111334**	**457862**
苏南	5818128	5441060	14197	49231	109857	95897	304924
苏中	1944196	1678901	12485	61701	77464	12459	120101
苏北	547157	477024	3891	14217	16872	2978	32836
南京市	733613	664108	4650	14007	23410	2564	28204
无锡市	4237871	4031250	6071	20526	56857	82459	257349
徐州市	202368	173249	1724	2668	7263	998	16430
常州市							
苏州市	193194	179138	895	1891	9354	2865	1598
南通市	119005	104839	589	2466	3150	704	7404
连云港市							
淮安市	222546	197297	1289	8715	5225	1052	8065
盐城市	68412	63191	335	1473	2263	626	2150
扬州市	739068	631793	4881	19407	29140	4035	51394
镇江市	472520	398550	1851	12044	15405	3879	14816
泰州市	1086122	942269	7015	39829	45173	7720	61303
宿迁市							

工业企业主要经济指标

单位：万元

应收账款	存货	产成品	固定资产合　计	负债合计	流动负债合　计	所有者权益合计	实收资本
761704	**1132460**	**329121**	**1457120**	**4271105**	**3721551**	**3147252**	**1628939**
429857	910267	228311	1189425	3445715	2954327	2085333	1113754
305340	203814	91757	215570	728312	691377	1008012	495690
26507	18379	9054	52125	97079	75848	53907	19495
44935	42544	26853	31514	103807	99387	65422	17471
246873	814662	174375	1011338	2835023	2364480	1867064	1027150
8105	10156	4647	24496	52357	32261	20714	4190
50589	20875	10912	22155	169932	161036	51855	21846
9115	4817	682	13372	38427	36262	24205	8826
7101	3521	1729	8057	18178	18178	14179	4339
9023	2357	652	7099	19186	18268	5145	4085
51404	34462	16397	44268	106539	98557	91199	20735
77154	25376	14932	95371	213668	207931	85110	37837
244821	164535	74679	157930	583346	556558	892608	466129

单位：万元

亏损企业亏损总额	利税总额	全部从业人员年平均人数（人）	总资产贡献率（%）	资产负债率（%）	流动资产周转率（次/年）	成本费用利润率（%）	产品销售率（%）
12863	**714515**	**71759**	**10.96**	**57.50**	**2.04**	**4.79**	**95.45**
12135	438774	47380	9.52	62.28	2.03	4.22	94.15
439	219187	19803	13.13	41.73	1.78	6.54	98.54
289	56554	4576	38.75	64.30	5.79	6.42	99.00
2218	51950	6557	31.79	61.34	5.83	3.92	99.61
6414	333248	31171	8.73	60.29	1.91	4.52	92.42
	26516	1451	37.19	71.65	4.29	8.92	99.17
1513	6823	2978	4.20	76.18	1.03	0.82	95.78
	11548	1690	18.89	61.35	3.33	6.63	100.27
	17472	1299	56.95	56.18	9.65	3.79	98.79
259	4602	1001	19.83	78.85	4.33	3.18	98.88
29	91251	8098	47.71	53.82	5.19	7.51	97.95
451	33943	5899	12.48	71.51	2.57	3.45	99.71
410	116388	10015	8.27	39.29	1.19	5.89	98.78

1-B-13 规模以上股份合作

地区	企业单位数(个)	#亏损企业	工业总产值(当年价格)	销售产值(当年价格)	出口交货值	资产总计	流动资产合计
总计	**105**	**7**	**1424188**	**1400211**	**75716**	**766341**	**518264**
苏南	57	7	480837	470216	38910	479278	337191
苏中	37		807794	795030	36806	227540	139705
苏北	11		135557	134965		59524	41368
南京市	10	2	44646	43300	1044	69241	62216
无锡市	16	4	85109	91146	10927	84882	62140
徐州市	3						
常州市	7	1	76831	76578	6281	54513	32523
苏州市	21		255989	240929	19818	261063	171409
南通市	17		359564	358511	10012	64509	40606
连云港市	1						
淮安市	2						
盐城市	5						
扬州市	6		246533	241868	6350	90577	49899
镇江市	3						
泰州市	14		201697	194651	20444	72454	49200
宿迁市							

1-B-13 续表

地区	主营业务收入	主营业务成本	主营业务税金及附加	营业费用	管理费用	财务费用	利润总额
总计	**1383443**	**1181048**	**7663**	**32697**	**57722**	**14676**	**95880**
苏南	446898	383333	2072	10740	31387	9547	14408
苏中	800482	681443	4527	19036	21879	4435	70787
苏北	136063	116273	1064	2920	4457	695	10685
南京市	43211	32864	525	1808	5106	191	3044
无锡市	70850	59876	506	1583	6944	828	1575
徐州市							
常州市	75364	66663	224	2724	4691	658	416
苏州市	243105	210997	730	4204	14072	7732	9088
南通市	363839	325477	1126	3334	5426	1247	28190
连云港市							
淮安市							
盐城市							
扬州市	244599	193687	1711	10524	9314	1227	28850
镇江市							
泰州市	192043	162278	1690	5178	7140	1961	13747
宿迁市							

工业企业主要经济指标

单位：万元

应收账款	存货	产成品	固定资产合　计	负债合计	流动负债合　计	所有者权益合计	实收资本
172724	**112083**	**56676**	**172692**	**404091**	**382815**	**361423**	**76569**
119236	71351	38789	84567	260538	250025	218740	48364
41888	35405	15438	71933	113152	106367	114388	23222
11600	5327	2449	16192	30401	26424	28295	4984
8719	3499	1610	4965	28470	25305	40771	3369
24288	14713	7773	16449	58347	58346	26535	9638
15090	9465	4632	15107	21781	19455	32732	4569
66472	43476	24706	47485	144871	140850	116191	30112
12085	10229	4218	22886	34492	34462	30016	10414
14280	10319	3124	35940	41924	37871	48653	5791
15523	14857	8096	13107	36735	34033	35719	7018

单位：万元

亏损企业亏损总额	利税总额	全部从业人员年平均人数（人）	总资产贡献率（%）	资产负债率（%）	流动资产周转率（次/年）	成本费用利润率（%）	产品销售率（%）
3975	**156637**	**16950**	**22.25**	**52.73**	**2.68**	**7.43**	**98.32**
3975	31548	9227	8.45	54.36	1.34	3.29	97.79
	106697	6362	48.79	49.73	5.74	9.72	98.42
	18392	1361	32.00	51.07	3.29	8.59	99.56
49	5744	1295	8.59	41.12	0.70	7.50	96.99
2990	5481	2183	7.23	68.74	1.15	2.27	107.09
936	3427	1182	7.39	39.96	2.33	0.55	99.67
	16295	4260	9.06	55.49	1.43	3.81	94.12
	42476	2554	67.71	53.47	8.96	8.40	99.71
	41416	2224	47.07	46.29	4.93	13.36	98.11
	22805	1584	34.09	50.70	3.90	7.79	96.51

1-B-14 规模以上联营

地　区	企业单位数（个）	#亏损企业	工业总产值（当年价格）	销售产值（当年价格）	出口交货值	资产总计	流动资产合计
总　计	**18**	**4**	**344279**	**344234**	**40706**	**247332**	**129961**
苏　南	14	4	291308	291698	40706	239669	126156
苏　中	2						
苏　北	2						
南京市	5						
无锡市	2	2					
徐州市	1						
常州市	1						
苏州市	6	2	162275	163150	40706	131056	89315
南通市	1						
连云港市							
淮安市							
盐城市	1						
扬州市	1						
镇江市							
泰州市							
宿迁市							

1-B-14 续表

地　区	主营业务收入	主营业务成本	主营业务税金及附加	营业费用	管理费用	财务费用	利润总额
总　计	**394718**	**355316**	**2911**	**7168**	**14890**	**1395**	**14900**
苏　南	341462	310104	2465	4372	13532	1302	11558
苏　中							
苏　北							
南京市							
无锡市							
徐州市							
常州市							
苏州市	212076	197221	751	2270	7462	309	5699
南通市							
连云港市							
淮安市							
盐城市							
扬州市							
镇江市							
泰州市							
宿迁市							

工业企业主要经济指标

单位：万元

应收账款	存货	产成品	固定资产合计	负债合计	流动负债合计	所有者权益合计	实收资本
33055	**40009**	**22819**	**104152**	**135741**	**130644**	**111591**	**27252**
31702	39352	22538	101099	131004	126002	108665	26478
22042	29651	16660	32000	86224	83769	44832	16195

单位：万元

亏损企业亏损总额	利税总额	全部从业人员年平均人数（人）	总资产贡献率（%）	资产负债率（%）	流动资产周转率（次/年）	成本费用利润率（%）	产品销售率（%）
5738	**30303**	**3329**	**13.31**	**54.88**	**3.06**	**3.91**	**99.99**
5738	24241	2733	11.17	54.66	2.73	3.49	100.13
5327	13103	1276	11.21	65.79	2.40	2.72	100.54

1-B-15 规模以上工业

地区	企业单位数（个）	#亏损企业	工业总产值（当年价格）	销售产值（当年价格）	出口交货值	资产总计	流动资产合计
总计	**5049**	**582**	**202931176**	**201052047**	**12119109**	**181980639**	**90612308**
苏南	1746	318	103662920	103031498	7738761	103792510	55289261
苏中	1347	92	44852498	44125995	2866787	27508378	13834905
苏北	1946	171	53599109	53103037	1475141	48978770	20471277
南京市	508	83	23614040	23421844	1244382	28467635	14545019
无锡市	324	77	19793565	19436594	1705021	20432254	11745575
徐州市	359	26	18610649	18558701	702680	21645952	10106110
常州市	190	27	7006340	7000481	370848	6140769	3341609
苏州市	461	103	39959667	40007654	3947672	37094516	20401143
南通市	562	48	10878057	10690481	1072031	11074523	4829809
连云港市	225	29	8794972	8687293	125464	8641345	3140033
淮安市	407	42	8387197	8338759	205966	5142887	1943116
盐城市	557	52	13341366	13186207	365434	10183368	3534228
扬州市	283	17	12073356	11883113	526472	7447174	3796228
镇江市	263	28	13289308	13164925	470838	11657336	5255915
泰州市	502	27	21901085	21552400	1268285	8986681	5208868
宿迁市	398	22	4464925	4332078	75597	3365218	1747791

1-B-15 续表

地区	主营业务收入	主营业务成本	主营业务税金及附加	营业费用	管理费用	财务费用	利润总额
总计	**206005816**	**177283463**	**1287903**	**6083524**	**7960694**	**2848435**	**11900037**
苏南	106880359	94052378	481709	2280697	4155773	1531543	5234263
苏中	43713493	35973021	311475	2521783	1610167	400637	2973515
苏北	54426264	46447462	490826	1245913	2078172	905316	3635885
南京市	25285961	21496068	178038	655227	1381635	320338	1737293
无锡市	20060702	17479745	119482	440621	837746	303312	1017728
徐州市	19366454	16408777	179490	435694	894271	379549	1241573
常州市	7136867	6244750	27363	134724	300574	98145	397884
苏州市	41311785	37812922	108896	624588	1091201	549158	1280994
南通市	10831771	9531451	38755	146755	334037	173987	554122
连云港市	8669008	7174169	94733	296349	342725	136202	789282
淮安市	8476057	7472904	115814	149951	229567	135451	386342
盐城市	13561614	11629904	75213	275412	468462	201311	917766
扬州市	11683963	9946989	95051	259484	407382	110168	748278
镇江市	13085045	11018893	47930	425537	544617	260590	800364
泰州市	21197759	16494580	177669	2115544	868747	116482	1671115
宿迁市	4353132	3761708	25577	88508	143147	52805	300922

有限责任公司主要经济指标

单位：万元

应收账款	存货	产成品	固定资产合计	负债合计	流动负债合计	所有者权益合计	实收资本
23742939	**20207071**	**7648539**	**63825749**	**116127254**	**89924371**	**65836170**	**30181098**
12929727	12103956	4427539	32704410	68025649	54585304	35764807	16916281
4614464	3212613	1232869	9361601	15993597	13222755	11505438	5126502
5976189	4647451	1955783	21359677	31021846	21215719	17951105	7957434
4144435	3202951	908693	7676748	18522471	14749441	9944019	5800113
2814259	2586387	1011396	5605691	13577479	10833873	6854718	3408026
3453845	2123928	1076942	7944131	13738164	8560113	7903682	2118918
1083003	885420	294251	2163396	3750493	3331230	2390276	1298751
3260247	4356650	1831955	12628201	24340752	19472044	12752913	4687588
1514956	966742	434171	3952797	7173306	5599058	3900078	2360156
894663	761560	201342	3933858	5888709	3388535	2752636	1426574
458376	379383	143766	2705607	3265930	2555749	1876957	1291807
829834	1005433	369998	5419848	6352766	5133900	3828890	2321658
1285318	880287	260059	2563932	4123059	3378741	3316271	1608600
1627783	1072549	381245	4630375	7834454	6198716	3822882	1721803
1814190	1365583	538639	2844872	4697232	4244956	4289089	1157747
339471	377147	163735	1356233	1776278	1577422	1588940	798477

单位：万元

亏损企业亏损总额	利税总额	全部从业人员年平均人数(人)	总资产贡献率(%)	资产负债率(%)	流动资产周转率(次/年)	成本费用利润率(%)	产品销售率(%)
543624	**19736778**	**1553958**	**12.34**	**63.81**	**2.39**	**5.83**	**99.07**
323069	8317030	693740	9.46	65.54	2.01	4.95	99.39
91346	5131536	308067	20.02	58.14	3.18	7.28	98.38
128869	6213793	538641	14.38	63.34	2.96	6.42	99.07
89459	2580928	193809	10.23	65.07	1.77	7.23	99.19
78091	1658998	136724	9.52	66.45	1.76	5.19	98.20
35287	2296914	212288	12.25	63.47	2.51	5.18	99.72
23882	671222	61031	12.42	61.08	2.18	5.79	99.92
123407	2169169	213774	7.35	65.62	2.17	3.00	100.12
33681	903638	91092	9.58	64.77	2.26	5.35	98.28
9610	1263691	52592	16.40	68.15	2.78	9.89	98.78
44253	683737	70162	15.36	63.50	4.38	4.83	99.42
32909	1504778	128152	16.50	62.38	3.86	7.26	98.84
47947	1303936	96182	18.78	55.36	3.12	6.91	98.42
8232	1236713	88402	12.60	67.21	2.53	6.42	99.06
9719	2923962	120793	33.90	52.27	4.09	8.50	98.41
6810	464673	75447	15.08	52.78	2.50	7.41	97.02

1-B-16 规模以上工业国有

地　区	企业单位数（个）	#亏损企业	工业总产值（当年价格）	销售产值（当年价格）	出口交货值	资产总计	流动资产合计
总　计	**138**	**24**	**17680960**	**17564890**	**1015784**	**32592922**	**14910380**
苏　南	74	12	5984032	5968680	335765	13628157	5393139
苏　中	21	4	3146003	3102366	142469	2043386	963331
苏　北	39	8	7994562	7958515	499477	15892193	7889721
南京市	25	5	2484278	2471762	96000	4851938	1915181
无锡市	13	2	1040941	1026583	38924	3074776	1309447
徐州市	9	1	6208481	6203490	482252	13360903	6976564
常州市	10		601162	601169	38567	781263	430094
苏州市	13	4	1031070	1034449	134710	2604656	1273952
南通市	8	2	849759	817373	52020	564823	236503
连云港市	12	4	328221	307639	3027	888151	356297
淮安市	7	1	960591	956673		757577	218698
盐城市	10	2	483576	477018	14198	855237	329673
扬州市	11	2	2271191	2260209	90449	1411338	714810
镇江市	13	1	826581	834717	27564	2315524	464466
泰州市	2						
宿迁市	1						

1-B-16 续表

地　区	主营业务收入	主营业务成本	主营业务税金及附加	营业费用	管理费用	财务费用	利润总额
总　计	**18256459**	**15250490**	**165879**	**531224**	**1236580**	**505638**	**828507**
苏　南	6052522	5157538	22456	181107	498724	197233	319272
苏　中	2787775	2350840	3996	54144	76392	25845	76318
苏　北	8724927	7169370	136857	264365	589804	275532	416192
南京市	2554129	2192281	8926	34061	285440	60979	171638
无锡市	1019308	832050	3239	65951	63581	47784	40569
徐州市	6841638	5604607	59077	224095	516734	228271	327520
常州市	607536	515654	4356	9534	47518	17053	18509
苏州市	1024295	923516	2304	46459	57238	47148	23178
南通市	875645	807251	1715	4751	18961	4880	38620
连云港市	309721	248053	3182	17714	31682	16434	9646
淮安市	946783	781297	73290	4828	18395	14973	40096
盐城市	615015	525268	1234	17728	21692	15292	38325
扬州市	1893871	1534252	2122	43877	54601	20318	36938
镇江市	847253	694038	3632	25103	44948	24268	65378
泰州市							
宿迁市							

独资公司主要经济指标

单位：万元

应收账款	存货	产成品	固定资产合计	负债合计	流动负债合计	所有者权益合计	实收资本
4747998	**3128524**	**1128170**	**10830074**	**21946551**	**13941299**	**10646372**	**4756886**
1203846	1176385	216990	5034132	9380481	5986549	4247676	2718088
465309	193696	35811	716899	1201557	947787	841829	413639
2890002	1593671	852503	4845739	10642340	6367770	5249852	1551753
216994	616442	113181	1369589	2684818	2264025	2167120	1325737
534799	126840	35826	1479678	2466607	1196660	608169	636872
2746853	1294172	760289	3569173	8944579	5075699	4416325	899285
145436	184480	13935	249580	579725	524011	201539	186066
183718	142898	41483	700645	1769765	1050608	834891	331885
56847	55280	25445	211714	318770	253511	246053	126601
32122	76796	27976	344353	527986	328924	360166	262426
40808	58700	12268	443887	495057	458422	262519	208174
68352	162147	51969	467470	656164	488671	199073	171868
407560	136770	9699	455707	861583	674937	549755	277838
122899	105725	12566	1234641	1879567	951247	435958	237529

单位：万元

亏损企业亏损总额	利税总额	全部从业人员年平均人数（人）	总资产贡献率（%）	资产负债率（%）	流动资产周转率（次/年）	成本费用利润率（%）	产品销售率（%）
49911	**1625112**	**195123**	**6.49**	**67.34**	**1.64**	**3.53**	**99.34**
42353	515498	67071	5.15	68.83	1.19	5.13	99.74
3544	152031	15247	8.70	58.80	2.91	3.03	98.61
4014	925600	104765	7.53	66.97	1.85	2.97	99.55
9943	229347	31299	5.91	55.33	1.44	6.57	99.50
14129	106561	7992	4.99	80.22	0.82	3.72	98.62
352	690430	86651	6.86	66.95	1.81	2.66	99.92
	49145	8332	8.37	74.20	1.43	3.10	100.00
18221	43024	10712	3.34	67.95	0.88	2.04	100.33
1083	64299	3569	12.14	56.44	3.74	4.58	96.19
2283	24033	6865	4.33	59.45	0.90	3.04	93.73
242	158675	2847	22.92	65.35	4.34	4.88	99.59
1137	51179	8276	7.64	76.72	1.88	6.55	98.64
2461	86171	11041	7.58	61.05	2.65	2.23	99.52
60	87422	8736	4.72	81.17	1.84	8.28	100.98

1-B-17 规模以上工业其他

地区	企业单位数(个)	#亏损企业	工业总产值(当年价格)	销售产值(当年价格)	出口交货值	资产总计	流动资产合计
总计	**4911**	**558**	**185250216**	**183487157**	**11103325**	**149387717**	**75701928**
苏南	1672	306	97678888	97062818	7402995	90164353	49896122
苏中	1326	88	41706495	41023629	2724318	25464993	12871574
苏北	1907	163	45604547	45144522	975664	33086577	12581557
南京市	483	78	21129762	20950082	1148383	23615698	12629838
无锡市	311	75	18752624	18410011	1666097	17357478	10436128
徐州市	350	25	12402169	12355210	220428	8285049	3129546
常州市	180	27	6405178	6399311	332281	5359506	2911515
苏州市	448	99	38928597	38973206	3812961	34489860	19127191
南通市	554	46	10028299	9873108	1020010	10509700	4593306
连云港市	213	25	8466752	8379654	122437	7753194	2783736
淮安市	400	41	7426606	7382086	205966	4385310	1724417
盐城市	547	50	12857790	12709188	351236	9328131	3204555
扬州市	272	15	9802165	9622904	436023	6035836	3081418
镇江市	250	27	12462728	12330207	443273	9341812	4791450
泰州市	500	27	21876031	21527616	1268285	8919457	5196850
宿迁市	397	22	4451231	4318384	75597	3334893	1739303

1-B-17 续表

地区	主营业务收入	主营业务成本	主营业务税金及附加	营业费用	管理费用	财务费用	利润总额
总计	**187749357**	**162032973**	**1122024**	**5552300**	**6724115**	**2342796**	**11071530**
苏南	100827837	88894840	459253	2099590	3657049	1334310	4914992
苏中	40925718	33622181	307479	2467639	1533775	374793	2897197
苏北	45701337	39278093	353969	981548	1488368	629784	3219693
南京市	22731831	19303788	169112	621166	1096196	259358	1565654
无锡市	19041394	16647695	116243	374670	774165	255527	977160
徐州市	12524816	10804170	120414	211599	377537	151278	914053
常州市	6529330	5729096	23007	125191	253057	81092	379375
苏州市	40287490	36889406	106592	578129	1033963	502010	1257817
南通市	9956127	8724200	37040	142003	315076	169107	515502
连云港市	8359287	6926116	91551	278635	311043	119767	779636
淮安市	7529274	6691608	42523	145122	211172	120478	346247
盐城市	12946599	11104636	73979	257684	446769	186018	879440
扬州市	9790092	8412737	92929	215607	352781	89851	711340
镇江市	12237792	10324855	44298	400435	499669	236322	734986
泰州市	21179500	16485244	177509	2110028	865918	115836	1670354
宿迁市	4341361	3751563	25502	88508	141847	52243	300317

有限责任公司主要经济指标

单位：万元

应收账款	存货	产成品	固定资产合　计	负债合计	流动负债合　计	所有者权益合计	实收资本
18994942	**17078548**	**6520369**	**52995676**	**94180703**	**75983072**	**55189798**	**25424212**
11725881	10927571	4210550	27670278	58645169	48598755	31517132	14198193
4149155	3018917	1197058	8644702	14792040	12274968	10663609	4712864
3086187	3053780	1103280	16513938	20379506	14847949	12701252	6405682
3927441	2586509	795512	6307159	15837653	12485416	7776899	4474376
2279460	2459546	975570	4126013	11110872	9637213	6246549	2771155
706993	829756	316652	4374958	4793585	3484413	3487357	1219633
937567	700940	280316	1913816	3170768	2807219	2188738	1112685
3076529	4213752	1790472	11927556	22570987	18421436	11918022	4355703
1458109	911462	408726	3741083	6854536	5345548	3654024	2233555
862542	684764	173366	3589505	5360724	3059611	2392471	1164148
417568	320684	131498	2261720	2770873	2097328	1614437	1083633
761482	843286	318029	4952378	5696601	4645229	3629817	2149791
877758	743518	250361	2108226	3261476	2703803	2766516	1330762
1504883	966824	368680	3395734	5954888	5247470	3386924	1484274
1813288	1363937	537971	2795394	4676028	4225617	4243068	1148547
337603	375291	163735	1335376	1757723	1561367	1577170	788477

单位：万元

亏损企业亏损总额	利税总额	全部从业人员年平均人数（人）	总资产贡献率（%）	资产负债率（%）	流动资产周转率（次/年）	成本费用利润率（%）	产品销售率（%）
493713	**18111666**	**1358835**	**13.61**	**63.04**	**2.54**	**6.12**	**99.05**
280716	7801531	626669	10.11	65.04	2.10	4.94	99.37
87802	4979505	292820	20.92	58.09	3.21	7.56	98.36
124855	5288192	433876	17.68	61.59	3.66	7.55	98.99
79516	2351581	162510	11.12	67.06	1.81	7.31	99.15
63962	1552436	128732	10.32	64.01	1.88	5.27	98.17
34935	1606484	125637	20.93	57.86	4.06	7.82	99.62
23882	622077	52699	13.01	59.16	2.29	6.04	99.91
105186	2126145	203062	7.66	65.44	2.25	3.02	100.11
32598	839339	87523	9.44	65.22	2.19	5.42	98.45
7327	1239657	45727	17.78	69.14	3.02	10.17	98.97
44011	525062	67315	14.05	63.19	4.38	4.82	99.40
31772	1453600	119876	17.31	61.07	4.07	7.29	98.84
45486	1217764	85141	21.40	54.04	3.23	7.75	98.17
8172	1149292	79666	14.56	63.74	2.60	6.30	98.94
9719	2922402	120156	34.13	52.43	4.09	8.50	98.41
6810	463389	75321	15.16	52.71	2.51	7.41	97.02

1-B-18 规模以上工业股份

地　区	企业单位数(个)	#亏损企业	工业总产值(当年价格)	销售产值(当年价格)	出口交货值	资产总计	流动资产合计
总　计	**1056**	**124**	**85045567**	**83945136**	**6252803**	**78131747**	**42153899**
苏　南	528	83	50120187	49554959	3381034	48110764	26732919
苏　中	234	16	17622347	17367855	2195033	11874391	6387433
苏　北	293	24	17172652	16892229	676737	17505049	8960148
南京市	126	25	23720338	23669915	852136	15442891	7036528
无锡市	144	22	7442236	7273764	731243	10737735	6719527
徐州市	71	4	6336050	6213596	163106	5113688	2604376
常州市	38	3	2494628	2424104	281849	4926261	2669133
苏州市	155	27	12528464	12258511	1301416	14089880	8630064
南通市	76	6	6320550	6365175	1247914	5210344	3014079
连云港市	22	2	1519876	1431864	9308	2196806	925132
淮安市	64	4	2794463	2688948	90502	2211668	1006056
盐城市	80	11	3218677	3186217	308771	3287171	1720450
扬州市	78	8	6048639	5916524	392056	3541057	1841960
镇江市	65	6	3934523	3928665	214390	2913997	1677667
泰州市	80	2	5253158	5086155	555063	3122990	1531394
宿迁市	56	3	3303586	3371604	105051	4695717	2704134

1-B-18 续表

地　区	主营业务收入	主营业务成本	主营业务税金及附加	营业费用	管理费用	财务费用	利润总额
总　计	**85897371**	**71841594**	**1889150**	**2549408**	**3449117**	**870608**	**5770893**
苏　南	50371722	42765803	1514524	1118396	1993271	537444	2660539
苏　中	17628327	15178585	141647	459324	649867	122567	1169201
苏　北	17767228	13831525	206385	970009	731200	205612	1982038
南京市	24060081	21088110	1407529	227437	625102	138813	668146
无锡市	7274647	5935350	29997	261956	431612	85830	611818
徐州市	6758000	5754332	42679	319806	183409	92401	410133
常州市	2635708	2153664	11005	90718	156536	53097	211414
苏州市	12494259	10363338	56059	448027	616960	195649	916530
南通市	6447294	5439585	31363	150862	237144	67046	560811
连云港市	1423802	765007	13508	258081	150091	21239	209551
淮安市	2830298	2418192	42780	99690	88896	35273	177465
盐城市	3393766	2864456	15583	98171	138656	59484	220944
扬州市	5980816	5440512	33569	117964	225452	13755	160133
镇江市	3907028	3225341	9933	90258	163061	64055	252631
泰州市	5200218	4298488	76715	190498	187271	41766	448257
宿迁市	3361362	2029537	91835	194262	170147	-2784	963944

有限公司主要经济指标

单位：万元

应收账款	存货	产成品	固定资产合计	负债合计	流动负债合计	所有者权益合计	实收资本
10071591	**10803392**	**3530402**	**21544741**	**39515103**	**34492919**	**38607746**	**15026969**
7150994	6784544	2259149	12297585	25311468	22608026	22790980	9663233
1547372	1555018	622816	3546636	5527265	4608781	6346544	2221564
1361714	2461312	647994	5434352	8273167	6892539	9231882	2726090
2123097	2691098	396453	5190333	8803047	8367025	6639844	4322021
1793761	1310074	549072	1755631	4738837	4413394	5998898	1756887
500901	439403	166226	1302972	2283490	1719568	2830198	1029497
607731	391490	184173	1503820	2553611	2162188	2372650	699049
2103462	2077243	944831	3097610	7800834	6374377	6280730	2133500
674128	665706	243503	1352010	2680006	2215567	2530338	727424
213327	70955	33671	704877	992836	692978	1203970	245708
88897	407507	94077	881500	1150822	968566	1060846	415645
378244	337366	138856	967008	1884294	1634448	1402877	597335
445152	484056	216588	1258760	1366306	1229499	2174751	1031895
522942	314639	184620	750191	1415139	1291043	1498858	751777
428092	405257	162726	935866	1480953	1163715	1641454	462245
180345	1206081	215164	1577995	1961725	1876979	2733992	437904

单位：万元

亏损企业亏损总额	利税总额	全部从业人员年平均人数（人）	总资产贡献率（%）	资产负债率（%）	流动资产周转率（次/年）	成本费用利润率（%）	产品销售率（%）
387916	**11371467**	**594846**	**15.53**	**50.57**	**2.07**	**7.22**	**98.71**
201270	6404024	298604	14.28	52.61	1.92	5.61	98.87
134250	2007135	132766	17.86	46.55	2.78	7.09	98.56
11512	2974528	160436	18.01	47.26	2.00	12.48	98.37
106006	3563511	67063	23.92	57.00	3.44	3.01	99.79
12049	887584	66672	8.95	44.13	1.11	8.84	97.74
4653	658495	50325	14.53	44.65	2.61	6.41	98.07
16475	293713	27236	6.85	51.84	1.01	8.49	97.17
63833	1260029	113753	10.07	55.36	1.49	7.68	97.85
7266	844484	61279	17.38	51.44	2.15	9.48	100.71
218	323917	13350	15.65	45.19	1.54	17.52	94.21
442	303380	21650	15.04	52.03	2.91	6.54	96.22
5905	401584	33825	13.83	57.32	1.98	6.97	98.99
126939	344061	38582	10.05	38.58	3.26	2.75	97.82
2906	399188	23880	15.73	48.56	2.54	6.53	99.85
46	818590	32905	27.52	47.42	3.44	9.42	96.82
294	1287152	41286	27.22	41.78	1.25	40.05	102.06

1-B-19 规模以上私营

地区	企业单位数(个)	#亏损企业	工业总产值(当年价格)	销售产值(当年价格)	出口交货值	资产总计	流动资产合计
总计	**30583**	**2839**	**517719381**	**510191502**	**27122100**	**275035595**	**161575510**
苏南	15073	2299	227104946	223585628	16074414	172511657	111315289
苏中	6610	230	127445608	125841871	8039709	48800967	27924564
苏北	8900	310	163168827	160764004	3007977	53722972	22335657
南京市	1379	167	21217861	20743264	918884	12434850	7564119
无锡市	3491	578	63705813	62496452	4775589	52752952	35947782
徐州市	2285	33	69210224	68120519	1037650	16726499	6061699
常州市	3143	398	59463523	58599460	4391616	40419257	25943577
苏州市	5310	999	53660588	52885091	4758639	49922132	32535555
南通市	3144	82	55568280	55207319	3837160	23267051	13325851
连云港市	1173	75	21185334	20927882	337552	7237597	3159167
淮安市	1535	109	22606231	22229274	249308	7301805	3448930
盐城市	1914	60	30868891	30449463	961424	12848917	5118347
扬州市	1872	84	39736263	39123424	3225238	14246700	8355525
镇江市	1750	157	29057160	28861362	1229686	16982466	9324255
泰州市	1594	64	32141065	31511128	977311	11287216	6243188
宿迁市	1993	33	19298149	19036865	422043	9608154	4547515

1-B-19 续表

地区	主营业务收入	主营业务成本	主营业务税金及附加	营业费用	管理费用	财务费用	利润总额
总计	**514877479**	**448610460**	**2740675**	**9373791**	**15855990**	**5474560**	**32047722**
苏南	227243601	199237409	787710	3823751	8432505	3269451	10864744
苏中	125573479	109284456	739090	2259924	3329970	827504	9122758
苏北	162060400	140088595	1213876	3290115	4093514	1377606	12060220
南京市	20982957	17536056	113150	612315	893460	158839	1686081
无锡市	62697533	55292330	181663	925200	2313139	1018141	3056938
徐州市	68451423	58992457	556816	1067010	1481960	420657	5966336
常州市	62137424	54640735	228174	856827	2074934	788708	3022572
苏州市	52779577	46991300	154575	949800	2285051	995343	1572356
南通市	55365337	48452009	263387	706546	1256428	338482	4320654
连云港市	21059221	17936838	207065	644736	583573	242498	1451158
淮安市	22726176	20036989	125381	518349	655340	226941	1174032
盐城市	30712843	26678128	199624	771752	953400	314753	1795014
扬州市	39139236	33921497	277220	859385	1151298	224984	2718200
镇江市	28646111	24776988	110148	479610	865922	308419	1526796
泰州市	31068906	26910950	198482	693993	922244	264037	2083904
宿迁市	19110736	16444183	124990	288270	419241	172756	1673680

工业企业主要经济指标

单位：万元

应收账款	存货	产成品	固定资产合计	负债合计	流动负债合计	所有者权益合计	实收资本
49575543	**36055379**	**15343048**	**82041075**	**161420618**	**147115651**	**113031930**	**50890398**
34941108	24589309	10588036	41110548	109722158	102000391	62654247	29502861
9042525	6191134	2420060	14721902	26940860	24082179	21783040	10290568
5591910	5274936	2334952	26208625	24757600	21033081	28594643	11096969
2541725	1715139	766850	3265919	7348184	6718380	5048600	2009043
12010073	7811566	3378524	11638917	34035065	31183991	18661630	8282183
1527809	1500902	644990	9281345	7006121	5449047	9477089	2638325
7541199	5816857	2276391	9819095	25242639	23737299	15173446	6080010
10082393	7278121	3302766	10851020	33239786	31309343	16663966	9788104
3905076	2975197	1068400	6537761	12946069	11723024	10305379	4730529
704386	778129	336168	3115332	3612141	3282155	3600774	1576449
1062219	817277	388437	3064297	3488802	2977859	3780233	1830145
1347463	1291476	586594	6535044	6585372	5789077	6263546	2337960
2815649	1738586	654107	4254691	7392720	6668499	6838609	3440321
2765718	1967627	863505	5535598	9856484	9051379	7106606	3343521
2321801	1477350	697552	3929450	6602072	5690656	4639052	2119718
950033	887152	378763	4212608	4065165	3534944	5473002	2714090

单位：万元

亏损企业亏损总额	利税总额	全部从业人员年平均人数（人）	总资产贡献率（%）	资产负债率（%）	流动资产周转率（次/年）	成本费用利润率（%）	产品销售率（%）
875924	**52688219**	**4676314**	**20.79**	**58.69**	**3.24**	**6.58**	**98.55**
703767	17882119	2310231	11.94	63.60	2.11	4.89	98.45
64812	15114539	1097552	32.46	55.21	4.50	7.88	98.74
107345	19691561	1268531	38.62	46.08	7.26	8.10	98.53
56326	2609383	226107	22.09	59.09	2.79	8.72	97.76
144125	4892960	566465	10.99	64.52	1.87	4.80	98.10
20883	9792176	439360	60.40	41.89	11.31	9.62	98.43
110872	5020203	493524	14.00	62.45	2.47	5.02	98.55
343912	2811675	768019	7.24	66.58	1.67	2.99	98.55
30705	6765556	472461	30.43	55.64	4.16	8.50	99.35
27574	2307026	127693	34.54	49.91	6.67	7.47	98.78
20649	1835489	184775	27.45	47.78	6.59	5.47	98.33
30629	3307575	290045	27.83	51.25	6.00	6.25	98.64
14299	4770026	417242	34.78	51.89	4.69	7.51	98.46
48531	2547898	256116	16.39	58.04	3.08	5.77	99.33
19808	3578957	207849	33.74	58.49	4.98	7.23	98.04
7611	2449295	226658	26.69	42.31	4.21	9.65	98.65

1-B-20 规模以上私营独资

地区	企业单位数(个)	#亏损企业	工业总产值(当年价格)	销售产值(当年价格)	出口交货值	资产总计	流动资产合计
总计	**2653**	**114**	**28588202**	**28072168**	**770158**	**9862477**	**5315780**
苏南	983	104	6380798	6248896	212197	4163373	2764073
苏中	503	7	8700142	8524855	307267	2106856	1183940
苏北	1167	3	13507261	13298418	250695	3592248	1367767
南京市	49	4	569681	559932	75	203925	120040
无锡市	230	27	1137458	1118111	47193	840324	610315
徐州市	127		3941289	3882533	23262	879504	315984
常州市	133	13	774566	752689	32495	385084	252946
苏州市	394	50	2194726	2131636	96047	1999175	1376873
南通市	95		901525	897583	5259	211665	126438
连云港市	138	1	1743534	1722936	42936	410602	156700
淮安市	173	1	2119255	2064544	74465	402499	171376
盐城市	210	1	2129595	2094637	95039	670611	237378
扬州市	184	5	3887359	3807354	280628	1071925	632917
镇江市	177	10	1704367	1686529	36387	734866	403899
泰州市	224	2	3911259	3819918	21381	823266	424584
宿迁市	519		3573588	3533768	14993	1229032	486330

1-B-20 续表

地区	主营业务收入	主营业务成本	主营业务税金及附加	营业费用	管理费用	财务费用	利润总额
总计	**28148376**	**24540827**	**183228**	**534454**	**725337**	**226888**	**1912000**
苏南	6290549	5583309	26019	99190	208145	76938	274559
苏中	8453663	7358274	60735	188298	228269	49111	564089
苏北	13404164	11599244	96474	246966	288922	100839	1073353
南京市	559498	472074	3933	12453	14845	2151	54133
无锡市	1125686	1008589	4247	15267	50157	13973	33347
徐州市	3911980	3311497	28998	70398	88765	24544	389058
常州市	747635	646845	3600	12907	32853	5050	48569
苏州市	2149814	1961968	7397	20994	64199	46396	57413
南通市	898045	790368	6163	10385	16602	3801	70672
连云港市	1730602	1462180	17875	49539	40945	25765	134048
淮安市	2115277	1916717	10811	28102	41368	11585	107719
盐城市	2092164	1864551	13293	41536	45110	15117	111981
扬州市	3811335	3335095	26858	87200	98145	19299	243402
镇江市	1707916	1493833	6841	37569	46091	9368	81098
泰州市	3744283	3232811	27714	90714	113523	26011	250014
宿迁市	3554140	3044299	25498	57391	72735	23829	330547

工业企业主要经济指标

单位：万元

应收账款	存货	产成品	固定资产合计	负债合计	流动负债合计	所有者权益合计	实收资本
1978574	**1098799**	**506582**	**3755156**	**5223906**	**4742933**	**4521425**	**1745406**
1178583	533836	263414	1078200	2800909	2706811	1347110	636381
456894	296699	114446	758882	1100714	958475	994751	274764
343096	268264	128722	1918074	1322283	1077647	2179564	834261
52948	20521	5545	54351	129307	128208	73935	22773
301791	127452	65955	190977	540578	527205	299746	152808
91404	81040	30447	473510	369963	294571	460786	120023
106132	61384	24960	92340	270311	260185	114773	46979
547860	244867	122379	473938	1471107	1430465	528068	304752
50127	22434	9553	73153	110589	103447	101077	29067
40388	25071	14850	208314	158859	119766	244601	110471
44146	46915	17862	201004	202395	163200	199561	82736
83589	59063	34566	389013	321142	276160	349470	87462
233298	167304	55571	356825	495633	451116	569186	157753
169853	79612	44574	266593	389606	360748	330589	109069
173470	106961	49323	328904	494492	403912	324489	87945
83569	56176	30997	646234	269926	223950	925148	433569

单位：万元

亏损企业亏损总额	利税总额	全部从业人员年平均人数（人）	总资产贡献率(%)	资产负债率(%)	流动资产周转率(次/年)	成本费用利润率(%)	产品销售率(%)
20054	**3164965**	**268285**	**33.81**	**52.97**	**5.31**	**7.32**	**98.19**
19377	499082	90947	13.39	67.28	2.31	4.54	97.93
403	996369	71530	49.29	52.24	7.14	7.21	97.99
275	1669514	105808	48.40	36.81	9.80	8.77	98.45
322	82296	6098	41.32	63.41	4.67	10.78	98.29
2585	64933	18982	9.15	64.33	1.93	2.94	98.30
	599447	19735	69.88	42.06	12.39	11.13	98.51
2365	82792	12024	22.56	70.20	2.99	6.89	97.18
12897	116557	34045	7.52	73.59	1.58	2.71	97.13
	107239	8274	52.39	52.25	7.11	8.61	99.56
150	196139	10141	52.65	38.69	11.04	8.49	98.82
95	173037	16745	44.48	50.28	12.35	5.39	97.42
30	218243	21251	34.68	47.89	8.82	5.69	98.36
239	453293	43432	43.81	46.24	6.03	6.87	97.94
1208	152505	19798	21.67	53.02	4.23	5.11	98.95
164	435837	19824	55.61	60.06	8.82	7.22	97.66
	482647	37936	40.39	21.96	7.31	10.33	98.89

1-B-21 规模以上私营合伙

地区	企业单位数(个)	#亏损企业	工业总产值(当年价格)	销售产值(当年价格)	出口交货值	资产总计	流动资产合计
总计	**199**	**11**	**2607505**	**2560910**	**33001**	**788705**	**407780**
苏南	66	10	644171	632363	21870	371695	242809
苏中	34		369716	364551	3450	86601	51102
苏北	99	1	1593618	1563995	7681	330409	113869
南京市	21	3	281819	276113	4224	69703	42715
无锡市	8	2	76216	75876	6955	55246	45776
徐州市	25		492441	482809	7681	95183	19824
常州市	12	1	69692	64527	4709	51704	37057
苏州市	19	4	103366	102099	5982	130683	71917
南通市	22		194947	191672	3450	43046	30613
连云港市	2						
淮安市	13	1	556879	545249		73403	24568
盐城市	20		234423	229641		63844	29652
扬州市	3						
镇江市	6		113079	113748		64359	45345
泰州市	9		154155	152578		32049	12700
宿迁市	39		262445	259953		82518	29075

1-B-21 续表

地区	主营业务收入	主营业务成本	主营业务税金及附加	营业费用	管理费用	财务费用	利润总额
总计	**2569639**	**2223292**	**16172**	**61526**	**83200**	**25536**	**151581**
苏南	610618	528772	3002	14139	25088	4365	28967
苏中	363716	318843	2737	6832	8676	3381	23263
苏北	1595305	1375677	10434	40555	49436	17790	99351
南京市	274279	230835	1696	7637	11849	882	20918
无锡市	52643	46161	287	1798	3162	1040	118
徐州市	485729	413117	4391	9793	13979	5730	38814
常州市	67686	57114	360	1426	3345	1217	4219
苏州市	102524	95396	344	1476	4327	745	862
南通市	191145	167086	1260	3641	4281	1464	13428
连云港市							
淮安市	564948	498622	2435	17401	16045	7670	22766
盐城市	231710	194412	1407	8729	14087	2547	10518
扬州市							
镇江市	113485	99267	314	1801	2406	481	2851
泰州市	152179	133885	1148	2725	3522	1902	8998
宿迁市	266576	228256	1387	4345	4909	1616	23926

工业企业主要经济指标

单位：万元

应收账款	存货	产成品	固定资产合计	负债合计	流动负债合计	所有者权益合计	实收资本
153378	**81204**	**40698**	**262099**	**424748**	**393829**	**350307**	**178366**
94039	44505	24260	66507	261448	257329	110248	69447
24560	11631	4775	31471	47510	45647	37637	17103
34779	25068	11663	164120	115790	90853	202422	91816
16096	11945	7996	25133	33260	33160	36443	11209
18721	4271	1766	6395	36718	35182	18530	13733
6183	6522	2766	59867	29802	18329	57583	23919
20004	8190	4123	6710	38681	38531	13023	7656
20107	9924	4101	16426	94707	93268	35977	33820
13804	7486	3326	9134	28073	26551	13520	2485
9611	6798	3281	26659	25815	22779	47588	11723
11008	5016	2516	31265	28154	26635	35690	13498
19111	10176	6275	11844	58083	57189	6277	3028
6206	2823	885	18802	16786	16786	15263	6667
6322	5231	2463	41617	20097	11188	58021	40176

单位：万元

亏损企业亏损总额	利税总额	全部从业人员年平均人数（人）	总资产贡献率（%）	资产负债率（%）	流动资产周转率（次/年）	成本费用利润率（%）	产品销售率（%）
1414	**250053**	**22826**	**34.03**	**53.85**	**6.30**	**6.33**	**98.21**
1339	52091	9659	14.80	70.34	2.52	5.06	98.17
	39682	2933	49.33	54.86	7.12	6.89	98.60
75	158280	10234	51.65	35.04	14.01	6.70	98.14
15	32966	4242	48.24	47.72	6.42	8.33	97.98
640	1360	1001	3.60	66.46	1.15	0.23	99.55
	65657	3139	70.00	31.31	24.50	8.77	98.04
224	6711	1399	14.41	74.81	1.83	6.69	92.59
459	3670	2225	3.17	72.47	1.44	0.84	98.77
	21872	1878	54.10	65.21	6.24	7.61	98.32
75	30697	1861	52.01	35.17	23.00	4.22	97.91
	21950	2183	38.37	44.10	7.81	4.79	97.96
	7385	792	12.14	90.25	2.50	2.74	100.59
	15775	711	54.30	52.38	11.98	6.34	98.98
	34882	2857	43.73	24.35	9.17	10.01	99.05

1-B-22 规模以上工业私营

地　区	企　业单位数（个）	#亏损企业	工业总产值（当年价格）	销售产值（当年价格）	出口交货值	资产总计	流动资产合　计
总　计	**26602**	**2589**	**455992081**	**449470369**	**24524783**	**240223435**	**141994345**
苏　南	13426	2086	202920951	199761668	14833995	150688982	97769895
苏　中	5886	215	112803721	111451812	7127053	43249015	24806420
苏　北	7290	288	140267409	138256890	2563735	46285438	19418031
南京市	1217	147	17856087	17475972	834958	10449484	6306309
无锡市	3086	521	58250210	57124687	4435783	47168899	32510472
徐州市	2052	30	62344255	61342311	919501	14519366	5419792
常州市	2924	371	56028412	55193873	4087009	37175720	23714926
苏州市	4694	908	46913537	46271828	4371606	42400867	27775522
南通市	2972	81	51741478	51393795	3359250	20748811	11945785
连云港市	991	69	18461795	18240446	291087	6378971	2774714
淮安市	1269	102	18010669	17754614	166209	6202496	2975513
盐城市	1619	57	27028396	26704855	804908	11496261	4537514
扬州市	1617	76	34034426	33543559	2867084	12613015	7396391
镇江市	1505	139	23872705	23695309	1104640	13494012	7462668
泰州市	1297	58	27027818	26514457	900720	9887189	5464243
宿迁市	1359	30	14422294	14214664	382032	7688344	3710498

1-B-22 续表

地　区	主营业务收　入	主营业务成　本	主营业务税金及附加	营业费用	管理费用	财务费用	利润总额
总　计	**454020968**	**396250155**	**2394253**	**8099233**	**13962419**	**4789861**	**27742956**
苏　南	203352947	178871349	700398	3302866	7476433	2900086	9297347
苏　中	111276807	96922954	641879	1941987	2920715	717888	8121631
苏　北	139391214	120455852	1051976	2854380	3565272	1171886	10323979
南京市	17720820	14837497	95340	519867	763450	129500	1386827
无锡市	57376377	50825196	159823	797256	2081962	891359	2687502
徐州市	61619388	53121571	506429	967345	1338302	376081	5316328
常州市	58529996	51578709	215665	768910	1904091	774582	2743105
苏州市	46187594	41236599	133791	823022	1980442	849445	1306323
南通市	51569862	45193659	244087	644900	1152604	300625	4002728
连云港市	18368114	15673066	177542	562504	515528	204136	1241140
淮安市	18145378	15960583	101499	429271	544091	179458	938141
盐城市	26985306	23400470	175061	688361	854856	276712	1590154
扬州市	33544849	29030464	235297	732142	1003129	194028	2363274
镇江市	23538160	20393348	95780	393812	746489	255201	1173589
泰州市	26162096	22698832	162496	564945	764981	223235	1755629
宿迁市	14273029	12300162	91445	206899	312496	135499	1238216

有限责任公司主要经济指标

单位：万元

应收账款	存货	产成品	固定资产合　计	负债合计	流动负债合　计	所有者权益合计	实收资本
43570800	**31654336**	**13354994**	**71232073**	**143318214**	**130743290**	**96507975**	**45266562**
30676896	21524015	9214071	35859865	97407707	90581671	53188825	26387049
8070673	5445030	2100732	13106103	23988510	21371282	19216677	9447888
4823231	4685290	2040191	22266105	21921997	18790336	24102474	9431625
2103888	1410658	657763	2765132	6180827	5606102	4231274	1760399
10800154	7030619	3022739	10091372	30861698	28263276	16278391	7506761
1347039	1362558	586072	7888879	6252665	4928582	8083285	2273339
6921419	5358620	2060501	9219808	23868601	22433063	13303946	5575294
8626176	6272340	2870082	9460706	28434401	26881532	13948087	8726736
3630963	2634671	914558	5894364	11585549	10402133	9149112	4420740
631851	688175	280257	2709106	3271022	2993985	3090409	1375169
894456	703952	338625	2532372	2930474	2548246	3239795	1571502
1153879	1155845	512375	5848896	5920332	5225115	5575929	2118170
2444698	1515030	578324	3729267	6617517	5983767	5987234	3131012
2225259	1451777	602985	4322847	8062181	7397699	5427127	2817858
1995013	1295329	607850	3482472	5785444	4985382	4080331	1896137
796006	774760	322862	3286852	3547503	3094409	4113056	2093445

单位：万元

亏损企业亏损总额	利税总额	全部从业人员年平均人数(人)	总资产贡献率(%)	资产负债率(%)	流动资产周转率(次/年)	成本费用利润率(%)	产品销售率(%)
820092	**45889051**	**4132278**	**20.75**	**59.66**	**3.25**	**6.46**	**98.57**
657515	15562937	2063683	11.93	64.64	2.15	4.68	98.44
59538	13353663	977874	32.34	55.47	4.49	7.92	98.80
103039	16972450	1090721	38.63	47.36	7.19	8.06	98.57
52028	2175977	194028	21.87	59.15	2.83	8.47	97.87
135797	4358817	515431	10.92	65.43	1.86	4.67	98.07
19364	8796211	398044	62.53	43.06	11.38	9.52	98.39
105645	4606421	459689	14.09	64.20	2.55	4.83	98.51
319358	2379286	684070	7.24	67.06	1.71	2.83	98.63
27515	6245294	442223	31.43	55.84	4.32	8.46	99.33
26799	1985388	111712	33.66	51.28	6.63	7.32	98.80
18967	1473429	153038	25.89	47.25	6.10	5.48	98.58
30431	2910102	252313	27.36	51.50	5.95	6.30	98.80
13119	4096334	356298	33.74	52.47	4.54	7.63	98.56
44687	2042436	210465	16.60	59.75	3.16	5.38	99.26
18904	3012036	179353	32.43	58.51	4.80	7.23	98.10
7478	1807321	175614	24.72	46.14	3.85	9.54	98.56

1-B-23 规模以上工业私营股份

地区	企业单位数(个)	#亏损企业	工业总产值(当年价格)	销售产值(当年价格)	出口交货值	资产总计	流动资产合计
总计	**1129**	**125**	**30531594**	**30088054**	**1794157**	**24160978**	**13857605**
苏南	598	99	17159025	16942700	1006353	17287607	10538512
苏中	187	8	5572029	5500653	601939	3358494	1883102
苏北	344	18	7800540	7644701	185865	3514876	1435990
南京市	92	13	2510274	2431246	79628	1711738	1095056
无锡市	167	28	4241929	4177779	285658	4688483	2781220
徐州市	81	3	2432239	2412866	87206	1232445	306099
常州市	74	13	2590853	2588371	267403	2806750	1938649
苏州市	203	37	4448959	4379528	285005	5391407	3311244
南通市	55	1	2730331	2724269	469201	2263529	1223015
连云港市	42	5	932575	918157	3529	432564	217003
淮安市	80	5	1919427	1864868	8635	623407	277473
盐城市	65	2	1476477	1420330	61477	618201	313804
扬州市	68	3	1793864	1752209	77527	550254	318427
镇江市	62	8	3367009	3365776	88659	2689229	1412344
泰州市	64	4	1047834	1024176	55211	544712	341661
宿迁市	76	3	1039822	1028480	25018	608260	321611

1-B-23 续表

地区	主营业务收入	主营业务成本	主营业务税金及附加	营业费用	管理费用	财务费用	利润总额
总计	**30138497**	**25596186**	**147022**	**678579**	**1085034**	**432276**	**2241184**
苏南	16989487	14253979	58291	407557	722839	288062	1263871
苏中	5479293	4684385	33738	122807	172311	57124	413776
苏北	7669717	6657822	54993	148215	189884	87090	563538
南京市	2428360	1995650	12180	72358	103317	26306	224204
无锡市	4142827	3412385	17307	110879	177858	111769	335971
徐州市	2434327	2146273	16999	19473	40915	14302	222137
常州市	2792106	2358067	8549	73584	134645	7861	226680
苏州市	4339644	3697338	13042	104308	236083	98758	207758
南通市	2706284	2300897	11877	47620	82941	32592	233826
连云港市	914162	760320	10835	32406	26684	12369	72642
淮安市	1900574	1661067	10635	43575	53836	28229	105406
盐城市	1403663	1218696	9864	33126	39348	20377	82362
扬州市	1762661	1538067	14737	39578	49152	11642	110687
镇江市	3286550	2790539	7213	46428	70937	43369	269259
泰州市	1010348	845422	7124	35609	40218	12890	69262
宿迁市	1016991	871466	6660	19635	29102	11813	80991

有限公司主要经济指标

单位：万元

应收账款	存货	产成品	固定资产合　计	负债合计	流动负债合　计	所有者权益合计	实收资本
3872792	**3221041**	**1440774**	**6791748**	**12453750**	**11235600**	**11652223**	**3700064**
2991591	2486954	1086292	4105976	9252093	8454580	8008065	2409984
490398	437774	200107	825446	1804127	1706775	1533975	550813
390804	296313	154376	1860326	1397530	1074245	2110183	739267
368794	272014	95546	421304	1004789	950911	706948	214661
889407	649224	288064	1350173	2596071	2358328	2064963	608881
83183	50781	25705	859090	353690	207565	875435	221044
493644	388662	186807	500237	1065046	1005520	1741704	450081
888250	750990	306204	899950	3239572	2904078	2151835	722796
210183	310607	140964	561110	1221859	1190893	1041670	278238
30492	63382	40423	193200	170338	156482	262226	88310
114006	59612	28669	304262	330118	243634	293289	164184
98987	71552	37137	265870	315744	261168	302457	118830
133103	54931	19648	165064	276918	231307	273336	143606
351496	426063	209671	934313	1346615	1235743	1342614	413566
147112	72237	39494	99272	305349	284575	218969	128970
64135	50985	22441	237904	227640	205397	376777	146900

单位：万元

亏损企业亏损总额	利税总额	全部从业人员年平均人数（人）	总资产贡献率（%）	资产负债率（%）	流动资产周转率（次/年）	成本费用利润率（%）	产品销售率（%）
34364	**3384151**	**252925**	**15.49**	**51.54**	**2.28**	**7.67**	**98.55**
25537	1768008	145942	11.60	53.52	1.76	7.40	98.74
4871	724826	45215	23.14	53.72	2.91	8.21	98.72
3957	891318	61768	27.32	39.76	5.34	7.95	98.00
3961	318145	21739	20.07	58.70	2.23	10.15	96.85
5103	467850	31051	12.11	55.37	1.94	6.71	98.49
1520	330861	18442	27.81	28.70	7.96	10.00	99.20
2638	324279	20412	11.60	37.95	1.46	8.70	99.90
11198	312163	47679	7.27	60.09	1.37	4.83	98.44
3189	391152	20086	18.70	53.98	2.22	9.48	99.78
624	120405	5646	30.28	39.38	4.21	8.73	98.45
1512	158325	13131	29.07	52.95	6.85	5.90	97.16
168	157280	14298	28.13	51.07	4.47	6.28	96.20
941	218365	17168	41.32	50.33	5.54	6.75	97.68
2637	345572	25061	14.00	50.07	2.33	9.11	99.96
741	115309	7961	23.21	56.06	2.96	7.41	97.74
133	124445	10251	21.61	37.42	3.16	8.69	98.91

1-B-24 规模以上其他

地　　区	企　业单位数（个）	#亏损企业	工业总产值（当年价格）	销售产值（当年价格）	出口交货值	资产总计	流动资产合　　计
总　　计	**133**	**11**	**2018268**	**2045555**	**65000**	**1372762**	**736160**
苏　　南	57	9	756181	795076	46596	664650	460708
苏　　中	30	1	594997	589581	8382	344117	135454
苏　　北	46	1	667090	660898	10022	363995	139998
南 京 市	14	1	275945	320143	35518	338800	293490
无 锡 市	11	4	48833	47527	5522	44614	32147
徐 州 市	9		182846	182342		114184	23640
常 州 市	5	1					
苏 州 市	12	1	221868	219685	2299	114473	72443
南 通 市	5						
连云港市	6		43165	43160		13228	5001
淮 安 市	8		52885	52246		24767	9803
盐 城 市	13	1	143884	140716	10022	81769	36880
扬 州 市	13		374954	371156	8382	53760	36966
镇 江 市	15	2	135176	133863	274	146644	49011
泰 州 市	12	1	164620	163012		68210	58425
宿 迁 市	10		244310	242434		130049	64676

1-B-24　续表

地　　区	主营业务收　　入	主营业务成　　本	主营业务税金及附加	营业费用	管理费用	财务费用	利润总额
总　　计	**2002145**	**1743082**	**11541**	**56437**	**66069**	**17668**	**117919**
苏　　南	779678	688634	3648	15430	27767	7254	43430
苏　　中	593070	499464	4443	24438	22348	7111	38555
苏　　北	629398	554983	3450	16569	15955	3303	35934
南 京 市	313539	271286	1857	10010	12367	3988	16654
无 锡 市	47926	43068	224	801	2665	760	565
徐 州 市	180845	155690	1401	1899	5774	134	15947
常 州 市							
苏 州 市	211370	187884	758	2205	7427	464	16258
南 通 市							
连云港市	42982	33839	598	2101	1261	557	4678
淮 安 市	52467	47010	473	660	1216	173	2920
盐 城 市	118618	112767	530	1874	3350	1518	-1442
扬 州 市	372127	321469	2910	11060	13147	754	22922
镇 江 市	133236	117951	668	2306	4036	1516	6847
泰 州 市	165425	140846	1158	4008	4663	2327	12422
宿 迁 市	234486	205677	449	10035	4354	921	13831

工业企业主要经济指标

单位：万元

			固定资产合计	负债合计	流动负债合计	所有者权益合计	实收资本
应收账款	存货	产成品					
232217	**91104**	**40503**	**508431**	**859601**	**709075**	**501938**	**249447**
163792	48553	24550	154755	460169	417306	204481	97316
44137	19031	3926	165290	199100	138921	144264	82135
24288	23519	12027	188386	200332	152848	153193	69996
77286	23002	15747	28288	302530	265571	36271	13293
15621	5129	1742	10722	27478	26605	17137	9751
7056	2422	680	80704	49860	13126	64324	11000
34820	12594	4466	32616	57045	53798	57428	33442
1821	1077	381	6417	4437	4121	6688	3883
1773	3725	448	12800	9112	7619	15655	6172
6104	8694	6746	36985	51700	47187	21702	22025
17373	11334	1858	16484	29372	29222	24387	9453
28252	4695	2279	77858	59545	57761	87099	35621
12554	5956	2063	6902	38594	37453	29616	16863
7535	7601	3773	51480	85224	80796	44825	26916

单位：万元

亏损企业亏损总额	利税总额	全部从业人员年平均人数（人）	总资产贡献率（%）	资产负债率（%）	流动资产周转率（次/年）	成本费用利润率（%）	产品销售率（%）
9615	**203115**	**20000**	**16.08**	**62.62**	**2.74**	**6.23**	**101.35**
4360	73075	7614	12.17	69.23	1.70	5.87	105.14
258	70638	6397	22.56	57.86	4.43	6.90	99.09
4997	59402	5989	17.12	55.04	4.51	6.07	99.07
3101	28031	3076	9.85	89.29	1.07	5.58	116.02
995	2110	935	5.62	61.59	1.51	1.19	97.33
	26000	1166	22.87	43.67	7.65	9.75	99.72
14	24553	1370	22.01	49.83	2.95	8.21	99.02
	6502	324	52.40	33.55	8.63	12.35	99.99
	3827	595	16.08	36.79	5.35	5.94	98.79
4997	3486	1399	6.01	63.23	3.22	-1.21	97.80
	43676	4554	82.62	54.64	10.07	6.62	98.99
247	13173	1812	9.66	40.61	2.72	5.44	99.03
258	20512	1179	33.35	56.58	2.83	8.18	99.02
	19587	2505	15.67	65.53	3.65	6.22	99.23

1-B-25 规模以上港、澳、台商

地　区	企业单位数(个)	#亏损企业	工业总产值(当年价格)	销售产值(当年价格)	出口交货值	资产总计	流动资产合计
总　计	**4107**	**882**	**146882613**	**145314171**	**45417940**	**117919684**	**63913899**
苏　南	2820	728	97556867	96866989	32876271	83332206	48021580
苏　中	852	86	30039491	29433517	6824561	20394009	10427867
苏　北	435	68	19286255	19013666	5717108	14193469	5464452
南京市	204	43	7612974	7566869	1680524	6704793	3551292
无锡市	515	126	18308467	18215570	3190781	16438567	9236619
徐州市	81	6	5331782	5221066	261251	5776631	2007911
常州市	323	66	10667784	10659828	2926949	8752077	5429049
苏州市	1476	450	49689933	49298915	24377624	44740413	26766656
南通市	511	28	13875987	13705660	3090693	11076863	5610080
连云港市	72	22	1801844	1789270	138301	1544383	833695
淮安市	97	16	7689487	7623593	4834356	2670712	947109
盐城市	123	15	3042535	2958228	331469	2269788	818805
扬州市	208	30	10079097	9767574	3288580	6024094	3021861
镇江市	302	43	11277709	11125807	700392	6696356	3037964
泰州市	133	28	6084407	5960283	445289	3293052	1795927
宿迁市	62	9	1420607	1421508	151731	1931955	856932

1-B-25 续表

地　区	主营业务收入	主营业务成本	主营业务税金及附加	营业费用	管理费用	财务费用	利润总额
总　计	**144736555**	**126760196**	**571348**	**2952461**	**5207085**	**1102901**	**8769315**
苏　南	96475054	84405284	384542	2129615	3896296	618038	5462106
苏　中	28878590	25237968	109988	380625	755143	254151	2258947
苏　北	19382911	17116944	76819	442222	555646	230713	1048262
南京市	7504466	6081465	32061	398429	361370	58621	647268
无锡市	17741874	15255593	146767	323455	767139	187329	1197168
徐州市	5215009	4525669	28922	40793	159244	142958	359743
常州市	10840314	9363336	39309	206104	441875	110933	703411
苏州市	49200778	43870362	135139	1078020	2010653	191560	2243541
南通市	13189574	11432852	52933	182407	407964	158519	1005551
连云港市	1807012	1294188	12930	210291	110691	14482	173920
淮安市	7903492	7576322	12280	73460	97392	19633	127829
盐城市	2976530	2532388	18098	103032	144169	40619	143986
扬州市	9906022	8740140	30924	118788	186772	47664	822992
镇江市	11187622	9834528	31267	123608	315259	69594	670718
泰州市	5782994	5064977	26130	79430	160407	47968	430405
宿迁市	1480869	1188377	4590	14646	44151	13020	242784

投资工业企业主要经济指标

单位：万元

应收账款	存货	产成品	固定资产合计	负债合计	流动负债合计	所有者权益合计	实收资本
19695324	**14000395**	**4865367**	**40992833**	**64165500**	**55602362**	**53673876**	**32705496**
15681159	10018316	3763268	26930581	45375160	39880528	37942421	23374971
2464483	2974639	728626	6999011	11295759	9587825	9032566	5408226
1549683	1007440	373473	7063241	7494581	6134009	6698889	3922299
1083376	850814	245834	1870925	3659412	3076660	3045381	1618939
2771681	1989997	704569	5555443	9080850	8092301	7345585	4125889
493030	317185	119557	3156757	3453243	2654948	2323389	1457693
1357556	1114954	478833	2354783	4897821	4430414	3854256	2215815
9633006	5457281	2078965	14171700	24122090	21011444	20615831	13589366
1326947	1865449	348928	3568311	6138872	5174082	4933445	2677607
314581	108133	36747	470908	694992	672966	849391	416817
287654	165783	55463	1529505	1148740	957073	1521972	1185942
168912	188308	81167	1176816	1111225	884419	1158563	566703
621525	700046	212893	2363221	3136519	2747648	2845484	1774230
835540	605271	255067	2977730	3614988	3269711	3081368	1824963
516011	409145	166806	1067479	2020369	1666095	1253637	956389
285506	228031	80538	729255	1086381	964603	845573	295143

单位：万元

亏损企业亏损总额	利税总额	全部从业人员年平均人数（人）	总资产贡献率（%）	资产负债率（%）	流动资产周转率（次/年）	成本费用利润率（%）	产品销售率（%）
1016293	**13334289**	**1588321**	**12.15**	**54.41**	**2.32**	**6.32**	**98.93**
665464	8141767	1089107	10.42	54.45	2.07	5.84	99.29
194958	3547075	276223	18.51	55.39	2.80	8.40	97.98
155871	1645446	222991	13.17	52.80	3.58	5.67	98.59
48150	970361	67096	15.24	54.58	2.14	9.29	99.39
81415	1877677	150348	12.49	55.24	2.14	6.50	99.49
107197	592909	38859	12.78	59.78	2.66	7.24	97.92
52286	1067971	124534	13.25	55.96	2.02	6.88	99.93
431261	3181283	658346	7.50	53.92	1.86	4.72	99.21
138211	1569332	137097	15.46	55.42	2.39	8.16	98.77
17928	289518	17149	19.54	45.00	2.18	10.61	99.30
11327	192010	91980	7.85	43.01	8.36	1.64	99.14
15302	287335	39363	14.27	48.96	3.67	5.05	97.23
29034	1253606	98096	21.51	52.07	3.31	8.97	96.91
52353	1044475	88783	16.33	53.98	3.69	6.47	98.65
27713	724137	41030	23.26	61.35	3.25	7.99	97.96
4118	283674	35640	15.31	56.23	1.73	19.25	100.06

1-B-26 规模以上合资经营

地　　区	企　业单位数（个）	#亏损企业	工业总产值（当年价格）	销售产值（当年价格）	出口交货值	资产总计	流动资产合　计
总　　计	**1562**	**275**	**55030867**	**54496175**	**7706393**	**48339970**	**24427490**
苏　　南	986	207	34071672	33880014	4489137	30211744	16196670
苏　　中	366	34	14106695	13889640	2632587	11063939	5499232
苏　　北	210	34	6852500	6726522	584670	7064288	2731588
南 京 市	92	20	3898596	3874435	712673	3470916	2064887
无 锡 市	247	50	10753617	10692325	978099	9115696	4483315
徐 州 市	41	5	3246895	3183426	162854	4252168	1528196
常 州 市	161	31	3820957	3799970	884046	3405401	2070428
苏 州 市	355	86	10907970	10856273	1636185	11550892	6162578
南 通 市	193	11	5596418	5537740	1343978	6497689	3085643
连云港市	30	11	507111	510508	100102	411955	206020
淮 安 市	42	7	907683	891419	67058	499807	271871
盐 城 市	79	10	1601747	1589042	207808	1486386	500772
扬 州 市	115	13	5704753	5558804	1103110	3292774	1813914
镇 江 市	131	20	4690533	4657011	278135	2668838	1415463
泰 州 市	58	10	2805523	2793096	185500	1273476	599675
宿 迁 市	18	1	589063	552127	46848	413972	224729

1-B-26　续表

地　　区	主营业务收　　入	主营业务成　　本	主营业务税金及附加	营业费用	管理费用	财务费用	利润总额
总　　计	**53400594**	**46153909**	**211285**	**1046949**	**1906019**	**732128**	**3664321**
苏　　南	33533122	28816036	117225	760385	1341255	424836	2258644
苏　　中	13066349	11335621	59117	175504	331152	144414	1104694
苏　　北	6801124	6002253	34944	111060	233612	162878	300983
南 京 市	3913707	3037219	19331	318128	198303	24694	346912
无 锡 市	10157807	8785033	34165	120091	419831	126895	756883
徐 州 市	3177819	2842734	15087	19863	106144	113141	103327
常 州 市	3834482	3173217	19905	97294	202129	60929	309075
苏 州 市	10967585	9776724	29343	168869	380462	178491	527520
南 通 市	4843134	4216757	24429	66876	158999	84746	331706
连云港市	513146	447543	2547	12620	15750	6394	30441
淮 安 市	926246	783054	5668	35975	31980	10160	62077
盐 城 市	1592843	1388402	9709	37404	72080	26542	65498
扬 州 市	5618248	4835212	20353	85333	119456	34558	551790
镇 江 市	4659541	4043843	14481	56004	140530	33827	318255
泰 州 市	2604966	2283653	14334	23295	52697	25110	221198
宿 迁 市	591070	540520	1933	5197	7659	6641	39641

(港或澳、台资)工业企业主要经济指标

单位：万元

应收账款	存货	产成品	固定资产合计	负债合计	流动负债合计	所有者权益合计	实收资本
6360490	**6121720**	**1940686**	**17697536**	**28825125**	**24680977**	**19463996**	**11022561**
4633866	3724928	1463439	10396174	18103168	15889051	12099818	6931957
1131478	1904196	307698	3712640	6595674	5415894	4426174	2385828
595146	492596	169548	3588722	4126283	3376032	2938005	1704777
497146	538756	139301	1003477	1910923	1705028	1559993	713562
1190233	1030292	388983	3687632	5392055	4670215	3720141	1864769
321599	208042	79178	2221623	2667774	2140989	1584394	1050115
602001	523042	202058	929657	1965905	1798666	1439496	771995
1929036	1356922	601371	3842742	7231559	6201739	4314075	2941254
609058	1296359	158552	2118974	3981957	3235692	2515732	1325054
58037	40216	13075	159219	188461	178879	223494	116063
88797	73051	28456	189101	257378	249630	242429	143556
110258	92323	35698	861913	742087	551490	744299	321414
356147	483374	105728	1119244	1862718	1704117	1387965	713910
415450	275915	131728	932666	1602726	1513403	1066113	640377
166273	124462	43418	474422	751000	476084	522476	346863
16456	78964	13140	156867	270583	255044	143388	73630

单位：万元

亏损企业亏损总额	利税总额	全部从业人员年平均人数(人)	总资产贡献率(%)	资产负债率(%)	流动资产周转率(次/年)	成本费用利润率(%)	产品销售率(%)
407870	**5746903**	**480114**	**13.28**	**59.63**	**2.29**	**7.03**	**99.03**
144042	3445123	284471	12.67	59.92	2.21	6.78	99.44
138879	1740987	123230	16.91	59.61	2.42	9.06	98.46
124948	560794	72413	10.21	58.41	2.52	4.59	98.16
16158	562181	34378	16.88	55.06	1.92	9.58	99.38
28734	1146373	64871	13.86	59.15	2.69	6.71	99.43
106823	217300	22633	7.85	62.74	2.12	3.31	98.05
15668	458093	49118	14.89	57.73	1.88	8.64	99.45
75316	799402	102708	8.36	62.61	1.80	4.98	99.53
119572	555968	62286	9.77	61.28	1.62	7.13	98.95
4736	46179	5435	12.64	45.75	2.50	6.29	100.67
4834	96522	11890	20.87	51.50	3.42	7.20	98.21
8311	140062	23542	11.02	49.93	3.20	4.28	99.21
9158	813309	46318	25.63	56.57	3.14	10.72	97.44
8167	479074	33396	18.96	60.05	3.29	7.45	99.29
10150	371710	14626	30.75	58.97	4.37	9.23	99.56
245	60731	8913	16.24	65.36	2.63	7.08	93.73

1-B-27 规模以上合作经营

地区	企业单位数(个)	#亏损企业	工业总产值(当年价格)	销售产值(当年价格)	出口交货值	资产总计	流动资产合计
总计	**60**	**15**	**2755386**	**2722154**	**582476**	**2272812**	**1713463**
苏南	37	12	2133521	2128613	345206	1872087	1462783
苏中	16	1	407960	390086	142324	327889	216945
苏北	7	2	213905	203455	94947	72836	33734
南京市	4	2					
无锡市	9	3	145372	144078	2346	313458	222118
徐州市	2						
常州市	12	3	270012	272916	80226	113190	73493
苏州市	6	2	1647920	1644035	255219	1383912	1115996
南通市	6	1	63836	63690	14545	34569	9226
连云港市							
淮安市							
盐城市	4	1					
扬州市	7		51520	50824	14298	158330	114408
镇江市	6	2	57510	55523	6177	41591	39165
泰州市	3						
宿迁市	1	1					

1-B-27 续表

地区	主营业务收入	主营业务成本	主营业务税金及附加	营业费用	管理费用	财务费用	利润总额
总计	**2755160**	**2098226**	**23173**	**86626**	**187705**	**224**	**372018**
苏南	2131848	1569395	20445	73381	169949	-1359	311090
苏中	418476	360101	570	6655	7816	80	45033
苏北	204836	168730	2158	6589	9940	1503	15895
南京市							
无锡市	143383	123578	436	3501	7732	5414	2935
徐州市							
常州市	280758	250707	1140	3299	10365	1599	13784
苏州市	1642738	1143756	18609	62333	146993	-9903	292337
南通市	63267	55387	281	693	1812	543	4255
连云港市							
淮安市							
盐城市							
扬州市	49269	40114	185	2489	2633	1062	4335
镇江市	53177	41475	195	3865	3588	1140	2241
泰州市							
宿迁市							

(港或澳、台资)工业企业主要经济指标

单位：万元

应收账款	存货	产成品	固定资产合计	负债合计	流动负债合计	所有者权益合计	实收资本
479640	**273963**	**38638**	**401872**	**1541505**	**1472431**	**731307**	**292475**
438998	227327	18081	282294	1280664	1237718	591423	221153
29963	36770	17013	80643	225512	201257	102377	62258
10679	9866	3544	38935	35329	33456	37508	9064
57509	13061	5321	35326	212696	211154	100762	85228
24458	14320	7725	35955	74161	73567	39029	21634
341206	184868	560	202583	958966	918820	424946	93896
2800	2155	370	24263	7037	5611	27532	8135
7986	4522	444	17410	117814	94985	40516	28554
11917	8357	3228	1647	21959	21959	19632	13535

单位：万元

亏损企业亏损总额	利税总额	全部从业人员年平均人数(人)	总资产贡献率(%)	资产负债率(%)	流动资产周转率(次/年)	成本费用利润率(%)	产品销售率(%)
7469	**498909**	**21347**	**21.88**	**67.82**	**1.61**	**15.62**	**98.79**
7134	402841	14232	21.23	68.41	1.46	17.16	99.77
17	66893	3428	21.20	68.78	1.97	11.80	95.62
319	29176	3687	41.62	48.50	6.07	8.51	95.11
1990	6191	1593	3.42	67.85	0.65	2.09	99.11
2347	24758	2647	22.17	65.52	3.82	5.18	101.08
1066	366646	8623	25.71	69.29	1.47	21.74	99.76
17	7724	1305	23.89	20.36	6.86	7.28	99.77
	6307	1034	4.60	74.41	0.46	9.09	98.65
1067	4809	737	12.44	52.80	1.36	4.48	96.54

1-B-28 规模以上港、澳、台商独资

地区	企业单位数(个)	#亏损企业	工业总产值(当年价格)	销售产值(当年价格)	出口交货值	资产总计	流动资产合计
总计	**2395**	**580**	**82955622**	**82093105**	**35671741**	**62172718**	**34948334**
苏南	1738	500	58529210	58143867	26680957	48444392	28709239
苏中	458	50	14413558	14091157	4009360	8292745	4345961
苏北	199	30	10012854	9858082	4981425	5435581	1893134
南京市	99	20	3573029	3552898	941634	3099258	1414710
无锡市	247	71	7199601	7169430	2161113	6702434	4378649
徐州市	34	1	1458367	1421126	98397	1261773	426125
常州市	143	32	5256495	5363735	1286465	4307157	2622492
苏州市	1089	357	36082783	35761985	21886814	30726987	18858396
南通市	309	16	7647616	7558952	1720315	4235089	2321064
连云港市	38	9	602076	588298	6836	588173	237576
淮安市	52	9	6770313	6720682	4767298	2166152	671636
盐城市	36	4	729904	698205	34533	556548	235632
扬州市	82	17	4160052	3998764	2151927	2544894	1076054
镇江市	160	20	6417302	6295819	404932	3608556	1434993
泰州市	67	17	2605890	2533441	137117	1512763	948843
宿迁市	39	7	452195	429772	74360	862935	322165

1-B-28 续表

地区	主营业务收入	主营业务成本	主营业务税金及附加	营业费用	管理费用	财务费用	利润总额
总计	**82465055**	**73722912**	**308187**	**1502645**	**2805610**	**340048**	**4063768**
苏南	58028536	51648143	239558	1230329	2252254	176477	2708343
苏中	14281193	12551519	45442	188113	397077	108673	1022567
苏北	10155325	9523251	23187	84204	156278	54899	332858
南京市	3452438	2931163	12136	76097	152934	31570	291630
无锡市	7229313	6184943	110959	192248	323946	52498	413613
徐州市	1429679	1170481	8086	14385	33393	23955	189986
常州市	5433714	4763966	17159	87420	193290	38411	336058
苏州市	35554113	32114725	83469	815054	1415435	18272	1328885
南通市	7686397	6648838	26046	108188	239603	74098	600194
连云港市	606171	548123	3106	10890	18550	8850	19609
淮安市	6965754	6782702	6579	37279	65215	9379	65312
盐城市	701960	620453	3212	15333	22521	8061	31341
扬州市	4078623	3729107	8211	28026	61660	11886	250892
镇江市	6358959	5653347	15835	59510	166649	35725	338157
泰州市	2516173	2173574	11184	51898	95814	22689	171480
宿迁市	451762	401492	2204	6318	16600	4654	26610

经营工业企业主要经济指标

单位：万元

应收账款	存货	产成品	固定资产合　计	负债合计	流动负债合　计	所有者权益合计	实收资本
11887067	**7192135**	**2737516**	**21209950**	**31324733**	**27222369**	**30818527**	**20325824**
10177858	5789622	2165836	15420034	24697687	21617345	23740839	15500084
1112079	974303	392890	3015081	4127325	3632151	4141828	2809106
597130	428210	178791	2774835	2499721	1972873	2935860	2016634
558009	285163	99794	812817	1673461	1305242	1425798	850005
1470285	916300	296384	1723250	3360035	3107729	3333767	2094487
150355	103957	40053	737577	638254	384234	623520	353019
608959	505867	250887	1144744	2245317	2035413	2061839	1263385
7138699	3782884	1403328	9921435	15551449	13518328	15178304	10310837
609802	544322	186084	1377261	2087784	1875837	2142759	1307445
111241	31983	12642	192098	274500	266331	313674	261790
196976	91638	26544	1339693	888617	704698	1277534	1040504
40403	76201	34974	261271	299335	273789	257213	210676
252428	210892	106411	1217797	1147913	940472	1396980	1026318
401905	299407	115444	1817789	1867425	1650633	1741131	981369
249849	219090	100395	420023	891627	815842	602089	475343
98154	124432	64577	244196	399016	343822	463919	150646

单位：万元

亏损企业亏损总额	利税总额	全部从业人员年平均人数（人）	总资产贡献率（%）	资产负债率（%）	流动资产周转率（次/年）	成本费用利润率（%）	产品销售率（%）
590690	**6180894**	**1010801**	**10.41**	**50.38**	**2.38**	**5.15**	**98.96**
507853	4053798	751341	8.67	50.98	2.04	4.86	99.34
53567	1615768	137276	20.62	49.77	3.30	7.70	97.76
29270	511329	122184	10.36	45.99	5.42	3.36	98.45
31235	393838	29529	13.53	54.00	2.46	9.06	99.44
50253	692406	80266	11.10	50.13	1.68	6.08	99.58
374	270403	14773	23.29	50.58	3.49	14.69	97.45
34271	520996	53515	12.76	52.13	2.09	6.55	102.04
349181	1905926	534509	6.27	50.61	1.91	3.84	99.11
18622	915096	68425	23.13	49.30	3.32	8.48	98.84
11858	48806	6959	9.54	46.67	2.58	3.31	97.71
6493	94753	79869	4.83	41.02	10.39	0.95	99.27
6918	53107	9336	10.82	53.78	3.07	4.53	95.66
19877	405803	49940	16.35	45.11	3.80	6.53	96.12
42914	540632	53522	15.55	51.75	4.44	5.70	98.11
15068	294868	18911	20.77	58.94	2.68	7.26	97.22
3628	44260	11247	5.59	46.24	1.42	6.19	95.04

1-B-29 规模以上工业港、澳、台商

地区	企业单位数(个)	#亏损企业	工业总产值(当年价格)	销售产值(当年价格)	出口交货值	资产总计	流动资产合计
总计	**83**	**10**	**5680723**	**5561300**	**1359626**	**4961774**	**2722816**
苏南	53	7	2367395	2277856	1263268	2633013	1551777
苏中	12	1	1111279	1062635	40291	709436	365729
苏北	18	2	2202050	2220810	56067	1619325	805310
南京市	7	1	104007	103147	24980	95270	44564
无锡市	11	1	196118	195978	44616	293904	144546
徐州市	4						
常州市	6		912388	833395	583117	805971	592254
苏州市	24	4	1042518	1027880	599407	1060498	622071
南通市	3						
连云港市	4	2					
淮安市	2						
盐城市	4						
扬州市	4						
镇江市	5	1					
泰州市	5	1					
宿迁市	4						

1-B-29 续表

地区	主营业务收入	主营业务成本	主营业务税金及附加	营业费用	管理费用	财务费用	利润总额
总计	**5653012**	**4359479**	**28149**	**305642**	**292699**	**23354**	**664381**
苏南	2323611	1950232	6773	55045	117916	10976	179498
苏中	1112573	990727	4860	10353	19098	984	86653
苏北	2216828	1418520	16516	240244	155685	11394	398230
南京市	102201	82677	423	3679	5969	1950	8289
无锡市	199437	151181	1159	7615	14711	2411	23744
徐州市							
常州市	878426	793126	788	8258	25856	2962	40152
苏州市	1027600	827385	3647	31264	66887	4751	95248
南通市							
连云港市							
淮安市							
盐城市							
扬州市							
镇江市							
泰州市							
宿迁市							

投资股份有限公司主要经济指标

单位：万元

应收账款	存货	产成品	固定资产合计	负债合计	流动负债合计	所有者权益合计	实收资本
908729	**383039**	**136745**	**1616588**	**2373841**	**2192812**	**2587933**	**1013512**
371173	246974	104152	765904	1193674	1102969	1439339	670954
190963	59371	11025	190646	347248	338523	362188	151034
346592	76694	21568	660038	832920	751320	786405	191524
18019	15263	4730	44970	56794	48820	38475	36778
49033	27711	12596	105441	105977	93116	187927	79657
75774	50773	9411	194451	530573	506432	275398	138801
222081	131636	72748	195413	377452	370887	683047	226036

单位：万元

亏损企业亏损总额	利税总额	全部从业人员年平均人数（人）	总资产贡献率（%）	资产负债率（%）	流动资产周转率（次/年）	成本费用利润率（%）	产品销售率（%）
9788	**888085**	**64528**	**18.34**	**47.84**	**2.10**	**13.22**	**97.90**
5959	220933	27602	8.78	45.33	1.51	8.33	96.22
2495	123428	12289	17.53	48.95	3.10	8.38	95.62
1334	543724	24637	34.25	51.44	2.77	21.70	100.85
92	12130	1907	14.37	59.61	2.30	8.79	99.17
433	32064	3040	11.67	36.06	1.38	13.50	99.93
	47359	9532	6.68	65.83	1.49	4.83	91.34
5229	109419	11995	10.20	35.59	1.68	10.02	98.60

1-B-30 规模以上外商投资

地区	企业单位数(个)	#亏损企业	工业总产值(当年价格)	销售产值(当年价格)	出口交货值	资产总计	流动资产合计
总计	**7277**	**1667**	**334215114**	**331848963**	**136431730**	**234117318**	**134196739**
苏南	5466	1474	255183130	253143481	119249960	186735446	109929651
苏中	1202	106	50771574	49954048	14100635	32131756	15943907
苏北	609	87	28260410	28751435	3081135	15250117	8323180
南京市	469	120	43741589	43130848	12607669	22727560	12191654
无锡市	854	202	33357711	32978294	15901924	35390148	20373864
徐州市	101	10	4026316	4291320	647529	2493320	1211536
常州市	524	115	20278689	20229084	3635148	14931413	8875527
苏州市	3292	973	144976629	144093809	85690760	102363586	63450406
南通市	771	53	25227639	24838817	6535009	17574340	8473841
连云港市	142	29	7488230	7336285	772433	3500770	1908080
淮安市	93	14	3118043	3062764	505192	1834586	914635
盐城市	210	21	12736782	13160293	786687	6686559	3981511
扬州市	216	26	12316619	12053784	2898390	5712773	2361241
镇江市	327	64	12828512	12711445	1414460	11322739	5038201
泰州市	215	27	13227317	13061446	4667235	8844643	5108825
宿迁市	63	13	891038	900774	369294	734882	307417

1-B-30 续表

地区	主营业务收入	主营业务成本	主营业务税金及附加	营业费用	管理费用	财务费用	利润总额
总计	**330737856**	**287137836**	**1796726**	**7597916**	**12057871**	**1304301**	**22195492**
苏南	251228094	218815384	1070429	5887290	9969812	981904	15768076
苏中	50705097	44020040	317693	765974	1306757	218205	4060691
苏北	28804664	24302413	408604	944652	781302	104192	2366725
南京市	40603098	34039791	454866	943499	1248301	174540	4430155
无锡市	32847120	28077332	124780	839470	1680222	196212	2151921
徐州市	4341151	3716562	29742	83484	126275	25537	366067
常州市	20596350	17993498	82203	477145	773438	218176	901717
苏州市	144544551	127889238	365315	3377893	5885960	289782	7316653
南通市	25456101	21908675	102125	368435	703120	176902	2122807
连云港市	7660781	6583759	29925	294020	210026	19643	544742
淮安市	3143699	2704999	12034	85658	120154	21357	209630
盐城市	12766806	10529962	332164	460790	292013	29480	1179412
扬州市	12338705	10722161	157878	152903	281778	43215	994736
镇江市	12636975	10815525	43266	249282	381891	103196	967630
泰州市	12910291	11389203	57690	244636	321860	-1913	943149
宿迁市	892227	767133	4739	20701	32834	8175	66875

工业企业主要经济指标

单位：万元

应收账款	存货	产成品	固定资产合　计	负债合计	流动负债合　计	所 有 者权益合计	实收资本
46112137	**28801452**	**9913697**	**77485899**	**121598484**	**106880494**	**112367499**	**71247991**
39679562	23617893	7924729	60428569	96757953	85170875	89846151	59915785
4242269	3445276	1194555	11918362	16921208	14876010	15200264	7392939
2190307	1738283	794414	5138968	7919323	6833609	7321084	3939267
4980912	2362102	836048	8180201	12309302	10451685	10334511	6798537
6354584	4211612	1352690	11222028	17776635	16217177	17577949	10509991
436441	376357	138277	1034122	1220201	1101712	1273119	634440
3112216	2080759	841973	4832434	8569287	7769652	6362126	4037897
23999329	13985571	4520760	32539887	52044274	46077226	50308480	34979235
2304195	2047695	765069	6270108	8947777	7817335	8624673	4387432
419662	406400	177099	1260199	1881064	1591299	1614110	1070337
385003	172678	73112	723219	851739	709787	981890	599926
893581	696221	373397	1810629	3636689	3195888	3046714	1369031
900306	502351	179153	2853686	3061479	2695806	2644504	1559978
1232521	977848	373258	3654018	6058456	4655135	5263085	3590125
1037767	895231	250333	2794569	4911953	4362869	3931088	1445530
55620	86626	32528	310799	329630	234924	405252	265534

单位：万元

亏损企业亏损总额	利税总额	全部从业人员年平均人数(人)	总资产贡献率(%)	资产负债率(%)	流动资产周 转 率(次/年)	成本费用利 润 率(%)	产品销售率(%)
2052583	**32419662**	**2830848**	**14.45**	**51.94**	**2.51**	**7.12**	**99.29**
1818785	21621897	2240276	12.16	51.82	2.33	6.61	99.20
142329	6478160	398108	20.83	52.66	3.20	8.71	98.39
91469	4319605	192464	29.09	51.93	3.50	8.97	101.74
243378	6083473	200566	27.61	54.16	3.45	11.88	98.60
313662	2880446	386165	8.68	50.23	1.65	6.86	98.86
39314	536660	35947	22.42	48.94	3.63	9.16	106.58
197822	1572526	144253	11.91	57.39	2.35	4.57	99.76
1027281	9690232	1425126	9.86	50.84	2.31	5.28	99.39
85020	3148897	214574	18.94	50.91	3.03	9.09	98.46
19536	909355	37391	26.72	53.73	4.02	7.65	97.97
5632	273845	37126	16.06	46.43	3.45	7.13	98.23
17535	2502307	63375	38.06	54.39	3.26	10.28	103.33
24475	1611790	93304	28.87	53.59	5.23	8.87	97.87
36643	1395220	84166	13.08	53.51	2.51	8.37	99.09
32835	1717473	90230	19.41	55.54	2.55	7.83	98.75
9453	97438	18625	14.05	44.85	2.97	7.93	101.09

1-B-31 规模以上中外合资经营

地　区	企业单位数(个)	#亏损企业	工业总产值(当年价格)	销售产值(当年价格)	出口交货值	资产总计	流动资产合计
总　计	**2231**	**358**	**114314379**	**113711728**	**24134610**	**80530381**	**43763287**
苏　南	1351	274	72152104	71735328	15529533	55242797	30933349
苏　中	569	44	25727653	25362987	7215211	17235323	8304400
苏　北	311	40	16434623	16613413	1389866	8052261	4525539
南京市	171	35	24936445	24772384	3488634	12793497	6591361
无锡市	310	62	12865102	12705320	5550403	15780966	8844842
徐州市	67	5	2377292	2327623	172834	1277637	594633
常州市	219	33	10573316	10475207	1017415	6366633	3832860
苏州市	494	115	17017140	17089843	5064062	15921727	9188496
南通市	343	26	11766684	11631825	3868831	9559583	4292949
连云港市	66	16	3810787	3763708	333555	1763081	1115145
淮安市	43	6	1876159	1862063	295702	1123607	561977
盐城市	104	8	7861309	8140752	386108	3617303	2091080
扬州市	126	10	7588967	7482423	1263900	2655736	1027908
镇江市	157	29	6760101	6692573	409020	4379974	2475789
泰州市	100	8	6372001	6248738	2082481	5020004	2983543
宿迁市	31	5	509076	519268	201667	270632	162704

1-B-31 续表

地　区	主营业务收入	主营业务成本	主营业务税金及附加	营业费用	管理费用	财务费用	利润总额
总　计	**110536852**	**93543762**	**1147988**	**2566484**	**3578640**	**587708**	**9436322**
苏　南	68847216	58176255	566327	1614496	2455385	472123	5881609
苏　中	25499422	21828565	225292	364083	738904	70147	2235158
苏　北	16190215	13538943	356369	587905	384351	45437	1319556
南京市	22052673	17849031	413003	516633	630600	95557	2849348
无锡市	12458744	10459679	46860	301849	580559	76228	1078952
徐州市	2358289	1999705	18939	55644	77244	10288	205521
常州市	10704508	9500775	48016	225832	294849	124468	386191
苏州市	17026988	14624558	40961	452883	752989	138565	1145105
南通市	11797117	9970079	50114	173410	363324	84780	1074742
连云港市	3914722	3543846	11508	65646	54432	4788	241087
淮安市	1876115	1636077	6263	48460	62652	11937	118703
盐城市	7539339	5932697	316357	406998	177124	16359	704356
扬州市	7578993	6447465	143809	97304	183877	22912	686502
镇江市	6604303	5742213	17487	117300	196388	37306	422013
泰州市	6123313	5411021	31369	93369	191703	-37545	473913
宿迁市	501749	426617	3303	11156	12899	2066	49889

工业企业主要经济指标

单位：万元

应收账款	存货	产成品	固定资产合计	负债合计	流动负债合计	所有者权益合计	实收资本
12567264	**8790937**	**3232635**	**27395198**	**43273849**	**38467889**	**37238615**	**19609711**
9798860	6246738	2274203	18716180	29780051	26586018	25458292	14482461
1975816	1657356	474335	6299092	9115789	8029868	8109229	3336003
792588	886842	484097	2379926	4378010	3852003	3671094	1791247
2587740	1218328	476816	4870272	6686639	5502585	6104408	3575161
2309635	1586105	466248	5081051	7289238	6638363	8491728	3927864
204507	138419	74347	548566	543848	492946	733789	249574
1000634	958693	366482	1932437	3934614	3829892	2432020	1128533
3325444	1956566	710996	5357532	9273893	8294135	6645830	4740297
1121973	946252	279784	3617790	5019417	4307011	4538254	2167286
155921	224931	114576	522020	1120204	978529	642877	380115
238544	106537	41044	455890	538600	501544	585007	343944
171551	385455	247107	772062	2055675	1786428	1558471	742164
290796	261781	93491	1334847	1610547	1490587	1038399	650534
575407	527046	253662	1474888	2595667	2321043	1784307	1110607
563048	449324	101060	1346455	2485825	2232270	2532576	518183
22065	31500	7022	81388	119683	92557	150949	75450

单位：万元

亏损企业亏损总额	利税总额	全部从业人员年平均人数(人)	总资产贡献率(%)	资产负债率(%)	流动资产周转率(次/年)	成本费用利润率(%)	产品销售率(%)
473441	**14357048**	**713384**	**18.62**	**53.74**	**2.58**	**9.26**	**99.47**
370641	8252672	423850	15.85	53.91	2.29	9.18	99.42
79584	3515637	197933	20.84	52.89	3.09	9.65	98.58
23216	2588739	91601	32.88	54.37	3.61	9.01	101.09
74940	3960320	67659	31.77	52.27	3.50	14.44	99.34
105530	1394646	95773	9.35	46.19	1.45	9.25	98.76
2657	320112	21467	25.78	42.57	4.02	9.52	97.91
68792	750609	60334	13.62	61.80	2.83	3.76	99.07
98528	1504797	156766	10.42	58.25	1.90	7.02	100.43
58446	1574880	100986	17.44	52.51	2.77	10.04	98.85
10932	401585	13121	23.59	63.54	3.52	6.56	98.76
2154	148922	15736	14.45	47.93	3.36	6.72	99.25
4905	1650949	34594	46.22	56.83	3.64	10.69	103.55
13195	1151066	46288	44.11	60.64	7.39	10.15	98.60
22851	642300	43318	15.70	59.26	2.67	6.92	99.00
7944	789691	50659	14.99	49.52	2.07	8.30	98.07
2568	67171	6683	25.25	44.22	3.13	10.91	102.00

1-B-32 规模以上中外合作

地　区	企业单位数(个)	#亏损企业	工业总产值(当年价格)	销售产值(当年价格)	出口交货值	资产总计	流动资产合计
总　计	**104**	**18**	**3412713**	**3402842**	**804519**	**2490193**	**1275065**
苏　南	70	17	2198401	2212791	659373	1765659	1029312
苏　中	23	1	980279	957546	78723	660935	221119
苏　北	11		234034	232505	66423	63599	24633
南京市	8	1	99998	112318	7880	56700	31470
无锡市	15	4	1251131	1257402	494350	993271	617000
徐州市	3						
常州市	17	2	307945	307332	21062	210891	72136
苏州市	20	7	243477	240482	107181	326228	168206
南通市	15	1	623285	607936	28268	538953	169897
连云港市							
淮安市	1						
盐城市	3						
扬州市	2						
镇江市	10	3	295850	295258	28900	178571	140500
泰州市	6		90080	86827	19188	67459	16645
宿迁市	4						

1-B-32 续表

地　区	主营业务收入	主营业务成本	主营业务税金及附加	营业费用	管理费用	财务费用	利润总额
总　计	**3413115**	**2952952**	**14346**	**61559**	**130064**	**35306**	**213829**
苏　南	2180112	1900887	5768	46031	96294	24465	96198
苏　中	992684	840371	7233	10995	26368	10396	103014
苏　北	240319	211695	1346	4533	7402	445	14618
南京市	107024	87611	739	3167	9038	74	7464
无锡市	1217286	1087111	2138	27296	33718	14408	43127
徐州市							
常州市	324608	269159	1781	7104	16674	4695	25601
苏州市	235544	212033	566	2241	16074	2626	5021
南通市	638165	534965	2861	5494	17407	8598	73654
连云港市							
淮安市							
盐城市							
扬州市							
镇江市	295649	244974	544	6223	20789	2664	14985
泰州市	86704	73481	716	1547	4012	1486	6341
宿迁市							

经营工业企业主要经济指标

单位：万元

应收账款	存货	产成品	固定资产合计	负债合计	流动负债合计	所有者权益合计	实收资本
372684	**375068**	**55942**	**901120**	**1329330**	**1070204**	**1160863**	**769465**
317510	326546	48844	594595	999406	857146	766253	637551
49804	43001	5047	269073	300275	188013	360661	119282
5370	5520	2051	37452	29650	25045	33949	12632
11372	12667	6368	17329	28164	27926	28536	15392
217737	218903	10913	354412	538091	439949	455180	195725
25927	21135	6894	116097	114238	89282	96653	52756
34894	46645	20194	76754	158690	140635	167537	359088
39696	33357	3396	208632	248096	149233	290858	77709
27579	27197	4476	30003	160223	159355	18348	14590
7748	3368	799	42267	27795	14396	39664	30411

单位：万元

亏损企业亏损总额	利税总额	全部从业人员年平均人数（人）	总资产贡献率（%）	资产负债率（%）	流动资产周转率（次/年）	成本费用利润率（%）	产品销售率（%）
13896	**363642**	**40476**	**15.83**	**53.38**	**2.74**	**6.56**	**99.71**
13719	168812	27462	10.74	56.60	2.18	4.51	100.65
177	168613	10200	26.93	45.43	4.55	11.44	97.68
	26217	2814	41.69	46.62	9.76	6.52	99.35
446	11890	2616	21.06	49.67	3.59	7.10	112.32
8880	80163	14763	9.26	54.17	2.05	3.55	100.50
306	40528	3157	21.22	54.17	4.52	8.57	99.80
3297	8501	4655	3.31	48.64	1.46	2.08	98.77
177	115975	7325	22.96	46.03	3.84	12.73	97.54
791	27730	2271	16.93	89.73	2.10	5.46	99.80
	9482	1035	16.00	41.20	5.21	7.87	96.39

1-B-33 规模以上外资

地　区	企业单位数(个)	#亏损企业	工业总产值(当年价格)	销售产值(当年价格)	出口交货值	资产总计	流动资产合计
总　计	**4843**	**1267**	**209164169**	**207622861**	**108506257**	**142577024**	**85315785**
苏　南	3976	1167	175230877	173701233	100178733	122309556	74663348
苏　中	600	59	23194107	22805664	6761935	13693388	7172941
苏　北	267	41	10739185	11115964	1565589	6574080	3479496
南京市	282	82	18607391	18150259	9096715	9746675	5477264
无锡市	519	134	18411104	18245442	9171346	18109380	10599860
徐州市	31	5	1536327	1853698	455304	1183685	604601
常州市	281	80	9042255	9121179	2593457	7932637	4734640
苏州市	2741	840	125016684	124079002	78821157	83569960	52476624
南通市	407	26	12177407	11982121	2604015	7080128	3826367
连云港市	72	13	3117734	3074764	415792	1411598	600270
淮安市	48	8	1187574	1146390	209490	701469	351186
盐城市	93	11	4581471	4724454	353343	2879197	1801530
扬州市	86	16	4267908	4111530	1592354	2883633	1251714
镇江市	153	31	4153443	4105351	496058	2950905	1374960
泰州市	107	17	6748792	6712013	2565567	3729628	2094860
宿迁市	23	4	316079	316658	131660	398130	121908

1-B-33 续表

地　区	主营业务收入	主营业务成本	主营业务税金及附加	营业费用	管理费用	财务费用	利润总额
总　计	**209748318**	**184919027**	**608596**	**4645754**	**8069467**	**625148**	**11875904**
苏　南	174857437	154150284	487169	4102426	7245811	435702	9364386
苏　中	23334454	20606630	80824	383858	526882	134642	1614668
苏　北	11556427	10162113	40602	159470	296774	54804	896851
南京市	18346380	16044458	39843	421087	603910	78248	1541842
无锡市	18402583	15842947	72365	501203	1038996	100718	988429
徐州市	1870856	1621756	9861	25574	45014	15189	150926
常州市	9216423	7933649	32307	242949	449798	91004	438920
苏州市	124737444	110822674	318633	2840335	5020006	147624	6023488
南通市	12351037	10839034	45922	187550	313495	82796	885287
连云港市	3233909	2913442	10037	43030	82461	16487	179350
淮安市	1210849	1014431	5705	37073	57110	9373	89312
盐城市	4915033	4332706	13646	45749	96266	7985	458496
扬州市	4295759	3875014	9350	47263	88336	18989	263870
镇江市	4154608	3506556	24021	96852	133101	18109	371707
泰州市	6687658	5892582	25551	149046	125050	32857	465511
宿迁市	325780	279779	1354	8045	15924	5770	18767

工业企业主要经济指标

单位：万元

应收账款	存货	产成品	固定资产合计	负债合计	流动负债合计	所有者权益合计	实收资本
32269905	**18931207**	**6421864**	**46978080**	**73289310**	**64709015**	**69223838**	**48079723**
28809173	16457754	5448927	39335771	62671251	55446194	59580960	42215566
2164424	1694642	689028	5107396	7310747	6478999	6382663	3873696
1296309	778811	283910	2534913	3307313	2783822	3260214	1990461
2369911	1117488	350683	3269216	5565271	4900064	4169650	3188095
3685282	2321250	845831	5645352	9702081	8913773	8371734	6259791
229140	234786	62882	467242	661763	598393	521922	381938
2039897	1060317	442423	2700769	4309438	3639707	3623199	2779065
20235136	11659518	3733079	26629470	41709674	36815629	41851457	29110605
1101415	1033624	460746	2246925	3575346	3264441	3504803	2111344
211232	140581	47256	647625	643423	505440	762579	654254
146319	65875	32000	260150	312332	207659	388181	249302
680911	291285	122459	967155	1513256	1351772	1365941	550050
600256	224063	79911	1464834	1366833	1128119	1516801	872151
478946	299181	76911	1090964	1384787	1177020	1564920	878010
462754	436956	148371	1395638	2368568	2086439	1361060	890201
28707	46284	19312	192741	176539	120557	221592	154917

单位：万元

亏损企业亏损总额	利税总额	全部从业人员年平均人数（人）	总资产贡献率（%）	资产负债率（%）	流动资产周转率（次/年）	成本费用利润率（%）	产品销售率（%）
1548434	**16792248**	**2006628**	**12.28**	**51.40**	**2.50**	**5.94**	**99.26**
1424975	12659379	1735325	10.79	51.24	2.38	5.59	99.13
59952	2649326	185641	20.28	53.39	3.27	7.42	98.33
63507	1483543	85662	23.40	50.31	3.38	8.28	103.51
167331	2074231	129148	22.16	57.10	3.43	8.86	97.54
198391	1357930	263777	8.03	53.57	1.77	5.57	99.10
36656	200130	13100	18.00	55.91	3.15	8.69	120.66
128724	720907	78128	10.21	54.33	1.98	4.96	100.87
917674	7993989	1232731	9.86	49.91	2.41	5.04	99.25
26397	1340175	104244	20.03	50.50	3.25	7.71	98.40
8604	307569	18600	22.75	45.58	5.41	5.85	98.62
3478	121610	21240	18.40	44.53	3.45	7.97	96.53
11468	823377	23480	29.16	52.56	2.80	10.00	103.12
11280	389089	43229	14.04	47.40	3.44	6.54	96.34
12854	512323	31541	17.90	46.93	3.03	9.88	98.84
22276	920062	38168	25.59	63.51	3.21	7.46	99.46
3302	30858	9242	8.84	44.34	2.77	5.88	100.18

1-B-34 规模以上工业外商

地　　区	企　业单位数(个)	#亏损企业	工业总产值(当年价格)	销售产值(当年价格)	出口交货值	资产总计	流动资产合　计
总　　计	**92**	**23**	**7123419**	**6915481**	**2982066**	**8406173**	**3778318**
苏　　南	64	16	5500028	5394846	2878044	7329866	3249632
苏　　中	9	1	863174	822274	44766	525815	239026
苏　　北	19	6	760217	698362	59257	550492	289660
南京市	7	2	83673	81805	12465	109763	82184
无锡市	9	2	826624	766380	685824	501473	307569
徐州市							
常州市	5						
苏州市	36	11	2663866	2649028	1696058	2495210	1583697
南通市	6		660263	616935	33896	395676	184628
连云港市	4						
淮安市	1						
盐城市	9	2	149023	150087	7176	171524	81302
扬州市	2						
镇江市	7	1	1619119	1618262	480482	3813290	1046952
泰州市	1	1					
宿迁市	5	4					

1-B-34　续表

地　　区	主营业务收　　入	主营业务成　　本	主营业务税金及附加	营业费用	管理费用	财务费用	利润总额
总　　计	**6842430**	**5556424**	**24034**	**319445**	**269601**	**52358**	**658285**
苏　　南	5243708	4503770	10711	123565	167441	49697	416473
苏　　中	874211	739145	4345	7037	14145	2011	110323
苏　　北	724512	313509	8978	188842	88015	650	131489
南京市	82573	45483	1231	2612	4249	356	31120
无锡市	764898	684412	3408	9045	26700	4839	41342
徐州市							
常州市							
苏州市	2508999	2203101	4825	81742	93771	1592	137854
南通市	669782	564598	3228	1980	8893	729	89123
连云港市							
淮安市							
盐城市	162050	137927	528	3172	11474	2071	9803
扬州市							
镇江市	1582415	1321783	1215	28908	31613	45117	158925
泰州市							
宿迁市							

投资股份有限公司主要经济指标

单位：万元

应收账款	存货	产成品	固定资产合计	负债合计	流动负债合计	所有者权益合计	实收资本
878620	**690746**	**197441**	**2166500**	**3654531**	**2587946**	**4682100**	**2749179**
734429	574645	147591	1750533	3280832	2261127	3979492	2543077
49607	49676	26145	235123	170000	154732	355815	63174
94584	66425	23704	180844	203699	172087	346793	142927
5413	12095	2182	11834	13558	11464	26663	13249
140557	82670	27729	140842	243274	221141	258199	126198
394611	315337	53472	461014	898820	823630	1596391	740889
41112	34462	21144	196762	104918	96650	290758	31093
38630	18412	3019	60551	60187	50132	111337	74170
150589	124424	38210	1058163	1917779	997718	1895511	1586919

单位：万元

亏损企业亏损总额	利税总额	全部从业人员年平均人数(人)	总资产贡献率(%)	资产负债率(%)	流动资产周转率(次/年)	成本费用利润率(%)	产品销售率(%)
14342	**886791**	**68419**	**10.85**	**43.47**	**1.82**	**10.58**	**97.08**
9451	528072	52988	7.53	44.76	1.62	8.56	98.09
145	147040	4164	28.26	32.33	3.68	14.43	95.26
4746	211679	11267	38.52	37.00	2.51	22.16	91.86
661	36602	1003	33.33	12.35	1.01	59.04	97.77
861	47552	11777	10.10	48.51	2.51	5.65	92.71
7783	174976	30773	7.05	36.02	1.60	5.76	99.44
	117867	2019	29.95	26.52	3.65	15.40	93.44
1163	13567	3281	9.05	35.09	2.03	6.27	100.71
146	212866	7036	6.17	50.29	1.51	11.13	99.95

1-B-35 规模以上采矿业

地区	企业单位数(个)	#亏损企业	工业总产值(当年价格)	销售产值(当年价格)	出口交货值	资产总计	流动资产合计
总计	**156**	**15**	**7224598**	**7163926**	**7549**	**11679713**	**3371124**
苏南	48	7	1048700	1042213		858570	378515
苏中	6	1	1068169	1069462		1967107	331812
苏北	101	6	4977349	4922157	7549	8212493	2587398
南京市	12	1	278518	271215		198438	106488
无锡市							
徐州市	53	2	3731754	3686902	2150	6546815	1989390
常州市	9	5	67315	66660		136009	52736
苏州市	2						
南通市							
连云港市	24	3	529383	525285	619	761391	356036
淮安市	20	1	546814	545739	4780	796256	203612
盐城市	2						
扬州市	5	1					
镇江市	25	1	680871	681763		448367	185376
泰州市	1						
宿迁市	2						

注：全省数据中含省直管企业数据。

1-B-35 续表

地区	主营业务收入	主营业务成本	主营业务税金及附加	营业费用	管理费用	财务费用	利润总额
总计	**7211000**	**5613453**	**287763**	**141268**	**749293**	**120121**	**390128**
苏南	1031944	876555	13270	16378	69310	8560	47355
苏中	1080742	612400	159621	5126	143060	10693	142069
苏北	4968220	4058817	88278	118085	462144	95883	241589
南京市	263768	202072	4338	6422	25990	1403	20812
无锡市							
徐州市	3719190	3016598	68373	70474	401948	68341	160415
常州市	67063	47683	4952	446	13557	3856	-5433
苏州市							
南通市							
连云港市	529237	441134	5296	21202	33966	12675	31808
淮安市	554816	453106	14004	24708	23508	14179	36535
盐城市							
扬州市							
镇江市	678576	611725	3613	8192	22459	2904	29259
泰州市							
宿迁市							

工业企业主要指标

单位：万元

应收账款	存货	产成品	固定资产合计	负债合计	流动负债合计	所有者权益合计	实收资本
607406	**534396**	**236595**	**6037645**	**6501769**	**4680234**	**5173193**	**2562468**
92358	44033	22106	272729	531970	474329	323743	121161
83004	37954	5013	1481578	870528	779792	1096579	942394
420532	449892	209033	4017170	4696067	3042539	3514532	1082831
40745	14897	9591	41602	115418	97690	81875	16336
330339	348468	177857	3234986	3748689	2442649	2797176	634177
16515	4454	3805	21390	87562	67437	48447	48479
32487	69984	24279	267619	421003	244409	339445	245416
51406	24219	3628	450627	465174	301322	331082	185373
32999	21977	7376	190930	283584	275570	163071	53871

单位：万元

亏损企业亏损总额	利税总额	全部从业人员年平均人数（人）	总资产贡献率（%）	资产负债率（%）	流动资产周转率（次/年）	成本费用利润率（%）	产品销售率（%）
68099	**1188714**	**151909**	**11.01**	**55.67**	**2.60**	**4.81**	**99.16**
11168	110060	11107	13.64	61.96	2.77	4.82	99.38
678	406563	20236	21.19	44.25	3.57	16.25	100.12
15368	686311	117526	9.27	57.18	2.46	3.98	98.89
2959	40438	4036	21.09	58.16	2.53	8.58	97.38
8191	541027	101878	9.08	57.26	2.55	3.29	98.80
7673	3330	727	4.84	64.38	1.28	-8.29	99.03
2100	54677	7181	8.51	55.29	1.53	6.17	99.23
5077	70914	4763	10.28	58.42	2.82	6.87	99.80
536	60749	5189	14.00	63.25	3.68	4.51	100.13

1-B-36 规模以上制造业

地　区	企业单位数(个)	#亏损企业	工业总产值(当年价格)	销售产值(当年价格)	出口交货值	资产总计	流动资产合计
总　计	**48183**	**6113**	**1283917079**	**1270529587**	**228287078**	**858259705**	**493411067**
苏　南	25722	4926	735113523	727373385	179798320	585378802	353604435
苏　中	10366	532	272246271	268254608	34305108	139091619	75757951
苏　北	12081	653	275492075	273837516	13989013	131791732	62850003
南京市	2737	447	122627272	121278763	17723199	88238777	48317182
无锡市	5362	1023	146368354	143844465	26459315	136314285	86071373
徐州市	2846	77	99134929	98108858	2811291	43066592	20240118
常州市	4207	604	99193740	98204871	11615674	73672718	46047977
苏州市	10683	2556	297240143	294960409	119964493	239383785	148908201
南通市	5060	214	110662023	109602515	15795987	64396237	34684627
连云港市	1605	155	39371825	38759022	1407121	17874805	9019426
淮安市	2182	180	45037990	45578383	5883080	18324354	8705073
盐城市	2877	161	62449135	62204184	2763806	32318800	14719240
扬州市	2720	169	81126195	79602486	10383012	37442514	19840791
镇江市	2733	296	69684014	69084877	4035639	47769238	24259702
泰州市	2586	149	80458053	79049607	8126110	37252867	21232533
宿迁市	2571	80	29498196	29187069	1123715	20207181	10166147

1-B-36 续表

地　区	主营业务收入	主营业务成本	主营业务税金及附加	营业费用	管理费用	财务费用	利润总额
总　计	**1278911679**	**1108146187**	**10858668**	**28619752**	**44341305**	**10792227**	**78776113**
苏　南	733627410	640714566	5243902	15281530	28630729	6694917	38877500
苏　中	268176549	231588010	1651878	6478529	7764693	1715111	19241315
苏　北	275960523	234904268	3958282	6818445	7803381	2368420	20600215
南京市	121252939	101489441	3230666	2932298	4754229	783008	9400228
无锡市	144139275	125824236	597489	2783881	6098208	1835658	7829700
徐州市	99280169	84205234	1826238	1888449	2491618	854214	8221321
常州市	102650540	89872538	379853	1761984	3713965	1233151	5057962
苏州市	296819699	264398807	799291	6431814	11797157	2054705	12548335
南通市	110170889	96073155	478933	1557084	2910584	817593	8289526
连云港市	39183084	32703234	341405	1685360	1341916	329380	2800139
淮安市	45549930	40015123	900764	927895	1199632	377221	2190593
盐城市	62632985	53677914	639719	1702815	1964227	566390	4142719
扬州市	79894967	69529357	601608	1545025	2311329	445960	5388684
镇江市	68764958	59129544	236604	1371553	2267170	788395	4041276
泰州市	78110693	65985497	571337	3376419	2542780	451559	5563105
宿迁市	29314355	24302764	250157	613926	805988	241215	3245444

工业企业主要经济指标

单位：万元

应收账款	存货	产成品	固定资产合计	负债合计	流动负债合计	所有者权益合计	实收资本
148910402	**112487135**	**41846447**	**261220512**	**481005713**	**424826359**	**376390297**	**192425743**
110622993	79056405	29492612	163663395	338015426	302027935	247073354	135897925
22271923	17877924	6366977	43609665	75831937	67028317	63081670	29917368
15742392	15254640	5939690	53478786	65859776	54734787	65536295	26382811
15381107	11844683	3335683	25004401	51131339	44259556	36985624	19975667
25899053	18829617	7254901	34340856	79428239	71991293	56782035	28073487
5765511	4901389	1965066	17275052	21395222	15871550	21424099	6431468
13625972	10291190	4092682	19532223	44116297	40841641	29553249	13912362
48766345	33159165	12739561	68442254	135888638	120948481	103452983	63057223
9617278	8531848	2877198	18977024	35616771	31518700	28755533	14024447
2399669	1817797	764187	6501644	9069933	8097536	8773435	4048990
2235515	2253225	777572	7796047	8716501	7402472	9574126	4917241
3534277	3496715	1559199	13837979	17521740	15171549	14783823	6514302
6274140	4530246	1563103	13388021	19656341	17496874	17708506	9296277
6950516	4931752	2069785	16343661	27450913	23986964	20299464	10879187
6380506	4815830	1926677	11244620	20558826	18012743	16617631	6596644
1807420	2785514	873667	8068065	9156381	8191680	10980813	4470809

单位：万元

亏损企业亏损总额	利税总额	全部从业人员年平均人数(人)	总资产贡献率(%)	资产负债率(%)	流动资产周转率(次/年)	成本费用利润率(%)	产品销售率(%)
4891137	**130036886**	**11207988**	**16.27**	**56.04**	**2.65**	**6.47**	**98.96**
3697483	62205399	6686394	11.66	57.74	2.14	5.47	98.95
691758	32032277	2236326	24.15	54.52	3.56	7.74	98.53
498728	35714762	2268291	28.58	49.97	4.48	8.00	99.40
540409	17311272	780273	20.49	57.95	2.56	8.42	98.90
627892	11961684	1338667	10.00	58.27	1.79	5.38	98.28
197765	14563783	672256	35.51	49.68	5.15	8.72	98.96
395466	8399101	848090	12.81	59.88	2.28	5.12	99.00
1988246	18135684	3175355	8.39	56.77	2.04	4.32	99.23
294531	12894523	975128	21.20	55.31	3.19	8.14	99.04
88827	4594892	238876	27.24	50.74	4.35	7.75	98.44
74870	4100027	406299	23.93	47.57	5.26	5.13	101.20
108006	7877395	552166	25.91	54.22	4.28	7.12	99.61
305625	9268348	754944	25.76	52.50	4.04	7.28	98.12
145470	6397657	544009	14.75	57.47	2.85	6.33	99.14
91602	9869406	506254	27.63	55.19	3.70	7.66	98.25
29260	4578665	398694	23.47	45.31	2.89	12.47	98.95

1-B-37 规模以上农副食品

地区	企业单位数(个)	#亏损企业	工业总产值(当年价格)	销售产值(当年价格)	出口交货值	资产总计	流动资产合计
总计	**1563**	**93**	**38083886**	**37878253**	**986492**	**15822132**	**8529858**
苏南	176	35	7104381	7348821	56907	5166072	3263753
苏中	345	16	10996188	10849901	364561	4351338	2385124
苏北	1042	42	19983318	19679531	565024	6304722	2880982
南京市	58	6	1696432	1644572	59	1337936	463509
无锡市	15	6	155283	153750	8264	108626	63342
徐州市	247	3	6312308	6177325	226062	1589606	615449
常州市	18	5	302887	301452	1174	195606	115761
苏州市	53	18	3155111	3452849	47410	2683777	2093258
南通市	174	7	3965588	3951692	204193	1453644	919005
连云港市	168	11	3247875	3232478	98283	1372933	869431
淮安市	202	12	4398786	4305310	165	876773	396144
盐城市	166	12	3577506	3571128	232946	1534241	633407
扬州市	61	2	1340424	1321613	74817	534440	230260
镇江市	32		1794667	1796198		840126	527885
泰州市	110	7	5690176	5576596	85551	2363255	1235858
宿迁市	259	4	2446842	2393290	7569	931170	366550

1-B-37 续表

地区	主营业务收入	主营业务成本	主营业务税金及附加	营业费用	管理费用	财务费用	利润总额
总计	**37941322**	**33679389**	**188785**	**697631**	**715652**	**220004**	**2598386**
苏南	7242814	6507026	13908	166672	139750	-5605	429562
苏中	10899946	9793590	47614	144967	152202	58744	841538
苏北	19798562	17378774	127262	385992	423700	166866	1327286
南京市	1682444	1382575	6178	62535	48350	15727	197691
无锡市	158401	138832	444	4619	7736	1599	5578
徐州市	6193055	5340653	51531	105579	121208	40860	530905
常州市	284951	257061	1423	5070	6321	3632	12017
苏州市	3342717	3111344	3594	75244	64695	-39289	116025
南通市	4021033	3688144	10397	49113	54970	14680	207764
连云港市	3291653	2896610	19596	72614	49781	15958	243530
淮安市	4357879	3877781	20232	100397	102364	52738	210774
盐城市	3518153	3130745	15349	69587	100987	41020	156927
扬州市	1368665	1163647	2417	22832	26116	10506	138645
镇江市	1774302	1617214	2270	19204	12648	12726	98250
泰州市	5510248	4941799	34800	73023	71116	33557	495130
宿迁市	2437823	2132985	20555	37815	49361	16289	185149

加工业工业企业主要经济指标

单位：万元

			固定资产合计	负债合计	流动负债合计	所有者权益合计	实收资本
应收账款	存货	产成品					
1521492	**2471623**	**927335**	**5400851**	**9568999**	**8174968**	**6241798**	**2796584**
513045	851820	207805	878866	3513507	3077180	1652565	772644
404526	848783	396021	1681115	2902948	2387277	1446478	625560
603921	771020	323509	2840870	3152544	2710512	3142755	1398380
57879	141414	38966	172834	801612	561963	536324	264656
17109	24147	9175	29106	51009	47732	57617	39118
130593	213849	78100	859347	673417	560051	914639	250238
23854	35714	8001	58125	132551	126289	63055	43473
381101	525541	123793	361012	1910776	1804453	773002	332699
169096	361282	141112	452015	852352	781678	601314	299871
154099	137712	69342	395017	792077	651424	578774	318487
101181	132290	54644	385423	400441	339791	474933	240013
151083	211320	87395	732923	928597	838958	605645	302148
60726	77284	32331	257216	276827	260725	257613	82236
33103	125004	27870	257790	617559	536743	222567	92698
174705	410217	222578	971885	1773770	1344874	587551	243453
66965	75849	34029	468160	358012	320288	568765	287495

单位：万元

亏损企业亏损总额	利税总额	全部从业人员年平均人数（人）	总资产贡献率（%）	资产负债率（%）	流动资产周转率（次/年）	成本费用利润率（%）	产品销售率（%）
45053	**3907814**	**209442**	**26.04**	**60.48**	**4.49**	**7.28**	**99.46**
15544	564035	30471	11.33	68.01	2.32	6.01	103.44
13436	1290476	55734	30.92	66.71	4.58	8.28	98.67
16073	2053302	123237	34.72	50.00	6.88	7.22	98.48
1657	245485	9701	19.66	59.91	3.70	12.90	96.94
1663	7328	1441	7.37	46.96	2.52	3.62	99.01
598	849744	42668	55.15	42.36	10.06	9.46	97.86
1635	17313	1801	10.58	67.76	2.46	4.41	99.53
10589	169105	12424	5.88	71.20	1.67	3.45	109.44
6097	305399	21526	21.82	58.64	4.41	5.43	99.65
2820	376870	14083	28.53	57.69	3.79	8.02	99.53
1362	282088	22130	37.39	45.67	11.02	5.10	97.87
9282	269315	24307	20.05	60.52	5.57	4.68	99.82
182	185482	8416	36.58	51.80	5.94	11.34	98.60
	124805	5104	16.17	73.51	3.66	5.39	100.09
7157	799595	25792	35.24	75.06	4.46	9.67	98.00
2011	275285	20049	30.60	38.45	6.66	8.27	97.81

1-B-38 规模以上食品制造业

地　区	企业单位数(个)	#亏损企业	工业总产值(当年价格)	销售产值(当年价格)	出口交货值	资产总计	流动资产合计
总　计	**371**	**48**	**7233098**	**7074801**	**866431**	**5741479**	**3116157**
苏　南	170	34	4003041	3929357	423086	3997992	2245046
苏　中	51	4	799364	780920	243632	474328	246304
苏　北	150	10	2430694	2364524	199713	1269158	624807
南京市	52	11	1155835	1162492	6907	1127121	701676
无锡市	31	7	645531	618946	221479	916384	626457
徐州市	50	1	910429	901478	31236	335797	136463
常州市	17	2	359485	351596	38378	339032	144493
苏州市	54	11	1640630	1587982	148748	1291967	595700
南通市	22	1	274549	270568	76858	214441	127792
连云港市	29	3	263319	258422	63508	136342	66768
淮安市	23	3	471007	432597	13135	261158	134579
盐城市	19		235478	222176	44052	268088	146599
扬州市	16	3	173951	162919	23055	129801	60283
镇江市	16	3	201561	208340	7575	323488	176720
泰州市	13		350863	347433	143719	130087	58229
宿迁市	29	3	550461	549852	47783	267773	140398

1-B-38 续表

地　区	主营业务收入	主营业务成本	主营业务税金及附加	营业费用	管理费用	财务费用	利润总额
总　计	**7280978**	**5800443**	**43612**	**546829**	**312562**	**66724**	**592437**
苏　南	4070960	3102903	25870	438356	202996	43577	332118
苏　中	786626	666759	5248	20480	28435	7810	59062
苏　北	2423392	2030780	12493	87994	81131	15337	201258
南京市	1240060	954103	5266	119122	44835	2833	123415
无锡市	634926	509510	2428	44923	28764	12132	37216
徐州市	896070	753263	4993	31358	24318	5239	77307
常州市	375544	294938	5766	15688	17728	9803	34553
苏州市	1606287	1184029	10235	241288	97118	8317	125491
南通市	272696	228511	2487	4286	11462	5549	20764
连云港市	255762	214625	1808	11630	9735	2087	15920
淮安市	463285	377975	2261	11591	14993	-541	57758
盐城市	266474	221476	1312	10189	17679	3917	15237
扬州市	160612	130638	1083	7028	8384	842	13178
镇江市	214143	160323	2176	17335	14552	10493	11442
泰州市	353319	307610	1679	9165	8590	1419	25120
宿迁市	541801	463441	2119	23225	14406	4636	35036

工业企业主要经济指标

单位：万元

应收账款	存货	产成品	固定资产合　计	负债合计	流动负债合　计	所有者权益合计	实收资本
720420	**701948**	**313053**	**1822195**	**3179808**	**2941099**	**2561670**	**1354532**
507690	503589	226303	1137602	2305889	2207261	1692103	932255
74432	46604	17670	195212	200761	180160	273567	127733
138299	151754	69080	489381	673158	553678	596000	294544
121557	85888	29564	301174	506288	469532	620833	204797
162781	158586	103670	222942	586446	581783	329938	151568
30211	33589	13228	166034	178238	155071	157560	58372
27733	23338	4899	109120	230932	202097	108100	82317
182861	185389	83390	445966	746505	724719	545462	445352
40531	15651	7531	73589	104908	89377	109533	47679
18348	23512	12285	56566	64063	56278	72280	56805
21676	29128	7623	81109	95904	71294	165254	81939
44492	33092	19776	85412	179075	124555	89013	33214
17642	16434	7158	54460	46935	42725	82866	56669
12757	50388	4780	58400	235718	229131	87770	48220
16259	14520	2981	67163	48919	48057	81168	23385
23573	32434	16168	100260	155879	146481	111894	64214

单位：万元

亏损企业亏损总额	利税总额	全部从业人员年平均人数(人)	总资产贡献率(%)	资产负债率(%)	流动资产周转率(次/年)	成本费用利润率(%)	产品销售率(%)
18332	**890115**	**88734**	**16.47**	**55.38**	**2.37**	**8.73**	**97.81**
15905	500538	46412	13.47	57.68	1.85	8.66	98.16
509	96066	9666	21.54	42.33	3.20	8.13	97.69
1919	293512	32656	24.04	53.04	3.90	9.05	97.28
4641	189152	16837	17.02	44.92	1.79	10.88	100.58
5991	66585	8231	8.47	64.00	1.04	6.09	95.88
246	116476	12875	36.00	53.08	6.57	9.49	99.02
290	52847	2649	18.22	68.12	2.61	10.16	97.81
4174	175610	13837	14.05	57.78	2.78	8.10	96.79
33	31752	4254	17.01	48.92	2.14	8.28	98.55
1540	23381	4364	17.90	46.99	3.84	6.66	98.14
101	75845	4360	28.73	36.72	3.46	14.20	91.85
	24991	5190	10.57	66.80	1.86	5.95	94.35
475	21762	3206	17.30	36.16	2.68	8.93	93.66
810	16344	4858	7.98	72.87	1.22	5.64	103.36
	42552	2206	33.22	37.60	6.08	7.65	99.02
32	52818	5867	21.09	58.21	3.87	6.91	99.89

1-B-39 规模以上酒、饮料和精制茶

地区	企业单位数(个)	#亏损企业	工业总产值(当年价格)	销售产值(当年价格)	出口交货值	资产总计	流动资产合计
总计	**194**	**17**	**9344000**	**9381904**	**26807**	**8933617**	**4510183**
苏南	53	8	1406401	1402425	9228	1475998	606360
苏中	20	2	803542	795507		693876	302492
苏北	121	7	7134057	7183972	17579	6763744	3601331
南京市	18	2	612097	604993	2729	448059	205408
无锡市	6		123537	126970	825	217448	83645
徐州市	31	1	3425744	3398310	17579	2104206	980095
常州市	4	1					
苏州市	20	5	500352	500864	5223	674461	250602
南通市	8		184901	183697		232151	116833
连云港市	22	2	403156	399397		314744	136635
淮安市	6	1	424402	394400		361585	250836
盐城市	20	2	443587	438628		365100	118306
扬州市	4	1					
镇江市	5						
泰州市	8	1	332350	321224		282423	153226
宿迁市	42	1	2437169	2553236		3618109	2115458

1-B-39 续表

地区	主营业务收入	主营业务成本	主营业务税金及附加	营业费用	管理费用	财务费用	利润总额
总计	**9276190**	**6644274**	**270001**	**592426**	**356664**	**51186**	**1506528**
苏南	1387676	1046169	46445	121481	70019	2479	113624
苏中	754733	618042	17394	54638	28430	7183	36009
苏北	7133781	4980064	206162	416306	258215	41524	1356895
南京市	617561	455893	12340	70524	27659	786	55259
无锡市	118544	87275	3098	11880	5823	-1041	12039
徐州市	3385082	2871536	43325	155563	75489	43121	234460
常州市							
苏州市	483101	381048	19134	23672	28739	2072	35156
南通市	184351	138004	9869	12816	12238	2744	10916
连云港市	393830	301834	22996	15959	14206	7351	31684
淮安市	389750	199624	30184	48048	16387	-597	96735
盐城市	439965	360826	6170	17884	17096	8344	29886
扬州市							
镇江市							
泰州市	326708	284151	4072	10249	10691	2382	18190
宿迁市	2525155	1246245	103487	178853	135038	-16694	964131

制造业工业企业主要经济指标

单位：万元

应收账款	存货	产成品	固定资产合计	负债合计	流动负债合计	所有者权益合计	实收资本
464513	**1811650**	**304797**	**2987622**	**3919227**	**3306205**	**5010591**	**1891666**
109100	232794	65564	715161	811574	690288	664424	629244
66270	85017	27377	340653	373030	311790	318358	224541
289143	1493839	211856	1931808	2734623	2304127	4027809	1037882
24927	55959	20598	198998	245692	246794	202367	186791
12577	53316	18455	102387	97041	97041	120407	75693
144667	197216	41594	437759	768538	495985	1334356	671198
63887	95985	21548	366536	391830	281817	282631	316244
24864	22658	3932	105362	107922	77692	121742	85729
17107	47364	15444	89368	176465	147258	138279	56444
5640	124746	8867	80737	116301	110154	245284	56125
9344	56423	17048	189782	212493	147062	152607	41120
31188	50463	18153	97200	131695	115211	150729	104148
112384	1068091	128903	1134163	1460825	1403668	2157284	212995

单位：万元

亏损企业亏损总额	利税总额	全部从业人员年平均人数（人）	总资产贡献率（%）	资产负债率（%）	流动资产周转率（次/年）	成本费用利润率（%）	产品销售率（%）
27508	**2224734**	**87512**	**25.52**	**43.87**	**2.07**	**19.60**	**100.41**
17664	220466	15374	15.45	54.98	2.35	8.94	99.72
5045	76951	5918	12.28	53.76	2.51	5.05	99.00
4799	1927317	66220	29.08	40.43	1.98	23.79	100.70
1434	96740	6780	21.77	54.83	3.06	9.78	98.84
	20003	1129	9.51	44.63	1.46	11.25	102.78
1459	379234	27986	20.07	36.52	3.45	7.45	99.20
14915	71998	4877	11.51	58.10	1.99	7.83	100.10
	25896	2289	12.30	46.49	1.59	6.54	99.35
1564	68251	3331	23.84	56.07	2.89	9.32	99.07
39	155037	3907	42.69	32.16	1.55	36.72	92.93
907	54143	3015	17.01	58.20	3.72	7.39	98.88
4777	31626	1591	12.36	46.63	2.15	5.89	96.65
830	1270652	27981	34.63	40.38	1.20	62.21	104.76

1-B-40 规模以上纺织业

地　区	企业单位数(个)	#亏损企业	工业总产值(当年价格)	销售产值(当年价格)	出口交货值	资产总计	流动资产合计
总　计	**4901**	**555**	**64449312**	**63365194**	**7984251**	**41869241**	**23712978**
苏　南	2512	470	30105091	29623225	4641062	26815729	16202576
苏　中	1302	49	17337616	17122487	2580150	7860149	4302370
苏　北	1087	36	17006604	16619483	763040	7193363	3208032
南京市	45	7	961887	955894	251299	663536	359304
无锡市	444	79	7946847	7729154	1392052	5792427	3583522
徐州市	260	3	4391178	4275331	91329	1372561	589934
常州市	391	48	5541768	5504787	613021	4395060	2501335
苏州市	1540	321	14628490	14425012	2275807	15380665	9405869
南通市	1047	21	12761120	12633062	2019908	5998054	3231065
连云港市	37	2	329021	327812	61366	162326	67015
淮安市	143	12	2184765	2129583	39434	977324	506730
盐城市	474	14	8086489	7925211	538000	3324465	1366668
扬州市	126	16	2155317	2117454	198592	975613	511739
镇江市	92	15	1026100	1008377	108882	584042	352546
泰州市	129	12	2421179	2371971	361650	886482	559566
宿迁市	173	5	2015152	1961547	32911	1356689	677685

1-B-40 续表

地　区	主营业务收入	主营业务成本	主营业务税金及附加	营业费用	管理费用	财务费用	利润总额
总　计	**64043893**	**57152337**	**284278**	**862583**	**1748461**	**825200**	**3269641**
苏　南	30084911	27211050	99578	359836	938049	508821	1065193
苏　中	17174314	15196419	75086	215957	416116	128416	1143444
苏　北	16784668	14744868	109615	286790	394296	187962	1061004
南京市	958939	823876	4690	14971	38526	7963	73156
无锡市	7923837	7144704	26012	73282	205035	95893	394611
徐州市	4256987	3690449	26148	64618	98877	28750	351162
常州市	5701892	5073846	24434	66753	190714	69771	299438
苏州市	14464200	13267047	40763	183155	471385	326220	241485
南通市	12765667	11313822	52538	134072	284061	91672	888796
连云港市	330557	282801	2833	7454	8507	3428	25704
淮安市	2151746	1927169	8927	43192	54760	27030	91834
盐城市	8029835	7084576	61694	148051	189432	107408	432272
扬州市	2103606	1848280	10099	38025	61755	18116	128158
镇江市	1036043	901577	3679	21674	32389	8975	56503
泰州市	2305042	2034318	12450	43860	70301	18628	126490
宿迁市	2015545	1759873	10013	23474	42719	21346	160032

工业企业主要经济指标

单位：万元

			固定资产合计	负债合计	流动负债合计	所有者权益合计	实收资本
应收账款	存货	产成品					
5648894	**6890686**	**3047327**	**13913467**	**25224265**	**22847236**	**16602619**	**8467826**
3784070	4735025	2157061	7881781	17151634	15709465	9649208	5449889
1198131	1165739	486011	2667094	4200918	3751428	3642555	1614130
666694	989923	404255	3364592	3871713	3386344	3310857	1403807
100536	140329	75524	263800	360248	264706	302767	210504
965014	1285603	504522	1691670	3324900	3057340	2464070	1133308
135210	214043	85100	705405	597387	512074	774868	199515
635580	580625	277506	1505497	2472916	2144067	1921569	760841
1972615	2615511	1240001	4250995	10673780	9949976	4703955	3238807
913176	849782	345034	2081138	3156774	2813999	2835799	1201003
14131	24181	14421	73479	69889	59057	91653	67251
123169	115017	50488	343741	655039	534199	320007	234295
259934	465428	188003	1714121	1831250	1616698	1493214	558145
138675	144583	68083	345677	537814	481407	429322	249352
110324	112957	59509	169820	319790	293377	256847	106431
146280	171374	72894	240280	506331	456022	377434	163775
134250	171254	66244	527846	718148	664316	631114	344601

单位：万元

亏损企业亏损总额	利税总额	全部从业人员年平均人数（人）	总资产贡献率（%）	资产负债率（%）	流动资产周转率（次/年）	成本费用利润率（%）	产品销售率（%）
183909	**5531844**	**895788**	**14.86**	**60.25**	**2.77**	**5.27**	**98.32**
151680	1871533	444803	8.55	63.96	1.94	3.52	98.40
15496	1852485	213041	25.01	53.45	4.01	7.14	98.76
16733	1807826	237944	27.30	53.82	5.28	6.74	97.72
4335	106366	14385	17.44	54.29	2.73	8.10	99.38
18125	603579	111178	11.87	57.40	2.25	5.16	97.26
1723	579600	57603	44.08	43.52	7.37	8.85	97.36
14537	521151	52931	13.13	56.27	2.31	5.47	99.33
108420	548940	250650	5.31	69.40	1.65	1.58	98.61
6888	1404791	156951	24.80	52.63	3.97	7.49	99.00
82	35877	7025	23.40	43.05	4.94	8.48	99.63
4441	139174	27651	16.28	67.02	4.27	4.45	97.47
9767	815047	109367	27.38	55.08	5.91	5.71	98.01
5423	221709	31266	24.33	55.13	4.11	6.52	98.24
6263	91497	15659	16.74	54.75	2.94	5.85	98.27
3185	225985	24824	27.13	57.12	4.14	5.81	97.97
721	238128	36298	18.53	52.93	2.98	8.65	97.34

1-B-41 规模以上纺织服装、服饰业

地 区	企业单位数(个)	#亏损企业	工业总产值(当年价格)	销售产值(当年价格)	出口交货值	资产总计	流动资产合计
总 计	**2651**	**317**	**37808213**	**37421777**	**9198811**	**22296346**	**12650631**
苏 南	1289	249	20170828	19999661	5207607	15084226	8991079
苏 中	653	32	9330454	9193722	3031960	4197501	2403436
苏 北	709	36	8306932	8228394	959244	3014618	1256117
南京市	175	19	3688049	3647033	1053514	1609269	941512
无锡市	270	47	5076537	5070318	1250160	5288540	2923583
徐州市	90		1237366	1230273	38852	369896	179361
常州市	153	28	2505327	2509153	1079257	1328407	855125
苏州市	535	140	7427911	7322581	1624742	5993269	3840966
南通市	410	18	4724775	4693181	1791764	2669333	1507606
连云港市	91	5	773829	768728	118177	214187	79798
淮安市	182	11	2178116	2124817	230638	601068	252995
盐城市	166	8	2393546	2393463	366914	851367	315768
扬州市	154	7	3180272	3091998	872708	1063109	625555
镇江市	156	15	1473004	1450576	199934	864741	429894
泰州市	89	7	1425407	1408543	367488	465060	270275
宿迁市	180	12	1724075	1711113	204664	978101	428194

1-B-41 续表

地 区	主营业务收入	主营业务成本	主营业务税金及附加	营业费用	管理费用	财务费用	利润总额
总 计	**38390638**	**32796889**	**235940**	**1049497**	**1456859**	**347097**	**2579440**
苏 南	20942157	17828796	113820	679402	927247	196467	1274426
苏 中	9173637	7914043	53260	160710	274133	67219	700035
苏 北	8274844	7054050	68861	209385	255479	83412	604979
南京市	3759765	3160071	17919	146862	165599	10752	260390
无锡市	5696975	4942156	34649	146731	239150	62760	325988
徐州市	1235875	1061652	12491	27325	30617	5541	96801
常州市	2579281	2216288	11773	64206	127954	20809	142190
苏州市	7456447	6251781	40815	286610	340146	90495	473667
南通市	4689491	4066524	22500	60845	142280	40701	353210
连云港市	775819	623565	10286	29821	26428	15877	69450
淮安市	2168885	1895962	13734	45047	66759	22109	125893
盐城市	2361407	2002522	22270	83379	89802	28779	133313
扬州市	3120366	2679112	21563	55654	84342	17056	264586
镇江市	1449689	1258500	8664	34994	54399	11652	72190
泰州市	1363780	1168407	9197	44211	47511	9462	82238
宿迁市	1732859	1470349	10080	23813	41872	11106	179522

工业企业主要经济指标

单位：万元

应收账款	存货	产成品	固定资产合计	负债合计	流动负债合计	所有者权益合计	实收资本
2858362	**3517987**	**1580233**	**6095529**	**12294113**	**10513768**	**9976344**	**4048834**
2078680	2706646	1220137	3574935	8907233	7386404	6174839	2517614
426014	508566	202370	1014470	2262999	2177090	1925904	678939
353668	302775	157726	1506124	1123882	950274	1875601	852281
241940	219122	118923	365733	820019	767930	788567	249691
563316	1049071	434181	1128713	3192711	2324483	2095829	952202
67129	52022	27863	160416	133371	115620	229283	86373
246336	231505	86510	330783	780351	759204	548057	226049
889529	1129891	536088	1362035	3688958	3138682	2303708	901868
238166	291951	132884	624627	1415662	1371571	1252917	381903
19160	22325	9777	110271	71656	61068	136399	69920
67607	60297	32117	311169	243539	204412	357529	203454
99573	106207	67198	458940	371561	307218	479806	148074
128911	131784	51554	268109	584518	545070	470746	211681
137560	77057	44435	387671	425195	396104	438678	187803
58938	84832	17931	121735	262819	260450	202241	85355
100200	61923	20772	465329	303754	261957	672584	344459

单位：万元

亏损企业亏损总额	利税总额	全部从业人员年平均人数（人）	总资产贡献率（%）	资产负债率（%）	流动资产周转率（次/年）	成本费用利润率（%）	产品销售率（%）
80867	**4163548**	**759653**	**19.90**	**55.14**	**3.07**	**7.17**	**98.98**
57741	2005917	418028	14.29	59.05	2.37	6.39	99.15
6396	1168548	171369	29.21	53.91	3.82	8.31	98.53
16730	989084	170256	35.04	37.28	6.60	7.95	99.05
3199	428828	64562	27.14	50.96	4.01	7.45	98.89
7169	504077	90160	10.47	60.37	2.04	5.79	99.88
	171098	20600	47.50	36.06	6.89	8.60	99.43
5596	233326	61383	18.55	58.74	3.05	5.80	100.15
39220	698119	169655	12.82	61.55	1.96	6.75	98.58
1772	573638	84338	22.82	53.03	3.12	8.18	99.33
637	105732	16752	55.46	33.46	9.72	9.98	99.34
2237	199748	42448	35.79	40.52	8.59	6.20	97.55
10183	260630	45999	33.77	43.64	7.50	6.03	100.00
3129	443161	62781	43.01	54.98	4.99	9.33	97.22
2557	141567	32268	17.33	49.17	3.37	5.31	98.48
1495	151749	24250	34.34	56.51	5.05	6.47	98.82
3674	251875	44457	26.49	31.06	4.05	11.60	99.25

1-B-42 规模以上皮革、毛皮、羽毛

地　区	企　业单位数(个)	#亏损企业	工业总产值(当年价格)	销售产值(当年价格)	出口交货值	资产总计	流动资产合　计
总　计	**632**	**87**	**8212732**	**8038892**	**2010687**	**3185043**	**2006978**
苏　南	241	59	2465328	2441287	801448	1318108	926603
苏　中	208	13	2814602	2746807	1100080	864719	564965
苏　北	183	15	2932803	2850798	109159	1002216	515409
南京市	28	5	672042	664487	121202	225315	123028
无锡市	14	6	74165	73969	20839	82367	61255
徐州市	20	1	656117	638788	19597	246649	183634
常州市	41	7	503030	494273	184226	202073	151079
苏州市	95	34	682318	680462	403976	578256	421259
南通市	63	2	855173	848601	412470	253424	169271
连云港市	13	1	177658	177988	25605	71878	46151
淮安市	90	8	1058059	1031431	27146	260502	105647
盐城市	27	3	832163	796253	34252	270320	91764
扬州市	133	10	1839228	1779496	660686	579364	375426
镇江市	63	7	533773	528097	71205	230097	169983
泰州市	12	1	120201	118710	26924	31932	20268
宿迁市	33	2	208805	206339	2560	152867	88213

1-B-42 续表

地　区	主营业务收　入	主营业务成　本	主营业务税金及附加	营业费用	管理费用	财务费用	利润总额
总　计	**8049071**	**7036680**	**44455**	**178335**	**298974**	**60755**	**428492**
苏　南	2458104	2170834	10165	43559	108343	20513	100088
苏　中	2743010	2429819	17215	54706	87348	14770	140158
苏　北	2847957	2436027	17075	80069	103283	25472	188246
南京市	672183	583009	2507	11245	24160	3501	45646
无锡市	70698	62589	390	851	4189	1700	1020
徐州市	633207	553044	1713	4647	8839	635	64304
常州市	504353	445439	2816	7140	16049	2759	30562
苏州市	683971	624368	2809	17908	38777	7987	-810
南通市	859852	768530	3068	13726	19524	5729	49397
连云港市	178966	153735	1810	5493	6796	4196	7778
淮安市	1049335	932457	6810	17496	29724	8782	54454
盐城市	788715	631330	5615	49107	51384	7405	43821
扬州市	1765263	1553987	13509	39127	64000	8566	86843
镇江市	526900	455430	1643	6414	25167	4566	23671
泰州市	117896	107302	639	1854	3824	475	3918
宿迁市	197734	165461	1128	3326	6540	4455	17889

及其制品和制鞋业工业企业主要经济指标

单位：万元

应收账款	存货	产成品	固定资产合　计	负债合计	流动负债合　计	所有者权益合计	实收资本
509653	**549878**	**172994**	**813996**	**1709538**	**1566733**	**1465486**	**821031**
233809	261433	83172	267459	814582	751094	500850	314239
148986	140677	49860	224464	462585	432983	394791	256119
126858	147769	39963	322073	432371	382656	569845	250672
35417	43515	13932	68358	115513	92758	107352	52023
26844	10051	5388	14997	60128	56723	22239	17549
41533	57926	8895	55252	103237	102287	143412	58902
29734	36034	15300	32384	144891	134937	57182	50981
105419	135876	39484	107811	301520	281696	276736	162882
35726	39641	12405	64854	147693	137438	105715	64808
17019	11000	3243	21163	37459	33912	34419	16843
35498	30211	14670	131641	116203	101170	144299	77902
19785	18972	10757	75638	99127	85474	171193	45806
102660	94718	35600	148352	295833	276563	276204	184253
36394	35957	9067	43910	192530	184980	37342	30804
10601	6317	1855	11259	19059	18982	12872	7058
13023	29661	2398	38380	76345	59813	76522	51220

单位：万元

亏损企业亏损总额	利税总额	全部从业人员年平均人数（人）	总资产贡献率（%）	资产负债率（%）	流动资产周转率（次/年）	成本费用利润率（%）	产品销售率（%）
29468	**784873**	**158285**	**26.17**	**53.67**	**4.02**	**5.65**	**97.88**
19236	196481	56968	16.06	61.80	2.66	4.26	99.02
8024	272298	61414	32.86	53.50	4.86	5.42	97.59
2209	316094	39903	33.69	43.14	5.53	7.12	97.20
1724	75934	8898	34.99	51.27	5.47	7.33	98.88
1241	2677	2173	4.70	73.00	1.16	1.46	99.74
347	94159	9262	38.37	41.86	3.45	11.34	97.36
751	59449	12067	30.35	71.70	3.34	6.48	98.26
14753	14654	24675	3.50	52.14	1.64	-0.12	99.73
501	90574	15090	37.65	58.28	5.08	6.12	99.23
18	15179	3932	25.75	52.12	3.88	4.57	100.19
490	86971	13247	36.08	44.61	9.94	5.51	97.48
886	93217	7081	37.11	36.67	8.60	5.93	95.68
7418	172942	43677	31.02	51.06	4.71	5.21	96.75
767	43766	9155	20.61	83.67	3.10	4.80	98.94
106	8782	2647	28.38	59.69	5.82	3.45	98.76
468	26567	6381	19.71	49.94	2.25	9.95	98.82

1-B-43 规模以上木材加工及木、竹、藤、

地　　区	企业单位数(个)	#亏损企业	工业总产值(当年价格)	销售产值(当年价格)	出口交货值	资产总计	流动资产合计
总　　计	**1337**	**46**	**19628391**	**19449181**	**1865394**	**6868151**	**3640152**
苏　　南	151	17	3524438	3484886	690472	2588876	1782891
苏　　中	39	5	419701	417967	22397	256175	132414
苏　　北	1147	24	15684252	15546328	1152526	4023100	1724847
南 京 市	13		135346	131359	35388	69950	48413
无 锡 市	19	1	213983	205252	81604	143008	117763
徐 州 市	442		9782607	9700295	1026413	1938327	832074
常 州 市	59	2	739308	730018	338368	350582	263751
苏 州 市	50	11	583419	589764	70396	839796	552252
南 通 市	11		105288	105112	13584	65172	46037
连云港市	46	10	553427	547094	91865	228150	102489
淮 安 市	83	7	805243	779635	152	277002	148161
盐 城 市	19	5	200693	201285	20460	102763	45340
扬 州 市	17	3	208524	210133	8812	98580	56955
镇 江 市	10	3	1852382	1828493	164717	1185540	800712
泰 州 市	11	2	105889	102722		92422	29422
宿 迁 市	557	2	4342282	4318020	13636	1476859	596784

1-B-43 续表

地　　区	主营业务收入	主营业务成本	主营业务税金及附加	营业费用	管理费用	财务费用	利润总额
总　　计	**19559913**	**16741065**	**136287**	**457346**	**491364**	**195844**	**1540884**
苏　　南	3501792	2892131	18544	196432	179573	90122	130969
苏　　中	421562	375739	2354	7706	11051	2979	23593
苏　　北	15636559	13473195	115388	253207	300740	102743	1386321
南 京 市	132554	112332	586	5171	5287	1677	7662
无 锡 市	207981	177539	812	10503	7535	3481	9519
徐 州 市	9782738	8374788	89359	155096	179583	62520	915033
常 州 市	727662	614510	3739	34482	24708	7852	43057
苏 州 市	589883	492599	4783	24058	31896	8795	33699
南 通 市	105767	89000	543	1774	2773	1128	10515
连云港市	538719	476657	4131	12801	12049	6665	27439
淮 安 市	789470	722702	3607	7778	11982	4941	40267
盐 城 市	203230	183715	1045	3839	3781	1850	9064
扬 州 市	214207	194509	819	4567	6047	864	8328
镇 江 市	1843714	1495152	8624	122217	110146	68317	37033
泰 州 市	101587	92231	992	1366	2232	987	4750
宿 迁 市	4322402	3715334	17246	73693	93345	26766	394519

棕、草制品业工业企业主要经济指标

单位：万元

应收账款	存货	产成品	固定资产合　计	负债合计	流动负债合　计	所有者权益合计	实收资本
785835	**1022929**	**445498**	**2501844**	**3000160**	**2641306**	**3734717**	**1512240**
377521	577550	247890	519383	1589516	1482220	999360	385260
35442	43093	20657	91988	141958	111509	114217	82639
372872	402285	176951	1890473	1268686	1047577	2621141	1044340
15457	20203	5196	15235	49305	48489	20645	16054
37804	49045	11126	16495	96008	93227	47000	25462
229582	228770	117021	844413	532528	446051	1295464	303053
57633	113759	29987	56398	231348	230692	119234	58015
136588	152111	72805	150328	375967	355346	463829	224000
9935	13910	8060	11375	43801	36026	21372	16293
27714	31818	8512	91227	117625	96270	110524	77475
19317	48920	12592	94750	151039	121710	125963	60080
8729	18901	7183	42894	55833	44042	46930	35357
18435	24457	10491	29906	56746	56336	41835	24912
130039	242432	128776	280928	836888	754466	348652	61729
7072	4727	2107	50708	41412	19147	51010	41435
87530	73877	31643	817189	411660	339504	1042261	568375

单位：万元

亏损企业亏损总额	利税总额	全部从业人员年平均人数（人）	总资产贡献率（%）	资产负债率（%）	流动资产周转率（次/年）	成本费用利润率（%）	产品销售率（%）
14956	**2494858**	**192382**	**38.32**	**43.68**	**5.39**	**8.59**	**99.09**
6727	268044	34944	13.25	61.40	1.99	3.85	98.88
979	42273	6192	17.56	55.41	3.26	5.79	99.59
7250	2184541	151246	55.77	31.54	9.07	9.81	99.12
	12965	1282	20.60	70.49	2.74	6.15	97.05
30	16072	2783	13.42	67.13	1.79	4.75	95.92
	1479542	85052	77.98	27.47	11.76	10.43	99.16
594	71205	6411	21.64	65.99	2.76	6.32	98.74
4627	58619	9729	7.86	44.77	1.09	5.92	101.09
	14470	1638	23.86	67.21	2.31	11.09	99.83
4070	43073	5333	20.73	51.56	5.26	5.40	98.86
1944	68035	8689	25.76	54.53	5.33	5.39	96.82
967	17248	2803	17.92	54.33	4.48	4.69	100.29
407	16946	3507	18.05	57.56	3.94	3.86	100.77
1477	109184	14739	14.13	70.59	2.34	2.03	98.71
572	10857	1047	12.60	44.81	3.45	4.91	97.01
268	576643	49369	40.30	27.87	7.24	10.09	99.44

1-B-44 规模以上家具制造业

地区	企业单位数(个)	#亏损企业	工业总产值(当年价格)	销售产值(当年价格)	出口交货值	资产总计	流动资产合计
总计	**261**	**53**	**2824748**	**2794691**	**758160**	**1915415**	**1098172**
苏南	125	45	1332981	1321923	496180	1146840	700452
苏中	40	3	473657	469326	179360	390175	266746
苏北	96	5	1018110	1003443	82620	378400	130975
南京市	13	2	182269	177460	6246	124690	55352
无锡市	13	3	64142	61854	41377	70171	50857
徐州市	37	1	490473	481471		132584	36451
常州市	7	2	29475	30307	15135	42066	19617
苏州市	83	35	993755	989462	433422	878034	564111
南通市	20	2	185377	184947	64778	165676	99979
连云港市	10	1	53407	53689	7673	34783	10557
淮安市	13	2	241322	239925	2742	49884	29289
盐城市	3						
扬州市	5						
镇江市	9	3	63340	62839		31880	10515
泰州市	15	1	251631	247907	95304	198193	146425
宿迁市	33	1	215597	211047	72013	152134	48315

1-B-44 续表

地区	主营业务收入	主营业务成本	主营业务税金及附加	营业费用	管理费用	财务费用	利润总额
总计	**2790328**	**2438520**	**19339**	**83007**	**113559**	**26615**	**112575**
苏南	1329237	1171078	9197	53722	75886	14172	7287
苏中	470382	392931	2813	14509	19344	4498	37368
苏北	990709	874511	7329	14776	18330	7945	67920
南京市	186933	157736	1018	9227	10328	1067	7763
无锡市	61299	50071	258	1349	5006	2054	2661
徐州市	479237	419336	4881	5321	6021	2479	41043
常州市	29737	27164	116	1337	1661	39	187
苏州市	989277	882579	7373	39499	55818	10358	-3231
南通市	185750	154909	1091	4588	8838	1341	14926
连云港市	53711	43252	495	2475	1888	1317	4240
淮安市	230014	217252	102	3507	4089	1162	4006
盐城市							
扬州市							
镇江市	61991	53529	431	2311	3073	654	-93
泰州市	249148	207053	1590	9420	8227	2604	21361
宿迁市	210696	178780	1792	3311	5999	2843	18170

工业企业主要经济指标

单位：万元

应收账款	存货	产成品	固定资产合　计	负债合计	流动负债合　计	所有者权益合计	实收资本
299100	**327977**	**104490**	**596968**	**957760**	**878492**	**949557**	**653512**
208273	230880	78760	347100	580227	547634	566613	430310
64238	71330	16239	81422	222994	216556	167181	103015
26589	25766	9491	168447	154539	114302	215763	120187
15565	19709	7778	50863	49391	42165	75299	28323
16643	13932	5560	16336	37328	36631	32843	19380
5843	9247	4307	83823	42685	32403	86667	22784
5902	6442	894	4273	18849	18848	23218	20851
166478	188772	63262	258599	454303	436043	423732	355741
17788	34364	11584	33794	87945	87452	77731	52184
2573	3859	1040	20659	17587	17451	17196	15739
8865	5596	601	13007	18315	14664	31569	25947
3686	2024	1265	17030	20358	13947	11521	6016
39409	35232	3982	43453	120899	114954	77294	39106
6124	6259	3232	48851	70635	44468	76633	52482

单位：万元

亏损企业亏损总额	利税总额	全部从业人员年平均人数(人)	总资产贡献率(%)	资产负债率(%)	流动资产周转率(次/年)	成本费用利润率(%)	产品销售率(%)
28083	**210128**	**52561**	**11.81**	**50.00**	**2.56**	**4.21**	**98.94**
25078	40671	32650	4.12	50.59	1.92	0.55	99.17
409	58992	8515	15.95	57.15	1.77	8.65	99.09
2597	110465	11396	30.83	40.84	7.56	7.42	98.56
1079	16564	2474	13.89	39.61	3.38	4.35	97.36
269	3706	2051	6.60	53.20	1.21	4.55	96.43
23	69668	4826	54.15	32.19	13.15	9.48	98.16
343	1231	742	2.90	44.81	1.52	0.62	102.83
20161	16534	26174	2.43	51.74	1.78	-0.32	99.57
265	24885	3414	15.73	53.08	1.87	8.77	99.77
237	6598	673	21.43	50.56	5.09	8.66	100.53
58	5233	1872	11.79	36.72	7.85	1.77	99.42
3226	2637	1209	8.68	63.86	5.90	-0.16	99.21
145	32283	4633	17.27	61.00	1.71	9.38	98.52
2279	28018	3739	20.01	46.43	4.36	9.51	97.89

1-B-45 规模以上造纸及

地　区	企业单位数(个)	#亏损企业	工业总产值(当年价格)	销售产值(当年价格)	出口交货值	资产总计	流动资产合计
总　计	**613**	**83**	**13157864**	**13010054**	**1117992**	**17200806**	**7615156**
苏　南	348	64	8856135	8748407	1074536	13426018	6469234
苏　中	94	8	1498374	1488203	17336	2113785	494361
苏　北	171	11	2803355	2773445	26120	1661003	651561
南京市	34	2	326013	323942	6163	319567	167818
无锡市	36	8	806676	810515	110793	1117516	637101
徐州市	44	1	966116	957965	21363	286375	106066
常州市	64	7	638929	623388	76824	531160	376797
苏州市	171	41	4907696	4825508	443346	7194152	3965260
南通市	43	3	450959	454550	2757	1502784	197200
连云港市	18	1	151506	150323	2557	59341	28999
淮安市	61	5	909526	910488	1005	340620	137110
盐城市	28	3	584320	564409		826551	284688
扬州市	27	1	785416	777081	12554	478556	210836
镇江市	43	6	2176822	2165053	437409	4263623	1322258
泰州市	24	4	261999	256572	2026	132444	86325
宿迁市	20	1	191887	190258	1196	148117	94698

1-B-45 续表

地　区	主营业务收入	主营业务成本	主营业务税金及附加	营业费用	管理费用	财务费用	利润总额
总　计	**12962693**	**11156958**	**48877**	**454840**	**462752**	**179468**	**719272**
苏　南	8705494	7409722	23759	361027	348604	146410	479438
苏　中	1466461	1339175	8277	28005	46192	-2281	45613
苏　北	2790737	2408061	16840	65809	67956	35339	194222
南京市	337680	288505	1113	8346	15975	116	28670
无锡市	828293	695374	2492	22465	39748	18828	66890
徐州市	956282	803478	8399	27635	28591	2680	83850
常州市	633777	566085	2780	10541	17858	10386	26821
苏州市	4778577	4048351	13401	284704	217512	64243	205570
南通市	440646	416975	1645	10550	21848	-10055	-2752
连云港市	150355	127520	1352	4253	3946	1335	12374
淮安市	933864	830096	3489	18286	17507	10428	54158
盐城市	579369	499318	3089	12845	14730	18601	29502
扬州市	772399	701518	5472	9911	17652	4559	34008
镇江市	2127167	1811407	3973	34971	57512	52838	151487
泰州市	253416	220682	1160	7544	6692	3215	14357
宿迁市	170867	147650	512	2789	3182	2295	14338

纸制品业工业企业主要经济指标

单位：万元

应收账款	存货	产成品	固定资产合计	负债合计	流动负债合计	所有者权益合计	实收资本
1764679	**1224843**	**464628**	**6239980**	**9059770**	**6868252**	**8118032**	**6127432**
1436937	927880	337118	4436703	7111890	5229194	6314128	5010187
144210	118110	44070	938458	974608	927303	1139177	747275
183532	178853	83440	864819	973273	711755	664727	369970
93762	30422	8368	133244	160721	110159	158846	109939
176847	105285	39217	415637	653934	509030	463582	286436
34839	38235	17861	139966	119461	99202	143911	36494
91101	84554	32749	120800	374958	329957	156202	93875
866951	535273	188774	2596836	3631965	2950845	3562187	2860272
49365	46822	17175	642101	626991	621119	875793	609284
4460	6067	3009	21745	26284	20976	33057	26773
38175	32255	16717	159217	164979	154701	175640	100154
66590	95848	42756	495342	578340	355756	248210	179185
60996	53923	19622	255271	276492	242095	202065	98127
208277	172345	68011	1170187	2290312	1329204	1973311	1659665
33850	17365	7273	41086	71125	64089	61320	39863
39469	6448	3098	48549	84209	81120	63908	27365

单位：万元

亏损企业亏损总额	利税总额	全部从业人员年平均人数(人)	总资产贡献率(%)	资产负债率(%)	流动资产周转率(次/年)	成本费用利润率(%)	产品销售率(%)
78274	**1156570**	**112305**	**7.69**	**52.67**	**1.73**	**5.81**	**98.88**
38878	742126	74034	6.43	52.97	1.37	5.72	98.78
33371	103512	13683	5.69	46.11	2.97	3.22	99.32
6025	310931	24588	20.44	58.60	4.28	7.53	98.93
296	39485	4161	12.60	50.29	2.03	9.11	99.36
3664	83569	7624	8.78	58.52	1.35	8.44	100.48
185	138738	6780	49.21	41.71	9.02	9.71	99.16
3323	47252	5677	10.93	70.59	1.69	4.43	97.57
30783	349484	42074	5.78	50.48	1.24	4.36	98.33
32307	12616	5593	1.55	41.72	2.24	-0.62	100.80
97	16547	1460	28.64	44.29	5.21	9.03	99.22
2120	81353	7306	26.32	48.44	6.81	6.18	100.11
2460	52775	6817	8.45	69.97	2.04	5.41	96.59
21	65421	5507	14.28	57.78	3.67	4.63	98.94
814	222336	14498	5.89	53.72	1.61	7.73	99.46
1043	25475	2583	21.65	53.70	2.94	6.03	97.93
1163	21519	2225	14.93	56.85	1.81	9.20	99.15

1-B-46 规模以上印刷和记录

地区	企业单位数(个)	#亏损企业	工业总产值(当年价格)	销售产值(当年价格)	出口交货值	资产总计	流动资产合计
总计	**661**	**93**	**6757041**	**6681357**	**613720**	**5877279**	**3151146**
苏南	411	78	4181956	4135427	546711	4448532	2449991
苏中	43	3	452982	446405	47980	299832	120197
苏北	207	12	2122103	2099525	19029	1128916	580958
南京市	45	7	436363	438547	23328	569177	266013
无锡市	119	16	1229564	1211872	83188	1457487	746896
徐州市	20	2	251968	252137		136074	78947
常州市	40	3	311633	307885	20155	261380	173655
苏州市	172	48	1939787	1917056	418538	1967629	1151743
南通市	25	3	208698	207574	10095	91154	51090
连云港市	46	3	363689	361762	6397	129048	69267
淮安市	41	2	643679	634415		305564	124623
盐城市	13	1	86320	86249		46591	18232
扬州市	10		185055	181419	30434	180962	54967
镇江市	35	4	264609	260067	1503	192859	111684
泰州市	8		59229	57412	7451	27716	14141
宿迁市	87	4	776448	764962	12633	511637	289890

1-B-46 续表

地区	主营业务收入	主营业务成本	主营业务税金及附加	营业费用	管理费用	财务费用	利润总额
总计	**6620934**	**5495844**	**39154**	**202780**	**325641**	**89063**	**502335**
苏南	4092673	3389084	19564	146830	243160	57301	264897
苏中	443632	380098	3763	7204	15818	3811	33029
苏北	2084629	1726661	15826	48746	66663	27951	204410
南京市	426563	358281	2165	11488	31776	3823	33462
无锡市	1194459	1020117	4441	36123	63409	16529	57982
徐州市	240608	196492	2028	3210	9486	2254	27596
常州市	319744	272708	1312	6089	15821	9943	15897
苏州市	1898364	1522013	9752	87178	121903	20776	146648
南通市	203381	179773	1951	2347	5429	1773	11860
连云港市	364289	292757	5005	15419	12575	10076	28291
淮安市	625035	527653	3262	13917	20638	7419	54270
盐城市	84641	70992	583	1949	3660	930	6948
扬州市	182546	151946	1422	2976	7607	1439	17437
镇江市	253544	215965	1895	5952	10252	6230	10907
泰州市	57704	48379	390	1881	2783	599	3732
宿迁市	770056	638767	4950	14252	20304	7272	87304

媒介复制业企业主要经济指标

单位：万元

应收账款	存货	产成品	固定资产合计	负债合计	流动负债合计	所有者权益合计	实收资本
1034811	**562564**	**241820**	**2105598**	**3130715**	**2755752**	**2744573**	**1368963**
846489	435379	173315	1477481	2462576	2154320	1983965	991196
44709	22390	9144	135665	123052	102884	176779	113256
143613	104795	59362	492452	545087	498549	583829	264512
66099	56149	30337	211258	286070	242507	281116	122984
254088	148814	53174	473292	884443	733129	573045	229286
11807	17342	12231	55404	64034	62462	72041	26980
52751	38389	12582	73559	194853	184605	66527	45569
442974	174603	71771	652944	967549	884436	1000080	560275
17342	10407	3893	34980	49744	48329	41410	32640
14148	9044	5251	46772	68436	65866	60612	34671
35311	27484	13803	170405	143206	126796	162358	63405
5573	5542	1161	22205	24737	23558	21854	7522
22670	7820	3962	88900	58870	40740	122092	72358
30578	17424	5451	66427	129661	109642	63198	33082
4696	4164	1289	11785	14439	13815	13277	8258
76774	45384	26916	197667	244674	219866	266963	131934

单位：万元

亏损企业亏损总额	利税总额	全部从业人员年平均人数(人)	总资产贡献率(%)	资产负债率(%)	流动资产周转率(次/年)	成本费用利润率(%)	产品销售率(%)
32157	**765929**	**106955**	**14.16**	**53.27**	**2.13**	**8.10**	**98.88**
27909	420133	73881	10.36	55.36	1.71	6.75	98.89
1013	55797	5412	19.48	41.04	3.70	8.11	98.55
3234	289999	27662	27.74	48.28	3.60	10.91	98.94
1342	52019	8760	9.70	50.26	1.64	8.14	100.50
4477	93309	17779	7.44	60.68	1.69	4.81	98.56
153	41635	2451	31.88	47.06	3.07	12.99	100.07
366	26790	5518	12.15	74.55	1.85	5.22	98.80
18377	226009	38035	12.17	49.17	1.67	8.32	98.83
1013	21310	2457	24.73	54.57	3.99	6.26	99.46
917	45536	3348	42.34	53.03	5.26	8.55	99.47
877	79992	6923	28.37	46.87	5.04	9.50	98.56
4	11745	1782	26.78	53.09	4.65	8.96	99.92
	28414	2334	16.13	32.53	3.33	10.63	98.04
3348	22007	3789	13.45	67.23	2.27	4.56	98.28
	6073	621	24.09	52.10	4.09	6.96	96.93
1284	111092	13158	22.66	47.82	2.66	12.82	98.52

1-B-47 规模以上文教、工美、体育和

地区	企业单位数(个)	#亏损企业	工业总产值(当年价格)	销售产值(当年价格)	出口交货值	资产总计	流动资产合计
总计	**1271**	**89**	**16148356**	**15839941**	**4164125**	**7277534**	**4122035**
苏南	414	65	5506424	5309031	1612768	3631217	2142006
苏中	500	14	6512046	6457199	2078926	2131255	1272026
苏北	357	10	4129886	4073712	472431	1515061	708004
南京市	60	7	1142258	1124566	209993	366177	211879
无锡市	48	8	310930	307374	94619	280778	165984
徐州市	52	2	939851	927161	78087	250935	112660
常州市	98	14	1157073	1140497	294344	920652	569426
苏州市	142	32	2198510	2045439	856143	1758550	1069976
南通市	338	7	4775696	4756078	1386388	1607962	963284
连云港市	52	1	421760	415823	30815	138055	46726
淮安市	62	5	869661	856111	46703	298024	162707
盐城市	68	1	833119	822848	167854	328759	120657
扬州市	119	3	1371086	1342770	574073	357412	210143
镇江市	66	4	697653	691155	157669	305061	124740
泰州市	43	4	365265	358352	118465	165882	98599
宿迁市	123	1	1065495	1051769	148972	499289	265254

1-B-47 续表

地区	主营业务收入	主营业务成本	主营业务税金及附加	营业费用	管理费用	财务费用	利润总额
总计	**16024385**	**13754379**	**91366**	**364392**	**632160**	**122550**	**1081926**
苏南	5384907	4677084	28660	150657	276666	56940	215088
苏中	6474415	5553398	32535	106455	191687	31425	559352
苏北	4165063	3523897	30171	107280	163806	34186	307486
南京市	1137761	978743	9738	29642	51746	5334	63330
无锡市	314617	265887	1352	8797	20926	6789	11825
徐州市	930326	793667	5755	14141	16252	5444	94710
常州市	1163528	1013111	4597	22548	53369	18971	54251
苏州市	2089532	1817016	7383	76197	132071	21703	53195
南通市	4775189	4117982	21800	55567	120250	23519	435723
连云港市	420537	342960	6334	15689	11649	5733	38248
淮安市	893417	726828	5620	44279	78536	7123	30636
盐城市	836580	725979	4573	15716	32412	6480	51373
扬州市	1338632	1133072	7694	38276	52982	6011	100697
镇江市	679470	602329	5590	13473	18555	4143	32486
泰州市	360593	302343	3041	12612	18455	1895	22933
宿迁市	1084203	934462	7889	17455	24958	9406	92519

娱乐用品制造业工业企业主要经济指标

单位：万元

应收账款	存货	产成品	固定资产合计	负债合计	流动负债合计	所有者权益合计	实收资本
1113088	**1121029**	**468069**	**2316392**	**3852595**	**3632121**	**3420424**	**1730955**
633444	659133	277489	1021132	2058508	1969828	1572709	898175
312816	307603	112930	599027	1165841	1114687	964176	454641
166828	154293	77649	696234	628246	547607	883539	378139
58853	85888	53254	124376	177376	170457	188801	70482
48474	47975	20279	66259	166388	159409	114390	68393
18974	26663	13895	123280	129384	96452	121551	37726
180819	154701	48524	228578	579677	560904	340975	182450
301145	337125	139130	466104	980022	932594	778527	536075
233041	213182	76206	450090	910865	884988	696612	304043
9638	12682	5583	80286	44341	39364	93714	38761
43855	42916	24721	106961	160434	144706	137590	77650
46618	24960	13236	182923	131582	122279	197177	82763
58623	54691	19655	101323	175936	157832	180722	85286
44154	33445	16302	135814	155044	146464	150016	40775
21152	39731	17070	47613	79040	71867	86842	65312
47743	47072	20214	202784	162505	144807	333508	141238

单位：万元

亏损企业亏损总额	利税总额	全部从业人员年平均人数(人)	总资产贡献率(%)	资产负债率(%)	流动资产周转率(次/年)	成本费用利润率(%)	产品销售率(%)
24558	**1753855**	**263422**	**25.30**	**52.94**	**3.91**	**7.23**	**98.09**
17714	412240	107059	12.56	56.69	2.55	4.12	96.42
3511	855489	96844	41.36	54.70	5.10	9.48	99.16
3334	486126	59519	33.24	41.47	5.89	8.02	98.64
999	114312	18149	32.40	48.44	5.41	5.90	98.45
681	19477	8432	8.90	59.26	1.90	3.89	98.86
557	139760	10708	56.94	51.56	8.26	11.42	98.65
2020	97851	19011	12.31	62.96	2.06	4.86	98.57
13894	113507	48148	7.34	55.73	2.01	2.54	93.04
2323	652909	65055	41.90	56.65	4.97	10.06	99.59
102	53967	6974	40.54	32.12	9.01	10.16	98.59
2593	64933	9491	23.08	53.83	5.49	3.58	98.44
58	89892	14412	28.59	40.02	6.94	6.58	98.77
188	163378	25943	46.79	49.22	6.37	8.18	97.93
121	67094	13319	22.98	50.82	5.45	5.09	99.07
999	39202	5846	24.48	47.65	3.69	6.79	98.11
23	137574	17934	28.42	32.55	4.11	9.36	98.71

1-B-48 规模以上石油加工、炼焦及

地区	企业单位数(个)	#亏损企业	工业总产值(当年价格)	销售产值(当年价格)	出口交货值	资产总计	流动资产合计
总计	**133**	**17**	**22329026**	**22135112**	**587039**	**7223021**	**3872104**
苏南	73	10	15240372	15133119	584171	4990819	2930136
苏中	20	2	3093665	3063475	2868	738017	293147
苏北	40	5	3994989	3938518		1494186	648821
南京市	14	3	10838978	10826076	564368	2634630	1218761
无锡市	18	5	1716925	1745173		1006061	811820
徐州市	12		896942	867118		562560	169352
常州市	11	1	378329	373004		184248	141112
苏州市	19	1	1239739	1194875		652836	523363
南通市	5						
连云港市	5						
淮安市	11	2	846548	843776		205849	63312
盐城市	8	3	249624	244692		128659	83591
扬州市	5						
镇江市	11		1066401	993991	19803	513043	235079
泰州市	10	2	2611091	2587712		649915	240974
宿迁市	4						

1-B-48 续表

地区	主营业务收入	主营业务成本	主营业务税金及附加	营业费用	管理费用	财务费用	利润总额
总计	**22232374**	**19358865**	**1500679**	**144404**	**320286**	**66022**	**808485**
苏南	15204721	12980917	1226380	83598	222536	44245	647900
苏中	3028610	2748501	165132	11913	30120	3606	92909
苏北	3999043	3629447	109167	48894	67630	18171	67676
南京市	10820496	9237691	1051084	11736	160945	19743	342832
无锡市	1765846	1540431	117069	16277	25577	14046	59171
徐州市	928380	836755	5736	14150	14545	6546	50489
常州市	383854	354594	1250	4191	4762	5774	13462
苏州市	1149572	952830	42274	18659	17690	182	117512
南通市							
连云港市							
淮安市	840538	747837	71812	3053	24388	4079	-11722
盐城市	242271	226252	4780	4102	5311	-9774	-887
扬州市							
镇江市	1084954	895372	14703	32736	13563	4501	114924
泰州市	2552193	2328708	138603	6676	20703	3127	77356
宿迁市							

核燃料加工业工业企业主要经济指标

单位：万元

应收账款	存货	产成品	固定资产合计	负债合计	流动负债合计	所有者权益合计	实收资本
679132	**1585999**	**303945**	**2457001**	**4646057**	**4148273**	**2568383**	**1690439**
550722	1249665	162570	1494820	3117067	3023574	1873752	1224314
32824	148497	74880	170884	500073	376971	237944	142621
95586	187837	66494	791297	1028917	747728	456688	323504
179805	794269	21455	1038879	1671490	1657687	963141	803096
124954	184932	33212	95254	717003	697171	289058	160984
44141	48348	18224	379307	274457	149696	279522	155473
27557	27830	7905	30309	111358	102847	72891	25342
176838	146591	48114	82247	353499	337902	299337	189774
7267	45631	12222	127591	179378	158930	26471	69556
12521	22266	7755	30623	173515	162466	-44856	22092
41568	96045	51884	248131	263718	227967	249325	45118
23510	127159	68386	145130	463489	340387	186426	115253

单位：万元

亏损企业亏损总额	利税总额	全部从业人员年平均人数（人）	总资产贡献率（%）	资产负债率（%）	流动资产周转率（次/年）	成本费用利润率（%）	产品销售率（%）
37126	**4034296**	**29697**	**56.55**	**64.32**	**5.75**	**4.06**	**99.13**
4364	3258969	14640	66.20	62.46	5.20	4.85	99.30
10047	461802	4065	63.01	67.76	10.36	3.32	99.02
22715	313525	10992	21.15	68.86	6.17	1.80	98.59
1196	2661588	7243	101.75	63.44	8.88	3.63	99.88
2892	220663	2508	23.21	71.27	2.19	3.70	101.65
	81815	5176	15.14	48.79	5.51	5.77	96.67
60	20888	600	14.54	60.44	2.72	3.64	98.59
216	193269	1421	30.07	54.15	2.23	11.68	96.38
16684	86069	2304	38.63	87.14	13.29	-1.50	99.67
6031	12457	2231	0.85	134.86	2.90	-0.39	98.02
	162561	2868	32.41	51.40	4.62	12.15	93.21
10047	409521	2443	63.44	71.32	10.62	3.27	99.10

1-B-49 规模以上化学原料及化学制品

地　区	企业单位数(个)	#亏损企业	工业总产值(当年价格)	销售产值(当年价格)	出口交货值	资产总计	流动资产合计
总　计	**3874**	**467**	**147553268**	**147328260**	**10678058**	**97867682**	**48171888**
苏　南	1962	297	75034699	74577349	6817476	61862633	32350584
苏　中	852	66	34949080	34539612	2669582	17347384	8847628
苏　北	1060	104	37569488	38211299	1191001	18657665	6973676
南京市	253	57	17945126	17839806	753905	15052452	5923621
无锡市	348	43	12704679	12536085	1516732	10868697	6915637
徐州市	236	10	16321113	16109577	237795	6569255	2319319
常州市	415	61	14107259	14190619	1276976	9844608	5919095
苏州市	706	120	17045891	16836072	2768838	18420688	10119562
南通市	419	34	16015251	15796760	1417432	7657826	4005155
连云港市	272	43	7405125	7262688	364771	3506967	1403810
淮安市	150	19	3313739	4470379	71452	2287777	769294
盐城市	265	23	8257627	8147101	471400	4869962	1798585
扬州市	185	15	10116868	10035780	644943	5145468	2590492
镇江市	240	16	13231743	13174768	501025	7676188	3472670
泰州市	248	17	8816962	8707073	607207	4544090	2251981
宿迁市	137	9	2271884	2221555	45582	1423703	682668

1-B-49 续表

地　区	主营业务收入	主营业务成本	主营业务税金及附加	营业费用	管理费用	财务费用	利润总额
总　计	**148649795**	**129919281**	**897951**	**2879628**	**4739669**	**1479638**	**9045769**
苏　南	75580585	66132294	521266	1612471	2708813	832195	3999460
苏　中	35258242	30904235	140123	550639	886606	212099	2605074
苏　北	37810968	32882752	236563	716518	1144250	435344	2441235
南京市	18248762	16386879	355117	312599	663489	172727	515203
无锡市	12537844	10784430	34237	213456	434819	232009	843252
徐州市	16339628	14257778	135958	236597	387933	212441	1120385
常州市	14408363	12950021	38987	208486	406521	165389	604244
苏州市	17311896	14450349	65673	748466	951732	168414	1125658
南通市	16193728	14412977	35098	188082	338341	90510	1125163
连云港市	7374059	6494444	40798	152681	255143	55734	390353
淮安市	3392273	3013803	13401	87737	118347	40677	131045
盐城市	8462629	7164027	38992	211262	329291	92568	630724
扬州市	10336229	8980094	55941	186435	283566	46243	810465
镇江市	13073720	11560615	27252	129464	252253	93657	911103
泰州市	8728284	7511163	49084	176122	264699	75345	669446
宿迁市	2242380	1952700	7414	28241	53535	33926	168728

制造业工业企业主要经济指标

单位：万元

应收账款	存货	产成品	固定资产合计	负债合计	流动负债合计	所有者权益合计	实收资本
12379992	**10781414**	**4441155**	**35830912**	**53500348**	**45448921**	**44350534**	**24715855**
8942184	7147190	2847299	20237076	33881173	28625667	27979579	15795480
1979638	2099398	922063	6146994	9346410	8468708	7997992	4152675
1458170	1534826	671793	9446841	10272765	8354546	8372962	4767700
1250786	1805080	508024	5725656	8180700	6293834	6871752	5090096
1988796	1483494	611297	2728622	6013446	5579055	4855251	1579358
488822	391183	160028	3550406	3894786	3059877	2674469	1336320
1677450	1033129	474278	2441812	5876443	5429436	3968165	2076379
3236230	2211980	965875	6243456	9223549	7302416	9195846	5528322
977074	1065900	508003	2649023	4359411	3999005	3298416	1766744
313814	371020	167936	1588175	1950361	1791573	1556607	1127732
192040	148994	68959	1250418	1115551	824681	1172226	828400
339809	474428	200483	2456894	2493597	2023836	2369248	1145743
429924	515169	196486	1754787	2380948	2175290	2763754	1453695
788922	613508	287826	3097530	4587036	4020926	3088565	1521325
572640	518330	217574	1743185	2606051	2294413	1935823	932236
123686	149201	74388	600949	818470	654579	600413	329506

单位：万元

亏损企业亏损总额	利税总额	全部从业人员年平均人数（人）	总资产贡献率（%）	资产负债率（%）	流动资产周转率（次/年）	成本费用利润率（%）	产品销售率（%）
815562	**14425647**	**710864**	**16.15**	**54.67**	**3.15**	**6.39**	**99.85**
433107	6294842	355173	11.46	54.77	2.42	5.43	99.39
179194	4031856	161323	24.43	53.88	4.01	7.96	98.83
203260	4098949	194368	24.02	55.06	5.44	6.92	101.71
208719	1162369	66889	8.86	54.35	3.16	2.89	99.41
20213	1175765	67028	12.75	55.33	2.04	6.38	98.67
120556	1967560	61887	32.84	59.29	7.06	7.41	98.70
37940	1002045	67828	11.69	59.69	2.47	4.33	100.59
154907	1617891	108575	9.72	50.07	1.75	6.78	98.77
37323	1689101	73626	23.21	56.93	4.07	7.45	98.64
40158	627335	37674	19.33	55.61	5.27	5.59	98.08
17244	234745	24377	11.84	48.76	4.43	4.00	134.90
23444	1020042	50559	22.56	51.20	4.73	8.06	98.66
126281	1219104	49002	24.48	46.27	4.01	8.49	99.20
11329	1336772	44853	18.63	59.76	3.77	7.57	99.57
15591	1123651	38695	26.44	57.35	3.89	8.32	98.75
1858	249267	19871	19.48	57.49	3.29	8.16	97.78

1-B-50 规模以上医药制造业

地区	企业单位数(个)	#亏损企业	工业总产值(当年价格)	销售产值(当年价格)	出口交货值	资产总计	流动资产合计
总计	**694**	**80**	**27428972**	**26727185**	**2023721**	**17663562**	**10119491**
苏南	295	48	8197020	7895682	1122431	8478392	5203204
苏中	158	11	9237596	9131284	697072	4135796	2313641
苏北	241	21	9994356	9700219	204218	5049374	2602647
南京市	54	6	2142364	2071858	116423	1823548	1074078
无锡市	46	9	1922482	1880487	159724	2271614	1426027
徐州市	62	2	4187935	4122622	38215	1449004	590892
常州市	67	8	1275947	1225025	427728	1402258	940115
苏州市	99	22	2489538	2356923	418056	2744938	1649581
南通市	78	4	2491818	2488737	252619	1114592	541826
连云港市	65	9	3337946	3143924	14792	2365301	1527862
淮安市	24	5	480063	469923	29715	249186	112042
盐城市	66	4	1733143	1711562	102356	851203	297560
扬州市	33	2	969477	942748	232525	443714	207889
镇江市	29	3	366689	361389	500	236034	113403
泰州市	47	5	5776300	5699799	211928	2577490	1563926
宿迁市	24	1	255269	252190	19141	134679	74290

1-B-50 续表

地区	主营业务收入	主营业务成本	主营业务税金及附加	营业费用	管理费用	财务费用	利润总额
总计	**26830709**	**17796688**	**195291**	**4261549**	**1909100**	**114926**	**2728789**
苏南	8037821	5138445	53773	1260874	714002	39746	899707
苏中	8970718	5727423	53806	1990898	612971	19192	656761
苏北	9822170	6930820	87713	1009777	582127	55989	1172321
南京市	2225529	1213643	17445	460580	248106	5668	301574
无锡市	1878205	1262101	10898	232355	127244	7417	251365
徐州市	4235402	3530672	33623	156990	97288	27388	388609
常州市	1226239	843813	8444	132273	113026	13843	122770
苏州市	2345781	1523662	14969	411692	206697	9276	205889
南通市	2445432	2086645	12361	42501	89004	12464	207131
连云港市	3138294	1433501	39808	747570	364243	7357	562243
淮安市	470803	361810	3228	35203	28487	5634	38241
盐城市	1724030	1399358	9018	64449	82705	11555	156223
扬州市	955806	796542	8966	45018	31804	7550	67806
镇江市	362068	295226	2017	23974	18930	3542	18109
泰州市	5569480	2844236	32480	1903379	492164	-823	381825
宿迁市	253641	205479	2036	5565	9405	4056	27004

工业企业主要经济指标

单位：万元

应收账款	存货	产成品	固定资产合　计	负债合计	流动负债合　计	所有者权益合计	实收资本
3360799	**2120885**	**801945**	**5295586**	**7175759**	**6355091**	**10412261**	**3414342**
1508392	1153583	469744	2123843	3701399	3244082	4707451	2067873
1059493	553962	166051	1224002	1378348	1210798	2757448	550804
792914	413339	166151	1947741	2096012	1900210	2947361	795665
266294	199663	95999	482801	641625	595984	1112381	397843
583607	367615	83105	475376	926957	885954	1344657	454364
130992	95030	39441	773671	647612	567611	795392	198612
216692	157051	75303	264804	676812	615756	725447	215907
410942	406691	206445	797449	1344088	1047032	1400850	948799
157151	130560	59372	336582	467559	418644	647033	330486
540413	180040	66392	580911	801915	752171	1563386	323599
30734	29899	16399	97426	137483	118747	111703	60871
75858	88312	32574	437337	445093	405335	406110	181240
69159	49413	24426	168359	211922	200810	231792	82596
30857	22563	8893	103413	111917	99355	124116	50959
833183	373990	82253	719062	698866	591345	1878624	137722
14917	20058	11345	58398	63909	56346	70770	31343

单位：万元

亏损企业亏损总额	利税总额	全部从业人员年平均人数（人）	总资产贡献率（%）	资产负债率（%）	流动资产周转率（次/年）	成本费用利润率（%）	产品销售率（%）
62128	**4398355**	**189450**	**25.49**	**40.62**	**2.66**	**11.29**	**97.44**
49614	1395067	77809	16.90	43.66	1.56	12.49	96.32
6441	1119494	45940	27.73	33.33	3.90	7.84	98.85
6073	1883794	65701	38.09	41.51	3.78	13.65	97.06
7126	483490	20401	26.80	35.19	2.08	15.62	96.71
12801	342819	12044	15.33	40.81	1.33	15.34	97.82
277	639950	17393	45.71	44.69	7.17	10.19	98.44
3644	192580	15728	14.49	48.27	1.32	11.03	96.01
24981	341672	25744	12.95	48.97	1.44	9.45	94.67
1154	305211	17038	28.28	41.95	4.52	9.28	99.88
2121	894224	27426	37.93	33.90	2.06	22.00	94.19
2676	67613	4679	28.91	55.17	4.20	8.87	97.89
950	242402	13444	29.41	52.29	5.81	9.97	98.75
1349	128729	6878	30.12	47.76	4.60	7.70	97.24
1062	34506	3892	15.62	47.42	3.19	5.30	98.55
3939	685554	22024	27.08	27.11	3.59	7.26	98.68
49	39606	2759	30.58	47.45	3.42	11.97	98.79

1-B-51 规模以上化学纤维制造业

地区	企业单位数(个)	#亏损企业	工业总产值(当年价格)	销售产值(当年价格)	出口交货值	资产总计	流动资产合计
总计	**900**	**187**	**27289068**	**26906668**	**2030659**	**21894308**	**10901347**
苏南	682	174	19178113	18888529	1809653	16856344	8721524
苏中	111	7	4134809	4122795	165070	2456558	977960
苏北	107	6	3976147	3895344	55937	2581407	1201863
南京市	7	2	471343	418690	81179	676003	323230
无锡市	101	35	5182994	5158988	784625	3993998	1901729
徐州市	22	2	672781	670929	14068	221196	105660
常州市	53	10	491650	492431	48210	445081	288335
苏州市	515	126	12741409	12536225	895639	11389587	6151187
南通市	73	5	3284237	3282823	162729	2072397	784430
连云港市	6	2	253159	248789	1455	104224	22672
淮安市	14	1	297757	318865		114392	68751
盐城市	26	1	900337	876594		557892	187070
扬州市	26	2	475591	477145	916	237807	114864
镇江市	6	1	290716	282195		351675	57044
泰州市	12		374981	362827	1425	146354	78667
宿迁市	39		1852114	1780167	40414	1583703	817712

1-B-51 续表

地区	主营业务收入	主营业务成本	主营业务税金及附加	营业费用	管理费用	财务费用	利润总额
总计	**27124887**	**25062470**	**71836**	**258963**	**562424**	**412143**	**881179**
苏南	19026668	18059233	33991	137235	357976	335414	193215
苏中	4153643	3481418	18783	47449	110763	21035	471832
苏北	3944576	3521820	19062	74279	93685	55694	216132
南京市	445259	390246	9604	11660	25549	10031	-4289
无锡市	5279267	5019280	6106	32825	57869	89049	95983
徐州市	678107	587654	5237	11274	13972	7429	53844
常州市	492117	440451	1573	10038	20196	9191	13266
苏州市	12526889	11946737	15481	81463	251256	226553	70633
南通市	3335646	2777787	13827	28897	82687	16565	412759
连云港市	256199	233638	305	1429	4986	2305	14080
淮安市	331451	284419	1316	13338	19441	2371	10563
盐城市	903372	820907	4062	26154	24255	9253	35177
扬州市	466649	407498	2311	7789	12652	3262	33844
镇江市	283136	262519	1227	1248	3107	590	17623
泰州市	351348	296132	2644	10764	15424	1208	25229
宿迁市	1775448	1595201	8141	22085	31031	34337	102467

工业企业主要经济指标

单位：万元

应收账款	存货	产成品	固定资产合计	负债合计	流动负债合计	所有者权益合计	实收资本
1666866	**3061060**	**1541240**	**7826434**	**13900035**	**11441956**	**7993846**	**4555161**
1356902	2475362	1295635	5846069	11098537	9147389	5757380	3371527
186940	294404	109509	825808	1229202	900046	1227356	669456
123024	291295	136096	1154557	1572297	1394521	1009110	514177
49154	192474	42476	293103	466401	432367	209602	111976
300355	535800	235353	1695169	2600048	1924386	1393950	538606
18906	20975	9881	91069	103449	97721	117747	59895
102087	65495	36662	115499	259735	252630	185346	100472
900432	1669599	973410	3478368	7546602	6389558	3842558	2529827
149280	251327	91610	726797	1042010	727083	1030387	551309
5730	8173	3575	69847	53347	38969	50877	55919
22636	4585	2090	37506	57017	48902	57375	27206
17504	75037	39828	298691	317542	275433	240350	86616
17749	19322	7336	73053	98907	86632	138900	80855
4873	11994	7735	263931	225750	148449	125924	90646
19911	23754	10564	25959	88285	86331	58069	37292
58247	182525	80722	657444	1040941	933496	542762	284542

单位：万元

亏损企业亏损总额	利税总额	全部从业人员年平均人数(人)	总资产贡献率(%)	资产负债率(%)	流动资产周转率(次/年)	成本费用利润率(%)	产品销售率(%)
161305	**1669497**	**181957**	**9.43**	**63.49**	**2.54**	**3.28**	**98.60**
149736	627038	125122	5.67	65.84	2.24	1.00	98.49
2092	652503	24225	27.48	50.04	4.29	12.77	99.71
9477	389956	32610	16.79	60.91	3.33	5.70	97.97
12359	13024	6778	3.27	68.99	1.48	-0.92	88.83
18965	350632	26069	11.15	65.10	2.85	1.80	99.54
1335	89294	5682	42.33	46.77	6.42	8.68	99.72
5289	22394	5697	6.93	58.36	1.74	2.73	100.16
112917	209447	84475	3.73	66.26	2.09	0.55	98.39
1794	557446	16265	27.82	50.28	4.30	14.05	99.96
631	27047	1110	27.99	51.19	11.31	5.81	98.27
1267	20537	1542	18.93	49.84	4.82	3.31	107.09
6244	70251	5481	14.01	56.92	4.99	3.91	97.36
299	53246	5822	23.51	41.59	4.08	7.82	100.33
206	31542	2103	9.01	64.19	4.96	6.59	97.07
	41811	2138	29.19	60.32	4.47	7.79	96.76
	182828	18795	13.32	65.73	2.20	6.00	96.12

1-B-52 规模以上橡胶和塑料

地　区	企业单位数(个)	#亏损企业	工业总产值(当年价格)	销售产值(当年价格)	出口交货值	资产总计	流动资产合计
总　计	**1989**	**272**	**24899005**	**24503747**	**4048578**	**18131924**	**10083482**
苏　南	1257	234	14376119	14221870	3225650	12857584	7501445
苏　中	313	15	4341150	4257412	284988	2126880	1213091
苏　北	419	23	6181736	6024465	537941	3147460	1368946
南京市	120	18	1690475	1671238	183974	1209210	622477
无锡市	259	48	2723187	2655545	411923	2630610	1584641
徐州市	113	4	2350719	2241784	14085	667325	211739
常州市	153	22	1292120	1280009	85407	1191871	715036
苏州市	615	137	7684783	7651650	2389224	7252560	4284948
南通市	129	6	1678503	1643573	119733	1136719	627404
连云港市	38	5	327931	323200	7925	168160	76679
淮安市	92	7	1344111	1329884	257847	983054	489677
盐城市	94	3	1201444	1187073	48188	498873	201503
扬州市	109	3	1319664	1296077	56309	489379	270503
镇江市	110	9	985555	963428	155122	573333	294344
泰州市	75	6	1342983	1317762	108946	500782	315185
宿迁市	82	4	957530	942525	209896	830049	389349

1-B-52 续表

地　区	主营业务收入	主营业务成本	主营业务税金及附加	营业费用	管理费用	财务费用	利润总额
总　计	**24815561**	**21203790**	**129259**	**649586**	**1143607**	**202672**	**1547226**
苏　南	14487475	12326656	62634	425825	808596	116240	801537
苏　中	4246084	3658772	23667	88453	146215	36458	301671
苏　北	6082002	5218362	42958	135309	188796	49974	444018
南京市	1678765	1436784	8704	46619	78597	15242	90380
无锡市	2667498	2207315	13007	72675	166832	27773	209115
徐州市	2259922	1982336	19251	26998	44736	11088	175696
常州市	1316393	1141721	5234	36389	68481	18973	53627
苏州市	7860767	6706096	31031	252502	465650	44450	385744
南通市	1643985	1414200	6643	30634	55903	20480	124964
连云港市	328445	267987	2877	12827	13489	4129	27383
淮安市	1357811	1101904	9346	49441	65142	16034	116425
盐城市	1193076	1038247	7048	29286	31400	12768	73354
扬州市	1298393	1137550	10069	25696	40041	7990	77135
镇江市	964051	834741	4659	17639	29036	9802	62672
泰州市	1303707	1107022	6956	32123	50271	7988	99571
宿迁市	942748	827888	4435	16757	34028	5954	51160

制造业企业主要经济指标

单位：万元

应收账款	存货	产成品	固定资产合　计	负债合计	流动负债合　计	所有者权益合计	实收资本
3862883	**2337732**	**1009487**	**6364626**	**8362323**	**7499280**	**9736703**	**5683048**
2964204	1696821	734254	4074882	6022250	5421976	6817895	4322874
448410	251046	98203	703869	1056005	923669	1070330	589914
450270	389865	177030	1585875	1284069	1153635	1848478	770260
199916	141587	77892	471990	666432	595890	532226	355373
641687	340865	139514	792725	1147412	1074653	1483198	804231
64504	82476	32480	431391	255234	219363	398790	102706
312492	157404	68609	315845	658658	608189	533213	289023
1699353	1000189	419143	2326119	3252844	2864557	3993455	2711774
218547	129471	44066	402639	561937	509995	574236	340031
19428	19991	7153	77363	61374	53924	106786	53694
237600	97496	43144	441274	453367	413104	529687	347207
70751	46684	19721	258616	259872	247897	239001	106846
103738	55212	22309	154068	237633	162995	251746	130461
110757	56777	29097	168203	296903	278687	275803	162474
126124	66364	31827	147161	256434	250679	244348	119422
57986	143219	74531	377232	254221	219346	574215	159808

单位：万元

亏损企业亏损总额	利税总额	全部从业人员年平均人数（人）	总资产贡献率（%）	资产负债率（%）	流动资产周转率（次/年）	成本费用利润率（%）	产品销售率（%）
133877	**2445456**	**345536**	**14.48**	**46.12**	**2.49**	**6.62**	**98.41**
121577	1233768	227952	10.42	46.84	1.95	5.81	98.93
7436	511348	48022	25.50	49.65	3.56	7.54	98.07
4864	700340	69562	23.61	40.80	4.45	7.92	97.46
9917	154766	21015	14.14	55.11	2.73	5.67	98.86
12337	286053	44189	11.67	43.62	1.71	8.35	97.52
858	308984	26312	47.73	38.25	10.68	8.51	95.37
7552	94900	17077	9.42	55.26	1.86	4.21	99.06
89245	596965	133344	8.83	44.85	1.86	5.13	99.57
4758	202500	20436	19.52	49.43	2.74	7.87	97.92
1285	38374	3348	24.89	36.50	4.30	9.15	98.56
527	150921	14477	16.91	46.12	2.78	9.43	98.94
1619	131322	13945	28.45	52.09	5.95	6.57	98.80
1006	146116	16733	30.79	48.56	4.80	6.36	98.21
2525	101083	12327	18.92	51.79	3.28	7.03	97.75
1673	162732	10853	33.90	51.21	4.14	8.31	98.12
575	70739	11480	8.97	30.63	2.42	5.76	98.43

1-B-53 规模以上非金属矿物

地 区	企业单位数(个)	#亏损企业	工业总产值(当年价格)	销售产值(当年价格)	出口交货值	资产总计	流动资产合计
总 计	**2651**	**332**	**41766300**	**41197972**	**1541647**	**33855939**	**19107392**
苏 南	1190	251	19280643	18985185	1094567	21980962	13233387
苏 中	417	28	6859703	6766789	273148	3892028	2475797
苏 北	1044	53	15625953	15445998	173933	7982949	3398208
南京市	197	37	3475535	3413512	106238	3746885	2013339
无锡市	254	63	2984489	2917294	144596	3684323	2610776
徐州市	241	1	4971707	4907495	21319	2117523	856804
常州市	184	27	3442467	3431061	154364	3962970	2387852
苏州市	343	85	5814012	5692653	573346	7766755	4856305
南通市	215	13	3405983	3366334	226376	2419257	1646179
连云港市	276	19	3831317	3769036	93311	1674844	748449
淮安市	140	8	1997806	1970772	18193	956713	425646
盐城市	199	12	3296545	3286108	5436	1891825	734505
扬州市	104	9	2028045	1998474	28186	864362	449208
镇江市	212	39	3564140	3530665	116023	2820030	1365117
泰州市	98	6	1425675	1401981	18587	608410	380411
宿迁市	188	13	1528578	1512587	35673	1342045	632804

1-B-53 续表

地 区	主营业务收入	主营业务成本	主营业务税金及附加	营业费用	管理费用	财务费用	利润总额
总 计	**41222179**	**35260563**	**258696**	**1032133**	**1524930**	**590219**	**2674407**
苏 南	18979084	16066004	99900	569151	915658	354079	1051772
苏 中	6739076	5857540	38135	141232	176832	63862	464327
苏 北	15504019	13337020	120660	321750	432441	172278	1158307
南京市	3390956	2789987	20313	149560	172822	56497	241785
无锡市	2934957	2449916	21067	92852	186231	67647	138047
徐州市	4921300	4208061	44728	88406	123317	45487	442306
常州市	3468805	2898154	15923	59044	124202	118235	294556
苏州市	5639316	4872342	28305	198584	291688	77615	162754
南通市	3372689	2917649	19285	73053	93906	40712	231421
连云港市	3797675	3278176	32722	73465	93275	45352	273675
淮安市	1990524	1782571	11277	35943	49427	14981	98114
盐城市	3281022	2772445	21269	86757	109902	45840	247909
扬州市	1982351	1740066	11668	34956	46318	9514	135414
镇江市	3545050	3055605	14293	69112	140715	34085	214629
泰州市	1384036	1199825	7182	33223	36608	13636	97492
宿迁市	1513497	1295766	10664	37179	56520	20618	96303

制品业工业企业主要经济指标

单位：万元

应收账款	存货	产成品	固定资产合计	负债合计	流动负债合计	所有者权益合计	实收资本
6913769	**2925193**	**1219466**	**11348904**	**20616368**	**18728094**	**13214684**	**7792916**
5051955	1939022	835810	6407805	13988991	12817695	7987670	5350478
945947	367646	103620	1143017	2401817	2283976	1486562	771091
915867	618525	280035	3798082	4225560	3626423	3740452	1671347
860815	319897	159995	1220399	2213685	1956230	1530096	978994
1247393	355236	117934	773852	2411197	2299784	1273127	721826
193227	169129	75103	1070321	1114410	923952	992353	330719
721025	292436	93149	1040739	2760625	2630007	1202345	775870
1863566	737673	356007	2126201	4955563	4473232	2811192	2189803
601799	257423	66764	607459	1512099	1434521	907158	449048
211794	132692	66320	746605	932545	778918	739913	437594
131911	65243	25185	459986	476071	423393	480642	218230
203810	152108	62729	957805	1047468	909397	843555	337253
184810	59743	14869	348032	498303	470141	363689	189942
359156	233780	108725	1246614	1647922	1458442	1170910	683986
159337	50480	21987	187526	391415	379314	215715	132102
175125	99353	50699	563366	655067	590763	683989	347551

单位：万元

亏损企业亏损总额	利税总额	全部从业人员年平均人数（人）	总资产贡献率（%）	资产负债率（%）	流动资产周转率（次/年）	成本费用利润率（%）	产品销售率（%）
223844	**4614408**	**396616**	**15.00**	**60.89**	**2.17**	**6.94**	**98.64**
179401	1914967	203759	9.93	63.64	1.44	5.84	98.47
16304	778326	56078	21.41	61.71	2.73	7.43	98.65
28139	1921116	136779	25.82	52.93	4.57	8.11	98.85
13782	407207	35787	12.20	59.08	1.70	7.58	98.22
27765	281359	40005	9.30	65.44	1.13	4.91	97.75
2	727359	40787	36.19	52.63	5.75	9.90	98.71
11585	473349	28207	13.04	69.66	1.47	9.11	99.67
106495	403779	61687	6.24	63.80	1.17	2.98	97.91
13117	386360	28598	17.45	62.50	2.05	7.40	98.84
17610	429470	27523	27.86	55.68	5.08	7.83	98.37
3611	169856	15527	18.89	49.76	4.69	5.20	98.65
2531	439609	30484	25.25	55.37	4.47	8.21	99.68
1793	237191	16676	28.40	57.65	4.41	7.39	98.54
19774	349272	38073	13.53	58.44	2.61	6.47	99.06
1395	154774	10804	27.19	64.33	3.65	7.57	98.34
4386	154821	22458	12.68	48.81	2.41	6.77	98.95

1-B-54 规模以上黑色金属冶炼及

地区	企业单位数(个)	#亏损企业	工业总产值(当年价格)	销售产值(当年价格)	出口交货值	资产总计	流动资产合计
总计	**1574**	**251**	**104831605**	**103560268**	**4402682**	**68733491**	**34066627**
苏南	924	209	76061068	75164542	3790881	55737925	28852172
苏中	304	11	9438859	9368349	475685	4597295	2273779
苏北	346	31	19331677	19027376	136116	8398271	2940676
南京市	87	10	7783977	7699446	182272	8309761	2559894
无锡市	365	92	20184252	19692935	981849	15350081	9217690
徐州市	106	7	7123560	7062724	42088	2823483	812931
常州市	164	31	16410826	16073767	251073	8845965	4847154
苏州市	247	66	28607524	28646567	2326978	22026409	11621231
南通市	81	4	2166877	2198592	12324	884233	418370
连云港市	53	6	5939092	5845084	28269	1699677	617733
淮安市	62	10	2963345	2872003	38269	1791903	656432
盐城市	98	8	2672723	2630057	27491	1508672	566067
扬州市	84	6	2938094	2921248	305675	1689545	885863
镇江市	61	10	3074489	3051827	48708	1205710	606204
泰州市	139	1	4333888	4248510	157687	2023517	969546
宿迁市	27		632958	617508		574535	287514

1-B-54 续表

地区	主营业务收入	主营业务成本	主营业务税金及附加	营业费用	管理费用	财务费用	利润总额
总计	**108115904**	**99100639**	**308974**	**1037524**	**2086345**	**1160955**	**3845178**
苏南	79100953	73338473	150480	464336	1470670	936406	2122056
苏中	9461300	8419632	39097	123845	173422	63895	631862
苏北	19553651	17342534	119397	449343	442253	160654	1091260
南京市	8040990	7406803	25339	90108	188677	145962	180455
无锡市	19117292	17654249	30433	132327	438415	246728	869675
徐州市	7115352	6258610	35641	106633	168836	65792	506417
常州市	19239164	17501063	34294	59204	240552	221839	488231
苏州市	29635846	28035122	56304	169115	438038	305706	493735
南通市	2222014	2038950	5662	12661	27086	17069	105903
连云港市	5930647	5133323	57559	242770	135907	40525	317678
淮安市	3078921	2854484	11713	49749	62667	34660	85671
盐城市	2820420	2558410	11369	42615	63281	15306	130814
扬州市	2942123	2568893	10775	48836	58986	19374	242520
镇江市	3067662	2741235	4109	13582	164988	16172	89961
泰州市	4297163	3811789	22660	62347	87350	27452	283439
宿迁市	608312	537707	3115	7575	11561	4373	50681

压延加工业工业企业主要经济指标

单位：万元

应收账款	存货	产成品	固定资产合　计	负债合计	流动负债合　计	所有者权益合计	实收资本
4294726	**9305510**	**3500605**	**26889501**	**45161953**	**38984385**	**23567691**	**10055324**
3141439	7832666	2942682	20714583	37827956	32739963	17908658	7499738
610573	535880	225542	1412177	2785523	2412995	1811133	881295
542714	936964	332381	4762741	4548474	3831428	3847901	1674291
436273	816428	257846	3793658	5833291	4941171	2476469	1184236
1157270	2739996	1156349	4646900	10657934	9714121	4692091	2757339
224892	242759	75369	1834031	1404124	979676	1419359	591768
495393	1249929	497896	3104806	5814847	5461447	3031119	534744
964736	2932525	992830	8762918	14741694	11850023	7284715	2745369
85255	136219	48907	267396	631663	583771	252570	199394
125601	150081	71742	877172	836471	756374	861912	339202
72965	275303	93752	956472	1088362	934230	703541	353602
87513	196521	46922	853209	897232	874834	611440	268500
248180	209162	87491	537344	787526	644322	901379	314899
87767	93788	37761	406302	780191	773201	424263	278051
277138	190499	89144	607437	1366333	1184902	657184	367002
31743	72301	44597	241857	322285	286313	251648	121220

单位：万元

亏损企业亏损总额	利税总额	全部从业人员年平均人数(人)	总资产贡献率(%)	资产负债率(%)	流动资产周转率(次/年)	成本费用利润率(%)	产品销售率(%)
204478	**6684726**	**426674**	**11.45**	**65.71**	**3.42**	**3.46**	**98.79**
154630	3711717	279171	8.42	67.87	3.03	2.53	98.82
6662	1058023	49384	24.39	60.59	4.17	7.18	99.25
43186	1914986	98119	24.51	54.16	6.69	5.90	98.43
7489	324324	31941	5.75	70.20	3.15	2.30	98.91
66227	1281954	95333	9.97	69.43	2.55	3.89	97.57
27583	836621	42330	31.82	49.73	8.81	7.64	99.15
6263	911124	55652	12.70	65.73	4.29	2.49	97.95
68323	998419	77999	6.13	66.93	2.75	1.58	100.14
2638	189316	12226	23.23	71.44	5.35	5.01	101.46
7120	587267	15439	36.74	49.21	9.61	5.71	98.42
2808	147173	14298	9.75	60.74	4.80	2.80	96.92
5675	266528	21673	18.55	59.47	4.99	4.88	98.40
3907	365379	17275	22.62	46.61	3.33	8.99	99.43
6329	195896	18246	17.40	64.71	5.06	3.06	99.26
117	503327	19883	26.37	67.52	4.44	7.10	98.03
	77398	4379	14.10	56.09	2.12	8.99	97.56

1-B-55 规模以上有色金属冶炼及

地　区	企业单位数(个)	#亏损企业	工业总产值(当年价格)	销售产值(当年价格)	出口交货值	资产总计	流动资产合计
总　计	**1113**	**207**	**36852556**	**36549739**	**1341066**	**17189418**	**11405242**
苏　南	696	173	26276988	26059478	1122680	13504400	9457836
苏　中	192	15	4237801	4141887	126957	1496848	928503
苏　北	225	19	6337767	6348374	91429	2188170	1018903
南京市	61	9	3223231	3170675	71825	1047025	640587
无锡市	203	49	12445244	12332097	336503	5642089	4412547
徐州市	59	3	2085554	2022779		868213	305296
常州市	91	17	2681712	2650197	92925	1212377	786779
苏州市	271	86	6466561	6450225	525026	4199375	2908584
南通市	64	6	1418653	1403593	64324	572470	345625
连云港市	28	8	1445593	1428255	68634	391411	180112
淮安市	68	4	1333975	1308238	15881	367220	195722
盐城市	32	4	662456	784497	6915	275916	142535
扬州市	87	5	1786680	1721750	56781	575615	363903
镇江市	70	12	1460240	1456284	96402	1403534	709339
泰州市	41	4	1032469	1016544	5851	348763	218975
宿迁市	38		810188	804606		285411	195239

1-B-55 续表

地　区	主营业务收入	主营业务成本	主营业务税金及附加	营业费用	管理费用	财务费用	利润总额
总　计	**36857264**	**34052019**	**95528**	**338750**	**644520**	**272844**	**1373377**
苏　南	26316131	24463832	46277	192057	463724	200170	852423
苏　中	4143699	3708196	15847	68471	78019	35131	236488
苏　北	6397435	5879990	33404	78222	102777	37543	284467
南京市	3185770	2978814	9162	24978	44089	10149	115085
无锡市	12205153	11289448	15820	59364	164204	83407	440924
徐州市	2013743	1824041	15991	23276	40069	10861	116490
常州市	2642458	2395365	8997	23131	47288	16330	158990
苏州市	6792227	6431320	8265	61205	165507	61354	111007
南通市	1419380	1272956	2525	13201	18333	10866	104569
连云港市	1475507	1355279	5985	26424	21367	9752	59388
淮安市	1312147	1219247	4466	11427	19321	6761	52123
盐城市	782334	734844	2835	10173	12795	5479	13982
扬州市	1727788	1562079	7843	34437	33770	12064	77106
镇江市	1490523	1368885	4033	23380	42637	28930	26417
泰州市	996531	873161	5479	20833	25917	12202	54813
宿迁市	813704	746580	4127	6922	9225	4690	42484

压延加工业工业企业主要经济指标

单位：万元

应收账款	存货	产成品	固定资产合　计	负债合计	流动负债合　计	所有者权益合计	实收资本
3125829	**2346658**	**840404**	**4051043**	**10893787**	**10031949**	**6232393**	**3827685**
2624257	1915788	686243	2759018	8743719	8052703	4732418	2994005
306529	217211	76926	454052	916998	848223	578321	368742
195044	213658	77235	837972	1233071	1131023	921654	464938
169930	193938	75854	288858	596869	545181	442833	229275
1215065	649235	243599	767497	3965970	3804910	1656334	993846
41758	78738	23683	458612	496965	445407	367247	153492
182940	219234	68561	329244	629900	572210	582477	249418
883347	683898	229006	928912	2562009	2337865	1636211	1265165
104867	85188	15820	176470	384023	333132	188427	131593
50867	41102	11921	95765	224065	220992	167346	121252
49649	24448	8751	103518	194924	177495	145425	97828
23536	41205	20796	110007	173650	147197	102267	48039
133350	64048	23833	177944	301492	293421	272614	182520
172975	169483	69224	444508	988971	792537	414563	256301
68311	67976	37273	99638	231484	221670	117279	54628
29234	28166	12085	70069	143468	139933	139370	44327

单位：万元

亏损企业亏损总额	利税总额	全部从业人员年平均人数（人）	总资产贡献率(%)	资产负债率(%)	流动资产周转率(次/年)	成本费用利润率(%)	产品销售率(%)
146641	**2269474**	**145867**	**14.47**	**63.37**	**3.28**	**3.83**	**99.18**
123972	1326429	96610	10.98	64.75	2.84	3.30	99.17
5260	403211	22367	28.96	61.26	4.48	6.06	97.74
17409	539834	26890	26.05	56.35	6.29	4.66	100.17
3608	194376	9113	19.52	57.01	4.99	3.75	98.37
31117	634666	30899	12.35	70.29	2.85	3.70	99.09
9933	233826	10925	28.07	57.24	6.63	6.11	96.99
6881	254680	12203	22.23	51.96	3.42	6.29	98.82
42910	182726	33878	5.65	61.01	2.37	1.63	99.75
4808	151213	7815	28.19	67.08	4.11	7.94	98.94
2044	126644	2686	34.69	57.25	8.19	4.20	98.80
112	71987	5628	20.60	53.08	6.71	4.15	98.07
5320	35632	4155	14.65	62.94	5.49	1.83	118.42
264	149117	9606	27.82	52.38	4.75	4.69	96.37
39456	59981	10517	5.37	70.46	2.14	1.77	99.73
188	102881	4946	32.11	66.37	4.59	5.81	98.46
	71745	3496	26.13	50.27	4.17	5.53	99.31

1-B-56 规模以上金属制品业

地区	企业单位数(个)	#亏损企业	工业总产值(当年价格)	销售产值(当年价格)	出口交货值	资产总计	流动资产合计
总计	**3232**	**333**	**54256345**	**53356158**	**5450244**	**34530442**	**21119527**
苏南	1887	285	28707075	28247645	3423836	23198353	15094126
苏中	854	33	17650825	17308739	1860787	7971368	4491138
苏北	491	15	7898446	7799774	165621	3360721	1534264
南京市	217	21	3853857	3800978	150042	2117555	1264902
无锡市	420	60	8248989	8076169	766691	8045792	5485112
徐州市	139	2	3097316	3069313	74094	1115181	511872
常州市	245	29	5101851	5022372	838309	3160350	2168239
苏州市	706	141	8192092	8070032	1594948	7682431	4839698
南通市	359	15	6967113	6814502	758752	3514920	2005598
连云港市	60	2	1360486	1341680	2579	447662	209082
淮安市	107	8	1277105	1256852	21503	496616	216346
盐城市	105	2	1366968	1342071	48769	920237	395292
扬州市	161	8	3057439	3028316	806748	1138735	709671
镇江市	299	34	3310286	3278093	73845	2192225	1336176
泰州市	334	10	7626273	7465921	295287	3317713	1775869
宿迁市	80	1	796571	789859	18677	381026	201674

1-B-56 续表

地区	主营业务收入	主营业务成本	主营业务税金及附加	营业费用	管理费用	财务费用	利润总额
总计	**53435376**	**46372868**	**255887**	**1032933**	**1901280**	**624703**	**3398169**
苏南	28223367	24475492	104934	551831	1194201	405066	1613521
苏中	17339164	15141253	88796	299489	493894	149482	1197089
苏北	7872845	6756123	62157	181613	213185	70155	587558
南京市	3814356	3146909	18821	66184	139031	30418	415244
无锡市	8011903	6921852	31551	153641	374920	151594	476137
徐州市	3047774	2592481	28048	66095	79574	18478	258006
常州市	5091827	4570285	14641	85191	141823	73697	214844
苏州市	8070430	7055757	27902	176397	420844	110663	337363
南通市	6957109	6086818	26574	81818	176310	59777	541708
连云港市	1360846	1164200	10962	38845	32717	15611	100212
淮安市	1318745	1141261	7492	35463	43002	14893	78229
盐城市	1352238	1177496	9646	29861	41152	14724	80056
扬州市	2995523	2643134	14906	74261	87092	16438	162205
镇江市	3234852	2780689	12020	70419	117584	38693	169934
泰州市	7386532	6411302	47316	143410	230491	73267	493177
宿迁市	793243	680685	6009	11349	16740	6450	71057

工业企业主要经济指标

单位：万元

应收账款	存货	产成品	固定资产合计	负债合计	流动负债合计	所有者权益合计	实收资本
7173132	**5137511**	**2009415**	**9562496**	**19041022**	**17679947**	**15385456**	**8076645**
5153029	3664122	1406218	5501168	13470929	12613230	9727424	5615768
1581745	1066105	444315	2660313	3889999	3642322	4026107	1665805
438358	407284	158882	1401014	1680093	1424394	1631925	795073
423973	337464	124638	646469	1185043	1152125	932512	446108
1738517	1313452	466254	1574418	4766587	4483540	3279205	1593906
162998	135723	59039	515908	551288	429808	519261	195661
754154	518867	189398	726349	2072697	1959693	1087653	638142
1724735	1252740	541440	1996456	4246277	3905049	3436153	2332571
585312	568796	216689	1027464	1782517	1711214	1732403	802864
49060	53068	12418	137902	188310	172376	259352	139335
71519	59771	30044	210456	222323	190731	274294	160911
113651	105988	37543	390920	563837	496068	354687	195084
281602	138593	53120	334890	576552	534040	562183	321532
511650	241599	84488	557477	1200325	1112824	991901	605041
714831	358716	174506	1297960	1530931	1397068	1731521	541408
41130	52734	19838	145828	154336	135412	224332	104082

单位：万元

亏损企业亏损总额	利税总额	全部从业人员年平均人数（人）	总资产贡献率（%）	资产负债率（%）	流动资产周转率（次/年）	成本费用利润率（%）	产品销售率（%）
128686	**5488125**	**527856**	**17.38**	**55.14**	**2.59**	**6.65**	**98.34**
111527	2569532	329556	12.48	58.07	1.95	5.83	98.40
14398	1971591	133978	26.37	48.80	3.88	7.42	98.06
2761	947001	64322	29.87	49.99	5.16	8.09	98.75
5825	566573	33564	28.00	55.96	3.03	12.25	98.63
19417	802016	81448	11.54	59.24	1.64	5.60	97.90
464	426117	24894	39.65	49.43	6.03	9.24	99.10
18001	372654	47450	13.75	65.58	2.36	4.38	98.44
63047	538940	130121	8.12	55.27	1.70	4.28	98.51
5037	826246	58769	25.06	50.71	3.49	8.42	97.81
377	153654	5174	36.60	42.07	6.51	8.01	98.62
1702	115279	12126	25.86	44.77	6.10	6.34	98.41
146	148765	14405	17.58	61.27	3.43	6.33	98.18
2695	288539	34250	26.47	50.63	4.23	5.74	99.05
5237	289349	36973	14.41	54.75	2.43	5.64	99.03
6666	856807	40959	27.72	46.14	4.18	7.17	97.90
73	103185	7723	28.27	40.51	3.93	9.93	99.16

1-B-57 规模以上通用设备

地区	企业单位数(个)	#亏损企业	工业总产值(当年价格)	销售产值(当年价格)	出口交货值	资产总计	流动资产合计
总计	**4197**	**493**	**73815359**	**72826459**	**10714847**	**64450760**	**39904510**
苏南	2378	406	39782334	39196157	8896136	39735419	25752312
苏中	1027	45	17231351	16974899	875796	10154981	5512549
苏北	792	42	16801674	16655402	942915	14560360	8639648
南京市	242	54	3941587	3804128	404288	5284328	3406607
无锡市	637	116	8107435	7898689	1458414	10048676	6401188
徐州市	107	7	6200194	6192615	500727	9177831	6015071
常州市	464	73	5383700	5265057	534180	5568641	3465943
苏州市	839	147	18544571	18428222	6400340	16548238	11201824
南通市	475	17	8445942	8377021	526939	6001122	3101727
连云港市	38	4	866956	898251	18150	891281	628757
淮安市	146	12	2157211	2125689	15226	785788	364177
盐城市	408	16	6816487	6688510	404305	3296276	1469333
扬州市	231	12	3629145	3557550	175020	1703464	1027831
镇江市	196	16	3805042	3800062	98915	2285536	1276752
泰州市	321	16	5156265	5040328	173836	2450395	1382991
宿迁市	93	3	760827	750337	4506	409183	162311

1-B-57 续表

地区	主营业务收入	主营业务成本	主营业务税金及附加	营业费用	管理费用	财务费用	利润总额
总计	**73616456**	**61300898**	**394265**	**2200774**	**3942373**	**741082**	**5347780**
苏南	39222820	32105904	175550	1201769	2617407	339400	2962911
苏中	16964615	14331007	109849	472970	644902	118258	1327913
苏北	17429020	14863987	108866	526035	680064	283423	1056956
南京市	3826851	3056681	24439	150017	325686	69805	251409
无锡市	7883269	6291745	41279	239882	680346	79037	676173
徐州市	6779956	5718202	33629	239886	307996	183570	367850
常州市	5281725	4509768	17262	111649	290661	92314	275179
苏州市	18424188	14991215	80593	641441	1189644	66922	1553274
南通市	8430747	7176647	52295	171364	285901	42942	725700
连云港市	845227	688010	6730	35668	40574	14540	71637
淮安市	2225080	1958458	20579	45416	70519	25467	105224
盐城市	6827899	5860715	42068	193407	241655	52739	444293
扬州市	3537958	2974771	24406	110072	144040	24995	262409
镇江市	3806786	3256495	11977	58781	131069	31323	206875
泰州市	4995910	4179589	33148	191533	214962	50322	339804
宿迁市	750860	638602	5860	11658	19320	7108	67952

制造业工业企业主要经济指标

单位：万元

应收账款	存货	产成品	固定资产合计	负债合计	流动负债合计	所有者权益合计	实收资本
14015661	**9397399**	**3672714**	**15459355**	**34852971**	**30011821**	**29558679**	**13222256**
8667085	6323725	2218950	9705963	20631773	19058464	19073160	9496165
1694740	1280594	491603	2618302	5407974	4848410	4742858	2144095
3653835	1793080	962162	3135091	8813224	6104947	5742661	1581996
1103344	881607	290105	1346381	2918266	2535068	2365685	1024977
2204056	1473442	541845	2366108	4918710	4633778	5128647	2271259
2662481	1213072	709435	1222815	6155956	3714055	3021875	430644
1045059	764030	316704	1360327	3396857	3172380	2169186	1274679
3856572	2916637	973535	3887430	8136934	7570621	8390431	4449059
795053	727543	269870	1391977	3392547	3064863	2608575	1179432
293636	117593	60142	158869	578752	537088	312529	86290
129200	100274	43150	288314	387642	324162	396944	225881
516482	330366	136319	1266945	1558647	1407434	1735681	690882
386609	217860	87970	503058	793906	690227	908710	464314
458054	288009	96761	745716	1261006	1146617	1019210	476192
513079	335192	133763	723266	1221521	1093321	1225573	500349
52037	31775	13116	198148	132227	122209	275633	148299

单位：万元

亏损企业亏损总额	利税总额	全部从业人员年平均人数（人）	总资产贡献率（%）	资产负债率（%）	流动资产周转率（次/年）	成本费用利润率（%）	产品销售率（%）
276421	**8231687**	**781362**	**13.77**	**54.08**	**1.97**	**7.32**	**98.66**
243892	4268390	465112	11.45	51.92	1.54	8.11	98.53
18581	2138248	164561	22.09	53.25	3.09	8.50	98.51
13948	1825049	151689	14.30	60.53	2.55	5.07	99.13
61262	420301	52183	8.97	55.22	1.14	6.89	96.51
39697	954164	114213	10.14	48.95	1.26	9.16	97.43
5955	613117	49823	8.63	67.07	1.88	3.37	99.88
37395	451795	70517	9.55	61.00	1.53	5.49	97.80
95697	2093669	197555	12.98	49.17	1.66	9.12	99.37
5937	1096595	75876	18.92	56.53	2.73	9.42	99.18
915	100995	6134	12.71	64.93	1.38	9.12	103.61
2389	172369	21065	24.02	49.33	6.11	5.01	98.54
4382	833320	65581	26.65	47.29	4.65	6.99	98.12
4178	448680	43146	27.48	46.61	3.45	8.05	98.03
9841	348461	30644	16.46	55.17	2.99	5.94	99.87
8466	592973	45539	26.07	49.85	3.63	7.30	97.75
307	105248	9086	26.76	32.31	4.63	10.04	98.62

1-B-58 规模以上专用设备

地　区	企业单位数(个)	#亏损企业	工业总产值(当年价格)	销售产值(当年价格)	出口交货值	资产总计	流动资产合计
总　计	**3000**	**425**	**50697853**	**50362132**	**7760755**	**44043563**	**28581670**
苏　南	1846	353	27216642	26852165	5166946	30384868	20389124
苏　中	607	33	14412549	14218414	2006450	8437439	5322673
苏　北	547	39	9068663	9291553	587360	5221256	2869874
南京市	180	19	2702997	2592662	135263	2634019	1860466
无锡市	495	99	6532874	6319792	902290	8236111	5914487
徐州市	125	9	3020679	3298594	186761	1768362	962794
常州市	343	53	5895670	5824232	570492	5971482	3837225
苏州市	722	169	10012065	10056242	3476780	11988696	7823716
南通市	206	14	5153459	5108449	1455499	5086292	3207424
连云港市	72	5	1185873	1195691	145782	873977	539767
淮安市	100	8	1241211	1249219	111617	610405	357503
盐城市	209	13	3410457	3343047	129135	1785909	889958
扬州市	189	11	4758020	4687377	248476	1578435	952477
镇江市	106	13	2073037	2059238	82121	1554560	953231
泰州市	212	8	4501070	4422588	302474	1772713	1162771
宿迁市	41	4	210442	205003	14065	182603	119852

1-B-58　续表

地　区	主营业务收入	主营业务成本	主营业务税金及附加	营业费用	管理费用	财务费用	利润总额
总　计	**50632485**	**41926477**	**285417**	**1403277**	**2889535**	**512650**	**3685657**
苏　南	27024790	22037704	133958	827936	1983086	276142	1908203
苏　中	14222813	12024305	92345	325331	539898	139907	1023369
苏　北	9384881	7864468	59115	250011	366551	96601	754084
南京市	2631326	2100731	15384	85677	196354	16240	217457
无锡市	6393467	5099679	28771	179217	486560	117895	515699
徐州市	3304137	2761005	22023	54163	120963	17112	330924
常州市	5870154	4939601	37207	193197	373718	64611	271499
苏州市	10072536	8180013	42119	318414	846131	56764	754815
南通市	5163683	4328137	21637	105768	240261	81689	309694
连云港市	1252293	1042542	6849	30185	43384	14255	119532
淮安市	1272058	1067243	6478	35925	51858	15776	94600
盐城市	3350324	2819933	22402	125399	141514	47226	193875
扬州市	4749596	4092827	45981	86169	138677	23915	363218
镇江市	2057307	1717680	10478	51432	80322	20630	148734
泰州市	4309534	3603341	24727	133394	160960	34302	350457
宿迁市	206069	173746	1362	4339	8832	2233	15154

制造业工业企业主要经济指标

单位：万元

应收账款	存货	产成品	固定资产合计	负债合计	流动负债合计	所有者权益合计	实收资本
9849278	**7101804**	**2310779**	**10919029**	**24256299**	**22140117**	**19745723**	**10318250**
7021932	5399234	1745372	7130909	16327368	15155989	14027648	7550354
1956410	949891	289046	1979207	5347139	4653257	3080136	1746150
870936	752680	276362	1808913	2581792	2330870	2637940	1021746
700130	521756	118916	459986	1532149	1446782	1077569	516145
2166042	1292677	479860	1626586	4768056	4507682	3468055	1738220
317655	298290	95968	673541	881947	797749	886415	273229
1237775	1263666	410574	1535571	3293904	3039468	2677578	1618499
2695060	2088627	656250	3137292	5976838	5473353	6006308	3307867
1199899	436903	111751	1152937	3498013	2929297	1580205	893367
127757	170497	54930	212675	422461	400137	451516	126820
133071	97309	45247	188211	288859	258360	320021	151350
262995	160020	74362	691542	906532	797014	879378	390665
292082	241082	85207	416069	881379	814219	697056	418607
222925	232508	79771	371474	756422	688705	798138	369622
464430	271906	92089	410201	967747	909742	802875	434176
29459	26565	5855	42944	81993	77610	100610	79682

单位：万元

亏损企业亏损总额	利税总额	全部从业人员年平均人数(人)	总资产贡献率(%)	资产负债率(%)	流动资产周转率(次/年)	成本费用利润率(%)	产品销售率(%)
342495	**5705215**	**563620**	**13.99**	**55.07**	**1.80**	**7.77**	**99.34**
305662	2831650	367625	10.19	53.74	1.36	7.42	98.66
18512	1704314	112516	21.58	63.37	2.68	7.80	98.65
18321	1169251	83479	23.85	49.45	3.28	8.77	102.46
15697	322263	32656	12.77	58.17	1.42	8.99	95.92
48553	733530	81873	10.20	57.89	1.16	8.18	96.74
8538	472673	24149	27.50	49.87	3.46	11.13	109.20
120371	503870	62572	9.56	55.16	1.55	4.84	98.79
113374	1045405	171359	9.22	49.85	1.31	7.93	100.44
11278	496712	45210	11.07	68.77	1.62	6.39	99.13
1091	174242	9987	21.12	48.34	2.32	10.57	100.83
2796	126126	12303	22.94	47.32	3.56	8.06	100.65
4763	373356	33014	22.96	50.76	3.76	6.19	98.02
2400	652513	44103	42.63	55.84	4.99	8.36	98.52
7668	226582	19165	15.70	48.66	2.16	7.95	99.33
4835	555088	23203	32.99	54.59	3.71	8.91	98.26
1133	22855	4026	13.26	44.90	1.72	8.01	97.42

1-B-59 规模以上汽车

地　区	企业单位数（个）	#亏损企业	工业总产值（当年价格）	销售产值（当年价格）	出口交货值	资产总计	流动资产合计
总　计	**1425**	**179**	**56629764**	**56614212**	**3551411**	**34858145**	**21367556**
苏　南	936	140	35007924	34746377	2944376	23405461	14574464
苏　中	258	19	9760666	9595559	372499	4874352	2660891
苏　北	228	20	11354209	11785219	197532	5674489	3564727
南京市	127	20	15991708	15859285	282834	7598451	4834214
无锡市	177	32	5148525	5137027	517242	5031985	3051290
徐州市	34	4	625225	615563	2007	332561	135524
常州市	145	9	1797523	1805860	321443	1321494	777079
苏州市	317	64	8969323	8872523	1686978	7371597	4537346
南通市	35	2	1227123	1218873	85475	500865	235991
连云港市	20	1	333913	333860	700	123349	43891
淮安市	51	6	1066051	1092938	126608	569125	294733
盐城市	98	7	9171552	9588131	53680	4512825	3026962
扬州市	156	11	7111324	6995284	245758	3575006	1835861
镇江市	170	15	3100845	3071683	135880	2081935	1374535
泰州市	67	6	1422219	1381402	41266	798481	589039
宿迁市	25	2	157468	154727	14537	136630	63616

1-B-59 续表

地　区	主营业务收入	主营业务成本	主营业务税金及附加	营业费用	管理费用	财务费用	利润总额
总　计	**54549649**	**45115416**	**1046110**	**1329083**	**2323731**	**232614**	**4865122**
苏　南	32853407	26853334	559015	764006	1681342	170036	3124408
苏　中	9748683	8383238	157721	148079	349628	43247	671512
苏　北	11302373	9335404	326802	386458	233192	12344	1056658
南京市	13778699	10805937	473343	269469	532673	18181	1912367
无锡市	5208003	4349440	27857	134970	363056	54134	337499
徐州市	616819	523413	5016	11077	18533	4885	54351
常州市	1828597	1553224	9484	41892	111019	12122	103204
苏州市	8948986	7538982	37713	254288	540627	51984	609597
南通市	1245812	1076002	12980	23001	34381	9933	71913
连云港市	342157	288708	2634	12120	6985	2721	29133
淮安市	1141635	1020253	4105	23081	26167	10354	59238
盐城市	9041535	7366439	314120	337066	176246	-7308	901161
扬州市	7135621	6131597	136977	92775	259458	23537	514515
镇江市	3089122	2605751	10617	63387	133967	33616	161740
泰州市	1367250	1175640	7765	32303	55789	9778	85085
宿迁市	160226	136591	927	3114	5261	1692	12775

制造业工业企业主要经济指标

单位：万元

应收账款	存货	产成品	固定资产合计	负债合计	流动负债合计	所有者权益合计	实收资本
7369838	**3807364**	**1640240**	**9734303**	**20742551**	**18519133**	**14105615**	**8266483**
5675875	2588344	1032617	6462502	13912223	12338786	9483258	6089427
849866	542494	273642	1711210	3045537	2778936	1828815	1069140
688807	548767	314367	1353977	3138512	2791562	2535977	1042931
1803892	615196	222065	1969918	4849231	4242516	2748249	2308515
1063275	652568	263256	1413879	2753993	2393692	2269360	993436
44929	30378	9801	166939	129472	91619	203089	70280
339044	163376	89058	342607	854423	762808	467070	279013
2033136	908131	366125	2202612	4026409	3549001	3345188	2110931
86741	82827	35937	191065	242623	211715	258242	105218
7439	10074	7294	69329	35895	23874	87454	27005
64496	54111	23820	233617	267023	235020	302102	153679
553829	444699	269722	830615	2620041	2361444	1892784	762400
562073	332654	166182	1364229	2337957	2112093	1237049	863801
436528	249073	92113	533487	1428167	1390770	653391	397532
201052	127014	71524	155915	464957	455128	333524	100122
18113	9504	3731	53477	86082	79605	50548	29566

单位：万元

亏损企业亏损总额	利税总额	全部从业人员年平均人数(人)	总资产贡献率(%)	资产负债率(%)	流动资产周转率(次/年)	成本费用利润率(%)	产品销售率(%)
193497	**8195564**	**386634**	**24.19**	**59.51**	**2.61**	**9.75**	**99.97**
138155	4657317	249264	20.61	59.44	2.32	10.35	99.25
45510	1223855	83699	25.88	62.48	3.68	7.49	98.31
9831	2283133	46179	40.65	55.31	3.22	10.45	103.80
44445	2884754	52251	38.24	63.82	2.99	15.77	99.17
33047	473050	56450	10.48	54.73	1.75	6.79	99.78
2215	90394	7778	28.36	38.93	4.57	9.70	98.45
9384	178803	22235	14.63	64.66	2.37	5.98	100.46
47956	842805	89481	12.07	54.62	2.01	7.16	98.92
1969	138883	15233	29.90	48.44	5.29	6.27	99.33
212	37060	2018	31.86	29.10	7.80	9.38	99.98
2570	95908	9022	18.56	46.92	3.88	5.48	102.52
4612	2040368	24044	45.36	58.06	3.05	11.25	104.54
42733	941585	56890	26.87	65.40	3.91	7.87	98.37
3323	277904	28847	14.79	68.60	2.26	5.69	99.06
808	143386	11576	18.97	58.23	2.33	6.65	97.13
223	19402	3317	15.09	63.00	2.52	8.71	98.26

1-B-60 规模以上铁路、船舶、航空航天和

地区	企业单位数(个)	#亏损企业	工业总产值(当年价格)	销售产值(当年价格)	出口交货值	资产总计	流动资产合计
总计	**955**	**114**	**35649389**	**35353114**	**9725425**	**35008314**	**19809961**
苏南	536	93	15512544	15486285	4234221	17985727	11162324
苏中	327	18	17003310	16746307	5245209	15606240	7941139
苏北	90	2	2925943	2890329	90777	1204376	556506
南京市	92	10	3405091	3370608	523339	4476301	2734660
无锡市	140	25	3473764	3436349	1763861	5727048	3635653
徐州市	19	1	820247	807217	50755	319657	146838
常州市	96	8	3075766	3033469	388434	3276946	2119425
苏州市	137	45	2396124	2417348	921365	2389694	1672837
南通市	138	9	4243932	4213465	1891280	6413458	3121247
连云港市	18		1577527	1562331	2408	517062	230420
淮安市	18		177742	173403		82989	39298
盐城市	21	1	224321	223184	6339	220070	102068
扬州市	66	4	4319607	4166386	635842	3424135	1689960
镇江市	71	5	3161799	3228511	637222	2115738	999750
泰州市	123	5	8439772	8366456	2718086	5768647	3129932
宿迁市	14		126106	124194	31275	64598	37883

1-B-60 续表

地区	主营业务收入	主营业务成本	主营业务税金及附加	营业费用	管理费用	财务费用	利润总额
总计	**34318925**	**29636207**	**184836**	**529389**	**1381797**	**265242**	**2503869**
苏南	15479334	13003708	65322	314427	812977	161017	1223556
苏中	15700545	13870377	96516	163331	473366	86253	1079106
苏北	3020490	2667972	22401	46253	78288	16775	199100
南京市	3443119	2941497	13917	51728	219688	47457	216714
无锡市	3225595	2743428	14841	69496	156871	21728	389100
徐州市	914867	821385	8556	13894	18454	1744	60152
常州市	3203109	2656309	20181	57974	219231	34034	228591
苏州市	2420890	1944832	10234	110458	128630	23245	217920
南通市	3599328	3180313	15374	41388	139989	66968	142831
连云港市	1569306	1387425	10815	20496	40170	8122	102461
淮安市	170323	142203	1236	5076	6751	3669	11641
盐城市	244452	211376	1519	5518	10628	2540	13323
扬州市	3998215	3558681	32029	32926	118757	41201	245882
镇江市	3186621	2717642	6150	24772	88559	34554	171232
泰州市	8103002	7131382	49112	89017	214620	-21916	690393
宿迁市	121544	105583	275	1269	2285	701	11524

其他运输设备制造业工业企业主要经济指标

单位：万元

应收账款	存货	产成品	固定资产合计	负债合计	流动负债合计	所有者权益合计	实收资本
3977298	**5317230**	**903988**	**9156824**	**21010883**	**17821305**	**13936516**	**5425136**
2711695	2610921	682242	3673995	10289650	9149444	7696077	3008271
1094161	2520802	163939	4913202	9968731	8010350	5593522	2173175
135139	133138	42711	507649	606214	561148	581234	214792
806522	650310	162317	807608	3038586	2681381	1437715	685476
420869	577291	56691	756238	2814515	2512499	2912533	546091
10210	52051	23597	130623	168320	157643	151336	67001
743910	630228	192339	794220	1872259	1666415	1404687	715154
516503	454336	166942	549386	1348977	1253449	1040717	576896
445508	1299140	67078	1813818	4190808	3282862	2222650	1080616
64269	39227	7578	242330	259128	244531	243153	62812
13879	9566	5025	26914	34666	26367	48323	31963
39381	27311	3776	82809	112749	103765	107322	36357
264951	675733	16159	1331330	2340314	2046973	1040269	519322
223892	298756	103953	766544	1215314	1035700	900424	484653
383702	545929	80702	1768054	3437609	2680515	2330603	573237
7401	4982	2735	24973	31351	28843	31099	16658

单位：万元

亏损企业亏损总额	利税总额	全部从业人员年平均人数（人）	总资产贡献率（%）	资产负债率（%）	流动资产周转率（次/年）	成本费用利润率（%）	产品销售率（%）
265490	**3973334**	**387809**	**11.98**	**60.02**	**1.75**	**7.80**	**99.17**
60516	1723704	170628	10.32	57.21	1.40	8.49	99.83
202907	1918020	187649	12.75	63.88	2.01	7.31	98.49
1727	324557	27052	28.14	50.33	5.44	7.08	98.78
8560	316786	41045	7.95	67.88	1.27	6.64	98.99
10469	496249	41044	8.90	49.14	0.91	12.71	98.92
1638	95133	7441	30.01	52.66	6.26	7.02	98.41
9943	345182	32894	11.43	57.13	1.53	7.64	98.62
26524	308484	33301	13.78	56.45	1.46	9.84	100.89
124887	301071	60272	5.54	65.34	1.18	4.12	99.28
	173318	11399	35.06	50.12	6.81	7.04	99.04
	17563	3505	25.03	41.77	4.35	7.35	97.56
88	23174	3343	11.34	51.23	2.40	5.79	99.49
73606	460932	49568	14.53	68.35	2.41	6.44	96.45
5021	257003	22344	13.51	57.44	3.20	5.95	102.11
4413	1156018	77809	19.70	59.59	2.61	9.23	99.13
	15369	1364	24.69	48.53	3.21	10.49	98.48

1-B-61 规模以上电气机械及器材

地区	企业单位数(个)	#亏损企业	工业总产值(当年价格)	销售产值(当年价格)	出口交货值	资产总计	流动资产合计
总计	**3989**	**496**	**143565723**	**141719417**	**19792794**	**99039948**	**64006744**
苏南	2411	431	84622096	83724926	15163610	72588500	48605379
苏中	958	37	42160977	41488076	4288091	18952318	11295756
苏北	620	28	16782650	16506414	341093	7499130	4105608
南京市	243	46	7687076	7636949	1067280	7253445	5377199
无锡市	520	83	21057878	20458148	2581057	22628283	15788531
徐州市	127	4	7217941	7125673	34892	1998773	825519
常州市	500	88	18270893	18183657	1869405	12115088	8289050
苏州市	779	183	24595549	24600581	9228543	22365479	14574764
南通市	311	6	15271890	15111268	1105471	7886841	4646991
连云港市	71	5	1441610	1432143	28067	1107172	593635
淮安市	155	8	3806146	3736987	195828	1484506	922320
盐城市	147	7	2888773	2858131	33996	1995577	1246464
扬州市	395	18	15717878	15450432	1164499	6305696	3502889
镇江市	369	31	13010700	12845592	417325	8226205	4575836
泰州市	252	13	11171209	10926376	2018121	4759781	3145876
宿迁市	120	4	1428181	1353481	48310	913104	517671

1-B-61 续表

地区	主营业务收入	主营业务成本	主营业务税金及附加	营业费用	管理费用	财务费用	利润总额
总计	**141930801**	**122164496**	**601281**	**3478504**	**5114776**	**1443538**	**9021177**
苏南	83640171	71551484	288186	2367610	3668875	1067890	4704940
苏中	41519475	35978792	216910	801244	1019884	259427	3111839
苏北	16771155	14634221	96185	309650	426017	116221	1204398
南京市	7677912	6139098	35584	419864	429404	72467	676071
无锡市	20489074	17564066	81146	553124	938826	365782	1037148
徐州市	7107255	6128622	44534	96394	150342	29656	660426
常州市	18441155	16188876	65404	316073	606326	158731	1004186
苏州市	24364952	21058650	54405	672402	1199261	294427	1228801
南通市	15347793	13172439	65650	260467	377473	106498	1388265
连云港市	1441596	1233019	11104	43039	47337	5309	104692
淮安市	3845752	3491180	14825	59343	72724	37275	171449
盐城市	3019647	2617938	18340	77471	105009	28972	175224
扬州市	15367897	13332264	102355	308740	370404	88917	974857
镇江市	12667078	10600794	51646	406147	495059	176483	758733
泰州市	10803785	9474089	48905	232037	272007	64013	748718
宿迁市	1356905	1163462	7382	33404	50606	15010	92608

制造业工业企业主要经济指标

单位：万元

应收账款	存货	产成品	固定资产合计	负债合计	流动负债合计	所有者权益合计	实收资本
24696116	**10974158**	**4818755**	**22720286**	**56540550**	**51335742**	**42431448**	**21606217**
18990578	7949522	3473433	14933824	43344381	39419251	29204356	15057594
4477341	2225711	997243	5182067	9596772	8873485	9341366	4937732
1228197	798925	348080	2604396	3599397	3043006	3885726	1610891
2545338	890647	308983	1048607	4414650	4071744	2838795	1147489
6005041	2217081	1033883	3756299	14512847	13134755	8078918	4510957
183418	176382	86388	995676	799609	646683	1194243	262502
3094141	1528465	718957	2827820	6967441	6493032	5147647	2171924
5540905	2544247	1052809	4848318	13109033	11852853	9253374	5069685
1659029	960981	379794	1989560	3778504	3467528	4104330	2103392
161344	65037	32090	222196	558008	534666	545185	176197
378500	195109	77966	470482	799888	656645	684611	362164
365366	217668	122042	588817	1011808	826255	983769	554033
1755972	622489	285444	2231959	3232865	2903997	3069251	1666709
1805153	769082	358801	2452781	4340409	3866867	3885622	2157540
1062341	642242	332006	960548	2585403	2501960	2167784	1167631
139569	144730	29595	327225	430085	378757	477919	255995

单位：万元

亏损企业亏损总额	利税总额	全部从业人员年平均人数(人)	总资产贡献率(%)	资产负债率(%)	流动资产周转率(次/年)	成本费用利润率(%)	产品销售率(%)
395658	**14450794**	**1051752**	**15.84**	**57.09**	**2.25**	**6.74**	**98.71**
369430	7234843	668046	11.22	59.71	1.76	5.87	98.94
12564	5323435	255298	29.33	50.64	3.69	8.16	98.40
13665	1892516	128408	26.46	48.00	4.09	7.77	98.35
41169	1081376	62146	15.77	60.86	1.47	9.33	99.35
79281	1650172	135135	8.73	64.14	1.35	5.14	97.15
3638	1037635	31328	52.99	40.01	8.62	10.31	98.72
56202	1594429	122652	14.28	57.51	2.25	5.76	99.52
185600	1694094	266427	8.60	58.61	1.70	5.20	100.02
4838	2170350	94613	28.79	47.91	3.31	9.96	98.95
2478	156197	12268	14.51	50.40	2.44	7.85	99.34
1649	253285	34788	19.09	53.88	4.18	4.68	98.18
3894	303091	27954	16.40	50.70	2.42	6.19	98.94
3252	1716868	99764	28.50	51.27	4.39	6.91	98.30
7178	1214772	81686	16.66	52.76	2.78	6.48	98.73
4473	1436218	60921	31.33	54.32	3.46	7.41	97.81
2007	142308	22070	16.88	47.10	2.63	7.31	94.77

1-B-62 规模以上计算机、通信和

地区	企业单位数(个)	#亏损企业	工业总产值(当年价格)	销售产值(当年价格)	出口交货值	资产总计	流动资产合计
总计	**2712**	**633**	**170924426**	**169325188**	**111572874**	**96882056**	**57727356**
苏南	2093	577	145112464	143847902	103043357	85082237	52163335
苏中	347	31	12999511	12730072	3664249	6891052	3367242
苏北	267	24	12663880	12600944	4864919	4423028	1971060
南京市	198	50	21388756	21211908	11087865	11919260	6858966
无锡市	265	64	16128833	16077921	10654550	14310527	6950469
徐州市	56	1	2897894	2849389	39095	697413	305332
常州市	272	37	5532497	5447843	1888590	4653834	2978008
苏州市	1219	401	98660025	97762462	79115119	51979668	34377155
南通市	164	8	5667844	5597482	1163938	2594760	1287075
连云港市	29	4	1111814	1087884	111351	408294	254526
淮安市	63	10	6556823	6545571	4617459	1284096	470667
盐城市	41	6	689962	672055	15454	329083	146560
扬州市	108	15	4309885	4154291	2467862	3022788	1332575
镇江市	139	25	3402352	3347768	297233	2218949	998739
泰州市	75	8	3021783	2978299	32450	1273504	747592
宿迁市	78	3	1407388	1446044	81559	1704142	793976

1-B-62 续表

地区	主营业务收入	主营业务成本	主营业务税金及附加	营业费用	管理费用	财务费用	利润总额
总计	**170418704**	**155293723**	**308282**	**1635183**	**5244631**	**290456**	**8411630**
苏南	144548668	132124172	205957	1335515	4596424	167184	6821909
苏中	12817103	11365699	54526	164137	362752	74802	815441
苏北	12869691	11658944	46551	132839	250637	42264	753550
南京市	21866858	19332072	24791	160145	588018	38346	2296300
无锡市	16165858	14649525	39732	188163	755461	40531	470127
徐州市	2851825	2421807	21938	42310	73263	8401	284828
常州市	5514646	4619406	22514	123323	327735	50094	393799
苏州市	97707453	90642789	106978	827317	2811982	222	3478893
南通市	5599666	4959050	30059	57954	136944	37763	379950
连云港市	1112285	944439	6484	19103	52325	9611	82377
淮安市	6788624	6579882	9018	44740	56663	9565	90325
盐城市	662967	589818	2823	11560	19550	6944	32447
扬州市	4257939	3800929	12718	58089	145966	19084	239445
镇江市	3293853	2880381	11942	36567	113229	37991	182790
泰州市	2959498	2605721	11749	48093	79841	17955	196046
宿迁市	1453990	1122999	6288	15126	48837	7742	263573

其他电子设备制造业工业企业主要经济指标

单位：万元

应收账款	存货	产成品	固定资产合计	负债合计	流动负债合计	所有者权益合计	实收资本
23835292	**10976956**	**3501044**	**31388124**	**50848864**	**46243720**	**45988479**	**28173443**
21962781	9910376	3078718	26559923	45282981	41671270	39764185	25124993
1220144	626177	248576	2720259	3329372	2686220	3561491	1919330
603638	355270	165872	1980842	1909697	1708156	2503878	1064020
2766462	1508993	336111	2862209	7190105	6133343	4729155	2566111
2417633	1484453	532826	6423954	6638977	6015980	7637304	5055850
87029	54428	31201	302235	256075	212485	433540	147705
992495	571877	224121	1337133	2537384	2280423	2116450	1034743
15376011	6139400	1907030	14961472	27697978	26091677	24281690	15929987
407026	234548	96604	941890	1201630	892799	1392941	527334
80079	46364	15455	117032	198178	186186	210116	76313
93325	49992	23926	801780	441803	413031	842293	487014
49532	21936	8014	164448	179885	146872	147542	102969
534220	246329	97620	1404827	1317569	1023040	1705220	1052508
410180	205653	78630	975155	1218537	1149848	999587	538303
278898	145301	54352	373542	810174	770381	463330	339488
293673	182550	87276	595346	833755	749582	870386	250020

单位：万元

亏损企业亏损总额	利税总额	全部从业人员年平均人数（人）	总资产贡献率（%）	资产负债率（%）	流动资产周转率（次/年）	成本费用利润率（%）	产品销售率（%）
843586	**10978851**	**1839566**	**11.66**	**52.49**	**2.99**	**5.15**	**99.06**
784949	8595588	1566567	10.36	53.22	2.81	4.91	99.13
44038	1312902	131970	19.95	48.31	3.82	6.80	97.93
11771	1047211	136929	24.44	43.18	6.54	6.23	99.50
72183	2761287	119861	23.75	60.32	3.27	11.29	99.17
148069	712379	237393	5.39	46.39	2.35	2.99	99.68
137	438371	14069	63.82	36.72	9.35	11.17	98.33
22640	591847	96216	13.72	54.52	1.86	7.67	98.47
535839	4241868	1075438	8.19	53.29	2.88	3.68	99.09
11124	591568	49011	24.03	46.31	4.36	7.30	98.76
355	127839	6121	33.57	48.54	4.38	8.01	97.85
1828	119005	71418	9.79	34.41	14.43	1.35	99.83
3555	62652	9467	20.77	54.66	4.55	5.14	97.40
24229	397167	56827	13.62	43.59	3.21	5.93	96.39
6219	288207	37659	14.31	54.92	3.30	5.96	98.40
8685	324168	26132	26.66	63.62	3.97	7.11	98.56
5897	299343	35854	17.89	48.93	1.83	22.05	102.75

1-B-63 规模以上仪器仪表制造业

地　　区	企　业单位数(个)	#亏损企业	工业总产值(当年价格)	销售产值(当年价格)	出口交货值	资产总计	流动资产合　　计
总　　计	**944**	**92**	**30323486**	**29714217**	**2889127**	**21026731**	**12660173**
苏　　南	515	79	12198613	11975975	1690323	13370832	8635873
苏　　中	253	7	10772371	10540278	1159342	4768818	2799477
苏　　北	172	6	7150421	6997407	37398	2491082	969330
南 京 市	87	17	2872415	2820205	295277	3654232	2589940
无 锡 市	82	13	1029676	1022691	152542	1256014	840709
徐 州 市	72	4	5141381	5031352	4874	1549105	542022
常 州 市	105	10	1694780	1641868	204337	1723178	1074944
苏 州 市	163	35	3435754	3375994	894295	3673598	2438220
南 通 市	130	4	4353231	4316595	562768	2069452	1140198
连云港市	6		54077	54985	12683	29114	22703
淮 安 市	34	1	411967	401946	170	223527	124715
盐 城 市	41	1	1414658	1385956	5674	638779	251400
扬 州 市	63	1	4724766	4590683	372193	1937196	1176219
镇 江 市	78	4	3165988	3115218	143873	3063810	1692061
泰 州 市	60	2	1694374	1633000	224382	762170	483060
宿 迁 市	19		128339	123169	13997	50557	28491

1-B-63　续表

地　　区	主营业务收　　入	主营业务成　　本	主营业务税金及附加	营业费用	管理费用	财务费用	利润总额
总　　计	**29868964**	**24919657**	**174145**	**750202**	**1365878**	**203785**	**2530349**
苏　　南	12072298	9650784	56521	386748	765542	120445	1142059
苏　　中	10616505	9166769	64993	225086	338874	50987	780005
苏　　北	6979951	5945259	52442	135730	230514	32965	586584
南 京 市	2854527	2181283	19127	103867	203274	20715	361280
无 锡 市	1038307	798053	6484	47045	104388	14552	88177
徐 州 市	5026512	4262890	43965	79033	160722	18462	462430
常 州 市	1637486	1293306	8183	50883	135650	19350	151486
苏 州 市	3467380	2824582	14529	130110	237799	27521	276202
南 通 市	4313553	3682989	30059	69367	116766	23996	388694
连云港市	46024	38122	153	1907	3889	160	1832
淮 安 市	387274	323862	2008	20961	18245	2656	19157
盐 城 市	1396669	1215245	5391	30758	41851	10547	95546
扬 州 市	4610991	4052617	22699	110847	157546	20362	253132
镇 江 市	3074598	2553561	8199	54843	84431	38307	264915
泰 州 市	1691961	1431164	12236	44873	64562	6629	138179
宿 迁 市	123472	105141	926	3071	5808	1140	7621

工业企业主要经济指标

单位：万元

应收账款	存货	产成品	固定资产合计	负债合计	流动负债合计	所有者权益合计	实收资本
4050538	**3115185**	**943147**	**5791655**	**10408438**	**9274990**	**10613718**	**3787976**
2929046	2239431	638794	3133263	6950640	6299807	6420192	2494882
744262	673265	234071	1394682	2204176	2013074	2562164	845466
344458	169585	65703	1190735	1074428	815076	1414557	378971
937380	514877	108274	390737	1918881	1722237	1735351	557060
328538	195977	51215	235624	599473	569162	656541	327584
185258	100402	33660	787760	620839	408147	927969	177743
317674	308944	106281	380577	985983	931005	737195	296224
856954	774143	180743	890900	1800038	1532029	1873560	886392
358463	225605	94639	666637	972133	910188	1095424	413014
2285	2773	498	5050	19825	19569	9288	3687
62735	17963	10551	35066	122677	94351	100851	56676
81720	41914	18253	348591	290381	274275	348398	122848
261564	353486	99950	601737	935110	844432	1002086	284910
488501	445489	192281	1235426	1646265	1545374	1417545	427623
124235	94175	39482	126308	296933	258454	464655	147542
12460	6534	2742	14269	20706	18734	28051	18017

单位：万元

亏损企业亏损总额	利税总额	全部从业人员年平均人数（人）	总资产贡献率（%）	资产负债率（%）	流动资产周转率（次/年）	成本费用利润率（%）	产品销售率（%）
66743	**3829963**	**251009**	**19.03**	**49.50**	**2.37**	**9.26**	**97.99**
44281	1570676	134095	12.50	51.98	1.41	10.40	98.17
12434	1279642	81722	27.74	46.22	3.80	7.96	97.85
10028	956658	32287	39.54	43.13	7.21	9.24	97.86
6368	505104	26347	14.32	52.51	1.11	14.32	98.18
12367	133092	16832	11.59	47.73	1.26	9.04	99.32
9344	742856	16942	48.94	40.08	9.28	10.23	97.86
9984	225224	19220	14.07	57.22	1.54	10.04	96.88
15388	365653	38463	10.62	49.00	1.44	8.53	98.26
11856	593627	33883	29.77	46.98	3.79	9.97	99.16
	2808	1233	10.01	68.10	2.03	4.16	101.68
629	33182	3914	15.58	54.88	3.11	5.23	97.57
55	165740	9039	27.58	45.46	5.57	7.35	97.97
114	465301	37139	24.87	48.27	3.94	5.81	97.16
174	341603	33233	12.06	53.73	1.82	9.68	98.40
465	220714	10700	29.51	38.96	3.51	8.92	96.38
	12073	1159	25.25	40.96	4.34	6.61	95.97

1-B-64 规模以上其他

地　区	企业单位数(个)	#亏损企业	工业总产值(当年价格)	销售产值(当年价格)	出口交货值	资产总计	流动资产合计
总　计	**166**	**19**	**2890779**	**2860393**	**569711**	**1205857**	**600222**
苏　南	57	14	413407	418694	96035	370866	197468
苏　中	53	4	1978305	1948558	469336	671234	332952
苏　北	56	1	499066	493141	4340	163756	69802
南京市	1						
无锡市	10	4	71130	72917	17145	52965	32630
徐州市	11		164131	162543		23965	9778
常州市	1						
苏州市	14	8	66429	66647	13983	81858	49692
南通市	6	2	58344	58485	5933	40656	22655
连云港市	6		54270	53067		18753	14123
淮安市	23	1	175545	174253	2195	60234	22964
盐城市	1						
扬州市	42	1	1847328	1817727	463402	606845	290707
镇江市	31	2	272057	275335	62752	234035	113936
泰州市	5	1					
宿迁市	15		101497	99656	2145	57456	22173

1-B-64 续表

地　区	主营业务收入	主营业务成本	主营业务税金及附加	营业费用	管理费用	财务费用	利润总额
总　计	**2826876**	**2467337**	**14281**	**66070**	**78325**	**19322**	**166027**
苏　南	413309	333072	1655	19255	27177	4357	12267
苏　中	1920015	1706720	7804	36096	39331	11400	118675
苏　北	493551	427545	4822	10719	11817	3565	35085
南京市							
无锡市	68651	51539	499	3690	6408	755	6076
徐州市	161841	138633	1684	3773	4146	625	12697
常州市							
苏州市	66703	57626	326	3209	6190	1556	-1982
南通市	59555	54076	99	1220	1990	430	1716
连云港市	53067	44898	1334	2354	1363	964	2113
淮安市	178984	161706	844	1906	3368	1185	10144
盐城市							
扬州市	1786756	1585190	7494	34460	36599	10280	112757
镇江市	273928	220241	817	12250	14378	2027	8151
泰州市							
宿迁市	96343	79303	948	2685	2895	791	9880

制造业工业企业主要经济指标

单位：万元

应收账款	存货	产成品	固定资产合计	负债合计	流动负债合计	所有者权益合计	实收资本
210931	**173910**	**63785**	**481022**	**571184**	**552960**	**634673**	**260445**
60768	53089	17109	107736	239949	235676	130918	76812
126302	105840	39966	292474	264668	256659	406566	141680
23861	14980	6710	80812	66567	60625	97190	41953
9893	8048	2833	15984	27010	26330	25956	11538
2831	2213	1600	13810	10463	9321	13502	4069
16019	18945	2773	28892	58052	55504	23806	43568
7962	5987	1475	15982	24819	23519	15836	14376
7911	561	450	3230	9351	9351	9402	1838
9642	6227	2249	28629	25300	24754	34934	15807
113308	91677	36187	272496	230534	223825	376311	121475
34447	25427	11284	62210	153286	152417	80749	21455
3390	5317	2412	34741	20793	16540	36663	17740

单位：万元

亏损企业亏损总额	利税总额	全部从业人员年平均人数(人)	总资产贡献率(%)	资产负债率(%)	流动资产周转率(次/年)	成本费用利润率(%)	产品销售率(%)
5711	**299954**	**40530**	**26.03**	**47.37**	**4.71**	**6.31**	**98.95**
4563	29212	9943	8.76	64.70	2.10	3.19	101.28
1148	211790	22141	32.88	39.43	5.77	6.62	98.50
1	58953	8446	37.10	40.65	7.07	7.73	98.81
126	11073	2718	21.91	50.99	2.11	9.74	102.51
	24087	1555	102.44	43.66	16.55	8.63	99.03
3738	236	2284	1.83	70.92	1.35	-2.87	100.33
774	3191	833	8.23	61.05	2.63	2.97	100.24
	4771	386	28.76	49.86	3.76	4.26	97.78
1	15823	3869	26.61	42.00	7.79	6.03	99.26
9	202767	20749	34.81	37.99	6.15	6.77	98.40
698	17790	4808	8.23	65.50	2.40	3.27	101.20
	14008	2546	25.28	36.19	4.35	11.53	98.19

1-B-65 规模以上废弃资源综合

地区	企业单位数(个)	#亏损企业	工业总产值(当年价格)	销售产值(当年价格)	出口交货值	资产总计	流动资产合计
总计	**146**	**31**	**3499810**	**3493695**	**8883**	**2667706**	**1922126**
苏南	82	25	2339739	2312738	7283	1990060	1545403
苏中	10		373461	371925	1600	210197	128999
苏北	54	6	786611	809032		467449	247725
南京市	10		343522	336300		114317	46192
无锡市	6	1	51971	51812		49987	26843
徐州市	7	1	110355	146105		184793	112360
常州市	4						
苏州市	56	24	1605883	1593973	7283	1567573	1356741
南通市	2						
连云港市	10	2	127754	124846		94040	51223
淮安市	16	2	357227	350240		108928	41300
盐城市	11	1	121236	118414		45522	18754
扬州市	4						
镇江市	6		181315	174719		136019	28046
泰州市	4						
宿迁市	10		70039	69426		34165	24088

1-B-65 续表

地区	主营业务收入	主营业务成本	主营业务税金及附加	营业费用	管理费用	财务费用	利润总额
总计	**3520345**	**3311705**	**13672**	**41049**	**68528**	**28001**	**83047**
苏南	2340815	2249255	5385	25399	39823	14068	35842
苏中	346197	313582	1217	3125	6905	1635	16791
苏北	833333	748868	7071	12525	21801	12298	30414
南京市	332586	302561	1804	5491	7609	420	25681
无锡市	53223	47919	318	1000	2304	852	931
徐州市	146242	130650	1641	920	2868	5950	4233
常州市							
苏州市	1617320	1592981	2148	16578	24730	6354	-6767
南通市							
连云港市	138983	119287	998	3590	4334	1665	8773
淮安市	358792	330451	3438	3889	8477	2649	9620
盐城市	123525	109550	727	2889	4321	1448	4771
扬州市							
镇江市	167433	146708	361	2054	2901	2438	12141
泰州市							
宿迁市	65791	58930	267	1238	1801	588	3018

利用业工业企业主要经济指标

单位：万元

应收账款	存货	产成品	固定资产合计	负债合计	流动负债合计	所有者权益合计	实收资本
593741	**349756**	**213255**	**556027**	**1946707**	**1864929**	**720554**	**594796**
534233	224702	132434	316760	1637249	1569377	352811	341237
11603	34387	21423	54582	83070	79047	127127	90871
47905	90667	59398	184685	226388	216506	240616	162688
10576	11673	9996	64788	31929	29929	82388	16923
3003	11235	1087	17061	34830	34376	15158	13791
12925	59446	48108	59162	83850	80602	100944	83551
503208	193069	118268	149068	1381402	1318072	186171	268220
8752	8456	2146	39185	53522	52085	40518	37334
13714	3994	1606	54666	43304	41205	65179	26206
2306	11189	3254	21849	26696	26099	18826	13206
10064	3884	1934	59305	76054	76054	59965	34988
10208	7582	4284	9823	19016	16516	15150	2391

单位：万元

亏损企业亏损总额	利税总额	全部从业人员年平均人数（人）	总资产贡献率（%）	资产负债率（%）	流动资产周转率（次/年）	成本费用利润率（%）	产品销售率（%）
22847	**175540**	**13792**	**7.71**	**72.97**	**1.84**	**2.40**	**99.83**
22194	87849	7627	5.50	82.27	1.52	1.53	98.85
	31376	1508	15.53	39.52	2.68	5.16	99.59
653	56315	4657	13.59	48.43	3.36	3.82	102.85
	42678	2816	37.69	27.93	7.21	8.11	97.90
1014	1891	383	4.30	69.68	2.00	1.78	99.69
2	11444	694	8.97	45.37	1.30	3.01	132.40
21180	16206	3348	2.06	88.12	1.20	-0.41	99.26
348	12314	537	13.41	56.91	2.71	6.81	97.72
118	20326	1390	18.84	39.75	8.69	2.78	98.04
184	8051	1381	20.10	58.64	6.59	4.04	97.67
	13709	642	11.80	55.91	5.97	7.88	96.36
	4181	655	13.67	55.66	2.73	4.82	99.12

1-B-66 规模以上电力、燃气及水的

地 区	企业单位数(个)	#亏损企业	工业总产值(当年价格)	销售产值(当年价格)	出口交货值	资产总计	流动资产合计
总 计	**448**	**45**	**49667395**	**49520987**	**174440**	**73169584**	**15241110**
苏 南	217	23	13338685	13294231	174440	27972876	8564500
苏 中	96	8	3888050	3843820		8273088	2032634
苏 北	134	14	6560721	6502998		14648701	3271417
南京市	34	4	2725142	2722317		5719488	1680415
无锡市	38	3	2394956	2387084		5437820	1908046
徐州市	32	3	3184852	3148739		4799807	1546833
常州市	29	3	1097138	1091132		1800179	466552
苏州市	91	7	5500795	5476662	174440	11828730	3964806
南通市	47	4	1877558	1865960		4554442	920737
连云港市	20	1	1109567	1108179		4636398	643059
淮安市	24	6	796275	793761		1526088	397646
盐城市	41	3	1236609	1224892		3293303	577991
扬州市	23	1	1065932	1060323		2193515	713489
镇江市	25	6	1620654	1617036		3186659	544680
泰州市	26	3	944560	917537		1525132	398408
宿迁市	17	1	233418	227427		393105	105888

注：全省数据中含省直管企业数据。

1-B-66 续表

地 区	主营业务收入	主营业务成本	主营业务税金及附加	营业费用	管理费用	财务费用	利润总额
总 计	**49936439**	**43640201**	**235952**	**351749**	**706339**	**1118196**	**4628806**
苏 南	13260360	10141198	81008	247379	426470	441910	2367791
苏 中	3827147	2859916	27458	45815	95752	166003	691512
苏 北	7028350	5683674	40922	58555	184117	365479	920525
南京市	2735347	2166275	18865	59747	109737	95936	370004
无锡市	2415349	1761476	15968	80324	75772	49554	505035
徐州市	3648590	3077955	16276	30381	63962	129934	366789
常州市	1101308	888698	5933	11296	46470	37790	204413
苏州市	5406976	4141133	28044	76679	171021	213773	950107
南通市	1787162	1261594	12043	19372	51224	106410	325705
连云港市	1124325	803342	13219	5801	40291	93011	328988
淮安市	794714	653011	5249	7031	25771	43397	62791
盐城市	1240155	963631	3637	12446	45612	90611	136774
扬州市	1068030	822475	8517	10499	22473	31713	231349
镇江市	1601380	1183617	12198	19333	23471	44857	338231
泰州市	971955	775848	6899	15944	22055	27881	134458
宿迁市	220567	185736	2542	2895	8482	8525	25184

生产和供应业工业企业主要经济指标

单位：万元

应收账款	存货	产成品	固定资产合　计	负债合计	流动负债合　计	所有者权益合计	实收资本
2602682	**1078799**	**65897**	**45233610**	**47247411**	**29923048**	**25922173**	**11921940**
1472239	481412	23289	15127407	17622681	9523396	10350195	6562515
359833	102684	2513	5017672	5107933	2679078	3165155	1925698
752954	479067	40095	9080084	10460611	5595911	4188090	2660356
270136	97290	5771	3059159	3279283	1744090	2440205	1768983
286351	75906	1926	2865505	3500856	1806803	1936964	1245758
414899	129005	31489	2801882	3205275	1655348	1594533	950629
103294	55913	106	1206845	1075337	776935	724842	428117
600601	183797	8090	6408812	7299627	4386525	4529103	2645281
179870	38891	281	3025401	2778507	1361473	1775934	1009560
123281	253124	713	2805510	3609756	1316008	1026642	504938
72134	35302	3448	945754	1116042	825078	410046	333540
121077	40171	2292	2267844	2267133	1607999	1026170	777224
100643	37956	1122	1158445	1343109	715408	850405	580805
211857	68507	7397	1587085	2467578	809043	719081	474376
79320	25837	1109	833826	986316	602197	538816	335333
21563	21465	2154	259095	262404	191478	130701	94025

单位：万元

亏损企业亏损总额	利税总额	全部从业人员年平均人数（人）	总资产贡献率（%）	资产负债率（%）	流动资产周转率（次/年）	成本费用利润率（%）	产品销售率（%）
53745	**6981152**	**148437**	**11.08**	**64.57**	**3.37**	**9.90**	**99.71**
33870	3131180	56540	12.74	63.00	1.66	19.91	99.67
7753	910197	18394	12.99	61.74	1.96	20.99	98.86
12122	1280715	33112	11.37	71.41	2.21	14.32	99.12
6133	540027	12755	11.13	57.34	1.71	14.80	99.90
14362	647980	11153	12.88	64.38	1.30	25.45	99.67
3010	530200	13514	13.69	66.78	2.46	10.73	98.87
676	264903	6011	16.69	59.74	2.63	19.83	99.45
9342	1234111	19495	12.17	61.71	1.44	19.83	99.56
1411	415715	7674	11.46	61.01	1.98	21.75	99.38
674	444010	5631	12.15	77.86	1.77	34.64	99.87
6930	97507	4357	9.07	73.13	2.02	8.56	99.68
1319	171522	7639	7.92	68.84	2.17	12.21	99.05
87	300904	5666	15.13	61.23	1.63	24.60	99.47
3357	444159	7126	15.24	77.43	3.57	21.30	99.78
6256	193577	5054	14.50	64.67	2.51	15.70	97.14
189	37475	1971	11.66	66.75	2.21	11.96	97.43

1-B-67 规模以上电力、热力的

地区	企业单位数(个)	#亏损企业	工业总产值(当年价格)	销售产值(当年价格)	出口交货值	资产总计	流动资产合计
总计	**250**	**23**	**44577122**	**44472253**		**58572000**	**9548564**
苏南	115	13	9676681	9658170		17333473	4329850
苏中	44	5	2911626	2873604		5455251	986793
苏北	90	5	6108875	6060541		13508358	2859362
南京市	12	2	1911953	1911457		3376296	650333
无锡市	28	1	1768757	1761823		3254729	1149835
徐州市	23	2	3112845	3080289		4484224	1404858
常州市	17	3	801556	798330		1067418	226898
苏州市	47	3	3849898	3842787		7005102	1956455
南通市	28	3	1464388	1457219		3065382	533297
连云港市	12		1021799	1020598		4468155	599149
淮安市	13	2	663583	660274		1196637	285608
盐城市	30	1	1136085	1124878		3090699	490934
扬州市	9		908541	903246		1449380	316274
镇江市	11	4	1344517	1343773		2629928	346329
泰州市	7	2	538698	513139		940489	137223
宿迁市	12		174563	174502		268643	78814

注：全省数据中含省直管企业数据。

1-B-67 续表

地区	主营业务收入	主营业务成本	主营业务税金及附加	营业费用	管理费用	财务费用	利润总额
总计	**45063167**	**39871840**	**206889**	**42126**	**428479**	**982688**	**3970876**
苏南	9712752	7348367	62470	3080	232226	348914	1913875
苏中	2956546	2245276	20280	359	47049	135436	536057
苏北	6573287	5322785	37576	38687	149203	353533	871966
南京市	2003144	1561438	15225		73145	81226	305642
无锡市	1781731	1338609	10901	215	38591	41361	388238
徐州市	3575396	3019264	15523	27572	55403	127317	355260
常州市	800576	647318	4619	148	20570	27494	146929
苏州市	3803773	2828025	21095	2715	90524	157427	769022
南通市	1428675	1043214	8956	294	29011	87107	234972
连云港市	1032582	732176	12354	326	33917	91604	318865
淮安市	658333	545652	4351	288	16569	39044	54092
盐城市	1141047	881658	3206	9464	38832	88127	129760
扬州市	914764	715859	7315		10760	27479	203007
镇江市	1323529	972977	10630	1	9397	41407	304044
泰州市	613107	486203	4009	66	7279	20850	98078
宿迁市	165929	144035	2142	1038	4483	7441	13988

生产和供应业工业企业主要经济指标

单位：万元

应收账款	存货	产成品	固定资产合　计	负债合计	流动负债合　计	所有者权益合计	实收资本
2223990	**847477**	**41495**	**38702041**	**37987429**	**24437741**	**20584572**	**8750077**
1195964	298939	6365	10488522	10708631	5642961	6624843	4370798
293664	79619	764	3585593	3470766	1589297	1984485	1198938
716706	453283	34366	8619478	9751846	5080821	3756512	2406968
219940	64725	2578	2304985	1920971	931637	1455325	1234446
249327	40748	1170	1747736	1990297	1338183	1264432	830150
401814	125464	31484	2755330	2993140	1482994	1491083	878280
85755	27338		768020	574611	349260	492807	320603
447264	117833	1648	4344683	4162116	2528637	2842986	1616129
148664	29943	184	2133032	1958669	786645	1106713	559739
115738	248941	399	2708755	3505259	1248986	962896	469067
65925	25804		795282	917495	694540	279143	258623
115218	36237	410	2177293	2146711	1502944	943988	733255
84747	31024	580	865181	906021	453884	543359	430206
193678	48295	970	1323099	2060636	495244	569292	369471
60253	18652		587380	606076	348768	334413	208994
18012	16837	2073	182819	189242	151358	79401	67744

单位：万元

亏损企业亏损总额	利税总额	全部从业人员年平均人数(人)	总资产贡献率(%)	资产负债率(%)	流动资产周转率(次/年)	成本费用利润率(%)	产品销售率(%)
24441	**6146883**	**104254**	**12.20**	**64.86**	**4.82**	**9.45**	**99.76**
11190	2556578	29338	16.74	61.78	2.39	22.77	99.81
7561	715296	8537	15.58	63.62	3.09	21.30	98.69
5690	1215948	25988	11.77	72.19	2.35	14.60	99.21
6028	452650	5048	15.85	56.90	3.17	17.49	99.97
377	500959	6004	16.75	61.15	1.57	27.34	99.61
2904	517211	11477	14.30	66.75	2.64	10.67	98.95
676	195123	3307	20.67	53.83	3.71	21.02	99.60
823	1006713	10493	16.57	59.42	2.03	24.01	99.82
1404	315007	4700	13.12	63.90	2.70	19.49	99.51
	430482	4690	12.30	78.45	1.73	37.05	99.88
2722	83280	2798	10.11	76.67	2.34	8.94	99.50
63	161292	5765	8.01	69.46	2.33	12.74	99.01
	265533	2265	20.21	62.51	3.14	25.51	99.42
3286	401133	4486	16.75	78.35	4.80	22.74	99.94
6157	134757	1572	16.50	64.44	4.51	19.02	95.26
	23683	1258	11.54	70.44	2.19	8.87	99.97

1-B-68 规模以上燃气生产和

地区	企业单位数(个)	#亏损企业	工业总产值(当年价格)	销售产值(当年价格)	出口交货值	资产总计	流动资产合计
总计	**86**	**7**	**3738240**	**3712848**	**174440**	**4633372**	**1979537**
苏南	48	4	2732702	2719732	174440	3242397	1671463
苏中	24	2	723645	717998		1098245	207961
苏北	14	1	281893	275117		292730	100113
南京市	12	2	613724	613395		505246	170377
无锡市	5						
徐州市	3						
常州市	5						
苏州市	20	2	1186777	1177172	174440	1757728	1051078
南通市	8	1	281800	277865		729955	93480
连云港市	3						
淮安市	3	1					
盐城市	2						
扬州市	7		94891	94596		161942	70132
镇江市	6		221271	219175		167713	52846
泰州市	9	1	346954	345537		206348	44349
宿迁市	3						

1-B-68 续表

地区	主营业务收入	主营业务成本	主营业务税金及附加	营业费用	管理费用	财务费用	利润总额
总计	**3574236**	**2894570**	**17535**	**111177**	**125661**	**39213**	**531427**
苏南	2672133	2205566	10698	87696	93797	22668	378214
苏中	618884	456156	5131	13418	20376	16399	118026
苏北	283219	232849	1706	10063	11489	146	35187
南京市	541621	478578	1304	32260	16385	5556	45437
无锡市							
徐州市							
常州市							
苏州市	1184475	1014738	3451	24144	35437	13570	141903
南通市	226610	134276	2195	2899	9278	11149	75159
连云港市							
淮安市							
盐城市							
扬州市	92558	64904	855	5188	5875	113	13678
镇江市	222088	175188	1177	9119	8089	350	32208
泰州市	299716	256976	2081	5331	5224	5137	29189
宿迁市							

供应业工业企业主要经济指标

单位：万元

应收账款	存货	产成品	固定资产合计	负债合计	流动负债合计	所有者权益合计	实收资本
255791	**103480**	**12287**	**1952932**	**2766606**	**2454216**	**1866765**	**954956**
202208	80894	6786	1031523	2055085	1809468	1187311	455088
32064	12286	1209	775901	544198	526482	554047	434008
21519	10300	4291	145509	167323	118266	125407	65861
35633	14744	2291	244723	258880	253871	246366	123128
113850	15280	3280	398246	1187607	1000360	570122	211606
10775	4900	97	571191	345656	344682	384299	314441
11577	2403	21	74863	58791	55334	103150	75109
10972	12933	459	81037	111170	93650	56543	27303
9713	4984	1091	129847	139751	126466	66597	44457

单位：万元

亏损企业亏损总额	利税总额	全部从业人员年平均人数(人)	总资产贡献率(%)	资产负债率(%)	流动资产周转率(次/年)	成本费用利润率(%)	产品销售率(%)
2489	**630044**	**15093**	**14.32**	**59.71**	**1.93**	**16.13**	**99.32**
2023	443641	8970	14.20	63.38	1.72	15.07	99.53
105	142966	4115	14.51	49.55	3.07	22.86	99.22
361	43437	2008	14.91	57.16	3.07	13.13	97.60
105	56596	3018	12.29	51.24	3.57	8.10	99.95
1918	163345	2431	9.74	67.56	1.19	12.63	99.19
6	78556	971	12.29	47.35	2.52	47.01	98.60
	16829	1541	10.45	36.30	1.35	17.31	99.69
	37934	1038	22.73	66.29	4.33	16.44	99.05
99	47581	1603	25.54	67.73	6.95	10.52	99.59

1-B-69 规模以上水的生产和

地 区	企业单位数(个)	#亏损企业	工业总产值(当年价格)	销售产值(当年价格)	出口交货值	资产总计	流动资产合计
总 计	**112**	**15**	**1352034**	**1335886**		**9964212**	**3713010**
苏 南	54	6	929302	916329		7397006	2563187
苏 中	28	1	252779	252218		1719593	837880
苏 北	30	8	169953	167340		847613	311943
南京市	10		199465	197466		1837946	859706
无锡市	5	2					
徐州市	6	1	34519	33583		223067	110112
常州市	7		87359	84579		447830	102344
苏州市	24	2	464120	456703		3065900	957273
南通市	11		131370	130876		759105	293961
连云港市	5	1					
淮安市	8	3	45530	44431		230561	82611
盐城市	9	2	58049	57568		180784	76346
扬州市	7	1	62500	62481		582193	327083
镇江市	8	2	54866	54088		389018	145506
泰州市	10		58909	58861		378295	216836
宿迁市	2	1					

1-B-69 续表

地 区	主营业务收入	主营业务成本	主营业务税金及附加	营业费用	管理费用	财务费用	利润总额
总 计	**1299036**	**873791**	**11528**	**198446**	**152199**	**96295**	**126503**
苏 南	875475	587266	7841	156604	100447	70328	75702
苏 中	251717	158484	2047	32038	28327	14168	37428
苏 北	171844	128041	1641	9805	23425	11800	13373
南京市	190582	126259	2336	27487	20207	9155	18925
无锡市							
徐州市	33763	24720	629	395	5936	2297	5252
常州市	86938	70402	532	5526	11594	5097	15348
苏州市	418728	298370	3499	49820	45060	42776	39183
南通市	131876	84104	891	16179	12936	8153	15573
连云港市							
淮安市	45276	30450	216	4123	5733	4744	522
盐城市	60587	51011	277	2334	5523	2354	1703
扬州市	60709	41711	347	5312	5838	4121	14664
镇江市	55763	35452	391	10212	5986	3099	1979
泰州市	59132	32669	809	10548	9553	1893	7191
宿迁市							

供应业工业企业主要经济指标

单位：万元

应收账款	存货	产成品	固定资产合　　计	负债合计	流动负债合　　计	所 有 者权益合计	实收资本
122901	**127842**	**12115**	**4578637**	**6493376**	**3031091**	**3470836**	**2216908**
74067	101579	10138	3607361	4858965	2070967	2538041	1736629
34104	10778	540	656179	1092969	563300	626624	292752
14730	15485	1438	315097	541442	396824	306171	187527
14563	17821	903	509451	1099432	558581	738514	411410
4043	1871	5	8270	155429	119795	67639	56300
6641	22832		320016	310061	253309	137769	66699
39487	50684	3163	1665884	1949904	857529	1115996	817547
20432	4048		321179	474183	230145	284922	135379
4540	5029	482	97829	137433	104754	93128	55965
4432	2870	908	81962	111308	96253	69476	35601
4319	4530	522	218401	378297	206191	203896	75490
7207	7279	5967	182949	295772	220149	93246	77602
9353	2201	18	116599	240489	126964	137806	81882

单位：万元

亏损企业亏损总额	利税总额	全部从业人员年平均人数（人）	总资产贡献率（%）	资产负债率（%）	流动资产周 转 率（次/年）	成本费用利 润 率（%）	产品销售率（%）
26815	**204226**	**29090**	**2.98**	**65.17**	**0.41**	**8.85**	**98.81**
20657	130961	18232	2.70	65.69	0.40	7.74	98.60
87	51935	5742	3.81	63.56	0.35	14.33	99.78
6071	21330	5116	3.74	63.88	0.64	7.01	98.46
	30782	4689	2.14	59.82	0.23	9.87	99.00
106	6421	1375	4.08	69.68	0.40	13.45	97.29
	20350	1713	5.64	69.24	1.26	13.57	96.82
6601	64053	6571	3.50	63.60	0.50	8.44	98.40
	22153	2003	3.98	62.47	0.50	11.79	99.62
3847	2923	1030	2.84	59.61	0.56	1.16	97.58
1256	4013	1728	3.80	61.57	0.90	2.50	99.17
87	18542	1860	3.80	64.98	0.23	22.36	99.97
71	5091	1602	1.85	76.03	0.39	3.61	98.58
	11240	1879	3.48	63.57	0.33	11.34	99.92

第二篇

工业企业主要产品产量

2-A-1　规模以上工业企业主要产品生产、销售、库存

产　　品	计量单位	年初库存量	本年生产量	本年销售量	年末库存量
铁矿石原矿	吨	5200.00	2135586.00	0	180.00
小麦粉	吨	376737.25	10599608.07	10590281.34	372473.48
大米	吨	280060.49	8783719.08	8756318.62	291561.95
饲料	吨	148057.14	9051548.49	8970326.25	199414.00
#配合饲料	吨	67765.07	4478568.43	4455536.62	69510.26
混合饲料	吨	20048.36	2085105.37	2064398.79	39196.18
精制食用植物油	吨	375668.54	5300118.74	5401599.60	257733.68
乳制品	吨	39911.87	1351141.64	1354633.25	36420.26
发酵酒精(折96度,商品量)	千升	67062.20	1193348.66	1184267.83	58391.03
饮料酒	千升	111542.29	3265869.94	3256551.06	110803.37
#白酒(折65度,商品量)	千升	73091.79	925142.41	934598.92	63090.28
啤酒	千升	29415.50	2204533.53	2191788.14	32648.09
软饮料	吨	348791.79	14613644.72	14663016.09	256352.22
卷烟	万支	49578.50	10212850.00	10126658.00	135573.50
纱	吨	424620.49	5726751.46	5658271.27	408275.57
#棉纱	吨	232012.78	4001139.66	3940435.44	223434.41
棉混纺纱	吨	118760.93	925922.45	909357.87	127892.66
化学纤维纱	吨	73846.78	799689.35	808477.96	56948.50
布	万米	103794.93	1012827.78	1045235.36	63897.46
#色织布(含牛仔布)	万米	3620.36	109778.31	107780.21	5539.22
#棉布	万米	82291.06	585001.71	626083.69	37602.31
棉混纺布	万米	6695.23	177141.28	174579.05	8834.69
化学纤维布	万米	14808.64	250684.79	244572.62	17460.46
印染布	万米	34396.41	632845.79	631312.01	34606.72
#漂白布	万米	1736.25	23187.46	23266.63	1657.08
染色布	万米	23918.55	364198.81	362793.31	24001.83
印花布	万米	8741.61	245459.52	245252.07	8947.81
绒线(俗称毛线)	吨	12830.75	124890.41	124077.71	13617.96
毛机织物(呢绒)	万米	5588.72	33038.53	32980.34	5616.91
蚕丝	吨	1493.37	38237.00	37835.93	1695.44
服装	万件	34357.03	490292.35	485747.33	37127.86
#针织服装	万件	8320.88	151554.31	150760.91	8923.51
梭织服装	万件	26036.15	338738.04	334986.42	28204.35
人造板	立方米	1102163.36	51168312.69	50996480.14	1179894.43
#胶合板	立方米	605291.73	40433978.75	40376362.58	623421.90
纤维板	立方米	422253.37	6729997.26	6634601.58	464256.59
刨花板	立方米	36292.25	2322675.18	2315330.48	42413.93
机制纸及纸板(外购原纸加工除外)	吨	552152.75	13246604.67	13037066.17	730360.25
纸制品	吨	231990.86	5563224.91	5538862.58	252044.65
硫酸(折100%)	吨	67762.31	3790884.74	3187796.69	126648.36
盐酸(氯化氢,含量31%)	吨	9082.91	777402.52	563436.90	7870.92
磷酸(含量85%)	吨	1275.71	54446.37	52465.95	3256.13
烧碱(折100%)	吨	73210.01	4763026.12	4362982.95	40383.80
纯碱(碳酸钠)	吨	53296.92	3253990.51	3234528.22	58974.48
乙烯	吨	5667.00	1477118.00	75008.00	3003.00
纯苯	吨	8522.01	748882.23	652168.62	15842.62
合成氨(无水氨)	吨	20219.31	3840492.84	1731143.79	23259.91
农用氮、磷、钾化学肥料总计(折纯)	吨	49448.79	2602102.83	2586776.20	60169.11
#氮肥(折含N100%)	吨	33217.79	2396430.95	2388964.32	39070.11
磷肥(折五氧化二磷100 %)	吨	13374.00	132527.70	128121.70	14788.00
钾肥(折氧化钾100%)	吨	2857.00	73144.18	69690.18	6311.00
复合肥、复混合肥	吨	491041.81	5281832.97	5266650.06	506074.81
化学农药原药(折有效成分100%)	吨	70165.55	1035403.72	967147.89	92606.70

2-A-1 续表

产　　品	计量单位	年初库存量	本年生产量	本年销售量	年末库存量
合成洗涤剂	吨	2754.58	237143.06	236086.77	3388.87
化学药品原药	吨	10625.80	162104.15	152101.19	14965.72
中成药	吨	1694.00	35614.11	35792.51	1514.38
化学纤维	吨	699779.05	13728933.62	13341298.09	840476.76
#人造纤维(纤维素纤维)	吨	92770.29	1422285.34	1272338.29	128486.34
合成纤维	吨	607008.76	12306648.28	12068959.80	711990.42
橡胶轮胎外胎	条	9438518	113023308	112116616	10250902
塑料制品	吨	910131.55	5903955.98	5827695.26	972190.11
硅酸盐水泥熟料	吨	868465.99	52598639.19	27279532.73	533281.03
水泥	吨	3095646.16	186463982.60	186110885.45	3455670.89
平板玻璃	重量箱	5241671.45	70757805.84	70499367.34	5192173.45
生铁	吨	337012.05	66862702.17	26614517.75	9311278.33
粗钢	吨	1059680.53	93229975.52	31396707.63	1602820.75
钢材	吨	4294402.01	130389641.20	123989410.42	4406117.42
铁合金	吨	85344.12	1996807.41	2025756.13	55210.40
十种有色金属	吨	21112.63	575387.38	573709.71	19347.25
铜材	吨	359306.41	2337002.75	2509078.84	118905.97
铝材	吨	119318.90	2789581.70	2744120.50	156975.82
金属集装箱	立方米	331633	30990911	30202389	1120155
工业锅炉	蒸发量吨	3940.85	50244.32	49140.02	5045.15
发动机	千瓦	7095946	98772894	83656052	5607111
金属切削机床	台	11126	115255	114728	11533
起重机	吨	57941.00	621023.15	613587.05	64908.10
气体压缩机	台	879091	12268564	11672079	924254
阀门	吨	101898.33	1007527.37	1000507.68	108631.92
缝纫机	台	72330	572492	581879	62943
拖拉机	台	12452	182718	177189	17981
汽车	辆	43467	1117137	1124786	35773
#乘用车	辆	18170	631448	632072	17546
客车	辆	15684	176114	181793	9962
载货汽车	辆	8547	136820	140977	4388
汽车底盘	辆	87	2449	2452	84
改装汽车	辆	3451	173255	171576	5121
电动自行车	辆	129707	5427480	5416870	139837
民用钢质船舶	载重吨	878205.75	20191134.90	20395761.61	673579.04
发电机组(发电设备)	千瓦	1363402.00	8858223.00	8991162.50	1230462.50
内燃发电机组	千瓦	477548.00	8779266.00	8753907.10	502706.90
变压器	千伏安	25665888.42	311995473.75	311801084.25	25859831.92
电力电缆	千米	821209.40	11431588.63	10836355.31	1370371.72
通信及电子网络用电缆	对千米	395867.75	16650671.75	16381356.95	660582.55
太阳能电池	千瓦	313748.36	12314333.90	12058563.90	513457.36
家用电冰箱	台	473446	12012062	12013754	468663
房间空气调节器	台	43024	3826296	3801945	59087
家用洗衣机	台	1888397	13545506	14178121	1090553
程控交换机	线	4421	24835	24741	4515
移动通信手持机(手机)	台	370156	30806677	30878056	298777
电子计算机整机	台	495299	101564146	101363108	695967
显示器	台	581040	47016831	47081169	516257
打印机	台	31056	1473989	1470041	34869
集成电路	万块	106132.69	2970590.80	2962245.17	112115.32
电子元件	万只	8686957.76	124891067.93	124697722.51	8482663.80
彩色电视机	台	247371	15292372	15322814	216758
照相机	台	577630	15632815	15543318	658265

2-A-2　规模以上工业企业主要产品生产能力

产　　品	计量单位	年初生产能力	年末生产能力
原煤	吨	23780000	22730000
天然原油	吨	1970835	2027135
卷烟	万支	13338000	13878000
棉纺锭	锭	17893322	18507655
气流纺锭	头	547486.50	709689.95
棉布织机	台	230744	255761
原油加工能力	吨	37873847	37873847
焦炭	吨	24375796	24930000
烧碱(折100%)	吨	4779573	4615716
农用氮、磷、钾化学肥料总计(折纯)	吨	3316515.34	3388399.00
初级形态塑料	吨	9869115.30	10819314.03
化学纤维	吨	15998935.33	16485704.44
硅酸盐水泥熟料	吨	65127020.00	65522282.70
水泥	吨	218566725.80	233575992.90
平板玻璃	重量箱	67341067	70380414
生铁	吨	72422100	77792100
粗钢	吨	109611952	120632143
钢材	吨	148593956.72	162328486.28
铁合金	吨	1865557.20	1842797.20
原铝(电解铝)	吨	50007.48	50303.68
金属切削机床	台	130781	131638
挖掘机	台	76125	95223
汽车	辆	1300090	1363390
#基本型乘用车(轿车)	辆	685000	720000
载货汽车	辆	160090	160390
民用钢质船舶	载重吨	38124029	37316049
太阳能电池	千瓦	14839375	15814375
家用电冰箱	台	16017500	15983452
房间空气调节器	台	5993000	5843000
微型计算机设备	台	108751441	111197365
移动通信手持机(手机)	台	36449857	59257799
彩色电视机	台	28582304	35239850
发电设备容量总计	万千瓦	7609.75	7939.06

第三篇

规模以上工业企业科技情况

3-A-1 企业R&D及相关活动主要指标

指　　标	单位	总计	#大中型
企业基本情况			
有R&D活动的企业	个	12283	4574
有研发机构的企业	个	15775	5760
有新产品销售的企业	个	9535	3644
R&D人员情况			
R&D人员合计	人	510930	358872
#女性	人	103785	75999
#研究人员	人	128010	88934
#全时人员	人	339701	238998
R&D人员折合全时当量	人年	393942	279892
R&D经费情况			
R&D经费内部支出	万元	12395745	8908956
按支出用途分			
日常性支出	万元	10731253	7766038
#人员劳务费	万元	3396949	2473761
资产性支出	万元	1664492	1142918
#仪器和设备	万元	1620847	1113974
按资金来源分			
政府资金	万元	240670	174083
企业资金	万元	11923253	8562970
国外资金	万元	63968	45950
其他资金	万元	167854	125953
R&D经费外部支出	万元	394035	326558
#对境内研究机构支出	万元	154312	133746
对境内高等学校支出	万元	84824	58123
对境外支出	万元	76499	74019
R&D项目情况			
项目数	项	48530	25933
参加项目人员	人	473447	333842
项目人员折合全时当量	人年	365364	260434
项目经费内部支出	万元	11009479	7934369

3-A-1　续表

指　　标	单位	总计	#大中型
企业办研发机构情况			
机构数	个	17996	7231
机构人员数	人	532194	364166
#博士	人	9400	5378
硕士	人	42141	28963
本科	人	271116	187347
机构经费支出	万元	13098299	9686572
仪器和设备原价	万元	10052872	7773443
#进口	万元	1318060	1125485
新产品开发及生产情况			
新产品开发项目数	项	58353	31412
新产品开发经费支出	万元	16693195	12460656
新产品销售收入	万元	197142112	167350872
#新产品出口	万元	43198702	40755398
自主知识产权及相关情况			
专利申请数	件	93518	50776
#发明专利	件	33090	18052
有效发明专利数	件	52718	31602
#境外授权	件	1527	1199
专利所有权转让及许可数	件	2162	1243
专利所有权转让及许可收入	万元	39480	19923
拥有注册商标数	件	36200	25650
#境外注册	件	3730	3178
形成国家或行业标准数	项	3389	2086
政府相关政策落实情况			
使用来自政府部门的科技活动资金	万元	321387	231881
研究开发费用加计扣除减免税	万元	416901	314345
高新技术企业减免税	万元	952164	802736
技术获取和技术改造情况			
引进技术经费支出	万元	524639	476426
消化吸收经费支出	万元	204395	173302
购买国内技术经费支出	万元	413175	352236
技术改造经费支出	万元	6421401	4997594

3-A-2 分登记注册类型企业R&D及

指标	单位	内资企业	国有企业	集体企业	股份合作企业
企业基本情况					
有R&D活动的企业	个	8893	55	46	27
有研发机构的企业	个	11461	70	64	32
有新产品销售的企业	个	7075	35	38	22
R&D人员情况					
R&D人员合计	人	332178	7990	1839	609
#女性	人	64421	1851	462	120
#研究人员	人	91032	4098	700	165
#全时人员	人	221436	5099	1101	387
R&D人员折合全时当量	人年	255691	5764	1336	452
R&D经费情况					
R&D经费内部支出	万元	8206476	138082	41270	13219
按支出用途分					
日常性支出	万元	7060213	121636	33116	10979
#人员劳务费	万元	2130772	51695	10218	3495
资产性支出	万元	1146263	16446	8154	2240
#仪器和设备	万元	1114356	16167	7894	2208
按资金来源分					
政府资金	万元	198911	7977	1004	43
企业资金	万元	7927740	129023	39580	13176
国外资金	万元	7115			
其他资金	万元	72709	1082	686	
R&D经费外部支出	万元	243705	22392	1842	68
#对境内研究机构支出	万元	94833	3757	756	28
对境内高等学校支出	万元	74530	3249	884	40
对境外支出	万元	19756	8511	192	
R&D项目情况					
项目数	项	33931	715	172	72
参加项目人员	人	306649	7038	1644	564
项目人员折合全时当量	人年	236440	5108	1192	419
项目经费内部支出	万元	7201565	106512	34167	12128

相关活动主要指标

联营企业	有限责任公司	股份有限公司	私营企业	其他企业	港澳台商投资企业	外　商投资企业
7	1497	541	6696	24	1285	2105
9	1834	629	8786	37	1649	2665
6	1249	493	5204	28	956	1504
136	89860	53268	177838	638	66058	112694
15	17664	10258	33897	154	15811	23553
26	27197	15537	43083	226	14243	22735
119	61752	35791	116838	349	45950	72315
114	71021	40608	135893	504	51872	86379
4199	2514435	1276125	4202558	16589	1481370	2707899
3696	2198400	1135126	3542821	14439	1299746	2371294
954	609981	384110	1066209	4110	402969	863208
503	316035	140999	659736	2150	181625	336605
486	307006	136417	642117	2060	177976	328516
14	76377	33364	79777	355	18364	23395
4184	2416323	1233563	4075783	16108	1439114	2556399
	2326	1225	3438	126	11898	44955
	19408	7973	43559		11994	83151
77	99340	49051	70454	481	39458	110872
	40103	20586	29519	84	12321	47159
77	25203	12515	32316	247	5839	4456
	4728	3665	2512	150	14279	42464
14	8246	4477	20188	47	5397	9202
127	83058	49771	163874	573	61875	104923
106	65723	37956	125480	456	48728	80196
3928	2203259	1150446	3676968	14157	1345173	2462741

3-A-2 续表

指标	单位	国有及国有控股企业	内资企业	国有企业	集体企业	股份合作企业
企业办研发机构情况						
机构数	个	786	13216	101	76	32
机构人员数	人	49634	331353	8046	2162	650
#博士	人	739	6902	136	39	7
硕士	人	8276	28751	1464	90	13
本科	人	28162	172559	4850	1210	304
机构经费支出	万元	1388772	8021975	135734	48930	13895
仪器和设备原价	万元	2627593	5069055	88420	26147	7652
#进口	万元	192852	713757	31231	1943	231
新产品开发及生产情况						
新产品开发项目数	项	5162	40341	617	346	58
新产品开发经费支出	万元	2042643	10620809	126983	50766	12390
新产品销售收入	万元	22474549	109225487	1418088	461715	150068
#新产品出口	万元	2991874	9964094	286861	9703	15027
自主知识产权及相关情况						
专利申请数	件	8800	67220	2072	259	62
#发明专利	件	4052	24177	1169	108	29
有效发明专利数	件	5855	37494	1168	136	60
#境外授权	件	237	674	3		1
专利所有权转让及许可数	件	118	1546	2	9	
专利所有权转让及许可收入	万元	3080	26060	2671		
拥有注册商标数	件	2804	27171	329	426	14
#境外注册	件	503	2234	29	59	3
形成国家或行业标准数	项	384	2814	124	19	6
政府相关政策落实情况						
使用来自政府部门的科技活动资金	万元	83796	269312	9769	1739	63
研究开发费用加计扣除减免税	万元	82697	315117	7052	125	85
高新技术企业减免税	万元	147325	547277	12061	51	117
技术获取和技术改造情况						
引进技术经费支出	万元	111346	262967	3185	1880	
消化吸收经费支出	万元	51726	157787	543	28	361
购买国内技术经费支出	万元	94186	342638	11834		222
技术改造经费支出	万元	1549008	5231654	102724	25676	4982

联营企业	有限责任公司	股份有限公司	私营企业	其他企业	港澳台商投资企业	外商投资企业
9	2334	939	9682	43	1864	2916
244	80190	46379	192953	729	69186	131655
3	1749	896	4042	30	852	1646
32	9460	4651	12959	82	4276	9114
126	43322	25311	97135	301	35128	63429
4670	2377232	1160754	4263945	16815	1744098	3332227
1551	1345666	830811	2748151	20657	902276	4081541
265	246169	133804	299672	443	128984	475319
20	9714	5263	24266	57	6519	11493
4784	3447338	1624921	5333306	20322	2025393	4046993
48161	36266883	21186402	49492677	201494	22963650	64952976
15707	3251797	1631642	4750673	2684	7167861	26066747
31	15136	8036	41527	97	11239	15059
19	5743	2985	14085	39	3671	5242
74	8414	5659	21941	42	5433	9791
6	206	307	151		352	501
	261	285	989		228	388
	5498	3411	14480		3586	9834
3	8239	4407	13718	35	4295	4734
1	747	364	1031		999	497
	656	466	1537	6	220	355
136	96058	49118	111951	479	22411	29663
1823	108446	55988	141215	383	31525	70260
2	153417	164740	215735	1154	113433	291454
	148949	25833	82204	916	65281	196391
19	99922	15436	41397	80	7973	38635
2	225476	25520	79514	70	40349	30188
1	1511816	1414872	2168931	2653	625588	564159

3-A-3 制造业企业R&D及

指标	单位	制造业合计	农副食品加工业	食品制造业	酒、饮料和精制茶制造业	烟草制品业	纺织业
企业基本情况							
有R&D活动的企业	个	12192	212	99	52	3	773
有研发机构的企业	个	15636	358	135	68	3	1154
有新产品销售的企业	个						
R&D人员情况							
R&D人员合计	人	502551	4497	2686	1964	243	18575
#女性	人	102590	762	637	479	74	6161
#研究人员	人	122838	945	799	501	170	4397
#全时人员	人	335676	3000	1858	1143	42	11785
R&D人员折合全时当量	人年	386590.7	3351.9	1864.4	1256.9	76.0	13863.7
R&D经费情况							
R&D经费内部支出	万元	12269776	122463.5	70351.9	63994.9	3422.7	433972.1
按支出用途分							
日常性支出	万元	10618344.6	104686.1	57814.9	50149.2	3186.6	359102.3
#人员劳务费	万元	3351012.8	32723.4	17157.9	14302.8	1822.8	115573.3
资产性支出	万元	1651431.4	17777.4	12537.0	13845.7	236.1	74869.8
#仪器和设备	万元	1608016.7	17297.1	12290.6	13089.3	220.9	73232.0
按资金来源分							
政府资金	万元	243623.6	2372.6	1469.8	369.8	0	6449.9
企业资金	万元	11796471.4	118540.5	66258.0	63209.6	3377.7	420623.2
国外资金	万元	63944.4	0	0	0	0	684.8
其他资金	万元	165736.6	1550.4	2624.1	415.5	45.0	6214.2
R&D经费外部支出	万元	378317.6	2583.1	1624.7	907.2	246.0	5649.8
#对境内研究机构支出	万元	148860.3	842.5	214.8	243.6	110.6	1561.0
对境内高等学校支出	万元	80247.8	1208.5	912.3	596.8	135.4	3322.6
对境外支出	万元	76498.7	532.0	0	66.9	0	258.0
R&D项目情况							
项目数	项	47973	464	268	183	31	1798
参加项目人员	人	465803	4127	2443	1865	105	16840
项目人员折合全时当量	人年	359915.1	3109.8	1706.3	1190.6	36.1	12653.7
项目经费内部支出	万元	10901716.7	107111.3	59178.3	54108.2	1978.0	371243.8

相关活动主要指标

纺织服装、服饰业	皮革、毛皮、羽毛及其制品和制鞋业	木材加工和木、竹、藤、棕、草制品业	家具制造业	造纸及纸制品业	印刷和记录媒介复制业	文教、工美、体育和娱乐用品制造业	石油加工、炼焦和核燃料加工业	化学原料和化学制品制造业	医药制造业
518	97	175	35	85	119	266	29	1187	327
724	153	294	56	115	178	371	39	1385	352
12856	1519	4808	566	4532	2435	7238	1157	51060	18490
4344	542	602	75	823	553	1707	280	9179	6344
3114	404	981	100	515	627	1508	404	13928	4964
7815	982	2869	279	2752	1494	5074	748	34299	14051
9810.0	1147.5	2949.1	494.1	3134.2	1787.7	5772.7	966.6	37904.2	15342.1
247894.9	30685.5	111788.2	12263.0	91153.7	67102.7	130873.9	54420.1	1492733.4	505921.9
217129.7	27349.4	96889.2	11193	83665.5	54800.1	111629.0	44649.3	1341374.1	447659.8
82773.8	9848.6	24970.4	4368.7	26399.7	16526.8	40761.7	9603.6	380161.0	135450.0
30765.2	3336.1	14899.0	1070.0	7488.2	12302.6	19244.9	9770.8	151359.3	58262.1
28509.7	3274.4	14552.6	1017.3	7171.5	12128.9	17911.6	9688.2	147907.0	56484.7
1370.1	393.0	770.4	11.0	276.3	90.4	1506.6	33.8	23275.1	19605.1
242362.5	28272.6	109367.5	11480	90734.8	65073.5	128518.2	54386.3	1450741.7	475254.0
451.8	1260.0	279.9	0	0	0	226.2	0	10338.7	7160.2
3710.5	759.9	1370.4	772.0	142.6	1938.8	622.9	0	8377.9	3902.6
2279.2	193.0	5695.8	10.1	327.4	365.3	1207.3	1256.7	36682.3	46179.6
971.8	17.5	4988.8	0	108.4	25.7	444.9	684.7	17743.8	28474.6
797.3	0	707.0	10.0	219.0	339.6	648.1	572.0	11193.7	6384.1
391.5	125.5	0	0	0	0	31.2	0	2161.2	3713.1
1225	154	340	172	293	297	789	106	5098	2433
11649	1333	4409	534	4324	2222	6641	1059	47345	17195
8963.8	1009.0	2710.1	471.0	2982.6	1665.7	5366.9	885.0	35234.1	14269.2
222339.7	27441.0	105529.5	10780.3	83375.7	57819.9	112285.6	44958.7	1352479.7	462326.6

3-A-3 续表 1

指　　标	单位	制造业合计	农副食品加工业	食品制造业	酒、饮料和精制茶制造业	烟草制品业	纺织业
企业办研发机构情况							
机构数	个	17841	389	152	79	3	1230
机构人员数	人	526493	5508	3081	2818	122	21084
#博士	人	9266	230	160	44	1	352
硕士	人	41342	622	335	245	21	1136
本科	人	268021	2994	1556	1482	41	10133
机构经费支出	万元	12966343.8	135243	69549.5	99242.8	3774.4	452072.0
仪器和设备原价	万元	9961558.0	145192.5	40051.1	121940.1	10222.7	239693.9
#进口	万元	1312576.6	4689.5	5739.0	8954.1	5843.4	72457.9
新产品开发及生产情况							
新产品开发项目数	项	58062	618	322	198	30	2296
新产品开发经费支出	万元	16608039.9	168197.5	86149.0	117432.0	2877.6	570107.2
新产品销售收入	万元	96609659.3	1578345.6	510261.6	1653155.5	22454.0	5643283.8
#新产品出口	万元	43198485.7	58284.6	77125.7	9206.7	0	911051.5
自主知识产权及相关情况							
专利申请数	件	92108	808	408	186	86	4537
#发明专利	件	32390	330	193	81	18	830
有效发明专利数	件	52235	199	284	96	72	750
#境外授权	件	1527	7	5	1	0	7
专利所有权转让及许可数	件	2154	6	8	31	0	24
专利所有权转让及许可收入	万元	39169.5	3218.0	7.8	0	0	93.5
拥有注册商标数	件	36106	562	547	496	21	1790
#境外注册	件	3730	39	41	25	0	197
形成国家或行业标准数	项	3368	33	22	2	3	109
政府相关政策落实情况							
使用来自政府部门的科技活动资金	万元	319254.8	3627.2	2407.0	1606.4	0	9215.4
研究开发费用加计扣除减免税	万元	408583.8	1584.2	1124.4	482.7	40.0	8110.1
高新技术企业减免税	万元	950516.2	486.6	2387.2	497.4	0	9381.0
技术获取和技术改造情况							
引进技术经费支出	万元	496992.9	471.0	480.0	420.0	0	10870.1
消化吸收经费支出	万元	189359.9	375.3	712.1	1320.0	0	2783.6
购买国内技术经费支出	万元	407503.4	2007.7	579.9	881.0	0	5534.7
技术改造经费支出	万元	6104084.6	197066.9	12498.1	42808.1	25200.0	182720.4

纺织服装、服饰业	皮革、毛皮、羽毛及其制品和制鞋业	木材加工和木、竹、藤、棕、草制品业	家具制造业	造纸及纸制品业	印刷和记录媒介复制业	文教、工美、体育和娱乐用品制造业	石油加工、炼焦和核燃料加工业	化学原料和化学制品制造业	医药制造业
760	153	314	67	126	181	395	45	1656	476
13092	2241	3635	963	5386	2954	8437	1505	42618	17627
142	19	114	10	39	40	97	34	1263	838
634	111	341	53	236	151	473	137	4345	3485
6266	999	1640	507	3088	1380	3962	866	20836	9663
240232.6	38831.1	68973.3	13479.2	128298	65227.8	159658.6	57342.3	1371920.8	475346.6
125716.5	21205.1	34734.3	8097.9	42856.7	66845.4	321865.8	25829.3	628349.8	289279.1
28048.3	2040.4	836.0	4498.6	2120.1	10026.6	5582.3	1962.4	60697.2	64787.8
1347	301	404	56	348	409	1016	121	5230	2624
306578.3	50307.1	134861.4	12938.6	102194.3	76617.6	183429.8	58778	1595081.0	561121.5
5427642.6	366427.1	627076.6	193014.1	2083826	724760.5	1333479.5	1514730.0	19203001.6	4770177.3
361034.2	161739.1	160167.3	114981.3	65783.5	59470.0	310376.8	1982.6	2623504.1	385451.0
3926	399	422	124	533	336	2801	119	5631	1889
500	79	168	14	275	78	402	82	3244	1199
1031	158	181	31	231	221	806	100	4839	1882
2	2	0	1	0	0	39	0	72	230
6	0	3	1	13	0	39	1	162	38
54.2	0	0	0	11.3	0	3850.5	0	941.7	2922.3
3616	107	521	110	297	73	2026	120	4649	4490
119	22	54	2	54	3	655	0	313	173
51	2	40	4	12	4	42	3	632	296
1823.0	541.4	1095.6	16.0	297.4	300.6	1838.6	546.8	29350.4	22183.6
1114.4	800.3	1103.0	23.1	9146.0	1218.5	2998.2	821.9	35450.8	22050.8
3170.7	114.1	3441.1	582.5	11560.6	2506.6	3081.5	1944.4	94732.1	85304.0
7460.9	240.0	5834.8	0	291.0	315.0	2506.7	30.0	32867.6	6335.3
1857.7	792.9	0	0	168.0	0	694.2	857.0	10799.8	8187.1
2043.2	636.6	100.0	0	624.8	85.0	1749.1	127.9	97715.5	36815.4
67237.1	4835.0	49785.7	1004.9	57597.9	15595.0	37376.7	207221.8	1149451	169845.2

3-A-3 续表 2

指　　标	单位	化学纤维制造业	橡胶和塑料制品业	非金属矿物制品业	黑色金属冶炼和压延加工业	有色金属冶炼和压延加工业	金属制品业
企业基本情况							
有R&D活动的企业	个	188	385	488	334	232	593
有研发机构的企业	个	224	544	649	473	296	793
有新产品销售的企业	个						
R&D人员情况							
R&D人员合计	人	9646	11251	14562	14780	7082	19904
#女性	人	2250	2046	2351	2262	1099	2994
#研究人员	人	1734	2690	4142	4660	1396	4334
#全时人员	人	5378	6739	8535	8953	4504	12874
R&D人员折合全时当量	人年	6620.2	8760.9	10797.2	11235.0	5159.8	14579.7
R&D经费情况							
R&D经费内部支出	万元	261286.9	235397.7	289218.2	698691.8	206994.1	490944.7
按支出用途分							
日常性支出	万元	233736.9	203671.6	246925.9	597045.9	174095.5	411471.9
#人员劳务费	万元	58054.8	70568.3	83426.8	111186.8	44353.9	123224.3
资产性支出	万元	27550.0	31726.1	42292.3	101645.9	32898.6	79472.8
#仪器和设备	万元	26693.4	30974.8	40117.3	97378.4	32412.1	77149.3
按资金来源分							
政府资金	万元	3988.9	2999.8	13313.4	2681.3	3600.2	6554
企业资金	万元	256127.2	229957.4	271939.6	695015.8	198192.1	476823.4
国外资金	万元	0	147.5	1183.8	38.6	0	416.8
其他资金	万元	1170.8	2293.0	2781.4	956.1	5201.8	7150.5
R&D经费外部支出	万元	2141.3	10641.2	4661.2	10220.6	2431.8	4951.8
#对境内研究机构支出	万元	1151.5	4976.6	447.8	3066.8	804.2	1146.7
对境内高等学校支出	万元	882.2	1120.6	3030.6	3731.6	826.1	2242.1
对境外支出	万元	3.2	3540.1	259.5	1570.5	680.6	445.3
R&D项目情况							
项目数	项	656	1305	1547	1270	715	2169
参加项目人员	人	9033	10120	13415	13653	6638	18530
项目人员折合全时当量	人年	6258.5	7880.9	10052.2	10438.1	4871.6	13612.3
项目经费内部支出	万元	242646.2	206203.5	258693.6	625660.6	186472.4	431663.4

通用设备制造业	专用设备制造业	汽车制造业	铁路、船舶、航空航天和其他运输设备制造业	电气机械和器材制造业	计算机、通信和其他电子设备制造业	仪器仪表制造业	其他制造业	废弃资源综合利用业	金属制品、机械和设备修理业
1274	1129	411	258	1377	1063	443	17	15	8
1508	1327	533	341	1659	1330	505	33	23	13
48853	38974	20097	17180	70978	74602	21220	367	253	176
8152	6190	3499	3043	13633	18528	3788	83	70	40
12731	9827	4473	4475	17132	15110	6589	75	60	53
32216	26205	14031	11982	49185	50188	16162	287	199	47
37498.5	29982.1	15911.6	14058.8	57549.6	57541.3	16625.6	208.5	212.3	128.6
1024198.1	826189.6	452595.5	407126.6	1911033.6	1566234.6	443670.3	9145.9	5965.3	2040.7
869316.2	722569.8	367713.9	369654.6	1661686	1347541.1	386645.2	7654.1	5418.2	1919.6
304279.2	245155.8	147620.1	120338.2	491039.5	492516.3	142873.5	2056.9	1172.5	701.4
154881.9	103619.8	84881.6	37472.0	249347.6	218693.5	57025.1	1491.8	547.1	121.1
152177.8	100978.1	83062.3	36280.1	242769.1	215264.2	55871.7	1450.2	541.1	121.0
17562.8	22086.2	4708.3	31044.2	26782.5	29535.4	20725.0	11.0	18.0	18.7
973772.7	790880.2	439156.1	367989.2	1865218.7	1472626.8	413523.9	9078.9	5947.3	2022.0
5078.0	7357.1	3222.2	1667.1	12350.2	9884.3	2197.2	0	0	0
27784.6	5866.1	5508.9	6426.1	6682.2	54188.1	7224.2	56.0	0	0
26437.4	24682.6	42574.4	39080.3	30874.3	52612.4	21619.9	128.1	49.8	3.0
6985.4	7034.7	4823.2	28369.3	13105.9	15136.7	5344.4	0	34.4	0
8311.4	4982.5	5027.8	2311.0	10458.7	4280.9	5854.4	128.1	13.4	0
6698.4	4872.6	17166.9	4701.3	3986.5	16052.8	9241.6	0	0	0
4770	4455	1741	1335	6757	4828	2647	69	42	16
45155	36191	18484	15932	65691	70657	19484	335	233	161
34827.2	27965.5	14786.6	13049.1	53476.0	54582.3	15353.5	192.1	198.6	116.9
925551.7	733437	389056.8	373217.9	1661028.3	1398094.7	381669	7850.8	5690.7	1823.8

3-A-3 续表 3

指标	单位	化学纤维制造业	橡胶和塑料制品业	非金属矿物制品业	黑色金属冶炼和压延加工业	有色金属冶炼和压延加工业	金属制品业
企业办研发机构情况							
机构数	个	272	589	720	512	328	871
机构人员数	人	8647	13809	14292	14071	7050	21102
#博士	人	161	189	357	244	147	289
硕士	人	519	739	1177	871	391	1070
本科	人	3789	6416	7495	6370	3249	10134
机构经费支出	万元	321194.0	291757.4	267502.7	652823.4	196526.2	465836.7
仪器和设备原价	万元	244347.8	198887.0	194568.9	311326.1	180750.4	337504.1
#进口	万元	51243.9	40006.3	26769.9	54298.9	54840.3	18196.8
新产品开发及生产情况							
新产品开发项目数	项	787	1576	1642	1426	959	2584
新产品开发经费支出	万元	427804.7	350636.5	327693.7	1004161.3	248596.9	571570.4
新产品销售收入	万元	4862682.4	2793333.7	2689392.2	12421041.9	2936644.7	5280346.5
#新产品出口	万元	184752.4	418549.8	273128.5	1419345.4	179739.5	775238.6
自主知识产权及相关情况							
专利申请数	件	1856	2293	2654	1902	1354	3775
#发明专利	件	633	727	1067	906	503	1199
有效发明专利数	件	564	1206	1367	903	916	2031
#境外授权	件	1	16	18	6	22	42
专利所有权转让及许可数	件	14	82	17	32	28	27
专利所有权转让及许可收入	万元	1.5	4216.8	67.1	400.1	0	26.3
拥有注册商标数	件	517	419	735	507	307	840
#境外注册	件	50	40	24	29	45	66
形成国家或行业标准数	项	53	53	120	83	59	124
政府相关政策落实情况							
使用来自政府部门的科技活动资金	万元	4844.7	3449.1	14436.4	4547.6	4400.4	7453.1
研究开发费用加计扣除减免税	万元	2026.2	9137.0	7189.2	9537.1	4743.5	8556.6
高新技术企业减免税	万元	23489.3	16592.6	16736.6	14110.9	5656.2	28073.2
技术获取和技术改造情况							
引进技术经费支出	万元	29917.1	8351.5	8234.6	63149.3	6381.8	15668.9
消化吸收经费支出	万元	2647.0	3994.7	2685.1	41373.7	2322.0	1283.7
购买国内技术经费支出	万元	10123.2	1333.3	3841.6	123304.2	11089.9	6087.1
技术改造经费支出	万元	130804.7	80515.2	175166.7	619570.2	77030.1	175903.2

通用设备制造业	专用设备制造业	汽车制造业	铁路、船舶、航空航天和其他运输设备制造业	电气机械和器材制造业	计算机、通信和其他电子设备制造业	仪器仪表制造业	其他制造业	废弃资源综合利用业	金属制品、机械和设备修理业
1737	1494	601	380	2054	1552	631	36	25	13
51619	42102	20496	15437	75827	85857	24100	532	352	129
745	818	230	141	1138	961	433	9	20	1
4542	3144	1142	1266	6285	5096	2687	58	27	3
27384	21422	10478	8910	40831	41443	14069	327	207	84
1116179.9	830337.8	521109.9	405730.6	2064688.9	1951731.3	486130.7	6015.8	7663.6	1922.9
754061.7	584242.9	2101873.6	237820.5	1295092.8	1115772.7	275729.2	4696.1	2710.5	293.5
101464.4	64597.2	90477.7	48379.3	191958.6	258957.4	33042.2	17.0	40.6	2.5
6231	5420	2448	1566	8534	6269	3193	60	30	17
1392868.4	1050175.9	779301.4	539680.7	2876897	2432217.9	557369.8	14554.1	6293.1	1547.2
11643838.3	8480818.5	8904557.8	7590992.4	31356903.4	46683689.2	5196120.1	67179.6	44904.8	5578.0
1101990.7	1729505.8	467849.2	2398287.9	3694707.0	24651648.4	595387.1	2147.0	6050.0	0
11499	9493	3311	2637	14548	9103	5343	59	58	18
3865	3405	1038	874	5122	3556	1966	10	18	8
6182	5652	1935	1328	9587	6881	2759	15	24	4
100	87	68	27	97	406	271	0	0	0
299	284	45	31	470	321	172	0	0	0
1519.6	8839.1	7628.2	212.2	2734.7	1203.7	1220.9	0	0	0
2055	2175	952	726	4335	1597	1498	12	5	1
226	104	351	82	634	209	165	8	0	0
296	316	72	60	581	106	190	0	0	0
22302.5	26139.1	8378.2	35295.2	53547.1	36248.9	23315.4	11.0	18.0	18.7
39384.0	32287.0	17625.3	29877.4	81899.3	51208.8	28882.6	135.1	2.8	23.5
122458.3	82757.3	55962.8	48230.1	141581.1	99855.5	75164.7	520.3	85.5	52.0
27854.4	32576.1	43439.2	23956.4	28765.4	111172.4	29403.4	0	0	0
16337.3	8326.6	22411.5	4700.9	26914.2	20194.9	7600.6	20.0	0	0
21975.4	18653.3	13620.5	7731.0	31097.7	7329.4	2117.9	50.0	248.1	0
468389.9	306893.6	120893.1	195187.4	763069.9	540174.9	221487.6	4960.5	3772.6	21.2

3-A-4 分地区企业R&D及

指 标	单位	南京市	无锡市	徐州市	常州市	苏州市
企业基本情况						
有R&D活动的企业	个	839	2102	563	1294	2562
有研发机构的企业	个	930	3006	1263	1374	3050
有新产品销售的企业	个	625	1293	314	1058	1911
R&D人员情况						
R&D人员合计	人	56768	76821	25389	53305	127287
#女性	人	11453	15894	4725	11826	26613
#研究人员	人	18801	19440	7487	10433	25831
#全时人员	人	41570	45668	16503	35841	85040
R&D人员折合全时当量	人年	43685.8	62366.7	18912.0	40368.7	97495.7
R&D经费情况						
R&D经费内部支出	万元	1297237.1	2077296.5	694043.2	1073973.8	2888407.5
按支出用途分						
日常性支出	万元	1150884.8	1722224	581576.9	927647.4	2542920.8
#人员劳务费	万元	438050.9	546438.3	164597.5	272707.7	871947.3
资产性支出	万元	146352.3	355072.5	112466.3	146326.4	345486.7
#仪器和设备	万元	142976.5	346909.7	109973.4	142724.7	335005.5
按资金来源分						
政府资金	万元	58813.2	24951	8351.6	17134.0	33613.3
企业资金	万元	1222907.1	2010592.1	674571.9	1051850.6	2744328.9
国外资金	万元	6058.7	9665.3	321.1	409.9	37342.0
其他资金	万元	9458.1	32088.1	10798.6	4579.3	73123.3
R&D经费外部支出	万元	101849.3	40634.5	18581.8	22292.3	78199.1
#对境内研究机构支出	万元	27981.3	13579.2	6998.0	9624.9	35329.3
对境内高等学校支出	万元	17415.8	7576.1	9023.9	5919.8	7784.1
对境外支出	万元	20861.8	6900.2	1971.1	4586.9	27837.7
R&D项目情况						
项目数	项	5647	7624	2261	4831	10832
参加项目人员	人	52637	71334	23248	49489	118636
项目人员折合全时当量	人年	40395.3	58328.6	17404.0	37653.9	91034.5
项目经费内部支出	万元	1154378.0	1731664.8	620901.0	974736.9	2625515.6

相关活动主要指标

南通市	连云港市	淮安市	盐城市	扬州市	镇江市	泰州市	宿迁市
1500	343	299	618	756	439	490	478
1627	362	479	685	1061	588	670	680
1080	211	343	576	786	372	436	530
52402	12037	8777	22858	22924	26604	17869	7881
10182	3403	1614	3127	4452	5159	3628	1461
11837	3870	2391	5784	7726	6812	4960	2016
32926	8957	5756	18029	14372	16390	12649	5652
39101	8844	7022.8	19115.4	16460.2	18829.2	14447.9	5889.7
1183056.9	260117.7	266359.6	530055.6	665546	625198.3	648020.6	186378.7
1065161.5	227168.9	230823.4	442220.3	562726.1	562434.3	568486.7	146936.9
351160.8	80351.6	46110.8	141150.1	154101.1	158540.5	122060.1	49710.3
117895.4	32948.8	35536.2	87835.3	102819.9	62764.0	79533.9	39441.8
116046.2	31393	33617.7	84823.9	101481.5	60565.8	77420.6	37896.4
17039.0	14225.6	2606.2	16173.9	8784.2	25244.4	15392.1	2415.2
1151806.1	243764.8	261668.6	508288.6	649338.4	590692.9	628386.8	181648.1
5761.4	499.20	0	320.9	1093.2	1044.2	1148.6	279.9
8450.4	1628.1	2084.8	5272.2	6330.2	8216.8	3093.1	2035.5
15480.3	19846.3	4900.1	27611.8	18016.8	16466.3	28573.7	1582.6
5052.9	11077.6	1748.3	5280.6	5440.2	9494.2	22235.8	469.9
5288.9	2808.5	2617.7	8575.1	6887.4	5527.7	4309.9	1088.7
1541.8	1328.6	74.2	9466.6	811.6	680.3	437.9	0
4627	1542	796	2031	2297	3507	1733	799
47954	11114	7824	21602	21079	24665	16683	7156
36109.5	8231.6	6362.0	18139.8	15214.9	17505.0	13509.1	5438.1
1066931.9	236227.5	229773.0	473817.8	584127.7	564514.5	584867.5	161980.1

3-A-4 续表 1

指　　标	单位	南京市	无锡市	徐州市	常州市	苏州市
企业办研发机构情况						
机构数	个	1178	3205	1397	1552	3463
机构人员数	人	51757	75267	22943	45902	150662
#博士	人	964	953	688	625	1540
硕士	人	7783	4329	3689	3257	7565
本科	人	29167	36822	12351	23235	70636
机构经费支出	万元	1291129.4	1854322.4	558275.6	1249170.7	3243290.2
仪器和设备原价	万元	2459372.2	1441102.9	381054.2	751663.1	2207959.0
#进口	万元	171712.0	257203.8	19431.5	127115.0	416726.0
新产品开发及生产情况						
新产品开发项目数	项	6530	7841	2252	6170	14212
新产品开发经费支出	万元	1623588.6	2539915.2	728617.5	1514145.1	4409368.3
新产品销售收入	万元	20998489.5	26439439.3	6458217.3	17021259.2	66479966.7
#新产品出口	万元	1979455.6	2894395.1	290612.6	3551581.3	27477028.9
自主知识产权及相关情况						
专利申请数	件	8488	15435	3672	9976	26080
#发明专利	件	4054	5079	1053	2895	9611
有效发明专利数	件	7704	10378	1135	4430	16400
#境外授权	件	380	102	43	32	622
专利所有权转让及许可数	件	223	359	65	225	631
专利所有权转让及许可收入	万元	6437.4	5135.6	36.7	6689.1	768.1
拥有注册商标数	件	4118	6362	751	3368	9649
#境外注册	件	542	541	21	400	1238
形成国家或行业标准数	项	541	438	90	424	639
政府相关政策落实情况						
使用来自政府部门的科技活动资金	万元	65090.2	31217.7	12804.7	24866.8	48700.4
研究开发费用加计扣除减免税	万元	53568.1	33010.3	19813.0	51600.3	87200.0
高新技术企业减免税	万元	134057.4	101940.6	26816.6	91980.7	278000.8
技术获取和技术改造情况						
引进技术经费支出	万元	127828	37063.7	28681.6	35959.0	180860.8
消化吸收经费支出	万元	40314.3	7482.4	6438.0	13888.9	48813.8
购买国内技术经费支出	万元	26619.2	3977.8	5257.0	42536.3	206058.8
技术改造经费支出	万元	1075064.7	312276.1	271796.5	1719713.8	631674.5

南通市	连云港市	淮安市	盐城市	扬州市	镇江市	泰州市	宿迁市
1839	420	535	850	1265	771	805	716
50914	13438	11991	18545	29859	26246	23069	11601
908	505	302	685	694	582	589	365
3360	2089	1002	1846	2154	2402	1463	1202
26678	6999	5506	11052	16668	14792	11711	5499
1240924.7	277820.8	303630.6	481307.6	814725.6	625351.5	891147.2	267202.7
726505.2	315392.1	132107.4	243292.7	503840.0	390659.4	367780.2	132143.7
84248.9	41741.4	18657.2	17384.9	30090.4	67959.1	49869.9	15919.9
4985	1407	1183	2288	3337	4528	2558	1064
1428323.3	288457.8	447029.4	575773.1	1055673	831570.9	956692.9	294008.4
16928112.6	4601868.9	3091486	5389680.3	9027636	8519254.6	8137548.9	4049153.0
3349832.3	360380.8	251811.9	333350.1	628625.6	842282.0	1077216.7	162129.2
8649	1198	1593	2215	4345	5323	4612	1932
2865	605	490	1078	1434	1925	1444	557
3011	1072	516	1012	2038	3052	1523	447
75	130	9	12	47	10	40	25
110	11	25	60	115	92	137	109
741.9	0	702.0	947.0	175.4	4754.3	1568.6	11523.4
2400	956	994	903	2531	1360	2527	281
263	24	52	85	145	165	217	37
412	92	57	63	230	203	179	21
22654.9	17005.6	4214.5	17340.3	14236.1	42118.4	17924.3	3212.6
32189.8	16550.4	2261.2	20176.8	27107.2	51120.1	18588.3	3715.6
85470.1	53763.0	6208.2	24460.6	42123.5	43201.7	60695.9	3444.8
55792.5	1085.9	1009.4	16995.3	9998.4	25471.5	3488.7	404.6
16363.3	19327.5	1352.5	20257.7	6484.9	15246.9	7264.1	1161.0
25700.3	30054.1	10114.2	32225.2	14782.0	5590.3	8120.5	2139.0
343517.7	99606.2	105676.9	498554.9	219375.1	408747.9	675701.1	59695.6

3-B-1 分登记注册类型企业基本情况

单位：个

登记注册类型	有R&D活动的企业	有研发机构的企业	有新产品销售的企业
总　计	**12283**	**15775**	**9535**
内资企业	**8893**	**11461**	**7075**
国有企业	55	70	35
集体企业	46	64	38
股份合作企业	27	32	22
联营企业	7	9	6
国有联营企业	4	4	3
集体联营企业	1	1	1
国有与集体联营企业	2	3	1
其他联营企业		1	1
有限责任公司	1497	1834	1249
国有独资公司	69	75	40
其他有限责任公司	1428	1759	1209
股份有限公司	541	629	493
私营企业	6696	8786	5204
私营独资企业	294	435	229
私营合伙企业	29	37	24
私营有限责任公司	6039	7897	4635
私营股份有限公司	334	417	316
其他企业	24	37	28
港、澳、台商投资企业	**1285**	**1649**	**956**
合资经营企业(港或澳、台资)	558	705	442
合作经营企业(港或澳、台资)	20	23	15
港、澳、台商独资经营企业	668	876	470
港、澳、台商投资股份有限公司	35	42	27
其他港澳台投资企业	4	3	2
外商投资企业	**2105**	**2665**	**1504**
中外合资经营企业	820	959	628
中外合作经营企业	43	42	25
外资企业	1207	1620	818
外商投资股份有限公司	33	43	31
其他外商投资企业	2	1	2

3-B-2　分登记注册类型大中型企业基本情况

单位：个

登记注册类型	有R&D活动的企业	有研发机构的企业	有新产品销售的企业
总　计	**4570**	**5757**	**3644**
内资企业	**2750**	**3380**	**2284**
国有企业	45	55	25
集体企业	20	25	14
股份合作企业	9	11	
联营企业			
国有联营企业			
集体联营企业			
国有与集体联营企业			
其他联营企业			
有限责任公司	621	732	515
国有独资公司	50	56	29
其他有限责任公司	571	676	486
股份有限公司	303	334	280
私营企业	1744	2211	1436
私营独资企业	44	62	42
私营合伙企业			
私营有限责任公司	1569	1995	1266
私营股份有限公司	126	145	123
其他企业	6	10	7
港、澳、台商投资企业	**667**	**852**	**512**
合资经营企业(港或澳、台资)	263	317	203
合作经营企业(港或澳、台资)		6	
港、澳、台商独资经营企业	374	501	281
港、澳、台商投资股份有限公司	23	26	21
其他港澳台投资企业	3	2	1
外商投资企业	**1153**	**1525**	**848**
中外合资经营企业	407	479	317
中外合作经营企业	27	26	14
外资企业	699	994	500
外商投资股份有限公司	19	25	16
其他外商投资企业	1	1	1

3-B-3 分行业企业基本情况

单位：个

行业	有R&D活动的企业	有研发机构的企业	有新产品销售的企业
总计	**12283**	**15775**	**9535**
煤炭开采和洗选业	3	6	3
烟煤和无烟煤开采洗选	3	6	3
褐煤开采洗选			
其他煤炭采选			
石油和天然气开采业	2	2	
石油开采	2	2	
天然气开采			
黑色金属矿采选业	2	4	
铁矿采选	2	4	
锰矿、铬矿采选			
其他黑色金属矿采选			
有色金属矿采选业	1	2	
常用有色金属矿采选	1	2	
贵金属矿采选			
稀有稀土金属矿采选			
非金属矿采选业	15	21	12
土砂石开采	6	8	5
化学矿开采	3	5	4
采盐	5	7	2
石棉及其他非金属矿采选	1	1	1
开采辅助活动	1	1	
煤炭开采和洗选辅助活动	1	1	
石油和天然气开采辅助活动			
其他开采辅助活动			
其他采矿业			
其他采矿业			
农副食品加工业	212	358	167
谷物磨制	39	83	32
饲料加工	42	57	35
植物油加工	15	27	14
制糖业	4	4	2
屠宰及肉类加工	40	77	31
水产品加工	20	24	17
蔬菜、水果和坚果加工	34	64	23
其他农副食品加工	18	22	13
食品制造业	99	135	64
焙烤食品制造	10	16	5
糖果、巧克力及蜜饯制造	5	7	4
方便食品制造	11	19	6
乳制品制造	11	16	12
罐头食品制造	14	23	7
调味品、发酵制品制造	10	13	6
其他食品制造	38	41	24
酒、饮料和精制茶制造业	52	68	36
酒的制造	33	45	22
饮料制造	15	20	12
精制茶加工	4	3	2

3-B-3 续表 1

单位：个

行　　业	有R&D活动的企业	有研发机构的企业	有新产品销售的企业
烟草制品业	3	3	2
烟叶复烤			
卷烟制造	2	2	1
其他烟草制品制造	1	1	1
纺织业	773	1154	526
棉纺织及印染精加工	433	670	282
毛纺织及染整精加工	68	97	39
麻纺织及染整精加工	12	18	9
丝绢纺织及印染精加工	23	38	21
化纤织造及印染精加工	52	72	39
针织或钩针编织物及其制品制造	43	59	27
家用纺织制成品制造	70	106	50
非家用纺织制成品制造	72	94	59
纺织服装、服饰业	518	724	312
机织服装制造	399	558	244
针织或钩针编织服装制造	85	118	43
服饰制造	34	48	25
皮革、毛皮、羽毛及其制品和制鞋业	97	153	82
皮革鞣制加工	7	10	8
皮革制品制造	38	58	26
毛皮鞣制及制品加工	2	3	1
羽毛(绒)加工及制品制造	13	18	4
制鞋业	37	64	43
木材加工和木、竹、藤、棕、草制品业	175	294	159
木材加工	13	31	6
人造板制造	135	219	119
木制品制造	25	38	34
竹、藤、棕、草等制品制造	2	6	
家具制造业	35	56	31
木质家具制造	21	36	22
竹、藤家具制造			
金属家具制造	6	10	4
塑料家具制造			
其他家具制造	8	10	5
造纸和纸制品业	85	115	75
纸浆制造			
造纸	58	80	58
纸制品制造	27	35	17
印刷和记录媒介复制业	119	178	91
印刷	117	175	88
装订及印刷相关服务	1		1
记录媒介复制	1	3	2
文教、工美、体育和娱乐用品制造业	266	371	206
文教办公用品制造	24	33	17
乐器制造	6	8	3
工艺美术品制造	130	197	106
体育用品制造	31	37	19
玩具制造	53	71	42
游艺器材及娱乐用品制造	22	25	19

3-B-3 续表 2

单位：个

行　业	有R&D活动的企业	有研发机构的企业	有新产品销售的企业
石油加工、炼焦和核燃料加工业	29	39	17
精炼石油产品制造	26	35	16
炼焦	3	4	1
核燃料加工			
化学原料和化学制品制造业	1187	1385	895
基础化学原料制造	350	402	253
肥料制造	27	44	24
农药制造	89	95	69
涂料、油墨、颜料及类似产品制造	165	191	130
合成材料制造	211	249	157
专用化学产品制造	315	363	234
炸药、火工及焰火产品制造	3	4	4
日用化学产品制造	27	37	24
医药制造业	327	352	238
化学药品原料药制造	90	99	65
化学药品制剂制造	86	88	63
中药饮片加工	8	8	6
中成药生产	19	22	16
兽用药品制造	21	26	18
生物药品制造	62	65	41
卫生材料及医药用品制造	41	44	29
化学纤维制造业	188	224	142
纤维素纤维原料及纤维制造	70	87	62
合成纤维制造	118	137	80
橡胶和塑料制品业	385	544	280
橡胶制品业	107	137	87
塑料制品业	278	407	193
非金属矿物制品业	488	649	379
水泥、石灰和石膏制造	34	65	18
石膏、水泥制品及类似制品制造	87	121	57
砖瓦、石材等建筑材料制造	39	50	26
玻璃制造	18	19	12
玻璃制品制造	89	118	71
玻璃纤维和玻璃纤维增强塑料制品制造	55	63	54
陶瓷制品制造	37	53	37
耐火材料制品制造	55	77	51
石墨及其他非金属矿物制品制造	74	83	53
黑色金属冶炼和压延加工业	334	473	238
炼铁	4	13	4
炼钢	10	14	6
黑色金属铸造	100	157	77
钢压延加工	205	270	138
铁合金冶炼	15	19	13
有色金属冶炼和压延加工业	232	296	192
常用有色金属冶炼	20	27	15
贵金属冶炼	2	2	1
稀有稀土金属冶炼	15	14	10
有色金属合金制造	40	51	35
有色金属铸造	9	15	9
有色金属压延加工	146	187	122

3-B-3　续表 3　　　　单位：个

行　　业	有R&D活动的企业	有研发机构的企业	有新产品销售的企业
金属制品业	593	793	460
结构性金属制品制造	165	227	119
金属工具制造	43	64	40
集装箱及金属包装容器制造	46	62	45
金属丝绳及其制品制造	83	111	65
建筑、安全用金属制品制造	49	59	43
金属表面处理及热处理加工	54	82	35
搪瓷制品制造	3	4	1
金属制日用品制造	27	35	23
其他金属制品制造	123	149	89
通用设备制造业	1274	1508	1013
锅炉及原动设备制造	117	140	96
金属加工机械制造	213	248	159
物料搬运设备制造	140	179	131
泵、阀门、压缩机及类似机械制造	233	263	200
轴承、齿轮和传动部件制造	142	180	121
烘炉、风机、衡器、包装等设备制造	195	219	143
文化、办公用机械制造	39	42	34
通用零部件制造	152	177	94
其他通用设备制造业	43	60	35
专用设备制造业	1129	1327	923
采矿、冶金、建筑专用设备制造	272	329	233
化工、木材、非金属加工专用设备制造	201	249	151
食品、饮料、烟草及饲料生产专用设备制造	31	36	25
印刷、制药、日化及日用品生产专用设备制造	37	42	28
纺织、服装和皮革加工专用设备制造	116	137	91
电子和电工机械专用设备制造	37	52	30
农、林、牧、渔专用机械制造	43	44	34
医疗仪器设备及器械制造	129	146	109
环保、社会公共服务及其他专用设备制造	263	292	222
汽车制造业	411	533	347
汽车整车制造	20	24	23
改装汽车制造	19	21	16
低速载货汽车制造			
电车制造	7	12	2
汽车车身、挂车制造	11	17	8
汽车零部件及配件制造	354	459	298
铁路、船舶、航空航天和其他运输设备制造业	258	341	198
铁路运输设备制造	48	52	46
城市轨道交通设备制造	7	6	5
船舶及相关装置制造	115	146	83
航空、航天器及设备制造	13	13	10
摩托车制造	34	53	28
自行车制造	32	60	21
非公路休闲车及零配件制造	8	10	5
潜水救捞及其他未列明运输设备制造	1	1	

3-B-3 续表 4

单位：个

行业	有R&D活动的企业	有研发机构的企业	有新产品销售的企业
电气机械和器材制造业	1377	1659	1182
电机制造	262	335	242
输配电及控制设备制造	586	658	484
电线、电缆、光缆及电工器材制造	241	308	215
电池制造	52	70	50
家用电力器具制造	108	123	72
非电力家用器具制造	28	37	32
照明器具制造	85	109	75
其他电气机械及器材制造	15	19	12
计算机、通信和其他电子设备制造业	1063	1330	846
计算机制造	102	133	82
通信设备制造	74	89	58
广播电视设备制造	77	88	63
雷达及配套设备制造	5	5	5
视听设备制造	51	62	37
电子器件制造	255	317	213
电子元件制造	421	537	325
其他电子设备制造	78	99	63
仪器仪表制造业	443	505	372
通用仪器仪表制造	298	336	257
专用仪器仪表制造	110	126	92
钟表与计时仪器制造	1	1	
光学仪器及眼镜制造	27	33	20
其他仪器仪表制造业	7	9	3
其他制造业	17	33	13
日用杂品制造	14	29	11
煤制品制造	1	2	1
核辐射加工			
其他未列明制造业	2	2	1
废弃资源综合利用业	15	23	12
金属废料和碎屑加工处理	12	13	8
非金属废料和碎屑加工处理	3	10	4
金属制品、机械和设备修理业	8	13	5
金属制品修理	2	3	3
通用设备修理			
专用设备修理			
铁路、船舶、航空航天等运输设备修理	5	9	2
电气设备修理			
仪器仪表修理			
其他机械和设备修理业	1	1	
电力、热力生产和供应业	38	64	12
电力生产	33	59	10
电力供应	1	1	
热力生产和供应	4	4	2
燃气生产和供应业	6	10	
燃气生产和供应业	6	10	
水的生产和供应业	23	29	5
自来水生产和供应	18	21	2
污水处理及其再生利用	5	8	3

3-B-4　分行业大中型企业基本情况

单位：个

行　　业	有R&D活动的企业	有研发机构的企业	有新产品销售的企业
总　计	**4570**	**5757**	**3644**
煤炭开采和洗选业	3	5	3
烟煤和无烟煤开采洗选	3	5	3
褐煤开采洗选			
其他煤炭采选			
石油和天然气开采业	2	2	
石油开采	2	2	
天然气开采			
黑色金属矿采选业			
铁矿采选			
锰矿、铬矿采选			
其他黑色金属矿采选			
有色金属矿采选业			
常用有色金属矿采选			
贵金属矿采选			
稀有稀土金属矿采选			
非金属矿采选业	7	9	4
土砂石开采	2	3	
化学矿开采			
采盐	3	3	1
石棉及其他非金属矿采选			
开采辅助活动			
煤炭开采和洗选辅助活动			
石油和天然气开采辅助活动			
其他开采辅助活动			
其他采矿业			
其他采矿业			
农副食品加工业	47	75	44
谷物磨制	9	13	6
饲料加工			
植物油加工	6	9	3
制糖业			
屠宰及肉类加工	14	23	14
水产品加工	1	3	2
蔬菜、水果和坚果加工	8	13	9
其他农副食品加工			
食品制造业	36	48	25
焙烤食品制造	5	9	
糖果、巧克力及蜜饯制造	4	5	3
方便食品制造	5	9	
乳制品制造	4	6	6
罐头食品制造			
调味品、发酵制品制造	5	6	4
其他食品制造	11	10	6
酒、饮料和精制茶制造业	17	22	16
酒的制造	14	18	11
饮料制造	3	4	5
精制茶加工			

3-B-4 续表 1

单位：个

行　　业	有R&D活动的企业	有研发机构的企业	有新产品销售的企业
烟草制品业	3	3	2
烟叶复烤			
卷烟制造	2	2	1
其他烟草制品制造			
纺织业	350	475	272
棉纺织及印染精加工	189	255	142
毛纺织及染整精加工	31	41	25
麻纺织及染整精加工		12	9
丝绢纺织及印染精加工	10	11	9
化纤织造及印染精加工	33	50	23
针织或钩针编织物及其制品制造	23	30	
家用纺织制成品制造	33	47	29
非家用纺织制成品制造	22	29	19
纺织服装、服饰业	336	439	190
机织服装制造	277	359	153
针织或钩针编织服装制造	39	52	25
服饰制造	20	28	12
皮革、毛皮、羽毛及其制品和制鞋业	62	96	53
皮革鞣制加工			
皮革制品制造		27	12
毛皮鞣制及制品加工			
羽毛(绒)加工及制品制造	13	15	
制鞋业	26	47	32
木材加工和木、竹、藤、棕、草制品业	45	49	25
木材加工			
人造板制造	31	30	16
木制品制造			
竹、藤、棕、草等制品制造			
家具制造业	20	28	15
木质家具制造		14	9
竹、藤家具制造			
金属家具制造			
塑料家具制造			
其他家具制造	7	9	4
造纸和纸制品业	33	48	28
纸浆制造			
造纸	26	37	23
纸制品制造	7	11	
印刷和记录媒介复制业	40	51	34
印刷	39	50	33
装订及印刷相关服务			
记录媒介复制			
文教、工美、体育和娱乐用品制造业	119	161	96
文教办公用品制造	10	15	7
乐器制造			
工艺美术品制造	55	77	52
体育用品制造			
玩具制造	30	38	21
游艺器材及娱乐用品制造	6	8	6

3-B-4　续表 2　　单位：个

行　　业	有R&D活动的企业	有研发机构的企业	有新产品销售的企业
石油加工、炼焦和核燃料加工业	16	17	7
精炼石油产品制造	13	13	6
炼焦	3	4	
核燃料加工			
化学原料和化学制品制造业	322	380	250
基础化学原料制造	99	114	71
肥料制造	14	18	11
农药制造	42	42	38
涂料、油墨、颜料及类似产品制造	43	49	32
合成材料制造	42	54	29
专用化学产品制造	71	86	60
炸药、火工及焰火产品制造			
日用化学产品制造	10	16	8
医药制造业	123	131	95
化学药品原料药制造	32	36	25
化学药品制剂制造	40	41	35
中药饮片加工			
中成药生产	10	11	8
兽用药品制造			
生物药品制造	15	15	11
卫生材料及医药用品制造	15	17	9
化学纤维制造业	72	83	63
纤维素纤维原料及纤维制造	37	44	32
合成纤维制造	35	39	31
橡胶和塑料制品业	140	192	117
橡胶制品业	51	64	43
塑料制品业	89	128	74
非金属矿物制品业	142	185	115
水泥、石灰和石膏制造	16	22	5
石膏、水泥制品及类似制品制造	24	32	16
砖瓦、石材等建筑材料制造			
玻璃制造	9	10	7
玻璃制品制造	34	50	33
玻璃纤维和玻璃纤维增强塑料制品制造	10	12	10
陶瓷制品制造	16	20	18
耐火材料制品制造			
石墨及其他非金属矿物制品制造			
黑色金属冶炼和压延加工业	118	147	86
炼铁	3	6	3
炼钢	7	10	5
黑色金属铸造	26	30	20
钢压延加工	77	93	54
铁合金冶炼	5	8	4
有色金属冶炼和压延加工业	71	78	53
常用有色金属冶炼			
贵金属冶炼			
稀有稀土金属冶炼	6	6	3
有色金属合金制造	15	19	13
有色金属铸造			
有色金属压延加工	43	46	32

3-B-4 续表 3　　单位：个

行　　业	有R&D活动的企业	有研发机构的企业	有新产品销售的企业
金属制品业	196	263	160
结构性金属制品制造	52	75	39
金属工具制造	13	23	14
集装箱及金属包装容器制造	23	24	21
金属丝绳及其制品制造	27	34	25
建筑、安全用金属制品制造			
金属表面处理及热处理加工	23	34	15
搪瓷制品制造			
金属制日用品制造	12	14	10
其他金属制品制造	29	37	19
通用设备制造业	354	415	302
锅炉及原动设备制造	52	58	47
金属加工机械制造	44	49	38
物料搬运设备制造	50	63	50
泵、阀门、压缩机及类似机械制造	44	52	42
轴承、齿轮和传动部件制造	68	78	55
烘炉、风机、衡器、包装等设备制造	42	48	31
文化、办公用机械制造	16	19	12
通用零部件制造	31	39	
其他通用设备制造业			
专用设备制造业	308	366	272
采矿、冶金、建筑专用设备制造	77	90	73
化工、木材、非金属加工专用设备制造	72	89	53
食品、饮料、烟草及饲料生产专用设备制造	5	7	6
印刷、制药、日化及日用品生产专用设备制造		8	
纺织、服装和皮革加工专用设备制造	27	30	24
电子和电工机械专用设备制造	9	14	
农、林、牧、渔专用机械制造	8	7	6
医疗仪器设备及器械制造	45	53	36
环保、社会公共服务及其他专用设备制造	61	68	58
汽车制造业	184	231	160
汽车整车制造	13	16	15
改装汽车制造		13	
低速载货汽车制造			
电车制造			
汽车车身、挂车制造	6	7	5
汽车零部件及配件制造	153	195	130
铁路、船舶、航空航天和其他运输设备制造业	129	156	91
铁路运输设备制造	20	21	17
城市轨道交通设备制造	3	3	3
船舶及相关装置制造	64	77	43
航空、航天器及设备制造	6	6	4
摩托车制造	16	20	13
自行车制造	14	22	8
非公路休闲车及零配件制造	6	7	
潜水救捞及其他未列明运输设备制造			

3-B-4 续表 4

单位：个

行 业	有R&D活动的企业	有研发机构的企业	有新产品销售的企业
电气机械和器材制造业	509	607	461
电机制造	113	133	110
输配电及控制设备制造	201	222	171
电线、电缆、光缆及电工器材制造	81	107	79
电池制造	24	37	29
家用电力器具制造	60	64	39
非电力家用器具制造	5	10	8
照明器具制造	25	33	24
其他电气机械及器材制造			
计算机、通信和其他电子设备制造业	566	742	461
计算机制造	70	96	53
通信设备制造	40	47	32
广播电视设备制造	28	36	32
雷达及配套设备制造			
视听设备制造	37	44	30
电子器件制造	122	166	113
电子元件制造	237	314	178
其他电子设备制造	29	37	21
仪器仪表制造业	150	174	134
通用仪器仪表制造	91	101	86
专用仪器仪表制造	39	46	35
钟表与计时仪器制造			
光学仪器及眼镜制造		23	12
其他仪器仪表制造业			
其他制造业	6	10	6
日用杂品制造	6	10	6
煤制品制造			
核辐射加工			
其他未列明制造业			
废弃资源综合利用业			
金属废料和碎屑加工处理			
非金属废料和碎屑加工处理			
金属制品、机械和设备修理业			
金属制品修理			
通用设备修理			
专用设备修理			
铁路、船舶、航空航天等运输设备修理			
电气设备修理			
仪器仪表修理			
其他机械和设备修理业			
电力、热力生产和供应业	15	28	
电力生产	14	27	
电力供应	1	1	
热力生产和供应			
燃气生产和供应业	4	8	
燃气生产和供应业	4	8	
水的生产和供应业	17	22	
自来水生产和供应	17	21	
污水处理及其再生利用			
其他水的处理、利用与分配			

3-B-5 分行业内资企业基本情况

单位：个

行业	有R&D活动的企业	有研发机构的企业	有新产品销售的企业
总 计	**8893**	**11461**	**7075**
煤炭开采和洗选业	3	6	3
烟煤和无烟煤开采洗选	3	6	3
褐煤开采洗选			
其他煤炭采选			
石油和天然气开采业	2	2	
石油开采	2	2	
天然气开采			
黑色金属矿采选业	2	3	
铁矿采选	2	3	
锰矿、铬矿采选			
其他黑色金属矿采选			
有色金属矿采选业	1	2	
常用有色金属矿采选	1	2	
贵金属矿采选			
稀有稀土金属矿采选			
非金属矿采选业	14	20	12
土砂石开采	5	7	5
化学矿开采	3	5	4
采盐	5	7	2
石棉及其他非金属矿采选	1	1	1
开采辅助活动			
煤炭开采和洗选辅助活动			
石油和天然气开采辅助活动			
其他开采辅助活动			
其他采矿业			
其他采矿业			
农副食品加工业	175	308	138
谷物磨制	39	81	31
饲料加工	34	48	28
植物油加工	11	21	12
制糖业	4	4	2
屠宰及肉类加工	34	69	25
水产品加工	17	20	14
蔬菜、水果和坚果加工	23	49	16
其他农副食品加工	13	16	10
食品制造业	65	93	50
焙烤食品制造	6	9	4
糖果、巧克力及蜜饯制造	2	4	2
方便食品制造	5	8	5
乳制品制造	10	15	12
罐头食品制造	10	18	6
调味品、发酵制品制造	10	13	6
其他食品制造	22	26	15
酒、饮料和精制茶制造业	37	48	25
酒的制造	26	37	20
饮料制造	7	8	3
精制茶加工	4	3	2

3-B-5 续表 1

单位：个

行业	有R&D活动的企业	有研发机构的企业	有新产品销售的企业
烟草制品业	3	3	2
烟叶复烤			
卷烟制造	2	2	1
其他烟草制品制造	1	1	1
纺织业	610	918	407
棉纺织及印染精加工	361	566	229
毛纺织及染整精加工	58	83	34
麻纺织及染整精加工	5	11	4
丝绢纺织及印染精加工	22	35	19
化纤织造及印染精加工	36	51	30
针织或钩针编织物及其制品制造	32	44	21
家用纺织制成品制造	44	61	28
非家用纺织制成品制造	52	67	42
纺织服装、服饰业	310	443	193
机织服装制造	243	343	152
针织或钩针编织服装制造	51	72	26
服饰制造	16	28	15
皮革、毛皮、羽毛及其制品和制鞋业	50	90	50
皮革鞣制加工	5	6	4
皮革制品制造	17	33	16
毛皮鞣制及制品加工		2	1
羽毛(绒)加工及制品制造	7	12	3
制鞋业	21	37	26
木材加工和木、竹、藤、棕、草制品业	155	267	147
木材加工	13	31	6
人造板制造	123	204	111
木制品制造	18	28	30
竹、藤、棕、草等制品制造	1	4	
家具制造业	21	35	21
木质家具制造	13	26	16
竹、藤家具制造			
金属家具制造	4	4	2
塑料家具制造			
其他家具制造	4	5	3
造纸和纸制品业	49	71	47
纸浆制造			
造纸	38	56	41
纸制品制造	11	15	6
印刷和记录媒介复制业	93	141	73
印刷	91	139	70
装订及印刷相关服务	1		1
记录媒介复制	1	2	2
文教、工美、体育和娱乐用品制造业	174	230	141
文教办公用品制造	17	22	11
乐器制造	3	5	1
工艺美术品制造	90	123	83
体育用品制造	13	16	8
玩具制造	34	45	24
游艺器材及娱乐用品制造	17	19	14

3-B-5 续表 2

单位：个

行　　业	有R&D活动的企业	有研发机构的企业	有新产品销售的企业
石油加工、炼焦和核燃料加工业	23	32	15
精炼石油产品制造	22	30	15
炼焦	1	2	
核燃料加工			
化学原料和化学制品制造业	901	1052	702
基础化学原料制造	283	328	207
肥料制造	23	39	21
农药制造	73	78	59
涂料、油墨、颜料及类似产品制造	122	143	99
合成材料制造	141	166	110
专用化学产品制造	238	273	187
炸药、火工及焰火产品制造	3	4	4
日用化学产品制造	18	21	15
医药制造业	220	239	163
化学药品原料药制造	63	71	48
化学药品制剂制造	49	50	37
中药饮片加工	7	7	6
中成药生产	14	15	9
兽用药品制造	19	23	15
生物药品制造	43	46	28
卫生材料及医药用品制造	25	27	20
化学纤维制造业	144	177	114
纤维素纤维原料及纤维制造	57	72	54
合成纤维制造	87	105	60
橡胶和塑料制品业	239	358	179
橡胶制品业	73	90	64
塑料制品业	166	268	115
非金属矿物制品业	395	530	309
水泥、石灰和石膏制造	32	62	18
石膏、水泥制品及类似制品制造	75	105	51
砖瓦、石材等建筑材料制造	33	44	22
玻璃制造	14	14	7
玻璃制品制造	65	86	57
玻璃纤维和玻璃纤维增强塑料制品制造	45	53	45
陶瓷制品制造	25	33	24
耐火材料制品制造	47	66	44
石墨及其他非金属矿物制品制造	59	67	41
黑色金属冶炼和压延加工业	293	412	202
炼铁	4	12	4
炼钢	8	11	4
黑色金属铸造	84	137	62
钢压延加工	183	234	120
铁合金冶炼	14	18	12
有色金属冶炼和压延加工业	185	235	151
常用有色金属冶炼	17	24	12
贵金属冶炼	1	1	1
稀有稀土金属冶炼	11	10	7
有色金属合金制造	32	39	27
有色金属铸造	7	11	7
有色金属压延加工	117	150	97

3-B-5　续表 3　　　　单位：个

行　　业	有R&D活动的企业	有研发机构的企业	有新产品销售的企业
金属制品业	450	600	351
结构性金属制品制造	132	181	92
金属工具制造	34	47	33
集装箱及金属包装容器制造	32	46	34
金属丝绳及其制品制造	69	91	56
建筑、安全用金属制品制造	29	38	26
金属表面处理及热处理加工	44	60	30
搪瓷制品制造	2	3	1
金属制日用品制造	15	21	14
其他金属制品制造	93	113	65
通用设备制造业	995	1167	787
锅炉及原动设备制造	102	121	84
金属加工机械制造	179	204	134
物料搬运设备制造	104	127	94
泵、阀门、压缩机及类似机械制造	186	211	158
轴承、齿轮和传动部件制造	106	132	87
烘炉、风机、衡器、包装等设备制造	136	154	101
文化、办公用机械制造	21	23	22
通用零部件制造	123	145	79
其他通用设备制造业	38	50	28
专用设备制造业	882	1042	750
采矿、冶金、建筑专用设备制造	216	269	194
化工、木材、非金属加工专用设备制造	128	165	104
食品、饮料、烟草及饲料生产专用设备制造	26	29	22
印刷、制药、日化及日用品生产专用设备制造	32	35	24
纺织、服装和皮革加工专用设备制造	95	114	78
电子和电工机械专用设备制造	30	37	19
农、林、牧、渔专用机械制造	36	39	30
医疗仪器设备及器械制造	94	104	86
环保、社会公共服务及其他专用设备制造	225	250	193
汽车制造业	275	348	234
汽车整车制造	18	21	20
改装汽车制造	16	17	14
低速载货汽车制造			
电车制造	7	12	2
汽车车身、挂车制造	11	17	8
汽车零部件及配件制造	223	281	190
铁路、船舶、航空航天和其他运输设备制造业	184	245	151
铁路运输设备制造	38	41	37
城市轨道交通设备制造	6	5	4
船舶及相关装置制造	86	109	65
航空、航天器及设备制造	8	8	7
摩托车制造	28	44	24
自行车制造	15	34	13
非公路休闲车及零配件制造	2	3	1
潜水救捞及其他未列明运输设备制造	1	1	

3-B-5 续表 4

单位：个

行 业	有R&D活动的企业	有研发机构的企业	有新产品销售的企业
电气机械和器材制造业	1021	1236	907
电机制造	185	240	174
输配电及控制设备制造	452	506	380
电线、电缆、光缆及电工器材制造	184	239	175
电池制造	34	46	33
家用电力器具制造	65	76	49
非电力家用器具制造	24	32	29
照明器具制造	66	82	57
其他电气机械及器材制造	11	15	10
计算机、通信和其他电子设备制造业	503	592	426
计算机制造	24	29	23
通信设备制造	45	57	34
广播电视设备制造	53	56	39
雷达及配套设备制造	5	5	5
视听设备制造	17	21	14
电子器件制造	126	146	113
电子元件制造	188	225	160
其他电子设备制造	45	53	38
仪器仪表制造业	338	382	289
通用仪器仪表制造	235	266	205
专用仪器仪表制造	80	91	69
钟表与计时仪器制造	1	1	
光学仪器及眼镜制造	15	16	12
其他仪器仪表制造业	7	8	3
其他制造业	12	25	9
日用杂品制造	9	21	7
煤制品制造	1	2	1
核辐射加工			
其他未列明制造业	2	2	1
废弃资源综合利用业	13	21	10
金属废料和碎屑加工处理	10	11	6
非金属废料和碎屑加工处理	3	10	4
金属制品、机械和设备修理业	7	12	4
金属制品修理	2	3	3
通用设备修理			
专用设备修理			
铁路、船舶、航空航天等运输设备修理	4	8	1
电气设备修理			
仪器仪表修理			
其他机械和设备修理业	1	1	
电力、热力生产和供应业	30	50	9
电力生产	25	45	7
电力供应	1	1	
热力生产和供应	4	4	2
燃气生产和供应业	1	2	
燃气生产和供应业	1	2	
水的生产和供应业	18	24	4
自来水生产和供应	15	18	1
污水处理及其再生利用	3	6	3

3-B-6 分行业港澳台商投资企业基本情况

单位：个

行 业	有R&D活动的企业	有研发机构的企业	有新产品销售的企业
总 计	**1285**	**1649**	**956**
煤炭开采和洗选业			
烟煤和无烟煤开采洗选			
褐煤开采洗选			
其他煤炭采选			
石油和天然气开采业			
石油开采			
天然气开采			
黑色金属矿采选业		1	
铁矿采选		1	
锰矿、铬矿采选			
其他黑色金属矿采选			
有色金属矿采选业			
常用有色金属矿采选			
贵金属矿采选			
稀有稀土金属矿采选			
非金属矿采选业	1	1	
土砂石开采	1	1	
化学矿开采			
采盐			
石棉及其他非金属矿采选			
开采辅助活动			
煤炭开采和洗选辅助活动			
石油和天然气开采辅助活动			
其他开采辅助活动			
其他采矿业			
其他采矿业			
农副食品加工业	16	20	13
谷物磨制			
饲料加工	5	6	5
植物油加工	1	1	1
制糖业			
屠宰及肉类加工	5	6	5
水产品加工	1	1	
蔬菜、水果和坚果加工	4	6	2
其他农副食品加工			
食品制造业	11	16	4
焙烤食品制造	2	4	1
糖果、巧克力及蜜饯制造	1	1	1
方便食品制造	2	5	
乳制品制造			
罐头食品制造	2	3	
调味品、发酵制品制造			
其他食品制造	4	3	2
酒、饮料和精制茶制造业	6	6	3
酒的制造	2	2	1
饮料制造	4	4	2
精制茶加工			

3-B-6 续表 1

单位：个

行　　业	有R&D活动的企业	有研发机构的企业	有新产品销售的企业
烟草制品业			
烟叶复烤			
卷烟制造			
其他烟草制品制造			
纺织业	99	136	66
棉纺织及印染精加工	50	70	37
毛纺织及染整精加工	7	11	3
麻纺织及染整精加工	6	6	4
丝绢纺织及印染精加工		1	1
化纤织造及印染精加工	10	12	5
针织或钩针编织物及其制品制造	8	9	3
家用纺织制成品制造	9	16	7
非家用纺织制成品制造	9	11	6
纺织服装、服饰业	84	120	45
机织服装制造	60	87	35
针织或钩针编织服装制造	17	24	7
服饰制造	7	9	3
皮革、毛皮、羽毛及其制品和制鞋业	12	24	15
皮革鞣制加工	1	3	3
皮革制品制造	3	5	2
毛皮鞣制及制品加工			
羽毛(绒)加工及制品制造			
制鞋业	8	16	10
木材加工和木、竹、藤、棕、草制品业	7	10	5
木材加工			
人造板制造	5	7	4
木制品制造	1	2	1
竹、藤、棕、草等制品制造	1	1	
家具制造业	3	5	1
木质家具制造	2	1	1
竹、藤家具制造			
金属家具制造		3	
塑料家具制造			
其他家具制造	1	1	
造纸和纸制品业	11	16	8
纸浆制造			
造纸	4	6	3
纸制品制造	7	10	5
印刷和记录媒介复制业	18	24	10
印刷	18	23	10
装订及印刷相关服务			
记录媒介复制		1	
文教、工美、体育和娱乐用品制造业	35	42	26
文教办公用品制造	2	2	1
乐器制造	1	1	1
工艺美术品制造	12	16	9
体育用品制造	11	12	6
玩具制造	7	9	7
游艺器材及娱乐用品制造	2	2	2

3-B-6　续表 2　　单位：个

行　　业	有R&D活动的企业	有研发机构的企业	有新产品销售的企业
石油加工、炼焦和核燃料加工业	4	5	1
精炼石油产品制造	4	5	1
炼焦			
核燃料加工			
化学原料和化学制品制造业	113	131	80
基础化学原料制造	25	27	20
肥料制造	2	2	1
农药制造	4	3	2
涂料、油墨、颜料及类似产品制造	16	18	9
合成材料制造	26	36	19
专用化学产品制造	35	36	24
炸药、火工及焰火产品制造			
日用化学产品制造	5	9	5
医药制造业	43	45	33
化学药品原料药制造	14	13	8
化学药品制剂制造	15	15	12
中药饮片加工			
中成药生产	1	3	3
兽用药品制造		1	1
生物药品制造	7	7	6
卫生材料及医药用品制造	6	6	3
化学纤维制造业	18	24	15
纤维素纤维原料及纤维制造	4	6	3
合成纤维制造	14	18	12
橡胶和塑料制品业	59	70	41
橡胶制品业	12	15	8
塑料制品业	47	55	33
非金属矿物制品业	38	49	22
水泥、石灰和石膏制造			
石膏、水泥制品及类似制品制造	10	14	5
砖瓦、石材等建筑材料制造	3	3	1
玻璃制造	2	3	3
玻璃制品制造	9	12	6
玻璃纤维和玻璃纤维增强塑料制品制造	5	6	4
陶瓷制品制造	3	6	1
耐火材料制品制造	2	2	
石墨及其他非金属矿物制品制造	4	3	2
黑色金属冶炼和压延加工业	20	31	16
炼铁			
炼钢	2	3	2
黑色金属铸造	8	10	7
钢压延加工	10	18	7
铁合金冶炼			
有色金属冶炼和压延加工业	16	23	18
常用有色金属冶炼	2	2	2
贵金属冶炼			
稀有稀土金属冶炼			
有色金属合金制造	2	4	2
有色金属铸造	1	2	1
有色金属压延加工	11	15	13

3-B-6 续表 3

单位：个

行业	有R&D活动的企业	有研发机构的企业	有新产品销售的企业
金属制品业	53	78	43
结构性金属制品制造	11	20	11
金属工具制造	5	8	3
集装箱及金属包装容器制造	4	5	3
金属丝绳及其制品制造	4	7	4
建筑、安全用金属制品制造	9	10	7
金属表面处理及热处理加工	4	10	2
搪瓷制品制造	1	1	
金属制日用品制造	2	3	2
其他金属制品制造	13	14	11
通用设备制造业	84	103	75
锅炉及原动设备制造	5	6	4
金属加工机械制造	9	13	8
物料搬运设备制造	14	23	14
泵、阀门、压缩机及类似机械制造	11	14	12
轴承、齿轮和传动部件制造	14	16	12
烘炉、风机、衡器、包装等设备制造	19	18	16
文化、办公用机械制造	3	3	3
通用零部件制造	8	9	5
其他通用设备制造业	1	1	1
专用设备制造业	80	101	59
采矿、冶金、建筑专用设备制造	19	22	14
化工、木材、非金属加工专用设备制造	23	30	14
食品、饮料、烟草及饲料生产专用设备制造	1	2	2
印刷、制药、日化及日用品生产专用设备制造	1	2	2
纺织、服装和皮革加工专用设备制造	13	14	8
电子和电工机械专用设备制造	2	5	3
农、林、牧、渔专用机械制造			
医疗仪器设备及器械制造	8	12	7
环保、社会公共服务及其他专用设备制造	13	14	9
汽车制造业	32	44	30
汽车整车制造			
改装汽车制造	2	3	2
低速载货汽车制造			
电车制造			
汽车车身、挂车制造			
汽车零部件及配件制造	30	41	28
铁路、船舶、航空航天和其他运输设备制造业	22	31	13
铁路运输设备制造	3	3	3
城市轨道交通设备制造			
船舶及相关装置制造	10	14	6
航空、航天器及设备制造	1	1	1
摩托车制造	1	3	1
自行车制造	6	8	1
非公路休闲车及零配件制造	1	2	1
潜水救捞及其他未列明运输设备制造			

3-B-6　续表 4　　　　单位：个

行　　业	有R&D活动的企业	有研发机构的企业	有新产品销售的企业
电气机械和器材制造业	135	159	101
电机制造	23	30	23
输配电及控制设备制造	57	67	39
电线、电缆、光缆及电工器材制造	27	28	17
电池制造	7	9	7
家用电力器具制造	10	12	4
非电力家用器具制造	1	1	1
照明器具制造	9	10	9
其他电气机械及器材制造	1	2	1
计算机、通信和其他电子设备制造业	220	284	180
计算机制造	33	44	25
通信设备制造	3	7	7
广播电视设备制造	15	20	18
雷达及配套设备制造			
视听设备制造	12	15	12
电子器件制造	47	55	35
电子元件制造	97	126	70
其他电子设备制造	13	17	13
仪器仪表制造业	33	36	27
通用仪器仪表制造	15	17	12
专用仪器仪表制造	14	13	12
钟表与计时仪器制造			
光学仪器及眼镜制造	4	5	3
其他仪器仪表制造业		1	
其他制造业	1	2	1
日用杂品制造	1	2	1
煤制品制造			
核辐射加工			
其他未列明制造业			
废弃资源综合利用业	2	2	2
金属废料和碎屑加工处理	2	2	2
非金属废料和碎屑加工处理			
金属制品、机械和设备修理业			
金属制品修理			
通用设备修理			
专用设备修理			
铁路、船舶、航空航天等运输设备修理			
电气设备修理			
仪器仪表修理			
其他机械和设备修理业			
电力、热力生产和供应业	4	5	2
电力生产	4	5	2
电力供应			
热力生产和供应			
燃气生产和供应业	3	3	
燃气生产和供应业	3	3	
水的生产和供应业	2	2	1
自来水生产和供应	1	1	1
污水处理及其再生利用	1	1	

3-B-7 分行业外商投资企业基本情况

单位：个

行　　业	有R&D活动的企业	有研发机构的企业	有新产品销售的企业
总　计	**2105**	**2665**	**1504**
煤炭开采和洗选业			
烟煤和无烟煤开采洗选			
褐煤开采洗选			
其他煤炭采选			
石油和天然气开采业			
石油开采			
天然气开采			
黑色金属矿采选业			
铁矿采选			
锰矿、铬矿采选			
其他黑色金属矿采选			
有色金属矿采选业			
常用有色金属矿采选			
贵金属矿采选			
稀有稀土金属矿采选			
非金属矿采选业			
土砂石开采			
化学矿开采			
采盐			
石棉及其他非金属矿采选			
开采辅助活动	1	1	
煤炭开采和洗选辅助活动	1	1	
石油和天然气开采辅助活动			
其他开采辅助活动			
其他采矿业			
其他采矿业			
农副食品加工业	21	30	16
谷物磨制		2	1
饲料加工	3	3	2
植物油加工	3	5	1
制糖业			
屠宰及肉类加工	1	2	1
水产品加工	2	3	3
蔬菜、水果和坚果加工	7	9	5
其他农副食品加工	5	6	3
食品制造业	23	26	10
焙烤食品制造	2	3	
糖果、巧克力及蜜饯制造	2	2	1
方便食品制造	4	6	1
乳制品制造	1	1	
罐头食品制造	2	2	1
调味品、发酵制品制造			
其他食品制造	12	12	7
酒、饮料和精制茶制造业	9	14	8
酒的制造	5	6	1
饮料制造	4	8	7
精制茶加工			

3-B-7　续表 1　　单位：个

行　　业	有R&D活动的企业	有研发机构的企业	有新产品销售的企业
烟草制品业			
烟叶复烤			
卷烟制造			
其他烟草制品制造			
纺织业	64	100	53
棉纺织及印染精加工	22	34	16
毛纺织及染整精加工	3	3	2
麻纺织及染整精加工	1	1	1
丝绢纺织及印染精加工	1	2	1
化纤织造及印染精加工	6	9	4
针织或钩针编织物及其制品制造	3	6	3
家用纺织制成品制造	17	29	15
非家用纺织制成品制造	11	16	11
纺织服装、服饰业	124	161	74
机织服装制造	96	128	57
针织或钩针编织服装制造	17	22	10
服饰制造	11	11	7
皮革、毛皮、羽毛及其制品和制鞋业	35	39	17
皮革鞣制加工	1	1	1
皮革制品制造	18	20	8
毛皮鞣制及制品加工	2	1	
羽毛(绒)加工及制品制造	6	6	1
制鞋业	8	11	7
木材加工和木、竹、藤、棕、草制品业	13	17	7
木材加工			
人造板制造	7	8	4
木制品制造	6	8	3
竹、藤、棕、草等制品制造		1	
家具制造业	11	16	9
木质家具制造	6	9	5
竹、藤家具制造			
金属家具制造	2	3	2
塑料家具制造			
其他家具制造	3	4	2
造纸和纸制品业	25	28	20
纸浆制造			
造纸	16	18	14
纸制品制造	9	10	6
印刷和记录媒介复制业	8	13	8
印刷	8	13	8
装订及印刷相关服务			
记录媒介复制			
文教、工美、体育和娱乐用品制造业	57	99	39
文教办公用品制造	5	9	5
乐器制造	2	2	1
工艺美术品制造	28	58	14
体育用品制造	7	9	5
玩具制造	12	17	11
游艺器材及娱乐用品制造	3	4	3

3-B-7 续表 2

单位：个

行 业	有R&D活动的企业	有研发机构的企业	有新产品销售的企业
石油加工、炼焦和核燃料加工业	2	2	1
精炼石油产品制造			
炼焦	2	2	1
核燃料加工			
化学原料和化学制品制造业	173	202	113
基础化学原料制造	42	47	26
肥料制造	2	3	2
农药制造	12	14	8
涂料、油墨、颜料及类似产品制造	27	30	22
合成材料制造	44	47	28
专用化学产品制造	42	54	23
炸药、火工及焰火产品制造			
日用化学产品制造	4	7	4
医药制造业	64	68	42
化学药品原料药制造	13	15	9
化学药品制剂制造	22	23	14
中药饮片加工	1	1	
中成药生产	4	4	4
兽用药品制造	2	2	2
生物药品制造	12	12	7
卫生材料及医药用品制造	10	11	6
化学纤维制造业	26	23	13
纤维素纤维原料及纤维制造	9	9	5
合成纤维制造	17	14	8
橡胶和塑料制品业	87	116	60
橡胶制品业	22	32	15
塑料制品业	65	84	45
非金属矿物制品业	55	70	48
水泥、石灰和石膏制造	2	3	
石膏、水泥制品及类似制品制造	2	2	1
砖瓦、石材等建筑材料制造	3	3	3
玻璃制造	2	2	2
玻璃制品制造	15	20	8
玻璃纤维和玻璃纤维增强塑料制品制造	5	4	5
陶瓷制品制造	9	14	12
耐火材料制品制造	6	9	7
石墨及其他非金属矿物制品制造	11	13	10
黑色金属冶炼和压延加工业	21	30	20
炼铁		1	
炼钢			
黑色金属铸造	8	10	8
钢压延加工	12	18	11
铁合金冶炼	1	1	1
有色金属冶炼和压延加工业	31	38	23
常用有色金属冶炼	1	1	1
贵金属冶炼	1	1	
稀有稀土金属冶炼	4	4	3
有色金属合金制造	6	8	6
有色金属铸造	1	2	1
有色金属压延加工	18	22	12

3-B-7　续表 3　　　　单位：个

行　　业	有R&D活动的企业	有研发机构的企业	有新产品销售的企业
金属制品业	90	115	66
结构性金属制品制造	22	26	16
金属工具制造	4	9	4
集装箱及金属包装容器制造	10	11	8
金属丝绳及其制品制造	10	13	5
建筑、安全用金属制品制造	11	11	10
金属表面处理及热处理加工	6	12	3
搪瓷制品制造			
金属制日用品制造	10	11	7
其他金属制品制造	17	22	13
通用设备制造业	195	238	151
锅炉及原动设备制造	10	13	8
金属加工机械制造	25	31	17
物料搬运设备制造	22	29	23
泵、阀门、压缩机及类似机械制造	36	38	30
轴承、齿轮和传动部件制造	22	32	22
烘炉、风机、衡器、包装等设备制造	40	47	26
文化、办公用机械制造	15	16	9
通用零部件制造	21	23	10
其他通用设备制造业	4	9	6
专用设备制造业	167	184	114
采矿、冶金、建筑专用设备制造	37	38	25
化工、木材、非金属加工专用设备制造	50	54	33
食品、饮料、烟草及饲料生产专用设备制造	4	5	1
印刷、制药、日化及日用品生产专用设备制造	4	5	2
纺织、服装和皮革加工专用设备制造	8	9	5
电子和电工机械专用设备制造	5	10	8
农、林、牧、渔专用机械制造	7	5	4
医疗仪器设备及器械制造	27	30	16
环保、社会公共服务及其他专用设备制造	25	28	20
汽车制造业	104	141	83
汽车整车制造	2	3	3
改装汽车制造	1	1	
低速载货汽车制造			
电车制造			
汽车车身、挂车制造			
汽车零部件及配件制造	101	137	80
铁路、船舶、航空航天和其他运输设备制造业	52	65	34
铁路运输设备制造	7	8	6
城市轨道交通设备制造	1	1	1
船舶及相关装置制造	19	23	12
航空、航天器及设备制造	4	4	2
摩托车制造	5	6	3
自行车制造	11	18	7
非公路休闲车及零配件制造	5	5	3
潜水救捞及其他未列明运输设备制造			

3-B-7 续表 4

单位：个

行　　业	有R&D活动的企业	有研发机构的企业	有新产品销售的企业
电气机械和器材制造业	221	264	174
电机制造	54	65	45
输配电及控制设备制造	77	85	65
电线、电缆、光缆及电工器材制造	30	41	23
电池制造	11	15	10
家用电力器具制造	33	35	19
非电力家用器具制造	3	4	2
照明器具制造	10	17	9
其他电气机械及器材制造	3	2	1
计算机、通信和其他电子设备制造业	340	454	240
计算机制造	45	60	34
通信设备制造	26	25	17
广播电视设备制造	9	12	6
雷达及配套设备制造			
视听设备制造	22	26	11
电子器件制造	82	116	65
电子元件制造	136	186	95
其他电子设备制造	20	29	12
仪器仪表制造业	72	87	56
通用仪器仪表制造	48	53	40
专用仪器仪表制造	16	22	11
钟表与计时仪器制造			
光学仪器及眼镜制造	8	12	5
其他仪器仪表制造业			
其他制造业	4	6	3
日用杂品制造	4	6	3
煤制品制造			
核辐射加工			
其他未列明制造业			
废弃资源综合利用业			
金属废料和碎屑加工处理			
非金属废料和碎屑加工处理			
金属制品、机械和设备修理业	1	1	1
金属制品修理			
通用设备修理			
专用设备修理			
铁路、船舶、航空航天等运输设备修理	1	1	1
电气设备修理			
仪器仪表修理			
其他机械和设备修理业			
电力、热力生产和供应业	4	9	1
电力生产	4	9	1
电力供应			
热力生产和供应			
燃气生产和供应业	2	5	
燃气生产和供应业	2	5	
水的生产和供应业	3	3	
自来水生产和供应	2	2	
污水处理及其再生利用	1	1	

3-B-8　分地区企业基本情况

单位：个

地　　区	有R&D活动的企业	有研发机构的企业	有新产品销售的企业
全　　省	**12283**	**15775**	**9535**
南 京 市	839	930	625
无 锡 市	2102	3006	1293
徐 州 市	563	1263	314
常 州 市	1294	1374	1058
苏 州 市	2562	3050	1911
南 通 市	1500	1627	1080
连云港市	343	362	211
淮 安 市	299	479	343
盐 城 市	618	685	576
扬 州 市	756	1061	786
镇 江 市	439	588	372
泰 州 市	490	670	436
宿 迁 市	478	680	530

3-B-9　分地区大中型企业基本情况

单位：个

地　　区	有R&D活动的企业	有研发机构的企业	有新产品销售的企业
全　　省	**4570**	**5757**	**3644**
南 京 市	433	469	298
无 锡 市	553	685	417
徐 州 市	206	294	125
常 州 市	435	495	340
苏 州 市	1310	1734	961
南 通 市	463	539	389
连云港市	94	109	59
淮 安 市	126	194	150
盐 城 市	176	191	165
扬 州 市	320	431	309
镇 江 市	209	282	175
泰 州 市	160	211	154
宿 迁 市	85	123	102

3-B-10 分地区内资企业基本情况

单位：个

地 区	有R&D活动的企业	有研发机构的企业	有新产品销售的企业
全 省	**1285**	**1649**	**956**
南京市	621	691	476
无锡市	1595	2240	984
徐州市	494	1163	279
常州市	978	1032	831
苏州市	1245	1387	979
南通市	1071	1138	748
连云港市	286	301	178
淮安市	242	399	287
盐城市	546	600	505
扬州市	638	896	672
镇江市	311	411	272
泰州市	416	568	370
宿迁市	450	635	494

3-B-11 分地区港澳台商投资企业基本情况

单位：个

地 区	有R&D活动的企业	有研发机构的企业	有新产品销售的企业
全 省	**1285**	**1649**	**956**
南京市	70	76	51
无锡市	213	337	133
徐州市	31	47	18
常州市	140	147	100
苏州市	411	521	296
南通市	181	205	135
连云港市	20	21	14
淮安市	27	39	31
盐城市	34	38	32
扬州市	56	80	60
镇江市	59	78	46
泰州市	31	39	24
宿迁市	12	21	16

3-B-12　分地区外商投资企业基本情况

单位：个

地　区	有R&D活动的企业	有研发机构的企业	有新产品销售的企业
全　省	**2105**	**2665**	**1504**
南京市	148	163	98
无锡市	294	429	176
徐州市	38	53	17
常州市	176	195	127
苏州市	906	1142	636
南通市	248	284	197
连云港市	37	40	19
淮安市	30	41	25
盐城市	38	47	39
扬州市	62	85	54
镇江市	69	99	54
泰州市	43	63	42
宿迁市	16	24	20

3-C-1 分登记注册类型企业R&D人员情况

登记注册类型	R&D人员合计（人）	#女性	#研究人员	#全时人员	R&D人员折合全时当量（人年）
总　计	**510930**	**103785**	**128010**	**339701**	**393942**
内资企业	**332178**	**64421**	**91032**	**221436**	**255691**
国有企业	7990	1851	4098	5099	5764
集体企业	1839	462	700	1101	1336
股份合作企业	609	120	165	387	452
联营企业	136	15	26	119	114
国有联营企业	83	13	20	70	71
集体联营企业	32		1	32	23
国有与集体联营企业	21	2	5	17	20
其他联营企业					
有限责任公司	89860	17664	27197	61752	71021
国有独资公司	11433	2312	4398	8658	8919
其他有限责任公司	78427	15352	22799	53094	62102
股份有限公司	53268	10258	15537	35791	40608
私营企业	177838	33897	43083	116838	135893
私营独资企业	4350	733	1290	3067	3275
私营合伙企业	415	67	88	295	336
私营有限责任公司	158757	30327	38680	104210	121763
私营股份有限公司	14316	2770	3025	9266	10519
其他企业	638	154	226	349	504
港、澳、台商投资企业	**66058**	**15811**	**14243**	**45950**	**51872**
合资经营企业	24557	5222	5558	16707	19053
合作经营企业	409	65	133	298	260
港、澳、台商独资经营企业	36832	9391	7712	26195	29181
港、澳、台商投资股份有限公司	3959	1108	786	2594	3246
其他港澳台投资企业	301	25	54	156	132
外商投资企业	**112694**	**23553**	**22735**	**72315**	**86379**
中外合资经营企业	40005	7920	8525	25043	30243
中外合作经营企业	1249	263	193	587	778
外资企业	67434	14594	13227	43547	51950
外商投资股份有限公司	3915	739	751	3055	3326
其他外商投资企业	91	37	39	83	83

3-C-2　分登记注册类型大中型企业R&D人员情况

登记注册类型	R&D人员合计(人)	#女性	#研究人员	#全时人员	R&D人员折合全时当量(人年)
总　计	**358872**	**75999**	**88934**	**238998**	**279892**
内资企业	**215972**	**43655**	**60618**	**144338**	**168383**
国有企业	7650	1756	3927	4820	5617
集体企业	1363	319	547	740	938
股份合作企业	234		54	168	158
联营企业					
国有联营企业					
集体联营企业					
国有与集体联营企业					
其他联营企业					
有限责任公司	69932	13917	21640	47568	55661
国有独资公司	11093	2231	4281	8425	8672
其他有限责任公司	58839	11686	17359	39143	46988
股份有限公司	46592	9006	13620	31458	35297
私营企业	89891	18537	20734	59468	70453
私营独资企业	1649	324	453	1247	1211
私营合伙企业					
私营有限责任公司	78195	16226	18341	51773	61838
私营股份有限公司	9925	1976	1921	6360	7291
其他企业	281	58	92	93	233
港、澳、台商投资企业	**52227**	**13143**	**10832**	**36780**	**41579**
合资经营企业	18006	3880	3928	12382	14055
合作经营企业					
港、澳、台商独资经营企业	30297	8191	6139	21841	24458
港、澳、台商投资股份有限公司	3549	1023	696	2353	2870
其他港澳台投资企业	298	25	53	153	129
外商投资企业	**90673**	**19201**	**17484**	**57880**	**69929**
中外合资经营企业	29876	5977	6181	18299	22684
中外合作经营企业	935	207	135	401	569
外资企业	56378	12348	10534	36429	43615
外商投资股份有限公司	3407	634	598	2674	2985
其他外商投资企业	77	35	36	77	77

3-C-3 分行业企业R&D人员情况

行业	R&D人员合计(人)	#女性	#研究人员	#全时人员	R&D人员折合全时当量(人年)
总计	**510930**	**103785**	**128010**	**339701**	**393942**
煤炭开采和洗选业	3776	49	2010	1791	3238
烟煤和无烟煤开采洗选	3776	49	2010	1791	3238
褐煤开采洗选					
其他煤炭采选					
石油和天然气开采业	1539	418	1304	809	1150
石油开采	1539	418	1304	809	1150
天然气开采					
黑色金属矿采选业	29	3	11	22	20
铁矿采选	29	3	11	22	20
锰矿、铬矿采选					
其他黑色金属矿采选					
有色金属矿采选业	75	25	32	30	45
常用有色金属矿采选	75	25	32	30	45
贵金属矿采选					
稀有稀土金属矿采选					
非金属矿采选业	398	75	186	332	356
土砂石开采	98	30	64	93	94
化学矿开采	87	6	10	62	71
采盐	188	33	109	167	166
石棉及其他非金属矿采选	25	6	3	10	25
开采辅助活动	6	1	2	4	5
煤炭开采和洗选辅助活动	6	1	2	4	5
石油和天然气开采辅助活动					
其他开采辅助活动					
其他采矿业					
其他采矿业					
农副食品加工业	4497	763	957	3008	3383
谷物磨制	515	111	135	296	400
饲料加工	1047	212	209	691	736
植物油加工	360	37	64	175	256
制糖业	48	10	20	30	46
屠宰及肉类加工	1418	193	175	1140	1065
水产品加工	210	43	80	123	162
蔬菜、水果和坚果加工	538	112	189	354	430
其他农副食品加工	361	45	85	199	288
食品制造业	2686	638	804	1859	1875
焙烤食品制造	199	54	30	172	122
糖果、巧克力及蜜饯制造	120	36	23	93	70
方便食品制造	154	54	46	108	110
乳制品制造	409	82	107	254	242
罐头食品制造	216	52	36	168	179
调味品、发酵制品制造	588	121	196	365	453
其他食品制造	1000	239	366	699	700
酒、饮料和精制茶制造业	1964	481	504	1144	1263
酒的制造	1151	210	264	800	875
饮料制造	754	255	219	298	336
精制茶加工	59	16	21	46	52

3-C-3　续表 1

行　　业	R&D人员合计(人)	#女性	#研究人员	#全时人员	R&D人员折合全时当量(人年)
烟草制品业	243	75	170	43	76
烟叶复烤					
卷烟制造	182	51	160	19	59
其他烟草制品制造	61	24	10	24	17
纺织业	18575	6181	4440	11811	13960
棉纺织及印染精加工	10131	3426	2402	6246	7723
毛纺织及染整精加工	1689	583	458	1386	1278
麻纺织及染整精加工	175	35	48	124	110
丝绢纺织及印染精加工	639	149	218	428	574
化纤织造及印染精加工	1548	594	328	829	835
针织或钩针编织物及其制品制造	805	176	153	449	584
家用纺织制成品制造	2226	811	345	1389	1830
非家用纺织制成品制造	1362	407	488	960	1027
纺织服装、服饰业	12856	4359	3142	7826	9889
机织服装制造	10033	3406	2578	5975	7604
针织或钩针编织服装制造	2243	754	417	1453	1820
服饰制造	580	199	147	398	465
皮革、毛皮、羽毛及其制品和制鞋业	1519	545	410	984	1159
皮革鞣制加工	90	17	25	52	63
皮革制品制造	644	278	154	423	559
毛皮鞣制及制品加工	16	9	3	11	16
羽毛(绒)加工及制品制造	213	95	36	112	154
制鞋业	556	146	192	386	367
木材加工和木、竹、藤、棕、草制品业	4808	605	997	2869	2981
木材加工	145	28	42	103	110
人造板制造	4254	504	865	2494	2527
木制品制造	369	63	70	240	304
竹、藤、棕、草等制品制造	40	10	20	32	39
家具制造业	566	75	104	279	499
木质家具制造	420	65	54	198	374
竹、藤家具制造					
金属家具制造	28	2	12	19	24
塑料家具制造					
其他家具制造	118	8	38	62	101
造纸和纸制品业	4532	823	516	2755	3144
纸浆制造					
造纸	3861	705	437	2355	2674
纸制品制造	671	118	79	400	469
印刷和记录媒介复制业	2435	555	638	1501	1807
印刷	2354	538	611	1443	1734
装订及印刷相关服务	6	4	6	6	3
记录媒介复制	75	13	21	52	70
文教、工美、体育和娱乐用品制造业	7238	1718	1525	5081	5816
文教办公用品制造	613	108	78	469	550
乐器制造	150	54	70	102	137
工艺美术品制造	3715	1057	784	2612	2971
体育用品制造	572	101	135	378	321
玩具制造	1705	306	347	1240	1496
游艺器材及娱乐用品制造	483	92	111	280	340

3-C-3 续表 2

行　　业	R&D人员合计（人）	#女性	#研究人员	#全时人员	R&D人员折合全时当量（人年）
石油加工、炼焦和核燃料加工业	1157	281	402	749	969
精炼石油产品制造	1004	232	333	637	832
炼焦	153	49	69	112	137
核燃料加工					
化学原料和化学制品制造业	51060	9202	13978	34321	38027
基础化学原料制造	19630	2909	6524	13381	13727
肥料制造	983	235	314	756	640
农药制造	5974	1246	1265	3748	4880
涂料、油墨、颜料及类似产品制造	6118	1396	1630	4586	4622
合成材料制造	7349	1423	1773	4608	5613
专用化学产品制造	10265	1781	2284	6739	7956
炸药、火工及焰火产品制造	84	14	23	61	78
日用化学产品制造	657	198	165	442	511
医药制造业	18490	6358	4972	14063	15377
化学药品原料药制造	3997	916	1106	3028	3300
化学药品制剂制造	8204	3242	2171	6516	6690
中药饮片加工	244	79	52	184	224
中成药生产	2214	1055	747	1646	2053
兽用药品制造	495	107	134	348	432
生物药品制造	2337	637	585	1609	1832
卫生材料及医药用品制造	999	322	177	732	846
化学纤维制造业	9646	2254	1748	5383	6637
纤维素纤维原料及纤维制造	4494	983	881	2690	2690
合成纤维制造	5152	1271	867	2693	3947
橡胶和塑料制品业	11251	2064	2710	6750	8809
橡胶制品业	4401	661	1327	2453	3362
塑料制品业	6850	1403	1383	4297	5446
非金属矿物制品业	14562	2363	4181	8543	10858
水泥、石灰和石膏制造	1370	102	308	951	1092
石膏、水泥制品及类似制品制造	1725	247	441	1031	1207
砖瓦、石材等建筑材料制造	772	156	246	527	630
玻璃制造	576	76	141	426	430
玻璃制品制造	2890	589	855	1553	2196
玻璃纤维和玻璃纤维增强塑料制品制造	1947	316	640	1142	1578
陶瓷制品制造	2146	340	460	1048	1408
耐火材料制品制造	1489	229	564	754	1197
石墨及其他非金属矿物制品制造	1647	308	526	1111	1119
黑色金属冶炼和压延加工业	14780	2266	4671	8963	11279
炼铁	49	17	22	24	37
炼钢	1714	274	801	1435	1370
黑色金属铸造	2378	282	606	1572	1954
钢压延加工	10044	1631	3146	5671	7448
铁合金冶炼	595	62	96	261	470
有色金属冶炼和压延加工业	7082	1101	1409	4512	5186
常用有色金属冶炼	529	87	146	322	455
贵金属冶炼	25	2	6	8	15
稀有稀土金属冶炼	596	123	122	343	430
有色金属合金制造	1796	270	292	1307	1301
有色金属铸造	107	18	36	73	98
有色金属压延加工	4029	601	807	2459	2889

3-C-3　续表 3

行　　业	R&D人员合计(人)	#女性	#研究人员	#全时人员	R&D人员折合全时当量(人年)
金属制品业	19904	3003	4365	12891	14644
结构性金属制品制造	5382	713	1086	3371	3622
金属工具制造	1075	218	303	659	778
集装箱及金属包装容器制造	2096	284	396	1597	1805
金属丝绳及其制品制造	3585	581	951	2333	2471
建筑、安全用金属制品制造	1227	154	223	841	885
金属表面处理及热处理加工	1421	243	434	942	1103
搪瓷制品制造	67	9	6	18	62
金属制日用品制造	1405	220	153	726	1095
其他金属制品制造	3646	581	813	2404	2822
通用设备制造业	48853	8167	12795	32258	37644
锅炉及原动设备制造	8801	1539	2469	5637	7521
金属加工机械制造	6711	1017	2162	4322	4905
物料搬运设备制造	8456	1567	1774	5906	6225
泵、阀门、压缩机及类似机械制造	6617	1122	1933	4520	5117
轴承、齿轮和传动部件制造	7026	1070	1282	4329	5383
烘炉、风机、衡器、包装等设备制造	5550	839	1618	3871	4169
文化、办公用机械制造	1675	380	326	1097	1362
通用零部件制造	3026	471	935	1941	2258
其他通用设备制造业	991	162	296	635	704
专用设备制造业	38974	6203	9886	26236	30098
采矿、冶金、建筑专用设备制造	10666	1417	2622	7500	8348
化工、木材、非金属加工专用设备制造	6617	985	1617	4383	4927
食品、饮料、烟草及饲料生产专用设备制造	1010	132	235	754	750
印刷、制药、日化及日用品生产专用设备制造	1287	233	346	884	1061
纺织、服装和皮革加工专用设备制造	4209	729	1138	2900	3265
电子和电工机械专用设备制造	1193	197	287	733	988
农、林、牧、渔专用机械制造	1428	203	413	953	1075
医疗仪器设备及器械制造	4470	1092	971	2853	3479
环保、社会公共服务及其他专用设备制造	8094	1215	2257	5276	6206
汽车制造业	20105	3502	4494	14050	15957
汽车整车制造	3538	486	728	2278	3013
改装汽车制造	910	185	296	672	611
低速载货汽车制造					
电车制造	108	22	18	75	95
汽车车身、挂车制造	291	32	87	172	243
汽车零部件及配件制造	15258	2777	3365	10853	11994
铁路、船舶、航空航天和其他运输设备制造业	17180	3051	4487	11991	14085
铁路运输设备制造	4710	909	1020	3072	4177
城市轨道交通设备制造	553	89	103	304	354
船舶及相关装置制造	6100	741	1231	4112	5264
航空、航天器及设备制造	2915	835	1666	2365	2506
摩托车制造	1365	264	278	924	877
自行车制造	1280	192	157	1021	763
非公路休闲车及零配件制造	208	20	22	148	102
潜水救捞及其他未列明运输设备制造	49	1	10	45	41

3-C-3 续表 4

行业	R&D人员合计(人)	#女性	#研究人员	#全时人员	R&D人员折合全时当量(人年)
电气机械和器材制造业	70978	13665	17195	49225	57691
电机制造	12413	2296	2950	8215	10240
输配电及控制设备制造	32157	6521	7648	23723	26048
电线、电缆、光缆及电工器材制造	12106	2119	2810	7496	9777
电池制造	2296	525	354	1478	1685
家用电力器具制造	8057	1398	2263	5562	6814
非电力家用器具制造	1125	246	313	680	877
照明器具制造	2379	487	739	1770	1913
其他电气机械及器材制造	445	73	118	301	337
计算机、通信和其他电子设备制造业	74602	18549	15151	50212	57646
计算机制造	9981	2742	1735	7827	7806
通信设备制造	6273	1348	1411	4232	4696
广播电视设备制造	2977	715	804	2058	2479
雷达及配套设备制造	719	230	217	514	518
视听设备制造	7524	2971	889	6206	5903
电子器件制造	17362	4119	3552	11813	13552
电子元件制造	23118	5969	5339	15684	18217
其他电子设备制造	6648	455	1204	1878	4476
仪器仪表制造业	21220	3791	6612	16179	16670
通用仪器仪表制造	15322	2676	4769	11773	11875
专用仪器仪表制造	4415	785	1226	3413	3764
钟表与计时仪器制造	15	4	6	15	15
光学仪器及眼镜制造	1252	294	550	839	821
其他仪器仪表制造业	216	32	61	139	196
其他制造业	367	84	78	288	212
日用杂品制造	361	83	74	286	210
煤制品制造	3		2	2	2
核辐射加工					
其他未列明制造业	3	1	2		
废弃资源综合利用业	253	71	60	200	216
金属废料和碎屑加工处理	189	47	47	142	168
非金属废料和碎屑加工处理	64	24	13	58	47
金属制品、机械和设备修理业	176	40	54	47	130
金属制品修理	18	2	13	11	18
通用设备修理					
专用设备修理					
铁路、船舶、航空航天等运输设备修理	146	35	40	24	101
电气设备修理					
仪器仪表修理					
其他机械和设备修理业	12	3	1	12	10
电力、热力生产和供应业	1997	231	835	450	821
电力生产	1213	184	569	402	581
电力供应	727	38	256	23	200
热力生产和供应	57	9	10	25	39
燃气生产和供应业	78	21	27	53	62
燃气生产和供应业	78	21	27	53	62
水的生产和供应业	473	129	148	189	260
自来水生产和供应	411	126	132	136	207
污水处理及其再生利用	62	3	16	53	54

3-C-4　分行业大中型企业R&D人员情况

行　　业	R&D人员合计（人）	#女性	#研究人员	#全时人员	R&D人员折合全时当量（人年）
总　计	**358872**	**75999**	**88934**	**238998**	**279892**
煤炭开采和洗选业	3776	49	2010	1791	3238
烟煤和无烟煤开采洗选	3776	49	2010	1791	3238
褐煤开采洗选					
其他煤炭采选					
石油和天然气开采业	1539	418	1304	809	1150
石油开采	1539	418	1304	809	1150
天然气开采					
黑色金属矿采选业					
铁矿采选					
锰矿、铬矿采选					
其他黑色金属矿采选					
有色金属矿采选业					
常用有色金属矿采选					
贵金属矿采选					
稀有稀土金属矿采选					
非金属矿采选业	308	56	164	281	273
土砂石开采	72	25	56	72	71
化学矿开采					
采盐	157	28	103	153	139
石棉及其他非金属矿采选					
开采辅助活动					
煤炭开采和洗选辅助活动					
石油和天然气开采辅助活动					
其他开采辅助活动					
其他采矿业					
其他采矿业					
农副食品加工业	1985	268	304	1431	1554
谷物磨制	250	68	65	133	215
饲料加工					
植物油加工	160	19	17	76	100
制糖业					
屠宰及肉类加工	1039	113	96	882	782
水产品加工	14	5	1	5	14
蔬菜、水果和坚果加工	126	38	45	84	87
其他农副食品加工					
食品制造业	1421	341	471	949	935
焙烤食品制造	116	39	8	107	71
糖果、巧克力及蜜饯制造	102	29	22	76	57
方便食品制造	70	39	18	55	44
乳制品制造	259	52	69	142	121
罐头食品制造					
调味品、发酵制品制造	369	77	131	223	285
其他食品制造	478	99	211	325	331
酒、饮料和精制茶制造业	1295	318	292	696	755
酒的制造	765	143	184	559	570
饮料制造	530	175	108	137	184
精制茶加工					

3-C-4 续表 1

行业	R&D人员合计(人)	#女性	#研究人员	#全时人员	R&D人员折合全时当量(人年)
烟草制品业	243	75	170	43	76
烟叶复烤					
卷烟制造	182	51	160	19	59
其他烟草制品制造					
纺织业	13009	4802	3077	8374	9901
棉纺织及印染精加工	6936	2651	1597	4309	5351
毛纺织及染整精加工	1253	524	362	1055	986
麻纺织及染整精加工					
丝绢纺织及印染精加工	422	83	145	277	387
化纤织造及印染精加工	1221	498	246	666	682
针织或钩针编织物及其制品制造	573	134	115	348	418
家用纺织制成品制造	1750	627	254	1094	1435
非家用纺织制成品制造	710	253	316	521	554
纺织服装、服饰业	10828	3696	2710	6503	8352
机织服装制造	8565	2932	2270	5025	6507
针织或钩针编织服装制造	1815	616	329	1174	1495
服饰制造	448	148	111	304	350
皮革、毛皮、羽毛及其制品和制鞋业	1174	452	308	784	898
皮革鞣制加工					
皮革制品制造					
毛皮鞣制及制品加工					
羽毛(绒)加工及制品制造	213	95	36	112	154
制鞋业	459	122	152	341	300
木材加工和木、竹、藤、棕、草制品业	3264	318	598	1829	1792
木材加工					
人造板制造	3014	277	537	1663	1571
木制品制造					
竹、藤、棕、草等制品制造					
家具制造业	359	33	68	186	331
木质家具制造					
竹、藤家具制造					
金属家具制造					
塑料家具制造					
其他家具制造	95	8	33	62	93
造纸和纸制品业	3711	684	362	2293	2558
纸浆制造					
造纸	3456	636	337	2090	2366
纸制品制造	255	48	25	203	192
印刷和记录媒介复制业	1427	353	381	850	1080
印刷	1352	340	360	798	1010
装订及印刷相关服务					
记录媒介复制					
文教、工美、体育和娱乐用品制造业	4877	1193	949	3546	4013
文教办公用品制造	457	76	47	354	428
乐器制造					
工艺美术品制造	2483	741	520	1813	2001
体育用品制造					
玩具制造	1283	234	217	966	1223
游艺器材及娱乐用品制造	300	65	60	164	174

3-C-4 续表 2

行 业	R&D人员合计(人)	#女性	#研究人员	#全时人员	R&D人员折合全时当量(人年)
石油加工、炼焦和核燃料加工业	868	213	325	556	741
精炼石油产品制造	715	164	256	444	605
炼焦	153	49	69	112	137
核燃料加工					
化学原料和化学制品制造业	32495	5621	9135	22072	23907
基础化学原料制造	14241	1908	5048	9764	9476
肥料制造	760	205	258	623	487
农药制造	4911	961	979	3103	4080
涂料、油墨、颜料及类似产品制造	3327	850	806	2729	2616
合成材料制造	3491	691	932	2095	2737
专用化学产品制造	5397	864	1048	3484	4195
炸药、火工及焰火产品制造					
日用化学产品制造	341	134	58	262	289
医药制造业	13222	5028	3622	10226	11274
化学药品原料药制造	2349	558	664	1678	1881
化学药品制剂制造	6964	2852	1855	5658	5770
中药饮片加工					
中成药生产	1965	962	638	1449	1868
兽用药品制造					
生物药品制造	1093	318	297	777	981
卫生材料及医药用品制造	543	230	91	437	496
化学纤维制造业	7983	1966	1341	4387	5489
纤维素纤维原料及纤维制造	3927	900	718	2312	2280
合成纤维制造	4056	1066	623	2075	3208
橡胶和塑料制品业	7246	1313	1804	4098	5824
橡胶制品业	3404	504	1105	1834	2679
塑料制品业	3842	809	699	2264	3145
非金属矿物制品业	8523	1178	2459	4810	6573
水泥、石灰和石膏制造	1055	60	219	774	871
石膏、水泥制品及类似制品制造	688	66	166	366	533
砖瓦、石材等建筑材料制造					
玻璃制造	436	56	71	312	348
玻璃制品制造	1980	403	567	1069	1531
玻璃纤维和玻璃纤维增强塑料制品制造	1180	187	374	615	1011
陶瓷制品制造	1543	175	310	710	947
耐火材料制品制造					
石墨及其他非金属矿物制品制造					
黑色金属冶炼和压延加工业	11329	1764	3796	6693	8626
炼铁	37	14	17	20	29
炼钢	1682	271	798	1420	1351
黑色金属铸造	1121	119	230	815	1036
钢压延加工	8075	1332	2693	4315	5905
铁合金冶炼	414	28	58	123	306
有色金属冶炼和压延加工业	4327	639	767	2925	2998
常用有色金属冶炼					
贵金属冶炼					
稀有稀土金属冶炼	280	56	66	209	173
有色金属合金制造	1465	206	228	1082	1021
有色金属铸造					
有色金属压延加工	2334	343	429	1430	1570

3-C-4 续表 3

行业	R&D人员合计(人)	#女性	#研究人员	#全时人员	R&D人员折合全时当量(人年)
金属制品业	12646	1952	2720	8370	9521
结构性金属制品制造	3363	403	610	2104	2329
金属工具制造	587	131	186	384	439
集装箱及金属包装容器制造	1693	218	287	1316	1520
金属丝绳及其制品制造	2363	428	693	1546	1573
建筑、安全用金属制品制造					
金属表面处理及热处理加工	902	174	306	681	733
搪瓷制品制造					
金属制日用品制造	1206	193	102	592	967
其他金属制品制造	1934	318	434	1328	1510
通用设备制造业	30073	5392	7877	20043	23848
锅炉及原动设备制造	7315	1318	2047	4763	6506
金属加工机械制造	3137	514	1312	2046	2144
物料搬运设备制造	6639	1307	1305	4736	4827
泵、阀门、压缩机及类似机械制造	2648	504	845	1866	2249
轴承、齿轮和传动部件制造	5438	838	890	3337	4189
烘炉、风机、衡器、包装等设备制造	2406	408	910	1705	1958
文化、办公用机械制造	1118	274	215	698	905
通用零部件制造	1059	199	260	699	864
其他通用设备制造业					
专用设备制造业	21936	3572	5332	14468	17216
采矿、冶金、建筑专用设备制造	7014	924	1607	5044	5635
化工、木材、非金属加工专用设备制造	4065	605	963	2752	3064
食品、饮料、烟草及饲料生产专用设备制造	416	48	87	298	325
印刷、制药、日化及日用品生产专用设备制造					
纺织、服装和皮革加工专用设备制造	2337	470	639	1488	1701
电子和电工机械专用设备制造	584	92	118		523
农、林、牧、渔专用机械制造	642	109	160	405	552
医疗仪器设备及器械制造	2407	650	462	1322	1758
环保、社会公共服务及其他专用设备制造	3876	551	1167	2545	3174
汽车制造业	15230	2613	3273	10779	12289
汽车整车制造	3325	470	691	2106	2822
改装汽车制造					
低速载货汽车制造					
电车制造					
汽车车身、挂车制造	210	24	67	149	178
汽车零部件及配件制造	10948	1954	2264	7987	8798
铁路、船舶、航空航天和其他运输设备制造业	14274	2604	3780	9975	11870
铁路运输设备制造	3931	812	873	2454	3578
城市轨道交通设备制造	431	79	82	195	306
船舶及相关装置制造	5065	591	934	3482	4481
航空、航天器及设备制造	2725	796	1596	2228	2356
摩托车制造	988	203	187	692	601
自行车制造	946	104	88	796	466
非公路休闲车及零配件制造	188	19	20	128	82
潜水救捞及其他未列明运输设备制造					

3-C-4 续表 4

行　　业	R&D人员合计(人)	#女性	#研究人员	#全时人员	R&D人员折合全时当量(人年)
电气机械和器材制造业	50808	10038	12139	35774	42441
电机制造	8940	1704	2215	5900	7529
输配电及控制设备制造	22646	4773	5342	17158	18651
电线、电缆、光缆及电工器材制造	8313	1477	1746	5112	7032
电池制造	1599	371	202	1055	1222
家用电力器具制造	7276	1276	2057	5033	6246
非电力家用器具制造	632	145	158	367	570
照明器具制造	1402	292	419	1149	1190
其他电气机械及器材制造					
计算机、通信和其他电子设备制造业	62315	16007	11894	41689	48245
计算机制造	9177	2617	1543	7220	7211
通信设备制造	5151	1095	1186	3399	3873
广播电视设备制造	1716	431	405	1356	1443
雷达及配套设备制造					
视听设备制造	7240	2929	793	6006	5680
电子器件制造	13794	3268	2605	9305	10992
电子元件制造	19209	5160	4298	12966	15158
其他电子设备制造	5531	314	962	1140	3592
仪器仪表制造业	13804	2603	4490	10990	10945
通用仪器仪表制造	9886	1843	3250	8004	7689
专用仪器仪表制造	2783	499	732	2242	2476
钟表与计时仪器制造					
光学仪器及眼镜制造					
其他仪器仪表制造业					
其他制造业	235	63	47	198	147
日用杂品制造	235	63	47	198	147
煤制品制造					
核辐射加工					
其他未列明制造业					
废弃资源综合利用业					
金属废料和碎屑加工处理					
非金属废料和碎屑加工处理					
金属制品、机械和设备修理业					
金属制品修理					
通用设备修理					
专用设备修理					
铁路、船舶、航空航天等运输设备修理					
电气设备修理					
仪器仪表修理					
其他机械和设备修理业					
电力、热力生产和供应业	1680	189	745	285	633
电力生产	953	151	489	262	433
电力供应	727	38	256	23	200
热力生产和供应					
燃气生产和供应业	57	15	18	38	44
燃气生产和供应业	57	15	18	38	44
水的生产和供应业	401	124	130	126	197
自来水生产和供应	401	124	130	126	197
污水处理及其再生利用					

3-C-5 分行业内资企业R&D人员情况

行　　业	R&D人员合计（人）	#女性	#研究人员	#全时人员	R&D人员折合全时当量（人年）
总　计	**332178**	**64421**	**91032**	**221436**	**255691**
煤炭开采和洗选业	3776	49	2010	1791	3238
烟煤和无烟煤开采洗选	3776	49	2010	1791	3238
褐煤开采洗选					
其他煤炭采选					
石油和天然气开采业	1539	418	1304	809	1150
石油开采	1539	418	1304	809	1150
天然气开采					
黑色金属矿采选业	29	3	11	22	20
铁矿采选	29	3	11	22	20
锰矿、铬矿采选					
其他黑色金属矿采选					
有色金属矿采选业	75	25	32	30	45
常用有色金属矿采选	75	25	32	30	45
贵金属矿采选					
稀有稀土金属矿采选					
非金属矿采选业	390	74	184	326	350
土砂石开采	90	29	62	87	88
化学矿开采	87	6	10	62	71
采盐	188	33	109	167	166
石棉及其他非金属矿采选	25	6	3	10	25
开采辅助活动					
煤炭开采和洗选辅助活动					
石油和天然气开采辅助活动					
其他开采辅助活动					
其他采矿业					
其他采矿业					
农副食品加工业	2716	568	691	1705	2140
谷物磨制	515	111	135	296	400
饲料加工	568	125	124	333	414
植物油加工	251	28	51	130	202
制糖业	48	10	20	30	46
屠宰及肉类加工	618	155	120	440	502
水产品加工	158	37	70	97	114
蔬菜、水果和坚果加工	356	74	118	218	301
其他农副食品加工	202	28	53	161	160
食品制造业	1793	390	533	1101	1253
焙烤食品制造	86	16	24	68	54
糖果、巧克力及蜜饯制造	67	24	12	45	43
方便食品制造	59	12	11	37	54
乳制品制造	367	80	102	225	203
罐头食品制造	147	37	22	107	118
调味品、发酵制品制造	588	121	196	365	453
其他食品制造	479	100	166	254	328
酒、饮料和精制茶制造业	1595	367	358	890	1013
酒的制造	977	175	212	698	754
饮料制造	559	176	125	146	207
精制茶加工	59	16	21	46	52

3-C-5 续表 1

行 业	R&D人员合计(人)	#女性	#研究人员	#全时人员	R&D人员折合全时当量(人年)
烟草制品业	243	75	170	43	76
烟叶复烤					
卷烟制造	182	51	160	19	59
其他烟草制品制造	61	24	10	24	17
纺织业	14176	4754	3530	9098	10702
棉纺织及印染精加工	8277	2869	1998	5128	6372
毛纺织及染整精加工	1445	526	424	1180	1092
麻纺织及染整精加工	48	9	11	29	44
丝绢纺织及印染精加工	605	137	200	397	540
化纤织造及印染精加工	1219	464	254	681	644
针织或钩针编织物及其制品制造	557	152	89	367	409
家用纺织制成品制造	1156	361	176	715	971
非家用纺织制成品制造	869	236	378	601	631
纺织服装、服饰业	9519	3287	2398	5906	7551
机织服装制造	7461	2588	2079	4535	5841
针织或钩针编织服装制造	1849	648	263	1210	1545
服饰制造	209	51	56	161	164
皮革、毛皮、羽毛及其制品和制鞋业	534	162	175	338	383
皮革鞣制加工	34	9	12	29	30
皮革制品制造	185	52	71	120	148
毛皮鞣制及制品加工					
羽毛(绒)加工及制品制造	78	31	11	60	67
制鞋业	237	70	81	129	138
木材加工和木、竹、藤、棕、草制品业	4411	503	875	2588	2719
木材加工	145	28	42	103	110
人造板制造	3972	423	776	2285	2368
木制品制造	277	47	52	183	223
竹、藤、棕、草等制品制造	17	5	5	17	17
家具制造业	390	55	49	177	331
木质家具制造	320	52	32	139	281
竹、藤家具制造					
金属家具制造	14	1	9	5	10
塑料家具制造					
其他家具制造	56	2	8	33	39
造纸和纸制品业	1043	213	210	783	793
纸浆制造					
造纸	755	169	182	556	615
纸制品制造	288	44	28	227	179
印刷和记录媒介复制业	1742	383	488	983	1258
印刷	1661	366	461	925	1184
装订及印刷相关服务	6	4	6	6	3
记录媒介复制	75	13	21	52	70
文教、工美、体育和娱乐用品制造业	4313	1087	937	3164	3355
文教办公用品制造	465	66	47	415	417
乐器制造	33	11	17	22	28
工艺美术品制造	2861	825	632	1998	2247
体育用品制造	242	42	54	189	149
玩具制造	531	108	120	417	376
游艺器材及娱乐用品制造	181	35	67	123	139

3-C-5 续表 2

行业	R&D人员合计(人)	#女性	#研究人员	#全时人员	R&D人员折合全时当量(人年)
石油加工、炼焦和核燃料加工业	947	214	278	628	804
精炼石油产品制造	893	206	263	574	753
炼焦	54	8	15	54	51
核燃料加工					
化学原料和化学制品制造业	40641	7077	11638	27377	30064
基础化学原料制造	17385	2454	6031	11872	12057
肥料制造	708	167	250	553	511
农药制造	5154	1024	1014	3310	4144
涂料、油墨、颜料及类似产品制造	4887	1115	1331	3683	3670
合成材料制造	5259	1008	1319	3342	4113
专用化学产品制造	6838	1193	1615	4368	5243
炸药、火工及焰火产品制造	84	14	23	61	78
日用化学产品制造	326	102	55	188	247
医药制造业	11916	4050	3376	8957	10248
化学药品原料药制造	2948	708	854	2184	2378
化学药品制剂制造	4058	1523	1126	3180	3495
中药饮片加工	237	78	48	179	220
中成药生产	1983	941	681	1441	1891
兽用药品制造	439	95	125	321	387
生物药品制造	1521	440	398	1103	1244
卫生材料及医药用品制造	730	265	144	549	633
化学纤维制造业	6065	1367	1033	3438	4034
纤维素纤维原料及纤维制造	3865	843	652	2351	2347
合成纤维制造	2200	524	381	1087	1687
橡胶和塑料制品业	5552	1069	1111	3756	4294
橡胶制品业	2211	378	382	1431	1685
塑料制品业	3341	691	729	2325	2609
非金属矿物制品业	10550	1744	3112	6602	8128
水泥、石灰和石膏制造	1191	92	290	924	937
石膏、水泥制品及类似制品制造	1467	221	408	886	998
砖瓦、石材等建筑材料制造	635	119	202	447	527
玻璃制造	324	61	112	242	207
玻璃制品制造	1807	358	568	1065	1400
玻璃纤维和玻璃纤维增强塑料制品制造	1560	245	509	839	1249
陶瓷制品制造	1263	248	290	857	1148
耐火材料制品制造	1063	180	320	558	822
石墨及其他非金属矿物制品制造	1240	220	413	784	840
黑色金属冶炼和压延加工业	11825	1919	3645	6801	8788
炼铁	49	17	22	24	37
炼钢	574	135	149	440	359
黑色金属铸造	1644	192	435	1077	1321
钢压延加工	8983	1515	2955	5019	6617
铁合金冶炼	575	60	84	241	453
有色金属冶炼和压延加工业	5435	829	1137	3391	3963
常用有色金属冶炼	504	79	135	307	435
贵金属冶炼	23	2	4	8	13
稀有稀土金属冶炼	446	73	70	242	336
有色金属合金制造	1431	209	256	985	983
有色金属铸造	95	18	32	64	86
有色金属压延加工	2936	448	640	1785	2111

3-C-5 续表 3

行业	R&D人员合计(人)	#女性	#研究人员	#全时人员	R&D人员折合全时当量(人年)
金属制品业	13457	2024	3092	8726	9981
结构性金属制品制造	4067	515	818	2569	2885
金属工具制造	715	129	237	423	492
集装箱及金属包装容器制造	994	174	161	714	763
金属丝绳及其制品制造	2820	502	773	1902	2156
建筑、安全用金属制品制造	683	77	149	442	471
金属表面处理及热处理加工	1215	203	334	784	912
搪瓷制品制造	52	8	3	4	50
金属制日用品制造	304	33	47	171	228
其他金属制品制造	2607	383	570	1717	2024
通用设备制造业	36633	5929	9886	24164	28318
锅炉及原动设备制造	6875	1115	2047	4499	5781
金属加工机械制造	5279	785	1750	3402	3888
物料搬运设备制造	7196	1357	1485	5041	5303
泵、阀门、压缩机及类似机械制造	4582	761	1481	3139	3551
轴承、齿轮和传动部件制造	5882	894	1141	3588	4635
烘炉、风机、衡器、包装等设备制造	3289	472	935	2240	2389
文化、办公用机械制造	725	126	106	448	630
通用零部件制造	1993	275	675	1200	1487
其他通用设备制造业	812	144	266	607	654
专用设备制造业	26925	4363	7223	18331	20844
采矿、冶金、建筑专用设备制造	6635	970	1812	4773	5253
化工、木材、非金属加工专用设备制造	3376	505	853	2206	2565
食品、饮料、烟草及饲料生产专用设备制造	693	76	128	524	501
印刷、制药、日化及日用品生产专用设备制造	906	175	294	630	771
纺织、服装和皮革加工专用设备制造	3457	593	924	2388	2701
电子和电工机械专用设备制造	959	142	211	536	807
农、林、牧、渔专用机械制造	861	118	332	639	615
医疗仪器设备及器械制造	3180	774	719	2147	2402
环保、社会公共服务及其他专用设备制造	6858	1010	1950	4488	5229
汽车制造业	11807	2149	2801	8445	9259
汽车整车制造	2853	436	684	2041	2328
改装汽车制造	880	180	290	654	583
低速载货汽车制造					
电车制造	108	22	18	75	95
汽车车身、挂车制造	291	32	87	172	243
汽车零部件及配件制造	7675	1479	1722	5503	6009
铁路、船舶、航空航天和其他运输设备制造业	12285	2380	3586	8442	10291
铁路运输设备制造	4099	811	860	2480	3594
城市轨道交通设备制造	276	20	47	254	172
船舶及相关装置制造	3420	413	757	2182	2898
航空、航天器及设备制造	2774	815	1597	2238	2434
摩托车制造	1054	229	230	783	670
自行车制造	565	83	79	413	440
非公路休闲车及零配件制造	48	8	6	47	43
潜水救捞及其他未列明运输设备制造	49	1	10	45	41

3-C-5 续表 4

行 业	R&D人员合计(人)	#女性	#研究人员	#全时人员	R&D人员折合全时当量(人年)
电气机械和器材制造业	47659	8607	12946	32722	38240
电机制造	7337	1292	1958	4956	5900
输配电及控制设备制造	20931	3991	5697	15259	16644
电线、电缆、光缆及电工器材制造	10135	1726	2362	6311	8213
电池制造	1108	219	244	763	836
家用电力器具制造	4784	748	1680	3076	3992
非电力家用器具制造	1008	216	268	631	785
照明器具制造	1956	352	632	1450	1572
其他电气机械及器材制造	400	63	105	276	297
计算机、通信和其他电子设备制造业	22173	4800	5611	15741	17357
计算机制造	1086	183	202	813	833
通信设备制造	3520	780	1085	2812	3149
广播电视设备制造	2093	486	625	1374	1786
雷达及配套设备制造	719	230	217	514	518
视听设备制造	994	304	98	798	538
电子器件制造	6602	1357	1457	4556	4988
电子元件制造	5875	1287	1577	4060	4525
其他电子设备制造	1284	173	350	814	1018
仪器仪表制造业	17162	3012	5511	13238	13317
通用仪器仪表制造	12819	2163	4032	9811	9788
专用仪器仪表制造	3416	613	979	2657	2858
钟表与计时仪器制造	15	4	6	15	15
光学仪器及眼镜制造	696	200	433	616	461
其他仪器仪表制造业	216	32	61	139	196
其他制造业	212	55	52	155	133
日用杂品制造	206	54	48	153	131
煤制品制造	3		2	2	2
核辐射加工					
其他未列明制造业	3	1	2		
废弃资源综合利用业	208	59	55	168	172
金属废料和碎屑加工处理	144	35	42	110	125
非金属废料和碎屑加工处理	64	24	13	58	47
金属制品、机械和设备修理业	148	34	45	39	102
金属制品修理	18	2	13	11	18
通用设备修理					
专用设备修理					
铁路、船舶、航空航天等运输设备修理	118	29	31	16	73
电气设备修理					
仪器仪表修理					
其他机械和设备修理业	12	3	1	12	10
电力、热力生产和供应业	1917	217	811	409	777
电力生产	1133	170	545	361	537
电力供应	727	38	256	23	200
热力生产和供应	57	9	10	25	39
燃气生产和供应业	7	3	2	7	6
燃气生产和供应业	7	3	2	7	6
水的生产和供应业	370	107	126	145	198
自来水生产和供应	322	105	112	106	156
污水处理及其再生利用	48	2	14	39	42

3-C-6　分行业港澳台商投资企业R&D人员情况

行　　业	R&D人员合计(人)	#女性	#研究人员	#全时人员	R&D人员折合全时当量(人年)
总　计	**66058**	**15811**	**14243**	**45950**	**51872**
煤炭开采和洗选业					
烟煤和无烟煤开采洗选					
褐煤开采洗选					
其他煤炭采选					
石油和天然气开采业					
石油开采					
天然气开采					
黑色金属矿采选业					
铁矿采选					
锰矿、铬矿采选					
其他黑色金属矿采选					
有色金属矿采选业					
常用有色金属矿采选					
贵金属矿采选					
稀有稀土金属矿采选					
非金属矿采选业	8	1	2	6	6
土砂石开采	8	1	2	6	6
化学矿开采					
采盐					
石棉及其他非金属矿采选					
开采辅助活动					
煤炭开采和洗选辅助活动					
石油和天然气开采辅助活动					
其他开采辅助活动					
其他采矿业					
其他采矿业					
农副食品加工业	1177	107	151	1008	856
谷物磨制					
饲料加工	305	50	61	261	252
植物油加工	2	1	1	2	2
制糖业					
屠宰及肉类加工	795	37	54	696	560
水产品加工	13	2	7	7	13
蔬菜、水果和坚果加工	62	17	28	42	28
其他农副食品加工					
食品制造业	357	101	159	315	247
焙烤食品制造	48	13	2	39	45
糖果、巧克力及蜜饯制造	29	12	5	29	18
方便食品制造	65	28	21	56	30
乳制品制造					
罐头食品制造	40	9	3	38	32
调味品、发酵制品制造					
其他食品制造	175	39	128	153	122
酒、饮料和精制茶制造业	195	73	100	149	125
酒的制造	62	20	15	47	45
饮料制造	133	53	85	102	80
精制茶加工					

3-C-6 续表 1

行业	R&D人员合计(人)	#女性	#研究人员	#全时人员	R&D人员折合全时当量(人年)
烟草制品业					
烟叶复烤					
卷烟制造					
其他烟草制品制造					
纺织业	2951	882	567	1730	2094
棉纺织及印染精加工	1422	458	351	807	998
毛纺织及染整精加工	192	35	25	162	140
麻纺织及染整精加工	121	25	33	91	64
丝绢纺织及印染精加工					
化纤织造及印染精加工	197	56	37	130	109
针织或钩针编织物及其制品制造	210	15	37	58	146
家用纺织制成品制造	607	209	58	325	474
非家用纺织制成品制造	202	84	26	157	163
纺织服装、服饰业	1296	387	318	698	949
机织服装制造	934	299	195	513	698
针织或钩针编织服装制造	186	30	93	85	112
服饰制造	176	58	30	100	139
皮革、毛皮、羽毛及其制品和制鞋业	214	46	69	147	191
皮革鞣制加工	13	3	4	4	13
皮革制品制造	44	17	8	30	42
毛皮鞣制及制品加工					
羽毛(绒)加工及制品制造					
制鞋业	157	26	57	113	136
木材加工和木、竹、藤、棕、草制品业	163	39	52	116	110
木材加工					
人造板制造	118	26	36	88	72
木制品制造	22	8	1	13	17
竹、藤、棕、草等制品制造	23	5	15	15	22
家具制造业	44	7	14	34	44
木质家具制造	40	6	11	30	40
竹、藤家具制造					
金属家具制造					
塑料家具制造					
其他家具制造	4	1	3	4	4
造纸和纸制品业	179	39	52	112	142
纸浆制造					
造纸	53	11	32	33	41
纸制品制造	126	28	20	79	101
印刷和记录媒介复制业	491	112	96	380	362
印刷	491	112	96	380	362
装订及印刷相关服务					
记录媒介复制					
文教、工美、体育和娱乐用品制造业	1375	230	235	946	1208
文教办公用品制造	49	36	17	34	49
乐器制造	92	39	50	64	92
工艺美术品制造	213	47	17	141	169
体育用品制造	221	39	47	134	115
玩具制造	746	66	97	545	730
游艺器材及娱乐用品制造	54	3	7	28	54

3-C-6　续表 2

行　业	R&D人员合计(人)	#女性	#研究人员	#全时人员	R&D人员折合全时当量(人年)
石油加工、炼焦和核燃料加工业	111	26	70	63	79
精炼石油产品制造	111	26	70	63	79
炼焦					
核燃料加工					
化学原料和化学制品制造业	4347	727	787	2899	3350
基础化学原料制造	814	148	176	596	537
肥料制造	25	1	5	12	21
农药制造	80	14	11	31	57
涂料、油墨、颜料及类似产品制造	317	36	54	194	223
合成材料制造	604	112	117	435	502
专用化学产品制造	2331	371	387	1522	1890
炸药、火工及焰火产品制造					
日用化学产品制造	176	45	37	109	120
医药制造业	3503	1279	725	2823	2510
化学药品原料药制造	596	132	121	450	500
化学药品制剂制造	2298	979	513	1863	1543
中药饮片加工					
中成药生产	73	50	3	70	71
兽用药品制造					
生物药品制造	442	87	78	369	327
卫生材料及医药用品制造	94	31	10	71	69
化学纤维制造业	2619	679	409	1438	2057
纤维素纤维原料及纤维制造	135	77	21	85	69
合成纤维制造	2484	602	388	1353	1989
橡胶和塑料制品业	2109	411	486	1126	1654
橡胶制品业	396	80	136	237	327
塑料制品业	1713	331	350	889	1327
非金属矿物制品业	1851	271	580	1052	1514
水泥、石灰和石膏制造					
石膏、水泥制品及类似制品制造	248	24	30	137	203
砖瓦、石材等建筑材料制造	87	21	22	67	77
玻璃制造	227	9	12	160	200
玻璃制品制造	559	120	175	271	428
玻璃纤维和玻璃纤维增强塑料制品制造	203	16	43	176	194
陶瓷制品制造	134	40	37	33	86
耐火材料制品制造	273	3	214	106	264
石墨及其他非金属矿物制品制造	120	38	47	102	62
黑色金属冶炼和压延加工业	1667	202	765	1292	1391
炼铁					
炼钢	1140	139	652	995	1010
黑色金属铸造	298	41	56	215	219
钢压延加工	229	22	57	82	162
铁合金冶炼					
有色金属冶炼和压延加工业	562	95	100	415	426
常用有色金属冶炼	15	7	9	13	10
贵金属冶炼					
稀有稀土金属冶炼					
有色金属合金制造	45	10	9	8	18
有色金属铸造	6		1	4	6
有色金属压延加工	496	78	81	390	393

3-C-6 续表 3

行业	R&D人员合计(人)				R&D人员折合全时当量(人年)
		#女性	#研究人员	#全时人员	
金属制品业	2403	413	346	1692	1962
结构性金属制品制造	445	93	79	264	223
金属工具制造	245	69	54	173	192
集装箱及金属包装容器制造	453	24	30	401	442
金属丝绳及其制品制造	133	20	29	99	113
建筑、安全用金属制品制造	378	51	35	274	295
金属表面处理及热处理加工	81	6	16	48	76
搪瓷制品制造	15	1	3	14	13
金属制日用品制造	46	17	5	5	46
其他金属制品制造	607	132	95	414	562
通用设备制造业	4484	884	1345	2949	3654
锅炉及原动设备制造	956	249	318	475	850
金属加工机械制造	752	116	263	524	610
物料搬运设备制造	602	99	122	371	383
泵、阀门、压缩机及类似机械制造	785	164	176	644	637
轴承、齿轮和传动部件制造	297	42	33	205	250
烘炉、风机、衡器、包装等设备制造	809	150	396	627	699
文化、办公用机械制造	95	24	10	47	63
通用零部件制造	169	40	26	56	150
其他通用设备制造业	19		1		14
专用设备制造业	3086	532	809	1967	2288
采矿、冶金、建筑专用设备制造	731	109	154	491	541
化工、木材、非金属加工专用设备制造	980	135	294	584	696
食品、饮料、烟草及饲料生产专用设备制造	23	3	3	22	10
印刷、制药、日化及日用品生产专用设备制造	50	5	15	50	50
纺织、服装和皮革加工专用设备制造	588	115	183	414	425
电子和电工机械专用设备制造	60	14	6	51	53
农、林、牧、渔专用机械制造					
医疗仪器设备及器械制造	277	85	68	171	227
环保、社会公共服务及其他专用设备制造	377	66	86	184	285
汽车制造业	1307	234	290	872	970
汽车整车制造					
改装汽车制造	17	1	4	7	17
低速载货汽车制造					
电车制造					
汽车车身、挂车制造					
汽车零部件及配件制造	1290	233	286	865	953
铁路、船舶、航空航天和其他运输设备制造业	1112	168	184	909	996
铁路运输设备制造	411	66	56	405	407
城市轨道交通设备制造					
船舶及相关装置制造	538	90	83	411	488
航空、航天器及设备制造	35	5	21	35	35
摩托车制造	16	1	2	5	7
自行车制造	69	4	17	39	52
非公路休闲车及零配件制造	43	2	5	14	7
潜水救捞及其他未列明运输设备制造					

3-C-6　续表 4

行　　业	R&D人员合计(人)	#女性	#研究人员	#全时人员	R&D人员折合全时当量(人年)
电气机械和器材制造业	8395	1782	1573	5622	6576
电机制造	1712	369	281	1170	1517
输配电及控制设备制造	3537	804	553	2339	2538
电线、电缆、光缆及电工器材制造	981	212	189	588	796
电池制造	442	64	66	268	317
家用电力器具制造	1491	255	392	1101	1232
非电力家用器具制造	57	17	29	35	37
照明器具制造	168	59	56	116	137
其他电气机械及器材制造	7	2	7	5	3
计算机、通信和其他电子设备制造业	18258	5710	3555	13897	14552
计算机制造	2220	602	650	1584	1497
通信设备制造	93	15	26	77	80
广播电视设备制造	748	182	140	589	590
雷达及配套设备制造					
视听设备制造	5699	2502	558	4883	4801
电子器件制造	1870	504	582	1364	1322
电子元件制造	6972	1720	1461	4965	5842
其他电子设备制造	656	185	138	435	421
仪器仪表制造业	1568	327	335	1167	1385
通用仪器仪表制造	869	181	184	726	780
专用仪器仪表制造	459	91	114	337	415
钟表与计时仪器制造					
光学仪器及眼镜制造	240	55	37	104	189
其他仪器仪表制造业					
其他制造业	44	11	21	27	41
日用杂品制造	44	11	21	27	41
煤制品制造					
核辐射加工					
其他未列明制造业					
废弃资源综合利用业	45	12	5	32	44
金属废料和碎屑加工处理	45	12	5	32	44
非金属废料和碎屑加工处理					
金属制品、机械和设备修理业					
金属制品修理					
通用设备修理					
专用设备修理					
铁路、船舶、航空航天等运输设备修理					
电气设备修理					
仪器仪表修理					
其他机械和设备修理业					
电力、热力生产和供应业	31	2	16	20	27
电力生产	31	2	16	20	27
电力供应					
热力生产和供应					
燃气生产和供应业	49	13	21	33	46
燃气生产和供应业	49	13	21	33	46
水的生产和供应业	57	9	6	14	18
自来水生产和供应	51	9	5	8	13
污水处理及其再生利用	6		1	6	5

3-C-7 分行业外商投资企业R&D人员情况

行业	R&D人员合计(人)	#女性	#研究人员	#全时人员	R&D人员折合全时当量(人年)
总计	**112694**	**23553**	**22735**	**72315**	**86379**
煤炭开采和洗选业					
烟煤和无烟煤开采洗选					
褐煤开采洗选					
其他煤炭采选					
石油和天然气开采业					
石油开采					
天然气开采					
黑色金属矿采选业					
铁矿采选					
锰矿、铬矿采选					
其他黑色金属矿采选					
有色金属矿采选业					
常用有色金属矿采选					
贵金属矿采选					
稀有稀土金属矿采选					
非金属矿采选业					
土砂石开采					
化学矿开采					
采盐					
石棉及其他非金属矿采选					
开采辅助活动	6	1	2	4	5
煤炭开采和洗选辅助活动	6	1	2	4	5
石油和天然气开采辅助活动					
其他开采辅助活动					
其他采矿业					
其他采矿业					
农副食品加工业	604	88	115	295	388
谷物磨制					
饲料加工	174	37	24	97	71
植物油加工	107	8	12	43	52
制糖业					
屠宰及肉类加工	5	1	1	4	2
水产品加工	39	4	3	19	34
蔬菜、水果和坚果加工	120	21	43	94	100
其他农副食品加工	159	17	32	38	128
食品制造业	536	147	112	443	375
焙烤食品制造	65	25	4	65	23
糖果、巧克力及蜜饯制造	24		6	19	8
方便食品制造	30	14	14	15	26
乳制品制造	42	2	5	29	39
罐头食品制造	29	6	11	23	29
调味品、发酵制品制造					
其他食品制造	346	100	72	292	250
酒、饮料和精制茶制造业	174	41	46	105	125
酒的制造	112	15	37	55	76
饮料制造	62	26	9	50	49
精制茶加工					

3-C-7　续表 1

行　　业	R&D 人员合计 (人)	#女性	#研究人员	#全时人员	R&D人员折合全时当量 (人年)
烟草制品业					
烟叶复烤					
卷烟制造					
其他烟草制品制造					
纺织业	1448	545	343	983	1164
棉纺织及印染精加工	432	99	53	311	354
毛纺织及染整精加工	52	22	9	44	46
麻纺织及染整精加工	6	1	4	4	2
丝绢纺织及印染精加工	34	12	18	31	34
化纤织造及印染精加工	132	74	37	18	81
针织或钩针编织物及其制品制造	38	9	27	24	28
家用纺织制成品制造	463	241	111	349	386
非家用纺织制成品制造	291	87	84	202	233
纺织服装、服饰业	2041	685	426	1222	1389
机织服装制造	1638	519	304	927	1065
针织或钩针编织服装制造	208	76	61	158	163
服饰制造	195	90	61	137	161
皮革、毛皮、羽毛及其制品和制鞋业	771	337	166	499	586
皮革鞣制加工	43	5	9	19	20
皮革制品制造	415	209	75	273	369
毛皮鞣制及制品加工	16	9	3	11	16
羽毛(绒)加工及制品制造	135	64	25	52	87
制鞋业	162	50	54	144	94
木材加工和木、竹、藤、棕、草制品业	234	63	70	165	151
木材加工					
人造板制造	164	55	53	121	87
木制品制造	70	8	17	44	64
竹、藤、棕、草等制品制造					
家具制造业	132	13	41	68	124
木质家具制造	60	7	11	29	52
竹、藤家具制造					
金属家具制造	14	1	3	14	14
塑料家具制造					
其他家具制造	58	5	27	25	58
造纸和纸制品业	3310	571	254	1860	2208
纸浆制造					
造纸	3053	525	223	1766	2018
纸制品制造	257	46	31	94	190
印刷和记录媒介复制业	202	60	54	138	187
印刷	202	60	54	138	187
装订及印刷相关服务					
记录媒介复制					
文教、工美、体育和娱乐用品制造业	1550	401	353	971	1253
文教办公用品制造	99	6	14	20	85
乐器制造	25	4	3	16	17
工艺美术品制造	641	185	135	473	555
体育用品制造	109	20	34	55	57
玩具制造	428	132	130	278	391
游艺器材及娱乐用品制造	248	54	37	129	148

3-C-7 续表 2

行业	R&D人员合计(人)	#女性	#研究人员	#全时人员	R&D人员折合全时当量(人年)
石油加工、炼焦和核燃料加工业	99	41	54	58	86
精炼石油产品制造					
炼焦	99	41	54	58	86
核燃料加工					
化学原料和化学制品制造业	6072	1398	1553	4045	4613
基础化学原料制造	1431	307	317	913	1133
肥料制造	250	67	59	191	108
农药制造	740	208	240	407	680
涂料、油墨、颜料及类似产品制造	914	245	245	709	728
合成材料制造	1486	303	337	831	998
专用化学产品制造	1096	217	282	849	823
炸药、火工及焰火产品制造					
日用化学产品制造	155	51	73	145	143
医药制造业	3071	1029	871	2283	2619
化学药品原料药制造	453	76	131	394	422
化学药品制剂制造	1848	740	532	1473	1652
中药饮片加工	7	1	4	5	4
中成药生产	158	64	63	135	91
兽用药品制造	56	12	9	27	45
生物药品制造	374	110	109	137	261
卫生材料及医药用品制造	175	26	23	112	144
化学纤维制造业	962	208	306	507	546
纤维素纤维原料及纤维制造	494	63	208	254	275
合成纤维制造	468	145	98	253	271
橡胶和塑料制品业	3590	584	1113	1868	2861
橡胶制品业	1794	203	809	785	1351
塑料制品业	1796	381	304	1083	1511
非金属矿物制品业	2161	348	489	889	1216
水泥、石灰和石膏制造	179	10	18	27	155
石膏、水泥制品及类似制品制造	10	2	3	8	6
砖瓦、石材等建筑材料制造	50	16	22	13	27
玻璃制造	25	6	17	24	22
玻璃制品制造	524	111	112	217	367
玻璃纤维和玻璃纤维增强塑料制品制造	184	55	88	127	135
陶瓷制品制造	749	52	133	158	174
耐火材料制品制造	153	46	30	90	111
石墨及其他非金属矿物制品制造	287	50	66	225	217
黑色金属冶炼和压延加工业	1288	145	261	870	1100
炼铁					
炼钢					
黑色金属铸造	436	49	115	280	414
钢压延加工	832	94	134	570	669
铁合金冶炼	20	2	12	20	17
有色金属冶炼和压延加工业	1085	177	172	706	797
常用有色金属冶炼	10	1	2	2	10
贵金属冶炼	2		2		2
稀有稀土金属冶炼	150	50	52	101	94
有色金属合金制造	320	51	27	314	300
有色金属铸造	6		3	5	6
有色金属压延加工	597	75	86	284	385

3-C-7　续表 3

行　　业	R&D人员合计(人)	#女性	#研究人员	#全时人员	R&D人员折合全时当量(人年)
金属制品业	4044	566	927	2473	2702
结构性金属制品制造	870	105	189	538	515
金属工具制造	115	20	12	63	94
集装箱及金属包装容器制造	649	86	205	482	600
金属丝绳及其制品制造	632	59	149	332	201
建筑、安全用金属制品制造	166	26	39	125	119
金属表面处理及热处理加工	125	34	84	110	115
搪瓷制品制造					
金属制日用品制造	1055	170	101	550	821
其他金属制品制造	432	66	148	273	236
通用设备制造业	7736	1354	1564	5145	5671
锅炉及原动设备制造	970	175	104	663	890
金属加工机械制造	680	116	149	396	408
物料搬运设备制造	658	111	167	494	539
泵、阀门、压缩机及类似机械制造	1250	197	276	737	929
轴承、齿轮和传动部件制造	847	134	108	536	498
烘炉、风机、衡器、包装等设备制造	1452	217	287	1004	1081
文化、办公用机械制造	855	230	210	602	669
通用零部件制造	864	156	234	685	621
其他通用设备制造业	160	18	29	28	36
专用设备制造业	8963	1308	1854	5938	6965
采矿、冶金、建筑专用设备制造	3300	338	656	2236	2554
化工、木材、非金属加工专用设备制造	2261	345	470	1593	1666
食品、饮料、烟草及饲料生产专用设备制造	294	53	104	208	238
印刷、制药、日化及日用品生产专用设备制造	331	53	37	204	239
纺织、服装和皮革加工专用设备制造	164	21	31	98	139
电子和电工机械专用设备制造	174	41	70	146	128
农、林、牧、渔专用机械制造	567	85	81	314	460
医疗仪器设备及器械制造	1013	233	184	535	849
环保、社会公共服务及其他专用设备制造	859	139	221	604	692
汽车制造业	6991	1119	1403	4733	5728
汽车整车制造	685	50	44	237	685
改装汽车制造	13	4	2	11	11
低速载货汽车制造					
电车制造					
汽车车身、挂车制造					
汽车零部件及配件制造	6293	1065	1357	4485	5032
铁路、船舶、航空航天和其他运输设备制造业	3783	503	717	2640	2797
铁路运输设备制造	200	32	104	187	176
城市轨道交通设备制造	277	69	56	50	182
船舶及相关装置制造	2142	238	391	1519	1878
航空、航天器及设备制造	106	15	48	92	37
摩托车制造	295	34	46	136	200
自行车制造	646	105	61	569	272
非公路休闲车及零配件制造	117	10	11	87	52
潜水救捞及其他未列明运输设备制造					

3-C-7 续表 4

行　　业	R&D人员合计(人)	#女性	#研究人员	#全时人员	R&D人员折合全时当量(人年)
电气机械和器材制造业	14924	3276	2676	10881	12875
电机制造	3364	635	711	2089	2823
输配电及控制设备制造	7689	1726	1398	6125	6866
电线、电缆、光缆及电工器材制造	990	181	259	597	768
电池制造	746	242	44	447	532
家用电力器具制造	1782	395	191	1385	1590
非电力家用器具制造	60	13	16	14	55
照明器具制造	255	76	51	204	203
其他电气机械及器材制造	38	8	6	20	38
计算机、通信和其他电子设备制造业	34171	8039	5985	20574	25737
计算机制造	6675	1957	883	5430	5475
通信设备制造	2660	553	300	1343	1466
广播电视设备制造	136	47	39	95	103
雷达及配套设备制造					
视听设备制造	831	165	233	525	563
电子器件制造	8890	2258	1513	5893	7243
电子元件制造	10271	2962	2301	6659	7849
其他电子设备制造	4708	97	716	629	3037
仪器仪表制造业	2490	452	766	1774	1968
通用仪器仪表制造	1634	332	553	1236	1306
专用仪器仪表制造	540	81	133	419	491
钟表与计时仪器制造					
光学仪器及眼镜制造	316	39	80	119	171
其他仪器仪表制造业					
其他制造业	111	18	5	106	38
日用杂品制造	111	18	5	106	38
煤制品制造					
核辐射加工					
其他未列明制造业					
废弃资源综合利用业					
金属废料和碎屑加工处理					
非金属废料和碎屑加工处理					
金属制品、机械和设备修理业	28	6	9	8	28
金属制品修理					
通用设备修理					
专用设备修理					
铁路、船舶、航空航天等运输设备修理	28	6	9	8	28
电气设备修理					
仪器仪表修理					
其他机械和设备修理业					
电力、热力生产和供应业	49	12	8	21	17
电力生产	49	12	8	21	17
电力供应					
热力生产和供应					
燃气生产和供应业	22	5	4	13	11
燃气生产和供应业	22	5	4	13	11
水的生产和供应业	46	13	16	30	45
自来水生产和供应	38	12	15	22	38
污水处理及其再生利用	8	1	1	8	7

3-C-8 分地区企业R&D人员情况

地区	R&D人员合计(人)	#女性	#研究人员	#全时人员	R&D人员折合全时当量(人年)
全省	**510930**	**103785**	**128010**	**339701**	**393942**
南京市	56776	11483	18848	41586	43796
无锡市	76821	15942	19564	45724	62606
徐州市	25389	4741	7513	16545	19003
常州市	53305	11862	10486	35890	40508
苏州市	127287	26658	25899	85087	97707
南通市	52402	10206	11911	32971	39305
连云港市	12037	3415	3906	8966	8896
淮安市	8777	1619	2401	5770	7057
盐城市	22858	3137	5817	18042	19195
扬州市	22924	4466	7792	14392	16533
镇江市	26604	5162	6840	16416	18877
泰州市	17869	3629	4980	12658	14484
宿迁市	7881	1465	2053	5654	5975

3-C-9 分地区大中型企业R&D人员情况

地区	R&D人员合计(人)	#女性	#研究人员	#全时人员	R&D人员折合全时当量(人年)
全省	**358872**	**75999**	**88934**	**238998**	**279892**
南京市	46167	9314	15746	33441	35716
无锡市	52380	11278	13312	31042	43688
徐州市	17633	3252	5541	11423	12831
常州市	34361	8285	6274	24049	27151
苏州市	98051	21416	18943	66086	75409
南通市	31844	6506	7305	19891	24276
连云港市	7473	2479	2142	5814	5646
淮安市	5871	1076	1369	3756	4903
盐城市	13282	1876	3117	10204	11408
扬州市	15271	3067	5379	9378	11280
镇江市	20510	4033	5344	12134	14528
泰州市	12792	2718	3584	9292	10579
宿迁市	3237	699	878	2488	2476

3-C-10 分地区内资企业R&D人员情况

地　　区	R&D 人员合计 (人)	#女性	#研究人员	#全时人员	R&D人员折合全时当量 (人年)
全　　省	**332178**	**64421**	**91032**	**221436**	**255691**
南 京 市	44126	8415	15846	32649	34396
无 锡 市	49648	10272	12854	29435	40092
徐 州 市	21878	3891	6725	14239	16451
常 州 市	37040	7160	7976	23681	27600
苏 州 市	50787	10339	11141	35465	39596
南 通 市	34527	6660	8023	20697	25785
连云港市	8735	2203	3031	6367	6279
淮 安 市	6400	1186	2016	4483	4924
盐 城 市	19332	2584	5064	15399	16120
扬 州 市	19105	3660	6953	12000	14011
镇 江 市	19074	3702	5214	11886	13158
泰 州 市	14325	3094	4285	10054	11747
宿 迁 市	7201	1255	1904	5081	5531

3-C-11 分地区港澳台商投资企业R&D人员情况

地　　区	R&D 人员合计 (人)	#女性	#研究人员	#全时人员	R&D人员折合全时当量 (人年)
全　　省	**66058**	**15811**	**14243**	**45950**	**51872**
南 京 市	5283	1337	1280	4362	3978
无 锡 市	9539	2051	2953	6455	7844
徐 州 市	1840	407	314	1278	1480
常 州 市	9040	3234	1164	7267	7567
苏 州 市	23827	5273	5225	15565	18544
南 通 市	6695	1367	1300	4306	4867
连云港市	1311	572	296	1093	1034
淮 安 市	1157	222	255	671	977
盐 城 市	1348	142	274	1133	1159
扬 州 市	1530	300	317	1054	1083
镇 江 市	3135	582	612	1690	2250
泰 州 市	998	180	179	790	845
宿 迁 市	355	144	74	286	243

3-C-12　分地区外商投资企业R&D人员情况

地　区	R&D人员合计(人)	#女性	#研究人员	#全时人员	R&D人员折合全时当量(人年)
全　省	**112694**	**23553**	**22735**	**72315**	**86379**
南京市	7367	1731	1722	4575	5422
无锡市	17634	3619	3757	9834	14671
徐州市	1671	443	474	1028	1071
常州市	7225	1468	1346	4942	5341
苏州市	52673	11046	9533	34057	39566
南通市	11180	2179	2588	7968	8654
连云港市	1991	640	579	1506	1583
淮安市	1220	211	130	616	1155
盐城市	2178	411	479	1510	1916
扬州市	2289	506	522	1338	1439
镇江市	4395	878	1014	2840	3469
泰州市	2546	355	516	1814	1892
宿迁市	325	66	75	287	200

3-D-1-1 分登记注册类型企业R&D经费内部支出情况

单位：万元

登记注册类型	R&D经费内部支出	日常性支出	#人员劳务费	资产性支出	#仪器和设备	#政府资金	#企业资金
总　计	**12395745**	**10731253**	**3396949**	**1664492**	**1620847**	**240670**	**11923253**
内资企业	**8206476**	**7060213**	**2130772**	**1146263**	**1114356**	**198911**	**7927740**
国有企业	138082	121636	51695	16446	16167	7977	129023
集体企业	41270	33116	10218	8154	7894	1004	39580
股份合作企业	13219	10979	3495	2240	2208	43	13176
联营企业	4199	3696	954	503	486	14	4184
国有联营企业	2861	2595	500	266	265	14	2847
集体联营企业	1062	906	348	156	141		1062
国有与集体联营企业	276	194	107	82	80		276
其他联营企业							
有限责任公司	2514435	2198400	609981	316035	307006	76377	2416323
国有独资公司	344293	296244	81039	48048	47532	30771	309510
其他有限责任公司	2170142	1902156	528943	267986	259475	45606	2106813
股份有限公司	1276125	1135126	384110	140999	136417	33364	1233563
私营企业	4202558	3542821	1066209	659736	642117	79777	4075783
私营独资企业	106333	89670	26713	16663	16259	1257	104862
私营合伙企业	7585	6726	2177	859	843	29	7408
私营有限责任公司	3768435	3181472	952994	586963	570929	66330	3658605
私营股份有限公司	320205	264954	84325	55251	54087	12162	304908
其他企业	16589	14439	4110	2150	2060	355	16108
港、澳、台商投资企业	**1481370**	**1299746**	**402969**	**181625**	**177976**	**18364**	**1439114**
合资经营企业(港或澳、台资)	614762	532210	143597	82552	80411	9081	598792
合作经营企业(港或澳、台资)	11700	9526	2710	2174	2126	259	11441
港、澳、台商独资经营企业	781617	692181	237249	89436	88005	7629	757748
港、澳、台商投资股份有限公司	70684	63717	18363	6967	6938	1395	68525
其他港澳台投资企业	2608	2112	1050	496	496		2608
外商投资企业	**2707899**	**2371294**	**863208**	**336605**	**328516**	**23395**	**2556399**
中外合资经营企业	1072074	921467	316811	150607	147158	10671	1031407
中外合作经营企业	37178	33868	9788	3310	3292	938	34916
外资企业	1512471	1338201	505995	174270	169748	10724	1405477
外商投资股份有限公司	83049	75302	29705	7748	7679	1062	81471
其他外商投资企业	3127	2457	909	670	640		3127

3-D-1-2　分登记注册类型大中型企业R&D经费内部支出情况

单位：万元

登记注册类型	R&D经费内部支出	日常性支出	#人员劳务费	资产性支出	#仪器和设备	#政府资金	#企业资金
总　计	**8908956**	**7766038**	**2473761**	**1142918**	**1113974**	**174083**	**8562970**
内资企业	**5545740**	**4808166**	**1448347**	**737574**	**717876**	**139911**	**5361016**
国有企业	132766	117325	49941	15442	15170	7913	123771
集体企业	31625	25322	7802	6304	6080	887	30540
股份合作企业	5967	5203	1793				5951
联营企业							
国有联营企业							
集体联营企业							
国有与集体联营企业							
其他联营企业							
有限责任公司	2042686	1793892	490851	248794	241426	61507	1964154
国有独资公司	334093	287339	78368	46754	46248	30512	299570
其他有限责任公司	1708593	1506553	412483	202040	195178	30995	1664584
股份有限公司	1103468	985349	341189	118119	114368	25933	1069406
私营企业	2223283	1876172	554997	347111	339068	43625	2161280
私营独资企业	37024	30760	8257	6264	6132		36454
私营合伙企业							
私营有限责任公司	1960874	1657706	486977	303169	296055	33085	1910579
私营股份有限公司	224479	186859	59357	37620	36824	9969	213474
其他企业	5632	4677	1622	955	927	30	5602
港、澳、台商投资企业	**1170607**	**1029284**	**318188**	**141323**	**138700**	**14682**	**1137740**
合资经营企业(港或澳、台资)	471035	407048	105183	63987	62359	6916	460262
合作经营企业(港或澳、台资)							
港、澳、台商独资经营企业	635166	564045	195024	71121	70165	6390	615062
港、澳、台商投资股份有限公司	59337	53955	16423	5381	5357	1376	57347
其他港澳台投资企业	2297	2022	1020	275	275		2297
外商投资企业	**2192610**	**1928588**	**707225**	**264022**	**257398**	**19490**	**2064214**
中外合资经营企业	849869	732477	255085	117392	114914	8554	812907
中外合作经营企业	30848	28440	7832	2408	2396	937	29256
外资企业	1246548	1107186	417354	139362	135322	9853	1157368
外商投资股份有限公司	63265	58785	26305	4480	4416	146	62603
其他外商投资企业	2080	1700	650	380	350		2080

3-D-1-3 分行业企业R&D经费内部支出情况

单位：万元

行业	R&D经费内部支出	日常性支出	#人员劳务费	资产性支出	#仪器和设备	#政府资金	#企业资金
总计	**12395745**	**10731253**	**3396949**	**1664492**	**1620847**	**240670**	**11923253**
煤炭开采和洗选业	37518	34909	15098	2609	2517	10	37508
烟煤和无烟煤开采洗选	37518	34909	15098	2609	2517	10	37508
褐煤开采洗选							
其他煤炭采选							
石油和天然气开采业	25097	23102	14149	1995	1977	200	23953
石油开采	25097	23102	14149	1995	1977	200	23953
天然气开采							
黑色金属矿采选业	332	262	167	70	68	2	330
铁矿采选	332	262	167	70	68	2	330
锰矿、铬矿采选							
其他黑色金属矿采选							
有色金属矿采选业	1157	1124	335	33	33	266	891
常用有色金属矿采选	1157	1124	335	33	33	266	891
贵金属矿采选							
稀有稀土金属矿采选							
非金属矿采选业	12367	10183	2810	2185	2174	230	12137
土砂石开采	1825	1688	784	137	136	114	1711
化学矿开采	4083	2688	634	1395	1390		4083
采盐	4704	4254	1294	451	447	116	4588
石棉及其他非金属矿采选	1755	1553	97	202	202		1755
开采辅助活动	34	34	22				34
煤炭开采和洗选辅助活动	34	34	22				34
石油和天然气开采辅助活动							
其他开采辅助活动							
其他采矿业							
其他采矿业							
农副食品加工业	122464	104686	32723	17777	17297	2375	118538
谷物磨制	14286	11257	4719	3028	2942	100	14063
饲料加工	35423	30995	7904	4428	4321	489	33579
植物油加工	8027	6133	2235	1894	1821	65	7962
制糖业	615	494	215	121	117	29	586
屠宰及肉类加工	36166	32723	10876	3443	3385	1075	35018
水产品加工	5457	3838	1246	1619	1582	95	5362
蔬菜、水果和坚果加工	10814	8529	2568	2286	2194	85	10729
其他农副食品加工	11676	10718	2961	958	936	437	11239
食品制造业	70352	57815	17158	12537	12291	1305	66434
焙烤食品制造	4787	4217	1007	570	555	10	4669
糖果、巧克力及蜜饯制造	3933	3249	738	683	681		2360
方便食品制造	3422	2389	952	1033	1031		3422
乳制品制造	8786	6931	1910	1855	1726	611	8175
罐头食品制造	6139	5282	1287	857	837	10	5817
调味品、发酵制品制造	14739	12169	4639	2570	2507	321	13887
其他食品制造	28548	23578	6626	4970	4955	353	28104
酒、饮料和精制茶制造业	63995	50149	14303	13846	13089	570	63009
酒的制造	34090	26785	8124	7305	6651	17	33986
饮料制造	27337	21255	5660	6082	6012	303	26706
精制茶加工	2568	2109	519	458	427	250	2318

3-D-1-3 续表 1

单位：万元

行业	R&D经费内部支出	日常性支出	#人员劳务费	资产性支出	#仪器和设备	#政府资金	#企业资金
烟草制品业	3423	3187	1823	236	221		3378
烟叶复烤							
卷烟制造	1682	1605	1071	77	77		1682
其他烟草制品制造	1741	1582	752	159	144		1696
纺织业	433972	359102	115573	74870	73232	6257	420804
棉纺织及印染精加工	232727	203313	63804	29414	28744	2052	229079
毛纺织及染整精加工	66054	36586	12162	29468	28831	969	64894
麻纺织及染整精加工	5015	4118	1203	897	879		5015
丝绢纺织及印染精加工	13830	11432	4576	2398	2352	1079	12059
化纤织造及印染精加工	22325	20246	7591	2078	2049	600	19892
针织或钩针编织物及其制品制造	15320	12618	4396	2702	2672	332	14478
家用纺织制成品制造	43825	40339	13209	3486	3360	1023	40714
非家用纺织制成品制造	34877	30451	8633	4426	4346	203	34674
纺织服装、服饰业	247895	217130	82774	30765	28510	1385	242348
机织服装制造	201669	177689	65728	23980	22425	1184	197595
针织或钩针编织服装制造	36045	29958	13703	6086	5393	101	35593
服饰制造	10181	9483	3343	699	692	100	9159
皮革、毛皮、羽毛及其制品和制鞋业	30686	27349	9849	3336	3274	384	28281
皮革鞣制加工	2700	2694	400	6	6	10	1430
皮革制品制造	8445	8062	3283	383	377	35	7783
毛皮鞣制及制品加工	321	189	41	133	103		321
羽毛(绒)加工及制品制造	7292	6159	2599	1134	1122	306	6986
制鞋业	11927	10246	3527	1681	1667	33	11761
木材加工和木、竹、藤、棕、草制品业	111788	96889	24970	14899	14553	774	109364
木材加工	4881	3975	1419	906	862	5	4876
人造板制造	97500	84512	21195	12988	12695	762	95087
木制品制造	8414	7659	1852	755	745	6	8408
竹、藤、棕、草等制品制造	994	744	505	250	250		994
家具制造业	12263	11193	4369	1070	1017	11	11480
木质家具制造	9779	8926	3147	853	803	8	9284
竹、藤家具制造							
金属家具制造	670	595	226	75	72		670
塑料家具制造							
其他家具制造	1815	1673	996	142	142	3	1526
造纸和纸制品业	91154	83666	26400	7488	7172	272	90739
纸浆制造							
造纸	78089	72794	22703	5295	5042	52	77894
纸制品制造	13065	10872	3697	2193	2130	220	12845
印刷和记录媒介复制业	67103	54800	16527	12303	12129	154	65010
印刷	65754	53754	15896	12001	11827	154	63662
装订及印刷相关服务	10	10	6				10
记录媒介复制	1338	1036	625	302	302		1338
文教、工美、体育和娱乐用品制造业	130874	111629	40762	19245	17912	1451	128574
文教办公用品制造	12228	9716	3106	2513	1763	67	12046
乐器制造	1191	1139	631	52	52	18	1155
工艺美术品制造	67580	58384	22314	9196	8888	637	66667
体育用品制造	11585	9682	2634	1903	1874	140	11403
玩具制造	26723	24006	8521	2717	2511	555	25770
游艺器材及娱乐用品制造	11568	8704	3556	2864	2823	34	11534

3-D-1-3 续表 2

单位：万元

行业	R&D经费内部支出	日常性支出	#人员劳务费	资产性支出	#仪器和设备	#政府资金	#企业资金
石油加工、炼焦和核燃料加工业	54420	44649	9604	9771	9688	150	54270
精炼石油产品制造	41424	37389	8868	4035	3960	132	41292
炼焦	12996	7260	736	5736	5728	18	12978
核燃料加工							
化学原料和化学制品制造业	1492733	1341374	380161	151359	147907	23406	1450610
基础化学原料制造	570339	521100	162930	49239	48000	9213	557500
肥料制造	21417	18206	3866	3212	3168	475	20943
农药制造	167884	148180	36831	19704	19402	2750	162984
涂料、油墨、颜料及类似产品制造	135667	119802	44587	15865	15241	1562	132937
合成材料制造	254052	236258	56872	17794	17402	3044	242678
专用化学产品制造	325471	282075	70227	43396	42587	6065	315964
炸药、火工及焰火产品制造	1154	882	393	272	266		1154
日用化学产品制造	16749	14871	4456	1878	1841	298	16451
医药制造业	505922	447660	135450	58262	56485	16817	478009
化学药品原料药制造	84509	72831	26275	11678	11127	1594	76117
化学药品制剂制造	269454	242914	70986	26540	25775	8418	259745
中药饮片加工	10906	10093	1697	813	793	522	10384
中成药生产	45847	39203	12444	6645	6510	3355	40728
兽用药品制造	11040	8815	2708	2224	2165	183	10857
生物药品制造	60218	52437	15763	7781	7584	2375	57016
卫生材料及医药用品制造	23948	21367	5577	2582	2532	371	23162
化学纤维制造业	261287	233737	58055	27550	26693	3707	256409
纤维素纤维原料及纤维制造	151257	133481	35582	17776	17111	1046	149138
合成纤维制造	110030	100256	22472	9774	9582	2661	107271
橡胶和塑料制品业	235398	203672	70568	31726	30975	2994	229963
橡胶制品业	99857	86194	34305	13663	13139	1358	97296
塑料制品业	135540	117477	36264	18063	17836	1636	132668
非金属矿物制品业	289218	246926	83427	42292	40117	11385	273868
水泥、石灰和石膏制造	28761	24503	9349	4258	4106	375	28095
石膏、水泥制品及类似制品制造	43067	36613	9602	6454	6207	233	42175
砖瓦、石材等建筑材料制造	20529	18557	6160	1973	1914	590	19579
玻璃制造	7818	6152	2358	1666	1621	240	6850
玻璃制品制造	54505	45733	18279	8771	8527	2151	51765
玻璃纤维和玻璃纤维增强塑料制品制造	41155	35843	10277	5313	5140	4416	36740
陶瓷制品制造	27526	24285	9360	3241	3228	1003	26333
耐火材料制品制造	35766	29344	9562	6422	5376	690	34165
石墨及其他非金属矿物制品制造	30091	25896	8480	4195	3998	1687	28166
黑色金属冶炼和压延加工业	698692	597046	111187	101646	97378	2956	694741
炼铁	179	135	27	44	42	1	178
炼钢	97442	80169	13875	17273	16453	65	97377
黑色金属铸造	61967	54023	16779	7944	7681	351	61425
钢压延加工	518841	444712	75489	74129	71133	2539	515498
铁合金冶炼	20263	18007	5016	2257	2070		20263
有色金属冶炼和压延加工业	206994	174096	44354	32899	32412	3564	198205
常用有色金属冶炼	16844	14728	3994	2116	2089	70	15975
贵金属冶炼	176	169	60	7	7		176
稀有稀土金属冶炼	20125	16483	3709	3642	3636	395	19730
有色金属合金制造	58243	48238	13160	10006	9860	1164	56453
有色金属铸造	1577	1372	544	205	194		1577
有色金属压延加工	110029	93106	22888	16923	16627	1935	104295

3-D-1-3　续表 3　　单位：万元

行　业	R&D经费内部支出	日常性支出	#人员劳务费	资产性支出	#仪器和设备	#政府资金	#企业资金
金属制品业	490945	411472	123224	79473	77149	6386	476991
结构性金属制品制造	119712	96915	30329	22796	22387	938	114855
金属工具制造	23547	18967	6688	4581	4542	292	22881
集装箱及金属包装容器制造	54118	48500	16112	5618	5494	1780	51890
金属丝绳及其制品制造	142461	119734	30072	22727	21483	1698	139847
建筑、安全用金属制品制造	22640	18844	6450	3795	3689	183	22456
金属表面处理及热处理加工	31743	27983	7819	3760	3695	493	30754
搪瓷制品制造	1122	907	254	215	214		1122
金属制日用品制造	16072	13716	5103	2356	2324		16072
其他金属制品制造	79531	65906	20396	13625	13323	1003	77114
通用设备制造业	1024198	869316	304279	154882	152178	17037	974283
锅炉及原动设备制造	170936	146518	57577	24418	24097	4436	147881
金属加工机械制造	123583	107079	37473	16504	16212	5615	114184
物料搬运设备制造	208147	175306	56937	32841	32504	1234	204332
泵、阀门、压缩机及类似机械制造	151330	130636	45218	20695	20227	1584	147014
轴承、齿轮和传动部件制造	127268	103939	33572	23329	22878	890	124965
烘炉、风机、衡器、包装等设备制造	131018	108787	37822	22231	21633	2109	126138
文化、办公用机械制造	31980	29408	12180	2573	2498	295	31542
通用零部件制造	63944	54599	18111	9346	9198	697	62559
其他通用设备制造业	15992	13046	5388	2946	2932	177	15668
专用设备制造业	826190	722570	245156	103620	100978	18728	794238
采矿、冶金、建筑专用设备制造	275350	242931	71251	32420	31900	7285	266821
化工、木材、非金属加工专用设备制造	103890	91092	38982	12798	12580	1766	100428
食品、饮料、烟草及饲料生产专用设备制造	19132	16575	7256	2557	2469	476	18657
印刷、制药、日化及日用品生产专用设备制造	23138	20465	8303	2673	2505	276	22862
纺织、服装和皮革加工专用设备制造	75924	65335	23761	10589	10252	1184	74164
电子和电工机械专用设备制造	26445	23291	8414	3154	3113	1003	25161
农、林、牧、渔专用机械制造	35128	33010	9864	2118	1988	538	32600
医疗仪器设备及器械制造	88385	74713	27191	13671	13216	1438	84011
环保、社会公共服务及其他专用设备制造	178797	155157	50135	23641	22956	4762	169536
汽车制造业	452650	367755	147643	84894	83075	5766	438146
汽车整车制造	90983	81324	37540	9659	9145	1643	89340
改装汽车制造	18229	16837	4710	1392	1236	959	17270
低速载货汽车制造							
电车制造	3292	2032	476	1260	1233		3292
汽车车身、挂车制造	7077	6230	2025	847	807		7077
汽车零部件及配件制造	333070	261333	102893	71736	70654	3164	321168
铁路、船舶、航空航天和其他运输设备制造业	407127	369655	120338	37472	36280	30673	367682
铁路运输设备制造	92224	82178	39091	10046	9267	3325	84502
城市轨道交通设备制造	15983	13972	4522	2011	1979	317	15667
船舶及相关装置制造	183449	170777	51784	12672	12469	969	181834
航空、航天器及设备制造	54789	47093	5195	7696	7626	25832	25696
摩托车制造	27658	25488	8416	2170	2122	151	27228
自行车制造	29825	27253	9779	2573	2513	65	29760
非公路休闲车及零配件制造	2293	2158	1347	135	133	14	2091
潜水救捞及其他未列明运输设备制造	905	735	205	170	170		905

3-D-1-3 续表 4

单位：万元

行业	R&D经费内部支出	日常性支出	#人员劳务费	资产性支出	#仪器和设备	#政府资金	#企业资金
电气机械和器材制造业	1911034	1661686	491040	249348	242769	32231	1859840
电机制造	330184	283740	88914	46444	45619	6025	315039
输配电及控制设备制造	824335	729495	214728	94840	91624	16114	802640
电线、电缆、光缆及电工器材制造	394175	335949	75364	58227	56879	6436	386012
电池制造	60239	53385	19045	6854	6616	944	58946
家用电力器具制造	225438	194534	68130	30904	30231	987	222335
非电力家用器具制造	20274	18136	5935	2138	2085	626	19648
照明器具制造	51452	42104	16849	9348	9184	1040	50344
其他电气机械及器材制造	4936	4343	2076	594	531	60	4876
计算机、通信和其他电子设备制造业	1566235	1347541	492516	218694	215264	28929	1473218
计算机制造	237441	225881	87741	11560	11308	524	236828
通信设备制造	131196	115846	44559	15350	15270	1770	128242
广播电视设备制造	64133	58253	18845	5880	5762	1148	62978
雷达及配套设备制造	10621	9944	2534	678	676	2632	7990
视听设备制造	93231	79992	31261	13239	13106	261	90252
电子器件制造	421513	325793	121108	95721	94112	18055	397117
电子元件制造	445320	388653	142501	56667	55581	3275	430556
其他电子设备制造	162779	143181	43967	19599	19450	1265	119255
仪器仪表制造业	443670	386645	142874	57025	55872	19866	414367
通用仪器仪表制造	313962	277851	103970	36111	35437	15031	294642
专用仪器仪表制造	103334	84473	30057	18861	18487	4205	94696
钟表与计时仪器制造	185	158	58	27	24		185
光学仪器及眼镜制造	23373	21476	7675	1897	1802	628	22358
其他仪器仪表制造业	2817	2687	1113	130	122	3	2486
其他制造业	9146	7654	2057	1492	1450	11	9079
日用杂品制造	8474	7264	2030	1210	1170	11	8407
煤制品制造	642	360	10	282	280		642
核辐射加工							
其他未列明制造业	30	30	17				30
废弃资源综合利用业	5965	5418	1173	547	541	18	5947
金属废料和碎屑加工处理	4334	3956	807	378	376		4334
非金属废料和碎屑加工处理	1631	1462	366	169	166	18	1613
金属制品、机械和设备修理业	2041	1920	701	121	121	19	2022
金属制品修理	255	202	117	54	54		255
通用设备修理							
专用设备修理							
铁路、船舶、航空航天等运输设备修理	1708	1645	528	64	64	17	1691
电气设备修理							
仪器仪表修理							
其他机械和设备修理业	77	73	57	4	4	2	75
电力、热力生产和供应业	34459	32144	9513	2315	2275	37	34300
电力生产	30641	28504	7003	2137	2101	10	30508
电力供应	2420	2420	2069			27	2393
热力生产和供应	1399	1221	442	178	174		1399
燃气生产和供应业	3702	3453	976	249	199	7	3695
燃气生产和供应业	3702	3453	976	249	199	7	3695
水的生产和供应业	11249	7656	2845	3593	3575	338	10555
自来水生产和供应	10273	6887	2554	3386	3378	324	9593
污水处理及其再生利用	976	770	291	207	197	14	962

3-D-1-4　分行业大中型企业R&D经费内部支出情况

单位：万元

行　业	R&D经费内部支出	日常性支出	#人员劳务费	资产性支出	#仪器和设备	#政府资金	#企业资金
总　计	**8908956**	**7766038**	**2473761**	**1142918**	**1113974**	**174083**	**8562970**
煤炭开采和洗选业	37518	34909	15098	2609	2517	10	37508
烟煤和无烟煤开采洗选	37518	34909	15098	2609	2517	10	37508
褐煤开采洗选							
其他煤炭采选							
石油和天然气开采业	25097	23102	14149	1995	1977	200	23953
石油开采	25097	23102	14149	1995	1977	200	23953
天然气开采							
黑色金属矿采选业							
铁矿采选							
锰矿、铬矿采选							
其他黑色金属矿采选							
有色金属矿采选业							
常用有色金属矿采选							
贵金属矿采选							
稀有稀土金属矿采选							
非金属矿采选业	8845	7008	2310	1837	1828	98	8747
土砂石开采	917	885	638	32	31	32	885
化学矿开采							
采盐	3957	3547	1095	410	407	66	3891
石棉及其他非金属矿采选							
煤炭开采和洗选辅助活动							
石油和天然气开采辅助活动							
其他开采辅助活动							
其他采矿业							
其他采矿业							
农副食品加工业	46929	42078	15499	4851	4701	1521	45408
谷物磨制	7865	6439	2846	1426	1375		7815
饲料加工							
植物油加工	3271	2348	1010	922	902		3206
制糖业							
屠宰及肉类加工	25829	24335	8539	1495	1460	970	24859
水产品加工	130	110	50	20	20		130
蔬菜、水果和坚果加工	1861	1583	503	278	271		1861
其他农副食品加工							
食品制造业	40605	32140	8222	8466	8358	906	37489
焙烤食品制造	3274	3037	625				3166
糖果、巧克力及蜜饯制造	3527	2844	627	683	681		1954
方便食品制造	1765	1068	499	697	697		1765
乳制品制造	4209	3086	1059	1123	1097	534	3675
罐头食品制造							
调味品、发酵制品制造	9472	7284	2025	2188	2127	224	8717
其他食品制造	17056	13651	3240	3405	3399	141	16915
酒、饮料和精制茶制造业	47138	35711	9758	11426	10753	260	46791
酒的制造	24690	18613	5595	6077	5467	7	24597
饮料制造	22447	17098	4163	5349	5286	254	22193
精制茶加工							

3-D-1-4 续表 1

单位：万元

行业	R&D经费内部支出	日常性支出	#人员劳务费	资产性支出	#仪器和设备	#政府资金	#企业资金
烟草制品业	3423	3187	1823	236	221		3378
烟叶复烤							
卷烟制造	1682	1605	1071	77	77		1682
其他烟草制品制造							
纺织业	322022	262843	84056	59179	57907	5607	311047
棉纺织及印染精加工	169132	149098	45971	20034	19623	1673	166940
毛纺织及染整精加工	60421	31546	10095	28875	28269	949	59301
麻纺织及染整精加工							
丝绢纺织及印染精加工	10077	8190	3466	1887	1852	1044	8340
化纤织造及印染精加工	14275	13531	4779	744	729	582	12110
针织或钩针编织物及其制品制造	11093	9568	3366				10395
家用纺织制成品制造	32136	29384	10223	2752	2638	977	29155
非家用纺织制成品制造	20825	18018	5080	2807	2751	83	20742
纺织服装、服饰业	208822	183835	72637	24987	22837	986	204233
机织服装制造	173058	153497	58100	19561	18109	935	169441
针织或钩针编织服装制造	28622	23441	11842	5181	4489		28571
服饰制造	7143	6898	2696				6221
皮革、毛皮、羽毛及其制品和制鞋业	25499	22638	8223	2861	2806	353	23126
皮革鞣制加工							
皮革制品制造							
毛皮鞣制及制品加工							
羽毛(绒)加工及制品制造	7292	6159	2599	1134	1122		6986
制鞋业	9636	8169	2965	1467	1454	33	9470
木材加工和木、竹、藤、棕、草制品业	76809	68019	15505	8789	8634	536	75814
木材加工							
人造板制造	69984	62301	13911	7683	7542	530	68996
木制品制造							
竹、藤、棕、草等制品制造							
家具制造业	7089	6709	2252	380	375		6314
木质家具制造							
竹、藤家具制造							
金属家具制造							
塑料家具制造							
其他家具制造	1148	1006	462	142	142		860
造纸和纸制品业	74530	69939	21882	4592	4319	173	74357
纸浆制造							
造纸	69587	65574	20453	4013	3780	23	69564
纸制品制造	4943	4365	1429				4793
印刷和记录媒介复制业	45194	37039	10564	8155	8087		44057
印刷	43856	36002	9940	7853	7785		42718
装订及印刷相关服务							
记录媒介复制							
文教、工美、体育和娱乐用品制造业	82341	70675	26526	11666	11312	981	80914
文教办公用品制造	6262	5726	1856	536	529	7	6255
乐器制造							
工艺美术品制造	43041	36863	14946	6178	6054	356	42648
体育用品制造							
玩具制造	19203	17494	6049	1709	1519	528	18308
游艺器材及娱乐用品制造	7001	5011	1939	1990	1967		7001

3-D-1-4　续表 2　　　　单位：万元

行　　业	R&D经费内部支出	日常性支出	#人员劳务费	资产性支出	#仪器和设备	#政府资金	#企业资金
石油加工、炼焦和核燃料加工业	39137	31116	7667	8021	7970		38990
精炼石油产品制造	26141	23856	6932	2286	2242		26012
炼焦	12996	7260	736	5736	5728		12978
核燃料加工							
化学原料和化学制品制造业	966219	881996	249529	84223	82610	14695	945196
基础化学原料制造	419357	388301	127132	31056	30430	7004	410685
肥料制造	15875	14029	2668	1846	1820	253	15622
农药制造	136070	121037	27269	15033	14795	2141	132534
涂料、油墨、颜料及类似产品制造	70463	63281	25502	7182	6851	748	69715
合成材料制造	129381	123660	29441	5721	5634	996	127530
专用化学产品制造	183818	161984	34228	21834	21555	3538	177870
炸药、火工及焰火产品制造							
日用化学产品制造	10874	9488	3164	1386	1361		10861
医药制造业	386459	344283	102906	42176	40975	12636	367127
化学药品原料药制造	48478	42809	15526	5670	5393	829	42332
化学药品制剂制造	243338	219643	63650	23694	23026	7936	234555
中药饮片加工							
中成药生产	40187	34132	10924	6055	5934	3145	36667
兽用药品制造							
生物药品制造	29643	25835	7951	3808	3748		29228
卫生材料及医药用品制造	13813	12374	2934	1439	1405	210	13447
化学纤维制造业	220294	198605	48783	21690	21050	2993	216228
纤维素纤维原料及纤维制造	138841	123699	32334	15142	14605	899	136869
合成纤维制造	81453	74905	16449	6548	6446	2094	79359
橡胶和塑料制品业	145779	127584	47220	18195	17749	1706	141897
橡胶制品业	75676	66722	28469	8954	8598	1091	73424
塑料制品业	70103	60862	18751	9241	9151		68473
非金属矿物制品业	157947	136985	50534	20962	19586	6741	150238
水泥、石灰和石膏制造	20685	18069	7176	2615	2499	337	20337
石膏、水泥制品及类似制品制造	19623	16799	3787	2824	2735	167	19456
砖瓦、石材等建筑材料制造							
玻璃制造	4753	4067	1821	686	644		4009
玻璃制品制造	35391	29517	12815	5874	5805	678	34660
玻璃纤维和玻璃纤维增强塑料制品制造	19756	17885	5241	1871	1851	3540	16217
陶瓷制品制造	17286	15361	6709	1925	1920	716	16406
耐火材料制品制造							
石墨及其他非金属矿物制品制造							
黑色金属冶炼和压延加工业	594672	509883	89721	84788	81016	2474	591615
炼铁	159	117	19	42	40	1	158
炼钢	96214	78992	13361	17221	16403	65	96149
黑色金属铸造	24201	22674	8051	1527	1444		23964
钢压延加工	459632	395235	64618	64397	61664	2171	456878
铁合金冶炼	14467	12865	3672	1602	1464		14467
有色金属冶炼和压延加工业	121427	103742	27140	17686	17497	2383	117165
常用有色金属冶炼							
贵金属冶炼							
稀有稀土金属冶炼	10718	8543	2017				10603
有色金属合金制造	44893	39009	10988	5884	5868	816	43544
有色金属铸造							
有色金属压延加工	61204	51658	12601	9546	9379		58428

3-D-1-4 续表 3　　单位：万元

行业	R&D经费内部支出	日常性支出	#人员劳务费	资产性支出	#仪器和设备	#政府资金	#企业资金
金属制品业	306514	255942	76588	50571	49148	4545	298940
结构性金属制品制造	71085	56240	16324	14845	14629	547	68762
金属工具制造	12152	9870	3687	2283	2278	8	11891
集装箱及金属包装容器制造	42998	38917	13083	4081	3976	1779	40771
金属丝绳及其制品制造	104161	87519	22490	16642	15667	1492	102658
建筑、安全用金属制品制造							
金属表面处理及热处理加工	20853	18453	4323				19966
搪瓷制品制造							
金属制日用品制造	11000	9441	3729	1559	1552		11000
其他金属制品制造	33596	26876	9930	6720	6679		33258
通用设备制造业	638710	546915	198799	91795	90333	9544	604608
锅炉及原动设备制造	137234	119816	49343	17417	17176	3154	116980
金属加工机械制造	61778	53609	18147	8169	8111	3416	56400
物料搬运设备制造	172781	144890	46454	27891	27658	995	170573
泵、阀门、压缩机及类似机械制造	62819	57131	21976	5688	5590		61123
轴承、齿轮和传动部件制造	102380	84654	25761	17727	17401	817	100531
烘炉、风机、衡器、包装等设备制造	57068	48493	20239	8575	8082		55102
文化、办公用机械制造	21514	19987	8887	1527	1520		21448
通用零部件制造	17874	14312	6178	3562	3556		17351
其他通用设备制造业							
专用设备制造业	481478	429241	145597	52238	51012	9814	461402
采矿、冶金、建筑专用设备制造	197618	176497	50441	21121	20843	4098	192976
化工、木材、非金属加工专用设备制造	57498	51197	22977	6301	6177		55546
食品、饮料、烟草及饲料生产专用设备制造	9271	8577	4273	694	634	350	8921
印刷、制药、日化及日用品生产专用设备制造							
纺织、服装和皮革加工专用设备制造	38104	33069	12921	5035	5005	655	37313
电子和电工机械专用设备制造	10544	9867	3996	677	664		10205
农、林、牧、渔专用机械制造	20159	19890	5728	268	256	175	17994
医疗仪器设备及器械制造	48059	41249	14109	6811	6588	1157	44093
环保、社会公共服务及其他专用设备制造	87374	77230	26552	10144	9773	2460	81629
汽车制造业	348613	283334	117472	65279	63826	4608	336526
汽车整车制造	84528	75126	35851	9401	8889	1483	83045
改装汽车制造							
低速载货汽车制造							
电车制造							
汽车车身、挂车制造	4758	3975	1442				4758
汽车零部件及配件制造	242789	188848	76242	53942	53182	2166	233145
铁路、船舶、航空航天和其他运输设备制造业	348152	318859	102891	29293	28224	29384	310223
铁路运输设备制造	79814	70848	34448	8967	8201	2720	72698
城市轨道交通设备制造	12395	11008	3213				12339
船舶及相关装置制造	161958	152072	45102	9886	9708	649	160890
航空、航天器及设备制造	51249	44738	4142	6511	6450	25780	22208
摩托车制造	21312	20174	6714	1138	1115	121	20912
自行车制造	19248	17979	8002	1269	1234	44	19204
非公路休闲车及零配件制造	2175	2040	1269	135	133		1973
潜水救捞及其他未列明运输设备制造							

3-D-1-4 续表 4

单位：万元

行业	R&D经费内部支出	日常性支出	#人员劳务费	资产性支出	#仪器和设备	#政府资金	#企业资金
电气机械和器材制造业	1447466	1269496	372822	177969	173291	23837	1411856
电机制造	231323	204590	69153	26732	26092	3052	220557
输配电及控制设备制造	609791	544254	155051	65537	62911	12656	595541
电线、电缆、光缆及电工器材制造	302588	257008	54516	45580	44917	5719	296194
电池制造	47275	42328	15793	4948	4876	253	47022
家用电力器具制造	211890	182761	63911	29129	28510	927	209173
非电力家用器具制造	11794	11020	3507	775	758	435	11359
照明器具制造	32804	27535	10891	5269	5226	794	32010
其他电气机械及器材制造							
计算机、通信和其他电子设备制造业	1323578	1139604	419862	183973	181721	22685	1239713
计算机制造	223004	213102	81511	9902	9689	380	222604
通信设备制造	113515	99895	38426	13620	13549	1171	111536
广播电视设备制造	35809	32525	10602	3283	3246		35099
雷达及配套设备制造							
视听设备制造	89119	76596	30248	12523	12407	221	86180
电子器件制造	356522	274219	100820	82303	81425	16777	334062
电子元件制造	360153	315192	119598	44961	44113	2160	347707
其他电子设备制造	140564	123651	36964	16913	16827	1066	97833
仪器仪表制造业	284565	248489	95335	36076	35496	13549	263130
通用仪器仪表制造	193963	174477	69603	19487	19233	10670	179762
专用仪器仪表制造	71886	57000	19118	14886	14659	2663	65284
钟表与计时仪器制造							
光学仪器及眼镜制造							
其他仪器仪表制造业							
其他制造业	7125	5971	1532	1154	1117		7119
日用杂品制造	7125	5971	1532	1154	1117		7119
煤制品制造							
核辐射加工							
其他未列明制造业							
废弃资源综合利用业							
金属废料和碎屑加工处理							
非金属废料和碎屑加工处理							
金属制品、机械和设备修理业							
金属制品修理							
通用设备修理							
专用设备修理							
铁路、船舶、航空航天等运输设备修理							
电气设备修理							
仪器仪表修理							
其他机械和设备修理业							
电力、热力生产和供应业	23425	22441	6909	984	968	37	23282
电力生产	21006	20021	4840	984	968	10	20889
电力供应	2420	2420	2069			27	2393
热力生产和供应							
燃气生产和供应业	2105	2011	518	94			2098
燃气生产和供应业	2105	2011	518	94			2098
水的生产和供应业	9987	6601	2463	3386	3378	324	9307
自来水生产和供应	9987	6601	2463	3386	3378	324	9307
污水处理及其再生利用							

3-D-1-5 分行业内资企业R&D经费内部支出情况

单位：万元

行业	R&D经费内部支出	日常性支出		资产性支出		#政府资金	#企业资金
			#人员劳务费		#仪器和设备		
总计	**8206476**	**7060213**	**2130772**	**1146263**	**1114356**	**198911**	**7927740**
煤炭开采和洗选业	37518	34909	15098	2609	2517	10	37508
烟煤和无烟煤开采洗选	37518	34909	15098	2609	2517	10	37508
褐煤开采洗选							
其他煤炭采选							
石油和天然气开采业	25097	23102	14149	1995	1977	200	23953
石油开采	25097	23102	14149	1995	1977	200	23953
天然气开采							
黑色金属矿采选业	332	262	167	70	68	2	330
铁矿采选	332	262	167	70	68	2	330
锰矿、铬矿采选							
其他黑色金属矿采选							
有色金属矿采选业	1157	1124	335	33	33	266	891
常用有色金属矿采选	1157	1124	335	33	33	266	891
贵金属矿采选							
稀有稀土金属矿采选							
非金属矿采选业	12324	10139	2780	2185	2174	230	12093
土砂石开采	1781	1644	755	137	136	114	1667
化学矿开采	4083	2688	634	1395	1390		4083
采盐	4704	4254	1294	451	447	116	4588
石棉及其他非金属矿采选	1755	1553	97	202	202		1755
开采辅助活动							
煤炭开采和洗选辅助活动							
石油和天然气开采辅助活动							
其他开采辅助活动							
其他采矿业							
其他采矿业							
农副食品加工业	87369	72144	20206	15225	14826	777	85042
谷物磨制	14286	11257	4719	3028	2942	100	14063
饲料加工	26345	22817	4312	3527	3462	334	24656
植物油加工	6576	5021	1706	1555	1483	65	6512
制糖业	615	494	215	121	117	29	586
屠宰及肉类加工	19253	16211	4435	3042	2996	136	19044
水产品加工	4021	2619	865	1402	1376	51	3970
蔬菜、水果和坚果加工	7556	5914	1623	1642	1566	11	7545
其他农副食品加工	8718	7810	2331	908	885	52	8666
食品制造业	42551	35119	11697	7432	7312	1075	38970
焙烤食品制造	1558	1225	412	332	330	10	1548
糖果、巧克力及蜜饯制造	3552	2924	533	628	628		1979
方便食品制造	1141	911	301	231	229		1141
乳制品制造	6290	4652	1539	1638	1611	611	5679
罐头食品制造	3699	3005	806	694	679	10	3377
调味品、发酵制品制造	14739	12169	4639	2570	2507	321	13887
其他食品制造	11572	10233	3469	1339	1330	123	11359
酒、饮料和精制茶制造业	55697	43268	11796	12429	11698	550	54818
酒的制造	29393	22734	6834	6658	6016	17	29376
饮料制造	23736	18424	4443	5313	5255	283	23125
精制茶加工	2568	2109	519	458	427	250	2318

3-D-1-5　续表 1　　　　单位：万元

行　　业	R&D经费内部支出	日常性支出	#人员劳务费	资产性支出	#仪器和设备	#政府资金	#企业资金
烟草制品业	3423	3187	1823	236	221		3378
烟叶复烤							
卷烟制造	1682	1605	1071	77	77		1682
其他烟草制品制造	1741	1582	752	159	144		1696
纺织业	342189	275154	90432	67035	65529	5195	332184
棉纺织及印染精加工	188673	162688	51843	25985	25395	1858	185591
毛纺织及染整精加工	62152	33064	10711	29088	28458	846	61115
麻纺织及染整精加工	895	770	313	125	108		895
丝绢纺织及印染精加工	13377	11020	4396	2357	2311	1079	11605
化纤织造及印染精加工	15336	13826	5479	1510	1483	596	14233
针织或钩针编织物及其制品制造	11639	9463	3213	2177	2150	327	11201
家用纺织制成品制造	26262	23971	9052	2291	2189	385	23792
非家用纺织制成品制造	23855	20353	5425	3502	3436	103	23752
纺织服装、服饰业	191119	166595	63537	24525	22443	756	187935
机织服装制造	157025	138121	50475	18904	17519	721	154226
针织或钩针编织服装制造	30868	25510	11696	5358	4667	35	30482
服饰制造	3227	2964	1366	262	258	0	3226
皮革、毛皮、羽毛及其制品和制鞋业	8620	7663	2992	957	935	50	8531
皮革鞣制加工	253	247	106	6	6	10	243
皮革制品制造	2865	2662	1119	203	199	25	2840
毛皮鞣制及制品加工							
羽毛(绒)加工及制品制造	978	816	425	162	154	4	974
制鞋业	4524	3938	1342	585	576	11	4473
木材加工和木、竹、藤、棕、草制品业	99984	87572	22326	12412	12083	446	97888
木材加工	4881	3975	1419	906	862	5	4876
人造板制造	89391	78668	19593	10722	10448	434	87306
木制品制造	5557	4809	1229	749	738	6	5551
竹、藤、棕、草等制品制造	155	120	85	35	35		155
家具制造业	9441	8751	3445	690	643	11	8944
木质家具制造	8102	7444	2611	658	611	8	7608
竹、藤家具制造							
金属家具制造	127	127	54				127
塑料家具制造							
其他家具制造	1212	1180	780	32	32	3	1209
造纸和纸制品业	24088	21122	6550	2966	2703	262	23766
纸浆制造							
造纸	17768	15323	4589	2446	2234	52	17657
纸制品制造	6320	5799	1961	521	469	210	6110
印刷和记录媒介复制业	53216	42621	11868	10595	10444	154	53062
印刷	51867	41575	11238	10293	10142	154	51714
装订及印刷相关服务	10	10	6				10
记录媒介复制	1338	1036	625	302	302		1338
文教、工美、体育和娱乐用品制造业	76758	64259	24631	12499	11443	896	75461
文教办公用品制造	8467	6330	2247	2138	1397	60	8338
乐器制造	277	270	142	7	7		277
工艺美术品制造	49487	42621	17097	6867	6671	637	48574
体育用品制造	4427	3779	1079	648	635	125	4302
玩具制造	9561	7714	2692	1847	1781	56	9450
游艺器材及娱乐用品制造	4539	3546	1374	994	953	19	4520

3-D-1-5 续表 2 单位：万元

行业	R&D经费内部支出	日常性支出	#人员劳务费	资产性支出	#仪器和设备	#政府资金	#企业资金
石油加工、炼焦和核燃料加工业	48063	39176	8318	8887	8825	132	47931
精炼石油产品制造	37309	33907	8037	3402	3340	132	37177
炼焦	10754	5269	281	5485	5485		10754
核燃料加工							
化学原料和化学制品制造业	1138974	1028670	298498	110304	107436	18968	1114050
基础化学原料制造	486993	448316	146864	38677	37585	8087	477132
肥料制造	17028	14647	3218	2381	2338	465	16563
农药制造	143539	126171	29168	17368	17095	2450	140382
涂料、油墨、颜料及类似产品制造	106996	95571	32502	11424	10860	1162	104981
合成材料制造	178800	166359	38577	12440	12216	2634	174363
专用化学产品制造	195482	168386	44928	27096	26461	4149	190513
炸药、火工及焰火产品制造	1154	882	393	272	266		1154
日用化学产品制造	8984	8338	2848	646	616	22	8962
医药制造业	343011	305510	83851	37502	36081	13368	326445
化学药品原料药制造	53913	46254	16691	7659	7346	1224	52689
化学药品制剂制造	166635	153220	37992	13416	12732	5600	160591
中药饮片加工	10771	9987	1664	783	764	512	10258
中成药生产	42348	36152	10889	6196	6067	3355	37350
兽用药品制造	10365	8323	2562	2042	1983	150	10215
生物药品制造	42299	36317	10309	5982	5806	2196	39277
卫生材料及医药用品制造	16681	15258	3743	1424	1384	331	16065
化学纤维制造业	172318	151158	40974	21160	20411	2586	168562
纤维素纤维原料及纤维制造	119940	104307	29601	15633	14996	931	117936
合成纤维制造	52378	46852	11373	5527	5415	1655	50626
橡胶和塑料制品业	121835	105380	31659	16455	16086	2778	118235
橡胶制品业	46687	38313	13691	8374	8162	1332	44597
塑料制品业	75148	67067	17968	8080	7923	1446	73638
非金属矿物制品业	218726	183855	60208	34871	32851	10142	205589
水泥、石灰和石膏制造	21828	17740	7649	4089	3937	275	21263
石膏、水泥制品及类似制品制造	32159	26816	7916	5343	5110	166	31334
砖瓦、石材等建筑材料制造	18038	16085	5657	1953	1894	590	17088
玻璃制造	6060	4475	1360	1585	1567	240	5820
玻璃制品制造	36853	30212	11124	6641	6447	1580	34736
玻璃纤维和玻璃纤维增强塑料制品制造	32966	28839	7585	4127	3969	4289	28677
陶瓷制品制造	21130	18801	6773	2330	2321	943	20187
耐火材料制品制造	28493	23095	6093	5398	4380	642	26940
石墨及其他非金属矿物制品制造	21200	17795	6052	3406	3225	1417	19546
黑色金属冶炼和压延加工业	566592	485293	88510	81300	78008	2604	563118
炼铁	179	135	27	44	42	1	178
炼钢	18793	16888	4400	1905	1886	65	18728
黑色金属铸造	45822	38934	11368	6888	6691	326	45431
钢压延加工	484294	414088	67818	70206	67320	2212	481278
铁合金冶炼	17504	15247	4897	2257	2070		17504
有色金属冶炼和压延加工业	154171	129247	34652	24924	24613	3171	148222
常用有色金属冶炼	16200	14291	3895	1909	1899	70	15331
贵金属冶炼	146	140	45	6	6		146
稀有稀土金属冶炼	15785	12193	2889	3592	3586	395	15390
有色金属合金制造	47614	40019	11185	7595	7566	1164	45918
有色金属铸造	1475	1284	498	191	182		1475
有色金属压延加工	72952	61321	16141	11631	11375	1542	69962

3-D-1-5 续表 3

单位：万元

行业	R&D经费内部支出	日常性支出	#人员劳务费	资产性支出	#仪器和设备	#政府资金	#企业资金
金属制品业	372549	308418	84534	64132	62091	5581	360275
结构性金属制品制造	101761	80581	24300	21180	20813	721	97122
金属工具制造	17880	14556	4123	3325	3291	260	17246
集装箱及金属包装容器制造	28188	24543	6540	3645	3556	1446	26621
金属丝绳及其制品制造	118275	96925	22810	21351	20209	1602	115768
建筑、安全用金属制品制造	13671	10906	3362	2766	2684	108	13564
金属表面处理及热处理加工	27692	24334	6802	3358	3305	493	26704
搪瓷制品制造	879	699	158	180	179		879
金属制日用品制造	5418	4648	1896	771	743		5418
其他金属制品制造	58785	51227	14542	7558	7310	953	56954
通用设备制造业	736981	622238	202569	114743	112916	14906	714767
锅炉及原动设备制造	110194	93352	32447	16842	16614	4060	105902
金属加工机械制造	99237	85361	26901	13876	13663	5289	92518
物料搬运设备制造	175126	146949	47321	28177	27876	1058	173072
泵、阀门、压缩机及类似机械制造	102672	87132	27739	15540	15188	1566	98879
轴承、齿轮和传动部件制造	106570	88502	27991	18069	17645	869	104937
烘炉、风机、衡器、包装等设备制造	71267	60997	20701	10270	10148	971	69384
文化、办公用机械制造	10458	9330	3258	1128	1060	285	10141
通用零部件制造	47702	39742	11818	7960	7853	633	46503
其他通用设备制造业	13755	10872	4393	2883	2869	177	13432
专用设备制造业	558736	483094	152292	75642	73650	16248	536579
采矿、冶金、建筑专用设备制造	161591	140757	38974	20834	20456	5574	155317
化工、木材、非金属加工专用设备制造	54027	45860	17530	8167	8049	1624	52227
食品、饮料、烟草及饲料生产专用设备制造	13185	10772	3690	2413	2348	476	12709
印刷、制药、日化及日用品生产专用设备制造	12079	9885	3844	2194	2151	276	11803
纺织、服装和皮革加工专用设备制造	64243	54704	19913	9539	9263	1051	62819
电子和电工机械专用设备制造	23270	20286	7157	2984	2946	973	22015
农、林、牧、渔专用机械制造	17341	15446	4500	1894	1772	484	16857
医疗仪器设备及器械制造	58883	50488	15438	8395	8105	1118	57640
环保、社会公共服务及其他专用设备制造	154117	134896	41248	19221	18562	4675	145193
汽车制造业	273112	231003	87138	42109	41080	4154	266984
汽车整车制造	68088	65205	29485	2882	2588	1643	66445
改装汽车制造	17383	16099	4457	1284	1132	959	16424
低速载货汽车制造							
电车制造	3292	2032	476	1260	1233		3292
汽车车身、挂车制造	7077	6230	2025	847	807		7077
汽车零部件及配件制造	177272	141437	50695	35835	35322	1552	173747
铁路、船舶、航空航天和其他运输设备制造业	254136	223066	76817	31071	30179	30325	215738
铁路运输设备制造	79869	70422	34225	9447	8860	3289	72183
城市轨道交通设备制造	8259	6247	2428	2011	1979	317	7942
船舶及相关装置制造	69678	61696	24107	7982	7856	729	68723
航空、航天器及设备制造	51397	44030	4060	7367	7306	25782	22354
摩托车制造	24391	22460	7066	1931	1886	151	24239
自行车制造	19224	17061	4394	2163	2122	44	19180
非公路休闲车及零配件制造	415	415	332	0	0	14	213
潜水救捞及其他未列明运输设备制造	905	735	205	170	170		905

3-D-1-5 续表 4 单位：万元

行业	R&D经费内部支出	日常性支出	#人员劳务费	资产性支出	#仪器和设备	#政府资金	#企业资金
电气机械和器材制造业	1289327	1118420	317497	170908	167287	27468	1258092
电机制造	206919	176965	46401	29954	29388	5623	199437
输配电及控制设备制造	514898	452756	143688	62142	60911	12139	502125
电线、电缆、光缆及电工器材制造	344840	297638	65364	47202	45923	6296	337482
电池制造	25972	21620	6170	4353	4176	823	25004
家用电力器具制造	135361	118633	36537	16728	16578	987	134374
非电力家用器具制造	17720	15793	5046	1928	1876	546	17174
照明器具制造	39384	31178	12531	8206	8047	1018	38297
其他电气机械及器材制造	4234	3837	1760	397	388	35	4199
计算机、通信和其他电子设备制造业	479437	394484	133134	84954	83484	17014	456830
计算机制造	24081	22012	9881	2069	2019	270	23811
通信设备制造	66040	58507	22331	7533	7511	1345	63756
广播电视设备制造	45774	40824	13461	4950	4846	1122	44645
雷达及配套设备制造	10621	9944	2534	678	676	2632	7990
视听设备制造	20137	14820	5304	5317	5269	133	20004
电子器件制造	166691	122313	36328	44379	43639	9248	156002
电子元件制造	124505	107919	35946	16586	16192	1590	120130
其他电子设备制造	21589	18146	7350	3443	3333	674	20492
仪器仪表制造业	354741	307696	112301	47045	46025	18179	329536
通用仪器仪表制造	263296	232813	85540	30483	29921	14580	245863
专用仪器仪表制造	76376	61003	22278	15373	15015	3352	69207
钟表与计时仪器制造	185	158	58	27	24		185
光学仪器及眼镜制造	12067	11035	3312	1033	944	244	11795
其他仪器仪表制造业	2817	2687	1113	130	122	3	2486
其他制造业	4980	4192	1103	788	767	11	4913
日用杂品制造	4308	3802	1076	506	487	11	4241
煤制品制造	642	360	10	282	280		642
核辐射加工							
其他未列明制造业	30	30	17				30
废弃资源综合利用业	4814	4282	1048	532	526	18	4796
金属废料和碎屑加工处理	3183	2820	682	363	361		3183
非金属废料和碎屑加工处理	1631	1462	366	169	166	18	1613
金属制品、机械和设备修理业	1341	1220	525	121	121	2	1339
金属制品修理	255	202	117	54	54		255
通用设备修理							
专用设备修理							
铁路、船舶、航空航天等运输设备修理	1009	945	352	64	64		1009
电气设备修理							
仪器仪表修理							
其他机械和设备修理业	77	73	57	4	4	2	75
电力、热力生产和供应业	32630	30951	8930	1679	1640	37	32471
电力生产	28812	27311	6419	1501	1466	10	28679
电力供应	2420	2420	2069			27	2393
热力生产和供应	1399	1221	442	178	174		1399
燃气生产和供应业	373	373	35				373
燃气生产和供应业	373	373	35				373
水的生产和供应业	8746	5499	2351	3247	3230	338	8143
自来水生产和供应	8096	4951	2137	3145	3138	324	7508
污水处理及其再生利用	649	548	214	101	92	14	635

3-D-1-6　分行业港澳台商投资企业R&D经费内部支出情况

单位：万元

行　　业	R&D经费内部支出	日常性支出	#人员劳务费	资产性支出	#仪器和设备	#政府资金	#企业资金
总　计	**1481370**	**1299746**	**402969**	**181625**	**177976**	**18364**	**1439114**
煤炭开采和洗选业							
烟煤和无烟煤开采洗选							
褐煤开采洗选							
其他煤炭采选							
石油和天然气开采业							
石油开采							
天然气开采							
黑色金属矿采选业							
铁矿采选							
锰矿、铬矿采选							
其他黑色金属矿采选							
有色金属矿采选业							
常用有色金属矿采选							
贵金属矿采选							
稀有稀土金属矿采选							
非金属矿采选业	44	44	30				44
土砂石开采	44	44	30				44
化学矿开采							
采盐							
石棉及其他非金属矿采选							
开采辅助活动							
煤炭开采和洗选辅助活动							
石油和天然气开采辅助活动							
其他开采辅助活动							
其他采矿业							
其他采矿业							
农副食品加工业	23019	22123	8121	896	859	1101	21918
谷物磨制							
饲料加工	4333	4208	1375	126	116	116	4218
植物油加工	340	279	38	62	61		340
制糖业							
屠宰及肉类加工	16488	16205	6392	283	273	939	15549
水产品加工	508	371	72	137	126	44	464
蔬菜、水果和坚果加工	1349	1061	245	288	283	2	1347
其他农副食品加工							
食品制造业	11088	7560	1983	3528	3524	50	10931
焙烤食品制造	1353	1232	249	121	121		1245
糖果、巧克力及蜜饯制造	236	180	137	56	54		236
方便食品制造	1923	1225	484	697	697		1923
乳制品制造							
罐头食品制造	1343	1254	330	89	87		1343
调味品、发酵制品制造							
其他食品制造	6235	3670	783	2565	2565	50	6185
酒、饮料和精制茶制造业	4766	4088	1508	679	667	20	4660
酒的制造	2980	2604	613	376	364		2893
饮料制造	1787	1484	896	303	303	20	1767
精制茶加工							

3-D-1-6 续表 1

单位：万元

行业	R&D经费内部支出	日常性支出	#人员劳务费	资产性支出	#仪器和设备	#政府资金	#企业资金
烟草制品业							
烟叶复烤							
卷烟制造							
其他烟草制品制造							
纺织业	57865	52123	15853	5741	5664	829	55167
棉纺织及印染精加工	30629	27687	8403	2942	2878	191	30086
毛纺织及染整精加工	3043	2663	1122	380	374	123	2921
麻纺织及染整精加工	3991	3259	841	731	730		3991
丝绢纺织及印染精加工							
化纤织造及印染精加工	5312	4746	1789	566	566	2	4194
针织或钩针编织物及其制品制造	3140	2763	1040	377	375		2741
家用纺织制成品制造	7702	7650	1573	51	51	472	7227
非家用纺织制成品制造	4048	3355	1085	693	690	40	4008
纺织服装、服饰业	22388	19239	6721	3149	3061	243	21815
机织服装制造	17308	14730	5039	2578	2492	93	16989
针织或钩针编织服装制造	2687	2195	959	492	492	50	2637
服饰制造	2393	2314	723	79	77	100	2189
皮革、毛皮、羽毛及其制品和制鞋业	6192	5194	1594	997	995	30	6068
皮革鞣制加工	646	646	94				646
皮革制品制造	532	530	185	2	2	10	522
毛皮鞣制及制品加工							
羽毛(绒)加工及制品制造							
制鞋业	5013	4018	1316	995	993	20	4899
木材加工和木、竹、藤、棕、草制品业	6433	4827	1492	1605	1592	313	6119
木材加工							
人造板制造	4612	3222	977	1390	1377	313	4299
木制品制造	982	982	95				982
竹、藤、棕、草等制品制造	839	624	420	215	215		839
家具制造业	977	912	290	65	65		969
木质家具制造	962	897	280	65	65		962
竹、藤家具制造							
金属家具制造							
塑料家具制造							
其他家具制造	15	15	10				8
造纸和纸制品业	3414	3047	974	367	357	10	3404
纸浆制造							
造纸	1089	1062	366	27	27		1089
纸制品制造	2325	1985	608	341	331	10	2315
印刷和记录媒介复制业	9545	8231	3256	1314	1291		9054
印刷	9545	8231	3256	1314	1291		9054
装订及印刷相关服务							
记录媒介复制							
文教、工美、体育和娱乐用品制造业	26050	23487	6927	2564	2413	520	25489
文教办公用品制造	2452	2093	270	359	352	7	2445
乐器制造	600	569	392	31	31	18	582
工艺美术品制造	4853	4148	1064	705	696		4853
体育用品制造	4365	3804	1097	562	552	15	4309
玩具制造	12268	11676	3533	592	468	465	11804
游艺器材及娱乐用品制造	1512	1197	572	315	314	15	1497

3-D-1-6　续表 2　　　　单位：万元

行　　业	R&D经费内部支出	日常性支出	#人员劳务费	资产性支出	#仪器和设备	#政府资金	#企业资金
石油加工、炼焦和核燃料加工业	4115	3482	831	633	620		4115
精炼石油产品制造	4115	3482	831	633	620		4115
炼焦							
核燃料加工							
化学原料和化学制品制造业	152517	132204	25232	20314	20142	2560	147564
基础化学原料制造	26304	21342	4896	4962	4951	271	25200
肥料制造	352	345	58	7	7	10	342
农药制造	1938	1602	321	336	325		1367
涂料、油墨、颜料及类似产品制造	5630	5109	2275	520	508	140	5455
合成材料制造	24124	22579	4202	1545	1500	96	23666
专用化学产品制造	87706	75830	12451	11876	11791	1767	85348
炸药、火工及焰火产品制造							
日用化学产品制造	6463	5396	1030	1067	1062	276	6187
医药制造业	71932	62024	20252	9908	9791	2748	68699
化学药品原料药制造	11839	9999	4219	1841	1754	333	11506
化学药品制剂制造	46945	39972	12366	6974	6951	2236	44225
中药饮片加工							
中成药生产	1108	902	243	207	205		1108
兽用药品制造							
生物药品制造	9925	9402	2927	523	519	170	9756
卫生材料及医药用品制造	2114	1749	497	364	362	10	2104
化学纤维制造业	49785	47050	10418	2736	2663	623	49162
纤维素纤维原料及纤维制造	3219	2949	1091	271	271		3219
合成纤维制造	46566	44101	9328	2465	2393	623	45943
橡胶和塑料制品业	46785	40335	12466	6450	6388	36	46031
橡胶制品业	15806	13854	3900	1952	1920		15806
塑料制品业	30979	26481	8566	4498	4468	36	30225
非金属矿物制品业	33761	31039	11426	2722	2660	831	32175
水泥、石灰和石膏制造							
石膏、水泥制品及类似制品制造	10450	9439	1618	1011	999	67	10383
砖瓦、石材等建筑材料制造	2004	1996	345	8	8	1	2003
玻璃制造	1173	1133	530	40	40		445
玻璃制品制造	9017	8161	3758	856	817	437	8581
玻璃纤维和玻璃纤维增强塑料制品制造	5143	4968	1978	175	171	127	5016
陶瓷制品制造	526	405	212	121	121		498
耐火材料制品制造	3286	3278	2617	8	5		3286
石墨及其他非金属矿物制品制造	2164	1661	367	503	500	200	1964
黑色金属冶炼和压延加工业	90168	73418	12896	16750	15854	327	89716
炼铁							
炼钢	78649	63281	9475	15368	14567		78649
黑色金属铸造	4678	4315	1660	363	305		4553
钢压延加工	6841	5821	1761	1020	982	327	6514
铁合金冶炼							
有色金属冶炼和压延加工业	20316	17955	3904	2361	2272	388	17654
常用有色金属冶炼	612	408	90	205	188		612
贵金属冶炼							
稀有稀土金属冶炼							
有色金属合金制造	2104	1759	215	345	277		2104
有色金属铸造	45	31	18	14	12		45
有色金属压延加工	17555	15758	3581	1797	1795	388	14893

3-D-1-6 续表 3

单位：万元

行业	R&D经费内部支出	日常性支出	#人员劳务费	资产性支出	#仪器和设备	#政府资金	#企业资金
金属制品业	43804	38844	15406	4960	4781	213	43591
结构性金属制品制造	6951	6369	2070	582	554		6951
金属工具制造	4071	2874	1719	1197	1192	8	4063
集装箱及金属包装容器制造	13303	12525	5033	778	777	120	13183
金属丝绳及其制品制造	3979	3192	945	787	685		3979
建筑、安全用金属制品制造	4950	4490	1548	460	445	35	4915
金属表面处理及热处理加工	1827	1585	436	242	232		1827
搪瓷制品制造	243	208	96	35	35		243
金属制日用品制造	1171	1121	577	51	51		1171
其他金属制品制造	7308	6480	2982	828	810	50	7258
通用设备制造业	85810	73785	30309	12025	11793	386	82011
锅炉及原动设备制造	13446	12022	5180	1425	1333	8	13438
金属加工机械制造	11278	10066	5520	1211	1142	161	9155
物料搬运设备制造	15683	12991	4092	2693	2674	67	15090
泵、阀门、压缩机及类似机械制造	15805	13743	5338	2062	2025		15805
轴承、齿轮和传动部件制造	7198	3824	1522	3373	3366	6	7192
烘炉、风机、衡器、包装等设备制造	16724	15641	6467	1083	1082	113	15782
文化、办公用机械制造	641	619	410	22	22	10	536
通用零部件制造	3963	3806	1194	156	149	21	3942
其他通用设备制造业	1072	1072	588				1072
专用设备制造业	56802	48792	17161	8011	7829	402	55994
采矿、冶金、建筑专用设备制造	18338	16034	3776	2304	2294	34	18303
化工、木材、非金属加工专用设备制造	15464	14772	7067	691	683	87	15123
食品、饮料、烟草及饲料生产专用设备制造	297	297	60				297
印刷、制药、日化及日用品生产专用设备制造	1073	950	300	123	120		1073
纺织、服装和皮革加工专用设备制造	7694	6752	2276	942	933	132	7562
电子和电工机械专用设备制造	802	759	235	43	42		802
农、林、牧、渔专用机械制造							
医疗仪器设备及器械制造	7148	4755	1649	2393	2244	102	6894
环保、社会公共服务及其他专用设备制造	5988	4473	1798	1515	1513	47	5941
汽车制造业	18767	15954	6795	2813	2790	174	18523
汽车整车制造							
改装汽车制造	626	619	177	7	5		626
低速载货汽车制造							
电车制造							
汽车车身、挂车制造							
汽车零部件及配件制造	18141	15335	6618	2806	2785	174	17897
铁路、船舶、航空航天和其他运输设备制造业	27408	25284	8746	2125	1893	176	27232
铁路运输设备制造	7209	6778	1414	431	240		7209
城市轨道交通设备制造							
船舶及相关装置制造	15614	14173	5758	1442	1405	176	15438
航空、航天器及设备制造	1105	1105	525				1105
摩托车制造	635	612	105	23	23		635
自行车制造	1527	1406	307	121	120		1527
非公路休闲车及零配件制造	1318	1210	637	108	106		1318
潜水救捞及其他未列明运输设备制造							

3-D-1-6　续表 4　　　　单位：万元

行　业	R&D经费内部支出	日常性支出	#人员劳务费	资产性支出	#仪器和设备	#政府资金	#企业资金
电气机械和器材制造业	215628	189721	56581	25907	25514	3572	205755
电机制造	36746	32863	14778	3883	3748	50	31176
输配电及控制设备制造	104373	92508	21660	11864	11762	3247	100469
电线、电缆、光缆及电工器材制造	31082	23631	4211	7451	7425	130	30828
电池制造	10310	8929	3491	1381	1327	40	10270
家用电力器具制造	25548	25377	10385	171	152		25547
非电力家用器具制造	1654	1469	305	185	185	80	1574
照明器具制造	5739	4855	1688	884	882		5739
其他电气机械及器材制造	178	91	63	88	33	25	153
计算机、通信和其他电子设备制造业	356946	320076	110831	36870	36390	1605	351415
计算机制造	65231	62693	23825	2538	2478	35	65127
通信设备制造	2951	2289	693	662	662	10	2941
广播电视设备制造	16066	15476	4713	591	578	26	16040
雷达及配套设备制造							
视听设备制造	54033	47994	17938	6039	6039	121	53912
电子器件制造	60266	47913	13902	12353	12270	471	59380
电子元件制造	144367	132597	45645	11770	11474	353	141026
其他电子设备制造	14031	11114	4115	2917	2889	588	12989
仪器仪表制造业	28024	22885	9691	5140	5115	1200	26824
通用仪器仪表制造	12241	10101	5030	2140	2137		12241
专用仪器仪表制造	9066	6623	2710	2444	2429	817	8249
钟表与计时仪器制造							
光学仪器及眼镜制造	6717	6161	1952	556	549	384	6334
其他仪器仪表制造业							
其他制造业	1945	1411	192	534	534		1945
日用杂品制造	1945	1411	192	534	534		1945
煤制品制造							
核辐射加工							
其他未列明制造业							
废弃资源综合利用业	1151	1136	125	15	15		1151
金属废料和碎屑加工处理	1151	1136	125	15	15		1151
非金属废料和碎屑加工处理							
金属制品、机械和设备修理业							
金属制品修理							
通用设备修理							
专用设备修理							
铁路、船舶、航空航天等运输设备修理							
电气设备修理							
仪器仪表修理							
其他机械和设备修理业							
电力、热力生产和供应业	536	476	235	60	60		536
电力生产	536	476	235	60	60		536
电力供应							
热力生产和供应							
燃气生产和供应业	1677	1476	634	201	199	7	1670
燃气生产和供应业	1677	1476	634	201	199	7	1670
水的生产和供应业	1714	1527	90	187	187		1714
自来水生产和供应	1610	1435	54	175	175		1610
污水处理及其再生利用	104	92	36	12	12		104

3-D-1-7 分行业外商投资企业R&D经费内部支出情况

单位：万元

行业	R&D经费内部支出	日常性支出	#人员劳务费	资产性支出	#仪器和设备	#政府资金	#企业资金
总计	**2707899**	**2371294**	**863208**	**336605**	**328516**	**23395**	**2556399**
煤炭开采和洗选业							
烟煤和无烟煤开采洗选							
褐煤开采洗选							
其他煤炭采选							
石油和天然气开采业							
石油开采							
天然气开采							
黑色金属矿采选业							
铁矿采选							
锰矿、铬矿采选							
其他黑色金属矿采选							
有色金属矿采选业							
常用有色金属矿采选							
贵金属矿采选							
稀有稀土金属矿采选							
非金属矿采选业							
土砂石开采							
化学矿开采							
采盐							
石棉及其他非金属矿采选							
开采辅助活动	34	34	22				34
煤炭开采和洗选辅助活动	34	34	22				34
石油和天然气开采辅助活动							
其他开采辅助活动							
其他采矿业							
其他采矿业							
农副食品加工业	12076	10419	4396	1657	1612	498	11578
谷物磨制							
饲料加工	4745	3970	2217	775	743	40	4705
植物油加工	1110	833	491	277	277		1110
制糖业							
屠宰及肉类加工	426	307	49	119	117		426
水产品加工	928	848	310	80	80		928
蔬菜、水果和坚果加工	1909	1554	700	356	345	72	1837
其他农副食品加工	2958	2908	630	50	50	386	2572
食品制造业	16713	15136	3478	1577	1455	180	16533
焙烤食品制造	1876	1760	346	116	104		1876
糖果、巧克力及蜜饯制造	145	145	68				145
方便食品制造	358	253	167	105	105		358
乳制品制造	2496	2279	371	217	116		2496
罐头食品制造	1096	1024	151	73	71		1096
调味品、发酵制品制造							
其他食品制造	10741	9675	2375	1066	1060	180	10561
酒、饮料和精制茶制造业	3532	2794	999	738	725		3532
酒的制造	1717	1447	677	271	271		1717
饮料制造	1815	1348	322	467	454		1815
精制茶加工							

3-D-1-7　续表 1　　　　单位：万元

行　　业	R&D经费内部支出	日常性支出	#人员劳务费	资产性支出	#仪器和设备	#政府资金	#企业资金
烟草制品业							
烟叶复烤							
卷烟制造							
其他烟草制品制造							
纺织业	33919	31825	9289	2094	2039	234	33453
棉纺织及印染精加工	13425	12939	3558	487	471	2	13402
毛纺织及染整精加工	858	858	329				858
麻纺织及染整精加工	130	89	49	41	41		130
丝绢纺织及印染精加工	453	412	180	41	41		453
化纤织造及印染精加工	1677	1675	324	2		3	1465
针织或钩针编织物及其制品制造	540	392	143	148	147	5	535
家用纺织制成品制造	9861	8717	2584	1144	1120	165	9696
非家用纺织制成品制造	6973	6743	2123	231	220	59	6914
纺织服装、服饰业	34388	31296	12516	3092	3006	385	32598
机织服装制造	27336	24838	10215	2498	2414	369	26381
针织或钩针编织服装制造	2490	2254	1047	236	234	16	2474
服饰制造	4562	4204	1254	358	357		3744
皮革、毛皮、羽毛及其制品和制鞋业	15874	14492	5263	1382	1345	304	13683
皮革鞣制加工	1800	1800	200				540
皮革制品制造	5048	4871	1979	178	176		4421
毛皮鞣制及制品加工	321	189	41	133	103		321
羽毛(绒)加工及制品制造	6314	5343	2173	972	968	302	6012
制鞋业	2390	2290	869	101	98	2	2388
木材加工和木、竹、藤、棕、草制品业	5372	4490	1152	882	877	15	5357
木材加工							
人造板制造	3497	2622	624	875	871	15	3482
木制品制造	1875	1868	528	7	7		1875
竹、藤、棕、草等制品制造							
家具制造业	1845	1530	633	315	310		1567
木质家具制造	715	585	255	130	128		715
竹、藤家具制造							
金属家具制造	543	468	172	75	72		543
塑料家具制造							
其他家具制造	588	478	206	110	110		310
造纸和纸制品业	63652	59497	18876	4155	4112		63569
纸浆制造							
造纸	59232	56408	17749	2823	2782		59149
纸制品制造	4420	3089	1128	1332	1330		4420
印刷和记录媒介复制业	4342	3948	1402	394	394		2895
印刷	4342	3948	1402	394	394		2895
装订及印刷相关服务							
记录媒介复制							
文教、工美、体育和娱乐用品制造业	28065	23883	9203	4182	4056	35	27625
文教办公用品制造	1309	1293	589	16	14		1263
乐器制造	314	300	97	14	14		296
工艺美术品制造	13240	11615	4153	1625	1522		13240
体育用品制造	2792	2099	458	694	688		2792
玩具制造	4893	4615	2296	278	263	35	4517
游艺器材及娱乐用品制造	5516	3961	1611	1556	1556		5516

3-D-1-7 续表 2

单位：万元

行业	R&D经费内部支出	日常性支出	#人员劳务费	资产性支出	#仪器和设备	#政府资金	#企业资金
石油加工、炼焦和核燃料加工业	2242	1992	455	251	243	18	2224
精炼石油产品制造							
炼焦	2242	1992	455	251	243	18	2224
核燃料加工							
化学原料和化学制品制造业	201242	180500	56431	20742	20329	1878	188996
基础化学原料制造	57042	51442	11170	5600	5464	855	55168
肥料制造	4037	3214	590	824	824		4037
农药制造	22407	20407	7342	2001	1981	300	21235
涂料、油墨、颜料及类似产品制造	23042	19121	9809	3921	3874	260	22502
合成材料制造	51129	47320	14093	3808	3686	314	44649
专用化学产品制造	42283	37859	12848	4424	4336	149	40104
炸药、火工及焰火产品制造							
日用化学产品制造	1302	1137	579	165	164		1302
医药制造业	90979	80126	31348	10852	10613	701	82866
化学药品原料药制造	18756	16579	5365	2178	2028	37	11922
化学药品制剂制造	55873	49723	20628	6150	6092	582	54929
中药饮片加工	136	106	33	30	29	10	126
中成药生产	2392	2149	1312	242	238		2269
兽用药品制造	675	493	146	182	182	32	643
生物药品制造	7994	6717	2526	1277	1259	10	7984
卫生材料及医药用品制造	5153	4360	1338	794	785	30	4994
化学纤维制造业	39184	35529	6662	3654	3619	498	38685
纤维素纤维原料及纤维制造	28098	26226	4891	1872	1845	115	27983
合成纤维制造	11086	9304	1772	1782	1775	383	10702
橡胶和塑料制品业	66777	57956	26444	8821	8502	180	65697
橡胶制品业	37364	34027	16714	3336	3057	26	36892
塑料制品业	29414	23929	9730	5485	5445	154	28805
非金属矿物制品业	36732	32032	11794	4700	4607	411	36105
水泥、石灰和石膏制造	6932	6764	1701	169	169	100	6832
石膏、水泥制品及类似制品制造	459	359	68	100	99		459
砖瓦、石材等建筑材料制造	488	476	157	12	12		488
玻璃制造	586	545	469	40	14		586
玻璃制品制造	8635	7361	3398	1274	1263	134	8449
玻璃纤维和玻璃纤维增强塑料制品制造	3047	2036	714	1011	1000		3047
陶瓷制品制造	5870	5079	2374	791	786	60	5648
耐火材料制品制造	3988	2972	852	1016	992	48	3940
石墨及其他非金属矿物制品制造	6726	6440	2061	286	273	70	6656
黑色金属冶炼和压延加工业	41932	38336	9781	3596	3517	25	41907
炼铁							
炼钢							
黑色金属铸造	11466	10773	3751	693	686	25	11441
钢压延加工	27706	24803	5911	2903	2831		27706
铁合金冶炼	2760	2760	119				2760
有色金属冶炼和压延加工业	32507	26893	5799	5614	5527	4	32329
常用有色金属冶炼	32	30	9	2	2		32
贵金属冶炼	31	29	15	1	1		31
稀有稀土金属冶炼	4340	4290	821	50	50		4340
有色金属合金制造	8525	6460	1760	2066	2017		8431
有色金属铸造	57	57	28				57
有色金属压延加工	19523	16027	3166	3496	3457	4	19439

3-D-1-7　续表 3　　单位：万元

行　　业	R&D经费内部支出	日常性支出	#人员劳务费	资产性支出	#仪器和设备	#政府资金	#企业资金
金属制品业	74592	64211	23285	10381	10277	592	73126
结构性金属制品制造	11000	9966	3959	1034	1020	217	10783
金属工具制造	1596	1538	845	59	59	24	1572
集装箱及金属包装容器制造	12628	11432	4539	1196	1161	215	12086
金属丝绳及其制品制造	20207	19618	6317	590	588	96	20100
建筑、安全用金属制品制造	4018	3448	1541	570	559	40	3978
金属表面处理及热处理加工	2223	2063	581	160	158		2223
搪瓷制品制造							
金属制日用品制造	9483	7947	2630	1535	1530		9483
其他金属制品制造	13438	8199	2872	5239	5203		12901
通用设备制造业	201408	173294	71401	28114	27470	1745	177505
锅炉及原动设备制造	47295	41144	19951	6152	6151	368	28541
金属加工机械制造	13068	11652	5052	1417	1408	166	12510
物料搬运设备制造	17338	15366	5524	1972	1954	109	16171
泵、阀门、压缩机及类似机械制造	32853	29760	12141	3093	3013	18	32330
轴承、齿轮和传动部件制造	13500	11613	4060	1888	1867	15	12837
烘炉、风机、衡器、包装等设备制造	43027	32150	10655	10878	10403	1025	40973
文化、办公用机械制造	20881	19459	8512	1423	1416		20865
通用零部件制造	12279	11050	5099	1229	1195	44	12114
其他通用设备制造业	1165	1102	407	63	63		1165
专用设备制造业	210652	190684	75703	19968	19499	2077	201665
采矿、冶金、建筑专用设备制造	95422	86140	28502	9281	9151	1677	93200
化工、木材、非金属加工专用设备制造	34400	30460	14385	3939	3848	55	33078
食品、饮料、烟草及饲料生产专用设备制造	5651	5506	3507	144	121		5651
印刷、制药、日化及日用品生产专用设备制造	9986	9630	4159	355	234		9986
纺织、服装和皮革加工专用设备制造	3987	3879	1571	108	57	1	3783
电子和电工机械专用设备制造	2374	2246	1022	127	125	30	2344
农、林、牧、渔专用机械制造	17788	17564	5364	224	216	55	15743
医疗仪器设备及器械制造	22354	19470	10104	2884	2867	219	19478
环保、社会公共服务及其他专用设备制造	18693	15788	7089	2905	2880	40	18402
汽车制造业	160771	120798	53710	39973	39205	1438	152639
汽车整车制造	22895	16119	8055	6776	6558		22895
改装汽车制造	220	119	76	101	100		220
低速载货汽车制造							
电车制造							
汽车车身、挂车制造							
汽车零部件及配件制造	137656	104561	45579	33095	32547	1438	129524
铁路、船舶、航空航天和其他运输设备制造业	125582	121305	34775	4277	4207	172	124712
铁路运输设备制造	5146	4978	3451	168	168	36	5110
城市轨道交通设备制造	7725	7725	2094				7725
船舶及相关装置制造	98158	94909	21920	3249	3209	64	97674
航空、航天器及设备制造	2287	1958	610	329	320	50	2237
摩托车制造	2633	2417	1245	216	214		2354
自行车制造	9074	8785	5078	289	271	21	9053
非公路休闲车及零配件制造	560	534	378	26	26		560
潜水救捞及其他未列明运输设备制造							

3-D-1-7　续表 4　　　　单位：万元

行　　业	R&D经费内部支出	日常性支出	#人员劳务费	资产性支出	#仪器和设备	#政府资金	#企业资金
电气机械和器材制造业	406079	353545	116961	52533	49968	1191	395993
电机制造	86520	73913	27735	12607	12483	351	84426
输配电及控制设备制造	205065	184231	49380	20834	18951	728	200047
电线、电缆、光缆及电工器材制造	18254	14680	5790	3574	3531	10	17701
电池制造	23957	22836	9384	1121	1113	80	23672
家用电力器具制造	64529	50525	21207	14005	13502		62414
非电力家用器具制造	900	875	584	25	24		900
照明器具制造	6330	6071	2629	258	255	21	6308
其他电气机械及器材制造	525	415	253	110	110		525
计算机、通信和其他电子设备制造业	729851	632981	248552	96870	95390	10311	664973
计算机制造	148129	141176	54035	6952	6811	219	147890
通信设备制造	62206	55050	21535	7156	7097	416	61545
广播电视设备制造	2293	1953	672	340	338		2293
雷达及配套设备制造							
视听设备制造	19061	17178	8019	1883	1798	7	16336
电子器件制造	194555	155567	70878	38989	38203	8335	181735
电子元件制造	176449	148137	60911	28312	27916	1332	169401
其他电子设备制造	127159	113921	32502	13238	13227	3	85773
仪器仪表制造业	60905	56065	20882	4841	4732	487	58007
通用仪器仪表制造	38425	34938	13401	3488	3379	450	36537
专用仪器仪表制造	17892	16847	5069	1045	1044	37	17240
钟表与计时仪器制造							
光学仪器及眼镜制造	4588	4280	2412	309	309		4230
其他仪器仪表制造业							
其他制造业	2221	2051	763	170	149		2221
日用杂品制造	2221	2051	763	170	149		2221
煤制品制造							
核辐射加工							
其他未列明制造业							
废弃资源综合利用业							
金属废料和碎屑加工处理							
非金属废料和碎屑加工处理							
金属制品、机械和设备修理业	700	700	176			17	683
金属制品修理							
通用设备修理							
专用设备修理							
铁路、船舶、航空航天等运输设备修理	700	700	176			17	683
电气设备修理							
仪器仪表修理							
其他机械和设备修理业							
电力、热力生产和供应业	1293	717	349	576	575		1293
电力生产	1293	717	349	576	575		1293
电力供应							
热力生产和供应							
燃气生产和供应业	1651	1604	307	47			1651
燃气生产和供应业	1651	1604	307	47			1651
水的生产和供应业	790	631	405	159	158		698
自来水生产和供应	567	501	364	66	65		475
污水处理及其再生利用	223	130	41	93	93		223

3-D-1-8　分地区企业R&D经费内部支出情况

单位：万元

地　区	R&D经费内部支出	日常性支出	#人员劳务费	资产性支出	#仪器和设备	#政府资金	#企业资金
全　省	**12395745**	**10731253**	**3396949**	**1664492**	**1620847**	**240670**	**11923253**
南京市	1297291	1150926	438073	146365	142989	56393	1224754
无锡市	2077297	1722224	546438	355073	346910	26003	2009541
徐州市	694043	581577	164598	112466	109973	8629	674284
常州市	1073974	927647	272708	146326	142725	17591	1051391
苏州市	2888408	2542921	871947	345487	335006	33607	2744314
南通市	1183057	1065162	351161	117895	116046	18021	1150829
连云港市	260118	227169	80352	32949	31393	11975	245999
淮安市	266360	230823	46111	35536	33618	2679	261596
盐城市	530056	442220	141150	87835	84824	15134	509336
扬州市	665546	562726	154101	102820	101481	9363	648751
镇江市	625198	562434	158541	62764	60566	24611	591291
泰州市	648021	568487	122060	79534	77421	14449	629321
宿迁市	186379	146937	49710	39442	37896	2217	181846

3-D-1-9　分地区大中型企业R&D经费内部支出情况

单位：万元

地　区	R&D经费内部支出	日常性支出	#人员劳务费	资产性支出	#仪器和设备	#政府资金	#企业资金
全　省	**8908956**	**7766038**	**2473761**	**1142918**	**1113974**	**174083**	**8562970**
南京市	1089141	974553	369738	114588	111926	48258	1028564
无锡市	1542436	1272104	402421	270332	263503	19918	1491540
徐州市	456708	379679	110827	77029	75489	4882	450302
常州市	715705	627858	175136	87847	85846	9178	703924
苏州市	2265713	2007010	685100	258703	250056	26010	2143066
南通市	733020	665965	217416	67055	66375	13565	712438
连云港市	174660	154629	54059	20032	19283	7919	165206
淮安市	175126	156694	29537	18432	17972	1134	172492
盐城市	270337	225236	85101	45101	43738	7299	260637
扬州市	452849	386796	106516	66053	65378	5996	441345
镇江市	469539	422148	120296	47391	46226	17198	444967
泰州市	477125	420909	94440	56217	54934	11559	463624
宿迁市	86597	72458	23174	14139	13247	1167	84866

3-D-1-10 分地区内资企业R&D经费内部支出情况

单位：万元

地区	R&D经费内部支出	日常性支出	#人员劳务费	资产性支出	#仪器和设备	#政府资金	#企业资金
全省	**8206476**	**7060213**	**2130772**	**1146263**	**1114356**	**198911**	**7927740**
南京市	1010711	899918	340138	110794	109018	53380	947089
无锡市	1327835	1081838	309691	245997	240114	17253	1302499
徐州市	592318	498067	144474	94251	91962	7236	574909
常州市	769189	662416	202716	106773	103863	14503	750475
苏州市	1246804	1091576	324168	155228	149343	24684	1202241
南通市	721783	648609	217936	73174	72005	14025	701542
连云港市	203305	178098	61132	25207	23939	9962	192170
淮安市	187783	157821	35220	29962	28169	2267	184813
盐城市	444671	373139	113730	71531	68892	13469	426765
扬州市	574864	485035	131798	89829	88631	8751	560229
镇江市	444401	399443	107979	44958	43100	20222	420229
泰州市	509878	448735	96528	61143	59400	10996	495833
宿迁市	172934	135520	45262	37414	35923	2164	168946

3-D-1-11 分地区港澳台商投资企业R&D经费内部支出情况

单位：万元

地区	R&D经费内部支出	日常性支出	#人员劳务费	资产性支出	#仪器和设备	#政府资金	#企业资金
全省	**1481370**	**1299746**	**402969**	**181625**	**177976**	**18364**	**1439114**
南京市	96651	84041	30588	12610	12480	2213	93953
无锡市	291011	246483	74908	44528	43442	965	285980
徐州市	62935	51074	8312	11861	11816	1211	61153
常州市	134185	112200	27496	21985	21662	1651	132346
苏州市	488827	443960	160346	44868	43864	3106	474667
南通市	141968	127233	44629	14736	14407	714	140124
连云港市	18135	15900	5990	2235	2035	1640	16495
淮安市	55283	51742	6188	3541	3485	254	54503
盐城市	29034	24965	9022	4069	4019	460	27961
扬州市	37132	31939	9631	5193	5120	206	35718
镇江市	78939	71573	17352	7366	7124	2794	73362
泰州市	40200	32610	6182	7589	7509	3132	36291
宿迁市	7070	6026	2326	1044	1013	18	6561

3-D-1-12　分地区外商投资企业R&D经费内部支出情况

单位：万元

地　区	R&D经费内部支出	日常性支出	#人员劳务费	资产性支出	#仪器和设备	#政府资金	#企业资金
全　省	**2707899**	**2371294**	**863208**	**336605**	**328516**	**23395**	**2556399**
南 京 市	189929	166968	67348	22961	21492	799	183711
无 锡 市	458451	393903	161840	64548	63354	7785	421062
徐 州 市	38790	32436	11812	6354	6196	182	38222
常 州 市	170600	153031	42496	17569	17200	1437	168571
苏 州 市	1152776	1007385	387433	145391	141799	5818	1067406
南 通 市	319306	289320	88595	29985	29634	3282	309163
连云港市	38678	33171	13229	5506	5419	373	37334
淮 安 市	23293	21260	4703	2033	1964	158	22280
盐 城 市	56351	44116	18398	12235	11913	1205	54610
扬 州 市	53550	45753	12672	7797	7731	405	52804
镇 江 市	101859	91419	33210	10440	10342	1595	97700
泰 州 市	97943	87142	19350	10801	10512	321	97197
宿 迁 市	6374	5391	2122	983	961	35	6339

3-D-2-1 分登记注册类型企业R&D经费外部支出情况

单位：万元

登记注册类型	R&D经费外部支出	#对境内研究机构支出	#对境内高等学校支出
总 计	**394035**	**154312**	**84824**
内资企业	**243705**	**94833**	**74530**
国有企业	22392	3757	3249
集体企业	1842	756	884
股份合作企业	68	28	40
联营企业	77		77
国有联营企业	77		77
集体联营企业			
国有与集体联营企业			
其他联营企业			
有限责任公司	99340	40103	25203
国有独资公司	12109	7187	3483
其他有限责任公司	87231	32916	21721
股份有限公司	49051	20586	12515
私营企业	70454	29519	32316
私营独资企业	1255	513	678
私营合伙企业	325	25	300
私营有限责任公司	58109	22831	27784
私营股份有限公司	10765	6150	3554
其他企业	481	84	247
港、澳、台商投资企业	**39458**	**12321**	**5839**
合资经营企业(港或澳、台资)	17462	4632	2337
合作经营企业(港或澳、台资)	144		144
港、澳、台商独资经营企业	21436	7616	3014
港、澳、台商投资股份有限公司	416	73	343
其他港澳台投资企业			
外商投资企业	**110872**	**47159**	**4456**
中外合资经营企业	42399	21217	2226
中外合作经营企业	6450	2831	470
外资企业	57294	20382	1360
外商投资股份有限公司	4487	2729	400
其他外商投资企业	243		

3-D-2-2　分登记注册类型大中型企业R&D经费外部支出情况

单位：万元

登记注册类型	R&D经费外部支出	#对境内研究机构支出	#对境内高等学校支出
总　计	**326558**	**133746**	**58123**
内资企业	**187891**	**79378**	**51287**
国有企业	22328	3704	3237
集体企业	1657	706	808
股份合作企业			
联营企业			
国有联营企业			
集体联营企业			
国有与集体联营企业			
其他联营企业			
有限责任公司	79418	36685	19878
国有独资公司	11981	7132	3413
其他有限责任公司	67437	29552	16465
股份有限公司	44927	19113	10390
私营企业	39299	19143	16740
私营独资企业			
私营合伙企业			
私营有限责任公司	29755	13340	14015
私营股份有限公司	8957	5456	2520
其他企业	229		229
港、澳、台商投资企业	**35976**	**11069**	**3800**
合资经营企业(港或澳、台资)	15628	4090	1150
合作经营企业(港或澳、台资)			
港、澳、台商独资经营企业	19933	6907	2307
港、澳、台商投资股份有限公司	415	72	
其他港澳台投资企业			
外商投资企业	**102690**	**43299**	**3037**
中外合资经营企业	37668	17905	1365
中外合作经营企业	6450		
外资企业	54115	19834	831
外商投资股份有限公司	4458	2729	370
其他外商投资企业			

3-D-2-3 分行业企业R&D经费外部支出情况

单位：万元

行业	R&D经费外部支出	#对境内研究机构支出	#对境内高等学校支出
总计	**394035**	**154312**	**84824**
煤炭开采和洗选业	2961	2386	520
烟煤和无烟煤开采洗选	2961	2386	520
褐煤开采洗选			
其他煤炭采选			
石油和天然气开采业	3487	1061	2158
石油开采	3487	1061	2158
天然气开采			
黑色金属矿采选业	88	88	
铁矿采选	88	88	
锰矿、铬矿采选			
其他黑色金属矿采选			
有色金属矿采选业	301	297	4
常用有色金属矿采选	301	297	4
贵金属矿采选			
稀有稀土金属矿采选			
非金属矿采选业	600	293	307
土砂石开采	33	22	12
化学矿开采	272		272
采盐	296	272	24
石棉及其他非金属矿采选			
开采辅助活动			
煤炭开采和洗选辅助活动			
石油和天然气开采辅助活动			
其他开采辅助活动			
其他采矿业			
其他采矿业			
农副食品加工业	2583	843	1209
谷物磨制	**52**		**52**
饲料加工	838	290	128
植物油加工	421	260	161
制糖业	53	5	48
屠宰及肉类加工	753	56	625
水产品加工	75	20	55
蔬菜、水果和坚果加工	139	22	117
其他农副食品加工	252	190	22
食品制造业	1625	215	912
焙烤食品制造			
糖果、巧克力及蜜饯制造	57	57	
方便食品制造	28		28
乳制品制造	231	65	166
罐头食品制造	61	45	16
调味品、发酵制品制造	305	49	223
其他食品制造	943		479
酒、饮料和精制茶制造业	907	244	597
酒的制造	109	62	47
饮料制造	653	182	404
精制茶加工	146		146

3-D-2-3　续表 1　　单位：万元

行　　业	R&D经费外部支出	#对境内研究机构支出	#对境内高等学校支出
烟草制品业	246	111	135
烟叶复烤			
卷烟制造	111	111	
其他烟草制品制造	135		135
纺织业	5650	1561	3323
棉纺织及印染精加工	2875	677	1790
毛纺织及染整精加工	1605	648	671
麻纺织及染整精加工	20		20
丝绢纺织及印染精加工	271	15	226
化纤织造及印染精加工	59		59
针织或钩针编织物及其制品制造	292	88	204
家用纺织制成品制造	326	115	175
非家用纺织制成品制造	201	18	178
纺织服装、服饰业	2279	972	797
机织服装制造	1796	862	479
针织或钩针编织服装制造	484	110	319
服饰制造			
皮革、毛皮、羽毛及其制品和制鞋业	193	18	
皮革鞣制加工			
皮革制品制造	126		
毛皮鞣制及制品加工			
羽毛(绒)加工及制品制造	50		
制鞋业	18	18	
木材加工和木、竹、藤、棕、草制品业	5696	4989	707
木材加工			
人造板制造	5680	4984	696
木制品制造	16	5	11
竹、藤、棕、草等制品制造			
家具制造业	10		10
木质家具制造	0		
竹、藤家具制造			
金属家具制造			
塑料家具制造			
其他家具制造	10		10
造纸和纸制品业	327	108	219
纸浆制造			
造纸	265	76	189
纸制品制造	62	32	30
印刷和记录媒介复制业	365	26	340
印刷	365	26	340
装订及印刷相关服务			
记录媒介复制			
文教、工美、体育和娱乐用品制造业	1207	445	648
文教办公用品制造	185	115	70
乐器制造			
工艺美术品制造	914	295	537
体育用品制造	36	16	20
玩具制造	53	5	21
游艺器材及娱乐用品制造	19	14	

3-D-2-3 续表 2

单位：万元

行　业	R&D经费外部支出	#对境内研究机构支出	#对境内高等学校支出
石油加工、炼焦和核燃料加工业	1257	685	572
精炼石油产品制造	1257	685	572
炼焦			
核燃料加工			
化学原料和化学制品制造业	36682	17744	11194
基础化学原料制造	19012	10705	6566
肥料制造	240	147	93
农药制造	5940	4381	743
涂料、油墨、颜料及类似产品制造	1089	509	575
合成材料制造	6470	891	1117
专用化学产品制造	3759	1055	2044
炸药、火工及焰火产品制造			
日用化学产品制造	173	56	56
医药制造业	46180	28474	6384
化学药品原料药制造	2575	1024	1125
化学药品制剂制造	32477	19551	2699
中药饮片加工	1017	835	182
中成药生产	7054	5344	1129
兽用药品制造	917	382	535
生物药品制造	1886	1290	514
卫生材料及医药用品制造	254	48	201
化学纤维制造业	2141	1151	882
纤维素纤维原料及纤维制造	1007	540	382
合成纤维制造	1135	612	501
橡胶和塑料制品业	10641	4977	1121
橡胶制品业	5964	2038	872
塑料制品业	4677	2939	249
非金属矿物制品业	4661	448	3031
水泥、石灰和石膏制造	1715	100	1185
石膏、水泥制品及类似制品制造	537	95	191
砖瓦、石材等建筑材料制造	153	14	140
玻璃制造	101	31	71
玻璃制品制造	178		135
玻璃纤维和玻璃纤维增强塑料制品制造	168	11	149
陶瓷制品制造	989	128	609
耐火材料制品制造	284		284
石墨及其他非金属矿物制品制造	536	70	267
黑色金属冶炼和压延加工业	10221	3067	3732
炼铁	2		2
炼钢	65	27	29
黑色金属铸造	1317	157	80
钢压延加工	8634	2817	3485
铁合金冶炼	203	67	136
有色金属冶炼和压延加工业	2432	804	826
常用有色金属冶炼	631	320	311
贵金属冶炼			
稀有稀土金属冶炼	122	91	31
有色金属合金制造	226	65	161
有色金属铸造	10		9
有色金属压延加工	1443	329	314

3-D-2-3　续表 3　　单位：万元

行　业	R&D经费外部支出	#对境内研究机构支出	#对境内高等学校支出
金属制品业	4952	1147	2242
结构性金属制品制造	763	78	577
金属工具制造	242	5	219
集装箱及金属包装容器制造	143	22	114
金属丝绳及其制品制造	948	415	495
建筑、安全用金属制品制造	392	323	49
金属表面处理及热处理加工	357	19	38
搪瓷制品制造			
金属制日用品制造	490		20
其他金属制品制造	1618	285	730
通用设备制造业	26437	6986	8311
锅炉及原动设备制造	7711	2086	1098
金属加工机械制造	2691	894	1652
物料搬运设备制造	6750	2252	2844
泵、阀门、压缩机及类似机械制造	2503	437	832
轴承、齿轮和传动部件制造	2992	583	510
烘炉、风机、衡器、包装等设备制造	3132	614	846
文化、办公用机械制造	172	3	169
通用零部件制造	414	89	315
其他通用设备制造业	72	27	45
专用设备制造业	24683	7035	4982
采矿、冶金、建筑专用设备制造	4479	1582	1294
化工、木材、非金属加工专用设备制造	3150	106	530
食品、饮料、烟草及饲料生产专用设备制造	236	12	101
印刷、制药、日化及日用品生产专用设备制造	325	3	33
纺织、服装和皮革加工专用设备制造	4860	3780	604
电子和电工机械专用设备制造	234	78	151
农、林、牧、渔专用机械制造	624	144	120
医疗仪器设备及器械制造	1858	390	1143
环保、社会公共服务及其他专用设备制造	8918	940	1008
汽车制造业	42575	4824	5028
汽车整车制造	29536	200	3956
改装汽车制造	72	45	21
低速载货汽车制造			
电车制造			
汽车车身、挂车制造	78		75
汽车零部件及配件制造	12889	4578	977
铁路、船舶、航空航天和其他运输设备制造业	39080	28369	2311
铁路运输设备制造	12593	7540	1471
城市轨道交通设备制造			
船舶及相关装置制造	24653	20041	335
航空、航天器及设备制造	413	176	106
摩托车制造	1008	312	310
自行车制造	414	300	89
非公路休闲车及零配件制造			
潜水救捞及其他未列明运输设备制造			

3-D-2-3 续表 4

单位：万元

行业	R&D经费外部支出	#对境内研究机构支出	#对境内高等学校支出
电气机械和器材制造业	30874	13106	10459
电机制造	7264	2624	1361
输配电及控制设备制造	12545	5099	4078
电线、电缆、光缆及电工器材制造	4463	2223	1911
电池制造	594	224	332
家用电力器具制造	4138	2339	1535
非电力家用器具制造	471	226	235
照明器具制造	1228	368	838
其他电气机械及器材制造	172	3	169
计算机、通信和其他电子设备制造业	52612	15137	4281
计算机制造	3067	119	1159
通信设备制造	6657	6376	171
广播电视设备制造	1058	471	410
雷达及配套设备制造	10702	106	196
视听设备制造	927	89	181
电子器件制造	13546	3328	1168
电子元件制造	9861	4647	922
其他电子设备制造	6794		75
仪器仪表制造业	21620	5344	5855
通用仪器仪表制造	16305	3316	3005
专用仪器仪表制造	5109	1989	2705
钟表与计时仪器制造			
光学仪器及眼镜制造	188	33	133
其他仪器仪表制造业	17	6	12
其他制造业	128		128
日用杂品制造	128		128
煤制品制造			
核辐射加工			
其他未列明制造业			
废弃资源综合利用业	50	34	13
金属废料和碎屑加工处理	50	34	13
非金属废料和碎屑加工处理			
金属制品、机械和设备修理业	3		
金属制品修理			
通用设备修理			
专用设备修理			
铁路、船舶、航空航天等运输设备修理	3		
电气设备修理			
仪器仪表修理			
其他机械和设备修理业			
电力、热力生产和供应业	8158	1304	1523
电力生产	952	421	403
电力供应	7207	883	1120
热力生产和供应			
燃气生产和供应业	20	20	
燃气生产和供应业	20	20	
水的生产和供应业	102	2	64
自来水生产和供应	102	2	64
污水处理及其再生利用			

3-D-2-4 分行业大中型企业R&D经费外部支出情况

单位：万元

行 业	R&D经费外部支出	#对境内研究机构支出	#对境内高等学校支出
总 计	**326558**	**133746**	**58123**
煤炭开采和洗选业	2961	2386	520
烟煤和无烟煤开采洗选	2961	2386	520
褐煤开采洗选			
其他煤炭采选			
石油和天然气开采业	3487	1061	2158
石油开采	3487	1061	2158
天然气开采			
黑色金属矿采选业			
铁矿采选			
锰矿、铬矿采选			
其他黑色金属矿采选			
有色金属矿采选业			
常用有色金属矿采选			
贵金属矿采选			
稀有稀土金属矿采选			
非金属矿采选业	567	272	295
土砂石开采			
化学矿开采			
采盐	296	272	24
石棉及其他非金属矿采选			
开采辅助活动			
煤炭开采和洗选辅助活动			
石油和天然气开采辅助活动			
其他开采辅助活动			
其他采矿业			
其他采矿业			
农副食品加工业	1509	323	693
谷物磨制	52		52
饲料加工			
植物油加工			
制糖业			
屠宰及肉类加工	683	43	568
水产品加工			
蔬菜、水果和坚果加工			
其他农副食品加工			
食品制造业	1091	158	680
焙烤食品制造			
糖果、巧克力及蜜饯制造	57	57	
方便食品制造			
乳制品制造	201	52	149
罐头食品制造			
调味品、发酵制品制造	305	49	223
其他食品制造	527		307
酒、饮料和精制茶制造业	496	227	201
酒的制造	100	53	47
饮料制造	396	175	154
精制茶加工			

3-D-2-4 续表 1

单位：万元

行业	R&D经费外部支出	#对境内研究机构支出	#对境内高等学校支出
烟草制品业	246	111	
烟叶复烤			
卷烟制造	111	111	
其他烟草制品制造			
纺织业	4340	1421	2391
棉纺织及印染精加工	1997	556	1169
毛纺织及染整精加工	1566	647	667
麻纺织及染整精加工			
丝绢纺织及印染精加工	218	15	203
化纤织造及印染精加工			
针织或钩针编织物及其制品制造			
家用纺织制成品制造	254		134
非家用纺织制成品制造			
纺织服装、服饰业	2002	950	546
机织服装制造	1685	840	394
针织或钩针编织服装制造	317	110	152
服饰制造			
皮革、毛皮、羽毛及其制品和制鞋业	193	18	
皮革鞣制加工			
皮革制品制造			
毛皮鞣制及制品加工			
羽毛(绒)加工及制品制造	50		
制鞋业	18	18	
木材加工和木、竹、藤、棕、草制品业	5302	4753	549
木材加工			
人造板制造	5286	4748	537
木制品制造			
竹、藤、棕、草等制品制造			
家具制造业			
木质家具制造			
竹、藤家具制造			
金属家具制造			
塑料家具制造			
其他家具制造			
造纸和纸制品业	236	76	160
纸浆制造			
造纸	236	76	160
纸制品制造			
印刷和记录媒介复制业	38	15	24
印刷	38	15	24
装订及印刷相关服务			
记录媒介复制			
文教、工美、体育和娱乐用品制造业	639	245	310
文教办公用品制造			
乐器制造			
工艺美术品制造	565	225	288
体育用品制造			
玩具制造	53	5	21
游艺器材及娱乐用品制造			

3-D-2-4　续表 2

单位：万元

行　　业	R&D经费外部支出	#对境内研究机构支出	#对境内高等学校支出
石油加工、炼焦和核燃料加工业	709	685	24
精炼石油产品制造	709	685	24
炼焦			
核燃料加工			
化学原料和化学制品制造业	26597	12390	6737
基础化学原料制造	16761	10231	4906
肥料制造	100	7	93
农药制造	2551	1493	244
涂料、油墨、颜料及类似产品制造	465	136	329
合成材料制造	4906	187	296
专用化学产品制造	1727	313	814
炸药、火工及焰火产品制造			
日用化学产品制造	89		56
医药制造业	41389	26211	4346
化学药品原料药制造	1342	608	368
化学药品制剂制造	31139	18837	2419
中药饮片加工			
中成药生产	6703	5054	1068
兽用药品制造			
生物药品制造			
卫生材料及医药用品制造			
化学纤维制造业	1555	888	561
纤维素纤维原料及纤维制造	735	280	370
合成纤维制造	821	608	191
橡胶和塑料制品业	9764	4615	824
橡胶制品业	5767	2013	797
塑料制品业	3997		27
非金属矿物制品业	2943	340	1995
水泥、石灰和石膏制造	1665	100	1185
石膏、水泥制品及类似制品制造			
砖瓦、石材等建筑材料制造			
玻璃制造			
玻璃制品制造			
玻璃纤维和玻璃纤维增强塑料制品制造			
陶瓷制品制造	695		
耐火材料制品制造			
石墨及其他非金属矿物制品制造			
黑色金属冶炼和压延加工业	9038	2931	3572
炼铁	2		2
炼钢	55	27	29
黑色金属铸造			
钢压延加工	8519	2791	3416
铁合金冶炼			
有色金属冶炼和压延加工业	1515	286	463
常用有色金属冶炼			
贵金属冶炼			
稀有稀土金属冶炼			
有色金属合金制造	189		152
有色金属铸造			
有色金属压延加工	1259	249	

3-D-2-4 续表 3　　　　单位：万元

行　　业	R&D经费外部支出	#对境内研究机构支出	#对境内高等学校支出
金属制品业	2059	452	821
结构性金属制品制造	223		207
金属工具制造			
集装箱及金属包装容器制造	60	21	
金属丝绳及其制品制造	389	143	246
建筑、安全用金属制品制造			
金属表面处理及热处理加工			
搪瓷制品制造			
金属制日用品制造	490		
其他金属制品制造			
通用设备制造业	19704	5270	4578
锅炉及原动设备制造	6939	2081	606
金属加工机械制造	1049		510
物料搬运设备制造	5626	1873	2116
泵、阀门、压缩机及类似机械制造	1529	116	231
轴承、齿轮和传动部件制造	2579	352	370
烘炉、风机、衡器、包装等设备制造	1801	290	592
文化、办公用机械制造			
通用零部件制造			
其他通用设备制造业			
专用设备制造业	18274	5013	2638
采矿、冶金、建筑专用设备制造	3176	949	655
化工、木材、非金属加工专用设备制造	2614	22	390
食品、饮料、烟草及饲料生产专用设备制造	149		93
印刷、制药、日化及日用品生产专用设备制造			
纺织、服装和皮革加工专用设备制造	4532		397
电子和电工机械专用设备制造			
农、林、牧、渔专用机械制造	311		
医疗仪器设备及器械制造	897	167	634
环保、社会公共服务及其他专用设备制造	6551		464
汽车制造业	41782	4729	4373
汽车整车制造	29517	200	3937
改装汽车制造			
低速载货汽车制造			
电车制造			
汽车车身、挂车制造			
汽车零部件及配件制造	12168	4484	385
铁路、船舶、航空航天和其他运输设备制造业	37102	26880	2024
铁路运输设备制造	12533	7540	1412
城市轨道交通设备制造			
船舶及相关装置制造	23179	18704	
航空、航天器及设备制造	202	147	55
摩托车制造	874	189	299
自行车制造	315	300	15
非公路休闲车及零配件制造			
潜水救捞及其他未列明运输设备制造			

3-D-2-4 续表 4

单位：万元

行业	R&D经费外部支出	#对境内研究机构支出	#对境内高等学校支出
电气机械和器材制造业	24495	10876	7300
电机制造	5708	1877	648
输配电及控制设备制造	9602	3973	3037
电线、电缆、光缆及电工器材制造	3673	2134	1294
电池制造	326	224	
家用电力器具制造	4065	2296	1515
非电力家用器具制造	337	202	135
照明器具制造	785	170	601
其他电气机械及器材制造			
计算机、通信和其他电子设备制造业	39289	13795	2974
计算机制造	3045		1140
通信设备制造	6361	6146	105
广播电视设备制造	522		151
雷达及配套设备制造			
视听设备制造	820	62	158
电子器件制造	12606	2678	911
电子元件制造	9076	4481	378
其他电子设备制造	6630		
仪器仪表制造业	18467	4682	4501
通用仪器仪表制造	14023	2843	1942
专用仪器仪表制造	4238	1800	2415
钟表与计时仪器制造			
光学仪器及眼镜制造			
其他仪器仪表制造业			
其他制造业			
日用杂品制造			
煤制品制造			
核辐射加工			
其他未列明制造业			
废弃资源综合利用业			
金属废料和碎屑加工处理			
非金属废料和碎屑加工处理			
金属制品、机械和设备修理业			
金属制品修理			
通用设备修理			
专用设备修理			
铁路、船舶、航空航天等运输设备修理			
电气设备修理			
仪器仪表修理			
其他机械和设备修理业			
电力、热力生产和供应业	8081	1247	1523
电力生产	875	363	403
电力供应	7207	883	1120
热力生产和供应			
燃气生产和供应业	20	20	
燃气生产和供应业	20	20	
水的生产和供应业	102		
自来水生产和供应	102		
污水处理及其再生利用			

3-D-2-5 分行业内资企业R&D经费外部支出情况

单位：万元

行业	R&D经费外部支出	#对境内研究机构支出	#对境内高等学校支出
总 计	**243705**	**94833**	**74530**
煤炭开采和洗选业	2961	2386	520
烟煤和无烟煤开采洗选	2961	2386	520
褐煤开采洗选			
其他煤炭采选			
石油和天然气开采业	3487	1061	2158
石油开采	3487	1061	2158
天然气开采			
黑色金属矿采选业	88	88	
铁矿采选	88	88	
锰矿、铬矿采选			
其他黑色金属矿采选			
有色金属矿采选业	301	297	4
常用有色金属矿采选	301	297	4
贵金属矿采选			
稀有稀土金属矿采选			
非金属矿采选业	600	293	307
土砂石开采	33	22	12
化学矿开采	272		272
采盐	296	272	24
石棉及其他非金属矿采选			
开采辅助活动			
煤炭开采和洗选辅助活动			
石油和天然气开采辅助活动			
其他开采辅助活动			
其他采矿业			
其他采矿业			
农副食品加工业	1259	535	660
谷物磨制	52		52
饲料加工	128	10	118
植物油加工	421	260	161
制糖业	53	5	48
屠宰及肉类加工	209	41	144
水产品加工	40	20	20
蔬菜、水果和坚果加工	139	22	117
其他农副食品加工	217	177	
食品制造业	1297	215	828
焙烤食品制造			
糖果、巧克力及蜜饯制造	57	57	
方便食品制造	28		28
乳制品制造	231	65	166
罐头食品制造	61	45	16
调味品、发酵制品制造	305	49	223
其他食品制造	616		395
酒、饮料和精制茶制造业	906	242	597
酒的制造	108	61	47
饮料制造	653	182	404
精制茶加工	146		146

3-D-2-5　续表 1　　　　单位：万元

行　　业	R&D经费外部支出	#对境内研究机构支出	#对境内高等学校支出
烟草制品业	246	111	135
烟叶复烤			
卷烟制造	111	111	
其他烟草制品制造	135		135
纺织业	5012	1535	2719
棉纺织及印染精加工	2445	651	1394
毛纺织及染整精加工	1508	648	573
麻纺织及染整精加工	20		20
丝绢纺织及印染精加工	271	15	226
化纤织造及印染精加工	59		59
针织或钩针编织物及其制品制造	280	88	192
家用纺织制成品制造	296	115	145
非家用纺织制成品制造	133	18	110
纺织服装、服饰业	2092	970	697
机织服装制造	1608	859	379
针织或钩针编织服装制造	484	110	319
服饰制造			
皮革、毛皮、羽毛及其制品和制鞋业	56	6	
皮革鞣制加工			
皮革制品制造			
毛皮鞣制及制品加工			
羽毛(绒)加工及制品制造	50		
制鞋业	6	6	
木材加工和木、竹、藤、棕、草制品业	5688	4984	704
木材加工			
人造板制造	5680	4984	696
木制品制造	8		8
竹、藤、棕、草等制品制造			
家具制造业	10		10
木质家具制造			
竹、藤家具制造			
金属家具制造			
塑料家具制造			
其他家具制造	10		10
造纸和纸制品业	314	95	219
纸浆制造			
造纸	265	76	189
纸制品制造	49	19	30
印刷和记录媒介复制业	175	26	150
印刷	175	26	150
装订及印刷相关服务			
记录媒介复制			
文教、工美、体育和娱乐用品制造业	978	415	531
文教办公用品制造	185	115	70
乐器制造			
工艺美术品制造	730	285	430
体育用品制造	21	1	20
玩具制造	23		12
游艺器材及娱乐用品制造	19	14	

3-D-2-5 续表 2

单位：万元

行业	R&D经费外部支出	#对境内研究机构支出	#对境内高等学校支出
石油加工、炼焦和核燃料加工业	1057	685	372
精炼石油产品制造	1057	685	372
炼焦			
核燃料加工			
化学原料和化学制品制造业	30353	14202	10032
基础化学原料制造	18582	10621	6228
肥料制造	156	147	9
农药制造	2195	1348	717
涂料、油墨、颜料及类似产品制造	992	497	489
合成材料制造	5723	791	774
专用化学产品制造	2576	777	1760
炸药、火工及焰火产品制造			
日用化学产品制造	129	22	56
医药制造业	24941	15419	4856
化学药品原料药制造	1972	567	980
化学药品制剂制造	12804	7389	1771
中药饮片加工	1017	835	182
中成药生产	6926	5218	1127
兽用药品制造	851	382	468
生物药品制造	1139	980	148
卫生材料及医药用品制造	233	48	179
化学纤维制造业	1051	380	649
纤维素纤维原料及纤维制造	554	280	274
合成纤维制造	497	100	374
橡胶和塑料制品业	3996	2925	842
橡胶制品业	807	35	665
塑料制品业	3189	2890	177
非金属矿物制品业	4100	448	2947
水泥、石灰和石膏制造	1715	100	1185
石膏、水泥制品及类似制品制造	522	95	176
砖瓦、石材等建筑材料制造	153	14	140
玻璃制造	80	31	50
玻璃制品制造	143		135
玻璃纤维和玻璃纤维增强塑料制品制造	150	11	131
陶瓷制品制造	707	128	579
耐火材料制品制造	284		284
石墨及其他非金属矿物制品制造	346	70	267
黑色金属冶炼和压延加工业	9920	3010	3711
炼铁	2		2
炼钢	44	27	8
黑色金属铸造	1075	138	80
钢压延加工	8596	2779	3485
铁合金冶炼	203	67	136
有色金属冶炼和压延加工业	1618	804	692
常用有色金属冶炼	631	320	311
贵金属冶炼			
稀有稀土金属冶炼	122	91	31
有色金属合金制造	120	65	55
有色金属铸造	7		6
有色金属压延加工	738	329	290

3-D-2-5　续表 3

单位：万元

行　　业	R&D经费外部支出	#对境内研究机构支出	#对境内高等学校支出
金属制品业	4181	955	2133
结构性金属制品制造	688	78	572
金属工具制造	194		192
集装箱及金属包装容器制造	135	21	114
金属丝绳及其制品制造	787	297	451
建筑、安全用金属制品制造	321	267	35
金属表面处理及热处理加工	357	19	38
搪瓷制品制造			
金属制日用品制造	112		20
其他金属制品制造	1588	273	711
通用设备制造业	17095	5823	7676
锅炉及原动设备制造	3891	1639	959
金属加工机械制造	2409	774	1489
物料搬运设备制造	6385	2027	2816
泵、阀门、压缩机及类似机械制造	936	172	722
轴承、齿轮和传动部件制造	1068	529	495
烘炉、风机、衡器、包装等设备制造	1884	564	801
文化、办公用机械制造	74	3	71
通用零部件制造	376	89	278
其他通用设备制造业	72	27	45
专用设备制造业	19034	6636	4272
采矿、冶金、建筑专用设备制造	2934	1396	1107
化工、木材、非金属加工专用设备制造	833	86	435
食品、饮料、烟草及饲料生产专用设备制造	146		23
印刷、制药、日化及日用品生产专用设备制造	325	3	33
纺织、服装和皮革加工专用设备制造	4373	3780	550
电子和电工机械专用设备制造	196	40	151
农、林、牧、渔专用机械制造	177	32	120
医疗仪器设备及器械制造	1692	375	1005
环保、社会公共服务及其他专用设备制造	8359	924	849
汽车制造业	19470	406	4729
汽车整车制造	18436	200	3956
改装汽车制造	72	45	21
低速载货汽车制造			
电车制造			
汽车车身、挂车制造	78		75
汽车零部件及配件制造	885	161	678
铁路、船舶、航空航天和其他运输设备制造业	16778	13079	2051
铁路运输设备制造	9100	7540	1427
城市轨道交通设备制造			
船舶及相关装置制造	6144	4771	244
航空、航天器及设备制造	212	156	55
摩托车制造	1008	312	310
自行车制造	315	300	15
非公路休闲车及零配件制造			
潜水救捞及其他未列明运输设备制造			

3-D-2-5 续表 4

单位：万元

行业	R&D经费外部支出	#对境内研究机构支出	#对境内高等学校支出
电气机械和器材制造业	21663	8328	9793
电机制造	2867	1253	1319
输配电及控制设备制造	9607	3337	3606
电线、电缆、光缆及电工器材制造	4391	2223	1839
电池制造	573	203	332
家用电力器具制造	2437	734	1508
非电力家用器具制造	421	206	215
照明器具制造	1196	368	805
其他电气机械及器材制造	172	3	169
计算机、通信和其他电子设备制造业	16116	2240	2301
计算机制造	163	115	48
通信设备制造	851	729	122
广播电视设备制造	916	329	410
雷达及配套设备制造	10702	106	196
视听设备制造	186	56	130
电子器件制造	1444	682	712
电子元件制造	1673	222	607
其他电子设备制造	181		75
仪器仪表制造业	18628	4956	5636
通用仪器仪表制造	14130	3273	2976
专用仪器仪表制造	4473	1677	2641
钟表与计时仪器制造			
光学仪器及眼镜制造	8		8
其他仪器仪表制造业	17	6	12
其他制造业			
日用杂品制造			
煤制品制造			
核辐射加工			
其他未列明制造业			
废弃资源综合利用业	50	34	13
金属废料和碎屑加工处理	50	34	13
非金属废料和碎屑加工处理			
金属制品、机械和设备修理业			
金属制品修理			
通用设备修理			
专用设备修理			
铁路、船舶、航空航天等运输设备修理			
电气设备修理			
仪器仪表修理			
其他机械和设备修理业			
电力、热力生产和供应业	8082	1244	1523
电力生产	876	360	403
电力供应	7207	883	1120
热力生产和供应			
燃气生产和供应业			
燃气生产和供应业			
水的生产和供应业	102	2	64
自来水生产和供应	102	2	64
污水处理及其再生利用			

3-D-2-6　分行业港澳台商投资企业R&D经费外部支出情况

单位：万元

行　　业	R&D经费外部支出	#对境内研究机构支出	#对境内高等学校支出
总　计	**39458**	**12321**	**5839**
煤炭开采和洗选业			
烟煤和无烟煤开采洗选			
褐煤开采洗选			
其他煤炭采选			
石油和天然气开采业			
石油开采			
天然气开采			
黑色金属矿采选业			
铁矿采选			
锰矿、铬矿采选			
其他黑色金属矿采选			
有色金属矿采选业			
常用有色金属矿采选			
贵金属矿采选			
稀有稀土金属矿采选			
非金属矿采选业			
土砂石开采			
化学矿开采			
采盐			
石棉及其他非金属矿采选			
开采辅助活动			
煤炭开采和洗选辅助活动			
石油和天然气开采辅助活动			
其他开采辅助活动			
其他采矿业			
其他采矿业			
农副食品加工业	534	14	471
谷物磨制			
饲料加工			
植物油加工			
制糖业			
屠宰及肉类加工	534	14	471
水产品加工			
蔬菜、水果和坚果加工			
其他农副食品加工			
食品制造业			
焙烤食品制造			
糖果、巧克力及蜜饯制造			
方便食品制造			
乳制品制造			
罐头食品制造			
调味品、发酵制品制造			
其他食品制造			
酒、饮料和精制茶制造业			
酒的制造			
饮料制造			
精制茶加工			

3-D-2-6 续表 1 单位：万元

行业	R&D经费外部支出	#对境内研究机构支出	#对境内高等学校支出
烟草制品业			
烟叶复烤			
卷烟制造			
其他烟草制品制造			
纺织业	558	26	524
棉纺织及印染精加工	380	26	346
毛纺织及染整精加工	97		97
麻纺织及染整精加工			
丝绢纺织及印染精加工			
化纤织造及印染精加工			
针织或钩针编织物及其制品制造	12		12
家用纺织制成品制造			
非家用纺织制成品制造	68		68
纺织服装、服饰业	22	2	
机织服装制造	22	2	
针织或钩针编织服装制造			
服饰制造			
皮革、毛皮、羽毛及其制品和制鞋业	12	12	
皮革鞣制加工			
皮革制品制造			
毛皮鞣制及制品加工			
羽毛(绒)加工及制品制造			
制鞋业	12	12	
木材加工和木、竹、藤、棕、草制品业			
木材加工			
人造板制造			
木制品制造			
竹、藤、棕、草等制品制造			
家具制造业			
木质家具制造			
竹、藤家具制造			
金属家具制造			
塑料家具制造			
其他家具制造			
造纸和纸制品业			
纸浆制造			
造纸			
纸制品制造			
印刷和记录媒介复制业	190		190
印刷	190		190
装订及印刷相关服务			
记录媒介复制			
文教、工美、体育和娱乐用品制造业	31	5	10
文教办公用品制造			
乐器制造			
工艺美术品制造			
体育用品制造			
玩具制造	31	5	10
游艺器材及娱乐用品制造			

3-D-2-6 续表 2

单位：万元

行　业	R&D经费外部支出	#对境内研究机构支出	#对境内高等学校支出
石油加工、炼焦和核燃料加工业	200		200
精炼石油产品制造	200		200
炼焦			
核燃料加工			
化学原料和化学制品制造业	1828	518	683
基础化学原料制造	294	82	205
肥料制造			
农药制造	77	56	21
涂料、油墨、颜料及类似产品制造	1		1
合成材料制造	373	87	286
专用化学产品制造	1069	279	171
炸药、火工及焰火产品制造			
日用化学产品制造	14	14	
医药制造业	9823	4917	562
化学药品原料药制造	495	349	146
化学药品制剂制造	8922	4508	69
中药饮片加工			
中成药生产			
兽用药品制造			
生物药品制造	395	60	335
卫生材料及医药用品制造	12		12
化学纤维制造业	392	260	132
纤维素纤维原料及纤维制造	288	260	28
合成纤维制造	104		104
橡胶和塑料制品业	1486	250	211
橡胶制品业	438	233	205
塑料制品业	1048	17	6
非金属矿物制品业	33		33
水泥、石灰和石膏制造			
石膏、水泥制品及类似制品制造	15		15
砖瓦、石材等建筑材料制造			
玻璃制造			
玻璃制品制造			
玻璃纤维和玻璃纤维增强塑料制品制造	18		18
陶瓷制品制造			
耐火材料制品制造			
石墨及其他非金属矿物制品制造			
黑色金属冶炼和压延加工业	21		21
炼铁			
炼钢	21		21
黑色金属铸造			
钢压延加工			
铁合金冶炼			
有色金属冶炼和压延加工业	23		23
常用有色金属冶炼			
贵金属冶炼			
稀有稀土金属冶炼			
有色金属合金制造			
有色金属铸造	3		3
有色金属压延加工	20		20

3-D-2-6 续表 3

单位：万元

行业	R&D经费外部支出	#对境内研究机构支出	#对境内高等学校支出
金属制品业	141	74	45
结构性金属制品制造	5		5
金属工具制造	26	5	6
集装箱及金属包装容器制造	8	1	
金属丝绳及其制品制造	1		1
建筑、安全用金属制品制造	71	57	14
金属表面处理及热处理加工			
搪瓷制品制造			
金属制日用品制造			
其他金属制品制造	31	12	19
通用设备制造业	5500	755	259
锅炉及原动设备制造	3820	447	139
金属加工机械制造	30		30
物料搬运设备制造	254	226	28
泵、阀门、压缩机及类似机械制造	956	59	46
轴承、齿轮和传动部件制造	10	10	
烘炉、风机、衡器、包装等设备制造	430	13	16
文化、办公用机械制造			
通用零部件制造	0	0	
其他通用设备制造业			
专用设备制造业	1292	239	104
采矿、冶金、建筑专用设备制造	206	186	5
化工、木材、非金属加工专用设备制造	500		
食品、饮料、烟草及饲料生产专用设备制造			
印刷、制药、日化及日用品生产专用设备制造			
纺织、服装和皮革加工专用设备制造	488		54
电子和电工机械专用设备制造	38	38	
农、林、牧、渔专用机械制造			
医疗仪器设备及器械制造	60	15	45
环保、社会公共服务及其他专用设备制造			
汽车制造业	185	34	152
汽车整车制造			
改装汽车制造			
低速载货汽车制造			
电车制造			
汽车车身、挂车制造			
汽车零部件及配件制造	185	34	152
铁路、船舶、航空航天和其他运输设备制造业	114	59	35
铁路运输设备制造	35		35
城市轨道交通设备制造			
船舶及相关装置制造	79	59	
航空、航天器及设备制造			
摩托车制造			
自行车制造			
非公路休闲车及零配件制造			
潜水救捞及其他未列明运输设备制造			

3-D-2-6　续表 4　　　　单位：万元

行　　业	R&D经费外部支出	#对境内研究机构支出	#对境内高等学校支出
电气机械和器材制造业	714	118	516
电机制造	37		
输配电及控制设备制造	523	77	412
电线、电缆、光缆及电工器材制造	52		52
电池制造	21	21	
家用电力器具制造			
非电力家用器具制造	50	20	20
照明器具制造	33		33
其他电气机械及器材制造			
计算机、通信和其他电子设备制造业	15677	4675	1386
计算机制造	1100		1100
通信设备制造			
广播电视设备制造			
雷达及配套设备制造			
视听设备制造	56	6	
电子器件制造	8366	294	133
电子元件制造	6154	4374	153
其他电子设备制造			
仪器仪表制造业	528	335	156
通用仪器仪表制造	14		
专用仪器仪表制造	333	302	32
钟表与计时仪器制造			
光学仪器及眼镜制造	181	33	125
其他仪器仪表制造业			
其他制造业	128		128
日用杂品制造	128		128
煤制品制造			
核辐射加工			
其他未列明制造业			
废弃资源综合利用业			
金属废料和碎屑加工处理			
非金属废料和碎屑加工处理			
金属制品、机械和设备修理业			
金属制品修理			
通用设备修理			
专用设备修理			
铁路、船舶、航空航天等运输设备修理			
电气设备修理			
仪器仪表修理			
其他机械和设备修理业			
电力、热力生产和供应业	29	29	
电力生产	29	29	
电力供应			
热力生产和供应			
燃气生产和供应业			
燃气生产和供应业			
水的生产和供应业			
自来水生产和供应			
污水处理及其再生利用			

3-D-2-7 分行业外商投资企业R&D经费外部支出情况

单位：万元

行业	R&D经费外部支出	#对境内研究机构支出	#对境内高等学校支出
总 计	**110872**	**47159**	**4456**
煤炭开采和洗选业			
烟煤和无烟煤开采洗选			
褐煤开采洗选			
其他煤炭采选			
石油和天然气开采业			
石油开采			
天然气开采			
黑色金属矿采选业			
铁矿采选			
锰矿、铬矿采选			
其他黑色金属矿采选			
有色金属矿采选业			
常用有色金属矿采选			
贵金属矿采选			
稀有稀土金属矿采选			
非金属矿采选业			
土砂石开采			
化学矿开采			
采盐			
石棉及其他非金属矿采选			
开采辅助活动			
煤炭开采和洗选辅助活动			
石油和天然气开采辅助活动			
其他开采辅助活动			
其他采矿业			
其他采矿业			
农副食品加工业	791	293	78
谷物磨制			
饲料加工	710	280	10
植物油加工			
制糖业			
屠宰及肉类加工	11		11
水产品加工	35		35
蔬菜、水果和坚果加工			
其他农副食品加工	35	13	22
食品制造业	327		84
焙烤食品制造			
糖果、巧克力及蜜饯制造			
方便食品制造			
乳制品制造			
罐头食品制造			
调味品、发酵制品制造			
其他食品制造	327		84
酒、饮料和精制茶制造业	1	1	0
酒的制造	1	1	0
饮料制造			
精制茶加工			

3-D-2-7　续表 1　　　　单位：万元

行　　业	R&D经费外部支出	#对境内研究机构支出	#对境内高等学校支出
烟草制品业			
烟叶复烤			
卷烟制造			
其他烟草制品制造			
纺织业	80		80
棉纺织及印染精加工	50		50
毛纺织及染整精加工			
麻纺织及染整精加工			
丝绢纺织及印染精加工			
化纤织造及印染精加工			
针织或钩针编织物及其制品制造			
家用纺织制成品制造	30		30
非家用纺织制成品制造			
纺织服装、服饰业	166	1	100
机织服装制造	166	1	100
针织或钩针编织服装制造			
服饰制造			
皮革、毛皮、羽毛及其制品和制鞋业	126		
皮革鞣制加工			
皮革制品制造	126		
毛皮鞣制及制品加工			
羽毛(绒)加工及制品制造			
制鞋业			
木材加工和木、竹、藤、棕、草制品业	8	5	3
木材加工			
人造板制造			
木制品制造	8	5	3
竹、藤、棕、草等制品制造			
家具制造业	0		
木质家具制造	0		
竹、藤家具制造			
金属家具制造			
塑料家具制造			
其他家具制造			
造纸和纸制品业	13	13	0
纸浆制造			
造纸	0		0
纸制品制造	13	13	
印刷和记录媒介复制业			
印刷			
装订及印刷相关服务			
记录媒介复制			
文教、工美、体育和娱乐用品制造业	199	25	107
文教办公用品制造			
乐器制造			
工艺美术品制造	184	10	107
体育用品制造	15	15	
玩具制造			
游艺器材及娱乐用品制造			

3-D-2-7 续表 2

单位：万元

行业	R&D经费外部支出	#对境内研究机构支出	#对境内高等学校支出
石油加工、炼焦和核燃料加工业			
精炼石油产品制造			
炼焦			
核燃料加工			
化学原料和化学制品制造业	4501	3024	479
基础化学原料制造	136	3	134
肥料制造	84		84
农药制造	3668	2976	6
涂料、油墨、颜料及类似产品制造	97	12	85
合成材料制造	373	13	57
专用化学产品制造	113		113
炸药、火工及焰火产品制造			
日用化学产品制造	30	20	
医药制造业	11415	8139	967
化学药品原料药制造	108	108	
化学药品制剂制造	10752	7654	858
中药饮片加工			
中成药生产	128	126	2
兽用药品制造	66		66
生物药品制造	351	251	31
卫生材料及医药用品制造	10		10
化学纤维制造业	699	512	102
纤维素纤维原料及纤维制造	165		80
合成纤维制造	534	512	23
橡胶和塑料制品业	5159	1801	68
橡胶制品业	4719	1770	2
塑料制品业	440	32	66
非金属矿物制品业	529		51
水泥、石灰和石膏制造			
石膏、水泥制品及类似制品制造			
砖瓦、石材等建筑材料制造			
玻璃制造	21		21
玻璃制品制造	35		
玻璃纤维和玻璃纤维增强塑料制品制造			
陶瓷制品制造	282		30
耐火材料制品制造			
石墨及其他非金属矿物制品制造	191		
黑色金属冶炼和压延加工业	280	57	
炼铁			
炼钢			
黑色金属铸造	242	19	
钢压延加工	38	38	
铁合金冶炼			
有色金属冶炼和压延加工业	790		111
常用有色金属冶炼			
贵金属冶炼			
稀有稀土金属冶炼			
有色金属合金制造	106		106
有色金属铸造			
有色金属压延加工	684		4

3-D-2-7　续表 3　　　　单位：万元

行　　业	R&D经费外部支出	#对境内研究机构支出	#对境内高等学校支出
金属制品业	629	117	64
结构性金属制品制造	70		
金属工具制造	22		22
集装箱及金属包装容器制造			
金属丝绳及其制品制造	159	117	42
建筑、安全用金属制品制造			
金属表面处理及热处理加工			
搪瓷制品制造			
金属制日用品制造	378		
其他金属制品制造			
通用设备制造业	3843	407	376
锅炉及原动设备制造			
金属加工机械制造	253	120	133
物料搬运设备制造	111		
泵、阀门、压缩机及类似机械制造	611	206	64
轴承、齿轮和传动部件制造	1914	44	14
烘炉、风机、衡器、包装等设备制造	818	38	29
文化、办公用机械制造	99		99
通用零部件制造	38		38
其他通用设备制造业			
专用设备制造业	4357	160	607
采矿、冶金、建筑专用设备制造	1339		182
化工、木材、非金属加工专用设备制造	1817	20	95
食品、饮料、烟草及饲料生产专用设备制造	90	12	78
印刷、制药、日化及日用品生产专用设备制造			
纺织、服装和皮革加工专用设备制造			
电子和电工机械专用设备制造			
农、林、牧、渔专用机械制造	447	112	
医疗仪器设备及器械制造	105		93
环保、社会公共服务及其他专用设备制造	559	16	159
汽车制造业	22919	4384	148
汽车整车制造	11100		
改装汽车制造			
低速载货汽车制造			
电车制造			
汽车车身、挂车制造			
汽车零部件及配件制造	11819	4384	148
铁路、船舶、航空航天和其他运输设备制造业	22188	15231	225
铁路运输设备制造	3458		10
城市轨道交通设备制造			
船舶及相关装置制造	18430	15212	91
航空、航天器及设备制造	201	20	51
摩托车制造			
自行车制造	99		74
非公路休闲车及零配件制造			
潜水救捞及其他未列明运输设备制造			

3-D-2-7 续表 4

单位：万元

行　　业	R&D经费外部支出	#对境内研究机构支出	#对境内高等学校支出
电气机械和器材制造业	8497	4660	150
电机制造	4360	1371	43
输配电及控制设备制造	2416	1684	61
电线、电缆、光缆及电工器材制造	21		21
电池制造			
家用电力器具制造	1701	1605	27
非电力家用器具制造			
照明器具制造			
其他电气机械及器材制造			
计算机、通信和其他电子设备制造业	20820	8222	595
计算机制造	1804	4	10
通信设备制造	5806	5647	49
广播电视设备制造	142	142	
雷达及配套设备制造			
视听设备制造	685	27	51
电子器件制造	3736	2351	323
电子元件制造	2035	52	163
其他电子设备制造	6613		
仪器仪表制造业	2464	53	62
通用仪器仪表制造	2161	43	29
专用仪器仪表制造	303	10	32
钟表与计时仪器制造			
光学仪器及眼镜制造			
其他仪器仪表制造业			
其他制造业			
日用杂品制造			
煤制品制造			
核辐射加工			
其他未列明制造业			
废弃资源综合利用业			
金属废料和碎屑加工处理			
非金属废料和碎屑加工处理			
金属制品、机械和设备修理业	3		
金属制品修理			
通用设备修理			
专用设备修理			
铁路、船舶、航空航天等运输设备修理	3		
电气设备修理			
仪器仪表修理			
其他机械和设备修理业			
电力、热力生产和供应业	48	32	
电力生产	48	32	
电力供应			
热力生产和供应			
燃气生产和供应业	20	20	
燃气生产和供应业	20	20	
水的生产和供应业			
自来水生产和供应			
污水处理及其再生利用			

3-D-2-8　分地区企业R&D经费外部支出情况

单位：万元

地　　区	R&D经费外部支出	#对境内研究机构支出	#对境内高等学校支出
全　　省	**394035**	**154312**	**84824**
南 京 市	101850	27981	17416
无 锡 市	40635	13579	7576
徐 州 市	18582	6998	9024
常 州 市	22292	9625	5920
苏 州 市	78199	35329	7784
南 通 市	15480	5053	5289
连云港市	19846	11078	2809
淮 安 市	4900	1749	2618
盐 城 市	27612	5281	8575
扬 州 市	18017	5441	6888
镇 江 市	16466	9494	5528
泰 州 市	28574	22236	4310
宿 迁 市	1583	470	1089

3-D-2-9　分地区大中型企业R&D经费外部支出情况

单位：万元

地　　区	R&D经费外部支出	#对境内研究机构支出	#对境内高等学校支出
全　　省	**326558**	**133746**	**58123**
南 京 市	86947	25905	15599
无 锡 市	34110	11336	4597
徐 州 市	13067	5690	5083
常 州 市	18188	8289	4052
苏 州 市	67124	29640	4649
南 通 市	9232	3447	3148
连云港市	18437	10647	1929
淮 安 市	2937	854	1549
盐 城 市	20800	3449	4570
扬 州 市	12801	3537	4189
镇 江 市	14303	8817	4248
泰 州 市	27530	21837	3728
宿 迁 市	1084	298	783

3-D-2-10 分地区内资企业R&D经费外部支出情况

单位：万元

地 区	R&D经费外部支出	#对境内研究机构支出	#对境内高等学校支出
全 省	**243705**	**94833**	**74530**
南京市	80780	23651	16229
无锡市	13729	5045	5997
徐州市	16398	6326	8252
常州市	15211	7602	5230
苏州市	27848	12952	5908
南通市	11881	4055	4185
连云港市	14756	7917	2238
淮安市	4397	1498	2364
盐城市	14067	4419	7575
扬州市	17053	5283	6686
镇江市	12945	7693	4889
泰州市	13556	8204	4094
宿迁市	1086	189	883

3-D-2-11 分地区港澳台商投资企业R&D经费外部支出情况

单位：万元

地 区	R&D经费外部支出	#对境内研究机构支出	#对境内高等学校支出
全 省	**39458**	**12321**	**5839**
南京市	18468	2562	745
无锡市	4419	1830	403
徐州市	1548	390	558
常州市	898	393	435
苏州市	8238	5260	1414
南通市	1770	498	385
连云港市	32	16	16
淮安市	489	250	239
盐城市	819	46	758
扬州市	231	84	124
镇江市	778	335	422
泰州市	1282	376	135
宿迁市	487	281	206

3-D-2-12 分地区外商投资企业R&D经费外部支出情况

单位：万元

地区	R&D经费外部支出	#对境内研究机构支出	#对境内高等学校支出
全省	**110872**	**47159**	**4456**
南京市	2602	1768	442
无锡市	22486	6704	1176
徐州市	636	282	214
常州市	6183	1630	255
苏州市	42114	17118	463
南通市	1830	500	719
连云港市	5058	3145	555
淮安市	15		15
盐城市	12726	816	242
扬州市	733	74	78
镇江市	2743	1467	217
泰州市	13737	13656	81
宿迁市	10		

3-E-1 分登记注册类型企业全部R&D项目情况

登记注册类型	项目数(项)	参加项目人员(人)	项目人员折合全时当量(人年)	项目经费内部支出(万元)
总计	**48530**	**473447**	**365364**	**11009479**
内资企业	**33931**	**306649**	**236440**	**7201565**
国有企业	715	7038	5108	106512
集体企业	172	1644	1192	34167
股份合作企业	72	564	419	12128
联营企业	14	127	106	3928
国有联营企业	9	79	69	2777
集体联营企业	2	30	21	994
国有与集体联营企业	3	18	17	157
其他联营企业				
有限责任公司	8246	83058	65723	2203259
国有独资公司	845	10313	8019	316978
其他有限责任公司	7401	72745	57704	1886280
股份有限公司	4477	49771	37956	1150446
私营企业	20188	163874	125480	3676968
私营独资企业	548	3961	2983	94583
私营合伙企业	41	365	295	6965
私营有限责任公司	18052	146322	112440	3296521
私营股份有限公司	1547	13226	9762	278900
其他企业	47	573	456	14157
港、澳、台商投资企业	**5397**	**61875**	**48728**	**1345173**
合资经营企业	2256	22746	17750	556888
合作经营企业	63	387	249	10185
港、澳、台商独资经营企业	2755	34793	27604	709604
港、澳、台商投资股份有限公司	296	3659	2998	66194
其他港澳台投资企业	27	290	127	2302
外商投资企业	**9202**	**104923**	**80196**	**2462741**
中外合资经营企业	3834	37489	28322	972334
中外合作经营企业	139	1176	727	31942
外资企业	4961	62520	47968	1381569
外商投资股份有限公司	264	3650	3098	74437
其他外商投资企业	4	88	80	2459

3-E-2　分登记注册类型大中型企业全部R&D项目情况

登记注册类型	项目数(项)	参加项目人员(人)	项目人员折合全时当量(人年)	项目经费内部支出(万元)
总　计	**25933**	**333842**	**260434**	**7934369**
内资企业	**16855**	**200194**	**156309**	**4854682**
国有企业	578	6743	4971	101690
集体企业	116	1250	858	25792
股份合作企业	24	216	147	5397
联营企业				
国有联营企业				
集体联营企业				
国有与集体联营企业				
其他联营企业				
有限责任公司	5042	64721	51572	1782294
国有独资公司	790	10001	7792	308051
其他有限责任公司	4252	54720	43780	1474243
股份有限公司	3339	43764	33120	995083
私营企业	7741	83226	65406	1939079
私营独资企业	115	1548	1133	32346
私营合伙企业				
私营有限责任公司	6697	72363	57354	1711491
私营股份有限公司	921	9200	6811	194429
其他企业	13	249	214	5135
港、澳、台商投资企业	**3383**	**49173**	**39239**	**1072562**
合资经营企业	1303	16836	13211	430880
合作经营企业				
港、澳、台商独资经营企业	1790	28705	23196	580608
港、澳、台商投资股份有限公司	256	3272	2645	56163
其他港澳台投资企业	26	287	124	2212
外商投资企业	**5695**	**84475**	**64887**	**2007125**
中外合资经营企业	2133	28149	21332	777071
中外合作经营企业	78	881	532	26383
外资企业	3287	52179	40164	1143192
外商投资股份有限公司	194	3191	2784	58778
其他外商投资企业	3	75	75	1700

3-E-3 分行业企业全部R&D项目情况

行业	项目数(项)	参加项目人员(人)	项目人员折合全时当量(人年)	项目经费内部支出(万元)
总计	**48530**	**473447**	**365364**	**11009479**
煤炭开采和洗选业	161	3573	3065	36532
烟煤和无烟煤开采洗选	161	3573	3065	36532
褐煤开采洗选				
其他煤炭采选				
石油和天然气开采业	112	1175	878	15800
石油开采	112	1175	878	15800
天然气开采				
黑色金属矿采选业	3	26	17	268
铁矿采选	3	26	17	268
锰矿、铬矿采选				
其他黑色金属矿采选				
有色金属矿采选业	17	71	43	1146
常用有色金属矿采选	17	71	43	1146
贵金属矿采选				
稀有稀土金属矿采选				
非金属矿采选业	42	378	338	10359
土砂石开采	15	94	90	1650
化学矿开采	4	81	66	2831
采盐	21	181	159	4310
石棉及其他非金属矿采选	2	22	22	1569
开采辅助活动	1	5	4	34
煤炭开采和洗选辅助活动	1	5	4	34
石油和天然气开采辅助活动				
其他开采辅助活动				
其他采矿业				
其他采矿业				
农副食品加工业	464	4127	3110	107111
谷物磨制	58	450	348	12454
饲料加工	131	956	685	31375
植物油加工	38	344	245	7260
制糖业	6	44	42	549
屠宰及肉类加工	109	1333	997	30873
水产品加工	26	190	147	4601
蔬菜、水果和坚果加工	62	480	384	9038
其他农副食品加工	34	330	262	10962
食品制造业	268	2444	1706	59178
焙烤食品制造	18	180	110	4399
糖果、巧克力及蜜饯制造	10	111	64	3259
方便食品制造	24	125	86	3140
乳制品制造	26	362	218	7711
罐头食品制造	18	197	163	5340
调味品、发酵制品制造	62	546	422	12614
其他食品制造	110	923	644	22716
酒、饮料和精制茶制造业	183	1865	1191	54108
酒的制造	93	1071	817	29554
饮料制造	58	738	326	22788
精制茶加工	32	56	49	1767

3-E-3　续表 1

行　　业	项目数 (项)	参加项目 人　　员 (人)	项目人员折合 全时当量 (人年)	项目经费 内部支出 (万元)
烟草制品业	31	105	36	1978
烟叶复烤				
卷烟制造	12	47	20	285
其他烟草制品制造	19	58	16	1694
纺织业	1798	16842	12655	371244
棉纺织及印染精加工	1003	9262	7045	210120
毛纺织及染整精加工	137	1483	1111	40843
麻纺织及染整精加工	21	155	96	4292
丝绢纺织及印染精加工	42	584	524	11458
化纤织造及印染精加工	117	1434	784	20289
针织或钩针编织物及其制品制造	72	745	540	14095
家用纺织制成品制造	248	1995	1641	39633
非家用纺织制成品制造	158	1184	913	30515
纺织服装、服饰业	1225	11650	8965	222340
机织服装制造	941	9133	6945	182778
针织或钩针编织服装制造	227	2004	1609	30290
服饰制造	57	513	410	9272
皮革、毛皮、羽毛及其制品和制鞋业	154	1333	1009	27441
皮革鞣制加工	8	79	54	2655
皮革制品制造	50	535	461	7816
毛皮鞣制及制品加工	2	15	15	124
羽毛(绒)加工及制品制造	21	195	139	5925
制鞋业	73	509	340	10922
木材加工和木、竹、藤、棕、草制品业	340	4409	2710	105530
木材加工	13	125	94	4276
人造板制造	277	3925	2318	92968
木制品制造	44	320	261	7466
竹、藤、棕、草等制品制造	6	39	38	820
家具制造业	172	534	471	10780
木质家具制造	151	397	355	8713
竹、藤家具制造				
金属家具制造	9	24	20	578
塑料家具制造				
其他家具制造	12	113	96	1489
造纸和纸制品业	293	4328	2985	83376
纸浆制造				
造纸	203	3684	2535	72604
纸制品制造	90	644	450	10772
印刷和记录媒介复制业	297	2223	1666	57820
印刷	287	2145	1596	56472
装订及印刷相关服务	1	5	2	10
记录媒介复制	9	73	69	1338
文教、工美、体育和娱乐用品制造业	789	6642	5365	112286
文教办公用品制造	45	584	525	9429
乐器制造	16	141	130	1139
工艺美术品制造	365	3398	2717	59026
体育用品制造	86	502	285	9640
玩具制造	241	1606	1410	23685
游艺器材及娱乐用品制造	36	411	299	9367

3-E-3 续表 2

行业	项目数(项)	参加项目人员(人)	项目人员折合全时当量(人年)	项目经费内部支出(万元)
石油加工、炼焦和核燃料加工业	106	1058	884	44959
精炼石油产品制造	100	918	759	37402
炼焦	6	140	126	7557
核燃料加工				
化学原料和化学制品制造业	5098	47346	35236	1352480
基础化学原料制造	1467	18404	12838	522541
肥料制造	78	923	604	18538
农药制造	540	5540	4511	151569
涂料、油墨、颜料及类似产品制造	731	5613	4263	124471
合成材料制造	897	6793	5192	227050
专用化学产品制造	1305	9420	7311	292432
炸药、火工及焰火产品制造	4	72	66	961
日用化学产品制造	76	581	451	14918
医药制造业	2433	17193	14272	462327
化学药品原料药制造	496	3742	3091	77142
化学药品制剂制造	1026	7602	6172	251141
中药饮片加工	103	234	214	9759
中成药生产	320	2061	1909	41596
兽用药品制造	84	454	397	9231
生物药品制造	280	2157	1687	53238
卫生材料及医药用品制造	124	943	801	20221
化学纤维制造业	656	9037	6262	242646
纤维素纤维原料及纤维制造	282	4288	2560	141312
合成纤维制造	374	4749	3702	101335
橡胶和塑料制品业	1305	10116	7879	206204
橡胶制品业	411	3817	2870	85368
塑料制品业	894	6299	5010	120836
非金属矿物制品业	1547	13415	10052	258694
水泥、石灰和石膏制造	90	1268	1014	26394
石膏、水泥制品及类似制品制造	232	1514	1073	38941
砖瓦、石材等建筑材料制造	95	706	581	19119
玻璃制造	50	542	406	6667
玻璃制品制造	375	2685	2048	49602
玻璃纤维和玻璃纤维增强塑料制品制造	190	1803	1466	35672
陶瓷制品制造	156	2059	1343	25832
耐火材料制品制造	189	1358	1101	30785
石墨及其他非金属矿物制品制造	170	1480	1019	25682
黑色金属冶炼和压延加工业	1270	13652	10436	625661
炼铁	5	46	35	137
炼钢	70	1586	1287	92520
黑色金属铸造	322	2201	1807	56095
钢压延加工	834	9291	6888	458213
铁合金冶炼	39	528	419	18696
有色金属冶炼和压延加工业	715	6638	4874	186472
常用有色金属冶炼	58	490	424	16044
贵金属冶炼	2	24	14	161
稀有稀土金属冶炼	84	566	407	17920
有色金属合金制造	151	1657	1217	52631
有色金属铸造	26	98	90	1403
有色金属压延加工	394	3803	2722	98314

3-E-3 续表 3

行业	项目数(项)	参加项目人员(人)	项目人员折合全时当量(人年)	项目经费内部支出(万元)
金属制品业	2169	18526	13613	431663
结构性金属制品制造	514	4995	3363	100445
金属工具制造	208	998	724	20491
集装箱及金属包装容器制造	221	1901	1636	49642
金属丝绳及其制品制造	386	3383	2325	127543
建筑、安全用金属制品制造	131	1140	822	19369
金属表面处理及热处理加工	172	1338	1036	28900
搪瓷制品制造	6	62	58	836
金属制日用品制造	68	1336	1042	14114
其他金属制品制造	463	3373	2608	70323
通用设备制造业	4770	45158	34831	925552
锅炉及原动设备制造	595	8337	7133	156559
金属加工机械制造	706	6144	4501	109680
物料搬运设备制造	857	7966	5853	193660
泵、阀门、压缩机及类似机械制造	735	6011	4611	138437
轴承、齿轮和传动部件制造	525	6478	4976	109895
烘炉、风机、衡器、包装等设备制造	658	5100	3870	117139
文化、办公用机械制造	162	1412	1151	29970
通用零部件制造	364	2782	2080	56090
其他通用设备制造业	168	928	655	14122
专用设备制造业	4455	36195	27970	733437
采矿、冶金、建筑专用设备制造	1001	9935	7780	239743
化工、木材、非金属加工专用设备制造	674	6180	4602	92177
食品、饮料、烟草及饲料生产专用设备制造	112	971	724	16854
印刷、制药、日化及日用品生产专用设备制造	109	1209	997	21143
纺织、服装和皮革加工专用设备制造	454	3879	3033	68179
电子和电工机械专用设备制造	133	1117	924	23530
农、林、牧、渔专用机械制造	171	1304	973	32491
医疗仪器设备及器械制造	601	4011	3111	75922
环保、社会公共服务及其他专用设备制造	1200	7589	5827	163397
汽车制造业	1744	18488	14790	389100
汽车整车制造	151	3280	2852	89455
改装汽车制造	83	853	577	16788
低速载货汽车制造				
电车制造	8	94	83	2615
汽车车身、挂车制造	60	272	227	6969
汽车零部件及配件制造	1442	13989	11051	273272
铁路、船舶、航空航天和其他运输设备制造业	1335	15933	13049	373218
铁路运输设备制造	260	4490	4006	83616
城市轨道交通设备制造	65	527	338	15117
船舶及相关装置制造	427	5776	4991	172066
航空、航天器及设备制造	177	2470	2074	48839
摩托车制造	207	1266	826	23488
自行车制造	100	1157	678	27124
非公路休闲车及零配件制造	96	200	96	2212
潜水救捞及其他未列明运输设备制造	3	47	39	756

3-E-3 续表 4

行业	项目数(项)	参加项目人员(人)	项目人员折合全时当量(人年)	项目经费内部支出(万元)
电气机械和器材制造业	6757	65684	53478	1661028
电机制造	1158	11584	9580	301362
输配电及控制设备制造	2955	29767	24161	701467
电线、电缆、光缆及电工器材制造	1299	11191	9057	320163
电池制造	178	2095	1544	54384
家用电力器具制造	668	7396	6242	213853
非电力家用器具制造	138	1033	806	18455
照明器具制造	292	2193	1766	46886
其他电气机械及器材制造	69	425	322	4458
计算机、通信和其他电子设备制造业	4828	70669	54589	1398095
计算机制造	527	9497	7458	227598
通信设备制造	424	5957	4468	118267
广播电视设备制造	347	2724	2272	56240
雷达及配套设备制造	53	677	485	7971
视听设备制造	258	7327	5756	88134
电子器件制造	1271	16333	12743	343801
电子元件制造	1604	21749	17086	409106
其他电子设备制造	344	6405	4321	146978
仪器仪表制造业	2647	19485	15358	381669
通用仪器仪表制造	1895	14135	10961	271683
专用仪器仪表制造	543	4101	3503	86590
钟表与计时仪器制造	5	14	14	174
光学仪器及眼镜制造	170	1035	699	20640
其他仪器仪表制造业	34	200	181	2584
其他制造业	69	335	192	7851
日用杂品制造	64	331	191	7421
煤制品制造	1	2	1	400
核辐射加工				
其他未列明制造业	4	2		30
废弃资源综合利用业	42	234	199	5691
金属废料和碎屑加工处理	35	176	157	4111
非金属废料和碎屑加工处理	7	58	43	1580
金属制品、机械和设备修理业	16	161	117	1824
金属制品修理	2	17	17	208
通用设备修理				
专用设备修理				
铁路、船舶、航空航天等运输设备修理	13	133	90	1551
电气设备修理				
仪器仪表修理				
其他机械和设备修理业	1	11	9	64
电力、热力生产和供应业	169	1893	772	32309
电力生产	112	1125	539	29067
电力供应	52	716	197	2069
热力生产和供应	5	52	35	1174
燃气生产和供应业	16	70	56	3594
燃气生产和供应业	16	70	56	3594
水的生产和供应业	33	431	242	7677
自来水生产和供应	26	372	190	6874
污水处理及其再生利用	7	59	52	803

3-E-4　分行业大中型企业全部R&D项目情况

行　　业	项目数(项)	参加项目人　员(人)	项目人员折合全时当量(人年)	项目经费内部支出(万元)
总　计	**25933**	**333842**	**260434**	**7934369**
煤炭开采和洗选业	161	3573	3065	36532
烟煤和无烟煤开采洗选	161	3573	3065	36532
褐煤开采洗选				
其他煤炭采选				
石油和天然气开采业	112	1175	878	15800
石油开采	112	1175	878	15800
天然气开采				
黑色金属矿采选业				
铁矿采选				
锰矿、铬矿采选				
其他黑色金属矿采选				
有色金属矿采选业				
常用有色金属矿采选				
贵金属矿采选				
稀有稀土金属矿采选				
非金属矿采选业	31	296	263	7205
土砂石开采	9	70	69	843
化学矿开采				
采盐	19	152	134	3637
石棉及其他非金属矿采选				
开采辅助活动				
煤炭开采和洗选辅助活动				
石油和天然气开采辅助活动				
其他开采辅助活动				
其他采矿业				
其他采矿业				
农副食品加工业	150	1865	1455	41797
谷物磨制	26	217	185	7077
饲料加工				
植物油加工	19	150	94	2824
制糖业				
屠宰及肉类加工	67	985	737	22984
水产品加工	1	14	14	110
蔬菜、水果和坚果加工	18	115	81	1701
其他农副食品加工				
食品制造业	135	1287	846	32525
焙烤食品制造	8	106	63	3113
糖果、巧克力及蜜饯制造	9	96	54	2861
方便食品制造	8	62	39	1662
乳制品制造	11	222	105	3427
罐头食品制造				
调味品、发酵制品制造	53	342	265	7723
其他食品制造	43	434	297	12543
酒、饮料和精制茶制造业	83	1236	715	39324
酒的制造	55	713	533	20800
饮料制造	28	523	182	18525
精制茶加工				

3-E-4 续表 1

行业	项目数(项)	参加项目人员(人)	项目人员折合全时当量(人年)	项目经费内部支出(万元)
烟草制品业	31	105	36	1978
烟叶复烤				
卷烟制造	12	47	20	285
其他烟草制品制造				
纺织业	916	11850	9005	270652
棉纺织及印染精加工	449	6362	4898	153151
毛纺织及染整精加工	85	1108	860	35725
麻纺织及染整精加工				
丝绢纺织及印染精加工	22	385	351	8107
化纤织造及印染精加工	66	1152	646	13057
针织或钩针编织物及其制品制造	45	533	389	10162
家用纺织制成品制造	188	1575	1294	28969
非家用纺织制成品制造	43	608	490	17694
纺织服装、服饰业	735	9814	7567	187600
机织服装制造	551	7795	5945	157459
针织或钩针编织服装制造	157	1624	1316	23362
服饰制造	27	395	307	6780
皮革、毛皮、羽毛及其制品和制鞋业	115	1030	776	22685
皮革鞣制加工				
皮革制品制造				
毛皮鞣制及制品加工				
羽毛(绒)加工及制品制造	21	195	139	5925
制鞋业	62	425	281	8693
木材加工和木、竹、藤、棕、草制品业	184	3013	1634	73671
木材加工				
人造板制造	155	2805	1452	67855
木制品制造				
竹、藤、棕、草等制品制造				
家具制造业	150	344	317	6445
木质家具制造				
竹、藤家具制造				
金属家具制造				
塑料家具制造				
其他家具制造	8	90	88	823
造纸和纸制品业	172	3557	2437	69409
纸浆制造				
造纸	148	3309	2250	64945
纸制品制造	24	248	187	4464
印刷和记录媒介复制业	159	1348	1020	38585
印刷	150	1275	952	37247
装订及印刷相关服务				
记录媒介复制				
文教、工美、体育和娱乐用品制造业	501	4498	3727	71013
文教办公用品制造	23	439	411	5928
乐器制造				
工艺美术品制造	209	2286	1844	37181
体育用品制造				
玩具制造	199	1213	1157	16846
游艺器材及娱乐用品制造	13	247	148	5590

3-E-4　续表 2

行　　业	项目数（项）	参加项目人员（人）	项目人员折合全时当量（人年）	项目经费内部支出（万元）
石油加工、炼焦和核燃料加工业	48	793	675	30496
精炼石油产品制造	42	653	550	22939
炼焦	6	140	125	7557
核燃料加工				
化学原料和化学制品制造业	2411	30307	22257	877375
基础化学原料制造	762	13440	8908	384376
肥料制造	57	714	460	14068
农药制造	394	4550	3767	122572
涂料、油墨、颜料及类似产品制造	348	3086	2436	65215
合成材料制造	302	3239	2547	113596
专用化学产品制造	514	4953	3862	167628
炸药、火工及焰火产品制造				
日用化学产品制造	33	307	261	9705
医药制造业	1522	12314	10481	356925
化学药品原料药制造	245	2208	1769	44963
化学药品制剂制造	720	6473	5343	227224
中药饮片加工				
中成药生产	278	1830	1738	36912
兽用药品制造				
生物药品制造	107	1004	900	26987
卫生材料及医药用品制造	59	512	470	10993
化学纤维制造业	460	7569	5188	206285
纤维素纤维原料及纤维制造	219	3764	2181	130097
合成纤维制造	241	3805	3007	76188
橡胶和塑料制品业	629	6455	5153	127844
橡胶制品业	263	2895	2238	65001
塑料制品业	366	3560	2916	62842
非金属矿物制品业	675	7993	6172	143590
水泥、石灰和石膏制造	50	1009	836	19173
石膏、水泥制品及类似制品制造	80	604	471	17361
砖瓦、石材等建筑材料制造				
玻璃制造	20	415	333	4260
玻璃制品制造	241	1859	1440	32859
玻璃纤维和玻璃纤维增强塑料制品制造	74	1109	952	17870
陶瓷制品制造	83	1481	899	16261
耐火材料制品制造				
石墨及其他非金属矿物制品制造				
黑色金属冶炼和压延加工业	820	10490	8002	532815
炼铁	4	35	27	117
炼钢	67	1556	1270	91328
黑色金属铸造	137	1058	977	21897
钢压延加工	595	7487	5466	406206
铁合金冶炼	17	354	262	13267
有色金属冶炼和压延加工业	276	4081	2835	109319
常用有色金属冶炼				
贵金属冶炼				
稀有稀土金属冶炼	21	271	168	9050
有色金属合金制造	77	1355	959	41223
有色金属铸造				
有色金属压延加工	158	2216	1484	54488

3-E-4 续表 3

行业	项目数(项)	参加项目人员(人)	项目人员折合全时当量(人年)	项目经费内部支出(万元)
金属制品业	1068	11874	8925	272468
结构性金属制品制造	202	3146	2179	59114
金属工具制造	101	550	413	11052
集装箱及金属包装容器制造	160	1528	1372	39669
金属丝绳及其制品制造	253	2265	1508	95591
建筑、安全用金属制品制造				
金属表面处理及热处理加工	71	851	690	18925
搪瓷制品制造				
金属制日用品制造	43	1153	924	9979
其他金属制品制造	194	1815	1412	28890
通用设备制造业	2342	27825	22104	585007
锅炉及原动设备制造	419	6957	6198	126519
金属加工机械制造	244	2854	1962	53815
物料搬运设备制造	606	6289	4563	163181
泵、阀门、压缩机及类似机械制造	228	2332	1959	59029
轴承、齿轮和传动部件制造	357	5001	3866	89361
烘炉、风机、衡器、包装等设备制造	225	2185	1813	53426
文化、办公用机械制造	94	926	755	20520
通用零部件制造	102	983	795	14844
其他通用设备制造业				
专用设备制造业	1784	20401	16039	429994
采矿、冶金、建筑专用设备制造	501	6570	5278	173393
化工、木材、非金属加工专用设备制造	280	3795	2869	50780
食品、饮料、烟草及饲料生产专用设备制造	28	405	318	8184
印刷、制药、日化及日用品生产专用设备制造				
纺织、服装和皮革加工专用设备制造	209	2120	1561	34594
电子和电工机械专用设备制造	45	549	491	9681
农、林、牧、渔专用机械制造	63	585	502	19302
医疗仪器设备及器械制造	268	2156	1563	41023
环保、社会公共服务及其他专用设备制造	366	3654	2997	81222
汽车制造业	1039	14050	11431	301951
汽车整车制造	128	3083	2676	83089
改装汽车制造				
低速载货汽车制造				
电车制造				
汽车车身、挂车制造	47	198	168	4701
汽车零部件及配件制造	808	10071	8125	198923
铁路、船舶、航空航天和其他运输设备制造业	971	13257	11008	320396
铁路运输设备制造	170	3760	3442	72093
城市轨道交通设备制造	41	414	294	11979
船舶及相关装置制造	290	4840	4282	153063
航空、航天器及设备制造	154	2285	1928	45857
摩托车制造	167	911	564	17906
自行车制造	55	865	419	17369
非公路休闲车及零配件制造	94	182	78	2129
潜水救捞及其他未列明运输设备制造				

3-E-4　续表 4

行　　业	项目数(项)	参加项目人员(人)	项目人员折合全时当量(人年)	项目经费内部支出(万元)
电气机械和器材制造业	3835	47054	39360	1253764
电机制造	696	8378	7070	214683
输配电及控制设备制造	1571	20970	17300	511939
电线、电缆、光缆及电工器材制造	709	7654	6497	240331
电池制造	107	1474	1137	43569
家用电力器具制造	528	6697	5728	202329
非电力家用器具制造	62	579	523	10612
照明器具制造	162	1302	1103	30301
其他电气机械及器材制造				
计算机、通信和其他电子设备制造业	3027	59378	45929	1188136
计算机制造	384	8754	6903	214156
通信设备制造	309	4944	3717	101576
广播电视设备制造	136	1557	1314	31757
雷达及配套设备制造				
视听设备制造	224	7067	5551	84619
电子器件制造	786	13028	10371	289360
电子元件制造	998	18152	14275	334181
其他电子设备制造	143	5405	3520	127647
仪器仪表制造业	1145	12590	10032	242348
通用仪器仪表制造	755	9055	7051	166813
专用仪器仪表制造	295	2603	2317	59277
钟表与计时仪器制造				
光学仪器及眼镜制造				
其他仪器仪表制造业				
其他制造业	47	215	132	6166
日用杂品制造	47	215	132	6166
煤制品制造				
核辐射加工				
其他未列明制造业				
废弃资源综合利用业				
金属废料和碎屑加工处理				
非金属废料和碎屑加工处理				
金属制品、机械和设备修理业				
金属制品修理				
通用设备修理				
专用设备修理				
铁路、船舶、航空航天等运输设备修理				
电气设备修理				
仪器仪表修理				
其他机械和设备修理业				
电力、热力生产和供应业	124	1600	598	22407
电力生产	72	884	401	20338
电力供应	52	716	197	2069
热力生产和供应				
燃气生产和供应业	10	51	40	2011
燃气生产和供应业	10	51	40	2011
水的生产和供应业	25	362	180	6588
自来水生产和供应	25	362	180	6588
污水处理及其再生利用				

3-E-5 分行业内资企业全部R&D项目情况

行 业	项目数（项）	参加项目人员（人）	项目人员折合全时当量（人年）	项目经费内部支出（万元）
总 计	**33931**	**306649**	**236440**	**7201565**
煤炭开采和洗选业	161	3573	3065	36532
烟煤和无烟煤开采洗选	161	3573	3065	36532
褐煤开采洗选				
其他煤炭采选				
石油和天然气开采业	112	1175	878	15800
石油开采	112	1175	878	15800
天然气开采				
黑色金属矿采选业	3	26	17	268
铁矿采选	3	26	17	268
锰矿、铬矿采选				
其他黑色金属矿采选				
有色金属矿采选业	17	71	43	1146
常用有色金属矿采选	17	71	43	1146
贵金属矿采选				
稀有稀土金属矿采选				
非金属矿采选业	41	371	333	10316
土砂石开采	14	87	86	1606
化学矿开采	4	81	66	2831
采盐	21	181	159	4310
石棉及其他非金属矿采选	2	22	22	1569
开采辅助活动				
煤炭开采和洗选辅助活动				
石油和天然气开采辅助活动				
其他开采辅助活动				
其他采矿业				
其他采矿业				
农副食品加工业	334	2435	1927	76107
谷物磨制	58	450	348	12454
饲料加工	85	507	381	23248
植物油加工	30	240	193	6133
制糖业	6	44	42	549
屠宰及肉类加工	71	561	455	15567
水产品加工	18	145	105	3298
蔬菜、水果和坚果加工	47	309	262	6439
其他农副食品加工	19	179	141	8421
食品制造业	172	1606	1124	36682
焙烤食品制造	11	76	49	1326
糖果、巧克力及蜜饯制造	5	61	39	2932
方便食品制造	15	41	37	1063
乳制品制造	21	322	181	5317
罐头食品制造	13	133	107	3028
调味品、发酵制品制造	62	546	422	12614
其他食品制造	45	427	289	10404
酒、饮料和精制茶制造业	137	1510	951	46956
酒的制造	77	906	701	25331
饮料制造	28	548	201	19858
精制茶加工	32	56	49	1767

3-E-5 续表 1

行 业	项目数(项)	参加项目人 员(人)	项目人员折合全时当量(人年)	项目经费内部支出(万元)
烟草制品业	31	105	36	1978
烟叶复烤				
卷烟制造	12	47	20	285
其他烟草制品制造	19	58	16	1694
纺织业	1434	12829	9675	287851
棉纺织及印染精加工	866	7538	5785	168667
毛纺织及染整精加工	113	1254	934	37675
麻纺织及染整精加工	8	43	39	775
丝绢纺织及印染精加工	40	551	491	11025
化纤织造及印染精加工	90	1135	612	14318
针织或钩针编织物及其制品制造	51	513	377	10957
家用纺织制成品制造	159	1046	879	23800
非家用纺织制成品制造	107	749	557	20634
纺织服装、服饰业	697	8651	6862	171709
机织服装制造	492	6809	5349	142882
针织或钩针编织服装制造	186	1650	1361	25949
服饰制造	19	192	152	2877
皮革、毛皮、羽毛及其制品和制鞋业	64	458	331	7213
皮革鞣制加工	6	28	25	240
皮革制品制造	20	153	123	2478
毛皮鞣制及制品加工				
羽毛(绒)加工及制品制造	9	68	58	705
制鞋业	29	209	124	3791
木材加工和木、竹、藤、棕、草制品业	302	4040	2470	94592
木材加工	13	125	94	4276
人造板制造	255	3654	2165	85489
木制品制造	32	244	194	4708
竹、藤、棕、草等制品制造	2	17	17	120
家具制造业	35	368	312	8466
木质家具制造	22	301	266	7352
竹、藤家具制造				
金属家具制造	5	13	9	127
塑料家具制造				
其他家具制造	8	54	37	987
造纸和纸制品业	124	984	747	20141
纸浆制造				
造纸	87	708	576	14772
纸制品制造	37	276	171	5370
印刷和记录媒介复制业	225	1589	1156	46352
印刷	215	1511	1085	45003
装订及印刷相关服务	1	5	2	10
记录媒介复制	9	73	69	1338
文教、工美、体育和娱乐用品制造业	418	3952	3072	64977
文教办公用品制造	28	443	397	6004
乐器制造	4	31	27	258
工艺美术品制造	275	2617	2052	43092
体育用品制造	32	218	133	3688
玩具制造	55	486	340	8246
游艺器材及娱乐用品制造	24	157	123	3688

3-E-5 续表 2

行　　业	项目数(项)	参加项目人　员(人)	项目人员折合全时当量(人年)	项目经费内部支出(万元)
石油加工、炼焦和核燃料加工业	94	869	735	38845
精炼石油产品制造	93	816	685	33360
炼焦	1	53	50	5485
核燃料加工				
化学原料和化学制品制造业	3819	37766	27877	1031560
基础化学原料制造	1200	16324	11292	445559
肥料制造	52	666	482	15016
农药制造	442	4784	3833	129032
涂料、油墨、颜料及类似产品制造	533	4478	3384	99330
合成材料制造	633	4851	3799	159003
专用化学产品制造	912	6305	4808	174134
炸药、火工及焰火产品制造	4	72	66	961
日用化学产品制造	43	286	214	8526
医药制造业	1648	11179	9617	312188
化学药品原料药制造	330	2784	2252	49050
化学药品制剂制造	589	3822	3289	155523
中药饮片加工	102	227	211	9662
中成药生产	289	1834	1750	38305
兽用药品制造	72	401	354	8713
生物药品制造	189	1422	1162	37155
卫生材料及医药用品制造	77	689	599	13782
化学纤维制造业	441	5683	3831	158142
纤维素纤维原料及纤维制造	229	3680	2229	110479
合成纤维制造	212	2003	1602	47663
橡胶和塑料制品业	720	5090	3934	109996
橡胶制品业	272	2059	1571	40701
塑料制品业	448	3031	2363	69295
非金属矿物制品业	1178	9623	7471	193446
水泥、石灰和石膏制造	77	1094	862	19556
石膏、水泥制品及类似制品制造	177	1272	877	29020
砖瓦、石材等建筑材料制造	78	580	484	16681
玻璃制造	43	305	194	5005
玻璃制品制造	263	1665	1298	32732
玻璃纤维和玻璃纤维增强塑料制品制造	155	1438	1154	28588
陶瓷制品制造	98	1199	1092	20039
耐火材料制品制造	165	955	745	24146
石墨及其他非金属矿物制品制造	122	1115	765	17679
黑色金属冶炼和压延加工业	1052	10841	8051	501668
炼铁	5	46	35	137
炼钢	21	510	317	17763
黑色金属铸造	254	1495	1197	41520
钢压延加工	735	8281	6098	426312
铁合金冶炼	37	509	403	15936
有色金属冶炼和压延加工业	562	5100	3732	138525
常用有色金属冶炼	55	466	405	15524
贵金属冶炼	1	22	12	133
稀有稀土金属冶炼	61	421	316	13656
有色金属合金制造	123	1314	916	43174
有色金属铸造	19	87	79	1332
有色金属压延加工	303	2790	2004	64707

3-E-5　续表 3

行　　业	项目数(项)	参加项目人员(人)	项目人员折合全时当量(人年)	项目经费内部支出(万元)
金属制品业	1592	12497	9243	324835
结构性金属制品制造	406	3790	2676	84080
金属工具制造	130	656	452	15588
集装箱及金属包装容器制造	99	874	666	24430
金属丝绳及其制品制造	331	2670	2037	104662
建筑、安全用金属制品制造	77	623	427	11083
金属表面处理及热处理加工	143	1149	861	25140
搪瓷制品制造	5	48	46	716
金属制日用品制造	26	276	205	4617
其他金属制品制造	375	2411	1873	54519
通用设备制造业	3607	34039	26356	665389
锅炉及原动设备制造	484	6478	5454	100149
金属加工机械制造	570	4819	3557	87249
物料搬运设备制造	700	6797	4997	164626
泵、阀门、压缩机及类似机械制造	541	4287	3330	93506
轴承、齿轮和传动部件制造	422	5393	4273	92577
烘炉、风机、衡器、包装等设备制造	398	3028	2210	64191
文化、办公用机械制造	86	647	558	9653
通用零部件制造	278	1833	1370	41038
其他通用设备制造业	128	757	607	12400
专用设备制造业	3359	24915	19337	493480
采矿、冶金、建筑专用设备制造	691	6115	4841	139844
化工、木材、非金属加工专用设备制造	398	3151	2408	47584
食品、饮料、烟草及饲料生产专用设备制造	87	663	482	11109
印刷、制药、日化及日用品生产专用设备制造	79	837	713	10384
纺织、服装和皮革加工专用设备制造	389	3182	2512	57313
电子和电工机械专用设备制造	105	890	749	20590
农、林、牧、渔专用机械制造	112	788	557	15030
医疗仪器设备及器械制造	469	2868	2168	50452
环保、社会公共服务及其他专用设备制造	1029	6421	4907	141175
汽车制造业	1082	10899	8650	237989
汽车整车制造	141	2614	2186	67000
改装汽车制造	77	825	551	16065
低速载货汽车制造				
电车制造	8	94	83	2615
汽车车身、挂车制造	60	272	227	6969
汽车零部件及配件制造	796	7094	5603	145340
铁路、船舶、航空航天和其他运输设备制造业	959	11254	9421	227219
铁路运输设备制造	225	3899	3441	71554
城市轨道交通设备制造	47	262	164	7502
船舶及相关装置制造	267	3192	2711	63959
航空、航天器及设备制造	162	2333	2004	45492
摩托车制造	192	962	624	20325
自行车制造	57	512	396	17217
非公路休闲车及零配件制造	6	47	42	415
潜水救捞及其他未列明运输设备制造	3	47	39	756

3-E-5 续表 4

行　　业	项目数 (项)	参加项目 人　　员 (人)	项目人员折合 全时当量 (人年)	项目经费 内部支出 (万元)
电气机械和器材制造业	4937	44141	35499	1091867
电机制造	758	6864	5531	185728
输配电及控制设备制造	2255	19475	15546	418506
电线、电缆、光缆及电工器材制造	1049	9329	7572	279863
电池制造	97	979	738	22709
家用电力器具制造	380	4373	3649	129703
非电力家用器具制造	95	925	720	16058
照明器具制造	243	1814	1460	35480
其他电气机械及器材制造	60	382	283	3821
计算机、通信和其他电子设备制造业	2285	20611	16154	400364
计算机制造	89	1028	794	20460
通信设备制造	258	3320	2989	59914
广播电视设备制造	265	1902	1625	38366
雷达及配套设备制造	53	677	485	7971
视听设备制造	57	961	517	17582
电子器件制造	642	6101	4628	126582
电子元件制造	744	5462	4188	111126
其他电子设备制造	177	1160	928	18362
仪器仪表制造业	2034	15719	12246	302247
通用仪器仪表制造	1498	11803	9021	225026
专用仪器仪表制造	412	3182	2668	63942
钟表与计时仪器制造	5	14	14	174
光学仪器及眼镜制造	85	520	362	10522
其他仪器仪表制造业	34	200	181	2584
其他制造业	25	191	120	4356
日用杂品制造	20	187	119	3926
煤制品制造	1	2	1	400
核辐射加工				
其他未列明制造业	4	2		30
废弃资源综合利用业	35	192	159	4566
金属废料和碎屑加工处理	28	134	116	2986
非金属废料和碎屑加工处理	7	58	43	1580
金属制品、机械和设备修理业	14	139	95	1141
金属制品修理	2	17	17	208
通用设备修理				
专用设备修理				
铁路、船舶、航空航天等运输设备修理	11	111	68	869
电气设备修理				
仪器仪表修理				
其他机械和设备修理业	1	11	9	64
电力、热力生产和供应业	153	1819	730	30665
电力生产	96	1051	497	27422
电力供应	52	716	197	2069
热力生产和供应	5	52	35	1174
燃气生产和供应业	3	6	5	369
燃气生产和供应业	3	6	5	369
水的生产和供应业	25	333	182	5623
自来水生产和供应	20	286	141	5020
污水处理及其再生利用	5	47	42	603

3-E-6　分行业港澳台商投资企业全部R&D项目情况

行　　业	项目数(项)	参加项目人　　员(人)	项目人员折合全时当量(人年)	项目经费内部支出(万元)
总　计	**5397**	**61875**	**48728**	**1345173**
煤炭开采和洗选业				
烟煤和无烟煤开采洗选				
褐煤开采洗选				
其他煤炭采选				
石油和天然气开采业				
石油开采				
天然气开采				
黑色金属矿采选业				
铁矿采选				
锰矿、铬矿采选				
其他黑色金属矿采选				
有色金属矿采选业				
常用有色金属矿采选				
贵金属矿采选				
稀有稀土金属矿采选				
非金属矿采选业	1	7	5	44
土砂石开采	1	7	5	44
化学矿开采				
采盐				
石棉及其他非金属矿采选				
开采辅助活动				
煤炭开采和洗选辅助活动				
石油和天然气开采辅助活动				
其他开采辅助活动				
其他采矿业				
其他采矿业				
农副食品加工业	76	1125	816	20703
谷物磨制				
饲料加工	32	285	236	4043
植物油加工	1	2	2	288
制糖业				
屠宰及肉类加工	36	767	540	14926
水产品加工	2	12	12	378
蔬菜、水果和坚果加工	5	59	27	1068
其他农副食品加工				
食品制造业	22	331	229	9197
焙烤食品制造	2	42	40	1233
糖果、巧克力及蜜饯制造	3	27	17	182
方便食品制造	4	59	28	1823
乳制品制造				
罐头食品制造	3	38	30	1268
调味品、发酵制品制造				
其他食品制造	10	165	115	4691
酒、饮料和精制茶制造业	14	191	122	4134
酒的制造	5	59	43	2676
饮料制造	9	132	79	1459
精制茶加工				

3-E-6 续表 1

行业	项目数（项）	参加项目人员（人）	项目人员折合全时当量（人年）	项目经费内部支出（万元）
烟草制品业				
烟叶复烤				
卷烟制造				
其他烟草制品制造				
纺织业	229	2653	1882	51870
棉纺织及印染精加工	102	1315	923	28445
毛纺织及染整精加工	12	180	131	2309
麻纺织及染整精加工	12	107	55	3421
丝绢纺织及印染精加工				
化纤织造及印染精加工	15	171	94	4483
针织或钩针编织物及其制品制造	18	199	139	2771
家用纺织制成品制造	53	508	396	7133
非家用纺织制成品制造	17	173	143	3308
纺织服装、服饰业	134	1185	864	19753
机织服装制造	91	854	636	15346
针织或钩针编织服装制造	17	168	101	2183
服饰制造	26	163	128	2225
皮革、毛皮、羽毛及其制品和制鞋业	16	196	175	5879
皮革鞣制加工	1	11	11	615
皮革制品制造	3	40	38	512
毛皮鞣制及制品加工				
羽毛(绒)加工及制品制造				
制鞋业	12	145	126	4752
木材加工和木、竹、藤、棕、草制品业	17	153	104	5738
木材加工				
人造板制造	11	111	68	4056
木制品制造	2	20	15	982
竹、藤、棕、草等制品制造	4	22	21	700
家具制造业	3	44	44	937
木质家具制造	2	40	40	922
竹、藤家具制造				
金属家具制造				
塑料家具制造				
其他家具制造	1	4	4	15
造纸和纸制品业	22	172	136	3302
纸浆制造				
造纸	5	49	38	1055
纸制品制造	17	123	98	2247
印刷和记录媒介复制业	52	447	336	7458
印刷	52	447	336	7458
装订及印刷相关服务				
记录媒介复制				
文教、工美、体育和娱乐用品制造业	239	1288	1142	23731
文教办公用品制造	4	47	47	2149
乐器制造	6	88	88	600
工艺美术品制造	27	193	154	4471
体育用品制造	33	196	105	3948
玩具制造	164	714	699	11335
游艺器材及娱乐用品制造	5	50	50	1229

3-E-6　续表 2

行　业	项目数(项)	参加项目人员(人)	项目人员折合全时当量(人年)	项目经费内部支出(万元)
石油加工、炼焦和核燃料加工业	7	102	74	4042
精炼石油产品制造	7	102	74	4042
炼焦				
核燃料加工				
化学原料和化学制品制造业	517	3957	3086	138189
基础化学原料制造	98	753	499	24599
肥料制造	3	25	21	333
农药制造	10	75	53	1604
涂料、油墨、颜料及类似产品制造	61	294	207	4887
合成材料制造	95	550	457	22720
专用化学产品制造	234	2107	1742	78832
炸药、火工及焰火产品制造				
日用化学产品制造	16	153	106	5214
医药制造业	379	3212	2273	63918
化学药品原料药制造	97	537	446	10417
化学药品制剂制造	212	2098	1383	41926
中药饮片加工				
中成药生产	9	73	71	1039
兽用药品制造				
生物药品制造	42	411	305	8673
卫生材料及医药用品制造	19	93	68	1864
化学纤维制造业	120	2434	1912	47263
纤维素纤维原料及纤维制造	8	127	65	3177
合成纤维制造	112	2307	1847	44086
橡胶和塑料制品业	236	1974	1550	39896
橡胶制品业	50	377	312	12008
塑料制品业	186	1597	1238	27888
非金属矿物制品业	171	1749	1440	31630
水泥、石灰和石膏制造				
石膏、水泥制品及类似制品制造	53	235	192	9482
砖瓦、石材等建筑材料制造	10	84	74	1950
玻璃制造	3	212	189	1160
玻璃制品制造	49	533	409	8741
玻璃纤维和玻璃纤维增强塑料制品制造	19	193	185	4820
陶瓷制品制造	19	134	86	517
耐火材料制品制造	6	261	252	3282
石墨及其他非金属矿物制品制造	12	97	52	1679
黑色金属冶炼和压延加工业	137	1570	1327	84525
炼铁				
炼钢	49	1076	970	74757
黑色金属铸造	27	290	215	3776
钢压延加工	61	204	142	5993
铁合金冶炼				
有色金属冶炼和压延加工业	59	527	403	19759
常用有色金属冶炼	2	14	9	490
贵金属冶炼				
稀有稀土金属冶炼				
有色金属合金制造	3	37	15	2036
有色金属铸造	5	5	5	14
有色金属压延加工	49	471	375	17219

3-E-6 续表 3

行业	项目数（项）	参加项目人员（人）	项目人员折合全时当量（人年）	项目经费内部支出（万元）
金属制品业	237	2243	1845	40137
结构性金属制品制造	31	389	196	6487
金属工具制造	58	233	182	3329
集装箱及金属包装容器制造	36	441	431	12899
金属丝绳及其制品制造	11	119	104	2987
建筑、安全用金属制品制造	35	359	280	4674
金属表面处理及热处理加工	13	74	69	1709
搪瓷制品制造	1	14	12	120
金属制日用品制造	9	46	46	1055
其他金属制品制造	43	568	525	6877
通用设备制造业	381	4178	3421	77071
锅炉及原动设备制造	70	914	812	12854
金属加工机械制造	45	686	559	10457
物料搬运设备制造	57	548	348	13931
泵、阀门、压缩机及类似机械制造	71	726	591	14390
轴承、齿轮和传动部件制造	47	281	236	4391
烘炉、风机、衡器、包装等设备制造	64	767	669	16168
文化、办公用机械制造	8	74	49	277
通用零部件制造	15	164	145	3532
其他通用设备制造业	4	18	13	1072
专用设备制造业	314	2898	2146	48900
采矿、冶金、建筑专用设备制造	90	686	513	14909
化工、木材、非金属加工专用设备制造	82	921	648	14624
食品、饮料、烟草及饲料生产专用设备制造	3	22	10	297
印刷、制药、日化及日用品生产专用设备制造	9	50	50	1020
纺织、服装和皮革加工专用设备制造	52	543	391	6972
电子和电工机械专用设备制造	7	56	50	679
农、林、牧、渔专用机械制造				
医疗仪器设备及器械制造	27	261	215	5338
环保、社会公共服务及其他专用设备制造	44	359	270	5062
汽车制造业	143	1200	894	16098
汽车整车制造				
改装汽车制造	5	16	16	620
低速载货汽车制造				
电车制造				
汽车车身、挂车制造				
汽车零部件及配件制造	138	1184	878	15477
铁路、船舶、航空航天和其他运输设备制造业	69	1057	953	25408
铁路运输设备制造	13	400	397	6995
城市轨道交通设备制造				
船舶及相关装置制造	33	512	466	14096
航空、航天器及设备制造	6	35	35	1105
摩托车制造	1	15	6	632
自行车制造	9	54	41	1269
非公路休闲车及零配件制造	7	41	6	1311
潜水救捞及其他未列明运输设备制造				

3-E-6　续表 4

行　　业	项目数(项)	参加项目人　员(人)	项目人员折合全时当量(人年)	项目经费内部支出(万元)
电气机械和器材制造业	631	7892	6201	195382
电机制造	101	1624	1443	35191
输配电及控制设备制造	282	3294	2360	94537
电线、电缆、光缆及电工器材制造	106	935	760	24735
电池制造	38	410	304	9240
家用电力器具制造	72	1427	1179	24857
非电力家用器具制造	13	52	34	1498
照明器具制造	18	144	118	5212
其他电气机械及器材制造	1	6	2	112
计算机、通信和其他电子设备制造业	932	17457	13932	330418
计算机制造	175	2084	1401	61863
通信设备制造	11	83	71	2336
广播电视设备制造	64	705	560	15645
雷达及配套设备制造				
视听设备制造	104	5580	4708	53299
电子器件制造	149	1733	1213	52677
电子元件制造	320	6647	5578	133254
其他电子设备制造	109	625	402	11343
仪器仪表制造业	209	1424	1256	23396
通用仪器仪表制造	77	775	695	11047
专用仪器仪表制造	67	422	382	6359
钟表与计时仪器制造				
光学仪器及眼镜制造	65	227	179	5991
其他仪器仪表制造业				
其他制造业	4	40	37	1428
日用杂品制造	4	40	37	1428
煤制品制造				
核辐射加工				
其他未列明制造业				
废弃资源综合利用业	7	42	41	1125
金属废料和碎屑加工处理	7	42	41	1125
非金属废料和碎屑加工处理				
金属制品、机械和设备修理业				
金属制品修理				
通用设备修理				
专用设备修理				
铁路、船舶、航空航天等运输设备修理				
电气设备修理				
仪器仪表修理				
其他机械和设备修理业				
电力、热力生产和供应业	5	29	25	536
电力生产	5	29	25	536
电力供应				
热力生产和供应				
燃气生产和供应业	11	44	41	1621
燃气生产和供应业	11	44	41	1621
水的生产和供应业	3	54	17	1685
自来水生产和供应	2	49	13	1610
污水处理及其再生利用	1	5	4	75

3-E-7　分行业外商投资企业全部R&D项目情况

行　　业	项目数(项)	参加项目人员(人)	项目人员折合全时当量(人年)	项目经费内部支出(万元)
总　计	**9202**	**104923**	**80196**	**2462741**
煤炭开采和洗选业				
烟煤和无烟煤开采洗选				
褐煤开采洗选				
其他煤炭采选				
石油和天然气开采业				
石油开采				
天然气开采				
黑色金属矿采选业				
铁矿采选				
锰矿、铬矿采选				
其他黑色金属矿采选				
有色金属矿采选业				
常用有色金属矿采选				
贵金属矿采选				
稀有稀土金属矿采选				
非金属矿采选业				
土砂石开采				
化学矿开采				
采盐				
石棉及其他非金属矿采选				
开采辅助活动	1	5	4	34
煤炭开采和洗选辅助活动	1	5	4	34
石油和天然气开采辅助活动				
其他开采辅助活动				
其他采矿业				
其他采矿业				
农副食品加工业	54	567	367	10301
谷物磨制				
饲料加工	14	164	69	4085
植物油加工	7	102	51	839
制糖业				
屠宰及肉类加工	2	5	2	380
水产品加工	6	33	29	925
蔬菜、水果和坚果加工	10	112	94	1531
其他农副食品加工	15	151	121	2542
食品制造业	74	507	353	13299
焙烤食品制造	5	62	21	1840
糖果、巧克力及蜜饯制造	2	23	8	145
方便食品制造	5	25	21	255
乳制品制造	5	40	37	2395
罐头食品制造	2	26	26	1044
调味品、发酵制品制造				
其他食品制造	55	331	240	7621
酒、饮料和精制茶制造业	32	164	119	3018
酒的制造	11	106	73	1547
饮料制造	21	58	46	1471
精制茶加工				

3-E-7　续表 1

行　　业	项目数(项)	参加项目人　员(人)	项目人员折合全时当量(人年)	项目经费内部支出(万元)
烟草制品业				
烟叶复烤				
卷烟制造				
其他烟草制品制造				
纺织业	135	1360	1099	31523
棉纺织及印染精加工	35	409	337	13008
毛纺织及染整精加工	12	49	45	858
麻纺织及染整精加工	1	5	2	96
丝绢纺织及印染精加工	2	33	33	433
化纤织造及印染精加工	12	128	78	1488
针织或钩针编织物及其制品制造	3	33	25	366
家用纺织制成品制造	36	441	366	8701
非家用纺织制成品制造	34	262	213	6573
纺织服装、服饰业	394	1814	1238	30878
机织服装制造	358	1470	961	24550
针织或钩针编织服装制造	24	186	147	2158
服饰制造	12	158	130	4170
皮革、毛皮、羽毛及其制品和制鞋业	74	679	504	14349
皮革鞣制加工	1	40	19	1800
皮革制品制造	27	342	300	4827
毛皮鞣制及制品加工	2	15	15	124
羽毛(绒)加工及制品制造	12	127	81	5220
制鞋业	32	155	90	2379
木材加工和木、竹、藤、棕、草制品业	21	216	136	5199
木材加工				
人造板制造	11	160	85	3423
木制品制造	10	56	51	1777
竹、藤、棕、草等制品制造				
家具制造业	134	122	115	1378
木质家具制造	127	56	49	440
竹、藤家具制造				
金属家具制造	4	11	11	451
塑料家具制造				
其他家具制造	3	55	55	487
造纸和纸制品业	147	3172	2101	59932
纸浆制造				
造纸	111	2927	1921	56777
纸制品制造	36	245	181	3156
印刷和记录媒介复制业	20	187	174	4011
印刷	20	187	174	4011
装订及印刷相关服务				
记录媒介复制				
文教、工美、体育和娱乐用品制造业	132	1402	1151	23578
文教办公用品制造	13	94	81	1276
乐器制造	6	22	15	281
工艺美术品制造	63	588	511	11463
体育用品制造	21	88	47	2004
玩具制造	22	406	371	4104
游艺器材及娱乐用品制造	7	204	126	4450

3-E-7 续表 2

行业	项目数(项)	参加项目人员(人)	项目人员折合全时当量(人年)	项目经费内部支出(万元)
石油加工、炼焦和核燃料加工业	5	87	76	2072
精炼石油产品制造				
炼焦	5	87	76	2072
核燃料加工				
化学原料和化学制品制造业	762	5623	4273	182730
基础化学原料制造	169	1327	1047	52382
肥料制造	23	232	101	3190
农药制造	88	681	625	20933
涂料、油墨、颜料及类似产品制造	137	841	671	20254
合成材料制造	169	1392	937	45328
专用化学产品制造	159	1008	761	39466
炸药、火工及焰火产品制造				
日用化学产品制造	17	142	132	1177
医药制造业	406	2802	2381	86221
化学药品原料药制造	69	421	392	17676
化学药品制剂制造	225	1682	1500	53692
中药饮片加工	1	7	4	97
中成药生产	22	154	89	2252
兽用药品制造	12	53	43	518
生物药品制造	49	324	220	7411
卫生材料及医药用品制造	28	161	133	4575
化学纤维制造业	95	920	519	37241
纤维素纤维原料及纤维制造	45	481	266	27656
合成纤维制造	50	439	252	9585
橡胶和塑料制品业	349	3052	2395	56312
橡胶制品业	89	1381	986	32659
塑料制品业	260	1671	1409	23653
非金属矿物制品业	198	2043	1141	33617
水泥、石灰和石膏制造	13	174	152	6838
石膏、水泥制品及类似制品制造	2	7	5	439
砖瓦、石材等建筑材料制造	7	42	24	488
玻璃制造	4	25	22	502
玻璃制品制造	63	487	341	8129
玻璃纤维和玻璃纤维增强塑料制品制造	16	172	128	2265
陶瓷制品制造	39	726	164	5276
耐火材料制品制造	18	142	104	3356
石墨及其他非金属矿物制品制造	36	268	202	6324
黑色金属冶炼和压延加工业	81	1241	1058	39468
炼铁				
炼钢				
黑色金属铸造	41	416	395	10800
钢压延加工	38	806	647	25908
铁合金冶炼	2	19	16	2760
有色金属冶炼和压延加工业	94	1011	739	28189
常用有色金属冶炼	1	10	10	30
贵金属冶炼	1	2	2	28
稀有稀土金属冶炼	23	145	91	4265
有色金属合金制造	25	306	287	7422
有色金属铸造	2	6	6	57
有色金属压延加工	42	542	343	16388

3-E-7 续表 3

行　业	项目数 (项)	参加项目 人　员 (人)	项目人员折合 全时当量 (人年)	项目经费 内部支出 (万元)
金属制品业	340	3786	2525	66691
结构性金属制品制造	77	816	492	9877
金属工具制造	20	109	89	1575
集装箱及金属包装容器制造	86	586	540	12313
金属丝绳及其制品制造	44	594	184	19894
建筑、安全用金属制品制造	19	158	115	3612
金属表面处理及热处理加工	16	115	105	2051
搪瓷制品制造				
金属制日用品制造	33	1014	791	8443
其他金属制品制造	45	394	210	8927
通用设备制造业	782	6941	5053	183092
锅炉及原动设备制造	41	945	867	43556
金属加工机械制造	91	639	385	11974
物料搬运设备制造	100	621	508	15103
泵、阀门、压缩机及类似机械制造	123	998	691	30542
轴承、齿轮和传动部件制造	56	804	466	12928
烘炉、风机、衡器、包装等设备制造	196	1305	991	36780
文化、办公用机械制造	68	691	545	20039
通用零部件制造	71	785	566	11520
其他通用设备制造业	36	153	35	651
专用设备制造业	782	8382	6487	191056
采矿、冶金、建筑专用设备制造	220	3134	2425	84990
化工、木材、非金属加工专用设备制造	194	2108	1545	29970
食品、饮料、烟草及饲料生产专用设备制造	22	286	232	5449
印刷、制药、日化及日用品生产专用设备制造	21	322	234	9740
纺织、服装和皮革加工专用设备制造	13	154	130	3895
电子和电工机械专用设备制造	21	171	126	2261
农、林、牧、渔专用机械制造	59	516	416	17461
医疗仪器设备及器械制造	105	882	729	20132
环保、社会公共服务及其他专用设备制造	127	809	649	17160
汽车制造业	519	6389	5246	135013
汽车整车制造	10	666	666	22455
改装汽车制造	1	12	10	104
低速载货汽车制造				
电车制造				
汽车车身、挂车制造				
汽车零部件及配件制造	508	5711	4570	112455
铁路、船舶、航空航天和其他运输设备制造业	307	3622	2676	120591
铁路运输设备制造	22	191	169	5066
城市轨道交通设备制造	18	265	174	7615
船舶及相关装置制造	127	2072	1814	94011
航空、航天器及设备制造	9	102	35	2242
摩托车制造	14	289	195	2531
自行车制造	34	591	241	8638
非公路休闲车及零配件制造	83	112	48	487
潜水救捞及其他未列明运输设备制造				

3-E-7 续表 4

行业	项目数(项)	参加项目人员(人)	项目人员折合全时当量(人年)	项目经费内部支出(万元)
电气机械和器材制造业	1189	13651	11778	373779
电机制造	299	3096	2605	80442
输配电及控制设备制造	418	6998	6255	188425
电线、电缆、光缆及电工器材制造	144	927	725	15566
电池制造	43	706	502	22434
家用电力器具制造	216	1596	1414	59293
非电力家用器具制造	30	56	52	899
照明器具制造	31	235	188	6194
其他电气机械及器材制造	8	37	37	525
计算机、通信和其他电子设备制造业	1611	32601	24503	667313
计算机制造	263	6385	5263	145275
通信设备制造	155	2554	1409	56017
广播电视设备制造	18	117	87	2229
雷达及配套设备制造				
视听设备制造	97	786	531	17253
电子器件制造	480	8499	6902	164541
电子元件制造	540	9640	7320	164725
其他电子设备制造	58	4620	2991	117274
仪器仪表制造业	404	2342	1856	56026
通用仪器仪表制造	320	1557	1246	35610
专用仪器仪表制造	64	497	452	16289
钟表与计时仪器制造				
光学仪器及眼镜制造	20	288	157	4127
其他仪器仪表制造业				
其他制造业	40	104	35	2067
日用杂品制造	40	104	35	2067
煤制品制造				
核辐射加工				
其他未列明制造业				
废弃资源综合利用业				
金属废料和碎屑加工处理				
非金属废料和碎屑加工处理				
金属制品、机械和设备修理业	2	22	22	683
金属制品修理				
通用设备修理				
专用设备修理				
铁路、船舶、航空航天等运输设备修理	2	22	22	683
电气设备修理				
仪器仪表修理				
其他机械和设备修理业				
电力、热力生产和供应业	11	45	17	1108
电力生产	11	45	17	1108
电力供应				
热力生产和供应				
燃气生产和供应业	2	20	10	1604
燃气生产和供应业	2	20	10	1604
水的生产和供应业	5	44	43	369
自来水生产和供应	4	37	37	244
污水处理及其再生利用	1	7	6	125

3-E-8 分地区企业全部R&D项目情况

地　区	项目数(项)	参加项目人　员(人)	项目人员折合全时当量(人年)	项目经费内部支出(万元)
全　省	**48530**	**473447**	**365364**	**11009479**
南京市	5650	52651	40402	1154421
无锡市	7624	71334	58335	1731665
徐州市	2261	23247	17403	620901
常州市	4831	49498	37658	974737
苏州市	10832	118634	91042	2625516
南通市	4627	47957	36112	1066932
连云港市	1542	11113	8233	236228
淮安市	796	7828	6364	229773
盐城市	2031	21604	18141	473818
扬州市	2297	21073	15216	584128
镇江市	3507	24662	17506	564515
泰州市	1733	16689	13510	584868
宿迁市	799	7157	5440	161980

3-E-9 分地区大中型企业全部R&D项目情况

地　区	项目数(项)	参加项目人　员(人)	项目人员折合全时当量(人年)	项目经费内部支出(万元)
全　省	**25933**	**333842**	**260434**	**7934369**
南京市	3578	42774	32869	972202
无锡市	3280	49017	40970	1263158
徐州市	1340	16260	11826	414019
常州市	2428	32064	25342	656033
苏州市	6334	91609	70373	2068861
南通市	2174	29318	22482	663296
连云港市	765	6947	5268	156732
淮安市	417	5229	4424	156877
盐城市	915	12578	10799	243433
扬州市	1200	14045	10415	393893
镇江市	2225	19039	13485	427712
泰州市	1011	11970	9879	440838
宿迁市	266	2992	2303	77315

3-E-10 分地区内资企业全部R&D项目情况

地区	项目数(项)	参加项目人员(人)	项目人员折合全时当量(人年)	项目经费内部支出(万元)
全省	**33931**	**306649**	**236440**	**7201565**
南京市	4274	40935	31802	893152
无锡市	5420	45753	37081	1063882
徐州市	1905	20078	15055	527850
常州市	3688	34462	25730	690947
苏州市	5194	46975	36751	1127624
南通市	3196	31444	23567	645652
连云港市	1246	8102	5859	184540
淮安市	579	5695	4439	155682
盐城市	1784	18272	15230	395901
扬州市	1973	17469	12835	506278
镇江市	2528	17621	12167	403225
泰州市	1413	13311	10899	457227
宿迁市	731	6532	5024	149605

3-E-11 分地区港澳台商投资企业全部R&D项目情况

地区	项目数(项)	参加项目人员(人)	项目人员折合全时当量(人年)	项目经费内部支出(万元)
全省	**5397**	**61875**	**48728**	**1345173**
南京市	466	4946	3712	86436
无锡市	821	8939	7397	262969
徐州市	97	1627	1350	58732
常州市	472	8633	7257	120613
苏州市	1790	22509	17494	449061
南通市	616	6058	4436	128549
连云港市	84	1220	964	16340
淮安市	134	1038	886	52987
盐城市	96	1269	1093	25834
扬州市	133	1442	1023	32600
镇江市	548	2908	2079	69029
泰州市	116	948	806	35414
宿迁市	24	338	231	6608

3-E-12　分地区外商投资企业全部R&D项目情况

地　区	项目数(项)	参加项目人　员(人)	项目人员折合全时当量(人年)	项目经费内部支出(万元)
全　省	**9202**	**104923**	**80196**	**2462741**
南京市	910	6770	4888	174832
无锡市	1383	16642	13857	404814
徐州市	259	1542	998	34319
常州市	671	6403	4671	163177
苏州市	3848	49150	36797	1048831
南通市	815	10455	8109	292731
连云港市	212	1791	1410	35348
淮安市	83	1095	1039	21105
盐城市	151	2063	1818	52082
扬州市	191	2162	1358	45250
镇江市	431	4133	3260	92260
泰州市	204	2430	1805	92227
宿迁市	44	287	185	5767

3-F-1 分登记注册类型企业办研发机构情况

登记注册类型	机构数(个)	机构人员数(人)	#博士	#硕士	机构经费支出(万元)	仪器和设备原价(万元)
总计	**17996**	**532194**	**9400**	**42141**	**13098299**	**10052872**
内资企业	**13216**	**331353**	**6902**	**28751**	**8021975**	**5069055**
国有企业	101	8046	136	1464	135734	88420
集体企业	76	2162	39	90	48930	26147
股份合作企业	32	650	7	13	13895	7652
联营企业	9	244	3	32	4670	1551
国有联营企业	4	92	3	11	2894	912
集体联营企业	1	33			709	70
国有与集体联营企业	3	106		21	826	521
其他联营企业	1	13			240	48
有限责任公司	2334	80190	1749	9460	2377232	1345666
国有独资公司	153	8480	171	1977	297495	109634
其他有限责任公司	2181	71710	1578	7483	2079737	1236032
股份有限公司	939	46379	896	4651	1160754	830811
私营企业	9682	192953	4042	12959	4263945	2748151
私营独资企业	450	5834	104	450	105468	135116
私营合伙企业	37	496	16	28	7806	4023
私营有限责任公司	8663	171984	3609	11278	3804934	2369799
私营股份有限公司	532	14639	313	1203	345738	239212
其他企业	43	729	30	82	16815	20657
港、澳、台商投资企业	**1864**	**69186**	**852**	**4276**	**1744098**	**902276**
合资经营企业	815	24070	404	1611	647285	373105
合作经营企业	25	706	9	54	65922	12898
港、澳、台商独资经营企业	977	39860	372	2223	943035	480766
港、澳、台商投资股份有限公司	44	4368	67	384	85963	35173
其他港澳台投资企业	3	182		4	1892	334
外商投资企业	**2916**	**131655**	**1646**	**9114**	**3332227**	**4081541**
中外合资经营企业	1089	40166	577	3671	1193289	2510927
中外合作经营企业	43	1150	17	52	29402	25107
外资企业	1727	85323	1009	5011	1988356	1515811
外商投资股份有限公司	55	4941	34	365	119179	29347
其他外商投资企业	2	75	9	15	2000	350

3-F-2　分登记注册类型大中型企业办研发机构情况

登记注册类型	机构数（个）	机构人员数（人）	#博士	#硕士	机构经费支出（万元）	仪器和设备原价（万元）
总　计	**7231**	**364166**	**5378**	**28963**	**9686572**	**7773443**
内资企业	**4523**	**202280**	**3646**	**18461**	**5422264**	**3591561**
国有企业	85	7606	132	1387	128495	79517
集体企业	36	1619	37	60	38238	21915
股份合作企业	11	270			6652	1596
联营企业						
国有联营企业						
集体联营企业						
国有与集体联营企业						
其他联营企业						
有限责任公司	1097	58597	1124	7189	1923189	1115236
国有独资公司	131	8130	151	1938	289790	105041
其他有限责任公司	966	50467	973	5251	1633400	1010195
股份有限公司	580	38814	648	3843	986581	723258
私营企业	2700	95007	1695	5928	2332773	1633644
私营独资企业	73	2404		203	37392	102313
私营合伙企业						
私营有限责任公司	2379	82617	1472	4975	2043601	1347451
私营股份有限公司	239	9732	182	747	248000	181418
其他企业	12	339	8	49	6121	16310
港、澳、台商投资企业	**1011**	**54023**	**559**	**3185**	**1452965**	**715332**
合资经营企业	398	16570	224	1106	509924	293138
合作经营企业	6	303	3	30	52416	9247
港、澳、台商独资经营企业	578	32886	271	1679	811741	380566
港、澳、台商投资股份有限公司	27	4085	61	366	77082	32267
其他港澳台投资企业	2	179		4	1802	113
外商投资企业	**1697**	**107863**	**1173**	**7317**	**2811343**	**3466550**
中外合资经营企业	566	30049	328	2786	966967	2367205
中外合作经营企业	27	857	12	45	24465	22213
外资企业	1068	72490	796	4138	1714932	1054964
外商投资股份有限公司	34	4392	28	333	102979	21818
其他外商投资企业	2	75	9	15	2000	350

3-F-3 分行业企业办研发机构情况

行业	机构数(个)	机构人员数(人)	#博士	#硕士	机构经费支出(万元)	仪器和设备原价(万元)
总计	**17996**	**532194**	**9400**	**42141**	**13098299**	**10052872**
煤炭开采和洗选业	**6**	**556**	**16**	**93**	**7341**	**12614**
烟煤和无烟煤开采洗选	6	556	16	93	7341	12614
褐煤开采洗选						
其他煤炭采选						
石油和天然气开采业	7	1299	35	235	27056	13218
石油开采	7	1299	35	235	27056	13218
天然气开采						
黑色金属矿采选业	4	78		6	5764	1297
铁矿采选	4	78		6	5764	1297
锰矿、铬矿采选						
其他黑色金属矿采选						
有色金属矿采选业	2	123		6	769	1757
常用有色金属矿采选	2	123		6	769	1757
贵金属矿采选						
稀有稀土金属矿采选						
非金属矿采选业	22	485	10	60	9155	4669
土砂石开采	8	157	2	19	1437	1450
化学矿开采	6	185	2	7	3921	2072
采盐	7	133	6	34	3645	1070
石棉及其他非金属矿采选	1	10			152	77
开采辅助活动	1	5		1	34	98
煤炭开采和洗选辅助活动	1	5		1	34	98
石油和天然气开采辅助活动						
其他开采辅助活动						
其他采矿业						
其他采矿业						
农副食品加工业	389	5508	230	622	135243	145193
谷物磨制	85	874	24	85	23929	8399
饲料加工	72	945	43	133	23518	8265
植物油加工	29	537	35	70	19258	11120
制糖业	4	54	5	3	491	260
屠宰及肉类加工	84	1577	40	154	34825	13027
水产品加工	26	246	12	26	3845	2142
蔬菜、水果和坚果加工	65	906	58	100	16224	82865
其他农副食品加工	24	369	13	51	13153	19115
食品制造业	152	3081	160	335	69550	40051
焙烤食品制造	16	287	4	15	3050	1964
糖果、巧克力及蜜饯制造	7	100	1	9	5437	2036
方便食品制造	19	349	13	41	9369	3759
乳制品制造	17	395	21	41	9276	9069
罐头食品制造	23	369	5	36	5659	2540
调味品、发酵制品制造	23	629	56	67	15645	9631
其他食品制造	47	952	60	126	21112	11054
酒、饮料和精制茶制造业	79	2818	44	245	99243	121940
酒的制造	54	2098	23	155	70979	26694
饮料制造	21	668	17	76	26334	93506
精制茶加工	4	52	4	14	1930	1740

3-F-3　续表 1

行　业	机构数(个)	机构人员数(人)	#博士	#硕士	机构经费支出(万元)	仪器和设备原价(万元)
烟草制品业	3	122	1	21	3774	10223
烟叶复烤						
卷烟制造	2	71	1	13	1159	7761
其他烟草制品制造	1	51		8	2615	2462
纺织业	1230	21084	352	1136	452072	239694
棉纺织及印染精加工	700	10970	169	559	221961	102604
毛纺织及染整精加工	104	2041	41	127	81723	66358
麻纺织及染整精加工	18	309	6	16	5285	7219
丝绢纺织及印染精加工	44	700	21	62	7690	3229
化纤织造及印染精加工	85	1402	13	66	14175	15191
针织或钩针编织物及其制品制造	64	1083	12	60	14314	6895
家用纺织制成品制造	113	2726	62	142	66966	19425
非家用纺织制成品制造	102	1853	28	104	39958	18773
纺织服装、服饰业	760	13092	142	634	240233	125717
机织服装制造	582	10134	112	482	196886	92735
针织或钩针编织服装制造	130	2281	22	101	34185	28986
服饰制造	48	677	8	51	9162	3996
皮革、毛皮、羽毛及其制品和制鞋业	153	2241	19	111	38831	21205
皮革鞣制加工	10	88	3	8	4065	285
皮革制品制造	58	811	5	38	11122	6912
毛皮鞣制及制品加工	3	24		1	696	280
羽毛(绒)加工及制品制造	18	268	2	10	3439	2795
制鞋业	64	1050	9	54	19510	10933
木材加工和木、竹、藤、棕、草制品业	314	3635	114	341	68973	34734
木材加工	31	252	7	23	5245	2044
人造板制造	238	2761	90	274	52287	25722
木制品制造	39	565	10	43	10377	6685
竹、藤、棕、草等制品制造	6	57	7	1	1064	284
家具制造业	67	963	10	53	13479	8098
木质家具制造	47	627	9	40	9202	7420
竹、藤家具制造						
金属家具制造	10	94		1	1101	283
塑料家具制造						
其他家具制造	10	242	1	12	3177	394
造纸和纸制品业	126	5386	39	236	128298	42857
纸浆制造						
造纸	87	4736	33	215	118947	25416
纸制品制造	39	650	6	21	9351	17441
印刷和记录媒介复制业	181	2954	40	151	65228	66845
印刷	176	2840	38	145	63709	66006
装订及印刷相关服务						
记录媒介复制	5	114	2	6	1519	840
文教、工美、体育和娱乐用品制造业	395	8437	97	473	159659	321866
文教办公用品制造	36	985	12	112	16382	5876
乐器制造	8	384	3	6	2188	1596
工艺美术品制造	210	3837	45	205	86362	38728
体育用品制造	38	638	9	20	12560	8893
玩具制造	77	1984	18	99	28008	10928
游艺器材及娱乐用品制造	26	609	10	31	14159	255846

3-F-3 续表 2

行业	机构数(个)	机构人员数(人)	#博士	#硕士	机构经费支出(万元)	仪器和设备原价(万元)
石油加工、炼焦和核燃料加工业	45	1505	34	137	57342	25829
精炼石油产品制造	41	1217	23	100	51576	21363
炼焦	4	288	11	37	5767	4466
核燃料加工						
化学原料和化学制品制造业	1656	42618	1263	4345	1371921	628350
基础化学原料制造	493	13511	390	1236	457693	236206
肥料制造	54	1264	38	97	33856	17322
农药制造	135	4222	156	517	163240	41029
涂料、油墨、颜料及类似产品制造	230	5233	145	538	135847	64481
合成材料制造	278	7006	145	743	239154	92055
专用化学产品制造	424	10437	370	1124	316799	158692
炸药、火工及焰火产品制造	4	92	2	5	838	675
日用化学产品制造	38	853	17	85	24494	17890
医药制造业	476	17627	838	3485	475347	289279
化学药品原料药制造	134	3983	198	637	111940	71790
化学药品制剂制造	126	7339	325	1777	215337	118322
中药饮片加工	12	363	18	83	9909	6544
中成药生产	39	1892	58	311	47592	33483
兽用药品制造	31	700	31	130	12848	6795
生物药品制造	87	2284	168	479	56936	46319
卫生材料及医药用品制造	47	1066	40	68	20784	6026
化学纤维制造业	272	8647	161	519	321194	244348
纤维素纤维原料及纤维制造	112	4097	114	356	150874	73673
合成纤维制造	160	4550	47	163	170320	170675
橡胶和塑料制品业	589	13809	189	739	291757	198887
橡胶制品业	158	5261	86	288	148553	96927
塑料制品业	431	8548	103	451	143204	101960
非金属矿物制品业	720	14292	357	1177	267503	194569
水泥、石灰和石膏制造	74	1191	23	126	21843	14438
石膏、水泥制品及类似制品制造	130	1989	49	169	40558	23723
砖瓦、石材等建筑材料制造	53	911	22	104	25092	7191
玻璃制造	22	685	18	27	9601	17786
玻璃制品制造	127	2412	71	225	50903	56458
玻璃纤维和玻璃纤维增强塑料制品制造	70	1710	41	142	31116	15466
陶瓷制品制造	72	1579	44	112	26703	18841
耐火材料制品制造	85	1753	37	135	28845	12775
石墨及其他非金属矿物制品制造	87	2062	52	137	32840	27891
黑色金属冶炼和压延加工业	512	14071	244	871	652823	311326
炼铁	13	165	4	23	1365	1978
炼钢	14	1089	27	88	75223	19781
黑色金属铸造	161	2959	44	194	78434	37534
钢压延加工	304	9025	162	536	472630	231421
铁合金冶炼	20	833	7	30	25172	20612
有色金属冶炼和压延加工业	328	7050	147	391	196526	180750
常用有色金属冶炼	29	471	24	28	11808	7941
贵金属冶炼	2	22	2	1	60	20
稀有稀土金属冶炼	17	511	16	34	16080	7915
有色金属合金制造	59	1602	35	95	52715	26166
有色金属铸造	15	144	1	9	1694	857
有色金属压延加工	206	4300	69	224	114170	137852

3-F-3　续表 3

行　　业	机构数(个)	机构人员数(人)	#博士	#硕士	机构经费支出(万元)	仪器和设备原价(万元)
金属制品业	871	21102	289	1070	465837	337504
结构性金属制品制造	247	5382	90	289	120263	112015
金属工具制造	68	1361	21	95	24794	20447
集装箱及金属包装容器制造	73	1953	17	121	49783	38301
金属丝绳及其制品制造	128	4153	47	229	111496	59991
建筑、安全用金属制品制造	64	1325	35	76	21197	13508
金属表面处理及热处理加工	91	1761	22	50	37221	24567
搪瓷制品制造	4	79			985	861
金属制日用品制造	35	1136	3	34	15040	9884
其他金属制品制造	161	3952	54	176	85058	57930
通用设备制造业	1737	51619	745	4542	1116180	754062
锅炉及原动设备制造	179	7769	98	676	179619	132717
金属加工机械制造	282	6812	141	493	117418	100687
物料搬运设备制造	244	10509	125	1792	305438	97626
泵、阀门、压缩机及类似机械制造	292	6775	172	582	152031	100798
轴承、齿轮和传动部件制造	204	7884	74	302	138616	166814
烘炉、风机、衡器、包装等设备制造	244	5893	76	421	117515	67775
文化、办公用机械制造	49	1467	10	48	27332	28968
通用零部件制造	181	3395	39	153	62783	48852
其他通用设备制造业	62	1115	10	75	15430	9826
专用设备制造业	1494	42102	818	3144	830338	584243
采矿、冶金、建筑专用设备制造	359	11199	230	944	273293	149218
化工、木材、非金属加工专用设备制造	278	7842	75	293	120886	91916
食品、饮料、烟草及饲料生产专用设备制造	39	1257	10	74	17834	10291
印刷、制药、日化及日用品生产专用设备制造	46	1363	13	134	29068	16031
纺织、服装和皮革加工专用设备制造	154	4267	66	198	72278	65337
电子和电工机械专用设备制造	60	1562	16	99	27604	34009
农、林、牧、渔专用机械制造	48	1121	30	78	22565	49510
医疗仪器设备及器械制造	165	4837	152	611	103238	58066
环保、社会公共服务及其他专用设备制造	345	8654	226	713	163574	109865
汽车制造业	601	20496	230	1142	521110	2101874
汽车整车制造	31	2647	33	238	143338	1824591
改装汽车制造	26	986	10	53	19402	12574
低速载货汽车制造						
电车制造	12	151	6	16	1642	2329
汽车车身、挂车制造	19	441	7	36	14940	5006
汽车零部件及配件制造	513	16271	174	799	341788	257374
铁路、船舶、航空航天和其他运输设备制造业	380	15437	141	1266	405731	237821
铁路运输设备制造	61	4039	41	688	89331	99274
城市轨道交通设备制造	6	302	5	43	13084	9371
船舶及相关装置制造	163	6430	61	325	206897	57888
航空、航天器及设备制造	22	1196	11	105	34339	28434
摩托车制造	56	1300	15	56	29842	18991
自行车制造	61	1918	7	45	28105	22565
非公路休闲车及零配件制造	10	244		2	4013	1238
潜水救捞及其他未列明运输设备制造	1	8	1	2	120	60

3-F-3 续表 4

行业	机构数（个）	机构人员数（人）	#博士	#硕士	机构经费支出（万元）	仪器和设备原价（万元）
电气机械和器材制造业	2054	75827	1138	6285	2064689	1295093
电机制造	391	13651	150	856	356904	199672
输配电及控制设备制造	840	30460	555	3365	800324	530609
电线、电缆、光缆及电工器材制造	396	13871	172	682	446845	358827
电池制造	84	2915	68	171	69104	33425
家用电力器具制造	151	9462	75	722	277357	106968
非电力家用器具制造	42	1537	26	138	31696	13261
照明器具制造	130	3560	85	293	78279	49475
其他电气机械及器材制造	20	371	7	58	4179	2855
计算机、通信和其他电子设备制造业	1552	85857	961	5096	1951731	1115773
计算机制造	145	13301	41	436	424386	132632
通信设备制造	118	8273	70	1084	141833	68858
广播电视设备制造	108	3960	49	234	80702	44882
雷达及配套设备制造	14	356	15	60	8081	6771
视听设备制造	67	5294	30	228	125893	77933
电子器件制造	390	20325	484	1437	510946	369355
电子元件制造	597	27245	212	1291	479603	356764
其他电子设备制造	113	7103	60	326	180288	58578
仪器仪表制造业	631	24100	433	2687	486131	275729
通用仪器仪表制造	422	17520	303	2239	348232	190132
专用仪器仪表制造	157	4744	91	330	107107	57619
钟表与计时仪器制造	1	16			174	24
光学仪器及眼镜制造	42	1536	35	101	27037	25630
其他仪器仪表制造业	9	284	4	17	3581	2325
其他制造业	36	532	9	58	6016	4696
日用杂品制造	32	514	9	57	5821	4572
煤制品制造	2	4		1	55	32
核辐射加工						
其他未列明制造业	2	14			140	93
废弃资源综合利用业	25	352	20	27	7664	2711
金属废料和碎屑加工处理	13	232	16	23	5451	766
非金属废料和碎屑加工处理	12	120	4	4	2212	1944
金属制品、机械和设备修理业	13	129	1	3	1923	294
金属制品修理	3	15	1	1	136	98
通用设备修理						
专用设备修理						
铁路、船舶、航空航天等运输设备修理	9	102		1	1718	191
电气设备修理						
仪器仪表修理						
其他机械和设备修理业	1	12		1	69	5
电力、热力生产和供应业	71	2436	62	313	67795	47611
电力生产	65	1932	26	159	64106	44613
电力供应	2	450	35	150	3147	2802
热力生产和供应	4	54	1	4	543	196
燃气生产和供应业	11	159	6	23	4882	1395
燃气生产和供应业	11	159	6	23	4882	1395
水的生产和供应业	31	560	5	62	9160	8656
自来水生产和供应	23	424	4	55	7682	8113
污水处理及其再生利用	8	136	1	7	1477	543

3-F-4 分行业大中型企业办研发机构情况

行业	机构数(个)	机构人员数(人)	#博士	#硕士	机构经费支出(万元)	仪器和设备原价(万元)
总计	**7231**	**364166**	**5378**	**28963**	**9686572**	**7773443**
煤炭开采和洗选业	**5**	**548**	**16**	**93**	**7221**	**12503**
烟煤和无烟煤开采洗选	5	548	16	93	7221	12503
褐煤开采洗选						
其他煤炭采选						
石油和天然气开采业	7	1299	35	235	27056	13218
石油开采	7	1299	35	235	27056	13218
天然气开采						
黑色金属矿采选业						
铁矿采选						
锰矿、铬矿采选						
其他黑色金属矿采选						
有色金属矿采选业						
常用有色金属矿采选						
贵金属矿采选						
稀有稀土金属矿采选						
非金属矿采选业	10	360	9	53	7786	4166
土砂石开采	3	105			1227	1240
化学矿开采						
采盐	3	87	6	32	2952	1013
石棉及其他非金属矿采选						
开采辅助活动						
煤炭开采和洗选辅助活动						
石油和天然气开采辅助活动						
其他开采辅助活动						
其他采矿业						
其他采矿业						
农副食品加工业	90	2293	100	237	65145	114755
谷物磨制	15	368	15	37	17286	5525
饲料加工						
植物油加工	9	225	12	38	6422	4308
制糖业						
屠宰及肉类加工	29	1018	32	93	26168	9231
水产品加工	4	38			331	171
蔬菜、水果和坚果加工	13	304			4952	77641
其他农副食品加工						
食品制造业	57	1577	85	153	43270	22049
焙烤食品制造	9	183		3	1924	1234
糖果、巧克力及蜜饯制造	5	68	1	8	4869	1924
方便食品制造	9	200	9	30	7183	2251
乳制品制造	6	195	6	16	2994	1813
罐头食品制造						
调味品、发酵制品制造	13	477	37	42	14063	8603
其他食品制造	12	406	31	51	10929	5988
酒、饮料和精制茶制造业	29	2050	23	161	80892	113642
酒的制造	24	1646	17	122	58740	22476
饮料制造	5	404	6	39	22152	91166
精制茶加工						

3-F-4 续表 1

行业	机构数（个）	机构人员数（人）	#博士	#硕士	机构经费支出（万元）	仪器和设备原价（万元）
烟草制品业	3	122	1	21	3774	10223
烟叶复烤						
卷烟制造	2	71	1	13	1159	7761
其他烟草制品制造						
纺织业	537	14178	254	735	340246	184862
棉纺织及印染精加工	278	7099	110	338	163232	72962
毛纺织及染整精加工	47	1572	39	109	76386	60133
麻纺织及染整精加工	12	273	6	14	4772	6857
丝绢纺织及印染精加工	17	473	14	42	5085	2075
化纤织造及印染精加工	62	1078	10	45	8505	12515
针织或钩针编织物及其制品制造	35	774		37	10310	4701
家用纺织制成品制造	53	2016	51	114	49640	15766
非家用纺织制成品制造	33	893		36	22316	9853
纺织服装、服饰业	469	10362	118	501	201681	104962
机织服装制造	378	8102	94	387	167898	79808
针织或钩针编织服装制造	63	1767	21	79	27254	23805
服饰制造	28	493		35	6529	1350
皮革、毛皮、羽毛及其制品和制鞋业	96	1601	17	66	29137	15628
皮革鞣制加工						
皮革制品制造	27	451			5867	5057
毛皮鞣制及制品加工						
羽毛(绒)加工及制品制造	15	183			2642	1553
制鞋业	47	891	9	36	16483	8585
木材加工和木、竹、藤、棕、草制品业	68	1372	57	136	27143	13007
木材加工						
人造板制造	48	959	46	105	18621	7504
木制品制造						
竹、藤、棕、草等制品制造						
家具制造业	35	675	5	29	9993	6448
木质家具制造	21	378			6012	6006
竹、藤家具制造						
金属家具制造						
塑料家具制造						
其他家具制造	9	236	1	11	3107	226
造纸和纸制品业	55	4524	20	197	113025	24968
纸浆制造						
造纸	44	4302	18	183	110318	19882
纸制品制造	11	222			2707	5086
印刷和记录媒介复制业	53	1621	27	75	40668	51553
印刷	50	1536	25	70	39428	51216
装订及印刷相关服务						
记录媒介复制						
文教、工美、体育和娱乐用品制造业	176	5400	66	317	96429	45796
文教办公用品制造	15	619	8	97	12910	3688
乐器制造						
工艺美术品制造	84	2295	31	114	41636	27493
体育用品制造						
玩具制造	44	1481	15	68	22436	7133
游艺器材及娱乐用品制造	9	408	7	23	10397	4124

3-F-4　续表 2

行　　业	机构数（个）	机构人员数（人）	#博士	#硕士	机构经费支　　出（万元）	仪器和设备原价（万元）
石油加工、炼焦和核燃料加工业	19	1098	19	109	36037	16307
精炼石油产品制造	15	810	8	72	30270	11841
炼焦	4	288	11	37	5767	4466
核燃料加工						
化学原料和化学制品制造业	566	22781	605	2301	838479	373973
基础化学原料制造	175	7629	191	653	289873	148451
肥料制造	23	940	22	59	28911	14098
农药制造	77	3165	124	383	138895	30228
涂料、油墨、颜料及类似产品制造	78	2529	62	259	76013	35488
合成材料制造	72	2904	50	389	107177	43170
专用化学产品制造	123	5083	145	490	179520	87077
炸药、火工及焰火产品制造						
日用化学产品制造	17	519	11	68	18040	15436
医药制造业	204	12168	531	2559	363208	233815
化学药品原料药制造	53	2296	126	400	75678	58758
化学药品制剂制造	71	6012	258	1550	191829	100758
中药饮片加工						
中成药生产	25	1630	40	262	44615	31634
兽用药品制造						
生物药品制造	23	1003	58	204	28688	30941
卫生材料及医药用品制造	20	632	28		9538	2742
化学纤维制造业	126	6928	108	372	280402	220019
纤维素纤维原料及纤维制造	68	3563	86	291	137856	64249
合成纤维制造	58	3365	22	81	142547	155771
橡胶和塑料制品业	220	9226	95	394	207952	148445
橡胶制品业	79	4287	59	216	126682	87072
塑料制品业	141	4939	36	178	81270	61372
非金属矿物制品业	215	7536	164	596	140541	95623
水泥、石灰和石膏制造	28	740	16	90	12796	9373
石膏、水泥制品及类似制品制造	36	893	26	53	19681	10976
砖瓦、石材等建筑材料制造						
玻璃制造	11	522		17	7265	14748
玻璃制品制造	54	1439	35	105	28147	25823
玻璃纤维和玻璃纤维增强塑料制品制造	14	1009	16	92	15504	9432
陶瓷制品制造	31	972	13	60	15469	8125
耐火材料制品制造						
石墨及其他非金属矿物制品制造						
黑色金属冶炼和压延加工业	177	10066	183	643	541937	240509
炼铁	6	99	3	18	743	1638
炼钢	10	1065	27	84	74038	19697
黑色金属铸造	33	1279		80	32777	17987
钢压延加工	119	6946	138	447	415152	185176
铁合金冶炼	9	677	3	14	19228	16012
有色金属冶炼和压延加工业	98	3769	54	197	114116	115512
常用有色金属冶炼						
贵金属冶炼						
稀有稀土金属冶炼	8	305			8780	4856
有色金属合金制造	26	1214	22	80	39308	15062
有色金属铸造						
有色金属压延加工	57	2095	28	99	63772	91499

3-F-4 续表 3

行　　业	机构数（个）	机构人员数（人）	#博士	#硕士	机构经费支出（万元）	仪器和设备原价（万元）
金属制品业	307	12900	149	638	285517	233201
结构性金属制品制造	83	3137	42	139	74666	89879
金属工具制造	27	731	8	54	14383	5771
集装箱及金属包装容器制造	32	1417	14	99	36821	29524
金属丝绳及其制品制造	41	2836	31	165	74170	45057
建筑、安全用金属制品制造						
金属表面处理及热处理加工	39	1097			25592	16939
搪瓷制品制造						
金属制日用品制造	14	791		16	8248	6367
其他金属制品制造	45	2115	22	97	39631	32957
通用设备制造业	561	31700	364	3314	753767	514896
锅炉及原动设备制造	87	6202	45	568	140059	108329
金属加工机械制造	69	3189	85	247	61626	50328
物料搬运设备制造	115	7947	81	1641	263656	77201
泵、阀门、压缩机及类似机械制造	66	3063	55	309	73492	54524
轴承、齿轮和传动部件制造	96	6001	42	202	110563	131771
烘炉、风机、衡器、包装等设备制造	57	2613	33	230	61398	38034
文化、办公用机械制造	19	986		14	16698	24982
通用零部件制造	41	1345			21019	26083
其他通用设备制造业						
专用设备制造业	456	23752	355	1834	498112	392042
采矿、冶金、建筑专用设备制造	104	6790	90	679	191618	100985
化工、木材、非金属加工专用设备制造	106	4957	43	151	73526	60819
食品、饮料、烟草及饲料生产专用设备制造	9	587	4	30	7374	5231
印刷、制药、日化及日用品生产专用设备制造	8	615	7	45	18802	3317
纺织、服装和皮革加工专用设备制造	39	2544	28	129	37595	40831
电子和电工机械专用设备制造	18	876	7	49	13713	30091
农、林、牧、渔专用机械制造	8	499	11	17	8008	42838
医疗仪器设备及器械制造	63	2675	81	417	67171	39868
环保、社会公共服务及其他专用设备制造	101	4209	84	317	80304	68062
汽车制造业	280	14669	133	787	410420	2005967
汽车整车制造	23	2255	31	219	135045	1819630
改装汽车制造	18	788			16626	10628
低速载货汽车制造						
电车制造						
汽车车身、挂车制造	8	302	2	13	12282	4377
汽车零部件及配件制造	231	11324	96	527	246467	171333
铁路、船舶、航空航天和其他运输设备制造业	182	12382	90	1032	343291	176163
铁路运输设备制造	28	3311	34	604	75255	69762
城市轨道交通设备制造	3	227		28	10245	6574
船舶及相关装置制造	92	5242	36	265	183832	45657
航空、航天器及设备制造	9	1012	8	84	30739	21273
摩托车制造	20	881	9	28	21873	12692
自行车制造	23	1498		21	17410	19073
非公路休闲车及零配件制造	7	211		2	3936	1133
潜水救捞及其他未列明运输设备制造						

3-F-4 续表 4

行业	机构数(个)	机构人员数(人)	#博士	#硕士	机构经费支出(万元)	仪器和设备原价(万元)
电气机械和器材制造业	895	55112	700	4702	1642366	1047089
电机制造	177	9656	80	633	259416	149464
输配电及控制设备制造	345	21089	351	2557	613075	434358
电线、电缆、光缆及电工器材制造	173	10170	105	471	375533	300349
电池制造	45	2335	37	106	54778	26796
家用电力器具制造	89	8535	60	680	263486	94991
非电力家用器具制造	14	1036	11	79	20338	8815
照明器具制造	50	2254	56	170	55364	32285
其他电气机械及器材制造						
计算机、通信和其他电子设备制造业	908	72926	676	4089	1721856	964184
计算机制造	107	12314	33	380	408521	126292
通信设备制造	73	7041	57	984	123092	59217
广播电视设备制造	48	2589	23	154	56201	37943
雷达及配套设备制造						
视听设备制造	49	5068	18	199	122915	73334
电子器件制造	219	17134	385	1154	451178	314021
电子元件制造	364	22738	127	950	396210	299135
其他电子设备制造	44	5871	31	246	160070	48240
仪器仪表制造业	238	15951	248	1997	331744	198025
通用仪器仪表制造	135	11481	162	1724	230632	130376
专用仪器仪表制造	68	3038	61	190	76781	44876
钟表与计时仪器制造						
光学仪器及眼镜制造	31	1288	23	77	21977	20626
其他仪器仪表制造业						
其他制造业	12	337		39	4050	3170
日用杂品制造	12	337		39	4050	3170
煤制品制造						
核辐射加工						
其他未列明制造业						
废弃资源综合利用业						
金属废料和碎屑加工处理						
非金属废料和碎屑加工处理						
金属制品、机械和设备修理业						
金属制品修理						
通用设备修理						
专用设备修理						
铁路、船舶、航空航天等运输设备修理						
电气设备修理						
仪器仪表修理						
其他机械和设备修理业						
电力、热力生产和供应业	34	2006	48	264	60315	44220
电力生产	32	1556	13	114	57169	41418
电力供应	2	450	35	150	3147	2802
热力生产和供应						
燃气生产和供应业	8	128		13	2617	1019
燃气生产和供应业	8	128		13	2617	1019
水的生产和供应业	24	434		56	7687	8118
自来水生产和供应	23	424		55	7682	8113
污水处理及其再生利用						

3-F-5 分行业内资企业办研发机构情况

行业	机构数(个)	机构人员数(人)	#博士	#硕士	机构经费支出(万元)	仪器和设备原价(万元)
总计	**13216**	**331353**	**6902**	**28751**	**8021975**	**5069055**
煤炭开采和洗选业	6	556	16	93	7341	12614
烟煤和无烟煤开采洗选	6	556	16	93	7341	12614
褐煤开采洗选						
其他煤炭采选						
石油和天然气开采业	7	1299	35	235	27056	13218
石油开采	7	1299	35	235	27056	13218
天然气开采						
黑色金属矿采选业	3	72		6	5729	1295
铁矿采选	3	72		6	5729	1295
锰矿、铬矿采选						
其他黑色金属矿采选						
有色金属矿采选业	2	123		6	769	1757
常用有色金属矿采选	2	123		6	769	1757
贵金属矿采选						
稀有稀土金属矿采选						
非金属矿采选业	21	478	9	59	9115	4549
土砂石开采	7	150	1	18	1397	1330
化学矿开采	6	185	2	7	3921	2072
采盐	7	133	6	34	3645	1070
石棉及其他非金属矿采选	1	10			152	77
开采辅助活动						
煤炭开采和洗选辅助活动						
石油和天然气开采辅助活动						
其他开采辅助活动						
其他采矿业						
其他采矿业						
农副食品加工业	330	4028	192	456	100629	118259
谷物磨制	83	848	24	85	23671	8167
饲料加工	58	659	29	90	15627	6793
植物油加工	23	365	32	42	15170	8536
制糖业	4	54	5	3	491	260
屠宰及肉类加工	72	974	24	101	21348	8481
水产品加工	22	198	11	23	3163	1953
蔬菜、水果和坚果加工	50	664	55	78	11972	80599
其他农副食品加工	18	266	12	34	9189	3471
食品制造业	105	2177	124	237	52323	28691
焙烤食品制造	9	128	4	12	1577	765
糖果、巧克力及蜜饯制造	4	47	1	7	5037	1764
方便食品制造	8	174	12	22	5572	2137
乳制品制造	16	351	21	37	6882	6901
罐头食品制造	18	292	3	30	4337	1719
调味品、发酵制品制造	23	629	56	67	15645	9631
其他食品制造	27	556	27	62	13275	5775
酒、饮料和精制茶制造业	59	2367	35	206	90645	117121
酒的制造	46	1884	20	145	65304	23677
饮料制造	9	431	11	47	23411	91703
精制茶加工	4	52	4	14	1930	1740

3-F-5　续表 1

行　业	机构数（个）	机构人员数（人）	#博士	#硕士	机构经费支出（万元）	仪器和设备原价（万元）
烟草制品业	3	122	1	21	3774	10223
烟叶复烤						
卷烟制造	2	71	1	13	1159	7761
其他烟草制品制造	1	51		8	2615	2462
纺织业	978	15725	264	843	352771	188017
棉纺织及印染精加工	590	8590	125	433	172427	80421
毛纺织及染整精加工	89	1716	29	109	77818	60662
麻纺织及染整精加工	11	115	3	5	1325	2357
丝绢纺织及印染精加工	41	635	18	50	7061	3120
化纤织造及印染精加工	60	1148	12	57	11785	11665
针织或钩针编织物及其制品制造	48	752	10	34	11437	4662
家用纺织制成品制造	66	1532	47	98	44087	12667
非家用纺织制成品制造	73	1237	20	57	26832	12464
纺织服装、服饰业	468	8712	100	442	179904	98353
机织服装制造	361	6842	79	339	150960	71172
针织或钩针编织服装制造	79	1563	17	83	25952	25852
服饰制造	28	307	4	20	2992	1328
皮革、毛皮、羽毛及其制品和制鞋业	90	1078	5	54	13295	7816
皮革鞣制加工	6	39		1	243	59
皮革制品制造	33	390	3	22	5215	3338
毛皮鞣制及制品加工	2	14		1	156	80
羽毛(绒)加工及制品制造	12	193		3	2101	1656
制鞋业	37	442	2	27	5580	2684
木材加工和木、竹、藤、棕、草制品业	286	3110	94	307	58287	30574
木材加工	31	252	7	23	5245	2044
人造板制造	222	2434	77	254	45540	23500
木制品制造	29	393	9	29	7341	4976
竹、藤、棕、草等制品制造	4	31	1	1	161	54
家具制造业	42	503	6	37	7776	4015
木质家具制造	33	425	6	35	7045	3695
竹、藤家具制造						
金属家具制造	4	19			112	81
塑料家具制造						
其他家具制造	5	59		2	619	240
造纸和纸制品业	78	1234	21	93	20111	9434
纸浆制造						
造纸	59	993	18	83	15949	7355
纸制品制造	19	241	3	10	4163	2079
印刷和记录媒介复制业	143	1956	35	118	49877	38649
印刷	139	1845	33	112	48369	37909
装订及印刷相关服务						
记录媒介复制	4	111	2	6	1509	740
文教、工美、体育和娱乐用品制造业	247	4685	57	246	81268	46665
文教办公用品制造	25	488	6	35	5582	2834
乐器制造	5	249	3	6	1369	360
工艺美术品制造	135	2696	29	151	51273	29105
体育用品制造	17	247	6	10	4780	2988
玩具制造	45	759	5	34	11914	9317
游艺器材及娱乐用品制造	20	246	8	10	6350	2062

3-F-5 续表 2

行业	机构数（个）	机构人员数（人）			机构经费支出（万元）	仪器和设备原价（万元）
			#博士	#硕士		
石油加工、炼焦和核燃料加工业	38	1065	23	104	45449	23556
精炼石油产品制造	36	999	17	86	45002	20048
炼焦	2	66	6	18	447	3508
核燃料加工						
化学原料和化学制品制造业	1282	31635	913	3137	942821	448006
基础化学原料制造	408	10942	304	1013	353351	183312
肥料制造	46	1074	29	74	22986	11194
农药制造	118	3519	111	369	136147	36636
涂料、油墨、颜料及类似产品制造	175	3804	107	351	103519	44010
合成材料制造	191	4850	105	532	135482	58261
专用化学产品制造	319	6934	241	734	173390	107522
炸药、火工及焰火产品制造	4	92	2	5	838	675
日用化学产品制造	21	420	14	59	17109	6397
医药制造业	332	10810	529	2110	268906	171559
化学药品原料药制造	92	2528	87	394	56637	25970
化学药品制剂制造	79	3539	202	889	91600	64078
中药饮片加工	11	284	15	72	7722	5884
中成药生产	30	1671	52	294	44622	32507
兽用药品制造	28	631	31	118	11323	6097
生物药品制造	63	1463	109	296	42604	33147
卫生材料及医药用品制造	29	694	33	47	14399	3874
化学纤维制造业	204	6138	116	418	177171	200290
纤维素纤维原料及纤维制造	92	3650	88	303	119374	57693
合成纤维制造	112	2488	28	115	57797	142597
橡胶和塑料制品业	389	6379	119	452	126188	73669
橡胶制品业	104	2206	56	162	45429	20788
塑料制品业	285	4173	63	290	80759	52881
非金属矿物制品业	588	10654	279	943	197635	121773
水泥、石灰和石膏制造	71	1132	23	121	21217	13957
石膏、水泥制品及类似制品制造	111	1590	31	160	31408	19562
砖瓦、石材等建筑材料制造	44	710	21	91	19097	6360
玻璃制造	17	300	6	14	5054	5878
玻璃制品制造	91	1689	53	143	34329	28033
玻璃纤维和玻璃纤维增强塑料制品制造	58	1372	36	130	26052	8310
陶瓷制品制造	52	1178	39	99	20467	14408
耐火材料制品制造	74	1216	29	80	20283	6443
石墨及其他非金属矿物制品制造	70	1467	41	105	19728	18823
黑色金属冶炼和压延加工业	449	11219	214	746	526935	245992
炼铁	12	131	4	21	707	675
炼钢	11	603	10	30	12171	5950
黑色金属铸造	141	2143	40	172	61198	26816
钢压延加工	266	7579	153	496	434242	204569
铁合金冶炼	19	763	7	27	18618	7983
有色金属冶炼和压延加工业	265	5274	126	338	142471	96711
常用有色金属冶炼	26	447	24	23	11368	7729
贵金属冶炼	1	20	2	1	40	15
稀有稀土金属冶炼	12	317	14	30	11487	5179
有色金属合金制造	46	1273	30	84	41710	18366
有色金属铸造	11	125	1	8	1588	551
有色金属压延加工	169	3092	55	192	76277	64871

3-F-5　续表 3

行　　业	机构数（个）	机构人员数（人）	#博士	#硕士	机构经费支　出（万元）	仪 器 和设备原价（万元）
金属制品业	667	13672	240	763	331857	228415
结构性金属制品制造	199	3780	78	227	97629	90672
金属工具制造	51	820	15	58	16343	14417
集装箱及金属包装容器制造	55	1182	7	46	25382	23610
金属丝绳及其制品制造	107	2910	42	190	78192	37581
建筑、安全用金属制品制造	39	726	26	42	11739	8351
金属表面处理及热处理加工	67	1191	22	43	29300	14530
搪瓷制品制造	3	68			865	826
金属制日用品制造	21	384	2	15	6872	3304
其他金属制品制造	125	2611	48	142	65535	35125
通用设备制造业	1354	37891	610	3385	784248	516763
锅炉及原动设备制造	154	6106	83	328	120832	112823
金属加工机械制造	232	5150	118	386	88915	88148
物料搬运设备制造	183	8481	103	1678	219352	77003
泵、阀门、压缩机及类似机械制造	232	4740	151	323	109393	61105
轴承、齿轮和传动部件制造	152	6359	61	249	111780	109323
烘炉、风机、衡器、包装等设备制造	172	3378	45	222	64594	31965
文化、办公用机械制造	29	547	10	33	10818	3002
通用零部件制造	148	2242	31	95	45952	25364
其他通用设备制造业	52	888	8	71	12612	8031
专用设备制造业	1190	29180	623	1946	566734	379856
采矿、冶金、建筑专用设备制造	299	7359	179	417	182302	102183
化工、木材、非金属加工专用设备制造	188	4106	46	190	67450	53218
食品、饮料、烟草及饲料生产专用设备制造	32	900	8	68	13453	7329
印刷、制药、日化及日用品生产专用设备制造	37	1035	12	86	13502	12461
纺织、服装和皮革加工专用设备制造	131	3683	64	169	59891	57002
电子和电工机械专用设备制造	45	1052	14	82	21230	13969
农、林、牧、渔专用机械制造	43	770	26	72	17477	7662
医疗仪器设备及器械制造	119	2924	74	249	55756	34363
环保、社会公共服务及其他专用设备制造	296	7351	200	613	135672	91669
汽车制造业	398	11971	177	725	281760	193958
汽车整车制造	28	2086	33	166	62070	50863
改装汽车制造	22	906	9	45	18338	12433
低速载货汽车制造						
电车制造	12	151	6	16	1642	2329
汽车车身、挂车制造	19	441	7	36	14940	5006
汽车零部件及配件制造	317	8387	122	462	184770	123327
铁路、船舶、航空航天和其他运输设备制造业	271	9716	127	917	238854	184200
铁路运输设备制造	49	3389	37	563	78689	95183
城市轨道交通设备制造	5	222	5	27	7237	4534
船舶及相关装置制造	116	3343	56	191	78963	36724
航空、航天器及设备制造	15	958	11	61	28750	18499
摩托车制造	47	1008	14	52	26425	18493
自行车制造	35	735	3	21	18253	10301
非公路休闲车及零配件制造	3	53			418	407
潜水救捞及其他未列明运输设备制造	1	8	1	2	120	60

3-F-5 续表 4

行业	机构数(个)	机构人员数(人)	#博士	#硕士	机构经费支出(万元)	仪器和设备原价(万元)
电气机械和器材制造业	1554	50027	909	4326	1393255	877652
电机制造	271	7879	126	464	222801	116505
输配电及控制设备制造	660	20568	426	2596	507688	328920
电线、电缆、光缆及电工器材制造	316	11082	151	525	388644	302378
电池制造	56	1511	58	121	31699	16205
家用电力器具制造	97	4816	45	197	158654	64309
非电力家用器具制造	37	1298	20	130	28002	12179
照明器具制造	101	2580	76	237	52234	35268
其他电气机械及器材制造	16	293	7	56	3533	1888
计算机、通信和其他电子设备制造业	733	25098	435	2300	496855	307785
计算机制造	36	1445	14	129	29092	7870
通信设备制造	81	5497	62	679	87797	32579
广播电视设备制造	67	2384	36	130	38718	12161
雷达及配套设备制造	14	356	15	60	8081	6771
视听设备制造	21	1174	9	38	22441	11606
电子器件制造	196	6781	164	718	170486	150412
电子元件制造	252	6075	104	443	121891	73608
其他电子设备制造	66	1386	31	103	18350	12779
仪器仪表制造业	488	18837	385	2262	367721	211222
通用仪器仪表制造	344	14174	283	1910	272742	147406
专用仪器仪表制造	116	3554	79	266	79451	46235
钟表与计时仪器制造	1	16			174	24
光学仪器及眼镜制造	19	830	19	70	12387	15273
其他仪器仪表制造业	8	263	4	16	2969	2284
其他制造业	26	343	2	41	3112	1352
日用杂品制造	22	325	2	40	2917	1227
煤制品制造	2	4		1	55	32
核辐射加工						
其他未列明制造业	2	14			140	93
废弃资源综合利用业	23	336	19	23	7094	2645
金属废料和碎屑加工处理	11	216	15	19	4881	701
非金属废料和碎屑加工处理	12	120	4	4	2212	1944
金属制品、机械和设备修理业	12	109	1	2	1240	269
金属制品修理	3	15	1	1	136	98
通用设备修理						
专用设备修理						
铁路、船舶、航空航天等运输设备修理	8	82			1035	166
电气设备修理						
仪器仪表修理						
其他机械和设备修理业	1	12		1	69	5
电力、热力生产和供应业	57	2265	59	297	53394	44426
电力生产	51	1761	23	143	49705	41428
电力供应	2	450	35	150	3147	2802
热力生产和供应	4	54	1	4	543	196
燃气生产和供应业	2	28		6	523	135
燃气生产和供应业	2	28		6	523	135
水的生产和供应业	26	481	2	51	7082	7574
自来水生产和供应	20	366	2	48	6054	7202
污水处理及其再生利用	6	115		3	1027	373

3-F-6　分行业港澳台商投资企业办研发机构情况

行　业	机构数（个）	机构人员数（人）	#博士	#硕士	机构经费支出（万元）	仪器和设备原价（万元）
总　计	**1864**	**69186**	**852**	**4276**	**1744098**	**902276**
煤炭开采和洗选业						
烟煤和无烟煤开采洗选						
褐煤开采洗选						
其他煤炭采选						
石油和天然气开采业						
石油开采						
天然气开采						
黑色金属矿采选业	1	6			35	2
铁矿采选	1	6			35	2
锰矿、铬矿采选						
其他黑色金属矿采选						
有色金属矿采选业						
常用有色金属矿采选						
贵金属矿采选						
稀有稀土金属矿采选						
非金属矿采选业	1	7	1	1	40	120
土砂石开采	1	7	1	1	40	120
化学矿开采						
采盐						
石棉及其他非金属矿采选						
开采辅助活动						
煤炭开采和洗选辅助活动						
石油和天然气开采辅助活动						
其他开采辅助活动						
其他采矿业						
其他采矿业						
农副食品加工业	28	895	24	92	21179	6774
谷物磨制						
饲料加工	10	172	8	31	4382	528
植物油加工	1	8		1	1354	648
制糖业						
屠宰及肉类加工	10	588	15	50	12739	4240
水产品加工	1	6		1	334	16
蔬菜、水果和坚果加工	6	121	1	9	2370	1341
其他农副食品加工						
食品制造业	17	355	11	28	9127	5615
焙烤食品制造	4	75			960	501
糖果、巧克力及蜜饯制造	1	30		1	256	225
方便食品制造	5	100		4	2902	1454
乳制品制造						
罐头食品制造	3	47		3	488	731
调味品、发酵制品制造						
其他食品制造	4	103	11	20	4521	2705
酒、饮料和精制茶制造业	6	179	1	12	5252	1783
酒的制造	2	48			4054	1320
饮料制造	4	131	1	12	1198	463
精制茶加工						

3-F-6 续表 1

行业	机构数(个)	机构人员数(人)	#博士	#硕士	机构经费支出(万元)	仪器和设备原价(万元)
烟草制品业						
烟叶复烤						
卷烟制造						
其他烟草制品制造						
纺织业	144	3173	55	143	53722	24880
棉纺织及印染精加工	73	1493	35	81	27320	10284
毛纺织及染整精加工	12	280	12	18	3046	3204
麻纺织及染整精加工	6	175	3	10	3673	4462
丝绢纺织及印染精加工	1	26	2	3	186	75
化纤织造及印染精加工	15	172	1	5	1822	890
针织或钩针编织物及其制品制造	10	214	2	13	2045	1268
家用纺织制成品制造	16	535			10865	2321
非家用纺织制成品制造	11	278		13	4765	2375
纺织服装、服饰业	124	1833	22	94	22004	11486
机织服装制造	90	1354	18	80	15027	8587
针织或钩针编织服装制造	25	302	2	4	4877	2289
服饰制造	9	177	2	10	2101	610
皮革、毛皮、羽毛及其制品和制鞋业	24	350	10	23	10085	3757
皮革鞣制加工	3	29	3	5	2022	221
皮革制品制造	5	80			1174	535
毛皮鞣制及制品加工						
羽毛(绒)加工及制品制造						
制鞋业	16	241	7	18	6890	3000
木材加工和木、竹、藤、棕、草制品业	11	236	4	17	5834	2369
木材加工						
人造板制造	8	116	4	12	3163	1139
木制品制造	2	100		5	1972	1015
竹、藤、棕、草等制品制造	1	20			700	215
家具制造业	5	71		1	957	107
木质家具制造	1	30			582	10
竹、藤家具制造						
金属家具制造	3	37			360	73
塑料家具制造						
其他家具制造	1	4		1	15	24
造纸和纸制品业	16	236	4	8	3536	4713
纸浆制造						
造纸	6	60	2	4	785	825
纸制品制造	10	176	2	4	2751	3887
印刷和记录媒介复制业	25	573	3	20	9568	16296
印刷	24	570	3	20	9558	16196
装订及印刷相关服务						
记录媒介复制	1	3			11	100
文教、工美、体育和娱乐用品制造业	47	1458	16	125	28741	9055
文教办公用品制造	2	63	4	56	3042	1012
乐器制造	1	126			767	758
工艺美术品制造	17	197	2	15	5427	1309
体育用品制造	12	237	2	7	5434	4881
玩具制造	13	783	8	47	12842	718
游艺器材及娱乐用品制造	2	52			1229	377

3-F-6　续表 2

行　　业	机构数（个）	机构人员数（人）			机构经费支出（万元）	仪器和设备原价（万元）
			#博士	#硕士		
石油加工、炼焦和核燃料加工业	5	218	6	14	6574	1316
精炼石油产品制造	5	218	6	14	6574	1316
炼焦						
核燃料加工						
化学原料和化学制品制造业	151	4708	107	427	191241	70376
基础化学原料制造	31	1043	35	86	37138	15544
肥料制造	3	50	1	5	656	963
农药制造	3	29		1	745	225
涂料、油墨、颜料及类似产品制造	20	491	5	25	7429	3365
合成材料制造	37	822	8	71	54833	12439
专用化学产品制造	48	2078	56	226	84815	30138
炸药、火工及焰火产品制造						
日用化学产品制造	9	195	2	13	5626	7702
医药制造业	63	3569	133	686	77626	46646
化学药品原料药制造	22	656	35	95	11779	10491
化学药品制剂制造	18	2235	68	495	52175	23533
中药饮片加工						
中成药生产	4	138	5	12	1416	632
兽用药品制造	1	5			48	4
生物药品制造	12	437	22	76	9421	11105
卫生材料及医药用品制造	6	98	3	8	2787	882
化学纤维制造业	38	1372	12	37	97857	22350
纤维素纤维原料及纤维制造	8	139	5	6	6856	4510
合成纤维制造	30	1233	7	31	91001	17840
橡胶和塑料制品业	80	2111	16	72	50293	18931
橡胶制品业	20	453	6	28	21011	3241
塑料制品业	60	1658	10	44	29282	15690
非金属矿物制品业	59	2018	41	125	37760	35498
水泥、石灰和石膏制造						
石膏、水泥制品及类似制品制造	17	394	18	9	9123	4159
砖瓦、石材等建筑材料制造	6	144	1	10	4778	324
玻璃制造	3	353		2	3549	11575
玻璃制品制造	14	357	8	36	9562	9683
玻璃纤维和玻璃纤维增强塑料制品制造	8	248	5	9	3893	6563
陶瓷制品制造	6	113	1	2	1163	800
耐火材料制品制造	2	328	4	41	3966	1453
石墨及其他非金属矿物制品制造	3	81	4	16	1726	941
黑色金属冶炼和压延加工业	32	1326	19	75	81886	28398
炼铁						
炼钢	3	486	17	58	63052	13831
黑色金属铸造	10	376		4	3995	3197
钢压延加工	19	464	2	13	14839	11370
铁合金冶炼						
有色金属冶炼和压延加工业	23	742	6	23	23961	19648
常用有色金属冶炼	2	14		3	410	210
贵金属冶炼						
稀有稀土金属冶炼						
有色金属合金制造	4	72	2	3	2886	1001
有色金属铸造	2	7		1	27	13
有色金属压延加工	15	649	4	16	20638	18425

3-F-6 续表 3

行业	机构数(个)	机构人员数(人)	#博士	#硕士	机构经费支出(万元)	仪器和设备原价(万元)
金属制品业	85	2118	22	129	40496	29869
结构性金属制品制造	21	333	6	39	5117	10103
金属工具制造	8	311	4	21	4761	2909
集装箱及金属包装容器制造	7	193	5	23	10260	5433
金属丝绳及其制品制造	7	194	2	8	4101	2633
建筑、安全用金属制品制造	13	377	3	22	5943	3302
金属表面处理及热处理加工	11	108		4	2078	1210
搪瓷制品制造	1	11			120	35
金属制日用品制造	3	61			885	196
其他金属制品制造	14	530	2	12	7231	4047
通用设备制造业	122	4403	58	311	136059	71335
锅炉及原动设备制造	8	598		22	12712	10088
金属加工机械制造	16	765	16	87	13859	2668
物料搬运设备制造	30	962	16	71	65723	13749
泵、阀门、压缩机及类似机械制造	16	741	8	53	15535	15136
轴承、齿轮和传动部件制造	16	331	5	12	5343	13871
烘炉、风机、衡器、包装等设备制造	22	628	11	53	15427	8687
文化、办公用机械制造	4	43		2	522	1030
通用零部件制造	9	317	2	10	5866	6006
其他通用设备制造业	1	18		1	1072	100
专用设备制造业	109	3614	28	208	65108	61348
采矿、冶金、建筑专用设备制造	22	786	13	61	15862	16169
化工、木材、非金属加工专用设备制造	31	1198	3	31	21870	17710
食品、饮料、烟草及饲料生产专用设备制造	2	71			578	454
印刷、制药、日化及日用品生产专用设备制造	3	93		3	1191	2360
纺织、服装和皮革加工专用设备制造	14	409	1	18	6769	6321
电子和电工机械专用设备制造	5	155	1	5	2458	1214
农、林、牧、渔专用机械制造						
医疗仪器设备及器械制造	13	511	5	70	11389	12759
环保、社会公共服务及其他专用设备制造	19	391	5	20	4993	4363
汽车制造业	48	1402	13	70	23690	23702
汽车整车制造						
改装汽车制造	3	66	1	8	953	26
低速载货汽车制造						
电车制造						
汽车车身、挂车制造						
汽车零部件及配件制造	45	1336	12	62	22736	23676
铁路、船舶、航空航天和其他运输设备制造业	36	1657	5	108	19024	12671
铁路运输设备制造	3	377	3	47	6492	2339
城市轨道交通设备制造						
船舶及相关装置制造	19	1064	1	47	6115	3429
航空、航天器及设备制造	1	46		6	1303	5653
摩托车制造	3	21	1	3	508	437
自行车制造	8	74		3	1465	416
非公路休闲车及零配件制造	2	75		2	3141	398
潜水救捞及其他未列明运输设备制造						

3-F-6　续表 4

行　　业	机构数(个)	机构人员数(人)	#博士	#硕士	机构经费支出(万元)	仪器和设备原价(万元)
电气机械和器材制造业	184	9166	92	487	219738	100254
电机制造	36	1810	6	122	43443	17130
输配电及控制设备制造	79	3638	55	203	103803	52981
电线、电缆、光缆及电工器材制造	33	999	13	49	24396	15251
电池制造	9	538	4	15	6207	2001
家用电力器具制造	14	1815	7	63	32318	5567
非电力家用器具制造	1	49	6	2	1358	853
照明器具制造	10	271	1	31	7939	6268
其他电气机械及器材制造	2	46		2	275	203
计算机、通信和其他电子设备制造业	323	19552	125	819	470605	261187
计算机制造	47	3058	15	116	90418	31246
通信设备制造	7	163		4	3467	1988
广播电视设备制造	28	1018	10	43	28325	23290
雷达及配套设备制造						
视听设备制造	18	2624	13	126	59911	33906
电子器件制造	59	3188	25	102	105534	40899
电子元件制造	146	8420	57	411	162364	117927
其他电子设备制造	18	1081	5	17	20587	11931
仪器仪表制造业	41	1642	11	93	26471	10384
通用仪器仪表制造	18	851	2	56	11894	2067
专用仪器仪表制造	16	497	4	25	7466	2573
钟表与计时仪器制造						
光学仪器及眼镜制造	6	273	5	11	6499	5704
其他仪器仪表制造业	1	21		1	612	40
其他制造业	3	40	2	7	400	209
日用杂品制造	3	40	2	7	400	209
煤制品制造						
核辐射加工						
其他未列明制造业						
废弃资源综合利用业	2	16	1	4	570	65
金属废料和碎屑加工处理	2	16	1	4	570	65
非金属废料和碎屑加工处理						
金属制品、机械和设备修理业						
金属制品修理						
通用设备修理						
专用设备修理						
铁路、船舶、航空航天等运输设备修理						
电气设备修理						
仪器仪表修理						
其他机械和设备修理业						
电力、热力生产和供应业	5	54		6	1179	182
电力生产	5	54		6	1179	182
电力供应						
热力生产和供应						
燃气生产和供应业	4	60	4	8	2281	816
燃气生产和供应业	4	60	4	8	2281	816
水的生产和供应业	2	26		3	1202	137
自来水生产和供应	1	20		2	1127	125
污水处理及其再生利用	1	6		1	75	12

3-F-7 分行业外商投资企业办研发机构情况

行业	机构数(个)	机构人员数(人)	#博士	#硕士	机构经费支出(万元)	仪器和设备原价(万元)
总计	**2916**	**131655**	**1646**	**9114**	**3332227**	**4081541**
煤炭开采和洗选业						
烟煤和无烟煤开采洗选						
褐煤开采洗选						
其他煤炭采选						
石油和天然气开采业						
石油开采						
天然气开采						
黑色金属矿采选业						
铁矿采选						
锰矿、铬矿采选						
其他黑色金属矿采选						
有色金属矿采选业						
常用有色金属矿采选						
贵金属矿采选						
稀有稀土金属矿采选						
非金属矿采选业						
土砂石开采						
化学矿开采						
采盐						
石棉及其他非金属矿采选						
开采辅助活动	1	5		1	34	98
煤炭开采和洗选辅助活动	1	5		1	34	98
石油和天然气开采辅助活动						
其他开采辅助活动						
其他采矿业						
其他采矿业						
农副食品加工业	31	585	14	74	13435	20160
谷物磨制	2	26			258	233
饲料加工	4	114	6	12	3510	944
植物油加工	5	164	3	27	2735	1937
制糖业						
屠宰及肉类加工	2	15	1	3	739	305
水产品加工	3	42	1	2	348	173
蔬菜、水果和坚果加工	9	121	2	13	1882	925
其他农副食品加工	6	103	1	17	3964	15645
食品制造业	30	549	25	70	8100	5745
焙烤食品制造	3	84		3	513	698
糖果、巧克力及蜜饯制造	2	23		1	145	47
方便食品制造	6	75	1	15	895	168
乳制品制造	1	44		4	2395	2169
罐头食品制造	2	30	2	3	835	90
调味品、发酵制品制造						
其他食品制造	16	293	22	44	3317	2575
酒、饮料和精制茶制造业	14	272	8	27	3346	3037
酒的制造	6	166	3	10	1621	1697
饮料制造	8	106	5	17	1725	1340
精制茶加工						

3-F-7　续表 1

行　业	机构数(个)	机构人员数(人)	#博士	#硕士	机构经费支出(万元)	仪器和设备原价(万元)
烟草制品业						
烟叶复烤						
卷烟制造						
其他烟草制品制造						
纺织业	108	2186	33	150	45579	26797
棉纺织及印染精加工	37	887	9	45	22215	11899
毛纺织及染整精加工	3	45			858	2492
麻纺织及染整精加工	1	19		1	287	400
丝绢纺织及印染精加工	2	39	1	9	443	34
化纤织造及印染精加工	10	82		4	569	2636
针织或钩针编织物及其制品制造	6	117		13	832	965
家用纺织制成品制造	31	659	15	44	12015	4437
非家用纺织制成品制造	18	338	8	34	8361	3934
纺织服装、服饰业	168	2547	20	98	38325	15878
机织服装制造	131	1938	15	63	30899	12976
针织或钩针编织服装制造	26	416	3	14	3356	844
服饰制造	11	193	2	21	4070	2058
皮革、毛皮、羽毛及其制品和制鞋业	39	813	4	34	15452	9632
皮革鞣制加工	1	20		2	1800	5
皮革制品制造	20	341	2	16	4734	3039
毛皮鞣制及制品加工	1	10			540	200
羽毛(绒)加工及制品制造	6	75	2	7	1338	1139
制鞋业	11	367		9	7040	5249
木材加工和木、竹、藤、棕、草制品业	17	289	16	17	4852	1791
木材加工						
人造板制造	8	211	9	8	3584	1082
木制品制造	8	72	1	9	1065	693
竹、藤、棕、草等制品制造	1	6	6		203	15
家具制造业	20	389	4	15	4747	3976
木质家具制造	13	172	3	5	1576	3716
竹、藤家具制造						
金属家具制造	3	38		1	629	130
塑料家具制造						
其他家具制造	4	179	1	9	2542	130
造纸和纸制品业	32	3916	14	135	104651	28711
纸浆制造						
造纸	22	3683	13	128	102213	17236
纸制品制造	10	233	1	7	2438	11475
印刷和记录媒介复制业	13	425	2	13	5782	11901
印刷	13	425	2	13	5782	11901
装订及印刷相关服务						
记录媒介复制						
文教、工美、体育和娱乐用品制造业	101	2294	24	102	49650	266146
文教办公用品制造	9	434	2	21	7758	2030
乐器制造	2	9			52	478
工艺美术品制造	58	944	14	39	29662	8313
体育用品制造	9	154	1	3	2347	1024
玩具制造	19	442	5	18	3252	894
游艺器材及娱乐用品制造	4	311	2	21	6580	253407

3-F-7 续表 2

行业	机构数(个)	机构人员数(人)	#博士	#硕士	机构经费支出(万元)	仪器和设备原价(万元)
石油加工、炼焦和核燃料加工业	2	222	5	19	5320	958
精炼石油产品制造						
炼焦	2	222	5	19	5320	958
核燃料加工						
化学原料和化学制品制造业	223	6275	243	781	237858	109967
基础化学原料制造	54	1526	51	137	67205	37351
肥料制造	5	140	8	18	10215	5165
农药制造	14	674	45	147	26347	4169
涂料、油墨、颜料及类似产品制造	35	938	33	162	24900	17106
合成材料制造	50	1334	32	140	48839	21354
专用化学产品制造	57	1425	73	164	58594	21032
炸药、火工及焰火产品制造						
日用化学产品制造	8	238	1	13	1759	3791
医药制造业	81	3248	176	689	128814	71074
化学药品原料药制造	20	799	76	148	43524	35328
化学药品制剂制造	29	1565	55	393	71562	30711
中药饮片加工	1	79	3	11	2187	660
中成药生产	5	83	1	5	1554	344
兽用药品制造	2	64		12	1477	694
生物药品制造	12	384	37	107	4912	2067
卫生材料及医药用品制造	12	274	4	13	3599	1270
化学纤维制造业	30	1137	33	64	46166	21708
纤维素纤维原料及纤维制造	12	308	21	47	24644	11470
合成纤维制造	18	829	12	17	21522	10238
橡胶和塑料制品业	120	5319	54	215	115276	106287
橡胶制品业	34	2602	24	98	82113	72898
塑料制品业	86	2717	30	117	33163	33389
非金属矿物制品业	73	1620	37	109	32107	37298
水泥、石灰和石膏制造	3	59		5	626	481
石膏、水泥制品及类似制品制造	2	5			28	2
砖瓦、石材等建筑材料制造	3	57		3	1218	507
玻璃制造	2	32	12	11	998	332
玻璃制品制造	22	366	10	46	7012	18742
玻璃纤维和玻璃纤维增强塑料制品制造	4	90		3	1171	593
陶瓷制品制造	14	288	4	11	5074	3633
耐火材料制品制造	9	209	4	14	4596	4880
石墨及其他非金属矿物制品制造	14	514	7	16	11386	8128
黑色金属冶炼和压延加工业	31	1526	11	50	44003	36936
炼铁	1	34		2	658	1303
炼钢						
黑色金属铸造	10	440	4	18	13242	7521
钢压延加工	19	982	7	27	23549	15483
铁合金冶炼	1	70		3	6554	12629
有色金属冶炼和压延加工业	40	1034	15	30	30095	64392
常用有色金属冶炼	1	10		2	30	2
贵金属冶炼	1	2			20	5
稀有稀土金属冶炼	5	194	2	4	4593	2737
有色金属合金制造	9	257	3	8	8119	6798
有色金属铸造	2	12			79	293
有色金属压延加工	22	559	10	16	17255	54557

3-F-7　续表 3

行　　业	机构数（个）	机构人员数（人）	#博士	#硕士	机构经费支出（万元）	仪器和设备原价（万元）
金属制品业	119	5312	27	178	93484	79220
结构性金属制品制造	27	1269	6	23	17517	11241
金属工具制造	9	230	2	16	3690	3121
集装箱及金属包装容器制造	11	578	5	52	14140	9258
金属丝绳及其制品制造	14	1049	3	31	29202	19777
建筑、安全用金属制品制造	12	222	6	12	3516	1855
金属表面处理及热处理加工	13	462		3	5843	8827
搪瓷制品制造						
金属制日用品制造	11	691	1	19	7283	6385
其他金属制品制造	22	811	4	22	12292	18757
通用设备制造业	261	9325	77	846	195874	165963
锅炉及原动设备制造	17	1065	15	326	46075	9805
金属加工机械制造	34	897	7	20	14644	9871
物料搬运设备制造	31	1066	6	43	20363	6874
泵、阀门、压缩机及类似机械制造	44	1294	13	206	27102	24557
轴承、齿轮和传动部件制造	36	1194	8	41	21493	43620
烘炉、风机、衡器、包装等设备制造	50	1887	20	146	37493	27124
文化、办公用机械制造	16	877		13	15992	24936
通用零部件制造	24	836	6	48	10965	17482
其他通用设备制造业	9	209	2	3	1746	1695
专用设备制造业	195	9308	167	990	198496	143039
采矿、冶金、建筑专用设备制造	38	3054	38	466	75130	30866
化工、木材、非金属加工专用设备制造	59	2538	26	72	31566	20989
食品、饮料、烟草及饲料生产专用设备制造	5	286	2	6	3802	2508
印刷、制药、日化及日用品生产专用设备制造	6	235	1	45	14375	1210
纺织、服装和皮革加工专用设备制造	9	175	1	11	5619	2015
电子和电工机械专用设备制造	10	355	1	12	3915	18827
农、林、牧、渔专用机械制造	5	351	4	6	5087	41847
医疗仪器设备及器械制造	33	1402	73	292	36093	10944
环保、社会公共服务及其他专用设备制造	30	912	21	80	22910	13833
汽车制造业	155	7123	40	347	215661	1884214
汽车整车制造	3	561		72	81269	1773728
改装汽车制造	1	14			111	115
低速载货汽车制造						
电车制造						
汽车车身、挂车制造						
汽车零部件及配件制造	151	6548	40	275	134282	110371
铁路、船舶、航空航天和其他运输设备制造业	73	4064	9	241	147853	40950
铁路运输设备制造	9	273	1	78	4150	1753
城市轨道交通设备制造	1	80		16	5847	4837
船舶及相关装置制造	28	2023	4	87	121820	17736
航空、航天器及设备制造	6	192		38	4287	4282
摩托车制造	6	271		1	2909	61
自行车制造	18	1109	4	21	8387	11848
非公路休闲车及零配件制造	5	116			454	433
潜水救捞及其他未列明运输设备制造						

3-F-7 续表 4

行业	机构数（个）	机构人员数（人）	#博士	#硕士	机构经费支出（万元）	仪器和设备原价（万元）
电气机械和器材制造业	316	16634	137	1472	451696	317188
电机制造	84	3962	18	270	90660	66038
输配电及控制设备制造	101	6254	74	566	188834	148708
电线、电缆、光缆及电工器材制造	47	1790	8	108	33805	41199
电池制造	19	866	6	35	31198	15219
家用电力器具制造	40	2831	23	462	86385	37092
非电力家用器具制造	4	190		6	2336	229
照明器具制造	19	709	8	25	18106	7939
其他电气机械及器材制造	2	32			372	764
计算机、通信和其他电子设备制造业	496	41207	401	1977	984271	546801
计算机制造	62	8798	12	191	304876	93516
通信设备制造	30	2613	8	401	50570	34291
广播电视设备制造	13	558	3	61	13659	9431
雷达及配套设备制造						
视听设备制造	28	1496	8	64	43541	32421
电子器件制造	135	10356	295	617	234927	178044
电子元件制造	199	12750	51	437	195349	165229
其他电子设备制造	29	4636	24	206	141350	33868
仪器仪表制造业	102	3621	37	332	91939	54123
通用仪器仪表制造	60	2495	18	273	63596	40659
专用仪器仪表制造	25	693	8	39	20191	8812
钟表与计时仪器制造						
光学仪器及眼镜制造	17	433	11	20	8152	4653
其他仪器仪表制造业						
其他制造业	7	149	5	10	2503	3135
日用杂品制造	7	149	5	10	2503	3135
煤制品制造						
核辐射加工						
其他未列明制造业						
废弃资源综合利用业						
金属废料和碎屑加工处理						
非金属废料和碎屑加工处理						
金属制品、机械和设备修理业	1	20		1	683	25
金属制品修理						
通用设备修理						
专用设备修理						
铁路、船舶、航空航天等运输设备修理	1	20		1	683	25
电气设备修理						
仪器仪表修理						
其他机械和设备修理业						
电力、热力生产和供应业	9	117	3	10	13222	3002
电力生产	9	117	3	10	13222	3002
电力供应						
热力生产和供应						
燃气生产和供应业	5	71	2	9	2078	444
燃气生产和供应业	5	71	2	9	2078	444
水的生产和供应业	3	53	3	8	876	945
自来水生产和供应	2	38	2	5	501	787
污水处理及其再生利用	1	15	1	3	375	158

3-F-8　分地区企业办研发机构情况

地　区	机构数（个）	机构人员数（人）	#博士	#硕士	机构经费支出（万元）	仪器和设备原价（万元）
全　省	**17996**	**532194**	**9400**	**42141**	**13098299**	**10052872**
南京市	1178	51757	964	7783	1291129	2459372
无锡市	3205	75267	953	4329	1854322	1441103
徐州市	1397	22943	688	3689	558276	381054
常州市	1552	45902	625	3257	1249171	751663
苏州市	3463	150662	1540	7565	3243290	2207959
南通市	1839	50914	908	3360	1240925	726505
连云港市	420	13438	505	2089	277821	315392
淮安市	535	11991	302	1002	303631	132107
盐城市	850	18545	685	1846	481308	243293
扬州市	1265	29859	694	2154	814726	503840
镇江市	771	26246	582	2402	625352	390659
泰州市	805	23069	589	1463	891147	367780
宿迁市	716	11601	365	1202	267203	132144

3-F-9　分地区大中型企业办研发机构情况

地　区	机构数（个）	机构人员数（人）	#博士	#硕士	机构经费支出（万元）	仪器和设备原价（万元）
全　省	**7231**	**364166**	**5378**	**28963**	**9686572**	**7773443**
南京市	640	39359	637	6211	1066463	2324059
无锡市	804	46990	512	2959	1326974	1001223
徐州市	364	12455	333	2530	363108	291705
常州市	611	28494	319	2117	908954	506668
苏州市	2034	120642	1095	5762	2728103	1823994
南通市	685	29855	493	1768	806554	306217
连云港市	143	8924	295	1501	188076	229424
淮安市	221	7490	139	565	211397	91535
盐城市	300	9603	359	989	263168	173840
扬州市	560	20014	334	1442	570899	362306
镇江市	422	19871	391	1702	483375	319660
泰州市	304	15290	322	948	615140	271253
宿迁市	143	5179	149	469	154362	71559

3-F-10 分地区内资企业办研发机构情况

地区	机构数（个）	机构人员数（人）			机构经费支出（万元）	仪器和设备原价（万元）
			#博士	#硕士		
全省	**13216**	**331353**	**6902**	**28751**	**8021975**	**5069055**
南京市	895	38208	783	5938	923673	504245
无锡市	2403	48496	648	2486	1157754	926561
徐州市	1281	19789	618	3408	465788	353782
常州市	1174	32221	480	2285	841489	520382
苏州市	1655	53443	647	2896	1044283	860253
南通市	1289	34270	585	1995	757045	284114
连云港市	346	9689	398	1391	190931	251192
淮安市	450	8862	256	740	193401	103959
盐城市	752	15954	590	1607	404982	143863
扬州市	1079	24377	616	1894	682005	409814
镇江市	543	17857	435	1836	443201	302936
泰州市	682	17579	523	1165	674581	287795
宿迁市	667	10608	323	1110	242841	120160

3-F-11 分地区港澳台商投资企业办研发机构情况

地区	机构数（个）	机构人员数（人）			机构经费支出（万元）	仪器和设备原价（万元）
			#博士	#硕士		
全省	**1864**	**69186**	**852**	**4276**	**1744098**	**902276**
南京市	96	4545	54	409	94482	54546
无锡市	354	9243	106	478	264980	134539
徐州市	61	1780	42	166	55516	11347
常州市	160	5974	68	372	166792	97170
苏州市	590	28826	161	1212	702726	388876
南通市	235	7035	123	576	152581	72361
连云港市	23	1847	49	323	27705	22523
淮安市	43	1497	33	184	62419	11563
盐城市	42	1071	44	92	19153	6003
扬州市	87	2523	39	107	57793	41779
镇江市	100	2782	78	208	60561	30203
泰州市	50	1598	34	100	64447	25952
宿迁市	23	465	21	49	14943	5416

3-F-12　分地区外商投资企业办研发机构情况

地　区	机构数(个)	机构人员数(人)	#博士	#硕士	机构经费支出(万元)	仪器和设备原价(万元)
全　省	**2916**	**131655**	**1646**	**9114**	**3332227**	**4081541**
南京市	187	9004	127	1436	272975	1900582
无锡市	448	17528	199	1365	431588	380004
徐州市	55	1374	28	115	36972	15925
常州市	218	7707	77	600	240889	134111
苏州市	1218	68393	732	3457	1496281	958830
南通市	315	9609	200	789	331299	370030
连云港市	51	1902	58	375	59185	41678
淮安市	42	1632	13	78	47811	16585
盐城市	56	1520	51	147	57173	93427
扬州市	99	2959	39	153	74927	52248
镇江市	128	5607	69	358	121590	57521
泰州市	73	3892	32	198	152119	54034
宿迁市	26	528	21	43	9419	6567

3-G-1　分登记注册类型企业新产品开发及销售情况

单位：万元

登记注册类型	新产品开发项目数（项）	新产品开发经费支出	新产品销售收入	#出口
总　计	**58353**	**16693195**	**197142112**	**43198702**
内资企业	**40341**	**10620809**	**109225487**	**9964094**
国有企业	617	126983	1418088	286861
集体企业	346	50766	461715	9703
股份合作企业	58	12390	150068	15027
联营企业	20	4784	48161	15707
国有联营企业	13	3113	33355	15707
集体联营企业	2	1062	8215	
国有与集体联营企业	3	293	5905	
其他联营企业	2	317	686	
有限责任公司	9714	3447338	36266883	3251797
国有独资公司	923	498260	4682010	141094
其他有限责任公司	8791	2949078	31584873	3110703
股份有限公司	5263	1624921	21186402	1631642
私营企业	24266	5333306	49492677	4750673
私营独资企业	676	144818	1165948	48228
私营合伙企业	46	10457	85188	2452
私营有限责任公司	21606	4728191	42744525	4295506
私营股份有限公司	1938	449841	5497016	404487
其他企业	57	20322	201494	2684
港、澳、台商投资企业	**6519**	**2025393**	**22963650**	**7167861**
合资经营企业	2807	799679	8358759	1089080
合作经营企业	100	60421	97233	17890
港、澳、台商独资经营企业	3267	1068231	13507559	5902128
港、澳、台商投资股份有限公司	333	94220	873922	151201
其他港澳台投资企业	12	2842	126177	7563
外商投资企业	**11493**	**4046993**	**64952976**	**26066747**
中外合资经营企业	4582	1626778	20481886	3744271
中外合作经营企业	146	37402	383290	97536
外资企业	6410	2303159	42792092	22040053
外商投资股份有限公司	351	76527	1289694	184887
其他外商投资企业	4	3127	6014	

3-G-2　分登记注册类型大中型企业新产品开发及销售情况

单位：万元

登记注册类型	新产品开发项目数(项)	新产品开发经费支出	新产品销售收入	#出口
总　计	**31412**	**12460656**	**167350872**	**40755398**
内资企业	**20138**	**7426151**	**86941040**	**8584992**
国有企业	570	118957	1381887	286381
集体企业	162	34548	404759	7524
股份合作企业	11	5595		
联营企业				
国有联营企业				
集体联营企业				
国有与集体联营企业				
其他联营企业				
有限责任公司	5940	2890984	32410121	3099399
国有独资公司	877	488111	4638260	141094
其他有限责任公司	5063	2402873	27771861	2958305
股份有限公司	3955	1428117	19368071	1534999
私营企业	9475	2939650	33154535	3650187
私营独资企业	188	57088	413487	
私营合伙企业				
私营有限责任公司	8138	2555473	28339036	3271231
私营股份有限公司	1137	323555	4353394	344542
其他企业	23	7986	129618	
港、澳、台商投资企业	**4120**	**1667356**	**20108141**	**6755583**
合资经营企业	1644	637092	6801545	858726
合作经营企业	35	50658		
港、澳、台商独资经营企业	2131	894059	12311237	5729490
港、澳、台商投资股份有限公司	299	83016	846330	150505
其他港澳台投资企业	11	2531	125677	7563
外商投资企业	**7154**	**3367150**	**60301691**	**25414823**
中外合资经营企业	2534	1347726	18571855	3568513
中外合作经营企业	83	31925	357922	91976
外资企业	4272	1929849	40348385	21647234
外商投资股份有限公司	262	55570	1017818	107101
其他外商投资企业	3	2080	5711	

3-G-3 分行业企业新产品开发及销售情况

单位：万元

行业	新产品开发项目数(项)	新产品开发经费支出	新产品销售收入	#出口
总计	**58353**	**16693195**	**197142112**	**43198702**
煤炭开采和洗选业	48	19710	303678	
烟煤和无烟煤开采洗选	48	19710	303678	
褐煤开采洗选				
其他煤炭采选				
石油和天然气开采业				
石油开采				
天然气开采				
黑色金属矿采选业	3	332		
铁矿采选	3	332		
锰矿、铬矿采选				
其他黑色金属矿采选				
有色金属矿采选业	9	728		
常用有色金属矿采选	9	728		
贵金属矿采选				
稀有稀土金属矿采选				
非金属矿采选业	34	8027	145816	216
土砂石开采	17	2003	14526	216
化学矿开采	4	2272	16567	
采盐	11	1997	114100	
石棉及其他非金属矿采选	2	1755	623	
开采辅助活动				
煤炭开采和洗选辅助活动				
石油和天然气开采辅助活动				
其他开采辅助活动				
其他采矿业				
其他采矿业				
农副食品加工业	618	168198	1578346	58285
谷物磨制	84	24855	212019	12110
饲料加工	189	44646	331612	639
植物油加工	54	20578	282848	
制糖业	9	1549	963	6
屠宰及肉类加工	135	44338	428144	11403
水产品加工	29	5771	58136	3677
蔬菜、水果和坚果加工	83	16854	115638	13163
其他农副食品加工	35	9606	148986	17287
食品制造业	322	86149	510262	77126
焙烤食品制造	17	4695	7413	
糖果、巧克力及蜜饯制造	13	6311	75345	
方便食品制造	45	10595	28758	14928
乳制品制造	28	11724	54856	
罐头食品制造	20	8833	30978	6500
调味品、发酵制品制造	73	12264	99101	12997
其他食品制造	126	31726	213811	42700
酒、饮料和精制茶制造业	198	117432	1653156	9207
酒的制造	113	44133	1053698	9207
饮料制造	82	71966	592157	
精制茶加工	3	1334	7300	

3-G-3　续表 1　　　　单位：万元

行　　业	新产品开发项目数(项)	新产品开发经费支出	新产品销售收入	#出口
烟草制品业	30	2878	22454	
烟叶复烤				
卷烟制造	16	1843	92	
其他烟草制品制造	14	1034	22362	
纺织业	2296	570107	5643284	911052
棉纺织及印染精加工	1141	290009	2513227	406820
毛纺织及染整精加工	274	92155	1599555	312567
麻纺织及染整精加工	22	5348	25896	4379
丝绢纺织及印染精加工	48	13054	155076	32076
化纤织造及印染精加工	120	27854	252260	28752
针织或钩针编织物及其制品制造	99	20876	108983	42101
家用纺织制成品制造	371	72157	580895	47642
非家用纺织制成品制造	221	48654	407393	36715
纺织服装、服饰业	1347	306578	5427643	361034
机织服装制造	1040	251514	4944681	199946
针织或钩针编织服装制造	249	43194	412324	145969
服饰制造	58	11870	70638	15120
皮革、毛皮、羽毛及其制品和制鞋业	301	50307	366427	161739
皮革鞣制加工	7	3541	51104	
皮革制品制造	84	15603	84985	54779
毛皮鞣制及制品加工	2	321	8340	
羽毛(绒)加工及制品制造	19	8703	4011	1236
制鞋业	189	22139	217987	105724
木材加工和木、竹、藤、棕、草制品业	403	134861	627077	160167
木材加工	16	5835	6927	
人造板制造	306	114703	399474	27061
木制品制造	77	13484	220675	133106
竹、藤、棕、草等制品制造	4	839		
家具制造业	56	12939	193014	114981
木质家具制造	38	9041	80078	10120
竹、藤家具制造				
金属家具制造	9	994	7810	2387
塑料家具制造				
其他家具制造	9	2903	105127	102474
造纸和纸制品业	348	102194	2083826	65784
纸浆制造				
造纸	255	88638	1963714	61772
纸制品制造	93	13556	120112	4012
印刷和记录媒介复制业	409	76618	724761	59470
印刷	405	76154	693398	58794
装订及印刷相关服务	1	10	500	
记录媒介复制	3	454	30862	676
文教、工美、体育和娱乐用品制造业	1016	183430	1333480	310377
文教办公用品制造	44	15951	101781	17658
乐器制造	16	2212	19735	9921
工艺美术品制造	439	103900	777686	120897
体育用品制造	90	13138	103552	35980
玩具制造	367	31570	295864	121506
游艺器材及娱乐用品制造	60	16659	34861	4415

3-G-3 续表 2

单位：万元

行业	新产品开发项目数(项)	新产品开发经费支出	新产品销售收入	#出口
石油加工、炼焦和核燃料加工业	121	58778	1514730	1983
精炼石油产品制造	114	45266	1504426	
炼焦	7	13512	10304	1983
核燃料加工				
化学原料和化学制品制造业	5228	1595081	19203002	2623504
基础化学原料制造	1328	516642	6117587	719857
肥料制造	92	30734	490959	15719
农药制造	444	168484	1847778	479759
涂料、油墨、颜料及类似产品制造	794	145401	2275065	651879
合成材料制造	1079	348358	3960135	228770
专用化学产品制造	1359	356404	4295198	513732
炸药、火工及焰火产品制造	9	1734	12755	
日用化学产品制造	123	27325	203525	13788
医药制造业	2625	561122	4770177	385451
化学药品原料药制造	524	76360	619020	106541
化学药品制剂制造	1116	316173	2816494	44821
中药饮片加工	134	14147	84521	684
中成药生产	340	53023	414633	2957
兽用药品制造	106	13059	136876	20413
生物药品制造	273	59987	465915	141045
卫生材料及医药用品制造	132	28373	232718	68989
化学纤维制造业	787	427805	4862682	184752
纤维素纤维原料及纤维制造	318	215483	2351686	112167
合成纤维制造	469	212321	2510996	72585
橡胶和塑料制品业	1576	350637	2793334	418550
橡胶制品业	520	161366	1266002	97300
塑料制品业	1056	189270	1527332	321250
非金属矿物制品业	1642	327694	2689392	273129
水泥、石灰和石膏制造	64	15839	57520	
石膏、水泥制品及类似制品制造	188	47097	360329	2254
砖瓦、石材等建筑材料制造	125	26242	248698	27720
玻璃制造	56	15707	176669	6623
玻璃制品制造	385	62096	541394	65037
玻璃纤维和玻璃纤维增强塑料制品制造	229	48031	404271	63576
陶瓷制品制造	162	29575	290745	52334
耐火材料制品制造	243	45921	208703	10418
石墨及其他非金属矿物制品制造	190	37185	401064	45167
黑色金属冶炼和压延加工业	1426	1004161	12421042	1419345
炼铁	5	261	146456	
炼钢	79	125951	1237993	283866
黑色金属铸造	278	72088	510352	30616
钢压延加工	1005	741156	8857887	1064860
铁合金冶炼	59	64706	1668353	40004
有色金属冶炼和压延加工业	959	248597	2936645	179740
常用有色金属冶炼	59	12061	54828	
贵金属冶炼	1	146	349	
稀有稀土金属冶炼	94	20697	328120	5277
有色金属合金制造	294	77513	771491	38316
有色金属铸造	25	2778	67270	5937
有色金属压延加工	486	135403	1714588	130210

3-G-3　续表 3　　　　单位：万元

行　业	新产品开发项目数(项)	新产品开发经费支出	新产品销售收入	#出口
金属制品业	2584	571570	5280347	775239
结构性金属制品制造	572	136676	954305	26608
金属工具制造	276	33417	358733	12881
集装箱及金属包装容器制造	254	58906	863441	319014
金属丝绳及其制品制造	458	159030	1597246	97377
建筑、安全用金属制品制造	183	30457	274286	56231
金属表面处理及热处理加工	168	35448	293104	57192
搪瓷制品制造	10	1450	12013	
金属制日用品制造	115	17356	240993	118099
其他金属制品制造	548	98829	686225	87837
通用设备制造业	6231	1392868	11643838	1101991
锅炉及原动设备制造	663	198705	1784129	64848
金属加工机械制造	887	153386	745329	40200
物料搬运设备制造	1342	363097	4359736	399130
泵、阀门、压缩机及类似机械制造	1010	196897	1033927	89048
轴承、齿轮和传动部件制造	734	184238	1532958	171940
烘炉、风机、衡器、包装等设备制造	817	162795	1227725	123993
文化、办公用机械制造	195	37716	353204	105345
通用零部件制造	413	77976	449937	79998
其他通用设备制造业	170	18060	156894	27490
专用设备制造业	5420	1050176	8480819	1729506
采矿、冶金、建筑专用设备制造	1245	363561	2902902	1143325
化工、木材、非金属加工专用设备制造	918	143513	1126096	237668
食品、饮料、烟草及饲料生产专用设备制造	171	30671	322959	10697
印刷、制药、日化及日用品生产专用设备制造	145	26815	375329	6815
纺织、服装和皮革加工专用设备制造	553	90068	808365	36790
电子和电工机械专用设备制造	216	34131	189239	44915
农、林、牧、渔专用机械制造	195	38490	131124	9374
医疗仪器设备及器械制造	813	138996	605557	131849
环保、社会公共服务及其他专用设备制造	1164	183931	2019249	108072
汽车制造业	2449	779333	8904558	467849
汽车整车制造	231	329560	4822582	113314
改装汽车制造	134	23254	182379	5699
低速载货汽车制造				
电车制造	7	1988	9509	
汽车车身、挂车制造	78	13901	181846	12417
汽车零部件及配件制造	1999	410630	3708242	336419
铁路、船舶、航空航天和其他运输设备制造业	1567	539681	7590992	2398288
铁路运输设备制造	363	125954	1602099	137998
城市轨道交通设备制造	40	11347	265514	1196
船舶及相关装置制造	496	250685	3761073	1733018
航空、航天器及设备制造	201	62252	1051782	237075
摩托车制造	270	44430	391048	35029
自行车制造	169	43391	510538	253502
非公路休闲车及零配件制造	27	1357	8939	469
潜水救捞及其他未列明运输设备制造	1	266		

3-G-3 续表 4 单位：万元

行业	新产品开发项目数(项)	新产品开发经费支出	新产品销售收入	#出口
电气机械和器材制造业	8534	2876897	31356903	3694707
电机制造	1503	440405	5052488	646677
输配电及控制设备制造	3541	1318775	12858794	1340841
电线、电缆、光缆及电工器材制造	1769	628016	7144487	420353
电池制造	173	72092	1338213	706917
家用电力器具制造	866	302567	3964590	433512
非电力家用器具制造	187	25526	539628	62236
照明器具制造	420	83437	438440	82712
其他电气机械及器材制造	75	6080	20265	1460
计算机、通信和其他电子设备制造业	6268	2432218	46683689	24651648
计算机制造	642	518334	24005571	17825882
通信设备制造	677	204292	3749851	209510
广播电视设备制造	524	105739	902604	198657
雷达及配套设备制造	56	11852	69289	252
视听设备制造	351	141029	4829041	1596895
电子器件制造	1585	657846	6675235	2728669
电子元件制造	1986	576761	5755619	1823411
其他电子设备制造	447	216365	696480	268373
仪器仪表制造业	3193	557370	5196120	595387
通用仪器仪表制造	2235	400460	4206591	413510
专用仪器仪表制造	653	116637	769129	102902
钟表与计时仪器制造	5	185		
光学仪器及眼镜制造	266	37189	201252	78965
其他仪器仪表制造业	34	2899	19149	11
其他制造业	60	14554	67180	2147
日用杂品制造	53	13720	64129	1913
煤制品制造	2	692	600	
核辐射加工				
其他未列明制造业	5	143	2451	234
废弃资源综合利用业	30	6293	44905	6050
金属废料和碎屑加工处理	23	4299	28224	6000
非金属废料和碎屑加工处理	7	1994	16680	50
金属制品、机械和设备修理业	17	1547	5578	
金属制品修理	2	74	2977	
通用设备修理				
专用设备修理				
铁路、船舶、航空航天等运输设备修理	14	1395	2601	
电气设备修理				
仪器仪表修理				
其他机械和设备修理业	1	77		
电力、热力生产和供应业	146	34088	62116	
电力生产	80	30039	57815	
电力供应	60	2853		
热力生产和供应	6	1196	4301	
燃气生产和供应业	17	4087		
燃气生产和供应业	17	4087		
水的生产和供应业	35	18152	20844	
自来水生产和供应	26	16635	680	
污水处理及其再生利用	9	1517	20164	

3-G-4 分行业大中型企业新产品开发及销售情况

单位：万元

行业	新产品开发项目数(项)	新产品开发经费支出	新产品销售收入	#出口
总计	**31412**	**12460656**	**167350872**	**40755398**
煤炭开采和洗选业	48	19710	303678	
烟煤和无烟煤开采洗选	48	19710	303678	
褐煤开采洗选				
其他煤炭采选				
石油和天然气开采业				
石油开采				
天然气开采				
黑色金属矿采选业				
铁矿采选				
锰矿、铬矿采选				
其他黑色金属矿采选				
有色金属矿采选业				
常用有色金属矿采选				
贵金属矿采选				
稀有稀土金属矿采选				
非金属矿采选业	23	4640	142514	
土砂石开采	11	1231		
化学矿开采				
采盐	9	1249	113400	
石棉及其他非金属矿采选				
开采辅助活动				
煤炭开采和洗选辅助活动				
石油和天然气开采辅助活动				
其他开采辅助活动				
其他采矿业				
其他采矿业				
农副食品加工业	190	74486	863745	34310
谷物磨制	34	17966	150933	
饲料加工				
植物油加工	18	8438	81800	
制糖业				
屠宰及肉类加工	80	32736	396395	11403
水产品加工	2	200	4320	
蔬菜、水果和坚果加工	29	5086	82895	
其他农副食品加工				
食品制造业	158	46692	380070	67002
焙烤食品制造	9	3184		
糖果、巧克力及蜜饯制造	12	5905	74820	
方便食品制造	18	6975		
乳制品制造	12	4855	24846	
罐头食品制造				
调味品、发酵制品制造	60	6877	95619	12997
其他食品制造	43	17238	142567	
酒、饮料和精制茶制造业	127	103542	1434305	59
酒的制造	80	36454	881398	59
饮料制造	47	67088	552908	
精制茶加工				

3-G-4 续表 1

单位：万元

行　　业	新产品开发项目数(项)	新产品开发经费支出	新产品销售收入	#出口
烟草制品业	30	2878	22454	
烟叶复烤				
卷烟制造	16	1843	92	
其他烟草制品制造				
纺织业	1167	434634	4877850	848116
棉纺织及印染精加工	538	223788	2048146	371268
毛纺织及染整精加工	115	85730	1587273	311610
麻纺织及染整精加工	20	4507	25896	4379
丝绢纺织及印染精加工	26	8243	135532	30418
化纤织造及印染精加工	70	21871	203567	27302
针织或钩针编织物及其制品制造	67	16512		
家用纺织制成品制造	276	49244	517164	37696
非家用纺织制成品制造	55	24740	275368	24083
纺织服装、服饰业	840	261042	5130032	323143
机织服装制造	619	217710	4716404	171939
针织或钩针编织服装制造	184	34290	383478	140953
服饰制造	37	9042	30150	
皮革、毛皮、羽毛及其制品和制鞋业	221	38126	294013	133451
皮革鞣制加工				
皮革制品制造	41	10142	39616	27752
毛皮鞣制及制品加工				
羽毛(绒)加工及制品制造	17	7929		
制鞋业	158	16378	203739	105699
木材加工和木、竹、藤、棕、草制品业	224	90163	216373	51401
木材加工				
人造板制造	165	78599	101844	6412
木制品制造				
竹、藤、棕、草等制品制造				
家具制造业	34	8381	139120	108342
木质家具制造	20	4678	28444	3628
竹、藤家具制造				
金属家具制造				
塑料家具制造				
其他家具制造	8	2779	104917	102327
造纸和纸制品业	208	83575	1894338	33041
纸浆制造				
造纸	179	77915	1847944	33041
纸制品制造	29	5661		
印刷和记录媒介复制业	263	51020	574719	57127
印刷	261	50840	548930	56451
装订及印刷相关服务				
记录媒介复制				
文教、工美、体育和娱乐用品制造业	645	108723	1002435	264026
文教办公用品制造	24	10105	93392	17630
乐器制造				
工艺美术品制造	230	55529	586158	104786
体育用品制造				
玩具制造	294	21845	254716	113872
游艺器材及娱乐用品制造	38	12810	8175	

3-G-4　续表 2

单位：万元

行　　业	新产品开发项目数(项)	新产品开发经费支出	新产品销售收入	#出口
石油加工、炼焦和核燃料加工业	58	40154	1215502	
精炼石油产品制造	51	26642	1205198	
炼焦	7	13512		
核燃料加工				
化学原料和化学制品制造业	2315	994263	13939317	2238041
基础化学原料制造	658	352588	4887335	583985
肥料制造	47	20331	360970	15719
农药制造	319	137466	1751617	475762
涂料、油墨、颜料及类似产品制造	332	71410	1597200	632738
合成材料制造	367	192385	2371805	102286
专用化学产品制造	523	201501	2818743	414163
炸药、火工及焰火产品制造				
日用化学产品制造	68	18202	151536	
医药制造业	1657	431202	3980152	297319
化学药品原料药制造	257	39658	449555	74263
化学药品制剂制造	771	283955	2600255	36430
中药饮片加工				
中成药生产	286	46332	382547	2957
兽用药品制造				
生物药品制造	126	30734	316518	
卫生材料及医药用品制造	57	16041	119563	61071
化学纤维制造业	547	374756	4436662	141070
纤维素纤维原料及纤维制造	251	199648	2148451	76390
合成纤维制造	296	175109	2288212	64679
橡胶和塑料制品业	792	231811	2147697	353301
橡胶制品业	319	130072	1080843	71435
塑料制品业	473	101739	1066854	281867
非金属矿物制品业	703	175723	1726669	205402
水泥、石灰和石膏制造	22	8361	7643	
石膏、水泥制品及类似制品制造	81	21551	180989	
砖瓦、石材等建筑材料制造				
玻璃制造	28	12785	161580	
玻璃制品制造	245	41236	413443	
玻璃纤维和玻璃纤维增强塑料制品制造	80	22586	302842	56136
陶瓷制品制造	83	16826	229544	43819
耐火材料制品制造				
石墨及其他非金属矿物制品制造				
黑色金属冶炼和压延加工业	946	881135	11295428	1380786
炼铁	5	261	144367	
炼钢	77	125732	1227793	283866
黑色金属铸造	91	26965	247489	25565
钢压延加工	734	668651	8049544	1031352
铁合金冶炼	39	59526	1626235	40004
有色金属冶炼和压延加工业	366	124567	1807118	101254
常用有色金属冶炼				
贵金属冶炼				
稀有稀土金属冶炼	28	11122	49614	1823
有色金属合金制造	169	51216	662551	33082
有色金属铸造				
有色金属压延加工	160	61600	1084630	66349

3-G-4 续表 3

单位：万元

行业	新产品开发项目数(项)	新产品开发经费支出	新产品销售收入	#出口
金属制品业	1268	349791	3821822	622406
结构性金属制品制造	208	77942	556464	8199
金属工具制造	148	19005	303803	9586
集装箱及金属包装容器制造	155	44623	805686	318744
金属丝绳及其制品制造	289	110444	1365766	72485
建筑、安全用金属制品制造				
金属表面处理及热处理加工			224179	53984
搪瓷制品制造				
金属制日用品制造	69	10530	171960	106499
其他金属制品制造	260	51657	293838	48764
通用设备制造业	2974	907105	8958324	872153
锅炉及原动设备制造	435	160701	1517940	42959
金属加工机械制造	303	75874	325793	26313
物料搬运设备制造	806	309172	3896130	373825
泵、阀门、压缩机及类似机械制造	339	86959	576922	53478
轴承、齿轮和传动部件制造	499	145536	1305634	156325
烘炉、风机、衡器、包装等设备制造	316	77659	805962	84564
文化、办公用机械制造	103	24153	266544	60156
通用零部件制造	113	21442		
其他通用设备制造业				
专用设备制造业	2426	656144	5989849	1519084
采矿、冶金、建筑专用设备制造	642	263645	2322889	1118258
化工、木材、非金属加工专用设备制造	428	81823	735400	173786
食品、饮料、烟草及饲料生产专用设备制造	65	17673	252127	10114
印刷、制药、日化及日用品生产专用设备制造				
纺织、服装和皮革加工专用设备制造	272	45822	585620	23662
电子和电工机械专用设备制造	71	16069		
农、林、牧、渔专用机械制造	79	23068	64509	1711
医疗仪器设备及器械制造	410	92577	357065	62116
环保、社会公共服务及其他专用设备制造	424	101822	1270103	88121
汽车制造业	1395	620372	8088726	385234
汽车整车制造	180	317255	4730250	84488
改装汽车制造	74	19902		
低速载货汽车制造				
电车制造				
汽车车身、挂车制造	62	10835	164508	4674
汽车零部件及配件制造	1079	272381	3033850	290374
铁路、船舶、航空航天和其他运输设备制造业	1052	455855	6954971	2343160
铁路运输设备制造	223	104579	1378678	136479
城市轨道交通设备制造	17	7875	237724	
船舶及相关装置制造	330	219978	3510544	1725815
航空、航天器及设备制造	174	57948	1021262	212365
摩托车制造	214	33891	334348	16415
自行车制造	82	30656	466144	252021
非公路休闲车及零配件制造				
潜水救捞及其他未列明运输设备制造				

3-G-4　续表 4　　　　单位：万元

行　业	新产品开发项目数(项)	新产品开发经费支出	新产品销售收入	#出口
电气机械和器材制造业	5037	2320094	26477625	3380366
电机制造	959	319656	4094185	525068
输配电及控制设备制造	1934	1068773	10620517	1252645
电线、电缆、光缆及电工器材制造	976	513540	5986881	368366
电池制造	102	56999	1270924	703771
家用电力器具制造	711	287935	3817710	417428
非电力家用器具制造	111	14157	383432	55577
照明器具制造	235	58645	303791	57510
其他电气机械及器材制造				
计算机、通信和其他电子设备制造业	4019	2147858	44959572	24469697
计算机制造	476	500022	23835840	17802202
通信设备制造	457	179846	3616182	205266
广播电视设备制造	244	75944	766614	186167
雷达及配套设备制造				
视听设备制造	307	136198	4817456	1596535
电子器件制造	1014	585812	6294485	2670703
电子元件制造	1281	476352	5118788	1766339
其他电子设备制造	193	188793	501186	242485
仪器仪表制造业	1493	367238	4210990	522546
通用仪器仪表制造	905	251728	3439603	379735
专用仪器仪表制造	367	81864	593098	77923
钟表与计时仪器制造				
光学仪器及眼镜制造	195	31639	161335	64878
其他仪器仪表制造业				
其他制造业	34	11693	60424	
日用杂品制造	34	11693	60424	
煤制品制造				
核辐射加工				
其他未列明制造业				
废弃资源综合利用业				
金属废料和碎屑加工处理				
非金属废料和碎屑加工处理				
金属制品、机械和设备修理业				
金属制品修理				
通用设备修理				
专用设备修理				
铁路、船舶、航空航天等运输设备修理				
电气设备修理				
仪器仪表修理				
其他机械和设备修理业				
电力、热力生产和供应业	95	22526		
电力生产	35	19673		
电力供应	60	2853		
热力生产和供应				
燃气生产和供应业				
燃气生产和供应业				
水的生产和供应业	25	16349		
自来水生产和供应	25	16349		
污水处理及其再生利用				

3-G-5 分行业内资企业新产品开发及销售情况

单位：万元

行业	新产品开发项目数(项)	新产品开发经费支出	新产品销售收入	#出口
总计	**40341**	**10620809**	**109225487**	**9964094**
煤炭开采和洗选业	48	19710	303678	
烟煤和无烟煤开采洗选	48	19710	303678	
褐煤开采洗选				
其他煤炭采选				
石油和天然气开采业				
石油开采				
天然气开采				
黑色金属矿采选业	3	332		
铁矿采选	3	332		
锰矿、铬矿采选				
其他黑色金属矿采选				
有色金属矿采选业	9	728		
常用有色金属矿采选	9	728		
贵金属矿采选				
稀有稀土金属矿采选				
非金属矿采选业	33	7983	145816	216
土砂石开采	16	1959	14526	216
化学矿开采	4	2272	16567	
采盐	11	1997	114100	
石棉及其他非金属矿采选	2	1755	623	
开采辅助活动				
煤炭开采和洗选辅助活动				
石油和天然气开采辅助活动				
其他开采辅助活动				
其他采矿业				
其他采矿业				
农副食品加工业	477	126859	1344527	34250
谷物磨制	83	24560	212011	12110
饲料加工	134	34832	309181	639
植物油加工	42	12804	233526	
制糖业	9	1549	963	6
屠宰及肉类加工	91	26695	389099	9292
水产品加工	21	4618	52049	
蔬菜、水果和坚果加工	73	13588	102072	12203
其他农副食品加工	24	8211	45626	
食品制造业	219	58859	375667	35344
焙烤食品制造	10	2551	5460	
糖果、巧克力及蜜饯制造	8	5930	3845	
方便食品制造	32	6732	13456	
乳制品制造	23	9228	54856	
罐头食品制造	17	6938	26776	6500
调味品、发酵制品制造	73	12264	99101	12997
其他食品制造	56	15216	172173	15847
酒、饮料和精制茶制造业	162	113048	1487939	59
酒的制造	104	42862	947164	59
饮料制造	55	68852	533475	
精制茶加工	3	1334	7300	

3-G-5 续表 1

单位：万元

行业	新产品开发项目数(项)	新产品开发经费支出	新产品销售收入	#出口
烟草制品业	30	2878	22454	
烟叶复烤				
卷烟制造	16	1843	92	
其他烟草制品制造	14	1034	22362	
纺织业	1821	445121	4512604	825574
棉纺织及印染精加工	976	230897	1946285	375420
毛纺织及染整精加工	248	87566	1573675	311971
麻纺织及染整精加工	13	1401	13405	3231
丝绢纺织及印染精加工	45	12186	145115	32076
化纤织造及印染精加工	86	19584	178491	17860
针织或钩针编织物及其制品制造	59	15019	90740	28832
家用纺织制成品制造	242	44235	280713	37451
非家用纺织制成品制造	152	34232	284181	18733
纺织服装、服饰业	765	231167	4932781	237217
机织服装制造	554	192572	4583008	102771
针织或钩针编织服装制造	182	34221	321537	133413
服饰制造	29	4373	28235	1033
皮革、毛皮、羽毛及其制品和制鞋业	201	19089	145818	55428
皮革鞣制加工	3	209	7874	
皮革制品制造	49	8855	38485	16846
毛皮鞣制及制品加工			8340	
羽毛(绒)加工及制品制造	9	2428	3711	1236
制鞋业	140	7596	87409	37346
木材加工和木、竹、藤、棕、草制品业	334	120618	567149	132388
木材加工	16	5835	6927	
人造板制造	279	105766	370897	26460
木制品制造	39	9017	189325	105928
竹、藤、棕、草等制品制造				
家具制造业	31	7336	70066	17798
木质家具制造	22	6498	55556	6651
竹、藤家具制造				
金属家具制造	3	71	2050	
塑料家具制造				
其他家具制造	6	768	12460	11147
造纸和纸制品业	141	25660	201677	35394
纸浆制造				
造纸	111	19868	174793	35394
纸制品制造	30	5792	26884	
印刷和记录媒介复制业	323	60680	578871	36763
印刷	319	60216	547509	36087
装订及印刷相关服务	1	10	500	
记录媒介复制	3	454	30862	676
文教、工美、体育和娱乐用品制造业	523	101354	858297	125556
文教办公用品制造	26	8406	38030	2750
乐器制造	5	1271	890	860
工艺美术品制造	319	65703	663971	101321
体育用品制造	34	6031	61842	9745
玩具制造	94	12076	70898	8027
游艺器材及娱乐用品制造	45	7866	22667	2854

3-G-5 续表 2

单位：万元

行业	新产品开发项目数(项)	新产品开发经费支出	新产品销售收入	#出口
石油加工、炼焦和核燃料加工业	104	48794	1501226	
精炼石油产品制造	103	38040	1501226	
炼焦	1	10754		
核燃料加工				
化学原料和化学制品制造业	3870	1162782	13410181	1901314
基础化学原料制造	1080	432439	4439190	412036
肥料制造	61	20854	386350	9997
农药制造	353	140881	1698943	473209
涂料、油墨、颜料及类似产品制造	563	107865	1829514	630193
合成材料制造	757	227091	2397499	156730
专用化学产品制造	983	214948	2506419	218374
炸药、火工及焰火产品制造	9	1734	12755	
日用化学产品制造	64	16972	139512	775
医药制造业	1820	409715	3137681	302157
化学药品原料药制造	342	53223	475170	83178
化学药品制剂制造	681	218126	1534171	26870
中药饮片加工	125	11274	84521	684
中成药生产	297	48539	345799	2526
兽用药品制造	85	11265	127212	15374
生物药品制造	201	46589	400604	123221
卫生材料及医药用品制造	89	20699	170205	50304
化学纤维制造业	529	278477	3052660	121416
纤维素纤维原料及纤维制造	263	179510	2135703	108692
合成纤维制造	266	98967	916957	12724
橡胶和塑料制品业	873	164046	1241246	127660
橡胶制品业	355	60309	448809	50559
塑料制品业	518	103737	792437	77101
非金属矿物制品业	1224	247920	2050410	132433
水泥、石灰和石膏制造	63	15161	57520	
石膏、水泥制品及类似制品制造	136	38216	274009	2254
砖瓦、石材等建筑材料制造	88	19674	226981	21771
玻璃制造	44	12105	76464	
玻璃制品制造	265	40761	432142	23361
玻璃纤维和玻璃纤维增强塑料制品制造	181	39211	310970	31037
陶瓷制品制造	111	23471	255209	36676
耐火材料制品制造	216	37853	164706	10224
石墨及其他非金属矿物制品制造	120	21468	252410	7110
黑色金属冶炼和压延加工业	1143	783264	9054485	946057
炼铁	5	261	146456	
炼钢	23	24764	300856	3355
黑色金属铸造	205	56048	345092	19051
钢压延加工	880	688992	7894260	923651
铁合金冶炼	30	13199	367821	
有色金属冶炼和压延加工业	727	179451	2242378	123227
常用有色金属冶炼	56	11416	45139	
贵金属冶炼	1	146	349	
稀有稀土金属冶炼	64	15954	276065	167
有色金属合金制造	204	58772	709910	34366
有色金属铸造	18	2676	66794	5937
有色金属压延加工	384	90486	1144122	82757

3-G-5　续表 3

单位：万元

行　　业	新产品开发项目数(项)	新产品开发经费支出	新产品销售收入	#出口
金属制品业	1913	431072	3320506	198612
结构性金属制品制造	452	115747	720533	11408
金属工具制造	152	22019	301130	10135
集装箱及金属包装容器制造	172	34695	269269	12824
金属丝绳及其制品制造	385	128177	994231	24222
建筑、安全用金属制品制造	106	17712	175745	23012
金属表面处理及热处理加工	138	27863	236946	48344
搪瓷制品制造	9	1207	12013	
金属制日用品制造	58	7308	57519	4525
其他金属制品制造	441	76342	553120	64142
通用设备制造业	4695	1009975	9025442	686357
锅炉及原动设备制造	529	137462	1407039	45151
金属加工机械制造	692	118938	648084	35448
物料搬运设备制造	1104	283938	3768665	319138
泵、阀门、压缩机及类似机械制造	756	141867	712837	45866
轴承、齿轮和传动部件制造	593	154416	1333589	120072
烘炉、风机、衡器、包装等设备制造	459	84295	594903	33267
文化、办公用机械制造	111	14764	105727	31528
通用零部件制造	307	58492	341535	37325
其他通用设备制造业	144	15803	113065	18563
专用设备制造业	4068	706374	5839066	760518
采矿、冶金、建筑专用设备制造	917	227506	1911921	515898
化工、木材、非金属加工专用设备制造	519	75683	583034	76588
食品、饮料、烟草及饲料生产专用设备制造	138	24123	271396	8365
印刷、制药、日化及日用品生产专用设备制造	113	16374	84092	6815
纺织、服装和皮革加工专用设备制造	475	74409	650964	28062
电子和电工机械专用设备制造	153	25233	88457	2808
农、林、牧、渔专用机械制造	136	19413	93844	7929
医疗仪器设备及器械制造	613	82443	443874	82374
环保、社会公共服务及其他专用设备制造	1004	161190	1711483	31681
汽车制造业	1473	357346	5028277	189182
汽车整车制造	213	104198	2651112	113314
改装汽车制造	117	21348	168734	5699
低速载货汽车制造				
电车制造	7	1988	9509	
汽车车身、挂车制造	78	13901	181846	12417
汽车零部件及配件制造	1058	215912	2017076	57752
铁路、船舶、航空航天和其他运输设备制造业	1206	344014	4200976	767727
铁路运输设备制造	310	108367	1278207	120355
城市轨道交通设备制造	38	6600	42114	1196
船舶及相关装置制造	313	104560	1370866	402911
航空、航天器及设备制造	185	59091	1029260	215351
摩托车制造	251	40555	322732	27567
自行车制造	102	24161	155045	282
非公路休闲车及零配件制造	6	415	2753	66
潜水救捞及其他未列明运输设备制造	1	266		

3-G-5 续表 4

单位：万元

行业	新产品开发项目数(项)	新产品开发经费支出	新产品销售收入	#出口
电气机械和器材制造业	6106	2030750	20111621	1104439
电机制造	977	279657	2803767	237284
输配电及控制设备制造	2707	939556	7765089	334566
电线、电缆、光缆及电工器材制造	1421	532919	5894784	323043
电池制造	83	30391	395157	1117
家用电力器具制造	431	163964	2476878	80919
非电力家用器具制造	98	21630	420281	59041
照明器具制造	333	58853	345204	68470
其他电气机械及器材制造	56	3780	10461	
计算机、通信和其他电子设备制造业	2987	650361	6315159	828086
计算机制造	126	32752	158222	2918
通信设备制造	470	107761	1597766	79291
广播电视设备制造	352	53536	398341	37531
雷达及配套设备制造	56	11852	69289	252
视听设备制造	75	25740	351068	45013
电子器件制造	821	235966	2238500	525549
电子元件制造	877	157689	1239045	126119
其他电子设备制造	210	25065	262928	11412
仪器仪表制造业	2252	413902	4005135	238638
通用仪器仪表制造	1605	309040	3250092	187355
专用仪器仪表制造	486	82963	623787	19348
钟表与计时仪器制造	5	185		
光学仪器及眼镜制造	122	18815	112107	31925
其他仪器仪表制造业	34	2899	19149	11
其他制造业	36	10012	43203	234
日用杂品制造	29	9178	40153	
煤制品制造	2	692	600	
核辐射加工				
其他未列明制造业	5	143	2451	234
废弃资源综合利用业	25	5717	26905	50
金属废料和碎屑加工处理	18	3723	10224	
非金属废料和碎屑加工处理	7	1994	16680	50
金属制品、机械和设备修理业	16	1206	3074	
金属制品修理	2	74	2977	
通用设备修理				
专用设备修理				
铁路、船舶、航空航天等运输设备修理	13	1054	97	
电气设备修理				
仪器仪表修理				
其他机械和设备修理业	1	77		
电力、热力生产和供应业	122	30266	47702	
电力生产	56	26217	43401	
电力供应	60	2853		
热力生产和供应	6	1196	4301	
燃气生产和供应业	3	373		
燃气生产和供应业	3	373		
水的生产和供应业	29	13572	20814	
自来水生产和供应	22	12604	650	
污水处理及其再生利用	7	967	20164	

3-G-6　分行业港澳台商投资企业新产品开发及销售情况

单位：万元

行　　业	新产品开发项目数(项)	新产品开发经费支出	新产品销售收入	#出口
总　计	**6519**	**2025393**	**22963650**	**7167861**
煤炭开采和洗选业				
烟煤和无烟煤开采洗选				
褐煤开采洗选				
其他煤炭采选				
石油和天然气开采业				
石油开采				
天然气开采				
黑色金属矿采选业				
铁矿采选				
锰矿、铬矿采选				
其他黑色金属矿采选				
有色金属矿采选业				
常用有色金属矿采选				
贵金属矿采选				
稀有稀土金属矿采选				
非金属矿采选业	1	44		
土砂石开采	1	44		
化学矿开采				
采盐				
石棉及其他非金属矿采选				
开采辅助活动				
煤炭开采和洗选辅助活动				
石油和天然气开采辅助活动				
其他开采辅助活动				
其他采矿业				
其他采矿业				
农副食品加工业	91	25280	54325	3071
谷物磨制				
饲料加工	41	5069	12933	
植物油加工	3	1390	1082	
制糖业				
屠宰及肉类加工	40	16836	38580	2111
水产品加工	1	156		
蔬菜、水果和坚果加工	6	1829	1730	960
其他农副食品加工				
食品制造业	19	8873	69164	889
焙烤食品制造	1	215	1953	
糖果、巧克力及蜜饯制造	3	236	66000	
方便食品制造	5	2868		
乳制品制造				
罐头食品制造	2	882		
调味品、发酵制品制造				
其他食品制造	8	4672	1211	889
酒、饮料和精制茶制造业	9	1602	134856	9147
酒的制造			104711	9147
饮料制造	9	1602	30146	
精制茶加工				

3-G-6 续表 1

单位：万元

行业	新产品开发项目数(项)	新产品开发经费支出	新产品销售收入	#出口
烟草制品业				
烟叶复烤				
卷烟制造				
其他烟草制品制造				
纺织业	255	74709	691321	41610
棉纺织及印染精加工	117	40321	423782	16102
毛纺织及染整精加工	14	3731	6323	597
麻纺织及染整精加工	7	3551	11256	1148
丝绢纺织及印染精加工	1	415	8540	
化纤织造及印染精加工	16	6022	68259	9723
针织或钩针编织物及其制品制造	14	2560	4073	2249
家用纺织制成品制造	64	12352	141287	940
非家用纺织制成品制造	22	5758	27801	10852
纺织服装、服饰业	143	31221	165885	24722
机织服装制造	107	24256	119283	12152
针织或钩针编织服装制造	20	5090	41173	9570
服饰制造	16	1875	5430	3000
皮革、毛皮、羽毛及其制品和制鞋业	20	9731	133020	64903
皮革鞣制加工	2	1503	8663	
皮革制品制造	1	32	26998	26898
毛皮鞣制及制品加工				
羽毛(绒)加工及制品制造				
制鞋业	17	8196	97359	38006
木材加工和木、竹、藤、棕、草制品业	45	8445	10607	2000
木材加工				
人造板制造	13	5014	8607	
木制品制造	28	2592	2000	2000
竹、藤、棕、草等制品制造	4	839		
家具制造业	4	1174	330	
木质家具制造	2	962	330	
竹、藤家具制造				
金属家具制造	1	197		
塑料家具制造				
其他家具制造	1	15		
造纸和纸制品业	40	4283	48655	50
纸浆制造				
造纸	17	1113	8186	
纸制品制造	23	3170	40470	50
印刷和记录媒介复制业	57	10009	64143	17175
印刷	57	10009	64143	17175
装订及印刷相关服务				
记录媒介复制				
文教、工美、体育和娱乐用品制造业	329	29634	293061	122648
文教办公用品制造	7	3472	45000	
乐器制造	8	785	15690	7736
工艺美术品制造	28	6405	28155	20
体育用品制造	33	3819	25134	12008
玩具制造	251	14539	172518	102574
游艺器材及娱乐用品制造	2	615	6564	311

3-G-6 续表 2

单位：万元

行 业	新产品开发项目数(项)	新产品开发经费支出	新产品销售收入	#出口
石油加工、炼焦和核燃料加工业	11	7226	3200	
精炼石油产品制造	11	7226	3200	
炼焦				
核燃料加工				
化学原料和化学制品制造业	514	181120	2313153	188555
基础化学原料制造	86	27342	427252	84678
肥料制造	16	2115	2120	
农药制造	3	1305	10868	2521
涂料、油墨、颜料及类似产品制造	71	7842	97441	187
合成材料制造	125	59742	570631	39982
专用化学产品制造	175	74523	1170045	61188
炸药、火工及焰火产品制造				
日用化学产品制造	38	8251	34795	
医药制造业	413	85254	737010	36441
化学药品原料药制造	95	11196	106890	14415
化学药品制剂制造	233	59928	551588	4988
中药饮片加工				
中成药生产	23	2494	26344	
兽用药品制造			5103	4838
生物药品制造	38	8890	42319	12200
卫生材料及医药用品制造	24	2746	4766	
化学纤维制造业	163	95107	1451434	57535
纤维素纤维原料及纤维制造	16	6969	70869	3386
合成纤维制造	147	88138	1380566	54148
橡胶和塑料制品业	285	61641	449057	147893
橡胶制品业	57	25730	99010	12800
塑料制品业	228	35912	350047	135093
非金属矿物制品业	194	40919	333330	41194
水泥、石灰和石膏制造				
石膏、水泥制品及类似制品制造	51	8483	86249	
砖瓦、石材等建筑材料制造	21	5013	15631	
玻璃制造	6	2848	78825	482
玻璃制品制造	49	11797	78033	17537
玻璃纤维和玻璃纤维增强塑料制品制造	30	5526	65439	23136
陶瓷制品制造	15	1474	70	
耐火材料制品制造	6	3286		
石墨及其他非金属矿物制品制造	16	2493	9083	39
黑色金属冶炼和压延加工业	174	128711	1255611	376539
炼铁				
炼钢	56	101186	937137	280511
黑色金属铸造	33	5792	26182	2401
钢压延加工	85	21733	292292	93627
铁合金冶炼				
有色金属冶炼和压延加工业	101	22632	320951	10296
常用有色金属冶炼	2	612	9684	
贵金属冶炼				
稀有稀土金属冶炼				
有色金属合金制造	48	2511	11664	
有色金属铸造	5	45	470	
有色金属压延加工	46	19465	299132	10296

3-G-6 续表 3

单位：万元

行业	新产品开发项目数(项)	新产品开发经费支出	新产品销售收入	#出口
金属制品业	319	47900	740446	257465
结构性金属制品制造	53	7303	74811	2523
金属工具制造	80	5385	17114	311
集装箱及金属包装容器制造	38	13905	363240	163808
金属丝绳及其制品制造	17	3746	87150	9642
建筑、安全用金属制品制造	47	6828	71207	32416
金属表面处理及热处理加工	13	1665	40601	
搪瓷制品制造	1	243		
金属制日用品制造	22	1607	32749	32164
其他金属制品制造	48	7219	53574	16602
通用设备制造业	533	139922	918703	143910
锅炉及原动设备制造	70	12678	157991	7238
金属加工机械制造	55	13897	23214	1500
物料搬运设备制造	100	57559	162273	18696
泵、阀门、压缩机及类似机械制造	98	18605	139790	21460
轴承、齿轮和传动部件制造	55	8541	43178	2957
烘炉、风机、衡器、包装等设备制造	111	20295	312006	43882
文化、办公用机械制造	10	704	7987	7187
通用零部件制造	30	6571	45067	39846
其他通用设备制造业	4	1072	27198	1144
专用设备制造业	374	80712	678442	129459
采矿、冶金、建筑专用设备制造	70	22871	118292	12771
化工、木材、非金属加工专用设备制造	131	28693	267793	81353
食品、饮料、烟草及饲料生产专用设备制造	11	777	14358	319
印刷、制药、日化及日用品生产专用设备制造	12	1662	10529	
纺织、服装和皮革加工专用设备制造	55	9051	120042	6795
电子和电工机械专用设备制造	16	3097	34689	10713
农、林、牧、渔专用机械制造				
医疗仪器设备及器械制造	38	9184	71824	17467
环保、社会公共服务及其他专用设备制造	41	5378	40916	41
汽车制造业	222	33781	171350	28412
汽车整车制造				
改装汽车制造	16	1687	13645	
低速载货汽车制造				
电车制造				
汽车车身、挂车制造				
汽车零部件及配件制造	206	32095	157705	28412
铁路、船舶、航空航天和其他运输设备制造业	105	64745	482832	91421
铁路运输设备制造	13	7209	85921	11030
城市轨道交通设备制造				
船舶及相关装置制造	63	54538	370080	58388
航空、航天器及设备制造	8	1303	21600	21600
摩托车制造			1650	
自行车制造	8	1382	1082	
非公路休闲车及零配件制造	13	312	2499	403
潜水救捞及其他未列明运输设备制造				

3-G-6　续表 4　　　　单位：万元

行　　业	新产品开发项目数（项）	新产品开发经费支出	新产品销售收入	#出口
电气机械和器材制造业	725	253246	3315931	1104989
电机制造	144	45146	426709	165739
输配电及控制设备制造	314	112343	1279075	158673
电线、电缆、光缆及电工器材制造	129	42906	573120	31687
电池制造	33	9356	710525	657180
家用电力器具制造	68	28688	224115	81274
非电力家用器具制造	13	1654	44961	
照明器具制造	20	12346	56254	10434
其他电气机械及器材制造	4	807	1170	
计算机、通信和其他电子设备制造业	1094	533949	7907921	4188235
计算机制造	164	92098	1944203	1589893
通信设备制造	15	5736	91103	4582
广播电视设备制造	114	34922	283569	66155
雷达及配套设备制造				
视听设备制造	111	52884	1159047	621750
电子器件制造	199	123672	2108695	1245833
电子元件制造	359	194653	2040312	458055
其他电子设备制造	132	29984	280992	201968
仪器仪表制造业	252	36662	193469	71982
通用仪器仪表制造	119	17623	119131	50130
专用仪器仪表制造	78	10539	35268	18888
钟表与计时仪器制造				
光学仪器及眼镜制造	55	8500	39070	2964
其他仪器仪表制造业				
其他制造业	5	1973	1514	1321
日用杂品制造	5	1973	1514	1321
煤制品制造				
核辐射加工				
其他未列明制造业				
废弃资源综合利用业	5	576	18000	6000
金属废料和碎屑加工处理	5	576	18000	6000
非金属废料和碎屑加工处理				
金属制品、机械和设备修理业				
金属制品修理				
通用设备修理				
专用设备修理				
铁路、船舶、航空航天等运输设备修理				
电气设备修理				
仪器仪表修理				
其他机械和设备修理业				
电力、热力生产和供应业	3	443	5899	
电力生产	3	443	5899	
电力供应				
热力生产和供应				
燃气生产和供应业	12	2916		
燃气生产和供应业	12	2916		
水的生产和供应业	2	954	30	
自来水生产和供应	1	850	30	
污水处理及其再生利用	1	104		

3-G-7 分行业外商投资企业新产品开发及销售情况

单位：万元

行业	新产品开发项目数(项)	新产品开发经费支出	新产品销售收入	#出口
总计	**11493**	**4046993**	**64952976**	**26066747**
煤炭开采和洗选业				
烟煤和无烟煤开采洗选				
褐煤开采洗选				
其他煤炭采选				
石油和天然气开采业				
石油开采				
天然气开采				
黑色金属矿采选业				
铁矿采选				
锰矿、铬矿采选				
其他黑色金属矿采选				
有色金属矿采选业				
常用有色金属矿采选				
贵金属矿采选				
稀有稀土金属矿采选				
非金属矿采选业				
土砂石开采				
化学矿开采				
采盐				
石棉及其他非金属矿采选				
开采辅助活动				
煤炭开采和洗选辅助活动				
石油和天然气开采辅助活动				
其他开采辅助活动				
其他采矿业				
其他采矿业				
农副食品加工业	50	16059	179493	20963
谷物磨制	1	295	8	
饲料加工	14	4745	9497	
植物油加工	9	6384	48240	
制糖业				
屠宰及肉类加工	4	807	465	
水产品加工	7	998	6087	3677
蔬菜、水果和坚果加工	4	1436	11836	
其他农副食品加工	11	1394	103360	17287
食品制造业	84	18417	65431	40893
焙烤食品制造	6	1929		
糖果、巧克力及蜜饯制造	2	145	5500	
方便食品制造	8	994	15302	14928
乳制品制造	5	2496		
罐头食品制造	1	1013	4202	
调味品、发酵制品制造				
其他食品制造	62	11839	40427	25965
酒、饮料和精制茶制造业	27	2783	30360	
酒的制造	9	1271	1824	
饮料制造	18	1512	28536	
精制茶加工				

3-G-7　续表 1

单位：万元

行　　业	新产品开发项目数(项)	新产品开发经费支出	新产品销售收入	#出口
烟草制品业				
烟叶复烤				
卷烟制造				
其他烟草制品制造				
纺织业	220	50277	439359	43868
棉纺织及印染精加工	48	18791	143160	15297
毛纺织及染整精加工	12	858	19558	
麻纺织及染整精加工	2	395	1235	
丝绢纺织及印染精加工	2	453	1420	
化纤织造及印染精加工	18	2248	5510	1170
针织或钩针编织物及其制品制造	26	3298	14170	11020
家用纺织制成品制造	65	15570	158895	9251
非家用纺织制成品制造	47	8664	95411	7130
纺织服装、服饰业	439	44191	328977	99096
机织服装制造	379	34686	242390	85023
针织或钩针编织服装制造	47	3883	49615	2986
服饰制造	13	5622	36973	11087
皮革、毛皮、羽毛及其制品和制鞋业	80	21487	87590	41408
皮革鞣制加工	2	1828	34567	
皮革制品制造	34	6716	19503	11036
毛皮鞣制及制品加工	2	321		
羽毛(绒)加工及制品制造	10	6275	300	
制鞋业	32	6347	33219	30372
木材加工和木、竹、藤、棕、草制品业	24	5798	49321	25779
木材加工				
人造板制造	14	3923	19971	601
木制品制造	10	1875	29350	25178
竹、藤、棕、草等制品制造				
家具制造业	21	4429	122618	97184
木质家具制造	14	1582	24192	3470
竹、藤家具制造				
金属家具制造	5	726	5760	2387
塑料家具制造				
其他家具制造	2	2121	92667	91327
造纸和纸制品业	167	72252	1833494	30339
纸浆制造				
造纸	127	67657	1780736	26377
纸制品制造	40	4595	52758	3962
印刷和记录媒介复制业	29	5929	81747	5532
印刷	29	5929	81747	5532
装订及印刷相关服务				
记录媒介复制				
文教、工美、体育和娱乐用品制造业	164	52442	182122	62173
文教办公用品制造	11	4073	18752	14908
乐器制造	3	156	3156	1325
工艺美术品制造	92	31792	85561	19557
体育用品制造	23	3288	16577	14228
玩具制造	22	4954	52447	10905
游艺器材及娱乐用品制造	13	8179	5630	1250

3-G-7 续表 2

单位：万元

行业	新产品开发项目数(项)	新产品开发经费支出	新产品销售收入	#出口
石油加工、炼焦和核燃料加工业	6	2758	10304	1983
精炼石油产品制造				
炼焦	6	2758	10304	1983
核燃料加工				
化学原料和化学制品制造业	844	251179	3479668	533635
基础化学原料制造	162	56862	1251145	223144
肥料制造	15	7766	102489	5722
农药制造	88	26298	137967	4030
涂料、油墨、颜料及类似产品制造	160	29694	348110	21499
合成材料制造	197	61525	992005	32057
专用化学产品制造	201	66933	618734	234171
炸药、火工及焰火产品制造				
日用化学产品制造	21	2102	29218	13013
医药制造业	392	66152	895487	46854
化学药品原料药制造	87	11941	36960	8948
化学药品制剂制造	202	38119	730735	12963
中药饮片加工	9	2873		
中成药生产	20	1990	42491	431
兽用药品制造	21	1794	4562	202
生物药品制造	34	4508	22992	5624
卫生材料及医药用品制造	19	4927	57747	18685
化学纤维制造业	95	54220	358588	5802
纤维素纤维原料及纤维制造	39	29004	145115	89
合成纤维制造	56	25216	213474	5713
橡胶和塑料制品业	418	124949	1103031	142997
橡胶制品业	108	75328	718184	33941
塑料制品业	310	49622	384847	109056
非金属矿物制品业	224	38854	305652	99502
水泥、石灰和石膏制造	1	678		
石膏、水泥制品及类似制品制造	1	399	72	
砖瓦、石材等建筑材料制造	16	1554	6086	5948
玻璃制造	6	754	21380	6141
玻璃制品制造	71	9538	31218	24138
玻璃纤维和玻璃纤维增强塑料制品制造	18	3294	27862	9403
陶瓷制品制造	36	4630	35465	15658
耐火材料制品制造	21	4783	43997	195
石墨及其他非金属矿物制品制造	54	13225	139572	38019
黑色金属冶炼和压延加工业	109	92186	2110945	96749
炼铁				
炼钢				
黑色金属铸造	40	10249	139078	9164
钢压延加工	40	30431	671335	47582
铁合金冶炼	29	51507	1300532	40004
有色金属冶炼和压延加工业	131	46514	373316	46217
常用有色金属冶炼	1	32	5	
贵金属冶炼				
稀有稀土金属冶炼	30	4743	52055	5110
有色金属合金制造	42	16230	49916	3950
有色金属铸造	2	57	6	
有色金属压延加工	56	25452	271334	37157

3-G-7　续表 3　　单位：万元

行　　业	新产品开发项目数(项)	新产品开发经费支出	新产品销售收入	#出口
金属制品业	352	92599	1219395	319162
结构性金属制品制造	67	13626	158962	12678
金属工具制造	44	6013	40489	2435
集装箱及金属包装容器制造	44	10306	230932	142382
金属丝绳及其制品制造	56	27107	515865	63513
建筑、安全用金属制品制造	30	5917	27334	803
金属表面处理及热处理加工	17	5920	15557	8848
搪瓷制品制造				
金属制日用品制造	35	8442	150725	81410
其他金属制品制造	59	15269	79531	7093
通用设备制造业	1003	242971	1699694	271723
锅炉及原动设备制造	64	48565	219100	12459
金属加工机械制造	140	20551	74032	3251
物料搬运设备制造	138	21600	428798	61296
泵、阀门、压缩机及类似机械制造	156	36424	181300	21722
轴承、齿轮和传动部件制造	86	21281	156191	48911
烘炉、风机、衡器、包装等设备制造	247	58205	320816	46845
文化、办公用机械制造	74	22248	239490	66630
通用零部件制造	76	12913	63336	2826
其他通用设备制造业	22	1186	16631	7783
专用设备制造业	978	263090	1963311	839529
采矿、冶金、建筑专用设备制造	258	113184	872689	614656
化工、木材、非金属加工专用设备制造	268	39137	275269	79726
食品、饮料、烟草及饲料生产专用设备制造	22	5772	37204	2013
印刷、制药、日化及日用品生产专用设备制造	20	8780	280708	
纺织、服装和皮革加工专用设备制造	23	6608	37359	1934
电子和电工机械专用设备制造	47	5801	66093	31395
农、林、牧、渔专用机械制造	59	19077	37280	1446
医疗仪器设备及器械制造	162	47370	89859	32009
环保、社会公共服务及其他专用设备制造	119	17363	266850	76351
汽车制造业	754	388206	3704931	250255
汽车整车制造	18	225362	2171471	
改装汽车制造	1	220		
低速载货汽车制造				
电车制造				
汽车车身、挂车制造				
汽车零部件及配件制造	735	162624	1533461	250255
铁路、船舶、航空航天和其他运输设备制造业	256	130923	2907184	1539140
铁路运输设备制造	40	10378	237971	6614
城市轨道交通设备制造	2	4747	223400	
船舶及相关装置制造	120	91587	2020128	1271718
航空、航天器及设备制造	8	1858	923	125
摩托车制造	19	3874	66665	7463
自行车制造	59	17848	354411	253221
非公路休闲车及零配件制造	8	630	3687	
潜水救捞及其他未列明运输设备制造				

3-G-7 续表 4

单位：万元

行　　业	新产品开发项目数(项)	新产品开发经费支出	新产品销售收入	#出口
电气机械和器材制造业	1703	592901	7929352	1485280
电机制造	382	115601	1822012	243654
输配电及控制设备制造	520	266876	3814630	847602
电线、电缆、光缆及电工器材制造	219	52190	676582	65622
电池制造	57	32344	232531	48620
家用电力器具制造	367	109915	1263596	271319
非电力家用器具制造	76	2242	74386	3195
照明器具制造	67	12239	36983	3808
其他电气机械及器材制造	15	1494	8634	1460
计算机、通信和其他电子设备制造业	2187	1247908	32460610	19635327
计算机制造	352	393484	21903146	16233071
通信设备制造	192	90795	2060982	125637
广播电视设备制造	58	17281	220694	94971
雷达及配套设备制造				
视听设备制造	165	62404	3318926	930132
电子器件制造	565	298208	2328040	957287
电子元件制造	750	224420	2476263	1239237
其他电子设备制造	105	161317	152560	54993
仪器仪表制造业	689	106806	997516	284767
通用仪器仪表制造	511	73797	837368	176025
专用仪器仪表制造	89	23136	110074	64666
钟表与计时仪器制造				
光学仪器及眼镜制造	89	9874	50074	44076
其他仪器仪表制造业				
其他制造业	19	2569	22463	593
日用杂品制造	19	2569	22463	593
煤制品制造				
核辐射加工				
其他未列明制造业				
废弃资源综合利用业				
金属废料和碎屑加工处理				
非金属废料和碎屑加工处理				
金属制品、机械和设备修理业	1	341	2504	
金属制品修理				
通用设备修理				
专用设备修理				
铁路、船舶、航空航天等运输设备修理	1	341	2504	
电气设备修理				
仪器仪表修理				
其他机械和设备修理业				
电力、热力生产和供应业	21	3379	8515	
电力生产	21	3379	8515	
电力供应				
热力生产和供应				
燃气生产和供应业	2	798		
燃气生产和供应业	2	798		
水的生产和供应业	4	3626		
自来水生产和供应	3	3180		
污水处理及其再生利用	1	446		

3-G-8 分地区企业新产品开发及销售情况

单位：万元

地区	新产品开发项目数(项)	新产品开发经费支出	新产品销售收入	#出口
全省	**58353**	**16693195**	**197142112**	**43198702**
南京市	6526	1623620	20998490	1979456
无锡市	7841	2539915	26439439	2894395
徐州市	2253	728618	6458217	290613
常州市	6170	1514145	17021259	3551581
苏州市	14213	4409368	66479967	27477029
南通市	4986	1428323	16928113	3349832
连云港市	1407	288458	4601869	360381
淮安市	1183	447029	3091486	251812
盐城市	2288	575773	5389680	333350
扬州市	3336	1055673	9027636	628626
镇江市	4528	831571	8519255	842282
泰州市	2558	956693	8137549	1077217
宿迁市	1064	294008	4049153	162129

3-G-9 分地区大中型企业新产品开发及销售情况

单位：万元

地区	新产品开发项目数(项)	新产品开发经费支出	新产品销售收入	#出口
全省	**31412**	**12460656**	**167350872**	**40755398**
南京市	3955	1383814	19493689	1887601
无锡市	3401	1992199	22496705	2602526
徐州市	1258	516772	5480376	280527
常州市	3029	1030296	12872501	3065669
苏州市	8500	3632496	60555815	26570500
南通市	2366	911332	13004622	3092939
连云港市	713	211717	3466132	337355
淮安市	607	293130	1987509	215257
盐城市	1026	292707	3980048	279574
扬州市	1802	739721	7248069	565043
镇江市	2924	635788	7814152	809296
泰州市	1448	673457	6373951	930742
宿迁市	383	147227	2577304	118371

3-G-10 分地区内资企业新产品开发及销售情况

单位：万元

地区	新产品开发项目数(项)	新产品开发经费支出	新产品销售收入	#出口
全省	**40341**	**10620809**	**109225487**	**9964094**
南京市	4901	1098399	12945979	1052628
无锡市	5518	1695719	17562088	1358689
徐州市	1813	630747	5606148	203257
常州市	4616	1029184	11727167	1891192
苏州市	6821	1766397	18013506	2012813
南通市	3349	872473	10769312	1395462
连云港市	1194	239102	3475419	55558
淮安市	900	318691	2518936	94791
盐城市	2012	479787	3054163	325297
扬州市	2827	880732	7436788	394455
镇江市	3294	601526	7008560	695674
泰州市	2127	746391	5367379	360088
宿迁市	969	261661	3740042	124190

3-G-11 分地区港澳台商投资企业新产品开发及销售情况

单位：万元

地区	新产品开发项目数(项)	新产品开发经费支出	新产品销售收入	#出口
全省	**6519**	**2025393**	**22963650**	**7167861**
南京市	509	99990	1539227	604142
无锡市	974	327721	3524924	665200
徐州市	98	58147	573459	15504
常州市	608	208976	2207945	483635
苏州市	2237	754293	10730530	4617734
南通市	700	199802	1774502	334715
连云港市	89	25087	155737	52041
淮安市	176	77005	358904	132356
盐城市	108	30120	179290	4695
扬州市	213	82579	823492	166992
镇江市	619	94113	288062	33275
泰州市	144	50928	629202	29609
宿迁市	44	16634	178376	27964

3-G-12　分地区外商投资企业新产品开发及销售情况

单位：万元

地　区	新产品开发项目数(项)	新产品开发经费支出	新产品销售收入	#出口
全　省	**11493**	**4046993**	**64952976**	**26066747**
南京市	1116	425231	6513284	322685
无锡市	1349	516475	5352428	870507
徐州市	342	39724	278611	71852
常州市	946	275986	3086147	1176754
苏州市	5155	1888679	37735931	20846482
南通市	937	356049	4384298	1619656
连云港市	124	24269	970713	252782
淮安市	107	51334	213646	24666
盐城市	168	65866	2156228	3359
扬州市	296	92362	767356	67179
镇江市	615	135932	1222633	113333
泰州市	287	159374	2140968	687519
宿迁市	51	15713	130735	9975

3-H-1 分登记注册类型企业自主知识产权及相关情况

登记注册类型	专利申请数(件)	#发明专利	有效发明专利数(件)	专利所有权转让及许可数(件)	专利所有权转让及许可收入(万元)	拥有注册商标数(件)	形成国家或行业标准数(项)
总 计	**93518**	**33090**	**52718**	**2162**	**39480**	**36200**	**3389**
内资企业	**67220**	**24177**	**37494**	**1546**	**26060**	**27171**	**2814**
国有企业	2072	1169	1168	2	2671	329	124
集体企业	259	108	136	9		426	19
股份合作企业	62	29	60			14	6
联营企业	31	19	74			3	
国有联营企业	23	16	72			3	
集体联营企业							
国有与集体联营企业	8	3	2				
其他联营企业							
有限责任公司	15136	5743	8414	261	5498	8239	656
国有独资公司	2294	788	934	4	9	271	52
其他有限责任公司	12842	4955	7480	257	5489	7968	604
股份有限公司	8036	2985	5659	285	3411	4407	466
私营企业	41527	14085	21941	989	14480	13718	1537
私营独资企业	973	271	258	44	55	164	13
私营合伙企业	75	27	61			19	
私营有限责任公司	36432	12501	18374	901	13386	12239	1322
私营股份有限公司	4047	1286	3248	44	1039	1296	202
其他企业	97	39	42			35	6
港、澳、台商投资企业	**11239**	**3671**	**5433**	**228**	**3586**	**4295**	**220**
合资经营企业(港或澳、台资)	4564	1515	2019	41	13	1438	155
合作经营企业(港或澳、台资)	371	128	52			49	4
港、澳、台商独资经营企业	5443	1866	3181	178	3572	2371	57
港、澳、台商投资股份有限公司	850	159	147	9		300	4
其他港澳台投资企业	11	3	34			137	
外商投资企业	**15059**	**5242**	**9791**	**388**	**9834**	**4734**	**355**
中外合资经营企业	6281	2206	3538	198	1003	1792	249
中外合作经营企业	125	41	70			28	1
外资企业	8265	2820	5642	176	8822	2350	94
外商投资股份有限公司	383	172	540	14	9	562	11
其他外商投资企业	5	3	1			2	

3-H-2 分登记注册类型大中型企业自主知识产权及相关情况

登记注册类型	专利申请数(件)	#发明专利	有效发明专利数(件)	专利所有权转让及许可数(件)	专利所有权转让及许可收入(万元)	拥有注册商标数(件)	形成国家或行业标准数(项)
总 计	**50776**	**18052**	**31602**	**1243**	**19923**	**25650**	**2086**
内资企业	**34159**	**12356**	**21196**	**878**	**14390**	**18619**	**1670**
国有企业	2026	1148	1070	2	2671	319	74
集体企业	160	58	114			407	13
股份合作企业							
联营企业							
国有联营企业							
集体联营企业							
国有与集体联营企业							
其他联营企业							
有限责任公司	10218	3722	5701	185	1429	7002	442
国有独资公司	2227	743	868	3	9	254	52
其他有限责任公司	7991	2979	4833	182	1419	6748	390
股份有限公司	5868	2178	4368	240	3360	3617	380
私营企业	15858	5239	9917	451	6930	7271	759
私营独资企业	325						
私营合伙企业							
私营有限责任公司	13134	4376	7715	423	5852	6329	627
私营股份有限公司	2392	800	2072	27	1024	895	129
其他企业	22	7	24				
港、澳、台商投资企业	**7366**	**2383**	**4002**	**128**	**3583**	**3654**	**160**
合资经营企业(港或澳、台资)	2299	814	1254	2		1126	112
合作经营企业(港或澳、台资)	166						
港、澳、台商独资经营企业	4111	1398	2585	117	3570	2083	41
港、澳、台商投资股份有限公司	779	153	128			277	4
其他港澳台投资企业	11	3	34			137	
外商投资企业	**9251**	**3313**	**6404**	**237**	**1950**	**3377**	**256**
中外合资经营企业	3782	1277	2073	113		1199	174
中外合作经营企业	54	16					
外资企业	5106	1877	3821	110	1045	1621	73
外商投资股份有限公司	307	141	496	14	9	533	8
其他外商投资企业	2	2					

3-H-3 分行业企业自主知识产权及相关情况

行业	专利申请数(件)	#发明专利	有效发明专利数(件)	专利所有权转让及许可数(件)	专利所有权转让及许可收入(万元)	拥有注册商标数(件)	形成国家或行业标准数(项)
总计	**93518**	**33090**	**52718**	**2162**	**39480**	**36200**	**3389**
煤炭开采和洗选业	58	9	10			79	5
烟煤和无烟煤开采洗选	58	9	10			79	5
褐煤开采洗选							
其他煤炭采选							
石油和天然气开采业	78	18	12				1
石油开采	78	18	12				1
天然气开采							
黑色金属矿采选业	15	10	1			3	
铁矿采选	15	10	1			3	
锰矿、铬矿采选							
其他黑色金属矿采选							
有色金属矿采选业	2	1	8				
常用有色金属矿采选	2	1	8				
贵金属矿采选							
稀有稀土金属矿采选							
非金属矿采选业	45	29	55	2	310	12	3
土砂石开采	22	12	21	1		3	2
化学矿开采	6	3	1			3	
采盐	16	14	33	1	310	6	1
石棉及其他非金属矿采选	1						
开采辅助活动							
煤炭开采和洗选辅助活动							
石油和天然气开采辅助活动							
其他开采辅助活动							
其他采矿业							
其他采矿业							
农副食品加工业	808	330	199	6	3218	562	33
谷物磨制	90	27	27			22	1
饲料加工	94	56	67			223	2
植物油加工	47	18	8			25	6
制糖业	13	8	1			50	5
屠宰及肉类加工	182	54	68	6	3218	141	5
水产品加工	28	6	1			29	
蔬菜、水果和坚果加工	304	138	26			68	14
其他农副食品加工	50	23	1			4	
食品制造业	408	193	284	8	8	547	22
焙烤食品制造	22	11	10			74	
糖果、巧克力及蜜饯制造	7	2	8			10	
方便食品制造	47	19	9			50	4
乳制品制造	84	24	8	1	3	32	
罐头食品制造	16	4	3			6	
调味品、发酵制品制造	69	27	26	2	5	103	2
其他食品制造	163	106	220	5		272	16
酒、饮料和精制茶制造业	186	81	96	31		496	2
酒的制造	115	55	72	31		475	
饮料制造	57	20	20			21	2
精制茶加工	14	6	4				

3-H-3 续表 1

行业	专利申请数(件)	#发明专利	有效发明专利数(件)	专利所有权转让及许可数(件)	专利所有权转让及许可收入(万元)	拥有注册商标数(件)	形成国家或行业标准数(项)
烟草制品业	86	18	72			21	3
烟叶复烤							
卷烟制造	73	14	64			20	3
其他烟草制品制造	13	4	8			1	
纺织业	4537	830	750	24	94	1790	109
棉纺织及印染精加工	1915	315	288	19	93	530	38
毛纺织及染整精加工	516	104	73			278	13
麻纺织及染整精加工	40	11	10			30	3
丝绢纺织及印染精加工	234	19	27	3	0	131	4
化纤织造及印染精加工	136	89	63	1		33	2
针织或钩针编织物及其制品制造	333	47	147			50	3
家用纺织制成品制造	985	176	94	1		440	31
非家用纺织制成品制造	378	69	48			298	15
纺织服装、服饰业	3926	500	1031	6	54	3616	51
机织服装制造	2112	297	412	6	54	2921	27
针织或钩针编织服装制造	1346	191	614			651	21
服饰制造	468	12	5			44	3
皮革、毛皮、羽毛及其制品和制鞋业	399	79	158			107	2
皮革鞣制加工	11						
皮革制品制造	279	44	38			80	2
毛皮鞣制及制品加工	1					2	
羽毛(绒)加工及制品制造	34	11	5			9	
制鞋业	74	24	115			16	
木材加工和木、竹、藤、棕、草制品业	422	168	181	3		521	40
木材加工	3	2	1			2	
人造板制造	333	137	147	1		415	37
木制品制造	86	29	33	2		104	3
竹、藤、棕、草等制品制造							
家具制造业	124	14	31	1		110	4
木质家具制造	98	14	23	1		87	2
竹、藤家具制造							
金属家具制造	11		2			1	
塑料家具制造							
其他家具制造	15		6			22	2
造纸和纸制品业	533	275	231	13	11	297	12
纸浆制造							
造纸	432	239	208	9	9	287	5
纸制品制造	101	36	23	4	2	10	7
印刷和记录媒介复制业	336	78	221			73	4
印刷	316	68	142			72	4
装订及印刷相关服务							
记录媒介复制	20	10	79			1	
文教、工美、体育和娱乐用品制造业	2801	402	806	39	3851	2026	42
文教办公用品制造	132	33	64	29	100	63	1
乐器制造	21	7	3			46	1
工艺美术品制造	1303	169	328	10	3751	395	19
体育用品制造	295	45	21			154	9
玩具制造	708	79	340			1347	12
游艺器材及娱乐用品制造	342	69	50			21	

3-H-3 续表 2

行　　业	专　利申请数(件)	#发明专利	有　效发　明专利数(件)	专利所有权转让及许可数(件)	专利所有权转让及许可收入(万元)	拥　有注　册商标数(件)	形成国家或行业标准数(项)
石油加工、炼焦和核燃料加工业	119	82	100	1		120	3
精炼石油产品制造	107	78	98	1		118	3
炼焦	12	4	2			2	
核燃料加工							
化学原料和化学制品制造业	5631	3244	4839	162	942	4649	632
基础化学原料制造	1641	999	1632	33	326	548	108
肥料制造	145	34	94			53	9
农药制造	509	421	511	29	132	1777	81
涂料、油墨、颜料及类似产品制造	716	443	589	13		763	185
合成材料制造	991	490	931	47	230	393	75
专用化学产品制造	1445	791	985	39	254	521	171
炸药、火工及焰火产品制造	15	4	4			1	
日用化学产品制造	169	62	93	1		593	3
医药制造业	1889	1199	1882	38	2922	4490	296
化学药品原料药制造	495	267	357	7	10	816	29
化学药品制剂制造	568	442	819	12	231	2788	214
中药饮片加工	15	13	21			112	3
中成药生产	147	116	398	5	2677	490	30
兽用药品制造	97	86	63	5	0	23	
生物药品制造	342	213	178	9	5	165	15
卫生材料及医药用品制造	225	62	46			96	5
化学纤维制造业	1856	633	564	14	2	517	53
纤维素纤维原料及纤维制造	1230	367	198	1		192	28
合成纤维制造	626	266	366	13	2	325	25
橡胶和塑料制品业	2293	727	1206	82	4217	419	53
橡胶制品业	720	228	328	69		160	20
塑料制品业	1573	499	878	13	4217	259	33
非金属矿物制品业	2654	1067	1367	17	67	735	120
水泥、石灰和石膏制造	101	32	9	1		20	1
石膏、水泥制品及类似制品制造	355	122	174	5	45	29	22
砖瓦、石材等建筑材料制造	282	124	175	3		177	9
玻璃制造	130	36	45			6	11
玻璃制品制造	433	206	168	2	10	122	15
玻璃纤维和玻璃纤维增强塑料制品制造	354	165	201			98	7
陶瓷制品制造	449	99	319	1	12	112	31
耐火材料制品制造	314	155	228	5		94	18
石墨及其他非金属矿物制品制造	236	128	48			77	6
黑色金属冶炼和压延加工业	1902	906	903	32	400	507	83
炼铁	13	2	2				
炼钢	62	27	29			3	3
黑色金属铸造	561	336	149	4	20	76	55
钢压延加工	1190	510	704	28	380	421	25
铁合金冶炼	76	31	19			7	
有色金属冶炼和压延加工业	1354	503	916	28		307	59
常用有色金属冶炼	66	32	165	1		25	2
贵金属冶炼							
稀有稀土金属冶炼	66	21	17	2		14	5
有色金属合金制造	343	139	254			103	25
有色金属铸造	52	33	30			4	2
有色金属压延加工	827	278	450	25		161	25

3-H-3　续表 3

行　业	专利申请数(件)	#发明专利	有效发明专利数(件)	专利所有权转让及许可数(件)	专利所有权转让及许可收入(万元)	拥有注册商标数(件)	形成国家或行业标准数(项)
金属制品业	3775	1199	2031	27	26	840	124
结构性金属制品制造	1189	368	643	6	0	282	55
金属工具制造	481	148	112			72	14
集装箱及金属包装容器制造	484	107	220			90	19
金属丝绳及其制品制造	467	155	224		3	173	12
建筑、安全用金属制品制造	275	101	149	3	13	76	10
金属表面处理及热处理加工	222	77	116			34	
搪瓷制品制造	7	3	16			10	
金属制日用品制造	78	22	77			24	1
其他金属制品制造	572	218	474	18	10	79	13
通用设备制造业	11499	3865	6182	299	1520	2055	296
锅炉及原动设备制造	939	348	364	16	52	261	15
金属加工机械制造	2125	667	1175	1		190	22
物料搬运设备制造	3074	924	1667	115	0	523	75
泵、阀门、压缩机及类似机械制造	1424	500	550	117	692	268	68
轴承、齿轮和传动部件制造	870	309	629	14	750	316	25
烘炉、风机、衡器、包装等设备制造	1262	487	1113	36	25	318	35
文化、办公用机械制造	342	170	81			51	27
通用零部件制造	905	225	371			98	14
其他通用设备制造业	558	235	232			30	15
专用设备制造业	9493	3405	5652	284	8839	2175	316
采矿、冶金、建筑专用设备制造	1815	640	1092	104	189	414	57
化工、木材、非金属加工专用设备制造	2033	853	892	41		244	34
食品、饮料、烟草及饲料生产专用设备制造	193	79	228	5	11	148	26
印刷、制药、日化及日用品生产专用设备制造	341	158	92			93	3
纺织、服装和皮革加工专用设备制造	752	224	614	1		268	52
电子和电工机械专用设备制造	776	309	492			23	7
农、林、牧、渔专用机械制造	283	59	210	7		45	18
医疗仪器设备及器械制造	1216	319	723	12	481	356	62
环保、社会公共服务及其他专用设备制造	2084	764	1309	114	8158	584	57
汽车制造业	3311	1038	1935	45	7628	952	72
汽车整车制造	239	78	192	20	3	568	6
改装汽车制造	199	37	222			20	7
低速载货汽车制造							
电车制造	38	13	3				
汽车车身、挂车制造	48	6	29			13	1
汽车零部件及配件制造	2787	904	1489	25	7626	351	58
铁路、船舶、航空航天和其他运输设备制造业	2637	874	1328	31	212	726	60
铁路运输设备制造	1013	354	407	2		35	20
城市轨道交通设备制造	99	41	29	1		4	
船舶及相关装置制造	561	209	384	8		51	16
航空、航天器及设备制造	249	93	229	5	212	17	10
摩托车制造	250	58	49	9		182	11
自行车制造	370	91	196	6		426	3
非公路休闲车及零配件制造	89	22	32			10	
潜水救捞及其他未列明运输设备制造	6	6	2			1	

3-H-3 续表 4

行业	专利申请数(件)	#发明专利	有效发明专利数(件)	专利所有权转让及许可数(件)	专利所有权转让及许可收入(万元)	拥有注册商标数(件)	形成国家或行业标准数(项)
电气机械和器材制造业	14548	5122	9587	470	2735	4335	581
电机制造	1980	650	953	97	5	587	58
输配电及控制设备制造	5888	2415	4020	168	1663	1583	152
电线、电缆、光缆及电工器材制造	2412	867	2164	35	116	625	266
电池制造	562	221	218	4	53	69	14
家用电力器具制造	2415	711	1765	142	397	813	49
非电力家用器具制造	380	71	123	1	8	487	31
照明器具制造	632	163	286	23	493	133	7
其他电气机械及器材制造	279	24	58			38	4
计算机、通信和其他电子设备制造业	9103	3556	6881	321	1204	1597	106
计算机制造	893	396	1005	10		71	6
通信设备制造	725	310	724	92	8	249	25
广播电视设备制造	740	196	397	9	22	151	7
雷达及配套设备制造	63	43	47			36	6
视听设备制造	340	79	314	6		158	4
电子器件制造	2828	1295	2091	144	447	570	30
电子元件制造	2849	1021	2023	55	727	302	27
其他电子设备制造	665	216	280	5		60	1
仪器仪表制造业	5343	1966	2759	172	1221	1498	190
通用仪器仪表制造	3895	1492	2099	148	1221	1140	137
专用仪器仪表制造	1203	346	544	17		280	20
钟表与计时仪器制造	10	10				1	
光学仪器及眼镜制造	205	105	101	6		72	30
其他仪器仪表制造业	30	13	15	1		5	3
其他制造业	59	10	15			12	
日用杂品制造	58	10	15			12	
煤制品制造	1						
核辐射加工							
其他未列明制造业							
废弃资源综合利用业	58	18	24			5	
金属废料和碎屑加工处理	40	13	19			1	
非金属废料和碎屑加工处理	18	5	5			4	
金属制品、机械和设备修理业	18	8	4			1	
金属制品修理	6	2	1				
通用设备修理							
专用设备修理							
铁路、船舶、航空航天等运输设备修理	12	6	3			1	
电气设备修理							
仪器仪表修理							
其他机械和设备修理业							
电力、热力生产和供应业	1158	619	384	6			12
电力生产	116	49	87	6			2
电力供应	1033	569	297				10
热力生产和供应	9	1					
燃气生产和供应业	17		1				
燃气生产和供应业	17		1				
水的生产和供应业	37	14	12				
自来水生产和供应	25	6	2				
污水处理及其再生利用	12	8	10				

3-H-4 分行业大中型企业自主知识产权及相关情况

行业	专利申请数（件）	#发明专利	有效发明专利数（件）	专利所有权转让及许可数（件）	专利所有权转让及许可收入（万元）	拥有注册商标数（件）	形成国家或行业标准数（项）
总计	**50776**	**18052**	**31602**	**1243**	**19923**	**25650**	**2086**
煤炭开采和洗选业	58	9	10			79	5
烟煤和无烟煤开采洗选	58	9	10			79	5
褐煤开采洗选							
其他煤炭采选							
石油和天然气开采业	78	18	12				1
石油开采	78	18	12				1
天然气开采							
黑色金属矿采选业							
铁矿采选							
锰矿、铬矿采选							
其他黑色金属矿采选							
有色金属矿采选业							
常用有色金属矿采选							
贵金属矿采选							
稀有稀土金属矿采选							
非金属矿采选业	24	20	37	1	310	8	1
土砂石开采							
化学矿开采							
采盐	11	11	20	1	310	3	1
石棉及其他非金属矿采选							
开采辅助活动							
煤炭开采和洗选辅助活动							
石油和天然气开采辅助活动							
其他开采辅助活动							
其他采矿业							
其他采矿业							
农副食品加工业	206	87	103	6	3218	98	7
谷物磨制	20	6	14			11	1
饲料加工							
植物油加工	11						
制糖业							
屠宰及肉类加工	100	29	60	6	3218	36	4
水产品加工							
蔬菜、水果和坚果加工	44	36	12				
其他农副食品加工							
食品制造业	114	45	62	7	5	188	9
焙烤食品制造							
糖果、巧克力及蜜饯制造	7	2	8			10	
方便食品制造							
乳制品制造	10	4	5			28	
罐头食品制造							
调味品、发酵制品制造	43	13	22	2	5	83	2
其他食品制造							
酒、饮料和精制茶制造业	66	20	26	1		407	2
酒的制造	46	18	18	1		405	
饮料制造	20	2	8			2	2
精制茶加工							

3-H-4 续表 1

行业	专利申请数(件)	#发明专利	有效发明专利数(件)	专利所有权转让及许可数(件)	专利所有权转让及许可收入(万元)	拥有注册商标数(件)	形成国家或行业标准数(项)
烟草制品业	86	18	72			21	3
烟叶复烤							
卷烟制造	73	14	64			20	3
其他烟草制品制造							
纺织业	2674	530	471	14	64	1361	80
棉纺织及印染精加工	953	196	210	10	63	361	27
毛纺织及染整精加工	486	91	66			228	12
麻纺织及染整精加工	32	11	10			30	3
丝绢纺织及印染精加工	207	11	26	3	0	130	4
化纤织造及印染精加工	71	56	41	1		20	2
针织或钩针编织物及其制品制造							
家用纺织制成品制造	817	111	82			357	30
非家用纺织制成品制造	62	26	12			218	
纺织服装、服饰业	2888	442	850	6	54	3440	45
机织服装制造	1329	266	237	6	54	2781	21
针织或钩针编织服装制造	1207	171	612			619	21
服饰制造	352	5					
皮革、毛皮、羽毛及其制品和制鞋业	97	26	60			84	
皮革鞣制加工							
皮革制品制造						70	
毛皮鞣制及制品加工							
羽毛(绒)加工及制品制造							
制鞋业	61	18	20				
木材加工和木、竹、藤、棕、草制品业	235	73	122			414	28
木材加工							
人造板制造	170	51	92			353	27
木制品制造							
竹、藤、棕、草等制品制造							
家具制造业						36	
木质家具制造						14	
竹、藤家具制造							
金属家具制造							
塑料家具制造							
其他家具制造							
造纸和纸制品业	361	217	206	3	9	257	5
纸浆制造							
造纸	338	208	201	3	9	253	5
纸制品制造							
印刷和记录媒介复制业	175	51	123			54	
印刷	156	41	44			53	
装订及印刷相关服务							
记录媒介复制							
文教、工美、体育和娱乐用品制造业	1819	188	510	30		1856	28
文教办公用品制造	98	12	56	29			
乐器制造							
工艺美术品制造	737	85	103			310	16
体育用品制造							
玩具制造	576	54	327			1337	2
游艺器材及娱乐用品制造	153	6	5			3	

3-H-4　续表 2

行　　业	专　利申请数(件)	#发明专利	有　效发　明专利数(件)	专利所有权转让及许　可　数(件)	专利所有权转让及许可收入(万元)	拥　有注　册商标数(件)	形成国家或行业标准数(项)
石油加工、炼焦和核燃料加工业	48	18	48			101	
精炼石油产品制造	36	14	46			99	
炼焦							
核燃料加工							
化学原料和化学制品制造业	2322	1483	2523	75	315	3063	336
基础化学原料制造	815	515	1136	24	2	339	55
肥料制造	76	19	83			26	
农药制造	366	343	414			1562	70
涂料、油墨、颜料及类似产品制造	252	188	254			417	101
合成材料制造	286	139	255	6	200	127	33
专用化学产品制造	454	257	338		6	75	67
炸药、火工及焰火产品制造							
日用化学产品制造	73	22	43			517	
医药制造业	867	625	1339	19	2881	3660	239
化学药品原料药制造	204	123	190			732	24
化学药品制剂制造	362	303	661	5		2354	173
中药饮片加工							
中成药生产	104	95	352	4	2671	409	24
兽用药品制造							
生物药品制造	99	55	86			87	13
卫生材料及医药用品制造	58	16				53	
化学纤维制造业	1537	524	445			374	34
纤维素纤维原料及纤维制造	1024	322	162			173	26
合成纤维制造	513	202	283			201	8
橡胶和塑料制品业	1196	348	579	64		236	33
橡胶制品业	397	142	203	63		124	18
塑料制品业	799	206	376			112	15
非金属矿物制品业	1301	531	737	5		452	82
水泥、石灰和石膏制造	87	27		1		8	
石膏、水泥制品及类似制品制造	192	74	59			11	14
砖瓦、石材等建筑材料制造							
玻璃制造	52	22	16				
玻璃制品制造	239	107	92			83	13
玻璃纤维和玻璃纤维增强塑料制品制造	156	81	159			62	4
陶瓷制品制造	318	42	178			82	
耐火材料制品制造							
石墨及其他非金属矿物制品制造							
黑色金属冶炼和压延加工业	1081	478	665	25	400	357	36
炼铁	13	2	2				
炼钢	60	27	29			3	3
黑色金属铸造	165	66	88			21	
钢压延加工	806	367	538	21	380	332	21
铁合金冶炼	37	16	8			1	
有色金属冶炼和压延加工业	526	172	468			179	42
常用有色金属冶炼							
贵金属冶炼							
稀有稀土金属冶炼	22	12				11	5
有色金属合金制造	186	80	195			56	25
有色金属铸造							
有色金属压延加工	304	71	255			111	12

3-H-4 续表 3

行业	专利申请数(件)	#发明专利	有效发明专利数(件)	专利所有权转让及许可数(件)	专利所有权转让及许可收入(万元)	拥有注册商标数(件)	形成国家或行业标准数(项)
金属制品业	1641	529	1300		3	427	71
结构性金属制品制造	352	126	406			94	22
金属工具制造	219	80	63			36	12
集装箱及金属包装容器制造	333	85	169			51	15
金属丝绳及其制品制造	236	86	166		3	145	9
建筑、安全用金属制品制造							
金属表面处理及热处理加工	92	27					
搪瓷制品制造							
金属制日用品制造						23	
其他金属制品制造	203	63	268			25	5
通用设备制造业	5013	1636	2688	100	1040	1180	185
锅炉及原动设备制造	587	229	278			198	14
金属加工机械制造	492	159	280			31	
物料搬运设备制造	2267	644	897	63		350	66
泵、阀门、压缩机及类似机械制造	400	119	196			121	46
轴承、齿轮和传动部件制造	378	150	428	11	750	216	22
烘炉、风机、衡器、包装等设备制造	427	166	322			169	
文化、办公用机械制造	92	23	22				
通用零部件制造							
其他通用设备制造业							
专用设备制造业	4024	1513	2297	125	1211	1133	147
采矿、冶金、建筑专用设备制造	782	297	422			250	25
化工、木材、非金属加工专用设备制造	1013	406	490			130	26
食品、饮料、烟草及饲料生产专用设备制造	59	27	27	5	11	118	5
印刷、制药、日化及日用品生产专用设备制造							
纺织、服装和皮革加工专用设备制造	321	88	297			183	28
电子和电工机械专用设备制造	488	191	304				
农、林、牧、渔专用机械制造	84	12	37			15	11
医疗仪器设备及器械制造	421	127	243	10	481	107	5
环保、社会公共服务及其他专用设备制造	696	267	442			263	46
汽车制造业	1553	471	1061		1748	732	59
汽车整车制造	136	32	149		3	535	6
改装汽车制造							
低速载货汽车制造							
电车制造							
汽车车身、挂车制造	22	4	29			11	1
汽车零部件及配件制造	1249	410	707			169	45
铁路、船舶、航空航天和其他运输设备制造业	1854	608	850	25	212	581	46
铁路运输设备制造	728	263	219			21	17
城市轨道交通设备制造	77	28	7				
船舶及相关装置制造	357	121	223	7		30	13
航空、航天器及设备制造	224	83	216	5	212	15	9
摩托车制造	144	34	36			142	5
自行车制造	279	67	125	4		363	
非公路休闲车及零配件制造	45	12	24				
潜水救捞及其他未列明运输设备制造							

3-H-4　续表 4

行　　业	专　利申请数(件)	#发明专利	有　效发　明专利数(件)	专利所有权转让及许　可　数(件)	专利所有权转让及许可收入(万元)	拥　有注　册商标数(件)	形成国家或行业标准数(项)
电气机械和器材制造业	9181	3261	6840	403	2587	2988	348
电机制造	1099	343	567	79		361	36
输配电及控制设备制造	3444	1501	2603	137	1592	1100	84
电线、电缆、光缆及电工器材制造	1513	559	1725	25	100	401	139
电池制造	390	123	166			48	13
家用电力器具制造	2038	608	1616	136	347	792	47
非电力家用器具制造	128	22	16			214	22
照明器具制造	348	103	139	23	493	43	6
其他电气机械及器材制造							
计算机、通信和其他电子设备制造业	5476	2241	4969	218	1145	971	56
计算机制造	656	294	933			10	
通信设备制造	426	189	592			200	15
广播电视设备制造	417	100	93			38	1
雷达及配套设备制造							
视听设备制造	306	66	294	6		152	
电子器件制造	1768	870	1603	124	418	374	19
电子元件制造	1614	622	1288	35		174	12
其他电子设备制造	278	94	166	5		21	
仪器仪表制造业	3031	1236	1727	85	1021	899	136
通用仪器仪表制造	2215	942	1352	70	1021	728	90
专用仪器仪表制造	655	208	302			110	14
钟表与计时仪器制造							
光学仪器及眼镜制造	154	85	69			58	30
其他仪器仪表制造业							
其他制造业	36						
日用杂品制造	36						
煤制品制造							
核辐射加工							
其他未列明制造业							
废弃资源综合利用业							
金属废料和碎屑加工处理							
非金属废料和碎屑加工处理							
金属制品、机械和设备修理业							
金属制品修理							
通用设备修理							
专用设备修理							
铁路、船舶、航空航天等运输设备修理							
电气设备修理							
仪器仪表修理							
其他机械和设备修理业							
电力、热力生产和供应业	1103	602	349				12
电力生产	70	33	52				2
电力供应	1033	569	297				10
热力生产和供应							
燃气生产和供应业							
燃气生产和供应业							
水的生产和供应业	25	6					
自来水生产和供应	25	6					
污水处理及其再生利用							

3-H-5 分行业内资企业自主知识产权及相关情况

行业	专利申请数(件)	#发明专利	有效发明专利数(件)	专利所有权转让及许可数(件)	专利所有权转让及许可收入(万元)	拥有注册商标数(件)	形成国家或行业标准数(项)
总计	**67220**	**24177**	**37494**	**1546**	**26060**	**27171**	**2814**
煤炭开采和洗选业	58	9	10			79	5
烟煤和无烟煤开采洗选	58	9	10			79	5
褐煤开采洗选							
其他煤炭采选							
石油和天然气开采业	78	18	12				1
石油开采	78	18	12				1
天然气开采							
黑色金属矿采选业	15	10	1			3	
铁矿采选	15	10	1			3	
锰矿、铬矿采选							
其他黑色金属矿采选							
有色金属矿采选业	2	1	8				
常用有色金属矿采选	2	1	8				
贵金属矿采选							
稀有稀土金属矿采选							
非金属矿采选业	45	29	55	2	310	12	3
土砂石开采	22	12	21	1		3	2
化学矿开采	6	3	1			3	
采盐	16	14	33	1	310	6	1
石棉及其他非金属矿采选	1						
开采辅助活动							
煤炭开采和洗选辅助活动							
石油和天然气开采辅助活动							
其他开采辅助活动							
其他采矿业							
其他采矿业							
农副食品加工业	691	282	139			487	29
谷物磨制	90	27	27			22	1
饲料加工	67	39	58			185	2
植物油加工	42	17	8			24	6
制糖业	13	8	1			50	5
屠宰及肉类加工	138	41	23			133	1
水产品加工	24	5	1			13	
蔬菜、水果和坚果加工	290	125	20			57	14
其他农副食品加工	27	20	1			3	
食品制造业	348	147	236	3	8	380	18
焙烤食品制造	21	11	10			74	
糖果、巧克力及蜜饯制造	6	1	8				
方便食品制造	45	17	9			48	4
乳制品制造	82	22	7	1	3	32	
罐头食品制造	13	2					
调味品、发酵制品制造	69	27	26	2	5	103	2
其他食品制造	112	67	176			123	12
酒、饮料和精制茶制造业	161	74	85	31		440	2
酒的制造	104	53	71	31		430	
饮料制造	43	15	10			10	2
精制茶加工	14	6	4				

3-H-5 续表 1

行业	专利申请数(件)	#发明专利	有效发明专利数(件)	专利所有权转让及许可数(件)	专利所有权转让及许可收入(万元)	拥有注册商标数(件)	形成国家或行业标准数(项)
烟草制品业	86	18	72			21	3
烟叶复烤							
卷烟制造	73	14	64			20	3
其他烟草制品制造	13	4	8			1	
纺织业	3260	615	625	23	81	1590	80
棉纺织及印染精加工	1487	256	249	18	80	476	25
毛纺织及染整精加工	488	90	69			274	13
麻纺织及染整精加工	15	11	2			29	1
丝绢纺织及印染精加工	219	18	27	3	0	131	4
化纤织造及印染精加工	112	72	42	1		31	2
针织或钩针编织物及其制品制造	318	42	146			48	3
家用纺织制成品制造	491	84	56	1		358	30
非家用纺织制成品制造	130	42	34			243	2
纺织服装、服饰业	2370	410	846	6	54	3410	45
机织服装制造	957	230	244	6	54	2767	24
针织或钩针编织服装制造	1293	175	597			636	21
服饰制造	120	5	5			7	
皮革、毛皮、羽毛及其制品和制鞋业	261	33	145			88	2
皮革鞣制加工							
皮革制品制造	199	13	29			71	2
毛皮鞣制及制品加工	1						
羽毛(绒)加工及制品制造	17	6	3			9	
制鞋业	44	14	113			8	
木材加工和木、竹、藤、棕、草制品业	348	132	141	3		487	34
木材加工	3	2	1			2	
人造板制造	306	119	136	1		396	32
木制品制造	39	11	4	2		89	2
竹、藤、棕、草等制品制造							
家具制造业	98	12	29			97	2
木质家具制造	89	12	21			74	
竹、藤家具制造							
金属家具制造	3		2			1	
塑料家具制造							
其他家具制造	6		6			22	2
造纸和纸制品业	141	57	47			38	12
纸浆制造							
造纸	96	40	33			32	5
纸制品制造	45	17	14			6	7
印刷和记录媒介复制业	255	61	180			68	4
印刷	235	51	101			67	4
装订及印刷相关服务							
记录媒介复制	20	10	79			1	
文教、工美、体育和娱乐用品制造业	1514	247	432	2	3731	722	34
文教办公用品制造	36	21	22		100	62	1
乐器制造	5					3	
工艺美术品制造	1030	118	258	2	3631	372	19
体育用品制造	135	23	6			139	3
玩具制造	188	24	102			139	11
游艺器材及娱乐用品制造	120	61	44			7	

3-H-5 续表 2

行业	专利申请数(件)	#发明专利	有效发明专利数(件)	专利所有权转让及许可数(件)	专利所有权转让及许可收入(万元)	拥有注册商标数(件)	形成国家或行业标准数(项)
石油加工、炼焦和核燃料加工业	85	71	93	1		115	3
精炼石油产品制造	85	71	93	1		115	3
炼焦							
核燃料加工							
化学原料和化学制品制造业	4299	2526	3712	104	847	3761	556
基础化学原料制造	1338	846	1372	21	232	436	99
肥料制造	131	29	76			48	
农药制造	403	327	449	29	132	1274	80
涂料、油墨、颜料及类似产品制造	567	349	501	12		655	169
合成材料制造	627	318	443	24	230	292	57
专用化学产品制造	1097	620	801	17	254	467	148
炸药、火工及焰火产品制造	15	4	4			1	
日用化学产品制造	121	33	66	1		588	3
医药制造业	1084	632	1192	27	2717	2574	180
化学药品原料药制造	226	117	218	7	10	312	17
化学药品制剂制造	244	166	369	10	31	1463	115
中药饮片加工	15	13	21			112	3
中成药生产	114	97	351	4	2671	446	26
兽用药品制造	85	74	56	3	0	22	
生物药品制造	235	130	142	3	5	142	15
卫生材料及医药用品制造	165	35	35			77	4
化学纤维制造业	1688	557	396	14	2	351	48
纤维素纤维原料及纤维制造	1184	354	154	1		185	28
合成纤维制造	504	203	242	13	2	166	20
橡胶和塑料制品业	1487	487	917	80	4217	297	43
橡胶制品业	551	187	298	69		102	20
塑料制品业	936	300	619	11	4217	195	23
非金属矿物制品业	2022	829	1046	14	67	511	109
水泥、石灰和石膏制造	99	32	9	1		20	1
石膏、水泥制品及类似制品制造	227	62	133	5	45	25	17
砖瓦、石材等建筑材料制造	204	102	89			52	7
玻璃制造	107	31	29			6	11
玻璃制品制造	372	179	113	2	10	85	13
玻璃纤维和玻璃纤维增强塑料制品制造	265	130	197			84	7
陶瓷制品制造	354	80	239	1	12	103	31
耐火材料制品制造	271	144	200	5		89	16
石墨及其他非金属矿物制品制造	123	69	37			47	6
黑色金属冶炼和压延加工业	1642	791	769	32	400	486	74
炼铁	13	2	2				
炼钢	41	18	23			3	
黑色金属铸造	466	291	99	4	20	66	51
钢压延加工	1080	462	633	28	380	411	23
铁合金冶炼	42	18	12			6	
有色金属冶炼和压延加工业	1135	402	788	28		233	42
常用有色金属冶炼	64	30	163	1		23	1
贵金属冶炼							
稀有稀土金属冶炼	47	10	4	2		3	
有色金属合金制造	285	110	234			63	25
有色金属铸造	45	27	24			4	2
有色金属压延加工	694	225	363	25		140	14

3-H-5 续表 3

行业	专利申请数（件）	#发明专利	有效发明专利数（件）	专利所有权转让及许可数（件）	专利所有权转让及许可收入（万元）	拥有注册商标数（件）	形成国家或行业标准数（项）
金属制品业	2658	779	1357	20	13	628	100
结构性金属制品制造	906	233	373		0	266	55
金属工具制造	284	59	54			52	11
集装箱及金属包装容器制造	336	67	132			61	10
金属丝绳及其制品制造	375	138	191		3	141	9
建筑、安全用金属制品制造	121	35	40	2		24	3
金属表面处理及热处理加工	167	62	95			11	
搪瓷制品制造	5	3	16			10	
金属制日用品制造	44	16	73			12	
其他金属制品制造	420	166	383	18	10	51	12
通用设备制造业	9433	3099	5145	161	1441	1623	242
锅炉及原动设备制造	801	307	303	16	52	224	12
金属加工机械制造	1909	581	1021	1		146	21
物料搬运设备制造	2716	837	1416	54		403	73
泵、阀门、压缩机及类似机械制造	1063	347	421	40	614	229	40
轴承、齿轮和传动部件制造	680	246	556	14	750	286	24
烘炉、风机、衡器、包装等设备制造	837	338	908	36	25	201	22
文化、办公用机械制造	161	64	65			49	25
通用零部件制造	785	185	306			60	11
其他通用设备制造业	481	194	149			25	14
专用设备制造业	7180	2580	4478	227	1266	1896	278
采矿、冶金、建筑专用设备制造	1490	515	862	100	189	385	45
化工、木材、非金属加工专用设备制造	1061	457	497	34		207	29
食品、饮料、烟草及饲料生产专用设备制造	151	57	198	1	11	141	25
印刷、制药、日化及日用品生产专用设备制造	318	141	80			79	3
纺织、服装和皮革加工专用设备制造	666	204	533	1		253	50
电子和电工机械专用设备制造	652	275	446			20	7
农、林、牧、渔专用机械制造	209	53	195	7		27	8
医疗仪器设备及器械制造	823	215	493	10	481	254	55
环保、社会公共服务及其他专用设备制造	1810	663	1174	74	585	530	56
汽车制造业	2365	781	1326	34	5889	890	47
汽车整车制造	227	78	180	20	3	568	6
改装汽车制造	180	33	184			20	7
低速载货汽车制造							
电车制造	38	13	3				
汽车车身、挂车制造	48	6	29			13	1
汽车零部件及配件制造	1872	651	930	14	5887	289	33
铁路、船舶、航空航天和其他运输设备制造业	2032	678	979	10	212	406	57
铁路运输设备制造	947	329	391	2		24	20
城市轨道交通设备制造	45	15	25	1		4	
船舶及相关装置制造	424	165	186			39	16
航空、航天器及设备制造	237	89	219	5	212	17	10
摩托车制造	240	56	48			181	9
自行车制造	132	20	97	2		139	2
非公路休闲车及零配件制造	4	1	13			2	
潜水救捞及其他未列明运输设备制造	3	3					

3-H-5 续表 4

行业	专利申请数(件)	#发明专利	有效发明专利数(件)	专利所有权转让及许可数(件)	专利所有权转让及许可收入(万元)	拥有注册商标数(件)	形成国家或行业标准数(项)
电气机械和器材制造业	10286	3756	6656	320	2735	3083	494
电机制造	1285	468	671	49	5	374	45
输配电及控制设备制造	4691	1992	3144	141	1663	1104	124
电线、电缆、光缆及电工器材制造	2057	730	1897	35	116	524	228
电池制造	304	147	188	4	53	47	12
家用电力器具制造	831	205	376	67	397	449	46
非电力家用器具制造	297	56	92	1	8	420	31
照明器具制造	557	137	233	23	493	127	5
其他电气机械及器材制造	264	21	55			38	3
计算机、通信和其他电子设备制造业	4668	1809	3098	230	850	1061	92
计算机制造	184	87	74	1		45	5
通信设备制造	562	256	417	92	8	175	18
广播电视设备制造	596	151	347	9	22	137	7
雷达及配套设备制造	63	43	47			36	6
视听设备制造	95	29	56	6		11	2
电子器件制造	1609	663	1034	99	94	433	28
电子元件制造	1173	462	891	23	727	186	25
其他电子设备制造	386	118	232			38	1
仪器仪表制造业	4158	1600	2065	168	1221	1325	163
通用仪器仪表制造	3326	1315	1676	145	1221	1046	130
专用仪器仪表制造	709	216	304	17		261	17
钟表与计时仪器制造	10	10				1	
光学仪器及眼镜制造	83	46	70	6		13	13
其他仪器仪表制造业	30	13	15			4	3
其他制造业	37	4	5			3	
日用杂品制造	36	4	5			3	
煤制品制造	1						
核辐射加工							
其他未列明制造业							
废弃资源综合利用业	43	12	16			5	
金属废料和碎屑加工处理	25	7	11			1	
非金属废料和碎屑加工处理	18	5	5			4	
金属制品、机械和设备修理业	18	8	4			1	
金属制品修理	6	2	1				
通用设备修理							
专用设备修理							
铁路、船舶、航空航天等运输设备修理	12	6	3			1	
电气设备修理							
仪器仪表修理							
其他机械和设备修理业							
电力、热力生产和供应业	1142	609	377	6			12
电力生产	100	39	80	6			2
电力供应	1033	569	297				10
热力生产和供应	9	1					
燃气生产和供应业	6						
燃气生产和供应业	6						
水的生产和供应业	21	12	12				
自来水生产和供应	11	4	2				
污水处理及其再生利用	10	8	10				

3-H-6　分行业港澳台商投资企业自主知识产权及相关情况

行业	专利申请数(件)	#发明专利	有效发明专利数(件)	专利所有权转让及许可数(件)	专利所有权转让及许可收入(万元)	拥有注册商标数(件)	形成国家或行业标准数(项)
总　计	**11239**	**3671**	**5433**	**228**	**3586**	**4295**	**220**
煤炭开采和洗选业							
烟煤和无烟煤开采洗选							
褐煤开采洗选							
其他煤炭采选							
石油和天然气开采业							
石油开采							
天然气开采							
黑色金属矿采选业							
铁矿采选							
锰矿、铬矿采选							
其他黑色金属矿采选							
有色金属矿采选业							
常用有色金属矿采选							
贵金属矿采选							
稀有稀土金属矿采选							
非金属矿采选业							
土砂石开采							
化学矿开采							
采盐							
石棉及其他非金属矿采选							
开采辅助活动							
煤炭开采和洗选辅助活动							
石油和天然气开采辅助活动							
其他开采辅助活动							
其他采矿业							
其他采矿业							
农副食品加工业	57	26	50	6	3218	30	4
谷物磨制							
饲料加工	13	13	3			9	
植物油加工	3	1				1	
制糖业							
屠宰及肉类加工	37	10	45	6	3218	8	4
水产品加工	2					9	
蔬菜、水果和坚果加工	2	2	2			3	
其他农副食品加工							
食品制造业	25	18	13	5		39	3
焙烤食品制造							
糖果、巧克力及蜜饯制造						10	
方便食品制造	2	2				2	
乳制品制造							
罐头食品制造			1			3	
调味品、发酵制品制造							
其他食品制造	23	16	12	5		24	3
酒、饮料和精制茶制造业	21	4	7			11	
酒的制造	10	1	1				
饮料制造	11	3	6			11	
精制茶加工							

3-H-6 续表 1

行业	专利申请数(件)	#发明专利	有效发明专利数(件)	专利所有权转让及许可数(件)	专利所有权转让及许可收入(万元)	拥有注册商标数(件)	形成国家或行业标准数(项)
烟草制品业							
烟叶复烤							
卷烟制造							
其他烟草制品制造							
纺织业	895	139	48	1	13	52	22
棉纺织及印染精加工	370	46	22	1	13	37	7
毛纺织及染整精加工	25	12	4			3	
麻纺织及染整精加工	25		8			1	2
丝绢纺织及印染精加工							
化纤织造及印染精加工	18	11	4				
针织或钩针编织物及其制品制造	12	4				2	
家用纺织制成品制造	427	58	4			5	
非家用纺织制成品制造	18	8	6			4	13
纺织服装、服饰业	430	17	4			49	3
机织服装制造	272	12	4			8	
针织或钩针编织服装制造	13	1				10	
服饰制造	145	4				31	3
皮革、毛皮、羽毛及其制品和制鞋业	44	7	6			7	
皮革鞣制加工	11						
皮革制品制造	11	1	4				
毛皮鞣制及制品加工							
羽毛(绒)加工及制品制造							
制鞋业	22	6	2			7	
木材加工和木、竹、藤、棕、草制品业	32	15	10			17	1
木材加工							
人造板制造	9	6				3	
木制品制造	23	9	10			14	1
竹、藤、棕、草等制品制造							
家具制造业	18	1					
木质家具制造	1	1					
竹、藤家具制造							
金属家具制造	8						
塑料家具制造							
其他家具制造	9						
造纸和纸制品业	28	9	14	10	2	9	
纸浆制造							
造纸	6		6	6		9	
纸制品制造	22	9	8	4	2		
印刷和记录媒介复制业	57	13	11			3	
印刷	57	13	11			3	
装订及印刷相关服务							
记录媒介复制							
文教、工美、体育和娱乐用品制造业	813	71	258			1278	3
文教办公用品制造	56	6	10				
乐器制造	12	5	2			38	
工艺美术品制造	62	7	5			7	
体育用品制造	127	11	14			13	2
玩具制造	469	36	224			1207	1
游艺器材及娱乐用品制造	87	6	3			13	

3-H-6　续表 2

行　　业	专　利 申请数 (件)	#发明 专利	有　效 发　明 专利数 (件)	专利所有 权转让及 许 可 数 (件)	专利所有 权转让及 许可收入 (万元)	拥　有 注　册 商标数 (件)	形成国家 或行业 标准数 (项)
石油加工、炼焦和核燃料加工业	22	7	5			3	
精炼石油产品制造	22	7	5			3	
炼焦							
核燃料加工							
化学原料和化学制品制造业	576	271	279	14	0	141	26
基础化学原料制造	78	31	87	9		18	6
肥料制造	9	4	4			2	
农药制造	2					2	
涂料、油墨、颜料及类似产品制造	58	28	32			56	6
合成材料制造	191	89	55	2		34	9
专用化学产品制造	214	98	82	3	0	26	5
炸药、火工及焰火产品制造							
日用化学产品制造	24	21	19			3	
医药制造业	493	294	397	1		1083	34
化学药品原料药制造	228	119	108			384	11
化学药品制剂制造	162	133	253	1		653	18
中药饮片加工							
中成药生产	22	9	11			7	4
兽用药品制造							
生物药品制造	28	12	15			22	
卫生材料及医药用品制造	53	21	10			17	1
化学纤维制造业	118	47	118			151	1
纤维素纤维原料及纤维制造	32	5	4			2	
合成纤维制造	86	42	114			149	1
橡胶和塑料制品业	255	88	66			26	7
橡胶制品业	100	18	10			5	
塑料制品业	155	70	56			21	7
非金属矿物制品业	348	155	142	3		138	6
水泥、石灰和石膏制造							
石膏、水泥制品及类似制品制造	128	60	41			4	5
砖瓦、石材等建筑材料制造	49	15	64	3		110	1
玻璃制造	19	3	16				
玻璃制品制造	19	11	11			7	
玻璃纤维和玻璃纤维增强塑料制品制造	25	17	4			13	
陶瓷制品制造	16	6				2	
耐火材料制品制造	26	7	3			1	
石墨及其他非金属矿物制品制造	66	36	3			1	
黑色金属冶炼和压延加工业	83	24	56			8	4
炼铁							
炼钢	21	9	6				3
黑色金属铸造	17	7	35			2	
钢压延加工	45	8	15			6	1
铁合金冶炼							
有色金属冶炼和压延加工业	105	50	82			18	9
常用有色金属冶炼	2	2	2			2	
贵金属冶炼							
稀有稀土金属冶炼							
有色金属合金制造	20	12					
有色金属铸造	7	6	6				
有色金属压延加工	76	30	74			16	9

3-H-6 续表 3

行业	专利申请数(件)	#发明专利	有效发明专利数(件)	专利所有权转让及许可数(件)	专利所有权转让及许可收入(万元)	拥有注册商标数(件)	形成国家或行业标准数(项)
金属制品业	555	218	217			121	17
结构性金属制品制造	151	74	10			10	
金属工具制造	139	60	37			4	1
集装箱及金属包装容器制造	66	18	37			26	6
金属丝绳及其制品制造	8	1	16			24	2
建筑、安全用金属制品制造	93	48	83			40	6
金属表面处理及热处理加工	26	3	4			15	
搪瓷制品制造	2						
金属制日用品制造	8	1					1
其他金属制品制造	62	13	30			2	1
通用设备制造业	723	315	300	69		115	36
锅炉及原动设备制造	30	9	26			29	3
金属加工机械制造	55	23	74			4	
物料搬运设备制造	140	42	71	44		29	1
泵、阀门、压缩机及类似机械制造	158	64	40	25		18	27
轴承、齿轮和传动部件制造	73	19	14			5	
烘炉、风机、衡器、包装等设备制造	96	42	43			23	3
文化、办公用机械制造	127	101	6			1	2
通用零部件制造	38	13	26			6	
其他通用设备制造业	6	2					
专用设备制造业	723	242	383	3		112	8
采矿、冶金、建筑专用设备制造	128	48	80			8	1
化工、木材、非金属加工专用设备制造	322	124	81			13	3
食品、饮料、烟草及饲料生产专用设备制造	1	1	5			1	
印刷、制药、日化及日用品生产专用设备制造	11	8	2			14	
纺织、服装和皮革加工专用设备制造	56	14	29			13	2
电子和电工机械专用设备制造	12	3	10				
农、林、牧、渔专用机械制造							
医疗仪器设备及器械制造	134	23	136	2		32	2
环保、社会公共服务及其他专用设备制造	59	21	40	1		31	
汽车制造业	270	68	192			37	1
汽车整车制造							
改装汽车制造	19	4	38				
低速载货汽车制造							
电车制造							
汽车车身、挂车制造							
汽车零部件及配件制造	251	64	154			37	1
铁路、船舶、航空航天和其他运输设备制造业	157	49	72	1		6	2
铁路运输设备制造	20	3	12			2	
城市轨道交通设备制造							
船舶及相关装置制造	33	18	36	1		3	
航空、航天器及设备制造	11	4					
摩托车制造	3	2	1			1	2
自行车制造	5	1	4				
非公路休闲车及零配件制造	85	21	19				
潜水救捞及其他未列明运输设备制造							

3-H-6　续表 4

行　业	专　利 申请数 (件)	#发明 专利	有　效 发　明 专利数 (件)	专利所有 权转让及 许 可 数 (件)	专利所有 权转让及 许可收入 (万元)	拥　有 注　册 商标数 (件)	形成国家 或行业 标准数 (项)
电气机械和器材制造业	2011	611	961	74		503	19
电机制造	196	39	66	15		53	5
输配电及控制设备制造	359	132	294			33	6
电线、电缆、光缆及电工器材制造	204	89	179			31	2
电池制造	218	63	12			18	2
家用电力器具制造	1004	269	380	59		361	2
非电力家用器具制造	4	3	23			7	
照明器具制造	18	13	4				1
其他电气机械及器材制造	8	3	3				1
计算机、通信和其他电子设备制造业	2088	829	1468	40	352	297	4
计算机制造	341	210	216			7	1
通信设备制造	33	11	3				
广播电视设备制造	120	41	42			14	
雷达及配套设备制造							
视听设备制造	216	44	134			138	2
电子器件制造	440	187	379	36	352	51	
电子元件制造	836	314	664	4		85	1
其他电子设备制造	102	22	30			2	
仪器仪表制造业	259	68	262	1		41	10
通用仪器仪表制造	100	30	208			8	2
专用仪器仪表制造	108	30	50			13	
钟表与计时仪器制造							
光学仪器及眼镜制造	51	8	4			19	8
其他仪器仪表制造业				1		1	
其他制造业	5	1	1				
日用杂品制造	5	1	1				
煤制品制造							
核辐射加工							
其他未列明制造业							
废弃资源综合利用业	15	6	8				
金属废料和碎屑加工处理	15	6	8				
非金属废料和碎屑加工处理							
金属制品、机械和设备修理业							
金属制品修理							
通用设备修理							
专用设备修理							
铁路、船舶、航空航天等运输设备修理							
电气设备修理							
仪器仪表修理							
其他机械和设备修理业							
电力、热力生产和供应业	11	8	3				
电力生产	11	8	3				
电力供应							
热力生产和供应							
燃气生产和供应业							
燃气生产和供应业							
水的生产和供应业	2						
自来水生产和供应							
污水处理及其再生利用	2						

3-H-7 分行业外商投资企业自主知识产权及相关情况

行业	专利申请数(件)	#发明专利	有效发明专利数(件)	专利所有权转让及许可数(件)	专利所有权转让及许可收入(万元)	拥有注册商标数(件)	形成国家或行业标准数(项)
总计	**15059**	**5242**	**9791**	**388**	**9834**	**4734**	**355**
煤炭开采和洗选业							
烟煤和无烟煤开采洗选							
褐煤开采洗选							
其他煤炭采选							
石油和天然气开采业							
石油开采							
天然气开采							
黑色金属矿采选业							
铁矿采选							
锰矿、铬矿采选							
其他黑色金属矿采选							
有色金属矿采选业							
常用有色金属矿采选							
贵金属矿采选							
稀有稀土金属矿采选							
非金属矿采选业							
土砂石开采							
化学矿开采							
采盐							
石棉及其他非金属矿采选							
开采辅助活动							
煤炭开采和洗选辅助活动							
石油和天然气开采辅助活动							
其他开采辅助活动							
其他采矿业							
其他采矿业							
农副食品加工业	60	22	10			45	
谷物磨制							
饲料加工	14	4	6			29	
植物油加工	2						
制糖业							
屠宰及肉类加工	7	3					
水产品加工	2	1				7	
蔬菜、水果和坚果加工	12	11	4			8	
其他农副食品加工	23	3				1	
食品制造业	35	28	35			128	1
焙烤食品制造	1						
糖果、巧克力及蜜饯制造	1	1					
方便食品制造							
乳制品制造	2	2	1				
罐头食品制造	3	2	2			3	
调味品、发酵制品制造							
其他食品制造	28	23	32			125	1
酒、饮料和精制茶制造业	4	3	4			45	
酒的制造	1	1				45	
饮料制造	3	2	4				
精制茶加工							

3-H-7　续表 1

行　　业	专　利申请数(件)	#发明专利	有　效发　明专利数(件)	专利所有权转让及许　可　数(件)	专利所有权转让及许可收入(万元)	拥　有注　册商标数(件)	形成国家或行业标准数(项)
烟草制品业							
烟叶复烤							
卷烟制造							
其他烟草制品制造							
纺织业	382	76	77			148	7
棉纺织及印染精加工	58	13	17			17	6
毛纺织及染整精加工	3	2				1	
麻纺织及染整精加工							
丝绢纺织及印染精加工	15	1					
化纤织造及印染精加工	6	6	17			2	
针织或钩针编织物及其制品制造	3	1	1				
家用纺织制成品制造	67	34	34			77	1
非家用纺织制成品制造	230	19	8			51	
纺织服装、服饰业	1126	73	181			157	3
机织服装制造	883	55	164			146	3
针织或钩针编织服装制造	40	15	17			5	
服饰制造	203	3				6	
皮革、毛皮、羽毛及其制品和制鞋业	94	39	7			12	
皮革鞣制加工							
皮革制品制造	69	30	5			9	
毛皮鞣制及制品加工						2	
羽毛(绒)加工及制品制造	17	5	2				
制鞋业	8	4				1	
木材加工和木、竹、藤、棕、草制品业	42	21	30			17	5
木材加工							
人造板制造	18	12	11			16	5
木制品制造	24	9	19			1	
竹、藤、棕、草等制品制造							
家具制造业	8	1	2	1		13	2
木质家具制造	8	1	2	1		13	2
竹、藤家具制造							
金属家具制造							
塑料家具制造							
其他家具制造							
造纸和纸制品业	364	209	170	3	9	250	
纸浆制造							
造纸	330	199	169	3	9	246	
纸制品制造	34	10	1			4	
印刷和记录媒介复制业	24	4	30			2	
印刷	24	4	30			2	
装订及印刷相关服务							
记录媒介复制							
文教、工美、体育和娱乐用品制造业	474	84	116	37	120	26	5
文教办公用品制造	40	6	32	29		1	
乐器制造	4	2	1			5	1
工艺美术品制造	211	44	65	8	120	16	
体育用品制造	33	11	1			2	4
玩具制造	51	19	14			1	
游艺器材及娱乐用品制造	135	2	3			1	

3-H-7 续表 2

行业	专利申请数(件)	#发明专利	有效发明专利数(件)	专利所有权转让及许可数(件)	专利所有权转让及许可收入(万元)	拥有注册商标数(件)	形成国家或行业标准数(项)
石油加工、炼焦和核燃料加工业	12	4	2			2	
精炼石油产品制造							
炼焦	12	4	2			2	
核燃料加工							
化学原料和化学制品制造业	756	447	848	44	94	747	50
基础化学原料制造	225	122	173	3	94	94	3
肥料制造	5	1	14			3	9
农药制造	104	94	62			501	1
涂料、油墨、颜料及类似产品制造	91	66	56	1		52	10
合成材料制造	173	83	433	21		67	9
专用化学产品制造	134	73	102	19	0	28	18
炸药、火工及焰火产品制造							
日用化学产品制造	24	8	8			2	
医药制造业	312	273	293	10	206	833	82
化学药品原料药制造	41	31	31			120	1
化学药品制剂制造	162	143	197	1	200	672	81
中药饮片加工							
中成药生产	11	10	36	1	6	37	
兽用药品制造	12	12	7	2		1	
生物药品制造	79	71	21	6		1	
卫生材料及医药用品制造	7	6	1			2	
化学纤维制造业	50	29	50			15	4
纤维素纤维原料及纤维制造	14	8	40			5	
合成纤维制造	36	21	10			10	4
橡胶和塑料制品业	551	152	223	2		96	3
橡胶制品业	69	23	20			53	
塑料制品业	482	129	203	2		43	3
非金属矿物制品业	284	83	179			86	5
水泥、石灰和石膏制造	2						
石膏、水泥制品及类似制品制造							
砖瓦、石材等建筑材料制造	29	7	22			15	1
玻璃制造	4	2					
玻璃制品制造	42	16	44			30	2
玻璃纤维和玻璃纤维增强塑料制品制造	64	18				1	
陶瓷制品制造	79	13	80			7	
耐火材料制品制造	17	4	25			4	2
石墨及其他非金属矿物制品制造	47	23	8			29	
黑色金属冶炼和压延加工业	177	91	78			13	5
炼铁							
炼钢							
黑色金属铸造	78	38	15			8	4
钢压延加工	65	40	56			4	1
铁合金冶炼	34	13	7			1	
有色金属冶炼和压延加工业	114	51	46			56	8
常用有色金属冶炼							1
贵金属冶炼							
稀有稀土金属冶炼	19	11	13			11	5
有色金属合金制造	38	17	20			40	
有色金属铸造							
有色金属压延加工	57	23	13			5	2

3-H-7　续表 3

行　　业	专　利申请数(件)	#发明专利	有　效发　明专利数(件)	专利所有权转让及许　可　数(件)	专利所有权转让及许可收入(万元)	拥　有注　册商标数(件)	形成国家或行业标准数(项)
金属制品业	562	202	457	7	13	91	7
结构性金属制品制造	132	61	260	6		6	
金属工具制造	58	29	21			16	2
集装箱及金属包装容器制造	82	22	51			3	3
金属丝绳及其制品制造	84	16	17			8	1
建筑、安全用金属制品制造	61	18	26	1	13	12	1
金属表面处理及热处理加工	29	12	17			8	
搪瓷制品制造							
金属制日用品制造	26	5	4			12	
其他金属制品制造	90	39	61			26	
通用设备制造业	1343	451	737	69	78	317	18
锅炉及原动设备制造	108	32	35			8	
金属加工机械制造	161	63	80			40	1
物料搬运设备制造	218	45	180	17	0	91	1
泵、阀门、压缩机及类似机械制造	203	89	89	52	78	21	1
轴承、齿轮和传动部件制造	117	44	59			25	1
烘炉、风机、衡器、包装等设备制造	329	107	162			94	10
文化、办公用机械制造	54	5	10			1	
通用零部件制造	82	27	39			32	3
其他通用设备制造业	71	39	83			5	1
专用设备制造业	1590	583	791	54	7573	167	30
采矿、冶金、建筑专用设备制造	197	77	150	4		21	11
化工、木材、非金属加工专用设备制造	650	272	314	7		24	2
食品、饮料、烟草及饲料生产专用设备制造	41	21	25	4	0	6	1
印刷、制药、日化及日用品生产专用设备制造	12	9	10				
纺织、服装和皮革加工专用设备制造	30	6	52			2	
电子和电工机械专用设备制造	112	31	36			3	
农、林、牧、渔专用机械制造	74	6	15			18	10
医疗仪器设备及器械制造	259	81	94			70	5
环保、社会公共服务及其他专用设备制造	215	80	95	39	7573	23	1
汽车制造业	676	189	417	11	1739	25	24
汽车整车制造	12		12				
改装汽车制造							
低速载货汽车制造							
电车制造							
汽车车身、挂车制造							
汽车零部件及配件制造	664	189	405	11	1739	25	24
铁路、船舶、航空航天和其他运输设备制造业	448	147	277	20		314	1
铁路运输设备制造	46	22	4			9	
城市轨道交通设备制造	54	26	4				
船舶及相关装置制造	104	26	162	7		9	
航空、航天器及设备制造	1		10				
摩托车制造	7			9			
自行车制造	233	70	95	4		287	1
非公路休闲车及零配件制造						8	
潜水救捞及其他未列明运输设备制造	3	3	2			1	

3-H-7 续表 4

行业	专利申请数(件)	#发明专利	有效发明专利数(件)	专利所有权转让及许可数(件)	专利所有权转让及许可收入(万元)	拥有注册商标数(件)	形成国家或行业标准数(项)
电气机械和器材制造业	2251	755	1970	76		749	68
电机制造	499	143	216	33		160	8
输配电及控制设备制造	838	291	582	27		446	22
电线、电缆、光缆及电工器材制造	151	48	88			70	36
电池制造	40	11	18			4	
家用电力器具制造	580	237	1009	16		3	1
非电力家用器具制造	79	12	8			60	
照明器具制造	57	13	49			6	1
其他电气机械及器材制造	7						
计算机、通信和其他电子设备制造业	2347	918	2315	51	1	239	10
计算机制造	368	99	715	9		19	
通信设备制造	130	43	304			74	7
广播电视设备制造	24	4	8				
雷达及配套设备制造							
视听设备制造	29	6	124			9	
电子器件制造	779	445	678	9	1	86	2
电子元件制造	840	245	468	28	0	31	1
其他电子设备制造	177	76	18	5		20	
仪器仪表制造业	926	298	432	3		132	17
通用仪器仪表制造	469	147	215	3		86	5
专用仪器仪表制造	386	100	190			6	3
钟表与计时仪器制造							
光学仪器及眼镜制造	71	51	27			40	9
其他仪器仪表制造业							
其他制造业	17	5	9			9	
日用杂品制造	17	5	9			9	
煤制品制造							
核辐射加工							
其他未列明制造业							
废弃资源综合利用业							
金属废料和碎屑加工处理							
非金属废料和碎屑加工处理							
金属制品、机械和设备修理业							
金属制品修理							
通用设备修理							
专用设备修理							
铁路、船舶、航空航天等运输设备修理							
电气设备修理							
仪器仪表修理							
其他机械和设备修理业							
电力、热力生产和供应业	5	2	4				
电力生产	5	2	4				
电力供应							
热力生产和供应							
燃气生产和供应业	11		1				
燃气生产和供应业	11		1				
水的生产和供应业	14	2					
自来水生产和供应	14	2					
污水处理及其再生利用							

3-H-8　分地区企业自主知识产权及相关情况

地　区	专　利申请数(件)	#发明专利	有效发明专利数(件)	专利所有权转让及许可数(件)	专利所有权转让及许可收入(万元)	拥有注册商标数(件)	形成国家或行业标准数(项)
全　省	**93518**	**33090**	**52718**	**2162**	**39480**	**36200**	**3389**
南京市	8488	4054	7704	223	6437	4118	541
无锡市	15435	5079	10378	359	5136	6362	438
徐州市	3672	1053	1135	65	37	751	90
常州市	9976	2895	4430	225	6689	3368	424
苏州市	26080	9611	16400	631	768	9649	639
南通市	8649	2865	3011	110	742	2400	412
连云港市	1198	605	1072	11	0	956	92
淮安市	1593	490	516	25	702	994	57
盐城市	2215	1078	1012	60	947	903	63
扬州市	4345	1434	2038	115	175	2531	230
镇江市	5323	1925	3052	92	4754	1360	203
泰州市	4612	1444	1523	137	1569	2527	179
宿迁市	1932	557	447	109	11523	281	21

3-H-9　分地区大中型企业自主知识产权及相关情况

地　区	专　利申请数(件)	#发明专利	有效发明专利数(件)	专利所有权转让及许可数(件)	专利所有权转让及许可收入(万元)	拥有注册商标数(件)	形成国家或行业标准数(项)
全　省	**50779**	**18054**	**31602**	**1243**	**19923**	**25650**	**2086**
南京市	6411	3197	6030	105	6258	3018	328
无锡市	7085	2333	5296	149	1530	4784	260
徐州市	2377	614	676	13	3	516	66
常州市	4182	1253	2337	89	4244	2150	192
苏州市	15800	5643	9970	489	714	7197	431
南通市	4192	1364	1510	76	278	1285	232
连云港市	690	348	795	1	0	795	60
淮安市	647	199	172	9	322	586	37
盐城市	870	418	520	38	628	637	42
扬州市	2206	705	1120	70	138	1402	153
镇江市	3214	1122	2208	70	3956	1001	153
泰州市	2301	678	871	65	1500	2127	120
宿迁市	804	180	97	69	352	152	12

3-H-10 分地区内资企业自主知识产权及相关情况

地　　区	专　利申请数（件）		有效发明专利数（件）	专利所有权转让及许可数（件）	专利所有权转让及许可收入（万元）	拥有注册商标数（件）	形成国家或行业标准数（项）
		#发明专利					
全　　省	**67220**	**24177**	**37494**	**1546**	**26060**	**27171**	**2814**
南京市	7099	3486	5693	193	3120	3315	470
无锡市	12083	4011	8046	171	3636	5366	311
徐州市	3365	962	953	65	37	691	81
常州市	7429	2204	3301	176	6689	2395	381
苏州市	14295	5353	9172	410	564	5595	496
南通市	5655	2038	2226	85	621	1819	334
连云港市	976	460	742	11		487	72
淮安市	1125	360	426	25	702	926	50
盐城市	2023	963	923	60	947	792	52
扬州市	3816	1265	1854	88	162	2447	212
镇江市	3898	1397	2430	87	4492	993	166
泰州市	3669	1197	1318	104	1569	2084	168
宿迁市	1787	481	410	71	3521	261	21

3-H-11 分地区港澳台商投资企业自主知识产权及相关情况

地　　区	专　利申请数（件）		有效发明专利数（件）	专利所有权转让及许可数（件）	专利所有权转让及许可收入（万元）	拥有注册商标数（件）	形成国家或行业标准数（项）
		#发明专利					
全　　省	**11239**	**3671**	**5433**	**228**	**3586**	**4295**	**220**
南京市	310	128	452	8	3218	476	34
无锡市	1177	404	955	56		290	43
徐州市	159	40	62			16	5
常州市	1158	294	515	5		347	7
苏州市	4791	1796	2494	88	2	2329	41
南通市	1618	341	326	9	0	122	56
连云港市	130	71	173			99	3
淮安市	397	113	63			57	4
盐城市	69	49	18			28	
扬州市	229	77	80	26	13	41	2
镇江市	716	253	196			100	19
泰州市	452	95	95	26	0	383	6
宿迁市	33	10	4	10	352	7	

3-H-12　分地区外商投资企业自主知识产权及相关情况

地　区	专　利申请数(件)	#发明专利	有效发明专利数(件)	专利所有权转让及许可数(件)	专利所有权转让及许可收入(万元)	拥有注册商标数(件)	形成国家或行业标准数(项)
全　省	**15059**	**5242**	**9791**	**388**	**9834**	**4734**	**355**
南京市	1079	440	1559	22	100	327	37
无锡市	2175	664	1377	132	1500	706	84
徐州市	148	51	120			44	4
常州市	1389	397	614	44		626	36
苏州市	6994	2462	4734	133	202	1725	102
南通市	1376	486	459	16	120	459	22
连云港市	92	74	157			370	17
淮安市	71	17	27			11	3
盐城市	123	66	71			83	11
扬州市	300	92	104	1		43	16
镇江市	709	275	426	5	262	267	18
泰州市	491	152	110	7		60	5
宿迁市	112	66	33	28	7651	13	

3-I-1 分登记注册类型企业政府相关政策落实情况

单位：万元

登记注册类型	使用来自政府部门的科技活动资金	研究开发费用加计扣除减免税	高新技术企业减免税
总　计	**321387**	**416901**	**952164**
内资企业	**269312**	**315117**	**547277**
国有企业	9769	7052	12061
集体企业	1739	125	51
股份合作企业	63	85	117
联营企业	136	1823	2
国有联营企业	14	1793	
集体联营企业			
国有与集体联营企业		30	2
其他联营企业	122		
有限责任公司	96058	108446	153417
国有独资公司	33205	18099	20591
其他有限责任公司	62853	90347	132826
股份有限公司	49118	55988	164740
私营企业	111951	141215	215735
私营独资企业	1759	1236	2498
私营合伙企业	56	190	83
私营有限责任公司	91286	122825	171928
私营股份有限公司	18849	16963	41226
其他企业	479	383	1154
港、澳、台商投资企业	**22411**	**31525**	**113433**
合资经营企业(港或澳、台资)	11415	13019	49086
合作经营企业(港或澳、台资)	297	87	180
港、澳、台商独资经营企业	9191	16229	55115
港、澳、台商投资股份有限公司	1508	2190	9053
其他港澳台投资企业			
外商投资企业	**29663**	**70260**	**291454**
中外合资经营企业	14695	21595	115171
中外合作经营企业	939	475	339
外资企业	12832	37594	162460
外商投资股份有限公司	1197	10544	13485
其他外商投资企业		51	

3-I-2 分登记注册类型大中型企业政府相关政策落实情况

单位：万元

登记注册类型	使用来自政府部门的科技活动资金	研究开发费用加计扣除减免税	高新技术企业减免税
总　计	**231881**	**314345**	**802736**
内资企业	**190218**	**233455**	**444150**
国有企业	9682	6302	11836
集体企业	1577		
股份合作企业			
联营企业			
国有联营企业			
集体联营企业			
国有与集体联营企业			
其他联营企业			
有限责任公司	76863	87067	133345
国有独资公司	32625	17116	20297
其他有限责任公司	44237	69951	113048
股份有限公司	39263	48678	140981
私营企业	62786	91263	156816
私营独资企业			
私营合伙企业			
私营有限责任公司	45704	75789	118124
私营股份有限公司	16256	14548	36332
其他企业	30		
港、澳、台商投资企业	**17909**	**23941**	**97693**
合资经营企业(港或澳、台资)	8864	9732	42149
合作经营企业(港或澳、台资)			
港、澳、台商独资经营企业	7560	12036	46635
港、澳、台商投资股份有限公司	1486	2174	8909
其他港澳台投资企业			
外商投资企业	**23754**	**56949**	**260892**
中外合资经营企业	10911	14688	101483
中外合作经营企业	937		
外资企业	11705	32033	148518
外商投资股份有限公司	201	9920	10729
其他外商投资企业		51	

3-I-3 分行业企业政府相关政策落实情况

单位：万元

行　业	使用来自政府部门的科技活动资金	研究开发费用加计扣除减免税	高新技术企业减免税
总　计	**321387**	**416901**	**952164**
煤炭开采和洗选业	34	2828	
烟煤和无烟煤开采洗选	34	2828	
褐煤开采洗选			
其他煤炭采选			
石油和天然气开采业	200	2014	
石油开采	200	2014	
天然气开采			
黑色金属矿采选业	2	50	
铁矿采选	2	50	
锰矿、铬矿采选			
其他黑色金属矿采选			
有色金属矿采选业	266	170	780
常用有色金属矿采选	266	170	780
贵金属矿采选			
稀有稀土金属矿采选			
非金属矿采选业	339	254	66
土砂石开采	185	58	66
化学矿开采			
采盐	154	196	
石棉及其他非金属矿采选			
开采辅助活动			
煤炭开采和洗选辅助活动			
石油和天然气开采辅助活动			
其他开采辅助活动			
其他采矿业			
其他采矿业			
农副食品加工业	3627	1584	487
谷物磨制	422	24	
饲料加工	871	208	390
植物油加工	125	199	
制糖业	36	26	14
屠宰及肉类加工	1164	262	55
水产品加工	227	659	
蔬菜、水果和坚果加工	321	140	10
其他农副食品加工	461	66	17
食品制造业	2407	1124	2387
焙烤食品制造	10	55	
糖果、巧克力及蜜饯制造			
方便食品制造	200	51	12
乳制品制造	1076	641	1285
罐头食品制造	10		
调味品、发酵制品制造	668	134	41
其他食品制造	443	244	1049
酒、饮料和精制茶制造业	1606	483	497
酒的制造	45	75	496
饮料制造	1262	76	
精制茶加工	300	332	1

3-I-3　续表 1　　　　单位：万元

行　　业	使用来自政府部门的科技活动资金	研究开发费用加计扣除减免税	高新技术企业减免税
烟草制品业		40	
烟叶复烤			
卷烟制造			
其他烟草制品制造		40	
纺织业	9215	8110	9381
棉纺织及印染精加工	2911	4137	2578
毛纺织及染整精加工	1310	463	1320
麻纺织及染整精加工		91	278
丝绢纺织及印染精加工	1298	332	470
化纤织造及印染精加工	610	1	
针织或钩针编织物及其制品制造	1222	446	77
家用纺织制成品制造	1428	1925	4183
非家用纺织制成品制造	438	716	476
纺织服装、服饰业	1823	1114	3171
机织服装制造	1501	859	2893
针织或钩针编织服装制造	221	109	222
服饰制造	101	146	56
皮革、毛皮、羽毛及其制品和制鞋业	541	800	114
皮革鞣制加工	10		
皮革制品制造	138	527	114
毛皮鞣制及制品加工			
羽毛(绒)加工及制品制造	306	86	
制鞋业	87	188	
木材加工和木、竹、藤、棕、草制品业	1096	1103	3441
木材加工	7		
人造板制造	847	978	1940
木制品制造	242	125	1501
竹、藤、棕、草等制品制造			
家具制造业	16	23	583
木质家具制造	13		583
竹、藤家具制造			
金属家具制造		6	
塑料家具制造			
其他家具制造	3	18	
造纸和纸制品业	297	9146	11561
纸浆制造			
造纸	68	8964	10935
纸制品制造	229	182	626
印刷和记录媒介复制业	301	1219	2507
印刷	301	1219	2507
装订及印刷相关服务			
记录媒介复制			
文教、工美、体育和娱乐用品制造业	1839	2998	3082
文教办公用品制造	70	357	675
乐器制造	18	91	113
工艺美术品制造	691	1670	1456
体育用品制造	150	183	
玩具制造	631	661	838
游艺器材及娱乐用品制造	279	38	

3-I-3 续表 2

单位：万元

行　　业	使用来自政府部门的科技活动资金	研究开发费用加计扣除减免税	高新技术企业减免税
石油加工、炼焦和核燃料加工业	547	822	1944
精炼石油产品制造	497	822	1896
炼焦	50		48
核燃料加工			
化学原料和化学制品制造业	29350	35451	94732
基础化学原料制造	11623	10179	21311
肥料制造	560	209	70
农药制造	2944	4164	21879
涂料、油墨、颜料及类似产品制造	1856	5196	14947
合成材料制造	4199	5064	11514
专用化学产品制造	7669	10359	24116
炸药、火工及焰火产品制造		50	
日用化学产品制造	500	231	895
医药制造业	22184	22051	85304
化学药品原料药制造	2687	2852	7408
化学药品制剂制造	10813	13787	64479
中药饮片加工	787	61	1854
中成药生产	4408	2624	5234
兽用药品制造	472	378	758
生物药品制造	2645	1344	4651
卫生材料及医药用品制造	371	1005	921
化学纤维制造业	4845	2026	23489
纤维素纤维原料及纤维制造	1163	1897	22199
合成纤维制造	3682	130	1290
橡胶和塑料制品业	3449	9137	16593
橡胶制品业	1518	2397	8559
塑料制品业	1931	6740	8034
非金属矿物制品业	14436	7189	16737
水泥、石灰和石膏制造	410	169	
石膏、水泥制品及类似制品制造	758	1262	1065
砖瓦、石材等建筑材料制造	610	1287	4320
玻璃制造	298	32	1331
玻璃制品制造	2360	1249	3061
玻璃纤维和玻璃纤维增强塑料制品制造	6312	777	2719
陶瓷制品制造	1153	1250	2569
耐火材料制品制造	717	273	1205
石墨及其他非金属矿物制品制造	1820	891	467
黑色金属冶炼和压延加工业	4548	9537	14111
炼铁	3		
炼钢	65	48	6652
黑色金属铸造	534	1777	2974
钢压延加工	3828	7395	4429
铁合金冶炼	118	318	56
有色金属冶炼和压延加工业	4400	4744	5656
常用有色金属冶炼	81	250	185
贵金属冶炼			
稀有稀土金属冶炼	395	39	
有色金属合金制造	1689	2721	2731
有色金属铸造	10		
有色金属压延加工	2226	1734	2740

3-I-3 续表 3 单位：万元

行业	使用来自政府部门的科技活动资金	研究开发费用加计扣除减免税	高新技术企业减免税
金属制品业	7453	8557	28073
结构性金属制品制造	1058	1424	4404
金属工具制造	386	516	1208
集装箱及金属包装容器制造	2133	2615	9161
金属丝绳及其制品制造	1787	1319	6710
建筑、安全用金属制品制造	305	303	583
金属表面处理及热处理加工	616	629	410
搪瓷制品制造	20		
金属制日用品制造	30	175	1860
其他金属制品制造	1118	1576	3737
通用设备制造业	22303	39384	122458
锅炉及原动设备制造	5632	5833	15987
金属加工机械制造	7174	4926	6081
物料搬运设备制造	1853	13966	28896
泵、阀门、压缩机及类似机械制造	2300	3927	8471
轴承、齿轮和传动部件制造	1402	2800	6435
烘炉、风机、衡器、包装等设备制造	2301	5847	18666
文化、办公用机械制造	387	615	33682
通用零部件制造	954	944	2714
其他通用设备制造业	299	528	1525
专用设备制造业	26139	32287	82757
采矿、冶金、建筑专用设备制造	9717	11762	34616
化工、木材、非金属加工专用设备制造	2312	4920	14948
食品、饮料、烟草及饲料生产专用设备制造	476	334	2022
印刷、制药、日化及日用品生产专用设备制造	359	309	719
纺织、服装和皮革加工专用设备制造	1751	3466	6609
电子和电工机械专用设备制造	1050	1560	734
农、林、牧、渔专用机械制造	598	227	801
医疗仪器设备及器械制造	2864	3495	7069
环保、社会公共服务及其他专用设备制造	7012	6215	15240
汽车制造业	8378	17625	55963
汽车整车制造	3226	1477	4422
改装汽车制造	1090	3604	1266
低速载货汽车制造			
电车制造			
汽车车身、挂车制造	4	178	1588
汽车零部件及配件制造	4060	12367	48687
铁路、船舶、航空航天和其他运输设备制造业	35295	29877	48230
铁路运输设备制造	4996	5202	19717
城市轨道交通设备制造	317	739	1447
船舶及相关装置制造	1900	4343	20163
航空、航天器及设备制造	27717	18198	4730
摩托车制造	213	902	1815
自行车制造	124	494	358
非公路休闲车及零配件制造	29		
潜水救捞及其他未列明运输设备制造			

3-I-3 续表 4 单位：万元

行业	使用来自政府部门的科技活动资金	研究开发费用加计扣除减免税	高新技术企业减免税
电气机械和器材制造业	53547	81899	141581
电机制造	6941	13023	26953
输配电及控制设备制造	26731	47909	69276
电线、电缆、光缆及电工器材制造	13704	10333	24254
电池制造	1888	1125	314
家用电力器具制造	1772	1813	12850
非电力家用器具制造	726	857	2971
照明器具制造	1726	6655	4942
其他电气机械及器材制造	60	184	20
计算机、通信和其他电子设备制造业	36249	51209	99856
计算机制造	538	4660	9018
通信设备制造	2922	5658	4629
广播电视设备制造	1312	3615	5020
雷达及配套设备制造	2802	2514	1417
视听设备制造	696	11051	10036
电子器件制造	21528	10521	23962
电子元件制造	4632	9753	22750
其他电子设备制造	1819	3437	23025
仪器仪表制造业	23315	28883	75165
通用仪器仪表制造	16941	21957	60030
专用仪器仪表制造	4992	5422	13728
钟表与计时仪器制造			
光学仪器及眼镜制造	1380	1438	1150
其他仪器仪表制造业	3	65	257
其他制造业	11	135	520
日用杂品制造	11	135	520
煤制品制造			
核辐射加工			
其他未列明制造业			
废弃资源综合利用业	18	3	86
金属废料和碎屑加工处理		3	86
非金属废料和碎屑加工处理	18		
金属制品、机械和设备修理业	19	24	52
金属制品修理			
通用设备修理			
专用设备修理			
铁路、船舶、航空航天等运输设备修理	17	24	52
电气设备修理			
仪器仪表修理			
其他机械和设备修理业	2		
电力、热力生产和供应业	917	2611	690
电力生产	851	1144	
电力供应	56	1467	690
热力生产和供应	10		
燃气生产和供应业	7		
燃气生产和供应业	7		
水的生产和供应业	368	390	111
自来水生产和供应	342	10	
污水处理及其再生利用	26	380	111

3-I-4　分行业大中型企业政府相关政策落实情况

单位：万元

行　　业	使用来自政府部门的科技活动资金	研究开发费用加计扣除减免税	高新技术企业减免税
总　计	**231881**	**314345**	**802736**
煤炭开采和洗选业	34	2828	
烟煤和无烟煤开采洗选	34	2828	
褐煤开采洗选			
其他煤炭采选			
石油和天然气开采业	200	2014	
石油开采	200	2014	
天然气开采			
黑色金属矿采选业			
铁矿采选			
锰矿、铬矿采选			
其他黑色金属矿采选			
有色金属矿采选业			
常用有色金属矿采选			
贵金属矿采选			
稀有稀土金属矿采选			
非金属矿采选业	144	238	
土砂石开采	40		
化学矿开采			
采盐	104	180	
石棉及其他非金属矿采选			
开采辅助活动			
煤炭开采和洗选辅助活动			
石油和天然气开采辅助活动			
其他开采辅助活动			
其他采矿业			
其他采矿业			
农副食品加工业	2039	440	
谷物磨制	350	22	
饲料加工			
植物油加工			
制糖业			
屠宰及肉类加工	1039	93	
水产品加工			
蔬菜、水果和坚果加工			
其他农副食品加工			
食品制造业	1316	318	
焙烤食品制造			
糖果、巧克力及蜜饯制造			
方便食品制造			
乳制品制造	600	80	
罐头食品制造			
调味品、发酵制品制造	568	134	
其他食品制造	141		
酒、饮料和精制茶制造业	1134	75	
酒的制造	14	75	
饮料制造	1120		
精制茶加工			

3-I-4 续表 1

单位：万元

行业	使用来自政府部门的科技活动资金	研究开发费用加计扣除减免税	高新技术企业减免税
烟草制品业			
烟叶复烤			
卷烟制造			
其他烟草制品制造			
纺织业	7890	6988	9040
棉纺织及印染精加工	2336	3806	2578
毛纺织及染整精加工	1280	463	1320
麻纺织及染整精加工			
丝绢纺织及印染精加工	1222	332	470
化纤织造及印染精加工	587		
针织或钩针编织物及其制品制造			
家用纺织制成品制造	1195	1725	4183
非家用纺织制成品制造	83	124	
纺织服装、服饰业	1283	902	3101
机织服装制造	1159	805	2879
针织或钩针编织服装制造		98	
服饰制造			
皮革、毛皮、羽毛及其制品和制鞋业	462	608	
皮革鞣制加工			
皮革制品制造			
毛皮鞣制及制品加工			
羽毛(绒)加工及制品制造			
制鞋业	42	32	
木材加工和木、竹、藤、棕、草制品业	562	1103	3441
木材加工			
人造板制造	530	978	1940
木制品制造			
竹、藤、棕、草等制品制造			
家具制造业			
木质家具制造			
竹、藤家具制造			
金属家具制造			
塑料家具制造			
其他家具制造			
造纸和纸制品业	174	8868	11312
纸浆制造			
造纸	23	8866	10786
纸制品制造			
印刷和记录媒介复制业		1048	2300
印刷		1048	2300
装订及印刷相关服务			
记录媒介复制			
文教、工美、体育和娱乐用品制造业	1338	2742	2749
文教办公用品制造	10	336	675
乐器制造			
工艺美术品制造	386	1596	1308
体育用品制造			
玩具制造	597	628	766
游艺器材及娱乐用品制造			

3-I-4　续表 2　　单位：万元

行　　业	使用来自政府部门的科技活动资金	研究开发费用加计扣除减免税	高新技术企业减免税
石油加工、炼焦和核燃料加工业			
精炼石油产品制造			
炼焦			
核燃料加工			
化学原料和化学制品制造业	17729	19856	65365
基础化学原料制造	9093	6213	15299
肥料制造	333	194	
农药制造	2322	3874	21714
涂料、油墨、颜料及类似产品制造	812	2261	8547
合成材料制造	1109	2524	5082
专用化学产品制造	4019	4682	13835
炸药、火工及焰火产品制造			
日用化学产品制造			819
医药制造业	17369	18098	78989
化学药品原料药制造	1849	1294	
化学药品制剂制造	10205	12972	63785
中药饮片加工			
中成药生产	4188	2311	5051
兽用药品制造			
生物药品制造			
卫生材料及医药用品制造	210	791	236
化学纤维制造业	4125	1931	23324
纤维素纤维原料及纤维制造	1010	1868	22188
合成纤维制造	3115		1136
橡胶和塑料制品业	2001	6273	13972
橡胶制品业	1135	1751	7750
塑料制品业		4523	6222
非金属矿物制品业	8992	3370	9820
水泥、石灰和石膏制造	372	114	
石膏、水泥制品及类似制品制造	179	344	861
砖瓦、石材等建筑材料制造			
玻璃制造			
玻璃制品制造	836	636	1360
玻璃纤维和玻璃纤维增强塑料制品制造	5398	410	2296
陶瓷制品制造	721		
耐火材料制品制造			
石墨及其他非金属矿物制品制造			
黑色金属冶炼和压延加工业	4021	8742	11978
炼铁	3		
炼钢	65	48	6652
黑色金属铸造			
钢压延加工	3448	7042	2890
铁合金冶炼	118	218	56
有色金属冶炼和压延加工业	2846	2657	3736
常用有色金属冶炼			
贵金属冶炼			
稀有稀土金属冶炼			
有色金属合金制造	1253	1467	1940
有色金属铸造			
有色金属压延加工			

3-I-4　续表 3　　　　单位：万元

行　　业	使用来自政府部门的科技活动资金	研究开发费用加计扣除减免税	高新技术企业减免税
金属制品业	5047	5378	24093
结构性金属制品制造	651	1019	2841
金属工具制造	40	335	1031
集装箱及金属包装容器制造	1991	2012	9101
金属丝绳及其制品制造	1492	519	6349
建筑、安全用金属制品制造			
金属表面处理及热处理加工			
搪瓷制品制造			
金属制日用品制造		95	1800
其他金属制品制造		688	2562
通用设备制造业	12580	28977	108752
锅炉及原动设备制造	3950	5560	15039
金属加工机械制造	4402	1957	3791
物料搬运设备制造	1585	12635	26916
泵、阀门、压缩机及类似机械制造		2200	6527
轴承、齿轮和传动部件制造	1244	2028	5227
烘炉、风机、衡器、包装等设备制造		3929	15924
文化、办公用机械制造	40	111	32826
通用零部件制造			
其他通用设备制造业			
专用设备制造业	13197	19793	67138
采矿、冶金、建筑专用设备制造	5207	8254	31392
化工、木材、非金属加工专用设备制造		3894	13211
食品、饮料、烟草及饲料生产专用设备制造	350	157	1644
印刷、制药、日化及日用品生产专用设备制造			
纺织、服装和皮革加工专用设备制造	781	1983	5930
电子和电工机械专用设备制造			
农、林、牧、渔专用机械制造	175		
医疗仪器设备及器械制造	1726	1610	4960
环保、社会公共服务及其他专用设备制造	3857	2230	8878
汽车制造业	6970	14529	49154
汽车整车制造	3066	1360	4245
改装汽车制造			
低速载货汽车制造			
电车制造			
汽车车身、挂车制造			1588
汽车零部件及配件制造	2815	9620	42649
铁路、船舶、航空航天和其他运输设备制造业	33877	25060	42830
铁路运输设备制造	4390	4108	17807
城市轨道交通设备制造		476	1049
船舶及相关装置制造	1511	1205	17943
航空、航天器及设备制造	27665	18123	4216
摩托车制造	147	888	1815
自行车制造	94		
非公路休闲车及零配件制造			
潜水救捞及其他未列明运输设备制造			

3-I-4　续表 4　　单位：万元

行　　业	使用来自政府部门的科技活动资金	研究开发费用加计扣除减免税	高新技术企业减免税
电气机械和器材制造业	41761	65621	121670
电机制造	3475	9300	22098
输配电及控制设备制造	22404	39565	58725
电线、电缆、光缆及电工器材制造	12184	7768	21080
电池制造	345	830	250
家用电力器具制造	1629	1241	12105
非电力家用器具制造	435	545	2626
照明器具制造	1290	6372	4787
其他电气机械及器材制造			
计算机、通信和其他电子设备制造业	26452	38449	86314
计算机制造	390	4252	8120
通信设备制造	1870	5264	3249
广播电视设备制造		2450	3282
雷达及配套设备制造			
视听设备制造	645	10955	9797
电子器件制造	18354	6333	20294
电子元件制造	3124	6374	19626
其他电子设备制造	1131	2760	21781
仪器仪表制造业	16421	23638	59742
通用仪器仪表制造	12092	18144	50578
专用仪器仪表制造	3411	4047	7938
钟表与计时仪器制造			
光学仪器及眼镜制造	915	1382	995
其他仪器仪表制造业			
其他制造业			
日用杂品制造			
煤制品制造			
核辐射加工			
其他未列明制造业			
废弃资源综合利用业			
金属废料和碎屑加工处理			
非金属废料和碎屑加工处理			
金属制品、机械和设备修理业			
金属制品修理			
通用设备修理			
专用设备修理			
铁路、船舶、航空航天等运输设备修理			
电气设备修理			
仪器仪表修理			
其他机械和设备修理业			
电力、热力生产和供应业	613	2584	690
电力生产	557	1117	
电力供应	56	1467	690
热力生产和供应			
燃气生产和供应业			
燃气生产和供应业			
水的生产和供应业	342		
自来水生产和供应	342		
污水处理及其再生利用			

3-I-5 分行业内资企业政府相关政策落实情况

单位：万元

行业	使用来自政府部门的科技活动资金	研究开发费用加计扣除减免税	高新技术企业减免税
总计	**269312**	**315117**	**547277**
煤炭开采和洗选业	34	2828	
烟煤和无烟煤开采洗选	34	2828	
褐煤开采洗选			
其他煤炭采选			
石油和天然气开采业	200	2014	
石油开采	200	2014	
天然气开采			
黑色金属矿采选业	2	50	
铁矿采选	2	50	
锰矿、铬矿采选			
其他黑色金属矿采选			
有色金属矿采选业	266	170	780
常用有色金属矿采选	266	170	780
贵金属矿采选			
稀有稀土金属矿采选			
非金属矿采选业	339	254	66
土砂石开采	185	58	66
化学矿开采			
采盐	154	196	
石棉及其他非金属矿采选			
开采辅助活动			
煤炭开采和洗选辅助活动			
石油和天然气开采辅助活动			
其他开采辅助活动			
其他采矿业			
其他采矿业			
农副食品加工业	1698	1512	469
谷物磨制	422	24	
饲料加工	677	208	372
植物油加工	125	199	
制糖业	36	26	14
屠宰及肉类加工	185	233	55
水产品加工	153	616	
蔬菜、水果和坚果加工	25	140	10
其他农副食品加工	76	66	17
食品制造业	2177	921	492
焙烤食品制造	10	55	
糖果、巧克力及蜜饯制造			
方便食品制造	200	15	12
乳制品制造	1076	641	
罐头食品制造	10		
调味品、发酵制品制造	668	134	41
其他食品制造	213	76	439
酒、饮料和精制茶制造业	1494	407	1
酒的制造	45	75	0
饮料制造	1149		
精制茶加工	300	332	1

3-I-5　续表 1　　　　单位：万元

行　　业	使用来自政府部门的科技活动资金	研究开发费用加计扣除减免税	高新技术企业减免税
烟草制品业		40	
烟叶复烤			
卷烟制造			
其他烟草制品制造		40	
纺织业	8025	6383	4831
棉纺织及印染精加工	2704	3539	2563
毛纺织及染整精加工	1175	333	1310
麻纺织及染整精加工			
丝绢纺织及印染精加工	1258	320	470
化纤织造及印染精加工	606	1	
针织或钩针编织物及其制品制造	1217	446	77
家用纺织制成品制造	729	1123	124
非家用纺织制成品制造	337	622	287
纺织服装、服饰业	1052	951	2949
机织服装制造	922	754	2893
针织或钩针编织服装制造	129	74	
服饰制造	0	123	56
皮革、毛皮、羽毛及其制品和制鞋业	207	527	114
皮革鞣制加工	10		
皮革制品制造	128	527	114
毛皮鞣制及制品加工			
羽毛(绒)加工及制品制造	4		
制鞋业	65		
木材加工和木、竹、藤、棕、草制品业	729	977	3108
木材加工	7		
人造板制造	481	977	1940
木制品制造	242		1168
竹、藤、棕、草等制品制造			
家具制造业	16		583
木质家具制造	13		583
竹、藤家具制造			
金属家具制造			
塑料家具制造			
其他家具制造	3		
造纸和纸制品业	286	607	159
纸浆制造			
造纸	68	447	100
纸制品制造	218	160	59
印刷和记录媒介复制业	300	1084	2324
印刷	300	1084	2324
装订及印刷相关服务			
记录媒介复制			
文教、工美、体育和娱乐用品制造业	1218	1787	1392
文教办公用品制造	60	87	75
乐器制造			
工艺美术品制造	691	1509	1308
体育用品制造	125	125	
玩具制造	79	29	9
游艺器材及娱乐用品制造	264	38	

3-I-5 续表 2

单位：万元

行　　业	使用来自政府部门的科技活动资金	研究开发费用加计扣除减免税	高新技术企业减免税
石油加工、炼焦和核燃料加工业	497	803	1896
精炼石油产品制造	497	803	1896
炼焦			
核燃料加工			
化学原料和化学制品制造业	23918	28023	74610
基础化学原料制造	10289	7742	17263
肥料制造	550	197	
农药制造	2644	3473	20294
涂料、油墨、颜料及类似产品制造	1270	4283	7884
合成材料制造	3577	3151	8160
专用化学产品制造	5539	8970	20139
炸药、火工及焰火产品制造		50	
日用化学产品制造	50	157	870
医药制造业	17530	17244	48819
化学药品原料药制造	2270	2514	6030
化学药品制剂制造	7180	9744	30198
中药饮片加工	567	61	1854
中成药生产	4398	2453	5060
兽用药品制造	319	318	586
生物药品制造	2465	1157	4335
卫生材料及医药用品制造	331	998	755
化学纤维制造业	3070	1730	472
纤维素纤维原料及纤维制造	1048	1687	365
合成纤维制造	2022	43	107
橡胶和塑料制品业	3210	5293	6957
橡胶制品业	1488	1568	3558
塑料制品业	1721	3726	3400
非金属矿物制品业	12982	4921	10773
水泥、石灰和石膏制造	310	139	
石膏、水泥制品及类似制品制造	691	968	204
砖瓦、石材等建筑材料制造	607	591	2350
玻璃制造	295		5
玻璃制品制造	1739	826	2423
玻璃纤维和玻璃纤维增强塑料制品制造	6135	619	1997
陶瓷制品制造	999	1061	2320
耐火材料制品制造	657	230	1115
石墨及其他非金属矿物制品制造	1550	486	359
黑色金属冶炼和压延加工业	4107	8757	4583
炼铁	3		
炼钢	65		
黑色金属铸造	504	1447	1131
钢压延加工	3417	7185	3395
铁合金冶炼	118	125	56
有色金属冶炼和压延加工业	3997	3920	3689
常用有色金属冶炼	78	250	185
贵金属冶炼			
稀有稀土金属冶炼	395	39	
有色金属合金制造	1687	2309	1450
有色金属铸造	10		
有色金属压延加工	1826	1322	2054

3-1-5　续表 3　　　　单位：万元

行　　业	使用来自政府部门的科技活动资金	研究开发费用加计扣除减免税	高新技术企业减免税
金属制品业	6443	6692	11005
结构性金属制品制造	841	1327	3323
金属工具制造	290	299	911
集装箱及金属包装容器制造	1788	2024	1629
金属丝绳及其制品制造	1691	1137	844
建筑、安全用金属制品制造	155	96	455
金属表面处理及热处理加工	611	615	410
搪瓷制品制造	20		
金属制日用品制造	30		
其他金属制品制造	1017	1194	3434
通用设备制造业	19957	32139	60463
锅炉及原动设备制造	5241	5527	13781
金属加工机械制造	6778	3898	4822
物料搬运设备制造	1670	12369	26238
泵、阀门、压缩机及类似机械制造	2282	2826	3414
轴承、齿轮和传动部件制造	1293	1813	4533
烘炉、风机、衡器、包装等设备制造	1163	4256	4744
文化、办公用机械制造	377	511	825
通用零部件制造	854	412	885
其他通用设备制造业	299	528	1222
专用设备制造业	22435	26918	56833
采矿、冶金、建筑专用设备制造	7465	9485	25896
化工、木材、非金属加工专用设备制造	2113	3905	5636
食品、饮料、烟草及饲料生产专用设备制造	476	286	833
印刷、制药、日化及日用品生产专用设备制造	359	218	431
纺织、服装和皮革加工专用设备制造	1604	2997	6018
电子和电工机械专用设备制造	999	1309	446
农、林、牧、渔专用机械制造	544	132	252
医疗仪器设备及器械制造	1952	2672	4610
环保、社会公共服务及其他专用设备制造	6925	5916	12711
汽车制造业	6481	12828	40845
汽车整车制造	3226	1477	4422
改装汽车制造	1090	3534	789
低速载货汽车制造			
电车制造			
汽车车身、挂车制造	4	178	1588
汽车零部件及配件制造	2163	7639	34047
铁路、船舶、航空航天和其他运输设备制造业	34183	28309	17137
铁路运输设备制造	4960	4738	6182
城市轨道交通设备制造	317	591	1340
船舶及相关装置制造	969	3865	3364
航空、航天器及设备制造	27667	18198	4332
摩托车制造	212	882	1815
自行车制造	44	36	105
非公路休闲车及零配件制造	14		
潜水救捞及其他未列明运输设备制造			

3-I-5 续表 4 单位：万元

行业	使用来自政府部门的科技活动资金	研究开发费用加计扣除减免税	高新技术企业减免税
电气机械和器材制造业	47327	64814	109556
电机制造	6296	7658	17939
输配电及控制设备制造	22007	38956	55920
电线、电缆、光缆及电工器材制造	13466	8764	23553
电池制造	1759	909	201
家用电力器具制造	1741	1121	4282
非电力家用器具制造	646	784	2796
照明器具制造	1376	6439	4844
其他电气机械及器材制造	35	184	20
计算机、通信和其他电子设备制造业	22978	23550	27697
计算机制造	273	1054	1608
通信设备制造	2203	4228	2916
广播电视设备制造	1286	2426	2145
雷达及配套设备制造	2802	2514	1417
视听设备制造	559	708	1153
电子器件制造	12228	5216	10041
电子元件制造	2427	6739	7192
其他电子设备制造	1200	667	1226
仪器仪表制造业	20871	25981	53737
通用仪器仪表制造	16408	20537	40942
专用仪器仪表制造	4130	4165	12296
钟表与计时仪器制造			
光学仪器及眼镜制造	330	1214	242
其他仪器仪表制造业	3	65	257
其他制造业	11	8	4
日用杂品制造	11	8	4
煤制品制造			
核辐射加工			
其他未列明制造业			
废弃资源综合利用业	18		80
金属废料和碎屑加工处理			80
非金属废料和碎屑加工处理	18		
金属制品、机械和设备修理业	2	24	52
金属制品修理			
通用设备修理			
专用设备修理			
铁路、船舶、航空航天等运输设备修理		24	52
电气设备修理			
仪器仪表修理			
其他机械和设备修理业	2		
电力、热力生产和供应业	887	2610	690
电力生产	821	1143	
电力供应	56	1467	690
热力生产和供应	10		
燃气生产和供应业			
燃气生产和供应业			
水的生产和供应业	368	42	111
自来水生产和供应	342	10	
污水处理及其再生利用	26	32	111

3-I-6　分行业港澳台商投资企业政府相关政策落实情况

单位：万元

行　　业	使用来自政府部门的科技活动资金	研究开发费用加计扣除减免税	高新技术企业减免税
总　计	**22411**	**31525**	**113433**
煤炭开采和洗选业			
烟煤和无烟煤开采洗选			
褐煤开采洗选			
其他煤炭采选			
石油和天然气开采业			
石油开采			
天然气开采			
黑色金属矿采选业			
铁矿采选			
锰矿、铬矿采选			
其他黑色金属矿采选			
有色金属矿采选业			
常用有色金属矿采选			
贵金属矿采选			
稀有稀土金属矿采选			
非金属矿采选业			
土砂石开采			
化学矿开采			
采盐			
石棉及其他非金属矿采选			
开采辅助活动			
煤炭开采和洗选辅助活动			
石油和天然气开采辅助活动			
其他开采辅助活动			
其他采矿业			
其他采矿业			
农副食品加工业	1179	72	
谷物磨制			
饲料加工	154		
植物油加工			
制糖业			
屠宰及肉类加工	979	29	
水产品加工	44	42	
蔬菜、水果和坚果加工	2		
其他农副食品加工			
食品制造业	50	68	
焙烤食品制造			
糖果、巧克力及蜜饯制造			
方便食品制造			
乳制品制造			
罐头食品制造			
调味品、发酵制品制造			
其他食品制造	50	68	
酒、饮料和精制茶制造业	20	60	496
酒的制造			496
饮料制造	20	60	
精制茶加工			

3-I-6 续表 1

单位：万元

行　　业	使用来自政府部门的科技活动资金	研究开发费用加计扣除减免税	高新技术企业减免税
烟草制品业			
烟叶复烤			
卷烟制造			
其他烟草制品制造			
纺织业	896	954	4415
棉纺织及印染精加工	205	48	15
毛纺织及染整精加工	135	130	10
麻纺织及染整精加工		91	278
丝绢纺织及印染精加工	40		
化纤织造及印染精加工	2		
针织或钩针编织物及其制品制造			
家用纺织制成品制造	472	685	4058
非家用纺织制成品制造	42		54
纺织服装、服饰业	246	38	
机织服装制造	96	3	
针织或钩针编织服装制造	50	11	
服饰制造	100	23	
皮革、毛皮、羽毛及其制品和制鞋业	30	32	
皮革鞣制加工			
皮革制品制造	10		
毛皮鞣制及制品加工			
羽毛(绒)加工及制品制造			
制鞋业	20	32	
木材加工和木、竹、藤、棕、草制品业	313	126	333
木材加工			
人造板制造	313	1	
木制品制造		125	333
竹、藤、棕、草等制品制造			
家具制造业		18	
木质家具制造			
竹、藤家具制造			
金属家具制造			
塑料家具制造			
其他家具制造		18	
造纸和纸制品业	11	22	90
纸浆制造			
造纸			48
纸制品制造	11	22	42
印刷和记录媒介复制业		135	177
印刷		135	177
装订及印刷相关服务			
记录媒介复制			
文教、工美、体育和娱乐用品制造业	583	1046	1523
文教办公用品制造	10	270	600
乐器制造	18	88	94
工艺美术品制造		4	
体育用品制造	25	58	
玩具制造	515	627	829
游艺器材及娱乐用品制造	15		

3-I-6　续表 2　　单位：万元

行　　业	使用来自政府部门的科技活动资金	研究开发费用加计扣除减免税	高新技术企业减免税
石油加工、炼焦和核燃料加工业		19	
精炼石油产品制造		19	
炼焦			
核燃料加工			
化学原料和化学制品制造业	3145	3412	6491
基础化学原料制造	423	1167	1157
肥料制造	10	13	
农药制造			
涂料、油墨、颜料及类似产品制造	140	134	1755
合成材料制造	168	1128	1417
专用化学产品制造	1954	970	2161
炸药、火工及焰火产品制造			
日用化学产品制造	450		
医药制造业	3092	2297	15491
化学药品原料药制造	371	179	846
化学药品制剂制造	2531	1927	14435
中药饮片加工			
中成药生产	10	15	24
兽用药品制造			
生物药品制造	170	171	21
卫生材料及医药用品制造	10	7	166
化学纤维制造业	1066	30	1108
纤维素纤维原料及纤维制造			
合成纤维制造	1066	30	1108
橡胶和塑料制品业	50	1599	2014
橡胶制品业		765	
塑料制品业	50	834	2014
非金属矿物制品业	934	1510	5029
水泥、石灰和石膏制造			
石膏、水泥制品及类似制品制造	67	294	861
砖瓦、石材等建筑材料制造	3	672	1857
玻璃制造		32	1326
玻璃制品制造	487	286	294
玻璃纤维和玻璃纤维增强塑料制品制造	177	126	567
陶瓷制品制造	0		
耐火材料制品制造		42	91
石墨及其他非金属矿物制品制造	200	57	34
黑色金属冶炼和压延加工业	405	283	6782
炼铁			
炼钢		48	6652
黑色金属铸造	5	33	130
钢压延加工	400	202	
铁合金冶炼			
有色金属冶炼和压延加工业	391	51	788
常用有色金属冶炼			
贵金属冶炼			
稀有稀土金属冶炼			
有色金属合金制造	2	43	572
有色金属铸造			
有色金属压延加工	389	8	216

3-I-6 续表 3 单位：万元

行业	使用来自政府部门的科技活动资金	研究开发费用加计扣除减免税	高新技术企业减免税
金属制品业	385	539	6507
结构性金属制品制造			
金属工具制造	40	108	49
集装箱及金属包装容器制造	130	147	6295
金属丝绳及其制品制造			
建筑、安全用金属制品制造	110	31	
金属表面处理及热处理加工	5	15	
搪瓷制品制造			
金属制日用品制造		80	60
其他金属制品制造	100	159	103
通用设备制造业	496	2542	9084
锅炉及原动设备制造	8	229	1715
金属加工机械制造	225	72	31
物料搬运设备制造	67	284	2219
泵、阀门、压缩机及类似机械制造		800	3626
轴承、齿轮和传动部件制造	22	396	451
烘炉、风机、衡器、包装等设备制造	113	687	492
文化、办公用机械制造	10	25	50
通用零部件制造	50	49	199
其他通用设备制造业			303
专用设备制造业	519	1287	8476
采矿、冶金、建筑专用设备制造	34	63	960
化工、木材、非金属加工专用设备制造	113	191	4609
食品、饮料、烟草及饲料生产专用设备制造			294
印刷、制药、日化及日用品生产专用设备制造		52	288
纺织、服装和皮革加工专用设备制造	146	469	591
电子和电工机械专用设备制造		209	89
农、林、牧、渔专用机械制造			
医疗仪器设备及器械制造	179	227	1226
环保、社会公共服务及其他专用设备制造	47	75	419
汽车制造业	180	1271	1823
汽车整车制造			
改装汽车制造		70	478
低速载货汽车制造			
电车制造			
汽车车身、挂车制造			
汽车零部件及配件制造	180	1201	1345
铁路、船舶、航空航天和其他运输设备制造业	845	388	3257
铁路运输设备制造		60	2500
城市轨道交通设备制造			
船舶及相关装置制造	830	121	359
航空、航天器及设备制造			398
摩托车制造		20	
自行车制造		188	
非公路休闲车及零配件制造	15		
潜水救捞及其他未列明运输设备制造			

3-I-6　续表 4

单位：万元

行　业	使用来自政府部门的科技活动资金	研究开发费用加计扣除减免税	高新技术企业减免税
电气机械和器材制造业	3717	6225	11583
电机制造	75	1376	1323
输配电及控制设备制造	3334	3989	7519
电线、电缆、光缆及电工器材制造	162	48	369
电池制造	40	191	96
家用电力器具制造		381	2093
非电力家用器具制造	80	73	175
照明器具制造		166	8
其他电气机械及器材制造	25		
计算机、通信和其他电子设备制造业	2081	6848	26331
计算机制造	40	1578	2217
通信设备制造	10	40	60
广播电视设备制造	26	1189	1719
雷达及配套设备制造			
视听设备制造	130	964	8022
电子器件制造	613	1778	9296
电子元件制造	646	911	3411
其他电子设备制造	616	388	1607
仪器仪表制造业	1742	597	1632
通用仪器仪表制造	25	122	990
专用仪器仪表制造	817	404	429
钟表与计时仪器制造			
光学仪器及眼镜制造	900	71	213
其他仪器仪表制造业			
其他制造业		53	
日用杂品制造		53	
煤制品制造			
核辐射加工			
其他未列明制造业			
废弃资源综合利用业		3	6
金属废料和碎屑加工处理		3	6
非金属废料和碎屑加工处理			
金属制品、机械和设备修理业			
金属制品修理			
通用设备修理			
专用设备修理			
铁路、船舶、航空航天等运输设备修理			
电气设备修理			
仪器仪表修理			
其他机械和设备修理业			
电力、热力生产和供应业	30	1	
电力生产	30	1	
电力供应			
热力生产和供应			
燃气生产和供应业	7		
燃气生产和供应业	7		
水的生产和供应业			
自来水生产和供应			
污水处理及其再生利用			

3-I-7 分行业外商投资企业政府相关政策落实情况

单位：万元

行业	使用来自政府部门的科技活动资金	研究开发费用加计扣除减免税	高新技术企业减免税
总计	**29663**	**70260**	**291454**
煤炭开采和洗选业			
烟煤和无烟煤开采洗选			
褐煤开采洗选			
其他煤炭采选			
石油和天然气开采业			
石油开采			
天然气开采			
黑色金属矿采选业			
铁矿采选			
锰矿、铬矿采选			
其他黑色金属矿采选			
有色金属矿采选业			
常用有色金属矿采选			
贵金属矿采选			
稀有稀土金属矿采选			
非金属矿采选业			
土砂石开采			
化学矿开采			
采盐			
石棉及其他非金属矿采选			
开采辅助活动			
煤炭开采和洗选辅助活动			
石油和天然气开采辅助活动			
其他开采辅助活动			
其他采矿业			
其他采矿业			
农副食品加工业	750	1	18
谷物磨制			
饲料加工	40		18
植物油加工			
制糖业			
屠宰及肉类加工			
水产品加工	30	1	
蔬菜、水果和坚果加工	294		
其他农副食品加工	386		
食品制造业	180	136	1895
焙烤食品制造			
糖果、巧克力及蜜饯制造			
方便食品制造		36	
乳制品制造			1285
罐头食品制造			
调味品、发酵制品制造			
其他食品制造	180	100	610
酒、饮料和精制茶制造业	93	16	
酒的制造			
饮料制造	93	16	
精制茶加工			

3-I-7　续表 1　　单位：万元

行　　业	使用来自政府部门的科技活动资金	研究开发费用加计扣除减免税	高新技术企业减免税
烟草制品业			
烟叶复烤			
卷烟制造			
其他烟草制品制造			
纺织业	295	773	135
棉纺织及印染精加工	2	550	
毛纺织及染整精加工			
麻纺织及染整精加工			
丝绢纺织及印染精加工		12	
化纤织造及印染精加工	3		
针织或钩针编织物及其制品制造	5		
家用纺织制成品制造	226	117	
非家用纺织制成品制造	59	94	135
纺织服装、服饰业	525	126	222
机织服装制造	483	102	
针织或钩针编织服装制造	42	24	222
服饰制造	0		
皮革、毛皮、羽毛及其制品和制鞋业	304	242	
皮革鞣制加工			
皮革制品制造			
毛皮鞣制及制品加工			
羽毛(绒)加工及制品制造	302	86	
制鞋业	2	156	
木材加工和木、竹、藤、棕、草制品业	53		
木材加工			
人造板制造	53		
木制品制造			
竹、藤、棕、草等制品制造			
家具制造业		6	
木质家具制造			
竹、藤家具制造			
金属家具制造		6	
塑料家具制造			
其他家具制造			
造纸和纸制品业		8517	11312
纸浆制造			
造纸		8517	10786
纸制品制造			525
印刷和记录媒介复制业	1		5
印刷	1		5
装订及印刷相关服务			
记录媒介复制			
文教、工美、体育和娱乐用品制造业	37	165	167
文教办公用品制造			
乐器制造		3	18
工艺美术品制造		157	148
体育用品制造			
玩具制造	37	4	
游艺器材及娱乐用品制造			

3-I-7 续表 2

单位：万元

行　　业	使用来自政府部门的科技活动资金	研究开发费用加计扣除减免税	高新技术企业减免税
石油加工、炼焦和核燃料加工业	50		48
精炼石油产品制造			
炼焦	50		48
核燃料加工			
化学原料和化学制品制造业	2287	4016	13632
基础化学原料制造	911	1270	2891
肥料制造			70
农药制造	300	691	1585
涂料、油墨、颜料及类似产品制造	446	779	5308
合成材料制造	454	785	1938
专用化学产品制造	176	418	1815
炸药、火工及焰火产品制造			
日用化学产品制造		74	25
医药制造业	1562	2509	20994
化学药品原料药制造	47	160	532
化学药品制剂制造	1102	2117	19845
中药饮片加工	220		
中成药生产		156	150
兽用药品制造	153	60	171
生物药品制造	10	17	295
卫生材料及医药用品制造	30		
化学纤维制造业	709	266	21910
纤维素纤维原料及纤维制造	115	209	21834
合成纤维制造	594	57	76
橡胶和塑料制品业	190	2244	7621
橡胶制品业	30	63	5001
塑料制品业	161	2181	2620
非金属矿物制品业	521	758	935
水泥、石灰和石膏制造	100	30	
石膏、水泥制品及类似制品制造			
砖瓦、石材等建筑材料制造		24	113
玻璃制造	3		
玻璃制品制造	134	137	344
玻璃纤维和玻璃纤维增强塑料制品制造		32	156
陶瓷制品制造	154	189	249
耐火材料制品制造	60		
石墨及其他非金属矿物制品制造	70	347	74
黑色金属冶炼和压延加工业	36	497	2747
炼铁			
炼钢			
黑色金属铸造	25	297	1713
钢压延加工	11	7	1034
铁合金冶炼		193	
有色金属冶炼和压延加工业	13	773	1179
常用有色金属冶炼	3		
贵金属冶炼			
稀有稀土金属冶炼			
有色金属合金制造		368	709
有色金属铸造			
有色金属压延加工	10	405	470

3-I-7　续表 3　　　　单位：万元

行　　业	使用来自政府部门的科技活动资金	研究开发费用加计扣除减免税	高新技术企业减免税
金属制品业	626	1326	10562
结构性金属制品制造	217	96	1081
金属工具制造	56	109	248
集装箱及金属包装容器制造	215	443	1237
金属丝绳及其制品制造	96	183	5867
建筑、安全用金属制品制造	40	175	129
金属表面处理及热处理加工			
搪瓷制品制造			
金属制日用品制造		95	1800
其他金属制品制造	2	224	200
通用设备制造业	1849	4703	52911
锅炉及原动设备制造	383	77	492
金属加工机械制造	171	957	1229
物料搬运设备制造	116	1312	440
泵、阀门、压缩机及类似机械制造	18	301	1431
轴承、齿轮和传动部件制造	87	591	1451
烘炉、风机、衡器、包装等设备制造	1025	905	13430
文化、办公用机械制造	0	79	32807
通用零部件制造	50	483	1631
其他通用设备制造业		0	
专用设备制造业	3185	4082	17449
采矿、冶金、建筑专用设备制造	2218	2214	7760
化工、木材、非金属加工专用设备制造	86	824	4702
食品、饮料、烟草及饲料生产专用设备制造		48	895
印刷、制药、日化及日用品生产专用设备制造		39	
纺织、服装和皮革加工专用设备制造	2		
电子和电工机械专用设备制造	52	41	199
农、林、牧、渔专用机械制造	55	96	549
医疗仪器设备及器械制造	733	596	1233
环保、社会公共服务及其他专用设备制造	40	224	2110
汽车制造业	1717	3527	13295
汽车整车制造			
改装汽车制造			
低速载货汽车制造			
电车制造			
汽车车身、挂车制造			
汽车零部件及配件制造	1717	3527	13295
铁路、船舶、航空航天和其他运输设备制造业	267	1180	27836
铁路运输设备制造	36	404	11036
城市轨道交通设备制造		148	108
船舶及相关装置制造	100	358	16439
航空、航天器及设备制造	50		
摩托车制造	1		
自行车制造	80	270	254
非公路休闲车及零配件制造			
潜水救捞及其他未列明运输设备制造			

3-I-7 续表 4 单位：万元

行 业	使用来自政府部门的科技活动资金	研究开发费用加计扣除减免税	高新技术企业减免税
电气机械和器材制造业	2504	10860	20442
电机制造	570	3988	7692
输配电及控制设备制造	1390	4964	5837
电线、电缆、光缆及电工器材制造	75	1521	333
电池制造	88	25	17
家用电力器具制造	31	312	6474
非电力家用器具制造			
照明器具制造	350	51	90
其他电气机械及器材制造			
计算机、通信和其他电子设备制造业	11191	20810	45827
计算机制造	225	2029	5193
通信设备制造	709	1391	1654
广播电视设备制造			1156
雷达及配套设备制造			
视听设备制造	7	9380	860
电子器件制造	8687	3527	4626
电子元件制造	1560	2104	12147
其他电子设备制造	3	2381	20192
仪器仪表制造业	703	2305	19796
通用仪器仪表制造	508	1298	18098
专用仪器仪表制造	45	854	1003
钟表与计时仪器制造			
光学仪器及眼镜制造	150	153	695
其他仪器仪表制造业			
其他制造业		75	517
日用杂品制造		75	517
煤制品制造			
核辐射加工			
其他未列明制造业			
废弃资源综合利用业			
金属废料和碎屑加工处理			
非金属废料和碎屑加工处理			
金属制品、机械和设备修理业	17		
金属制品修理			
通用设备修理			
专用设备修理			
铁路、船舶、航空航天等运输设备修理	17		
电气设备修理			
仪器仪表修理			
其他机械和设备修理业			
电力、热力生产和供应业			
电力生产			
电力供应			
热力生产和供应			
燃气生产和供应业			
燃气生产和供应业			
水的生产和供应业		348	
自来水生产和供应			
污水处理及其再生利用		348	

3-I-8　分地区企业政府相关政策落实情况

单位：万元

地　区	使用来自政府部门的科技活动资金	研究开发费用加计扣除减免税	高新技术企业减免税
全　省	**321387**	**416901**	**952164**
南京市	65090	53568	134057
无锡市	31218	33010	101941
徐州市	12805	19813	26817
常州市	24867	51600	91981
苏州市	48700	87200	278001
南通市	22655	32190	85470
连云港市	17006	16550	53763
淮安市	4215	2261	6208
盐城市	17340	20177	24461
扬州市	14236	27107	42124
镇江市	42118	51120	43202
泰州市	17924	18588	60696
宿迁市	3213	3716	3445

3-I-9　分地区大中型企业政府相关政策落实情况

单位：万元

地　区	使用来自政府部门的科技活动资金	研究开发费用加计扣除减免税	高新技术企业减免税
全　省	**232181**	**314370**	**802736**
南京市	55716	40814	117041
无锡市	22431	21154	76572
徐州市	7619	16089	22207
常州市	13268	35962	75304
苏州市	38586	68161	230666
南通市	17551	23758	78177
连云港市	11930	13186	50897
淮安市	1775	1670	5053
盐城市	8318	14108	20733
扬州市	8553	20421	30450
镇江市	31309	43279	37143
泰州市	13641	13013	55405
宿迁市	1484	2755	3088

3-I-10 分地区内资企业政府相关政策落实情况

单位：万元

地区	使用来自政府部门的科技活动资金	研究开发费用加计扣除减免税	高新技术企业减免税
全省	**269312**	**315117**	**547277**
南京市	61267	45791	91073
无锡市	21862	27065	65618
徐州市	11409	18520	24774
常州市	21031	39645	56874
苏州市	36895	44384	86231
南通市	17583	22313	28551
连云港市	14482	13851	42839
淮安市	3712	2181	5615
盐城市	15457	18977	22460
扬州市	13235	24886	37203
镇江市	35389	37780	35549
泰州市	13840	16667	47065
宿迁市	3150	3058	3427

3-I-11 分地区港澳台商投资企业政府相关政策落实情况

单位：万元

地区	使用来自政府部门的科技活动资金	研究开发费用加计扣除减免税	高新技术企业减免税
全省	**22411**	**31525**	**113433**
南京市	2380	4392	17853
无锡市	1068	2460	17367
徐州市	1211	911	
常州市	1758	5753	16139
苏州市	4084	8274	40453
南通市	1536	4047	12335
连云港市	1866	1276	3892
淮安市	307	68	346
盐城市	536	337	516
扬州市	352	1397	1730
镇江市	4157	1622	2098
泰州市	3133	989	705
宿迁市	23		

3-I-12　分地区外商投资企业政府相关政策落实情况

单位：万元

地　区	使用来自政府部门的科技活动资金	研究开发费用加计扣除减免税	高新技术企业减免税
全　省	**29663**	**70260**	**291454**
南京市	1443	3385	25131
无锡市	8288	3485	18956
徐州市	185	383	2043
常州市	2077	6202	18968
苏州市	7721	34542	151317
南通市	3536	5830	44584
连云港市	657	1424	7033
淮安市	196	12	247
盐城市	1347	863	1485
扬州市	650	824	3191
镇江市	2572	11719	5555
泰州市	951	933	12926
宿迁市	40	658	18

3-J-1 分登记注册类型企业技术获取和技术改造情况

单位：万元

登记注册类型	引进技术经费支出	消化吸收经费支出	购买国内技术经费支出	技术改造经费支出
总　计	**524639**	**204395**	**413175**	**6421401**
内资企业	**262967**	**157787**	**342638**	**5231654**
国有企业	3185	543	11834	102724
集体企业	1880	28	0	25676
股份合作企业	0	361	222	4982
联营企业	0	19	2.1	1.3
国有联营企业	0	0	0	0
集体联营企业	0	19	2	1
国有与集体联营企业	0	0	0	0
其他联营企业	0	0	0	0
有限责任公司	148949	99922	225476	1511816
国有独资公司	36324	3084	58231	391156
其他有限责任公司	112625	96838.5	167244.9	1120660
股份有限公司	25833	15436.2	25519.9	1414872
私营企业	82204	41397.1	79513.9	2168931
私营独资企业	262	580	3652	38835
私营合伙企业	0	0	91	2835
私营有限责任公司	60403	33141.2	73535.7	1855669
私营股份有限公司	21539	7675.9	2235.2	271593
其他企业	916	80	70	2653
港、澳、台商投资企业	**65281**	**7973**	**40349**	**625588**
合资经营企业	11807	3960	11586	244282
合作经营企业	1374	321	0	2064
港、澳、台商独资经营企业	50485	3582	28363	370581
港、澳、台商投资股份有限公司	1617	110	400	7857
其他港澳台投资企业	0	0	0	804
外商投资企业	**196391**	**38635**	**30188**	**564159**
中外合资经营企业	93303	32352	10596	288441
中外合作经营企业	0	0	0	13798
外资企业	102378	5631	12424.5	245454
外商投资股份有限公司	711	653	7167	13610
其他外商投资企业	0	0	0	2856

3-J-2　分登记注册类型大中型企业技术获取和技术改造情况

单位：万元

登记注册类型	引进技术经费支出	消化吸收经费支出	购买国内技术经费支出	技术改造经费支出
总　计	**476426**	**173302**	**352236**	**4997594**
内资企业	**230365**	**132899**	**289002**	**4014224**
国有企业	3041	543	11834	100732
集体企业				21891
股份合作企业				
联营企业				
国有联营企业				
集体联营企业				
国有与集体联营企业				
其他联营企业				
有限责任公司	141390	93020	214470	1157960
国有独资公司	33449	3084	58200	389198
其他有限责任公司	107941	89936	156270	768762
股份有限公司	24086	14573	23625	1381125
私营企业	61829	24758	39073	1349173
私营独资企业				15686
私营合伙企业				
私营有限责任公司	42349	17063	34652	1114945
私营股份有限公司	19480	7383	1156	218502
其他企业				1190
港、澳、台商投资企业	**60066**	**5201**	**35506**	**534474**
合资经营企业	10330	3425	8989	185180
合作经营企业				
港、澳、台商独资经营企业	46746	1667	26517	340742
港、澳、台商投资股份有限公司	1617	110		7737
其他港澳台投资企业				804
外商投资企业	**185995**	**35202**	**27728**	**448895**
中外合资经营企业	90112	30315	9269	229236
中外合作经营企业				
外资企业	95173	4234	11302	203141
外商投资股份有限公司	711	653	7157	12542
其他外商投资企业				2856

3-J-3 分行业企业技术获取和技术改造情况

单位：万元

行业	引进技术经费支出	消化吸收经费支出	购买国内技术经费支出	技术改造经费支出
总计	**524639**	**204395**	**413175**	**6421401**
煤炭开采和洗选业	26719	2026	254	116774
烟煤和无烟煤开采洗选	26719	2026	254	116774
褐煤开采洗选				
其他煤炭采选				
石油和天然气开采业				
石油开采				
天然气开采				
黑色金属矿采选业				
铁矿采选				
锰矿、铬矿采选				
其他黑色金属矿采选				
有色金属矿采选业				232
常用有色金属矿采选				232
贵金属矿采选				
稀有稀土金属矿采选				
非金属矿采选业	134	326	1135	8678
土砂石开采			15	5093
化学矿开采	134	58		862
采盐		268	1120	2723
石棉及其他非金属矿采选				
开采辅助活动				
煤炭开采和洗选辅助活动				
石油和天然气开采辅助活动				
其他开采辅助活动				
其他采矿业				
其他采矿业				
农副食品加工业	471	375	2008	197067
谷物磨制		150	80	6546
饲料加工	420		453	3569
植物油加工	5		389	178751
制糖业		47	220	777
屠宰及肉类加工	46	58	672	3576
水产品加工			40	944
蔬菜、水果和坚果加工		28	155	2219
其他农副食品加工		93		685
食品制造业	480	712	580	12498
焙烤食品制造		34		300
糖果、巧克力及蜜饯制造				322
方便食品制造		210	160	1073
乳制品制造	80	134	127	5863
罐头食品制造			50	1657
调味品、发酵制品制造		158	208	1393
其他食品制造	400	176	35	1890
酒、饮料和精制茶制造业	420	1320	881	42808
酒的制造		1170	581	20921
饮料制造	420	150	300	21887
精制茶加工				

3-J-3 续表 1

单位：万元

行业	引进技术经费支出	消化吸收经费支出	购买国内技术经费支出	技术改造经费支出
烟草制品业				25200
烟叶复烤				
卷烟制造				25200
其他烟草制品制造				
纺织业	10870	2784	5535	182720
棉纺织及印染精加工	4104	1433	2905	113450
毛纺织及染整精加工	4585	605	242	40315
麻纺织及染整精加工				160
丝绢纺织及印染精加工	555	170	2169	2757
化纤织造及印染精加工	150		50	2772
针织或钩针编织物及其制品制造			58	395
家用纺织制成品制造	616	404	110	8721
非家用纺织制成品制造	861	172		14150
纺织服装、服饰业	7461	1858	2043	67237
机织服装制造	6939	1577	1363	31367
针织或钩针编织服装制造	522	281	680	34520
服饰制造				1350
皮革、毛皮、羽毛及其制品和制鞋业	240	793	637	4835
皮革鞣制加工				
皮革制品制造			293	636
毛皮鞣制及制品加工				
羽毛(绒)加工及制品制造		40	4	1555
制鞋业	240	753	340	2644
木材加工和木、竹、藤、棕、草制品业	5835		100	49786
木材加工				816
人造板制造	5835		100	13791
木制品制造				35118
竹、藤、棕、草等制品制造				60
家具制造业				1005
木质家具制造				754
竹、藤家具制造				
金属家具制造				176
塑料家具制造				
其他家具制造				75
造纸和纸制品业	291	168	625	57598
纸浆制造				
造纸	74	12	175	55437
纸制品制造	217	156	450	2161
印刷和记录媒介复制业	315		85	15595
印刷	315		85	15595
装订及印刷相关服务				
记录媒介复制				
文教、工美、体育和娱乐用品制造业	2507	694	1749	37377
文教办公用品制造	762	78	200	7324
乐器制造	50	26		358
工艺美术品制造	1605	435	1188	11097
体育用品制造	65	120	69	560
玩具制造	25	35	293	10730
游艺器材及娱乐用品制造				7307

3-J-3 续表 2

单位：万元

行　　业	引进技术经费支出	消化吸收经费支出	购买国内技术经费支出	技术改造经费支出
石油加工、炼焦和核燃料加工业	30	857	128	207222
精炼石油产品制造	30	857	128	207222
炼焦				
核燃料加工				
化学原料和化学制品制造业	32868	10800	97716	1149451
基础化学原料制造	13219	3228	64593	853851
肥料制造	1720	1013	2708	25724
农药制造	1680	996	1801	86240
涂料、油墨、颜料及类似产品制造	1293	574	798	57487
合成材料制造	2014	2142	900	34093
专用化学产品制造	12940	2782	26893	86772
炸药、火工及焰火产品制造				1046
日用化学产品制造		65	22	4239
医药制造业	6335	8187	36815	169845
化学药品原料药制造	2094	1116	1407	51237
化学药品制剂制造	859	5556	23576	69861
中药饮片加工	190	42	797	410
中成药生产	2600	530	8950	21071
兽用药品制造	179	166	519	2117
生物药品制造	14	550	551	11789
卫生材料及医药用品制造	400	227	1016	13360
化学纤维制造业	29917	2647	10123	130805
纤维素纤维原料及纤维制造	20732	1235	2008	100944
合成纤维制造	9185	1412	8115	29861
橡胶和塑料制品业	8352	3995	1333	80515
橡胶制品业	5466	3554	103	28360
塑料制品业	2885	441	1230	52156
非金属矿物制品业	8235	2685	3842	175167
水泥、石灰和石膏制造		20	840	62329
石膏、水泥制品及类似制品制造	120	751	539	23248
砖瓦、石材等建筑材料制造	600	176	201	12047
玻璃制造				3697
玻璃制品制造	2231	890	531	19068
玻璃纤维和玻璃纤维增强塑料制品制造	538	619	1195	25880
陶瓷制品制造	3617			8109
耐火材料制品制造	392	35	126	9400
石墨及其他非金属矿物制品制造	737	194	409	11390
黑色金属冶炼和压延加工业	63149	41374	123304	619570
炼铁				
炼钢				60688
黑色金属铸造		661	292	18910
钢压延加工	63149	40348	122826	517016
铁合金冶炼		365	186	22956
有色金属冶炼和压延加工业	6382	2322	11090	77030
常用有色金属冶炼				4101
贵金属冶炼				
稀有稀土金属冶炼		1431	415	3233
有色金属合金制造	196	2	735	10025
有色金属铸造				991
有色金属压延加工	6186	889	9940	58680

3-J-3　续表 3　　单位：万元

行　　业	引进技术经费支出	消化吸收经费支出	购买国内技术经费支出	技术改造经费支出
金属制品业	15669	1284	6087	175903
结构性金属制品制造	2485	789	318	27213
金属工具制造	827		210	4691
集装箱及金属包装容器制造	158	71		6375
金属丝绳及其制品制造	1750	92	20	67044
建筑、安全用金属制品制造	6	32		8915
金属表面处理及热处理加工	6469	280	97	5627
搪瓷制品制造				
金属制日用品制造	744	13	23	8152
其他金属制品制造	3229	6	5419	47887
通用设备制造业	27854	16337	21975	468390
锅炉及原动设备制造	4175	6810	5286	121811
金属加工机械制造	5882	2347	553	54761
物料搬运设备制造	7269	2255	3020	112500
泵、阀门、压缩机及类似机械制造	4918	1388	6815	78409
轴承、齿轮和传动部件制造	3118	1495	4834	66011
烘炉、风机、衡器、包装等设备制造	2354	1868	649	11960
文化、办公用机械制造		100		2541
通用零部件制造	138	74	820	19022
其他通用设备制造业				1375
专用设备制造业	32576	8327	18653	306894
采矿、冶金、建筑专用设备制造	28214	1174	6355	135381
化工、木材、非金属加工专用设备制造		58	628	18486
食品、饮料、烟草及饲料生产专用设备制造		75	36	3947
印刷、制药、日化及日用品生产专用设备制造	96	381	205	2042
纺织、服装和皮革加工专用设备制造	596	3385	5386	29852
电子和电工机械专用设备制造				1047
农、林、牧、渔专用机械制造	201	686	1966	5817
医疗仪器设备及器械制造	1191	420	490	71585
环保、社会公共服务及其他专用设备制造	2279	2148	3586	38737
汽车制造业	43439	22412	13621	120893
汽车整车制造	33907	20446	6011	16871
改装汽车制造				2547
低速载货汽车制造				
电车制造				
汽车车身、挂车制造				4385
汽车零部件及配件制造	9533	1966	7609	97090
铁路、船舶、航空航天和其他运输设备制造业	23956	4701	7731	195187
铁路运输设备制造	17280	1884	246	60028
城市轨道交通设备制造		132		2819
船舶及相关装置制造	2797	1246	7477	69309
航空、航天器及设备制造	1500	1200		52761
摩托车制造	2380	235	8	8429
自行车制造				1786
非公路休闲车及零配件制造		3		56
潜水救捞及其他未列明运输设备制造				

3-J-3 续表 4

单位：万元

行业	引进技术经费支出	消化吸收经费支出	购买国内技术经费支出	技术改造经费支出
电气机械和器材制造业	28765	26914	31098	763070
电机制造	3854	5992	4103	190467
输配电及控制设备制造	14160	11828	14017	237467
电线、电缆、光缆及电工器材制造	7715	7378	9681	221449
电池制造	350	368	561	16557
家用电力器具制造	45	15	17	35763
非电力家用器具制造	186	885	288	13247
照明器具制造	2455	448	2431	48078
其他电气机械及器材制造				43
计算机、通信和其他电子设备制造业	111172	20195	7329	540175
计算机制造	1790		105	23706
通信设备制造	2250		1341	126432
广播电视设备制造	2079	1348	477	6252
雷达及配套设备制造	30			200
视听设备制造	45538		1924	188207
电子器件制造	49847	17350	2424	98426
电子元件制造	8460	1400	1059	86462
其他电子设备制造	1179	97	0	10490
仪器仪表制造业	29403	7601	2118	221488
通用仪器仪表制造	27189	6232	1612	180464
专用仪器仪表制造	45	769	493	21733
钟表与计时仪器制造				
光学仪器及眼镜制造	2170	600	14	17493
其他仪器仪表制造业				1798
其他制造业		20	50	4961
日用杂品制造				4941
煤制品制造		20	50	20
核辐射加工				
其他未列明制造业				
废弃资源综合利用业			248	3773
金属废料和碎屑加工处理			248	1271
非金属废料和碎屑加工处理				2502
金属制品、机械和设备修理业				21
金属制品修理				
通用设备修理				
专用设备修理				
铁路、船舶、航空航天等运输设备修理				21
电气设备修理				
仪器仪表修理				
其他机械和设备修理业				
电力、热力生产和供应业	33	12684	3797	187876
电力生产	31	12684	3797	187774
电力供应				
热力生产和供应	3			102
燃气生产和供应业			485	737
燃气生产和供应业			485	737
水的生产和供应业	760			3021
自来水生产和供应	760			2678
污水处理及其再生利用				342

3-J-4 分行业大中型企业技术获取和技术改造情况

单位：万元

行 业	引进技术经费支出	消化吸收经费支出	购买国内技术经费支出	技术改造经费支出
总 计	**476426**	**173302**	**352236**	**4997594**
煤炭开采和洗选业	26719	2026	254	116774
烟煤和无烟煤开采洗选	26719	2026	254	116774
褐煤开采洗选				
其他煤炭采选				
石油和天然气开采业				
石油开采				
天然气开采				
黑色金属矿采选业				
铁矿采选				
锰矿、铬矿采选				
其他黑色金属矿采选				
有色金属矿采选业				
常用有色金属矿采选				
贵金属矿采选				
稀有稀土金属矿采选				
非金属矿采选业		268	1135	8136
土砂石开采				
化学矿开采				
采盐		268	1120	2393
石棉及其他非金属矿采选				
开采辅助活动				
煤炭开采和洗选辅助活动				
石油和天然气开采辅助活动				
其他开采辅助活动				
其他采矿业				
其他采矿业				
农副食品加工业	466	236	790	12297
谷物磨制				6025
饲料加工				
植物油加工				
制糖业				
屠宰及肉类加工	46	58	240	3571
水产品加工				
蔬菜、水果和坚果加工				
其他农副食品加工				
食品制造业		678	514	2961
焙烤食品制造				
糖果、巧克力及蜜饯制造				322
方便食品制造				
乳制品制造		134	96	750
罐头食品制造				
调味品、发酵制品制造		158	208	992
其他食品制造				369
酒、饮料和精制茶制造业	420	1320	863	41516
酒的制造		1170	563	19786
饮料制造	420	150	300	21730
精制茶加工				

3-J-4 续表 1 单位：万元

行业	引进技术经费支出	消化吸收经费支出	购买国内技术经费支出	技术改造经费支出
烟草制品业				25200
烟叶复烤				
卷烟制造				25200
其他烟草制品制造				
纺织业	8710	2721	4696	145482
棉纺织及印染精加工	3990	1374	2201	87929
毛纺织及染整精加工	2725	605	242	36731
麻纺织及染整精加工				
丝绢纺织及印染精加工	535	170	2134	2027
化纤织造及印染精加工				1542
针织或钩针编织物及其制品制造				
家用纺织制成品制造				7842
非家用纺织制成品制造				8856
纺织服装、服饰业	7451	1857	2043	64341
机织服装制造	6939	1576	1363	29848
针织或钩针编织服装制造	512	281		34492
服饰制造				
皮革、毛皮、羽毛及其制品和制鞋业	240	417	633	4297
皮革鞣制加工				
皮革制品制造				
毛皮鞣制及制品加工				
羽毛(绒)加工及制品制造				
制鞋业	240	385	340	2403
木材加工和木、竹、藤、棕、草制品业	5835			14716
木材加工				
人造板制造	5835			7256
木制品制造				
竹、藤、棕、草等制品制造				
家具制造业				
木质家具制造				
竹、藤家具制造				
金属家具制造				
塑料家具制造				
其他家具制造				
造纸和纸制品业				38119
纸浆制造				
造纸				38119
纸制品制造				
印刷和记录媒介复制业				10489
印刷				10489
装订及印刷相关服务				
记录媒介复制				
文教、工美、体育和娱乐用品制造业			1431	18524
文教办公用品制造				
乐器制造				
工艺美术品制造				6418
体育用品制造				
玩具制造			243	3528
游艺器材及娱乐用品制造				6356

3-J-4　续表 2　　　　单位：万元

行　　业	引进技术经费支出	消化吸收经费支出	购买国内技术经费支出	技术改造经费支出
石油加工、炼焦和核燃料加工业				194749
精炼石油产品制造				194749
炼焦				
核燃料加工				
化学原料和化学制品制造业	29662	7427	92980	994136
基础化学原料制造	12662	2241	63316	781105
肥料制造	1597	902	1708	22903
农药制造	1579	849	1657	73845
涂料、油墨、颜料及类似产品制造				45861
合成材料制造	1581	882	522	18340
专用化学产品制造	12243	2488	25705	47928
炸药、火工及焰火产品制造				
日用化学产品制造		65		4154
医药制造业	6335	7758	33149	116364
化学药品原料药制造	2094	1066	1292	
化学药品制剂制造	859	5396	21875	46284
中药饮片加工				
中成药生产			8910	19713
兽用药品制造				
生物药品制造				
卫生材料及医药用品制造		205	90	4960
化学纤维制造业	29917	2632	10004	121205
纤维素纤维原料及纤维制造	20732	1235	1978	96953
合成纤维制造	9185	1397	8026	24252
橡胶和塑料制品业	6526	3494		48342
橡胶制品业	5131	3392		11277
塑料制品业	1395	102		37065
非金属矿物制品业	6299	1005	1654	111673
水泥、石灰和石膏制造			840	57399
石膏、水泥制品及类似制品制造			244	10129
砖瓦、石材等建筑材料制造				
玻璃制造				
玻璃制品制造	2189	589	359	14982
玻璃纤维和玻璃纤维增强塑料制品制造				11358
陶瓷制品制造	3455			3542
耐火材料制品制造				
石墨及其他非金属矿物制品制造				
黑色金属冶炼和压延加工业	63149	40032	115091	576554
炼铁				
炼钢				60688
黑色金属铸造				
钢压延加工	63149	40002	114827	487679
铁合金冶炼				16600
有色金属冶炼和压延加工业			9893	61408
常用有色金属冶炼				
贵金属冶炼				
稀有稀土金属冶炼				
有色金属合金制造			113	8363
有色金属铸造				
有色金属压延加工				48485

3-J-4 续表 3

单位：万元

行业	引进技术经费支出	消化吸收经费支出	购买国内技术经费支出	技术改造经费支出
金属制品业	10320	618	2680	118350
结构性金属制品制造				16522
金属工具制造	775			3193
集装箱及金属包装容器制造	158	71		3247
金属丝绳及其制品制造				56574
建筑、安全用金属制品制造				
金属表面处理及热处理加工				
搪瓷制品制造				
金属制日用品制造	744			7985
其他金属制品制造	3077	6	2193	23229
通用设备制造业	23534	8260	12792	318289
锅炉及原动设备制造	4075	2123	5186	109617
金属加工机械制造	5388	1725	172	23965
物料搬运设备制造	6731	2180	2218	101634
泵、阀门、压缩机及类似机械制造	3825			34265
轴承、齿轮和传动部件制造	2998	975	4716	31382
烘炉、风机、衡器、包装等设备制造				
文化、办公用机械制造				
通用零部件制造				
其他通用设备制造业				
专用设备制造业	26232	5274	9153	184576
采矿、冶金、建筑专用设备制造	24773	472	4167	80173
化工、木材、非金属加工专用设备制造				11541
食品、饮料、烟草及饲料生产专用设备制造				2495
印刷、制药、日化及日用品生产专用设备制造				
纺织、服装和皮革加工专用设备制造	466	3240	686	18265
电子和电工机械专用设备制造				
农、林、牧、渔专用机械制造			310	1505
医疗仪器设备及器械制造				50910
环保、社会公共服务及其他专用设备制造			3168	18198
汽车制造业	41157	21378	12094	79540
汽车整车制造	33907	20446	6011	16871
改装汽车制造				
低速载货汽车制造				
电车制造				
汽车车身、挂车制造				4385
汽车零部件及配件制造	7250	933	6083	55738
铁路、船舶、航空航天和其他运输设备制造业	23956	4107	6312	151271
铁路运输设备制造	17280	1884	221	49128
城市轨道交通设备制造				
船舶及相关装置制造	2797	784	6091	41293
航空、航天器及设备制造	1500	1200		51000
摩托车制造	2380			6027
自行车制造				1633
非公路休闲车及零配件制造		3		36
潜水救捞及其他未列明运输设备制造				

3-J-4　续表 4　　　　单位：万元

行　　业	引进技术经费支出	消化吸收经费支出	购买国内技术经费支出	技术改造经费支出
电气机械和器材制造业	21436	20867	23329	572010
电机制造	1693	4512	1104	141628
输配电及控制设备制造	11051	8344	11023	142773
电线、电缆、光缆及电工器材制造	5676	6727	8888	193711
电池制造	331		88	14479
家用电力器具制造			17	29082
非电力家用器具制造	186	885	268	8659
照明器具制造	2455	248	1941	41679
其他电气机械及器材制造				
计算机、通信和其他电子设备制造业	105831	18440	5811	485320
计算机制造	1790			23670
通信设备制造	2250		1300	124608
广播电视设备制造	2079	1017		2483
雷达及配套设备制造				
视听设备制造	45538		1924	187931
电子器件制造	49003	17282	1405	79968
电子元件制造	5172	140	761	59067
其他电子设备制造				7393
仪器仪表制造业	26322	6571		197112
通用仪器仪表制造	24130	5314		161392
专用仪器仪表制造				19428
钟表与计时仪器制造				
光学仪器及眼镜制造	2170	600		14493
其他仪器仪表制造业				
其他制造业				4914
日用杂品制造				4914
煤制品制造				
核辐射加工				
其他未列明制造业				
废弃资源综合利用业				
金属废料和碎屑加工处理				
非金属废料和碎屑加工处理				
金属制品、机械和设备修理业				
金属制品修理				
通用设备修理				
专用设备修理				
铁路、船舶、航空航天等运输设备修理				
电气设备修理				
仪器仪表修理				
其他机械和设备修理业				
电力、热力生产和供应业		12684	3767	155655
电力生产		12684	3767	155655
电力供应				
热力生产和供应				
燃气生产和供应业			450	65
燃气生产和供应业			450	65
水的生产和供应业				2678
自来水生产和供应				2678

3-J-5 分行业内资企业技术获取和技术改造情况

单位：万元

行业	引进技术经费支出	消化吸收经费支出	购买国内技术经费支出	技术改造经费支出
总计	**262967**	**157787**	**342638**	**5231654**
煤炭开采和洗选业	26719	2026	254	116774
烟煤和无烟煤开采洗选	26719	2026	254	116774
褐煤开采洗选				
其他煤炭采选				
石油和天然气开采业				
石油开采				
天然气开采				
黑色金属矿采选业				
铁矿采选				
锰矿、铬矿采选				
其他黑色金属矿采选				
有色金属矿采选业				232
常用有色金属矿采选				232
贵金属矿采选				
稀有稀土金属矿采选				
非金属矿采选业	134	326	1135	8678
土砂石开采			15	5093
化学矿开采	134	58		862
采盐		268	1120	2723
石棉及其他非金属矿采选				
开采辅助活动				
煤炭开采和洗选辅助活动				
石油和天然气开采辅助活动				
其他开采辅助活动				
其他采矿业				
其他采矿业				
农副食品加工业	5	225	1507	195681
谷物磨制		150	80	6546
饲料加工			173	3549
植物油加工	5		389	178751
制糖业		47	220	777
屠宰及肉类加工			601	2755
水产品加工			10	764
蔬菜、水果和坚果加工		28	35	2090
其他农副食品加工				450
食品制造业	80	536	545	9608
焙烤食品制造		34		300
糖果、巧克力及蜜饯制造				
方便食品制造		210	160	559
乳制品制造	80	134	127	4730
罐头食品制造			50	1585
调味品、发酵制品制造		158	208	1393
其他食品制造		0		1041
酒、饮料和精制茶制造业	420	1320	863	41601
酒的制造		1170	563	19871
饮料制造	420	150	300	21730
精制茶加工				

3-J-5　续表 1　　　　单位：万元

行　　业	引进技术经费支出	消化吸收经费支出	购买国内技术经费支出	技术改造经费支出
烟草制品业				25200
烟叶复烤				
卷烟制造				25200
其他烟草制品制造				
纺织业	9767	2576	4540	158744
棉纺织及印染精加工	3929	1401	2213	94335
毛纺织及染整精加工	4517	605		39970
麻纺织及染整精加工				35
丝绢纺织及印染精加工	555	170	2169	2437
化纤织造及印染精加工	150		50	2512
针织或钩针编织物及其制品制造				307
家用纺织制成品制造	616	400	108	6619
非家用纺织制成品制造				12529
纺织服装、服饰业	6959	1462	1902	58214
机织服装制造	6634	1192	1252	24804
针织或钩针编织服装制造	325	270	650	32360
服饰制造				1050
皮革、毛皮、羽毛及其制品和制鞋业	10	391	297	2496
皮革鞣制加工				
皮革制品制造			293	457
毛皮鞣制及制品加工				
羽毛(绒)加工及制品制造		8	4	140
制鞋业	10	383		1899
木材加工和木、竹、藤、棕、草制品业	5835		100	43008
木材加工				816
人造板制造	5835		100	11758
木制品制造				30433
竹、藤、棕、草等制品制造				
家具制造业				1005
木质家具制造				754
竹、藤家具制造				
金属家具制造				176
塑料家具制造				
其他家具制造				75
造纸和纸制品业	74	168	625	23738
纸浆制造				
造纸	74	12	175	23056
纸制品制造		156	450	683
印刷和记录媒介复制业	315		85	15119
印刷	315		85	15119
装订及印刷相关服务				
记录媒介复制				
文教、工美、体育和娱乐用品制造业	1787	347	1303	20069
文教办公用品制造	112	48	200	7324
乐器制造	50	26		358
工艺美术品制造	1600	238	1100	7266
体育用品制造				30
玩具制造	25	35	3	2285
游艺器材及娱乐用品制造				2805

3-J-5 续表 2

单位：万元

行业	引进技术经费支出	消化吸收经费支出	购买国内技术经费支出	技术改造经费支出
石油加工、炼焦和核燃料加工业	30	857	128	206622
精炼石油产品制造	30	857	128	206622
炼焦				
核燃料加工				
化学原料和化学制品制造业	29498	8004	69490	1043807
基础化学原料制造	13183	3066	64017	802428
肥料制造	1597	902	1708	6232
农药制造	1329	756	941	85567
涂料、油墨、颜料及类似产品制造	507	424	763	51737
合成材料制造	423	1162	850	23445
专用化学产品制造	12459	1629	1189	69163
炸药、火工及焰火产品制造				1046
日用化学产品制造		65	22	4189
医药制造业	3346	6718	24445	142270
化学药品原料药制造	512	907	1294	49982
化学药品制剂制造	55	4422	12250	51883
中药饮片加工			797	410
中成药生产	2600	530	8950	19620
兽用药品制造	179	166	519	2117
生物药品制造		550	551	7014
卫生材料及医药用品制造		142	84	11243
化学纤维制造业	21152	1327	5964	109059
纤维素纤维原料及纤维制造	20712	1215	1888	96270
合成纤维制造	440	112	4076	12789
橡胶和塑料制品业	984	352	1042	53051
橡胶制品业	335	162	103	11749
塑料制品业	649	190	939	41302
非金属矿物制品业	2092	1661	3448	159729
水泥、石灰和石膏制造		20	840	62329
石膏、水泥制品及类似制品制造	120	250	448	22883
砖瓦、石材等建筑材料制造	600	176	201	9041
玻璃制造				3697
玻璃制品制造	97	367	229	12429
玻璃纤维和玻璃纤维增强塑料制品制造	538	619	1195	24645
陶瓷制品制造				6761
耐火材料制品制造		35	126	8236
石墨及其他非金属矿物制品制造	737	194	409	9709
黑色金属冶炼和压延加工业	62999	40648	123232	535418
炼铁				
炼钢				14777
黑色金属铸造		391	270	13271
钢压延加工	62999	39892	122776	484413
铁合金冶炼		365	186	22956
有色金属冶炼和压延加工业	5213	872	10565	70736
常用有色金属冶炼				3929
贵金属冶炼				
稀有稀土金属冶炼		66	415	3233
有色金属合金制造	196	2	622	10025
有色金属铸造				979
有色金属压延加工	5017	804	9528	52570

3-J-5　续表 3　　　　　　　　　　　　　　　　　　　　单位：万元

行　业	引进技术经费支出	消化吸收经费支出	购买国内技术经费支出	技术改造经费支出
金属制品业	12327	1166	5771	129188
结构性金属制品制造	2485	789	317	24866
金属工具制造	775		150	2575
集装箱及金属包装容器制造				3524
金属丝绳及其制品制造	364	92	20	41964
建筑、安全用金属制品制造				8290
金属表面处理及热处理加工	5474	268	97	5627
搪瓷制品制造				
金属制日用品制造		10	20	76
其他金属制品制造	3229	6	5167	42267
通用设备制造业	16213	14840	15865	423844
锅炉及原动设备制造	545	6806	1802	118865
金属加工机械制造	5393	1983	430	50112
物料搬运设备制造	6957	2243	3020	108523
泵、阀门、压缩机及类似机械制造	1833	876	5968	57846
轴承、齿轮和传动部件制造	876	935	3522	59178
烘炉、风机、衡器、包装等设备制造	517	1823	304	10472
文化、办公用机械制造		100		2037
通用零部件制造	92	74	820	15437
其他通用设备制造业				1375
专用设备制造业	7460	7508	14680	277288
采矿、冶金、建筑专用设备制造	3586	1097	3970	122651
化工、木材、非金属加工专用设备制造		58	96	16369
食品、饮料、烟草及饲料生产专用设备制造		75	36	3506
印刷、制药、日化及日用品生产专用设备制造	10	381	205	2042
纺织、服装和皮革加工专用设备制造	596	3385	5386	22603
电子和电工机械专用设备制造				813
农、林、牧、渔专用机械制造	162	22	910	5352
医疗仪器设备及器械制造	1191	420	490	69610
环保、社会公共服务及其他专用设备制造	1915	2070	3586	34343
汽车制造业	2871	1874	7843	90281
汽车整车制造	2180	851	6011	16871
改装汽车制造				2547
低速载货汽车制造				
电车制造				
汽车车身、挂车制造				4385
汽车零部件及配件制造	691	1022	1831	66478
铁路、船舶、航空航天和其他运输设备制造业	14775	4512	6736	132930
铁路运输设备制造	10477	1884	246	26128
城市轨道交通设备制造		132		2819
船舶及相关装置制造	2797	1061	6481	43161
航空、航天器及设备制造	1500	1200		52761
摩托车制造		235	8	7799
自行车制造				263
非公路休闲车及零配件制造				
潜水救捞及其他未列明运输设备制造				

3-J-5 续表 4　　　　单位：万元

行　　业	引进技术经费支出	消化吸收经费支出	购买国内技术经费支出	技术改造经费支出
电气机械和器材制造业	18769	24600	30218	668497
电机制造	1734	5001	3765	164087
输配电及控制设备制造	7559	10790	13820	197083
电线、电缆、光缆及电工器材制造	6730	7093	9336	206487
电池制造	60	368	561	15947
家用电力器具制造	45	15	17	25653
非电力家用器具制造	186	885	288	12720
照明器具制造	2455	448	2431	46478
其他电气机械及器材制造				43
计算机、通信和其他电子设备制造业	6181	17730	4265	157970
计算机制造			105	4726
通信设备制造	833		1341	10327
广播电视设备制造		120	56	5775
雷达及配套设备制造	30			200
视听设备制造				30062
电子器件制造	1832	16315	2409	49999
电子元件制造	2307	1198	353	47725
其他电子设备制造	1179	97	0	9156
仪器仪表制造业	6934	3042	1692	175118
通用仪器仪表制造	6931	2930	1360	153548
专用仪器仪表制造	3	112	333	17367
钟表与计时仪器制造				
光学仪器及眼镜制造				2808
其他仪器仪表制造业				1395
其他制造业		20	50	4447
日用杂品制造				4427
煤制品制造		20	50	20
核辐射加工				
其他未列明制造业				
废弃资源综合利用业			248	3177
金属废料和碎屑加工处理			248	675
非金属废料和碎屑加工处理				2502
金属制品、机械和设备修理业				21
金属制品修理				
通用设备修理				
专用设备修理				
铁路、船舶、航空航天等运输设备修理				21
电气设备修理				
仪器仪表修理				
其他机械和设备修理业				
电力、热力生产和供应业	18	12684	3767	126518
电力生产	16	12684	3767	126416
电力供应				
热力生产和供应	3			102
燃气生产和供应业			35	
燃气生产和供应业			35	
水的生产和供应业				1521
自来水生产和供应				1478
污水处理及其再生利用				42

3-J-6　分行业港澳台商投资企业技术获取和技术改造情况

单位：万元

行　　业	引进技术经费支出	消化吸收经费支出	购买国内技术经费支出	技术改造经费支出
总　计	**65281**	**7973**	**40349**	**625588**
煤炭开采和洗选业				
烟煤和无烟煤开采洗选				
褐煤开采洗选				
其他煤炭采选				
石油和天然气开采业				
石油开采				
天然气开采				
黑色金属矿采选业				
铁矿采选				
锰矿、铬矿采选				
其他黑色金属矿采选				
有色金属矿采选业				
常用有色金属矿采选				
贵金属矿采选				
稀有稀土金属矿采选				
非金属矿采选业				
土砂石开采				
化学矿开采				
采盐				
石棉及其他非金属矿采选				
开采辅助活动				
煤炭开采和洗选辅助活动				
石油和天然气开采辅助活动				
其他开采辅助活动				
其他采矿业				
其他采矿业				
农副食品加工业	46	58	191	851
谷物磨制				
饲料加工				20
植物油加工				
制糖业				
屠宰及肉类加工	46	58	71	822
水产品加工				
蔬菜、水果和坚果加工			120	10
其他农副食品加工				
食品制造业	400	176		975
焙烤食品制造				
糖果、巧克力及蜜饯制造				322
方便食品制造				512
乳制品制造				
罐头食品制造				72
调味品、发酵制品制造				
其他食品制造	400	176		69
酒、饮料和精制茶制造业			18	550
酒的制造			18	550
饮料制造				
精制茶加工				

3-J-6 续表 1

单位：万元

行业	引进技术经费支出	消化吸收经费支出	购买国内技术经费支出	技术改造经费支出
烟草制品业				
烟叶复烤				
卷烟制造				
其他烟草制品制造				
纺织业	243	32	993	18869
棉纺织及印染精加工	175	32	693	18116
毛纺织及染整精加工	68		242	345
麻纺织及染整精加工				
丝绢纺织及印染精加工				320
化纤织造及印染精加工				
针织或钩针编织物及其制品制造			58	88
家用纺织制成品制造				
非家用纺织制成品制造				
纺织服装、服饰业	447	11		3908
机织服装制造	250			1988
针织或钩针编织服装制造	197	11		1920
服饰制造				
皮革、毛皮、羽毛及其制品和制鞋业	230	110		710
皮革鞣制加工				
皮革制品制造				120
毛皮鞣制及制品加工				
羽毛(绒)加工及制品制造				
制鞋业	230	110		590
木材加工和木、竹、藤、棕、草制品业				2033
木材加工				
人造板制造				33
木制品制造				2000
竹、藤、棕、草等制品制造				
家具制造业				
木质家具制造				
竹、藤家具制造				
金属家具制造				
塑料家具制造				
其他家具制造				
造纸和纸制品业				3087
纸浆制造				
造纸				2000
纸制品制造				1087
印刷和记录媒介复制业				476
印刷				476
装订及印刷相关服务				
记录媒介复制				
文教、工美、体育和娱乐用品制造业	5	145	123	9534
文教办公用品制造				
乐器制造				
工艺美术品制造	5	25	5	969
体育用品制造		120	69	465
玩具制造			50	8100
游艺器材及娱乐用品制造				

3-J-6　续表 2　　单位：万元

行　　业	引进技术经费支出	消化吸收经费支出	购买国内技术经费支出	技术改造经费支出
石油加工、炼焦和核燃料加工业				600
精炼石油产品制造				600
炼焦				
核燃料加工				
化学原料和化学制品制造业	2902	2200	26730	25816
基础化学原料制造	31	31	50	5455
肥料制造	123	111	1000	2350
农药制造				260
涂料、油墨、颜料及类似产品制造	730	150	35	
合成材料制造	1591	756	50	3211
专用化学产品制造	427	1153	25595	14541
炸药、火工及焰火产品制造				
日用化学产品制造				
医药制造业	1596	208	2545	21082
化学药品原料药制造	1582	208	113	875
化学药品制剂制造			1582	13714
中药饮片加工				
中成药生产				451
兽用药品制造				
生物药品制造	14			4505
卫生材料及医药用品制造			850	1536
化学纤维制造业	4880	815	3461	14070
纤维素纤维原料及纤维制造				220
合成纤维制造	4880	815	3461	13850
橡胶和塑料制品业	2399	140		6903
橡胶制品业	580	32		891
塑料制品业	1819	108		6012
非金属矿物制品业	1117	1025	378	4463
水泥、石灰和石膏制造				
石膏、水泥制品及类似制品制造		501	91	365
砖瓦、石材等建筑材料制造				8
玻璃制造				
玻璃制品制造	1117	523	288	2403
玻璃纤维和玻璃纤维增强塑料制品制造				1235
陶瓷制品制造				
耐火材料制品制造				
石墨及其他非金属矿物制品制造				451
黑色金属冶炼和压延加工业		4	50	54189
炼铁				
炼钢				45911
黑色金属铸造		4	0	2628
钢压延加工			50	5650
铁合金冶炼				
有色金属冶炼和压延加工业	51			227
常用有色金属冶炼				172
贵金属冶炼				
稀有稀土金属冶炼				
有色金属合金制造				
有色金属铸造				12
有色金属压延加工	51			43

3-J-6 续表 3

单位：万元

行业	引进技术经费支出	消化吸收经费支出	购买国内技术经费支出	技术改造经费支出
金属制品业	2434	12	254	8842
结构性金属制品制造			1	2087
金属工具制造	52			1800
集装箱及金属包装容器制造				88
金属丝绳及其制品制造	1387			
建筑、安全用金属制品制造				125
金属表面处理及热处理加工	995	12		
搪瓷制品制造				
金属制日用品制造				790
其他金属制品制造			253	3952
通用设备制造业	764	91	4060	16859
锅炉及原动设备制造	711		3484	2909
金属加工机械制造				1090
物料搬运设备制造				2450
泵、阀门、压缩机及类似机械制造		52	572	1288
轴承、齿轮和传动部件制造				4430
烘炉、风机、衡器、包装等设备制造	52	39	3	1045
文化、办公用机械制造				250
通用零部件制造				3397
其他通用设备制造业				
专用设备制造业	490	2	21	13814
采矿、冶金、建筑专用设备制造	490	2	21	4472
化工、木材、非金属加工专用设备制造				1388
食品、饮料、烟草及饲料生产专用设备制造				441
印刷、制药、日化及日用品生产专用设备制造				
纺织、服装和皮革加工专用设备制造				5620
电子和电工机械专用设备制造				4
农、林、牧、渔专用机械制造				
医疗仪器设备及器械制造				391
环保、社会公共服务及其他专用设备制造				1500
汽车制造业	1192	321	323	5464
汽车整车制造				
改装汽车制造				
低速载货汽车制造				
电车制造				
汽车车身、挂车制造				
汽车零部件及配件制造	1192	321	323	5464
铁路、船舶、航空航天和其他运输设备制造业		189	16	32769
铁路运输设备制造				30433
城市轨道交通设备制造				
船舶及相关装置制造		186	16	1671
航空、航天器及设备制造				
摩托车制造				630
自行车制造				
非公路休闲车及零配件制造		3		36
潜水救捞及其他未列明运输设备制造				

3-J-6　续表 4

单位：万元

行　　业	引进技术经费支出	消化吸收经费支出	购买国内技术经费支出	技术改造经费支出
电气机械和器材制造业	2868	1115	810	30937
电机制造	2080	40	300	2221
输配电及控制设备制造	500	851	165	18709
电线、电缆、光缆及电工器材制造		224	345	7786
电池制造	288			180
家用电力器具制造				1416
非电力家用器具制造				527
照明器具制造				100
其他电气机械及器材制造				
计算机、通信和其他电子设备制造业	41393	30	45	295253
计算机制造				9207
通信设备制造				114455
广播电视设备制造				477
雷达及配套设备制造				
视听设备制造	169			156613
电子器件制造	38451		15	647
电子元件制造	2773	30	30	13848
其他电子设备制造				7
仪器仪表制造业	1050	1289	302	11076
通用仪器仪表制造		492	252	167
专用仪器仪表制造		497	50	2900
钟表与计时仪器制造				
光学仪器及眼镜制造	1050	300		7606
其他仪器仪表制造业				403
其他制造业				514
日用杂品制造				514
煤制品制造				
核辐射加工				
其他未列明制造业				
废弃资源综合利用业				596
金属废料和碎屑加工处理				596
非金属废料和碎屑加工处理				
金属制品、机械和设备修理业				
金属制品修理				
通用设备修理				
专用设备修理				
铁路、船舶、航空航天等运输设备修理				
电气设备修理				
仪器仪表修理				
其他机械和设备修理业				
电力、热力生产和供应业	15		30	39251
电力生产	15		30	39251
电力供应				
热力生产和供应				
燃气生产和供应业				672
燃气生产和供应业				672
水的生产和供应业	760			1200
自来水生产和供应	760			1200
污水处理及其再生利用				

3-J-7 分行业外商投资企业技术获取和技术改造情况

单位：万元

行业	引进技术经费支出	消化吸收经费支出	购买国内技术经费支出	技术改造经费支出
总计	**196391**	**38635**	**30188**	**564159**
煤炭开采和洗选业				
烟煤和无烟煤开采洗选				
褐煤开采洗选				
其他煤炭采选				
石油和天然气开采业				
石油开采				
天然气开采				
黑色金属矿采选业				
铁矿采选				
锰矿、铬矿采选				
其他黑色金属矿采选				
有色金属矿采选业				
常用有色金属矿采选				
贵金属矿采选				
稀有稀土金属矿采选				
非金属矿采选业				
土砂石开采				
化学矿开采				
采盐				
石棉及其他非金属矿采选				
开采辅助活动				
煤炭开采和洗选辅助活动				
石油和天然气开采辅助活动				
其他开采辅助活动				
其他采矿业				
其他采矿业				
农副食品加工业	420	93	310	535
谷物磨制				
饲料加工	420		280	
植物油加工				
制糖业				
屠宰及肉类加工				
水产品加工			30	180
蔬菜、水果和坚果加工				120
其他农副食品加工		93		235
食品制造业			35	1915
焙烤食品制造				
糖果、巧克力及蜜饯制造				
方便食品制造				3
乳制品制造				1133
罐头食品制造				
调味品、发酵制品制造				
其他食品制造			35	780
酒、饮料和精制茶制造业				657
酒的制造				500
饮料制造				157
精制茶加工				

3-J-7　续表 1　　单位：万元

行　　业	引进技术经费支出	消化吸收经费支出	购买国内技术经费支出	技术改造经费支出
烟草制品业				
烟叶复烤				
卷烟制造				
其他烟草制品制造				
纺织业	861	176	2	5108
棉纺织及印染精加工				1000
毛纺织及染整精加工				
麻纺织及染整精加工				125
丝绢纺织及印染精加工				
化纤织造及印染精加工				260
针织或钩针编织物及其制品制造				
家用纺织制成品制造		4	2	2102
非家用纺织制成品制造	861	172		1621
纺织服装、服饰业	55	385	141	5116
机织服装制造	55	385	111	4576
针织或钩针编织服装制造			30	240
服饰制造				300
皮革、毛皮、羽毛及其制品和制鞋业		292	340	1629
皮革鞣制加工				
皮革制品制造				59
毛皮鞣制及制品加工				
羽毛(绒)加工及制品制造		32		1415
制鞋业		260	340	155
木材加工和木、竹、藤、棕、草制品业				4745
木材加工				
人造板制造				2000
木制品制造				2685
竹、藤、棕、草等制品制造				60
家具制造业				
木质家具制造				
竹、藤家具制造				
金属家具制造				
塑料家具制造				
其他家具制造				
造纸和纸制品业	217			30773
纸浆制造				
造纸				30382
纸制品制造	217			391
印刷和记录媒介复制业				
印刷				
装订及印刷相关服务				
记录媒介复制				
文教、工美、体育和娱乐用品制造业	715	202	323	7774
文教办公用品制造	650	30		
乐器制造				
工艺美术品制造		172	83	2862
体育用品制造	65			65
玩具制造			240	345
游艺器材及娱乐用品制造				4502

3-J-7 续表 2 单位：万元

行业	引进技术经费支出	消化吸收经费支出	购买国内技术经费支出	技术改造经费支出
石油加工、炼焦和核燃料加工业				
精炼石油产品制造				
炼焦				
核燃料加工				
化学原料和化学制品制造业	467	596	1496	79828
基础化学原料制造	6	131	526	45969
肥料制造				17142
农药制造	351	241	860	413
涂料、油墨、颜料及类似产品制造	56			5750
合成材料制造		225		7437
专用化学产品制造	54		110	3069
炸药、火工及焰火产品制造				
日用化学产品制造				50
医药制造业	1394	1261	9825	6493
化学药品原料药制造				380
化学药品制剂制造	804	1134	9743	4263
中药饮片加工	190	42		
中成药生产				1000
兽用药品制造				
生物药品制造				270
卫生材料及医药用品制造	400	85	82	580
化学纤维制造业	3885	505	698	7676
纤维素纤维原料及纤维制造	20	20	120	4453
合成纤维制造	3865	485	578	3223
橡胶和塑料制品业	4968	3503	291	20561
橡胶制品业	4551	3360		15719
塑料制品业	417	143	291	4842
非金属矿物制品业	5026		15	10976
水泥、石灰和石膏制造				
石膏、水泥制品及类似制品制造				
砖瓦、石材等建筑材料制造				2998
玻璃制造				
玻璃制品制造	1018		15	4237
玻璃纤维和玻璃纤维增强塑料制品制造				
陶瓷制品制造	3617			1348
耐火材料制品制造	392			1164
石墨及其他非金属矿物制品制造				1230
黑色金属冶炼和压延加工业	150	722	22	29964
炼铁				
炼钢				
黑色金属铸造		266	22	3012
钢压延加工	150	456		26952
铁合金冶炼				
有色金属冶炼和压延加工业	1117	1450	525	6067
常用有色金属冶炼				
贵金属冶炼				
稀有稀土金属冶炼		1365		
有色金属合金制造			113	
有色金属铸造				
有色金属压延加工	1117	85	412	6067

3-J-7　续表 3　　单位：万元

行　　业	引进技术经费支出	消化吸收经费支出	购买国内技术经费支出	技术改造经费支出
金属制品业	908	106	63	37873
结构性金属制品制造				261
金属工具制造			60	316
集装箱及金属包装容器制造	158	71		2762
金属丝绳及其制品制造				25080
建筑、安全用金属制品制造	6	32		500
金属表面处理及热处理加工				
搪瓷制品制造				
金属制日用品制造	744	3	3	7286
其他金属制品制造				1668
通用设备制造业	10878	1407	2051	27688
锅炉及原动设备制造	2919	4		37
金属加工机械制造	489	364	123	3559
物料搬运设备制造	312	12		1527
泵、阀门、压缩机及类似机械制造	3085	460	275	19276
轴承、齿轮和传动部件制造	2242	560	1312	2404
烘炉、风机、衡器、包装等设备制造	1785	7	341	442
文化、办公用机械制造				254
通用零部件制造	46			189
其他通用设备制造业				
专用设备制造业	24626	817	3952	15792
采矿、冶金、建筑专用设备制造	24138	75	2364	8258
化工、木材、非金属加工专用设备制造			532	730
食品、饮料、烟草及饲料生产专用设备制造				
印刷、制药、日化及日用品生产专用设备制造	86			
纺织、服装和皮革加工专用设备制造				1630
电子和电工机械专用设备制造				230
农、林、牧、渔专用机械制造	38	664	1056	465
医疗仪器设备及器械制造				1584
环保、社会公共服务及其他专用设备制造	364	78		2894
汽车制造业	39376	20217	5455	25148
汽车整车制造	31727	19594		
改装汽车制造				
低速载货汽车制造				
电车制造				
汽车车身、挂车制造				
汽车零部件及配件制造	7649	623	5455	25148
铁路、船舶、航空航天和其他运输设备制造业	9182		980	29488
铁路运输设备制造	6802			3468
城市轨道交通设备制造				
船舶及相关装置制造			980	24477
航空、航天器及设备制造				
摩托车制造	2380			
自行车制造				1523
非公路休闲车及零配件制造				20
潜水救捞及其他未列明运输设备制造				

3-J-7 续表 4

单位：万元

行业	引进技术经费支出	消化吸收经费支出	购买国内技术经费支出	技术改造经费支出
电气机械和器材制造业	7129	1200	70	63636
电机制造	40	951	38	24160
输配电及控制设备制造	6101	188	32	21675
电线、电缆、光缆及电工器材制造	986	62		7176
电池制造	2			431
家用电力器具制造				8694
非电力家用器具制造				
照明器具制造				1500
其他电气机械及器材制造				
计算机、通信和其他电子设备制造业	63598	2435	3020	86952
计算机制造	1790			9773
通信设备制造	1417			1651
广播电视设备制造	2079	1228	421	
雷达及配套设备制造				
视听设备制造	45370		1924	1532
电子器件制造	9564	1035		47780
电子元件制造	3379	172	676	24889
其他电子设备制造				1327
仪器仪表制造业	21420	3271	124	35294
通用仪器仪表制造	20257	2811		26749
专用仪器仪表制造	42	160	110	1466
钟表与计时仪器制造				
光学仪器及眼镜制造	1120	300	14	7079
其他仪器仪表制造业				
其他制造业				
日用杂品制造				
煤制品制造				
核辐射加工				
其他未列明制造业				
废弃资源综合利用业				
金属废料和碎屑加工处理				
非金属废料和碎屑加工处理				
金属制品、机械和设备修理业				
金属制品修理				
通用设备修理				
专用设备修理				
铁路、船舶、航空航天等运输设备修理				
电气设备修理				
仪器仪表修理				
其他机械和设备修理业				
电力、热力生产和供应业				22107
电力生产				22107
电力供应				
热力生产和供应				
燃气生产和供应业			450	65
燃气生产和供应业			450	65
水的生产和供应业				300
自来水生产和供应				
污水处理及其再生利用				300

3-J-8 分地区企业技术获取和技术改造情况

单位：万元

地区	引进技术经费支出	消化吸收经费支出	购买国内技术经费支出	技术改造经费支出
全省	**524639**	**204395**	**413175**	**6421401**
南京市	127828	40314	26619	1075065
无锡市	37064	7482	3978	312276
徐州市	28682	6438	5257	271797
常州市	35959	13889	42536	1719714
苏州市	180861	48814	206059	631675
南通市	55793	16363	25700	343518
连云港市	1086	19328	30054	99606
淮安市	1009	1353	10114	105677
盐城市	16995	20258	32225	498555
扬州市	9998	6485	14782	219375
镇江市	25472	15247	5590	408748
泰州市	3489	7264	8121	675701
宿迁市	405	1161	2139	59696

3-J-9 分地区大中型企业技术获取和技术改造情况

单位：万元

地区	引进技术经费支出	消化吸收经费支出	购买国内技术经费支出	技术改造经费支出
全省	**476426**	**173302**	**352236**	**5000594**
南京市	126288	35202	24229	1060747
无锡市	31310	4482	2490	270232
徐州市	28637	5845	4812	251667
常州市	27906	9918	37612	1126368
苏州市	170933	47802	198791	558532
南通市	41106	8189	14644	282856
连云港市	849	18658	29052	84442
淮安市	864	981	5703	98921
盐城市	10459	15516	10056	296427
扬州市	9928	6019	13028	182984
镇江市	24712	13559	3801	383602
泰州市	3056	6134	6807	354686
宿迁市	379	996	1212	49131

3-J-10 分地区内资企业技术获取和技术改造情况

单位：万元

地　　区	引进技术经费支出	消化吸收经费支出	购买国内技术经费支出	技术改造经费支出
全　　省	**262967**	**157787**	**342638**	**5231654**
南 京 市	22388	24592	19492	1051577
无 锡 市	23382	5474	2202	240699
徐 州 市	28467	5808	5257	255834
常 州 市	14495	7373	13485	1217290
苏 州 市	93421	44881	193190	424622
南 通 市	28714	11714	18742	239503
连云港市	869	18202	22874	72067
淮 安 市	721	1140	9999	100979
盐 城 市	16217	11321	29337	466277
扬 州 市	9966	6388	14736	210619
镇 江 市	22016	12625	3799	352068
泰 州 市	1907	7110	7386	544312
宿 迁 市	405	1161	2139	55806

3-J-11 分地区港澳台商投资企业技术获取和技术改造情况

单位：万元

地　　区	引进技术经费支出	消化吸收经费支出	购买国内技术经费支出	技术改造经费支出
全　　省	**65281**	**7973**	**40349**	**625588**
南 京 市	6014	249	4515	16285
无 锡 市	3544	189	50	61347
徐 州 市	170	623		10887
常 州 市	5862	1534	26285	361016
苏 州 市	41676	1630	4129	77724
南 通 市	3422	1828	2063	29816
连云港市	57	123	264	3673
淮 安 市	288	92	55	969
盐 城 市	541	221	1832	18942
扬 州 市	16	69	46	3306
镇 江 市	2110	1279	498	28107
泰 州 市	1582	136	613	12704
宿 迁 市				814

3-J-12　分地区外商投资企业技术获取和技术改造情况

单位：万元

地　区	引进技术经费支出	消化吸收经费支出	购买国内技术经费支出	技术改造经费支出
全　省	**196391**	**38635**	**30188**	**564159**
南京市	99426	15474	2613	7203
无锡市	10138	1820	1726	10230
徐州市	45	7		5076
常州市	15603	4981	2767	141408
苏州市	45764	2303	8739	129329
南通市	23656	2822	4896	74199
连云港市	160	1003	6916	23867
淮安市		120	60	3729
盐城市	238	8716	1056	13336
扬州市	16	28		5450
镇江市	1346	1343	1294	28573
泰州市		19	122	118685
宿迁市				3075

第四篇

建筑业企业生产经营及财务状况

4-A-1 分行业全社会建筑业企业个数

单位：个

行业	总计	总承包和专业承包企业	劳务分包企业	资质以外企业
总　计	**43284**	**9560**	**1251**	**32473**
房屋建筑业	8077	3586	712	3779
土木工程建筑业	8534	2027	85	6422
铁路道路隧道桥梁	3483	1183	9	2291
水利和内河港口	730	198	5	527
海洋工程	17	2		15
工矿工程	495	64		431
架线和管道	852	201	20	631
其他	2957	379	51	2527
建筑安装业	10075	1663	179	8233
电气	2217	614	41	1562
管道和设备	1931	351	49	1531
其他	5927	698	89	5140
建筑装饰和其他建筑业	16598	2284	275	14039
建筑装饰业	12115	1458	58	10599
工程准备活动	1624	256	26	1342
提供施工设备服务	412	71	28	313
其他	2447	499	163	1785

4-A-2 分行业全社会建筑业企业年末从业人员

单位：人

行业	总计	总承包和专业承包企业	劳务分包企业	资质以外企业
总　计	**8399553**	**7648069**	**344277**	**407207**
房屋建筑业	6270386	5973552	221410	75424
土木工程建筑业	977844	857922	21963	97959
铁路道路隧道桥梁	622318	584579	1423	36316
水利和内河港口	115028	106813	150	8065
海洋工程	491	232		259
工矿工程	39655	34092		5563
架线和管道	56961	43554	1354	12053
其他	143391	88652	19036	35703
建筑安装业	540342	427289	20101	92952
电气	187650	166054	3437	18159
管道和设备	128310	102579	8633	17098
其他	224382	158656	8031	57695
建筑装饰和其他建筑业	610981	389306	80803	140872
建筑装饰业	391996	287776	14004	90216
工程准备活动	47268	26201	6942	14125
提供施工设备服务	20346	10775	4661	4910
其他	151371	64554	55196	31621

4-A-3　分行业全社会建筑业企业建筑业总产值

单位：万元

行　业	总计	总承包和专业承包企业	劳务分包企业	资质以外企业
总　计	**222301029**	**219908354**	**2392675**	
房屋建筑业	163558017	161991527	1566489	
土木工程建筑业	31414724	31281346	133378	
铁路道路隧道桥梁	21108250	21103543	4707	
水利和内河港口	3417186	3413650	3535	
海洋工程	3545	3545		
工矿工程	1715360	1715360		
架线和管道	1946542	1924673	21869	
其他	3223841	3120575	103266	
建筑安装业	13762438	13553581	208857	
电气	5375815	5312609	63206	
管道和设备	3506124	3428333	77791	
其他	4880500	4812640	67860	
建筑装饰和其他建筑业	13565850	13081899	483951	
建筑装饰业	10171834	10082762	89072	
工程准备活动	808705	753512	55193	
提供施工设备服务	204328	183425	20903	
其他	2380983	2062201	318782	

注：资质外企业普查无总产值指标、数据。

4-A-4　分行业全社会建筑业企业劳动报酬

单位：万元

行　业	总计	总承包和专业承包企业	劳务分包企业	资质以外企业
总　计	**38599607**	**35790523**	**1433149**	**1375935**
房屋建筑业	29440246	28242944	937131	260171
土木工程建筑业	4234326	3817513	78078	338735
铁路道路隧道桥梁	2505921	2369187	9853	126881
水利和内河港口	452083	423361	1033	27690
海洋工程	1816	1062		755
工矿工程	305988	285658		20330
架线和管道	376571	327410	5849	43313
其他	591946	410836	61344	119767
建筑安装业	2402838	1985414	98286	319138
电气	853569	772262	15557	65750
管道和设备	574786	468854	48657	57275
其他	974483	744298	34072	196113
建筑装饰和其他建筑业	2522197	1744651	319655	457891
建筑装饰业	1707160	1359902	54998	292260
工程准备活动	182378	97903	36513	47962
提供施工设备服务	67690	41189	9871	16630
其他	564968	245657	218272	101039

4-A-5 分行业全社会建筑业企业主营业务税金

单位：万元

行　　业	总计	总承包和专业承包企业	劳务分包企业	资质以外企业
总　　计	**6873501**	**6387378**	**76942**	**409181**
房屋建筑业	4718678	4578041	49303	91333
土木工程建筑业	1106087	993297	7319	105471
铁路道路隧道桥梁	722840	676873	189	45777
水利和内河港口	124649	116913	208	7528
海洋工程	111	11		100
工矿工程	62893	58034		4860
架线和管道	75381	61929	848	12605
其他	120212	79537	6074	34602
建筑安装业	498114	410820	5878	81416
电气	178689	159505	2186	16998
管道和设备	117727	101562	1952	14214
其他	201698	149753	1740	50205
建筑装饰和其他建筑业	550623	405220	14443	130960
建筑装饰业	393213	304942	2830	85441
工程准备活动	42563	26571	2211	13781
提供施工设备服务	11559	6305	749	4505
其他	103288	67402	8653	27233

4-A-6 分行业全社会建筑业企业实收资本

单位：万元

行　　业	总计	总承包和专业承包企业	劳务分包企业	资质以外企业
总　　计	**36712950**	**23909341**	**317939**	**12485670**
房屋建筑业	15377847	12952808	181023	2244016
土木工程建筑业	11413364	6349350	32367	5031647
铁路道路隧道桥梁	7172902	4324830	2402	2845670
水利和内河港口	1198404	579106	938	618360
海洋工程	16217	3909		12309
工矿工程	461220	314318		146902
架线和管道	722760	444634	10227	267900
其他	1841861	682553	18800	1140507
建筑安装业	4120135	2359759	46101	1714275
电气	1281001	918008	12960	350033
管道和设备	854239	513765	17305	323169
其他	1984895	927987	15836	1041073
建筑装饰和其他建筑业	5801603	2247424	58448	3495732
建筑装饰业	2952691	1400814	16164	1535713
工程准备活动	883757	149863	3711	730182
提供施工设备服务	165573	85857	5100	74616
其他	1799583	610889	33473	1155221

4-A-7　分行业全社会建筑业企业营业收入

单位：万元

行　　业	总计	总承包和专业承包企业	劳务分包企业	资质以外企业
总　　计	**199494833**	**184019655**	**2280330**	**13194848**
房屋建筑业	131134663	126996289	1469879	2668495
土木工程建筑业	35135971	31338572	149664	3647735
铁路道路隧道桥梁	21732409	20045364	3449	1683596
水利和内河港口	3659334	3377471	6417	275446
海洋工程	10943	3334		7609
工矿工程	2433660	2255146		178514
架线和管道	2878497	2509572	22013	346912
其他	4421129	3147686	117784	1155659
建筑安装业	15925296	12990596	197016	2737685
电气	5958612	5295741	63057	599815
管道和设备	3782477	3216477	76862	489138
其他	6184207	4478378	57098	1648732
建筑装饰和其他建筑业	17298902	12694197	463772	4140933
建筑装饰业	12293079	9615709	91073	2586297
工程准备活动	1261413	746666	55236	459511
提供施工设备服务	344728	173579	20426	150723
其他	3399682	2158243	297037	944402

4-A-8　分行业全社会建筑业企业营业利润

单位：万元

行　　业	总计	总承包和专业承包企业	劳务分包企业	资质以外企业
总　　计	**9081208**	**8995060**	**86147**	
房屋建筑业	5908524	5856922	51601	
土木工程建筑业	1650256	1645939	4317	
铁路道路隧道桥梁	1059990	1059831	159	
水利和内河港口	178176	177971	204	
海洋工程	-477	-477		
工矿工程	108393	108393		
架线和管道	195277	194905	372	
其他	108897	105315	3582	
建筑安装业	674664	660664	14000	
电气	307303	298316	8987	
管道和设备	146467	144631	1835	
其他	220894	217717	3178	
建筑装饰和其他建筑业	847764	831535	16230	
建筑装饰业	618908	616169	2739	
工程准备活动	41974	41520	455	
提供施工设备服务	12717	11731	986	
其他	174165	162115	12050	

注：资质外企业普查无营业利润指标、数据。

4-A-9 分地区全社会建筑业企业个数

单位：个

地区	总计	总承包和专业承包企业	劳务分包企业	资质以外企业
全省	**43284**	**9560**	**1251**	**32473**
苏南	25841	4723	578	20540
苏中	7277	2347	313	4617
苏北	10166	2490	360	7316
南京市	5313	1638	286	3389
无锡市	4226	585	60	3581
徐州市	2991	442	23	2526
常州市	2244	644	106	1494
苏州市	12026	1460	93	10473
南通市	3210	937	143	2130
连云港市	1405	304	29	1072
淮安市	2312	658	139	1515
盐城市	1861	739	117	1005
扬州市	2433	744	107	1582
镇江市	2032	396	33	1603
泰州市	1634	666	63	905
宿迁市	1597	347	52	1198

4-A-10 分地区全社会建筑业企业年末从业人员

单位：人

地区	总计	总承包和专业承包企业	劳务分包企业	资质以外企业
全省	**8399553**	**7648069**	**344277**	**407207**
苏南	2665729	2263439	203621	198669
苏中	3447339	3277830	84896	84613
苏北	2286485	2106800	55760	123925
南京市	926603	816080	71588	38935
无锡市	301539	266832	5903	28804
徐州市	542927	503070	2847	37010
常州市	531994	473966	42289	15739
苏州市	697366	543983	57039	96344
南通市	1671046	1567590	53840	49616
连云港市	296405	271381	4896	20128
淮安市	507754	466598	22783	18373
盐城市	518146	486790	14939	16417
扬州市	930429	883770	25291	21368
镇江市	208227	162578	26802	18847
泰州市	845864	826470	5765	13629
宿迁市	421253	378961	10295	31997

4-A-11　分地区全社会建筑业企业建筑业总产值

单位：万元

地区	总计	总承包和专业承包企业	劳务分包企业	资质以外企业
全　　省	**222301029**	**219908354**	**2392675**	
苏　　南	75647784	74346273	1301511	
苏　　中	101562832	100870707	692125	
苏　　北	45090414	44691374	399040	
南 京 市	31559033	31124826	434207	
无 锡 市	6698763	6621536	77227	
徐 州 市	11116392	11092696	23696	
常 州 市	11892437	11612742	279696	
苏 州 市	20357454	20035460	321994	
南 通 市	54881125	54399204	481921	
连云港市	5600165	5568268	31897	
淮 安 市	10437956	10280088	157868	
盐 城 市	11340584	11220539	120044	
扬 州 市	26423181	26255307	167874	
镇 江 市	5140096	4951709	188387	
泰 州 市	20258526	20216196	42330	
宿 迁 市	6595317	6529783	65534	

注：资质外企业普查无总产值指标、数据。

4-A-12　分地区全社会建筑业企业劳动报酬

单位：万元

地区	总计	总承包和专业承包企业	劳务分包企业	资质以外企业
全　　省	**38599607**	**35790523**	**1433149**	**1375935**
苏　　南	12019471	10520654	832931	665886
苏　　中	17982220	17278865	391278	312077
苏　　北	8597916	7991004	208940	397972
南 京 市	4490903	4059767	293632	137504
无 锡 市	1147868	1034386	20497	92985
徐 州 市	2029204	1885723	11462	132018
常 州 市	2122906	1883512	178009	61385
苏 州 市	3387598	2851231	221695	314672
南 通 市	9763065	9310724	252252	200089
连云港市	1186897	1102077	19325	65494
淮 安 市	2060926	1915399	83116	62411
盐 城 市	1935439	1818030	65462	51947
扬 州 市	4266681	4079351	116660	70670
镇 江 市	870196	691758	119098	59341
泰 州 市	3952474	3888791	22366	41318
宿 迁 市	1385450	1269775	29575	86101

4-A-13 分地区全社会建筑业企业主营业务税金

单位：万元

地区	总计	总承包和专业承包企业	劳务分包企业	资质以外企业
全省	**6873501**	**6387378**	**76942**	**409181**
苏南	2440932	2201133	43390	196409
苏中	2881341	2778798	19255	83289
苏北	1551228	1407447	14297	129484
南京市	961498	903292	12970	45236
无锡市	255515	214774	2735	38007
徐州市	366908	325045	866	40997
常州市	370427	343042	12879	14506
苏州市	662994	577217	9297	76479
南通市	1621180	1555504	12673	53004
连云港市	235283	208652	1338	25294
淮安市	315842	283717	4936	27189
盐城市	408088	384082	3797	20209
扬州市	669822	645197	5216	19409
镇江市	190498	162808	5510	22180
泰州市	590339	578097	1366	10876
宿迁市	225108	205952	3362	15794

4-A-14 分地区全社会建筑业企业实收资本

单位：万元

地区	总计	总承包和专业承包企业	劳务分包企业	资质以外企业
全省	**36712950**	**23909341**	**317939**	**12485670**
苏南	19480203	11753034	128915	7598254
苏中	9740049	6653663	102011	2984374
苏北	7492698	5502644	87013	1903041
南京市	5433464	4059512	44342	1329610
无锡市	2612442	1404049	26463	1181929
徐州市	2034217	1331794	3759	698664
常州市	2374581	1872841	40021	461720
苏州市	7741887	3500283	12271	4229333
南通市	4350446	3253783	56216	1040447
连云港市	848957	530180	6475	312302
淮安市	1488588	1199157	21204	268227
盐城市	2148675	1701037	48598	399040
扬州市	3269457	1922211	28018	1319228
镇江市	1317829	916349	5819	395662
泰州市	2120146	1477669	17778	624699
宿迁市	972261	740477	6977	224808

4-A-15 分地区全社会建筑业企业营业收入

单位：万元

地区	总计	总承包和专业承包企业	劳务分包企业	资质以外企业
全省	**199494833**	**184019655**	**2280330**	**13194848**
苏南	78508440	70513080	1258352	6737008
苏中	79468228	76072199	663789	2732241
苏北	41518165	37434375	358190	3725600
南京市	31652342	29790577	444393	1417372
无锡市	7946052	6569847	80241	1295964
徐州市	10685925	9517168	20967	1147790
常州市	10907739	10246192	272786	388761
苏州市	22326329	19141869	274013	2910446
南通市	46128425	43952188	466881	1709355
连云港市	5370934	4707185	31323	632426
淮安市	8735940	7915646	128551	691743
盐城市	10370616	9708413	111818	550386
扬州市	19276488	18485500	161923	629065
镇江市	5675978	4764595	186919	724463
泰州市	14063316	13634511	34985	393821
宿迁市	6354750	5585963	65532	703255

4-A-16 分地区全社会建筑业企业营业利润

单位：万元

地区	总计	总承包和专业承包企业	劳务分包企业	资质以外企业
全省	**9081208**	**8995060**	**86147**	
苏南	3274950	3240602	34348	
苏中	3629814	3604857	24957	
苏北	2176444	2149601	26842	
南京市	1333959	1322503	11456	
无锡市	370602	362406	8197	
徐州市	589399	588344	1055	
常州市	444924	436178	8746	
苏州市	864449	861761	2688	
南通市	1941238	1924490	16748	
连云港市	292462	289912	2550	
淮安市	464639	455675	8965	
盐城市	485198	474017	11181	
扬州市	980187	973728	6459	
镇江市	261016	257755	3261	
泰州市	708388	706638	1750	
宿迁市	344746	341654	3092	

注：资质外企业普查无营业利润指标、数据。

4-B-1 按国民经济行业划分的

指　　标	计量单位	总计	房　屋建筑业	土木工程建筑业			
					铁路道路隧道桥梁	水利和内河港口	海洋工程
企业个数	**个**	**9560**	**3586**	**2027**	**1183**	**198**	**2**
建筑业合同情况							
签订的合同额	万元	333416472	253797670	47782833	32645312	4673912	5457
上年结转合同额	万元	121545719	95121489	19030908	13466624	1855162	1325
本年新签合同额	万元	211870753	158676181	28751925	19178688	2818750	4132
承包工程完成情况							
直接从建设单位承揽工程完成的产值	万元	207901448	155552179	29002076	19103835	3202494	3545
#自行完成施工产值	万元	207105257	155467894	28529985	19078670	3199989	3545
#分包出去工程的产值	万元	796191	84285	472091	25166	2506	
从建设单位以外承揽工程完成的产值	万元	12803097	6523634	2751362	2024873	213661	
建筑业总产值	**万元**	**219908354**	**161991527**	**31281346**	**21103543**	**3413650**	**3545**
#装饰装修产值	万元	11634958	2039447	120364	55723	789	
在外省完成的产值	万元	89010240	70911824	8619669	6066623	440291	
#建筑工程产值	万元	205120491	159014766	29406485	20890200	3240157	2650
#安装工程产值	万元	12901119	1836631	1278617	104799	14575	895
#其他产值	万元	1886744	1140131	596244	108544	158918	
竣工产值	**万元**	**166400692**	**123157180**	**22763502**	**15132376**	**2904695**	**4015**
房屋建筑施工面积	**平方米**	**1967398528**	**1911641399**	**23780615**	**10787576**	**1166544**	**50000**
#本年新开工面积	平方米	863752175	830976382	11445083	5697021	630443	31800
#实行投标承包面积	平方米	1752783075	1706027900	19768190	8954582	858378	
#本年新开面积	平方米	775270046	747294638	9122317	4855798	403423	
房屋建筑竣工面积	**平方米**	**690101542**	**670238620**	**10948144**	**6184901**	**691820**	**44800**
年末自有施工机械设备情况							
年末自有施工机械设备净值	万元	7177773	4286329	2038782	1362928	285903	2015
年末自有施工机械设备总台数	台	1826956	1119764	328668	207769	38632	56
年末自有施工机械设备总功率	千瓦	48126293	31018714	11443492	5930780	1148390	2760
从业人员情况							
从事主营业务活动的从业人员平均人数	人	7823560	5856654	1066177	609430	106633	230
从事主营业务活动的从业人员年末人数	人	7535225	5885507	844819	577616	104974	232
#工程技术人员	人	824120	550478	157519	107137	18163	15
#一级建造师	人	34289	17829	8235	4898	949	1
#现场施工工人	人	6018351	4897375	565958	392573	71307	78
#持证上岗人员	人	3399176	2848829	270394	169882	33819	46
主要建筑材料消耗情况							
钢材	吨	78150118	68299514	6341287	4221852	687622	5000
木材	立方米	34680841	31055300	1521348	985632	238747	1000
水泥	吨	244355798	211465920	25973101	18706759	3226197	10
平板玻璃	平方米	168535584	146701162	2691422	1673124	30881	120
铝材	吨	3726250	3371823	68793	51520	136	10
补充资料							
企业总产值	万元	230898044	169892646	32994161	21512307	3447978	4545
全员劳动生产率(按总产值计算)	元/人	281085	276594	293397	346283	320131	154143
技术装备率	元/人	9525.6	7282.9	24132.8	23595.7	27235.6	86870.7
动力装备率	千瓦/人	6.4	5.3	13.5	10.3	10.9	11.9
产值竣工率	%	75.7	76.0	72.8	71.7	85.1	113.3
房屋建筑面积竣工率	%	35.1	35.1	46.0	57.3	59.3	89.6

总承包和专业承包企业主要生产指标

工矿工程	架线和管道	其他	建筑安装业	电气	管道和设备	其他	建筑装饰和其他建筑业	建筑装饰业	工程准备活动	提供施工设备服务	其他
64	**201**	**379**	**1663**	**614**	**351**	**698**	**2284**	**1458**	**256**	**71**	**499**
3360559	2627929	4469664	17600418	6493948	3947151	7159319	14235551	11006351	817732	190393	2221075
1588856	769596	1349344	4991539	1523701	1195475	2272363	2401783	1904945	153875	20827	322137
1771703	1858333	3120320	12608879	4970247	2751676	4886956	11833768	9101406	663858	169566	1898938
1801429	1979815	2910958	11678033	4475336	2921725	4280972	11669161	9107093	584566	141148	1836354
1595226	1751040	2901515	11445576	4323096	2909178	4213302	11661803	9103795	584196	141148	1832664
206203	228775	9442	232457	152240	12548	67669	7358	3298	370		3690
120135	173633	219059	2108005	989513	519155	599338	1420097	978967	169316	42277	229537
1715360	**1924673**	**3120575**	**13553581**	**5312609**	**3428333**	**4812640**	**13081899**	**10082762**	**753512**	**183425**	**2062201**
2313	904	60635	130278	28704	52120	49454	9344870	9304769	12996	5040	22065
1150486	346125	616144	5598500	2145355	1422195	2030950	3880247	3283452	122523	38686	435586
1258304	1119726	2895449	4276846	1626489	1109582	1540774	12422394	9913062	742689	137509	1629134
373811	690011	94525	9197633	3654309	2312696	3230629	588239	133842	5042	42788	406566
83245	114937	130601	79103	31811	6055	41237	71266	35858	5781	3128	26500
1055741	**1500237**	**2166436**	**10148624**	**4101769**	**2589787**	**3457068**	**10331386**	**7938955**	**573061**	**134157**	**1685214**
1689363	**107953**	**9979179**	**18591686**	**7705560**	**2630308**	**8255818**	**13384828**	**1235224**	**9428333**	**848460**	**1872811**
384986	79554	4621279	9331051	3639145	1097766	4594140	11999659	1081162	9237338	600064	1081095
1673013	64973	8217244	15014518	6015104	2479731	6519683	11972467	1066806	9324891	464963	1115807
373136	56454	3433506	7810886	3060007	1092476	3658403	11042205	965862	9189366	216567	670410
871661	**98619**	**3056343**	**6662218**	**1888622**	**1242434**	**3531162**	**2252560**	**198480**	**475238**	**359620**	**1219222**
142427	87777	157732	474692	164158	98445	212089	377970	192732	58572	17482	109184
30038	25110	27063	255699	77954	104187	73558	122825	88165	5707	2000	26953
1416179	686913	2258470	3584909	1718136	627044	1239729	2079178	1214792	250027	62496	551863
38431	51180	260273	450297	162261	115429	172607	450432	345912	28578	8712	67230
33684	41673	86640	423207	154884	104115	164208	381692	280353	25047	10782	65510
6401	9342	16461	61541	22222	15532	23787	54582	35780	4484	1307	13011
708	691	988	3955	1493	1021	1441	4270	3369	271	52	578
23176	22901	55923	296091	121763	74885	99443	258927	197559	15519	6884	38965
19223	15359	32065	160810	68344	37277	55189	119143	85432	8176	2703	22832
521573	139951	765289	2116486	737475	366243	1012768	1392831	867429	128028	41329	356045
37971	37565	220433	318389	124843	61093	132453	1785804	1567518	94986	11098	112202
958805	341358	2739972	3006275	1079992	577297	1348986	3910502	1788302	812839	30780	1278581
11997	18613	956687	1469956	396467	176352	897137	17673044	16745390	128140	27722	771792
411	764	15952	40863	10561	7556	22746	244771	223923	5808	202	14838
1901898	2334878	3792555	14242124	5633836	3531030	5077259	13769112	10493132	798205	185404	2292371
446348	376060	119896	300992	327411	297008	278821	290430	291483	263669	210543	306738
42283.3	21063.3	18205.4	11216.5	10598.8	9455.4	12915.9	9902.5	6874.6	23384.9	16214.4	16666.7
42.0	16.5	26.1	8.5	11.1	6.0	7.5	5.4	4.3	10.0	5.8	8.4
61.5	77.9	69.4	74.9	77.2	75.5	71.8	79.0	78.7	76.1	73.1	81.7
51.6	91.4	30.6	35.8	24.5	47.2	42.8	16.8	16.1	5.0	42.4	65.1

4-B-2 按登记注册类型划分的总承包和

指　标	计量单位	总计	内资企业	国有	集体	股份合作企业
企业个数	**个**	**9560**	**9450**	**165**	**145**	**31**
建筑业合同情况						
签订的合同额	万元	333416472	332083833	7976568	2814269	329501
上年结转合同额	万元	121545719	121044804	3285183	729070	90914
本年新签合同额	万元	211870753	211039029	4691385	2085199	238588
承包工程完成情况						
直接从建设单位承揽工程完成的产值	万元	207901448	206907799	4581123	2243889	255159
#自行完成施工产值	万元	207105257	206128800	4362146	2239439	255159
#分包出去工程的产值	万元	796191	778999	218977	4450	
从建设单位以外承揽工程完成的产值	万元	12803097	12734647	236547	157487	2460
建筑业总产值	**万元**	**219908354**	**218863447**	**4598694**	**2396926**	**257619**
#装饰装修产值	万元	11634958	11530461	26293	135908	122
在外省完成的产值	万元	89010240	88503548	1634590	678991	26519
#建筑工程产值	万元	205120491	204301181	4038152	2225318	232042
#安装工程产值	万元	12901119	12687249	517228	153564	25358
#其他产值	万元	1886744	1875017	43314	18043	218
竣工产值	**万元**	**166400692**	**165515451**	**2856842**	**1980490**	**211961**
房屋建筑施工面积	**平方米**	**1967398528**	**1963222512**	**7107772**	**17548647**	**2190967**
#本年新开工面积	平方米	863752175	862438881	4622510	9190866	1002305
#实行投标承包面积	平方米	1752783075	1750143708	7044339	14084332	1912723
#本年新开面积	平方米	775270046	774320375	4581196	7251702	745026
房屋建筑竣工面积	**平方米**	**690101542**	**687951367**	**2982510**	**8204440**	**924617**
年末自有施工机械设备情况						
年末自有施工机械设备净值	万元	7177773	7144107	227067	98480	20016
年末自有施工机械设备总台数	台	1826956	1817608	65915	29672	3240
年末自有施工机械设备总功率	千瓦	48126293	47753148	1381973	606681	67474
从业人员情况						
从事主营业务活动的从业人员平均人数	人	7823560	7792588	126065	97133	11609
从事主营业务活动的从业人员年末人数	人	7535225	7513920	117069	94278	10123
#工程技术人员	人	824120	818812	17614	11826	1531
#一级建造师	人	34289	33942	1119	347	65
#现场施工工人	人	6018351	6005669	73735	75494	7537
#持证上岗人员	人	3399176	3391281	44918	39406	3919
主要建筑材料消耗情况						
钢材	吨	78150118	77850776	1108802	1064795	103079
木材	立方米	34680841	34542085	220687	370496	33009
水泥	吨	244355798	243446725	4485185	2538566	166840
平板玻璃	平方米	168535584	167640227	211056	2000082	79018
铝材	吨	3726250	3716988	14354	28246	2451
补充资料						
企业总产值	万元	230898044	229757929	4673102	2436161	262216
全员劳动生产率(按总产值计算)	元/人	281085	280861	364787	246767	221913
技术装备率	元/人	9525.6	9507.8	19396.0	10445.7	19773.1
动力装备率	千瓦/人	6.4	6.4	11.8	6.4	6.7
产值竣工率	%	75.7	75.6	62.1	82.6	82.3
房屋建筑面积竣工率	%	35.1	35.0	42.0	46.8	42.2

专业承包企业主要生产指标

联营企业	有限责任公司	股份有限公司	私营企业	其他企业	港澳台商投资企业	外商投资企业
10	**2628**	**486**	**5962**	**23**	**53**	**57**
1185475	169132020	32286484	118172247	187270	614107	718532
621936	64964465	12337487	38975086	40665	231178	269738
563539	104167556	19948997	79197161	146605	382929	448794
696019	100672240	20116980	78164277	178112	456600	537048
696019	100231230	20102288	78064883	177637	455239	521218
	441010	14693	99394	475	1361	15830
4148	6533702	1072063	4681875	46365	16201	52249
700167	**106764931**	**21174350**	**82746758**	**224002**	**471441**	**573467**
130	3352297	2829135	5173896	12681	75397	29101
175814	51028487	11890004	23027532	41611	159984	346707
692837	99804627	19833720	77253946	220540	408052	411258
7330	6003217	1106806	4871328	2417	63115	150755
	957088	233824	621485	1045	274	11454
369732	**77504551**	**15596991**	**66792888**	**201997**	**476045**	**409196**
149960	**999846596**	**201124963**	**734490055**	**763552**	**2192471**	**1983545**
	440989003	82079356	324252095	302746	614481	698813
149960	940016793	184944799	601484670	506092	1851256	788111
	408542710	74659729	278399166	140846	552463	397208
	326516557	**65931404**	**283035117**	**356722**	**1463625**	**686550**
23657	3032563	502572	3219780	19972	22239	11427
2454	812694	126641	775674	1318	3959	5389
107502	19174485	3871805	22483005	60223	103472	269673
8365	3668358	632574	3241188	7296	14377	16595
7853	3510463	649085	3116298	8751	12153	9152
1210	325364	70282	390092	893	2407	2901
133	14652	2664	14928	34	171	176
5428	2854655	537317	2446681	4822	8048	4634
2029	1672817	312843	1313158	2191	5559	2336
149110	40901273	5946635	28524156	52926	174811	124531
5989	16370297	3026096	14399094	116417	34987	103769
297618	125934310	19568543	90295309	160354	492080	416993
2013	77393075	13154841	74606441	193701	544379	350978
	1969654	316732	1384632	919	6546	2716
700287	112651169	23003955	85790455	240585	478766	661349
837020	291043	334733	255298	307020	327913	345566
30124.9	8638.6	7742.8	10332.1	22822.4	18298.9	12485.2
13.7	5.5	6.0	7.2	6.9	8.5	29.5
52.8	72.6	73.7	80.7	90.2	101.0	71.4
	32.7	32.8	38.5	46.7	66.8	34.6

4-B-3 按企业控股情况划分的总承包和专业承包企业主要生产指标

指标	计量单位	总计	国有控股	集体控股
企业个数	**个**	**784**	**383**	**401**
建筑业合同情况				
签订的合同额	万元	53865533	35419011	18446522
上年结转合同额	万元	23656749	17140690	6516059
本年新签合同额	万元	30208784	18278322	11930463
承包工程完成情况				
直接从建设单位承揽工程完成的产值	万元	30823060	18362833	12460227
#自行完成施工产值	万元	30217552	17769240	12448312
#分包出去工程的产值	万元	605508	593593	11915
从建设单位以外承揽工程完成的产值	万元	1777341	906839	870502
建筑业总产值	**万元**	**31994893**	**18676078**	**13318814**
#装饰装修产值	万元	610238	139805	470434
在外省完成的产值	万元	15653850	10283164	5370686
#建筑工程产值	万元	28317041	16344942	11972099
#安装工程产值	万元	3404685	2088378	1316307
#其他产值	万元	273166	242758	30408
竣工产值	**万元**	**23139496**	**11829148**	**11310348**
房屋建筑施工面积	**平方米**	**179528341**	**90705731**	**88822610**
#本年新开工面积	平方米	79609926	37668791	41941135
#实行投标承包面积	平方米	162985603	82907353	80078250
#本年新开面积	平方米	71790723	34477646	37313077
房屋建筑竣工面积	**平方米**	**64139002**	**26759687**	**37379315**
年末自有施工机械设备情况				
年末自有施工机械设备净值	万元	1162892	822613	340279
年末自有施工机械设备总台数	台	261011	160129	100882
年末自有施工机械设备总功率	千瓦	7541036	4893806	2647230
从业人员情况				
从事主营业务活动的从业人员平均人数	人	1054349	627937	426412
从事主营业务活动的从业人员年末人数	人	840082	420643	419439
#工程技术人员	人	108377	61101	47276
#一级建造师	人	6021	4177	1844
#现场施工工人	人	609322	259643	349679
#持证上岗人员	人	332272	147394	184878
主要建筑材料消耗情况				
钢材	吨	10136905	5744673	4392232
木材	立方米	4373329	3514247	859082
水泥	吨	23435037	13302819	10132218
平板玻璃	平方米	10001342	2776797	7224545
铝材	吨	246969	95226	151743
补充资料				
企业总产值	万元	34271247	20451144	13820103
全员劳动生产率(按总产值计算)	元/人	303456	297420	312346
技术装备率	元/人	13842.6	19556.1	8112.7
动力装备率	千瓦/人	9.0	11.6	6.3
产值竣工率	%	72.3	63.3	84.9
房屋建筑面积竣工率	%	35.7	29.5	42.1

4-B-3　续表

指　　标	计量单位	私人控股	港澳台商控股	外商控股	其他
企业个数	个	**8517**	**47**	**46**	**166**
建筑业合同情况					
签订的合同额	万元	268370468	1977409	690975	8512087
上年结转合同额	万元	92321848	1143131	208254	4215737
本年新签合同额	万元	176048620	834278	482721	4296350
承包工程完成情况					
直接从建设单位承揽工程完成的产值	万元	169731450	1296429	524450	5526059
#自行完成施工产值	万元	169574679	1295068	508620	5509339
#分包出去工程的产值	万元	156771	1361	15830	16720
从建设单位以外承揽工程完成的产值	万元	10740474	40926	29862	214493
建筑业总产值	**万元**	**180315153**	**1335994**	**538482**	**5723832**
#装饰装修产值	万元	10567078	68589	28300	360753
在外省完成的产值	万元	69576375	851072	301844	2627099
#建筑工程产值	万元	169924735	1165121	388001	5325593
#安装工程产值	万元	8806694	170600	139027	380114
#其他产值	万元	1583725	274	11454	18125
竣工产值	**万元**	**138078127**	**747439**	**432830**	**4002800**
房屋建筑施工面积	**平方米**	**1733435795**	**7247227**	**1887447**	**45299718**
#本年新开工面积	平方米	763873231	2333277	602715	17333026
#实行投标承包面积	平方米	1537465259	7107828	714523	44509862
#本年新开面积	平方米	684082276	2275038	323620	16798389
房屋建筑竣工面积	**平方米**	**609885596**	**2221715**	**631462**	**13223767**
年末自有施工机械设备情况					
年末自有施工机械设备净值	万元	5825780	35614	8747	144740
年末自有施工机械设备总台数	台	1501713	18437	8929	36866
年末自有施工机械设备总功率	千瓦	38997192	479213	271035	837817
从业人员情况					
从事主营业务活动的从业人员平均人数	人	6541490	42263	15379	170079
从事主营业务活动的从业人员年末人数	人	6488109	41329	8960	156745
#工程技术人员	人	692789	2828	2744	17382
#一级建造师	人	27187	217	159	705
#现场施工工人	人	5256114	14561	4816	133538
#持证上岗人员	人	2976770	10238	2420	77476
主要建筑材料消耗情况					
钢材	吨	64846465	223264	110427	2833057
木材	立方米	29653763	157306	97784	398659
水泥	吨	210243694	693974	360353	9622740
平板玻璃	平方米	155943880	733280	342718	1514364
铝材	吨	3434932	7340	2372	34637
补充资料					
企业总产值	万元	188377533	1494319	625392	6129553
全员劳动生产率(按总产值计算)	元/人	275648	316114	350141	336540
技术装备率	元/人	8979.2	8617.1	9761.7	9234.1
动力装备率	千瓦/人	6.0	11.6	30.2	5.3
产值竣工率	%	76.6	55.9	80.4	69.9
房屋建筑面积竣工率	%	35.2	30.7	33.5	29.2

4-B-4 按企业资质等级划分的总承包和

指标	计量单位	总计	施工总承包	特级
企业个数	**个**	**9560**	**5131**	**32**
建筑业合同情况				
签订的合同额	万元	333416472	308602599	81678675
上年结转合同额	万元	121545719	115978627	36675977
本年新签合同额	万元	211870753	192623972	45002698
承包工程完成情况				
直接从建设单位承揽工程完成的产值	万元	207901448	189046738	46911629
#自行完成施工产值	万元	207105257	188372251	46911575
#分包出去工程的产值	万元	796191	674487	54
从建设单位以外承揽工程完成的产值	万元	12803097	9496249	1296671
建筑业总产值	**万元**	**219908354**	**197868499**	**48208245**
#装饰装修产值	万元	11634958	2181859	678104
在外省完成的产值	万元	89010240	82301172	30467888
#建筑工程产值	万元	205120491	188215653	47342735
#安装工程产值	万元	12901119	8068203	612888
#其他产值	万元	1886744	1584644	252623
竣工产值	**万元**	**166400692**	**149383800**	**34959858**
房屋建筑施工面积	**平方米**	**1967398528**	**1959002219**	**566016827**
#本年新开工面积	平方米	863752175	858626924	209391946
#实行投标承包面积	平方米	1752783075	1747087094	540258486
#本年新开面积	平方米	775270046	771668724	199044204
房屋建筑竣工面积	**平方米**	**690101542**	**685970821**	**167725015**
年末自有施工机械设备情况				
年末自有施工机械设备净值	万元	7177773	6249204	873907
年末自有施工机械设备总台数	台	1826956	1401582	204049
年末自有施工机械设备总功率	千瓦	48126293	41407488	6849409
从业人员情况				
从事主营业务活动的从业人员平均人数	人	7823560	7013380	1297917
从事主营业务活动的从业人员年末人数	人	7535225	6855934	1226751
#工程技术人员	人	824120	711268	107294
#一级建造师	人	34289	26644	4082
#现场施工工人	人	6018351	5564588	1042493
#持证上岗人员	人	3399176	3158229	737247
主要建筑材料消耗情况				
钢材	吨	78150118	74893225	17860403
木材	立方米	34680841	32652051	6570605
水泥	吨	244355798	235350990	62878252
平板玻璃	平方米	168535584	149136602	29112081
铝材	吨	3726250	3453813	552314
补充资料				
企业总产值	万元	230898044	207913795	51901544
全员劳动生产率(按总产值计算)	元/人	281085	282130	371428
技术装备率	元/人	9525.6	9115.0	7123.7
动力装备率	千瓦/人	6.4	6.0	5.6
产值竣工率	%	75.7	75.5	72.5
房屋建筑面积竣工率	%	35.1	35.0	29.6

专业承包企业主要生产指标

			专业承包			
一级	二级	三级及不分等级		一级	二级	三级及不分等级
537	**1756**	**2805**	**4429**	**432**	**1009**	**2988**
135448387	59148627	32325775	24813874	13771931	5237828	5804115
53378151	18467301	7457197	5567093	3613585	944615	1008894
82070236	40681325	24868578	19246781	10158346	4293214	4795221
79029511	39144062	23960401	18854710	10154782	4062917	4637011
78448672	39085642	23925227	18733007	10137868	4055413	4539726
580839	58420	35175	121703	16914	7504	97285
3096693	2823977	2278684	3306848	1426862	868209	1011777
81545365	**41909619**	**26203910**	**22039855**	**11564730**	**4923622**	**5551503**
1117270	221064	165421	9453100	7266501	1185373	1001226
38182832	9208341	4442111	6709068	4585815	1150556	972697
75086526	40494263	25290769	16904838	10016217	3529261	3359360
5755956	1020284	679076	4832917	1508176	1328279	1996462
702883	395072	234066	302100	40337	66082	195681
58933902	**34149064**	**21339616**	**17016892**	**8523503**	**4061844**	**4431545**
785886503	**375515480**	**231583409**	**8396309**	**3559442**	**1078514**	**3758353**
325006498	184887556	139340924	5125251	1837299	591907	2696045
711269367	322815855	172743386	5695981	3260719	344129	2091133
307814626	159029781	105780113	3601322	1820497	292929	1487896
247073708	**157988299**	**113183799**	**4130721**	**1155380**	**992431**	**1982910**
2026782	2019598	1328593	928569	245710	303556	379303
521311	421468	254513	425374	96516	152115	176743
13626868	14237962	6669369	6718805	1548778	2933045	2236982
2739127	1772114	1204151	810180	351184	197784	261212
2586236	1818680	1224220	679291	276277	172203	230811
211801	232298	159842	112852	36618	29616	46618
12913	6686	2958	7645	4121	1749	1775
2161999	1441103	918983	453763	191684	111866	150213
1152690	774148	494144	240947	87623	64986	88338
30284931	17039163	9708658	3256893	1901317	795164	560412
12050678	8542527	5488241	2028790	1209293	433721	385776
86671126	52841479	32960133	9004808	4455984	2571694	1977130
54892859	37648645	27483017	19398982	8041908	4710533	6646541
1568075	774979	558445	272437	192418	29603	50416
85662565	43006282	27342045	22984249	11988423	5133661	5862164
297706	236495	217613	272037	329307	248939	212529
7836.8	11104.7	10852.6	13669.7	8893.6	17627.8	16433.5
5.3	7.8	5.4	9.9	5.6	17.0	9.7
72.3	81.5	81.4	77.2	73.7	82.5	79.8
31.4	42.1	48.9	49.2	32.5	92.0	52.8

4-B-5 按国民经济行业划分的总承包和

指标	总计	房屋建筑业	土木工程建筑业	铁路道路隧道桥梁	水利和内河港口	海洋工程	工矿工程
年初存货	**23547958**	**14953644**	**5565824**	**3113744**	**495929**	**1802**	**248991**
年末资产负债							
流动资产合计	110415417	62794112	29436113	19817539	2835226	16055	1497736
#应收工程款	35667232	19964612	9716675	6871127	1051193	1512	641107
存货	26731183	16842429	6215565	3975409	574679	1802	275841
固定资产合计	13714436	7597620	3682699	2426854	455599	3203	209844
固定资产减值准备	110058	62244	31934	25443	1197		1431
固定资产原价	17750151	8899023	5971963	3698591	674716	4596	327789
#累计折旧	6947526	3015424	2863053	1685156	277993	1419	140175
#本年折旧	1153671	579123	384746	246946	34187	29	33811
#在建工程	1678317	1049536	342107	228584	47066	26	19441
资产合计	134203524	75641902	36440199	24443099	3497061	19282	2064003
流动负债合计	78163167	43396615	22044740	14560529	2288505	14081	1311583
#应付帐款	22958130	11498609	6770664	4208445	705038	3557	579451
非流动负债合计	2987465	1961448	776083	522990	75387		13112
负债合计	82599599	46051765	23386961	15367029	2389844	15031	1325055
报有者权益	51603945	29590137	13053237	9076070	1107218	4251	738948
#实收资本	23909341	12952808	6349350	4324830	579106	3909	314318
#国家资本	1691784	262163	1168763	596552	209268		124087
集体资本	779382	257881	266802	131582	23951		518
法人资本	6981382	3670022	1907746	1351379	106460		139248
个人资本	14248314	8707664	2962318	2225334	232937	3909	44528
港澳台资本	72815	12753	16282	13484	1306		
外商资本	135665	42325	27440	6500	5185		5938
损益及分配							
营业收入	184019655	126996289	31338572	20045364	3377471	3334	2255146
#主营业务收入	182143650	126125322	30694371	19985309	3342662	3334	2212805
营业成本	161110879	112470840	26915248	17180604	2901054	3140	1957842
#主营业务成本	159455971	111677099	26338631	17127417	2874010	3140	1927210
营业税金	6450827	4615213	1011711	679493	117634	11	58781
#主营业务税金及附加	6387378	4578041	993297	676873	116913	11	58034
其他业务利润	163318	69784	33256	13229	4499		2113
销售费用	697710	331355	141528	82938	16295	65	6881
管理费用	5330152	2804679	1260312	720650	138132	241	97067
#税金	245843	134061	61512	39901	9621	3	1776
财务费用	1440575	927700	370060	309269	31119	353	10564
#利息收入	202864	124782	51956	37681	3126	…	611
利息支出	1419039	943142	333780	266461	31731	353	8149
资产减值损失	108347	27178	18983	257	294		16938
公允价值变动收益	114	-792	170	-82	-9		
投资收益	161135	55380	49785	6179	1657		1311
营业利润	8995060	5856922	1645939	1059831	177971	-477	108393
营业外收入	135801	75791	33820	22198	1430		2319
#补贴收入	25839	15711	4547	3573	273		112
营业外支出	134267	75967	32077	18032	3502	3	847
利润总额	8992389	5851896	1648429	1064758	175931	-480	109866
应交所得税	1939982	1296249	349026	237520	39902	…	12890
人工成本							
应付职工薪酬	35790523	28242944	3817513	2369187	423361	1062	285658
补充资料							
建筑业企业在境外完成的营业收入	4454614	2951980	789986	94288	5357		120641
资产负债率(%)	61.5	60.9	64.2	62.9	68.3	78.0	64.2
产值利润率(%)	4.1	3.6	5.3	5.0	5.2	-13.5	6.4
产值利税率(%)	7.1	6.5	8.6	8.4	8.9	-13.1	9.9
人均利润(元)	11494	9992	15461	17471	16499	-20852	28588
人均利税(元)	19973	18038	25354	29233	28365	-20243	44151

专业承包企业主要经济指标

单位：万元

架线和管道	其他	建筑安装业	电气	管道和设备	其他	建筑装饰和其他建筑业	建筑装饰业	工程准备活动	提供施工设备服务	其他
913500	**791858**	**1800055**	**967001**	**405408**	**427646**	**1228435**	**781136**	**68050**	**17541**	**361708**
2689563	2579995	9369086	4288399	2052661	3028026	8816106	6184575	521048	150331	1960152
399754	751982	2293549	896243	535180	862126	3692397	2848980	195695	54837	592885
906526	481309	2161986	1095490	546461	520035	1511203	950143	126300	18743	416017
294830	292368	1208599	466550	236230	505819	1225518	740275	95059	81720	308465
1014	2849	11095	3879	3457	3760	4785	2450	1136	42	1157
888150	378121	1515519	628904	340165	546450	1363646	757094	128816	108788	368949
614254	144056	561098	233480	147017	180602	507951	298104	53203	36624	120020
41779	27994	101970	43118	24137	34715	87832	47024	10976	9347	20486
13616	33374	140481	37992	17321	85168	146193	107534	9332	6416	22911
3232131	3184623	11507461	5065478	2512763	3929220	10613962	7280076	657671	242950	2433266
1950988	1919054	6944138	3209094	1546995	2188049	5777674	4016490	356905	81879	1322400
813565	460607	2217902	953017	565603	699282	2470956	1944353	145881	28689	352033
104929	59666	52315	18774	15951	17590	197619	127589	9077	32340	28614
2237130	2052873	7087035	3248859	1604257	2233920	6073837	4197642	376921	127039	1372236
995001	1131750	4420446	1816619	908507	1695320	4540125	3082434	280750	115911	1061030
444634	682553	2359759	918008	513765	927987	2247424	1400814	149863	85857	610889
140663	98195	200461	41624	34038	124799	60397	15983	7413		37001
89148	21603	110943	69406	22557	18980	143757	37026	1976		104755
117630	193030	756372	311007	132895	312469	647242	430567	40951	32189	143536
96493	359117	1218788	462433	303448	452907	1359544	900402	99524	42231	317387
	1492	35442	19443	13914	2084	8339	5790			2549
700	9117	37755	14095	6912	16748	28146	11046		11438	5662
2509572	3147686	12990596	5295741	3216477	4478378	12694197	9615709	746666	173579	2158243
2469269	2680992	12755359	5183035	3136939	4435385	12568599	9529425	745397	173177	2120600
2088292	2784317	11098736	4512668	2774041	3812027	10626055	8103846	629086	138764	1754359
2062317	2344537	10929034	4428230	2726878	3773926	10511207	8030101	623631	138623	1718852
63655	92137	416136	161500	103471	151165	407767	306538	26840	6317	68073
61929	79537	410820	159505	101562	149753	405220	304942	26571	6305	67402
8059	5357	38115	25918	8484	3713	22162	11127	152	122	10761
10635	24715	89759	36051	19966	33742	135068	105113	7131	2436	20388
175269	128953	674100	298206	159742	216152	591061	397185	36795	11084	145998
3499	6713	27504	8530	8139	10834	22766	13751	2844	578	5593
337	18419	66648	16937	12748	36963	76167	52568	5197	3032	15371
2897	7642	18344	12208	2796	3340	7783	6873	275	56	579
5331	21755	78623	38334	11303	28985	63495	45235	4172	1611	12478
1550	-57	19794	2902	4163	12729	42393	41935	101	220	138
	261	310	26	26	258	427	430		3	-7
34669	5968	44149	41315	1734	1100	11822	5030	20	1	6771
194905	105315	660664	298316	144631	217717	831535	616169	41520	11731	162115
5323	2552	13619	6814	1823	4981	12571	8130	231	1553	2658
441	148	3175	1547	626	1003	2405	1383	31	518	474
7759	1934	14361	6795	3490	4075	11863	8196	539	802	2325
192439	105915	660161	298526	142972	218664	831903	616098	41209	12482	162115
38367	20346	132310	57086	29414	45810	162397	121184	6126	2347	32740
327410	410836	1985414	772262	468854	744298	1744651	1359902	97903	41189	245657
197645	372055	692193	248893	12426	430874	20455	10118	10080		257
69.2	64.5	61.6	64.1	63.8	56.9	57.2	57.7	57.3	52.3	56.4
10.0	3.4	4.9	5.6	4.2	4.5	6.4	6.1	5.5	6.8	7.9
13.4	6.2	8.1	8.8	7.4	7.9	9.6	9.3	9.4	10.6	11.4
37600	4069	14661	18398	12386	12668	18469	17811	14420	14327	24113
50384	7383	24395	28754	21890	21972	27971	27024	24713	22227	34971

4-B-6 按登记注册类型划分的总承包

指　　标	总计	内资企业		
			国有	集体
年初存货	**23547958**	**23375931**	**683846**	**280300**
年末资产负债				
流动资产合计	110415417	109024290	4102137	1183063
#应收工程款	35667232	35172772	1128250	343363
存货	26731183	26504906	736339	306125
固定资产合计	13714436	13587737	449241	181574
固定资产减值准备	110058	109392	1092	745
固定资产原价	17750151	17593185	1172246	260060
#累计折旧	6947526	6891171	795580	104084
#本年折旧	1153671	1144086	60097	11485
#在建工程	1678317	1660444	52877	14162
资产合计	134203524	132473071	5021616	1478799
流动负债合计	78163167	77167526	3267965	866510
#应付帐款	22958130	22672853	1100389	215965
非流动负债合计	2987465	2936294	101403	17316
负债合计	82599599	81549453	3434724	907611
报有者权益	51603945	50923639	1586893	571188
#实收资本	23909341	23585327	920608	205804
#国家资本	1691784	1687365	648832	7033
集体资本	779382	778962	12405	119420
法人资本	6981382	6892752	120528	54697
个人资本	14248314	14211990	138843	24655
港澳台资本	72815	5597		
外商资本	135665	8660		
损益及分配				
营业收入	184019655	182857422	4997540	1909133
#主营业务收入	182143650	180995599	4943014	1875908
营业成本	161110879	160141942	4365349	1622021
#主营业务成本	159455971	158496809	4317783	1588803
营业税金	6450827	6420337	150353	66219
#主营业务税金及附加	6387378	6357465	148312	64851
其他业务利润	163318	161863	4063	1783
销售费用	697710	687796	7615	7136
管理费用	5330152	5269985	173353	86231
#税金	245843	244176	5031	5235
财务费用	1440575	1425473	22516	15308
#利息收入	202864	200282	4590	356
利息支出	1419039	1404641	52213	18053
资产减值损失	108347	105863	3725	-273
公允价值变动收益	114	114	1	5
投资收益	161135	160929	703	1939
营业利润	8995060	8919699	275252	114582
营业外收入	135801	132306	9398	1247
#补贴收入	25839	24479	2214	59
营业外支出	134267	133334	8404	931
利润总额	8992389	8914467	275897	114898
应交所得税	1939982	1926128	40628	21531
人工成本				
应付职工薪酬	35790523	35679252	591522	452250
补充资料				
建筑业企业在境外完成的营业收入	4454614	4454614	8997	32319
资产负债率(%)	61.5	61.6	68.4	61.4
产值利润率(%)	4.1	4.1	6.0	4.8
产值利税率(%)	7.1	7.1	9.3	7.7
人均利润(元)	11494	11440	21885	11829
人均利税(元)	19973	19911	34049	19044

和专业承包企业主要经济指标

单位：万元

股份合作企业	联营企业	有限责任公司	股份有限公司	私营企业	其他企业	港澳台商投资企业	外商投资企业
36883	**64947**	**11218163**	**1677843**	**9390334**	**23615**	**92132**	**79895**
163381	382359	49491442	9786207	43815589	100112	679528	711599
48996	147122	14531623	3672183	15262978	38258	319606	174854
44181	89601	12496785	2031078	10779476	21321	106209	120069
30983	31431	5481227	996001	6384024	33256	57849	68850
422	1	45073	5011	56698	350	93	573
41665	47660	7333104	1244503	7451958	41988	73306	83660
17692	27380	2865347	448880	2618280	13928	28851	27504
2373	3460	467429	89327	508173	1741	4419	5167
474	10309	581114	138353	858779	4376	9097	8776
202881	435039	59316639	11674218	54205694	138184	771353	959100
119111	359553	36625211	7240125	28629298	59754	458485	537157
44138	184552	10133426	3047503	7929617	17265	123632	161645
5686	4100	860153	395215	1551124	1297	28932	22240
124797	363653	37969489	7783436	30903930	61813	490392	559755
78084	71387	21347170	3890783	23301764	76372	280961	399346
43144	41879	8662982	1565417	12106207	39285	126519	197495
	36146	866616	93922	34817		3453	966
10220	3073	489857	31415	108423	4150	420	
16260		2585506	619753	3485258	10750	32367	56263
16664	2661	4717331	815583	8471869	24385	19098	17225
		1047	2000	2550		64014	3203
		2626	2744	3291		7167	119838
225755	591800	88053856	18160942	68729579	188818	482479	679754
225724	591032	87024738	17931399	68218984	184802	479039	669011
191707	545938	77625092	15939804	59694507	157525	409284	559653
191707	545912	76704478	15753857	59240494	153775	406207	552956
7190	18717	3077263	640911	2453063	6622	13721	16769
7190	18708	3040272	636406	2435160	6566	13539	16374
11	738	83935	11630	59699	4	139	1316
964	97	228325	71291	370283	2085	5099	4815
11469	12893	2312039	468268	2195226	10505	24864	35304
1041	207	86880	24977	120545	261	851	816
2812	1175	629096	81866	671218	1484	8757	6345
158	52	109808	20510	64732	76	1373	1209
1539	1246	543256	80674	706397	1264	7838	6560
	442	52262	35501	13981	225	1585	900
		-689	-85	848	35		
36	71	100683	13026	43849	623	40	167
11649	12608	4203043	936283	3356188	10095	19209	56152
52	385	67451	23374	30324	76	1571	1924
		18161	1794	2236	15	1036	323
144	657	49717	21454	51943	85	563	371
11557	12336	4211247	938211	3340235	10086	20217	57706
1998	2931	944528	174012	736826	3674	5086	8768
59518	32283	17476957	3506793	13530669	29260	59278	51993
		3106105	516743	790449			
61.5	83.6	64.0	66.7	57.0	44.7	63.6	58.4
4.5	1.8	3.9	4.4	4.0	4.5	4.3	10.1
7.7	4.5	6.9	7.6	7.1	7.6	7.3	13.1
9955	14747	11480	14832	10306	13824	14062	34773
17045	37359	20005	25287	18191	23181	24071	45131

4-B-7 按企业控股情况划分的总承包和专业承包建筑业企业主要经济指标

单位：万元

指 标	总计	国有控股	集体控股	私人控股	港澳台商控股	外商控股	其他
年初存货	**23547958**	**3203725**	**1838857**	**17588126**	**138279**	**81153**	**697817**
年末资产负债							
流动资产合计	110415417	14971068	6725844	83051991	711885	696848	4257781
#应收工程款	35667232	3721431	1441652	28683459	312730	135721	1372240
存货	26731183	3266448	2007728	20597068	158813	126068	575060
固定资产合计	13714436	1494618	703748	11127212	63991	63681	261186
固定资产减值准备	110058	3981	3568	101013	9	573	914
固定资产原价	17750151	2777610	1066261	13404808	59170	85110	357192
#累计折旧	6947526	1493923	458522	4788465	25940	31106	149572
#本年折旧	1153671	164670	58346	892162	3002	3609	31883
#在建工程	1678317	167012	35089	1436545	8524	8776	22372
资产合计	134203524	18422548	8063031	101030900	804222	785210	5097613
流动负债合计	78163167	12708769	4971356	55814973	482444	524988	3660639
#应付帐款	22958130	4218862	1589863	15850106	113877	170516	1014905
非流动负债合计	2987465	592497	67160	2212089	49124	14530	52064
负债合计	82599599	13576838	5083173	59151963	532555	539876	3715193
报有者权益	51603945	4845710	2979878	41878937	271667	245334	1382420
#实收资本	23909341	2485076	1129413	19410628	137373	149350	597501
#国家资本	1691784	1585581	27249	64170	2200	1598	10987
集体资本	779382	39951	452212	252926	319		33974
法人资本	6981382	666367	481485	5414815	27346	10991	380379
个人资本	14248314	192512	168189	13665849	38925	12936	169902
港澳台资本	72815	665		6437	61541	3203	969
外商资本	135665		278	6431	7041	120623	1291
损益及分配							
营业收入	184019655	19096253	11324668	146861973	872777	632262	5231722
#主营业务收入	182143650	18447091	11199052	145812758	869710	621524	5193515

4-B-7 续表 单位：万元

指 标	总计	国有控股	集体控股	私人控股	港澳台商控股	外商控股	其他
营业成本	161110879	16967731	9634180	128763977	764930	534658	4445402
#主营业务成本	159455971	16358030	9560081	127834710	762619	527961	4412571
营业税金	6450827	565392	380710	5285790	26674	14936	177326
#主营业务税金及附加	6387378	549652	375908	5245684	26504	14541	175089
其他业务利润	163318	15631	26702	116384	88	1315	3198
销售费用	697710	45550	19566	604803	4427	4340	19025
管理费用	5330152	609658	541756	3961812	24300	32574	160054
#税金	245843	18429	13439	208047	696	584	4648
财务费用	1440575	81551	72204	1172338	7548	5582	101351
#利息收入	202864	33300	3454	153404	2008	1121	9578
利息支出	1419039	123341	67971	1133176	7937	4426	82189
资产减值损失	108347	36667	1453	45619	1591	-105	23123
公允价值变动收益	114	99	215	-329			130
投资收益	161135	17249	73084	68814	90	167	1733
营业利润	8995060	809485	727067	7067310	43398	40461	307339
营业外收入	135801	26031	7633	94096	1555	1472	5014
#补贴收入	25839	5714	655	18120	1036	293	21
营业外支出	134267	13782	9507	105442	540	363	4635
利润总额	8992389	821417	726140	7051130	44413	41570	307718
应交所得税	1939982	164023	145351	1541870	9761	8231	70746
人工成本							
应付职工薪酬	35790523	2308166	2170370	30324755	79286	52587	855359
补充资料							
建筑业企业在境外完成的营业收入	4454614	1326157	403343	2675554	12600		36960
资产负债率(%)	61.5	73.7	63.0	58.5	66.2	68.8	72.9
产值利润率(%)	4.1	4.4	5.5	3.9	3.3	7.7	5.4
产值利税率(%)	7.1	7.4	8.4	6.9	5.4	10.5	8.5
人均利润(元)	11494	13081	17029	10779	10509	27031	18093
人均利税(元)	19973	22128	26160	19116	16944	36865	28661

4-B-8 按企业资质等级划分的总承包和

指标	总计	施工总承包	特级
年初存货	23547958	20893235	3407183
年末资产负债			
流动资产合计	110415417	94433532	14587694
#应收工程款	35667232	29735110	3889784
存货	26731183	23700475	3811582
固定资产合计	13714436	11299573	1192802
固定资产减值准备	110058	91894	
固定资产原价	17750151	14768395	1798613
#累计折旧	6947526	5754234	670574
#本年折旧	1153671	942189	126095
#在建工程	1678317	1404047	36829
资产合计	134203524	114302787	17577391
流动负债合计	78163167	67349006	10900988
#应付帐款	22958130	18924496	3100161
非流动负债合计	2987465	2585921	1129799
负债合计	82599599	71157859	12030786
报有者权益	51603945	43144928	5546605
#实收资本	23909341	19398224	1450845
#国家资本	1691784	1514289	209419
集体资本	779382	583949	6000
法人资本	6981382	5511919	521914
个人资本	14248314	11665274	713512
港澳台资本	72815	35976	
外商资本	135665	86816	
损益及分配			
营业收入	184019655	162691958	38311296
#主营业务收入	182143650	161211616	38207753
营业成本	161110879	143246192	34253244
#主营业务成本	159455971	141918362	34150481
营业税金	6450827	5750668	1377018
#主营业务税金及附加	6387378	5697890	1369396
其他业务利润	163318	116211	15228
销售费用	697710	467549	15575
管理费用	5330152	4210243	682234
#税金	245843	200321	14733
财务费用	1440575	1298154	269970
#利息收入	202864	190838	61698
利息支出	1419039	1159681	277164
资产减值损失	108347	59383	30515
公允价值变动收益	114	-496	120
投资收益	161135	149298	16786
营业利润	8995060	7757065	1693609
营业外收入	135801	111258	31566
#补贴收入	25839	22264	12399
营业外支出	134267	109982	16327
利润总额	8992389	7754223	1708847
应交所得税	1939982	1685457	416129
人工成本			
应付职工薪酬	35790523	32752151	8145885
补充资料			
建筑业企业在境外完成的营业收入	4454614	4166705	1274662
资产负债率(%)	61.5	62.3	68.4
产值利润率(%)	4.1	3.9	3.5
产值利税率(%)	7.1	6.9	6.4
人均利润(元)	11494	11056	13166
人均利税(元)	19973	19466	23830

专业承包企业主要经济指标

单位：万元

一级	二级	三级及不分等级	专业承包	一级	二级	三级及不分等级
8538986	5560181	3386836	2654723	1152029	673846	828848
38760530	24776096	16307776	15981885	7201958	3818287	4961640
12162548	8416554	5265853	5932123	2964148	1327301	1640674
9996852	6097679	3794332	3030709	1350699	746927	933083
3652458	3547536	2906436	2414863	755878	663353	995632
4579	31151	56163	18164	2286	6689	9190
5571685	4581180	2816302	2981756	977545	893576	1110635
2573846	1690467	819075	1193292	439941	366459	386892
347758	277511	190767	211483	72322	57420	81742
457159	402554	507506	274270	108787	75965	89519
45270179	30420032	21033374	19900737	8726085	4792923	6381729
29401482	16641756	10404350	10814161	5292164	2502876	3019122
8451849	4201903	3170377	4033634	2456413	689656	887565
797266	246922	411853	401545	276150	55440	69955
30429592	17510970	11186000	11441740	5613235	2621652	3206854
14840588	12909062	9847374	8459017	3112870	2171272	3174875
6206312	6737247	5003320	4511118	1374751	1215891	1920476
659635	325807	319429	177495	72096	66017	39382
145103	217664	215182	195433	32327	76011	87095
1619580	1825245	1544730	1469463	498294	360859	610310
3759521	4302446	2889745	2583039	742132	693718	1147189
7720	22845	5412	36839	19939	6747	10153
14753	43240	28823	48849	9964	12538	26347
67214238	35007810	22157196	21327697	11015854	4659025	5652818
66245592	34856308	21900545	20932034	10883045	4588222	5460766
59866897	30370699	18754575	17864688	9422960	3884913	4556815
59045929	30233925	18487250	17537610	9313531	3826016	4398062
2258122	1283970	831513	700159	352100	159540	188518
2232217	1273309	822923	689488	347881	157805	183803
57448	27614	15921	47107	20288	12176	14642
139651	162402	149922	230160	87751	48930	93480
1430083	1170329	927399	1119910	400922	281575	437413
51061	69488	65039	45521	15788	10186	19547
571447	295589	161165	142421	69729	38069	34623
82279	37832	9012	12026	9226	1158	1642
533789	238810	109918	259358	57534	33056	168768
23987	3273	1608	48965	46400	1287	1278
266	221	-1104	611	348	-6	268
39584	25941	66986	11838	5910	4105	1823
2962558	1750168	1350316	1237995	642637	249603	345755
47009	17501	15183	24543	12406	6477	5660
3169	3943	2753	3574	1742	629	1204
37064	36018	20568	24285	10216	5316	8753
2968893	1731178	1344893	1238166	644836	250764	342566
648852	379488	240884	254525	129335	56035	69154
12604033	7229350	4772534	3038372	1418105	720025	900242
2471127	158409	262506	287909	55345	222585	9979
67.2	57.6	53.2	57.5	64.3	54.7	50.3
3.6	4.1	5.1	5.6	5.6	5.1	6.2
6.4	7.3	8.5	9.0	8.7	8.5	9.8
10839	9769	11169	15283	18362	12679	13114
19175	17346	18543	24355	28717	21172	20899

4-B-9 分地区总承包和专业承包企业签订合同情况

单位：万元

地　区	合同总额	上年结转合同额	本年新签合同额
全　省	**333416472**	**121545719**	**211870753**
苏　南	118705811	45886614	72819197
苏　中	149846622	56614518	93232104
苏　北	64864039	19044588	45819452
南京市	49213480	20220800	28992680
无锡市	9798179	3511284	6286895
徐州市	16446877	4500859	11946018
常州市	18448622	6573649	11874974
苏州市	33179293	12745959	20433334
南通市	81871280	34829651	47041630
连云港市	7162345	1697794	5464551
淮安市	13855408	4009796	9845612
盐城市	18180124	6599317	11580807
扬州市	36117214	12399410	23717803
镇江市	8066236	2834923	5231313
泰州市	31858128	9385457	22472671
宿迁市	9219285	2236822	6982463

4-B-10 分地区总承包和专业承包企业承包工程完成情况

单位：万元

地　区	直接从建设单位承揽工程完成的产值	自行完成施工产值	分包出去工程的产值	从建设单位以外承揽工程完成的产值
全　省	**207901448**	**207105257**	**796191**	**12803097**
苏　南	71178227	70442357	735870	3903917
苏　中	93745926	93733154	12773	7137553
苏　北	42977295	42929747	47547	1761627
南京市	30063169	29465346	597823	1659481
无锡市	6236112	6226987	9124	394549
徐州市	10807530	10791163	16367	301533
常州市	10931839	10915871	15968	696871
苏州市	19171105	19101346	69759	934114
南通市	50258918	50254216	4702	4144989
连云港市	5206204	5204540	1665	363728
淮安市	9797796	9774620	23176	505468
盐城市	10731173	10726325	4848	494215
扬州市	24024326	24016622	7703	2238684
镇江市	4776002	4732807	43196	218902
泰州市	19462683	19462316	367	753880
宿迁市	6434592	6433100	1492	96683

4-B-11　分地区总承包和专业承包企业总产值和竣工产值

单位：万元

地　区	建筑业总产值	#装饰装修产　值	在外省完成的产值	按构成分组			竣工产值
				建筑工程产　值	安装工程产　值	其他产值	
全　省	**219908354**	**11634958**	**89010240**	**205120491**	**12901119**	**1886744**	**166400692**
苏　南	74346273	7242292	19402585	67019385	6519796	807092	55860650
苏　中	100870707	2967988	53767435	95411039	4951025	508642	76305186
苏　北	44691374	1424679	15840220	42690066	1430298	571010	34234856
南京市	31124826	1823364	10721525	28276074	2546919	301834	21391834
无锡市	6621536	294569	882196	5605283	980002	36251	5233371
徐州市	11092696	285528	5367661	10466723	547032	78941	8124413
常州市	11612742	899960	3370742	10347043	1120762	144936	10350519
苏州市	20035460	3937199	3554881	18272663	1521228	241569	15465451
南通市	54399204	1877111	29816799	51886267	2196017	316921	37200035
连云港市	5568268	155032	2218149	5410268	116455	41545	4668414
淮安市	10280088	707133	2429694	9831679	384629	63780	7494067
盐城市	11220539	190928	3922757	10811317	302204	107019	9308818
扬州市	26255307	904611	13737428	24149681	1953323	152303	21179934
镇江市	4951709	287200	873242	4518323	350884	82501	3419475
泰州市	20216196	186266	10213209	19375091	801686	39419	17925216
宿迁市	6529783	86058	1901959	6170081	79978	279725	4639145

4-B-12　分地区总承包和专业承包企业房屋建筑面积

地　区	房屋建筑施工面积(平方米)	#本年新开工	实行投标承包面积	#本年新开工	房屋建筑竣工面积(平方米)	房屋建筑面积竣工率(%)
全　省	**1967398528**	**863752175**	**1752783075**	**775270046**	**690101542**	**35.1**
苏　南	468746240	192720471	416047775	166777366	165270625	35.3
苏　中	1085803651	447964487	960633349	406991276	354973592	32.7
苏　北	412848637	223067217	376101951	201501404	169857325	41.1
南京市	181147572	73113651	165812766	64568934	60967973	33.7
无锡市	44451509	17810842	39861877	15303475	17055784	38.4
徐州市	101478963	54400936	95713442	51487671	39434803	38.9
常州市	101322377	40899809	93619277	37040901	35257367	34.8
苏州市	119958933	49707579	98980815	41362587	44148245	36.8
南通市	658370052	238718791	578686240	220891238	170173575	25.8
连云港市	50155169	31144888	45896268	28705070	27392095	54.6
淮安市	96877957	50672961	85474460	43752040	34608855	35.7
盐城市	104503218	52387693	97711346	48243742	41445252	39.7
扬州市	211509233	109576652	188831564	98300740	86904460	41.1
镇江市	21865849	11188590	17773040	8501469	7841256	35.9
泰州市	215924366	99669044	193115545	87799298	97895557	45.3
宿迁市	59833330	34460739	51306435	29312881	26976320	45.1

4-B-13 分地区总承包和专业承包企业施工机械设备情况

地　区	年末自有施工机械设备净值（万元）	年末自有施工机械设备总台数（台）	年末自有施工机械设备总功率（千瓦）	技术装备率（元/人）	动力装备率（千瓦/人）
全　省	**7177773**	**1826956**	**48126293**	**9526**	**6.4**
苏　南	2344340	710426	13201502	10280	5.8
苏　中	2557498	630679	21891513	8021	6.9
苏　北	2275934	485851	13033278	11015	6.3
南京市	988827	295983	5076176	11539	5.9
无锡市	313101	83458	1598242	12124	6.2
徐州市	543711	152212	3301709	10939	6.6
常州市	372446	105170	2147008	8053	4.6
苏州市	476590	115713	3372883	8681	6.1
南通市	1077072	279324	7577336	7130	5.0
连云港市	276409	69054	1338930	10746	5.2
淮安市	473302	87883	2177428	10147	4.7
盐城市	676066	113493	2790473	14443	6.0
扬州市	669663	195372	10241692	7622	11.7
镇江市	193377	110102	1007193	12569	6.5
泰州市	810763	155983	4072485	10144	5.1
宿迁市	306447	63209	3424738	8119	9.1

4-B-14 分地区总承包和专业承包企业人员情况

单位：人

地　区	从事主营业务活动的从业人员平均人数	从事主营业务活动的从业人员年末人数				
			#工程技术人员	一级建造师	现场施工工人	
						#持证上岗人员
全　省	**7823560**	**7535225**	**824120**	**34289**	**6018351**	**3399176**
苏　南	2636438	2280555	315194	16918	1652077	935434
苏　中	3056545	3188459	289091	10158	2708835	1496015
苏　北	2130577	2066211	219835	7213	1657439	967727
南京市	1164681	856920	112545	6420	605363	391463
无锡市	261603	258244	40814	2019	195265	79358
徐州市	520428	497022	49056	2059	388845	229558
常州市	404775	462502	49257	2405	374164	250500
苏州市	635846	549032	86442	4791	372322	161932
南通市	1472947	1510640	144778	5822	1292258	834321
连云港市	272208	257228	27760	779	217583	119866
淮安市	522555	466435	47937	1567	378719	224292
盐城市	467109	468094	67366	2026	358358	237112
扬州市	802491	878588	95022	2956	709709	364275
镇江市	169533	153857	26136	1283	104963	52181
泰州市	781107	799231	49291	1380	706868	297419
宿迁市	348277	377432	27716	782	313934	156899

4-B-15 分地区总承包和专业承包企业营业额

单位：万元

地区	企业营业额	#在境外完成的营业额	企业总产值	#建筑业总产值
全省	**235352657**	**4454614**	**230898044**	**219908354**
苏南	79269994	1854669	77415325	74346273
苏中	110019137	2176651	107842486	100870707
苏北	46063527	423294	45640233	44691374
南京市	34721259	1576709	33144550	31124826
无锡市	6697675	2333	6695342	6621536
徐州市	11415403	41999	11373404	11092696
常州市	11784535	63130	11721405	11612742
苏州市	20916253	146571	20769682	20035460
南通市	58777817	950010	57827807	54399204
连云港市	5951543	284144	5667399	5568268
淮安市	10590305	64966	10525339	10280088
盐城市	11503896	21741	11482155	11220539
扬州市	30265323	865989	29399334	26255307
镇江市	5150272	65927	5084346	4951709
泰州市	20975997	360653	20615345	20216196
宿迁市	6602379	10443	6591936	6529783

4-B-16 分地区总承包和专业承包企业资产构成

单位：万元

地区	资产合计	#流动资产小计	#应收工程款	固定资产小计	在建工程
全省	**134203524**	**110415417**	**35667232**	**13714436**	**1678317**
苏南	67971163	56902003	17616005	5095290	739441
苏中	42458824	35627528	11533700	4435035	504994
苏北	23773536	17885886	6517527	4184111	433882
南京市	26520733	21358866	6082515	1966819	277511
无锡市	7280510	5933512	1715655	697516	113623
徐州市	5349490	4129631	1255210	847800	70549
常州市	9224404	7837722	2685928	810340	115453
苏州市	19089146	16681040	5385631	1188990	137778
南通市	23664414	20552402	6753028	1835797	154396
连云港市	3164081	2424807	957897	523923	66108
淮安市	4803895	3305877	1229719	1081461	106439
盐城市	7450504	5683634	2096486	1224186	105026
扬州市	10905578	9055622	2790136	1208730	136900
镇江市	5856372	5090863	1746277	431625	95077
泰州市	7888833	6019503	1990536	1390509	213698
宿迁市	3005567	2341937	978215	506741	85760

4-B-17 分地区总承包和专业承包企业固定资产情况

单位：万元

地区	固定资产小计	固定资产减值准备	固定资产原价	固定资产折旧	#本年折旧	在建工程
全省	**13714436**	**110058**	**17750151**	**6947526**	**1153671**	**1678317**
苏南	5095290	33341	6995235	3024310	484073	739441
苏中	4435035	25370	5600159	1993558	357183	504994
苏北	4184111	51346	5154757	1929659	312415	433882
南京市	1966819	9525	2645191	1146590	180397	277511
无锡市	697516	2329	1044332	479230	68519	113623
徐州市	847800	28186	1599708	858223	99123	70549
常州市	810340	3123	1056668	413721	70296	115453
苏州市	1188990	6540	1702794	736401	121302	137778
南通市	1835797	8111	2598030	1023147	181494	154396
连云港市	523923	6518	630627	197568	33953	66108
淮安市	1081461	3617	1031821	251452	44217	106439
盐城市	1224186	7904	1402133	484352	101033	105026
扬州市	1208730	9851	1469570	503848	91300	136900
镇江市	431625	11824	546250	248368	43560	95077
泰州市	1390509	7409	1532560	466564	84389	213698
宿迁市	506741	5121	490468	138064	34089	85760

4-B-18 分地区总承包和专业承包企业负债及所有者权益

单位：万元

地区	负债合计	#流动负债	非流动负债	所有者权益	#实收资本
全省	**82599599**	**78163167**	**2987465**	**51603945**	**23909341**
苏南	45081826	42098553	2107890	22889338	11753034
苏中	26013137	25209683	599288	16445707	6653663
苏北	11504636	10854932	280288	12268900	5502644
南京市	17524829	15705195	1525842	8995904	4059512
无锡市	4587079	4493321	57802	2693430	1404049
徐州市	2446400	2322327	15120	2903090	1331794
常州市	5733474	5348838	193840	3490930	1872841
苏州市	13085096	12487756	291637	6004050	3500283
南通市	15239231	15022636	176509	8425203	3253783
连云港市	1829606	1722147	90041	1334474	530180
淮安市	2183074	1979570	43570	2620821	1199157
盐城市	3766920	3608360	96449	3683585	1701037
扬州市	6656780	6264373	300997	4248797	1922211
镇江市	4151348	4063443	38769	1705024	916349
泰州市	4117126	3922675	121781	3771707	1477669
宿迁市	1278636	1222528	35108	1726930	740477

4-B-19 分地区总承包和专业承包企业实收资本

单位：万元

地区	总计	国家资本	集体资本	法人资本	个人资本	港澳台资本	外商资本
全省	**23909341**	**1691784**	**779382**	**6981382**	**14248314**	**72815**	**135665**
苏南	11753034	970483	289452	3828988	6514034	58882	91194
苏中	6653663	200137	282577	1808369	4306783	12152	43645
苏北	5502644	521163	207354	1344025	3427496	1781	826
南京市	4059512	643892	97351	1501736	1773496	9147	33891
无锡市	1404049	58602	35368	366623	931216	3060	9180
徐州市	1331794	271689	48675	198817	811336	1153	125
常州市	1872841	48924	28668	433823	1346553	3804	11069
苏州市	3500283	136949	102765	1113590	2072986	36937	37055
南通市	3253783	14506	152227	764261	2300411	1938	20439
连云港市	530180	84247	37265	108210	299758		700
淮安市	1199157	71786	47654	413033	666303	383	…
盐城市	1701037	51495	32046	362442	1254809	246	
扬州市	1922211	82611	90796	666371	1062654	8557	11222
镇江市	916349	82116	25300	413216	389783	5934	
泰州市	1477669	103021	39553	377737	943718	1657	11984
宿迁市	740477	41946	41715	261524	395291		

4-B-20 分地区总承包和专业承包企业收入情况

单位：万元

地区	营业收入	#主营业务收入	营业成本	#主营业务成本	营业税金及附加	#主营业务税金及附加	其他业务利润
全省	**184019655**	**182143650**	**161110879**	**159455971**	**6450827**	**6387378**	**163318**
苏南	70513080	69301831	61884367	60847562	2230682	2201133	95864
苏中	76072199	75542395	67130064	66623752	2803540	2778798	44412
苏北	37434375	37299423	32096448	31984658	1416605	1407447	23042
南京市	29790577	28984057	26295261	25572808	923048	903292	35023
无锡市	6569847	6520320	5590256	5557242	215364	214774	13245
徐州市	9517168	9477817	8164510	8132598	328954	325045	6500
常州市	10246192	10194641	9060921	9011630	343691	343042	8658
苏州市	19141869	18886249	16830734	16640771	584471	577217	34793
南通市	43952188	43877516	39159500	39098162	1559776	1555504	24678
连云港市	4707185	4698901	3958409	3951659	208827	208652	1664
淮安市	7915646	7878999	6753043	6719895	286106	283717	799
盐城市	9708413	9681763	8412738	8395473	385076	384082	13487
扬州市	18485500	18240256	16152407	15958113	653577	645197	10065
镇江市	4764595	4716564	4107195	4065111	164109	162808	4144
泰州市	13634511	13424624	11818157	11567478	590187	578097	9669
宿迁市	5585963	5561944	4807748	4785034	207642	205952	593

4-B-21 分地区总承包和专业承包企业利润及税金情况

单位：万元

地区	营业利润	利润总额	#应交所得税	税金总额	#营业税金及附加	#主营业务税金及附加	管理费用中的税金
全省	**8995060**	**8992389**	**1939982**	**6696669**	**6450827**	**6387378**	**245843**
苏南	3240602	3252439	694912	2317451	2230682	2201133	86769
苏中	3604857	3607416	824810	2885064	2803540	2778798	81524
苏北	2149601	2132533	420260	1494155	1416605	1407447	77550
南京市	1322503	1349271	294577	951107	923048	903292	28060
无锡市	362406	351567	81023	228074	215364	214774	12711
徐州市	588344	586054	115620	342303	328954	325045	13348
常州市	436178	430167	101067	358460	343691	343042	14769
苏州市	861761	863600	175417	605256	584471	577217	20785
南通市	1924490	1937456	451550	1595938	1559776	1555504	36162
连云港市	289912	290275	62128	216994	208827	208652	8168
淮安市	455675	455977	79424	302588	286106	283717	16482
盐城市	474017	470416	106769	399535	385076	384082	14459
扬州市	973728	972270	216147	672280	653577	645197	18703
镇江市	257755	257835	42828	174554	164109	162808	10445
泰州市	706638	697690	157112	616846	590187	578097	26659
宿迁市	341654	329811	56320	232735	207642	205952	25093

4-B-22 分地区国有总承包和专业承包企业签订合同情况

单位：万元

地区	合同总额	上年结转合同额	本年新签合同额
全省	**7976568**	**3285183**	**4691385**
苏南	5370533	2502804	2867730
苏中	352708	105872	246836
苏北	2253326	676508	1576819
南京市	1250706	524042	726664
无锡市	263797	140585	123212
徐州市	1594559	525850	1068709
常州市	331363	125205	206158
苏州市	2261660	1220662	1040999
南通市	50458	8091	42367
连云港市	336103	85677	250426
淮安市	87924	6388	81536
盐城市	123979	40156	83823
扬州市	252108	96957	155151
镇江市	1263007	492311	770697
泰州市	50142	824	49318
宿迁市	110761	18436	92325

4-B-23　分地区国有总承包和专业承包企业承包工程完成情况

单位：万元

地　　区	直接从建设单位承揽工程完成的产值			从建设单位以外承揽工程完成的产值
		自行完成施工产值	分包出去工程的产值	
全　　省	**4581123**	**4362146**	**218977**	**236547**
苏　　南	2779006	2562614	216392	116790
苏　　中	292954	292474	480	6989
苏　　北	1509164	1507059	2105	112769
南 京 市	884034	702287	181748	38561
无 锡 市	162329	162329		1331
徐 州 市	1013346	1011242	2105	51303
常 州 市	120610	119903	707	424
苏 州 市	1095305	1095305		16181
南 通 市	50070	50070		3087
连云港市	244654	244654		24618
淮 安 市	64542	64542		455
盐 城 市	111569	111569		35216
扬 州 市	194512	194032	480	3300
镇 江 市	516728	482790	33938	60293
泰 州 市	48371	48371		602
宿 迁 市	75052	75052		1177

4-B-24　分地区国有总承包和专业承包企业总产值和竣工产值

单位：万元

地　　区	建筑业总产值			按构成分组			竣工产值
		#装饰装修产　　值	在外省完成的　产　值	建筑工程产　　值	安装工程产　　值	其他产值	
全　　省	**4598694**	**26293**	**1634590**	**4038152**	**517228**	**43314**	**2856842**
苏　　南	2679404	25804	1083301	2475603	171972	31829	1401128
苏　　中	299462	418	36406	287512	1250	10700	310005
苏　　北	1619828	71	514883	1275037	344006	785	1145709
南 京 市	740848	2058	79487	732687	8160		648268
无 锡 市	163660			163660			82931
徐 州 市	1062544	71	476026	722090	340455		705000
常 州 市	120327		45628	119174	1153		110436
苏 州 市	1111486	23406	802862	1097881	13605		154624
南 通 市	53157			53157			53754
连云港市	269272		30500	269272			218549
淮 安 市	64997		4030	64212		785	59083
盐 城 市	146785		169	143234	3551		78744
扬 州 市	197332	418	36406	185382	1250	10700	213668
镇 江 市	543083	340	155324	362201	149053	31829	404870
泰 州 市	48973			48973			42583
宿 迁 市	76229		4158	76229			84334

4-B-25 分地区国有总承包和专业承包企业房屋建筑面积

地　区	房屋建筑施工面积（平方米）	#本年新开工	实行投标承包面积	#本年新开工	房屋建筑竣工面积（平方米）	房屋建筑面积竣工率（%）
全　省	**7107772**	**4622510**	**7044339**	**4581196**	**2982510**	**42.0**
苏　南	1213275	496750	1178675	462150	662302	54.6
苏　中	27669	2669	25000		27669	100.0
苏　北	5866828	4123091	5840664	4119046	2292539	39.1
南京市	726224	323845	714724	312345	362848	50.0
无锡市						
徐州市	5511928	3885746	5501578	3885246	2063508	37.4
常州市	31326	4300	27026		20000	63.8
苏州市	68446		68446			
南通市	2069	2069			2069	100.0
连云港市	335043	229822	331498	226277	216697	64.7
淮安市	19857	7523	7588	7523	12334	62.1
盐城市						
扬州市	25600	600	25000		25600	100.0
镇江市	387279	168605	368479	149805	279454	72.2
泰州市						
宿迁市						

4-B-26 分地区国有总承包和专业承包企业施工机械设备情况

地　区	年末自有施工机械设备净值（万元）	年末自有施工机械设备总台数（台）	年末自有施工机械设备总功率（千瓦）	技术装备率（元/人）	动力装备率（千瓦/人）
全　省	**227067**	**65915**	**1381973**	**19396**	**11.8**
苏　南	105313	21123	545678	26090	13.5
苏　中	13314	3214	64301	14973	7.2
苏　北	108440	41578	771994	15992	11.4
南京市	30280	13541	191389	28895	18.3
无锡市	21866	1974	65362	58778	17.6
徐州市	72565	35256	578968	15429	12.3
常州市	9515	1136	63886	19935	13.4
苏州市	26403	1062	70169	20118	5.3
南通市	1584	589	6078	14364	5.5
连云港市	13232	1621	67000	15002	7.6
淮安市	6729	840	37227	13891	7.7
盐城市	9651	1105	40817	27455	11.6
扬州市	7689	2094	53366	13083	9.1
镇江市	17250	3410	154872	20858	18.7
泰州市	4041	531	4857	21134	2.5
宿迁市	6264	2756	47982	17395	13.3

4-B-27　分地区国有总承包和专业承包企业人员情况

单位：人

地　区	从事主营业务活动的从业人员平均人数	从事主营业务活动的从业人员年末人数	#工程技术人员	一级建造师	现场施工工人	#持证上岗人员
全　省	**126065**	**117069**	**17614**	**1119**	**73735**	**44918**
苏　南	47130	40366	7232	661	19083	12136
苏　中	8169	8892	1205	55	6914	2164
苏　北	70766	67811	9177	403	47738	30618
南京市	13629	10479	1878	347	6508	4432
无锡市	5846	3720	762	45	2572	1912
徐州市	49697	47031	5467	302	32229	23313
常州市	4729	4773	860	32	3387	2071
苏州市	14809	13124	1789	110	2588	1475
南通市	958	1103	328	4	524	162
连云港市	9695	8820	1084	76	6910	3814
淮安市	4307	4844	936	9	3560	1950
盐城市	3146	3515	962	5	2460	560
扬州市	5569	5877	784	46	4597	1664
镇江市	8117	8270	1943	127	4028	2246
泰州市	1642	1912	93	5	1793	338
宿迁市	3921	3601	728	11	2579	981

4-B-28　分地区国有总承包和专业承包企业营业额

单位：万元

地　区	企业营业额	#在境外完成的营业额	企业总产值	#建筑业总产值
全　省	**4682099**	**8997**	**4673102**	**4598694**
苏　南	2730462	4260	2726202	2679404
苏　中	301421	1397	300024	299462
苏　北	1650217	3341	1646876	1619828
南京市	750696	4260	746435	740848
无锡市	163660		163660	163660
徐州市	1064099		1064099	1062544
常州市	120327		120327	120327
苏州市	1134618		1134618	1111486
南通市	54555	1396	53159	53157
连云港市	269802		269802	269272
淮安市	66052		66052	64997
盐城市	170463		170463	146785
扬州市	197893	0	197893	197332
镇江市	561161		561161	543083
泰州市	48973		48973	48973
宿迁市	79801	3341	76460	76229

4-B-29 分地区国有总承包和专业承包企业资产构成

单位：万元

地　区	资产合计	#流动资产	#应收工程款	固定资产合计	在建工程
全　省	**5021616**	**4102137**	**1128250**	**449241**	**52877**
苏　南	2870820	2366287	621713	191176	25136
苏　中	559444	487492	62293	40699	9688
苏　北	1591353	1248357	444244	217367	18054
南京市	804663	591428	233655	54846	7589
无锡市	182882	131903	38247	35391	4192
徐州市	880765	639609	128095	139132	2805
常州市	231109	151199	67397	14182	0
苏州市	714688	627363	100486	53384	12707
南通市	58920	39686	10527	11037	766
连云港市	392744	360759	222466	26179	118
淮安市	87701	68742	27880	14235	821
盐城市	154978	126510	61185	26312	12737
扬州市	484467	437734	48646	24328	8922
镇江市	937478	864393	181928	33372	648
泰州市	16057	10072	3120	5335	
宿迁市	75165	52737	4620	11509	1574

4-B-30 分地区国有总承包和专业承包企业固定资产情况

单位：万元

地　区	固定资产合　计	固定资产减值准备	固定资产原价	固定资产折旧	#本年折旧	在建工程
全　省	**449241**	**1092**	**1172246**	**795580**	**60097**	**52877**
苏　南	191176	2248	362816	203940	22972	25136
苏　中	40699		49113	25033	1548	9688
苏　北	217367	368	760317	566607	35578	18054
南京市	54846	713	108216	61583	7264	7589
无锡市	35391		54650	27318	4789	4192
徐州市	139132		662197	526574	30091	2805
常州市	14182	0	35579	22379	1423	0
苏州市	53384		77664	37862	5248	12707
南通市	11037		8119	4105	570	766
连云港市	26179	178	41554	17438	2508	118
淮安市	14235	90	16651	5354	634	821
盐城市	26312	100	19362	6624	1222	12737
扬州市	24328		28576	13393	684	8922
镇江市	33372	11	86708	54798	4248	648
泰州市	5335		12418	7535	294	
宿迁市	11509		20553	10618	1122	1574

4-B-31 分地区国有总承包和专业承包企业负债及所有者权益

单位：万元

地区	负债合计	#流动负债	非流动负债	所有者权益	#实收资本
全省	**3434724**	**3267965**	**101403**	**1586893**	**920608**
苏南	2008377	1920553	83203	862443	466452
苏中	466563	454899	9828	92881	65897
苏北	959783	892514	8372	631569	388259
南京市	452363	421147	31119	352300	216249
无锡市	87069	76562	6202	95813	41200
徐州市	457317	403130	3749	423448	282399
常州市	113579	113579		117530	42639
苏州市	572044	534705	37119	142644	98251
南通市	34109	28533	5576	24811	9902
连云港市	310350	305123	2321	82394	48309
淮安市	47180	41457	764	40521	22317
盐城市	93631	92036	1000	61347	24672
扬州市	427427	421650	3941	57040	49316
镇江市	783323	774560	8763	154155	68113
泰州市	5028	4717	311	11030	6679
宿迁市	51306	50768	538	23859	10563

4-B-32 分地区国有控股总承包和专业承包企业实收资本

单位：万元

地区	总计	国家资本	集体资本	法人资本	个人资本	港澳台资本	外商资本
全省	**920608**	**648832**	**12405**	**120528**	**138843**		
苏南	466452	366393	2200	97859			
苏中	65897	64179		1718			
苏北	388259	218260	10205	20951	138843		
南京市	216249	174559		41690			
无锡市	41200	24852		16348			
徐州市	282399	126885	5212	13678	136624		
常州市	42639	41334		1305			
苏州市	98251	74543	2200	21508			
南通市	9902	9602		300			
连云港市	48309	41314	650	4130	2214		
淮安市	22317	19175		3143			
盐城市	24672	24672					
扬州市	49316	47898		1418			
镇江市	68113	51105		17008			
泰州市	6679	6679					
宿迁市	10563	6215	4343		5		

4-B-33 分地区国有总承包和专业承包企业收入情况

单位：万元

地区	营业收入	#主营业务收入	营业成本	#主营业务成本	营业税金及附加	#主营业务税金及附加	其他业务利润
全省	**4997540**	**4943014**	**4365349**	**4317783**	**150353**	**148312**	**4063**
苏南	3186971	3155502	2849221	2820191	90071	88047	2651
苏中	396111	395004	357060	356571	10025	10023	563
苏北	1414458	1392508	1159067	1141021	50257	50241	849
南京市	1137583	1127119	1040005	1030819	24528	22621	1377
无锡市	171699	166943	135333	129797	4701	4667	777
徐州市	908853	906983	760742	760543	31529	31529	602
常州市	117614	117592	95124	95120	3900	3900	
苏州市	1128474	1127610	1046197	1045924	35067	35066	463
南通市	66721	65928	58423	58107	1665	1665	468
连云港市	229146	229086	174041	174003	9577	9570	5
淮安市	63701	63498	47429	47429	1995	1995	203
盐城市	133891	133850	112096	112096	4408	4408	39
扬州市	304432	304118	276341	276168	7466	7464	95
镇江市	631601	616238	532562	518531	21875	21793	34
泰州市	24957	24957	22296	22296	894	894	
宿迁市	78868	59091	64759	46950	2749	2740	

4-B-34 分地区国有总承包和专业承包企业利润及税金情况

单位：万元

地区	营业利润	利润总额	#应交所得税	税金总额	#营业税金及附加	#主营业务税金及附加	管理费用中的税金
全省	**275252**	**275897**	**40628**	**155383**	**150353**	**148312**	**5031**
苏南	127684	130870	19656	92417	90071	88047	2347
苏中	9544	9609	1571	10554	10025	10023	529
苏北	138025	135419	19401	52412	50257	50241	2156
南京市	27484	29094	6281	25592	24528	22621	1064
无锡市	19933	18675	4341	4952	4701	4667	251
徐州市	82243	80551	7781	33061	31529	31529	1532
常州市	8675	9754	2416	4089	3900	3900	189
苏州市	27775	28219	5104	35547	35067	35066	480
南通市	1733	1878	422	1805	1665	1665	140
连云港市	27310	26912	6410	9843	9577	9570	266
淮安市	8736	8734	1875	2054	1995	1995	59
盐城市	11936	11392	2278	4429	4408	4408	21
扬州市	7225	7149	989	7788	7466	7464	321
镇江市	43817	45127	1514	22237	21875	21793	362
泰州市	586	582	160	961	894	894	67
宿迁市	7799	7829	1058	3026	2749	2740	277

4-B-35　分地区集体总承包和专业承包企业签订合同情况

单位：万元

地　区	合同总额	上年结转合同额	本年新签合同额
全　省	**2814269**	**729070**	**2085199**
苏　南	474856	83833	391023
苏　中	1113684	245486	868198
苏　北	1225729	399751	825978
南京市	85609	16796	68813
无锡市	17860	2738	15122
徐州市	287975	65355	222620
常州市	44063	3494	40569
苏州市	266849	49178	217671
南通市	811652	197849	613803
连云港市	260166	39106	221060
淮安市	525985	235360	290624
盐城市	70420	4664	65756
扬州市	109280	26381	82899
镇江市	60475	11627	48848
泰州市	192752	21256	171496
宿迁市	81183	55266	25917

4-B-36　分地区集体总承包和专业承包企业承包工程完成情况

单位：万元

地　区	直接从建设单位承揽工程完成的产值	自行完成施工产值	分包出去工程的产值	从建设单位以外承揽工程完成的产值
全　省	**2243889**	**2239439**	**4450**	**157487**
苏　南	425150	422200	2950	26393
苏　中	850253	850253		81362
苏　北	968486	966986	1500	49732
南京市	83856	80906	2950	9017
无锡市	20447	20447		80
徐州市	233304	231804	1500	20673
常州市	35944	35944		
苏州市	233059	233059		17296
南通市	577825	577825		
连云港市	237908	237908		18689
淮安市	405444	405444		1000
盐城市	47547	47547		9370
扬州市	103426	103426		54507
镇江市	51844	51844		
泰州市	169002	169002		26855
宿迁市	44284	44284		

4-B-37 分地区集体总承包和专业承包企业总产值和竣工产值

单位：万元

地区	建筑业总产值	#装饰装修产值	在外省完成的产值	按构成分组			竣工产值
				建筑工程产值	安装工程产值	其他产值	
全省	**2396926**	**135908**	**678991**	**2225318**	**153564**	**18043**	**1980490**
苏南	448592	130259	27656	399900	37976	10717	417397
苏中	931615	2655	460465	882936	48679		737753
苏北	1016719	2994	190870	942483	66910	7326	825341
南京市	89923	2918	4064	87548	891	1484	82916
无锡市	20527			19907	540	80	10394
徐州市	252478	1858	41045	227881	17624	6972	206913
常州市	35944	103		35944			38224
苏州市	250354	127239	23403	204656	36545	9153	239099
南通市	577825	2655	325385	566196	11629		474219
连云港市	256597	1136	83615	254068	2175	354	253954
淮安市	406444		64980	375913	30531		302594
盐城市	56917			40337	16580		45776
扬州市	157933		42440	120883	37050		90980
镇江市	51844		189	51844			46764
泰州市	195857		92640	195857			172555
宿迁市	44284		1230	44284			16104

4-B-38 分地区集体总承包和专业承包企业房屋建筑面积

地区	房屋建筑施工面积(平方米)	#本年新开工	实行投标承包面积	#本年新开工	房屋建筑竣工面积(平方米)	房屋建筑面积竣工率(%)
全省	**17548647**	**9190866**	**14084332**	**7251702**	**8204440**	**46.8**
苏南	1238827	513258	1069196	413064	823486	66.5
苏中	7860448	4607645	5010069	2997989	3255671	41.4
苏北	8449372	4069963	8005067	3840649	4125283	48.8
南京市	439727	165956	344099	97078	240501	54.7
无锡市	147818	106166	138788	103266	83773	56.7
徐州市	1905871	1216409	1712009	1134340	888002	46.6
常州市						
苏州市	540020	171104	514020	171104	423959	78.5
南通市	4809813	2874093	3740303	2087887	1806955	37.6
连云港市	1738371	1192663	1723391	1179683	1415126	81.4
淮安市	4126690	1161688	3968549	1098423	1482269	35.9
盐城市	446735	286220	375735	215220	157155	35.2
扬州市	1103709	625581	847849	540081	217059	19.7
镇江市	111262	70032	72289	41616	75253	67.6
泰州市	1946926	1107971	421917	370021	1231657	63.3
宿迁市	231705	212983	225383	212983	182731	78.9

4-B-39 分地区集体总承包和专业承包企业施工机械设备情况

地区	年末自有施工机械设备净值（万元）	年末自有施工机械设备总台数（台）	年末自有施工机械设备总功率（千瓦）	技术装备率（元/人）	动力装备率（千瓦/人）
全省	**98480**	**29672**	**606681**	**10446**	**6.4**
苏南	21756	6616	84635	16511	6.4
苏中	20274	6624	135701	6711	4.5
苏北	56449	16432	386345	11092	7.6
南京市	6023	1625	30060	16918	8.4
无锡市	2782	771	5743	32385	6.7
徐州市	16426	5905	97507	14278	8.5
常州市	1379	116	6300	26821	12.3
苏州市	3758	1140	28019	5533	4.1
南通市	10161	2011	32711	6711	2.2
连云港市	13778	3865	95898	9235	6.4
淮安市	19057	5262	155366	10071	8.2
盐城市	5013	1064	24166	20188	9.7
扬州市	6118	2141	59484	14303	13.9
镇江市	7815	2964	14513	53821	10.0
泰州市	3995	2472	43506	3703	4.0
宿迁市	2175	336	13408	7104	4.4

4-B-40 分地区集体总承包和专业承包企业人员情况

单位：人

地区	从事主营业务活动的从业人员平均人数	从事主营业务活动的从业人员年末人数				
			#工程技术人员	一级建造师	现场施工工人	#持证上岗人员
全省	**97133**	**94278**	**11826**	**347**	**75494**	**39406**
苏南	15158	13177	2226	69	9792	5509
苏中	29028	30209	4111	52	25040	11121
苏北	52947	50892	5489	226	40662	22776
南京市	5095	3560	567	18	2514	1774
无锡市	951	859	229	2	610	280
徐州市	12621	11505	1549	46	8990	4722
常州市	516	514	23		287	65
苏州市	6648	6792	876	39	5093	2410
南通市	12604	15142	751	28	14165	7893
连云港市	13011	14919	1639	26	10370	8173
淮安市	21282	18923	1464	142	17192	7429
盐城市	2267	2483	594	11	1622	1064
扬州市	6368	4277	903	12	2666	1480
镇江市	1948	1452	531	10	1288	980
泰州市	10056	10790	2457	12	8209	1748
宿迁市	3766	3062	243	1	2488	1388

4-B-41 分地区集体总承包和专业承包企业营业额

单位：万元

地区	企业营业额	在境外完成的营业额	企业总产值	#建筑业总产值
全 省	**2468480**	**32319**	**2436161**	**2396926**
苏 南	449874		449874	448592
苏 中	949756		949756	931615
苏 北	1068850	32319	1036531	1016719
南京市	90885		90885	89923
无锡市	20532		20532	20527
徐州市	256078		256078	252478
常州市	35944		35944	35944
苏州市	250669		250669	250354
南通市	577826		577826	577825
连云港市	258157		258157	256597
淮安市	451815	32319	419496	406444
盐城市	58517		58517	56917
扬州市	171133		171133	157933
镇江市	51844		51844	51844
泰州市	200797		200797	195857
宿迁市	44284		44284	44284

4-B-42 分地区集体总承包和专业承包企业资产构成

单位：万元

地区	资产合计	#流动资产	#应收工程款	固定资产合计	在建工程
全 省	**1478799**	**1183063**	**343363**	**181574**	**14162**
苏 南	569487	446016	103108	49775	3279
苏 中	339252	284917	107210	39900	4331
苏 北	570060	452130	133044	91898	6552
南京市	77719	53548	26139	14243	710
无锡市	45000	38302	8104	5757	
徐州市	165068	129824	37057	22351	530
常州市	23306	21180	3038	1389	
苏州市	306006	281120	46392	16034	256
南通市	109809	94314	34577	11134	268
连云港市	108217	81369	35139	22842	674
淮安市	179298	139107	37826	35762	5274
盐城市	85798	74963	16341	7636	73
扬州市	150968	135534	50398	11636	158
镇江市	117457	51866	19435	12353	2313
泰州市	78475	55069	22236	17130	3905
宿迁市	31679	26867	6681	3307	

4-B-43　分地区集体总承包和专业承包企业固定资产情况

单位：万元

地　区	固定资产合计	固定资产减值准备	固定资产原价	固定资产折旧	#本年折旧	在建工程
全　省	**181574**	**745**	**260060**	**104084**	**11485**	**14162**
苏　南	49775	23	83284	38785	4022	3279
苏　中	39900	100	56881	21953	2338	4331
苏　北	91898	622	119895	43346	5126	6552
南京市	14243	10	20427	7452	1606	710
无锡市	5757		8539	3610	426	
徐州市	22351	353	34100	13782	1377	530
常州市	1389		3199	1821	366	
苏州市	16034		36327	20563	1182	256
南通市	11134		18275	7768	845	268
连云港市	22842	106	31883	10457	1280	674
淮安市	35762	113	37374	11752	1528	5274
盐城市	7636	50	11991	5491	652	73
扬州市	11636	100	17310	5835	739	158
镇江市	12353	13	14793	5339	442	2313
泰州市	17130		21296	8350	754	3905
宿迁市	3307		4547	1863	288	

4-B-44　分地区集体总承包和专业承包企业负债及所有者权益

单位：万元

地　区	负债合计	#流动负债	非流动负债	所有者权益	#实收资本
全　省	**907611**	**866510**	**17316**	**571188**	**205804**
苏　南	376961	369752	5938	192526	58502
苏　中	221450	212249	9201	117802	40858
苏　北	309201	284509	2177	260860	106444
南京市	37602	34785	2817	40117	16109
无锡市	29676	28565		15325	6902
徐州市	84791	67009	296	80277	35037
常州市	18660	18558		4646	2137
苏州市	243950	243092	800	62055	24538
南通市	53373	53373		56436	11195
连云港市	54171	52756	1416	54046	24263
淮安市	93079	87832	218	86220	32407
盐城市	57718	57640	78	28080	9171
扬州市	117305	117131	174	33663	21386
镇江市	47073	44753	2320	70384	8817
泰州市	50772	41745	9028	27703	8278
宿迁市	19441	19272	169	12238	5565

4-B-45 分地区集体总承包和专业承包企业实收资本

单位：万元

地区	总计	国家资本	集体资本	法人资本	个人资本	港澳台资本	外商资本
全省	**205804**	**7033**	**119420**	**54697**	**24655**		
苏南	58502	397	27417	28264	2425		
苏中	40858	2381	23087	4221	11170		
苏北	106444	4255	68917	22212	11060		
南京市	16109		12709	1300	2100		
无锡市	6902		4376	2526			
徐州市	35037		15662	12435	6940		
常州市	2137		2137				
苏州市	24538		4207	20006	325		
南通市	11195		7584	111	3500		
连云港市	24263	860	22803	600			
淮安市	32407	337	26188	5261	620		
盐城市	9171	3058	2433	880	2800		
扬州市	21386	2080	10333	2918	6054		
镇江市	8817	397	3988	4432			
泰州市	8278	301	5169	1192	1616		
宿迁市	5565		1830	3036	700		

4-B-46 分地区集体总承包和专业承包企业收入情况

单位：万元

地区	营业收入	#主营业务收入	营业成本	#主营业务成本	营业税金及附加	#主营业务税金及附加	其他业务利润
全省	**1909133**	**1875908**	**1622021**	**1588803**	**66219**	**64851**	**1783**
苏南	428471	411813	366292	351717	10264	10243	685
苏中	655662	648849	561031	557034	22899	22575	-15
苏北	825000	815246	694697	680053	33056	32034	1113
南京市	59937	58661	48545	47302	2052	2049	-24
无锡市	34506	34506	28000	28000	1654	1654	
徐州市	235145	228378	188036	176142	7941	7299	1019
常州市	33301	32834	28124	28032	980	962	375
苏州市	257117	242202	224132	210892	3946	3946	334
南通市	376851	376851	318506	318503	11639	11559	
连云港市	202175	201827	167641	167579	9356	9355	72
淮安市	285495	283927	251477	250038	12365	12010	22
盐城市	57403	56332	47693	46443	1871	1846	
扬州市	103619	103547	91430	91392	3722	3693	34
镇江市	43611	43611	37491	37491	1632	1632	
泰州市	175192	168451	151095	147138	7538	7323	-49
宿迁市	44783	44783	39850	39850	1524	1524	

4-B-47　分地区集体总承包和专业承包企业利润及税金情况

单位：万元

地　区	营业利润	利润总额	#应交所得税	税金总额	#营业税金及附加	#主营业务税金及附加	管理费用中的税金
全　省	**114582**	**114898**	**21531**	**71454**	**66219**	**64851**	**5235**
苏　南	27453	27202	6691	10970	10264	10243	706
苏　中	35295	35122	8475	23391	22899	22575	492
苏　北	51834	52574	6366	37094	33056	32034	4038
南京市	3953	3906	932	2329	2052	2049	277
无锡市	3004	3022	662	1697	1654	1654	43
徐州市	23800	23780	2511	9096	7941	7299	1155
常州市	3040	2954	669	1027	980	962	47
苏州市	14954	14863	4014	4229	3946	3946	284
南通市	24205	24044	5507	11750	11639	11559	111
连云港市	15953	16836	1607	10076	9356	9355	720
淮安市	8023	7964	1706	13888	12365	12010	1523
盐城市	2961	2927	315	1908	1871	1846	38
扬州市	3734	3725	847	3864	3722	3693	142
镇江市	2503	2458	414	1688	1632	1632	55
泰州市	7356	7353	2121	7777	7538	7323	239
宿迁市	1097	1066	226	2126	1524	1524	602

4-B-48　分地区股份合作总承包和专业承包企业签订合同情况

单位：万元

地　区	合同总额	上年结转合同额	本年新签合同额
全　省	**329501**	**90914**	**238588**
苏　南	79594	26031	53563
苏　中	105187	21579	83609
苏　北	144720	43304	101416
南京市	27992	17053	10939
无锡市	37079	8779	28300
徐州市	25033	5700	19332
常州市			
苏州市	14523	199	14324
南通市	61590	21569	40022
连云港市	18043	405	17638
淮安市	51193	7587	43606
盐城市	50451	29612	20840
扬州市	41047	10	41037
镇江市			
泰州市	2550		2550
宿迁市			

4-B-49 分地区股份合作总承包和专业承包企业承包工程完成情况

单位：万元

地区	直接从建设单位承揽工程完成的产值	自行完成施工产值	分包出去工程的产值	从建设单位以外承揽工程完成的产值
全省	**255159**	**255159**		**2460**
苏南	59929	59929		
苏中	89446	89446		800
苏北	105784	105784		1660
南京市	20613	20613		
无锡市	25552	25552		
徐州市	22824	22824		
常州市				
苏州市	13764	13764		
南通市	47599	47599		800
连云港市	10593	10593		
淮安市	44298	44298		1660
盐城市	28069	28069		
扬州市	39297	39297		
镇江市				
泰州市	2550	2550		
宿迁市				

4-B-50 分地区股份合作总承包和专业承包企业总产值和竣工产值

单位：万元

地区	建筑业总产值	#装饰装修产值	在外省完成的产值	按构成分组 建筑工程产值	安装工程产值	其他产值	竣工产值
全省	**257619**	**122**	**26519**	**232042**	**25358**	**218**	**211961**
苏南	59929		38	47633	12078	218	27022
苏中	90246	122	13065	80565	9681		92191
苏北	107444		13417	103844	3600		92748
南京市	20613			19652	742	218	7115
无锡市	25552			25552			6002
徐州市	22824			22824			19154
常州市							
苏州市	13764		38	2429	11335		13904
南通市	48399		13065	38718	9681		48619
连云港市	10593			10593			9743
淮安市	45958		13417	42358	3600		41143
盐城市	28069			28069			22708
扬州市	39297	122		39297			41212
镇江市							
泰州市	2550			2550			2361
宿迁市							

4-B-51　分地区股份合作总承包和专业承包企业房屋建筑面积

地　　区	房屋建筑施工面积（平方米）	#本年新开工	实行投标承包面积	#本年新开工	房屋建筑竣工面积（平方米）	房屋建筑面积竣工率（%）
全　　省	**2190967**	**1002305**	**1912723**	**745026**	**924617**	**42.2**
苏　　南	282871	70690	231146	39930	87609	31.0
苏　　中	804764	436962	603564	235762	431919	53.7
苏　　北	1103332	494653	1078013	469334	405089	36.7
南京市	231146	39930	231146	39930	53884	23.3
无锡市						
徐州市	246199	140519	246199	140519	147276	59.8
常州市						
苏州市	51725	30760			33725	65.2
南通市	578384	210582	578384	210582	205539	35.5
连云港市	154912	141637	154912	141637	76072	49.1
淮安市	200545	100908	175301	75664	181741	90.6
盐城市	501676	111589	501601	111514		
扬州市	226380	226380	25180	25180	226380	100.0
镇江市						
泰州市						
宿迁市						

4-B-52　分地区股份合作总承包和专业承包企业施工机械设备情况

地　　区	年末自有施工机械设备净值（万元）	年末自有施工机械设备总台数（台）	年末自有施工机械设备总功率（千瓦）	技术装备率（元/人）	动力装备率（千瓦/人）
全　　省	**20016**	**3240**	**67474**	**19773**	**6.7**
苏　　南	6840	976	17370	31607	8.0
苏　　中	4693	756	11145	12129	2.9
苏　　北	8484	1508	38959	20743	9.5
南京市	1436	285	5512	12553	4.8
无锡市	5163	562	7780	58271	8.8
徐州市	3192	281	10198	60336	19.3
常州市					
苏州市	241	129	4078	17970	30.4
南通市	4276	486	6638	17452	2.7
连云港市	2084	487	12359	39323	23.3
淮安市	1873	345	10532	7116	4.0
盐城市	1335	395	5870	33459	14.7
扬州市	332	174	3809	2561	2.9
镇江市					
泰州市	85	96	698	6943	5.7
宿迁市					

4-B-53 分地区股份合作总承包和专业承包企业人员情况

单位：人

地区	从事主营业务活动的从业人员平均人数	从事主营业务活动的从业人员年末人数	#工程技术人员	一级建造师	现场施工工人	#持证上岗人员
全省	**11609**	**10123**	**1531**	**65**	**7537**	**3919**
苏南	2053	2164	599	24	1280	581
苏中	3367	3869	374	11	3133	1598
苏北	6189	4090	558	30	3124	1740
南京市	1035	1144	364	4	771	366
无锡市	888	886	218	20	417	186
徐州市	926	529	122	8	211	210
常州市						
苏州市	130	134	17		92	29
南通市	2937	2450	293	10	1793	826
连云港市	515	530	150		370	280
淮安市	3478	2632	258	6	2293	1070
盐城市	1270	399	28	16	250	180
扬州市	330	1297	62		1240	740
镇江市						
泰州市	100	122	19	1	100	32
宿迁市						

4-B-54 分地区股份合作总承包和专业承包企业营业额

单位：万元

地区	企业营业额	在境外完成的营业额	企业总产值	#建筑业总产值
全省	**262216**		**262216**	**257619**
苏南	60676		60676	59929
苏中	90496		90496	90246
苏北	111044		111044	107444
南京市	21360		21360	20613
无锡市	25552		25552	25552
徐州市	22824		22824	22824
常州市				
苏州市	13764		13764	13764
南通市	48399		48399	48399
连云港市	10593		10593	10593
淮安市	49558		49558	45958
盐城市	28069		28069	28069
扬州市	39297		39297	39297
镇江市				
泰州市	2800		2800	2550
宿迁市				

4-B-55　分地区股份合作总承包和专业承包企业资产构成

单位：万元

地　区	资产合计	#流动资产	#应收工程款	固定资产合　计	在建工程
全　省	**202881**	**163381**	**48996**	**30983**	**474**
苏　南	100535	88564	15982	7819	
苏　中	52645	38158	22180	10597	474
苏　北	49701	36660	10835	12567	
南京市	27315	21510	2364	2125	
无锡市	68516	62891	11848	5336	
徐州市	9868	6676	1822	3192	
常州市					
苏州市	4704	4163	1770	358	
南通市	43521	30235	16154	9691	331
连云港市	7144	5060	733	2084	
淮安市	18363	15366	6731	2930	
盐城市	14327	9559	1550	4361	
扬州市	7004	6064	5268	645	143
镇江市					
泰州市	2120	1858	759	262	
宿迁市					

4-B-56　分地区股份合作总承包和专业承包企业固定资产情况

单位：万元

地　区	固定资产合计	固定资产减值准备	固定资产原价	固定资产折旧	#本年折旧	在建工程
全　省	**30983**	**422**	**41665**	**17692**	**2373**	**474**
苏　南	7819		17764	10709	1427	
苏　中	10597		8127	3317	332	474
苏　北	12567	422	15773	3665	615	
南京市	2125		4365	3004	332	
无锡市	5336		12634	7299	1014	
徐州市	3192		3830	638	77	
常州市						
苏州市	358		765	406	80	
南通市	9691		6452	2401	205	331
连云港市	2084		3537	1453	354	
淮安市	2930		3357	859	120	
盐城市	4361	422	5050	716	64	
扬州市	645		802	304	42	143
镇江市						
泰州市	262		873	612	85	
宿迁市						

4-B-57 分地区股份合作总承包和专业承包企业负债及所有者权益

单位：万元

地区	负债合计	#流动负债	非流动负债	所有者权益	#实收资本
全省	**124797**	**119111**	**5686**	**78084**	**43144**
苏南	72698	67212	5486	27836	15055
苏中	32849	32649	200	19796	11485
苏北	19250	19250		30451	16604
南京市	16767	11402	5364	10549	7235
无锡市	54478	54356	122	14038	6020
徐州市	1990	1990		7877	3030
常州市					
苏州市	1454	1454		3250	1800
南通市	29341	29341		14180	6795
连云港市	2366	2366		4778	2033
淮安市	8718	8718		9645	5253
盐城市	6177	6177		8150	6288
扬州市	2882	2682	200	4123	3490
镇江市					
泰州市	626	626		1494	1200
宿迁市					

4-B-58 分地区股份合作总承包和专业承包企业实收资本

单位：万元

地区	总计	国家资本	集体资本	法人资本	个人资本	港澳台资本	外商资本
全省	**43144**		**10220**	**16260**	**16664**		
苏南	15055		8520	2700	3835		
苏中	11485		1200	8307	1978		
苏北	16604		500	5253	10851		
南京市	7235		4500	2700	35		
无锡市	6020		4020		2000		
徐州市	3030		500		2530		
常州市							
苏州市	1800				1800		
南通市	6795			5649	1146		
连云港市	2033				2033		
淮安市	5253			5253			
盐城市	6288				6288		
扬州市	3490			2658	832		
镇江市							
泰州市	1200		1200				
宿迁市							

4-B-59　分地区股份合作总承包和专业承包企业收入情况

单位：万元

地　区	营业收入	#主营业务收入	营业成本	#主营业务成本	营业税金及附加	#主营业务税金及附加	其他业务利润
全　省	**225755**	**225724**	**191707**	**191707**	**7190**	**7190**	**11**
苏　南	66904	66904	55619	55619	1984	1984	
苏　中	60434	60429	51917	51917	2122	2122	5
苏　北	98417	98392	84170	84170	3084	3084	5
南京市	16730	16730	14164	14164	476	476	
无锡市	36410	36410	29355	29355	1048	1048	
徐州市	22829	22824	21033	21033	728	728	5
常州市							
苏州市	13764	13764	12100	12100	461	461	
南通市	43451	43448	37136	37136	1459	1459	3
连云港市	9215	9215	7860	7860	479	479	
淮安市	39852	39832	30815	30815	1055	1055	
盐城市	26521	26521	24463	24463	822	822	
扬州市	14623	14621	12926	12926	559	559	2
镇江市							
泰州市	2361	2361	1855	1855	103	103	
宿迁市							

4-B-60　分地区股份合作总承包和专业承包企业利润及税金情况

单位：万元

地　区	营业利润	利润总额	#应交所得税	税金总额	#营业税金及附加	#主营业务税金及附加	管理费用中的税金
全　省	**11649**	**11557**	**1998**	**8231**	**7190**	**7190**	**1041**
苏　南	3656	3657	995	2104	1984	1984	120
苏　中	2264	2264	438	2944	2122	2122	822
苏　北	5729	5635	566	3183	3084	3084	99
南京市	887	934	246	499	476	476	23
无锡市	2007	1967	504	1141	1048	1048	92
徐州市	232	223	52	744	728	728	16
常州市							
苏州市	763	755	245	465	461	461	4
南通市	1739	1739	311	1731	1459	1459	272
连云港市	493	493	123	483	479	479	4
淮安市	4505	4505	152	1127	1055	1055	72
盐城市	499	414	239	830	822	822	8
扬州市	355	355	79	1108	559	559	548
镇江市							
泰州市	170	170	47	105	103	103	2
宿迁市							

4-B-61　分地区总承包和专业承包有限责任公司签订合同情况

单位：万元

地　区	合同总额	上年结转合同额	本年新签合同额
全　省	**169132020**	**64964465**	**104167556**
苏　南	48802603	21940298	26862305
苏　中	91998604	34908741	57089863
苏　北	28330814	8115426	20215388
南京市	29187319	13421360	15765960
无锡市	4461489	1662259	2799230
徐州市	8649060	2628939	6020121
常州市	2562435	874567	1687868
苏州市	10630771	5291794	5338977
南通市	54690360	22943569	31746791
连云港市	1587451	398228	1189224
淮安市	4825645	1264897	3560747
盐城市	9099138	2744987	6354152
扬州市	16739021	6051153	10687868
镇江市	1960589	690320	1270270
泰州市	20569223	5914019	14655205
宿迁市	4169520	1078376	3091144

4-B-62　分地区总承包和专业承包有限责任公司承包工程完成情况

单位：万元

地　区	直接从建设单位承揽工程完成的产值	自行完成施工产值	分包出去工程的产值	从建设单位以外承揽工程完成的产值
全　省	**100672240**	**100231230**	**441010**	**6533702**
苏　南	26561079	26144526	416553	1205498
苏　中	56334316	56332681	1635	4597148
苏　北	17776845	17754022	22822	731055
南京市	16306879	15923272	383607	783484
无锡市	2857149	2855346	1803	117554
徐州市	5166787	5158308	8480	73271
常州市	1363744	1354861	8883	90210
苏州市	4922189	4903208	18981	162606
南通市	33432564	33431971	593	2841229
连云港市	1118985	1118942	43	183803
淮安市	3403451	3394841	8610	174031
盐城市	5005371	5000833	4538	245613
扬州市	11169573	11168531	1042	1159298
镇江市	1111118	1107839	3279	51646
泰州市	11732179	11732179		596622
宿迁市	3082250	3081098	1152	54337

4-B-63 分地区总承包和专业承包有限责任公司总产值和竣工产值

单位：万元

地区	建筑业总产值	#装饰装修产值	在外省完成的产值	按构成分组 建筑工程产值	安装工程产值	其他产值	竣工产值
全省	**106764931**	**3352297**	**51028487**	**99804627**	**6003217**	**957088**	**77504551**
苏南	27350024	1083686	8498317	24122881	2922199	304944	19605986
苏中	60929829	1626145	34826740	58050022	2518117	361691	44593014
苏北	18485078	642466	7703430	17631724	562901	290452	13305552
南京市	16706756	699982	6939847	14925687	1613127	167942	11121947
无锡市	2972899	63389	596829	2339047	629742	4110	2280372
徐州市	5231578	107382	3022574	5083967	96021	51590	3437523
常州市	1445071	109917	280460	1332513	109584	2974	1420553
苏州市	5065814	186037	547393	4508495	446664	110655	3879493
南通市	36273200	1125001	20450697	35100833	914790	257577	24633854
连云港市	1302745	9420	648733	1254330	44418	3997	1022613
淮安市	3568872	390901	918958	3312414	230480	25978	2401450
盐城市	5246447	82982	1961679	5040890	136426	69130	4310509
扬州市	12327828	422871	6868456	11109067	1126579	92182	9572615
镇江市	1159484	24362	133789	1017139	123082	19263	903622
泰州市	12328801	78273	7507587	11840122	476748	11932	10386544
宿迁市	3135435	51781	1151486	2940123	55556	139757	2133458

4-B-64 分地区总承包和专业承包有限责任公司房屋建筑面积

地区	房屋建筑施工面积(平方米)	#本年新开工	实行投标承包面积	#本年新开工	房屋建筑竣工面积(平方米)	房屋建筑面积竣工率(%)
全省	**999846596**	**440989003**	**940016793**	**408542710**	**326493557**	**32.7**
苏南	176186248	72236705	166735955	68283800	57041714	32.4
苏中	648191496	276706681	608502047	254132978	208557450	32.2
苏北	175468852	92045617	164778791	86125932	60894393	34.7
南京市	103745749	42251201	98028206	39730954	31788975	30.6
无锡市	15059849	5546144	14368737	5236427	5642001	37.5
徐州市	59481370	30499725	57392478	29600656	17283900	29.1
常州市	15253171	6640159	15032771	6492482	5565322	36.5
苏州市	37689341	15680455	35285181	14864004	12741195	33.8
南通市	420474226	165376666	396915590	153032354	112972395	26.9
连云港市	8293692	4575004	7642421	4492950	3797880	45.8
淮安市	25731783	12307955	21850178	10251148	9057854	35.2
盐城市	54322831	29185401	52632052	28075305	19441058	35.8
扬州市	87243635	46740975	81116220	42835438	37029336	42.4
镇江市	4438138	2118746	4021060	1959933	1304221	29.4
泰州市	140473635	64589040	130470237	58265186	58555719	41.7
宿迁市	27639176	15477532	25261662	13705873	11313701	40.9

4-B-65 分地区总承包和专业承包有限责任公司施工机械设备情况

地区	年末自有施工机械设备净值(万元)	年末自有施工机械设备总台数(台)	年末自有施工机械设备总功率(千瓦)	技术装备率(元/人)	动力装备率(千瓦/人)
全省	**3032563**	**812694**	**19174485**	**8639**	**5.5**
苏南	717897	244954	3927931	8471	4.6
苏中	1399460	372522	10682982	7712	5.9
苏北	915206	195218	4563572	10789	5.4
南京市	409537	177467	2297419	8778	4.9
无锡市	113756	29304	661865	11313	6.6
徐州市	255415	63509	1585206	10553	6.5
常州市	34897	9234	226772	3249	2.1
苏州市	117185	20643	540920	8194	3.8
南通市	667998	184855	5048595	6737	5.1
连云港市	63186	17976	357047	10715	6.1
淮安市	186010	30697	643496	12397	4.3
盐城市	277178	62406	1233465	12769	5.7
扬州市	250568	86181	3119723	6668	8.3
镇江市	42521	8306	200955	14175	6.7
泰州市	480895	101486	2514664	10749	5.6
宿迁市	133418	20630	744358	7405	4.1

4-B-66 分地区总承包和专业承包有限责任公司人员情况

单位：人

地区	从事主营业务活动的从业人员平均人数	从事主营业务活动的从业人员年末人数	#工程技术人员	一级建造师	现场施工工人	#持证上岗人员
全省	**3668358**	**3510463**	**325364**	**14652**	**2854655**	**1672817**
苏南	1050036	847498	90269	5909	602528	393561
苏中	1769383	1814683	149779	5669	1565346	896961
苏北	848939	848282	85316	3074	686781	382295
南京市	704785	466531	49082	3250	320464	231865
无锡市	99489	100552	13872	866	79892	34200
徐州市	244245	242041	21838	855	197975	104753
常州市	56252	107398	5706	343	97314	87303
苏州市	152591	143019	15847	1082	88818	31162
南通市	956615	991527	82036	3406	879771	581706
连云港市	58269	58970	7113	208	48842	17258
淮安市	177496	150046	16425	754	115374	72870
盐城市	219973	217063	27782	815	171445	109658
扬州市	367728	375754	41166	1410	285371	157044
镇江市	36919	29998	5762	368	16040	9031
泰州市	445040	447402	26577	853	400204	158211
宿迁市	148956	180162	12158	442	153145	77756

4-B-67　分地区总承包和专业承包有限责任公司营业额

单位：万元

地　区	企业营业额	在境外完成的营业额	企业总产值	#建筑业总产值
全　省	**115757274**	**3106105**	**112651169**	**106764931**
苏　南	30443865	1434136	29009729	27350024
苏　中	66439375	1637878	64801497	60929829
苏　北	18874035	34092	18839943	18485078
南京市	19385537	1292339	18093198	16706756
无锡市	2986333	8	2986325	2972899
徐州市	5288713	3289	5285424	5231578
常州市	1470092		1470092	1445071
苏州市	5364895	120775	5244120	5065814
南通市	39127186	679197	38447990	36273200
连云港市	1359782		1359782	1302745
淮安市	3666850	10105	3656745	3568872
盐城市	5409012	13595	5395417	5246447
扬州市	14353516	618747	13734769	12327828
镇江市	1237007	21014	1215994	1159484
泰州市	12958672	339934	12618738	12328801
宿迁市	3149677	7103	3142574	3135435

4-B-68　分地区总承包和专业承包有限责任公司资产构成

单位：万元

地　区	资产合计	#流动资产	#应收工程款	固定资产合　计	在建工程
全　省	**59316639**	**49491442**	**14531623**	**5481227**	**581114**
苏　南	24861642	20994471	5173763	1622600	274409
苏　中	24610439	20898912	6651263	2269267	166232
苏　北	9844558	7598059	2706597	1589360	140473
南京市	12986544	10590443	2525049	860063	128889
无锡市	2823964	2363352	538978	299986	81114
徐州市	2418358	1953219	639628	352062	19837
常州市	1982021	1790318	388891	121374	22701
苏州市	5297827	4627177	991993	248229	13185
南通市	15216963	13300740	4227886	1110407	71987
连云港市	1020298	793829	261979	142249	26475
淮安市	1969033	1298105	518380	479067	43948
盐城市	3028927	2407168	818373	431859	27931
扬州市	4965577	4190308	1309022	441542	49510
镇江市	1771286	1623181	728852	92947	28519
泰州市	4427900	3407865	1114356	717318	44735
宿迁市	1407942	1145737	468237	184123	22283

4-B-69 分地区总承包和专业承包有限责任公司固定资产情况

单位：万元

地区	固定资产合计	固定资产减值准备	固定资产原价	固定资产折旧	#本年折旧	在建工程
全省	**5481227**	**45073**	**7333104**	**2865347**	**467429**	**581114**
苏南	1622600	12065	2321131	1087147	163430	274409
苏中	2269267	11017	3095884	1147432	186409	166232
苏北	1589360	21991	1916090	630767	117590	140473
南京市	860063	2652	1187497	534660	88517	128889
无锡市	299986	116	416576	200532	20594	81114
徐州市	352062	17361	516683	198295	40604	19837
常州市	121374	48	145030	56504	7976	22701
苏州市	248229	769	451499	230297	32201	13185
南通市	1110407	855	1633277	649820	107289	71987
连云港市	142249	206	187079	76229	11720	26475
淮安市	479067	1257	480060	97912	15969	43948
盐城市	431859	1297	541991	205501	33094	27931
扬州市	441542	7511	535608	193417	27354	49510
镇江市	92947	8480	120530	65154	14142	28519
泰州市	717318	2651	926998	304196	51767	44735
宿迁市	184123	1869	190277	52831	16202	22283

4-B-70 分地区总承包和专业承包有限责任公司负债及所有者权益

单位：万元

地区	负债合计	#流动负债	非流动负债	所有者权益	#实收资本
全省	**37969489**	**36625211**	**860153**	**21347170**	**8662982**
苏南	17807406	16979306	538771	7054236	3257065
苏中	15141089	14839588	204555	9469370	3286942
苏北	5020994	4806317	116827	4823564	2118975
南京市	9016650	8655181	296141	3969894	1743024
无锡市	1932576	1887835	36884	891388	451126
徐州市	1178432	1168019	5670	1239926	499875
常州市	1411576	1252336	139906	570445	234686
苏州市	4014298	3770611	56239	1283529	648811
南通市	9690615	9573400	99671	5526368	1865717
连云港市	726496	697406	23856	293802	122092
淮安市	918547	824772	30214	1050486	538483
盐城市	1629324	1580788	38268	1399602	647105
扬州市	3153027	3013601	67025	1812549	675558
镇江市	1432305	1413343	9602	338981	179418
泰州市	2297447	2252586	37858	2130453	745668
宿迁市	568195	535333	18818	839747	311421

4-B-71　分地区总承包和专业承包有限责任公司实收资本

单位：万元

地　区	总计	国家资本	集体资本	法人资本	个人资本	港澳台资本	外商资本
全　省	**8662982**	**866616**	**489857**	**2585506**	**4717331**	**1047**	**2626**
苏　南	3257065	518488	191149	1227735	1319694		
苏　中	3286942	79788	222940	849386	2131156	1047	2626
苏　北	2118975	268340	75768	508386	1266481		
南京市	1743024	432876	70439	679872	559837		
无锡市	451126	28338	24331	126304	272154		
徐州市	499875	141865	26681	79661	251668		
常州市	234686	2960	23356	84882	123488		
苏州市	648811	52014	54490	274607	267699		
南通市	1865717	3000	129949	476599	1256168		
连云港市	122092	38673	9920	32443	41056		
淮安市	538483	52231	15407	201764	269081		
盐城市	647105	22016	23661	114011	487418		
扬州市	675558	18703	69291	195138	389551	250	2626
镇江市	179418	2300	18533	62070	96516		
泰州市	745668	58086	23699	177649	485437	797	
宿迁市	311421	13555	100	80507	217259		

4-B-72　分地区总承包和专业承包有限责任公司收入情况

单位：万元

地　区	营业收入	#主营业务收入	营业成本	#主营业务成本	营业税金及附加	#主营业务税金及附加	其他业务利润
全　省	**88053856**	**87024738**	**77625092**	**76704478**	**3077263**	**3040272**	**83935**
苏　南	26633804	25965100	23597495	23019608	807471	788973	38416
苏　中	45889505	45594390	40518451	40219848	1696549	1680604	32809
苏　北	15530547	15465248	13509145	13465023	573242	570695	12710
南京市	16407537	15839076	14635427	14120677	494017	479211	19227
无锡市	2722302	2700397	2340041	2322584	87290	87044	3349
徐州市	4266687	4252863	3654973	3650202	144407	144367	2636
常州市	1474246	1466779	1280575	1277170	44134	44095	3564
苏州市	4872272	4820805	4344888	4314817	142719	140376	9484
南通市	28749407	28710700	25561690	25536352	1026269	1023853	19518
连云港市	1245030	1239389	1074330	1071221	48842	48819	1118
淮安市	2991616	2963534	2627412	2601472	100051	99234	449
盐城市	4436955	4420365	3890265	3882474	179645	179355	8221
扬州市	8631052	8550534	7537448	7467686	304296	300620	4123
镇江市	1157447	1138043	996565	984361	39311	38248	2793
泰州市	8509046	8333156	7419313	7215810	365985	356130	9167
宿迁市	2590261	2589098	2262166	2259653	100297	98921	286

4-B-73 分地区总承包和专业承包有限责任公司利润及税金情况

单位：万元

地区	营业利润	利润总额	#应交所得税	税金总额	#营业税金及附加	#主营业务税金及附加	管理费用中的税金
全省	**4203043**	**4211247**	**944528**	**3164142**	**3077263**	**3040272**	**86880**
苏南	1217174	1221832	254509	828833	807471	788973	21362
苏中	2238513	2241942	522021	1737717	1696549	1680604	41168
苏北	747356	747472	167998	597592	573242	570695	24350
南京市	718037	726862	158496	503254	494017	479211	9237
无锡市	133103	128528	30213	91180	87290	87044	3890
徐州市	261000	259896	55423	150044	144407	144367	5636
常州市	82058	81336	18683	45666	44134	44095	1532
苏州市	222021	223031	36679	146617	142719	140376	3898
南通市	1331240	1341971	315320	1046900	1026269	1023853	20632
连云港市	51228	51235	11774	51673	48842	48819	2831
淮安市	101303	102867	28155	104283	100051	99234	4232
盐城市	187179	186236	41649	185464	179645	179355	5819
扬州市	469856	470461	109398	311319	304296	300620	7023
镇江市	61956	62075	10438	42116	39311	38248	2805
泰州市	437418	429510	97303	379499	365985	356130	13513
宿迁市	146646	147240	30997	106128	100297	98921	5831

4-B-74 分地区总承包和专业承包股份有限公司签订合同情况

单位：万元

地区	合同总额	上年结转合同额	本年新签合同额
全省	**32286484**	**12337487**	**19948997**
苏南	7187840	2054704	5133136
苏中	21111169	8518846	12592324
苏北	3987475	1763938	2223537
南京市	2514062	1105808	1408254
无锡市	470041	128937	341104
徐州市	507423	103666	403758
常州市	260817	69711	191106
苏州市	3603489	714441	2889047
南通市	12218313	5166307	7052007
连云港市	375957	12069	363888
淮安市	1283844	862055	421789
盐城市	1477719	717331	760387
扬州市	7743731	3077938	4665793
镇江市	339432	35806	303626
泰州市	1149125	274601	874524
宿迁市	342533	68817	273715

4-B-75 分地区总承包和专业承包股份有限公司承包工程完成情况

单位：万元

地 区	直接从建设单位承揽工程完成的产值	自行完成施工产值	分包出去工程的产值	从建设单位以外承揽工程完成的产值
全 省	**20116980**	**20102288**	**14693**	**1072063**
苏 南	5039765	5027085	12680	267748
苏 中	12626464	12626451	13	752002
苏 北	2450752	2448752	2000	52312
南京市	1614514	1603456	11058	110459
无锡市	311720	311720		32108
徐州市	400472	398472	2000	4708
常州市	231753	231753		1318
苏州市	2653603	2651981	1622	111961
南通市	7177361	7177348	13	554019
连云港市	365666	365666		4775
淮安市	616541	616541		15789
盐城市	662248	662248		23799
扬州市	4734296	4734296		191021
镇江市	228175	228175		11902
泰州市	714807	714807		6962
宿迁市	405825	405825		3242

4-B-76 分地区总承包和专业承包股份有限公司总产值和竣工产值

单位：万元

地 区	建筑业总产值	#装饰装修产值	在外省完成的产值	按构成分组			竣工产值
				建筑工程产值	安装工程产值	其他产值	
全 省	**21174350**	**2829135**	**11890004**	**19833720**	**1106806**	**233824**	**15596991**
苏 南	5294833	2289867	2100242	4927381	354835	12617	3832240
苏 中	13378453	504028	8992924	12652472	686878	39103	9816151
苏 北	2501064	35240	796838	2253866	65093	182105	1948600
南京市	1713916	11418	504166	1465821	238207	9888	1195766
无锡市	343828	1685	31136	311054	32251	523	266007
徐州市	403180	4094	103471	374512	28403	265	359837
常州市	233071	170	142429	232029		1041	70097
苏州市	2763942	2222351	1308069	2689699	73078	1165	2150815
南通市	7731367	361095	5094351	7160791	547409	23167	4892447
连云港市	370441	80	273488	321029	16528	32884	396308
淮安市	632330	4390	66977	616750	14681	900	393097
盐城市	686047	19596	319355	658527	5158	22362	459428
扬州市	4925317	126842	3678450	4775938	134198	15181	4393976
镇江市	240077	54244	114443	228777	11300		149554
泰州市	721769	16090	220124	715744	5270	755	529728
宿迁市	409067	7080	33546	283048	325	125694	339929

4-B-77 分地区总承包和专业承包股份有限公司房屋建筑面积

地　区	房屋建筑施工面积(平方米)	#本年新开工	实行投标承包面积	#本年新开工	房屋建筑竣工面积(平方米)	房屋建筑面积竣工率(%)
全　省	**201124963**	**82079356**	**184944799**	**74659729**	**65931195**	**32.8**
苏　南	15804723	7302044	14111707	6283633	5431495	34.4
苏　中	153937470	61349357	142143180	56416417	45244310	29.4
苏　北	31382770	13427955	28689912	11959679	15255390	48.6
南京市	7598059	3234173	6720462	2632099	2850662	37.5
无锡市	1400858	745720	1283235	656265	578838	41.3
徐州市	4320647	2374684	3680593	1935079	2156838	49.9
常州市	2044750	1059725	2044750	1059725	272110	13.3
苏州市	4627791	2165861	3994710	1875194	1587224	34.3
南通市	96724392	35130734	94846919	34992470	24266649	25.1
连云港市	5995503	5698459	5991973	5694929	5965303	99.5
淮安市	11549611	1792731	10726247	1223206	2128708	18.4
盐城市	5978789	1833759	5531083	1549400	2271585	38.0
扬州市	50507582	21847741	41857600	18214233	17817830	35.3
镇江市	133265	96565	68550	60350	142661	107.1
泰州市	6705496	4370882	5438661	3209714	3159831	47.1
宿迁市	3538220	1728322	2760016	1557065	2732956	77.2

4-B-78 分地区总承包和专业承包股份有限公司施工机械设备情况

地　区	年末自有施工机械设备净值(万元)	年末自有施工机械设备总台数(台)	年末自有施工机械设备总功率(千瓦)	技术装备率(元/人)	动力装备率(千瓦/人)
全　省	**502572**	**126641**	**3871805**	**7743**	**6.0**
苏　南	109096	29071	783128	12745	9.1
苏　中	244653	57581	2293736	5740	5.4
苏　北	148824	39989	794941	10840	5.8
南京市	64555	12197	403591	17948	11.2
无锡市	14309	8820	110059	15676	12.1
徐州市	17788	3731	78131	6950	3.1
常州市	6117	702	31326	7236	3.7
苏州市	21078	5608	197240	7769	7.3
南通市	96818	25095	682490	4611	3.3
连云港市	16341	3387	53249	6805	2.2
淮安市	35220	6985	130350	11750	4.3
盐城市	53324	5267	217163	15080	6.1
扬州市	125457	27902	1439550	6988	8.0
镇江市	3037	1744	40912	6178	8.3
泰州市	22378	4584	171696	6103	4.7
宿迁市	26151	20619	316048	11702	14.1

4-B-79　分地区总承包和专业承包股份有限公司人员情况

单位：人

地　区	从事主营业务活动的从业人员平均人数	从事主营业务活动的从业人员年末人数	#工程技术人员	一级建造师	现场施工工人	#持证上岗人员
全　省	**632574**	**649085**	**70282**	**2664**	**537317**	**312843**
苏　南	131307	85598	14663	967	63111	31482
苏　中	369282	426194	43557	1319	364858	220099
苏　北	131985	137293	12062	378	109348	61262
南京市	45345	35968	5234	326	27372	8518
无锡市	10653	9128	1839	99	6054	2715
徐州市	19634	25596	2716	55	20485	10200
常州市	4386	8454	686	27	7519	7151
苏州市	63781	27132	6026	461	17992	11131
南通市	212475	209992	22926	906	180085	129535
连云港市	29032	24014	1765	29	21144	11904
淮安市	31775	29975	2625	75	24146	16700
盐城市	31851	35360	3462	187	27673	15132
扬州市	124565	179536	18713	367	150259	74900
镇江市	7142	4916	878	54	4174	1967
泰州市	32242	36666	1918	46	34514	15664
宿迁市	19693	22348	1494	32	15900	7326

4-B-80　分地区总承包和专业承包股份有限公司营业额

单位：万元

地　区	企业营业额	在境外完成的营业额	企业总产值	#建筑业总产值
全　省	**23520697**	**516743**	**23003955**	**21174350**
苏　南	5690929	89116	5601813	5294833
苏　中	15142131	337429	14804702	13378453
苏　北	2687638	90198	2597440	2501064
南京市	1881508	84469	1797039	1713916
无锡市	345819		345819	343828
徐州市	403223		403223	403180
常州市	234648		234648	233071
苏州市	2988876	4647	2984229	2763942
南通市	8907953	203227	8704725	7731367
连云港市	484845	90198	394647	370441
淮安市	681255		681255	632330
盐城市	692454		692454	686047
扬州市	5508953	134202	5374752	4925317
镇江市	240077		240077	240077
泰州市	725225		725225	721769
宿迁市	425861		425861	409067

4-B-81 分地区总承包和专业承包股份有限公司资产构成

单位：万元

地区	资产合计	#流动资产	#应收工程款	固定资产合计	在建工程
全省	**11674218**	**9786207**	**3672183**	**996001**	**138353**
苏南	5425847	4735366	2099883	337424	77372
苏中	4537256	3793372	1140874	408333	26606
苏北	1711115	1257470	431426	250244	34375
南京市	1902775	1636889	499415	118920	9409
无锡市	466132	403004	88806	32717	3601
徐州市	231812	173742	41745	42975	16784
常州市	91897	55450	31270	35401	23070
苏州市	2684640	2370796	1425456	144604	41293
南通市	2612835	2267681	763914	154164	16318
连云港市	136059	108620	20840	24234	101
淮安市	297350	212449	42232	49045	316
盐城市	855908	615566	228981	98264	12847
扬州市	1490503	1146540	283652	209018	5072
镇江市	280403	269227	54936	5782	
泰州市	433918	379151	93308	45151	5216
宿迁市	189986	147093	97627	35727	4327

4-B-82 分地区总承包和专业承包股份有限公司固定资产情况

单位：万元

地区	固定资产合计	固定资产减值准备	固定资产原价	固定资产折旧	#本年折旧	在建工程
全省	**996001**	**5011**	**1244503**	**448880**	**89327**	**138353**
苏南	337424	1707	390180	152789	26272	77372
苏中	408333	1442	578108	209758	45082	26606
苏北	250244	1862	276215	86332	17973	34375
南京市	118920	98	167354	67209	11281	9409
无锡市	32717	821	50563	22896	3558	3601
徐州市	42975	316	38324	14397	2154	16784
常州市	35401		19997	8156	1367	23070
苏州市	144604	788	143707	51228	9618	41293
南通市	154164	940	210349	78355	14938	16318
连云港市	24234	142	30653	6913	627	101
淮安市	49045		43781	12662	4842	316
盐城市	98264	896	123700	40898	8577	12847
扬州市	209018	234	316074	114246	26979	5072
镇江市	5782		8559	3300	448	
泰州市	45151	267	51685	17157	3165	5216
宿迁市	35727	508	39757	11462	1774	4327

4-B-83 分地区总承包和专业承包股份有限公司负债及所有者权益

单位：万元

地 区	负债合计	#流动负债	非流动负债	所有者权益	#实收资本
全 省	**7783436**	**7240125**	**395215**	**3890783**	**1565417**
苏 南	3907672	3611232	167936	1518175	617906
苏 中	3012317	2789379	209248	1524939	662458
苏 北	863446	839514	18031	847668	285053
南京市	1437535	1270150	45742	465240	265247
无锡市	331715	331215	262	134417	59977
徐州市	63181	60942	1278	168630	69719
常州市	45772	45676	96	46126	20216
苏州市	1859752	1732066	121244	824888	233679
南通市	1870306	1857012	5263	742529	324560
连云港市	70298	68689	1609	65762	23011
淮安市	155707	154417	10	141644	69499
盐城市	509352	491579	14728	346555	82081
扬州市	880080	727873	148988	610422	236586
镇江市	232899	232126	593	47505	38787
泰州市	261931	204495	54997	171988	101312
宿迁市	64909	63888	407	125077	40742

4-B-84 分地区总承包和专业承包股份有限公司实收资本

单位：万元

地 区	总计	国家资本	集体资本	法人资本	个人资本	港澳台资本	外商资本
全 省	**1565417**	**93922**	**31415**	**619753**	**815583**	**2000**	**2744**
苏 南	617906	40482	13326	312603	246752	2000	2744
苏 中	662458	47414	15288	221073	378683		
苏 北	285053	6026	2801	86078	190148		
南京市	265247	28908	6262	172328	57750		
无锡市	59977	2912	720	21365	32236		2744
徐州市	69719	1635		11629	56455		
常州市	20216			4778	15438		
苏州市	233679	6562	6344	94354	126419		
南通市	324560	638	7300	51677	264945		
连云港市	23011			8125	14887		
淮安市	69499		50	37260	32189		
盐城市	82081	1750	571	10654	69106		
扬州市	236586	8820	6778	131037	89952		
镇江市	38787	2100		19778	14909	2000	
泰州市	101312	37956	1210	38359	23787		
宿迁市	40742	2641	2180	18410	17511		

4-B-85 分地区总承包和专业承包股份有限公司收入情况

单位：万元

地　区	营业收入	#主营业务收入	营业成本	#主营业务成本	营业税金及附加	#主营业务税金及附加	其他业务利润
全　省	**18160942**	**17931399**	**15939804**	**15753857**	**640911**	**636406**	**11630**
苏　南	5303174	5181471	4566129	4456807	165995	164677	8251
苏　中	10873891	10769544	9780571	9704941	394787	391949	3376
苏　北	1983877	1980384	1593105	1592109	80129	79780	3
南京市	1841512	1757645	1646881	1567105	60332	59825	1681
无锡市	383315	376487	324747	320620	11234	11120	1927
徐州市	378987	376584	322707	322046	14596	14549	
常州市	231786	231164	207761	207335	9306	9306	195
苏州市	2635436	2605049	2194091	2169099	77797	77100	4449
南通市	6821710	6819359	6247267	6242785	243563	243537	1726
连云港市	240639	240639	196410	196410	10691	10620	
淮安市	486926	486926	337466	337466	19424	19424	
盐城市	534303	534103	464414	464225	22078	22077	3
扬州市	3512993	3412019	3071465	3001166	128409	125886	1628
镇江市	211126	211126	192649	192649	7326	7326	
泰州市	539188	538166	461839	460989	22815	22525	21
宿迁市	343023	342133	272108	271962	13340	13111	

4-B-86 分地区总承包和专业承包股份有限公司利润及税金情况

单位：万元

地　区	营业利润	利润总额	#应交所得税	税金总额	#营业税金及附加	#主营业务税金及附加	管理费用中的税金
全　省	**936283**	**938211**	**174012**	**665888**	**640911**	**636406**	**24977**
苏　南	317444	327092	61473	173661	165995	164677	7666
苏　中	411845	416182	90897	402446	394787	391949	7659
苏　北	206994	194937	21643	89781	80129	79780	9652
南京市	51972	58341	12534	64374	60332	59825	4042
无锡市	22106	20993	4239	12041	11234	11120	807
徐州市	19110	19107	3647	15156	14596	14549	560
常州市	10020	9985	2459	9371	9306	9306	65
苏州市	229805	234259	41298	80418	77797	77100	2621
南通市	183820	188919	45336	246921	243563	243537	3358
连云港市	22227	22227	4747	10844	10691	10620	153
淮安市	105369	105137	4539	20571	19424	19424	1148
盐城市	27497	27560	5672	23136	22078	22077	1059
扬州市	189998	189158	36928	131453	128409	125886	3044
镇江市	3540	3515	943	7458	7326	7326	132
泰州市	38027	38106	8634	24072	22815	22525	1257
宿迁市	32791	20906	3037	20073	13340	13111	6732

4-B-87　分地区总承包和专业承包私营企业签订合同情况

单位：万元

地　区	合同总额	上年结转合同额	本年新签合同额
全　省	**118172247**	**38975086**	**79197161**
苏　南	54547360	18243124	36304236
苏　中	34842643	12704801	22137842
苏　北	28782244	8027161	20755083
南京市	15646816	4979629	10667187
无锡市	4438217	1502605	2935611
徐州市	5365333	1169604	4195729
常州市	15184094	5488816	9695278
苏州市	15882191	5253580	10628611
南通市	13924913	6433398	7491514
连云港市	4552017	1159112	3392905
淮安市	7018603	1629414	5389189
盐城市	7341443	3054333	4287109
扬州市	11030675	3096990	7933684
镇江市	3396043	1018494	2377549
泰州市	9887056	3174412	6712644
宿迁市	4504849	1014699	3490150

4-B-88　分地区总承包和专业承包私营企业承包工程完成情况

单位：万元

地　区	直接从建设单位承揽工程完成的产值	自行完成施工产值	分包出去工程的产值	从建设单位以外承揽工程完成的产值
全　省	**78164277**	**78064883**	**99394**	**4681875**
苏　南	34862518	34792445	70073	2251675
苏　中	23271138	23260518	10620	1667899
苏　北	20030621	20011920	18700	762301
南京市	10764910	10746474	18436	699509
无锡市	2784738	2777417	7321	235416
徐州市	3949851	3947989	1863	126818
常州市	9135036	9128657	6379	604920
苏州市	9905965	9873124	32841	618371
南通市	8864313	8860217	4096	716925
连云港市	3199921	3198299	1622	131843
淮安市	5202425	5187859	14566	289694
盐城市	4860426	4860116	310	176019
扬州市	7617153	7610997	6157	828947
镇江市	2271870	2266774	5096	93459
泰州市	6789672	6789305	367	122027
宿迁市	2817998	2817658	340	37927

4-B-89 分地区总承包和专业承包私营企业总产值和竣工产值

单位：万元

地区	建筑业总产值	#装饰装修产值	在外省完成的产值	按构成分组			竣工产值
				建筑工程产值	安装工程产值	其他产值	
全省	**82746758**	**5173896**	**23027532**	**77253946**	**4871328**	**621485**	**66792888**
苏南	37044120	3617401	7137157	33777750	2820681	445689	29547297
苏中	24928417	828319	9320878	23175952	1667012	85453	20491779
苏北	20774222	728176	6569497	20300244	383636	90342	16753812
南京市	11445983	1045898	2919105	10675683	648001	122298	8049274
无锡市	3012833	210043	215288	2664107	317187	31538	2549474
徐州市	4074807	165751	1712694	3991053	63640	20114	3364369
常州市	9733577	775295	2892581	8586868	1006588	140121	8646739
苏州市	10491494	1377911	768984	9589599	781573	120322	8653195
南通市	9577142	382449	3894342	8842379	709236	25527	6981816
连云港市	3330142	144397	1164930	3272497	53335	4310	2735486
淮安市	5477552	302482	1346132	5336098	105337	36117	4211859
盐城市	5036135	88350	1634204	4883382	137227	15526	4381823
扬州市	8439943	354096	3036694	7762589	644160	33195	6725693
镇江市	2360233	208254	341199	2261493	67331	31410	1648614
泰州市	6911332	91773	2389842	6570984	313616	26732	6784271
宿迁市	2855585	27197	711538	2817214	24097	14275	2060275

4-B-90 分地区总承包和专业承包私营企业房屋建筑面积

地区	房屋建筑施工面积(平方米)	#本年新开工	实行投标承包面积	#本年新开工	房屋建筑竣工面积(平方米)	房屋建筑面积竣工率(%)
全省	**734490055**	**324252095**	**601484670**	**278399166**	**282527506**	**38.5**
苏南	270977790	110991445	230482568	90488796	99324368	36.7
苏中	273678583	104744963	203715021	93100679	96769364	35.4
苏北	189833682	108515687	167287081	94809691	86433774	45.5
南京市	67020402	26587179	58586540	21414837	24998954	37.3
无锡市	27803984	11405812	24032117	9300517	10751172	38.7
徐州市	29861060	16179765	27080497	14696243	16798191	56.3
常州市	83672621	33053110	76230081	29346179	29222941	34.9
苏州市	75810267	31331091	58500157	24245887	28435023	37.5
南通市	134771454	35045798	82262823	30497855	30697891	22.8
连云港市	33601898	19307303	30016323	16969594	15921017	47.4
淮安市	55002403	35119988	48746597	31096076	21513881	39.1
盐城市	43062577	20948214	38502775	18292303	19540454	45.4
扬州市	72108820	40098014	64667468	36648447	31123123	43.2
镇江市	16670516	8614253	13133673	6181376	5916278	35.5
泰州市	66798309	29601151	56784730	25954377	34948350	52.3
宿迁市	28305744	16960417	22940889	13755475	12660231	44.7

4-B-91　分地区总承包和专业承包私营企业施工机械设备情况

地　区	年末自有施工机械设备净值（万元）	年末自有施工机械设备总台数（台）	年末自有施工机械设备总功率（千瓦）	技术装备率（元/人）	动力装备率（千瓦/人）
全　省	**3219780**	**775674**	**22483005**	**10332**	**7.2**
苏　南	1344518	401000	7533744	10567	5.9
苏　中	854641	184931	8521134	9555	9.5
苏　北	1020621	189743	6428127	10750	6.8
南京市	471325	88946	2095354	14186	6.3
无锡市	152103	41347	738889	10823	5.3
徐州市	174322	43270	945164	10296	5.6
常州市	317823	93784	1815496	9350	5.3
苏州市	300088	83923	2342448	8492	6.6
南通市	285424	63594	1687918	9954	5.9
连云港市	164525	41557	750356	11028	5.0
淮安市	217217	43182	1171173	8414	4.5
盐城市	327636	43095	1264892	15808	6.1
扬州市	272068	74816	5522882	8890	18.0
镇江市	103180	93000	541557	9708	5.1
泰州市	297149	46521	1310334	9850	4.3
宿迁市	136921	18639	2296542	8272	13.9

4-B-92　分地区总承包和专业承包私营企业人员情况

单位：人

地　区	从事主营业务活动的从业人员平均人数	从事主营业务活动的从业人员年末人数	#工程技术人员	一级建造师	现场施工工人	#持证上岗人员
全　省	**3241188**	**3116298**	**390092**	**14928**	**2446681**	**1313158**
苏　南	1362943	1272393	195028	8868	946246	485771
苏　中	865840	894461	88653	2984	735274	360263
苏　北	1012405	949444	106411	3076	765161	467124
南京市	382994	332250	53897	2355	243771	141218
无锡市	141392	140540	23413	952	104154	39362
徐州市	191770	169306	17291	778	128458	86077
常州市	337550	339935	41628	1979	265024	153545
苏州市	388848	353383	59957	2965	254851	114612
南通市	283085	286746	37555	1423	213354	112649
连云港市	160673	149185	15791	433	129400	78001
淮安市	281953	258157	25915	578	214758	123913
盐城市	206639	207264	34373	992	153223	110185
扬州市	291143	306054	32882	1098	260541	126718
镇江市	112159	106285	16133	617	78446	37034
泰州市	291612	301661	18216	463	261379	120896
宿迁市	171370	165532	13041	295	139322	68948

4-B-93 分地区总承包和专业承包私营企业营业额

单位：万元

地 区	企业营业额	在境外完成的营业额	企业总产值	#建筑业总产值
全 省	**86580904**	**790449**	**85790455**	**82746758**
苏 南	38340619	327157	38013462	37044120
苏 中	26771871	199948	26571923	24928417
苏 北	21468414	263344	21205070	20774222
南京市	12182555	195641	11986914	11445983
无锡市	3073014	2325	3070689	3012833
徐州市	4318871	38710	4280161	4074807
常州市	9878771	63130	9815641	9733577
苏州市	10743358	21148	10722209	10491494
南通市	9913192	66189	9847003	9577142
连云港市	3539887	193946	3345941	3330142
淮安市	5590841	22542	5568299	5477552
盐城市	5125241	8146	5117095	5036135
扬州市	9826063	113040	9713023	8439943
镇江市	2462921	44913	2418008	2360233
泰州市	7032616	20719	7011897	6911332
宿迁市	2893574		2893574	2855585

4-B-94 分地区总承包和专业承包私营企业资产构成

单位：万元

地 区	资产合计	#流动资产	#应收工程款	固定资产合计	在建工程
全 省	**54205694**	**43815589**	**15262978**	**6384024**	**858779**
苏 南	32438160	26870689	9082917	2796335	336551
苏 中	11930159	9745723	3441737	1623599	294206
苏 北	9837375	7199178	2738323	1964091	228022
南京市	10262746	8031023	2645157	906940	130778
无锡市	3412482	2815875	993446	314189	24716
徐州市	1617711	1210948	397203	277792	27707
常州市	6829021	5765840	2178328	628017	68694
苏州市	9593176	8333251	2640069	692067	61021
南通市	5319870	4548374	1621558	513663	63710
连云港市	1420271	1038073	388794	279968	35604
淮安市	2221124	1551539	589065	490641	55698
盐城市	3280991	2431114	963100	645132	51438
扬州市	3694486	3039958	1064034	508597	72369
镇江市	2340735	1924700	625919	255121	51342
泰州市	2915803	2157391	756145	601339	158127
宿迁市	1297279	967505	400162	270558	57576

4-B-95　分地区总承包和专业承包私营企业固定资产情况

单位：万元

地　区	固定资产合计	固定资产减值准备	固定资产原价	固定资产折旧	#本年折旧	在建工程
全　省	**6384024**	**56698**	**7451958**	**2618280**	**508173**	**858779**
苏　南	2796335	18249	3700865	1475990	257554	336551
苏　中	1623599	12801	1744368	557152	118397	294206
苏　北	1964091	25648	2006725	585138	132223	228022
南京市	906940	6052	1141856	465260	70125	130778
无锡市	314189	1392	494652	214091	37921	24716
徐州市	277792	9722	337403	102296	23463	27707
常州市	628017	2502	839302	320291	58432	68694
苏州市	692067	4983	951144	379335	70389	61021
南通市	513663	6307	683963	267671	55758	63710
连云港市	279968	5886	305592	77982	16349	35604
淮安市	490641	2157	441937	121706	21004	55698
盐城市	645132	5140	688811	222859	56832	51438
扬州市	508597	2005	549661	167089	34851	72369
镇江市	255121	3320	273910	97014	20687	51342
泰州市	601339	4489	510744	122391	27788	158127
宿迁市	270558	2744	232983	60295	14575	57576

4-B-96　分地区总承包和专业承包私营企业负债及所有者权益

单位：万元

地　区	负债合计	#流动负债	非流动负债	所有者权益	#实收资本
全　省	**30903930**	**28629298**	**1551124**	**23301764**	**12106207**
苏　南	19781312	18068087	1263002	12656848	7048735
苏　中	6856781	6599691	165396	5073378	2497575
苏　北	4265837	3961520	122727	5571537	2559898
南京市	6235005	4986070	1142213	4027741	1741399
无锡市	2043105	2013327	7333	1369377	779765
徐州市	653691	617175	3840	964020	434146
常州市	4111734	3886550	53826	2717287	1541313
苏州市	6092322	5934733	46736	3500854	2399703
南通市	3339777	3259492	65774	1980093	991700
连云港市	631204	572945	48981	789067	303321
淮安市	949014	851558	12364	1272110	527523
盐城市	1457303	1366735	42366	1823688	924801
扬州市	2018714	1924525	80235	1675773	903851
镇江市	1299147	1247406	12893	1041588	586555
泰州市	1498291	1415675	19387	1417512	602023
宿迁市	574626	553107	15176	722653	370106

4-B-97 分地区总承包和专业承包私营企业实收资本

单位：万元

地区	总计	国家资本	集体资本	法人资本	个人资本	港澳台资本	外商资本
全省	**12106207**	**34817**	**108423**	**3485258**	**8471869**	**2550**	**3291**
苏南	7048735	11488	46621	2085527	4901609	1690	1800
苏中	2497575	601	12839	706935	1774849	860	1491
苏北	2559898	22729	48962	692795	1795411	0	0
南京市	1741399	500	3442	590176	1147281		
无锡市	779765	2501	1701	157227	616246	490	1600
徐州市	434146	50	620	78937	354539		
常州市	1541313	4630	3175	329840	1203668		
苏州市	2399703	3830	35524	702592	1656356	1200	200
南通市	991700	600	3314	220755	766087		944
连云港市	303321	3100	3891	59812	236518		
淮安市	527523	43	6009	160352	361120	0	0
盐城市	924801		5180	234124	685497		
扬州市	903851	1	2323	325643	575884	0	1
镇江市	586555	26	2779	305692	278058		
泰州市	602023		7202	160537	432878	860	546
宿迁市	370106	19536	33262	159571	157737		

4-B-98 分地区总承包和专业承包私营企业收入情况

单位：万元

地区	营业收入	#主营业务收入	营业成本	#主营业务成本	营业税金及附加	#主营业务税金及附加	其他业务利润
全省	**68729579**	**68218984**	**59694507**	**59240494**	**2453063**	**2435160**	**59699**
苏南	33462709	33104847	29209303	28914423	1116479	1109226	44317
苏中	17826897	17706390	15549097	15422088	665731	660243	7032
苏北	17439973	17407746	14936108	14903983	670854	665691	8350
南京市	9940342	9799109	8579081	8462117	331590	329071	12172
无锡市	3136136	3120552	2675861	2670295	107027	106836	7071
徐州市	3659305	3646722	3179110	3166577	127588	124470	2237
常州市	8343046	8300391	7412748	7367575	283962	283402	4206
苏州市	9814169	9667395	8648380	8534555	314393	310564	19599
南通市	7698819	7666887	6776241	6745204	269535	267910	2909
连云港市	2753427	2751491	2315079	2311538	128846	128773	463
淮安市	4006996	4000225	3423904	3418135	149600	148382	121
盐城市	4499270	4490521	3856458	3848422	175424	174747	5223
扬州市	5748476	5686134	5014439	4960836	203537	201401	3592
镇江市	2229016	2217400	1893232	1879880	79507	79353	1269
泰州市	4379603	4353369	3758417	3716048	192659	190933	530
宿迁市	2520976	2518787	2161558	2159311	89395	89320	307

4-B-99 分地区总承包和专业承包私营企业利润及税金情况

单位：万元

地 区	营业利润	利润总额	#应交所得税	税金总额	#营业税金及附加	#主营业务税金及附加	管理费用中的税金
全 省	**3356188**	**3340235**	**736826**	**2573608**	**2453063**	**2435160**	**120545**
苏 南	1474639	1467227	336444	1169933	1116479	1109226	53454
苏 中	888829	883748	197364	696161	665731	660243	30430
苏 北	992720	989260	203018	707515	670854	665691	36661
南京市	491041	500155	108881	344849	331590	329071	13259
无锡市	165914	161668	38511	114509	107027	106836	7482
徐州市	198997	199526	46127	131679	127588	124470	4091
常州市	330452	324215	76249	296680	283962	283402	12718
苏州市	350486	345421	85300	327509	314393	310564	13117
南通市	368522	365715	82181	280922	269535	267910	11387
连云港市	171814	171396	37155	132986	128846	128773	4140
淮安市	225955	224985	42505	158980	149600	148382	9380
盐城市	242998	240945	56320	182825	175424	174747	7401
扬州市	296879	295698	66376	211062	203537	201401	7525
镇江市	136746	135769	27503	86386	79507	79353	6878
泰州市	223429	222335	48807	204177	192659	190933	11519
宿迁市	152958	152408	20911	101045	89395	89320	11650

4-C-1 分地区劳务分包建筑业企业生产经营情况

地 区	企业个数（个）	建筑业总产值（万元）	#装饰装修产值	从事主营业务活动的从业人员期末人数（人）	从事主营业务活动的从业人员平均人数（人）	应付职工薪酬（万元）
全 省	**1251**	**2392675**	**223334**	**316940**	**312612**	**1433149**
苏 南	578	1301511	170634	180453	181051	832931
苏 中	313	692125	29854	82069	80514	391278
苏 北	360	399040	22846	54418	51047	208940
南京市	286	434207	35761	66217	62031	293632
无锡市	60	77227	6403	4613	5333	20497
徐州市	23	23696	125	2643	2889	11462
常州市	106	279696	65724	36854	34006	178009
苏州市	93	321994	34699	48482	48770	221695
南通市	143	481921	12303	51919	51305	252252
连云港市	29	31897	1912	4641	4643	19325
淮安市	139	157868	15237	22522	20274	83116
盐城市	117	120044	3457	14697	13779	65462
扬州市	107	167874	6598	24993	24215	116660
镇江市	33	188387	28047	24287	30911	119098
泰州市	63	42330	10953	5157	4994	22366
宿迁市	52	65534	2115	9915	9462	29575

4-C-1 续表 1

单位：万元

地　区	固定资产原价	固定资产折旧	资产总计	负债合计	实收资本
全　省	**169270**	**22027**	**1256601**	**759279**	**317939**
苏　南	70314	10104	576478	387371	128915
苏　中	53302	8044	464445	280669	102011
苏　北	45654	3879	215678	91239	87013
南京市	15851	2434	188772	129428	44342
无锡市	25392	2776	84077	39191	26463
徐州市	2021	153	15372	5664	3759
常州市	19632	3744	143505	88483	40021
苏州市	4102	623	124662	104437	12271
南通市	25072	3373	311770	219731	56216
连云港市	2776	254	10823	3235	6475
淮安市	14527	1108	79184	46434	21204
盐城市	21078	1930	94218	29963	48598
扬州市	19869	3141	120335	50417	28018
镇江市	5337	526	35462	25832	5819
泰州市	8361	1531	32341	10522	17778
宿迁市	5252	433	16081	5944	6977

4-C-1 续表 2

单位：万元

地　区	营业收入	#主营业务收入	营业成本	#主营业务成本	营业税金及附加	#主营业务税金及附加
全　省	**2280330**	**2278419**	**2048546**	**2041394**	**77429**	**76942**
苏　南	1258352	1257019	1148586	1144919	43648	43390
苏　中	663789	663722	603333	602536	19366	19255
苏　北	358190	357678	296628	293939	14415	14297
南京市	444393	443811	409663	407306	12995	12970
无锡市	80241	79960	62286	62078	2736	2735
徐州市	20967	20967	18075	18067	866	866
常州市	272786	272350	243018	241958	13096	12879
苏州市	274013	274012	257385	257380	9312	9297
南通市	466881	466833	429107	429055	12716	12673
连云港市	31323	31318	25382	25374	1338	1338
淮安市	128551	128257	107861	107724	4974	4936
盐城市	111818	111621	88990	86458	3876	3797
扬州市	161923	161905	143901	143157	5280	5216
镇江市	186919	186886	176234	176198	5510	5510
泰州市	34985	34985	30325	30324	1370	1366
宿迁市	65532	65516	56321	56317	3362	3362

4-C-1　续表 3　　　　单位：万元

地　区	销售费用	财务费用	管理费用	#税金	营业利润	利润总额
全　省	**7933**	**7424**	**69128**	**3985**	**86147**	**78661**
苏　南	4460	2964	32038	1177	34348	31056
苏　中	1157	1908	16010	1224	24957	24061
苏　北	2315	2552	21080	1584	26842	23544
南京市	1677	1757	11063	464	11456	9694
无锡市	946	29	6084	95	8197	7937
徐州市	38	51	2615	33	1055	992
常州市	1156	1169	8755	356	8746	7595
苏州市	569	-84	4273	221	2688	2841
南通市	536	628	8067	525	16748	16105
连云港市	96	680	1811	454	2550	2019
淮安市	1361	627	5341	569	8965	8200
盐城市	690	693	7427	358	11181	9459
扬州市	334	1054	6489	419	6459	6309
镇江市	112	94	1865	41	3261	2989
泰州市	287	227	1454	280	1750	1647
宿迁市	130	502	3887	170	3092	2874

4-D-1　分地区资质以外建筑企业主要指标

单位：万元

地　区	企业个数(个)	年末从业人数(人)	工资总额	资产总计	实收资本	营业收入	#主营业务收入	营业税金及附加	#主营业务税金及附加
全　省	**32473**	**407207**	**1375935**	**33293047**	**12485670**	**13194848**	**13079105**	**414827**	**409181**
苏　南	20540	198669	665886	22832155	7598254	6737008	6669970	200468	196409
苏　中	4617	84613	312077	5985963	2984374	2732241	2709768	83833	83289
苏　北	7316	123925	397972	4474929	1903041	3725600	3699368	130527	129484
南京市	3389	38935	137504	5054846	1329610	1417372	1397072	45992	45236
无锡市	3581	28804	92985	3479617	1181929	1295964	1285385	38390	38007
徐州市	2526	37010	132018	1808633	698664	1147790	1137825	41246	40997
常州市	1494	15739	61385	1320113	461720	388761	385165	14552	14506
苏州市	10473	96344	314672	12155427	4229333	2910446	2883418	79177	76479
南通市	2130	49616	200089	2057896	1040447	1709355	1700566	53200	53004
连云港市	1072	20128	65494	634920	312302	632426	630015	25322	25294
淮安市	1515	18373	62411	516730	268227	691743	682852	27878	27189
盐城市	1005	16417	51947	1011991	399040	550386	548646	20242	20209
扬州市	1582	21368	70670	2316431	1319228	629065	622795	19557	19409
镇江市	1603	18847	59341	822151	395662	724463	718931	22356	22180
泰州市	905	13629	41318	1611636	624699	393821	386407	11075	10876
宿迁市	1198	31997	86101	502654	224808	703255	700029	15840	15794